2022 企业绿色低碳发展优秀实践案例集

（上册）

中国企业联合会　中国企业管理科学基金会　编著

企业管理出版社
ENTERPRISE MANAGEMENT PUBLISHING HOUSE

图书在版编目(CIP)数据

2022 企业绿色低碳发展优秀实践案例集. 上 / 中国企业联合会, 中国企业管理科学基金会编著. -- 北京: 企业管理出版社, 2023. 12

ISBN 978-7-5164-2525-1

Ⅰ. ①2… Ⅱ. ①中… ②中… Ⅲ. ①企业发展-绿色经济-低碳经济-案例-汇编-中国 Ⅳ. ①F279.23

中国国家版本馆 CIP 数据核字(2023)第 033251 号

书　名	2022 企业绿色低碳发展优秀实践案例集(上册)		
书　号	ISBN 978-7-5164-2525-1		
作　者	中国企业联合会　中国企业管理科学基金会		
责任编辑	张　羿　赵　琳		
出版发行	企业管理出版社		
经　销	新华书店		
地　址	北京市海淀区紫竹院南路 17 号	邮编:	100048
网　址	http://www.emph.cn	电子信箱:	emph001@163.com
电　话	编辑部(010)68701638	发行部(010)68701816	
印　刷	北京亿友创新科技发展有限公司		
版　次	2023 年 12 月第 1 版		
印　次	2023 年 12 月第 1 次印刷		
开　本	880mm × 1230mm　1/16		
印　张	27.75		
字　数	827 千字		
定　价	498.00 元(全三册)		

《2022 企业绿色低碳发展优秀实践案例集》
编委会

前　　言

实现碳达峰、碳中和，是以习近平同志为核心的党中央统筹国内国际两个大局做出的重大战略决策，是着力解决资源环境约束突出问题、实现中华民族永续发展的必然选择，是构建人类命运共同体的庄严承诺。企业作为实现“双碳”目标的主体，不仅要在减碳降耗、循环利用资源、改善生态环境等方面付诸实际行动，同时还肩负着向绿色低碳转型升级的重任。为贯彻落实党的二十大精神，全面贯彻碳达峰、碳中和绿色低碳发展战略，落实中央有关文件中提出的“组织开展碳达峰、碳中和先行示范，探索有效模式和有益经验”及“推广先进绿色低碳技术和经验”等相关要求，中国企业联合会企业绿色低碳发展推进工作委员会在工业和信息化部有关部门的指导下，在各行业协会、各地企业联合会和广大企业的大力支持下，从 2022 年 3 月起组织开展了“2022 企业绿色低碳发展优秀实践案例”的征集活动，共征集有效案例 464 个，涉及重点行业碳排放控制类别 50 项、节能降耗增效类别 140 项、新能源开发建设类别 56 项、资源循环利用 81 项、绿色低碳技术的创新和推广应用 109 项、“双碳”达标服务体系建设及其他 28 项。案例来自电力、钢铁、煤炭、建筑、建材、有色金属、石化、化工、交通运输、信息通信、金融等不同行业，基本涵盖了碳达峰、碳中和重点领域与重点行业，以及关键的支持性行业。2022 年 12 月，中国企业联合会企业绿色低碳发展推进工作委员会组织专家对申报案例进行了严格评定，确定了安徽海螺水泥股份公司等 383 项案例入围“2022 企业绿色低碳发展优秀实践案例”。这些入围案例集中反映了我国各类型企业在重点行业碳排放控制、节能降耗增效、新能源开发建设、资源循环利用、绿色低碳技术的创新与推广应用、“双碳”达标服务体系建设等方面的最新成功实践，在一定程度上反映了现阶段我国各行各业贯彻落实碳达峰、碳中和战略部署的基本情况，展示了我国企业探索绿色低碳转型路径、实现高质量可持续发展过程中取得的阶段性成果。

本书旨在展现我国企业绿色发展成果，讲好我国企业绿色发展故事，推动我国企业绿色发展成果的广泛传播，希望能够对我国企业开展绿色低碳发展的交流与合作提供有益的帮助。限于编者的水平和编写时间，书中不足之处敬请读者批评指正。

目　录

重点行业碳排放控制

节能降耗增效

重点行业碳排放控制

驾驶室烘房余热回收利用节能项目报告

安徽江淮汽车集团股份有限公司山东分公司

一、企业概况

安徽江淮汽车集团股份有限公司山东分公司（以下简称江淮汽车山东分公司）作为安徽江淮汽车集团股份有限公司（以下简称江淮汽车）发展战略的一部分，是江淮汽车首次在合肥以外的地方单独建立分公司。公司成立于2010年6月，具备双班10万辆轻卡生产制造能力，产品定位为经济型窄、中、宽体及工程车、自卸车。厂区占地面积约33.5万平方米，建筑物占地面积约5万平方米，拥有完整的四大工艺、存储、发车等生产设施和办公楼、食堂及生活区等辅助设施。生产区包含冲压、焊装、涂装、总装、调试、装厢、检测、试车及成品停放区、出入库棚和发运办公室等设施。

江淮汽车山东分公司成立以来，在青州市委、市政府的大力支持和江淮汽车的坚强领导下，主动变革创新，深挖内部潜力，开拓奋进，企业经营效益实现了跨越式发展。从2011年建成投产到2012年第1万辆车下线、2015年第10万辆车下线、2018年第20万辆车下线，再到2021年1月第30万辆车下线，在全体员工的共同努力下，江淮汽车山东分公司10年时间突破30万台车的产量，用高质量的发展、良好的业绩书写了新的篇章。

过去的10多年，江淮汽车山东分公司严格遵循公司发展战略，积极推进研产销一体化，构建完善研发体系，深入做好产品定位，持续完善产品结构，进一步扩大了轻型车规模、效益、品牌的支柱作用。在产品种类、驾驶室舒适性、产品性等方面发生了巨大变化，从单一的康铃窄体产品逐步拓展增加了808、年度铃、轿卡、新康铃等产品，产品研发从无到有取得重大突破，实现了808经典版、N系等20多款产品自主研发，进一步完善了产品型谱。在加速转型升级、壮大规模的同时，积极践行社会责任。累计贡献税收达3亿元，为当地经济发展贡献了力量。随着企业规模不断发展壮大，同步带动了青州市多家相关配套企业的产能增长，为青州市乃至潍坊市的汽车制造行业发展做出了应有的贡献。

二、主要措施

江淮汽车山东分公司在保证经营发展的同时，积极响应公司蓝天保卫战计划，着力产品转型升级，加速推进国Ⅵ验证，成为江淮汽车康铃品系主要的生产基地之一。公司能源管理紧密围绕年度能源指标的达成，持续推进能源体系和信息化建设，强化保障用能、持续节能和低碳供能的核心管理思想，开展以提升能源绩效为目标的能源管理活动，优化能源结构，完善能源使用过程，实现能源价值最大化。

（一）企业绿色低碳发展所处的市场生态与资源环境

汽车是国民经济支柱产业，是典型的资源能源密集型产业，是我国构建绿色低碳循环发展经济体系的主阵地之一。《国务院有关汽车制造绿色低碳制造的指导意见》中关于健全绿色低碳循环发展的生产体系、流通体系、消费体系的任务部署，也为汽车全产业链加快推进绿色低碳循环发展体系明确了实施路径。

江淮汽车山东分公司多年来致力于推动汽车产业形成绿色低碳循环发展的生产体系、流通体系、消费体系，以推进汽车全生命周期内碳减排为核心目标，深入开展绿色设计、绿色选材、绿色生产、绿色产品、资源综合利用等研究，探索汽车产业碳达峰、碳中和实施方案，为绿色低碳技术提供服务支撑。

江淮汽车山东分公司持续推进数字化转型升级，建立了汽车绿色生态数据库，涵盖汽车碳排放数据、生态设计数据、材料数据、零部件数据、动力电池回收利用数据等，以数据为基础，为汽车绿色低碳循环相关的政策及标准研究技术提供支撑。

（二）企业绿色低碳发展战略的制订与能源管理

为引领绿色发展，打造绿色制造先进典范，江淮汽车多年深耕新能源产品研发，覆盖轻型、中型两大平台的牵引、自卸、载货、专用等品系，专注纯电动、燃料电池、混合动力3条技术路线，10余款产品满足多个应用场景，实现国内新能源商用车主销细分市场的全覆盖。与此同时，牵手行业头部企业，构建了最优业态，最大限度地满足了企业和用户的需求。

站在新能源产业未来发展的黄金10年，作为轻卡行业的引领者，江淮汽车将进一步完善新能源产业布局，聚焦动力电池、电驱动系统、整车控制器，研发灵活的多平台车用架构技术、系统集成技术、能量管理技术等关键核心技术，持之以恒地打造安全、高效、舒适、节能的新能源产品，携手各大生态合作伙伴探索新能源产品在更多领域的研发与场景应用，共创江淮汽车“蓝途”时代。

江淮汽车山东分公司始终坚持以单台燃动指标为引导，以提升能源绩效为手段，不断强化能源管理“三个核心”建设，持续开展能源管理体系和能源信息化基础提升工作，实现能源价值最大化。自2018年引入能源管理体系以来，能源管理工作进入发展快车道，通过全系统、全工序能源诊断，以能源变量和能源改进机会为抓手，持续开展能源管控提升，实现节能降耗的目标。

（三）企业绿色低碳技术的研发和创新

“十四五”时期实现生态环境持续改善，主要潜力来自结构战略性调整与发展绿色转型、绿色生活、绿色消费等。为此，江淮汽车“十四五”期间将推动产业结构调整、运输结构调整、能源结构调整等，强化指标、控制区域、减排措施等协同治理，通过信息化应用、科技支撑等满足精准治污、科学治污、依法治污需求，构建现代环境治理体系。系统提升生态环境治理能力，包括统一规范的生态环境综合治理执法体系、“天地空”一体的生态环境监测评估体系、系统全面的生态环境风险预警与防控体系、精准智慧的生态环境信息化应用体系、先进适用的生态环境科技支撑体系、创新发展的节能环保产业支撑体系等。

江淮汽车山东分公司持续强化风险防控，牢守环境安全底线。贯彻落实国家总体安全观，把生态环境风险纳入常态化管理，系统构建全过程、全层级生态环境风险防范体系，加强固体废弃物污染防治，强化化学物质、重金属、危废监管，加快补齐危废、医废收集处置设施短板等。

（四）坚持科学发展，立足自主创新理念，加快技术设备升级

当前，数字技术广泛渗透生产、生活，数字经济蓬勃兴起，数字产业化和产业数字化加速发展，推动数字经济与实体经济深度融合已经成为推动生产方式绿色化、实现高质量发展的重要路径。一方面，数字经济能有效改进生产工艺流程、提高设备运转效率、提升生产过程管理的精准性，从而通过智能协同管理实现生产效率和节能减排“双提升”；另一方面，数字经济能有效优化资源配置模式，通过工业互联网、大数据、人工智能等领域的数字基础设施实现各种资源要素在不同行业、不同企业间的融通和共享，进一步提升资源配置效率。此外，数字经济最重要的生产要素就是数据，数据具有高效、清洁、低成本、可复制等特点。用好数据要素，加快数字经济与实体经济的深度融合，能有效优化传统产业结构、优化创新生态系统。

江淮汽车山东分公司信息化建设运用成熟的商用化制造管理及控制产品平台，具有统一的工厂建模与信息集成平台，系统硬件搭建与软件功能统一规划、硬件部分根据控制对象主体进度分步实施，解决各信息孤岛问题，实现各节点的信息互联互通，实现了计划管理、车辆跟踪识别、物料管理、工艺管理、质量管理、防错集成、数据采集与监控发布等功能。信息化建设统一规划、分布实施、逐步实现信息化制造工厂建设。目前，FAS系统已正常运行，后续陆续策划并实施APS高级排程系统、精益物流系统、QMS系统，致力于打造成一流的智能化工厂。

（五）节能减排项目的大力推进、实践

立足公司现有设备，通过建立能源改进机会模型，全系统、全工序能源变量识别，生产组织优化、技术改造、优惠政策识别等工作，减少能源费用支出。表1所示为节能减排年度成绩表。

表1 节能减排年度成绩表

年度	节能项目数量	节省金额/万元
2018	5	20.5
2019	10	161.55
2020	10	200.46
2021	12	42.56
2022	23	83.32

通过积极识别国家政策、明确待机设备清单、各单位压缩空气保压、非生产时间循环泵关机、消除瓶颈工位等管理节能手段90余项；通过烘房余热利用、空压机变频改造、轮胎线省人省力自动化自主实施、复用水重复利用、光伏项目、风机以小换大等技术节能130余项；通过规范用能检查、能源专项培训、节能宣传活动建立能源供应设备设施维护标准和管理手册，指导改进设备设施性能提升改进，建立完善的供能应急预案，定期进行预案演练，保障供能的安全、可靠和高效；进一步发动全员，鼓励员工提报能源改善项目，共计提报改善137项，累计节省能源费用支出550.95万元。

（六）驾驶室烘房余热回收利用节能项目

为实现节能减排，提高企业效益，江淮汽车山东分公司积极推动能源项目落地。2019年1月开始实施烘房余热利用通用电泳及面漆驾驶室烘房余热利用项目，同年4月投入运行。利用前处理烘房及面漆烘房高温烟气为前处理各槽液升温。提高前处理回水温度，提升前处理槽液升温效率，大大减少现有热水锅炉天然气消耗。现燃气锅炉90%以上时间处于待机状态，夏季仅需一次升温过程，其余生产时间工艺温度靠烘房余热满足。2020年1—12月，烘房余热利用数据为：锅炉单台用气量较2017—2018年节省约4.34立方米，下降70.59%，全年共计节省天然气费用约60.32万元。项目实施至今，系统运行良好，持续产生效益。

三、实施效果

江淮汽车山东分公司通过实施驾驶室烘房余热回收利用节能项目，锅炉天然气用量较前期有所减少，实现了节能降耗的目的。项目建设实施后设备运行良好，保证了系统的正常运行。

绿色选材方面，立足于汽车有害物质管控、车内空气质量、耐腐蚀及新材料产业化推广等开展研究，油性漆改高固体份油漆，VOC含量由原先529g/L下降为473g/L；年减少油漆和稀释剂使用量12.5吨。

绿色工艺方面，新建涂装废气治理设施，采用RTO+蓄热燃烧工艺，处理效率达96%，VOCs年排放量减少151吨。

绿色设备方面，烘房余热利用项目年节省标煤136.06吨，减少二氧化碳排放37.36吨；空压机变频改造项目年节省标煤30.6吨，减少二氧化碳排放220.19吨；5.0兆瓦光伏发电项目年减少二氧化碳排放量4069.19吨。

主创人：崔景源、李家垒、冷　栋、尚伟祥

基于节能降碳的分布式供热系统构建

北京北方节能环保有限公司

一、企业概况

北京北方节能环保有限公司（以下简称北京北方公司）隶属于中兵节能环保集团有限公司，近3年主营业务收入保持在2亿元左右、主营业务利润保持在500万元左右，是中国兵器工业集团公司（以下简称集团公司）的节能低碳环保全业务公司，是国家级、中关村双高新技术企业，是国家发展改革委备案、工业和信息化部推荐的节能服务公司和节能诊断机构，是北京市发展改革委推荐的能源审计咨询、第三方节能量审核、碳排放第三方核查、能源管理体系和碳排放管理体系第三方评价机构，是全国百强节能服务公司。公司拥有环境影响评价甲级、工程咨询甲级、环境工程专项设计（废水、废气、固废、噪声）甲级、环境污染治理设施运营、环保工程专业承包贰级、建筑机电安装工程专业承包等环保资质。公司是“中国兵器集团节能与环保技术开发中心”“中国兵器集团公司污染物监控平台”设置单位，建有装备先进的综合性实验室，主持或参与了60余项国防科技工业节能环保科研项目，完成了几十项国家、行业标准的编制，实施了千余个节能环保工程项目，为集团公司履行强军首责提供了绿色发展支撑。公司长期致力于节能低碳环保技术、设备的研究开发，以工程设计、咨询、工程总承包、合同能源管理、设施运营等方式开展节能环保技术服务，致力于打造国防系统节能、低碳、环保产品和服务的知名品牌。

二、主要措施

（一）探寻精准化供热方式，推动绿色低碳转型

随着我国工业企业产业规模的进一步扩大，能源消耗量、能源价格均呈增长趋势，实施精准化能源管控已成为当务之急。北京北方公司作为专业的节能服务公司，以保护环境、绿色发展、清洁生产为己任，在保障集团公司军工生产的前提下，探寻各种新型供热方式，按照“温度对口、梯级利用、按需供热”的原则，优化解决集中供热系统存在的诸多弊端，积极践行国家绿色发展、节能降碳的相关政策。

精准化供热系统的推广应用，能有效地降低温室气体排放、取得经济社会高质量发展与生态环境保护双赢，以促进企业进行能源系统优化、提高能源利用效率、保护环境、走绿色发展之路，在企业自身实现节能减碳的同时也为地方绿色发展做出贡献。为更好地实现精准化供热，北京北方公司通过长期在热力系统节能降碳领域的专注研究，提出了分布式供热思路，有效地解决了集中供热系统存在的诸多弊端。

（二）构建分布式供热系统，助力能源高效利用

1. 深入研究供热原则，研发分布式供热系统

分布式供热技术是传统分布式能源应用的拓展，目的是使分布式能源的应用由点扩展到面、由局部走向系统。具体而言，分布式供热系统是指可包容多种能源资源输入并具有多种产出功能和输运形式的“区域能源互联网”系统。多能互补系统要求在系统高度上按照不同能源品位的高低进行综合互补利用，统筹安排好各种能量之间的配合关系与转换使用，以取得最合理能源利用效果与效益。分布式供热技术的应用可因地制宜、统筹开发、互补利用传统能源和新能源，实现多能协同供应和能源综合梯级利用，利用空气能、太阳能、地热能、生物质能等资源组合优势，结合热泵技术开展多能互补系统建设。

具体的做法：根据各个区域不同的用热需求，结合现场实际情况，通过有效可再生低品位能源，针对性地选用高效节能的供热设备，建造多能互补综合供热系统，提供不同参数、不同品质的热能，从而满足复杂的用热工艺。各综合供热系统就近用热点选址建造，最大限度地减少管路输送损失，最终实现“清洁制热、按需供给”目的。

2. 分布式供热系统的应用实现节能、减污、降碳、协同增效

北京北方公司于2018年对西安庆华公司燃煤锅炉集中供热系统进行了替代性改造，结合企业现状，从安全稳定、节能高效、清洁生产等方面综合分析，燃煤锅炉集中供热系统的替代无法仅由单一技术完全解决，需要从根本上梳理从能源产生到能源使用的整个流程，采用多种节能低碳技术有机结合的方式进行用能结构转型。结合企业现有能源品种及生产特殊性，采用分布式多能互补的清洁供热方式对燃煤锅炉集中供热系统进行替代性改造。针对火工区采暖及生活用热工艺，建造电驱动空气源热泵供热系统，实现主体用热系统的清洁、高效；针对车间小规模生产，根据不同生产工艺的用热特点，分别建造电蒸汽发生器、电热水发生器、防爆水浴烘箱等多类型小型供热系统，分布式解决企业复杂的用热需求。通过细节优化，合理设计，精心组织实施，圆满解决了燃煤蒸汽锅炉停运后40多个工房的生产、生活用热问题。热源系统布置采用分散、就近的原则，彻底废除老旧、庞杂的燃煤锅炉集中供热系统，极大程度减少能源传递及泄露损失，改善了供热效果，实现了清洁供能的历史性转变，是节能减污降碳协同增效的典型案例。分布式供热系统于2018年6月实施，于2018年10月30日燃煤锅炉正式停用后全面投入使用。该项目共安装空气源热泵采暖系统29套、空气源热泵生活热水系统18套、电蒸汽/热水发生器生产供热系统14套、防爆水浴烘箱生产供热系统1套，属于国内较大规模的军工企业分布式供热改造项目。

3. 分布式供热系统的实效性和创新性

（1）按需建造综合供热热源系统。分析各个建筑物的用热需求，就近建造综合供热系统，最大限度地减少供热管路输送损失。各建筑物能够分开管理，互不影响，实现随开随用、按需调控，做到精准供能、降低损耗。

（2）多种经济性供热方式有效结合。采用空气源热泵、蒸汽发生器、电热水发生器、防爆水浴烘箱等多种经济性供热方式有效结合，按照不同生产用热工艺特点进行综合互补利用，统筹安排好各种能量之间的配合关系与转换使用，以取得最合理能源利用效果与效益。

（3）新型供热方式满足火工区安全生产的特殊性要求。空气源热泵系统使用的稳压罐、蓄热水罐属于简单压力容器，蒸汽及高温热水发生器采用30L小容积炉胆，系统所有设备设施均属于《小型和常压热水锅炉安全技术监察规定》的免报备、免年检的无安全隐患产品。

（4）采用高温热水循环系统对药品烘干库房进行供热，彻底改变以前采用蒸汽烘药的不符合安全要求的方式。

（5）蒸汽供应凝结水回收再利用。各生产单位使用蒸汽作为间接热源，蒸汽不直接参与加热过程，原锅炉供热系统的蒸汽凝结水回收管路由于年久失修，均不能正常使用，导致高温的凝结水全部在地下管沟泄露，造成较大的热能损失。本项目将高温凝结水作为系统补水进行循环使用，蒸汽供应系统设置凝结水、软化水公共水箱，由于新建系统管路较短，凝结水回水温度最高可达90℃，拥有较高的热量，不仅节约了大量的工业用水，同时减少水处理设备污水排放。

（6）合理应用谷电、节约电费。针对西安庆华公司生产性质的特殊性，夜间谷电时段不进行生产工作，而白天时段生产任务紧、用电负荷大的特点，为减少项目建成后的用电负荷，有效利用价格低廉的谷电，生活热水机组采用在夜间进行制热水，将热水保存至系统内保温水箱内，白天直接通过变频定压泵将热水输送至工房浴室。

（7）全自动低温防冻采暖供热。采用分布式布局空气源热泵采暖系统，使用时可依据自身工作时间设置系统运行状态，采暖季非工作时间段可采用低温防冻的供热方式，改造原有集中供热系统无差别的供热方式，极大程度上节约电能、减少热量浪费。

（三）拓展系统应用场景，满足多元化用能需求

1. 表面处理生产线分布式加热系统

对于绝大多数企业的表面处理生产线，通常采用集中式蒸汽供热的方式，北京北方公司通过采用分布式蒸汽供热系统，各供热站就近于生产线安装，大大缩短升温时间、减少热能输送管路热损。

2. 工房采暖、生活热水分布式供热系统

针对工房较多的工业企业，特别是存在安全距离要求的，采用集中供热方式往往存在供热管网庞杂、热损大等诸多缺点。分布式采暖、生活热水供热系统就近与供热点布置，可大幅度减少管路建造成本及管网热能损失，是企业实现低碳发展的重要手段。

3. 高温烘干工艺分布式供热系统

目前，大多数工业烘干工艺仍采用集中锅炉系统远距离供应低压蒸汽的方式，存在高品位能源低级利用、热能浪费严重的情况。分布式高温烘干系统，采用小型模块式蒸汽发生器、水浴烘箱、高温空气源热泵烘干机等多元化的供热机组，就近各烘干间建造小型烘干系统，随用随开，灵活便利，不仅满足生产的多样性要求，还有利于节能降碳、减少能源损耗及能源成本。

（四）采用新型商业模式，实现互利共赢发展

合同能源管理作为新型的市场化节能机制，有助于推动企业开展节能项目，国家“十三五”节能环保产业发展规划中提出“创新合同能源管理服务模式，健全效益分享型机制”“鼓励打造合同能源管理一站式服务、鼓励采用合同节水模式”等指导意见。中国兵器集团近年来均将“推广实施合同能源管理项目”列入了《中国兵器集团节能减排工作要点》的重点工作之一，得到了政策层面的支持。企业以集团全价值链体系化精益管理战略为指导，深入落实集团节能减排领导小组会议精神，主动采用合同能源管理等新型商业模式实施企业生产供热结构调整，将合同能源管理模式加快节能减排项目实施纳入重点改造专项。结合近几年企业的经营情况，为确保分布式供热系统的全面建成，经多方面考虑、分析，最终提出了以合同能源管理模式为核心的项目投资方式，在解决企业资金压力的同时降低了投资风险，确保了项目建成后的实际节能效果。

三、实施效果

（一）经济效益

1. 项目改造前所需成本

（1）能源（原煤、电力）、资源（水）消耗成本：549万元。

（2）项目改造前运维人员工资成本：170万元。

（3）锅炉检维修费用及安全检测费用：37万元。

（4）排污治理等环保运营费用：196万元。

项目改造前边界内综合运行成本为：549＋170＋37＋196＝952万元。

2. 项目改造后所需成本

（1）能源（电力）、资源（水）：249万元。

（2）项目改造后运维人员工资成本：30万元。

（3）检维修费用：20万元。

改造后项目综合运行成本为：249＋30＋20＝299万元。

3. 经济效益计算

综上所述，项目年经济效益 = 项目改造前综合运行成本 - 项目改造后综合运行成本 = 952 - 299 = 653 万元。

（二）节水效益

根据改造前 2017 年 11 月—2018 年 10 月锅炉房及换热站总耗水量数据进行分摊折算，项目边界内总耗水量为 138951 吨。查看改造后 2018 年 11 月—2019 年 10 月各供热系统用水计量数据，得到项目边界内各系统总耗水量为 16316 吨。综上可得，项目实施后实际节水量为 138951 - 16316 = 122635 吨。

（三）减碳效益

根据本项目的实际情况，项目改造前消耗的能源品种包含原煤、电力，消耗量分别为 6017 吨、1214347 千瓦时；项目改造后消耗的能源品种全部为电力，消耗量为 3459266 千瓦时。经计算可得，项目实施后二氧化碳减排量如表 1 所示。

表 1　项目实施后二氧化碳减排量

	二氧化碳直接排放量（原煤）	二氧化碳间接排放量（电力）	二氧化碳排放总量
改造前	9608 吨	741 吨	10349 吨
改造后	/	2110 吨	2110 吨
项目实施后二氧化碳减排量	/	8239 吨	/

（四）社会效益

1. 响应政策号召，起模范带头作用

该案例成功地用分布式供热系统替代了原厂区 2 台 20 吨燃煤锅炉，作为国有企业积极充分响应国家环保政策的要求。聚焦能源转型，优化能源结构，节能再上新台阶。一是采用合同能源管理模式，更换高耗能设施，进一步优化能源供给，大力提高能源效益。二是实施管网改造工程，废除或更换已使用多年老化的动力管道，提高系统运行效率。三是切实发挥能源管理体系的效能，加快能源管理水平的提升，为公司节能降耗、提高效益做出更大贡献，努力使分布式供热系统应用成为集团公司能源转型、节能减碳的样板。系统内兄弟单位积极调研参观，对推动集团公司能源转型、节能减碳的工作起到模范带头作用。

2. 万元工业产值综合能耗下降超预期

该项目实施后，2018 年企业万元工业产值（可比价）综合能耗较 2017 年 0.119 吨标准煤下降到 0.101 吨标准煤，比上年同期下降 15.26%，产值节能量达到 3725.5 吨标准煤。

3. 社会反响强烈

该项目采用了先进的节能环保设备，配合当地政府的环保工作，使用分布式清洁能源替代高耗能燃煤锅炉系统，属于典型煤改电项目，彻底废除使用煤炭等高碳能源的供热模式，降低温室气体排放，达到经济社会发展与生态环境保护双赢的发展目标。北京北方公司被地方环保部门评为陕西省节能减排示范单位，多次受到政府部门的表彰，产生了良好的社会效益，社会贡献意义重大。

主创人：史建东、牟亚军、孙筱强、苏志成、蔡晓涔

水泥行业脱硝脱硫除尘一体化示范项目

登封中联登电水泥有限公司

一、企业概况

登封中联登电水泥有限公司（以下简称登封中联）是由河南中联同力材料有限公司和登封电厂集团有限公司共同出资兴建的合资企业，拥有一条日产5000吨熟料新型干法水泥生产线，位于河南省登封市东华镇循环经济工业园区，于2009年12月建成投产。设计年产硅酸盐水泥熟料155万吨、高标号通用硅酸盐水泥220万吨、商品混凝土180万立方米，设计年处置固危废产能10万吨，设计年利用余热发电6120万千瓦时。登封中联的主营业务为水泥制品制造、水泥制品销售，主要产品包括CUCC中联牌PO42.5级、PO52.5级系列水泥和高端装饰专用水泥，以及C60以下各标号、不同用途的预拌商品混凝土，广泛应用于国防、水利、航空、交通、工农业和城市建设等重点工程。登封位于郑州、洛阳、焦作、平顶山、许昌之间，形成了“一小时快速交通圈”，四通八达、方便快捷的交通网络形成了登封优越的区位优势。登封区域建材产品的市场主要在郑州、许昌、周口、漯河等地。

登封中联2019—2021年的经营效益见表1。

表1　2019—2021年的经营效益

年份	2019年	2020年	2021年
工业产值/万元	59525	45710	42310
营业收入/万元	60826	49400	50251
纳税额/万元	5165	3978	1848

登封中联秉承中国建材善用资源、服务建设的核心理念，以建设成全球优秀的水泥及混凝土专业服务商为愿景，倡导创新、绩效、和谐、责任的核心价值观，致力打造智能化、数字化、信息化、绿色化和花园式、果园式、生态型智慧工厂，积极建设创新驱动型、质量效益型、制造服务型、社会责任型“四型”企业和业绩良好、管理精细、环保一流、安全稳定、品牌知名、党建优秀的“六星”企业。

二、主要措施

（一）登封中联绿色低碳发展所处的市场生态与资源环境

根据《河南省2019年大气污染防治攻坚战实施方案》的要求，2019年年底前，河南省水泥企业完成提标治理，水泥窑废气在基准氧含量10%的条件下，达到氮氧化物不高于100mg/m^3、氨逃逸排放浓度不高于8mg/m^{3}标准规定。郑州、登封的环保形势更加严峻，2019年出台了更加严厉的工业企业深度治理专项工作方案，要求NO_X排放浓度达到100mg/m^{3}以内，鼓励达到50mg/m^{3}以内，所有示范企业必须达到50mg/m^{3}以内，氨逃逸小于5mg/m^3。河南省《水泥行业大气污染物排放标准》规定，2021年1月1日起，氮氧化物执行50mg/m^{3}排放限值。登封中联采用SNCR+低氮分级燃烧治理技术降低氮氧化物排放，能够达到郑州100mg/m^{3}的标准要求。若达到50mg/m^{3}以下，进入示范企业行列，需降低回转窑投料量40~60 t/h，增加氨水用量600~800 kg/h。

（二）登封中联绿色低碳发展战略的制订与解决方案的出台

目前，水泥企业脱硫脱硝除尘一般分别采用脱硫+脱硝+除尘技术，最终达到环保排放要求。脱硫采用加入脱硫粉剂（水剂）的技术，除尘采用增加收尘器高度、更换覆膜滤袋等技术，最难解决的就是脱硝。脱硝技术主要有SNCR脱硝技术、SNCR脱硝技术+分级燃烧脱硝技术、SCR脱硝技术（SCR脱硝技术又分为高温高尘、高温中尘、高温低尘、低温低尘等几种）、LCR脱硝技术等。SCR几种脱硝技术里，中温催化剂（320℃~400℃）较成熟，工业应用中烟气除尘后实现催化剂高效脱硝风险不大，而低温催化剂尚处于研究开发阶段，一方面自身催化剂活性容易降低；另一方面由于烟气中SO_2的存在很容易造成硫铵中毒，引起脱硝效率下降。高温段水泥窑烟气中存在大量粉尘，由于粉尘浓度、颗粒大小及成分原因会给催化剂带来影响。经过分析判断，登封中联最终选择的是LCR脱硫脱硝除尘一体化技术。该技术同时具备了脱硫、脱硝、除尘的功能且不参与熟料生产过程，不会影响回转窑煅烧系统。

1. 脱硫工艺

整个工艺过程分成以下几个主要子系统。

（1）吸收浆液制备系统。将满足要求的石灰石浆液送往吸收塔。储存石灰石浆液，满足合理的配制速度和吸收塔的不同使用量的要求。将石灰石浆液送往吸收塔反应池。

（2）烟气系统。为烟气流经烟气脱硫（Flue Gas Desulfurization，FGD）系统提供通道。引风机为烟气通过FGD系统提供必要的压力。

（3）吸收系统。从烟气中除去SO_2和其他酸性气体。浆液加入吸收塔内后，通过浆液循环泵从吸收塔浆池送至塔内喷淋系统，与烟气接触发生化学反应吸收烟气中的SO_2。排浆泵将塔内浆液从吸收塔送到后续的脱水系统。脱硫后的烟气夹带的液滴应在吸收塔出口的除雾器中收集，使净烟气的液滴含量不超过保证值。吸收塔采用多功能一体化布置结构，多个功能区耦合，按从下到上分为浆池、吸收区、机械除雾等部分。

（4）脱水系统。将吸收塔中的含尘硫酸钙溶液排出吸收塔反应池，经压滤机产出的滤液返回吸收塔再利用，部分滤液排至主体废水处理系统。

（5）排空系统。工艺楼设置1个混凝土防腐衬里的滤液池，收集塔区的设备冲洗水管道冲洗水并定期返回吸收塔。

（6）工艺水系统。为FGD系统储存工艺水，把工艺水按规定的压力分配给FGD系统、设备、公用设施。从厂区供水系统引接至脱硫工艺水箱，为脱硫工艺系统提供工艺用水，主要包括：循环泵和其他设备的冷却水及密封水，浆液制备用水，吸收塔补给水，除雾器冲洗用水。所有浆液输送设备、输送管路、贮存箱的冲洗水，工艺水系统满足FGD装置正常运行和事故工况下脱硫工艺系统的用水。所有冲洗水、排放水在岛内形成闭路循环。设备、管道及箱罐的冲洗水和设备的冷却水回收至地坑重复使用。

（7）压缩空气系统。给脱硫系统用气设备提供仪用空气。

2. 脱硝工艺

脱硝系统主要包括：液态催化剂制备输送系统、高效脱硝塔系统、工艺水系统、排空系统。

（1）液态催化剂制备输送系统。将满足要求的脱硝剂浆液，送往吸收塔下浆液箱和上浆液箱。储存的脱硝剂浆液，满足合理的配制速度和吸收塔的不同的使用量的要求。液态催化剂制备供应系统满足脱硝所有可能的负荷范围。

（2）高效脱硝塔系统。从烟气中除去NO_X和粉尘。吸收塔内由脱硝剂和NO_X反应生成N_2和H_2O，除雾除尘器分离烟气中夹带的（在吸收塔内产生的）水滴和粉尘。高效脱硝塔采用多功能一体化布置结构，多个功能区耦合，按从下到上分为四循环区、机械除雾等部分。脱硝吸收塔与脱硫设置为一体塔，吸收塔-脱硝段系统至少包括：浆液循环泵采用单元制运行方式，每台循环泵对应一层喷嘴，循环泵不设运行备用，每套循环区系统配置1台循环泵。从厂区供水系统引接至工艺水箱，为脱硝工艺系统提供工艺用水，主要包括：循环泵和其他设备的冷却水及密封水，脱硝剂制备用水，脱硝塔补给水，除雾器冲洗用水，所有浆液输送设备、输送管路、贮存箱的冲洗水，工艺水系统满足脱硝装置正常运行和事故工况下脱硝工艺系统的用水。所有冲洗水、排放水在岛内形成闭路循环，设备、管道及箱罐的冲洗水和设备的冷却水回收至集水坑或浆池重复使用。

（3）工艺水系统（与脱硫共用）。为脱硝系统储存工艺水，把工艺水按规定的压力分配给脱硝系统、设备、公用设施。

（4）排空系统。与脱硫系统共用排空系统。

3. 高效除尘除雾器

在脱硫脱硝过程中，部分粉尘也被捕捉下来，从而达到降低粉尘排放的目的，净化后的废气经高效除尘除雾器除尘除雾排入大气。高效除尘除雾器安装在吸收塔上部，用以分离净烟气夹带的雾滴及除尘。高效除尘除雾器具有较强的刚性，能承受高速水流，特别是人工冲洗时高速水流的冲刷。冲洗水的压力应进行监视和控制，冲洗水母管的布置应能使每个喷嘴基本运行在平均水压。高效除尘除雾器冲洗用水为FGD工艺水。高效除尘除雾器以单个组件进行安装。组件通过附近的吸收塔孔门进入。所有高效除尘除雾器组件、冲洗母管和冲洗喷嘴易于靠近，方便进行检修和维护。高效除尘除雾器支撑梁可作为维修通道。

4. 管道防腐

所有可能接触到低温饱和烟气冷凝液或从吸收塔带来的雾气和液滴的烟道，必须采用鳞片树脂进行防腐保护。耐高温内衬鳞片树脂适应烟道的最高温度为180℃而不损坏（30分钟），符合烟气温度长时间在120℃时运行的要求并能够适应湿烟气运行工况。烟道的布置能确保冷凝液的排放，不允许有水或冷凝液的聚积。因此，烟道要提供低位点的排水和预防冷凝液的聚积措施，任何情况下膨胀节和挡板都不能布置在低位点。

（三）登封中联绿色低碳技术的研发与创新

登封中联绿色低碳技术的研发与创新主要有以下创新点。

（1）该技术具有中低温高效特点，反应温度范围广，在15℃ ~200℃的温度范围内均可进行反应。

（2）LCR脱硝融合了吸收、催化反应等技术，将NO_X变成H_2O和N_2，无二次污染。

（3）无催化剂中毒、失效现象，液态催化剂不属于危险固体废弃物。

（4）属于末端处理，不影响其他工序。

（5）脱硝效率高，最高可达95%。

（6）同时具备脱硫脱硝除尘的功能。

（四）相关设备的改造升级

尾排风机设计风压由4500Pa提高到6800Pa，改造前、后风机参数如表2、表3所示。

表2　改造前风机参数

类别	项目	参数	类别	项目	参数
型号	型号	Y4-27*3-14NO25F	电机	型号	YRKK710-6
	全压	4500Pa		转速	1000r/min
	流量	90万m^3/h		功率	1600r/min
	介质温度	145℃		电压	10kV
	转速	985r/min		绝缘等级	F
				防护等级	IP54

表 3 改造后风机参数

类别	项目	参数	类别	项目	参数
引风机	型号	B92 2640.00.01 DBL6T	永磁电机	型号	TYKK710-6
	全压	6800Pa		转速	1000r/min
	流量	90万m3/h		功率	2240r/min
	介质温度	145℃		电压	10kV
	转速	985r/min		绝缘等级	F
				防护等级	IP54

（五）新技术的场景应用

“LCR 脱硫脱硝除尘一体化改造”系统安装于窑尾排风机之后，具有中低温高效特点，反应温度范围广，在 15℃～200℃的温度范围内均可进行反应，可有效解决水泥企业窑尾排放烟气中的 NO_X、SO_2、颗粒物，确保出口 $NO_X \leqslant 50mg/Nm^3$、$SO_2 \leqslant 30mg/Nm^3$、出口粉尘 $\leqslant 5mg/Nm^3$（标干值为 10% 的 O_2）。

（六）低碳管理与运行情况等。

登封中联的“LCR 脱硫脱硝除尘一体化改造”项目有效解决了公司在进口 $SO_2 < 200mg/Nm^3$，进口 $NO_X < 200mg/Nm^3$（实施分级燃烧改造脱硝提产技术后），进口粉尘 $< 20mg/Nm^3$ 时（标干值为 10% 的 O_2）。采用“LCR 脱硫脱硝除尘一体化改造”系统，确保出口 $NO_X \leqslant 50mg/Nm^3$、出口 $SO_2 \leqslant 30mg/Nm^3$、出口粉尘 $\leqslant 5mg/Nm^3$（标干值为 10% 的 O_2）。

三、实施效果

在满足正常生产，标干氧含量 10% 的情况下，环保排放指标长期稳定控制在 $NO_X < 50mg/Nm^3$、$SO_2 < 30mg/Nm^3$、粉尘 $< 5mg/Nm^3$、氨逃逸 $< 3mg/Nm^3$，是全国第一家长期稳定运行的 LCR 脱硫脱硝除尘一体化示范生产线。该产品的推广应用，将为水泥窑炉烟气多种污染物的协同治理提供重要支撑，具有重大经济效益与社会效益。根据《废气在线监测数据报表》显示：NO_X 排放浓度由 2020 年的 76.31mg/m^3 降低到 2021 年的 32.13mg/m^3，年排放量由 2020 年的 175.23 吨降低到 2021 年的 78.71 吨，年减少排放量为 96.52 吨，2021 年总排放量比 2020 年减少 55.08%；SO_2 排放浓度由 2020 年的 5.44mg/m^3 降低到 2021 年的 1.92mg/m^3，年排放量由 2020 年的 11.74 吨降低到 2021 年的 3.19 吨，年减少排放量为 8.55 吨，2021 年总排放量比 2020 年减少 72.83%；颗粒物排放浓度由 2020 年的 5.5mg/m^3 降低到 2021 年的 4.03mg/m^3，年排放量由 2020 年的 12.23 吨降低到 2021 年的 6.79 吨，年减少排放量为 5.44 吨，2021 年总排放量比 2020 年减少 44.48%。

2021 年 11 月 14 日，中国建筑材料联合会以线上的方式组织召开了由苏州仕净科技股份有限公司完成的“LCR 脱硫脱硝一体化反应塔”新产品鉴定会，出具了《科学技术成果鉴定证书》，认定该产品技术性能达到国际先进水平。

随着我国水泥行业生态文明建设的逐步推进，水泥窑多污染的协同治理技术及成套装备具有良好的市场前景。该产品的进一步完善、成熟与推广，将会一定程度满足水泥窑烟气污染物深度治理的迫切要求，为进一步提升我国水泥行业清洁生产水平提供了一条成熟可行的技术路径。

主创人：潘凤祎、刘振河、杨海峰、李红江、冯延童

“来电特色”循环经济发展模式，打造绿色低碳园区

广西投资集团来宾发电有限公司

一、企业概况

广西投资集团来宾发电有限公司（以下简称广投来电）隶属于广西投资集团有限公司旗下的广西广投能源集团有限公司，是集发电、供热、制备氢能多元一体化的燃煤火力发电厂，总装机容量1320兆瓦，是广西壮族自治区目前最大的热电联产企业，承担着电力及热力保供的重任。作为区域能源供应中心，广投来电也承担着解决广西壮族自治区来宾市工业园区经济发展和环境污染日益严重这一矛盾的重要使命。为促进“双碳”目标的实现，广投来电采取的主要实施路径为：针对园区大气污染现状及工业结构特点，实施以清洁生产为核心，以提高资源利用率、提升能源梯级利用为主要手段，一方面通过实施节能技改，降低单体企业的能耗水平；另一方面，以环境服务业工业污染第三方治理试点为抓手，通过大力发展热电联产替代关停园区小锅炉、创新运用BOO模式实现机组超低排放系统的商业运营，最终实现园区大气污染治理，形成了经济与环境协调发展的新格局。

广西壮族自治区来宾市工业园区总面积196.64平方千米，主园区面积46.64平方千米。园区主要由电力、农副产品加工、有色金属加工、制糖和造纸等传统高耗能产业组成，园区万元GDP能耗0.6吨标准煤，高于全国平均水平。园区产值占来宾市工业总产值的近70%，随着国家环保政策日益收紧，“十三五”以来，园区传统工业“双高”难题日益凸显，大气污染物增长率持续两年近20%。传统环境污染“末端治理”的模式不再满足高质量的生态文明建设要求，园区经济发展与环境保护矛盾问题激增，需要探索出一条从体制机制创新到市场主体激活全周期的有效路径。广投来电作为来宾市（广投）热电联产循环经济生态工业园的核心载体，充分发挥“热电能源－企业－绿色能源生产－资源综合利用－环保服务业”循环产业链优势，全力打造广西壮族自治区内最大的热电汽特色产业集群。目前，成功向来宾市工业园区70余家企业供热，用热企业涉及造纸、冶炼、生活用品消毒、食品加工、服饰加工、生物提纯等行业，对拉动地方经济、促进园区转型发展起到极大推动作用。2019—2021年，广投来电的主营业务收入分别为19.28亿元、20.39亿元、20.83亿元。

二、主要措施

（一）推动热电联产集中供热发展，淘汰燃煤小锅炉

为大力发展供热，2013年8月，广投来电成立广能热力有限公司，先后投资约3.5亿元，实现电厂侧的技改和供热管道的建设，利用电厂的余热余压蒸汽供给来宾市工业园区企业。广能热力有限公司依托电厂的高品质蒸汽，开发工业低压用热及民用用热，经过近10年的发展，已经成为广西壮族自治区内最大的热电联产基地。随着用热企业集群不断壮大，已建成河南工业园一期、二期管网和汇元锰业及东区管网等10路供汽管网，压力等级分别为0.75MPa、温度280℃～320℃，1.25MPa、温度280℃～350℃，3.5MPa、温度350℃，满足不同用户的供热需求。目前，供热总管路长度达40余千米，供热涵盖面积46.3平方千米区域，实现园区内热电联产全覆盖。

（二）实施技术创新和机组改造，达到节能降耗和清洁生产目的

为加快企业转型升级、推进绿色低碳发展，广投来电通过技术创新和机组改造达到节能降耗和清洁生产目的，累计投资7500万元，先后完成凝汽器真空泵系统节能优化改造、凝汽器补水管道改造项目、锅炉磨煤机节能钢球能源管理合同项目、锅炉综合节能（含燃烧器、微油点火系统等）改造、排粉风

机高压变频改造项目、锅炉空预器密封改造等多项技改项目。2020—2021 年，广投来电通过技术改造累计耗煤减少 6727 吨标准煤，耗油减少 90 吨，两项合计节省 1029 万元；减少二氧化碳排放 17770 吨。

（三）创新环境污染第三方治理模式

一是创建环境污染第三方治理政策和市场保障机制。2015 年以来，广投来电大力助推来宾市参与环境污染第三方治理试点申报，2016 年 7 月促成来宾市入选环境保护部第五批环境服务业试点城市名单。在试点期间主要开展的项目分别为“热电联产大气污染第三方集中治理示范试点基础设施建设”“环境服务业试点示范展示基地”“热电联产大气污染第三方集中治理试点示范”“来宾电厂大气污染资源化治理试点”。通过 3 年的环境服务业试点实践，理清了产业绿色生态可持续发展的现状和存在的问题；摸索创立了一整套支撑绿色低碳循环经济发展的项目建设配套机制、政策导向机制、工作联络机制、环境倒逼机制等，为环境污染治理和碳减排工作提供了宝贵的实践经验。

二是创新运用 BOO 模式，实现机组超低排放系统的商业运营。广投来电以 BOO 模式，将 4 台机组的脱硫脱硝资产整体打包给第三方公司运营，由第三方公司投资 2.7 亿元完成 4 台机组的超低排放改造，推进第三方治理模式的商业实现，实现大气污染治理的方法学创新。2020 年 2 月，顺利通过广西壮族自治区生态环境厅关于电厂超低排放改造项目的竣工验收，实现了污染物近零排放指标，改造后烟气中的污染物 SO_2、NO_X、烟尘排放浓度将依次控制在 35mg/m³、50 mg/m³、10 mg/m³ 以下。

创新性的通过引进工业污染第三方治理企业，采用全新的市场化运行 BOO 治理模式完成 4 台机组的超低排放改造，积极践行国家节能减排政策和要求，落实了“清洁生产，绿色发展”环保理念。

白泥－脱硫有机结合，有效替代石灰石，不仅可以促进白泥的综合利用，而且可以降低脱硫生产运行成本，达到减排和节能双赢效果。

固废脱硫石膏，通过无害化处理，可作为建材原材料替代产品，降低碳排放的同时取得一定的经济效益。

（四）促进废物资源化利用，实现附加效应

一是热电联产直接提高了能源资源的利用率。以 2020 年计，广投来电累计对外供热 146 万吨（热水），可节约燃煤成本近 7000 万元，能源利用效率由 42% 提高到 54%。电厂生产产生的粉煤灰全部销往水泥厂和搅拌站再利用，综合利用达 100%，实现“即排放即利用”的良性循环，大大提高了能源资源的利用率。

二是开展造纸白泥综合利用试点项目，形成具有来电特色的循环生态链。广投来电利用园区内造纸企业生产的固体废物白泥代替石灰石粉作为脱硫吸收剂，用于 4 台发电机组的尾气治理，不仅解决了困扰造纸企业多年的固体废物无法绿色环保消纳的问题，也减少了开采石灰石的成本。广投来电以产学研结合为出发点，科学统筹落实白泥的工业化应用，实现白泥废渣与大气污染物 SO_2 的“双向治理”。截至 2021 年，已累计替代并减少脱硫用石灰石耗量 6 万吨，减少开山取石近 10 万吨，年节约处理成本 1000 万元，为地方特色产业提供可持续发展范本。

三、实施效果

（一）热电联产实现小锅炉替代

通过实现园区热网全覆盖、集中供热“绿能”招商，用汽企业由 2016 年的 30 家增至 2021 年的 70 余家，供热用热企业涉及造纸、金属冶炼、制药、环保建材、生态软瓷、生物提纯、餐具消毒、商务洗涤、食品加工、服饰加工等 10 多个行业。新入园企业无须自建锅炉，节约了固定资产投入，降低了运行成本，保护了区域大气环境，推动了产业高质量发展。据测算，每家入园企业可节省锅炉及配套设施等资产投资 210 万元（7 蒸吨计），节约了建设用地，减少运行成本 30 ~ 50 元/蒸吨。通过集中供热累计减少关停园区小锅炉 32 台，节约来宾市标准煤消耗约 40 万吨，减少 SO_2 排放 3400 吨、减少 NO_X 排放 2960 吨、减少碳排放量约 85 万吨。以热电联产为核心推动大气污染第三方集中治理，来宾市空气质量明显好转。

（二）配套实施机组节能技改

累计投资 7500 万元，通过实施节能技改，综合降低电厂煤耗 8 g/kWh。合并集中供热替代小锅炉的节能量，累计节约标准煤 52.08 万吨，总计减少 CO_2 排放 144 万吨。在促进区域经济发展、生产清洁化转型的同时实现碳减排。

（三）创新第三方治理模式打造清洁生产园区

以 BOO 模式实现环境污染第三方治理在脱硫脱硝项目上的商业运营；以集中供热为纽带，提供降耗、降碳、大气治污服务；创建从环境服务、咨询、治理等完整的市场化配套机制体制，实现园区绿色低碳转型升级可持续发展目标。“十三五”期间，通过 BOO 模式的良好运作，来宾市降低污染物排放浓度 SO_2 为 30%、NO_X 为 12.5%、PM2.5 为 34.4%。平台的建立为园区后续发展储备碳排放配额为 116 万吨，赢得大气污染物排放等效环境容量指标 SO_2 约 2.5 万吨/年、NO_X 约 0.7 万吨/年、粉尘约 30 万吨/年。

展望“十四五”，在当前能源市场蓬勃发展的形势下，广投来电将继续以热电联产为抓手，深度融入来宾市循环经济生态工业园发展大局，挖掘出新的效益增长点，打造综合能源服务商业模式，在促进国家“双碳”目标实现的同时也给煤电企业破解生存难题、实现转型发展提供参考范本。

主创人：梁海山、覃朝阳、朱政梁、磨剑锋、欧　妙

综合智能抑尘系统在装船作业中的设计与应用

国投曹妃甸港口有限公司

一、企业概况

国投曹妃甸港口有限公司（以下简称国投曹妃甸港）于2005年6月注册成立，注册资本金33.2亿元。公司主要任务是建设运营曹妃甸专业煤炭码头，满足大秦线扩能增量和新建蒙冀铁路煤炭下水需求、服务国家能源经济建设。公司拥有目前世界上最大的翻车机房、最先进的码头钢板桩结构及行业内最早建设的条形仓，同时也是建筑领域国家级奖项的“大满贯”（“鲁班奖”、国家优质工程金质奖、“詹天佑奖”）获得者。

曹妃甸专业煤炭码头项目是曹妃甸港区最早核准、最早建设的专业煤炭中转项目，分起步和续建两期建设，项目总投资95.25亿元。港区共配备5套四翻翻车机系统，年设计卸车能力1.3亿吨，有8台装船机、9台堆料机、15台取料机、1台堆取料机，采用堆取分开工艺、一线双取配煤工艺，拥有18个堆场、194个垛位，设计堆存能力832万吨，拥有5万~15万吨级码头10个，自有拖船6艘（2艘5000马力，2艘4000马力，2艘3500马力），下水能力1亿吨。

二、主要措施

未来煤炭港口的核心竞争力，环保将占据重要的一环，国投曹妃甸港不遗余力地打造创新型绿色港口，在煤炭装船作业的每个过程利用先进的科学技术有效控制粉尘污染。

（一）在线粉尘智能检测系统

为了提升煤炭港口的环保水平，国投曹妃甸港设计一套适合装船作业的环保设施联动方案，在此基础上设计研发装船作业区域的在线粉尘监测系统，在装船作业过程中如果出现粉尘浓度提升，随即开启单机粉尘抑制系统，抑制煤尘的产生。

煤炭港口在生产运输及煤炭在中转当中产生的动态煤尘主要是粒径小于100μm的颗粒物，称为总悬浮颗粒物，又名TSP（Total Suspended Particulate），因此煤炭港口主要检测的就是TSP。目前，市面上的在线式粉尘监测设备主要有激光在线式粉尘监测设备、β射线在线式粉尘监测设备等，既能满足国投曹妃甸港的环保设备与抑尘设备联动，又能快速监测传输粉尘与气象数据。

（二）装船机洒水抑尘系统设计

装船机在装船作业时煤流落差冲击问题。国投曹妃甸港装船机共计8台，起步装船机设计能力为6000t/h，续建装船机设计能力为6500t/h。由于设计流量大、皮带机运行速率快、装船作业时垂直落差大，煤炭的重力势能大，产生的冲击很容易造成煤炭扬尘的产生，加上海边的风速通常较大，煤尘很容易被风吹散扩散到空气当中，造成严重的粉尘污染。

创新应用解决问题，装船机溜筒平台安装雾炮。想要在装船作业过程中不产生污染，就需要将由重力势能作用下煤炭冲击而产生的煤尘压制到船舱里，这就要求洒水抑尘设备产生的雾滴有一定的初速度，导向性强。船舱里向上升起的扬尘与雾滴充分混合，被湿润的粉尘颗粒继续吸附其他粉尘颗粒而逐渐凝结成颗粒团，颗粒团继续向下运行掉落在船舱里。海边风速往往较大，要避免出现雾气团被风吹跑，所以，雾滴要有一定的导向性、抗风性。综合以上原因，选择在溜筒平台处加装3个雾炮，雾炮在溜筒周围平均分布，方向对准船舱，并且雾炮方向性可调。作业过程中，3个雾炮共同对准起尘点，将雾气向船舱里吹送。在装船机溜筒平台上加装雾炮的优势较多，雾气抗风能力强，对于海边的海风有很强的抗干扰能力；雾气的导向性强，雾炮机依靠风机喷出的气流将雾滴进一步破碎雾化并使雾滴具有足够的动能穿透粉尘，能给雾气一定的速度与煤尘加速混合，混合而成的颗粒团会随着雾炮风向的作用压制到船舱里。

装船机上水装置自主设计。装船机上水槽是开放式结构，没有保温伴热，在冬季的时候需要将水槽里的水放空，避免出现冻冰的情况，这样装船机在冬季是无法通过吸水泵在水槽里吸水的，导致冬季的时候装船机无法上水，没有水的情况下无法进行装船机洒水抑尘，不能满足冬季环保的要求。装船机上水装置实现在有注水需要时能够自动停靠在就近可用的注水位并自动启动注水过程，在水箱注满水后能够自动停止，从而使加水过程实现智能化，高效率，更加环保、节能。注水器由主水管、缩口喷头、电动阀、控制器等部分组成，注水器固定于廊道的工字钢支架上，间隔距离根据实际加水需求进行设置。受水器安装于装船机水箱附近，与装船机主控器进行联动，实现自动注水。

（三）取料机洒水抑尘系统设计

取料机洒水抑尘系统升级改造的总体方案。国投曹妃甸港取料机原有洒水抑尘系统已使用多年，设计理念与核心技术均已远远落后，伴随系统各环节零部件的老化和损坏，洒水抑尘能力已无法达到环保要求。为了更好地治理取料机作业过程中产生的粉尘污染，有必要对取料机洒水抑尘系统进行升级改造。取料机洒水抑尘系统升级改造的设计内容包含：新建水箱、上水管路、泵站、主管路、喷嘴、电气控制元器件、保护装置、伴热加热装置，采用大扬程离心泵，洒水管路、支吊架重新敷设，更换吸水泵，斗轮处增加水雾喷射装置；为满足冬季洒水抑尘需求，整体洒水系统加保温伴热，增加冬季水箱自动上水装置并配有电控系统，输水管道活动部分采用高压软管，管道外面做保温并外部敷设低压电伴热带，水箱加装一个液位报警器、安装加热装置、外部做阻燃保温。

增设全自动上水装置，摆脱对地面水槽的依赖。取料机原有上水装置依赖于地面水槽供水，由于地面水槽是露天设计且没有保温伴热，北方港口在进入冬季前必须将水槽里的水排空，防止水槽结冰损坏，这就导致取料机洒水抑尘系统冬季无法使用。为了取料机洒水抑尘系统在冬季能够正常使用，设计了定点自动上水装置。自动上水分为地面部分和机上部分两部分。地面部分包括从喷枪站引出的水管路，即在堆场喷枪处连接外置上水管，在不影响喷枪正常使用的前提下从喷枪站处外接水管并加电磁阀控制，上水管处加 Y 型过滤器，管路上增加手动阀和电动阀并设一个弧形上水口，上水口的上端安装与机上二级水箱开口相对的喷射水嘴。机上部分为在取料机门架下部安装开口朝向外侧的二级水箱，此水箱装有电加热装置、水管装有保温伴热，水箱内有潜水泵，内设高低液位报警器，能实现自动控制。机上管线预留一处手动上水管路，上水接口统一为 DN65 消防快速接口。由于喷枪站在堆场均匀布置，这样可以在同一轨道上选取 5 个喷枪站增设 5 处补水站，当冬季需要自动上水时，大机上程控系统根据大机行走位置将大机停靠在地面补水站位置，程控系统给出自动上水信号，大机上二级水箱打开水箱盖并通过地面的喷枪站控制地面上水点电动阀打开，给二级水箱供水，通过水箱内潜水泵将水供到机上水箱。当自动上水过程中有高液位报警时，关闭电动阀停止地面部分自动上水；当有低液位报警时，停止潜水泵工作。

恒温增压水箱解决冬季机上洒水补给存储问题。北方港口冬季洒水补给存储问题也是制约取料机洒水抑尘系统使用的关键所在，所以更换了原有水箱。新设计的水箱包括：1 个液位控制器（高位、高高位、低位、低低位），多级离心泵，过滤器，浮球阀，泄水阀，闸阀，吸水口的粗过滤器，压力表，压力控制器，以及电加热器等。水箱外包性能良好的保温材料并增加水箱加热器。冬季温度较低时，电加热器启动，为水箱加热，保证水箱内水温相对恒定，实现全自动温控。水箱出口加装增压泵，目的是防止水输送过程中由于阀门突然开启或关闭、水泵突然停止、骤然启闭导叶等原因，使流速发生突然变化，压强产生大幅度波动，产生破坏性影响；同时，保证因用水设备停止，增压泵长时间堵转运行损坏水泵，在水泵出口增加回水管路返回水箱并在回水管路上加装阀门。喷雾抑尘装置操作可实现自动和手动两种控制模式。自动操作模式时，在司机室内喷雾主机控制面板触摸屏上选择“自动运行”模式，喷雾主机进入自动工作状态，喷雾主机的 PLC 依据取料机取料信号控制喷雾抑尘系统，进行自动喷雾。手动操作模式时，在喷雾主机控制面板触摸屏上选择“手动运行”模式，喷雾主机手动操作准备就绪，在就地操作箱上操作，可实现操作人员手动就地控制喷雾。

（四）皮带机沿线粉尘抑制系统

减少皮带跑偏是解决物料洒落的根本措施，若能在装船作业时达到无洒漏煤，就能减少二次清理、转运时的扬尘和空气污染，保护环境，有利于煤炭港口绿色发展。为解决皮带跑偏问题，可以调整皮带机系统改向滚筒和托辊、加装回程反压托辊组和自动调偏托辊组、延长落料点调料挡板和加装缓冲装置等。通过上述工作，解决了大部分皮带跑偏问题，但输送的煤炭种类繁多且湿度、粒度各有不同，导致物料落在输送带上的落料点位置各有不同，当物料位置偏向皮带一侧时，皮带就向另一侧跑偏，随着皮带爬坡运转，皮带偏斜会更加严重，导致皮带边缘磨损、撒料和系统停机，影响作业效率，这时就需要调整调料挡板改变落料位置到皮带中间，使皮带运转正常。国投曹妃甸港设计并应用了一种输送带自动调偏控制系统，该系统达到了如下要求：第一，对皮带机运行中跑偏的输送带做到不停机、自动检测、自动识别跑偏状况并自动纠偏，提高生产效率，降低因停机调偏而造成的损失；第二，可以适当降低对于操作人员和维修人员的高培训要求；第三，皮带调偏快速可靠，精度高。核心的数据就是检测皮带及物料的跑偏量，根据跑偏量的偏差来调整挡料板的角度，挡料板角度的变化会引起物料落料点的变化，从而影响皮带机跑偏，再检测皮带机跑偏是否已经好转，根据现有的皮带机偏差数据反复调节挡料板的角度，实现皮带自动调偏的功能。采用 BULKSCAN LMS511 激光测距传感器来检测皮带机的跑偏量及物料重心距皮带机中心的偏移量，将数据传输到 PLC 系统，通过 PLC 系统的运算，计算出调料板需要调整的角度，PLC 将命令输出给执行器，执行器推动翻板并反馈推动的行程数据给 PLC，闭环控制调料板的角度，调整皮带机落料点的位置，实现纠偏功能。PLC 选型能与激光测距传感器和执行器进行相互反馈。纠偏调整的理论依据是：当检测到皮带机跑偏的时候，根据检测到的煤流重心与托辊中心线的距离，调整调料挡板角度，影响落料点位置，再检测出落料点变化情况及皮带机跑偏量，进而再调整调料挡板，闭环调节，直到检测出皮带机不再跑偏为止。此套装置包括调料板、电动推杆、传感器、控制器。调料板与电动推杆由叉销铰接，电动推杆尾部铰接在固定钢结构上。电动推杆前伸，调料板抬起，角度增大，调节落下的料流向左侧移动；电动推杆后缩，调料板放下，角度减小，调节落下的料流向右侧移动。电动推杆安装在导料槽观察平台处，内置位置传感器，可实时反馈推杆伸出距离。传感器安装在导料槽出口位置，垂直布置于托辊架上方，距地面皮带高度在 1 米左右。控制器布置在导料槽观察平台处并与电动推杆、传感器和输送带控制系统做好电气连接。

三、实施效果

第一，装船作业区域在线粉尘监测系统能够实时监测作业环境中的粉尘浓度，根据监测到的粉尘浓度自动与洒水抑尘系统联动。它不依赖人的肉眼判断，客观实际地抓取现场环境数据，将数据传输到 PLC 系统，自动控制洒水抑尘系统。不但降低操作人员的工作强度，还能降低水资源的消耗，从而提升港区的环保水平。

第二，本设计涵盖装船作业全过程的粉尘控制，其有两个核心思想，其一是严控生产作业过程中煤炭洒落引起的环境污染，分别在取料作业环节、煤炭转运环节、煤炭装船环节采取了一系列措施，严控煤炭的洒落；其二是全生产线的洒水抑尘系统智能联动，各运行机构的洒水抑尘系统相互配合，提前对煤炭进行加湿处理，建立整个生产流程的环保设施联动系统，同类港口往往不重视生产线上的洒落煤现象，煤炭落到地面上被风吹会造成粉尘污染，如与水混合会造成污水，也缺少洒水系统之间的智能联动，往往是人工手动操作，没有系统性解决问题的方案。

第三，装船机溜筒平台安装使用自主设计的雾炮，解决船舶上的起尘问题。此项设计已申请国家专利。雾炮适用于装船机，能形成雾墙以阻止煤尘的外溢。每一个雾炮都单独可控，方向可以无线控制。由于方向性强，3 个雾炮可以对准起尘点同时喷射，压制船舱里的煤尘，使煤尘凝结成颗粒团掉落在船舱里，阻止煤炭粉尘污染空气和海水。

第四，创新设计取料机、装船机自动上水装置，解决北方港口冬季单机供水的问题，不需要人为操作，降低人工成本。

主创人：王红涛、李　政、王鹤一

专业煤码头全流程多举措粉尘治理

国投中煤同煤京唐港口有限公司

一、企业概况

国投中煤同煤京唐港口有限公司（以下简称国投京唐港）成立于2005年6月，由国投交通控股有限公司（股比27%）、中国中煤能源股份有限公司（股比21%）、晋能控股煤业集团有限公司（股比20%）、唐山港口实业集团有限公司（股比20%）、唐山港集团股份有限公司（股比12%）5家股东出资组建，注册资本9.7亿元。主要承担山西、陕西、内蒙古西部等地煤炭中转业务，是国家为缓解“北煤南运”压力和应对大秦铁路扩能分流的配套项目。

国投京唐港成功承办了交通运输部组织的“资源节约型、环境友好型”现场交流会；自成立至今先后被省、市、区评为“花园式单位”“绿化园林单位”“沿海强区、美丽港城”特殊贡献企业及工业区绿化优秀单位、大气污染治理优秀单位等荣誉称号。近年来，国投京唐港整体污染治理能力得到了有效提升，生态环保工作业绩屡创新高，港区面貌改善明显，得到了政府部门和周边企业、社区的一致认可。在各级政府、行业主管部门、上级单位的历次生态环保检查中，各级领导均对公司的生态环保工作给予了高度评价。

二、主要措施

（一）领导高度重视，深化环保管理体系建设

国投京唐港不断创新环保理念，坚持可持续发展，通过创新管理思路、创新组织形式、坚持换位思考、应用先进技术，完善了环保管理机制，使“善待碧海蓝天、保护我的家园”从口号变成实际行动。

一是加强环保管理组织机构建设。成立以党委书记为主任的环境保护管理委员会，全面领导公司环保管理工作。强化、固化公司环保工作机制，公司领导每月在司务会、安健环例会及生产调度会上部署、安排环保工作。不断提高环保重视程度和环保工作认知，站在讲政治的高度不断强化环保基础工作，在急难险重中勇于亮剑、敢于担当、迎难而上、积极作为、攻坚克难，全力解决环保“卡脖子”问题。

二是加强制度建设。针对现场实际情况，出台了《环境保护管理办法》《生态环境保护考核和责任追究办法》《生态环境保护风险防控与隐患排查治理管理办法》《固体废物管理办法》等环保规章制度及《突发环境事件应急预案》，形成了严密有效的制度保障体系。

三是高标准配备环保工作人员。公司在配备专兼职环保管理人员的基础上，打造了一支包含有清扫工、环保车司机、绿化养护工、兼职环保应急人员等的现场环境维护队伍，有效保障了环保工作的顺利开展。

（二）开展防风抑尘网研究建设

2008年6月至2009年11月间，国投京唐港在堆场东侧建设了长度为1477米、高度为24米的防风抑尘网；在堆场的北侧和西侧分别建设了长度各为510.9米、1584米而高度同为20米的防风抑尘网，合计长度为3571.9米，总投资为1.346亿元。防风抑尘网效果明显：对南向风的抑风率大于40%、抑尘率达到82%以上；在侧向风条件下，防风网的抑风率为20%左右、抑尘率为40%～50%，全年减少扬尘量1384吨。防风抑尘网的建设有效抑制了扬尘，减少污染并保护了周边环境，为公司建设生态型绿色港口发挥了巨大的作用，为国家防风抑尘网建设标准的制订做出了突出贡献。

（三）配备堆场洒水抑尘系统

国投京唐港在堆场配备了266支固定式洒水喷枪，有效抑制了堆场静态扬尘。洒水系统包括：高压供水系统，含高压泵3台，设计管压1MPa，供堆场喷枪喷淋使用；中、低压供水系统，含中压泵4台，设计管压0.6MPa，供消防系统及生产现场冲洗使用；堆场喷枪系统由可覆盖5个堆场、58个垛位的266个喷枪站组成。

近几年来，国投京唐港不断对洒水系统进行改造升级。一是选用洒水高度、射程满足公司需求的新型喷枪。二是实现中、高压系统全自动控制，优化“三切一备”四泵运行方式。冬季、夏季作业模式下洒水频次、周期、时长均可调整。三是利用物联网、云平台技术，实现移动端控制洒水。四是在堆场大机坐标系统内对全部喷枪进行位置标定，借助设备之间的位置信息实现喷枪、大机联锁保护，避免因洒水造成设备损坏、腐蚀等问题发生。五是优化人员配置，取消了专职洒水岗位并提高了堆场区域洒水响应速度及环境治理能力。

（四）建设微米级干雾抑尘系统

国投京唐港在翻车机平台加装了微米级干雾抑尘系统，在堆场的6台堆取料机、2台取料机处加装微米级干雾抑尘系统，在转接塔加装微米级干雾皮带清洗综合抑尘系统，切实控制生产作业中产生的动态扬尘。微米级干雾抑尘系统具有能耗低、抑尘效果较好等优势，全年均可使用，其原理基于欧美科学家的研究理论——“水雾颗粒与尘埃颗粒大小相近时吸附、过滤、凝结的概率最大”。水雾颗粒与粉尘颗粒大小接近，粉尘颗粒随气流运动时就会与水雾颗粒碰撞、接触而聚结一起。水雾颗粒越小，对粉尘的“捕捉”作用越显著，聚结的粉尘团不断变大、加重因而很容易坠落，最终沉降下来，从而达到去除粉尘的目的。

（五）在翻车机底层漏斗加装精细化洒水系统

国投京唐港在翻车机底层漏斗处加装了三级挡位控制的精细化洒水系统，与翻车机给料器相结合，在给料过程中分层洒水，实现煤炭与水的均匀混合，增加煤炭含水率，从而降低装卸作业全过程的煤炭扬尘。洒水系统安装在翻车机底层漏斗振动给料机内部的密闭空间内，洒水落差小，水除尘利用率接近100%，节约水资源。因设计位置在翻车机底部地面以下18米，冬季实际温度保持在5℃以上，能够实现冬季洒水，并且具备分级洒水功能，根据多年数据积累证实，实施精确化洒水可保证煤炭含水量不超标，不影响煤炭质量。

（六）对装船机进行高压微雾系统改造

国投京唐港对装船机进行高压微雾系统改造并实现分级控制，进一步抑制煤炭堆、取、装过程中的扬尘。高压微雾就是利用增压泵将水压加高，通过特制的喷嘴雾化后并高速旋转，以超微雾粒子喷射至整个空间，超微雾粒子在空气中与粉尘颗粒相互碰撞、吸附，在重力作用下沉降，达到降尘的目的。

高压微雾抑尘系统的优点很多。一是雾细。高压微雾喷嘴每秒能产生50亿个粒径仅为十几至几十微米的雾滴，加湿抑尘效果明显。二是节能。雾化1千克水消耗功率极小，是传统电热式的百分之一，是离心式或气水混合式加湿器的十分之一。三是可靠。高压微雾抑尘系统主机采用高级增压泵，能够24小时连续运转，喷嘴及水雾分配器无动力易损部件，在高粉尘环境中不会损坏。四是安全。缺水自动断电，防止因无水时泵空转现象，提高泵寿命。五是加湿效率高达95%以上，喷雾量大且可自由组合。超高压微雾系统泵站的输出流量调节范围是100kg/h～1600kg/h，可以组合进行流量调整。六是防冻。设计中考虑冬季洒水相关需求，保证系统能够在环境条件比较寒冷的情况下仍可以正常使用，采用的伴热系统应用自限温电伴热带构成，达到自动运行、安全节能的目的。

（七）加速驱动环保智慧发展引擎

国投京唐港以科技力量为手段，加强生态管理工作，不断加大环保科技投入，积极开展危废视频监控系统及环境在线监测系统建设工作。在作业现场设置粉尘在线监测仪75台、厂界空气质量一体化检测仪4台、煤污水水质监测仪1台，实现环境监测数据存储、预警、展示、分析、管理等功能，及时掌握颗粒物、空气、水质等现状的真实状况，加强现场全流程作业环境监测数据一体化管理，提高数据采集效率，全面提升环境监测精细化监控和管理。该系统应用成为公司新的生态环保工作亮点。

（八）系统性配备其他各类环保设备设施

国投京唐港在易起尘处建设了各种固定干式布袋除尘器和湿式洒水、喷淋除尘设备设施，可有效控制生产作业中的动态扬尘。国投京唐港还配备了流动洒水车、洗扫车、水炮车、吸尘车等环保车辆，这些车辆全天循环作业，确保有效控制堆场、道路产生的静态扬尘。国投京唐港每天专门调派一台洒水车、一台洗扫车对公司场区外社会道路开展洒水及洗扫作业；定时派出水炮车对市政道路开展抑尘作业，为地方政府排忧解难，保障了区容区貌。

为解决皮带机运转过程中产生的二次扬尘，国投京唐港在皮带机驱动站、转运站等部位综合运用洒水系统、皮带清洗箱、防尘罩、驱动站防尘围挡等措施控制转运过程中的二次扬尘。皮带清洗箱、驱动站洒水系统均由公司技术人员自主设计、制作，通过传感器实现了与皮带机控制系统的联动，既节能又环保。在皮带机沿线易起尘处安装了3350米的防尘罩，有效控制了运输过程中的扬尘。

（九）抓住难点，做好全流程扬尘管控工作

国投京唐港充分发扬“钉钉子”精神，从强化源头治理、抓好综合管控、落实根源倒查、做好追责问责4个方面加强环保管理工作。

一是强化源头治理。国投京唐港针对现场作业起尘情况，按照“三管三必须”和“属地管理”原则细化管控措施，出台了《全流程精细化洒水标准》《特殊煤种全过程沟通及控制流程》，针对不同的煤种，实施差别化、精细化洒水抑尘措施。加大日常洒水强度，全方位、全流程抓好扬尘治理工作。

二是抓好综合管控。国投京唐港各岗位切实履行环保责任，各级管理人员通过关口前移、重心下移，勤下作业现场巡视检查，将责任压实到每一位员工和每一次操作、每一个作业环节，确保环保管控到位。国投京唐港将环保工作方案、计划清单进行细化，制订了具体可执行的措施，明确责任部门、时间节点和责任人，确保工作落到实处。国投京唐港下发了生产作业除尘专项监督检查方案，纪律检查部门督导检查环保措施落实情况，公司上下协调联动、形成合力，各部门履职尽责、综合管控，保持公司环保形势的持续稳定。

三是落实根源倒查。针对现场起尘问题，国投京唐港对整个流程环节进行全面倒查，从翻车机房卸车作业直至装船结束，每一个环节确保做到环保措施到位，哪个环节出问题，就对哪个环节进行解剖式分析。

四是做好追责问责。国投京唐港强化各项环保措施的落实，持续提高环保工作标准，加大了环保督导和考核力度，结合纪律监督对环保起尘问题追责到岗位、问责到管理人员，形成了监管严格、奖罚分明的环保管理体系，推动了公司环保管理水平的不断提升。

（十）重视港区绿化，打造花园式绿色港口

国投京唐港秉持“绿色、环保、生态”的发展理念，高标准建设了绿化景观，努力打造花园式绿色港口。在主、次干道及通道两侧设置绿化隔离带，将边角地、闲散地、空闲地全部进行了绿化，建设了水池、温室等功能性设施，确保“无黄土露天”。国投京唐港现有的12.15万平方米绿化防尘及生态景观面积，全年可吸附煤尘540吨、吸收同化污染物2650吨、二氧化碳3280吨，全年制造氧气2400吨，发挥了净化粉尘、吸收污染物、降低噪声的生态功能，起到提高港区品质、提升港区形象、美化净化环境的生态作用。国投京唐港组建了26人的绿化养护队伍，负责绿植的日常养护工作，“种”“管”兼顾，确保效果。

三、实施效果

国投京唐港始终高度重视生态环保和污染治理工作，积极贯彻落实国家和地方的生态环保相关法律法规，坚持源头控制、全面治理的理念，通过不断完善管理工作、创新工作方式，加大生态环保设备设施改造资金的投入，多措并举探讨出综合粉尘管控模式，从而形成了具有国投京唐港特色、覆盖全流程的粉尘综合治理系统。微米级干雾抑尘系统、高压微雾系统等创新环保技术的成功应用，有效解决了北方冬季环保抑尘的难题，创造了较好的社会效益和经济效益。通过综合运用干、湿式除尘器、堆场洒水、流动环保车辆、防风抑尘网、防护林带等措施，公司的抑尘能力有了进一步的提高；防风抑尘网的建设为公司建设生态型绿色港口发挥了巨大的作用，也为国家防风抑尘网建设标准的制订做出了突出的贡献。

国投京唐港以高度的责任感和神圣的使命感，不断加强管控力度，人员生态环保意识不断提高，抑尘设备设施运行良好，防风抑尘网的效果显著，煤污水得到了循环利用，绿化效果明显，实现了生态环保事件为零的目标。通过深入开展绿色港口建设，全力解决各项环保难题，现场清洁生产水平显著提升，取得了良好的社会、环境和经济效益，初步摸索出一些环保管理经验。一是负有社会责任感的生态环保理念是前提。如果生态环保意识不强，科技再进步，模式再成熟也是徒劳。站在可持续发展的高度，树立为后人造福的理念，是企业可持续发展的必由之路。二是广泛采用高新技术是依托。科技创新是绿色低碳发展的根本动力之一。三是到位的生态环保资金投入是支撑。公司对生态环保工作的资金投入是生态环保工作能够落到实处的有力支撑。四是具有实效的多措并举是抓手。科学合理的规划设计，效果显著的技术引进，全方位多层次的管理模式，多领域、各专业措施的多管齐下，是企业做好生态环保的有力保障。五是实现高质量发展与生态环保“双赢”是动力。建设低碳绿色港口有利于构建和谐社会，以及提高社会效益、企业经济效益，体现了央企负责任的担当与价值。

主创人：吉学斌、陈晓军、于志健、李国军

面向高耗能企业的节能减碳服务体系应用与实践

国网黄石供电公司

一、企业概况

国网黄石供电公司（以下简称黄石公司）是国网湖北省电力有限公司下属分公司，以电网建设、管理和运营为核心业务，黄石电网西接武汉、北连黄冈、东送江西，现已成为鄂东南电网枢纽。目前，黄石市内有2条±800千伏线路、5条500千伏线路；110千伏及以上公用变电站70座，220千伏及110千伏线路总和超过2100千米，担负六个县（市、区）、一个国家级经济技术开发区和一个国家级高新技术产业开发区的供电任务，供电面积4583平方千米，供电人口268万，供电总户数达102.61万户。

近年来，黄石公司连续5次蝉联“全国文明单位”殊荣，先后获得“全国模范职工之家”“全国厂务公开民主管理先进单位”，以及国网公司“先进基层党组织”“文明单位”“先进集体”等荣誉，多次被国网湖北省电力有限公司授予“最佳文明单位”“落实党建工作责任制红旗单位”，连续3年获评“企业负责人业绩考核A级单位”。

二、主要措施

（一）服务“双碳”发展战略，构建“综合能源管家”服务模式

1. 坚持“多方共建”理念，确定“管理服务”指导思想

黄石公司将建设“具有中国特色国际领先的能源互联网企业”的战略目标与黄石市“长江中游区域性中心城市和先进制造业基地”的发展定位紧密结合，结合黄石市高耗能产业绿色低碳转型的整体规划，明确“对内整合资源、对外合作共享、全流程‘一管到底’”的思路。内部实施主要领导牵头，各专业全力支撑，全公司服务综合能源发展，打造“大综合能源服务”发展格局。外部聚合政府、电网企业、研究机构、供应商、客户多方之力，打造“联合协作、共建共赢、一体运作”的绿色能源生态圈。

2. 构建“综合能源管家”服务模式，推动城市绿色发展

黄石公司以综合能源市场作为能源供给侧结构性改革的前沿阵地，以建设成为“走在前、做标杆，具有中国特色国际领先的能源互联网企业综合能源服务示范窗口”为服务愿景，聚焦政府绿色转型、聚焦能源结构升级、聚焦客户能效提升，构建电力数据应用机制、政企联动式合作服务机制、客户定制化服务机制、产业链联合攻关机制，针对政府治理需求提供综合能源政策和电力数据服务，当好政府治理“管家”；针对客户需求提供定制化综合能源服务，当好客户能效“管家”；针对产业链单位提供联合技术攻关服务，当好公司技术创新“管家”。以央企的责任、担当促进黄石市低碳绿色高质量发展。

（二）升级专业服务组织，夯实“管家服务”管理基础

1. 成立“五维”专业服务组织，夯实组织保障基础

一是组建全公司各层级全面参与的综合能源业务领导组。成立以分管领导为组长、各业务部门负责人参与的综合能源服务工作领导小组。二是打造电力数据服务专业队伍。依托大数据平台资源和数字超市产品供应链体系，为“综合能源管家”服务体系夯实数据融通的资源基础。三是成立市场化政企合作组织。黄石公司与国网湖北综合能源服务有限公司、新港物流园区三方合资成立黄石星源综合能源服务分公司（以下简称星源公司），为综合能源服务提供政策咨询和市场开拓保障。四是打造专业化服务前端组织。利用营销部市场客户的资源优势，分别成立属地化服务小组、市场服务小组、托管业务小

组、回访小组等服务组织机构，满足客户的个性化需求。五是组建产业链联合技术攻关团队。对外联合供应商、高校学者、设备厂商开展多领域技术攻关，为综合能源服务提供技术攻关和服务支撑。

2. 构建多维量化评价考核指标，激发员工服务动力

一是建立多维度综合评价指标体系。从安全、经济、低碳 3 个维度建立 10 项综合能源服务评价关键指标，出台《综合能源服务评价指标考核细则》，对"综合能源管家"服务进行综合评价，全力推动综合能源服务水平提升。二是建立督促性"631"绩效考核机制。在基层班组、县级单位、市公司 3 个层面按"631"比例计算专业指标，通过"工单积分制 + 目标责任制"落实员工指标考核，深挖员工服务潜能，形成良好服务氛围。三是开展员工服务量化评价考核管理。依据数字化平台，对履约不到位、客户投诉等问题实现业务质效与评价考核的实时联动，激励员工主动提升综合能源服务水平和质量。

（三）完善电力数据应用机制，挖掘海量数据资源潜能

1. 挖掘数据服务价值，拓展电力数据应用场景

一是开展清洁能源发电分析。分析光伏、风电、生物质能发电等行业区域布局特点，把握客户新能源发展需求，协助政府统筹好区域新能源发展布局。二是开展客户能效精准画像。全面分析不同行业、不同规模客户历史用能成本、行业生产特性、能效产值比等数据，深挖客户节能减排潜力，拓展能效服务市场。三是开展能源服务质效分析。通过分析应用成本、建设周期、投资收益、客户反馈等相关数据，制订黄石公司新兴产业发展建设方案，适时调整综合能源市场服务策略，增强客户黏性，提高企业市场口碑及经营质效。

2. 建设能源可视平台，实现设备用能实时监控

一是实时监测设备用能数据。采用无线传输技术、边缘控制技术、云平台存储技术对客户主要能耗设备进行实时监测，展示能源数据采集、传输、监控等全过程信息。二是评估设备运行状态。利用历史故障记录、劣化趋势特性等参数信息，实现重点能耗设备运行状态监控、异常信息主动上报等功能，提升综合能源服务项目设备运维水平。三是开展服务全景可视化展示。开发"星源碳算""掌上能源助手"等微服务应用，实现节能改造等综合能源项目服务全过程展示、跟踪，激发客户实施综合能源项目的兴趣。

（四）政企联动式合作服务机制，打造合作共赢市场格局

1. 开展能效服务合作，解决客户节能难题

一是政企联合开展实地走访调研。与政府建立常态合作机制，联合开展工业、商业、居民等多类型客户用能调研，累计完成 78 家企业实地走访调研、提供用能优化服务。二是政企联合提供能效诊断服务。双方依托星源公司积极开展高耗能行业的能效诊断工作，为娲石水泥等 96 家高耗能企业编制能效诊断报告。与黄石东贝集团共同签署能源服务战略合作协议，助力企业解决节能难点。三是与政府合力优化能源发展规划。协同热力、天然气等多家能源单位召开规划编制大会，合作规划建设集电、冷、热一体化供应的综合能源站等项目，发挥能源规划引领示范作用，合理把握区域综合能源市场布局。

2. 开展多种形式合作，增强市场竞争力

一是促请政府出台综合能源政策。共同制订《黄石市制造业千企节能改造行动方案》和《黄石市 43 家重点企业能效评价标准》，推动综合能源业务推广和发展。二是融入政府招商引资开拓综合能源市场。从源头上掌握客户需求信息，了解客户服务合作意向，第一时间为潜在客户制订有针对性的方案，提高市场响应速度，已先后为 30 余家企业提供节能改造项目建议书。三是提供符合本地政策的专业化咨询服务。在项目前期提供政策咨询服务，将服务融入客户投资项目的建设全过程，实现项目全周期能源成本最低，推动黄石公司从投资项目的初期就成为客户的"用能管家"。

（五）构建客户定制化服务机制，满足多元个性用能需求

1. 实施多种形态投资模式，满足多元合作需求

一是实施“建设－经营－转让”投资模式。客户无须承担费用，公司负责投资建设和运维管理，按约定比例分享收益，服务期满项目成果无偿转让至甲方。通过该模式与3家企业客户开展空压机设备节能改造项目，合同总金额达258万元，年节能收益75.8万元。二是实施“建设－拥有－经营”投资模式。客户为黄石公司提供场地，不需要承担任何费用，黄石公司承担项目投资建设及运营，双方按比例收益共享。通过该模式与16家企业客户开展分布式光伏能源建设项目，合同总金额达1600万元，年发电效益144万元。三是实施项目制投资模式。客户承担项目建设及运维费用，黄石公司提供技术和人员服务，客户向黄石公司支付服务费用。通过该模式与40余家客户开展能源托管项目，每年获得820万元服务收益。

2. 提供定制综合能源服务，满足客户个性需求

一是分行业提供能效数据服务。对学校、楼宇等公建类客户提供数据能效接入服务，对工商业客户提供能效水平研究服务，对高耗能行业客户提供能源数据增值服务。目前，已累计为28家客户提供63次数据接入服务、12次能源消费数据增值服务。二是重点推出设备“体检”服务。定期组织开展客户设备“体检”免费服务，目前已为20余家企业提供用能咨询业务，首批联合12家客户签署《企业能效产品合作服务意向书》。三是面向普通用户推出普遍性服务。推出六大类、27小类多元化服务产品，以及拥有285项模型产品、53项算法产品的数字超市，满足客户对自身能源生产和消费数据的分析和应用需求。

（六）构建产业链联合攻关机制，解决能源服务技术难题

1. 建立人才培养模式，增加科研人才储备

一是对内开展培训，提高理论和技能水平。制订黄石公司综合能源人才培训方案，先后组织26期新兴产业技术交流研讨会、6期节能降耗知识讲坛、30余期综合能源领域技术培训，共计60余名专业人员参与。二是对外交流学习，学习先进经验。通过外出交流参会、实地考察项目运作等形式组织13批次共63人赴上海综合能源峰会、无锡红豆智能产业园、徐州换电式电动汽车基地等地开展交流学习和实践，增长员工见识、拓宽服务思路。三是培养“一专多能”综合能源专业人才。将“一专多能”人才培养计划纳入企业综合能源发展战略。目前，公司在综合能源技术领域已形成四级工匠2人、五级工匠6人、主任工程师3人牵头的技术人才体系。

2. 实施技术合作攻关，实现创新驱动发展

一是构建能源研究常态合作机制。同华中科技大学、武汉大学等10余家知名高校在脱硫脱硝、二氧化碳在线监测、分布式光伏系统运行等领域开展深入合作。组建传感器及碳排放监测等能源技术研究室，为解决客户实际问题提供技术保障。二是开展关键技术科研攻关。以高耗能企业的空调、空压机、球磨机等能耗设备作为研究对象，开展节能减排技术科研攻关，实现对大型能耗设备智能化节能改造，满足客户设备节能降耗关键技术的研发需求。三是推动科技成果转化应用。陆续开展《典型高耗能企业用能系统节能降耗技术研究》等12项科技成果孵化项目，进行碳排放在线监测技术等8项专利成果的推广应用。与6家大型高耗能企业签署科技成果转化合作协议。

三、实施效果

（一）公司综合能源业务持续增长

一是不断扩大综合能源服务业绩。截至2022年9月底，累计签订综合能源服务合同31份，合同总金额为6198万元，较上年增长13%，排名湖北省第三。其中，光储项目10个，装机容量为30.6兆瓦，年收益1620万元；节能减排项目3个，项目投资258万元，节能率10.3%，年节能收益75.8万元；充

电桩报装容量 39.7 兆瓦，充电利用率 10.6%，年收益 178.6 万元。二是稳步扩展新兴产业能源服务业务范围。截至 2022 年 9 月底，公司完成综合能源新兴产业示范项目 6 项、电能替代项目 8 项、企业能效提升项目 3 项，持续扩大新兴产业服务业绩。三是加强与地方大型工业园区合作。打造区域“近零碳工业园区”示范区。目前，已与黄石东贝集团签订能源发展战略合作协议，将打造集光伏、储能、电能替代、节能降耗等多种综合能源元素为一体的示范园区。

（二）综合能源服务能力全面提升

一是提高综合能源服务数字化水平。目前，已为 96 家企业开展能效精准画像分析并提供《企业能耗成本分析》报告，协助黄石东贝铸造有限公司等 4 家企业打造智慧化车间，实现冷、热、水、电、气等多种能源数据的实时在线监测和智能化管理。二是提升综合能源市场开拓实践能力。借助政企合作平台，拓宽政府机构、学校、医院、商超等客户群体，与新港园区等 9 家客户达成能源服务合作意向。联合阳新县人民医院等 13 家客户陆续开展分布式光伏、电动汽车充电站等方面的能源托管合作。三是提升综合能源领域科技创新能力。开展节能减排、“双碳”管控技术科研攻关，实现无源传感器、碳排放在线监测等技术创新。培养“一专多能”复合型人才，在无线通信技术、相变储能技术、多能耦合技术等领域培养了 10 多位技术带头人。

（三）社会综合能效水平大幅提升

一是响应政府号召，实现区域交通电池更换技术“零突破”。在黄石市区建成首座智能换电站，每天可为 150 余辆电动出租车提供 3 分钟快捷换电池服务，升级多种型号电池更换服务，为解决民众出行“里程焦虑”提供重要保障。二是引导企业能效消费转型升级。已与黄石东贝铸造有限公司开展空压机节能智控项目，在实现生产车间设备可视化管理的同时每年可为企业节省电量 60 万千瓦时。三是有力促进能源消费从高碳向低碳、从低效到高效转变。持续加强与娲石水泥等高耗能企业在碳排放、碳监测方面的合作。2022 年，黄石市清洁能源上网电量达到 8.23 亿千瓦时，相当于减少 82 万吨二氧化碳排放，助推区域生态文明建设和可持续发展。

主创人：严　靖、王　澄、邓　琼、朱振武、王海蓉

涂装升级改造项目

合肥美桥汽车传动及底盘系统有限公司

一、企业概况

合肥美桥汽车传动及底盘系统有限公司（以下简称合肥美桥）成立于2008年12月24日（一期项目），由合肥车桥公司与美国车桥公司共同出资设立，2011年11月1日完成二期增资扩股。公司股权结构为合肥车桥公司50%、美国车桥公司50%。

合肥美桥是生产汽车前后桥等汽车零部件的专业制造厂家，拥有冲压、焊接、机加、装配、涂装等工艺齐全的61条柔性化专业生产线，具备年产30万台商用车桥、乘用车整体式车桥的生产能力。成立省、市级认定的技术中心、工业设计中心，现有各类专业技术人员120余人。公司通过引进消化国内外先进技术，成功开发了13吨级以下14个平台300余种产品，广泛适用于1～13吨载重货车、4～10米客车、客车底盘和乘用车。合肥美桥拥有135项国家级技术专利，其中12项是发明专利。

二、主要措施

合肥美桥涂装升级改造项目包括：涂装单组份油性漆改双组份水性漆试验、涂装前处理及水性漆改造项目和喷涂机器人项目等3个项目，历经14个月于2021年4月正式批量投产达到设计要求，总投资524.7万元，可兼容17种平台系列产品。

（一）项目背景

涂装线采用油性油漆喷涂，VOC等废气排放高，对环境污染较大，与现行环保要求不符且废气排放不符合环保要求，中度污染天气根据政策就需要限产、重度污染天气就需要停产。涂装线采用双面双工位人工喷漆工艺，喷涂过程人工控制，一致性差，稳定性差，易产生油漆淋挂、漏喷、漆膜厚度不达标和盐雾试验不合格等质量问题，客户常有投诉；油漆用量大，成本高；废气多，加重环境污染。前处理在使用单件前处理，整桥装配后直接涂装。因桥壳等零部件到装配需要有一段时间暂存且装配过程中零件表面会有污染，涂装上线不清洗，导致直接喷涂油漆附着力不稳定，客户有抱怨。喷涂采用人工手持喷枪喷涂，长时间握喷枪，人工作业强度大；油漆属于有害工种，长时间喷涂对员工造成职业伤害。加之目前油漆工人员短缺，难以招聘，招聘后熟悉的时间长。

（二）改善措施

采用机器人喷涂覆盖上涂装线的后桥，构建前处理工序，适度引进机器人，集中供漆系统，水性漆取代油性漆，同时采用信息化技术收集和监控过程参数，适度自动化。线体共分为前处理段－前处理烘干－喷漆－流平－烘干－下线，共计29个工位。涂装线升级改造项目新增两台喷涂机器人，采用前处理线，集中供漆系统，降低人员劳动强度，改善员工作业环境。

1. 进行工艺试验，选择合适的水性漆替代油性漆

考虑国家环保要求逐步提高，特别是重污染天气的停产风险、产品表面质量提升方面的需求，以及涂装作业环境的优化，进行涂装油漆的升级考虑，从油性漆改换为水性漆。寻找资源，进行油漆的选型和试验，确定由原来的单组份漆改为双组份漆，最终选定适合后桥产品的一款双组份水性漆。

2. 新建机器人喷涂系统，应用双组份水性漆

自动喷涂系统采取自动清洗换色系统和扇幅流量控制系统；采取防撞保护系统，除机器人本身防撞保护系统外，加枪身防撞保护，一旦喷枪相撞，系统自动停止并发出报警信号；配备自动洗枪头设备，

可根据实际生产情况，调整清洗时间；机器人系统识别追踪识别装置装在喷漆室附近，减少输送链张紧装置对编码器的识别精度影响。

选用 Yaskawa 机器人公司 MPX3500 喷涂机器人，控制器中，该机器人在工作程序中灵活调用，可预设的喷涂参数有静电高压、油漆吐出量、雾化控制气压及喷幅控制气压等。其内含的循环测试功能可以用来检测机器人位置、循环时间和喷涂进程的情况，方便示教。具备专门针对喷涂应用而设计的软件，喷涂程序存储大于 100 种以上。利用这种功能，不需要实际运行传送链就可以来测试在线跟踪程序，从而提高示教的效率。

机器人采用正压式防爆原理。系统启动时，手臂内部增压到设定值。工作时手臂内部保持正压，外部易燃气体不会进入手臂内部和马达接触。当正压低于设定值下限时，手臂会停止工作并产生报警信号。

电动泵混气喷涂系统选用 Graco E – Flo DC 系列电动泵（不锈钢材质）中压直流电动马达，大流量柱塞泵。

双组份 2KS 自动配比器使用油漆集中管理，做循环输送系统，配置双组份自动配比计量系统 HS-HP432 – 30/1 – Z，自动喷涂。

采用机器人喷大面，人工使用气动喷枪补喷，增加 4 : 1 的气动泵进行冬夏的产品淋挂的改善。

3. 新建集中供漆系统，应用双组份水性漆

应用集中供漆系统，消除人工配比和人工搅拌的不稳定性因素。根据作业环境和油漆的特性，制订供漆系统的主要设备设施的方案。

混气喷涂供漆系统含自动补料系统，不锈钢储料罐内配备超声波液位计，储料罐内液位低，加料泵自动将原料桶中的油漆泵送到储料罐内，原料桶内无油漆时自动报警提示。

气动升降架。配备气动 200L 桶盖升降架，集成了气动搅拌器、虹吸管、浮球液位计等，操作方便，稳定可靠。

油漆罐储料桶采用不锈钢 304L 制作，密封圈采用特氟龙材质 O 型密封圈。桶盖上预留出接头，并且带有气动搅拌器，配置超声波液位计。料桶带有自动搅拌功能，可根据设定时间自动搅拌，设置控温功能，盖子装有衬垫确保盖子在关闭锁紧时与桶缘紧贴，设置观察窗，方便观察桶内情况。衬垫由特氟龙材料制成，它可以抵御系统中使用的所有溶剂和清洗材料。

油漆过滤器系统均采用不锈钢高压过滤器，用于去除油漆中存在的污染物，保证油漆的清洁，过滤器两端设置油漆隔膜式压力表，便于操作者观察过滤器的堵塞状况，以便及时更换滤芯。

低剪切油漆搅拌器为使油漆罐内的油漆充分分散均匀、性能稳定，在油漆罐上均设置低剪切气动搅拌器。要使搅拌器能够起到良好的搅拌作用，重要的是使油漆罐内没有死角，使用的气动搅拌器是根据不锈钢油漆罐尺寸规格进行选型，能实现罐内油漆的连续上下翻腾，防止罐内乱流及漩涡产生，从而达到最佳油漆搅拌效果，同时与浮球液位计配合使用，根据液位的高低手动控制搅拌器的转速，达到最好的搅拌效果和保证更好的油漆质量。

混气自动喷枪采用美国固瑞克公司生产的专用混气喷漆枪 G40 Automatic（空气辅助喷枪）。喷枪采用混气雾化方式（空气辅助雾化），提高油漆的利用率，节省材料。

气动补料泵采用 Graco husky716 不锈钢气动隔膜泵，安装在模组支架上。加料泵由材料桶抽吸材料至储料罐。可以通过安装在搅拌料罐上的液位计实现气动控制功能，当材料达到低液位时，可以自动启动补料泵补料。

为随时掌握油漆罐内的油漆存量，该循环罐上设置超声波液位计，该液位计采用全密封结构设计，外界灰尘等杂质不易污染涂料。当主罐内材料不足时，系统将启动报警，提示工人及时加料。配备管中

管，相应的管路做了保温，有效地减少环境温度对油漆的品质和配比产生影响。

4. 新增加前处理和烘干系统

在原有的布局上尽量少的变动和节省费用的前提下，增加悬链长度，考虑负荷，增加电机驱动机构，更换不符合要求的电机驱动机构且需要考虑多个电机驱动的同步和新老电机的同频。

设备主要增设联合清洗机、自动吹水、脱水烘干室、人工吹水室、XT160 型悬挂输送机、底漆强冷室、面漆强冷室、水性漆废水处理系统、新增调漆间温控装置、电控等。

联合清洗机，采用通过隧道式全喷淋方式。各段设有足够的沥液区，防止串液，喷淋出入口及各段之间均设有仿形门，脱脂、硅烷出口设到液装置，防止药液带入下道工序。设备主要由槽体、棚体、循环系统、加热系统、排气系统等组成。

该清洗机槽体共分为 7 段，设 7 个槽。预脱脂、脱脂、硅烷配有溶积 1 立方米的不锈钢储药箱，设自动加药装置，需要配备、计量泵、加料管路等设施；能定时分别自动加一定量的药剂。配备药剂实时监测器。棚体的作用是隔水、排气、防止气雾外溢，保证工作环境卫生，减少有害气体外溢造成设备的损坏和影响操作人员的身体健康。循环系统由泵、喷淋、阀门、管路及管件等组成。选用耐酸碱泵浦或不锈钢产品。喷淋通过泵的作用将槽液喷射到工件表面，冲刷工件表面浮物。喷嘴选用 PP 型可调喷嘴。根据喷洗的工艺时间，配置一定量的喷嘴。喷嘴采用快装 V 型不锈钢喷嘴，喷头可在 30 度范围内调整射流方向，喷淋压力范围可调，保证清洗雾化效果最佳，更换方便。喷头采用顶部、正背面及底面布置形式，能对工件进行充分冲洗。

槽液的温度采用温度传感器、数显温控表和蒸汽电动阀进行自动监测和自动控制。

5. 采用先进识别系统、同步系统

由于合肥美桥采用的是连续链，在喷涂时需要链速和喷涂机器人的联动，联动时要求平稳，否则会影响喷涂漆面的质量。故而，采用了识别系统和同步系统。在机器人喷涂与线体的可对扫描后工件程序及颜色号更改，具有漏扫报警信号。始终保持示教时机器人动作与工件的相互位置与动作关系，从而确保工件喷涂质量。悬链上安装旋转编码器，编码器输出的脉冲信号反映悬链的输送速度值。旋转编码器接至机器人的同步控制板。机器人由编码器获得悬挂链的输送速度。机器人计算出悬链输送速度后跟踪悬链移动速度执行喷漆任务。如输送链停止，机器人能记忆当前位置并停机，输送链重新开动后机器人继续执行未完的部分程序。由于输送链紧急停止或正常停止时可输出相应的信号给机器人系统，机器人根据本系统的运行状态采取相应的动作且记忆当前的工作状态，当输送链恢复正常时，机器人恢复到以前的工作状态。

6. 排气系统

因前处理等工序添加的清晰液等为化学品，集中进行了排气系统的构建。排气系统考虑将槽液加温后散发的气雾及有害气体通过风机的作用送至酸碱处理塔，处理后室外高空排放，排放高度 15 米以上。设 1 套排气装置，设在加热段棚体顶部。设备由不锈钢风机、集风罩、风管、酸碱处理塔等组成。

脱脂槽中的盐酸挥发产生的氯化氢气体，在风机的吸引下通过管路依次进入填料吸收塔净化处理，吸收液采用氢氧化钠溶液。尾气通过吸收塔进风口进入塔内，气体经塔体内的气体分布器分布后向塔上方行走，在行走的过程中依次通过填料层、布液层、除雾层到达净化塔顶端。吸收液通过循环泵进入吸收塔的布液层，将液体均匀地分布在填料上然后再向下运动，与正在上升的气体相接触。在填料层中，吸收液与气体充分完成质交换和热交换的过程，吸收液流入吸收塔循环槽中，达到规定浓度后集中排放。经过以上净化处理后，尾气达标排放。

2020 年 8 月，涂装线升级改造项目施工；同年 9 月，生产线已完成设备安装工作，进入调试和试运行阶段；同年 10 月，完成了连线调试并开始试生产运行；同年 12 月，前处理工艺和水性漆项目正式投产，单日产能达490台。机器人项目在2021年2月正式投产，单日产能达490台。目前，涂装线升级改造项目的产品一次下线合格率达到95%左右，产品外观质量达到国内先进水平，生产过程稳定，带到节拍56S/台，年双班产能22.4万台，满足市场需求。

三、实施效果

（一）经济效益

第一，减少了各主机的外观质量抱怨。尤其前处理工艺投入使用后，改善了油漆附着力不稳定的问题，附着力合格率100%。机器人喷涂投入使用后，逐步改善产品外观质量，解决了产品淋挂及漆膜厚度不稳定的问题。

第二，避免了重度污染天气停产风险。

第三，因水性漆的投入使用，VOCs达标，节约了采购VOCs自动监控设备的费用。

第四，双班减少2名喷漆工，年节约16万元。

第五，机器人替代手工喷涂后，不断优化，提高漆利用率，减少漆浪费比例约34%，如295平台产品油漆用量由1.212kg/台减少至0.794kg/台。

（二）碳排放控制

VOCs废气排放由原来的393克降低至32克，下降比例约92%，减少环境污染。VOCs年排放量由原来的1.81吨降低至0.9758吨。据估算，每年可减少NO_x等气体排放量共计1.5吨。目前，合肥美桥已经从政府大气污染重点企业名单中移除。

（三）节能降耗增效

第一，在原有基础上由人工喷涂改为应用机器人喷涂后，减少漆浪费比例约34%，同时降低水性漆漆雾排放比例约34%。

第二，采用输送管路上增加管中管加热系统和保温装置，减少能源损失。

第三，采用喷涂机器人作业，在质量稳定的基础上可有效减少开线时间。

第四，喷涂质量提高，采用先进识别系统和同步系统，具有漏扫防错功能，减少补漆返工率。

（四）绿色低碳

第一，使用更加环保的水性漆，最大限度减少职业伤害。

第二，改善作业工艺，大面机器喷涂，补喷采用人工，部分消除职业伤害。

第三，增加水性漆废水处理系统，废水经过二次处理后排放，减少环境污染。

第四，采用集中供漆系统、专用混气喷漆枪等涂装技术，提高油漆使用率，减少油漆桶残留，降低危废品处理费用。

主创人：王国花、周　静、吴　建、郭　建、陈梦颖

华新水泥利用生活垃圾预处理可燃物等替代燃料节能降碳案例

华新水泥股份有限公司

一、企业概况

华新水泥股份有限公司（以下简称华新水泥）创始于1907年，被誉为中国水泥工业的摇篮，成立115年来为国家和地方经济社会发展做出了突出贡献。1994年，公司A、B股在上海证券交易所上市；1999年，与瑞士霍尔希姆集团结为战略伙伴关系；2022年3月，华新水泥成功实施B股转H股，正式登陆香港交易所主板。近30年来，华新水泥发生了翻天覆地的变化，在中国水泥产量年均复合增长率7.5%的背景下，华新水泥主要经济指标年均复合增长率连续20年保持25%，从一家传统水泥企业发展为一家涉足水泥、混凝土、骨料、环保、装备制造及工程、新型建筑材料等领域全产业链、一体化发展的全球化建材集团。

近3年，面临水泥行业产能过剩、环保高压态势和能源供应紧张等诸多挑战，华新水泥始终保持昂扬斗志，实现水泥和熟料3年累计销售总量22821万吨、骨料销售总量7561万吨、环保业务处置总量925万吨、商品混凝土总销量1789万立方米，总营业收入932.21亿元，利润总和237.53亿元。其中，2021年，华新水泥实现营业收入324.64亿元，同比增长10.59%，实现税收39.56亿元，为股东创造了价值，为社会做出了贡献。公司七度蝉联“中国500最具价值品牌”，连续6年入选“亚洲品牌500强”排行榜，荣获“2021年中国百强企业奖”。

二、主要措施

（一）华新水泥节能降碳绿色发展

水泥属于传统“两高”行业，是进行节能降碳工作的重点行业之一。中国建筑材料联合会2021年发布的《推进建筑材料行业“碳达峰、碳中和”行动倡议书》中提出并倡议：我国建筑材料行业要在2025年前全面实现“碳达峰”，水泥等行业要在2023年前率先实现“碳达峰”。这势必会推动中国水泥企业全面绿色低碳转型，这一转型过程对于水泥企业来说既是挑战，也蕴藏着新的发展机遇。

华新水泥始终紧跟国家“双碳”发展战略，规划行业、公司的低碳发展路径。2007年，华新水泥成立环保事业部，将其在环保领域探索的成功经验应用于实践；同年，成立第一个环保公司——华新（武穴）废料处理有限公司，先后被国家有关部门定为中－德废弃农药协同处置项目、中－挪政府危险废弃物协同处置项目的示范工厂。2010年1月，华新水泥首个生活垃圾生态预处理和水泥窑协同处置生活垃圾项目在湖北省武穴市建成，垃圾处置规模为350吨/日。2011年，成立华新环境工程有限公司，通过大力发展生活垃圾预处理可燃物资源化综合利用技术，推进技术革新、设备升级、工艺优化，不断发掘自身碳减排潜力，探索、开发低碳水泥产品，稳步推进绿色低碳发展，逐步实现建材产业链低碳化发展，力争做水泥行业“碳中和”的领跑者。

2013年至今，华新水泥积极参与湖北省、重庆市、广东省的碳交易试点工作，在各试点规定的时限内全部完成“碳配额”履约，同时积极履行企业对气候变化的社会责任。

华新水泥在2021年基于国际能源署（IEA）、欧洲水泥协会低碳发展路径及中国水泥行业发展的特性，发布国内建材行业首份低碳发展白皮书，规划公司未来的碳减排路径和目标，为公司“双碳”目标的实现提供科学的指引。

2021年，华新水泥成立“美丽工厂”达标创建指导委员会，以环保合规性为基础，以绿色矿山建设为主线，建设“洁绿亮美”的花园式工厂。截至2021年，华新水泥共有11家工厂入选国家绿色工厂。华新水泥基于矿山的原生态环境，因地制宜地采用矿山治理和恢复方案，通过植树、种草等方式，实现了“边开采，边复垦”的治理目标。

（二）华新水泥节能降碳绿色发展的技术措施

华新水泥已成立了技术研究院，强化低碳技术及低碳水泥产品的研发。目前，已开展水泥行业RDF高替代率技术，高热值固体废物燃料替代技术，优化替代原料质量分析与加大配料利用率，高效脱硫脱硝技术，水泥制造分开粉磨、超细粉磨技术，水泥、墙材等一体化项目的热联产降碳技术的系统研究与创新推广；在新型低碳胶凝材料方面，加快含硫硅酸钙矿物、石灰石煅烧黏土水泥（LC3）、含碳负性矿物（C_3S_2、C_2S、CS）胶凝材料等新型胶凝材料的开发，探索水泥产品“低碳化”及多元化发展。

近年来，华新水泥积极转变发展方向，实现绿色环保转型，通过对不同废弃物的特性进行研究并结合水泥窑系统自身的工艺优势，形成具有国际先进水平和自主知识产权的水泥窑协同无害化处置技术与装备，取得专利91项。业务范围已涵盖生活垃圾、市政污泥、工业危废、污染土、漂浮物、医疗废物的六大处置平台，固废处置和利用能力达600万吨/年。其中，生活垃圾预处理可燃物制备技术的应用和推广，能够大幅度改善我国“垃圾围城”现状，使生活垃圾真正实现无害化、减量化、资源化处理，彻底解决垃圾填埋大量占用土地、二次污染等难题；同时，节能减排效果明显，是水泥工业发展循环经济、打造绿色环保产业的一项重大突破，对“资源节约型、环境友好型”绿色宜居城市建设及构建和谐社会意义重大。目前，华新水泥股份有限公司技术中心已列入第十九批国家认定企业（集团）技术中心及分中心名单；华新水泥股份有限公司湖北省固体废弃物水泥窑协同化处置工程技术研究中心被列入湖北省工程技术研究中心；“水泥窑高效生态化协同处置固体废弃物成套技术与应用”获得2016年国家科技进步二等奖；2017年，“百年华新成功转型升级，打造垃圾处理‘湖北样板’”荣列2016年湖北省十大科技事件之首；2019年，华新水泥窑高效生态化协同处置固体废弃成套技术与应用荣获中国水泥节能环保先锋奖；“生活垃圾生态化前处理和水泥窑协同后处理技术”进入2019年国家工业节能技术装备推荐目录；2021年，重点用能行业能效“领跑者”企业名单中，水泥行业上榜9家企业，其中信阳公司、株洲公司的熟料综合能耗分别为87.95kgce/t和89.66kgce/t，位列前2名。

该技术根据我国原生生活垃圾水分含量高、成分复杂、热值低、性能不稳定等特点，采取窑外生态化前处理和窑内无害化、资源化后处置结合的技术原理。先对生活垃圾进行预处理，利用微生物发酵及物理干化、机械分选等预处理工艺，得到生活垃圾预处理可燃物（CMSW）、无机灰渣、金属、渗滤液等中间产物，然后利用新型干法水泥窑的烧成系统对垃圾预处理可燃物（CMSW）进行多点协同利用，达到替代部分化石燃料（煤炭）的效果；同时，无机组分制成水泥生料喂入新型干法水泥窑系统中替代部分原料，从而实现节能降碳的效果。

经过华新水泥的技术研发人员多年反复的摸索研究与工业化实践，确定了生活垃圾预处理可燃物资源化综合利用技术流程。

在生活垃圾预处理可燃物（CMSW）制备部分，针对我国生活垃圾多为原生混合态、组成波动大、含水率高和热值相对较低的特点，开发出了生物干化工艺环节，即：机械脱水后，利用微生物好氧发酵的原理，对生活垃圾中的可降解有机物进行陈腐处理，使其水分释出，可燃物成分比例提高；通过合理控制垃圾层的堆积厚度和发酵时间，利用发酵产生的热量，使得堆积垃圾的温度达到适宜温度，结合干化仓湿度、流场和温度场的调节，实现无外加热源条件下的低能耗、高效干化，使原生垃圾的水分由60%减为40%以下。鉴于制备的水泥窑垃圾预处理可燃物（CMSW）性能可能存在不稳定的情况，又研发出了二次生物发酵与均化联动控制技术，通过研究水泥窑垃圾预处理可燃物（CMSW）着火机理、热能提供组分及热量释放速率，掌握其燃烧特性控制技术；将经过气流分选以后的水泥窑垃圾预处理可燃物（CMSW）送入均化仓，通过控制堆放和选取顺序、喂料方式及堆场温湿度等，对其含水率、组分、热值进行控制，进一步降低含水量，使得水泥窑垃圾预处理可燃物（CMSW）燃烧特性得以改善。

为了优化垃圾可燃组分的尺寸，使其入窑后能够迅速裂解、快速燃烧、热量集中释放，以减少对窑炉原有热工制度的影响，同时剔除垃圾中混杂的金属和砖石等无机组分，该技术开发出了筛分－破碎－风力与惯性分级的高效循环分选工艺环节。通过筛分，将垃圾进行分级处理，对小粒径组分，利用风力分选原理，通过调节风速、风向，使得小粒径轻质组分与重质组分分离；对大粒径的组分，利用惯性分选原理，使大粒径的轻质组分与重质砖石组分分离；对于大粒径的轻质组分，利用破碎机进行破碎，将其降为小粒径。整个分选破碎工艺实现了对城市生活垃圾的高效破碎，以及轻质可燃组分与重质无机组分的有效分离。

在生活垃圾预处理可燃物入窑协同阶段，采用的是多点入窑技术。通过工业化实践，掌握了各组分喂入量、喂入方式及关键技术装备的调控改造技术，实现水泥窑安全、无害化生产。其中，替代原料处置技术是利用生活垃圾预处理可燃物制备阶段中分选后存在的无机渣土组成与水泥生料化学成分相近的特性，利用水泥熟料高温固相反应和矿物形成机理，可喂入到生料磨中替代部分原料，通过调控生料中各原始组分比例和水泥生料率值，既能保证水泥熟料强度，又能确保窑系统的安全运行，同时还能实现重金属离子的安全处置。生活垃圾预处理可燃物制备过程中产生的渗滤液需要单独收集，经过均化、厌氧、硝化与反硝化及膜等处理后，达标排放。少量渗滤液浓缩液经窑头喷入，利用窑内高温对其有害成分进行高温焚毁或回喷干化床继续干化，实现无害化处置。生活垃圾预处理可燃物中含有的氯及相关衍生物在焚烧过程中容易生成剧毒污染物二□恶英/呋喃，而新型干法水泥窑特有的燃烧气氛、温度梯度和气固二相高度混合的流场变化，可以有效地抑制二□恶英/呋喃的生成与再生。该技术处理的生活垃圾预处理可燃物窑尾烟气排放中的二□恶英/呋喃的排放浓度均低于国标值0.1ng TEQ/Nm^3。

三、实施效果

截至2021年12月，华新水泥已累计处置生活垃圾1159万吨、污泥418万吨、漂浮物36万吨、危险废弃物36万吨、污染土95万吨。2021年，公司处置生活垃圾及衍生燃料212万吨（内部统计口径），节约标煤44万吨，实现碳减排121万吨，与填埋相比，净二氧化碳减排247余万吨（等当量）。从垃圾的能源利用效率角度看，垃圾焚烧发电利用效率不到20%，而生活垃圾预处理可燃物资源化综合利用率能达到70%左右，显著提高了能源利用率。

下面以3000吨/天生活垃圾预处理可燃物资源化综合利用项目作为案例介绍，该案例分为生活垃圾预处理可燃物制备和替代燃料在水泥窑中的利用两段。

（一）武汉市长山口生活垃圾预处理可燃物制备

武汉市长山口生活垃圾生态处理项目采用的是华新水泥“水泥窑高效生态化协同处置固体废弃物成套技术”，处置技术路线分为生态化预处理分选系统和水泥窑协同无害化处置系统两部分。位于武汉市江夏区的武汉长山口华新环境工程有限公司备有生活垃圾预处理可燃物制备系统，经过破碎、干化、分选等预处理流程后，将原生生活垃圾转化为生活垃圾预处理可燃物，封闭运输到武汉周边的华新水泥旗下工厂用作替代煤炭的燃料进行无害化使用。

该项目的生活垃圾处理能力为2000吨/天，2018年11月投产运行以来，累计接收和无害化处理武汉市生活垃圾达150万吨，与填埋相比，净二氧化碳减排207余万吨（等当量），每年可减少二氧化碳排放量82.8万吨。2021年以来，该公司全年实现营业收入超过20000万元，利税总额突破2600万元，在解决武汉市生活垃圾处置难题的同时实现了社会效益、环保效益及经济效益的共赢。

（二）生活垃圾预处理可燃物资源化综合利用

作为示范项目，华新水泥（黄石）有限公司在年产285万吨水泥生产线（以下简称万吨线）的基础上配套建设了处理规模为3000吨/天的生活垃圾预处理可燃物的系统。黄石万吨线已于2020年年底投产，通过生活垃圾预处理可燃物资源化综合利用技术，能够处理华新水泥垃圾预处理厂生产的生活垃圾预处理可燃物约90万吨/年（折合原生垃圾150万吨/年），不仅能实现生活垃圾的无害化、减量化，还可以解决生活垃圾的最终处置问题，节约采用填埋方式所需耗用的大量土地资源，符合我国循环经济的模式，以实现国民经济可持续发展的要求，有利于推动循环经济的发展。

该项目是华新水泥向绿色低碳可持续发展转变的示范性实例。从环境及社会效益看，能够节约标煤22.5万吨/年，二氧化碳减排60万吨/年；从经济效益来看，处置90万吨/年的生活垃圾预处理可燃物年收入可达16981万元，节约煤炭成本19912万元，年经济效益约为10216万元。目前，黄石万吨线已实现生活垃圾预处理可燃物热替代率40%以上，NOx减排70%，熟料综合能耗降至67kgce/t，单位熟料碳排放730kg/tcl，达到世界先进水平。

主创人：杨宏兵、王兴鹏、张　捷、叶　萌、孙书琴

吸热式热泵机组余热提取项目

桓台经济开发区热力有限公司

一、企业概况

桓台经济开发区热力有限公司（以下简称桓台热力）成立于2012年2月，是山东汇丰石化集团有限公司（以下简称汇丰石化）的全资子公司。坐落于张东铁路以西，S235省道以南。现有职工100人，注册资本1.5亿元。

桓台热力作为汇丰石化的动力中心，不断助推汇丰石化的大力发展，同时也是工业园区的动力核心，不仅承担着园区各企业的供汽任务，还积极承担社会责任，肩负淄博高新区和桓台县城区冬季民生供暖任务，创造良好的经济效益和社会效益。目前，桓台热力主要装置有4台循环流化床燃煤锅炉（分别为2130t/h、2280t/h）及输煤系统、化学制水系统、脱硫脱硝除尘系统等配套设施，全部实现超低排放。为实现绿色低碳供暖，2014年，桓台热力投资6000万元引进日本川崎公司热泵技术，对炼化装置循环水余热集中回收利用，实现了能源的有效利用，促进了节能降耗、绿色发展，减少了碳排放。

桓台热力成立以来，一直以努力打造生产安全、保供稳定、环保达标为己任，实现了对各类用户及民生工程的安全供汽供暖并投巨资完成了相关安全环保技术改造。今后，公司将致力于标准化企业建设，大力提升企业管理水平和可持续发展能力，积极推进设备设施升级改造，不断开拓供暖供汽市场，努力建设成为用户放心、政府满意、安全文明、对社会负责的现代化企业。

二、主要措施

近年来，根据国家出具有关政策文件要求和规划布局，结合现阶段企业绿色低碳发展的基本状况，实现绿色低碳和可持续发展已经成为国际社会普遍共识，发展低碳经济、追求绿色发展成为当前保证企业可持续发展的必由之路。为此，桓台热力在2014年投资6000万元引进日本川崎公司热泵技术，充分吸收汇丰石化炼化装置第十循环水厂的余热用于城市供暖，在保证冬季民生供暖质量的前提下，减少供暖煤耗量40%以上。

（一）公司低碳发展方案

桓台热力坚持“节能减排，循环利用”的节能方针，以“持续降低能源成本”为目标，积极开展节能优化、减碳降排等工作，在线统计碳排放数据，实时监控锅炉燃煤的碳排量的数据，有针对性地开展绿色低碳工作。桓台热力引进的热泵技术是公司低碳发展方案中最为重要、见效最大的一项重要措施。

（二）公司低碳运营管理

桓台热力积极开展低碳运营管理工作，利用现有的装置、设备的进行优化调整。每年供暖季采用2台55MW吸收式热泵机组，回收利用化工装置第十循环水厂的余热，分别对桓台县城红莲湖片区180万平方米和淄博市高新区200万平方米用户进行冬季供暖，每年机组运行时间共计2940小时，供热量58.21万吉焦，其中热泵机组吸收第十循环水厂余热23.97万吉焦——占比41.18%，年节约煤炭约12144.8吨，减少CO_2排放25592吨。

（三）具体实施方案

1. 吸收式热泵机组运行原理

系统通过热能驱动，利用低压环境下水的蒸发温度降低及水在汽化时吸取大量热量的原理，将低温热源的余热提取出来，利用溴化锂水溶液较强的吸水能力，将携带余热的水蒸汽吸收进入溶液中，热量被传递到高温热源中。吸收式热泵是一种在热能的驱动下能使低温热源温度降低、高温热源温度升高的设备。

水在大气压下100℃沸腾蒸发，如果在大气压以上的话，则100℃以上沸腾；相反，在大气压以下，也就是在真空条件下就可以在100℃以下的温度沸腾，即变得容易蒸发了。热泵即利用低压条件下水在较低的温度进行蒸发，从而吸收低温热源的热量。表1表示的是压力与水沸腾温度的关系。吸收式热泵机组就是利用水在真空条件下低温沸腾吸热的原理。

表1　不同压力下水的沸腾温度

	测量表压力	绝对压力	水的沸腾温度
大气压以上	490kPa 98kPa	588kPa 196kPa	158. 1℃ 119. 6℃
大气压		101kPa	100℃
大气压以下		47. 4kPa 12. 3kPa 1. 2kPa 0. 87kPa 0. 76kPa	80℃ 50℃ 10℃ 5℃ 3℃

2. 设备安装

为了充分发挥热泵机组的能力，无故障且安全的使用热泵机组，按照如下所述的安装基准进行实操。

（1）机房平面布置。为了便于操作及维修，建筑物与热泵机组之间的最小间隔700毫米。机房选址在热力公司与炼化装置第十循环水厂之间，方便余热水管道、热网水管道和加热蒸汽线的安装。

（2）配管连接。为保证机组的安全运行，热泵系统配管与机组连接要求所有管路设置支撑及吊架留有足够空间。管路负荷（自重及由于热伸缩导致的负荷）不得施加到热泵机体上，配管时确保机组周边留有足够的维修和传热管清洗作业所需要的空间。

（3）余热水系统。余热水引自第十循环水厂回水，进口管路装有蝶阀、过滤器、压力表、温度计和排水阀。压力表和温度计装在蝶阀后面距离机组最近的位置，与机组连接处应设置弹性软接头。余热水出口管路应装有蝶阀、压力表、温度计、排气阀、排水阀和流量计。压力表和温度计应装在蝶阀后面距离机组最近的位置，与机组连接处应设置弹性软接头。

（4）热水系统。1#和2#热泵机组的热水分别来自桓台县红莲湖片区和淄博市高新区，热水进口管路应装有蝶阀、过滤器、压力表、温度计和排水阀。压力表和温度计应装在蝶阀后面距离机组最近的位置，与机组连接处应设置弹性软接头。热水出口管路应装有蝶阀、压力表、温度计、排气阀、排水阀和流量计。压力表和温度计应装在蝶阀后面距离机组最近的位置，与机组连接处应设置弹性软接头。为降低热水系统的电耗，分别在淄博市高新区方向和桓台县红莲湖片区方向的热网水系统设置了汽动热网循环泵，充分利用公司蒸汽等级参数，节约厂用电消耗的同时提高了热网水系统调节的灵活性。

（5）蒸汽系统。蒸汽引自热力公司低压蒸汽管网，进汽压力0. 9MPa、温度300℃。为保证机组的平稳、安全调整，进口管路装有电动阀、过滤器、压力表、温度计、流量计、排水阀和安全阀。蒸汽电动阀的前后均设置截止阀压力表，后面的压力表和温度计装在电动阀后面距离机组最近的位置。安全阀安装在热泵机组附近，安全阀的排气管输送至室外。为充分利用蒸汽系统各压力等级能量，系统设置中用压背低压汽轮机拖动淄博市高新区方向热网水泵，背出的低压蒸汽在经低压背低低压汽轮机可拖动红莲湖片区方向热网水泵。蒸汽凝结水汇总回收至凝结水管，通过疏水泵输送至锅炉除氧器循环利用。机组凝结水出口管路装有温度计、排水阀、压力表，温度计应装在蝶阀后面距离机组最近的位置，与机组连接处应设置弹性软接头。

（6）机房内设有排水沟并能将余水排出室外，方便机组开停机过程中管道疏水和排水，避免现场积水、湿滑。

（7）电气系统。电气容量满足机组电气功率的要求。热泵机组与外围系统实施了必要的联锁施工。电气实施良好的接地。

3. 热泵机组结构

吸收式热泵机组主要由发生器、冷凝器、蒸发器、吸收器、溶液热交换器、凝水热交换器、冷媒泵和吸收液泵、自动抽气装置、自动控制系统等构成，各部分功能如下所述。

（1）发生器。驱动热源加热浓缩稀溶液，溶液浓度变高，产生大量冷剂蒸汽，进入冷凝器。

（2）冷凝器。热水在传热管内流动，吸收冷剂蒸汽热量，将冷剂蒸汽冷凝为冷剂水，进入蒸发器内。

（3）蒸发器。由内部流动余热水的传热管和冷媒散布装置及水盘构成，运行时，通过冷媒的蒸发吸收余热水热量变成冷剂蒸汽，进入吸收器内。

（4）吸收器。从发生器过来的溴化锂浓溶液喷淋在传热管表面，吸收冷剂蒸汽变成稀溶液，同时释放出大量热量；热水在传热管内流动，吸收热量，冷却溶液。稀溶液经过溶液泵加压提升，进入发生器内。

（5）溶液热交换器。发生器出来的浓溶液与吸收器出来的稀溶液进行热交换，提高进入发生器的稀溶液温度，降低进入吸收器的浓溶液的温度，提高机组运行效率。

（6）凝水热交换器。溶液热交换器出来的稀溶液与蒸汽凝水进行热交换，进一步提高进入发生器的稀溶液温度，减少发生器的负荷，提高机组效率，实现内部的冷剂及吸收液循环。

（7）冷媒泵和吸收液泵。冷媒泵和吸收液泵都采用真空系统应用的屏蔽泵，分别负责冷剂水和溴化锂溶液的循环。

（8）自动抽气装置。由可以将内部产生的不凝气体或空气等自动储存在抽气箱内的自动抽气装置、将抽气箱内不凝气体排出的抽气泵、测量抽气箱气体压力的压力感应器、抽气管路开关用电磁阀构成，来保持筒内的真空。如客户选购钯盒，钯盒也能起到排出机组内产生的氢气的作用，确保设备运行安全。

4. 桓台热力热泵机组参数

桓台热力热泵机组参数可以参考吸收式热泵设计工况参数，如表2所示。

表2　吸收式热泵设计工况参数

项目	单位	参数
型号	/	RB0.8－55－30/24－50/80
制热量	kW	55000
COP值	/	1.7

续表

项目		单位	参数
热水（单台）	进出口温度	℃	50→80
	流量	t/h	1576.6
	压力损失	kPa	95
余热水（单台）	进出口温度	℃	30→24
	流量	t/h	3246.0
	压力损失	kPa	70
蒸汽（单台）	压力高压/低压侧	MPa（g）	0.8/0.3
	耗量高压/低压侧	kg/h	27100/22100
	凝水温度	℃	95
COP		–	1.7

为达到供暖系统的最优节能效果，在项目设计之初，就将供暖系统最大电耗的热网循环泵的拖动方式考虑在内，根据公司现有的中压、低压蒸汽平衡，分别选用中背低压汽轮机和低压背低低压汽轮机拖动淄博高新区和桓台红莲湖片区方向的热网循环水泵，低低压蒸汽再作为驱动蒸汽分别进入热泵机组的低压侧，从而实现了蒸汽的梯级利用，减少了供暖系统的用电消耗。热泵机组也是在此基础上成为设备厂家首次尝试的高低压侧不同参数供暖机组，不但保证了机组的高效运行，还同时兼顾了供暖系统的高效运行。

三、实施效果

自热泵机组投用至今，每年供暖季采用 2 台 55MW 吸收式热泵机组，回收利用化工装置第十循环水厂的余热，分别对桓台县城红莲湖片区 180 万平方米和淄博市高新区 200 万平方米用户进行冬季供暖，其中 2021—2022 年度每年每台机组运行时间 3120 小时、供热量 113.7 万吉焦。其中，热泵机组吸收第十循环水厂余热 48.62 万吉焦——占比 42.8%，年节约煤炭约 23514.4 吨，减少 CO_2 排放 40893.9 吨。系统节约用电量 561.6 万千瓦时。

总之，通过对运行数据分析可以看出，该方案自实施以来给公司带来较大经济效益，为社会提供民生供暖的同时实现了低碳排放，社会效益显著。该方案利用热泵机组提取工业余热的供暖方式经济性较好，节能减排意义重大，是真正实施执行“减碳减排”的体现，是认真贯彻高质量新发展理念、做好“双碳”工作的示范。

主创人：孙玉忠、刘　超、董　超、齐广建、刘积财

国内大型铜矿山绿色低碳发展模式

江西铜业股份有限公司德兴铜矿

一、企业概况

江西铜业股份有限公司德兴铜矿（以下简称德兴铜矿）位于江西省德兴市泗洲镇，矿区总面积约58平方千米，员工总数近7000人，现有机关部门21个、二级单位17个，为江西铜业股份有限公司主干矿山。该矿铜储量800余万吨，拥有铜厂、富家坞、朱砂红三大矿体。1958年建矿以来，经过60多年的发展，矿山日采选综合生产能力已由建矿初期的2500吨发展到目前的13万吨，每年生产铜精矿含铜15.8万吨、黄金3.5吨、白银近30吨、钼精矿7800吨、钼酸铵1300多吨、铼酸铵700多千克、硫精矿近60万吨等，选铜回收率等技经指标连续多年国内领先。

60多年来，德兴铜矿在充分发掘资源价值的同时，始终致力于推动人与自然和谐共生，坚持“人与自然是生命共同体”的理念，以技术创新和管理创新为动力，以最大限度地综合利用资源为核心，努力成为践行绿色发展理念的典范企业。期间，推广应用了一大批新技术、新工艺、新设备，拥有载重220吨830E电动轮汽车、钻孔直径250毫米YZ35牙轮钻机、斗容35立方米WK35电铲、680立方米浮选机，以及2000万吨/年废石胶带运输系统等现代化采选大型设备100多台（套），国内首家应用全球卫星定位GPS卡车调度系统和敏太克矿业设计软件等，自主开发设计磨浮工艺自动化控制系统，实现了采矿、选矿设备大型化、智能化，达到国际先进水平，形成了具有德兴铜矿特色的绿色矿山发展模式。

二、主要措施

（一）创新引领，擘画花园式矿山大美气象

在杨桃坞、富家坞500排土场、1号尾矿库……往日山石裸露的废弃地，如今多样化绿植繁茂，鲜花怒放，虫蝶飞舞，“绿水青山就是金山银山”宣传牌分外耀眼，成为广受追捧的“网红打卡地”。

论技术难度，矿产开发之后进行生态复垦无异于“二次创业”。德兴铜矿从来就不怕啃硬骨头，面对部分生态复垦治理区域存在岩土裸露堆存、土壤含水与持水能力低、区域小气候条件差等条件制约，从20世纪80年代初就与各类研究机构合作开发、应用复垦方法并取得较好成果。目前，矿区复绿面积达700多公顷（按1公顷森林吸收二氧化碳182.5吨/年来算，相当于每年吸收12.78万吨二氧化碳），累计投入资金数亿元。

如何在酸化的矿业废弃地上建立一个安全、稳定、自维持的植被系统？传统上，欧美和澳大利亚等的生态修复一直是采用表土复原技术和覆土植被技术，但这两种技术不仅成本过高且难以大面积推广应用，还经常产生二次污染与植被退化问题。德兴铜矿这种复杂复垦条件下，此两种技术更是水土不服。为攻克上述重重难题，给废弃地“重披绿装”找到最好的“药引子”，德兴铜矿从20世纪80年代初就开始不断且不懈地想方设法。

这些年，德兴铜矿请进来多家单位、多位技术人员进行生态复垦座谈，共商良策，投入重金，科技攻关，先后与南昌大学生物系、中国科学院生态环境研究中心等单位合作并成功地在1#尾矿库纯尾砂上种植了水蜡烛和无叶节节草，使在尾砂上无土植被恢复成为可能。在此基础上，与生态环境部南京环科所、矿冶科技集团等合作研究，把复垦重点聚焦至露天采矿场边坡、废石场、尾矿库外坡等地并在水龙山废石场建立了矿山生态恢复示范基地，取得初步成果。采用的喷播施工工艺、岩质高陡边坡植生袋

技术等多种生态修复技术在德兴铜矿得到不断“升华”。

为进一步巩固生态恢复成果，寻求更经济有效的复垦技术，德兴铜矿近年来每年投资几百万元开展露天采矿场边坡和废石场的复垦试验，以增加试验品种，扩大试验规模。经过多年的试验研究，与中山大学生命科学院、广东桃林生态环境有限公司合作成功研发出在国际上独树一帜、具有完全自主知识产权且可大面积推广应用的第三种重金属矿业废弃地生态修复技术——“原位基质改良＋直接植被”新技术。该技术不需要额外土源，可在原位改性土壤后直接种植植被（相当于烧伤了的人体皮肤，不再需要植皮而直接在原烧伤处进行技术治疗就可恢复原状），这成功克服了传统矿业废弃地修复技术的众多缺点，通过调控微生物群落抑制产酸，重建一个人工或半人工的植被生态系统，逐步恢复原生态地貌。这不仅从源头上遏制了矿业开采引发的重金属污染，而且解决了矿山生态修复成本高、易退化的难题，该技术荣获2019年度广东省科技进步一等奖。

通往绿色未来的道路上离不开科技创新，绿色发展亦是当今科技创新和产业变革的重要方向。通过与相关科研单位的合作共商，德兴铜矿作为生态修复的“试验田”，驰而不息地勇攀生态修复技术高峰，为全国同类矿山输出了一大批复垦技术和经验，为重金属工矿企业重金属污染类型土地的生态恢复提供了可借鉴、可复制的模板，为中华民族复兴道路上的三大攻坚战之一——污染防治攻坚战提供了一项核心技术。

2020年，由生态环境部主办的“我是生态环境讲解员”比赛，德兴铜矿代表江西省以杨桃坞生态修复项目为题材获得一等奖。生态修复“德铜模式”得到各大媒体“点赞”报道。目前，德兴铜矿正持续按照“修复一处矿山废弃地，打造一处生态景点”的模式，大规模推广应用新复垦技术，实现处处美景、四季常在。

（二）系统思维，让资源开发全程绿色化

德兴铜矿把资源合理开发和综合利用作为可持续发展战略的一项重要内容，大力发展循环经济，2013年获国土资源部颁发的“矿产资源节约与综合利用先进适用技术推广应用示范矿山”荣誉称号。

1. 高效利用低品位矿石，相当于新增一座中型铜矿

德兴铜矿是我国最大的斑岩型露天矿山，其最大特点是地质储量大、含铜品位低、伴生有益组分多，具有相当高的综合利用价值。在当前技术经济条件下，进行资源综合评价，优化工业指标，科学合理地利用矿产资源，对延长矿山服务年限、实现矿山企业可持续发展与资源效益最大化均具有十分重要的意义。

地质勘探时期和生产初期（井采），德兴铜矿执行的工业指标为：最低工业品位为0.4%（即矿石品位若低于0.4%，则为低品位矿石，入选将不够经济合理），边界品位为0.2%（即矿石品位若低于0.2%，则为废石，将被抛弃）。1985年，北京有色冶金设计研究总院在露天开采设计（德兴铜矿三期工程设计）中确定的最低工业品位为铜0.3%，边界品位为铜0.2%。

1993年起，德兴铜矿对铜厂矿区的资源情况和含铜0.25%~0.3%的低品位铜矿石入选等问题进行了技术经济分析与研究。通过论证，在选矿能力大于采矿能力的特定条件下，将单铜品位在0.25%~0.3%之间的低品位铜矿石混入工业矿石中混选，从而多回收0.25%~0.3%的低品位铜矿石。2003年8月，德兴铜矿按照效益优先的原则，根据当前金属市场价格和矿山生产经营状况，优化工业指标，采用当量（综合）品位指标进行矿体二次圈定，对部分铜品位在0.25%~0.3%或更低而含有益元素高的含铜废石进行充分回收与利用，增加了矿山入选矿量。2020年，开始对部分单铜边界品位达到0.15%、铜综合入选品位达到0.2%的低品位矿石进行回收利用，降低了平均剥采比，有效延长了矿山服务年限。截至2021年年末，德兴铜矿累计利用低品位矿石2.37亿吨，从中回收铜59.78万吨、金39.0吨、银216.6吨、钼18810.8吨，实现经济效益和矿产资源利用最大化的目标。

2. 做实“变废为宝”大文章

一是从酸性废水中提铜。采矿过程中的废石场长期暴露室外，在雨水、细菌共同作用下将生成铜离子含量高的酸性废水。为回收酸性水中的铜金属，德兴铜矿最初建成了千吨级能力的湿法提铜工厂，利用“细菌浸出－萃取－电积”新工艺，实现废石酸性水污染防治和有价金属回收双赢，累计回收铜22632吨。随着矿石的贫化，酸性水中含铜量逐渐降低，为更加经济、高效回收酸性水中的铜金属，德兴铜矿与加拿大百泰公司合作，引进“化学硫化技术”从酸性废水中提取铜金属，即往含铜酸性水（铜离子含量40～100mg/L）中添加或通入硫化剂，利用负二价硫与酸性水中铜离子反应生成难溶硫化铜沉淀，再通过浓缩分离后冶炼回收铜金属。该技术从含铜酸性废水中提取铜，最终可实现铜回收率92%以上、铜精矿品位33%以上，每年可从废水中回收1800吨铜，截至2022年年底累计回收铜1.7万多吨。不仅解决了铜矿山酸性废水污染环境的问题，使得矿山酸性废水“变废为宝”，实现了资源“吃干榨尽”综合循环利用，而且减轻提铜废水下道工序处理厂的工作量，使得出水指标能连续稳定达标排放，该项目荣获2008年度中国矿业国际合作最佳环保奖。二是从尾矿中回收铜金属。德兴铜矿建有具备每天处理2万吨尾矿能力的尾矿回收厂，以充分利用尾矿资源为目标，承担尾矿、防尘废水、地面冲洗水及废矿中有价元素的综合回收任务，每年可从尾矿中回收铜精矿含铜量1000余吨，该项目获2016年度中国循环经济协会科学技术二等奖和2019年中国国际铜业市场与发展高峰论坛“铜业创新奖”。

（三）加速转型，推动节能减排走在前列

德兴铜矿大力推进低碳转型，持续加大节能减排工艺技术创新攻坚力度，有力响应国家“双碳”号召。

多领域相继打出“组合拳”，聚焦污染防治攻坚战，坚决打赢蓝天保卫战。通过锅炉改造升级，把3台锅炉、5台焙烧炉和2台热风炉由燃煤、燃油改造成燃烧天然气，实现“无原煤”生产，大幅减少了污染物排放，实现清洁生产。聚焦“双碳”战略，推广应用大批节能设备，推广使用永磁电机，计划对26台电机进行节能改造，预计节电率达20%，节约能源折标煤446.333tce；逐步淘汰高耗能变压器，2020—2021年两年内共更新淘汰变压器40台，降低了电能能耗（折标煤约350tce），提升供电效率和供电保障能力。

通过推进尾气资源化，建设的硫铁矿循环经济项目及钼铼综合回收项目，充分利用吸收工艺尾气中的二氧化硫，实现制备100%工业硫酸50万吨/年、亚硫酸钠3500吨/年的产能，在节能减排的同时增加了产品附加值；硫铁矿循环经济项目通过充分利用余热效能，将硫精矿焙烧的沸腾炉焙烧产生的热量供汽轮发电机组进行循环利用发电，年发电量可达9000万度（折标煤约11061tce）……德兴铜矿既在能耗、排放上做减法，也在发展质量效益上做加法，保持行业领先水平。

三、实施效果

通过走绿色低碳发展道路，德兴铜矿环境面貌得到大幅改善，资源综合利用大幅提升，采矿回采率98.5%、选铜回收率接近86%、共伴生矿产资源综合利用率66%，均高于《有色金属行业绿色矿山建设规范》要求的95%、80.5%、45%的相应指标值，各项经济技术指标有效提升，实现了经济效益、环境效益和社会效益的有机统一。

德兴铜矿2008年荣获中国矿业国际合作最佳环保奖；2011年3月，被国土资源部正式确定为首批国家级绿色矿山试点单位；2013年，被国土资源部评为矿产资源节约与综合利用先进适用技术推广应用示范矿山；经过3年的创建工作，2014年8月14日通过中国矿业联合会、中国矿联绿色矿山促进工作会等部门组成的联合验收组验收，成为全国首个“国家级绿色矿山”；2016年，荣获中共中央授予的“全国先进基层党组织”称号；2017年，荣获全国“五一”劳动奖状；2019年10月，通过江西省国土资源厅组织的现场核查，成为全国首批国家级绿色矿山试点单位并入选全国绿色矿山名录；2020 年 1 月，在首届绿色矿山颁奖大会中，获得2019 年度绿色矿山突出贡献奖；2021 年 4 月，在 2021 全国绿色矿山年会中，德兴铜矿获得全国绿色高质量发展二十佳矿山称号。

面向未来，德兴铜矿建设安全绿色高效智能矿山的步伐更加坚定执着，致力于从绿意盎然的苍茫大地中提取铜资源，也致力于把绿色理念深深植入发展基因，坚定不移走生态优先、绿色发展之路，高质量发展内涵成色得到持续提升，不断为江西铜业集团有限公司打造世界一流企业集聚竞争新优势，把不断创造绿色价值的成功模式传递给世界，将为建设美丽中国、实现中华民族伟大复兴的中国梦不断砥砺奋进。

主创人：吴启明、潘　斌、袁　霜、黄根平、徐佳佳

新能源企业低碳发展案例

巨野县峻阳新能源发电有限公司

一、企业概况

巨野县峻阳新能源发电有限公司（以下简称峻阳公司）成立于2016年12月1日，是中国三峡新能源有限公司的全资子公司，归口中国三峡新能源（股份）有限公司山东分公司进行管理。峻阳公司位于山东省菏泽市巨野县开发区金港路与金山路交汇处东200米路北。公司主要经营范围：风能、太阳能、生物能、潮汐能、海洋能、地热、天然气等新能源的开发、发电与销售；设备维修，相关技术与咨询。

本项目装机容量98.9兆瓦，安装43台金风科技GW131/2300型（轮毂中心高度：125米）风机，风机沿洙赵新河两侧布置，占地面积约为2.2404公顷，采用一机一变单元制接线方式，经箱变升压至35千伏，通过4回集电线汇集至升压站35千伏母线，再经1台升压变压器升压至110千伏，通过1回110千伏送出线路接入220千伏三里庙变电站，以110千伏电压等级接入山东电网。工程建成后，年发电量28130.9659万千瓦时，每年可节约标准煤约101271.477吨，每年（2021年数据）减排SO_2约8439.2898吨、CO_2约28046.573万吨、粉尘约76516.227吨，对环境保护有积极的作用。

二、主要措施

（一）建设必要性及其在系统中的作用

随着化石资源（石油、煤炭）的大量开发，不可再生资源保有储量越来越少，终有枯竭的一天，因此需坚持可持续发展的原则、减少不可再生资源消耗的比重。目前，国家已将新能源的开发提到了战略高度，风能、太阳能等再生能源将是未来一段时间新能源发展的重点。从现有的开发技术和经济性看，风能开发具有一定的优势，随着风电机组国产化进程加快，风电机组的价格将进一步降低，风电的竞争力将大大增强。开发风电是降低国家化石资源消耗比重的重要措施，有利于调整电网的能源结构，促进地方经济和社会的可持续发展。

当前，我国的能源结构以常规能源（煤、石油和天然气）为主，由于常规能源的不可再生性，使得能源的供需矛盾日益突出。作为可再生能源的风能，“取之不尽、用之不竭”。发展风力发电，改善传统的能源结构，实现能源多元化，缓解对有限矿物能源的依赖与约束，是我国能源发展战略和调整电力结构的重要措施之一。

随着经济的持续高速发展和人们社会生活水平的不断提高，山东省能源对外依存度不断增加。目前，山东省93%以上的发电量均来自燃煤电站，50%左右的电煤供应依靠其他省份。积极开发利用山东的风力资源，大力发展风力发电，可替代一部分矿物能源，能降低山东省的煤炭消耗、缓解环境污染和交通运输压力，对于改善电源结构等具有非常积极的意义。随着风力资源的大力开发和利用，风电将成为山东电网的有益补充。

综上所述，峻阳公司100兆瓦风力发电项目的建设是必要的。峻阳公司100兆瓦风力发电项目利用当地风能资源发电，其所发电力主要在菏泽电网消纳，在系统中为一地方性清洁能源。

（二）风机的选型

风力发电机组的选择，主要考虑风电场的风能资源条件、地形条件及气候条件，选择技术成熟、先进的风力发电机组，尽可能高的利用风电场的风能资源。

峻阳公司100兆瓦风力发电项目设置1007#、1008#两座测风塔，标准空气密度下125米高度处50年一遇最大风速取值28.89m/s。1007#测风塔120米高度有效风速段（3～25m/s）湍流强度为0.110，15m/s风速区间湍流强度为0.116；1008#测风塔120米高度有效风速段（3～25m/s）湍流强度为0.106，15m/s风速区间湍流强度为0.101。两座测风塔总体上随着高度上升，湍流强度有减小的趋势。据此，推断轮毂高度125米处，1007#和1008#测风塔有效风速段（3～25m/s）及15m/s风速区间湍流强度均小于0.12。由计算结果看出，峻阳风电场湍流强度相对较小，根据IEC61400－1（2005）标准关于风机安全等级的规定，在风电机组选型时需选择适合IEC III C类及以上的风力发电机组。

综合考虑目前国内外风力发电机组的制造水平、技术成熟程度、实际运行情况、价格水平和施工机械的吊装能力等因素，针对风电场的具体情况，选择5种风力发电机组的优选进行发电量、经济技术等指标对比分析，最终采用叶轮直径131米、额定功率2300千瓦的金风科技GW131/2300机型，轮毂安装高度125米。

（三）风机的布置

风经过风电机组风轮后速度下降并产生紊流，在风向上间隔一定距离之后风速才会恢复，因此，在布置风电机组时，应使风电机组沿着主导风向之间的距离尽可能大些，但这样会引起宝贵的风能资源和土地资源得不到充分利用，又增加了机组间电缆和道路的长度，使得投资变大，而增加的发电量并不是很多，降低了整个风电场的经济性。因此，在布置风电机组时，关键是寻找投资和资源开发利用量的结合点，同时还要根据实际的地形和地域情况，因地制宜地优化布置。峻阳公司100兆瓦风力发电项目根据风电场场址特性和风资源情况，依照如下原则布置风电机组。

第一，根据风向和风能玫瑰图，使风机间距满足发电量大、尾流影响小的原则进行风机优化布置。

第二，风机位置应考虑平台布置、线路布置、地质条件、道路、地界、居民、线路、河道、坟墓、军事设施等综合因素，充分利用现有场内、场外道路，减少工程投资、树木砍伐和房屋拆迁等费用。

第三，根据风电场区域风向分布，合理确定风机布置间距，兼顾尾流影响和场地资源利用。

第四，风电机组初步布置时应充分考虑风电场的送变电方案并结合当地的对外交通运输、安装条件及风电机组之间的影响等要求，力求电力电缆长度较短、运输和安装方便。

第五，为减少风电机组噪音对居民点的影响，风电机组距离居民点应满足环评要求。

第六，为避免因风电机组发生事故对输电线路的不利影响，风电机组距输电线路的距离按倒塔不对其造成影响考虑。

第七，本工程沿洙赵新河河道布置，为满足水利相关要求，风机布置时考虑据河岸不小于50米的要求。

第八，在对整个场区的风能资源分布情况进行计算分析的基础上，对拟定机位点进行电量和尾流计算，对初选风机位进行校核分析，选取其中具有开发价值的机位点，确定最终布置方案。

根据对风电场敏感制约因素的分析，在风电场可放置风机区域结合风资源、施工建设等因素进行风机排布优化。根据风电场区域风能资源、不同机型单机容量的不同情况，单机容量2.3兆瓦机型布置43台。

（四）升压变电站站址选择

峻阳公司100兆瓦风力发电项目场址范围大，风机布置分散，升压变电站位置的选择直接影响35千伏集电线路和110千伏架空出线的长度。因此，升压变电站位置的选择遵循以下原则。

第一，尽量使场内架空集电线路和110千伏架空出线短。由于两种线路的单位长度投资不一样，因此还应对二者的长度比进行优选。

第二，应便于110千伏架空出线接入电力系统。

第三，变电站应处于一个相对开阔的场地上，以便于集电线110千伏出线进出且应与公路和铁路保持一定的距离。

第四，变电站的位置高程应相对较高，避免水淹变电站。

（五）设计及运营期节能减耗措施

1. 升压变电站建筑给排水系统设计

风电场建筑物设计本着安全、节能、高效、综合利用、有利于环保的基本思想进行。建筑设计采用新型节能墙体和屋面的保温、隔热技术与材料，采用节能门窗的保温隔热和密闭技术。建筑照明采用符合国家要求的节能设备及材料。室内设温控器，以利于节能。升压变电站给排水设计分为两部分：消防给排水及生活给排水。升压变电站给排水节能主要由生活给水方面实现。其主要途径是采用节水型卫生器具，减少供水量，同时也减少供水能耗。

2. 主要电气设备节能降耗措施

主要电气设备选择以安全、可靠、低能耗、高效、舒适、节约资源、有益于环保为基本原则进行。在进行风电场主机设备参数选择时，与多个类似工程和类似设备进行了对照比较，在选择过程中考虑了提高效率、降低能耗的要求。

3. 风电场厂用电系统

风电场厂用电具有以下特点：厂用负荷相对不大，厂用变容量在风电场装机容量中所占的比重很小，因此应本着节能、高效、舒适、安全、有益于环保的原则进行厂用电设计。厂用电接线设计中主要考虑：根据风电场电气主接线，以及风电场的运行方式和风电场在系统中的作用等，确定厂用电电源的引接方式及厂用变台数；根据各种厂用电负荷的容量大小、用途性质、重要程度、分布地点及运行方式等，逐一分类统计、分析，合理选择厂用变容量，提高厂用变利用率。厂用变压器均采用节能、新型的10型干式变压器，尽量减少变压器自身的损耗。

4. 照明系统

风电场照明尽量避免采用白炽灯作为照明光源，通过采用新型高效节能新光源、电子式镇流器、新型优质材料的反射器代替落后质差的反射器、在不同的场合选用先进合理的灯具结构等照明节电技术，以达到节约照明用电、节约一次能源、保护生态平衡的目的。采用环保节能型照明器具和高效节能灯，比传统普通照明器具节约电费80%以上，光源寿命比普通光源高30倍以上。对不需要长期照明的场所，设置照明开关，尽量做到人走灯灭。主要照明场所（如主机间、中控楼）应做到灯具交叉布置并分组控制，使得电厂人员可根据不同工作的需要调整照度。

5. 运行期管理维护的节能措施

风电场运营期，加强设备的维护，同时还应注意以下问题：对主要电气设备运行情况定期进行巡视检查，将问题处理在事故发生前，发现问题及时处理，保证设备长期安全运行。暖通空调系统运行节能是依靠暖通空调自控系统来保证的。为保证自控系统的正常运行，需要加强暖通空调自控系统的维护运行管理。暖通空调自控系统发生故障时，应采取手动调节控制的措施，以满足节能需求。

（六）做好场站运维，提高发电量

1. 自修降本

开展备品备件自主维修工作，形成备件入库、检测、维修、校验、出库、跟踪的一整套工艺流程，为公司降低运维成本、缓解备件采购压力。

2. 技术改造

开展设备技改工作，通过合理化建议和“五小”活动，结合新技术、新材料、新工艺、新设备对老旧系统及元器件进行技改，降低设备故障率，提高设备稳定性和运营经济性。

3. 交流研讨

学习交流先进技术和工作经验，定期开展技术培训活动，总结、交流、推广工作经验，实现信息互通、资源共享。

4. 箱变技改

为解决箱变铁芯温度高问题，2020—2021 年，大义峻阳运维班开展箱变铁芯高温问题的分析研究，制订了可行性方案对箱变散热系统进行技改。通过技术改造工作，后台监控对绕组、铁芯、变压器室温度和散热控制回路有更好的监视效果，增加了变压器周围通风量及气流通道的调整，效果分析明显。

5. 风机消缺

研究风机烟雾传感器频繁故障问题，经工作室多次试验和理论分析，通过修改控制参数和控制策略成功解决频繁故障问题。

三、实施效果

峻阳公司 100 兆瓦发电项目于 2018 年 11 月 28 日开工建设，2019 年 11 月 22 日升压站倒送电，2019 年 11 月 23 日首台机组并网发电，2019 年 12 月 1 日全部风机并网发电。2020 年和 2021 年主要经济指标及山东省对标数据如表 1 所示。

表 1　2019—2021 年主要经济指标及山东省对标数据

年份	发电量	峻阳公司年利用小时	山东省风电场年利用小时	对标高出利用小时数
2019 年	2332.0996 万千瓦时	235.80	/	/
2020 年	23439.6639 万千瓦时	2370.04	1792.64	577.4
2021 年	28130.9659 万千瓦时	2844.38	2234.77	609.61

2020 年，峻阳公司年累计利用小时数为 2370.04 小时，较山东省风电场 2020 年平均年累利用小时数 1792.64 小时高 577.4 小时；2021 年，峻阳公司年累计利用小时数为 2844.38 小时，较山东省风电场 2021 年平均年累利用小时数 2234.77 小时高 609.61 小时，均远高于山东省风电场平均水平。风力发电是将风能转换为电能，在转换过程中没有污染物排放。与相同容量的燃煤电厂相比，可节约煤炭资源并减少污染物排放。因此，风力发电在增加发电量的同时，对当地的大气环境质量不产生任何影响。峻阳公司 2019—2021 年节能减排数据统计如表 2 所示。

表 2　2019—2021 年节能减排统计表

年份	发电量/万千瓦时	节约标准煤/吨	减排 SO_2/吨	减排 CO_2/吨	减排粉尘/吨
2019 年	2332.0996	8395.559	699.63	23251.033	6343.311
2020 年	23439.6639	84382.79	7031.899	233693.449	63755.886
2021 年	28130.9659	101271.477	8439.2898	28046.573	76516.227
累计	53902.7294	194049.8258	16170.819	537410.212	146615.424

注：根据专家测算，每节约 1 度（千瓦时）电，就相应节约了 0.328 千克标准煤，同时减少污染排放 0.272 千克碳粉尘、0.997 千克 CO_2、0.03 千克 SO_2、0.015 千克 NO_X，表 2 数据据此计算得出。

峻阳公司投产以来，截至 2021 年年底已累计发电量 53902. 7294 万千瓦时，全部为绿色电能，累计节约标煤约 194049. 8258 吨，减排 SO_2约 16170. 819 吨、CO_2约 537410. 212 万吨、粉尘约 146615. 424 吨。为我国低碳绿色发展做出了应有的贡献，同时也对改善当地环境具有重要意义。

主创人：汝会通、季树海、孙本鹤、周长义

生物质能热电联产案例报告

梁山前能生物电力有限公司

一、企业概况

梁山前能生物电力有限公司（以下简称公司）地处济宁市梁山县。公司成立于2009年，前身是马来西亚辉德有限公司的全资子公司，2017年5月被水发集团旗下控股公司山东永能节能环保服务股份有限公司全资收购。公司是一家完全以生物质能源为燃料的热电厂。

经山东省济宁市发展改革委核准，公司于2018年4月13日开工新建2×75t/h高温高压生物质锅炉+30兆瓦抽凝式汽轮发电机组，2020年5月起实现满负荷年发电，2021年11月实现对梁山县城居民供暖。机组年有效利用小时数为7200小时，每小时发电3万千瓦时，年发电量21600万千瓦时，最大供暖面积为160万平方米，供汽能力为60t/h。

公司始终以“追求卓越、争创一流”打造行业标杆企业为目标，把“绿水青山就是金山银山”的发展理念与“上善若水，发展惠民”的企业理念相融合，作为推动公司发展的出发点和落脚点。对内实行精细化管理，对外积极推广清洁能源供热，利用低温循环水替代燃煤锅炉给周围居民供暖，每年可处理农林废弃物30万吨，为周边企业的发展提供可靠的汽源和供热保障，改善周边居民生活环境，真正意义上实现了节能减排。CO_2实现了零排放，SO_2、NO_X、烟尘等污染物排放达到超低排放标准。排放实时数据与济宁市生态环境局联网，做到环保状况完全透明公开，时刻接受社会监督。

公司近3年经营状况良好，2019年（建设期）实现利润81.22万元；2020年9月正式生产运营，当年实现利润1129.32万元；2021年实现利润1600.14万元。

二、主要措施

（一）技术措施

公司热电联产项目正式建设前期，组织各方专家进行调研，调研方向主要是围绕机组的节能、减排、高效等方面进行。为保证更好实现节能、减排、高效运行等目标，锅炉最终选择了生物质燃料适应性强、燃烧效率更高、烟气指标排放更低的高温高压循环流化床锅炉，配套一台30兆瓦的抽凝式汽轮发电机组。公司生产消耗的材料主要是各类生物质能源，主要以玉米秸秆、小麦秸秆、棉花秆、稻草、树枝、树叶、干草、花生壳等秸秆作为燃料，秸秆在生长和燃烧中不增加大气中CO_2含量且含硫量极低（仅为0.1%），可显著减少CO_2等温室气体和SO_2的排放，有巨大的环境效益。燃料经过粉碎后加压、增密成型，制成“秸秆煤炭”。“秸秆煤炭”是新型的生物质再生能源，加工成本低、利润空间大，价格远远低于原煤，完全可以代替煤炭。

公司共建设了两台75t/h的锅炉，最大负荷能达到170t/h，发电负荷最大能达到33MW/h，同时能满足160万平方米的供暖任务和60t/h的供汽能力，锅炉效率能达到91%。锅炉还配备了两台高效布袋除尘器、SNCR脱销设施、干式脱硫设施。该锅炉是济南锅炉厂自主研发的第六代循环流化床生物质锅炉，锅炉技术成熟稳定，主要针对生物质锅炉NOx的排放、尾部烟道堵灰、各受热面的磨损、腐蚀等弊端全面升级，持续运行能力强。截至2022年4月13日，公司机组已连续运行180余天，目前机组仍在满负荷运行，运行状况稳定良好。公司通过制订并执行合理的燃料掺配方案及运行技术人员对锅炉燃烧的精心调整，实现了在不投入SNCR脱硝设备及干式脱硫设备的情况下，实现了NOx排放$<35mg/m^3$、SO_2排放$<1mg/m^3$、粉尘$<1mg/m^3$等低于超低排放标准的排放量，这在同行业是属于领先

水平的。

公司上料设备选用的电动桥式抓斗机配备了先进的操控系统，专门针对生物质燃料的特性进行了设计，电动机均为变频电机，已达到高效节能目的。桥式抓斗机代替了常规的铲车上料方式，按照每年上料35万吨计算，每年能节省燃油（柴油）约15万升，同时也减少了铲车运行时排放的CO_2气体。

公司在草木灰处理方面采用的是浓相式气力输灰设备并配套建设了一座容积为1000立方米的密封式灰仓，储存的草木灰通过灰罐车运出场外，整个过程为全封闭式，能完全做到无灰尘泄漏。草木灰可作为有机肥生产的原材料使用，真正实现农林和生活废弃物的“转废为宝”，这也是生物质能源发电区别于其他可再生能源的特有属性。生物质灰渣也可作为制造砌块砖的原材料使用。

针对梁山县的居民供暖问题，公司专门建立了供热首站，供热站安装了3台$2900m^3/h$的热网循环泵，利用电厂余热循环水作为热源，这种供暖方式具有成本低、热网循环水量大、资源综合利用率高的优势。2021年11月，公司实现了此举措并取得了梁山县政府及广大居民的高度认可，真正意义上实现了清洁能源供暖。

梁山县杨营镇涂料产业园一直存在缺少稳定热源的弊端，这为当地政府招商引资带来很大困难。为此，公司联合当地热力公司共同规划设计了一条供汽能力能达到每小时80吨的供汽管线。建设完成后将解决该产业园区的用汽问题，同时也为当地政府的招商引资增加有利条件。

在其他设备辅机选型上，公司择优选用低损耗节能型变压器，选用节能型系列电动机，采用高效节能型灯具及低能耗光源配套设备。

（二）生物质能资源开发

为保证机组长周期健康运行，公司建立健全完整的燃料收储运体系。公司燃料储存场地共计约10万平方米，其中封闭式干料棚2座，建设面积4万平方米，生物质燃料存储量最大能达到10万吨，所有的入炉燃料的掺配及使用均在封闭式干料棚内进行，很好地解决了扬尘问题。

为解决原料供应不足、价格较高等问题，公司在每个镇域选出2~3名有实力、有信誉、忠诚度高的专业经纪人，与附近的各镇建立长期合作模式，每位经纪人确保每年至少一万吨的秸秆生物质燃料供应量。给每位经纪人免费配备了秸秆打捆机，建设了一套由散户到电厂模式逐步过渡到基地到电厂模式的秸秆收储运体系，确保原料保质、保量、低价供应。每年，公司收储秸秆类生物质燃料约9万吨，有效解决农林废弃物的腐烂对村容村貌的影响及田间秸秆焚烧造成的环境污染和安全危害，有利于改善农村环境卫生和居住区生活条件。

（三）污染物有效控制与监测

公司采用最新低温在线取样装置、一元净化技术、反渗透EDI脱盐工艺，改善进出水水质，消除废水排放对环境造成的污染，确保水质安全；另外，可实现全程污染物在线监测，实时监测NOx、SO_2、PM2.5等污染物排放情况，通过实时数据可视化及历史数据存储分析，精准定位故障，确保污染物排放符合国家标准。

（四）运行安全保障

一方面是生产安全，使用自动化的DCS、DEH等控制系统，实现全厂锅炉、汽轮机、汽水系统、除尘输灰系统等各个工段一体化自动控制，锅炉MFT、汽轮机ETS等安全保护系统均实现100%投运率，通过DCS系统对生产区域3000多个测量点无死角监视，充分保障设备及人员安全；另一方面是厂区安全，公司在全厂安装了400多个视频监控测点，确保全厂无盲区，保障厂区及料场安全。

三、实施效果

（一）节能效果

公司利用玉米秸秆、小麦秸秆、树枝、树皮等生物质燃料直接燃烧发电，将废弃物变成高品质的能源，实现资源的再利用。从根本意义上讲，本身就是一项节约能源的系统工程。主要体现在以下几个方面。

第一，利用秸秆燃料发电，消除因就地焚烧秸秆产生的烟气污染。

第二，秸秆焚烧锅炉产生的灰渣是钾肥和过磷酸钙肥料，可供农家直接利用或进行深加工成为复合肥料。

第三，年消耗秸秆量约 30 万吨，年发电量 21600 万千瓦时。扣除厂用电后，每年可对外供电约 19872 万千瓦时，与建设同样规模的燃煤电厂相比，相当于每年节约标准煤约 11.2 万吨，减少 CO_2 排放量约 20 万吨。

第四，余热为周边工厂或居民供暖 80 万平方米，供暖年 CO_2 减排量为 3.24 万吨；替代当地小锅炉供暖，减少了散煤燃烧造成的 NOx、SO_2、可吸入颗粒物等大气污染问题。2021 年，公司实现了 NOx 排放 $<35mg/m^3$、SO_2 排放 $<1mg/m^3$、颗粒物 $<1mg/m^3$——3 项排放指标均低于国家要求的超低排放标准，避免了有毒有害物质及可吸入颗粒对人体造成的危害；减缓了秸秆随意焚烧致使地表微生物的死亡及腐殖质、有机质的矿化，维护了土壤的生物体系平衡，保护土壤结构，保障农田质量安全。

农作物秸秆等生物质燃烧用于热电联产是对秸秆等生物质实行无害化、减量化、资源化处理的一种有效方法。它具有减容量大、处理快等显著特点，具有节能、环保、清洁发电、增加农业发展收入等综合效益，符合国家节能政策和环保政策，有利于促进节约型和谐社会的建设。

（二）经济效益

公司 2021 年发电 21600 万千瓦时，年供电 19872 万千瓦时，单价 0.75 元/千瓦时；供暖量 40 万吉焦，单价 26 元/吉焦。供电、供暖合计收入 1.59 亿元以上，利润约为 1200 万元，税收 100 万元，年净利润约为 1100 万元。

（三）社会效益

公司正式投产以来有效带动社会就业，直接用工带动就业 120 余人，带动周边近 1000 户农户间接就业，为当地农民增收约 9600 万元，梁山县人均年收入增加约 150 元，有效解决“三农”问题，促进社会和谐。公司项目余热能够为周边城乡居民提供 160 万平方米的清洁热源，供暖部分主要为换热站及相关配套基础设备的折旧，成本较低，有效降低当地的供暖支出，有效处理有机固体废弃物资源，变废为宝，提升能源利用效率。

主创人：李卫龙、韩　晓、刘文强、李文博、秦衣新

200MW、660MW 空冷岛加装温度场在线监测自动调节装置技术应用实践案例

内蒙古锦联铝材有限公司

一、企业概况

内蒙古锦联铝材有限公司（以下简称锦联公司）成立于2010年10月，注册资本105亿元，是由杭州锦江集团有限公司、内蒙古矿业（集团）有限责任公司、内蒙古霍林河煤业集团共同投资的混合所有制企业，是2018年经内蒙古自治区科学技术厅认定的高新技术企业。公司下属全资子公司5个、参股子公司6个，员工2600余人。公司2019—2021年资产和经营情况见表1。

表1 公司2019—2021年资产和经营情况

年份	销售收入/万元	利润/万元	缴纳税金/万元	固定资产/万元	资产负债率/%
2019	1133220.78	23127.93	8028.19	991211.64	60.92
2020	1229924.38	84390.23	54663.71	890663.25	59.99
2021	1680716.96	245063.70	117760.74	991309.56	52.54

锦联公司以高品质原铝生产为主业并设立贸易、物流、水务和铝研究院等辅助服务单位，最终建成一条集煤、电、铝、科、工、贸于一体的综合型循环性实体产业链。截至2021年年底，公司已累计完成投资约220亿元，目前已形成105万吨电解铝产能规模，电力装机规模238万千瓦。

锦联公司累计实现工业产值942亿元，上缴税费24.97亿元，解决和带动就业近万人。在2020年度内蒙古自治区民营经济百强企业排名评比中，公司位列第八位。

锦联公司致力于打造国内产业链条最优、安全环保最优、技术工艺最优、经济效益最优、社会效益最优的一体化、智能化铝工业示范园区，致力于将锦联公司建设成为祖国亮丽北疆上一颗璀璨的铝业明珠。

二、主要措施

2020年，我国提出“双碳”目标，“十四五”将是我国实现“双碳”的关键时期。锦联公司作为高能耗产业项目，碳政策势必造成产业结构的调整和节能降耗措施的加快实施。为此，结合内蒙古自治区《关于确保完成“十四五”能耗双控目标若干保障措施》的要求及《内蒙古自治区可再生能源电力消纳保障实施方案》，在对公司碳排放充分分析的基础上规划碳减排项目，确保“双碳”计划完成。

按碳核算边界，公司分电解铝项目及自备火电项目。根据《中国发电企业温室气体排放核算方法与报告指南》（试行）与《中国电解铝生产企业温室气体排放核算方法与报告指南》的要求。现有2380MW机组规模及配套105万吨电解铝合计碳排放2119.2万吨。在此背景下，能耗双控压力加大，减碳根本是单位产品能耗的降低，中和是新能源替代。

（一）多措并举，减少碳“量”

1. 降低生产单元能耗

通过强化工艺管控、关键节能技术技改和科技研发等措施，多措并举在2023年将能耗降至国家先进值水平，在2025年之前达到国家限额先进值水平。

2. 推动企业结构转型

发展低碳高端制造产业，推动铝产业向精细化、合金化、5G 材料化方向发展，向产业链、价值链中高端迈进，实现产业基础高级化和产业链现代化。公司目前集中规划发展再生铝项目。现已着手规划建设年产 20 万吨低碳铝合金示范项目，同步开展产品全生命周期碳足迹评价，建立包含设计、采购、制造、销售、物流等绿色供应链管理体系，实现产品全周期绿色闭环管理。

3. 改善能源结构

实现火电机组与新能源多能互补发展，扩大清洁能源使用比例。“十四五”期间规划装机 270MW 光伏项目与 150MW 风电项目，项目实施将实现碳减排 107 万吨。为配套新能源项目推进，公司对火电机组进行灵活性改造，提升机组调峰能力来消纳新能源。

（二）强化节能精益管理，提升用能设备能效

逐步淘汰厂内高能耗、高排放的设备和生产装置，实施高效节能电机替代工程，实现能源高效利用。建设智能工厂，推广应用智能管控系统，依托能源在线数据动态监测分析，强化能源的平衡、调度、分析和预测，实现系统性节能降耗。不断完善能源消费总量和强度“双控”制度，实行能源预算管理，精准控制能源消费。

（三）强化碳排放管理体系建设，积极参与自愿核证减排量

首先，建立健全企业温室气体排放监测计划。补充未检测点的检测项目，科学完善一次能源实测内容。月度核算、月度总结、碳管理内控常态化。其次，积极探索并加入国家核证自愿减排量（CCER）或生态环境部另行公布的其他减排指标，在碳履约方式上抵消部分缺口量。最后，加强碳政策的学习及运用，紧跟政策趋势下的碳金融，发展低碳产品认定，避免贸易壁垒。

（四）案例技术介绍

锦联公司的 5 台空冷机组冬季运行时，最先考虑的就是严寒天气空冷岛的防冻问题，在保证空冷岛不结冻的前提下，运行人员只能根据机组负荷、环境温度、空冷岛凝结水联箱温度、空冷岛管束抽空气温度等参数进行手动调整背压，在调整背压的同时还要兼顾空冷岛管束不结冻问题。背压经常保持较高，调整方式比较单一，不能把背压降低到理想的阶段。

针对目前公司 5 台机组冷却方式存在的问题，在原有冷却系统的基础上进行改进，加装了温度场在线监测自动调节装置。根据历史数据和机组实际情况进行布置和调整测点位置，在关键区域增加测点密度；同时使本系统在不停机的状态下实现随时调整测点位置，以满足测量需求。测温系统采用特殊集成方式，工业级橡胶制作的特殊信号电缆，其内部根据需要特定距离集成测温传感器，具有耐低温、防腐蚀、耐高压等特性。

基于结冰现象及结冰机理，围绕空冷机组的运行背压与空冷风机所消耗功率之间存在的一个最佳工况点，项目人员建立冬季防冻模型和机组最佳背压模型；同时通过现场实验并结合温度测量数据对模型不断进行校验优化，以确定机组负荷、环境温度对应的机组最佳背压。项目开发的空冷岛冬季防冻模块和冻结报警模块，实现了空冷岛智能优化站与 DCS 系统的通信，可在 DCS 平台上实现画面的编制，控制逻辑组态。

1. 工艺方案及设备指标

在机组空冷岛 A 型散热管束表面，铺设采用石英晶体频差变化温度传感单元的温控电缆，空冷散热管束顺流区采用“一”型水平布置，空冷散热管束逆流区采用“S”型布置，每列布置采集器用来收集温度数据。

采集器安放在不锈钢机箱内，防水防尘，安装在挡风墙一侧的立柱上。在靠近汽机房一侧的空冷岛过道上方搭设电缆规格为 50 毫米 × 100 毫米的电缆线槽，或借助于原有电缆桥架将监测电缆引线接入

采集器箱。1 列 A 形装置安装 1 个采集器箱，1 个采集器箱内安放 1～2 台采集器。1 台机组安装 1 台电源箱，将 220VAC 电源转换为 24VDC，供各采集器使用，采集器与采集器之间采用 RS485 信号电缆和 24V 电源电缆串联连接。

主控计算机安放在主控室，从空冷岛向主控室敷设光纤，在两端设置光纤转换器，实现从主控室主控计算机与空冷岛采集器之间的通信。从空冷岛向空冷岛下方的空冷电子间敷设 220V 电源电缆，由空冷电子间电器柜提供电源。

设备具体技术指标。温度传感器指标，型号为 ACCTM8001 智能型，可自检，测温原理是采用石英晶体频差变化的温度传感单元，测温范围为 -55℃～125℃，温度测量误差 <0.5℃，传感器封装为防水、防尘设计，具有自动温度校准、自动错误检测功能，无漂移，稳定可靠，无须人工维护。采集器指标，工作电压 5V，型号为 ACCTM—8100，采集通道为 2 通道，采集测点数为每通道 160 点，通信接口为 RS485，通信数据校验为 CRC 循环冗余校验，供电电源为 24VDC，工作温度为 -50℃～85℃，湿度≤95%，采集器箱封装标准为 IP65。主控机计算机，主监测计算机采用研华工控机，2.4G 主频，4G 内存，500G 硬盘。

2.2×200MW 机组空冷温度场监测系统现场布置情况

2×200MW 机组风机出口布置见图 1，空冷温度场监测系统现场布置情况见图 2。

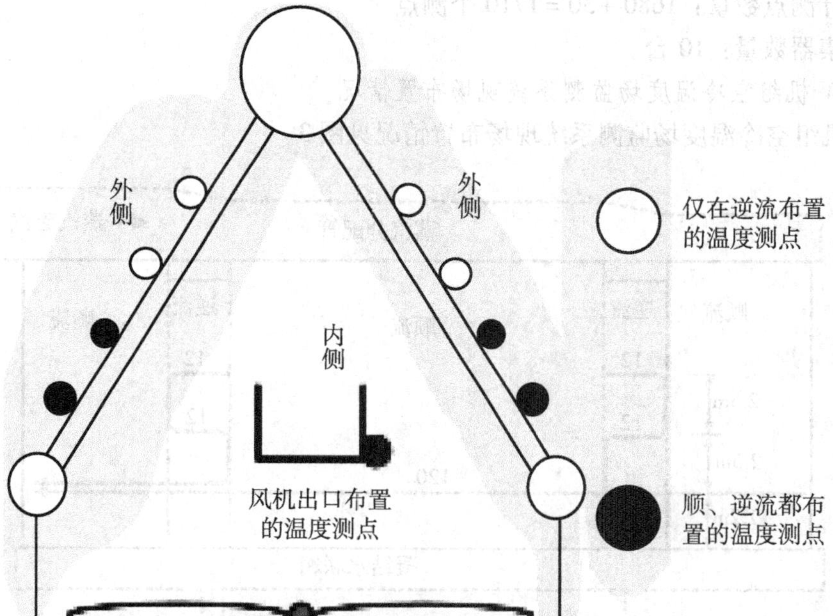

图 1　风机出口布置

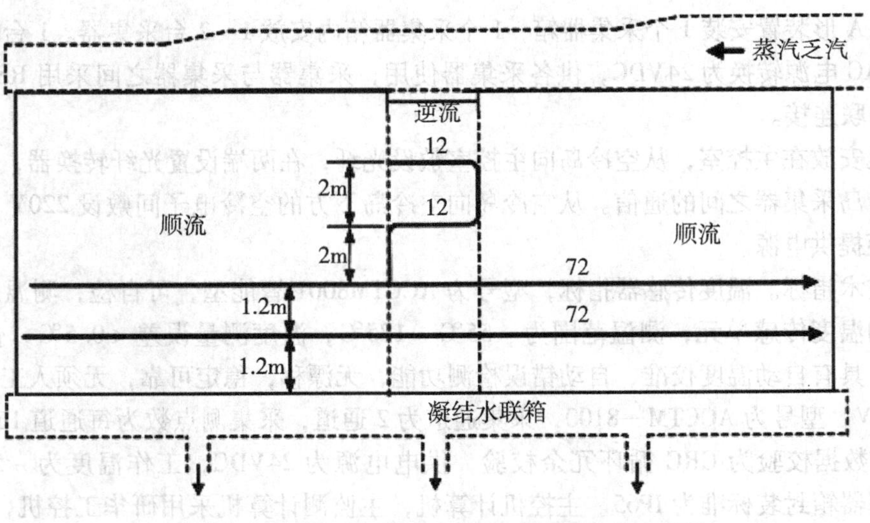

图2 2×200MW机组空冷温度场监测系统现场布置情况

A形装置外侧测点数：（72+72+12+12）×10个单侧面=1680点。

A形装置内侧每单元风机出口布置2个测点，需要30个测点。

一台机组合计测点数量：1680+30=1710个测点。

一台机组采集器数量：10台。

3. 3×660MW机组空冷温度场监测系统现场布置情况

3×660MW机组空冷温度场监测系统现场布置情况见图3。

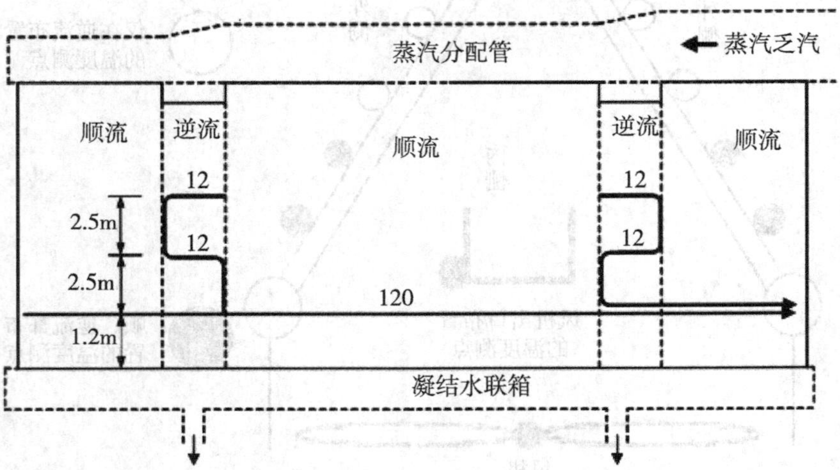

图3 3×660MW机组空冷温度场监测系统现场布置情况

660MW机组空冷岛1个A形列的单侧面共有30片管束，1片管束横向布置4个测点，各位置布置的测点见图3中的数字。

A形装置外侧测点数：（120+24+24）×16个单侧面=2688点。

A形装置内侧每单元风机出口布置2个测点，需要96个测点。

一台机组合计测点数量：2688+96=2784个测点。

一台机组采集器数量：16台。

4. 温度场背压优化自动控制

空冷凝汽器温度在线监控系统及优化系统以直接空冷机组温度场分布状态为依据，结合空冷机组凝结水温度、抽真空管道不凝气体温度、风机电流和频率等相关参数，实现空冷系统优化运行的闭环控制，自动调节风机转速，在防冻的基础上降低运行背压，实现了空冷机组安全性和经济性的统一。

优化背压控制逻辑里设置优化背压投切开关，在满足优化背压投入的条件下，可以人工投退优化背压逻辑，以实现优化背压和人工设定背压值之间的转换，在未投入优化背压值之前逻辑按照人工设定的背压值进行 PID 运算。

风机调速优化的方案是在原有控制逻辑的基础上，不改动原有的风机控制逻辑，不参与风机的启动停止等动作控制，完全按照原有的控制逻辑执行，防冻保护、回暖等功能仍旧保留，不做改动，只是在原有的风机调速逻辑中增加一个低温报警信号的判断并设置其优先级低于任何的风机控制指令。

防冻逻辑在原 PID 调速输出后（风机模拟量指令输出前）增加一步逻辑判断，判断温度检测系统是否有低温报警信号。当温度监测系统没有温度低报警信号时，风机仍按照原有逻辑指令运行；当温度监测系统有温度低报警信号时，以最低转速为目标逐级下调。

三、实施效果

近年来，在绿色低碳发展方面，公司多措并举，供电煤耗由最初的345g/kWh 降至目前的324g/kWh，铝液综合交流电耗由最初的13650kWh/t 降至目前的13450g/kWh/t 以下，与之对应的碳排放量也逐年降低。锦联公司作为通辽市规模最大的骨干企业，承担社会责任，为节能降碳护绿做出贡献，不仅可以提升企业的社会形象，同时对企业的长远发展也具有重要意义。

该案例实施后，根据机组实际运行情况，1、2 号 200MW 机组背压下降 0.7kPa，煤耗共计下降 1.82g/kWh；3、4、5 号 660MW 机组背压下降值共计 2.2kPa，煤耗共计下降 4.84g/kWh。1、2 号机组共计出力 300MW，每年 11 月至次年 3 月 135 天共计发电 9.7 亿千瓦时，节约耗煤 1765.4 吨；3、4、5 号机组按两用一备机组共出力 1100MW，同期发电 35.24 亿千瓦时，节约耗煤 17249.76 吨。合计节煤 19015.16 吨，按 2021 年标煤吨价 1000 元计算，年产生经济效益 1901.52 万元。

该案例可实现空冷机组背压的降低，进而实现机组煤耗的降低，同时填补通辽市内直接空冷机组温控监测具备全天候监控且进行逻辑编程进行全面自动控制优化技术方面的空白，对同行业起到一定的带动作用。内蒙古自治区的电力产业是中国产业集群，包头市、鄂尔多斯市、通辽市等是内蒙古自治区重要的工业城市，该项目的实施将对地区火电厂的发展起到积极的推动、示范作用，通过技术与人才的辐射、溢出与集聚效应助力行业发展；同时，通过企业规范的技术培训与项目实地参与可以为社会培养一批合格的行业专业化技术人才。

主创人：任贵猛、霍晓强、张明超、李新宇、刘光伟

水泥生产全流程智能制造关键技术

全椒海螺水泥有限责任公司

一、企业概况

全椒海螺水泥有限责任公司（以下简称全椒海螺）位于滁州市全椒县十字镇，成立于2008年6月，注册资本金3.5亿元，是安徽省"861"行动计划重点建设项目，项目规划建设两条日产4500t/d新型干法水泥熟料生产线，年产440万吨水泥粉磨并配套18MW余热发电系统。生产线采用最先进的新型干法水泥工艺技术，从矿石开采到销售发运全程自动化控制，另在低温余热发电自主开发应用、工业废弃物循环再利用、环保治理等方面取得了重大突破，代表着当今世界水泥行业最先进水平。公司资产规模达13亿元。先后获得"滁州市智能制造示范项目""滁州市青年文明号""全椒县税收特别贡献奖""全椒县先进基层党组织"等殊荣。

公司积极探索应用新技术、新装备，推进光伏发电项目、实施第四代篦冷机节能改造、发电新式VG锅炉升级、大型风机变频改造、预热器扩容低氮燃烧技术、新型隔热纳米隔热材料、高效磁悬浮风机、高温高尘SCR精准脱硝、"电改袋"超低排放等技术应用等一系列技改技措，能耗指标优化效果显著，氮氧化物、二氧化硫、颗粒物排放浓度达到国际超低排放标准。

近年来，全椒海螺坚持走智能化、绿色化与经济协调发展之路。2018年建成了全球水泥行业首条全流程智能工厂，2020年建成并投运20万吨/年固废处置项目，2021年建成并投运3MW分布式光伏电站项目。全椒海螺形成包括水泥生产、固废处理、光伏发电等一体化的绿色低碳环保智慧产业园区。

二、主要措施

2018年，国内水泥行业首个全流程智能工厂在全椒海螺建成投运，全椒海螺水泥智能工厂主要包括智能生产平台、运维管理平台和智慧管理平台三大平台，建成了数字化矿山管理系统、专家自动操作系统、智能质量控制系统、清洁包装发运系统、设备管理及辅助巡检系统、能源管理系统、生产制造执行系统和供销物流管理八大系统，构建了"以智能生产为核心""以运行维护做保障"和"以智慧管理促经营"的智能化生产模式。实现了生产系统的智能化、网络化、柔性化、绿色化，提升了智能化生产水平，也可以锻炼队伍、培养人才，提升信息化研发、建设和管理水平，从而实现资源再配置，提高产业运行效率，减低生产和营销成本，增加产品价值，带动企业创新发展。

围绕国家"十二五"规划中明确提出的"全面提高信息化水平、全力推动信息化和工业化深度融合"及工业和信息化部"关于水泥工业节能减排的指导意见"中推动信息化、智能化建设，提高水泥生产的信息化水平的要求，全椒海螺始终坚持科学发展，推进管理转型，积极推动工业化和信息化的深度结合。针对水泥工业生产过程的流程性、运行维护的保障性、运营管理的关联性三大特点，结合30余年的管理经验，坚持产学研相结合，在与国际国内知名厂商及相关高校、科研院所充分交流的基础上，确定了全椒海螺智能工厂建设的三大平台。

（一）智能生产平台

该平台下含数字化矿山智能管理系统、专家优化控制系统、智能质量控制系统和清洁包装发运四大系统。该平台突出"以简为智、以优为智"的特点，在行业率先实现"一键输入、全程智控"的生产模式，即只需在自动化验配料系统中输入熟料或水泥的品质预控目标，系统则自动根据原燃材料信息完成生产配料；据此向数字化矿山智能管理系统下达开采和配矿指令；专家优化控制系统则按照配料参数和品质要求在节能稳产模式下自动引导生产。进入智能生产闭环后，开采的矿石品位和终端产品的质量数据则又会由系统自动实时采集分析，用以不断优化生产方案，使产品品质、能源消耗等控制目标不断逼近预设的最优参数。最终实现了降低人员劳动强度、提高产品生产品质和降低资源能源消耗的运营目标。

矿山数字化管理系统基于数字矿山建立，是对真实矿山整体数字化再现及各生产要素的智能组合，是建立在数字化、信息化、虚拟化、集成化基础上的由计算机网络管理的管控一体化系统。它全面涵盖了矿山三维建模、中长期采矿计划、爆破、取样化验、采矿日计划、精细化配矿、GPS 车辆调度、卡车装载量监量、混矿品位在线分析、配矿自动调整、生产管理、司机考核等矿山管理领域，有效地解决了水泥企业在矿山生产方面存在的配矿、监督和管理问题，极大地提高矿山生产效率和安全保障，资源利用率得到了有效提升。系统上线后，全年可多搭配 30 万吨低品位矿石，矿山生产效率提升约 12%，柴油消耗降低约 7%，轮胎消耗降低约 30%。

智能质量控制系统采用自动取样、炮弹输送及自动制样检测，运用跨带分析仪、堆场三维建模、荧光仪及衍射仪质量数据，基于熟料率值为控制目标的配料软件等集成，以及与数字矿山、专家自动操作系统相互协同，实现了水泥生产“取、送、制、化、配”质量管控等关键质量管控环节的全过程自动化、无人化和智能化，与生产专家系统、供应销售系统、矿山系统等实现数据互联、互通、互享，实现产品全生命周期质量可追溯，实现了人员劳动强度下降 24%、化验频次提高 50%，有效支撑了生产专家优化系统的运行，进一步提高了产品质量和稳定性。

专家优化控制系统主要包括烧成系统、原料磨、水泥磨专家优化控制三大部分。本着高产稳产、节能低耗、安全环保的原则，在系统运行稳定的前提下，对操作参数自动进行优化调整，主要目的是为进一步稳定和提升指标，保持生产线始终处于良好的生产运行水平，系统各参数均相互关联，前后联系。建立非预见性异常的自动调整模型，系统对垮窑皮和喂煤秤、断料等非预见性情况建立策略模型，自动优化调整。系统摆脱人为操作，始终以最佳参数自动完成熟料、水泥的连续稳定生产。操作员劳动强度降低 90%，能耗下降 1%，质量标准偏差小于行业当前领先水平。

（二）运维管理平台

该平台旨在为智能生产平台提供高效、节能、安全、环保的运行环境，下含设备管理及辅助巡检系统、能源管理和安全环保三大系统，突出“稳产助优产、优产促节能、节能优环保”的特点。

设备管理及辅助巡检系统是水泥行业中又一创新亮点，将先进的检测分析技术、网络拓扑技术、数据存储技术运用到企业设备的管理中，通过人机交互方式实时展示，改变人工巡检的传统模式，将重大设备故障自检测、主要设备实时在线监测、点巡检移动物联网化、三维仿真全息管理四大功能全面融合，从而实现“管理信息网络化、设备巡检智能化、维修维护一体化”，让沉默的设备自行检测，让繁杂的数据自动归集，让难寻的隐患提前暴露，实现了设备在线监管、重大故障提前预判。现场巡检工作量下降 40%，设备运行周期延长 37%，专业用工优化 20% 以上。

安全数字化信息管理平台从企业领导决策者、安全管理者、安全管理参与者等角度出发，围绕“事前、事中、事后”3 条业务主线，通过信息化技术手段，帮助子公司建立“日常监管、提前预警、事中救援、事后提高”的包含安全管理全过程的业务系统。系统主要涵盖日常安全管理、隐患排查治理、教育培训、应急救援、事故处理、预警指数报告、数据统计查询和系统管理等功能。安全生产预警系统具有量化直观的特色，能解决安全管理相对定量的问题，能进一步提升集团公司安全管理水平，体现“安全第一，预防为主，综合治理”的安全生产方针，有效促进对子公司的统一监督管理。

（三）智慧管理平台

该平台包含生产制造执行系统和营销物流管理系统，旨在利用工业和商业信息化的深度融合，推动工厂卓越运营。

制造执行系统根据产销存和设备运行情况统一调度各类资源进行统筹生产和实时监控。能有效保证工厂生产经营数据的完整性、准确性和及时性，实现各大工业智能系统的全面融合，建成以产品生产为主线，贯穿生产调度、物资、能源、设备、质量、安全环保、统计等环节的生产全过程管理平台，配合三维工厂的数据建模，实现整个制造过程信息化、可视化、无纸化和智慧化，提高企业管理效率，降低生产成本，规避人的不可靠因素、实时应对过程变化和协调各方，让企业的生产过程在准确性、稳定性、应变能力等方面得到保障。

供销物流管理系统将互联网销售、工厂智能发运和水泥运输在线监管全面融合，实现工厂订单处理、产品发运、货物流向监控等业务流程无人化和数据应用智能化，提升服务质量与效率、互动参与度及便捷性，为客户提供更为方便、快捷的服务，实现公司营销、管理模式的创新和升级。

建设公司能源管理中心，构建覆盖基础自动化、过程监控及管理3个功能层次的信息网络，实现生产用能设备的监测及控制，完善能源的优化调度、平衡预测和管理，主要包括主站系统、现场计量设备、控制设备等。投入运行后建立企业能源计量网络，提供直观、便捷的能源管理模式；对企业内部电、煤等进行管理，监控生产运行能源消耗；实现生产与能源的协调管理，合理利用资源、节约能源；能源需求预测，与实际能耗对比，寻找节能途径，便于生产线对异常的指标实行对标管理。

全椒海螺分布式光伏项目主要利用厂区内屋顶建设光伏电站，该项目使用单晶540Wp光伏组件，建设3MW光伏电站，“自发自用、余电上网”，自发自用比例约为95%。

三、实施效果

全椒海螺全流程智能工厂的成功建设，进一步增强了工厂生产过程管控能力，提升了生产管理水平，实现了生产线高质量连续稳定运行，在绿色低碳发展方向取得了良好的经济效益、管理效益和社会效益。通过对智能工厂建成投运前后的综合评价分析，可减少用电约404万度/年，节约标煤约4251吨/年，各类资源消耗下降及劳动生产率提升带来的直接经济效益约2164万元/年。

（一）管理效益

智能工厂各系统的成功应用，在优化用工配置、提升管理效率、降低安全风险、改善工作环境等方面有明显成效。劳动生产率较智能工厂子系统投入使用前提升19.96%，其中三大分厂及部分职能部门生产性岗位同比减少75人，专业用工优化达15%。通过智能质量管理系统与数字化智能矿山系统的协同作用，实现矿石质量的自动检测和精准搭配，入堆石灰石CaO标准偏差大幅下降和出磨生料、入窑生料、出窑熟料CaO标准偏差及出厂水泥标准偏差大幅优化，进一步提高了过程和产品质量的稳定性。三大平台的有机融合，各系统功能的充分发挥，有效减少设备巡检频率，稳步提升中控系统自动操作能力，全面提高质量分析全流程自动化水平，基本实现生产报表统计无人化，人员的劳动强度大幅降低。清洁包装发运系统的运行让现场作业环境得到大幅改善，实现清洁生产。

（二）经济效益

近年来，全椒海螺大力实施应用“四新技术”，通过专家自动操作系统、水泥智能优化系统、水泥工业大脑、行车无人值守、下料口大块自动剔除装及旋转清堵等新技术革新，中控操作及现场岗位人员劳动强度降低较大，综合能耗指标优化效果显著，吨熟料实物煤耗下降约4kg，标准煤耗降低约3kg/t，吨熟料综合电耗降低约3kWh。

（三）环境效益

由数字化矿山管理系统、专家自动操作系统及智能质量管理系统组成的智能生产平台，通过矿山三维仿真、生产自动配矿、车辆智能调度和跨带分析仪实时在线检测实现矿山生产的可视化、数字化和智能化，极大地提高了矿山生产效率和安全保障，使石灰石质量控制更为精准，入堆品位稳定性得到明显提升，低品位废石得到充分搭配利用，有效提升了能源资源的综合利用率。经统计，每年可多搭配低品位石灰石约35万吨、多消纳煤矸石等工业废渣5.4万吨、节约标准煤4250吨、减排二氧化碳1.48万吨，进一步提升了绿色制造水平。

（四）社会效益

全椒海螺智能工厂在水泥行业首次实现了全流程智能化技术应用，成功将先进智能化、信息化技术与水泥生产技术及管理经验有机融合。通过装备智能化、生产管控智能化和商业智能化的深度融合，促进了水泥行业发展的信息化和智能化，推动了水泥企业生产方式的变革，对我国水泥行业转型升级和高质量发展具有重要意义。

新能源企业低碳发展实践

三峡新能源蒙阴发电有限公司

一、企业概况

三峡新能源蒙阴发电有限公司（以下简称蒙阴公司）成立于 2013 年 10 月 16 日，是中国三峡新能源（集团）股份有限公司的全资子公司，归口中国三峡新能源（集团）股份有限公司山东分公司进行管理。蒙阴公司位于山东省临沂市蒙阴县野店镇板崮崖村，注册资本 7200 万元。公司主要经营范围：对风能、太阳能发电项目的投资、开发、建设、管理；太阳能发电与销售；太阳能设备维修，相关技术咨询服务。本项目装机容量 30MW，由 117744 块 255Wp 的多晶硅光伏组件、120 台汇流箱、464 台 60kW 逆变器、31 台箱变（其中 1000kVA 组合式箱变共 29 台，500kVA 箱变 2 台，合计 31 个光伏发电单元）、1 座 35kV 开关站、1 回 35kV 输电线路构成。电站分 31 个光伏发电单元，经逆变器、交流汇流箱和箱式变压器升压至 35kV 后汇集至厂区 35kV 开关站 35kV 母线，通过 1 回 35kV 线路接至野店变电站 35kV 间隔，以 110kV 电压等级接入山东电网。工程建成后年发电量 3552 万千瓦时，年可节约标准煤约为 11727 吨，每年减排 SO_2 约为 48.73 吨、CO_2 约为 25.7 万吨、粉尘约为 31.3 吨——均为可研数据，对环境保护起着积极的作用。公司在发挥着节能降碳作用的同时也积极履行央企责任融入当地生产生活，起到带动当地经济发展的作用。在板崮崖村投资建设的 110kW 屋顶光伏电站扶贫项目，年发电量约为 14.3 万千瓦时，在提供清洁能源的同时也增加了当地老百姓的收入，取得了良好的经济效益。

二、主要措施

（一）光伏组件选型

现在新能源光伏发电行业普遍采用的电池为晶体电池和薄膜电池。蒙阴公司通过调研对比这两种电池的特性、发电效能等方面进行选择。表 1 所示为太阳能电池分类汇总。

表 1　太阳能电池分类汇总

种类	电池类型	商用效率	实验室效率	使用寿命	特点	目前应用范围
晶体硅电池	单晶硅	16% ~18%	24.7%	25 年	效率高技术成熟	中央发电系统独立电源民用消费品市场
	多晶硅	14% ~17%	20.3%	25 年	效率较高技术成熟	中央发电系统独立电源民用消费品市场
薄膜电池	非晶硅	6% ~8%	13%	20 年	弱光效应较好成本相对较低	民用消费品市场中央发电系统
	碲化镉	9% ~11%	16.5%	20 年	弱光效应好成本相对较低	民用消费品市场
	铜铟镓硒	9% ~11%	19.5%	20 年	弱光效应好成本相对较低	民用消费品市场少数独立电源

由表 1 可知，单晶硅、多晶硅太阳能电池由于制造技术成熟、产品性能稳定、使用寿命长、光电转

化效率相对较高的特点，被广泛应用于大型并网光伏电站项目。非晶硅薄膜太阳电池稳定性较差、光电转化效率相对较低、使用寿命相对较短，但由于其拥有良好的弱光发电能力和温度特性，在一定程度上可减少电网的波动。因此，蒙阴公司选用的晶体硅太阳能电池组件能大大提高发电效率，更好地提供清洁电能。

（二）晶体硅电池类型选择

晶体硅电池主要分为单晶硅和多晶硅。单晶硅和多晶硅的区别是：当熔融的单质硅凝固时，硅原子以金刚石晶格排列成许多晶核，如果这些晶核长成晶面取向相同的晶粒，则形成单晶硅；如果这些晶核长成晶面取向不同的晶粒，则形成多晶硅。多晶硅与单晶硅的差异主要表现在物理性质方面，如在力学性质、电学性质等方面，多晶硅均不如单晶硅。多晶硅可作为拉制单晶硅的原料。

单晶硅和多晶硅的生产制造工艺不一样，成分也有所不同，但最后做成成品（太阳能电池板）的使用效果差不多。2008 年之前，两者的区别在于光电转换率不同，单晶硅一直比多晶硅转换效率高，即使在实验室还是这种情况；另外，单晶硅的材质要比多晶硅的好，在生产过程中不容易损坏。在外观上，单晶硅一般都是单色的（常规的是蓝色和黑色，国外基本都是蓝色多，国内的大多表面是蓝色，但在层压后颜色会变成黑色）；多晶硅颜色很杂，既有单色蓝色，也有彩色的。

两种电池组件的电性能、寿命等重要指标相差不大，执行的标准也相同，在工程实际应用过程中，无论单晶硅还是多晶硅组件都可以选用，但单晶硅组件的价格比多晶硅组件的价格高 10% 左右。因此，同等效率下，蒙阴公司从性价比方面考虑选用了多晶硅电池硅组件。

（三）电池片选型

目前，市场上多晶硅组件的电池片主要有 125 和 156 两种型号。在转化效率上，它们的材料相同转化效率一样。在价格上，虽然 156 电池片比 125 电池片要稍高一些，但在综合转换效率上，156 电池片的性价比就比 125 电池片高。也就是单位价格上，156 电池片发的电更多，所以选用 156 电池组件可以节约组件投资成本。另外，考虑组件安装，选用 156 电池组件可以减少组件数量，节约施工成本。因此，从综合转换效率和节约施工成本方面考虑，蒙阴公司选用了 156 系列多晶硅组件。

（四）高效电池片组件和低效电池片组件选型

目前，市场上流行的批量化生产的 156 多晶硅组件板型是 1650mm × 992mm × 35mm，主要功率有 230Wp、235Wp、240Wp、245Wp、250Wp、255Wp 几种。各种功率的组件，同样板型下，组件功率越高、电池片效率越高，单位面积的发电量越高。同样板型的光伏组件在制作过程中，高效电池片组件与低效电池片组件消耗的人力成本和其他辅料成本都是一致的；在同样板型的光伏组件制作过程中，单片硅片的价格也是固定的，用同样的硅片做成的高效组件还是低效组件，硅成本是一致的。所以，使用高效组件既能减少消耗硅料、减少能源浪费，还能使组件生产商利益最大化，有利于整个组件市场的健康发展。同样板型的光伏组件在系统利用过程中，高效电池片组件比低效电池片组件单位面积的发电量更高；在系统发电过程中，同样板型的高效电池片组件与低效电池片组件单位面积消耗的支架是一样的，单位面积消耗的其他辅料近似一样。所以，在电站总容量确定的情况下，使用高效组件既能减少能源浪费、减少有害物质排放，还能节省电站初投成本、增大整个光伏电站的性价比。因此，蒙阴公司选用 255Wp 多晶硅太阳能电池组件。

（五）电池阵列的运行方式选择

蒙阴公司通过对固定式和跟踪式两种运行方式的初步比较，考虑到蒙阴公司规模较大，固定式初始投资较低且支架系统基本免维护；自动跟踪式虽然能增加一定的发电量，但目前初始投资相对较高，而且后期运行过程中需要一定的维护，运行费用相对较高。另外，电池阵列的同步性对机电控制和机械传动构件要求较高，自动跟踪式缺乏在场址地区或相似特殊气候环境下的实际应用的可靠性验证，在我国气候环境较复杂的荒漠戈壁区大规模应用的工程也相对较少。根据以上综合分析，蒙阴公司选用了固定式运行方式。

（六）选用光伏组件最佳安装角度

蒙阴公司地处崮顶，光照资源丰富。蒙阴公司通过现场测算太阳辐射量数据，依据倾斜面太阳辐射量的方法得出：光伏组件倾角为32°时，倾斜面上接受的太阳辐射量最大，相应的年发电量也最多。所以，蒙阴公司项目采用依山势铺设电池组件，组件角度采用最佳角度 32°，组件布置原则性朝正南，东西坡组件布置可能会存在一定的方位角，已在发电量计算中考虑存在方位角时的折减损失。

（七）选用合理的电池组件布置设计

蒙阴公司设计容量为 30MW，布置 255Wp/片的多晶硅电池组件 117744 片。电池组件的布置采用电气专业最终确定的串并联方式，22 块电池组件串联为一个基本汇流单元。根据光伏组件布置，为减少损耗和降低造价，将系统分成 29 个 1MW 并网发电单元和 2 个 0.5MW 并网发电单元。每个单元经过 1 台分裂变压器升压至 35kV，每 8/8/15 台 35kV 升压变压器组成 1 个集电单元，通过电缆并接分组连接至光伏电站开关站的 35kV 母线，全厂共有 3 个集电单元。

蒙阴公司选用组件以 22 片为一个最小设计单元进行设计，最小设计单元内组件间留 20 毫米过风缝。电池组件安装全部采用固定式，在支架上双片纵向布置。电池组件采用螺栓安装固定在支架上。在平地布置时为避免前排组件对后排组件遮阴，布置原则为：保证在冬至日的午前 9 时至午后 3 时期间南部的电池组件及建筑物对北部的电池组件不形成阴影。经综合分析和计算，最终确定在水平地面上，南北向最小间距（含投影）为 7.2 米，充分考虑站区内其他建筑及设备对太阳能组件的遮蔽影响。考虑检修及通行方便，最小设计单元间东西向间距为 0.5 米，并且东西向每隔约 70 米将单元间间距调整为 1 米。组件支架依照山势铺设，根据不同地势采取适当间距，减少遮挡。组件离地最小距离不小于 300 毫米。各逆变器的布置尽可能使电池组件经汇流箱汇流后到逆变器的线路损失减小，有效地提高各发电单元的上网电量。

三、实施效果

蒙阴公司 30MW 发电项目于 2015 年 5 月 23 日开工建设并于当年 11 月 30 日实现一次并网成功，2016 年 6 月 18 日实现全容量并网。

（一）2016 年—2021 年主要经济指标

2016 年—2021 年主要经济指标见表 2。

表 2　2016 年—2021 年主要经济指标

年份	发电量/万千瓦时	投入率/%	年利用小时/小时
2016 年	2616.6525	100	872.22
2017 年	4177.8261	100	1392.61
2018 年	4183.4730	100	1394.49
2019 年	4166.9586	100	1388.99
2020 年	3968.3196	100	1322.77
2021 年	4067.4522	100	1355.82

太阳能是一种清洁的能源，既不通过消耗资源释放污染物、废料，也不产生温室气体破坏大气环境，更不会有废渣的堆放问题，有利于保护周围环境。与其他传统发电方式相比，太阳能发电可节省一定的发电用煤和减少环境污染治理费用，有利于空气质量和环保标准的提高。

光伏发电是将太阳能转换为电能，在转换过程中没有污染物排放。与相同容量的燃煤电厂相比，可节约煤炭资源和减少污染物排放。因此，在增加发电量的同时对当地的大气环境质量不产生任何影响。

（二）节能减排统计

表3所示为蒙阴公司2016年—2021年主要节能减排数据。

表3　2016年—2021年节能减排数据

年份	发电量/万千瓦时	节约标准煤/吨	减排 SO_2/吨	减排 CO_2/万吨	减排粉尘/吨
2016年	2616.6525	10466	785	2.61	7117
2017年	4177.8261	16711	1253	4.17	11363
2018年	4183.4730	16733	1255	4.17	11379
2019年	4166.9586	16667	1250	4.15	11334
2020年	3968.3196	15873	1190	3.96	10793
2021年	4067.4522	16269	1220	4.06	11063
累计	23180.682	92719	6953	23.12	63049

注：根据专家测算，每节约1度（千瓦时）电，就相应节约0.4千克标准煤，同时减少污染排放0.272千克碳粉尘、0.997千克 CO_2、0.03千克 SO_2、0.015千克 NO_X，表3数据据此计算得出。

蒙阴公司投产以来，截至2021年年底已累计发电量23180.682万千瓦时，全部为绿色电能，累计节约标煤约92719吨，减排 SO_2 约6953吨、CO_2 约23.12万吨、粉尘约63049吨。为我国低碳绿色发展做出了应有的贡献，同时也对改善当地环境具有重要意义。

蒙阴公司属于山地光伏项目，现场光伏组件安装合理规范，对山地植被不会造成破坏，保护了当地的生态环境。蒙阴公司日常现场工作环境中经常发现山鸡、野兔等小动物在光伏场区活动，在提供清洁能源的同时真正做到了与当地生态环境的和谐共处。

主创人：张建邑、汝会通、于　洋、王洛强、崔　庭

焦炉煤气脱硫治理和脱硫废液资源化利用

山东钢铁股份有限公司莱芜分公司

一、企业概况

山东钢铁股份有限公司莱芜分公司（以下简称莱芜分公司）位于山东省济南市钢城区，其前身为莱芜钢铁股份有限公司，原属于莱芜钢铁集团有限公司（以下简称莱钢集团），钢铁业务已有 47 年发展历史。2008 年，山东钢铁集团有限公司（以下简称山钢集团）整合重组，莱钢集团成为山钢集团旗下子公司。2012 年，山钢集团通过换股吸收合并方式，在莱钢股份和济钢股份的基础上成立了山东钢铁股份有限公司（以下简称山钢股份公司），同时设立莱芜和济南两个分公司，当时的莱芜分公司仍由莱钢集团代管。2014 年 7 月，山钢集团调整钢铁业务管理关系，推动上市公司规范运作，莱芜分公司完全脱离莱钢集团独立运营。调整后，莱芜分公司集中精力发展钢铁业务，莱钢集团重点发展相关多元产业。2017 年 5 月，山钢集团进一步压减管理层级，莱芜分公司机关业务部门/直属机构与山钢股份公司相应业务部门合署办公，同时山钢股份公司机关部门（除董事会办公室/监事会办公室/证券部）办公地点由济南市高新技术开发区迁至莱芜市钢城区。

莱芜分公司及代管银山型钢有限公司（以下简称莱钢本部），下辖焦化、炼铁、炼钢等主体生产单位，以及能源动力厂和物流运输部 2 个辅助生产单位，目前主要生产设备有高炉 6 座、转炉 8 座、轧钢生产线 16 条、焦炉 6 座。目前，已形成年产粗钢 1290 万吨、生铁 1211 万吨的综合配套能力。钢铁产品主要有型钢、板带、优特钢、棒材四大系列。其中，热轧 H 型钢获“中国名牌产品”荣誉称号和国家冶金产品实物质量“金杯奖”；4300mm 宽厚板生产线是公司投资最大、工艺最先进的项目，具有国际先进和国内一流的工艺装备水平。

二、主要措施

（一）技术原理、适用条件

1. 脱硫废液干燥工艺

本系统采用低压蒸汽间接干燥脱硫泡沫液，干燥尾气采用洗涤、冷却工艺流程。

从焦化三套煤气脱硫装置送来的脱硫废液和硫泡沫经过搅拌混合后，用泵输送到微孔过滤器，过滤得到含水约 50% 的浓浆液进入浓浆液槽；过滤后清液一部分返回三套煤气脱硫系统，一部分送至多效蒸发系统进行浓缩，浓缩液送至浓浆液槽。为了保证浓浆液良好的流动性和稳定性，需要向浓浆液槽中加入一定量的克硫剂。经过处理后的浓浆液用给料泵均匀地输送到 XA 干燥器中，采用蒸汽为热源间接加热浓缩液，浓缩液中水分得到蒸发，固体物质则被干燥固化，成为含盐的粗硫磺。粗硫磺用输送设备进行输送、装袋。

XA 干燥器出口的尾气在引风机的抽送下，通过水洗塔后进入冷凝器，然后进入酸洗塔中进一步净化处理，尾气通过烟囱达标排放。

2. 硫磺焚烧工段

炉前贮斗中的固体粉粒状粗硫磺，通过加料皮带机（建议封闭）送入焚硫炉中，与空气鼓风机吹来的空气一起沸腾燃烧，产生约 1050℃的高温 SO_2 炉气，经过余热锅炉后温度降到 340℃左右进入净化工段。

焚硫炉采用类似于硫铁矿沸腾炉的结构，通过设置特殊的固定层作为蓄热和导热物质，维持操作的稳定性和可靠性。设置一、二次风，以便调节和控制焚硫炉的操作温度。加料皮带采用变频器调节控制，用氧表测定出口炉气中的剩余氧含量，反馈自动调节焚硫炉的加料量。设置煤气烧嘴，用于焚硫炉的升温及开车。设置观察孔，以便观察和监视焚硫炉的操作状态和运行情况。出焚硫炉的炉气控制 SO_2 含量约为12%。

余热锅炉采用水管式。设置汽包用于加水和缓冲蒸汽。余热锅炉产生2.5MPa的中压饱和蒸汽，减压后与全厂的低压蒸汽管网连接。

3. 净化工段

出余热锅炉约340℃的炉气首先进入动力波洗涤器，在逆喷段喷入循环稀酸并良好雾化，炉气与雾化的稀酸密切接触，通过绝热蒸发，使炉气增湿、冷却、降温和初步洗涤净化。湿炉气经过气液分离后进入填料洗涤塔，与塔顶喷淋的冷却循环稀酸逆流接触、洗涤净化，除去其中的杂质和蒸汽，然后进入电除雾器中除去酸雾，送去干吸工段。

洗涤器采用绝热蒸发冷却、稀酸循环洗涤流程，多余的稀酸从循环泵出口排到脱气塔中，自动吸入空气脱除稀酸中溶解的 SO_2 后，作为副产品用泵送到焦化装置的硫铵工段综合利用。

洗涤塔采用填料塔，塔槽一体化结构，稀酸循环洗涤。循环泵出口的稀酸通过稀酸板式换热器冷却后，送往塔顶喷淋洗涤炉气。多余的稀酸串入文氏管循环槽中，保质水量平衡。稀酸板式换热器采用循环水冷却。电除雾器中排出的少量稀酸串至洗涤塔的循环槽。脱气塔出口的尾气送到电除雾器进口工艺管道中除去酸雾。

为保护净化设备和工艺管道安全，在电除雾器出口管道上设置安全水封。

4. 干吸工段

干吸酸循环吸收系统采用两种酸循环，干燥塔采用93% H_2SO_4 循环，吸收塔采用98% H_2SO_4 循环。由3台吸收塔酸冷却器和一台干燥塔酸冷却器组成循环酸冷却系统。酸冷却循环系统基本设置为：槽→泵→酸冷却器→塔→槽。

来自净化工段的炉气补充适量的空气后，控制进入转化工段的炉气中 SO_2 含量为8.5%，由底部进气口进入干燥塔，经自塔顶喷淋的93%浓硫酸吸收炉气中水分，使出塔空气中水分≤0.1g/Nm^3，吸收水后的干燥酸自塔底流入干燥塔酸循环槽，用来自第一吸收塔酸循环泵串酸混合至93%浓度，由干燥塔酸循环泵送至干燥塔酸冷却器进行冷却，冷却后的浓酸进入干燥塔进行循环喷淋。

来自转化器第三段的气体，经第三换热器降温后进入第一吸收塔，经自塔顶喷淋的98%浓硫酸吸收炉气中的 SO_3，吸收后的酸自塔底流入第一吸收塔酸循环槽，由吸收塔酸循环泵送至吸收塔酸冷却器进行冷却，冷却后的浓酸进入第一吸收塔进行循环喷淋。

来自转化器第五段的气体，经第五换热器降温后进入第二吸收塔，经自塔顶喷淋的98%浓硫酸吸收炉气中的 SO_3，吸收后的酸自塔底流入第二吸收塔酸循环槽，由吸收塔酸循环泵送至吸收塔酸冷却器进行冷却，冷却后的浓酸进入第二吸收塔进行循环喷淋。

吸收酸循环槽设置自动加水器加入工艺水，调节和控制吸收酸的浓度。多余的循环酸作为产品，从吸收酸冷却器出口排出，经过电磁流量计计量后，送到主体装置的浓硫酸贮罐贮存。

二吸塔出口的工艺尾气进入尾气吸收塔中，用氨水循环吸收其中的少量 SO_2 和硫酸雾后，再用稀酸吸收逃逸的氨气后由35米烟囱达标排放。氨吸收塔多余的循环液和稀硫酸在解析槽混合后的硫酸铵液回焦化硫氨系统制硫酸铵。

为了装置开车时加入母酸和方便设备维修，设置地下酸槽和酸泵。

5. 转化工段

经干燥塔干燥并经干燥塔顶金属丝网除雾器除雾后的冷气体由 SO_2 鼓风机升压后依次进入第三、第一换热器加热后，温度达到 420℃进入转化器的第一段进行转化。经反应后炉气温度升高到约 585℃进入第一换热器与来自 SO_2 鼓风机的冷气体换热降温，冷却后的炉气进入转化器第二段催化剂床层进行催化反应，然后出转化器进入第二换热器降温后进入转化器第三段催化剂床层进一步反应。从转化器第三段出口的气体，进入第三换热器管程，温度降至 170℃后进入第一吸收塔，吸收气体中的 SO_3 并经过塔顶的丝网除雾器除去气体中的酸雾后，依次进入第五、第四、第二换热器，气体被加热后进入转化器第四段催化剂床层进行第二次转化。出第四段床层的气体进入第四换热器冷却到 415℃后，进入转化器第五段催化剂层进行反应，五段出口气体经第五换热器管程与冷炉气进行换热冷却，温度降低到约 165℃进入第二吸收塔，吸收气体中的少量 SO_3 并经过塔顶的除雾器除去其中的酸雾。

二吸塔出口的工艺尾气进入尾气吸收塔中，用氨水循环吸收其中的少量 SO_2 和硫酸雾后，再用稀酸吸收逃逸的氨气后由 35 米烟囱达标排放。氨吸收塔多余的循环液和稀硫酸在解析槽混合后的硫酸铵液回焦化硫氨系统制硫酸铵。

（二）与同类技术相比的特点和优势

现有制酸技术主要有硫泡沫直接焚烧法、真空碳酸钾法、克劳斯法和本案例采用的固化硫磺焚烧法，其技术方法和优缺点比较如下。

第一，将硫泡沫直接焚烧变成 SO_2 气体，进一步加工制成工业硫酸，该技术的核心为在外加高温热源的条件下，将硫泡沫和脱硫废液在高温下进行焚烧、分解，回收 SO_2 气体。优点为工艺流程短、工艺操作连续化，但也有显著的缺陷：①热能消耗高，且运营成本较高；②类似于溶硫釜，将大量水气化后又需去除大量水蒸气，造成能源的重复浪费；③产生的大量水蒸气与少部分 SO_3 和 SO_2 生成稀酸，对设备管道要求较高，具有较高的设备成本。

第二，采用真空碳酸钾法脱硫，将析出的 H_2S 进行焚生成 SO_2，采用冷凝技术制取硫酸。但是，真空碳酸钾法需将现有 3 套 HPF 脱硫设施进行更换，建设全套的脱硫制酸措施投资金额巨大且具有一定的弊端：①真空碳酸钾法脱硫会产生剧毒物质氰化钾，对职工的健康和环境污染具有很大影响；②脱硫效率低，无法满足国家要求的脱硫标准。

第三，克劳斯法是以吸收法脱硫，再将解析出的 H_2S 气体在克劳斯炉内燃烧，使部分 H_2S 氧化为 SO_2 和 SO_3，再与剩余未反应的 H_2S 在催化剂上反应生成硫磺。采用该工艺生产的硫磺纯度较高，可直接用传统的制酸技术生产工业硫酸；但是，该法流程较为复杂、操作要求高、设备投资费用昂贵、运行费用高。

第四，脱硫废液及硫泡沫同时固化、固体粗硫磺直接焚烧制酸技术是利用含硫废料制酸的方法。关键技术为硫泡沫干燥回收技术、固体粗硫磺直接焚烧技术、余热回收、酸洗净化、“3 +2”两转两吸工艺”、尾气碱吸收工艺生产硫酸。具有设备投资费用、运行费用低的显著优势。

三、实施效果

（一）主要污染物排放达标情况

该技术为莱芜分公司焦化厂于 2020 年应用，与超低排放标准和国家颁布的其他污染物排放系列标准对照的情况如下所述。

1. 废水治理

（1）净化工段稀酸。在炉气酸洗净化过程中会产生少量稀酸，本设计将之输送到熟硫工段干燥尾气酸洗塔循环槽中作为补充酸，剩余部分稀酸回硫铵系统。

（2）地面冲洗水。在设备检修及地面冲洗时会产生少量酸性污水。在装置内设置了污水地下槽，将污水收集、沉降后，不定期地送到熟硫工段，与碱性污水合并处理，循环使用不排放。

（3）制酸尾气处理工段稀酸。二吸出口的工艺尾气通过脱硫剂吸附工艺吸收尾气的 SO_2 并催化转化成10%左右稀硫酸进干吸工段稀释浓硫酸使用。

2. 废气治理

焚硫炉产生的炉气中除含有有效的SO_2外，还含有少量的SO_3及盐类物质分解产生的氨气等杂质，工艺采用稀酸洗涤净化炉气，然后通过先进的两转两吸工艺，制成工业硫酸。由于SO_2的转化反应是一个可逆的平衡反应过程，尽管可以通过先进的工艺流程设计并采用优质的催化剂，将SO_2转化率提高到很先进的水平，但受到平衡浓度的制约，终究不可能完全转化。

出于环境保护和经济效益的综合考虑，设计采用先进的两转两吸工艺后，使SO_2的总转化效率达到99.75%以上，SO_3总吸收效率达到99.95%。吸收后的工艺尾气中SO_2浓度≤760mg/Nm³，硫酸雾浓度约40mg/Nm³。为保证尾气排放的要求，设置了吸收处理系统，产生稀硫酸回制酸干吸系统。处理后尾气符合《硫酸工业污染物排放标准》和《炼焦化学工业污染物排放标准》及《山东省区域性大气污染综合排放标准》等的相关要求。最终尾气SO_2浓度≤30mg/Nm³；最终尾气NOx浓度≤100mg/Nm³。

3. 固体废物治理

在硫酸生产过程中需要使用转化催化剂，主要成分为五氧化二钒和硅藻土。催化剂的正常使用年限较长，在更换时需要按剧毒物质管理，交由专业的回收单位处理。

硫酸尾气吸收过程中需要使用活性炭脱硫剂，催化剂的正常使用年限较长，在更换时需要将更换后脱硫剂送进焦炉高温裂解。

（二）技术推广前景

目前，焦化厂普遍采用双核酞氰酤磺酸盐（PDS）、对苯二酚（HPF）作为催化剂的湿式氧化法去除焦炉煤气中的H_2S和HCN。该工艺产生了脱硫废液和硫泡沫等危险废弃物，对环境造成了二次污染，具有很大的环保风险。现大部分焦化厂采用溶硫釜法、离心机法和板框压滤机法处理脱硫废液，存在以下问题：在压滤过程中可能导致脱硫废液泄露及加热过程中产生大量的有毒有害气体；提盐成本高，市场需求量低，容易造成产品积压；提盐效果差，复盐、含硫量高，影响脱硫系统脱硫效率。而采用“3+2”两转两吸工艺高效焚硫炉及泡沫制硫酸新技术，可以将脱硫过程中产生的硫泡沫与脱硫废水直接固化成含盐的固体粗硫磺，最终转化为产品硫酸，供焦化厂自用。过程中产生的尾气经洗涤、吸收后进行达标排放。既解决了HPF法末端二次污染的问题，又实现了技能环保和固体废弃物的资源化利用目标。

主创人：孙建军、张纯龙、崔锦来、杨　州、李　磊

TSR 炉应用 CO_2 冶炼不锈钢项目建设

山东泰山钢铁集团有限公司

一、企业概况

山东泰山钢铁集团有限公司（以下简称泰山钢铁）位于济南市莱芜区，始建于 1969 年，2007 年转型发展不锈钢，2012 年规划成立了泰钢不锈钢产业园，是一家以不锈钢为主营，以精品板带材为主体，集新材料、高端装备、清洁能源、国际贸易、资本运作、物流运输、房产开发、城市供热等多业并举和产学研协同发展的现代化企业集团。主要产品有不锈钢热轧、不锈钢冷轧、普碳热轧和普碳冷轧四大系列，2019 年至 2021 年分别实现营业收入 449 亿元、497 亿元、506 亿元。

近年来，泰山钢铁以不锈钢产业园为依托，以“链长制”为抓手，构建起全产业链供需体系，率先实现了产业链“上拓”“下延”。上游，印尼年产 60 万吨镍铁项目可有效补强不锈钢产业链源头；下游，建成了国内先进的冷轧不锈钢生产线，为下游制品企业提供了优质原料。全产业链实现了从原材料、工业产品到工业制品的均衡协调发展，为泰山钢铁加快高质量发展奠定了坚实的产业基础。

泰山钢铁以“产业报国、实干兴邦”为己任，坚定不移的贯彻新发展理念，围绕企业高质量、可持续发展，坚持走专业化、品牌化发展道路，精耕细作、精益求精，努力建设泰山品牌，全力打造全球最具竞争力的不锈钢生产企业，用实际行动为国家民族品牌争光。

二、主要措施

（一）项目实施背景

CO_2 日益增长的排放使全球气候变暖已成为国际社会必须面对的焦点问题，冶金行业是能源消耗大户，也是工业生产中 CO_2 排放最大的来源，仅冶金行业的 CO_2 排放量比例就占工业总排放量的 30.4%，冶金行业的节能减排工作是整个工业生产过程 CO_2 减排的关键之一，深入研究 CO_2 的回收利用技术已成为钢铁行业节能减排的迫切需求。

山东省作为钢铁大省，泰山钢铁作为代表钢铁企业之一，提前做好钢铁行业 CO_2 减排及资源化利用技术布局，引导山东省钢铁工业低碳技术发展，为全国钢铁工业树立典型低碳工程示范，对山东省乃至我国实现“双碳”战略目标具有重要意义。

泰山钢铁不锈钢厂为降低不锈钢生产的吨钢综合能耗，增加高端供给，升级下游用钢产业，瞄准战略性新兴产业发展方向，推进泰山钢铁产业向高质量、低碳绿色方向发展，与北京科技大学合作开发“TSR 炉顶底复吹 CO_2 冶炼不锈钢技术”，利用 CO_2 的弱氧化性、高温吸热特性及强化搅拌性能，提高熔池脱碳效率，改善熔池动力学条件，提升钢液温度及成分的均匀性，减少钢液中贵金属铬的氧化损失，即实现 TSR 炉冶炼不锈钢提质增效的效果，又达到不锈钢冶炼领域的 CO_2 减排的目的。

（二）主要实施项目及内容

基于 TSR 炉顶底复吹 CO_2 冶炼不锈钢技术研发目标，研究高温下 CO_2 脱碳保铬热力学和动力学机理，发现将 CO_2 应用于不锈钢冶炼工艺具有良好的脱碳保铬的作用。CO_2 具有弱氧化性，其脱碳能力不如 O_2，但可以有效降低钢液中 Cr 的氧化烧损。在不锈钢冶炼条件下，通过用 CO_2 部分代替 N_2/Ar 进行冶炼，可强化熔池脱碳并提升熔池搅拌能力，降低渣中 Cr_2O_3 的含量，进而可以减少还原期脱氧合金消耗，降低生产成本。

首先，根据 TSR 炉冶炼不锈钢工艺实践，探究冶炼初期钢液铬含量为 3% 时熔池 CO 分压与钢液温度的关系，如图1所示，发现在钢液碳含量大于0.5%时，CO分压取最大值1，脱碳保铬反应在1320℃以上即可进行。因此，在冶炼初期阶段基本不需要混入N_2/Ar降低CO分压促进脱碳保铬反应进行。进而通过管式炉高温热态实验探究“钢液温度为1500℃，C含量为3.0%，Cr含量为3.0%”的条件下CO_2全部代替N_2对熔池脱碳保铬反应的影响，发现钢液的脱碳率提升5.5%，铬氧化损失率降低10.1%，体现了优异的脱碳保铬效果。

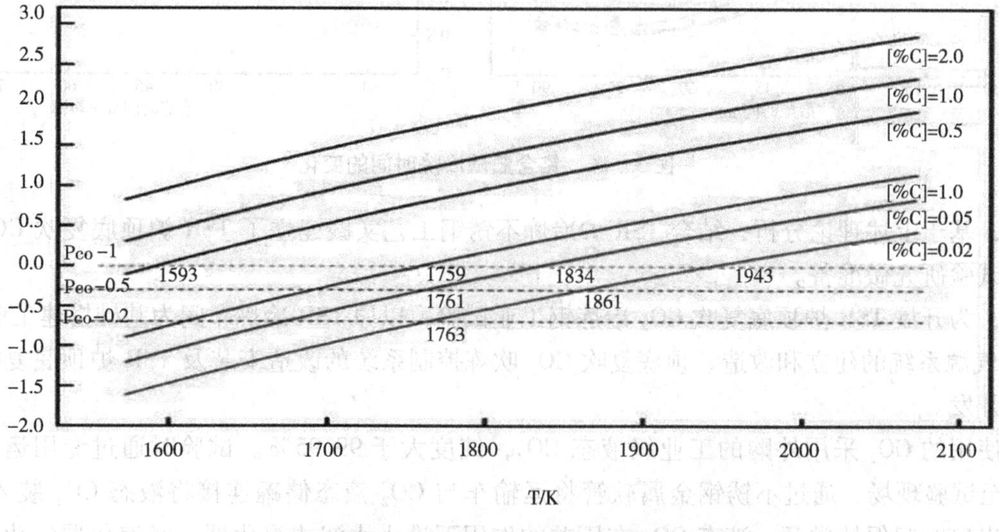

图1　铬含量3%时熔池CO分压与钢液温度的关系

其次，分析冶炼中后钢液铬含量为12%时熔池CO分压与钢液温度的关系，得到如图2所示的关系图，发现随着钢液中Cr含量增加，脱碳保铬反应发生受到熔池CO分压影响，因此必须混入一定量的N_2/Ar保证CO分压低于临界值才可保证脱碳保铬反应的进行。同样，依据高温管式炉进行“钢液温度为1600℃，C含量为2.0%，Cr含量为12.0%”的条件下CO_2部分代替N_2脱碳保铬实验研究。实验结果如图3所示，发现随着CO_2替代N_2比例的提高，脱碳率明显增加；而铬损率先降低再增加，在CO_2比例为75%时达到最低，为4.79%。

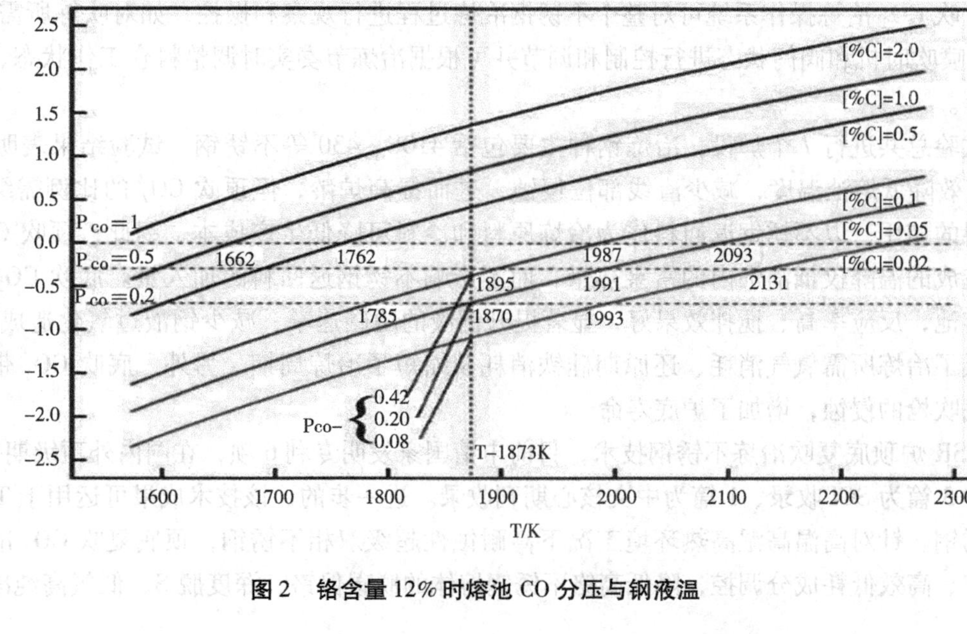

图2　铬含量12%时熔池CO分压与钢液温

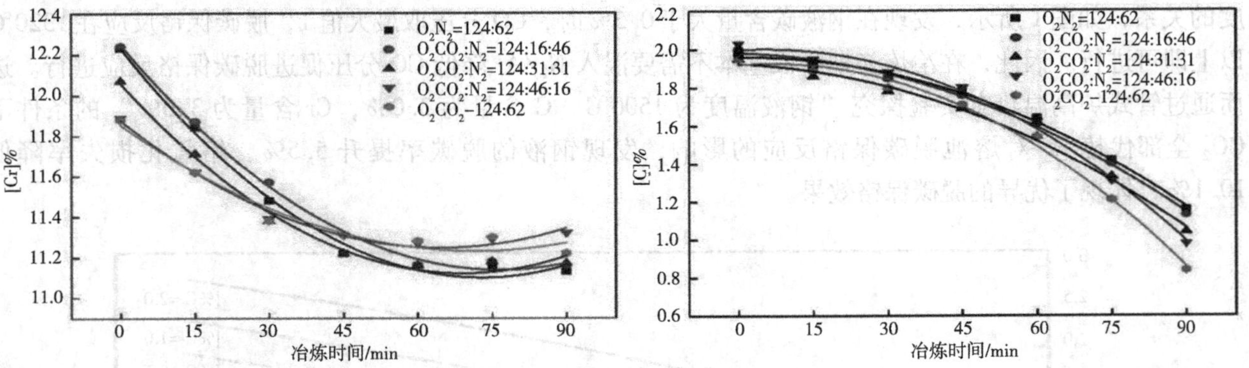

图 3　碳、铬含量随冶炼时间的变化

再次，基于上述理论分析，结合 TSR 炉冶炼不锈钢工艺实践建立了 TSR 炉顶底复吹 CO_2 工艺模型展开工业试验研究做准备。

最后，为开展 TSR 炉顶底复吹 CO_2 冶炼钢工业试验，以原 TSR 冶炼车间为基础搭建工业试验平台，包括 CO_2 气源系统的建立和改造、顶底复吹 CO_2 吹炼控制系统的改造安装及 TSR 炉顶底复吹 CO_2 冶炼操作系统开发。

试验使用的 CO_2 采用外购的工业级液态 CO_2，纯度大于 99. 95%。试验时通过专用运输车将液态 CO_2 运输至试验现场，通过不锈钢金属软管将运输车与 CO_2 液态储罐连接将液态 CO_2 装入液态储罐。液态储罐出口阀门保持常开，液态 CO_2 在压差的作用下进入水浴式汽化器，经汽化器气化后形成气态 CO_2 进入缓冲罐中储存备用。

为保证试验中气体混合时流量和压力的稳定，CO_2 缓冲罐设置压力与试验所使用的 $O_2/N_2/Ar$ 气源压力相同，都为 18bar。当 CO_2 持续使用导致流量和压力下降，低温泵开始工作，从液态储罐中加速抽出液态 CO_2 进行气化以进行及时补充，保证 CO_2 气源压力和流量的稳定。整个气源系统的工作过程由 PLC 控制系统进行控制和调节。

CO_2 吹炼控制系统的改造安装如图 4 所示，气态 CO_2 从气源系统经 DN100 的管道分为两路引入 TSR 炉吹炼系统，一路经 DN80 管道通入 TSR 炉顶吹系统，一路经 DN50 管道通入 TSR 炉底吹系统。

顶底复吹 CO_2 冶炼操作系统可对整个不锈钢冶炼过程进行观察和操控，如对吹炼所需的 O_2、CO_2、Ar 和 N_2 的喷吹时机和阀门状态进行控制和调节并可根据冶炼节奏实时调整料仓工作状态、氧枪枪位和炉体角度等。

工业试验总共进行 7 个炉役，冶炼钢种主要包括 410S、430 等不锈钢。试验结果表明 TSR 炉顶吹 CO_2 可以有效降低熔池温度，减少渣线部位侵蚀，进而提高炉龄，但顶吹 CO_2 的比例需综合考虑冶炼期间返回料的使用，以不锈钢返回料作为冶炼原料和冷料可降低生产成本。因此，顶吹 CO_2 的比例需控制在其造成的温降仅抵消炉内的富余热量，而不影响不锈钢返回料的加入量。底吹 CO_2 由于从炉底直接吹入熔池，反应率高、搅拌效果好，显著提升钢液的脱碳速率、减少钢液过氧化造成的铬损失率，相应地降低了冶炼所需氧气消耗、还原期硅铁消耗及缩短了冶炼周期。另外，底吹 CO_2 带来的降温有效降低了底吹枪的侵蚀，增加了炉底寿命。

关于 TSR 炉顶底复吹冶炼不锈钢技术，目前申请国家发明专利 6 项，在国内外顶级期刊发表论文 4 篇——其中 3 篇为 SCI 收录、1 篇为中文核心期刊收录。进一步的，该技术成果可运用于 TSR 炉生产超级双相不锈钢。针对高温高湿高热环境工况下高耐蚀性超级双相不锈钢，顶底复吹 CO_2 冶炼可以实现高洁净冶炼、高效低耗成分调控，降低高铬不锈钢熔体的脱碳保铬、深度脱 S、低氧高纯净工艺操作难度，有效解决超高合金含量调控、氮的稳定控制和钢液深度洁净冶炼的矛盾，突破限制超级双相不锈钢冶炼效率和成本的瓶颈。

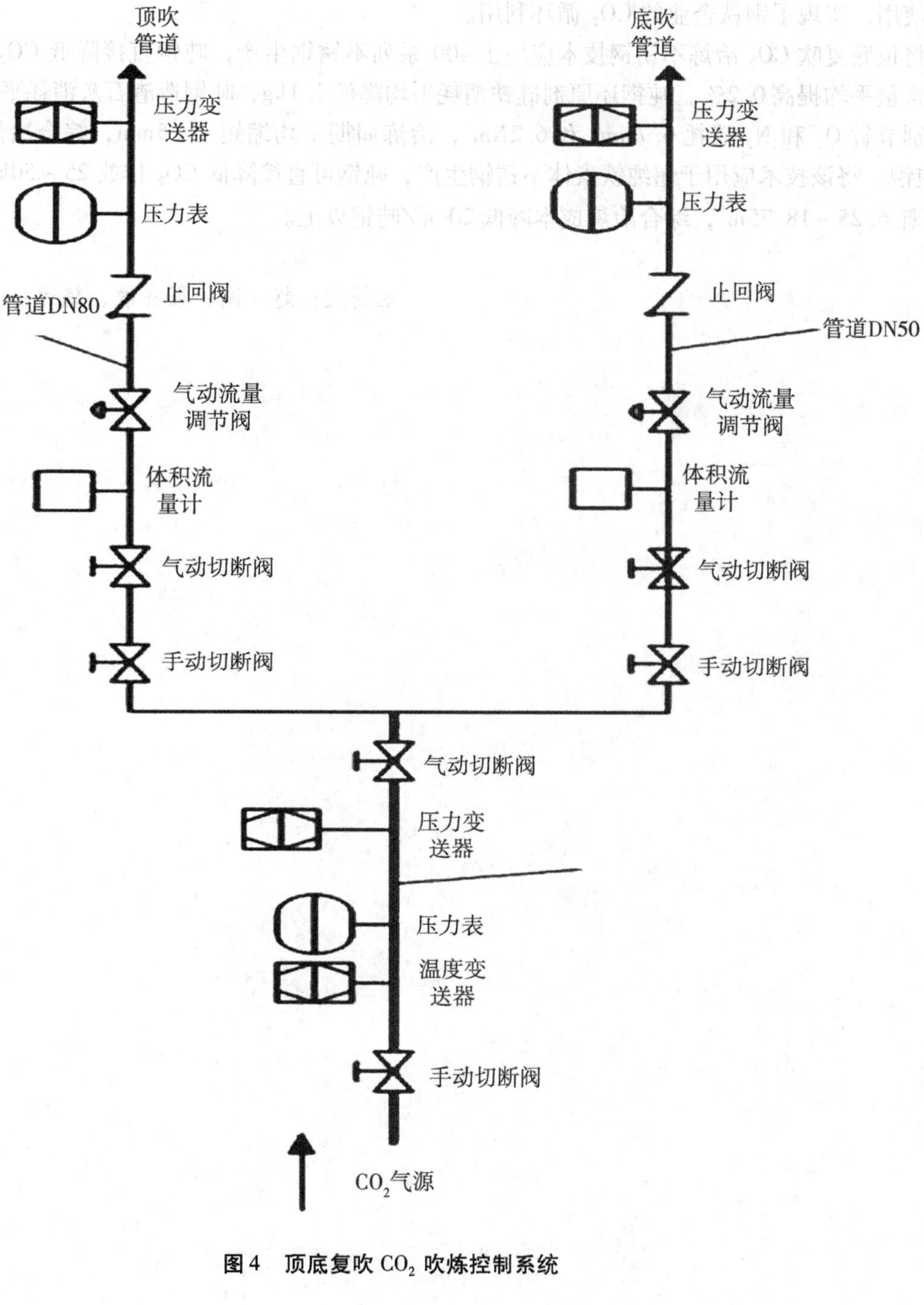

图4　顶底复吹 CO_2 吹炼控制系统

三、实施效果

泰山钢铁不锈钢厂顶底复吹 CO_2 冶炼不锈钢技术属国际首创，国内外未见不锈钢行业 CO_2 资源化循环利用的低碳技术及应用的报道，该技术的成功研发及实施将引领世界钢铁工业领域 CO_2 资源化利用技术的发展。该技术可以直接降低温室气体排放，改善环境，提高居住地居民身体健康水平。

将温室气体 CO_2 用于不锈钢生产，既解决了不锈钢生产脱碳保铬、脱氮、控氧和底吹长寿等诸多工艺难题，又开辟了炼钢过程 CO_2 规模化消纳利用路径，提高钢铁产品质量，降低了钢铁厂生产能耗，促进了资源节约，满足了国家日益紧迫的节能降耗要求，产生CO气体，增大了转炉煤气量，又可作为能源使用，实现了钢铁企业的 CO_2 循环利用。

将顶底复吹 CO_2 冶炼不锈钢技术应用于400系列不锈钢生产，吨钢直接降低 CO_2 排放16.5kg，一倒铬含量平均提高0.2%，吨钢还原剂硅铁消耗平均降低1.1kg，吨钢造渣石灰消耗平均降低3.4kg，吨钢分别节省 O_2 和 N_2 消耗6.7Nm^3 和6.2Nm^3，冶炼周期平均缩短4~5min，综合冶炼成本降低13.05元/吨钢。将该技术应用于超纯铁素体不锈钢生产，吨钢可直接降低 CO_2 排放25~50kg，同时吨钢节约Ar消耗6.25~18.75m^3，综合冶炼成本降低20元/吨钢以上。

主创人：赵　刚、殷齐敏、魏述一、牛明田、孟　雷

践行绿色低碳理念，打造高质量发展典型示范企业

首钢京唐钢铁联合有限责任公司

一、企业概况

首钢京唐钢铁联合有限责任公司（简称首钢京唐公司）地处河北省唐山市曹妃甸区，是首钢搬迁调整的重要载体。首钢京唐公司是我国第一个实施城市钢铁企业搬迁、完全按照循环经济理念设计建设、临海靠港且具有国际先进水平的千万吨级大型钢铁企业。首钢京唐公司设计年产铁 1347 万吨、钢 1370 万吨、钢材 1340. 6 万吨。投产以来，首钢京唐公司在产品研发、运营管理、能源环保、经济效益等方面取得了丰硕成果，基本实现了党和国家提出的“四个一流”建厂目标。

首钢京唐公司深入贯彻落实京津冀协同发展及唐山市做优、做强精品钢铁战略，坚持“打造首屈一指的钢”的品牌理念，产品定位于高端精品板材，主要产品市场竞争力迈入行业第一梯队，培育了以宝马、奔驰、海尔、红牛、奥瑞金、中集等知名企业为代表的一批高端客户，形成了高端定制、长期稳定的战略合作关系。首钢“蝉翼钢”冬奥明信片的面世，成为助力冬奥的精彩呈现；热轧卷车轮钢连续 8 年居国内市场占有率第一；中厚板为雄安新区高铁站、冬奥滑雪大跳台项目提供高品质钢材。带动纵横钢铁、唐钢新区高端制造业向沿海转移做出示范。

首钢京唐公司先后获得“第一批钢铁行业资源节约型、环境友好型企业创建试点企业”“中国钢铁工业清洁生产环境友好企业”“全国大气污染减排突出贡献企业”“中华宝钢环境优秀奖（企业环保类）”“全国水效领跑者企业”“国家级绿色工厂”“全国绿化模范单位”等荣誉称号，被誉为钢铁企业绿色转型发展的典范，展现了首钢京唐公司践行国家绿色发展理念的政治站位和企业担当。

二、主要措施

当前，绿色低碳已成为时代发展潮流，减排、减碳任务艰巨，尤其处在唐山地区，环保的形势更加严峻、更加严苛，生态环境问题已成为影响钢铁工业发展的根本性问题，钢铁企业必须通过绿色制造促进可持续发展。2020 年，首钢京唐公司被评为长流程钢铁环保绩效 A 级企业，持续向行业、向社会展现了首钢京唐公司绿色高质量发展的新形象。

（一）装备大型化，提升能效，实现源头节能减排

首钢京唐公司集中采用了 5500 m^3 高炉、500 m^2 烧结机、7. 63 米焦炉、300 吨转炉等一系列大型装备，构成了高效率、低排放的生产运行系统，提高了生产效率，降低了能源消耗，减少了污染物排放。

大型设备在节能降耗、生产效率提高等方面具有明显优势。首钢京唐公司建设了国内第一座有效容积 5500m^3 的特大型高炉，为后期其他钢铁企业特大型高炉的建设、投产、运行起到示范作用。5000m^3 相比 2000m^3 高炉，燃料比、焦比、工序能耗分别降低 3%、9. 7% 和 2. 6%，生产效率提高 9% ~23%。

（二）高炉大比例球团炼铁，实现绿色冶炼引领

高炉炼铁的核心功能是将各种铁矿石原料还原成铁水，其中铁矿石包括烧结矿、球团矿等熟料和以澳矿为主的生料。长期以来，国内高炉入炉原料结构以烧结矿为主，典型比例为：烧结矿 65% ~75% + 球团矿 8% ~20% + 生矿 10% ~20%。球团矿在高炉中的使用比例基本在 20% 以下，个别企业突破达到 30% 左右的水平。

烧结与球团两种工艺从节能减排角度看有很大区别，同等条件下，球团替代烧结在节能、低碳、减排方面效果相对明显。采用高球比冶炼优势：降低高炉燃料消耗方面，球比升高后，入炉料综合品位升

高，渣比可降低20%以上，有利于高炉降低焦比、燃料比；环保方面，烧结矿和球团矿是高炉炼铁的两种主要原料，与烧结工艺相比，球团工序的能耗和污染物排放明显低于烧结，采用高球比冶炼可大幅减少 CO_2 排放量，而且球团生产工艺不产生二噁英；大球比冶炼降低焦比，减少炼焦过程能源消耗及污染物排放量（见表1）。

表1 废气污染物排放因子情况

单位：kg/t 产品

污染物	烧结工序	球团工序
颗粒物	0.07～0.85	0.014～0.15
SO_2	0.22～0.97	0.011～0.21
NO_X	0.31～1.03	0.15～0.55
二噁英	0.15～16	
F	0.0004～0.0082	
CO	8.78～37	

注：数据来源于《中国冶金报》文章《我国球团矿生产、需求与成本分析》。

结合国家“十三五”研发项目“钢铁流程绿色化关键技术”之“多目标优化的清洁低碳综合炼铁技术”课题，首钢京唐公司先后在一期高炉进行了大量“酸性球团+石灰石”“酸性球团+钢渣”和“酸性球团+碱性球团”的大球比工业试验及碱性球团工业生产实践摸索，持续攻关超大型高炉大比例球团技术，克服解决了多项技术难题，实现3座高炉55%以上球比的稳定运行，铁前系统污染物排放量得到大幅降低，取得非常好的节能减排减碳效果，推动了铁前流程绿色、低碳、高效发展，在行业内取得了绿色低碳引领示范的积极效果。基于球团矿在环保、能耗等方面的优势，采用高球比冶炼是未来高炉冶炼的发展方向。

（三）建成世界首例“燃－热－电－水－盐”五效一体高效循环利用系统

首钢京唐公司挖掘海洋资源优势，建成热法、膜法工艺兼备的海水淡化项目，联合CCPP机组，建成“燃－热－电－水－盐”五效一体高效循环利用系统。所谓五效一体，即钢铁厂在冶炼过程中产生的低热值且不易储存的高炉煤气和焦炉煤气，在燃机中与空气混合燃烧，膨胀做功推动燃机发电机发电，从燃机中排出的高温烟气引至余热锅炉，产生高温、高压蒸汽驱动汽轮机，带动汽机发电机发电，形成了燃气轮机－蒸汽轮机联合循环发电，同时发电后低品质乏汽作为海水淡化装置的热源制备淡化水，乏汽在海淡装置中冷凝后返回余热锅炉，海水淡化产生的浓盐水作为盐碱化工原料，送给下游企业，提取高附加值化工产品。

该项目以燃气－蒸汽联合循环发电技术、大型单体热法海水淡化装置结构形式优化设计及配套发电机组水电共生技术、热膜耦合浓盐水综合利用技术为支撑，形成了“燃－热－电－水－盐”五效一体高效梯级利用技术并在首钢京唐公司实现了工业化应用，创立了冶金能源高效转化、梯级利用的新模式，实现了燃气－蒸汽联合循环发电效率提升至47%，综合热效率81.5%，远远优于传统能源利用效率。与下游用户有机结合，提供淡化后的温排水供其制碱。该系统年可节约能源16.4万吨标准煤，减少 CO_2 排放约40万吨，构建了沿海钢铁企业以海水综合利用为依托的循环经济产业链。

2021年4月29—30日，中国节能协会在河北唐山曹妃甸区，组织专家对《“燃－热－电－水－盐”五效一体高效循环利用技术》项目进行科技成果评价，认为该项目研究成果整体达到国际先进水平，其中燃气－蒸汽联合发电乏汽与低温多效海水淡化耦合技术达到国际领先水平。

（四）攻坚高炉大富氧，推进高炉炼铁节能降碳技术创新

高炉富氧鼓风是往高炉鼓风中加入工业氧，使鼓风含氧超过大气含量，其目的是在不增加风量、不增加鼓风机动力消耗的情况下，提高冶炼强度以增加高炉产量和强化喷吹燃料在风口前燃烧。高炉大比例富氧具有降低炉顶煤气温度、提高碳素燃烧效率、降低燃料消耗、提高煤气热值、提高铁水产量等作用，可以显著降低铁水成本。

首钢京唐公司致力于解决提高高炉富氧率的限制瓶颈问题，通过不断努力将高炉富氧率由3%提高至5.5%，同时进一步新增富氧管道，又将富氧率提升至7.2%。通过提高高炉富氧率，降低高炉焦炭消耗、增加高炉喷煤比，总燃料消耗降低，碳排放降幅达11%。高炉大富氧可降低进入高炉氮气，高炉煤气氮气含量降低、热值升高，可有效提升高炉煤气燃烧效率，同时降低NOx的产生，利于环保。

（五）建设CO_2-O_2混合喷吹炼钢供应技术产业化示范工程，低碳引领作用进一步发挥

首钢京唐公司建设国内首例白灰窑尾气CO_2回收用于CO_2-O_2混合喷吹炼钢项目，设计年回收$CO_2$5万吨。白灰窑尾气CO_2捕集用于CO_2-O_2混合喷吹炼钢工艺技术，是从白灰窑烟囱取尾气，利用不同气体在变压情况下吸附剂吸附气体量不同及CO_2加压容易液化的原理对CO_2气体进行提纯；利用CO_2和铁水中C反应可生成CO的原理增加冶金搅拌动能，降低炉渣铁含量，提高煤气质量；利用CO_2和铁水中C反应生成CO时吸热原理降低火点区温度，减少粉尘的产生。白灰窑尾气CO_2捕集用于CO_2-O_2混合喷吹炼钢工艺技术列入河北省生态环境厅2021年2月18日发布的《河北省低碳技术推广目录（2020年）》，目前的推广比例不到10%，2025年预期推广比例达到30%，2025年预计可形成的CO_2年减排潜力约150万t/a，低碳引领作用进一步发挥。

（六）践行绿色发展使命，全力打造行业绿色化工厂，不断推动钢铁行业绿色化发展

秉承“打造绿色钢铁就是保生存促发展”的环保理念，坚持系统思维，将废气、废水、废渣污染治理从“设计图”落实到“施工图”，首钢京唐公司累计投入150多亿元实施环境改善，率先响应政府超低排放改造要求，煤料场、矿料场、电煤料场等所有料场全封闭，配备喷水、雾炮抑尘、洗车台设施，实施大包转台安装除尘、焦化生化水加盖、焦化推焦集尘设施建设等措施，烧结、球团烟气采用循环流化床脱硫+SCR中低温脱硝技术，有组织、无组织、清洁运输等均达到超低排放要求，从而构建了基于新一代可循环钢铁流程的超低排放体系。

（七）大力发展循环经济，推动工业固废利用向深加工、高值化方向发展

大力推动固废资源综合利用，作为实施主体，成功促使曹妃甸成为全国第二批工业资源综合利用示范基地。通过固体废弃物综合利用先进技术、装备的研发和推广应用，推动了工业固废向深加工、高值化方向发展。实施水渣细磨、热焖处理钢渣、胶凝材料生产、回吃KR脱硫渣、含锌固废处理、焦油渣与原煤混合加工用作炼焦原料等措施实现了高炉水渣、钢渣、除尘灰、轧钢氧化铁皮等各类固体废弃物的循环利用。

三、实施效果

（一）绿色低碳成效显著，树立高质量发展典范

形成50%以上高比例球团炉料结构为核心的技术低碳技术集成。综合折算CO_2排放降低226万吨/年，减排效果显著，彰显绿色炼铁新理念。“五效一体”高效循环利用技术在全世界属首次应用，该技术践行了循环经济和绿色发展的理念，实现了低端能源的高效梯级利用，年减排$CO_2$40万吨。白灰窑尾气CO_2捕集用于CO_2-O_2混合喷吹炼钢项目年减排CO_2量约5万吨。高炉矿渣作为水泥掺和料，与传统水泥生产过程相比，每生产1吨水泥可节约50%的能源消耗，减少44%的CO_2排放；钢渣替代15%左右石灰石质原料生产水泥，单位水泥CO_2排放量比常规生产减少10%。大宗固废综合利用率的提高，可有效降低碳排放。

此外，首钢京唐公司大力实施环境治理，不断进行设备改造和技术升级，污染物达到超低排放标准。2019 年 2 月通过了当地环保部门组织的超低排放验收，2020 年被河北省评为环保绩效 A 级长流程钢铁企业。目前，首钢京唐公司吨钢烟粉尘排放量达到 0. 24kg、吨钢 SO_2 排放量 0. 09kg、吨钢 NO_X 排放量 0. 24kg（2022 年行业水平分别为：0. 28 kg、0. 24kg 和 0. 46kg）。厂区环境质量不断改善，厂区大气环境质量 SO_2 平均 $15\mu g/m^3$，远优于国家二级标准年均值 $60\mu g/m^3$。

（二）实施绿色制造，经济效益显著

首钢京唐公司践行绿色低碳发展，坚持系统思维强化节能减排措施，经济效益显著。

建立了高比例球团低碳高效冶炼技术体系，高炉技术经济指标达到行业领先水平，球团矿入炉比例由 30% 提高至 55%，年均经济效益超过 1. 5 亿元。

白灰窑尾气 CO_2 捕集用于 CO_2-O_2 混合喷吹炼钢项目用 CO_2 代替底吹部分 Ar（或 N_2），Ar（或 N_2）消耗减少 0. $5m^3$/t 钢，降低粉尘排放 15%，炉渣铁损降低 >1%，减少铁损 2. 5kg/t 钢以上。年产生经济效益约为 1840 万元。

在废水废渣综合利用、废气高效治理等方面经济效益显著。通过实施绿色企业战略，大力发展海水淡化，构建发电 - 海水淡化 - 盐化工一体化循环经济模式，外送浓盐水年实现创效 226 万元；强化环保治理设施的运行管理，2022 年累计减免环境税 940 万元；通过大力实施环境深度治理，获得政府环保补助资金 8989 万元。

（三）践行绿色低碳，得到社会各界认可

首钢京唐公司围绕实现“环境一流”建厂目标，强化治污减排措施，不断加强现场环保管理，相继实施环境治理工程百余项，厂区环境质量逐步改善，污染物排放水平不断降低，受到了社会认可，树立了良好的社会企业形象。被国家列为“第一批钢铁行业资源节约型、环境友好型企业创建试点企业”；通过河北省全流程清洁生产审核并被评为标杆企业；获得“中国钢铁工业清洁生产环境友好企业”荣誉称号；荣获第九届企业类“中华宝钢环境优秀奖”，被誉为钢铁企业绿色转型发展的典范；被国家评为“全国水效领跑者企业”；被评为“国家级绿色工厂”；被冶金报社评为“绿色管理企业”。

进入新时代，面对京津冀协同发展的新机遇，首钢京唐公司将全力发挥京津冀协同的示范带动作用，坚持更高标准、更严要求，科学谋划、主动作为、协同创新，履行社会环境责任和大型国企担当，在绿色低碳发展道路上奋楫争先、勇毅前行……

主创人：吴礼云、王伟业、方　锐、魏金梅、高赫岐

“绿色珠江”LNG单一燃料动力散货船恒频恒压轴带发电机项目

天恩璐（辽宁）技术有限公司

一、企业概况

天恩璐（辽宁）技术有限公司（以下简称公司）是以国际先进的电力电子应用技术为基础，集产品技术开发及生产于一体的个性化智能控制企业。公司成立于2006年，经过10多年的研发集成，公司在水上交通领域的技术研发咨询、新能源技术应用、智能节能控制和智能管控产品生产、节能减排技术实施方面取得了很大的成就并广泛应用；在工业企业领域，主要开发了以电为核心的智能控制和节能减排等产品，对外进行技术研发咨询和市场推广；在工业互联网领域，主要开发了监测系统，对设备运行数据进行实时采集、分析、处理，通过工业互联网标识解析码对产品进行标识解析并创建了绿色电机系统云平台，服务于广大电机系统企业。

公司位于中国（辽宁）自由贸易试验区大连经济技术开发区，注册资金6000万元，投资1.8亿元落成生产基地，厂区占地面积5万平方米，办公及生产车间2.5万平方米。

公司与中国唯一做节能环保的央企中国节能环保集团的二级公司加强合作，在长江大保护、西部煤制油等具体项目中的节能减排、智能控制、数据采集分析产品方面开展具体应用。

公司与节电、电气传动、电力推进等领域紧密结合，多年来持续在科研方面加大投入，已与清华大学、中科院大连化学物理研究所、大连理工大学、北方工业大学、大连海事大学、辽宁师范大学等高等院校开展各种产学研项目12项，经公司科研人员近年来的不断探索与实践，现已拥有10多项节能方面的发明专利和实用新型专利，开发了7项具有国内领先水平的节能技术产品。

二、主要措施

（一）项目背景

随着全球提出对温室气体排放的控制，我国也向世界做出“双碳”的承诺。

船舶作为国际贸易的主要运输工具，船舶的能源消耗和排放也被提到了重点关注的位置。船舶的节能减排一直是国内外航运企业、研究机构的研究方向。从船舶的设计、建造、营运等阶段采取节能减排措施，开发节能减排新技术。

变速恒频轴带发电机的开发应用，在船舶的设计建造和营运管理方面对节能减排、降低运营成本、提高船舶营运竞争力起到非常大的作用。虽然新型船舶燃料技术得到完善，出现LNG、甲醇、氢燃料等船舶燃料，但对于船舶节能减排产品而言，变速恒频轴带发电机依然是现在船舶建造和改装的首选。船舶的节能设备技术随着电力、电子行业技术的提升而提升。船舶行业智能控制的软件程序逐步应用于船上。船舶主动力剩余功率应用的变速恒频轴带发电机系统在内河船舶的大批应用，特别是LNG船舶燃料的首次应用，对于变速恒频轴带发电机的市场推广和应用进入新的里程碑。

“绿色珠江”LNG单一燃料动力散货船项目在设计建造上秉承绿色船舶理念，采用LNG单一燃料动力系统，结合珠江水系特点及当前最高排放控制标准，从船型、气耗、安全监控等方面进行了系列化、标准化研究。“中和”号及“达峰”号将为区域实现“双碳”目标、“绿色航运”发展和“美丽湾区”建设提供有力支撑，力争打造标杆工程，发挥示范引领作用。

（二）项目需求

“绿色珠江”LNG单一燃料动力散货船恒频恒压轴带发电机项目实施时间为2021年3月。恒频恒压轴带发电机应用到广东省与中国海油联合打造“绿色珠江”而设计建造的“绿色船舶”上，恒频恒压轴带发电机也是中国船级社（CCS）绿色船舶证书 EEDI 要求的产品之一。

“绿色珠江”LNG 单一燃料动力散货船运营范围主要是珠江和西江水域。在珠江和西江水域航行的船舶数量多达几万条，数量多、密度大，航道狭窄，浅滩多。船舶的机动性强，设备的稳定性高，船舶操作性灵活，所以，船舶配套的设备必须满足要求。

恒频恒压轴带发电机作为船舶航行中主电源的提供者，以主机剩余功率驱动，不但要保证主机正常航行推进需要的动力，更要保证特殊情况应急时的动力需求，所以对变速恒频轴带发电机的功率、转速范围、过载能力、低速功率需求等方面提出要求，同时需要保证在船舶航行中临时脱排和倒车合排时的电力供应。

项目整体配套采用宽频转速的发电机，转速范围 650～1500 转/分时稳定的功率和电压、频率输出，发电机的电压控制 AVR 选用国际知名品牌。发电机输出的频率随着转速改变，功率在不同转速输出不同，电压的稳定性要求满足使用范围。整体系统的控制以公司多年在变速恒频轴带发电机市场应用技术上做进一步提升，扩大转速范围达到 2.5 倍，电压幅值控制达到 150V 范围等。变速恒频轴带发电机系统必须满足船级社的船舶主电源使用规范，并且对主动力系统不能造成危害，满足船级社规范中附属设备在船舶特殊和应急时脱离主动力系统，保证船舶安全和不造成延伸危险等。

本项目恒频恒压轴带发电机系统为主机自由端直驱性，主机全转速范围实现轴带发电机的使用，充分应用公司多年的恒频恒压轴带发电机宽频转速控制技术和电力电子技术，实现船舶全航段使用轴发系统为船舶供电。

（三）项目方案

1. 总则

设备及材料应满足合同签订时的如下所述的公约、规范和规则的最新要求。

中华人民共和国海事局（MSA）发布的《船舶与海上设施法定检验规则－内河船舶法定检验技术规则》及其修改通报；中华人民共和国海事局（MSA）发布的《天然气燃料动力船舶法定检验暂行规则》；中国船级社（CCS）发布的《船舶应用天然气燃料规范》；中国船级社（CCS）发布的《内河船舶入级规则》及相关修改通报；中国船级社（CCS）发布的《钢质内河船舶建造规范》及相关修改通报；中国船级社（CCS）发布的《材料与焊接规范》及相关修改通报；《船舶发动机排气污染物排放限值及测量方法（中国第一、第二阶段）》；《船用液化天然气燃料储罐》；《船舶水污染物排放控制标准》；各设备厂家根据各自实际情况制订的其他应用文件与标准。

2. 基本技术要求

“绿色珠江”LNG 单一燃料动力散货船遵循的规范为中国船级社（CCS）发布的《钢质内河船舶建造规范》及其相关修改通报、中华人民共和国海事局（MSA）发布的《船舶与海上设施法定检验规则－内河船舶法定检验技术规则》及其修改通报。入级中国船级社（CCS），取得了入级符号和附加标志。属于 CSAD 普通干货船/散货船/矿砂船，燃料为 A 级航区 CSMD 天然气燃料，船旗国为中国。

该型船机械设备能在表 1 规定的环境温度条件下正常运转。根据规范要求，该型船主辅机、轴系传动装置及与船舶安全有关的机械设备应能在表 2 规定的倾斜角条件下正常运转。

表1 基本技术要求（一）

环境	位置	温度/℃
大气	机舱	0～55
	室内	0～45
	在特定处所内或机械设备上	按特定处所或设备的实际温度
	露天甲板	-25～45
江水	所有位置	25

表2 基本技术要求（二）

装置和设备	倾斜角			
	横向		纵向	
	横倾	横摇	纵倾	纵摇
主、辅机	15°	22.5°	5°	7.5°
安全设备：如应急发电气设备，应急消防泵及其驱动装置等	22.5°	22.5°	10°	10°

注：横向和纵向倾斜可能同时发生。

除特别表明，在船体、机电设备设计和建造中均采用中华人民共和国法定计量单位。管子、阀件及法兰连接尺寸符合ISO标准。所有设备铭牌均采用中文，材质为黄铜或不锈钢。所有设备的面漆喷涂，其颜色按设备厂家标准喷涂。防护等级IP44以上的、IP56的电气设备需配置进线填料函，其规格和数量由船厂在认可图中确认。所有机组上所带接线盒、箱必须在认可图中明确其安装位置、接线方向。落地式安装电气设备必须自带安装底座，其安装外形尺寸在认可图中由船厂进行确认。配电板接线端子需提供规格数量至船厂认可。需室外安装的设备防护等级要求为IP56。

3. 符合标准

“绿色珠江”LNG单一燃料动力散货船恒频恒压轴带发电机项目设备须符合表3所示的相关标准。

表3 项目设备标准汇总

序号	标准代号	标准/规范名称
①	GB 755	旋转电机 定额和性能
②	GB/T 12975	船用同步发电机通用技术条件
③	GB/T 15548	往复式内燃机驱动的三相同步发电机通用技术条件
④	GB/T 1029	三相同步发电机试验方法
⑤	GB/T 1993	旋转电机冷却方法
⑥	GB/T 4942.1	旋转电机外壳防护分级（IP代码）
⑦	GB/T 10068	轴中心高为56mm及以上电机的机械振动 振动的测量、评定以及限值
⑧	GB 10069.1	旋转电机噪音测定方法及限值 第一部分：旋转电机噪音测定方法
⑨	GB 10069.3	旋转电机噪音测定方法及限值 第3部分：噪声限值

续表

序号	标准代号	标准/规范名称
⑩	GB 12351	热带型旋转电机环境技术要求
⑪	GB 12665	电机在一般环境条件下使用的湿热试验要求
⑫	GB/T 14048.1	低压开关设备和控制设备总则
⑬	GD01－2006	电气电子产品型式认可试验指南
⑭	GB/T 13384	机电产品包装通用技术条件
⑮	GB/T 12957	船用同步发电机通用技术条件
⑯	GB191	包装储运图示标志
⑰		钢质内河船舶建造规范（2016）
⑱		内河船舶法定检验技术规则

4. 轴带变速恒频恒压发电机

轴带变速恒频恒压发电机以船舶推进主机为动力，利用主机的剩余功率来实现全船电力供应的一种发电系统。系统能够满足全船不同性质（阻性、感性、容性）负荷的供电需求，特别是电动机的启动冲击。

当轴带发电机故障时，能向外提供开关量故障报警信号。当主机转速单向突增或突减，用电负载突加突卸时状态下，要保证轴带发电机输出电压稳定。当电网发生短路时，轴带发电机系统应能承受相应的短路电流。

三、实施效果

恒频恒压轴带发电机在内河船舶上全转速范围使用属国内首创，恒频恒压轴带发电机与LNG单一燃料机器联合在珠江上甚至国内内河船舶上应用是首创。该项目助力内河船舶清洁能源动力改造，助推“绿色珠江”LNG单一燃料动力与恒频恒压轴带发电机结合船舶示范工程顺利达成。

随着船舶产业的高速发展，船舶呈现出大型化、性能复杂化、清洁化、控制精准化与短期化的发展趋势，据交通运输部官方网站统计公布，2020年，全国水上运输船舶保有量为12.68万艘，其中内河运输船舶保有量为11.5万艘、沿海运输船舶保有量为1.0352万艘、远洋运输船舶保有量为0.1499万艘。

为贯彻落实国家“双碳”行动，努力实现降本增效运营目标，恒频恒压轴带发电机在船舶制造及在航船舶改造上的应用势在必行。新一代的变速恒频分解式抱轴轴带发电机采用标准模块集成整体系统构件，满足了高效、节能、减排的发展需要，该项目产品拥有广阔光明的市场前景。

主创人：战作功、张元勇、李　霖、于海跃

“双碳”背景下打造能源企业“五新”转型新样板

天能控股集团有限公司

一、企业概况

天能控股集团有限公司（以下简称天能集团），是全球知名的绿色能源系统方案解决商，创始于1986年，发源于景色秀丽的湖州市长兴县，经过30多年的创新发展，通过聚焦“制造+服务”“实业+金融”“平台+业务”“产业+城市”“园区+项目”“产品+集成”等新产业、新业态、新模式，成为一家以绿色动力电池的生产制造为核心业务，集新能源锂电池、智慧能源、风能太阳能储能电池研发、生产、销售及废旧电池回收和循环利用、城市智能微电网和绿色智造产业园建设等多元化业务为一体的，在浙江、江苏、安徽、河南、贵州、山东、江西七省建设十六大生产基地，销售网络遍及全球，拥有超过130家国内外子公司和3万多名员工，年产值超过2000亿元的现代国际化大型实业集团。

2007年6月，天能集团以“中国动力电池第一股”在香港主板成功上市。2021年1月，在上海证交所科创板挂牌上市，成为行业内首家拥有“A+H”双上市品牌的公司。天能集团综合实力位居中国企业500强139位、中国民营企业500强30位、中国民营企业制造业500强14位，列席中国轻工业百强企业第五名、中国轻工业电池行业十强第一名、浙江百强民营企业第五名。

一直以来，天能集团始终持续坚守“奉献绿色能源，缔造美好生活”的使命和成为最受尊敬的世界一流新能源公司的愿景，积极响应国家“双碳”战略目标，聚焦绿色发展核心方向，加快提升智能制造水平，切实履行社会责任，坚定不移走高质量、可持续发展之路，多措并举打造绿色低碳发展企业新样板。

二、主要措施

（一）实施绿色智造行动，构建引领行业发展新示范

1. 坚持源头治理，创新全生命周期绿色制造模式

天能集团始终把“节能、降耗、减污、增效”清洁生产理念贯穿于发展全过程，抢抓行业环保整治契机，从生态设计源头抓起，积极推进对废水、废气、固废的污染防控综合治理，大力推进质量和环保在线测量、监控、信息化传输等新技术应用，探索创新全生命周期绿色管理模式，以源头预防实现废物减量化，以过程监管实现废物资源化，以末端治理实现废物排放最小化，将“三废”消灭在工艺流程之中，有效促进“末端治理”向“全过程防控”转变，实现了节约、高效、无废、无害、无污染的绿色生产。通过积极建设绿色产品、绿色车间、绿色工厂、绿色园区、绿色企业和绿色供应链，全力打造清洁、绿色、低碳型的绿色生产体系，全面推动绿色增长。

2. 融合产业生态，创新实施绿色供应链管理模式

发挥“链主型”企业主导作用，牵头制定、实施绿色供应商标准，积极应用物联网、大数据、云计算等新一代信息技术，全力打造集采购、生产、营销、回收、物流等为一体的综合体系——“天能智能云管理”信息平台，自主研发行业设备云平台，实现生产基地与设备供应商互联协同，将设计、供应、制造和服务环节协同全面优化，实现电子商务与实体店面线上线下的供应和信息链条的融合共通，实现从物料获取、加工、包装、仓储、运输、使用到报废回收全过程绿色低碳管理模式和标准，大幅提升产业智能制造水平。

通过深入开展商业模式创新，整合产业链上下游强势资源，创新推出“B2B2C电动车行业垂直电

商平台 + O2O”的运营模式，促进了电动车行业由品牌、产品、消费者、门店、供应商等整个产业链的综合竞争，向平台、系统、生态圈的竞争转变，以供应链金融解决产业链资金难题，通过动产质押和预付款等手段，为经销商、采购商和贸易商解决融资问题，提升资金周转效率，年均为200多家产业链上下游企业解决资金超过1亿元。

3. 聚集数字改革，创新“两网一云”重构商业模式

立足于成为“全球领先的绿色能源系统方案解决商”的战略目标，全面启动数字化建设，初步构建了“两网一云”。主要推进企业信息化网和工业互联网端口连接，打破传统数据孤岛，实现了企业内部数据自由流通，共同支撑“云上天能”，如天能在全球3000多家门店销售数据可实现“秒结”并汇总到营销大数据平台。“两网一云”促进了企业系统性变革，实现了生产模式、营销模式、财务管理模式等重构，推动企业从制造型向服务型转型。

（二）汇集绿色创新资源，拓展激活内外市场新引擎

1. 综合集成应用新一代信息技术

天能集团积极建设智能工厂，对工艺流程进行数字化改造，对产品产出进行数字化管理，对生产设备进行数字化监控，实现了人机互联共通、过程智能控制。引进、研发和集成国际先进的自动化、智能化锂电生产线，建立面向订单生产的多层次、全方位、全流程高效智能制造体系，进一步推动生产方式向柔性化、智能化、精细化转变。建立工业大数据平台，对生产过程的数据高速采集、传输和储存，打造绿色智造工厂标杆，荣获国家智能制造示范单位称号。

2. 加快研发应用新一代智能产品

天能集团创新云电池等IT技术与传统电池相融合的新产品，开发智能型锂离子电池管理系统，全面掌握电池运行性能指数，更好地指导用户合理使用产品，提高了产品利用效率，延长了产品使用周期。在叉车电池上安装物联网模块，实时收集和分析电流、电压、温度、轨迹、使用频率等核心指标数据，及时发现异常报警情况，为商业模式创新提供了技术支撑和决策依据。

3. 创新推出应用新一代智能场景

天能集团对储能电站相关数据进行采集，建设管理监控平台，实现数据存储、实时监控、自动报警。结合电价政策，基于天气状况、运行数据、储能容量等实际情况，为用户分析电站收益并指导其科学高效运营电站项目，为智慧工程提供一站式解决方案，发展新的经济增长点。

（三）布局绿色低碳产业，走出企业低碳发展新路径

1. 深耕锂电新能源产业

2007年，天能集团布局锂电投资，研发锂电产品。2008年，天能电动工具用动力锂电池、电动自行车专用锂电池批量上市。2012年，天能锂电出口欧洲市场，成为全国首家通过BASTO认证企业。2014年，公司的电动汽车用锂离子电池上市，同时天能锂电二期项目投产，总产能达到3GWh。2016年，天能锂电三期项目投产并入选工业和信息化部智能制造综合标准化与新模式应用项目“新能源汽车动力电池生产智能化工厂”。2017年，入选国家制造业与互联网融合发展试点示范项目。2018年，荣获国家级绿色工厂及绿色产品称号。先后在正极材料存储性能提升、高容量负极材料开发、单体电池能量密度提高、软包动力电池研发、系统总成可靠性增强等方面取得技术突破。目前，共申请与锂离子电池相关的各类专利160余项，其中授权发明专利15项。2018年，浙江天能能源科技股份有限公司生产的锂离子电池占国内市场份额8%左右，其中电动自行车占有率为32%左右。2019年11月，天能集团和法国最大的企业道达尔集团（全球500强20位）达成战略合作，成立合资公司共同研发、生产、销售全球最先进锂电。这进一步加快了天能锂电发展的步伐，天能集团继续投入100多亿元，在湖州长兴、湖州南太湖建立现代化锂电智能工厂。

2. 进军智慧储能产业

天能集团把储能作为重中之重，全力打造天能储能新模式。提供储能项目设计、EPC总包交付、新能源发电项目建设为主要发展方向，以项目设计方案提供、项目系统集成产品整合、项目交付及运维作为核心，致力打造新能源储能行业全生命周期系统服务商。大力实施智慧工程，对储能电站相关数据进行采集，建设管理监控平台，实现数据存储、实时监控、自动报警。结合电价政策，基于天气状况、运行数据、储能容量等实际情况，为用户分析电站收益，并指导其科学高效运营电站项目，为智慧工程提供一站式解决方案。推动储能系统向智慧型变革，依托“云－管－边－端”的信息通信全产业链体系，构建从数据感知、边缘处理到智慧应用的综合能源数字服务平台，为客户量身打造风电＋智慧储能、光伏＋智慧储能的一体化清洁能源解决方案。目前，在全国各地已经落地了多个大型储能示范项目。比如，由国家电力投资集团有限公司携手天能集团共同建设的铅炭智慧电厂“和平共储”项目引起业界广泛关注。“和平共储”项目可以通过数字化智慧控制系统，聚合分布式能源、用户侧储能及可调负荷等元素，实现平抑负荷波动、补充尖峰缺口、降低客户用能成本等功能，为当地电力保供及电网灵活性和调节能力的提升贡献力量。天能集团为电站提供清洁、安全、高效的铅炭电池，助力其打造成为户用铅炭储能全球示范。“和平共储”项目装机容量规模为100MW/1000MWh，含铅炭电池约300万个，一次充满可存100万度电，以城镇居民每户用电量12.5度/日计算，可满足8万户居民一天的普通用电。作为百万度电级别的储能电站，“和平共储”项目一期工程所需电池容量相当于41.5万辆电动两轮车的电池容量，整体就像是一个巨大的电能“水库”，能灵活提供削峰填谷、调峰调频等电力服务，助力地方能源保供及促进新能源消纳。项目全部建成后，年调峰电量超过3亿kWh，年产值可达2亿元。

3. 攻坚氢燃料电池产业

天能集团积极推动氢燃料电池核心技术突破及产业化发展，大力引进日、美等海内外顶尖人才及尖端核心技术，组建研发团队及专项研发小组，成立专门的实验、检测基地。最新研发的T60－C氢燃料电池发动机顺利通过国家机动车产品质量监督检验中心强检。该燃料电池系统可应用于公交车、物流车等，其研发得到了浙江省重大科技研发专项的支持并采用了浙江天能集团氢能源科技有限公司自研的TN－Stack－C－02－35燃料电池电堆。该项目被列为浙江省2020年度省重点研发计划择优委托项目，获评2020中国氢能与燃料电池产品奖。

4. 发展废旧电池循环产业

天能集团将产业链向上延伸，率先在浙江、河南和安徽等地建设循环经济产业园，引进全球最先进的全自动设备、技术和工艺，打造蓄电池行业集“回收－冶炼－再生产”为一体的闭环式绿色产业链，依托全国布控1637条物流干线、3000余个经销商渠道及40多万个营销网点，逐步形成废旧电池分散回收、集中处置、无害化再生利用的闭环式循环生态圈。目前，年处理废旧电池100万吨以上，铅、塑料回收再利用率均达到99%以上，与原生铅冶炼相比，每生产1吨再生铅能耗减少了70%～75%，节水208吨，固废和二氧化硫分别减排98.7吨和0.66吨，各项指标均达或超过国家清洁生产领先水平和排放标准要求。天能集团已经开展了对锂电池回收利用的产业布局。天能集团的循环经济产业园被评为国家首批绿色制造系统项目、国家首批“两化”融合促进节能减排重点推进项目、首批全国再生有色金属行业工程研究中心、再生有色金属综合利用示范工程、第三批国家产业振兴重点技术改造项目，荣获国家循环经济标准化试点企业。全国生态文明建设工作推进会在浙江湖州召开，把天能集团确定为唯一的工业企业生态文明考察点，受到了与会领导的高度赞赏。

（四）占领行业人才高地，打造特色研发新体系

1. 打造特色人才高地

创新形式，强化对人才招引、培育等投入，通过“全球引智，高端引才”，先后与6名院士及其研

发团队建立了长期合作关系，设立了院士专家工作站，积极引进 5 名国家“千人计划”专家、7 名省级“千人计划”专家和 2 个省级领军型创新团队，以及 11 名南太湖精英和特支人才、3 名省“151”人才、12 名市“1112”人才等，建立了一支高精尖人才专家智囊团，为天能集团高质量发展提供强大的智力支持。在专家团队的引领下，全力打造以“天能工匠”为主要品牌的技能人才队伍。目前，已拥有硕博士技术研发人才 1000 余人、各类技能人才 8000 余人，建立了 600 多个技术攻关小组和 500 多个技能标兵岗位。

2. 打造特色研发体系

近年来，天能集团立足当下，面向未来，着眼于核心技术，规划建设研究院，全力构建“生产一代、开发一代、储备一代、向往一代”的研发体系；整合全球研发资源，依托行业首家国家级博士后工作站、国家认定企业技术中心等高层次科研平台，先后与浙江工业大学、哈尔滨工业大学、华南师范大学、南京大学、德国柏林大学等国内外著名高校建立产学研合作关系，加大 BMS、PACK 等重点、难点和核心技术的攻关力度，重点推进新型高性能环保动力电池、电动汽车用铅碳超级电池、低成本高功率的新能源汽车锂离子电池、智能云电池，加快汽车启停电池、太阳能和风能储能电池、军品电池等产品创新，抢占了行业技术制高点。每年提取营业收入的 6% 左右作为科研经费，用于前瞻性、应用型研究。其中，“高性能铅炭电池产业化示范项目”攻克了传统电池的比能量低、续航里程短的技术瓶颈，填补了国内空白。

3. 打造特色创新成果

天能集团依托国家和省级重大科研平台，积极引进美、日、韩等国高精尖技术人才，加强产学研战略合作，打造了一支领军型创业创新团队，主导参与制订、修订国家和行业标准 100 余项，开发国家和省级新产品和高新技术产品 150 余项，荣获国家专利 3000 余项，其中多项科技成果填补国内空白，成为中国新能源汽车动力电池领域产业化最早、产品线最全、产销量最大的企业，先后推出了系列高端精品，构建了绿色低碳型新能源产品多元供给体系，填补了多项国内技术空白，加速了国内电动车及其零部件绿色产品升级换代。依托互联网、大数据、云计算和人工智能等新时代元素，加快“两化”深度融合，建立精益化流程管理体系，创新现代化生产管理模式，创成柔性智能制造平台和大数据云驱动平台，自主开发“铅炭电池数字化车间”试点示范项目等系列大数据应用案例，成功入选国家“两化”融合首批企业、浙江省首批“上云”标杆企业，成为省级制造业与互联网融合发展试点示范企业，上榜中国轻工业信息化 TOP100 企业前四强。近 5 年，累计获批国家级“两化”融合项目近 10 项、省部级重大项目 10 余项、市县级重大项目 20 余项，荣获浙江省政府质量奖团队贡献奖，成为该奖项设立以来电池行业首批、新能源行业唯一获此殊荣的企业。

（五）深化管理智能升级，联动线上线下迭代新平台

1. 加快推进平台化管理

天能集团成立以来，以成本管理为基础，以人本管理为核心，持续开展组织架构调整、职能部门整合、科学流程再造、中层干部竞争上岗及全面预算与成本管控等系列变革，有效促进人、财、物、信息等管理要素的有序衔接、协调运行，不断推动产业向中高端攀升、管理向精细化转变、企业向平台型嬗变，进一步提高了管控水平与管理效率。特别是实施了“阿米巴”管理以来，推行自主经营变革，打造“蜈蚣型”平台化集团，做大做强“母体平台”，加快孵化“分支业务”，积极提高员工获得感、参与感、创业感、成就感。

2. 加快推进精益化管理

加快推进面对经济下行压力加大、生态环境约束趋紧、行业产能过剩、市场不断下滑的新常态，天能集团按照“以市场为导向、以客户为中心”的经营思路，探索创新全生命周期绿色发展质量管理模

式，持续深化精益管理，重点实施“三降一控”，进一步开源节流、提质增效。强化审计监督，通过查找重点岗位、要害部门和管理过程中的潜在隐患，优化权力运行，创新防控手段，有效预防了企业的经营风险，进一步提升管理规范化、精细化、专业化水平。

3. 加快推进数字化管理

随着新时代“互联网+”的蓬勃兴起，数据就是信息，信息就是财富。天能集团以数字化变革重塑管控一体化总架构，通过运营、财务和战略管控，实现风险识别自动化、决策管理智能化、纠偏升级自主化；通过打造数字化指挥体系，实时监控业务运营，推出在线审批，以大数据支撑智能管理和科学决策。以数字化变革推动再造业务流程，创新业务模式，优化制度机制，保障基础数据准确和信息系统无缝集成，实现移动应用、云计算和电子商务有效衔接，确保核心数据准、流程看得见、经营有保障，更好地支撑业务运营与战略落地。以数字化为手段实现组织赋能，通过上线资源计划管理系统、客户关系管理系统、生产过程执行系统、产品生命周期管理系统，满足多种业务模式，支撑产业快速发展与扩张。近年来，天能集团持续打造数字天能、智慧天能，生产效率提高30%以上、生产周期缩短35%以上、人工成本节省50%以上。虽然天能集团员工总数没有增加，但产能大幅提高，人效提升了3倍。

三、实施效果

一是经济效益持续增长。2015年以来，天能集团通过加快数字化、智能化、低碳化、绿色化变革转型，一直保持快速稳健的增长势头，连续多年实现了销售、利税、利润等同比增长30%以上的业绩，实现了行业内唯一一家“A+H”双上市公司的目标，产值超过1600亿元，蝉联湖州市金象企业和纳税大户首位。

二是生产效率大幅提升。近年来，天能集团通过持续开展数字化、智能化、低碳化、绿色化变革实践，使生产效率提高30%以上、生产周期缩短35%以上、人工成本节省50%以上。虽然集团员工总数没有增加，但产能大幅提高，人效提升了3倍。

三是发展质量稳步迈进。5年来，天能集团累计获批国家级“两化”融合项目近10项、省部级重大项目10余项、市县级重大项目20余项；荣获浙江省政府质量奖，成为该奖项设立以来电池行业首批、新能源行业唯一获此殊荣的企业。

四是绿色名片更加响亮。天能集团获得了全国文明单位、中国工业大奖、国家级绿色工厂（8家）、国家绿色供应链管理示范企业（6家）、国家绿色设计产品（16项）、国家工业产品绿色设计示范企业（3家）、国家发展改革委绿色推广目录技术、全国制造业单项冠军企业、国家“两化”融合管理体系贯标试点企业、国家绿色制造系统集成项目、国家绿色增长型企业、国家“两化”融合贯标认证（11家）、国家循环经济标准化试点项目、全国循环经济技术中心、国家质量标杆企业、全国就业与社会保障先进民营企业；省级绿色工厂（5家），省级节水型企业（9家），省级智能工厂、数字化车间（4家），浙江省“上云”标杆企业（2家），浙江省大数据应用示范企业，浙江省首批工业互联网平台企业等重大绿色、低碳、智能荣誉。天能集团董事长张天任也被评为全国优秀党务工作者、全国劳动模范、优秀中国特色社会主义事业建设者、全国优秀企业家、中国生态文明奖先进个人、中国民营经济年度人物、浙江省劳动模范、风云浙商等荣誉称号。

五是社会效益不断放大。天能集团通过数字化、智能化、低碳化、绿色化变革转型，走在绿色、低碳、转型、智能发展前列，实现了经济建设与生态建设同步推进，有效推动产业提挡升级，持续引领经济社会走高质量可持续发展之路。

主创人：姚　杰、黄　薇、周　毅

“坚持绿色发展，让空气更清新”绿色发展规划

万向集团下属天然气电厂

一、企业概况

万向集团公司（以下简称万向集团）旗下能源板块子公司安吉电厂等5家天然气电厂，是浙江省领先的清洁能源供应商，主要从事以天然气为燃料的电厂建设、经营和管理。万向集团于2004年进入天然气发电领域，是我国最早进入天然气发电行业的企业之一。经过多年来的稳健发展，万向集团目前全资拥有蓝天电厂、德能电厂、京兴电厂、安吉电厂、衢州电厂等5家天然气电厂，总装机容量为687.73MW，每小时最大供热量约160吨。

万向集团秉承“讲真话、干实事”的万向精神，坚持“抓住世界及中国发展清洁能源的巨大商机；通过持续有效地投资开发清洁能源新项目；不断提供优质清洁能源和服务以改善环境；成为可持续发展及最成功的清洁能源企业”的发展方向，致力于清洁能源发展，至2021年年底累计发电107.46亿kWh，减少碳排总量158万吨，为万向集团创造了可观的经济效益（2019—2021年，实现净利润3.33亿元），为浙江省的经济发展做出重要贡献，也为中国的碳减排做出重要贡献，公司积极践行“让天更蓝、让空气更清新”的使命和愿景，履行社会责任，体现社会价值。

二、主要措施

2015年6月，浙江省天然气发电开始执行两部制电价，电厂长期早开晚停的顶峰发电模式发生了较大变化。2016年初，万向集团为应对天然气电发电形势变化，制订了“坚持绿色发展，让空气更清新”的绿色发展规划，为企业发展未雨绸缪。发展规划按照拓展新的绿色经济增长点（屋顶光伏、储能电站）、现有设备节能减排两个方面，有计划、分步骤地开展工作。

（一）屋顶光伏

1. 背景

太阳能光伏发电不排放污染物和温室气体，同时可显著减少标煤消耗，是减少污染的最主要的可再生能源发电技术之一。为推动企业绿色发展战略，响应国家“双碳”减排计划，增加万向集团新的效益增长点，万向集团将建设屋顶光伏项目列入了绿色发展规划中的重点工作之一。

2017年，万向集团成立专项工作组，拓展调研光伏发电业务，在下属5家电厂中推进屋顶光伏项目建设，京兴电厂、安吉电厂、衢州电厂在2018年先后完成建设并发电；蓝天电厂目前已经完成了项目可行性研究；德能电厂的光伏建设也在计划之中。

2. 项目规模

京兴电厂、安吉电厂、衢州电厂3家已经完成的光伏发电系统，均采用晶体硅太阳能电池作为光电转换装置，利用逆变器将直流电转换成交流电后，按并网规范要求安全并入所在厂区低压380V用电系统。光伏电站采用自发自用、余电上网的模式，设计寿命为25年。3家电厂屋顶光伏项目的安装规模分别如下所述。

京兴电厂：安装总面积3000m^2，安装容量217kWp，静态投资115.60万元。

安吉电厂：安装总面积4200m^2，安装容量360kWp，静态投资216.65万元。

衢州电厂：安装总面积2700m^2，安装容量153kWp，静态投资97.059万元。

蓝天电厂还处在建设阶段，屋顶面积3521m^2，安装容量为332.7kWp，拟采用先分散逆变、后集中

升压至400V的方式接入厂区400V系统。光伏电站采用自发自用，静态总投资130万元，设计寿命为25年。

3. 经济效益及环境效益

目前，已经完成并发电的光伏电站总安装容量730kWp，至2021年年底，已累计发电289万kWh，经济效益达170.57万元；节约标煤698吨，减少CO_2排放量1740吨。

蓝天电厂规划安装容量为332.7kWp，建成后预计平均每年可为电网提供电量30.85万kWh，按照目前浙江省电价0.6074元/kWh计算，每年经济效益为18.7万元；每年可节约标准煤约94.08吨，每年减少CO_2排放251.09吨。

此外，光伏发电还可节约用水，减少相应的水力除灰废水等对水环境的污染。因此，万向集团下属各电厂的屋顶光伏项目建设有明显的节能、环境和社会效益，碳减排效果显著。

（二）安吉电厂6FA燃机增压系统改造

1. 项目背景

安吉电厂是万向集团下属热电联产电厂之一，有两套燃气-蒸汽联合发电机组，2#机组选用美国GE公司的6FA燃机，运行要求燃气压力在2.8MPa以上，但在用气高峰时段，厂界天然气压力只有2.6MPa左右，配套设计的增压机又因入口压力高无法启动（启动压力为1.6MPa），因此，机组需压低负荷运行（最低到50%负荷），严重影响机组运行的安全性和经济性。

2019年，万向集团将解决安吉电厂6FA机组压力低限制机组负荷列为发展规划重点解决工作，组织成立了专项工作组进行攻关，提升机组运行效能。

2. 改造内容

一是将原入口手动调节阀改造成自动压力调节阀。增压机启动要求入口压力小于1.6MPa，当管网气压力较高时，原手动控制入口压力无法实现。经过研究论证，对阀门进行了改造，实现对压力的自动控制，通过对气动控制系统、控制逻辑修改，保证了阀门动作的及时可靠。

二是天然气管道改造。为了保证机组的经济运行，只在燃气压力低的时候启动增压机，可以在燃机运行期间切换增压机与直接管网气，在天然气管道进行了改造，增加了增压机出口单向阀和放散阀，实现了两路供气的在线并行和切换。

三是程序修改。原阀门设计单纯的手动开关调节，通过将该入口调节阀控制逻辑重新进行设计，对阀门PID参数进行多次试验修正，实现了压力的自动调节；同时，在控制画面增加了阀门手自动切换开关，增加了趋势记录，保证了阀门操作功能可控、动作记录可查询。

3. 改造效果

安吉电厂改造后，实现了6FA燃气轮机的高负荷运行，天然气管网压力正常时，管网气运行；当管网压力低时，启动增压机增压运行，压力恢复后，可以在燃机正常发电情况下随时停运增压机。这样既保证了燃机高负荷运行，又可以无扰切换增压机及管网气。

4. 经济效益及环境效益

安吉电厂改造后，避免了机组压负荷运行，降低了气耗，增压机启动前，机组发电负荷最低到额定负荷（115MW）的50%，启动增压机，带满负荷，联合循环发电气耗降低了0.021m^3/kWh，每小时可节约天然气2122m^3，按照全年发电增压机运行520小时（2020年）计算，每年可减少损耗427万元。

安吉电厂改造后，发电气耗降低0.021m^3/kWh，按照全年发电520小时计算，每年可节约天然气110万m^3，可减少CO_2排放量2061吨。

（三）电厂燃气炉低氮改造及燃烧调整

1. 背景

安吉电厂配备有两套20t/h的燃气炉，在燃机停运情况下对外供热，年供热量10万吨左右。

为了减少两台燃气锅炉烟气中的污染物排放，公司2020年将安吉电厂的燃气炉低氮改造及燃烧调整列入重点绿色规划项目，旨在降低污染物排放、降低燃气消耗、节约能源。

2. 改造内容

（1）燃烧器改造。将原有的机械调比燃烧器更换成电子调比、烟气内循环技术的低氮燃烧器。

（2）调整烟气氧含量，从原来的6%左右调整到3.5%左右。

3. 改造效果

改造调整后，两台燃气炉运行稳定，排放物（NOx）从最高90mg/m^3降低到30mg/m^3以下，产气能耗降低了2m^3左右。

4. 经济效益及环境效益

经济效益：产气能耗降低2m^3左右，每年燃气炉产气10万吨左右，节省天然气20万m^3，按照目前的4.2141元/m^3的天然气价格计算，每年可以节省费用84.28万元。

环境效益：NOx从最高90mg/m^3以上降低到30mg/m^3以下。按照产气能耗降低2m^3/t计算，每年节省天然气20万m^3，可减少CO_2排放373.6吨。

（四）建设电池储能电站

1. 背景

随着我国“双碳”目标的不断深入推进，大量的光伏、风电等新能源投用，对电网系统的调节安全性形成制约，建设储能电站的需求逐渐成熟，公司将储能电站作为拓展新的绿色经济增长点列入了绿色发展规划。为此，公司成立了专项工作组重点推进储能工作并督导下属各电厂积极推进。2022年初，蓝天、德能、京兴等3个电厂积极申报筹建储能电站。

2. 改造技术

蓝天电厂的储能电站项目建筑占地约4000m^2，建设规模为100MW/200MWh（分两期），采用磷酸铁锂电池储能系统。作为电网侧储能系统，直接参与电网的调峰、调频服务，同时为电网提供事故备用、黑启动、需求响应支撑等多种辅助服务。

3. 项目进展

2022年4月，浙江省发展改革委发布公示，将蓝天电厂的电池储能项目列为浙江省电网侧储能示范项目。目前，项目正在筹建之中，建成后将为浙江省“减煤”“减碳”及调整电力能源结构做出重要贡献。

（五）其他

万向集团在2016年初制订“坚持绿色发展，让空气更清新”的绿色发展规划，紧紧围绕“拓展新的绿色增长点、现有设备节能减排改造”两个方面开展工作，列入规划的还有以下几项工作，有的已经开展，有的已经开展可研，具体如下所述。

1. 德能电厂余热锅炉余热利用

德能电厂通过利用余热锅炉余热，加热热水出售。2018年供水量1416吨，2019年供水量1271吨，2020年供水量349吨。累计减少CO_2排放量257吨。

2. 6B机组效能提升改造

2019年，万向集团组织蓝天、德能电厂对6B机组效能提升改造进行研究论证，目前已经完成公司可行性研究并编制了初步可行性研究报告，待政策条件具备再进行申报实施。实施后，按照每年运行2000小时计算，每年预计减少CO_2排放量1.16万吨。

3. 6FA 燃机燃烧在线监控系统改造

2021 年，万向集团组织安吉、衢州两家电厂与 GE 公司开展合作商谈，将 3 台 6FA 燃机的燃烧在线监控系统纳入改造。改造后，6FA 燃机的燃烧将更加精细、稳定，在保证稳定燃烧的条件下，更节省天然气，降低燃气消耗。目前，该项工作正在推进中，预计 2023 年全部完成，按照节能 1% 且每台机组运行 2000 小时计算，3 台机组每年可以节省天然气 130 万 m^3，减少碳排放 2436 吨。

三、实施效果

万向集团在 2016 年初制订“坚持绿色发展，让空气更清新”的绿色发展规划后，踏踏实实开展工作，各个项目进展顺利。各项工作开展后，综合减少碳排放 2. 41 万吨。规划项目全部实施完成后，预计每年可以再减少碳排放 1. 03 万吨。

通过聚力新发展方向，拓展了万向集团清洁能源模式，增加了新的效益增长点，为万向集团发展助力；对原设备进行升级改造，达到节能减排效果，减少资源浪费，增加企业收入，为实现我国“双碳”目标蓄能助力。

主创人：盛树浩、彭　健、卫　青、祝和铁、吴卫民

大力发展绿色建筑，低碳环保深入日常运营

厦门禹洲集团股份有限公司

一、企业概况

1994 年，厦门禹洲集团股份有限公司（以下简称禹洲集团）成立。在禹洲集团创始人、董事局主席林龙安的带领下，禹洲集团始终秉承“大禹治水，荒漠成洲”的先贤精神，已发展成为集房地产开发、商业投资运营、酒店运营、产业投资和通信科技等多元业务为一体，业务覆盖长三角、粤港澳大湾区、环渤海、海西、华中和西南六大城市群的大型综合性集团，总资产近 2000 亿元。

2009 年 11 月，禹洲集团地产板块在香港联交所成功上市。2016 年，禹洲集团总部搬迁到上海。2018 年，禹洲集团正式开启“千亿元征程”。2020 年，禹洲集团启用深圳总部，上海 - 深圳双总部战略落地。至此，禹洲集团逐渐实现长三角单核到长三角 + 大湾区双核的跨越，开启新的征程。2020 年，合约销售额突破千亿元；2021 年，合约销售额超过 1050 亿元。

禹洲集团在发展企业的同时，身体力行地投身公益事业。2014 年 12 月，禹洲集团公益基金会正式揭牌，禹洲集团开始专业化、体系化地推进公益项目。目前，禹洲集团在援教助学、弱势群体救助、重大灾害援助等各类公益行动中累计捐赠总额超过 3 亿元。禹洲集团先后获得“中国房地产上市公司社会价值典范”“中国公益节公益践行奖”等多项殊荣。

禹洲集团，以诚建城，以爱筑家。

二、主要措施

禹洲集团持续与利益相关方保持密切沟通，了解其关注并及时响应，将可持续理念融入日常营运中，促进集团与社会的可持续发展。

（一）ESG 推动竞争优势，屡获市场应可

于 MSCI 明晟的环境、社会及管治评级中保持 BBB 评级，位居地产行业前茅。晨星 Sustainalytlcs 的企业 ESG 风险系数评估得分为 20.6 分，显示风险下降，整体表现处于行业领先水平。连续两年荣获香港 ESG 报告大奖（HERA）之最佳 ESG 报告（中市值）嘉许奖。荣获粤港澳大湾区企业可持续发展大奖 2021 之社会可持续发展奖（可持续城市和社区）及绿色可持续发展奖（气候行动）。荣获香港管理专业协会（HKMA）最佳年报之最佳环境、社会及管理（ESG）报告奖。

（二）秉持可持续发展理念，肩负社会责任

2021 年度，禹洲集团新建项目 100% 达到绿色建筑标准，禹洲集团所有新建住宅项目均符合绿色建筑一星标识或以上的设计要求。其新增 10 个项目获得绿建标识，总面积约 136 万平方米。截至 2021 年 12 月 31 日，共 145 个项目达到绿色建筑标准，建筑面积约 2006 万平方米。

（三）节约资源

禹洲集团积极响应国家节能降碳号召，推进绿色低碳的生产方式，以减少能源、水和建筑原材料等资源的使用量。

水资源管理：商业营运业务推行雨水回用项目；在建项目工地雨污分流。

物料管理：通过应用装配式建筑技术减少材料浪费；办公室推行《办公室配置标准作业指引》；酒店营运业务致力于减少一次性用品。

（四）排放管理

废气排放管理：定期对自有车辆进行检查和保养；于工地设置喷淋装置和洒水车等降尘设备，定期洒水；设置车辆冲洗装置，对容易产生扬尘的物料进行封闭防尘措施。

废弃物管理：于小区开展废弃物分类工作，商业营运业务设置回收点；设置垃圾池和活动式垃圾斗，单独封闭回收有毒有害的废弃物。

（五）详细举措

1. 绿色债券

2021 年，禹洲集团先后发行 3 批绿色优先票据，发行规模达 8.82 亿美元，所得款项净额主要用于其一年内到期的现有中长期境外债务再融资。禹洲集团遵照国际资本市场协会绿色债券原则及绿色贷款原则，承诺拨出建议票据发行所得款项净额的等值金额用于具环保效益的合资格绿色项目的融资或再融资，即对《绿色融资框架》下的“合资格项目”进行投资及再融资，用于包括绿色建筑、节能减排项目、可再生能源应用。

2. 绿色建筑

禹洲集团推进的绿色建筑业务，与国际能源署（IEA）针对全球暖化现象提出的减碳策略一致。在建筑物全生命周期中融入绿色元素，尽量减少项目带来的环境影响。除充分利用自然光、自然通风外，尽量使用环保材料及节能节水技术，以降低建筑物在使用过程中的能源消耗；在建筑物建造阶段使用多种绿色建筑技术，提高项目建造率与质量并改善建造过程中的环境污染。此外，通过采用综合楼宇管理系统，对建筑物的能耗设备进行实时监控，避免因异常运行而造成能耗浪费。

3. 绿色建筑技术

禹洲集团在所有项目建设中积极推进绿色建筑技术的使用。如装配式建筑技术：减少现场施工程序，节省脚手架及模板作业，从而减少建筑垃圾产生及资源耗用，降低建筑施工阶段造成的环境影响。再如 BIM 技术：于项目设计阶段，利用 BIM 技术建立日照、风环境模拟模型；于施工阶段，利用 BIM 技术与承包商进行沟通指导；还可利用该技术识别潜在问题，减少施工错误，避免废弃物产生。又如海绵城市设计：在建筑物中融入海绵城市设计理念，提高建筑物抗洪能力，辅助提升建筑物生态功能。还如舒缓热岛效应设计：项目设计时评估周边热环境，通过合理的建筑设计及布局、进行屋顶绿化和青碧垂直绿化以舒缓热岛效应。

4. 保护生态多样性

禹洲集团制订生物多样性方案，指导其于保护生物多样性的管理方法。禹洲集团将生态保护意识积极分享给客户、供货商等利益相关方。通过与租户开展绿色租赁、积极支持当地政府与小区的环保公益活动及开展植树节、世界环境日、世界地球日等活动，宣扬低碳环保的消费模式。施工过程中，在建筑全周期考虑其对环境的影响，在符合经济效益的情况下考虑新项目、发展项目采用亲和自然的设计。采购过程中，尽量避免使用来自自然环境的有限资源及尽量使用替代及低毒物料。采用仿石瓷砖，以减少使用天然石材，保护山体。避免在生态敏感区域开发项目，进行环境影响评价以识别潜在环境影响，制订缓解措施。规划项目时以减少生态影响，以避免移植和破坏树木为原则，尽量保留项目周边的原生植物，减少土壤开挖，避免影响生态环境，并且通过景观规划把原生树木融入建筑之中。绿化设计时优先考虑采用原生品种，避免外来品种影响生态平衡。

5. 绿色租赁

签约方均有进行绿色环保经营的义务，须对日常废弃物明确区分可回收及不可回收垃圾；对厨余回收垃圾妥善清洁分类；使用环保节能灯具，分区配置电力开关并倡导节能观念。在公共区域张贴《节能小秘方》，时刻向租户宣传绿色环保与可持续发展理念。

6. 水资源管理

为减少水资源耗用，禹洲集团积极实行多项节水措施。商业营运业务推行雨水回用项目，在建项目收集雨水用作清洗车辆、抑制扬尘及工地绿化。此外，禹洲集团鼓励在建项目承包商对工地的洗车槽等冲洗设备设置循环装置，回用冲洗用水，于办公室、工地和宿舍采用节水器具。针对废水排放，建筑业务通过在建项目工地实行雨污分流以确保其废水排放合规，避免污水排放至市政雨水管道。

7. 物料管理

禹洲集团的在建项目通过应用装配式建筑技术减少材料浪费，按照实际情况尽量使用可重复使用物料。针对办公室资源耗用，禹洲集团推行《办公室配置标准作业指引》，确保项目公司合理采购办公室用品。酒店营运业务致力于减少一次性用品如洗漱用品和纸杯等的消耗，避免资源浪费。

8. 废气排放管理

为确保车辆排放量符合标准，定期对自有车辆进行检查和保养。建筑项目的施工过程会产生扬尘，影响空气质量。因此，建立了扬尘治理责任制，明确扬尘防治责任，严格检查考核，根据项目可能发生的扬尘情况，组织编制施工扬尘防治专项方案，确保扬尘治理落实到位。在工地设置喷淋装置和洒水车等降尘设备，定期向施工现场洒水，其中部分用水来自收集的雨水。此外，已设置车辆冲洗装置，对容易产生扬尘的物料进行封闭防尘措施。若工地位于住宅、办公建筑等周边，则安装扬尘在线监测系统，监控粉尘浓度，以便及时进行整改及补救措施。

9. 废弃物管理

物业管理业务在小区开展废弃物分类工作，设置可回收物、有害垃圾、厨余垃圾和干垃圾的收集点，鼓励居民进行垃圾分类。将废弃物分类处理，运送至具有经营资质的企业进行回收和处理。商业营运业务设置回收点，将办公室宣传纸张进行回收，鼓励员工回收商业活动的纸盒、易拉罐和塑料瓶。酒店营运业务除进行垃圾分类外，还实行电子化办公，以减少纸张使用。在施工现场，禹州集团要求承包商设置垃圾池和活动式垃圾斗收集垃圾并分类回收废弃物，有害废弃物则要求独立进行封闭回收以避免污染。

三、实施效果

禹洲集团发行的第一批与第二批绿色债券的资金用途为绿色建筑，支持了杭州禹洲·泊朗廷、无锡禹洲·公元九里等多个绿建项目发展。

2021年，禹州集团新建项目100%达到绿色建筑标准，新建项目建筑节能率大于60%，太阳能热水系统设置比例大于70%，雨水回用系统设置比例大于70%，墙体采用再生材料大于90%。截至2021年12月31日，共145个项目达到绿色建筑标准，建筑面积约2006万平方米，其中约555万平方米达到绿色建筑二星级及以上标准。禹洲集团的上海禹洲广场、厦门禹洲广场及深圳禹洲广场均获得美国能源与环境设计（LEED）金级绿色建筑认证。禹洲集团的香港坚道48号项目获得香港BEAM Plus铂金级绿色建筑认证。

2021年，装配率达30%，超完额成设定的25%装配率目标。2021年，禹洲集团报告范围内共使用906826吨建筑材料，较2020年的1814817吨使用量大幅降低。

2021年，禹洲集团的总温室气体排放量为4394.2吨二氧化碳当量，每平方米排放0.001吨二氧化碳当量。相比2020年，2021年的总温室气体排放量减少33.89%，即2253吨二氧化碳当量，相当于1230平方米的森林蓄积量一年可吸收的二氧化碳量。禹洲集团总温室气体排放量减少的原因主要由于其自有车辆的行驶里程有所减少、其总能源耗用量有所减少，以及其员工商务旅行次数减少。

2021年，禹洲集团报告范围的总用水量为736730.02立方米，耗水密度为0.17立方米／平方米。2020年总用水量为1071132立方米，耗水密度为0.31立方米／平方米。受益于2020年度对项目用水量的有效控制且唐山禹洲·丰南新城项目一期于年中交付，故整体用水量下降。

2021 年，禹洲集团报告期内电力使用量为 6691.6 兆瓦时，较 2020 年的 7462.5 兆瓦时有所下降。

2021 年，禹洲集团分别排放 6.64 千克、0.56 千克和 2.34 千克的氮氧化物、硫氧化物和可吸入悬浮颗粒。氮氧化物、硫氧化物分别较 2020 年的 8.86 千克、0.85 千克有所下降。

2021 年，禹洲集团各业务部门共回收纸张 2347.13 千克。报告范围内的在建项目共产生 10200 吨建筑废弃物，较 2020 年建筑废弃物 1302440 吨的产生量大幅下降。2021 年，禹洲集团建筑废弃物回收量为 2210 吨，较 2020 年的 1650 吨有所上升。

主创人：冯　涛、杨　铎、邱闽熠、蒋峰伟

安阳顺利二氧化碳制绿色甲醇联产 LNG 项目

西安陕鼓动力股份有限公司

一、企业概况

西安陕鼓动力股份有限公司（以下简称陕鼓动力）成立于1999年，是以陕西鼓风机（集团）有限公司（1968年建厂）生产经营主体和精良资产为依托发起设立的股份公司，2010年4月在上海证券交易所A股上市。公司秉承“为人类文明创造智慧绿色能源”的企业使命，致力于成为能源、石油、化工、冶金、空分、电力、智慧城市、环保、制药和国防等国民经济支柱产业的分布式能源系统方案解决专家，构建了以分布式能源系统解决方案为圆心的“1+7”业务模式，为客户提供设备、EPC、服务、运营、供应链、智能化、金融七大增值服务。

按照“打造世界一流智慧绿色能源强企”的战略目标，紧抓分布式能源产业成长机会，形成了“能量转换设备制造、工业服务、基础能源设施运营”三大业务板块。第一板块的能量转换设备制造主导产品轴流压缩机、离心压缩机、能量回收透平装置、四合一硝酸机组、空分机组、汽轮机等均属高效节能环保产品，其中轴流压缩机、能量回收透平装置、百万吨级精对苯二甲酸（PTA）装置成套技术多次获得国家科学技术进步二等奖。第二板块的工业服务包括能量转换设备全生命周期健康管理、EPC、金融业务、投资业务等。第三板块的能源基础设施运营业务着力开拓分布式能源智能一体化园区、气体业务、热电联产、冷热电三联供、水务一体化、生物质发电及垃圾处理等。

二、主要措施

（一）项目概况

安阳顺利二氧化碳制绿色甲醇联产LNG项目拟通过利用顺成集团副产的焦炉煤气及捕集工业废气中的二氧化碳作为原料，采用CRI的ETL专有技术生产绿色低碳甲醇联产LNG。通过该项目的实施，一方面对焦炉煤气进行了充分净化和合理利用，另一方面又大规模实现了工业废气二氧化碳的减排，最终得到清洁的燃料产品，符合国家能源和环保产业政策的要求，能够达到国家和社会效益、企业经济效益的综合效益最大化。

该项目以河南省顺成集团富余的45000Nm^3/h焦炉煤气为原料，经净化－脱碳－深冷液化，每年生产7.1万吨LNG；补充回收的5560Nm^3/h二氧化碳经压缩后补入液化尾气中，通过二氧化碳与氢气反应每年生产10.86万吨甲醇。

该项目可以实现每年直接减排10万吨二氧化碳，与传统煤制甲醇相比间接减排约50万吨二氧化碳。该工程建设总规模为年产甲醇11万吨、天然气7万吨，年操作8000小时。

（二）项目创新点

本项目流程以焦炉气和工业尾气中回收的二氧化碳为原料制备绿色低碳甲醇，同时联产LNG。焦炉气经压缩、净化、增压、精脱硫和MDEA脱碳后，净化气首先进入深冷分离装置提取LNG，剩余的富氢气、富一氧化碳、MDEA脱碳装置副产的二氧化碳和工业尾气中回收的二氧化碳一起作为合成气送入甲醇合成装置制备甲醇。甲醇合成及精馏装置采用CRI公司的ETL专有工艺，而且合成反应以二氧化碳和氢气反应为主，同时有少量的一氧化碳和氢气反应制备甲醇。

与常规方案相比，该流程主要有以下几个特点。

第一，实现了焦炉气中所有有效组分的完全利用，是真正意义实现焦炉煤气的高效综合利用。

第二，新绿色甲醇合成技术可将二氧化碳进行资源化利用，作为绿色低碳甲醇合成的基本原料，突破原有甲醇合成气中对二氧化碳含量的限制。

第三，本流程不需要新设纯氧造气和配套的空分装置制备合成气提供碳源，以满足常规的以一氧化碳和氢气反应合成甲醇的要求，仅仅需要从尾气中回收二氧化碳即可实现甲醇的生产。

第四，将工业尾气中的二氧化碳作为合成原料气，直接实现了二氧化碳的减排。

第五，在生产绿色低碳甲醇的同时，可联产 LNG，实现用户装置效益的最大化。

（三）适用场景及适用条件分析

我国是世界上第一大焦炭生产国，2016 年焦炭总产能达到 6.87 亿吨。焦炭产量 4.49 亿吨，占全球总产量的 69.18%，其中 26.69% 的生产能力在钢铁联合企业内、73.31% 在独立的焦化企业。焦化行业副产大量的焦炉煤气。按每吨焦炭副产约 400Nm^3 焦炉煤气计算，独立焦化企业每年副产焦炉煤气 1317 亿 Nm^3 左右，其中回炉加热自用约 600 亿 Nm^3。对焦炉进行改造，将此部分气体用低热值气体替换进行综合利用，提取 LNG 并联产甲醇，可以得到约 100 亿 Nm^3 的天然气和 2500 万吨甲醇。既有效解决了焦炉尾气的排放污染问题，又具有十分可观的经济效益和社会效益。特别是近年来国家对焦化行业进行"准入整顿"，焦炉煤气必须回收利用，中小炼焦企业面临新一轮"洗牌"，西气东输将使焦炉煤气登上历史舞台，其综合利用更成为炼焦企业生存与发展的关键，加强资源循环和梯级使用，其资源化利用势在必行。采用焦炉煤气制造甲醇联产 LNG 是焦化企业较佳的选择。

CRI 目前成功建造并运行了世界首个利用可再生能源（水电、地热）制氢捕集二氧化碳生产甲醇的工厂。示范工厂 2012 年投入运行，2015 年将产能扩增到每年 4000 吨。CRI 的 ETL 绿色甲醇技术帮助企业解决二氧化碳综合利用问题，一方面可以实现将工业废气或者富裕氢能等综合利用变废为宝的目的；另一方面可实质性地帮助企业实现温室气体的减排，在达到环保减排综合利用目的的同时也可以为企业实现一定的经济效益。所有氢碳比大于 2 的气体均可采用上述补充二氧化碳制甲醇技术，在实现经济收益的同时有效减少碳排放。

（四）工艺流程说明及主要消耗

1. 焦油过滤

（1）概述。初步净化过的焦炉煤气需要进一步脱除其中所含焦油。因此，气柜前设置两台脱焦油塔。

（2）工艺流程说明。从焦化来的焦炉煤气从脱焦油塔底部进入，通过脱焦油塔中填料的吸附作用，脱掉大部分的焦油，煤气从塔的顶口进入气柜工序。两台设备配合使用，在进出口分别设置阀门以便切换，同时设有蒸汽再生系统，以根据实际运行情况不定期进行蒸汽再生处理。

2. 气柜

（1）概述。本工序的主要作用是缓冲和储存焦炉煤气，防止上游流量波动影响压缩机运行。

（2）工艺流程说明。来自焦炭过滤的焦炉煤气经煤气管道进入气柜进行缓冲和储存，然后经气柜出口总管送往螺杆压缩工序。

3. 螺杆压缩

（1）概述。本工序的主要作用是对焦炉煤气进行初步压缩，便于对焦炉煤气进行预净化。

（2）工艺流程说明。来自气柜的焦炉气压力 0.003MPa、温度 25℃，进入螺杆压缩机升压至 0.7MPa 送往 TSA 预净化工序。

4. TSA 预净化

（1）概述。本工序的目的是脱除焦炉气中的焦油、萘和苯。气体中的焦油含量为 100mg/Nm^3、萘含量为 50mg/Nm^3、苯含量为 2000mg/Nm^3，采用变温吸附工艺，将焦油、萘及苯的含量分别脱至

1mg/Nm³、1mg/Nm³、10mg/Nm³ 以下。

（2）工艺流程说明。来自螺杆压缩工序的焦炉煤气，压力0.7MPa、温度40℃。首先进入除油塔脱除杂质焦油，再进入脱萘塔脱除萘，最后进入脱苯塔脱去杂质苯后送往精脱硫工序。

5. 离心压缩

（1）概述。本工序的主要作用是对初步净化后的焦炉煤气进行再次压缩，满足后续工序对压力的要求。

（2）工艺流程说明。来自TSA预净化的焦炉气，压力0.6MPa、温度40℃，进入离心压缩机加压至2.4MPa送往精脱硫工序。

6. 精脱硫

（1）概述。本工序是为脱除焦炉气中各种形态的硫而设。除此之外，还可将不饱和烃催化加氢转化为饱和烃。气体中 H_2S 含量50mg/Nm³、有机硫含量200mg/Nm³，采用两级加氢转化、两级脱硫的工艺，将总硫脱至0.1ppm。

（2）工艺流程说明。来自压缩工序的焦炉气压力2.4MPa、温度40℃，经过滤器过滤气体中残余的焦油雾滴后，进入气气换热器和电加热器加热至250℃左右。进入一级铁钼加氢预转化器和一级铁钼加氢转化器，气体中大部分有机硫在此转化为无机硫。另外，气体中的氧也在此与氢气反应生成水，不饱和烃加氢饱和。加氢转化后的气体进入一级氧化锌脱硫槽，脱去绝大部分的无机硫，之后经过二级镍钼加氢转化器进一步加氢转化，二级氧化锌脱硫槽把关，使气体中的总硫≤0.1ppm。再用气气换热器与入口气体换热，经水冷换热器冷却至40℃，压力约为2.05MPa，送至MDEA脱碳工序。

7. MDEA 脱碳

（1）概述。本工序是为脱除焦炉煤气中的二氧化碳而设，以满足深冷液化的要求。控制装置出口二氧化碳<50ppm。整个工序主要包括吸收单元、再生单元、溶液储存及补充单元。

（2）工艺流程说明。来自精脱硫工序的焦炉煤气首先进入过滤器分离粉尘和游离水，然后进入吸收塔底部，与顶部自上而下喷淋的贫液逆流接触脱除二氧化碳，得到含二氧化碳小于50PPM的合格净化气。

吸收了二氧化碳的富MDEA溶液由脱碳装置吸收塔底部流出，经塔底部出口设置的调节阀调压至0.7MPa、45℃～55℃。MDEA富液（0.7MPa、45℃～55℃）先经贫富液换热器与再生塔底流出的贫液换热，再进入再生塔上部。MDEA富液进再生塔上部解吸再生。

8. 干燥液化

（1）概述。本工序包括脱水干燥和液化分离两部分。脱水采用分子筛干燥三塔工艺，利用复合床层的吸附剂在不同压力和温度下吸附容量存在差异和选择吸附的特性，脱除工艺气体中的水分。深冷液化分离部分拟采用“LiBr初冷＋氟利昂预冷＋深冷液化＋低温精馏”的液化分离工艺。

（2）工艺流程说明。本工序脱水采用分子筛干燥三塔工艺，利用复合床层的吸附剂在不同压力和温度下吸附容量存在差异和选择吸附的特性，脱除工艺气体中的水分以满足LNG单元要求。

9. 补碳压缩

（1）概述。本工序的主要作用是对二氧化碳、来自MDEA脱碳的二氧化碳及来自干燥液化的富碳气进行加压，满足后续工序对压力的要求。

（2）工艺流程说明。来自MDEA工序的二氧化碳与补充的二氧化碳混合，压力0.02MPa、温度40℃，进入补碳压缩机Ⅰ、Ⅱ级加压至0.6MPa，与来自干燥液化工序的富碳气混合加压至1.6 MPa后送往合成气压缩工序。

10. 合成气压缩

（1）概述。本工序的主要作用是对新鲜气进行压缩，同时压缩循环气使其符合甲醇合成的要求。

（2）工艺流程说明。来自补碳压缩工序来的混合气、干燥液化工序来的富氢气组成的合成气，温度为40℃、压力为1.6MPa，进入离心压缩机的压缩段，加压至7.6MPa后送入离心压缩机的循环段，在此与合成工段来的温度为40℃、压力为7.6MPa的循环气混合后加压至8.0MPa后送往甲醇合成工序。

11. 甲醇合成

（1）概述。本工序的主要作用是将合成气合成甲醇，主要由甲醇合成、余热回收、粗甲醇分离等部分组成。

（2）工艺流程说明。来自合成气压缩工段的合成气压力为8.0MPa，在甲醇进出口换热器中被加热到130℃~150℃，氮气电加热器在开工时使用。气体进入反应器底部，通过内部热回收，大部分反应热被用来加热进气进而达到反应温度220℃~280℃，发生一系列反应生成甲醇。反应生成的甲醇、水及未反应的气体离开甲醇反应器底部，在回路蒸汽废锅中从220℃~240℃冷却到约155℃~165℃，进而在甲醇回路换热器中冷却到115℃~135℃。在回路蒸汽废锅中产生的蒸汽用于甲醇精馏再沸器加热。粗甲醇在甲醇冷凝器中用冷却水冷凝下来，在甲醇分离器中分离出来。未反应气体离开甲醇分离器，为了避免惰性气体在甲醇回路中积聚，抽出一股驰放气送往焦炉作为燃料气。剩余的气体送到循环压缩机压缩后与新鲜气一起返回到合成回路。粗甲醇从约75bar减到5bar，然后进入闪蒸罐，闪蒸后的粗甲醇进入粗甲醇储罐，闪蒸气主要包括二氧化碳、氢气和氮气。

三、实施效果

该项目可以实现每年直接减排10万吨二氧化碳，与传统煤制甲醇相比间接减排约50万吨二氧化碳。除此之外，相比于传统的煤制甲醇项目，该项目的污染物排放量，如SOx、NOx、PM颗粒物等有害废气物大大降低且均达标排放，符合国家的环境排放要求。

与传统的植树造林减少温室气体的排放相比，该项目的“模拟光合作用”吸收二氧化碳的能力更强，年减排10万吨二氧化碳等同于每年植树造林的面积减少约7000公顷，折合70平方千米。每公顷植树造林年减少二氧化碳约为15吨，大大减少了植树造林的占地面积，具有良好的温室气体减排效果。

该项目年产生LNG 7.1万吨、甲醇10.86万吨，正常生产每年需原料、燃料、动力费用为37687万元左右，年均销售收入为56313万元左右，具有良好的经济效益。

该项目复产的LNG将为项目地附近地区提供清洁能源，为该地区的环境保护做出突出贡献。

随着环保理念日益深入人心，可再生性甲醇作为可持续性燃料的一种，在欧洲、美洲、亚洲有着广泛应用前景和巨大的市场。该项目环境效应的初步评估表明，可以实现每年直接减排10万吨二氧化碳，与传统煤制甲醇相比间接减排约50万吨二氧化碳。

该项目是国内较早采取此类工艺的工厂，建成后将成为全球规模较大的二氧化碳制绿色低碳甲醇的工业化装置，而且是真正意义上的二氧化碳减排项目，实现了二氧化碳的资源化利用。通过引进和创新先进的清洁生产技术，既响应了国家循环经济建设的要求，又具有重要的示范意义和社会经济价值，对提升企业和地方在国际、国内的绿色环保形象意义十分重大。

主创人：董　博、李　星、刘　浩、荀重阳、梁　艳

钢铁行业特大型高效节能高炉煤气余压回收透平发电装置研发及应用

西安陕鼓动力股份有限公司

一、企业概况

西安陕鼓动力股份有限公司（以下简称陕鼓动力）成立于1999年，是以陕西鼓风机（集团）有限公司（1968年建厂）生产经营主体和精良资产为依托发起设立的股份公司，2010年4月在上海证券交易所A股上市。公司秉承"为人类文明创造智慧绿色能源"的企业使命，致力于成为能源、石油、化工、冶金、空分、电力、智慧城市、环保、制药和国防等国民经济支柱产业的分布式能源系统方案解决专家，构建了以分布式能源系统解决方案为圆心的"1+7"业务模式，为客户提供设备、EPC、服务、运营、供应链、智能化、金融七大增值服务。

按照"打造世界一流智慧绿色能源强企"的战略目标，紧抓分布式能源产业成长机会，形成了"能量转换设备制造、工业服务、基础能源设施运营"三大业务板块。第一板块的能量转换设备制造主导产品轴流压缩机、离心压缩机、能量回收透平装置、四合一硝酸机组、空分机组、汽轮机等均属高效节能环保产品，其中轴流压缩机、能量回收透平装置、百万吨级精对苯二甲酸（PTA）装置成套技术多次获得国家科学技术进步二等奖。第二板块的工业服务包括能量转换设备全生命周期健康管理、EPC、金融业务、投资业务等。第三板块的能源基础设施运营业务着力开拓分布式能源智能一体化园区、气体业务、热电联产、冷热电三联供、水务一体化、生物质发电及垃圾处理等。

二、主要措施

（一）企业绿色低碳发展战略

陕鼓动力以"为人类文明创造智慧绿色能源"为使命，从单一产品制造商向分布式能源领域系统解决方案提供商和服务商转变，及从产品经营向客户经营、品牌经营和资本运营转变。围绕分布式能源系统解决方案向客户提供绿色技术、绿色产品、绿色方案和绿色服务，持续对生产过程进行绿色节能升级改造，助力冶金、石油、化工、电力、环保、制药等国民支柱产业绿色、低碳、高质量发展。

（二）钢铁行业绿色低碳实践案例背景及意义

伴随新一轮工业革命，能源开发利用技术出现深刻变革，绿色低碳成为全球能源发展大势。钢铁行业作为工业的重要领域，是能源消费大户，同时也是二氧化碳排放大户。目前，我国钢铁行业能源消费总量约占全国能源消费总量的九分之一（4.86亿吨标准煤），碳排放量占全球钢铁碳排放总量的60%以上。作为碳排放大户，钢铁行业如何摘掉高碳的帽子，尤其是在我国提出"双碳"目标的大背景下，钢铁行业节能减排的意义提升到了新的高度。

钢铁行业，余热资源可利用空间巨大，其余热资源约占能源消耗量的35%左右（约1.71亿吨标准煤）。如何更好更有效地利用余热资源，是实现钢铁行业绿色低碳发展的有效路径。进入21世纪，国内中大型炼铁高炉逐渐增多，伴随着高炉大型化，提高炼铁高炉顶压增强高压冶炼也成为一种趋势。高炉煤气余压回收透平发电装置（Blast Furnace Top Gas Recovery Turbine Unit，简称TRT）是应用于钢铁行业的一种余热回收高效节能装置，它是利用高炉冶炼排放出的具有一定压力能的炉顶煤气，使煤气通过透平膨胀机做功，将其转化为机械能，驱动发电机发电或驱动其他装置的一种二次能量回收装置，是世界公认、我国大力提倡和推广的一种节能环保装置。以某钢铁企业5000m^3高炉为例，冶炼工序年总能耗达6亿kWh，相当于60万三口之家的家庭一年用电量。使用TRT进行能量回收，年发电量累计达

2 亿 kWh，使用 TRT 后节电约 34%，每年给钢厂创造经济效率约 1.2 亿元。

（三）钢铁行业绿色低碳实践案例主要技术研发内容

陕鼓动力研制的 TRT 是冶金领域高效的节能环保装置，国内市场占有率约为 85%；轴流压缩机获中国制造业“单项冠军产品”“中国工业大奖”，产量累计已达 2200 台（套），居全球第一；首创的冶金余热余压能量回收同轴机组 BPRT、SHRT 应用技术荣获国际“十大节能技术和十大节能实践奖”；陕鼓动力研制的 10 万等级以上大型空分压缩机组、36 万等级大型硝酸四合一机组、PTA 装置压缩机组等多项节能环保产品填补了国内空白，技术达到国际先进水平；陕鼓动力在百万吨乙烯装置、百万吨 PTA 装置、百万吨煤制甲醇装置、超大型合成氨装置等领域已经完成技术突破，各项指标与国际一流水平相当。

陕鼓动力的 TRT 一直在国内冶金行业高炉煤气余压回收透平设备中担当着中流砥柱的角色。目前，陕鼓动力的 TRT 已装备了国内 85% 的炼铁工艺，国内已经生产了约 1200 台（套），其中 95% 以上的 TRT 都采用的是第二代 TRT 技术，产品运行稳定可靠。国际上，日本 TRT 制造商是国产 TRT 设备的主要竞争对手，其大型 TRT 高效叶型效率水平长期保持着行业优势，是陕鼓动力必须要突破的技术壁垒。因此，开发针对大通流高压力参数特点的更高效更可靠的特大型 TRT 技术，使新 TRT 技术达到国际领先水平，是非常迫切的工作。陕鼓动力 2015 年开始进行相关技术研发，历时 6 年，于 2020 年完成开发，这也被称为国内第三代 TRT 技术。主要技术研发工作如下所述。

1. TRT 高效宽工况大通流叶型多维度智能协同设计技术研究

针对大型 TRT 的特点，结合所提出的 TRT 一维多工况方案设计方法、子午面方案设计方法、参数造型方法和三维精细化设计方法，构建了大型 TRT 高负荷宽工况叶型多维度智能协同设计框架，自主搭建了大型 TRT 全流程多维度协同设计平台，突破了 TRT 高效宽工况大通流叶型多维度智能协同设计技术。

2. 湿式 TRT 全三维 CFD 分析方法研究

湿式 TRT 进口含有相对湿度 100% 的水蒸汽，在透平进行膨胀过程中，随着温度降低，水蒸汽达到饱和后会凝结为水，凝结过程会释放潜热，在进行计算时，需要考虑潜热在整个透平膨胀过程中的影响。此过程为真实气体过程，采用常规的 CFD 方法无法满足。项目组首次创新性提出一种湿式 TRT 三维 CFD 性能计算方法，解决目前湿式 TRT 性能无法准确预测的难题。

3. 叶片频率多学科耦合优化技术研究

构建了先进的多学科分析及优化平台，针对 TRT 叶型低频的特点，在保证叶片气动性能的同时，优化叶片固有频率与低频激振有足够的安全裕量，动叶片振动特性更优良。通过对高效大型 TRT 叶片进行多学科优化，将原始叶型一阶模态频率由 259.83 Hz 提升至 275.66 Hz，叶片可靠性得到了较大的提高。

4. TRT 叶片耐腐蚀、长寿命设计及工艺方法研究

针对低温低 pH 值煤气，叶片加工后引入喷丸强化工艺，喷丸后叶片疲劳寿命提高 6 倍，耐蚀性提高 1 倍以上。在此基础上，完成叶片材料的耐腐蚀和冲蚀现场挂片试验，实现高腐蚀下叶片的性能评价与材料优选。采用改进后的超音速等离子热喷涂技术解决表面涂敷工艺问题，最终使 TRT 的叶片使用寿命提升 1 倍以上，为 TRT 设备的安全和稳定运行提供了可靠保障。

5. 新 TRT 技术系列化研究

完成核心技术研发后，需依据市场需要，结合新 TRT 技术特点，进行系列化规划，全面提高各系列 TRT 的效率水平。TRT 应用于高炉煤气余压能量回收装置，其进气介质成分为高炉炼铁排出的煤气，成分一般比较固定，主要包含一氧化碳、二氧化碳、氮气和氢气。TRT 的进、排气参数是由工艺商根据

高炉工艺的需要提出的，其中 TRT 煤气的流量是随着高炉炉型的增大而增大的，而进排气压力等参数虽然各项目均有不同，但有一定的范围。根据市场需求，对 TRT 机组新叶型进行系列化，如表 1 所示。新叶型的系列化开发应用，使得 TRT 全系列效率得到明显提升，均达到世界领先水平，具体参数如下所述：4000～6800m^3 特大型高炉 TRT 效率水平从原来的 85%～86%提升到 92%～93%；1860～3200m^3 大型高炉 TRT 效率水平从原来的 82%～86%提升到 89%～91%；1080～1800m^3 中型高炉 TRT 效率水平从原来的 81%～84%提升到 85%～89%；350～1000m^3 小型高炉 TRT 效率水平从原来的 75%～78%提升到 84%～87%。

表 1　TRT 机组新叶型进行系列化

高炉大小	高炉炉容/m^3	机型	进口标态流量最小值/（万 Nm^3/h）	进口标态流量最大值/（万 Nm^3/h）	效率/%
特大	4000～6800	MPG100	55	95	92～93
大	1860～3200	MPG90	38	55	89～91
中	1080～1800	MPG80	29	38	85～89
小	350～1000	MPG76	15	29	84～87

6. 第三代 TRT 选型软件的开发

完成产品开发后，需编制选型软件对新技术进行固化，同时也便于迅速响应市场的需要。根据高炉工艺具体参数（包括煤气量、入口压力、入口温度、出口压力），结合 TRT 新技术系列化规划，进行 TRT 选型设计。选型设计原则：保证 TRT 在设计点附近具有高效率，同时要满足最大点煤气参数不能通过旁通阀旁通。为了实现 TRT 新技术的快速选型设计，陕鼓动力同西安交大联合开发出 TRT 气动优化选型计算软件 TRT PRO V2019。气动选型软件集成了最新的高精度损失模型，结合实际 1000 多台 TRT 实际产品的运行经验，对选型结果进行了修正，确保了选型结果的可靠性。

（四）钢铁行业绿色低碳实践案例成果

1. 成果验证

项目成果依托山西某用户 5#5100m^3 高炉 TRT 性能提升改造项目，TRT 机组于 2020 年 10 月在山西某用户客户现场成功投产运行。对现场实际运行分析，实际运行良好，达到了设计预期，产品技术水平达到了国际领先水平。具体运行及分析结果如下所述。

（1）TRT 性能达到了设计预期。各项气动性能参数如效率、发电量等达到了预期的研发目标，如表 2 所示。

表 2　山西某用户 5#5100m^3 高炉 TRT 能效运行参数

名称	符号	单位	运行数据
进气压力	Pin	kPa（G）	220～240
进气温度	Tin	℃	140～190
流量	Q	万 Nm^3/h	50～70
出口压力	Pout	kPa（G）	12～20
透平效率	η	%	92～93

（2）现场机组运行平稳，各项机械运行参数均优于设计指标，如表 3 所示。

表 3 山西某用户 5#5100m³ 高炉 TRT 机械运行参数

测定项目			单位	数据	
				许用值	实测值
TRT	轴承径向振动振幅峰－峰值	支承轴承（进气侧）	um	<50	31
		支承轴承（排气侧）	um	<50	20
	轴承温度	支承轴承（进气侧）	℃	<100	63
		支承轴承（排气侧）	℃	<100	74
		止推轴承	℃	<100	70
	工作转速		r/min	/	3000

2. 国内外同行技术对比

陕鼓动力结合已有 1000 多台 TRT 机组设计和运行的经验，完成了大型高效第三代 TRT 的产品开发，助力钢铁行业绿色低碳高质量发展。新开发的大型高效 TRT 性能，超过日本川崎 TRT 较多，高于日本三井 TRT，达到了国际领先水平；此外，在顶压控制、交货周期等方面，陕鼓动力比三井等国外同行优势较明显。陕鼓动力对大型高效 TRT 机组的成功研制和开发，使陕鼓动力 TRT 技术达到了国际领先的水平，详细的技术对比如表 4 所示。

表 4 现有国内外同行 TRT 技术对比表

项目＼企业	陕鼓动力	国外公司		国内其他公司
		三井	川崎	
数量趋势	增长	下降	下降	增长
TRT 效率	92% ~93%	90% ~92%	85% ~87%	88% ~90%
技术可靠性	可靠	可靠	可靠	一般
高炉顶压调节精度	正常调节≤±2KPA 甩负荷≤±6 ~8kPa	正常调节≤±3KPA 甩负荷≤±10kPa	正常调节≤±3KPA 甩负荷≤±10kPa	正常调节≤±10KPA 甩负荷≤±15kPa
系列化程度	高	高	高	一般
周期	8 个月	14 个月	14 个月	8 个月

3. 成果创新点

（1）开发了一套高效大通流宽工况高载荷弯扭 TRT 叶型。针对最新大型高炉工艺参数特点，利用所研发的 TRT 高效宽工况大通流叶型多维度智能协同设计技术，全新开发了一套高效大通流宽工况高载荷弯扭 TRT 叶型。新大型高效 TRT 叶型效率达到 92% ~93%，高于以三井、川崎 TRT 为代表的国际最高水平，性能上达到了国际领先水平；工况范围更宽，相同的静叶调整开度下，工况范围比传统增加 30%；最大通流流量可达 95 万 Nm³/h，可以覆盖 6800m³ 高炉；负荷更高，压降增加 30 ~50kPa，焓降达到约 120kJ/kg；叶高与弦长比大于 2 的大展弦复合弯扭 TRT 叶型。

（2）构建了一套整机全三维 CFD 分析及优化体系。对内流场的叶型、流道、扩压器、进排气蜗室结构进行分析及优化，提升了 TRT 效率 2% ~4%，提高了全行业内现有 TRT 技术效率的上限，达到了国际领先水平。构建了一种湿式 TRT 三维 CFD 性能计算方法，解决目前湿式 TRT 性能无法准确预测的难题。

（3）特大型高炉 TRT 高精度自动控制方法。根据大型高炉 TRT 管网系统中煤气流动压力流量变化的流体力学平衡方程，结合高级智能控制算法，建立大高炉配套干式 TRT 机组转速、功率与高炉顶压数学模型，开发相应仿真软件进行模拟计算，得到透平机组最佳运行效果曲线并首次在大高炉中进行工程应用，实现各种工况下顶压在 ±2kPa 的高精度控制。尤其是在发生重故障时，甩负荷时顶压偏差在 ±5kPa，达到国际先进水平。基于 30 多年 1000 多台 TRT 的运行经验及自动控制技术，实现 TRT 装置的自动升速、自动投励磁、自动升电压、自动并网、自动升功率的远程一键式启动和操作，现场无须人员值守，降低用户的运行成本。

4. 对科技进步的推动作用

大型高效 TRT 的研制成功，使我国全面掌握具了有国际先进水平的高效、高可靠性、智能化 TRT 技术，形成具有自主知识产权的分析体系、设计方法、评估体系，进一步提高我国高效、高可靠性、智能化 TRT 产品的自主设计和制造水平，进而提高产品的国际竞争力，进一步推动 TRT 行业技术进步，有效打破国外对我国该重点领域长期的技术和产品垄断，满足国家冶金领域对高效、高可靠性、智能化 TRT 的需求，带动相关行业的发展，保障国家经济安全不会受制于人；同时，也将为我国透平行业培训一批包括流体机械设计、制造、材料、工艺及实验等方面的专业技术人才。陕鼓动力在 TRT 技术方面已经授权或受理国家专利 18 项，其中授权的发明专利 9 项；发表论文 9 篇。

三、实施效果

（一）经济效益

高效 TRT 技术已在山西某用户改造项目成果实施，取得了可观的经济效益。以依托的某用户 TRT 项目 MPL100 机组为例，用户现场改造前为川崎 TRT 机组，运行效率 85% ~87%。采用陕鼓动力的特大型高效 TRT 技术后，该用户 TRT 每年总的经济效率如表 5 所示。采用特大型高效 TRT 技术改造后，相比改造前效率提升 6% ~8%，平均提升 7%，较原 TRT 效益对比如表 6 所示。

表 5 特大型高效 TRT 年总经济效益

发电效率	年发电量	年收益	年减碳量
92% ~93%	1.8 亿 kWh	1.08 亿元	4.89 万吨

表 6 改造前后 TRT 效益比较

效率提升	年提升发电量	年降本增效	投资回收期	年减碳量提升
6% ~8%	1509 万 kWh	1330 万元	1.2 年	4100 吨

特大型高效 TRT 装备在为钢企用户带来可观的节能收益的同时，也为陕鼓动力带来了很好的经济效益，在近 1 年内获得 30 余台（套）市场订单，销售收入约 12 亿元，未来高效 TRT 机组还将持续为陕鼓动力带来可观的经济效益。

（二）社会效益

特大型高效 TRT 技术应用节约了能源、减少了排放，大幅降低 PM2.5 颗粒。该技术属于节能环保技术，创新、提升了冶金工业能量回收的效率。该技术在冶金领域的推广应用对降低全球二氧化碳排放量、应对全球气候变化具有重要的推动作用。按照每年 30 台（套）的订单估算，新 TRT 技术应用后，预计每年可以节约电量 54 亿 kWh，每年可实现减碳 146.7 万吨。初步估计，未来 15 年内，新 TRT 技术可装备450台（套），每年可以节能810亿kWh，每年可实现减碳2200万吨，相当于约96%的三峡水电站发电量（三峡水电站发电量为847亿kWh/年），相当于再建一个三峡水电站。

（三）技术推广和应用前景

特大型高效TRT技术的开发为冶金领域能量回收技术带来创新，是冶金工业节能减排的新模式。特大型高效TRT技术的开发与成功投运，给用户带来巨大的运营价值，获得了市场的青睐，目前已获得了50余台（套）的订单，产品已陆续开始投运，运行高效平稳。

特大型高效TRT技术高效、可靠、稳定，在钢企急需尽快摘掉高碳帽子的当下，市场前景广阔。在性能提升改造市场方面，目前国内符合规范条件的炼铁高炉数量约811座，其中1000~3000m^{3}的主力高炉约344座、3000m^{3}以上的大型高炉约38座，主力和大型高炉共382台TRT若开展性能提升改造，每台TRT改造费用平均按照400万元~1000万元计算，大约有15.28亿元~38.2亿元的广阔市场。在新上市场方面：按照每年20~30台（套）的市场需求估算，每年大约有2亿元~6亿元的市场。

初步估计，未来10年内，国内外TRT改造、新上、备品备件及相关的产业市场容量在“千亿元”级水平，市场应用前景非常好。

主创人：杨　星、汪传美、张　涛、魏　妮、杨彩茸

打响“绿色铝 · 在云铝”品牌

云南铝业股份有限公司

一、企业概况

云南铝业股份有限公司（以下简称云铝股份）始建于1970年，1998年在深交所改制上市，原隶属于云南冶金集团股份有限公司，2018年，按照云南省与中铝集团的战略合作协议整体进入中国铝业集团有限公司（以下简称中铝）。进入中铝以来，云铝股份深入贯彻落实云南省委、省政府建设“中国绿色铝谷”战略和“央地合作”精神，在昆明、曲靖、昭通、红河、文山、大理6个市（自治州）已形成八大绿色铝集群，下属有15家企业，资产总额387亿元，在岗职工11000余人，涵盖了铝土矿开采、氧化铝精炼、电解铝冶炼、合金化及铝材加工全产业链，形成铝土矿264万吨、氧化铝140万吨、绿色铝305万吨、铝用炭素82万吨、绿色铝材175万吨的产业规模。

近年来，云铝股份锚定“双碳”目标，坚持“碳”路先行，走出了一条低碳、降碳、减碳、固碳的绿色可持续发展之路，争当行业绿色发展标杆，打响“绿色铝 · 在云铝”品牌，为建成青山常在、绿水长流、空气常新的美丽中国做出云铝股份的贡献。

二、主要措施

（一）低碳：优化绿色能源结构

践行“双碳”战略，能源是主战场。云铝股份充分发挥能源低碳优势，立足能源禀赋，优化能源结构，提升绿色新能源占比，不断降低单位产品碳排放强度。

作为中铝在云南省的绿色铝产业代表，云铝股份充分发挥云南绿色清洁水电能源独特优势，将水电与铝的发展充分结合，成为“绿色低碳中国水电铝”的践行者。数据显示，云铝股份依托绿色能源生产的绿色铝与煤电铝相比，碳排放量仅为煤电铝的20%。与此同时，云铝股份抢抓云南省建设“光伏之都”机遇，提高非水电绿能比例，率先推进铝企业分布式光伏应用，与国家电力投资集团公司云南国际电力、华能新能源等绿电新能源央企成功合作，大力推进分布式光伏、分散式风电、新能源运输车辆替代等绿电新能源项目建设，实现国内首例光伏发电直接接入电解生产用电，成为行业绿电新能源利用典范。目前，云铝阳宗海、溢鑫分布式光伏项目并网发电总装机达63.75兆瓦，累计发电超过5100万千瓦时；所属6家铝企业6个分布式光伏项目已全面开工建设，总装机将达226兆瓦，与同等发电量燃煤电厂相比，每年可节约标准煤约7.7万吨，每年可减少烟尘排放量约6.8万吨、二氧化碳约2.5万吨、氮氧化物约3725吨、二氧化硫约7500吨，将产生良好的经济与社会效益。云铝股份还通过原燃料替代、提高非水新能源占比等，不断优化能源结构，提升绿电比例。截至2022年年底，云铝股份清洁能源比例大于88%，其中新能源占比17%，获得南方区域首批“绿色电力消费凭证”和“绿色电力”证书。

（二）降碳：打造绿色铝产业集群

加快产业升级发展，既是企业提升竞争力的必然要求，更是加快绿色转型的内在要求。作为绿色发展领军企业，云铝股份按照产品“合金化、材料化、功能化”的发展思路，加快延链强链补链步伐，推进产业升级发展，打造绿色铝产业集群，向“含绿量”要“含金量”。

多年来，云铝股份准确把握铝行业发展规律，大力实施绿色铝材一体化发展战略，构建了集铝土矿－氧化铝－炭素制品－电解铝－铝加工于一体的绿色铝完整产业链，依托绿色铝品牌价值赋能，充分发挥自身在绿色铝材发展方面长期积累的技术、管理、市场优势。2019年以来，云铝股份先后实施了昭通、鹤庆、文山三大绿色铝项目，新增绿色铝产能162万吨，拥有了西南地区总量最大的高品质原铝资源，围绕优质绿色铝资源，以电解铝集约化生产为基础，以铝材加工为突破口，着力打造从铝水到终端产品的“1+N”绿色生态铝产业发展模式，吸引优质下游企业集聚布局，形成上下游之间协同创新、互相衔接、优势互补的产业链共同体，将原铝铝液直接生产成铝合金产品，减少铝水到铝锭、铝锭到铝水的能源消耗、金属损耗、电耗及其他能源消耗，大幅降低碳排放量，产品成本降低约500元/吨。目前，云铝股份所属5家存量企业已构建“1+N”产业链集群发展，5个产业园区已集聚数十家下游铝加工企业协同发展，每年供应原铝40万吨以上，实现100%合金化、就地加工化。云铝股份还依托科技创新，研发并产业化生产出了铝焊材、新型锻造轮毂用铝合金、航空用铝合金等具有差别化竞争优势的高端新产品；同时，采用电解铝液直接铸轧制备高精超薄铝箔技术具有流程短、能耗低的优势，使得超薄铝箔产品成为一种“绿色低碳产品”，它的安全环保和轻量化等性能可明显降低能源消耗，减少温室气体和废气排放。

当前，云铝股份正积极落实云南省绿色铝三年行动计划要求，以打造“中国全产业链绿色低碳铝用新材料基地”为目标，积极构建“3+3”绿色铝产业基地。到2025年，建成红河、曲靖、昭通3个百万吨级产业集群，昆明、文山、大理3个百亿元级产业基地，打造铝产业园区度电产值国内领先、产品价值链高端化的产业基地。

（三）减碳：实施绿色循环经济

循环经济是节能减碳、绿色转型发展的利剑。长期以来，云铝股份充分发挥科技对生产的支撑和带动作用，以资源的高效和循环利用为核心，以“减量化、再利用、资源化”为原则，全力构建“资源－产品－再生资源－产品”的闭链循环减碳经济体系，在铝行业循环经济发展中占据新赛道、掌握主动权。

坚持过程控制节能减碳。云铝股份依托技术创新实施节能减碳，承担的“绿色铝高效低耗大修槽节能技术集成应用”被国家发展改革委列为节能项目示范项目，获中央预算内投资支持5501万元；坚持“一企一系列一方案”，开展“阶梯电价”节能专项工作，实施石墨化阴极、开槽阳极、燃气焙烧、智能打壳气缸及空压系统改造等16项节能措施，电解铝综合交流电耗提前达到阶梯电价考核目标要求。云铝股份积极推行节能环保一体化清洁生产，实施了一批节能、节水、减排改造项目，先后建成了包括生活污水处理、生产废水处理、工业废气污染治理、固体废弃物综合治理及污染源自动监测系统在内的80多台（套）环保设施，实现废气排放达标率100%、固废安全处置率100%，实现废水“零排放”。

坚持末端治理实现减碳。云铝股份通过实施绿色低碳技术，全力推进固废资源化再利用，率先研发、建成国内首条5万吨铝灰资源化利用生产线，实现规模化生产，可实现公司及云南省内电解铝企业铝灰就地资源化利用，彻底解决铝行业危险废弃物（铝灰）资源化利用问题，目前累计处置铝灰约10万吨。率先建成国内首条铝电解槽大修渣协同无害化、资源化处理生产线，解决多年困扰行业发展的危险固体废弃物填埋对环境造成污染的难题，推动铝行业工业污染物防治和减量化、无害化、资源化，累计资源化处理三废（阴极、大修渣、炭渣）2500吨以上。率先进行环保节能技术改造，在氧化铝、电解铝和铝用阳极炭素生产系统全流程创新应用新型脱硫环保新技术，达到超低排放标准，累计减排二氧化硫超过18万吨。

坚持资源再利用减碳。云铝股份加大再生铝使用比例，积极与铝材产品下游客户开展合作，将下游铝材产品加工过程中产生的边角废料、废铝制轮毂等回收，加大再生铝在铝材产品生产过程中的使用比例，实现电解铝和铝材加工“1+X”发展降碳。2022年，回收再生铝12万吨以上。云铝股份还利用生产余热进行发电，实现资源循环再利用。2022年，云铝股份利用所属氧化铝和炭素企业生产余热发电累计超过2亿千瓦时。

（四）固碳：践行绿色责任担当

绿色发展是时代命题，更是责任担当。一直以来，云铝股份用担当彰显责任，用担当践行承诺，坚持“美丽”与发展共赢，全力融入国家生态文明建设，打造青山与厂房共画、绿色与银色相携的美丽图景。

云铝股份率先在国内铝行业开发建设“LCA 产品全生命周期评价体系”，编制完成了生命周期评价报告和产品碳足迹报告。作为国内企业中首批获得产品碳足迹认证的企业之一，云铝股份主要产品碳足迹水平全球领先，同类铝产品的碳足迹值较 2018 年明显降低，其中每吨重熔用铝锭、铸造铝合金锭、铝及铝合金板带分别降低排放二氧化碳 0.18 吨、0.12 吨、0.65 吨。为协作推动绿色铝的负责任生产、采购和企业治理，云铝股份主动作为、分步实施，推进企业整体加入铝业管理倡议 ASI。目前，云铝股份成为中国第一家完成铝土矿、氧化铝、电解铝、铝加工全产业链 ASI 审核的企业，这是云铝股份践行绿色责任、体现央企担当的具体实践。

多年来，云铝股份认真践行“树环保典范、建花园工厂、做文明员工、创一流企业”的发展方针，将生态文明与绿色工厂建设融合推进，坚持不懈植绿造绿、养绿护绿，推进厂区绿化、美化。目前，公司厂区绿化面积约为 168 万平方米，绿化率达 90% 以上。公司严守生态保护红线，全力实施矿山复垦及矿山保护、治理工程，开展生态绿色矿山建设，形成“绿色生态、固碳储能”的可持续发展模式。目前，云铝文山完成铝土矿矿山复垦 8000 余亩，累计培育树苗 35 万余株。

凭借对绿色发展的不懈追求和努力，云铝股份成为中国有色金属行业、中国西部地区工业企业中唯一一家“国家环境友好企业”和国内电解铝行业首家“工业产品绿色（生态）设计示范企业”，入选国家级“绿色工厂”，连续 6 届蝉联“全国文明单位”称号，荣获“绿色发展典范企业”、首届“ESG 金牛奖 · 双碳先锋”、金牛企业领袖奖。

三、实施效果

一是绿色低碳发展水平领跑行业。云铝股份主要能耗指标电解铝综合交流电耗位于行业前列，成为国家、云南省重点用能行业能效“领跑者”；率先建成的国内首条铝灰资源化利用生产线和电解槽大修渣综合利用生产线，推动铝行业工业污染物防治和减量化、无害化、资源化，彻底解决了铝行业危险废弃物（铝灰）资源化利用问题，被中国有色金属工业协会评定为国际领先技术；率先推进铝企业分布式光伏应用，成为国内首例光伏发电直接接入电解生产用电；主导和参与起草标准《绿色设计产品评价技术规范电解铝》《绿电铝评价导则》等多项绿色标准，主要产品碳足迹水平全球领先。

二是“绿色铝 · 在云铝”品牌影响力不断彰显。云铝股份长期坚持的“绿铝发展模式”得到了国内外越来越多企业的认可，通过战略合作、品牌价值推广等方式扩大与宝马、蔚来等知名企业合作，建立了稳固的上下游关系，成为马可迅车轮有限公司在国内唯一合格供应商，云铝浩鑫成为全球最大软包装企业安姆科的合格供应商；主打产品铝板带箔、铝合金扁锭等已覆盖国内主要消费市场，超薄铝箔产品远销欧洲、东南亚等市场。2022 年，持续保持了国内最大 A356.2 生产供应商，市场份额约为 26.9%，“绿色铝 · 在云铝”的品牌影响力不断提升。

三是企业综合实力显著提升。2018 年以来，云铝股份实现从巨亏到利税大户的转变，产能规模、经营业绩、社会贡献实现“三连增”；股票 3 年增发两次，为当地经济发展从股市上募集资金 50 亿元，市值增长 200% 以上，成为资本市场投资者最为关注的行业龙头股票；根据 wind（万得信息网）数据统计，2022 年度在中国 A 股铝行业上市公司（20 家）中排名第二，较 2018 年排名上升 4 位，成为我国重要的绿色铝材一体化头部企业。

主创人：赵贵娥

管式冷凝节能节水及多污染物脱除技术装备

浙江菲达环保科技股份有限公司

一、企业概况

浙江菲达环保科技股份有限公司（以下简称菲达环保）创建于1969年，为中国最早从事电除尘器设计研发、生产制造的企业。现在，菲达环保已发展成为我国大气污染治理行业的龙头企业、全球最大的电除尘器设备供应商，为国家高新技术企业、国家知识产权优势企业、“全国五一劳动奖状”获得者、浙江省“三名”培育试点企业、浙江省技术创新示范企业，建有国家认定企业技术中心、国家级工业设计中心、国家级院士专家工作站、国家级博士后科研工作站等10余个省级以上的创新平台。

菲达环保以“保护环境，造福人类”为己任，长期专注于环保产业，主要从事燃煤锅炉烟气除尘、脱硫、脱硝，以及垃圾固废处置、污水处理等环保设备研发制造、环保工程大成套、BOT建设。菲达环保产品已出口40多个国家和地区，100万千瓦超超临界机组电除尘器国内市场占有率60%以上。近年来，菲达环保深耕传统优势业务煤电市场，连续3年实现盈利，同时加快在非电行业的烟气治理技术攻关和业务拓展。2021年，新增非电市场订单19亿元，同比增长11.6%，全年实现营业收入33.84亿元，净利润5045万元。菲达环保始终坚守环保产业，深度参与蓝天、碧水、净土、清废行动，致力于提供燃煤电厂及工业烟气环保岛大成套，以及水污染治理、固废处置、生态修复等环境综合治理解决方案，是集研发、设计、制造、建设、运行服务全产业链的大型环保上市企业。

二、主要措施

（一）绿色低碳发展背景

2020年，我国政府向国际社会庄重承诺“双碳”目标，做好“双碳”工作被列为近年重点任务之一；生态环境部在2021中国生态环境产业高峰论坛上表示，“十四五”期间，我国生态文明建设将进入以降碳为重点战略方向、推动减污降碳协同增效、促进经济社会发展全面绿色转型、实现生态环境质量改善由量变到质变的关键时期，也是推进低碳环保产业提质增效、加快发展的重要战略机遇期。

“十三五”以来，随着我国电力行业超低排放的全面落实及钢铁、石油、化工、建材、小型工业炉窑等环境污染的重要源头行业超低排放的纵深推进，烟尘、SO_2、NOx等常规大气污染物得到了有效控制，但仍存在超低排放无法稳定运行的风险；同时，湿法脱硫装置作为超低排放的主流环保环节，出口排放的饱和湿烟气含有大量的水蒸汽并带有PM2.5、SO_3、可凝结颗粒物、石膏液滴、可溶盐、Hg、HCl、重金属等非常规污染物。早在2015年，中央提出“水二十条”，要求加强工业水循环利用，控制用水总量，提高用水效率。此外，当前国家大力提倡“双碳”目标，扎实推进低碳实用技术应用，不同行业工业烟气常规污染物和非常规污染物协同减排、烟气冷凝节水利用、系统节能优化和精细化运行等技术突破需求更加凸显。

（二）绿色低碳技术方案制订

传统环保装备在烟气冷凝节水利用方面，主要存在喷淋冷凝、管式冷凝、浆液冷却3种工艺路线。喷淋洗涤塔的优势在于烟气与冷却水直接接触换热，换热效率最高，对材质要求等同于脱硫塔，但其劣势也十分明显。首先，新增塔体空间要求大，一般仅能布置于现有脱硫塔顶部，因而改造工期最长且新增的集液升汽盘阻力很大。其次，集液升汽盘易泄漏，会造成脱硫浆池满溢，需不断消缺调试。再次，喷淋水与冷却水混合处理，存在管道堵塞风险。最后，余热回收需额外新增换热装置。浆液冷却器的改造优势在于工期短，对场地要求最小，但弊大于利，最为致命的是浆液冷却导致烟气冷凝过程在脱硫塔内部完成，烟气中析出的冷凝水直接进入脱硫浆池，一则造成浆池满溢，二则极大增加脱硫浆液的废水处理成本，且该工艺对于污染物协同脱除的效率十分有限。而管式冷凝将装置直接布置于烟道上，装备大小适中，既克服了喷淋洗涤塔空间要求大、阻力大的问题，也不存在喷淋洗涤和浆液冷却工艺的浆池满溢风险，始终能保持原有水系统的平衡；同时，采用高效换热材质可实现良好的烟气冷凝效果，通过换热管束内部的相变凝聚产生显著的多污染物协同脱除效果。当然，其综合换热效果略次于直接换热的喷淋洗涤工艺。综合考虑改造成本、工期、运维费用、应用效果等，在多行业工业烟气深度净化和节能节水领域，未来将逐渐形成"优选管式冷凝装备，次选喷淋冷凝装备，尽量避免浆液冷凝装备"的工艺格局，但如何进一步提升管式换热器的换热效果、节能收水效率和污染物脱除效率仍是亟待研究的现实命题。

在严格的标准政策和严峻的绿色低碳减排形势推动下，菲达环保加强技术优化再创新，研制出管式冷凝节能节水及多污染物脱除技术装备，该实践项目针对常规管式冷凝装备及与现有环保装备集成存在的系统复杂、非常规污染物协同脱除效率低、水耗大、无节能效益、运行不稳定、阻力大、投资和运维费用高、改造难、场地限制多、适应性差等系列现实问题，开发出以新型高效管式冷凝装备为核心的管式冷凝节能节水及多污染物脱除技术，在满足烟气污染物达标前提下，实现烟气非常规污染物深度脱除、高效冷凝收水和余热回用，对突破"高环保标准 + 低排放 = 高投入 + 高能耗 + 高运行费用"的环保困局具有重要的现实意义。

（三）绿色低碳技术研发路线

该实践案例的新型高效管式冷凝装备主要用于燃煤锅炉、各种工业炉窑的烟气多污染物治理及有效节水节能，研发出柔性凝水导流技术、集波形增效板与错列式换热管布置于一体的含污染物雾滴凝聚增效技术等关键核心技术，获得了极佳的凝水收集和换热效果。产品通过冷凝方式降低湿法脱硫后饱和湿烟气温度，实现烟气中水蒸气的冷凝回收，凝结过程属于非均相成核过程，优先在烟尘、酸雾气溶胶等细颗粒物表面核化、生长，促进细颗粒物的成长，凭借换热管束对流场的扰流作用，有效促进含 SO_3 气溶胶、石膏液滴、可溶性盐等的细颗粒物、液滴间碰撞、团聚，继而被后续管壁上的自流液膜脱除，同时兼具收水功能，凝结水可回用作为脱硫补水、冷却塔循环水补水，达到节水的效果，从而实现收水 + 多污染物深度协同控制的双重功能。产品采用钛管或氟塑料管作为换热冷凝管束，具有耐腐蚀、传热系数大、重量轻等优点，大幅度降低工程投资成本，工况适应性强。产品技术不仅满足当前环保标准下煤电、钢铁、垃圾焚烧、水泥等行业的烟气治理环保亟需，同时还可以解决现役燃煤超低排放机组中的改造遗留问题，丰富了我国大气污染物治理和节能减排技术路线的可选择性，为绿色低碳可持续发展贡献新技术方案。典型工艺流程如下所述。首先，脱硫设备出口高温高湿烟气通过烟道进入新型高效管式冷凝装备的管程，与通过管程的冷却水进行间接换热，烟气降温至露点温度以下，析出冷凝水并与 SO_3 气溶胶、石膏液滴、可溶性盐、细颗粒物等多污染物进行碰撞、团聚，烟气降温后排出新型高效管式冷凝装备通过烟道进入烟囱排放，实现多污染物的协同深度治理。其次，新型高效管式冷凝装备底部收集含多污染物的冷凝水，通过管道输送至地坑或水箱进行过滤和调质。处理后的冷凝水可作为湿法脱硫的补水或冷却塔循环水补水，达到节水的效果。最后，冷凝烟气的冷却水可使用循环水或低温除盐水，其中循环水适用于常规机组和炉窑，通过管程的冷却水可通过热泵系统（尤其适用于北方有采暖需求的情况）实现余热回收，可通过换热器实现余热回收，也可通过冷却塔进行散热；低温除盐水尤其适用于热电联产机组，通过管程的冷却水可直接输入脱硫前的低温省煤器实现余热回收。

（四）绿色低碳技术的研发与创新

该实践案例针对工业烟气 PM2.5、SO_3、可凝结颗粒物、可溶盐、重金属等非常规污染物脱除装置存在系统复杂、协同脱除效率低、水耗大、无节能效益、运行不稳定、投资和运行费用高等现实问题，通过凝水导流、波形凝聚增效、预荷电放电冷凝换热耦合、高效低阻导流集液升汽等关键技术研发，开发出以新型高效管式冷凝为核心的高温高湿烟气节能节水及多污染物脱除技术装备，在深度脱除常规污染物的同时协同脱除多种非常规污染物，通过冷凝烟气中的水蒸汽达到废水回收利用、回收水蒸汽潜热实现系统绿色低碳。主要研发与创新如下所述。第一，针对常规管式冷凝器冷凝收水效果差、高湿烟气下污染物深度脱除难等技术难题，创新设计了柔性凝水导流技术、波形凝聚增效技术、放电冷凝换热耦合技术，提升了管式冷凝器的综合冷凝换热效果10%以上，提高了多污染物协同脱除效率，实际收水效率从60%～70%提高至80%以上。第二，开发出湿法脱硫－管式冷凝紧凑型一体化装备，结合CFD数模和实验分析，创新设计错位喷淋技术、壁流再分布技术、强化团聚及高效拦截细颗粒捕集技术，优化了一体化装备的工艺和结构参数，解决常规烟气深度净化装置占地大、阻力大等技术难题，降低系统运行阻力20%以上，PM2.5排放浓度低于0.5mg/m^3。第三，基于管式冷凝与现有环保装备的集成应用，开发出高温高湿烟气节能节水及多污染物脱除技术，构架了冷却水、喷淋水、冷凝水等分级测算及水平衡智能协同控制系统，实现了燃煤电厂、垃圾焚烧、化工、水泥、高炉、转炉等多行业排放不同组分高温高湿烟气热量高效梯级回收和收水控污系统的设计优化和运行优化。

（五）绿色低碳技术应用运行状况

该实践案例能够达到显著的绿色低碳效果，以天津国投津能发电有限公司2×1000MW机组为例，应用本技术后，经华北电力科学研究院完成性能测试，3号机组出口烟气雾滴含量4.32mg/m^3，粉尘浓度1.1mg/m^3、PM2.5浓度0.224mg/m^3、SO_2浓度4.62mg/m^3；4号机组出口烟气雾滴含量3.05mg/m^3，粉尘浓度0.98mg/m^3、PM2.5浓度0.163mg/m^3、SO_2浓度6.49mg/m^3，各项指标均优于设计要求；3号、4号机组湿电除尘器入口SO_3浓度分别为21.862mg/m^{3}和24.982mg/m^3，钛管冷凝器出口SO_3浓度分别为2.842mg/m^{3}和4.247mg/m^3，湿电除尘器＋钛管冷凝器的SO_3脱除效率分别达到87.08%和83%。经天津市生态环境监测中心的水质化验分析，得出结论：3号机组以年运行时间4600小时计，可实现年冷凝水量39万吨，减少可溶性颗粒物排放75.1吨（其中各项重金属物质折合减少排放85.86kg）；4号机组以年运行时间7100小时计，可实现年冷凝水量63.4万吨，减少可溶性颗粒物排放45.6吨（其中各项重金属物质折合减少排放101.46kg），实现每台机组冷凝水80吨/小时。以年综合冷凝102.4万吨烟气冷凝水计，因电厂使用海水淡水技术，海水处理成本10元/吨，可年减少工业用水处理成本1024万元，折合热量回收30万GJ，折合标煤1.024万吨，折合CO_2减排2.68万吨。

目前，该实践案例在全国电力行业内的推广比例约20%，其中热电机组比例略高于燃煤电力机组，在钢铁行业的推广约20余套，在水泥行业的推广约10余套。预计到2025年，在全国电力行业内的推广比例可能达到40%～50%，总投资规模达到100亿元；在钢铁行业和水泥行业的推广比例可能达到20%～30%，总投资规模达到200亿元；在其他行业也可参考推广。其中，因我国目前钢铁行业低品位余热利用比例处于较低状态，因此该实践案例的节能、节水、低碳效益预计在钢铁行业产生规模影响，预计到2025年，钢铁行业预期减碳能力达到517万～775万tCO_2/a（其中，高炉工序315万～472万tCO_2/a，转炉工序181万～272万tCO_2/a，电炉工序21万～31万tCO_2/a）。

三、实施效果

菲达环保持续推进该项技术研发和成果转化，拥有强大市场竞争力，销售渠道畅通，建立起了遍布全国乃至全球的营销网络和供求协作体系。目前，产品已累计实现订单19台（套），涉及燃煤电厂/热电厂、钢铁冶金、水泥、垃圾焚烧等行业，2019—2021年累计实现新增销售额92894万元，新增利润11147.29万元，新增税收1364.79万元。经第三方检测，颗粒物≤3mg/m^3、PM2.5≤2mg/m^3、SO_2≤10mg/m^3、SO_3≤5mg/m^{3}排放。按1000MW机组计，年可节水量＞35万吨，电厂使用海水淡水技术，海水处理成本10元/吨，折合经济效益350万元/a，脱除可溶盐>40吨，Hg、HCl、重金属等协同脱除效果良好；此外，通过对多行业工业烟气显热及潜热的高效梯级回收，可产生显著的低碳效应，以应用于$2\times2500m^3$高炉为例，采用该项技术后可年回收热量折合标煤2.73万吨/a，标煤1000元/吨，折合经济效益2730万元/a；折合CO_2减排7.15万吨/a，符合绿色低碳节能发展要求。产品技术先进，适用于我国多行业排放不同组分高温高湿烟气热量高效梯级回收和收水控污系统的设计优化和运行优化。经中国工程院院士等专家组成的委员会鉴定：产品总体技术处于国际先进水平。

产品技术适应行业广、技术示范效益强，将有利于推动地区环保装备产业发展。环保装备为浙江省诸暨市的传统优势产业，但也面临偏科严重、产业结构相对单一的问题，主要集中于燃煤烟气净化领域，电除尘器一枝独大，同质化竞争激烈，产业能级亟待提升。该产品技术先进、适用范围广，可应用于煤电、钢铁、焦化、垃圾焚烧、危固焚烧、电解铝、水泥、化工、沥青混凝土等领域的工业烟气多污染物脱除，同时兼具高效节水节能效果，环保效益好，符合绿色低碳发展理念，具有较强的行业示范作用。菲达环保为浙江省环保装备科技创新服务平台牵头单位和浙江省先进质量管理孵化基地，为地区环保技术的转移扩散基地之一，菲达环保35%的制造业务外协给当地企业。该产品技术的开发、示范和推广，在助推企业高质量转型发展的同时，对地区加快构建绿色低碳循环发展产业体系也起到积极促进作用。

主创人：何　宁、吴黎明、罗水源、于立元、王　淦

中电工程基于“双碳”目标的转型发展与竞争力重塑

中国电力工程顾问集团有限公司

一、企业概况

中国电力工程顾问集团有限公司（以下简称中电工程）隶属于中国能源建设集团（以下简称中国能建），主要从事能源规划研究、咨询与工程勘察、设计、服务、工程总承包、投资经营等业务，下辖26家企业，业务覆盖全球100多个国家（地区）。在职职工近2万人，其中国家级勘察设计大师13人、全国电力勘测大师62人。对中国90%以上火电站、核电站常规岛及电网勘察设计做出了重要贡献，参建一批具有世界领先水平的超超临界火电工程、世界首个第三代核电的常规岛工程、世界最大风光储输工程、世界最高电压等级特高压输电工程、中国最大单体海上风电项目等多项“中国/世界之最”工程，被称为中国能源建设领域的“国家队”。

中电工程聚焦“双碳”目标，系统分析外部环境、驱动因素变化，坚持“六转六新”卓越管理发展模式，重塑产业链、价值链、创新链，六重优势打造核心竞争力。一是“转战略”，明确服务国家“双碳”战略新任务；二是“转组织”，重构与“双碳”目标相适应的新型组织体系；三是“转产业”，构建“双碳”业务一体化服务新格局；四是“转要素”，构筑绿色产业高端化发展新动能；五是“转平台”，建设“双碳”目标合作共赢新生态；六是“转机制”，建立服务“双碳”市场化运作新制度。

二、主要措施

（一）明确转型发展路径与竞争力重塑目标

1. 研判“双碳”市场与业务方向

中电工程科学研判“双碳”发展要求，确定了集“行动方案、行业规划、产业策划、投建营一体化、综合能源服务”5个阶段于一体的市场和业务发展方向。

2. 谋划转型发展路径

确定加快战略、组织、产业、要素、平台、机制转型，即“六转六新”卓越管理发展模式，重塑产业链、价值链、创新链，六重优势打造核心竞争力。

（二）率先推进企业战略转换

1. 推动“双碳”目标引领的公司战略调整

中电工程充分发挥规划设计咨询的龙头、灵魂、牵引、放大和布局“五大作用”，制订并动态调整公司发展战略，加快转型发展与核心竞争力重塑，推动公司从以设计和总承包为主要业务的电力工程公司，向以“双碳”研究与开发为先导，传统电力、新能源和能源新业态、非电领域并重，工程服务和投资双轮驱动的能源一体化方案解决商转变。

2. 制订新能源产业发展专项规划

制订“十四五”新能源产业发展专项规划，明确新能源与能源新业态业务增长目标，主动适应以新能源为主体的新型电力系统发展趋势，努力成为最具世界影响力的能源综合解决方案服务商和运营商。

（三）全面推进企业组织转型

1. 打造产业创新高地

中电工程新设5个研究院，打造产业创新高地：成立碳中和发展研究院、数据与信息研究院、海洋能源工程研究院、储能工程技术研究院、生态环境工程技术研究院。

2. 构建开发投资平台

成立开发投资公司，大力拓展以光伏、风能、储能、氢能为主体的可再生能源开发性建设、投建营一体化等业务，持续优化公司资产和业务结构，有效对冲行业周期性波动，增强抵御经营风险的能力。

3. 强化业务发展支点

全面推进所属企业适应性组织建设，构建智库型、业务型、窗口型的区域性“‘双碳’研究中心”，强化“双碳”业务发展战略支点。

（四）全力推进产业链转型

1. 加强规划咨询布局作用

政府行动方案层面，创新采用“七步法”编制“碳达峰”行动方案，从六大维度评估“碳达峰”基础，科学预测“碳达峰”年份、峰值和经济社会发展指标，多端提出发力举措，最终形成“1+N”的“碳达峰”研究报告，目前共主持或参与20个省级、32个市级及50余个园区级“双碳”专题研究。行业规划层面，开展多项能源和电力“十四五”规划，分省进行能源消费“双控”等专题研究。产业策划层面，深入研究能源、工业、建筑、交通、农业、林业等领域的产业布局，引导产业结构转型和体制机制创新。

2. 突出资源集成支撑作用

发挥在能源电力领域的资源集成优势，打造“能源+”多元发展路径。在新能源与能源新业态领域：采用开发性建设、投建营一体化等模式，拓展了可再生能源业务规模；超前布局深远海海上风电及光伏、电化学储能、氢能等业务；与县域、开发区、工业园合作，开展分布式供能、多能互补、合同能源管理、工业余热余冷利用等综合能源业务。

3. 强化投资并购拓宽作用

以投资并购为抓手，积极拓展化工、碳交易、环保、交通、市政等新型业务。全资收购湖南化工设计院，取得化工石化医药甲级资质；收购西班牙易安、盖飒2个子公司，拓展欧美建筑、市政、交通市场；入股浙江、湖北等6个电力交易中心，开拓电力大数据业务；参股北京工业互联网研究院、收购高空风能等创新项目，抢占新型业务赛道。

（五）全方位推进生产要素转型

1. 强化产技融合

中电工程坚持“面向市场技术创新、面向社会协同创新、面向未来创新驱动”的原则，围绕新型电力系统发展科技立项50多项，积极开展在役煤电机组改造、新型储能、氢能及燃料电池、CCUS等前沿技术的研发及应用。

2. 强化产信融合

大力发展数字化交付服务，开发电厂、电网、智慧能源、智慧工地等数字化产品，重点研究能源大数据在项目规划、设计、施工、运维等全寿命周期的应用方法，加快业态融合发展。

3. 强化产融融合

健全“本部主体、所属企业主攻”的投资产业发展及授权机制，灵活应用“产业换资源”、PPP、F+EPC、EPC+O、EOD等商业模式，大力推进开发投资业务。

（六）强化平台型企业转型

1. 加速向政企合作平台转型

中电工程坚持“对方有需求、我方有优势、双方有共识、合作有共赢”的原则，在能源基地、“双碳”业务等重点区域积极寻求合作。设立雄安新区、长江大保护、长三角一体化、粤港澳大湾区等开发部和军民融合办公室，统筹开发一体化、基地类新能源大型项目40余个；联合电力国企及中国海油、东方电气、宁德时代等知名企业，整合优势资源，共同推进“双碳”业务发展。

2. 加速向产学研用平台转型

积极构建以公司为中心、高校和科研机构广泛参与的产学研合作机制，联合建设实验室、中试基地、共性技术研发平台，共同深耕清洁能源、减碳等技术领域，依托公司项目加快科研成果转化。目前，已联合清华大学、浙江大学、英国帝国理工大学共同研究“双碳”行动方案、研发清洁能源、环境治理等关键技术，申报科技部设立的国家重点实验室及国家能源局“‘十四五’第一批国家能源研发创新平台”。

3. 加速向产业舆论平台转型

以自身强大影响力，推动产业联盟，加快行业低碳化、数字化转型。在天津滨海承办“第十七届沪津深三城论坛暨第一届滨城双碳论坛”，推动新能源、综合能源、CCUS等产业发展；在澳门举办对外设计咨询与承包工程协同创新发展平行论坛，倡议成立“一带一路”绿色低碳国际产业联盟，为全球“碳中和”提供“中国方案”和“中国智慧”。

（七）推进管理机制转型

1. 强化市场化激励

中电工程通过优化绩效薪酬体系，落实所属企业工资总额分配与企业经营效益强联动，激发所属企业进军“双碳”市场热情。建立健全岗位序列体系，形成层级统一、覆盖国内外市场开发、项目执行、行政管理、技术研发的员工职业发展通道。综合运用成长、精神、物质等多元激励方式，激发员工投身“双碳”市场的活力与动力。

2. 强化流程化管理

以“双碳”业务价值链为主线，借鉴和运用国际先进的管理理论方法，突出能源电力一体化工程公司特点，打造与国际接轨的企业标准体系。持续推进管理制度化、制度流程化、流程信息化，为服务“双碳”目标提供高效有力的制度支撑。

3. 宣贯低碳化理念

以中国工程院院士讲堂为依托，提升专业技术人员对绿色能源转型的认知；以党委（扩大）会议、战略发展研讨会为牵引，统一认识，部署落实“双碳”工作任务；以《能源工程技术》和《中国勘察设计》为载体，广泛传播创新、绿色、低碳的发展理念；以所属企业“双碳”培训为抓手，帮助重点排放企业完善碳排放数据管理机制、建立节能降碳方案、制订初步配额履约，推动公司业务开展。

三、实施效果

（一）生产经营业绩大幅提升

中电工程坚持“六转六新”卓越管理发展模式，市场竞争力不断增强，生产经营指标连年跃升。2019—2021年，合同签约分别为1000亿元、1281亿元、1953亿元，净利润分别为26亿元、28亿元、34亿元。凭借良好的经营业绩，2021年荣登ENR“中国工程设计企业60强”榜首，入围“中国承包商80强”，获评“最具效益承包商”“最具国际拓展力工程设计企业”“国有重点企业管理标杆企业”等荣誉称号。

（二）行业带动力进一步提升

中电工程坚持濡化－研讨－共识－行动的良性循环模式，实现了绿色转型观念、发展方式与企业发展规划的深度融合，攻克了煤电清洁高效利用、海上风电、太阳能热发电、二氧化碳捕集封存、新能源柔性特高压直流外送、多能互补和源网荷储一体化等一大批核心技术，在输电通道增送风光、风光储基地＋外送通道＋送端调节、风光储基地＋外送通道＋受端调节等一体化建设模式上实现重大突破。2021年，获得省部级以上科技奖励100多项。截至2021年，累计完成新能源设计项目1.7亿千瓦，储备新能源开发投资项目超过4000万千瓦。

（三）社会影响力进一步彰显

中电工程坚持践行建设“美丽中国”战略部署，承担了一大批火电、核电、氢能等项目，社会影响力不断提升。其中，广东华夏阳西1240兆瓦超超临界燃煤机组是我国目前单位煤耗最低、排污最少的火电项目；国电泰州二期煤电项目被授予“第四批全国建筑业绿色施工示范工程”称号；福清核电站5号机组是全球首堆“华龙一号”机组，被誉为核电“国家名片”；河北沽源风电制氢综合利用示范项目是国内首个风电制氢工业项目，建成后每年可制氢1752万立方米。

主创人：罗必雄、顾　军、胡　烨、刘晓彤、周亦炘

柔直配电网与直流微网关键技术的绿色低碳示范应用

中国能源建设集团广东省电力设计研究院有限公司

一、企业概况

中国能源建设集团广东省电力设计研究院有限公司（以下简称广东院）成立于1958年，是具有国家工程设计综合甲级资质的国际工程公司，拥有“技术和项目管理、投资和运营、工程数字化、知识型产品”四大核心业务，可在电力、核能、海洋、综合能源、网络信息、市政交通、环境水务、建筑等能源和基础设施建设领域提供一站式综合解决方案和全生命周期管理服务。

广东院连续8年上榜ENR中国承包商80强，连续18年入选ENR中国设计企业60强，获国家科技进步奖特等奖、全国质量奖、全国五一劳动奖状、勘察设计行业海外工程标杆企业、中国海上风电工程技术领军企业等殊荣，在全国33个省级行政区域开展了业务，与50多个国家和地区建立了业务往来。

广东院拥有覆盖全业务链的资质体系，服务国家战略、引领行业发展。在国家“双碳”战略目标下，广东院提出以国家“双碳”战略目标为引领，构建清洁低碳安全高效的能源体系和以新能源为主体的新型电力系统，塑造能源供给低碳化、能源消费电气化、新型能源技术产业化、低碳发展机制化、“碳中和”责任协同化的“五化路径”等“125”原则。

二、主要措施

在国家“双碳”政策的引领及特高压混合直流、柔直背靠背、深远海上风电送出三大应用场景共同驱动下，广东院在电网片将更多围绕智能电网配电、特高压送电、大规模储能、大规模海风送出、“零碳”变电站等领域重点展开。

随着城市化的发展，城市用电量和用电质量要求同步上升，加之日益紧张的供电走廊资源，城市中低压电网建设面临着越来越大的困难和挑战。与此同时，随着能源危机和环境污染问题日益严重，可再生新能源得到大力发展，用户对于中低压电网在分布式能源接入、负荷和用电需求多样化、电能质量、供电可靠性等方面提出了更高的要求。另外，大量低压用电设备，如变频调速空调、液晶电视、电脑、冰箱等直流用电设备也都需要AC/DC变换器将交流电转换为直流电，降低了电能使用效率的同时也导致大量谐波注入系统中。此外，随着当前社会的信息化程度提高，大规模的直流数据中心逐渐兴起，要求电网提供更加可靠、更高质量的电能。在此背景下，传统的交流中低压电网已不能更好地满足快速发展的社会经济对此提出的高效绿色、安全可靠性、经济性、分布式电源可接入性及用户与电网的双向互动性要求。如何加快城市中低压电网升级，更好地适应分布式电源接入、提高敏感负荷供电质量、缓解城市供电走廊紧缺问题成为当前城市中低压电网规划发展亟待解决的问题。

与传统的交流配电网相比，直流配电网具有清洁低碳、供电容量大、线路损耗小、电能质量高、无须无功补偿、可快速隔离故障区域和便于可再生能源及储能装置接入等优点，在国家部委层面，国家发展改革委、国家能源局、工业和信息化部也在着力推进能源互联网发展，其中柔直中低压配网技术是能源互联网未来发展的一个重要方向。因此，广东院自发组织专业人员组成攻关团队，开展中低压柔直配电网研究培训、调研，完成专题研究，本着产学研用的技术市场化理念，配合广东电网公司成功申报国家能源局公布的首批“支撑能源消费革命的城市－园区双级‘互联网＋’智慧能源示范项目”并担任EPC总承包方。

（一）核心技术及应用

项目组以“支撑能源消费革命的城市－园区双级‘互联网＋’智慧能源示范项目”为依托，深入开展柔性配电网与直流微网关键技术研究，主要研究内容为：基于柔性直流技术的应用场景及区域构网、电气主接线及主设备参数计算研究、过电压与绝缘配合研究、关键设备拓扑及选型研究、柔性直流配网控制保护策略研究、柔直对交流配网系统的性能优化研究、直流微网研究、柔直电缆选型与接地设计研究。主要取得了以下所述的成果。

1. 世界首次设计并建成三电压等级多端柔直配网联网和光储充一体化直流微网应用示范工程

项目的研究成果在国家能源局首批能源互联网示范项目“支持能源消费革命的城市－园区双级‘互联网＋’智慧能源示范工程”物理层项目中推广应用。研究突破柔直配网成套与工程设计技术关键难题，创新提出了柔直配网的多种应用场景及对应的系统拓扑接线。广东院还在广东建设了 1 座 20MW 的换流站、2 座 10MW 的换流站和 1 座 2MW 的降压换流站。4 端站点通过直流电缆线路互联，形成可扩展的 T 接网络结构，直流线路配置了线路保护，通过直流断路器、交叉钳位换流阀实现故障清除，具备真正意义的直流电网特性。多端之间采用配网常用的 T 型接线，各站具备直流短路电流切除功能，具备真正意义上的直流电网特性。柔直技术实现 20MW 的功率互济，从而实现变压器容量高效利用，极大地增加了区内电网事故备用容量和负荷转供能力，提高该片区供电可靠性和供电质量。此外，研究开展国际先进的光储充一体化直流微网应用，探索直流供电新模式，实现光伏、储能和直流充电桩友好接入与直接为直流用电设备供电，减少电能变换环节损耗，提高能源利用效率。

2. 世界首创应用集成 IGCT 交叉钳位模块的换流阀，具备故障自清除能力

研究开展柔直配电网关键设备的新型拓扑结构研究及应用。首次创新应用集成 IGCT 交叉钳位的换流阀，利用 IGCT 通态损耗低、有故障清除能力的特性，实现微秒级切断 10kA 的故障电流，从而取消外置直流断路器和直流限流电抗器，克服了传统 IGBT 构成的 MMC 具有通态损耗大、无法清除直流故障电流、全桥 MMC 等结构昂贵、损耗大等弱点。相比直流断路器方案每站减少设备投资约 600 万元，是目前附加损耗最小、最经济的直流故障清除 MMC 方案。

3. 世界上首次应用三端口直流断路器、多电压等级直流变压器等核心设备

研究试点新技术新设备，推动电力电子技术发展。世界首创应用三端口直流断路器。首次提出共用转移支路的多端口直流断路器拓扑结构，研究应用三端口直流断路器。在断路器所连的任一线路发生故障时，将故障电流转移至“共用”转移支路实现多路协调开断，大大减少电力电子器件数量，高度集成化三端口直流断路器减少占地及设备投资约 30%。此外，项目首创应用世界最大容量三电压等级直流变压器（2MW），运用微秒级模块在线旁路技术，高压侧提出采用故障自清除的拓扑，能够自身清除短路电流，取消直流断路器，减少投资约 460 万元。应用 SiC 功率器件，额定工况下系统效率大于 98%。

4. 世界首次实现柔直配网给交流母线失电快速备投技术

研究创新提出交直流混合配网协调控制策略，实现交直流有功无功协调控制与优化运行。实现功率互济 20MW，解决了区域主变负载不平衡问题。柔直换流阀的发出无功能力高达 ±50%，可根据交流电网的无功与电压，进行柔直电压自动控制（VSC－AVC）。首创提出交流系统故障情况下，基于柔性直流配网技术的交流母线快速备自投系统，即采用柔性直流配网技术实现分布式电源的接入的同时，利用柔性直流技术的灵活控制特性，通过换流器控制方式的转换来实现分布式电源的快速备自投功能。对“源”（柔直换流站并网输送容量）与“荷”（母线负荷）容量实时比较并自动判别，必要时轮切负荷并切换直流换流站控制模式，实现交流母线失压后的快速电源备自投，柔直紧急功率支援（VSC－ED-CPS），实现“N－2”故障情况下交流母线不失电，切换时间微秒级。大大提高了电网的智能化控制水

平，充分体现了分布式电源及柔性直流技术的安全及灵活的特点。

5. 首次在配网柔性直流系统中应用基于隧道磁阻原理的直流配网电流互感器

直流电流互感器是构成配网柔性直流系统的必备环节，它承担着直流电能计量、电网控制与保护等重要作用。针对配网柔性直流系统，研究选用基于隧道磁阻原理的小型化、高精度、宽频带、快速暂态特性和高性价比直流配网电流互感器，显著降低了直流互感器体积和成本。由于柔性直流微电网直接面对用户，用户基数大，未来应用规模大，选择满足场景要求且造价低廉的直流电流互感器对提高工程质量、降低柔性直流微电网整体工程造价具有重要意义。

柔性配电网与直流微网关键技术研究成果先后获2019年度广东省电力设计研究院科学技术奖特等奖、2021年度中国能源建设规划设计集团科学技术奖一等奖、2021年度中国能源建设股份有限公司科学技术奖二等奖。

“支撑能源消费革命的城市－园区双级‘互联网＋’智慧能源示范项目”先后获广东电网2019年度“安全、优质、文明”样板工程金质奖、2020年度电力行业优秀工程设计奖一等奖，起到很好的引领和示范作用。

（二）产业链开拓

项目以系统集成为核心，构建了柔性交直流产业联盟，将科研和示范应用紧密结合，推进柔性交直流输配电系统关键设备全面国产化进程，在示范项目中成功应用多项设备产业化，主要内容叙述如下。

1. 世界首创应用三端口直流断路器

项目3个换流站之间存在多重连接，按照正常拓扑结构需要多个直流断路器且存在多个断路器汇于一处的节点，造价过高。该工程结合各设备特点，开展了主接线优化设计。在断路器所连的任一线路发生故障时，将故障电流转移至“共用”转移支路实现多路协调开断，使用较少电力电子器件（为常规T接的2/3的电力电子器件），在不降低可靠性的前提下实现了3个换流站互联，有效降低造价33%并节约占地。

2. 世界首创应用集成IGCT交叉钳位模块的换流阀

利用IGCT通态损耗低、有故障清除能力的特性，实现微秒级切断10kA的故障电流。相比直流断路器方案每站减少设备投资约600万元，是目前附加损耗最小、最经济的直流故障清除MMC方案。根据IGCT微秒级动作的速度特性，相应地完成了控制保护策略的修改及优化。

3. 世界首创应用±10kV、±375V、±110V三端口直流变压器

工程首创应用MW级三端口直流变压器，高效连接了中压直流配电网及直流微电网。通过运用微秒级模块在线旁路技术，高压侧提出采用故障自清除的拓扑，能够自身清除短路电流，取消直流断路器，减少投资约460万元。直流变压器首次应用SiC功率器件，突破传统硅基器件开关频率和变换效率的极限，额定效率大于98%。

4. 首次在柔直配网系统中应用基于隧道磁阻原理的电流互感器

首次在柔直配网系统中应用基于隧道磁阻原理的小型化、高精度、宽频带、快速暂态特性和高性价比直流配网电流互感器，显著降低了工程中直流互感器体积和成本，在示范工程中得到了良好的验证。

5. 世界首次采用±10kV大截面直流交联聚乙烯绝缘电缆及电缆附件

该项目是世界首次采用±10kV铜芯交联聚乙烯绝缘皱纹铝套PVC外护套直流陆地电缆，导体截面达到了1000m^2，首次采用了±10kV整体预制式电缆中间接头和复合套式电缆终端头，电缆中间接头配置了带自动灭火装置的防火防爆盒。

通过示范工程核心设备的全面产业化，促进了国内柔性交直流先进装备制造业的发展能力。通过整合各方资源，提升了企业竞争力，为进一步实施“走出去”战略、参与国际工程的竞争、增加国内就

业机会奠定了基础。

三、实施效果

（一）管理效益

项目技术研究和工程采用了产学研用一体化的管理方法，协同创新成效显著。通过整合生产企业、可研机构、高校和制造企业的技术力量，组建多端柔直配网技术团队，集科学研究与科技开发、人才培养及培训、技术推广及开发应用、设备研发与生产为一体，进行联合攻关。一大批科研、设计、工程建设的技术人才在实践中得到充分锻炼。加强了生产企业与科研机构、高校及制造企业的黏合度，加强技术创新上、中、下游的对接与耦合，促进了科技创新成果的转化。项目攻克柔直配网成套与工程设计技术关键难题，研发柔直换流阀、直流断路器、直流变压器等核心设备，成功打造世界首例±10kV、±375V、±110V三电压等级多端柔性直流联网示范工程。形成知识产权16项。

（二）经济及社会效益

在典型方式下，柔直实现鸡山站向唐家站转供20MW负荷，延缓唐家站扩建主变与相应线路建设投资1000万元以上。提高了鸡山站主变负载率20%，降低了唐家站主变负载率22.3%，使得唐家站主变在不扩建的情况下满足N－1。

柔直换流阀提供无功能力高达±20Mvar，可减少4个10kV电容器/电抗器间隔，减少无功补偿设备投资约160万元。可将该4个间隔用于供电，可增加供电能力约12MW，一年可增加供电收入3722万元。由于柔直换流阀必要时可向系统提供无功容量高达±20Mvar，因此电网系统可少建设同等容量无功补偿装置，减少无功补偿装置年耗电量约70.1万kWh，节省标煤210.24吨/年。

采用直流微网给直流充电桩供电，减少了交直转换环节，降低系统损耗约3%，减少年耗电量约3.6万kWh，节省标煤10.8吨/年。直流充电桩充电速度为交流充电桩充电速度的4～5倍，单次充电节约5小时，一年可节约130.2万小时。

采用三端口直流断路器，利用两个转移支路实现3台断路器的功能，减少投资约400万元，减少占地约30 m^2，减少运维工作量约30%。

采用集成IGCT交叉钳位的换流阀与高压侧故障自清除拓扑的直流变压器，共减少两台直流断路器，减少投资约920万元。

柔直配网换流站采用紧凑型布置及充分利用已有配电房空间的改造，共减少4260 m^2城市建设用地，节省征地费用639万元。

项目具有显著的社会效益：第一，促进能源消纳，减少碳排放；第二，提高珠海电能质量，助推能源互联网建设；第三，试点新技术新设备，推动电力电子技术发展；第四，节约土地资源和能源投入，提高用电利用率。

燃煤电厂烟气二氧化碳捕集技术的绿色低碳示范应用

中国能源建设集团广东省电力设计研究院有限公司

一、企业概况

中国能源建设集团广东省电力设计研究院有限公司（以下简称广东院）成立于1958年，是具有国家工程设计综合甲级资质的国际工程公司，拥有“技术和项目管理、投资和运营、工程数字化、知识型产品”四大核心业务，可在电力、核能、海洋、综合能源、网络信息、市政交通、环境水务、建筑等能源和基础设施建设领域提供一站式综合解决方案和全生命周期管理服务。

广东院连续8年上榜ENR中国承包商80强，连续18年入选ENR中国设计企业60强，获国家科技进步奖特等奖、全国质量奖、全国五一劳动奖状、勘察设计行业海外工程标杆企业、中国海上风电工程技术领军企业等殊荣，在全国33个省级行政区域开展了业务，与50多个国家和地区建立了业务往来。

广东院拥有覆盖全业务链的资质体系，服务国家战略、引领行业发展。在国家“双碳”战略目标下，广东院提出以国家“双碳”战略目标为引领，构建清洁低碳安全高效的能源体系和以新能源为主体的新型电力系统，塑造能源供给低碳化、能源消费电气化、新型能源技术产业化、低碳发展机制化、“碳中和”责任协同化的“五化路径”等“125”原则。

二、主要措施

在国家“双碳”政策的引领下，煤电行业作为我国最大的二氧化碳排放源面临着严峻的碳减排压力。二氧化碳捕集利用与封存技术是指将二氧化碳从工业排放源中分离后或直接加以利用或封存，以实现二氧化碳减排的技术，是实现化石能源大规模低碳化利用的关键技术。因此，燃煤电厂应用二氧化碳捕集技术对煤电的碳减排具有重要意义。对此，公司重点针对燃煤电厂二氧化碳捕集技术和应用进行了布局。

（一）市场现状

二氧化碳捕集利用与封存技术是目前实现化石能源低碳化利用的关键技术选择，是“双碳”目标下保持电力系统灵活性的主要技术手段，是钢铁水泥等难以减排行业低碳转型的可行技术选择；同时，CCUS与新能源耦合的负排放技术是实现“双碳”目标的重要技术保障。根据《中国二氧化碳捕集利用与封存（CCUS）年度报告（2021）——中国CCUS路径研究》中的数据，“双碳”目标下，中国CCUS减排需求为：2030年为0.2亿吨~4.08亿吨，2050年为6亿吨~14.5亿吨，2060年为10亿吨~18.2亿吨，其中到2030年煤电碳捕集量为2千万吨/年、到2040年煤电碳捕集量为2亿吨~5亿吨/年。

碳捕集技术是CCUS中能耗和成本最高的环节，高效低成本的碳捕集技术是CCUS应用推广的关键基础。碳捕集技术可分为燃烧后捕集、燃烧前捕集和富氧燃烧（燃烧中）捕集，其中燃烧后捕集因工艺较为简单且易于应用而受到广泛关注，是目前应用最广泛、最成熟的碳捕集技术，在中短期内更具形成大规模工业化应用潜力，是现阶段实现二氧化碳大规模捕集的重要途径。因此，广东院积极整合资源，于2013年作为发起方成立了中英广东（CCUS）中心，促进二氧化碳捕集利用和封存技术发展和应用。广东院组织成立了二氧化碳捕集技术攻关团队，开展燃煤电厂二氧化碳捕集技术和工程设计研发。2017年，作为总承包方建设了华润海丰电厂碳捕集测试平台——广东碳捕集测试平台，经广东院二氧化碳捕集团队的努力，项目于2019年5月正式投运，成为亚洲首个多技术兼容的碳捕集测试平台。

（二）二氧化碳捕集核心技术及应用

广东碳捕集测试平台项目是碳捕集技术的重要科技基础设施，是在广东院与高校联合开展的碳捕集系统集成技术研究成果的基础上，结合化学吸收法不同吸收剂的特性进行了工艺改进。该平台充分借鉴全球现有测试平台的经验，在场地预留、工艺流程、设备选型设计、设备材质选取、系统布置、电气与热控仪表设计，以及配套公用工程规模等方面，均预先考虑对未来各种碳捕集技术的兼容性，能满足国内外各技术供应商在平台上进行化学吸收法、膜分离法和物理吸附法等各种二氧化碳捕集技术测试需求。形成的主要创新设计包括以下方面。

一是基于多种类型吸收剂的特性分析研究，对化学吸收法碳捕集测试装置的核心设备——吸收塔和解吸塔进行了兼容性设计。吸收塔的塔顶增加一段高 3 米的吸收段填料，在吸收塔不同的填料床高度处考虑了一系列溶剂接管，可根据需求分层进溶剂，满足兼容不同二氧化碳浓度范围的气体吸收测试。解吸塔设备设计压力由 350 kPa、设计温度 150℃提高到 700 kPa、设计温度 200℃，以兼容溶剂测试加压再生工艺；解吸塔每段填料床里预留了 1 米高度的空间，满足未来测试或改造需要。

二是基于吸收剂与工艺改进匹配性研究，在吸收塔中段增加了冷却器，在钢结构平台和空间布置设计时预留适当的空间供未来新增设备；为贫胺闪蒸罐和双级 MVR 压缩机（MVR）和胺液热回收系统（TRU）预留安装和操作空间，在设备及管道布置上也考虑为未来新捕集溶剂技术测试兼容改造预留适当的接口和操作通道，依据兼容预测分析确定所需要预留仪表、监测仪器、取样系统的平面及高度空间。

三是可实现不同的二氧化碳烟气浓度和成分条件模拟，研究不同条件下、不同二氧化碳浓度气源的工业应用。第一，胺化学吸收法回收的高浓度二氧化碳产品气回流至预处理装置入口，与上游的烟气混合后形成模拟出更高浓度的气源；第二，膜分离装置依靠回流的方式将出口提浓的二氧化碳产品气回至其压缩机入口管道，可得到更高的浓度进气条件；第三，捕集后的低二氧化碳浓度烟气回流至预处理装置增压风机的入口，与烟道气混合，模拟低浓度烟气的气源；第四，通过改变预处理碱洗系统的循环喷淋水的 pH 值，实现预处理出口不同 SO_2 浓度的模拟；第五，通过流量阀门或挡板结合气体组分分析仪表联合控制混合气源，使二氧化碳烟气浓度控制在预期的范围。

四是实现多种创新碳捕集技术测试所需公用工程的兼容性设计，在场地预留、工艺流程设置、设备选型设计、材质选取、设备及管道布置、电气与热控仪表设计，以及配套公用工程规模等方面，均进行了兼容和扩展性考虑。其中，配套公用工程，包括循环冷却水系统，水、电和蒸汽供应系统设计容量均为将来的新二氧化碳捕集技术测试预留了约 30% 的选型容量，同时预留了再扩展接口和场地空间。

此外，在碳捕集测试平台建成后，广东院、中英广东 CCUS 中心和华润电力海丰电厂合作建立了化学吸收法和膜法碳捕集测试技术体系，制订了标准化的碳捕集测试方案。

对于化学吸收法，主要从烟气工况（包括烟气流量、温度、预处理 pH 值）、运行操作参数（包括吸收剂循环量、吸收剂温度、再沸器负荷、解吸塔温度压力、吸收塔冷却等）、吸收剂稳定性（降解速率、热稳定性盐分析、吸收剂发泡等）、材料稳定性（吸收剂对不同金属和塑料材料的腐蚀）等方面对化学吸收法碳捕集技术进行测试，建立测试基于吸收剂的关键技术指标（包括吸收性能、物料能量消耗、吸收剂稳定性等重要指标）及其测试方法与规范。

对于膜分离法，主要从不同烟气工况和运行参数（包括温度、流量、压力）对膜材料的分离性能（渗透系数、通量等）和稳定性（包括污染物耐受性、寿命）等方面进行测试，建立了基于膜材料的膜法碳捕集技术测试方法和规范。

该测试平台的建成有利于各种碳捕集技术在同一工况下，公平、公正对碳捕集技术进行测试对比；有利于促成不同路线的碳捕集技术从研发走向中试；有利于促进技术供应方共同发展和合作；有利于加强 CCUS 技术创新，降低投资和运行成本，促进 CCUS 技术的发展，最终助力国家实现煤、石油等高碳资源的低碳化、集约化利用，促进电力、煤化工、油气等高排放行业的转型和升级，带动其他相关产业的发展，对我国中长期应对气候变化、推进低碳发展具有重要意义。

（三）CCUS 技术体系完善

广东院近 5 年在 CCUS 技术领域承担了 4 项 CCUS 国家和省级、4 项央企集团级及 2 项公司级科技项目，包括中国博士后科学基金项目、广东省低碳发展专项资金项目、广东省自然科学基金项目、内蒙古自治区科技厅科技重大专项项目、中国能源建设集团“揭榜挂帅”重点研发项目等项目，已获二氧化碳捕集技术发明专利 2 项、实用新型专利 8 项，正在申请中的发明专利 15 项，正牵头编制电力行业首份碳捕集设计标准《火电厂烟气二氧化碳捕集设计导则》。

通过这一系列技术研发和工程实践，广东院在 CCUS 上基本形成了以下技术优势：燃烧后化学吸收法碳捕集过程工艺优化、集成与工程设计技术；燃烧后吸附法和膜法碳捕集过程工程设计技术；燃煤电厂 CCUS 改造工程化实施；二氧化碳大规模工业利用技术。这些碳捕集技术为公司承担亚洲首个碳捕集测试平台——广东省碳捕集测试平台建设全球首个二氧化碳等离元转化合成汽油中试示范项目提供了重要的技术支持。目前，广东院是国内唯一一家具有化学吸收法、吸附法和膜法 3 种技术工程经验和业绩的电力设计院，同时也完成了二氧化碳食品级利用、二氧化碳等离激元制汽油等工程设计，是国内少数具有多种二氧化碳利用技术途径工程经验和业绩的电力设计院。

（四）产业链延伸

二氧化碳捕集利用与封存技术产业链复杂而庞大，上下游涉及多个行业包括火电、钢铁、水泥、化工、石化、地质资源勘探等。广东院现已在燃煤电厂行业二氧化碳捕集形成良好布局，正发力新一代燃煤电厂二氧化碳捕集吸收剂开发。广东院将进一步与钢铁、水泥、化工行业的企业合作，开展二氧化碳捕集利用一体化研究与应用。

三、实施效果

（一）管理效益

项目技术研究和工程实现采用了产学研用一体化的管理方法，协同创新成效显著。通过整合生产企业、可研机构、高校和制造企业的技术力量，组建二氧化碳捕集利用技术团队，集科学研究与科技开发、人才培养及培训、技术推广及开发应用、设备研发与生产为一体，进行联合攻关。一大批科研、设计、工程建设的技术人才在实践中得到充分锻炼。加强了生产企业与科研机构、高校及制造企业的黏合度，加强技术创新上、中、下游的对接与耦合，促进了科技创新成果的转化。项目所建成的亚洲首个多级兼容碳捕集测试平台，经中国电机工程学会鉴定，项目成果为二氧化碳捕集技术测试与工程化验证提供了重要的研究设施，对燃煤电厂烟气二氧化碳减排技术进步具有重要意义，整体达到国际先进水平，其中在多技术兼容方面处于国际领先水平。

（二）经济及社会效益

首先，华润海丰碳捕集测试平台项目总投资约 1 亿元，直接带动了相关产业链的投资超过 1 亿元。测试平台运营时，每年可捕集二氧化碳 2 万吨，按工业级二氧化碳市场价格 500 元/吨计算，每年可产生 1000 万元的直接经济效益。

其次，通过测试平台测试比较所开发的基于混合胺吸收剂的碳捕集工艺技术，每吨二氧化碳再生能耗相比常规 MEA 工艺下降了约 0.8GJ ~ 1GJ，按 35 元/GJ 的价格计算，每吨二氧化碳捕集成本可下降 28 ~ 35 元，则单套 100 万吨的碳捕集项目每年可节约蒸汽热量 80 万 ~ 100 万 GJ，节省运行费用达 2800 万元 ~ 3500 万元。

再次，该测试平台的建成和投运，对 CCUS 技术的发展和推动 CCUS 技术大规模的实施推广具有重要作用，为实现全球温室气体的减排目标、减缓和降低全球气候变化对人类社会的影响做出贡献。该测试平台投运以来，已为多家企业提供了吸收剂测试服务，加速了新型吸收剂的研发和工程化应用进程。此外，该测试平台依托煤电捕集二氧化碳约2万吨，可为火电等高碳排行业进行低碳发展产生示范，具有较好的示范意义和一定的环境效益。

最后，依托自己开发的二氧化碳捕集利用技术，广东院在市场上获得了华润海丰电厂碳捕集项目、黑龙江七台河碳吸收利用中试项目、深圳能源集团妈湾电厂碳捕集项目、广东汕尾电厂百万碳捕集可行性研究项目、中海油研究总院CCUS陆上工程技术方案研究及典型区域源汇匹配分析项目、广东省发展改革委广东省CCUS发展规划研究项目、内蒙古自治区能源局CCUS技术研究项目等一系列工程设计和咨询合同，为广东院业务拓展和市场开发带来明显效益，促进了广东院在“双碳”背景下的转型升级发展。

主创人：林海周、罗海中、薛　榕、孙张伟、范永春

绿色环保节能智能制备高品质砂石关键技术及应用

中国水利水电第九工程局有限公司

一、企业概况

中国水利水电第九工程局有限公司（以下简称水电九局）成立于1958年，总部在贵州省贵阳市，集施工、设计、科研、投资于一体，拥有资质的数量和类别在国内建筑类企业中处于领先地位，充分发挥"懂水熟电、长施工建造"核心优势。多年来，水电九局在水利电力传统主业领域独立承建、参建了三峡、东风、构皮滩、董箐、观音岩及南水北调、黔中水利枢纽、山西引黄等数百项特大型、大中型水利水电工程，是贵州省乃至全国水利水电建设领域的央企主力军。水电九局承建了当时世界上最大的人工砂石系统——观音岩水电站人工砂石系统，"九局砂石"在水电、核电、高铁、高速公路、机场等工程建设中赢得了良好的经济效益和社会效益。

水电九局始终把科技创新作为企业发展的不竭动力，是国家高新技术企业，拥有省级技术中心，多项精品工程荣获全国科学大会奖、"鲁班奖"和"詹天佑奖"、国家优质工程奖等奖项，数项科研成果、管理成果及创新技术荣获省部级及以上科技进步奖及国家专利。

2021年，水电九局营业收入为90.35亿元，企业总资产为156.36亿元。

"精工善建，精彩九局"，迈进新时代，站在新起点，谋求新跨越，水电九局秉承"建一流企业，创一流品牌"的发展愿景，愿与海内外社会各界朋友携手合作，共同开启新的篇章。

二、主要措施

我国每年消耗砂石约200亿吨，占全世界50%以上。优质高性能混凝土用砂石骨料占比较低，机制砂石合理开发利用与生态环境保护的矛盾突出。长期以来，我国砂石行业粗放发展态势，掠夺性开采已导致国内大部分区域天然砂石枯竭。2015年起，我国生态文明建设提速，环保政策持续发力，曾经以"小、散、乱"为主导的机制砂石企业进入整合和转型升级阶段。由于高品质、绿色低碳机制砂石开采制备技术的缺失，近年来我国投入巨资建成多个机制砂石示范项目，却陷入产品质量、低能耗制备与生态环保难兼容的困境。

本项目研发GEPI（绿色环保节能智能）制备高品质砂石工艺技术，集成产品性能指标体系、开采制备控制指标体系、绿色节能制备技术和智能控制等系统，解决了高品质机制砂石制备技术及其规模化应用中的关键技术难题。项目成果已被应用于数十项国家及地方重点工程项目，取得了重大的社会效益和经济效益，为国家十部委联合发布的《关于推进机制砂石行业高质量发展的若干意见》的政策落实提供了重要的研究基础和工程示范。

（一）高品质机制砂石制备关键技术指标体系创新

砂石骨料产品质量控制是建筑工程混凝土用砂石骨料技术标准体系建立的基础。长期以来，我国砂石供给主要依赖天然砂和小砂石作坊，砂石产品性能因地而异、差异极大，直接导致我国混凝土用砂石骨料质量指标宽泛，严重制约了高性能混凝土制备技术的发展，阻碍了建筑施工技术的进一步提升。随着我国天然砂石资源枯竭带来的砂石供给主体变化，高品质机制砂石骨料制备关键技术成为当前研究的重点和热点。产品性能指标体系和生产控制指标体系的建立，是实现机制砂石产品稳定高质的关键。

1. 矿料和工序产品控制指标体系创新

首次提出了"质量加权平均粒径"作为矿料粒度评价指标和均质化处理控制指标，将机制砂石制备工艺中复杂的破碎效率参数指标简化为“质量加权平均粒径”数字量化指标，推动了矿料评价与开采制备工艺相关理论的研究；明确了机制砂石开采制备全流程工序指标阈值，建立了国内外首个机制砂石开采制备全流程矿料指标数据库，填补了机制砂石开采制备工序中矿料和产品评价指标的空白；结合矿料均质化处理关键技术创新，提升了矿料资源利用率和固废资源回收利用率，为机制砂石智能制备工艺提供了基本控制参数。

2. 机制砂石骨料的性能指标体系创新

创新使用细骨料分计筛余百分率及比粒度作为级配和细度的质量指标：明确了各粒级的控制范围，揭示了细度模数作为机制砂质量控制指标存在的缺陷，解决了使用累计筛余作为级配评价指标易导致机制砂出现关键粒径颗粒缺失、级配不合理的问题。定义了机制砂片状颗粒和粗骨料不规则颗粒判定标准，提出了粗骨料不规则粒形含量和机制砂片状颗粒含量检测方法，确定了粗骨料不规则颗粒含量和机制砂片状颗粒含量的控制指标，有效解决了粗骨料针片状定义过宽导致石子粒形普遍较差的问题，填补了国内外机制砂颗粒形状控制的技术空白。明确了不同岩性机制砂石粉含量控制阈值：揭示了在较低水胶比条件下，石粉的断键重聚机理及“粒级与活性双重协调优化”的技术原型，为高效利用石粉取得关键的理论创新和技术突破。配合本项目研发的新型高吸附性机制砂性能调节剂，提升了机制砂石副产品利用率，解决了机制砂副产品超量石粉的高效应用技术难题。

以本项研究成果为基础，制订了国内首部高性能混凝土用机制砂石企业产品标准，技术成果被国家标准和行业标准采纳，涵盖了多项原创性技术术语、技术指标、检测和评价方法。

（二）高品质机制砂石制备关键技术创新

长期以来，砂石骨料被视为“低技术、低附加值”的建筑材料，开采制备工艺技术的停滞不前，导致的矿料资源利用率低、砂石产品质量不稳定及开采制备造成的生态环境问题被长期忽视。机制砂石稳定高质和绿色节能低耗是国内外现行工艺技术均未有效解决的世界级难题。本项目基于自主创新提出的高品质机制砂石制备关键技术指标体系，研发了GEPI制备高品质机制砂石工艺，攻克了机制砂石稳定高质技术难题，开发了绿色节能低耗成套制备技术。

1. 高品质机制砂石制备关键技术

基于“多粒级优化组合混流变量冲击力整形调级破碎”和“多粒级优化组合混合填充挤压摩擦高效整形调级破碎”工作机理，首创“多位进料，量化调控”矿料均质优化组合进料调控技术，保证砂石系统各工序矿料粒级组合满足高效整形调级破碎和均质稳定的要求，实现了骨料在破碎过程中的全流程整形调级，达到所需要的粒级粒形成品控制指标，解决了砂石系统运行状态下易出现的矿料品质波动带来产品质量波动和末端工序整形与粒级调配等所引起的建安投入大、运行能耗高、产品质量波动的技术难题；自主创新的“湿筛干破＋复合筛网调级”机制砂石制备工艺关键技术，解决了湿法和半干法制备工艺中制砂矿料含水率高、波动大带来的立轴破碎效率低、堵筛网、产品质量不稳定等问题，攻克了传统工艺导致的机制砂“两头大、中间小”的质量痼疾，实现了机制砂“节能低耗、只破不磨”的高品质稳定制备，自主研发的量化柔性脱粉关键工艺技术，通过螺旋洗砂机的进水量、溢流高度及气力脱粉的风量进行动态调控，实现了石粉含量波动 $< \pm 1\%$ 的精确控制，创建了干湿结合的有害物质精准量化剔除关键技术系统集成，通过粗碎多层筛分精准剔除有害物质和中碎冲洗剔除矿料表层粘附的有害物质，解决了干法剔除损耗高、剔除不彻底和湿法剔除不了软弱岩石的技术难题，保证产品质量的同时提升了矿产资源利用率。本项技术为机制砂石在建筑行业的规模化应用奠定了基础。

2. 绿色节能机制砂石制备关键技术创新

创新研发的“挡风降噪先锋槽开采”关键技术，充分利用中间爆破形成的挡风阻噪坎，定向优化开采作业空间，有效阻隔了矿料露天开采带来的飞石、扬尘和噪音，解决了矿山开采过程中绿色环保关键技术难题。开发了“电动矿车接近能耗平衡运输作业”关键技术，通过设计优化确保矿料运输道路在满足运输安全的前提下坡比控制在7%～8%，实现电动矿车重载下坡势能发电量与空载上坡耗电量平衡，达到矿料节能运输的目的。研发了雾化降尘和负压收尘自动追踪量化调控关键技术，通过粉尘检测仪与量化喷雾、负压收尘系统在线联动，实现了系统根据场区粉尘方位与含量精准抑尘、收尘，有效降低了除尘设备运行投入30%～50%，实现了高效节能抑尘收尘。自主发明了多级罐群自由组合沉淀分级技术，通过不同流速、流向和流径的废水对不同粒径颗粒沉淀速度影响差异，实现了不同运行工况废水处理的在线监测和灵活调节，解决了生产中水与细砂的同步回收问题。基于废水沉淀分级处理效果，实现了有用粒级的高效回收，用水量仅为湿法工艺生产的30%（与《水电工程施工组织设计规范》中的1～2m^3/t用水量比较），废水处理综合成本降低40%～60%。

（三）机制砂石智能制备关键技术系统集成创新

由于传统机制砂石加工系统生产关键要素量化控制指标和执行装置装备的缺失，国内外关于机制砂石制备过程中的工况智能调控、产品质量在线监测及智能调控等尚处于起步阶段，建立机制砂石智能制备和生态友好型绿色节能开采智能控制系统，有效规避人工控制生产带来的偏差和失误，对实现制备高品质机制砂石工艺技术的稳定高质、绿色节能意义重大。

1. 高品质机制砂石全流程智能制备系统集成

基于高品质机制砂石制备关键技术指标体系和第一完成单位近20年对不同原料、不同环境下397次生产性试验成果，健全了机制砂石制备流程量化指标控制体系并转化成适合的智能制备运用环境控制指标，开发了成套智能制备软件。结合“高品质机制砂石制备关键技术”“粗碎矿料识别及有害物质精准剔除”“高效整形调级破碎监测与控制”“粗骨料在线检测与智能调控”和“细骨料在线监测与智能参配”等关键工艺技术，开发了高品质机制砂石全流程智能制备系统集成，研发了相关智能转化装置和智能制备执行装置，通过工序量化控制、质量在线监测、关键设备参数智能化调控生产技术等控制手段，把设备传感器、监控技术与计算机网络技术结合起来，开发了机制砂石智能制备控制软件，实现了稳定高质绿色节能低耗的智能制备。

2. 建立绿色矿山管理和生态恢复智能控制系统集成

集成开发了绿色矿山智能管理系统，通过矿山矿层地质三维模型，将GPS定位系统装备在矿山施工和运输等设备上，搭建全矿区智能调度管理系统；利用计算机对矿山开采区域、开采方式、使用机具、开采方案调整等建立矿山数据库，将爆破区块、起装料源参数与矿车定位、装运路线等建立对应联系，实现了矿山开采模式、矿车运输模式和系统加工模式的智能化匹配和自动化管理。根据矿料品质作均质搭配和生态修复土料的智能精准调度，实现了矿产资源高效开发利用。开发了绿色矿山生态恢复智能节能节水涵养管理系统，在开挖形成的永久边坡自上而下分台阶建设雨水收集池，构建土壤湿度监测、自动浇灌涵养水、智能补充给水和施肥系统智能化联动管理，实现节水节能的矿山生态系统绿植养护。

技术成果已为国内多个国家与地方2000多亿元的重点工程提供了6421.1万吨专用高性能混凝土用机制砂石。在水电工程连续3次刷新碾压混凝土取芯长度的世界纪录（最新纪录26.2米），为“华龙1号”核电和中国高铁提供了近1000万吨高标号、高性能混凝土用的机制骨料，助力了国之利器技术自主化。向全国市场供应7256.21万吨高品质机制砂石，实现了机制砂石全行业替代天然砂石，成为市场覆盖区域高强度、高性能混凝土首选砂石产品。

三、实施效果

（一）技术经济效益

创新成果经多个国家重大工程应用验证，矿产资源利用率提升5%以上，用水量降低75%，能耗降低10%～21%，实现了绿色节能低耗开采制备。为工业和信息化部等联合发布的《关于推进机制砂石行业高质量发展的若干意见》和贵州省“黔石出山”战略的落实提供了重要的研究基础和工程示范，经贵阳恒信联合会计师事务所对本项目成果应用经济指标专项审计，本项目实现营业收入近 58.23 亿元，创造毛利润 9.75 亿元，毛利率达 16.76%，创造税收 3.14 亿元；获授权发明专利 12 项。

（二）社会效益

首先，解决了制约我国建筑行业绿色高质量可持续发展的重大关键问题。随着我国近 40 年基础设施建设的高速发展，全国大部分区域天然砂石接近枯竭，而且超负荷天然砂石开采带来的生态环境问题凸显。机制砂石替代天然砂石，是不可逆转的发展态势。目前，国内机制砂石产品质量堪忧，成为基础设施建设质量隐患的主要问题之一。本项目研发出的高品质机制砂石能全面替代天然砂石，而且在产品质量稳定性及有害物质含量方面优于优质天然河砂石，将有助于建筑物结构优化、建筑物质量及寿命的提升，为天然砂石找到理想的替代品，助力中国经济绿色可持续高质量发展。

其次，推动了机制砂石行业向生态友好型绿色低耗高质量发展转型升级。“绿水青山就是金山银山”，矿产资源是不可再生资源，开采制备过程中必然会对生态环境造成一定影响，本项目成果较其他制备工艺能够提高矿产资源利用率 5% 以上，若国内 200 亿吨每年砂石产品均用该技术生产，则可减少 1 亿吨以上的矿料开采。本项目采用的绿色低碳开采及生态恢复技术，最大限度减少了对生态和周边环境的影响，推动了机制砂石行业向生态友好型绿色节能低耗转型升级。

最后，降低了开采制备能耗和混凝土其他掺合料用量，节能减排效益凸显。在气候问题成为全球焦点的今天，“碳中和”将会成为各国经济发展主要制约因素之一。GEPI 工艺制备的高品质机制砂石较普通砂石能够降低混凝土 5% ~25% 的掺合料和外加剂用量，而水泥、外加剂均属于高能耗、高污染行业，可有效降低其加工能耗；GEPI 制备工艺环保性能，粉尘噪声排放已低于城镇建设施工控制标准，可在工程聚集区域就地加工生产，大幅降低物料运输能耗。本项目制备工艺能耗（软、硬岩万吨产品平均能耗分别为 7.9 吨、11.7 吨标准煤），已低于工业和信息化部等联合发布的相关文件中的“2025 远景规划”标准。

主创人：严章国、王　军、张昌晶、彭晓帆、覃信海

乙苯装置低温余热回收技术应用研究

中海石油宁波大榭石化有限公司

一、企业概况

中海石油宁波大榭石化有限公司（以下简称大榭石化）是中国海洋石油总公司（以下简称中海油）旗下大型国有控股混合所有制企业，是中海油实施“两洲一湾”建设的重要基地之一。公司原油加工能力800万吨，共有23套生产装置，其中220万吨/年催化裂解、30万吨/年干气制乙苯等多套装置均为国内单套规模最大。公司生产的主要产品为丙烯、苯乙烯、芳烃、丙烷、液化气、MTBE、柴油、船用燃料油、重交道路沥青等，依靠先进的工艺技术和设备，优化产品结构，重点发展丙烯、苯乙烯、芳烃等化工产品并考虑产品多样化、差异化，提高产品的附加值和市场适应能力，吨油效益、资产利润率、人工成本利润率等指标均居国内千万吨级炼化企业前列。近年来，取得了较好的经济效益和社会效益，曾获得“浙江省工业循环经济示范企业”“浙江省百强企业”“浙江省工业行业龙头骨干企业”“全国守合同重信用先进企业”等荣誉称号，作为国企与民企合作的典型范例登上了央视《焦点访谈》栏目。

二、主要措施

（一）项目背景

随着原油价格的上涨及国家对“低碳经济”要求的深入，炼油工业中低温余热的回收利用越来越被重视，正成为石化企业节能的重点发展方向之一 。目前，石化企业的低温余热利用主要以升级利用为主，回收方式有低温余热制冷、低温余热发电、热泵、低温多效蒸馏海水淡化等。

1. 低温热媒水发电

由余热锅炉换热器、透平、冷凝器和工质泵四大部分组成。余热流在换热器中放热给有机工质，工质由于吸热而成蒸汽。这种蒸汽通过透平膨胀做功，从而带动发电机发电或拖动其他转动机械。从透平排出的蒸汽在冷凝器中向冷却水放出热量而凝结成液体，从而借助工质泵重新泵回换热器，如此不断循环就能发电或产生动力。由于系统技术简单、热回收性能好及透平尺寸小、无湿蒸汽区等特点，适用于低温和中、小容量的能量回收，用热媒水来发电的主要缺点是热回收率较低，工业使用热媒水发电的实例也比较少。热媒水发电技术能量利用率低，综合利用率在8%～10%左右，发电方案投资大，能量回收效率低，投资回收期过长，同时考虑到余热发电噪音大、占地大、并网难等问题，为此，该方案不予考虑。

2. 余热制冷技术

余热制冷是一种以工业余（废）热为热源制取7℃以上冷冻水，用于空调或工业冷却，或将低于100℃的低温热源的温度提升40℃～60℃，再用于工业生产，是一种能大幅度提高企业能源利用率且达到节能、节水、减少温室气体排放、减少热排放目的的高新技术。余热制冷系统耗电只占制冷机输出功率的2%～3%，比电制冷节电70%～80%，可节约大量一次能源，大幅度提高一次能源的利用率——提高幅度约10%，减少煤、石油的使用，可减少CO_2、NO_X等有害气体及温室气体的排放，改善环境条件。目前，大榭石化制冷系统运行良好，没有潜在用户，而且吸收式制冷需要消耗大量的循环冷却水，因此，该方案不予考虑。

3. 二类吸收式热泵余热回收技术

该技术以溴化锂－水为工质，采用中温热源串联的方式。废热水或废蒸汽为蒸发器的加热介质，在蒸发器中废热源经过降温后进入发生器中进行进一步的降温。蒸发器中的冷剂水被废热源加热后产生高压冷剂蒸汽进入吸收器中，吸收器中的溴化锂浓溶液吸收高压冷剂蒸汽成为溴化锂稀溶液，同时产生吸收热，加热应用水。废热源经过蒸发器降温后进一步进入发生器作为热源加热发生器内的稀溶液产生低压冷剂蒸汽进入冷凝器中。在冷凝器中，冷剂蒸汽被冷却水冷却降温成冷剂液体，经冷剂泵打入蒸发器中完成循环。该技术采用废热（水、气、汽）作为热源，温度较高且相对稳定，波动范围小，是很好的热泵驱动能力。其温度较恒定的特性使得热泵机组运行更可靠、稳定，也保证了系统的高效性和经济性，可以获得较好的经济和环保效益；同时，这类热泵还具有安全性高，环保型好的特点。由于该热泵不依靠燃料直接加热，也不依靠电能直接供热，因此不存在任何漏电、漏气、漏油、有害气体中毒的危险，对人体健康不产生任何伤害；同时，热泵系统运行不需要燃烧，不需要排烟，也无任何附带的空气及水质污染物产生，可降低排放气体的温度，减少温室效应，减少废热源的浪费。经综合评估，二类吸收式热泵余热回收技术的产汽能量综合利用率在48%左右，利用效率较高，而且乙苯装置有大量的1.0MPa蒸汽减压要0.35MPa供工艺装置使用，利用热泵机组产生的0.35MPa蒸汽供本装置使用，可节约1.0MPa蒸汽，可同时解决全厂低温富余和蒸汽梯级利用不合理的问题，因此，采用二类吸收式热泵余热回收技术为首选方案。

（二）项目实施

1. 实施模式

项目采用合同能源管理（EMC）形式实施。惠州中海节能环保技术服务有限公司（以下简称节能环保公司）以EMC总承包的方式进行基础工程设计、详细工程设计、物资采购、施工及协助配合联动试车、投料试车和后期的运行维护等服务工作。项目产生的效益分配按照EMC模式执行。项目总投资1915.5万元，包含主体设备采购费、其他设备费用、土建及安装施工费用、设计费用、可研费用及合同能源管理项目期限内的技术服务费等，该部分投资由节能环保公司负责。

2. 工艺流程

二类吸收式热泵的主要功能为提高热源品位。它能回收工艺上将要排掉的50%左右的低品位余热的热量，使其重新返回工艺发挥作用，而且具备可直接制取蒸汽、输出热水、不消耗高品位能源、回收成本周期短、环境效益显著、自动运行等诸多优点。乙苯装置产生的120℃、600t/h热水作为二类热泵的中温热源，进入热泵机组，经过换热后以94℃的温度返回低温热水回水管线，低温热水压降在1千克左右；热泵机组采用循环水作为冷却介质，循环水消耗量在1400t/h，循环水进出热泵机组的压降在1千克左右；产生0.35MPa的蒸汽11.8t/h，经过压控阀并入0.35MPa管网，汽包补水采用除盐水。产生的0.35MPa蒸汽并入0.35MPa蒸汽管网，供邻近的苯乙烯装置使用，以减小苯乙烯装置1.0MPa蒸汽减温减压成0.35MPa蒸汽量，节省1.0MPa蒸汽耗量。

三、实施效果

乙苯装置低温余热回收项目于2018年12月经大榭石化科委会批准实施，2019年9月正式投产，至今已平稳运行3年多。

该项目于2020年4月进行标定考核。标定期间，由于受疫情影响，乙苯装置生产负荷104%，工艺热水流量575t/h，工艺热水温度115℃，均较原设计参数有所偏低。原设计按乙苯装置负荷的110%~115%考虑，工艺热水流量600t/h，工艺热水温度120℃。本次主要针对乙苯工艺热水余热回收系统运行的性能指标、节能效果两个方面进行标定，主要标定结果数据见表1、表2。

表 1　乙苯工艺热水余热回收系统主要标定结果

序号	参数描述	单位	标定值	保证值	保证方	结论
1	工艺热水流量	t/h	575	525 ~ 600	甲方	符合
2	工艺热水上水温度	℃	115	116 ~ 122	甲方	因生产负荷影响，视为符合
3	产汽量	t/h	10	8.5 ~ 11.5	乙方	符合
4	产汽温度	℃	148	≮147	乙方	符合
5	产汽压力	MPa	0.36	0.33 ~ 0.37	乙方	符合
6	循环水消耗量	t/h	1181	≯1400	甲方	符合
7	机组能耗	kgEO/t 蒸汽	18.22	≯21.15	乙方	符合
8	吨热水产汽率	t/t	0.0174	≮0.0177	乙方	因甲方热水温度未达保证值，视为符合

表 2　乙苯装置工艺热水余热回收系统标定数据

能源名称	单位	设计值	单价（含税）	4 月 10 日 日均小时	4 月 11 日 日均小时	4 月 12 日 日均小时	平均 日均小时
产 0.35MPa 蒸汽	t/h	11.8	159.96	9.8	10.1	10.1	10.0
除盐水自管网	t/h	13.9	7	9.7	10	10	9.9
循环水	t/h	1400	0.137	1183	1182	1178	1181
余热回水系统电耗合计	kWh	240	0.66	181	180	180	180
产汽成本	元/吨蒸汽	37.9	—	35.7	34.7	34.7	35.0
工艺热水量	t/h	600	—	576	576	575	575
工艺热水上水温度	℃	120	—	115.5	115.3	115.2	115.3
工艺热水回水温度	℃	95	—	93.5	93.2	92.6	93.1
热水温差	℃	25	—	22	22.1	22.6	22.2
节约循环水量	t/h	0	—	2112	2122	2166	2133
节约循环水成本	元/吨蒸汽	—	0.137	29.5	28.8	29.4	29.2
吨蒸汽效益	元/吨蒸汽	—	—	153.8	154.0	154.7	154.2

注：0.35MPa 蒸汽单价按照 2020 年 3 月 1.0MPa 蒸汽含税价进行折算（173.3 × 0.923 = 159.96 元）。

标定数据显示，项目投用后，平均产汽量为 10t/h，低温热水进余热回收站温度由 115.3℃降低至 93℃，温降为 22.3℃，降低余热回收站循环水量约 2133t/h；项目产 0.35MPa 蒸汽的运行成本为 35 元/吨蒸汽，吨蒸汽效益为 154.2 元（蒸汽价格按 2020 年 4 月价格计算），产汽按标定数据 10t/h 计算，年运行时间按 8400 小时计算，年经济效益为 1295 万元。在标定期间产 0.35MPa 蒸汽单位能耗为 18.22 kgEO/t 蒸汽，按产汽量 10t/h、0.35MPa 蒸汽折标系数 66kgEO/t 蒸汽计算，每小时节约能耗约 477.8 kgEO/t 蒸汽，折合节约标煤 0.683t/h，按照年运行时间 8400 小时计算，每年节约标煤约 5739 吨。

（一）项目节能量鉴定情况

2021 年 4 月，经宁波市能源检测有限公司鉴定，选取 2018 年 7 月—2019 年 8 月作为基准数据、2020 年 4 月—2021 年 3 月作为改造后的参照数据进行核算，项目年节能量为 6907 吨标煤。

（二）经济效益和社会效益评估

按大榭石化统计报表数据核算，该项目 2019 年 9 月—2022 年 7 月共产生 0.35MPa 蒸汽 210289 吨，扣除投入的除盐水、循环水、电力消耗，共计节约 14413 吨标煤，削减 CO_2 排放量约 53463 吨，实现经济效益 3912 万元（节约蒸汽成本 4572 万元，自身消耗动力成本 660 万元），经济效益和节能减碳效果均非常明显，具体计算过程见表 3、表 4、表 5、表 6。

表 3　乙苯装置工艺热水余热回收项目节约蒸汽成本核算表

年份	产蒸汽量/吨	蒸汽单价/（元/吨）	节约蒸汽成本/万元
2019	12101	163.0	197.23
2020	74778	167.0	1248.85
2021	74065	252.9	1873.12
2022	49345	253.8	1252.50
合计	210289	—	4571.7

表 4　乙苯装置工艺热水余热回收项目动力成本核算表

介质	消耗量	单价/元	期间费用/万元
除盐水	216600 吨	5.64	122.2
循环水	24513758 吨	0.14	343.2
电力	3479086 千瓦时	0.56	194.8
合计	—	—	660.2

表 5　乙苯装置工艺热水余热回收项目节能量核算表

介质	消耗量	折标系数		节能量/吨标煤
0.35MPa 蒸汽	-210289 吨	0.094	tce/t	-19767
除盐水	216600 吨	0.0033	tce/t	715
循环水	24513758 吨	0.000143	tce/t	3505
电力	3479086 千瓦时	0.000326	tce/kWh	1134
合计	—	—	—	-14413

表 6　乙苯装置工艺热水余热回收项目减碳量核算表

介质	消耗量	折标系数		减排 CO_2 量/吨
0.35MPa 蒸汽	-210289 吨	0.293	tce/t	-61615
除盐水	216600 吨	0.0037	tce/t	801
循环水	24513758 吨	0.0002	tce/t	4903
电力	3479086 千瓦时	0.0007035	tce/kWh	2448
合计	—	—	—	-53463

（三）主要创新点

首次将热泵技术应用于乙苯装置的余热回收，提高了乙苯的能源利用效率。该技术采用热能直接驱动，不耗电、不依靠机械能等，实现了低品位热源向高品位热源的转化；与此同时，热泵机组使用溴化锂－水工质，运行时没有任何污染，也没有废弃物，具有节约能源、环境效益显著的双重作用。

该项目是大榭石化实施的首个合同能源管理项目，一方面，促进了节能技术的推广应用；另一方面，规避了企业的投资风险，合作双方都可从中分享节能效益，形成提升节能新技术首次应用风险管控能力的有效途径，有利于节能创新技术的工业化应用有效落地。该项目被浙江省发展改革委作为合同能源管理典型案例在2020年节能宣传周期间进行推广。

在公司已有的90℃热水用于伴热、办公楼采暖、溴化锂制冷且溴化锂制冷获得5℃冷媒水用于苯乙烯保冷、办公楼制冷、轻烃回收、深冷提高换热效率的基础上，实现了对120℃低温热水的高效利用，促使大榭石化形成了集产汽、伴热、采暖、制冷于一体较为完善的低温余热资源多形式梯级利用技术模式，实现了企业低温余热利用技术进步。

（四）推广价值

大榭石化30万吨/年乙苯装置工艺热水余热回收项目验证了低温余热产汽技术的可靠性，在传统余热供暖、制冷、发电的基础上，提供了低温余热高效利用的新途径，经济效益和社会效益显著。2020年，浙江省发展改革委能源处在大榭石化开展“三服务”活动中对该项目予以充分肯定，于同年6月29日邀请大榭石化在浙江省节能宣传周云发布会上进行了案例分享。2022年，该项目在国家第三届重点节能技术应用典型案例评比中荣获第一名的佳绩。

主创人：黄应禧、林亚祥、王仕文、李　斌、高攀龙

聚焦“装备+科技”为特色的多式联运，推动物流行业绿色化、数智化发展

中集世联达物流科技（集团）股份有限公司

一、企业概况

中国国际海运集装箱（集团）股份有限公司（以下简称中集集团）成立于1980年，是招商局集团和深圳市国资委领导下的“A+H”股上市公司、多元化跨国企业，致力为物流和能源行业提供高品质与可信赖的装备和服务，2021年营业收入为1637亿元、净利润66.65亿元。

中集世联达物流科技（集团）股份有限公司（以下简称中集世联达）成立于2014年，是中集集团物流服务业务的承接主体，国家5A级物流企业，主营业务涵盖海运进出口国际运输代理、集装箱“海、铁”联运、国际铁路联运、国内铁路班列、铁路场站及物流装备运营等业务，致力成为中国“装备+科技”为特色的多式联运领军企业。中集世联达经营网点覆盖全国25个省（自治区、直辖市），在国内主要沿海港口已设立20多个服务网点，运营45个集装箱堆场、26座仓库，堆场面积超过300万平方米，仓库面积32万平方米；铁路业务覆盖全国10个路局，进驻16个铁路中心站及铁路场站，2021年发运量达31.8万TEU；海运业务量超100万TEU/年，集装箱操作量达1500万TEU/年。目前，公司总资产超过80亿元，拥有百余家成员企业，员工人数6000余人，近3年营业收入分别为90亿元、100亿元和300亿元。

在长期粗放式的发展中，物流行业存在运输组织效率低下、单位运输成本及能耗较高等诸多短板，大力发展多式联运势在必行。近年来，中集世联达积极践行国家“双碳”减排目标、多式联运发展、运输结构调整等政策，聚焦“装备+科技”为特色的多式联运业务，助力物流业不断提升综合运输效率、促进节能减排降碳，在推动行业绿色化、数智化高质量发展方面取得了一定成效。

目前，中集世联达多式联运发展的服务网络、服务体系已初步形成。通过不断加强与国铁集团及各路局的合作关系，推动与国内主要港口、国际班轮公司的战略合作，与国内部分三、四线城市共建物流枢纽、物流通道，中集世联达在集装箱“海、铁”联运、国际铁路联运及大宗物资“散改集”等业务领域取得了突破性进展。近两年，中集世联达铁路集装箱发运量连年翻番：2020年铁路集装箱发运量约16万TEU，同比增长181%；2021年全年实现31.8万TEU，同比增长100%。在涉铁多式联运业务快速发展的同时，中集世联达通过搭建智慧物流云平台提升物流效率、实现科技赋能，依托中集集团的装备制造能力促进跨境冷链运输的绿色、高效发展。

中集世联达曾先后荣获2017年度、2018年度和2020年度中国十佳物流企业和2020年度中国货代百强综合榜TOP10及中国品牌价值百强物流企业等称号，是中国集装箱行业协会理事单位和多式联运专委会副主任单位。

二、主要措施

（一）物流业绿色低碳发展所处的市场生态与资源环境

物流业是横跨交通运输、仓储、包装、机械设备和信息化等领域，覆盖商贸、快递、制造业等多行业的复杂服务业。作为国民经济发展的支柱产业之一，物流行业肩负着节能降碳的重要使命，大力发展绿色物流恰逢其时。多式联运既是整个行业降本增效的主要途径、综合运输服务效率提升的主攻方向，也是降低能源浪费和环境污染的优选项。

近年来，国家高度重视多式联运的加速发展，相关部委先后多次出台关于推进多式联运的政策及意

见，为物流行业的绿色发展规划了宏伟蓝图和行动方向。

2014年，国务院印发的《物流业发展中长期规划（2014—2020）》中将“着力降低物流成本”列在发展重点第一位，将“多式联运工程”列为重点工程第一位。

2017年1月，交通运输部等18部委联合发布《关于进一步鼓励开展多式联运工作的通知》，对多式联运发展进行顶层设计，标志着我国已将多式联运发展上升为国家层面的制度安排，政府将持续加大对多式联运的支持力度。

2017年8月，国务院办公厅印发《关于进一步推进物流降本增效促进实体经济发展的意见》，提出着力推进铁路货运市场化改革，提升铁路物流服务水平，推动多式联运、甩挂运输发展。

2021年2月，国务院印发《关于加快建立健全绿色低碳循环发展经济体系的指导意见》，打造绿色物流、健全绿色低碳循环发展的流通体系被纳入其中。

2021年12月，国务院办公厅印发《推进多式联运发展优化调整运输结构工作方案（2021—2025年)》，提出要大力发展多式联运，推动各种交通运输方式深度融合，进一步优化调整运输结构，提升综合运输效率，降低社会物流成本，促进节能减排降碳。

这些政策的出台，为物流行业的绿色发展提供了有力保障。整个物流行业在政策的指引下，不断通过创新模式、应用先进技术等方式赋能物流绿色发展。

（二）打造中集世联达绿色低碳发展行动方案

近年来，中集世联达依靠中集集团强大的装备制造优势，以及自身不断构建的“公、铁、水”多式联运的现代物流系统，深挖铁路运输潜能、不断优化业务流程、合理规划运输路线，努力打造全程低碳环保的商贸流通新模式。

1. 积极推进多式联运网络布局，构建多式联运服务体系

中集世联达重点围绕环渤海经济圈、长江经济带、粤港澳大湾区、西南西北大宗物资货源基地等重点区域，在国家11条物流大通道中优选“五横三纵”8条物流大通道，构建全国性的多式联运服务网络及服务体系。

目前，中集世联达围绕国内主要沿海港口，在大连、天津、连云港、青岛、上海、宁波、厦门、深圳、广州、钦州港等港口设立20多个服务网点，运营45个集装箱堆场、26座仓库，堆场面积超过300万平方米，仓库面积32万平方米。

在陕西、内蒙古、山西等大宗物资货源产地，中集世联达建立了多个铁路发运基地，形成了当地的多式联运服务能力。目前，中集世联达已进驻全国16个铁路中心站及铁路场站。

在长江经济带，中集世联达以长江为主体，构建了覆盖太湖、巢湖、洪泽湖、鄱阳湖、洞庭湖五大湖泊的“一主五支”服务网络，服务能力覆盖长江沿线所有省份及主要内河港口。

2. 积极参与并推进地方政府物流枢纽、物流通道建设，共同打造多式联运运营平台

2019年年底，中集世联达开辟了黄石新港进口粮食“散改集”入川“铁、水”联运新通道。2020年2月疫情防控期间，在沿江港口基本停止作业的情况下，中集世联达利用黄石这一“铁、水”联运通道，协调港口、铁路资源，经黄石市委市政府特批，在港口、地方铁路、武汉路局等各方全力支持下，圆满完成了粮油客户的保供任务。

2020年1月，中集世联达与常州地方龙头国企常高新集团合资打造常州市级“海、铁”联运运营平台，组织并运营常州－上海“海、铁”班列，该班列现已成为上海局发运最稳定、服务时效最高的“海、铁”班列之一。

2021年，中集世联达与抚州市口岸和物流服务办公室签署战略合作协议，共同打造抚州－九江、九江－抚州“铁、水”联运通道，推进抚州海西物流园铁路口岸建设。

2021 年，中集世联达与徐州市国有全资企业徐州淮海国际陆港运营有限公司开展合资合作，依托中集世联达装备优势、场站运营能力，共同开办“海、铁”联运业务，推进徐州铜山站集装箱还箱点项目的落地，促进徐州中欧班列、“海、铁”班列的高质量发展，助力徐州“一带一路”交汇点建设。

2021 年，中集世联达与岳阳自贸片区签约，携手打造岳阳城陵矶多式联运运营平台。中集世联达将参与岳阳城陵矶多式联运物流园铁路场站及配套设施设备的投资建设，构建以岳阳城陵矶为中转枢纽的多式联运物流大通道，打造中部物流新高地。

3. 紧抓“双碳”政策新机遇，实现绿色环保、高效快捷的涉铁多式联运业务新发展

“双碳”目标是我国为应对全球气候变化做出的庄严承诺。为实现这一目标，各行各业均面临低碳转型的压力与挑战，也为企业发展带来了新的机遇。

在我国目前的物流运输结构中，公路运输占比高达 77%，但存在单位载量较低、运输经济半径小、容易发生事故及高能耗高污染等弊端。相比公路运输而言，铁路运输具有运量大、能耗低、排放少的独特优势。据测算，铁路单位货物周转量能耗仅为公路的 1/7，铁路每增加 1 亿吨货运量，可比公路完成同等运量节省能耗约 110 万吨标准煤，减少二氧化碳排放约 270.6 万吨，节能减排效果非常明显。因此，铁路运输成为各级政府着力推动、各类企业优先选择的绿色运输方式。

2017 年以来，中集世联达重点聚焦涉铁业务的开展，“海、铁”联运、国际铁路联运、“公、铁”联运、“铁、水”联运四大板块业务齐头并进，不仅推动着企业自身的商业模式转型、进一步降低社会企业的物流运输成本，也为国家“双碳”政策的实施贡献力量。

（1）“海、铁”联运。“海、铁”联运是一种批量、快捷、稳定、安全、绿色的运输方式，尽可能减少运输途中的各种不确定性因素。对于工厂企业而言，一是将“出海口”搬到“家门口”，直接在内陆场站提箱，使工厂装货更有计划性；二是相较公路运输省去了预提和落重等一系列环节，可以为工厂节省大笔费用；三是“海、铁”联运全年无休，在节假日或疫情等特殊时期，能够为外贸工厂提供稳定、持续的物流运输保障，此外还能保箱保舱。

围绕上海、宁波、青岛、天津等沿海港口，中集世联达通过整合铁路、港口、政府、船公司等资源，在全国多地积极构建“海、铁”联运通道。目前已开通 30 多条“海、铁”联运线路，服务覆盖 6 省、11 市，2021 年发运量达 6.1 万 TEU。其中，中集世联达与常州合资打造的常州市级“海、铁”联运运营平台，于 2021 年 1 月被评为上海港“‘海、铁’联运示范基地”。

在不断开辟成熟稳定通道的同时，公司大力推广 CCA 模式。与以往的分段式“海、铁”联运模式不同，CCA 模式使船公司的海运业务得以向内地延伸，有利于船公司将签单点、还箱点前移到内陆城市，提高客户供应链效率。

（2）国际铁路联运。在中老铁路开通以前，国际铁路联运主要可分为中欧班列、中俄班列及中亚班列等通道。2014 年起，中集世联达陆续参与了上述通道的部分班列开通与运营，2021 年发运量达 6.5 万 TEU，其中各条班列开行情况如下所述。

2017 年 4 月，开行南京 – 莫斯科国际班列。

2018 年 3 月，实现南京 – 中欧（中俄）班列双向对开。

2018 年 3 月，开创俄罗斯 – 南京 – 太仓“国际班列 + 长江驳运”进口木材“铁、水”联运通道。

2019 年 3 月，成功为单一大客户量身定制了南京北 – 哈萨克斯坦希姆肯特中亚班列。

2020 年 5 月，开行徐州 – 莫斯科国际班列。

2020 年，开行俄罗斯 – 抚州木材进口班列。

2021 年 1 月，实现苏州平台包列运行。

2021 年 2 月，开通常州 – 西安 – 中亚“国内 + 国际接驳”班列。

…………

在 2021 年 12 月中老铁路开通后，中集世联达积极开展对相关边境口岸城市的布局探索，提升境外控货能力、配送服务能力和装备运营能力，深耕广阔的东盟物流运输市场。

(3)“公、铁”联运。中集世联达依托国内公路运输可控运力、铁路场站、路局战略合作关系等多式联运核心资源，聚焦煤炭、水泥、钢材、粮油、有色等大宗商品，以及快消品、家具、化工品等百货产品，开展集装箱“公、铁”联运服务，2021 年发运量达 16.3 万 TEU。

(4)“铁、水”联运。中集世联达不断加大对“铁、水”联运配套资源的投入，致力于建设枢纽、打通通道，如今已构建起以长江为主体、覆盖五大湖泊的“一主五支”驳运体系，积极开发西江通道，聚焦粮食、化肥、化工、矿石、机械、消费品等行业客户，提供多通道、多方案“铁、水”联运服务，2021 年发运量为 2.8 万 TEU。

（三）构建数字化运营平台，推动“装备 + 科技”的物流模式创新

依托中集集团全球领先的装备研发制造优势，中集世联达践行以装备定义物流的理念，为客户提供更高效、更环保的物流解决方案。

2021 年，在全球物流市场“一箱难求”的情况下，中集世联达充分发挥装备优势，在中欧班列、冷链物流、专业物流领域投入普通箱、冷箱、罐箱等特种箱共计 31185 箱，一定程度上缓解了行业缺箱的问题，有效解决了客户痛点。

依托中集集团冷箱装备研发与制造、中集移动冷库、中集运载科技循环包装等方面的资源优势，中集世联达首先聚焦东南亚水果生鲜冷链领域，已投入 200 多台 45 尺等冷箱及可循环生鲜筐，将东南亚原产地摘下的榴莲、椰青、火龙果等新鲜水果直送国内销售门店（仓库），为客户提供海运、陆运一站式全程跨境冷链运输服务。

此外，中集世联达始终秉持“科技赋能”的理念，持续打造多式联运综合平台，利用云计算、大数据、物联网、移动互联网技术，以客户为中心，用数字化产品的形式激活企业多年累积的核心资产，将核心资产转化为在互联网上使用的服务，极大程度地连接内外部客户。着重强化用户体验，在不同的垂直细分领域打造行业应用平台，沉淀并使用大数据反向促进平台优化升级。以大数据驱动管理、决策和模式变革，持续创造新价值，推动业务发展。目前，已经成功上线基于微服务架构的铁路业务系统、海运订舱系统、箱管业务系统；财务管理应用的 BMS 系统、费控系统；综合管理的 OA 系统、HR 系统，利用自主开发的云联网平台实现系统与系统的关联，实现上下游环节、内部外部应用和数据的互联互通。公司通过给自备箱上智能终端设备，可以自动发送位置信息，实现了国际铁路联运领域集装箱及货物全程可视化及数字化。公司把 IT 战略放在企业战略的核心位置，努力实现从产品化向平台化、大数据化演进，构建“智慧物流生态体系”的数字化转型。

（四）低碳管理与运行情况

由于中集世联达业务组织众多，业务产品多元化，因此，标准化建设是企业建立低碳、合规、高效的运营服务体系，是提升整体运营服务能力的重要抓手，也是培养公司运营团队、将个人能力转化为组织能力的重要途径。公司通过打造标准化产品、制订标准化流程及通过信息化手段固化标准流程、制订标准化的绩效考评机制等一系列手段实现公司整体运营的标准化。公司内部制订了多个关于标准化的管理制度和规定，通过了 ISO9001：2015、ISO14001：2015、ISO45001：2018 认证。公司内部还成立了流程标准化运营管理小组，持续对标准流程进行优化、推广、实施和考评，把标准化管理当作常态化工作推进，时刻秉持“凡是能量化的则量化、凡是能明确的则明确、凡是能标准的则标准”的管理原则。

在信息管理方面，中集世联达已与部分客户实现 EDI 数据交换；在装备设施方面，中集世联达持

续聚焦集装箱多式联运领域，拥有1000余只自备箱。根据业务经营需要，中集世联达积极投入高层货架、叉车、正面吊等设施设备，保障仓储、装卸业务标准，提升作业效率。

三、实施效果

（一）计算模型

经查阅相关论文及国际公开资料，铁路、公路、水运这3种运输方式的能耗类型及IPCC建议的碳排放系数如表1所示。

表1 三种运输方式的能耗类型及IPCC建议碳排放系数

运输方式	工具类型	消耗能源类型	能耗情况	建议碳排放系数
铁路	电气铁路	电能	0.0098L/t·km	2.73 $kgCO_2/L$
	内燃机车	柴油		
公路	汽油汽车	汽油	0.0689L/t·km	2.20 $kgCO_2/L$
	柴油汽车	柴油	0.0606L/t·km	2.73 $kgCO_2/L$
水运	大型船舶	柴油	0.0028L/t·km	2.73 $kgCO_2/L$

由上述模型可知，某一种运输方式的运输线路的碳排放量计算公式为：某种运输方式的运输线路碳排放量=该种运输方式集装箱周转量×单位周转量能源能耗量×该种运输方式消耗能源的建议碳排放系数。其中，集装箱周转量=集装箱载重量×运行线路里程。

（二）碳排放测算

根据类型划分，中集世联达涉铁业务分为“海、铁”联运、国际联运、“公、铁”联运、“铁、水”联运四大板块，除国际联运业务外，其他3种运输方式2021年业务量、对应的典型里程值（该业务各线路的平均里程）及最终的碳排放量如表2所示。

表2 2021年公司关键数据及碳排放计算

业务类型	箱量/TEU	业务量/吨	典型里程/km	铁路实际碳排放量/吨	公路碳排放测算量/吨
海铁联运	61464	921960	300	7399.8	45758.2
公铁联运	163331	2449965	700	45882.5	283722.1
铁水联运	28455	426825	650	7422.5	45898.5
合计				60704.8	375378.8

由此可知，中集世联达2021年涉铁运输节能减排效果显著，与同里程的公路运输相比减少碳排放约31.4万吨，有效实现了经济效益、社会效益和环境效益的统一。

经济效益：为大量制造业企业实现了降本增效。仅“常州－上海港”“海、铁”联运班列这一通道而言，2021年就发运重箱36880TEU，发送“公改铁”货物516272吨，为当地企业降本增效1844万元，节能降碳约2028吨标准煤。

社会效益：引领物流行业多式联运模式创新。中集世联达致力成为中国多式联运发展的领军企业，目前其在“海、铁”联运等业务领域具有较大影响力，为更多企业加入多式联运发展、推动国家政策落地带来示范效应。

环境效益：低碳的运输手段可有效保护生态环境。通过充分利用物流资源，采用先进的物流技术，合理规划和实施运输、仓储、包装、装卸、搬运、配送、信息处理等物流活动，有效降低了物流运输对生态环境的污染。

中集世联达在多式联运领域的探索与实践，必将有效助力物流行业高质量、创新、绿色发展，支撑我国和全球物流行业的降本增效，推动国家交通强国战略和绿色物流发展的深入实施。

主创人：王柏林、席　军、黄伟涛、张　彪

节能降耗增效

工业车辆以绿色发展为核心的“双碳”体系建设

安徽合力股份有限公司

一、企业概况

安徽合力股份有限公司（以下简称合力），主营业务为工业车辆、智能运搬装备及其核心零部件的研发、制造与销售，是我国规模最大、产业链条最完整、综合实力与经济效益最好的工业车辆龙头骨干企业。1991 年起，合力主要经济指标连续 31 年保持国内同行业第一并跻身世界工业车辆行业七强。2019 年，公司整机销量突破 15 万台，营业收入破百亿元；2020 年，整机销量突破 22 万台，营业收入突破 125 亿元；2021 年，整机销量突破 27 万台，营业收入突破 150 亿元。

合力秉承“以人为本，以精品回报社会”的核心价值观，以“十大准则”为延伸，不断创造精品回报社会，履行社会责任的同时尊重、依靠员工，在员工成长、成才中为企业持续发展贡献力量。“HELI 合力”品牌先后荣获“中国叉车第一品牌”“中国叉车行业最具影响力品牌”，以及商务部“重点培育和发展的出口名牌”“中国驰名商标”“全国用户满意服务”“全国用户满意企业”等称号。通过不断优化产业布局，形成整机、关键零部件、后市场、战略性新产业四大业务板块格局，在国内拥有 24 家省级营销公司及下辖的 400 多家营销服务机构，铺设遍布全国的服务网络；在海外 70 多个国家和地区注册“合力”商标，建立独立的销售服务机构，产品销往世界 150 多个国家和地区。

二、主要措施

（一）工业车辆以绿色发展为核心的“双碳”体系建设所处的市场生态与资源环境

1. 工业车辆应对市场“碳壁垒”新生态，打造核心竞争能力的必然要求

伴随绿色低碳转型推进，碳排放未来已不仅是环境议题，部分发达国家为保护本国产业市场竞争力，对于出口欧盟国家的商品征收边境调节税或要求购买碳排放配额，动用“碳壁垒”可能性增大。能否革新研发设计、制造技术、生产方式，实现与碳排放增长相互脱钩，是工业车辆制造企业打造核心竞争能力的必然要求。

2. 工业车辆制造企业顺应资源环境要求，探索行业发展模式转变的必然要求

国内制造业长期以来以“高投入、高消耗、高排放”为特征的粗放发展模式，在其快速发展的同时，也产生了巨大的能源资源消耗和污染物排放问题。资源短缺、环境污染、生态破坏已成为制约我国制造业可持续发展的瓶颈。在此背景下，产品全生命周期并行、全面地考虑资源因素和环境因素，是工业车辆制造企业探索行业发展模式转变的必由之路。

（二）工业车辆以绿色发展为核心的“双碳”体系建设策略的制订与解决方案

以“5 +1”（用地集约化、生产洁净化、废物资源化、能源低碳化、材料无毒化、能源风险管理）绿色发展顶层设计为出发点，夯实“碳达峰”行动实施机制保障。

以“5 原则”（新能源、轻量化、降能耗、可回收、减排放）绿色研发管理升级，“4 新运用”（新技术、新材料、新工艺、新设备）、“1 降 1 减”（降能耗、减排放）优化绿色制造流程为着力点，保障“碳达峰”行动实施行稳致远。

以“抓源、控中、后市场”七字诀打造绿色发展模式为发力点，发挥减少资源消耗与降碳的协同作用。

1. 以“5＋1”绿色发展顶层设计为出发点，夯实“碳达峰”行动实施机制保障

（1）“5 化”指标引领绿色发展。按照“用地集约化、生产洁净化、废物资源化、能源低碳化、材料无毒化”目标，使合力绿色发展有“数”可查，主要包括容积率、建筑密度、单位用地面积产值、单位产品污染物产生量、工业固废利用率、二氧化碳排放强度、单位产品单耗。

（2）能源风险管理健全面风险全管理体系。合力率先在行业内将能源管理纳入企业全面风险管理体系，建立风险库、形成主要耗能设备控制因素表、经济运行分析报告、耗能设备标准作业指导书、集中排产上线时序图、影响能源使用变量识别等。通过设置“股份公司、分子公司级、分子公司部门级”能源基准、能源绩效参数、能源目标指标，形成上下联动的三级节能目标精细化管理体系，保证年度节能目标完成。

2. 以“5 原则”绿色研发管理升级等为着力点，落实“碳达峰”行动

（1）“5 原则”绿色研发管理升级。新能源原则。加大新能源产品研发投入，加快新能源叉车系列化进程，持续推进混合动力、锂电池叉车、氢燃料叉车产业化步伐，引领行业绿色发展主流。先后推出 G/H 系列 1～10 吨锂电池叉车、G2 系列 1～3.5 吨锂电专用车等系列产品，主导研发国内首创增程式超级电容混合动力堆高机并成功交付客户，成功研制 18 吨高压锂电叉车。合力氢气充装平台已完成验收并投入使用，3～3.5 吨、4～5 吨和 6～7 吨氢燃料叉车已完成样机试制及试验，小轴距 2～3 吨氢燃料叉车已进入工业性验证阶段。轻量化原则。应用拓扑优化等轻量化技术设计原则为合力、客户、社会实现三赢。轻量化设计原则导向下的新型铸造桥、无独立侧滚轮、轻量化门架槽钢、铸造半车身、无尾架车架等技术的实践运用，带来叉车行业设计的革命。降能耗原则。客户需求是合力努力的方向，解决叉车高耗油就是站在客户使用角度进行产品研发设计，合力采用定量泵负荷传感技术和液压多路阀双泵合流技术，7 吨叉车整车能耗降低约为 15%，配备低滚阻电动专用轮胎，行驶能耗降低 10% 左右，运用货物高位势能回收技术回收势能达 42% 以上，整车节能 30% 以上。“吃的少，干的多”成为合力叉车代名词。可回收原则。积极贯彻国家可持续绿色发展相关政策，在“重、特、大”叉车构件上下功夫，其中，“重”为叉车最重部件——平衡重，可回收利用原材料占比 35%；“特”为叉车用料最特殊部件——散热器，通过改铜为铝，提升可重复利用性；“大”为叉车分布面积最大部件——覆盖件，通过改变材料性质，可回收利用原材料占比 15%。减排放原则。针对欧Ⅳ、欧Ⅴ、国Ⅳ排放等最新排放标准，根据不同功率段开展不同技术路线研究。针对内燃叉车开发过程重点关注尾气排放对环境的影响；开展新型清洁能源应用研究与开发，其中天然气叉车采用专动力电控制发动机，尾气排放不含硫化物和铅，一氧化碳降低 80%，碳氢化合物降低 60%，氮氧化合物降低 70%；LPG 液化石油气叉车一氧化碳排放减少 80%，碳氢化合物排放减少 75%，氮氧化合物排放也有明显下降；G 系列 5～7 吨叉车符合欧美排放标准，搭载道依茨 TCD3.6 发动机，采用四缸涡轮增压＋中冷、电控高压共轨、EGR、DOC 等技术，符合 EPA Tier 4F /EU StageⅢ 3B 排放，畅销美国和欧洲市场。

（2）“4 新运用”“1 降 1 减”优化绿色制造流程。“4 新运用”绿色制造手段带来制造新境界。通过充分运用节能“新技术、新材料、新工艺、新设备”，改善、革新传统制造手段。在智能制造方面，在铸造件为代表的高耗能部件生产方面，采用垂直线、消失模、树脂砂、静压等国际先进绿色铸造技术，铸件单耗高出国内同行业 2 倍水平，位列国际前列；在主机装备方面，充分利用余热回收、电机变频技术等，年节能量提升 5%；在厂房、办公建筑设计方面，充分运用地泵热源、呼吸式幕墙，以及外窗断热低辐射外窗、光伏发电、雨水回收利用、全热回收、节能光源、立面外窗太阳隔热新材料；在生产用料方面，加大与中科大、山东莱钢等校企攻关联合，在成型槽、铸钢件、成型件、改性 PP 材质等方面实现材料加工余量控制、非焊接、可再生等绿色制造手段；在加工工艺方面，采用 U 型工厂、产线布局、“一站式”内物流优化、重力传递、焊装螺母等工艺手段，提高生产效率，减轻劳动强度、降

低能耗使用；在生产设备方面，广泛运用无排放、小精尖、低能耗的激光切割变频永磁空压机、美国固瑞克静电喷涂设备、美国唐纳森除尘器、坎贝尔风机系统、中大通风系统、贝思特水循环系统、中国联合工程喷粉线水循环系统、赫尔焊接烟尘收集处理装置等。合力不仅注重打造绿色生产环境，而且提升产品质量，大幅度降低各类能源使用量。“1 降 1 减”能环系统，实现制造管理新突破。围绕“降能耗”建立能源三级统计网络，运用电力需求侧实时监控、加强电力调度、提高电力利用率。建立能源消耗数据库，按月编制能源消耗简报。能耗在线监测平台具备实时能耗查看、监测点管理、能耗预警、能源平衡图表、能源结构分析、数据填报、数据上报、主要能耗设备管理、节能量管理等功能，为绿色能源管理相关统计、分析、改善工作搭建科学平台。围绕“减排放”目标，产品采用清洁能源控制整车尾气排放，搭载非道路移动机械用柴油机，发动机采用油量精确控制使燃油充分燃烧，降低燃油消耗，控制尾气排放颗粒物含量；增加焊接除尘装置、静电喷枪、活性炭吸附等环保设备，减少废气排放；严格要求一般工业固废统一回收，避免与生活垃圾和危废混放，降低对外环境产生影响；危险废物临时贮存在危废库内，集中收集、送外处置；按照相应国家标准或规范对产品进行碳足迹核查，严控温室气体排放；铸造芯子表面涂料及树脂砂造型涂料烘干采用连续式烘干炉，加热使用天燃气。减少燃煤锅炉气体（含二氧化硫、一氧化碳、二氧化碳等）的污染，打造绿色生产制造环境。

3. 以“抓源、控中、后市场”打造绿色发展模式发力点，发挥减少资源消耗与降碳的协同作用

（1）抓源力促绿色供给。原材料、配件绿色供给是贯彻绿色发展管理优化重要切入点，围绕供应商选择、管理、评价全过程，合力与相关方携手打造“绿色供应链”。从物料来料、加工、包装、仓储、运输、使用到废物回收整个过程，实现对环境影响最小、资源利用效率最高。根据产品外观特点采用纸箱与托盘组合来代替原有木箱包装发运物资，减少木箱使用数量，节约包装和物流费用。通过采用“空满置换、混载运输”物流配送方式，使货运满载率极大提高，既降低物流成本，也减少排放，实现绿色运输。

（2）控中“销、寄、配、租”畅通绿色渠道。围绕产品交付过程如何实现绿色发展“五化”要求，合力抓住“销、寄、配、租”4 个关键环节，在“销”上按照产品交付地点、使用地点、生产地点、三点共线、划区包干，形成 5 家主机生产单位、11 家核心零部件生产单位、24 家省级直销、400 多家地（市）级代理的国内营销网络及 85 个区域代理，以及 150 多个国家地区的国际营销网络；在“寄”“配”上按照先质押、再寄售、混载配送模式，开发三级、四级代理商，实现多级销售发运距离最小化、满载最大化绿色营销；在“租”上依托合泰融资租赁、上海永合力两大平台，为不同客户群体量身订做资源消耗最少的绿色产品及服务。

（3）后市场服务增值走好绿色发展最后一段路。再制造技术是产品全生命周期管理最后一段路，是践行“废物资源化”有力保证。合力在国内叉车行业成立唯一一家再制造公司，不仅延长产品使用寿命，提高产品技术性能、附加值，而且为产品设计、改造和维修提供信息，最终以最低成本、最少能源资源消耗完成产品全生命周期。国内外实践证明：再制造产品性能和质量均能达到甚至超过原品，而成本却为新品的 1/3 甚至 1/4，节能达到 60% 以上，节材 70% 以上，能源资源接近“零浪费”。

围绕“油改电”发展方向，将传统燃油动力系统和传动控制系统更换为电力驱动，是合力应对环保排放升级，实现绿色可持续发展大势又一重要、积极举措。目前，合力已成功推出“1 ~ 5 吨”“油改电”技术包，可配置不同发动机，在业内广泛推用。

围绕“废物资源化”开展服务项目维修保养，企业采用积极的、贴近终端的服务模式，截至 2022 年 3 月，营销网络已取得维修资质证 16 家，个人维修资格证书累计取证 941 人，取证率为 63. 29%。

三、实施效果

（一）引领工业车辆绿色标准制订

作为中国工业车辆领导者，合力承担国际工业车辆标准化委员会可持续性分技术委员会秘书处工作。为加速推进我国乃至全球工业车辆绿色化发展，合力积极主持或参与工业车辆绿色相关标准制订。合力代表国家主持制订国际标准《工业车辆可持续性第1部分：术语》《工业车辆可持续性第2部分：因素和术语》已顺利推进至FDIS（最终国际标准草案）阶段。除此以外，合力主持或参与制订的《绿色设计产品评价技术规范 叉车》《内燃平衡重式叉车能效测试方法》《内燃平衡重式叉车能效限额》《工业车辆 排气烟度 平衡重式叉车测量方法》等绿色叉车技术标准，引领行业绿色发展。

（二）领跑叉车行业国家级绿色工厂“5化”指标

合力以用地集约化、生产洁净化、废物资源化、能源低碳化和材料无毒化五大原则牵引，2021年实现绿色发展绩效如下所述。

用地集约化指标：容积率为1.2044、工厂建筑密度为55.95%、单位用地面积产值9441.00万元/公顷。生产洁净化指标：单位产品污染物产生量为740.56克/台。废物资源化指标：工业固废利用率90%以上。能源低碳化指标：二氧化碳排放强度0.2265吨/万元。生产过程不涉及有毒化材料。

（三）产品单耗指标位居叉车行业先进水平

2021年，合力产品单耗103.1kgce/t，较2020年末产品单耗105.6kgce/t下降2.37%。

（四）新能源产品占比

2021年，锂电叉车国内市场销量，合力占比为22.51%；锂电叉车海外市场销量，合力占比为25.07%。

（五）近5年主要荣誉

（1）荣获2017年度安徽省地方政府节能先进单位。

（2）“十三五”期间，荣获安徽省绿色工厂、国家级绿色工厂。

（3）荣获2021—2023年制造业单项冠军示范企业。

（4）荣获2021年全国企业管理现代化创新成果安徽省一等奖。

主创人：解明国、李永凯、王东源、毛　岭、郑志勇

基于辊道红送和智能燃烧的热轧节能技术研究及应用

宝武集团鄂城钢铁有限公司

一、企业概况

宝武集团鄂城钢铁有限公司（以下简称鄂钢公司）位于湖北省鄂州市，始建于1958年3月，其前身是湖北省地方钢铁骨干企业——鄂城钢铁厂；1997年5月，企业整体改制为鄂城钢铁集团有限责任公司；2004年11月，与武钢联合重组为武钢集团的控股子公司；2016年8月，宝钢集团和武钢集团重组，鄂钢公司成为宝武武钢集团的全资子公司；2018年1月，成为中国宝武集团子公司；2020年5月，更名为宝武集团鄂城钢铁有限公司；2020年12月，纳入中南钢铁管理。

鄂钢公司占地面积435万 m^2，是湖北省最大的建筑用钢生产基地、重要工业用钢基地和高端板材生产基地，具备年产600万t钢的综合生产能力。鄂钢公司关键生产设备有2600m^3、1800m^3 高炉各1座；55孔6m焦炉4座；260m^2 烧结机2台；130吨转炉2座、100吨转炉1座；棒材轧机生产线3条，高速线材轧机、4300mm宽厚板生产线各1条。

鄂钢公司主要产品有4300mm宽厚板生产线生产的各强度级别船板、桥梁钢、管线钢、容器板、高层建筑用钢、工程机械用钢等；棒线材生产线生产的优质碳素结构钢、合结钢、弹簧钢、轴承钢、热轧带肋钢筋以及连铸圆管坯、热轧钢带等200多个品种，广泛用于水利水电、道路、机场、桥梁、房屋建筑等基础工程建设及机械、汽车、船舶、家电、金属制品、海洋平台等行业。

鄂钢公司目前生产经营状况良好，近3年经营情况见表1。

表1　鄂钢近3年经营情况

单位：万元

项目 \ 时间	2019年	2020年	2021年
营业收入	1942297	2149845	3318025
利润总额	90014	76137	155452
总资产	1601918	1588184	1590672
总负债	1139634	1081984	948420
资产负债率	71.14%	68.13%	59.62%
固定资产（净值）	968372	738402	849468

二、主要措施

（一）任务的提出及意义

随着国家环境保护及节能政策要求的提升，钢铁企业面临着巨大的节能和环保压力。“双碳”政策导向会倒逼各钢厂在全过程的节能减排工作。在钢铁行业市场化竞争激烈的现状下，节能降耗是钢铁企业生存的需要。

轧材厂共有3条棒材生产线、1条线材生产线，其中棒一、高线为两条老产线，设备系统虽经多年逐步改造更新，但因企业规划原因，改造上仍有许多力不能及，使得这两条产线能耗与全国先进指标有一定差距。

2020年，轧材全年累计工序能耗36.03kgc/t，较2019年（41.25kgc/t）降低5.22kgc/t，折合成本

吨钢降低 10.44 元。工序能耗与对标单位方大九江线棒材工序能耗（36.5kgc/t）基本持平。为了更好地完成轧材厂 2021 年节能目标，轧材厂对 4 条产线用能系统进行了全面分析，计划对能耗中存在的问题和高耗能点通过采用现行的先进节能技术和设备，实施节能技改，努力降低生产过程和重点用能设备能耗，提高能源利用率。

通过分析，发现轧材厂用能系统主要存在以下 3 个方面的问题。

一是棒一、高线仍使用汽车运坯，不但运输成本高、交通隐患大，不利于安全生产，而且连铸坯的温降很大，不能充分利用连铸坯的热能，能源浪费严重。

二是作为轧材厂重点用能设备，4 座加热炉均采取半自动控制方法，人工操作很难适应多变的加热炉工况，煤气热值及压力波动造成炉温控制不平衡时，人工响应速度慢，造成极大的煤气资源浪费。

三是轧材厂能源管理体系不完善，生产现场能源浪费现象时有发生。

通过全盘分析，要实现轧材厂的节能减排工作，必须依靠技术革新、技术创新，实现改造升级。

坯料辊道红送项目改造及加热炉智能燃烧控制系统升级是近年来国内钢企节能降耗的主要措施之一。目前在"降低成本、提升品质"的大环境下，基于辊道红送和智能燃烧的热轧节能技术研究及应用实践，具有巨大的节能减排优势，值得深入研究与推广实践。

（二）采用的技术原理

辊道红送采用的技术原理。辊道红送是一种钢坯输送系统，通过在连铸与轧材产线之间新建一组或多组辊道，配合汇流辊道、转向转盘或转向辊道组，以及提升机、移钢机、卸坯冷床等设备，将钢坯由连铸输送至轧钢加热炉前，降低连铸坯进入轧钢工序的温度，节约能源。缩短连铸坯从出连铸机到进入轧机的间隔时间，减少连铸坯的库存占用资金，减少加热炉加热钢坯所需的能量消耗。

全自动缓冷坑采用的技术原理。目前，国内的钢坯缓冷坑多是人工天车操作取料、入料，吊装量大，工作环境温度高，吊装节奏缓慢，无法满足鄂钢公司现行连铸能力远大于单条轧线能力的工况。鄂钢公司当前热送状态下，每 19 秒就有一根钢坯落地，依靠人工起吊无法实现入坑，在现有状态原创一种可以自动入坑、出坑的钢坯取料装置就十分必要。鉴于此种情况，混凝土外墙内侧和底部采用耐火材料保温，中间采用耐火砖砌筑隔墙，将大坑分割成多个小隔断。每一个隔断设一个盖板，用于存放和起吊钢坯时单独开合，避免其他隔断内的钢坯散热。缓冷坑配备保温盖板，盖板设自动揭盖设备。自动移钢机采用桥式结构，两侧在地轨上行走。通过基础自动化控制系统实现移钢机的自动平移、升降和揭盖机的平移、升降，钢坯从上料台架至缓冷坑内新增自动物料跟踪系统。

加热炉智能燃烧控制系统采用的技术原理。根据加热炉一级系统传上来的坯料数据和设备运行状态信号跟踪炉内每一块坯料的位置，保留从入炉后到出炉后的信息，从而用加热炉热交换数学模型计算炉内每一块坯料的热状态。通过新增炉内烟气分析系统对炉内气氛进行分析，计算出空气过剩系数，根据当前煤气供入量自动调节空气用量，达到空燃比最优方案。根据坯料的不同钢种、规格、加热炉内坯料分布情况及加热状况来优化计算加热炉各燃烧控制段的温度设定值，使加热炉获得最理想的燃烧状态。休炉、待轧情况下，按照工艺约定的降温曲线进行炉温控制，使得延时结束时能迅速恢复正常生产，达到最优的燃料消耗并防止过烧和加热质量降低。通过埋偶实验结果、结合轧机反馈信息确定加热炉智能化燃烧控制系统调整方案，优化烧钢指导工艺，最终达到优化负荷分配，减少人为因素的干扰，提高系统的稳定性和安全性。加热炉智能燃烧系统主要实现炉温和能源消耗的优化控制。在满足轧线产量和加热质量的条件下，尽量使坯料出炉温度最准、断面温差最小、坯料表面脱碳最少、燃耗最低。

（三）项目主体内容及改造方法

1. 连铸至棒一、高线钢坯热送辊道工程建设

热送辊道连铸→棒一工艺路线：连铸输出辊道→扫钢机→移钢分钢台架→提升机→提升机前热送辊

道→热送辊道一→热送弧形辊道→热送辊道二→热送辊道三→热送辊道四→热送弧形辊道二→转辙器→棒材热送辊道→链式移钢机

热送辊道连铸→高线工艺路线：连铸输出辊道→扫钢机→移钢分钢台架→提升机→提升机前热送辊道→热送辊道一→热送弧形辊道→热送辊道二→热送辊道三→热送辊道四→热送弧形辊道二→转辙器→高线热送弧形辊道一→高线热送辊道一→高线热送弧形辊道二→高线热送辊道二→高线热送辊道三→旋转辊道→高线翻转冷床下料辊道→高线入炉衔接辊道→固定挡板→翻转冷床

2. 缓冷坑的建设

在棒一、高线分别新建缓冷坑，正对目前的上料台架；利用配套的装载车从台架上将钢坯放入和取出缓冷坑。

缓冷坑采用混凝土外墙，内侧和底部采用耐火材料保温，中间采用耐火砖砌筑隔墙，将大坑分割成5个小隔断。每一个隔断设一个盖板，用于存放和起吊钢坯时单独开合，避免其他隔断内的钢坯散热。盖板设揭盖设备。保温坑内采用钢坯焊接成钢坯保护架，每个隔断装载18层钢坯，每层钢坯7根。设置一个自动行驶行车，该行车具有移钢功能，将下线台架上的7根钢坯成组移动一个料位，然后夹起该组钢坯根据自动定位系统移动到该组钢坯的存放位置，将钢坯放入缓冷坑隔断内。钢坯回装时自动行驶行车根据管理员的设定自动定位吊起需要入炉的钢坯返回上料台架。

3. 智能燃烧系统应用

在棒一、棒三先后上线使用智能燃烧系统，根据燃烧工艺控制的需求，升级PLC硬件，重新编写自动燃烧控制程序，同时对HMI画面进行修改，达到自动控制炉温和炉压的目标。通过新增巡检式烟气分析系统，自动调节空燃配比，通过系统对炉内气氛进行分析并计算出空气过剩系数，根据当前煤气供入量自动调节空气用量，达到空燃比最优方案。

4. 技术关键和解决的技术问题

（1）智能燃烧系统。炉温自动控制是以炉温控制为主环，煤气、空气流量控制为副环的串级双交叉调节回路。空煤气调节双交叉限幅控制方式，升温时空气调节阀先行，降温时煤气调节阀先行，限幅防止超调，保证始终合理的空燃比。炉膛压力控制采用前馈+反馈的控制方式来进行调节，前馈作用是根据助燃风的流量加上煤气流量的总和来调节排烟风机的频率，反馈作用是根据炉膛压力和实际炉膛压力的偏差来调节各段空煤气排烟调节阀，以实现炉压的微正压操作。自动采用煤气热值变化，利用系统的前馈控制功能自动修正煤气总管和空气总管的流量。另外，系统在燃烧中自动调节空气和煤气的流量，可以精确修正空燃比。解决因现场操作人工监控不足导致的炉压波动较大和能耗高、加热不均等问题。考虑到各种坯料燃烧制度可能都不同，燃烧工况也随时发生变化，故各段的空燃比设定值是由各种工况处理的结果确定。处理模型为采用各段空燃比系数的加权平均，加权系数选择确定成为问题关键，尤其在多钢种、多规格混合加热、煤气压力热值发生变化时更加重要。对加权系数选择优先原则依次为加热质量、产量、节能。用坯料厚度、各段预测剩余在炉时间、当前坯料温度、燃烧介质变化量等根据空燃比自学习控制模型，推算出各段的最优空燃比系数。

（2）钢坯辊道红送及配套缓冷坑项目。通过钢坯辊道红送项目，研究炼轧工序生产组织衔接方案，实现炼钢、轧钢工序生产紧密对接，提高热装温度及热送率，以降低能耗。缓冷坑与热送辊道配套，实现钢坯全自动下线缓冷及出坑入炉，全流程坯料自动跟踪。炼钢4#连铸机1～7流端部挡板降下并检测到钢坯时，热送辊道炼钢段L1需对应接收钢坯信息（逐根接收）；炼钢段L1通过热金属检测器及辊道速度实时计算出钢坯在炼钢辊道上的位置。当钢坯自炼钢段辊道运送至轧钢段辊道时，坯料信息由炼钢段L1传送给轧钢段L1，轧钢段L1通过热金属检测器及辊道速度实时计算出钢坯在轧钢辊道上的位置。钢坯运送至轧钢段机前辊道，有2个去向：炉前辊道入炉或经下钢冷床至缓冷坑存放。钢坯自机前辊道下线后，热送辊道上的物料跟踪即完成。钢坯入炉：钢坯进入炉前辊道后，钢坯在热送辊道上的物料跟踪完成，此时的物料数据由 L2 系统交至 L3 系统。钢坯入缓冷坑：钢坯经下钢冷床推钢装置送至端部起吊平台后，由自动移钢机转入缓冷坑对应坑位并记录物料信息。反向上钢时，钢坯逐支输送至炉前入炉辊道，钢坯在热送辊道上的物料跟踪完成，此时的物料数据送至 L3 系统。

三、实施效果

（一）成果

1. 热装率和热装温度提高

棒一、高线热送辊道项目于 2021 年 8 月正式投入使用，750℃以上热送热装率棒一≥55%，节约煤气 4.5 元/吨；高线≥40%，节约煤气 8 元/吨。棒一、高线辊道红送配套的缓冷坑项目于 2021 年 9 月正式投入使用，平均回装入炉温度比不进保温坑提高 300℃。

2. 加热炉自动化程度提高

棒一、棒三加热炉智能燃烧系统的自动化投运率分别为 95%、92%。

3. 热送辊道三大规程制订及钢坯加热制度修订

对新建的热送辊道，制定了《炼钢至棒一高线热送辊道工艺流程、产品大纲、设备参数》《热送辊道（二期）安全操作规程》《热送辊道项目（二期）维护检修规程》；针对热送辊道调试及运行过程中造成的冷热坯混进状况，为了在保证钢坯加热质量的基础上保证能源效率最大化，制订了冷热坯混装状态下的加热制度《关于棒三加热制度的有关规定》；在智能燃烧的基础上修订了棒一、棒三技术操作规程中的《钢坯加热》。

4. 申报专利

此项目已受理发明专利 3 个、实用新型专利 1 个。发明专利分别为《蓄热式加热炉冷热混装时的燃烧控制方法及紧凑型蓄热式加热炉》《加热炉步进梁出料控制方法、装置及计算机可读存储介质》《一种轨道润滑装置 》；实用新型专利为《一种用于热送辊道上的红坯在线矫直装置》。

（二）节能量、减碳量和经济效益

根据热工计算结合生产实际，原来热装平均温度为 300℃，棒一入炉钢坯每提高 100℃节约混合煤气约 12m^3/t，高线入炉钢坯每提高 100℃节约混合煤气约 15 m^3/t（混合煤气热值为 1280Kcal/m^3）。鄂钢公司应用辊道红送和智能燃烧的热轧节能技术，节约煤气（见表 2）但增加电耗（见表 3）。

表 2　辊道红送节约煤气测算

产量	热装温度/℃	提升幅度/℃	吨钢节约煤气/m^3	热装比例	煤气单价/（元/t）	节约煤气/万 m^3	节约煤气费用/万元
棒一（90 万 t）	750	450	54	55%	0.29	2673	775.17
	500	200	24	10%	0.29	216	62.64
	400	100	12	10%	0.29	108	31.32
高线（70 万 t）	750	450	67.5	40%	0.29	1890	548.1
	500	200	30	15%	0.29	315	91.35
	400	100	15	10%	0.29	105	30.45
合计						5307	1539.03

表3 辊道红送电耗测算

产线	装机容量/kWA	功率因数	小时产量/t	辊道运输吨钢电耗/kWh	辊道运输产量/万t	电价/(元/kWh)	年用电量/万kWh	年用电费用/万元
棒一	1500	0.8	160	7.50	67.5	0.753	506.25	381.21
高线	950	0.8	100	7.60	45.5	0.753	345.80	260.39
合计							852.05	641.60

辊道红送效益：节约煤气效益1539.03万元；汽车运输费2.95元/t，每年减少汽车运输费用——(90×75% +70×65%) 万t ×2.95元/t =333.35万元；每年增加电费641.60万元；则热送辊道效益为1230.78万元。

智能燃烧效益：棒一预计年产量为90万t，棒三预计年产量为120万t，投入智能燃烧后氧化烧损量降低1kg/t，氧化铁皮与成品材之间的差价3500元/t，则智能燃烧创造效益——(90+120) ×0.001×3500=735万元。

综上，本项目年节约煤气5307万m³、耗电量852.05万kWh，则年节约标煤——5307×1.829－852.05×1.229=8660吨，年减少CO_2排放——8660×2.66=23036吨，年创造效益——1230.78+735=1965.78万元。

（三）社会效益

基于辊道红送和智能燃烧的热轧节能技术能够有效降低煤气消耗，提高加热炉产量、减少库存，减少环境污染，改善作业环境，从而实现节能降耗、降本增效的目的，起到较好的示范作用。

主创人：邵南银、张建辉、柯 燕、赵 飞、赵 丽

焦炉上升管余热替代煤气用于粗苯管式炉生产工艺研究及应用

宝武集团鄂城钢铁有限公司

一、企业概况

宝武集团鄂城钢铁有限公司（以下简称鄂钢公司）位于湖北省鄂州市，始建于 1958 年 3 月，其前身是湖北省地方钢铁骨干企业——鄂城钢铁厂；1997 年 5 月，企业整体改制为鄂城钢铁集团有限责任公司；2004 年 11 月，与武钢联合重组为武钢集团的控股子公司；2016 年 8 月，宝钢集团和武钢集团重组，鄂钢公司成为宝武武钢集团的全资子公司；2018 年 1 月，成为中国宝武集团子公司；2020 年 5 月，更名为宝武集团鄂城钢铁有限公司；2020 年 12 月，纳入中南钢铁管理。

鄂钢公司占地面积 435 万 m^2，是湖北省最大的建筑用钢生产基地、重要工业用钢基地和高端板材生产基地，具备年产 600 万 t 钢的综合生产能力。鄂钢公司关键生产设备有 $2600m^3$、$1800m^3$ 高炉各 1 座；55 孔 6m 焦炉 4 座；$260m^2$ 烧结机 2 台；130 吨转炉 2 座、100 吨转炉 1 座；棒材轧机生产线 3 条，高速线材轧机、4300mm 宽厚板生产线各 1 条。

鄂钢公司主要产品有 4300mm 宽厚板生产线生产的各强度级别船板、桥梁钢、管线钢、容器板、高层建筑用钢、工程机械用钢等；棒线材生产线生产的优质碳素结构钢、合结钢、弹簧钢、轴承钢、热轧带肋钢筋以及连铸圆管坯、热轧钢带等 200 多个品种，广泛用于水利水电、道路、机场、桥梁、房屋建筑等基础工程建设及机械、汽车、船舶、家电、金属制品、海洋平台等行业。

鄂钢公司目前生产经营状况良好，近 3 年经营情况见表 1。

表 1　鄂钢近 3 年经营情况

单位：万元

项目 \ 时间	2019 年	2020 年	2021 年
营业收入	1942297	2149845	3318025
利润总额	90014	76137	155452
总资产	1601918	1588184	1590672
总负债	1139634	1081984	948420
资产负债率	71. 14%	68. 13%	59. 62%
固定资产（净值）	968372	738402	849468

二、主要措施

（一）任务的提出及意义

鄂钢公司焦化西区现有 6m 焦炉两座，共 110 孔，年设计焦炭产量 110 万 t，实际产量约 95 万 t。焦炉产生的高温荒煤气通过喷洒大量循环氨水降低温度后进入煤气初冷器，再由循环水和低温冷却水进一步降低温度到 21℃左右进行回收，而高温荒煤气带出的显热全部浪费。

煤气净化系统采用管式炉加热富油工艺脱苯，管式炉燃烧焦炉煤气产生的烟气直接排放，不能满足日益严格的环保要求，单独对燃烧烟气进行处理或者将此烟气接入焦炉烟气脱硫脱硝系统（管式炉布置距离焦炉烟囱较远）均不经济。

综上所述，利用高温荒煤气带出的显热，建设一套上升管余热回收系统，利用部分上升管将蒸汽过热后送向富油脱苯系统作为直接蒸汽使用，具有较大的节能环保效益，值得深入研究与推广实践。

（二）采用的技术原理

将101根焦炉上升管替换为上升管蒸发器，800℃的荒煤气流过上升管换热器后，通过上升管换热器将热量传递给水汽，荒煤气温度降到约640℃后进入桥管；9根焦炉上升管替换为上升管过热器，800℃的荒煤气流过上升管换热器后，通过上升管换热器将热量传递给蒸汽，荒煤气温度降到约680℃后进入桥管。

生产的除盐水，自流进入除盐水箱，经除盐水泵送入除氧器，再经过给水泵打入蒸发汽包，通过强制循环泵与上升管换热器进行换热，部分200℃热水送至粗苯富油换热器加热富油，汽包产生1.6MPa饱和蒸汽，通过减压供除氧器、上升管过热换热器使用，多余的并入低压蒸汽管网。低压蒸汽（0.4MPa）通过上升管过热换热后，温度达到380℃以上后送富油脱苯系统作为直接蒸汽使用。

上升管换热器（上升管蒸发器、上升管过热器）采用螺旋盘管型，介质采用强制循环流动形式，采用了较高的循环倍率，不易产生传热恶化。

盘管采用无缝钢管绕制，材质为合金钢，受热面不与载热体接触，不存在冲刷、腐蚀风险。受热面外部的主要传热方式为热传导和辐射。

与荒煤气接触的内筒体采用耐热合金钢制作，内表面下部涂敷特种涂料，上部采用直翅片强化，外壳考虑整体的膨胀差；内筒与外壳形成夹层，夹层为非封闭腔体，容纳螺旋盘管，盘管体与内筒之间填充导热材料。外壳内侧敷有绝热材料，保证外壳温度安全。

螺旋盘管型上升管换热器对于焦炉生产来说具有较安全的特点，主要体现在：承压部件结构适合承受高压，正常运行时受热面不易受损，受热面工作条件良好；一旦工质泄漏，内筒可充当保护屏障，汽水不会泄漏至碳化室；内筒外侧为通过U形封直通大气，可自动外排至焦炉顶面，内筒部件不承受外压、不承受重量，仅为换热器的刚性支撑用，不存在失稳破坏。

（三）工艺路线

在焦炉集气管外侧安装除盐水管道和汽水管道，逐步更换上升管，汽包安装在焦炉端台结构顶部，强制循环泵、除氧器、控制室安装在焦炉端台焦侧走台下方。

富油换热器安装在管式炉附近，远离地下槽和粗苯中间槽，汽包至换热器管道沿现有管廊布置，完全停用管式炉。

焦炉区域设备控制系统新建专用控制系统，用光纤传输至焦炉中控室，实现集中控制；粗苯区域设备控制、参数显示系统接入现有化产集中控制系统。控制系统可以远程、本地启动，与监测系统配合，实现自动启停、故障报警及停机。

（四）技术关键和解决的技术问题

1. 开发热水替代管式炉加热工艺

直接利用上升管产生的热水，通过输送泵送富油换热器换热，替代管式炉，克服了使用导热油热量利用效率低、蒸汽管道沿程疏水热量损失大的问题，满足了生产需求。

2. 解决了焦炉上升管出现内漏导致的焦炉耐火砖损坏问题

盘管式上升管内筒部件不承受外压、不承受重量，仅为换热器的刚性支撑用，不存在失稳破坏；内筒外侧安装U形封直通大气，一旦除盐水泄漏，内筒可充当保护屏障，汽水不会泄漏至碳化室，自动外排至焦炉顶面，便于及时发现。

3. 解决了上升管“冒黑烟”问题

盘管式上升管内表面下部涂敷特种涂料，上部采用直翅片强化，夹层为非封闭腔体，容纳螺旋盘管，盘管体与内筒之间填充导热材料，换热均匀，内筒无冷凝焦油析出，打开上升管时不冒黑烟。

三、实施效果

（一）节能量、减碳量和经济效益

该项目于 2021 年 1 月 9 日开始调试，2021 年 3 月份投入稳定运行，可降低焦炉煤气消耗 $5m^3/t$，产生蒸汽 9t/h，除氧器自用 1.4t/h，按煤气单价 1 元/m^3、蒸汽 85 元/t、除盐水 7 元/m^3、月生产焦炭 8.5 万吨计算。

1. 节能量

节约煤气量：$5\times8.5\times12=510$ 万 m^3。

回收蒸汽量：$(9-1.4)\times24\times30\times12=65664$t。

消耗除盐水：按排污率 1.29 计算，$(9-1.4)\times1.29\times24\times30\times12=8.47$ 万 m^3。

年节能量 $=510\times5.557+65664\times0.1038-8.47\times0.539\approx9645$t 标煤。

2. 减碳量

年减碳量 $=9645\times2.66\approx25656$t。

3. 经济效益

降低煤气消耗收益：$510\times1=510$ 万元。

回收蒸汽收益：$65664\times85\div10000\approx558$ 万元。

运行费用：每月平均用电 10534kWh，电价按 0.53 元计算，年电费约 7 万元。

除盐水费用：$8.47\times7\approx59$ 万元。

年经济效益合计：$510+558-7-59=1002$ 万元。

（二）社会效益

上升管产生的热水用于富油加热，替代管式炉工艺，充分回收了焦炉的余热，解决了管式炉用焦炉煤气加热后烟气需要脱硫脱硝处置的环保问题，消除了使用焦炉煤气加热过程中的安全隐患，具有一定的示范效应。

主创人：叶德强、李自仁、张海平、祝更新、王和喜

“数据中心节能降碳高效智能管理集成系统”的应用

北京火星高科数字科技有限公司

一、企业概况

北京火星高科数字科技有限公司（以下简称火星高科）成立于2002年6月，总部位于北京，是国家级高新技术企业、北京“专精特新”小巨人企业，中国数据灾备领域第一代技术创新研发单位，拥有“火星Mars”和“火星舱”品牌，国内海量数据安全管理及存储系统智管节能解决方案唯一替代IBM及昆腾同类技术的企业，掌握中国数据存储安全、灾备、数据绿色存力的底层支撑型技术。火星高科拥有两大技术产品线，海量数据存储系统安全高效管理及智管节能解决方案，技术性能国际领先、国内执牛耳地位、无国内竞品、填补国内技术空白；数据容灾备份系列技术产品线完整包含实时备份、定时备份、接管、双活、归档五大灾备领域技术。技术的完整性、先进性居行业前三。火星高科技术知识产权完整，专利及软著作产权清晰并拥有军工技术服务资质。全国设有8个区域办事处。

“数据中心节能降碳高效智能管理集成系统”是以归档软件安全、高效管理海量数据的前提下，实现对近线存储系统大幅节能的技术成果，突破国外技术封锁、革命性弥补我国数据中心“双碳”技术瓶颈的解决方案，节能、降碳效果有颠覆性突破。数据中心根本能耗大幅降低，其中IT存储系统能耗降低77.6%～92.2%，带动制冷设备功耗直接降低16%～30%，优化配置降低存储设备成本可高达70%，数据中心总成本（TCO）降低50%～90%。颠覆性改善我国目前大型数据中心高耗能现状，提升我国海量数据绿色存力水平达到国际一流乃至先进水平。保障数据永续保存达30年以上，防病毒、防攻击、“零”丢失，数据高效归档、秒级快速检索、回迁技术，所有数据均可2分钟实现访问。该集成系统的技术应用项目已获得数据中心科技成果一等奖。

公司近期获得的荣誉：2021年经专家评审列入科技部年度国家科技成果、2021年灾备技术进入了信创双技术目录、2022年数据中心科技成果一等奖、2022年工业和信息化部金砖国家工业创新大赛优秀奖、2022年信息通信行业绿色低碳发展应用优秀案例库、2022年企业绿色低碳发展优秀实践案例、2022年《北京市创新型绿色技术推荐目录》等。

二、主要措施

（一）项目背景及重要性

随着智能世界的到来，数据量正在以惊人的速度增长，预计到2030年，全球数据存力将进入YB时代。有数据的地方就需要数据存储，如何将数据进行妥善、安全的存储，就显得尤为重要，有赖于数据存储的综合能力，即数据存力。数据存力是文明的基石。美欧发达国家绿色数据存力技术水平领先，存力水平以处于ZB级别，我国目前正处于PB向EB级别迈进，与我国目前经济发展水平极不匹配。数据既是资产也是压力，价值堪比能源，国家为数字经济可持续健康发展提出“数字双碳”战略，并在《“十四五”国家信息化规划》《“十四五”信息通信行业发展规划》中提到“加快推进数字基础设施建设，统筹布局绿色智能的数据与算力设施、数据存储等能力”，工业和信息化部等七部门关于印发《信息通信行业绿色低碳发展行动计划（2022—2025年）》中特别强调了“鼓励IT系统节能创新技术”提升IT能效水平。

基于此背景下，火星高科作为国家信息化数字“新基建”“东数西算”战略的主动参与者，积极探索自主可控的海量数据管理技术，自主研发了基于“数据中心节能降碳高效智能管理集成系统”的应用解决方案。该方案正是针对“IT系统的基础能耗节能的技术”，将颠覆性完善海量数据中心现有的节能降碳、降本增效解决方案，颠覆性实现中国海量数据中心安全、高效管理并大幅节能降本增效的创新技术。该技术解决方案将完善国家数据中心节能及管理标准指标体系，用实际的数据管理节能增效方案效果，推动政策制度引导，发挥创新技术的颠覆性价值，推动国家“双碳”目标的落地实现。该方案核心技术是国内首款，目前无国产技术竞品，以归档迁移管理软件安全、高效管理海量数据为前提，实现对近线存储系统大幅节能，弥补了PUE评价标准为导向的数据中心节能、降碳技术瓶颈，具备提升海量数据存储系统能效率5～10倍的技术效果潜力，具备推动我国绿色存力水平达到国际先进水平乃至超越的可行性，必将成为作为行业和政府推荐技术，服务于绿色数字新基建。

（二）应用场景

“数据中心节能降碳高效智能管理集成系统”的应用解决方案可为数据中心用户方提供数据全生命周期管理存储系统安全、高效、节能智能数管解决方案及部署实施和升级扩容管理。可分为新建数据中心方案设计与运维管理，以及存量数据中心的改造、实施与运维管理。新建数据中心主要提供数据管理分级、分类，数据冷、热分区域，近在线高效管理的设计、数据容量空间规划、存储介质优化配置方案设计等系统性解决方案，部署基础MSP软件管理系统并提供定制功能研发、运维技术支持等；存量数据中心数据管理节能改造方案设计，包括现状存储区域的合理规划、现状存储设备的节能优化、预测存储设备更新的设备选型优化配置、预测数据增量弹性扩容3～5倍且不增加能耗等，负责为用户无感化分步实施，方案确认后改造部署工作周期3～6个月，节能效果明显。

该解决方案可建立数据近线存储资源池。对数据进行冷、热数据分级分类归档管理，以保障前端应用无须更改，在用户无感知的前提下建立近线数据存储资源池提高IT系统对业务的支持力度，搭建存储系统的多级存储构架，根据时间和频次建立初级冷、热数据分级分类归档管理基础，划分数据冷、热区域，对冷、数据区域实施冷数据管理方案分步部署实施，初步部署周期3～6个月。在数据管理生命周期中打通温、热、冷数据通道，让数据自由高效流动，实现用户访问迁移、归档的数据过程透明、无延迟感。通过数据高效管理提升数据资产使用价值，实现秒级高效快速检索、回迁技术，所有数据2分钟均可访问迁移，提升数据使用效率，提升数据使用价值。该系统设置统一接口屏蔽介质差异，实现对多介质存储系统的统一管理，对现存磁盘存储介质采用磁盘磁带化管理技术降低能耗及介质成本，待存储介质正常更换时支持用户更换磁盘、磁带、光盘任意介质需求，同时有计划地不断降低存储介质成本。采用AI技术及策略定制服务不断升级具字节跳动数据特性的数据管理策略，构建行业特性的数据热、温、冷多级存储架构，实现数据自动迁移、归档管理存储区域升级。不断满足海量数据管理技术性能的提升优化，将数据中心综合成本降低至0.0005元/GB/月以下。

该解决方案可实现高性价比的弹性数据存储解决方案——保证数据安全、永续化管理，降低存储系统能耗及TCO 。对数据中心的温、冷数据进行透明化的生命周期的管理。按照数据读写时间、频率、数据特性等设计数据多级存储架构策略，规划数据中心IT系统空间冷、热数据存储区域，按照冷、热数据区域规划容量配置存储设备部署管理软件；对归档冷存数据实施从在线存储区域到近线、离线存储区域迁移；降低存储系统能耗78%～92%，以及制冷系统功耗降低30%、降低存储设备成本60%。建立数据增量预测系统，对数据中心以现有能源指标不增加，实现3～5倍的存储容量弹性扩容。

（三）方案主要技术

“数据中心节能降碳高效智能管理集成系统”的应用解决方案主要技术包括以下内容。

1. 底层核心技术——“数据分级存储管理技术”（MSP中间件）

该技术性能完全对标国际竞争对手，技术的兼容性、适配性、综合性价比、持续稳定性均优于对手的技术性能，目前无国内技术厂商。MSP技术采用以软件为主、结合硬件特性的技术方案，构建多级数据存储系统，通过智能分析在线大容量集群存储、近线存储设备的配置比例，通过软件管理有效实现IT系统能耗优化降低，既满足集中式的大型数据节能低成本运行，也能实现数据访问高效迁移的高性能数据存储管理要求。在整个管理系统中，存储设备被划分为应用工作区和数据存储区两部分。应用工作区使用高速、高性能集群存储设备的在线存储；80%～95%的温、冷数据科学归档管理在成本低廉且能耗极低的数据存储区上的近线存储；甚至还有数据进行存储介质架上保存的离线存储；用多级存储方式组成大型数据全生命周期管理系统，覆盖数据存储区，随时访问应用工作区，根据应用软件的指令完成数据从应用工作区到数据存储区之间的高速迁移，可定制在线、近线、离线数据的动态调度策略。

在线存储：支持全部主流存储，包括但不限于传统的SAN、NAS，同时支持分布式存储、对象存储。近线存储：存储管理全部无须在线使用的所有数据资源，存储介质为光盘、磁带或磁带化磁盘。

2. 高效迁移器技术

利用智能迁移归档软件实现了自动化完成数据在不同存储设备之间的迁移，以及数据记录格式转换、数据交换、迁移策略定制、系统自动调用等，完成数据存档及数据在线和近线间归档与恢复管理——保障冷数据高速分钟级响应，技术性能国际领先。

3. 数据探针技术

数据热度分析技术模块，依照元数据信息，针对数据的热度分析及保存周期要求，对各级产品数据进行生命周期管理，负责数据迁移至适当的存储介质中保存。支持MSP技术系统不断优化，保障系统性能效率持续稳定。存储资源池由热存储设备和冷存储设备分为多层存储。热数据层由高速存储设备组成，高性能、毫秒级响应；冷数据层由低速存储设备组成，低能耗、分钟级响应。

新增数据或经常访问的数据定义为热数据，存储到热数据层。冷、热数据分别从高速存储单元和低速存储单元读取。冷、热数据层的数据因访问频次的变化及策略设定，数据的冷、热定义改变自动迁移数据层。对于数据的热度升降采用人工智能技术进行预测，提前预迁移，在提升用户体验、降低应用系统适配成本的同时，进一步最优化降低能耗。

4. 磁盘磁带化存储机柜智能磁盘节能管理技术

元数据系统和设备集群构建离线存储池，按组划分多个离线子池，对所有任务的执行统一进行调度管理，同时按组调度控制离线子池的上下电，保障系统在低功耗状态下安全地运行。该技术为国内创新性使用技术，大幅降低冷存磁盘损耗率70%～80%，减少固废率，提升存量磁盘设备的使用率，为用户利旧降低总体拥有成本（Total Cost of Ownership，TCO）。

5. 磁带库集群化管理节能技术

采用多磁带库统一管理集群化技术，模块化扩展的自研技术、集群化部署多机械手并发工作技术提升磁带库设备效率技术、设备控制软件实现磁带库读写的负载均衡。跨带库实现磁带介质的多副本、跨带库进行数据交换和数据恢复、整盘磁带和文件的复制技术，实现快速的数据转储及介质升级换代。系统还拥有全面的集群化磁带库管理功能，包括磁带池管理、磁带离线管理、磁带转储、磁带审计和磁带复制。该技术特性采用了创新的RARM（Redundant Array of Removable Media）可移动存储介质的数据冗余保护技术，在提高数据流磁带可靠性的同时进行冗余纠错处理，保障数据存储的安全可靠，使小型带库性能及成本性价比优于大型带库。该技术为国际领先、中国独有，性价比和技术性能国际领先。

三、实施效果

截至2022年，火星高科“数据中心节能降碳高效智能管理集成系统”的应用解决方案整体技术或关键技术已应用于卫星遥感、测绘、广电、军工等行业。其中，中国资源卫星应用中心项目已获得了2022年数据中心科技成果一等奖。

中国资源卫星应用中心至今已发射40多颗遥感卫星，建设初期遇到国外技术“卡脖子”问题。该项目设计、研发于2004年，部署于2005年，突破了国际先进的大型数据中心建设运维管理的技术封锁，解决了当时基础设施无法支撑设计容量数据中心建设的难题，是第一套国产自研大型数据管理软件技术集成系统。全部卫星数据安全管理至今，期间做出10次扩容并完成多次数据管理构架的升级创新，支持了“一带一路”技术输出埃及、巴基斯坦等国家及地区。该数据中心设计建设容量200PB，目前在线数据近百PB，是突破了国际巨头对中国大型数据管理技术封锁的工程项目。火星高科技术团队根据该数据中心的建设需求及环境现状以攻坚克难的精神研发了海量数据存储环境下智能化管理节能技术，实现了对资源卫星中心低能耗基础设施支持条件下大型数据中心的建设与安全运行管理。通过应用该技术管理后，数据中心的PUE值从设计的1.48降低到1.37，其2021年单位能耗率为每月1.61万kWh/PB，能耗水平达到了海量数据管理节能技术的国际先进水平，单位能耗率指标与市调数据中心样本对比优于6～9倍。数据管理的技术性能及节能效果和TCO均达到国际先进水平，目前尚无国内同类技术企业。伴随该数据中心不断升级研发的软件管理技术，火星高科目前管理了20余家大型数据中心，数据量均达50PB以上，安全管理达8～18年。

该解决方案已申请专利10余项、软件著作50余项，技术完全自主可控。团队技术研发经验超过16年，在视频监控、卫星遥感、广电等行业积累了大量的成功应用案例，对于目前国内现有的存储设备和存储介质，从底层设备控制到介质读写、数据一致性、数据可靠性等方面都有国内和国际上领先的关键技术。技术成果在国内无竞品，与IBM和昆腾等国际巨头企业的同类技术对比，各项基本技术性能完全覆盖且有多项技术优势，技术持续稳定性更优，技术拥有广泛的开放和兼容特性，适配各种CPU架构和操作系统，支持用户设备灵活选型，可定制研发技术保障度更高。可以实现数据安全永续管理30年以上，可做到物理性防病毒、防攻击，保障PB级以上的数据“零”丢失，从而突破了我国目前大型数据中心节能、降耗的现状瓶颈，具备实现大型数据中心能效率相比目前全在线存储数据中心提高10倍的技术能力，填补了我国在大型数据中心领域IT系统节能降耗管理的技术空白，具备推动国家科学修订数据中心能评标准完善的技术水平和技术价值。

主创人：黄　疆、白龙吉、张大平、陆　刚、杨　婕

光磁电混合存储技术在低碳数据中心的应用

北京易华录信息技术股份有限公司

一、企业概况

北京易华录信息技术股份有限公司（以下简称易华录）成立于2001年4月，是国务院国资委直接监管的中央企业中国华录集团（以下简称华录集团）旗下控股的上市公司。作为华录集团信息产品与服务板块中坚力量，易华录深耕大数据产业，积极响应国家推进数字化发展、“双碳”号召，秉承“努力降低全社会长期保存和使用数据的能耗和成本”的企业使命，发挥技术和平台优势，引领行业生态伙伴，坚持以数据湖战略为中心，围绕超级存储和数据变现两大主线，构建以光磁电智能混合存储技术为核心的超级存储能力和全面覆盖数据要素“低成本汇聚－规范化确权－高效率治理－资产化交易－全场景应用”的数据资产化服务能力。

易华录已在京津冀、长三角、成渝和贵州、宁夏等全国算力网络国家枢纽节点建设落成多个数据湖，与国家发展改革委“东数西算”工程规划十分契合。未来，公司将积极参与国家“东数西算”工程并发挥蓝光存储系列产品低能耗的特点，为“东数西算”工程中低碳数据中心的建设提供必要的硬件支持和技术支持。

2019—2021年，易华录年营业收入分别为37.44亿元、28.06亿元、20.20亿元。2022年一季度公司的数据运营及服务类收入较上年同期取得较大幅度增长，其中数据存储类业务合同额增长442%，数据交易类业务合同额增长36%，数据使用类业务合同额增长27%，数据治理类业务合同增长7.15%。

二、主要措施

（一）市场背景

随着信息时代的高速发展，各种信息（文字、声音、图像等）数据呈现爆炸式增长。IDC的研究表明，从2010年到2020年的10年间，全球的数据量增加50倍，而其中绝大部分的数据都存储在数据中心。数据总量的急剧增长，给数据中心带来最直接的影响是存储服务器数量的不断增长，从而消耗大量的能源。2020年，国内数据中心总耗电量为1969.6亿度，达到社会总用电量的2.6%。据预测，到2025年，我国数据中心耗电量将占全社会用电量的4.1%。随着“双碳”目标的提出，如何加快数据中心行业的绿色发展、降低碳排放，成为推动我国实现“双碳”目标的重要话题。

根据有关公司的调研结果，在整个数据中心的硬件能耗中，存储设备的能耗占到37%至40%，特别是对于以数据密集型业务为主的公司，存储系统的能耗成本占整体拥有成本（TCO）的比例更高达50%。由于数据量急剧增长、存储性能和容量增长缓慢，存储系统的能耗占数据中心总体能耗的比例会逐渐增大。

根据数据访问规律，数据中心存储的数据中有高达80%的冷数据不被经常访问，如果将冷数据与热数据同时存储在功耗较高的磁存储介质中，将产生极大的能耗损失。可见，降低冷数据的存储能耗将极大程度地降低数据中心存储数据的整体能耗。

本文将以易华录自有数据湖数据中心为例，依据数据热、温、冷分级存储理论，介绍光磁电混合存储技术（也称“超级智能存储”）在低碳数据中心的应用。

（二）存储介质特性分析

当前，市场上主流的数据存储介质，主要有硬盘（HDD）、磁带（TAPE）、蓝光光盘（Blu－ray

Disc）3种，相对应的存储设备分别为磁盘阵列、磁带库和蓝光光盘库，这3种存储方式各有不同的特性。

1. 硬盘存储

硬盘存储能够实现数据的快速记录和读取，满足数据在线快速访问的需求。但是，从长期存储的角度来看，硬盘存在着许多不足之处，具体表现在介质寿命短、环境要求高和存储安全系数低等方面。硬盘的寿命一般在3~5年，因此需要较长时间保存下来的数据就要不断进行数据迁移、更换硬盘，使得磁盘数据中心运维成本居高不下；同时，数据迁移的过程中存在一定风险，比如人为误操作、软件病毒伺机入侵、数据库兼容性等问题都需要通盘考虑。此外，硬盘本身又对运行环境的要求比较高，工作时需要电力的持续供给，同时需要冷却系统对运行环境进行降温，消耗大量电力资源，带来能耗成本。磁介质的可擦写性使得硬盘中记录的数据可更改，而长期存储的数据需要保持其原始性，所以，磁盘记录会面临黑客攻击或人为修改等安全风险。

2. 磁带存储

磁带存储也是一种磁性存储方式，一般来说，磁带库主要部署在离线存储设备的终端。为了防止环境潮湿造成的磁带粘连，需要不定期地对磁带进行倒带处理，而且磁带介质寿命较短，每隔5~10年左右需要更新介质，重新进行数据迁移。另外，磁带库在读取数据时采用线性寻址的方式定位数据位置，寻址速度慢，无法满足数据快速定位访问的需求。

3. 蓝光存储

蓝光存储是目前非常有效的数据长期归档存储方式。虽然在数据传输速度和响应时间方面的参数低于硬盘存储，但在数据迁移、近线备份、异质备份和异地备份等方面，蓝光存储都具有明显的优势，具体表现为存储容量适中、数据不可更改、介质寿命较长、移动性能良好、投入成本小和运行能耗低等。目前，蓝光光盘库技术的发展已经解决了单张光盘容量低及传输速度慢等问题。

以硬盘为代表的磁存储技术，由于存储速度快、存储容量大和使用方便的优势，占据了数据存储市场的半壁江山，但对于数据保存所要求的长期性、安全性、绿色性来说，蓝光存储的优势明显。

（二）光磁电混合存储介绍

光磁电混合存储支持全介质、全场景的数据存储，融合了磁、光、电3类存储介质性能优势，围绕数据全生命周期管理将数据进行热、温、冷分级存储，通过不同存储介质之间优势互补，从而实现数据中心长时间、低成本、高节能、安全可靠的海量数据存储要求，满足数据一站式存储。

基于数据的首末次访问时间、响应时间、访问频率、属性代码等，通过生命周期管理，建立大数据智能分级软件，进行冷、温、热数据分级，利用闪存和磁盘介质构成磁、电主存储系统，存取热、温数据；磁盘+蓝光介质构成光磁冷存储系统用于存储冷数据。基于闪存+硬盘+光盘存储系统的多级存储架构，实现海量数据存储管理，需根据客户个体差异及业务系统的特征，将数据保存在不同级别的存储设备中，实现数据的集中、统一存储管理，保障系统安全存储和有效管理，满足不断增长的数据存储管理需求。

光磁电混合存储的关键技术有以下几点。

1. 分级存储

光磁电混合存储融合了多种存储介质，实现数据在不同介质中的分级存储。

（1）NVMe和SSD定位于全闪存储，具有高IO、低时延、高可用性的优势，适合小文件加速、引擎加速、数据库加速和高性能计算。

（2）PMR HDD定位于标准存储，具有高吞吐量、低访问时延、高可靠性、高可用性的优势，适合移动应用、网站视频数据分析等场景。

(3) SMR HDD 定位于低频存储，具有较低访问时延、较低存储成本、高可靠性的优势，适合网盘存储、监控数据、媒资备份等场景。

(4) 磁带定位于归档存储，具有高可靠、低存储成本、较高持久性的优势，适合医疗影像、业务备份、日志数据等归档存储场景。

(5) 蓝光光盘定位于深度归档存储，具有高安全性、高可靠性、低能耗、寿命长等优势，适合基因数据、合规性归档文件等深度归档场景。

2. 生命周期管理

生命周期管理，基于名称前缀，通过设置过期删除和定期转储策略，使存储在磁盘上的读写频繁的热数据经过时间的冷却后，逐渐下沉到安全性更高、成本更低的冷存储介质中。

生命周期管理满足海量非结构化数据管理的需求，使 TB 级的大批量文件在不同的存储介质中的流动。冷、热数据分层管理，将大量的冷数据存储在成本较低的冷存储介质（磁带、蓝光）中，将需要频繁访问的热数据存储在热磁中，在满足不同数据读写需求的同时降低存储成本。

3. 扩容与缩容

数据中心对存储容量在不同阶段会有不同的需求。缩容扩容功能保证用户可按照不同需求、不同配置进行部署，可以在后期通过增加或减少相关配置调整部署的方案并对存储容量进行控制。

存储节点、存储池、硬盘可按需进行增加和移除，当上述配置项发生变化时，系统会重新计算权重，自动进行数据均衡迁移，保证业务流畅。

（三）光磁电混合存储在数据湖的应用

数据湖概念在 2010 年由詹姆斯·迪克森提出，可实现原始数据大容量、低成本、高可靠存储。易华录数据湖以光磁电全介质混合存储技术为基础，面向政府、企业、个人提供融合数据感知、存储、计算、分析及应用为一体的服务，以满足数据存储读写速度、存储时间、存储安全、分布式存储等全需求场景为目标，收集、整理、开放数字经济核心要素——数据，以人工智能、云计算和云存储为主要服务形式，实现“超级存储”“超级连接”“超级计算”相配套的新时代数字经济基础设施，颠覆了传统数据中心业务模式。数据湖兼具基础设施和公共服务的基本属性，实现层间能力打通、数据资源拉通、人工智能算法赋能生态智能应用，实现多种方式价值驱动。

光磁电全介质混合存储系统是数据湖存储最重要的组成部分，包括应用层、存储服务层、底层架构，构建了数据湖的“底座”。其中，应用层主要对接公安交管、政府、企业等用户的业务系统。超级智能存储提供的是数据存储服务，只要是数据都可以提供存储服务，并不限于业务领域。

存储服务层主要针对不同的存储类型，向上承接业务系统的数据，向下连接分布式存储集群。目前，超级智能存储主要提供对象存储服务，通过标准 S3 协议与应用平台和存储底层架构进行通信。

底层架构，整合了光磁电存储资源，主要提供 ESMS 运维监控管理服务和温、热数据的磁存储缓存及磁带库、蓝光存储冷介质存储。其中，ESMS 运维监控管理服务通过 Restful API 从存储集群中获取数据，热、温数据与冷数据间生命周期的统一管理调度由 posix 接口完成。

三、实施效果

基于磁光电全介质混合存储技术的城市数据湖，有效解决了海量数据长期存储难题，助力数据中心降低能耗、盘活数据及提高数据安全性。通过数据湖智慧应用体系创新实践，助力传统 IDC 的绿色升级改造。

（一）节能降耗

蓝光存储技术及光磁电混合存储技术已入选《国家绿色数据中心先进适用技术产品目录（2020）》《国家通信业节能技术产品推荐目录（2021）》。蓝光光盘库单机柜工作功耗约 170W，待机功耗仅为

70W，单 PB 每小时蓝光存储的能耗和碳排放量仅为磁存储的 5.28%，一个 2000 个机架的蓝光机房一年整体能耗约为 700 万度电（按工作功耗计算）。

以 1000 PB 光磁融合分级存储（光磁配比 8∶2）为例，相比于全热磁存储方案：年总耗电量节省 1185 万度，节能比例为 77.19%，相当于节省标准煤 1457 吨，减少二氧化碳排放量 7160 吨，年节水量可达 1.75 万吨——节水比例为 80%，PUE 值可由 1.427 降至 1.251。

（二）压降成本

主体存储以蓝光为准，基于 ISO/IEC 16963－2013 进行艾林模型加速老化实验，确定蓝光光盘介质存储寿命：在环境 30℃、70% RH 的条件下，蓝光光盘寿命超过 50 年。使用蓝光光盘存储介质 50 年内无须数据迁移，大大节省了数据频繁迁移成本，降低海量数据存储和运维成本，1PB 数据存储 50 年的介质费用仅为磁的 10%。

（三）安全可靠

热磁数据存放以纠删码技术为主，数据迁移至蓝光后，数据一经写入不可篡改，防病毒、电磁攻击，同时可采用 RAID 6 ＋镜像存储方式，保证重要数据的可靠性达 19N。

主创人：牛　川、杨玺艳、王健英、张晓洁

基于超级智能存储技术的绿色低碳数据湖建设案例

北京易华录信息技术股份有限公司

一、企业概况

北京易华录信息技术股份有限公司（以下简称易华录）成立于2001年4月，是国务院国资委直接监管的中央企业中国华录集团（以下简称华录集团）旗下控股的上市公司。作为华录集团信息产品与服务板块中坚力量，易华录深耕大数据产业，积极响应国家推进数字化发展、“双碳”号召，秉承“努力降低全社会长期保存和使用数据的能耗和成本”的企业使命，发挥技术和平台优势，引领行业生态伙伴，坚持以数据湖战略为中心，围绕超级存储和数据变现两大主线，构建以光磁电智能混合存储技术为核心的超级存储能力和全面覆盖数据要素“低成本汇聚－规范化确权－高效率治理－资产化交易－全场景应用”的数据资产化服务能力。

易华录已在京津冀、长三角、成渝和贵州、宁夏等全国算力网络国家枢纽节点建设落成多个数据湖，与国家发展改革委“东数西算”工程规划十分契合。未来，公司将积极参与国家“东数西算”工程并发挥蓝光存储系列产品低能耗的特点，为“东数西算”工程中低碳数据中心的建设提供必要的硬件支持和技术支持。

2019—2021年，易华录年营业收入分别为37.44亿元、28.06亿元、20.20亿元。2022年一季度公司的数据运营及服务类收入较上年同期取得较大幅度增长，其中数据存储类业务合同额增长442%，数据交易类业务合同额增长36%，数据使用类业务合同额增长27%，数据治理类业务合同增长7.15%。

二、主要措施

（一）建设概况

（1）城市数据湖是新一代开放型数字经济基础设施。城市数据湖是融合数据感知、采集、存储、治理和应用为一体的智能化、综合型数字经济基础设施，是绿色低碳、海量存储、安全可靠、自主可控的升级版大数据中心，以行业级蓝光光盘库和光磁电全介质超级智能存储系统为“底座”，以人工智能、区块链、云计算、大数据等新一代数字技术为支撑，以数据中台和算法中台为基础，以收集、整理、开放数据要素为己任，以数据治理、开发利用为终极目标，通过对数据的低成本汇聚、规范化确权、高效率治理、资产化交易和全场景应用，为数字经济、数字政府、数字社会提供数据、算力和算法赋能。当前，城市数据湖已成为各级政府实现数据要素优化配置的可靠载体，成为企业和个人获得可规划、可延展且具有时效性、经济性和持续性存储服务的有力支撑，成为区域实现数据众筹、问题众治、应用众包、产业众创的孵化器和城市以数招商的数字经济产业园。

（2）城市数据湖已形成全国性建设布局。2016年，易华录实施数据湖策略，经过6年努力，已在全国20个省（自治区、直辖市）落地33个数据湖，已开工建设天津、徐州、姜堰、株洲、无锡、大连、长治、雅安等8个数据湖产业园。在“东数西算”工程8个国家枢纽节点中的京津冀、长三角、成渝、粤港澳和宁夏5个节点已有建设基础，可为国家枢纽节点数据中心集群的建设进一步贡献动能。具体包括：京津冀枢纽节点在建秦皇岛数据湖、北京数据湖、天津津南数据湖；长三角枢纽节点在建江苏无锡、泰州、徐州、常熟数据湖及安徽宿州数据湖，其中，无锡数据湖于2021年被纳入长三角区域一体化发展建设专项；成渝枢纽节点在建四川成都、雅安数据湖及重庆数据湖；粤港澳枢纽节点在建广东茂名数据湖；宁夏枢纽节点在建银川数据湖。

（3）城市数据湖已构建绿色低碳、存算兼备的能力体系。一是数据湖累计部署蓝光3354PB、IDC

机柜1375个、开通在线云主机3073台；二是中国信通院的第三方测试报告显示，数据湖作为综合利用绿色低碳存算技术建设的新型标杆数据中心，PUE相对值达到1.15，单位存算能耗绝对值只占传统单位存算单元的5%～20%；三是中国信通院测评显示，数据湖底层大数据平台融合Hadoop、MPP、图数据库等主流计算引擎，与自主研发超级存储引擎对接，可实现存算分离；四是数据湖数据治理平台遵循DAMA3.0/DCMM标准，除提供数据全生命周期一体化工具等、强化数据安全外，还可实现分层解耦，与华为等主流大数据平台适配兼容；五是数据湖不依赖特定平台，能够灵活适配，已取得华为鲲鹏产品兼容性证书，完全适配华为ARM架构服务器且可以兼容鲲鹏处理器指令集；六是数据湖AI平台底层可适配英伟达、寒武纪等主流算力设备，向上具备百度、旷世等算法运行环境，自带涵盖教育、交通、城管等10类算法场景的349个算法能力。

（二）蓝光存储技术

1. 数据海量存储技术

华录集团是国际蓝光联盟的贡献级会员，参与了蓝光的行业标准制订，拥有最为完整的蓝光存储产业链，拥有自己的蓝光产品生产制造工厂，实现了蓝光软硬件技术研发、生产制造、产品销售、售后支持的全产业链。2016年，300G光盘量产。2020年，500G光盘小规模量产，1TB产品增加多值化处理技术，正在全新IC开发，该技术已获得专利43项（其中21项为发明专利）、存储领域国家标准4项。

大容量500GB双面蓝光碟片依据国际档案级WORM盘片标准设计生产，多达6个记录层。线密度为47.9nm/bit，区别于300GB光盘的79.8 nm/bit，实现容量的提升，每个标准19英寸机柜容量可达3.192PB。500GB光盘通过在驱动器上使用符号间干扰消除技术，可以纠正由于更高的记录密度而导致的回放点分辨率降低，可将光盘和光盘技术在内的设备开发负担降至最低。

2. 数据长期存储技术

蓝光存储是目前最有效的数据长期归档存储方式，在介质寿命、数据安全性及长期存储总体成本方面远远优于半导体存储、硬盘存储和磁带存储，采用无机相变材料，使用基于激光的非接触式光学过程来写入和读取数据，因此，用保护膜覆盖数据记录表面可以在不损失写入或读取性能的情况下实现高环境耐久性。蓝光光盘对环境依赖较低，无须专业空调设备，可在常温常湿的条件下存储50～100年，无须数据迁移，能够大幅降低机房空调系统耗电，与磁盘存储相比，包括后期使用、维护成本在内的总拥有成本（TCO）降低95%。光盘匣机械手寿命4万次、光盘机械手寿命3万次、光驱加载次数3万次，光驱累计写4500小时，风扇组件寿命5万小时。此外，蓝光存储在数据迁移、近线备份、异质备份和异地备份等方面还具有介质寿命较长、移动性能良好、投入成本小等明显优势。

3. 数据可靠存储技术

蓝光存储具有防黑客、抗电磁干扰、无辐射等功能特性，可实现数据长期、安全、可靠存储。

读写速度方面，蓝光光盘支持Raid0、Raid5、Raid6冗余，可靠性达19N，6个光驱同时读写6TB光盘匣，最高读取速度648MB/s，平均读取速度540MB/s，最高写入速度432MB/s，平均写入速度375MB/s，光盘匣加载至光驱的时间为120s，光盘匣从光驱中卸载的时间为50s，平均在线响应时间为3900ms。

4. 数据低碳存储技术

蓝光存储具备海量、长期、绿色、安全的特性，中国泰尔实验室对蓝光光盘库存储系统与磁盘存储系统进行能耗对比测试结果显示，蓝光用电能耗显著低于磁盘，蓝光光盘库存储系统单机柜每小时耗电0.31度，单PB每小时耗电0.13度，相对于磁盘存储系统，节能减排幅度均大于80%。

（三）超级智能存储解决方案

超级智能存储解决方案针对海量温、冷数据，利用分布式存储架构，融合NVMe、SSD、HDD、蓝光等存储介质优势，通过全介质分布式存储软件提供统一存储空间，是兼具光存储长寿命、安全可靠、绿色节能和电、磁存储快速读写等优点的存储系统，可实现光磁电融合、数据贯通、智能分层、自动迁移、数据加密、按需扩展、横纵扩容等特性，能够有效降低数据中心初期建设成本和后期的运维成本，可满足大数据对长效存储设备的要求。

基于存储的“二八定律”，80%数据是冷数据，20%数据为热数据，如果用蓝光存储冷数据，相较于完全采用磁存储，IT系统能耗可降低近27%。足以说明用超级智能存储替换磁存储，可显著降低数据中心IT能耗，超级智能存储的TCO约为全磁盘存储系统的45%。

该解决方案采用标准的S3协议提供对象存储服务，主存储利用蓝光介质实现上千PB数据的安全、高效、绿色、低成本保存；采用数据与元数据分离、小文件归并等方式，可有效提升整体的读写性能；实行生命周期策略，可实现数据的跨介质流动；通过EC和副本保护策略、数据恢复QOS、前后端一致性校验等，保证数据安全可靠；采用全新的运维管控界面，对集群信息、审计日志、告警监控等提供有力支持；采用API、SDK、CLI、控制台及图形化管理工具，可以为不同用户提供便捷的访问方式。

1. 技术架构

超级智能存储解决方案在逻辑上主要划分为底层架构、存储服务层、应用层3个层次。

（1）底层架构：分布式架构磁存储模块通过标准S3接口与蓝光存储管理系统交互，数据读写请求先进入磁存储空间，再根据分级策略从蓝光存储管理系统读取或写入。提供统一的运维监控平台，对整个存储系统进行统一管控。

（2）存储服务层：存储服务层主要针对不同的存储类型，向上承接业务系统的数据，向下连接分布式存储集群。目前，该解决方案主要提供对象和文件存储服务，通过标准S3协议与应用平台和存储底层架构进行通信，或者使用NFS、SMB、FTP等文件协议提供文件存储服务。

（3）应用层：主要对接公安交管、金融、医疗、政府、企业等用户的业务系统。该解决方案提供的是数据存储服务，提供文件、对象、块级3种不同协议接口，满足多业务场景使用。

2. 部署拓扑

整套方案逻辑组网分为业务平面、存储平面、管理平面3个平面。接入层按最低不小于1GB/S网络带宽设计，所有链路采用双冗余链路设计，保障网络无单点故障。

（1）业务平面：磁存储服务器与用户业务网络对接的组网，用于客户端接入业务，简称为业务平面，支持多子网。

（2）存储平面：磁存储服务器内部节点间的组网，用于集群内部数据通信，简称为存储平面，蓝光存储数据面通过此平面与磁存储服务器数据面交互。

（3）管理平面：磁存储服务器与用户管理网络对接的平面，简称管理平面，用于客户维护终端接入磁存储服务器，蓝光存储管控面通过此平面与磁存储服务器管控面交互。

3. 优势

（1）分级存储。从目前的存储介质发展程度来看，还没有一种存储介质同时具备高性能、低时延、高可靠性、大容量、低成本、高稳定性、低能耗的特性，可以完美地符合海量数据长期存储的需求。因此，目前最优的选择是结合多种存储介质的优势，各取所长，让数据在不同的存储介质中实现分级存储。超级智能存储融合全闪存储、标准存储、低频存储、归档存储和深度归档存储5个层级的存储介质，可根据数据的访问频率设置流动策略，使数据能够智能地在5个层级的介质中流动，在保证读写性能的基础上降低了数据的存储成本。

（2）生命周期管理。生命周期管理，基于名称前缀，通过设置过期删除和定期转储策略，使存储在磁盘上的读写频繁的热数据经过时间的冷却后，逐渐下沉到安全性更高、成本更低的冷存储介质中。

冷、热数据分层管理，将大量的冷数据存储在成本较低的冷存储介质（磁带、蓝光）中，将需要频繁访问的热数据存储在热磁中，在满足不同数据读写需求的同时降低存储成本。

（3）扩容缩容。用户在不同阶段对存储容量可能有不同的需求。缩容扩容功能可实现用户根据不同需求进行存储容量的配置，可以在后期通过增加或减少相关配置来调整部署的方案，从而对存储容量进行控制。超级智能存储解决方案的存储节点、存储池、硬盘可按需增加或移除，当上述配置项发生变化时，系统会重新计算权重，自动进行数据均衡迁移，保证业务流畅。

（4）多协议互通。方案支持 S3 协议与 NFS 协议互通，即通过 S3 协议写入的数据可以通过 NFS 文件协议进行读取，NFS 协议写入的数据可以通过 S3 协议进行读取。

（5）运维监控管理。方案可面向运维人员和管理员，提供对集群的监控和管理服务，支持监控集群存储性能、容量、对象存储服务和集群的设备健康状态等，当集群发生故障及时告警，通知相关的运维人员进行维护。

三、实施效果

目前，易华录基于超级智能存储的绿色低碳数据湖累计签署合同或协议的数据总量已超过 1000PB，能够从节电、节水、节地等方面实现绿色节能效果。以建设或改造 1000PB 存储量为例，其中用于智能分级存储使用光磁配比为 8∶2、用于归档等冷数据的存储使用全蓝光配置，可实现年总节电量 1341. 45 万度，年总节水量 15398. 18 吨，折合标煤减少使用量 1648. 65 吨，减少碳排放 4286. 46 吨，PUE 值可由 1. 304 下降至 1. 244，WUE 值由 1. 427 下降至 1. 147，节能效果显著。

根据中国泰尔实验室《蓝光光盘库存储系统与磁盘存储系统能耗对比测试报告》的数据显示，具体节能效果如下所述。

单 PB 蓝光存储每小时用电能耗为 0. 13 度，与单 PB 的磁盘存储相比，年总用电能耗节省 2. 05 万度，节能比例为 94. 72%。

对于 1000PB 有效存储总量，全蓝光配置的归档等冷数据存储，相比磁盘存储，年总用电能耗节省 2050 万度，节能比例为 94. 72%。相当于节省标准煤 2519 吨，相应减少碳排放量 12381 吨，节碳比例为 94. 72%

对于 1000PB 有效存储总量，智能分级存储使用光磁配比 8∶2 的条件下，能够达到日常数据存储的性能要求，相比于全热磁存储的解决方案，光磁融合的解决方案中总耗电量年节省 1640 万度，节能比例为 75. 79%，相当于节省标准煤 2015 吨，减少碳排放量 9905 吨。

由于蓝光光盘可在常温常湿的条件下存储 50 年以上，无需额外的通风冷却系统维护机房环境，可大大降低 IDC 对冷却系统等其他辅助设施的设备数量及用电量，从而降低数据中心 IT 系统所需制冷量。经测算，对于 1000PB 有效存储总量，与全热磁存储方案相比，智能分级存储光磁配比 8∶2 条件下，光磁融合机房相比全磁机房，年制冷量降低 75. 79%，可降低制冷系统用电量 75. 79%。

由于无须额外的通风冷却系统，可大大降低 IDC 对冷却系统等其他辅助设施的设备数量及用电量，进一步节省水资源。经测算，与全热磁存储方案相比，智能分级存储光磁配比 8∶2 条件下，年节水量可达 2. 47 万吨，节水比例为 80%，WUE 值可由 1. 427 降至 1. 179。

以蓝光单机柜存储容量为 2. 74PB、有效容量 2. 34PB 为例，相比于磁存储单机柜，在全光配比条件下，有效存储 1000PB 数据可节省机柜数为 906 个，节地比例为 67. 95%；在智能分级存储光磁配比8∶2 条件下，存储 1000PB 数据可节省机柜数为 725 个，节地比例为 54. 36%。

主创人：牛　川、杨玺艳、吕晗笑

“5H”数据中心冷源系统

北京英沣特能源技术有限公司

一、企业概况

北京英沣特能源技术有限公司（以下简称英沣特）成立于2007年，是集科研、设计、生产、集成、投资建设、优化改造与运行管理为一体的国家高新技术企业、北京市“专精特新”小巨人企业、中关村“瞪羚”企业。

英沣特起步于数据中心基础建设机电集成服务，现以绿色数据中心建设发展为核心，参与数据中心建设运营全生命周期。围绕绿色数据中心方案设计、投资建设、集成交付、绿色运维、绿色改造及数字化管理，英沣特已形成绿色数据中心基础机电建设的全产业链覆盖。

英沣特作为数据中心机电集成服务的先行者和数据中心绿色冷源集成服务的领航者，现已参与数据中心冷源项目600余个。

英沣特已将绿色集成服务融入公司核心发展战略中，客户中已有14家入选工业和信息化部国家绿色数据中心名单（共49家）。

英沣特是中国首个《数据中心冷源白皮书》参编者，还是《绿色数据中心服务指南》《绿色数据中心建设与评价标准》《绿色数据中心空调设计》参编者，以及其他多个数据中心冷源或绿色服务的行业标准参编者。

二、主要措施

（一）节能指标

“5H”数据中心冷源系统案例主要有如下几个方面的节能促进作用。

全年可以提高系统的供水温度。在项目实施过程中，充分利用末端精密空调盘管冗余的制冷量，提高系统的供水温度，从而提高系统的制冷效率。全年的系统冷冻水的运行水温会提高1.5℃～3℃。

冬季可以提高系统自然冷却时间。项目实施过程中，充分利用冷却塔、板式换热器的冗余能力，提高系统的自然冷源的利用时间。项目自然冷源的利用时间延长10%～15%。

冬季可以降低系统水泵的输送功率。项目实施过程中，冬季可以充分利用室外的低温及冷却塔的散热能力，降低系统的供水温度，从而降低系统水泵的输送功率，提高系统的供回水温差。冬季水泵的功率降低约为15%～20%。

夏季可以降低冷却塔的运行功率。项目实施工程中，夏季充分利用冗余冷却塔的散热能力，在夏季高温期间，开启冗余的冷却塔来降低系统的冷却水温，同时降低冷却塔的运行功率。夏季运行中冷却塔的功率降低约为20%～30%。

（二）措施原理

本技术通过研究数据中心制冷系统、大蓄冷系统及其内在控制原理、IT系统业务需求及自然环境影响等因素的相互作用关系，基于人工智能（AI）及楼宇设备管理系统搭建数据中心全局节能控制系统，通过大蓄冷系统的冷源保障，一是提高冷冻水系统的供回水温度，变相提升了板换换热温差，延长板换运行时长；二是调节冷机的运行负荷，通过大蓄冷系统的边蓄边供原理，调节冷机的运行负荷，使冷机一直处于效率最高点，同时通过峰谷电价差节约系统运行费用。

通过 AI 技术与 BA 自控的结合，以整个数据中心空调系统为切入点实现全自动节能控制。本技术依托并实现物联网、大数据、人工智能等先进技术的融合，将数据中心运行状态整体数字化，进而实现可视、可监、可控，打造绿色、节能、高效的控制系统，在保障数据中心安全可靠运行的基础上，提升设备运行效率、有效降低运营成本，减少能源消耗，降低碳排放。系统通过 IOT 技术实现数据中心温度、湿度、风量、IT 设备运行状态等数据的实时采集，通过大数据技术对数据进行分析、计算，进而采用 AI 的遍历法、退火算法、粒子群优化法等主要算法实现寻优，得出最优、最节能的安全运行工况，通过 BA 系统下达控制指令进行自动控制和调节，有效保障数据中心的安全运行，实现高效、低碳、绿色可持续发展。主要体现在以下 5 个方面。第一，高水温。通过“5H”系统建设，增设大蓄冷系统，可有效提高冷冻水供水温度和系统安全性，进而提高冷机和系统运行效率。第二，高能效。通过 AI 技术的应用，系统可实现根据不同负载、不同工况的自动调节和运行寻优，使整个空调系统达到最佳运行状态，提高系统整体的运行效率。第三，高自然冷源利用时长。系统模型结合实际运行数据和室外气候条件，可准确分析出自然冷源利用条件，通过条件指令控制系统自然冷源切换运行，最大程度利用自然冷源启用时长。第四，高可靠性。预测并校核各项安全指标，设备、系统的运行要求及相关参数范围和阈值等。自动屏蔽并提示不安全运行因素，实现可预见性和主动性空调维护和故障诊断。第五，高智能化。本系统基于人工智能（AI）及楼宇设备管理系统搭建数据中心全局节能控制系统，依托并实现物联网、大数据、人工智能等先进技术的融合，将数据中心运行状态整体数字化，进而实现可视、可监、可控的一体化智能管理。

（三）技术创新

1. 暖通、电力、智能化与 AI 的耦合

原有的数据中心暖通、电气、智能化等系统之间没有信息互联纽带，设备每天运行产生的大量数据被浪费，不能实现信息共享、协同操作、形成以各个系统为中心的信息孤岛，没有一个统一的支配大脑。本平台通过 AI 技术将暖通、电气、智能化等系统纳入同一个大脑，进行统一支配和管理，将 AI 技术与暖通、电气、智能化等系统进行耦合，可以实现不同专业之间的信息共享，使得所有系统数据有统一的筛选、计算、处理逻辑，提高了各系统的安全性和相互协作能力，让数据中心各系统成为一个有智能大脑支配管理的触手工具。

2. BA 控制系统与 AI 技术耦合

本系统弥补传统的数据中心 BA 系统自动控制能力弱及节能控制能力弱等技术不足。传统 BA 系统，数据中心设备每天运行产生的大量数据被浪费，不能实现信息共享、协同操作、精准控制，形成以 BA 系统为中心的信息孤岛，没有一个统一的支配大脑。本平台通过 AI 技术将 BA 系统各种异构数据纳入同一个大脑，进行统一分析和管理，利用 AI 学习控制技术实现暖通、电气、智能化等系统的耦合，实现不同专业之间的信息共享，使得所有系统数据具备统一的筛选、计算、处理逻辑，保障数据中心健康安全运行的同时实现绿色低碳可持续发展。

3. 大蓄冷系统与 AI + BA 系统的结合

本技术一是消除了数据中心冷冻侧低温出水问题，为提升冷冻侧出水温度提供安全保障，通过大蓄冷的结合应用确保了末端冷量的安全保证，变相提升了原系统的冷冻水供回水温度，以此提高过渡季中自然冷源应用时长；二是提高了冷机的运行效率，通过提升冷冻水出水温度和低负荷蓄放冷应用，结合 AI 计算分析和控制，以蓄冷负荷弥补冷机低负荷、低 COP、高能耗运行特点，以高出水温度消除多于冷量的浪费问题，达到提高冷机运行效率及空调系统整体运行效率的目标。

（四）节能措施实践成果

英洋特完成了 BA 系统与 AI 系统的对接，实现整体空调系统全自动控制和切换。其在实施过程中，将 BA 控制页面和 AI 控制页面完美耦合，通过在 BA 控制系统中设置控制相关的虚拟点位，来满足 AI 对冷源系统的设备的控制。英洋特根据数据中心运营的业务场景，完成了数据中心 AI 系统的阶梯寻优工作。L0 空调设备——模型和控制逻辑设备安全边界。L1 单体寻优——冷却塔功率。L2 组合寻优——制冷单元组合功率。L3 跨界寻优——确定制冷单元的组数。L4 风水联动——调节水温。L5 神经网络模型建立——动态调整供水温度、制冷单元组数和水泵频率。英洋特根据数据中心运营的业务场景，定义了不同的寻优场景及运营的节能率（见表 1）。

表 1　英洋特运营场景及其寻优场景节能率

序号	控制类型		运营类型	节能优化解决问题	节能运营目标值	节能评价指标	节能效果
1	末端精密空调和机房气流组织		冷通道正常温度和最高温度	提高系统供水温度及延长自然冷源使用时间	25℃ ~26℃	——	整体节能率 3% ~5%
2							
3			精密空调的最低风机频率	降低 IT 设备能耗	40% ~45%	——	风机节能率 10% ~20%
4			精密空调的最高频率及供回风温差	IT 需求风量与空调送风量匹配	9℃ ~10℃	精密空调 ACLF 值	0.06 ~0.08
					11℃ ~12℃	精密空调 ACLF 值	0.04 ~0.06
5	冷源系统	夏季	最高冷冻水供水温度	充分利用末端精密空调冗余量	高于设计值 1℃ ~2℃	冷水机组 WCLF	冷水机组节能率 3% ~5%
6			最低冷却水供水温度	充分利用冷水机组的低压缩比的高 COP 值	16℃ ~18℃	冷水机组 WCLF	冷水机组节能率 3% ~5%
7			冷却塔开启台数	充分利用冷却塔冗余散热能力	部分或全部开启	冷却塔 CCLF	冷却塔功率节能 20%
8			制冷单元 COP 值及系统最佳控制逻辑	寻找到不同负载率、不同室外湿球温度下系统最佳控制逻辑	冷却塔、冷却水泵、冷水机组组合值	制冷单元 COP 值	整体节能率 3% ~5%

续表

序号	控制类型	运营类型		节能优化解决问题	节能运营目标值	节能评价指标	节能效果
9	冷源系统	冬季	最低供水温度	充分利用自然冷源降低输送系统能耗	8℃～10℃	制冷单元COP值	整体节能率5%～10%
10			制冷单元COP值及系统最佳控制逻辑	寻找到不同负载率、不同室外湿球温度下系统最佳控制逻辑	冷却塔、冷水机组组合值	制冷单元COP值	整体节能率3%～5%
11			自然冷源利用时间	充分利用冗余冷却塔、板式换热器的换热能力	210天	运行时间	提高10%的自然冷源利用时间
12		过渡季节	冷水机组冷却水进水温度	充分利用室外的自然冷源	16℃～18℃	冷水机组WCLF	冷水机组节能率3%～5%
13			冷水机组负载率	充分利用室外的自然冷源	30%	冷水机组WCLF	冷水机组节能率5%～10%
14			过渡季节时长	充分利用室外的自然冷源	90天	运行时间	提高10%的自然冷源利用时间
15		降低运行电费10%		削峰填谷	峰谷电价差	降低运行电费10%	蓄冷量/放冷量

（五）节能措施的可靠性

英泮特开发实施的“5H”数据中心冷源系统，其可靠性体系在如下几个方面。

一是BA控制系统和AI控制系统分别独立设置。

二是BA控制系统设置虚拟点位和AI控制系统对接。

三是运营人员可以选择BA系统自动控制冷源系统运行。

四是运营人员可以选择AI系统自动控控制冷源系统自动运行。

五是设置不同的层级的密码，保证不同级别的运维人员设置不同控制参数。

英泮特针对上述定义的不同的运营场景，系统能给出不同场景下的安全运营报告。其安全报告内容如下所述。

一是系统运行的参数值的安全范围及目前系统运行的安全余量。

二是系统运行过程中设备的自身安全情况及故障情况。

三是系统调优过程中可能遇到的安全风险及安全保障措。

三、实施效果

（一）案例简介

北京某数据中心工程项目，技术提供单位为英泮特。此数据中心项目用地面积为54332.635平方米，已建的总建筑面积为78920.35平方米，用于数据机房的地上建筑面积约为5.6万平方米、地下建筑面积约1.45万平方米，机柜数量约为5000架，功率为42000kW；空调系统末端采用精密空调的封闭冷通道形式，供冷测采用离心式水冷系统12套二次泵系统及蓄冷系统。

该项目系统运行目标如下所述。

冷机COP：由额定工况提升10%～20%。

空调系统运行效率EER：由额定工况提升10%～15%。

数据中心整体节能率：2%～4%。

（二）综合应用效果

数据中心整体PUE值由1.28降低至1.25。

数据中心的整体节能率为2.4%。

冷机COP由7左右提升至10左右。

空调系统运行效率EER由8左右提升至9左右。

该数据中心项目采用“5H”数据中心冷源系统后，其原有用电消耗减少了3%，每年可节电600多万kWh以上，电费以0.7元/kWh计算，每年可节约电费450万元。

此系统总投资约1500万元，在传统BA系统上增加投资约600万元，增加投资回收期约1.3年，其投资回报效果非常良好。

主创人：乔福军

数据中心应急冷源与削峰填谷相耦合的水蓄冷方案

北京英沣特能源技术有限公司

一、企业概况

北京英沣特能源技术有限公司（以下简称英沣特）成立于2007年，是集科研、设计、生产、集成、投资建设、优化改造与运行管理为一体的国家高新技术企业、北京市“专精特新”小巨人企业、中关村“瞪羚”企业。

英沣特起步于数据中心基础建设机电集成服务，现以绿色数据中心建设发展为核心，参与数据中心建设运营全生命周期。围绕绿色数据中心方案设计、投资建设、集成交付、绿色运维、绿色改造及数字化管理，英沣特已形成绿色数据中心基础机电建设的全产业链覆盖。

英沣特作为数据中心机电集成服务的先行者和数据中心绿色冷源集成服务的领航者，现已参与数据中心冷源项目600余个。

英沣特已将绿色集成服务融入公司核心发展战略中，客户中已有14家入选工业和信息化部国家绿色数据中心名单（共49家）。

英沣特是中国首个《数据中心冷源白皮书》参编者，还是《绿色数据中心服务指南》《绿色数据中心建设与评价标准》《绿色数据中心空调设计》参编者，以及其他多个数据中心冷源或绿色服务的行业标准参编者。

二、主要措施

（一）企业绿色低碳发展所处的市场生态与资源环境

根据目前的数据中心节能需求，整个中国数据中心项目数量超过40万，年耗电达1000多亿度；整体综合PUE在1.6～1.8之间，因此，数据中心的节能举措和节能效果对全国经济效益的影响越来越大。而本系统在数据中心的节能收益成果对经济效益的提高起到越来越重要的作用，减少了数据中心的能耗率，间接提高了社会的经济效益，促进经济的有序发展。

英沣特产品已用于多项大、中型数据中心及商业建筑群之中，主要客户群有中国移动、中国电信、中国联通三大运营商，以及润泽、万国、华为、惠普、IBM等系统集成商和各大银行，已与多家客户签订长期的战略合作协议。

（二）企业绿色低碳发展战略的制订与解决方案

绿色低碳发展战略的制订：数据中心是新型基础设施节能降耗的关键环节，也是促进全社会降碳增效的有力抓手。近年来，我国数据中心规模不断壮大，推进数据中心绿色化转型升级势在必行。“新基建”的发展及“十四五”规划中数字中国建设目标的提出，为我国数字基础设施建设提供了重要指导，我国数据中心产业发展步入新阶段，数据中心规模稳步提升，低碳高质、协同发展的格局正在逐步形成。根据本技术目前所带来的节能成果，英沣特将继续应用和推广本技术，在原有的基础上进行更深层次的开发与利用，以实现对数据中心系统的优化和高效节能。

解决方案：水蓄冷空调系统具有提供备用冷源、降低运行费用、移峰填谷、节能减排、部分负荷性能优越、减少系统配电容量等作用。水蓄冷节能中央空调系统是一个优化的节能系统，技术先进成熟，国内已有部分项目采用了这种节能系统，在实际的运行过程中给用户带来了明显的经济效益和社会效益。

（三）企业绿色低碳技术的研发与创新

1. 绿色低碳技术的研发与创新

本技术充分考虑了流体的运动特性和流体热物性，针对冷水或热水的不同物性和具体项目情况，在蓄冷罐中专门设计了不同的布水器，使得流体能够根据其密度随温度变化的规律，利用冷热流体密度的不同而形成自然分层。由于冷热流体粘性系数（ν）随温度的不同而变化，因而造成流体雷诺数（Re）的变化，进而产生紊流，影响蓄冷罐中的自然分层。通过布水器可以使水流以密度流的形式缓慢地进入蓄冷罐，减少水流进入蓄冷罐时对储存水的冲击，还可以充分调整流体的罐内流速，使其在蓄能罐中以层流的形式均匀分布且缓慢流动，减少对斜温层的破坏，达到理想的自然分层效果。

2. 数据中心应急冷源与削峰填谷相耦合

削峰填谷功能的蓄能系统适用于执行峰谷电价政策，尤其峰谷电价差异悬殊的地区。这种蓄能系统在晚间低谷电价时段蓄能、白天电力高峰时段放冷，既满足了空调系统的供冷需求，又充分利用了电网的低谷电价，缓解了电网高峰时段的电力紧张状况，节省了大量的运行费用。

蓄能设备可以作为整个空调系统的调峰冷热源以减少冷机（热泵）、热源（地埋管、水源井或冷却塔）的配置达30%~50%，以提高设备利用率并减少室外热源占地面积。

减少主机装机容量，减少一次电力除投资费用。

增加蓄冷设备后，主机一直处于满载区间运行，主机运行效率高。

（四）相关设备的改造升级

调蓄功能的蓄能系统适用于峰谷负荷差异大的空调系统。很多空调系统中为了满足峰值负荷的需要，配置大容量的机组，造成机组大部分时段不能满负荷运行，降低了机组的运行效率，使得机组大部分容量闲置。具有调蓄功能的蓄能系统使机组一直处在满负荷运行的状态，将多余的冷量储存起来，在负荷高峰时段由机组和蓄能系统联合供冷，提高了机组的运行效率，减少了机组的装机容量，节省了机组的初投资。

（五）绿色低碳新产品的开发

本技术主要应用于削峰填谷项目的供冷需求、节能减排和降低成本。

（六）新技术的场景应用，商业模式

本技术适用场合：大、中、小型数据中心及能源站等。

本技术适用设备类型：水蓄冷空调系统。

本技术适用地区：全国各地。

（七）低碳管理与运行情况

本技术以空调用的冷水机组作为制冷设备，以蓄冷罐作为蓄冷设备。空调主机在用电低谷时间将冷水蓄存起来，用空调时将蓄存的冷水抽出使用。第一，利用水的温差造成的密度差进行蓄冷，可直接与常规空调系统匹配，无须其他专门设备；第二，利用水的显热来储存冷量，水经冷水机组冷却后储存在蓄冷罐中用于次日冷负荷供应。在实际的运行过程中给用户带来了明显的经济效益和社会效益。

系统特点：白天放冷，夜间机械蓄冷+自然冷却，将传统过渡季变为自然冷却季，延长自然冷却时长。

通过大蓄能系统调蓄控制，可使整个空调系统高效运行，大幅提升冷机COP值；在数据中心前期，部分负荷时，蓄冷空调系统主机设备满负荷运行的比例增大，从而提高了制冷设备COP值和制冷机组的经常运行效率，冷机机组工作状态稳定，提高了设备利用率并延长机组的使用寿命；夜间蓄冷备用冷机可以满载，同时夜间温度较低，冷却塔、冷机效率更高。

利用大蓄冷系统，提供 2 小时以上的应急冷源灾备保证；大蓄冷兼做应急水源，可提供数据中心 15 日以上备用水源；大蓄冷系统在数据中心运行初期，避免低负载时离心机喘振或频繁启停。

大的蓄冷罐本身也是备用冷源，整个系统安全性更高；大的蓄冷罐兼备应急冷源，省去了这部分投资。

在“双碳”背景下，峰谷电价比将会加大到 6:1，大比例新能源接入（风电、光电等），电力峰谷电价差拉大，数据中心蓄能削峰填谷应用前景广阔。

三、实施效果

本次实施效果以润泽（佛山）国际信息港 A－2 数据中心项目为例，项目位于佛山市，建筑等级为国标 A 级。本项目设计冷负荷为 46876kW，设置集中式水冷空调系统，配置 8 台 2400RT 冷机，集中空调系统全年供冷，冷冻水供、回水温度分别为 15℃、21℃。

（一）企业绿色低碳发展取得的实际效果（突出节能减排）

本技术的应用不仅可以降低二氧化碳的排放、资源的循环利用及对新能源的合理开发利用，还对企业的升级转型起到促进作用。

（1）降低二氧化碳排放。

（2）新能源开发利用。

（3）资源循环利用。

（4）绿色环保。

（5）对企业转型升级的促进作用。

（二）企业绿色低碳发展取得的效益

本技术的应用可对企业绿色低碳发展取得可观的管理效益、经济效益和社会效益。

（1）管理效益。水蓄冷系统作为数据中心制冷系统的后备冷源，对于数据中心的不间断运行和安全可靠具有重要的作用。此外，水蓄冷系统还是一种重要的可调节负荷。在数据中心的建设和运营过程中，可以在后备冷源功能之外加大蓄冷水罐的容量，发挥水蓄冷的可调节性，采取优化的运营策略，实现较好的经济性和节能性。

（2）经济效益。润泽（佛山）国际信息港 A－2 数据中心项目，经过 100% 负荷、75% 负荷、50% 负荷，分别进行了常规机械制冷方案、削峰填谷蓄冷方案等多次验证测算，得出如下结论。

一是根据广东省发展改革委 2021 年发布的相关文件，拉大峰谷比价由现行的 1.65:1:0.5 调整到 1.7:1:0.38，每年 7、8、9 月尖峰电价在峰谷分时电价的基础上、峰段的电价基础上上浮 25%，则广东（佛山）对应的峰谷电价为：低谷为 0.2225 元/度、平段为 0.5824 元/度、高峰为 0.9952 元/度、尖峰为 1.244 元/度，峰谷电价差为 1.02 元，为国内执行蓄冷电价最高地区。

二是佛山项目建议在大唐正式接入前，每栋楼目前阶段只配备 2 台 13266m^3 的蓄冷罐（为原设计方案一半）。

三是本项目增加蓄冷罐投资为 1320 万元（相比常规方案，减去应急蓄冷罐投资部分），前 3 年节省运行费用约 2234.43 万元，投资回收期约为 1.77 年。

四是考虑增加蓄冷罐基础投资 400 万元，应急蓄冷罐成本 400 万元，极限情况下蓄冷罐冷损失 3%（3 年合计 40 万元），共增加成本 840 万元，合计蓄冷罐及基础总投资为 2160 万元，前 3 年节省运行费用约 2234.43 万元，投资回收期约为 2.9 年。

（三）社会效益

数据中心能耗比较大，近年来对数据中心出台各种政策，要求数据中心提高能效。2021 年 11 月，国家相关部门印发相关文件，要求“到2025年，数据中心和5G基本形成绿色集约的一体运行格局”。应用本技术不仅具有投资小、运行可靠、制冷效果好、经济效益明显的特点，还可以平衡电网负荷、减少电厂投资、净化环境，符合国家产业政策发展方向。

主创人：蔡　宇、盛永亮

DeepCooling 智能能耗管理系统

北京云创远景科技有限公司

一、企业概况

北京云创远景科技有限公司（以下简称云创远景）成立于 2016 年 5 月，位于北京市海淀区清华东路。现有在职员工 90% 以上为技术人员，研究生及以上学历占公司总人数 80% 以上。

云创远景通过大数据建模 + 边缘服务器硬件 + 云端服务的产品模式，为客户提供高效的能耗优化管理方案。凭借智能优化调控算法，云创远景于 2018 年摘得全球大数据创新创业大赛桂冠，同年入选 Gartner《2018 年中国信息与通讯技术成熟度》报告。2019 年，云创远景与大连理工大学合作建成智能边缘实验室暨博士工作站，加快产学研一体化和学院学术成果落地进程。2022 年，云创远景与 intel、VMware 共同发布数据中心节能白皮书，在全球数据中心同步推广节能新技术。

云创远景拥有边缘侧 + 平台 + 行业应用一体化的智能边缘解决方案，自研 DeepCooling 智能能耗系统，在数据中心、大型商超和办公楼宇多种场景均有广泛应用。DeepCooling 智能能耗控制系统通过边缘服务器 AI 技术动态测算，推断房间最适合温度并控制现场温度，实现秒级调整，平均节省能耗 20% 以上。

云创远景拥有关于边缘计算相关的多项专利，目前已为国内三大运营商的百余个机房提供智能能耗优化服务，其背后是公司拥有的行业技术标准制订者和参与者的相关资源和专业能力。

二、主要措施

（一）数据中心面临的能耗挑战

根据国际能源署 2021 年 3 月发布的《全球能源综述：2020 年二氧化碳的排放量》，2020 年全球能源相关的碳排放量为 315 亿吨。工业化以来，人类生产和生活排放的各类温室气体，特别是二氧化碳，使得大气层中的温室气体浓度发生了变化，打破了地球表面大气层原有平衡。随着过去几年社会对可持续性和气候变化的重新关注，越来越明显的是人类必须大幅度减少碳排放量。联合国报告显示，气候变化正在影响着地球上的各个国家和地区，导致全球经济发展受阻，极端天气频繁出现，温室气体排放量也达到历史新高。联合国还表示，气候变化正在影响水资源，导致水供应波动、水质下降和水源枯竭等问题。为了应对气候变化带来的挑战，全人类采取了许多措施，包括将全球的绿色能源使用比率增加到 71%，以及在 2010 年的基础上将直接碳排放量降低 39% 等。

在大多数人看来，计算行业可能并非能源密集型行业，不会受到绿色能源倡导者的特别关注。但是，事实并非如此，计算实际上是碳排放的主要来源，其中尤以数据中心最为突出。虽然人工智能和云计算的发展为组织节省了人力和硬件成本，但这些技术同时也导致能源消耗急剧增加。2019 年，中国建造的数据中心数量大幅增长，总数达 7.4 万个，占全球总量的 23%，年耗电量超过 1600 亿度。因为疫情加速各行各业的数字化步伐，美国和欧洲也纷纷大规模建设数据中心。2020 年上半年，仅美国的数据中心耗电量就达到 340 兆度。美国商业房地产服务和投资公司世邦魏理仕的数据显示，数据中心数量在 2021 年实现创纪录的增长。

2020 年，计算机的供电成本超过了新计算机硬件的价格。根据中国数据中心 CDCC 研究，2020 年，中国数据中心的用电规模为 700 亿度 ~ 800 亿度，占国民全社会用电量的比例约为 1%。但是，在如此大的用电规模之下，我国数据中心的能耗利用率缺差强人意，平均 PUE 为 1.6 ~ 1.7，总体能效与国际先进水平相比仍有差距，可再生能源利用率低。按照未来数据中心机架数量每年30%的增速计算，预计“十四五”末，数据中心用电量在全社会用电量的占比将超过3%，这为数据中心的运营及环境的保护带来巨大挑战。提高数据中心能效，不仅是企业降本增效的重要手段，也是实现“双碳”目标的重要路径。

“碳中和”计算革命正在席卷全球。全球主要国家都承诺最晚于21世纪中叶完成国家层面“碳中和”计划。当前，世界主要经济体（如欧盟、美国、日本和韩国等）都陆续确定以2050年为国家层面“碳中和”时间节点。2021年5月，我国启动实施“东数西算”工程，第一项重点任务就明确提出“以数据中心集群布局等为抓手，加强绿色数据中心建设，强化节能降耗要求”，具体包括推动数据中心采用节能技术模式、加快推动老旧基础设施升级、完善数据中心综合节能评价标准体系。其中，降低传统数据中心PUE至关重要。2021年7月，工业和信息化部印发《新型数据中心发展三年行动计划（2021—2023年）》，对数据中心绿色低碳发展提出更高要求——到2022年，“数据中心平均能耗基本达到国际先进水平，新建大型、超大型数据中心的PUE达到1.4以下”。

（二）通过AI和数据驱动实现碳中和

在全球数据需求不断增长的形势下，大规模建设新一代数据中心势在必行。云创远景在推动利用AI技术和数据驱动帮助“碳中和”概念在数据中心场景落地。云创远景拥有来自国内外超一线的技术专家团队，在IT技术创新方面有着独特优势。在全国三大运营商数十个数据中心交付和运营数据中心节能项目，持续推动着绿色化数据中心的演变。云创远景联合VMware与英特尔，在全球范围发布数据中心白皮书，共同推进帮助全球数据中心加快低碳未来的发展。

云创远景DeepCooling智能能耗控制系统通过持续的边缘AI干预和实时控制，帮助企业优化数据中心的整套制冷体系的能耗表现。该方案已经在数十个大型数据中心落地，帮助客户显著改善了PUE、降低了碳排放。

几十年以来，可持续发展一直是许多知名企业的努力目标，包括数字世界赖以依存的云服务提供商。实现这一目标的挑战之一便是实现“碳中和”计算，应对气候变化。云创远景将持续探索，打造基于数据和AI驱动的“碳中和”计算解决方案。

（三）方案简介

1. 方案概述

DeepCooling智能能耗系统基于AI和大数据技术，采集数据中心制冷链关键设备的运行指标，结合动环和能源监控数据，利用机器学习建模，精准预测匹配数据中心制冷的最优参数组合，并且通过动态调节制冷系统各个环节参数，提高制冷效果、降低制冷开销。

DeepCooling智能能耗系统主要通过历史数据对整个数据中心负载、发热及制冷等各个物理系统进行建模，在此基础上基于负载的预测结果，对于制冷系统进行优化控制，将制冷系统传统的基于反馈的控制提升为基于建模的前馈控制。DeepCooling智能能耗系统能效优化是一个动态循环过程，每个循环周期包括的主要步骤如下所述。

数据采集：通过智能传感器和网关设备，采集动环数据、机房空调数据、机房物理空间数据、人工数据等，进行初步汇总，生成机房空调冗余度、机房热力图等中间数据。

分析建模：建立各类热平衡模型，为制冷系统各个部件，如末端空调、水冷机组、水路等进行建模，同时建立热负载、制冷系统及温度之间的关系。

优化控制：通过训练好的机器学习模型求解每个时刻各个系统的参数并通过程序下发进行，根据负载精确匹配制冷系统的输出，从而实现制冷设备的能耗节省。

2. 指标收集与分析

通过对接数据中心现有 DCIM 和制冷系统，收集了来自各个机房的温湿度、电量、空调负载及连带的水路等数据。在这个基础之上，提供了一套强大的数据展示和可视化系统，对机房的冷热设备温度差、热力图有直观的图形化展示。产品将机柜和风道的热力分布、能耗直观展现，可对异常设备和设置做快速的发现和处理，一般可以对机房内部的热负载做分析及对制冷输出进行分析和可视化，同时支持对每个装备和传感器的细节进行可视化。系统还提供了丰富的报警和策略审计能力，以更好地支持数据中心的运维工作。

3. 模拟物理模型与优化控制

基于对于整体系统收集的数据，分两步来对数据中心的制冷系统机型建模。第一步是每个机房，即实际冷量的使用端，同时基于建立的模型，对于末端风机进行优化控制。第二步将基于所有机房的负载，对于数据中心整体负载进行建模，从而更好地控制集中冷源。通过对于数据中心整体物理系统的建模，系统实现了一个基于建模的前馈优化控制，改善传统的基于反馈的制冷系统控制体系，从而实现了更经济的能耗表现，以及更加稳定的温度控制。

4. 闭环控制

DeepCooling 智能能耗系统将现场设备数据化建造数字孪生体，对机房内设备进行全生命周期的优化控制。系统主要控制的设备包括：末端精密空调、水冷机组、水路的阀门和泵、冷却装置的风扇及相关装备。

一般情况下，DeepCooling 智能能耗系统将对相关设备的参数进行全自动控制，以动态适配数据中心的负载，并且提供更均匀稳定的温度控制和更好的能耗表现。同时，系统也设计了一整套工具和流程，方便数据中心的管理者能够在任何时刻干预 DeepCooling 智能能耗系统的执行，并且在紧急状况下接管对于制冷系统的控制。

（四）具体实施

1. 部署拓扑结构

DeepCooling 智能能耗系统通过一个分布式的基于边缘推理的计算体系，实现对于数据中心整体制冷体系的优化控制。每个机房都有独立的控制节点，以实现边缘侧的模型推理及优化控制的计算，完成对于所有空调的控制。同理，对于冷源侧，也将会有配套的边缘控制节点实现相关的优化控制。

2. 效果及投入回报率

DeepCooling 智能能耗系统能够提供 18% ~25% 的制冷电量节省，对应的会带来 0.1 ~0.15 的 PUE 改善。对于数据中心的硬件改动较小，实施过程中一般不会对正常生产带来负面的影响。因此，DeepCooling 智能能耗系统的 ROI 是传统基于硬件改造的能耗方案 1 倍以上。

三、实施效果

（一）末端空调能耗优化

某运营商计算（陕西）基地（以下简称陕西云基地）位于陕西西安。本案例实施机楼共引入 4 路市电，电力总容量 27226kVA（主用 15026kVA + 备用 12200kVA），瞬时最大功率为 6800 千瓦。根据 2019 年统计数据，该楼总电度约为 3954 万度，支出电费约 2219 万元。该数据中心由于布局等问题，存在温度方差大、温度均值分布不均匀的问题，单个空调空度控制存在较大波动。DeepCooling 智能能耗系统通过 11 个机房精密空调运行状态的调整，累计 14 天机房内精密空调及 IT 设备能耗数据，经过与前期累计数据对比，平均节能率 30% 以上，最高可达近 70%。

（二）水冷机组能耗优化

该数据中心水路设计负荷和实际负荷差距较大，一般实际负荷远低于设计负荷，原有一次定频泵设计导致低进回水温差，大流量，导致浪费；同时，整体水冷机组负载偏低，该数据中心4台水冷机组，每个水冷机组两个压缩机开启的前提下，平均负载一般为25%～35%，远低于最优COP负载区间（一般为60%～80%）。DeepCooling智能能耗系统基于海量历史数据及强化学习模型的动态控制，实现在机柜和背板空调机理建模的基础上，动态调整300余组背板空调的运行参数（实时转速等），进一步通过背板空调群控系统下发动态指令控制背板空调功耗并动态控制冷水机组，获得更好节能效果。

主创人：沈　骁、李　锋、杜　猛、高志宇、孙璐佳

冷暖系统智慧管理平台

冰山松洋冷机系统（大连）有限公司

一、企业概况

冰山松洋冷机系统（大连）有限公司（以下简称冰山松样冷机）成立于 2016 年 6 月，位于辽宁省大连市经济技术开发区松岚街 8 号，占地面积 2.4 万平方米，现有员工 412 人。

冰山松洋冷机着眼未来冷热事业，致力于“为客户创造价值”，重点以“节能”和“冷媒的低 GWP 化”两大课题为中心，发挥技术研发、工程设计、项目施工、生产销售和服务网络五大核心优势，在中国国内及全球范围内广泛推广节能环保型冷冻机产品，主要业务有制冷、空调设备的研发、制造、销售、安装维修保养、技术服务、建筑安装工程安装施工等相关业务，为客户提供全程冷链综合解决方案。现有产品半封闭活塞式制冷压缩机、冷凝机组、内藏式机组、涡旋并联机组、室外机组、热泵产品、二氧化碳机组、集装箱应用产品、螺杆机组、冷凝器等十六大系列上百种产品，年销售额近 7 亿元，成立至今实现年均 10% 的增长，连续多年保持中国冷冻行业新冷媒（氟利昂/二氧化碳）第一的市场地位。

冰山松洋冷机以“为客户创造价值”为宗旨，树立了以“新事业 · 心融合 · 鑫明确 · 思路清晰 · 责任到人 · 按时完成 · 印迹追踪”为行为准则的企业文化，致力成就冰山松洋旗下真正的 B2B 事业，明确战略方向和发展定位，奠定企业冷热设备制造商和工程集成商的市场第一的地位，引领中国冷热事业发展方向，通过提供独具匠心的产品和绿色智能的冷热解决方案，全方位满足客户需求，助推中国冷热事业发展，打造服务型企业理念，实现传统制造业向现代化制造业的成功转型。

二、主要措施

（一）建设背景

1. 物联网的发展趋势

近年来，随着我国工业 4.0 国家战略布局的实施，工业对数字化和智能化的趋势日益强烈。工业 4.0 的本质在于采用各种形式的信息化技术来提高工业的制造效能，使其趋向于信息化、智能化和数字化。物联网作为新兴技术已经给人类的生产生活、公共交通、医疗卫生等方面带来了极大的方便。

工业物联网是一项专业性强、低投入、高回报的高新技术。随着 5G 的商用和人工智能技术的大面积落地，IoT 市场已经全面爆发，据公布的预测数据显示，2023 年，全球联网的 IoT 设备会达到 230 亿元，同时 IoT 的营业收入会跃升到 8600 亿美元，IoT 已成为未来的发展趋势。

针对我国工业物联网的发展趋势，可简单地概括为以下几点。

（1）提升智能化。硬件智能化是发展工业物联网的基础，智能化不仅仅代表生产过程中机器的自动化，更广泛地指代生产材料储备运输、生产中各环节的把控及事后的分析处理等方面综合统筹，建立起一张庞大的体系网络，选取最为合适的发展道路，为企业规划指明方向。

（2）提升服务。服务的需求已经成为工业物联网生态发展的重要因素，是推动工业物联网发展的动力，因此，工业物联网必须时刻把握市场走向，根据市场需求改变自身，向着满足应用需求的方向完善，力求满足每位客户对工业物联网的要求。

（3）信息化处理。随着时代的发展，信息的重要性日益凸显，工业物联网必须将自身的价值与信息联系起来，取代传统生产力的地位，成为时代主流。只有提升了信息处理能力，才可以促使工业向着高度信息化、智能化方向发展，满足我国工业物联网向高级阶段的转变。

2. 制冷、暖通行业面临的问题

冷暖系统利润高，进入门槛较低，吸引了众多企业纷纷涌入该领域。从市场分布看，从大城市到县级市，从传统大企业生产形式到小作坊施工模式，遍地开花。因此，市场上的工程质量参差不齐，市场恶性竞争非常激烈，传统大中型企业都可能面临着效益下滑的趋势。目前，行业面临的问题主要包括以下几个方面。

（1）系统监控。传统冷暖系统需要24小时由专业人员值守，不仅耗费时间、耗费精力，更增加了系统的运营人力成本。现有冷暖系统的配套及智能化程度低，无法适应未来的发展需要。部分冷暖系统集成后，并未达到应有的节能减排目标。

（2）人工成本。随着我国经济的发展和人口红利的消失，人口老龄化逐渐加剧，因此造成劳动力成本不断上涨，企业经营成本不断上升，降低人工成本成为企业的迫切需求。

（3）食品安全。民以食为天，食以安为本。食品安全问题涉及千家万户，关系人民群众身体健康和生命安全。《食品安全法》提出建立食品安全全程追溯制度，为人民“舌尖上的安全”提供了有力保障。但是，目前大部分冷库缺少智能化的温度记录系统，造成冷链食品存在严重的安全隐患。

（4）故障报警。目前，冷暖系统缺少专业的技术管理人员，很难对系统故障做出及时的处理。当故障得不到及时的解决，会给企业造成较大的经济损失。当冷暖系统出现设备告警时，往往已经造成了系统停机或其他事故的发生，而部分故障也很难通过日常的点检进行有效规避。

（5）产品研发/工程技术。技术是企业生存的命脉，企业技术人员一般都是基于规范或实验得出的数据进行产品开发或工程设计，很难拿到大量的现场实际运行数据，造成产品或工程技术与实际应用脱节，逐渐无法满足市场的需求，造成企业产品或工程项目逐渐失去市场竞争力。

（6）项目巡检。项目巡检是项目各相关群体之间对项目系统运行情况的检查，发现并解决现场出现的问题及存在的安全隐患。常规的巡检一般是由技术人员到客户现场完成系统检查，这种方法不仅消耗大量的时间和金钱，同时也存在着由于技术人员个人能力差异造成系统隐患不能得到及时发现和处理的风险。所以，常规的项目巡检管理模式已经无法适应现代化需求。

（7）售后、维保。传统企业的售后服务一般都是被动式的售后服务，售后服务报修渠道单一，时效性较低，而且存在沟通不畅、无法准确获取现场故障现象的问题。因此，会造成维修周期长、维修成本高等问题，难以满足目前市场对于售后服务质量的需求。作为维保企业，售后服务人员的服务时效和服务质量难以管控。

3. 应对措施

为提高企业市场竞争力，降低人工成本，保障冷链食品安全，响应国家“双碳”战略及信息化时代下客户对智能化应用的需求，解决传统售后服务中出现的问题，冰山松洋冷机针对冷暖系统打造了冷暖系统智慧管理平台并在工程项目中全面推行，以满足市场对智能化、节能化冷暖系统及无人值守机房的迫切需求。

（二）平台实施

1. 平台架构

冷暖系统智慧管理平台融合了物联网、大数据、云计算、人工智能、设备仿真等技术，以新一代信息技术构建具有智能分析、智能决策的智能感知控制体系、核心技术的企业平台，基于物联网技术和互联网应用，以 Spring Cloud 为分布式系统解决方案，集成 EMQ 集群用于支持海量设备链接，Kafka 消息队列集群缓冲海量设备数据峰值并发，Open TSDB 分布式时序数据库解决单节点数据存储瓶颈，支持动态拓容；引用 Zookeeper 集群的管理实现服务动态拓容和切换；以机器学习、时序预测、随机森林等多种算法多维度实时计算、实时分析实现智能预警、智能决策等服务，帮助用户快速消除设备的运行隐患和故障，提高设备稳定性，节能增效，让设备保持最优运行状态，降低运营成本。

2. 项目各功能系统

冷暖系统智慧管理平台为客户和公司开发了交叉式的管理功能。冰山松洋冷机集成专业的技术专家团队对承建项目进行在线日常巡检，客户也可以通过平台进行项目远程管理。客户使用的主要功能为：数据/视频监控、系统组态展示、综合能耗管理、系统远程控制、历史数据查询、数据报表/分析、报警管理/推送及售后维修等功能。冰山松洋冷机使用的功能为：远程工程巡检、大数据分析、后台管理、报警推送以及售后维修管理。通过客户与公司的共同管理及大数据分析下的故障预警功能，使项目的可靠运行得到了有力保障。

（1）数据/视频监控。数据监控是整个冷暖系统智慧管理平台的核心功能，是通过网关将客户现场控制器数据传送到服务器和客户端并将客户端指令传送给现场控制器。系统使用者可以在自己的终端上看到系统运行的实时状态数据，了解系统的实时运行情况并下发控制指令给现场设备。例如，冷库类项目的监控大盘主要包含地图监控、冷库温度、库门、压缩机组、系统分项电耗和末端蒸发器的实时监控。视频监控支持市面主流品牌监控级摄像头，接入路数不限，可以在 App 或 Web 客户端实时查看，支持云端存储和本地存储的视频回放。

（2）系统组态展示。根据客户现场设备运行状态，设计组态监控画面，画面支持在线编辑，通过网关实时采集数据保证组态画面内的设备运行状态及参数与现场保持一致。清晰地展示了系统原理，结合动态的画面体验，即便非专业人员也可以清楚地了解系统。

（3）综合能耗管理。冷暖系统智慧管理平台通过能耗的分项统计，日/月/年单位能耗统计分析对比，为用户提供能耗报告并由专业的冷暖系统工程师进行分析，形成能耗分析报告和能源优化方案，为节能减排提供技术支撑。

（4）系统远程控制。通过手机 App 或网页端实现了现场系统参数的远程设置及设备的远程启停控制，实现无人值守机房，降低了项目运营成本。

（5）历史数据查询。数据查询和统计模块是该平台的辅助功能之一。该模块的具体功能包括查询冷暖系统的历史运行状态信息、运行参数、能耗数据、设备操作日志、设备报/预警信息记录等。统计功能可以利用图表将设备的相关信息统计展示出来，还可以生成相关的分析报告，方便管理人员做出决策。

（6）数据报表/分析。根据数据的设定限值，为客户展示分析报告并提供达标率，使客户直观了解项目运行状态。数据报表功能是将温度、能耗等数据统计为报表展示给客户并提供导出功能，供线下分析使用。

（7）报警管理/推送。故障报警将设备实时产生的故障报警，通过微信、短信和 App 等方式推送给相关的设备管理人员并为客户提供故障解决方案作为参考，充分保证系统的安全运行。引入机器学习、时序预测、随机森林等人工智能算法实现对故障和风险的实时精准感知及预警，可以快速帮助用户消除冷暖系统运行隐患和故障，提高了设备稳定性，降低了客户冷暖系统的运营成本。

（8）售后维修管理。售后维修管理功能是该系统的重点功能，为客户提供在线报修、维修进度跟踪及在线结单、在线支付的功能。为公司提供在线接修、服务跟踪、工单调度、服务商服务监控评级、返件管理、服务商轨迹和时效等功能。售后维修管理功能能够提高服务商服务质量及时效，降低售后服务成本。

（9）工程巡检工作台。工程巡检工作台为主动式售后服务提供了有力的保障，能够在线巡检全部项目的故障报警、运行状态并对风险进行预判。保内项目，公司在报警或预警发生后立即做出响应，为客户及时解除项目运营风险；保外项目，及时通过电话等方式通知客户，将客户损失降至最低。此巡检管理模式实现了客户与公司对项目的双重管理，能够有效保障在线项目的稳定运行。

（10）大数据分析。通过在线运行项目的数据积累、横向和纵向数据分析，评估项目的健康评分，为客户提供项目的综合评价，对公司的产品研发和工程设计改善提供有力的数据支撑。

（11）系统管理后台。售后维修管理包含项目上线配置、用户管理和权限分配等功能。该系统是工业物联网管理平台，所以，只有指定人员才能进行系统的监控，该系统不提供用户注册功能，所有用户的添加删除和权限的分配均由管理员手动操作。系统用户分为管理员、客户、售后、研发、安装商等不同的角色并建立不同角色对应的权限规则，在满足客户使用需求的同时充分保证了系统的安全。

（三）平台亮点

冷暖系统智慧管理平台，通过数据/视频监控、系统组态展示、综合能耗管理、系统远程控制、历史数据查询、数据报表/分析、工程巡检工作台、大数据分析、报警管理/推送及系统管理后台等功能模块，打造了客户和冰山松洋冷机交叉式的项目在线管理功能。

一是创新的在线式工程巡检管理模式（客户＋公司双重巡检），提高了工程巡检效率并保证了巡检质量。

二是创新的行业运营管理模式，通过库门监控、照明监控、能源监控等机制，降低系统运营成本25%以上。

三是在线售后报修、服务跟踪、工单调度、实时提醒、服务商服务监控评级等在线式售后服务管理机制，保证了售后服务的时效性、准确性。

四是针对冷暖行业创新的大数据分析预警机制，引入机器学习、时序预测、随机森林等人工智能算法实现对故障和风险的实时精准感知及预警，消灭冷暖系统隐患于萌芽之中，保证了系统的可靠性和安全性。

五是创新的大数据分析，指导冰山松洋冷机研发及工程设计，提高了产品和工程的质量，更加贴近客户的实际应用需求，实现了设计质量的有效管控。

六是冷暖系统智慧管理平台通过能耗的分项统计，日/月/年单位能耗统计分析对比，为用户提供能耗报告并由专业的冷暖系统工程师进行分析，形成能耗分析报告和能源优化方案，为节能减排提供技术支撑。

七是根据客户现场设备运行状态，设计组态监控画面，画面支持在线编辑，通过网关实时采集数据保证组态画面内的设备运行状态及参数与现场保持一致，清晰地展示了系统原理，结合动态的画面体验，即便非专业人员也可以清楚的了解系统。

八是接入第三方网络安防监控系统，提供实时画面、历史录像、人脸检测、安防报警等功能，为项目安全提供保障。

（四）平台应用

冷暖系统智慧管理平台自2018年1月投入使用至今，已陆续在承德塞罕坝国家冰上训练中心、冰立方、北京五棵松体育馆、华润万家十四运食品总仓、北京亦庄新冠肺炎疫苗冷库、冰山慧谷能源中心、南航大兴机场、海南东方国家杂交水稻种子冷库、苏州城市公共配送枢纽、中外运上海物流冷库、京东东莞医药仓、武汉京东云仓和宁波万科、菜鸟、顺丰等共计87个项目中成功应用，取得了良好应用效果，获得了客户的充分认可。

三、实施效果

（一）管理效益

1. 工程管理效益

通过工程巡检工作台为冰山松洋冷机售后服务部门提供在线式项目巡检的渠道，专业的技术人员能够在较短时间内完成全国各地项目的在线巡检管理，实时掌握项目运行状态并实现对项目隐患做到快速发现、快速响应。项目故障率降低30%。在线售后报修、服务跟踪、工单调度、实时提醒、服务商服务监控评级等在线式售后服务管理机制，充分保证了售后服务的时效性、准确性，提高了售后服务质量，并且实现了服务商的有效管理，客户投诉率大幅降低。

2. 工程建设效益

冰山松洋冷机在项目现场调试过程中应用冷暖系统智慧管理平台后，通过对设备实时运行的数据监控，降低了项目调试过程中调试人员的劳动强度，避免了调试事故的发生。由于实施了在线监控，调试过程可以连续24小时进行，综合效率提升50%。通过物联网远程VPN的建立，编程人员可随时在线编辑控制程序，从而大大降低了工程项目施工调试成本，充分保证了系统安全。

3. 系统运维效益

客户应用冷暖系统智慧管理平台后，设备机房管理人员由之前的2～3人缩减到0～1人，真正实现了无人值守机房，降低专业技术人工成本80%。通过实时报警/预警信息的分级推送，客户能够及时处理系统故障，有效降低了运营成本和运营风险。在线式的售后报修，用户将现场故障图片/视频上传至平台，冰山松洋冷机售后部门在线分析故障原因，大大缩短了售后维修周期。

（二）社会效益

冷暖系统智慧管理平台的实施，在冷链物流领域，为十四运等冷链食品安全的全流程追溯提供了数据支撑；在冰雪领域，为北京2022冬奥会冰雪场馆的安全运行保驾护航；在医药领域，为新冠肺炎疫苗等医药产品安全提供有力的保障。

冷暖系统智慧管理平台综合能源管理功能为客户提供能源优化解决方案，充分响应国家“双碳”战略，为冷暖系统节能减碳提供了技术支撑。通过冷暖系统能耗数据的共享，为冷暖行业能耗分级标准提供数据依据。

（三）平台价值

冷暖系统智慧管理平台打造了客户和冰山松洋冷机交叉式的项目在线管理功能。创新的工程项目巡检和售后服务管理手段为客户冷暖系统的安全、稳定运行提供了有力保障。综合能源管理功能充分响应国家“双碳”目标，为冷暖系统节能减排提供支撑。2021年9月，该项目荣获辽宁省企业管理创新成果二等奖；同年11月，荣获中国机械行业企业管理现代化创新成果二等奖。冷暖系统智慧管理平台的应用，推进了传统制冷、暖通行业的智能化发展进程，利用大数据＋物联网技术服务于客户，解决了行业客户痛点，提升了公司在冷暖行业内的竞争力。

主创人：周　丹、郭立明

钢铁企业余热余压技术应用

成渝钒钛科技有限公司

一、企业概况

成渝钒钛科技有限公司（以下简称成渝钒钛）位于四川省威远县连界工业园区，为钢钒协同冶炼长流程钢企。具备含钒铁水470万吨/年、含钒钢水520万吨/年、轧材700万吨/年、片状五氧化二钒1.8万吨/年以上生产能力，主要产品有建筑用热轧带肋钢筋、光圆钢筋等。

成渝钒钛通过ISO三合一体系认证，获得国家高新技术企业、建筑钢材质量品牌示范基地、重大工程建设榜样、省级技术中心等荣誉称号；主导产品热轧带肋钢筋、热轧光圆钢筋通过MC产品认证、MC绿色产品认证。

成渝钒钛以顾客为中心，把脉市场走势、完善市场定位，以“2+8”区域产品布点投放，将“川威牌”全系列产品由川渝向云贵覆盖，着力打造市场适应性好、竞争力强的产品销售体系。实施客户分类管理，服务顾客意识深入人心；分析顾客需求、优化销售网络、产品质量保障，是公司占据区域市场份额、谋求与客户持久忠诚、互利共赢关系的重要保障。

成渝钒钛积极响应国家高质量发展号召，切实践行“低碳、绿色、智慧化”发展理念，在全面回收利用工业尾燃气与蒸汽资源的同时，实施了主体工序用能设备的节能降耗升级改造。近年，随着公司对余热余压技术的研究，先后实施了焦化、烧结、炼铁、炼钢及轧钢工序的余热余压利用等系列项目，能源利用效率进一步提升，粗钢能耗显著下降。

二、主要措施

（一）焦化工序余热利用

1. 荒煤气余热利用

成渝钒钛原2座6米焦炉，一个生产周期内单孔炭化室荒煤气量即达10000立方米以上，通过上升管时温度高达800℃以上。800℃焦炉荒煤气带出显热占焦炉支出热的36%。为防止荒煤气过度冷凝并增加石墨保证生产安全，可将荒煤气冷却至500℃~600℃。将荒煤气通过上升管换热器回收1.0MPa、180℃左右饱和蒸汽，设计能力13吨/小时的能力。每吨焦炭产蒸汽100千克以上，每年将产生饱和蒸汽12万吨。同时，降低荒煤气温度200℃左右，将减少氨水消耗和污水产量，减少循环氨水量降低电耗。

2. 氨水余热利用

将循环氨水（75℃）引至氨水余热制冷机为溴化锂制冷机提供热量，循环氨水温度降至67℃再将制冷机后循环氨水送至桥管喷洒高温荒煤气，降高温荒煤气降至80℃，循环氨水升温至75℃，如此反复。代替原燃气型制冷机，年节约焦炉煤气930万立方米。

3. 干熄焦显热利用

采用惰性气体熄灭炙热红焦，利用循环风机降惰性循环气体送至干熄炉内与高温焦炭解除吸收热量，再送至余热锅炉与除盐水换热产生高温高压蒸汽，高温高压蒸汽用于发电，发电20000万千瓦时/年。

4. 烟气余热利用

焦炉烟气温度达260℃，通过脱硝系统后进去余热锅炉，降温至170℃后送至烟气脱硫塔脱硫，回收换热装置中的蒸汽（0.8Mpa）用于化产工序，蒸汽回收量达15t/h。

（二）烧结工序余热利用

1. 大烟道余热利用

公司原 2 台 360 平方米烧结机尾部 300℃ ~450℃烟气余热未用，建设 2 套大烟道余热回收系统，包括 4 套内置式烟道余热锅炉，对烧结大烟道的热烟气进行余热回收。大烟道的热烟气温度大约 400℃温度左右，换热装置内置于烟道中，换热后 5 个风箱平均烟气温度由 400℃ ±20℃左右降低至 240℃ ±15℃。依据理论计算和同行业经验，2 台烧结机余热锅炉可产 1.0Mpa 的饱和热蒸汽约 30t/h。

2. 烧结矿显热利用

采用环冷机冷却烧结矿，利用循环风机吸入高温空气进入余热锅炉，通过对流换热将锅炉内除盐水加热为过热蒸汽，供至汽轮机发电，发电 5500 万千瓦时/年。

（三）炼铁工序余热余压利用

1. 老区生产系统

将 3 座 460 立方米高炉的高温高压煤气经重力除尘后分别进入相应 TRT 装置，通过透平机膨胀做功带动发电机发电，将高炉煤气的差压转变为电能，发电量 6000 万千瓦时/年。

2. 新区生产系统

将 2 座 1750 立方米高炉的高温高压煤气经重力除尘后分别进入相应 BPRT 装置，通过透平机膨胀做功带动高炉风机运转，将高炉煤气的差压转变为机械能，节电 12000 万千瓦时/年。

（四）钢轧工序余热利用

1. 炼钢烟道余热利用

利用锅炉将转炉烟道余热回收转化为 50t/h 饱和蒸汽（1Mpa），将饱和蒸汽并网外供其他工序直接使用。

2. 轧钢加热炉余热利用

在全部利用蓄热式节能加热炉的基础上，回收滑筋辊道循环冷却系统产生的饱和蒸汽（1Mpa），将饱和蒸汽并网外供其他工序直接使用，饱和蒸汽（1Mpa）回收量达 30t/h。

三、实施效果

（一）经济效益

蒸汽单价：100 元/吨，电力 0.5 元/千瓦时，焦炉煤气 0.7 元/立方米。

1. 焦化工序余热利用

（1）荒煤气余热利用。饱和热蒸汽约 10t/h，年运行时间 7920 小时，年产蒸汽 79200 吨，蒸汽创效 710 万元。

（2）氨水余热利用。制冷机组运行时间 4320 小时，年节约焦炉煤气 930 万立方米，年创效 650 万元。

（3）干熄焦显热利用。项目具有每年能发电 2 亿千瓦时能力，按照 0.5 元/千瓦时计算，每年将产生直接经济效益 1 亿元，除去运行成本 20%，每年可创造 8000 万元的经济效益。

2. 烧结工序余热利用

（1）大烟道余热利用。30t/h，年产蒸汽 237600 吨，创效 2200 万元。

（2）烧结矿显热利用。根据烧结生产变化，发电 5500 万千瓦时/年，年创效 2500 万元。

3. 炼铁工序余热余压利用

（1）老区 TRT 系统。发电 6000 万千瓦时/年，节约电力成本 3000 万元。

（2）新区 BPRT 系统。双机可节电 12000 万千瓦时/年，节约电力成本 6000 万元。

4. 钢轧工序余热利用

（1）炼钢烟道余热利用。50t/h，年产蒸汽360000吨，创效3500万元。

（2）轧钢加热炉余热利用。30t/h，年产蒸汽21600吨，创效2000万元。

（二）其他效益

上述系列余热余压项目的利用，提升了成渝钒钛能源利用效率，降低了其能耗，减少了二氧化碳的排放，为其他长流程钢企的低碳绿色发展提供了可借鉴的宝贵经验，有利于我国“双碳”目标的实现。

主创人：王学良、陈仁宏

精准泵机效率提升管理，实现供水系统降本增效目标

重庆惠源水务有限公司

一、企业概况

重庆惠源水务有限公司（以下简称惠源公司）成立于2014年，由重庆建峰工业集团有限公司、重庆市白涛化工园区开发（集团）有限公司、重庆天原化工有限公司3家股东合资成立。

惠源公司设计取水能力为52万m^3/d，制水能力15.5万m^3/d，主要承担着白涛工业园区生产、生活用水。涉及供水范围：白涛（山窝）化工园区各企业（一化、二化、热岛、天原、驰源、华峰等企业）生产、生活用水；麦子坪生活区、白涛新老街道生活区及周边居民生活用水。2021年，生产水年销售量3513万m^3，生活水年销售量约为100万m^3。

近年来，惠源公司持续强化精细化管理，不断加大科技投入，通过实施技改技革、智能化改造等方式不断优化公司泵站结构布局，有效提升了供水系统经济运行质量。随着园区不断发展壮大，下游用户用水量持续增长，为进一步保障下游用户用水安全并深度挖掘供水系统设备潜力，通过实施泵机效率提升管理，持续提升公司供水系统经济运行质量，实现公司绿色发展，力争创造公司经营效益的新佳绩。

二、主要措施

（一）完善关键环节计量设施，加装计量装置，为生产运行管理安上“刻度标尺”

在进一步完善各大用户关口表计管理系统的基础上，针对江东各片区主供水管道计量方面，惠源公司在江东一站水池进口母管、江东二站泵站出口供水母管分别加装了带远传信息功能的流量计；对江东一/二站、水厂、取水口的电能计量表分别加装了远传信号装置，将相关主要数据实时远传至值长室，实现了每班生产数据的精确计量、实时统计和实时分析，为公司供水系统生产运行方式实时优化调整提供了准确依据。

（二）持续对生产水泵进行能效测试，为生产运行调度和检维修提供决策依据

惠源公司成立了泵机能效测试监测小组，每年年初对公司各泵站主要泵机能效情况进行一次全面测试和分析，全面掌握公司各泵机运行性能状况。

一是对扬程固定、流量变化不大的水泵，实行定期监测。通过监测数据的变化，及时发现设备本身异常情况，为预防性检维修提供决策依据。如2021年6月在对取水口井下泵机进行流量和效率测试中发现了3#泵流量异常，通过排查发现是出口多功能阀内部故障，通过检修及时消除了隐患，保证了供水安全。

二是对扬程变化、供水数据有波动或需要特殊监控的水泵实行不定期监测，以便及时调整水泵设施工作状态，有效降低供水能耗。如通过对取水口泵机能效测试，发现取水口水泵因乌江水位变化，流量扬程会发生较大变化，对水泵的能效有较大影响。在低水位时选用大叶轮能在原有能效基础上提升约8%。当水位超过165米时能效则降低到78%以下，超出了水泵的经济能效区，此时需要更换小叶轮来替换原有叶轮，改变水泵能效曲线，让水泵恢复到经济运行区。

三是根据能效测试结果准确把握每台主要泵机性能特性。针对每天用户用水情况，通过优化调度泵机运行方式实现供水系统经济运行。根据泵机设备运行情况，针对泵机性能数据变化分析，通过实施技术改造逐步淘汰高耗能、低效率泵机，有效降低供水能耗，实现公司经济效益提升

（三）规范生产运行台账记录，提升公司基础管理能力

针对供水系统生产运行目标要求，对各岗位生产运行统计报表、记录台账等进行全面优化和完善，为精细化生产提供了基础条件，进一步提升公司的基础管理能力。

惠源公司通过实施供水系统大联运，取水到输水的全过程生产数据实现了系统性和连续性，为生产管理和全过程控制提供了基础支撑。结合前期技术改造和生产运行管理需求，惠源公司对供水系统图进行了全面清理和完善，完善后各主干管道、关键阀门等设备设施的信息将更加准确，公司系统故障判断和处理的准确性、及时性得到更大提升。

（四）充分发挥值长统筹调度作用，深化供水系统联调联控，实现供水安全保障和经济运行双提升

第一，值长全面掌握下游各用户自有储水能力数据，对整个园区企业每天用水情况做到准确预判和把控，结合整个园区企业实时生产状况做好供水系统运行方式调度，在确保供水安全的基础上做好供水系统经济运行方式优化调控，实现公司经济效益的最大化。

第二，值长根据泵机能效测试数据，对水泵供水情况做到准确预判和把控，结合整个园区企业实时生产状况做好供水系统各泵站设备运行方式的调度优化，在确保供水安全的基础上做好供水系统经济运行方式的优化调控，力争公司经济效益最大化。

第三，值长准确把握下游各用户装置开停车信息，实时做好用水调度，在供水区域内有大装置进行大修或消缺的情况下，值长及时协调华峰、中石化等用水连续性不高的单位进行连续补水或大量补水，协调灵活用水单位多用水，实现供水系统设备连续稳定和经济运行，既避免了资源浪费又有效增加了公司效益。

三、实施效果

（一）经济运行质量提升，经济效益明显

计量硬件设施的投入和持续能效测试监控，为精细化生产提供了强力支撑。以前，由于关键节点计量范围未全覆盖，主要经济技术指标每月结算日才能统计出来，异常问题月底才能发现。通过能效监控后，每台泵机设备的关键经济技术指标都能及时统计出来，发现异常就能及时进行分析查找和处理，真正做到生产运行和实时计算的有效统一，惠源公司年度取、制、供水单耗控制指标受控，2021 年综合单耗值优于历史最好数据。

（二）持续开展泵机能效测试，实施技术改造淘汰高耗能低效率泵机

通过持续泵机效率测试，发现江东一站 2#生产泵、408 泵房 3#生产泵（1979 年出厂）、4#生产泵（1992 年出厂）效率较低，仅为 65%左右；同时，408 泵房 1#泵因为使用年限太长（1980 年出厂）已经无法找到相应配件，决定对这 4 台泵机实施了技术改造。改造泵机逐步投运，设备运行稳定，泵机效率得到较大提升，改造后的效果在运行中逐步得到有效体现，供水系统经济运行质量得到较大提升。

（三）实施泵机能效精准管理，对关键环节泵机设备运行方式优化，实现降本增效目标

结合泵机能效测试结果，持续深化供水系统大联运管理，实现系统经济运行和降本增效目标。

每班值长主动了解下游大用户当班用水需求信息，根据能效监测数据值长统一协调和安排各泵站设备的最佳运行方式，避免水厂、取水口、江东泵站出现“大马拉小车”现象或是频繁启停泵操作，降低了因频繁启停泵操作导致的设备故障率，同时也有效降低了供水系统生产运行能耗。

第一，统筹调度，根据下游用户用水情况确定水厂关键设备运行方式。水厂 408 泵房优先选用大流量泵运行，大泵运行能效比小泵能效高 4.5%；同时，在保证用水量前提下优先选用单泵运行方式，单泵运行比双泵运行能效高 11% ~18%。

第二，针对乌江水位枯水期与涨水期，选择合适时机对取水口泵机叶轮进行更换，提升泵机运行能效。每年 3 月底、4 月初，乌江进入枯水期，当外江水位低于 155 米时更换大叶轮；每年 8 月底、9 月

初，乌江进入涨水期，当外江水位超过 168 米时更换为小叶轮。通过叶轮更换能使泵机达到 8% 的能效提升。

第三，通过持续能效监测，及时发现水泵或阀门组故障，为设备精准检维修和预防性维修提供技术支撑，确保供水系统设备安全、稳定和长周期运行。

通过实施泵机效率精准提升管理，2021 年，惠源公司供水系统取、制、供水综合单耗同比降低了 3.6%，取得了较好的经济效益，有效实现了公司年度降本增效目标，为公司绿色和可持续发展提供了坚强支撑。

主创人：严清友、陶　俊、李　政、罗红军、贺　琨

余热制冷技术在化工厂的应用

重庆建峰新材料有限责任公司弛源化工分公司

一、企业概况

重庆建峰新材料有限责任公司弛源化工分公司（以下简称弛源化工）成立于2011年3月，于2013年8月正式建成投产，主要包括6万吨/年产的1，4－丁二醇装置、4.6万吨/年产的聚四氢呋喃装置。产品作为氨纶的主要原料，最近随着国内外对PTMEG的需求不断增加，发展前景良好，成为白涛化工园区天然气化工的特色支柱产品之一。公司经营范围：生产销售甲醇、杂戊醇（杂醇油）及压缩氧、氮和液化氧、氮、丁醇、氢气、甲醛、BDO；化工产品货物进出口等。2021年，企业营业收入超过18亿元，工业增加值达9亿元。

弛源化工秉承绿色发展、数字发展的理念，荣获重庆市级新产品和高新企业认证、重庆市节水型企业，1，4－丁二醇和聚四氢呋喃两项产品入选国家级绿色设计产品名单。建设有重庆市级企业技术中心、重庆市级乙炔深加工工程技术中心，先后开发新产品5项，其中重庆市重大新产品2项，拥有行业核心新技术8项，获得发明专利授权11项、实用新型专利授权24项。甲醇钠脱除新工艺、乙炔裂解炉技术创新和国产化研究等一批科技成果获得行业重要奖项。

二、主要措施

工业领域的工艺系统往往存在大量微压蒸汽、热水及烟气等余热资源，均可作为吸收式制冷机的驱动热源，制取5℃以上冷水，用于满足工业用冷及舒适性空调等需求。

热水型吸收式制冷机是利用工质的吸收循环实现制冷功能的一种装置，以工业中不可利用的中温热源（热水）为驱动热源、溴化锂溶液为吸收剂、水为制冷剂，制取所需的工艺或生活用冷媒。

采用热水补燃型溴化锂吸收式制冷机可利用冷凝液作为驱动热源。热水补燃型吸收式制冷温水机装置主要包括蒸发器、吸收器、冷凝器、发生器、换热器、泵和其他附件等。冷剂水在蒸发器内蒸发，从而制出冷水。在蒸发器中产生的冷剂蒸汽在吸收器中被液态溴化锂吸收，这使溴化锂溶液变稀，此稀溶液由泵打入发生器，被冷凝液加热而升温。溶液通过换热器后返回吸收器重复使用。发生器中产生的制冷剂流向冷凝器，在其中液化后进入蒸发器，重复使用。

（一）项目介绍

根据调研，BDO装置有0.6MPa、温度150℃、流量约37t/h蒸汽冷凝液和PTG装置0.4MPa、温度115℃、流量约23t/h蒸汽冷凝液没有得到利用。从企业的长远发展战略出发，总结工业节能领域的技术经验，根据国内外有关节能设备的性能、价格，适时提出了实施节能技术改造，利用蒸汽冷凝液来制冷替代一台离心机工作。蒸汽冷凝液机组08PA0402是热水补燃型溴化锂吸收式制冷机，利用蒸汽冷凝液作为驱动热源，利用回收来的余热制取5℃冷水取代电制冷离心机组，大幅度降低电耗，从而降低运行成本。蒸汽冷凝液机组项目自2018年12月26日立项，2020年7月30日开始施工，2020年11月24日投入使用。

（二）项目开展方式

采取能源合同管理方式，与节能改造厂家在原空调合作，全套改造费用均由对方投资。节约电能的效益由两家公司按一定比例分成。

（三）实施方案

1. 机组选型

热水补燃型吸收式制冷机性能参数见表 1。

表 1　热水补燃型吸收式制冷机性能参数

项目		单位	规格	
机型		-	RGD150JT	
台数		-	1	
放置场所／防爆类型		-	室内/非防爆	
制冷量		kW	3335	
		$\times 10^4$ kcal/h	286.8	
冷水	进出口温度	℃	11.0	6
	流量	m^3/h	573.6	
	水压损失	mH_2O	12.7	
	接管尺寸	mm	300	
	水室承压	MPa	1	
冷却水	进出口温度	℃	32.0	40
	流量	m^3/h	808.6	
	水压损失	mH_2O	7.3	
	接管尺寸	mm	400	
	水室承压	MPa	1	
弛放气	燃气耗量	Nm^3/h	138	
	燃气热值	$kcal/Nm^3$	4600	
温水	进出口温度	℃	125→75	
	流量	kg/h	60	
	水压损失	mH_2O	8.6	
	接管尺寸	mm	100	
	凝水接管尺寸	mm	40	
控制辅助动力	电压×频率	V×Hz×φ	380×50×3	
	电源容量	kVA	58.2	
外形尺寸		mm	7300×5200×5000	
最大搬运重量		Ton	25.9	
运转重量		Ton	70.1	

注：①冷水侧污垢系数为 0.0001m^2h℃/kcal（0.086m^2k/kW）；②冷水最低出口温度 5℃；冷却水入口温度最低 15℃；③标准情况下的制冷量调节范围为 20%～100%；④冷水、冷却水水质执行 GB/T18431－2014 水质基准，供给蒸汽的水质执行 GB/T 1576－2008 水质基准；⑤请用户务必在冷水、冷却水、温水系配管的溴化锂机组入口侧 2m 内加装约 10 目以上的过滤网。

2. 设计说明

热水补燃型吸收式冷水机 RGD150JT 单台机组的各项参数值如下所述。

(1) 制冷量：3335kW。

(2) 冷水进出温度为 11℃～6℃，冷水流量为 573.6m^3/h。

(3) 循环水进出水温为 32℃～40℃。

(4) 循环水流量为 808.6 m^3/h。

(5) 补弛放气流量为 138 m^3/h，热值为 4600kcal/Nm^3（考虑离心机满负荷运行补弛放气量）。

(四) 经济效益计算

(1) 电价按 0.609 元/kWh 计算，弛放气按 1.1 元/Nm^3 计算，机组常年运转，一年运行时间按 7632 小时计算。

(2) 化工工艺冷却（用冷）过程中，无论采取电制冷机，还是使用热水型吸收式制冷机，都需要冷水循环、冷却水循环系统，采用热水补燃型机组需要冷却水比离心机多 341t/h，但热水由 125℃降到 70℃少用 500t/h，所以，系统中冷水循环泵、冷却水循环泵功率相差不大，在本运行费用分析中只考虑制冷机组的运行费用和热水泵的运行费用。系统运行中需要一台流量 60t/h、扬程 45 米的热水水泵，该水泵每小时耗电量 22kWh。冷却水使用量说明：离心机冷却水用量 468 t/h，热水补燃型机组冷却水用量 809 t/h，比离心机多用循环水 341 t/h。冷凝液热水流量 35 t/h，温度 150℃进热水补燃型机组直接降到 70℃，不需要循环水降温，节约循环水 350t/h。冷凝液热水流量 25t/h，温度 110℃热水进热水补燃型机组后直接降温到 70℃，节约循环水 150t/h。冷凝液热水进入热水补燃型机组后共节约循环水为：350 + 150 = 500 t/h > 341 t/h，远大于热水补燃型机组比离心机多用的循环水，所以，使用热水补燃型机组后对系统循环水更有利，不会对系统循环水有影响。

(3) 运行费用计算。热水补燃型机组运行费用：热水补燃型机组能源主要是冷凝液热水，RGD150JT 单台机组每小时的耗电量为 22kWh（主要是机组里 3 个小泵的耗电量和燃烧器的耗电量），如果不补燃弛放气，则燃烧器不开，机组的耗电量更低。热水补燃型机组电费：0.609 × 22 × 7632 = 10.3 万元/年。热水泵电费：22 × 0.609 × 7632 = 10.3 万元/年。补弛放气说明：热水补燃机组按 125℃热水选型，流量按 60t/h 计算，热水补燃型机组可以取代离心机，而实际热水温度会到 135℃，所以一年中不需要补弛放气，但考虑实际热水温度及流量因生产原因可能有减少的情况，为了在热水流量及温度降低情况下热水机组仍能取代离心机，机组设计也考虑补燃功能，这样考虑是确保 100% 不会对工艺使用有影响，所以没有考虑补弛放气的运行费用，如确实需要补弛放气，可根据实际用量计算运行费用。热水补燃型机组一年总运行费用：10.3 + 10.3 = 20.6 万元。

(4) 原电制冷离心机运行费用。制冷量为 3335 kW 的离心机单台满负荷每小时耗电量为 944kWh，70% 以下负荷运行每小时耗电量为 700kWh，70% 以上负荷每小时运行耗电量为 900kWh，离心机每小时平均用电量按 800 kWh 计算，总运行时间一年按 7632 小时计算。一台离心机一年总运行费用：800 × 0.609 × 7632 = 371.8 万元。

5. 运行费用分析。

运行费用分析见表 2。

表 2　运行费用分析

名称	热水补燃型机组	离心机组
运行费用	20.6 万元	371.8 万元
运行费用比较	20.6 − 371.8 = −351.2 万元	

结论：使用热水补燃型机组取代离心机一年节约运行费用 350 万元以上。如果按 25% 分成计算，弛源化工年收益为：351.2 × 0.25 = 87.8 万元。合同约定期满后，节约费用全部由弛源化工自己受益，每年效益为 351.2 万元。

三、实施效果

利用回收来的余热制取 5℃冷水取代电制冷离心机组，大幅度降低电耗，从而降低运行电费，降低生产成本。项目完成后，弛源化工的能耗水平、污染物排放水平也将显著降低，能源综合利用效率提高。

从企业的长远发展战略出发，总结工业节能领域的技术经验，根据国内外有关节能设备的性能、价格，推广余热制冷节能技术经济效益项目，前景广阔。

主创人：池华春、孙俊涛、刘　广、熊志明、杨志雄

余热回收技术在热岛的运用

重庆建峰新材料有限责任公司能通分公司

一、企业概况

重庆建峰新材料有限责任公司能通分公司（以下简称能通分公司）是重庆建峰工业集团有限公司的全资子公司，能通分公司已建成 2×440t/h 高温高压 CFB 锅炉 +1×CC50MW，一台 CC50-8.83/4.2/1.3 型高温高压抽汽凝汽式汽轮发电机组，配套供热管网并预留了扩建条件，主要为白涛化工园区的企业提供供热、供电和脱盐水供应服务。其中，锅炉除氧给水系统为整个工艺的命脉，负责将汽轮机冷凝的水和系统补充水加热，通过除氧器除氧后，通过锅炉给水泵输送至锅炉汽包，满足锅炉产生蒸汽的需要。能通分公司除氧器设计为青岛磐石容器集团有限公司生产的高、低压除氧器各一台。

二、主要措施

能通分公司除氧器设计为青岛磐石容器集团有限公司生产的高、低压除氧器各一台。其中，高压除氧器存在以下问题。

一是高压除氧器排汽压力高，长期连续排，热损失大，乏汽排放量大约1t/h 左右，对资源是一种较大的浪费。

二是高压除氧器排汽管道的排汽噪音大，排放噪音近 90 分贝（人员靠近已经感到难受、极端不适），影响周边的工作环境。

三是排放的蒸汽长期冲向升压站，升压站的电气设备设施易受到汽蚀，如瓷瓶结盐造成升压站误闪，电气设备绝缘降低发生电气接地短路。

能通分公司高压除氧器系统排汽存在较大的安全隐患和能源浪费，经过充分的研究和讨论，决定对排掉的乏汽进行回收。

（一）改造方向

1. 总体设计

通过查阅除氧器的资料和勘察现场管道的走向，研究决定新建一个蒸汽回收罐体，引入乏汽和除盐水，除盐水通过喷嘴喷射与乏汽直接混合加热，加热后的水再次利用进入低压除氧器系统。

2. 充分考虑设计冗余

日常生产中供热负荷、供电负荷时有波动，需对罐体容量充分计算。日常负荷波动率10%左右，结合回收乏汽量及冷却水量设计数据，将罐体容积按$6m^3$设计，满足回收水量 10~20t/h 变化，水位稳定 10min 考虑；同时，将回收水泵设计为变频控制，将罐体水位与泵形成PID 联锁控。水位不仅可调节性高，还能适应负荷变化。

3. 解决水击隐患

乏汽经冷凝水喷雾在罐内混合，需充分考虑当喷嘴等设施出现缺陷或故障，是否产生水击风险，需从系统和结构上彻底消除。研究团队集思广益，想出了巧妙对策，即将回收装置罐体安装于高压除氧器排汽口平台上，高压除氧器外排蒸汽在压力作用下引入罐体回收装置，进汽管径选择 DN200 并成 10°左右的坡度引入回收罐体，让介质在进入吸收喷嘴混合时更顺利、通过性更好，同时在管道中不产生阻力凝结，避免了水击发生可能，水汽混合效率更高。

4. 水源与取水点选择

工作水源取自最近的低压除氧器除盐水补水管，作为工作水来吸收蒸汽，回收蒸汽后的热水由水泵增压后再送入低压除氧器。新安装管道碰口在低压除氧器补水进口门后，出口碰口在低压除氧器补水出口门后，方便两个系统的隔离，完全不影响原系统的运行。

5. 解决混合后不凝结气体的排放问题

水中的含氧量主要跟水质、压力、温度等因素有关，等压前提下，水质越好、温度越低，氧含量越高。一般常压下，常温除盐水的氧含量约80℃以上时，可降低至5ppm。设计时，在罐体顶部设计了一个大气式排汽阀，同时要求控制混合后的回收温度不低于60℃，以便使不凝结气体最大限度地析出并使不凝结气体自由排出。

项目改造后，除氧器排汽管道的蒸汽啸叫声彻底消失，同时也再没有乏汽排向升压站，既改善了周边的工作环境，又消除了安全隐患，一举两得。此外，该项目合理利用了高压除氧器排汽加热除盐水，使除盐水温度升高，降低除盐水在除氧给水系统中的热交换量，减少了整个热力系统的蒸汽消耗量，实现了节能减排，降低了碳排放，提高了经济效益，起到预期的效果。

（二）创新点

根据现场场地，独立设计出符合能通分公司的乏汽回收装置。该装置把高压除氧器的乏汽完全回收，把每小时约10吨的除盐水加热至80℃左右并回收入低压除氧器，同时解决了高压除氧器排口噪音和对升压站造成的安全隐患问题。

（三）与当前国内外同类技术综合比较

乏汽回收装置及原系统不会出现背压，不影响原系统正常运行，保证乏汽回收效果达到90%以上，正常运行情况下系统无水击，优于同类型乏汽回收装置。

（四）应用推广情况

乏汽回收装置可应用于同类型的蒸汽回收项目，具有推广价值。

三、实施效果

高压除氧器排汽回收后，达到了节能减排的目的，降低了企业的生产成本，提高企业的市场竞争力，增加了企业净利润；同时，除氧器乏汽回收后，实现除氧器乏汽零排放，避免热污染和噪音污染，再没有乏汽排向升压站——从而消除了这一重大安全隐患，也达到了美化厂区环境、清洁生产的目的。

（一）直接经济效益

1. 回收凝水价值

实际回收凝水量：0.9t/h。全年预计投运时间：8590 小时。除盐水价格：3.5 元/吨。故每年回收凝水价值：$0.9 \times 8590 \times 3.5 = 27058.5$ 元。

2. 回收热量价值

低压汽的比焓值：H = 3109.86 kJ/kg。工作水（除盐水）温度：T = 13℃。工作水（除盐水）焓值：H = 55.24 kJ/kg 。出水温度：T = 80℃ 。出水焓值：H = 335.37 kJ/kg 。补充水量：L = 10t/h。全年预计投运时间：8590 小时。低压供汽原煤耗：0.1873t/t。原煤含税价格：950 元/吨。故每年回收热量价值：$[(335.37-55.24) \times 10 \times 8590 \div 3109.86] \times 0.1873 \times 950 = 1376807.84$ 元。

3. 乏汽回收装置投资

乏汽回收装置总投资约46.26 万元，按照15 年折旧计算，每年折旧成本：$46.26 \div 15 = 3.084$ 万元。

4. 乏汽回收装置电耗

乏汽回收装置泵设计功率：12kW/h。变频开度：50%，实际用电 6 kW/h。全年预计投运时间：8590 小时。厂用电价：0.38 元/度。故乏汽回收装置每年电耗：$6 \times 8590 \times 0.38 = 19585.2$ 元。

5. 总体经济效益

每年的总体经济效益为回收热量价值＋回收凝结水价值－设备折旧－设备耗电价值：1376807.84＋27058.5－30840－19585.2＝1353441.14元。

（二）间接经济效益

2020年6月，重庆市安全生产科学研究有限公司对能通分公司的高压除氧器问题出具了安全诊断报告，“排放的蒸汽长期冲向升压站，升压站的电气设备设施易受到汽蚀，如瓷瓶结盐造成升压站误闪，电气设备绝缘降低发生电气接地短路”。如果升压站发生电气接地短路事故，将直接导致热岛全停，所有对外供汽中断，园区企业将因此而停产，其损失是不可估量的。其中，热岛全停一次，经济损失达25万元以上，而弛源化工分公司等企业停产，保守估计经济损失将在500万元以上。

主创人：张晓明、沈传彬、勾军伟、丁文涛

以“导入 LED 照明 & 新型绿色锅炉”实现企业绿色低碳发展

大连爱丽思生活用品有限公司

一、企业概况

爱丽思欧雅玛成立于 1958 年，从最初生产塑料收纳箱开始，不断拓展事业领域，现如今生产包括 LED 照明、家电、木制品、宠物用品及园艺用品等产品，集设计、制造、销售于一体，拥有商品种类超过 2 万种。其中，LED 照明产品、家电、园艺及宠物用品的销售额在日本同类产品市场中位居前列，收纳、宠物及园艺用品在中国市场也名列前茅。

2000 年 9 月在大连出口加工区成立的大连爱丽思生活用品有限公司（以下简称爱丽思），拥有 4 个制造部和 1 个物流中心，员工 4000 余人，是爱丽思欧雅玛 100% 投资的日资企业。多年以来，爱丽思凭借着销售形势多样，审时度势，紧随行业风口，在 2021 年取得了年度销售额达 7.79 亿美元、营业利益率达到 5% 的优异成绩。

爱丽思一直秉承着“以稳健的发展贡献于社会，追求企业和社会效益的良性循环”的企业理念，通过实践，实现作为一个守法经营大型企业的强烈社会责任感。爱丽思长期以来倡导低碳节能减排、发展循环经济、积极纳税、创造就业机会，已成为企业履行社会责任的中坚力量，得到了大连市政府及各级团体组织的充分肯定。多年来，爱丽思人积极响应国家环保低碳政策的号召，走在时代前沿，工厂内部所有照明换成节能环保的 LED 灯，厂内锅炉均升级为绿色新型锅炉，通过节约大量能源，减少环境污染，为节能环保贡献自己的力量。

目前，爱丽思发展状况良好，多次获得“大连市外商投资十大高出口额企业”“大连市 100 强企业”“大连市外商投资十大履行社会责任贡献突出企业”等荣誉称号。

二、主要措施

（一）实施背景

当今世界环境污染严重，全球气候变暖、臭氧层破坏、酸雨蔓延等众多环境问题已引起世界各国的重视。中国政府为改善全球环境，提出了“双碳”目标。为此，作为一家大型制造企业，爱丽思积极响应国家政策，不断研发生产绿色低碳产品，提供且率先使用节能降耗的 LED 照明设备，为减少碳排放贡献自己的力量。爱丽思积极贯彻低碳环保政策，在工厂建成两年于 2002 年就取得了 ISO 9001 品质管理体系认证和 ISO 14001 环境管理体系认证，决定通过升级更换厂内设备来达到节能降耗的目标。其首先将厂内所有照明更换为 LED 节能灯来实现能源节约，其次购入新型生物质锅炉来降低碳排放，减少环境污染，达到国家对二氧化碳排放要求的标准，从而推动企业低碳绿色发展。

（二）企业为社会节能降耗所做的努力

爱丽思为了贯彻落实“十四五”规划和 2035 年远景目标纲要提出的“双碳”战略目标要求，积极研发生产绿色低碳产品。2009 年，爱丽思开始研发 LED 照明，2011 年日本大地震后节能需求不断扩大，爱丽思加大了对 LED 照明的投资生产。截至 2021 年，生产 LED 产品数量达 8852 种。通过日本权威的家电销售调查机构“BCN Ranking”数据显示，从日本 LED 灯泡市场头部厂商的走势来看，爱丽思的 LED 市场份额占比 35.4%，位居第一，已经超过松下、雷士照明等大型电器企业，领跑市场。凭借着类型丰富多样的 LED 产品，爱丽思持续向国内外销售低碳绿色产品，2020 年 LED 出口额达 8587 万美元、2021 年达 8509 万美元，为全球低碳绿色发展奉献自己的力量。2015—2021 年，爱丽思的 LED

照明已连续7年获得日本节能大奖。此外，爱丽思不断推出高附加值的LED照明产品，保证产品质量的同时十分注重外观设计，2017年，爱丽思LED吸顶灯获得了国际公认的IF产品设计大奖。接下来，爱丽思将继续开发环境友好型产品，以实现“碳中和”社会为目标，贯彻落实企业低碳绿色发展。

（三）企业自身节能降耗措施

除了提供销售低碳绿色产品外，爱丽思企业自身也不断为节能减排做努力，通过改造升级工厂内部设备，将工厂所有照明替换成LED灯、燃煤锅炉更换升级生物质锅炉，减少能源消耗，降低碳排放。

1. 更换升级LED照明

2000年，爱丽思已经有了关于LED灯研发的初步设想。当时，爱丽思生产销售的LED彩灯因技术不发达，市场需求小，并没有达到节能减排的效果。2008年，爱丽思推出了LED庭院灯。在研发庭院灯的过程中，LED照明技术逐渐成熟，相比之前的彩灯实用性更大，但仍没有达到节能降耗的标准且社会需求小，爱丽思也就没有加大其生产。2009年，爱丽思首次推出自主研发生产的LED灯，该产品明确以节能减排为目标，改变了LED灯的原材料，将当时用铝做的零部件换成塑料材质，以此降低成本，利用比当时市面更便宜的价格创造市场、扩大市场需求，促进LED灯的普及。截至2010年，LED灯的产品类型共计24种，虽然LED照明更环保节约，但当时人们的节约用电意识不强，社会需求小，爱丽思的LED灯并没有受到社会广泛认可。而爱丽思以身作则，开始陆续更换工厂内部所有照明设备。

2011年日本大地震后，日本国内电力供应紧张，能源消耗严重，节约用电意识在社会中逐渐提高，而且全球能源日益枯竭，环境污染严重，低碳绿色发展已成为世界各国的共识。在此严峻环境下，低电量、高效率照明成为社会必要需求，爱丽思抓住时机利用企业自身优势，加大投资提高LED照明技术，扩大生产LED照明产品，为震后的日本提供了照明保障，也为促进LED灯的普及做出贡献。由此，2011年爱丽思的LED产品类型急增到1218种，领域涉及广阔、产品类型丰富，与前一年相比有了质的飞跃。此后，爱丽思不断加大投资，努力提高LED照明技术，围绕低碳环保设计理念，以降低用电量、减少二氧化碳排放为目标改造升级LED照明产品，使之广泛适用于办公室、工厂、家庭等领域。2011年，爱丽思完成了历时两年的企业内部照明转换，更换了1.4万余个LED灯，共计投入约30万美元，彻底贯彻落实企业内部低碳管理，减少碳排放，节约用电，降低成本，努力发展绿色低碳企业。

目前的LED灯研发创新方面，业内产品类型丰富多样，市场竞争强烈，为了在众多产品中脱颖而出，爱丽思专门设立LED设计研发部门做大量基础性和开创性工作。经过多年不断调研、测试，最新研发的LED照明产品达到了业界最大发光效率每瓦200流明，较之前的荧光灯相比节能70%，工厂用电费用与之前相比下降了76%，实现了大幅度节能降耗。此外，因为LED照明的使用寿命与荧光灯相比可达40000个小时，与水银灯相比可达60000个小时，工厂内部的LED灯可长时间运转不需要更换，节省了大量灯管替换费用。爱丽思LED灯的安装工程贯彻“低成本、易安装”的理念，更换照明设备时，将长期使用的有风险电子部件换掉，保留高度耐用的金属部件，按照原来灯具的尺寸形状进行定制，充分利用现有灯具装置，只需更换灯管即可完成LED灯的转换，加之不需要铺设信号线，极大地减少了施工量，降低了安装成本，节省施工费用。工厂为保证照明正常运行会定期检查灯管质量，利用附带遥控器自行检查，检查程序简单，大大节省了聘请人工的定期检查费用。更换LED照明后的工厂，更符合国家低碳环保要求，落实企业绿色低碳发展的同时也带动了周边企业的转型。图1所示为更换LED灯前后的功率对比示意。

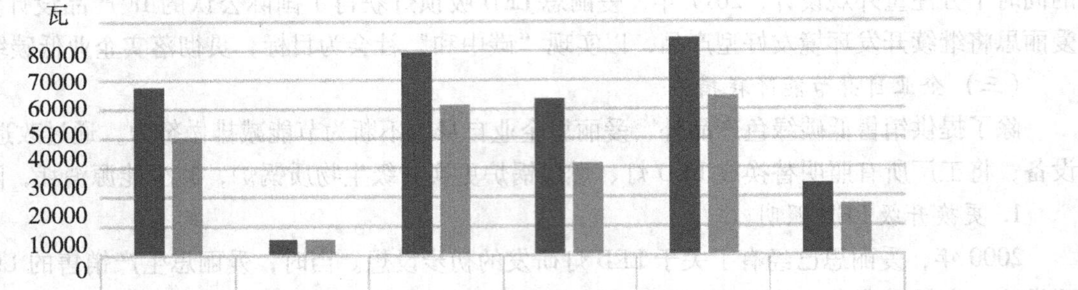

	第一制造	第二制造	第三制造	第四制造	LED电器	集团事务所
■ 荧光灯	57860	6160	70080	53860	74560	24360
■ LED灯	41126	5544	51536	31693	54800	18012

图1　更换LED灯前后的功率对比

2. 购入新型绿色锅炉

除了更换工厂内部照明设施外，爱丽思在2013年积极响应大连市政府关于环保政策的相关要求，对工厂内二氧化碳排放量过高、污染严重、不符合国家二氧化碳排放标准的燃煤锅炉进行更换升级。2013年，爱丽思邀请清华大学热能系教授团队及北京热华能源科技有限公司针对工厂内部的用热及燃料状况量身设计，投入1470万元安装了1台15T热水锅炉和1台6T导热油+4T蒸汽的组合锅炉，采用循环流化床低氮、低硫的燃烧方式，利用加装的旋风分离器将大量主温固体物料从气流中分离出来，再返回炉膛，保证燃料和硫剂的多次循环反复燃烧，使炉灰中的含碳量保持在10%以下，分离过后的清洁气体通过排气口排出后再用布袋除尘器收集，避免空气污染。新安装的锅炉极大地改善了作业环境，减轻空气污染，降低了工厂成本，既达到能源节约，又降低了二氧化碳排放量。此外，该组合锅炉还可以燃烧组立家具的边角废料，燃烧后可以达到国家排放标准，很好地解决了边角废料外排的费用和压力。但是，当时该组合锅炉的主要燃料是煤炭与生物质燃料两掺，煤炭燃烧依然带来了空气污染，工厂燃烧成本较大。2016年，爱丽思将猫砂工厂的老旧链条炉排燃煤锅炉淘汰，一次性投资580万元购入2台燃生物质循环流化床锅炉，该锅炉燃料采用生物质颗粒，完全替代了之前的煤炭燃烧，改造后的锅炉二氧化硫排放量由之前的$190mg/m^3$减少到$20mg/m^3$左右，保证锅炉烟气排放达标。

2021年，大连爱丽思生活用品第一工厂又投入600万元购入1台天然气导热油锅炉和1台天然气蒸汽锅炉。新锅炉于2022年1月投入使用后，工厂缩减了之前的6T生物质导热油+4T蒸汽锅炉运行时间以减少碳排放。新购入的天然气导热油锅炉选用意大利利雅路分体式低氮燃气燃烧器，该燃烧器采用电子比例式调节，拥有随负荷可变的混合燃烧头，通过两个伺服电机分别控制风和气的配比，改变扩散盘之间的现状间隙，从而改变相应功率。因此，该锅炉即使在部分负荷条件下也能保持稳定的燃烧状态，从而达到最大的燃烧效率。该燃烧器可实现全自动化控制运转，点火、停火和运转控制均按规定的顺序自动进行，而且燃烧器自带的火焰监视器可以感知不着火或失火情况，如有失火危险会立刻切断燃烧，停止运转燃烧器并发出报警，该燃烧器技术先进、运行安全可靠、经济实用效率高。改造后的锅炉导热油温度由原来的260℃提高到285℃，生产效率提高了10%左右，促使现场生产时间缩短，进一步削减人工费用和电费等。经过这些年的不断努力，更换后的新型绿色锅炉为减少环境污染、节省能源消耗做出巨大贡献，降低成本的同时也实现了爱丽思企业的绿色低碳发展。

三、实施效果

爱丽思多年以来积极响应国家节能减排号召，不断研发绿色环保新产品，升级企业内部设备为节能降耗贡献自己的力量。

第一，爱丽思通过向国内外销售绿色产品，实现了作为一家大型制造业应尽的社会责任，2020 年 LED 出口额达 8587 万美元，2021 年 LED 出口额达 8509 万美元，为全球节能减排贡献自己的力量。

第二，爱丽思投入约 30 万美元在 2011 年完成了工厂内部 1．4 万多个灯泡的更换。替换后的 LED 照明极大地减少了单位时间内的耗电量，与此前荧光灯相比，每年工厂内照明功率共减少了 87459 瓦，相同亮度下 LED 灯亮度更高、耗电更少、照明效率更大，节约了大量能源，降低了电量消耗。爱丽思以“点点滴滴降成本，分分秒秒增效益”的节能意识贯彻企业生存之本。

第三，爱丽思共投入 2700 万元陆续导入 6 台新型锅炉，使二氧化碳、二氧化硫、氮氧化物等气体排放大大降低，远远低于国家废气排放标准，减少了废气排放，为改善环境污染做出自己的贡献（见表 1）。

表 1　燃气导热油炉废气污染物检测结果

序号	项目	国家燃气锅炉排放标准	爱丽思燃气锅炉排放数据
1	烟尘浓度	20 mg/m^3	4. 4mg/m^3
2	二氧化硫	50 mg/m^3	<3mg/m^3
3	氮氧化物	150 mg/m^3	67 mg/m^3
4	黑度	1 级	<1 级

销售绿色低碳产品不仅为企业带来了经济收益，还为工厂内部节省了大量能源、降低了成本，实现了企业与社会效益的良性循环。自企业实施低碳管理以来，爱丽思人谨遵低碳节约口号，通过广泛的、形式多样的节约用能宣传教育活动，增强人们的节能意识，在中午休息时间或无人区域，灯光处于关闭状态；在人员来往较少的通道中安装 LED 人体感应灯，以达到最大限度的节能减排。

近年来，爱丽思开始研究自给自足的光伏发电，利用半导体界面的光生伏特效应将光能直接转变为电能，照明清洁安全，不产生气体污染，节约大量能源，切实做好“双碳”工作。新时代，推进高质量发展已成为爱丽思保持健康发展的必然要求，形成绿色发展方式和生活方式是爱丽思发展要面对的深刻变革。爱丽思始终坚持“绿水青山就是金山银山”的新发展理念，不断发展绿色低碳技术，研发绿色环保新产品，追求企业与社会、自然共同和谐的可持续发展。

主创人：刘　琦、王　媛

绿色低碳发展——服务型企业能源的精细化管理

大连冰山慧谷发展有限公司

一、企业概况

大连冰山慧谷发展有限公司（以下简称慧谷）是冰山集团旗下的子公司，位于辽宁省大连市沙河口区西南路 888 号。慧谷完整、准确、全面坚决执行国家“双碳”工作，同时认真、彻底贯彻党的二十大精神，运用全新的思维方式和管理理念，旨在将冰山集团搬迁后的 18 万平方米原厂址建设成符合绿色低碳、高质量发展的产业园暨冰山慧谷智慧创新产业园（以下简称慧谷产业园）。

慧谷产业园产业结构按照 4∶3∶3 的黄金比例构建，即围绕冷热能源创新研发基地和科技赋能平台、文化创意集群的主导产业占整个园区产业结构的 40%，围绕主导产业延伸的上下游产业及产业示范占比 30%，围绕产业、文化、历史“三位一体”的特色服务配套占比 30%。园区本着科学规划、统筹兼顾的原则以产城一体的模式，形成“8 +4” 12 小时工作圈和 24 小时生活圈满足进驻企业和个人的多元需求。

经过 4 年的不懈努力，慧谷产业园已发展成为北方最具潜力和活力的园区代表：获得国家、省、市与行业等 22 项荣誉；入驻松下、富士、盛世利、洛客、华润、罗森、星巴克等 712 家知名企业；园区日均人流量 1 万人以上。慧谷通过能源的精细化管理实践中，探索“双碳”工作有效模式和有益经验，既是国家战略决策下慧谷发展的目标，同时也是自身的社会责任担当和技术创新发展动力。

二、主要措施

（一）情况排查

硬件设施方面，改善前的老工业基地遗留硬件无法适应慧谷产业园新业态的发展要求，存在诸多问题。例如，园区自来水水管路及阀门等相关设施存在 20 年以上，部分老化，造成自来水渗漏；园区换热站 2 台管壳式换热器内积垢严重，换热效率低，造成极大的热能消耗；园区原 4 台 1000kVA 变压器、变电室高低压配电柜属国家淘汰设备，造成巨大的能源损耗浪费等。

人员管理方面也存在诸多问题：园区原来能源管理人员年龄结构偏大，人数多，节能意识弱，缺少多方位发现、诊断和快速解决问题的意识和能力；非智能数据采集、多部门信息不共享和应对环节反应迟缓，缺少有效的巡查方法及快速准确的应对解决办法，造成问题点精确锁定和整改整修时效缓慢；旧的能源管理办法无法适应新的环境需求，造成水电气等处于薄弱管理状态等。

（二）战略部署

针对以上问题，实现创新能源管理是企业发展的根本战略，是建立在优质服务基础上的核心竞争力。唯有积极寻求创新的、科学的、现代化的解决方案，从而实现高质量持续发展的目标；同时，国家的相关文件也为企业实施绿色低碳发展指明了方向。

作为服务型企业，为客户提供的优质服务是慧谷的责任，从各个环节降低消耗、减少损失和增加收益率、制止浪费且高效、科学、合理和低碳的利用能源是慧谷实施战略目的的最有效方法。各个领域科技的高速发展，国家大力倡导的“互联网 +”、云平台办公、大数据中心等新技术，为管理创新提供了可行办法。

（三）设置目标

慧谷将精细化管理节能工作目标的设置确定为企业的使命和任务，依据目标实施工作分解。

一是更换老旧管道阀门，更换新型变压器和高低压电缆，建设智能化的新能源中心。

二是实现全年节约费用 85 万元，提高能耗利用率 15%，设备维护工时降低 40%，节约人力 3 人。

三是实现物联化：远程控制、无间距、快速反应；信息采集自动化、点位科学化、信息个性化；能耗监控全程可视化。

四是数据化：分析量化、模块化，运行环节从部门化转换为工作节点化，类似问题处理批量化和信息反馈分类存储化。

五是大数据存储云端化，人工智能管理日常化。

六是员工节能意识使命化，节能减排工作全时段、全员化。

（四）优化组织架构

1. 管理组织架构的创新

慧谷尽可能地缩短信息采集和执行处理之间的距离，以直线功能到达为基线压缩过程环节，设置组织架构仅为两个部分：信息采集和执行处理（见图 1）。

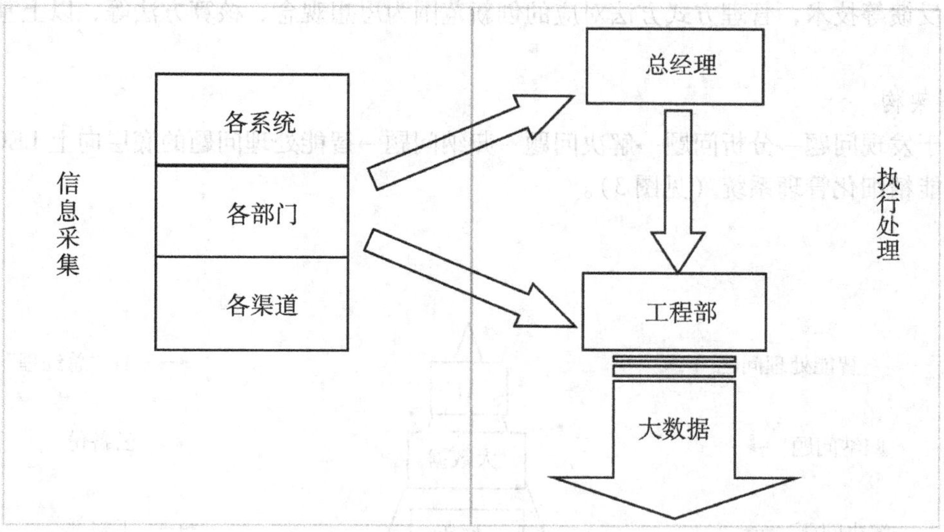

图 1　组织架构

2. 层级设置

从信息矩阵共享式到智慧指挥扁平化压缩，能源管理小组人员设置仅为两级：智能指挥与高效执行（见图 2）。

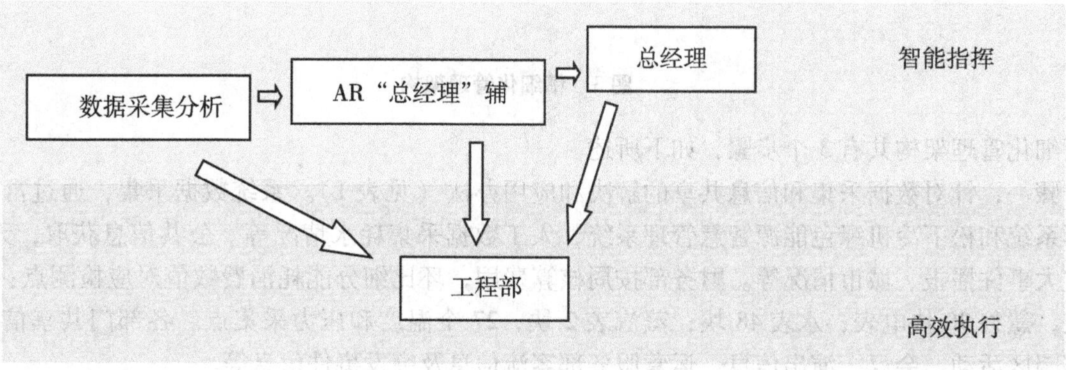

图 2　能源管理层级设计

3. 设置能源管理小组

人力资源管理要做到人尽其才、才尽其用、人事相宜，最大限度地发挥人力资源的作用。为了实现科学合理的配置，首先，岗位人员的配置应做到能级对应，每一个人所具有的能级水平与所处的层次和岗位的能级要求相对应；其次，折叠动态调节，是指人员或岗位为动态，始终为准确的工作者工作在需要的岗位上，通过动态填报固态空白；最后，精准的工时安排，通过技术手段，节约人员和工时。慧谷通过此方法的管理，将水、暖、排水、消防等工作合并为一个工作组，精简 2 人；电力工作组通过平台派发合并工单等手段，消减夜班等，精简 2 人。总计精简 4 人，占员工总数的 15%。

（五）精细化管理构成

1. 创新要素

精——数据精准，细——细分入微。精：数据的精准采集和实施细分环节的准确到位，是创新管理的构成基础。细：管理要素的创新和质量是创新的管理方式方法的核心。管理要素对应的创新范围为信息、数据和反馈等技术，管理方式方法对应的创新范围为思想观念、核算方法等，以上基础项构成了精细化管理。

2. 管理架构

慧谷基于发现问题→分析问题→解决问题→归纳问题→智能处理问题的底层向上 LEGO 模块构建思维，构建节能精细化管理系统（见图 3）。

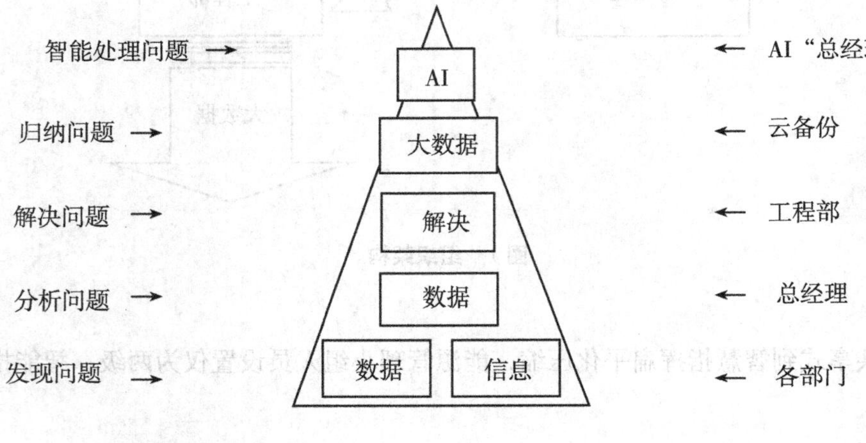

图 3　精细化管理架构

精细化管理架构共有 3 个步骤，如下所述。

步骤一，针对数据采集和信息共享的解决和应用办法（见表 1）。系统数据采集，通过富士智控电力检测系统和松下冷机绿色能源智慧管理系统，人工数据采集耗水情况等。公共信息获取，天气预报、国家重大事件播报、城市情况等。财务部按周核算费用，环比细分能耗消费数值对应检测点：客户 137 块电表，慧谷 90 块电表；水表 48 块；蒸汽表 2 块，27 个温度和压力采集点。各部门共享信息，包括招商部园区活动、会议、演出信息、运营服务部客流信息及突发事件信息等。

表1 步骤和流程

步骤一		步骤二	步骤三	后续	
信息采集	相关部门	数据呈报分析	解决和反馈	大数据应用	人工智能
系统数据采集	工程部	总经理+各部门分析异常数据，分为慧谷和入驻企业，制订解决方案	工程部远程或人工实施解决方案	数据采集和归纳	AR“总经理”
公共信息获取	工程部			批处理同类问题	
财务核算信息	财务部			调整系统参数	
各部门信息共享	运营服务部和招商部			智慧预见性能耗调整	

步骤二，数据分析采用运筹学、物联关系、优选优算法、价值核算法，采用环比、同比、定比、对比等办法检测异常数据，发现问题，分析问题，解决问题。步骤和流程见表1。

步骤三，选择合适的分析模型，利用问题的属性和函数指标，快速查询分析结果，快速响应，让数据分析达到前所未有的灵活简单、可视、可信、可靠和可行。步骤和流程见表1。

（六）精细化管理流程特点

慧谷能源精细化管理是建立在常规管理基础上的各部门工作与环节的精细化设置及服务质量的精细化创新。它是一种以最大限度地减少管理所占资源、降低管理成本，并且以对能源消耗、设备监控、服务监测管控等为主要目标的管理方式。例如，一个报修单发入平台后，传统的流程是：由固定的服务部门接收窗口接收→上报→服务部领导→领导审阅→下发→主管部门领导→派工→施工→验收等，客服回复通常又按照此流程走一遍，明显节点线段化、复杂冗长、效率低下。但是，在平台上，同样的报修单，如果是智能信息管理下的维护项，可直接发出维修指令至施工员手中；如果不能自动处理，各部门人员、总经理同时联动审阅，平行化审批，节点仅为一步，在节约大量人力资源的同时实现企业高效的执行力。

（七）出台管理制度

慧谷出台精细化管理相关制度：《创新能源管理制度》《创新能源使用奖惩条例》和《创新能源大数据采集办法》，坚持以人为本，鼓励、推动全体员工开展能源技术创新和管理创新。

能源技术创新，不断探索智能管理：采用深度学习加速技术研发与应用，精确核算公司能源的利用率和耗损率，保障园区以极低的能源损耗运行。建设能源分区管控模块，全新数据采集点形成类网络神经元，通过增强性自动图像、音频异同甄别，信息信号指令集处理，人工报修、干预等各种园区能源使用情境参数提供最大的响应速度。提升计算性能，为持续性高吞吐率推理应用提供强大的支持，从而最大限度为向5G移动服务平台迈进做好准备工作，让人工智能技术更好地服务于园区。

管理创新：依托数字化平台，将园区按照一定的标准划分成为单元网格。按周通过对单元网格的能耗数据采集，以基础数据建立统计分析平台，各类数据信息智能化汇总和分析，严格执行“晨抄表+日比较+周例会+月考评+年奖惩”的工作制度，实施绩效考评和责任追究机制，将精细化管理一丝不苟、深刻认真的执行好。

（八）精细化管理实施案例

1. 案例：大数据“说话”，同比类比，跑冒滴漏“无处遁形”

慧谷创新使用能源数据表。以用水精细化管理工作为例，每日早晨，水暖工程师按照日常工作制度晨抄表（见表2），依据大数据查询跑冒滴漏（日比较）。按规定上午10点前必须将查清异常情况及跑冒滴漏位置和原因汇报至总经理，并于上午11点前开始维修施工。此项工作全程按时记录数据，纳入周例会并进行月考核。

表2 慧谷用水精细化管理工作日程

8:45	9:00	9:10	9:15	10:00	10:30	11:00	16:30	16:45
抄取总水表数值	对比前一日数值	两项波动≥4%，异常	依据园区标准数据排查小表,通过流量的最大值和最小值进行诊断排查问题点	排除特殊情况，断定并查找出跑冒滴漏的具体位置和原因	工程部提交维修施工审批表	开始维修施工	按进度完成施工	所有数据储存至数据库
	环比前一周数值			上报情况至总经理	总经理审批同意		汇报情况至总经理	
	定比前一周日平均值			特殊使用情况，判断为正常，上报情况至总经理				
		正常						

2. 案例：AR“总经理上岗”，智能指挥控温

工程部依据大数据分析和自动测温数值，换算为智能指挥指令函数集，将此输入设置成设备运行基础数据。创新将日常控温设置为人工智能自动控温指挥模式（AR“总经理上岗”命令情境模式），依据指令函数自动实现慧谷产业园区自动温控管理，体现“智慧园区”的科技含量，提升园区服务质量和知名度。

三、实施效果

目前，园区入驻企业达715家，2022年园区内重要会议、活动110余次，重要参观150余次，高峰日客流15000人次以上。慧谷通过全面实施能源精细化管理，“双碳”工作成果显著，能源管理小组成员扎扎实实实、实干苦干，超额完成了既定目标，总计节约费用116.22万元（见表3）。

表3 节约费用明细

能源类别	改善前	改善后	改善措施	年节省费用/万元
水	3700吨/月	2650吨/月	1. 更换老旧管道阀门 2. 回收雨水用于工程和绿化 3. 利用大数据快速精准查找跑冒滴漏位置，节能降耗	6.17
蒸汽	22.95元/平方米	20.44元/平方米（核算供暖面积4.8万平方米）	4. 更换换热器，提高换热效率 5. 利用大数据排查跑冒滴漏 6. AR智能管控供热 7. 分析综合信息，依据大数据预设函数式管控 8. 利用远程实时监控，精确诊断解决问题 9. 针对突发事件，快速准确管控能源	12.05

续表

能源类别	改善前	改善后	改善措施	年节省费用/万元
电	1.25 元/度	0.85 元/度	10. 改变“用电类别”，取消变压器基础费 11. 更换新型变压器和高低压电缆，提高电能传输效率 12. 给所有商户加装电能计量表，网格化用电管理，减少差值损失 13. 利用高、低压数据和费用数据，排查空耗 14. 根据园区业态布局，合理设置供电路由，减少电能损耗 15. 利用富士用电智控系统，优化管理	72
人员	10 人	6 人	16. 精简人员 4 人	20
工时		年节约 2400 工时	17. 压缩保修信息环节工时 18. 精简诊断排查工时 19. 缩短维修环节工时 20. 优化客户回访时间	6
合计				116.22

“为人民谋幸福，为人类的未来谋福报”。慧谷不仅要创造更多“绿色物质财富和文化自信精神财富”，同时还积极倡导群众逐步加深对现代化与资源环境关系的认知。慧谷精细化管理的高效执行和能源管理小组成员的实干笃定精神影响带动了园区全体人员和社会参与，市民进一步形成了节能风尚的良好习惯，把节能意识转化为节能行动，凸显了慧谷高度的社会责任担当。

慧谷在节约能源的初心道路上，牢记“服务”使命，坚持使用精细化管理，勇于创新、不断探索有效模式，努力再创绿色低碳发展新佳绩。

主创人：韩　东、徐　委、薛　真、哈常勇、王广文

涂装车间绿色喷涂工艺的研发与应用

东风汽车有限公司东风日产大连分公司

一、企业概况

东风汽车有限公司东风日产大连分公司（以下简称大连工厂）位于辽宁省大连市保税区，是东风日产在中国北方的重要基地。大连工厂于2012年6月25日奠基，2014年10月18日正式投产。大连工厂总面积为132万平方米，总投资额达50亿元。一期年产能达到15万辆。大连工厂主要生产SUV车型，包括新奇骏、新逍客、新英菲尼迪QX50。

作为东风日产全新战略布局的重要组成部分，大连工厂在设备和技术上保持了东风日产一贯的优势。大连工厂目前拥有冲压、焊装、涂装、树脂和总装五大工艺，全面导入先进技术和设备。焊装车间综合自动化率达83%；涂装车间，大连工厂导入了机器人自动喷涂系统，大幅提升了生产效率；总装车间实现了轮胎、座椅等配件的输送、抓取、放置自动化。大连工厂90%以上的车辆品质检验设备采用了性能优越的进口设备，检测能力和精度达到汽车行业前列。人机工程的广泛应用，为员工提供了多维度的员工关怀，建立了全方位的员工培养和激励制度。随着规模的不断壮大和技术品质的不断提升，2019年在雷诺日产三菱联盟全球40多家工厂中，大连工厂ABM综合竞争力排名第一，用卓越的成绩书写了“魅力工厂”的篇章。2019—2021年，生产总值分别为14.2亿元、12.6亿元、9.3亿元。

二、主要措施

（一）涂装车间绿色喷涂技术改造方案

1. 清漆内板喷涂自动化

清漆内板喷涂自动化包含以下内容。一是内板喷涂机器人新增。二是开门机器人新增。三是静电高压旋杯系统新增。

2. 喷漆循环风利用及废气焚烧处理

喷漆废气循环风利用及废气焚烧处理系统包含以下内容。一是废气循环空调新增。二是新风空调改造。三是节能热泵系统新增。四是高效率旋转式RTO（蓄热式废气焚烧炉）新增。

3. 色漆闪干炉废气回收利用

色漆闪干炉废气回收利用包含以下内容。一是废气换热装置。二是新风换热装置。三是闪干炉改造。

因废气循环再利用送往喷漆室的送风中含有有害的溶剂成分，首先要把内板清漆手工喷涂作业改造为机器人自动喷涂，然后再把整个清漆喷涂区域的送排风改造，将喷漆产生的废气通过循环空调重新利用，循环空调的废气按照一定比例排到蓄热式废气焚烧炉进行处理，将废气中挥发性有机化合物（VOCs）高温分解成CO_2和水。经过处理后的废气再排到大气中，从而实现绿色喷涂。

大连工厂涂装车间绿色喷涂技术改造项目制订了总体战略和详细的实施路线，从把握现状课题开始，进行案例收集、自动化技术研究等，检讨了未来涂装生产线的理想姿态，制订Q、C、T等各方面目标——形成了高效、低成本、节能环保、品质提升的绿色喷涂改造策略，从而进一步提升技术力并为制造成本递减寻求突破口，确保在行业中的领航能力。

（二）项目技术方案

1. 方案概述

汽车涂装生产的主要工序见图1，本次实施改造的内容为图1中虚线框内部分。

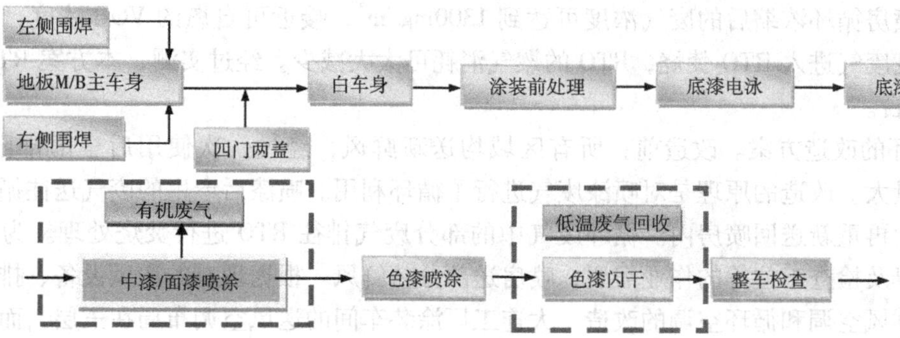

图1　汽车涂装生产的主要工序

方案主要由3部分组成。一是喷漆区域采用循环风 + RTO 废气焚烧装置。二是喷涂区域改为循环风的方式后，喷漆区域不适合继续采用人工作业的方式，因此将内板人工喷涂改造为自动化喷涂清漆内板。三是色漆闪干低温废气余热回收。

涂装车间汽车外板喷涂已经较早地实现了自动化喷涂，内板喷涂本次由人工喷涂改为自动化喷涂后，可消除喷漆过程中产生的有毒有害的漆雾对作业人员的职业健康危害，消除作业环境恶劣、劳动强度大的有毒有害喷漆岗位。

2. 清漆内板自动喷涂机器人

（1）清漆内板喷涂机器人。涂装车间汽车外板喷涂已经较早地实现了自动化喷涂，但内板大都仍然采用人工喷涂，喷涂过程中会产生有毒有害的漆雾，内板喷漆过程中须穿戴不透气的防静电作业服，佩戴防毒口罩，作业人员所处的环境比较恶劣，劳动强度大，人员离职率和员工的抱怨一直处在较高的水平。实施技术改造后，清漆内板机器人喷涂代替了人工作业，改造后：15万台/年涂装车间的清漆喷涂生产线的能力为36台/小时，按照内板喷涂的范围，每条线选取壁挂式6轴防爆喷涂机器人2台、开门机器人3台，型号为安川 EPX2700。

（2）高效率静电旋杯喷涂系统。旋杯式静电喷涂是利用一个具有锐利边缘高速旋转的金属杯，在旋杯轴上接通负高压静电，则旋杯的内壁由于旋转油漆受离心力的作用向四周扩散而抹成均匀的薄膜状态并向旋杯口流甩，流甩至旋杯口的油漆又受到强电场力的分裂作用，进一步雾化为油漆微粒子。与此同时，油漆微粒亦获得了电荷，成为负电荷漆粒，在电场力的作用下，漆粒子群迅速向导极性工件吸附中和，于是，油漆便均匀地牢固吸附在工件表面上。本次改造将原有的手工静电喷枪替换为高速静电旋杯自动喷涂系统，选用了 SAMES ACCUBEEL 707 高速静电旋杯，该设备采用了内部间接加高电压，与传统的外部间接加高电压方式相比，有涂料利用率高、涂膜均一性好、外形结构简单、体积小、旋杯本体不易被漆雾污染、涂装品质好等优点。涂料的换色损失降低至30cc以下，涂料利用率高达76%。

3. 废气的循环浓缩

汽车涂装生产主要的 VOCs 产生在中涂面漆喷涂环节，约50%的汽车涂装能耗也消耗在中涂面漆喷涂环节。废气循环空调能有效降低这两项指标。

喷漆过程需要保证0.3～0.6米/秒的风速，风量很大，因此喷漆产生废气的浓度较低。为了降低运行的费用和一次投资，需要将废气进行浓缩提高浓度。废气浓缩有两种方式：循环浓缩和转轮吸附浓缩。

本次根据现场的设备实际情况，采用方案：1 级循环风浓缩 +2 级转轮浓缩 + RTO。大连工厂喷漆室采用紧凑化设计，清漆后的检查区宽度 4.5 米、长度 3.5 米，检查区换气风量为 162m^3/min。通过循环浓缩就可以将废气浓缩 9 倍。废气浓度达到一定的高度，根据清漆喷涂过程中带入的溶剂量及在喷涂过程的挥发比例，喷房循环浓缩后的废气浓度可达到 1300mg/m^3，接近可自燃的 VOC 浓度，经过转轮进一步浓缩，高浓度废气进入 RTO 焚烧，RTO 的燃气消耗可大大减少。经过实测，本方案 RTO 的燃气消耗值为 0.44Nm^3/台。

（1）废气循环的改造方案。改造前：所有区域均送新鲜风，经过一次使用后全部排出到大烟囱。废气浓度低，风量大。改造的原理是对喷漆废气进行了循环利用。喷漆后产生的废气送往循环空调，经过循环空调处理后再重新送回喷房内。循环废气中的部分废气排往 RTO 进行焚烧处理。为保持稳定的废气排放浓度，以及检查工位等的作业需要，喷房送部分新鲜风。根据现有的送风设备、排风设备的布局特点，进行新鲜风空调和循环空调的改造。大连工厂涂装车间的送风空调布局在三层，而排风机布置在一层。按照排废气风机尽量靠近循环风空调、便于循环风管通过的布局原则，本次在排风机房旁新设 1 台循环空调。新风量减小到原有的 17%，将原有的新风空调停用。对于原新风送风空调布局和排风机都布置在三层的场合，同样按照排废气风机尽量靠近循环风空调、便于循环风管通过的布局原则，将原 2 台新风送风空调改为 2 台循环空调；然后，在室内外的合适位置新设新风空调，同时供给两条清漆喷涂线的新风。按照上述的流程图，一台新风空调改造降低送风量，同时供给两条清漆喷涂线的新风，新风风量从 2705m^3/min 改造为 453m^3/min，原新风空调器进行以下内容的改造。一是预加热燃烧器改造。二是冷水盘管改造，冷水控制阀更换。三是喷淋改造。四是送风风机变频改造。五是控制盘改造。

（2）循环空调新设。从喷房排出的废气经过文丘里以后，废气的湿度上升、温度下降，其中的一部分进入循环空调，经过过滤、除湿、加热处理后重新进入喷房。热泵和蓄热式废气焚烧炉与循环空调相结合，达到节能和降低 VOCs 的效果。

4. 热泵的采用

进入循环空调的空气，首先需要通过冷却的方法进行冷凝除湿，然后进行间接式加热，使得回到喷漆室的送风温度、湿度满足工艺要求。因为同时循环空调需要制冷和加热，所以在循环空调中采用了热泵节能技术。热泵产生的冷水可以用于循环空调器的表冷除湿段，同时产生的温水用于循环空调的后加热段，可以有效降低循环空调运行的能耗。根据循环空调的送风大小，选用了一台 160kW 的水冷式热泵。大连地区较为炎热，热泵在部分工况下输出冷量小于实际需求的冷量，不足的部分通过外部冷冻水补充。热泵产生的热量可 100% 用于循环空调的送风热盘管，降低送风的相对湿度。

5. 废气漆雾分离

喷漆产生的废气中含有大量的涂料颗粒和溶剂气体，采用文丘里水旋漆雾分离技术，将雾状的水和排出的废气进行充分混合，从而对废气涂料颗粒和溶剂气体进行分离，文丘里水旋气水混合对废气中涂料颗粒的分离效率达到 99%。涂料颗粒进入循环水，通过除渣机分离形成漆渣固废，涂料颗粒和溶剂气体分离后的废气一部分进入循环空调重复利用、一部分进入 RTO 进行焚烧处理。

（三）旋转式 RTO

旋转式 RTO 是一种用于处理中低浓度挥发性有机废气的节能型环保装置。它的基本原理是在高温下（≥760℃）使有机废气氧化生成 CO_2 和水，从而予以去除。汽车在喷涂工艺过程中产生含溶剂等有机废气，有机废气通过管道连接到 RTO 设备，废气进入 RTO 设备后，通过 RTO 设备中的燃烧器和加入 RTO 设备中的液化石油气一起完全燃烧，产生热量。产生的热量通过热交换器后将热量重新返回工艺设备中，经过热交换的废气排到大气中，这样可以有效地控制排放到大气中的有机废气量，同时回收利用热量。RTO 分为两塔式、三塔式和旋转式3种，相比传统的两塔式 RTO，旋转式 RTO 减少了切换过程中的未处理废气排放，废气处理效率从95%提升到99%。本次改造采用最先进的旋转式 RTO。

（四）色漆闪干炉工作原理说明

热闪干炉系统是涂装生产线一个常规的烘干设备。热闪干炉系统在消耗大量天然气的同时，也会产生大量的高温烟气排放到大气中，造成热能的极大浪费。热闪干炉系统余热回收能够减少天然气耗量，进一步降低车间运行成本。

涂装车间面漆闪干室送排风系统由新风系统、循环风加热系统和排风系统组成。新鲜空气经过冷却除湿箱冷却除湿至18℃后分别输送到循环风加热箱，再与天然气燃烧产生的高温烟气间接换热至75℃，热空气由离心风机送入烘道内的送风箱。部分换热后的空气通过排风烟囱直接排往大气中，这部分直排的空气温度高达75℃，存在回收利用的空间。

（五）漆热闪干系统余热回收可行性分析

新鲜空气经过冷却除湿箱表冷器后被强制降温到18℃（实现空气除湿目的），冷空气进入加热炉与回风混合后升温至75℃，被风机送入喷房。

从加热炉热闪干温度变化曲线分析可知，新风从18℃升温至75℃需要消耗大量的燃气，如果利用回收的废气余热，先将新风从18℃预热升温至52℃左右，再进入加热炉升温到75℃，这样可以减少燃气的消耗量。

理论计算得出：废气余热回收量为213.5kW/h，每小时可提供相当约22.8立方米的天然气热量，存在较大的余热回收利用空间。

漆热闪干系统余热回收方案确定。经过对系统节能可行性分析，制订以下节能方案：在热闪干炉系统加热炉废气排放烟管处布置一台与之相匹配的复合管余热回收器，75℃废气被降至50℃左右进行排空；表冷器除湿后18℃冷风经热交换吸热后被加热至52℃左右，再通过加热炉加热至工艺温度75℃，通过提高新风进风温度，达到节能减排的目的。

三、实施效果

通过实施以上项目，将涂装生产自动化率提升、VOCs 排放降低、CO_2 排放降低、减少危害身体健康岗位等效果有机融合在一起，提高了大连工厂整体的生产效率，对环境友好，产品品质稳步提升，取得了巨大的经济效益及社会效益。

（一）VOCs 排放大幅降低

项目实施后，清漆喷涂过程的 VOCs 排放大幅降低。通过实施此项目，车身涂装单位面积 VOCs 排放从8.5g/m² 降低到5g/m²，集中排放烟囱的排放速率从38.5 kg/小时降低到15kg/小时。按照2020年实际产量，VOCs 排放减少186吨/年。循环风浓缩+转轮浓缩+RTO 的方式去除 VOCs 效果更好，每年可少排放9.8吨 VOCs（见表1）。

表1　3种方案的优缺点

清漆工段的 VOCs 排放	循环风浓缩+RTO	循环风浓缩+转轮浓缩+RTO
VOCs 去除效率	93.1%	98%
VOCs 净化后排放量年/（千克/台）	0.07	0.02
VOCs 净化后排放量/（吨/年）	13.80	4.00
备注	—	年产15万台的生产线，每年少排放9.8吨

（二）能耗降低

改造过程中增加了 RTO 设备、热泵，采用循环风，喷房的新风空调送风量大幅度降低，用于清漆喷房的燃气消耗可降低 3Nm^3/台，减少 CO_2 排放 6.4 千克/台。2020 年，大连工厂产量为 17.8 万台，合计减少 CO_2 排放 1281 吨。

（三）减少危害人体健康的作业岗位

采用清漆内板喷涂机器人，提升了涂装生产自动化率，削减了有害身体健康的人工喷漆岗位 10 个，实现了绿色环保喷涂。

（四）结论与展望

1. 总结

在整个设备安装改造实施过程中，先后进行了如下所述的工作：设备投入前的先进技术收集、可行性分析、收益分析；设备安装后的品质确认实验；设备投入后设备管理及效果确认。其整体的开展逻辑较为完善，各步骤有据可依，将理论知识结合到实际工作中，从规划到落地为涂装工程节约天然气做出巨大贡献，是东风日产在节约天然气技术方面不断进步的综合体现。

2. 行业扩展的可行性

目前，清漆内板喷涂自动化、喷漆循环风利用及废气焚烧处理低温余热回收在汽车行业属于国内先进水平，已在工厂间水平展开，具有普遍的使用性和较高的适用性，以及向行业内推广的条件和优势。

最后，大连工厂在绿色低碳发展方面可持续改进的工作为国家的绿色低碳发展贡献了一份力量。

主创人：周火星、陈俊涛、刘奕廷、梁兵魁、毛春晖

中国移动山西公司 2019—2021 年计划部精密空调智慧化改造节能设备的采购项目

福建佰时德能源科技有限公司

一、企业概况

福建佰时德能源科技有限公司（原深圳百时得能源环保科技有限公司，以下简称佰时德公司），于2005 年 9 月在深圳成立，2019 年 7 月经招商引资迁至厦门，是国家高新技术企业和国家发展改革委备案的节能科技服务企业、厦门“三高”企业、厦门“双百”A 类企业。公司秉承“让科技服务于社会”的理念，致力于暖通节能产品的开发应用。公司拥有专业的技术研发和服务团队，同时与国内外多所大学建立了产学研合作关系，致力于技术的不断创新和国内市场转化。依托于 10 多年技术研发和实践的历史沉淀，基于自主研发的连续调试技术，结合多项发明专利、实用新型专利和软件著作，形成一系列智慧节能产品——数据中心精密空调控制设备、热力智能控制阀、智慧冷链控制器、中央空调智能控制系统、综合能源应用设备。

凭借先进的能效智慧产品、优化技术及丰富的节能项目经验，佰时德公司为客户提供能源系统的优化设计与实施、能效评估、能耗监测及智能管理等服务，提高能源利用率。服务对象涵盖机房、写字楼、医院、酒店、住宅小区等民用领域及电子、食品、化工制药等工业领域，在数据中心精密空调、供热系统、冷库、中央空调及工业动力系统的节能改造上取得能耗效益和市场认可。

作为一家专业的能效管理公司，佰时德公司肩负“高效节能、低碳循环、绿色发展”的企业使命，围绕技术核心，服务客户，回馈社会，努力促进构建低碳循环发展的经济体系，为实现“双碳”目标贡献科技力量。

二、主要措施

(一) 市场生态与资源环境

工业和信息化部发布《“十四五”信息通信行业发展规划》，描绘了信息通信行业的发展蓝图，进一步凸显了信息通信行业的功能和定位，未来 5 年加快建设网络强国和数字中国、推进信息通信行业高质量发展，强调要坚定不移地贯彻创新、协调、绿色、开放、共享五大发展理念，提出统筹优化数据中心布局，构建绿色智能、互通共享的数据与算力设施等重点任务。随着信息通信技术与经济社会融合步伐的加快，信息通信行业在经济社会发展中的地位和作用更加凸显。

工业和信息化部发布《新型数据中心发展三年行动计划（2021—2023 年）》，明确提出能效水平稳步提升，电能利用效率（PUE）逐步降低的目标：到 2021 年年底，全国新建大型及以上数据中心 PUE 降低到 1. 35 以下；到 2023 年年底，全国新建大型及以上数据中心 PUE 降低到 1. 3 以下，严寒和寒冷地区力争降低到 1. 25 以下。同时，加速改造升级“老旧小散”数据中心，提高“老旧小散”数据中心能源利用效率。该计划的重点任务之一是绿色低碳发展行动。要求加快先进绿色技术产品应用，大力推动绿色数据中心创建、运维和改造；优化绿色管理能力，全面提高资源利用效率。支持采用合同能源管理等方式，对高耗低效的数据中心加快整合与改造。新建大型及以上数据中心达到绿色数据中心要求，绿色低碳等级达到 4A 级以上。完善绿色标准体系，建立健全绿色数据中心标准体系，研究制订覆盖 PUE 等指标在内的数据中心综合能源评价标准，完善能效监测体系，实时监测 PUE 等指标。

随着相关政策的颁布和实施，绿色、高效、节能、减排成为数据中心的迫切需求，其中最直接且刻不容缓的需求表现是降低 PUE 值。佰时德公司提出数据中心节能方案，针对机房精密空调进行节能改造，实现 30% 以上的节电率，有效降低数据中心 PUE 值，帮助数据中心客户解决能耗问题。

（二）项目解决方案设计与实施

中国移动通信集团山西有限公司（以下简称山西公司）2019 年 12 月 16 日发出有关精密空调智慧化改造节能设备采购的招标公告。项目需求采购精密空调节能设备 67 套（机房精密空调制冷量情况：10 台 75kW 以下，21 台 80kW ~ 95kW，36 台 100kW ~ 120kW），包含节能设备、配套材料、节能改造、测试等全套内容，改造完成后对机房进行挂表测试，确保达到机房节能降耗的目的。佰时德公司凭借专业的节能技术、先进的自主研发节能设备及丰富的项目实践经验成功中标，继而开展项目实施并取得山西公司对节能实施效果的认可。

该项目机房风冷精密空调的压缩机以工频运行，未实现压缩机和风机速度的匹配，无法根据负荷需求进行动态调节冷量输出。根据该项目机房风冷精密空调系统运行特点及空调区环境参数指标要求，佰时德公司本着“安全、节能、经济、稳定”的原则，设计节能优化扁平控制系统，采用佰时德风冷式精密空调智能控制器/装置，实现自动控制各机组设备节能优化运行，同时根据负荷变化特性对系统实施动态调节，提高能源利用效率，将精密空调系统运行能效最大化，降低空调系统运行能耗。

数据中心扁平控制系统是基于特职控制器控制理论而发展的数据中心空调智能控制系统。根据数据中心空调制冷系统，把动力设备分为多个机电标准子系统，独创研发出特职控制器对这些标准子系统进行独立智能控制。搭建而成的数据中心扁平控制系统及智能空调装备，减少了管理层次，增加了管理幅度，使得整套控制系统呈扁平状的组织形式，突破了传统数据中心制冷空调系统集中控制的架构，确保制冷空调系统稳定性、数据中心运行安全性，从而提高工作效率、提升总体能效。

空调智能控制器/装置具备无扰动切换功能，提供工频和调频两种工作模式，一旦发生故障，设备能自动切换，不需要人工干预。管理平台实时监测运行数据，及时了解设备运行状态；实时测算节能数据，随时了解节能效益；实时记录系统数据，减少运维人员本地抄表；实时分析系统能耗状态，及时了解并处理低效设备；实时监测系统报警状态，增加系统安全性；实现远程控制，实现应急操作及调试。

1. 改造措施

在保留空调机组原有控制系统的前提下，通过旁路的方式接入精密空调机组能效控制设备，依据室内负荷与设定要求的偏离情况，动态连续调整精密空调机组供冷负荷，将能效控制设备 Digi – CRAC 与需要改造的精密空调机组进行一对一安装模式。

（1）双系统空调在保留精密空调机组原有控制系统的前提下，对每台精密空调机组安装 1 台 Digi – CRAC 能效控制设备、4 个温度传感器、1 台变频器，依据室内温度与设定要求的偏离情况，通过调整压缩机和风机转速动态连续调整精密空调机组供冷负荷。

（2）单系统空调在保留精密空调机组原有控制系统的前提下，对每台精密空调机组安装 1 台 Digi – CRAC 能效控制设备、2 个温度传感器、1 台变频器，只对风机进行调速，根据制冷量变风量调节。

（3）加装 1 套中央集中优化控制设备 Digi – SBM，将精密空调能效控制设备组网，协调各机组运行。

（4）将现场相关机房的机械式电表更换成带数字通信的电表。

（5）标准化操作流程和安装工艺，安装时间短，单台设备安装停机时间不超过 3 个小时；采用轮流安装方式，保证机房温度要求。

2. 主要控制策略

通过控制策略的实现，不仅降低空调机组运行能耗，而且可以通过压缩机系统的稳定控制，避免压缩机频繁启停，提高设备运行稳定性；同时，降低机组运行噪音。优化模式和原模式可以直接进行切换。

（三）项目节能改造的设备介绍

1. Digi－CRAC介绍

节能改造方案应用佰时德精密空调能效控制设备Digi－CRAC，在不改变原有机组控制系统的基础上，只需通过旁路的方式与其对接即可，即插即用。

Digi－CRAC依据室内空调负荷实际需求及变化趋势，动态调节送风机和压缩机的运行速度，解决部分负载条件下空调机组低效运行带来的能耗浪费问题；在负荷动态调节的过程中，根据专利技术将自动分析精密空调机组工作效率，从而判断压缩机运行台数切换点，确保蒸发传热效率最大、综合能耗最低。通过平稳的控制技术实现设备软启、软停、负荷分配、回油控制，确保风机、压缩机安全性和可靠运行，显著延长机组寿命。

节能原理是充分利用蒸发换热面积，提高机组蒸发压力，降低压缩机运行能耗；根据室内负荷变化动态调节送风量，实现按需供给，降低风机运行能耗；针对中大型机组采用冷凝器优化控制技术，动态调节冷凝器风机台数及转速，最大限度降低冷凝压力，调节风机转速使送风温度维持在设定点，提高压缩机工作效率。

2. Digi－SFT介绍（管理平台）

为提高运行管理水平，完善系统自动化程度，合理分析能耗数据，评估能耗指标，实现能源管理与控制于一体的节能平台，佰时德公司自主研发了Digi－SFT/BAS管控系统，全方位记录系统中每台设备运行工况，可以提前动态优化。

机房智能诊断：实时连续监测空调风机、压缩机运行速度，通过智能算法计算其冷量变化，对比不同风速下监测到的送回风温度值，判断机房气流组织合理性。当负荷发生不利变化时，提醒及时调整相应风平衡；智能判断空调能效，及时提醒维护更换低能效空调；存储历史用能与运维信息。

（四）项目节能改造技术措施总结

1. 调节室内风机转速

当压缩机运行时，风机转速根据室内温度调节，此时风机节能约为60%；当压缩机停止时，风机维持最低转速运行，此时风机节能约为80%。风量降低也可以减少冷凝水，节省加湿能耗。同时，控制器设定最低转速，以满足机房循环风量的需求。

2. 改变原机组启停控制模式

压缩机机组原调节模式为0、50%、100%三档位调节，空调处于0%、50%档位控制时，机组蒸发器、冷凝器处于闲置状；空调处于100%档位控制时，蒸发器与冷凝器又限制空调的冷量输出。此种控制模式的蒸发器与冷凝器不能被充分利用，机组制冷效率低。在输出相同冷量的条件下，压缩机运行能耗增加。针对以上控制模式，在温度比例带内引入无极调速技术并同时启动两台压缩机，充分利用蒸发器与冷凝器面积，降低机组的冷凝压力、提升机组蒸发压力。该方式机组运行的能效比提高，机组运行能耗降低，也降低温度波动幅度，减少压缩机启停次数。

3. 调节室外风机转速

通过变频器和室外模块控制器，降低压缩机冷凝压力，提高蒸发压力，提升制冷功效。

4. 气流组织优化措施

根据勘察结果，对机房的气流组织进行以下优化。① 对通信设备进行优化。增大设备前后面板的开口，保证通风效果达到降低内部温度的效果。在机柜内部使用盲板预防气流短路，这样能够提升制冷效果。对上架率少或没有上架的机柜采取减少送风的办法，即使用防静电地垫遮盖格栅地板，减小出风口面积，从而减小送风量。② 对通信内部的走线槽架优化。可在特定处拆除走线槽两侧挡板，增加送风效果，或者在走线过多的部分调整就近出风口的位置，即风栅的开度，送风过程尽量避免直接对走线架吹风，减少气流短路现象的发生。③ 对机房空调本身布局导致送风较远的优化。对于上送风机组，可以减小出风口面积，增大风速，从而增大送风距离；对于下送风机组，可铺设加压风机，对高温部位增加送风量，从而减小温度升高，改善气流状况；可以在较大的机房内部使用局部隔断的方法降低无用机柜的风力消耗，集中供冷。

三、实施效果

（一）提升能效（平均节能率达 30% ~45%）

数据中心扁平控制系统及智能空调装备可根据室外温湿度情况和数据机房负荷动态无级调节空调器的冷量输出，实现按需供给。对于风冷系统，可实现压缩机在高效区内运行，提高空调器整体运行效率。通过对数据中心空调器加装能效控制设备，可实现空调器的运行能耗节能率达 30% ~45%，使该项目系统以最小的能耗获得最佳的运行效果并可实现便捷的运行管理。

（二）减少峰值电力需求高达 50%

数据中心扁平控制系统及智能空调装备能实现空调器无级调节负荷，取代了传统的启停或高低速控制模式。能效控制设备除了提高温湿度控制精度外，更重要的是能减少峰值时刻的电力需求，减少率达 50%。

（三）减少数据机房环境温度、湿度的波动

通过数据中心扁平控制系统及智能空调装备的控制策略，实现压缩机软启、软停、负荷分配、回油控制，确保风机、压缩机安全性和可靠运行，延长机房内电子元器件的使用寿命。

主创人：陈双龙、许丽洪、刘小群、刘海金、张超云

领航绿色智能酿造，守护酱香世代传承

贵州国台酒业集团股份有限公司

一、企业概况

贵州国台酒业集团股份有限公司（以下简称国台）是天士力大健康产业投资集团历经20多年精心打造的茅台镇第二大酿酒企业。国台深入贯彻新发展理念，走新型工业化道路，秉承传统不泥古，科学创新不离宗，持续推动传统酿造向智能酿造转型升级。目前，拥有国台酒业、国台酒庄、国台怀酒、国台茅源4个生产基地，规划年产正宗大曲酱香型白酒5.6万吨，储存年份基酒7万余吨，解决就业5300余人，纳税累计超过80亿元。2021年，国台含税销售额过百亿元，上缴税收位列贵州省民营企业百强榜第一名；2022年品牌价值达1515.5亿元，位列中国白酒第十、贵州白酒第三。先后获“全国就业与社会保障先进民营企业”、“全国和谐劳动关系创建示范企业”、工业和信息化部“绿色工厂”、科技部“国家文化和科技融合示范基地”、“贵州省省长质量奖提名奖”、“贵州省科技进步三等奖”、“贵州省履行社会责任五星级企业”等荣誉，连续8年被评为贵州省“双百强企业”；公司党委多次被评为“先进基层党组织”。国台品牌三获布鲁塞尔国际金奖、两获贵州十大名酒金奖。此外，还获得了美国第七十三届WSWA烈酒大赛中国白酒唯一金奖等上百项殊荣。邀请著名表演艺术家唐国强代言，连续6年入选央视“品牌强国工程”，成功跻身中国一线白酒企业和酱香型白酒主流品牌，夯实了“大国酱香·国台领航”的品牌和行业地位，朝着中国新名酒目标奋进，力争用10年时间建立中国新名酒内涵体系，再用20年接续奋斗进入中国名酒之林，为中国酒业、民族品牌和经济社会发展做出新的更大贡献。

二、主要措施

仁怀是中国酱香白酒的核心产区，而茅台镇可谓核心中的核心。独特的水源、土壤、气候、气温与优势微生物群落浑然天成，造就着“离开茅台镇，就造不出茅台酒”的传奇。国台拥有的国台酒业、国台酒庄、国台怀酒、国台茅源4个生产基地均位于茅台镇，共享这片天地造化的神奇土地。

近年来，酱香白酒产业发展迅猛，呈现供需两旺的态势，地方酒企纷纷增产扩容、满负荷生产，对赤水河流域的生态环境形成了一定压力，环保风险日渐突出。各级主管部门高度关注，《仁怀市酱香白酒产业污染综合整治行动方案》《仁怀市酱香白酒产业污染治理规范（试行）》《贵州省赤水河流域酱香白酒生产环境保护条例（草案）》（征求意见稿）等相继出台，为守护酱香热土保驾护航。

作为核心产区内的主要生产企业，国台成立以来就确立了“打造现代健康白酒，创新现代饮酒文化”的发展使命。坚持绿色生态发展路径，逐步建设现代花园工厂，在传承“12987”传统大曲酱香型白酒生产工艺的基础上，持续推动酱香白酒产业向数字智能化转型升级。通过“机械化制曲生产线”“智能化制酒车间”“数字智能化酒库”等一系列技改项目，以及改窖、改管、改能、改池等专项环保行动的实施，国台持续获取了产能提升、质量稳定、集约用地、绿色环保等竞争优势。

（一）将绿色智能酿造纳入企业发展战略，持续完善环境保护管理体系

“十四五”开局之年，国台取得了含税销售额过百亿元、品牌价值超千亿元、投产超万吨的成绩。在此基础上，规划进一步引领酱酒领域高质量发展，在产业生态、智能酿造、健康导向、酒文化和模式创新等方面处于行业领先，初步建立中国新名酒内涵体系。在产业生态方面，坚定不移走生态型、绿色化发展道路，立足于茅台镇独特的生态资源，坚持“天地同源，天人智酿”的发展理念，让绿水青山、生态环保成为国台中国新名酒的标志符号。

在总体战略的指引下，公司持续完善环境保护管理体系。

一是形成组织机构保障。公司设立有环保部，全面统筹绿色发展相关工作，设备动力部、技改部、基建规划管理部、生产部和体系部等全力协同，确保达成年度环境保护关键绩效指标。

二是坚决执行规章制度。公司依据酱香白酒的生产特点，建立了《环境应急管理制度》《环境保护档案管理制度》《污水处理设施管理制度》等完善的环保管理制度并严格执行。定期梳理《环境保护法》《发酵酒精和白酒工业水污染物排放标准》《固体废物污染环境防治法》等相关法律法规的最新变化，针对性地制订预防、控制和改进措施。严格按照各级环境主管部门下达的通知要求开展相关工作，确保全年环境安全事故为零、全年环境行政处罚为零。

三是持续开展体系认证。通过环境管理体系、质量管理体系、HACCP 管理体系、测量管理体系等认证，科学、系统、全面地组织绿色发展工作。坚持定期开展内部检查，对不符合项进行及时整改，持续改善提高。

四是依法合规进行“三废”处置。公司废水产生的具体环节为酿造生产、设备冲洗和生活办公等，主要污染物为 COD、氨氮、总氮、总磷。公司实行雨污分流，工业废水、生活污水明管收集至政府集中污水站处理后达标排放；定期对化粪池、隔油池、污水收集池实施清理；每日巡检废水排放管道的流通情况，形成检查记录并落实改善措施。公司使用燃气锅炉供应酿酒生产所用的蒸汽，一方面天然气为清洁能源，对大气的污染较小；同时，公司安装有 CEMS 烟气在线监控系统，与环保主管部门联网，实时监控，确保符合排放标准。生产产生的固体废弃物主要是酒糟，公司将其出售给具备资质的第三方进行饲料加工、畜牧养殖等综合利用；废窖泥、废弃包装材料、生活垃圾等委托有资质的第三方进行处置。此外，公司定期委托第三方检测机构对主要污染物排放情况进行检测并出具报告，及时掌控风险，保障达标排放。

（二）坚持向山要地，发展工业梯田，将建筑艺术融入生态环境

茅台镇地理风貌以山地和丘陵为主，一是环境承载能力有限、工业用地稀缺，二是山高坡陡、沟壑纵横，增加了酒企兴建厂房的难度和成本。

按照贵州省提出的“布局集中、产业集聚、用地集约、环境友好、管理高效”的发展思路，国台因势利导、因地制宜，以现代“花园工厂”为蓝图，逐步开展 4 个生产基地的建设，开辟出了一条“坚持向山要地，发展工业梯田”的不寻常发展之路。

国台酒庄生产基地，公司正在用 351 亩的土地实现 10000 吨的基酒产能和 50000 吨的基酒储能配套，土地利用率高出周边酒企一倍以上。显著的集约效应主要得益于“向地下要面积、向地上要空间”的建筑设计理念，制曲车间、制酒车间、酒库、包装车间等均采用立体多层设计，力求单位用地面积的效益最大化。以智能化制酒一车间为例，国台将传统制酒车间的“一层式，中间窖池、两边晾堂”更改为现在的多层立体设计，一层为窖池区、酒甑区和智能中央控制室，负一层为摘酒室，二层为配料区，三层为晾堂堆积发酵区及丢糟区，四层为智能润粮区和板链摊晾加曲区，五层为粮食（红粮、曲粉、稻壳）管道输送系统区、循环水冷却系统区，极大地提高了用地效率。

茅台镇传统酒库采用一层式平面存放，空间利用率低，进而制约了企业的储酒能力。国台开创性地采用立体高架库储酒，使储能相比传统模式提升一倍以上。以数字智能化 3 号酒库为例，公司一方面通过基建创新，在层高、承重、布局等方面精心规划，将其设计为主体 5 层建筑；一方面导入智能化立体存储设备，依托双层立体货架、托盘、机械轨道、提升机系统、四向智能车等硬件和酒库运行控制软件，实现了装坛酒体的上下两层立体存储。

（三）持续推动数字智能化转型升级，提高生产效率和能源利用率

2012 年，公司以国台酒庄为据点，建设了酱香型白酒产业内首条机械化酿造生产线，完成了由手

工操作向机械化生产模式的转变；2016 年，进行第二次工业改造，由机械化酿酒升级为自动化酿酒；2020 年，开始第三次工业改造，向智能化酿酒转型升级：在坚持传统大曲酱香型白酒酿造工艺的同时嫁接信息化、自动化、数字化、智能化新技术，在生产、销售和企业管理的各个环节进行循序渐进的系统创新。

目前，国台已建设了“机械化制曲生产线”“智能化制酒车间”“自动化全封闭基酒管道输送系统”“数字智能化酒库”“5G 数字化包装车间”“生产全流程数字化采集系统”等一系列创新项目，持续获取了产能提升、质量稳定、集约用地、绿色环保等竞争优势。

机械化制曲生产线由粮食进仓转运系统、自动上料润粮系统、机械制曲系统、自动磨曲系统组成。其中，粮食进仓转运系统实现了小麦供给环节的无人化操作，大量节省了劳动力；自动上料润粮系统解决了小麦润粮过程中人力消耗大及连续性生产的问题；机械制曲系统创新性地使用液态方式作为母曲供给方式，同时加入了强化大曲技术，整体实现了制曲环节包括压曲、码垛等在内的自动化操作，提升了曲品质量的稳定性；自动化磨曲系统通过自动传送与多级破碎的方式，很大程度上降低了工人的劳动强度。在磨曲环节，加装粉尘收集装置，极大地改善了现场生产环境，员工健康得到了更好的保障。在保障关键质量指标一致的情况下，同样完成 100 吨制曲任务，传统人工踩曲模式需要 15 人、工作 10 天，而采用自动化制曲生产线后仅需 10 人、工作 5 天。

智能化制酒车间包括润粮、物料转运、起入窖、上甑、冷却、摘酒、垂直提升、摊晾加曲、起堆、丢糟、中控 11 个子系统，覆盖了制酒生产的全流程工艺环节。所有子系统可采用单独控制，也可实现全程联动智能控制，操作精准而便捷。单个智能化制酒车间的基酒产能一般为 1000 吨，进入正常运行阶段后，仅需 65 名工人即可达成，人均产能约 15 吨，单位产品综合能耗为 1039 kgce/kl；而传统人工模式完成相同产能，需要 168 人左右，人均产能仅 6 吨，单位产品综合能耗为 1458 kgce/kl。相较之下，智能化制酒车间的生产效率和能源利用率都更具优势。

（四）积极响应政府号召，开展污染防治和节能减碳专项行动

在酱香白酒产业快速发展、环保压力日渐增加的大背景下，各级环境主管部门密集出台了相关文件。公司严格依照《仁怀市环境保护督查领导小组办公室关于开展全市白酒生产企业改造提升工作的通知》的文件要求，于 2021 年 11 月高质量、高标准完成环保“四改造、一建设、四提升”整改工作，首批通过政府主管部门验收，实现了“七水连治、六水合一”。专项行动主要从以下几个方面展开。

改窖：窖底井和十字沟采用 C30 高强度混凝土浇筑或 S316 不锈钢改造，窖底四周采用紫红泥夯实并保持一定坡度，对窖底水进行高效收集。

改管：对生产和生活产生的污水，根据不同的场景进一步分类细化，针对性地分别处置。严格做到雨污分流，对锅底水、窖底水、生活污水施行明管、分类收集至集中污水站处理后达标排放。

改能：对废水产生量最大的冰缸冷却水，实施“封闭式智能循环水冷自动化系统”技改，不仅确保了制酒生产冷却水的零排放，更可节约大量水资源和天然气耗用。

改池：采用智能接酒系统，使用密闭的食品级不锈钢管道接酒、输送，从根本上杜绝了接酒池渗漏的问题。

（五）发挥品牌和规模优势，带动产业链迈向绿色生态

国台是政府授牌的茅台镇第二大酿酒企业，经过 20 多年发展，已形成了较好的品牌和规模优势。在不断提高自身绿色发展水平的同时，国台积极带动产业链上下游，共同致力于酱香产业的可持续发展。

高粱和小麦是酿造酱香型白酒的主要原材料。国台坚持把粮食生产基地视为“第一车间”，从源头抓好品质。携手规范化、规模化种植供应商，在遵义、习水、绥阳、安龙等贵州省内地区大量建设高粱

种植基地，在小麦优势产区河南周口等地建设小麦种植基地，采用“公司+基地+农户”的三级管理模式，推行统一提供种子、统一技术指导、统一保底价回收。为确保粮食入厂检验合格，公司在种植技术培训中尤其强调禁止喷洒剧毒、高毒农药和除草剂等有毒有害物质，避免对粮食、空气、土壤等造成污染。从源头上对原料进行质量控制，确保基地健康、安全、可持续发展。

为满足消费升级需求，国台正在规划出品有机国台酒，已在2017年开始取得国台酒（基酒）中国有机产品认证并逐年扩大认证规模。由于有机认证对酿酒原粮、酿造工艺、生产环境管理等都提出了更高的要求，有利于带动产业链向绿色高端化发展。

国台积极响应贵州省委省政府鼓励包装产业与白酒产业强化配套衔接的政策号召，助力贵州省内包装产业集聚和高质量发展。一方面，引导了裕同、上诚、兴茂、力迦等20家包装企业在贵州省设厂发展，持续提高自身的贵州省内包装配套率；一方面，制订严格的供应商准入标准，将通过环境管理体系认证列为门槛指标。由于包材的贵州省内采购比重大幅提升，节约了大量的运输成本，因长途运输带来的燃油消耗、尾气污染也得到了一定的控制。

三、实施效果

（一）近3年环保事故为零，护航企业高质量发展

根据遵义市生态环境局仁怀分局出具的证明，国台2019—2021年的排污检测情况均达标，未发生环保事故或重大群体性的环保事件。

（二）提高土地利用率，节约稀缺工业用地

在寸土寸金的酱香白酒核心产区，国台开辟出了一条“坚持向山要地，发展工业梯田”的不寻常发展之路。通过建设立体多层式厂房，将土地利用率提升至周边酒企的一倍以上。不仅节约了稀缺工业用地，更避免了低效基建带来的建筑垃圾、噪声、粉尘等污染。

（三）万元总产值综合能耗逐年下降，单位产品综合能耗优越性凸显

国台持续推动酱香白酒数字智能化转型升级，通过“智能化制酒车间”“自动化全封闭基酒管道输送系统”“数字智能化酒库”等一系列创新项目的建设，持续获取了产能提升、质量稳定、集约用地、绿色环保等竞争优势。2019—2021年，国台万元总产值综合能耗分别为0.0546吨标准煤/万元、0.0373吨标准煤/万元、0.0192吨标准煤/万元，呈现逐年下降趋势。

在智能化制酒车间，单位产品综合能耗控制在1039 kgce/kl左右，优于贵州省酿酒工业协会发布的《贵州省酿酒行业生态标准评价体系》中关于单位产品综合能耗的高分指标1500 kgce/kl，节能减碳优势明显。

（四）绿色发展成效显著，获得多项荣誉，助力品牌发展

因持续践行绿色生态发展并取得突出成效，国台在2021年先后获得贵州省AAAA级“生态酿酒企业”，以及工业和信息化部、贵州省工业和信息化厅“绿色工厂”等荣誉称号，有效提升了国台的品牌价值和美誉度。

主创人：闫希军、张春新、刘金平、李长文、周欣乐

装车楼作业条件下铁路煤炭装车系统效能提升攻关项目

国投湄洲湾港口有限公司

一、企业概况

国投湄洲湾港口有限公司（以下简称国投湄洲湾）成立于2009年7月，是国投交通控股有限公司的全资子公司，是落实国家“北煤南运”战略的重大支撑项目，负责国投湄洲湾煤炭码头的建设和运营，主要从事煤炭接卸、中转、储配等业务。辐射闽、赣等地区，是海西最大的现代化国家一类开放口岸专业煤炭码头。公司致力打造国际化、专业化的煤炭中转基地，秉承国投集团企业宗旨，为客户提供优质服务。作为湄洲湾东吴港区最大的专业化煤炭码头，国投湄洲湾积极参与投资铁路项目，与南昌铁路局并列为福建湄洲湾港口铁路支线的第一股东，充分发挥铁路的运输优势，有助于提升与铁路沿线客户建立良好沟通渠道和合作关系。

国投湄洲湾煤炭码头项目一次规划，分期建设。全部建成后将形成年吞吐总量8000万吨的能力，其中煤炭接卸能力5000万吨、煤炭装船能力3000万吨。规划配套建设煤炭上水泊位7个，其中5万吨级泊位2个、7万~15万吨级泊位4个、20万吨级泊位1个；煤炭下水泊位5个，码头等级均为1万~5万吨级；400万吨容量的煤炭堆场及其他相应配套设施。目前，已建成一期工程、装船泊位及二期一阶段工程、一期预留线系统工程。2019年、2020年、2021年分别实现吞吐量1226万吨、1194万吨、1420万吨。

二、主要措施

（一）立项背景

国投湄洲湾煤炭码头一期工程设计接卸能力1500万吨/年、煤炭疏运能力1500万吨/年，其中直供电厂680万吨/年、汽运疏港100万吨/年、铁路装车720万吨/年。

铁路装车系统的建设由南昌铁路局和国投湄洲湾协同完成。国投湄洲湾建设堆场、取料机、皮带机、转运站及装车楼等系统，南昌铁路局建设铁路站台、路基、轨道、接触网、供电信号等系统。

国投煤炭装车楼铁路煤炭装车系统于2018年7月开通运用，重载装车。作为南昌铁路局局管范围内福建区域第一家应用装车楼进行作业的项目，天然拥有技术先进、高效环保的光环，但实际情况是新工艺下南昌铁路局经验欠缺、装车作业各种规范繁杂且相互掣肘；港口方面新工艺新设备投用、生产组织方式不成熟、与铁路协同配合环节多且乱，最初每天只能装一列火车，严重制约了装车楼产能的发挥，严重威胁到国投湄洲湾长期稳定发展。此外，装车时车列由租用的铁路单位内燃机车牵引，耗能高，污染物排放多，节能环保效益差。针对这一具有全局性战略性的生产瓶颈问题，2018年8月中旬，国投湄洲湾成立了以总经理为组长、分管技术副总经理和分管生产副总经理为副组长的“装车楼作业条件下铁路煤炭装车系统效能提升攻关项目组”（以下简称项目组），集中公司技术、生产、安全方面的骨干专家力量，会同铁路局、相关设备厂方，从技术工艺、生产组织、安全保障、路港协同、节能环保等方面开展了深入持续的效能提升工作。

（二）装车系统效能提升实施方案

第一阶段，项目组致力于基于租用铁路调机模式装车效率的快速突破。截至2018年10月中旬，围绕优质、高效、安全、环保等方面，主要实施了5项设备技术改造、5项安全环保措施和以“标准作业线”管理体系对标建设。

5 项技术改造方面，包括完成溜槽平卡改造（含煤流阻力自调节溜槽设计改造）、定量仓门槛值设定优化、定量仓闸门限位改造、远程喷胶站改造、夜间作业照明改造，突破了夜间作业限制，实现了喷胶作业的流水化，明显改善了溜槽平卡的质量，大大提高了设备稳定性。

5 项安全环保措施方面，包括装车楼隔音棚改造、半封闭廊道改造、干雾抑尘改造、粉尘在线监测设备、溜槽防坠装置改造，提升装车作业区域安全环保水平，树立装车作业系统环保典范。

生产组织方面，铁路线通车后，为尽快提高装车效率缓解取装线流程冲突，提高企业核心竞争力，公司提出了以“业务为龙头、生产为中心、技术为保障”的管理方针，生产部门积极走访对标周边港口，通过“标准作业线”管理体系建设，以装火车等各项作业流程为主线，明确各岗位不同作业活动权责。经过 3 个月作业的攻关改造，确定了“铁路装车生产作业细则”，装车效率快速达到了日均 3 列的出运能力。

第二阶段，项目组着眼于铁路装车综合效率的突破性提升，兼顾安全、环保、质量和后续智慧装车发展。本阶段项目目标定位国内先进。从技术工艺革新上，完成了“电动拨车机项目”及围绕拨车机应用的一系列技改项目。从生产组织管理上，拨车机上线后，公司提出争创南昌铁路局内装火车业务领先水平的建设目标，追求优质高效的同时坚守环保、安全两条底线的建设要求。发挥“标准作业线”管理体系持续改进机制，以数据分析为基础发现问题。经过长达 2 个月的定期装火车效率提升专题会议，协同铁路相关站段研究编制了两项拨车机牵引装车作业管理办法，一是“拨车机牵引深度并行装车作业法”，最终成功实现从每天出运 3 列火车到每天稳定出运 5 列火车的高质量效能突破；二是生产高峰期“区间挂车牵出临时作业法”，可以实现每天最高出运 6 列的效能。

（1）以“远程无人操作电动拨车”为中心的煤炭装车楼铁路装车新工艺。第一阶段改造完成后，虽然日发运效率达到了每天 3 列的水平，但生产瓶颈问题仍未根本性解决，效能不高。当时的作业方式是用内燃机车牵引空车进站，机车转线后挂接空车向外牵引装车。从空车进站到喷胶牵出，需要机车全程配合。内燃机车牵引装车效率低、质量差，需租赁燃油机车，成本高、耗能高、污染物排放量大；需要司机机上就地操作，沟通不便，难以自动化和无人化。第二阶段，至 2020 年 2 月，项目团队针对上述装火车生产中的效益、效率、成本、环保及今后自动化、无人化发展趋势等问题，放眼国内外港口、铁路站场、煤矿 3 个行业煤炭装车楼装火车作业先行的先进做法和工艺，广泛深入调研，与大连三峰港口机械有限公司合作，克服大范围弯道、中间道岔、平卡阻力、制动、打滑、低压长电缆电压降等问题，大胆尝试，创新应用以“远程无人操作电动拨车机”为中心的煤炭装车楼铁路装车新工艺，在国内煤炭装火车中首次成功应用。

电动拨车机运用后，形成了以“远程无人操作电动拨车”为中心的煤炭装车楼铁路装车新工艺，实现了多项作业深度并行。装车新工艺流程：一是由燃机车牵引空车进港，到位后停车，摘钩；二是内燃机车摘钩后通过道岔从机走线离港，当内燃机车进入机车线后，电动拨车机即可申请由机待线进入作业线挂钩、试拉作业，这期间装车辅助作业人员提前分布站位，内燃机车摘钩后即可开展装车辅助作业，与电动拨车机挂钩、试拉并行作业；三是电动拨车机挂钩、试拉作业，以及堵漏作业、排风二次试车结束后，进行顶推作业，装车作业结束后进行平卡作业；四是平卡作业结束，电动拨车机利用原装的喷胶装置进行回牵喷胶；五是喷胶作业结束，等候铁路内燃机车进港挂钩，挂钩完成后，电动拨车机摘钩返回机待线，铁路机车牵引重车离港。

电动拨车机的应用把作业能力从每天 2 ~ 3 列提高到每天稳定 5 列，作业效率从原来的 3.74h 降为 2.79h，作业时间降低 25.4%。电动拨车机一贯的低速稳定特征也带来作业质量的稳定提高。

该电动拨车机为全国首台煤炭铁路装车楼自动化牵引车，有以下创新点。一是全天候作业，满载湿滑凝霜路况牵引力满足要求，能源利用率高。整机总装机功率为 98kW，在相同牵引能力下，柴油调车机车总功率约为3000kW、铁牛（绞车）牵引装置总功率为132kW、公铁两用车为250kW。电动拨车机总装机功率最低，节能最为显著。二是制动距离小，制动安全可靠。理论计算总的制动距离在干燥情况下为9.1mm，湿滑情况下为11.9mm。在实际的重载运行中，整个车辆制动距离小于10mm，极小的制动距离对整个装车过程几乎没有影响。三是无级调速和精准定位。电动拨车机采用4个变频器控制4组行车轮，可以通过设定参数实现各个挡位速度设定，适应现场空车、重车、挂钩等不同作业步骤。电动拨车机配有行走编码器，在电动拨车机的行走范围内可以实现具体位置定位，保证作业安全，为后续实现全自动装车提供条件。四是装车一站式集控中心，远程操作安全可靠。集成装车楼、电动拨车机、供煤皮带机设备状态，集成了装车线视频监控和电动拨车机监控，可远程控制操作拨车机，不仅实现了装车楼和拨车机的集中控制，而且通过监控视频可以关注设备运行情况，保证生产安全。另外，电动拨车机在行走范围内设定了减速、停止、极限行走安全限位，通过编码器反馈数值实现位置定位保护，从程序和硬件上实现双重保护，作业过程更安全。五是生产组织方式优化。基于自动挂钩改造优化，实现了电动拨车机自动挂钩、一次试拉、二次试拉，减少中间沟通指挥成本，作业过程中实现检车、堵漏、拨车机对位等环节并行开展的最大化，既提高了作业效率，也保证了作业过程的安全性。另外，由于电动拨车机低速的稳定性、启停平稳、集中控制等优点，大大提高了生产自主性，保证生产质量，减少平卡时间，提高生产效率。六是采用低电压供电方式，不占用预留的高压柜，不增加设备，施工工程量少，后期维护量低。七是满足单侧道岔、弯曲轨道，不增加土建设施，是铁牛（绞车）牵引装置的完美替代。八是电动拨车机为后续无人操作智慧装车的研究与发展提供基础条件。

（2）电动拨车机应用相关技术改造。实施了拨车机供电系统改造、转辙机及扼流变调向改造、拨车机自动挂钩改造，保障了生产中“以拨车机为中心的全新作业模式”的稳定可靠运行。

（3）生产组织创新方面。项目组生产专家、技术骨干会同铁路莆田东站和福州车务段、机务段、车辆段相关生产安全专家，围绕“标准作业线”管理体系创标建设，结合拨车机牵引作业新模式的安全平稳高效运行，联合研究、论证并反复实验，突破多项常规生产下的规程制约，制订并实行了常规状态下“拨车机牵引深度并行装车作业法”、生产高峰期“区间挂车牵出临时作业法”，两个作业方法经实践检验成熟可靠，作业方式上实现了各个环节深度并行开展，分秒必争，确保了新的生产方式安全、高效、稳定。

三、实施效果

（一）生产效能及经济效益

1. 效率能力提升方面

铁路装车出运能力从最初的每天1列提升到每天稳定5列，年出运能力达到450万吨左右，大大释放产能，为市场开拓和公司长期稳定发展提供了强有力支持。

综合作业效率：第一阶段，从5.2小时/列降至3.74小时/列，作业时间降低28.1%；第二阶段，从3.74小时/列降为2.53小时/列，作业时间降低32.6%。

平卡时间，第一阶段，从改造前超过2小时降为1个小时，平卡时间降低50%；第二阶段，电动拨车投用后，从1个小时降为0.5个小时，平卡时间再次降低50%。

2. 减员增效方面

电动拨车机低速稳定，提高了作业质量，降低了平卡作业量，加上多项作业并行开展，每年外委劳务人员可以减少23人，外委劳务成本降低约230万元。其中，堵漏人员从24人降为14人，平卡人员从24人降为11人。

3. 租赁费压降方面

每年减少铁路公司机车租赁费255万元。

4. 生产成本对比方面

对比内燃机车牵引：内燃机车每列车租赁成本约为 3000 元；电动拨车机每列耗费 50 度电，约 25 元，只有内燃机车的 1/120。

对比汽车装载机装车：汽车装载机完成一列车的装载耗油 500 升，约为 3000 元/列；公司取料装车，每列耗费约 3000 度电，约 1750 元/列，少了 42%。

（二）环境效益

1. 节能降耗方面

牵引动力上实现"油改电"，节能降耗效益突出。电动拨车机每列车作业只需要 50 度电，而内燃机车调车配合装车楼作业每列车作业油耗为 36 升，一年装车约 800 列，每年可节省燃油消耗约 28800 升。

2. 环保方面

相比周边港口汽运装载机装车，公司取料装车全线电能驱动，环保效益更为突出。无机车燃油消耗产生的二氧化碳、二氧化硫、氮氧化物、颗粒物等排放。在扬尘抑尘方面，取料机、皮带机、装车楼等全线设有喷淋、干雾抑尘设备、防尘罩，扬尘抑尘效果明显，汽运装载机装车粉尘控制较差。

（三）间接效益

1. 安全方面

有效避免了装车司机与内燃机车司机沟通配合作业产生的人员、机械伤害风险。

2. 公司影响力及行业贡献方面

装车工艺的不断优化、装车效率的不断提高大大提升了公司知名度和区域认可度，南昌铁路局以此为局管范围内散货装车效率、环保、先进性和自动化的典范，为江西、福建乃至国内装车楼作业提供了很好的参考。

3. 湄洲湾铁路支线综合产能提升方面

湄洲湾铁路支线为莆田东站解放一辆铁路调车机，大大提高了莆田东站的列车综合调度能力，明显提升了发运能力。

主创人：夏树峰、平海涛、贺文辉、刘志学、陈铁柱

实施乡村电气化提升工程，赋能农创小镇低碳发展

国网滨州供电公司

一、企业概况

国网滨州供电公司（以下简称滨州供电公司）成立于1970年12月21日，是国网山东省电力公司直属的大型供电企业，担负着滨州两区、一市、四县和经济技术开发区、高新技术产业开发区、北海经济开发区的供电任务，服务客户166万户。滨州供电公司现有14个职能部室、10个业务机构、7家县公司、66个供电所，共有92个营业窗口。滨州供电公司全民职工2148人（其中市公司712人、县级供电企业1436人）。

目前，滨州电网已形成以3座500千伏变电站为核心、26座220千伏变电站为支撑、各级电网协调发展的现代化电网。滨州供电公司属地运维超、特高压线路27条、总长度989千米。

滨州供电公司先后荣获全国五一劳动奖状、全国用户服务满意企业、国家电网有限公司文明单位、国网山东省电力公司先进单位和先进基层党委等称号；连续3年被滨州市委市政府授予“富强滨州”建设“金星奖”；连续6届保持全国文明单位称号。

二、主要措施

“双碳”是我国“十四五”污染防治攻坚战的主攻目标。博兴县吕艺农创小镇作为山东省首批省级特色小镇，充分依托毗邻骨干企业京博控股的区位优势，在土地流转、安居养老、绿色生态产业园及红色文化等方面形成了镇企共建、融合发展的新模式，依托乡村振兴促进生态文明建设，将“双碳”目标融入农创小镇经济发展路线中，符合可持续发展的时代要求。为进一步巩固吕艺镇生态文明建设成果，加快形成绿色生产生活方式，滨州供电公司将乡村电气化与博兴县乡村振兴重点项目充分结合，大力实施乡村电气化提升工程，不断提升农创小镇农业生产、乡村产业、农村生活的电气化水平，在满足农创小镇居民多样化、互动化的电力服务需求的同时，提高电能在终端能源消费中的比重，推动以电为中心的绿色低碳转型。

（一）搭建绿色平台，促进清洁能源消纳

为提高农创小镇新能源消纳占比，高标准打造“吕艺分布式光伏示范区”，滨州供电公司对小镇内光伏电站进行智能化改造，在电站周围安装监控摄像头，远程巡检、实时监测显示发电情况。采用“智能融合终端+分布式光伏保护开关”模式，构建负载率热力图，实现电压控制、有源配网精准管理。突出示范引领作用，加强配网规划与新能源接入的结合，合理分布光伏接入点，在高渡、许李、营李3个村共计安装96件分布式光伏保护开关，光伏总装机容量为2.842兆瓦，年累计发电量可达3941兆瓦时，分布在3个自然村落17个供电台区内，年用电量为5655兆瓦时，平均台区消纳率为91.86%，所在线路消纳率为100%。通过对绿色新能源的消纳，推动“双碳”的实现。

（二）助力绿色生产，支持产业节能改造

滨州供电公司综合考虑区域特色，在农产品种植、加工、乡村旅游等方面确定了4个乡村电气化示范项目，即俄罗斯大樱桃产业发展示范园项目、水产养殖电气化智慧用能项目、高家渡革命历史纪念馆项目与滨州市农村基层干部学院项目。滨州供电公司持续推动电能替代技术应用于示范项目，提升项目智能管控水平，依托智慧用能平台进行能耗统计分析，助力绿色生产，实现农村产业节能降耗。

在俄罗斯大樱桃产业发展示范园项目中，依托电气化温室智慧用能模块，在大棚内设置监测系统装

置，进行农业电气化温室物联改造，实时监测温室内空气温湿度、土壤温度、土壤水分、光照度、二氧化碳浓度等环境参数，通过 GPRS/4G 上传到云平台进行数据的存储、显示和数据管理，实现所有基地测试点信息的获取、管理、动态显示和分析处理，以直观的图表和曲线的方式显示给用户。系统根据以上各类信息的反馈对农业园区进行自动灌溉、自动降温、自动卷模、自动进行液体肥料施肥、自动喷药等控制。目前，项目第一期已完成流转土地 92.4 亩，建设温室大棚 10 个，种植樱桃 15000 余棵；第二期流转土地 475 亩，建设 28 个温室大棚，其中空调棚 10 个，种植樱桃 250000 余棵。系统通过调控棚内温度、湿度，科学自动调节樱桃的生长周期，用户可实时查看环境参数动态和用电数据，根据项目需求合理用电，每年电能替代 3 万千瓦时，节约人力 3 人/天。

在水产养殖电气化智慧用能项目中，推广变频机、增氧机等电气化设备，同步部署各类传感器、电接点微压表和能源控制器，增设 PLC 控制系统，精准监测并实时上传数据信息，客户可在线查看养殖环境数据，及时发现并处理故障，避免发生养殖事故；深入挖掘潜在应用场景，为设备节能改造、降低养殖成本和提升能效管理提供决策参考。实现水产养殖全过程安全监测、用能分析和节能改造。

在高家渡革命历史纪念馆项目中，安装存在感应器、智能面板和照明控制器，满足展馆展厅的迎宾接待大厅、不同功能展区、外景观、休息厅、多功能厅等分区对照明环境的差异化需求，营造有层次、变化的灯光控制气氛。装配灯光的集中控制设施，可一键式操控馆内所有灯光设备，设定情景模式，通过便捷、可靠、经济的创新感应控制，减少能源消耗，每年可电能节约 2 万千瓦时。

在滨州市农村基层干部学院项目中，滨州供电公司通过能效分析管理，为学院定制室外气象站、智能电表、配电箱、智能面板和照明控制器等一系列设备，实现历史数据查询、实时监测、电量统计、能耗分析、App 远程监控等功能，满足干部学院会议室智能照明需求，呈现人来灯亮、人走灯灭的照明效果，将负荷数据采集到智慧平台中进行能效分析管理，展示总用能及各分类、分项设备用能情况，用户可即时查看能耗监管效果，依托能效分析促进节能改造，每年可节约电能约 4 万千瓦时。

（三）智慧低碳转型，减少化石能源消耗

1. 建设高标准智慧农田

吕艺镇智慧农业示范片区工程通过农情监测和农田智能喷灌电能替代，改变原有农机漫灌和无节制施肥，降低化石燃料的消耗，建设高标准智慧农田。

在农情监测方面，滨州供电公司研发部署高标准农田信息管理系统。采用物联网、大数据、智能控制、卫星定位等信息技术，实现高标准农田项目管理、农情监测、智慧种植管理、可视化展示等功能模块；建设泵站计量监控系统，实现泵站水量计量、水泵的计算机远程启停控制、泵站的安全防卫；通过网络平台实现泵站灌溉按方计量、泵的远程启停及视频图像实时浏览和控制；搭建田间综合监测站点，监测项目区气象、水文、虫情、病情、墒情、苗情等数据；适配主流通信协议，实现农作物病虫害防治预警预报、生产安全、作物安全和设施安全。

在农田智能喷灌方面，滨州供电公司规划布置 2000 亩大田喷灌示范区，创新建管机制和长效机制，实现作物灌溉、病虫害防治、水肥一体化等功能相结合的目标。每年对项目区的氮、磷、钾、有机质、含盐量、水样 pH 值进行 4 次取样监测，及时调整水肥配置，减少对氮肥、磷肥、钾肥等高耗能化肥的使用，节约水资源，让项目区真正成为智慧高效、高产稳产的高标准农田。

2. 实施农村社区居配工程

吕艺镇与中国企业 500 强京博控股开展战略合作，对 11 个村 3816 户群众合村并居建成博华佳苑、益仁花园两大社区，带动自然村向农村社区、传统农业向现代农业、传统农民向城镇居民三重转变。为促进两大社区现代化发展，加快绿色低碳转型，滨州供电公司严格按照城区的供电要求，提高建设标准，实施居配工程，改变其负荷分散的情况。将原有高耗能柱上变 S7、S9 更换为节能型箱变 S11、

S13，降低变压器损耗并将变压器容量由200千伏安或400千伏安提高至1250千伏安，变压器数量由35台降至22台，户均容量由2.56千伏安提升至2.85千伏安，低压线路由原来的架空线路改为后期维护成本低、更可靠的电缆，供电半径由0.65千米缩短至0.35千米，同时低压电缆、接户线和进户线按照标准选取截面，降低线路损耗，提高供电可靠率。居民取暖采用多方式结合，利用工厂企业废热废气资源为社区居民提供取暖，对于非常年居家的外出务工或上学家庭采用电取暖的方式，减少化石燃料的消耗。

（四）倡导低碳生活，推广环保价值理念

为更好服务小镇居民清洁低碳用能生活，滨州供电公司对小镇内营业厅进行“三型一化”升级改造，应用新代VTM和ATM设备，增加“互联网+供电服务”、智能家居、电动汽车体验区及综合能源服务等功能，实现电力业务一站式办理、电气化体验全过程服务。其中，“互联网+供电服务”借助政务信息平台的共享数据，使客户可利用手机App、电脑客户端在线办理用电业务；智能家居通过语音交互控制家电开关，引导客户家庭再电气化；电动汽车新零售为客户提供从选车、购车到办理保险、充电桩选取和报装等一系列服务；综合能源服务为客户提供智能化改造、能效分析、综合能源服务、电力设施配套、电力设施代维等一系列相关专业服务，形成稳定服务链，向农业等其他业务上下游延伸，形成智慧用能低碳生产生活。滨州供电公司不断提高电能在终端能源消费中的比重，在推动低碳产业发展的同时，引导小镇居民践行低碳生活理念。

三、实施效果

（一）环境效益提升，绿色发展获得初步成效

滨州供电公司积极探索农创小镇可持续发展路线，增强综合能源服务开拓能力，提升农业生产、乡村产业、农村生活等领域电气化水平，打造高质量乡村电气化惠民富农项目，在保护环境方面取得了阶段性成果。

高标准智慧农田智能喷灌、俄罗斯大樱桃产业发展示范园、电取暖、电动车充电等项目与设施建设共实现电能替代48万千瓦时，同比电能售电量增加4%，通过对产业节能化改造及电网设备的标准化建设，线损率由2.75%降到2.7%。每年可减少标煤消耗204吨，减少二氧化碳、二氧化硫等废气511吨。此外，在促进绿色能源消纳方面，“吕艺分布式光伏示范区”平均台区消纳率为91.86%，所在线路消纳率为100%，未出现因分布式发电量大导致的台区超容现象，可节约标煤1576吨。

（二）社会价值彰显，供电服务得到全面保障

公司紧跟农村能源消费理念和消费方式变化，加快实施电能替代，持续推进电力设备改造和智能用电，在提高电能质量的同时降低用能成本。通过对滨州市高渡村电网设施改造，打造“零隐患”台区，村内户均配变容量提升至2.89千伏安，低压供电半径缩短至384米，实现线路绝缘化率100%，漏保安装率100%，电网设施安全水平和供电能力得到全面保障。此外，在特色用能项目建设中，水产养殖电气化项目通过安装水环境、电气量等采集设备，预计每年可节省电费0.63万元、人工费7.2万元；农村基层干部学院项目依托温度精准调节设备，每年可减少电费成本2.8万元，供暖成本同比节省13%。

（三）管理机制优化，政企协同取得有力进展

农创小镇电气化工程实施以来，公司探索形成了“政府主导、政企协作、电力服务、多方参与”的管理机制，做实组织机构，成立可持续管理工作领导小组，由主要领导担任小组长，根据工作履历和业务特长抽调发展部、运检部、营销部和供电所专工组成乡村振兴政府对接工作专班，推动电力服务融入地方服务体系，将乡村电气化工作职能并入乡村振兴工作小组，畅通供电服务“最后一千米”。与此同时，围绕“数字赋能、基层减负、提质增效”总体目标，结合吕艺供电所实际情况，推出了“数字

供电所”应用，打造供电所综合业务数字化平台，实现供电所 14 套常用系统一键式登录、业务一站式处理，全面取消纸质派工单，实现线上派单、闭环管控，强化建设进度管控，结合智慧库房等物联装备配置，开发实用、好用的典型场景，赋能人员素质技能提升，让一线人员切身感受到数字化转型带来的便利。

主创人：刘　志、曹宁宁、李建杰、曹金京、张　煜

大型煤化工企业绿色低碳发展综合能源服务示范项目

国网宁夏综合能源服务有限公司

一、企业概况

国网宁夏综合能源服务有限公司（以下简称公司）成立于2011年4月，前身为国网宁夏节能服务有限公司，2018年5月更改为现在的名称，为国网宁夏电力有限公司全资控股子公司，2020年11月由国网宁夏电力有限公司和国网综合能源服务集团共同控股。公司重点面向的行业有工业企业、公共建筑、农业农村、增值服务——能源数字化、增值服务——能源市场交易等，其产品及服务重点布局能效提升、分布式新能源开发利用等方向，示范推广多能一体化供应业务。面向工业企业、公共建筑、农业农村三大重点对象，开展实体项目投资建设运营、提供能源数字化和能源交易增值服务，致力于成为节能服务商、负荷聚合商、售电代理商、碳交易服务商。

在能源结构转型加速和电力体制改革不断深入的背景下，供给侧和消费侧的关系变得越来越紧密。据2019年《BP世界能源展望》报道，可再生能源及天然气将提供超过85%的能源供给增长，未来30年内，世界范围内发电能源以可再生能源为主，占到总发电能源的30%。与此同时，为了降低环境污染，提高能源系统的能效，将传统能源与可再生能源相结合的多种能源互补模式成为未来发展的必然趋势，为综合能源服务带来了新的机遇。

随着综合能源服务的深入发展推进，越来越多的企业在做综合能源服务产业布局，综合能源服务产业初期阶段的进展、试点示范工程的运行、综合能源服务产业的商业模式也有越来越多的形式，也昭示着综合能源服务产业的发展越来越多样化精细化。

公司近3年经营趋势整体向好，营业收入年增幅大于15%，2019年营业收入1.49亿元，利润1124.33万元，净利润952.25万元；2020年营业收入1.73亿元，利润778.97万元，净利润641.81万元；2021年营业收入2.02亿元，利润142.14万元，净利润113.18万元。

公司立足综合能源服务，紧盯“双碳”目标，积极推进以新能源为主体的新型电力系统建设，助力产业升级改造、降低企业自身能耗指标、获得良好的经济效益，全面做好服务国网战略目标实现和服务宁夏回族自治区经济社会发展，坚持“面向市场、电为中心、绿色低碳、优质高效”的发展理念，主动创新做优，以电网业务为主体，助力新型电力系统构建，赋能现代配电网建设，大力发展能效市场化服务，引领和推动客户用能效率提升，服务清洁能源利用，促进社会能效提升，助力宁夏回族自治区能源转型，全力服务宁夏回族自治区建设黄河流域生态保护和高质量发展先行区。

二、主要措施

（一）企业绿色低碳发展所处的市场生态（背景）

1. 国家政策

2021年3月，我国正式提出“双碳”目标。国家已先后发布了《中华人民共和国国民经济和社会发展第十四个五年规划和2035年远景目标纲要》《“十四五”工业绿色发展规划》《关于完善能源绿色低碳转型体制机制和政策措施的意见》等政策文件，明确提出建设环境友好型经济产业，发展绿色经济，淘汰落后产能，建设资源节约型和环境友好型社会。

2. 宁夏回族自治区政策

根据《宁夏回族自治区人民政府关于加快建立健全绿色低碳循环发展经济体系的实施意见》，加快建立健全绿色低碳循环发展的经济体系，推动黄河流域生态保护和高质量发展先行区建设，持续推进传统产业优化升级，以钢铁、石化、化工、有色、建材、煤电等行业为重点，实施一批重大绿色改造项目，加强先进节能节水环保低碳技术、工艺、装备推广运用，提升能效水效环保水平。该意见明确的各项目标任务，需要深刻理解促进经济社会发展全面绿色转型的重大意义，坚定不移走绿色、可持续发展之路，守好改善生态环境生命线，以良好的生态环境助推经济社会发展。

3. 煤化工行业文件

国家发展改革委联合有关部门发布了《关于发布〈高耗能行业重点领域节能降碳改造升级实施指南（2022 年版）〉的通知》并附《现代煤化工行业节能降碳改造升级实施指南》（以下简称《指南》）。《指南》强调，加快落后产能淘汰退出，到 2025 年，煤制甲醇、煤制烯烃、煤制乙二醇行业达到能效标杆水平以上产能比例分别为 30%、50%、30%，基准水平以下产能基本实现清零。

（二）企业绿色低碳发展战略

大型煤化工企业绿色低碳发展综合能源服务示范项目采用全过程服务。实现服务集成化和项目全过程跟踪，聚焦用户的实际困难，实现服务内容下沉、服务品质提升，不断进行优化，实现用户节能提效改造的良好体验。

一是前期主动对接企业、开拓市场。公司与电力系统内各级单位采取联动工作机制，通力协作、信息共享、快速联动。积极调研地区内大型工业产业集中区的相关企业的能耗情况，主动对接有改造意向的工业企业。

二是强化前期论证、确定技术改造路线。前期对宁夏庆华煤化集团有限公司开展实地现场考察，编写企业用能分析报告，分析企业节能降耗的空间，结合企业自身状况、宁夏地区政策条件等，从适用性、经济性、高效性等方面分析，为企业量身定制节能改造技术路线。

三是引入投资商，解决资金、技术困难。引入第三方投资商，利用其技术优势、资金优势，解决宁夏庆华煤化集团有限公司前期资金投入压力，合理规避投资风险。

四是严格落实项目建设方案和标准。在项目实施期间坚持高标准、严要求的管理理念，充分发挥“供电 + 能效服务”领域的专业优势，整合各方资源优势、资本优势、技术优势、服务优势，形成合力，严把规划设计关，科学管理、严格管控，密切协调建设、运营团队，委派优秀的施工管理人员组建项目部，建立完善的施工组织方案和计划保证体系，加强项目施工安全和质量管理，打造该项目成为宁夏地区工业企业节能减排项目优质试点示范工程。

五是精致化后期运维服务。一期全厂循环水系统、风机系统、空压机系统及照明系统节能改造项目，二期全厂照明系统灯具改造项目，均已完成节能改造，现正在开展节能运维服务。目前，项目运行稳定，节能效果明显，节能收益巨大。三期项目实施验收合格后，也将实施运维服务。

（三）企业绿色低碳技术创新

大型煤化工企业绿色低碳发展综合能源服务示范项目各期采用的改造技术先进、成熟、安全、可靠，符合项目实施方案满足科学性的要求。

一期：国内在风机、水泵、空压机等工厂设备节能改造方面已经非常成熟，全国风机、水泵、空压机等设备用电量占工业用电的 60% 以上，对其进行变频改造，现在普遍采用的方式是变频调速，优点是效率高、无级调整速、调速范围广，技术安全、可靠、稳定，既可以保证日常正常生产所需，又可以保证其在低负荷和不同季节的最低功耗，运用灵活，节能效果明显。

二期：照明系统改造采用节能型 LED 灯具取代传统的金卤灯，降低照明能耗，同时新增智慧控制系统，减轻操作强度，达到既改善运行经济性，又提高环境安全性的目标。

三期：焦炉荒煤气显热回收利用技术。炼焦过程中，从炭化室上升管逸出的 750℃ ~850℃ 荒煤气带出热量占焦炉总热量的30%～36%。为冷却荒煤气，必须喷洒大量70℃～75℃循环氨水，循环氨水大量蒸发，将高温荒煤气冷却到82℃～85℃，再经初冷器冷却到22℃～35℃，大量热能白白损失：其中约75%～80%用于蒸发氨水、10%～15%用于氨水升温，其余10%为集气管散热损失。针对目前焦化行业炼焦炉荒煤气高品位显热损失严重、增加炼焦工序能耗、抬高生产成本的无奈现状，新型纳米显热回收工业化装置可直接产出≤2.5MPa的饱和蒸汽并可以加热蒸汽至350℃～450℃，实现余热发电和生产车间无管式炉富油加热及间接蒸氨综合能源环保收益。

（四）新技术的场景应用

大型煤化工企业绿色低碳发展综合能源服务示范项目共包括三期实施：一期实施包括空压机系统2台螺杆空压机、冷却塔风机系统2台低压变频器、氨水泵系统1台水泵、冷冻泵和制冷泵系统3台水泵、脱硫泵系统3台水泵、化产泵系统4台水泵、煤气鼓风机系统2套高压变频的改造及离心空压机系统新建一套设备；二期实施照明系统灯具2121套的改造及后期运维服务；三期实施包括建设1座额定处理能力140t/h的2×55孔5.5m捣固型干熄焦装置及配套设施并配置20MW纯凝式汽轮发电机组，以及两套4×55孔220万吨/年5.5m焦炉上升管余热利用装置及配套设施的项目投资、工程设计、设备采购、设备安装、工程施工、人员培训、节能量确认和保证、系统调试、考核验收、资料交付和分享期内系统运维等工作。

（五）商业模式

合同能源管理（EMC）模式：EMC模式可以显著减少企业投资，降低改造门槛，提高能源利用效率，有助于推动节能项目的实施。

由于项目前期投资较大，建设成本较高，项目投资回收期较长，业主方自主改造积极性不高。由公司引入第三方投资商投资并实施项目，用能客户在获得经济效益后，再以节约的能源费用支付公司项目投资成本，充分发挥市场在资源配置中的决定性作用。引入第三方投资方解决业主方前期资金困难，加大资本运营的力度，拓宽畅通的融资渠道，为企业的资金供应建立稳固的渠道。根据公司发展情况和资金市场成本变化，调整资本结构，使投资项目尽快产生效益，提高资产盈利能力，降低投资风险，客户和公司及投资商根据约定比例分享效益。

（六）低碳管理与运行情况

大型煤化工企业绿色低碳发展综合能源服务示范项目，符合国家相关政策文件的要求，满足建设资源节约型和环境友好型社会的国家政策的要求，满足项目健康、持续发展且符合环保的要求。

目前，实施低碳管理与运行情况良好，全厂风机、水泵、空压机节能改造、照明系统灯具节能改造项目运行以来情况稳定，节能效果明显，充分降低了客户企业的碳排放指标；预计干熄焦余热发电、上升管余热回收项目建成投运后每年将可增加减排二氧化碳15.91万吨，是在“双碳”大背景下，煤化工等高耗能行业绿色发展的积极探索，具有良好的社会效益、经济效益、环境效益，是宁夏回族自治区内煤化工行业绿色低碳发展的先行者和示范者。

三、实施效果

（一）经济效益

大型煤化工企业绿色低碳发展综合能源服务示范项目总投资约2.26亿元，每年节能收益7673.4万元。其中，一期的全厂循环水系统、风机系统、空压机系统改造项目投资约为3000万元，每年节能效益为708.54万元；二期的照明系统节能改造项目投资为380.15万元，年节电量137.98万度，每年节能效益为64.86万元；三期的干熄焦余热发电、上升管余热回收项目，每年预计产生节能效益6900余万元。

（二）环境效益

大型煤化工企业绿色低碳发展综合能源服务示范项目每年可替代标煤 6.903 万吨，减排二氧化碳 17.21 万吨，等效植树 173.97 万棵。

（三）管理效益

公司充分发挥“供电 + 能效服务”领域的专业优势，积极调研宁夏回族自治区内大型工业产业集中区的相关企业的能耗情况，主动对接有改造意向的工业企业，解决了用户前期资金不足、节能改造能力不足、后期运维能力不足的问题，不断深化工业企业已开展的用能监测与分析，提高服务的全面性，定期为客户提供能效分析报告及合理化的建议，积极推广能源综合利用、能效诊断、智能运维、能源费用托管等综合能源服务，积累了绿色发展实践的宝贵经验。

（四）社会效益

公司打造该项目成为宁夏回族自治区内工业企业绿色低碳发展优质试点示范工程，服务宁夏回族自治区建设黄河流域生态保护和高质量发展先行区，推动宁夏回族自治区内工业企业节能降耗、高效利用资源、保护生态环境、降低碳排放，统筹推进高质量发展和高水平保护，建立健全绿色低碳循环发展的经济体系，确保实现“双碳”目标，推动宁夏回族自治区绿色发展迈上新台阶。

主创人：尹国龙、杨剑峰、董晓晶、白　杨、李斌文

电力数据辅助监测空心村

国网思极飞天（兰州）云数科技有限公司

一、企业概况

国网思极飞天（兰州）云数科技有限公司（以下简称思极飞天）于2018年12月21日在兰州新区注册成立，是由国网信息通信产业集团有限公司（以下简称国网信通产业集团）和国网甘肃省电力公司共同出资组建的新兴产业公司，是西北地区数据中心运营、甘肃省属地化基础资源运营服务商。

思极飞天致力于建设成为甘肃省能源数字化服务领军企业，自2019年4月正式运转以来，产业发展平稳起步、加速增效。主要业务领域实现国家电网有限公司26个省级公司全覆盖，年度业绩考核连续两年在国网信通产业集团保持A级。2019年，企业营业收入为659万元；2020年，企业营业收入为8919万元；2021年，企业营业收入为13031万元。

作为国家级高新技术企业，思极飞天负责建设和运营具有电网特色、国内领先的“高效能、高密度、高容量”超大型绿色数据中心，立足电网系统并面向政府和央企、能源及互联网企业用户，提供基于“大云物移智链”的新型数字化基础设施创新研发和应用服务，以及“绿电”“双碳”和能源大数据中心、电力大数据增值运营等新业态、新模式，助力企业数字化转型和能源互联网建设。

二、主要措施

（一）基本情况

随着工业化、城镇化的发展，农村大量劳务人员输出，空心户和空心村问题日益突出，衍生出土地、房屋和宅基地闲置、产业发展动力不足、乡村环境治理难度大等现实问题。同时，农村缺乏及时高效的统计手段，统计数据不健全，对农村空心化识别和研究存在切实困难，对巩固拓展脱贫攻坚成果、推进实施乡村振兴产生较大影响。因此，政府在资金安排、基础设施配套建设等方面按照行政村户籍人口数考量，缺乏准确、实时、多维的数据参考，一定程度上造成了资金投入不合理、基础设施效益不高等问题。为最大程度辅助政府精准施策、优化配置基层资源，需要充分发挥电力数据统计优势，通过大数据和信息化手段，快捷、精确识别乡村“空心化”的程度，以服务政府提高社会治理能力和管理水平，合理配套建设基础实施，减少不必要的投资及相对应的环境破坏，节约能源。

（二）具体做法

通过电力数据、手机触网数据、卫星遥感数据等比较，发现电力数据与人口关联性更强，而且电力数据精准到户、实时准确、容易获取，可有效评估出农村实际空心户规模。经过实地调研、数据清洗、构建模型、结果验证等，形成的电力大数据空心村评估模型方法，实现对农村空心率的动态精准评估。

（1）着力需求导引，快速攻关推进。根据陇南市政府社会治理及管理实际需要，以及国家电网有限公司数字化战略部署，思极飞天与陇南市政府围绕空心村大数据分析需求，展开多批次互动交流，以电力大数据为核心，充分利用电力大数据覆盖面广、频率高、颗粒细的特点并结合村社政府数据和实际调研数据，构建空心化评估模型，采用数据挖掘、数据分析技术，最终实现空心户、空心村的智能识别并进行需求分析，明确工作目标，确定技术路线，充分利用电力数据“村村通、户户通、时时通”的价值属性及大数据挖掘技术，攻关完成空心村项目，得到实践验证落地。针对空心村现状统计纯粹靠人的痛点，产品依托电力数据测算空心率，创新给出电力解决方案。电力数据与实际常住人口有着强关联属性和特征，对于统计农村空心率情况有着先天的优势。基于电力数据量大、精准到户、颗粒度细等特点，结合天气、日期等外部特征，构建与常住人口数量之间的定量关系指标：空心户，空心率≥30%的居民户；空心村，空心率≥30%的行政村；空心率=（户籍人口－常驻人口）÷户籍人口×100%。对乡村实际常住人口进行精确评估，对农村空心化程度提供准确数据依据，助力精准识别空心户、空心村，为政府提供权威的数据分析服务，为加强乡村（农户）生活保障、振兴工作提供实时数据支撑。

（2）数据科学建模，结果便捷查询。思极飞天与陇南市政府密切合作，成立专题工作组，以居民用户用电信息为基础，结合户籍人口信息，科学构建空心户识别模型，实现了空心率的快速测算，通过可视化平台实现地（市）、县（区）、乡（镇）、行政村4个层级的空心率“看图查询”，动态便捷掌握农村常住情况及空心率程度，提升驻村干部数据统计工作效率数十倍以上。选取空心形势最为严峻的陇南市为试点，以该市3249个行政村、70万农村居民用户用电信息为基础，引入电量、节假日、地理经纬度、经济作物、人均收入、天气和海拔等16个特征影响因素，构建7种数据分析模型，经模型优劣分析筛选，最终基于梯度增强树回归分析模型首创EEGM分析模型，实现各县（区）、各乡（镇）、各村落的空心率快速测算。

（3）政企交叉验证，成果真实可信。为验证电力数据辅助监测空心村成果，国网甘肃省电力公司累计发动驻村干部、供电所台（区）经理334人，联合陇南市政府及各地村委会，分4批次对277个村社、7.89万户家庭开展了挨家入户现场调研及业务验证工作，实现政府户籍数据与电力数据的匹配融合，模型测算结果真实可信。空心率的研判时间从长期不可预控、大成本人力投入精确缩短至30分钟、零人力成本，实现“电力数据多跑路，干部群众少跑腿”“数据跑代替人员跑”的目标。

（4）成果可视展示，结果便捷查询。搭建空心村识别监控模块：按月、季、年“看图查询”，动态便捷掌握村民常住情况及农村空心率程度，提升驻村干部数据统计工作效率69倍。

（三）应用场景

电力数据辅助监测空心村依靠电力、经济、气象等数据构建常住人口预测模型，可以解决农村空心户和空心村统计周期长、人力成本高等困难。对政府而言，利用此产品对农村空心率精准预测可以有效辅助政府实施公共设施投资策略，提升农村管理效率。该产品针对人口预测类问题具有一定的普适性，应用场景广泛。打造助力乡村振兴发展的电力数字化产品，向政府类客户提供乡村空心识别、辅助改善、效果评估等一揽子数字服务；向国网内部客户提供农配网精准规划、电能替代等数据服务。

（四）商业模式

1. 客户分析

一是各市（州）、县（区）政府的乡村振兴局、大数据局等相关政府部门，客户需求包括空心村动态监测统计、政府公共资源分配、农村投资辅助决策、扶贫成效巩固监测等多个场景。二是各省级电力公司、地（市）级公司的规划设计、电网建设、客户服务等相关部门，客户需求包括农配网规划建设、客户服务等。

2. 客户规模

全国334个地级行政区划和1300余个县级行政区划的政府部门均有乡村振兴需求，在全国范围内供电公司可与之一一对应合作服务。目前，该产品共计开发10个增值服务场景，合作方按需进行菜单式选择，以一个地（市）收取服务费100万元测算，全国市场规模约3亿元。

3. 盈利模式

产品提供基础版、高级版和旗舰版3个版本供客户选择。其中，基础版免费使用，可为500个以内的乡村提供空心村识别、振兴评估服务；高级版定价100万元/年，可为2000个以内的乡村提供空心村识别、振兴评估及任意5个以内的乡村辅助治理服务；旗舰版定价200万元/年，全套服务内容均可提供，无任何限制。

三、实施效果

乡村空心率、空心村识别分析平台可辅助政府更有针对性地解决农村土地荒废、农村留守人员照料、特色产业规划、村貌治理等问题，助力巩固精准扶贫成效，提升乡村现代化治理水平。该项目助力实现各县（区）、各乡（镇）、各村落的空心率“看图查询”，实施动态掌握村民常驻情况，空心村识别率达到95.3%以上，数据统计工作减负3倍以上。

该产品为电力数据，对外支撑政府科学决策、服务企业智慧运营、服务居民用能等，为增值拓展业务提供优质高效的服务支撑。经陇南市政府初步测算，可节约乡村公共设施投资10%左右，预计可助力政府优化节约投资约15亿元，实现乡村基础设施投资效益最大化，对地区节能和环保做出突出贡献，减少因多余基础实施建设而造成的碳排放。

空心村的识别不但能精准指导区域基础设施建设，为政府部门精准扶贫提供数据支撑，也能为空心村治理和发展提供分析和指引。

主创人：申富泰、李绿洲、李杏丽、张自强、杨晓宇

苗尾电站发电能力精益化提升

华能澜沧江水电股份有限公司苗尾 · 功果桥水电厂

一、企业概况

华能澜沧江水电股份有限公司苗尾 · 功果桥水电厂（以下简称电厂）是华能澜沧江水电股份有限公司（以下简称澜沧江公司）的下属二级单位，负责苗尾、功果桥两个电站的生产运营管理，是澜沧江流域首个采用“一厂两站”管理模式的电厂。长期以来，电厂不断开拓创新，推动高质量发展。苗尾电站位于功果桥电站上游，总装机容量 140 万 kW。古水电站投入后多年平均发电量约为 64 亿 kWh，枢纽工程主要由砾质土心墙堆石坝、溢洪道、引水发电系统和灌溉取水口等建筑物组成。全站 4 台机组于 2018 年 6 月全部投产，正式进入商业运行，通过 500kV 苗新甲线、苗新乙线接入 ±800kV 新松换流站，苗尾电站于 2021 年 4 月 19 日正式启动“无人值班”运行管理模式。

二、主要措施

电厂在澜沧江公司的正确领导下，主动顺应能源革命大势，立足新发展阶段，贯彻新发展理念，融入和构建新发展格局，深挖“存量资源”潜力，不断提升机组精益化运行水平。2018 年 6 月全站 4 台机组全部投产发电以来，苗尾电站承担系统基荷，根据系统要求，大方式期间均带 1400MW 有功负荷运行，受机组调控性能及策略的影响，绝大多数时间全厂机组实际出力均小于 1400MW，未达到设计要求和调度机构下发的发电计划值。

为深入推进资源全面节约和循环利用，实施国家节水行动，降低能耗、物耗，实现生产系统和生活系统循环链接，电厂通过优化苗尾电站机组运行策略，保证电力生产过程中单位能耗相同情况下效益最大化，为实现清洁能源的的绿色、低碳、节能、高效的发展做出贡献。

（一）深入分析，找准问题原因

为彻底解决苗尾电站机组运行中长期存在“实际发电出力经常性未达到设计要求和调度机构下发的发电计划值要求的问题”，电厂勠力同心、合力攻关，电厂领导牵头于 2021 年 7 月成立了由生技部、运维部技术骨干组成的攻关小组，针对苗尾电站发电能力提升开展了集中攻坚。

攻关小组先后收集、分析了苗尾电站 2019 年至 2021 年 7 月份的一次调频控制系统、AGC 控制系统、上下游库水位、机组不同运行方式下发电流量、发电量等运行数据和考核材料。通过对全厂有功实际出力与全厂有功目标值的负荷曲线运行情况分析，初步判断全厂有功负荷调节到位后受一次调频动作影响，全厂有功实发值在全厂有功目标值上、下区间正态分布的概率约为 1∶1。对苗尾电站 AGC 负荷调节策略进行了如下调整：调度下发有功指令后，参与 AGC 调节的机组有功实发值与 AGC 分配至单机目标值的偏差均进入 ±2MW（止调死区）后，该次调度指令调节结束。无 AGC 新的指令情况下，机组一次调频动作引起的负荷偏差超过 ±3MW（起调死区），机组一次调频动作复归 40s 后再次将机组有功实发值调整至 ±2MW（止调死区）内。经对逻辑策略和现场运行监视数据分析判断，机组有功负荷偏差原因为调节过程中负向偏差过大，负向偏差过大是造成机组在相同运行方式下实际发电出力小于计划发电出力的根本原因。

（二）措施有力，优化有功负荷调节死区

针对存在问题，为使机组有功调节响应后均能调节至目标值正区间死区，实现机组实际出力与计划出力一致或满发、超发的目标。电厂经过多次研究讨论提出，对机组有功调节死区负区间值进行优化，

有功调节死区正区间值不变；负区间起调死区由 -3MW 改为 -1MW，负区间止调死区由 -2MW 改为 0MW。确保每次机组有功调节均将机组实发值调节至目标值 +2MW 范围内。调节死区定值修改后，机组有功调节策略如下所述。

其一，调度下发有功减指令后，与修改前策略相同。即参与 AGC 调节的机组有功实发值与 AGC 分配至单机目标值的偏差均进入 +2MW（止调死区）后，该次调度指令调节结束。

其二，调度下发有功增指令后，与修改前策略不同。即参与 AGC 调节的机组有功实发值与 AGC 分配至单机目标值的偏差均进入 0MW（负调节区间止调死区）或 +2MW（正调节区间止调死区）后，该次调度指令调节结束。

其三，无 AGC 新的指令情况下，机组一次调频动作引起的负荷偏差超过 +3MW（起调死区），机组一次调频动作复归 40s 后再次将机组有功实发值调整至 +2MW（止调死区）内。

其四，无 AGC 新的指令情况下，机组一次调频动作引起的负荷偏差超过 -1MW（起调死区），机组一次调频动作复归 40s 后再次将机组有功实发值调整至 +2MW（止调死区）内。

电厂围绕上述 4 项优化措施，通过计算机监控系统现有的离线仿真系统开展了多次仿真实验。经对仿真结果分析，优化后的策略在满足《南方电网自动发电控制（AGC）技术规范》要求的同时又能有效地提升苗尾电站发电能力，实现了苗尾电站机组满发、多发的精益化目标。

三、实施效果

2021 年 11 月至 2022 年 1 月机组检修期间，苗尾电站机组 AGC 调控策略的优化同步开展，经过试验数据分析，在相同运行工况下优化后机组出力较优化前提升 1MW ~ 3MW。

优化实施后，通过对 2022 年 1 月至 4 月 29 日计划发电量与实际发电量的统计分析，随着上游来水情况的增加及发电量逐步提升的同时，超发电量也在同步增长，项目实施效果明显，2022 年 1 月至 4 月超发电量 246.1 万 kWh，增加效益 73.83 万元，详细数据见表 1。

表 1　2022 年 1—4 月计划发电量与实际发电量的统计分析

月份	计划发电量/亿 kWh	实际发电量/亿 kWh	曾发电量/万 kWh	以 0.3 元/kWh 计算的效益估值/万元	备注
2022 年 1 月	2.01	2.011	10	3	
2022 年 2 月	1.6562	1.65978	35.8	10.74	
2022 年 3 月	2.4208	2.42933	85.3	25.59	
2022 年 4 月	4.0277	4.0392	115	34.5	截至 4 月 29 日

随着运行方式由枯小方式逐步向大丰方式的转换，苗尾电站机组出力逐步增大。进入 2022 年 5 月后，入库流量逐步增加，苗尾电站带满负荷运行的日历天数将增加，超发电量也将同步加大，在发电耗水量相同的前提下实现苗尾电站发电生产系统效率更高的目标。每台机组超发电量约 1MWh ~ 3MWh，实现全站发电增量 4MWh ~ 6MWh，每日超发 96MWh 电量，最终实现每月超发 2880MWh，实现经济效益增加 86.4 万元。从近 3 年发电情况分析，6 月至 10 月为全站满发时段，满发情况下超发电量为 17280MWh，增加经济效益约 518.4 万元，预计全年增加经济效益约 600 万元。

通过对苗尾电站机组 AGC 控制策略的优化，解决了苗尾电站机组运行中长期存在实际发电出力未达到设计要求和调度机构下发的发电计划值要求的问题，同时机组调节性能得到了提升，使得在达到设计要求和发电计划值后还有一定超发的能力，大幅提升了电厂的整体经济效益，为提质增效、降本节支、绿色低碳发展做出应有贡献。

主创人：詹维勇、高芝国、曾学杰、李　虎、何聪慧

降低蒸汽消耗量协同攻关

江西铜业股份有限公司贵溪冶炼厂

一、企业概况

江西铜业股份有限公司贵溪冶炼厂（以下简称贵冶）成立于1997年5月22日，占地218万平方米，位于贵溪市城北郊区信江之滨，是国家“六五”计划的重点工程，主要产品为高纯阴极铜、电金、电银、硫酸、三氧化二砷。贵冶是我国第一家采用世界先进闪速熔炼技术、高浓度二氧化硫转化制酸技术、倾动炉杂铜冶炼技术和ISA（艾萨法）电解精炼技术的、国内最大的现代化炼铜工厂，年产高纯阴极铜102万吨、硫酸190万吨、金25吨、银400吨、三氧化二砷2100吨。贵冶树立了效益优先，注重协同并进的理念，实现整体效益最大化，企业2019—2022年营业利润分别为17.76亿元、26.01亿元、30.05亿元、21.09亿元。

贵冶以引领行业绿色担当全面升级绿色冶炼体系，深度推进节能减排，大力推进循环经济，构建了“生产低碳、废水趋零、废气超低、固废榨尽”的绿色冶炼新业态，引领行业绿色低碳发展。

贵冶自1998年开始，就严格按照ISO9000质量管理体系标准化组织生产；同年，贵冶被江西省政府列入江西省质量奖名册。1998年，贵冶成立了贯标办，聘请了认证机构的专家到贵冶授课；2000年，获得质量管理体系认证证书。先后通过认证并取得“环境管理体系”“职业健康安全管理体系认证”“能源管理体系认证书”“测量体系认证证书”等。

二、主要措施

为积极响应国家“双碳”号召，在确保环保指标稳定达标的前提下，降低工厂蒸汽消耗量，贵冶组织了工厂“用汽大户”——熔炼车间、硫酸车间、电解车间、动力车间、新材料车间、一车间开展了协同攻关活动，成立2021年降低蒸汽消耗量攻关小组，明确了攻关目标：2021年全厂外购蒸汽量较2020年降低最少8万吨。依据各车间的生产工艺特性下达相应的攻关指标，每月组织攻关小组成员召开专题例会，制订有效的可行性方案并实施。

（一）全面推广更完善的电解MVR蒸发技术和装备，提高蒸汽、电等能源的利用率

电解车间现有3套硫酸铜真空蒸发生产系统，其年消耗蒸汽量大约在10万吨。2019年已把一套蒸发系统用机械式蒸汽再压缩（MVR）蒸发技术替代，提高了蒸汽利用率。现有两套蒸发系统还是传统的蒸发技术，耗汽量大，组织电解车间、冶化工程公司等单位通过自主研发，推广采用更完善的MVR蒸发技术和装备来提高蒸汽、电等能源的利用率。

MVR蒸发器，其原理是利用高能效蒸汽压缩机压缩蒸发产生的二次蒸汽，把电能转换成热能，提高二次蒸汽的焓，被提高热能的二次蒸汽打入蒸发室进行加热，以达到循环利用二次蒸汽已有的热能，从而可以不需要外部鲜蒸汽实现电解液的蒸发浓缩。其特点有7个，如下所述。

第一，热效率高，节省能源，功耗低。

第二，运行成本低。MVR蒸发器耗能一般是传统多效蒸发器的三分之一到四分之一。

第三，清洁能源，没有任何污染。MVR蒸发器只要有电就可以运行。采用的是工业电源，没有任何二氧化碳排放的问题。不用蒸汽，不用锅炉，不用烧煤和油，不用烟囱，不用冷却水，没有二氧化碳和二氧化硫的排放。

第四，通过二次蒸汽回用技术，蒸汽冷凝水的COD值和BOD值及氨氮含量远低于传统的多效蒸发

器的指标，完全符合国家规定的排放标准。

第五，采用单级真空蒸发，蒸发温度低，特别适合热敏性较强的物料，不易使物料变性。采用低温负压蒸发（50℃ ~80℃），有利于防止被蒸发物料的高温变性。

第六，自动化程度高。MVR 蒸发器采用工控机和 PLC 控制系统及变频技术，完全实现了无人值守的全自动运行。

第七，体积小，可移动。中小型 MVR 蒸发器，占地面积在 10 到 50 平方米的范围内，可以设计成移动式结构，便于安装、调试和运输。

使用 MVR 设备蒸发 1 吨水只需 0.052 吨蒸汽，较传统单效蒸发 1 吨水需蒸汽 1.27 吨具有明显优势。

（二）熔炼车间、硫酸车间优化脱硫系统，降低有机胺循环量，提高再生效率，减少蒸汽用量

熔炼车间环集脱硫装置主要处理闪速炉、转炉、阳极炉环集烟气，装置设计处理烟气能力 70 万 Nm^3/h。该装置采用干法布袋除尘器 + 湿法有机胺脱硫工艺处理环集烟气，包括烟气收集、除尘、预处理及二氧化硫吸收、二氧化硫再生、胺液净化等工序。有机胺脱硫液对二氧化硫气体具有良好的吸收和解吸能力，循环吸收法是在低温下吸收（贫液）二氧化硫，在减压条件下高温将吸收剂中（富液）的二氧化硫再生出来，从而达到脱除和回收烟气中二氧化硫的目的，脱硫剂循环利用。烟气中含有少量油、粉尘、三氧化硫、氯、氟等物质，在吸收过程中粉尘、油进入脱硫液中，三氧化硫、氯、氟等杂质与脱硫液发生副反应生成硫酸盐等物质，这些化合物和脱硫液反应生成不能再生的盐类（热稳性盐）。随着热稳定性盐的不断累积，会引起如下一些问题：第一，脱硫液吸收二氧化硫的能力下降；第二，起泡引起脱硫液大量损耗；第三，腐蚀加剧。贫液经除油、除尘处理后进入阴离子脱盐装置以除去系统中的 SO_4^{2-}、Cl^- 等阴离子，从离子交换器流出的脱盐后贫液进入溶液槽。当三大炉错峰作业，合理利用环集系统负压，其中转炉 S1 期进第一包料烟气走主系统，避免入口二氧化硫浓度过高。离子液浓度控制在 150mg/L 以上，确保脱硫效率。合理运行阴离子脱盐，减少离子液损失及系统中 Na^+ 夹带，维持离子液中 SO_4^{2-} 在 80mg/L 左右，确保再生效率。一环集贫液冷却器循环水进水管新增两组 Y 型过滤网，互备互用，避免板式换热器循环水侧堵塞，确保再生贫液冷却效果，提高脱硫效率。将二环集再生塔气帽层由原来拼接结构改为整体结构，防止漏液，确保富液换热效果，节约蒸汽用量。合理控制贫液上塔流量在 ±100t/h，维持富液流量及富液槽液位相对稳定，再生蒸汽跟踪富液流量自动调节，减少蒸汽用量。二系统贫液冷却器用硫酸循环水，硫酸循环水进水温度低、压力高，提高贫液冷却效果。蒸汽分离罐疏水回收至蒸汽冷凝液换热器，换热后进纯水槽，杜绝疏水外排。

硫酸车间的离子液脱硫系统中使用有机胺、蒸汽的使用量直接与二氧化硫烟气量正相关，为了满足环保要求，离子液脱硫系统与二氧化硫烟气量未做联锁，这样会造成巨大的浪费，所以通过离子液脱硫改造实现蒸汽添加量与二氧化硫尾排数值联锁，根据尾排二氧化硫浓度，动态调整有机胺循环量，自动调节控制蒸汽用量，按需使用蒸汽。调整各锅炉的连续排污量，对蒸汽放空阀进行改进，安装自动阀控制，减少外排量。

富液入塔温度还达不到离子液再生温度，离子液进入再生塔后，需消耗蒸汽进一步加热离子液。一方面，挤占了再生塔的空间；另一方面，再生效果差。在贫富液换热器与再生塔之间加入 2#再沸器，通过锅炉排污水与富液换热，将富液提升至 100 ℃，可让富液在下落的过程中部分离子液汽化解析，充分利用再生空间，提升再生效果。同时，通过对锅炉排污水废热的充分利用，减少了高品质蒸汽的使用，达到减碳目的。

将一、二系列脱硫离子液进行合并再生，二系列脱硫利用一系列脱硫进行再生和脱盐，可减少脱硫系统蒸汽消耗。在一、二系列脱硫串液管道上各安装一个自动阀，利用二系列脱硫脱盐胺槽储存一系列

脱硫溶液，新配两台贫液泵及管道抽至二系列脱硫塔，吸附二氧化硫后的富液再通过富液泵串至一系列脱硫塔底富液槽。

（三）动力车间、新材料车间、一车间等车间精细工艺过程控制，余热高效回收，节能改造

动力车间：动力中心除氧器采用蒸汽热力除氧的方式对锅炉给水进行除氧，供给余热锅炉使用。动力车间通过新增管道将除氧器除气塔排出的乏汽引入乏汽回收装置中，乏汽中的蒸汽被冷凝成水后回收至纯水箱重新利用；而氧气、二氧化碳等不能被冷凝的废气经乏汽回收装置排放口排入大气中，确保除氧器除氧效果正常。利用现场除氧器给水泵送出的一部分纯水作为乏汽回收装置的冷却水，冷却水经过乏汽回收装置后回收了乏汽热能并回流至纯水箱，以提高除氧器给水温度，进而减少除氧器使用蒸汽量。2#动力中心离心式杂用空压机基本处于长周期连续的运行，在连续提供压缩空气的同时，空压机输入的电能中有很大一部分的能量转变为压缩热，离心式空压机压缩空气的过程其实就是将电能转换成势能和热能及机械能的过程，在这个过程中，90%以上的电能被转换了热能，这些温度高达90℃～100℃的高品位热被机器本身的传热部件带走，动力车间通过新增离心空压机三级压缩空气余热回收工艺系统，将2#动力中心所有运行空压机的三级压缩空气中的热量回收至除氧器给水中，从而减少除氧器蒸汽消耗；通过新增换热系统，将2#动力中心透平疏水集水罐的闪蒸蒸汽热量、水量全部回收利用，改进现有蒸汽疏水回收装置，将热水全部回收利用，减少地沟外排。

新材料车间：将硫酸铜蒸汽冷凝水外排汽量通过新增一台余热回收风机并配管道到硫酸铜浆化槽液槽对槽内进行加热，减少改造前需直通蒸汽加热现象，达到降低蒸汽消耗的目的；通过装备自动化改造，实现过程精细控制，对硫酸铜浓缩结晶槽新增在线比重计与浓缩槽蒸汽自动控制阀进行联锁，达到精准控制蒸汽加热量，减少过度加热，达到降低蒸汽消耗；车间2#区门口2个蒸汽分汽缸每天疏水约15立方米，将此部分热水收集用于硫酸铜浸出槽系统补液，降低蒸汽消耗。

一车间：回转窑反应槽槽体未做外表保温措施，热损失较大，造成蒸汽消耗大，选用保温效果好的膏体材料进行槽体保温；湿法工段集中采用列管加热器热水进行分金保温和压滤机漂洗，动力波零平面位置安装新型列管加热器，安装温控装置联锁蒸汽自动调节阀开关；湿法动力波区域晚上蒸汽吹扫时间较长，蒸汽耗用量大，安装自动调节阀、时间继电器，设置吹扫时间，布线连入DCS，设置自动吹扫程序，实现蒸汽阀自动开、关，减少蒸汽消耗。

三、实施效果

在攻关上，贵冶建立高效协同管控体系，依托厂部、车间两级降低蒸汽消耗攻关小组，既做到实时掌握节汽情况和项目进度，又可做到及时督促指导、协调工作、解决问题。全厂上下一盘棋的全局性工作围绕节汽目标开展，贵冶系统谋划，打破“单位墙”，扎实推进各项攻关计划，提升了整体联动效率和效益。同比2020年，2021年每月（不含11月）蒸汽消耗走势都是稳步下降。通过降低蒸汽消耗量协同攻关项目的高质量完成，2021年同比2020年全厂减少107112吨外购蒸汽，同比下降44.94%，减少9653.6吨标煤的能源消耗，全年减少碳排放量29747.30吨。

由贵冶历年阴极铜总产量趋势和总能耗趋势可知，2006—2012年，随着工厂阴极铜总产量的不断增加，贵冶总能耗也随之阶梯增长，在2012年达到历史峰值，率先实现历史“碳达峰”；2012—2022年，阴极铜产量始终保持平稳。2012—2016年，通过天然气改造等措施调整能源结构，总能耗阶梯下降；2016—2018年，总能耗经历平稳期，在2018年达到近5年的峰值，实现“二次碳达峰”。

贵冶一直积极探索节能思路、践行减碳方针，2019—2022年，通过实施各项节能减排项目，其中有贵冶首创的“一步法”渣直排缓冷自主改造（能耗每年可减少1564.59吨标煤，减少碳排放量8842.32吨）、硫酸车间一系列二氧化硫风机变频改造（技术创新，通过变频器调速取代了以往高耗能的液力耦合器调速方式，形成了烟气制酸低能耗生产的程序和新技术）、MVR高效节能蒸发技术铜电解

的高效运用，实现了“技术升级降碳耗”，全厂总能耗突破平稳期并持续下降。

2022 年，主要能源电、天然气、重油、蒸汽占总能耗比例分别为 73.30%、9.75%、10.35%、6.06%。随着能源结构进一步优化，2022 年全年总能耗同比 2021 年下降 8.01%。

从表 1 可以看出，通过数据分析贵冶主要产品单位能耗，2019 年、2020 年、2021 年、2021 年的铜冶炼综合能耗分别是 155.18tec/t、154.85tec/t，153.16tec/t、147.63tec/t，呈现出逐年稳步下降的趋势；2019 年、2020 年、2021 年、2022 年的阴极铜综合电单耗、天然气单耗同样呈现出逐年稳步下降的趋势；2019 年开始，铜冶炼吨铜综合能耗这一核心指标始终保持世界第一，说明贵冶近年的节能降耗工作扎实有效、成绩显著。

表 1　近年工厂单位产品能源消耗情况

能源种类	单位	2019 年	2020 年	2021 年	2022 年
铜冶炼综合能耗	千克标煤/吨	155.18	154.85	153.16	147.63
阴极铜综合电单耗	kWh/吨	886.41	876.76	868.32	840.38
天然气单耗	立方米/吨	16.79	15.62	14.94	12.66

贵冶在创造“金山银山”的同时，留住了永远的“绿水青山”，构建了企业发展与自然和谐共生的新生态，贵冶也将奋力开创低碳发展的新经验、新路径、新模式，勇当世界铜行业“双碳”示范标杆。

主创人：吴　军、王　峰、苏发龙、赵大华、刘　煜

“高压变频器功率单元水冷技术利用项目实践案例”报告

敬业钢铁有限公司

一、企业概况

敬业钢铁有限公司（以下简称敬钢）是以钢铁为主业，下辖总部钢铁、乌兰浩特钢铁、英国钢铁、广东敬业钢铁、广东粤北钢铁五大生产基地，兼营钢材深加工、增材制造3D打印、国际贸易、康养旅游的跨国集团，现有员工31000名。2022年，公司销售收入3074亿元，上缴税收47.68亿元，全国500强企业名列112位，连续两年荣登《财富》世界500强榜单，排名386位。公司牢记“绿水青山就是金山银山”的发展理念，视环保为企业生命，打造业内绿色低碳标杆企业。环保方面投入百亿元，采用国内外先进工艺，对环保设施进行升级改造，所有指标提前达到国家超低排放标准，2021年成为超低排放企业，2022年成功创建环保绩效A级企业。公司积极响应国家“双碳”战略目标，与冶金工业规划研究院合作，编制了《碳达峰及降碳行动计划》并开展全生命周期评价；公司构建了绿色低碳物流体系，建设铁路专用线及配套的原料智能运输系统项目，年减少约130万辆（次）重型货车通行、减少40余万吨二氧化碳排放；公司大力绿化厂区，植被覆盖率达50%，实现了制造绿色化、生产清洁化、建筑规范化、厂区园林化。先后被评为“工业旅游示范企业”“十一五优秀节能单位”，入选工业和信息化部2017年第一批绿色工厂。

二、主要措施

（一）案例背景

敬钢一直致力于能源利用效率的提升，主要体现在：二次能源应收尽收，高炉煤气放散率接近保持零放散，转炉煤气回收、蒸汽回收均优于行业平均水平；先后实施了烧结余热回收发电、高炉干式TRT及BPRT、超高温超高压煤气发电及在建的超临界煤气发电等节能项目，提高能源利用效率，优化用能结构，总发电装机容量达到464MW，2022年自发电比例达到60.5%；按照工业和信息化部《高耗能落后机电设备淘汰目录》的要求，淘汰置换落后机电设备提升能效，大力推广应用电机变频、高效节能水泵、冷却塔电机改水轮机节电技术、热风炉和加热炉智能烧炉节煤气技术、高炉BPRT和烧结SHRT同轴技术，截至2022年年底，公司节电改造总功率达到258.64MW，2020—2022年共节电4.36亿kWh；强化管理节能，通过集中一贯制、扁平化的能源管理，实现水、电、风、气（汽）的集中管控；利用高炉冲渣水余热供暖，供热面积达到58万平方米，每个采暖季可减少4.74万吨碳排放。

绿色产品转型升级取得突破，发挥行业协同降碳，积极发展林业碳汇。公司建设矿渣微粉项目对高炉水渣进行深度处理，产品可作为水泥混合材或混凝土掺和料，二氧化碳排放量仅为水泥的3%～9%，是建材行业绿色低碳发展的重要举措。同时，积极推动产品结构优化，促进绿色产品发展，着力提升产品档次，提高品种钢占比，为下游用户提供了质量更优、强度更高、寿命更长的绿色化钢材产品。搭建碳排放管理架构，加强过程管控。公司成立了碳排放管理专职部门并建立了车间、厂部、集团级三级碳管理网络，负责碳排放核算核查、碳政策研究、降碳措施项目应用和推进、“碳中和”技术储备及碳资产管理等碳排放相关业务，引入碳价机制，初步建立了碳排放管理及考核评价体系。下一步将以能源管控平台为基础开发建设碳排放管控平台，实现碳排放实时监控、碳核算、碳对标、碳配额预测、碳资产管理等功能，进一步提升碳管控能力。

（二）案例详情

敬钢260m^{2}烧结机烟气脱硫脱硝净化装置项目，引风机为轴流式风机，采用动叶调节方式，配置一台三相异步鼠笼式电机作为风机驱动源，电机额定功率 7700kW，额定电压 10kV，配套的高压变频器为啸驰电气品牌，变频器功率 8000kW，变频器功率单元每相采用 8 级单元串联，变频器功率单元采用水冷散热方式，水冷系统额定冷却容量 90kW。项目于 2020 年 9 月开始建设，2021 年 3 月投运。

变频器功率单元采用密闭水－水换热纯水冷却系统冷却。水冷系统包括纯水循环系统、去离子回路、补水系统、稳压系统及水－水换热器。内水经过板式换热器与外部冷却水进行热量交换，经过板式换热器冷却的内水通过循环系统对变频器的功率单元进行冷却散热，经过功率单元出来的高温纯水再通过板式换热器与外部冷却水进行热交换，保证进入功率单元的纯水保持在功率单元允许的最高进水温度范围内。

1. 循环水系统

循环水泵提供密闭循环流体所需动力，水泵为高速离心泵，泵体采用机械密封，接液材质为 304 不锈钢，主循环泵一用一备，采用变频控制。当运行泵故障或不能提供额定压力或流量时，可立即切换至备用泵并发出报警信号；同时，设定运行泵连续运行 168 小时（可设定）后自动切换。所有不锈钢设备管道焊接采用氩弧焊工艺，经过严格的试压、清洗过程。为保持冷却介质的高纯度，循环管路采用 304 不锈钢管，防止管道被腐蚀。管道系统的最高位置设有特殊设计的自动排气阀，能自动有效地进行汽水分离和排气功能，保证最少的液体泄漏。为方便检修、维护及保养，水冷系统管道的最低位置设置了泄空口。为防止循环冷却水在快速流动中可能冲刷脱落的刚性颗粒进入高压变频器，在高压变频器功率单元进水口管路设置了精度为 200μm 的机械过滤器，过滤器采用不锈钢滤芯。外水采用厂区经过加药处理后的冷却池循环水，冬季温度较低时向水中加入抗冻液乙二醇。

2. 去离子水系统

高压变频器内部循环纯水采用去离子水，去离子冷却水经主循环水泵源源不断流经板式换热器，与外部冷却水进行冷热交换，降温后的去离子水进入高压变频器流经功率单元，带出高压变频器功率单元运行时产生的热量。通过预设的温控系统控制去离子水的流量和压力从而控制冷却量，实现精密控制冷却系统的循环冷却水温度的要求。

为适应高压变频器在高电压条件下的使用要求，防止在高电压环境下产生漏电流，冷却介质必须具备极低的电导率。因此在主循环冷却回路上并联了去离子水处理回路，回路主要由混床离子交换器及相关附件组成，对主循环回路中的部分介质进行纯化。通过对冷却水中离子的不断脱除，达到长期维持极低电导率的目的。离子交换器出口设置精密过滤器，采用可更换的滤芯拦截可能破碎流出的树脂颗粒。预设额定流量的一部分冷却介质恒定流经离子交换器，不断净化管路中可能析出的离子，与主循环回路冷却介质在主循环水泵前合流。

3. 稳压系统

在水处理回路上串联有氮气稳压系统，由缓冲罐、电磁阀、氮气瓶和补水装置等组成。缓冲罐保持系统管路中冷却介质的充满及系统所需静压，其顶部充有稳定压力的高纯氮气，当冷却介质因少量外渗或电解而损失时，氮气自动扩张，把冷却介质压入循环管路系统，以保持压力恒定、冷却介质的充满。氮气密封使冷却介质与空气隔绝，对管路中冷却介质的电导率及溶解氧等指标的稳定起着重要的作用。缓冲罐配置磁翻板式液位计，装在缓冲罐外侧，可显示缓冲罐中的液位及低液位报警，浮筒式液位变送器可显示缓冲罐中的液位，当液位到达低点时，发出报警信号，提醒工作人员对水冷系统进行补水。此外，缓冲罐装置另设置一个单独的超低液位开关，减少单液位变送器故障引起的误动，当液位到达超低点时发出跳闸报障信号，提示操作人员检修系统。缓冲罐的液位变送器为线性连续信号，如下降速率超过整定值，则系统判断管路可能有渗漏或泄漏之处。

4. 控制系统

敬钢的水冷系统采用西门子 S7 系列可编程控制器进行控制。系统中各机电单元及传感器由 PLC 自动监控运行，通过控制面板上的触摸屏实现人机的即时交流。水冷系统的各项运行参数和报警信息条即时传输至主控制器，通过主控制器可实现远程操控水冷系统，从而实现精密控制冷却系统的循环冷却水温度和流量的要求。

5. 变频器柜内部冷却水管布置

变频器功率单元模块内部采用铝质散热器和 FEP 材质的水管，设计压力高达 10bar，保证高温高压下不泄漏。整流、逆变相等模块设备与外部水管的连接采用快速接头连接且拔插时水自动闭锁。一个进水管，一个出水管，安装方便，维护简单。

变频器纯水冷却系统将功率单元柜与纯水冷却水装置柜进行并排布置，冷却水管沿功率单元柜内底部铺设，功率单元柜内各单元之间的冷却水管按层排布，同时考虑电位影响设置等电位电极。

6. 主要技术参数

主要技术参数见表 1 ~ 表 3。

表 1　外部冷却水技术参数

序号	参数	单位	设计值
1	流量	m^3/h	>12，可调
2	外部冷却水压力	MPa	<1，可调
3	外部冷却水接口	DN	50
4	外部冷却水温度最高温度	℃	<32
5	外部冷却水温度最低温度	℃	>5
6	冷却介质		水 + 乙二醇
7	悬浮物含量	DN	≤30mg /L
8	pH 值	MPa	7 ±0. 5
9	主循环过滤精度	μm	200
10	水冷系统电源制式	V/Hz	3PH + N + PE 380V/50Hz

表 2　高压变频器内部纯水技术参数

序号	参数	单位	设计值
1	被冷却功率单元发热量	kW	90
2	流量	L/min	>240
3	冷却介质		去离子水
4	电导率	μs/cm	≤0. 1
5	最高进水温度	℃	<45
6	进出水温差	℃	7

表3　主要设备一览表

名称	配置	规格型号
主循环泵	一用一备	18kW
电动三通阀	一台	DN100
板式换热器	一台	BM－400
电加热器	一台	
主过滤器	一个	200μm
离子交换器	一用一备	罗门哈斯树脂 MB20
精密过滤器	一个	5μm
缓冲罐	一个	Φ300
补液泵	一台	0.75kW
可编程控制器	一台	S7 系列
触摸屏	一块	SMART 700
扩展模块	三台	AE04
温度变送器	两台	－50－80 ℃
压力变送器	两台	0－10 Bar
流量变送器	一台	
电阻率变送器	一台	0－18.25 MΩ·cm

三、实施效果

经过使用检验，高压电机变频器水冷系统运行稳定、冷却效果良好，具有良好的经济效益和社会效益。

（一）运行效果

1. 水机运行各项参数

液态冷却可以实时监测并控制变频器功率单元的工作温度，实现动态调节、精密控制，以维持逆变器功率单元的最佳工作温度及系统效率，见表4。

表4　水冷实际运行参数

参数	进水水温/℃	出水水温/℃	内水流量/（L/min）	内水压力/bar	电导率/（μs/cm）	变频器温度/℃	外水流量/（L/min）	外水温度/℃
数	20	26.2	245.9	3.2	0.05	25	512.2	10.5

2. 运行效率对比

强迫风冷型设备需要足够的风量以带走设备在运行过程中产生的热量，按照8000kW额定功率计算，约需要68000m³/h的风量来带走系统所产生的热量，系统需要使用多台560m³/h风量的风机才能满足系统散热。冷却风机电源使用的是变压器辅助绕组抽头供电，该部分大功率的输出需要变压器分出相应量的磁通在辅助绕组线包中来提供额外的电压输出功率，这样就造成变压器效率降低约 2%，致使整机效率维持在 96% 左右。而水冷设备则不需要使用大功率风机作为散热设备，使得整机效率可以维持在 98% 以上。

3. 提高了设备防护等级

水冷设备因其产品的气密性要求，使得产品使用了板式换热器将系统内部与外部完全隔绝，提高了系统的防护等级，严格杜绝了粉尘等异物对设备的损伤。

4. 减少了空调等降温设备和变频器系统的维护量

大功率设备在运行过程中产生的发热量需要一定量的空调降温设备对环境进行降温，而水冷设备则不需要外界设备做降温处理，节省了空调设备采购费用、运行费用及维护费用。

风冷型高压变频器在运行过程中将外界空气吸入高压变频器中，经过散热器后将运行中产生的热量带出高压变频器，造成高压变频器对外界粉尘的防护等级低，需要定期清理滤网并在检修时需对设备内部进行清灰处理，产生一定的人工成本。而水冷设备则大大减少了人工清理灰尘的工作量。

（二）节能效益

1. 水冷设备与强迫风冷设备优势对比

水冷设备与强迫风冷设备优势对比见表 5。

表 5　水冷设备与强迫风冷设备优势对比

序号	项目	强迫风冷	水冷技术
1	逆变器工作效率	94%	98%
2	变压器工作效率	96%	98%
3	空调设备数量	15 台	0
4	空调设备功率	110kW	0
5	维护人工	1 个	免维护

2. 效益核算

（1）由数据分析可得出：每小时水冷型变频器较风冷型变频器节省 6% 的无功功率，约 480kWh。

（2）10P 空调市场售价约 2 万元/台，使用寿命约 5 年，成本折合每小时约 8. 5 元，约合 16. 5kWh；空调小时耗电量 110kWh。

（3）人员工资约 300 元/天，每小时 12. 5 元，约合 25kWh。

综上所述，水冷型变频器小时节电 631. 5kWh，年节电 505 万 kWh（以年运行时间 8000 小时计算），降低二氧化碳排放量 4467 吨，为敬业节能降耗做出突出的贡献。

主创人：谢静波、范进军、高新彦

基于用能端绿色低碳发展的智慧能源管理

卡奥斯能源科技有限公司

一、企业概况

海尔集团（以下简称海尔）创立于 1984 年，是全球领先的美好生活和数字化转型解决方案服务商。在全球设立了十大研发中心、71 个研究院、33 个工业园、133 个制造中心和 23 万个销售网络，连续 4 年作为全球唯一物联网生态品牌蝉联“BrandZ 最具价值全球品牌 100 强”，连续 14 年稳居“欧睿国际全球大型家电零售量”第一名，2022 年全球营业收入达 3506 亿元，品牌价值达 4739. 65 亿元。集团旗下有 4 家上市公司，子公司海尔智家位列《财富》世界 500 强和《财富》全球最受赞赏公司。拥有海尔、卡萨帝、Leader、GE Appliances、Fisher & Paykel、AQUA、Candy 等七大全球化高端品牌和全球首个智慧家庭场景品牌三翼鸟，构建了全球引领的工业互联网平台卡奥斯 COSMOPlat 和大健康生态品牌盈康一生，旗下创业加速平台海创汇已孵化 7 家独角兽企业、102 家瞪羚企业和 120 家专精特新“小巨人”。

卡奥斯能源科技有限公司（以下简称卡奥斯）成立于 1993 年 5 月 20 日，业务范围包括为海尔各工业园区提供水、电力、蒸汽热供应、信息服务及售电等。在长期的能源管理与服务实践中，公司从传统的内部能源管控转型为物联网时代智慧能源服务提供商，创新打造智慧能源定制平台，是家电行业首个、也是唯一一个实现智慧能源互联控制的平台。

二、主要措施

适应绿色低碳、节能环保的时代发展要求，海尔基于自身能源管理实践，应用 5G、大数据、云计算等新一代信息技术，打造智慧能源管理体系，线上打造以用户为核心、多种能源综合调度智慧能源管理平台，线下建设绿色减碳场景、形成源网荷储用的生态管理能源模式，基于企业绿色低碳转型的需求，提供全流程的、定制化的智慧能源解决方案，以大数据驱动企业能源智慧化管理、绿色化升级。

（一）制订智慧能源管理的战略规划，加强组织领导

在成果实施过程中，海尔首先明确并坚定绿色发展的集团战略，确定能源管理从传统模式向智慧化、绿色化迭代升级的战略方向，搭建专门的委员会组织保障集团能源转型战略落地。

1. 明确智慧能源管理的工作原则

集团明确节能环保工作原则，包括：遵守节能环保相关法律法规及标准要求；践行“人单合一”管理模式；搭建并联交互平台，打造开放式绿色低碳生态圈；预防为主，持续改进；实施全流程精细化管理，践行节能环保与经济发展有效融合。

2. 制订智慧能源管理的战略规划

海尔明确企业能源管理向智慧化、绿色化转型升级的战略规划，线上打造以用户为核心、多种能源综合调度智慧能源管理平台，线下建设绿色减碳场景、形成源网荷储用的生态管理能源模式，推动能源管理的数字化升级，以大数据驱动企业能源管理，带动对能源使用的精准预测和高效管理，帮助企业构建绿色生产体系，实现节能降耗提效减排。

3. 建立智慧能源管理的委员会组织

为深入推进企业智慧能源管理升级，确保环境保护目标达成，海尔建立集团环境保护委员会，由集团总裁担任委员会主任，各领域负责人担任领导小组成员，按照一流基地、一流服务商、一流项目团

队、一流机制流程的推进思路，建立健全“集团－园区－线体工厂”三级节能环保和安全管理模式。同时，集团环境保护委员会下设环委会办公室及在各产业板块的节点接口，实现节能减排责任到自主经营体、到小微。此外，海尔在全国各区域园区都派有专职员工，融入当地工厂运营，在总平台的指导与支持下，具体负责园区能源管理的目标规划、实施与管理，节能减排责任到价值岗位、到人，推进全员参与，保障集团目标与业务需求的有效对接。

（二）建立企业能源管理的评价指标体系

为有效评估企业能源使用情况，海尔建立起企业能源管理的综合评价体系，横向涉及不同能源种类的能源使用评价，纵向覆盖“产品→产线→园区”的能源使用指标，为企业能源管理提供客观、可视的评价和考核优化依据。

1. 明确智慧能源管理的评价维度

针对海尔园区跨地域、能源使用种类多、结构复杂的情况，海尔梳理并明确企业能源管理的多个评价维度，包括：时间维度，智慧能源管理实现对企业能耗的日、周、月、年同期对比、环比及数据分析；地域维度，实现对全国各地不同园区的能耗实时、统一的监测、对比及分析；能源介质维度，实现对电、燃气等14种不同能源介质的使用情况的实时监测、数据分析；产品维度，实现对冰箱、洗衣机、空调等不同产品的能耗监测与分析，包括不同工厂生产同一产品的单台能耗情况对比分析。

2. 建立能源使用的全流程评价框架

在能源输入前端，海尔建立能源质量评价体系，对入厂能源进行测评，确保采购绿色高效能源。在能源使用过程中，海尔建立传输效率评价体系，通过在能源供配线路增加温感、压变等感应装置，对供配线路效率进行监控；同时，建立能源转换效率评价体系，通过对工厂班组、设备能源转化效率进行网络评价，减少转换过程能源损失。此外，海尔部署大规模可再生能源并网，加强对可再生能源的预测能力，以应对可再生能源发电带来的不确定性。

在对碳排放成本评价方面，海尔通过运用资源价值流转分析方法，从输入端、消耗过程和输出端分别构建指标，用以评价企业单位工序的碳排放成本状况，让能源消耗真正有迹可循，为企业管理者发现减少碳排放成本的潜力点提供依据并提出针对性降费解决方案。

3. 建立单台产品能源成本评价指标

建立同一产品的能耗考评指标和机制，实现不同区域同一产品的能源消耗结构对比分析，通过能源－订单匹配模型，推进工厂能源使用效率最大化。海尔执行“标准台”机制，根据每个型号产品的工艺及工序复杂程度，设定不同的标准台系数，将所有产品折算成标准台产量，建立起同一产品类型不同产品型号的单台能耗对比模型。

针对众多不同类型产品乃至不同类型产业的能源使用，建立起综合能源考评指标，进而帮助对产品能源使用结构进行调整，提升节能空间。

（三）自主开发智慧能源定制平台

为加快能源管理数字化、智慧化转型，海尔应用大数据、人工智能、5G等新一代信息技术，聚焦用户端能源需求，自主创新打造智慧能源定制平台，通过集中、直观的动态监控和数字化管理，改进和优化企业能源平衡度，实现对能源系统管控和调度。海尔不断迭代技术创新，推进打造具有独立知识产权的碳资产管理平台，实现能源流、数据流、碳追溯流“三流合一”，为用户提供高端定制式的智慧“碳管家”服务。

1. 打造跨地域、多能源介质并联运行的智慧能源定制平台

基于海尔工业园能源管理实践，海尔自主创新打造智慧能源定制平台，建设12个主模块、61个子模块、563个应用场景，实现跨区域的多系统、多介质的并联运行——智慧能源定制平台集成水力、电

力、蒸汽、压缩空气、天然气、污水、电梯、空压机运行、光伏发电等九大管理系统，同时集中14类能源介质（电、自来水、纯水、软化水、生活污水、生产废水、蒸汽、压缩空气、天然气、液化气、高温热水、余热回收热水、太阳能发电、中水）的调度，实现对数据的曲线分析及限值管控。平台实现监测手段的多样化，对分布在不同区域的全国55个智能制造工厂采用视频监控、曲线监测、限值报警的方式进行系统管理，实现企业全过程的能源管控。

2. 打造开源的智慧能源管理平台架构

针对智慧能源定制平台升级，海尔搭建适应集团级、多组织的跨域管理和协同框架，提供强大的二次开发支持，实现能源管理平台的良好适应性和扩展性，使现有系统的功能扩展和新业务系统的快速开发更加方便。平台支持利益攸关方进行二次开发，解决方案可相互调用。

目前，智慧能源定制平台上系统模块功能可实现5000+用户同时操作、60套子系统并联运行，平台已经设计了贴近企业生产需要的236个运营模块，根据安全管理需求设计了3种预测模块、九大应急预警模块、15类预警模块，以及根据节能减排需求设计了6类节能模块、5种技术模块等，可供用户自主选择功能模块。

3. 有序推进向碳资产管理平台升级

为进一步推进企业绿色低碳发展，海尔推进智慧能源定制平台向碳资产公共服务平台的迭代升级，打造以碳资产管理为核心的节能降碳及碳数据服务体系。

海尔碳资产公共服务平台规划建设“一体系、一库、三平台、一生态”。其中，“一库”是低碳大数据库，包含碳足迹核算基础库、碳知识库、碳业务库、碳模型库；“三平台”是低碳综合服务平台、降碳服务平台和碳数据服务平台；“一生态”是碳资产增值分享生态，实现包括企业、海尔等攸关方的共创共赢。

（四）推进企业多系统数据融合，驱动智慧能源管理升级

依托智慧能源定制平台，海尔打通能源管理系统与集团BM、KMES、BCC等系统，实现能源与订单、产量、产值等多系统的数据融合，通过对海量数据的异构分析，在用户端、需求侧形成能源使用的分析结果和安全报警，实现能源运行的精准预测和动态管理优化，可以为交易收益、综合能源利用、资产利用、运维管理等提供全方位的能源数据化服务。

1. 以大数据为驱动，精准预测企业用能

海尔智慧能源定制平台通过对各项用能设施的实时在线监控，对能源运行设备进行全天24小时监视和安全预警，可有效地避免安全事故发生，保障用能安全、稳定。

目前，通过5年的平台运行探索，根据集团的161个订单，海尔智慧能源定制平台可以精准地预测每一天、每一个月的能源消费量，推进企业合理用能、科学用能。2017年，海尔开发区园区电力预测差异小于3%，达到了售电业务申请量与实际使用量差距不高于3%的要求，海尔成为山东省唯一一家全电量直供电的企业。

2. 优化能源使用结构，改变能源供给模式

依托智慧能源定制平台，海尔基于平台收集到的各方面能源数据，实现对企业自身用能结构的解构分析，进而根据目前的能源形势，采取必要的能源管控措施，调结构、变模式，达到最优的能源配比，助推绿色节能，有效减少碳排放。例如，海尔打造了全球首个“碳中和”“灯塔基地”——中德海尔工业园，通过平台改变原有能源供给模式，把分布式光伏、分布式风电和热电有机结合，采用“自发自用，余量上网”的新能源供给模式，年发电量超1500万度，可减少约1.3万吨二氧化碳排放；同时，降低单台生产能耗，每年减排二氧化碳3.26万吨，约合植树造林1.33万亩。

（五）建立项目管理及增值分享激励机制

1. 以节能项目推进智慧能源管理精细化

海尔每年设定节能减排目标，由各区域各工厂负责人员自下而上的抢出目标，量化出具体的节能项目进行精细化管理。例如，海尔锁定每一产品线年度单台能源消耗降低6.5%，并与工厂第一责任人签订能效考核对赌协议，以月度薪酬20%作为对赌目标，目标完成率与员工绩效挂钩。与此同时，在考核机制上，海尔智慧能源定制平台集成了冰箱、空调、洗衣机、热水器、厨电等产品产线，以及彩板加工、新材料部件合成等配件产品产线工厂55家，设立了多元化的考核机制，形成对不同的产品及服务和公寓、办公楼宇等用能单位的能耗对比体系。

2. 建立攸关方增值分享的激励机制

基于“人单合一”模式与开放共赢的链群合约，海尔创新以用户付薪为核心的激励机制。以海尔智慧能源赋能从事制冷压缩机研发生产的武汉东贝电器为例，针对如何在低成本、低能耗的生产运行中保证产品高质量、企业高效益的问题，海尔为其定制了高品质压缩气托管解决方案，并以一种企业零投资的能源合同管理的模式赋能生产实践。所谓零投资，就是指武汉东贝电器在不需要投资、不用投入运营的前提下，可直接享受海尔智慧能源所提供的“托管式”服务。由此，武汉东贝电器完成了空压站的数字化转型，实现管理流程从粗放到精细化的飞跃，仅在压缩空气这一项能源成本上，每年就为企业节省上百万度电，综合成本降低了20%。

（六）搭建开放的智慧能源共创生态

海尔基于物联网生态转型的整体战略，着力打造智能能源开放共赢的生态圈，围绕智慧能源管理转型升级，海尔聚集、整合院校、专家、企业等1900多个生态资源方，支持绿色节能技术、应用及服务方案的创新，持续共创定制化的能源解决方案。例如，在能源管理升级规划方面，引入东北大学能源专家教授，建立能源互联网工业化发展路径，实现由传统能源向能源+互联网方向发展；在能源结构调整方面，与山东大学合作，建立光伏、智能微电网项目，实现园区光-储-充一体化运行体系；在智慧能源管理平台建设方面，整合中国国际工程咨询有限公司、中国质量认证中心等机构及专家，共建碳资产管理平台，推进智慧能源管理迭代升级。

三、实施效果

（一）有力地推进了集团的绿色化发展

该项管理成果的实施，有效助力了海尔绿色发展战略的落地，打造了企业绿色发展的示范样板。据统计，依托海尔智慧能源定制平台，2021年海尔单位产值能耗下降4.62%，单位产值水耗下降3.86%，单位废水排放量减少4.08%，二氧化碳减排增加5.2%，节水80867.32立方米，节电1296.74度，集团各事业部单台能耗下降7.7%，减少4413吨标准煤，减少危险废物产出116吨，减少一般固体废物367吨。外部企业共节约能源使用费1.02亿元，减少二氧化碳排放8000吨，相当于造林3000亩。

基于平台的创新性和实践成果，海尔智慧能源管理荣获2016年度轻工企业管理现代化创新成果一等奖。同时，海尔还荣获了山东省政府颁发的2017年度“山东省节能突出贡献单位”、（国际）清洁能源部长级会议颁发的“2019全球能源管理领导奖”、2022年中国节能协会节能减排企业贡献奖，入选2022年国家工业和信息化领域节能技术装备目录、入选2022年“碳达峰”领跑者企业研究成果名单等权威奖项。

（二）打造了可对外服务、赋能的智慧能源平台

通过实施该项管理成果，海尔打造了解决方案可复制、可操作的智慧能源对外赋能平台，为工业园区、中小企业提供定制化的智慧能源管理解决方案。以青岛港为例，通过海尔智慧能源定制平台智慧电力全生命周期管理系统及AI全智能中压开关设备DT1的应用，青岛港实现了设备的智能化升级，设备维修次数减少了50%，停机时间减少了80%，极大地降低了电能损耗。在完成对开关设备的整体智能

化升级和迭代后，青岛港预计每年可降低管理费用约 30 万元，同时减少 3. 98 万吨二氧化碳排放，相当于每年植树 1930 万平方米。

海尔智慧能源定制平台也为政府提供一站式管理服务创造了实施载体。以天津八里台镇为例，海尔利用 5G、云计算、AI 等技术手段打造了 5G + 智慧园区平台，对园区进行“源 - 网 - 荷 - 储”全方位能源管理，园区系统已接入能源设备 1700 多台（套），具有应用场景 16 个，将园区内 400 多家企业数据平台汇集，实现整个园区企业信息数据全流程管控，真正做到政府一站式管理，实现把综合用能情况、碳数据变成指导企业经济运行、活动的重要参考指数，特别是对于政府调整区域内的产业结构有极大的参考价值，引导企业能源消费行为等有更直接、有效的认知，便于及时做出相应调整。

（三）创造了良好的经济效益和社会效益

海尔该项管理成果的实施，实现了能源系统在生产、输送、消耗环节动态监控和数字化管理，打造了集数据采集、能源统计分析、动能调度、供配电智能管理、能效分析、用能管控、视频监控等于一体的智能化管理系统，有效地提升了企业能源管理水平，有效地提升了海尔的能源配置和利用效率，每年为集团内部节约能源成本约 0. 9 亿元。

海尔智慧能源平台及解决方案实现社会化服务，助力外部中小企业节能减排、绿色升级，已推广至汽车、纺织、陶瓷、服装等 7 类行业，已吸引 450 多家企业上平台、用平台，每年外部赋能企业节约能源成本总计约 1. 02 亿元。

主创人：周云杰、柴纪强、郑子辉、赵建华、朱　亮

基于数字孪生的空冷节能优化应用

朗坤智慧科技股份有限公司

一、企业概况

朗坤智慧科技股份有限公司（以下简称朗坤智慧）成立于1999年，是国内专业的工业软件产品和工业互联网平台提供商，主要从事面向流程工业领域的生产控制和业务管理类工业软件及工业互联网平台的研发、销售及运营。

经过20余年的持续探索与积累，朗坤智慧研发了符合各类流程工业企业需求的工业软件产品，通过知识软件化及行业工程化的深度实践，在国内工业软件领域已形成自主可控的技术优势和较高的行业影响力。由公司自主研发的LiEMS工业软件具有组件化、标准化的特点，帮助工业企业提高生产过程的管控水平，增强生产设备的可靠性，提升企业的生产运营效率。公司自主开发并运营的苏畅工业互联网平台，于2022年5月入选工业和信息化部“跨行业跨领域”工业互联网平台名单，作为国家级工业互联网平台，已成为具有一定影响力的“工业数字化”新型基础设施。

朗坤智慧已累计为上千家大型企业提供工业软件和工业互联网产品，下游广泛应用于发电、建材、化工、冶金、煤矿等行业，助力工业客户实现智能化改造、数字化转型和“碳中和”目标。

二、主要措施

（一）开发背景

我国西北地区煤炭资源丰富，但水资源匮乏，煤电机组大多采用空气作为汽轮机冷却介质，前期建设机组以直接空冷为主。然而，由于空气换热能力相比水较差，直接空冷机组在运行背压、厂用电率和供电标煤都高于相同等级下的湿冷机组。探索在复杂工况下的最佳运行方式，寻找最佳背压，对于提升直接空冷机组热经济性至关重要，同时也是困扰行业多年经典难题。

以分析的结果来看，冷端系统的可用能损失较低，但燃煤电厂中最大的热量损失是冷源损失，恰好是整厂节能潜力最大的部分。冷端优化的核心思路在于向凝汽器要功率，即如何将蒸汽在凝汽器中凝结过程所散失的热量尽量转化为在汽轮机末级叶片中所做的功。提高风机频率可以有效增强空气侧换热强度，降低凝汽器运行背压，进而提升机组出力。在降低凝汽器运行背压的过程中，当汽轮机的发电功率PT与维持真空环境的风机能耗PF的差值，即净功率PNET = PT - PF为最大值时所对应的背压称为最佳背压。寻找最佳背压对于提高机组效率、降低燃料量具有重要意义。

传统冷端优化研究首先基于变工况计算、热力学公式推导及系统数值仿真等机理分析层面展开，尽管部分科研工作通过理论分析计算、数值模拟等方式对直接空冷机组冷端系统优化进行分析研究，但目前落地应用案例较少，经济效益尚不明显。

随着大数据、人工智能及工业互联网等技术日趋成熟，机器学习与智能算法在火电设备状态监测、故障预警诊断与运行优化等方面得到广泛应用。燃煤电厂在日常运行中会产生海量数据，如何利用沉淀数据产生有价值的信息进而指导实际运行是目前的研究热点。本产品基于某600MW直接空冷机组实际运行数据，采用数据建模的方法建立冷端系统的数字孪生模型，进而实时计算当前工况所对应的最佳背压，为机组运行优化提供科学理论指导。

（二）产品理念

数字孪生概念源于航空飞行器设计领域，是指以数字化方式创建物理实体相应的虚拟实体，借助历史数据、实时数据及算法模型，模拟、验证、预测和控制物理实体全生命周期过程的技术手段。数字孪生技术可以融合工业机理、专家知识和数据统计，对实体域运行设备和系统进行全工况建模，进而为业务决策提供指导、完成数据闭环，实现机理数据双驱动。

数字孪生技术中采用的机器学习算法直接在实际工程中应用还存在一些适应性问题。首先，人工智能具有不可解释性，模型出现偏差或者异常问题难以进行调试。其次，数字建模质量严重依赖数据质量，数据质量决定数据建模的上限，而算法优化仅仅是逼近其上限，并且工业实际数据有其自身特点，如样本数据集存在严重不平衡性、数据中存在空泡及缺失值、时序数据中含有大量噪声数据，严重影响建模质量和模型表现。另外，热工过程还普遍存在延迟现象，数据在时间轴层面并不对齐。因此，在数据建模前需要进行大量的数据预处理工作，并且根据应用场景选择合适算法，附加各种限定条件，将机理先验知识融合在建模过程中，合理使用机器学习算法。

基于大数据的智慧化应用需要专家先验知识与数据工程的深度融合，需要场景、数据和算法三者紧密结合。首先是对应用场景的深刻理解，如汽轮机原理、热工自动控制系统及电厂调频调峰。其次是数据层面需要大数据处理方法和数据建模方法，包括融合专家知识和统计学方法的人工智能建模方法，利用数据建立汽轮机发电功率－背压模型和凝汽器换热模型、循环水泵运行特性模型等。另外，算法需要围绕数据设计，根据模型的表现优化算法，寻找冷端系统的最佳运行参数组合。

数据采集需要将数据从原有存储数据库通过接口程序采集到项目建设的数据库中，需要采集与冷端系统相关的数据，包括汽轮机系统测点、凝汽器系统测点和空冷岛系统测点等。汽轮机相关运行参数包括主蒸汽温度压力流量、再热蒸汽温度压力流量及发电功率等参数。凝汽器相关参数包括凝汽器运行压力、低压缸排汽温度压力等。空冷岛系统测点包括空冷岛电耗及风机频率等。

利用数据分析工具可以对背压的历史分布规律进行探索，也可以利用数据相关性分析挖掘冷端系统多变量的关联规律。数据相关性分析主要用于确定变量之间的相关性系数，确定模型的主要影响因素，高效筛选相关性变量，进行主成分分析和特征工程。

数据预处理需要对所采集的运行数据进行数据清洗，对几类异常数据进行处理，包括缺失值、异常值、重复值和噪音数据。正常工况下，蒸汽流量与发电功率成正比例关系，在图像上呈现出线性关系，经过上下限定值清洗后的数据仍然包含大量偏离点，包括测点漂移、汽轮机紧急跳闸、甩负荷等异常工况数据，需要对数据进行进一步有效清洗。

通过数据挖掘可以对机组运行状态进行稳态检测，以进一步筛选有效数据，提升数据质量。在SIS系统中，根据要求离线筛选所需要的数据并将控制过程中的稳态与过渡态区分开来。先将待检测对象的采样数据进行区间划分，再按区间计算方差或均值，针对相邻区间或相邻时刻的状态改变来建立统计量，最后在确定置信度下进行假设检验以判断稳态。

采用构建的数字孪生模型可以评估当前工况下背压对空冷岛电耗和发电功率的影响，进而通过寻优算法获取最佳背压。在预测当前工况在不同背压下发电功率和空冷电耗的基础上，可以通过搜索算法实时计算最佳背压。考虑风机频率和空冷岛电耗可调度范围，背压在5～30kPa范围内，以0.1kPa为步长进行搜索，以目标函数净功率最小值下所对应背压为当前工况下最佳背压。在获取当前工况下的最佳背压后，调用空冷岛换热模型，即可获得最佳背压条件下，当前环境温度和发电功率所对应的空冷岛电耗。在得到空冷岛电耗目标值之后，在此调用空冷岛电耗模型即可评估在此环境温度下的风机频率推荐值。

（三）产品特点

火电直接空冷机组普遍存在背压经济运行缺乏数据支撑、空冷风机节能缺乏实时对比分析、凝汽器换热管束脏污程度缺乏动态监视和可视化运行维护指导等问题。冷端节能优化对于提高汽轮机组冷端性能、提升热经济性具有重要意义。

朗坤智慧以安全可靠、经济高效、节能降碳为目标，推出空冷冷端优化系统。基于电厂历史运行数据，结合机理知识与机器学习算法对冷端系统进行建模，根据不同的环境温度和负荷工况，实时推荐最佳背压，提供汽发电功率、背压、空冷岛电耗、风机频率等多参数的最优组合方案，保障火电空冷机组背压智能可视化经济运行，助力数字化转型。

1. 挖掘数据资源

利用服务器与现场 SIS 或 DCS 通信，对与冷端系统相关的背压、发电功率、环境温度及风机频率等必要参数进行数据采集，清洗后存储在数据库中，动态更新训练模型的数据库。

2. 数字孪生建模

利用实际运行数据对冷端系统中设备关联关系进行建模，主要包含 3 种：汽轮机发电功率模型，用于评估不同负荷下发电功率与背压之间的关系；凝汽器换热模型，用于评估不同发电功率下空冷岛电耗与背压、环境温度之间的关系；空冷岛电耗模型，用于评估不同环境温度下空冷岛电耗与风机频率之间的关系。

3. 最佳参数推荐

通过数字孪生模型评估出背压对空冷岛电耗和发电功率的影响，依靠寻优算法获得最佳背压。在此基础上，通过调用凝汽器换热模型，获得与最佳背压匹配的空冷岛电耗推荐值；通过调用空冷岛电耗模型，获得推荐空冷岛电耗所对应的风机频率。

4. 优化效果展示

展示在现有工况下的发电功率、背压、空冷岛电耗、风机频率等多参数的实时值和优化推荐值，方便运行人员对运行参数进行实时调节；同时，展示优化推荐值相比运行实时值在机组关键性能指标方面的优化结果和对比分析，展示在机组经济性能方面的优化和提升效果。

5. 历史数据对标

根据不同负荷及环境温度，利用历史数据进行深度挖掘，以相同边界条件下背压、空冷岛电耗、负荷等综合计算，以历史数据中前 20% 为最优区间，动态实时计算、展示当前工况下背压、空冷电耗及机组负荷的节能控制情况。

（四）实施过程

华能铜川煤电有限公司位于陕西省铜川市坡头镇，是华能集团在西北建设的第一个全资电厂。一期工程建设两台 60 万 kW 国产化空冷机组，于 2007 年 12 月全部竣工投产。在“双碳”目标的指引下，该项目自 2021 年 3 月开始实施上线运行应用，在空冷机组安全、设备精准维护、节能降本等方面得到大幅提升，利用数字化的创新深度应用助推能源服务产业高质量发展。

1. 运行智能优化，节能减碳

基于现有空冷系统历史运行数据，采用理论计算和大数据分析相结合的方式，针对不同边界条件，以综合能耗最低为优化目标，实施推荐最佳背压。

2. 智能评估清洁度，提高运维效率

通过历史数据智能分析，建立凝汽器换热管束清洁度评估模型。根据背压变化，对积灰程度进行有效评估，提供运行操作指导和检修维护指导，确保机组高效运行的情况下节省运维成本。

3. 可视化一张图，全方位掌控

以“一张图”的形式涵盖丰富的可视化图表分析工具、交互良好的展示页面，确保历史运行数据、最佳背压、清洁度等重要指标一目了然，便于查询。

4. 优化决策，提升机组性能

结合优化计算结果和专家知识库，直观展示空冷风机运行调节建议、换热管束积灰清洁建议等优化辅助决策结果，进一步增加机组调节品质和运行效果。

三、实施效果

空冷节能优化系统会根据当前运行工况实时评估汽轮机组发电功率空冷岛电耗和在不同背压下的增量变化，计算最佳背压。在背压 5 ~ 10kPa 的范围内，随着背压的降低，发电功率增加，但增加趋势逐渐减弱，而空冷岛电耗随着背压的降低呈现出逐渐增强的趋势。以主蒸汽流量 1000t/h、环境温度 9℃、主蒸汽压力和温度分别为 12MPa、540℃的运行工况为例，在 5 ~ 30kPa 背压范围内背压进行搜索，以净功率最小值所对应的背压值 7.4kPa 为最佳背压。在此工况下，如果运行背压从 10kPa 降低到 7.4kPa，如果主蒸汽流量不变的情况下，可以带来 1.88MW 的净功率输出增量。如果将净功率输出增量折算成主蒸汽流量，能够带来 0.57% 的主蒸汽流量降低，以空冷机组平均 320g 供电标煤耗计算，则可以平均降低 1.85g 的供电煤耗。

大型火电机组的净输出功率受到国网统一调度，电网调度通过 AGC 自动发电指令信号设定被控机组的供电功率。所以，对于电厂而言，其机组净输出功率无法自主控制。集控人员参考推荐值，通过增加风机频率将汽轮机实际运行背压调整到最佳背压的过程中，空冷岛电耗相应增加，但由于背压下降所带来发电功率增量更大，使得机组净输出功率增加。此时，在协调控制系统（CCS）的作用下，通过数字电液调节系统（DEH）控制汽轮机调阀关小，从而降低主蒸汽流量，在锅炉效率短期不变的条件下，最终导致燃料量下降。所以，整体而言，机组动态调节过程表现为：背压下降，发电功率增量大于空冷岛电耗增量，供电功率不变，主蒸汽流量下降，进而锅炉所需燃料量下降，最终使得机组供电标煤耗降低。

节能优化系统的节能效果通过现场试验得到验证，在某段时间内机组运行工况基本稳定，此工况下评估最佳背压为 6.5kPa，集控运行人员按照背压推荐值适当提高空冷风机频率，将运行背压从 10.5kPa 降低到 6.9kPa。此段时间，在国网 AGC 统调负荷基本不变的情况下，即维持机组净输出功率不变的情况下，空冷岛功耗增加，发电功率相应增加，调整前 300.63MW，调整后 301.02MW，功率增量 0.39MW；耗煤量相对降低 2.10%，调整前 187.37t/h，调整后 183.40t/h，煤耗下降 3.97t/h。按当天入炉煤热值 4300 大卡/千克计算，折合每小时节约标煤 2.43 吨。

根据厂内今年和去年的同期日报分析，在负荷率基本相同的情况下，日平均背压从 9.5kPa 降低到 7.9kPa，而空冷耗电率从 0.21% 上升到 0.41%。从耗差分析角度来看，平均运行背压降低 1.6kPa 可以带来 1.6g/kWh 的供电煤耗下降；空冷耗电率上升 0.2%，会导致供电煤耗上升 0.68g/kWh。供电煤耗综合下降 1g/kWh，预计全天可以节约标煤 17 吨，以标煤价格 1000 元/吨计算，全天可以节约燃料成本 1.7 万元。

该产品已经在华能铜川煤电有限公司中得到应用，并且取得良好的经济效益。经过测算，2 × 600MW 机组供电煤耗降低空间为 1g/kWh，年节约标煤 5000 吨，节约燃料成本 500 万元，可以减少二氧化碳排放 1.36 万吨。产品在实际运用中的良好实践情况已经上报华能集团，准备在华能集团北方空冷机组中进行推广应用。

主创人：陈　嘉、欧阳永子、陈福兵、康建辉、袁存发

基于全国最大干线智慧物流调度平台的绿色、高效物流运输体系

满帮集团

一、企业概况

满帮集团是国内首家采用人工智能与大数据技术为货主与车主提供精准车货匹配服务的互联网高科技企业，曾获“独角兽100强”“全国互联网百强”“中国服务业500强”等称号。满帮集团于2017年11月27日由“运满满”与“货车帮”两大品牌合并组成，于2021年6月22日成功上市，成为全球数字货运第一股。本项目实施单位江苏满运软件科技有限公司为满帮集团的运营主体。满帮集团的发展历程如图1所示。

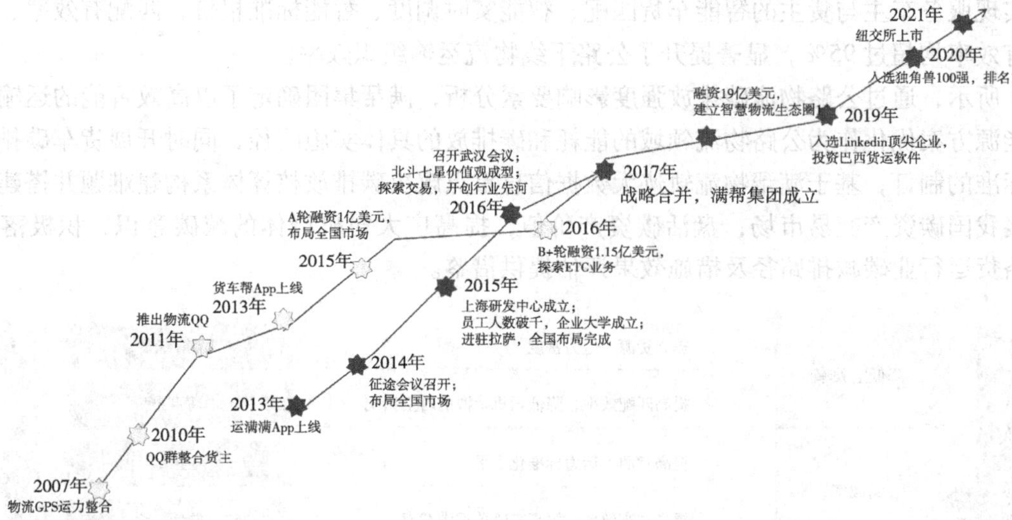

图1　满帮集团发展简谱

满帮集团以云计算、大数据、移动互联网和人工智能技术为依托，主要面向公路货运市场提供跨省干线和同城短线运输匹配服务和增值服务。目前，已经建成全球最大的数字货运平台，平台活跃用户达到500万规模，平台年撮合订单达到1.2亿元规模。

满帮集团成立以来，总融资额接近50亿美元，投资机构包括红杉中国、高瓴、襄禾、腾讯、GGV、光速中国等。秉承“让公路物流更智慧”的愿景，规范货运行业，共建良好的从业环境。积极为平台上的“卡友”提供精准化的服务和保障；同时，卡车司机在享受了满帮集团的服务后又反哺社会，为各行各业的发展提供强有力的支撑，积极履行社会责任。

二、主要措施

（一）实施背景和解决方案

交通运输是应对气候变化的重点领域，交通领域排放达峰和深度减排对全社会实现“双碳”目标意义重大，加速交通运输行业的绿色低碳转型将在实现“双碳”目标的过程中起到不可替代的作用。据测算，交通运输行业年温室气体排放量占我国年温室气体排放总量的12%，其中公路运输碳排放占

交通运输行业排放总量的 80% 以上，而公路货运又是公路运输中碳排放的重点领域，占比超过 60%，这意味着公路货运是交通领域碳减排的核心战场。国外的研究也表明公路货运行业是碳排放的重要来源，并且对于道路交通的碳排放贡献率呈上升趋势。互联网货运企业作为低碳货运系统规划、货运资源合理配置过程中的重要环节，应采取必要手段提升货运效率，从整体上减少温室气体排放。

长期以来，我国公路货运市场一直存在个体经营者居多、资源难以整合、线路供需不平衡、车货匹配效率低下等问题。其中，作为公路货运主力的中重型卡车，社会零散运力所占比重很高，导致对其油耗和碳排放量的有效测算难度较高。根据公安部披露，中国载货车保有量为 2944 万辆，假设这些车辆空载率从 45% 降至 25%，每年可以减少无效行驶里程 1472 亿千米，减少二氧化碳排放 6951 万吨。从发达国家的发展经验来看，公路货运利用数字经济和平台经济发展智慧物流，已成为碳减排的重要手段之一。

满帮集团依托互联网思维和领先科技，重塑公路干线物流行业。基于云计算、大数据、移动互联网和人工智能技术，以复杂事件检测分析和处理技术、大数据智能分析决策技术创新为重点，突破了传统公路物流领域信息不对称下的效率丢失，形成大空间尺度下的车货路径优化和调度，对整个运输链条进行重构，实现服务车主与货主的智能车货匹配、智能实时调度、智能标准报价，匹配有效率、报价有效率及调度有效率均超过 95%，显著提升了公路干线物流运输组织效率。

如图 2 所示，通过公路物流碳排放强度影响要素分析，满帮集团确定了以高效智能的运输组织和运输工具的能源方案优化作为公路物流领域的能耗和碳排放的具体实施路径，同时开展货车碳排放核算方法研究和标准的制订，基于满帮物流轨迹大数据信息重点解决碳排放核算体系构建难题并搭建碳资产管理平台对接我国碳资产交易市场，盘活碳资产价值，提高广大司机群体的减碳意识，积极落实减碳行动，为道路货运行业碳减排路径及措施效果评估提供借鉴。

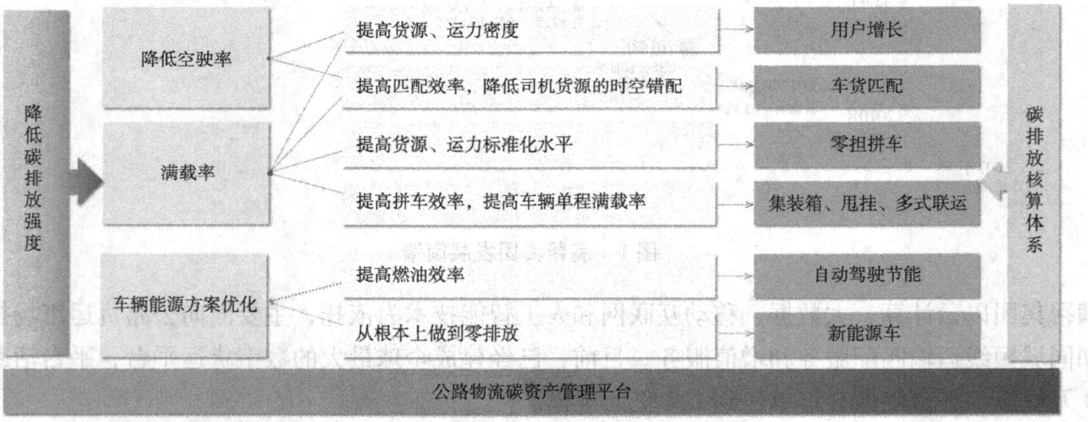

图 2　绿色高效公路物流体系实施路径

（二）具体举措及创新手段

满帮集团基于全国最大的干线智慧物流平台及物流生态，从提高运输效能、碳排放核算和碳资产管理体系建设、能源优化方案推广应用、开展绿色低碳交通宣传等方面开展绿色、高效公路物流运输体系建设。

1. 提升公路运输效能，降低货运周转单位能耗

一是打造智能匹配调度系统，降低车辆空驶率，创新互联网 + 高效货运平台组织模式。针对我国公路物流大而不强的问题，大力开展货运物流数字化智能化平台，整合线下物流资源，打造线上线下联动

的公路物流网络。通过长期积累和深度挖掘货运大数据，对市场需求做精准把握，运用数学模型实现最优资源配置和供需平衡功能，逐步实现智能车货匹配、智能实时调度、智能标准报价，以及对物流信息全程追踪和可视化，显著提升公路干线物流货源、车辆、路线、价格的匹配速度、精准度和运输组织效能，全方位提升用户体验和行业价值。

二是优化路径规划功能，降低车辆返程空驶率。满帮集团利用大数据优势，结合历年货运需求分布大数据情况，研发优化满帮平台专有组合路径算法，允许货运司机在满帮平台上一次性预订往返货运订单并提供往返路线的路径规划；基于司机驾驶行为和常跑路线分析，为司机提供相对最佳的货运需求订单推送功能，保障车辆返程有货可拉。

三是开展顺风车、拼车等专项服务，提升车辆实载率。重点进行同类货源订单和运力的整合，提高实载率，达到节能减排的效果，如结合历年顺风车订单货运需求分布大数据情况，在智能匹配调度系统和路径规划功能基础上，继续研发规划路径沿线匹配顺风车订单功能，在向司机提供路径规划的同时推送顺风车订单需求，进一步提高顺风车订单车货匹配速度、精准度和运输组织效能，实现货物搭载标准化运行，提高车辆实载率。

四是探索多式联运、甩挂等综合运输服务。不断探索和推动将公路货运平台与铁路、航空、水运衔接，研究与铁路、航空、水运运力公司及多式联运信息交换系统打通，满足干线和节点的多式联运信息互联互通，为货主提供“门到门”一站式全程多式联运服务；研究制订集装箱多式联运电子化统一单证，实现“一单制”物流全程可监测、可追溯；收集挂车信息，建立共享挂车池，建立“满帮平台+共享挂车池”的线上线下结合模式，为货主和车主提供智能高效的甩挂运输服务。

2. 发挥平台生态优势，大力推进新能源车配送车辆应用替代

通过组织开展城市绿色货运配送试点，给予新能源车辆通行便利、新能源车辆置换补贴等形式，大力推动新能源城市配送车辆替代进程。鼓励平台企业采取措施推广新能源车辆的注册和使用。助力“碳达峰”目标的实现。

研发新能源货车推广辅助决策功能。研发新能源货车推广辅助决策模块，基于平台注册车辆运输距离分布数据和新能源货车续航里程情况，为政府部门提供基于运距分布的新能源货车更新建议，为新能源货车生产制造企业提供续航里程研发需求；协助识别平台中承运强度较高或临近报废期的汽车，引导更新选择新能源汽车；协助识别区域物流配送活跃区域和车辆活动规律，为政府部门优化公共充电桩布局建设和运营管理提供参考。

丰富新能源货车推广的市场激励手段。配合各地政府加快推动城乡物流配送、城际货运领域新能源汽车的推广应用，加大对新能源汽车的支持力度。在运单派发等方面赋予新能源汽车更大优先权，对平台中的合规新能源汽车在同等条件下优先派单。同时，给予新能源汽车更大优惠和让利，对经常选择新能源汽车承运的货主给予运费打折和“低碳货主”评价激励。

3. 围绕干线货车自动驾驶及营运技术，开展联合攻关和示范应用

满帮集团联合苏州智加科技、一汽解放等开展联合攻关，研发具备涵盖高速公路、港区、物流园区等货运场景下所需要的自动驾驶能力的新一代货车来达到节能减排效果。通过L3级、L4级自动驾驶重卡研发，可以让驾驶员在高速路段解放双手双脚、缓解长途驾驶疲劳、降低事故率、提升出勤率，其三重架构FEM节油算法可以降低油耗10%~20%并在国内智慧高速开展自动驾驶重卡营运示范，加快新一代无人驾驶智慧物流的落地和应用。

4. 推进公路物流碳资产体系建设

基于平台在节能减排方面的成效，发起“满帮碳路计划”，通过盘活碳资产价值，提高广大司机群体的减碳意识，积极落实减碳行动，为道路货运行业碳减排路径及措施效果评估提供借鉴，在全国率先

打造道路货运行业“双碳”标杆。

一是建立碳排放核算体系。以智慧物流车货匹配平台为基础，开发碳排放管理平台。集成车辆型号、车辆轴数、车辆长度、车辆载重等静态信息及车辆油耗、行驶线路、行驶里程、实际载重等动态信息，实现车辆碳排放量、基于货运周转量的碳排放强度等指标的自动核算，同时基于先进算法不断从历史数据中学习和验证，提升计算的准确性，为道路货运行业碳排放核算、碳排放强度基准值的确定及货运行业进入全国碳交易市场提供有效支撑。

二是完善碳减排量核算功能。在时间尺度上，实现基于日、周、月、年的平台注册车辆碳排放自动核算功能并形成碳排放结果展示图表；在核算功能上，结合平台业务场景，核算返程货源匹配业务（减少返程空驶率）产生的碳减排量，核算就近货运匹配业务（减少车辆空置）产生的碳减排量，核算顺风车业务（减少车辆空载）产生的碳减排量，不断优化算法并提高核算的准确性。此外，还可为平台未来拓展新能源汽车推广、多式联运等新业务预留碳核算功能。

三是盘活碳资产运营价值。结合平台司机的车辆认证信息，建立司机碳账户。实现基于订单的车辆碳排放核算功能，为司机沉淀碳足迹画像。充分发挥平台资源整合优势，为司机提供绿色碳权益、绿色碳积分、绿色碳金融、绿色碳荣誉等服务，让碳减排的收益能够通过平台机制科学合理高效地分配给广大司机，也将此项服务逐渐培育为平台服务司机的重要手段之一。

5. 开展绿色低碳交通宣传，提升平台司机低碳减排的意识

一是搭建新能源中重型货车宣传平台。组织开展新能源中重型货车挑战赛，主要邀请车辆生产制造企业参赛，邀请货运物流企业、货主企业观赛，主要开展新能源中重型货车全方面性能的挑战比拼，设置相应奖项。以赛事为载体，让终端客户零距离接触并体验新能源中重型货车，加深货运企业和货主企业对新能源中重型货车的了解，促进车辆制造企业提升技术水平，加强货运企业与制造企业之间的沟通交流，打造国内领先的新能源中重型货车深度体验、专业评测、权威发布和综合展示平台。

二是创新绿色低碳交通宣传方式。通过平台向货主和司机加大绿色货运、节能减排、生态驾驶、低碳发展等知识宣传，凝聚多方共识。在全国节能周、低碳日组织开展年度低碳之星评选活动，基于碳排放核算数据评选年度低碳司机、低碳车队、低碳订单、低碳货主等，从平台权益方面给予奖励。

三、实施效果

（一）通过满帮智慧物流平台，货车空驶率下降且满载率提升，公路运输效能大幅度提升

根据大数据测算，满帮智慧物流平台上货车司机的月行驶里程、平均配货时长、月承运次数等核心业务指标得到明显改善，“三空”（空驶、空置、空载）明显下降，货运周转效率提升明显。

（二）绿色、高效运输体系项目建设节能减排效果明显

通过核算，每年为货车节省柴油费用1900多亿元，减少碳排放量1400余万吨。未来3年，通过平台匹配效率的进一步提升，以及通过平台内新能源货车、自动驾驶货车的逐步推广应用，节能减排效益有望进一步增加。相关成果还获得了财联社“2022绿动未来绿色创新案例奖”、《南方都市报》“绿色发展创新企业奖”、《21世纪经济报》“2022年‘碳中和’先锋企业”、新华信用金兰杯“‘碳达峰、碳中和’技术创新领军案例”等在绿色、低碳方面的荣誉，满帮集团有望在公路货运领域打造国家级节能减排标杆。

（三）积极落实减碳行动，为道路货运行业碳减排路径及措施效果评估提供借鉴

2021年10月，第二届联合国全球可持续交通大会召开，满帮集团和交通运输部规划研究院共同发布“‘双碳’背景下互联网道路货运平台发展战略与路径研究”的成果。该成果结合该次可持续交通大会主题，系统研究互联网货运平台在“双碳”战略下的价值贡献和发展路径，为交通运输绿色转型和可持续发展提供有益参考。

2022年4月，满帮集团牵头发布《公路货运智能匹配系统的温室气体减排量评估技术规范》团体标准。该标准开创性地使用数据技术，结合产业现实，探寻与论证了车辆排放因子与实载率的关系，针对公路货运智能匹配系统提出了一套具有创新性和可行性的碳排放测算方法。该标准规定了公路货运智能匹配系统的温室气体减排量评估技术规范，可为政府和企业科学核算公路货运领域温室气体减排量提供有力支撑。这标志着我国公路货运车货匹配领域首个碳减排团体标准正式出台，填补了公路货运行业碳减排核算体系的空白。

2022年9月，满帮集团与天津东疆综合保税区融资租赁促进局在服贸会城市"'碳达峰、碳中和'"主题论坛现场正式达成战略合作，将打造全国首个公路货运领域碳普惠平台。

2022年11月，在埃及举行的《联合国气候变化框架公约》第二十七次缔约方大会上，满帮集团向国际社会讲述中国交通运输行业"科技减碳"故事。首席科学家陈朝晖现场提出的"满运碳路计划"和助力交通运输行业实现"两个20%"的规划，让国际社会看到了中国企业实现"双碳"目标的努力和责任担当。

主创人：张　晖、王　东、陈朝晖、徐　强、李　勃

建设智慧能源管控系统，助推企业绿色低碳发展

内蒙古北方重工业集团有限公司

一、企业概况

内蒙古北方重工业集团有限公司（以下简称北重集团）始建于1954年，是国家“一五”期间156个重点建设项目之一，隶属于中国兵器工业集团公司，是国家重要的火炮研发生产基地、国家高强韧炮钢研发生产基地、中国矿用车研发生产基地。

北重集团始终坚持服务国家国防安全和国民经济发展两大使命，遵循军民融合发展，形成了军品、特种钢及延伸产品、矿用车等工程机械产品三大核心业务。北重集团研发、制造的大量武器装备列装陆、海、空部队，在多次国庆阅兵仪式上接受了党和国家领导人及全国人民的检阅。以大口径厚壁无缝钢管为代表的特种钢及延伸产品达到世界先进水平，已应用于国内近百台亚临界、超临界和超超临界火电机组的四大管道，是“中国制造2025”强基工程的中标产品，是国家能源局确定的国产化示范产品。矿用车等工程机械产品已销往全球65个国家和地区，遍布国内外500多个大型矿山和重点水利水电等工程，销量居全球前三甲。

二、主要措施

（一）立足长远，搭建可持续提升的智慧能源管控系统

1. 整体规划，建立可扩展的综合集控平台

北重集团智慧能源管控系统按照从上到下的思路进行建设，即整体规划、分步实施，先完成智慧能源系统顶层平台建设和主要能源数据接入与功能开发，建立多个可扩展模块，可持续开发优化，下一步将与企业其他应用系统（如生产管理系统）融合贯通，全面推进企业的能源管理工作和“双碳”工作。

2. 定制开发，高度契合管理需求

北重集团能源管理部门组织统计、运行、技术人员及重点用能单位通过集中研讨的方式，明确建设的主要功能。通过采集、计量、汇总与分析企业的能源消耗情况（包括电、天然气、水、蒸汽等），生成动态数据曲线和报表，实现对企业能源利用状况的实时、准确监管。目前，已导入企业在用的近100张报表实现了自动分析、动态图形展示，为企业管理提供有力的支撑。

3. 定位角色，满足各层级管理需求

由于不同层级人员在企业生产运行管理中的关注点不同，中高层管理者通常站在宏观的角度关注趋势、异常，而运行人员与基层工作者聚焦于具体事务的处理及任务目标的达成。因此，系统在集成界面时充分考虑各级管理者的关注点，通过恰当的整合，满足了各级管理者的需求。

4. 架构合理，用能统计分析精细全面

从企业组织架构角度分为决策层、经营层、执行层，从能源来源角度分为外供、自产、转供，从能源用途角度分为主要生产、辅助生产、基础生产，分级进行用能统计分析，可以对任意时段的任意能耗数据进行自由选取。

（二）定制研发，高度契合企业自身需求

1. 构建三层架构，实现上下联通

北重集团能源管控平台采用分层式、开放型结构，主要分为三层网络架构，即系统管理层、网络控制层、现场设备层。

系统管理层由能源管控软件、服务器、客户端、显示器等相关硬件设备组成。通过以太网将全企业能源采集子站中的数据及用能场所内各 PLC 系统地址信息读取至能源管控系统中并进行处理，用于能源管控系统上位软件进行分析及画面展示，实现统一监控及管理。

网络控制层由通讯介质、数据采集器、交换机和网络安全等设备和通信介质组成，是整个能源管控系统的核心，在整个系统中起着“承上启下”的作用。采集现场各控制系统及计量仪表的数据并上传至能源管理系统服务器，实现现场设备层与系统管理层的数据交换。

现场设备层由分布在现场的自控系统、PLC 控制器、水计量表、电能表、天然气计量表、氧气计量表、蒸汽计量表和无纸记录仪等组成，实现各车间设备的监视控制和各类能源的测量、监视，完成数据交互。

2. 多种途径融合，实现能源数据实时采集

一是电计量数据与重要耗电设备数据采集通过电力调度系统统一转发；二是部分水、天然气、蒸汽、氧气等能源压力、温度等数据通过已有的动力调度管控系统进行数据转发；三是部分能源监测数据通过现场仪表直接采集存储后再统一上传能源管理系统；四是其他数据根据 PLC 的通信接口与协议方式可以通过智能网关直接上传后台。通过以上 4 种途径实现能源介质（电、水、天然气、蒸汽、氧气）的数据采集、统计、分析、存储、展示。

3. 打通数据壁垒，实现系统间的数据共享

能源管控系统除了本系统单独采集数据外，还需要通过其他系统进行数据共享。各子站既能够独立运转，又保持与主系统数据的密切关联，达到节能降碳管理高效、便捷，实现了企业能源管控一体化的目标。

热力子站涵盖了热力运行部负责运行的给水、供热、生产水用户、供热用户等系统运行管理，尤其是对厂区生产水重点用户压力参数的监测，通过实时监测压力，可以对生产水泵房的运行压力进行适时调整，满足公司生产需求；在每个换热站的重点用户入户采暖供回水管道上安装了压力、温度传感器，能够实现采暖压力、温度的远程监测，实现采暖运行参数的及时调整。

天然气子站涵盖天然气、蒸汽等系统运行管理，实现实时掌握 16 吨、22 吨锅炉房的运行情况和操作画面的监控，通过对天然气和蒸汽的流量、压力及温度等信号的采集，实时掌握天然气、蒸汽运行情况。

特气子站涵盖二氧化碳、管氧、氧气用户耗量、管氩、视频等 5 个系统，对管道氧气、氩气、二氧化碳的进出口压力、瞬时流量、累积流量及各用户的使用情况进行监控，具备报警及回放查询功能，对高压氧压机运行参数进行监控并具备紧急停车功能；特种气体运行部作为企业一级危险点，通过视频监控系统对站区、乙炔库、360 空压站进行实时监控，有效提高了安全保障能力。

（三）智慧赋能，实现节能降碳管理水平由粗放向精细化过渡

在平台搭建过程中，研发者与管理者深入进行交流，将平台实现的效果与能源管理的具体需求结合在一起，构建智慧管控模式。多种能源数据的实时监控画面，使多种能源数据一目了然；画面可按照能源网络图绘制，达到能流可视化效果；开发报表模块，建立能耗预测、能源平衡能源考核等报表；开发用能网络图，分层展示公司的用能网络结构；开发用能分析图表，进行各种指标、车间之间、单位之间的数据对比分析，同比、环比分析；建立重点耗能设备单耗分析模块，对 50 吨电炉、360 压机等重点耗能设备进行能耗深度分析并为设备操作者提供节能建议；基于产量及能源情况为依据的能源预测、计划功能，实现能源预测。

1. 建立覆盖企业所有能源品种的集中监控画面

主界面显示企业鸟瞰图，按照电力、给水、采暖、蒸汽、氧气、天然气等能源种类进行显示，显示

企业当前实时流量、月累计消耗量和年度累计消耗量，能够查询某一段时间的最大值、最小值；月用电曲线、月用气曲线显示一个月内电力、天然气使用的波动情况，显示企业月综合能耗、万元产值综合能耗柱状图，使管理者能够了解企业总能耗的变化情况；中间位置展示企业电、天然气、成品油、热力、原煤的消耗占比及管理者重点关注的碳排放量、万元产值综合能耗等指标。主界面从决策层的高度展示了企业当前用能情况，使决策者能够清晰了解企业当前能源使用状况，为科学决策提高可靠的支撑。

2. 实现用能负荷分析和能耗预测

能够根据各种能源介质上、下游的分布情况，以及总线表、支线表的计量数据进行峰值统计，对电流、功率、瞬时流量、瞬时热量等各种能源瞬时数据进行分析，并且能够结合历史数据和当前生产现状测算下年度或下月度能源消耗情况。2021 年，利用电力预测功能，交易准确率达到 98% 以上。

3. 实现能源成本分析

一是对电力、给水、天然气等外购能源进行成本分析，二是对内部转供单位进行能源成本分析。可以具体到车间单元和单个能源品种进行分析，并且可以生成各车间能源消耗电子台账，具备按月、按能源品种进行统计和分析，实现能源成本的精细分析，层层传导经营压力。

4. 建立碳排放统计体系

将“双碳”目标融入能源管控系统，依据《中国钢铁生产企业温室气体排放核算方法与报告指南（试行）》《机械设备制造企业温室气体排放核算方法与报告指南（试行）》等文件的相关要求，建立了碳排放指标统计模块，每月能够实现企业碳排放数据的统计功能并具备同比、环比分析，以及各生产过程碳排放占比情况的展示，为管理者掌握碳排放数据提供了可靠的依据，为企业实现绿色发展、低碳发展提供了可靠的支撑。

5. 实现重点用能设备管理

北重集团通过采集重点耗电设备 50 吨电炉、50 吨精炼炉、360 压机及重点天然气炉窑能源消耗情况，结合手工录入产量的方式，自动计算吨钢电单耗、吨钢天然气单耗，并且能够自动与考核指标进行比较，当指标发生异常时能够自动统计，基于历史数据进行分析，使能源管理人员及时掌握企业重点耗能的能源消耗情况，提出改进措施。

6. 升级动能费用自动结算系统

对原有自动结算系统进行升级，改变原有的数据一次性处理的工作模式，提高结算软件运行效率，将原有的手工录入结算软件使用范围扩展至计量抄表人员，所有的仪表数据均通过软件进行录入，数据由系统自动计算，具备计算关系更改维护容易、报表易修改等特点，而且后期改变的内容不影响改变前的数据报表。动能费用自动结算系统的升级，减少人工抄表 100 余块，结算时间缩短了 2 天，能源结算与生产实际更加吻合。

7. 完善能源平衡分析功能

分析电、水、气（汽）等能源的购入、输配、使用等各环节的信息，直观了解各类能源介质从厂区到事业部、事业部到车间、车间到设备的具体能源流向及消耗全过程，计算输入与输出能源量的差异，及时发现能源在使用过程中的跑冒滴漏和异常能源损失等能源浪费的问题，提醒管理者及时进行解决。2021 年，天然气供气平衡率达到 99% 以上，供电平衡率达到 98% 以上，16 条高压线路功率因数达到 95% 以上，2021 年获得供电局功率因数奖励 72.19 万元，同比增加 6.99 万元。

三、实施效果

（一）全流程数据监控，节能降碳管理水平显著提升

通过建立智慧能源管控系统，显著提升了企业的管理水平。通过对企业电力、天然气、给水、采暖、蒸汽、氧气等系统能源数据在线采集和实时监控自动采集，实现了节能降碳管理从粗放管理向精细

化管理的转变；能源供需平衡实现在线监控、调整，重点耗能设备指标每日跟踪、分析，实现了节能降碳管理由事后管理向事前管理的转变；通过各个子系统融合，实现了节能降碳由单体管理向系统管理的转变。智慧能源管控模式实现了供能系统的无人值守，电力、给水、天然气、蒸汽等各站房实现了集中监控，有效缓解了人员不断减少的问题。

（二）实时、高效的数据统计分析，创造了经济效益和社会效益

通过建立智慧能源管控系统，对供能过程的实时监控，动力系统供能单耗指标逐年下降。蒸汽锅炉单耗由2020年的82.6吨/m^3 降低到2021年的80.5吨/m^3，累计下降2.5%，节约天然气10万m^3，减少碳排放量216.2吨，实现节能121.43吨标准煤，节约能源成本24万元。实时调整采暖系统运行参数，实现了经济供热，外购热量同比下降12%。通过建立智慧能源管控系统，主要产品能耗大幅下降。吨钢耗天然气从2020年的195.2m^3 降低到2021年的191.3m^3，同比下降2%，节约天然气61万m^3，减少碳排放量1318吨。吨钢耗电从2020年的1146.55kWh降低到2021年的1103.43kWh，同比下降3.76%，节约电力679万kWh，减少碳排放量6396吨。吨钢综合能耗费用由2019年的0.3152元降低至2021年的0.3043元，取得了明显的经济效益和社会效益，推动了企业实现绿色高质量发展的目标，为生态文明建设做出重要贡献。

（三）完善能源计量系统，企业数字化率显著提升

通过建立智慧能源管控系统，有效应对底层计量仪表数据采集率低、能源分析及节能降耗方面智能程度不高等问题，通过加装远传计量仪表及配套设备设施，实现主要能源消耗数据的自动采集、上传，为能源数据、碳排放数据统计提供准确的支撑。实现重点用能单位电力仪表数字化率80%以上，天然气仪表数字化率在98%以上、氧气仪表数字化率在80%以上，47台（套）重点耗能设备的计量数据实现上传，企业计量仪表数字化率得到明显提升，进一步夯实了节能降碳工作基础。

（四）推动企业数字化发展，受到广泛认可

申报的《能源管理平台应用》案例入选北重集团“信息化提升创新驱动力”优秀案例之一，在全公司范围进行推广。北奔重型汽车集团有限公司、中核北方核燃料元件有限公司等企业前来对标学习，促进兄弟企业的节能降碳管理水平大大提升。围绕智慧能源管控系统申报的《能耗数据监测》场景，入选工业和信息化部、国家发展改革委、财政部、国家市场监督管理总局联合发布的2021年度智能制造试点示范揭榜单位和优秀场景名单，得到了社会广泛认可。

主创人：乔　亮、代高岗、赵婷婷、李　江、臧旭东

焦化厂上升管余热回收改造项目

宁波钢铁有限公司

一、企业概况

宁波钢铁有限公司（以下简称宁钢）是杭钢集团旗下杭钢股份的全资子公司，是一家从原料到炼铁、炼钢、连铸、热轧等工序配套齐全、生产装备水平国内领先的大型临海钢铁联合企业。主要生产装备为两座55孔6米焦炉、两台430平方米烧结机、两座2500立方米高炉、3座180吨转炉、一条1780毫米热连轧生产线，以及配套的公用辅助设施。一期工程年产能为400万吨。项目主体装备均达到国内先进水平并与国际接轨。

宁钢坐落于浙江省宁波市北仑区，主厂区占地2.33平方千米，距市区约38千米。水路、公路、铁路均可到达，具有交通发达、物流顺畅的优越地理条件。西面与闻名世界的东方深水良港——北仑港毗邻，厂界西侧还有北仑港铁矿石中转堆场，区位优势十分明显，是国内沿海具有先进制造能力的热轧钢商品卷材生产基地。

宁钢产品覆盖钢坯产品、热轧直发卷材及热轧精整卷材。宁波钢铁产品已对上海、江苏、福建和广东等地区形成区域辐射，主要为一部分附加值相对较高的品种钢产品，如冷轧深冲用钢、汽车结构用钢、电工钢等。

近年来，宁钢积极谋划“十四五”绿色低碳发展布局，不断推进高质量发展和智能化转型。未来，宁钢将紧密围绕浙江省打造“重要窗口”“共同富裕示范区”“全球先进制造业基地”的新历史定位，紧扣“绿色、低碳、智能、高端”的高质量发展目标，努力打造现代化滨海城市绿色低碳发展示范企业。

二、主要措施

（一）项目概况

宁钢焦化厂现有两台2×55孔6米焦炉生产设备，年实际产焦炭约105万吨。从炼焦生产过程热平衡分布看，从焦炉炭化室推出的950℃～1050℃红焦带出的显热（高温余热）占焦炉支出热的37%，650℃～800℃焦炉荒煤气带出热（中温余热）占焦炉支出热的36%，180℃～230℃焦炉烟道废气带出热（低温余热）占焦炉支出热的16%，炉体表面热损失占焦炉支出热的11%。

红焦带出的高温余热已采用干熄焦装置进行回收发电；焦炉上升管荒煤气携带的中温余热，目前多采用喷洒70℃～75℃循环氨水冷却中温荒煤气，荒煤气因氨水的大量蒸发而被冷却至82℃～85℃，再送入初冷器冷却至22℃～35℃以满足工艺要求的技术路线；对于占16%的焦炉烟道废气低温余热，已有余热锅炉进行回收利用的成熟技术；而对于炉体表面低温热损失，只能采取加强保温的方式减少热损失。

宁钢焦化厂上升管荒煤气采用喷洒氨水冷却的传统工艺，既损失了冷却氨水换热能耗和动力消耗，又流失了荒煤气余热资。

本项目充分回收焦炉上升管荒煤气余热，将原有的110套上升管系统更换为新型荒煤气换热装置系统。利用焦炉炭化室产生的高温荒煤气流经上升管高效换热器时，发生热交换产生蒸汽以实现对上升管荒煤气的显热回收，所产饱和蒸汽送入厂区低压蒸汽管网。

（二）改造内容

根据宁钢1#、2#焦炉的生产情况，将原有110套上升管更换为新型荒煤气换热器（同现有焦炉上升管系统相配套），新型荒煤气换热器系统配套上升管底座（衬砖、座砖）、桥管及衬砖（三通）、水封槽及盖，同时配套建设蒸汽、供水、自动控制系统。

（三）工作原理

利用焦炉炭化室产生的高温荒煤气流经上升管高效换热器时，发生热交换产生蒸汽以实现对焦炉荒煤气的显热回收。

荒煤气流程为：约650℃～870℃的荒煤气自焦炉炭化室经上升管荒煤气余热回收利用装置温度降至450℃以上，再经桥管氨水喷淋降温至82℃～85℃，汇集到集气管后经进入煤气初冷器，再由循环水和制冷水进一步降低温度到21℃左右。

汽水工艺流程为：由200立方米除盐水箱的除盐水接入，通过除盐水泵沿除尘管路送至缓冲水箱，再由除氧给水泵将水送入热力除氧器进行除氧，除氧后的水通过汽包给水泵将水送入汽包。汽包内炉水通过强制循环泵供给上升管换热装置，换热升温后回送至汽包水侧，经闪蒸汽水分离后，蒸汽外供，输送至厂区蒸汽管网，炉水继续进行循环换热。

（四）项目设计特点

1. 采用双汽包设计

焦炉荒煤气余热回收系统采用双汽包设计。本系统中每个汽包可单独运行，单汽包额定蒸发量满足两台焦炉满负荷工作需要。正常运行状态下，两台汽包投入运行，汽包总容积加大，汽水分离效果好；在汽包年检或单台汽包需要维修检验等情况下，单汽包运行。本系统双汽包设计操作灵活，系统工作稳定性好。

2. 双管路设计

上升管强制循环换热系统采用双进水、双出水管道设计。单根管道流量为设计总负荷的50%，在30倍循环倍率运行工况下，两条管路系统同时使用，满足30倍循环倍率工况；在低循环倍率工况和管道计划检测工况下，单根给水管道和单根回水管道可完全隔离，由另外的给水和回收管道系统维持本系统工作，提高操作的便利性和维护的方便性。

3. 采用双阀设计

上升管换热器进水阀、出水阀均采用双阀布置，以实现阀门日常开闭及事故状态检修的需要。

4. 管道材质选择

焦炉上升管余热回收系统主蒸汽管道、强制循环系统主给水管道、主回水管道材质选用20G材质；上升管分支给水管道、回水管道材质选用304不锈钢材质；排污管道选用Q235材质。各类管道材质选择充分考虑管道内介质的特性及管道布置环境，保证在满足功能使用的前提下实现工程精细化设计。

5. 管道保温材料

上升管供回水管道和汽包上升、下降管及除氧器下降管、蒸汽管道的设备保温材料选择微孔复合保温材料，其余管道保温材料采用岩棉。

6. 上升管荒煤气换热装置

采用新型盘管式上升管荒煤气换热装置。该换热装置外形尺寸与现有焦炉上升管一致，与现有焦炉炉孔和桥管等装置完全匹配。盘管式荒煤气余热回收装置技术从“怕漏水”“怕结焦堵上升管”和“怕干烧、反复通断水”的“三怕”防范措施为出发点，在设计理念和组成结构上有针对性地解决了这些安全性问题。

（五）换热器技术特点

项目所采用新型上升管荒煤气余热换热器具有以下所述的技术特点。

1. 换热器无停产年检要求

为使用企业降低管理费用和安全风险，盘管采用 DN32 毫米的高温高压无缝合金锅炉管，耐压 6MPa 以上，安全系数非常高。整个换热器只有换热盘管内部有压力，其他部位都是常压非封闭结构，按照国家的压力容器管理规范，不需要进行监制和年检。

2. 高稳定性和长寿命

换热器内筒和外壳间形成的空腔是非连续的，外壳是承插结构，这样内筒在工作过程中只受到上下的应力，而没有侧向应力，避免了换热器同时受两个方向的应力而在底部内圈出现裂纹的现象，其具有高稳定性和长寿命性。

3. 自动化监控系统

监控系统采用自动控制，正常工作不需要人工干预，给水泵和强制循环泵采用热备用状态，一旦出现故障系统自动检测并切换；每个上升管换热器出口桥管上都有温度监控，某个上升管换热器一旦出现异常，系统将自动报警并提示需要处理的管号，维护人员可对该上升管进行检查、维护，整套上升管换热系统无须停机。

4. 换热效率高

换热器采用盘管走水进行换热，这样水在盘管内处于强制高雷诺数的紊流状态，换热系数明显优于水夹套方式的稳流状态。

三、实施效果

能源是我国当前与今后相当长一个时期内制约经济社会发展的突出瓶颈，缓解瓶颈制约的根本出路是坚持开发与节约并举、节能优先的方针，大力推进节能降耗，提高能源利用效率。回收荒煤气余热资源，使二次能源得到充分利用，宁钢焦化厂焦炉上升管荒煤气余热利用项目的建设，符合国家提倡的“发展循环经济”的产业节能政策，符合《京都议定书》的精神，符合科技赋能绿色化转型的高质量发展理念，同时也是宁钢前瞻谋划绿色发展的具体实践。

焦炉上升管荒煤气余热利用项目始终贯彻节能降耗这一宗旨，从生产技术流程、生产工艺、高效节能设备、节能新材料、自动控制系统、节约用水、节约原材料等方面加强节能管理，合理使用能源，提高能源利用效率，杜绝能源的浪费，促进项目的健康发展。项目采用焦炉上升管荒煤气余热产生蒸汽，供其他工艺系统使用，不需要消耗任何化石燃料，本身是一项节能工程。项目于 2020 年 4 月建成投产，全年可产 0. 6MPa 蒸汽共约 7. 6 万吨，通过政府部门委托的第三方现场审核，确定年节能量 8535 吨标准煤，大大减少了温室气体和酸性气体的排放，成功实现了经济效益、资源效益、环境效益“三丰收”，得到了地方政府的充分认可与肯定。

主创人：宁波钢铁有限公司

日昌升集团宁化项目绿色工厂案例

日昌升集团有限公司

一、企业概况

日昌升集团有限公司（以下简称日昌升集团）是一家以产业为平台、以人力资本为核心、以创新为驱动力，致力于全要素资源高效率使用的科技型、生态型企业。日昌升集团以建设美好生活为愿景，以引领产业变革、推动产业进步为使命，坚持全方位创新，组建国内首家建筑新材料设计研究院，参与行业国家标准制订，形成数百项技术专利。

日昌升集团宁化项目位于福建省三明市宁化县城郊镇，是日昌升集团在福建省布局的首个项目，总投资3.5亿元。项目分为矿山开采区、封闭式输送廊道、生产加工区、管理服务区、物流发运区。总占地面积80.9万平方米，矿区可采资源储量5126万吨，开采年限20年，设计产能规模为年产机制砂300万吨。项目投产后，有效调整当地市场供需矛盾，缓解砂石价格高位运行问题。项目年产值约2亿元，上缴税收约1500万元，提供就业岗位200余个。

日昌升集团致力于将宁化项目打造成建筑新材料行业“绿色工厂”标杆示范项目，通过高起点规划、高标准建设、高质量发展及高水平管理夯实行业领跑优势。宁化项目以加快绿色转型发展为引领，将节能设计及智能化管控贯穿于生产全过程，在采用先进工艺技术的同时加大节能低碳环保投入，不仅有效提升整体的生产效率、保证产品质量，还全面实现污染物零排放，即“零水、零尘、零废”，对行业实现绿色低碳目标和可持续发展具有实践意义。

二、主要措施

（一）案例背景

在国家“双碳”发展目标与应对气候变化责任的要求下，行业呈现绿色发展趋势，建材企业绿色低碳发展要求迫在眉睫。当前，建材行业面临生产效能低下、能源损耗过大、研发创新缓慢、智能化转型不足等行业痛点。日昌升集团作为建材行业标杆，开创绿色低碳生产标准，在积极响应国家号召的同时，主动承担起引领行业绿色发展趋势、建设生态文明的社会责任。日昌升集团以智能制造工业4.0战略为指引，加快推动绿色智能制造，打造“宁化绿色工厂”，助力行业转型升级、绿色低碳发展。日昌升集团宁化项目已经投运一年，运行状况良好，各项绿色指标达到设计目标。

（二）总体设计

本案例通过采取总图与建筑节能、矿山节能、节能设备和技术、给排水设计及除尘、电力系统节能及能源管理等有效措施，构建优化集成、安全高效、绿色低碳的节能制造体系，实现绿色低碳生产及能效水平的全面提升。

1. 总图与建筑节能措施

本案例设计初期，总体布置在满足工艺生产要求的基础上，合理利用地形、分区明确、布置紧凑、减少用地。

在总图布置中，从节电角度出发力求工艺流程顺畅紧凑，减少生产环节，避免物料往返运输，最大限度缩短生产过程中的物料运距与高差，节省物料输送能耗。通过加强计量、提高效率、减少原料及产品损耗，减少无组织排放，既保护周边环境、减少污染，又降低原燃料及产品的生产损耗，同时还降低消耗与生产成本。

厂区内的控制室、综合楼以及食堂、浴室、门卫等公共建筑均采用建筑节能设计，按照现行国家标准《公共建筑节能设计标准》执行。厂区内的职工宿舍等居住建筑采用节能应用，根据本项目所在地区域气候，按国家现行标准《民用建筑节能设计标准》（采暖居住建筑部分）、《夏热冬冷地区居住建筑节能设计标准》及《夏热冬暖地区居住建筑节能设计标准》执行。安装采暖设备或空调的生产建筑，以及独立的配电站、水泵房、水处理室、空压机房、汽车库、机修库等低温采暖的辅助性建筑，其节能设计符合现行国家标准《民用建筑热工设计标准》，根据室内外温度确定屋顶和外墙的最小传热阻。非采暖或空调生产车间内且有采暖或空调要求的车间值班室、检验室、控制室等辅助性工业建筑，统一采取建筑节能设计；位于非采暖生产车间内的采暖房间，执行现行国家标准《民用建筑热工设计标准》，根据室内外温度确定外墙的最小传热阻，采用内保温措施。非采暖生产车间内采暖房间的隔墙外表面，采用外墙外保温措施。各类建筑的外墙均不采用透明的玻璃幕墙，以达到节能减碳目的。

2. 矿山节能措施

本案例在矿山开采过程中，尽可能将表土用于复绿。矿山岩层采用中深孔爆破，爆破后大块率控制在5%以下，采用液压挖掘机配置的液压碎石锤在工作面进行二次破碎。矿山运矿道路按《厂矿道路设计规范》进行设计，道路等级为Ⅲ级，路面采用泥结碎石路面，路面宽度为7米。矿山配置道路维护设备及相关工作人员对道路进行及时维护，确保道路完好率在85%以上。合理确定露天矿边坡角，在保证安全的前提下加大最终边坡角，减少废石剥离量。露天采场防排水设计采用截排结合，位于总出入沟以上台阶，采用自流排水；深凹露天矿采用分段截流排水方式，降低排水能耗。

总平面布置充分利用地形条件，尽可能缩短物料运输距离，既减少土石方工程量和挡土墙工程量，又降低生产经营费用，有效节约能耗。根据排土场位置，合理选择排土（岩）顺序，减少废石运输距离，从而节省能源消耗。大力推行“以电代油”，做到有效节能。

3. 采用节能设备和技术

本案例采用的中小型三相异步电动机、容积式空气压缩机、通风机、清水离心泵和三相配电变压器等通用设备，符合现行国家标准《中小型三相异步电动机能效限定值及节能评价值》《容积式空气压缩机能效限定值及能效等级》《通风机能效限定值及能效等级》《清水离心泵能效限定值及节能评价值》和《电力变压器能效限定值及能效等级》等规定。

主要生产车间根据输送距离、管道长度和电缆长度进行部署，采取较短原则布置，物料从高到低进行输送。全厂各种物料输送均采用高效、节能、低耗的工艺设备。主要生产工艺的风机、水泵、空压机等设备，尽可能采用变频调速装置调速。风机风量按系统特性和漏风系数进行计算，风机能力的储备系数小于15%。输送设备采用高效胶带斗式输送设备，各类物料长距离输送设备采用机械输送设备。

4. 电力系统节能措施

本案例将变电站的位置设置在负荷中心附近，尽量减少配电级数。中压电压等级采用10kV，10kV及以上输电线路的导线截面按经济电流密度校验。变压器的容量、台数和运行方式根据负荷性质、用电容量等确定。采用高压补偿与低压补偿相结合、集中补偿与就地补偿相结合的无功补偿方式来减少无功损耗。企业计费侧最大负荷时的功率因数不低于0.92。采取滤波方式抑制高次谐波，其谐波限值符合现行国家标准《电能质量公用电网谐波》的有关规定。变压器选择低损耗节能型，合理确定负荷率。电力室、变电所采取静电电容器补偿方式。大功率异步电动机，配置进相机或采取静电电容器就地补偿方式。

有调速要求的喂料设备、风机及水泵等设备尽可能采用变频调速装置调速。破碎机等恒速机械配用的电动机采用新型节能电机。工厂照明设计符合现行国家标准《建筑照明设计标准》的有关规定，应用节能照明产品，打造绿色照明工程。车间照明采用混光节能照明。高大厂房内照明采用高压钠灯或金属卤化物灯等高效节能照明产品做混光设计。针对部分人员不经常到达的区域，采用自动控制系统控制灯光开灭。厂区道路照明采用高压钠灯，设置光电或时间控制照明装置。电气运行采用计算机自动控制系统，通过过程控制合理配置能量，实现系统经济运行。

5. 给排水设计及除尘措施

本案例给水系统分别采用生活给水系统、消防给水系统、生产给水系统。污水排放符合现行国家标准《污水综合排放标准》及当地的有关规定。设计采用的节水型产品及节能型产品符合现行国家标准《节水型产品技术条件及管理通则》的有关规定。

骨料生产过程中产生的废水，通过水处理系统去除污水中的固体颗粒物，再次进入骨料生产系统循环利用，实现生产用水零排放；破碎与筛分过程均安装先进除尘设备，进行喷淋降尘处理，厂区的所有扬尘点均设有喷雾或袋式除尘器，实现生产过程粉尘零排放；输送廊道采用全封闭设计，保证骨料输送过程对周围环境无噪音、无粉尘污染。

6. 能源管理

本案例能源计量装置的设置等级达到三级计量合格要求。能源计量器具的配备管理符合现行国家标准《用能单位能源计量器具配备和管理通则》的有关规定；同时，能源计量装置应满足生产线各子系统单独考核计量的要求。地磅、计量秤、大型电表、大型水表等能源计量装置具备自动记录和集中统计功能，采取确保能源计量数据正确使用的措施。水、压缩空气等动力介质设置全厂及车间二级计量仪表。计量秤的计量精度偏差不高于±1%。生产和生活、厂内和厂外的用水分别计量管理。自备水井管、生产车间和辅助部门设置用水计量器具。各车间和公用建筑生活用水独立计量。循环冷却水系统计量仪表的设置符合现行国家标准《工业循环冷却水处理设计规范》的有关规定。

项目建立了计量管理制度，对日昌升集团能源实施规范化、实时化和透明化管理，为节能减排提供数据依据。认真落实各项节能措施，与生产线同步建成投产，发挥节能效益。确定切实可行的节能目标和能耗指标；建立企业能源管理机构，落实专人管理能源；建立耗能设备清单，落实节能监测；加强能源计量管理，保持能源计量器具的完好率；坚持能源统计和能源审计；建立完善清洁发展机制；推广应用节能技术。

在生产过程中，避免跑、冒、滴、漏现象的发生；合理安排生产，尽量避开用电高峰；加强生产管理与工艺技术控制，提高产品质量与产量，节约原材料，降低成本，从而节约能源；加强企业节能管理工作，制订节能目标和节能奖惩措施；建立工厂、车间、班组三级节能管理网，各用能设备按车间或工段安装计量表，定期进行测量；加强节能意识的培养，提高职工责任心，以便充分有效地利用能源，降低能耗。

本案例建设的能源管理平台功能包括：能源数据采集、能源设备状态监控、在线运行管理、基础能源管理等。能源数据采集通过I/O、通信接口和专用仪表等收集相关用电、用水数据。能源设备状态监控主要包括常规设备监控、在线管理和调整工艺系统等监控，满足节能要求；以远程监控为核心的节能调度，进行扁平化故障监测及分析处理。在线运行管理按照能源管理及电力监控规范的要求，集成第三方的变电站综合保护装置系统，按照规定的授权模式实现能源管理优先，对变电站进行远程监控，对企业能源使用情况进行动态监控。基础能源管理作为能源管理在线平衡调度和管理的补充，具有能源计划管理、能源实绩管理、能源生产运行支持和能源对比分析等功能。

三、实施效果

（一）实践效果

1. 采用总图与建筑节能措施的效果

本案例最大限度地缩短物料生产过程中的物料运距与高差，节省了15%的物料输送能耗；最大限度地减少无组织排放，既保护周边环境、减少污染，又降低原燃料及产品的生产损耗，真正做到减少消耗和控制生产成本。

2. 采用矿山节能措施的效果

本案例在保证安全的前提下，加大最终边坡角，减少废石剥离量。露天开采采剥工作采用中深孔爆破，临近边坡采用预裂爆破，提高最终边坡的稳定性，减少或消除边坡清理量。中深孔台阶爆破采用多排孔微差爆破技术，改善爆破质量，降低大块率，减少二次破碎的工作量，达到降低能耗的目的。

3. 采用节能设备和技术措施的效果

本案例在运行过程中实现高效、节能、低耗的运营状态，可有效降低运营成本，提高成本的竞争力。

4. 采用电力系统节能措施的效果

本案例采用高压补偿与低压补偿相结合、集中补偿与就地补偿相结合的无功补偿方式减少无功损耗。通过变频调速控制，降低不同载荷下设备的电力消耗，减少资源的浪费。照明系统的设计有效提高照明质量，同时采取按需照明，减少不必要的用电浪费。

5. 给排水设计及采用除尘措施的效果

本案例通过给排水设计及采取除尘措施，已实现污染物零排放，即“零水、零尘、零废”，确保在整条骨料生产链中不向大自然释放任何污染物，有效保护生态环境，实现矿山工厂与自然的共生。

6. 能源管理效果

本案例通过能源管理平台对重要用能设备进行实时监控，根据能耗数据分析，发现异常数据，及时调整相关参数和生产状态，降低能源异常损耗。能源平台可提高 20% 工作效率，实现数据 90% 自动采集上传，报表生成率 100%。对于长期能耗指标不佳的设备，可及时进行技术整改，降低设备运行能耗；同时，还可以通过年度数据分析，研判节能指标，制订有效的节能方案和年度整改计划。

（二）应用价值

作为日昌升集团智能化绿色低碳标杆，“宁化绿色工厂”投入运行后，以工艺、装备为核心，以数据为基础，大量采用新工艺、新装备和新手段，广泛采取节能环保新措施，通过节能设计及智能化管控全面强化节能管理，破解行业痛点，在节能降耗、降本增效等方面取得显著成效，有效推动“双碳”目标的实现，在优化生产经营的同时保护生态环境，具有重大推广意义。

当前，“宁化绿色工厂”项目已经在日昌升集团其他项目进行复制和优化迭代，逐步向建材工业领域推广示范，旨在打造行业转型升级样板，推动行业发展方式由要素驱动转向创新驱动，助力行业完成“绿色智造”跨越蝶变。

主创人：崔　杨、熊　伟、张　亮、汪宗国、戴　岳

工程机械制造过程智能化节能降碳实践案例

三一汽车制造有限公司

一、企业概况

三一汽车制造有限公司（以下简称三一汽车）为三一重工股份有限公司（以下简称三一重工）的一级核心企业，是全球最大混凝土机械制造商，享有“世界泵王”美誉。三一重工为中国最大、全球第五的工程机械制造商，2021 年首次入围福布斯世界 500 强企业，排名 468 位。三一汽车现有职工 5488 人，其中科研人员 971 人，占总职工人数的 18%，秉持“创建一流企业，造就一流人才，做出一流贡献”的企业愿景，以打造“工程机械装备”世界品牌、成为“一带一路”领军企业为己任。三一汽车主营业务为汽车、工程机械、应急装备等的研发制造及服务，主要产品有混凝土泵车、压路机、平地机、消防车等。泵车、车载泵、搅拌车等混凝土机械设备的市场地位稳居全球首位；摊铺机、平地机、压路机等路面成套设备等主导产品已成为中国第一品牌；应急装备产品整体市场占有率提升至第一。

三一汽车先后被认定为国家企业技术中心、国家技术创新示范企业、智能制造试点示范企业、首批“两化”融合试点示范企业、首批国家创新型企业、国家火炬计划重点高新技术企业、全国企事业知识产权示范单位。涉及本案例产品及技术的“混凝土泵车超长臂架技术及应用”“工程机械智能化核心基础部件与关键技术及其物联网系统”等项目先后获得国家科学技术进步二等奖 2 项、国家技术发明二等奖 1 项、中国专利金奖 2 项、行业与省部级奖项 20 多项。2017 年 8 月，三一汽车获批国家级绿色工厂；2020 年，三一汽车成功入选国家工业产品绿色设计示范企业公示名单。

二、主要措施

为深入贯彻新发展理念，积极拥抱国家的“双碳”发展目标，作为工程机械行业龙头企业，三一汽车针对行业制造过程下料、成型、焊接、机加、涂装、调试等主要耗能工艺，结合公司智能制造发展战略，积极探索制造环节的智能化用能管控，实现制造过程能效水平的全面提升，有效降低能耗和排放。

（一）数字化工业物联网平台建设

1. 网络建设

建设标准的核心 - 汇聚 - 接入三层次架构的工业网络。产线网络由各事业部工艺部门负责建设和维护，内部独立组网。工控机、PLC、传感器、工业摄像头、智能计量仪表等工业终端通过双网卡分别连接工业专网和产线网络。

2. 智慧计量体系建设

完成覆盖范围内仪表安装，具体内容如下所述。

电：完成工作中心、生产设备、行车、辅助生产系统和办公生活用电计量器具的安装。

天然气：完成分公司、工作中心、生产设备、供暖及厨房用气计量器具的安装。

柴油：油库入口量、油库出口量、加注机、移动式加油车、叉车及厂内运输车的柴油计量器具的安装。

水：完成分公司、工作中心、生产工序及生活用水计量器具的全部安装。

完成智能计量器具的数据采集，实现数据的分类、分项、分级上线，建立完善、有效、可靠的能源计量体系，支撑集团数字化平台的业务应用。

3. 设备互联建设

对工程机械行业各大工艺对应的设备进行分类，针对各类设备特性和工艺要求，梳理各关键设备需采集的参数，将所需参数采集上传至集团 IOT 平台。

（二）智能化用能技术方案应用

1. 智慧能源管理系统建设

以数字化工业物联网平台为基础，建立智慧能源管理系统，实现能源消耗和碳排放数据上链，确保能耗数据、碳排放数据实时性、准确性，识别制造过程主要耗能（排放）设备和工序，统计分析各产品、工序能耗成本和碳排放量，为挖掘低碳降耗提供方向和数据支持。

实现水、电、油、气消耗数据的实时监视，实现生产过程中能源消耗的动态管理。

实现各工序、工作中心能源消耗数据的实时统计，为开展重点耗能工序、重点耗能设备能源管理提供数据分析。

实现生产、辅助、行政办公用能分别统计分析，为反馈生产过程能源变化情况、开展辅助、行政办公节能提供数据支撑和验证。

实现厂区生产过程碳排放数据的实时统计、分析，为后续开展碳减排、建立生产过程碳排放标准提供数据支撑。

2. 能源输送转换环节异常情况自动识别

传统的人工管理模式无法实时监控水、电、油、气等能源输送转换环节的损漏，从而无法及时发现用能损耗问题，更无法精准定位和高效控制用能损耗问题。依托能源计量网络，建立各类能源计量网络拓扑图，结合能源管理系统实时监控各类能源输送转化情况，实现异常情况实时预警并展示预警区域。

电力：通过建立电力网络拓扑图，监控变压器前后数据，形成一级差异率，实时监测园区电力变电损耗，针对异常情况进行预警管控；监控各配电柜、动力柜、设备级电力消耗数据，形成二、三级差异率，一方面保证计量数据准确性，一方面及时发现未经计量管控的用电情况，杜绝私接用电现象。

水：建立水消耗网络拓扑图，通过各级差异率发现对应的输送管路中存在的泄漏问题；通过能源管理系统中统计的各用水点位的消耗数据，结合现场实际情况，设立各点位耗水量（水单耗）阈值，对超出阈值的情况进行预警，实现末端管网破损或长流水现象的动态识别。

焊接保护气：通过焊接气网络拓扑图核算出到支跨段的管网差异，通过差异率预警自动识别主管路到各支跨主管的泄漏情况（焊接气流量计仅安装到支跨主管路）。基于公司物联网工业平台数据，建立智能用气管控系统，依据焊接设备电流数据确定设备运行状态，设定区域设备存在作业时的电流阈值，将该阈值与区域支跨对应的焊接保护气流量计数据相关联，当区域判定为未作业而对应的焊接保护气流量计存在流量数据时，系统判定该支跨用气末端管网存在漏点并进行预警提醒，在现有硬件情况下实现末端用气区域焊接保护气漏点的自动识别。

3. 建立涂装生产线能耗监测系统

三一汽车涂装线都为全自动产线。系统建设前，涂装线生产过程中，产线启动后整条产线设备全部投入运行，中控系统未对各产线工步能源消耗信息进行统计分析，而且产线无法自动根据各工步节拍差异、产线产量变化情况进行自动优化调整，存在大量的、系统性的能源浪费现象。为实现涂装生产过程各工步能源消耗的实时监控，及时发现产线生产过程中的隐性浪费现象，三一汽车依托公司物联网工业平台数据，同时利用视觉检测技术、RFID 射频技术采集涂装线生产及产品信息，建设涂装线能耗监测系统，对涂装工序各工步产品能源消耗进行统计分析，及时发现受产品订单状态、产品生产节拍及环境温度变化情况等因素造成的能源浪费现象并进行预警，实现设备与产品信息联动，自动进行精益化调整。涂装线能耗监测系统功能如下所述。

（1）计算统计出各个生产周期内的电能、热能消耗量与消耗总量，通过折线图表示出来。

（2）实现涂装生产过程的实时监控、动态显示，每个工位上工艺参数值也实时显示到实时监控模型中，保证当前工艺参数值的实时性。

（3）利用视觉检测技术实现抛丸风机与产品的联动控制，根据产品的变化自动调整抛丸风机运行数量，减少抛丸工序电耗。

（4）实现涂装线风机、泵、烘房等与设备及产线运行情况进行联动控制，确保有产品进行生产时设备才投入运行，减少设备空运转的能耗浪费。

（5）实现各设备控制参数异常或设备空运转现象的实时监控、闪烁报警，提醒工作人员及时调整并修复出现问题的工位。

4. 实施下料、成型、焊接、机加工序待机优化

三一汽车下料、成型、焊接、机加工序生产过程中主要为相应单体机电设备耗能。实施待机优化管控前，因下料、成型、焊接、机加工序生产过程中复杂多变，受生产订单、辅助工序时长、现场情况等因素影响，作业中断情况时有发生。未作业时，设备处于无负荷空转状态，存在大量的能源浪费。为解决上述工艺生产过程中设备空转造成的能源浪费现象，三一汽车通过依托公司物联网工业平台中采集的实时能耗和设备作业状态数据，根据各设备运行状态电流等参数的实际范围设定出其作业阈值。当期相应参数阈值低于设定阈值水平且持续时间达到一定时长时，给出待机信号，使设备自动处于待机状态，减少设备待机能耗浪费。统计设备作业率，实施同类设备整合、关闭低效设备、设备及时开关机等措施，提高设备能耗利用率。

5. 建立油料管控系统

工程机械行业在调试阶段需要消耗柴油。建立油料管控系统前，三一汽车存在加注效率慢、需多次组合加注的现象，以及作业人员不仅要熟记各型号泵车的油料定额，还需要记录已加油量，存在实际加注与工艺定额不一致的现象；存在油料加注无关联订单号，作业人员可以提枪加油，加油无流程管控的现象；存在因受加注挡位限制，加注量无法精准贴合实际需求的现象；存在加注数据无法追溯，质量追踪无保障，油料消耗数据无根源的现象；存在现有加注报账由仓管员定期查看油库、管道上的油表定期进行报账而无法做到实时过账等问题。为解决上述问题，通过对加注机 PLC 增加通信模块、重新编制程序联网并搭建加注系统管理软件，实现油料的扫码自动定量加注、保证产品加注量与定额一致、在加注系统中能够查询到所有加注记录、加注数据可追溯、打通加注机与公司 MOM 系统数据互通、油料数据实时过账、开发油料加注数据现场看板、异常提醒加注量与实际不符现象。

6. 实施智慧照明管控

随着三一汽车新建厂区、办公室的不断增加，行政办公和车间照明、防暑降温用电总量不断增加。项目实施前，行政办公和厂区照明及防暑降温用电管控主要依靠人工管控。现阶段，三一汽车通过依托公司物联网工业平台中采集的行政办公和车间照明、防暑降温用电数据，建立照明管控系统。实现各厂区段及办公室照明、降温电耗和运行时长统计。将各生产区段照明开启情况与相应区段设备电流（运行）情况相关联，识别区域未作业时照明开启的异常情况并推送给相关管理人员。办公室午休时段照明灯自动关闭。将各区段照明运行情况与对应区段空调运行情况关联，当夜间照明关闭时相应的空调系统自动关闭。实现路灯照明与外部环境光照强度关联，实现路灯由原来的定时开关变成随环境光照强度变化自动控制。选取代表性点位进行环境温度监测，实现外部环境温度与办公室空调系统运行情况关联，当现场环境温度夏季低于32℃、冬季高于5℃时，控制中央空调系统无法启动。

7. 建立空压机管理系统

三一汽车现有多个园区，拥有大量的空压机，空压机总能耗占集团能源比重大。为加强空压机用能管理，公司通过工业物联网平台采集的空压机运行参数信息、能耗信息及产气量数据，建立空压机管理系统。实现单台空压机产气量、电耗、电气比的实时监控、对比，通过折线图表示出来，识别出电气比低的空压机。实现单台空压机运行参数的实时监控，识别异常并及时通知负责人进行处理。针对空压站空压机的组合运行提出合理优化组合方案，优化经济节能运行状态下各空压机参数设置范围。识别空压机运行过程中存在的节能机会、节费空间，对现有空压机与历史状况比较节费情况并进行自动核算，在系统中给出节能相关建议。

三、实施效果

随着三一汽车在制造全流程各工序推广、建设智能化用能管控方案，形成了以数字化工业物联网平台为基础，以智慧能源管理系统为核心的智能化用能管理网络。通过大力推进制造过程的智能化用能管控，公司单位产值能耗有了明显的降低。以长沙园区为例，公司泵车产品 2021 年相比 2020 年万元产值能耗下降 6.43%，驾驶室产品 2021 年相比 2020 年万元产值能耗下降 27.08%。2021 年，长沙园区实现节能 1512.08tce。

通过开展能源输送转换环节异常情况的自动识别，三一汽车在水、焊接气泄漏方面管理有了卓越的成效。以长沙园区为例，1 号厂房原用水量每月接近 1 万吨，通过对系统发现并预警的区段进行检查，共计发现 2 处漏点，经修复后现月用水量降至 6000 吨。18 号厂房焊接气消耗量指标降幅达 35.54%。

通过开展涂装生产线能耗监测系统，以长沙泵送新城为例。通过系统监测发现，泵送新城结构件涂装线共有 4 个烘干工位，分别为水分烘干、腻子烘干、面漆烘干、清漆烘干，分别对应 4 个强冷工位——水分强冷、腻子强冷、面漆强冷、清漆强冷。涂装线生产设备都为自动开启模式，因涂装线生产方式为连续过线式生产，生产间隙过长，当产量没有达到规划产量时，存在烘干及强冷工位内没有工件时燃烧机和风机依然开启的情况，造成大量能源浪费，能耗成本受产量影响非常大，产量越少的产线能耗成本越高。针对发现的问题，通过对强冷风机和烘干燃烧机与产品信息进行联动控制。实现联动控制后与调整前数据进行对比，调整后单月减少强冷风机启动时间 1363 小时，年节电量约 50 万千瓦时。通过对烘干房数据进行对比分析，调整后的烘房日节气量接近 100 立方米，年节约天然气 24 万立方米。从上述数据可知，仅单条涂装线年节电量约 50 万千瓦时，年节约天然气 24 万立方米。

通过实施油料管控系统，油料消耗数据与上一年相比有了大幅度下降，以邵阳园区为例，其 2022 年 1—3 月万元产值油耗由 2021 年的 1.7 千克下降至 1.1 千克，降幅达 35.29%。

通过建立空压机管理系统，实施空压站优化控制和节能改造，三一汽车空压机电气比与上一年相比有了大幅度下降。以长沙园区为例，其空压机电气比由 2021 年的 0.112 千瓦时/立方米下降至 0.107 千瓦时/立方米，降幅 4.46%；万元产值空压机电耗由 8.36 千瓦时下降至 5.92 千瓦时，降幅 29.19%。

主创人：张左治、易振新、文　蔚、胡章虎、吕武超

柴油加氢装置，新氢机填料冷却水串级使用

山东汇丰石化公司

一、企业概况

山东汇丰石化公司（以下简称汇丰石化）拥有常减压装置、重交沥青装置、催化装置、缓和裂化装置、延迟焦化装置、汽油加氢装置、汽柴油加氢装置、蜡油加氢装置、重整装置等各类生产装置，原油一次加工能力580万吨/年。

多年来，汇丰石化始终把安全环保工作作为企业发展的红线、底线来抓，不断加大安全环保投入，争做行业安全环保“排头兵”。按照“生命至上、安全发展、预防为主、综合治理、领导挂包、全员履职”的安全生产方针，强化企业主体责任落实，以“安全生产标准化一级企业创建”及“双重预防体系建设”为重要抓手，加大各类作业环节风险辨识管控及隐患排查治理力度，进一步夯实安全管理基础，完善安全生产长效机制，提升公司安全管理综合水平；始终坚持“清洁生产、绿色发展、自然和谐”的环境保护方针，深度开展水、大气、土壤污染治理，先后建成全国石化行业首套含盐废水资源化综合利用装置及山东省首个企业花园式人工湿地水质净化工程。

汇丰石化坚持以科技创新促进高质量发展，无论装置工艺技术，还是高端设备仪器，均着眼全球进行资源整合；同时，加强院校合作及技术孵化储备，不断提升企业科技创新能力。连续多年跻身“中国企业500强”“中国民营企业500强”“中国石油和化工企业100强”“山东民营企业100强”。

二、主要措施

（一）确定相应职责

汇丰石化各部门都有明确的能源管理职责，具体如下所述。

能源领导小组的主要职责是部署节能相关法律法规的学习和贯彻执行工作；负责组织制订公司能源基准，基本原则为上一个五年计划的末年完成水平作为下一个五年计划的能源基准；负责组织制订公司能源指标；负责组织贯彻执行节约能源方面的法律法规和政策，制订公司能源管理制度，编制中长期节能规划；负责能源利用状况调研分析，制订能源消耗总体优化方案；负责组织节能技术改造项目的论证、立项、实施、验收和效益评定工作；审定公司节能成果和奖惩事宜。

能源管理工作小组的职责：负责建立健全公司能源管理制度和能源管理体系，组织开展公司节能减排工作；负责能源管理制度中所列项目的考核及专项跟踪；节能改造项目的可行性分析及效益分析；组织建立健全能源消耗台账，制订公司能源消耗定额，负责能源消耗定额的下达、检查、考核及节能奖惩，与企业计量管理部门共同做好能源计量器具配备与运行管理，定期开展企业能源利用状况分析与填报工作；组织开展节能减排教育培训工作。

生产技术部负责能源的科学调度和装置的经济运行，主要履行以下职责：严格控制装置和主要耗能设备的开、停和负荷的增、减，监督各单位开好、用好用能设备及新上节能措施；负责蒸汽、水、氮气、风、天然气、干气、煤气、高低压瓦斯、氢气等公用系统的运行；负责全面优化燃气（燃油）管网的运行，保持加热炉燃料系统压力平稳，为加热炉正常运行提供可靠保障。

设备管理部是电气、加热炉、余热锅炉、机组、机泵等用能设备的专业管理部门，主要履行以下职责：负责节能新设备、新技术的采用和落后设备的淘汰工作；负责督促各专业对用能设备的维护保养，确保用能设备的经济运行；负责公司加热炉、余热锅炉的管理、节能改造及考核工作，监督车间对加热

炉烟道挡板、风道蝶阀等相关附件的维护保养，确保灵活好用；负责公司机组、机泵的管理、节能改造及考核工作，确保正常高效运行；负责监督指导各车间做好高温设备和管线的保温工作；负责监督指导各种耗能、能源转换设备和电、汽、冷系统设备的管理，保证设备之间功率匹配合理、能级匹配合理，能量逐级有效利用；负责节能优化项目的现场施工管理，协调解决施工过程中存在的问题，确保项目按期完成；负责施工用水、用电、用材等能源、资源消耗的管理，结合项目进度做好预算，制订用水、用电、用材指标。

安全环保部主要履行以下职责：负责节水减排项目的论证与实施；负责 VOCs 的检测并监督整改。

数质量管理部主要履行以下职责：负责能源、物料计量器具的选用、检查、检定和监督管理工作；负责全厂能源及外供能源、物料的计量管理和仲裁。

综合管理部负责非生产区域办公场所、生活区及其他非生产区域用能的节能管理工作，对不合理用能情况进行监督检查考核。

各车间负责本单位的能源管理和装置的经济运行，主要履行以下职责：配合节能优化技术改造项目的设计、施工、投用，负责加热炉等各类节能设施的管理，创新工艺技术，提高能源利用效率，不断降低能耗、物耗；建立大型耗能设备、余热回收设施及重要节能设施的“节能设施运行台账”；负责本区域内跑、冒、滴、漏的检查与处理；在车间内广泛开展节能宣传教育工作，鼓励小改小革，推广应用节能经验，每天寻找装置节能优化点进行优化，提出切实可行的措施并实施，定期汇总已实施的措施及达到的效果，报至生产技术部进行评比奖励。

（二）加强能源统计管理

企业不断完善能源统计管理、日常统计，各车间（装置）建立健全能源消耗原始记录和统计台账，各车间每月 3 日前向生产技术部报送本月能源消耗数据。由生产技术部进行月度能源数据平衡后计算各装置综合能耗，由生产技术部牵头各车间能源管理者配合完成，数据以月报数据为基准，分析过程要求车间全程参与。

企业充分利用各类统计数据，认真分析存在的问题并提出改进措施，将工作落实到部门、班组和个人，尽快实施，严格遵循决策依靠数据的科学管理方法。目前，汇丰石化主要通过每月的能源月报综合分析有关指标的完成情况并提出改进建议，控制各类指标，主要是对于各装置综合能耗和全厂加工吨原料综合能耗等指标的分析、控制。

汇丰石化生产系统用能主要是水、电、蒸汽、燃料气等，其中水、电为外购，装置自产部分蒸汽、燃料气。电力消耗主要为各装置机泵、机组、照明及生活用电，分为 220V、380V、10kV 工业用电，电的损耗主要为线损及无功损耗等。水的消耗主要为循环水补水、消防用水、工艺用水及蒸发损失等，水源一般为自来水和黄河水。蒸汽的消耗主要为各装置工艺用汽、伴热疏水、蒸发和热损失等。

近年来，发展低碳经济、追求绿色成长的紧迫性和必要性日益增强，绿色技术、绿色产业及绿色市场的发展日新月异，在这样的背景下，若企业忽视绿色低碳发展，将会失去未来可持续发展的机会。立足新发展阶段，贯彻新发展理念，汇丰石化将继续以科技创新引领转型升级，以转型升级推进高质量发展，努力建设安全环保、低碳节能、绿色生态的产业发展集群，为地方经济和社会发展做出更大的贡献。

（三）公司低碳发展方案

一直以来，汇丰石化秉承“追求卓越、奉献社会”的企业宗旨，按照“油头化尾、相关多元”的发展理念，科学合理规划，坚持内涵与外延相结合的发展道路，以安全生产为核心，持续提升安全标准化水平；以环境保护为先导，引领行业污水处理、油气回收、异味治理技术转型升级；以节能挖潜为抓手，大力推进工艺优化及装置节能技术改造；以科技创新为牵引，加强国际技术交流合作；以管理体制创新为驱动，加快现代化管控体系建设。

站在新起点、面对新形势，汇丰石化将继续以项目升级推进产业转型升级，以科技创新推动持续发展，努力建设技术先进型、资源节约型、环境友好型企业，实现社会效益、环境效益和经济效益的和谐共赢。

汇丰石化为使低碳战略取得时效，设立“双碳”管理岗位，结合公司节能工作，积极开展节能优化、减碳降排的工作；开发碳排放量在线统计系统，实时监控装置碳排放数据，有针对性地开展绿色低碳工作；公司结合精准教育培训工作，制订低碳绿色的培训计划，针对碳减排及节能管理的法律法规和实施指南、优秀案例等在公司管理层及基层开展培训工作，提高员工绿色低碳的意识。

（四）积极考察使用先进的节能技术和设备

大型机组、机泵使用无级气量调节和液力透平进行能量回收。

流体所具有的能量在流动中经过喷管时转换成动能，流过叶轮时流体冲击叶片，推动叶轮转动，从而驱动透平轴旋转。透平轴直接或经传动机构带动其他机械，输出机械功。蜡油加氢装置进料泵使用液力透平，将高分油能量进行回收，降低进料泵用电量。

TDF 型水力透平总体结构为双壳体径向剖分多节段卧式双支承结构，适用于输送各种腐蚀的液体。外壳体采用锻造或铸造成型，采用中心线水平支承方式，透平进、出口法兰方向均垂直向上；透平内壳为径向剖分多级节段式，采用集装式结构，由吸入函体、中段、导叶、泵盖、尾盖、叶轮、轴、平衡鼓盘及平衡套等零件组成；径向轴承采用滑动轴承，止推轴承采用背靠背成对安装的角接触轴承。采用自润滑，夹套水冷却。透平与电机使用叠片挠性联轴器，中间的加长节可保证在不动电机和进、出口法兰连接管线的情况下，对机械密封进行维修更换。轴封可根据介质条件采用单端面、串联或双端面机封形式。

进料泵投用液力透平和不投用液力透平期间用电量进行标定，每年节省用电量 190000kWh。

液力透平日常操作、检查、维护要求如下所述。

（1）透平必须在任何时候都要平稳运行，绝对不允许抽空。

（2）即使最小流量旁路系统启用，也必须避免在排出侧阀门关闭的情况下长时间运转泵。

（3）检查润滑油位及油质，轴承温度可高于环境温度 50℃，但不能超过 70℃。

（4）在透平运转期间，供水管线上的截止阀必须打开。

（5）检查机械密封是否有泄漏现象。

（6）检查缓冲液容器中液体的液位和温度。

（7）检查透平进、出口压力和温度。

（8）检查冷却水流量和温度。

（五）柴油加氢装置，新氢机填料冷却水串级使用

汇丰石化根据各装置实际运行工况优化各装置冷却水使用，各装置机组和水冷设备一开一备的进行串级改造，最大幅度降低冷却时使用量。

调整前：柴油加氢装置的新氢压缩机组一开一备，正常使用时两台机组填料冷却除盐水全部投用，冷却完毕回水至除盐水罐用作加氢反应注水。

实施后：新氢机 AB 填料冷却除盐水串级使用，将 B 机填料冷却回水改至 A 机填料冷却进水管线，节约除盐水用量 2. 16t/h。

三、实施效果

（一）节能优化效果

2020 年 9 月，柴油加氢装置，新氢机填料冷却水串级使用。

按照装置设计年运行 8400 个小时计算，本优化措施可实现年节约除盐水用量 18144 吨。除盐水成本按照 7 元/吨计算，可节约成本 127008 元（计算：2. 16t/h × 8400h × 7 元 = 127008 元）。

（二）持续节能改进思路

节能优化要基于装置精细操作并借助信息化系统，对能量转换环节、装置的工艺利用环节、能量回收环节进行集成优化，通过优化资源配置、调整工艺过程、综合回收低温热、优化全局蒸汽动力运行，充分挖出用能系统潜力，最终实现全局系统能量优化和企业能量总体节约。

具体优化内容主要分为以下几个方向。

（1）强化燃烧。降低过剩空气系数，控制外排烟气中烃类、CO 含量，确保充分燃烧。

（2）加强烟气热量回收，减少排烟损失。

（3）分馏塔采用高效塔盘和填料，降低回流比，实现节能目的。

（4）采用高效换热器，提高总传热系数，增大换热面积或降低换热温差。

（5）改善用汽状况，优化工艺调整，减少生产用汽，如汽提蒸汽、重沸蒸汽、伴热蒸汽等。

（6）改进或更换用汽设备。例如，凝汽式汽轮机更换为背压式汽轮机、以油品热量代替重沸蒸汽、用机械抽真空代替蒸汽抽真空等。

（7）利用蒸汽发生器回收工艺物料热量。

（8）结合技术及储运环节，改善装置油品外送温度，尽可能地减少外送冷却水的使用。

主创人：彭昌会、付光金、郝　鹏、刘　朋、张丙钰

亳州市城市大脑3.0案例报告

山东浪潮新基建科技有限公司

一、企业概况

山东浪潮新基建科技有限公司（以下简称浪潮新基建）是浪潮集团参与新型基础设施建设的载体，定位于以数字基础设施投资建设为核心的新型基础设施建设及运营骨干企业，业务范围涵盖算力基础设施、信息网络基础设施、基础设施智能升级、智慧城市等新型基础设施的投资建设，全面助力城市数字化转型和高质量发展。

二、主要措施

（一）总体介绍

亳州市城市大脑由浪潮新基建承建，2020年9月正式启动建设，项目投资额6897万元，于2021年5月28日试运行。上线以来，浪潮新基建助力安徽省亳州市加快城市大脑迭代速度，目前已升级到3.0版。城市大脑3.0聚焦全景亳州、数字政府、产业发展、城市治理、公共安全、生态保护、民生福祉等7个重点领域，开发路面秩序监测、多车监管、河湖治理、重大项目建设监管等40个应用场景。从城市大脑启用到如今升级为3.0版，通过数据赋能释放智慧政务创新活力，提升政府服务效能和城市治理效率，为市民带来便捷高效的城市生活。

（二）具体举措

亳州市城市大脑3.0项目以感知技术融合、业务流程再造、扁平化指挥调度为创新点，依托数字城管实体大厅，科学设计“141740”的架构体系，即1个数据湖、4个中台、1个城市运营管理中心、7个领域、40个应用场景，推动数据资源、算力、算法和应用场景共享共用，赋能市域治理现代化，打造城市运行综合服务体系。

（1）1个数据湖，即汇集政务数据、行业数据、社会数据、高分数据，打造物理分散、逻辑一体的城市级数据湖。

（2）4个中台，即建设数据中台，为城市治理和上层应用提供数据分析、挖掘能力支撑；建设技术中台，为业务应用和智慧场景提供人工智能引擎、事件驱动引擎、城市信息模型、知识库引擎等共性技术支撑；建设业务中台，提供事件采集、协同处置、融合通信、多维可视化、运营管理等服务；建设物联感知中台，融入市政、环保、城管、消防、应急等物联感知设备，实现统一监测、共享使用。

（3）1个城市运营管理中心，即依托原数字城管指挥中心，建设亳州市应急局、亳州市城管局、亳州市交通运输局等多部门集中、跨部门协同、跨层级调度的城市综合运营管理中心。

（4）7个领域，即聚焦全景亳州、数字政府、产业发展、城市治理、公共安全、生态保护、民生福祉7个重点领域，着力解决市域治理难点堵点问题。

（5）40个场景，即根据市级部门业务需求，开发了路面秩序监测、违规占用消防通道、交运治理、社区精细化管理、邻长制等40个个性化应用场景，其中高分数据监测、高排放车辆监测预警、河湖四乱、污染企业排放智能监管、城区网格污染云图监控等场景直接作用于节能减排，成效显著。

三、实施效果

（一）建成共性能力平台，集约共享，节省财政资金

建成1个城市级数据湖和数据、技术、业务、物联感知4个中台，建立健全各领域算法模型，搭建

基础能力平台，打造智慧中枢，为跨领域、跨行业的场景建设提供共享能力支撑，避免后续政务信息化项目重复建设。目前，共推动 38 个政务系统共用城市大脑相关功能，节约财政资金 4904.57 万元，节约率达 14%。

1. 建成城市级数据湖

汇集政务数据、行业数据、社会数据、视频数据、高分数据，打造物理分散、逻辑一体的城市级数据湖，形成城市大脑智能运行的数据底座。

2. 建成数据中台

依托数据湖，建立统一的数据专题库，为上层应用提供数据分析、挖掘能力支撑。

3. 建成技术中台

搭建技术能力支撑平台，为业务应用和智慧场景提供人工智能引擎、事件驱动引擎、城市信息模型、知识库引擎等共性技术支撑。

4. 建成业务中台

搭建业务流转支撑平台，为政府部门提供事件采集、协同处置、融合通信、多维可视化、运营管理等服务。

5. 建成物联感知中台

搭建物联感知统一管理平台，接入市政、环保、城管、消防、应急等物联感知设备，实现物联数据统一监测、共享使用。

（二）推动碎片化服务向一体化服务转变，避免重复建设的同时进一步提高政务服务效率

亳州市城市大脑 3.0 通过“大中小”屏联动机制，推进运管中心“大屏”实现综合分析展示、统一指挥调度，各部门业务“中屏”处置流转具体业务事件，手机端 App“小屏”采集上报信息、接办各类事件、查阅调度事件，最终实现跨部门、跨领域数据共享应用和业务联动处置、事件闭环流转、扁平化指挥调度，推动碎片化服务向一体化服务转变，避免重复建设的同时进一步提高政务服务效率。目前，亳州市 96.3% 的政务服务事项“一次上网、事就办成”，23.4% 的政务服务事项实现“材料零上传”，平均办理时限也大大缩短。

（三）打造个性化应用场景，提升城市运行效率，部分生态环保场景直接提供节能减排服务

根据部门业务需求，按照“急用先建、实用优先”的原则，建成路面秩序监测、多车监管、河湖治理等 40 个应用场景，助力城市运行效率提升，包括行政服务效率、城市治理效率、交通效率等，以达到节能减排的效果。其中，高分数据监测、高排放车辆监测预警、河湖四乱、污染企业排放智能监管、城区网格污染云图监控等场景更是直接为节能减排服务。

1. 城市管理效能提升

一是改造原有数字城管系统，对沿街晾晒、游商小贩、车辆乱停乱放等 6 类街面秩序问题进行全时段采集、智能化分析，提升事件采集的时效性、精准性和覆盖面，减轻人工采集、核查事件的工作量。目前，首批已接入亳州市主城区 20 条主路段 709 路视频监控，正在推进亳州市主城区监控全接入，每日智能采集案件数达 300 余条，约占事件采集总量的 21%，能够减少约 1/5 的一线采集员。二是建设多车监管应用场景。利用道路监控和车载定位、车载视频等传感设备，建立事件分析模型，对“五车”作业规范、货车遮挡号牌、公交守时到站、“两客一危”轨迹跟踪等进行实时监控、智能预警，提升营运车辆管理精细化水平。以货车为例，据统计约有 50% 的超载货车存在遮挡号牌现象，利用车脸识别 AI 引擎可识别出被遮挡的车牌号码，切实解决治超工作的首要难题。三是建设汛情信息平台。为做好汛情指挥调度工作，每到大雨天气，市领导都要冒雨赶到数字城管指挥中心进行现场调度。基于城市大脑事件处置引擎，开发了汛情信息平台 App，整合了亳州市主城区 22 个易涝点、44 位“点长”和全市

河道、隧道、涵洞、路段等116个重点监控位置信息，利用即时通信技术实现语音互联，方便亳州市领导及防汛相关工作人员随时随地查看汛情和“点长”的到位情况，实现汛情防控“云调度”。

2. 产业服务更精准高效

一是花茶等农产品大数据分析应用场景。亳州市盛产中药材，是中华药都，正在全力打造世界中医药之都，中药材质量监管尤为重要。花茶等农产品大数据分析应用场景聚焦花草茶、农特产品等重点商品，采集天猫、淘宝、京东、苏宁等网络零售平台销售数据，全面、准确反映亳州市网络零售、电商规模和变化趋势，为招商引资、电商扶贫、乡村振兴提供决策支持。上线以来，亳州花草茶、农特产品网络零售规模超过85亿元，电商企业4793家，从业人员34034人，直播店铺40家，累计直播近万场、观看人次近2500万人次。二是“四送一服”应用场景，直观、全面展示企业融资、用地、帮扶、科研和收办问题解决情况、问题满意度排行、走访情况等，方便相关部门随时掌握“四送一服”工作最新情况，有效提升工作调度的针对性。三是建设“免申即享”应用场景，深入梳理惠企政策，推动数据共享，实施流程再造，对原来的“申请、受理、审核、提交收款材料、核拨、拨付”六大流程重新设计，优化为“数据比对、意愿确认、拨付到账”3个环节，推进“企业找政策”向“政策找企业”、企业被动申请向系统主动兑付、人工层层审批向智能审批等转变，实现惠企政策“免申即享”。截至2022年年底，“免申即享”已经发放各类奖补资金15255.8万元，惠及企业7786家。

3. 节能减排更有力

一是高分遥感秸秆禁烧监测场景，通过卫星遥感技术对热异常点进行定位，为秸秆禁烧网格化管理提供精准指导。目前，高分遥感秸秆禁烧监测已在亳州市推广使用，共发现疑似热异常点3个，改变了以往人工督查、现场检查、死看硬守的做法，大幅减少了人力、物力投入。二是“河湖治理”应用场景对接国考省考水质监测信息系统、安徽省水利厅基层防汛监测预警平台、河长决策支持系统，汇集河湖、水质断面、雨情、水情、监控、河长等数据，一张图展示亳州市6条主要河流重点关注要素。基于卫星遥感、视频AI分析能力对茨淮新河及西淝河流域“乱堆、乱建、乱采、乱占”现象进行告警处置。目前，已告警处置699个事件，约为人工巡查的6倍。三是高排放车辆进城预警应用场景利用视频抓拍识别和系统自动比对，对不在通行证白名单内的高排放柴油车擅进城区进行识别预警。目前，累计有效预警处罚4739次，日平均预警处罚次数已由最初的100次降至30余次，有效减少碳排放。四是污染企业排放智能监管场景对企业污染预警1146次，实时监控企业排放指数，对超标企业及时预警、整改。五是城区网格污染云图监控场景对亳州市区空气质量、PM2.5含量、空气超标情况进行实时监控，智能监控，保证亳州市区空气处在正常范围内。

主创人：姚　行、李　腾、英　杰、刘顺利、谭皓文

郑东新区智慧城市管理中心案例报告

山东浪潮新基建科技有限公司

一、企业概况

山东浪潮新基建科技有限公司（以下简称浪潮新基建）是浪潮集团参与新型基础设施建设的载体，定位于以数字基础设施投资建设为核心的新型基础设施建设及运营骨干企业，业务范围涵盖算力基础设施、信息网络基础设施、基础设施智能升级、智慧城市等新型基础设施的投资建设，全面助力城市数字化转型和高质量发展。

二、主要措施

（一）项目背景

2020年，河南省人民政府办公厅发布了《关于加快推进新型智慧城市建设的指导意见》，强调郑东新区要以城市治理为切入点，结合5G创新应用，逐步拓展到民生服务、生态宜居和产业发展，推进东区新型智慧城市建设，提升城市治理现代化水平。为推进城市治理，要把以下几个方面作为主要任务：发展智慧交通，解决城市交通拥堵、停车难等问题；发展智慧城管，构建“一个平台调度，一套流程处置”的数字化城市管理体系；发展智慧安防，提升治安防控、侦查破案、社会管理、服务群众等能力。

中心建设之初，以“建设智慧城市管理中心，打造幸福郑东”为总体目标，以提高人民幸福指数为落脚点，以实用性为检验标准，以资源共享为手段，整合城市管理资源，充分运用云计算、大数据、移动互联网、物联网等现代信息技术，高起点、高标准、高质量地建设由政府主导、社会参与的智慧城市管理中心。

通过智慧城市管理中心配套系统集成建设，逐步建立起政府、企业与公众之间的信息共享平台和良性互动机制，协调人与环境的关系，特别在改善生态环境、市容卫生、污染防治、设施管护、城市交通、治安状况和完善社区服务等方面可以发挥积极的辅助作用，促进城市经济与社会的可持续发展。

（二）解决方案

郑东新区智慧城市管理中心以1+1+N为总体架构，即：建设一个智慧城市管理中心、一个郑东新区城市大脑，智慧城管、智慧园林、智慧环卫、智慧公厕等N项智慧应用，致力于提高城市精细化水平，实现一脑管全城、一码通全城、一网统管、一屏通览、一键统调，提高人民群众获得感、幸福感、安全感。

1. 建设智慧城市管理中心

中心有效掌握并管理城市宏观经济、民生民意、生态环境、公共安全和基础市政设施等资源信息，可集成视频监控系统、GIS信息系统、网络通信系统和其他业务应用系统，统一汇聚管理视频、图片、语音、地理等多类数据，将消防、卫生、交通等行业的城市管理和应急指挥集成在一个管理体系中，实现数据汇聚共享、集中接警、辅助决策分析、跨部门联合调度、快速响应和统一指挥，为城市高效、精准、科学的管理和运行提供支撑服务。

2. 补充城市管理部件库

数据是管理的基础，通过对单元网格进行更精细的划分和调整、对部件进行更新普查，建立全面、准确、完整的城市管理部件基础数据库，智慧城市综合管理中心数据普查包括七大类部件（包括公用设施类、道路交通类、市容环境类、园林绿化类、房屋土地类、市政公用设施及其他有关设施）及门前商铺数据及门前牌匾数据等。

3. 搭建智能数字城管系统

搭建一体化城市管理的综合管理与服务平台，确保新区智慧城市综合管理中心“一级平台”与各业务级“二级平台”及应用系统有机联系在一起，预留与未来新区智慧城市综合管理中心平台和其他管理部门平台的对接。

4. 编制城市管理综合信息互联互通与数据共享交换标准

编制城市管理综合信息互联互通与数据共享交换标准，包括结构化与非结构化数据访问协议与数据接口层、分类编码、模型字典规范等。

5. 构建城市管理的综合管理与服务体系

构建城市管理的综合管理与服务体系，包括综合管理与服务指标体系、功能体系和业务流程体系，以及各业务应用的管理和服务的管理体系、功能体系和业务流程体系等。

6. 加快城市大脑项目推广应用和政务信息基础设施建设

持续推进城市大脑，新增便民利企高频事项掌上办、随身办事项，上线跨部门、跨层级、跨领域的民生热点“一件事”，持续提升网上政务服务能力。完成“一件事”事项梳理，完善两个清单，将“一网统管”系统向开发区、区（县、市）、乡镇（街道）和村（社区）纵向延伸，推进管理重心下移，充分发挥基层在城市治理中的主体作用。

三、实施效果

（一）搭建了可持续迭代升级的智慧城市系统框架

郑东新区智慧城市管理中心建设在“云－管－端”为基本模式的构架上，基于浪潮云洲大脑数据工厂和AI元脑，打造一个基于DaaS（数据即服务）和PaaS（平台即服务）结合的支撑平台。城市大脑按照分层、分期的建设思想，在3张基础网络（即通信网、互联网、物联网）上，利用数据中台层为中心建设所需的海量、多源异构空间地理数据和物联网数据、政务数据提供全生命周期管理和可持续的数据治理服务；支持SaaS（应用即服务）层的智慧应用建设，达到应用的可成长、可扩充能力，搭建了可持续迭代升级的智慧城市系统框架。

（二）全域感知，助力高效治理、精准管理

城市感知基础体系覆盖1137个5G基站、26万个城市部件、11000多路视频监控、3000多家商铺、54个安置小区、2276部智能电梯、161家消防重点单位系统、105个微型环境监测站等。每天生成城市管理案件2000多个，实现数据汇聚共享、案件自动派遣处置、跨部门联合调度，打通区、街道、社区三级组织业务流程，为城市高效、精准管理和运行提供支撑。

城市大脑通过业务中台，聚焦城市管理、基层治理等民生热点问题，实现了城市治理领域的一网统管，实现城管案件的“一个平台调度、一套流程处置”，自动派遣率达到90%以上，按期结案率由原来的71%提升到95%。

（三）智慧应用场景助力节能减排

空气质量监测场景接入了东区155个监测站点数据，实时监控东区空气质量，利用人工智能平台的智能分析技术，对路面秩序监测、污染源监控、环境监测等进行全时段、智能化采集，提升事件采集的时效性、精准性和覆盖面，数据异常时平台会自动报警，生成环境事件，对在路面行驶中的高排放车辆进行识别预警，让城市高排放车辆降低60%。

油烟监测场景实时监控东区168个餐厅的油烟浓度、颗粒物浓度等指标，当出现油烟浓度、空气质量超标等异常情况，物联感知设备会产生告警，推送至网格员处理。

水质监测场景接入了辖区内 7 个市控水质断面，每小时回传一次数据，主要检测 pH 值、水温等数据，后台可以将每日、每周的水质情况反馈至水务部门，对水质不达标的河流，督促其巡检处理。

企业用电监管场景实时监控企业用电情况，通过对企业生产现场进行实时监测记录，及时发现问题、预警异常生产状态，将物联网技术应用与数据融合，实现了在线监管和预警信息发布，帮助企业实现污染防控精细化管理。

工地视频和涉气企业视频监控平台对东区 18 家搅拌站、60 多家 4S 店都可进行实时监控，实时监控车辆进出情况及作业污染情况，通过智能分析，自动识别车辆进出的冲洗情况，对违规工地进行统一调度，对于用电异常的及时调度相关部门现场核查，一旦发现违规作业者，立即责令停止。建立“机防为主，人防为辅”的环境监管新体系。

无人机对污染源精准排查，发现污染源立即上报，实现环保治理被动发现与主动发现相结合，提升管理效率。

（四）智慧应用融入日常生活，提高城市运行效率

多种智慧应用融入市民日常生活，提高城市运行效率。郑东新区的 445 座公厕接入智慧城市云平台，市民点击小程序就能导航到距离自己最新的公厕。安装了智能化感知设备的智慧公厕，从人工巡查改为自动触发，如厕纸更换，工作人员从接到派遣到完成操作用时不超过 5 分钟。双河公园的花草树木的生长情况有智能生态站、土壤墒情监测、视频监控等多类智能设施实时监控。花草树木旁设有二维码牌，市民可扫描了解植物品种和生长情况。5G 无人驾驶扫地机器人、智慧垃圾桶等智能化设备部署运行。

主创人：辛　超、孙　磊、纪　哲、张　梦、王金阳

EPC 总承包模式下静脉产业园项目的绿色、低碳发展

山东淄建集团有限公司

一、企业概况

山东淄建集团有限公司（以下简称淄建集团）成立于1949年，是国家大型建筑安装施工企业，具有国家建筑工程总承包壹级、机电安装工程总承包壹级、市政公用工程总承包壹级，化工石油设备管道安装工程专业承包壹级、钢结构工程专业承包壹级等资质，具有国家锅炉安装维修改造壹级，具有GB类公用管道、GC1级工业管道、GD1级动力管道、B级起重机械等特种设备安装维修许可证，具有承装（修、试）电力设施许可证，具有国家特许的境外签约权、设备材料出口权、劳务输出权和在海外兴办各类企业权。

经过70余年的发展，淄建集团已经成长为由国际工程、国内房屋建筑、基础设施、工程检测、医疗养老、职业教育及资本经营七大板块组成的大型企业集团，业务涉及国内30个省（自治区、直辖市），在美国、波兰、阿尔及利亚、尼日利亚、刚果、利比亚、越南、柬埔寨、印尼、智利等10余个国家开展工程承包业务。淄建集团以品质、品牌、绿色、安康为一体化管理方针，围绕企业生产经营中心，大力加强党的基层组织建设和企业文化建设，荣获全国优秀施工企业称号，连续七届荣获中国建筑业双百强企业称号，连续多年入围ENR全球最大国际工程承包商250强，连续入选“山东省建筑业5强市、10强县和30强企”榜单，获得淄博市纳税百强企业、中国固废行业领域专业服务标杆企业、中国工程建设诚信典型企业、山东省“守合同重信用”单位、山东省工程质量管理先进单位、山东省外出施工先进企业等荣誉称号。

二、主要措施

绿色低碳发展是塑造公司核心竞争力的重要内容，淄建集团坚定工程总承包单位对绿色建造承担主体责任理念，工程实施全过程遵循以人为本、因地制宜、节约资源和保护环境的原则，践行绿色低碳建造，致力于不断的技术创新和新技术应用，通过项目前期策划、中期实施、后期总结等，使工程建设过程中能源消耗越来越低、环境影响越来越小，满足适用、经济、美观、绿色的要求，尽可能向业主、向社会提供绿色低碳、清洁环保、安全无污染的产品，努力成为与社会环境和谐发展的高度负责任的企业。

淄建集团施工最具代表性的项目之一是以EPC模式承建的黄岛区静脉产业园项目，该项目是上海康恒环境股份有限公司蓝色焚烧标杆项目，垃圾处理规模达2250吨/日。该项目的建成投产，为改善青岛西海岸环境做出巨大贡献，项目荣获2020—2021年度中国建设工程“鲁班奖”，这也是淄建集团承建的垃圾焚烧发电项目荣获的第四个“鲁班奖”，占全国环保领域此类奖项的1/2。

黄岛区静脉产业园项目位于青岛市黄岛区隐珠街道，随着青岛西海岸经济社会的发展，城市建设日新月异，城市及周边区域生活和工业废弃物排放量均以较大幅度逐年递增，秉承“实施海洋战略，率先蓝色跨越，建设美丽青岛”的愿景，为了生态环境与经济建设协同发展的目标，规划该项目为综合大型废弃物处理和资源化利用的城市环境基础设施项目。黄岛区静脉产业园项目包括生活垃圾焚烧发电工程、餐厨垃圾处理工程、园区污水处理工程、固化飞灰填埋场工程、综合管理区等。

（一）项目立项阶段

项目立项前期采用与工程立项和施工全过程协同的一体化设计，编制的项目建议书、项目可研报

告、项目设计任务书和相关专项报告等立项资料均明确了绿色建造的目标和相应要求，同时进行了生态与环境影响评价。通过对项目厂址周围环境现状的调查和监测，掌握评价区域环境质量现状及环境特征，论证项目拟采取的环境保护治理措施的技术可行性与合理性，为项目设计提供科学依据，为环境管理提供决策依据。实施方案的编制充分考虑地域、经济、文化、技术等方面的适宜性，提出利用场地原有人文和自然要素，减少建造对场地及周边环境、生态系统的破坏，同时制订了全寿命周期碳减排策略和能源高效利用计划。

（二）项目绿色设计阶段

项目采用全专业协同设计平台，实现建筑、结构、机电设备、装饰装修等全专业协同设计，通过分析项目主要污染物排放环节和排放量，结合项目所在地区环境功能区划要求，预测项目建成后主要污染物对周围环境的影响程度、影响范围，从环境保护角度提出污染物总量控制目标及减轻污染的对策及建议。编制了绿色施工专篇，明确绿色设计目标与实施路径、绿色设计重点内容与关键性能指标、绿色建材产品应用比例等要求。针对项目特征计算建筑全寿命周期碳排放值，制订了碳排放限额设计指标，提出了减碳措施，使项目建设达到经济效益、社会效益和环境效益的相互统一。

根据静脉产业园“资源－产品－再生资源”的闭环经济模式，项目总平面图设计遵循“减量化、再利用、资源化”的原则，以低消耗、低排放、高效率为基本特征，符合可持续发展理念的经济增长模式。项目利用垃圾焚烧发电的无害化处理，在使城市生活垃圾进行“减量化、无害化”的同时，实现了城市生活垃圾的“资源化”，既符合节能减排的主题思想，也是循环经济的真实体现。项目设计遵循焚烧发电工艺系统自动化水平高、厂房综合布置、检修社会化等现代化建厂模式。烟气脱酸工艺采用“半干法＋干法＋湿法”的组合工艺，充分保证酸性气体达标排放，在国内处于领先水平。各类污染物排放指标均优于现行标准，满足未来社会发展需求。

总平面图设计认真贯彻国家的方针、政策，切实做到节约用地，做好环境保护。在满足国家现行的防火、卫生、安全等方面的技术规范基础上，综合考虑地形、地貌、周围环境、工艺流程、建构筑物及各项设施相互间的平面和空间关系，使各项设施组成一个协调整体，力求达到安全、美观、投资省、建设周期短、生产成本低的效果。根据垃圾焚烧发电厂各部分在生产中所起的作用不同，将整个厂区划分为生活垃圾焚烧发电工程、飞灰填埋场工程、渗沥液处理工程、餐厨处理工程、综合管理区等。各区域有效衔接，避免了相互间的交叉与干扰，提高了园区生产效率。

1. 工艺系统主要节能措施

（1）热力系统设置蒸汽旁路装置，汽轮机启动、停机或甩负荷运行时，主蒸汽通过旁路装置减温减压后排到凝汽器，减少不必要的汽水损失，既节约能源，又保证安全生产。

（2）所有选用的机电产品均为国家推荐采用的节能型或先进的产品。

（3）采用先进垃圾焚烧设备，焚烧炉和锅炉系统的热效率可达 80% 以上，能够更有效地回收热能。汽轮机采用成熟可靠的制造技术，以保证优质和高效。

（4）采用合理的流速计算、选择管道规格，避免过高的流速造成能量的损失及水泵损耗。

（5）烟气净化除尘选择较优秀、运行可靠、系统压降小且波动小的设备，以减少引风机的耗电量，减少厂用电率。

（6）风机、水泵、取样分析等废水回收使用，以节水、节能。

（7）厂区的废水经过处理后可以作为洗车、冲洗地面、冷却残渣、绿化等用水。减少新鲜水的消耗。

（8）在能源供应入口安装电、水、热等计量装置，对所用能源进行计量，以控制消耗、降低成本。

（9）汽水管道、设备安装严密，采用优质蒸汽疏水器，防止生产过程中的蒸汽损失。

（10）焚烧厂产生的余热可以供给厂内的淋浴室、污泥焚烧厂用汽等设施，充分利用能源。

2. 电气系统主要节能措施

（1）对大型电动机如锅炉二次风机、给水泵等采用低压变频调速，功率较大的引风机、一次风机采用高压变频调速，以节约能源。

（2）选用低损耗的节能型厂用变压器和主变压器。

（3）车间变电所设置在负荷中心，以减少电能损失和电缆长度，线路尽可能走直线。对比较长的线路，适当加大一级电缆截面也可以减少能耗。

（4）有变速运行要求的电动机采用变频器控制，起到节能的作用；大电机选用软启动装置等降压启动方式，可以减少冲击和启动电压降落，有利于选择合理的变压器。

（5）充分利用车间自然采光窗，当照度满足要求时，照明智能控制系统可自动关掉部分照明灯。节假日及夜间设置值班照明，以便节约能源。房间灯具尽量避免同时开启，增设翘板开关。

（6）车间内选用高效节能型灯具，采用高效低损耗、功率因素高的镇流器，以减小电流和导线截面，减少电能损失。

3. 建筑节能

按照《公共建筑节能设计标准》《居住建筑节能设计标准》要求，建筑气候分区为温带季风气候，外围护墙采用200厚加气混凝土砌块和50厚挤塑聚苯板板外保温，墙体外侧涂料饰面，屋面保温材料选用50厚挤塑聚苯板，满足规范节能要求。

采用明走道，满足自然通风的要求。外窗的气密性不应低于《建筑外门窗气密、水密、抗风压性能分级及检测方法》规定的6级（办公部分）与7级（宿舍部分）。透明幕墙的气密性不应低于《建筑幕墙物理性能分级》规定的3级。

4. 水工措施

（1）各建筑物内的卫生器具均采用节水型产品，从用水终端节约用水。

（2）冷却塔采用高效填料，增强换热效果，使总循环水量减少，设置收水器，减少风吹损失水量。

（3）采用水资源优化利用原则，将循环冷却水的排污水及渗沥液处理站的浓液重复利用，用于烟气净化系统、车间地面冲洗、除渣机冷却及定排降温冷却用水等，大大节约了新鲜水耗量。

（三）项目绿色施工阶段

项目施工阶段坚定工程总承包单位对绿色建造承担主体责任理念，建立了绿色施工管理体系和管理制度，明确了绿色施工管理职责，以项目经理为绿色施工第一责任人，负责绿色施工的组织实施及目标实现。施工前严格按照国家标准《建筑工程绿色施工规范》和《建筑工程绿色施工评价标准》的要求进行绿色施工策划及施工方案编制，明确绿色施工目标。项目施工过程中，积极应用建筑业十项新技术、“四新”技术及BIM技术，制订“四节一环保”措施，采用施工全过程咨询服务，实施动态管理，加强对施工策划、施工准备、材料采购、现场施工、工程验收等各阶段的管理和监督。

整个施工过程结合工程项目的特点，有针对性地对绿色施工做相应的宣传，通过宣传营造绿色施工的氛围。定期对职工进行绿色施工知识培训，增强职工绿色施工意识。在确保工程建设安全、质量等的基本前提下，通过施工组织设计、施工过程的严格控制与管理，最大限度地节约资源和减少对环境的不利影响，实现“四节一环保”（节材、节水、节能、节地和环境保护）及施工人员的健康和安全。

1. 施工管理

（1）《施工组织设计》中设置专项施工章节，编制绿色施工专项方案，方案独立成章并按有关规定进行审批。

（2）绿色施工专项方案应包含环境保护、节材、节水、节能、节地与施工用地保护等内容，措施应具体、有针对性。

（3）绿色施工管理应从设计阶段开始，直至工程竣工结束。

（4）在绿色施工过程中实施全程动态管理，加强对施工策划、施工准备、材料采购、现场施工、工程验收等各阶段的管理和监督。

（5）结合工程项目绿色焚烧的特点，进行二次优化设计，现场设置宣传牌和文化长廊并制作相应宣传册，有针对性地对绿色施工做相应的宣传。

（6）将绿色施工条款责任化，相应条款纳入劳务施工合同中，在施工技术交底时，教育工人节约用水、用电，与施工配合调度，做到全员参与，节约资源。

2. 环境保护

（1）运送土方、垃圾、设备及建筑材料等，不污损场外道路，车辆采取封闭管理。所有车辆进出必须进行车辆冲洗。

（2）土方作业前期，以土方平衡为原则，先行制订合理施工方案，尽量减少土方开挖量，同时利用二期预留场地进行场内堆土，减少土方的运输量。基础回填过程，结合二期工程的场地平整，采用场内土方回填基坑，计划节约土方倒运 7000 立方米。土方施工现场采取洒水、隔档、覆盖等措施，控制扬尘的产生和扩散，达到作业区目测扬尘高度小于 1.5 米，确保不扩散到场区外。

（3）结构施工、安装装饰装修阶段，作业区目测扬尘高度小于 0.5 米。对易产生扬尘的堆放材料封闭运输和存储，采取 100% 全覆盖措施。

（4）构筑物机械拆除前，采取清理积尘、拆除体洒水、设置隔档等措施。

（5）现场设置钢筋、木工加工棚 8 处，使用低噪音、低振动的机具，采取隔音与隔振措施，避免或减少施工噪音和振动，确保施工场界环境噪声排放昼间不超过 70dB（A）、夜间不超过 55dB（A）。

（6）采取限时施工、遮光和全封闭等措施避免或减少施工过程中的光污染，夜间照明灯罩使用率 100%，夜间电焊遮光罩配备率 100%。

（7）在施工现场应针对不同的污水设置相应的处理设施，如沉淀池、隔油池、化粪池等，有效保护土壤和周边水环境，避免水土流失和污染。

（8）沉淀池、隔油池、化粪池设置 100%，专人定期清理；雨污分流率 100%，污水达标排放。

（9）主要道路硬化率 100%，现场目测无粉尘。

（10）裸露土地、集中堆放的土方绿化率 100%。

（11）施工现场立面围护率 100%。

（12）施工现场制订建筑垃圾减量化计划并对建筑垃圾分类收集、处理，回填土石方、路基、临时设施砌筑等利用挖方率 100%，施工现场的建筑垃圾资源化利用率应达到 50%。生活垃圾分类率 100%，集中堆放率 100%，定期处理。

（13）施工标牌和环保、节能、警示标识等在醒目位置悬挂到位，现场配套设施齐全。

（14）工地食堂办理卫生许可证，厨师持证上岗，燃料一律使用液化气，定人定时保洁，定期消毒。

（15）医务室、人员健康应急预案完善；生活区有专人负责，消暑、保暖措施齐备；作业时间安排合理；操作人员正确佩戴防护用具；操作环境通风畅通。

3. 节材与材料资源利用

（1）根据施工进度、库存情况等合理安排材料的采购、进场时间和批次。

（2）建筑材料优先选用本地区（距施工现场距离 500 千米以内）的绿色产品认证标识的建材和商品，验收（复试）合格后方可投入使用，绿色、环保材料使用率 90%，施工材料就近取材达 90%，有计划采购 100%，建筑材料包装物回收率 100%。

(3) 机械保养、限额领料、建筑垃圾再利用制度健全。

(4) 施工设施与永久性设施结合利用，采用工具化、标准化、可重复利用的施工临时设施，临时设施回收率100%，重复利用率90%，临时设施、安全防护定型化、工具化、标准化达80%。

(5) 采用双掺技术，节约水泥用量5%。

(6) 管件合一脚手架、支撑体系使用率100%。

(7) 采用“四新”技术，高效钢筋使用率90%，合理设置接头位置，直径≥20的钢筋机械连接使用率90%，钢筋余料（长度>20厘米）再利用率60%，共节约钢筋16.75吨。

(8) 加气砼砌块使用率90%；减少粉刷面积80%；砼、落地灰回收再利用率100%。

(9) 纸张双面使用率80%，废纸回收率100%，减少办公用纸5箱。

4. 节水与水资源利用

(1) 采用节水的施工工艺和节水器具，节水器具配置率100%。

(2) 对雨水、中水或其他可利用水资源进行收集利用，非传统水源和循环水的再利用率大于30%，共节水0.97万吨。

(3) 施工现场供水管网根据用水量布置，管径合理，管路简捷。

5. 节能与资源利用

(1) 合理布置临时用电线路，优先使用国家、行业推荐的节能、高效、环保的施工设备和机具。

(2) 合理安排施工顺序，减少作业区域的机具数量。

(3) 节能照明灯具使用率达到80%。

(4) 施工机具共享率30%。

(5) 耗能设备合理利用率80%。

(6) 临时设施热工性能合格，办公室吊顶率100%。

(7) 现场照明、主要机械自动控制装置使用率80%。

(8) 项目节电率约30%，合计15.65万度。

6. 节地与土地资源保护

(1) 动态布置施工现场，合理使用用地，充分利用原道路、管线，临时设施占地面积使用率达到90%以上。

(2) 利用和保护施工范围内原有的绿地，对施工现场部分区域进行绿化。

(3) 施工现场围墙采用定型化活动围挡，减少建筑垃圾，保护土地。

(4) 施工现场道路采用永、临结合的布置原则，场内形成环形道路，减少道路占地。

(5) 土方开挖减少开挖面积15%。

7. 技术创新与应用

(1) 加强信息技术应用，进行精密规划设计，实现绿色施工各项指标。

(2) 土方开挖期间采用土钉墙+面层喷射的形式进行支护，在保证安全的前提下，最大限度减少土方开挖及回填，计划节约土方倒运7000立方米。

(3) 采用BIM技术对厂区布置进行前期建模，选取最合理方案，最大限度利用现场已有土地资源，节约土方及材料占地3000平方米。

(4) 预先进行主体结构模板排布，准确计算所需工程量并提前集中下料，计划节约模板4000平方米，同时减少噪音污染、环境污染。

(5) 根据不同上料、焚烧等不同系统功能的节点安排，调配材料资源，最大化地利用现场材料。

(6) 通过三维建模，针对主厂房外立面钢结构进行预拼装，减少施工误差，缩短工期10~15天。

（7）针对池体类构筑物混凝土浇筑进行一次性压光成型，省去地面二次浇筑，节约混凝土量300立方米。

（8）池体类构筑物对拉螺栓采用新型组合螺栓，对拉螺栓拆卸后不易丢失、损坏，可重复利用4~5次，较传统对拉螺栓节约材料费约15万元。

（9）通过三维模拟综合管线排布方式，避免管线碰撞50处，直接节约经济损失10万元。

（四）绿色交付

项目建设完成后进行了室内有害气体检测、门窗性能检测、保温系统性能检测等各项绿色建筑相关检测，提交了建筑使用说明书。将建筑各分部分项工程的设计、施工、检测等技术资料整合和校验，按《建设工程文件归档规范》标准移交建设单位和运营单位。

项目施工、交付等过程邀请了北京新能建电力工程咨询有限公司进行全过程咨询服务，通过了《电力建设新技术应用专项评价》和《电力建设绿色施工专项评价》。

三、实施效果

工程从设计阶段至竣工投产使用，获得了中国建筑业协会“鲁班奖”、山东省“泰山杯”奖、山东省工程勘察设计成果一等奖、山东省安全文明示范工地、山东省绿色施工科技示范工程、山东省优质结构工程等荣誉称号，获华夏建设科学技术奖1项、山东省BIM成果1项、省级工法2项、省部级QC成果奖5项。授权国家发明专利1项，实用新型专利5项。有1项科技成果经评价达到国内领先水平。

工程竣工投入使用以来，结构安全可靠，机组自动保护率、锅炉效率、厂用电率、排放指标均优于设计值或合同保证值，设备运行正常，使用功能良好，完全达到设计和规范要求。工程运行至2022年初已处理生活垃圾255.7万吨，发电8.62亿千瓦时，相当于节省标煤11.16万吨，基本上实现了黄岛区内的生活垃圾“无害化、减量化、资源化”的综合处理，不仅为当地环境净化、资源可再生利用做出重要贡献，而且为我国城市生活垃圾焚烧处理树立了新的标杆，取得了良好的社会效益。

主创人：夏书强、王勤峰、邹方华、张升贵、卜建博

气化装置水煤浆提浓技术研究

陕西长青能源化工有限公司

一、企业概况

陕西长青能源化工有限公司（以下简称长青能源公司）成立于2010年，是由徐州矿务集团有限公司、陕西煤田地质有限公司、上海宝钢气体有限公司、南京诚志清洁能源股份有限公司共同投资兴建的一家国有控股大型现代化煤化工企业。长青能源公司坐落于陕西省宝鸡市长青工业园区内，距宝鸡市中心约30千米。

长青能源公司的发展思路是依托宝鸡的区位、资源优势，大力发展煤化工产业，在煤制甲醇的基础上进一步延长产业链，发展甲醇制烯烃及其系列产品。目前，已建成投产150万吨/年甲醇项目首期60万吨/年甲醇工程，投资约40亿元，占地800亩。

长青能源公司首期60万吨/年甲醇工程于2011年3月全面开工建设；2012年年底土建、设备安装完毕；2013年5月22日化工投料、5月24日顺利打通流程产出甲醇产品、5月28日实现装置满负荷生产、6月8日装置完成性能考核，主要指标均达到或优于工艺包合同约定。项目正式开工到装置达到满负荷生产，仅用了26.5个月的时间。项目建设创造了全国同类装置4个领先水平，即：22个月实现机械竣工，建设速度全国领先；一次性投料试车成功，试车效率全国领先；投料仅38个小时即产出甲醇，打通流程时间全国领先；一次性通过性能考核，建设质量全国领先。

长青能源公司业务范围涉及甲醇、硫磺及副产品的生产及销售，首期项目设计年生产精甲醇60万吨、硫磺6965吨、硫酸铵2310吨。精甲醇产品质量符合国标GB338－2011优等品和美国联邦标准O－M－232L“AA”级要求。

二、主要措施

（一）资源环境

在我国“富煤、贫油、少气”的自然资源背景下，煤炭是重要的基础能源和原料，在国民经济和社会发展中具有重要的战略地位。煤气化技术是煤炭清洁转化的核心技术之一，是发展煤基化学品、煤基液体燃料等过程工业的基础。在众多煤气化技术中，水煤浆气化技术因煤种适应范围较广、气化温度高、压力高、易于大型化成为煤气化技术发展的主流方向。

长青能源公司气化工艺包采用美国通用公司气化技术，近年来水煤浆气化技术不断在延长烧嘴寿命、煤浆提浓等方面探索，特别是水煤浆提浓可以提高产气量、降低煤耗和氧耗，这给长青能源公司指出了挖潜改造的方向。

（二）技术研发与创新

长青能源公司始终坚持“科技引领未来，创新驱动发展”的科技创新理念，近年来，公司不断加大科技研发投入力度，内部建立技能大师工作室、技能创新工作室和煤制甲醇长周期安全稳定高效运行团队等课题组，与陕西省凤翔高新区管委会联合创建“清洁能源研发中心（甲醇及下游产品）”研发平台；同时，不断深化校企合作，与中国矿业大学、西安科技大学等高校建立校企合作平台，形成产教融合、优势互补良好科研氛围，完成了一系列拥有自主知识产权的科研创新技改项目，其中气化装置水煤浆提浓技术研究项目属公司绿色低碳转型发展重点创新研发项目，具有改造成本低、节能降耗效果明显、经济效益好和易于推广等特点。

关于煤浆提浓，目前业内主要有两种发展趋势，一是通过增加超细磨设备分级研磨、粒径控制来改善煤浆中煤颗粒的堆积效率，增加煤浆浓度；二是通过使用新型水煤浆添加剂，减少煤粒间的阻力，促进煤粒在水中的分散，降低煤浆黏度，减少水的添加量来提高煤浆浓度。长青能源公司通过调研论证决定采取“双管齐下”技术措施开展煤浆提浓科研项目，具体实施措施如下所述。

1. 改善水煤浆的粒度级配提浓

根据国内普遍采用的水煤浆制备工艺流程，充分利用已有的设备及操作技术方法，在该原有煤浆制备系统的基础上，在磨机出料槽泵出口去磨机出料槽的回流管线手阀后配置一根管线至原料煤进磨煤机入口溜槽，将研磨好的水煤浆控制 10% ~15% 的比例返回至磨煤机进行二次研磨，水煤浆返流的比例通过试验进行数据比对，控制水煤浆黏度、粒度、pH 值均在指标范围内，以此为基础逐步提高水煤浆浓度指标，达到最佳的水煤浆返流比例。

2. 使用新型高效水煤浆添加剂提浓

采用水煤浆返流方法制得的水煤浆粒度配比发生了变化，在提高浓度的同时其黏度也有所增加，易沉积，流动性较差，不利于泵送。因此，要充分利用水煤浆添加剂的作用效果，投加新型高效的水煤浆添加剂。使用的新型水煤浆添加剂是长青能源公司与中国矿业大学共同开发的梳型水煤浆添加剂，该添加剂分子由主链和支链组成，大大提高了分子的可设计性，通过增加分散剂链长，提高极性，增大溶解度，从而使分子容易吸附在固体表面。梳型添加剂的表面带负电荷，由于同种电荷相互排斥，吸附时使带负电的基团朝向水溶液，从而增强煤粒表面的电负性，增加双电层的厚度。借助于 $-SO_3-$ 与水分子之间的氢键结合，使得煤粒表面形成了一层稳定的水化膜，水化膜将煤粒隔开，减少煤粒间的阻力，促进煤粒在水中的分散，达到降低黏度的作用。水化膜的水与体系中的“自由水”不同，它受到表面电场的吸引而定向排列，当颗粒相互靠近时，水化膜相互挤压，引力则试图恢复原来的定向，这样使水化膜可产生空间位阻和熵斥力作用，增强了分散作用。利用高效水煤浆添加剂改变煤粒的表面活性及提高煤粒的表面张力和 Zeta 电位，按照一定的比例投加高效水煤浆添加剂，使得分级研磨配比后的煤颗粒与研磨水充分融合，保证制备出的水煤浆黏度达到指标要求，同时改善水煤浆的流动性、稳定性和雾化性能。

3. 对磨机进料端和制浆废气等系统进行优化改造

项目在改善水煤浆粒度配给和使用高效水煤浆添加剂提浓的同时，针对气化装置磨煤机进料空心轴与填料筒内壁之间煤浆泄漏、磨煤机制浆废气外逸问题进行优化升级，使用拥有自主知识产权的气化棒磨机端盖密封结构和磨机抽风引风专利技术，解决了煤浆泄漏和制浆废气外逸问题，保障了气化磨机系统安全平稳运行。

4. 项目主要创新点

（1）返浆复磨高浓度磨浆工艺与煤浆粒度级配优化技术。

（2）基于梳型添加剂 XDLVO、空间位阻和熵斥力负荷分散作用的水煤浆提浓技术。

（3）基于水煤浆提浓的同时，解决了制约磨煤机煤浆制备系统长周期稳定运行的瓶颈问题，为充分释放煤浆提浓节能创效潜力打下良好基础。

（4）针对煤气化工艺存在的水煤浆浓度低、能耗高、产量低等问题，建立了提高水煤浆浓度的系统，达到增产降耗的效果。

三、实施效果

项目通过返浆管线改造及对新型高效水煤浆添加剂的研究与使用，使煤浆浓度在添加剂添加率不变的情况下可提升水煤浆浓度 3 个百分点，而且随着添加率的提高，煤浆浓度仍有提升空间，成功解决了新型高效添加剂与多煤种、多水质环境制备水煤浆适应性的问题，同时破解了制约磨煤机煤浆制备系统长周期稳定运行的技术瓶颈，项目具有改造成本低、效益明显等特点。

项目改造后，气化有效气产量和甲醇产量均有显著提升，气化效率明显改善，吨甲醇煤耗和氧耗明显降低。项目可增产甲醇2.61万吨/年，节约煤炭5.97万吨/年，节约氧气2161.46万Nm^3/年，创造经济效益5432.42万元/年。

该科研项目的顺利实施是长青能源公司在煤制甲醇气化工艺领域的重大技术创新，进一步提升了公司在行业气化工艺领域的影响力，是公司近年坚持科技强企取得的重要成果，在行业内具有十分广泛的应用前景，具有非常好的社会效益和经济效益。

主创人：何圣龙、王图钦、聂成元、袁社路、王　成

智能运维分析管理平台

上海数据港股份有限公司

一、企业概况

上海数据港股份有限公司（以下简称数据港）成立于 2009 年 11 月，是上海市静安区国资委投资控股的国有数据中心企业。作为国内领先的第三方数据中心服务提供商，10 多年来，数据港在持续稳定为世界级互联网公司提供专业云数据中心服务的同时，强力支撑着中国互联网的高质量发展。今天中国家喻户晓的互联网应用品牌大多由数据港云数据中心参与运营，其中包括支付宝、阿里云、天猫、淘宝、网易游戏等。

经上海人大批准，数据港云计算服务平台项目于 2012 年被列入“2012 年上海市政府重大工程”；同时，该项目荣获具有国际数据中心产业界“奥斯卡奖”之称的 DatacenterDynamics 两项国际大奖，标志着数据港的技术水平已经得到国际产业界的认可。2017 年，数据港获得行业国家顶级科技大奖“数据中心科技奖——科技杰出奖（能效）”奖项，再次证明数据港在数据中心核心技术方面的指标位居行业前列。

2017 年 2 月，数据港成功登陆 A 股主板市场，成为中国首家在上交所 IPO 上市的专注于规模化定制的数据中心企业。近年来，在云计算市场需求及新基建等国家政策的持续推动下，数据港规模快速扩张，先后在华东、华北、华南区域设立 10 多家子公司，全面覆盖长三角、京津冀、粤港澳大湾区等一线核心区域，持续领跑中国第三方数据中心市场。

如今，数据港在云计算数据中心技术领域已具备国际先进水平，多项核心技术指标可以比肩亚马逊、谷歌、微软等全球云计算产业巨头，尤其是在浸没式液冷、干冷器、间接蒸发冷却及太阳能、风能等新能源技术方面的创新应用，直接有效降低了数据中心的整体能耗水平，为中国数据中心行业的健康发展做出突出贡献，不断引领着新的行业技术标杆。

二、主要措施

（一）制订绿色低碳发展战略

数据港以实际行动助力中国践行“双碳”承诺，计划到 2030 年实现中国运营范围内所有新一代超大规模数据中心 100% 采用可再生综合能源解决方案。

公司成立至今不断优化数据中心设计和运营体系，提高能源使用效率，始终将保障运营基础上不断降低 PUE 值作为终极目标。

2019 年，在数据中心选址决策中，优先考虑能源，在可再生能源丰富区域选址布局。

2021 年，提出 100% 可再生能源的长期目标，在能源要素上，未来将优先采购可再生能源。

2025 年，将考虑探索参与投资新能源发电项目，以及回收数据中心热能，促进周边社区碳减排等环保先进措施。

2030 年，将实现中国运营范围内所有新一代超大规模数据中心 100% 采用可再生综合能源解决方案。

数据港对于每个数据中心均单独成立相应的管理委员会，通过碳排放管控、建立运维管理制度、研究当地可应用再生能源资源等一系列举措，积极推动绿色低碳数据中心建设。现已成立由公司高管组成的“双碳”工作组。“双碳”工作组主要职责为：收集、追踪国家及地方政策，制订公司“双碳”目标及过程更新；监察“双碳”目标下履行进度及结果；基于“双碳”背景及公司可持续发展战略，制订及监督年工作目标及其履行情况。

（二）数据中心资源选址

数据港始终高度关注数据中心的绿色、低碳、高效和智能化，在能效提升、可再生能源利用及清洁能源应用、推广先进节能技术等方面积累了丰富的实践经验。以数据港张北小二台数据中心为例，张北拥有丰富的风能和太阳能资源，目前风电装机容量达233万千瓦以上、签约光伏开发总规模14万千伏、年风电光伏发电量达60亿千瓦时，为100%清洁能源，年平均温度2.6℃，全年只有两周需要开启传统的压缩机空调制冷，仅制冷能耗就能降低近60%。在建设张北小二台数据中心之初，数据港便采用多项国际领先的节能技术及创新的高能效数据中心架构设计方案，在建设前期设计PUE值即为1.3，低于行业平均PUE值1.4；正式运营后，经过数据港运维团队的多项措施，最低PUE值可达1.13，远低于行业平均水平，达到国际领先水平。

（三）智能化运维

数据港是业内率先将人工智能和机器学习技术运用到数据中心运营管理的企业。公司自主研发的智能运维分析管理平台，通过采用先进完整的数据分析平台架构——微服务架构、数据采集技术架构及分布式数据存储架构，将纷繁复杂的各类运行数据转化为可直接分析的有效数据并深度挖掘数据内涵，将成果运用到整个数据中心的运行管理之中，帮助公司在运营过程中排除更多人为判断干扰，减少灾难性宕机、数据丢失及其他共性、个性问题，提高整体系统的安全性和稳定性，大幅提升了数据中心的运营管理能力和管理效率，使数据港从未发生过一起违反SLA（Service Level Agreement，服务等级协议）的情况，同时连续多年在主要客户全国数据中心考核中排名第一。

（四）绿色节能低碳技术创新

数据港拥有专业的资源开发及选址团队，在选址初期便会整体把控包括地质、气候、人文等一系列的资源环境因素，确保选址的科学性及合理性，始终将节能环保理念贯穿于数据中心设计-建设-运营的全生命周期。在能效提升、水资源利用、电子电器产品污染控制、废弃电器电子产品回收、碳排放管控、运维管理制度建设、可再生能源和清洁能源应用、先进使用技术推广使用等方面都取得了不菲成绩。在节能技术探索方面，与合作伙伴一起将多项绿色节能技术应用在数据中心运维中。

1. 柔直供电技术

数据港张北小二台数据中心在设计选址初期，为实现数据中心绿色高效节能的设计理念，特采用柔直供电技术，经过现场多次调研，张北现场风电场及光伏供电应用广泛，占比高达50%以上，使用柔直供电既可以实现智能电网与云计算产业的深度结合，满足现场数据中心高可靠性供电、绿色用能和直流用电的新需求，同时直流配电使数据中心节省约10%~20%的能源消耗，电网提供直流电有助于数据中心降低设备投资约1%，符合绿色高效节能理念；在技术方面，首次开展了中低压交直流配电网成套设计，交直流配电网在国内外陆续有工程实践开展，技术路线各不相同，尚无系统开展中低压交直流配电网成套设计记录，张北小二台数据中心交直流配电网及柔性变电站示范工程成套设计填补此项空白，首次系统给出了基于柔性变电站的交直流配电网的设计理念、原则和方法，为相关工程开展做出示范和借鉴。

基于数据港出色的全生命周期管理及相关技术创新，使张北小二台数据中心在2017年荣获了由国家科学技术奖励工作办公室批准、中国工程建设标准协会颁发的“2017数据中心科学技术奖——科技杰出奖（能效）”奖项，在亚洲绿色数据中心建设领域树立了成功典范。

2. 干冷器

数据港张北中都数据中心坐落于河北省张家口市，隶属“东数西算”京津冀核心枢纽。该数据中心通过先进的绿色设计、精益的运维管理及出色的节能诊断改造，可实现年节电量 222 万千瓦时、节水 6480 吨的绿色节能水平。数据中心直购市电中可再生能源占比达到 47.6%，年均 PUE 值 1.21，水资源使用效率 0.07 升/千瓦时。依托张北坝上地区特殊的地理及气候条件，数据港张北中都数据中心采用干冷器为主冷源，采用循环水喷淋形式，可实现全年干冷器 8000 小时利用率，制冷能耗降低 59%。利用数据中心新型余热回收技术，使水源热泵机组回收数据中心产生的废热为整个园区供热，降低冬季供暖能耗，实现数据中心楼制冷系统节能运行，全年可回收热量 38880 亿焦耳。采用的干冷器喷淋水回收技术，干冷器喷淋全年节水 65% 以上，年节水约 6480 吨，节省电能 243000 千瓦时。数据港张北中都数据中心凭借先进的绿色设计、精益的运维管理、出色的低碳水平成功入选“2021 年度国家绿色数据中心名单”。

3. 资源回收

数据港始终坚持以 EHS 管理体系（环境、职业健康安全管理体系）为核心管理手段，以“遵纪守法、节能减排、安全工作、健康生活、持续改进”为管理方针，以减少伤害、事故、污染物、废物、经营成本和潜在不利因素，提高企业可造性、效益、信誉和可信度为目标。积极开发对环境友善、绿色能源、零污染的绿色服务。绿色环保材料应用方面，采用绿色无污染的环氧地坪、无味乳胶漆、无污染防静电的硅酸钙地板及阻燃环保的橡塑保温棉等；清洁生产方面，“三废”做到零排放，废油、水处理废料由供应商自行回收处理，废弃电子产品厂家回收。以数据港张北小二台数据中心为例，该数据中心整体采用水源热泵机组进行数据中心楼余热回收，为当地运维办公室冬天采暖，节约用电 141 万千瓦时。

4. 行业低碳宣传

数据港在各类行业协会论坛、云服务商等会议中，多次分享关于绿色数据中心建设的相关经验及理念，积极引导行业对绿色数据中心的探索：陆续在中国通信企业协会云数据专委会等权威协会举办的会议中分享了“绿色数据中心架构搭建”“新基建热潮下的数据中心节能技术探索”等主题演讲，不断落实创新、协调、绿色、开放、共享的发展理念，持续推进数据中心建设、节能、运维管理等方面的科技创新，积极推动产业上下游的加速融合，为行业的绿色健康发展持续贡献力量。

三、实施效果

为响应国家绿色节能政策，提升客户市场竞争力，降低其运营成本，数据港不断将先进绿色节能技术运用于数据中心建设中：从太阳能光伏电站与柔性直流输电技术的结合应用，到减少废热、废水的“免费冷却”干冷器和突破地域限制、大幅提升高功率机柜冷却水平的浸没式液冷，再到采用机器学习技术的大数据分析管理，数据港在数据中心的选址规划、能源结构、低碳冷却技术、智能化运维管理等方面都进行了全方位的积极探索并取得了骄人成就。

2021 年，数据港全国已投产数据中心平均 PUE 值已达 1.22，比国内行业平均指标低 21%，达到国际先进水平。其中，数据港华东区域最低 PUE 值可达 1.09，华北区域最低 PUE 值可达 1.17，华南区域最低 PUE 值可达 1.28，比肩亚马逊、谷歌、脸书等国际互联网巨头。2021 年，数据港全国数据中心较行业均值预计节省 4 亿度用电量，减少碳排放量 25 万吨以上。

凭借杰出的绿色低碳核心竞争力，近年来数据港乘势而上，截至 2022 年 3 月，公司累计已建成及已运营数据中心 34 个，IT 负载合计约 366.82 兆瓦，折算成 5 千瓦标准机柜约 73365 个。作为中国头部第三方数据中心服务商，数据港成立之日起就积极践行社会责任，投身环境保护与可持续发展。在 10 多年的发展过程中，数据港从未发生过任何违反 SLA 的记录及宕机事件，不仅为世界级互联网客户顺利开展各项业务积极赋能，十年如一日的稳定运营也对中国互联网的蓬勃发展起到关键作用。

近年来，数据港在收获行业肯定的同时还积极将绿色实践成果分享给行业同仁，推动中国数据中心行业绿色高质量发展。数据港凭借先进的绿色设计、精益的运维管理、出色的低碳水平、可再生能源表现及行业影响力，在2021年4月绿色和平组织发布的绿色云端2021中国互联网云服务企业可再生能源表现排行榜中，从众多优秀数据中心企业中脱颖而出，取得了排名第三的骄人成绩；2021年9月，数据港张北小二台数据中心，荣获由中国信息通信院颁发的低碳数据中心等级评估——“碳减排数据中心创新者”奖；2022年3月，数据港张北中都数据中心成功入选“2021年度国家绿色数据中心名单”；2022年4月，在中国信息通信研究院发布的《中国第三方数据中心运营商分析报告（2022年）》中，数据港总体规模已跃升至行业第二。

未来，在“双碳”战略目标及“东数西算”的战略指引下，数据港将一如既往地继续秉承绿色可持续发展的战略理念，持续推动整个数据中心行业的绿色高质量发展。

主创人：宋志刚、滕　然、王　肃、顾佳晓

热电联产循环流化床锅炉机组烟气余热回收及应用

水发热电（荣成）有限公司

一、企业概况

水发热电（荣成）有限公司（以下简称公司）成立于2016年，位于山东省威海市荣成市。公司所属热电联产项目，入选了财政部公布的第四批国家级PPP示范项目，是荣成市“十三五”规划的重大基础设施项目和资源综合利用绿色环保项目。公司实行供热、供蒸汽和供电一体化运营，是荣成市南部地区唯一热源。

荣成市石岛管理区是全国最大的鱼粉生产基地，鱼粉企业蒸汽需求量较大，在册的鱼粉生产企业共29家，拥有鱼粉生产线78条，园区最大产能达54.7万吨/年。企业用汽基本都依靠企业自身的小型锅炉（均为25t/h以下）。小型锅炉普遍存在设备老化、效率低下、排放严重超标等问题。居民居住环境及生活水平的大幅度提高，荣成市城区居民的采暖需求逐年递增。随着新城区建设，在可预见的10年内供暖需求将达到550万平方米。已有热源厂机组较小，供热能力有限且无扩建余地。因此，整合现有热电资源，同时针对管理区内企业及生活的热负荷发展趋势，建设集中、高效、环保的大型供热式热源厂来取代现有分散的供热模式是十分必要和迫在眉睫的。

2017年2月，公司与荣成市石岛管理区签订PPP合同建设热电联产热电厂，其中一期工程建设2台240t/h高温高压循环流化床锅炉+1台75t/h高温高压循环流化床锅炉，2台B30－8.83/0.981背压式汽轮发电机组+1台B9－8.83/0.981背压式汽轮发电机组及其涉及的各生产辅助系统，于2018年年底投产运行。2019年9月，建设二期工程1台240t/h高温高压循环流化床锅炉，同步建设除尘、脱硫、脱硝装置，于2020年11月投入运行。

公司严格按照国家安全、环保、职业健康“三同时”的要求，完成了相关专项工程的验收工作。2018年12月，由威海市威咨建设项目管理有限公司审核出具了《荣成市人民政府石岛管理区热电联产PPP项目节能报告》，项目平均供电煤耗208.7793gce/kWh，低于热电联产机组供电煤耗限额367 gce/kWh的标准要求，全厂总热效率为83.47%，热经济性指标满足《热电联产项目可行性研究技术规定要求》。2020年1月，公司通过山东电力协会企业安全生产标准化二级验收，企业管理已步入正规，健全了各项管理制度及考核奖惩制度。企业技术力量雄厚，正朝着安全、稳定、经济、高效方向发展。

二、主要措施

（一）市场现况及发展趋势

工业节能是节能行业的一个重要热点领域，即工业领域的节能减排。工业企业是我国能源消费大户，能源消费量占全国能源消费总量的70%左右。其中，钢铁、有色、煤炭、电力、石油、化工、建材、纺织、造纸等九大重点耗能行业用电量占整个工业企业用电量的60%以上，但单位平均能耗却比国外先进水平高出40%。

从国外主要工业化国家的经验来看，依法节能早已经成为国际通用的惯例。美国、日本及欧盟等国家和地区特别重视依靠法律法规推进工业领域节能。

2016年5月，《工业节能管理办法》出台，提出要在工业领域的各个环节降低能源消耗，减少污染物排放，高效合理地利用能源。随着中国工业节能的政策推力逐渐加大，工业节能市场迅速发展，中国工业节能市场潜在需求与机会巨大。

2020 年 12 月召开的中央经济工作会议，明确"双碳"目标。

（二）采取的措施

1. 存在的问题

从生产数据分析，随着机组运行时间的延长，机组满负荷时锅炉最高排烟温度在 150℃左右，对机组的安全性及经济性产生了较大的影响。主要表现在以下几个方面。一是锅炉效率较低，排烟温度每升高 15℃～20℃，锅炉效率降低 1%。由此可见，本锅炉在提高效率方面有较大的潜力。二是排烟温度高，烟气体积容积大，使得风机、除尘器工作环境恶化，缩短寿命，影响机组安全性。三是排烟温度高，增大脱硫塔之前的喷淋水用量，脱硫工艺用水量大，加重烟囱的"白烟"现象。

2. 改造方案

结合现场实际情况，本方案是在原有系统的烟道内设置烟气余热换热器，满负荷时将烟温由 150℃左右降低到 95℃，实现深度降低排烟温度的节能改造。烟气余热换热器回收的烟气余热加热凝结水，减少汽轮机抽汽，可增加供热供汽量。烟气温度降低后，可以减少脱硫系统的工艺用水量。烟气余热换热器是独立的控制系统，该系统设备发生故障时能够解列，不影响机组正常运行。

（1）管型式及材料研究。由于烟气余热换热器的传热温差小，为使受热面结构紧凑以减小体积并减少材料耗量，传热管必须采用扩展受热面强化传热。H 型翅片管作为换热元件，由于其制造工艺简单，能增大管外换热面积，强化传热，因而在中低温余热锅炉及其他换热设备中得到广泛的应用。另外，H 型翅片可以提高传热管外壁面的温度，具有优异的防积灰、防磨损特性，因此，本项目中烟气余热换热器的传热管采用 H 型翅片管。近年来，ND 钢是国内外最理想的"耐硫酸低温露点腐蚀"用钢材，广泛用于制造在高含硫烟气中服役的省煤器、空气预热器、热交换器和蒸发器等装置设备，用于抵御含硫烟气结露点腐蚀，它还具有耐氯离子腐蚀的能力。ND 钢主要的参考指标与碳钢、日本进口同类钢耐腐蚀性能相比，要高于这些钢种。因此，本项目建议采用耐低温腐蚀的 ND 钢。

（2）进出口水温的选择。烟气余热换热器的进出水温度既要考虑经济性，又要考虑由此产生的不可逆损失。在一定的进水温度下，出水温度越高，获得的经济效益越大。在同样的进水温度下，如果选取的出水温度较低，需要的换热面积就小，可是利用的较大的水量可以获得较大的烟温降，需增加管径及提高管道增压泵的扬程，但取得的经济效益是很差的。烟气余热换热器进出口水温的选择主要考虑确保烟气余热换热器受热面不出现低温腐蚀，即保证烟气余热换热器进口水温高于烟气工程酸露点温度。根据运行煤种和烟气实际运行压力计算烟气水露点温度 39.45℃，按煤粉含硫量 8% 计算，烟气酸露点温度为 97.53℃。结合换热设备的主要材质，设计取水温度为 85℃。设计取水点为冷渣机冷却水回水母管取水，同时再增加一路再循环，两路混合取水达到 85℃以上。

（3）受热面布置方案的设计。烟气余热换热器受热面布置的方案：将受热面整体布置于除尘器与引风机之间的竖直烟道内，设计尺寸为 3600mm×4500mm×3500mm，设计平均烟速 9.78m/s，此处烟气中的大颗粒灰尘大部分已经除去，粉尘颗粒度小，系统运行安全；同时，烟温降低引起烟气量减少，能够降低风机的电耗，抵消一部分受热面阻力，引风机的裕度足可以克服受热面阻力，不需要增设风机。烟气余热换热器系统见图 1。

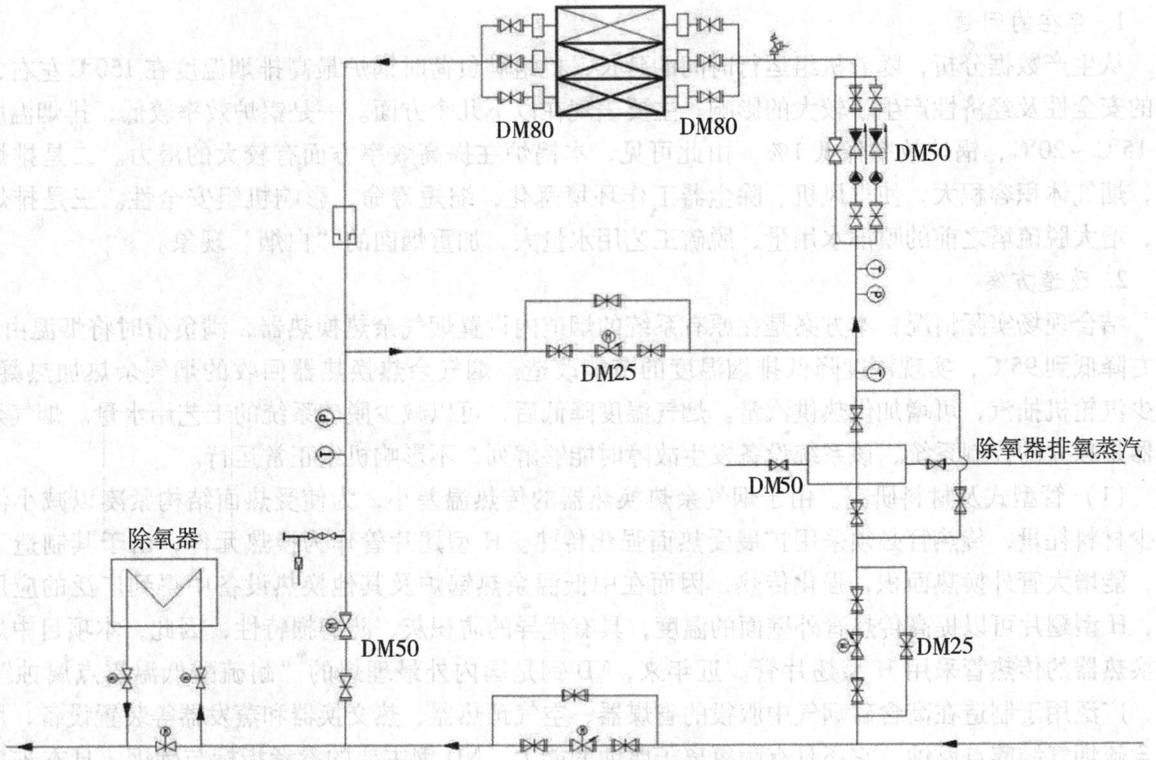

图 1 烟气余热换热器系统示意

3. 关键技术

（1）低温腐蚀。为保证换热，烟气余热换热器本体受热面采用逆流布置，烟气的低温段和工质的低温段重合。机组满负荷工况运行稳定时，除尘器出口烟温控制在 95℃ 左右，烟气余热换热器系统换热管管壁温度高于硫酸结露的露点温度，换热管排就不会出现低温腐蚀。解决传热管低温腐蚀是首要难题，是必须解决的关键技术之一。

酸露点温度的计算。一般来讲，烟气露点温度和燃煤成分中的水分含量、硫含量、氢含量、灰分含量、发热量、炉膛燃烧温度、过量空气系数等因素有关，但这些因素的影响幅度不同，所以有的计算中会忽略有些因素的影响。在众多酸露点计算公式中，苏联 1973 年锅炉热力计算标准方法中推荐的公式应用最广泛，也比较接近实际。

根据运行煤种和烟气实际运行压力、煤种的成分分析，计算烟气水露点温度 39. 45℃。目前，循环流化床炉大部分已经改为炉外脱硫，取含硫量高的系数进行计算，得出烟气酸露点温度为 97. 53℃ 左右。故烟气温度降低到 95℃，系统设备还处于安全的运行工况环境内。

露点腐蚀的影响因素分析。影响露点腐蚀的因素很多，按照影响程度，可以认为，影响露点腐蚀速率最大的几个因素是燃料、转化率、酸沉积率、温度、材料。可以写成：

试验表明：燃煤机组露点腐蚀速率小于燃油机组；露点低温腐蚀速率受控于腐蚀性元素的氧化转化率；腐蚀速率受控于酸冷凝沉积率，而不是酸和金属的反应速率；计算酸露点大于实际工程酸露点。

控制烟气低温腐蚀采取的措施。一是受热面管壁温度可调，设计中合理选取受热面的进水温度及水流量，控制换热管壁温。二是对烟气酸露点腐蚀临界点，可现场进行实际测试，根据测试酸露点温度，选取合适的进水温度，从而控制换热管腐蚀。三是换热器分段控制，当烟道中局部受热面出现故障时，通过关闭该管组分段控制阀门，可以局部解列受热面运行。

（2）磨损。为解决管道磨损问题，需注意以下几点。第一，将换热设备布置在除尘器之后，烟气中的大颗粒含量减少，降低了对换热管排的冲刷力度。第二，采用合适的烟气流速，保证一定换热系数的同时又不至于因烟气流速过高而产生不可控的磨损。第三，烟道内管子整体无对接焊缝，蛇形管弯头和焊口全部置于与烟气流动区隔离，防止弯头及焊缝磨损。第四，采用4mm厚的壁管，使受热面具有一定的磨蚀裕度。第五，弯头部分设计阻流孔板，其均流性好又具有抑制灰贴壁磨损的功能。第六，换热管排的烟气迎风面上设计有防磨假管。

（3）积灰。烟气余热换热器本体安装于除尘器之后，烟气中大颗粒减少，但小颗粒增多，需要考虑烟气余热换热器细灰吸附的问题。针对以上问题，可以采取以下措施。第一，设计合适的烟速，利用烟气的自吹灰能力清除管壁积灰。第二，系统设计有吹灰器系统，定时对管排进行吹灰作业。第三，烟气余热换热器系统布置于竖直烟道内，积灰情况好于水平烟道布置的情况。

（4）烟气余热换热器本体结构形式。为方便安装换热器为模块化设计，沿烟道宽度方向分成3个独立分段集箱，分段集箱进出设计有独立阀门控制，烟道中局部受热面出现故障，可通过控制分段集箱进出口手动门解列局部受热面，烟道中其他受热面仍可运行。

（5）烟气侧和水侧阻力。由于在烟道中设置了烟气余热换热器本体，烟气侧阻力会增加。为了避免阻力增加太多，引风机出力不够，必须扩展烟道，同时控制烟气流速。经核算，烟气侧静态阻力增加360Pa左右，在换热器投运时，引风机进口温度降低50℃以上，烟气体积流量减少9.46%，在风机功率不变的情况下，可以抵消增设换热器增加的大部分阻力。因此，基本上不会对引风机的出力情况产生大的影响。烟气余热换热器凝结水系统：在换热器供水管道上设计有管道升压泵，可以克服凝结水管道阻力，足以满足烟气余热换热器系统凝结水流量的要求。

4. 主要设计参数

烟气余热换热器设计参数见表1。

表1　烟气余热换热器设计参数

项目	单位	数值	备注
进口烟温	℃	150	
出口烟温	℃	110	
换热器进口水温	℃	85	
换热器出口水温	℃	115	≥100℃（低负荷时）
烟气流量	m^3/h	334100	139℃时的设计值
换热量	Kw	3147.5	
布置方式	/	双管圈顺列逆流	
换热器个数	个	3	模块
单个换热器尺寸	m×m×m	3.6×4.5×3.5	
翅片管型式	-	H型翅片管	
翅片管尺寸	mm×mm	φ38×4	

续表

项目	单位	数值	备注
翅片节距	mm	20	
换热器内烟气流速	m/s	9.78	平均烟速
烟气侧压降	Pa	360	
换热器系统总水量	t/h	100	
吹灰器型式		声波吹灰器	

5. 项目实施

2020 年 6 月，公司与水发智慧能源有限公司签订锅炉烟气余热回收节能合同，采用合同能源管理模式（EMC），实施锅炉余热回收改造。2020 年 11 月，#2、#4 炉烟气余热回收系统相继投入运行。

三、实施效果

项目实施后，成功地将锅炉排烟温度从 150℃ 降低到 95℃ 左右，可为公司带来如下经济、环境效益。

（一）经济效益

第一，回收利用排烟余热锅炉尾部烟气余热，满负荷时能够将排烟温度从 150℃ 降低到 95℃，可吸收热量 3147.5kW，相当于每小时回收 11.33GJ 的热量。机组年运行按照 5760 个小时（4 个月休渔期停产）计算，可回收热量 6.52×10^4GJ，节约标煤 4995.2 吨。

第二，排烟温度降低，减小了烟气容积，优化了引风机的运行工况，提高了引风机的使用寿命。

第三，节约经济效益的同时，减少了脱硫系统的工艺用水 4.24t/h，减轻了烟囱“白烟”现象，环保效益显著。按自来水价格 3.5 元/吨计算，一个供暖期两台炉可节约用水 48844 吨，节约资金 17.1 万元。

第四，单台除氧器乏汽可将 40t/h 除盐水从 30℃ 加热到 50℃，可回收热量 3.34MJ/h。每年两台机组可节约用煤 18.4 吨，回收除盐水 23040 吨，节约资金 8.06 万元。

（二）社会效益

该项目符合我国相关产业发展政策，是推动工业余热利用技术持续快速健康发展的重要举措，符合我国国民经济可持续发展的战略目标。本项目实施后，大幅降低了锅炉排烟温度，提高了锅炉运行效率，从而实现清洁文明生产，减少 CO_2 排放，具有良好的环境效益和社会效益。

本项目的应用技术对于其他锅炉烟气余热利用方案可借鉴使用，起到良好的示范作用，推广应用前景广泛。

主创人：白道涛、王飞翔、王文峰、尹明锐、张　芳

基于智能制造的现代中药绿色发展新模式

天士力医药集团股份有限公司

一、企业概况

天士力医药集团股份有限公司（以下简称天士力）创建于1994年，是中国中药现代化、国际化的领军企业，2002年在上海证券交易所挂牌上市，位列中国医药工业百强。作为国家高新技术企业，拥有“国家企业技术中心”“创新中药关键技术国家重点实验室”“中药先进制造技术国家地方联合工程实验室”等多个国家级创新平台。公司秉承“工艺最精、流程最短、投资最少、污染最小、能耗最低”的管理理念，创造了世界领先的高速滴丸生产线和中药数字化智能提取生产线，建立了标准化、数字化、智能化的现代中药绿色产业体系。入选工业和信息化部“绿色工厂”示范企业，荣获工业和信息化部“智能制造试点示范”称号。

天士力医药产品组合丰富，覆盖心脑血管、肿瘤及免疫、消化代谢、精神类用药及保肝护肝用药等领域产品，是当前国内大型的滴丸剂型生产企业。滴丸产品包括复方丹参滴丸、藿香正气滴丸、芪参益气滴丸等，核心产品复方丹参滴丸为首例完成美国FDA全球多中心、大样本、随机双盲Ⅲ期临床试验的复方中药。2019—2021年，产品产量平稳，生产经营状态良好。2021年营业收入79.52亿元，实现净利润23.59亿元，同比增长109.51%。

作为现代中药的领军企业，绿色制造一直是天士力的核心竞争优势。天士力坚持全面智能化、系统化管理的同时，长期履行企业社会责任，不断挖掘节能减排潜力。工厂近3年在生产流程优化、智能制造升级、节能降耗、能源再利用、包材回收、工艺优化等方面陆续开展技术改造，以点带面，将节能绿色低碳发展之路不断延伸、扩散，树立起行业绿色节能标杆。面向未来，天士力人将继续传承“追求天人合一，提高生命质量”的企业理念，胸怀“创造健康，人人共享”的使命感，推动大生物医药产业高质量、可持续发展。

二、主要措施

天士力绿色制造不断提升，精益生产和智能制造双引擎驱动，通过打造“工艺最精、流程最短、投资最少、污染最小、能耗最低”的全价值链精益管理模式，不断提升技术工艺与产品质量，推进减排降耗、能耗管控、流程优化等措施精准落地，形成了具有天士力特色的绿色低碳智能制造体系。

（一）新技术的场景应用——复方丹参滴丸智能制造试点示范

以节能降耗、降本增效、智能升级为目标，天士力自主研发了全球唯一的超高速滴丸生产设备，突破多项智能制造核心装备短板，建成了“信息化、智能化、集成化”的中药滴丸数字化车间，树立了中药行业绿色制造典范。车间设备在设计之初就把低能耗作为一个重要的设计理念并做好验收指标，严格要求设备要低能耗、高效率，确保绿色低碳、生态友好。主要措施包括以下6个方面的内容。

1. 高速滴丸机

通过自主研发的方式，采用高效节能的换热冷却、超高速非接触电磁悬浮振动滴制、高黏度液体无波动连续输送、高精度大直径薄壁制管、超长行程CIP软管输送等最新滴丸制剂技术，使中药滴丸产品达到了工艺最精、耗能最低、体积更小、品质更高，使产品质量符合cGMP及当前国际最高标准要求，实现了滴制技术革命性的升级换代。一台高速滴丸机完成原来18台滴丸机的产能，通过高效率的生产方式降低设备能源消耗，整台设备占地面积小，比老式设备占用场地节省50%、人员定额减少20%。

2. 连续包衣机

创新采用包衣连续化生产模式，改变传统的锅包形式。采用连续化的生产模式材料自动上料、无动力重力下料、自动流体计量、反馈式衣液计量喷洒、实时监控工艺参数、自动出料等高科技技术，设备体积小，能耗低，一台设备即可完成原来 4 台大型备的产能，节省了大量的电能、热能。场地节省100%，人员定额减少 50%。

3. 高速包装生产线

创新采用的高速包装线由智能物料配送、PE 瓶理料、泡罩、视觉检测、泡罩板转序机构、装盒、激光打码及检测、三维包装、机器人装箱码垛组成。采用国内先进的电磁直线震动理料装置进行 PE 瓶的自动整理，将无序的瓶子整理为排布整齐划一的首尾相接，通过中间分隔装置，每 8 个 PE 瓶分为一组，通过法国史陶比尔平面关节机器人将一组 PE 瓶整体转序，转移到预制好的泡罩孔内，完成自动布瓶，该装置的效率是传统机械式理瓶机的 4 倍，适用于高速包装。一台机器人完成一条生产线的中包自动整列、大箱开箱、装箱、放置垫板、封箱、打包、贴标、码垛等工序，实现由传统的人工操作变为工业机器人操作，通过合理的程序设计使机器人每分钟可以完成 14 个节拍的动作，达到机器人效率最优。生产线大量应用视觉系统和各种传感器，实时监测产品过程状态，确保生产的产品质量和外观都达到高标准。该生产线实现实时数据上传，与欧盟 GMP 中关于数据存储的要求一致。生产线增加了审计追踪功能，授权进行设备操作的员工每一步的操作都记录在 HMI 的存储器中，真正实现了过程可追溯。设备投产后，实现自动化包装生产线产能提升 250%，每年可以少用 36 人。

4. 智能检测装备

该设备由天士力独立自主研发，属于国内首创、国际领先。各环节都采用数字化控制，各工艺参数、生产数据都实现了数据上传到 SCADA 服务器。生产过程全程可控，数据实时上传，形成企业级、工厂级、车间级、生产线级多维度的数字化生产模式，代表着国内先进水平。

5. 公用设备

根据生产线需求，对公用系统进行统筹考虑，针对制冷系统、空压系统、纯化水系统等均以节能、高效、环保等节能型设备为首选，实现了低能耗高产出、随生产线用量精细化供给的控制理念。

采用双一级能效变频离心式冷水机组，在相同工况下，运行能耗减少约 13%，制冷量同比提高 33.3%，有效提升了冷负荷的保障能力。压缩空气系统淘汰原有低效空压机组，采用一级能耗标准空压机组进行替换，在总功率不变的情况下，产气量增加 23.5%。纯化水系统采用自动化、集约化、高效回收再利用的先进制备理念。系统采用全自动运行模式，水质在线监控，可达到无人值守状态运转，减少人员成本。纯水机组反渗透系统排水回收再利用，将二级 RO 浓水重新回收至预处理水罐，提高一级水利用率 25%。车间占地面积也极大减少，增加了现有空调覆盖面积下的空间利用率，大幅度降低复方丹参滴丸车间的空调电耗。

6. 智能配送系统

公司建设了以 AGV 为主要设备的智能配送系统，以及以四向车、密集库为主体的智能仓储系统。通过与智能化物流管理信息系统的整合集成，实现了滴丸制剂生产中物料、产成品出入库的智能化、过程的数字化、物流的信息化，树立了行业绿色制造典范。

（二）低碳管理与绿色节能运行工作

1. 低碳管理

天士力委托第三方机构持续开展温室气体核查，利用碳核查结果改善能源管理，积极开展碳减排工作，二氧化碳排放量呈整体下降趋势。

2. 绿色节能运行工作

天士力注重能源资源，从源头设计控制和持续工艺优化，以设备精益为基础，打通工艺流程，解决制造断点、难点，实现连续生产，减少能耗投入。2018 年，天士力获得了国家级绿色工厂称号；2021 年，通过了复审。公司开展如下所述的主要绿色节能工作。

从物料、原料、耗能工质的平衡方面，统筹优化工艺，缩短流程。从干燥工艺、包衣工艺、总混工艺、制粒工艺四方面，通过降低温升、缩短时长、提升物料等措施，养血清脑颗粒包装车间实施了“三头一尾”生产线改造，不仅实现包装效率的提升，也达到了节能减排的效果。

制剂楼空压系统生产联动优化项目，与生产联动在用气量不大的夜班或节假日，按需供给，精益运行。

固体制剂楼冷冻/冷却循环水系统改造项目，采用逆流式冷却水塔代替原有横流式冷却水塔，对冷却水的换热方式进行改变，同时对冷却水循环泵进行合理扬程配置，降低水泵功率。将原有 4 台冷却水循环泵进行更换，功率由原先75kW 降低到37kW，并且能效等级从3 级提升至2 级。将6 台55kW 冷冻水循环泵替换为新技术 45kW 节能型水泵，改造循环管路以对不同生产区域分开供冷，可根据生产的实际情况提供冷源，达到节能的目的。制冷机组冷凝器及蒸发器趋近温度降低 1℃，能效比（COP）提高 11%，年节约电费 58 万元。

三、实施效果

天士力以《中国制造 2025》为引导，已建成国际一流的中药滴丸数字化生产车间。高速滴丸机、智能检测装备等技术装备将有效弥补中药特有剂型的专用成套装备和自动生产线中的检测设备短板，实现设备性能提升、台数减少、能耗降低。滴丸制剂从制剂、包装、物流等方面全方位稳定快速生产，降低人员费用、节约能源成本。

案例的实施有效缩短产品研制周期、提升生产产能和产品品质、提高生产效率、降低运营成本，提升企业整体核心竞争力。最终实现生产效率提高 22%，单位产值能耗降低 40%，用电设备功率下降 230kW，蒸汽消耗量减少 0. 88t/h。

天士力全面开展能源精细化管理，执行阿米巴经营理念，结合政府要求，科学、有效的实施能源管理工作，树立节能就是效益的发展理念，坚持以科学管理为主线，以推广新节能技术为手段，通过持续改进、稳步落实，全面提高能源综合利用率，严格控制能源成本支出，使绿色环保的理念深植在生产的每一个环节、工厂的每一个角落。天士力完成了主要用能设备能效测试报告、能源管理措施计划、节能技改评估管理规程和各厂区能源效果评价。2021 年，实现综合能源费用节减 548 万元，形成了良好的管理效益。

在智能制造、绿色制造转型升级过程中，天士力的产品竞争力持续提升，销售实现稳定增长。目前，天士力拥有 13 个年销售过亿元的大品种，其中复方丹参滴丸年销售额近 40 亿元，在全国口服类缺血性心脏病中成药中排名第一，形成了良好的经济效益。

天士力在技术创新、智造升级、节能降耗等方面形成了可示范、可推广的产业发展新模式，对整个行业的绿色低碳发展具有示范和引领作用，极大地增强了现代中药产业国际竞争优势，助力优秀民族医药品牌走向世界，形成了广泛的社会效益。

主创人：张洪全、丛中扬、刘　鹏、鞠　伟

产品全生命周期绿色发展模式

潍柴控股集团有限公司

一、企业概况

潍柴控股集团有限公司（以下简称潍柴）以“绿色动力，国际潍柴”为使命，秉承“客户满意是我们的宗旨”核心价值观，致力于建成以整车、整机为龙头，以动力系统为核心技术支撑，成为全球领先、受人尊敬、可持续发展的智能化工业装备跨国集团。

潍柴始终坚持产品经营、资本运营双轮驱动的运营策略，致力于打造品质、技术和成本三大核心竞争力的产品，成功构筑动力总成（发动机、变速箱、车桥、液压）、整车整机、智能物流等产业板块协同发展的格局，拥有“潍柴发动机”“法士特变速器”“汉德车桥”“陕汽重卡”“林德液压”等品牌。

潍柴在全国建立了由 6000 余家特殊维修服务中心组成的服务网络，在海外建有 400 余家维修服务站，产品远销 110 多个国家和地区。近年来，潍柴稳健发展，2019 年营业收入 2354 亿元，2020 年营业收入 2646 亿元，2021 年营业收入 3049 亿元。目前潍柴是中国综合实力最强的汽车及装备制造集团之一，是世界 500 强企业。

二、主要措施

（一）顶层设计，强化能源管理

潍柴以“绿色动力，国际潍柴”为使命，强调能源资源绿色利用的循环经济发展，提高利用效率，降低成本，增加效益，共创绿色低碳企业。根据国家及地方发展规划，结合企业发展实际制订企业能源发展规划。以能源管理体系为抓手，形成了系统的能源管理模式。

1. 完善能源管理体系

积极践行最新国家能源政策，打造节能遵法贯标机制、全过程能源管控机制、节能技术进步机制及节能文化构建机制有机融合的节能长效机制。完善能源管理架构和管理制度，开展实际能源监察，建立持续长效的监督检查机制。实施能源消耗全面预算制度，制订年度预算、月度计划，大比重设置节能目标、指标分数，设置能耗标杆指标，强化目标管理。进一步细化能源计量颗粒度，激励各单位开展能效对标管理，积极实施节能降耗措施，鼓励各用能单位自主应用节能技术产品，将国家对重点用能单位节能目标考核的要求真正落地。

2. 创新节能模式

针对当前能源管理现状，开展重点用能单位能源管理星级评价。主动邀请外部专家、咨询服务单位实施节能诊断服务工作，自主开展内部用能单位节能诊断专项活动，调研用能单位诉求，进一步查找节能空间，完善能源管理工作，推动实施一批能源管理方案。利用能源数据管控中心大量数据及自主开发的能耗分析、预测平台，为公司能源计划、决策提供数据支持。

3. 节能文化建设与积淀

按照国家和地方循环经济示范企业建设的要求，总结提炼公司循环经济典型发展模式，积极建设循环经济教育示范基地；开展节能宣传、培训系列活动，提高全员节能素质；健全能源管理网络，将节能文化融入公司特色文化，形成节能新风尚。

潍柴作为一家历史悠久的国有企业，强调节约能源与企业使命一脉相承。其依托潍柴职业大学及潍柴人力资源部丰富的教育培训资源，组织策划能源管理知识体系，筹备能源管理模块，进行企业内训师队伍建设。培训内容包括能源管理体系、能源法规标准、能源计量、能源统计、通用节能技术、专项能源技术等。

（二）产品开发，领先绿色节能

1. 传统能源动力产品精益求精

在传统动力产品设计方面，针对卡车、工程机械、客车等下游产品的性能提升和环境友好、节能降耗、循环利用的需求，以降低产品全生命周期过程对资源环境的影响为主线，突破产品设计开发、制造系统优化提升、绿色制造基础数据库、核心软件工具开发、新型产品原型样机试制等关键技术，形成一批具有自主知识产权的技术与标准规范体系。

潍柴动力在进行产品设计时，充分考虑环保性能，包括使用材料的可再生性、材料对环境的长期影响、产品生产和组装所使用的能源、再制造时的易拆解性、产品的耐用性及最终的废品处理方式等。成立了研发共同体，进行产品的协同设计，引导供应商减少各种原辅材料和包装材料用量，用更环保的材料替代，避免或减少环境污染。从源头抓起，在设计阶段，严格按照国家生态设计的要求推进。2015年，潍柴荣获工业产品生态设计试点企业（第一批）称号。

潍柴充分利用内燃机可靠性国家重点实验室、国家商用汽车动力系统总成工程技术研究中心、国家商用汽车及工程机械新能源动力系统产业创新战略联盟、国家专业化众创空间等研发平台，依靠“博士后工作站”等研究基地，在潍坊、上海、西安、重庆、扬州等地建立研发中心，在全球多地设立前沿技术创新中心，协同研发创新的绿色设计体系。利用虚拟研发、增材制造技术，减少了研发过程中能源与资源的消耗。通过产品轻量化科学设计，减少产品本身资源消耗，其中 WP8 产品实现产品降重 80 千克。

潍柴聚集优势资源，勇闯科技无人区，对柴油机热效率进行专项攻关，潍柴动力开创五大专有技术——协同燃烧技术、协调设计技术、排气能量分配技术、分区润滑技术、智能控制技术，解决了高效燃烧低传热、高爆压高可靠性、低摩擦损耗、低排放污染物、智能控制等一系列世界级难题，最终使柴油机本体热效率达到 50.26%。2022 年 1 月 8 日，潍柴动力又公布最新成果——全球首个本体热效率达到 51.09% 的柴油发动机，而市场上主流柴油机的平均热效率只有 46%。在 51% 热效率柴油机推广应用之后，每年将为我国节省 1600 万吨油，创造巨大的经济效益；同时，其还能每年减少 5000 万吨的二氧化碳的排放，为“双碳”目标的实现做出重要的贡献。

潍柴长期致力于产品排放研究，让产品排放更清洁，保卫蓝天。2018 年 10 月 9 日，潍柴以 000001 编号获得生态环境部的环保信息公开单，标志着潍柴 WP4.6N 发动机顺利取得重型柴油机国六 b 官方认证，该产品较竞品百公里油耗节省 2L。目前，潍柴已经全面布局国六产品，国六产品较国五产品节省柴油约 8%。这不仅是潍柴研发厚积薄发的成果，更是潍柴打赢蓝天保卫战的使命与决心。

2. 新能源动力产品走在前列

潍柴不仅注重传统动力生态设计，更是关注产业革命，坚持创新驱动，聚焦新能源产业，积极布局纯电动动力、固态氧化物电池、氢能源、无人驾驶等。2020 年 3 月 31 日，潍柴 2 万台氢燃料电池发动机工厂正式投产，为山东省打造“绿色动力、氢能城市”夯实了产业基础，为山东省打造“中国氢谷”注入强劲动力。截至 2020 年年底，潍柴在山东省推动建成 6 座加氢站，累计推广 251 辆燃料电池公交车。

潍柴加氢站是山东省第一座固定式加氢站，设计能力为 1000kg/d，兼顾 35MPa、70MPa 加氢能力，加注协议遵从 SAE J2601，可为多类型燃料电池车辆提供安全可靠的氢气加注服务，在全国乃至世界均处于领先水平。目前，该加氢站已为潍坊 130 余辆燃料电池公交车提供氢气加注服务，2021 年加注量超过 340 吨，减排二氧化碳 6000 吨，为氢能推广提供基础设施支持及示范运营经验。

（三）生产运营，追求极致能效

1. 节能技术深度应用

公司积极探索节能“四新”技术应用，深挖节能潜力，实施系列节能改进项目，提升能源综合利用率。

一是新技术赋能效率提升。公司积极探索适用的节能技术，追求能源利用效率不断提升。应用了变频供水、谐波治理、无功补偿、LED照明、闭环控制、自动化集控等先进节能技术。2016年起，先后组织完成累计5700余台套灯具更换，投资300余万元。项目实施后，现场照度提升近一倍，节能率达60%。先后实施96台循环水泵超滑节能涂层改造项目，节电率约15%。更换高效变压器，减小电力转换损失。运行模式变革，优化智能集控模型，提升压缩空气及制冷系统动能设备及系统能效；采用变频空压机，稳定供气压力，减少设备卸载空耗，年节电能约456万千瓦时。实施压缩空气铝合金超级管道改造，降低输送压力损耗。

二是自动化信息化转型深挖节能潜力。进一步完善升级能源管控系统，普及能源站房自动化集控建设，建设能源管控中心。完成动能系统和设备的智能管控项目，按工艺流程、区域、介质等维度制作各种工艺流程索引、系统索引、设备系统图界面，将相关计量设备参数运用至站房自控系统，站房设备可远程手动、远程自动和就地手动运行，实现空压机、制冷机及附属设备的自动运行。通过建立动能系统信息化管控模式，重新规划动能系统、设备集中管控实现方式，对园区内电、蒸汽、天然气、压缩空气、水、柴油等能源消耗进行集中动态监控，实现能耗数据的实时自动采集、监测、分析和能源统计报表输出。通过过程分析及时发现生产管理和设备运行中的低效环节，为各能源消耗定额制订及用能考核、控制等提供科学合理的参考依据；及时发现企业能源使用过程中的浪费情况，生成企业所需的各项能源经济性指标，实现能源科学管理。利用网络、视频和信息化技术实现站房设备远程监控、设备运行参数监测、动能站房的电子巡检和交接班功能，提高动能系统设备的精细化、智能化管控水平。

2. 智能敏捷制造体系

潍柴依托WOS管理体系，致力于高效生产体系。通过实施拉动式精益生产、标准作业、山积表等系列管理措施优化生产过程，打造智能物流与敏捷制造平台，优化生产秩序，持续提升生产效率。潍柴致力于生产过程信息化与智能化的变革。在工厂应用系统支撑平台建设方面，已搭建“6+N+X”个平台，共有50多个系统，有效支撑了数字化车间的生产制造和日常运营管理。已建成PLM、ERP、SRM、SCP、MES、CRM平台支撑产品全生命周期的精益化管理和全球协同；搭建BI、EPM、合并报表、HR、OA等系统有力支撑集团科学决策和管理。借助上述工具，经过不断优化，生产节拍逐年降低。

公司将现代信息技术（IT）和传统技术（MT）整合到整个生产全过程并融合运用，通过进行工艺改进、技术升级及自动化、智能化改造，形成以智能化生产线为核心，集成任务管理、零件自动生产、整机机型自动识别、零部件信息自动集成、自动转运、自动装配拧紧、自动测量判断、智能故障诊断及报警等功能，实现多品种机型顺序混流生产和少人或无人操作的智能化生产系统。监控刀具寿命，保持较高加工效率，有效避免刀具钝化后加工效率下降、能耗增加。通过研究重型商用车发动机冷试核心技术，制订了相应冷试工艺方法及规范，基于多参量智能分析诊断，建设了针对重型商用车发动机的自动冷试设备，每台冷试车柴油机可减少柴油机消耗约12L。

（四）开源节流，保护碧水蓝天

公司秉承“节能减排、践行责任”的理念，将打赢蓝天保卫战作为己任，致力于保护绿水青山。积极推进光伏发电项目应用，通过合同能源管理，采用“自发自用，余电上网”模式，充分利用企业厂房屋顶建设分布式光伏发电站。分别于2014年、2020年实施6.1兆瓦、5.0兆瓦光伏发电项目，年发电量约1050万千瓦时，年节省电费115万元，年降低综合能耗约1300吨标准煤，减少二氧化碳排放量9000余吨。

实施电力测功机替代水力测功机项目，将原耗散的能量转化为电能。充分利用试车余能发电，2021年发电3155万千瓦时，年节约标煤3877吨，减少二氧化碳排放2.7万吨，经济、社会效益显著。实施热电厂高温余热热水代替蒸汽热源用于采暖，有效提升区域能源利用效率；采暖低温回水全部回供热力公司，年减少热力散失3万吉焦，节约水资源3万吨。

三、实施效果

潍柴的节能关注重点从产品制造扩展到产品全生命周期和客户经营全过程。依托强大的信息化技术，潍柴搭建起车联网“智慧云”平台，向产业链下游的整车厂、经销商、终端客户、维修站提供云服务。通过云平台实现数据收集、远程锁车、远程诊断、大数据故障预警等功能，构建起全生命周期支持系统。

2020年1月10日，潍柴成功入选由世界经济论坛组织评选的全球“灯塔工厂”。标志着潍柴已成为全球智能制造的领军者，未来将指引中国乃至全世界先进制造业的发展方向。潍柴还是工业和信息化部首批46家智能制造试点示范企业之一、国家首批“两化”融合示范企业、国家“两化”融合管理体系起草单位。

潍柴以能源管理体系为总抓手，加强能源基础管理工作，注重技术革新、能效提升及智能化、数字化转型。搭建潍柴能源管控系统，系统实现集团各层级能源数据的集中自动采集，实现生产、研发、管理等用能及成本的精准统计分析，实现生产、能耗数据实时对标分析。借助动能系统智能管控改造实现动能系统集中管控运行。

绿色发展理念、完善的能源管理体系、持续的节能技术进步、智能化和信息化转型，推动潍柴动力万元产值能耗连续数年持续下降，2021年再创新低，达到5.9千克标准煤。

潍柴长期致力于节能工作，得到各级政府及社会认可，多次被评为节能省级、市级节能先进单位，获得多项节能产品或技术荣誉。如：2017年，潍柴动力WP13大功率柴油机关键技术产业化荣获潍坊市2017年度重大节能成果奖；2017年，获得工业和信息化部绿色供应链管理示范企业称号；2017年，潍柴动力荣获低碳山东行业领军单位称号；2019年，获得工业产品绿色设计示范企业称号。2021年，潍柴动力连续荣获“第五批全国工业领域电力需求侧管理示范企业（园区）”、山东省“绿色工厂”、国家“绿色工厂”、潍坊市“节能先进单位”、山东省“节水标杆企业”等称号。标志着潍柴在推动绿色制造体系建设、节能低碳、清洁生产等领域走在了行业前列，打造了绿色制造的先进典型。

潍柴动力始终致力于构建企业循环经济发展体系，在生产经营的全过程实行资源减量化、再利用、再循环，通过不断开拓创新，基本建成以绿色研发打造绿色产品、管控技改双轮驱动绿色制造、着重能源、资源绿色利用的循环经济发展模式，实现了产品生命周期的资源减量化、再利用和再循环，创造了显著的经济效益和社会效益。潍柴正通过自己的不懈努力和实际行动，在绿色发展、循环发展、低碳发展的道路上不断前行，为建设美丽中国增光添彩。

主创人：舒凤欢、姜德印、李艳华、袁召霞、宋在成

余热再利用，让绿色低碳成为一种习惯

芜湖亚奇汽车部件有限公司

一、企业概况

芜湖亚奇汽车部件有限公司（以下简称亚奇公司）于2007年注册成立，由亚普汽车部件股份有限公司（55%股权）和芜湖奇瑞科技有限公司（45%股权）合资经营。亚奇公司位于安徽芜湖鸠江经济开发区祥泰路5号，占地面积约3.7万平方米。公司属于国家高新技术企业、国家安全生产标准化二级企业，荣获安徽省诚信企业、安徽省“专精特新”企业、安徽省信息化与工业化融合示范企业、芜湖市“小巨人”培育企业、芜湖市劳动诚信示范单位、鸠江区综合效益三十强企业等称号。公司为奇瑞、吉利、上汽等国内各大自主品牌汽车主机厂配套开发、生产汽车塑料油箱，年产能达85万台。

亚奇公司以“创新赋能，为美好生活加油”为使命，以“成为国内自主品牌汽车行业塑料燃油箱优秀供应商”为企业愿景，坚持“顾客为师，惜才如金，自我否定，适应环境”的核心价值观，在公司党支部的领导下，坚持贯彻落实绿色发展理念，以建立“绿色领航”品牌党支部为抓手，通过党建引领业务，坚定不移推进生态文明建设，大力推动公司节能减碳项目实施，在履行社会责任的同时实现企业降本增效，促进公司可持续健康发展。

二、主要措施

（一）改进前现状及空压机相关原理介绍

空气压缩机（以下简称空压机）是一种用以压缩气体的设备。大多数空压机是往复活塞式，旋转叶片或旋转螺杆，是工业企业中常见的工业设备。

亚奇公司目前采用的空压机为螺杆式空压机，属于回转容积式压缩机，其中有两个带有螺旋型齿轮的转子相互啮合，转子开始旋转后，将速度和压力传给流动的气体，由于两个转子啮合处体积由大变小，气体容积也发生变化，从而将气体排除体外。

螺杆式空压机从环境中吸入空气，经过压缩后将高压空气排出，这一过程不但提高了空气的压力势能，同时产生了大量的压缩热。一般情况下，余热会被散热器和散热风扇排往空气中，一方面造成能量浪费，另一方面会造成环境污染。空压机是工厂的能耗大户，压缩空气所消耗的电量占总耗电量的25%左右，而根据美国能源署统计，真正用于增加空气势能所消耗的电能，在总耗电量中约占20%，大约80%的电能转化为热量。因此，加装空压机热能回收系统装置后，大部分热能都能被充分利用，不仅对环境起到保护作用，也能大大降低工厂的能耗。

（二）改进原理分析

螺杆式空压机在长期连续的运行过程中会产生大量高温热能，此部分热能承载体是空压机内油气混合体。油气混合体的高温热量，在空压机输入功率中占据很大比例，它的温度通常在85℃（冬、春季）或95℃（夏、秋季）。这些热能通过空压机散热器被无端地废弃排往大气中，即通过空压机的散热系统工作来满足机器长期运行的温度要求。

空压机运行中产生的被排放至大气环境中的热量，就是本次余热回收再利用的能源。本次改进通过加装空压机余热利用系统，利用热能转换原理将空压机产生的余热进行回收，将回收的余热用于生活用水等加热。空压机余热回收机是通过物理学中热传递的原理，将空压机浪费的热量吸收用来加热水，不会存在油、煤、气等矿物燃料造成的环境污染，在工作过程中达到零排放，属于绿色环保型产品，符合目前我国能源、环保的基本政策要求。它没有其他热水器所存在的易触电、易燃、易爆、易中毒等安全问题，是目前最安全可靠的热水供给设备。

（三）空压机热能分析和改进

假设有1台空压机，功率为150kW，按照80%加载率、24小时运行计算。空压机的余热回收机采用单油回收方式，按照输入轴功率的70%计算，则1台空压机余热回收每小时可提取的功率按照热量公式计算（余热回收热量=空压机功率×换热率×加载率×管道热损耗），则每小时提取的功率为：150kW×70%×80%×（1-10%）=75kW。每天可提取的功率为：75kW×24=1800kW。根据热量换算公式——1kW=860kcal，每天可回收的热量为：Q=1800×860=1548000kcal。

油管路改造：润滑油在油气分离器中分离，经温控阀后将高温的润滑油经过管道引出，进入余热回收机内，高温的油与水换热后经油管道引回至冷却器。为保证空压机的运行稳定，避免因余热回收机异常影响空压机运行，在设计过程中另外再增加一条回路（即旁通），直接将高温油连接到换热设备的回油端。在余热回收机维护检修时或出现故障时自动切换旁通阀，保障空压机的正常生产运行。

原有空压机冷却风扇改为通过温度传感器检测油温，使用油温作为控制风扇的输入信号。

螺杆空压机原有冷却系统与空压机余热回收系统是两套完全独立的系统，无须担心由于空压机余热回收系统的原因而影响空压机的运行。两套系统的切换自动控制，在空压机余热回收系统未启用时，空压机使用机身自带冷却系统；当余热回收系统启动时，系统可自动切换至余热回收系统。余热回收系统为全自动控制装置，无须人为操作，控制系统会根据温度、水位的情况做出判断，自行控制换热方式。

（四）余热回收系统改进

1. 主要设备技术参数与配置

本次改进使用的余热回收机由河南尚唐环保科技有限公司生产，该公司是集节能环保设备的科技研发、能源管理、设备制造、工程施工、技术咨询为一体的高新技术企业。此余热回收机为板式余热回收设备，具有以下优点：设备内置304不锈钢板式热交换器可循环产热水，配置7英寸触摸屏和PLC自动控制系统，涵盖远程控制485通信接口，可以控制补水电磁阀和接水箱液位和温度传感器，进行实时监控。

板式换热器是由一系列具有一定波纹形状的金属片叠装而成的一种高效换热器。各种板片之间形成薄矩形通道，通过板片进行热量交换。板式换热器是液-液、液-汽进行热交换的理想设备。它具有换热效率高、热损失小、结构紧凑轻巧、占地面积小、应用广泛、使用寿命长等特点。

水箱为不锈钢材质保温水箱，箱体材质采用304不锈钢，配套液位计；内设50mm厚聚氨酯保温，外设201不锈钢保温外壳，保证6小时内水箱内热水温降≤5℃。

管道为聚氨酯复合材质保温管：新型PPR保温管采用PPR热水内芯管+聚氨酯发泡保温层+PVC（PE）外套保护层，3层紧密闭合，中间无缝隙，无空气层，保温效果极优，比传统热水管保温性能提升5~8倍；安装方便，出厂时已做好保温，直接安装即可，无须再加工保温，可加快工程进度，至少节约2~3人的人工成本；整体工程美观保温，管道不弯曲、不变形，保温管道两端露出5cmPPR管，无须切割，可直接热熔焊接，过95℃热水管道不变形、不弯曲。

暖气片采用钢制板式：Paladin Knight钢制板式散热器通过采用“辐射+对流”技术，形成“自然对流”的远传热，平衡室温，促使室内始终保持温差最小、健康舒适的状态。独特的凹槽设计保证了合理的紊流循环状，和普通的散热器的层流状态有很大不同，使得散热器效率提高了很多，全高的散热器翅片增加了散热器散热面积，保证了产品散热量。Paladin Knight暖气片拥有良好的散热性能，较高的舒适度，15%~20%的节能效率（比传统采暖方式），并且整体材料可实现回收再利用，集功能性与美观性于一体。另外，在原材料方面，Paladin Knight暖气片选用超级低碳冷轧钢板（暖气片专用钢材），材质完全符合EN10130/EN10131等欧洲标准，其材质塑性与韧性高，尤其冷变塑性好，表面光洁，管壁结构细密、均匀，耐压性能高，其焊接性能优异，耐腐蚀性能卓越。Paladin Knight全系产品均严格按照ISO质量控制体系生产，通过欧洲最为严格的质量测试，在某些环节，测试标准甚至高于国际和欧洲标准要求。表1所示为PSD－160余热回收设备配置清单。

PSD－160余热回收设备配置清单

产品型号	PSD－160
内置换热器	316不锈钢
进水水质氯离子	≤200mg/L
换热介质	≤200℃
最大承压	20 bar
箱体漆面	烤漆
PLC可编程七英寸触摸屏	顾美
开关电源	顾美
继电器保护器接触器	正泰
保险丝10A＋2A	正泰
运行噪音	20±3 dB（A）
油路进出口及水路出口尺寸	DN40（内丝连接）
进水口径尺寸	DN40（内丝连接）
机组重量	140kg
接入电源	220V/380V

2. 余热回收系统流程

空压机余热回收系统主要包含空压机余热回收机、热水制备系统、管网系统、相关的配电自控系统。余热回收设备通过循环水泵驱动循环水通过制热管网（管网压力≥2kg）进入余热回收设备换热，产热水后回至保温水箱，系统控制采用循环加热方式。办公楼和宿舍洗澡用水通过恒压变频水泵驱动另外一路循环水，在采暖用暖气片和洗澡的热交换与保温水箱之间持续循环。通过此方式持续把保温水箱热源持续送入办公楼采暖暖气片和洗浴热交换器，进而保证现场热能使用。

3. 余热回收系统施工及质量标准

空压机余热回收设备放置于空压机房内，保温水箱放置冷水机房内。余热回收产生热量通过管道由水作为介质存储在冷水机房的水箱内。

冷水机房水箱通过PPR保温管外挂办公楼，底部下穿路面，连接现场取暖器和洗浴的热交换器。办公楼安装暖气片使办公区域获得合适的温度。宿舍、食堂加装热交换器和单独水箱，进行二次交换，保证洗浴等用水需求。

产品质量标准如下：①换热器生产完成，进行200℃～250℃高温烘烤实验，时间为1.5h，换热器每个焊点焊缝有最大限度的热胀冷缩，确保没有虚焊、沙眼等问题；②进行温度85℃～95℃、压力8kg/cm^{2}等环境状态的运行实验，时间为2h，确保运行无任何问题；③进行15kg/cm^{2}水压力实验，检测通过以上过程换热器是否正常无压降，时间约为4～12h，保证无任何压降；④以上项目完成，进行设备组装；⑤设备出厂前进行15kg/cm^{2}水压力实验，时间为1～2h，检测无压降，方可出厂。

三、实施效果

（一）空压机运行改善

增加空压机余热回收后，可以消除空压机的排气温度过高、油温过高等现象，减少能源消耗，将空压机组排气运行温度和油温均控制在最佳温度范围内，降低螺杆空压机散热风扇运转时间，节约电能，减少空压机维护费用和提高产气量，降低原有空压机冷却风扇开机时间，减少公司生产运行成本。

（二）经济效益

空压机余热回收项目实施后，一年可节约生产运行电费约 4 万元、空压机散热风扇费用约 1.5 万元、食堂及宿舍热水供应用电能源约 4.5 万元，总计约 10 万元，扣除项目实际运行消耗，年节约费用约 7 万元。

（三）员工满意度提高

实现空压机余热回收后，办公楼、员工食堂、宿舍等区域均实现暖气片供暖替代空调供暖，较空调供暖带来的闷热、干燥、供热不均匀等缺点，暖气片供热大大提高了舒适度，为员工创造了更加良好的工作、生活环境，受到员工一致好评，提高了员工满意度，使员工更加具有归属感。

（四）环境与社会效益

空压机余热回收项目投入运行一年减少约 103 吨二氧化碳排放和 40 吨标准煤消耗，有助于推动落实国家“双碳”目标，深入贯彻落实“绿水青山就是金山银山”理论，贯彻创新、协调、绿色、开放、共享的发展理念，加快形成节约资源和保护环境的空间格局、产业结构和生产方式、生活方式，给自然生态留下休养生息的时间和空间。

（五）推广要求及推广意义

现阶段，空压机在工业企业内被广泛使用，是企业的主要设备之一，该项目具有较大的推广意义。但是，在推广过程中还应充分考虑企业实际情况和地区特点，建议考虑从以下两个方向进行推进：一是利用此余热回收装置替代北方供暖系统，或作为供暖补充系统为车间供暖，实现供暖费用的削减；二是通过空压机的余热实现热制冷，解决夏季高温冷水机组系统冷却塔内水的高温问题，避免高温引起的冷水机组由于散热不充分导致的设备制冷效率低的问题。

主创人：王国祥、刘劲松、路圣武、周　航、陈召伟

常抓节能减排工作，打造绿色低碳交运

烟台交运集团有限责任公司

一、企业概况

烟台交运集团有限责任公司（以下称烟台交运集团）是烟台市属国有独资企业、烟台市道路运输龙头企业，始建于1948年，由原胶东军区兵站处集体转业而来。1985年7月，划归烟台市政府管理，更名为烟台汽车运输公司；1996年6月，烟台二运集团成建制并入，组建烟台汽运集团有限责任公司；1998年6月，经烟台市政府批准，实行国有资产授权经营，更名为烟台交运集团有限责任公司；1998年11月，烟台联运总公司成建制并入。烟台交运集团占地面积70多万平方米，总资产14亿元，拥有19个全资及控股企业、5个参股企业，现有从业人数5000余人，营运客货车辆1900余辆，具有国家客货运一级经营资质，有国家一、二级汽车客运站12个，拥有跨省市等长、短途客运线路178条，覆盖区域内各县（市、区）、乡镇，直达北京、天津、江苏、河南等9个省、直辖市。主要经营金融外包服务、现代物流、道路客运、物业地产、汽车服务、旅游服务六大产业。烟台交运集团曾获"国务院嘉奖令""全国五一劳动奖状""全国先进基层党组织""中国道路运输诚信百强企业""山东省服务名牌企业"等荣誉称号，是国家4A级物流企业、山东省服务业重点企业、山东省标准化管理示范企业，位列中国道路运输百强诚信企业32位。烟台交运集团始终坚持高站位、强担当，在实现企业高质量发展的同时，认真践行国有企业社会责任，积极参与乡村振兴、脱贫攻坚、志愿服务等任务。

二、主要措施

烟台交运集团积极响应国家节能减排工作部署要求，始终坚持以创建"资源节约型、环境友好型"企业为目标，把节能减排作为提高核心竞争力、创建节约型企业的战略任务，不断实现公司节能减排工作的新突破。

（一）加强组织领导，全面落实节能工作目标责任

烟台交运集团全面统领集团节能减排工作，统一能源消耗核算口径，完善节能降耗工作考核各项规定，履行监督、管理和协调职责，统一协调部署节能降耗工作。各成员企业也对应建立和明确了责任主体，切实加强对本企业节能降耗工作的组织领导，统一协调部署节能减排工作，研究解决工作中的新情况、新问题。

（二）加大宣传力度，提高节能意识

持续进行节能减排的宣传动员，营造环境氛围。通过各层面会议、学习等形式，让全体干部员工深刻认识到加强节能降耗工作的深远意义和重大作用，促使集团上下进一步统一思想，提高认识，增强责任感和紧迫感，营造良好的节能降耗环境氛围。

（三）完善燃料消耗考核体系，夯实节能降耗管理基础

1. 加强节能减排制度建设，完善考核体系

每年编制《集约化车行车里程核算办法及集约化客车燃料、维修费定额》，在集团现有的核算统计体系的基础上，制订了集团公司、成员企业、企业运营车队、单车及个人四级统计核算体系及考核核算办法，根据工作实际核定各成员企业的考核定额。各成员企业依照集团下达的定额按车型、线路特点将其分解到各运营车队，具体到每辆营运车和个人，根据集团的《机务管理标准》中汽车维修费用、轮胎、燃料定额考核管理办法的要求，制订相应的实施细则，进行月度检查、月度分析和月度考核，确保

做到“单车核算、考核到人”。

2. 细化工作流程，科学核实里程

采用电子地图、路标、实际测量等多种方式，统一标准，对线路统计里程进行稽核。将科学、准确核实线路里程作为实施考核的基本要素，通过细化工作流程，持续推进落实。对于执行固定线路营运任务的客货运集约化车辆及执行临时加班和会议、旅游包车等非固定线路营运任务的集约化车辆，由运行车队核定行驶里程数，成员企业的财务、机务等部门稽核。集团各级公务车管理部门也进一步完善工作流程，建立《公务车出车使用审批及登记台账》，对每次用车的出发地、目的地、里程表数等详细记录，财务部门、机务管理部门定期进行稽核。

3. 科学确定消耗定额，加强定额管理与考核

制订《车辆消耗定额确定流程》，参照3年的油耗历史数据和生产厂家的标准油耗，根据运行线路、车型的不同分别制订不同的燃料消耗基础定额，根据季节的变化明确定额的浮动原则和比例，确保定额的科学性、合理性，最大限度地调动广大驾驶人员的节油积极性。维修费用消耗定额在保证车辆正常运行的基础上进一步细化，将总成大修、日常维护与小修费用的定额分别制订和考核，轮胎定额引入车胎公里成本的概念，参照道路情况科学制订。各成员企业机务管理部门健全了轮胎登记卡片、轮胎台账等基础资料档案，确保轮胎行驶里程考核的准确性。

4. 强化统计核算和基础管理，进一步完善管控体系

通过进一步强化统计核算和基础管理，加强对里程统计审核、加油等关键环节的管控力度，持续完善相关工作环节的管控体系，规定车队调度和统计分别负责车辆运行里程的提交和审核，因修路等情况需增加里程的由运行车队调度负责提交新里程、统计员负责里程的统计和审核工作。加大车辆加油票据的传递与稽核力度，将加油站的加油原始单据作为车辆每次加油的基础依据，单车燃料统计必须以加油单据为准，减少中间填报环节。逐车建立单车燃油消耗统计台账和驾驶员个人消耗与节超统计台账，及时将耗油与节油的信息反馈给驾驶人员和管理人员，对燃料消耗异常的情况及时查清原因并采取应对措施。

2016年，烟台交运集团为进一步加强燃料消耗指标管控，下发《燃料考核动态管控实施方案》，要求各客运企业对运行车辆的运行里程、燃料加注量、单位里程消耗进行每日监控，每天一份动态监控表，全面反映出前一天燃料加满的车辆里程和燃料对应情况。对照燃料定额第一时间发现个别车辆燃料消耗的异常情况。集团机务管理部每日监控车辆运行情况，逐步理顺报表数据不完整、不规范等情况，对测算出的燃料单耗与定额差距较大的结合GPS轨迹回放科学分析原因并寻找问题，制订整改方案。对于填报数据弄虚作假情况，落实责任人进行责任追踪。

（四）坚持技术节能与运输组织节能两手抓

1. 强化车辆技术状况的过程管控，为车辆节油提供技术保障

车辆的技术状况是汽车节能降耗的基础保障，其技术维护效果的好坏与汽车燃油消耗有着最直接、最紧密的关系。按照《机务管理标准》的有关规定，严格执行车辆维护保养等相关技术要求，严把车辆出入库检验关，确保车辆保持良好的技术状况。为使汽车在高效、低能耗的状况下运行，强化了对车辆日常维护、一级维护和二级维护的管理，确保车辆技术状况保持良好，为车辆节油提供技术保障。

2. 建立老旧车辆、淘汰设备更新制度，加大对高能耗车辆设备的淘汰报废力度

烟台交运集团建立了高耗能的老旧车辆、机电设备淘汰、报废制度，制订了老旧车辆及淘汰设备报废更新标准，加快了车辆更新速度。对燃油消耗超过定额15%且无法恢复技术状况、存在运行安全隐患的车辆实施强制报废更新，保持车辆、设备的能耗符合国家相关要求，杜绝异常的燃料消耗支出。

3. 创新运输组织形式，持续提升车辆实载率和资源利用效率

创新运输组织形式，提升实载率，对降低单位周转量能耗起到积极的促进作用。烟台交运集团持续推进优化运力结构和客运班次，加强联合与合作经营，开展节点运输、合线并车、联合加班、联合旅游组团等，发挥统一组织协调作用，提高车辆运输效率。结合客运 ERP 系统建设和联网售票系统升级，掌握车辆动态和班次客流情况，及时安排加班，积极承揽包车，科学调度，合理使用时差运力。积极联系回程车站、对开公司及其他业务合作单位，为加班或包车回程空驶车辆进行返程配载，提高资源利用效率。

（五）依靠科技进步和车辆更新，持续推广技术节能

1. 大力推广新能源客车，发挥其突出的节能减排优势

“十三五”期间，国家出台新政策，推广纯电动车辆，为加大节能减排工作力度，烟台交运集团响应政府要求积极更新纯电动车，从 2015 年到 2022 年 4 月共更新电动车 583 辆，建设配套充电桩 123 个、变压器 13 台。

2. 重视科技手段的引领作用，积极应用和推广节能新技术、新产品

一是加强客运 ERP 系统应用，实现了对整个客运关联资源的一体化管理。在企业资源最优化配置的前提下，整合企业内部主要生产、经营活动，包括机务、运营、安全、财务、人力资源、智能分析等主要功能模块，提高了管理的透明度，强化了过程管控，降低了能耗，达到了效率化经营的目标。

二是积极推广节能减排新技术、新产品。通过“劳模节能减排创新工作室”，推广普及节能减排先进技术和创新理念。先后进行了车载热管理系统、智能燃油加热器等新技术的引进和推广工作。

3. 做好车、线匹配工作，严把源头节油关口，建立车辆、设备的投资项目评估制度

一是本着优化线路资源配置、提高能源利用率的原则，做好车、线匹配工作，在每一辆线路客车的购置前认真考察线路状况，针对线路客源、路况及限速情况，严格投资分析论证，提交线路投资收益分析报告，选择适宜的品牌及车型。

二是做好车辆自身参数的匹配工作，合理匹配动力及传动比，以期达到最佳节油效果，从源头上把住节油关。

（六）定期开展交流培训和节能竞赛，促进素质节能

1. 加强节油驾驶技术的总结和推广，提高驾驶人员的操作技能

驾驶技术高低是影响汽车节能成效的核心环节。针对不同的车型、不同的路况总结节油技巧和经验，通过加大驾驶技术培训、推行驾驶技术命名法、运用 G – BOS 等先进的科技手段纠正不良操作习惯等方法和措施深入推广节油驾驶操作技术，让广大驾驶人员掌握科学的操作技巧并养成良好的驾驶习惯。在驾驶员培训环节重点做好驾驶员行车“三检”培训工作：一是发车前的例行检查、胎压监测、启动升温（预热保温，发动机水温控制在 80℃ ~ 90℃）；二是行车中的低挡起步、及时换挡、轻踏油门、匀速行驶、利用惯性减速滑行（严禁脱挡滑行），保持经济车速，提前处理情况减少制动，合理设定空调温度；三是收车后的例行检查，合理控制停车怠速的运转时间。

2. 积极开展劳动竞赛、节油大赛活动

烟台交运集团每年制订年度劳动竞赛和节油大赛方案，组织举行节油大赛活动，评选集团十佳节油能手，不断提高各成员企业管理人员和驾驶人员的认识，加大节油成果的推广力度。各成员企业定期组织多种形式的节能驾驶技能比赛和劳动竞赛活动并将比赛结果与绩效考核、年终评比等紧密挂钩，逐步将节能降耗工作推向规范和深入，使其成为长效机制，推进集团节能降耗工作的全面落实。

三、实施效果

通过采取上述举措和过程管控，烟台交运集团在节能减排工作中取得较为显著的成绩。

2011—2022 年，烟台交运集团 LNG 车辆累计消耗 LNG 量 40728 吨，测算替代燃油 48464 吨，累计可减排二氧化碳 26720 吨。

2012 年，烟台交运集团凭借“烟台交运集团天然气车辆在道路运输中的应用”“智能化运营管理系统”两个项目分别获得“交通运输节能减排专项资金”115 万元、46 万元。

2013 年，烟台交运集团获得交通运输部授予的“全国交通运输行业节能减排先进企业”荣誉称号。

2014 年，获得交通运输部“交通运输节能减排专项资金”补助 84 万元；2015 年，获得“绿色循环低碳交通运输城市区域性项目预拨付资金”63.94 万元；2015 年，获得“新能源车辆购置补贴”90 万元。

2015 年开始，烟台交运集团纯电动车辆占比逐年增多，每年平均消耗电量 700 万度左右，约可替代燃油 2000 吨，可减排二氧化碳 6200 吨，节能减排效果显著。

2011 年，烟台交运集团客运车辆百公里平均油耗是 22.2 升，经过多年对节能减排工作的常抓不懈，2021 年的客运车辆百公里平均油耗降低到 20.3 升，累计减少 1.9 升。2011—2022 年，烟台交运集团客运车辆累计运行里程 869343801 千米，相比 2011 年的油耗水平，共可节约燃油 16517532 升，折合 14 040 吨，平均每年可节约燃油 1276 吨，减排二氧化碳 4033 吨，节能减排效果显著。

主创人：张　兵、马德伟、蔡世民、王忠斌、孙道真

建设绿色工厂，实现绿色发展

烟台张裕葡萄酿酒股份有限公司

一、企业概况

烟台张裕葡萄酿酒股份有限公司（以下简称张裕公司）成立于1997年，前身为烟台张裕葡萄酿酒公司，由爱国华侨张弼士先生于1892年创建，是国内第一个产业化生产葡萄酒的企业。

1997年，张裕公司B股在深交所上市。2000年，张裕公司A股上市，是国内葡萄酒行业唯一一家同时拥有A、B两支股票的股份制公司。张裕公司拥有行业内最早的国家级企业技术中心，有行业第一家"博士后科研工作站"等8个省级以上创新平台。除烟台外，张裕公司在新疆石河子、宁夏银川、陕西咸阳、北京密云及辽宁桓仁等地建有葡萄基地及酒庄，在法国、西班牙、智利及澳大利亚先后控股收购了6家公司。

2019年，张裕公司被国际权威媒体 Drinks business 评为全球第四大葡萄酒企业。2020—2021年，张裕两度被 Brand Finance 评为全球最具价值葡萄酒品牌 TOP2。公司产品屡获国际大奖，仅2022年就获奖240项，其中大金奖为25项、金奖为75项。

经过130年的发展，张裕公司目前总资产超过130亿元，现有员工2258人，在全球布局14个专业化酒庄，覆盖了国内主要的葡萄酒产区及法国、西班牙、智利、澳大利亚等全球重要葡萄酒生产国，拥有25万亩葡萄园，建成了业内领先的葡萄酒绿色智能制造工厂——张裕葡萄酒研发制造有限公司。张裕产品涵盖葡萄酒、白兰地、起泡酒等系列产品百余个品种，销往全球70多个国家，产品质量得到广泛认可。在中国葡萄酒市场，张裕公司的市场占有率、产销量、盈利能力已经连续20多年稳居行业之首。

2019—2021年，张裕公司实现销售收入分别为50.7亿元、33.9亿元、39.5亿元，在全球特殊的大环境下，2021年公司销售收入较上年增长16.42%。

二、主要措施

2013年6月，张裕公司开始进行智能工厂项目建设；2016年7月，工厂正式投入使用。工厂是由中外著名的5家设计公司设计，厂房建筑面积26万平方米，由南向北呈并排的橡木桶造型，建设时遵循环境保护、节能减排、绿色发展的新理念，采用当前世界上最先进的设备和工艺，实现了原酒贮存、调配、冷冻处理、过滤、灌装、物流全过程自动化、信息化、低碳化。投产后5年的运行状况表明工厂在绿色低碳生产方面取得了较好的成果。2019年7月，张裕公司通过了工业和信息化部第四批"绿色制造"认证，获得了国家级"绿色工厂"的称号。

（一）生产布局遵循绿色节能理念

整个智能工厂按照葡萄酒生产工艺的先后顺序，由高到低布局生产设备，在需要传送葡萄酒时，不使用电动设备，而是利用重力让葡萄酒自然流入下一工序，最大限度地节约能源，同时减少酒泵等高速旋转设备对葡萄酒品质的影响。

（二）先进生产工艺和节能设备的选用

工厂在规划设计阶段就充分考虑了生产工艺和选用设备的先进性，对比《部分工业行业淘汰落后生产工艺装备和产品指导目录（2010年本）》，工厂未使用目录中明令淘汰的设备。张裕公司参照《节能环保专用设备所得税优惠名录》，购置了部分节能专用设备，主要节能设备参见表1。

表 1　公司选用的主要节能设备

序号	设备名称	型号	数量
1	AGV 穿梭小车		17
2	CIP 站	kb81235	1
3	OTO 礼盒机	RC 12 – 150	1
4	板框过滤机	SDJL – 600 – 137	2
5	不干胶贴标机	CG – CLL – 15 – 3XPSH – MP – SFGT – CF	7
6	拆垛上瓶机	KR70260	8
7	缠膜机	PWAS010010	10
8	称重踢箱机	SELEZIONATRICE PONDERALE	2
9	冲瓶灌装一体机	Monoblock 60 · 50 · 9 · 8	9
10	吹瓶机	KSB 8R	1
11	错流过滤机		4
12	堆垛机		12
13	防爆酒泵	TP2030/2/50/130/030/DN/NFK/55	23
14	干燥机	DYX – 50R	9
15	裹包机	KR96B44	9
16	烘干机	K890764	5
17	酒泥过滤机	颇尔 pall	2
18	空瓶检测机	INLINE IS	2
19	空压机	2DX2 – 37 – 8. 6 – 50 – Air/0	25
20	礼盒机	PVRS010161	1
21	码垛机	KR240 R3200 PA	9
22	全自动膜过滤机		1
23	上盒机器人	KUKA KR210 R2700	1
24	上瓶机	KR180 R3200 PA	1
25	上箱机器人	KUKA KR120 R3200PA	8
26	水处理设备	90m3/h	1
27	缩帽机	ZENITH Z 2/32	5
28	套标机	K795574	1
29	天然气锅炉	WNS4 – 1. 25 – Q	3
30	贴标机	K080G68	2
31	卧式冷冻循环泵	pass010016	10
32	旋转烘干机	SPC 1300 – 400 – A4 – 6T	5
33	旋转下箱机	NSH – 200H	1
34	制氮机	KSN – 10D	3
35	制冷机组	GES2035 – M	5

（三）强化绿色工艺技术，凸显产品绿色质量

第一，为了保证不同批次葡萄酒在口感、风味方面的一致性，首次采用了1000吨混酒罐。

第二，为了提高葡萄酒配成准确度，车间自控系统全部采用各种世界一线品牌的计量仪表，精度等级高达0.2%。

第三，为了提高葡萄酒贮罐及相关固定管路的清洗效果，配备了全自动CIP清洗系统，在每个贮罐内均安装有固定式旋转洗罐器，可实现罐内壁360度无死角清洗及洗罐器自清洗，并且实现了清洗液的回收循环利用。

第四，为了进一步降低原酒消耗，首次在国内葡萄酒行业引入酒泥过滤机，其回收原酒质量经品尝与上清液基本保持一致，不仅减少了废弃物排放量，而且提高了经济效益。

第五，为了进一步加强葡萄酒防氧化管理，在生产过程中采取了氮氧置换、氮气排空、充氮保护等一系列防氧化措施，为提升产品内在质量提供了有力保障。

（四）生产过程热能回收利用

葡萄酒在生产过程中同时存在加热升温和制冷降温等工艺环节，加热过程主要集中在白兰地老熟、葡萄酒灌装前回温、CIP清洗等工段，制冷过程主要集中在葡萄酒的冷冻过滤工段。冷冻机和空压机在运行中会产生大量余热。针对生产过程不同工段需冷和需热的特点，通过合理布局生产设备并充分利用冷冻机、空压机的余热，公司实现了对热能的回收利用。

第一，对空压机通过加装板式换热器回收润滑油中所含热量，可以提供40℃～60℃的热水，按照满负荷运行计算，每小时可提供热水4吨。

第二，白兰地制冷机组系统选用了6台20螺杆冷冻机组，配有1台热回收器RHS30，连接在压缩机与冷凝器之间，用于回收压缩机排出的高温高压气体显热，可提供40℃的热水，按照满负荷运行计算，每小时可提供热水5吨。

第三，对回收的热量，用于葡萄酒灌装前的回温、CIP站补热等工段，主要体现在用冷冻车间葡萄酒制冷站的冷却循环水对灌装前的酒进行回温，即用37℃温水回温将要灌装的8℃酒；利用空压机收回的60℃热水为所有的CIP站补水和生活用水；空压机产生的60℃热水可以在冬季接到配酒车间，给化糖罐加温。

第四，通过对白兰地与葡萄酒冷冻系统进行合理化设计，利用进出酒温度的差异对酒液进行预热、预冷处理，每小时可节约350kW的制冷量，主要方式为：白兰地老熟后的出酒温度冬季约为10℃、夏季约为20℃，输送到冷冻车间进行降温冷冻处理，此时，可以将其与冷冻过滤后需要回温灌装的酒（－12℃）进行热量交换，进酒温度可降到－7℃，然后再由冷冻机进一步冷冻到－12℃，出酒温度可以回升到15℃，然后进一步回升到室温。这种热（冷）量交换的做法，可以充分利用热量，节约大量能源。葡萄酒生产过程中的热（冷）量交换、利用过程与此相似。

（五）节水措施

1. 葡萄基地高效节水灌溉水肥一体化项目

张裕公司高效节水灌溉水肥一体化项目规划建设规模为3500亩，2018年被山东省水利厅评为“省级高效节水灌溉示范园区”。水肥一体化的实施后，每亩葡萄可节省肥料投入20%以上、节水50%以上、省工90%。可实现精准水肥调控，提高葡萄品质，降低田间空气湿度，减少病虫害发生。该项目每年可生产优质葡萄原料3200吨，产出2240万元，带动周边农村400多人就业，为农户年均增加收益400万元。

2. 酒精罐区冲洗水回用

由于酒精罐区建于室外，并且常年储存大量78度酒精，鉴于安全考虑，夏季高温天气需要每天为

储罐进行水喷淋降温处理。因此，公司设计了大罐冷却水回用系统，喷淋后的水经过雨水系统收集到缓冲池，经回用水处理系统处理后打入消防水池，再由专用的喷淋泵将水供入喷淋系统，在夏季每天可以节水约500吨。

3. 灌装车间节水改造

灌装车间用于冲瓶的纯水，每小时排放量约30吨，这些水中主要含有灰尘和制瓶过程残留的少量无机盐，车间内设置了一套冲瓶水回收利用装置，由专用管道将各灌装机台的冲瓶废水引到地下室的回收水罐（$50m^3$）中，再经过滤器处理后进入周转罐，输送到各车间的冷却塔作为补充水，每天可节省软化水240～300吨。

4. 纯水机组节水回用

反渗透排出的浓水量较大，按排出量25%计，$90m^3/h$ 纯水处理能力可排出 $30m^3/h$ 浓水。排出的浓水进入浓水回收水箱，一部分用于多介质过滤器的反洗再生，每次再生可节省40～$50m^3$ 自来水；大部分送入厂区北侧的景观水池用于景观用水。

（六）节电措施

用电指标逐层分解。近年来，安装采用了大量新型计量仪表，将考核单位细化，将节能指标落到实处。

张裕公司严格照明用电管理，节约照明用电，车间照明采用大功率LED节能灯，车间和办公室照明尽量利用自然光，在照度满足的前提下减少用灯数量，随手关灯，做到人走灯灭。

张裕通过对近3年运行数据的分析，先后于2018年下半年减容2500kVA，装机总容量由10530kVA降到8030kVA，实现每月节省用电87.5MWh。

2019年，张裕公司开始调整生产安排：将重点耗电设备错峰生产，利用三班波谷电价来降低电度电费。据统计，错峰生产后每月节省用电52MWh。

2020年下半年，基本电费收费方式由按装机容量调整为按月最大需量方式收费，实现平均每月节省用电137.5MWh。

采用空气热源泵对白兰地配成酒和成品酒进行加热升温，想比电加热热水炉节能75%。

（七）"绿色包装"的应用

"绿色包装"是绿色供应链上重要的一环。张裕公司打造了"从田间到餐桌"全过程的食品安全体系，不仅在葡萄酒酿造生产过程中充分考虑各项节能减排措施，在产品包装上更推广"绿色包装"的应用，最大限度地减少产品包装对环境的影响。

1. 积极采用薄壁轻量玻璃酒瓶

张裕公司95%以上的产品采用薄壁轻量瓶，酒瓶减少用料20%以上，这意味着每一只酒瓶的耗能和温室气体排放减少20%左右。同时，轻量瓶的应用使一集装箱的葡萄酒减重约1.3吨，年运量减重2万吨左右，减少运输车辆的燃油和排放，实现了经济效益和环境效益双丰收。

2. 3层纸箱的推广应用

为适应国内较差的物流装卸环境，葡萄酒纸箱大都采用5层瓦楞纸板箱，张裕公司在行业内率先推行"托盘包装全国流转"的物流模式（产品从生产线一直到销售终端的仓库都保持整托盘包装，减少中间拆分、组装等环节），改善物流环境。在此基础上，张裕公司在业内率先应用3层纸箱代替了5层纸箱。3层纸箱与5层纸箱相比，单纯从材料上就减少了两层纸箱，瓦楞机耗能减少30%，单车运量提高15%；同时，通过改善面纸的质量、精确模切等技术措施，提高纸箱的耐破度、保持纸箱的强度。张裕公司推广使用3层纸箱，与5层纸箱相比，每年的纸箱综合采购成本降低18%，同时减少用纸3000吨。

（八）环保设施建设与使用

1. 废水治理环保设施

张裕公司对葡萄酒生产过程的清洗废水进行处理后排至市政管网。污水处理站的设计处理能力为 $1200m^3/d$，目前处理水量约 $600m^3/d$。废水处理采用“水解酸化＋好氧接触氧化”组合工艺。水解酸化池和污泥浓缩池产生的恶臭经臭气处理系统处理达标排放。污泥经与厂区废橡木片堆肥化处理后用作葡萄园肥料。废水水质达到《污水排入城镇下水道水质标准》限值要求而排入工业园区市政管网。

2. 固体废弃物处置情况

张裕公司目前产生的固体废弃物分为一般工业固体废物和危险废物两类，具体产生和处置情况如下所述。危险固体废物主要有车间设备润滑产生的废矿物油、化验中心测试使用的废有机溶剂，交由具有危险废物处理资质的企业进行处理。一般工业固体废物主要有：葡萄酒生产时产生的酒泥、废橡木片；葡萄酒包装过程产生的废酒瓶和废纸箱；污水处理站产生的剩余污泥。酒泥、污水处理站污泥和废橡木片堆肥化处理后用作葡萄园肥料，废酒瓶和废纸箱外售给物资回收公司进行资源综合利用，企业工业固体废物综合利用率100%。

（九）生产过程中原酒消耗与能耗的管理

张裕公司每年根据上年实际生产情况制订下一年度的《生产系统能耗管理考核细则》与《生产单位原酒消耗管理考核办法》，通过各种节能降耗措施的实施，严格控制生产能耗与原酒消耗，所有生产单位能耗费用执行总额与原酒消耗总额均控制在预算范围和考核指标之内，呈逐年下降趋势。

三、实施效果

通过各种节能措施的实施，张裕公司在绿色低碳发展方面，尤其是在节能减排增效方面，取得了显著的效果。

（一）产品质量提升

张裕公司始终坚持不断提升产品质量的发展理念，新产品开发取得较大进展。新疆张裕巴保男爵酒庄通过有机酒庄认证；宁夏张裕龙谕酒庄、北京张裕爱斐堡国际酒庄、新疆张裕巴保男爵酒庄及烟台张裕卡斯特酒庄完成产品升级；可雅白兰地系列产品、解百纳系列产品、多名利及味美思等多个品牌的新产品上市。张裕公司国产酒庄酒产品质量获国际权威机构认可。

2020 年，在有影响力的国际大赛中共获奖 99 项，其中大金奖 5 项、金奖 35 项。红、白味美思产品在国际葡萄酒（中国）大奖赛中获得金奖；解百纳获“全球最畅销葡萄酒品牌盲品赛”冠军；黄金冰谷在全球最佳冰酒盲品大赛中得到 93 分；爱斐堡获“全球最佳国宴酒盲品赛”TOP3；帕克酒评给张裕摩塞尔酒庄酒评分 93 分。

2021 年，张裕公司产品获国内外大奖 135 项，其中大金奖 7 项、金奖 43 项。2021 年 Decanter 世界葡萄酒大赛中，张裕爱斐堡 A8 霞多丽干白从 18000 多款葡萄酒中脱颖而出，以 95 分斩获大赛白金奖，为中国干白葡萄酒参赛历史上获得的最高奖项；2021 年亚洲葡萄酒质量大赛上，张裕巴保男爵酒庄霞多丽干白荣获大赛大金奖，成为该届大赛唯一一款获得大金奖的干白葡萄酒；丁洛特酒庄干红荣获 Mundus Vini 世界葡萄酒大赛最佳中国葡萄酒。

2022 年，张裕公司产品获国内外大奖 240 项，其中大金奖 25 项、金奖 75 项、银奖 80 项，均比 2021 年有大幅度提升。

（二）综合能耗控制在合理范围之内

张裕公司能源消耗主要包括天然气、水、电等，通过各种节能措施的实施，公司综合能耗一直控制在合理且较低的水平，每年为公司节省近百万元的能耗费用。近 3 年的能源消耗情况见表 2。

表2 公司近3年的能源消耗情况

年度	主要能源消耗种类	实物量	折标系数	折标量/吨	占比/%	万元综合能耗
2019年	电/万千瓦时	1650.69	1.229	2028.7	66.63	0.00566419
	天然气/万立方米	92.36	11	1015.97	33.37	0.00283663
	综合能耗/吨标煤	/	/	3044.67	100	0.00850082
2020年	电/万千瓦时	1263.44	1.229	1552.76	67.28	0.00619275
	天然气/万立方米	68.66	11	755.29	32.72	0.00301227
	综合能耗/吨标煤	/	/	2308.06	100	0.00920502
2021年	电/万千瓦时	1453.59	1.229	1786.46	67.77	0.00618767
	天然气/万立方米	77.24	11	849.59	32.23	0.00294266
	综合能耗/吨标煤	/	/	2636.05	100	0.00913033

（三）单位产值二氧化碳排放量

张裕公司生产耗能，主要产生的废气是二氧化碳，通过一系列节能降耗措施的实施，单位产值二氧化碳排放量一直处于稳定水平，在葡萄酒行业内也一直属于排放量较低的企业。近3年的单位产值二氧化碳排放量见表3。

表3 公司近3年的单位产值二氧化碳排放量

年份	单位产值二氧化碳排放量/（tCO_2e/万元）
2019年	0.042276081
2020年	0.04617342
2021年	0.046099488

（四）洁净化生产

1. 单位产品主要污染物产生量

张裕公司产生的污染物均能实现达标排放。葡萄酒生产的排放主要以废水为主，公司废水进口COD的单位产品产生量持续≤3.5 kg/kL，对照《清洁生产标准葡萄酒制造业》中COD的污染物产生指标，达到了一级国际清洁生产先进水平，属于行业领先。

2. 单位产品废水产生量

根据企业配备的污水处理设施外排废水监测数据，公司葡萄酒和白兰地平均单位产品废水排放量连续多年≤ 3.6 m^3/kL，对照《清洁生产标准葡萄酒制造业》中废水产生指标，达到了二级国内清洁生产先进水平。

我国的“双碳”目标是党中央经过深思熟虑做出的重大战略决策。张裕公司立足新发展阶段，完整、准确、全面贯彻新发展理念，践行绿色发展、可持续发展的理念，为全面实现“双碳”目标和国家的生态文明建设贡献力量。

主创人：周洪江、孙　健、李记明、李　进、孙德朋

大型军工企业建设绿色低碳数字化能源管理系统

中国兵器工业集团内蒙古第一机械集团有限公司

一、企业概况

中国兵器工业集团内蒙古第一机械集团有限公司（以下简称内蒙古一机），是新中国“一五”期间156个重点建设项目之一，是国家重要的集履带式、轮式、轨道式重型车辆于一体的产业化基地，也是国家保军骨干企业，还是内蒙古自治区最大的装备制造业企业，公司资产总额150多亿元，职工18000多人。内蒙古一机在中国机械500强排名41位，是“内蒙古自治区节能减排先进企业”。内蒙古一机实现了涵盖战斗、保障、火力打击和一体化信息装备的拓展转型；民品业务能力方面，铁路货车产品具备年造整车8000辆及配套核心零部件的生产能力。

内蒙古一机立足新发展阶段、贯彻新发展理念、融入新发展格局，围绕“高质量建设活力一机、创新一机、数字一机、效益一机，努力实现幸福一机”的奋斗愿景，抓住机遇、克服挑战、砥砺奋进、乘势而上，着力“九个一流”发展目标体系，加快建设具有全球竞争力的世界一流特种车辆研发制造企业，以新的作为推动新的突破，奋力在服务国家重大战略、推动地方经济社会发展中承担更大责任、发挥更大作用。近3年的经营效益及能耗见表1。

表1　近3年的经营效益及能耗

序号	指标名称	2018	2019	2020	备注
1	工业总产值/万元	1305354	1403940	1493440	
2	产值综合能耗/吨标准煤	90452	88238	86999	
3	万元产值综合能耗/吨标准煤	0.0693	0.0629	0.0583	

二、主要措施

（一）制订能源发展战略

近年来，工业作为中国经济发展的支柱，资源消耗，尤其是能源的消耗量巨大。内蒙古一机由于工业结构中高耗能产业比重较大、耗能装备技术水平较低，随着企业快速发展，企业能源消耗将越来越严峻，如何预期能源消耗趋势及预期能源对绿色发展和生态环境等因素的影响，将面临巨大挑战。能源信息是企业能源决策的依据，能源信息的缺失和失真导致企业难以做出正确的判断和决策，能耗双控等于空谈，能源浪费不可避免。基础统计信息不尽准确与全面统计算法不够完全合理与完善，用能单位能源数据汇总体系不完善，主要是缺乏必要的工具和系统平台。数据汇总工作复杂、庞大，而且极易出错，基于海量数据的分析尤为困难。内蒙古一机全年外购能源（热、电、天然气、水）费用约13460万元，全年能源消耗8.7万吨标准煤，二氧化碳排放34万吨，具体能源使用现状详见表2。

表2　能源使用现状

能源需求		数量	价格	费用（万元/年）	备注
热	热水	311154GJ/年	21.85元/GJ	679.9	
	蒸汽	431695GJ/年	40元/GJ	1727	

续表

能源需求	数量	价格	费用（万元/年）	备注
电力	1.5 亿 kWh/年	0.48 元/kWh	7200	
天然气	1556 万 m^3/年	采暖季 2.79 元/m^3， 非采暖季 2.18 元/m^3	3201.2	
压缩空气	≤330m^3/min		—	
水	污水：2000m^3/d		—	
	循环水		—	
	新水：90 万吨~100 万吨/年	6.86 元/吨	651.7	

坚持“创新、协调、绿色、开放、共享”的发展理念，围绕加快建立安全、清洁、高效、可持续的现代能源体系目标，拓展可再生能源和清洁能源的利用，优化用能结构，促进新能源、新技术、新产品应用，提高能源保障能力。摒弃高耗能、粗放式发展方式，加大清洁能源和可再生能源利用比例，提高能源利用效率，按照“生态优先、绿色发展”的原则，实施全过程数字化能源管理，有效控制二氧化碳的排放。

（二）建设数字化能源管理系统

1. 数字化能源管理平台建设

通过系统的数字化集成设计与开发实施，建设一套切合实际需求、具有鲜明特点、核心技术领先、在国内具有很强示范性、可扩展性的数字化能源管理平台。建立客观能源消耗评价体系、能源计量管理体系，实现能源设备、重点用能设备管理、运行管理数字化，有效实施以数据为依据的能源消耗评价体系，降低能源管理的成本，及时了解真实的能耗情况并提出节能降碳的技术和管理措施，全方位挖掘节能潜力，向能源管理要效益。

内蒙古一机建立了以 1 个数字化能源信息系统为中心，覆盖 7 个不同能源种类集控站、“N”个重点用能单位能耗管控平台的“1+7+N”数字化能源管理系统。整套系统建设包括以下几部分内容。

（1）构建了覆盖全面、数据及时、精准可靠、稳定安全的综合能耗（水、电、热、气）数据采集体系。

（2）建立了符合能源管理体系和监测平台建设要求的能耗实时在线系统，包括能耗监测、能耗统计、能源对比、能耗计划、能耗考核、能效对标及相应的各项管理功能。

（3）建立了一套集中采暖供热系统，提高终端用户舒适性并解决区域间的热不平衡等问题，减少循环水量，提高用户端节能率。

（4）建立了符合《用能单位能源计量器具配备和管理通则》要求的智能化数据实时采集、分析的且具备可扩展的、拥有统计分析能力和消费结算的能源计量管理平台。

（5）结合各分子公司实际需求，建立了按自定义的组织机构，进行终端设备能耗统计分析、表计数据分摊的重点能耗管理平台。

（6）实现“办公室趋于现场”的工作方式，建立提供面向各单位不同岗位、权限可访问不同功能页面的能源 Web 发布平台。

（7）建立生产生活废水水质排放在线监控管理系统。

（8）建立天然气、蒸汽、氮气、二氧化碳气体浓度压力在线安全监控系统。

2. 能源管理体系建设

通过开展能耗大数据分析应用，加快推进以物联网、大数据、云计算等为代表的新一代信息通信技术与能源生产消费的深度融合，推动整个能源系统的技术进步、效率的提升和组织变革。构建“物联网→大数据→能源管控”模式，优化能源监控网点布局，进行数据间的汇总、协调和整合，堵塞重大能耗设备及工序的不足与薄弱环节。充分发挥能源数字化管理系统的作用，加强能源资源互联互通、梯级利用全过程的监测控制，消除能源浪费，推动资源梯次循环利用发展，构建安全高效清洁低碳的能源体系。

一是制订能源绿色低碳制度体系和保障措施。内蒙古一机制订了相应的职责和保障措施，完善了《节能监督管理办法》《重点耗能设备能耗管理办法》等能源管理制度，建立了《能源计量管理制度》，编制了《“十四五”节能专项规划》《“十四五”能源综合保障规划》，建立健全了能耗技术档案、统计台账、重要耗能设备运行记录台账，同时将绿色低碳考核纳入班组经济核算；及时准确地做好设备能耗和排放的原始记录，统一归档管理。

二是建立能源发展指标体系和能耗指标。实施能源消费总量和降碳总量“双控”。把能源消费总量和环保降碳总量作为企业绿色发展的重要约束性指标，建立指标责任分解落实考核机制。通过淘汰落后产能、调整产业结构、重点用能设备能效提升、加快传统产业升级改造和培育新动能，切实推进重点领域节能降碳，提高用能设备能效水平，提升能源利用效率。表 3 所示为内蒙古一机能源低碳经济发展指标体系。

表 3　内蒙古一机能源低碳经济发展指标体系

序号	指标	单位	2015 年	2016 年	2017 年	2018 年	2019 年	2020 年	2020 年比 2015 年增减比率/%
1	工业总产值（现价）	亿元	128.6	128.3	128.6	130.5	140.4	149.3	16.09
2	综合能耗	吨标煤	100250	96253	93740	90452	88238	86999	−13.22
3	工业新用水量	万吨	173.93	161.7	126	90.13	96.36	93.18	−80.75
4	二氧化碳排放量	万吨	330416	342654	353319	346665	350698	333967	1.07
5	万元可比价产值综合能耗	吨标煤/万元	0.0780	0.0750	0.0729	0.0693	0.0629	0.0583	−25.27
6	万元可比价产值二氧化碳排放	吨二氧化碳/万元	0.2569	0.2670	0.2747	0.2656	0.2407	0.2085	−18.84

三是健全低碳发展服务体系。内蒙古一机以生态优先、绿色发展为导向，加强绿色低碳专业化人才队伍建设，培育和扶持一批为发展低碳经济提供规划、设计、建设、改造、运营的专业化服务队伍，鼓励发展低碳经济信息服务队伍。建立切合实际的低碳经济服务体系，完善了《能源管理手册》《能源管理体系程序汇编》《企业能源管理标准》等企业标准。

3. 能源结构优化调整

围绕内蒙古一机经营发展的主线，将能源数字化系统建设与企业经济发展有机结合，解决了企业发展中能源、资源短缺的瓶颈。系统建设采用先进合理的技术措施和现代化管理手段，调整优化能源结构，电力以绿电先行电网补充，热力以电能和天然气取代部分能源利用效率低的蒸汽，采暖系统自动运行，余热回收及空气源热泵得以广泛应用，空压机实现联调联控，废水回用率达到 100%，能效消耗显著下降，能源质量、效率和效益明显提升。从能源消费结构来看，2020 年电力、天然气、蒸汽、热水采暖消费占比分别为 21.6%、26.7%、17.4%、34.2%，是集团公司消费的主要能源品种，其他能源合计占比仅为0.1%，与2015年相比，电力和天然气占比呈现增长态势，蒸汽和热水采暖比重大幅下降。"十三五"能源消费总量与结构变化情况见表4。

表4 "十三五"能源消费总量与结构变化情况

序号	能源种类	2015年		2020年		2020年比2015年		
		综合能耗/吨标煤	占比/%	综合能耗/吨标煤	占比/%	能耗增减/吨标煤	综合能耗增减率/%	能耗增减贡献率/%
1	电力	16421.6	16.4	18827.7	21.6	2406.1	14.7	-18.2
2	天然气	22621	22.6	23233.9	26.7	613	2.7	-4.6
3	蒸汽	20360.4	20.3	15105.7	17.4	-5254.8	-25.8	30.7
4	热水采暖	38855 5	38.8	29780.7	34.2	-9074.8	-23.4	68.5
5	汽油	584.7	0.6	1.4	0	-583.3	-99.8	4.4

4. 运行管理模式优化

系统建成后，内蒙古一机成立了能源运行管理室，围绕能源优质供应和合理输配，充分利用数字化能源管理信息平台，对标行业先进水平，使能源的供应与生产需求相匹配，实现供应、输配、使用的最佳结合，达到精益运行的效果。承担能源保供职能的车间，根据"集中管控、分散巡视"的能源运行模式，按"10年不退休、技能可提升"的原则择优选人，进行新设备工艺和新模式要求的强化培训，为各集控站配齐、配好运营值班人员和设备巡检人员。

三、实施效果

（一）生态效益

本项目在节能的同时可有效减少二氧化碳、二氧化硫排放量，明显改善环境质量。每年节能5181吨标煤，可减少排入大气二氧化碳1.35万吨，减排二氧化硫0.008万吨。本项目还多次获得了内蒙古自治区财政奖励，提升了企业形象，也体现了国有企业的社会责任。

（二）经济效益

2018—2020年，内蒙古一机通过数字化技术开发和应用，取得了显著的经济效益，降低企业能源购入、加工、输配、使用成本和人工成本共计4392.4万元。在工业产值逐年递增的情况下，能耗总量和能耗强度逐年降低，可比价万元工业产值综合能耗下降15.87%，为超额完成"十三五"节能规划目标做出巨大贡献，节能减碳和能源成本管控成效显著。

（三）社会效益

1. 提升了内蒙古一机能源管控信息化水平，强化了节能降碳理念

数字化能源管理系统为企业提供一套先进的、可靠的、安全的能源系统运行、操作和管理平台。以客观数据为依据，在企业推广了先进的能源管理系统应用理念，改变了传统的生产能源无科学依据的管理方式，进一步强化了内蒙古一机全员节能降碳的共识，超额完成能耗总量和强度"双控"目标。

能源数字化系统创新成果获得国家、行业、内蒙古自治区、中国兵器工业集团等省部级以上管理创新成果奖8项，获得科技进步奖5项，取得国家软件著作权1项，取得国家发明专利3项。

2. 改善了工作环境，提高了工作效率

系统投入后，动力站房实现了自动控制、无人值守，运行人员减少142人，减少了噪声和电磁辐射等影响职工身体健康的污染源，解决了专人值班抄表存在人身安全风险等问题。新建中水、自控、园区等车间，通过人员优化调整，全部由调整的值班人员消化解决。各单位能源消耗实行计量考核，按工序

岗位进行逐级分级计量。实时监控各用能设备的能耗状况，为生产各工段能源成本核算控制提供了依据，减少了能源管理人员的工作强度和失误率，提高了工作效率。

主创人：王建军、李钦宝、邢利平、张荣耀、陈　旭

国产化高位收水冷却塔节能技术

中国电力工程顾问集团西南电力设计院有限公司

一、企业概况

中国电力工程顾问集团西南电力设计院有限公司（以下简称西南院）成立于1961年，是具有工程设计综合甲级、工程勘察综合甲级和工程咨询、环境影响评价等多门类资质的国家级高新技术企业，现为世界500强企业中国能源建设集团有限公司全资子公司。

西南院以电力规划研究、咨询、评价、工程勘察设计、工程总承包、项目管理、业主工程师及专有技术产品开发、投资运营为主营业务，积极服务于“一带一路”和“长江大保护”等，聚焦“双碳”目标，深耕电力、市政、环保、智慧能源和基础设施建设领域，面向国内外市场提供工程一体化解决方案和全生命周期管理服务。

60多年来，西南院创造了百余项行业第一，项目遍及全国30余个省（自治区、直辖市），业务覆盖全球43个国家和地区，海外发电机组设计总容量超过62044兆瓦，海外勘测设计订单数量和总装机容量在全国电力勘测设计系统居于首位。凭借精湛的技术实力和一流的管理水平，多次获得美国工程新闻记录（ENR）中国工程设计企业60强、四川省百强企业、成都市百强企业等称号。持有专利、专有技术823项，获国家级、省部级等奖项1100项，编制国际、国家、行业等标准200余项。

西南院汇聚了20多个专业的工程勘测设计和项目管理人才，拥有国家级工程勘察设计大师、四川省工程勘察设计大师、省学术技术带头人、集团公司专家等各级学术技术专家176人，享受国务院政府津贴11人，高级职称人才近1000人。

二、主要措施

（一）基本情况

随着国家对节能、环保问题的重视，火力发电厂的能耗及碳排放污染问题成为各方关注的焦点。对采用带冷却塔的二次循环供水系统1000MW级火力发电厂，其循环水泵铭牌功率一般可达10000kW以上，其耗电可占厂用电的20%左右，循环水系统耗电已成为发电过程中的“耗电大户”，其中冷却塔的耗能由可占到循环水系统能耗的60%左右，可见冷却塔的节能新技术应用对火电厂节能减排目标的实现有显著的作用。另外，冷却塔淋水噪音也是电厂的重要噪音源之一。因此，在国家大力推广节能、环保技术的背景下，西南院一直在努力探求降低冷却塔供水高度及减少冷却塔噪音的新技术。

为解决常规自然通风冷却塔能耗高的问题，20世纪80年代末，由法国电力公司和比利时哈蒙冷却塔公司在常规自然塔的基础上设计研究出一种能降低冷却塔供水高度的节能型冷却塔，即逆流式自然通风高位收水冷却塔，通常将淋水面积超过10000m^{2}的高位收水塔称为超大型高位收水冷却塔（以下简称高位塔），将之用于法国内陆核电站中。这种冷却塔通过填料下方设置高位收水装置截留收集自由下落水滴并汇集到塔中央集水槽，通过大幅减少水滴自由跌落高度并回收其能量，实现节能和降噪的目的。法国核电项目已有8座高位塔建成运行。实践证明，这是一项安全可靠、节能降噪效果显著的冷却塔新技术。若能掌握这项技术并在我国火电厂冷却塔中推广应用，不仅能提高我国电力行业的技术水平、增强核心竞争力，还能对我国火电厂节能降耗、减少烟气排放污染起到重要作用。

高位收水装置是高位塔的核心部件，比利时哈蒙公司具有设计、供货能力和成熟业绩，但其产品价格较贵，安装方式对冷却塔土建安装质量要求也较高，高位塔整体节能效果还有进一步提升空间。

为进一步掌握高位塔核心技术、提高高位塔的能效水平、改进高位塔塔芯部件在国内应用中发现的缺点、降低高位塔造价、实现高位塔技术的国产化，使高位塔技术得到更好的应用推广，西南院立项开展了国产化高位收水冷却塔节能技术研究。

（二）技术措施

1. 创新成果一

西南院提出了国产化高位收水装置各部件的设计和制造方案，完成了实物模型产品制造。制订出高位收水装置的工艺性能、结构强度及制造工艺等一系列控制指标，实现了高位收水装置国产化研发目标，为国产化高位塔的部件产品标准化制造、安装、工程应用、验收等提供了切实可行的依据。

（1）国内对高位收水装置产品研究较少，对于高位收水装置的尺寸、性能、结构强度、可靠性、耐久性等还没有设计标准。本项目制订出高位收水装置的工艺性能、结构强度及制造工艺等一系列控制指标。

（2）高位收水装置生产还无定型工艺，无标准化的生产流程，本研究对收水装置部件的生产进行研究、加工和制造并对产品性能进行试验，提出原材料及组分选择、生产工艺流程说明书和制造工艺图，解决高位收水装置实物化的技术难题。

（3）由于高位塔收水装置结构复杂，各部件连接处容易出现漏水、渗水等现象，而且防溅器及收水斜板防溅性能及耐久性有待提高，本项目提出溅水率较小的防溅器型式及布置倾角，给出合适的防漏水安装及连接方式，为收水装置的优化设计和工程应用提供技术支持。

2. 创新成果二

创新提出了一种高位塔水位控制的方法，利用 DCS 运算器对连续液位信号进行处理，将高位塔补水系统阀门开度和补水量二者的关系曲线植入 DCS，通过 DCS 给出的阀门开度信号和变频信号对流量控制阀和水泵进行调节，保证补水量与损失水量平衡，维持恒定水位，解决了高位塔恒定高水位的运行控制问题。

在传统的火力发电厂冷却塔水池水位控制中，多通过简单的调节进水阀开度方式，此方法水位波动大，对于水位精度要求不高的情况是可行的，同时水位存在一定幅度的波动对常规塔系统的运行也没有根本的影响。但是，对于高位塔系统而言，由于水池的水容积小，水面面积小，水位的变化对于蒸发损失、排污量和补水量的变化更为敏感，同时保持恒定的高水位运行对节能达到理想效果至关重要，传统水位控制方法无法达到保持恒定高水位、最大限度地节约能耗的要求。本研究提出两种全新的高位塔水位控制技术，一种技术是将水池水位划分为多个检测控制点，建立水位与阀门开度的控制逻辑关系，使控制自动能根据水位变化判断补水量的大小并自动调节阀门开度使水位动态保持在高水位；另外一种技术是充分利用 DCS 的运算和逻辑控制功能，得到实际的损失水量值，通过逻辑设定，DCS 在内置曲线点中自动挑选最节能的水泵频率及阀门开度组合，可有效控制水位变幅，同时实现系统节能的目的。

3. 创新成果三

通过高位塔不同填料安装方式下的热力阻力特性研究，西南院首次提出了一种搁置与悬吊相结合的新型高位塔填料布置方式，解决传统的悬挂式、搁置式填料安装方式的不足，即降低了填料的安装维护难度，又提高了填料的抗冰荷载能力和运行可靠性。

（1）通过模型试验，给出以下可用于设计的取值。填料底部设玻璃钢托架悬吊较内部穿杆布置对淋水填料热力阻力性能无明显差异。通过比较 S 波填料 1.5m 高度填料交错布置与不交错布置试验的结果发现，不交错布置较交错布置方式热力阻力性能均有所降低，热力降低 1.3%，阻力降低 2.6%。

（2）西南院首次提出一种搁置与悬吊相结合的新型高位塔填料布置方式，新型布置方式用玻璃钢小梁替代混凝土梁，将小梁悬吊于上部梁系。减少了冷却塔的阻风面积，提高了整塔的热力阻力性能，减小了系统静扬程。本项目中支撑填料的玻璃钢托架位于其下方，更换填料时无须拆除托架，方便运行维护；另外，托架下还设有玻璃钢小梁，相比传统悬吊结构，其刚度及整体稳定性更好。

4. 创新成果四

通过U型槽的水力特性研究，分析各种坡度及典型断面下水槽的输水能力，创新提出了U型槽上端齐平、底部为平坡与斜坡结合的布置方案，降低了高位塔供水高度，使国产化高位塔供水能耗较国外产品降低6%。

（1）通过模型试验，得到可用于设计的相关取值参数。

（2）根据U型槽水力特性研究的试验成果，提出了U型收水槽平坡布置技术。平坡布置方式，一方面，可以保证每个吊杆的长度一致，由此大大减少悬吊件的规格；另一方面，收水槽规格减少，只有斜坡段需要采用不同的模具加工U型槽，大大节省了模具费用。此外，与安装斜坡布置相比，在起点高度相同的情况下，末端标高较高，即集水槽顶标高较高。由此可以提高集水槽运行水位，节约循环水泵的静扬程，进一步提高高位塔的节能效果。图1所示为平坡布置纵向高程示意。

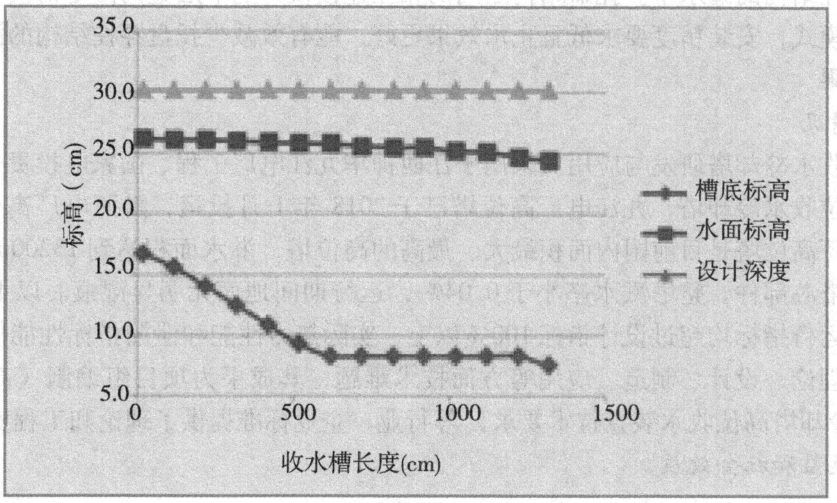

图1　平坡布置纵向高程示意

5. 创新成果五

西南院提出了一种可调节悬挂节点的玻璃钢水槽吊架，解决以往吊装方式安装困难、对土建进度要求高、安装调整周期长的不足；提出了一种高位塔收水槽与混凝土集水槽的连接结构，解决了以往混凝土集水槽与玻璃钢收水槽接头处易漏水的缺点；提出了重叠式穿柱托盘结构，完美解决了以往工程斜板穿柱漏水的问题；提出了一种塔边缘防漏布置技术，解决了塔筒边缘和异形区域的漏水问题。

（1）传统悬吊节点采用暗销，在进行结构梁浇筑时将暗销一次预埋固定。由于混凝土在振捣过程中不可避免地使预埋的暗销位置发生偏离，定位难以保证，误差较大。本研究提供了一种高位收水冷却塔玻璃钢水槽可调节悬挂节点结构，包括预设于次梁上的T型孔、横吊杆、闭口环眼单头螺纹吊杆。本技术中悬挂节点可在一定范围内自由移动，有效弥补土建施工误差，保证安装质量。

（2）本项目提出的U型连接接头可以在混凝土集水槽预留U型洞内根据收水槽的实际情况安装在该处并调整位置，保证了收水槽与混凝土集水槽的精确连接；U型连接接头与混凝土集水槽壁之间利用防水翼环和二次浇灌混凝土实现固定和密封，能可靠固定的U型接连接头解决以往接头处易漏水的问题。另外，U型伸缩节与U型连接接头和收水槽之间均采用法兰连接，可降低以往的连接方式对集水槽土建施工精度要求高的缺陷，解决以往接头处易泄漏的问题。

（3）传统高位塔边缘安装防漏装置，采用反向斜板，反向斜板与塔筒壁并未形成完全密闭空间，喷溅出来的水滴仍然会从正向斜板与反向斜板之间的空隙飘散而出。本技术由密封面板围合形成的空间完全密封并引导水流至收水斜板或收水槽内，降低了高位冷却塔的漏水率。传统高位塔边缘防漏装置采用环形水沟，会形成较大的阻风区域，流经填料的高温水滴并不能得到有效的冷却便被收集进集水槽内。本技术由密封面板围合形成的空间紧密的沿着“漏水区”布置，尽量节省了密闭空间的水平投影面积，增大了冷却塔的有效通风面积，提高了整塔的热力阻力性能。

（4）目前，高位塔采用拼接式的穿柱托盘收集上游斜板及穿柱区域的淋水。穿柱托盘采用左右两块托盘拼接而成。由于实际土建施工中过程中混凝土柱存在一定的误差，造成这种形式的托盘往往难以与混凝土柱的表面紧密地贴合，托盘与柱的密封效果欠佳。另外，托盘之间采用螺栓直连，对安装精度和拼接处的密封要求较高，易造成托盘处漏水。本研究提供了一种高位塔斜板穿柱的层叠式托盘装置。采用4片组合的上下层叠的托盘穿柱结构，能够根据混凝土柱子的实际外形特点，4片托盘相互独立地紧密贴合在混凝土柱子表面。在混凝土柱存在一定施工误差的前提下，托盘结构也能紧密贴合柱壁，能有效减少托盘穿柱结构的漏水率。托盘结构之间的相互连接仅为上下层叠的固定搭接，相比于传统托盘拼缝螺栓直接的模式，安装精度要求低且止水效果更好，能有效减少托盘穿柱结构的漏水率。

三、实施效果

（一）应用情况

国产化高位收水冷却塔研发与应用成果用于江西神华九江电厂工程、国家电投贵州金元黔西电厂扩建工程等大型高位收水冷却塔，九江电厂高位塔已于2018年1月投运，黔西电厂高位塔于2017年11月投运。九江电厂高位塔是目前国内面积最大、最高的高位塔，淋水面积达到13200m^2、塔高约200m、采用全国产化的塔芯部件，整塔溅水率小于0.04‰，运行期间地面无明显湿痕。以上两座塔均通过了性能考核测试，运行指标均超过设计指标100%以上，实际热力性能和泄漏指标性能优良。本研究课题解决了高位塔在理论、设计、制造、应用等方面技术难题，其成果为项目组编制《高位收水冷却塔设计导则》《湿式冷却塔高位收水装置技术要求》等行业、企业标准提供了理论和工程实践支持。

（二）经济效益和社会效益

1. 经济效益

按中电投黔西项目统计，通过应用本课题研究所取得的成果，采用国产化的高位塔装置，节省了工程投资约1500万元。与常规冷却塔相比，高位塔淋水面积减少650m^2，供水扬程减少6.9m，循泵电机铭牌功率降低2×750kW，轴功率可降低2×564kW，以上网电价0.282元/度、年利用小时5500h计，采用高位塔后，电厂年节电620.4万度，年增加利税约175万元。按国华九江电厂项目的统计，节省了工程投资约4000万元。与常规冷却塔相比，每塔淋水面积减少800m^2，供水扬程减少10.5m，循泵电机铭牌功率降低6×1200kW，轴功率可降低6×870kW，以上网电价0.311元/度、年利用小时5500计算，采用高位塔后每年节电2868万度，每年增加利税892万元。

2. 社会效益

（1）有力推进了高位塔设计技术进步。通过本研究课题，解决了高位塔工程设计难题，全面掌握了高位塔核心技术，为制订相关设计规程、规范提供重要的理论和试验依据，为后续高位塔工程的顺利实施提供了技术支撑，推进了我国高位塔设计技术的发展和进步。

（2）规范了高位塔设备选型，促进了国内装备制造技术水平提高。本项目结合国内首座超大型高位塔在施工安装和运行中暴露的问题进行了有针对性的创新改进工作，研发出漏（溅）率低、安全可靠性高、安装更为方便、制造成本合理的国产高位收水装置，首次提出了高位收水装置产品的检验方法和检验标准，为高位塔全面国产化提供了坚实的技术支撑。

（3）冷却塔是电厂内占地较大的构筑物，体量较大。本项目通过淋水填料热力阻力性能研究，提出最优的填料布置方案，在保证冷效相同的前提下，减小冷却塔淋水面积，从而达到缩小厂址占地，实现节约土地资源、保护自然生态环境的目的。本项目通过对收水斜板穿柱防漏及塔边缘防漏防溅等技术的研究，消除了设计及安装施工中易造成漏水的因素，大大减少了冷却塔补水量，实现了环境友好的目的。

主创人：曾　华、吴浪洲、李贵雷、廖内平、杨卓颖

通信机房雾化喷淋制冷新风节能应用

中国电信股份有限公司云南分公司

一、企业概况

中国电信股份有限公司云南分公司（以下简称云南电信）是中国电信股份有限公司在云南省内出资设立的独资子公司，在云南省16个市（自治州）设有分支机构，统一使用“中国电信”服务商标。公司经营范围为：经营云南省内的国内固定电信网络与设施业务；基于固定电信网络的话音、数据、图像及多媒体通信与信息业务；按国家规定进行国际电信业务的对外结算，开拓国际通信市场；经营与通信及信息业务相关的系统集成、技术开发、服务、信息咨询等。云南电信是云南省政府认定的互联网+建设主力军，长期为党政机关提供高可靠、高安全、高稳定的信息化服务，与云南省政府20余个单位展开互联网+合作，与云南省16个市（自治州）签署“互联网+”信息化战略合作协议。

云南电信当前处在“双碳”转型阶段，围绕云网融合新型基础设施低碳转型，充分研究“双碳”内涵和核心要素，定位“双碳”发展阶段，识别差距、确立目标、实施改进，持续推动“双碳”工作由局部到全局、由内到外、由浅到深，实现碳运营与管理的创新。

云南电信近年来积极引进合同能源管理方式，采用新技术节能减排，提质增效。目前的云南电信合同能源管理主要应用有高能耗设备退网、新风系统、太阳能发电等，成功落地了昆明分公司二枢纽主动式热气流导向系统项目、楚雄元谋江边电信所太阳能电站项目等。

二、主要措施

如今，通信网络进入5G时代，空调与通风系统作为通信机房和数据中心的主要能耗系统之一，是节能重点。应采用高效、节能的专用机房空调，同时合理进行机房布局，提高制冷效率，组织合理的散热循环，根据当地条件（全年平均温度较低的地区），充分利用自然冷源，对已有老旧且超使用年限空调进行拆除，更换为新型智能节能空调；结合智能化监控系统，打造出更多智能化节能降耗机房。

（一）通信机房现状分析

通信机房中的电能消耗主要有4个方面，即通信设备耗电、电源系统耗电、空调耗电和其他耗电。通过对云南省内移动基站、接入局所和室外机柜耗电情况的调研，统计得出了机房内各类型设备所占耗电比例。第一，通信设备用电：包括各类通信设备正常运行消耗的电能，通信设备用电大概占了总用电量的40%～50%。第二，电源系统用电：包括通信电源系统设备本身进行电能转换过程的损耗，接近总用电量的10%，电源系统主要为-48V直流开关电源系统。第三，空调用电：包括空调制冷和制热，空调用电超过了总用电量的40%。第四，其他用电：包括机房照明、消防和其他设备耗电，这部分用电占总用电量的2%～10%。空调用电和其他用电占比达到50%，这部分能耗直接影响整个电信网络的能耗。

（二）机房空调耗电对应措施

在通信机房中采用热管空调、精确送风、EC风机等技术，提高空调等配套设施的使用效率，降低能耗。通信机房和数据机房将重点推进精确送风改造、背板空调、带自然冷源空调技术等，因地制宜地推进空调冷媒添加剂、空调室外机雾化系统等措施。在配套电源设备中积极采用绿色节能型电源系统，加大推广转换效率高的电源，大力推进高负荷站点的智能通风系统、站点升温、蓄电池恒温技术，因地制宜地推进精确送风、建筑隔热保温等措施。空调超过使用年限，设备出现严重劣化，无维修价值或维修费用大幅上升，上报劣化情况，经评估后予以退网。对于新建通信机房，对大规模机楼根据初期装机率和规划发展速度优先考虑采用精确送风和下送风方式。对于小规模新增机房，应从布局规划阶段考虑智能通风系统的引入。对于老旧通信机房，结合机房位置、设备对温湿度要求的情况，选择冷凝水蒸发智能降温系统或智能通风技术进行改造。积极推进合同能源管理在空调改造方面的应用。解决夏天精密空调室外机高压报警宕机问题，解决精密空调室外机换热效率低问题，降低机房精密空调能耗，进行远程监控应用。对数据机房精密空调的压缩机和风机（含室内、外风机）电控部分新增自适应控制节能设备实现机房精密空调运行节电，达到节约电能的效果，同时减少空调运维及能耗成本支出。对精密空调能效控制节能技术改造，要求节电率35%以上，改造后能够进行远程监控应用。开展以合同能源方式进行老化空调更换。

（三）机房雾化喷淋制冷新风节能技术

利用雾化制冷系统将经过处理软化后的自来水加压，通过雾化喷嘴喷出微细雾气，利用水汽化时的高潜热在冷风机进风口处吸收空气中的热量，降低空气温度，在制冷的同时除尘。原理是1kg水每升高1℃，吸热仅为1kcal，而1kg水蒸发为汽，吸热为540kcal，是其540倍。因此，少量的水以细雾形式喷于雾化制冷室，其蒸发后大大降低了冷凝温度，进而制冷量增加、能效比增加。

优点：无压缩机、无冷媒、无污染的环保型产品，节能效率高，易于维护与安装。

缺点：机房室外需要有足够的安装空间，有便利的引水条件，室外环境要求较高。

适用范围：室外空间充足，引水便利，机房周边环境较好。

（四）通信机房雾化喷淋制冷新风节能应用案例

本应用案例为昆明分公司嵩明县局2楼综合机房的雾化喷淋制冷新风节能改造。

1. 机房情况概述

昆明分公司嵩明县局2楼综合机房属于C类机房，面积约170平方米，承载业务包括本地网内区域传输网节点、城域网数据、无线和用户接入网等，设备数量多，机架数量达50余架，设备耗电量大，电源冗余低。机房配置5台5P空调，空调日均用电量447度，年耗电量达163155度。机房排风不畅，温度高，2020年5G设备BBU集中放置该机房后，导致局部较热，经常出现高温告警，导致维护进单量的增加。

2. 节能改造分析

在集团和云南电信的号召与推广下，昆明分公司组织多次节能技术交流会议，对当前主流的节能降耗技术进行学习交流和比较。

（1）冷热通道隔离节能技术。该节能方式为机房内部机柜两两面对面、背靠背形式固定，面对面的通道形成冷通道，背对背的通道形成热通道。将通道封闭，然后将空调风管对准通道通风来解决机柜局部过热问题。

优点：优化气流组织，空调产生的制冷量得到有效利用，设备投资较少，技术原理简单。

缺点：受机房设备排列形式限制，需在设备之间安装隔板，对今后的设备维护、替换、扩容有一定的影响，节能效果相对较低。

适用范围：机房设备数量多，已完成机房内所有设备安装规划，设备机柜基本满足两两面对面、背靠背形式排列。

(2）精密空调控制节能。主要技术途径为调节压缩机、风机转速，同时启动所有压缩机，最大限度降低冷凝压力，调节风机转速使送风温度稳定维持在设定值，从而达到机房温度智能控制，以达到节能的效果。

优点：精确控温，变频控制实现软启停，降低冷凝压力，提高蒸发压力，提升制冷效率，节能设备占用机房空间小。

缺点：节能效率依赖空调制冷功率，存在较大的冗余。

适用范围：较大的机房，安装有多台60kW以上的精密空调。

（3）雾化喷淋制冷新风节能技术。前文已经详细介绍了此技术，此处不再赘述。

3. 现场勘查情况

经过技术对比，昆明分公司动力维护人员多次选点，进行现场勘查，对嵩明县局2楼综合机房的环境、设备运行现状进行细致的考察。

（1）机房室内情况。机房形状为长方形，各类通信设备分为4列排布，现因机房内部已安装满通信设备机架，发热量已达到饱和。在用的5台5P专用空调安装于机房四周，因无气流导风通道，冷气流很难流通到机房中央。核查后发现机架进排风方向未能做到一致，导致通道冷热气流混乱，出现机房局部过热现象，再增加空调数量已经达不到降温的效果，机房温度过高告警时有发生，空调耗能居高不下，而且因环境条件限制不能在机房内加装新的空调设备。

（2）机房室外情况。

昆明属北纬低纬度亚热带－高原山地季风气候，由于受印度洋西南暖湿气流的影响，日照长、霜期短、年平均气温15℃，机房位于大楼二楼，进入机房右侧为走廊通道，左侧为阳台，具备安装大型室外设备的条件。

4. 节能技术选取分析

通过对冷热通道隔离、精密空调控制系统和雾化喷淋制冷新风系统这3种当下主流的节能技术的分析对比，结合嵩明县局2楼综合机房的现状进行分析。

嵩明县局2楼综合机房机架进排风方向未能做到一致，在前期的机房设备安装过程中未能做到所有设备机柜两两面对面、背靠背形式排列，给后期做冷热通道隔离造成了很大的施工难度，而且需要加装的隔挡设施较多，给后期的通信设备维护带来诸多不便；机房为长方形，通道两侧空间有限，调整空调摆放位置空间不足。所以，冷热通道隔离节能技术不适合用于该机房。

嵩明县局2楼综合机房在用的5台5P专用空调，长期处于高功耗运行状态，机房温度常处于高位，空调功耗已无冗余；机房剩余空间不足，无位置安装精密空调。所以，精密空调控制系统节能技术在此也无用武之地。

嵩明县局2楼综合机房室外为阳台，有足够的空间搭建铁甲制冷室，另外一侧为走廊通道，方便安装排风扇。雾化喷淋制冷新风系统节能技术不需要对机房室内进行改造，不受机房室内空间不足的限制，较为适合该机房的改造需求。再加上该技术有很好的节能效果和改善机房环境的优势，最终决定在该机房采用雾化喷淋制冷新风系统进行节能试点。

5. 节能实施情况

（1）节能设备安装。搭建铁甲制冷室机房：在机房外进风口的位置，利用彩钢夹芯板隔热防火夹层材料搭建制冷室机房，在外部安装风机及搭建制冷机房能够有效防止火灾对机房内部的影响。将雾化喷淋制冷系统与室外环境隔离起来，避免新风系统抽外部空气时造成外部空气中的尘埃进入系统，影响机房进风的洁净度和雾化喷嘴的堵塞。安装雾化除尘制冷系统：安装喷淋制冷风机，完成制冷新风的引入、加湿、降温、除尘、制冷输送等功能；配置变频控制离心风机，风量按需自动调整，噪音低；安装水帘装置，改善进风洁净度；在系统前端安装水泵，给喷淋系统提供水压。主要设备安装情况见表1。安装控制采集系统：安装控制和采集系统，通过网络接口实现系统运行状态、温湿度、雾化系统、制冷系统的远程控制，实时监控设备运行情况，将告警信息及时上传。

表1 主要设备安装情况

名称	型号	安装数量	单位	备注
冷风机	AZL－18－LS10CZ	3	套	上出风
排风机	YPF－900		套	
排风机	YPF－900	2	套	
控制器	CODS－II	2	套	

（2）施工成果验收，取值计算节能效果。施工验收完成后，昆明分公司以网络部、财务部、县局网络分局骨干组成了能源稽核小组，定期组织成员到现场进行数据的取值和运行维护情况的检查，通过节能前后的数据对比计算、核实节能效果。

7. 功能特点分析

（1）双制冷模式，加湿制冷一体化。通过封闭的雾化蒸发制冷铁甲机房，经过雾化降温、多层叠合波纹纤维、喷淋双制冷模式，在满足了机房制冷需要的同时使湿度保持在40%～70%，符合机房环境规范。

（2）自洁过滤，多层过滤。节能设备由铝合金、过滤棉、内外零式百叶构建的平板一体化窗作为过滤单元，经过雾化降微尘、多层波纹纤维叠合物喷淋除尘等多过滤装置，确保制冷空气的洁净度满足机房环境要求。其中，喷淋除尘为循环水自洁过滤，系统的自洁自维可延展维护周期、增强维护效果、降低维护成本。

（3）制冷方式多层冗余，增强了机房安全性。设备按主、备独立设计安装，若出现单个冷风设备故障不会影响其他冷风设备的运行，多冗余以保障机房安全性。空调彻底全停，可作为机房制冷冗余，备而不用。

（4）智能化焓控系统。为确保机房安全性规范，雾化蒸发制冷系统控制柜为全智能化、全自动化控制实施。通过现场和远程测试，发现该系统能显示温湿度和各项参数设置，能实现空调远程控制，具备自动清洁控制、雾化设备控制、喷淋设备控制和加湿及制冷控制、操作记录存储、可远程检测设备运行状态等功能。此外，该系统具备巡检测试和运行模式切换功能。

（5）变频控制技术，风量按需调整。雾化蒸发制冷系统制冷设备采用变频方式进行控制，风量根据机房需要自动调控，噪音更低，更安全，更节能。

（6）防结露功能。机房结露轻则造成设备锈蚀，使用寿命减短，重则直接造成设备损毁或短路。雾化蒸发制冷系统独特的焓值控制设计避免了上述情况的出现，可以确保系统无论什么情况下运行，机房内都不会出现结露情况。经过近一年的运行，未发现此现象，减轻了维护人员的工作量。

三、实施效果

嵩明县局2楼综合机房实施节能改造后，实现一举多得的效果，机房局部温度高、噪声大、耗能高等问题得到有效解决。

（一）冷热气流分离，彻底解决机房过热、局热问题

改装前，机房空调送回风方式粗放，气流组织混乱，空调低效率运行，增加了无线BBU设备后，发热量更为增大。改造后，雾化降温设备的气流组织方式送排一体，冷热气流分离，降温效率高，彻底解决机房普遍存在的过热、局热问题。

（二）节电效果显著

机房原用空调5台5P专业空调，改造后，在满足机房温湿度的前提下，陆续关闭3台空调，节电

率高达70%以上，机房PUE值从1.44降至1.035。通过每季度一次的现场稽核和监控系统实时数据发现，平均耗电降至126.96度/日，每天节电320.16度。按当地电价0.38元/度计算，平均每天节约121余元，节能率达71%，实施节能1年节约电费达4万余元，5年合同期内可节约电费20万元以上。

（三）减轻投资压力，减少维护工作量

由于昆明分公司近年来资本性支出紧缺，故此项目采用合同能源管理（EMC）的模式，产生节能收益由投资方与昆明分公司共享，投资方分享总节能收益的78%，总分享年限为5年，缓解了公司资本性支出的压力。节能改造后，投资方负责节能设备的日常运行维护，由于节电率高，节能设备已大幅替代空调运行，空调维护工作量急剧减少，空调维护费用也大幅度降低，同时减轻了由于机房扩容或空调老化可能产生的空调更新投资问题，能耗下降后还减轻了嵩明县局2楼综合机房整体的供电压力。

在此次节能改造的实施过程中，对雾化喷淋制冷新风系统节能的应用有了一定的经验。在室外安装制冷机房时，需要考虑机房周边环境好不好。如果机房周边灰尘较大会增加设备降尘的压力，纱网更换频率增加，设备使用寿命受影响，节能效果也会打折扣。再者，还要考虑是否有便利的引水条件，该技术节能效率高，主要就是对水以细雾的形式蒸发从而达到高效制冷的效果。此外，外部是否有足够的空间、相关物业是否允许安装设备也是需要考虑的重要因素。因考虑到昆明市区的机房室外空间有限及物业部门的管理限制，建议该节能技术可在郊县分公司推广实施。

主创人：杨秀琴、徐昆渝、徐潜志、洪　红、王明祥

数据中心机房空调末端AI群控节能技术应用

中国电信股份有限公司浙江分公司

一、企业概况

中国电信股份有限公司浙江分公司（以下简称浙江电信）是中国电信股份有限公司（以下简称中国电信）首批在海外上市的4家省级公司之一，是浙江省内唯一拥有“陆海空天”一体化通信网络，具备宽带、移动、固话、卫星通信、云计算、大数据、物联网等全业务、跨区域综合信息服务能力的运营商，也是杭州第19届亚运会官方通信服务合作伙伴。截至2021年年底，浙江电信主实业资产规模628亿元，从业人员约5万人，宽带互联网接入用户达1178万户，移动用户达1790万户。

浙江电信认真接应网络强国、数字中国、网信安全、“新基建”等国家和浙江省委省政府战略部署，全面实施云改数转战略，强化科技创新驱动，积极助推浙江经济社会数字化转型和高质量发展。在集团公司指导下，以技术进步和创新为驱动，不断提升精确化、智能化管理水平，持续、有力地开展全方位的节能降碳工作，实现高效低耗的运营管理，年均节电量达8000万度。与此同时，针对各类客户需求，精心打造多种绿色信息化应用产品，为全社会节能降碳赋能。作为绿色信息文明的倡导者和实践者，浙江电信将继续为推进生态文明建设、打造“美丽浙江”和“美丽中国”而不懈努力。

二、主要措施

（一）主要原理

数据中心大量采用冷热通道分离技术后，空调要在未知的情况下保障机房所有IT设备（机柜）进风的温湿度要求或为一大难题，数据中心机柜的发热量、空调配置、气流组织中不可预见的变化使得解决其并不是一个简单固定的逻辑可以实现。在此情况下，利用计算机软件技术是一个高效的方法。数据中心机房空调末端AI群控节能技术利用计算机软件数字化整个数据中心的温度场、湿度场、空调运行状态，通过科学算法进行空调设置的实时调节，实现高效节能调控，在保证安全运行上实现了高容错、高可靠性。

（二）系统架构和构成部件

系统主要部件包括多串口工业控制服务器、可视化前端主机及大屏、温度采集系统、电量采集系统、串口扩展模块、智能保护箱等。

多串口工业控制服务器采用高速CPU，实现数据发送接收的双向高速通信，保证温度变化能够及时被系统感知，同时又能够对空调进行快速调控指令下发。另外，服务器还负责本地数据的存储及为动环监控和可视化大屏进行数据传输。

可视化前端主机及大屏：作为智能调控和智能运维非常有效的手段之一，大屏图形化显示必不可少。所有数据均为用户提供直观的展现形式，具体效果参见后续功能介绍。

温度采集系统采用集成总线式测温探头DS18B20，具有成本低、测温准确可靠等优势，总线式结构大大减少采集布线成本。采用DS18B20探头读取模块T64，每个模块能读取64个温度探头，体积小巧，布放灵活。

电量采集系统采用多路电量模块A21对机房分类耗电进行监测，一个模块可监测7×3相电度。

串口扩展模块：空调串口扩展TC－2可以对RS485串口进行扩展。本串口扩展的串口为modbus－slave端，也就是提供RS485串口数据服务的设备端口。扩展后等同于增加一个设备串口，可以提供另一条采集线路使用。

智能保护箱在正常工作期间不需要人工干预，只有在系统运行异常或者空调需要维护、停机等特殊情况下才需要使用。其功能主要有两个：一是实时监测服务器运行状态，在服务器已经断线情况下自动恢复空调的安全设置；二是提供系统旁路功能，在空调需要维护、停机等特殊情况下可以打开位于智能控制箱旁边的旁路开关，这样服务器就不会干预本机房所有空调的运行。

（三）技术功能特性与创新点

1. 提供数据中心空调末端群控

直接布控测点到机柜进风口和出风口，建立机柜温湿度、风压等信息与多台空调之间的关联关系，利用专利智能算法和可视化技术实现空调设定温度和湿度点的动态调节。既减少空调压缩机启停次数和工作时长又协同多台空调工作，提高空调回风点温度，同时避免不必要的加湿和除湿。实现整个机房温度在安全前提下提升，空调既提高换热效率又减少压缩机损耗，减少加湿除湿能耗，实现高效节能。

2. 提供整个数据中心 3 个维度的可视化界面

提供整个数据中心环境与空调状态 3 个维度的可视化界面，既是群控系统效果的实时展示，又是机房智能运维的有效手段。这里的 3 个维度指的是：机房环境维度（温湿度等）；机房制冷维度（空调运行状态）；机房能耗维度（维持机房的能源）。3 个维度的数据相互关联，构成日常机房运维的主要参考数据。

机房环境维度的可视化利用温度云图、湿度云图、功率分布图等环境量，以图形和颜色等人体感觉敏锐的方式直观获得整体机房情况，以便快速发现机房环境的改善需求。

机房制冷维度可以看出当前的运行是否符合机房环境维度的需要。如果是 AI 智能调控在运行中，也可以观察 AI 的实际智能程度。AI 系统的不断智能化可以使得空调运行能够快速响应机房环境的需求。做到既满足环境的需要，又不过量，实现充分节能。

机房能耗维度可以检验节能效果和机房设备是否正常，同时也是机房能耗管理的直接需要。分类能耗管理和 PUE 数值非常直观地反映当前机房的整体能耗水平。

3. 气流组织优化

本技术通过可视化途径对数据中心机房的环境信息，如空气温度、空气相对湿度、气流风压、风向等进行可视化显现，并且同时可以看到空调的运行状态、空调运行能耗、IT 运行能耗及其他机房能耗。通过 AI 软件的运行可以动态看到机房的各种参数的变化，从而发现运行过程中可能出现的各种问题。事实表明，机房运行中气流组织常常会出现各种问题，如盲板未封堵而发生漏风现象导致冷通道无法形成正压，再如新上线服务器出现安装不规范导致气流被阻挡或有的服务器干脆就发生倒置安装问题等，这些气流组织不但导致能源浪费，甚至可能发生局部热点高温服务器宕机等问题。

4. 提升智能运维水平

利用可视化手段直观反映出整个机房的全貌，这一数字化手段不但将机房所需的能耗、空调运行状态、整个机房的温度分布等进行了可靠的数字化，同时将其用图形方式进行了直观的展示。通过应用空调 AI 调控可视化软件进行异常数据分析，能够发现一些低效和隐患问题，如气流短路、柜门异常、空调设备故障、水阀故障、局部热点隐患等。通过直观的可视化途径，结合 AI 系统算法提示，可以快速发现系统存在的问题，大大提升运维效率、提高运维管理能力。

5. 空调节能

本技术对数据中心机房的空调系统有着显著节能效果，经 2019 年以来多个机房的测试，不同机房不同时段的数据显示：空调节能率分别在 15% ~45% 之间，全年平均节能率在 25% 以上。可视化手段与 AI 算法相互促进、相得益彰，实现节能看得见。

6. 配电数字孪生动图

本项目带有能耗分类构成图（也称为配电数字孪生系统），实现了能耗与开关的对应，实现开关能耗数据的逐级查找。每个开关都带有实时数据，点击即可弹窗显示该开关的电能、功率等。开关的下级开关可以收拢和展开，整个配电图可自由拖拽、缩放，方便查阅整个系统和局部构成。

（四）主要技术指标

节电率20% ~30%。

密封冷通道目标温度控制误差小于2℃。

密封冷通道目标湿度控制误差小于3%。

根据机柜发热密度不同，提高空调的回风温度3℃ ~7℃。

密闭机房减少空调加湿除湿时长的90%。

（五）典型案例一：宁波分公司凌云 IDC 大楼项目

宁波分公司凌云 IDC 大楼有 4 个 IDC 机房建设本系统，机房的数据参见表 1。

表 1　凌云 IDC 机房数据

能耗单位：万度

序号	机房名称	年总能耗	年 IT 能耗	年空调能耗	年其他能耗
1	2－5 机房	230.4	137.1	93.2	0.1
2	3－1 机房	266.2	180.3	85.4	0.5
3	3－3 机房	164.9	102.7	62.1	0.1
4	3－4 机房	147.4	100.0	47.3	0.1
5	汇总	809.0	520.1	288.1	0.8

1. 项目实施

对凌云 IDC 大楼 4 个机房进行空调末端节能改造，工作主要包括以下内容。

（1）机房环境传感器安装。

（2）机房空调通信连接安装。

（3）机房分类能耗采集安装。

（4）空调群控其他保护装置和服务器、可视化大屏安装。

（5）系统运行调试。

（6）开机试运行。

改造完成后，机房整体节电率达到20%以上，取得了显著的节能效果。

2. 实施周期

2020 年 11 月开始施工，2021 年 6 月安装调试完毕。

3. 节能降碳效果

据电表统计，年节约总电量约 57.6 万度。电费以 0.5 元/度计算，每年可节约电费 28.8 万元。该项目综合年经济效益合计为 28.8 万元。年环境效益为减少二氧化碳排放 432 吨。

总投入为 31 万元，静态投资回收期为 13 个月。

（六）典型案例二：金华分公司互联网大楼项目

金华分公司互联网大楼有 5 个 IDC 机房建设本系统，机房的数据参见表 2。

表 2　互联网大楼机房数据

能耗单位：万度

序号	机房名称	年总能耗	年 IT 能耗	年空调能耗	年其他能耗
1	2－1 机房	987.6	697.2	154.2	136.2
2	2－2 机房	338.3	223.4	42.3	72.6
3	3－2 机房	267.6	177.1	48.9	41.6
4	4－1 机房	852.1	597.9	139	115.2
5	4－2 机房	94.9	46.8	12.4	35.8
6	汇总	2540.5	1742.4	396.8	401.4

1. 实施内容

对金华分公司互联网大楼 5 个机房进行空调末端节能改造，工作主要包括以下内容。

（1）机房环境传感器安装。

（2）机房空调通信连接安装。

（3）机房分类能耗采集安装。

（4）空调群控其他保护装置和服务器、可视化大屏安装。

（5）系统运行调试。

（6）开机试运行。

改造完成后，机房整体节电率达到 20% 以上，取得了显著的节能效果。

2. 实施周期

2020 年 12 月开始施工，2021 年 3 月安装调试完毕。

3. 节能降碳效果

据电表统计，年节约总电量约 77.8 万度。电费以 0.5 元/度计算，每年可节约电费 38.9 万元。

该项目综合年经济效益合计为 38.9 万元。年环境效益为减少二氧化碳排放 583.5 吨。

总投入为 55 万元，静态投资回收期为 17 个月。

三、实施效果

本项技术通过在中国电信及相关行业不同规模、不同工艺场景的数据中心机房内实地应用和测试，展现出良好的节能降碳成效。

（一）经济效益

某数据中心使用该技术，原空调平均功率 92.07kW，下降到 70.85kW，每年节省用电 18.59 万度，节约用能 57.63 万吨标准煤，减排 167.64 吨二氧化碳。

本技术有效节约机房空调电费支出，投资回收期约 1～2 年。若业界全面推广（按 70% 机房适用，空调节能率 25% 保守估算），按平均电价 0.7 元计，全国数据中心每年可节约电费 63 亿元。

（二）社会效益

1. 节能降碳社会效益

本项目为数据中心提供智能化、可视化的节能技术，不但本身可以直接降低空调能耗 15%～45%，而且利用可视化手段能够及时掌握机房运营过程中存在的问题，大大提高了数据中心的智能化水平，助力智能运维，提高运维效率，进一步减少不必要的能源浪费，并且同时还可以发现机房存在的隐患，降低机房运营成本。

2022 年 2 月，工业和信息化部等部门出台《关于加强绿色数据中心建设的指导意见》，要求到 2022 年“数据中心平均能耗基本达到国际先进水平，新建大型、超大型数据中心的 PUE 达到 1.4 以下”，本技术大大促进绿色数据中心的建设，能够直接给 PUE 值带来 0.1 到 0.5 的降幅。本可视化技术还可以进一步深化融合，将其他机房节能技术纳入 AI 智能调控范围，为各种数据中心不同的节能瓶颈提供“一对一”的智能调控逻辑，进一步实现产业优化升级。

2. 数据可视化社会效益

本项目对数据中心智能化、数字化水平有大幅度的提高，为智慧机房的建设提供了非常好的范本。通过对数据中心环境量、空调运行状态、能耗统计数据的图形化展示，可以为机房维护管理提供更好的手段。不仅如此，本项目附有详细的能耗可追溯能力，配有大楼配电数字孪生系统图，可逐级查找各能耗构成等。数据中心机房环境、能耗、设备的数据可视化为提高数据中心的管理水平发挥了重要作用，同时显著提升了数据中心的形象。

主创人：贾继伟、张文明、陈以定、龚祖伦、项云华

北京联通核心局 SDH 设备下电，开启智慧低碳光网新篇章

中国联合网络通信有限公司北京市分公司

一、企业概况

中国联合网络通信有限公司北京市分公司（以下简称北京联通）隶属于中国联合网络通信有限公司（以下简称中国联通）。北京联通成立于 2008 年。2021 年 6 月，中国联通发布《“碳达峰、碳中和”十四五行动计划》，以绿色低碳循环发展为目标，全面、系统、深入推进节能降碳工作，不断提高通信网络基础设施绿色化水平，助力行业绿色低碳高质量发展迈上新台阶。

北京联通聚焦五大绿色发展方向。一是推动移动基站低碳运营，推广极简建站、潮汐节能等技术，有序提高清洁能源占比。二是建设绿色低碳数据中心，通过供电降损简配、空调利用自然冷源等，提高系统能效。三是深入推进各类通信机房绿色低碳化重构。四是加快推进网络精简优化，老旧设备退网。五是提高智慧能源管理水平。

2015 年起，北京本地 SDH（Synchronous Digital Hierarchy，同步数字体系）传送网网络资源趋于饱和，SDH 网络已基本稳定，不再大规模开通业务。但是，SDH 网络的设备大多数已在网运行超过 20 年，面临带风险运行的隐患。SDH 设备存在占用机房空间多、整体功耗大、运维成本高、故障处理相对困难等问题。而随着 PeOTN（Packet Enhanced Optical Transport Network，分组增强型光传送网）网络的逐步完善，多数大客户专线已迁移至具有空间利用率高、功耗低、排障迅速等特点的 PeOTN 网络。因此，需要对本地 SDH 网络进行现代化改造，通过用 PeOTN 设备对 SDH 设备进行替换改造，从而解决老旧设备存在的隐患和问题。

二、主要措施

（一）具体方案

作为 2022 年北京冬奥会的官方合作伙伴，中国联通推出了“智慧冬奥”服务计划，打造一届安全（Safety）、数字（Multimedia）、智能（AI）、绿色（Reduction）、科技（Technology）的冬奥会。为更好地服务政企类客户，北京联通对党政军、金融等重点客户进行了调研和分析，识别出不同客户对带宽、时延、开通效率、动态调整、业务运行状态、故障定界等差异化要求，部署了先进的 PeOTN 网络并进行了老旧 SDH 网络的升级和改造，将“Smart Link”智慧专线升级为 2.0 版本应用于北京冬奥。

北京联通现网有海量的 SDH 专线业务，服务政府、银行、证券、互联网等重点政企行业。如今，大部分 SDH 设备部署年限已超过 20 年，设备老旧，容量小，占用了大量的光纤和机房空间，功耗相对较高。面对政企等用户的业务带宽提速及智能化需求，SDH 设备已无法满足业务的发展，大量老旧 SDH 设备也无法满足国家“双碳”战略目标。

北京联通深入分析网络结构和承载的业务，经过充分调研，制订了既能解决当前问题又可长远发展的改造方式，选取某一核心局及其汇聚接入环作为第一个样板进行改造，发起“O 改 S”行动，梳理了该核心局及其汇聚区内大客户接入环、基站接入环、模块局的全部 SDH 设备、相关光路、端口。

采用新的 PeOTN 设备改造某核心站内汇聚接入层 SDH 设备，达到减少 SDH 汇聚网元、节省设备，现网老旧设备减少，提高维护效率，降低重要客户业务安全隐患；梳理某核心站点内及其所带周边模块局 SDH 业务，清理无效 2M 数字电路业务并将低阶业务进行整合，提升设备利用率，释放现网 SDH 资源。完成 SDH 改造后，站点业务精简，业务可扩容空间增加。割接电路 20 余万条，实现了近百台不同

厂家及型号的SDH设备清退，通过2台OTN（Optical Transport Network，光传送网）设备承接原有老旧设备的专线业务，总计节省几十个标准机柜空间，每年节省约25.8万度电，相当于种植1.1万多棵树。

北京联通此次核心局改造是目前全国最大的一次SDH改造，涉及业务量也最多。在改造方案设计、落地实施等方面，北京联通积累了丰富的经验，形成了一套SDH改造规范，完全可以复制到北京联通其他核心站点，以及中国联通的其他省级站点，有普遍推广意义，相信能大幅提升老旧设备改造的效率。通过对老旧设备改造，有效保障了存量高品质SDH专线向PeOTN智慧专线的平滑演进，改造后的网络更是具备“智慧心”，实现了低碳的全光网络架构转型。

（二）典型经验与做法

1. 网络技术领先

北京联通OTN政企网络采用先进的OXC、PeOTN设备、100G/200G和OTN CPE等业界领先的设备升级和优化现网，构建Mesh化+智能化的全光网络，实现专线一跳直达和灵活调度，打造一张覆盖北京市的超高速、低时延和高可靠的专线网络。

北京联通采用OXC方案，完成了传输网的升级改造。OXC主要被用来实现大容量多方向“节点”交换。经过这次升级，传统的“十字路口”将被改造成一个高效无拥堵的现代化“立交桥”。目前，北京联通已经部署了多台OXC用来替换老旧的ROADM设备，大幅节省单站点光层整体功耗，同时也降低了备件成本。过去，网络传输产品是一个子架来实现一个光方向，一个机柜也就只能安装4个子架。现在，OXC高度集成，一个板卡一个方向，节省了大量的空间，也解决了光纤连接复杂的问题，将机房的空间节省了大约67%，机房的功耗节省了57%，跳纤的数目节省了56%。

2. 网络自动化

传统网络中，业务跨域、跨层、跨设备之间转接多，业务管理分散，造成业务发放效率低，也无法智能化管理。北京联通部署智慧管控系统，实现网络管控的智能化和业务发放的敏捷化，满足专线开通状态、运行状态及各种网络性能指标的可视可管，支持对网络资源、状态、性能的透视，实现专线在线自助申请、带宽灵活调整、业务状态自助查询、时延可视可规划，端到端All - Online体验。

北京联通基于智慧管控系统，实现了网络运营的数字化转型，实现板件、设备、站点、业务等多维度多方面的数字化呈现，向北京联通提供运营决策支撑，帮助其最大程度地提高运营效率；同时，让最终企业用户可实时查看专线的时延、带宽等各种SLA指标，提升最终用户体验。

作为专线业务的末端接入设备，CPE放置在企业侧，分布广、数量多。传统上，工程师安装每台CPE至少需要进站两次：首次上站进行硬装和软调，完成CPE安装上电，ID、IP配置，然后联系网管中心进行CPE参数配置和业务发放；1~2个工作日后，再携带仪表第二次上站，进行业务验收。整个交付约需2.5个工作日，交付时间长，协调工作多，对人员技能要求高且必须携带专业测试仪表。“Smart Link”智慧专线采用OTN CPE设备，配合智慧管控系统可以实现即插即用式部署。工程师只需要一次上站完成硬装，剩余的CPE上线、配置等软调工作及业务发放和测试验收均由智慧管控系统远程全自动化完成。仅此一项，每站交付时间可从2.5个工作日减少到0.5个工作日，交付时间缩短80%，人员效率大幅提升。

3. 网络更智能

北京联通基于PeOTN打造的“Smart Link”智慧专线作为服务北京冬奥会的智慧产品之一，能做到智能调速。“Smart Link”智慧专线AI能力能自动感知到其专线流量突发，当突发达到设定阈值时，“Smart Link”智慧专线可直接触发智能升速，有力保障冬奥业务不受影响。“Smart Link”智慧专线还借助智慧管控系统内置的AI算法，能够对网络拥塞情况及间接性中断等异常情况存档记录并通过智慧云端AI分析处理，有效识别故障风险预警，提前通知运维人员优化网络，改善网络“亚健康”状态。

4. AR 智慧运维

北京联通打造 AR（增强现实）数字化创新运维模式，基于 PeOTN 和智慧管控系统的全光智慧底座，打造近端装维利器，用远端全面的后台信息和专家力量来武装一线运维团队，实现毫米级精准定位，机关专家与现场工程师同视角共同工作，做到“想看哪里点哪里，哪里不会点哪里”。

北京冬奥会作为国际赛事，网络必须保证 7×24 小时安全、稳定，而且必须有充足的带宽和良好的性能。北京联通 AR 运维技术支持冬奥会通信设备端口级运维，重点解决了雪车雪橇赛道、国家跳台滑雪中心、国家高山滑雪中心和国家速滑馆等场馆网络运维难题，提升故障定位精度，全面提高运维效率。

通过设备的面板识别与跟踪、高精度定位，以及设备、单板及端口的数字化建模，将后台业务信息和单板实物实时锚定。故障发生时，运维人员来到站点的机房，无须再通过多部门协调定位和确定信息，AR 运维系统第一时间就得知设备位置、设备信息、故障原因，直接指引巡检人员到达故障设备处，因此运维人员在 AR 系统的指引下能够以最快的路径到达故障设备。到达后，仅需手机扫一扫就可在设备面板上显示出此主设备型号、配置参数、性网元关联，同步资管、工单、故障告警、性能等数据，辅助运维人员进行快速故障定位，实现单人分钟级开通和排障，做到单站运维只需一人一手机，大大缩短故障处理时间。

5. 实用性

随着消费者对更多内容、更高视频体验的诉求提升，视频节目信号超高清化，而且还有 360 度自由视角、VR 等新技术的引入，这势必会带来网络带宽的升级，从而带动媒资专线的升级换代。媒资专线作为视频产业基础设施，潜在高价值客户分布广泛，是运营商的新蓝海市场。基于 OTN 的超高清视频承载网将会有广泛的应用，包括各种国内及全球性的大型比赛活动，还有各种演唱会、联欢晚会、春晚、舞蹈比赛、剧场演出等活动。

三、实施效果

北京联通实现了近百台不同厂家及型号的 SDH 设备清退，通过 2 台 OTN 设备承接原有老旧设备的专线业务，总计节省几十个标准机柜空间，每年节省约 25.8 万度电，相当于种植 1.1 万多棵树。实现节能降碳，助力行业绿色低碳高质量发展。

网络平滑演进：国内首例创新性的采用 OTN 设备对传统承载网进行改造，向低碳的 PeOTN 全光网络架构转型，满足行业客户业务带宽提速及智能需求；提高业务稳定性，支持业务自动下发。

降低运维成本：SDH 改造将老旧设备退网，采用 OTN 收编 SDH 汇聚端口及部分接入环和政企客户并收编落地端口，从设备功耗、机房机柜空间、配套光纤规模等方面减少运营成本，实现绿色运营，降低运维成本。

减少改造成本：采用 E1 清理方案，清理无效 E1 业务，减少改造成本；将承载的业务进行整合，提升设备利用率，释放现网资源，提高维护效率，满足后续网络发展需求。

形成改造标准：形成可复制、可落地的改造方案，制订设备替换、业务割接规范，形成标准化模式，为今后逐步开展其他核心站点改造提供标准化手册，助力全面打造低碳环保的全光网，为 SDH 网络未来演进提供参考标杆。

主创人：臧　寅、彭　博、王　笙、郭　欣、秦壮壮

深汕云数据中心节能高效运营实践

中国联合网络通信有限公司深圳市分公司

一、企业概况

中国联合网络通信有限公司深圳市分公司（以下简称深圳联通），是中国联合网络通信有限公司（以下简称中国联通）设立在深圳的分支机构。深圳联通下设11个区分公司，企业员工总人数超过3500人。公司主要经营移动通信业务，国内、国际固定电话网络与设施（含本地无线环路），语音、数据、图像及多媒体通信与信息服务，电信增值业务，IP电话业务等国家批准的其他业务，以及与通信及信息业务相关的系统集成等业务。近年来，公司主营业务收入、利润规模持续增长，在高质量发展道路上稳步前进。2021年，公司营业收入达779751万元，毛利339058万元。深圳联通IDC具备13年的数据中心建设运营经验，承建多个中型以上数据中心，在运营数据中心15个，机柜规模超过17000架。

“联通世界，创享美好智慧生活”是中国联通的使命；“客户信赖的智慧生活创造者”是中国联通的企业愿景。深圳联通作为集团地市分公司，全面承接新时代赋予的新使命，贯彻中国联通“数字信息基础设施运营服务‘国家队’、‘网络强国’‘数字中国’‘智慧社会’建设主力军、数字技术融合创新‘排头兵’”新定位、“强基固本、守正创新、融合开放”新战略，全面发力数字经济主航道，将“大联接、大计算、大数据、大应用、大安全”作为主责主业，紧抓深圳“双区”驱动、“双区”叠加、“双改”示范的战略机遇期，加快全面数字化转型。

二、主要措施

为积极响应国家“双碳”战略，深圳联通不断实践、积极摸索，从配电系统架构到空调系统节能，从网络传输到智能化管控，积累了丰富的建设和运营管理经验。

（一）系统方案

1. 配电系统

深汕云数据中心配电系统主要特征是“稳定”“智能”和“高效”。机房配电系统通过引入两路10kV高压外市电组成两套独立的高压系统，每套系统下设4台2500kVA变压器，形成8套低压配电系统，互为主备，满足2N架构；通过低压配电柜直接配送到末端微模块列头柜。在高压侧设有7台1800kW高压油机作为后备电源，当任意一路市电停电中断，柴油发电机迅速启动，30秒内成功并机送到高压系统，变压器馈线可依次自动合闸，将电源配送至末端负载。

IT设备供电采用“配电－制冷一体化”的微模块形式，每个微模块均由双路市电接入，一路交流供电，另一路经过整流模块整流后输出240V直流电源至末端负载。高压直流配置多组蓄电池作为后备电源，在双路市电中断时，可实现0ms延迟切换至电池供电，保证业务稳定运行；电池后备时间30分钟，完全满足柴油发电机送电到末端的负载时间。采用一路市电＋一路高压直流的形式，相比传统的UPS供电，既保证了市电中断时业务的连续性和可靠性，又减少整流逆变步骤带来的电能损失，整体供配电效率高达97%，大大降低配电损耗。

针对机房空调群控系统、动环系统、冷冻泵、阀门等关键设备，其运行连续性要求更高，为此采用UPS供电方案确保其供电可靠性。UPS采用1＋1并机运行模式，负载均分运行，任意一台设备故障则另外一台设备可承担所有负载，实现无缝切换。每台UPS配置相应容量的蓄电池，当市电停电时，可以提供不低于30分钟的后备电源，确保BA、动环系统连续运行和蓄冷罐正常放冷。

2. 冷却系统

深汕云数据中心制冷方案采用集中式水冷空调系统，冷冻站设置在一层，由 4 台 900Rt 的高效变频离心式冷水主机作为冷源，同时匹配 4 台高效开式横流冷却塔（单台额定流量 820 m^3/h）、4 台可变频的冷却、冷冻水泵（单台功率均为 75kW，其中单台冷却泵流量 710m^3/h、扬程 28m，单台冷冻泵流量 510 m^3/h、扬程 36m），组成 4 套制冷设备——3 用 1 备，主管采用环管形式，通过 2 套分集水器形成 2 路同程管将冷冻水输送到末端空调。冷冻侧配有 4 个 80m^3 水蓄冷罐，具有蓄冷储能和自动放冷的功能。在夜间用电谷期充冷蓄能、白天用电峰期放冷，减少冷水机组用电高峰期运行时间，起到削峰填谷的作用。在市电中断或制冷设备故障时，蓄冷罐放冷阀门自动开启放冷，确保末端制冷连续不中断，在满载的情况下可提供 15 分钟的后备冷源。冷冻站还配置一些附属设备，包括网式自清洗装置、管刷等以保证系统的高效稳定运行。末端微模块采用列间空调供冷，单台空调制冷量 40kW。机柜采用“面对面、背靠背”安装方式，形成封闭冷通道，采用正面送风背面回风的方式，避免冷热风混流形成冷量损失；列间空调送风距离短、风量损耗低，可以极大降低风机的功率、提高空调系统制冷效率。配电房等辅助用房采用房间级精密空调，确保无水管进入房间，避免因水管漏水等因素引起安全事故。空调管道系统采用环形管路和双路同程系统设计，实现管路冗余，在出现局部故障时可将故障点完全隔离，不影响末端供冷。分集水器与同程系统配合使用，确保末端流量按设计分配，避免水力失调。

（二）具体做法

深汕云数据中心之所以取得如此高效的 PUE 成绩，不仅得益于合理的系统设计和设备选型，还和现场运维团队精细化运营密不可分，通过实时分析机房设备运行状态和能耗情况，着重从冷却系统和配电系统两大方向入手，不断降低机房能耗。

1. 冷却系统节能运行策略

（1）优秀的空调自控系统。冷冻侧和冷却侧均采用变流量水系统，群控系统自动调节，按需供冷，保证主要设备运行在高效率区间。

（2）精细化管理。定期导出动环监控的数据，如主要制冷设备功率/用电量、实时/累计 PUE、冷机 COP、主干管水温、变频设备运行频率、风机转速、冷通道温度场等，发现问题并持续改进。

（3）冷却水系统。冷却塔：在冬季室外湿球温度过低的情况下，设定出水温度最低值进行变频调节风扇转速；夏季适当多开一台冷却塔，可以降低冷却水水温，提高变频冷机的 COP。冷却水泵：通过控制冷却供回水温差值，变频调节电机转速。

（4）冷冻水系统。冷水主机：适当提高冷冻水的出水温度（目前运行在 12℃/18℃），保证末端供冷的前提下可以降低冷机功耗；变频冷机在部分负荷下优先降低电机转速，COP 明显高于定频冷机（定频冷机调节导流叶片开度）。冷冻水泵：通过调节支管压差（最不利环路）控制水泵转速，可以迅速匹配末端负载变化。

（5）空调末端。设定出风温度值，通过自动调节水阀开度保证冷通道的温度；设定送回风温差值，通过自动调节风机转速保证设定的冷热通道温差，避免不必要的送风量。尽量提高冷通道的温度，减小围护结构的损耗，提高换热效率。

（6）气流组织。主机房采用微模块架构、封闭冷通道的形式，隔离冷热气流，减少冷量损失。

（7）独立湿度控制。采用独立的加湿除湿设备，控制水温在露点温度以上，避免频繁除湿加湿循环。

（8）定期进行基础设施维护保养。电机加润滑油、冷却塔更换皮带、冷却水定期加药、检查在线管刷、清洗空调过滤网等。

（9）冷冻水泵 UPS 的节能策略。UPS 采用 ECO 运行模式，减少整流逆变的能源转换过程。冷冻泵、末端风机一般由 UPS 带载，而 UPS 采用 ECO 模式时效率可提高 2% 至 5%。

2. 配电系统节能运行策略

（1）谐波治理。选用用电设备的谐波电流限值参照相关国家标准的要求。配电变压器均采用 Dyn11 的接线，以降低低压侧谐波对 10kV 供电系统的影响。非线性电气设备须选用谐波分量尽量小且符合国家谐波限制标准的设备。对具有谐波分量的大功率设备由 10kV/0.4kV 配电装置专线供电。设计中低压配电系统的功率因数补偿，电容器采用串连调谐电抗器过滤高次谐波，降低系统谐波分量。UPS 总电流谐波分量的 THDI 值不大于 5%。在 10kV/0.4kV 配电装置预留位置，当实测不满足要求时，增加有源滤波装置，直到满足要求为止。

（2）无功补偿。功率因数在各 10kV/0.4kV 配电变压器的 0.4kV 侧进行集中补偿，补偿后的 10kV 侧功率因数不小于 0.95，满足《国家电网电力系统无功补偿配置技术原则》。

（3）高压直流模块自动休眠。针对未上电和上服务器量较少的微模块，根据设备特性，对高压直流柜的整流模块启用智能轮休功能，即每次只开启能满足机柜供电的模块个数外加一个备用，其他模块则处于休眠状态，一旦负载有波动，整流模块亦可自动唤醒，既安全又有效。

（4）照明控制策略。数据中心机房通常都是密闭无光的环境，即使在白天，人员作业时也需要照明辅助，所以，很多数据中心往往是灯火通明，这也带来不少能源浪费，通过对照明系统的智能管控可以有效降低这部分能耗。第一，公共区域照明通过对照明开关前加装时间继电器来智能设置灯光的开启时间，实现照明灯白天自动关闭、晚上自动开启。第二，机房微模块照明加入声控开关，当无人作业时模块照明自动关闭、有声响时开启。通过智能管控，节省现场大量的人力和电力，使照明达到按需供给，减少浪费，在机房满足照度的前提下智能减少灯具开启数量，从而达到绿色环保功能。

目前，深圳联通已成立“双碳”工作领导小组，由公司“一把手”担任组长，负责指导建立健全公司“双碳”管理体系。“双碳”工作领导小组牵头组织节能降碳技术的研发、测试、推广等工作，倾力打造算网融合、安全可靠、绿色低碳的数字信息生态。深圳联通还是智能运营的倡导者和践行者，自主研发了智能运营平台，实现数据中心资源可视化、作业流程化、事件自动化、分析智能化的运营模式，总结出一套适用于现代数据中心的运营管理办法，保障了数据中心规范、安全、高效运营。

三、实施效果

在“新基建”和“双碳”目标的背景下，数据中心面临市场需求不断增加的同时，国家对数据中心的能源利用效率也提出更高的要求。数据中心作为高能耗的行业，节能减排、降本增效工作对“双碳”目标的实现有重要的意义。

深汕云数据中心地处华南冬暖夏热的亚热带地区，全年平均气温高、湿度大，对于数据中心空调系统节能运行是个巨大的挑战。深汕云数据中心投入至今，运营人员通过对机房不同阶段的节能优化调整，2021 年 PUE 值再创新低。2021 年深汕云数据中心全年总用电 6326 万 kWh，PUE 值 1.230，同比去年 1.243 降低 0.013，相比设计 PUE 指标 1.4 减少 0.17。以 2021 年 IT 用电规模计算，同比 2020 年用电量减少 67 万 kWh，相当于减少二氧化碳排放 672 吨；对比设计 PUE 值，用总电量减少 876 万 kWh，相当于减少二氧化碳排放 8730 吨。若以电价 0.6 元/kWh 计算，同比 2020 年电费减少 40.5 万元，相比设计 PUE 值电费减少 525 万元。

深汕云数据中心采用常规集中式水冷空调系统，系统架构相对简单，运行效率高，运营管理方法科学合理，具有很好的复制性和推广性。在南方湿热地区，仅依靠常规变频离心冷水机组和传统开式冷却塔，年运行 PUE 值已远低国家 1.25 的指标要求；若在北方室外年平均气温低的条件下，PUE 值将更加可观。例如，深汕机房使用的变频离心式冷水机组相比于磁悬浮冷机和间接蒸发冷却机组，其造价成本降低 30% ~50% 且技术成熟、后期维护简单，极大降低初投资和运营成本。除了新建数据中心，对于存量机房的节能运营和改造，深汕云数据中心的节能手段和措施也有很强的普适性和推广性，目前已在深圳联通自有数据中心进行复制推广，每年节省电力达4000 万 kWh。尽管不同设备的运行特性有差异，但节能的原理是相通的，若将其经验方法推广到全国，对于数据中心“双碳”目标实现有很好的参考价值。深汕数据中心的实践案例表明，对于数据中心低 PUE 值目标，不只有复杂的系统设计和激进的技术设备堆积才能实现，科学的设计、合理的选型、精细化的运营也是数据中心节能降碳的捷径。

主创人：窦海波、杨宜楠、王　刚、陈琼环、彭　辉

建于方寸之间，微出绿水青山

中国联合网络通信有限公司天津市分公司

一、企业概况

作为天津市信息化建设主力军，中国联合网络通信有限公司天津市分公司（以下简称天津联通）在5G＋工业互联网领域持续领航，聚力赋能千行百业网络化、数字化和智能化升级，加速落实5G应用“扬帆”行动，在5G＋工业互联网领域取得一个又一个骄人成绩。

天津联通积极贯彻《中华人民共和国国民经济和社会发展第十四个五年计划和2035年远景目标纲要》，以数字化、智能化全面赋能城市发展，推进天津市治理体系和治理能力现代化，聚焦“大联接、大计算、大数据、大应用、大安全”主责主业，推进发展路径、方式和模式全方位转变，开辟新的发展空间；推动人工智能、5G基站、数据中心、智能计算中心等新型基础设施建设，以城市感知、网络传输、计算存储等为着力点，打造全域感知、万物互联、智能融合的智慧城市数字基础体系；参与构建掌控全局、协同联动、科学决策的“城市大脑”，精准洞察城市运行态势，全力参与建设更高水平“数字天津”，打造全国智慧低碳的新型智慧城市标杆。

2020年，天津联通小树林枢纽局在原有机房提升改造过程中使用微模块技术将传统机房的配电、空调、布线、机柜、消防、监控、照明等系统集成为一体，降低了建设周期，顺应节约能耗方面的政策，实现了系统的快速、灵活部署。

天津联通将继续积极贯彻集团公司新战略，积极发挥联通“大联接、大计算、大数据、大应用、大安全”主责主业的能力优势，为数字政府、智慧城市、智能制造等领域建设及数字经济发展贡献联通力量，以实际行动践行央企担当，助力天津市实现“双战双赢”。

二、主要措施

（一）绿色低碳发展趋势

在建设符合以上需求和特点的现代通信机房的过程中，需要考虑大量的问题：系统可用性、适应性、可扩展性、可维护性、总拥有成本、美观性等。任何微小的设计缺陷，都会引发或导致难以挽回的潜在错误和问题。为了避免出错并使设计建造最优化，需要改变传统的规划设计和建造模式，采用符合当代发展潮流的一体化、标准化、模块化的机房设计建造原则。模块化机房建设主要考虑以下几点内容。

1. 可靠性

系统各组件具有良好的电磁兼容性和电气隔离性能，不影响其他组件和系统的正常工作；可对供电和制冷架构平滑升级，由单UPS供电扩展为1＋1冗余或双机同步双母线供电，由单空调制冷扩展为双空调备份/轮巡制冷，带来系统可靠性的大幅提升。

2. 稳定性

具有业界领先的技术、领先的制造和领先的品牌；规范的开发流程、完备的来料品质管控、先进的生产工艺和严格的整机出厂检验，最大程度地确保系统各组件的高稳定性；在通信协议、电气连接和物理规格上，各组件力求无缝兼容，充分保证微模块的整体稳定性。

3. 安全性

符合高等级的抗扰度国际标准，工作安全可靠。

4. 智能化设计

系统内核心设备（如高频机架式 UPS、变容量行间制冷精密空调等）均采用智能化设计，一方面，实现设备运行过程中自我状态的监控，对某些故障进行预处理，使其始终平稳可靠运行；另一方面，实现用户终端与设备之间的双向数据通信，用户可以在网络中的各个节点上实时监视和控制设备的运行状态。

5. 经济性

系统整体设计，可合理设计各组件容量，尽可能避免用户为“搁浅容量”买单；各组件的机架式设计、单机架制冷容量的增大提高了微模块内部的空间利用率，减少了微模块的占地面积；高频 UPS 的高转换效率、行间空调的就近制冷、冷量根据热负荷波动而无级自动调节、封闭冷通道带来的冷量利用率提高及封闭热通道带来的空调能效比提高，大大降低了机房的 PUE 值。

（二）绿色低碳制冷解决方案

机房主要的热负荷来源于 IT 设备热负荷、基础设施热负荷（如供配电等设备自身损耗发热）、照明设备热负荷、建筑维护结构的传导热负荷、太阳照射玻璃窗带来的辐射热负荷、换气及室外侵入的热负荷、人员的散热负荷等。IT 设备热负荷和基础设施热负荷可合并归作机房设备热负荷，用 Q1 表示。其余热负荷可合并归作机房环境热负荷，用 Q2 表示。因 Q2 中的传导热负荷和辐射热负荷，与季节、时间、地理位置和太阳的照射角度均有关联，很难精确测算，故一般根据经验按下列公式对 Q2 进行估算：Q2（黄河以南）$=0.18kW/m^2\times$机房面积，Q2（黄河以北）$=0.12kW/m^2\times$机房面积。机房总热负荷用 Qt 表示，$Qt=Q1+Q2$。

为尽可能提高微模块的节能效果，选用列间变频氟泵精密空调，其送风方式为水平两侧送风。采用列间冷却的概念，将制冷设备与发热设备距离缩短，就近冷却，不仅减少了机房中空调摆放的占地，同时也减少了空调送风过程中的冷量损耗，提高了空调利用率。因此，采用列间空调会达到节能、节地的双重效果。

天津联通为降低机房 PUE 值，实现卓越运营，机房采用微模块建设方案，方案整体设计有以下优点：可用性高、综合 TCO 更优、占地面积小、OPEX 低。

1. 通道封闭系统，优化气流组织

随着 IDC 业务的高度发展，机房能耗问题日趋严峻，而机房的冷却系统作为能耗大户越来越成为关注的焦点，如何提高冷量利用率、降低空调使用频率也开始尝试深入探讨。封闭冷通道可以有效地提高机房冷通道内的冷风利用效率，提高机柜进风效率，防止冷热风混合，最终提高机房能效、降低 PUE 值。

目前，机柜的布置大多采用冷热通道分离设计。这样的设计好处是大体区分了冷热风，比更落后的冷热通道交错的设计制冷效果更佳。但是，由于冷热通道没有完全封闭，其冷风和热风还是会在机柜列的末端或者顶部大量混合，这样会导致两个问题：机柜进风温度升高、空调回风温度降低。机柜进风温度升高将导致空调冷量白白浪费，机柜散热受到影响，影响机柜散热；空调回风温度低将导致空调效率降低。传统机房的机柜排由于没有对冷（热）通道进行任何处理，空调送风温度约为 12℃～14℃，回风温度约为 22℃～24℃，温差约为 10℃～12℃左右。采用冷通道封闭后，冷风被封闭在“冷池”内，这时冷风进入热通道的唯一路径是经过服务器热交换后由机柜背部排出，因此，冷风利用效率得到极大的提高。同时，回风路径上没有冷风进行混合，空调回风温度提高，进而可以提高空调工作效率。封闭冷通道系统送风温度可提高至 17℃～20℃，回风温度提高至 28℃～30℃。解决这两个问题的最简单而有效的办法就是采用冷通道封闭系统，配置电动门，实现门自动关闭，本次机柜配 80% 盲板，尽可能减少旁通气流，将冷、热气流完全隔离。减少冷热气流混合，可提高回风温度，提升制冷效率及冷量利用效率，可保证系统充分节能运行并满足 IT 设备的散热需要。

2. 采用列间变频氟泵，提升空调设备制冷能效

精密空调采用变频涡旋压缩机、EC 风机、电子膨胀阀，能效比更高。具有以下特点：EC 风机大风

量设计；全变频技术降低能耗；高回风温度设计，更高能效；紧凑设计，节约建筑占用成本。

空调能效一般采用分温度区间逐时计算方法，根据相关标准计算出不同室外温度下机组的制冷消耗功率。在天津地区，以38微模块124kW的IT负荷为例，采用列间变频氟泵空调和传统空调对比，空调预计节电30%左右，每年预估可节电5万kWh左右。

3. 空调AI群控系统，避免空调竞争运行

通过先进的技术手段及优化的控制管理模式，实现对空调耗能的监测、数据采集、能源绩效分析，避免空调竞争运行，在负载率较低的情况下，节约空调耗电20%左右，并且可以实现主、备等功能，在节能的情况下提高制冷系统安全性。采用精确送风控制与热负荷精确匹配的变容量制冷管理，配合通道封闭技术提升机房节能效果。

4. 采用集中式冷凝器，减少热岛提高能效

招标引入模组式安装的集中式冷凝器，最高节省70% 的占地面积，缩短空调管路。氟泵模块集成在冷凝器结构框架下，无须额外安装，采用变频氟泵，高效可靠完成冷媒在室内侧、室外侧的换热循环，无须耗水。优化室外机气流组织，换热效率高，采用EC风机变频调速。预估与传统平面型冷凝器对比，节省运行电费5%左右。

5. 引入高压直流供电，较UPS效率提升约2% ~4%

与传统双变换UPS相比，高压直流具有效率高、可靠性高、模块化设计、易维护、初投资低等优点，按照集团核心网设备供电要求，引入高压直流供电，降低初期投资，可以实现更高的能源转换效率，达到更优的PUE值。

在全球数据激增和“双碳”的背景下，通信领域迎来技术和商业更迭期。当前，新技术不断融入基础设施的设计，高算效、低PUE值成为IDC行业核心趋势。

封闭机柜冷通道可以尽量使空调的冷量不浪费，有效地利用可以很大地提高空调的利用率。空调本身的耗电量是最主要的，所以解决空调自身的耗电量是降低空调能耗成本的关键。变频氟泵技术，实现机房制冷的前提下，空调运行也可以节能。通过空调系统一系列的优化，可以降低整个机房的PUE值。本次方案采用的全时自然冷技术（Full time Free cooling），是一种从自然冷利用最大化角度设计开发的系统性专利集合和产品技术集群解决方案，其中涉及4项发明专利、8项实用新型专利及1项外观专利。在具体的实现方式上，是以风冷全变频氟泵精密空调系统为基础，通过实时的全自动控制实现对室外冷源的实时、充分利用。当室外温度低于室内温度时，全时自然冷技术即可通过调节室内外风机转速、变频压缩机转速、电子膨胀阀开度、变频氟泵转速来实现冷凝温度下降时蒸发温度不变的效果，从而在降低系统功率的同时保证冷量不变，实现更高的系统能效。

三、实施效果

（一）社会效益

本次方案可实现全年PUE值低于1.35，达到业内领先水平。变频氟泵空调方案PUE值优、WUE值低，减少了能源和水资源的使用，是环境友好型数据中心。集中式冷凝器对于室外机摆放密集、热岛效应明显的场景改造有较大的指导意义。应用CFD气流组织模拟仿真，提前预估方案效果，做到“所设即所得，所得即所用”。

（二）经济效益

以38微模块124kW的IT负荷为例，微模块模式PUE值可以达到1.35，对比传统空调的PUE值1.8左右，预估每年可节省电量49万千瓦时，折合电费36.75万元。

主创人：王　弢、席　强、翁　肖

数据中心机房新型蒸发冷却空调系统

中国联合网络通信有限公司新疆维吾尔自治区分公司

一、企业概况

中国联合网络通信有限公司新疆维吾尔自治区分公司（以下简称新疆联通）是中国联合网络通信有限公司（以下简称中国联通）在新疆维吾尔自治区设立的分支机构，正式成立于 1998 年，在新疆国信寻呼、新疆网通的基础上合并组建而成，是新疆维吾尔自治区内 3 家电信全业务运营商之一。

新疆联通秉承“数字信息基础设施运营服务‘国家队’、‘网络强国’‘数字中国’‘智慧社会’建设主力军、数字技术融合创新‘排头兵’”的企业使命，聚焦“大联接、大计算、大数据、大应用、大安全”五大主责主业，依托覆盖全疆、通达世界的现代通信网络，始终坚持“为客户创造价值，市场和创新双轮驱动，一个联通，一体化能力聚合，一体化运营服务”的经营管理理念，服务千家万户、赋能千行百业。

依托中国联通全球网络布局的节点优势，新疆联通在昌吉建设“一带一路”数据中心，汇聚全疆数据资源，打造服务全疆、面向西部、辐射丝绸之路经济带沿线国家的云计算数据中心。该中心将为新疆维吾尔自治区“互联网 +”产业提供支撑服务，为推进“一带一路”信息基础设施布局提供重要的基础架构和网络保障。新疆联通承接中国联通“网络安全现代产业链链长”单位的责任义务，长期服务国家最高等级重保任务，是新疆维吾尔自治区内网络安全的权威服务机构。

二、主要措施

新疆维吾尔自治区蕴含丰富的干空气能、太阳能及风能等可再生能源，具有建设绿色、资源节约型数据中心得天独厚的优势资源。冬季寒冷且持续时间长，为数据中心空调系统采用自然冷源提供了巨大的空间；夏季炎热干燥所具有的富足高品质干空气能，特别适合蒸发冷却技术的应用，蒸发冷却与数据中心自然冷却相结合，能够进一步延长自然冷却运行的时间，从而实现最大限度的降低数据中心空调系统的能源消耗，实现 PUE 值 <1.3。

（一）数据中心机房新型蒸发冷却空调系统创新点

设备创新：集成了乙二醇干冷器的立管式间接蒸发冷却冷水机组采用外冷式、内冷式间接蒸发冷却器相结合的方式，用以预冷进入填料塔的工作空气，内冷式间接蒸发冷却器采用立管式，并且外冷式间接蒸发冷却器在冬季替代常规冷却方式以制冷，实现蒸发冷却冷水机组全年制冷。

系统创新：完全以干空气能为自然冷源，基于蒸发冷却技术实现干燥地区数据中心机房全年采用 100% 自然冷却的集中式蒸发冷却空调系统，将蒸发冷却空气 – 水系统与全新风系统有机地结合。

显热末端单元创新：用以外冷式间接 – 直接蒸发冷却新风机组与机房专用高温冷冻水空调机组复合而成的新型机房显热末端单元，当机房专用高温冷冻水空调机组或水系统出现故障时，新风机组可以承担起整个机房的制冷需求。

运行模式创新：基于不同室外气象条件、水系统和风系统运行情况，在全年实现水侧蒸发冷、风侧蒸发冷、水侧和风侧复合蒸发冷及乙二醇自然冷模式的切换运行，夏季和春秋季以蒸发冷却空气 – 水系统为主，以全新风系统为辅；冬季实现乙二醇自然冷却，提升了空调系统应对工况变化的安全可靠性。

（二）数据中心机房新型蒸发冷却空调系统功能原理

数据中心机房新型蒸发冷却空调系统是国内外首例集中式蒸发冷却空调系统在数据中心机房领域的实际应用，并且是蒸发冷却空气－水系统和全新风系统的耦合。以复合乙二醇自然冷的管式间接蒸发冷却冷水机组为全年主导冷源、外冷式蒸发冷却新风机组为备份冷源、机房专用高温冷冻水空调机组为末端的集中式蒸发冷却空调系统，根据不同的工况条件切换相应的运行模式，即可实现蒸发冷却空气－水系统和全新风系统的耦合。相比其他数据中心用自然冷却系统而言，新疆联通云数据中心新型蒸发冷却空调系统完全以干空气能为自然冷源，基于蒸发冷却技术实现干燥地区数据中心机房全年采用100%自然冷却的集中式蒸发冷却空调系统。低温季节，通过在蒸发冷却冷水机组功能段中集成冬季乙二醇自然冷用表冷器代替常规干冷器用以制冷，实现蒸发冷却冷水机组全年制冷，从而满足新疆联通云数据中心新型蒸发冷却空调系统全年制冷的需要。

（三）空调系统各设备、子系统原理及运行模式

1. 冷水机组原理及运行模式

新疆维吾尔自治区夏季炎热干燥，空气中蕴含丰富的高品质干空气能，是蒸发冷却技术的高适用区；冬季寒冷而漫长，空气中蕴含丰富的冷量，非常适合应用乙二醇自然冷却技术，结合以上得天独厚的自然条件与技术条件，创新出一种复合乙二醇自然冷却的管式间接－直接蒸发冷却复合冷水机组为数据中心机房空调系统提供全年主导冷源。该复合乙二醇自然冷却的管式间接－直接蒸发冷却复合冷水机组采用双面进风的方式，并且各功能段对称布置，具体由蒸发冷却供冷段和乙二醇自然冷却供冷段组成，技术原理如图1所示。乙二醇自然冷却供冷段主要负责数据中心低温季节的供冷需求，以两个表冷器为主要换热部件，冬季室外寒冷的新风进入管式间接－直接蒸发冷却复合冷水机组的乙二醇自然冷却供冷段内的表冷器，冷却盘管内的乙二醇回水溶液，得以冷却的乙二醇水溶液供入数据中心机房空调末端，而吸收热量温度升高的新风则通过管式间接－直接蒸发冷却复合冷水机组填料塔上方排风机排走。蒸发冷却供冷段主要负责数据中心过渡季节和夏季的供冷需求，这部分相当于一个蒸发冷却冷水机组，由表冷器、单级内冷式（立管式）间接蒸发冷却器和填料塔组成，以蒸发冷却冷水机组的制冷原理制取出冷水供入数据中心机房空调末端。夏季，蒸发冷却供冷段能够实现对进入填料塔空气的2级预冷（开启表冷器和立管式间接蒸发冷却器）；过渡季节环境湿球温度较低时，能够实现对进入填料塔空气的1级预冷（开启表冷器，关闭内冷式间接蒸发冷却器），在保证出水温度值满足要求的条件下，实现节能。

2. 新风机组原理及运行模式

内冷式间接－直接蒸发冷却新风机组与机房专用高温冷冻水空调机组相连接，机房专用高温冷冻水空调机组放置室内，内冷式间接－直接蒸发冷却新风机组放置室外，二者通过外墙开洞连接，构成一种新型数据中心机房用末端模块。新风机组由两级干式过滤器、内冷式间接蒸发冷却器（立管式换热器）、滴水填料式直接蒸发冷却器组成。

内冷式间接－直接蒸发冷却新风机组和机房专用高温冷冻水空调机组组合成的这种新型机房末端模块，其内冷式间接－直接蒸发冷却新风机组在极端工况时，开启内冷式间接－直接蒸发冷却新风机组，可依次实现室外新风2级干式过滤、1级等湿冷却、1级等焓加湿冷却及1级湿式过滤，最终通过机房专用高温冷冻水空调机组的EC风机将经过2级冷却和3级过滤后的冷风送入机房内。内冷式间接－直接蒸发冷却新风机组技术原理如图2所示。

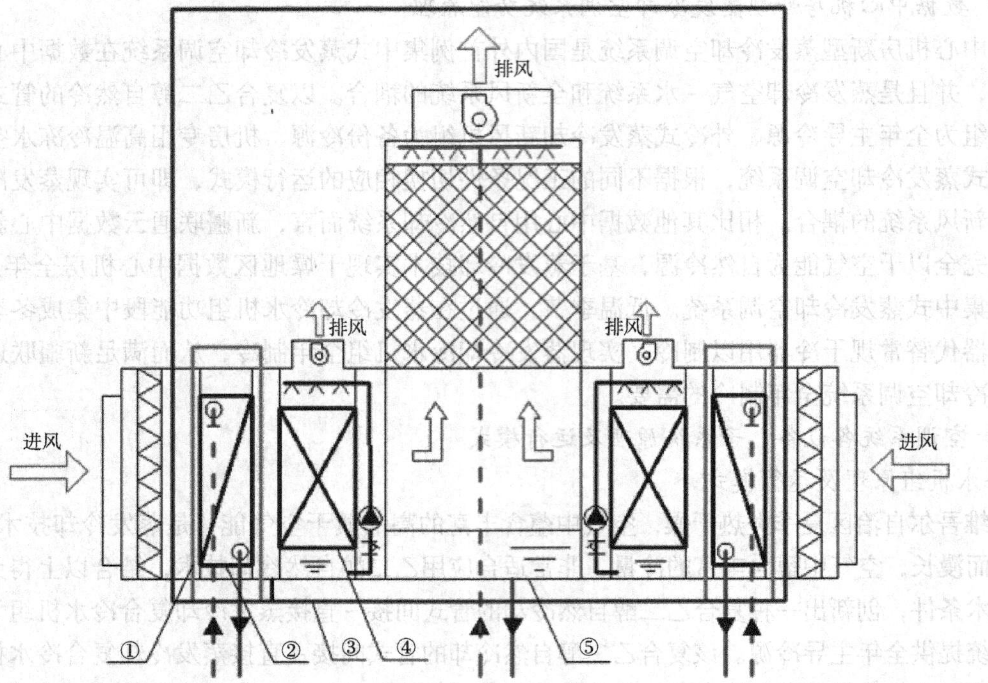

①乙二醇自然冷却供冷段 ②表冷器 ③蒸发冷却供冷段
④内冷式（管式）间接蒸发冷却冷却器 ⑤填料塔

图1　复合乙二醇自然冷却的管式间接－直接蒸发冷却复合冷水机组技术原理

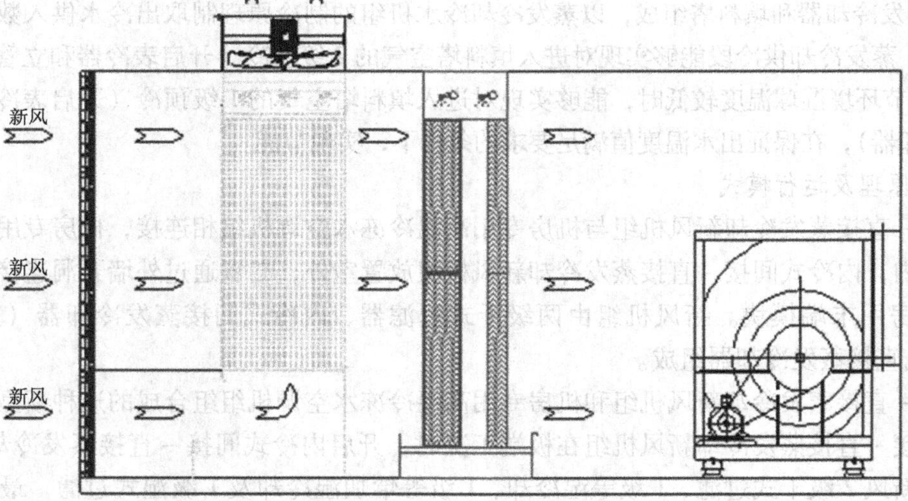

图2　内冷式间接－直接蒸发冷却新风机组技术原理

3. 系统原理及运行模式

新疆联通云数据中心机房新型蒸发冷却空调系统为集中式蒸发冷却空调系统，并且是空气－水蒸发冷却空调系统（闭式系统）和全新风蒸发冷却空调系统的耦合，不仅能够实现温湿度独立控制，而且在不同室外气象条件和系统运行故障下可实现3种运行模式间的切换，从而在安全可靠的前提条件下充分挖掘水侧蒸发冷却技术、风侧蒸发冷却技术、乙二醇自然冷却技术各自的优势，并且实现它们各自间的自然冷源互补，从而提高整个系统的可靠性与节能减排性。

（1）水侧蒸发冷运行模式。室外环境空气湿球温度0℃～18.2℃时切换为水侧蒸发冷运行模式。空调水系统流程：复合乙二醇自然冷却的管式间接－直接蒸发冷却复合冷水机组运行蒸发冷却供冷段为板换一次侧提供冷水，用以冷却板换二次侧循环水，之后温度升高的回水流入复合乙二醇自然冷却的管式间接－直接蒸发冷却复合冷水机组的蒸发冷却供冷段的填料塔内喷淋，从而继续被冷却，由此构成一次水系统；板换另一侧换取出冷水供给机房专用高温冷冻水空调机组，吸收热量后温度升高的回水流入板换二次侧继续被板换一次侧冷却，由此构成二次水系统。

（2）乙二醇自然冷运行模式。室外环境干球温度3℃以下切换为乙二醇自然冷运行模式。该模式下，复合乙二醇自然冷却的管式间接－直接蒸发冷却复合冷水机组的蒸发冷却供冷段停止工作。空调水系统流程：复合乙二醇自然冷却的管式间接－直接蒸发冷却复合冷水机组运行乙二醇自然冷却供冷段为机房专用冷冻水空调机组提供混合45%乙二醇浓度的冷水，吸收热量后温度升高的回水流回复合乙二醇自然冷却的管式间接－直接蒸发冷却复合冷水机组乙二醇自然冷却供冷段内的表冷器中继续被冷却，由此构成水系统循环。

三、实施效果

数据中心新型蒸发冷却空调系统与数据中心机房传统空调系统（压缩式制冷的水冷类型和风冷类型）相比，最大的特点在于其冷源系统采用了复合乙二醇自然冷却的管式间接－直接蒸发冷却复合冷水机组为全年主导冷源，代替了压缩式制冷中水冷类型中由冷水机组、冷却水泵和冷却塔组成的冷水系统，代替了压缩式制冷中风冷类型的风冷冷水机组，其冷源系统的高制冷性能系数决定了数据中心新型蒸发冷却空调系统可观的节能减排性。压缩式制冷的水冷和风冷类型的制冷性能系数取值参考《公共建筑节能设计标准》。新疆联通云数据中心机房新型蒸发冷却空调系统3种运行模式中，其冷源最低制冷系数为12.2，而在《公共建筑节能设计标准》中选取对比的两种类型的制冷性能系数是推荐的最优值，所以，这3种冷源方案的能耗对比还是比较可观的。表1所示为3种制冷系统冷源方案结合新疆联通云数据中心机房实际情况下的全年自然冷却时间、制冷性能系数、电耗、电费的对比，新疆联通云数据中心数据中心机房共需制冷量2767kW，电费为0.45元/kWh。

表1　三种冷源方案能耗对比

冷源方案	水侧蒸发冷	传统水冷	传统风冷
制冷性能系数	12.2	4.5	2.9
全年功率/kW	226.8	614.9	954.1
全年耗电量/kWh	19.9×105	53.9×105	83.6×105
全年电费/万元	89	242	376

由计算可知，新疆联通云数据中心机房新型蒸发冷却空调系统冷源方案相比压缩式制冷水冷类型，节能率为65%，节省电费157万元；相比压缩式制风冷类型，节能率为77%，节省电费291万元。

我国地域辽阔，各地区的气象参数差异很大，在不同的地区应用蒸发冷却技术时，室外气象参数差异较大，对应不同的干湿球温差、湿球温度间接蒸发冷却器的效率不同、可实现自然冷却的时长不同、采用机械制冷的补冷比例不同，由此带来的节能效果不同。水侧蒸发冷却空调系统和蒸发冷却冷风空调因为主用设备不同，其具体节能情况也不同。由此，我们统计了全国270个城市的逐时气象参数，对蒸发冷却技术在我国不同地区的应用情况进行分析。在我国黄河以北地区，特别推荐采用间接蒸发冷却技术；在黄河以南、长江以北地区，可推荐采用间接蒸发冷却技术；在长江以南地区，需要进行详细计算，决定是否采用间接蒸发冷却技术。最终选用水侧蒸发冷却技术还是风侧蒸发冷却技术，一般而言，较大项目选用水侧蒸发冷技术，其他项目需根据项目实际情况进行选用。

主创人：王新宁、黄自强、张劲松、万树鹏、崔剑雄

绿色低碳数据中心建设运维实践

中国联合网络通信有限公司包头市分公司

一、企业概况

中国联合网络通信有限公司包头市分公司（以下简称中国联通包头分公司）前身是原中国联通包头分公司和中国网通包头分公司合并后新组建的大型国有通信企业，位于内蒙古自治区包头市昆区市府东路6号，近3年主营业务收入250810万元，近3年净利润30052万元，企业总资产14.27亿元(2021年)。目前，公司设有5部1室、5个旗（县）分公司、71个营销单元。共有各类员工1816人，其中工程技术员703人。主要经营固定网本地电话业务（含本地无线环路业务）、公众电报和用户电报业务、国内通信设施服务业务、固定网国内长途电话业务、固定网国际长途电话业务、IP电话业务(限Phone－Phone的电话业务)、900/1800MHzGSM第二代数字蜂窝移动通信业务、WCDMA第三代数字蜂窝移动通信业务、LTE/第四代数字蜂窝移动通信业务（TD－LTE)、卫星国际专线业务、因特网数据传送业务、国际数据通信业务、26GHz无线接入业务。在内蒙古自治区范围内经营3．5GHz无线接入业务。在全国范围内经营国内甚小口径终端地球站（VSAT）通信业务、固定网国内数据传送业务、无线数据传送业务、用户驻地网业务、网络托管业务、在线数据处理与交易处理业务、国内因特网虚拟租赁；专用网业务、因特网数据中心业务、语音信箱业务、传真存储转发业务、X.400电子邮件业务、因特网接入服务业务和信息服务业务。经营与通信及信息业务相关的系统集成、设备生产销售、设计施工业务；技术开发、技术服务、技术咨询、技术培训；寻呼机、手机及其配件的销售、维修；电信卡的制作、销售；客户服务；房屋租赁；编辑、出版、发行电话号码簿等。

中国联通包头分公司致力于成为数字信息基础设施运营服务“国家队”和“网络强国”“数字中国”“智慧社会”建设主力军、数字技术融合创新“排头兵”，争做国家首席、政府首选、人民首信的基础电信运营商。

为了应对全球气候变化，促进社会的可持续发展，世界各国都在积极采取行动加快实现“碳中和”，我国也在其列。2020年9月，我国宣布“双碳”目标。在国家“双碳”战略的背景下，数据中心作为“新基建”的数字基底，也被赋予更多期望。众所周知，在当下这个数据爆炸增长的时代，数据中心的处理能力和存储容量呈现指数级增长，对能源的消耗也水涨船高，有研究显示，当前电力成本已经占数据中心整体运营支出中的一半以上，可以肯定的是，数据中心已成为主要的碳排放源之一。因此，要实现“双碳”目标，打造绿色数据中心至关重要。为了加速绿色低碳数据中心的建设，国家层面也出台了一些政策为其助力。工业和信息化部等四部门联合印发《全国一体化大数据中心协同创新体系算力枢纽实施方案》的通知中指出，随着各行业数字化转型升级进度加快，迫切需要推动数据中心合理布局、供需平衡、绿色集约和互联互通，构建数据中心、云计算、大数据一体化的新型算力网络体系，促进数据要素流通应用，实现数据中心绿色高质量发展。

中国联通包头分公司高度重视“双碳”工作，积极响应国家和上级部门号召，精心组织公司各条线开展工作，成立了网络、公共、行业赋能专项工作小组，制订“双碳”任务清单，明确任务目标，规定完成时限，责任落实到人，通过“双碳”工作的持续开展，在电力能源涨价的大背景下，中国联通包头分公司依然实现能耗不超预算进度，实现绿色高质量发展。

二、主要措施

（一）数据中心基本情况

中国联通包头分公司智云数据中心坐落于包头市昆区钢铁大街 11 号中国联通包头分公司中心局核心网络枢纽大楼，中国联通包头分公司利用已有的互联网通信线路、带宽资源，建立标准化的电信专业级机房环境，配套设施专业、齐全，均采用业界领先技术，为企业、政府提供服务器托管、租用及相关增值等方面的全方位服务。中国联通包头分公司智云数据中心为专业电信级机房，数据中心等级为 B 级，机房占地 500 平方米，总投资 1000 万元，总共可安装标准机柜 119 个，出口带宽 400G，设计电能利用率 1. 40，2021 年全年实际电能利用率 1. 24。它是各类信息的中枢，提供了网络和计算机等高级设备长期而可靠地运行的工作环境。目前，包头市已经交付使用的所有数据中心中，中国联通包头分公司智云数据中心总体规模排名第二，可直接提供给政府、医疗、教育、金融等重大行业用户交付使用，效率高，部署快。机房提供双路供电及 UPS 不间断供电系统，机房的环境满足计算机等各种微机电子设备对温度、湿度、洁净度、电磁场强度、噪音干扰、安全保安、防漏、电源质量、振动、防雷和接地的要求等。

（二）数据中心采取的主要节能技术

1. 采用氟泵双循环空调机组

氟泵双循环空调机组是综合压缩机制冷系统和氟泵自然冷系统为一体的节能式机房专用空调。当室外低温时，采用氟泵运输制冷剂至室外冷却冷凝成液体后，循环回至室内蒸发器，受热气化后又输送至室外冷凝器冷却，充分利用室外免费冷源，周而复始，以低功率泵（300W）代替高功率压缩机（ > 7kW）运行，整机节能达 70% 以上；当室外温度较高无法利用自然冷时，压缩机系统持续运行制冷，提供足够冷量。

2. 引进先进的动环管理系统

从顶层设计思想出发，建立数据中心集中动环监控系统平台，实现数据中心基础设施一体化、全面化、智能化、自动化的监控和管理。设计采用软硬件一体化、高稳定可靠的采集设备，通过分布式采集、集中式监控的架构，实现各子系统基础设施的全面监控和数据的采集、处理、分析、存储及展示 。

动环监控系统具备清晰简洁的界面，具备统一告警、权限、日志的功能管理，具备告警告知、报表报告的发布平台；并且支持复杂事件分析，准确定位故障根源，提高运维效率。

3. 引进先进的节能产品

数据中心引进先进的绿色节能空调系统共 7 台，该产品通过中国节能产品认证，在北方寒冷的天气条件下，以低功率泵（300W）代替高功率压缩机（ > 7kW）运行，该机型在内蒙古自治区使用效果非常好，内蒙古自治区每年的 1—3 月、10—12 月的天气温度较低，在这 6 个月内绝大多数时间空调均可以由氟泵替代压缩机工作来制冷，空调整机节能达 70% 以上。通过采用节能空调，大大降低数据中心配套设备耗电量，提升了电能使用效率。

4. 采用冷热通道隔离技术

数据中心采用冷热通道隔离、下送风方式设计，让机房内冷热空气分离有序流动。冷空气由高架地板下吹出，进入密闭的冷池通道，机柜的前端吸入冷气给设备降温，降温后形成热空气由机柜后端排出至热通道，热通道的气体迅速返回到空调回风口，优化了空调气流组织，提升机房整体散热效率，避免局部出现热点问题，节约空调能耗支出，提升用电效能。

5. 制订节能降耗工作机制

中国联通包头分公司根据国家“双碳”工作的要求，积极响应国家和上级部门的号召，成立“双碳”工作领导小组，精心组织公司各条线开展节能降耗工作，成立了网络、公共、行业赋能专项工作小组，制订任务清单，明确任务目标，规定完成时限，责任落实到人；同时，制订增收节支奖励办法，对各条战线能耗指标进行严格管控，确保能耗指标完成。

三、实施效果

中国联通包头分公司智云数据中心总投资为1000万元，计划建设119个机柜，实际安装119个机柜。通过实施绿色低碳运营管理，数据中心2021年全年PUE值达到1.24，远远优于设计值的1.40。2021年，数据中心营业收入达2092.22万元，单机柜收入达17.58万元。目前，数据中心骨干互联网出口带宽400G，满足大带宽、大数据的网络应用和业务承载，达到了“宽带中国”战略规划的网络目标，为推进包头市信息化进程做出了突出贡献。近年来，成功承建了包头市昆区、青山区、高新区等大部分旗（县、区）的电子政务外网、电子政务内网的建设和运营，内蒙古自治区各级政府专网几乎全部由公司承建运营。

中国联通包头分公司与各投资者在技术、资金、资源等方面进行充分整合，利用彼此的比较优势，在互联网、电话、交通、农业、教育、医疗、工业、金融、人工智能等方面进行充分合作，可提供从综合布线、视频监控、Wi-Fi覆盖、视频会议等一揽子的通信解决方案，在云计算、大数据、物联网方面与互联网公司强强联手，充分共享资源，拥有着其他运营商无法比拟的优势。

主创人：郭占刚、邵　杰、张永清

东莞松山湖综合能源生态系统

中国能源建设集团广东省电力设计研究院有限公司

一、企业概况

中国能源建设集团广东省电力设计研究院有限公司（以下简称广东院）成立于1958年，是具有国家工程设计综合甲级资质的国际工程公司，拥有“技术和项目管理、投资和运营、工程数字化、知识型产品”四大核心业务，可在电力、核能、海洋、综合能源、网络信息、市政交通、环境水务、建筑等能源和基础设施建设领域提供一站式综合解决方案和全生命周期管理服务。

广东院连续8年上榜ENR中国承包商80强，连续18年入选ENR中国设计企业60强，获国家科技进步奖特等奖、全国质量奖、全国五一劳动奖状、勘察设计行业海外工程标杆企业、中国海上风电工程技术领军企业等殊荣，在全国33个省级行政区域开展了业务，与50多个国家和地区建立了业务往来。

广东院拥有覆盖全业务链的资质体系，服务国家战略、引领行业发展。在国家“双碳”战略目标下，广东院提出以国家“双碳”战略目标为引领，构建清洁低碳安全高效的能源体系和以新能源为主体的新型电力系统，塑造能源供给低碳化、能源消费电气化、新型能源技术产业化、低碳发展机制化、“碳中和”责任协同化的“五化路径”等“125”原则。

二、主要措施

广东院以东莞供电局构建松山湖综合能源生态系统建设工程为例，介绍该工程在绿色低碳发展的具体实践情况。

（一）工程概况

2016年，国家发展改革委、国家能源局、工业和信息化部联合印发了《关于推进“互联网+”智慧能源发展的指导意见》，指出要全面推动以“互联网+”为手段，以智能化为基础，推动能源互联网新技术、新模式和新业态发展。2020年9月，我国承诺2030年前实现“碳达峰”、2060年前实现“碳中和”。化石能源消费作为我国碳排放的主要来源，迫切需要通过深化能源生产与消费革命，推动“互联网+”智慧能源等新模式、新业态发展，以实现新型电力系统构建，提升系统整体运行效率的同时保障能源供应安全和碳排放的有效降低。在此背景下，区域综合智慧能源生态系统的建设运行及业态创新成为近年来我国推动能源系统转型的发展热点，并且是支撑“双碳”目标有序实现和新型电力系统建设的重要发展方向。通过数字电网、系统运行优化及各类资源的协同响应，实现区域用能安全性、经济性与环保性的有机协调，以解决能源的“安全、经济、低碳”相互协调这一“能源不可能三角问题”。

为承接国家政策方针和上级公司关于“推动公司向综合能源服务商转型”的战略要求，2017年，东莞供电局完成了东莞松山湖智能电网示范区专项规划，提出构建“一智网、N能源站、一平台”的建设思路，构建综合能源生态系统并开展松山湖能源互联共享平台建设。广东院在2018年承接松山湖能源互联共享平台项目建设。

（二）技术路线

平台的建设按照南方电网公司现有的“云、大、物、移、智”相关的技术架构和技术路线开展建设，项目建设的总体技术架构由应用层、信息层、接入层和物理层组成。

应用层主要采用基于容器化的微服务架构，微服务副本数目随访问负载量自动扩容和缩容，提高系统吞吐能力和资源利用效率。每个微服务以Docker方式进行部署，基于Kubernetes进行容器调度，通过手动请求或根据 CPU 利用率等条件自动触发的方式，自动在云服务器节点上启动指定数量的服务实例副本并自动加入负载均衡器中。当某个服务实例不可用时，Kubernetes 将自动重新启动和调度运行新实例，保证服务可用性。

信息层采用基础云计算资源（服务器、存储、虚拟化）、微服务框架、多能 GIS 平台、可视化展示平台、大数据平台、人工智能平台、区块链基础平台，基础平台均采用上级公司统一的信息化平台，项目主要基于基础平台之上开展建设，支撑应用层。

接入层分为两个部分，包括物联接入区和传统接入区。物联接入区主要采用物联网平台（IoT）技术、智能网关、边缘计算、5G、宽带载波、低功耗广域网（LPWAN）等技术，实现对海量设备和环境监测数据的实时采集、传输、存储和处理。传统接入区是沿用自动化主站、计量主站、无线公网、电力光纤、SCADA 技术进行设备运行数据接入。接入层数据上送到信息层供应用层进行应用展示分析。

物理层的建设包括分布式能源和智能感知设备。分布式综合能源汇集电力、热力、天然气等能源，融合分布式光伏和电动汽车充电设施。智能感知设备是在“输变配用”各个体系上增加感知设备的建设。感知设备将是整个松山湖智慧能源生态体系的建设重点内容。接入层按照接入规范和接入标准接入物理层数据。

通过松山湖智慧能源生态体系中应用层、信息层、数据接入层和物理层的建设工作，将为松山湖提供相应的指挥能源生态体系，打通能源产业链上下游，催生智慧能源综合服务等新兴业态，形成以能源数据为驱动、多方参与共享共建的能源生态。

（三）关键技术与创新点

首次提出了综合智慧生态系统多目标耦合时空分层优化调控技术。建立考虑经济性、安全性、碳排放及能效最优等多重目标的综合智慧生态系统时空分层优化调控模型，混合集成多目标加权法与主目标函数法，实现了对综合智慧生态系统多目标“日前优化 + 日内滚动”和“区域整体协同 + 用户策略分解”的时空分层优化能源管控。

首次提出了基于多主体可信认证的综合智慧需求响应技术。考虑综合智慧生态系统中各类需求响应资源（IDR）多元分散性特征，设计基于区块链多主体可信认证的 IDR 服务框架并研发相应管理模块，支撑对储能、充电桩、柔性负荷、微网等多元资源广泛响应的多主体可信校验与智能合约认证，生成国内外首张通过区块链可信认证的实时需求响应电子凭证，实现对综合智慧生态系统中大规模分散性 IDR 资源的安全、经济调用。

首次提出了综合智慧生态系统“源网荷储”透明化建模技术。通过构建综合能源独立型、耦合型设备基础物理模型和规范全景数字电网建模与拼接技术标准，将园区“站 + 线 + 变 + 户”CIM 模型与物联网“物模型”进行对接，对电网、分布式能源、储能、柔性负荷等综合能源“源网荷储”关键要素在 GIS 可视化平台中进行图模一体建模，实现综合智慧生态系统“站线变户（51 类）”+“源网荷储（18 类）”+“物模型（21 类）”共 90 类设备的透明化建模，支撑运行优化模型调用。

（四）商业模式

松山湖智慧能源示范区在分布式资源的精准管控下对电网、用户、政府、综合能源服务商产生了可观的经济效益和附加价值。示范区通过建立开放共享的运营模式，构建多主体的业务模式，聚合各主体力量，扩大业务规模，打造了多元互动、深度耦合的智慧能源生态。通过分析电网、用户、政府、综合能源服务商的业务需求，构建了多主体的业务模式。

1. 电网平台型模式

通过搭建多主体互动平台，撮合企业、用户参与的互动，形成智慧能源生态。一是通过对分布式资源的精准管控，实现全网需求侧响应，优化电能的动态调节。二是整合能量流和数据流，提供基于价值的数据挖掘服务，黏合其他主体开展互动、创新业务。

2. 政府导向模式

一是引导节能减排，将电网企业的节能新技术在用户侧推广，释放经济效益。二是促进清洁能源发展，发布并实施能源政策，提升清洁能源的占比和效率。三是污染监管，实时监控企业单位 GDP 耗能量、碳排放量等综合指标，确保能源革命的有序推进。

3. 用户参与的双向交互模式

用户侧与电网侧建立双向友好互动模式，积极参与电网响应，享受优质用能服务。一是用户侧主动参与需求侧响应、电力现货市场，获得经济利益。二是电网侧运用用户侧提供的用能数据，形成用能分析、节能建议等为用户提供智慧用能服务。

4. 综合能源服务价值链整合模式

新兴企业通过整合分布式资源的价值链，对分布式资源进行运营维护，拓展业务，形成生态联盟。一是整合示范区的分布式资源，开展电动汽车充电、光伏统一管理等综合运营服务。二是整合价值链，深挖用户潜能，开展定制化用能服务、智能运维等新型业务。三是将业务细分，建立多厂商、多运维商相互合作、良性竞争的生态联盟。

（五）实施运行情况

项目以东莞松山湖智能电网园区为落地示范，开展多目标运行优化、基于多主体可信认证及电网透明化建模的综合能源需求响应等关键技术的落地应用，具体运行情况如下所述。

1. 综合能源生态系统多目标耦合时空分层优化调控技术应用运行情况

项目以综合能源生态系统能源管理与用能优化为核心功能，开发了松山湖能源互联共享平台，主要包括能源运监管理、能源协同与优化管理、能源模型建模管理、综合能源能量管理、能源设施运维管理和能源客户服务管理等功能。通过在平台中嵌入综合能源生态系统多目标运行优化模型和求解算法，实现了对光伏、储能、充电桩、CCHP、柔性负荷等分布式资源的协同运行优化。目前，平台接入分布式光伏 575.42MW（东莞全市）/57.25MW（松山湖）。平台应用综合能源生态系统多目标运行优化模型和求解算法，开展了用户级、园区级、电网级的协同优化，广东院具备全业务、全场景的能源协同优化能力。另外，项目的技术成果可进一步增强分布式灵活性资源对电网的支撑服务能力，降低分布式资源给电网带来的不确定性影响，提升电网的安全稳定性，实现电网对分布式资源灵活性的充分消纳和资源利用的最大化，具有广阔的推广应用前景。

2. 基于多主体可信认证的综合能源需求响应技术应用情况

通过基于多主体可信认证的综合需求响应技术应用将传统的“站线变户”的电网优化协同能力延展至“源网荷储”分布式能源体系，实现了电网与分布式资源的实时协同互动，在广东省率先完成了分布式资源聚合，具备实时响应能力，实现接入电网“源网荷储”支撑削峰填谷，高峰时期可达 10MW 响应负荷，项目于 2020 年 7 月 22 日成功响应并生成国内外首个实时需求响应认证证书。本项目成果适应各地市工业用户、负荷聚合商参与的需求响应，为运营商如何有效聚合用户参与电网调控提供技术指导和依据。考虑到分布式资源的不断发展，电网与可再生能源和灵活性资源的互动要求不断提升，本项目成果可用于指导国内分布式电源、柔性负荷与电网互动示范项目方案的设计，以及指导分布式电源/负荷的接入、管理、削峰填谷交易，其标准化、可复制、可推广的示范系统在国内外具有广阔的应用前景，有助于推动基于区块链的需求响应技术标准体系的形成。

3. 综合能源生态系统“源网荷储”透明化建模技术应用情况

项目组基于 CIM 模型按照 UML 的建模方法进行适应性调整和扩充，将分布式新能源设施进行类描述。建模时将物联网平台中两层“物模型”与 CIM 模型的量测模型和拓扑模型进行对接，从而将传统的“站线变户”模型扩展为新能源“源网荷储”模型全衔接，以及物联网“物模型”全接入的描述。在完成全景数字电网信息模型的设计工作后，平台利用GIS技术，按照全景数字电网信息模型，将南方电网生产系统、营销系统、GIS和调度系统中的输电线路、变电站、配网馈线、配网低压线路、一次接线图等数据导出后在GIS中进行图模一体的建模，实现了从500kV电压等级到380/220V电压等级再到用户共51类设备资产的图模一体的全景数字电网建模。项目组利用GIS工具按照全景电网信息模型完成分布式新能源数据的录入，与广东省电动汽车充电平台进行对接，接入东莞市全部的充电站和充电桩数据并与电网进行挂接。截至2022年3月底，项目共完成松山湖区域内11座变电站、12条输电线路、226条10kV馈线、1042个台（区）、5399条低压线路、3.9万用户、570座充电站（共计3013个充电桩）、9342个光伏站点、1个三联供燃气机组（CCHP）能源站、13个储能站、5个微网、27个柔性负荷、66个智能边缘计算网关的综合能源模型，实现了国内外首个“站线变户”+“源网荷储”+“物模型”的综合能源透明化模型构建。

三、实施效果

（一）社会效益

项目通过建设综合能源生态系统示范工程，间接催生新商业业态，产生新价值链，带动了示范区域及其周边经济社会发展。项目解决了目前综合智慧生态系统网络中海量分布式资源与多能耦合带来的问题及挑战，推动我国数字电网技术、多能协同优化技术和需求响应技术的革新发展，为我国解决“能源不可能三角问题”提供切实可行的技术方案参考，同时利用创新技术实现区域绿色低碳高效，为践行我国能源安全和“双碳”新战略提供重要支撑。

第一，实现新能源的可观可测可控。电网调控能力由主配网向下延伸至低压及分布式资源，填补用能侧管控空白，实现分布式资源接入类型的全覆盖，可对新能源渗透率情况进行实时监控和可视化分析，确保设备运行负载可控，提升电网对新能源（绿色能源）的规范管控能力。

第二，提升智慧用能服务水平，实现区域用能效益提升和降低区域碳排放强度。协助东莞松山湖管委会推进区域综合能源的应用，实时监测控排企业运行状态，提升区域碳排放强度。

（二）经济效益

智能化运维人工成本节约：通过应用综合智慧生态系统“源网荷储”透明化建模技术，及时感知配电网及海量分布式资源设备状态，将智能配电房的巡视工作从现场巡视逐步调整为线上巡视，松山湖园区年节约人工巡维成本43.75万元，后续推广至东莞供电局全市低压电房巡视，预计年可节约11462.5万元。

综合能源服务运营收益：通过应用项目的3项核心关键技术，为松山湖综合智慧生态系统各类用户提供系统设备代维、综合用能优化、综合需求响应等综合能源服务，其中，系统设备代维累计盈利约200万元，远期至2026年累计盈利可达1792万元；综合用能优化业务目前已实现年盈利能力约为66.5万元，远期至2026年预计年盈利能力可达3000万元；综合需求响应业务主要经济收益体现为配网投资成本节约，相关投资成本节约达9000万元。以园区办公楼CCHP综合能源站为例，该办公楼项目面向建筑终端用户电、热、冷、气等多种用能需求，优化布局建设以智慧电网为核心，以天然气分布式能源为基础，耦合多种能源及节能技术，采用先进的能源管理系统，实现多能协同供应和能源综合梯级利用。主要配备有空气源热泵、微燃机、两用型溴化锂机组、光伏发电及储能电池，通过综合用能优化，项目一次能源综合利用率73%，供冷自给率81.7%，预计年供电量18.43万千瓦时，余热供热/冷量2.2万千瓦时，年均节约标煤32.33吨，按标煤价格高峰时期2000元/吨计算，年节约用能支出约为6.5万元。

广东院将一如既往地贯彻好“推进能源革命，建设能源强国”的使命担当，充分发挥自身的规划咨询和科技创新的双引领优势，加强电力行业关键核心技术突破和产业化应用，助力构建清洁低碳、包容多样、安全高效的能源供应和监管体系，为推动我国从“能源大国”向“能源强国”转变贡献更大力量。

主创人：王海吉、胡健坤、解文艳、吉小恒、陈志坚

基于高质量绿色发展的炼化企业自备燃煤电厂精益管理

中国石油天然气股份有限公司独山子石化分公司

一、企业概况

中国石油天然气股份有限公司独山子石化分公司（以下简称石化公司）具备1000万吨/年原油加工、200万吨/年乙烯生产、80万吨/年尿素生产和500万立方米原油储备能力，可生产燃料油、聚烯烃、橡胶、合成氨、尿素等十六大类500多种石化产品，是西部重要的大型石化基地和油气引进、储运、加工战略枢纽。热电厂作为石化公司热电联产自备电厂，是独山子炼化生产最主要的动力来源，担负着独山子千万吨炼油、百万吨乙烯工程及其他工业用电、用气的任务，经过60余年的发展，总装机容量达450 MW，产气量达到3960t/h，为石化公司炼化生产提供了可靠的动力保障，经济技术指标在中石油炼化板块自备电厂名列前茅。

如今，热电厂正致力于落实新发展理念，坚持稳中求进工作总基调，紧扣安全和效益两个中心，不断夯实安全环保基础，加快推进人才队伍建设，持续提升精益管理水平，努力实现安稳长周期运行和环保达标，以及主要经济技术指标达到先进水平。以崭新的雄姿迈向更加美好的未来，为石化公司高质量发展提供坚实的动力保障，为石化公司创建世界一流示范企业做出更大的贡献。

二、主要措施

（一）落实“一攻关、两降低”设备精益管理策略

1.“一攻关”

持续开展设备长周期运行攻关，制订攻关措施，做到“一装置一方案”，召开特护例会，强化过程管控。开展“防泄漏，防着火爆炸”专项活动，建立易泄漏法兰台账，检测小接管，发现问题及时处理。

推行大修全生命周期管理、设备检修精修，完善检修施工质量模板，应用作业指导书、质量过程控制卡，规范检修项目验收，提高设备检修质量，实行频修设备责任追究制，落实设备故障分析改进制，严惩重复检修，降低设备突发故障率。

制订“机泵风险管控治理”“机泵风险评估、分级管理、振动治理”的“两治理”工作计划，抓好机泵状态监测和故障诊断，完善机泵在线监测方法，消除偏离设计工况和振动超标机泵。

坚持仪电设备生命周期管理，开展电机隐患治理，治理DCS（分散控制系统）无效报警，制订主动维护清单，动态管理关键机组、核心仪表，实现预知检修，提升电仪设备可靠性。

严格落实电力行业技术监督要求，加强技术监督指标管理分析和评价考核，突出专业联动。建立工艺参数“周分析、月总结”机制，提前预判参数变化趋势，及时预警、快速响应，工艺调整严格执行生产预约、按卡操作、旁站监督要求，杜绝盲动误动。

应用“四新”技术，CFB（循环流化床）锅炉水冷壁管屏更换为激光熔覆材质，提高耐磨性。系统推进锅炉先进控制与节能优化项目，通过无辨识自适应预估控制、不加阶跃干扰的广义预测算法等实现煤粉炉关键参数和钢球磨煤机的先进控制，降低操作人员劳动强度。

2.“两降低”

在操作降量方面，下达操作数量降量指标，纳入业绩考核，有效降低操作过程风险。在作业降量方面，梳理定期维护工作，制订12项优化措施，严控检修质量，减少重复检修，持续减少作业数量，有

效降低安全风险。

（二）落实“点 + 面”的人员精益管理策略

1. 突出后备人才“点对点”培养

落实《热电厂培训及人才培养储备工作方案》，采取师带徒、岗位见习等培训方式，将有潜力、有能力的年轻干部放到基层关键岗位锻炼，推荐其加入公司专家团队或参加外派培训，拓展管理视野。制订新员工培养方案，严格过程管理，促使其早日成才。开展员工履职能力评估，建立评估“不合格”人员岗位调整机制，提高人才使用效能。

2. 抓好全员“点到面”的培训

制订《热电厂员工素质提升培训工作方案》，压实直线培训责任。组织专业技术竞赛，以赛促训，提升岗位员工技能水平。出台培训激励措施，提高员工学习积极性。编制高技能人才培训任务书，发挥“传帮带”作用。运用培训管理平台，提升培训时效。建立仿真室，创造实操环境，开展单兵对练，提升员工操作技能和突发事件应急处置能力。下达合岗、并岗、增岗指标，提高人力资源使用效能。

（三）落实“两优化、一攻坚”生产技术精益管理策略

1. 优化生产运行方式

科学匹配汽电负荷，提高在运设备负荷。保持高加出口温度在215℃以上，主汽温度、压力压上限，机组本体导管疏水定期测温，提高机组运行效率。减少通流内斥汽及余汽损失，降低汽轮机内部蒸汽焓降值，定期清洗凝汽器、循环水滤网，开展热态在线真空查漏、消漏，确保机组真空严密。不间断调整背压机组负荷，保证背压机组靠近额定工况运行，解决背压机组排汽母管安全阀整定压力偏低影响机组效率问题，提高背压机带负荷能力。提高机组抽汽效率，降低减温减压器负荷，减少热量损失。2021年，两个生产单元机组热效率分别达到40.24%、41.75%，减少煤耗7558吨/年，二电单元综合热效率达到61.15%，创历史新高，机组平均负荷率达到62.81%，同比提高1.12 %，1#和2#背压机负荷率达到79.94%，减温减压器实现热备。

2. 优化脱硫脱硝系统运行，降低“三剂”耗量

调整生石灰采购策略，停供高价石灰石，中位价和低价石灰石按照3∶7的比例采购，严格生石灰质量把关，生石灰活性低于50℃予以退货。编制生石灰消化反应物理传热和小时耗量计算模型，开展班次核算，消化器水率较2018年提高300l/t，升幅达125%，依据脱硫岛入口二氧化硫变化区间，确定班次生石灰加料量，避免生石灰投加波动引起布袋压差和床层波动等问题。研发前馈折线控制逻辑，优化脱硫岛生石灰给料调控参数，控制二氧化硫上升区间，增加开停工阶段物料循环，提前喷水，控制湿度，减少开停工生石灰消耗。摸索出吸收塔出口73℃ ~77℃最佳运行温度，保证反应效率。2021年，脱硫剂单耗同比下降0.14 kg/t，降幅达5.54%，达到行业先进水平。设置氮氧化物控制下限，减少液氨耗量，组织催化剂耗氨分布均匀性试验，减少氨逃逸，参考飞灰可燃物变化，调整低氮燃烧，降低SCR（选择性催化还原技术）入口氮氧化物，做好空预器漏风试验，消除漏风，降低尾部烟道氧量，减小脱硫岛出口氮氧化物折算值。2021年，脱硝剂单耗同比下降0.24kg/t，降幅达22.87%，达到历史最优。

3. 开展CFB锅炉掺烧高钠煤和煤粉炉降低飞灰可燃物技术攻坚

专题讨论编制高钠煤掺烧方案，出台7个方面的管控措施，分两个阶段完成掺烧试验，编制《高钠煤掺烧指导手册》，实现高钠煤精准掺烧。2021年，掺烧高钠煤86.27万吨。

优化调整在运煤粉炉氧量、风压、配风比，避免炉膛结焦，严控排粉机入口温度、烟气氧量、上下层给粉量比例，落实炉膛吹灰、炉本体看火孔关闭等措施，缩短煤粉着火点，降低火焰中心，每日观察炉膛燃烧情况、化验分析煤粉细度，适时增加钢球量，动态调控粗粉分离器挡板开度，提高锅炉燃烧效

率。消除吹灰器不完好、尾部烟道积灰等设备缺陷，保证锅炉换热效率。2021 年，锅炉飞灰可燃物含量由 8.65% 降至 3.34%，锅炉热效率提高 1.14%。

（四）落实"1 + 3 + 3"成本精益管理策略

1. 建立 1 套提质增效管理体系

成立提质增效工作领导小组，确定增收降费项目，将其纳入业绩考核，其中 22 项费用指标考核权重占比为 50% ~70%。公布制热电厂提质增效评先方案，每月评选提质增效先进，全年收集提质增效合理化建议 100 余项，专项嘉奖 25.15 万元。建立提质增效工作专栏，编发宣传稿件 90 余篇，开展专题宣讲 3 次，统一思想认识。

2. 突出 3 项关键成本管控

（1）突出燃煤成本管控。编制煤炭成本测算模型，优化进厂煤炭结构，采取价格谈判、掺烧高钠煤、限制高价煤进厂等措施，控制煤炭采购价格，燃煤结算单价由 2021 年的最高 464 元/吨降至 2022 年 3 月的 410 元/吨。充分研判煤炭市场趋势，科学储煤，降低存煤损失。2021 年的燃煤库存量为近 5 年最低，全年存煤损失 8600 吨，同比减少 5400 吨。

（2）突出检修费用管控。严格检修计划审批和费用结算审核，严肃承包商合同履约考核，鼓励外委转自修。2020 年，检维修费同比降低 2674 万元，降幅达 41.41%；2021 年，检维修费较公司年度目标下降 364 万元，降幅达 4.76%。

（3）突出"三剂"费用管控。针对 39 种剂耗，制订 76 项降费措施，实现"一剂一策"。2021 年，锅炉脱硝剂单耗同比降低 22%，氨水耗量同比下降 23.5%，创历史最优，"三剂"费用控制达 4869 万元，同比下降 12.8%。

3. 精细 3 类费用管理

（1）精细降低动力费用。针对电耗，压减高耗能设备运行数量时长，减少二电单元单炉单岛运行时间，降低辅机电耗。监控磨煤机空磨电流，及时补加钢球，提高制粉效率。缩短输煤系统上煤时间，防止输煤带空转。优化厂房照明开启时间和数量，更换 LED 节能照明灯具，细化照明开关时间要求，减少照明耗电。将电单耗纳入班组小指标竞赛，提高全员节能降耗意识。2021 年，自用电量同比降低 1677.03 万 kWh，降幅达 2.47%，节约成本 484 万元。

针对水耗和汽耗，从 3 个方面进行精细化管理。一是从细处着手，节约新水用量。调整制水系统用水方式，提高锅炉回用水用量，优先使用间冷水参与制水，100% 回收炼油化工凝液。提高回用水使用效率，水箱溢流优先用于循环水补水，机泵冷却用水使用循环水和新水，回收至水塔。细化水塔水位调整要求，减少循环水塔新水补水量，监测机组辅助机泵温度，动态调整机泵冷却水量，结合环境温度变化，将空压机冷却水由新水切至循环水，降低新水耗量。排查厂区蒸汽系统疏水运行情况，停运疏水器 61 处。及时停运抽凝机组，减少循环水蒸发损失。2021 年，新水耗量同比降低 23.1 万吨，绿化用水量同比减少 4.5 万吨。二是管控漏点，减少热量损失。排查汽水系统内漏阀门 48 个，择机消缺，减少阀门内漏热损。调整锅炉吹灰疏水方式，严控疏水时间，减少乏汽回收器排汽，吹灰后及时关闭疏水，防止汽水浪费。严控外供管网盲端疏水开度，疏水排凝全部通过疏水器，杜绝蒸汽跑冒。优化备用给水泵暖泵操作要求，调整暖泵门长期开启为每班开启 2 次，减少加热蒸汽消耗。停运蒸汽系统管线疏水点 11 处，采用分步停暖、分步供暖方式，减少蒸汽热量损失 632 吉焦/月。三是系统排查，治理不合理用能点。系统排查计量表计不完好、跑冒滴漏、用能不合理问题 16 项，定责任、定措施、定期限，全部按期整改。

（2）精细管控排污费用。做好污水点源治理，减少不合理排污，充分回收化学床体再生过程中的正反洗水、取样间冷水、锅炉水压试验后的除盐水等可利用水，开展床体周期制水量提升试验，在酸碱耗不增的情况下，优化床体出水失效指标，化学单元周期制水量由6500吨提升至8000吨。2021年，减少再生单元制水134吨，减少自用除盐水4.72万吨，累计减排10.79万吨。

（3）精细管理费用支出管控。管好“针线簸箩”，降低管理费用，组织办公耗材清理，建立物资台账，共享网络打印机，压减办公电话数量，节约办公物耗7.7万元；严格标识采购计划审批，组织清理库存标识，做好内部调剂，减少重复制作，标识费较预算节约14万元。

（五）落实“一强化、两提高”精益管理提升策略

“一强化”。强化体系管理，消减安全风险。坚持开展集中审核，编制专业审核方案，实现“一单位一策”，提高审核精度，落实日清日结要求，强化过程管控。严格审核员审核质量评价，加大配套奖惩，实行末位淘汰。抓好审核结果应用，与干部业绩、奖金挂钩。

“两提高”。提高先进单元经验输出质量，扬优势。开展专业管理流动红旗评比，激发争先创优积极性，突出先进单位典型做法共享，形成标杆引领，应用结果纳入业绩考核，提升管理效能。推进对标创建世界一流示范工作，建立例会机制，不定期组织现场经验交流，保证示范成效，形成“头雁效应”。提高短板单元专业管理水平，补弱项。通过管理帮扶协助绩效末位车间快速改进，针对专业管理薄弱单元、短板业务重点提升。推进装置标定，摸清实际水平，制订优化措施，提升技术经济指标完成质量。

三、实施效果

（一）安全环保管理持续向好

一是机炉运行平稳可靠，设备故障和工艺波动数量持续下降。2021年，机炉非停次数、工艺波动次数、设备故障率同比分别下降50%、42%、27.74%，未发生影响炼化平稳生产的生产波动事件。二是安全风险管控水平得到提升。2021年，排查整改各类隐患1145项，操作和作业数量同比分别下降23%、9%，现场安全风险持续下降。三是环保管理持续保持较好水平，二氧化硫、氮氧化物排放量分别下降32.2%、22.7%，区域煤粉减尘率达98%，两个单元烟气、氮氧化物、二氧化硫均已实现超低排放。

（二）提质增效取得阶段成果

一是降本控费效果明显。2021年，落实降费增效项目67个，节约成本1.19亿元。二是经济技术指标取得突破。其中，8项厂级技术经济指标在板块自备电厂中有3项指标排名前三，供热耗标煤指标继续保持板块第一名，4项指标突破历史最优。2021年的热电厂经济技术完成情况如表1所示。

表1　2021年热电厂经济技术指标完成情况

序号	单元	指标项目	计量单位	对标企业	累计指标完成情况	排名
1	动力站	供电耗标煤	克/千瓦时	中油先进	优于同期	5
2		供热耗标煤	千克/吉焦	吉林石化	优于同期	2
3		综合厂用电率	%	中油先进	劣于同期	2
4		综合热效率	%	云南石化	劣于同期	11
5	二电	供电耗标煤	克/千瓦时	中油先进	劣于同期	4
6		供热耗标煤	千克/吉焦	吉林石化	优于同期	1
7		综合厂用电率	%	中油先进	劣于同期	8
8		综合热效率	%	云南石化	优于同期	7

（三）专业管理得到稳步提升

一是人才培养效果显现，石化公司继电保护工程师专业竞赛、焊接职业技能竞赛获得 1 金 2 铜的佳绩。二是 QHSE 管理体系持续改进，全年 2 次内审发现整改问题 852 项，其中严重问题 19 项，35 项体系管理薄弱内容和短板专业实现改进目标，隐患和问题的发现及整改对保障安全生产起到一定促进作用。

（四）技术管理取得一定突破

一是机炉实现长周期运行，动力站 2#、3#机运行周期接近 2. 5 年，CFB 锅炉最长运行周期达到 20 个月，创全国最好水平。锅炉先控投入率达 98%，机泵故障率为 0. 53%，较目标值低 2%，无振动评级 C 级、D 级在运机泵。二是有效掌握应用高钠煤掺烧技术，节约煤炭费用 9040 万元。三是脱硫装置运行水平不断提升，钙硫比指标已达国内同类脱硫装置先进水平，“三剂”成本同比降低 320 万元，降幅达 6%。四是飞灰可燃物大幅下降，由原来平均的 8. 8% 降至 3. 85%，降幅达 56. 25%，提高锅炉热效率约 1. 3%，节约燃煤消耗 11011 吨，降低成本约 363. 36 万元。

基础 + AI 节能新技术，助力 5G 节能减排

中国移动通信集团贵州有限公司

一、企业概况

中国移动通信集团贵州有限公司（以下简称中国移动贵州公司）是根据国务院“电信、移动分离”的产业决策，1999 年从原贵州省邮电管理局分离并独立运营的通信运营企业；2004 年，成为中国移动（香港）有限公司的全资子公司。经营范围包括在贵州省经营数字移动通信业务、IP 电话业务、互联网接入服务业务、互联网骨干网数据传送业务；从事移动通信、IP 电话和互联网等网络的设计、投资和建设，移动通信、IP 电话和互联网等设施的安装、工程施工和维修；经营与移动通信、IP 电话和互联网业务相关的系统集成，漫游结算清算、技术开发、技术服务、广告业务、设备销售，以及其他电信及信息服务；出售、出租移动电话终端设备、IP 电话设备、互联网设备及其配件，提供售后服务、业务培训、会议服务等。

中国移动贵州公司 1999 年 8 月成立，2019 年业务收入达 181.6 亿元，2020 年业务收入达 190.9 亿元，2021 年业务收入达 201.05 亿元。当前客户数为 2570 万户，家庭宽带用户数为 520 万户，是贵州省最大的宽带运营商。

中国移动贵州公司承担着贵州省 80% 的电信普遍服务任务、70% 的“小康讯”建设任务和 50% 的宽带乡村建设任务，派出近 100 名干部员工协助地方开展工作，围绕党委政府要求笃行红色通信初心，勇担央企职责使命，为地方社会经济发展贡献“移动力量”。

多年来，中国移动贵州公司的突出表现得到各级党委政府的高度肯定，赢得了社会各界的广泛赞誉。先后获得“贵州省诚信纳税 A 级企业”“贵州省有突出贡献的国有企业”“全国精神文明建设先进单位”“中国企业文化建设先进单位”“全国文明单位”“全国青年文明号”等光荣称号，两次获得“全国五一劳动奖状”，被国务院国资委评为“抗雨雪冰冻先进集体”及授予“国务院国资委抗震救灾先锋队”等荣誉称号。

二、主要措施

随着社会发展，环境问题一直是全球关注的重点，中国提出了“双碳”目标，对包括通信在内的各个产业的节能环保提出了新的要求及挑战。2021 年 5 月，GSMA（全球移动通信系统协会）报告显示移动行业每年碳排放总量大约在 2.2 亿吨，为了实现《巴黎协定》2050 年“净零碳”的要求，移动网络需要在 2020 年至 2030 年期间将温室气体排放量减少 45%。

对于国内通信产业而言，5G 建设正当时，5G 网络及终端耗电被视为行业可持续发展的关键议题。通信行业的消耗主要在电力，而无线基站的耗电占据整体网络能耗的 50% ~60%。2021 年 12 月，工业和信息化部公布中国当前最新移动 5G 无线网络规模为 150 万个基站，每年仅无线基站设备的电力消耗就超过 400 亿度，相当于近 3500 万吨碳排放。而 5G 网络才经历了两期建设，未来 2 ~3 年内，还需建设至少 170 万个 5G 基站。5G 无线基站功耗的主要部分是 AAU（有源天线单元）的功率消耗。因此，5G 大规模部署之下将面临能耗的巨大挑战，节能提效也是整个 5G 产业链乃至通信产业的共同诉求，提升 AAU 的功放效率、通过各种技术降低 AAU 的功耗是无线基站节能技术的重点。

虽然 5G 设备随着芯片、功放、结构工艺的不断进步已实现显著降耗提效，但典型移动通信网络一般为 2G、3G、4G、5G 共存，利用软件节能匹配网络话务需求实现节能在实际商用中存在实施难度大、

实施效果差、KPI影响大等问题。正是基于此问题，中国移动贵州公司在无线网络的运维过程中，始终致力于寻求高效的节能技术和方案，不断地探索和研究，最终创新性地引入基础节能+AI智能节能的创新方案，降低无线基站的总体能耗，以实现降低碳排放的目的。相较于业内常见无线基站节能方案的实现，该方案一阶段部署符号关断、通道关断、深度休眠等基础节能技术；二阶段结合AI与大数据手段，利用AI和大数据进行负荷预测，协同预判多频、多制式话务的可承载度，自动化输出节能策略并根据实施效果优化调整，实现节能最大化，具有领先性。真正实现节能策略一站一策，策略持续自智优化和完善，能显著提升运维效率，有效降低网络能耗，提升网络能效。

（一）基础节能技术应用研究

1. 符号关断节能

5G NR（New Radio）低频系统中，一个无线帧为10ms，每个无线帧由10个无线子帧构成，每个无线子帧由2个时隙构成，每个无线子帧为1ms，每个时隙为0.5ms。每个时隙在正常的CP（一般循环前缀）情况下，由14个符号构成。在实际通信过程中，基站不是任何时候都处于最大流量的状态，所以对于子帧中的符号，不是任何时刻都填满了有效信息。符号关断节能在没有功率的符号周期时刻关闭PA（Power Amplifier的缩写，功放）电源开关，从而达到节能的目的。在有功率的符号周期时刻打开PA电源开关，保证正常业务不受影响。NR系统在实际通信过程中，基站不是任何时候都处于最大流量的状态，所以对于子帧中的符号，不是任何时刻都填满了有效信息。基站在“没有数据发送”的符号周期时刻关闭PA电源开关，在“有数据发送”的符号周期时刻打开PA电源开关，可以在保证业务不受影响的情况下降低系统功耗。这种节能方式被称为符号关断节能。由于符号关断节能利用了DTX（不连续发射）技术，这种节能方式也被称为DTX节能。符号关断节能是一种自适应的节能方式，低话务时段节能效果更好。

（1）自检方式符号关断。智能符号关断是BBU（基带处理单元）控制基带调度，进行用户汇聚，通知RRU（射频拉远单位）启动时隙节能的方式，是一种慢速过程。随着实时业务的发展，尤其是VOLTE（长期演进语音承载）的商用，对数据调度的时延要求越来越高，智能符号关断节能效果会进一步受限。自检方式符号关断是一种对网络KPI无影响的节能方式，当某个符号上无数据调度则关闭符号，如果有数据调度则打开符号，能够更好地满足实时性；同时，由于没有对用户调度产生影响，仅是RRU根据是否有信号发送，判断是否可以关闭PA，节省静态功耗，不会对网络KPI产生影响，能够达到节能效果。

（2）4G、5G混模符号关断。对于4G、5G网络混合组网场景，AAU可以同时配置LTE（4G网络）小区和NR小区。AAU为了达到节能效果，需要在LTE小区和NR小区都打开符号关断功能，对于AAU而言，如果LTE小区和NR小区同时在同一个子帧上无调度，则AAU可以关闭该子帧PA，达到节能效果。4G载波和5G载波都开启符号关断功能时，AAU上符号关断节能效果更好。

2. 通道关断节能

NR低频小区天线数为AntNum，当满足设定的通道关断条件时，可关闭ChoffNum个通道，对应的关闭通道数量占总天线数量的比例为ChoffProp。小区的上行和下行通道关断是独立配置的，由通道关断模式来控制，支持两种关断模式：一是只关闭下行发射通道；二是上下行通道同时关闭。针对AntNum=64的机型，通道关断的粒度设置为16，即支持关闭16、32、48个发射或接收通道。在NR系统中，当小区负荷较轻时，关闭部分发射、接收通道，来降低设备的能耗。在4G、5G混模共AAU的场景下，4G和5G的载波都进入通道关断时，AAU才能对通道进行关断节能，4G只能关闭下行，所有4G、5G混模只能配置关闭下行方式，同时要求关断挡位相同，否则无法进行通道关断。

3. 深度休眠节能

为了达成极致的节能效果，考虑在话务闲时关闭尽量多的 AAU、RRU 硬件以降低能耗。配置基站深度休眠的定时策略，当休眠时间点到达时，指示 AAU、RRU 进入深度休眠，节能时间结束时退出基站休眠模式。在低话务时段，AAU、RRU 关闭 PA 和部分硬件来降低设备能耗。在 4G、5G 混模共 AAU 场景下，当 4G 载波和 5G 载波都进入深度休眠时，AAU 才能进入深度休眠。

（二）创新型 AI 智能节电技术探索

面对网络运维里节能在实际商用中存在实施难度等问题，经过持续的研究和优化，创造性引入智能节能方案，结合 AI 与大数据，通过网络覆盖精准识别、业务实时精准导航、节能功能精准匹配等功能实现 4G、5G 网络深度协同，具备收益预估准、部署效率高、KPI 可预期等优势，可有效降低网络能耗，提升网络能效。其核心思想如下所述。

第一，结合工参、MR 等数据，识别网络最佳基础覆盖层，实现覆盖小区与节能小区的最优配比，在确保网络安全和基本性能的基础上更大限度挖掘节能收益，延长节能有效时长。

第二，利用多频、多制式网络能效剪刀差，基站导航平台实时识别用户业务需求，基于网络能效主动实现用户分布迁移，主动降低整网能耗。

第三，智能节能平台从预测、计算到执行始终将 4G、5G 网络作为整体考虑，利用 AI 和大数据进行负荷预测，协同预判多频、多制式话务的可承载度，自动化输出节能策略并根据实施效果优化调整，实现节能最大化。

1. 网络覆盖自识别

节能策略中载波关断、深度休眠作为节能主要策略，基础覆盖最优化配置在无损网络性能与用户感知的前提下，达到节能小区的节能增益最大化。智能节能方案中实现网络覆盖识别全流程的闭环输出：利用工参、MR 等数据，精准识别节能小区可用基础覆盖层，基于覆盖的重叠程度、业务可承载能力及最终的节能增益等需求平衡，选取一个或多个小区提供基础覆盖承载，完全避免了人工选取的效率低、易错配、误配等固有问题，配置效率可实现“周 · 人/天”到“小时 · 人/天”的巨大跨越。

2. 业务导航

智能节能平台和基站协同耦合，对 4G、5G 网络进行能效精准画像，实现业务导航。平台根据站点配置、用户特征、负荷特征、覆盖特征、能效曲线等自动配置各小区的节能策略及参数，下发给基站业务导航模块，同时按小区动态学习最佳节能触发门限参数优化。

基站业务导航模块实时识别用户类型、业务类型及业务需求，如对速率、时延等要求在无损用户感知的前提下，根据网络业务承载能耗，主动实现用户分布迁移，提升网络整体能效。与此同时，业务导航功能同步可以实现终端能效的提升，有效增加终端续航时间，端到端实现网络更低能耗，传递更多的有效信息。

3. 4G、5G 多层协同节能

基于多制式、多层网的节能需求及各层之间承载能力、性能稳定性要求，在 AI 智能节能方案中始终将 4G、5G 作为一个完整实体对象予以实施业务预测、策略协同及网间协同，可确保用户感知，避免节能（深度休眠、载波关断等）功能实施导致层间话务失衡、用户流失及最终引发的网络性能恶化。方案流程中，4G 和 5G 节能策略遵守业务预测独立建模、关断节能策略协同计算的原则，结合实际组网情况和基站硬件配置给出各业务层的最优节能策略并可根据实施效果进行策略自优化，持续有效匹配网络话务需求发展变化。

AI 智能节能方案包括节能策略模块、业务导航模块、节能执行模块和节能评估模块 4 个部分，这 4 个模块相互协同耦合，实现网络整体能效最高化。

三、实施效果

为了积极响应国家“节能减排，科学发展”号召，加快5G网络节能技术成果转化，5G网络节能遵循“经济有效、安全可靠、应开尽开”的总体原则。目前，中国移动贵州公司在毕节、黔南、遵义3地已开启5G网络第一阶段基础节电功能，5G网络节电符号关断开启21500个5G小区，通道关断开启13770个5G小区，深度休眠开启22576个小区。中国移动贵州公司5G网络节电功能部署情况见表1。

表1　5G网络节电功能部署情况

5G节电功能	日间节电小区数	夜间节电小区数
符号关断	21500	21500
通道关断	13770	13770
深度休眠	0	22576

通过符号关断、通道关断、深度休眠3种节能策略部署，2022年一季度，中国移动贵州公司日间节电量共281.46万度、夜间节电量共143.98万度，2022年一季度节电量效果如图1所示。2022年2月，由于春节期间考虑网络平稳运行的原因，部分节能策略未开启，节电量略低。5G单站日均节能功耗如图2所示。

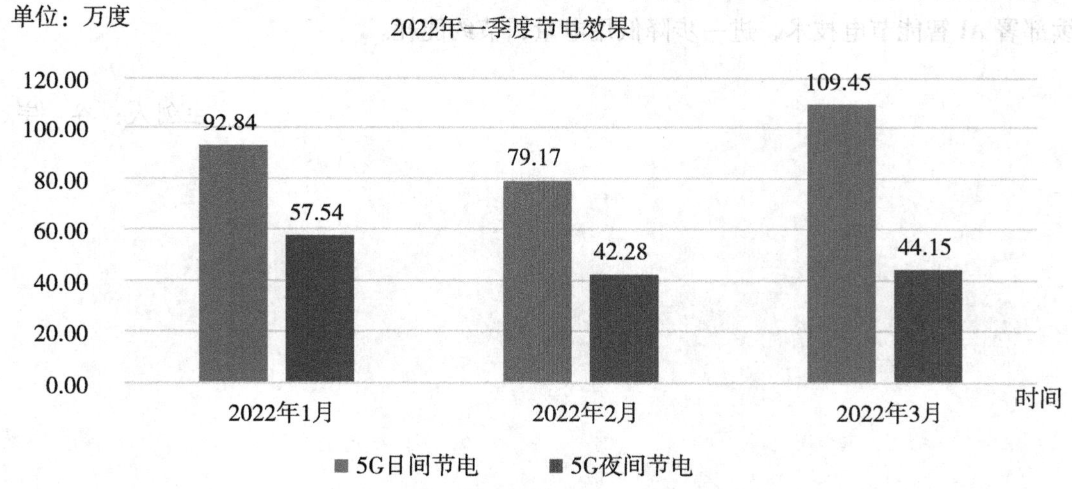

图1　2022年一季度节电效果

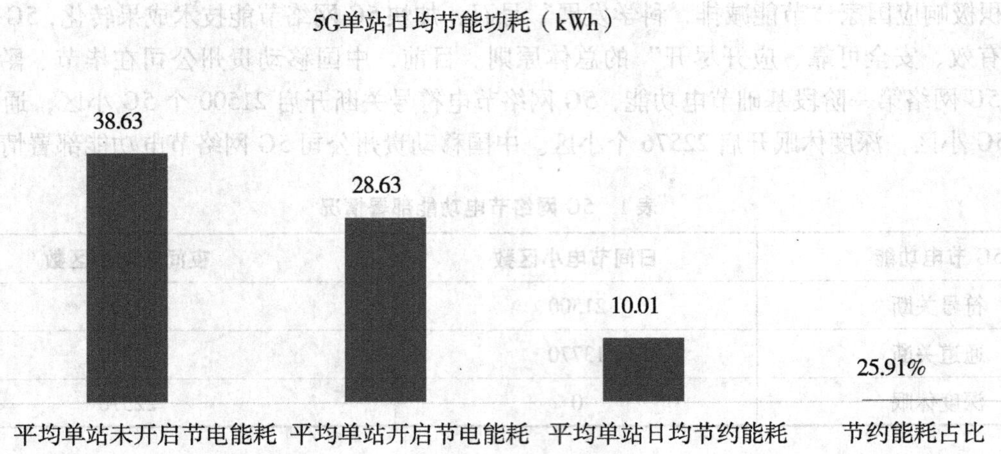

图 2　5G 单站日均节能功耗

中国移动贵州公司在遵义、毕节、黔南 3 地的 5G 网络一站一策，通过部署一阶段基础节能技术符号关断、通道关断、深度休眠，5G 单站平均每日节约用电 10 度，2022 年一季度 5G 总计节约用电 425. 43 万度，相当于减少 3000 余吨碳排放，预计节约电费开支超 200 万元，节能减排效果显著；二阶段将继续部署 AI 智能节电技术，进一步降低用电量，节约能耗。

主创人：谷　宇、王　碧

绿色数据中心助力数字经济发展

中国移动通信集团江苏有限公司

一、企业概况

中国移动通信集团江苏有限公司（以下简称江苏移动）成立于1998年，实行股份制改造和公司化重组并在美国纽约和中国香港两地上市，是中国移动（香港）有限公司在江苏设立的全资子公司。江苏移动于2004年投产第一个数据中心，正式启动运营IDC（互联网数据中心）业务，截至2021年11月已投产运营45个数据中心，包括南京、苏州、无锡三大超大型数据中心，以及七大合作数据中心和若干市级及区（县）级机房，投产机柜数达到4万个，规划总机柜数超过15万个，初步形成江苏省5+13+X的新型信息化基础设施架构；江苏省已建成4个IDC独立汇聚区、3对一级骨干出口，投产IDC带宽55T，江苏省形成3个5毫秒时延区，是华东地区最大规模的数据中心运营企业。

江苏移动已面向客户推出主机托管、网络接入、运维服务、网络安全、应用辅助、综合配套六大类30余项专业产品，同时具备包括设计、建设、运营的全流程一体化服务能力，可为客户提供包括租用、代建、合建等多种模式的多维度定制服务。

江苏移动2019—2021年的IDC业务运营收入分别为11亿元、16.5亿元、26亿元，年均增长率超过50%，为江苏省内的政府、金融、公安、能源、交通等重点客户提供电信级专业托管服务，为腾讯、阿里巴巴、百度、华为、今日头条、金山等大型互联网公司提供定制化服务。

根据国家发布的支持和推进算力服务发展的相关政策，江苏移动将以中国移动长三角（南京）云计算中心等大型数据中心为依托，加快算网融合研究，以算为中心，以网为根基，实现网、云、数、智、安、边、端、链等深度融合，进一步深化算力多样化、算网一体化、网络数智化发展举措，构建强大的算网基础设施，全力打造数字中国的关键基础设施，助力数字经济发展，力争成为国家新基础设施建设的主力军。

二、主要措施

中国移动长三角（南京）云计算中心位于江苏省南京市江北新区，占地面积近7万平方米，共9栋生产用楼，均已建成，规划机架约1.87万架，可承载30万台服务器，累计总投资超过200亿元。截至2021年12月，共投产机架7365架、上电5657架。江苏移动南京数据中心（以下简称数据中心）绿色节能设计方面充分借鉴国内外同行成功案例，依托自身运维经验，积极引入创新技术，在保证数据中心安全性的前提下充分挖掘节能降耗潜力。2021年度，数据中心年均PUE值为1.35，低于设计PUE值1.38。IT负荷使用率为70.4%，可再生能源使用比率为26.09%，水资源使用率为1.58 L/kWh，均达到比较优秀的水平。

（一）绿色运维管理

数据中心制订了《中国移动通信机房节能运行管理规定》《江苏公司“十四五”“双碳”规划和2021年绿色行动计划》，成立了节能减排领导小组，将节能目标落实分解到责任人。定期对基础设施进行巡检维护保养，制度运行维护标准化流程、节水措施等细则。数据中心利用智维系统，对风、火、水、电不同专业数据进行统计汇总，分析能耗占比，输出节能方案。

园区配备了专业化的运维团队，维护团队共有108人，拥有CCIE（思科认证互联网专家）、CCNP（思科认证网络专业人员）等专业维护团队，通过运维前置、“四有运维”（有目标、有体系、有人才、有水平）等方式，实现了对数据中心 6 栋生产用楼、4000 余套动力设备、8000 余个机柜 7×24 小时的高效维护。运维前置到工程建设阶段，从方案会审、提前入驻、检测整改、监控接入等方面提前介入，确保工程建设质量；建立规范化的运维技术标准体系，已制订规范文件 68 个，定期组织（或不预告方式）开展市电、电源、UPS（不间短电源）、空调中断等各类应急演练。

中国移动长三角（南京）云计算中心聚焦绿电使用，提高清洁能源使用比例，与发电企业签订了直购电合同。根据《售电公司与电力用户购售电合同》和《绿色电力认购证明》，数据中心绿色清洁能源占比 32. 51%、风电占比 12. 74% 、水电占比 18. 73%、光伏发电占比 1. 06%。

（二）低碳绿色技术应用

数据中心聚焦前沿科技，积极探索低碳新技术、新方法，应用设备改造升级、新产品开发、模拟仿真推算等方式，不断提高数据中心低碳水平，逐步提升数据中心能源利用效率，不仅保证数据中心安全性稳步提升，同时实现能耗降低。在电气设备方面，数据中心应用创新举措，实现高可靠、低损耗电力供应。在暖通空调方面，数据中心通过优化 BA（楼宇设备自控系统）控制逻辑、末端空调参数、CFD（计算流体力学）气流组织模拟及间歇释冷模式，为园区提供稳定持续、经济节能的冷源，维持机房内 IT 设备运行安全。园区在管理方面引入 AI 智慧运维，保证维护质量的前提下精简了运维队伍。

1. 巴拿马电源

中国移动长三角（南京）云计算中心率先应用巴拿马直流供电系统及高压上楼层节能技术，集成变压器、低压配电、高压直流、直流输出柜，输入为交流电 10kV、输出为 336V 或 240V 直流电压的一体化电源设备。相较于传统供电方案，省去低压配电系统，从中压 10kV 通过变压器到冗余整流模块整流到 240VDC（直流电），设备用电直接从直流母线获取电源。其次，采用高压上楼层技术，可以有效降低供电输送损耗，降低配电系统能耗损失。巴拿马电源损耗可降低到 2. 5%，而传统 HVDC（高压直流输电）损耗约为 5%，节能优势明显。

2. 电力厂控自动化

电力厂控系统用于控制全园区所有高低压配电设备，根据运行条件自动监测调配电力资源，确保供电安全并提高用电效率。

该系统可以自动采集所有接入设备实时电气量参数，建立实时电力网络数据矩阵模型。当故障发生时，根据开关状态及联络关系精准定位故障区域，利用 AI 搜索避险路径自主生成供电可靠性最高的避险路径。该系统还能实现能效数据分析功能，生成 PUE 节能方案。系统内设电力数据库用于支撑能效数据精准分析，基于末端上千个测点实时上传的电力数据，经过读取、归纳、处理，以园区、机楼、房间、设备等全维度自动分析用电能效数据生成不同维度场景下的能效数据曲线，自动生成能效优化建议，实现数据中心降本增效。

3. 高能效空调系统应用

中国移动长三角（南京）云计算中心在空调设备上应用高压离心机组、高效板式换热器、高效变频水泵、高温冷冻水等节能设计，结合封闭冷通道、水冷列间空调供冷技术，提高机房冷热通道温差，延长自然冷源利用时长。主要措施如下所述。

（1）中国移动长三角（南京）云计算中心开发先进的 BA 控制逻辑，通过判断冷机电流百分比及分水器温度，间歇启停冷水机组，利用闭式蓄冷罐进行间歇释冷，降低冷机和冷却侧设备运行时长，节约空调系统能耗。

（2）自主研发末端空调高效送风节能技术，通过优化机房空调气流组织，依托大数据采集分析，综合分析 IT 运行功率、空调运行功率、冷热通道温度、机房告警数等相关数据，寻求末端空调最优运行设定参数，实现末端空调冷热通道大温差、低故障、低能耗运行，降低末端空调运行能耗和设备故障率。通过应用高效送风节能技术，最终达到末端空调 PUE 因子 0.028 的喜人成果。

4. 空调群控与 AI 节能

园区在 BA 系统与动环系统的基础上引进 AI 节能控制系统，采集 IT 与制冷系统能耗及其与能耗相关的运行工况数据，通过大数据采集、AI 系统深度学习，构建数据中心能耗优化模型，在给定的气候条件、业务安全边界约束等条件下自动推理出最优 PUE 下的系统控制参数，下发至群控系统并由群控系统执行。实现制冷系统精确按需制冷，集中管理，自动调整，有效降低制冷系统能耗，从而降低数据中心整体 PUE 指标，实现数据中心能效最优化。

5. 智能照明控制节能

中国移动长三角（南京）云计算中心机房照明采用自动控制的智能照明系统与 LED 节能灯具实现智慧照明、绿色照明。智能照明系统采用 Can 总线控制系统，对数据中心机房、走廊及附属门厅各功能区的照明利用定时、红外自动探测等方式实现自动开关控制，以实现对照明的集中管理，达到“人来灯亮、人走灯灭”按需开关的智慧照明效果，从而实现数据中心照明系统的节能运行。具体控制方式如下所述。

（1）红外感应控制，当红外线感应到人体移动则打开灯光，当没有感应到人体移动则延时（延时时间可设置）关闭灯光。（2）面板控制，可通过面板打开或关闭走廊走道灯光，面板储存定时按键与单回路控制。

三、实施效果

（一）降本增效

数据中心应用低碳新技术，实行精细化管理、自动化运维、数智化发展，达到降本增效的目的，取得丰硕的绿色低碳发展成果。

通过巴拿马电源及高压上楼层节能技术、空调系统优化 BA 控制系统、优化末端空调参数设置、应用园区一体化智慧运维系统等节能创新手段，实现2021 年度 PUE 值为 1.35，低于设计值 1.38，上一年度同期 PUE 值实测为 1.44，同比下降约 7%。

2021 年，江苏移动实现用电节能量约 2600 万千瓦时，同比节电增长率高达 117%，年减少 25920 吨二氧化碳排放量，年节省电费 1741.88 万元。中国移动长三角（南京）云计算中心获评“2021 年国家绿色数据中心”。

（二）赋能成效

1. 社会效益

有利于“东数西算”：中国移动长三角（南京）云计算中心，向东可与上海、浙江形成联动，向西便于赋能长三角中西部区域数字产业，响应国家“东数西算”战略部署，共同打造一体化算力网络，以最快速度实现基础设施和算力调度能力的升级。

促进生态繁荣：中国移动长三角（南京）云计算中心与产业链上下游产业融合等方面的生态能力强，不仅服务着约 1.4 亿户的长三角 5G 移动用户，还承载着南京市江北新区雪亮工程平台、网易数字创新基地孵化企业、华为鲲鹏创新中心孵化企业及政务应用、长三角算力汇聚调度中心等业务，为互联网、金融企业提供服务，承担腾讯华东核心节点且服务超过 2 亿户腾讯用户，承担阿里云全国首个示范性边缘节点且承载了华东地区苏康码、行程码等阿里巴巴生态重要业务，为疫情防控提供直接的技术支持。

2. 经济效益

中国移动长三角（南京）云计算中心项目虽然投资大，但收入增长快、效益较好、稳定性高，能够实现持续性的创收创利。2021 年，数据中心业务 1—12 月实现收入 26 亿元，收入增长 79.6%，收入增量占总增量收入的18.5%，净利润率占比为21.1%。其中，中国移动长三角（南京）云计算中心园区收入约10亿元（包含带宽收入），占比达到38%，投入产出比较高；江苏移动依赖数据中心的云计算、大数据、人工智能等大数据类业务实现总收入31亿元，增长82.7%，增量贡献31%，形成新的收入增长点。

3. 管理效益

江苏移动根据中国移动长三角（南京）云计算中心等项目的建设运维经验，建设创新数据中心“进度、质量、造价、安全、合规、品质”六要素管理要点，形成《数据中心六要素管理实施细则》，成为江苏省数据中心建设的纲领性文件，不断持续优化。

江苏移动对标前期数据中心等项目的经验、教训和积累，查找分析原因，提出解决办法，形成《数据中心建设病历库》。《数据中心建设病例库》在江苏省内大型数据中心的项目设计、清单编制、施工图交底、变更管理等所有建设环节进行指导提醒，确保“不再犯前人犯过的错”，大大降低二次投资或变更风险，目前涉及198个病历，降本增效已节约近4700万元。

（三）相关技术及专利

已获得发明专利或实用新型专利“动力网络资源管理平台自动生成系统拓扑图的方法”“一种空调压力值实时监测方法及装置”等10项，如表1所示。

表1 江苏移动2009—2020年所获专利

序号	专利号	专利名称
1	200910236059. X	动力网络资源管理平台自动生成系统拓扑图的方法
2	200910224015. 5	一种空调压力值实时监测方法及装置
3	201020281491. 9	电动机重启装置、远程电动机重启控制装置及系统
4	201010618606. 3	一种实现微型直放站节能的装置及方法
5	201110291156. 6	针对IT支撑网生成网络拓扑的方法及装置
6	201320851795. 8	一种架内循环机柜和下送风机数据机房散热装置
7	201410441991. 7	一种呼叫中心的实现方法及装置
8	201520002846. 9	大功率内燃机发电机组的消音降噪装置
9	201910457148. 0	网络数据传输检测方法、装置、设备和介质
10	202020597223. 1	远程控制通断电的基站装置

数据中心建设、节能等相关措施成果论文《基于异常检测分析的网络隐患发现方法》《数据中心末端空调送风形式对空调能效影响的分析》等5篇论文获江苏通信学会2021年度“华苏杯”竞赛二等奖和三等奖。《大型数据中心智能化系统运维优化探讨》论文被核心期刊《江苏通信》杂志公开发表。《数据中心“2+1”路市电的科学运用研究》论文被核心期刊《网络安全技术与应用》杂志公开发表。《数据中心暖通空调水冷系统节能控制优化及应用》等3篇论文被核心期刊《暖通空调》杂志公开发表。

主创人：颜士军、杨根发、程　雷、张晓艳、梁辰博

加快绿色数据中心建设，筑牢高质量发展“数字底座”

中国移动通信集团山东有限公司济南分公司

一、企业概况

中国移动通信集团山东有限公司济南分公司（以下简称济南移动）隶属于中国移动通信集团山东有限责任公司（以下简称山东移动），成立于2001 年3 月。济南移动数据中心（以下简称数据中心）总投资36 亿元，是山东省政府和济南市政府重点支持项目，园区占地面积66000 平方米，可容纳1. 6万架标准机柜（5kW），网络出口带宽6. 8 万G，属于全国超大型规模以上数据中心。该项目直接辐射全国数据存储、计算和大数据生态产业链，在数字经济背景下创造更大商业价值，目前已连接山东省内产业园13 个，全面推动山东省数字产业集群的发展。

数据中心作为山东移动的重要信息基础设施基地，正为客户提供机房、设计、功能、资源四大服务类型，延伸出定制建设、专属工位、容量模拟、现场试点、流量统付、移动大数据、数据双轨融合等10 多个细致服务板块。数据中心高联通、高覆盖、高安全性的IDC 出口带宽能力，形成了开放型数据中心宽带网络，可携手客户轻松完成大数据挖掘、应用开发整合。

2019 年，数据中心营业收入达2. 96 亿元；2020 年，营业收入达4. 04 亿元；2021 年，营业收入达5. 11 亿元。机柜销售率超过85%，累计销售带宽超过11TB，引入全国性互联网客户超过80 个，其中腾讯、阿里巴巴、金山云等顶级互联网企业在数据中心部署了核心云节点和CDN（内容分发网络）节点。入驻的山东省政企行业客户超过100 个，其中人民银行、中国银联等金融企业均在数据中心部署存储容灾节点，山东省公安厅、山东省交通运输厅等政府机关在数据中心建立数据存储节点。

二、主要措施

中国移动通信集团有限公司明确了“十四五”节能降碳工作目标，即到“十四五”期末，单位电信业务总量综合能耗、单位电信业务总量碳排放下降率均不低于20%，自身节电量较“十三五”翻两番——超过400 亿度。2025 年，自身碳排放控制在5600 万吨以内，助力经济社会减排量较“十三五”翻一番——超过16 亿吨。

为了助力行业绿色低碳高质量发展，实现“双碳”目标，数据中心加强先进节能技术引入、节能措施部署，从规划布局、工程设计、项目建设着手，降低新建数据中心PUE 设计值，持续开展绿色数据中心评价和认证。从节能操作管控、空调群控策略调优等运维环节着手，合理设置机房温度，落实分级分类的能耗管控作业计划，分区设定节能运维标杆，将数据中心和存量机楼的节能运维精细化管控提升至业界领先水平。建立联合管控机制，合理规划机架资源，做好用电监测、负载管理与扩容，提高机架上架率，平均单机架负载，有序开展高PUE 通信机房的改造工作。在节能和新能源利用方面，数据中心采取的主要措施和引入的技术主要体现在以下7 个方面。

（一）工艺

（1）积极推进通信设备标准化，在网络建设各个环节实现节地、节材、节能。制订通信设备体积、重量和功耗方面的技术规范，统一建立设备配置模型，确定主设备节能的近期和远期目标，推动设备机架标准化。推动设备供应商按照网络需求进行产品研发，节约材料、简化工艺，实现网络设备“健康瘦身”，以满足公司节能总体目标要求。

（2）积极推进通信主设备节能，建立设备节能分级体系。按照通信设备中交换设备、传输设备、小型计算机及存储设备等各类主设备能耗，建立节能分级体系，在设备集中采购中优先考虑低功耗、高集成度、高能效比的设备，减少单位用户通信设备的占地面积。针对小型计算机和存储设备等 IT 产品，强化设备使用环境的论证工作。加大节能降耗工作力度，推广设备的标准化配置。

（3）通过对设备位置摆放的研究，减少机房制冷量或提高机房制冷效果，达到节能目的。

（二）建筑、结构

（1）数据中心和维护支撑用房为南北朝向，有利于夏季减少太阳辐射的热、冬季增加太阳辐射的热，有利于夏季自然通风并使主要房间避开冬季主导风向，减少门窗空气渗透的能耗。

（2）建筑围护结构宜选用节能围护结构，可起到保护环境、节约能源、提高室内环境舒适度的作用。

（3）外墙和屋顶保温采用节能效果优越的岩棉板，热工设计均满足《公共建筑节能设计标准》的标准。

（4）数据中心可回收多余的热水，供冬季采暖期内维护支撑用房使用。

（三）电气

（1）在照度标准值的选取时，本项目在建设中根据不同功能要求和不同的标准要求选取合适的照度标准值，保证照明功率密度值符合《建筑照明设计标准》的相关规定。

（2）室内照明部分选用高效节能的光源、灯具和镇流器。

（3）本项目室内照明系统的电容补偿器的选择是根据使用条件采取集中或分散的电容补偿措施，以提高整个系统的功率因数。灯具的智能控制与自然光的利用：在白天能利用自然光源的时候，尽量关闭不必要的耗电光源。所有公共部分采用楼宇集中控制方式，便于根据实际情况进行分区、分回路或分时段控制。在重要场所采用红外感应控制的红外控制开关和超声波控制开关节能装置。当在安装控制开关的场所有人时，红外线或超声波传感器发出信号，将灯自动打开；而当人离开该场所一段时间后（可设定时间范围），无人进入时，红外线或超声波传感器发出信号，控制灯自动关闭。其他场所在回路上多设置控制点，以分散控制为主。在楼梯间采用声控开关。本项目建筑物夜间景观照明和室外照明采用集中遥控的控制方式，通过 BA 或智能照明控制可进行多场景、多时段、多分区的自动控制，结合定时开关、光控开关等进行自动控制。

（4）动力控制部分的节能控制是基于建筑设备监控系统的检查、控制功能来实现的。在工程建设中，电气专业配合设备专业合理选择水泵及风机的电动机，配合建筑专业合理选择电梯设备，以实现减少能耗的必要条件。做到从设计入手，尽量合理配备，尽量采用变频电机，对水泵、风机等用电设备采用自动控制措施，减少空载运行时间，以节约能源。

（四）空调

（1）采用高压冷水机组和变频水泵，利用自然冷却，空调冷冻水供回水温度为 15℃～21℃，提高空调冷水机组制冷效率；加大冷冻水供回水温差（6℃），减少水泵输送能耗。空调水系统末端采用变水量系统。

（2）合理规划机房内的冷热通道，使冷热通道相互间隔，以利于形成合理的冷热气流回路，避免冷热空气混合。优化空调气流组织，充分发挥空调设备制冷能力，提高空调效率。

（3）提高机房内环境温度并优化空调运行时间。在通信设备允许的工作环境下，通过实测得出最高运行环境温度。将空调运行温度提高到环境允许的最高温度，可减少空调运行时间，节约空调耗电。

(4) 设置机房空调自适应节能系统，优化机房空调室内机设置。机房空调自适应节能系统是根据机房空间区域的实际温度分布来自动跟踪昼夜、季节温湿度的变化，对机房专用空调进行自适应控制，自动控制空调合理的工作状态，自动调节相对应空调的出风温度和工作状态，最大限度地提高空调效率。

(5) 通风和空调设备采用高效、节能型的设备，采用安全可靠的控制系统，自动调节系统的供应量；采用高效、节能型的保温隔热材料，避免能源浪费，达到安全节省的目的。空调冷热水管的绝热层厚度应满足《公共建筑节能设计标准》的要求。

(五) 给排水

采用节水的卫生器具和设备，充分利用市政水源压力，生活、生产用水满足市政压力的楼层由市政给水管网直接供给，根据《民用建筑节水设计标准》设置减压阀设施，以满足系统最低配水点的静压不超过0.45MPa且最低层用水点供水压力（动压）不大于0.2MPa的要求，达到控压节水的目的。生活、生产系统分别设置水表。生活水泵采用变频水泵，降低运行功耗。

(六) 电源

(1) 变压器拟选用SCB11干式节能变压器。

(2) 无功功率在变压器低压侧采用集中补偿方式。

(3) 采用10kV高压发电机组，减少电源馈线损耗，节约有色金属用量。

(4) 采用大容量高频机UPS，减少UPS设备对电网产生的谐波污染。

(5) 自有业务优先使用336V高压直流系统，预留市电直供的电源条件。

(6) IDC业务优先使用3N UPS系统，预留市电直供的电源条件。

(七) 运维调度

1. 监控管理

创新采用建筑信息模型（BIM）与数据中心基础设施管理（DCIM）相结合的技术，借助BIM构建跨专业的信息化数据基础，实现供电、供冷、消防、安防的在线化协同，推动了数据中心智能化管理进程。BIM系统可全量精细可视化地展示不同专业的建筑及管线数据，借助大数据分析实时对园区资源分配及运转情况进行检测及分析，远程接口可为入驻客户提供能效的实时监控、线路及设备运转故障的快速定位。DCIM系统集成了UPS、安防、消防、空调等动环设备实时监控，以及温湿度机柜微环境监控、电能质量监控和BA系统等，同时兼具了资产管理、容量管理、能效管理等综合运行管理功能。

2. 运维管理

(1) 搭建BA智能化冷机群控系统。该系统对整个制冷系统进行实时监测和控制，可根据环境温度和冷源系统的运行状态自动选择最经济高效的工作模式（冷机、预冷、自然冷却），实现自动加减机及故障自动报警、自动切换、自动轮循，为加强运维管理效率、保障机房安全、合理利用资源等方面带来价值。

(2) 智慧运维巡检。机房运维部署集中运维安全管控平台，具有设备远程遥控、遥调功能，同时还可进行远程巡检，提升巡检效率。建设智能巡检机器人系统，实现机房巡检的智能化，降低巡检人工成本，及时收集数据中心运维的有效数据，进行高精确故障定位与分析，提高数据中心运维效率并在创新研究环境进行应用。

(3) 动环设施集中运维管理平台。通过关键信息实时监控，构建供电拓扑、业务关系、重要设备负载率预警、重大告警、应急预案能力，实现 7×24 小时实时在线监控，故障发现率大于等于 98%，有效管控全网机楼运行风险，提升故障指挥调度能力。其中，设置能耗管理专项模块，实现对数据中心用电量的采集，针对全网分类分项多维度分析能源利用情况，能耗指标（PUE 等）量化统计分析，推动有效落实节能措施，提升机房能源利用效率。

三、实施效果

（一）节能减排成效

1. 机房照明灯具改造

将机房灯管更换为智能感应灯（无人时，2W 低亮；有人时，切换为 18W 高亮），节约机房照明用电。改造后，年度等效节约用电量约为 175 万 kWh，5 年内运维成本可节约 425.65 万元。

2. 机房气流组织优化

通过增加空余机架盲板和调节地板布局，优化气流组织，避免冷量流失。通过增加地板温控风扇，减少机房局热，合理高效利用冷量。改造提升后，年度等效节约用电量约 28.49 万 kWh。

3. 冷却塔优化改造

机房楼冷却塔填料风化严重，冷却塔散热效果不佳，增加冷凝压力，影响制冷效率。更换填料后可增加散热面积，提高换热效率，降低冷水机组运行功耗。改造提升后，年度等效节约用电量约 45.59 万 kWh，节约用水量约 700 立方米。

4. 水处理优化提升

引入水处理加药装置，冷却水管路增加自动检测加药排污装置，通过控制电导率科学排污，改善系统水质的同时最大限度节省用水量。提升后，年度等效节约用电量约 106.7 万 kWh。

5. 余热回收联动改造

通过水源热泵和热回收泵的联动控制，实现热回收泵的间歇启停。提升后，日节约用电量 740kWh，年度等效节约用电量约 6.6 万 kWh。

6. 清洁能源引入

新建光伏电站通过 110kV 架空线路送至变电站 110kV 母线。正常情况下，数据中心自用，剩余部分通过投运线路实现余电上网；当光伏站出现异常，光伏站退出运行，继续由原路供电。

7. 冷机群控系统升级

优化冷机群控系统的底层架构和控制逻辑，提高制冷系统的精准性。改造后，可提高运行稳定性，可自动调节系统运行的最佳状态。

（二）认证情况

数据中心积极开展行业权威标准组织的认证测评工作，获得多项国家级数据中心认证，申请了 24 项技术和专利，荣获大数据应用标杆金奖、大数据创新应用一等奖等重要奖项。

（三）主要效益

1. 经济效益

（1）直接经济效益。数据中心 2021 年的直接营业收入为 5.5 亿元，后期增收坚持两个市场：一是保存量、求增量、提价格，互联网数据中心 IDC 收入稳步提升；二是全面摸底，重点突破，本地 IDC 市场全面开拓。

（2）间接经济效益。2021 年，间接营收超过 1 亿元，服务大型企业超百家，通过企业上云，联合各产研院、专业公司及生态合作伙伴的行业应用优势，打造基于公有云、私有云、混合云、专属云的大云“底座”能力，满足客户随心定制上云需求，深度服务客户上云、用云。

2. 社会效益

数据中心积极支撑各行业数字化转型，重点围绕智慧政务、智慧金融、智慧医疗、智慧城市等应用领域联合创新，不断推动城市管理手段、管理模式、管理理念创新，提升“智慧化”服务能力。

主创人：张国良、房　超、孙晓璐、王　灿、邵湘珺

“深海一号”超深水大气田争做海上节能降耗先锋

中海石油（中国）有限公司海南分公司

一、企业概况

中海石油（中国）有限公司海南分公司（以下简称海油海南分公司）是由中国海洋石油集团有限公司（以下简称中国海油）控股的分公司，2018 年在海南省海口市注册成立，2021 年 8 月 8 日正式入驻海南。海油海南分公司是中国海油海南区域党工委、协调工作领导小组的牵头单位。

“深海一号”超深水大气田位于距海南省 150 千米的琼东南盆地，探明储量超过千亿立方米，高峰年产气量达 33.9 亿立方米，可以满足粤港澳大湾区四分之一的民生用气需求。该大气田核心——“深海一号”能源站实现了 3 项世界首创、13 项国内首创技术，完成了 15 项关键设备和系统国产化研制并有 13 项成功应用到能源站建设中；该能源站实现 30 年不回坞检修，使用寿命高达 150 年，抵御百年一遇超强台风，将我国自主开发能力由目前的 300 米水深提高到 1500 米水深，带动了国内海洋工程装备制造产业发展。

“深海一号”超深水大气田 2021 年 6 月正式投产以来，已累计生产天然气超过 17 亿立方米，计划至 2049 年将累计生产天然气 553 亿立方米。“深海一号”超深水大气田的建成投产将中国海油在中国南海的天然气生产供应能力提升到每年 130 亿立方米以上，为海南省全年用气量的 2.6 倍。

未来，“深海一号”超深水大气田还可带动周边新的深水气田开发，依托已建成的连通粤港澳大湾区和海南省自贸港的天然气管网大动脉，建成南海万亿大气区，最大限度开发生产和输送天然气资源，不断为粤港澳大湾区及海南自贸港经济建设贡献清洁能源。

二、主要措施

（一）透平余热回收助力减排降耗

“深海一号”超深水大气田的能耗主要源于 3 台燃气透平发电机组，机组运行中会排放大量 400℃ ~ 500℃的高温烟气，其中蕴含了丰富余热资源，但受制于平台空间、工作环境等诸多原因，这部分余热并未得到充分利用，既污染环境又造成热能浪费。海油海南分公司积极响应国家“双碳”战略，践行绿色低碳发展理念，持续在透平余热回收利用上钻研挖潜，进行天然气优化利用，降低碳排放量，推动深水海洋油气开采高质量发展。在具体举措方面，为“深海一号”超深水大气田能源站 3 台透平机组分别配置一套余热回收装置，单套功率为 15MW，实现 2 用 1 备的使用方案。热介质经过余热回收循环泵加压，进入余热回收装置内被透平发动机 400℃ ~ 500℃尾气加热，装置导热油入口温度为 160℃、出口温度为 220℃，流量为 1000m^3/h，被加热的热油经过过滤器后流经全脱盐式乙二醇回收再生系统，凝析油加热器和洗舱加热器进行热能传递，换热后的热介质重新汇集后被分配到余热回收循环泵再次进行增压、加热、换热，如此反复循环，为热用户提供稳定的热能供应，从而达到透平尾气余热回收、能源循环利用的目的。

（二）能耗在线监测系统促节能

“深海一号”超深水大气田的工艺系统是一个非常庞大、复杂的系统，评价设备的能效需要综合多种工艺参数和设备参数来完成分析。对此，“深海一号”超深水大气田引进了能耗在线监测系统，从能源监测、预警、分析、评估、管理入手，实时监测能源利用情况，由大见小，实现了精细化能源管理。通过该系统能够直观地看到各设备的能效状态，为海上采气平台挖掘自身节能潜力提供有效依据。

能耗在线监测系统重点监测凝析油外输系统等13个系统。该套系统以满足系统建设的各项标准为前提，通过对各分类、分项能耗数据的合理采集，准确掌握重点监测的系统和设备的能耗及运行状况，有效指导能源管理人员安全生产运行，从而辅助管理人员在生产不断增长的同时更好地控制能源使用。

作为一套以节能降耗为核心目的的能源在线监测与分析管理系统，其主要功能如下所述。

1. 能效数据统计

以图表、曲线、表格等图形化方式展示总能效，分类、分区、分重点设备展示能耗数据统计。

2. 能效在线监测

提供对能效管理系统运行状态的实时监视功能，实现对能源系统关键用能参数、设备运行状态及系统运行报警事件进行实时监控。

3. 能效分析管理

提供横向和纵向等对比分析方式，通过对用电、水、热、气、油等能源消耗的关键节点加装智能采集装置，对“深海一号”超深水大气田能源状况进行全面监测、分析和评估。

4. 综合能效分析

提供有关能效数据统计结果汇总和分析结论展示，注重对整体能效状况和变化趋势的说明。

（三）闪蒸气回收技术应用与操作优化

闪蒸气压缩机是“深海一号”超深水大气田重要的国产化节能环保设备。“深海一号”超深水大气田生产团队对闪蒸气压缩机系统进行了深层次的调试，成功完成了闪蒸气压缩机系统与整个生产系统的磨合，通过优化闪蒸气回收工艺参数，调整凝析油处理系统工况，避免了闪蒸气压缩机频繁停机，进一步提升了闪蒸气回收水平。通过手动调节闪蒸气一、二级压缩机回流阀及调整凝析油处理系统放空量等多项措施对闪蒸气压缩机操作进行优化，成功实现闪蒸气三级压缩机在一、二级压缩机不停机情况下完成机组切换，节省了机组启机时间，在减少放空量的同时避免了闪蒸气压缩机频繁启停造成的设备磨损。

三、实施效果

“深海一号”超深水大气田作为我国首个自营超深水大气田，将充分融合和发挥深水油气开发的经验和能力，提高深水油气开发水平，在保障国家能源安全的同时促进我国能源结构转型，助力提前实现“双碳”目标。

“深海一号”超深水大气田应用余热回收装置，每年预计可节省2783.46万立方米天然气，折合每月节能量为2500吨标准煤，既提高了能源的利用效率，又降低了污染尾气的排放，实现了能源的循环利用。通过能耗在线监测系统为“深海一号”超深水大气田提供适应生产工艺工况差异化特点的系统节能管理与服务平台，进而构建“气田能源管控中心”，为“深海一号”超深水大气田经济用能、合理用能提供技术、策略、方法和信息支持，预计使海上生产设施实现节能5%～30%，从而获得较好的节能空间挖掘效果。该能效分析软件的引入提高了能耗分析的信息化水平，在挖掘节能空间方面迈出了重要一步。气田加快闪蒸气回收技术应用与操作优化，项目通过对闪蒸气回收技术的应用，实现了日回收闪蒸气量达18万立方米，年度直接经济效益达13140万元，节能量达7.2万吨标准煤，有效解决了低压闪蒸气直接放空、燃烧不充分导致的火炬黑烟问题。操作优化后，机组切换时可节省启机时间约2小时，回收天然气1.5万立方米，节能减排效果显著。

“深海一号”超深水大气田团队奋勇当先，勇创佳绩，连续获得多项国家级及省部级奖项：2022年5月，“深海一号”超深水大气田开发生产团队获“全国五一劳动奖状”，项目总经理尤学刚、钻完井总师刘书杰获“全国五一劳动奖章”；2022 年 5 月，“深海一号”超深水大气田开发生产团队获得第 26 届“中国青年五四奖章”；2021 年 12 月，项目获选“央企十大大国重器”，“深海一号”超深水大气田项目组集体获评“央企楷模”，项目组多名成员获得“海油楷模”。

主创人：李晓旭、张　宝、高伟松、刘昱亮、林　飞

岸电入海，渤海油田海上生产平台供电网络绿色升级

中海石油（中国）有限公司天津分公司

一、企业概况

中海石油（中国）有限公司天津分公司（以下简称天津分公司）隶属于中国海洋石油集团有限公司（以下简称中国海油），主要负责渤海油田油气勘探、开发和生产管理业务，是中国海上最大的油气生产企业，承担着原油保障和环渤海地区天然气供应的重要任务。天津分公司全面统筹发展和安全，全面贯彻新发展理念，增储上产保持强劲势头，能源保供能力进一步增强，科技创新能力、绿色低碳发展、“国企改革三年行动”均取得扎实成效，用实际行动回答了如何把能源“饭碗”牢牢端在自己手里的问题。于“十四五”开局之年，建成全国第一大原油生产基地、全国第二大油气田。

2018 年，中国海油全面部署推进渤海油田岸电应用工程，提出“整体部署、分步实施、新老并举、示范先行”的渤海岸电整体规划思路——以河北、山东、辽宁三省陆地电网为依托建设 5 座陆地变电站（开关站），以海上在生产油田为基础建设 8 座海上电力动力平台供电枢纽，形成“5 站 8 枢纽”的海陆一体化供电网络。渤海油田岸电电力网络设计充分结合渤海油田产量规划，在满足老油田电能替代的同时为新油田接入预留充足容量，大幅降低新油田开发成本，提高经济效益。依托 7 条登陆海缆及 5 条海上互联海缆的大带宽光纤，建立起数据传输“高速公路”，为渤海油田智能化建设奠定基础。

未来，天津分公司将始终秉承“在保护中开发，在开发中更好地保护”的绿色发展理念，深植“绿色基因”，进一步构建完善渤海清洁能源电网系统，持续绿色发展转型创新，从源头上节能减排，助力实现“双碳”目标，努力把公司打造成高质量发展的能源央企典范。

二、主要措施

（一）以规划设计为先导，为全面指导岸电工程进入实际建设实施阶段提供核心指南

站在渤海油田全海域实施岸电应用的全局高度，通过分析各岸电建设方案内部要素之间的关联，制订岸电示范项目的方案流程，为全面指导后续岸电工程进入实际建设实施阶段提供核心指南。

以规划为先导，对国外海上油田岸电应用情况和趋势进行了梳理和研究，对比了渤海油田采用自发电和岸电的优缺点。综合分析渤海海域涉及生态保护区、港口航道及军事区等，对上岸海缆规划进行了路由研究和方案比选，同时完成了电力交易研究、发电机剩余价值研究、节省天然气去向研究、岸电应用投资主体和商务模式、经济评价模式与方法等 13 个专题研究。系统完善国内首个海上油田岸电应用顶层设计，实现了渤海油田岸电新型供电模式的可行性突破。

（二）以合规性建设为原则，有效提高证照手续办理效率，为保障项目顺利投用奠定基础

政企合作是保障岸电项目这样涉及多方多地的复杂系统建设工程可以有效推进的重要前提条件。在政企合作关系协调上，天津分公司依托中国海油与河北省签订的战略合作协议，充分发挥“跑、盯、追”精神，主动作为、提前沟通，加快协调、及时解决问题，建立了良好政企合作关系。

（1）加强沟通，实现强强联合、跨界双赢。岸电示范项目是渤海油田首次采用基于陆地电网进行高压输配电的项目。因此，天津分公司如何通过有效沟通协调与国家电网冀北综合能源服务公司建立互信，加强合作是至关重要的。在陆地建设工作实施期间，天津分公司通过过硬的协调能力开拓了强强联合、跨界双赢的新局面。2020 年，天津分公司通过精心策划编制行动方案，克服疫情考验，在满足防疫需求的前提下，出入政府部门办理相关手续 150 次左右，整体行程达 3.5 万千米。

（2）树立全生命周期管理意识，推进精细化管理。全生命周期管理在项目整体运作过程中起着统领全局的作用。结合海上油田岸电项目前期手续办理的特点，精准识别了项目涉及的电力能源、海洋、国土、规划、环保、水务、交通运输等十几个政府部门，通过研究系统全面梳理岸电应用项目前期行政许可手续并编制手续汇总矩阵图表，内容齐全，符合最新政策法规要求。研究编制工作流程作业指导文件，包含前期手续申报条件、提交材料、审批部门、办理流程和具体要求5项内容，极大提升相关手续申报工作效率，为中国海油首例岸电项目工程的合法合规实施奠定了基础。

在有效的管理能力支持与作业团队的紧密配合下，项目核准、土地出让、送电办理周期大幅压缩。以岸电示范项目为例，在不到3个月内共办结陆地开关建设项目环评、海域、取地等各项证照手续66份，办理周期平均压缩1/2，有效实现了工期集约。

（三）以党建融合深化工程为抓手，全方位统筹协调项目管理，引领保障高质量发展

考虑到岸电项目涉及多方资源的多作业地点调度，对资源与人力的统筹管理提出了较高的要求，为有效应对当前挑战，天津分公司充分发挥党组织的政治引领作用，挖掘管理能力与技术能力的主观能动性潜力，有效打造了高质量全局统筹管理新局面。

作为中国海油“三大工程、一个行动”和“四个中心”建设的重要组成部分，成立之日起，岸电基层党组织就在中国海油党组与天津分公司党委的坚强领导下，结合工程实际，连结管理学原理，有效将党建工作融入队伍建设当中，有效实现了岸电党建从“有形”到“有效”的突破，为岸电的复杂调度管理实际提供了积极的解决思路，为最终实现岸电工程项目建设投用与海上油田平稳供电的“双目标”锻炼出一支思想过硬、能力突出、作风优良的作业团队。具体来讲，党建融合深化工程建设从重大工程项目的组织建设、党建载体运用等方面进行了深入落实，多措并举以“书记项目”“党员领办”“党员示范”“党建联建”等方式，通过思想引领强化精神动力，通过精神动力激发管理作业潜力，通过潜力开发形成高质量作业基石，有效解决了党建在生产一线融合不够紧实的问题，进一步加深了各层级、各单位的作业协调默契能力，有效提升了整体管理效能，为实现“项目如期投用”与“保障油田稳定供电”的双目标打造了核心竞争力。

（四）以可靠性和稳定性保障为核心，自主攻克岸电模式下渤海油气田电网可靠稳定运行关键技术

聚焦电网平稳运行保供的重大任务，为岸电节能减排效能最大化发挥提供坚强保障，大力联合国家电网等企业与国内高等院校开展技术攻关。在前期设计上自主创新，填补国内“岸电入海”技术空白；在运维管理上，开展岸电模式下海上油气田生产模式转变研究，创建中国海油首套高压电网及设备运维管理程序，实现示范项目投用运作流程精准调控执行。重点解决了项目投用后岸电项目的运维机制及海上油气田生产管理革新的重大问题，确保岸电供电稳定性。

（1）创新构建集控中心、综合自动化系统、电气设备及海缆在线监测、网络安全防护监测的保障体系。针对渤海油田海上用电负荷特点，创新提出“110千伏交流海上互联快速切换技术供电方案”并在全行业内第一个成功论证其可行性和经济性。形成包括岸电模式下海上油气田电网可靠供电技术、岸电模式下电力运行保护技术、高压关键变配电设备状态监测系统、海缆穿越钢制护管的拖拉辅助装置研制技术等在内的多项关键技术，加强电力系统监控，提升岸电供电可靠性。

（2）国内首次研究制订海上油田岸电模式下电网调度管理策略和电力组网继电保护定值校核技术，开发了行业内首套继电保护定值在线风险评估系统。通过自主开发完成的“海上油田电网继电保护定值在线风险评估系统”图形化建模平台，读取电网运行状态数据，获取电力系统的实时运行信息，实现在线定值风险评估和危险情况自动预警。通过该成果应用形成了岸电示范项目统一的系统建模和风险预警平台，在此基础之上开展区域电网保护定值在线校核计算，整合秦皇岛、曹妃甸区域电网已有的各方资源实现集约发展，有助于提升企业的整体运作效率。在减少工作量、提升工作质量的同时，降低人

力、物力成本，为提升电网继电保护校核工作水平、保障电网安全稳定运行、促进区域岸电电网运行提供信息化的技术支持平台。

（3）实现岸电模式下生产模式的转变。当前，海上油气田尚无岸电模式应用，国外油气田开发中岸电模式占比较小，相关生产模式和管理方法也并未完全成熟。通过全面系统地开展相关资料研究、对标分析、调研考察等，在岸电工程设计文件基础之上，结合渤海油气田生产管理实际和特点，系统研究岸电工程投用后的生产管理流程，研究制订出一套适用于岸电模式的海上油气田生产管理制度和操作流程指导书，为岸电模式下海上油气田生产模式的转变提供支持和指导。

（4）建立中国海油首个高压电网调控管理程序。集控中心是电网的运行、维护、指挥、指导和协调机构，在充分掌握海上油气田配电方式和国家电网的运行要求后，建立电网调度管理制度，制订调控原则、监控要求、上报流程、任务发布、应急处理、运维分析、事故预想、反事故演习等执行程序，全面覆盖日常调控工作，安全稳定完成项目首次高压启动调度工作。生产运行期间精准调控，优化无功设备投入和母线电压控制方案，功率因数控制在0.95以上，连续实现月度电费奖励。

（5）建立中国海油首个高压设备运维管理体系。相比于自发电阶段多平台、多机组联网模式，岸电模式下电力安全稳定运行关系重大，通过开展技术交流、现场观摩，充分吸收中国海油电网管理经验、国家电网的陆地经验，围绕陆地开关站、陆海缆、海上电力动力平台及陆地与海上的工作内容、环境特点，建立了运行规程、巡视制度、维护程序、操作程序、检测程序，创新性开展陆缆接头局放监测，建立中国海油首套运行管理体系。针对冀北气候特点，编制应对自然灾害应急预案，极端天气、法定节假日、上级通知时加强保供，开展特巡工作。及时发现缺陷并完成整改，确保不发生设备故障导致供电中断，全年电网平稳运行。

（6）开辟电力交易先河，为市场化购电积累经验。积极跟进政策变化，主动担当作为，积极与售电公司合作，开展市场化购电工作，积极参与绿电交易。根据政策要求总结制订了电量精准预控策略，对海上油田用电进行精准预测及控制。通过多奖励、少考核等方式，有效降低电费成本。总结市场化购电经验，为后续山东和辽宁岸电项目及未来其他海上岸电项目实施起到借鉴和指导作用。

三、实施效果

岸电示范项目是我国海上生产平台首次大规模电能替代工程，实现了海上生产平台由“自发电”向“岸电网络”的转变，开启了我国海洋石油工业绿色开发模式的历史性变革，为渤海地区的绿色开发与提质增效的深化推广应用提供了良好的平台，为将来企业在类似项目的管理提供了良好范例。

（一）节能降耗效益明显

2021年9月23日，秦皇岛－曹妃甸区域21台原油主机全部停运。2022年，岸电工程累计为海上油田供应稳定电力9.6亿千瓦时，减少原油消耗22.4万吨，减少天然气消耗0.95亿立方米，减少柴油消耗900吨，经第三方审核年减碳量达18万吨，年度节省燃料费用约3.84亿元。按照顶层设计规模，在渤海油田三期岸电工程全面实施投用后，高峰年预计可减少二氧化碳排放量近175万吨。

（二）填补国内岸电入海技术空白

岸电示范项目是中国海油紧随国家节能减排方针政策、响应“双碳”总体部署、实现渤海油田绿色低碳可持续发展的重要举措，填补了国内相关岸电入海技术能力的空白，规避了外国公司对海上发电设备的技术钳制，促进了渤海油田及中国海油工程技术与管理的良性发展。

渤中－垦利油田群岸电应用可行性研究被评为“2022年中国电力、水电行业优秀工程咨询成果”一等奖，6项发明专利已被国家知识产权局受理，获得2项著作权，完成2项发明专利技术书的设计和编制，以及1项软件著作权技术说明书的设计和编制，完成20篇科研论文的编写，其中3篇论文已被录用、3篇论文已发表。

（三）推动绿色低碳能源体系转变

岸电的投用标志着海上油田能耗结构向环保、低碳转型进入全面实施阶段。2022 年，渤海油田在国内海洋石油行业中率先实现"绿电入海"，将河北省张家口市的绿色风能和太阳能通过高压线路输送至渤海。购入 1. 86 亿千瓦时的绿电，将实现二氧化碳减排 16. 4 万吨，对进一步改善环渤海地区空气环境质量具有重要意义，为优化电能结构奠定了基础。未来，依托岸电网络，以及海上风电、光伏等新能源的规模化接入电网，将加快中国海油绿色能源转型进程，"低碳油田"甚至"零碳油田"都成为可能，从而实现经济效益、社会效益和环境效益的高度统一。

（四）打造"绿色＋智能"的渤海模式

2021 年，我国海上首个岸电项目、首个智能油田相继建成投用，以"绿色油田"建设带动"智慧油田"建设，实现了海上油田生产管理和组织管理方式的变革。岸电项目建立的海陆光纤大带宽通信，为渤海油田建设智能化油田、数字化油田奠定了良好基础。在开关站和海上电力动力平台之间铺设的海缆将同时具备动力传输和通信功能，海上生产平台得以与陆地互联互通，"大数据"与实时跟踪等高科技手段的应用有效提升了油田开发的智能化程度，提高了油田的生产管理水平，进而提升其经济效益。

（五）软实力建设成效明显

岸电示范项目投用标志着在继协同推进港口岸电推广和岸电上船后，我国在岸电领域的又一重大突破。渤海油田"在保护中开发，在开发中更好地保护"的生产经营理念厚植人心，带动新能源产业链协同向好发展。具体表现如下所述。

（1）人才创新效益：加大自主人才的培养力度，提升了人才效益，促进了渤海油田乃至整个中国海油的学科建设、人才培养、科技创新等各项工作高质量发展。

（2）社会效益：央视新闻、新华社和《人民日报》《科技日报》等中央主流媒体，《中国日报》等外宣媒体，中国网、新浪等网络媒体，《天津日报》《大众日报》等地方媒体，《中国能源报》等行业媒体，"国资小新""学习强国"等相关平台对中国海油渤海油田岸电应用工程持续关注报道约 90 次。

（3）促进国内大循环：渤海岸电项目自示范项目开始，以国内设备及技术应用为主要路径，为国内厂家提供了扩大产能、提高技术实力的机会，也在促进国内大循环方面做出了贡献，带动了新能源产业链向好发展。

主创人：崔　航、刘　巍、高　健、李　英、王宏光

"阶梯式输气"模式在液化天然气接收站中的实践应用

中海浙江宁波液化天然气有限公司

一、企业概况

中海浙江宁波液化天然气有限公司（以下简称浙江 LNG）成立于2005年，是由中海石油气电集团有限责任公司、浙江能源天然气集团有限公司及宁波开发投资集团有限公司共同投资组建的，主要负责浙江 LNG 接收站项目的建设和运营。

浙江 LNG 是浙江省首个 LNG 接收站工程，作为浙江省天然气的主力气源，担负了保障浙江省天然气稳定供应的政治责任，公司近3年效益稳定，营业收入均突破9亿元。以2021年为例，公司天然气年供应量为557.5万吨，管道气供应量占浙江省总用气量的32%，日管道供气量占浙江省用气比例最高达到50.6%，为浙江省的经济建设和能源供应安全提供了有力的保障。此外，自2012年接卸首船 LNG 以来，公司顺利完成了包括"迎峰度夏（冬）""护航 G20""平安护航十九大"等各类应急保供任务，应急保供量占公司气态外输总量的61%，应急保供输气量累计达到了170余亿立方米，是浙江省重要的能源应急保障单位之一。

浙江 LNG 作为清洁能源的生产者、绿色理念的践行者，积极响应国家号召，全力行使社会责任，将构筑"绿色工厂"作为目标。投产至今，获得石油和化工行业"2019年度绿色工厂"、石油和化工行业"十三五节能先进单位"、宁波市四星级"绿色工厂"等荣誉称号。

浙江 LNG 始终与浙江省创建"绿色能源示范省"的战略对接，为浙江省乃至华东地区的经济增长和美好生活提供清洁、高效、安全的能源支持，为助力长三角一体化绿色环保协同发展注入中国海油力量。

二、主要措施

（一）市场环境及优化背景

浙江 LNG 的液化天然气生产外输由气态管道外输与槽车液态外输组成，2012投产以来，浙江 LNG 接收站每年的外输量逐步上升，在2021年外输总量达到557万吨。

浙江省天然气供应为多气源一环网，浙江 LNG 处于环网的东面，主要发挥调峰作用，其他多个气源（西一气、西二气、川气、春晓气、丽水36-1气等）分别从不同位置进入浙江省，进口 LNG 价格相比其他气源存在劣势。浙江省天然气用户主要为居民和电厂，电厂用气占60%以上，但电厂用气存在季节不稳定性，夏、冬季节为用气峰期，春、秋为用气谷期，浙江 LNG 的输气情况也随着季节存在不稳定性，往往夏、冬两季输气量极大，春、秋两季输气量较小，不仅对接收站的能耗造成影响，更对接收站的稳定运营形成严峻考验。

浙江 LNG 接收站的主要生产成本为电耗，在日常生产中，气态外输相关设备都属于高能耗的设备，因此，若需要明显降低生产成本，则可考虑气态外输设备的能耗情况。因接收站下游用户受生产生活规律和天气影响较大，每日白天与夜晚对接收站天然气的需求变化波动大，导致接收站日常生产模式和气态外输相关设备的产能出现一定程度的不匹配，设备无法以最佳工况持续运行，利用率相对较低，从而造成设备能耗的浪费。

（二）原因分析及方案制订

在气态外输中，主要的耗能设备为低压泵、高压泵、海水泵，IFV（中间介质气化器）为静设备，若要实现节能，则应考虑优化低压泵、高压泵、海水泵的运行方式。根据厂家资料显示，浙江 LNG 低压泵最佳工况流量为 430m^3/h（功率 200kW）、高压泵最佳工况流量为 385m^3/h（功率 1050kW），海水泵流量 7550m^3/h（功率 1200kW）为其高效工况（满足气化器海水额定流量）。

根据浙江 LNG 接收站的工艺设计，低压泵（430m^3/h）、高压泵（385m^3/h）、中间介质气化器（175t/h）与海水泵（7550m^3/h）组成的一套完整的气态外输设备，可以提供的最大气态外输流量约为 25 万 Nm^3/h。为了确保供气稳定，气化器运行方式采用多台主用、一台热备用的形式，热备用设备外输天然气流量约为 2 万 Nm^3/h。接收站下游配套有冷能空分项目，利用接收站 LNG 的冷量实现气体分离，最终将大于 0℃的天然气返回至天然气外输管道，该项目可以返回天然气约为 8 万 Nm^3/h。

结合浙江 LNG 接收站生产实际情况，在不考虑槽车充装的情况下，运行人员确认当接收站气态外输流量为 25 万 Nm^3/h、33 万 Nm^3/h、50 万 Nm^3/h、60 万 Nm^3/h 等 4 种工况时（75 万 Nm^3/h 和 100 万 Nm^3/h 的平均能耗基本分别等同 25 万 Nm^3/h 和 50 万 Nm^3/h 的平均能耗），气态外输关键设备基本处于满负荷运行，能耗相对较少。为了进一步确认最优的运行模式，浙江 LNG 对不同流量工况下气态外输关键设备的理论能耗及单位能耗进行了分析及比较（见表 1、表 2）。

表 1　合理工况不同外输流量的理论能耗分析

设备	气态外输流量							
	25 万 Nm^3/h		33 万 Nm^3/h		50 万 Nm^3/h		60 万 Nm^3/h	
	运行数量	设备能耗	运行数量	设备能耗	运行数量	设备能耗	运行数量	设备能耗
低压泵	1	200	2	320	2	400	3	525
高压泵	1	1050	2	1900	2	2100	3	3000
海水泵	1	1200	1	1200	2	2400	2	2400
合计		2450		3420		4900		5925
单位能耗/（kWh/t）		14		14.8		14		14.1

表 2　不合理工况不同外输流量的理论能耗分析

设备	气态外输流量							
	14 万 Nm^3/h		20 万 Nm^3/h		30 万 Nm^3/h		45 万 Nm^3/h	
	运行数量	设备能耗	运行数量	设备能耗	运行数量	设备能耗	运行数量	设备能耗
低压泵	1	150	1	170	2	300	2	350
高压泵	1	900	1	1000	2	1880	2	2100
海水泵	1	1200	1	1200	1	1200	2	2400
合计		2250		2370		3380		4850
单位能耗/（kWh/t）		23		16.9		16.1		15.3

通过表 1 和表 2 的数据分析对比，可以看出，若不考虑槽车充装及其他辅助设备运行对于气态外输能耗的影响，表 1 中 4 种合理工况的理论单位能耗明显低于表 2 中不合理工况的理论单位能耗。

为了进一步验证这些气态外输模式的可靠性，浙江 LNG 开展了大量运行测试，涵盖了一年四季不同气温条件。在不同季节时，海水温度和环境温度有所不同，为了确保气化器能在最严峻的工况下满足这些气态外输模式的要求，需要经过大量的测试、数据分析、可行性论证及实际应用。经过长达近一年时间的测试运行实践，最终证明了在不同工况下这些外输模式均可以安全实现，总结出一套“阶梯式输气”的供气模式。这套供气模式主要由 6 种模式组成：25 万 Nm^3/h、33 万 Nm^3/h、50 万 Nm^3/h、60 万 Nm^3/h、75 万 Nm^3/h、80 万 Nm^3/h 等。

确定了合理的外输模式后，运行人员结合过去几年接收站的生产运行经验，在确保接收站 24 小时连续气态外输的前提下针对下游管网每日对天然气的需求制订了一系列输气对策，将接收站气态外输大致分为以下几种较为合理的模式。

1. 外输量：350 万 Nm^3 ~600 万 Nm^3

当单日气态外输总量在 350 万 Nm^3 ~600 万 Nm^3 之间时，采取平均流量外输的策略，保障接收站的平稳运行。当下游用户有较大需求时，可以将流量调至 25 万 Nm^3/h 进行外输，但应保证剩余外输量可以连续外输至第二日，考虑到接收站需要通过 BOG 压缩机回收 BOG 控制 LNG 储罐的压力，因此，小时气态外输流量最低不能小于 14 万 Nm^3。

2. 外输量：600 万 Nm^3

当单日气态外输总量在 600 万 Nm^3 左右时，若下游用户对气态外输流量无要求，则可将流量调整至 25 万 Nm^3/h 左右进行外输。若下游白天外输流量需求较大，则尽量将外输流量维持在 33 万 Nm^3/h 左右；当下游需求减少后，尽快将外输流量调整至剩余平均量进行外输，但气态外输流量不低于 19.3 万 Nm^3/h（见表 3）。

表 3　600 万 Nm^3 不同外输模式理论能耗对比

气态外输量（600 万 Nm^3）			
项目	外输模式一	外输模式二	
外输流量/（万 Nm^3/h）	25	33	19.3
外输时间/h	24	10	14
外输量/万 Nm^3	600	600.2	
合计能耗/kWh	58800	67380	

3. 外输量：800 万 Nm^3

当单日气态外输总量在 800 万 Nm^3 左右时，若下游用户对气态外输流量无要求，则可将流量调整至 33 万 Nm^3/h 左右进行平均外输。若下游白天外输流量需求较大，则尽量将外输流量维持在约 50 万 Nm^3/h 外输 8 小时，再将流量降低至约 25 万 Nm^3/h 外输剩余的 16 小时（见表 4）。

表 4　800 万 Nm^3 不同外输模式理论能耗对比

气态外输量（800 万 Nm^3）			
项目	外输模式一	外输模式二	
外输流量/（万 Nm^3/h）	33	50	25
外输时间/h	24	8	16
外输量/万 Nm^3	801.6	800	
合计能耗/kWh	83046	78400	

4. 外输量：1200 万 Nm^3

当单日气态外输总量在1200万Nm^{3}左右时，若下游用户对气态外输流量无要求，则可将流量调整至50万Nm^3/h左右进行24小时的平均外输。若下游白天外输流量需求相对较大，则尽量将外输流量维持在约60万Nm^3/h外输15小时，再将流量降低至约33万Nm^3/h外输剩余的9小时。若下游白天外输流量需求巨大，则尽量将外输流量维持在约75万Nm^3/h外输12小时，再将流量降低至约25万Nm^3/h外输剩余的12小时；或者将外输流量维持在约75万Nm^3/h外输10小时，再将流量降低至约33万Nm^3/h外输剩余的14小时（见表5）。

表5　1200万Nm^{3}不同外输模式理论能耗对比

气态外输量（1200万Nm^3）							
项目	外输模式一	外输模式二		外输模式三		外输模式四	
外输流量/（万Nm^3/h）	50	60	33	75	25	75	33
外输时间/h	24	15	9	12	12	10	14
外输量/万Nm^3	1200	1200.6		1200		1200.8	
合计能耗/kWh	117600	119972		117600		120203	

以上只列举了4种常见且比较合理的外输模式，若接收站日气态外输量处于这些外输量之间，则应该通过精确计算确保外输流量尽量能维持在25万Nm^3/h、33万Nm^3/h、50万Nm^3/h、60万Nm^3/h、75万Nm^3/h等合理的工况，确保生产成本能降到最低。

（三）实践应用

经过接收站前几年的运行经验总结，气态外输模式是否合理与下游管网的需求有直接的关系。在相继与浙江浙能天然气运行有限公司携手完成“迎峰度夏（冬）”“护航G20”等重大天然气保供任务后，2016年10月，浙江LNG通过与浙江浙能天然气运行有限公司调度运行党支部开展“以党建联建，促共赢发展”的支部共建活动，进一步加强了双方之间的交流与资源共享，最终一起讨论确定实行“阶梯式输气”供气模式。自从开展党支部共建后，浙江LNG开始逐渐以25万Nm^3/h、33万Nm^3/h、50万Nm^3/h、60万Nm^3/h、75万Nm^3/h的流量为标准进行气态外输，接收站运行工况一切正常，也能满足浙江省天然气的供应需求。

经过近年的运行实践，浙江LNG除了在特殊保供和单日气态外输量非常小的情况下，基本上每日的气态外输均能按照“阶梯式输气”模式执行，表6为统计的2021年4月份部分单日气态外输供气模式。

表6　2021年4月单日气态外输供气模式统计

日期	外输总量/万Nm^3	顶峰供气时间	顶峰流量/（万Nm^3/h）	剩余流量/（万Nm^3/h）
4.1	1200	8：00—22：00	60	35
4.2	1400	8：00—16：00	75	50
4.3	1200	8：00—22：00	60	35
4.4	450	8：00—次日8：00	19	19
4.5	1200	8：00—22：00	60	35
4.6	1350	8：00—21：00	75	34

续表

日期	外输总量/万 Nm^3	顶峰供气时间	顶峰流量/（万 Nm^3/h）	剩余流量/（万 Nm^3/h）
4.7	2000	8：00—24：00	88	74
4.8	1600	8：00—24：00	75	50
4.9	1600	8：00—24：00	75	50
4.10	1500	8：00—次日8：00	62	62
4.11	1100	8：00—次日2：00	50	34
4.12	1500	8：00—20：00	75	50

经过长时间“阶梯式输气”供气模式的实践表明，“阶梯式输气”具有以下优点。

一是确保设备安全可靠，实现快速调峰。在“阶梯式输气”供气模式中，始终有IFV处于热备用状态，不仅可以快速提升生产负荷进行天然气调峰，还可以避免设备、管道频繁预冷、回温导致法兰出现泄漏的情况，提高了设备的安全性。

二是避免泵汽蚀。低压泵、高压泵、海水泵在最佳工况附近工作，避免了泵小流量情况下内部回流和过大流量下内聚热增加，使泵内液体温度升高，引起泵体发热，影响泵零部件的机械性能，同时也可避免因LNG气化而造成泵的汽蚀。

三是提升管道安全性。以标准流量进行外输，每种气态外输模式对于运行的设备而言都是大流量外输，外输管道温度监控确保管道处于一个稳定的低温状态，不会让管道因液体的反复冷热导致经常性的热胀冷缩，延长了管道弹性形变的寿命。

四是提升节能效果。为了验证“阶梯式输气”的节能效果，运行人员对2021年4月1日至4月12日的单日气态外输量及气态外输单位能耗进行了统计，如表7所示。根据表7统计的数据可以看出，2021年4月1日至4月12日期间，气态外输单位能耗较往年的气态外输平均单位能耗有大幅下降趋势，平均单位能耗约为18.44kWh/t。浙江LNG持续推进“阶梯式输气”的实践应用，在全力满足调峰需求的前提下与浙江省管网调度协调每日气态外输模式，取得了较好的成效。

表7　2021年4月单日气态外输能耗统计

日期	气态外输/t	气态外输能耗/kWh	气态外输单位能耗/（kWh/t）
4.1	8700.20	149008	17.13
4.2	10255.80	178323	17.39
4.3	6546.95	128575	19.64
4.4	3146.94	82505	26.22
4.5	10793.26	185232	17.16
4.6	12869.28	206560	16.05
4.7	13838.50	232766	16.82
4.8	11109.79	208685	18.78
4.9	11113.95	189492	17.05

续表

日期	气态外输/t	气态外输能耗/kWh	气态外输单位能耗/（kWh/t）
4.10	10364.63	176294	17.01
4.11	7533.30	139296	18.49
4.12	8892.82	174460	19.62
平均单位能耗/（kWh/t）			18.44

浙江 LNG 在气价上存在劣势，调峰上存在优势。为了充分扬长补短，实现降本增效，浙江 LNG 在生产过程中加强优化操作，在安全、稳定生产的前提下努力挖掘符合公司生产实际的最优生产模式。结合浙江 LNG 生产实际，公司的生产运行成本主要为气态外输关键大功率设备的耗能，因此，制订“阶梯式输气”供气模式、优化气态外输方式、减少这些大功率设备的低效率运行时间或无用功运行时间将能实现较好的节能效果。

三、实施效果

（一）经济效益

在未开展“阶梯式输气”供气模式前，浙江 LNG 每日提供的气态外输流量相当不合理，很多时候低压泵、高压泵、海水泵都处于低负荷工况下运行，不仅不利于设备的稳定性，更大大增加了生产单位能耗。根据理论分析可知，气态外输流量保持在 25 万 Nm^3/h、33 万 Nm^3/h、50 万 Nm^3/h、60 万 Nm^3/h、75 万 Nm^3/h 左右外输，气态外输关键设备基本都处于满负荷、额定流量工况运行，能耗最低。

为了验证在长期实际生产中“阶梯式输气”的节能效果良好，运行人员统计出了 2016 年下半年与 2021 年下半年每月气态外输单位能耗的对比情况（上半年气态外输量较小时不做比较）。2016 年下半年的月平均单位生产能耗为 25.4kWh/t，而 2021 年下半年的月平均单位生产能耗为 20.6kWh/t，平均单位生产能耗下降了 4.8kWh/t。按气态外输一年 200 万吨计算，一年即可以节约生产电耗 960 万 kWh，实现节能 1180 吨标准煤，减少二氧化碳排放 6754 吨。通过浙江 LNG2013—2021 年的气态外输单位生产能耗也可以明显看出：近年“阶梯式输气”实施后比前几年的生产单位能耗有明显下降趋势。

（二）社会效益

根据国家能源局《油气发展“十四五”规划》，综合考虑区域供需和调峰平衡分析，结合液化天然气接收站码头和全国天然气管网体系布局，按照集约布局、有序推进、站线同步原则，加快完善全国 LNG 储运体系。国家正大力部署全国 LNG 储运体系，上述的“阶梯式输气”供气模式综合考虑了接收站气态外输关键设备的能力、IFV 热备用和下游配套冷能空分的用气需求，将生产设备维持在高效工况下运行，不仅节能效果显著，更延长了这些设备的使用寿命，对调峰型 LNG 接收站后期运营具有良好的借鉴意义。“阶梯式输气”模式不仅可以很好地满足下游用气需求、降低 LNG 企业生产运营成本，更有助于减少 LNG 行业生产经营过程中的二氧化碳排放，为国家早日实现“双碳”目标做出贡献。

主创人：潘峰峰、王　茜、曹　烨、崔伟永、韩　帅

航空企业以提质增效为目标的节能降耗管理

中航西安飞机工业集团股份有限公司

一、企业概况

中航西安飞机工业集团股份有限公司（以下简称中航西飞）隶属于中国航空工业集团有限公司（以下简称航空工业集团），成立于1997年，是我国大中型军民用飞机科研生产基地。中航西飞主要从事大中型飞机整机及航空零部件等航空产品的研制、批产、维修及服务。目前，主要产品有大中型运输机、特种飞机等，同时还承担了ARJ21、C919、AG600等民用飞机机体零部件设计、制造、配套与服务，与欧洲空中客车公司、美国波音公司及中国商用飞机有限责任公司、中航通用飞机有限责任公司等国内外知名航空公司拥有长期而稳定的合作关系。公司坚定航空报国初心，笃行航空强国使命，以建设治理规范、业绩卓越的优秀上市公司为目标，不断推进自主创新和技术进步，提高产品质量和服务水平。2021年，公司实现营业收入224亿元，净利润3.7亿元，年末资产总额586亿元。

二、主要措施

近年，随着党的十九大提出的“社会主义生态文明观”和“构建清洁低碳、安全高效的能源体系”的发展要求，中航西飞作为列入“万家企业节能低碳行动”名单的重点用能单位，根据自身特点大力推行绿色航空，围绕企业绿色发展的目标，实践应用了多种新型节能技术及管理创新方法，逐步建立了以能源数据为基础、以能效管控为核心、以创新工具方法应用为手段、以提质增效为目的，基于多要素融合的管理节能和基于多工具融合的技术节能的绿色航空发展体系。

（一）基于多要素融合的管理节能系统构建

随着国家能源“双控”目标的不断增强及“双碳”工作的推进，企业在绿色低碳发展方面内外部需求日益增加。中航西飞先后构建了绿色航空达标体系和能源管理体系，运用流程架构方法，基于多要素将体系进行融合，形成了能够满足绿色发展需求的体系。

1. 建立绿色航空达标体系

中航西飞按照航空工业集团发布的《绿色航空工业评价标准（基础级）》，从组织机构、制度建设、规划设计、能源控制、宣传教育、绩效评价、持续改进等7个方面建立包含设计、制造、包装、运输、使用到报废处理的整个生命周期的绿色航空达标体系，在综合考虑环境影响和资源消耗的情况下，达到对环境负面影响最小、资源利用率最高的目标。通过对绿色航空达标体系要素要求进行分类整理，对15份制度文件进行全面贯彻，具体内容见表1。

表1　绿色航空达标文件清单

业务架构							文件架构	
911	E9.10.P	绿色航空达标					D911	绿色航空达标体系手册
		绿色航空工业评价标准体系管理要素表					M9911．1	绿色航空工业评价标准体系管理要素表
		绿色航空工业评价标准管理要素承接表					M9911．2	绿色航空工业评价标准管理要素承接表
		绿色航空达标流程与文件对应表					M8133	绿色航空达标流程与文件对应表

续表

业务架构						文件架构	
			911. 1. 1	E9. 10. P1. 1	能源计量器具配备管理	D691101	能源计量器具配备实施细则
			911. 1. 2	E9. 10. P1. 2	能源统计管理	D691102	能源统计实施细则
			911. 1. 3	E9. 10. P1. 3	能源使用管理	D691103	能源使用实施细则
			911. 1. 4	E9. 10. P1. 4	节能评估管理	D691104	节能评估实施细则
			911. 1. 5	E9. 10. P1. 5	节能指标考核	D691105	节能指标考核实施细则
			911. 1. 5		节能指标考核测算与分解方法	M8358	节能指标考核测算与分解方法
			911. 1. 6	E9. 10. P1. 6	有形浪费监督检查	D691106	有形浪费监督检查实施细则
			911.1.6		能源物资有形浪费监督检查管理方法	M8359	能源物资有形浪费监督检查管理方法
			911. 1. 7	E9. 10. P1. 7	节能新技术推广应用	D691107	节能新技术推广应用实施细则
			911. 1. 8	E9. 10. P1. 8	淘汰落后工艺及设备	D691108	淘汰落后工艺及设备实施细则
			911. 1. 9	E9. 10. P1. 9	资源回收再利用	D691109	资源回收再利用实施细则

2. 建立绿色发展的能源管理体系

大多数企业能源管理体系的建立仅仅套用《能源管理体系要求》标准，在实际运行过程中对能源目标的实现作用不明显，缺乏系统梳理绿色发展的需求。中航西飞在建立绿色能源管理体系的过程中充分梳理外部需求，满足合规要求。在架构设计过程中，综合国家绿色发展相关的法律法规、“十四五”能源规划要求、外部环境（满足外部监管）等要求综合设计了能源管理体系架构。其中，为满足绿色发展的合规性要求，重点梳理节能降碳相关政策、法规 32 项；节能基础标准 29 项；节能监测标准 15 项；经济运行标准 10 项；合理用能标准 7 项；能源计量标准 8 项；主要用能设备能效标准 9 项；航空工业集团相关文件 4 项，合计 114 份文件（见图 1）。

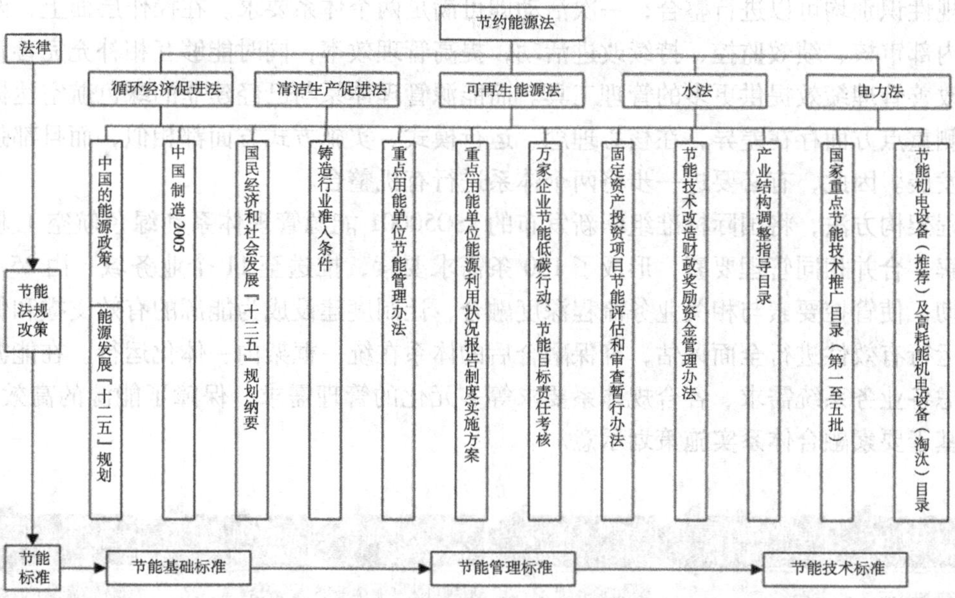

图1 能源管理体系结构

在实施过程中，将系统梳理出的114份文件进行要素化分解，对法律法规中涉及企业合规要求的内容进行逐项分解，明确要素具体要求、违规后果及承接要素。按照《能源管理体系要求》的架构，从组织所处环境、领导作用、策划、支持、运行、绩效评价和改进等方面将分解的相关法律法规要素融入相关架构要求内容中，分别由13份文件制度进行承接落实（见表2）。

表2 法律法规要素分解示意

填表要素（字段）	序号	要素编号（必填）	要素内容（必填）	承接要素内容（必填）	要素来源文件名称及章节条款（必填）	要素类别（必填）	外部检查具体要求（必填）	违规后果（选填）
绿色航空达标外部体系	1	E9.10	绿色航空工业评价标准					
	2	E9.10.1	组织机构					
	3	E9.10.1.1	建立节能和环保领导小组					
	4	E9.10.1.1.1	重点用能单位应当成立节能工作领导小组，负责人由单位主要领导担任，发布建立节能和环保领导小组的正式文件	公司成立节能工作领导小组，负责人由单位主要领导担任，发布建立节能和环保领导小组的正式文件	1.《重点用能单位节能管理办法》第10条 2.《绿色航空工业评价标准 第3部分：考核评价细则（行业级）》第1.1.1条	1.监管规定 2.上级文件	1.政府检查 ①检查频次：不定期 ②检查要求：查阅文件 2.绿航审核 ①检查频次：6年重新认定 ②检查要求：查阅文件	1.不符合项，定期整改，可进行经济性处罚 2.组织机构、主要负责人员变化时，未及时（3个月内）更新节能和环保领导小组，各扣0.5分
	5	E9.10.1.1.2	有公文将单位行政正职确定为节能环保第一责任人，对节能环保工作全面负责	有公文将单位行政正职确定为节能环保第一责任人，对节能环保工作全面负责。单位节能环保领导小组每季度召开会议记录	1.《重点用能单位节能管理办法》第10条 2.《绿色航空工业评价标准 第3部分：考核评价细则（行业级）》第1.1.2条	1.监管规定 2.上级文件	1.政府检查 ①检查频次：不定期 ②检查要求：查阅文件 2.绿航审核 ①检查频次：6年重新认定 ②检查要求：查阅文件	1.不符合项，定期整改，可进行经济性处罚 2.单位节能环保领导小组近4个季度会议记录，节能环保第一责任人或其指定负责人一次未参加各扣0.25 分、无会议记录各扣0.25 分
	6	E9.10.1.1.3	设立分管节能和环保工作的负责人（上报备案），代表行政正职组织各项节能和环保制度及措施的落实	设立分管节能和环保工作的负责人（上报备案），代表行政正职组织各项节能和环保制度及措施的落实	1.《重点用能单位节能管理办法》第10条 2.《绿色航空工业评价标准 第3部分：考核评价细则（行业级）》第1.1.3条	1.监管规定 2.上级文件	1.政府检查 ①检查频次：不定期 ②检查要求：查阅文件 2.绿航审核 ①检查频次：6年重新认定 ②检查要求：查阅文件	1.不符合项，定期整改，可进行经济性处罚 2.设立节能环保分管领导并有明确的职责分工，否则扣1分
	7	E9.10.1.2	一类单位必须设置负责节能和环保监督管理的职能部门，二类单位必须在有关职能部门中设置专职管理机构、办公室或者节能和环保管理岗位，配备节能和环保管理人员	按岗位定员管理流程对节能环保岗位编制进行设置	1.《重点用能单位节能管理办法》第10条 2.《绿色航空工业评价标准 第3部分：考核评价细则（行业级）》第1.2.1条	1.监管规定 2.上级文件	1.政府检查 ①检查频次：不定期 ②检查要求：查阅文件 2.绿航审核 ①检查频次：6年重新认定 ②检查要求：查阅文件	1.不符合项，定期整改，可进行经济性处罚 2.单位应在相关职能部门中设置节能和环保监督管理的专职机构，否则扣1分

3. 实施基于多要素的统一融合体系

绿色航空达标体系和能源管理体系两个外部体系实施基于多要素的融合，能够有效地减少因相似要素带来的重复性工作。在制度机制方面，体系融合能够极大地减少文件数量，如目标的制订和分解、考核指标、合规性识别均可以进行整合，一次活动即可满足两个体系要求。在操作层面上，两个体系的融合能够统一内部审核、绩效监控、持续改进活动，提高管理效率，同时能够互相补充完善管理活动和手段，能够为改善管理绩效提供更多的管理工具。而能源管理体系与已经建立的绿色航空达标体系仅仅在体系架构和侧重点方面存在差异，在核心理念、运行模式、实施方式方面都相似，而且都强调持续改进和绿色低碳发展。因此，有必要进一步将两个体系进行有机整合。

运用流程架构方法，将国际标准组织新发布的 ISO50001 能源管理体系和绿色航空工业评价标准进行要素化分解，合并相同管理要素，形成了 120 条需求要素，推送至 11 个业务域，由 25 份文件 19 份表单全面贯彻，使管控要素与相关业务流程深度融合，让制度建设成为能源的有效支撑和保障。通过融合后体系的运行有效性进行全面评估，确保融合后的体系在统一框架内一体化运行。在能源管理设计过程中充分考虑各业务系统需求、各合规体系要求等多元化的管理需求，保障了能源的高效、稳定管控。图 2 所示为基于要素融合体系实施策划示意。

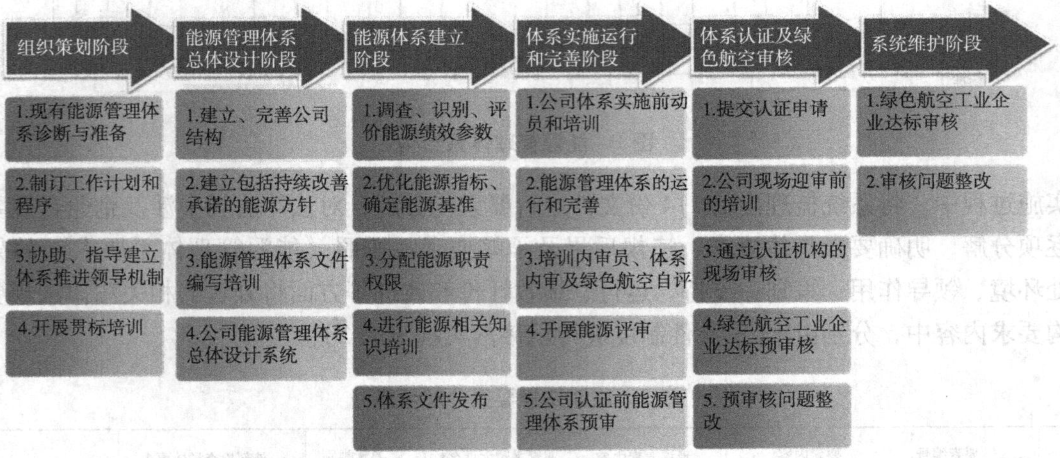

图 2　基于要素融合体系实施策划示意

4. 基于多维度的绩效评估机制

能源管理体系建立之前，公司的能耗指标比较单一，以动能消耗的合计费用作为唯一的指标下达到各单位。这种单一的绩效考核方式，一是不能随着生产任务量的变动等情况进行及时的调整，容易导致考核结果不公平的情况发生；二是每个单位的用能特点不一样，采用相同的考核模式无法有效激活其节能的主动性；三是采用单一动能消耗费用的指标考核，由于能源计量系统的不完整导致能源绩效指标无法进行分解传达，能源目标责任仅仅停留在单位层级，无法向单元进行传达；四是针对重点的用能转化设备没有设置考核绩效，导致能源转化设备能效较低。在能源管理体系的构建与实施过程中，结合国家和集团的考核指标要求，参考了《空气调节系统经济运行》等国家推进的经济运行标准，结合自身用能状况，加大能源绩效管理力度，制订出符合内外部需求的能耗指标，重新设计了多维度的绩效参数（见表 3）。

表3 能源绩效参数

能源绩效参数			收集内容	数据来源
企业级	单位产值能耗、 单位增加值能耗		综合能耗：企业用于生产的各能源品种总消耗量折标合计，包含各能源品种消耗量、对应折标系数	能源消耗量：能源费用结算单据 折标系数：GB/T 2589 或实测的热值
			产值：企业年产值	财务及统计数据
			增加值：企业年增加值	
厂级/单元级	动能合计 单位工时能耗 单位工时耗电量 单位工时耗风量 单位工时耗汽量		动能合计：各类能源所消耗的费用合计数	财务管理部门
			电耗：生产厂/车间当期总耗电量 风耗：生产厂/车间当期压缩空气消耗量 汽耗：生产厂/车间当期蒸汽消耗量	厂/车间统计台账、动力供能部门提供的结算单据
			工时：生产厂/车间工时数	统计数据
系统级	供热系统	单位蒸汽耗煤量 单位供热量耗煤量 单位面积耗热量	蒸汽产量：供热系统蒸汽产量	生产统计台账 运行记录
			供热量：供热系统供热量	
			耗煤（天然气）量：供热系统耗煤（天然气）量	
			供热面积：系统总供热面积	建筑图纸或系统设计图纸
	空压系统	空压站用电单耗	用电量：空压站总用电量	生产统计台账 运行记录
			供气量：空压站总供气量	
			供气参数：空压站总出口处及各用气点压力	
设备级	供热系统	锅炉效率（正平衡效率）	蒸汽锅炉：产蒸汽量，蒸汽温度和压力焓值，给水量，给水温度焓值	产蒸汽量和给水量：计量表数据、运行记录 蒸汽温度和压力、给水温度：现场表计、运行记录 蒸汽和给水焓值：水和水蒸气焓值表
			热水锅炉：循环量，进水温度焓值，出水温度焓值	循环量：计量表数据、运行记录 进、出水温度：现场表计、运行记录 进、出水焓值：水的焓值表
			燃料消耗量	计量数据、运行记录、盘库记录
			燃料热值	化验室化验分析结果

续表

能源绩效参数			收集内容	数据来源
系统级	空压系统	空压机输入比功率	空压机输入功率	现场表计、运行记录
			空压机实际容积流量	
			工作排气压力	
			工作吸气压力	
	中央空调系统	冷机性能系数COP	铭牌参数记录	设备铭牌
			冷机制冷量（有计量）	计量数据、运行记录
			冷机制冷量（无计量）：根据冷机循环量、冷冻水供回水温度计算	循环量、冷冻水供回水温度：现场表计、运行记录
			冷机耗电量（有计量）：冷机耗电量功率	计量数据、运行记录
			冷机耗电量（无计量）：冷机运行电流计算	冷机电流：现场表计、运行记录

新构建的能源绩效参数按照企业级、厂级/单元级、系统级、设备级划分为4个层级。

企业级主要包含单位产值能耗、单位增加值能耗两个指标。这个层级的绩效参数主要是包含国家地方政府及航空工业集团对公司下达的企业级考核指标。

厂级/单元级主要包含动能合计、单位工时能耗、单位工时耗电量、单位工时耗风量、单位工时耗汽量等指标。主要是负责承接企业级指标，根据不同单位的特点设置不同单耗类型的考核指标，便于各单位针对于单元的特点进一步分解并落实责任。

系统级主要包含供热系统和空压系统分系统指标。这个层级的绩效参数主要用于设定供暖及空压系统经济运行指标，分析运行参数设置是否合理，持续提升系统的整体能效。

设备级主要包含锅炉、空压机、中央空调等重点能源转化及消耗设备的能源绩效参数。这个层级的绩效参数用于指导各类重点耗能设备经济运行，通过对绩效参数的分析，进一步提升设备的运行能效。

通过基于多要素融合绿色低碳发展体系的有效运行，提高各级员工的绿色低碳理念和能源节约意识，全体职工能够积极参与到能源管理的实施工作中，中航西飞能源绩效水平得到了有效提升。

（二）基于多工具融合的技术节能系统应用

中航西飞作为航空制造企业，产品存在“多品种、小批量”的特点，产品加工过程中又涉及表面处理、热处理、焊接、机械加工、零件装配等工艺，因此，能源种类具有多样性的特点，能源消耗管控点具有分散性的特点，需要采用多种不同的节能工具进行控制。在实际使用中，逐步形成了将生产作业计划、工艺技术标准化和高耗能落后设备淘汰更新、节能新技术应用等工具方法整合应用于系统的模式，通过将不同节能工具方法相互勾稽与关联设计应用，让绿色发展贯穿始终，激发员工节能意识，主动改进内生动力。具体应用案例如下所述。

1. 建立热、表处理加工工序“列车时刻表”

在用能端控制环节，热处理和表面处理工艺一般为零件加工的中间工序，具有高耗能设备多、生产不均衡的特点。如何将小批量特殊工艺集中生产，达到提高能源利用效率的目标是绿色低碳发展的主要路径之一。中航西飞在工艺技术标准化和生产作业计划两方面进行节能手段探索并融合使用。首先，对热处理及表面处理零件按照材料、工艺参数等进行分族分类，梳理各族类零件的生产流程，分析影响生产节能的主要原因，依托信息化方式分析形成同族同类零件的加工时间和加工任务量，针对不同的设备、材料制订固定的开炉时间，参考火车“列车时刻表”的方式，形成热、表处理工序的“列车时刻表”（见图3），改变生产计划排产方式，由被动接收改为主动拉动，提前公布开槽时间，以预警的形式制订拉动上游专业厂生产的计划，确保接收零件时能够精益排产，促进装槽量最大化，提升生产效率。经统计，此项节能工具的开发应用年均为企业降低能源成本1448余万元。

热、表处理每日开炉表，白班至少在开炉前一小时送达，夜班务必在每日下班前送到

部位： 646 时间： 2020.06.27

设备	材料牌号	开炉时间		备注（送达日期）	
油淬	4340	06.27	02:00	06.26	17:30前
气淬	Ti-6AI-4V	06.27	02:00	06.26	17:30前
气淬	15-5PH	06.27	02:00	06.26	17:30前
空气气炉	新支线消应力	06.27	02:00	06.26	17:30前
空气气炉	钛合金	06.27	08:30	06.26	17:30前
空气气炉	17-4PH	06.27	02:00	06.26	17:30前
油淬	30CRMnsiA	06.27	12:00	06.26	17:30前
气淬	0Cr15	06.27	02:00	06.26	17:30前
油淬	4130	06.27	09:00	06.26	17:30前

图3 热、表处理“列车时刻表”示意

2. 突破设备瓶颈，调整复材进罐组合方式

热压罐固化的航空复合材料是目前飞机用复合材料制造的主流，而热压罐作为压力温度容器，因其高精度、高成本、多系统、高耗能等特点，促使复合材料制造能源消耗量长期居高不下，随着生产任务量持续攀升，能源消耗量呈现增长趋势。基于这一现状，中航西飞重点分析热压罐用能特点，梳理能源使用薄弱环节，以突破热压罐这一瓶颈设备产能为抓手，持续开展精益化改进，开展组合进罐设计，突破设备瓶颈，有效控制能源使用，杜绝能源的浪费，实现精益复材助力绿色航空。

制件固化参数一致是热压罐组合进罐同时固化的前提，只有固化参数一致的零件才可开展组合进罐固化。中航西飞通过梳理、统计零件的固化参数、生产交付批次等基础排产数据，明确热压罐装载能力，研制双层进罐工装，根据热压罐的硬件条件，选择固化参数一致的零件进行双层组合进罐，既能保证热压罐的装载量，又能降低工装吊装时间。经统计，此项节能工具的开发应用为企业年均能源成本降低700余万元。

3. 构建基于能源精准管控的信息化平台

以“推进大站点、多种类集中能源管理模式为主，区域分散性供能为辅的精益化供能模式”为原则，以设备PCS为基础层、以DCS（分散式控制系统）为核心层、以PIMS为管理层、以动能管理系统为应用层，整合能源数据统计、能源计划调度、重点用能设备监控等功能，建设基于信息系统PCS+DCS+动能系统3种信息系统工具集成的能源管控系统。通过能源信息化建设将原分散站点的运行数据集中到3个大运行值班站点，通过PIMS数据系统集成，完善动力站房内能源生产、转换设备的自动化改造，将设备的运行状态、故障报警、所产能源品质（压力、流量、温度等）等信息进行集中采集和监控，实现动能转换-输送-使用全流程的集中监控、动态调整、全过程控制和管理，使能源生产管理更加科学高效，更加有力地保障了科研生产用能。

三、实施效果

（一）能源管理体系初见成效

通过建立完整有效的能源管理体系，不断推进企业绿色低碳发展。2021年6月，经中国合格评定国家认可委员会批准，中航西飞取得了符合ISO50001：2018标准的能源管理体系认证证书，成为航空

工业集团首家获得国际新版能源管理体系的单位，标志着公司已达到了能源管理成体系、多要素、多层次覆盖的新要求，初步建成了绿色发展的长效机制。

（二）能源指标显著改善

能源利用效率显著提高，到“十三五”末，中航西飞各项节能指标较 2015 年基期相比均有大幅度下降，万元增加值取水量下降 31%，万元增加值综合能耗下降 32%，全面完成航空工业集团下达的节能降耗目标。

（三）能源供应保障能力不断增强

通过建立“动能转供保障与使用全价值链参与，购、产、供、用全流程各环节管控措施相结合”的全流程能源保障模式，精准供能、专业维保，持续深化全流程能源保障服务，不断增强能源末端供应服务水平，有效保障了中航西飞科研生产任务完成。

主创人：雷阎正、袁春衡、董　衍、何　磊、王　平

大力建设“灯塔”工厂，打造高端绿色低碳制造体系

中集车辆（集团）股份有限公司

一、企业概况

中集车辆（集团）股份有限公司（以下简称中集车辆）是全球半挂车与专用车高端制造领导者，于2002年开始生产及销售半挂车，自2013年起连续10年保持半挂车产销量全球第一。

中集车辆属于汽车制造行业，业务分属汽车车身、挂车制造业和改装汽车制造业子类，主要从事半挂车、专用车上装及整车、轻型厢式车厢体及整车的生产与销售。

中集车辆2014年起开始探索建设高端制造体系，“灯塔”工厂基于集团内各个核心子公司的最佳实践，结合工业4.0的特点，提炼出半挂车高端制造体系的5个基石为“升级产品模块”“完善‘灯塔’工厂”“启动营销变革”“推动组织发展”“数字化供应链”。

目前，中集车辆在境内外已建成13家半挂车生产“灯塔”工厂、7家专用车上装生产“灯塔”工厂、2家轻型厢式车厢体生产“灯塔”工厂，搭建多个系列半挂车产品的“产品模块”并进行数字化的转型与升级。

中集车辆于2019年7月登陆港交所主板，2021年7月登陆深交所创业板，成为全球首家A+H股半挂车及专用车高端制造企业。多年来，中集车辆经营稳健，2019—2021年，其营业收入依次为233.87亿元、264.99亿元、276.48亿元，不断创历史新高。2021年，公司实现净利润9.9亿元，总资产达217.8亿元，在全球销售各类车辆超过20万辆，同比上升3%，全球领先地位进一步提升。

展望未来，中集车辆仍将致力于推动道路运输装备行业高质量发展，借助战略发展的破局点，释放出更大的优势与业绩增长的潜力，创造利润成长的空间，创造战略腾挪的空间，为客户创造好的服务，在“跨洋经营”版图下勇攀高峰。

二、主要措施

（一）市场生态与资源环境

世界资源研究所统计数据显示，目前我国碳排放41.6%由发电和供热行业贡献、23.2%来自制造业和建筑业用能、7.5%来自交通运输领域。整体看，以上3个领域的碳排放占比超过全国总量的72%。

制造业、交通运输领域是我国“双碳”战略的重要发力点，我国也频频出台相关政策支持绿色发展。“双碳”目标下，以信息化、数字化技术为支撑的绿色、高端制造是关键突破口，不少企业已积极探索实践。中集车辆作为一家极具社会责任感的企业，始终践行绿色理念，以经济效益和环境效益共同发展为目标，大力建设“灯塔”工厂，打造绿色低碳高端制造体系，以轻量化、智能化、模块化和清洁能源化为抓手，推进绿色低碳产品的研发和推广。

经过多年努力，中集车辆树立了绿色环保的行业新标杆。目前，已在境内外建设了22家“灯塔”工厂，支撑了公司的快速发展。为了更加灵活地支持“跨洋运营”和跨地区运营，中集车辆积极筹备“灯塔”工厂的升级版：“灯塔制造网络”。“灯塔制造网络”的持续推进，将为公司发展带来新的想象空间，而且旗下4家子公司获得国家级“绿色工厂”称号，分别是中集陕汽重卡（西安）专用车有限公司、驻马店中集华骏车辆有限公司、东莞中集专用车有限公司（以下简称东莞中集）、芜湖中集瑞江汽车有限公司。“绿色工厂”作为绿色制造的核心支撑单元，对于企业践行低碳发展起到关键作用。此

外，甘肃中集华骏车辆有限公司、扬州中集通华专用车有限公司获得省级“绿色工厂”称号；芜湖中集瑞江汽车有限公司获得“国家级绿色供应链示范企业”称号，驻马店中集华骏车辆有限公司获得“省级绿色供应链管理示范企业”称号。中集车辆旗下公司有 15 家通过 ISO14001 环境管理体系认证、3 家通过 ISO50001 能源管理体系认证、6 家通过清洁生产审核。2021 年，中集车辆环保投入 4934.2 万元。

未来，中集车辆将持续践行低碳、绿色制造，打造以“灯塔”工厂为代表的绿色低碳高端制造体系，将自动化、智能化与数字化的环保减排设施应用于各个生产环节，为中国高端制造行业的绿色发展带来新动能。

（二）“灯塔”工厂建设

中集车辆从最开始的普通生产工厂，到 2014 年东莞中集率先进行“灯塔”工厂建设（2016 年正式投产），掀开了大规模“灯塔”工厂建设的大幕。

中集车辆颠覆传统专用车生产企业高污染、高耗能的行业痛点，将自动化、智能化与数字化的环保减排设施应用与各个生产环节，使用高精度下料设备、超大型压型设备，加工超大高强度的大型产品模块，采用自动化程度高、VOCs 排放低的电泳，采用机器人操控的粉末喷涂面漆系统，采用节拍化的装配线等。具体来说，其“灯塔”工厂特点如下所述。

（1）低噪音：使用高精度下料设备。

（2）低粉尘：使用自动化焊接和机器人焊接并配套除尘设施。

（3）低 VOCs：采用 VOCs 含量极低的电泳、喷粉涂装工艺，从源头减少 VOCs 排放。

（4）低危险废弃物：从根源消除传统油气喷涂产生大量的油漆渣、油漆桶等危险废弃物。

（5）低消耗：电泳及喷粉涂装产生的废水经处理后部分回用，有效节约水资源。

随着我国“双碳”政策持续推进，中国半挂车产品加速升级迭代，中集车辆将积极把握中国半挂车高质量发展先机，进一步提升国内半挂车的市场份额及毛利率，推动领先地位的进一步提升。

2021 年，中集车辆加快数字化升级，优化技术与产品创新，不仅持续将传统的生产制造工厂转型成为“灯塔”工厂，而且积极筹备灯塔工厂的升级版——“灯塔制造网络”，连接体系内“灯塔”与“非灯塔”工厂及其产线，进一步实现产线升级，绘制“灯塔制造网络”新蓝图。得益于“灯塔”工厂的数字化建设，“灯塔制造网络”也将实现数字化全覆盖。大幅提升产品品质和生产效率，同时响应国家低碳化转型和智能制造的战略规划，继续深入开展绿色环保工厂建设，依托 ERP（企业资源计划）、PLM（产品生命周期管理）、MES（模块式技能培训）、EPS（企业项目结构）等数字化系统建设，打造行业智能制造的新标杆。

“灯塔”工厂的建设全方位拥抱数字化，在自动化工厂向数字化工厂及智能制造升级的过程中，中集车辆深入融合 IoT（物联网）及现场精益管理，全面导入数字化制造管理系统，实现设计、工艺、制造现场一体化数据打通，旨在推动半挂车行业的智能化、数字化制造与规模化定制的解决方案。

（三）推广新能源、轻量化、模块化产品

中集车辆不仅在生产端依托“灯塔”工厂打造高端制造体系，而且在产品端正积极研发推广新能源、智能化、数字化与轻量化的绿色产品，为物流运输行业高效赋能，助力低碳交通运输体系的建设。

面对新能源专用车市场的蓬勃需求，中集车辆紧抓机遇、抢先布局。目前，公司旗下的凌宇汽车启动的“天启”二期自动化与智能化产线升级项目已经联合一汽解放全面推动“油改电”重点项目，成功联合研发纯电动水泥搅拌车。对比同类燃油车，电耗比油耗费用节省约 50%，达到零排放，车辆运行噪音低，有效降低车辆运输对环境的影响。如今，凌宇汽车已经发布多款纯电动混凝土搅拌车，其整车电机噪音小、尾气零排放、动力输出平稳、上装电驱系统、罐体转速精准，更安全，更节能。凌宇汽车致力于成为新能源时代搅拌车技术引领者、标准制订者，为客户提供智慧新能源混凝土搅拌运输车。此外，中集车辆太字节 KG 氢能源冷藏车是中集车辆国道冷藏车联合福田智蓝开发的“新能源”品系冷藏车。该冷藏车以氢燃料电池车辆为载体，搭配在国道冷藏车技术基础上开发的高强度高性能冷藏箱，以数字科技+智慧运营为核心竞争力，通过大数据、物联网赋能冷链物流各领域、各环节，加速设施装备数字化转型和智慧升级步伐。

除了新能源外，轻量化也是汽车行业节能减排的重要途径。英国实验室实验数据表明，汽车重量每减重30%，燃油效率可提高20%~24%，二氧化碳排放降低20%。中集车辆在轻量化方面同样占得先机，中集车辆太字节厢体业务集团与一汽解放联合开发的轻量化冷藏车，与竞品相比整车重量减重约1000kg 左右，客户可多拉货物增加营业收入、节省油耗并降低用车成本，经济效益可观，有助于提升公司9.6 米重型车辆的销售量；同时，经过材料和结构优化，降低原材料成本，为客户创造出更大的盈利空间。此外，旗下瑞江罐车批量下线的2022 款新品中，新一代不锈钢液罐半挂车依托结构、设计、性能、工艺等方面的综合优化，实现更轻量、更安全的目标。整车重量打破行业最轻纪录，获得上海大世界基尼斯官方“最轻的不锈钢液罐（容积47 立方米）半挂车”中国之最认证。

中集车辆的模块化产品也具有极大的环保特性。例如，异形封头粉罐运输半挂车改变传统封头结构，将罐体由4 节筒改为2 节筒，增加罐体角度，提高生产效率，扩大运输介质种类，提高卸料速度，降低残余率；立式粉罐车采用立式粉罐结构，罐体由直筒加多个倒置的圆锥组成，有效防止物料挂壁、堆积，罐体材质主要为铝合金和不锈钢；陕汽轻量化干混车通过模块化设计，将整体焊接机架改为模块化组装，单车减重400kg。产品模块化设计与标准化的生产，使得生产效率和产能大幅提高，保障了订单的交付。

三、实施效果

经过多年不懈努力，中集车辆逐渐完善了整体环境表现，不仅满足运营所在地的环境保护要求，而且旗下4 家子公司陆续获得“国家级绿色工厂”称号，2 家子公司获得“省级绿色工厂”称号，1 家子公司获得“国家级绿色供应链示范企业”称号，1 家子公司获得“省级绿色供应链示范企业”称号。以2021 年新增的国家级“绿色工厂”芜湖中集瑞江汽车有限公司为例，其具备完善的管理体系（质量、职业健康及安全和环境等），完成了数字化转型，通过数字技术的应用，在节能降耗、安全、环保、生产管理等方面均取得显著成效，达到单台车用水量递减9%、单台车用气量递减25%、单台车用电量递减15%的效果，废水排放100%达标。其于2021 年6 月完成了液罐车涂装线的技改工作，通过工艺变革，将原有油漆涂装变革为环保型静电粉末自动喷涂，从源头上减少了 VOCs 的产生，将 VOCs 的废弃增加末端处理设施，采用活性炭+催化燃烧工艺进行净化处理，同时安装了 VOCs 废弃在线监控设备，对排放数据实时监控，准确掌握废气排放浓度、温度、流速等各项指标。

经过多个项目的升级改造，2021 年，中集车辆 VOCs 排放量为70.81 吨，排放强度为0.27 吨/亿元营业收入，排放总量较上一年减少11.29%；温室气体排放总量为187034.92 吨二氧化碳当量，排放强度为725 吨二氧化碳当量/亿元营业收入，排放总量较上一年减少2.10%；年度累计光伏发电量为1026万千瓦时，合计减少碳排放约6259 吨；年度产生的无害废弃物和危险废弃物总量分别为74571.97 吨和2775.73 吨，排放强度分别为289.06 吨/亿元营业收入和10.76 吨/亿元营业收入，其中无害废弃物产生总量比上一年减少3.42%；污水排放总量为64.627 万立方米，较上一年减少1.89%；总用水量为134.372 万立方米，用水强度为0.521 万立方米/亿元营业收入；年度总能耗为50006.09 吨标煤，较上一年减少4.03%；综合能源消耗强度为193.84 吨标煤/亿元营业收入。

中集车辆顺应全球经济可持续发展需要，从设计理念到制造过程，不断通过产品传递“节约能耗、减少污染”的绿色理念，引领半挂车与专用车行业绿色可持续发展。随着国内外“灯塔”工厂的全面布局与建设，中集车辆将持续丰富产品组合，优化产能布局，提升综合生产能力与订单交付能力，助力道路运输装备行业高质量发展，为实现国家“双碳”战略目标贡献力量。

备注：此案例中的“灯塔”工厂并非世界经济论坛与麦肯锡合作开展的“灯塔工厂”项目。

主创人：李贵平

绿色低碳炭阳极生产技术，成为降碳“小能手”

中铝郑州有色金属研究院有限公司

一、企业概况

中铝郑州有色金属研究院有限公司（以下简称中铝郑州研究院）坚持科技降碳，针对部分电解铝企业存在残极大量富余的情况，研究开发了残极高效利用的低成本高品质炭阳极生产技术。研究铝电解生产中适宜的残极高度，以降低电解生产净炭耗，减少碳排放；开发残极中有害杂质元素的净化脱除技术，以提高残极品质；研究残极高效利用的炭阳极生产技术，增加残极的使用比例，提高炭阳极的抗氧化性能等指标。该技术在新疆和广西两家炭素企业推广应用，炭阳极生产中残极配比分别提高至24.06%和22.47%，阳极质量指标达到有色行业标准要求，其中空气反应残余率和CO_2反应残余率均达到90%以上，阳极平均成本分别降低162元/吨和149.75元/吨，每吨炭阳极降炭45千克，共计减少碳排放4.15万吨。

二、主要措施

（一）问题和背景

阳极炭块铝电解使用周期内，随着阳极被逐渐消耗，阳极炭块在使用一定时间后已变得很薄（约13cm～18cm），为防止阳极钢爪被电解质熔化，必须更换新的阳极炭块组，取出的这些残余炭块称为残极。预焙槽炼铝过程中，每生产一吨铝，产生残极约80千克～120千克。2020年，电解铝产量为3700万吨，残极产生量约为300万吨。残极通常回配用于阳极生产，一般占阳极干料的10%～15%。由于残极中夹杂电解质，钠、钙、铁等元素含量较高，如果在阳极生产中残极的使用比例过高，会对阳极质量产生不利影响。部分企业由于电解铝与阳极产能不配套等原因，残极出现富余，企业自身无法完全消化使用，其存储和转移存在一定的环境风险。国内部分电解铝企业换极周期过长，残极过薄，不但影响电解铝生产，回用残极对阳极质量也会产生不利影响。因此，亟须实施适宜的残极高度范围、残极杂质脱除技术及提高残极配比以保证炭阳极质量技术。

（二）解决方案

1. 明确残极高度对阳极消耗的影响，科学确定适宜残极高度，电解低净耗的同时保证残极质量

以铝电解适宜残极高度的低净耗为目标，团队成员经过多年时间，通过实验室研究及电解工业试验，系统研究了电解过程中不同高度残极的过量消耗。随着残极高度的增加，过量消耗减小；在适宜高度时，下降趋势变缓。研究了电解过程经济效益最佳的残极高度，根据阳极成本节约、钢爪修复成本、原铝品质下降等因素，从电解铝经济效益较好角度考虑，确定残极高度最佳范围。在最佳的范围内，最大限度地提高了炭块的使用，减少电解生产过程中炭块的净耗，减少碳损失和碳排放。

2. 实施残极超高温除杂技术，实现残极高质化

残极中杂质元素的有效脱除是实现残极高效利用的有效途径，符合企业降本增效、提高阳极质量、降低碳排放的发展趋势。研发团队经过多次思想碰撞，提出了采用“连续超高温处理方式脱除残极中杂质”的技术，经过300多个日夜，做了700余次试验，产生15000多个实验数据，成功研制了连续石墨化炉，开发了残极连续石墨化－高质化配用的提高阳极质量技术，提高残极的品质，排除氟化物并进行治理，消除了对环境的危害。石墨化残极的粉末电阻率为70μΩ·m～90μΩ·m，硫含量≤0.11%，避免了因杂质高而使残极无法利用的现象，提高了残极的利用率，阳极中的炭得到回收利用。

3. 实施基于残极高效利用的低成本抗氧化炭阳极生产技术，实现残极高效利用

在阳极生产过程中，残极加入比例和方式对阳极生产工艺参数和阳极质量的影响较大，针对以上问题，研发团队创新性提出了残极与煅后焦同粒级协同嵌补的配方优化技术，将残极配入比例增加到20%～30%，降低了沥青用量，提高了阳极的密度和机械强度；研究了多种物质对阳极抗氧化性的影响，开发并应用了基体改性法增强阳极抗氧化性能技术，提高了阳极空气反应残余率和CO_2反应残余率，形成了以同粒级配料－低量粘结剂－增强抗氧化性能为特征的基于残极高效利用的炭阳极生产技术，实现了空气反应残余率和CO_2反应残余率均达到90%以上的残极高效利用。

4. 基于电解铝资源高效循环利用，系统应用新技术，降本减碳效果明显

中铝郑州研究院残极高效利用技术在新疆、广西两家炭素企业推广应用，针对各地的石油焦特点，结合企业电解返回炭素生产线残极的总量，在炭素生产过程中因地制宜、科学制订残极掺配比例和掺配方式，调整适宜的工艺参数，实施炭阳极基体改性技术，残极在阳极生产过程中的添加量较原来增加一倍左右。阳极质量指标达到有色行业标准要求，其中空气反应残余率和CO_2反应残余率均达到90%以上，阳极平均成本分别降低162元/吨和149.75元/吨，累计为企业减少碳排放4.15万吨。

该技术的实施在增加残极配用比例的情况下提高了炭阳极品质，降低了生产成本，减少生产过程中的碳排放，符合国家高质量发展、绿色可持续发展战略，以及“双碳”的要求。

三、实施效果

中铝郑州研究院开发的残极高效利用的低成本高品质炭阳极生产技术，实现了电解铝企业富余残极的高效利用，在保持炭阳极高品质的情况下降低阳极生产成本；控制了适宜的残极高度范围，减低了电解生产净炭耗，减少碳排放；成功开发了残极中有害杂质元素的净化脱除技术，提高了残极品质。有效解决残极杂质高、残极高度不明确、富余残极无法消耗的难题，有较强的市场竞争力，应用前景广阔。

（一）经济效益

该技术成果在新疆某碳素企业和广西某炭素企业工业化应用后，炭阳极生产中残极配比分别提高至24.06%和22.47%，阳极质量指标满足有色行业标准要求，其中空气反应残余率和CO_2反应残余率均达到90%以上；两家企业的阳极平均成本分别降低162元/吨和149.75元/吨，技术实施以来分别实现创效9152万元和5358万元。中铝公司内部电解铝配套炭素产能约190万吨，若采用该技术，阳极成本降低按照150元/吨计算，每年预计可产生效益超过2.85亿元；同时，还可以稳定和优化电解槽的技术指标，间接经济效益极大。

（二）环境效益

残极高效利用的低成本高品质炭阳极生产技术的开发与推广，有效解决了残极高效利用的技术难题，在提高残极配比的基础上，提高了阳极质量，降低了生产成本，符合铝用炭素行业全面贯彻“创新、协调、绿色、开放、共享”的新发展理念，为电解铝行业绿色可持续、高质量发展提供技术支撑。残极高效利用，在实现资源循环利用的同时，生产每吨碳阳极降碳45千克，经济社会效益显著。该技术应用以来，仅新疆和广西两家企业共计折合减少碳排放4.15万吨。中铝公司内部电解铝配套炭素产能约190万吨，若采用该技术，每年可降低碳排放约8.55万吨。

中国有色金属工业协会在郑州组织召开了“基于残极高效利用的低成本高品质炭阳极生产技术开发和应用”项目成果评价会议。该技术的开发明确了铝电解适宜残极高度，为残极的高效利用提供了技术支撑，发挥了引领示范作用，促进了铝工业科技进步，提升了企业的核心竞争力。2021年，该技术获“有色金属工业科技进步”二等奖。该项目整体技术达到国际领先水平，建议加快在电解铝企业推广应用。

实践证明，采用残极高效利用的低成本高品质炭阳极生产技术，一方面有效解决了富余残极的问

题，防止由于残极不当贮存、转移、使用对环境造成的危害；另一方面解决了残极高效利用的技术难题，在提高残极配比的基础上提高了阳极质量，降低了生产成本，稳定了电解生产指标，提高了电流效率，降低了电解的阳极净消耗，符合电解铝行业全面贯彻“创新、协调、绿色、开放、共享”的新发展理念，为电解铝行业绿色可持续、高质量发展提供技术支撑。

光纤生产车间节能技术升级改造项目

中天科技光纤有限公司

一、企业概况

中天科技光纤有限公司（以下简称中天光纤）系江苏中天科技股份有限公司的核心子公司，成立于2002年12月，是国家重点高新技术企业、国家知识产权示范企业、国家安全生产标准化一级企业、工业和信息化部“绿色工厂”、国内光纤行业领军企业。

中天光纤主要从事超低损耗系列光纤、FTTx（光纤接入）用抗弯曲系列光纤、深海用传感系列光纤等通信用光纤产品的研发生产，主营G. 651 ~ G. 657等全系列光纤产品，满足不同行业用户的个性化需求，广泛用于中国移动、中国电信、中国联通、中国铁塔等通信运营商，以及电力、广电、交通、教育、航天、化工、石油、医疗等领域，远销美国、日本、韩国及东南亚、中东、非洲等50多个国家和地区。

中天光纤在光通信领域深耕20多年，始终秉持“精细制造、百年中天、世界品牌”的企业愿景，并且每年发布以顾客与服务、员工发展、科技创新、环境保护与可持续发展、社会公益为主题的社会责任报告。

二、主要措施

（一）实施背景

工业和信息化部公布了2021年度绿色制造名单，其中，“绿色工厂”662家、绿色设计产品989种、绿色供应链管理企业107家。在“双碳”目标下，我国制造业企业围绕“绿色工厂”、绿色产品、绿色供应链等关键环节推进绿色制造体系建设，掀起“绿色浪潮”。

“十四五”时期是我国“碳达峰”的关键期、窗口期，也是推动全面低碳转型定方向、打基础、见成效的关键5年。制造业企业在实现“双碳”目标过程中责任重大，应从思想上认识到减碳的重要性、长期性和艰巨性，抓住科技创新这个引领发展的“牛鼻子”，积极主动服务国家“双碳”号召，把握绿色转型带来的巨大机遇，从而实现企业的长足发展。

在此大背景下，中天光纤领导班子以绿色化为切入点，以节能技术为着力点，成立了绿色低碳减排专班，制订了公司“绿色低碳‘十四五’行动方案”，明确了公司在节能减排方面的思路和目标。在绿色制造体系方面，中天光纤积极开展并于2018年分别通过了能源管理体系认证和国家级“绿色工厂”认证。在节能改造技术方面，通过大力推进新型UV – LED固化技术的研发应用及新型磁悬浮冷水机组等新一代绿色节能技术，加快公司的生产技术转型升级、绿色节能技术转型升级。

（二）主要节能改造措施

1. UV – LED固化节能技术

传统的光纤紫外固化采用汞灯生产紫外线辐射，其发光原理是紫外灯管发光原理，是电流通过高压汞蒸气使之电离激发，形成放电管中电子、原子和离子间的碰撞发光。UV – LED紫外固化工艺替代原来的汞灯紫外固化工艺，LED发光的主要原理为在正向电压下，电子由N区注入P区，在P区内电子与空穴复合时以光子的形式将多余的能量释放，此时，LED会发光。光的波长及颜色与形成PN结的材料相关，不同的半导体材料发出不同色的光。

UV – LED固化炉区别于传统汞灯发光方式，采用LED发光芯片发光方式，属于冷光源系列，具有能耗低、使用寿命长、无热辐射、无污染等优势。两种固化方式对比情况见表1。

表1 UV－LED 固化方式与 UV 固化方式对比表

主要事项	汞灯紫外固化	UV－LED 固化
能量消耗	6kW	1kW
安全性（温度）	UV 灯附近高温	LED 附近常温
使用寿命	800h～1500h	约 12000h
准备时间	需预热 1min～2min，熄灭 4min	瞬间点亮、熄灭
照射范围	始终全范围照射	照射范围可调节
臭氧产生	有臭氧产生，需要处理	无臭氧产生
节省空间	需要大型控制箱和排气用的动力箱和排气管道	紧凑型控制箱
是否含汞	是	否，满足 RoHS《关于限制在电子电器设备中使用某些有害成分的指令》的要求
噪音大小	很大	很小

UV－LED 固化技术，在节能、智能化控制、环保等方面，较传统汞灯都具有较明显的优势。UV－LED 固化炉是一种既节能又环保的 UV 固化设备，符合国家关于减污减排的绿色经济政策和节能降耗的低碳经济政策要求。

2. 磁悬浮冷水机组节能技术

磁悬浮冷水机技术原理利用由永久磁铁和电磁铁组成的径向轴承和轴向轴承组成的数控磁轴承系统，实现压缩机的运动部件悬浮在磁轴上无摩擦的运动，磁轴承上的定位传感器为电机转子提供超高速的实时重新定位，以确保精确定位，整个空调系统无须润滑油。与传统螺杆机和普通离心机相比，磁悬浮技术在能耗、效率等方面都具有明显优势，具体情况见表2。

表2 传统机型与磁悬浮技术优劣对比

序号	名称	磁悬浮型离心冷水机组	普通型离心冷水机组
1	能效等级（IPLV）	一般大于 10	一般在 7 左右
2	电机	永磁同步电机	三相异步电机
3	电机绝缘等级	H 级（180 ℃）	F 级（155 ℃）
4	叶轮结构	闭式	开式
5	油路系统	没有	有
6	低温运行	直接运行	需要预热后运行
7	制冷量调节范围	5%～100% 无级调节	段位调节：100%、75%、50%、25%
7	启动方式	变频启动，启动电流 2A	软启动器启动
9	噪声	一般在 70 dB（A）	一般在 105 dB（A）
10	喘振现象	不会发生	低于 50% 负荷时易发生喘振
11	压缩机压缩级数	一般为多级压缩	一般为单级压缩
12	占地面积	拼接式或一体式结构，占地小	占地面积大

磁悬浮无油运转技术是电机转轴和叶轮组件通过数字控制的磁轴承系统在旋转过程中悬浮，消除金属与金属之间的接触，不会磨损表面。通过定位传感器感应，轴承控制器调整电流，改变磁轴承磁场大小，将转子调整至运转中心位置，保证安全运行。与传统螺杆机相比，其优势如下所述。

第一，节能，磁悬浮冷水机组比其他冷水机组节电率高达 40% 以上，机组使用无油系统，制冷剂中不会混入润滑油，能提高冷凝器和蒸发器的换热效率；与传统的轴承相比，磁悬浮轴承的摩擦损失仅为前者的 2% 左右，能提高机械效率；磁悬浮冷水机采用数字变频控制技术，能提高冷水机部分负荷效率。中天光纤从 2019 年开始对传统冷水机逐步完成改造，改造后节电率超过 40%。

第二，日常维护费用低，磁悬浮机组运动部件少，没有复杂的油路系统、油冷却系统。车间 24 小时生产要求冷水机组不间断运行，采用磁悬浮冷水机能有效减少冷水机维护内容，有效降低日常维护费用，无须每年清洗主机且可节省维护时间。

第三，运行噪音与振动低，无摩擦损耗。传统的螺杆或离心式压缩机的噪音在 80dBA 以上，而单台磁悬浮机组正常运行时，其噪音在 68dBA 左右（1m 测试距离），运行噪音低。

第四，启动电流低，普通的大型冷水机启动电流能达到 200A ~ 600A，对电网冲击很大。磁悬浮冷水机利用压缩机变频软启动的方式，使启动电流低至 2A。

第五，系统可持续性高，在传统的制冷压缩机中，机械轴承是必需的部件，并且要有润滑油系统来保证机械轴承工作。据统计，在所有烧毁的压缩机中，90% 是润滑失效引起的。磁悬浮冷水机无须润滑油系统，没有机械摩擦，较传统的冷水机可持续性更高。

第六，使用寿命优势，磁悬浮轴承无磨损，无油运行，不存在随着运行年限增加润滑油造成效率损失的问题。

第七，绿色环保，采用环保冷媒 R134a，对臭氧层损耗值为 0。

第八，抗喘振，压缩机控制模块通过实时监测压缩机的运行状态，确保压缩机始终运行在安全区域内。

三、实施效果

（一）经济效益

在经济效益方面，通过 UV – LED 固化、磁悬浮冷水机等新技术应用，年节电量约 1051 万 kWh，标煤节能量约为 3133tce，折合二氧化碳排放量约 7396t。公司单位产品电耗逐年下降，降低了产品单位成本。

（二）社会效益

汞弧灯生产时需用汞，灯管失效后需回收处理，容易产生汞的污染。从 2013 年开始，一项关于汞的禁止条约在全球 140 多个国家和地区达成共识并由联合国环境规划署主持签订《关于汞的水俣公约》，限定各行业对汞的使用和排量计划，目的在于尽量减少汞对人类身体和全球环境的威胁。UV – LED 是一种半导体发光的 UV 新光源，可直接将电能转化为光和辐射能。UV – LED 与汞弧灯、微波无极灯等传统的 UV 光源比较，具有寿命长、效率高、低电压、低温、安全性好、运行费用低和不含汞、无臭氧产生等许多优点，成为新一代的 UV 光源，已在 UV 胶粘剂、UV 油墨、UV 涂料和 3D 打印等领域获得广泛应用。光纤生产中大量使用传统的汞灯紫外固化已不符合发展需求，采用新型的更节能环保的 UV – LED 紫外光源替代传统汞弧灯紫外光源能减少汞污染。

中天光纤为行业内首家应用并批量推广使用 UV – LED 固化炉设备的光纤生产制造商，积极探索

UV－LED固化技术应用和推广配套的相应光纤生产制造工艺，提升产品制造技术和质量稳定性的同时降低光纤生产制造成本，为光纤行业绿色化生产制造起到示范引领作用。

主创人：陆亮亮、曹珊珊、王　震、胡海洋、张宜庆

智慧低碳楼宇能源管理实践

中讯邮电咨询设计院有限公司、北京电信规划设计院有限公司

一、企业概况

中讯邮电咨询设计院有限公司（以下简称中讯邮电公司）1952 年创建于北京，是原邮电部组建最早、规模最大的综合性甲级咨询勘察设计单位，2006 年成为中国联通全资子公司。成立几十年来，先后承担了几十项“中国第一”的通信高新技术工程设计，完成了中国通信骨干网 50% 以上的咨询设计项目，业务能力涵盖移动网、宽带接入、传送网、骨干网、信息系统、基础设施等通信领域所有专业，可为运营商、政企客户提供包括技术研究、咨询规划、方案设计、工程建设、网络优化等在内的全系统、全专业、全过程的端到端的通信信息网络解决方案。

北京电信规划设计院有限公司（以下简称北京电信规划设计院）成立于 1953 年，隶属于中讯邮电公司，专注于智慧城市、信息通信和建筑工程等领域，是集咨询规划、可研设计、工程总承包、系统集成、开发运营、测试评估、标准规范编制等为一体的综合性服务企业。公司具有通信工程、建筑工程设计甲级资质和工程勘察（工程测量）甲级资质、工程咨询单位甲级资信证书。公司以高度社会责任感投身祖国通信事业，服务于北京 2008 奥运会、2022 冬奥会、APEC 会议等重要通信保障项目、重大专项规划、国家级综合 ICT 咨询设计项目及大型绿色数据中心设计项目。北京电信规划设计院累计获得国家和省部级优秀设计、咨询奖 140 余项。

二、主要措施

（一）案例背景

为响应国家“双碳”号召，落实国家机关事务管理局、国家发展改革委联合编制及印发的《“十四五”公共机构节约能源资源工作规划》，以及中国联通《“碳达峰、碳中和”“十四五”行动计划》中关于降低建筑能耗和碳排放的要求，北京电信规划设计院以“双碳”为总体目标，以管理提升、技术创新、文化营造三大行动为主线，与中电科战略合作，联合研发智慧能源管理平台，力求实现能源的智能管理和调控。

北京电信规划设计院对自有办公地点主语国际 3 号楼的 7、8、9 层进行能源相关系统改造，建设智慧低碳楼宇能源管理平台，实现各类能源数据采集、统计分析、排放水平评价、预测预警、前端控制、决策支持、节能联动等功能。平台于 2021 年 12 月完成设计，2022 年 1 月完成项目施工，节能改造面积共 4593 平方米。实现涵盖空调、饮水机、照明等用能系统全量指标的能源管控；同时，开展能源使用数据统计、盘查、监测、报告、效果评估等工作，促进各生产单元实时掌控能源运行情况、双控目标进度，优化能源管理，减少能源损耗，提高能源利用率。平台的建设不仅可以对北京电信规划设计院的能源使用情况进行全面监测和管理，也是央企践行“双碳”政策落地实施的重要举措。

（二）智慧低碳楼宇能源管理应用场景

北京电信规划设计院对主语国际 3 号楼的重点用能系统进行末端阶段升级改造，搭建能感、能调、能控、能视的综合一体化智慧能源管理平台。

主语国际 3 号楼能源管理方面的难点在于：入驻单位数量较多，各单位、各部门工作时间不统一，大厦的空调、照明、饮水机等耗能系统无法按照使用时间进行统一管理。因此，空调、照明等设备均由各单位自行管控，对能源的使用状况无法做到实时监测、有效管理。例如，空调末端出风口、照明等设

备在会议结束或下班后忘记关闭；会议室、库房、会客室的空调和照明设备长期开启等。此外，当冬季室外温度较低时，空调和安防系统需要打开盘管加热以避免结冰。对于水、热资源的管理，由于每层3台饮水机7×24小时开启，一方面多次循环加热对人体健康有害，另一方面也造成了不必要的能源浪费。智慧能源管理系统针对主语国际3号楼的能源管理痛点，接入了空调监管、照明监管、排插监管和热水器监管等系统，实现了对热能、电能、水能等能源的监控与管理，有较好的能源管理的效果。其中，接入监测、管理系统并适用相关节能模式后，空调平均节能约18%。根据大厦历年用能数据分析，3层年节约电量约5.2万度，按21层全部改造计算，主语国际3号楼年节约用电约35万度。

（三）智慧低碳楼宇能源管理解决方案

1. 端到端解决方案能力

北京电信规划设计院研发的智慧低碳楼宇能源管理产品及解决方案，包括楼宇能源管理低碳节能规划、低碳节能系统产品及实施、附加增值服务和协助推进纳入国家电网需求响应体系四位一体的端到端解决方案，贯穿能源管理全生命周期。

（1）低碳节能楼宇咨询规划。在前期沟通与实地调研的基础上，根据客户需求和楼宇现状制订个性化能源管理方案，对平台的技术架构、主要功能、设备改造、节能策略、效益分析、概算分解和实施计划等进行详细可行的设计。

（2）低碳节能系统实施。基于定制化的楼宇低碳节能设计方案，由经验丰富的实施团队进行软硬件的安装部署。同时，根据楼宇实际安排节能策略，包括空调节能策略和调峰策略、照明节能控制策略和热水器节能控制策略等。在系统正式上线后，可提供响应及时的运维服务，如制订运维计划、现场实操培训、系统版本升级、线上远程指导及线下技术支持等服务。

（3）附加增值服务。除了面向楼宇节能管理的咨询规划和实施运维外，还为楼宇提供以下增值服务：一是节能节碳数据空间可视化，支持节能数据与楼宇BIM融合分析呈现，支撑用电决策调整，更加直观掌握空间点位的设备运行状态；二是为企业快速申请节能相关补贴提供咨询，可协助企业申请北京市发展改革委节能补贴和北京市海淀区域的施工补贴等。

（4）协助推进楼宇纳入国家电网需求响应体系。此外，智慧低碳楼宇能源管理实践中还将楼宇纳入了国家电网需求响应体系。通过配合上级电力部门的总体调控需求，降低电费支出，降低碳排放。纳入国家电网需求响应体系的楼宇，节能减排效益显著，不仅可以降本增效，还可以享受国家电网的补贴政策。补贴金额＝总负荷×补贴单价×互动次数×调整比例%，补贴单价为4元/度。

2. 总体架构图

智慧低碳楼宇能源管理系统架构，包括感知层、传输层、平台层和应用层共4个层次。

感知层包括在楼宇侧加装的空调面板、照明面板、温度探测器、智能空开、电表、热量表等智能终端控制和显示设备。

传输层通过在楼宇侧安装IBG网关、IHG网关等，实现与感知层的国内外主流厂商智能设备的通信互通，是实现楼宇智能管控及节能降耗的桥梁。

平台层主要面向用户提供能耗监测、设备管控、设备预警、辅助管理等功能。智能终端监测到的信息通过网关接入平台，可实现对楼宇各个空间能源系统的精准控制，根据楼宇情况进行改造并制订节能及调控策略，帮助用户实现楼宇用能智能管控。在满足用户节能降费和智能管控的基础上，同步支持实时负荷预测和电网需求响应，改造后的设备具有“负荷实时在线”属性，可灵活参与需求响应互动，支撑国家“双碳”目标并获取额外的政策补贴。

应用层指面向管理者、物业、员工等不同角色的用户在不同的使用场景下，可根据用户需求打造电脑、大屏、手机等多样的显示和控制终端。

3. 平台功能

智慧低碳楼宇能源管理平台主要包括能耗监测、负荷预测、策略管理、设备控制、需求响应、资源管理等功能。

（1）能耗监测：通过智能电表采集用户用能数据，实时监测用能设备的运行状态及用电数据，为用户提供智能用电、用能效率及用能方案等服务。

（2）负荷预测：通过 AI 算法、IoT 网关、智能电表采集的设备参数及功耗大数据，建立设备功耗模型，对用电负荷进行精准预测，结合周期性和非周期性变量的多因素预测日前负荷。

（3）策略管理：根据设备功耗数据、运行状态、空间等属性，结合历史用电情况、电价结构，对比不同时段不同策略的用电数据，进行节能数据的分析，制订最优用电策略，确保设备高效运行。

（4）设备控制：根据具体能耗策略制订并根据策略进行前端能耗设备启停开关的控制，根据制订的时间、状态、温度等具体阈值进行前端设备的智能控制。

（5）需求响应：与国家电网负荷在线平台对接，进而对接国家电网省级公司智慧能源服务平台，用户可通过平台接收国家电网省级公司负荷高峰时段的需求响应邀约，结合负荷预测模型及调控策略为用户指导响应策略，在节能的同时获取电费补贴。

（6）资源管理：对用户资源进行全面管理，包括用户管理、园区管理、楼宇管理、电表管理、设备管理等，为用户提供简单、统一、可视化的管理手段，提升管理效率。

4. 节能策略

根据楼宇的办公需求、员工舒适度、日常管理要求及防冻要求，在保证原有舒适度的情况下可根据需求设置策略。下面，以北京电信规划设计院办公场所主语国际 3 号楼 7 ~9 层的策略为例进行分析。

（1）提高舒适度策略。工作日早上 6：30 定时开启空调。发现有人立即打开空调。

（2）节能策略。工作日早上 6 时定时开启饮水机，下午 17 时关闭饮水机（为了不影响加班时饮水，每层均有一台饮水机未管控）。房间持续无人时关闭空调（持续无人是指独立办公室持续 3 小时以上无人、其他房间持续 30 分钟以上无人）。

（3）空调、安防系统防冻策略。室温低于 15℃时开启空调制热，同时为了避免能源浪费，室温高于 18℃时关闭空调。

5. 节能报告

智慧低碳楼宇能源管理平台根据用户需求和季节特征不同，可按需输出低碳节能分析报告，分析不同策略下的调整效果，对比低碳节能效果，分析节省能耗价值和减碳效果。楼宇节能报告可按照年度、季节和特殊情况等按需输出。

6. 展示界面

智慧低碳楼宇能源管理平台可以实现三屏展示，大屏端辅助楼宇管理者结合楼宇 BIM 展示楼宇能源运行状态和设备运行状态；中屏 PC 端可以供物业管理者进行后台策略制订、系统管理和设备控制；小屏移动端可实现小程序观察楼宇能耗变化，获取实时预警信息，支持移动办公进行设备启停控制和策略更改。

（四）楼宇低碳管理与运行

自智慧能源管理系统上线运行后，进行了策略采纳前、后的两周数据对比，即 2022 年 1 月第二周（10 日至 16 日）与第三周（17 日至 23 日）的数据。其中，第二周未采取任何控制策略，第三周启用了节能与智能控制策略。

期间天气情况：第三周整体温度与第二周整体温度基本持平。

单日节能：最节能的一天为 2022 年 1 月 22 日（星期六），共用能 406.45 度，其中用电 101.4 度、采暖能耗 305.05 度（折合为电能）；当日最大负荷小于 6.5kW，相比上周六（1 月 15 日）最大负荷约 13kW 下降了近一半，主要负荷来源于加班有人打开的空调、防冻开启的空调和 3 台常开的饮水机。

单周节能：第二周用电能耗为 3482.4 度，第三周用电能耗为 2848.2 度，节能 634.2 度，节约比例约为 18.2%；空调主机节约热量为 551.05 度（折合为电能），节能比例约为 13.9%。以上两部分合计节能 1185.25 度，实现碳减排 1048kg CO_2e（按照华北电网平均排放因子 0.8843 计算）。按照每年采暖季 18 周、制冷季 18 周计算，预计可节能约 51669 度，减少碳排放约 45.7t CO_2e。

（五）商业模式

智慧低碳楼宇能源管理平台是北京电信规划设计院与中国电力科学研究院有限公司电力系统碳中和研究中心在能源数字化领域进行的深度战略合作，双方联合进行技术攻关并开拓市场，包括解决方案设计、能源管理平台软件开发、能源管理设备集成实施及运维、节能报告的输出，以及大型节能改造项目申报政府节能补贴申报的指导。中电科负责平台与国家电网负荷在线平台与省级公司智慧能源服务平台对接，对纳入电力需求响应体系的主体单位进行统一的电力调配，给予响应的需求响应补贴（4 元/度）。

三、实施效果

（一）经济效益分析

1. 节约能源，降低楼宇运行成本

办公楼宇能耗主要由电、水、暖构成，其中用电占比最大。总体来说，能源管理可节能 15% ~ 20%，年节能约 12 度/平方米。主语国际 3 层通过节能改造实现周节电 1185.25 度，占总用电量的 18%。按每年采暖季和制冷季各 18 周计算，预计年节能 51669 度，约 11.25 度/平方米，按平均电价 1 元估算，可节约资金约 5.2 万元。根据历年用能数据，若主语国际全部改造，每年可节约用电约 35 万度。

2. 响应国家政策，补贴收益可观

楼宇低碳节能改造可获取多重补贴。其中，北京市发展改革委节能补贴标准最高可达项目投资总额的 30%，海淀区发展改革委节能补贴为减排一吨标煤补贴 800 元，国家电网需求响应补贴为 4 元/度。主语国际改造项目中，北京市发展改革委、海淀区发展改革委政策补贴合计约 9.38 万元。3 层总负荷 200 千瓦时，按每年 20 次互动，每次调总负荷的 30% 计算，年需求响应补贴额为 4800 元。

（二）社会效益分析

1. 树立可持续发展战略实践标杆

建筑用能在我国能耗总量中占有较大份额，开展建筑节能改造，不仅可以缓解经济发展与能源紧缺之间的矛盾，同时还能有效减少建筑能耗带来的环境污染，是实行我国可持续发展战略的重要实践。平台建成后，主语国际实现周碳减排 1048kg CO_2e。按照每年采暖季和制冷季各 18 周计算，预计实现年碳减排总量 45.7t CO_2e，单位面积碳减排 10.53kg CO_2e/m^2。

2. 助力企业实现“双碳”目标

通过加装物联网设备，实现能源精细化管理，主语国际改造项目的应用效果已经远超《“十四五”公共机构节约能源资源工作规划》中的要求，为楼宇的“双碳”起到示范与带动作用。未来，结合各级政府对于能源双控、碳双控的要求，持续优化升级平台，进一步扩大节能范围与规模，对于企业加快实现“双碳”目标具有非常重大的意义。

（三）管理效益分析

1. 提高楼宇能源精细化管理水平

现有楼宇的能源管理普遍倾向于粗放与经验化，对于各类型耗能设备、各区域能源使用等情况的监测与控制颗粒度无法达到管理要求。能源管理平台可对楼宇能耗运行的各维度提供实时、精细的监控，让管理者更有效地了解系统能源浪费情况，以及设备管理盲点等，进而提升精细化管理能力。

2. 加速社会数字化转型升级落地

能源管理平台适应时代和政策的要求，是全社会数字化转型的重要方向，也为建筑楼宇和物业管理数字化转型升级助推加速。从传统的自上而下调度模式到全网协同的调度新模式，通过与国家电网合作建设楼宇能源管理平台，整合企业优势资源，建立新兴产业生态，为企业转型赋能，对国家新型电力系统建设具有重要意义。

主创人：任永学、王　娟、李威威、殷继旺、李　娟

开展“双碳”行动计划，全方位打造绿色移动云

中移（苏州）软件技术有限公司

一、企业概况

中移（苏州）软件技术有限公司（以下简称苏州公司）是中国移动通信集团有限公司（以下简称中国移动）2014 年注资成立的全资子公司。作为中国移动云能力中心，苏州公司定位为云设施构建者、云服务提供者、云生态汇聚者，主要面向政府部门、企业客户和互联网客户提供 IaaS（基础设施即服务）、PaaS（平台即服务）、SaaS（软件运营服务）云服务。依托移动云计算能力，目前已形成“4 + N + 31 + X”的资源布局，资源辐射全国。

二、主要措施

“双碳”工作是党中央和国家的一项重大战略决策，中国移动已于 2021 年发布《中国移动“碳达峰、碳中和”行动计划白皮书》，明确了全集团“十四五”节能减碳工作目标。

为进一步加快推进“双碳”工作开展，中国移动云能力中心制订了《中国移动云能力中心“双碳”行动计划》，遵循集团“三能六绿”的“双碳”新模式，重点从绿色移动云、绿色数据中心、绿色赋能等方面，多维度落地“双碳”举措，进一步降低移动云自身能耗水平，打造高效、节能、环保的“绿色”网络，助力集团和国家“双碳”目标的实现。

（一）绿色计算——计算产品优化举措

计算产品资源能耗智能管控主要通过优化整合资源、改进软件业务逻辑、部署模型、改善资源调度等方面，在高效满足需求、保障产品质量的同时减少能源消耗，落实绿色、“双碳”要求。具体举措如下所述。

1. 备机功耗优化

基于自研资源优化组件 Looker、监控中心 Harvester、高可用组件 healer，通过结合备机负载、使用情况和产品故障率等信息制订备机能耗优化策略，使用动态调整闲置备机服务器运行状态、降频、降压等方式降低备机能耗。

2. 低价值客户虚拟机迁移

基于虚拟机负载、操作频率、超分比等信息制订低价值客户识别策略，将低价值客户虚拟机热迁移至合适的计算节点，实现低价值客户虚拟机资源整合，将空闲宿主机服务器移作备机，进一步降低能耗，实现资源的集约化使用。

3. 计算产品软件业务优化

整合功能模块，降频或精简轮询任务，将碎片化任务集中调度，缩短数据传输、存储路径，在不影响服务质量的前提下实现能耗优化。

4. 控制节点部署优化

通过 K8s 纳管计算产品组件构建精确部署模型，在部署阶段将组件所用资源进行集约化管理，减少服务器占用；利用 K8s 实现组件 Pod 横向、纵向伸缩，降配减量低能耗 Pod，按需分配服务器资源。

5. 虚拟机调度优化

云主机调度时，将各个节点的 CPU（中央处理器）使用率作为调度因子之一，结合其他的权重项（CPU 剩余、内存剩余等）对节点进行排序，优先选择已运行虚拟机且低能耗的最优节点，提升服务器

资源利用率，减少低能耗节点的启用。

（二）绿色存储——存储产品优化举措

存储产品能耗主要来自磁盘和 CPU，CPU 和磁盘等基本都要占用一半以上的能耗，为功耗主要贡献单元，而内存的能耗则比较小。通过硬件层面、软件部署及软件架构演进等方面进行优化实施，进一步实现降本增效，控制能耗输出。

1. 软件架构优化

对象存储产品通过研发 G4 版本（全局纠删功能），支持数据跨数据中心冗余存储的同时，支持 AZ 级容灾。全局纠删功能主要是采用多可用区（AZ）机制，将用户的数据通过纠删切片校验后分散存放在同一地域的 3 个不同 AZ。当某个 AZ 不可用时，仍然能够保障数据的正常访问，数据可靠性达到了 12 个 9，系统可用性达到 99.5% 及以上。G4 版本相较于此前版本，在提升系统可用性和可靠性的同时，在降本增效和节能减排方面的成效十分显著。标准型存储采用全局纠删码（6 + 6）冗余替换传统 3 副本冗余方式，整体可节省 30% 的硬件成本；同城冗余标准型存储采用纠删码（20 + 16）冗余替换 6 副本冗余方式，可节省 60% 的硬件成本。G4 版本已于 2020 年 9 月首次完成商用试点。目前，该版本在现网已经累计建设超过 150PB 可用容量。后续，将会加快推进 G4 版本上线投产等商用化进程，进一步降本增效，实现节能减排。

2. 硬件层面优化

引入单盘 16TB 硬件实现高密存储，单节点存储密度相较于此前提升达 100%，主存节点数量可减少 50%，有效降低投资成本，实现了总功耗的显著降低，同时也实现了后期运营成本的进一步压降。机房单位存储密度提升超过 40% 以上，进一步减少了物理机架占用，进一步减少碳排放。下面以一个可用容量为 50PB 的规模集群举例：采用 32 × 16TB 硬盘容量规格的存储节点，相较于此前 32 × 8TB 的存储节点类型，可节省约 400 台存储节点，按照每 3.5 kW 机柜装机 5 ~ 6 台的原则，整体可节省 66 ~ 80 个 3.5 kW 机柜。

3. 软件部署优化

采用各组件混合部署编排方式，降低服务器数量，节省成本，降低功耗。比如，一个可用容量为 50PB 的规模集群，采用 16TB 硬盘容量规格的存储节点，可节省约 23 台管理节点。

（三）能耗监控——功耗采集监控平台

2019 年，中国移动云能力中心正式开启“云改”之路，移动云加速冲刺国内云服务商第一阵营，经过两年多的建设工作，在现网的物理服务器数量已达 10 万台左右。产品“广覆盖”的同时，服务器的“低功耗”更显重要。优化功耗、提高效能的前提是功耗信息采集，以便了解服务器实际运行的状态。为此，IaaS 产品部从 2021 年开始就规划了能耗优化相关计划。通过以下 3 个阶段的工作推进，当前已经实现了多款重点产品的功耗接入及分析优化落地工作。

第一阶段，基于内部孵化的平台级产品“玉衡”作为能耗统一收集平台，屏蔽各产品的功能差异，完成基础设施层重点产品接入，为功耗分析打下基础。

第二阶段，基于采集的功耗信息，结合自身的软件架构，分析能耗情况，找到问题点，制订改进优化措施。

第三阶段，推进功耗优化进程，完成相关改进举措落地，总结阶段落地效果。

“玉衡”是中国移动云能力中心 IaaS 产品部 2020 年内部孵化的平台级产品，在内部重点产品（云主机、对象存储、块存储、文件存储等）进行推广使用。平台支持碳排放质量监控功能，支持耗电量预估监控。

现网推广功耗采集功能进展：截止 2022 年 4 月 26 日，现网已完成 20188 个节点接入“玉衡”功耗采集（相比上次2022年2月20号统计的7855个节点，新增12333个节点），资源池分布涵盖了包括苏州、无锡、郑州、宁波、成都、呼和浩特、贵阳、株洲、上海等重要的移动云中心节点资源池，提供了功耗可观测接入能力。

（四）绿色运维——智能运维监控平台

在移动云规模高速增长的态势下，存在云上资源数量增速快、变动频繁和底层设备数量大、范围广、分散度高等问题，导致部分低利用率资源难以发现。针对以上问题，亟须完善能耗监测体系，加强对底层设备和云上资源的监控，对低利用率资源进行优化调整和再分配。

通过自主研发上线运维监控平台，结合OPS智能运维平台采集的设备数据和能耗数据、云监控平台收集的云资源性能数据，完成了底层设备和云上资源的全量监控接入和数据融合，实现了资源运维状况的全周期能耗监控。OPS智能运维平台负责底层设备的运维监控，已累计纳管服务器设备9.4万台及2.8万台网络设备，覆盖32个资源池和37个可用区，对纳管的资源进行资源、性能、日志等数据采集和操作管控。云监控平台负责云上资源的运维监控，累计接入41款云产品，已接入云主机数量超过21万台，日均收集43亿条性能告警数据。云监控平台让用户全面了解云上的资源使用情况、业务的运行状况和健康度，及时收到异常报警并做出反应，保证云服务顺畅运行，目前累计访问50万次，活跃用户20187人。

在物理设备能耗检测层面，通过对设备性能和功耗数据建模，分析闲置资源的无负载运行场景，实现对“僵尸服务器”的自动巡检，进行定期通报。联动管理流程，通过业务迁移、业务合并等手段进行资源池设备优化调整，目前已累计通报低利用率设备28台，实现5台设备关机或归并。在物理设备功耗特征分析层面，通过分析资源池内来自11个不同厂商共60种服务器型号得出：同等算力情况下，高功耗设备耗能比低功耗设备耗能高8%。针对高功耗的设备型号，可以通过低功耗型号进行替换，而且在后续设备采购中减少高耗能设备采购，优化资源池配置。

在云资源能耗检测层面，针对闲置云资源场景，为移动云租户提供缩容建议或业务迁移上云建议，提升云资源的整体利用效率，目前已累计推送云资源调整建议35801条，实现276名用户提升用云活跃度。针对云主机异常高占用进程场景，通过监控高消耗进程，结合现网高频异常进程场景，给出进程处理建议，减少异常进程的高负载运行，进而实现节能，目前已完成全资源池云主机共85821条进程分析，筛选出高消耗进程1550条，累计整改高占用进程186条。

在实用性方面，运维监控平台已累计运行2年以上，累计纳管设备和云资源超过30万台，实现分布式云场景下的自动化运维能力，实现运维数据和能耗数据的统一监测视图，为各类节能举措的落地提供数据支撑和准确指导，是节能减排的有力抓手和检验手段，间接助力节能减排落地实施。在推广性方面，运维监控平台采用云原生架构，代码可全国部署，落地性强，适配度高。平台可具备多云管理能力，实现多种类型设备和云资源的接入；同时，充分利用了现有系统和接口，投资小、建设周期短、维护成本低，易于推广应用。

（五）绿色装架——提升设备装架密度

移动云资源池实现了“4+N+31+X”的资源布局，现网超过15万台服务器规模，部署在中国移动全国各省级数据中心，共计使用超过2万个机柜。

中国移动云能力中心致力于打造绿色移动云，为全社会提供绿色低碳的绿色移动云产品，助力全社会的信息化转型发展。

进一步降低数据中心PUE值、提高数据中心运行能效水平，是打造绿色移动云的关键目标之一。而提升机架的负载率，确保每个机架的额定功耗充分利用，正是提高资源利用率和降低PUE值的重要因素之一。移动云服务器原标准平均单机架安装约8台服务器，通过对设备实际运行CPU利用率和运行功耗的分析，对设备装架功耗标准进行了调整优化，将主要产品的上架功耗下调 8% 左右，可以实现每个机柜多安装 1 ~2 台服务器，机架负载率提升超过 5% 以上，助力数据中心进一步降低 PUE 值。

三、实施效果

（一）节能降碳与降本增效

通过装架标准优化节省超过 8% 的机架，进一步降低了移动云资源池建设运维成本，机架负载率提升超过 5% 以上。

通过 G4 版本对象存储的部署，目前已应用 150PB，节约服务器设备超过 1200 台，减少 200 个机架的占用，全年累计节约用电超过 400 万度，减少 2000 吨二氧化碳排放当量。2022 年继续推广，共计节约存储服务器设备超过 3000 台，减少 500 个机架的占用，打造绿色移动云产品。

（二）管理效益与社会效益

中国移动云能力中心通过开展移动云“双碳”行动计划，全方位打造绿色移动云，一方面可以降低移动云资源池自身能耗水平；另一方面通过信息化技术可助力全社会节能降碳，进而打造移动云绿色低碳的品牌竞争力。

通过上述各项节能降碳举措的落实，通过打造绿色移动云，有助于进一步提升移动云的品牌竞争力，助力移动云更快迈向国内第一阵营；同时，通过移动云的大规模应用，也将为全社会的节能减排做出重大贡献，助力国家和中国移动“双碳”目标的实现。此外，移动云可以为传统工业定制绿色节能的专属云，满足企业数字化转型和云化需求，提供可快速集成的行业云场景化服务解决方案，助力传统行业加快“上云用数赋智”的步伐，优化管理流程，在帮助工业企业提升生产效率的同时又间接实现了全社会总能耗的降低。

主创人：蒋震宇、徐艳杰、李家清、陈焱山、郑　浩

双吸式水泵节能降耗改造

淄博海益精细化工有限公司

一、企业概况

淄博海益精细化工有限公司（以下简称淄博海益公司）成立于2004年，是一家以液化气深加工为主要业务的化工企业，现有员工400余人。主要加工销售脱丙液化气、丙烯、甲基叔丁基醚（MTBE）、聚丙烯、甲烷、丁烷、顺酐、异辛烷等产品，淄博海益公司按照专业、精细、高值的发展理念，由传统的能源型企业积极向高技术、高附加值的化工领域转型。目前，其拥有液化烃罐区、气分装置，低碳烯烃装置，MTBE装置，引进德国南方化学先进技术的C4综合利用装置和美国鲁姆斯公司、雅保公司技术合作的全球首套绿色环保异辛烷装置，为企业快速腾飞打下了坚实的基础。淄博海益公司坚持以市场为导向，以效益为中心，坚持质量、成本、效益原则，积极开拓下游产品。2021年4月，采用当前世界上最先进的生产工艺，以丙烯为基础原料的聚丙烯装置投产达效，生产的聚丙烯产品扩大了经营范围，实现了企业转型升级，该项目对带动地方石化产业及下游产业链的发展起到积极的推动作用。目前，25万吨/年丙烷脱氢制丙烯装置已建设完成，即将投产。规划的5万吨/年的绿色环保可降解塑料项目于2022年动工、2023年投产，淄博海益公司完成向绿色环保材料领域转型。

二、主要措施

近年来，绿色技术、绿色产业及绿色市场的发展日新月异，在这样的背景下，若企业忽视绿色低碳发展，将会失去未来可持续发展的机会。

（一）低碳发展方案

淄博海益公司为使低碳战略取得实效，设立“双碳”管理岗位，结合公司节能优化工作，积极开展节能优化、减碳降排的工作并开发碳排放量在线统计系统，根据《中国石油化工企业温室气体排放核算方法与报告指南（试行）》中碳排放计算方式，结合各装置实际情况，利用数字化中心MES系统（制造执行系统），创建碳排放模板，实现装置数字自动采集，自动生成碳排放报表，实时监控装置碳排放数据。

在培训学习方面，淄博海益公司有针对性地开展绿色低碳工作，结合精准教育培训工作，制订低碳绿色的培训计划，针对碳减排及节能管理的国家法律法规、实施指南、优秀案例等内容在管理层及基层开展培训工作，提高员工绿色低碳的意识。积极开展对标培训及外出学习工作，2020年至2021年先后组织对标先进优秀企业，在管理制度化、制度表单化、表单信息化及节能减排管理方面开拓了思路，积极参与地区节能探讨会，听取各企业及优秀节能服务公司的优秀案例及成熟的管理手段，为淄博海益公司低碳创新提供了重要的基础。

在智能管控提升方面，淄博海益公司以“新旧动能转换产业智能化”为引领，积极推进信息化发展，引进美国霍尼韦尔先进智能控制系统，实现生产装置DCS（分散控制系统）全覆盖、重点装置先进控制（APC）全覆盖，提升公司安全生产和现代化生产管理水平的同时推进以智慧车间为核心的数字化生产管理系统，为公司持续健康低碳发展提供强有力的支撑。

在低碳减排方面，淄博海益公司积极开展VOCs（挥发性有机物）深度治理工作，采用活性炭真空再吸附工艺（简称CVA装置），建设油气回收机组，在系统运行控制上采用先进的欧洲技术，确保产品的质量及安全操作标准，针对储罐情况对罐顶呼吸阀、紧急泄压入孔进行更换，采用国内顶尖质量的阻火器和呼吸阀等关键设备，有效降低罐区 VOCs 挥发，同时确保了系统运行安全，紧急泄压入孔和呼吸阀泄漏率是美国 API 泄漏标准的百分之一，是我国国家标准的千分之一，全年可降低 VOCs 排放 50 多吨，降低了罐区排放量，奠定了公司低碳可持续发展的道路。

在绿色产品建设开发方面，淄博海益公司以改革为动力，以创新为先导，不断扩大企业规模，投资建设的 20 万吨/年绿色环保型异辛烷工业示范装置是全球首套固体酸烷基化装置。其工艺技术特点如下所述。一是 20 万吨/年绿色环保型异辛烷工业示范装置拟采用鲁姆斯公司的 AlkyClean 技术。二是首次采用高强度、沸石基真正的固体酸催化剂（SAC）工业化装置，此催化剂完全无腐蚀性，并且不需要使用酸、卤素添加剂或助剂。三是装置采用固定多床层反应器设计，多点注入烯烃，操作简单，不需要操作复杂的流化床系统。四是与传统工艺相比，不需要对反应单元进行制冷，从而减少了公用工程消耗和维护费用。五是与传统工艺相比，不产生酸性油（ASO），因此也不需要相应的回收与处理措施。六是产品工业异辛烷或副产品不需进行后处理，不产生任何废物。七是已有的示范装置的大量运行数据证明，AlkyClean 工艺的性能好、可靠性高、技术先进，是真正的绿色环保烷基化工艺。八是装置主要分为反应部分及催化剂再生部分和汽提部分，装置设置 3 台烷基化反应器，切换操作。

在产品提升方面，淄博海益公司成立质量攻关小组，升级优化工艺操作，查阅大量国内外先进的液化气脱硫脱甲醇文献，制订了专门的解决方案，增设丙烯脱硫项目，将焦化液化气及外采高硫原料气中羰基硫通过产品丙烯脱硫设施进行进一步脱除处理。通过使用丙烯脱硫设施将丙烯硫含量降低至 1mg/kg以内，满足国标聚合级优等品丙烯产品硫含量要求。最新颁布的国家标准 GB/T3676－2020 中工业用顺丁烯二酸酐液体纯度指标为 99.6%，而淄博海益公司以往的液体顺丁烯二酸酐的纯度为 99.5%，不符合国家产品标准。顺酐装置开工之后，通过调整顺酐精制系统回流比和塔底热源，通过细微调整和热量衡算，顺酐装置首次产出 99.6% 以上纯度的产品。

（二）绿色低碳发展产业延伸

淄博海益公司重点发展绿色低碳产品产业链，成立山东辰海新材料有限公司，其中淄博海益公司占股 82.86% 并投资 24.14 亿元规划建设绿色可降解材料一体化项目，于 2022 年取得山东省建设项目备案证明。该项目包含 5 万吨/年正丁烷法顺酐装置、10 万吨/年正丁烷法顺酐装置、12 万吨/年 BDO（1，4－丁二醇）装置及配套的公用工程，后续延伸顺酐产业链结构，建设 PBS（聚丁二酸丁二醇脂）可降解塑料等深加工装置。该项目有助于淄博海益公司向绿色环保材料领域转型，发展绿色低碳的产品产业链。

（三）设备改造升级

淄博海益公司积极开展设备升级改造工作，按照工业和信息化部下发的《高耗能落后机电设备（产品）淘汰目录》规定，按期淘汰落后机电设备，积极开展现有机泵效率核算工作，对效率低、运行时间久的机泵进行升级改造。

化工生产装置使用了多种多样的离心泵。随着绿色节能技术的不断推广、应用，装置原先配套使用的部分双吸式离心水泵局限于当时的技术状况、加工精度，存在能耗高、运行资源浪费的情况，迫切需要采用新节能技术，提高效能，降低能耗，以达到装置经济、绿色运行的目的。当前，大流量循环水泵节能技术的发展给精确节能改造提供了切入点，对烷基化车间第四循环水场 4 台双吸式循环水泵实施了切合实际工况的改造，提高了该型水泵的运行可靠性和经济性（即泵运行曲线的综合高效区）。

1. 机泵运行情况

烷基化车间第四循环水系统配有 4 台水泵，机泵型号为 KQSN350－M9/433，是双吸式（BBA）水泵，额定流量 1084m^3/h，额定扬程 58m，配套电机（无锡华达电机有限公司生产）类型：Y3－355M2－4/250kW/380V/450A/1485rpm。其中，西侧 P801A 和 P801B 泵带变频器，P801C 和 P801D 泵不带变频器，为工频泵。表1所示为循环水泵基本信息。

表1 循环水泵基本信息

工艺名称	循环水泵	设备型号	KQSN350 - M9/433	工艺编号	P801 - ABCD
流量	1084m^3/h	介 质	循环水	电机功率	250kW
扬 程	58m	温度	20 ℃ ~30 ℃	电机转速	1485r/min
生产厂家	上海凯泉泵业有限公司				

第四循环水场4台双吸式循环水泵自2005年安装后至今运行正常。但是，随着长时间的冲蚀，叶轮表面受到气蚀、腐蚀等破坏，渐渐产生凹坑，叶轮和蜗壳的间隙增加，凹坑和穿孔慢慢扩大，最终会造成结构性破坏，导致叶轮彻底报废；同时，蜗壳和叶轮表面又逐渐附着大量积垢，造成流体阻力增加、转子动平衡偏离、叶轮转动力矩增大，导致机泵综合效率降低，能耗上涨，影响机泵的长周期高效运行。机泵拆除后，叶轮的穿孔会使泵内高低压区连通，造成能量的损失；叶轮表面的凹坑增大了水流过时的阻力；凹坑和穿孔使水流过时产生了大量的涡流，消耗了能量。以上3个方面的原因导致的能量消耗高达总能耗的5% ~8%。

2. 改造原理及方案

针对循环水泵的工作环境，使用淄博应强化工科技有限公司的金属修补剂和刷涂陶瓷可以有效地解决机械磨损、化学腐蚀和气蚀的问题，恢复叶轮、泵壳表面质量，延长使用寿命，改善水泵的运行状态，提高泵效。

对渣浆泵叶轮和蜗壳防护需要进行以下几道工序。先表面处理，对叶轮和泵壳做喷砂处理，露出金属本体。再将其清洗干净，然后用YQ超级金属修补剂把破坏严重（穿孔、深沟等）的部位修补起来，恢复原有型线，8小时后完全固化。使用YQ刷涂陶瓷在施工表面刷涂2遍，5小时后完全固化，修复完毕。在准备充分的情况下，可以在24小时内完成整个修复工作。该施工方案既可以用来修复旧泵，也可以在新泵上使用，可以同时起到耐气蚀、腐蚀和延长使用寿命、降低能耗的效果。

3. 方案的节能原理

一是堵住叶轮上的穿孔，防止高低压区连通，减少能量损耗；二是填补过流面的凹坑，降低过流阻力；三是非常光滑的刷涂陶瓷表面可以大大减少涡流的形成，降低涡流阻力。根据实际经验，该方案在旧泵改造中可以降低总能耗的5% ~8%。

三、实施效果

（一）改造过程记录

机泵改造前，蜗壳和叶轮锈蚀严重，表面附着大量循环水积垢。经过喷砂除锈、刷涂陶瓷等修复技术处理后，可以继续使用。

（二）改造后动平衡检验报告

机泵经改造后，由淄博博东化工材料有限公司出具动平衡检验合格报告才可以继续使用。动平衡检验报告见表2。

表2 动平衡检验报告

动平衡检验报告				
制造令		用户名称	淄博博东化工材料有限公司	
设备名称		试验转速 r/min		
试验机型号：	YYW型樱之城平衡机			
	轴伸端		非轴伸端	
校验前	方位	重量	方位	重量
	左：1度	240克	右：160度	370克
校验后	方位	重量	方位	重量
	左：10度	9克	右：160度	10克
校验结论	合格			

（三）改造后效果

机泵完成改造后返厂安装，投入运行，机泵开启时机泵出口压力0.65 MPa（机泵改造前出口压力0.5 MPa），机泵出口压力上涨0.15 MPa，机泵能量损失减少，机泵效率增加。

机泵改造后运行工况明显好转，机泵振动值明显下降（见表3）。

表3 机泵振动值改造前、后对比

改造前				改造后			
2.0	2.3	2.2	2.1	2.0	2.1	2.1	2.0
2.5	3.0	2.8	2.7	2.2	2.1	2.1	2.2
2.5	1.8	2.0	2.1	1.5	1.6	1.6	1.5
2.5	2.5	2.5	2.4	2.2	2.1	2.1	2.0
3.1	1.6	1.7	1.6	1.3	1.2	1.2	1.1
2.8	1.6	1.6	1.6	1.1	1	1	1

（四）节能核算

以P801D机泵为例，通过相关公式计算，在第四循环水场水泵全年不间断运行的条件下，该泵每小时节电8.59度，年运行365天，按照电费0.8元/度计算，P801D机泵年节约电量约为7.525万度，年节约电费约为6.02万元。

此次对循环水泵节能改造，显著降低了装置生产能耗，获得了较好的经济效益，改造后大大降低了机泵的磨损，延长了机泵的寿命，减少了机泵检修的频次，降低了职工检修机泵的劳动强度，也保证了机泵高效率、持续的良好运行，此次改造为公司机泵节能改造创造了良好基础。

主创人：郑爱国、姜宗宝、刘西晨、付春明、胡 鹏

2022 企业绿色低碳发展优秀实践案例集

（中册）

中国企业联合会　中国企业管理科学基金会　编著

企业管理出版社
ENTERPRISE MANAGEMENT PUBLISHING HOUSE

图书在版编目(CIP)数据

2022 企业绿色低碳发展优秀实践案例集. 中 / 中国企业联合会,中国企业管理科学基金会编著. -- 北京:企业管理出版社,2023.12

ISBN 978-7-5164-2525-1

Ⅰ.①2… Ⅱ.①中… ②中… Ⅲ.①企业发展-绿色经济-低碳经济-案例-汇编-中国 Ⅳ.①F279.23

中国国家版本馆 CIP 数据核字(2023)第 033255 号

书　　名:2022 企业绿色低碳发展优秀实践案例集(中册)
书　　号:ISBN 978-7-5164-2525-1
作　　者:中国企业联合会　中国企业管理科学基金会
责任编辑:张　丽
出版发行:企业管理出版社
经　　销:新华书店
地　　址:北京市海淀区紫竹院南路 17 号　　邮编:100048
网　　址:http://www.emph.cn　　电子信箱:emph001@163.com
电　　话:编辑部(010)68701638　　发行部(010)68701816
印　　刷:北京亿友创新科技发展有限公司
版　　次:2023 年 12 月第 1 版
印　　次:2023 年 12 月第 1 次印刷
开　　本:880mm×1230mm　1/16 开本
印　　张:21.5
字　　数:628 千字
定　　价:498.00 元(全三册)

《2022 企业绿色低碳发展优秀实践案例集》编委会

主　编： 朱宏任

副主编： 史向辉

编　委：

缪　荣　刘慧媛　肖震东　胡媛媛　路　镭

目　录

新能源开发建设

资源循环利用

新能源开发建设

全力推广绿色制造，助力建设美好社会

安徽江淮汽车集团股份有限公司

一、企业概况

安徽江淮汽车集团股份有限公司（以下简称江汽集团）始建于1964年，是一家集全系列商用车、乘用车及动力总成研产销和服务于一体，涵盖汽车出行、金融服务等众多领域的综合性汽车企业集团，致力打造一个“全生态链、全产业链、全价值链”的综合性汽车服务平台。该集团现为安徽省12家重点企业集团之一，先后荣获国家火炬计划重点高新技术企业、中国企业500强、中国汽车品牌前5强，是全国首家荣获我国工业领域最高奖项——中国工业大奖的综合型汽车集团。

公司现有主导产品：重、中、轻、微型卡车，多功能商用车，MPV、SUV、轿车、客车，专用底盘及变速箱、发动机、车桥等核心零部件；拥有“思皓”“瑞风”“JAC”等知名品牌。

江汽集团拥有一支近5000人的研发团队，坚持“节能、环保、安全、智能、网联、舒适”的关键技术研发路线，是国内首家专利过万的车企。与大众汽车、蔚来汽车等知名企业分别建有合资公司。拥有国内自主品牌首条高端全铝车身生产线，焊装整体自动化率高达97.5%，达到世界一流水平。

二、主要措施

（一）低碳发展所处的市场生态与资源环境

随着环境的变化和资源的匮乏，人类面临的全球气候问题有着越来越严峻的趋势，低碳经济发展的思路正不断得到全球共识。对汽车制造业而言，发展低碳经济将会为整个产业带来新的思考与认识。低碳经济全球化发展的背景下，汽车制造业的低碳化趋势也越来越明显。我们既要从产业结构、能源结构调整入手，转变汽车制造业高碳经济发展模式；也要从产业链的各个环节上，从产品设计、生产制造、消费回收的全过程中寻求节能途径，以实现最终的低碳经济模式。

（二）低碳发展方案的制定

公司为实现绿色低碳发展，提升能源资源利用效率、降低环境污染物排放，降低温室气体排放，以建设绿色管理体系及标准为重点，创建绿色供应链，提高绿色竞争力，制定两项方案如下。

方案一：“十四五”期间，以排污许可证为主线，持续推进排污许可证后管理工作，加强过程监测管理。废水废气精准治理，达标排放；土壤隐患按期排查；固危废100%合规处置。

2023年，通过专项调度推进，非涂装废气治理项目完成率100%。2024年，全面实现污水合规、固废处置、废气排放信息化合规性监管。2025年，完成水处理设施自动化升级改造；污水处理委托运营合同节点后期管理；全面完成“一厂一策”计划的实施；实现环保专家队伍梯队培养。到2030年，全面实现环境绩效贡献，引领区域、行业标杆。

方案二：“十四五”期间，政府将推进用能权、用水权、碳排放权市场化交易，节能减排约束性指标有增无减，以保障公司用能为前提，持续推进各类节能项目落地生根。

2023年，推进清洁能源风力发电项目建设；实现公司三级能源计量数据在线监测信息化传输全覆盖。2024年，实现集团公司能源计量数据在线监测信息化传输；完成能源计量信息化全覆盖目标。2025年，实现公司事业部能源管控中心建设；全面实现能源系统委托运营；事业部单台综合能耗下降10%。到2030年，预计全面实现能源管控自动化和智能化。

（三）低碳发展的解决方案

1. 能源信息化系统投入助力节能降耗增效

公司 2017 年建立能源信息化系统，作为整个能源管理系统的核心，包括服务器、交换机、工作站、监控墙、打印机和 631 块智能仪表等硬件，基于“RTU + SCADA”构建的系统架构，具备实时数据采集、实时告警、能源报表输出、WEB 网页查询、APP 浏览等多种功能。

能源信息化系统作为公司能源集中管理系统，集成了水、电、天然气、压缩空气、冷水、热水、光伏等多种能源和能源衍生品的能耗数据，不仅包含了 110kV 降压站的公司总用能数据，还包含了重点能耗设备的用能数据，涉及广泛。

为充分发挥能源信息化系统作用，公司摸索建立了一整套管理标准和规范。

（1）编制相关教材，快速掌握系统功能。

编制了能源信息化系统培训教材，共计 5 章 57 页。分别从系统简介、客户端、WEB、APP、常见故障处理 5 个方面进行阐述，使读者能够快速掌握系统功能应用和常见问题处理方法。

（2）参数阈值设定，保障设备运行安全。

能源信息化系统共对 2018 个关键参数进行阈值设定，其中阈值涉及电流 31 个、电压 1917 个、功率因素 2 个、锅炉 11 个、地源热泵 4 个、压缩空气 38 个、冷水机组 4 个、天然气 11 个，实时监控参数运行，保障了供能设备的运行安全。

（3）开发手机 APP，便捷查询数据、告警情况。

开发完成手机 APP，“用量查询”可以实时移动查询水电气各类能源日用量，“告警监测”可以对所有关键参数异常进行告警、查看燃动报表 11 种等 3 个功能，同时可以设置 60 秒内数据刷新。

（4）建立能源消耗模型，寻求降耗改进机会。

根据能源信息化历史数据，按照春夏秋冬四季分别建立能源消耗模型，为能源基准和能源指标的设立提供参考依据。按季节、产量、时长等主要因素，统计出能源单台数据和四季分时数据，形成四季数据模型，用于指导能源指标设定和差异比对。

（5）制作能源分析报表，助力能源消耗逐年下降。

多系统联动，实现用能设备和工序在线计量、监测、预警，实现能源报表自动输出、异常自动分析、费用自动结算。对照能源日报，对异常数据及时进行改进，降低能源浪费。每月进行数据采集、横评、指标比对，形成月度能源分析报告，查找能源改进机会。

2. 太阳能、地热能等清洁能源的开发建设

随着人类工业的发展，化石能源的利用不断给环境带来各方面的压力，在经济快速增长的拉动下，煤炭消费约占商品能源消费构成的 75%，已成为我国大气污染的主要来源。因此，大力开发太阳能、风能、地热能和海洋能等可再生能源利用技术将成为减少环境污染的重要措施，同时，也是保证我国能源供应安全和可持续发展的必然选择。

（1）太阳能建设的大力发展。

可再生能源中，利用太阳能发电是最有前景的技术之一，所谓光伏太阳能发电，就是利用半导体材料的光生伏打效应原理直接将太阳辐射能转换为电能的技术，通过光伏电池进行“太阳能 - 电能”的直接转换，并与测量控制装置和“直流 - 交流”转换装置相配套，构成光伏发电系统。我公司的光伏发电电量不仅可以代替常规能源，满足日常的生产生活需要，富余的电量还可以并入电网，与“制造更好的产品，创造更美好的社会”的企业愿景也是不谋而合。

公司于 2016 年对已经应用光伏发电系统的公司企业进行实地调研考察；在综合考虑了各方优势以及厂区日照量的整体情况下，充分利用厂区面积大、平坦屋面多的优势开启了以“节能尖兵”为代号

的光伏太阳能发电技术，将屋面荷载和控制设备占地面积需求输出至设计院和施工厂家，在2017年正式投入14.135MWp的光伏项目，在公司范围内建立三个电站：冲焊厂6.41MWp电站、前桥厂5.14MWp电站、车棚2.587MWp电站。

在效果收益显著的情况下，公司已进一步扩大光伏建设项目，目前在原基础上再次识别5.7MWp光伏建设项目，这次实施区域充分识别了高环跑道的南立面、停车场遮阳棚、总装检测、调试车间屋顶。充分利用可建设光伏区域，助力节能降碳转型。

（2）地热能的充分识别与建设。

公司建筑面积280000m²，其中骏铃轻卡总装车间、帅铃轻卡总装车间、技术中心夏季冷负荷9048kW，冬季热负荷5860kW。传统的工业项目节能方式一般采用“锅炉＋风冷热泵机组”或溴化锂冷水机组，而我公司将地源热泵空调系统及光伏太阳能两种节能技术同时在工业厂房内运行，充分利用浅层地能来解决工厂车间建筑夏季制冷、冬季取暖需求，可以实现多种不同环境下的安全、高效、节能低碳的综合应用。多种节能技术组合使单体建筑物节能效果更加显著，项目具有良好的建筑节能示范效应。

①地源热泵概况原理。

地源热泵是一种利用浅层地热资源的既可供热又可制冷的高效节能空调设备。通过输入少量的高品位能源（如电能），实现由低温位热能向高温位热能转移。地能分别在冬季作为供热的热源和夏季制冷的冷源，即在冬季，把地能中的热量取出来，提高温度后，供给室内采暖；夏季，把室内的热量取出来，释放到地能中去。

其构成主要包括三套管路系统：室外管路系统、热泵工质循环系统和室内空调管路系统，采用3台机组，各机组采用一对一冷冻水泵、冷却水泵。夏季：机组冷冻水供回水温度为4～9℃；冷却水供回水温度为30～35℃。冬季：机组供热供回水温度为50～55℃。

②地源热泵主要特点。

一是高效节能。地源热泵空调无须另设热源和冷却系统，其制冷、制热系数可达4.0～5.8，与传统的空气源热泵相比，要高出40%左右，其运行费用为普通中央空调的30%～50%。

二是绿色低碳可循环。夏季空调冷凝热不向大气排放，而是储存在土壤内，冬季通过地源热泵系统将储存在土壤内的冷凝热供采暖使用，减少因采暖使用化学能产生二氧化碳排放，实现真正的“低碳、绿色”。

三是环保特性突出。地源热泵空调介质密闭在管道中，对土壤不会产生污染，空调系统也不会产生有害气体。

四是维护费用低。地源温度具有较恒定的特性，一般为10～25℃，使得热泵机组运行更可靠、稳定，从而可降低系统的维护费用。

五是一机多用。本系统不仅可实现对建筑物的供热和制冷，还可供生活热水，一机多用。

六是节省空间，利于美观。系统紧凑，节省建筑空间，利于建筑的美观。

③地源热泵优势对比。

地源热泵相较于传统的“冷水机组＋燃气锅炉”以及空调系统，具备制冷制热不受室外气温影响、不存在结霜及除霜问题、年度维修管理费用低、无室外系统地下占地少、故障率低、噪声低、无污染、无级调速、安全可靠寿命长、节能环保等优点。

3. 余热回收对资源循环利用的开发

（1）涂装烘干余热回收技术。

涂装烘干系统中，大量废气经过废气焚烧炉高温燃烧，废气中的VOCs分解成无污染的碳氧化物和氮氧化物，高温烟气排放温度达230±20℃，为回收烟气所带走的热量，在烘干炉烟管末端安装复合管式余热回收器，换热后烘干炉的排烟温度降至100±5℃。通过循环水泵，使二次水箱中的水与三个烘干炉的烟气进行一级换热，水箱中的水加热至85℃。通过循环水泵，使二次水箱中的水与锅炉回水换热，将锅炉回水由60℃加热至80℃。

与其他生产线相比，本生产线余热利用系统有如下两个特点：

一是收集的余热最终给锅炉回水加热，为提高换热效率，本项目将锅炉出水改为80℃，锅炉回水改为60℃（常规项目锅炉出水90℃，回水70℃），降低锅炉回水温度，提高换热温差，加大换热效率。

二是为保证系统换热的稳定性，本项目没有将汽水换热后的热水直接与锅炉回水加热，而是将汽水换热后的热水收集至中间水箱，进行二次加热，用稳定的二次加热的热水（85℃左右）对锅炉回水进行加热，系统更稳定，加热效率更佳。

根据工程实例表明，安装烟气余热回收系统，可以提高生产线热效率，降低总体能耗，回收余热越大，节约能源越多。如果在实际生产中能够确保余热利用率，不仅可取得可观的经济效益，而且响应国家节能减排政策，为社会环境保护做出贡献。

（2）空压机余热回收技术。

空压机余热回收采用三级回收方案，可回收90%轴功率。空压机余热回收明细如表1所示。

表1　空压机余热回收明细

空压机型号	ZH630		
数量	3（2开1备）		台
电机额定功率	630		kW
输入轴功率	585		kW
单台最大能量回收功率	499.5		kW
热水应用	锅炉水	洗澡水	
进水温度	60	20	℃
最高出水温度	85	60	℃
最大热水量	25	25	m^3/h/台
最大总回收功率	1000		kW

空压机热效率35%，约60%电能转换成热能浪费。公司利用压缩产生的高温油气热能，通过热交换传递给常温热水用于员工沐浴、工艺加热，实现热能利用，同时压缩机得以降温。

三、实施效果

（一）绿色低碳发展取得的实际效果

1. 能源信息化对节能降耗增效的贡献

能源信息化的数据监控以及数据统计功能作为公司对能源精准把控的核心手段，自投入使用以来，已带来了显著的成效。

一是系统投入后主动提示差异行为3次（2次为水能耗，1次为电能耗），通过对比分析，3次差异为企业直接节能约15万元，间接节能（减少生产效率损失）50余万元。

二是系统充分发挥大数据分析的优势，通过获取群控系统数据，结合生产需求和其他强相关智能计量终端数据进行全局分析，将最优化的决策结果指令下发群控系统，为节能立下了突出贡献，具体为：

空压系统能耗下降8%，制冷系统能耗下降12%，锅炉系统能耗下降9.7%。

通过智慧能源管理系统的实施，公司单车能耗数值从2019年的575元（人民币）降低为2021年的294元（人民币）。

2. 太阳能、地热能对新能源开发建设的贡献

公司14.135MWp的光伏项目至今已累计发电5850.946万度，使用4501.394万度，发用比达到了77%。太阳能发电的投入为公司带来经济效益达900.278万元，社会贡献等效植树312.144万棵，二氧化碳减排50357.931吨，节约标准煤20405.821吨，二氧化硫减排1755.284吨。

热泵进行能量转换作为空调系统的冷（热）源，使机组的能效比高达5.2，比传统中央空调可节能40%以上。通常地源热泵消耗1kW·h的能量，用户可以得到4.4kW·h以上的热量或冷量。地源热泵机组每小时耗电220度，年节约电量55250kW·h，减少二氧化碳排放55.084吨，节约标准煤22.1吨，同时减少碳粉尘污染排放15.028吨，二氧化硫减排1.66吨。自2018年投入使用以来，已总计节约电量221000kW·h，减少二氧化碳排放220.337吨，节约标准煤88.4吨，同时减少碳粉尘污染排放60.112吨，二氧化硫减排26.56吨，带来经济效益15万余元。

3. 余热回收技术对资源循环利用的贡献

涂装烘干余热回收技术采用三台换热器并联运行，废气余热利用率达65%，锅炉回水可提升20℃，每小时可节约120m^{3}天然气，约250元。按年满负荷生产4000小时计算，每年可节约187.2万元。利用空压机压缩产生的高温油气热能，通过热交换传递给常温热水用于员工淋浴、工艺加热，实现热能利用，同时压缩机得以降温，一年热回收功率535kW，每小时可产生70℃热水28吨。

（二）绿色低碳发展取得的荣誉

公司自成立以来，牢固树立全员绿色发展理念，将“绿色发展、低碳发展”放在各项工作的首位，在公司各项工作中压实环境保护责任，注重污染预防、注重节能降耗、推行清洁生产、提高资源利用率，着力研究资源的循环使用和再生利用，走循环经济发展的道路。公司多次荣获“节能先进企业”和“节水先进企业”称号，并于2021年入选年度中国绿色工厂名单。

主创人：储衡山、王　兵、荣　剑、史佳佳

产品新能源化、制造过程低碳绿色节能化助推“双碳”目标达成

北京汽车股份有限公司株洲分公司

一、企业概况

北京汽车股份有限公司株洲分公司（以下简称北汽株洲分公司）是北京汽车股份有限公司自主品牌的一个最重要的外埠生产基地，是北京汽车集团有限公司（以下简称北汽集团）自主品牌乘用车的核心业务单元。

北汽株洲分公司2009年落户于株洲高新区栗雨工业园，经过14年的发展，目前拥有两个工厂、35万产能，整体投资超过60亿元。分公司自成立以来，加快建设自主研发和国际合作条件下的创新体系，高起点与国际先进汽车技术同步，在具备核心竞争力的同时，形成覆盖乘用车领域的全系列产品线布局；依托于完善的制造体系能力和高柔性化生产线，以及高自动化程度的生产检测设备，生产制造北京品牌新能源汽车（EU、EX、EC系列）、北京品牌燃油车（U5、X5、X3系列）。

分公司近三年的产值年平均95.5亿元，近三年税收贡献10.6亿元，在保就业、保稳定、保发展的过程中持续做出努力。在北汽集团“高新特”战略引领下，分公司专注于汽车产业的四化趋势，尤其在智能化和电动网联化方面进行深度融合，秉持“引领未来车生活”的企业使命，以一流的体系能力、强大的制造能力为客户制造质量可靠的精致汽车，期望未来成为汽车行业受人尊敬的“领跑者”。

二、主要措施

按照生态环境部环境发展中心正在推进的《汽车企业碳中和实施指南》标准，汽车行业的碳排放控制主要实施在三个方面：汽车企业、供应链和产品。

北汽集团依照实施指南以及“碳达峰、碳中和”在汽车企业优先达峰的倡议，制定了集团层面的碳目标。集团整体目标为2025年前实现碳达峰、2050年实现全面脱碳，运营碳中和，并制定了“设计研发低碳化，打造绿色产品”“生产制造节能低碳化，逐步实现绿色能源替代，打造智能绿色工厂”“供应链节能低碳化，物流运输低碳集约化”“营销服务绿色低碳化，建立绿色产业生态”“加快数字化转型步伐，开展绿色办公，增强绿色环保意识”“建立碳资产、碳交易管理体系，开展绿色金融，加强碳信息披露”“绿色出行普及便利化，倡导绿色出行方式”“循环经济推广普及化，积极履行企业社会责任”八大行动来全面推进“双碳”目标。

北汽株洲分公司作为整车制造基地，在“双碳”目标达成方面，主要从产品、生产制造过程两个方面进行推进。

（一）产品双碳推进

“十四五”期间，贯彻以纯电动技术路线为主，氢燃料电池和节能汽车技术路线协同推进的总体战略。

北汽株洲分公司投放的产品主要为纯电动汽车，EX、EC、EU车型为重点开发车型。北汽纯电动汽车采用融合人工智能、深度学习等技术的整车人工智能系统——达尔文控制系统，从驾驶辅助到电池控制到智能互联，全方位高效管理车辆；全新的3.0版本的驱动控制技术E Motion Drive3.0智能电控智能管理电池电机和底盘、以安全为前提实时优化控制参数，让续航更长、动力更强、操作更精准、行驶更安全；以高效的驱动电机为动力基础，最大扭矩可到300Nm，相当于2.0T发动机动力，动力强劲；以高续航的三元锂电池为动力源，电池能量密度高、安全性高。

北汽株洲分公司累计实现新能源汽车生产23.3万辆，较为庞大的纯电动汽车生产为全社会的碳排放控制做出了良好的示范。

未来北汽株洲分公司新车型依然以纯电动汽车、混动汽车为主，同时结合高度智能化的自动驾驶辅助系统。以节能为前提的智能化新能源汽车的大规模生产和销售会对碳达峰、碳中和做出更多的贡献。

（二）生产制造过程的“双碳”推进

生产制造过程中主要以节能低碳化为思路，以技术手段降低用能，逐步实现绿色能源替代，打造智能绿色工厂。

1. 数字化方面

通过将数字孪生、数字化设计与模拟、同步工程、虚拟验证、虚拟装配、离线编程、离线调试等数字化技术与工厂建设、生产导入、设备改造相融合。通过数字化模型建立、产线设备模型建立，实现工厂规划、设备工艺布局数字化；通过离线编程、离线调试、机器人仿真技术缩短产线规划调试周期；通过虚拟装配、零件CAE分析、公差模拟等提高产品设计质量，缩短开发周期；通过建立产品库、工艺库、资源库，实现对产品数模、工艺设备的管理和设计，积累工艺数据，提升规划能力。最终实现缩短项目周期30%以上，缩短项目调试周期20%以上，降低项目成本，提升项目产出比。

2. 节能控制系统的运用

PROFIenergy技术在KUKA机器人控制的高层次运用，实现机器人深度休眠模式降低待机能耗。KUKA机器人作为焊装车间自动化焊接的主要执行机构，数量众多而且能耗巨大，但是机器人在非生产时间不允许断电节能，否则可能有零点丢失、元器件受电源冲击损坏等故障。深度休眠是通过西门子PROFIenergy技能技术的运用，结合KUKA机器人控制柜的电源改造，实现KUKA机器人在非工作时间的待机能耗的显著降低，待机能耗的降低幅度可以达到92.5%。机器人待机主要电能消耗源是控制柜的控制电脑和伺服控制器，在项目实施过程中首先将控制柜电源进行改造，将机器人通信电源从内部供电改为外部供电，确保机器人深度休眠时机器人和PLC控制器的通信仍然畅通，机器人各个轴的位置信号处于正常传输过程中。再修改PLC程序和HMI程序，确保程序指令传达到机器人，程序触发启动时将所有控制电脑和伺服驱动器进行关闭，程序恢复时各元器件返回等待工作的状态。

3. 涂装车间能源管理的优化

涂装车间是整个整车制造过程中重点耗能单位，水、电、气的消耗量均占比较高，涂装车间能源管理优化项目主要是分析各个工艺流程中的能耗降耗空间，通过优化工艺，在不降低油漆质量的前提下减少水、电、气的用量。前处理工艺主要消耗纯水，纯水用于喷淋车身，将表面油污杂质消除的车身保持喷淋状态，防止生锈。前期的喷淋工艺为只要设备开启喷淋就开启，而和喷淋工位是否有车身无关。通过增加车身检测开关优化控制程序，识别喷淋工位是否有车身，智能化控制没有车身停止喷淋，从而大大地降低喷淋纯水的用量。此次优化可以将喷淋纯水的用量降低40%。

电泳区域主要消耗电能，电泳漆需要不断地通过电泳循环泵的循环来达到油漆均匀和离子均匀的目的。初始工艺为电泳循环泵通过50Hz的频率快速运转，电泳漆以较快的循环速度流转，实际经过工艺验证，电泳循环泵的频率可以根据不同使用工况进行变化而不改变电泳漆的性质，生产时间以50Hz的频率中速运转、非生产时间以35Hz的频率低速运转。此次优化可以将电泳循环泵的电能消耗降低20%。

废气处理和恒温管控方面主要消耗天然气。废气处理是在TNV设备中用天然气将漆面烘烤时产生的含苯类气体燃烧，而恒温管控方面要使用锅炉制造热水，通过冷热水的调和产生温度恒定的控制用水。初始工艺时TNV废气燃烧以后的洁净空气的排放温度为400℃，实际上是一种温度损失和能量浪费。通过改造，将洁净空气排放管路和锅炉入水管路进行换热器的间接连接，锅炉的入水通过吸收

400℃洁净空气的热量，在进入锅炉前已经提升到70℃以上，锅炉只需要较少的能量即可将出水温度控制到位，而洁净空气的排放温度降低到了200℃左右。此次优化将锅炉天然气的用量降低了30%。

4. 绿电的使用、光伏电站的建设

按照北汽集团的规划，预计到2025年绿电的使用占比要达到50%，北汽株洲分公司充分响应集团号召，积极推进绿电的使用，引入了合同能源管理模式的光伏发电项目。该项目充分利用分公司广袤的屋面面积和停车场的面积，布局38兆瓦容量光伏电站。目前已经完成了一期7.1兆瓦光伏电站的并网发电，二期约31兆瓦的容量预计2023年12月31日建设完成，2024年1月并网发电。38兆瓦光伏电站预计每年可发电3500万度，可以极大地降低火电用量的占比，减少二氧化碳排放量。

三、实施效果

北汽株洲分公司通过在产品和生产制造过程两个方面大力推进“双碳”目标的达成，直接和间接地降低了碳排放。

通过23.3万辆纯电动汽车的生产，在车辆使用过程中降低了碳排放。按照燃油车平均油耗6.5L/100km、电动车电耗12kW·h/100km、1L汽油排放2.254kg二氧化碳、1kW·h电排放0.997kg二氧化碳、车辆平均行驶里程20万km来测算，通过产品的电气化间接减少了二氧化碳排放125.23万吨。

通过数字孪生、虚拟仿真、离线编程等方面的技术运用，将新产品的设备验证周期缩短了30%，间接减少了新产品在全工艺流程中设备验证的时间，初步估计可以缩短约30天的全工艺流程设备的开启时间，折算节约生产能耗约300万度电，直接减少二氧化碳排放2991吨/项目。

通过KUKA机器人深度休眠技术的运用，非生产日能耗可以降低3000度/天，折算全年约可以降低电能使用27万度，直接减少二氧化碳排放27吨/年。

通过涂装车间能源管理的优化，预计每年可减少天然气用量20万立方米、减少纯水用量1.28万立方米、减少电能消耗136万度，直接减少二氧化碳排放181吨/年。

对于光伏发电，按照38兆瓦全额发电计算，每年可减少火电使用3500万度，可直接减少二氧化碳排放34895吨/年。

在“双碳”目标推进方面，北汽株洲分公司坚持深入贯彻落实国家“双碳”战略和工业和信息化部《“十四五”工业绿色发展规划》的要求，积极履行绿色低碳发展责任，按照北汽集团制定的“双碳”行动方案，持续推进“双碳”管理各项工作，为践行绿色低碳的社会承诺，实现高质量发展而不懈努力。

在“双碳”目标推进过程中获得过相关归口单位的认可，获得过“资源节约、环境友好的两型建设优秀企业”“智能制造示范工厂”“国家级绿色工厂”等荣誉，对于后续的“双碳”推进，依然会以目标为导向，分计划分阶段落实各级要求，为实现国家“双碳”目标做出应有的贡献。

主创人：叶志笔

川开电气未来工厂智慧能源管理综合解决方案

川开电气有限公司

一、企业概况

（一）企业发展历史沿革

1980年成都市双流电控设备厂正式成立；20世纪90年代川开电气股份有限公司正式成立，并进军核电设备领域；2009年整体变更为川开电气有限公司（以下简称川开电气），成为西南地区最大的输配电研制基地。

2015年11月，川开电气与青岛特锐德电气股份有限公司完成资产重组，成为其全资子公司，成功实现了第二次创业；2020年，全面建成智能电气设备研发制造基地，正式开启公司的第三次创业。

（二）企业主营业务及经营效益

川开电气专业从事输配电成套设备研发、设计、制造、销售、安装、技术咨询、融资租赁等一体化服务，产品包括252kV及以下高中低压智能开关设备、110kV预装式变电站、35kV充气开关柜、CMD190核级成套设备、微电网系统、智慧能源管理系统等，同时承接融资租赁、电力工程总包施工、智慧能源管理系统、智能运维系统、电力设备维保等服务。

川开电气近年经营效益良好，其中营业总收入：2019年为15.75亿元，2020年为15.56亿元，2021年为18.41亿元。2019—2021年累计利润总额为5.23亿元，累计上缴税金2.26亿元。

川开电气将始终秉承“让能源更智慧、让世界更美好”的使命担当，积极践行绿色低碳发展新理念，发挥输配电设备行业链主企业优势，持续构建高效共赢的产业链生态圈，全力打造中国输配电设备行业百亿级生态平台，成为让社会满意、客户信赖、员工幸福的卓越企业。

二、主要措施

（一）企业绿色低碳发展所处的市场生态

1. 能源供给不稳定，能源利用效率低

国内大部分企业目前仍是采用以电为核心的能源利用方式。能源供给方面，伴随着国内制造业的新一轮发展，用电量激增，加之冬季光伏发电效果较差、水电也进入枯水期，这给电力供应带来了巨大挑战，“限电”时有发生，对制造业的正常运转造成了不小的困扰。为应对市场变化，部分企业开始尝试建设分布式光伏等，以求提供额外的电力供给，但不同能源输入间无法实现互补。通过能源管理平台实现对能源和负荷的双重有效预测，发挥多能源的互补效用，是解决国内能源供需不匹配的良方。

2. 能耗监测水平粗糙，能源计量方式落后

制造业基础设施建设时间较早，底层能耗器具计量方式落后，不具备数字化改造条件，能源利用和监测方式仍相对传统，缺乏完善的能耗监测手段和优化机制，用户端存在节能优化的诉求，但无从下手。

3. 关键能源设备运行缺乏监管，无法掌握全生命周期数据

能源设备特别是供配电设备，是保障企业正常运行的核心。国内目前仍采用人工定期运维和纸质文档保存的模式，一是无法及时发现设备故障隐患，二是关键设备资料易丢失。基于此现状，国内也在探索线上运维的模式。

（二）企业绿色低碳发展战略的制定与解决方案

40多年来川开电气始终秉持可持续发展的绿色理念，以自主研发为基础，以科学管理为手段，发挥公司研发优势，持续引进消化新技术，并借此提升自身实力，不断研制更具有核心竞争力的输配电成套设备，助力企业低碳发展。公司始终坚持低碳发展的理念，并针对产品（气体绝缘交流金属封闭开关设备产品）完成了全生命周期碳足迹认证。

为助力实现“双碳”目标，并解决上述传统制造业能源供给、监测、监管、运维等问题，川开电气结合母公司青岛特锐德电气股份有限公司的箱式电力设备技术，以及特来电新能源股份有限公司的充电桩技术等，开发了川开电气未来工厂智慧能源管理综合解决方案。

1. 方案整体概况

川开电气未来工厂智慧能源管理综合解决方案以分布式BIPV光伏发电为基础，通过“新能源光伏发电－交直流电转换－新能源微电网系统调配－智慧储能系统－智慧用能终端消纳”，形成完整的流程闭环。方案利用边缘计算、大数据、物联网、人工智能等新兴技术，根据用户实际能源需求和负荷特性，通过对水、电、气等多种能源及能耗设备实施全面监控，构建了多种能源最优配置的系统架构，将专业化服务延伸至用户侧，结合了能源管理多能互补的特点，借助网络化和信息化等手段，提供了专业、个性化的综合能源服务，实现能源供需的合理调整和平衡，以及在客观信息基础上的能源实绩分析、能源计划编制、能源质量管理、能源系统预测等作用，最终提高能源利用效率，降低单位产品能源消耗，从而进一步提高经济效益。

2. 分布式光伏发电微网系统

新能源微电网系统是方案依托的主要系统，系统由分布式电源、储能装置、能量变换装置、相关负荷和监控系统、保护装置组成，其能够实现自我控制、保护和管理，既可以与外部电网并网运行，也可以孤立运行。方案通过技术手段在用能端以集成化的“交直柔混联”微电网核心关键装备的创新设计，将企业园区的变、配、用、光、储、充、放各子系统进行高度整合，实现用户侧的就地消纳。实现了分布式清洁能源发电、经济用电、平抑电网接口峰谷差、提高电网侧能效，以及具有与电网系统调度的需求侧友好互动响应的作用。同时，电力电子装置具备柔性调节能力，还兼具调节无功和谐波抑制等电能质量调节作用。

3. 新能源光伏电站

新能源光伏电站是方案的主要能源供给端，光伏电站的发电组件采用国际领先的高效碲化镉（CdTe）光伏组件，应用了BIPV光伏建筑一体化设计方案，直接用光伏组件替代屋顶，其设计寿命可达25年。光伏电站发电组件弱光发电性能优越，在成都地区年有效利用小时数仅为1022h，项目投运后，总发电量可达3865.25万kW·h，年平均发电量约154.61万kW·h，建设项目所发电能优先供给川开电气厂区生产使用，剩余电量返送电网销售，按照分布式光伏发电系统设计，自发自用余电上网模式报装。

4. 模块化储能系统

模块化储能系统采用3.0版微网系统设计理念，储能变流器PCS按照模块式设计，功率单元全部采用15kW和60kW两种规格模块并联方式组成，模块支持热插拔，并采用“N＋1”冗余设计，方便储能系统快速、简单、可靠运维。储能电池采用磷酸铁锂电池，使用安全，能量密度高，循环寿命长。模块化设计具备多个技术优势：分组充电，满足梯次电池与新电池混合使用；隔离工作，最大化保障储能电池之间安全工作；系统中的模块可以复用，电动车、储能电池组共用充电模块，经济效益更佳。

5. 水蓄冷储能系统

水蓄冷储能技术是将夜间电网多余的谷段电能、非工作日太阳能发电与水的显热相结合来蓄冷，并在白天用电高峰时段使用蓄藏的低温冷冻水提供办公用冷：空调主机晚上谷段电价制冷通过蓄冷槽蓄冷，高峰电价时段空调主机尽量不开机，为电网“移峰填谷”而节约电费支出，可有效起到调节微电网及储能作用。其具备多个技术优势：投资相对较少、系统简单、维修方便、技术难度低；可使用常规空调制冷系统，冬季可用于蓄热；可利用消防水池、蓄水设施或建筑物地下室作为蓄冷容器，适用于现有常规制冷系统的扩容或改造，经济效益更佳。

6. 电动车充放电系统

电动车充放电系统既可实现对电动车充电的功能，也可将电动车的电释放到电网，系统接入特来电充电网云平台管理，用户充电过程可接受充电网调度充放电，谷价时段充电费用更低，峰价、停电时段放电节约工业电费。未来电动车大规模应用以后，全国电动车作为分布式电源点并网工作，亦可支撑大电网可靠运行。

（三）方案线下应用场景

1. 高科技产业园区

（1）利于发展建筑光伏：高科技产业园区内楼房屋顶、玻璃立面、室外车棚均为良好适用的光伏发电场景。

（2）电动汽车规模聚集：园区公共停车场是未来电动汽车驻车时间最长的场景，充分发挥“人－车－网”的友好互动，实现电动汽车有序充放电，对园区负荷与用电平衡有重大积极意义。

（3）典型的峰谷差用能：工业用电特性，峰谷差大，用电成本高。

（4）存在大量直流负载：电动汽车、智能空调、LED 照明、计算机等大量直流负载的普及，对直流用电需求高。

（5）重要负荷保障供电：机房、数据中心、精密仪器仪表等需不间断提供供电支持。

（6）多能互补综合节能：有效利用建筑光伏、汽车充放电、地热、燃气以及多类型储能技术，综合提高能效利用。

2. 公共服务机构

在医院、银行、政府机构等关键用户建设供电系统，内部具有重要和敏感的供电负荷，对供电可靠性和供电质量要求很高，一旦非计划停电会造成较为严重的供电事故。因此对这类用户的供电设计，需要重点考虑重要负荷的供电可靠性。在设计原则上需要注意：

（1）电网电源按照双回路或多回互供的冗余设计保障，并通过自动化切换装置实现主电源和备用电源的自动投切。投切过程的中断间隙可以通过储能系统来实现过渡，保障重要负荷“永远在线”。

（2）重要负荷的供电支路和其他负荷要进行区分，储能系统直接连接在重要负荷，并处于热备用状态。

（3）储能系统和分布式发电系统联合优先保障电网的非计划停电后的重要负荷供电，储能电池容量的配置，需满足重要负荷在电网停电时间的连续供电需求。

（4）储能系统同时考虑具有大速动态响应能力超级电容和储能电池的组合储能介质，来保障过渡过程的连续无缝切换。

（5）储能系统的电力电子变换设备，兼顾电能质量保障，对系统中的无功、谐波、电压波动进行实时补偿，保障敏感性负荷的用电电源质量。

（6）电动汽车可以作为后备储能供电，通过调用车用电池储能来延长备用时间，提供临时和应急的供电。

（7）能源管理系统和在线监测装置具有可靠的监测和数据分析预测手段，具有自动方式和人工计划方式来应对正常计划停电检修和非计划停电的管理策略。

3. 公寓楼

（1）发展建筑光伏：公寓楼房屋顶、阳台玻璃立面、室外车棚是良好的本地化绿色光伏发电场景，实现本地化循环能源利用。

（2）电动汽车规模聚集：公寓楼基本满足业主车辆与车位的1∶1配置，充分发挥“人－车－网”友好互动，实施电动汽车有序充放电，避免晚高峰集中用电，实现配电网高效工作与功率负荷平滑，降低配电网容用比，降低居民用电费用。

（3）峰谷用能说明：公寓居民无峰谷差电价或者有小的峰谷差电价，例如：居民多在晚上使用家电及给电动车充电，使晚上产生用能达到功率高峰。

（4）存在大量直流负载：电动汽车、智能空调、LED、计算机等家庭其他直流负载的普及，对直流用电需求高。

（5）重要负荷保障供电：公寓主要保障防盗系统等安防设备不间断供电。

（6）多能互补综合节能：有效利用建筑光伏、汽车充放电、地热、燃气以及多类型储能技术，综合提高能效公寓的能源利用效率，降低用能成本及保障可靠供电。

三、实施效果

（一）方案节能降耗详细情况

1. 用能经济效益指标

川开电气未来工厂智慧能源管理综合解决方案，通过多种能源系统的引入，并对用能设备进行优化配置，每年可节省用能费用约181万元。具体如表1所示。

表1　智慧能源各子系统经济收益总表

系统项目	光伏发电系统	水蓄冷系统	储能系统	电动汽车充放电系统
年度节省（万元）	89.21	80.76	2.98	8.04
投资回款周期（年）	6.41	1.04	6.71	4.8

2. 能耗减排效益指标

配置未来工厂智慧能源管理综合解决方案后，通过数字化监控和能源分布管理，及时洞察生产环节中能源浪费、利用率低等问题。如图1所示：2020年，企业能耗较2019年减少454.07吨标准煤（依据《综合能耗计算通则》〔GB/T 2589－2020〕），能耗节约33.23%，万元产值能耗降低率32.46%。同时，光伏系统年均发电量154.61万kW·h，折算190.02吨标准煤；累计减排644.09吨标准煤。节约能耗可为本地中小企业发展提供更大支撑。

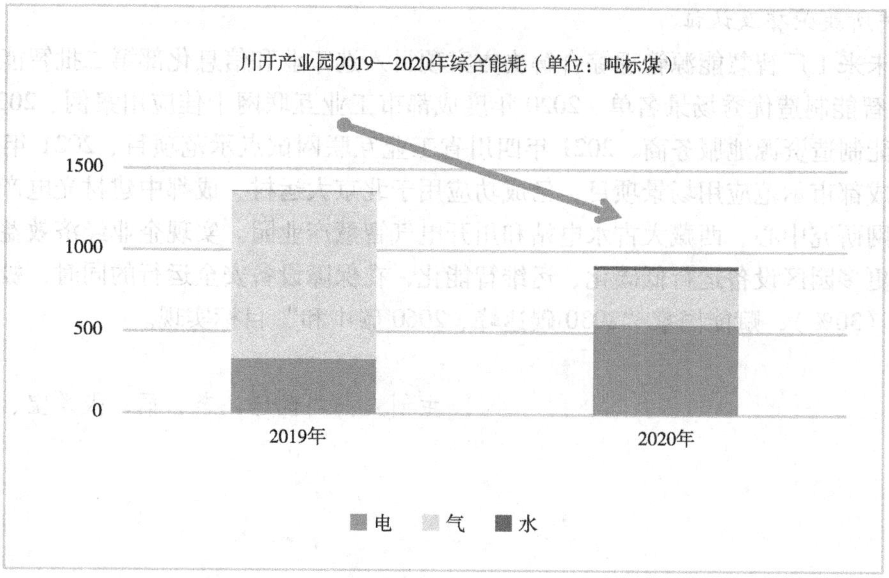

图1 川开电气智慧产业园区2019—2020年综合能耗

3. 电网调峰公益指标

川开电气智慧产业园区利用水蓄冷空调、储能、电动汽车充放电等各子系统负荷，进行夜间储能、日间放能，实现局部电网调峰填谷，夜间峰谷电力利用率达29.39%，远超制造业平均水平，较传统制造工厂提升291.82%，极力改善电能利用品质，提高地方电力系统稳定性。川开电气2019年8月29日（传统工厂）与2020年11月5日（能源管理接入）用电分时对比如图2所示。

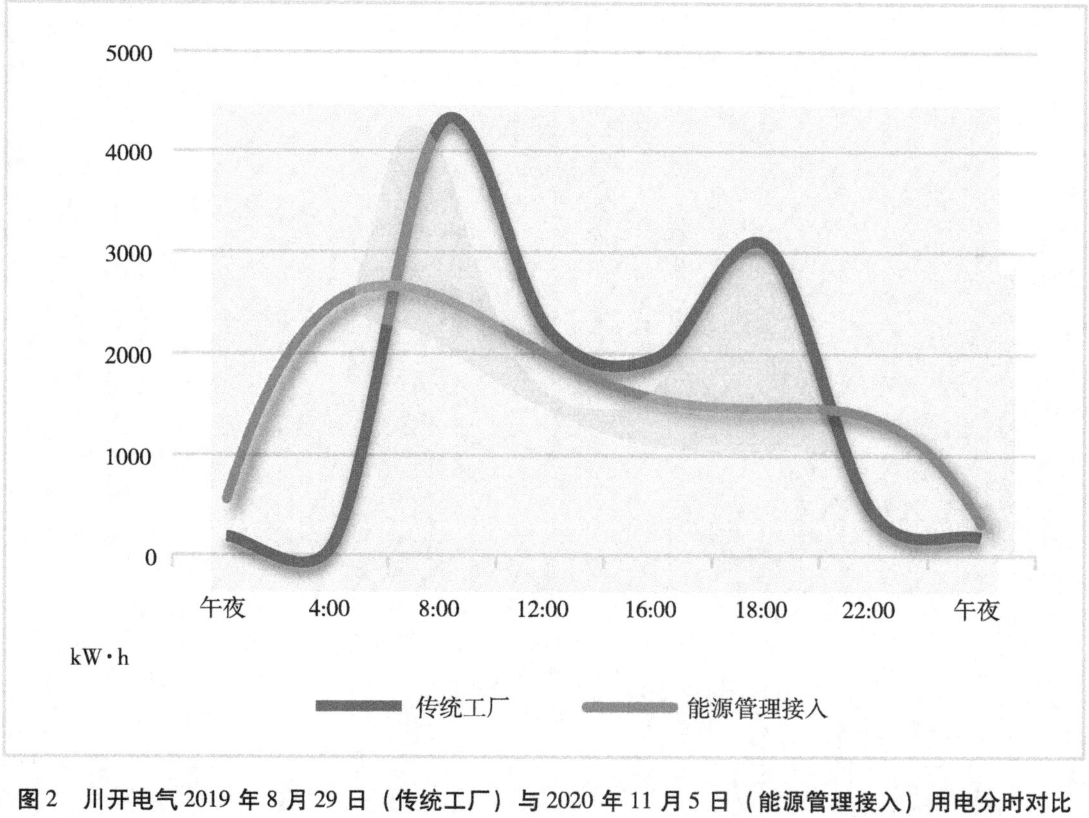

图2 川开电气2019年8月29日（传统工厂）与2020年11月5日（能源管理接入）用电分时对比

（二）系统所获荣誉及认证

川开电气未来工厂智慧能源管理综合解决方案项目入选工业和信息化部第二批智能光伏试点示范名单、2021年度智能制造优秀场景名单、2020年度成都市工业互联网十佳应用案例、2021年成渝地区工业互联网及智能制造资源池服务商、2021年四川省工业互联网试点示范项目、2021年度省级服务型制造示范项目、成都市示范应用场景项目，已成功应用于北京大运村、成都中建材光电产业园、四川大学泛在电力物联网研究中心、西藏大古水电站和川开电气智慧产业园。实现企业经济效益、降碳效益、调峰效益，助力更多园区设备运行低碳化、运维智能化，在保障设备安全运行的同时，极大降低园区用能和碳排放成本（30%），赋能国家“2030碳达峰、2060碳中和”目标实现。

主创人：刘世旭、李　军、张爱宝、鄢　俊、刘良宇

多氟多以智能化为支撑的新材料开发和新能源体系建设

多氟多新材料股份有限公司

一、企业概况

多氟多新材料股份有限公司（以下简称多氟多）成立于1999年12月21日，2010年5月18日在深交所挂牌上市，股票代码002407。公司致力于氟、锂、硅三个元素细分领域的材料和能源体系研究及产业化，是国家高新技术企业、国家技术创新示范企业、国家知识产权示范企业、国家创新型试点企业、国家级氟资源循环利用循环经济标准化试点企业、中国氟硅行业领军企业。公司荣获全国先进基层党组织、国家科技进步二等奖等荣誉，是国际ISO/TC 226氟化盐工作组召集单位，主持制定ISO/TC 333六氟磷酸锂国际标准；现有控股子公司19家，员工8000余人。

公司依靠技术创新，走出了一条技术专利化、专利标准化、标准国际化的创新道路。申报专利近千项、软件著作权30余项；主持制/修订100余项国家、行业标准；拥有国家博士后科研工作站、国家认可实验室、国家技能大师工作室等研发平台；先后承担国家"863"计划、战略性新兴产业、工业强基工程等国家级项目23项，获得科技成果30项。

多氟多主营业务为氟基新材料、新能源材料、电子信息材料和锂电池。产品广泛应用于电解铝、半导体集成电路、光伏、TFT液晶屏幕、电动汽车等领域。公司秉承"做全球氟材料行业引领者"的企业愿景，聚焦新能源、新材料，探求氟在人类生活和工业应用中的无限可能，运用数字化技术，为推动氟化盐可持续发展、半导体高端材料国产化、新能源产业绿色发展贡献智慧。

当今世界面临百年未有之大变局，国际环境日趋复杂，不确定性因素明显增加。在新发展阶段，我国发展环境面临深刻复杂变化，必须坚定不移贯彻创新、协调、绿色、开放、共享的新发展理念，构建"以国内大循环为主体、国内国际双循环相互促进"的新发展格局。多氟多牢固树立新发展理念，围绕"节能减排、流程优化、提质增效、绿色循环"等管理目标，以智能制造、转型升级为引领，通过建立系统、全面、直观的大数据智慧云平台，逐步推进生产智能化、管理精益化、物流智慧化，加快实施产业转型升级，促进企业高质量发展。

二、主要措施

多氟多以六氟磷酸锂为突破口，叩开新能源的大门，站在化学元素周期表的高度进行新能源体系研究；遵循"质量守恒"和"能量守恒"两大定律，进行能源循环体系研究，提升资源利用效率和节能降碳水平；借助信息化、智能化手段，实现能源从数字化采集、可视化呈现、自动化分析到智能化调度的全生命周期智慧管控，以此形成涵盖制能、储能、用能、节能全过程的智慧能源体系研究。

（一）以新能源产业牵引新材料，以新材料支撑新能源产业

多氟多瞄准新能源产业发展方向，站在新能源体系的高度看待新材料，更好地把握产业发展趋势。以锂电池产业牵引新材料发展，打造"护城河"，以新材料支撑锂电池产业发展，实现自我超越和重点突破。围绕新能源产业链，部署创新链，推动"产学研用金"全链条融合发展。以数字化、智能化为支撑，围绕国家中长期科技发展规划，进行节能减排、可再生能源开发、能源新技术和能源经济战略研究。充分发挥自身产学研结合优势，与高校、科研院所紧密合作，聚焦原创性技术、迭代性技术、颠覆性技术，深入研究各元素之间相互关系及背后逻辑。依据元素周期表，以右上角最活泼的氟元素，结合左上角的氢、锂、钠高能元素，开展能源材料研究和能源体系开发。

（1）“制能依氢”：多氟多依托氟材料产业优势，瞄准“卡脖子”工程，重点开发具备低成本、高性能、轻薄化等优势的质子交换膜，实现国产化替代。质子交换膜是氢燃料电池的核心材料，全氟磺酰质子交换膜材料具备机械强度高、化学稳定性强、在低温下电流密度大、高湿度下导电率高、质子传导电阻小等特点，是质子交换膜材料的主流，目前为国外企业所垄断。

（2）“行之有锂”：多氟多自主研发的软包叠片45AH、55AH三元体系电池，具有高能量密度、长循环高温性能优势、高安全等性能优势。凭借软包电池安全性好、能量密度高的优势，主攻微型乘用车市场，已应用于广汽、上汽通用五菱、奇瑞等主流企业，产品性能优异，具有很强的市场竞争力。多氟多还重点开发了二氟磷酸锂、双氟磺酰亚胺锂等新型电解质锂盐，以及含氟高分子聚合物、含氟添加剂、硅碳负极和无钴正极材料，研究开发高安全、低成本锂离子电池体系并实现产业化，为社会提供最前沿的能源解决方案。

（3）“坐地为钠”：多氟多重点围绕六氟磷酸钠、正极、负极以及电池应用进行工艺研究开发，解决工程化及系统应用瓶颈，满足高能量、长循环的目标，探索应用更加广泛、性价比更高的钠离子电池体系。目前开发的六氟磷酸钠已经批量稳定供应市场，并与山西阳泉上市国企华阳股份就六氟磷酸钠、钠离子电池等项目进行深度合作。

（二）加强电池梯级利用和拆解回收，实现资源循环利用

随着新能源汽车的日益普及，锂电池在新能源汽车上的应用带动了锂电池的生产。废旧锂电池越来越多，而资源却愈加紧张，环保要求日益严格。锂电池梯级利用和回收处理，有助于形成“生产－回收－再生产”的循环产业链，有利于解决废旧锂电池污染和废物利用问题，实现新能源产业可持续发展。

锂离子电池由正极、负极、电解液、隔膜、集流体、外壳等部分组成。首先对废旧锂电池彻底放电后进行拆解，除去外壳，分离正极、负极、集流体、电解液等，然后进行下一步回收。多氟多是站在元素周期表的高度进行能源体系研究，对元素的认知更加深刻，能够通过化学反应等方式将元素回收，制成新的产品，提高元素回收率，形成循环产业链。

（1）正极材料回收：锂电池以含锂的化合物作为正极，通常为锰酸锂、钴酸锂、磷酸铁锂、镍钴锰酸锂等材料，占电池总成本的40%。如果将正极材料中的镍、钴、锰等进行有效回收，变废为宝，实现材料的循环利用，既可以缓解矿产资源危机，实现可持续发展，又能带来巨大的经济效益。采用有机溶剂溶解法将活性物质与集流体分离。比如，N－甲基吡咯烷酮（NMP）可溶解掉正极材料中的有机黏结剂聚偏氟乙烯（PVDF），从而将活性物质从铝箔上剥离下来。在完成分离后，通过化学反应直接生成正极材料，不需对镍、钴、锰、锂等元素进行分离，简化生产工艺，节约原料成本，元素利用率高，提高经济效益。

（2）负极材料回收：锂电池负极材料种类繁多，目前应用较多的是碳、石墨类，硅碳负极也有研究，但应用比较少。通过锤振破碎、振动筛分与气流分选组合工艺可实现废锂电池负极材料中金属铜与碳粉的资源化利用。锤振破碎能有效实现碳粉/石墨与铜箔相互剥离，再根据颗粒间尺寸差和形状差振动过筛初步分离铜箔与碳粉。铜箔在大于0.250 mm粒级范围内富集，而碳粉在小于0.125 mm粒径范围内富集，根据粒径不同可直接进行回收利用。对于粒径为0.125～0.250 mm的破碎颗粒，采用气流分选法实现铜与碳粉间的有效分离，最大限度地实现废锂电池负极材料资源化利用。

（3）电解液及隔膜回收：锂电池电解液占电池成本15%左右，含有丰富的锂离子，回收价值较高。聚碳酸酯相对介电常数较大，有利于锂盐的溶解。将电解质和隔膜在聚碳酸酯溶剂中浸泡一段时间后，回收得到的电解质六氟磷酸锂可重新用于电池。

（三）打造智慧能源一体化平台，实现节能降耗增效

多氟多旨在运用云计算、边缘计算、物联网、互联网、人工智能、大数据分析、数字孪生等数字化技术、工具，打通研发、生产、运营过程中的数据烟囱和数据孤岛，从纵横两个方向实现快速研发、高效生产、稳定应用，推进能源生产与消费模式革命，重构能源行业生态。打造智慧能源一体化平台，对产品的研发、设计、工程、生产运营全寿命周期进行能耗智慧管控，实现产品单位能耗的降低，提升产品能效比。

（1）研发阶段：通过寻找产品本身的节能生产方式，实现产品能耗降低，再次通过优选、优配生产设备对各类生产设备进行能耗仿真，寻找能耗最优的设备组合。同时还可对生产设备进行优化模拟仿真，通过改变设备部分功能、外形、构造等，实现设备能耗的大幅下降。通过模拟不同生产流程寻找效费比最高的生产流程，实现产线级的节能降耗。整个研发阶段利用大量的模拟仿真软件对生产产品本身、生产设备、生产环境等各类因素进行模拟，实现产品生产过程的本质降耗。

（2）设计阶段：设计阶段的主要任务是通过应用各种信息化、数字化、智能化技术、工具、手段结合智能设计软件将研发阶段的模拟仿真结果（一般为计算表）落实在图纸上，在保证模拟仿真成果落实的同时，还要使用大量的节能降耗技术对产线附属设施进行节能。例如，在进行厂房设计时针对不同的层用功能进行厂房内部结构和建筑材料的定制化设计（包含但不限于通风结构、保温结构、保温材料的定制化设计）。

（3）工程实施阶段：保证设计预想的物理落实，进行大量模型开发。在模拟仿真阶段和设计阶段会形成大量的系统功能描述和关键参数指标，以此为基础搭建大量的功能模型用于实现研发预想。在功能模型搭建的同时，开发大量的能源检测、能源分析等相关模型，用以实现智慧用能。

（4）生产运营阶段：将产生大量的实时数据用于驱动各类模型，实现产品生产过程的自动化、信息化、智能化。利用接入实时能源数据的能源检测模型、能源分析模型，实现对产线能耗的实时监测和智能分析，为产线节能提供决策帮助。

智慧能源一体化平台是从研发、设计、工程、生产运营四个维度对产品、设备、产线进行节能优化，并以数字化交付的形式实现成果输出、呈现，主要是对生产制造过程的节能降耗，降低生产成本。

三、实施效果

多氟多认真落实科学发展观，积极贯彻节能减排政策，持续深入开展节能减排工作，积极探索节能减排新途径，加大科技研发和经费投入力度，建立健全节能减排考核机制，不断从资源综合利用、节能节水、清洁生产、污染防治等各个方面提升企业绿色化水平，持续推进绿色工厂创建工作，取得了良好的经济、社会效益，为公司和地方经济快速发展做出积极贡献。

多氟多绿色智能工厂的建立，不仅验证了多氟多产业的数字化转型之路的正确性，同时提升了产品的生产效率。无水氟化铝单线产能由原来的 3 万吨/年提升到 6 万吨/年，效率提升 100%；通过能源计量、分析系统寻找到氟化铝生产的最佳能耗比，天然气单耗由 24 立方米/吨减少到 5 立方米/吨；蒸汽单耗从 0.41 吨减少到 0.2 吨，实现每吨氟化铝节能 7%；通过大数据分析系统寻找最佳工艺参数，将氟化铝产品一致性由 90% 提升至 98%；减少新鲜水用量 6000 吨/年，减少废水排放量 1.8 万吨/年，削减污染物排放量 COD 0.18 吨/年，回收氟 6560 吨/年。对含氟废水进行综合利用，产生了良好的经济效益、社会效益和环境效益，对行业的清洁生产起到良好的示范作用。

六氟磷酸锂采用 BIM 技术进行数字双胞胎正向开发，提升项目设计和工程施工效率 30% 以上，43 天完成厂房建设，三个月完成设备安装，半年实现投产，创造多氟多项目建设的“雷神山”速度。其推进六氟磷酸锂智能化车间项目产业化，实现生产数字化、可视化，安全、环保、能源、生产过程数据 100% 实时可视，能源消耗降低 20%，人均劳效提升 50%。运用智慧能源系统提高能源利用率，减少环

境污染，实现“三废”治理达标排放。

多氟多的循环产业体系和智慧能源一体化平台建设效果显著，成果丰硕。2017 年多氟多新能源锂电池智能制造车间被列为“国家智能制造新模式新标准应用”专项，同时参与国家锂电池智能制造行业标准制定，氟化盐生产线入选 2018 年河南省优秀智能化改造项目名单。多氟多成为河南省石化联合会智能制造推进联盟理事单位，荣获河南省“节能减排科技创新示范企业”、河南省“智能制造标杆企业”、e – works“中国标杆智能工厂”、工业互联网大赛“全国百强”等诸多荣誉。一个绿色、低碳、智能的多氟多正在以崭新的形象展示给世人，并形成良好的外部效应，赋能行业，实现石化行业共享、共赢。

主创人：李世江、李云峰、李凌云、张小霞、徐 达

“氢光储直柔”智慧园区综合能源应用案例

格力电器（杭州）有限公司

一、企业概况

（一）企业简介

珠海格力电器股份有限公司（以下简称格力电器）成立于1991年，是一家多元化全球型工业集团，集研发、生产、销售、服务于一体的国有控股家电企业。具有14大生产基地，9万名员工，拥有格力、TOSOT、晶弘三大品牌，产品全面布局，横向包括了空调、生活电器、高端装备、通信设备四大领域，纵向形成了从元器件、加工设备到产品以及老旧产品回收整个产品生命周期的研发、生产制造、合理回收的良性生态系统。

格力电器始终坚持“让天空更蓝、大地更绿”的绿色生产经营理念，2009年，自主研发的光伏直驱离心机系统被鉴定为“全球首创，国际领先”；2021年4月30日，基于光伏技术研究基础的格力“零碳源”空调技术获全球制冷技术创新大奖赛最高奖，成为唯一获奖的中国企业。同时其一直致力于打造“绿色城市”“安全城市”，并在产品技术研发和应用布局方面有较好成果。

格力电器（杭州）有限公司（以下简称杭州格力）成立于2016年4月，占地约1400亩，总投资75亿元，位于钱塘区临江高新技术产业园区，是格力电器在全球兴建的第11个生产基地，主要生产空调分体机、多联内机、窗机以及除湿机等产品，规划年产能逾500万台套。公司内销立足浙江，辐射华东、华中地区；出口主要面向全球出口市场，以东南亚、日本为主，致力于打造格力电器最大的出口基地。

（二）基础环境

1. 硬件基础

杭州格力是格力电器工业互联网先进的制造基地之一，亦是能源互联网重点示范园区，从规划初期就致力于打造“安全”“绿色”“智能”工厂，一直在积极探索光储充一体化、网荷互动、直流配网及多能联供等新型技术的应用。基础设施建设按高标准打造，进行了以下改造。①“零碳”照明系统：采用“零碳”光伏储能LED灯；②“光储直柔”楼宇：规划“直流－交流”双路供电线路，可更好地实现“交－直”融合；③绿化：采用“海绵城市”设计，更好地利用水资源；④景观：采用“镜面水”设计风格，环境优美。

2. 软件基础

园区建设有数据集控中心，对生产和能源变化情况实时监控，涉及能源信息已搭建的有：①能源管理平台；②高效制冷机房控制系统；③制氢站综合运管系统；④光伏发电监控系统；⑤储能调峰信息化系统；⑥暖通运管监控系统。

二、主要措施

（一）建设内容

项目搭建主要围绕“风光储氢多能耦合”系统运行关键技术优化和应用，充分利用江东柔性直流电源系统及钱塘江畔丰富的风能和光能，系统地搭建绿色高效智造和新能源就地消纳的“氢电耦合+柔性直流配网+氢冷热电”“四联供+氢/电储能调峰+光储空”“高效暖通+分布式光伏+智慧能源平台”七维一体互联互通、多向流动的“氢光储直柔”智慧园区系统，以丰富园区能源结构、提升园区能源系统运行效率、扩大清洁能源就地消纳空间、提高网荷互动能力，实现新能源就地消纳、多能互联互通的低碳高效综合能源应用示范“零碳+高效”园区。

（二）项目背景

1. 国家“双碳”目标愿景

2020 年 9 月，习近平主席在第 75 届联合国大会提出我国 2030 年前碳达峰、2060 年前碳中和目标。2021 年政府工作报告中指出，要扎实做好碳达峰、碳中和各项工作；制定 2030 年前碳排放达峰行动方案。在“双碳”目标愿景下，能源结构调整势在必行。

2. 杭州亚运会绿色低碳举措

为深入落实“双碳”战略，杭州亚运会于 2022 年 4 月提出打造首届碳中和亚运会目标，将秉持“绿色、智能、节俭、文明”的办会理念，把“绿色”置于首位。绿色，即要积极倡导在场馆设计、建设中体现绿色、低碳、节能、环保及可持续利用。围绕杭州亚运会“绿色、智能、节俭、文明”办赛理念，格力电器以“智能制造”和“绿色生产”为主阵地，把“可持续性管理”作为核心理念和基础性原则，建设智能制造工厂的同时，还积极打造推动低碳高效能源系统的应用示范，为实现“绿色亚运”“零碳亚运”添砖加瓦。

3. 变频技术发展

近年来，随着电力电子技术的进步、5G 网络通信技术的发展，电能终端用户的用电形式与用电需求发生了很大变化，用电设备中的直流负荷所占比重越来越大，约占总负荷的 75%。直流电机、电动汽车、5G 基站等直流负荷，以及电冰箱、空调等采用变频技术的交流负荷，需 AC/DC 变换或 AC/DC/AC 变换接入交流配电网，造成大量的转换损耗。

4. 企业用能现状

企业存在优化和聚集工业生产能源供应结构和新能源应用模式单一，柔性供电能力差，变频“交 – 直”转换能源损失和供电负荷不平衡等问题。

（三）技术先进性

围绕“风光储氢多能耦合”系统运行关键技术优化和应用，以绿色可再生能源制氢和直流发电应用为主线，系统地对园区级氢能和直流供电技术应用进行场景搭建，扩大新能源应用空间和实践经验沉淀。

（1）浙江省内首个站内可再生能源制氢、储氢、用氢综合能源示范项目，是体现氢能全产业链的典型示范。

（2）浙江省内“电网谷电+新能源制氢”与氢燃料电池发电的耦合，实现电网调峰与新能源就地消纳。

（3）浙江省内首个质子交换膜燃料电池冷热电联供典型应用场景，对推进国内氢燃料电池综合应用效率提升研究具有重要意义。

（4）浙江省内首个工业多场景高效、可靠、智能的直流配用电系统应用研究，体现直流网荷典型示范。

（四）主要结论

本项目建设一套结合“柔性直流配电网络 – 新能源制氢 – 储能调峰 – 燃料电池发电”等多元素耦合系统，可兼顾电网调峰、新能源消纳、氢能利用、园区能源数字化管控多方面功能，提升本区域电网的灵活性、安全性。

（五）项目技术方案

1. 总体思路

本项目拟依托电网直流配网、风力、光伏发电制氢和储能系统，构建高效、可靠和稳定供电的“可再生能源制氢－电化学储能－燃料电池热电联供－综合能源管理平台”，实现电、光、热和氢的清洁互联互通高效供应。

以绿色光伏直流为主线，将高效直流配和零碳氢能等应用串联起来，在区域内形成“氢电耦合+柔性直流配网+氢冷热电”“四联供+氢/电储能调峰+光储空”“高效暖通+分布式光伏+智慧能源平台”七维一体互联互通、多向流动“高效低碳”的综合能源示范园区，共建设14个应用场景。

2. 能源互动流向

（1）技术应用涵盖：氢能、直流、储能及暖通等方面（见图1）。

（2）场景应用涵盖：社区、家居、楼宇、工厂和交通运输等方面。

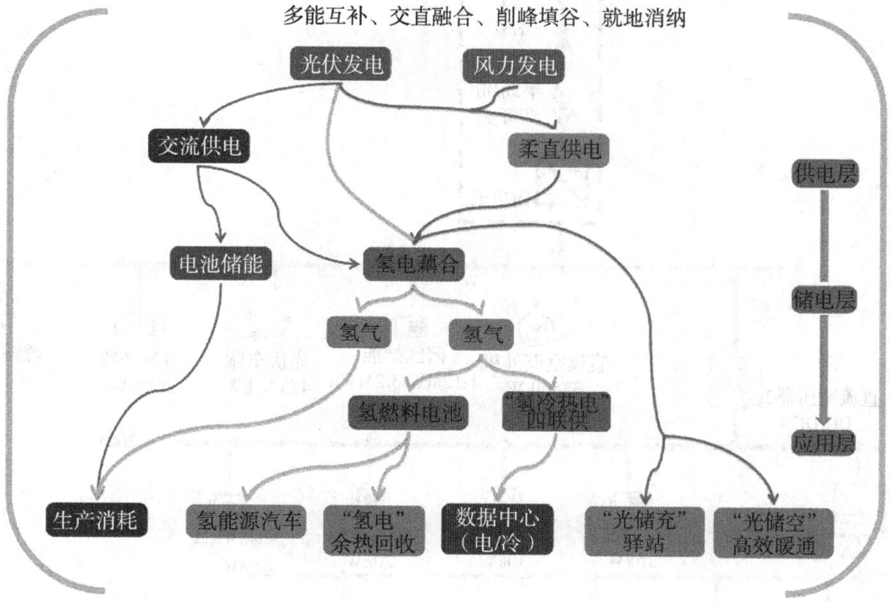

图1　整体项目能源流向

3. 柔性直流配网技术方案

（1）规模范围。

项目预计建设2MW直流配用电网，位于杭州格力园区内部。

（2）总体规模。

本工程拟以办公楼为主体，将光储充车棚、直流周转车充电器、直流家电生产线等接入直流系统，搭建浙江首个直流工厂应用示范系统，内容包括：①建设10kV直流配电房一个，电源取自杭州大江东直流配网工程；②建设10kV转750V的直流变换站1台，规划容量2MW；③建设380V交流转750V直流换流站1台，容量2MW；④建设光储充车棚一套，包含3台360kW的大巴车充电桩，200kW充电器；⑤园区内DC750直流配电工程；⑥办公楼DC750－DC400－DC48直流配电工程，主要包含直流暖通系统、直流照明系统、直流办公系统、直流数据中心；⑦直流家电生产线一条；⑧直流“零碳健康家”生态体验展厅工程。

（3）负荷状况。

杭州格力园区的直流负荷资源非常丰富，其中规划办公大楼的暖通及照明直流负荷500kW，大巴车充电桩3台，每台功率为360kW，物流车充电器直流负荷约200kW，总直流负荷合1780kW，急需接入直流电网，用以降低系统损耗，提高园区用电的效率，打造高效绿色用能园区。

（4）直流接入方案。

直流接入方案采用在园区内20kV间隔新增一个交直流转换间隔，作为直流供电的后备供电方案，此外从大江东直流电网引入一个直流供电间隔，为园区直流供电提供主电源，具体拓扑如图2所示。

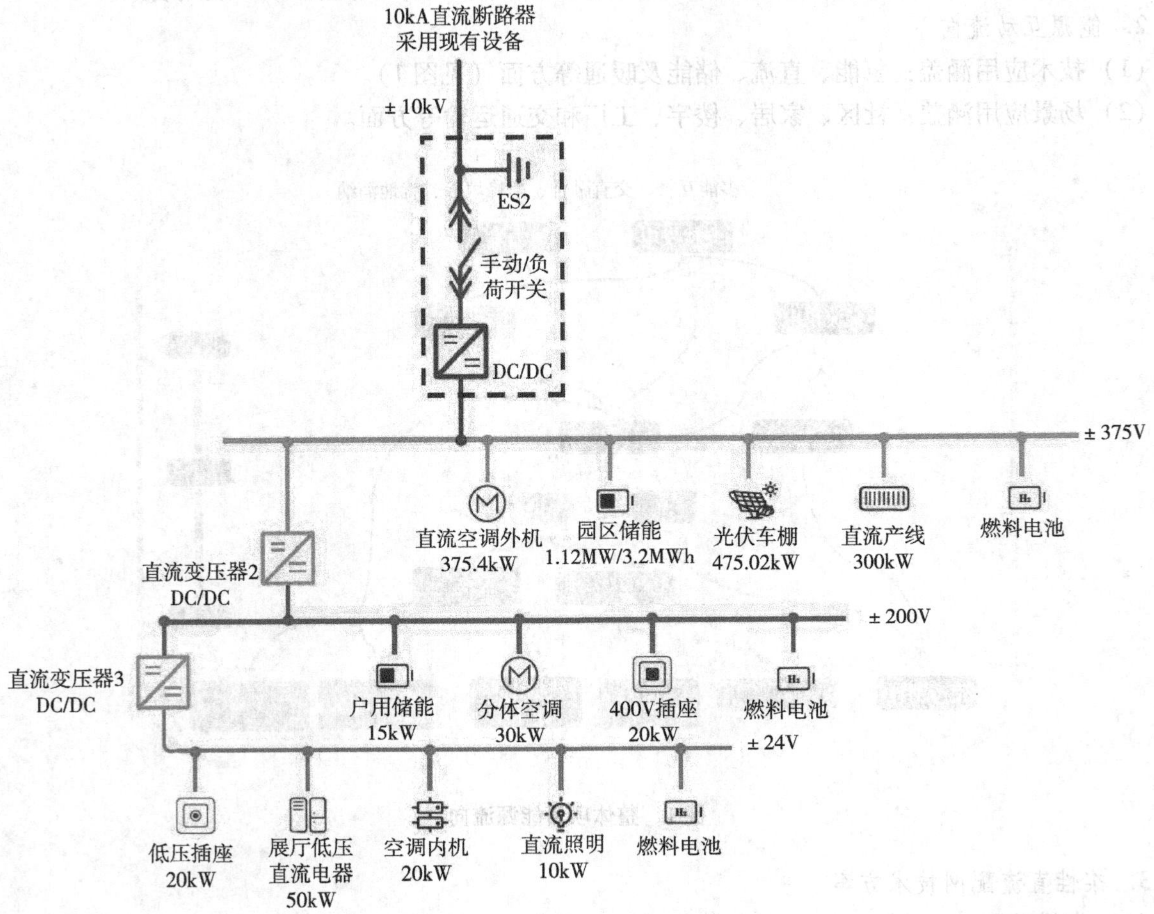

图2　园区柔性直流配网拓扑

（5）直流暖通方案。

办公楼使用直流多联机及直流内机，其中外机使用DC750V供电，内机使用DC48V供电，多联外机制冷量为1377.5kW，功率为375.6kW。

4. 氢电耦合技术方案

（1）规模范围。

项目预计建设产氢量200Nm³/h碱水电解制氢，主要利用光伏与电网谷电制备氢气和氧气，其中，氢气供杭州格力园区内氢燃料电池和氢燃料物流叉车使用，氧气供杭州格力园区内空调生产焊接助燃。氢燃料电池可依托稳定的氢气供应在用电高峰时段发电上网，缓解园区用电紧张，其发电余热可供高温注塑及数据中心使用，实为制氢、储氢及用氢全产业链典型示范。

（2）总体规模。

①建设一套200Nm^3/h碱水电解制氢+加氢+储氢系统；②配套30kW质子交换膜燃料电池发电调峰和余热回收应用系统；③配套直流网络机房和30kW质子交换膜燃料电池冷热电联供系统；④配套技术改造园区氢燃料物流叉车和观光车等运输工具；⑤配套100Nm^3/h氧气提纯及增压系统。

（3）氢电耦合系统概述。

该氢电耦合综合能源系统紧密联系江东柔性直流电源系统，也把其作为主要用电来源。流电源系统，江东柔直流有清洁能源，电网谷电部分为新能源机组，主要由电解水制氢系统、储氢加氢系统、燃料电池发电系统、热管理系统、控制保护系统等构成。其工作方式为：将日间高峰时段（9:00至15:00）新建的3MW光伏电、夜间（22:00至次日8:00）谷电进行电解水制氢，纯化后的高纯氢气进行增压存储；在用电高峰时，一部分高纯氢气通过燃料电池产生稳定的直流电并入直流微网，同时燃料电池发电过程中产生的余热供园区数据中心使用；通过20MPa氢气压缩机加压存储至20MPa储氢瓶组；再通过45MPa增压机、加氢机为园区内燃料电池物流车提供加氢服务，从而实现用户侧的电、热和氢的清洁供应。

（4）接入系统方案。

本项目利用杭州格力园区西侧停车场北面空地，新建一套氢电耦合综合能源系统，接入杭州大江东格力电器智能柔性直流配网。本项目新建一套电解水制氢设备，规模为200Nm^3/h，其用电功率为1300kW；氢气增压机用电规模为2×250kW；2套氢燃料电池规模为2×30kW。其余负荷有控制及保护系统10kW，其他交流负荷150kW。已建设3MW光伏发电系统，二期再建设一套7MW光伏发电系统。

考虑到项目与柔直变压器（容量2000kW）紧邻，新建±375V配电装置，接入柔直变压器低压±375V侧，预留1回出线至杭州格力园区±375V直流母线，本项目的直流设备汇集至±375V直流配电柜。新建1台20kV/±375V交流/直流变压器（容量2500kVA），通过20kV交流母线接入20kV寒冰开关站，远期3MW光伏接入20kV母线，氢气增压机用电规模为2×250kW及其他交流负荷通过1台20kV主变接入20kV母线。远景预留3MW光伏接入20kV间隔。接入系统工程量为：①新建1回直流电缆接入杭州格力园区±375V柔直变压器，电缆路径长度为20m；②新建1回20kV交流电缆接入寒冰开关站，电缆长度700m。

（5）氢电耦合系统方案。

①电转氢方案。将3MW光伏发电系统，接入本项目20kV交流配电装置，将日间（9:00至15:00）富余的光伏电供水电解装置制氢，将该时间段富余的光能转化为氢能进行增压存储。此外，利用园区内已建柔性直流和20kV交流系统进行夜间（22:00至次日8:00）谷电制氢，实现富余光能和谷电转化为氢能存储。

②氢转电方案。风、光伏发电和谷电通过水电解制氢转化为氢能增压储存，在用电高峰时，一部分氢气供氢燃料电池系统产生稳定直流电并入直流微网。本项目拟建设1台30kW固体氧化物燃料电池和2台30kW质子交换膜燃料电池，其中发电效率为50%，制热效率为40%。

③站控系统（SCADA系统）。整站控制系统主要由工艺控制系统和技防监控系统构成，利用Ethernet及MODBUS等通信网络，最终实现以SCADA系统综合调度功能与工业网络通信相结合，为加氢车辆提供清洁、绿色的能源，保证整站安全稳定运行。SCADA系统，即数据采集与监视控制系统，是以计算机为基础的生产过程控制与调度自动化系统，它可以对现场的运行设备进行监视和控制，以实现数据采集、设备控制、测量、参数调节以及各类信号报警等各项功能。

该系统主要包括：制氢装置信号采集监控；压缩机系统信号采集监控；加氢机系统信号采集监控；整站视频采集监控；整站火焰报警信号采集监控；整站泄漏探测系统信号采集；整站自动工艺功能设

计；控制系统防雷、防浪涌设计；整站自动化工艺控制。

本站控系统具备安全控制、工艺控制、数据保存和分析以及操作员界面等，能根据安全分析经验在各个关键点设置安全控制保护，记录日常故障和操作信息，并具备实际应用经验。站控系统上位机可通过 OPC 方式与第三方信息管理系统实现通信互联，提供所有生产过程数据。加氢机可通过 TCP/IP 或 RS485 与甲方结算系统实现通信互联，能通过信息管理系统对加氢机实现变价、锁枪等功能。

5. 低碳高效应用场景

（1）“氢冷热电”四联供应用示范。

氢气通过燃料电池化学反应发电，同时产生 70 ℃左右低品位余热。为提高整体效率，对低品位热量通过吸附制冷和除湿空调复合系统回收制冷，供数据中心使用，实现“氢冷热电”四联供研究应用示范。

建设内容包括：①采用格力 30kW PEM 燃料电氢电转换，产生余热；②搭建吸附制冷和除湿空调复合系统实现热冷转换；③发电效率≥50%，70℃余热条件下、制冷效率。

（2）“光储充”驿站应用示范。

光储充车棚是集发电、储电、充电、停车于一体的系统，主要由分布式光伏发电系统、储能系统及直流充电桩组成，系统通过光伏发电及储能，有效减少高峰期电网负荷，缓解了充电桩用电对电网的冲击，同时可通过错峰用电，减少用电成本，提供清洁绿色用能和增值服务。系统通过建立多元融合、供需联动、高效配置的能源供给，有效降低对电网的依赖，实现“光储充”安全直流应用示范（见图3）。

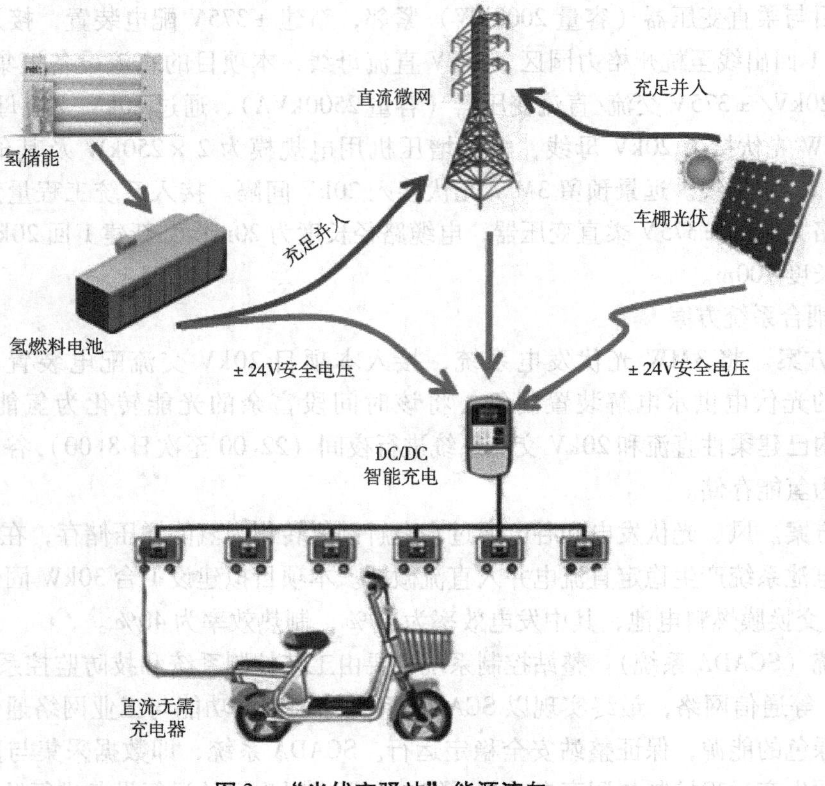

图 3 “光伏充驿站”能源流向

建设内容包括：①建光伏装机容量 400kWp 光伏车棚；②建设 360kW ×3 + 200kW 充电桩；③搭建一套直流安全智能电动自行车充电系统，省去充电器转换更高效；④建设一套光伏直流并网、氢+燃料电池储能新能源互补新型“光储充”系统。

（3）“光储空”高效暖通项目。

杭州格力已建设完成3MW光伏系统、9.6MW·h电储能调峰系统、1900RT直流暖通系统及10kV柔直配网系统，将各系统互联互通，实现全直流“光储空”应用示范。

建设内容包括：①建设全直流1900RT暖通配网工程，对直流暖通系统应用研究；②搭建冷热电联供的一体空调系统；③将“光-储-直-空”运行效率整体提升7%。

（4）直流光伏小屋。

根据功能需求和低碳直流新能源就地消纳应用，在公司西侧停车场2号门岗北建设带有网红屋性质的“杭格光伏小屋”，满足招聘、办公和员工休憩需求的同时，充分融合光伏、氢能、直流和储能等多形式应用场景。

建设内容包括：①建设6×18米集装箱建筑，功能涵盖面试招聘中心、第三方办公驻点、爱心早餐店等；②在屋面铺设约150kW光伏发电系统和户用储能系统；③搭建纯直流办公应用场景，直流智能家居系统及直流空调和直流办公产品。

（5）9.6MW·h储能调峰系统。

杭州格力根据负荷量配置6台1.6MW·h储能系统，于2020年12月全面投运，实际投资79.2万元，年收益约180万元，供电公司为其颁发“储能调峰示范工厂”，已建设完成。

建设内容包括：①用电低谷时段消纳低价谷；②在日用电高峰期供电；③提供应急备用等服务。

（6）高效制冷机房项目。

本项目应用于杭州格力控制器750RT恒温恒湿车间，可自动实现各设备投入的负荷量和远程对系统各设备运行状态的监控，系统整体运行能效在5.4以上，已建设完成。

建设内容包括：①系统高智能化，PC及手机云端；②系统级闭环技术的应用，环境、冷却、冷冻、送风系统及车间；③合理的能效校核，热平衡系数系统自我校核。

（7）分布式光伏项目。

采用400kW光伏组件，在厂房屋面建设10MW分布式光伏项目，充分利用太阳能，并与园区直流应用场景互联互通，提高光伏发电系统应用的丰富性。

建设内容包括：①搭建光伏空调+常规交流和直流并网系统；②绿能源制氢+氢储能系统，研究“弃光”储能调峰。

（8）智慧能源管控平台。

利用一体化的平台和先进的数据分析系统，达到对能源的实时监控、用能分析、用能平衡、能效预测等，实现能源的精细化管理，已建设完成。

建设内容包括：①数据任意提取，对任意时段能源消耗数据抓取、分析；②系统平台化建设，能效、质量及项目平台化管理；③精细化管理，重点能耗设备、班组、车间等。

（9）直流“零碳健康家”生态体验展厅。

在展厅打造一套用户级能源互联网系统直流“零碳健康家”生态体验展厅，由直流电网、储能电池、光伏系统提供电力，保证系统24小时无间断供电。

建设内容包括：系统优先使用光伏电，光伏不足时由市电补充，储能电池作为后备电源及参与电网峰谷经济运行。光伏组件发出的直流接入变流器开放的直流母线，经过DC/DC调压为400V直流母线和48V直流母线，供直流电器使用，打造永不触电的生活空间和永不停电的清洁社区。

三、实施效果

（一）减碳成效

围绕“风光储氢多能耦合”实现“源－网－荷”多能互补，提升园区能源系统运行效率、扩大清洁能源就地消纳空间、提高网荷互动能力，实现新能源就地消纳、多能互联互通的低碳高效“氢光储直柔”智慧园区。对新技术系统应用的同时，也可提升园区整体能源利用效率，项目运行年节能量可达1715.81吨标准，减少二氧化碳排放约4757.07吨，提高年经济效益约1355.75万元。（电力折标系统取1.229吨标准煤/万度）

（二）技术应用

（1）多能互补、动态消纳：依托光伏、制氢设备，实现氢能与电能互济共联，制备生产的氢能可为园区氢燃料大巴和燃料电池供能，实现能源就地消纳。

（2）灵活响应、削峰填谷：通过灵活调节制氢设备负荷和氢燃料电池出力，实现电网谷电制氢和峰时发电，打造多能源形式下的需求侧响应典型样板。

（3）交直融合、提质增效：充分融合交直流供电技术特点，通过燃料电池产生直流电并入柔性直流网，打造了柔性直流供电应用范例，实现交直流用电场景有机融合，促进系统降损提质增效。

（4）网荷互动、单元供能：依托园区丰富新能源，实现“冷热电四联供”“光储充”“光储空”等网荷互动区域微网，打造工业单元式供能新方式。

（三）应用研究

以氢电耦合和柔性直流配网为主体建设家电行业综合能源应用示范项目，符合国家低碳绿色的政策导向，也是推动氢能产业链和直流配网的必要措施，是降低氢能利用成本和直流配网技术研究的重要手段，同时也有利于能源企业的转型升级。目前，正是氢能利用和直流配网发展的关键窗口期，其有望在成本下降和政策导向的双重推力下，迎来爆发式增长。

（1）本项目的建成投产，将缓解由于光伏等可再生能源出力的不确定性对电网供电可靠性存在的影响。

（2）本项目的建成也探索了氢能对于区域电网应急电源支撑等作用，研究了可再生能源互补的分布式供能系统面向电/热等终端负荷需求，促进可再生能源在终端能源系统中规模化应用积累宝贵的实践经验，对氢能综合利用起到示范和引领的作用。

（3）本项目对于提前部署氢能战略、占领氢能的“产－输－用”产业链条高地、优化工业用热的全社会用能结构乃至拓展电力外部市场，具有至关重要的技术示范和商业实践价值。

（4）本项目的实施可以解决直流电系统的供需联动等关键技术问题，基于具备功率自主调节特征的直流网元和具有电网友好功能的复合节点，研究低压直流用电系统分层自治架构，以及用电侧设备自组织运行规约和保护特性配合原则，制定企业内部的直流建筑电气设计标准；研究直流建筑安全电压分区供电技术，研制具备柔性互联功能，并支持网元内设备功率自组织协调的智能适配电源产品；研制覆盖人居和工作日常需求的民用直流电器产品及安全直流接口，制定产品技术标准；攻克产业直流化产业链的瓶颈问题，孵化直流电器生产线一条。

（四）推广性

围绕“风光储氢多能耦合”系统运行关键技术优化和应用，以氢电耦合和柔性直流配网为主体，系统多方位地优化生产园区能源供应结构和扩大新能源应用空间，通过典型案例实施应用，不断突破优化关键技术，为可再生能源在终端能源系统中规模化应用积累宝贵的实践经验。

五大典型应用场景分别为：①氢电耦合。建设采用碱水制氢，氢气供燃料电池、氢能接驳车使用，氧气提纯回收供生产焊接助燃。②柔性直流配网。搭建多电压直流配电系统，并运用到直流暖通、直流照明、直流办公等场景，实现“光储直柔”楼宇应用示范。③“氢冷热电”四联供。对氢气化学反应发电，对产生70 ℃左右低品位余热回收制冷，使供电制冷效率达到70%以上，实现计算服务器零碳单元供能典型示范。④“光储充”满足员工电动自行车充电需求，光伏车棚直流并网，实现“光－氢”联动，实现“光储充”安全直流社区应用示范。⑤“光储空”高效暖通。采用直流离心式冷水空调机组，将光伏、氢储能、直配网联动，整体运行效率提升7%，实现暖通纯直流工业应用示范。

五大常规应用场景分别为：10MW分布式光伏、9.6MW·h储能调峰、能源管控平台、高效制冷机房和光伏小屋。

综上，技术应用涵盖氢能、直流、储能及暖通等方面，场景应用涵盖社区、家居、楼宇、工厂和交通运输等方面，具有一定的商业实践价值，同时符合国家低碳绿色的政策导向，应用示范面非常广。

主创人：王臣章、钱　博、冯毅宏、李艳伟、王　洪

大渡河流域水风光一体化低碳能源技术革新

国能大渡河新能源投资有限公司

一、企业概况

国能大渡河新能源投资有限公司（以下简称新能源公司）是国家能源集团大渡河流域水电开发有限公司的全资国有子公司，于2010年11月10日注册成立，注册资本金为12.2亿元。

新能源公司是一家专注于清洁能源开发和高效利用领域的投资型专业公司，主营业务涉及光伏建管、售电、低碳环保、清洁能源投资及电力信息咨询、服务等。目前公司水电装机39.46万千瓦，其中四川地区装机容量9.96万千瓦，公司在建光伏项目50万千瓦；湖北地区装机容量29.5万千瓦。截至2021年底，公司总资产22.3亿。

新能源公司以整合西南地区碳资产资源为基础，积极拓展集团内外碳资产开发市场，构建碳资产管理全业务体系，努力打造成为跨区域、跨集团的国内一流的碳资产专业管理公司，全力为实现国家能源集团内部碳平衡做好战略储备，为国家能源集团构建碳资产管理体系做出积极贡献。通过5年多坚持不懈的业务培育，已形成了由碳减排项目开发、碳资产交易、碳盘查（核查）、碳咨询、碳中和、碳培训、碳金融核心业务体系，具备了完全独立自主的CCER项目开发能力和碳资产交易能力。

新能源公司始终秉承绿色发展、智慧发展、创新发展理念，致力于做强光伏产业、绿色低碳资产两大支柱，打造国内一流的绿色低碳智慧专业化新能源企业。

二、主要措施

（一）实时跟进，充分理解各级政策

1. 水风光互补政策

2020年9月，习近平主席在第75届联合国大会上提出，中国将提高国家自主贡献力度，采取更加有力的政策和措施，二氧化碳排放力争于2030年前达到峰值，努力争取2060年前实现碳中和。

2021年，国务院印发的《2030年前碳达峰行动方案》中提出，推动西南地区水电与风电、太阳能发电协同互补；国家发展改革委、国家能源局发布的《关于推进电力源网荷储一体化和多能互补发展的指导意见》中提出，推进多能互补，提升可再生能源消纳水平。对于存量水电项目，结合送端水电出力特性、新能源特性、受端系统消纳空间，研究论证优先利用水电调节性能消纳近区风光电力、因地制宜增加储能设施的必要性和可行性，鼓励通过龙头电站建设优化出力特性，实现就近打捆。

2. 低碳政策

中国已建立“碳中和”政策体系雏形，政策引导能够为“双碳”目标的实现制定清晰的实现路径。目前“碳中和”相关政策主要包括减少碳排放和提高碳吸收两个互相补充的方面。减少碳排放方面，从供给侧来看，一是构建清洁低碳安全高效的能源体系，二是实施重点行业领域减污减碳行动；从需求侧来看，则是要推广绿色交通、倡导绿色出行，并推行绿色金融与碳排放交易等配套设施。在提高碳吸收方面，则是要加强碳捕捉技术与提升生态碳汇能力。

（二）高屋建瓴，抓好流域水风光一体化规划

1. 水电现状和规划情况

截至目前，大渡河流域已投产的水电站有猴子岩、长河坝、黄金坪、泸定、大岗山、龙头石、瀑布沟、深溪沟、枕头坝一级、沙坪二级、龚嘴、铜街子、沙湾及安谷14座，装机容量1736.8万千瓦。

“十四五”期间，大渡河上游核准在建电站共有绰斯甲、巴拉、双江口、金川4座，装机容量400万千瓦；“十五五”期间，大渡河上游规划建设安宁、巴底、丹巴3座电站，装机容量230万千瓦。大渡河上游阿坝、甘孜地区新能源资源丰富，资源条件好，开发潜力大。

2. 新能源规划情况

根据四川省风能资源分布图，大渡河流域风能资源较好的地区，其离地50米高处的年平均风速达到5~7m/s，风功率密度能够达到1级及以上。流域内风能资源主要分布在阿坝州西部和凉山州北部的山区，海拔高度3000~5000m，风电场类型主要为山地风电场。大渡河流域风能资源主要集中在阿坝县、金川县、壤塘县、丹巴县、康定市、甘洛县、越西县（见表1）。

表1 规划风电场分布

序号	地区	场址	平均海拔高度（m）	风资源等级	土地	开发现状
1	壤塘	噶咔	4000	D-3	草地	规划
2	阿坝	洛尔达	3800	D-3	草地	规划
3	金川	观音桥	4200	D-3	草地	规划
4	甘洛	莫乃	2400	1	宜林地	规划
5	越西	板桥	2600	D-2	宜林地	规划
6	石棉	栗子坪	2700	D-3	林地	规划
7	石棉	雷家坪	2800	D-3	林地	规划
8	汉源	九襄	3000	D-3	林地	规划

根据四川省太阳能辐射量分布图，大渡河流域太阳能资源较好的地区，其年均辐射量在5500~6500MJ/m^2，日照小时数在2000~2600h。流域内太阳能资源主要分布在甘孜州东部、阿坝州西部，海拔高度3000~5000m，场址主要为丘陵、山坡和台地。大渡河流域太阳能资源主要集中在色达县、壤塘县、阿坝县、红原县、金川县。

大渡河流域水风光一体化可再生能源基地规划场址规模为14995MW，其中风电规模为1445MW，光伏规模为14360MW。

本阶段在规划区域内初步确定了20余个光伏场址，主要分布在色达、壤塘、阿坝、红原、金川、小金、石棉、汉源、甘洛等地。所有场址区域均不涉及生态红线、自然保护区、风景名胜区、基本农田、限制性林地、基本草原等敏感因素，场址内无不良地质条件。

本阶段在规划区域内初步确定了8个风电场址，主要分布在壤塘、阿坝、金川、甘洛和越西等县。阿坝州及凉山州所有场址区域均不涉及生态红线、自然保护区、风景名胜区、基本农田、限制性林地、基本草原等敏感因素，场址内无不良地质条件。

（三）利用现有优势拓展低碳业务

作为国内碳资产经营行业的龙头企业，新能源公司碳资产管理中心积极开展火电化工企业碳盘查，盘查总量约为全国总碳排放量的7.84%，盘查数据质量准确，流程规范，台账清晰，碳资产管理基础不断夯实。与此同时，我公司积极创新多元业务：连续6年圆满完成国家能源集团碳盘查业务，碳资产管理业务累计收益5000万元；在国际碳市场完成了瀑布、黄桷树两个VER项目5.5万吨VCS在美国碳市场的销售；完成枕头坝、吉牛、石龙和丝梨坪四个CDM项目30万吨CER在欧洲环交所交易，成功破解了国内CDM项目“交易难”的瓶颈；开展东胜、布连电厂配额与CCER置换、配额交易、CCER

交易、碳期权等多种产品组合，探索碳排放权交易的核心业务；完成了 27 个 CCER 项目注册备案，开发成功率 100%，其中林业碳汇项目 1 个；CCER 签发量 50 吨，CCER 储备达 800 万吨/年；为控排、减排企业提供项目开发、价格预测、产品组合、资产交易等碳资产业务咨询服务和检测系统方案设计。

（四）把科技研究作为重要推动力

1. 水风光一体化容量优化配置研究

（1）基于水电调节能力的风光容量配置研究。

①中长期调节。综合考虑梯级水库水位、流量、出力约束和水库发电、防洪、生态及综合用水需求等多因素，构建中长期水风光优化调节模型，进行风光容量多方案下的梯级水风光发电中长时间尺度时序生产模拟计算，提出基于梯级水库长期调节能力下的年内月（或旬）为计算时段的水风光容量配比方案集。

②短期调节。以调节性水库中长期调节决策为边界条件，研究确定中长期调节下短期（日内）梯级水库水位变化量，建立梯级水风光日内发电特性的短期模拟模型，进行风光发电不同装机规模、不同天气场景下的短期时序生产模拟计算，提出水库短期调节下的水风光容量配比方案集。

（2）基于"成本－效益"的水风光容量配置方案研究。

以梯级水风光调节计算成果为基础，结合水电和风光发电的财务评价方法，综合考虑运行期内发电效益、初始投资成本以及运行维护成本等成本效益因子，研究水风光一体化"成本－效益"分析方法，在水电容量固定的条件下，计算不同水风光容量配比的全生命周期内水风光一体化运行的成本和效益指标。

（3）流域水风光一体化风光容量配置多目标决策。

①评价指标体系建立。基于梯级水风光调节和水风光一体化"成本－效益"分析方法研究成果，综合考虑水风光资源互补特性、风光资源开发潜力、输电通道约束等多因素，提出水风光一体化容量配置综合评价指标体系。

②风光容量多目标优选。基于水风光一体化容量配置综合评价指标体系，建立水风光一体化容量配置多目标决策模型，研究多目标决策方法。提出水电装机规模确定的前提下流域风光容量最佳配置方案。

2. 水风光一体化发电互补特性研究

水电、风电、光电的自身出力存在季节上的互补性，联合运行时风电、光电在枯期对水电是有力的补充。受制于降雨汇流的特点和水库的调蓄作用，一般水电的出力特点是季节性波动大（丰水年与枯水年、丰水季节与枯水季节之间的入库流量相差很大），但日波动较小；由于风资源的短期波动性较大，风电出力的短期波动性很大；光伏发电受气候影响，日内波动较大，且只在白天发电，夜晚出力为零。当水电站的水库具有一定调节库容时，水库的蓄水可以平抑来水的短期波动，如果将水电站与风电场和光伏电站联合运行，就可以用水电站的短期波动平抑能力弥补风电和光电的短期波动，而风电、光电可以为整个"水电－风电－光电"系统提供电量保证。因此，水电、风电、光电联合运行时，水电的年运行方式可维持单独运行时的调度原则和方式；在进行日调度时，可以根据风电、光电出力的变化，动用自身的调蓄能力进行日内调节，以平抑风电、光电的短期波动。总的来说，风光水互补特性可归纳为：风光冬春补水枯，水库调度平峰谷；互补合成优质电，打捆送出省线路。

流域水库水电站具备一定的调节能力，可根据系统负荷变化情况进行日调节：在系统负荷高峰时段，电站可在系统中承担调峰任务；在系统负荷低谷时段，视系统需要和下游用水要求调整电站出力。由于光伏不具有调节能力且日内波动较大，可以利用水电站调节库容调整水电出力以适应光伏出力变化，从而实现水风光日内互补。水风光日内互补是一个"此消彼长"的过程，光伏发电昼发夜停，水电发电则昼少夜多，互补后水风光系统整体出力趋于平滑。

3. 水风光一体化调度运行控制技术

（1）光伏发电功率多时间尺度智能预测技术。

①中长期预测。结合光伏发电基本原理，分析光伏发电功率的影响因素，探究光伏月尺度、季尺度、年尺度发电特性，量化评估光伏发电中长期的资源变化性、不连续性和不确定性。在此基础上，选取具有代表性的影响因素作为模型的训练样本，构建中长期光伏发电量自学习、自趋优概率预测模型，实现光伏发电量的中长期自适应预测。

②短期/超短期预测。根据太阳能资源数据以及气象数据，剖析典型光伏系统在不同天气下的出力特性，量化评估光伏发电功率在短期、超短期的波动性，研究提升预报精度的关键技术。在此基础上，分别构建具有智能性、自适应特性的短期、超短期光伏功率预测模型。基于水风光资源不确定性建立水风光联合功率预测模型，实现水风光功率的联合预测。

（2）水风光一体化调度技术。

①水风光一体化中长期调度技术。基于光伏中长期发电量预测结果，结合光伏发电特性，生成光伏发电时间序列，构建以水风光总发电量和弃电率期望值作为调度目标；考虑水库防洪、发电、生态等用水需求的水风光一体化中长期调度模型，进行长系列计算；提出调节光伏发电，并考虑发电、防洪、生态等综合用水要求的瀑布沟水库中长期水位控制规则。

②水风光一体化日前/日内调度技术。结合光伏功率预测结果，综合考虑调峰约束、电网输送能力约束等，以多重不确定性影响下的发电效益、发电稳定性、能源利用率等为目标，构建水风光一体化日前调度模型。在此基础上，融合光伏功率超短期预测模型，建立在线滚动的水风光互补动态一体化日内调度模型，以光伏消纳量最大化为目标评估光伏日内消纳能力。

（3）梯级 EDC 调峰调频调光协同性研究。

①调峰调频调光的协同技术。以现有瀑深枕调峰调频任务为基础，基于光伏和负荷不确定性引起的调峰调频需求，同时考虑水风光互补性，在保障安全的前提下，以发电、调峰、调频总成本最小为目标函数，兼顾系统、光伏、梯级水电的多种运行约束构建调峰调频调光协同模型，研究水力和电力的匹配、发电和负荷需求的匹配技术以及协同求解算法，实现梯级水电联合调峰调频调光。

②梯级水库水位实时控制策略。以 2025 年四川主网网架结构为基础，综合考虑电网、梯级水库、机组等多方面的约束以及实时负荷跟踪需求，以瀑深枕为主要控制对象，建立考虑光伏的梯级水电厂间负荷实时分配控制模型簇。根据梯级水库水位运行区间组合，研究水位异常、弃水、大负荷、小负荷等多场景下的负荷分配策略，使得梯级水电站在负荷与水量上匹配，实现瀑深枕水风光一体化 EDC 运行控制。

三、实施效果

（一）低碳工作社会经济效益

国家能源集团是全球最大的碳排放企业，二氧化碳年排放量 8 亿吨，约占初期市场的 20%，配额缺口预计不少于 1500 万吨，碳减排任务艰巨。

1. 超额完成集团盘查任务

盘查机组 143 台，装机容量 6770 万千瓦（相当于 5 个大渡河公司装机）。2019 年盘盈 46 家，2020 年盘盈 53 家，两年盈余总量 3302 万吨，预计碳资产价值 16.5 亿元。

2. 编制标准弥补国内光伏“碳中和”规范空白

参编《光伏发电站建设碳中和通用规范》和《光伏发电站运营碳中和通用规范》两项光伏碳中和通用规范标准文本，填补了国内相关规范空白，为国内光伏产业碳中和发展提供了指导。

3. 深耕科技创新探索减排路径

与南京电科院合作开展“火电企业燃煤碳排放核算关键指标单位热值含碳量影响规律及模型研究”，通过分析不同煤种对单位热值含碳量的影响规律和月度综合样单位热值含碳量波动性研究，来确保集团公司火电企业碳排放数据质量的合理性、可靠性，助力实现“双碳”目标，为国家能源集团“一个目标、三型五化、七个一流”发展战略贡献力量。

（二）水风光一体化新能源项目发电效益

1. 探索出发展新能源的新道路

风电光伏开发分为复合项目和水风光一体化开发，目前国内的水风光互补开发还在起步阶段，探索出一条适合四川省的水风光互补开发路径，解决水风光开发中的技术、政策难点，具有特殊意义。

2. 贡献巨大社会效益

作为清洁能源大省，水电是四川电网最主要的支撑性电源。但受水电来水特性以及四川省主网水电调节性能偏弱影响，四川在枯水期属于资源性整体“缺电”，电力供应紧张，需要加开火电、外购西北电量以满足电量供应。未来5年，四川省社会用电量按照6%速率增长预计，用电增量将主要由水电及新能源承担。

在“南水北调”和“引大济岷”两项国家重点工程影响下，每年将从大渡河引水72亿m^3，大渡河水电的发电量将进一步受到影响，水电与新能源互补的重要性将进一步提升。

3. 产生巨大经济效益

风电场总规划规模1445MW，风电场年利用小时在1900～2250h，年总发电量约30亿kW·h。光伏电站总规划规模14360MW，雅安、甘孜、阿坝各场址多年平均年利用小时1200～1719h，年总发电量约300亿kW·h，大渡河流域新能源（风电、光伏）规划装机年均发电量330亿kW·h，若以燃煤火电为替代电源，按火电每kW·h耗煤309g计算，则每年可节约标准煤约1019万吨，减少排放二氧化碳2785万吨、二氧化硫8580吨、氮氧化物8250吨，对减轻环境污染、保护生态环境作用显著，具有较好的环保效益，为实现“3060”双碳目标做出了巨大贡献。

主创人：尹林果、邓尧曦、张纯淳、王子谦、卢禹霖

国网综能规划院智能电网综合能源服务项目案例

国网（北京）综合能源规划设计研究院有限公司

一、企业概况

国网（北京）综合能源规划设计研究院有限公司（以下简称国网综能规划院）是国网综合能源服务集团有限公司（以下简称国网综能集团）全资子公司，于2014年11月成立，注册资本1亿元，拥有员工百余人，是国家高新技术企业、工业和信息化部授权的工业节能与绿色发展评价中心、教育部能效领跑者入库企业、国网总部技术服务单位、北京市环境交易所会员单位。

作为集团综合能源业务的专业化设计研究和技术支撑单位，国网综能规划院具备综合能源服务领域能效评估、规划设计、系统集成、工程管理、评估评价、咨询服务等专业能力，具有工程设计（送变电工程）专业资质，工程咨询电力专业（含火电、水电、核电、新能源）资信评价资质，电子与智能化工程、建筑机电安装工程专业承包资质，承装（修、试）电力设施许可证专业资质；构建了涵盖电力、暖通、热力、造价、技经等综合能源主要专业方向的专业人才队伍，研究生占比89%，拥有23个自有注册执业资格证书，为快速精准地响应综合能源业务技术服务需求提供了人才保障。

国网综能规划院深入贯彻国网综能集团工作要求，充分利用自身电力专业优势和电网品牌优势，立足国网，面向社会，以综合能源服务业务需求为导向，以综合能源服务全过程咨询服务能力建设为核心，致力于打造成为国际领先的综合能源服务规划设计研究机构。

二、主要措施

由国网综能集团投资，国网综能规划院策划、设计、实施的上海电力大学智能微电网综合能源服务项目，聚焦临港新校区，通过建立多能互补、高效传输利用的能源供应系统，显著提高能源利用效率、降低碳排放，成功申报成为全国首批、上海市唯一的28个“新能源微电网示范项目”以及教育部能效“领跑者”示范项目，对于推进我国高校节能降碳工作具有重要的指导价值和示范意义。

（一）项目具体措施

上海电力大学新校区主要耗能是教学、办公、实验用能，包括空调、照明、动力输配等，用能需求主要为电、热水、冷、热。其中，用冷热需求在学校工程建设中已同时建设了中央空调。经测算，上海电力大学新校区总用电负荷约为2584kW，每天需要热水约400吨。

为满足校园多种能源需求，本项目技术架构如下。

1. 太阳能+空气源热泵热水系统

分布于10栋公寓楼屋面，为了提高能效，每栋楼采用空气源热泵及太阳能集热器组合形式，共33台空气源热泵机组，全天供应热水400余吨，保证全校一万余师生的生活热水使用需求。

2. 分布式光伏发电系统

分布于全校21栋建筑屋面及一个光电一体化充电站车棚棚顶，安装总容量2061kW。光伏组件采用单晶、多晶、BHPV、PERC、切半、叠片等多种组件形式，为校区供应清洁电力的同时，为学校师生免费提供研究新能源技术的场所。

3. 风力发电系统

采用一台300kW水平轴永磁直驱风力发电机组，与光伏发电系统、储能系统组成微电网系统。

4. 储能系统

系统配置有容量为 100kW ×2h 的磷酸铁锂电池、150kW ×2h 的铅炭电池和 100kW ×10s 的超级电容储能设备。三种储能设备与学校的不间断电源相连，一并接入微网系统。

5. 智能微网

通过采用光伏发电、风力发电、储能等发电技术，智能变压器等智能变配电设备，结合电力需求侧管理和电能质量控制等技术，构建智能微网系统，实现用电信息自动采集、供电故障快速响应、综合节能管理、智慧办公互动、新能源接入管理。在切断外部电源的情况下，可离网运行 1 ~2 小时。

6. 智慧能源管控系统

该系统主要监测风电系统、光伏系统、储能系统、太阳能+空气源热泵热水系统运行情况，已接入监测点 2017 个，后期将增至6000 个，实现与智能微网、智能热网、校园照明智能控制系统及校园微网系统的信息集成及数据共享，满足学校对新能源发电、园区用电、园区供水等综合能源资源的动态实时监控与管理，通过对数据分析与挖掘，实现各种节能控制系统综合管控。

（二）项目经验总结

1. 建设和运营过程中加强协同方面

上海电力大学新校区一二期工程同步建设，国网综能集团、国网综能规划院前期统筹规划，针对一二期工程采用新能源技术、节能技术、智能电网、绿色建筑及一系列平台技术措施，构建临港智慧校区绿色能源系统。

（1）总体规划，分期实施。根据新校区总体规划和绿色智能能源系统建设理念，进行能源系统总体规划，确保系统的整体性和系统性；同时结合校园工程实施进度，对各建筑区域和供能系统，根据建筑物用能需要和项目实施基本条件，一二期同步实施，三期和远期后续实施。

（2）多措并举，创新模式。在绿色智能能源系统建设过程中，根据能源系统功能性和先进性进行分类，分别考虑采用基础建设、能源服务和科研项目等不同实施模式，解决资金缺口和项目管理方式等问题。整合学校学科特色、设计施工单位实力、能源服务公司专业能力，创造性打造绿色低碳智能校园。

（3）统一运营，专业管理。传统物业管理公司无法提供专业性、系统性的能源服务，专业的能源服务公司可以在规划、设计、建设、运营各阶段全程介入，提供全寿命周期的专业服务。

2. 打造项目技术创新点方面

项目全面贯彻习近平总书记“四个革命、一个合作”能源安全新战略，落实国家电网公司战略目标，顺应以电为中心推进能源清洁绿色的发展趋势，既是能源互联网先进理念和共享价值的体现，又是展示未来能源供应新理念和能源消费新模式的典型实践。

项目探索应用了混合储能、光储一体机等具有前瞻性和示范效果的新技术，结合电力需求侧管理和电能质量控制等技术，实现了用电信息自动采集、供电故障快速响应、综合节能管理、新能源接入管理等功能。其可再生能源电力渗透率（可再生能源发电装机容量/能源互联网内峰值负荷）达到 55. 9%，电量自给率（清洁能源发电量/园区总用电量）达到 53. 4%，供电可靠性达到 99. 99%。

项目是一个实用且商业化的运营项目，国网综能集团从市场开发、规划设计、投资建设到后期运营提供了整体的解决方案，并投资建设运营，项目规划思路清晰，最终形成了综合能源服务典型案例，在全国具备可推广复制的价值。

3. 商业模式创新与业务优化路径方面

项目充分利用新能源、节能减排、智能电网等能源技术和互联网信息技术，将其校区打造成绿色智慧校区，将能源系统打造成为一套具备一定前瞻性、技术性、展示性、教学性等功能的能源系统，充分体现其电力系统高校的特色及电力技术发展趋势，实现能源的可靠、稳定、清洁、高效供应，降低系统运行维护成本。

项目由国网综能规划院负责开发，规划院借上海电力大学建设临港新校区之契机，成立项目组，及时与校方高层及各部门沟通，宣传节能与综合能源服务理念，由专人负责跟进、对接协调，结合临港本地资源禀赋及学校特色形成技术方案，经过业内权威院士、专家组论证，保证了技术方案的先进性及可行性，通过国网综能集团平台优势及资金优势，解决了校方产学研用需求及资金短缺问题，最终促成双方合作。

(1) 因地制宜开发项目。充分调研地区能源资源禀赋和能源价格，分析校区用能特点及办学特色，采用适宜的技术方案，做到先进与实用相结合。

(2) 贯彻“以客户为中心”理念。既要了解客户基本用能需求，又要发掘客户潜在需求，如教学、科研、培训需求，更要引导增值服务需求，如在申请一级学科博士点、申请上海市高水平应用大学等方面，该项目为上海电力大学加分不少，每年可获得一亿元经费支持，连续五年。

(3) 树立共赢意识。市场开发过程中，要建立国家电网公司为校园提供延伸服务，解决校园在绿色智慧发展和安全管理中存在的痛点，帮助校园创造价值，构建共赢氛围，既取得校方信任，又利于推动校园综合能源服务工程实施落地。

(4) 发挥各自优势。电网公司在包括校园电气化在内的综合能源服务应用技术、资源和管理等方面优势明显，在推动项目过程中，还可以能源托管等方式承揽校园配电网规划改造、变电站运维管理、能源站改造等业务，通过业务延伸扩展，进一步挖掘新的需求。

4. 推广应用方面

依托本项目的示范引领作用，发挥能效技术、能效托管服务和融资平台等优势，国网综能规划院为高校园区既有建筑的节能改造和新建建筑的高标准能源系统建设提供能源诊断、方案设计、技术选择、智能化运维和技术服务一体化服务，推动“能效领跑者示范建设试点”工作，打造绿色校园示范样板。

在上述工作基础上，2020 年，国网综能集团与教育部学校规划建设发展中心签署战略合作协议，共同推动高校综合能源服务落地实施，双方将发挥管理、技术、资源优势，在提升校园综合能效水平等方面开展合作，倡导清洁化、智能化、高效化的新型能源综合利用方式。

2021 年依托本项目，国网综能规划院获得中国产学研合作促进会颁发的产学研合作创新奖，该奖项是在构建以企业为主体、市场为导向、产学研深度融合的技术创新体系中，面向产学研界设立的协同创新最高荣誉奖。

2021 年依托本项目经验，国网综能集团、国网综能规划院在华北电力大学成功落地多能互补综合能源供热项目，实现产学研用一体化；为重庆电专、河南大学、三峡大学等提供综合能源解决方案及全过程技术服务。

在该项目基础上，国网综能规划院积累了宝贵的经验，为国家电网公司助力高校开展碳达峰、碳中和活动提供了先行先试的样板。未来国网综能规划院将继续密切关注政策变化，深入研究，积极争取地方补贴、税收等各项优惠政策，积极挖掘项目经验，践行绿色发展理念，广泛参与高校绿色校园创建，争取在全国范围内推广复制项目优秀模式。

三、实施效果

（一）经济效益

项目总投资 3502 万元，于 2017 年 4 月立项，2018 年 4 月开始建设，2018 年 12 月建成投运。采用信息平台、新能源、电能替代、智能微网等技术方案，商务模式是综合能源服务模式，项目收益率满足国网投资项目收益率指标要求，经济和社会效益显著，具有良好的示范意义。

（二）环境效益

从环境效益看，校区内配置的光伏发电、风力发电等新能源分布式发电系统及储能系统将承担校区20%的电力供应，通过新能源自主供电和能效管理，学校能耗比同规模校园降低了近30%，年减排二氧化碳约2243吨，年减排二氧化硫约67吨。

（三）社会效益

项目是全国首批、上海市唯一的28个“新能源微电网示范项目”之一，也是教育部能效“领跑者”示范项目。示范项目秉持“绿色低碳、智慧高效、创新示范”理念，规划建设多能互补的能源供应系统及协同高效的智慧能源管理系统，构建国内领先的绿色智慧高校示范园区。项目投运后，累计接待高校、企业、军队后勤等机构参观交流千余次，形成了良好的宣传示范效应。

示范项目紧密结合为学校培养电力能源人才和基础学科建设水平提升的需求，综合考虑涵盖新能源应用、新技术示范，以及一系列管理平台的综合能源服务技术，为学校更好地培养产业人才、服务经济社会发展提供有力支撑，极大地方便了教学培训科研，助力学校完成了大学更名、博士点申请及获得上海市每年一亿元的科研资金支持，极大地提升了上海电力大学的知名度。同时，综合能源项目的建成，为全校学生提供了直观便捷的实验场地，让青年学生在学校深入领会绿色低碳发展理念，为今后走上社会打下良好基础。

主创人：柴保双、贾容达、王　鹤、洪瑞新、朱　婧

“六维协同”新能源发电并网、消纳管理体系创新与实践

国网河北省电力有限公司电力科学研究院

一、企业概况

国网河北省电力有限公司电力科学研究院（以下简称电科院）始建于1958年，承担着河北南部电网绝缘、能耗、环保、信息等13项技术监督任务，负责河北南部电网科技攻关、技术监督、技术支撑等业务。同时承担市场化经营业务，包括新建火电和送变电工程的调试任务、220千伏及以上输变电工程和公司统调机组的技术监督和技术服务等。

电科院拥有重点实验室17个、面积11041平方米。其中，河北省工程技术研究中心2个，即河北省输变电工程技术研究中心、河北省火力发电节能环保工程技术研究中心；国家电网有限公司实验室1个，即电力变压器状态评估技术实验室；国网河北省电力有限公司实验室6个。实验室现有仪器设备总值3.46亿元，10万元以上设备422台（套）。电科院拥有国家级、省（部）级、行业级资质28项。

近年来，电科院贯彻落实上级各项决策部署，安全生产保持良好局面，党建工作全面加强，科技创新成果丰硕，优质服务蓬勃开展，为发供电企业提供了坚强有力的技术支撑。先后荣获“国家电网公司文明单位”“河北省文明单位”“河北省先进集体”“河北省诚信企业”“河北省优秀高新技术企业”“河北省AAA级劳动关系和谐企业”“中国专利优秀企业”“全国模范职工之家”等荣誉称号。

二、主要措施

“六维协同”新能源发电并网、消纳管理体系是结合新能源消纳管理实际在工作中逐步建立、完善并形成的，通过对河北南部电网新能源发电并网、消纳管理模式进行研究，构建标准体系、信息管理、试验管理、运行方式管理、技术监督、电网深度调峰管理“六维协同”的管理模式，全过程、规范化闭环管理，切实提升新能源发电并网、消纳管理及运行水平。

“六维协同”相互关系如图1所示，相辅相成，协同运作。构建标准体系、信息管理是“六维协同”基础，确保新能源场站满足技术标准要求，多层级多维度相互校验，为并网检测、调度管理、技术监督提供基础数据；试验管理、运行方式管理、技术监督、电网深度调峰管理是“六维协同”手段，改进并网检测流程提升检测效率，将大数据、物联网等技术与手段引入新能源消纳计算，构建技术监督管理体系、内容和评价标准，线上线下多层次、全方位地管理火电机组调峰运行，切实提升新能源发电并网、消纳管理及运行水平。

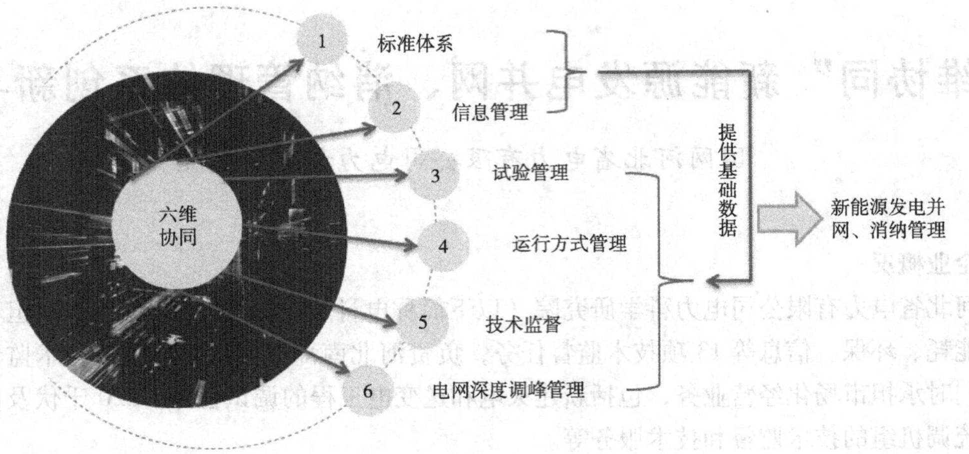

图 1　“六维协同”新能源发电并网、消纳管理体系示意图

（一）上下贯通，构建并网标准体系

建立了国家、行业、企业自上而下、上下贯通的“三级四类”新能源并网标准体系，分为技术规定/规范、检测规程、技术导则、管理规定 4 类（见表 1），定期收集、更新能源并网标准库，传递至新能源场站，为其技改提供依据，保证电网安全稳定。

表 1　新能源并网标准体系

	技术规定/规范	检测规程	技术导则	管理规定
国家标准	16	5	1	1
行业标准	7	9	0	0
企业标准	15	7	2	8

电科院自 2017 年开始建立新能源并网标准体系并传递至新能源场站，同时定期收集、更新并网标准库，为改善机组性能提供依据。截至 2021 年 12 月，建立国家、行业、企业新能源并网标准体系共 71 项，其中技术规定/规范 38 项、检测规程 21 项、技术导则 3 项、管理规定 9 项，全覆盖目前新能源并网标准。通过标准体系，已有 129 家新能源场站完成技改。以饶阳官佐光伏电站为例，最初站内 2 套无功补偿装置响应时间、控制模式切换不符合最新标准要求，通过标准体系电站及时发现缺陷并升级改造，现已完全满足要求，提升了并网性能，保证了电网稳定运行。

（二）筑牢基础，建立信息管理平台

建立了含新能源场站可研报告、型式试验报告、接入系统方案、并网检测报告等内容的“融合聚类”大数据信息平台，实现新能源多层次、多方位信息一致性核查校验。

2018 年 2 月，国网调控中心下达《河北电力调度控制中心关于加强新能源场站并网检测管理工作的通知》（调控〔2018〕10 号），要求在电科院建立新能源场站信息管理平台。2018 年 3 月电科院向在运新能源场站发布《关于加强新能源场站并网检测建档管理的通知》，通知发布后新能源场站陆续提交资料。截至 2021 年 12 月，信息管理平台已收集全部 220 座新能源场站并网档案资料、150 座合同档案资料、95 座检测档案资料，实现了新能源场站资料从无到有、从少到多，从简单到详细的跨越，为实现新能源场站有序、优质管理奠定了基础。

以海兴董庄子光伏电站为例，首次开展并网检测，发现功率控制系统响应时间及控制精度不满足国标要求，通过信息管理平台核查该光伏电站提供的资料发现，功率控制系统指令下发周期、死区、步长等参数与初始设置不同。电科院协助海兴董庄子光伏电站完成整改，再次检测其性能满足国家标准要求。

（三）优化流程，完善现场试验管理

制定“提票申请－远程指导－现场检测－问题整改”的全过程闭环管控改进新能源并网检测试验管理流程，依托“一书两卡”管理手段，开展新能源场站并网检测，大幅提升工作效率。原有试验管理流程、改进试验管理流程如图2所示。

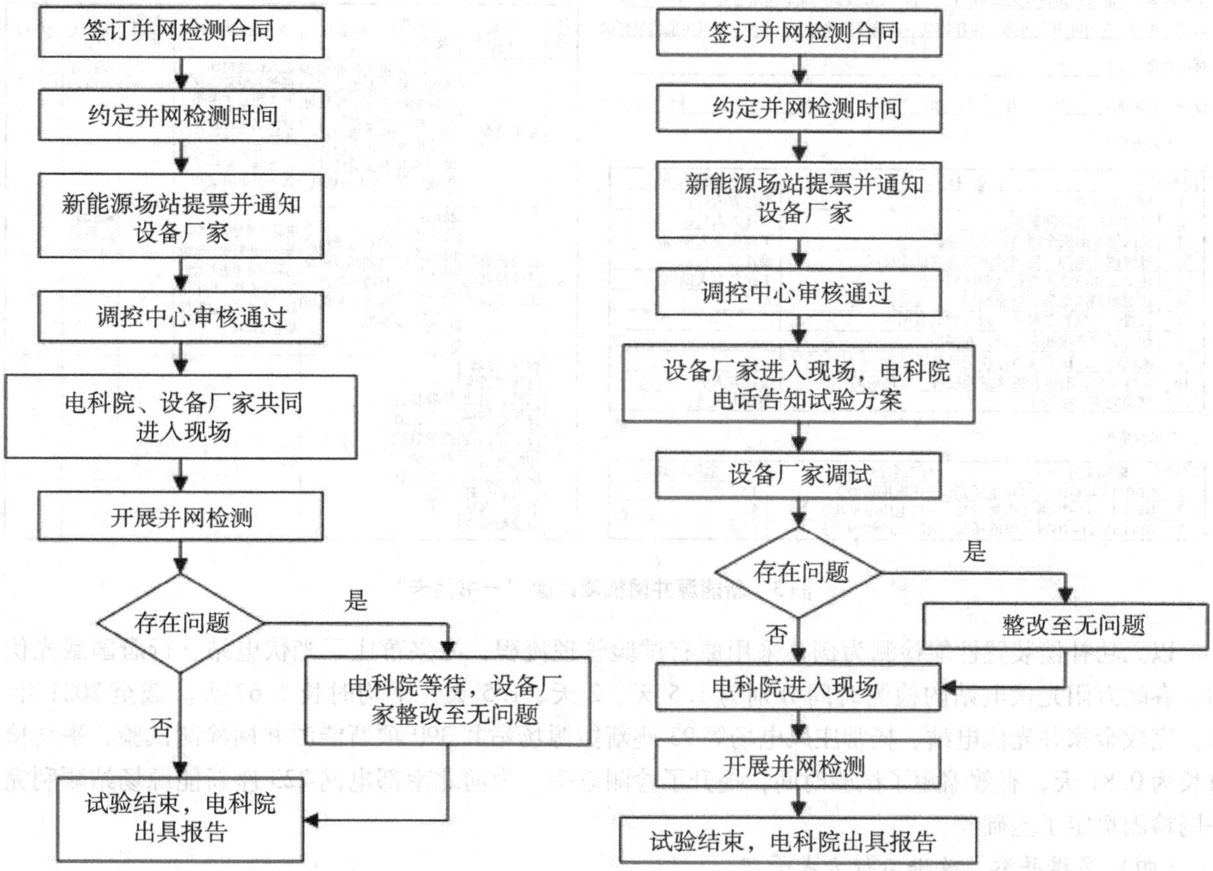

（a）原有试验管理流程　　（b）改进试验管理流程

图2　新能源并网检测试验管理流程

上述新能源并网检测试验管理流程，较原有流程改进之处在于设备厂家提前进入现场，并根据电科院告知试验方案开展调试，发现问题并消缺，然后电科院进入现场开展检测，既保证试验过程的连续性，又节约试验时间，大幅提升检测效率，为改善并网性能奠定基础。新能源并网检测试验“一书两卡”如图3所示。

对应作业指导书编号：Q/GDW 0408–DW–001

质量控制卡

作业名称：国华爱依斯（黄骅）风电有限公司永红风电场220kVII 母线电压、234线路电流电能质量测试

编写：＿＿＿＿ 审核：＿＿＿＿ 批准：＿＿＿＿

工作负责人：＿＿＿＿工作负责人助理：＿＿＿＿作业班组：电网技术中心

作业成员：＿＿＿＿

工作内容：开展永红风电场220kVII母线电压、234 线路电流电能质量测试，主要包括电压、电流、三相电压不平衡、电压闪变、谐波等参数检测，以便了解其电能质量情况

停电范围：/

计划工作时间：＿年＿月＿日＿时＿分 — ＿年＿月＿日＿时＿分

1.人员分工

序号	作业项目	作业人员
1	填写工作票	委托方人员：
2	核对与检查被测试点	委托方人员：
3	确认作业面安全距离，作业半径	工作负责人助理：
4	连接试验电源，完成被测试点侧试验接线	委托方人员：
5	协助工作负责人进行试验区域监护	工作负责人助理：
6	核对被测点电压、电流幅值、相位是否正确	
7	设置试验仪器各参数，录入相关数据	
8	作好试验各项相关记录，并存档	
9	测试结束，试验仪器停止记录数据	
10	试验结束，断电和拆除试验接线，清理现场	委托方人员：
11	试验完毕，报竣工	委托方人员：

2.试验依据

序号	标准文号	标准名称	适用条款
1	GB/T 14549-1993	《电能质量 公用电网谐波》	4,5
2	GB/T 15543-2008	《电能质量 三相电压不平衡》	4,6
3	GB/T 12326-2008	《电能质量 电压波动和闪变》	4,5,6

安全控制卡

作业成员：＿＿＿＿

执行工作时间：＿年＿月＿日＿时＿分 — ＿年＿月＿日＿时＿分

1.试验前条件检查及确认

序号	进入现场前试验条件及要求	是否具备	作业人员
1	试验所用仪器仪表齐全，工况良好		
2	试验人员配置充足		
3	工作负责人助理签字确认：		

2.作业流程及关键危险点分析

序号	关键工序	工艺标准及要求	危险点	安全控制措施	执行情况	执行人	监护人
1	现场勘查	核对与检查被测试点，确认作业面安全距离和作业半径	进入作业现场不戴安全帽，不穿绝缘鞋可能会发生人员伤害事故；误入带电设备区和试验区域造成人身触电	进入试验现场，试验人员必须戴安全帽，穿绝缘鞋；根据需要，在试验区域设置安全围栏，并挂警示标志；开始工作前通知与工作无关的人员撤离试验区域		委托方人员：	
2	由委托方将试验仪器电源正确接入	经运行人员许可，由相关班组在指定位置拆接电源,接入电源时要验电	检修电源箱设备损坏或电源接线不规范，导致人身低压触电	电源必须配备合格的漏电保护装置，试验前利用万用表测量电源确为合格工作电压后，方可接入试验仪器进行试验		委托方人员：	
3	将2套仪器电压通道测试线、电流钳接入到试验仪器，测试电压回路相间及对地应为高阻抗：试验仪器上电，各通道参数设置	仪器状态正常，通道参数设置正确，接线正确可靠	/	/			

图3　新能源并网检测试验“一书两卡”

以无功补偿装置性能检测为例，采用原有试验管理流程，海兴董庄子光伏电站、行唐国威光伏电站、春峪万阳光伏电站的检测时间分别为 1.5 天、2 天、1.5 天，平均时长 1.67 天。截至 2021 年 12 月，完成金家井光伏电站、杨常庄风电场等 93 座新能源场站共 390 项新能源并网检测试验，平均检测时长为 0.81 天，有效缩短了试验时间，提升了检测效率，为河北南部电网 223 座新能源场站顺利完成并网检测奠定了基础。

（四）多措并举，改进运行方式管理

1. 构建“四层”分布式光伏监测平台

针对分布式光伏无法监测、管控问题，基于 Hadoop 分布式大数据技术框架构建“四层”分布式光伏监测平台，技术架构如图 4 所示。

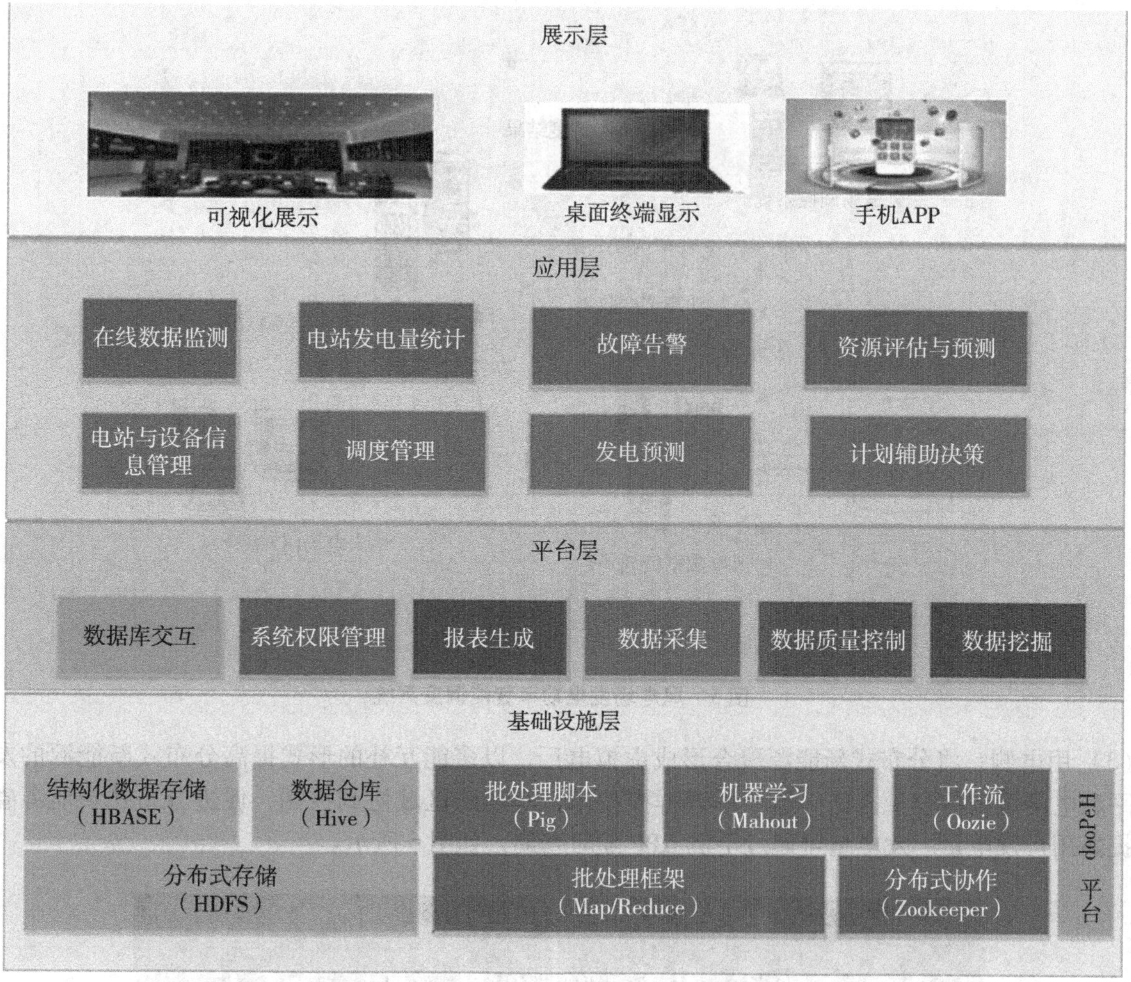

图4　平台技术架构

分布式光伏监测平台技术架构包括基础设施层、平台层、应用层、展示层，通过数据采集、存储、计算、分析、查询完成相应功能。展示层可以为平台用户提供电站概况浏览、在线数据监测、电站运行评估、故障告警等功能。

2. 建立“三侧”新能源云网

物联网与新能源结合后，形成“三侧”新能源云网，信息流与能源流将紧密联系，提升信息交互能力，实现智慧运维、智能调度。

（1）发电侧：收集气象参数、设备发电能力等数据并送至云端进行实时智能分析，通过大数据分析处理，自动精准反馈控制指令到每一台风机、每一个光伏组件，在更大区域内协调各个新能源场站发电能力，实现新能源发电量输出最大化。

（2）电网侧：感知所有新能源实时发电能力、电网输电能力、火电机组调峰能力、不同地区负荷的消纳空间等，将这些信息通过云网传输并开展智能分析，动态优化协调各项消纳措施，在更大范围内消纳新能源。风电场发电功率智能调度系统如图5所示。

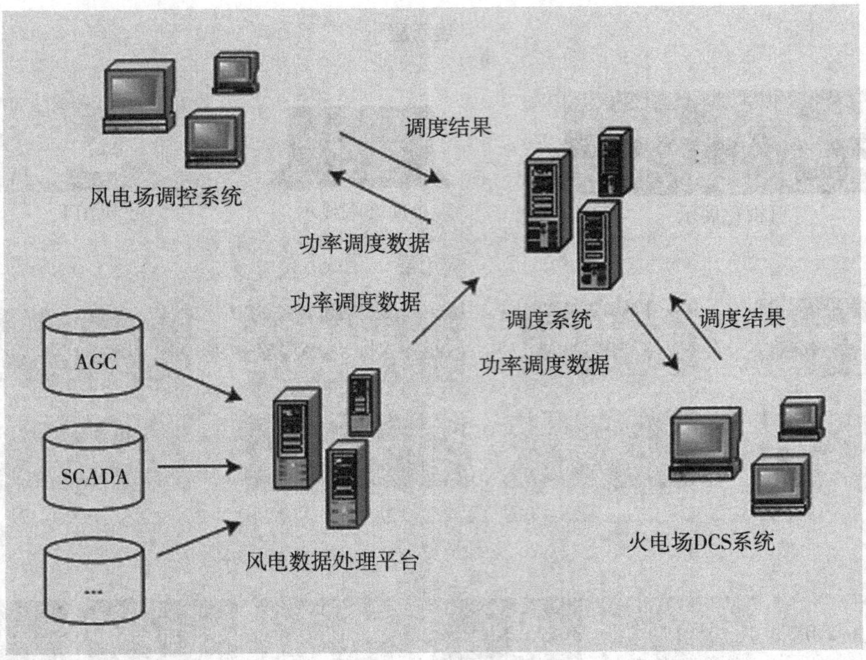

图 5　风电场发电功率智能调度系统

（3）用电侧：将分布式新能源聚合形成虚拟电厂，以多能互补的形式提高分布式新能源的友好并网水平和电网可调控容量占比，运用群调群控技术，实现跨区域协调控制，促进分布式新能源省内交易，提高用户发电量。发电量可通过手机 APP 随时查询，如图 6 所示。

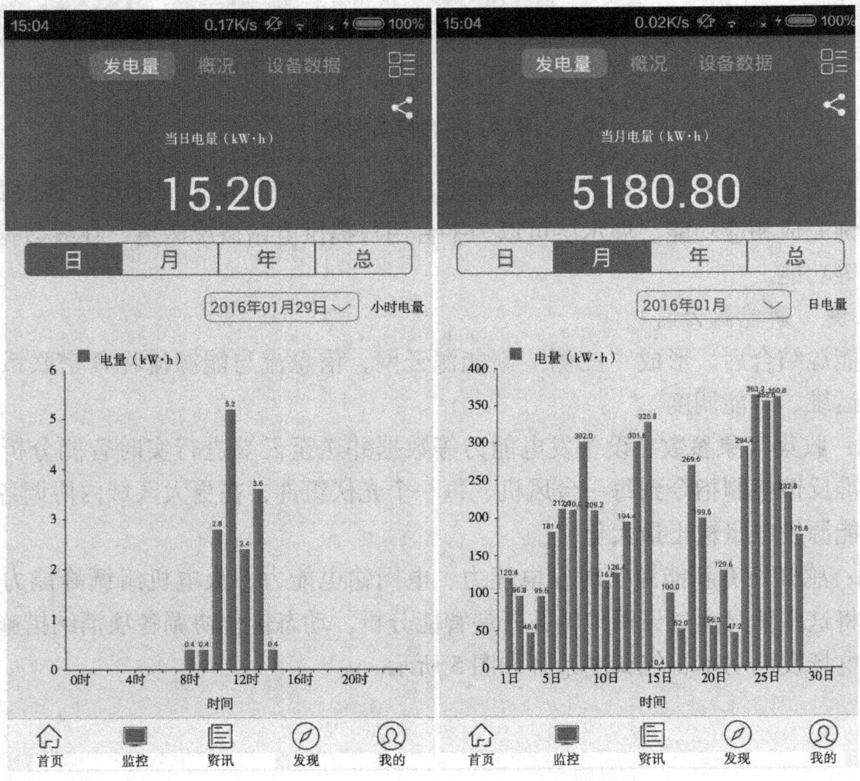

图 6　手机 APP 查询电量

河北南部电网新能源从2017年开始爆发式增长，多措并举，已连续多年保持了新能源最大限度消纳，未出现大规模弃风弃光。

（五）源头管控，确立技术监督模式

基于“涉网安全”理念，确立以提升新能源网源协调水平为中心，融合“报表监测分析、故障预判告警、现场检查试验”的“一中心、三支点”技术监督试验模式。

1. 构建技术监督管理体系

构建“新能源三级技术监督管理体系”，电科院作为第二级，衔接电网公司和新能源企业，确保监督体系有效运转，如图7所示。“报表分析”和“监督检查”是监督管理体系中的两个重要落脚点。“报表分析”由电科院组制定技术监督报表管理标准，新能源企业按照格式定期报送技术监督数据，电科院组织专家对数据进行分析。“监督检查”由电科院制定技术监督动态检查评价标准，组织经验丰富的技术专家到生产现场进行检查，对发现的各类问题进行分析和总结，为新能源调度提供依据，保证电网安全、可靠运行。

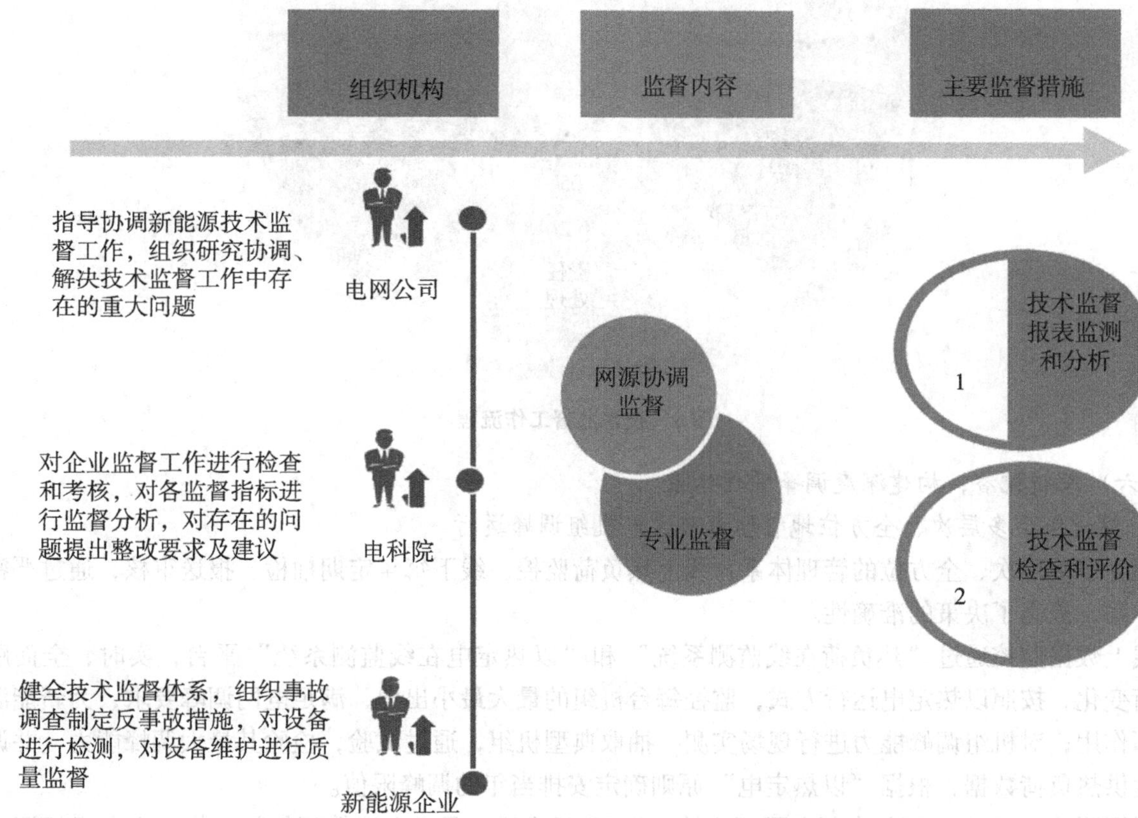

图7 新能源发电技术监督管理体系架构

2. 精准定位监督内容和评价标准

围绕“保障大电网安全”这个核心，研究确定了新能源监督内容和评价标准，包括网源协调监督和专业监督。网源协调监督涉及AGC、AVC控制、功率预测、低电压穿越、电网运行适应性等内容；专业监督分为风力发电监督和光伏发电监督，风电涉及风机控制、继电保护、电气设备性能、电能质量、金属、化学6个专业，光伏涉及发电控制、继电保护、电能质量、电气设备性能4个专业。

3. 科学谋划监督工作流程

新能源技术监督采取分级管理、专业归口、闭环控制的原则，实施动态监督。建立“监督工作全过程的签字验收制度”，通过层层签字验收，确保了技术监督体系运转有效；建立“技术监督责任处理制度”，对监督不当以通报、考核、约谈等形式进行管控，造成严重后果的追究相应责任；建立“技术监督预警、告警和整改制度”，对重大技术监督问题，及时发出预警、告警及整改通知单，督促整改。新能源技术监督工作流程如图8所示。

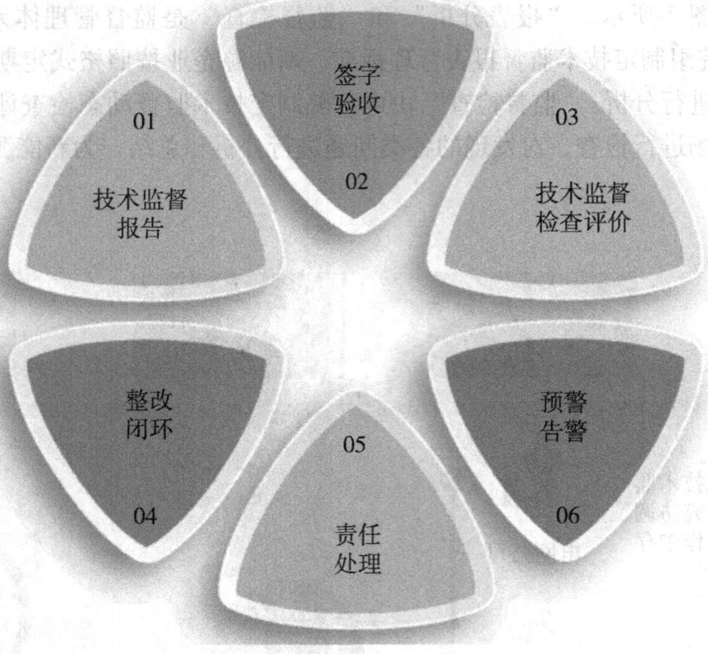

图8　技术监督工作流程

（六）深耕挖潜，构建深度调峰管理体系

1. 线上线下多层次、全方位地管理考核火电机组调峰运行

建立了多层次、全方位的管理体系：线上热负荷监控，线下每年定期抽检、报送审核，通过严密的管理体系，提高了决策的准确性。

线上数据监控通过“热负荷在线监测系统”和“以热定电在线监测系统”平台，实时、全面跟踪热负荷变化，按照以热定电运行方式，监控每台机组的最大最小出力，满足电网调峰要求，为新能源消纳发挥作用；对机组调峰能力进行现场实测，抽取典型机组，通过试验，检验其最大调峰能力，并调取上年度供热负荷数据，根据“以热定电”原则确定安排当年的调峰限值。

根据测算，2021年河北南部电网调峰缺口为77万千瓦。通过上述管理创新工作，火电机组调峰能力得到提升，调峰深度下降了10%以上，非供热机组和供热机组调峰深度分别达到了40%～45% BMCR、55%～60% BMCR，全网最小出力比理论测算结果进一步降低了200余万千瓦，为新能源最大限度消纳打下了基础。

2. 调峰管理工作向标准化、规范化、信息化发展

编写了《河北南部电网发电机组深度调峰能力评价管理办法》，开发了供热机组调峰能力评估分析计算软件（见图9），解决了现场试验工作量大、风险大、受供热条件制约的难题，使调峰管理向标准化、规范化、信息化发展。

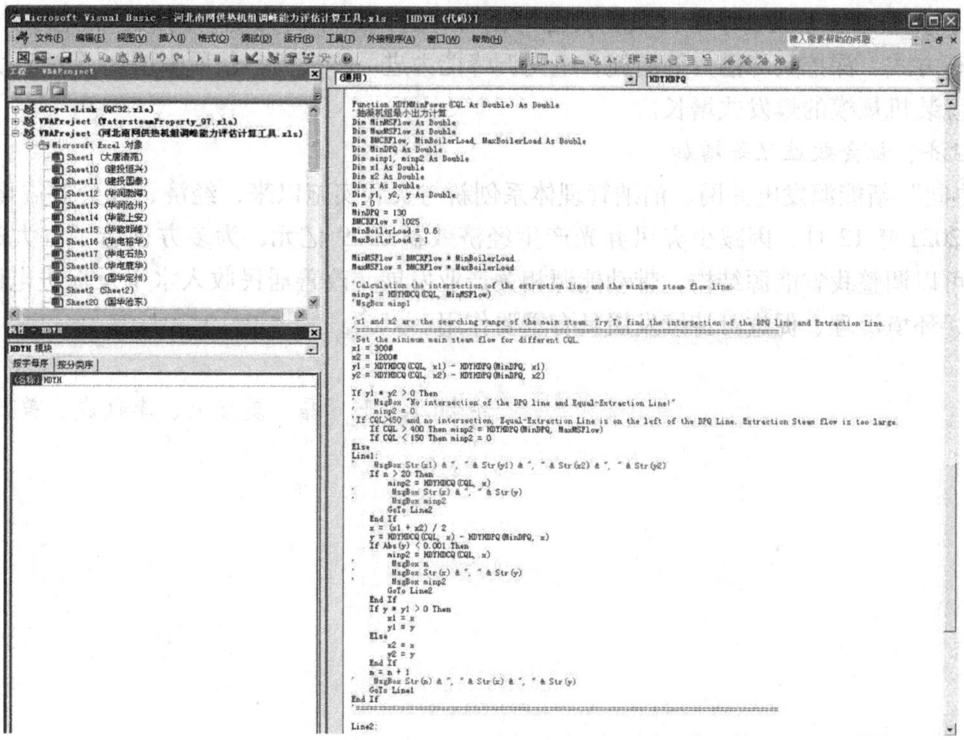

图9 河北南部电网供热机组调峰能力评估计算工具

2021年12月，电科院开展了火电机组最小运行方式核定工作，对所有火电企业报送数据进行统计、分析、检查，利用开发的统计分析软件与技术监督数据、热电联产认证数据等材料进行反复验证，最终出具了审定报告。

三、实施效果

（一）新能源管理水平不断强化

截至2021年12月，完成了以下工作：建立新能源并网标准体系共71项，其中技术规定/规范38项、检测规程21项、技术导则3项、管理规定9项，通过并网标准体系，已有129家新能源场站完成技术升级，保证了电网稳定运行；信息管理平台收集220座新能源场站并网档案资料、150座合同档案资料、95座检测档案资料，实现了新能源场站资料从无到有、从少到多，从简单到详细的跨越，全面掌控新能源场站数据；采用改进试验管理流程，完成93座新能源场站共390项并网检测试验，平均检测时长为0.81天，提升了检测效率，为223座新能源场站顺利完成并网检测奠定了基础，初步估算可节省800余天时间，缩短设备“带病运行”时间，减少事故发生。

（二）新能源并网性能持续改善

随着技术监督工作持续深入，新能源企业电网安全意识明显增强，设备管理规范，专业基础管理得到强化，涉网设备投入率和涉网参数水平明显提升，新能源并网性能持续改善。通过技术监督，协助新能源企业发现和解决各类继电保护问题20余项、自动化问题40余项、电气设备性能问题10余项，真正实现设备故障的早期劣化预警，提升了新能源机组运行稳定性和网源协调能力。近年来，虽然河北南部电网新能源装机爆发式增长，但未发生影响大电网稳定的事故，保障了大电网安全，为新能源最大限度消纳提供基础保障。

（三）新能源消纳能力大幅提升

多年来河北南部电网新能源消纳一直处于全国领先水平，保持了新能源最大限度消纳。特别是

2018 年以来，克服峰谷差大、季节性负荷突出等困难，通过最小出力现场测试、热电联产认证、科学安排机组运行方式、深挖调峰潜力等措施，电网调峰能力进一步提高，较原来增加了 255 万千瓦，有效应对了新能源装机规模的爆发式增长。

（四）经济、社会效益显著增加

“六维协同”新能源发电并网、消纳管理体系创新与实践实施以来，经济、社会效益显著提升。经测算，截至 2021 年 12 月，因减少弃风弃光产生经济效益 67.9 亿元，为多方创造了巨大的经济效益。新能源消纳可以调整我省能源结构，带动能源相关产业发展，改善居民收入水平及促进电网技术进步，对节能减排、环境治理、促进可持续发展具有重要作用。

主创人：王　磊、夏彦卫、李铁成、曾四鸣、胡雪凯

源网荷储“四维协同”助力湖北绿色低碳发展

国网湖北省电力有限公司

一、企业概况

国网湖北省电力有限公司是国家电网有限公司的全资子公司，以电网建设、管理和运营为核心业务。经过120多年的发展，湖北电力工业从无到有，从弱到强，取得了巨大成就。湖北电网已经成为全面承接特高压输送电能、以1000千伏电网为核心、以500千伏电网为骨干、以220千伏电网为主体、110千伏及以下电网覆盖全省城乡、供电人口达到6000万的现代化大电网，是三峡外送的起点、西电东送的通道、南北互供的枢纽、全国联网的中心。截至2022年底，湖北省发电总装机容量9436.97万千瓦，湖北电网220千伏及以上变电站335座、变电容量15651万千伏安，220千伏及以上输电线路893条、长度34588千米。公司拥有直属单位33家，直供直管县级供电企业84个，用电客户3046.01万户。

2023年，国网湖北省电力有限公司将以习近平新时代中国特色社会主义思想为指引，全面学习宣传贯彻党的二十大精神，以安全生产、优质服务为基础，以电力保供、数字化建设、新型电力系统建设、新兴产业发展为重点，以“作风建设深化年”和“班组建设深化年”活动为载体，以强党建、塑文化为保障，全面建设具有中国特色国际领先的能源互联网企业，为服务湖北加快“建成支点、走在前列、谱写新篇”做出新的更大贡献。

二、主要措施

立足区域能源特色、电网禀赋特征，以发展规划为指引，以打造新型电力系统为抓手，以“四维四化”为实施路径，以“三大支撑”为实施保障，通过“源源互补、源网协调、网荷互动、网储互动、源荷互动”持续发力，构建了一套符合国家能源发展战略、具有国网公司特色的“443”源网荷储协同发力的“湖北模式”，树立电网企业绿色低碳发展的典范，如图1所示。其中，“四维四化”是指，在电源维度，强化政策引导，推动能源发展规模化；在电网维度，建强电网平台，推动能源配置高效化；在负荷维度，践行绿色创新，推动能源消费低碳化；在储能维度，加快储能建设，推动系统调节灵活化。“三大支撑”是指通过实施企业数字赋能、加强重大科技攻关、加快电力市场建设，在能源体系、节能减排、营商环境方面构建起一套现代能源保障体系。

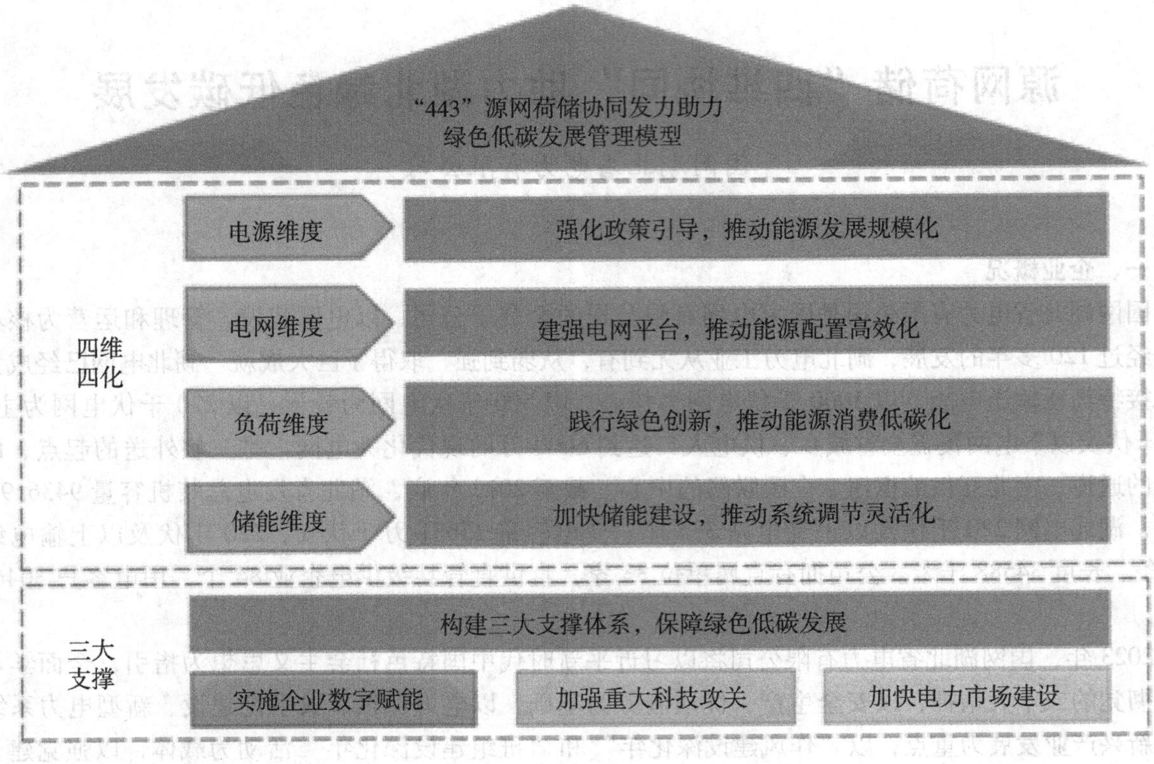

图 1　"433" 源网荷储协同发力管理模型

（一）创新"四维四化"实施路径，建立绿色发展体系

1. 电源维度：强化政策引导，推动能源发展规模化

一是政企协同布局，创新新能源开发利用模式。①引导新能源合理布局。配合省能源局发布新能源消纳指引，统筹考虑在建项目、电力负荷、送出通道和网架结构，引导新能源企业按指引合理布局、有序发展。②实施煤电"三改联动"。推动政府建立可再生能源发展和煤电改造升级协调工作机制，煤电节能降碳、灵活性、供热"三改联动"快速推进。③支持集中式、分布式新能源并举开发。优选百万千瓦级新能源基地项目，支持基地项目利用水火电通道打捆送出、多能互补，提升现有输电通道输送能力。④支持分布式光伏、分散式风电开发建设。持续推进黄州、京山等整县屋顶光伏建设。

二是多方联合推进，提升新能源服务能力。①开展联合研究。联合政府部门和科研院所开展大型能源基地规划研究，协助政府出台实施方案，确定大型风光基地建设的实施路径。②推动政策出台。促请省能源局出台文件，"新能源+煤电灵活性改造或储能"成为标配。储能配置容量为新能源装机容量的20%、时长 2 小时。③做好服务工作。及时完成电网接入和消纳校核，配合省能源局确定新能源基地和平价风电、光伏发电项目。开辟新能源配套电网工程建设"绿色通道"，为分布式电源提供一站式全流程免费服务。

2. 电网维度：建强电网平台，推动能源配置高效化

一是加快电网建设，促进清洁能源优化配置。①推动电网规划编修。滚动调整湖北电网"十四五"发展规划，开展湖北电网中长期电力供应格局研究、湖北电网远景形态深化研究。②加快特高压交直流工程建设。"南阳－荆门－长沙""荆门－武汉"线路工程和武汉特高压变电站建成投产，打造华中"日"字形特高压交流环网。建成投运陕湖直流工程，每年可将 400 亿度清洁电能送到湖北，减排二氧化碳 2960 万吨。"金上－湖北"特高压直流工程核准开工，进一步提升清洁能源入鄂能力。③加快电

网数字化建设。编制落实“十四五”数字化规划，打造数字化转型及新兴产业十大示范工程、百大公司级项目。制定实施智慧物联体系建设等26项举措，促进源网荷储海量要素协调互动。

二是优化运行调度，促进清洁能源高效利用。①加强调度系统建设。推进调度D5000系统和省、地一体化AGC系统的建设，加强跨区域、跨流域风光水火联合运行，促进清洁能源消纳多级调度协同快速响应。建设新一代调度技术支持系统，打造电网安全控制智慧大脑，实现电网运行“自主优化”、电网故障“自动导航”、配电网络“智能自愈”。②加强电网统一调度。提高新能源功率预测水平，构建专业级气象监测平台。优化抽水蓄能发电、抽水运行，优化水电、火电机组运行方式，确保风电、光伏能发尽发、能用尽用。

3. 负荷维度：践行绿色创新，推动能源消费低碳化

一是创新港口岸电模式，打造三峡坝区绿色岸电。①建成岸电示范项目，实现码头岸电全覆盖。在秭归茅坪港、沙湾锚地建成4个岸电示范项目，打造了国内首家水上服务区综合能源服务系统。以示范项目为带动，全面开展经营性码头标准化岸电建设，实现经营性码头岸电全覆盖，具备对所有大型游轮岸电供应能力。②灵活配置供电系统，解决三峡坝区岸电接电难题。针对三峡坝区特殊地形和水情特点，探索推出6种岸电系统，满足各种停泊方式下的船舶岸电需求。研发电缆智能收放系统、T型接口箱等核心设备，攻克坝区水位落差大、江心锚地接电难等世界性难题。完善岸电服务工作机制，打通“最后一公里”。联合组建宜昌长江三峡岸电运营服务公司，提供岸电设施联网、便捷用电、智能运维、增值服务等业务，有效解决长江三峡坝区岸电发展运营难题。搭建云网服务平台，打造线上岸电服务生态圈。开发岸电云网服务平台移动APP，应用互联网技术为客户提供岸电接入、费用结算、订单查询等一站式服务，实现客户足不出户尽享优质服务。

二是优化综合能源服务，构建智慧能源服务体系。①开拓综合能源服务项目。以工业园区、医院等大型公共建筑为重点，积极拓展用能诊断、能效提升、多能供应等综合能源服务，推广能源托管项目2826个，完成宜昌三峡大学综合能源示范校园等项目建设。②建设综合能源服务平台。部署电力需求侧响应相关功能，实现客户、政府和电力公司的三方互动服务，搭建线上线下一体化客户服务平台，及时向用户发布用能信息，引导用户主动节约用能。

三是提升区域供电能力，拓展电能替代广度深度。①开展终端用能电气化行动。提升城市供电能力，开展乡村电气化行动。推动工业领域绿色制造转型、建筑领域提升节能标准提升、交通领域绿色低碳升级，加大各领域替代力度。②加快推进充电设施建设。打造城区“1、3、5”公里充电服务圈，推进公共充电网络向乡村地区延伸，推动建设湖北省级充电设施信息服务平台。开展V2G等新技术的研究及设备研发。

四是实施“阳光扶贫”行动，擦亮乡村振兴底色。①认真履行属地单位责任，把服务乡村振兴工作作为重大政治任务，持续提升“三县一区”（长阳、秭归、巴东县，神农架林区）乡村电气化水平，促进农业高质高效、乡村宜居宜业、农民富裕富足。②构建完善“政府监管、专业运维、群众参与、平台监测”的村级光伏扶贫电站运维管理架构，形成运维管理工作的闭环效应，实现光伏扶贫电站稳定高效运行。③全力落实“国网阳光扶贫行动”计划，在“三县一区”捐建6座集中式光伏扶贫电站和236个村级光伏电站，推动构建光伏扶贫电站“三位一体”（专业化运维、村集体看护、捐赠者监督）运维管理模式，保障扶贫电站稳定运行，产生显著的带动作用和示范效应。

4. 储能维度：加快储能建设，推动系统调节灵活化

一是加快储能设施建设，助力打造示范项目。①开展储能规划专题研究。合理规划储能型设施发展规模、设施布局、接入范围和建设时序，实现源、网、荷、储协调有序发展。②加快抽水蓄能项目建设。围绕“扩储”提升系统调节能力，推进紫云山等抽水蓄能电站建设，实施一批风光水火储一体化、

源网荷储一体化示范项目。推进源网荷各侧储能设施应用。在源、网、荷各侧构建储能应用场景和商业模式，打造示范项目，推进储能设施规模化应用。

二是加快新型配储建设，有力支撑电网调峰。①开展新型储能发展应用研究。密切落实《关于促进电化学储能健康有序发展的指导意见》，配合湖北省能源主管部门开展新型储能规划，并提出合理的发展规模、建设布局和政策建议。②加快“新能源+储能”“源储一体化”建设。积极对接政府，促请政府出台新能源场站配置储能的明确要求，确保储能与新能源项目同步规划、同步建设、同步投运。

（二）构建“三大支撑”，保障绿色低碳发展

1. 实施企业数字赋能，打造能源互联网新生态

一是深化应用国网“新能源云”系统。拓展“新能源云”功能应用，汇聚能源全产业链信息，支持碳资产管理、碳交易、绿证交易、绿色金融等新业务。二是建设省级能源大数据中心。制订省级能源大数据中心的建设方案，并正式建设和运营。建成30条电力专线和124套信息系统，形成完善的信息化专业管理体系。三是加快能源互联网建设。加快信息采集、感知、处理、应用等环节的建设，实现各类能源互通互济，源网荷储协调互动，为新能源发电、多元化储能、新型负荷大规模友好接入提供坚强支撑。

2. 加强重大科技攻关，提高整体节能减排水平

一是实施“新跨越行动计划”。加快新型电力系统安全稳定运行控制等技术研发，推进虚拟电厂、新能源主动支撑等技术进步和应用，研究推广有源配电网、分布式能源、终端能效提升和能源综合利用等技术装备研制。二是加快重点示范科技工程建设。推进广水市100%可再生能源互联网试点示范等项目建设，攻克源网荷储实时协同控制关键技术，为能源互联网技术发展贡献中国方案。三是开展碳减排技术攻关。设立公司碳技术专职研究室，研发低碳环保变压器、互感器等非矿物油设备以及无SF6或少SF6的GIS、断路器、开关柜等设备，研究考虑碳排放强度的运行控制技术、区块链与碳排放监控技术，降低设备碳排放水平。

3. 加快电力市场建设，构建低碳消纳保障机制

一是推动市场机制和价格政策完善。完善辅助服务市场交易机制，出台尖峰电价政策，完善抽水蓄能、储能电价和投资回报机制。二是推动电碳市场协同发展。与宏泰集团签订“电碳”市场协同发展框架协议，开辟全国首个电碳联动市场，更好推动能源清洁低碳转型。组织实施首场省内绿电交易，颁发全国首张电、碳市场双认证“绿电交易凭证”。2022年绿电交易电量达到15.2亿千瓦时。三是构建促进新能源消纳保障机制。加快以中长期交易为主、现货交易为补充的省级电力市场建设。完善省间交易体系，扩大新能源跨区跨省交易规模。顺利实施两次电力现货市场模拟试运行和结算。优先落实与新疆、陕西、青海、西藏签订的省间框架协议，确保商定的清洁能源电量到位。及时消纳四川、湖南等外省应急水电。

三、实施效果

（一）实现新能源全额消纳，取得显著管理效益

提升电力系统平衡调节能力，加快电网输送能力建设，优化电网统一调度，充分发挥市场资源配置作用，实现源网荷储协调互动，有效推动新型电力系统建设。引导5种以上、总容量超过300万千瓦负荷侧资源以独立主体形式参与调峰辅助服务市场，提供调峰电力20万千瓦以上，单个市场运行周期提高消纳新能源电量1亿千瓦时以上，连续14年实现新能源发电100%消纳，有力推动湖北能源低碳转型。

（二）助力能源清洁低碳转型，取得长效生态效益

通过提高电网新能源消纳能力，推动终端消费清洁用能，促进能源清洁低碳转型，有效助力“双

碳”目标落地实施，取得长效生态效益。截至2022年底，风电、光伏装机达2094万千瓦，较“十三五”初期翻倍，全年消纳可再生能源电量979亿千瓦时，减少二氧化碳排放7003.5万吨。通过推广港口岸电模式，每年减少燃油消耗5000多吨，减少各类气体排放物超过1.5万吨，实现船舶停靠期间“零排放、零油耗、零噪声”，有效提高清洁能源消费比重，促进长江航运长效绿色发展。

（三）培育综合能源服务新业态，取得明显经济效益

通过推动能源产业链上下游企业的转型升级，培育国网综合能源服务新业态、新模式，助力能源生产、消费的全面变化。拓展电动汽车公司充电增值服务，拓展营销部门客户服务新业务，带动电动汽车、充电桩、5G基站和物联网等产业升级，产业规模可达720亿元。强化示范引领，充分发挥电网枢纽平台作用，在源荷互动、储能租赁共享、产业运营模式方面打造精品示范工程，激发各类社会主体参与积极性，形成互利共赢良好局面。

（四）助力区域脱贫攻坚，取得显著社会效益

全力落实“国网阳光扶贫行动”计划，在“三县一区”捐建6座集中式光伏扶贫电站和236个村级光伏电站，捐建光伏扶贫电站累计发电3.05亿千瓦时、收益2.76亿元，惠及贫困人口35.01万人，助力“三县一区”如期脱贫摘帽。全省村级光伏扶贫电站平均发电能力达到112%以上。光伏扶贫电站“四位一体”协同运维管理模式，得到各级政府的高度认可，并在全国光伏扶贫工作现场会作典型发言。

主创人：周　斌、王　枫、周志强、尹　晗、郑云飞

基于世界首座商业潮流能电站的新能源协同开发运营管理

国网浙江省电力有限公司岱山县供电公司、杭州林东新能源科技股份有限公司

一、企业概况

国网浙江省电力有限公司岱山县供电公司（以下简称国网岱山县供电公司）是典型的海岛供电企业，肩负着为浙江省岱山县全体用电客户提供可靠绿色电力的使命。国网岱山县供电公司践行“自立坚守、担当奉献、勇攀高峰”的电力高塔精神，构建广泛互惠的新能源协同开发机制，为潮流能等清洁能源开发提供电网规划、配套运维等全方位服务，新能源装机比例不断刷新，实现高比例清洁能源接入全消纳，形成了网源企业协同开发新能源的海岛示范。公司先后荣获国家电网公司先进集体、文明单位等诸多荣誉。

杭州林东新能源科技股份有限公司（以下简称林东公司）创立于 2013 年 4 月，是国内最早从事海洋潮流能研发工作的高新技术企业，业务范围涵盖海洋清洁能源的研发设计、海洋工程装备生产制造以及新能源领域的技术服务等业务。林东公司始终秉持“科学家及企业家精神推进人类技术核心力量革新”的企业宗旨，历时 10 年成功研发了由十五大系统构成的世界首台“模块化大型海洋潮流能发电机组”系统群，获得国际国内授权专利 64 项，实现海洋潮流能开发技术世界级突破，促使岱山海洋潮流能电站成为完全由我国自主研发的具有颠覆性的世界级重大科技原始创新项目。

二、主要措施

（一）网源企业全面协同，营造潮流能发展良好环境

1. 成立发展推动联盟，网源企业联合创新

国网岱山县供电公司联合林东公司成立潮流能“发展推动联盟”，以建设世界首座商用海洋潮流能电站为目标，打通企业间制度“经络”，畅通产业链大循环。林东公司作为发展推动联盟的主体，开展新能源技术研发、电站建设和投资运维，促进潮流能技术突破；电网企业国网岱山县供电公司积极协调地方政府解决项目建设过程中的配套政策、海上航道等系列问题，承担潮流能电站接入点的送出工程建设、入网服务、电费结算业务，切实解决能源送出和消纳问题；双方还在站址规划、电价批复、运维检修等领域建立战略合作机制，发挥各自优势，形成以发展推动联盟为主心骨的潮流能开发利用创新格局。

2. 打通潮流能产业链，形成清晰产业格局

发展推动联盟打通潮流能上下游产业链，不断吸纳技术研发、装备制造、新能源开发企业加盟，联合金轮实业等生产商开展零部件制造、整机组装，联合常石集团等大型起重船运营企业开展海上施工建设，形成技术研发、设备制造、整机组装、海洋施工、电站运营和电量交易各环节分工负责、各链条紧密合作的产业发展格局，通过为全面开展技术攻关和商业化运营奠定基础。

3. 争取配套政策支持，营造良好发展环境

抓住国家鼓励新能源行业发展和海洋开发利用的有利契机，多方争取资金、人才、用海许可等配套政策支持。在研发资金方面，项目先后三次获得自然资源部可再生能源专项资金，两次获得浙江省人民政府重大专项资金；在创新人才方面，获得浙江省科技厅领军型创新创业团队认定及“万人计划”科技创新领军人才奖励；取得在岱山毗邻海域建设海上特殊大型设施的海域使用许可证，规范项目建设用海用地的合法性。

（二）实行集成创新模式，突破可持续发电关键技术

1. 建立科技创新平台，提升科技创新能力

实施平台化创新策略，成立了浙江省林东新能源开发研究院、浙江省大型海洋潮流能工程实验室两个科技创新平台。通过杭州千岛湖实验基地和岱山潮流能示范基地对平台创新成果进行测试与验证，形成对标全球先进水平的海洋潮流能发电研发创新和产业化能力。与浙江省海洋科学院签署《浙江省海洋能开发利用研究中心共建协议》，共同研制潮流能电站选址技术规范、潮流能发电装置技术要求、水平轴潮流能叶片外形检验方法等一系列技术标准和规范。与国家海洋行政主管部门开展项目合作，在海洋能资源调查、电站项目规划、海洋工程、运维监测、大数据建设等关键环节加强资源共享。

2. 突破关键技术壁垒，形成技术竞争优势

针对能源捕捉系数低的关键问题，项目联合研发团队研制不同类型的水轮机并开展运行效果测速，先后生产了多叶片低转速的阻力型垂直轴等三代机组，开展潮流能机组运行特性的分析，为机组运行状态画像。针对海洋弱碱性对海底设备造成侵蚀的问题，成功研制“轴承净水冲压技术”满足东海水域杂质环境下设备密封性和抗腐蚀性的要求。针对海洋垃圾流动造成设备磨损的问题，提出了“海底流动防护罩”解决方案，及时对海洋垃圾进行屏蔽，降低了设备安全风险。通过技术突破解决了发电效率低、设备防腐性能差、海洋垃圾防护、电力传输等问题，机组具备启动流速低、生存能力强、系统适应性强、环境友好性强的突出特点。

3. 创新模块化总成平台，开展积木化施工

针对建设成本过高的问题，深入比较国际上五大主流潮流能获取装置，革命性地提出“潮流能发电机组模块化”安装方式，首创“即插即用”型潮流能电站设计思路。根据水域特点和发电需求，对模块进行选择和组合，从而构成性能不同、规格不同的最优发电机组，实现与水流特点高度匹配。在组装方式上，采用一个总成平台来承载发电模块、电力设备、海上特种设备，形成一个用于自动处理发电机组硬件设备的工业标准。在组装发电装置时，安装过程执行积木拼接，大大简化安装程序、降低安装难度。通过“模块化”设计、“积木化”安装，满足了不同水域的机组安装需求，大幅降低了建设成本，对于推动潮流能电站商业化运营提供了系统的解决思路。

（三）运维数据双向交互，实现机组低成本高效运营

1. 打通数据双向通道，网源共享运维资源

建立统一的数据汇总中台，打通网源双方数据通道，实现机组运维数据、潮流能监测数据、海洋天气等多种数据的统一分析。建立潮流能出力的预测模型，开展阻力型垂直轴、升力型垂直轴、升力型水平轴三种水轮机典型出力曲线功率图谱研究。将用于海缆监测的“虚拟电子围栏”管理机制应用于潮流能电站保护，运用AIS虚拟航标技术，在潮流能电站周边建立海缆路由电子围栏，设置海上管控或警戒水域，形成智能监测海上电子围栏区域，在海图及导航仪显示系统上自动标识海缆禁锚区，对进入警戒区的违停船只及时进行警告，并告警潮流能电站做好安全防护。

2. 建立生命支持系统，降低海底运维成本

基于固定在海床上的总成系统平台，创新建立海下发电设备生命支持系统，在潮流能发电机组上安装运维钢管，直通海下设备，实现海下实时运维作业，能够有效保障运维人员安全，降低运维成本。同时建立完善的海底远程监控系统，通过后台可视化实时监控机组运行各项参数，做到全天候无人值守，可远程停机保障设备安全。在“利奇马”“烟花”等台风肆虐舟山、岱山期间，潮流能电站正面“迎接”台风巨浪，发电机组经受住12级以上台风考验，所有机组全部正常发电并网运行。

3. 送出线路智能运维，保障电量持续上网

发挥电网企业的技术优势、经验优势，在潮流能电站送出线路潮兰线上采用“全无人机巡线、

全机器人巡站、全不停电作业”模式，利用无人机、智能机器人等新设备红外成像、图像识别等功能开展高频次、高精度、全自动的巡检，利用自适应的绝缘操作杆开展不停电作业，消除海岛特殊地形对带电作业的制约，累计完成带电作业89次，消除设备紧急缺陷12处，打造形成“潮流能不停电送出线路”。

（四）建设多元高弹电网，提升网侧新能源消纳能力

1. 依托低压柔直技术，消除新能源上网谐波影响

高度重视新能源开发并网谐波治理，依托舟山世界首个±200千伏五端柔性直流输电系统，建设全电压等级的低压柔性直流输电系统，方便多种电压等级的新能源接入，通过柔直系统消除谐波。在舟岱换流站配置多端口直流断路器，升级全套柔性直流输电控制保护系统，建设与潮流能送出电压相匹配的10千伏低压柔性直流电网，通过“交转直”消除潮流能上网谐波振荡，将新能源并网影响降到最低。

2. 建设区域能源微网，形成风光潮一体发展生态

在建成的潮流能电站基础上，打造“风－光－潮－储”为主要电源的孤岛能源微电网。结合岱山秀山岛负荷需求、新能源利用效率等因素，在常石造船厂新增20兆瓦分布式光伏发电系统，将原来接入110千伏兰秀变电所的10台装机容量6兆瓦的风电机组接入微电网，形成以“风光潮”为核心的能源微电网电源系统。同时促成地方政府出台《岱山清洁能源储能配置实施意见》，按照新能源装机容量10%的标准配置铅碳储能系统，作为“风光潮”后备电源，进一步提升微电网弹性。

3. 获取并网全量数据，取得首个潮流能电价批复

整合国家电网公司认证的潮流能电站并网发电全量数据，并将数据提供给政府部门，积极向自然资源部海洋战略规划与经济司汇报，取得“国内总装机规模最大”“潮流能领域全国首位”的项目情况说明函，为国家发展改革委最终电价的批复提供数据基础。2019年浙江省发展改革委正式批复，舟山潮流能发电上网核定电价为2.58元/千瓦时，填补了我国潮流能发电指导电价政策空白。在此基础上，国网岱山县供电公司与林东公司于2019年8月正式签订全国首份潮流能购售电合同，并完成首期99.2万千瓦时上网电量结算，标志着我国海洋潮流能发电站正式进入商业化运营。

（五）确立产业协同机制，打造新能源开发海岛示范

1. 加强知识产权保护，制定潮流能技术标准

在知识产权保护方面，立足国际视野，按照总成平台系统、双向调节水轮机涡轮系统、海底防腐系统等15大核心系统群涉及的关键技术、关键材料开展国际国内专利申报。通过《保护工业产权巴黎公约》及专利合作条约（PCT）申请专利，实现“一国申请、多国有效”。目前获批模块化双向潮流能发电装置等国际国内专利64项，建成完整自主创新的知识产权体系，形成技术保护“护城河”。技术标准方面，协同开展技术标准编制工作，研究制定《潮流能电站并网电能质量技术规范》等服务和质量标准，对全国范围内推广建设潮流能电站起到示范引领作用。

2. 编制能源协同规划，形成一体化发展格局

基于舟山、岱山群岛丰富的清洁能源开发利用潜力，配合政府制定《岱山县新能源开发利用“十四五”规划》。发电侧，在龟山航道规划20万千瓦潮流能发电场。电网侧，提升电网清洁能源消纳能力，配套规划新建220千伏线路和110千伏送出线路。同步完善全电压等级柔性直流输电系统，在重点新能源电站周边配套建设交直流转换系统。通过网源企业协同，对未来5年的潮流能等新能源开发进行系统布局。

3. 全面推广创新成果，提升潮流能开发热度

采用因素预测法对未来潮流能发电成本进行预测，数据显示，当潮流能电站装机容量达到16兆瓦后，度电成本将在现有基础上进一步下降到0.17元（见图1）。

图 1　潮流能电站度电成本测算模型

潮流能电站发度电成本测算模型

研发批次	单击装机容量（兆瓦）	每兆瓦造价（万元）	其他成本（万元）	总成本（万元）	年满发小时数（时）	设计使用寿命（年）	并网运行时间	年均成本分摊（万元）	年发电量（万千瓦时）	度电成本（元/千瓦时）
第四代单机	1.2	4650	增加30%	7254	1500	20	2022年	362.7	180	2.02
第四代单机	1.6	4650	增加30%	9672	1500	20	2021年10月	483.6	240	2.02
第五代单机	2	2500	增加30%	6500	2000	20	/	325	400	0.81
第五代单机	2.5	2500	增加30%	8125	2000	20	/	406.25	500	0.81
目标单机	16	1000	增加30%	20800	3000	25	/	832	4800	0.17

说明：
其他成本主要为发电站成本支出，包括项目运行成本、维护成本、财务费用、税金等。
计算公式如下：
总成本=单击装机容量 × 每兆瓦投资+其他成本；
年均成本分摊=总校资/设计使用寿命；
年发电量=单机装机容量 × 年满发小时数；
度电成本=年均成本分摊/年发电量。

通过纪录片、电视剧等形式，塑造海洋潮流能第一品牌。以项目发展历程为蓝本，联合中央电视台中国电视剧制作中心拍摄以潮流能建设为主题的电视剧《奋进的旋律》，全面展示世界首座潮流能项目的建设历程。推动潮流能发电项目与港珠澳大桥、“蛟龙”号载人深潜器一同入选“全国优秀海洋工程”，推荐相关成果入选国际能源署、全国人大常委会等报告，在国际上形成示范效应。在国内、国际积极推广潮流能技术，吸引美国、法国潮流能研发机构实地考察岱山潮流能电站项目。目前浙江地区已有 12 家单位参与到潮流能研发建设中来，围绕该项目，初步形成以潮流能为主体的海洋新能源开发运营良性生态。

三、实施效果

（一）建成世界首座商业潮流能电站，形成协同开发运营格局

通过本成果应用实施，中国企业在世界范围内率先掌握了潮流能大规模稳定并网发电技术，实现了我国海洋潮流能发电从无到有的关键转变。截至 2022 年 4 月，潮流能发电机组稳定发电并网运行超过 58 个月，项目累计发电总量超过 230 万千瓦时，结算电费 500 余万元。累计发电量和连续并网时间居潮流能领域世界第一。随着装机规模的不断扩大，度电发电成本较欧洲国家低 6.05 元，机组年满发小时数已从 600 小时大幅提升至 1500 小时，有望很快达到 2000 小时，展现出良好的经济效益前景。根据测算，当单机装机容量由现有 1.7 兆瓦提升至 16 兆瓦后，度电成本将降至 0.17 元，按照年满发 3000 小时测算，将实现年发电量 4800 万千瓦时，剔除 10% 的厂用电，将实现售电收入 1.1 亿元，毛利达 1 亿元。

（二）全面抢占潮流能技术的制高点，掌握潮流能行业话语权

通过世界首座潮流能电站的可持续商业化运营管理，抢占了潮流能开发利用的技术制高点。该项目建成了“总成平台系统、双向调节水轮机涡轮系统、海底防腐系统、防海洋生物依附系统、高强度耐冲刷保护系统”等 15 大核心系统群，完成关键技术、关键材料国际国内专利申报，截至目前，获批国际国内专利 64 项，系统解决了潮流能技术卡脖子问题，成为完全由我国自主研发的具有颠覆性的世界级重大科技原始创新项目。项目利用“平台化 + 模块化 + 积木化”技术实现核心部件海上运维的简便操作，彻底改变国外必须定期下海更换零部件以应对海洋高腐蚀、高盐雾的环境困境。

（三）落实“双碳”战略目标，推进新型电力系统建设

以国内高效燃煤机组类比，岱山潮流能电站项目并网发电以来累计节约标准煤 1539 吨，减少粉尘排放量 1036 吨、二氧化碳排放量 3798 吨、二氧化硫排放量 113 吨、氮氧化物排放量 56 吨，在推进大气污染治理方面发挥了积极的作用。以舟山海域 700 万千瓦可开发装机测算，年发电量可达 210 亿千瓦

时，满足2个舟山市的全社会用电需求，实现舟山地区社会用电的全面绿色供给，相当于节约标准煤25.4万吨，减少二氧化碳排放164万吨，届时舟山全市将实现全域“零碳供电”，减排效果和经济效益巨大。潮流能机组出力遵循潮汐的涨落，具有很高的可预测性，在以新能源为主的新型电力系统构建中将能发挥巨大优势。

主创人：张秀峰、崔立卿、王剑峰、缪武林、谭鹤同

汽车工厂19.98MW车棚分布式光伏发电项目

湖南建融湘安新能源开发有限责任公司

一、企业概况

湖南建融湘安新能源开发有限责任公司（以下简称建融湘安新能源）成立于新能源行业调整期的2017年11月，是省属国有企业原湖南建工集团旗下专注于新能源产业综合开发的金融服务平台。这个服务平台主要是整合新能源项目开发、建设、融资、收购各方资源，通过“全过程咨询服务”模式完成新能源项目孵化交易，以基金短期的小投资带动集团获取项目施工产值。

公司处于新能源发电行业下游的光伏应用领域，随着“双碳”战略的提出，新能源发电市场将迎来爆发式发展。公司以新能源产业基金为切入口，打造“产业+金融”“投建营”一体化创新发展模式，为新能源行业提供优质的“EPC + F”的全过程投行服务；搭建国有大型能源集团与中小企业开发者的绿色桥梁，打通项目开发的关节，助力项目落地。公司已在新能源行业领域形成差异化竞争模式。

公司成立以来在新疆、湖南、辽宁、广东等多个省份累计完成新能源项目建设容量116.4万千瓦，储备新能源资源容量300万千瓦，且服务集团承接合同额超57.5亿元。

在集团“一流、超越、精作、奉献”企业精神引领下，公司借助集团的平台优势，搭建央企与民企之间合作的桥梁，提供全过程投顾服务，致力于打造省内领先、国内一流的新能源产业投行。

二、主要措施

（一）市场生态与资源环境

我国新能源基金起步较晚，在国家政策的引导和支持下，新能源基金迎来了快速发展，社会资本参与新能源投资的积极性空前提高，但新能源基金发展仍处于初期阶段，主要存在发展规范性不足、缺乏配套、政策支持、社会资本对新能源投资参与不足等问题。公司立足于集团千亿级大型国有企业资源之上，依托建融资产强劲的资本运作能力，运用湖南省“一带一路”基金强大的国际化战略思维与融通能力，在湖南省内拥有得天独厚的天然优势，资源环境相对优渥。

（二）发展战略与解决方案

“金融+产业”结合：为新能源项目开发、项目建设、项目融资、项目交易等全过程提供咨询服务工作；打造集团轻资产新能源产业投行，带动集团产业集群发展的一体化平台（见图1）。

“金融 + 产业”双轮驱动：通过基金打破投资局限，整合各方资源，拓宽融资渠道，实现“金融 + 产业”双轮驱动模式。

小资金撬动大施工：通过基金投资，以少量资金投入取得项目控制权，促使集团内部单位成为项目的EPC方，在保障项目建设的同时，为集团带来施工产值，实现“小资金撬动大施工”模式。

充分发挥桥梁纽带作用：助力地方企业通过基金平台，将持有的项目资源与电力央企成功对接，顺利实现项目退出，从而获得投资收益。基金在项目开发前期提供资金支持，解决央企、国企在新能源项目开发前期出资难问题，满足电力央企收购电站作为资本运作、资产持有的诉求。

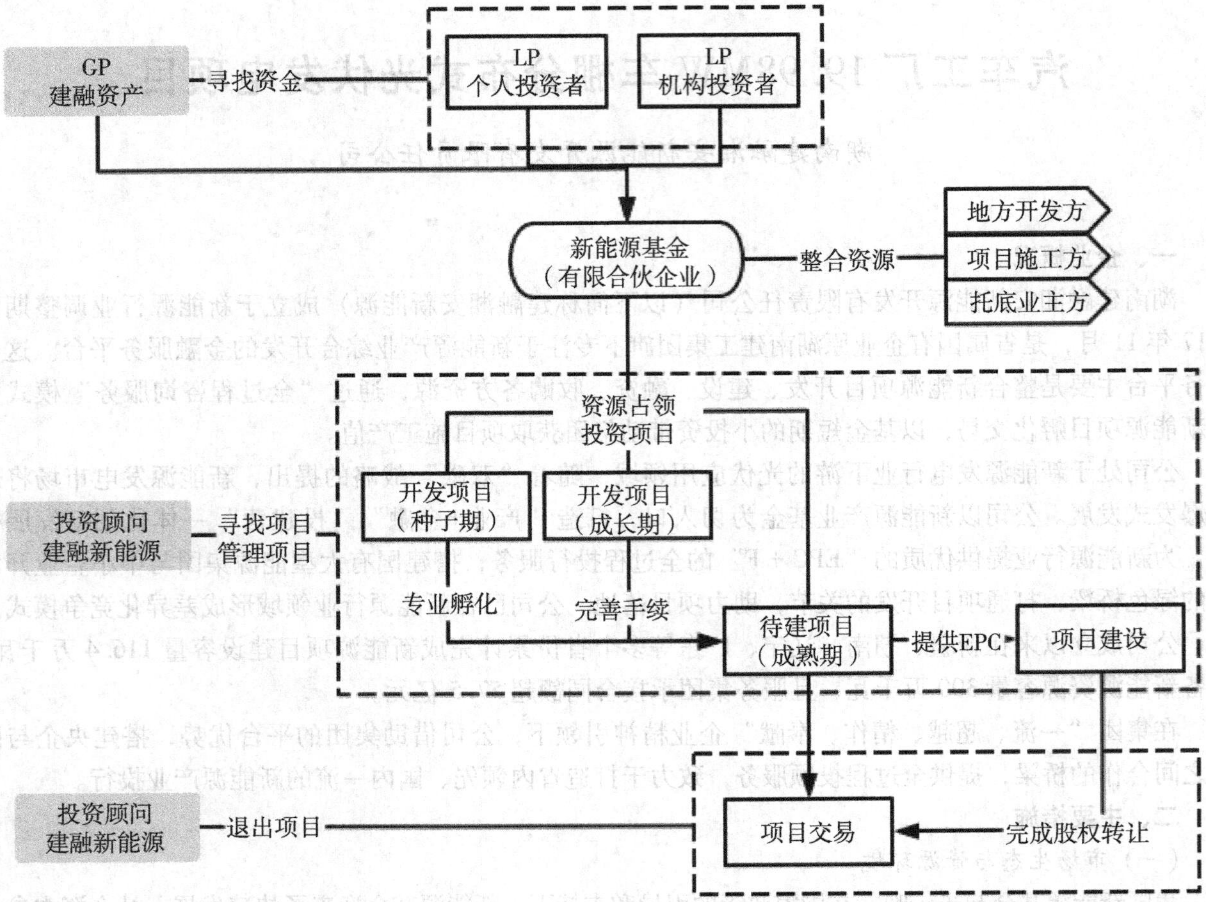

图 1　市场化基金"金融 + 产业"创新模式

公司基金利用"金融+产业"优势，创新经营理念，搭建电力央企与开发企业的桥梁，构建新能源项目产业平台，在新能源项目开发、建设和运营过程中提供全过程咨询服务，相对于传统电力央企和民营开发企业，具有比央企更灵活、比民企有实力的先天性优势（见表 1）。

表 1　市场化基金"金融 + 产业"创新模式优势对比

	公司基金	传统电力央企	民营企业
定位	新能源产业投行	新能源项目持有方	新能源项目开发方
差异	市场化/灵活性高 决策机制灵活 资本运作能力强	资金实力雄厚 风控标准高 决策周期长	电站开发成本高 资金实力弱 项目融资困难

（三）低碳技术研发与创新

在国家"双碳"战略大背景下，绿色发展成为企业转型发展的底色。在减碳过程中，技术研发发挥了重要作用。为实现"金融+产业""金融+科技"高度融合的新模式发展，延伸投后创效的需要，以及企业绿色低碳技术的研发和创新的需要，公司设立运营科创部，专门负责电站的创新性的运营管理工作和技术创新工作。在碳资产、碳金融、储能等新兴领域前沿研究和实践，配套做好碳教育管理、高新技术研发与应用、智慧运维集控平台的搭建、大数据的应用和分析、新技术在终端的转化落地、科技项目申报等事宜。公司与湖南大学、长沙理工大学、广东罗定职业技术学院建立了产学研合作关系，共同推动企业绿色低碳技术的研发与创新。

为顺应“双碳”目标，在光伏项目建设、施工、运维中推广“模块化”，临建预制舱、桩基预制桩、装配式预制电缆沟、升压站用房装配式钢结构、智能光伏运维系统。

公司与一家省级技术开发类科研机构合作成立了“建筑低碳产业研究中心”，卡位低碳建筑、BIPV新兴战略市场，致力于光伏、风电、智能电网、储能、能源规划等新能源领域的解决方案，挖掘市场潜力，助力公司转型升级，打造集研发、投资、建造、运营于一体，具有较大国内影响力的新能源产业创新走廊和技术、标准、建设输出高地。

研究绿色住建城市规划，以整县能源规划、低碳小镇/社区/工厂能源规划等为抓手，推进屋顶分布式光伏开发试点。

研究太阳能、风能、生物质能等可再生自然资源的利用，为建筑赋能提供可再生能源，重点关注提升新能源发电效率，输配电技术、储能技术、发电输电安全性技术，新能源发电、供电设备。

（四）相关技术的迭代升级

注重特色典型化设计，积极推广预装式升压站典型设计和数字化电站建设，有效缩小了占地面积，降低了基建成本，缩短了建设周期。

坚持规范的标准化执行，重点推行工作流程、商务文件、技术规范、项目策划、资源配置、文明施工、质量工艺、档案管理、验收评价等一系列标准化工作，完善了与项目全生命周期服务相匹配的标准化执行体系。

开展科学的绿色化施工，针对山地风电项目建设为主的情况，策划实施绿色施工方案。

搭建智慧运维集控平台，开展新能源项目后评价工作，建设集数据监控、大数据分析、故障诊断功能一体化的智能运维数据中心，为客户提供设备隐患治理分析等增值服务。

在项目施工中，选用最新行业内前沿技术产品，优化设计、施工，将绿色施工贯穿整个项目过程；将部分自持项目的老旧设备，进行更新换代，提高发电量的同时，也提高运维效力。

选择技术升级后高效光伏组件、高效光伏逆变器等行业最新产品及最新技术，解决其出力波动性的问题，提升其出力稳定性，减少对火电的依赖性，是提高其出力占比的重要手段；通过技术革新降低光伏发电站建设、运维等固定成本，通过降本增效提高其市场竞争力，吸引社会资本，加速资源优化配置；通过行业最新技术手段，整合最新的数据资源，提升光伏电站的出力预测精度，有效解决其出力的随机性问题，为光伏资源争取到更大的计划空间。

（五）全新的商业合作模式

聚焦“打造国内一流、省内领先的清洁能源领域专业投行”的定位，诠释高质量可持续发展。公司主张立足市场、着眼市场、服务市场，全业务流程都要以满足客户需求为目的，提供优质的“EPC + F”的全过程投行服务，搭建国有大型能源集团与中小开发者的绿色桥梁，持续为客户创造更大价值。

深度布局四大应用场景，实践高质量可持续发展。公司从自身的技术路线储备情况出发，深度布局碳资产碳交易、新能源（风、光）发电开发建设、智慧储能开发建设、智慧运营管理等四大应用场景，为每一场景提供多技术、多产品、系统性的绿色能源解决方案。

借助于湖南建投集团兄弟单位投资和承接的工商业园区、污水处理厂、基础设施建设厂房、合作区域内的地方政府资源，公司可通过“金融 + 新能源产业”结合的新能源产业平台，开发和建设风电、光伏等新能源项目，实现“1 + 1 > 2”的示范效应。全新的商业合作模式如表2所示。

表 2　全新的商业合作模式

	集团兄弟单位	建融湘安新能源
合作范围	提供工商业园区屋顶、污水处理厂、基础设施建设厂房屋顶、合作区域内的地方政府资源	成立新能源产业基金，开展光伏和风电、综合能源等项目开发、建设、融资等全过程咨询服务
合作效益	创建绿色低碳示范园区；节约企业用电成本和屋顶租赁收益协调兄弟单位地方政府化债压力	创建“新能源+”示范项目

（六）低碳管理与运行情况

公司采用合同能源管理模式为上汽大众（长沙）投建的 19.98MW 车棚分布式光伏发电项目，是湖南省单体最大的分布式光伏车棚发电项目。项目于 2019 年 9 月开工建设，同年 12 月并网发电，投资 1.2 亿元，由湖南省“一带一路”基金投资和运营。为某汽车工厂发挥光伏车棚电站项目示范效应，为助力上汽大众（长沙）打造“绿色工厂”，2021 年累计发电 2628 万度，日最大供电量为 15.2 万度，节省电费超 150 万元。

在 VDC 停车场、员工停车场加装太阳能光伏车棚，形成“下面泊车，上面发电”的全新模式，光伏车棚可给成品车起隔热降温作用，保护成品车辆免受风吹日晒。夏季可使室外停放的车内温度降低一半，极大地改善了挪车工人的工作环境。

光伏电站建成后，可享受到比市电低 10% 的优惠电价，年节省电费超 150 万元，大幅降低了企业用电成本，提升了企业的经济效益。

光伏电站发电时间与工厂用电高峰时段基本一致，起到了削峰作用，缓解了当地电网的供电压力。上汽大众长沙工厂也成为长沙经开区内少数未被拉闸限电的企业，为工厂的生产运行提供了坚强的供电服务保障。

三、实施效果

（一）节能减排效益

申报项目案例 2021 年累计发电 2628 万度，日最大供电量为 15.2 万度，年平均发电量预计可达 2300 万度，每年节约标准煤 7038t，减少烟尘排放 5317.6t，减少 CO_2 排放 19491.35t，减少 NO_2 排放 84.065t，减少 SO_2 排放 230.69t。

作为湖南省单体最大的“自发自用，余电上网”分布式车棚项目，企业年用电量为 1.2 亿度电，光伏绿电占企业总用电量的 25%，在限电限产期间缓解企业电力紧缺压力。车棚钢结构、混凝土地面等主要建筑碳排放量约为 10000t，年光伏发电碳减排量已经远远超过车棚等建筑排放量，使得大众车棚区域成了名副其实的“零碳”园区。

（二）转型成效

项目走出了一条“产融结合”的新路子。公司与业内同行的主要不同点，主要有以下三个方面。

（1）一种杠杆，运用极致融资。新疆木垒 100MW 光伏项目以 1000 万初始资金，通过华信基金 1∶9 杠杆筹集 1 亿元项目资本金，再通过进出口银行贷款 5.6 亿元，实现 1∶66 杠杆，最终项目实现毛利润 1 亿元，塑造了小投资带动大项目的成功运作典范。

（2）一只基金，解决投资两难。民营投资天然追求高收益，承担高风险，决策效率快，但是品牌及实力不足；国有投资天然追求低风险，享受低收益，品牌实力雄厚，决策流程过长。公司通过国有基金公司募集市场化资金，合法搭建合作桥梁，有效地解决了国有资金与民营资金在项目投资的两难问题，实现互利共赢。

（3）一条赛道，布局产业投行。传统资本市场多布局企业股权，通过风险投资、股权融资、品牌并购、上市IPO等方式进行运作；公司立足于为新能源产业提供新能源项目的前期开发、“EPC + F”、交易退出等全过程服务，致力于成为国内一流、国际领先的新能源产业投行。

截至目前，集团已成功发行两支新能源基金，计划年内再设立四支新能源基金，拟投资项目规模约2GW，将带来近百亿的经营业绩。

一是创造了集团新能源项目的新高度：公司始终坚持高质量发展，充分发挥产融结合优势，仅用四年时间就从行业新兵跻身湖南省新能源行业翘楚。2018年新疆木垒100MW项目及木垒220千伏公用汇集站项目属于“准东－皖南”±1100千伏特高压直流输电工程配套新能源项目，建成后完成交割退出。2019年上汽大众长沙工厂19.98MW车棚项目，是湖南省单体最大的分布式光伏车棚发电项目，在2021年“限电限产”时，助力上汽大众长沙工厂成为长沙经开区少数未被拉闸限电企业，客户专程发来感谢信致谢。同年常德澧县100MW渔光互补项目仅用72天高效完成并网，是省内唯一当年招商、当年开发、当年投产的大型渔光互补光伏发电项目。2020年辽宁建平通威200MW渔光互补项目是全国首批并网的大型平价上网项目；2021年公司首次开拓风电领域，作为全过程咨询单位，联合集团四公司总承包建设了集团第一个风力发电项目——湘潭县昌山44MW风力发电项目，是湖南省内率先使用大功率低风速机组的平价风电项目。不仅如此，同年开发的全国单体最大的平价上网农光互补项目广东罗定500MW项目以及广东海丰200MW项目均实现当年并网，打响了公司深耕广东新能源市场的第一枪。这些项目无论是从项目规模还是“募投管退”速度，均刷新了集团在新能源领域的新高度。

二是赢得了行业和合作伙伴的新口碑：公司注重科技创新能力，近年来共获得国家专利10项，发表期刊论文4篇，已获新能源发电设计乙级资质。2019年荣获“高新技术企业”称号；2019年、2020年连续两年被评为“建融资产先进团队”；2021年凭借良好口碑荣获三峡新能源、通威股份、长安电力、上汽大众“最佳合作伙伴”称号；在第九届新能源高峰论坛上荣获“2021年度湖南省新能源突出贡献企业”荣誉称号；上汽大众长沙工厂光伏项目连续获得“集团2020年优秀书记项目”“2021年度环保清洁光伏电站”荣誉称号。这些荣誉既是合作伙伴的高度认可，也是行业影响力的强有力见证。

（三）社会效益

行稳致远，进而有为。公司将紧抓“双碳”产业发展机遇，充分整合现有资源，发挥“产业＋金融”禀赋优势，从单一开发到多边合作，搭建央企与民企之间合作的桥梁，努力提升新能源领域的专业能力与服务水平，致力于成为国内领先、国际一流的新能源产业投行，以实际行动为“双碳”目标的实现贡献公司力量。

主创人：邓利军、刘德文、乔海祥、彭文斌、罗弄琴

创新引领绿色发展

湖南湘安新能源科技有限公司

一、企业概况

湖南湘安新能源科技有限公司（以下简称湘安新能源）隶属于湖南建投集团下属单位湖南安装公司，经省国资委批准，于2016年5月31日揭牌成立，是湖南建投集团旗下唯一综合新能源服务平台，主要从事太阳能光伏发电系统工程、三联供智慧能源等领域，是一家集“技术研发、投资开发、金融资本、项目建设、资产运营”五位一体的新能源专业化公司。

公司前身为湖南省工业设备安装有限公司新能源应用分公司，自2009年进入新能源光伏行业，已在内蒙古、新疆、山东、海南、湖南、江西、福建等地开发、建设近1GW的光伏电站，管理运营电站21座，跻身国内总承包商前列。公司依托湖南建投集团建融资本，积极拓宽资金渠道，以公司自投项目为基础，EPC项目为延伸，管理优质电站资产，计划在3~5年内管理120亿电站资产。

公司秉持“诚实守责、真情关爱、好学精进、志高行远”的核心价值观，坚持“以创新和进取追求完美，以诚信和实力打造品牌”为经营宗旨，“团结、创新、敬业、务实”是公司的企业精神。在取得显著经济效益及社会效益的同时，公司牢记自己的使命与担当，每年为湖南省缴纳扶贫资金1400万元，荣获了常德市鼎城区“2018年度全区社会扶贫先进单位”和华容县“2019年度脱贫攻坚特别贡献单位”，光伏精准扶贫工作受到党媒争相报道。

二、主要措施

（一）公司创新说明

公司自2016年成立以来，依托湖南建投集团在省内外的区域优势，在光伏领域深耕发展，相继建成投产了江西瑞昌武蛟50MW渔光互补光伏电站项目、山东高青20MW“渔光结合”光伏发电项目、郴州桂阳荷叶20MW林光互补光伏发电项目、岳阳华容县大垱湖20MW渔光互补光伏扶贫发电项目、永州祁阳县3×19.98MW集中式光伏扶贫发电项目等20余个项目，项目中大量应用了新型设计理念，对常规技术方案做了优化比选，对常规施工工艺做了改良，产生了一批优秀的绿色节能项目案例。已投建项目孵化了近30项专利成果，达到了由项目产出新理念、新工艺、新技术，然后又反哺新项目的良性循环。公司鼓励在项目建设中使用三新设备，大力投入新技术的研发，自2018年来已连续4年获得“高新技术企业”称号，多项技术在工程项目中的实际应用为公司项目建设节省了成本，创造了效益，也带动了当地新能源产业的创新发展。

（二）重点案例展示

公司已投运的电站项目在项目建设及运营阶段使用了大量新技术、新工艺、新方法，以下对其中重点项目的创新成果进行整理，集中五个具有代表性的创新型项目，汇集成系列成果案例，展示公司在太阳能、三联供领域的创新方案。

1. 山地光伏索网结构应用

湖南永州市祁阳龚家坪100MW光伏发电项目是公司2020年来投建的山地光伏项目，项目已于2021年底完成并网。

针对该项目山地坡面起伏较大、土地利用率较低的情况，公司开创性采用山地光伏柔索支架结构，用17~20m的小跨距方案，既充分贴合地形，又节省了桩基材料。与传统固定式支架方案相比，在成本不增加的基础上，用地面积节省了20%以上，显著提高装机容量。这对湖南地区山地光伏项目都有着示范效应。

2. “大跨距网架+渔光互补”设计方案

湖南常德鼎城特养场5×19.86MW集中式光伏发电项目是本公司于2018年2月投建的集中式光伏扶贫电站项目，项目总体投资约4.5亿元，已于2018年6月30日完成初并网，截至2021年底已分批次完成全容量并网。

本项目开发规划方案为在鱼塘上设置支架，并于其上铺设光伏发电装置的方式，实现淡水养殖与光伏发电互补项目的结合。一方面太阳能光伏系统架设在鱼塘湿地之上直接降低发电成本，不需要额外占用土地；另一方面充分最大化利用鱼塘湿地，形成“上面发电、下面养殖、科学开发、综合利用”的建设模式，综合利用空间资源发展新能源，达到既能发电，又不占压土地、不改变地表形态，不影响植被生长等农（林）业生产活动的目的。

为解决“渔光互补”电站桩基密集，影响渔业活动的情况，公司通过技术创新，研发采用大跨距网架结构设计（大跨距网架结构是指南北通过主桁架，东西向利用次桁架或檩条将一个区域连成一个整体，光伏组件采用单块竖向布置，通过抱箍、支撑架等固定倾角安装于主次桁架上），桩基础南北向间距12m，东西向间距5m，相比传统支架形式，大大减少了桩基础数量，将预应力管桩数量从传统设计的500根/MW降低至约130根/MW，降低了投资单价，降低了管桩对水体的影响，并增加了光伏组件下可利用空间，有助于发展互补经济（见图1）。该网架结构形式已在多个实际项目上获得成功应用。

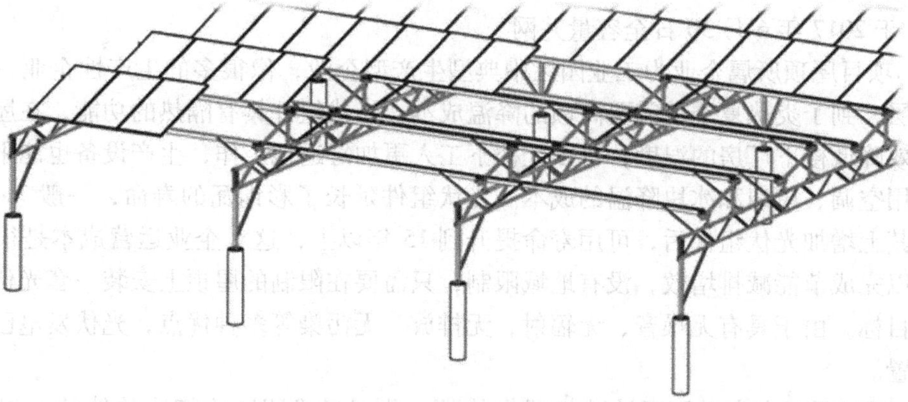

图1 鼎城光伏项目大跨距结构

3. “正南倾角布置方法+双面组件”的应用

湖南永州祁阳县文明铺3×19.98MW集中式光伏发电项目由本公司于2018年2月开工，已于2019年6月30日实现全容量并网发电。项目为集中式光伏扶贫电站项目，总投资额约4.2亿元，利用荒山荒地铺设光伏电站，占地面积约2400亩。

祁阳项目位于祁阳县文明铺镇，场址多为山地，地形复杂，传统的基础支架方法不仅难以布置，也影响工期。本公司针对山地项目，自主研发创新，形成并获得了发明专利“一种适应光伏电站组件最佳倾角正南布置的光伏组件”（证书号：7056835），并在祁阳项目中得以成功应用。

技术特点：光伏组件组成的阵列平面在最佳倾角平面内转动，使得光伏组件阵列平行于最佳倾角平面和山坡坡面的交线。本光伏组件正南最佳倾角的立体布置方法具有适应性强、经济性好、安全性高、土地利用率高的特点，尤其适用于山地光伏电站的建设，提高了山地光伏电站发电效率，提高了土地利用率，是建设山地光伏电站的发展趋势。组体正南最佳倾角布置方法和传统布置方法比较如表1所示。

表1　正南最佳倾角布置方法和传统布置方法比较

本项目技术	传统技术	提升土地利用率	可降低成本
一种适应光伏电站组件最佳倾角正南布置光伏组件的方式	①利用加长支架立柱弥补地势差使得组件朝正南的布置方法 ②顺应山地地形走势的光伏组件布置方法	25%	约8000万元

自2015年国家光伏“领跑者”计划实施以来，光伏组件转换效率提升进入加速期，与此同时也开启了组件技术的“高效时代”。其中，既具有高转换效率又可实现商业化批量生产的莫过于PERC双面双玻组件，迭代传统组件技术成为主流，相较于常规单晶硅、多晶硅组件，双面双玻组件的发电量增益主要来自于背面，通过接收大气散射光及地面的反射光，进而提高组件整体发电量。

在祁阳项目，公司于2018年初率先使用了4400块双面双玻组件组成子阵，作为在山地项目上的创新示范实证基地。两种方案结合情况下，根据公司对祁阳项目建成投运后的运行监测数据，证实在山地项目中，双面双玻组件相比传统组件，在单瓦成本增加8%的情况下，发电量平均可提高约12%，这对中低纬度的山地项目应用双玻组件的方式也有着一定的指导意义。

4. 厂房用电“节能减排+智能清洗”技术

公司在建设分布式光伏项目中，大胆采用当时技术条件下最新的系统方案，通过多种方式，帮助工业园区绿色化改造，减少工厂企业的碳排放。公司投建的湖南湘潭王老五饮品有限公司2.3MW屋顶光伏发电项目（以下简称“王老五”项目）正是其中典范。项目为屋顶分布式光伏电站项目，总投资额约2000万元，于2017年6月30日全容量并网。

“王老五”项目屋顶所属企业为工业园区中典型生产型企业，像很多的生产性企业一样，是彩钢瓦屋顶或者小平层，到了炎热夏季就需要高额的降温成本。光伏组件具有隔热的功能，在屋顶铺上光伏组件后，可以有效降低楼下厂房的温度，可以让楼下工人更加舒适地工作，生产设备也能平稳运行，间接降低了企业使用空调、风扇和冰块降温的成本。光伏组件延长了彩钢瓦的寿命，一般7～8年需要更换的彩钢瓦，在其上增加光伏组件后，可用寿命提升到15年以上，这对企业运营成本是很大的节省。安装光伏电站可以完成节能减排增效，没有地域限制，只需要在限制的屋顶上安装一套光伏系统，就可以达到节能减排目标。由于具有无噪音、无辐射、无排放、无污染等多种优点，光伏发电已经成为大中型企业的必选配置。

“王老五”项目同时率先采用了清洗机器人技术。公司运维团队为解决传统的人工清洗力度不可控、容易造成组件损伤，并且需求频次高、成本不可控的问题，引入机器人清洗技术和人工清洗相结合的方式，合理编排操作方案，通过分月度分季节抄表发电数据，实证发现项目在总投资增加2%（即增加机器人清洗和适度人工清洗）的基础上，年发电量增益达到6.43%以上。机器人清洗配置橡胶履带可稳定行走在组件表面上；机器人前端安装高分子材料的螺旋形毛刷，通过毛刷的转动将灰尘扫除干净，实现电站无水清洁。

5. 光伏车棚——BIPV的优良探索

上汽大众长沙工厂13.068MW分布式发电项目为公司参建的首个BIPV项目，后经二次扩容，总容量已达40MW。项目于2020年完成全容量并网，占地约20.2万平方米，利用上汽集团大众汽车员工停车区和VDC停车区建设光伏电站。

光伏车棚采用朝南10°的安装方式，考虑到后期停车场通道和运行维护要求，停车场内车棚南北和东西间的间距为6000mm，既满足了运行维护的要求，也满足了出车调运的需求（见图2）。

传统车棚大多采用膜结构钢顶，材料和结构强度上一般也只能满足5～10年的寿命要求。本项目使用组件代替棚顶方案，不仅能满足车辆遮风挡雨的需求，其使用寿命比一般的车棚也会更长一些。而且光伏车棚可大可小，可以采用标准化建设，既能利用车企停车场，也能利用家庭小院停车棚，做到因地制宜，高效利用土地资源。

本光伏车棚项目主体采用热镀锌钢材，棚顶采用铝制的 BIPV 系统，项目整体设计寿命 25 年以上，抗台风等级 12 级以上，同时还考虑了冬季雨雪冰凌天气的影响因素。

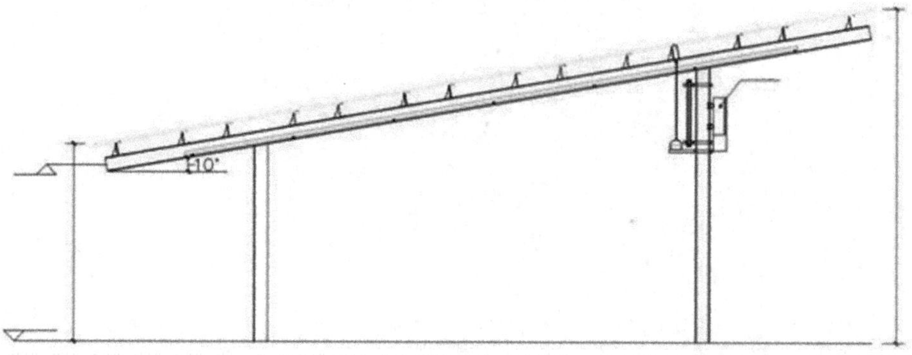

图 2　上汽大众长沙工厂光伏车棚结构侧视图

三、实施效果

（一）节能减排

上述五个典型案例代表了公司在新能源领域重要技术成就，在项目设计中采用先进可行的节电、节水及节约原材料的措施，能源和资源利用合理，设计中严格贯彻了节能、环保的指导思想，总体布置、技术方案和设备、材料选择、建筑结构等方面，充分考虑了节能的要求，减少了线路投资，节约了土地资源，并能够适应地区电网的发展。

以第二个案例为例，常德鼎城特养场 5 × 19.86MW 集中式光伏发电项目运行阶段每年为电网提供清洁电能 10625.6 万度。按照火电煤耗每度电耗标准煤 326g 计算，投运后每年节约标准煤约 34639.5t，每年减少 CO_2 排放量约 68663.55t、减少 SO_2 排放量约 3187.5t、减少氮氧化物排放量约 1593.75t。此外，每年还减少大量的灰渣及烟尘排放，节约用水，并减少相应的废水排放，节能减排效益显著。

以上五个项目案例总计每年为国家减排 CO_2 约 17 万吨以上，项目运行过程中不产生废水废气，最大化利用能源，其中各种光伏项目实现发电企业的净减排，碳交易三联供项目更是实现了能源的梯级利用，实现余热回收和覆盖周边供气，实现了国家“十四五”期间节能减排十大重点工程要求的“城镇绿色节能改造”。面向“双碳”目标愿景，公司坚持节能优先，帮助高能耗企业减碳排，通过创新驱动，实现建设过程和运行过程的双减排。

（二）社会反响

以上所列举的减碳工作中的典型案例，受到了社会各界的广泛认可，获得了地方党媒的争相报道，用多个版面图文并茂地呈现了“绿色助力发展，创新引领建设”这一亮眼的成绩单。

红网时刻于 2022 年 3 月推出的《湖南“碳”路观察》专题报道中，层层解析了湖南低“碳”之路，公司的鼎城项目在其中获得了详细报道。项目地土硝垸原来养殖珍珠，水体污染严重，鼎城项目在珍珠退养后开建，通过综合治理以及自然恢复，原来污染严重的水体在 2020 年重新实现了第一次冬捕获鱼 20 万斤。而创新技术的大跨距网架结构，更是有助于渔民拉网不受桩基影响，便于养殖。湖南湖垸众多，“上可发电、下可养鱼”的环保利农发电方式十分切合实际，值得推广。

湘安新能源作为湖南建投集团下属的科技型新能源投资公司，依托集团公司强劲的技术实力和资金优势，主动开拓市场，在“项目投资－建设－运营”过程中始终坚持习近平生态文明思想，推动能源技术与现代信息、新材料与先进制造技术深度融合，抓好绿色低碳技术攻关，加快先进实用技术研发和推广应用，加快工业领域低碳工业革新和数字化转型。

主创人：李博斌、雍振宇

矿山废弃排土场建设太阳能发电案例

江西铜业（铅山）光伏发电有限公司

一、企业概况

（一）案例背景

江西铜业（铅山）光伏发电有限公司（以下简称江铜光伏公司）位于江西省上饶市铅山县永平铜矿矿区内，是江铜集团永平铜矿为适应企业高质量发展、履行社会职责在新能源领域的一次积极探索。矿山随着开采年限的延长，存在大面积的排土场需要进行复垦，如何规划废弃排土场复垦，并使资源得到综合利用，是当时急需解决的难题。永平铜矿通过市场考察了解到当时国家政策大力支持新能源产业，经多方考虑，确定了废弃排土场建造光伏发电项目，“化废为宝”让废弃排土场成为创造价值的新源头。

（二）企业现状

江铜光伏公司成立于2016年8月，在实现企业赢利目标的同时更是不忘担负社会责任，由此树立了经济效益与社会效益双重目标。项目从2016年10月1日开始施工至同年12月27日并网发电，仅用三个月的时间就完成了大规模项目的安装、调试及投产，创造了新速度。项目建设速度快、周期短且质量高，运行效率达到了80.86%的优异表现，超过可研设计的79.91%的运行效率。延续建设时期的高效原则，公司在项目经营管理方面人员设置结构紧凑，仅有5名值班人员负责日常生产和1名经理负责日常管理工作。项目运营至今，总体运营状况良好，每年创造工业产值达2000万元，同时带来的社会效益与环保效益辐射深远。总而言之，废弃排土场上建设光伏发电项目是江铜集团出于环境保护与废弃场地利用最大化目的的一次积极探索，具有极高的借鉴价值与学习意义。

（三）企业近三年的经营效益

2020—2022年，公司累计太阳能发电6400万kW·h，创造经济利润1000余万元。

二、主要措施

（一）“光伏+矿山废弃排土场”模式

江铜光伏公司积极探索“光伏+矿山废弃排土场”综合利用模式，将太阳能光伏产业这一快速兴起的朝阳产业融入矿山建设，在江铜集团永平铜矿西部和南部排土场建设光伏发电项目。为适用施工建设场地，对规划工业用地永平铜矿排土场进行平整，土方开挖28140m^3，回填土方18760m^3，外运9380m^3。其中西部排土场用地面积为21.91hm^2（328.66亩），包括5个区块、8个光伏区；南部排土场本期用地面积为17.85hm^2（267.85亩），包括1个区块、9个光伏区。两个排土场总用地面积为39.76hm^2（596.51亩）。项目共安装75592块265Wp的太阳能电池组件，组件全部采用固定式支架安装方式，建设17个太阳组件方阵，实际装机容量20.03MWp，项目投资总金额为1.37亿元。经营寿命期为25年，预计可累计并入国家电网发电量为44850万kW·h，年均上网发电量为1794万kW·h。

2022年，公司上网发电量为2165万kW·h，与传统火电项目相比，可节约标准煤约6755吨，实现二氧化碳减排量约17168吨。

本项目采用EPC总承包模式，按照合同约定对工程建设项目的设计、采购、施工、试运行等实行全过程或若干阶段的承包。中标公司在总价合同条件下，对其所承包工程的质量、安全、费用和进度负责。光伏发电项目为江铜集团及永平铜矿第一个EPC项目，项目建设选择EPC总承包模式，不但是对江铜集团项目建设传统承包模式的一次勇敢革新，更是因为 EPC 承包具有传统承包模式不可比拟的优越性。

正是 EPC 的鲜明优势与独特特征促使项目高效、高质地仅花费 3 个月就建成，并在此期间克服多重阻碍。EPC 承包模式的成功运用，从宏观层面来说，这是对江铜集团一直以来的传统承包模式的突破，极具前瞻性与挑战性；从微观层面来说，光伏建设成功运用 EPC 承包模式也为其他兄弟矿山在新项目建设方面做出了表率，这也是代表性的体现。

（二）“光伏 + 矿山生态修复”模式

江铜光伏公司在永平铜矿探索推广的“光伏 + 矿山生态修复”模式，采取新能源推广与生态环境保护并行的手段，充分利用了矿区闲置土地资源，在推动矿区生态环境保护的同时，增加了清洁能源的供应，为未来矿山修复与新能源技术结合提供了可学习、可推广、可应用的科学借鉴。

边坡采矿活动所形成的废弃排土场具有众多的极端理化性质，主要表现为物理结构不良，贫瘠、极端 pH 酸碱度、重金属含量过高，干旱板结严重等，这对矿区景观、土地资源、水环境、生物多样性等均产生巨大的影响并危及人类的生存与健康，在一定程度上影响区域经济的可持续发展。永平铜矿重金属污染工业场地（终了边坡及废石场）生态环境建设，旨在通过矿区区域生态恢复，逐步恢复废弃土地的生态功能和利用价值，推进土地复垦及生态恢复。主要经过以下四个过程。

（1）边坡平整及表层清理。边坡平整主要恢复土地平整和提高坡面的稳定性，便于施工作业；同时通过微地形的整理，增加天然降水地表径流的利用率，从而提高植物成活率。

（2）土壤备耕。在场地平整完成以后，土壤改良前，需要进行土壤备耕。备耕的目的是使原本致密的土壤变得松软，为土壤改良材料与土壤充分混合提供条件，也为植物的生长创造有利条件。

（3）植物种植。按照“适地适树，适地适草”的原则，在满足水土保持和区域绿化等要求的基础上，采用多种植物进行群体配置，建立草先行，多层植物立体生态系统，以草灌为主、乔木为辅，常绿与落叶植物、速生与慢生相结合，并解决好种间关系，确保植物群体的健康生长与稳定。

（4）遮阴覆盖。在植物种植和种子撒播完成后，及时进行遮阴覆盖，具有保温、保水、保肥、改善土壤理化性质，提高土壤肥力，抑制飞鸟，减轻病害的作用，在连续降雨的情况下还有降低湿度的功能，从而促进植株生长发育。

矿山边坡治理生态恢复是一项综合的、跨学科的技术，集成了生态、材料、植物、土壤、岩土、水保、环保、工程管理等多项技术于一体的生态破坏区生态植被恢复综合工程技术体系。通过先期实验，探索方案的可行性及经济性，针对光伏公司共计约 600 亩的西部和南部排土场光伏区周边及排土场高填方边坡，采取了不同的生态恢复工艺，进行了生态复垦工作，通过对废弃排土场进行土壤改良、水土保持、排水系统重建、植被维系及修复等工作，最终实现植被覆盖整体平衡，与周边生态环境自然过渡的新局面。修复完成后，排土场贫瘠土壤重现盎然生机，多种植物互相匹配，生物多样性得到明显提高。截至报告期末，修复场地已记录的生物品种共有 10 余种，包括盐肤木、刺槐、泡桐、湿地松、女贞和格桑花等，形成了乔、灌、草相结合的具有自然演替功能的生态系统，植被覆盖率达到 90% 以上。

（三）光伏区雨污分流模式

针对光伏区场地含酸性水的特性，永平铜矿对光伏区内场地进行地面硬化，收集光伏区内的清洁雨水循环利用，建设清水沟及污水收集沟，对清洁的雨水进行收集，污水汇集至污水池处理达标后进行排放。

光伏区域属于典型的排土场边坡治理，大面积裸露，植被稀少，场区内排水无规律，自然形成时间较长，场区内水土流失严重，干燥季节扬尘较大，是大多数露天采场的通常情况。废石堆存于排土场后，因大气降水的淋溶及空气氧化作用可能会使废石中的有害物质溶出而产生污染。废石堆场在晴天和旱季时无废水产生，雨天和雨季需做好受污染初期雨水的收集处理工作。同时为防止泥石流的产生，在排土场的山坡上设置了截水沟，下游配套建设了永久性的拦渣坝和酸性水拦蓄调节库。现有排土场淋溶、渗滤水经收集处理达标后少量回用生产，其余达标排放。

另外，江铜光伏公司积极配合矿区开展环保整治工作，落实地面硬化和排水沟清污工程现场监管及协调工作，力保场地内设备设施安全运行，并建立完善的环保规章制度，加强对危险废弃物的贮存管理，多管齐下维系复垦区域健康发展。

三、实施效果

该案例对于当地的环境保护、减少大气污染具有积极的作用，并有明显的经济效益、环境效益和社会效益。

（一）经济效益

本案例运营期内，年均设计上网发电量为1794万kW·h，可累计并入国家电网发电量为44850万kW·h。每年营业收入超过2000万元，营业利润百万以上，并且直接节约矿山废弃排土场生态复垦资金约千万元。

（二）环境效益

本案例建成后，与传统火电项目相比，可以大量减少二氧化碳、二氧化硫、氮氧化物、烟尘、灰渣等污染物排放，有助改善当地的大气环境，促进我国的节能减排工作。按照火电煤耗平均312g标煤/kW·h计算，每年可节约标准煤约5598吨，减排二氧化碳约14666吨、二氧化硫约134吨、氮氧化物约27吨、烟尘约1971吨、灰渣约2357吨。25年发电周期内，共可节约标准煤约139946吨，减排二氧化碳约366659吨、二氧化硫约3343吨、氮氧化物约663吨、烟尘排放量约49275万吨、灰渣约58917吨。

（三）社会效益

本案例的实施具有的社会效益有：一是落实国家开拓国内光伏市场的政策，促进光伏发电系统在国内的应用；二是为日后大型的光伏发电系统在国内同类矿山废弃排土场的综合应用提供参考和借鉴；三是积累光伏发电系统设计、施工和使用的经验；四是作为铅山县境内早期建设的光伏电站，有力地推动铅山县光伏发电事业的发展，为该县规模化发展太阳能发电项目提供好的工程经验和试验平台。

主创人：周　炳、高世杰、陈　华、谌晓欢、江　宾

践行绿色发展，用实际行动助推“碳中和”

晶澳太阳能科技股份有限公司

一、企业概况

晶澳太阳能科技股份有限公司（以下简称晶澳科技）为全球领先的光伏发电解决方案平台企业。公司于2005年在河北注册成立，2007年在美国纳斯达克证券交易所挂牌上市，2019年正式回归A股。公司主营业务为硅片、太阳能电池及组件的研发、生产和销售，以及太阳能光伏电站的开发、建设和运营等。公司目前在全球拥有12个生产基地、13个海外销售分公司，销售网络覆盖135个国家和地区，客户达3.3万个。2021年，晶澳科技电池组件出货量为25.45GW，连续5年位居全球前三，产品广泛应用于地面光伏电站以及工商业、住宅分布式光伏系统。公司2019—2021年经营情况如表1所示。

表1　公司2019—2021年经营情况

年 份	2019年	2020年	2021年
收入/亿元	211.6	258.47	413.02
归母净利润/亿元	12.5	15.07	20.39

晶澳科技凭借持续的技术创新、稳健的财务优势和发达的全球销售与服务网络，先后荣获工业和信息化部“制造业单项冠军示范企业”、“智能光伏试点示范企业”和“工业企业知识产权运用试点企业”等荣誉，连续多年荣登“《财富》中国500强”和“全球新能源企业500强”榜单。

晶澳科技以“开发太阳能、造福全人类”为使命，以“真诚、质朴、敬畏、感恩”为企业精神，积极践行企业社会责任，用实际行动构建全方位的绿色发展体系，助力全球生态环境建设和绿电普及。

二、主要措施

（一）积极推动绿色光伏技术创新发展

作为工业和信息化部“制造业单项冠军示范企业”，晶澳科技积极响应国家创新战略和光伏行业“领跑者”等专业技术要求，以“生产一代、研发一代、储备一代”战略为导向，建立了完整的技术研发体系，包括晶硅研发中心、电池研发中心、组件研发中心及系统研发中心，并与美国、荷兰和澳大利亚等国家的科研机构建立了长期合作关系，电池和组件覆盖了大尺寸、半片、双面双玻、多主栅、高密度、N型等多款产品。晶澳科技拥有目前光伏市场主导产品PERC电池组件核心技术，是世界上首家使用掺镓晶片批量生产高效单晶多主栅PERC电池和组件的公司。凭借在光伏绿色技术上的持续创新能力，晶澳科技在我国首批光伏“领跑者”示范基地中获得了近50%的供货份额。

（二）积极构建光伏绿色产业链

作为清洁能源企业，晶澳科技关注产品全生命周期的绿色制造，将绿色环保理念贯穿于研发、采购、生产、物流和产品回收等生产运营各环节，最大程度减少环境危害和资源消耗，全面推行ISO 14001环境管理体系建设，致力于打造资源节约型和环境友好型低碳企业。

（1）在设计环节，晶澳科技的电池工艺设计采用碱抛工艺，降低硝酸耗量及总氮处理，达到相关环保要求；在机场环境使用防炫光组件，防止组件光污染影响；在氨气、盐雾、沙尘等恶劣环境，采用符合相应氨气IEC 62716、盐雾IEC 61701、沙尘IEC 60068等测试标准的组件设计，保障光伏系统的可靠性和环境适用性。

（2）在采购环节，晶澳科技通过要求供应商进行EHS评鉴和风险识别、向供应商发布《供应商职业健康安全环境告知书》、要求供应商签署《社会责任承诺书》等方式，推动供应商加强自身环保意识。在供应商的引入评估阶段，要求供应商通过ISO 9000和ISO 14000认证，部分重点行业供应商须通过OHSAS 18000的认证。

（3）在精益生产环节，晶澳科技一直将绿色智能制造作为企业转型升级的重要途径，不断推进产品向高端化、智能化、绿色化、集约化迈进，有效提升效率和降低能耗。比如在组件环节，全部使用全自动双轨高速串焊机、双腔层压机、全自动排版机和全自动装框一体机，以及拥有工业级电脑智能控制多维度机械手的自动排版机等先进设备。凭借着先进的智能技术支撑，晶澳科技“基于人工智能的高效太阳能光伏组件数字化车间”入选工业和信息化部智能制造试点示范项目。

（4）在组件回收环节，晶澳科技于2012年加入光伏组件回收和循环利用机制（PV cycle），采用国际领先标准开展废弃组件的整个收集和循环利用流程，以可持续且具有成本效益的方式提高循环利用率，承担了全产业链各环节的环境责任。

（三）积极建设光伏绿色工厂

晶澳科技始终秉承“环境友好、降碳减排、可持续发展”的环保理念，加强节能降耗和降低排放力度，致力于打造光伏绿色工厂。

（1）节约用水方面：在生产厂区，晶澳科技通过使用可调节阀门、循环利用、纯水制取、浓缩水循环处理等低碳措施，完善水资源利用方案；在生活区，倡导全员节约用水，提升节水意识，共同建设节能型企业。公司坚持采用节水措施取得了良好的经济效益和社会效益，生产基地先后荣获“邢台市节水型单位”“上海市节水型企业”等称号。

（2）降低能耗方面：晶澳科技积极实施节能技改和智能化改造降低能源消耗，包括空调系统智能化改造、层压区空调分时段控制、真空泵站替代真空发生器、制热系统改善等。公司还积极推进直供电项目，减少能源费用支出。此外，晶澳科技积极推进能源管理体系建设，目前晶澳科技下属的6家公司已取得能源管理体系认证。

（3）减少排放方面：晶澳科技严格按照国家及当地环保要求，配备排放处理设施，持续优化废水处理工艺，实现全部达标排放甚至严于排放标准。在废气处理配备废气净化塔、粉尘收集装置方面，采取不锈钢硅烷燃烧塔处理、活性炭纤维有机废气净化处理等先进工艺。针对危险废弃物处理，依据国家危险废弃物名录和危险特性分类收集，并根据国家要求执行危险废弃物转移申请和转移联单制度；各基地已设置专门危险废弃物仓库，并对其进行防晒、防渗漏、地面硬化等处理，并委托有资质的单位对危险废弃物进行无害化处置。截至2021年底，公司已有8家下属公司取得清洁生产认证。

目前，晶澳科技宁晋基地、合肥基地、邢台基地、上海奉贤基地、包头基地等5个生产基地先后获得工业和信息化部授予的国家级“绿色工厂”称号，覆盖硅片、电池和组件等晶澳科技全产业链各环节。这不仅体现了晶澳科技作为光伏行业先进标杆的绿色承诺，更是对全球绿色发展的积极响应。

（四）积极推动绿色电力生产和消费

晶澳科技除了生产绿色产品外，还积极推进开展光伏电站开发和电站运营维护等业务。截至2021年底，晶澳科技持有光伏发电项目40多个（含在建），规模总计超过1GW，其中并网项目年发绿电超6亿kW·h，为实现全球绿色低碳能源转型做出了积极贡献。

同时，晶澳科技积极倡导绿色能源消费。曲靖基地位于云南省曲靖经济技术开发区，当地水资源丰富，以水电为主的清洁能源在电网中的比例约90%。另外，晶澳科技各基地充分利用自身闲置房顶、车棚、空地等，安装了小型地面电站、屋顶分布式、水上悬浮式电站等多种形式的光伏电站。据统计，目前位于各基地内的分布式光伏电站规模约28.6MW，年发电量超过2500万kW·h。晶澳科技各基地分布式电站实现了“自发自用，余电上网”，不仅减少了对传统发电能源的依赖，还为基地办公、生产、生活供应了清洁的电力，减少了二氧化碳排放量。

（五）积极传播绿色发展理念

晶澳科技积极与政府机构、高校等科研机构开展合作，通过对外展示、赞助竞赛、支持社会实践等活动，传播绿色发展理念，取得了较好的效果。例如，自2011年以来，晶澳科技先后赞助同济大学、北京大学、清华大学、北京交通大学、东南大学、西安交通大学等多所院校参与“国际太阳能十项全能竞赛”（SD大赛），帮助参赛队伍了解太阳能光伏前沿技术，促进太阳能光伏建筑一体化的应用发展；先后向斯坦福大学、清华大学等捐赠光伏组件，用于光伏系统的科研工作；晶澳科技每年在全球六大洲参加几十场展会，传播绿色理念，展示光伏先进技术和产品。

此外，晶澳科技积极响应国家号召，认真贯彻落实国务院精准扶贫十大工程之一的光伏扶贫。晶澳科技依托产业链优势、产品技术优势、生态合作优势，先后在宁夏盐池、河北康保、河北临城等地区建设光伏扶贫电站，探索出一条产业扶贫、生态发展和清洁能源建设相结合的“光伏++”绿色新路子，并于2020年入选原国务院扶贫办“中国企业精准扶贫案例50佳”。

（六）积极倡导绿色办公和低碳生活方式

晶澳科技通过教育培训、媒介宣导等各种方式，教育和影响员工树立积极的环保理念，倡导员工实施无纸化办公、双面打印、控制空调温度、节约用水、人走灯关、绿色出行等低碳生活方式，让环保成为员工的一种习惯。

晶澳科技各基地坚持开展节能巡检，对工厂各区域照明、空调以及其他电气设备使用情况进行监督，张贴提醒标识进行宣导。东海基地、包头基地等每年组织“绿色晶澳、环保健康行”等活动，积极倡导绿色生活。

此外，晶澳科技先后向河北、安徽、云南等10余所小学，西藏日喀则塔定乡普村、江苏连云港开山岛等地区捐赠光伏发电设备，保障了当地群众日常用电需求，让“阳光”温暖更多人的心。

三、实施效果

（一）绿色产品得到广泛应用

在生产方面，晶澳科技作为绿色电力设备生产企业，积极推动绿色生产和绿色供应链管理。国内10个生产基地，其中5个被工业和信息化部授予国家级“绿色工厂”；晶澳科技主导产品先后获得工业和信息化部“绿色设计产品”，入选国家发展改革委《绿色技术推广目录（2020）》，以及获得UL EPD环保产品声明标志、韩国亲环境认证证书和法国权威机构Certisolis授予的碳足迹证书。

在应用方面，晶澳科技绿色产品可运用在“光伏+建筑”“光伏+农业”“光伏+沙漠”“光伏+荒山”等多种场景，还可以实现“光伏+扶贫”“光伏+教育”等多种形式，项目受地域、资源条件制约较小，易于在全国范围内进行推广。截至2021年底，晶澳科技累计太阳能电池组件出货量近90GW，这些产品运用到电站后，相当于每年减排二氧化碳9000多万吨，为全球能源变革和助力碳中和发挥了积极推动作用。

（二）“绿色技术+节能+降耗+减排+绿电”多措并举，效果明显

晶澳科技“绿色技术+节能+降耗+减排+绿电”多措并举，通过绿色技术应用降低碳排放；通过节能、降耗和减排使公司生产达到甚至远超过国家和地方环保标准；通过优化供应链，推动降本增效措施，提升盈利能力；通过绿色产品供应和绿电推广，助力实现全球碳中和目标，实现社会价值最大化。2021年，公司共开展节约用水项目17个，节约用水约176万m^3/年；废气排放改善项目3项，减少废气排放约2.4亿m^3/年；节约用电项目13个，节省约682.5万kW·h/年，相当于减少二氧化碳排放约

5678 吨（不含马来西亚基地）。

（三）绿色低碳行业示范作用明显

目前，公司已经加入联合国全球契约组织、中国绿色供应链联盟光伏专业委员会、中国企业气候行动、光伏回收产业发展合作中心等，与组织内企业共同推动绿色发展；通过构建绿色供应链管理机制引导供应商、合作伙伴等开展绿色转型。截至 2021 年底，通过 ISO 14001 环境管理体系认证的供应商比例超过 80%。公司绿色发展实践得到了社会各界的认可，先后荣获中国上市公司协会“中国上市公司 ESG 实践案例”、EcoVadis“2021 企业社会责任成就认可银奖”、财联社“2021 中国企业 ESG 最佳环境案例奖”等，并连续多年获得中国社会责任百人论坛授予的“责任金牛奖——绿色环保奖”。

主创人：杨爱青、牛新伟、孙广彬、范瑞茂、李守卫

生物医药产业园新能源综合利用

齐鲁制药有限公司

一、企业概况

齐鲁制药有限公司始建于1958 年，是齐鲁制药集团下设子公司之一，位于山东省济南市，是中国大型综合性现代化制药企业，占地1500 余亩，拥有员工 14000 余人，主要从事肿瘤、心脑血管、抗感染、精神系统、神经系统、眼科疾病的制剂及其原料药的研制、生产与销售。公司上市产品 270 余种，产品结构科学完整，具有治疗领域广、产品系列化特点，多个产品的市场占有率稳居国内第一。

公司是国内首家通过美国食品药品监督管理局（FDA）、英国药品和健康产品管理局（MHRA）认证的企业，通过欧洲药品质量管理委员会（EDQM）、世界卫生组织（WHO）、澳大利亚医疗用药管理局（TGA）无菌制剂认证企业，以及南非药品质量管理委员会（MCC）认证企业。公司产品远销美国、欧洲、俄罗斯、东南亚、中东等60 多个国家和地区，制剂出口创造多个业内第一。

公司多年来的稳健发展，受到了政府和社会各界的关注和肯定，被国家发展改革委等五部委联合认定为“国家级企业技术中心”；被国家发展改革委认定为“国家工程实验室”；被国家工业和信息化部授予“绿色工厂”荣誉称号。此外公司先后获评山东省“节能先进单位”、山东省“节水标杆企业”、济南市“节能先进单位”、济南市“节能工作突出单位”、济南市“节水典范企业”，其“绿色发展、节能发展”的理念得到政府部门关注和肯定。

二、主要措施

（一）措施概述

生物医药产业园新能源综合利用项目，充分利用地热能、空气能、光热能等新型能源优化产业园能源结构，同时实施自动化、智能化改造，最大限度提升能源利用效率，降低污染物排放。园区建设之初就充分考虑节能降耗的重要性，以天然气、电能、新能源（地热能、太阳能、空气能）等清洁能源组成能源架构。

近年来公司累计投资4000 余万元，推动多能互补；先后完成中试试验区地源热泵系统建设，满足办公、质检、研发等区域10 万平方米供冷、供热需求；完成空气源热泵系统建设，满足生活辅助区域综合楼、职工公寓共计3. 6 万平方米的冬季供暖需求；配套建设16T 太阳能热水系统，满足生产车间及职工生活所需低温水的使用需求，组织实施光伏路灯示范项目建设，摸索光伏路灯在园区环境下如何更为有效利用；同时运用模糊控制、互联互通等信息化手段，实现高效供给和能源阶梯利用。

生物医药产业园新能源综合利用项目，通过建设地源热泵系统、空气源热泵系统、太阳能热水系统，运用自动化、智能化手段优化运行，合理管控，优化能源结构，共降低能源消耗量1844. 54 吨标准煤，减少二氧化碳排放501 热7. 2 吨，具有较高的示范性与可复制性。

（二）建设基础

地热能、光伏能、空气能作为新型能源，储能量巨大且可循环再生，可以说“取之不尽，用之不竭”。

地源热泵是一种利用土壤所储藏的太阳能资源作为冷热源，进行能量转换的供暖制冷空调系统，是利用清洁的可再生能源的一种技术。地表土壤和水体是一个巨大的太阳能集热器，收集了47% 的太阳辐射能量，比人类每年利用的500 倍还多（地下水体是通过土壤间接地接受太阳辐射能量）；它又是一个巨大的动态能量平衡系统，地表的土壤和水体自然地保持能量接受和发散相对的平衡，地源热泵技术的成功使得利用储存于其中的近乎无限的太阳能或地能成为现实。如果实行冬夏连用，地源热泵的系统将具有更高的稳定性（土壤越深，中间存在的空气含量越低，受地面温度影响越小），能够实现理论上的可再生。

空气源能是新能源与可再生能源的重要组成部分，空气源能能量巨大，是取之不尽、用之不竭的能源。同时空气源能分布广阔，获取方便，空气源能不需要开采和运输，使用安全卫生，对环境无污染，是当之无愧的清洁能源。空气源能的利用具有巨大的市场前景，不仅带来很好的社会效益、环境效益，而且还有明显的经济价值。

（三）建设内容

生物医药产业园新能源综合利用项目建设内容涵盖地源热泵系统、空气源热泵系统、太阳能热水系统、光伏路灯试点；同时通过自动化、智能化手段优化运行，合理管控提升能源综合利用效率。

1. 地源热泵系统建设内容

项目位于济南高新技术产业开发区港西路以西、旅游路以南，齐鲁制药生物医药产业园基地内部北侧，服务于中试试验区 A/BC 楼。一期总建筑面积约 10 万平方米，由 1000 单元、1100 单元、1200 单元及配套建筑组成。1100 单元为产品质量检测中心，高度 64.75 米，主要功能为质检区、办公区、计量室等；1000 单元为产业实验楼，高度 96.75 米，主要功能为总部集团办公、集团展厅、会议中心等；1200 单元为生物中试质检楼，高度 49.6 米，主要功能为生物制药的质量控制和研发中心，以及办公等。以上共计约 10 万平方米区域采用地源热泵机组、循环泵、风机盘管、空调机组等设备设施用于冬季集中供暖、夏季集中制冷；同时加装楼宇自控系统以最大限度提升能源综合利用效率。

楼宇自控系统主要服务于中试试验区楼，由 1000 单元、1100 单元、1200 单元共计购置 3 台空气源热泵机组、8 台高效循环泵、空调机组 16 台/套、吊顶式空调器、风机盘管 1000 余台/套设备设施，实现动力设备远程自动化控制的同时，可根据用能侧采集数据反馈，通过各子系统逻辑运算、集成管理控制；保证中央空调系统始终处于高效区间，节约能源消耗；同时增加能源数据管理功能，通过能源采集、数据应用、用能分析实现能耗的动态监控和数字化管理，最大程度地降低能源消耗，同时实现自动化无人值守。

2. 空气源热泵系统建设内容

生物医药产业园生活服务区（包含综合楼、职工宿舍）作为职工公寓、职工餐厅、综合会议室使用，该区域内现有综合楼供热面积 1.2 万平方米，宿舍楼供热面积 2.4 万平方米，合计供热面积约 3.6 万平方米。项目采用空气源热泵机组作为热源，用于冬季集中供暖；同时采用 PLC 控制，最大限度提升能源综合利用效率；建设内容包含室外管网安装工程，能源站工艺、电气、自控部分，配套土建工程。

项目按供热面积 3.6 万平方米设计，设计负荷 2.8 兆瓦，根据使用需求分两期建设：一期工程设计供热面积 2.4 万平方米，设计热负荷 1.9 兆瓦；二期工程设计供热面积 1.2 万平方米，设计热负荷 0.9 兆瓦。一期工程设计空气源热泵 22 台，循环泵 2 台；二期工程设计空气源热泵 10 台，循环泵 2 台。

3. 光伏、光热能利用建设内容

普通化药口服固体制剂车间、抗肿瘤冻干制剂车间、生产服务区等区域购置三套合计 16 吨光热太阳能热水系统，用于满足园区洗浴热水等常规低温热水供应需求，有效降低蒸汽、电力等能源的消耗；同时在厂区部分内部道路加装光伏路灯配套储电装置，经尝试可满足夜间需求照明时段的使用要求，将根据整体使用的效果以及园区整体规划进一步推广。

（四）建设先进性

生物医药产业园建设之初考虑节能降耗的重要性，以天然气、电能、新能源（地热能、太阳能、空气能）等清洁能源构建能源使用架构；地源热泵系统，选用高效的地源热泵机组、水泵机组、组合式空调机组及末端空调设备，采用智能控制系统集成化控制，进一步提升系统运行经济性、安全性。使系统根据所需要的冷量，优化运行参数，并利用变频技术，自动控制风机的转速，以调节空调水系统的循环流量，实现供应冷热量与实际需求量相匹配，使冷水处于最高转换效率，保证中央空调系统在各种负荷条件下，均处于最节能的工作状态，实现综合 COP 不低于 5.0 运行，大幅度减少能源消耗。选用进口品牌空气源热泵机组，利用 PLC 联动控制，实现用能的供需匹配，综合 COP 达到 3.8，较传统供暖模式大幅降低能源消耗。实施光热利用、光伏利用项目有效降低电量消耗；优化能源结构，降低能源消耗量，减少了能源费用支出。

三、实施效果

（一）项目经济效益

生物医药产业园新能源综合利用，通过建设地源热泵系统、空气源热泵系统、太阳能热水系统，运用自动化、智能化手段优化运行，合理管控，优化能源结构，年降低能源消耗量 1844.54 吨标准煤，减少二氧化碳排放 5017.2 吨。

1. 地源热泵系统节能收益

地源热泵系统服务于中试试验区 1000 单元、1100 单元、1200 单元及配套建筑，夏季制冷负荷 6118kW，其中 3401kW 为质量、研发等保障环境温湿度需 24 小时持续供冷；冬季制热负荷 6418kW，其中 3843kW 质量、研发等保障环境温湿度需 24 小时持续供暖。

其中，产品 1100 单元制冷负荷为 1679kW，制热负荷为 1988kW；1000 单元制冷负荷为 2361kW，制热负荷为 2116kW；1200 单元制冷负荷为 1722kW，制热负荷为 1855kW；配套建筑制冷负荷为 356kW，制热负荷为 459kW。

（1）传统模式下的能源消耗预估。

空调制冷+蒸汽供暖：经了解，以国内某知名品牌 10HPV 多联机 COP 曲线为例，空调系统在实际运行过程中，满负荷运行的时间很短，一般只占全年运行时间的 13%，其余时间都是在部分负荷下运行的，而其中又有 70% 的运行时间是在 30% ~70% 负荷段；组合式空调综合能效在合理运行的情况下的综合 COP 值（以一年的机器制冷制热容量总和除以一年总耗电量和总能耗）3.0 左右。

经测算，该模式下需消耗标准煤 2526.5 吨，其中夏季制冷约需耗电 605 万千瓦时，折合 743.5 吨标煤；冬季制热约需消耗热值 65326 百万千焦，折合 1783 吨标煤。

（2）地源热泵运行模式下的能源消耗预估。

地源热泵机组利用土壤或水体温度冬季为 12 ~22℃，高于环境空气温度，热泵循环的蒸发温度提高；土壤或水体温度夏季为 18 ~32℃，低于环境空气温度，使得冷却效果好于风冷式和冷却塔式，机组效率大大提高；同时由于地源热泵的热源温度全年较为稳定，一般为 10 ~25℃，通过地源热泵的前期调试、运行，经计算实际运行综合 COP 约 3.8。

经测算，该模式下需消耗标准煤 1130.4 吨，其中夏季消耗 477.8 万千瓦时，折合 587.2 吨标准煤；冬季消耗 442 万千瓦时，折合 543.2 吨标准煤。

综上，通过采取地源热泵集中供冷/供暖模式较“空调+蒸汽供暖”模式可实现年度节能 1396.1 吨标准煤，减排二氧化碳 3797.4 吨。

2. 空气源热泵系统的经济社会生态效益

一是高效节能，热泵系统中获得大量的热能，所消耗的电能仅仅是压缩机用于搬运空气、阳光能源时所需的能量，因此制等量的热量，其用电量仅仅是传统电热器的1/4左右，可为用户节省大量的电费；二是安全可靠，热泵系统不使用电力直接加热，消除了电热、燃气热等设备使用中存在的危险性，安全系数大大提高；三是智能调控，热泵供热系统采用先进微电脑控制系统全自动运行，可以随时供应热能，无须专人看管；四是应用广泛，热泵供热系统安装简便，不受环境限制，使用热泵系统还可避免空气污染，有利于保护环境。

为满足齐鲁制药生物医药产业园综合楼及职工公寓3.6万平方米的用热需求，一期采用空气源热泵供暖面积约为24000m^2，根据采暖设计规范以78W考虑需求热负荷1872kW。经测算，考虑0.85同时系数，传统供暖方式需消耗热量17858百万千焦，折合609吨标准煤；选用进口高效空气源热泵系统，同时加装自动化控制系统，冬季综合能耗COP可达3.7，即130.6万千瓦时，折合160.56吨标准煤。

综上，通过实施空气源热泵供暖，同时加装自动化控制，较传统供暖模式相比，可实现年度节能448.44吨标准煤，减排二氧化碳1219.8吨。

（二）项目示范带动作用

1. 提供示范作用

本项目的实施优化了齐鲁制药医药生物产业园能源结构，为建立“绿色园区”“生态园区”奠定了基础，对企业清洁生产起到积极作用，可以为同类型园区提供示范作用。

2. 提高能源综合利用效率

利用信息技术融合自动化技术和现代管理技术，对提高企业能源综合利用效率，降低能源成本，提升能源供给稳定性，起到重要促进作用。

3. 优化能源结构

新能源探究与利用有良好的示范、借鉴意义，通过实施新能源项目，并结合智能化管控与其他能源有机地结合在一起，践行“环保”“低碳”理念，构建和谐生态园区。

4. 实现能源供需匹配

实现主机、组空、末端设施与实际能耗需求的有机结合，根据预先编排的时间程序（如办公时间、节假日时间、昼夜时间等）对电力、照明、空调等设备进行最优化的节能控制。系统根据所需要的冷量，优化系统运行参数，并利用变频技术自动控制风机的转速，以调节空调水系统的循环流量，实现能源供需匹配。

5. 降低内部管理费用

借助数据采集、远程监视、集中控制，可减少运行人员约40%，有效降低运营成本，有效规避因错误动作导致设备损坏，也不会有长时间超负荷运转等对设备有损伤的现象发生，使设备能在最优状态长期稳定运行。

主创人：李　寅、赵青龙、李　琛、邱翔宇、范玉鑫

“暖核一号”：国内首个“零碳”供暖城市实践

山东核电有限公司

一、企业概况

山东核电有限公司（以下简称山东核电）成立于 2004 年 9 月，隶属于国家电力投资集团有限公司，是国家引进第三代核电技术 AP1000 依托项目——山东海阳核电项目的业主单位，全面负责项目前期开发、设计建造和运营管理。

山东核电成立以来，坚持以核安全文化为统领，致力于“建设精品核电工程，创造良好运行业绩，培育优秀员工队伍，奉献低碳绿色能源”，遵照国家统一安排和项目实际，积极推进海阳核电项目各项工作。

海阳核电项目规划建设 6 台百万千瓦级核电机组，并预留 2 台扩建场地，一期工程 1 号、2 号机组为 1250 兆瓦 AP1000 核电机组，先后于 2018 年 10 月和 2019 年 1 月投入商运；3 号、4 号机组已获得国家核准并开工建设。海阳核电的国内首个核能供热项目于 2019 年 11 月投运，为海阳 70 万平方米小区居民用户供热，开辟了我国核能发展的新路子，被国家能源局命名为“国家能源核能供热商用示范工程”。在此基础上，山东核电于 2021 年 11 月建成投运了“暖核一号”二期供热工程，实现了海阳市主城区核能供热全覆盖，助力海阳市成为国内首个“零碳”供暖城市。

山东核电在国家电力投资集团有限公司“2035 一流战略”的统领下，制定了“一卓越、两基地”发展战略。“一卓越”：卓越的运行业绩、建设业绩、新业务拓展业绩；“两基地”：以核能为引领的综合能源基地和以实践为特色的综合创新基地。力争在确保一期工程安全稳定运行的基础上，加快推进核电向核能综合利用、多能互补拓展，建设以核能发电为主，核能供热、海水淡化、制氢以及风光储联合高效运行的综合智慧能源基地，着力打造建设一流、运营一流、管理一流的核电企业，为改善区域环境状况，推动经济社会发展做出最大贡献。

二、主要措施

（一）项目介绍

在确保核电机组安全稳定运行前提下，山东核电创造性落实习近平总书记关于“推进北方地区冬季清洁取暖”重要指示精神，自 2018 年以来围绕电厂余热利用、热效率提升和地方清洁取暖、绿色发展的实际需求，提出“现实可行、兼顾长远，由易到难、分步实施，地方协同、产业配套，生态优先、绿色发展”的核能综合利用原则。

山东核电在国内率先开展大型压水堆热电联产研究与实践，积极开展科研攻关，规划了核能供热“三步走”的实施策略，逐步开发满足“园区级”“县域级”“区域级”三种场景需求的核能供热技术。

“园区级”的 70 万平方米供热示范项目实现了国内核能商用供热零的突破，被国家能源局授予“国家能源核能供热商用示范工程”，项目于 2019 年 11 月正式投产，已安全稳定运行两个供暖季。该项目的成功实践，搭建了核能行业与供暖行业合作的桥梁，开启了国内核能综合利用的大门，赢得了行业内外的广泛关注和一致好评。2021 年，国家“十四五”规划明确提出“开展山东海阳等核能综合利用示范”，助推项目的前进。《中共中央 国务院关于完整准确全面贯彻新发展理念做好碳达峰碳中和工作的意见》指出“积极稳妥推进核电余热供暖”，为核能供热项目的扎实推进提供了政策导向。

“县域级”的 450 万平方米供热项目供热范围覆盖海阳市主城区，打造了全国首个“零碳”供暖城市，项目于2021年11月正式投产，国际原子能机构对海阳核能供热项目给予高度赞誉，认为海阳核能供热项目符合核能应对气候变化的主题，在官网多次进行新闻报道。经合组织核能机构在2021年9月向二十国集团提交的《碳循环经济中的核能》报告中建议支持核热电联产示范计划，将核能在电力以外的应用纳入脱碳途径。

“区域级”的单台机组900MW对外供热工程已于2022年7月开工建设，预计2023年供暖季投运。

项目推动过程中，海阳市政府大力支持，成立专项工作组，积极协调各方，保障项目顺利投运。2021年11月9日，国家电投“暖核一号”——国家能源核能供热商用示范工程二期450万平方米项目在山东海阳提前6天投运，供暖面积覆盖海阳全城区，惠及20万居民，海阳成为全国首个“零碳”供暖城市。同时，居民取暖价格每平方米下调1元。

项目依托山东核电AP1000核电机组，通过改造实现对外供热负荷202.5MW，满足海阳市主城区450万平方米核能清洁供暖需求，有效改善区域供暖季大气环境和海洋生态环境。

核能供热实现了当地民众、地方政府、热力公司、核电企业以及生态环保的多方共赢。“暖核一号”是我国“十四五”开局之年响应规划“开展山东海阳等核能综合利用示范”要求的重要项目，是符合我国北方地区冬季清洁取暖要求、开展核能多元化利用的重点示范工程，建立起“海阳核电核能综合利用”创新品牌，为我国核能产业发展开辟了新跑道、探索了新路径，为实现中国“3060”碳达峰、碳中和目标提供了更经济、更环保的核能方案。

（二）具体方案

核能供热技术是国内首创，技术方案决策需要对核电有较深的理解和研究。在确保机组安全稳定运营的基础上，利用核能余热面临很多关键技术问题亟须解决。山东核电协同技术合作伙伴，从前期设计、安全审评到电厂运行策略等多个环节，开展全面分析、评估和论证，创新攻克了系列技术难题。

项目依托国际先进三代核电AP1000机组，机组为四缸六排汽、单轴、湿冷凝汽式核电汽轮机，通过高压缸排汽抽汽改造实现压水堆核电机组热电联供。

项目新建供热首站为两层钢筋混凝土框架结构，楼屋面板采用现浇钢筋混凝土楼屋面板，供热首站分两层布置。项目新建换热器间为两层钢框架结构，二层与汽机房中间层连通。

项目新建DN700热网循环水管道，采用架空与直埋两种敷设方式。

（三）创新实践

截至目前，核能供热项目已取得发明专利授权3件、实用新型专利授权20件，发明专利受理20件、实用新型专利受理1件。

（1）国内首创核电机组供热改造核岛系列评估工作。项目结合核电机组的特点，在堆机控制方案、核岛侧主系统及主设备、系统设计瞬态、辐射防护措施、燃料灵活循环等层面开展了系统全面的评估、论证及改造工作，保障核安全及供热系统安全。核电厂对外供热，辐射防护是监管部门、核电厂、热用户关注的重点，本项目抽汽供热的气源来自二回路蒸汽，在居民供暖管道与二回路蒸汽之间设置了中间隔离回路（即热网循环水回路），其压力高于二回路抽汽点的压力，在设计上防止放射性向居民供暖管线的释放。

（2）国内首创大型压水堆核电机组热电联供技术方案。为我国核电发展开拓了核电热电联供的新方向，为我国供暖行业的发展探索了新的清洁热源。项目开发以高压缸排汽抽汽为主要技术特征，能够适应多种应用场景的核能供热技术。该项技术由我国自主开发，具有完全知识产权。

（3）国内首创一整套完整的核电机组抽汽供热安全评估技术、常规岛重要系统和设备瞬态分析技术、汽轮机抽汽供热改造技术、核能供热厂区供热换热技术、热电联供机组控制技术、核能供热联合调试技术，探索了国内核能商用对外供热的技术、评审路线。

（4）国内首创大管道架空跨越实物保护技术方案，认真落实准则要求，制定可行的技防、物防措施，通过监管部门的评审，严格遵守监管要求，通过增加人防等手段确保项目改造实施阶段安全。

（5）国内首创与核能供暖相适应的经济可行的商业模式。项目的成功实践创造了“核电厂+政府平台+供热企业”的商业模式，坚持“居民用暖价格不增加、政府财政负担不增长、热力公司利益不受损、核电企业经营做贡献、生态环保效益大提升”的原则，搭建各方互惠互利的合作平台。供热价格由原来的22元/平方米下降到21元/平方米，实现了核能供热的既“暖身”又“暖心”，有力保障了项目的落地实施。创新的商业模式实现了当地居民、地方政府、热力公司、核电企业以及生态环境的多方共赢。项目能适应我国北方大部分地区，可推广借鉴。

（6）国内首次开辟了核能供暖创新公众沟通方案，实现了核能与居民日常生活的紧密结合。在项目推广过程中采用了“软硬结合”的方式，在“硬”的公众沟通方面，采取冗余的安全相关硬件设计（如重要参数的冗余监测等、多道隔离屏障设计）等以利于公众及相关方理解和接受；在“软”的公众沟通方面，打破“核”的神秘感，增进“暖”的亲密感，积极配合媒体，邀请媒体和各界亲身体验，亲口叙述，让核能以“暖”的方式进入寻常百姓家，有效提升了居民对“核”的接受度，实现了核能公众沟通上一步大的飞跃。

三、实施效果

核能作为清洁能源，提供冬季供暖热源，可以有效压减区域煤炭消费，统筹区域热能资源，优化取暖用能结构，改善生态环境，服务民生，释放区域发展环境容量。

海阳核电核能供热项目的创新成果和良好实践，得到了行业内外、各界媒体的一致好评和高度评价，截至目前，关于“暖核一号”450万㎡项目投运一事，968家媒体、网站及客户端报道信息1.6万余篇；新华、人民、央视三大中央核心媒体公众号、客户端等融媒体阵营联合发布，推出了4个10万+微信文章、12次央视报道，其中央视《经济半小时》进行了深度采访报道。红沿河核电、田湾核电、秦山核电等同行企业均已启动核能对外供热项目研究，多次到访山东核电参观交流。

海阳核能供热项目作为中国唯一的案例入选世界核协会《世界核电厂运行实绩中文报告（2021）》；项目被评为“2021年央企十大超级工程”；项目在第七届中国品牌论坛上获颁“2021品牌创新案例”奖；“（暖核一号）投运！海阳成为全国首座（零碳）供暖城市”入选“2021年度核与辐射安全国内十大新闻”；“全国首个核能（零碳）供暖城市落地海阳”入选“2021山东年度能源新闻”。

（一）生态环保效益

项目具备202.5MW供热能力，替代海阳市区现有的12台燃煤锅炉，从源头上避免了燃煤供暖释放的二氧化碳、二氧化硫、氮氧化物和烟尘等有害气体对环境的污染，首次在一个县域范围内实现了“零碳”集中供暖。居民供暖“零碳化”是实现我国“3060”双碳目标必须克服的一个重要难题。

传统上，我国北方地区居民集中供暖以燃煤锅炉和火电热电联产为主。天然气是清洁低碳化石能源，污染物排放和碳排放低于煤炭，居民供暖“煤改气”后，碳排放可降低50%以上，但不能达到“零碳”。当前及未来较长一段时期，我国电力仍将以燃煤发电为主。因此“煤改电”后，居民取暖更加清洁，但在碳排放方面，是将排放点移到了发电厂一侧，由于大规模工业化碳捕集和存储尚未实现，“煤改电”目前还不能真正起到减碳的作用，风电和光伏等“零碳”新能源只能提供电力，不能产生热力，同时新能源功率密度低，受季节、气候、气象条件影响，发电具有间歇性。核能是目前唯一可大规模替代传统化石能源的清洁供热热源。本项目首个供暖季持续供热200万GJ，实现了海阳市热力公司每个供暖季原本18万吨原煤的消耗，减排二氧化碳33万吨、烟尘1243吨、氮氧化物2021吨、二氧化硫2138吨。供暖季空气中$PM_{2.5}$相较于清洁供暖前下降16%，天气优良率提升17%，区域供暖季空气质量得到明显提升，如图1和图2所示（数据来源为烟台市生态环境局海阳分局）。

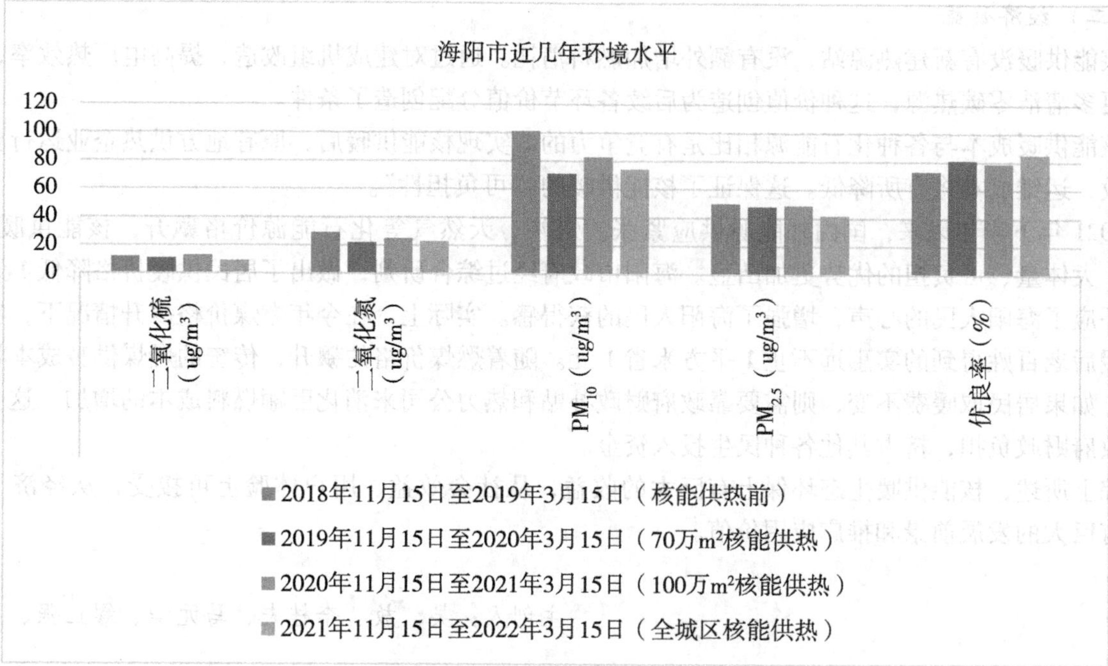

图 1　海阳市 2018—2021 年供暖季区域环境水平统计

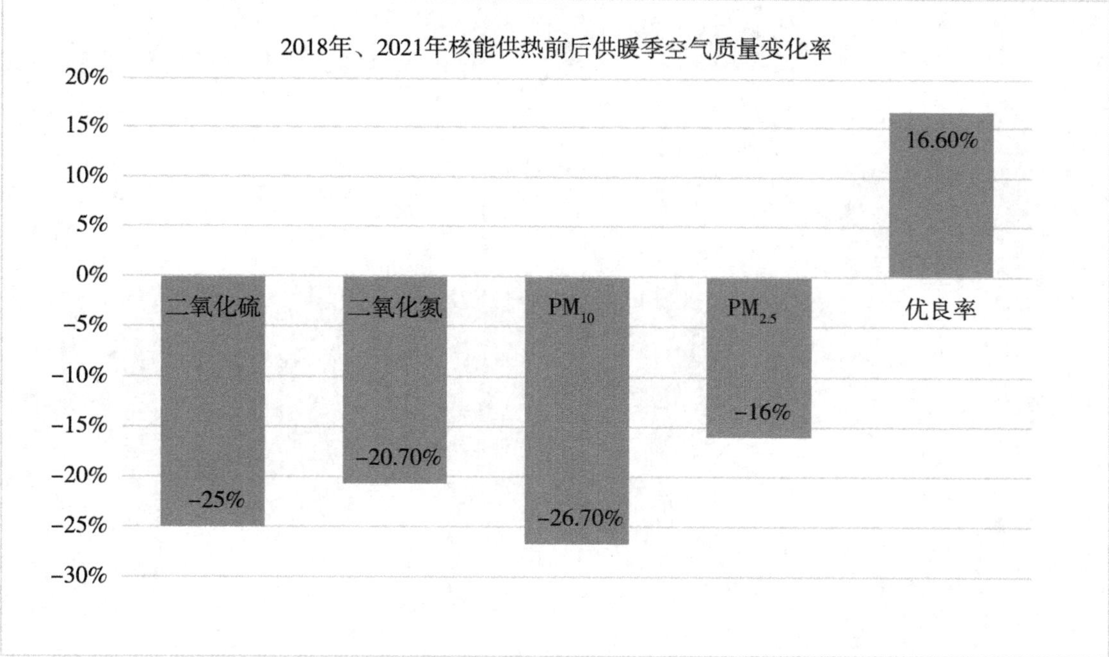

图 2　核能供暖前后空气质量对比

经合组织核能机构向二十国集团提交的《碳循环经济中的核能》报告中建议支持核热电联产示范计划，将核能在电力以外的应用纳入脱碳途径，本项目的成功实践，是推广国家清洁能源战略新成果、展示山东省核能产业发展新突破、推进北方地区清洁取暖的关键一步，为我国核能产业发展及创造性落实中国“3060”碳达峰、碳中和目标探索新路径、开辟新跑道，为推动我国核能产业跨越式发展、助力国家能源发展新战略吹响了号角。

（二）经济效益

核能供暖没有新建热源站，没有额外增加燃料消耗。通过对建成机组改造，提高电厂热效率，从而获得更多清洁零碳热源，这种价值创造为后续各环节价值分配创造了条件。

核能供暖成本与各种化石能源相比是有竞争力的。实现核能供暖后，原有地方供热企业运行更加简洁高效，运维成本将有所降低。这保证了核能供暖的“可负担性”。

2021 年下半年以来，国内外能源供应紧张，煤炭、天然气等化石能源价格飙升，核能供暖稳定、可靠，大体量、可负担的优势更加凸显。海阳市政府经过综合研判，做出了居民供暖价格降低 1 元的决定，呼应了海阳人民的心声，增强了海阳人民的获得感。实际上，在今年燃煤价格飙升情况下，实现核能供暖后老百姓得到的实惠远不止 1 平方米省 1 元。随着燃煤价格的飙升，传统的燃煤供暖成本将显著增加。如果居民取暖费不变，则需要靠政府财政补贴和热力公司来消化巨额燃料成本的增加，这会大大增加政府财政负担，挤占其他各种民生投入资金。

综上所述，核能供暖生态环保上有巨大的收益，从社会效益、用户体验上可接受，从经济上可持续，有巨大的发展前景和推广应用价值。

主创人：吴　放、李桂夫、马元华、缪正强、程　昭

分布能源智能综合利用示范项目

陕西鼓风机（集团）有限公司

一、企业简介

陕西鼓风机（集团）有限公司（以下简称陕鼓集团）始建于1968年，是分布式能源系统解决方案商和服务商。目前，陕鼓集团有陕鼓动力（股票代码：601369）、标准股份（股票代码：600302）两家上市公司；在全球拥有30余个运营团队以及陕鼓欧洲研发公司（德国）、陕鼓 EKOL 公司（捷克）、陕鼓卢森堡公司、陕鼓印度公司、威腾标准欧洲有限公司、印尼工程代表处、莫斯科代表处、陕鼓动力塞尔维亚贝尔格莱德分公司等20余个海外公司及服务机构；建立了覆盖俄罗斯、印度、印尼、土耳其、美国、德国、巴西、韩国、西班牙、泰国、越南等100多个国家和地区的海外营销体系。

陕鼓集团秉承“为人类文明创造智慧绿色能源”的企业使命，在助力“碳达峰”“碳中和”“零碳中国”行动的实践中，战略聚焦分布式能源，构建了以分布式能源系统解决方案为圆心，包括设备、EPC、服务、运营、供应链、智能化、金融七大增值服务的“1＋7”业务模式。集团生产的高效节能环保产品轴流压缩机获制造业“单项冠军产品”奖，产量居全球第一；首创的“余热余压能量回收同轴机组应用技术”入选国际能效合作伙伴关系组织（IPEEC）国际“双十佳”最佳节能技术项目，并获得“世界制造业创新产品金奖”。多年来，陕鼓集团经营绩效位列全行业第一，2019年至2021年营业收入由82.8多亿元不断攀升到277.8多亿元，净利润由2019年的4.8多亿元至2021年增加到6.9多亿元，被国务院评为“在振兴装备制造业工作中做出重要贡献”单位；入选央视“大国重器”纪录片专题展播；先后两次获得“中国工业大奖”；入选“2021中国制造业企业500强”；并获得“全国五一劳动奖状”“全国质量奖”“国家技术创新示范企业”“全国企业文化示范基地”“全国绿色工厂”等数百项荣誉。

二、主要措施

（一）技术背景及应用领域

为达到我国“3060”双碳规划要求，在零碳+、节能、高效、绿色、低碳等节能环保政策导向及清洁能源技术的不断推广政策导向下，分布式能源综合利用已经成为亟待解决的问题。陕鼓集团创新性地推出了能源互联岛系统解决方案，建立了能源互联岛示范项目，并在多个运用场景中成功实践，取得了良好的经济与环保效益，符合国家绿色高质量发展内涵，具有重要的市场推广意义与价值。

（二）能源互联岛示范项目

1. 能源互联岛技术概念

能源互联岛技术是面向供给侧能源市场的综合系统解决方案，通过顶层设计及统筹规划，结合互联网及大数据分析技术，根据用户侧精准需求分析及资源禀赋，从全流程全区域供能、用能、能量转换的角度出发，通过多能互补梯级利用，将可再生、清洁及传统能源高效耦合集成，以智能管控、专业运营模式，按时、按需、按质向用户端提供分布式清洁能源。

2. 能源互联岛绿色技术主要核心优势

能源互联岛系统解决方案是从能源生产、输送、配给、转化和消耗5个方面构建一套完整的能源体系，是结合新能源技术和信息技术的新型能源利用体系，有利于进一步实现中国的“十四五”规划规定的2030碳中和和2060碳达峰的目标。主要核心优势有：

（1）集成优化，能源流的多源联合供应。

能源互联岛技术充分挖掘资源和能源系统中的潜能，成为多种能源形态协同转化、集中式与分布式能源协调运行的综合能源网络。常见的低品位热能，如污水热能、工业余热等，直接排放造成了能量的大量损失，将该部分低品位热能进行提升可变废为宝。天然气、太阳能等清洁资源发电可作为市政电网的补充。此外，考虑到峰平谷差价，适当设置电力、热能蓄能装置，具有调峰及降成本作用。

（2）清洁能源优先性。

根据项目用能特点，优先考虑太阳能、地热能、天然气以及各系统设备的余热余能的回收利用，考虑能源的循环利用，减少废弃物排放。

（3）能源信息流互联互通。

在各用能环节用先进的传感器、控制和软件应用程序，将能源生产端、能源传输端、能源消费端的设备、机器、系统连接起来，形成了能源互联网的“物联基础”。通过能源数据分析、机器学习和预测，与互联网数据进行比对，系统进行自学习及自调整，形成能源互联网实现生命体特征的重要技术支撑。项目智能管理平台实现能源数据信息的集中采集和集中监控，通过对历史数据分析，结合环境参数变化和能源价格，自动调整各子系统的开启策略，提供经济方案。

（4）物质流综合回用。

根据区域物质资源禀赋不同及需求不同，对资源分质精准供应，同时考虑到排放的资源回用，根据所需能源品位进行回收再利用，降低物质资源消耗，实现节能减排及降低成本的目标。

（5）人员流统筹安排。

通过能量流与物质流的互联，在信息流的支撑下，大大减少人工成本，降低设备的事故率，提高运营效率。

（6）资金流高效使用。

通过能量流与物质流的互联，设备的高度集约减少公共设备的投入，降低项目的运营成本，提高了资金的使用效率。

（7）储能技术。

利用自主开发储电系统计算软件平台，根据用户当地峰谷价差、基本电费缴纳模式，对用户电负荷特征进行分析，以经济性最优为目标，对储电装置全生命周期进行优化调度策略制定及最优系统配置双层规划，旨在为用户提供最经济的储能技术方案，形成陕鼓储能系统解决方案的核心能力。

（三）分布式能源智能综合利用示范项目

为实践及研发能源互联岛技术，陕鼓集团在临潼生产区投资建设分布式能源智能综合利用示范项目，为整个生产区提供智慧能源综合利用服务。

能源互联岛为陕鼓临潼工作区提供冷、热、电、气、污水处理、固废处理、安防、消防等一体化能源服务。通过对整个生产厂区用能的精确分析，结合厂区供给侧的资源禀赋，采用互联网及智能控制技术，按时、按需、按质向生产提供清洁、可再生能源综合一体化的解决方案。

通过能源互联岛技术方案分析，新建一套多热源联合供热系统（带冷调峰的垂直埋管土壤源+污水源+空压机废热的水源热泵供冷供热系统 1800kW、冷热电三联供 200kW、蓄能装置（蓄热 14400kW·h/蓄冷 6417kW·h）、原有燃气热水锅炉（4200kW）、地埋式污水处理站、区域微电网系统（光伏 70kW、天然气分布式能源 200kW、市电）、固废处理、空压站系统及智能控制系统等。此能源站为陕鼓集团自主投资的第一个以节能减排、绿色低碳为主题的能源站。

相比于传统的分散式、各自为政的供给单元，项目实施后可提高系统整体效率，实现土地集约、设备集约、功能集约及运营集约四大目标。项目实施后，较原功能系统相比，土地集约节约土地 3346 平方米（原分散系统占地6646平方米，现集约智能化能源站占地3300平方米），节约土地50.25%；在设备集约方面，能源站中热泵系统及空压系统共用冷却塔，减少能耗及设备投入；项目各子系统共用设备间及公辅设施；在功能集约方面，能源站实现厂区内污水处理、供热、制冷、供电（部分）、压缩空气及固废处理等能源资源的循环及高效利用，同时实现新风供送及安防、消防监控统一智能管理，实现九大系统的合理布局、高效运转。在运营集约方面，项目运行当中因新增了溴化锂机组、热泵机组、污水处理系统设备等，在供冷季也进行能源供应。

通过项目实施，意在向客户展示为实现环境保护的目标，通过多能互补、系统集成梯级利用，以最大比例使用可再生能源利用，提升能源利用效率，降低系统运行成本，保障能源的供给安全等。

项目利用能源互联岛思维，在多元联合供能模式下，为企业绿色制造、绿色生产，保护环境做出积极贡献。

三、实施效果

该项目于2017年6月通过中国机械工业联合会组织的专家评审，同月6月16日分布式能源智能综合利用示范项目正式揭幕运行，运行期该设备系统运行良好。项目揭牌运行带动了集团公司的战略转型，开拓了集团公司进军分布式能源领域的疆土，并借助示范项目的落地展示了陕鼓集团在智慧绿色能源发展方面的实力贡献。

陕鼓集团在临潼生产区投资建设陕鼓分布式能源智能综合利用示范项目，为整个600多亩生产区提供冷、热、电、气、风、中水、固废等智慧能源综合利用服务。项目实施后，污水处理达标后的再生水在厂区内进行回用，深度处理后用于热能系统工艺补水。污水处理伴生的污泥和生产产生的有机垃圾则进入固废处理装置，经过工艺气化后补充天然气分布式能源系统。发电系统所发电力用于动力供应，副产余热用于热能系统供应蒸汽、热水，实现生产能源资源循环，提高能源自供给率。项目还新增了光伏发电系统以及污水处理系统作为日常生产所需，并迁移了空压机系统到互联岛，同时利用了空压机系统的余热来供热。

（一）环境效益

通过为陕鼓生产厂区提供冷/暖、热水、电、压缩空气、余热回收、污水处理等综合能源需求，改造后某年运行数据分析相比实施前：综合能源消耗（折标煤）下降30.5%，减排二氧化碳1395t，按一棵树年吸收18.3千克CO_2来计算，改造后相当于全年增加种植76230棵树。节约土地49%，人员减少59%，节约自来水67%，中水回用利用率100%，清洁能源使用率100%，节约天然气34%，可再生能源在系统内贡献率34%，节能减排效果显著。

（二）经济效益

目前该能源互联岛技术已在不同领域进行项目推广，已经在高原地区、高污染产业、城市规划、典型的工业园得到应用和推广，已实现项目销售收入约588000万元。

同等规模的项目，可实现新增销售收入7095.55万元，新增利润541.33万元。

（三）其他与申报技术相关内容

为保证企业的技术信息及技术秘密不受侵犯，公司内部成立专业的管理机构，维护企业的各项目专属权益。项目中多以采取专利申请、软件著作权申请等方式来规避侵权风险。围绕此项技术，公司申报的专利有40多项，已授权27项，软件著作权5项，获得奖励15项。

（四）建立了基于碳中和、碳达峰的陕鼓能源推广商业模式

针对陕鼓集团的加工园区，我们从自身出发，量身定制一套能源互联岛系统解决方案，建立了能源互联管理新模式，利用互联网与物联网技术、工艺仿真、运行策略优化以及大数据应用，开发了区域能源供给和需求的智慧能源互联平台，同时为工程项目提供设备、EPC、服务、运营、金融、供应链、智

能化七大业务系统服务。助力项目运营，降低排放，提高能源综合利用效率，促进客户绿色高质量发展。

面向碳达峰、碳中和的目标和要求，陕鼓集团将先进节能技术、碳中和路径技术元素应用于能源互联岛项目改造提升中，结合各行业提出响应碳中和低碳倡议书，碳达峰、碳中和宣言以及行动方案，抓住机遇在行业市场进行全面推广宣传。

通过"主旨演讲+项目实地参观"，系统推介陕鼓集团在碳减排和绿色实践方面的探索实践与成效经验，用实际应用案例展示集团的技术能力。

根据零碳实施三要素——节能、替代、移除，并结合集团与能投委合作计划，计划在集团临潼工作区实施零碳工厂规划，依托零碳工厂技术实施，开展零碳关键技术、零碳评价标准、商务投资模式等多项课题研究及落地验证。

该项技术不仅符合国家"3060"碳中和、碳达峰国家政策和能源战略及消费升级的趋势，体现互联网思维在能量综合利用领域的应用，也是践行能源消费供给侧结构性改革的一次创新。示范项目已投入工程应用，效果良好，适合为园区及流程工业、工业园区、智慧城市、特色小镇、大学城提供能源高效综合利用的能源环保解决方案，具有重要的推广价值。

后期，陕鼓集团将围绕能源互联岛改造升级目标，持续强化企业研发力度，深入用户现场研发，解决用户真实的碳排放痛点问题，同时积极与政府、高校及科研院所开展各项技术交流与推广活动，推动行业低碳转型、产业链改造提升，打造能源行业绿色低碳核心竞争力，助力"双碳"目标下经济绿色高质量发展。

主创人：张　瑾、种　蕊、尚敏青、曹　龙、艾腾飞

陕煤地质草滩生活基地项目 III 地块（住宅）能源站项目

陕西中煤新能源有限公司

一、企业概况

陕西中煤新能源有限公司（以下简称中煤新能源）成立于2008年12月，隶属于陕西省煤田地质集团有限公司。

公司营业范围主要包括：新能源（地热能、太阳能、生物能）开发、应用；中央空调系统设计、施工、运营、维护，节能服务管理；节能环保产品的设计、销售及咨询服务；污水处理；水源井施工；建筑基础勘察、建筑智能化；市政工程与消防工程的设计、施工、维护；新能源信息技术咨询服务；有色金属及进出口贸易业务；供热服务；合同能源管理；建筑材料销售。

公司专业为客户提供供暖、制冷、生活热水三联供系统解决方案，提供分布式能源站的投资、建设、管理、运营等服务。2019—2021年的经营效益分别为8144.97万元、13053.47万元、18880.87万元。

公司以“立足陕西、辐射全国、走向世界”为愿景，打造区域性分布式新能源投资建设与管理运营的新格局。公司在省发展和改革委重点支持下，参与成立“陕西省地热能开发专业标准化技术委员会”“陕西省地热能开发利用研究中心”，编制《陕西省地热能勘探开发规范》《地热泵工程与运行管理规程》，以引领和推动陕西省地热能产业的健康发展和在建筑中的规模化应用。

二、主要措施

（一）发展环境

1. 宏观环境

①2030年前碳达峰、2060前年碳中和目标确定。

②高速度增长转向高质量发展阶段的政策导向明显。

③北方地区冬季清洁取暖和打赢蓝天保卫战战略决策为地热能利用创造了条件。

④长江以北区域随着政策的调整，空白市场增大。

2. 技术环境

①地热资源勘察初步评价已完成，浅层、中深层供能面积持续增长。

②地热发电装机容量实现大幅增长。

③地热勘探开发利用装备发展较快。

④核心技术突破仍需大量研发。

⑤地面以上应用技术成熟，配套装备完善。

3. 行业环境

①随着对传统能源供暖的限制，传统热力企业与能源企业纷纷进入本行业。

②从浅层地热能技术应用到中深层地热能供暖技术，从中水、污水到江河湖海的热泵技术的应用，以及中低温地热发电技术和干热岩地热研究，都形成了专门机构，各路资金积极介入。

③央企、国企、民企等纷纷加入地热开发与利用大军，将地热能利用向规模化方向推广。

4. 企业环境

①陕煤地质集团所具有的授信优势可以确保公司融资渠道畅通。

②公司项目储备丰富，多个在建及运营项目取得阶段性成果。

③公司已具备地热能应用开发的技术及经验。

（二）重点发展战略

1. 市场扩张

第一阶段以落地生根为主，打造“大西安”根据地。

第二阶段以取得示范性重点项目为主，打开外部市场。

第三阶段以聚合扩展为主，正式进入国家经济的核心区域。

2. 技术引领

第一阶段建立技术合作体系，补充“源侧”技术力量，构筑产业发展技术基础。

第二阶段引领各兄弟单位协同发展，补充完善短板。

第三阶段通过项目合作以及集团化协同发展，持续扩大市场。

3. 平台延伸

①整合专业化施工队伍，使业主享受专业化的清洁能源供应服务。

②突出运维模式，既为新建建筑提供一站式的能源系统全生命周期服务，也为老旧建筑提供合同能源管理。

③强化专项设计能力，用专业性团队设计高效、绿色和环保的能源应用系统。

④整合“设计、施工、运维”团队，打造一个具有核心能力的专业化突出团队。

⑤通过集团公司的其他板块，为业主方提供多层次多角度的技术、金融服务。

4. 主要路径

第一阶段，搭建发展平台，布局重点区域。按照集团公司的发展要求，做大清洁能源产业，积极推进以地热能为主的清洁能源规模化发展和商业化应用。

第二阶段，集中资源力量，拓展市场空间。进行相关主机设备的生产、销售，打造自身的设备产品；研发搭建自控平台，掌握核心运维数据；尝试干热岩发电。

第三阶段，提升技术，拓宽发展领域。形成“一专+一精+多能”基本格局。一专：专业化“地热能+”清洁能源利用平台公司；一精：以“地热能+”开发利用为主的专长发展；多能：多种能源的综合利用，多种商业合作模式共同发展，设计专项能力具有优势，运维专项能力突出。

第四阶段，开展资本运营，打造示范混改企业。通过并购实现地热能规模化发展，通过商业化模式运作做强，通过持续的品牌建设做优。

（三）坚持实施科技创新，坚持科技强企

明确发展方向；通过多种手段解决存在的问题；认真梳理地热能在应用中存在的问题，以市场认可作为评判标准；助力发展，切实体现科技创新贡献的力量。

1. 科研体系建设

构建分层科技创新体系。建立健全科研管理系统，实现科研成果在线共享。完善以科技项目为抓手的技术创新体系，归集管理人员、费用、设备等科技资源要素。建立科研投入持续稳定增长的长效机制，优化项目投入及核算方式。探索完善科技创新“容错纠错”机制，给予科技人员更多主动权。建立集团“首席专家”咨询机制，引进高水平科技人才。

2. 科研资源投入

加大科技创新资源投入，依托西安市地热能工程技术研究中心，率先在地热研发领域产出2～3项国内领先水平科技成果。

3. 科技人才引进

构建灵活创新的科技人才引进、评价、激励机制。完善柔性引才机制，跨界整合高端人才。

4. 专业技术培训

实施专业技术人员素质提升工程。抓好骨干专业技术人员的培训教育工作，拓宽和完善专业技术人员知识结构。加强同科研院校、科研机构、标杆企业、设备厂家的专业技术交流。强化师徒传承，充分发挥“传帮带”作用。完善技能人才培养开发机制，从政治待遇、薪酬分配、技能等级上完善激励机制。强化岗位练兵，着力提升技能人才解决现场实际问题的能力。

5. 主业产业技术部署创新

重点开展地热能开发利用及分布式能源技术研究，持续推进“地下换热技术、抽采回灌技术、引进技术应用”等关键技术。充分发挥国企平台功能，进行上下游业务纵向延伸和市场领域横向拓展。

6. 深化产学研协同创新

深化产学研合作。培养应用型技术创新人才；加强人才交流互动。与高校相关机构共同就研发形成团队。

开展企企合作，与行业内具有技术特色的企业或设计院开展合作。

开展政企合作，解决政府清洁能源供能替代问题，形成有效合作机制；解决企业项目资源问题，形成优势互补。

7. 技术平台助力，资质升级稳业

西安市地热能工程技术研究中心：该中心是开展地热能工程化研究开发，引领地热能行业技术进步的产业技术创新平台。

高新技术企业：继续深化高新技术企业发展路线。

持续提升公司资质：“十四五”期间，将机电安装专业二级资质提升为一级资质，机电安装总承包资质提升为二级资质。

（四）企业绿色低碳技术的研发与创新

1. 中深层U型井技术

为使中深层U型对接换热井供热技术项目长期高效稳定运行，公司联合国内外高校教授研究团队经过现场试验和建模计算，保证了该技术理论到实践应用的可靠性、实用性。技术研发依托的陕煤地质草滩生活基地项目是陕投集团和陕煤地质集团致力打造绿色能源建筑的示范性工程，已获得“中深层地热能建筑供热试点示范项目”称号，它的建成使用，实现了利用中深层地热能全封闭稳定供暖技术应用领域零的突破，在省内乃至全国推广应用起到了示范作用。

2. 浅层技术

浅层技术示范项目：人民大厦项目以105个单孔深度为270m的浅层地埋孔为主要冷热源，配备两台地源热泵机组，为办公楼提供冷热源。

为了在运营中使系统冷热平衡，技术人员对影响系统平衡的因素（末端建筑物的冷热需求、地埋孔换热能力、主机设备、辅助系统等）进行了定量分析，提出了注意维护系统冷热平衡的关键环节，确保了整个系统条件的匹配和冷热供需的再平衡。

3. 中水源技术

中水源技术代表项目：代家湾中水源项目采用中水源热泵技术，夏季将建筑物室内的热量转移到室外管道的空调水中，由空调水将热量带回热泵机组，再经过中水将热量带走排放；冬季供暖则是相反的热量交换流程。

污水源热泵技术属可再生能源利用，冬季污水体温度比环境空气温度高，所以热泵循环的蒸发温度提高，能效比提高。夏季污水体温度比环境空气温度低，所以制冷的冷凝温度降低，使得冷却效果好于风冷式和冷却塔式，机组效率提高。供暖制冷所投入 1kW 电能时可得到 5kW 左右的热能或冷能。能源利用效率远高于其他形式的中央空调系统，项目的节源和效益优势明显。

4. 中深层水热型技术

中深层水热型技术代表项目：眉县县城供暖项目以中深层地热水为辅助热源，通过换热机组和热泵机组联合实现供暖。地热水从采水井输送至能源站，作为水源热泵机组的热源，经过水源热泵机组吸取热量后变成低温地热尾水，通过回灌井流回到地层中。眉县地热水温度较低，需要采用热泵系统提升温度。用户侧回水经本项目特有的 2 级串联大温差热泵机组加热提升温度后输送至各小区，可以满足老城区地暖采暖、暖气片采暖等用户的不同需求。

该项目 1 期能源站热泵机组分为中温机组和高温机组 2 级，中温机组将供暖回水温度提升，高温机组再提升，供暖侧总提升温度 20℃。地热水经过高温机组吸收热量降温，再经中温机组吸收热量降温，地热侧总提取温差 35℃。本项目地热水提取温差最大、地热能利用率最大，选用的单台螺杆式热泵机组制热量也是行业中最大的机组。

（五）新技术的场景应用

1. 地热井钻井技术

利用水平对接井成井后的 U 型井筒作为换热通道，能有效解决“保水取热”开发模式的技术难题，为陕西关中地区地热资源无损害、无污染开发开辟了新的途径，工程实践在国内属于首创。

首次提出了“保水取热”远端对接水平井的井身结构，通过采用“直井二开+水平对接井二开”井身结构，并优化各开次井眼和套管尺寸，既满足了井口保温和足够过流面积的要求，又确保了钻进作业安全，工程实践验证效果好。

首次提出在城市区使用远端对接水平井开发地热，应采用“负位移”轨迹设计技术，通过对两种“负位移”轨迹设计的工程实践验证，认为“负位移”应设置在直井，水平对接井采用常规井眼轨迹，有利于钻进安全，优点明显。

首次在垂深超 2000m 水平对接井采用泥浆脉冲 M&D 仪器+ DRMTS 仪器进行连通作业，特别是在 2450m 深度，实现了水平对接井与直井玻璃钢套管一次精准连通。

首次提出应将井底压力平衡控制作为远端对接水平井的关键技术，并设计了一种压力控制装置安装在直井井口，经工程实践验证，有效解决了对接连通作业时水平对接井与直井两侧压力不平衡导致的压力剧变、井眼垮塌、沉沙卡钻等问题。

2. 原位试验及对接井研究

通过试验数据得出结论，井管深度的增加对换热强度的影响很大。

2000m 以深的埋管周围岩土及温度的非均匀分布使得深埋管换热不能像浅埋管那样简化为均质一维传热，对此率先提出采用接近真实问题的数值方法。

基于研发的浅层埋管内外耦合换热的全尺寸数值计算模型，结合原位试验建立了深埋管内外耦合换热的三维全尺寸数值计算模型。

3. 同轴套管井研究及其与对接井对比

影响同轴套管中换热强度的因素很多，在实际工程项目设置过程中，结合水泵和系统损耗的考虑，应选取换热强度初次达到最大值时的流量作为系统运行过程中的流量为宜。

通过对比模拟，在同一地温场、相同深度和相同边界条件下，得出在 2500m 及其以深的地层，横埋管长大于等于 200m 的 U 型对接井的换热能力大于等于同轴套管井；横埋管长为 1000m 时远大于同轴套管系统。横埋管越长换热能力越强；埋深越大，横埋管地层的温度越高，U 型对接井相对于同轴套管井的优势更明显。

在地层较浅、场地较小的项目中宜采用同轴套管井；在场地较大、地层较深的项目中宜采用U型对接井。

三、实施效果

①陕西科技大学术交流中心水源热泵项目：每年节约2181.45t标准煤，减排6048.08t二氧化碳，减排18.54t二氧化硫，减排16.14t氮氧化物。

②陕西省汤峪疗养院燃煤锅炉供热系统改造（地热能利用）工程：每年节约417.18t标准煤，减排1156.64t二氧化碳，减排3546kg二氧化硫，减排3087kg氮氧化物。

③白鹿溪岸老年公寓一期地源热泵中央空调工程：每年节约1803.02t标准煤，减排4998.87t二氧化碳，减排15.33t二氧化硫，减排13.34t氮氧化物。

④渭南军事博览园地源热泵项目：每年节约654.61t标准煤，减排1814.92t二氧化碳，减排5.56t二氧化硫，减排4.84t氮氧化物。

⑤渭南交大康桥幼儿园地源热泵项目：每年节约165.42t标准煤，减排458.63t二氧化碳，减排1406kg二氧化硫，减排1224kg氮氧化物。

⑥韩城市西庄镇派出所地源热泵项目：每年节约79.62t标准煤，减排220.73t二氧化碳，减排677kg二氧化硫，减排589kg氮氧化物。

⑦陕西省浅层地热能开发利用示范研究基地项目：每年节约127.38t标准煤，减排353.17t二氧化碳，减排1083kg二氧化硫，减排943kg氮氧化物。

⑧西安人民大厦（西部证券办公楼）地源热泵供能系统瑞典技术试验项目：每年节约347.12t标准煤，减排962.40t二氧化碳，减排2951kg二氧化硫，减排2569kg氮氧化物。

⑨铜川市耀州区关庄镇公权公租住房地源热泵供暖工程：每年节约318.46t标准煤，减排882.93t二氧化碳，减排2707kg二氧化硫，减排2357kg氮氧化物。

⑩宝鸡市代家湾中水源供热供冷中心：每年节约18824.56t标准煤，减排52191.08t二氧化碳，减排160.01t二氧化硫，减排139.30t氮氧化物。

⑪陕煤地质草滩生活基地住宅供暖项目：每年节约847.81t标准煤，减排2350.56t二氧化碳，减排7206kg二氧化硫，减排6274kg氮氧化物。

⑫陕煤地质草滩二期能源站建设工程：每年节约2981.14t标准煤，减排8265.22t二氧化碳，减排25.34t二氧化硫，减排22.06t氮氧化物。

⑬金泰东郡区域能源项目：每年节约12562.24t标准煤，减排34828.80t二氧化碳，减排106.78t二氧化硫，减排92.96t氮氧化物。

⑭眉县县城清洁能源供暖系统建设项目：每年节约28198.50t标准煤，减排78180.34t二氧化碳，减排239.69t二氧化硫，减排208.67t氮氧化物。

⑮陕西直升机产业发展院一期A地块冷热能源系统项目：每年可减少燃烧标准煤2597.06t，减排二氧化碳7200.35t，减排二氧化硫22.08kg，减排氮氧化物19.22kg。

⑯沣西新城西部云谷二期智慧冷热能源系统项目：每年节约10839.20t标准煤，减排30051.69t二氧化碳，减排92.13t二氧化硫，减排80.21t氮氧化物。

主创人：张天安、荀迎九、周　聪、刘博洋、张　锋

“光伏发电 + 生态农业 + 观光旅游”应用模式践行“双碳”行动，助力乡村振兴

水发兴业能源（珠海）有限公司

一、企业概况

水发兴业能源（珠海）有限公司（以下简称珠海能源公司）成立于2007年，隶属于中国水发兴业能源集团有限公司（以下简称水发兴业能源集团），主营新能源业务设计、施工、运营等。2019年，水发兴业能源集团经过认购重组及混合制改革，业务范围再次扩大，囊括天然气、光伏、供热、风能、氢能、储能等综合能源的开发利用、投资建设及运维管理，力争成为国内一流的综合能源服务提供商。

随着新能源行业高速发展和政策大力支持，珠海能源公司业务蓬勃发展，迅速壮大，截至2021年年底，累计开发项目近5GW，建设项目超过6GW。

珠海能源公司依托上市国企的资本平台和集团技术研究中心的研发创新能力，将进一步加大力度开发和投资建设各类优质电站项目，同时出色完成了省部级科技基础课题研究，拥有多项国家专利，拥有数十项自主知识产权专利和专业的科研成果。通过准确的产业定位、持续的技术创新和科技人才队伍建设，不断进行产品研发，为集团各项业务提供了强大的技术、人员和产品支撑，从而使集团实现了在绿色建筑和能源应用领域业务的稳定增长。

珠海能源公司秉持“惠民、强企、利国、达善”的初心，致力打造“社会认可、政府满意、行业尊重、员工自豪”的一流企业。同时，公司秉承以人为本、共同发展原则，倡导低碳生活，弘扬和谐理念，将永葆创业激情，引领行业发展，力争成为世界领先的清洁能源应用方案提供商。

二、主要措施

（一）背景及项目简介

随着近年来新能源产业尤其是光伏产业的发展，国家连续出台政策支持“光伏+农业”生产经营模式的发展。2016年3月，国家发展改革委、国务院扶贫办、国家能源局等部门联合发布《关于实施光伏发电扶贫工作的意见》，提出光伏发电结合农业、林业开展多种“光伏发电+”应用；2017年10月，国家能源局印发《关于加快推进深度贫困地区能源建设助推脱贫攻坚的实施方案》，鼓励光伏发电与种植、养殖业结合，充分利用荒山、荒坡、鱼塘、大棚等农业设施，增加贫困人口收入；“十四五”时期是实现“双碳”目标的关键期和窗口期，各地都在加快推进能源供给多元化、清洁化、低碳化，同时布局能源消费高效化。

随着利好政策的实施，“光伏发电+生态农业”生产经营模式的应用在全国各地如雨后春笋般涌现，我公司投资建设的阳东区大沟镇50MW光伏农业与观光旅游综合示范项目，位于阳江市阳东区大沟镇东北方，包括江东、凉水、榕树、上元、田心、新村、钟屋寨7个自然村，地形多为丘陵和平原，阳光充足，适合光伏发电建设。该项目总投资4.5亿元，装机总容量为50兆瓦，占地总面积约1750亩，于2015年5月开工建设，当年8月12日开始并网发电，年均发电量约6000万度。项目将“光伏发电+生态农业+观光旅游”三者相结合，最大限度地利用现有资源，在获取绿色发电、生态农业、观光旅游经济效益的同时，实现节能减排的社会效益，打造广东省首个光伏农业生态园绿色环保能源体系。

（二）项目主要研发与创新技术

1. 满足农作物生长需要，打造绿色生态农业的新模式

农作物生长需要的光与光伏发电需要不同的光波，光伏日光温室能够实现发电种植两不误。由于光伏组件会造成一定的遮光，每个大棚可根据不同农作物对光的需求，采用不同光伏阵列间距设计，满足植物光合作用对光的需求。光伏组件还能阻隔部分紫外线，反射昆虫繁殖需要的蓝紫光，可有效减少种植作物病虫害，减少农药使用量，提高种植作物品质和产量。阳东区大沟镇50MW光伏农业与观光旅游综合示范项目根据当地的气候条件，按规划在站内分区域下已种植牛大力600多亩，其他花生、草莓等蔬菜瓜果600多亩，为保证循环生态农业的可再生性，园区内已养殖野香猪2000多头，并分时段、分区域，超低密度放养了芦花走地鸡等牲畜；实现一地多用，将有效资源合理利用，运用高新科技打造绿色生态农业的新模式。

2. 提高土地利用率，降低光伏产业成本

传统方式建设光伏电站，一般为工业用地，成本较高。而利用“农光互补”项目，不仅提高了土地利用率，还符合国家倡导的绿色环保农业趋势。目前，国家大力支持发展，在配套基础设施、贷款等方面提供扶持，光伏明确被央行列入《绿色债券支持项目目录》。

3. 光伏与第三产业相融合的发展模式

项目将绿色能源、生态农业、旅游结合起来，利用田园景观、农业生产活动、农业生态环境和生态农业经营模式，以贴近大自然的特色旅游项目吸引周边游客，以最大限度利用资源，增加农业及旅游收益。项目光伏站内种植多种绿色农产品，连同绿色采摘项目，发展出一条农村特色的旅游体验项目，创收能力直线上升；同时，光伏发电为观景平台、站外休闲项目等配套设施提供日常运营电力，充分满足观景与示范效果；光伏与第三产业相融合的发展模式，为游客带来新奇体验，助力乡村振兴工程建设。

4. 无线通信技术应用

根据项目所在地配电自动化的情况，坚持“生态优先，环境友好”的理念，我公司在光伏站区选用无线通信传输方案，无线通信技术较其他通信技术有以下优势：①便于设备运维。无线的安装相对于有线安装，设备维护方便，故障诊断简单，节约了升级配线的成本。②设备灵活性高。摆脱了电缆的约束，技术人员可以容易地配置各个采集点、控制点来灵活满足用户随机的需求，在生产当中简化了整个流程。③产品易用性。具有分布式智能的集成无线传感器系统能够独立于操作者实现对工业过程的控制。④无线通信的可靠性高。随着技术和材料的不断进步，集成无线传感器的系统能够满足无线通信技术在艰苦环境下所要求的持久性和可靠性，而有线电缆连接因电缆的活动性会造成逐渐的老化从而导致连接上的失效。⑤较好的信号安全性和稳定性。因为无线通信技术使用的信号发射载体是激光，激光有集中发射光束和容易控制等特点，无线的通信设备所工作的频率限制在360THz，有较广泛的使用空间而不用申请频率资源，也不会对其他设备产生信号干扰。⑥施工周期短。无线传感器系统可以通过节点的自组织和自配置功能迅速搭建成有效的通信网络。

5. 智能化运维管理技术应用

在计算机网络、信息技术等各种先进技术发展的背景下，我公司对智能化光伏发电站进行了深入探究，提出了将信息技术、通信技术、智能检测技术等基础智能发展模式，应用到发电站日常运维管理中，不断提高发电站生产管理的效率，实现光伏发电站高效、安全、节能环保的目标。

传统的光伏运电站管理系统多以统计分析为主，且采用“烟筒式”的多级部署模式。对于光伏电站而言，站内设备种类多样，管理系统多样，且各设备厂家的信息系统相互独立，信息数据不能共享、信息统计分析标准不一，对于实现集中管控造成了很大的干扰。而对于生产管理相关运行表单仍以人员签字或领导审核的方式流转，审批的时效性得不到保障。故障处理手段的合规性、合理性以及日常巡检

的可靠性和真实性，不能第一时间反馈到生产管理者手中，很难对管理过程进行追溯。

针对传统电站运维方式管理粗放、运维困难、效率低下等弊端，该项目通过光伏电站智能化运维系统全面实时现场监控，实时掌握光伏电站运维状况，借助大数据智能分析和视频监测数据及时传到光伏发电监测管理部门，及时了解光伏电站各类运行数据，进行统一归集智能化光伏电站运维，通过光伏电站管理人员与运维人员之间的联动，实行对设备进行统一管理，共享信息数据、统一信息统计分析标准；系统一旦发生数据异常，根据预警预报规则，及时将异常报警信息推送给相关人员，第一时间发现运维问题，可快速采取处理措施，打通了信息无法汇总和交互的通道，提高了光伏电站发电效率，降低了运维成本。

该项目的智能化运维管理和传统电站运维方式相比，公司节约了 30% ~50% 人力成本，更大幅缩减了异常响应时间，实现了中心级、区域级的运维人员调度和应急指挥，提升了资源调用能力，推动了光伏电站的规范化、智能化管理。

6. 带预应力拉索的自动锁止装置的光伏支架应用

对于在复杂山地大坡度的地形上，地形突然起伏或具有局部的地形凹陷，地面普通的光伏支架布置较为困难，我公司专门研发了带预应力拉索的自动锁止装置的光伏支架并在部分区域进行安装，让预应力拉索能够自动适配地形的高度差，自动定位并调整折变角度，有效克服地形问题，提高整个地面光伏支架的施工效率。预应力拉索的两端分别设有与地面固定的锚杆；支撑柱设有多个，且各个所述支撑柱上设有预应力拉索的自动锁止装置，支撑柱通过自动锁止装置与预应力拉索连接。此结构的地面光伏支架结构简单，建造速度快，适应地形能力强，有效地节省了耗材成本。

由于地面光伏支架的中部是通过设置多个支撑柱，分各个支撑节点地将预应力拉索支撑固定，各个支撑节点需根据地形变化而设置在不同的高度上，而预应力拉索在各个支撑节点之间作折弯变向，从而连续地架设在地面上。由于预应力拉索在各个支撑节点上作折弯变向，因而预应力拉索容易截断损坏。为了避免预应力拉索容易截断，自动锁止装置在各个固定臂上设置上下对位的滑轮组，利用滑轮的特性，预应力拉索穿接在上滑轮与下滑轮之间的滑槽内，既能随滑轮的旋转而走线，又能围绕在滑轮上实现柔性连接，并在此状态下作折弯变向，有效地避免预应力拉索的截断损坏，延长预应力拉索的使用寿命，提高整个地面光伏支架的质量。

7. 光伏环境监测系统应用

光伏电站的发电效率主要取决于天气状态，要提高电站发电效率离不开准确的气象数据作为评估依据。配备光伏环境监测系统可以充分收集发电环境中的气象数据，凭借安装在光伏气象站中的气象传感器，能够监测到太阳辐射量、风速风向、环境温度湿度和光伏背板温度等基本数据。正确使用光伏气象站的气象传感器，能够让光伏发电站的运维人员及时得到准确的环境气象数据，可以及时调整发电策略和指引。该项目光伏环境监测系统包括：太阳辐射表、风速风向仪、温度湿度传感器和组件背板温度传感器。光伏电站需要使用太阳辐射表测量一系列的辐照强度，且该太阳辐射表的响应波段应覆盖光伏组件可吸收光谱的波段。风速风向仪和温度湿度传感器用于监测光伏电力实际运行阵列周围的空气基本状况。光伏组件背板温度传感器直接安装在光伏组件的背面以测量组件中电池片的温度。该测量方法利用一个热交换模型把组件背板温度换算到组件内部电池片的温度。换算过程还需要输入环境温度以及风速、风向进行修正。对于该光伏电站建设在地形起伏较大的区域，例如光伏组件被安装在不同的斜坡上，我们还充分考虑斜坡的朝向、倾角以及安装在每个斜坡上组件的标称功率对光伏电站发电效率的影响，以保证计算的准确性。光伏环境监测系统应用，提高了电站发电效率，同时为运维人员及时调整光伏电站发电策略和指引提供了保障。

三、实施效果

该项目打造"光伏发电+生态农业+观光旅游"三位一体的发展模式，让光伏项目与自然环境实现友好协同，并与观光旅游第三产业实现融合发展。项目建成后，带来可观的经济效益，以及节能减排的社会环境效益。

（一）经济效益

1. 解决就业，增加农民收益

通过建设"农光发电+生态农业"项目，农民可以获得流转土地的租金，光伏公司还可以为当地农民提供约300个工作岗位，解决当地"40、50、60"年龄段劳动力的就业问题，使他们不用远出打工就有较好的收入。

2. 光伏与第三产业相融合的发展模式，带动当地经济的发展

农村特色旅游体验项目的打造，带动了当地农家乐等经济的发展。年参观接待人数4000人以上，农产品年销售达500万元左右，项目的建设，不仅为城乡增加了财富和生机，也让"低碳""零碳"开始走入城乡每个角落、走入每个人的生活。

（二）社会环境效益

1. 减轻环境污染

本项目总装机规模50MWp，其建成后的25年年平均发电量约为6000万度，与燃煤电厂相比，按平均供电煤耗约314g/kW·h计算，每年可节约标准煤约18838吨，可减少SO_2排放量约207吨、氮氧化物（以NO_2计）约149吨、温室气体约（以CO_2计）47126吨、CO约299吨，还可减少各种碳粉尘排放量约17.2吨。在其经济使用寿命25年内，预计本项目总共节省标准煤47.1万吨，减排各种污染物共计118.8万吨，从而可减轻环境污染。

2. 促进产业转型升级及增加农民收入

将"生态优先，环境友好"的理念融入该光伏电站开发、设计、运营全过程，通过"光伏发电+生态农业"创新模式，有效减少了地面水分蒸发，降低了水土流失，增加了土地的综合利用率，实现了农业、发电双丰收。

阳东区大沟镇50MW光伏农业与观光旅游综合示范项目，是水发兴业能源集团首个"光伏发电+生态农业+观光旅游"三位一体的新型应用模式项目，既节约了土地、增加了土地产出效益，又带动了当地生态农业、观光旅游等产业的规模化发展，对产业转型升级和农民增收都将起到积极的促进作用。

主创人：刘伶林

朗明桑珠孜区 50MWp“光伏 + 生态设施农业”综合示范储能项目

水发兴业能源（珠海）有限公司

一、企业概况

水发兴业能源（珠海）有限公司（以下简称珠海能源公司）成立于2007年，隶属于中国水发兴业能源集团有限公司（以下简称水发兴业能源集团），主营新能源业务设计、施工、运营等。2019 年，水发兴业能源集团经过认购重组及混合制改革，业务范围再次扩大，囊括天然气、光伏、供热、风能、氢能、储能等综合能源的开发利用、投资建设及运维管理，力争成为国内一流的综合能源服务提供商。

随着新能源行业高速发展和政策大力支持，珠海能源公司业务蓬勃发展，迅速壮大，截至2021 年年底，累计开发项目近5GW，建设项目超过6GW。

珠海能源公司依托上市国企的资本平台和集团技术研究中心的研发创新能力，将进一步加大力度开发和投资建设各类优质电站项目，同时出色完成了省部级科技基础课题研究，拥有多项国家专利，拥有数十项自主知识产权专利和专业的科研成果。通过准确的产业定位、持续的技术创新和科技人才队伍建设，不断进行产品研发，为集团各项业务提供了强大的技术、人员和产品支撑，从而使集团实现了在绿色建筑和能源应用领域业务的稳定增长。

珠海能源公司秉持“惠民、强企、利国、达善”的初心，致力打造“社会认可、政府满意、行业尊重、员工自豪”的一流企业。同时，公司秉承以人为本、共同发展原则，倡导低碳生活，弘扬和谐理念，将永葆创业激情，引领行业发展，力争成为世界领先的清洁能源应用方案提供商。

二、主要措施

（一）项目背景

当前我国电力行业碳排放所占比重最大，占比达到45%，因此为了达到“双碳”目标需要降低火电比重，发展光伏、风能等清洁能源。但由于天气的不可控导致大部分可再生能源（如风能和太阳能）的输出是波动的，具有明显波动性的绿色能源发电占比提升势必影响电力系统的稳定，这就需要储能来调峰调频。在如今新能源革命的历史性拐点，居高不下的成本让储能如鲠在喉。但作为企业，碳中和与经济要兼顾发展，不能两者取其一，公司认为只有突破型的技术创新才能根本解决这一很难调和的矛盾，水发兴业能源集团的光伏储能系统解决方案因此应运而生。从技术角度看，大规模储能发展是新能源充分开发利用的最佳技术支撑，它能有效解决电网运行安全、新能源消纳、电力电量平衡等方面存在的突出问题。

作为可再生能源的开发建设者，水发兴业能源集团致力于提升产业链聚集整合能力，协同合作伙伴共同推动光伏、风电储能从设计标准、选材施工、运营管理等全产业链实现节能降碳。同时作为国企，水发兴业能源集团始终遵循“服务民生、服务社会、服务发展、服务大局”的宗旨，把企业发展融入国家和全省战略之中，将光伏扶贫作为能源产业扶贫手段，助力精准扶贫。

（二）具体实践和做法

朗明桑珠孜区 50MWp“光伏+生态设施农业”综合示范储能项目总装机规模 50MWp，是水发兴业能源集团“光伏+储能”系统解决方案的典型实践，项目占地面积 1646 亩，总投资约 4.5 亿元，于 2020 年 12 月 24 日成功并网发电，主要通过光伏扶贫模式，采取“农业+光伏+旅游”三产联动一体化发展模式建立综合性产业示范园，水发兴业能源集团负责其中的“光伏+储能”系统。该项目是西藏目前最大的“光伏+储能”综合能源示范项目、西藏首个一次性并网发电的综合能源项目、国内罕见的高原高海拔大型综合能源项目。项目中应用了多种绿色低碳产品及绿色低碳技术，项目运营以来，取得了优异的经济效益和社会效益，具体情况如下。

1. 高海拔高寒地区“光伏＋储能”系统解决方案

高海拔高寒地区“光伏+储能”系统是“光伏+储能”的一个典型应用，集发电、储电为一体，采用领先的光储系统和电池管理系统、电池热管理等多项技术，通过能量存储和优化配置系统设计，让每一度电的来源更绿色，让每一度电的去向更有价值，构建绿色能源，助力“双碳”目标。

该方案有多种用途，如可对电网削峰填谷，能够对电网进行无功补偿提升电网电能质量减少线损。此方案的最大优点是控制策略可靠，系统通用性高，应用范围广。

朗明桑珠孜区50MWp“光伏+生态设施农业”综合示范储能项目场址位于日喀则市桑珠孜区江当乡政府东侧约3km处，地形较开阔，海拔约3820m，西距日喀则市约40km，北侧为318国道及和平机场，交通便利。项目一次性建成50MW光伏发电站，建设的电站配备AGC/AVC调控装置，可根据电网要求自动匹配发电，为保证电能质量及电网的消纳，同时配套装设100MW·h的储能系统，生产运行期为25年。

2. 高海拔环境下光伏组串数修正设计

光伏组件工作条件下的极限低温、极限高温对组串数计算影响较大。但一般气象站都是设在县城周边，项目地点一般设在荒无人烟的地方，加上受到高海拔的影响，导致气象站温度资料代表性较差，设计时项目所在地的温度取值难以直接使用气象站的温度资料。项目结合当地气象站与项目所在地的地理差异分析，在遵循气温直减率规律性的前提下，通过合理采用最低气温直减率方法分析计算项目所在地温度取值，为组串数的设计提供了可靠的设计依据，同时为高海拔高寒地区的绿色电力发展提供了更可靠的推广解决方案。

3. 高海拔高寒地区光储一体化电站电池管理系统研发

电池的可靠性和寿命主要取决于两大因素：一是电池自身的品质，二是电池管理系统。针对高海拔高寒地区、高容量、大规模电池阵列的特点，公司设计开发了一套电池管理系统，适用于以磷酸铁锂电池为储能单元的电池阵列。储能电池管理系统采用集成化设计，综合储能装置SOC估算数据、光伏发电预测的结果，建立能量管理模型，主要进行大规模电池阵列的状态监控、管理与保护；将预测的光伏发电量、储能容量、预测的负荷量作为输入值，输出值为能量流最优控制策略，进而对供电安全进行综合评估。

本系统可以在确保电池安全使用的前提下，充分利用电池存储容量，延长电池使用寿命，从而达到电池高效使用的目的。

4. 高海拔高寒地区储能电池热管理技术

温度对锂离子电池的容量、内阻、开路电压、充放电效率、寿命等方面都有重要的影响，加上项目所在地温差非常大，而磷酸铁锂电池的最佳工作温度范围为15～35℃，因此管控磷酸铁锂电池的温度显得异常重要。

集装箱存在上下冷热分层现象是热管理控制的难点：对集装箱进行制冷与加热时，内部热空气密度小，受重力影响向上移动，形成较严重的冷热分层现象，每升高1米，温度升高1～2℃，不仅造成电芯间温差，并且当加热时底部温度很难升高到理想状态。本项目对集装箱整体进行建模，通过对流场、温度场进行计算，设计开发出合理风道系统结构，保证电池模块的通风均匀性，有效组织集装箱内空气循环流动，降低集装箱内部电池间温差。

项目结合CFD数值仿真技术，对模块结构、风道设计、吹风方式等热管理方案进行优化设计，去除不合理因素，保证集装箱内温度场、流场的合理分布。

空调送风风道设计：送风主风道由近到远截面设计成逐级递减，保证到支风道的静压与动压的合理分布，保证风道出风口位置利于冷风流动与出风量一致，保证冷风的合理、高效利用；空调回风至集装箱顶部，能够有效带走上部热量集聚，降低上下温差。

在不同外界环境下采用不同的控制策略，确保温度控制在设计范围内：根据检测室内温度变换情况不同进行相应的策略调整，分别进行相应的制冷、加热、空气循环、待机等不同策略。

该项目的热管理设计，通过建立光电转换、“热－电”“电化学－热”等科学的物理数学模型，结合先进的大数据研究手段，采集多维度的数据，分析光伏非线性输出、大型电路拓扑以及储能电池充放电特性的关系，综合考虑充放电时的发热量、电池箱体与外界的传热量等因素，预测储能电池在不同运行工况下的温度变化趋势、光伏输出与储能电池性能的影响，再通过空气流动对集装箱内电池进行加热与散热，保证系统的正常运行，从根本上解决了电池安全，并为系统的高效运行提供了保障。

5. 弱电网下储能电池能量回馈系统自适应并网控制技术

在弱电网条件下，传统基于电网电压定向的控制方案无法在满足稳定性要求的同时实现良好的谐波抑制性能。本项目结合实际系统，分析了弱电网条件下的系统特性，考虑到电网阻抗对控制特性的影响，通过向电网注入非特征频率谐波电流进行电网阻抗检测，引入一种自适应PIR控制技术，解决光伏发电间歇波动对电网的冲击问题。

6. “直流电源系统及其控制方法”技术的应用

储能电池随着使用时间的增长，内阻逐渐变大，容量也在慢慢衰减。光伏组件也随着时间的增长存在衰减的问题。如果出现系统扩容或者部件的更换，会造成新旧元器件性能明显差异。如果新旧直流电源直接在直流母线上并列使用，随着时间的推移，因内阻的不一致，电压差会越来越大，各种电源直接的环流会越来越大，影响到系统的安全稳定运行，甚至造成设备损坏。因此，传统的直流电源系统中存在由于将电压差过大的直流电源硬接入到直流母线上而导致系统运行不稳定，容易造成设备损坏的难题。

据此，水发兴业能源发明了一种直流电源系统及其控制方法，其中，直流电源系统通过采用直流母线、多个直流电源和多个直流并网控制器，实现了对各个直流电源与直流母线的电压差值的调整，使得各个直流电源与直流母线的电压差值调节为第一目标压差值后，将所述直流电源并网接入到所述直流母线，解决了出现电压差过大的各个直流电源直接并联接入到直流母线，从而影响到系统的安全稳定运行，甚至造成设备损坏的问题。

光储一体化电站在高海拔高寒地区的安全、高效应用，除针对性的研究开发，更需要在不断的工程实践中总结经验，在充分考虑设计安全性的前提下尽可能提高设备效率及使用寿命。朗明桑珠孜区50MWp“光伏+生态设施农业”综合示范储能项目的成功应用，不仅为高海拔高寒地区构建绿色能源体系提供了可靠的解决方案，其成功的绿色低碳应用和管理实践经验更为其他企业提供了很好的示范和借鉴作用。

三、实施效果

（一）节能减排效益

本项目总装机规模50MWp，其建成后的25年年平均发电量约为82280.61MW·h，与燃煤电厂相比，按平均供电煤耗约314g/kW·h计算，每年可节约标煤约25833吨，可减少SO_2排放量约284吨、氮氧化物（以NO_2计）约204吨、温室气体（以CO_2计）约64625吨、CO约410吨，还可减少各种碳粉尘排放量约23.6吨。在其经济使用寿命25年内，预计本项目总共节省标煤64.6万吨，减排各种污染物共计163万吨。

（二）社会效益

1. 助力精准扶贫

光伏扶贫是精准扶贫的重要途径，本项目依托西藏日喀则清洁能源资源禀赋优势，开发利用太阳能，每年至少给日喀则市贡献税收500万元，建设期间带动就业300余人次。同时，项目土地流转可让当地群众和易地搬迁户增收30余万元。为使园区真正助力脱贫攻坚，保障群众增收致富，桑孜珠区娘麦扶贫开发有限责任公司与村组集体签订土地流转协议后，以土地租赁形式与入园企业进行合作，项目全部建成投产后，该公司每年按照园区总发电收益的5%进行分红，用于全区扶贫开发事业。同时，通过产业带动就业，可实现人均年增收近4万元。项目投运对于优化日喀则电源供应结构，提高电力保障能力，推进清洁能源产业发展，巩固拓展脱贫攻坚成果，助力全面推进乡村振兴等都具有十分重要的现实意义。

2. “碳”索绿电发展

光储项目除了可以提高光伏发电的收益以外，还能延缓配网投资，提高供电稳定性，另外还能提供一些配售电的增值服务。未来，用户可以通过光储应用规避高电价，以降低电力成本，还可以通过光储应用参与辅助服务市场，参与电力市场交易，获取额外收益。全球能源转型是大势所趋，高比例可再生能源是未来全球能源转型的方向，而可再生能源的大发展，需要储能等灵活性资源作为支撑。

本案例总投资达4.5亿元，是西藏目前最大的“光伏+储能”示范项目，也是全区首个一次性并网发电的综合能源项目，为日喀则市打造高比例新能源示范城市奠定了良好基础，同时也为各地区“碳”索绿色电力发展路径提供了良好的示范。

3. 引领企业转型

水发兴业能源集团以践行国家碳达峰、碳中和行动计划为行动纲领，以全面绿色转型为引领，从项目开发、设计、施工、运营管理全方位推进生态优先、绿色低碳，实施可持续发展，探索绿色低碳发展路径。早在2019年底，水发兴业能源集团作为单一企业主体在碳排放方面便已率先实现“碳中和”目标，这比国家提前约40年实现了二氧化碳的“零排放”。可见，水发兴业能源集团提供的解决方案不但为国家和社会在“双碳”战略推行中做出了贡献，更为各企业走绿色可持续发展道路提供了良好的示范效应。

主创人：叶　妮

荣钢集团氢能产业助力绿色低碳发展转型

天津荣程联合钢铁集团有限公司

一、企业概况

天津荣程联合钢铁集团有限公司（以下简称荣钢集团）是一家涉足钢铁能源、智慧物流、大宗贸易、焦化及煤化工、平台化发展等多领域产业集群协同发展的民营企业，坐落于天津市津南区，是中国制造业500强之一。荣钢集团积极践行中央提出的新发展理念，生产模式已由原来单一的焦化、高炉、铸铁逐步发展成为集烧结（球团）、炼铁、炼钢、轧钢为一体的全流程大型钢铁联合生产企业，吨钢碳排放达国内领先，综合竞争力持续位居冶金行业前列。

2021 年，荣程集团资产总额 332 亿元，累计实现利税 261 亿元，社会贡献总额 346 亿元。全年生产开发热轧带钢、高速线材、合金棒材等产品 160 个，其中在研新产品 57 个，钢铁产品出口至世界五大洲国家，“埃及苏赫纳第二集装箱码头项目”被誉为“一带一路”示范性工程。

荣钢集团以氢能应用为主要攻关手段及发展方向，打造集绿电、绿氢、加氢、氢燃料电池、氢能重卡运输、智运平台、金融科技为一体的氢产业应用链，着力推动绿色交通运输建设，借助能源革命与数字革命相融的大趋势，构筑了以智运平台为中心的“智慧物流体系”，从而实现“‘氢’装上阵、‘智’促中和”。

荣钢集团以“打造百年绿色荣程”的发展愿景，勇于创新改革、先行先试，力争在“3060”这场大考中当先锋、做猛将，为实现 2030 年前碳达峰、2060 年前碳中和目标奋勇前进。

二、主要措施

荣钢集团以“数字化转型绿色低碳高质协同发展”为主线，将循环经济、超低排放、节能改造、社会公益、资源再利用作为重要抓手，重点打造氢能源运输、氢冶金、智能制造、“长改短”智慧电炉等应用场景，制定时间表、路线图，扎实推进各项工作。

（一）聚焦氢能运输，打造绿色智能减碳平台

1. 建设完成天津首个氢能运输示范基地

荣钢集团立足低碳物流、低碳交通目标，多年来持续探索运输环节“以氢代油”，推动实现源头减排降碳。2021 年，由天津市交通运输委组织推动实施、荣钢集团建设的全市首个氢能运输示范应用场景——荣程众和自用氢能源项目正式启用。该项目面向整个氢能产业链闭环操作，从气源到加氢站，再到氢燃料电池重卡车辆、车辆运营，开创了不同于传统物流车和公交车的运营模式，彰显荣程绿色运输的决心与能力。作为全国首批在市政道路正式运营的氢能重卡，该项目加氢站储氢总量为 500 千克，运行时间为 12 小时，可同时满足约 15 辆 49 吨重卡物流车和 4 辆公交/通勤车的加氢需求。荣程众和自用氢能源项目的落成，标志着荣钢集团氢能运输示范应用场景初步搭建完成，对促进氢能源开发应用及实现碳达峰、碳中和目标具有重要意义。

2. 创新绿色运输模式，推进氢燃料电池商业化运营

荣钢集团密切关注钢铁行业能源结构调整，并将绿色运输作为钢铁物流体系低碳化、绿色化转型的重要路径。多年来，荣程智运积极推进绿色运输，通过对运输线路进行合理布局与规划，减少车辆空驶率，实现节能减排。同时，公司通过布局多式联运业务，有效提高运输组织效率，减少倒运环节、仓储压力和环境污染。在清洁运输方面，新建两条铁路运输专线及封闭式站台，成为天津市唯一具有多条铁

路专用线直接进厂的钢铁企业。在低碳交通方面，荣钢集团通过“五洲智运”网络货运平台，持续提高“公转铁”“海铁联运”比例，提高运输效率，降低空载率。

为进一步推进运输环节的绿色低碳，荣钢集团于2021年在市政道路正式运营氢能重卡，打造天津首个氢能运输示范应用场景并成立氢能科技公司，持续推进氢燃料电池的商业化运营，推广氢燃料电池车辆在物流行业的运用实践，实现绿色运输。

3. 布局绿色智慧物流，重构产业运输生态

“荣程智运”成为天津市首批获得“网络货运”运营牌照的企业之一，被交通运输部列为全国“交通强国”试点，旨在促进实体经济降本增效、供应链协同、制造业高质量发展，为制造行业企业构建一个安全、完善、便捷高效、技术先进、绿色环保的智能化平台。

此外，荣程智运被纳入全国交通强国建设单位，建设运输信息资源共享交换平台、货车运输服务平台并提供综合数据分析等服务。荣程智运成功申报了国家第四批多式联运示范工程，致力于打通海、路、铁全运输链服务。自此，荣程开启了在“互联网+”智慧物流时代下的逐梦新征程。

（二）加快能源开发进程，助推光伏绿电及能源结构调整

1. 推动风水电气能源体系，实现与城市共生共荣

荣钢集团建立风水电气能源体系并能源循环模式，实现与城市共生共荣。投资数亿元为当地城镇污水处理厂主动承担污水处理重任，通过城市污水处理和工业废水循环再利用，提高区域回水利用率，实现污水零排放，为地方水环境质量改善做出重要贡献。此外，荣钢集团先后投资1.2亿元，利用工业生产余热为津南区葛沽镇居民供暖，成为天津市首家利用余热为城市供暖的钢铁企业，供暖能力达到300万平方米，2021年供暖面积120万平方米、供暖热量510839GJ，减少二氧化碳排放量56192吨。

2. 实施低碳城市污水处理项目，打造绿色工厂

项目按照降碳设计思路，进行系统设计，确定低碳处理工艺流程，将污水处理厂建设由传统污染物消减为主要目的向能源、资源充分利用转变，并在所采用设备设施上，选用磁悬浮鼓风机、深床反硝化、高效沉淀等高效低碳装备设施，节约能源，提高能效，解决葛沽镇污水处理难题。另外，为提高绿色能源利用，水池上方建设分布式光伏发电系统，提高绿电能源再生利用率，降低碳排放指标，打造低碳运行绿色工厂。

3. 优化用能结构，合理利用清洁能源

荣钢集团重视优化用能结构，将煤能源发展到光伏、氢能等清洁能源领域，充分利用厂房屋顶及污水处理厂水面空间，建设容量为49.5MWp光伏发电站，并通过屋面加装太阳能板等有效措施，发电并入厂区变电站，供厂区使用。组织完成了高线、棒材车间屋顶9.5MW光伏发电项目建设工作，并于2021年10月11日顺利并网发电，当年光伏发电量为83.33万度，减少碳排放量737吨。另外，为进一步提高自发电量，利用污水处理厂现有水面闲置资源，建设容量为2×20MWp分布式光伏发电项目，项目于2022年5月初并网发电，当年预计发电量为2800万度，提高自发电比例1.3%，可减少二氧化碳排放量24760吨。

（三）优化氢能冶金布局，加强技术创新节能降碳水平

为抢抓氢能产业发展机遇，增强经济社会发展新动能，促进能源结构清洁转型，荣钢集团于2020年与中冶赛迪、东北大学、中石化天津分公司、陕鼓集团共同签署绿色氢冶金战略合作框架协议，成立绿色氢能冶金“产学研用”战略合作联盟，致力于打造“钢化联产－氢冶金”试验工厂。2021年以来，荣程集团突破性地开展氢冶金高炉实验，以4号高炉喷天然气为氢冶金探索实践经验；同时，依托荣程氢冶金实验，进一步形成人才培训基地，为全国氢冶金发展培养和输送各类型人才。此外，与东北大学积极沟通，计划在天津市成立由标杆园区、钢铁企业、化工企业参与的国家级高新技术示范基地，

打造“制氢－储氢－运氢－用氢”氢能全产业链园区，形成氢能产业规模化应用解决方案示范基地、氢能技术和成果转化的产业链集聚园区。

（四）完善工艺流程，加快长改短项目建设与运营

“长改短”工序结构调整是荣钢集团践行“双碳”目标的重点工程之一，聚焦产品结构优化，持续推进精品钢基地建设，研发绿色、高端、长寿产品是践行“双碳”目标的工作主攻方向之一。现结合国内废钢资源产出情况和再生钢铁料进口情况，淘汰现有1座120吨转炉，通过产能置换配套新建1座100吨和1座70吨高效智能化电弧炉，从而通过将长流程变成短流程，长短流程联动。

此外，荣钢集团通过采用当前世界最先进的电炉工艺技术及装备，实现智能制造、绿色低碳、产品优化的再升级目标；通过低碳制造、综合利用废钢资源，持续推进低碳冶炼技术应用；通过加大钢铁新产品研发力度，减少普钢产量，提高优钢和品种钢在总产量中的比例。

（五）提升绿色智能制造水平，助力节能降碳再上新台阶

自2018年起，荣钢集团与冶金规划研究院、金蝶软件、普华永道等单位建立合作，构建部署了APS智能排产、铁前智能配料、iMES计划执行等生产系统，新建热轧带钢车间、棒材车间、计量检验等生产系统也采用了人工智能机器人进行操作，有效减少了人力物力。

2019年8月，与中国移动通信集团天津有限公司签署“5G＋智能制造”战略合作协议，成立“5G＋智能制造联合实验室”，共同研究开发实现“5G＋智慧工业园区”“5G＋智能工业制造”领域的技术突破。

2020年1月，与赛迪集团中冶赛迪重庆信息技术有限公司就未来建设荣钢集团一体化智慧中心工程设备成套（EP）项目达成战略合作，合作范围包括智能制造发展规划、铁区智慧中心、钢轧智能化。

2021年，荣钢集团启动“5G＋智慧中心”项目，建设了国内首家以“5G＋水土云工业互联网平台”为架构的零碳智能工厂。项目依托集团屋顶光伏、水面光伏等绿色电力和华为新一代低碳节能标准化机房技术，不但实现了智慧中心的超低排放，也完成了整个铁区物料流的全过程打通和碳排放足迹可视化。同时，搭建了27个大数据分析优化模型，其中包含工艺优化、配料优化、能耗优化、工作量捕集等，构建3D模型并与全系统数据打通，提升了铁区数字孪生管理水平。

（六）提前布局碳汇能力，全面推动碳资产管理进程

自2013年开始，荣钢集团主动开展碳自查、碳核查和碳交易工作，对集团工厂碳排放进行严格监控，争做碳交易政策的响应者与探索者。2021年，积极响应国家节能减碳的号召，践行《天津市碳达峰碳中和促进条例》，通过开展碳自查工作、推动技术改造创新等方式监控及减少温室气体排放，从而应对全球气候变化的挑战，助力2030年前碳达峰及2060年前碳中和愿景的实现。同年，注册成立了天津市首家碳资产管理公司，对碳资产经营进行统筹管理，全面提高了碳资产专业化管理水平。

2021年，推出绿色公益项目——“爱森碳汇”计划，即依托“爱森”App推行“互联网+种树”机制，将员工的植树行为延伸到真实场景中，以实现个人“碳中和”。

未来，荣钢集团还将借助绿色金融，积极探索氢能碳汇交易，尝试氢能项目的绿色信贷业务，努力拓宽氢能企业融资渠道。

（七）立足氢能发展，助力新能源开发在津腾飞

以荣程众和自用氢能源项目开启的“氢”样年华为新起点，荣钢集团在降碳、脱碳速度上快马加鞭，在深度、广度上也正全力以赴，携手合作伙伴，拓展上下游减排空间，推动钢铁上下游产业链协同降碳。当前，以“津南（荣程产品）－市场端静海（卸车后，装载集港产品）－天津港（卸车后，装载铁矿石）－津南（荣程厂区）”为主线的天津区域首条闭环氢能运输示范应用场景已经成功搭建，荣钢集团用绿色运输串起产业链条的上下游，助力产业链节能降耗，氢燃料电池重卡的运输路线还将辐射到河北唐山、张家口、内蒙古、山西，并不断延长氢能源交通运输线路，运输场景将实现以点带线、以

线带面，让氢燃料电池重卡越来越多、越跑越远。

《天津市综合交通运输“十四五”规划》指出，“十四五”期间，天津市将建设双碳引领、精明增长的绿色交通体系。荣钢集团乘着“交通强国”的战略东风，在新能源氢能布局上坚持以市场为导向，联合构建顶层设计，加快建设“41”工程（1张网、1只基金、1个氢能产业园、1个码头）和4个应用领域（氢能冶炼、氢运输、氢医疗、氢农业），打造天津市氢能源开发利用的“创新试验田”，为京津冀示范城市群乃至国内氢能产业发展再添“砖瓦”。

三、实施效果

（一）智运平台打造氢能产业链，有力推动交通运输绿色化

荣程智运凭借一系列自主创新技术，提高服务平台对车货配对的高效率和工作中的可靠性，全链条智慧物流方案已落地实施，通过平台完善的功能模块把离散的人、车、货、油、钱等物流要素有效集合，实现运力管理规范化、运输管理可视化、运输安全可控化、装备资产智能化，为上下游客户提供全方位、高质量的网络货运服务。

截至2021年底，公司业务遍布全国20多个省（直辖市）、自治区，公司合作客户858家，车辆注册会员达到11.2万辆，累计拓展运输路线1448条，完成运单总量134万单，累计公路货运量达到4400万吨、铁路运输总量1200万吨。

截至2022年12月21日，荣钢集团共投入112辆氢燃料电池重卡，累计运输量达142.25万吨，行驶175.39万公里，减排二氧化碳1615.29吨，标志着荣程集团决战决胜2022年完成年度投用百辆的战略目标。这为荣程集团助力交通强国建设、助推打造京津冀地区氢能产业聚集区高地再蓄强大动力。

（二）助推“降碳不减产”，大幅提升低碳产品研发前沿化

通过加强“产学研”合作，荣钢集团不断开发高强度、高技术含量、高附加值的高端钢材产品，高附加值产品比例和战略性新兴材料占比不断攀升。2021年，研发投入达到6.28亿元，成功开发出特高强度盘条等26种新品种钢材，钢铁产品凭借其卓越的性能成功应用于京雄高铁、京张高铁等国内外重大项目工程。

（三）借助光伏发电，打造清洁绿色产业链条

荣钢集团通过推进太阳能利用，建设屋顶分布式光伏及水面“渔光互补”光伏发电项目，全年光伏及余压等绿色能源发电达到1.317亿度，打造了清洁绿色产业链条。

（四）荣获氢能观察“金鼎奖”，谱写荣程智慧方案

2022年8月11日，“CHEC 2022第二届世纪氢能大会”在京盛大开幕，此次大会揭晓了2022氢能观察“金鼎奖”，荣钢集团获评“领军企业奖”。

千帆竞发，奋楫者进。未来，荣钢集团将继续坚持绿色先行，打造绿色低碳“新标杆”；坚持创新引领，打造主业做精“新引擎”；坚持数智驱动，激发智能制造“新活力”；坚持产研协同，构建融合发展“新局面”，坚定不移地走好数字化转型绿色低碳高质协同发展之路，为国家实现“双碳”目标贡献荣程力量。

主创人：杨彦超、张中喜、王婷婷

"让空气更清新"绿色发展实践

万向一二三股份公司

一、企业概况

万向一二三股份公司注册资本 29.32 亿元，核心业务为电池及其控制系统技术。公司在 1999 年启动电池业务，历经 20 余年持续投资和技术积累，形成了深厚且优质的全球研发体系、卓越的产品力和全球一流的客户群体。公司拥有已授权电池及控制技术核心专利 568 项，原创发明专利超过 380 项，是全球电池行业技术先行者。

（一）全球电池技术引领者

公司拥有超级纳米磷酸铁锂全球专利，其是全球最好的高安全、高功率、长寿命磷酸铁锂电池技术，主要应用于 12V 启停电池与 48V 低压电池，市场占有率近 50%，居于全球绝对龙头地位；拥有独创的 7 系三元材料技术，安全性高，已取得全球最大平台项目——大众 MEB 平台的定点，累计获得订单量近 1000 亿元；拥有超前的固态电池技术储备。

公司具有全球化的研发体系，在中美两地建有研发基地，在中欧两地建有生产基地，拥有一批平均行业经验超过 15 年的优秀管理、技术团队（其中研发人员千余名），累计研发投入超 50 亿元。公司产品材料覆盖磷酸铁锂、三元、固态技术路线；产品性能可满足高比能、高功率需求；产品涵盖 12V、48V 低压电池，适用于纯电动、插电式混合动力的高压电池，F1 赛车电池，储能电池系统等。

（二）拥有全球一流的用户群体

公司凭借深厚且优质的研发体系、卓越的产品力全面打入全球一流的客户群体，包括大众、宝马、奥迪、雷诺、通用、保时捷、戴姆勒奔驰、沃尔沃、捷豹路虎、斯特兰迪斯海外顶级主机厂；Enphase、Sonnen、VERTIV 国际知名工业、户用储能用户，应用场景广泛，业务量增长迅猛。

（三）丰富的生态链布局

公司以产业思维做生态链平台的建设与布局，国际上，投资前沿固态电池与材料技术企业，其中固态动力公司（Solid Power）、离子材料公司（Ionic Materials）已经成为全球固态电池的技术领导者；电池资源公司（Battery Resourcers）掌握电池正极材料回收循环应用的核心技术，获得了福特汽车投资，野猫公司（Wildcat）把大数据技术应用于电池配方的开发；在国内，战略布局锂电池生态链平台，覆盖正极、负极、电解液等领域，投资企业包括天赐材料、贝特瑞、帕瓦新能、尚太科技、湖北万润、德福科技、长远锂科。

（四）企业的使命、愿景

公司的使命是"让空气更清新"！展望未来，公司将继续加大高端清洁能源技术创新，实现从电池产品、技术到城市分布式能源的布局。未来三年内，公司实现营收逐年翻倍增长，实现科创板上市，力争成为"世界一流清洁能源互联科技公司"，为国家碳达峰、碳中和战略目标贡献力量。

二、主要措施

公司的使命即"让空气更清新"，因此"绿色发展"是公司发展题中应有之义。无论从产品本身还是生产过程，产品售后直至最终回收，都紧贴"绿色发展"这一主题。

（一）全绿色产品线

电池产品的应用本身即促进整个社会从化石能源利用转向电能利用，降低温室气体和其他有害气体的排放。具体到公司的产品，大致分为三类。

第一类是低压48V微混动力系统产品，目前主流的电气化解决方案中，纯电动和插电式解决方案对成本和技术都有较高要求，而前几年较多厂家采用的以启停技术为主的12V微混解决方案，在节能效果上受到限制，并不能达到5L/100km要求。如果要实现2025年4L/100km要求，那么必须在节能技术上进一步创新。相比较而言，48V微混动力系统是一种高性价比解决方案，无须改变现有车辆结构，在较小的成本投入下，可帮助车辆实现快速启停、加速助力、制动能量回收等环保功能，解决传统12V汽车电池无法满足日益增加的车载电气负荷的问题，并实现综合节油率12%以上。公司自主开发的高功率型48V微混动力系统，应用公司UltraPhosphate（超级纳米磷酸铁锂）专利技术开发电芯，拥有以下显著优势：①拥有自主知识产权UltraPhosphate超级纳米磷酸铁锂技术，实现自动启停、电爬行、滑行与制动能量回收、加速助力等功能，节油率达20%。②凭借纳米级颗粒大小的正极材料，提供超高功率优异特性，系统比功率大于等于1500W/kg，20Ah电池单体最高比功率可达8000W/kg，显著优于中国制造2025技术路线图中2020年电池单体比功率达到7000W/kg的指标，同时脉冲充放电功率可以达到10～13kW，循环寿命2000次以上。③采用先进的水冷散热方式，符合ISO 26262 ASIL－C功能安全要求及行业标准要求。2021年公司48V微混动力系统产品出货量60万套左右，按照民用汽车平均汽油消耗量为0.58吨计算，1升汽油产生2.7千克二氧化碳排放量，一辆汽车每年的碳排放量达到2121.93千克，公司48V产品（按照平均节油率15%计算）1年可助力减排19万吨二氧化碳。

第二类是高压电池产品，应用于纯电动或插电式混合动力汽车，用于替代传统燃油汽车。根据《中国新能源汽车蓝皮书2018》中《中国语境下车辆碳排放辨析》（王贺武、石红）中的计算方法，考虑中国火电占比较高的现实情况，从新能源汽车全生命周期碳排放的角度看，2020年，百公里电耗为13kW·h的纯电动汽车全生命周期碳排放为81g/km，百公里油耗为5L的传统燃油乘用车全生命周期碳排放为115g/km，纯电动汽车碳排放比燃油车低30%。按照每辆汽车一般年行驶里程30000km计算，一辆新能源车每年比传统燃油车减少碳排放1.02吨。公司目前年出货量1GWh左右，按照每辆车装载80kW·h电量的电池系统计算，年装车量12500辆左右，年减少碳排放12750吨。

第三类是电池储能产品，储能作为稳定清洁能源发电波动，是提高电力系统消纳能力的关键手段，已成为我国能源转型和实现碳中和目标进程中不可或缺的关键要素。主要原因是，储能不仅可以解决可再生清洁能源波动性与间歇性等瓶颈问题，也能在配电侧实现发电与负荷的动态平衡，通过储能整合可再生能源，可实现连续、有效的能源利用。储能电池主要应用于小电流设备上，用于电力调峰、调配，使用寿命较长。公司去年储能电池营收3个多亿，包括供给加拿大最大电力企业HYDRO QUEBEC为代表的大型储能产品，供给国外著名后备电源厂商Vertiv为代表的后备电源产品，供给美股上市公司Enphase为代表的用户储能产品；国内目前在与国家电网等单位合作。

（二）绿色低碳产线及设备

公司通过对产线和动力设备技术改造，实现生产过程的绿色化。研究显示：通过对动力蓄电池全生命周期碳排放模型进行敏感性分析，电能能源消耗是影响动力蓄电池生产制造阶段减排的主要因素。我国的电力结构是以煤炭发电为主，煤电发电过程中导致的温室气体排放较多。光伏发电产生的碳排放量约为火力发电的1/9。能耗设备中，主要生产设备的自动化生产水平较高，能耗浪费较少，节能效果有限；公共辅助设备如暖通空调等是能源消耗的主力，能耗浪费较多且自动化水平较低，节能效果显著，应作为节能减排改造的重点。同时，通过能源日常监测数据，公司能耗结构为生产设备用能30%、动力设备用能60%、办公等周边设施用能10%，因此节能改造主要集中在动力设备和生产设备，重点在动力设备。

1. 动力设备方面

动力设备方面，从以下几个方面入手：①变频改造。例如通过对 1 台除湿机和 3 台风柜机进行变频改造，合计节能 494330kW·h/年，折合标准煤 607.51 吨。②余热利用。例如利用蒸汽余热，工业蒸汽换热后产生高温蒸汽冷凝水，统一收集 90℃的冷凝水后，采用双管制高温热泵系统，换热后将冷凝水降至 60℃，同时制取 120℃的循环高温热水用于除湿机再生预热；60℃的冷凝水再通过高温水塔降至 40℃后，收集供水塔补水。同时利用压缩空气余热：通过对空压机热回收系统对螺杆式空压机高温压缩空气进行换热利用，制取 50℃的热水供应给环境控制系统热水使用。③效率提升。例如高效冷站，通过对冷水机、水泵、水塔、管路的优化设计，采用高效的控制方式，通过检测负荷侧水温、大气环境温湿度情况，寻优匹配最高效的系统运行策略，使中央空调系统长期高效运行，要求全年综合能效 >6.0。④高效空压站。通过对空压机、后处理设备、管路、控制的优化设计，使设备选型充分匹配各负荷区间，采用系统恒压控制原理，实时匹配负荷流量和压力自动调整设备工况，减少设备加卸载，达到一级能效空压机站房水平。

2. 生产设备方面

生产设备方面，主要通过引进高效新设备和对旧设备进行适当改造，达到提升效率降低能耗的效果。例如：①引进先进 48V 模组线并进行技术改造（供应商柯马），效率达到 20ppm，装机功率 515kW。效率 20ppm，是原先 48V 模组线（供应商 Fives）效率的两倍，年节电 122.46 万度，折合标准煤 1504.42 吨；②购买负极涂布机并进行技术改造（供应商平野），装机功率 400kW，在更低的功率下做到与原先涂布机效率相同，年节电 93.6 万度，折合标准煤 1149.88 吨。

通过以上措施，提升生产效率，降低设备能耗，节能减排降耗效果明显。2021 年，公司万元产值能耗从 2020 年的 0.635 吨标准煤/万元降到 0.392 吨标准煤/万元，大幅下降 38.27%；公司项目也列入 2022 年度省级重点节能降碳技术改造项目，获得省财政支持补助。

（三）电池回收

通过对产品的全生命周期管理，实现电池的绿色无害化梯次利用或回收处理。公司加入省电池回收产业联盟，与华友钴业等回收企业合作，加强废旧电池的流向管理。

（四）绿电交易

公司积极参与国家发展改革委组织的绿色电力交易活动，绿色电力是指利用特定的发电设备，如风机、太阳能光伏电池等，将风能、太阳能等可再生的能源转化成电能。2021 年 9 月，公司参与国家发展改革委和国家能源局组织的绿电交易启动会，并购买了 3500 万度绿电，可实现减排 2.6 万吨二氧化碳。

三、实施效果

公司制定“让空气更清新”的绿色发展规划后，踏踏实实地开展工作，进展顺利。各项工作开展后，公司直接减少碳排放 3 万吨左右，间接减少碳排放 20 万吨以上。随着创新聚能城 80GW·h 电池项目的逐步推进实施，预计每年装载新能源汽车将带来的新增减碳排放 10 万吨以上。

主创人：盛树浩、彭　健、卫　青、杨　行、徐　骁

为实现“双碳”目标贡献“欣”动力

欣旺达电子股份有限公司

一、企业概况

欣旺达电子股份有限公司（简称欣旺达）创立于1997年，于2011年在深交所上市（股票代码：300207），2022年成功发行GDR登录瑞交所，是全球锂离子电池领域领军企业。欣旺达以“创新驱动新能源世界进步”为使命，致力于为“双碳”目标实现贡献智慧和力量，构建3C消费类电池、电动汽车电池、能源科技、智能硬件、智能制造与工业互联网、第三方检测服务六大业务板块。在“立足深圳、服务全球”的愿景下，公司目前已在国内广东、江苏、浙江、山东、江西、四川、湖北以及印度新德里等地布局多个生产制造基地，在美国、法国、以色列、韩国、日本、越南等国设立分支机构。

2021年公司实现产值660多亿元，营业总收入373.59亿元，同比增长25.82%。其中，3C消费类电池在智能手机类电池全球销量排名第一，占据30%市场份额。电动汽车电池业务：2021年，动力电池出货量3.52GW·h，跻身国内动力电池出货量TOP10，实现收入29.33亿元，同比增长584.67%；2022年，国内动力电池装车量排名第五。在储能业务领域，公司于2017年承接了国家重点基础研究发展计划“多功能互补集成优化的分布式能源系统示范专项”，已于2022年2月完成项目验收，取得了一批国内领先的科研和产业化成果，使欣旺达具备了提供分布式能源技术和“零碳”解决方案的能力。

得益于创新研发，欣旺达广受政府、行业及客户认可，不仅先后荣获深圳市市长质量奖、广东省政府质量奖，获评国家技术创新示范企业，智能手机用锂离子电池模组被认定为国家“制造业单项冠军”产品，还多次上榜深圳行业领袖企业100强、广东企业500强（第81位）、中国民营企业500强（第308位）、全球新能源企业500强（第32位），被海外机构评定为全球动力电池一级制造商，并荣获小米、ViVo、东风柳汽、日产等客户荣誉奖项。

未来，公司将继续坚持大客户市场策略，建立以客户为中心的服务优势，以品质与技术双核驱动，加强系统管理能力，运用智能制造与工业互联网，坚持不懈地打造新能源产业生态平台，秉持“成为受人尊重的世界级新能源企业”的愿景，努力实现可持续发展。

二、主要措施

（一）“双碳”规划目标

欣旺达积极响应国家“3060”目标并采取相关行动。自2021年初便正式启动欣旺达“碳达峰、碳中和”工作，并由总裁办及研发中心牵头成立欣旺达“碳达峰、碳中和”规划编制组，明确工作思路及行动计划，确保公司业务在“双碳”背景下不断突破发展。

欣旺达以“成为受人尊重的世界级新能源企业”为愿景，认为只有深刻理解政策走向，全面满足客户要求，卓越履行社会责任，才能成为稳健发展、基业长青的企业。公司郑重提出“在2029年实现自身运营层面碳达峰，2050年实现碳中和，总产值保持快速增长”。同时按照直接减排和间接减排两个方向，确定产业布局、结构调整、节能减排、交易抵消、运营管理、数字转型、减污降碳、能力建设等八大重点措施，共计30个项目（见图1），来助力公司实现“双碳”目标。

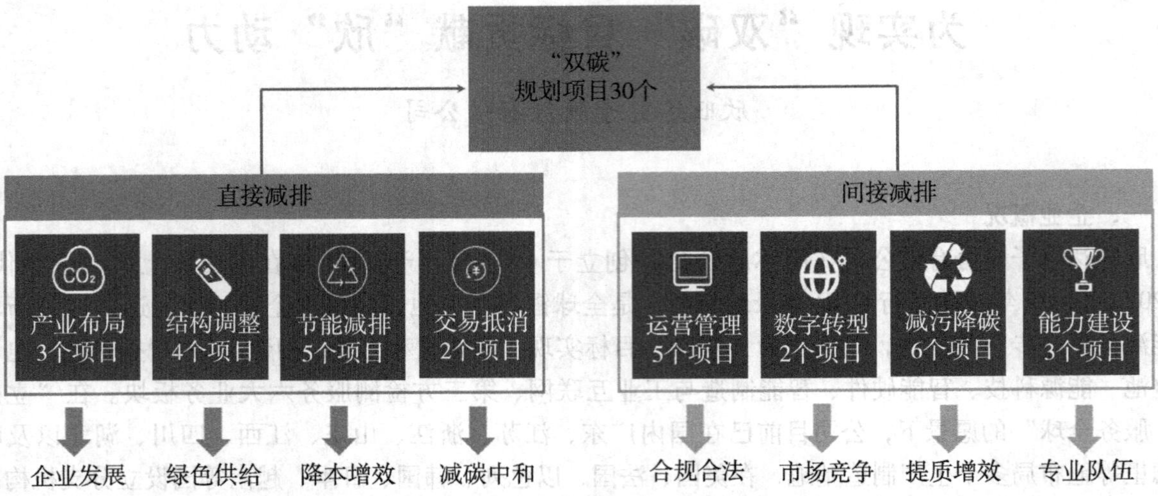

图 1　欣旺达“双碳”建设主要措施

（二）减污降碳具体行动举措

欣旺达在实施绿色工厂实践的基础上，形成了生产运营绿色化、节能减排常态化、碳汇模式多样化“三位一体”的基本思路，推动企业的绿色低碳发展及温室气体排放减少。

1. 生产运营绿色化

（1）提升生产运营过程中绿电比例。欣旺达将运用清洁技术，如“光伏+储能”应用、生产工具电动化等，大力推动清洁技术和绿色能源的使用。

（2）全生命周期降低产品碳排放。欣旺达从产品研发方向、产品制造工艺及设备稼动率等方面开展深入研究和分析，从生产自动化、厂房集约化、原材料无害化、废弃物资源化、用能低碳化等方面着手，减少产品生产过程的环境影响。

（3）践行绿色办公文化。欣旺达在公司内部践行绿色办公文化，通过营造绿色办公的氛围，提高员工的节能意识，以减少碳排放。

2. 节能减排常态化

欣旺达通过制度、技术、设备、流程、人力等方面着手展开节能技改，建立专项能源管理团队，运用技术实现节能减排。例如在生产设备的使用期间，利用工业互联网数据平台对能耗数据进行科学监控分析，识别提升能源使用效益的空间，从而实现节能降耗的目的；同时，科学有效地管理运营产生的气体排放物，规范管理各类气体排放，通过提高能源效益以减少温室气体排放。

3. 碳汇模式多样化

欣旺达将在所有园区投资建设新能源发电设施及能源互联网；根据需要在其他区域投资参与光伏、风电、水电等绿电的建设；通过欣旺达慈善基金会积极开展植树造林活动。并积极探索其他增加碳汇的方式，助力公司实现“双碳”目标。

（三）减污降碳重点项目

1. 科技部重点研发计划——“多能互补集成优化的分布式能源系统示范”项目

技术来源：科技部重点研发计划“智能电网技术与装备”专项“多能互补集成优化的分布式能源系统示范”项目，由欣旺达电子股份有限公司牵头，天津大学、湖南大学、中国科学院电工研究所等15 家单位构成“产、学、研、用”于一体的联合攻关团队共同建设。

核心工艺：项目聚焦“源、网、荷、储”，以满足园区“电、气、冷、热”等多能源供应方式的互补集成优化为目标，围绕多能互补与集成优化的重大需求，重点从分布式综合能源系统协同规划、分层调控、独立供电、联合仿真、能效评估及工程示范等方面分别开展研究。

提出了分布式能源系统技术架构与典型运营模式、综合可靠性、能源供应能力的分析计算方法、经济性与能效的评估方法、优化规划模型与算法，并开发软件系统，实现“源-网-荷-储”各环节协同规划。

提出了基于模型预测控制的多分布式能源系统协调控制方法，确保分布式能源系统在可再生能源波动、通信延时等扰动下的平稳运行和调控指令可靠执行，并开发了分层调控子系统。

提出了孤网运行时分布式能源系统中源荷多时空尺度特征和互补特性、负荷重要性分类以及供能用能组合模式的建模与量化分析方法，研究了基于实时状态感知的并离网运行模式快速切换技术，开发不同时间尺度控制技术系统化集成的能量管理子系统。

提出了具有储能特性的热力网络模型及热力系统准稳态模型，形成统一框架下的冷热电气综合准稳态仿真模型及仿真算法，解决了多环节动态响应的多时间尺度数值求解问题；开发了分层架构的多能互补系统仿真平台。

应用上述成果，在欣旺达惠州园区建成包含市电、光伏（12MWp）、燃气发电、储能（7MW/8.5MW·h）、水蓄冷（55MW·h）、三联供（2MW）、V2G充电桩、改造生产性储能系统1MW的多能互补分布式综合能源系统，实现供能端与用能端的协调互补，同时搭建了基于工业互联网的综合能源管理平台，实现对负荷侧和需求侧设备运行情况的全流程监测和调控，为典型工业园区分布式能源规划建设及能量精细化管理提供智能化解决方案。

通过项目掌握的一系列“零碳”园区建设技术手段，可复制、可推广，持续为不同用能需求的工业园区提供规划、建设能量精细化管理的解决方案，为实现“绿色低碳循环发展的生产体系”贡献力量。项目推动了分布式能源的综合利用，示范工程建成后，在降低园区用能成本、保障供电可靠性、提升电网交互友好度方面成效显著，将带动智慧能源、分布式能源等产业发展，并对工业园区利用分布式综合能源系统提升用能经济性环保性具备较好的借鉴和推广价值。

建设规模：项目总投资1.2亿元。

建设期：项目2017年7月经工业和信息化产业发展促进中心获批立项，2022年3月验收通过。

运行效果：项目2019年共发电量2002080kW·h，2020年发电量6823650kW·h，2021年发电量9603720kW·h，2022年发电量11500000 kW·h，发电量逐年递增，减少全年二氧化碳排放1.09万吨，相当于植树8.9万棵。

2. 真空站改造项目

欣旺达深圳水田园区改造前，真空供应利用空压机的压缩空气通过真空发生器产生负压，真空供应成本高，压缩空气耗费量高、能耗高，随着产量的增长，导致用电负荷不断增加，空压机的增加也带来建设规划的困扰，同时运行时的噪声也会对生活工作产生一定的影响。因此，将原有真空发生器进行改造成真空泵统一集中供真空，在保证真空供应的同时，可达到很好的节约电力、减污降碳的效果。

真空发生器的工作原理：利用喷管高速喷射压缩空气，在喷管出口形成射流，产生卷吸流动，在卷吸作用下，使得喷管出口周围的空气不断地被抽吸走，使吸附腔内的压力降至大气压以下，形成一定真空度，如图2、图3所示。

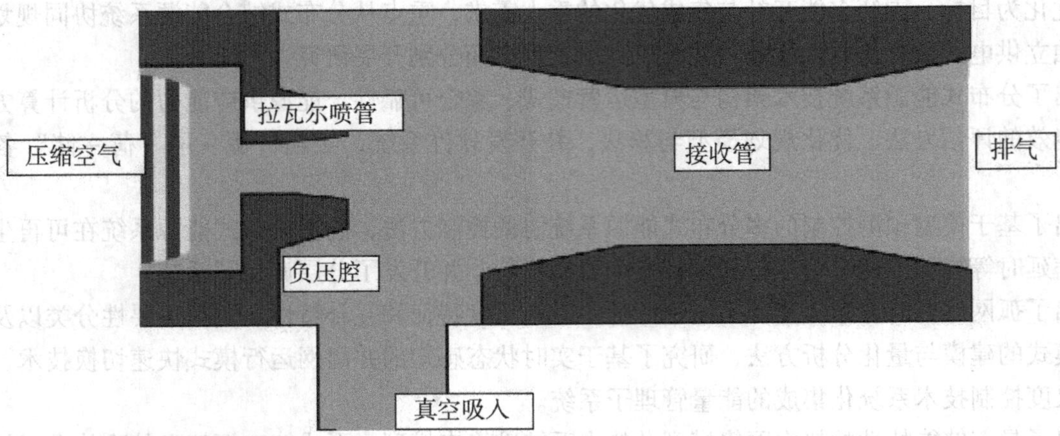

（来源：中国气动资料库）

图 2　真空发生器工作原理

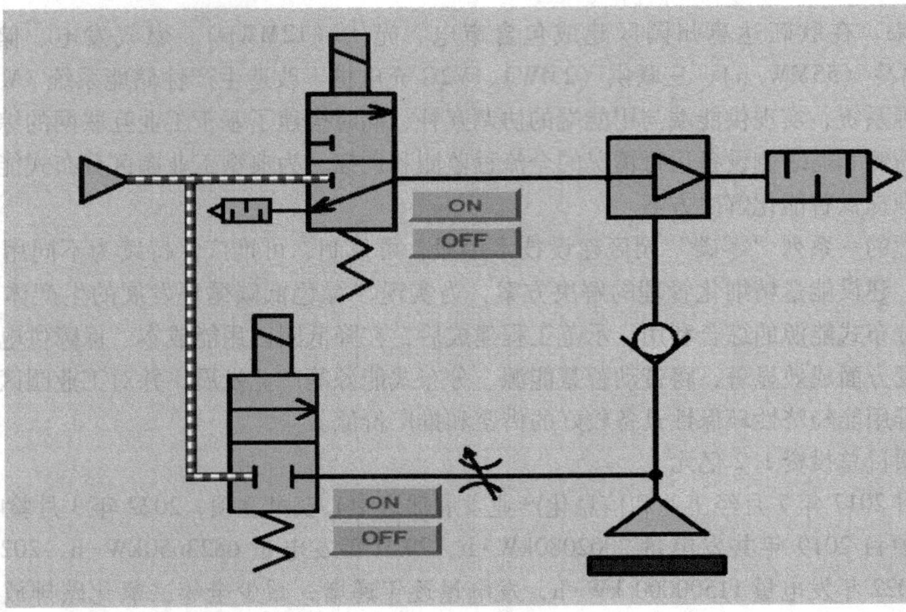

图 3　真空发生器在公司产线应用示范

改造后使用真空泵是指利用机械、物理、化学或物理化学的方法对被抽容器进行抽气而获得真空的器件或设备。通俗来讲，真空泵是用各种方法在某一封闭空间中改善、产生和维持真空的装置，如图 4 所示。

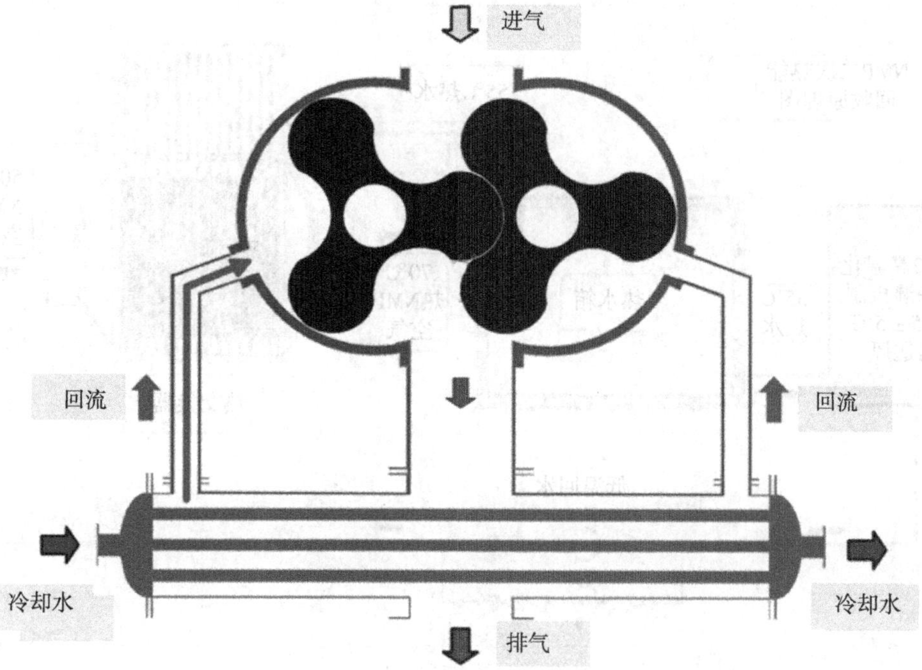

图4　真空装置原理

水田真空站建设周期：自2020年8月8日立项到2021年1月15日工程竣工验收和移交。以瑞典阿特拉斯GHS730VSD+螺杆式22kW变频真空泵，安装2用1备方式共3台设备。可以满足水田一部生产需求。

水田真空站使用年限和运行效果：真空站建成后，使用年限可达到15年以上；配备阿特拉斯GHS730VSD+螺杆式变频真空泵2用1备共3台，可以满足现场要求，费用预估为147万（含维保费用），年节约电量777600kW·h，年节约费用约59.88万元。

运行效果：一是改用真空系统供给真空降低了工作噪声，让工作环境更加舒适；二是项目改造后可闲置出约100KVA变压器容量，给后期生产扩容提供电力保障；三是减少二氧化碳排放684t/年、二氧化硫排放544kg/年、氮氧化物排放622kg/年。

欣旺达全集团对真空发生器适用量较大的事业部采用真空泵供气的方式进行技术改造，目前已改造完成的事业部有：裕永兴厂区（电池事业五部）、石龙仔厂区（电池事业一部）、光明园区（电池事业六部）、博罗园区（盈旺精密）、水田二部（电池事业二部），产房规划已根据评估前期筹备建设完成。

3. NMP二次热能回收工程项目

欣旺达惠州电芯线涂布机烘箱的NMP排风，风量每小时30000CMH，温度高达120℃，经一次余热回收后，其外排NMP废气温度仍有70℃，因此将其进行外排，严重浪费热能；L1/L2线高温化成除湿环境升温需要消耗8台单台功率高达22.5kW热泵制热供热。因此，可进行技术改造安装2套“水-汽”热能回收设备，回收这部分NMP热能，用于制造55℃热水，送L1/L2高温老化车间的环境升温。二次热能回收工程原理如图5所示。

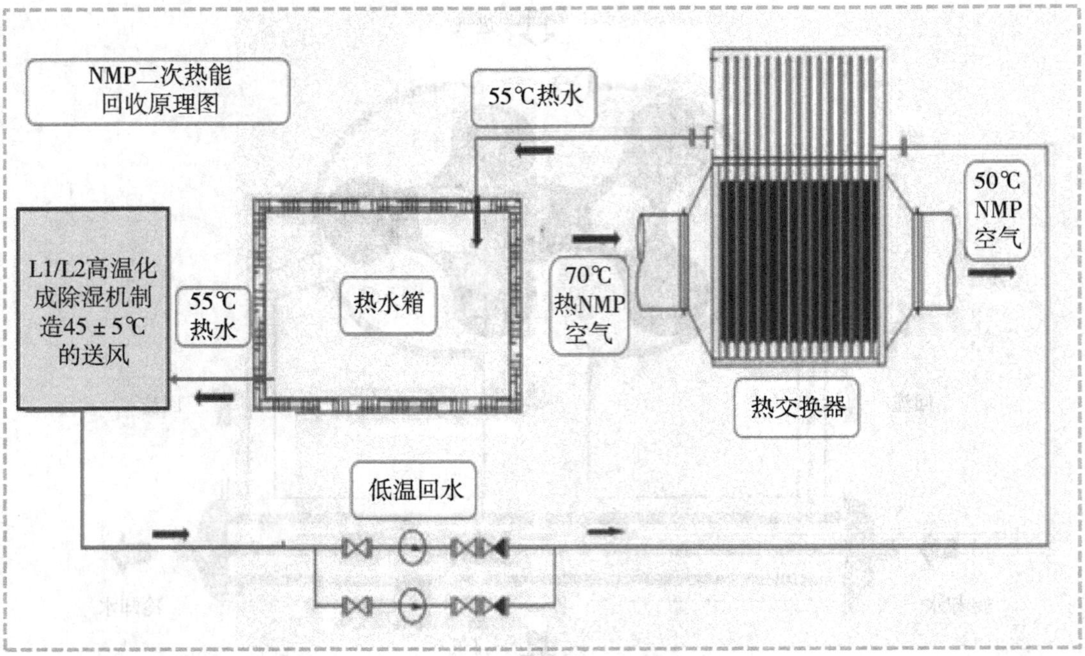

图 5　二次热能回收工程原理

项目自 2021 年 4 月 28 日立项到 2021 年 12 月 30 日完工，完成 3 套 NMP 二次余热回收，替代 8 台 22.5kW 热泵。

年节能量达到 8×22.5×20×0.7×320×0.65=52.41 万元，该项目设备的使用年限可达 8～15 年。

4. 光明冷站系统节能改造及控制系统优化工程项目

欣旺达光明工厂冷冻站原有系统分为两套子系统：一套是数据中心冷冻站系统，包括 1 台麦克维尔冷冻主机、2 台冷冻泵、2 台冷却泵、2 台冷却塔和配套电动阀、传感器的监控。目前该系统由一套江森的 Metasys 系统独立进行监控，系统基本运行正常，可在 5 楼数据中心监控室进行远程监控。另一套是大楼冷冻站系统，包括 3 台约克冷冻主机、5 台冷冻泵、5 台冷却泵、7 组冷却塔和配套电动阀、传感器的监控。原系统有一套其他品牌的 PLC 控制柜进行监控，由于控制设计及控制问题比较多，系统容错能力太差，对系统的稳定供冷存有非常大的隐患，无法实现远程监控，系统基本处于停用状态。经评估可采用冷冻机组群控和对冷冻泵进行变频改造的方案，可使空调设备能量消耗最少，并可保障安全运行、便于维护管理，可取得良好的节能、减污降碳的效果。冷战系统原理如图 6 所示。

改造项目从 2021 年 3 月 15 日立项到 2021 年 12 月 30 日竣工验收，总投资 46.65 万元；增加主机群控系统和冷冻泵变频改造，年节约电费分别为 3.76 万元和 16.7 万元，项目年节约电费总和为 20.5 万元。

空气——水系统

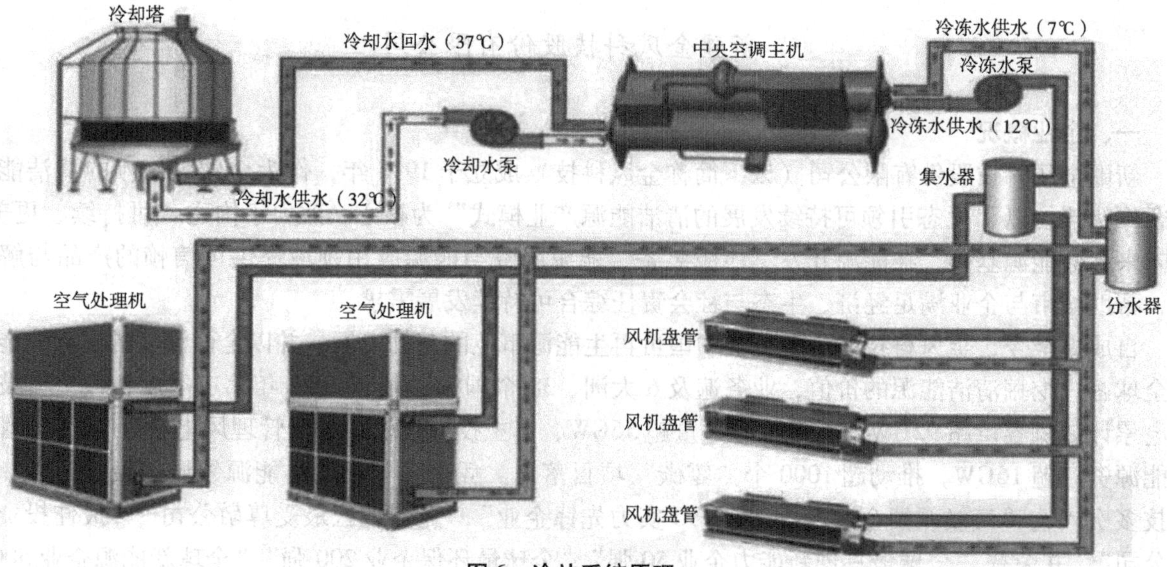

图6 冷站系统原理

三、实施效果

公司在节能减碳、环境保护方面成效显著。2021 年环保总投入 1127 万元，96.54% 的工业垃圾已回收，100% 危险废弃物已转移。

节能技改方面，通过开展 49 项活动，2021 年已实现节能降耗 10% 目标，全年减少二氧化碳排放 1.64 万吨，相当于植树 13.5 万棵。光伏业务布局方面，在河南禹州建立 50MW 光伏电站，年发电量约 6000 万千瓦时，全年减少二氧化碳排放 5.69 万吨，相当于植树 46.8 万棵；惠州园区 12MW 屋顶分布式光伏发电项目，年发电量约 1150 万千瓦时，全年减少二氧化碳排放 1.09 万吨，相当于植树 8.9 万棵；深圳园区 460kW 屋顶分布式光伏发电项目，年发电量约 54 万千瓦时，全年减少二氧化碳排放 512 吨，相当于植树 4208 棵。

作为践行“双碳”目标、致力于构建和谐美好社会的先行者，欣旺达深刻认识到“绿色经济”和“零碳未来”不能仅仅是一句口号，必须通过编制前瞻性的规划，切实落实行动来实现这一美好蓝图。

未来，我们将始终贯彻“集团统筹、节约优先、双轮驱动、内外畅通、防范风险”的总方针，持续践行发展战略，切实落实直接、间接共 30 项具体措施，为国家碳中和目标的早日实现贡献力量！我们也将继续走在可持续发展最前沿，利用专业服务和创新技术大力支持新能源产业进步与发展，与各利益相关方一起努力，共筑和谐、绿色未来，为中国“3060”战略的顺利实施贡献“欣”力量！

主创人：梁　锐、潘钊地、吴　莎

中国首个海上分散式风电项目
——平潭海上分散式风电项目

新疆金风科技股份有限公司

一、企业概况

新疆金风科技股份有限公司（以下简称金风科技）成立于1998年，作为全球可信赖的清洁能源战略合作伙伴，以“生态引领可持续发展的清洁能源产业模式”为核心，致力于构建“可持续、更美好”的未来社会能源基础，在能源开发、能源装备、能源服务与能源应用领域提供可信赖的产品与解决方案，帮助城市与企业满足经济、生态与社会责任综合可持续发展需求。

自成立至今，金风科技亲历并见证中国可再生能源事业的蓬勃发展，并以全面深度的国际化能力帮助全球客户挖掘清洁能源的价值，业务遍及6大洲、38个国家。截至2022年第三季度，金风科技全球风电累计装机容量超92GW，在运维服务量超56GW，自主投资建设并运营管理风电场近7GW，管理清洁能源资产超16GW，推动超1000个“零碳”项目落地。凭借多年在清洁能源领域的最佳实践，金风科技多次入选“气候领袖企业”“年度ESG实力先锋企业”“亚洲地区最受尊敬公司”“最佳投资者关系公司”，并荣登“全球最具创新能力企业50强”“全球最环保企业200强”“全球新能源企业500强”“新财富最佳上市公司”“《财富》中国500强”等多个影响力榜单。在国资委年度评选中，金风科技海上风电机组入围“2022年度十大国之重器”，与国产大飞机C919、第三艘航空母舰福建舰、新一代人造太阳等中国智造典范并列。

北京天润新能投资有限公司（以下简称天润新能）是金风科技全资子公司，成立于2007年，注册资本55.5亿元。天润新能在绿色能源领域拥有10余年成功经验，截至2021年底，累计核准逾1750万千瓦，在建项目约201万千瓦。十几年间，公司的资产规模从2007年的0.33亿元增加至目前的481.66亿元，纳税累计已超过17.37亿元。

截至2021年底，天润新能累计并网装机容量954万千瓦；2021年天润新能全国新增装机容量排名第10位，累计装机容量排名第10位（中国可再生能源学会风能专业委员会公布）。目前，天润新能资产管理和绿色电力业务已覆盖全国28个省（市区），受托管理的风电光伏资产超过1500万千瓦，售电交易电量已达240亿千瓦时，累计为用户节省电费逾6亿元。

二、主要措施

（一）项目简介

平潭跨海公铁大桥是跨越平潭海坛海峡的标志性建筑，项目增设夜景照明工程对营造优美壮观的桥梁夜景环境、提升平潭和长乐新区的城市形象有重要作用。

为了提升大桥整体景观效果，同时积极探索海上风电绿色低碳示范应用新场景，2019年平潭综合实验区管委会会同福建省高速公路建设总指挥部，与天润新能策划并推进落地了平潭海上分散式风电项目。

项目于2019年9月获得福建省发展改革委核准，2021年2月开工，并在当年实现全容量并网，创造了福建省内海上风电项目从核准到全容量并网的最快纪录。

作为世界三大风口海域之一，平潭海峡每年6级以上大风超过300天，7级以上大风超过200天，曾给平潭海峡公铁两用大桥的建设带来了不小挑战。如今在这个已被中国基建征服的“建桥禁区”，平潭再一次创造了奇迹，平潭海上分散式风电项目的开创性设计将曾经的“拦路虎”——风，变成了平潭海峡公铁两用大桥的“能量源”。项目采用智能微网技术，通过配套风电装机供电，对大桥全线公路层两侧、主塔和拉索等关键位置进行景观照明。

（二）项目关键技术

1. 海上风机

2020 年 12 月 26 日，我国首座跨海公铁两用桥、世界最长跨海峡公铁——福建平潭海峡公铁两用大桥全面通车。2021 年，随着 5 台金风科技自主研发制造的 GW154－6.7MW 海上风电机组完成吊装调试，平潭海上分散式风电项目成为中国首个海上分散式风电项目。

2. 绿色施工

项目通过应用多桩承台，海缆敷设“犁沟填埋”等新技术，最大限度地减小了海域占用面积，也最大程度减少了对公铁大桥周边的生态影响。

3. 模式创新

平潭海上分散式风电项目致力于探索“风电与渔业互补共生”的海洋生态资源综合开发利用，设置了海上文旅及海洋牧场试验平台，为拓展“海上风电+海洋牧场”的融合发展新模式预留了充分的可操作性空间。

三、实施效果

平潭海上分散式风电项目全容量并网发电以来，发电量已突破 4600 万千瓦时，项目不仅能为平潭地区提供优质电能，助力平潭地区新型电力系统建设，同时作为全国首个融合了“碳中和、碳达峰”“分散式布局”“生态养殖”等多项前沿生态发展理念的综合示范性项目，还对于福建省探索推广海上风电“双碳”发展新路径，在全国推动海洋生态资源综合保护开新模式都有重要的开创性意义。

（一）减排效益

平潭海上分散式风电项目的建成使平潭海峡公铁两用大桥平潭公铁大桥率先实现“碳中和”目标，成为全国首座实现“净零碳”的跨海公铁两用大桥。项目所提供的绿色能源主要供平潭大桥本体照明工程和大练综合服务区使用，余电供给平潭北部地区多个乡镇地区的用电。该项目装机容量 33.5MW，年发电量约 1.16 亿千瓦时，每年可节约标准煤 3.3 万吨，减少二氧化碳排放约 9.6 万吨。

（二）模式效益

平潭海上分散式风电项目采取绿电直供平潭大桥本体照明工程、大练综合服务区及周边乡镇的用电模式。这既保障了大桥运转用电需求，也为周边村镇提供了廉价用电，充分兼顾了项目的经济效益和社会效益。

主创人：张钊建、郭延安、李　玮、刘　冬、周　硕

自主研发“高端、高效、低成本”海上风电装备，助力“3060”双碳目标达成

烟台中集来福士海洋工程有限公司

一、企业概况

烟台中集来福士海洋工程有限公司（以下简称中集来福士）前身是1977年建成的烟台造船厂，现为中国国际海运集装箱（集团）股份有限公司（简称中集集团）的全资子公司。目前，公司在烟台、深圳、上海及挪威、瑞典拥有五个海洋研究院，在烟台、海阳、龙口拥有三个建造基地，形成了“五院三地”总体产业格局。

中集来福士的五个研究中心以烟台中心为主中心，形成中欧互动、深烟直通、联合研发的研发模式，目前整个研发团队约900人。其中高级专家3人，享受国务院政府特殊津贴2人，省部级突出贡献专家1人。公司拥有一个国家工程实验室——国家能源海洋石油钻井平台研发（试验）中心，二个获CNAS认可的行业检测中心和两个海工特色研发（中心瑞典BT和挪威BE）。

公司主营业务包括钻井平台、生产平台、海洋工程船、海上支持船、海洋渔业装备、海上风电装备、豪华游艇和高端游船、海上综合体等各类海洋装备的设计、新建、维修、改造及相关服务，同时涉及装备的运营、租赁等，为客户提供“交钥匙”EPC总包服务。

公司拥有目前世界上最大、保持吉尼斯纪录的2万吨吊机“泰山”号和大型船坞，形成了海洋工程项目总装建造的独特优势，建造了中国第一座海上钻井平台、世界第一艘30万桶圆形储油加工船以及获“世界最具创意游艇奖”的双体豪华游艇等。公司设计建造的“蓝鲸1号”，是目前全球最大、钻井深度最深的半潜式海上钻井平台，其在南海海域成功完成了我国首次可燃冰试采，创造了可燃冰开采时间和产量两项世界纪录。2018年6月13日，习近平总书记视察中集来福士时指出，国有企业特别是中央所属国有企业，一定要加强自主创新能力，研发和掌握更多的国之重器。

2019—2021年，海工收入平均年增长幅度达到29%，其中船厂业务年增长率从15%提高到19.5%。

中集来福士使命：进入世界一流海工企业行列；愿景：成为您的首选；核心价值观：诚信正直、成就客户、开拓创新、持续改善、合作共赢、结果导向。

二、主要措施

（一）海上风电装备市场及资源环境分析

1. 海上风电特点

相较陆上风电，海上风电天然优势显著，具体体现在：①风机利用率更高；②单机容量更大；③风机运行更加平稳；④更靠近沿海用电终端，便于能源消纳。

由于陆地上经济可开发的风资源越来越少，全球风电场建设已逐渐显现出从陆地向近海、深远海发展的趋势。

海上风电风能资源的能量效益比陆地风电场高20%~40%，还具有不占地、风速高、沙尘少、电量大、运行稳定以及粉尘零排放等优势，同时能够减少机组的磨损，延长风力发电机组的使用寿命，适合大规模开发。

2. 全球海上风电的发展现状

欧洲海上风电已开发了20多年，我国近几年才开始进行规模化的海上风电开发。过去两年，我国经历了一场海上风电抢装潮，2021年全球新增海上风电装机量达到21GW，同比增长201%，其中中国新增16.9GW，占全球80%份额，中国一举超过英国，成为全球海上风电总装机容量最大的国家。未来十年，中国和全球海上风电仍将保持持续的增长。

3. 我国海上风电的发展目标以及亟待解决的发展痛点

我国海岸线长度超过1.8万千米，海上资源十分丰富，同时毗邻东南沿海用电高负荷区，能源易消纳，因此海上风电已成为我国能源转型的重要战略发展路线。中国正值"2030年前碳达峰、2060年前碳中和"目标关键工作部署期，"3060"双碳目标已被纳入"十四五"规划建议，海上风电作为我国重要清洁能源之一，其规模化发展对"3060"双碳目标实现有着举重若轻的影响。

然而，中国海上风电产业正同时面临着巨大的机遇与挑战，一方面是"3060"双碳目标带来的巨大发展空间，而另一方面是海上风电平价时代降本增效的迫切需求，国内海上风电产业正面临着成本、资源、收益、技术等多方面的压力。我国自2022年起全面取消对新增并网海上风电的国家补贴，电价下行，成本问题凸显，依然是海上风电行业发展的痛点。目前海上风电要实现平价，还面临着以下几个挑战：一是海上风电资源开发成本高，项目开发没有形成规模效应，非技术成本亟待降低；二是海上风电开发缺乏充分的前期论证和投资分析，平价时代的成本水平无法满足收益要求，项目风险和投资期望需要进一步控制；三是海上风电产业链技术未能和风机匹配，运维经验需进一步积累，技术相对薄弱制约产业升级；四是关键部件依赖进口，产业链专业化程度较低，产业链能力与开发需求不匹配。

（二）海上风电装备发展战略及重要举措

借此产业关键时刻，中集来福士积极推动海上风电产业快速发展，协同各方资源启动"高端、高效、低成本的海上风电装备"发展规划，推出多样化海上风电平价一体化解决方案。

中集来福士充分发挥中欧互动联合研发优势，积极推动风电产品创新，以研发创新带动市场开拓，开发出了自安装海上风电测风塔、升压站、换流站、海上风电生活运维装备、"3060"新一代海上风电安装船、风渔结合装备以及漂浮式风机基础等创新产品。同时，在核心设备领域，通过战略合作，已初步具备了海底电缆、弹力锚链等核心构件的产业配套能力，并融入了数字化内涵。

基于中国海上风电产业面临的机遇与挑战，中集来福士联合华电重工、博强重工发起"绿色践行者"倡议并共同签署了"绿色践行者"宣言，力邀海上风电产业链上下游合作伙伴共建海上风电合作新秩序，联手助力国家"3060"双碳目标达成，踏出了联手发展绿色产业的第一步。国家电投集团山东公司、上海电气风电集团股份有限公司、通用电气海上风电有限公司、华商国际、NOV、美国船级社及多家金融服务公司作为本次"绿色践行者"的首发合作企业，阐述了助力海上风电产业发展的决心和动力。通过切实行动，推动海上风电更快实现平价化，助力"3060"双碳目标早日实现。

（三）海上风电装备介绍

海上风电装备主要包括风电基础结构物（塔筒、单桩、导管架等）、升压站/换流站、海上风电安装船/平台、风电布缆船、风电运维船等装备。

（1）海上风电基础结构物：海上风电导管架是把风力发电机、机舱及相关附属设备固定在海上的重要基础结构。目前中集来福士已经成为北方最大的海上风电导管架建造基地，导管架年产能达120套。

（2）海上风电场的"心脏"——海上升压站：所有的风力发电机发出的电能在此汇集，通过送出的海缆连接到陆地上的电网，输送给千家万户。中集来福士已交付的亚洲最大并具有自主创新的自安装400MW升压站大幅降低了传统安装成本。

（3）预装式模块化海上变电站：面对传统变电站存在施工界面多、搭建复杂、周期长等问题，中集来福士引入海工模块化概念，联合西门子能源共同开发模块化海上变电站，并在 300MW 和 500MW 两个型号上取得了中国船级社颁发的原则性批准证书。与传统型海上升压站相比，预装式模块化海上变电站（PMOS）采用紧凑型轻量化设计，上部组块的体积、重量及工程建设周期均大幅降低。该认证标志着这一海上变电站解决方案已具备正式推向市场、接获订单的技术储备要求，为海上风电场开发商提供了一个全新的电网接入方案。

（4）漂浮式风机基础：与传统固定于近海海床上的风电机组相比，漂浮式机组可实现在深远海部署的愿景，在获取深远海域稳定优质风电资源的同时，不影响近岸渔业及其他相关产业活动。中集来福士自主设计开发的凤凰系列漂浮式风机基础具有以下几个优点：①低成本批量制造。可适用于自动化制造；主体结构由四个模块组成；无须大型干船坞进行搭载；相比其他设计方案建造场地需求更小。②高效运输。一艘运输船可同时运输多个漂浮式基础；基础和主机可同船运输。③水下组装简易方便。可在较短周期内大批量组装；无须干船坞或浮船坞进行组装；较小吃水可适应更多组装码头；基础连带风机不超过 7 米的吃水。

（5）风渔融合解决方案：随着海上风电进入平价期，依托海上风场已有设施，通过风渔结合立体式综合利用海洋资源，将能够更好改善海上风场收益。中集来福士作为海洋牧场行业先发领军企业，率先推出浮式和固定式海上风机融合牧场网箱解决方案。中集来福士一直致力于为风电及渔业客户提供风渔结合一体化解决方案，提供从前期勘测、规划、设计、建造、安装至智慧运维的全生命周期服务。

（6）绿色环保海上风电运维船：运维船作为海上风电场运维人员穿梭往返的主要运输交通工具，最近获得了行业的广泛关注。面对中国海上风电市场已发现的问题，如高速建设留下的隐患，新的大型机组没有经过实践验证存在设计隐患；海洋环境维护管理难度大，大风浪导致出海窗口期受限；缺乏船队、专业运维等关键装备管理团队等，中集来福士将通过自主设计风电运维母船，建设风电运维母港等一系列举措，提供海上风电运维一体化整体解决方案。目前已拓展多个服务项目，如明阳三峡阳江海上升压站北斗定位基站、雷电预警设备调试项目，粤电湛江电缆悬空治理项目，阳江中节能及华能如东的事故后检验检测及安全评估项目等。

（7）高效海上风电安装装备：海上风电安装船是用来进行海上风机、基础运输及安装施工的海上风电施工平台。"3060"系列风电安装船是中集来福士面向平价时代及大兆瓦风机趋势下的高效低成本装备解决方案。本船作业范围覆盖中国沿海海域及东南亚海域，具备更长的工作窗口期、更高的风电安装效率、更优化的船型及尺寸、更低的二氧化碳排放、更经济的运营支出。该项目于 2022 年 4 月开工，预计 2023 年交付并优先投入国内海上风电施工安装工作。

2021 年，中集来福士与荷兰 Van Oord 公司签订 1 + 1 条大型风电安装船 EPC 总包建造合同，该项目是全球最新一代风电安装船，能够安装高达 20MW 的风力涡轮机组。

在 2021 年北京国际风能大会（CWP）上，中集来福士以"以创新引领解决平价难题"为主题，携模块化升压站、风渔融合方案、高效低成本风电开发装备等创新方案亮相，为业界瞩目。

三、实施效果

（一）已交付装备及作业成效

1. 抢装潮期高效交付系列项目

2020 年至今，中集来福士已为国内海上风场交付 49 套大型风机基础导管架、1 座 300MV 和当期亚洲最大 400MW 升压站、1 座多功能风电安装平台和 1 艘风电布缆船，以上装备主要用于山东半岛南 3 号和南 4 号项目、揭阳神泉海上风场项目。其中烟台打捞局风电安装平台于 2021 年 4 月交付后赴海阳半岛南风场作业，已累计装机 74 台，占风场装机总量的 50%。2 座海上升压站在半岛南投入运营后，年发电量达 17.8 亿千瓦时，可节约标准煤 58 万吨，减排二氧化碳 155.6 万吨、氮氧化物近 4 万吨。

2. 传统海工平台在风电领域的创新利用

中集来福士积极推动传统海工平台在海上风电领域的创新利用，已经完成 3 座海工平台的海上风电部署及利用，其中包括 2 座半潜起重生活平台、1 座自升式海工平台，通过适应性改造后，已快速部署于广东、江苏和山东的海上风场施工开发，其在现场高效的作业表现得到了客户的积极认可和赞扬，该模式也为下一步风电装备改装或升级改造奠定了基础，从而实现了以多种方式促进海上风电平价开发。其中“中油海 15”自升式钻井平台改装风电项目是国内首个自升式钻井平台改风电安装平台项目，其租约期内已完成 17 座风机的安装。“护卫”号自升式钻井平台改装风电安装平台过程中突破了国内以往风机吊装采用双机抬吊的固有思路，创新性地提出了塔筒、叶片的单机起吊以及叶轮整体舷外翻身的吊装技术方案，极大地优化了改造平台风电安装施工的效率，有效地适应了风场的特殊需求，其目前主要服务于华电阳江青洲 500MW 海上风电项目，并于 2021 年 12 月成功完成了风机的吊装作业，为深水区风电安装平台风机吊装施工提供了宝贵的借鉴经验。

（二）在建装备及预期效果

当前中集来福士手持各类海上风电装备订单累计近 40 亿元人民币，省内市场占有率 100%，国内市场占有率 10%，国际市场占有率 8%。目前中集来福士有 3 座 500MW 升压站、2 座风电安装平台和 1 艘布缆船在建。

“3060”风电安装船由中集来福士自主设计，拥有 100% 自主知识产权。中集来福士自主研发设计的“3060”风电安装船总体技术性能达到国内领先水平，具有以下优势：①该船总可变载荷达到 10000 吨，可装载 4 套 13MW 或 3 套 16MW 海上风机，装载能力国内最大；②主吊机站立吊重能力 2200 吨，浮吊能力 1100 吨，吊重能力国内最大；③主吊机吊高主钩主甲板以上 160 米，辅钩主甲板以上 188 米，可满足未来 20MW 风机的安装，吊高能力国内最大；④“3060”风电安装船在入泥 10 米、气隙 11 米情况下最大作业水深达到 70 米，作业水深国内最大。

“3060”风电安装船系列是大型自升自航式一体化风电安装船，其具备“高能力、更环保、突破垄断、控制成本”特点。高能力体现在：①更大的甲板可变载荷。总可变载荷达 10000 吨，满足 4 套 13MW 或 3 套 16MW 海上风电机组的装载；②更高的海况适应性。平台作业范围覆盖中国沿海海域及东南亚海域，满足年平均 200 天以上有效作业天数；③更高的吊装作业能力。吊高达到主甲板以上 160 米（水面以上 201 米），满足未来 20MW 风机的安装需求。更环保体现在：设计 DP2 动力定位系统，可实现燃油能耗降低、CO_2 排放降低；同时平台预留后期增加双燃料动力能力（LNG 或甲醇），更环保、更低碳。突破垄断体现在：突破国外设计公司对新建高端风电市场的垄断，设计出的产品的性能参数与目标平台相比有优势，形成国际领先的自主设计。

（三）经济效益和社会效益

控制成本、自主产权体现在成本对比主流设计有优势，成本可控，100% 自主知识产权。

经济效益体现在：本项目已签订 EPC 建造订单，合同金额超过 12 亿元人民币。单个平台可创造和节省设计费 1000 万元人民币，版权费 200 万元人民币，基础设计费 800 万元人民币，平台年作业周期延长 2 个月，节省租船费用 5000 万元人民币/年。依据平台能力预计每年可安装 80～100 台风机，每年可产生效益 4.8 亿～6 亿元人民币。

社会效益体现在：中集来福士具有 100% 自主知识产权，行业及市场影响力增加，提升中集来福士品牌与国内同类型船型比较，具有更长的工作窗口期、更高的风电安装效率、更优化的船型及尺寸、更低的二氧化碳排放、更经济的运营支出，性价比高。

Van Oord 风电安装船更加注重绿色环保，其配备了大容量甲醇储存舱和甲醇双燃料主机，可使二氧化碳排放量降低78%，氮氧化物排放减少到绝对最低限度。另外还配备了约5MW电池包，极大地提高了能耗效率，同时也降低了运营燃料消耗。综合对比，本产品在技术、环保、作业能力等方面的绝对优势，在今后较长一段时间内都将是具备示范效应的标杆产品。

主创人：傅　强、庞红伟、李　健、陈长勇、曹　鑫

以绿色产业基金赋能绿色能源发展

浙江浙能绿色能源股权投资基金合伙企业（有限合伙）

一、企业概况

浙江浙能绿色能源股权投资基金（以下简称浙能绿色能源基金）是由浙江省能源集团有限公司（以下简称浙能集团）发起，联合国内投资及金融机构共同组建的国内首支绿色能源产业基金，于2017年8月10日在杭州成立，基金目标规模500亿元，首期规模超150亿元，累计主导投资超200亿元。该基金致力于聚焦能源产业链投资，以绿色金融赋能绿色能源发展，服务“两美”浙江建设，助力创建“国家清洁能源示范省”。

浙能绿色能源基金由浙能股权投资基金管理有限公司担任基金管理人，近年来以卓越的业绩、专业的团队、严谨的管理和优质的资源，沿着“能源+金融”的思路，以实业为依托，以资本为纽带，加速驱动实体产业和金融资本的协同发展、互利共赢，实现产融结合的目标，为投资者创造丰厚的回报，为绿色能源发展贡献力量，助力实现碳达峰、碳中和目标。

二、主要措施

（一）依托浙能集团投资绿色能源产业助力实现“双碳”目标

实现“3060”目标，2030年实现风光电12亿千瓦装机，“十四五”期间构建以新能源为主体的新型电力系统，对整个能源产业提出了更高的要求与期盼，中国能源结构低碳化趋势不可逆转。绿色低碳是我国今后发展的主旋律，催生对新能源、氢能、节能环保、综合能源服务、循环经济、燃料电池、储能、能源装备技术和碳金融等领域的巨大需求潜力。浙能集团在“十三五”末期可再生能源装机比重不足10%，能源生产结构仍以高碳为主，要在10年内实现碳达峰、40年内实现碳中和难度较大，整个产业结构和经营模式面临深度调整与转型。浙能集团经过20多年的发展，已经具备技术、人力、资本等良好基础，在可再生能源发展领域具有后发优势，必将迎来巨大的发展空间，浙江浙能绿色能源股权投资基金在此环境和背景下大有可为。

一方面，下游电站的巨量投资规划，为光伏组件、风机设备及其零部件提供了庞大的市场空间，组件等制造产线的迭代更新及耗材化趋势又为上游的设备制造商赋予巨大空间。具有垂直一体化能力的头部企业，马太效应进一步凸显，浙江浙能绿色能源股权投资基金重点具有技术领先优势和降本优势的细分领域龙头。另一方面，仔细研究分析近5年来的新能源电站并购市场行情，以头部能源央企已公布的“十四五”新能源的投资目标拉开了新能源资源争夺的大幕，新能源规模资产价格水涨船高，投资收益率低至6%水平，竞争趋于白热化，浙江浙能绿色能源股权投资基金背靠浙能集团，具有较强的能源产业背景优势，具备把握重要战略机遇期的发展定位。

（二）贴合实际制定绿色低碳发展战略和解决方案

浙能绿色能源基金采取“母基金+直投”的投资方式，撬动其他社会资本，深度参与国内绿色能源项目开发，探索共建、共商、共享的合作共赢新模式，助力能源产业向绿色低碳发展，主要围绕三大平台发挥功能。

1. 增量投资平台

按照市场化、专业化运作原则，在能源产业及其上下游领域开展增量投资，包括基础能源项目（传统电力）、绿色能源项目（风光电）、能源科技类项目（光伏制造）、上游资源类项目（海外煤炭、油气资源）、能源类先进装备制造等，以及能源产业上下游的并购和整合项目等，重点锚定政策导向性投资项目，积极对接中央与浙江省战略布局，支持浙能集团绿色低碳化转型。

2. 大项目培育孵化平台

充分发挥浙能集团在能源行业的专业优势，深度探索能源产业发展趋势，寻找潜在创新领域，通过合理运用杠杆，对基本面扎实、拥有发展潜力的项目进行大规模投资，设立如光伏产业基金、油气产业基金、新能源产业基金等，迅速建立规模效应，形成行业带动引领作用，不仅带动集团的转型升级，更为改善浙江省能源产业结构增添动力。

3. 与合作伙伴的资源整合平台

在基金管理公司及母基金合作伙伴的选择上，浙能绿色能源基金与有较强专业能力、有稳定资金来源、有丰富项目资源的机构合作，加强金融资本与产业资本的有效对接，在方案设计、资金募集、机构对接、运作机制设定等方面开展良性互动，形成强强联合、优势协同的优秀资源整合平台，打造浙江省最专业的能源产业基金，创造长期稳定的收益回报。

（三）培育新能源上市公司

2018 年 12 月，浙能绿色能源基金增资浙江省新能源投资集团股份有限公司（以下简称浙江新能），并于 2021 年 5 月成功在沪市主板培育上市。浙江新能首次发行股票共 2.08 亿股，占总股本的 10%，发行价格为每股 3.51 元，为其实际募集资金 6.91 亿元，用于“浙能嘉兴 1 号海上风电场工程项目”建设。该风电项目每年可提供约 8.7 亿千瓦时的清洁电量，相当于 36 万户家庭全年的基本用电量，可节省标准煤 28.2 万吨，减少二氧化碳排放 57.6 万吨。浙江新能以可再生能源投资开发建设营运为核心定位，积极发展可再生能源，为社会提供优质清洁环保的能源产品。截至 2021 年底，浙江新能控股企业 74 家，已投产控股发电装机容量 379.41 万千瓦，其中水电 113.22 万千瓦、光伏 177.52 万千瓦、风电 88.67 万千瓦，当年新增投产控股装机容量 110.81 万千瓦。

2019 年 9 月，浙能绿色能源基金以可交换债券形式参投中国三峡新能源（集团）股份有限公司（以下简称三峡能源），以 2.33 元/股的价格向浙能资本控股有限公司融资 15.93 亿元，对应股份约 6.84 亿股，并于 2021 年 6 月成功在沪市主板培育上市。三峡能源首次发行股票共 85.71 亿股，占总股本的 29.94%，发行价格为每股 2.65 元，对应公司 2019 年摊薄后市盈率为 28.87 倍，远超电力行业同期 20.25 倍的平均市盈率。三峡能源立足陆上风电、光伏发电核心业务，大力开发海上风电，深入推动以沙漠、戈壁、荒漠地区为重点的大型风光基地开发，开拓发展抽水蓄能、新型储能、氢能等新兴业务，持续推进公司效益、社会责任和环境保护有机结合。截至 2021 年底，三峡能源并网装机容量达到 2289.63 万千瓦，其中风电 1426.92 万千瓦、光伏 841.19 万千瓦，当年新增海陆项目建设指标超过 1600 万千瓦。

（四）大力投资开发风电、光伏等新能源项目

在推进风电、光伏等新能源项目投资开发方面，浙能绿色能源基金加强与国内领先的能源产业集团合作，充分发挥战略协同作用。比如，与浙江新能联合投资设立新能源子公司——浙江清能能源发展有限公司，在全国各地开发新能源项目多达 31 个，2021 年末总资产超 80 亿元。2019 年 12 月，浙能绿色能源基金增资国家电投集团黄河上游水电开发有限责任公司，该项目是当年央企混改引战第一大项目、国内最大能源电力领域股权融资项目，此次股权融资 242 亿元，主要用于开发青海省海南藏族自治州、海西蒙古族藏族自治州等大型清洁能源基地等。目前，该公司对外投资的水电、风电、光伏等新能源项目达 47 个，总装机 2740.74 万千瓦，其中，水电 1154.24 万千瓦，火电 262 万千瓦，新能源 1324.50 万千瓦（光伏 835.55 万千瓦、风电 488.95 万千瓦）。2021 年 3 月，浙能绿色能源基金通过组建专项基金穗禾浙景基金的方式完成收购远景风电项目 90% 的股权，累计主导投资规模超 15 亿元。远景项目下属

新蔡聚鑫风电有限公司、项城市远祥风电有限公司、兰考远汇风电有限公司、成武县汇科风电有限公司和烟台华耀王格庄风电有限公司等5家公司，分别位于山东、河南两省，总计装机容量385MW。2021年，当年结算上网电量总计10.29亿千瓦时，加权平均上网小时数为2674小时，风机发电效率显著提升。

此外，浙能绿色能源基金还成功参与了中国华电旗下华电福新发展150亿元增资引战项目。华电福新发展公司是中国华电集团旗下唯一新能源发展和整合平台，主要从事全国范围内的风电、光伏、核电等清洁能源项目运营，是国内最大的新能源发电运营商之一，在全国新能源发电市场具有很强的竞争优势。浙能绿色能源基金通过推动与国内大型央企集团在新能源项目开发、绿能金融等多层次、多领域的深度合作，形成资源共享、优势互补的战略协同，共同谱写高质量绿色发展新篇章。

（五）助力绿色低碳技术的研发与创新

2020年5月，浙能绿色能源基金签约增资浙江天地环保科技股份有限公司，融资金额9.46亿元。浙江天地环保科技股份有限公司是一家专注于绿色低碳技术的研发与创新的企业，业务范围包括大气污染治理业务及固废处理业务，先后获得255项专利，其中发明专利45项，成功入选国务院“科改示范行动”企业，是浙江省国家科技成果转移转化示范区首批示范单位。在绿色低碳技术上取得显著成果：“燃煤机组超低排放关键技术研发及应用”荣获国家技术发明奖一等奖，并代表中国能源产业重要发展成就亮相2017年哈萨克斯坦阿斯塔纳世博会；船舶脱硫技术指标及订单领跑全球，水泥、钢铁等非电领域超低排放技术广泛推广；有机挥发性废气治理、畜禽废弃物综合治理、农村生活污水治理等技术全面铺开，为浙能集团做强环保及循环经济产业，科技赋能提高企业核心竞争力做出突出贡献。

三、实施效果

浙能绿色能源基金作为国内首支绿色能源产业基金，在聚焦能源产业链投资、助推能源绿色低碳转型方面取得了显著效果，撬动了大量社会资本参与到绿色能源产业中来，投资开发了一批清洁能源项目，孵化培育了多家上市（拟上市）公司，支持了一系列绿色低碳技术的研发与创新。基金管理团队已逐步形成成熟高效的运作模式，具备较强的市场竞争力和品牌影响力，在助力浙能集团绿色低碳转型方面做出贡献的同时，也大大促进了社会能源的清洁化发展，取得了良好的经济效益和社会效益。

自成立以来，浙能绿色能源基金累计完成投资项目11个，为绿色能源产业投入自有资金超85亿元，涉及清洁能源装机容量超37GW，每年可贡献666亿千瓦时清洁能源电量，相应节省标准煤2158.76万吨，减少二氧化碳排放4409.38万吨。

主创人：冯　骏、陈　璐、任基玮、裘　索、王周汇

中广核当涂县大陇镇双潭湖 260MW 渔光互补光伏电站项目

中国电力工程顾问集团中南电力设计院有限公司

一、企业概况

中国电力工程顾问集团中南电力设计院有限公司（原中国电力工程顾问集团中南电力设计院，创建于 1954 年，经改制于 2015 年 1 月 1 日正式变更为现称，以下简称中南院），现为中国能源建设集团规划设计有限公司的子公司。

中南院是国内知名的、实力雄厚的工程公司。面向国内外市场，为政府部门、金融机构、投资方、发展商和项目法人提供工程建设一体化解决方案，主要从事电力规划研究、咨询、评估与工程勘察、设计、服务、监理、工程总承包，以及相关专有技术产品开发等业务。

中南院具有工程设计综合甲级资质（含建设工程总承包以及项目管理），以及工程勘察综合类、工程资信、造价咨询、地质灾害危防治单位（危险性评估、勘查、设计、施工）、测绘等甲级资格证书，生产建设项目水土保持方案编制单位水平评价 5 星、生产建设项目水土保持监测单位水平评价 4 星及压力管道设计许可证书，具有高新技术企业证书和对外承包工程经营资格，具有国家质量管理体系、环境管理体系、职业健康安全管理体系认证证书。

二、主要措施

（一）项目概述

为认真贯彻执行绿色发展理念，中南院积极发展风电、光伏等新能源工程总承包业务，做美丽中国的建设者、贡献者、传播者。

中南院于 2019 年 8 月签订了《中广核当涂县大陇镇双潭湖渔光互补光伏发电项目（260MW）工程 EPC 总承包合同》，2019 年 9 月 16 日开工建设，2019 年 10 月 19 日升压站施工安装完成，2019 年 12 月 22 日升压站受电成功。

电站坐落于安徽省马鞍山市当涂县大陇镇双潭湖，充分利用了“渔光互补”电站的特长，完美结合了现代光伏与当地传统渔业的互补协作；将养殖与光伏发电相结合，在渔业养殖湖面上安装光伏组件，在光伏组件下面的水域里则进行鱼虾养殖，形成“上发电、下养鱼”的新型发电模式。

项目在全寿命运行期内，全部上网电量如以火电为替代电源，按火电每度电耗标准煤 300g 计算，则 260MW 光伏电站全寿命周期内可节约标准煤约 205 万吨，减少二氧化碳排放约 532 万吨，减少二氧化硫排放约 1. 74 万吨，减少氮氧化物排放约 1. 54 万吨，减少大量烟尘排放。由此可见，本光伏电站的建设替代燃煤电厂的建设，可达到充分利用可再生能源、节约不可再生化石资源的目的，将大大减少对环境的污染，同时还可节约大量淡水资源，对改善大气环境有积极作用。

（二）设计亮点

1. 方便后期渔业养殖

本项目为“渔光互补”项目，设计既要满足渔业养殖，又要通过安装光伏组件产生绿色清洁能源，同时还要兼顾双潭湖的抗旱排涝作用，一方面预留养殖和检修通道，另一方面保证双潭湖的水系完整畅通，特优化光伏场布置，在南北方向预留 5 个水上通道，东西方向预留 4 个水上通道，通道宽度大于 10m，节约用湖面积，布置整齐美观，方便后期运维及渔业养殖。

2. “无人值班、少人值守 ” 与 “集中控制”

预留中广核集团远程集控系统子站系统接口，预备配置 1 套远程集控系统子站，从技术上保证光伏电站“远程监控，网络控制”的管理目标的实施。

3. 合理设计光伏接地系统

充分利用桩基接地，使得接地系统安全可靠，采用不锈钢螺栓连接组件接地线，避免连接处螺栓腐蚀，增加组件接地可靠性。

4. 方便检修船只通行

电缆桥架采用精细化设计，方阵内桥架充分利用支架桩基作为支撑，并采用大跨度桥架，优化桥架固定支撑措施，减少桥架打桩数量。方阵间 35kV 电缆桥架通道，以利用支架桩基为主，在无支架桩基处单独打桩，在检修主通道处抬高桥架标高。

5. 支架标准化设计

根据不同组件厂家资料，优化支架设计，可匹配不同厂家组件；简化后期安装。

6. 优化支架设计，降低成本

在满足各种荷载条件下，优化设计，使得“支架+桩基础”达到最优性价比，为平价上网提供有力支撑。

7. 升压站采用高桩平台设计方案

替代原有框架平台设计方案，在保证安全可靠的前提下，方便施工，优化工期。

8. 减小对渔业养殖的影响

根据湖底地形的变化，通过精细化设计，合理地选择不同长度的预制管桩，适当增加预制管桩的水平间距。

9. 满足水利和环保的要求

箱变基础平台采用热浸锌钢平台，岸上焊接组装，船运目的地，直接成品吊装，在保证安全可靠的条件下，大大方便了施工，缩短工期；另在箱变钢平台下方设置钢制成品储油池，防渗漏油，减少对湖水的污染。

10. 简化现场施工安装

升压站中低压及控制设备采用预制舱方案，质量可靠、缩短工期。

11. 降低光伏监控系统造价

选用华为智能 SUN2000 组串逆变器，采用载波通信替代 R485 有线通信，充分保证数据传输的快速、可靠。

（三）贯彻落实绿色、生态、环保理念

项目始终将绿色、生态、环保的理念贯彻，在项目建设全过程，为使项目建设对环境的影响减到最小，EPC 总承包项目部在工程开工前做了详细调研和分析，拟定了五点施工环保措施。

1. 优化施工工艺方案

主要采用“水打桩”工艺，这样既能提高施工效率，又能保证不破坏湖区水域生态现状。

2. 物资堆场合理设计

物资堆放利用原地势大堤台阶作为临时卸料堆场，不修筑物资仓库，不增添建构筑物，施工完成后及时清除堆场石渣、覆土绿化复原。

3. 现场运输通道（施工通道）合理设计

现场运输通道（施工通道）采取了畅通交通循环通道，引入专业安保公司采用限时通行、单循环等管理方式，在保障施工及周边居民出行的同时又避免过多修筑便道破坏环境。

4. 治理施工扬尘

施工期间对裸露弃土采用密目网覆盖，并每日安排洒水车对运输通道环形洒水，避免现场扬尘污染。

5. 文明施工不扰民

施工现场设置便捷式移动厕所，日常垃圾不乱丢乱扔，采用统一分类管理。

项目建成后，积极开展景观提升工程，打造“花园式”光伏电站。同时，电站积极培育产业生态圈，积极探索集光伏发电、渔业养殖、观光旅游和农业科技实验等于一体的复合运营模式，并与南京航空航天大学合作打造产学基地和科普基地，成为当地渔业、农业、文化旅游业与新能源产业融合发展的特色示范项目。

（四）完善的项目组织管理

中南院总承包项目管理组织结构按照企业层次多项目控制管理和工程项目部层次单项目实施管理的模式设置。

中南院和新能源工程公司是工程总承包项目的决策中心，对项目实施监督和支持。工程项目部是工程总承包项目的执行中心，保证项目的实现。

工程项目部是为履行项目合同而临时组建的项目管理组织，项目启动时组建，项目结束时解散。工程项目部由项目经理在中南院和新能源工程公司的支持下负责组建，在项目经理的领导下通过对项目全生命周期的过程管理，即“启动过程—策划过程—实施过程—控制过程—收尾过程”，实现产品的产生过程，即“设计过程（E）—采购（P）—施工（C）—试运行（T）”。

在工程总承包项目的实施中，中南院和新能源工程公司各有关部门按照职能分工规定，对项目实施全过程给予支持和保障，工程项目部各部门和主要管理岗位来源于新能源工程公司各有关部门和中南院相关的职能部门，形成矩阵式的项目管理组织。

工程项目部实行项目经理负责制，在项目经理的带领下，依照总承包合同的约定，对设计、采购、施工、调试/试运的全过程进行组织管理、实施控制协调，在产品产生过程中保证工程进度、质量、费用、安全和综合目标的全面实现。

（五）成功的项目管理策划

1. 重视项目的前期策划

在项目的启动阶段，工程项目部按照中南院管理体系文件的要求和合同的要求组建项目部，建立项目管理组织机构，编制项目管理计划、项目实施计划、项目协调程序，制定工作目标，确定管理模式、明确职责分工、编制项目级的管理制度，为确保项目的顺利实施做好基础工作。

2. 注重项目全过程管理

打破以往工程项目部只注重项目施工阶段计划和节点控制的局面，充分发挥以设计为龙头的总承包优势，把设计、采购、施工有机结合，全面管理，避免设计、采购、施工脱节的情况，将采购纳入设计程序、在设计评审中加入可施工性分析的意见，避免各环节出现错误和对工期的不利影响。

3. 抓好进度控制

总承包项目部以里程碑进度计划为控制主线，分解整个工程；以二级进度计划为支撑，对各完工节点之间，分专业按单位工程理清内在的逻辑关系和相互牵连、制约的工作面，细化分解节点之间的工序；从作业层面，以二级进度计划为控制性目标，编制详尽的施工计划，用以指导施工，配置所需资源。使项目的每个环节都有计划、有执行、有检查、有跟进，以日计划保证周计划，以周计划保证月计划，最终保证工程最终节点目标的实现。

4. 强化质量管理

在工程建设中，项目部全体人员严格执行体系文件，各管理人员从岗位职责、人员培训到材料采购、进货验收、施工准备、过程控制、质量验收、产品保护以及施工资料等各方面加以控制，确保了项目部质保体系持续有效的运行，使工程质量有了可靠的保证。

5. 安全管理不松懈

在工程建设中，项目部精心策划，建立目标和控制措施，建立安全、环境和职业健康的管理组织机构和管理网络，加强过程中的检查和绩效监测，对发现的问题采取纠正和预防措施。项目部积极组织开展安全生产教育培训、组织安全生产大检查、严把人员入场关等，有力促进安全生产工作。

三、实施效果

工程投产后，各项技术指标均优于合同约定值，综合厂用电率为1.52%，逆变器转换率99.1%，首年可利用小时数高于可研设计82小时，在2020年度中国电力企业联合会组织的区域内光伏发电站对标评比中，年等效可利用小时数高于其他光伏电站18%。工程先后获得安徽省电力建设优质工程奖、2021年度中国电力优质工程奖，入选国家第二批智能光伏试点示范项目，获得2020—2021年度国家优质工程奖。

作为华东地区单体容量最大的平价光伏项目，本项目创新采用板上光伏发电、板下渔业养殖的“光伏+”模式，将现代化工业与传统渔业生产有机融合，探索出一地多用、生态友好的绿色化发展道路。

本项目投产后，每年可减排二氧化碳29.195万吨、二氧化硫0.879万吨、氮氧化物0.439万吨，减少大量烟尘排放，具有良好的经济效益和生态效益。

通过本项目的成功实践，中南院不仅积累了丰富的“渔光互补”光伏项目经验，进一步打开了光伏新能源工程总承包业务市场，为后续承接大规模水上光伏项目奠定了坚实基础，还实现了企业、地方和环境的融合发展，让天更蓝、水更清，为“美丽中国”贡献了积极力量。

主创人：李向东、刘东星、龚　敏、石　巍、张彦昌

坚持绿色低碳发展道路，推动能源绿色低碳转型
——三峡乌兰察布新一代电网友好绿色电站示范项目绿色低碳案例报告

中国电力建设工程咨询有限公司

一、企业概况

中国电力建设工程咨询有限公司以打造“具有国际影响力的能源电力与基础设施一体化解决方案服务商”为战略定位，致力于在能源、电力、环保和基础设施建设等核心领域开展规划研究、咨询评估、勘察设计、工程总承包及投资运营等业务。公司成功实施了一大批大型火力、风力、生物质焚烧和光伏发电项目，为实现绿色低碳转型战略贡献力量；准确把握发展大势，全面贯彻新发展理念，围绕绿色低碳等领域，找准高质量发展的主攻方向，发挥规划引领、资源整合、项目管控的综合优势，在全面践行“碳达峰、碳中和”等国家重大战略中做排头、当先锋。

三峡乌兰察布新一代电网友好绿色电站示范项目为中国电力建设工程咨询有限公司目前正在建设的EPC总承包风光储新能源电站，属“源网荷储”一体化绿色供电项目。本项目是国家全面启动“源网荷储”一体化示范先行先试的第一个项目，也是国内首个新一代电网友好绿色电站项目。项目贯彻落实习近平总书记关于建设内蒙古现代能源经济等重要讲话精神，以储能等新技术为突破口，按照统筹优化、融合创新的思路进行设计，项目为清洁能源发电项目，项目运行过程中不需要消耗其他常规能源，不排放烟尘、二氧化硫、氮氧化合物和其他有害物质。

二、主要措施

三峡乌兰察布新一代电网友好绿色电站示范项目位于内蒙古乌兰察布四子王旗域内，项目拟建设平价风电170万千瓦、光伏发电交流侧容量30万千瓦，配套锂电池电化学储能55万千瓦×2小时。项目分为4个风光储单元，拟建设4座220kV升压储能一体化站，建设1个智慧联合集控中心。升压储能一体化站先通过220kV线路接入拟建设的四子王旗500kV汇集变电站，再通过一回500kV送出线路接入察右中500kV变电站。

项目拟分为三期建设：一期，风光发电总容量500MW，其中风电425 MW，光伏75MW，新建一座220kV升压储能站，配置140MW储能；二期，风光发电总容量750MW，其中风电约625MW，光伏125MW，新建两座220kV升压储能站，配置220MW储能；三期，风光发电总容量750MW，其中风电约650MW，光伏100MW，新建一座220kV升压储能站，配置190MW储能。乌兰察布EPC项目自2021年4月28日开工，首期项目首批50万千瓦已于2021年12月29日成功并网试运行。

中国电力建设工程咨询有限公司作为中国能建集团中国电力工程顾问集团有限公司有实力的项目开发资源整合平台，发挥资源整合、商业模式创新的优势，积极采用“本部+”模式，通过资源、成果共享与兄弟企业进行互补性合作，参与大型或特大型新能源项目开发、建设。公司作为牵头方的联合体成功中标了三峡乌兰察布新一代电网友好绿色电站示范项目EPC总承包项目，项目总投资约100亿元，是高端规划引领的成功实践。项目建设采用EPC总承包模式，EPC总承包联合体单位为中国电力建设工程咨询有限公司、电力规划总院有限公司、上海勘测设计研究院有限公司、中国能源建设集团江苏省电力设计院有限公司，工程施工总承包单位为中国能源建设集团天津电力建设有限公司。

三峡乌兰察布新一代电网友好绿色电站示范项目以“电网友好”为示范目标，全力打造新一代电

网友好绿色新能源电站，助力地区探索建设以新能源为主体的新型电力系统。项目重点研究风光储综合系统方案，储能升压一体站设计，智慧联合调度中心。项目以解决乌兰察布市电力供需矛盾为切入点，以储能等新技术为突破口，通过配置不同尺度功率预测技术研究实现新能源电站出力可预测；通过建设智慧联合调控中心，协调优化控制风电、光伏、储能运行，实现新能源电站的友好调度；通过优化风光储配比、"有功－频率控制"和"无功－电压控制"等，有效平抑新能源出力间歇性和波动性，实现出力可控；通过配置大容量电化学储能装置等，实现间歇性新能源提供地区高峰供电保障，顶峰能力约等效一台60万千瓦级的火电机组，保障自身最大化消纳利用的同时还可为电网提供一定的调峰能力。项目通过风光储一体化建设，配套建设智慧联合集控中心，创新开展电网友好型新能源电站"网－源"协调关键机制、面向电网主动感知和支撑技术、面向市场智能优化决策技术等技术研究，为业内定义新一代电网友好型新能源电站、约定电网友好性指标体系提供参考。

1. 光伏部分

项目规划装机容量360MWp，拟布置96个组串式方阵，采用26块光伏组件串联，两排纵向布置，多支路上网的"积木式"方案，分块发电、集中并网，将系统分成若干个光伏并网发电单元，经箱变设备将电压由0.8kV升至35kV。光伏电站采用以14台组串式逆变器方阵与1台箱变构成一个光伏发电单元，共有96个集中式发电单元。

项目采用光功率预测系统集成对光伏场站与光伏集群的多尺度点预测和概率预测方法、评价体系与考核指标提升方法和快速协同响应能力分析方法，以软件和系统的形式应用到场站端和调度端，是提高光伏电站控制与调度性能，保障高比率光伏发电接入电网安全稳定运行的最为有效且经济的方法。

2. 风电部分

三峡乌兰察布新一代电网友好绿色电站示范项目风电场工程装机容量为1700MW，拟安装315台风电机组。采用睿风全生命周期风电数字平台，能够进行工程全生命周期的态势感知与资产管理，实现了风电数字化与智慧化。

3. 储能部分

本方案提出采用1500V直流储能系统。由储能系统的工作原理可知，系统的直流电压主要由电池的串联数量决定，相较于1000V直流储能系统，1500V直流储能系统提高了电池串联数量，系统集成度更高，具有以下优势：①相同容量系统可减少电池系统、储能变流器、BMS及线缆等设备，储能系统能量密度与功率密度均提升了15%以上，40呎预制舱单舱配置电池容量可达到3MW·h以上；②电池组可串联的电池块数增加，相对应地减少了储能系统所需的汇流柜及连接电缆；③直流电压提升后，单个模组容量提升，交直流配电和线缆等环节减少，因此交直流侧的损耗也随之下降，预计循环效率提升0.35%左右。

本项目针对储能配置一套储能协调控制系统，该系统直接控制储能PCS控制板卡，控制结构简单可靠，可在1ms内对储能PCS进行同步控制，从而实现储能系统电压和频率的精准控制，可以满足一次调频、源网荷控制等多种新能源场站高级应用。项目配置运用大数据、云计算技术的储能状态监测及智能运检系统，深度挖掘了海量储能电站中电池运行数据，建立复杂多指标综合评价模型，准确评价和预测储能电池的健康度、性能衰减和离散程度、设备故障概率，实现提前发现并定位异常电池、电池模组、电池簇，进而实现设备主动预警和智能诊断。储能站状态监测及智能运检系统实现电池性能衰减、离散程度与储能电站的运行模式、参数设置范围、维护保养操作、检查维修等操作智能关联，能够根据不同设备健康状态提出优化的运行调控、维护、检修建议，有效地提高储能电池的安全性、设备运检效率和全生命周期的设备利用率，提升项目经济性。

4. 集控中心部分

建设智慧联合集控中心"中枢大脑"，合理设计"风光储一体化"协调控制策略，使电站具有顶峰、调峰、调频、虚拟惯量等并网友好功能；最大限度减少弃风弃光，提升风光出力互补互济水平，降低电网新能源消纳压力；实现新能源厂站的智能化运维。通过本项目研究、应用、落地及示范，带动新能源与储能产业技术进步，探索储能多应用场景，为清洁能源消纳、开发提供示范作用，为建设风光储一体化电站集控中心提供技术指导。集控中心整体控制架构由中心协调控制器和场站协调控制器两级控制实现。中心协调控制器将电网调度指令优化分配下发给 4 个场站协调控制器，由场站协调控制器对场站中的风、光、储以及无功补偿设备进行优化控制。

本项目建成后预计将成为全球储能装置配置最大的单体新能源场站，成为国内首个储能配置规模达到千兆瓦时的新能源场站，示范意义重大。新能源和储能采用同场一体化模块化设计，共用变电等公共设施，节省占地和投资。同时，本项目除采用商业化应用较多的锂电池技术外，还将示范多种非锂电池新型储能技术，全面促进储能产业的科技创新应用。

国内传统能源电力行业正面临世界百年未有之大变局，在绿色低碳战略引领下，国家加大对综合能源、新能源、储能、氢能等行业的政策支持。中国电力建设工程咨询有限公司依托集团全产业链一体化的优势，加强与国内有关政府部门、行业协会组织、兄弟企业、产业链上下游企业等的合作，整合国内最优势的资源，形成最广泛的规划、设计、施工、运营全产业链一体化，三峡乌兰察布新一代电网友好绿色电站示范项目综合能源基地多类型电源容量优化配置方法、保障系统稳定性和经济性兼顾的配置方案，为综合能源基地电源优化配置提供可行性思路。

中国电力建设工程咨询有限公司承建的三峡乌兰察布新一代电网友好型示范项目，依托乌兰察布"源网荷储"一体化就地开发利用方案开展全面研究，以缓解高峰电力缺口和促进清洁能源消纳为主要目标，提出源荷互动的绿色大数据中心示范项目设计方案。项目建设 170 万 kW 风电、30 万 kW 光伏、55 万 kW 储能，储能方式以磷酸铁锂电池为主，辅以一种非锂电池新型储能技术，全面促进储能产业的科技创新应用。通过乌兰察布新一代电网友好型示范项目的建设，公司为集团两个"一体化"建设工作起到了良好的示范效应，培育了在新能源产业方面的核心竞争力，创新了新能源发展模式和业态，提供了优质的新能源综合解决方案，公司将持续探索多能互补和源网荷储一体化项目的实践。

三、实施效果

三峡乌兰察布新一代电网友好绿色电站示范项目按照技术水平国际领先、示范成果国内一流、具备全自治区推广效应为目标，以乌兰察布市为先行试点地区，依托当地丰富的新能源资源，以储能等新技术为突破口，按照统筹优化、融合创新的思路，设计"源——网——荷——储"多维度、多组合方案，发挥示范的综合效益，打造内蒙古现代能源经济新标杆。项目建成后，每年可发电量 63. 32 亿千瓦时，与同容量燃煤发电厂相比，每年可节约标准煤 203. 27 万吨，减少二氧化硫排放量 14564. 61 吨、氮氧化物排放量 20123. 86 吨；减少排放二氧化碳排放量 5205265. 43 吨，减少烟尘排放量 2532. 98 吨，减少灰渣排放量为 756409. 93 吨，环保效益显著。

作为示范项目，本项目绿色低碳效果主要体现在项目运行时不需要消耗其他常规能源，环境效益主要体现在不排放任何有害气体和不消耗水资源。开发利用风力资源和太阳能资源是调整能源结构、实施能源可持续发展的有效手段。另外，本工程的开发建设不仅能给当地的旅游业带来新的景点，促进当地旅游业的发展，而且有助于当地产业结构的调整，促进当地的经济发展，具有良好的社会效益和综合经济效益。

通过风光储联合优化运行，实现间歇性新能源提供地区高峰供电保障，顶峰能力约等效一台 60 万千瓦级火电机组，保障自身消纳的同时为电网提供一定调峰能力，项目综合上网电价不高于当前蒙西地区燃煤标杆上网电价。项目建成后将有利于探索的实施路径，创新新能源与储能的一体化管理、调度和运行模式，示范大规模多场景先进储能技术应用，促进乌兰察布现代能源经济相关产业发展。

乌兰察布“源网荷储”一体化就地开发利用，以缓解高峰电力缺口和促进清洁能源消纳为主要目标，提出优化储能配置的新一代电网友好型新能源示范电站、“源网荷储”一体化绿色供电的新型工业园区、源荷互动的绿色大数据中心、关键节点的电网侧储能系统等示范项目设计方案。储能具备双向功率特性和灵活调节能力，新能源发电与储能协同发展，为促进新能源并网消纳、提升并网安全友好性提供了新思路。

主创人：浦　涛、田彬妍、李　昕、李　进、邱翊轩

霸州市华隆矿区地热供暖项目

中国石油天然气股份有限公司华北油田分公司

一、企业概况

1975 年，华北油田投入勘探开发，1976 年，华北油田会战指挥部成立，后更名为华北石油管理局。1999 年 10 月，按照国务院对石油石化企业进行重组改制的总体要求和中国石油天然气集团公司的统一部署，原华北石油管理局重组为上市和未上市两部分，上市部分隶属于中国石油天然气股份有限公司，简称为中国石油华北油田分公司。华北油田管理局、中国石油华北油田分公司隶属于国务院国资委和中国石油天然气集团总公司，并接受其直属领导管辖，行政级别为设区地级市。

公司主要从事石油、天然气勘探和生产、集输及储运、勘探开发工艺研究及规划研究等石油勘探开发核心业务，拥有油气资产原值 229. 60 亿元，净值 80. 74 亿元。注册油气勘探区域主要集中在冀中地区、内蒙古中部地区和冀南－南华北地区、山西沁水盆地等四大探区。共拥有 54 个油气田，油气集输管线 3500 多公里。

公司成立后，按照新体制、新机制的要求，大力发展勘探开发主营业务，精细管理，全员创新，以人为本，依法经营，取得了物质文明建设和精神文明建设的丰硕成果。2000—2004 年，公司生产原油 2212 万吨，天然气 26. 99 亿立方米，实现了储量替换率大于 1 的目标。

华北油田分公司以科学发展观统领全局，努力担负起国有企业应承担的经济责任、政治责任和社会责任，确立了年新增可采储量 500 万吨以上，年新建油气生产能力 50 万吨以上，年油气生产量达到 500 万吨的“555”工作目标，推进油田健康发展，为中国石油天然气集团公司率先建成一流的社会主义现代化企业和具有国际竞争力的跨国企业集团做出新的贡献。

二、主要措施

（一）项目背景与具体方案

华北石油管理局第十二综合服务处华隆矿区属边远小区，无法实现集中供热，原有燃气锅炉供热运行成本高。华隆矿区地热供暖项目实施后，取热不取水，为供热找到新方法、新思路，不仅可解决现有集中供热成本高的问题，还有助于缓解华北地区气源紧张问题。

项目建设地点位于河北省霸州市，距霸州市中心约 10km，目标市场为华北石油管理局第十二综合服务处华隆矿区。华隆矿区目前采用燃气锅炉供热，已建中心锅炉房安装有 5 台燃气热水锅炉，承担总供热面积 $38.69\times104m^2$，其中早期建设的多层住宅 $22.95\times104m^2$，近期建设的高层住宅 $5.39\times104m^2$，另有配套多层商业和办公建筑 $10.25\times104m^2$。此次开发南孟潜山地热资源，替代原燃气锅炉房实现清洁供暖。

南孟潜山热储岩性主要为蓟县系雾迷山组和铁岭组碳酸盐岩，其岩性主要为白云岩，研究区内共有 8 口井钻遇雾迷山组地层，大致埋深在 2000 ~ 3000m，地层厚度在 1000m 左右，平均钻遇雾迷山顶深为 2176m，钻遇地层平均厚度为 220m，研究区内 8 口井均未钻遇较为完整的雾迷山组地层；有 2 口井钻遇铁岭组地层，地层大致埋深在 2000 ~ 2700m，地层平均厚度为 137m。雾迷山组和铁岭组地层裂缝较为发育，多口井在钻井过程中发生泥浆漏失或放空现象。华隆矿区处在牛驼镇凸起地热田内，周边蕴藏有丰富的、高品质的地热资源，高点埋深在 1900 ~ 2850m，热储层温度一般在 95 ~ 115℃之间。

技术路线采用间接供热系统，利用潜山地热水供热，地热水由潜水泵从生产井抽出，经集水器集输、除砂排气后进入换热器换热利用，利用后的地热尾水经过滤处理后输送至各回灌井回灌至原热储层。由于多层区用热温度高于高层区，故采用地热水先与多层区二次网换热，再与高层区二次网换热的梯级利用方式，地热利用率60%以上。

实施方案采用新钻南孟潜山地热井3口，同时改造老井1口，2采2灌，依托原有锅炉房建设地热供热系统，新建井房、地热水集输换热回灌设施、供配电设施及自动控制系统等，利用地热水供暖，原地热供热站用房及二次网循环补水设施利旧。

（二）项目核心技术

实施过程中采用了三大核心技术。一是地热资源高效评价技术，研究储层分布特征，摸清资源富集规律，形成以优势储层评价为基础的余热资源高效评价技术序列。华隆矿区地热资源丰富，可为城市清洁供暖提供充足的资源保障。二是地热资源高效开发技术，在综合考虑地面市场、地下资源的基础上，研究热储层经济可用性，确定热储层利用标准，按余热类型细化分类；筛选老井产层状况，对比分析井筒改造性，优选投资少、见效快生产井，形成油田老井再利用数据库，制定合理的开发方案，使资源评价与市场价值相结合，精准攻关，加速余热市场开拓。三是地热井钻井工艺技术，通过开展低成本余热井钻井技术攻关，形成了以井身结构设计、钻井提速、储层保护为主的“三合一”的余热井高效钻井技术：①井身结构优化设计技术。通过技术攻关、精细地层压力预测，简化井身结构设计，降低钻井成本，形成了一套完善的井身结构设计序列。②钻井提速技术。采用“PDC+螺杆”复合钻井技术，配合随钻测斜工具，导向钻具组合进行钻井，可适时变更定向和开动转盘两种工况，连续完成定向造斜、绕障、增斜、稳斜、降斜及扭方位操作。③热储层保护技术。通过优选聚合物、清水、低固相钻井液体系，满足储层保护、井下安全的要求；优化双壁气举反循环钻井工艺技术，反循环钻井时环空压耗小，作用于地层的压力小，在易漏地层钻进时，可减少或消除钻井液的漏失，有效保护储层。

2019年投运后，在冬季采暖期给华隆矿区现有住户提供地热，替代燃烧原有燃气来满足用户供暖需求，收取地热供暖费作为商业运营模式。目前该项目钻有2口采水井、1口回灌井，结合气温情况调整合适的运行参数，以满足用户的供暖需求：当温度偏低的时候，启用2口采水井、1口回灌井以及间起燃气锅炉供暖，燃气锅炉燃气量4500m^3/d；当温度偏高时，启用2口采水井、1口回灌井，停用燃气锅炉供暖。

三、实施效果

项目总投资3600万元（含税），项目投资回收期6.77年，内部收益率14.54%。项目符合国家和河北省地热发展利用规划，是一项能源型、环保型、基础设施型的建设工程。该项目实现了百分百清洁能源供暖，为未来城乡地区地热资源利用积累了成功经验，具有多重意义。

（一）经济效益可观，具有可复制、可推广示范作用

2019年10月地热供暖项目投运后，由地热井替代燃气锅炉供暖，年降低天然气消耗300万立方米，年平均供暖费收入600万元，年平均创收150万元。

通过项目的成功实施，未来对扩建的4.59万平方米地热供暖项目计划投资2100万元，对远期高铁新区地热供暖项目计划投资1.3亿元。

（二）显著的节能减排、环境保护和社会效益

项目利用地热水供暖，节能减排效果显著。地热水利用后回灌到热储层，与燃煤相比，地热不仅清洁，而且还是可以反复利用的再生资源。地热供热依靠水，但不消耗水，不会对水体造成污染，尾水通过地热回灌井全部注回地下热储层，不破坏深层地热水的循环系统，不会抽空地下的水层，没有地层凹陷的风险。项目于2019年底建成实施后，年供暖面积38.69万平方米，解决了矿区供暖成本高的问题，实现年替代燃气453.2万立方米，减排二氧化碳7976吨。

（三）有效助力实现地热能开发利用“十三五”规划目标

地热资源作为绿色能源，“十三五”期间得到了国家大力推广应用。当前地热开发利用具有很好的宏观政策环境，本项目建成后将是华北地区最大单体规模的地热采灌循环利用项目，可为河北省实现1.1亿平方米的地热供暖目标形成样板、贡献力量，对完成“十三五”规划目标具有重要示范意义。

主创人：李健敏、樊国柱、姚　欢、刘亮德、唐　力

资源循环利用

涂装天然气优化项目

安徽江淮安驰汽车有限公司

一、企业概况

安徽江淮安驰汽车有限公司（以下简称江淮安驰公司），成立于2010年9月，是江汽集团响应省委省政府振兴皖北号召和实现江汽集团股份战略目标，首批在皖北投建的企业，目前注册资本6亿元，是江汽集团股份公司MPV的生产制造基地。

江淮安驰公司发展定位于全系列、专业化的MPV生产制造基地，前期主要生产瑞风M3和瑞风M5两款中端和低端产品。2020年6月底，在蒙城县委县政府促成下，蒙城经开区与江淮安驰公司签订了《中高端MPV投资协议》，以实现江淮安驰公司产品升级、技术升级和结构升级。随着M4和M6的搬迁、达产和新产品的陆续上市，将有更多零部件配套供方陆续到蒙城投资建厂，在促进蒙城当地就业提升的同时，将持续带动周边零部件产业及运输、维修等相关联产业链产值的不断提升。

公司持续向好的发展态势极大助推了当地的经济发展建设，佳仕龙机械制造有限公司、安徽讴神机械制造有限公司、北京诚通物流有限公司、金润物流有限公司等核心配套供应商和物流商纷纷到蒙城投资，逐渐形成了以整车生产制造为龙头、零部件制造为核心的汽车产业链集群，直接和间接带动蒙城2000余人就业。

2021年，江淮安驰公司实现销售32030台，销售产值20.74亿元，缴纳各项税费1.87亿元，实现工业增加值3.14亿元，直接和间接带动相关收入1.85亿元。2022年，实现销售16543台，销售收入12.17亿元，缴纳各项税费0.93亿元，实现工业增加值2.29亿元，直接和间接带动相关收入1.26亿元。

二、主要措施

（一）企业绿色低碳发展所处的市场生态与资源环境

在“双碳”战略中，汽车产业的碳排放是治理重点之一，推动汽车产业低碳发展对实现碳达峰、碳中和目标具有重要战略意义。绿色低碳转型已成为我国汽车产业未来发展的趋势。“十四五”规划纲要中提出，要加快推动绿色低碳发展，推进清洁生产，发展环保产业，推进重要领域的绿色升级。一直以来，交通运输行业是资源消耗和碳排放大户，行业上下游产业链长，单车碳强度高，从整车零部件生产到投入使用都与整个产业链节能减碳实现密切相关。

江淮安驰公司始终以“为用户提供最满意的产品”为发展目的，坚持“节能、安全、环保、智能、网联、舒适”关键技术研发路线不动摇，持续强化用户思维，用“千人千车、千车千面”的优秀体验提高用户满意度。坚持把“构建循环经济、建设绿色企业”的发展思路系统贯彻于生产经营管理中，在发展生产中保护环境，在保护环境中促进生产发展，实现经济、社会、环境三个效益的统一与协调发展。公司不断探索，积极采用先进技术、工艺，持续提高资源利用率，改善工作环境，恪守企业社会责任，积极参与节能减排行动。

（二）企业绿色低碳发展战略的制定与解决方案

为引领绿色发展，打造绿色制造先进典范，江淮安驰公司多年深耕新产品研发，拥有瑞风M3、M4、L5和L6四个平台MPV车型，产品定位MPV制造专家。同时致力于打造国货新标杆，用切实的行动践行“绿水青山就是金山银山”的理念，实现“绿色发展、循环发展、低碳发展”。

1. 生产脱碳

生产脱碳，在生产环节做到低碳或零碳，使用绿色能源，即尽量采用绿色能源，或采用绿色机制，实现能源绿色化。江淮安驰公司通过使用绿色能源和节能改造，减少能源消耗，从而实现生产脱碳。

（1）涂装天然气优化项目。

涂装流水线的七大组成部分主要包括前处理设备、电泳设备、喷漆设备、烘炉、能源系统、电控系统、悬挂输送链等。烘干炉是涂装生产线中的重要设备之一，它的温度均匀性是保证涂层质量的重要指标。生产期间，为了保证烘房内的温度均衡并防止尾部受热面腐蚀和堵灰，排烟温度一般不低于 180 ~ 220℃，大都是直接排放，既污染了环境，又浪费了大量的热能；非生产期间，由于空调系统及其他设备均无加热需求，为了保证漆面质量及油漆品质，涂装车间内油漆温度需要控温在 15℃。此时，为了确保油漆温度恒定，需开启最小的一台热水锅炉（制热量：2800kW·h）及两台热水循环泵，浪费能耗。

为减少天然气的消耗，节约能源，降低生产成本，通过对涂装天然气消耗情况的研究分析，一方面生产期间采用“复合管余热回收器”回收，分别在电泳与面漆烘炉的每条烟管处各安装一台 YRHS－A 型复合管余热回收器（气－液式），200℃高温烟气经过余热回收器后降至 110℃左右进行排放。余热回收器安装在新增烟管处，原烟囱布置电通三通调节风阀，便于调整余热回收器进烟气量，新增循环水泵将前处理工艺回水由一条主管路分别送入电泳余热回收器与面漆余热回收器，在余热回收器内与烘干炉高温烟气进行热交换，加热后的热水重新回到原工艺回水主管路，余热利用系统出水温度低于设定值时，所加热后的工艺回水进入原公用动力换热站进行加热，此时余热利用系统与原加热系统联合对前处理进行供热。出水温度达到设定值时，原换热站自动停止加热，余热利用系统所加热后的热水供前处理各槽体换热使用，此时余热利用系统单独对前处理进行供热。另一方面在春秋季节、非生产期间，为了保证漆面质量及油漆品质，增设一套独立的电加热系统，在非生产期间基本无供热需求时使用，同时为了生产期间仍然能使用锅炉热水系统，在电加热系统与锅炉热水系统间增设一套自动切换系统，实现切换作用，又增设了一套声光报警系统，当系统缺水、水泵故障时可及时提醒操作站工，在工艺不变的情况下，实现了降低能耗的目标，减少非生产期间锅炉的开启和天然气的消耗。该项目遵循“稳定可靠，技术先进，降低能耗，节约投资”的原则，在稳定可靠的前提下，采用成熟、可靠的工艺、设备和先进的工艺技术以及采用自动控制系统，达到高效、节能、稳定生产、优化控制的目的，并最大程度地减少操作岗位，以降低成本，实现节能减排，绿色发展。

（2）工艺空调变频改造项目。

生产期间空调满负荷运行，现梳理可降低送风的空调，安装变频器，对控制回路进行改造，降低用电，年减少碳排放 305.26 吨。

（3）涂装前处理用气的优化。

前处理生产期间，因升温较慢，洪流水洗、脱脂、预脱脂和磷化，每天早晨 6∶10 左右需开启锅炉升温，保证当天能按时开线，因内部热水管道使用的是气动电磁阀（约 15 个），还需开启 160kW 的 8 千克空压机。通过调研，除前处理升温需 6∶10 开空压机，其余用气点均需在生产前设备预启动时（即 7∶10 左右）使用，故 6∶10—7∶10 使用 160kW 的 8 千克空压机存在能耗浪费现象，新增 5.5kW 空压机连接到涂装前处理内部管道，作为前处理升温即 6∶10—7∶10 使用的气源，减少 160kW 空压机的使用，降低用电量，节约能源，减少碳排放。

2. 提升能效价值比

提升能效价值比，即单位能耗产出最高或最优。对汽车企业来讲，就是要做“双碳”的“灯塔工厂”。江淮安驰公司通过采用柔性化、自动化和智能化设备，实现制造环节数据化、智能化，不断提高良品率，降低原材料损耗等。

冲压生产采用1条高速冲载机械压力机冲压线，其由1台22500kN多连杆机械压力机、1台10000kN闭式四点单动机械压力机、1台8000kN闭式四点单动机械压力机组成，能够稳定、高效地满足高强度钢板批量加工需求。拥有行业先进的全封闭自动化冲压线，其中全自动伺服高速生产线及直线7轴高速机器人，实现了深拉延、高品质、高柔性、低噪环保的完美结合。目前平均SPM达到3.5次，最快实现4.5次，通过双班模式基本满足月产3000台的生产需求。

焊装生产线。其是一条高柔性、高自动化率、高节拍、节能环保的自动化焊接线，拥有51台国际先进的自动焊接机器人，采用中频伺服焊接技术，高质、高效、节能，全车间采用自动机械化输送系统，车身连接工艺自动化率100%，车间整体自动化率70%以上。焊装生产线点焊，好表面打磨抛光上应用烟尘净化系统；采用单机、集成罩、焊接房对于所有点焊、CMT工艺、激光房、打磨房产生的烟尘、粉尘进行全覆盖收集，并在人工集中区域采用空调换气系统，环境噪声≤75dB，烟尘浓度≤4mg/m³，安全环保。

涂装车间。其是一个高质量/低投入、低能耗的车间，拥有国内先进的水平返回式摆杆链生产线（80s/台），可实现多种车型连续化的全自动化生产，随时跟踪车身位置及状态，保证车身内外腔最佳的电泳效果；新引入了水性阻尼胶ABB喷涂机器人，替代以往生产线人工作业，实现了涂胶工序的高度自动化和无人化，保证了涂胶工艺段的生产节拍和质量，单台喷涂时间缩短至80秒。

车间采用德国DURR公司专利技术，共计有1台鸵鸟毛自动擦净设备和6台喷涂机器人，能够自动识别车型、颜色，不仅使得自动化效率及品质大幅提升，降低了工人劳动强度，实现了涂装喷漆室高度自动化和无人化，保证了喷漆工艺段的生产节拍和质量，而且这项技术具有运动灵活，柔性高，车身喷涂更均匀，外观更佳，操作方便，可靠性高，故障率低，涂料利用率高达85%，节约油漆，减少漆雾飞散和污染等优点。采用了国际最为环保的水性B1B2免中涂工艺，运用水性B1B2免中涂工艺可以节约25%~30%的能源，降低15%~20%的CO_2排放，减少20%~25%的废弃物排放，而且还能够降低约2kg/台的油漆消耗，实现了节能降耗，绿色环保。

总装车间。其采用L型布局，是国内领先的自动化装配线输送生产线。生产工艺采用轿车化模式，智能化物流配送，保障物料、车辆装配高质、高效；运用AGV、车身识别、扫码加注等智能化技术，实现柔性生产，提高生产效率。

3. 产品脱碳

在产品层面实现脱碳的主要路径是电动化。江淮安驰公司以智能化为核心，以智能化加速电动化转型，推动汽车行业的节能降碳，如公司生产的瑞风E3纯电车型，通过轻量化设计、新材料应用、新技术开发等多重举措推动先进节能。

4. 碳足迹核算

在汽车减碳减排的过程中，进行产品碳足迹核算是减少温室气体排放，助力“双碳”目标实现的重要举措。江淮安驰公司已完成近三年碳排放数据的核算工作，2019年单台碳排放0.62吨，2020年单台碳排放0.61吨，2021年单台碳排放0.58吨，呈下降趋势。

（三）相关设备的改造优化

1. 环保技术

为履行企业社会责任，在达标排放前提下对现有天然气锅炉进行低氮燃烧改造，满足在用锅炉氮氧化物排放在50mg/m³以下。对于焊接废气，优化现有滤筒除尘系统，有效减少生产95%以上颗粒物排放；对于涂装废气，采用埃夫信燃烧TAR及VOC废气改造治理，增加沸石转轮吸附及采用RTO燃烧设备对废气进行燃烧处理，废气综合治理效率95%以上，年排放量减少约83.50吨。

2. 工艺技术

新增天窗线，缓解主线内饰装配件压力，保持两款车型共线柔性化生产，实现与主线零部件装配岗位平衡率相近。对 M3 与 M5 共线工艺流程梳理，针对通用零部件，通过工位器具整合、工艺装配岗位调整等方式，提升生产效率。

3. 信息技术

上线 MES 系统，集成 ERP 系统，实现订单、BOM 数据、供应商数据、物料收货数据、报工等功能集成；实现冲焊、涂装、总装订单、工单管理，并部署现场采集点，进行关键工序点的车辆过点信息采集；优化物料需求拉动，实现基于 T + 2 排产计划、序列计划、循环看板的准时化物料配送功能，并提供适当的预警机制。升级建设了 FAS 系统，通过自动采集车辆信息、连接生产线 PLC、生产设备等，实现生产信息、现场异常的实时管控，生产过程可视化及一车一档的精准追溯。

4. 工业技术

铭牌打印设备、三合一加注机、二合一加注机等生产设备与信息系统集成，实现扫码自动获取参数，自动执行打印或加注。改造 M3/M5 通用滑橇吊具、新增 ESP 标定、M5 天窗安装线等，提高产线柔性，保障混线生产；新增座椅助力机械手、拧紧轴、AGV 小车等，提高设备自动化水平，消除设备因素产生的瓶颈。

三、实施效果

江淮安驰公司积极响应国家号召，将企业社会责任上升到战略高度，更将环境保护视为重要使命，积极实施绿色发展战略，通过打造“绿色生产”、供应“节能减排产品”、建立“绿色合作伙伴”概念并推动实施，实现整体绿色发展。公司 2018 年获评省级绿色工厂，2019 年获评国家级绿色工厂和国家级绿色产品设计；同时公司通过了 IATF 16949 质量管理体系认证、ISO 45001 环境管理体系认证及职业健康安全管理体系认证、ISO 50001：2018 能源管理体系认证；每年邀请第三方评价单位对公司体系运行符合性进行审核，同时自行开展合规性评价，目前公司各体系运行稳定。

作为江汽集团全系列、专业化的 MPV 生产制造基地，为加快绿色转型发展，持续打造世界级智能环保基地，公司利用现代信息计划改造传统制造工艺和管理模式，在设备和工程上，以自动化改造为主，实现“机器换人”，提升了生产制造的效能；2021 年获评安徽省智能工厂及数字化车间。

天然气优化项目于 2019 年 3 月投入使用，截至目前节约天然气 37. 16 万立方米，节约费用 113. 43 万元，减少二氧化碳排放 779. 79 吨。2021 年单台碳排放同比下降 4. 92%。

天然气锅炉低氮燃烧改造，满足在用锅炉氮氧化物排放在 50mg/m³ 以下。

焊接废气优化现有滤筒除尘系统，有效减少生产 95% 以上颗粒物排放。

VOC 废气改造治理效率 95% 以上，年排放量减少约 83. 50 吨。

主创人：张存凯、蔡　伦、孙常坤、付东强、韦耀耀

打造废钢回收利用新模式，实现绿色低碳循环发展

鞍钢废钢资源（鞍山）有限公司

一、企业概况

鞍钢废钢资源（鞍山）有限公司（以下简称鞍钢废钢公司）是鞍钢首家推行“混改＋跟投”的试点企业，也是“双鞍融合”的第一个示范基地，公司注册资本总计2亿元，由众元公司、鞍山钢铁、朝阳议通、合伙人公司共同出资，占比分别为57%、20%、20%、3%。公司目前包括鞍山本部、朝阳分公司及鲅鱼圈分公司，是一家集废钢加工、贸易、配送于一体的混合所有制企业，是工业和信息化部废钢铁加工行业准入企业。

节能减排、绿色低碳是钢铁行业“十四五”发展的重要内涵，也是钢铁企业和社会和谐共处并实现可持续、高质量发展的必经之路。废钢铁作为铁矿石的优质替代原料，其有效利用对于积极开发“城市矿山”，推进节能、减排、降碳具有重要意义。随着国家“双碳”目标的不断深入，废钢作为炼钢原料之一，是一种可无限循环使用的绿色再生资源，将在未来助力钢铁行业低碳发展中发挥重要作用。在“双碳”目标背景下，进一步提高废钢生产加工配送效率、降低企业运营成本和实现产业数字化升级，迫在眉睫。推进废钢铁产业的高质量发展，能有效减少煤、焦使用量和二氧化碳及固废的排放量，能一定程度上降低钢铁企业对进口铁矿石的依赖度，顺应低碳绿色、经济节能的发展理念，具有重要发展意义。

鞍钢废钢公司拥有国内先进水平的打包、破碎、剪切等生产线设备近30台套，废钢加工、储存场地可达5万～10万吨，主要产品有中重型废钢、打包块、剪切料和破碎料等13个品种，是东北区域唯一一家拥有废钢智能验质系统的废钢回收、加工、配送基地。

鞍钢废钢公司自2019年7月成立至今，累计实现销量超260万吨、收入80余亿元。鞍钢废钢公司建立了本企业废钢铁回收网络，在东北及内蒙古等地区建立了废钢铁回收合作基地，拓宽了废钢铁回收渠道，促进了企业不断发展。企业注重新技术、新产品、新资源的开发利用，始终坚持探索绿色低碳时期废钢产业发展的有效策略，打造龙头企业，提升行业整体竞争力，为国家废弃资源的综合利用做出了突出贡献。

企业愿景：打造最具高效、最具活力、最具竞争力的国内一流废钢加工配送企业。企业使命：有限资源、无限再生、低碳绿色、不负员工。企业获得的荣誉有2019年鞍山市“双鞍”融合示范项目、2020年全国优秀废钢加工配送企业、第二十八届全国企业管理现代化创新成果二等奖、第二十届冶金企业管理现代化创新成果三等奖、鞍钢集团创新成果一等奖、2021年度鞍钢集团公司先进单位、2022全球商业创新大会“数智企业先锋”荣誉称号。系统项目荣获2022全国机械冶金建材行业职工技术创新成果三等奖。很多企业前来交流学习，发挥了良好的示范效应。

二、主要措施

废钢铁是唯一可大量替代铁矿石的铁素原料，是可无限循环利用的绿色再生资源。废钢产业的回收利用是我国循环经济的重要组成部分，废钢产业的健康发展有利于冶金废弃物的再生和生态环境保护，有利于再生资源的应用和原生资源的节约，有利于循环经济的发展和国家可持续发展能力的增强。按照《废钢铁产业“十四五”发展规划》要求，鞍钢废钢公司始终坚持绿色、低碳、循环发展模式，不断探索废钢回收、加工、利用新举措，不断优化上下游产业链供给，打造新时代产业政策下的废钢示范基

地。具体措施如下。

（一）创建废钢回收、加工、应用一体化商业运营模式

鞍钢废钢公司打破了目前废钢行业重回收、轻加工、无延伸服务的产业链结构，逐步走上专业化回收加工和生产应用精品废钢的科学发展轨道。在服务钢铁主业，整合上下游产业链的基础上，探索出废钢回收、加工、配送、应用一体化运营模式，以满足废钢需求端对废钢料型、质量的需求。所谓一体化运营，就是从废钢回收环节开始到废钢入炉之前，全程参与，真正做到产业链全覆盖，深度服务钢铁客户端。

（1）回收环节。从回收源头控制废钢整体质量，根据社会废钢大小不一、薄厚不均的特点，细化回收标准和价格；从源头把控废钢分类，总计细化小品种废钢十余类，并针对不同料型进行相应加工处理，满足转炉对废钢的比重、成分要求，确保废钢使用率达到最优。

（2）加工环节。针对轻薄料型的废钢，利用专业打包设备，进行打包压块，提高废钢堆比重，进而提高转炉单炉使用量，促进钢铁企业提高废钢使用比例；针对料型较大的废钢，为了满足入炉尺寸要求，利用专业剪切设备，把废钢切割成合理尺寸的废钢，提高了废钢的自然堆比重，有利于提高转炉使用废钢比例；针对一些含特种合金成分的废钢，采用物理剪切的方式，加工成小块特种废钢，供精炼炉使用，精确调整钢水成分，从而也增加了废钢的使用量和收得率。

（3）应用环节。由于废钢分类管理对于冶炼工艺和钢质量控制有着重要作用，为了合理利用废钢资源，公司按照技术条件对废钢进行严格分类和管理，细化废钢分类，挖掘废钢价值。按照钢厂转炉废钢槽重和钢水成分要求，科学设计废钢配比，严格保证入炉料称量准确（废钢、铁水、渣料等），以及控制装入废钢的类别、尺寸、成分等，使转炉使用废钢成本最低、质量最优。

由于废钢质量对冶炼工艺、钢质量和技术经济指标均有显著影响。精品纯净废钢的应用为钢企带来节能降耗、提高钢水内在质量、缩短冶炼时间、降低成本等良好经济效益的同时，也带来减少排放、降低污染等环保效益。因此，鞍钢废钢公司始终以质量为生命线，诚信经营，引领废钢产业进入一个崭新的时代。

（二）构建废钢基地星图，培育新型商业模式

废钢铁回收行业是社会效益、环境和资源效益大于企业经营效益的行业，只有站在一定的高度进行统筹管理，通过建立完善的回收体系，才能从根本上解决问题。虽然废钢铁行业蓬勃发展，但是仍存在大问题亟须解决：回收体系初步形成，但回收率低，不易回收利用，部分丢弃现象严重，并且现有回收企业规模普遍较弱，市场经营秩序混乱，废钢铁回收体系还待改善。针对上述问题，鞍钢废钢公司已经初步规划实施了新型废钢铁商业模式，具体如下。

（1）针对社会折旧废钢零散的特点，开发建立废钢卫星基地，搭建废钢回收网络，使社会废钢能够及时、便捷地进入回收渠道，让有价值的社会废钢能够较快地进入流通环节，避免了闲置废钢无输送通道，长期搁置，造成资源的浪费，提升资源产出率和回收利用率。同时为了对源头废钢进行质量管控，在卫星基地安装废钢智能判级、打包预警远程监控系统，从回收到分拣、加工全面监控，基地的财务、库存等运营信息统一由总部管理。

（2）采用现代信息技术实现废钢回收线上与线下有机结合，积极推行现代废钢回收利用的新型商业模式。运用电商平台，以鞍钢废钢资源（鞍山）有限公司为主体，借助废钢网、积微物联等各类电商平台，通过线上、线下互联互通，及时掌握废钢行情，充分了解行业信息，打通多点采购、多地区营销通道。掌握钢材价格走势，了解铁水成本，定期分析研究废钢走势，抓住市场行情，为快速决策提供支撑。实施避峰就谷、择机采购，实现效益最大化。

（3）搭建资源交易平台，引导个体户合规经营。面对社会折旧废钢零、散、乱的回收体系，创新

性开发废钢散户交易平台，构建废钢循环利用体系，加强社会折旧废钢回收利用，提升资源产出率和回收利用率。公司组建专业团队，对接废钢收购个体户，帮助其处理注册、财税等方面的业务，解决了目前废钢交易不带票、开票难、无进项等难题，有利于提高个体工商户的收购积极性和经营合规性。

（三）实现废钢智能验收判级，打造数智化废钢产业

为了打造废钢"智慧工厂"，助力"智慧废钢"建设，掌控废钢源头资源，提高竞争力，鞍钢废钢公司建设废钢全产业链一体化平台。引进用友成熟中重型废钢智能判级系统，并开展轻薄料废钢智能打包预警远程监控系统研发，实现"智能集成+智能研发"，双轮驱动，快速成长。废钢智能分级、验质及预警系统将作为鞍钢"智慧废钢"数智化项目的核心组成部分，并与企业内部管理紧密集成、对接上下游信息化系统，将打破数据壁垒、提高流程效率，大幅度提升鞍钢服务客户的能力，打造最具竞争力、创新力、控制力的废钢回收、分拣、加工、配送示范基地。对优质废钢、重型废钢、中型废钢、小型废钢以及轻薄料废钢的厚度、料型和细类进行精准识别，对每个单体实现像素级分割，自动计算出每种料型的重量百分比，自动计算扣渣量和危险物预警。鞍钢废钢智能判级在中重废、轻薄料、打包压块智能检测等方面均走在了行业的前列。在干净整洁的废钢智能判级大厅，一个人可以同时实现对3个点的卸料判级。这不仅大幅改善员工工作环境、提升工作效率，还重塑了废钢判级业务流程，提升了管理的规范化和先进性水平，取得了优异效果。同时，为鞍钢废钢公司的"智慧废钢"的长远目标，打下坚实基础。

鞍钢废钢公司采用与用友公司合作研发、已获得国家发明专利的废钢智能判级、打包预警远程监控系统技术输出到鞍钢其他核心基地、卫星基地以及社会其他钢厂，实现对废钢卸料以及打包压块的全链条智能管控，有效解决打包压块掺杂使假、跨区域远程监控和危险物识别问题，既满足鞍钢废钢需求，又满足社会其他钢厂打包块需求，达到质量安全可控，源头资源可控，保证战略资源安全。要融入"数字鞍钢"建设，坚持不懈推进"智慧废钢"数智化项目优化升级，积极打破数据壁垒，对接上下游信息化系统，提高流程效率，大幅度提升服务客户能力，并以数字化建设为依托，降低多基地管理风险。作为混改企业，要以更高标准深入推进三项制度改革，争当示范标杆，全面释放企业活力和动力。要把握"双碳"目标下的绿色金融发展机遇，善于运用相关政策，打造最具竞争力、创新力、控制力的废钢回收、分拣、加工、配送示范基地。这些措施推进了废钢加工的本质安全、本质环保，提升了基地的信息化、数字化、智慧化能力。

（四）采用先进的加工设备，提高废钢铁加工装备水平

制定废钢铁加工设备节能、环保及质量标准，进一步提高废钢铁加工装备水平，坚持节能环保，推动产业升级。废钢铁等设备制造企业，要用科技创新，提高技术水平，在满足国内生产需求的同时，制定相关装备的节能、环保及质量标准，遏制低价低质竞争，推动行业高质量发展。鼓励采用先进的加工设备（破碎线、打包机、剪切机、移动加工设备等），提高装备的节能环保水平，减少火焰切割，淘汰鳄鱼式剪切机等落后的加工设备，回收企业开始转型为"新三无"企业，即无烟、无尘、无油污。统料智能打包预警远程监控系统成功上线运行，将该智能质量安全控制技术推广到辽宁、吉林、黑龙江、华东等有打包设备的、有实力规模的、有富集资源的废钢加工基地，实现远程智能监控打包、智能物流和对其他废钢品种有效控制。

钢厂方面通过与废钢加工企业开展战略合作，实现了对废钢回收、分选、加工的无缝隙衔接，并确保了废钢的有序合理利用。未来大型回收企业建立起完善的回收供应网络，废钢市场的集中度有望进一步提升。我国废钢铁行业逐步走向正规化、产业化，可以为终端钢厂提供更多合格、优质的废钢铁原料，也就保证了我国废钢使用量将处于快速增长的通道，也为电炉炼钢的发展奠定了基础。在行业自身逐步走向强大的过程中，为我国节能减排做出更多贡献。废钢铁是我国碳达峰及碳中和路上的基石。

三、实施效果

研究数据表明，每回收使用 1 吨废钢可减少 1.6 吨二氧化碳排放，减少使用 1.4 吨铁矿石和 740 千克煤，1 吨废钢生产出来的钢铁产品所消耗的能量仅仅约为长流程消耗量的 1/3。随着废钢使用量的增长，我国使用废钢所减少的能源使用与排放减少量已经大幅提升。“十四五”期间，在废钢产业方面，鞍钢废钢公司力争通过自建、合资、并购加工基地等投资模式，总投资 16 亿元，到 2025 年，达到外部废钢加工量 1000 万吨，贸易 200 万吨，年收入 360 亿元、利润 5 亿元，投资收益率 18.55%，2022—2025 年累计降碳、实现绿色创效 34 亿元。

废钢铁属于一种绿色环保能源，是一种可以多次循环利用的再生资源，成为钢铁冶炼中主要的材料来源。废钢主要用于长流程转炉中的炼钢添加料或短流程电炉的炼钢主料。炼钢工艺分为长流程和短流程：长流程是以铁矿石为铁元素来源，添加焦炭、石灰石等材料，以高炉和转炉为主要设备生产粗钢的工艺流程；短流程则是以废钢为主要铁元素原料，以电炉（电弧炉）为主要设备，对废钢进行重熔、精炼的工艺流程。短流程相比长流程减少了“还原”这一能耗最高的部分，碳排放也相应大幅减少。有测算显示，采用高炉转炉长流程炼钢，生产 1 吨钢大概排放 2 吨二氧化碳，而通过废钢短流程炼钢，吨钢碳排放则下降到 0.5 ~ 0.6 吨，如果是以氢还原技术加电炉炼钢，则是近零排放。鞍钢各钢厂近年均有电炉上线计划，因此鞍钢废钢公司为鞍钢各钢厂废钢保产保供至关重要。鞍钢废钢公司现已实现核心基地中重型及轻薄料废钢智能判级、打包预警监控系统全覆盖，卫星基地轻薄料废钢打包预警远程监控系统开展技术输出，改变了传统眼磅验质方法，实现智能验质、资源掌控、风险控制及轻资产运营，达到总部战略管控、财务管控、风险管控、大数据管控。

中央经济工作会议要求推进资源全面节约、集约、循环利用。面对新形势、新任务、新要求，必须坚定不移走生态优先、绿色低碳的发展新路子。废钢铁产业是节能环保战略性新兴产业的重要组成部分，大力推动废钢铁资源综合利用，有利于缓解我国资源环境约束，适度降低铁矿石对外依存度，保障钢铁产业安全，对于推动产业绿色转型、培育新的经济增长点、实现发展方式的根本性转变、助力“双碳”目标如期实现等具有重要意义。

在废钢供应持续增加，以及我国钢铁行业将实现低碳转型、高质量发展的局面下，推动以废钢为主要原料的短流程炼钢发展成为必然。鞍钢废钢公司正是在废钢资源成为战略资源的关键时期努力打造全国废钢加工示范基地，通过上述举措打造废钢企业新模式。相信通过不懈努力，鞍钢废钢公司将在我国节能减排的道路上发挥先锋支柱作用。

主创人：王义栋、于　峰、平守国、张　凯、孙　野

白云鄂博铁矿含铁围岩干选回收技术

包钢集团矿山研究院（有限责任公司）

一、企业概况

包钢集团矿山研究院（有限责任公司）（以下简称矿研院）成立于1963年，是内蒙古自治区唯一乃至西北地区最为完善的从事地质、采矿、选矿、药剂、冶金、矿产品检化验等全方位矿山研究的科研机构，隶属于包钢矿业。该院取得ISO 9001质量管理体系认证证书，具有自然资源部认定的选冶加工试验（甲级）资质。拥有国家级西北金属矿产资源综合利用国家地方联合工程研究中心、国家专业技术人员继续教育基地、内蒙古自治区级矿产资源综合利用研究开发中心、内蒙古自治区高层次人才创新创业基地、包钢（集团）公司矿物加工工程院士专家工作站等多个创新平台和机构；同长沙矿冶研究院、东北大学、济南大学分别建立了白云鄂博资源综合利用联合实验室。建院以来，共取得科研成果400多项，获奖200多项，其中获得国家及省部级奖项25项，国家发明金奖1项，取得发明专利18项。为包钢矿山建设、选矿生产新工艺、新药剂、矿产资源及尾矿综合利用等方面的发展做出了重大贡献。

经过多年的技术积淀，矿研院形成了自身独有的发展优势，在矿业科技领域专业齐全，积累了丰富的技术经验，与国内优秀科研院所、大学院校开展技术合作，融合创新能力不断提升；多次为矿山企业解决生产中的技术难题，发挥作用日益凸显；多次获省部级、行业协会科技奖项，成果丰硕。特别是近些年，矿研院围绕共生、伴生矿产资源综合利用技术及有价元素提取技术展开攻关，在提高矿产资源选矿回收率和综合利用率及低品位、共伴生、尾矿资源的高效利用方面取得了重要的技术成果、积累了丰富的产业化经验，产出一批原创专有技术。总体来说，矿研院在矿业产业科技创新领域已达到国内一流水平，有较强的科技创新能力和实力。

二、主要措施

（一）基本原理

针对大宗低品位、大块度、高寒地区含铁围岩铁资源回收难题，矿研院对白云鄂博铁矿采场境界内各种类型含铁围岩性质分析的基础上，研发干式磁选预选抛废技术，充分回收铁资源，同时确保稀土、铌等资源不流失。

铁矿在国民经济发展中起着非常重要的作用，是我国钢铁工业发展的基础。合理开发矿产资源、改善矿区自然环境、对铁品位低的含铁围岩进行勘查、开发与利用，可有效地减少资源损失和浪费，实现可持续发展的目标。

白云鄂博矿床是我国最大的大型含铌稀土铁矿床，其工业指标：TFe边界品位为20%，TFe工业品位为25%。在多年的矿山生产中，有部分低于边界品位低品位矿石（TFe<20%）作为废石排出。白云鄂博矿床成矿特点为矿体与围岩含铁含稀土为渐变过渡关系，可在岩体中圈定出具有一定含铁量的磁铁矿化岩（称为含铁围岩），由于剥离的含铁含稀土围岩量大、占据土地、污染环境，也造成资源的极大浪费。含铁围岩与目前生产上处理的原矿铁品位相差较小，因此对这部分含铁围岩进行有效回收利用，不仅可以扩大铁矿资源量，延长矿山服务年限，还可以减少固废排放。但含铁围岩资源化利用一般存在以下几方面问题。

（1）资源量大，铁品位低，矿体与围岩含铁量为渐变过渡关系。矿石与围岩界线不清，可选性差异不大，预处理设备需适应大块度、大处理量、耐磨损，同时适应大风、高寒极端天气状况。

（2）含铁围岩入选铁品位界限难以确定。由于矿体与围岩含铁量为渐变过渡关系，需要研究合理入选品位，研究不同品位情况下的选别工艺、选别成本及资源量等参数状况。

（3）铁品位低的含铁围岩入选会产生大量废石，因此必须考虑废石综合利用和合理堆存问题，否则将增加成本和产生二次环境污染。

针对以上问题，为充分利用包钢开采过程中剥离的含铁含稀土围岩，矿研院提出“白云鄂博铁矿含铁有用岩干选回收技术研究及产业化应用”项目，对含铁围岩重点进行以下几个方面的研究。

（1）对东矿区带萤石型、白云石型、霓石型、云母型含铁、稀土围岩按比例混合后的混合原矿在工艺矿物学研究的基础上，开展 100mm、50mm、25mm、10mm、5mm、2mm 阶段破碎阶段干选抛尾工艺研究。

（2）主矿境界内含铁围岩合理入选铁品位的确定。根据岩体中磁铁矿含量不同，对铁品位 8% 的 1 号矿样含铁围岩进行粗碎产品（350 ~ 0mm）大块用预选抛尾工艺试验，对铁品位 11% 的 2 号矿样含铁围岩进行粗碎（350 ~ 0mm）、中碎（60 ~ 0mm）、细碎（20 ~ 0mm）分段干式磁选抛尾工艺；对铁品位 11% 的 2 号矿样进行预选优化工艺研究。

（3）根据试验选别指标、勘探数据、产品市场售价等参数，提出了合理的入选铁品位、综合利用工艺流程和方案，最终确定含铁围岩可资源化利用的最低铁品位，圈定可利用的最大资源量，为企业降本增效、扩大资源利用率提供技术支撑，也为国内类似低品位含铁围岩综合利用提供新的技术途径。

（4）根据本项目大块度、大处理量的分选矿物特点，研究开发相对应的磁系结构，获得较高的磁场深度，在保证回收率和精矿品位的同时，控制筒表附近的磁场梯度，避免因磁涡流过大造成筒体发热。

（5）将研究开发的大块度 1527 干式磁选机，应用于含铁有用岩干选回收工程现场。研发设计与其他嵌入式不同的可切换干选回收系统。干选给矿皮带尾部可移动，实现排岩和干选自由切换，达到根据不同品位含铁岩品位差异情况分系统处理的目的。

（二）关键技术与设备

1. 提出合理的含铁围岩入选铁品位、综合利用工艺流程和方案，圈定可利用的最大资源量

主矿矿石生产能力为 700 万吨/年，矿石损失率为 2%，每年损失到围岩的大于 TFe32% 矿石有 14 万吨，1430 水平以下境界内 TFe10% ~ 15% 含铁有用岩为 440 万吨，两种资源折合 TFe18% 的含铁有用岩 40 万吨以上。

经水平分层图核实，采场每年可以输出 TFe15% ~ 20% 的含铁有用岩 25 万吨。因此，项目投产后，采场每年可以输出含铁有用岩 60 万吨以上，可以保证干选系统稳产十年。

2. 对白云鄂博铁矿含铁围岩进行干式磁选预选抛废技术及深磨深选工艺研究

（1）干选工艺试验：对 TFe15. 11% 的（350 ~ 0mm）粗精矿进行中碎（60 ~ 0mm）、细碎（20 ~ 0mm）干式磁选抛尾试验，获得对原矿产率 16. 96%、TFe20. 51%、铁回收率对原矿 30. 80% 的铁粗精矿指标。

（2）干选优化试验：扩大资源量和进一步降低破碎粒度，将 TFe13% 的（350 ~ 0mm）粗精矿，进行中碎（60 ~ 0mm）、细碎（12 ~ 0mm）分段干式磁选抛尾。获得对原矿产率 32. 26%、TFe20. 49%、铁回收率 58. 76% 的选别指标。同时对比了高压辊工艺。

（3）流程优选试验：将原矿细碎至（20 ~ 0mm）（12 ~ 0mm）（35 ~ 0mm），进行干式磁选预选工艺研究，并将细碎试验结果与推荐的原矿粗碎（350 ~ 0mm）、中碎（60 ~ 0mm）、细碎（12 ~ 0mm）分段干式磁选抛尾工艺流程的经济技术指标比较。

3. 针对本项目矿物特点，研究开发大块度1527干式磁选机

通过磁系优化设计，采用大极距、宽磁极结构形式，有效增大磁场作用，使得本设备在生产流程中与传统设备相比，可获得高品位和高回收率。

（三）工艺流程

含铁围岩选矿工艺流程：原矿粗碎（350～0mm）、中碎（60～0mm）、细碎（12～0mm）分段干式磁选抛尾工艺。如图1所示。

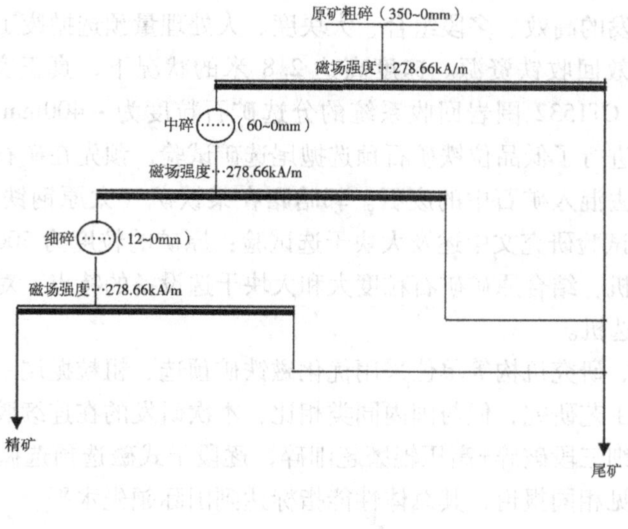

图1 选矿流程

针对本项目大块度、大处理量的要求，研发了大块度1527干式磁选机：磁系采用大极距、宽磁极结构形式，有效增大磁场作用深度。磁极间距为100mm，单个同极性磁极面宽度达到320mm，较普通磁选机增加50%以上；异性磁极间采用磁极取向角度60°的辅助挤压磁极，可带来远端磁感应强度增加的效果，即增大磁场作用深度，提高大粒度矿物的磁吸附效果；由于稀土永磁磁极间磁能积较高，为减小磁路损耗，在异性磁极交汇处，增加低碳钢磁轭的厚度，可以有效减少漏磁和磁损耗，最大限度地增加作用在筒表的磁感应强度。大块度1527干式磁选机新型磁系结构获得较高的磁场深度，保证了回收率和精矿品位。

（四）创新性与解决的突出问题

（1）采用在连续皮带上回收含铁有用岩工艺，用高深度、高场强的预选设备，在露天采场实现了对350～0mm大块度含铁围岩的有效回收。

（2）研究了粗中细三段常规逐段破碎+高压辊磨超细碎、逐段干式磁选预选抛废技术，解决了块度大、处理量大、设备易磨损及发热技术难题。

（3）对包钢白云鄂博铁矿主矿及东矿采场境界以内各种类型含铁围岩，分别进行矿石性质分析及干式磁选预选抛废技术研究，确定了可合理利用的含铁围岩边际品位，并对东矿区混合样进行干式磁选预选抛废技术研究及磨选工艺研究，提出了含铁围岩有效回收的工艺路线。

（4）首次采用非嵌入式独立干选系统，极大减少对原排岩系统的影响。干选回收系统与原胶带排岩系统自由切换，研发设计了可间断、可连续回收装备，不影响原排岩系统正常运行，并实现根据围岩中含铁量差异分选处理的目的，有效回收铁矿资源。既防止直接排岩造成铁矿资源的浪费，又防止极低品位围岩通过干选系统造成的电费和设备折旧损失。

（5）稀土在干选过程中没有富集或贫化，由于铁粗精矿运往包钢内部选厂进行深加工，进一步回收铁、铌、稀土，而尾矿返回排土场继续堆存，有效保护了稀土资源。

（五）主要技术指标及同类技术对比情况

检索结果表明：马钢集团矿业有限公司公开一种含磁铁矿围岩综合利用的方法，处理全铁品位约13%、磁性铁品位约7%的含铁围岩，除可获产率约70%、粒度50～0mm的混凝土骨料外，还可获得产率约8%、全铁品位≥63%、磁性铁回收率≥80%的铁精矿。首钢总公司公开胶带排岩系统在线干选机，干选机集中控制、集中操作。在排岩量高达3500t/h以上时，物料厚度达到500～600mm厚，粒度在0～350mm之间，皮带研发的高效、多段组合、大块度、大处理量预选抛废工艺与技术确定出了经济合理的可选铁资源品位，有效回收铁资源。速度高达2.8米的状况下，真正实现了矿岩分离的功能。四川龙蟒矿冶有限责任公司CT1532围岩回收系统的分选矿石粒度为－400mm，处理能力为5500t/h；武钢开圣科技有限责任公司进行了低品位铁矿石预选抛尾选矿试验，预先在矿石进入磨矿作业前采用磁滑轮—分级淘汰工艺流程除去混入矿石中的废石。郭晗曙在某铁矿（太原钢铁公司太钢矿业分公司峨口铁矿）排岩含铁废石选矿试验研究文中述及大块干选试验：原矿的粒度为500～0mm，为此，选用的干式磁选回收采用大块干选机，结合原矿矿石粒度大和大块干选设备的特点，对原矿干式磁选回收工艺选择CTDG1214永磁大块干选机。

综上所述，国内各高校、研究机构等单位采用优化磁铁矿预选、粗粒抛尾－磨矿－弱磁精选等技术开展了含铁围岩利用及回收工艺研究，但与国内同类相比，本次研发的在连续胶带上实现可间断、可连续回收装备、后续采用粗中细三段破碎+高压辊磨超细碎、逐段干式磁选预选抛废技术以及高深度、高场强预选设备，均在国内未见相同报道，其总体性能指标达到国际领先水平。

（六）技术成熟度

项目对含铁围岩进行了主要矿石性质研究、合理入选铁品位的确定、多段组合预选抛废工艺优化研究、预选粗精矿选别研究，对块度350～0mm的含铁围岩实现了“宽粒度范围，大处理量”的干式磁选抛废研究。该项目研发过程中，全面吸收和借鉴国内外低品位磁铁矿选别的先进技术和先进装备，项目组多次组织有关科研院所、设计、生产和管理等部门的有关专业技术人员对工艺流程结构、设备耐磨性能、资源量的圈定等重大技术问题进行认真研究和讨论，本着研究目的就是为工业化实施的原则，因此研究过程中对多段预选、粗精矿磨选回收技术、低品位磁铁矿分选品位下限的确定等进行了集成创新。工业生产已稳定运行一年，且在保证精矿铁品位、杂质含量和铁回收率等选别指标可操作性强。因此，该工艺技术是可靠成熟的。

三、实施效果

（一）项目概况

项目应用该研究成果完成白云鄂博铁矿主矿含铁围岩回收产业化应用，于2018年建成生产规模60万t/a，TFe≥15%的含铁围岩大块干选生产线，运行至今干选系统生产稳定，设备运行正常。项目总投资1352.5万元。

（二）应用情况

本研究已在白云鄂博铁矿主矿排土场实现工业化应用。2018年10月建成，运行至今干选系统生产稳定，设备运转正常，小时处理量为4500t/h，处理矿石粒度－350mm。干选粗精矿铁品位在TFe13～24%之间，平均铁品位17%。全系统连接简便，切换自如，适应多种供矿条件。

2018年10月，干选项目首次带料试车，经过全流程带料试车，测试了干选工艺流程、皮带运输机、干选设备及电气自动化联锁方案。

通过自动控制系统，对生产工艺流程上的生产设备运行的工况、生产流程中的工艺参数进行实时采集，并将采集的数据传送到集中控制室，由集中控制室根据生产状况及工艺要求，对生产设备、工艺过程、工艺参数进行自动控制和操作。

本项目各设备采用自动连锁控制并设置视频监控设施，接入原有排岩胶带运输系统的控制系统。

除尘系统在满足工艺要求的前提下，本着因地制宜从快从简为主要设计原则，选择合理的结构形式。

本项目共设计2个机械除尘系统。对产尘点全部设置密闭罩，同时进行机械抽风，造成罩内负压状态，防止粉尘外逸，确保车间内卫生和矿区环境卫生达到国家规定的卫生标准。

（三）效益评价

在已探明的铁矿石资源储量中，边际经济、次边际经济资源量达100亿吨以上，由于受技术水平和经济效益的制约，大多数现有铁矿山在开采过程中剥离出的大量低品位难选表外矿和贫杂矿石被堆置而未利用。堆存而未被利用的铁矿废石一方面占用了大量宝贵的土地资源，造成生态环境恶化，另一方面也造成大量铁资源的流失，成为矿山发展的制约因素。低品位难选表外矿和含铁废石资源的开发利用，可达到提高资源利用效率、企业经济效益和改善环境的多重目的，对铁矿资源高效循环利用战略的实施、推进企业经济增长方式转变具有重要的现实意义。

项目针对大宗极低品位、大块度、高寒地区含铁围岩铁资源回收难题，对白云鄂博铁矿采场境界内各种类型含铁围岩性质分析的基础上，开展核心技术攻关，取得多项创新性成果并应用于工业生产，建成生产规模60万t/a，TFe≥15%的含铁围岩大块干选生产线，使含铁岩中的铁得到充分回收，每年可新增产值8802万元。

《国家中长期科学和技术发展规划纲要》（以下简称《纲要》）之优先主题“矿产资源高效开发利用”中，明确提出“发展低品位与复杂难处理资源高效利用技术、矿产资源综合利用技术”。本项目研究内容紧扣《纲要》优先主题，对于我国矿产资源高效开发利用技术进步具有巨大的推动作用。

主创人：牟英杰、闫国英、刘凤国、杨任新、叶献华

大型石化企业低品位余热社会化应用

北方华锦化学工业集团有限公司

一、企业概况

北方华锦化学工业集团有限公司（以下简称华锦集团）是兵器工业集团重要的民品工业企业和发展军民融合石油化工和精细化工产业的平台，是辽宁省石化行业重点骨干企业之一。其前身是 1973 年建设、1976 年投产的辽河化肥厂，2006 年 3 月中国兵器工业集团有限公司和辽宁省政府战略合作重组华锦集团，进入军工央企行列。经过近半个世纪的创业发展，现已拥有辽宁省盘锦市、葫芦岛市、新疆库车三个生产基地，石油化工、化学肥料、道路沥青及润滑油基础油三大主营业务板块。公司年原油加工能力 830 万吨、年产乙烯 50 万吨、聚合树脂 80 万吨、道路沥青 100 万吨、润滑油基础油 90 万吨、尿素 132 万吨，总资产 330 亿元以上、年销售收入 400 亿元以上。截至 2022 年 3 月，公司在岗职工 8572 人。

二、主要措施

（一）落实中央“双碳”工作部署，因地制宜开发低品位余热

华锦集团作为大型石油炼化企业，围绕中央“双碳”工作决策部署，针对自身 CO_2 排放量大、减排任务重等特点，全面对企业节能降碳工作进行了梳理和研判，汇总排序相关做法和项目。低品位余热作为企业生产系统通过内部热量回收后仍无法利用的热量，其本质也是来源于燃料热能的转化，合理利用和回收低品位余热，实现能源的梯级利用，对于节能降碳具有重要意义。企业根据自身生产工艺要求，认真落实党中央在“双碳”工作部署中关于“加快工业余热供暖规模化发展”的指导意见，因地制宜地将企业工业余热用于社会供暖，既可以提升能源梯级利用水平，又可以降低社会面采暖带来的碳排放压力，实现了一举多得的效果。

（二）链接供需双方开展针对性调研

企业基于余热资源量的摸底调查和分析结果，针对性布局低品位余热社会化应用。企业通过将企业低温热资源系统详细建模、诊断、分析与优化，在核算、分析企业低品位余热的基础上，选用经济合理的方式回收低品位余热，构建余热回收供暖系统，按照“温度对口、逐级利用”的原则，系统、合理、高效地回收各类余热，转换为高温水向社会供暖。

针对企业余热的品位和数量，前期调研情况如下。

1. 炼油部分

（1）高温热水：各装置生产过程中产生的高温热水总约 2400t/h（92℃换热至 75℃），其中 1600t/h 炼油装置内部使用，主要用于加热炉炉前预热器和高温水伴热；另一路 800t/h 加压至 1.05MPa 供热电，主要用于热电脱盐水和冬季采暖使用，热量为 251 GJ/h。

（2）低温热水：各装置、热电及工业园返回的低温热水加压至 0.7～0.8MPa 送联合装置各产热设备换热，约 2500t/h 循环运行（75℃换热至 35℃），热量为 419 GJ/h，主要为各装置油品换热器换热使用。

（3）凝结水：现有凝结水量约为 210t/h（84℃），为低温热水补水，热量 26 GJ/h。

（4）净化水：由酸性水汽提装置产生的净化水流量 120t/h（105℃），热量 34 GJ/h。

2. 化工部分

（1）急冷水：乙烯装置的急冷水流量2600t/h，自用1100t/h，剩余1500t/h，通过与循环冷却水换热，实现一级急冷水温度由68℃降至54℃；其中560t/h二级急冷水经过与循环冷却水换热后，温度由54℃降至38℃，热量为125 GJ/h。

（2）高温凝液：高温凝液流量255t/h，通过与板式换热器与循环水冷水换热，温度由70℃降至40℃后回到工艺凝液罐，热量为32 GJ/h。

（3）蒸汽凝液：蒸汽疏水流量30t/h，经过疏水扩容器扩容降压，分离出蒸汽和凝结水，凝结水温度100℃，经板式换热器与循环冷却水换热，温度降至40℃后回到透平凝液罐，热量为7 GJ/h。

3. 热电厂

共有5台锅炉、4台汽机，锅炉排污水（定排废水）流量约20t/h，温度69℃～90℃，热量为2 GJ/h；循环水3000m^3/h，热量为74 GJ/h。

综上，企业低品位余热可分为三类：工艺余热、循环水余热和冷凝液余热，总计约970 GJ/h。在满足企业内部使用的情况下，余热资源仍有近500GJ/h的余量，满足向社会供暖的必要条件。企业还可实现多种余热综合协调利用，在社会供暖增加、原有供暖资源不足情况下，低温乏汽可作为企业社会供暖的弹性调节手段，最大可能保障民生，满足社会供暖需求。

（三）结合场景应用，合理配置降碳技术

企业低品位余热供暖，大致分为三种类型：一是采用高效换热器技术，将工艺余热、冷凝液余热等通过供暖公司热交换站换热后，换热后低温水回到公司界区内对应管线，将热量传导给社会供暖管线，按照换热热量结算；二是ORC吸收式热泵技术，企业低温循环水通过供暖公司热泵换热后，返回循环水系统，将低品位余热传导给社会供暖较高品位热量管线，按照热量结算；三是企业锅炉工艺余热供给供暖公司，水量和热量一起配送给社会供暖管线，按照热量和水量分别结算。

（1）高效换热器技术以炼油部分低温水供暖为例。炼油部分现有低温热水流量3000t/h，温度80℃，原来为了满足生产要求，利用循环冷却水将水温降至75℃再返回系统中使用，存在很大热量浪费。经过本次改造，改造后冬季供暖期间利用一次网循环水，通过板式换热器将低温热水温度降低满足生产要求，可以回收余热量61GJ/h。具体工艺改造方案如下：①低温热水通过4台板式换热器采用两级换热将水温降低来满足生产要求。②低温热水系统总流量3000t/h，经循环泵抽取流量400t/h，进入第一级板式换热器，温度由80℃降至61℃，再进入第二级板式换热器，温度再由61℃降至44℃，最后返回低温热水供水管与2600t/h，80℃的低温热水经混合达到75℃后，通过低温热水泵输送到各工艺车间，来满足生产要求。（原壳管换热器循环冷却水停止运行）③一次网循环水流量1100t/h，经循环泵抽取流量400t/h，首先进入第一级板式换热器，温度由40℃升至57℃，再进入第二级板式换热器，温度由57℃升至76℃，返回一次网供水母管进行供暖。（见图1）

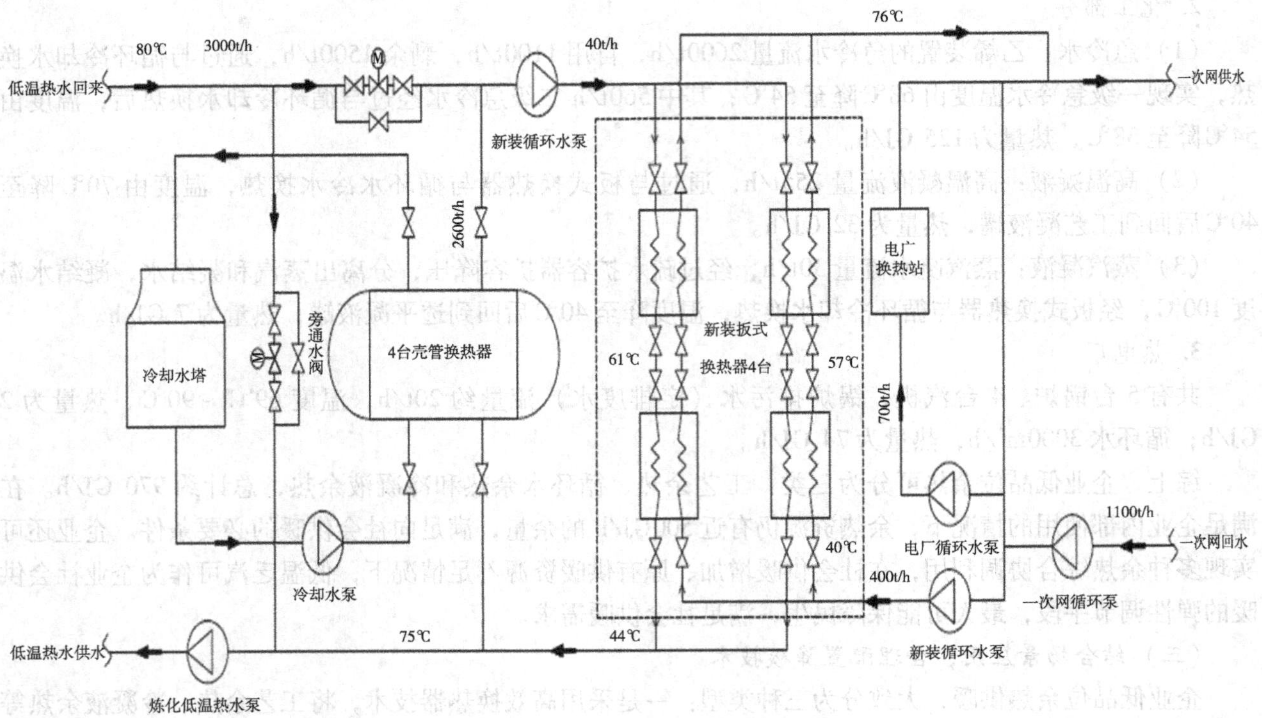

图 1　一次网水侧工艺流程

（2）第二种供暖类型以热电分公司循环水余热供暖为例，它采用了目前备受关注的节能新技术——吸收式热泵技术，将低位热源的热能转移到高位热源的装置，可以有效回收利用工业低温余热，提高余热资源回收率。热电循环水余热吸收式热泵是先从 29℃的低温循环水中获取低品位热能，经过电力做功，将热量转换至较高温度的供暖热水，从而提供满足供暖要求的较高品位热能，经吸热后，循环水回水温度降至 22℃，换热温差达到 7℃，进一步挖掘了余热潜能，该项技术的制冷系数在 3～4，即能够将自身所需能量的 3 至 4 倍热能从低温物体传送到高温物体，大幅降低供热能耗和成本。

2021—2022 供暖期企业外供余热 1862290GJ，具体供暖情况如表 1 所示。

表 1　2021—2022 供暖期企业余热供暖情况汇总表

序号	供暖单位	合作方	外供热源类型	热量汇总（GJ）
1	华锦集团	盘锦双台子热力有限公司	工艺余热	842793
2	华锦集团		冷凝液余热	730877
3	华锦集团	盘锦生源热力有限公司	循环水余热	288620
总计	华锦集团	供暖公司	低品位余热	1862290

（四）锁定多方受益商业模式，保障项目降碳长效稳定

公司就低品位余热社会供暖与盘锦双台子热力有限公司和盘锦生源热力有限公司，达成长期战略合作意向，在“十四五”期间乃至今后一个时期，与两家公司保持长期供给关系，每年按照不同供热单元签订 5 份供热合同，每次合同期限为 1 年，合计供热约 460 GJ/h。具体管理模式：合同约定我单位为供暖企业提供界区内管线路由，新建供暖管线及设施由供暖企业负责设计、采购、施工建设、工程管理和装置调试，供热管线及设施产权归供暖公司。设备运行维护费用、资源占用费及运行过程产生的电费

和水费均由供暖公司负责。管理权限上，我单位负责公司界区以内，界区以外由供暖公司负责。

三、实施效果

（一）节能降碳创造企业、社会经济价值

该项目是一个合理的工业余热综合利用项目，将原本企业无法回收的直排余热，通过换热器及吸收式热泵技术回收利用，达到石化企业和供暖公司双重节能降碳的目的，符合国家节能减排、碳达峰碳中和政策要求。

项目实施后供暖面积达171.5万平方米，城市管网供暖户数达20173户，一个供暖周期回收低品位余热约186万GJ。该项目所有供暖设施和管线投资、运行及管理费用均由供暖公司负责，因此余热供暖热源费即为企业余热供暖的直接经济收益。按照双方协议规定的价格计算，企业可直接创效约1300万元/年。具体2021—2022供暖期企业余热供暖收益情况如表2所示。

表2　2021—2022供暖期企业余热供暖收益情况汇总表

序号	供暖单位	合作方	外供热源类型	热量汇总（GJ）	收益汇总（万元）
1	华锦集团	盘锦双台子热力有限公司	工艺余热	842793	674.23
2	华锦集团		冷凝液余热	730877	511.61
3	华锦集团	盘锦生源热力有限公司	循环水余热	288620	117.76
总计	华锦集团	供暖公司	低品位余热	1862290	1303.61

除直接经济效益外，按照企业余热供暖186万GJ/年计算，可实现节能6.34万吨标煤/年，减少二氧化碳排放20.46万吨/年。未来随着石化和化工行业纳入碳排放权交易市场，企业还可以获得碳收益。

（二）节能降碳彰显社会效益

当前我国居民采暖保供压力骤增，南方地区新增采暖需求旺盛，北方局部地区、时段天然气供应偏紧，煤炭价格大幅提高，全国范围内电力负荷增长，局部地区出现“拉闸限电”，供暖保障面临较大压力的情况下，我司运用的低品位余热社会化应用，为保障冬季居民采暖提供了“安全、清洁、经济”的解决方案，在“碳达峰、碳中和”及清洁供暖要求下，具有推广示范作用。《国务院关于印发2030年前碳达峰行动方案的通知》中，“城乡建设碳达峰行动”提出：“加快工业余热供暖规模化应用。”余热供暖属于民生工程，为保障民生采暖提供了“安全、经济、清洁”的“三赢”解决方案，并且可为推动北方供热“碳达峰、碳中和”做出重要贡献。保障民生供暖，促进实现碳中和，余热供暖大有可为，具有良好的应用前景。

主创人：张　强、郭晓彤、李　奇、李胜永、田　禹

环保型固定式建筑垃圾资源化处置设施

北京都市绿源环保科技有限公司

一、企业概况

北京都市绿源环保科技有限公司成立于2017年，是作为北京市政路桥集团转变发展战略，构建集团环保产业板块成立的专业运营公司。环保型固定式建筑垃圾资源化处置设施年处理能力100万吨建筑垃圾，配备2套混凝土搅拌机组和1套无机料拌合机组，具备每年60万方再生混凝土和70万吨再生无机混合料的生产能力。公司致力于建筑垃圾资源化处置及应用、矿山修复、水域河湖治理、环境修复等业务领域。

投资建设的环保型固定式建筑垃圾资源化处置设施，在实施过程中结合设备工艺选型及设施建设、安全环保要求、后端应用等特点，不断加强科技成果转化，延伸再生产品加工产业链，增加产品附加值，通过再生骨料深加工的方式实现了再生骨料的资源化应用产业链，体现项目一体化实施、集成化应用的理念。

目前主要再生产品包括：再生混凝土、再生无机料、再生构件制品等。项目实施以来取得了可观的经济、社会及环保生态效益。

项目的实施实现了建筑垃圾资源化、减量化，改善了整体环境，向社会普及了绿色、循环经济的可持续发展理念，在北京乃至全国建筑垃圾资源化进程中起到了引领和示范作用，充分展示了公司作为国有企业的社会担当，这是我们的愿景和期望，也是我们的责任和使命。

二、主要措施

（一）绿色低碳发展所处的市场生态与资源环境

1. 巨量的建筑垃圾需要合理处置的需求

我国正处于高速大规模基本建设时期，大规模的建设带来两方面的问题：一是天然资源的消耗量在逐年增加，导致天然资源正面临日益枯竭的境地；另一方面是建筑垃圾的产生量也在不断增加。统计显示，全国年建筑垃圾产量超过30亿吨。在传统做法中，绝大部分的建筑垃圾未经处理，便被运往郊外或乡村，之后采用露天堆放或填埋的方式进行处理，不仅占用了有限的土地和农田，而且对周围的土壤产生污染，过程中产生的扬尘土会造成二次污染，破坏城市生态系统；同时清运和堆放过程中的遗撒和粉尘、灰砂飞扬等问题也会造成严重的环境污染。随着我国各项对于保护耕地和环境的法律、法规的颁布和实施，如何有效处理建筑垃圾已经成为城市管理部门和环境保护部门面临的一个重要课题。

2. 北京市面临建筑垃圾围城的紧迫需求

中国是一个发展中国家，北京市作为一个城镇化率较高的大型城市，仍然有着大量的拆迁和建设任务。近年来，随着京津冀协同发展、通州城市副中心建设、大兴新机场和冬奥会相关工程以及中心城区疏解整治促提升工作的深入推进，建筑垃圾产生量一直持续高位。目前，北京市每年产生建筑垃圾近8000万吨。由于缺乏有效的资源化利用手段和设施，大部分的建筑垃圾也大都运往郊区采用简易填埋为主的方法，垃圾围城的现象日益严重，政府的各级部门开始重视建筑垃圾资源化的问题。

2011年6月8日，北京市人民政府办公厅《关于印发全面推进建筑垃圾综合管理循环利用工作意见的通知》（京政办发〔2011〕31号），对北京市的建筑垃圾处理公布工作做了明确规定，成立了由北京市副市长为组长的建筑垃圾处理领导小组，并进一步明确了市属各部门的工作任务和完成期限，并发布了详细的实施方案，要求加快建筑垃圾处理的推进。

在当前节能减排、低碳经济的背景要求下，北京市开展建筑垃圾资源化处置工作是废弃资源综合利用的需要，也是发展循环经济、治理环境污染、土地集约利用的需要。因此，建立健全适合北京实际情况的建筑垃圾综合处置系统势在必行且意义重大。

3. 传统企业自身转型发展需求

北京市政路桥集团作为北京市的集设计、施工、建材、科研等多板块业务的大型国企，在企业发展战略上一直保持前瞻性，在市场板块拓展及企业管理创新方面一直保持积极进取的态度，深刻意识到建筑垃圾资源化产业将会是日后城市卫生环境的一项重要的内容，同时建筑垃圾资源化的整个过程与集团现有的各个产业板块都能形成良好的联动：一方面建筑垃圾处理能够消纳施工行业产生的诸多建筑垃圾，解决施工单位面临的实际问题；另一方面建筑垃圾资源化之后形成工程建筑材料，可以在集团内部的相关工程中实现有效的应用，不仅能创造良好的经济效益，而且资源的循环利用也会形成良好的环境效益和社会效益。因此集团需要以建筑垃圾资源化产业实施作为打造环保板块的契机，全力促进集团产业转型升级。

（二）企业绿色低碳发展战略的制定与解决方案

1. 多适应性智能化建筑垃圾处置设施的选用及工艺研究

针对大城市建筑垃圾组分复杂和存量巨大的特性，项目开发设计了一套环保型固定式建筑垃圾资源化处置工艺设施，确定选用“主体关键设备国外引进，附属设备国内配套”的处置设施方案。该套处置设施具备安全可靠、适应性广、除杂率高、能耗低和流程控制智能化等特点，能够实现良好的建筑垃圾处置效果，同时集成开发了一套定向级配布料系统，可满足后端多种资源化产品所需再生骨料的不同粒级要求。如图1所示。

基于国内建筑垃圾高混杂性的特点，选择了“两破＋四筛＋六道除杂”的工艺进行建筑垃圾的全流程处置，形成满足要求的再生骨料，并且能够将轻物质、钢筋和渣土等杂质进行高效的分离回收。

建筑垃圾进厂后，由于其类型不同（混凝土类、砖瓦类等），需要先运至预处理车间进行初破和初选处理，预处理后经装载机投入位于建筑垃圾破碎分选车间内的处理线。首先进入颚式破碎机进行初级破碎，并依次通过重型筛对物料进行渣土的预处理，避免渣土进入后端的环节影响骨料的含泥量，过程中对大件黑色金属进行分离处理，经过筛分的大粒料会通过正压轻质物分离设备，将部分轻质物进行有效分选，随后进行人工分拣环节：设置了12个分选工位，根据物料的杂物含量，可以安排不同数量工人进行分选，主要针对物料中的电缆、塑料、木块、轻体砖等杂物。除杂后的物料进入反击式破碎机进行二级破碎，破碎后经过三道筛分系统和两道除杂工艺（一道负压除杂和一道磁选除铁），在将骨料中的杂质充分筛除之后，将物料筛分成不同粒径的再生骨料，并可根据不同的后端产品需求，利用设计的定向级配复配系统，可以形成不同粒径的单粒径骨料或者复合粒径骨料。该工艺处置设施可以适用于不同类型建筑垃圾的处置和资源化处理，适用性好、兼容性强。

在上述设施处置工艺的基础上，结合前端料仓的设置，采用定向级配复配系统（见图1），形成满足不同需求的再生骨料，并通过“斗式垂直提升系统＋行进式双侧布料系统”将骨料输送至成品料仓，自动化的机械传送方式大大节省了后期的运营费用。

处置设施的处置工艺过程控制全部采取智能化控制系统，对建筑垃圾的来源、数量和类型等多种信息进行数字化处理，并进行实时采集和存储，且所有数据都与政府的平台对接，可以协助政府主管部门完成对建筑垃圾消纳处置的管理（见图2）。

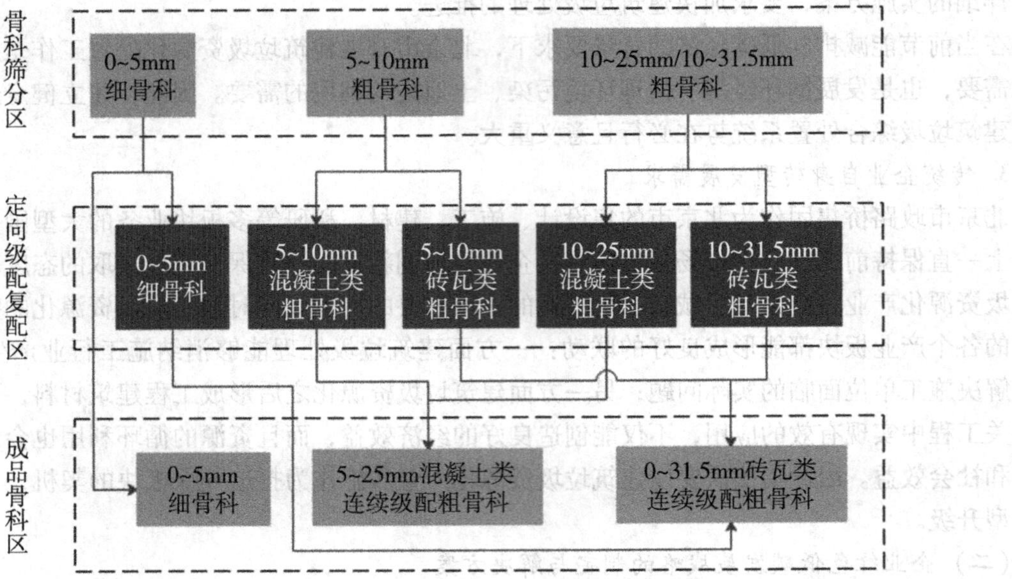

图 1　骨料定向级复配系统示意图

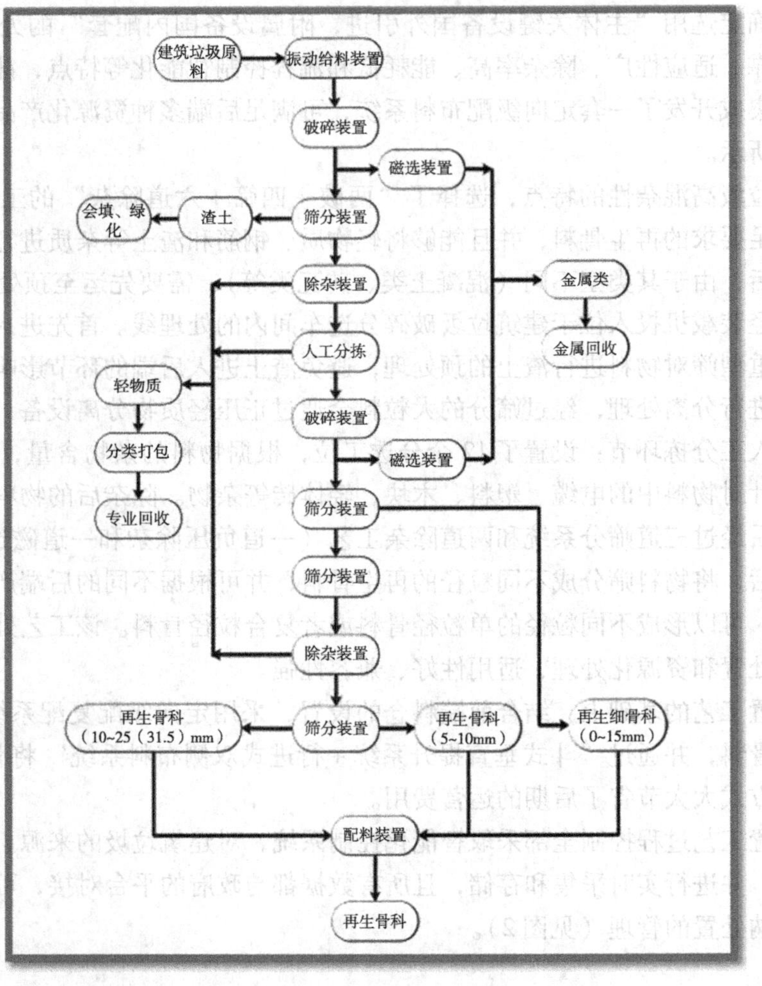

图 2　建筑垃圾处置工艺流程

在处置过程中，生产全流程都纳入了视频和PLC信号的双重监控，从而确保生产过程中设备运行状态的及时控制和反馈，保障质量和高效的处置效率，实现一键式启动、一键式停止，生产流程自动执行。建筑垃圾的资源化率达到95%以上，再生骨料的杂物含量控制在1‰以下（国家标准为1%），有效保障了后续的产品需求。

2. 研究设计集成化建筑垃圾资源化工艺

在资源化产品生产工艺中，采用了多种智能化与信息化的先进手段。通过视频监控全流程（配料、称量、搅拌、留样、测试）、含水率自动测量、可视化操作等方式制备各类再生产品，确保产品质量的同时，实现了资源的循环利用，将生产、调度和质量控制集成在统一调度操控中心，实现了对生产全流程的集成控制管理。

3. 研究构建建筑垃圾资源化处置厂区

研究构建了集建筑垃圾处置与资源化为一体的环保型循环厂区，整体布局合理，各功能单元既能独立运行，又能协同配合，交通组织流畅，过程中通过自动化、机械化和智能化等措施将各单元有机地结合在一起，实现厂区各生产单元的有效运转。

（1）集成化、高效率、安全环保、低能耗的厂区配套规划。

环保型固定式建筑垃圾资源化处置秉持“集约化、高效率、安全环保、低能耗”的理念，对整个厂区进行了整体布局的合理规划，实现了对土地的高效利用。各功能单元通过智能化、自动化和信息化等措施将各单元有机地结合在一起，既能独立运行，又能协同配合，物流畅通。厂区采用众多环保节能设备和措施，实现了对粉尘和噪声的高标准控制、生产生活污水的零排放，整个厂区达到较高的环保标准。

根据生产需求，建筑垃圾处置区规划设计了预分拣车间、破碎车间、辅助车间、天然料仓、再生料仓等几部分。

整个建筑垃圾处置车间共占地4500平方米，处置设施生产线包括主体设备12台套、输送设备45套、除尘设备10台套及相关辅助设备，并采用了旋转布料机、行进式双侧布料系统、斗式垂直提升系统和地仓式配布料系统等，实现了空间的最大集约化应用。

厂区传送物料统一使用皮带输送系统，其优点为：①使用灵活，运行速度可根据生产需要进行调节，既可以在不同层面输送，还可以进行自由组合；②物料转移能耗低，污染少，效率高。

（2）低碳技术的研发与创新——高等级的厂区环保设计。

依照北京市颁布的《固定式建筑垃圾资源化处置设施建设导则》，固定式建筑垃圾资源化处置设施需要达到较高的环保标准。为达到上述要求，项目经过多方调研及充分论证，在粉尘排放、噪声控制和生产生活污水的循环利用方面，采用众多的环保节能设备和设施，实现对建筑垃圾处理及其资源化过程中涉及各环节的全覆盖。

粉尘排放：主厂房采用全封闭设计，运输皮带封闭并配备有20余台大功率、高过滤等级的除尘器，同时在车间遍布喷雾降尘系统，上料处配置感应喷淋抑尘系统，物料临时堆放区使用大功率喷雾抑尘设施，周围设置防风抑尘网，料仓配备全自动感应式快速提升卷帘门，确保了粉尘排放达到环保要求。

噪声控制：生产设备选用低噪音环保设备，破碎机、振动筛分机等主要设备均位于封闭车间内并设置减振基础，采用局部下沉式处理并加盖隔音罩；处置车间内墙板全部采用穿孔吸音板；除尘设备风机配置消声器，有效地将厂界噪声控制在55dB以下。

生产生活污水循环利用：为达到厂区生产生活污水零排放的目标，项目配套了多种循环利用设施，如地埋式污水处理装置、车辆冲洗装置、湿混凝土回收装置和浆水回收利用装置，使生产生活的污水通过处理之后全部回收利用。同时设置了覆盖全场区3万㎡屋顶面积的雨水回收系统和2500m^3的雨水回收池，上述所有回收利用的水资源全部回用于厂区的生产、绿化及地面冲洗等。

（三）绿色低碳新产品开发及产业运营模式

按照《“十四五”工业绿色发展规划》要求，利用固定式建筑垃圾资源化处置设施先进的绿色低碳工艺技术，研发的再生无机料、再生混凝土、再生构件、再生低强回填材料等绿色低碳新产品广泛应用于京开大修、首环高速、新机场轨道交通、新机场北线等多项市重点工程中，实现了绿色低碳再生资源利用率的大幅提升，为2030年工业领域“碳中和、碳达峰”奠定了坚实的基础。同时，本企业与设计、建设、施工单位有机联动，构建了建筑垃圾减量化、资源化的一体化实施和低碳再生新产品集成化应用的产业运营模式，实现了本企业的绿色发展理念。

1. 绿色低碳新产品的开发

项目研发团队依托北京市交通行业科技项目《建筑垃圾再生道路材料功能改进及示范工程》、北京市科技计划课题《建筑垃圾深化处置关键技术研究》、国家科技支撑计划项目《建筑垃圾筑路技术、装备及示范》，针对不同品质特征的再生骨料，并基于大量的室内试验研究，开发了路用再生无机结合料、再生混凝土、再生可控低强回填材料等多元化再生产品，延伸再生骨料在建筑工程中的应用产业链的同时，充分利用不同品质再生骨料，实现建筑垃圾最大宗量的再生利用。

再生产品研究开发选取的依据有以下几点。

（1）路用再生无机结合料：无机料是建筑垃圾处理方式中最广泛和最经济的应用方式。再生无机料对颗粒级配和杂质率的要求相对较低，可大量消耗再生骨料，减少资源浪费。

（2）再生混凝土是建筑垃圾产品路线中一种较为高端的处理方式，是将混凝土砌块破碎、清洗、分级后，按一定比例混合形成再生骨料，部分或全部代替天然骨料配置而成的混凝土。在混凝土中应用再生骨料，虽然用量不大，但却可显著提高再生骨料的附加值。

（3）再生可控低强回填材料作为一种建筑垃圾再生利用的新型材料，不仅能解决再生细骨料的消纳和应用问题，也能够改善和解决市政工程领域的道路管沟回填，桥背和挡墙背回填，道路、下水道及建筑物基坑回填问题，是一种非常有前景的市政工程类的新型材料。

2. 一体化实施和集成化应用的产业运营模式

建筑垃圾资源化处置的一体化实施要求建筑垃圾资源化处置企业适当前置，与建设施工单位形成有机联动，由处置企业参与配合前端建筑垃圾产生的减量和分类工作，并协同施工单位在现场进行初步的资源化利用，不能现场处置的运输至处置厂进行深度加工，这样既能大大减少工地建筑垃圾的外运产生量，实现建筑垃圾减量化，也能够降低处置企业的后期处理难度，提高再生骨料及再生产品的品质。再生产品的集成化应用，是基于工程所涉及的所有工程部位及材料，在设计和建设前，对再生产品的应用进行详细的规划，在满足工程质量的前提下，将尽可能多的材料用再生产品替代，一方面能够大大节约天然材料的消耗，节省工程造价；另一方面能够通过再生产品的集成化应用使再生产品规模化、系统化地进入工程应用领域，实现材料的循环利用。

三、实施效果

在政府关于全面推进我市建筑垃圾综合管理循环利用工作号召下，为在改善北京市整体环境建筑垃圾资源化中担当历史重任，我司成立调研组对北京市实施建筑垃圾资源化处理开展了大量的调研论证工作，完成了北京市第一个正规化环保型固定式建筑垃圾资源化处置设施项目，初步形成了环保板块，从而打破路桥集团以市政基础设施建设、施工、建材为主的传统经营板块，使路桥集团从传统产业板块转型升级。

（一）处置设施及配套设施的应用效果

处置设施遵循“系统闭合，循环利用”的设计思路，考虑前端再生产品的产出及后端产品的应用，配备了一条建筑垃圾破碎生产线、两条混凝土生产线、一条无机结合料生产线及辅助设施，使建筑垃圾在厂区内实现从废弃物到产品的完美转换，避免只具备单一的建筑垃圾处置或者单一的建筑垃圾资源化能力，使建筑垃圾实现最大化的消纳循环使用，成为真正意义上的综合化、规模化的建筑垃圾处理示范企业。

自2017年7月正式投产运营以来，我司累计处置建筑垃圾200余万吨。经权威检测，制备的再生骨料（包括再生细骨料、再生粗骨料）相关指标基本满足《混凝土用再生骨料》中关于Ⅰ类骨料的要求，满足高附加值应用产品的需求。

（二）资源化产品的实际应用

建筑垃圾资源化产品主要包括：再生骨料、再生混凝土（砂浆）、再生路用无机料，再生构件等，生产的再生产品进行了相应的外部检测，检测结果均为合格，满足施工要求。

上述再生产品在本市各项重点工程建设得到应用，涉及保障房建设、新机场配套设施建设、城市道路、轨道交通、综合管廊、园林绿化及湿地公园建设等各项工程领域。

（三）厂区的环保效果

处置设施采用众多的环保节能设备，例如：大功率、高过滤等级的除尘器、喷雾降尘系统、静音螺杆空压机、外部隔音房、穿孔吸音板、地埋式污水处理装置、车辆冲洗装置、雨水回收池、湿混凝土回收装置等，实现粉尘集中排放低于10mg/m^3，厂界噪声低于55dB，厂区生活污水零排放，生产污水及雨水循环利用。

（四）发明专利、标准规范

依托处置设施专有的建筑垃圾处置工艺和产品应用，公司获取授权专利24项，其中发明专利3项，实用新型专利21项，受理专利10项；主持及参与了20项相关国家、行业、地方及团体标准的编制工作。

（五）效益分析

由科研成果转化和产业规划而投资建设的北京市第一家正式规划的固定式建筑垃圾资源化处置设施，在顺利建成投产的短短几年时间已取得了可观的环保生态、经济及社会效益。

环保型固定式建筑垃圾资源化处置设施自建成投产以来，破碎建筑垃圾200余万吨，共节约土地500余亩，实现3.3万吨碳减排放，实现了建筑垃圾减量化、资源化、无害化；完善的建筑垃圾处置设施及工艺和良好的生产布局和产品规划，为公司创造了较高的经济效益，近3年平均纳税额达到3000余万元；项目的实施受到了社会各界的广泛关注与支持，陆续获得“北京市建筑垃圾资源化处置示范基地”“全国建筑垃圾资源最佳示范企业”“中国混凝土行业绿色环保示范企业”“中国混凝土行业绿色生产示范企业”“中国砂石行业优秀企业”“中国砂石行业创新企业”“2019中国建材企业500强”“中国预拌混凝土企业50强”等荣誉称号；与高校合作，成为产学研合作基地；作为北京市政路桥集团定点参观单位，接待了多批社会参观团体；北京电视台、《北京日报》、《首都建设报》等电视和新闻媒体多次对本企业进行采访和报道，充分展现了公司将有限资源实现无限循环的经营理念和环保愿景，也向社会普及了绿色经济、循环经济的可持续发展观念，实现了企业价值，更展示了公司作为国有企业的社会担当。

主创人：孙景凤、杨玉杰、唐　飞、曾　波、贾宁宁

IT 设备再制造技术实现碳减排

北京易点淘网络技术有限公司

一、企业概况

北京易点淘网络技术有限公司（以下简称易点云），是中国主要的办公 IT 综合解决方案提供商，以订阅方式为企业客户（主要包括中小企业）提供一站式办公 IT 服务。

公司主营电脑、打印机、投影仪等设备的订阅服务、IT 服务、软件服务及设备回收与处置。总部位于北京，分公司遍布上海、广州、深圳、成都、杭州、武汉、苏州、合肥等城市，业务范围覆盖全国上百个城市，累计服务企业客户 50000 家，在服设备超过 1100000 台。

易点云模式是将 IT 硬件以服务化的方式提供给客户，创新性地以 IaaS（Infrastructure as a Service，基础涉及即服务）模式满足“办公室内部 IT”场景需求，替代了传统的 IT 设备购买模式，一站式满足企业 IT 方面需求。同时，易点云通过独立自主开发的 120 余项再制造专利技术，将一台电脑使用寿命从 3 ~ 5 年延长至 7 ~ 10 年。实现了 IT 设备从高算力要求的岗位流转至低算力要求的岗位，从发达地区如一二线城市到欠发达地区即三四线城市及其他下沉市场的流转，实现不同岗位与不同地域基础办公使用需求的“双循环”。让中小企业用更低成本，享受到大厂级别的 IT 服务，助力中小企业的发展。

易点云以“让企业 IT 更轻松”为使命，致力于成为最受企业信赖的 IT 合作伙伴。公司积极响应国家为中小企业纾困的帮扶政策，持续为中小企业提供办公 IT 设备服务，助力中小企业减负。在“双碳”时代和循环经济体系下，努力成为办公 IT 服务行业内的可持续发展的标杆企业。

二、主要措施

“双碳”时代的到来，不但给全球竞争格局带来深远变化，也逐渐将（泛）循环经济模式从幕后推向台前，相较于先前的线性经济——企业设计产品的生命周期较短、只服务于一次性购买的产品，（泛）循环经济一定程度上摆脱了上述局限性，使经济回报、气候效益和社会责任得以有机统一。

（一）易点云的商业模式

易点云作为中国主要的办公 IT 综合解决方案提供商，商业模式是客户生命周期（包括从获得客户、客户服务、服务升级到客户保留）及设备生命周期（包括设备采购和调度、设备使用、再制造和处置）的有机结合。易点云创新地以 IaaS 模式满足“办公室内部 IT”场景需求，将 IT 硬件以服务化的方式提供给客户，替代了传统的 IT 设备购买模式。在客户生命周期的每个阶段，易点云与客户深度接触，扩大并培养客户关系，提高客户满意度以最终推动业务增长；而设备生命周期对于易点云的业务营利性和可持续发展影响力则起到至关重要的作用，就设备的性能和寿命而言，每个阶段都至关重要。通过再制造技术，易点云将设备的使用寿命平均延长到其原始寿命的 2 到 3 倍，这大大提高了易点云的营运效率及营利能力。此外，易点云在设备循环方面的竞争优势减少了浪费，实现了对环保运营的承诺。具体而言，易点云能够使具有延长使用寿命的设备被多个客户连续重复使用。

易点云现阶段所处的办公硬件市场规模为 5000 亿/每年，服务市场规模为 1560 亿/每年，办公软件市场规模为数万亿。易点云的核心技术环节是再制造工厂，公司拥有国内唯一电脑再制造产能超过 60 万台设备的再制造工厂，它也是迄今为止全球范围最大的再制造工厂。全国独一无二的电脑再制造生产线，针对每一品类定制作业流程并高度标准化地进行管理以提升自身业务的循环经济性，年产能超 60 万台。公司深耕 IT 再制造领域 15 年，申请专利专著 120 余项，独立自主开发 147 项检测再制造全流程工艺；对市场100%品类的电脑（从外壳到CPU）实现全机检测与翻新流程全覆盖。

（二）IT设备再制造技术下低碳减排的方式

（1）在PC再制造工厂，易点云充分使用符合质量标准的零部件或材料，用于整修、制造及再制造的作业中。零部件及材料的回用在一定程度上替代了全新零部件的生产和材料的加工。

（2）结合易点云自研高效算力调度的系统集群，在保障设备算力高效率应用的同时，进一步延长设备的使用寿命7~10年，替代了全新设备生产产生的排放。

（3）易点云持续性优化其服务模式，维修工程师单次上门维修的IT设备平均数量已超过1.8台/次，有效降低了易点云工程师在通勤上的碳排放。因此，相较于传统IT硬件的购买模式，易点云IaaS模式存在减排效益。

（三）易点云模式下通过IT再制造技术碳排放分析

订阅模式下的设备以易点云持有的IT硬件为主，碳排放评估的生命周期边界为“摇篮到大门”及后续使用阶段，即从原料获取、全新设备生产、废旧设备回收、再制造、质检包装、出库运输、使用过程。其中在笔记本电脑再制造环节，翻新中的输入输出相关能耗、物料数据，包括设备零部件、翻修材料助剂、输入能源、包装材料等由易点云再制造工厂提供。

1. 易点云订阅产品原料获取与生产加工阶段碳排放

2021年，通过评估和对比易点云模式和常规购买模式下IT设备从原料获取到使用阶段的温室气体排放量，测算易点云模式下IT设备使用阶段的碳减排量。碳排放核算有如下数据支撑：①易点云订阅笔记本电脑平均使用年限为7年（意味着订阅模式下可将产品延寿至7年而无须更换）。②订阅产品对应型号的全新购买产品碳足迹。③2021年易点云相关产品在租数量。其中，易点云订阅笔记本电脑“摇篮到大门”过程的碳排放=2021年设备在租数量×对应型号购买模式下产品（摇篮到大门）碳足迹×功能单位使用时限7年/易点云模式下寿命7年。

2. 订阅产品上门维修环节碳排放

根据访谈得知，当订阅产品在使用过程发生轻微损害时，易点云维修工作人员将会上门维修。维修师傅根据经验估计驾车上门往返里程为10公里。经服务中心实际数据统计知道：平均单次上门维修1.83台设备，2021年客户服务中心上门维修设备数量69395台，上门维修过程产生总碳排放量为67347.28kg CO_2-eq；计算思路是：上门维修环节产生碳排放=2021年上门维修数量/单次维修台数×单次上门维修排放量，其中，单次上门维修排放量=平均往返距离×平均油耗×汽油排放因子。

3. 订阅产品再制造过程

当订阅产品出现功能故障、性能无法满足消费者使用需要或产品发生碰撞划损时，易点云模式下的订阅笔记本电脑将会通过物流包裹快递回再制造工厂进行维修或翻新。

此阶段会使用多种零部件配料及助剂，量化过程中将对不同物料对应的碳排放分别计算。由于零部件碳足迹的数据可得性有限，因此以原产品加权平均排放系数推算维修或翻修使用的零部件碳排放量；同时考虑到零部件多为拆机二手件，相比于新生产品碳排放有所降低，本模型采用保守计算，认为二手件碳排放是0.8倍新生产品碳排放；对于再制造环节相关辅料输入的碳排放，由2021年度每种化学品的消耗率与对应辅料排放因子相乘计算得出。

4. 订阅产品包装物流环节

订阅的二手设备在到客户手中之前还会经过打包、分配运输等过程，对于包装材料的碳排放计算是：通过各包装材料用量与对应排放因子的乘积，计算出再制造工厂所有SPU产品。运输物流碳排放包括发货物流与调拨物流，通过加总计算各运单质量×里程×吨公里运输碳排放系数得到，其中，发货物流、货物调拨以及非主力产品物流在2021年内的碳排放量分别为357929kg CO_2-eq、

78086kg CO_2-eq 、95802 kg CO_2-eq，非主力产品物流碳排放数值通过发货物流、货物调拨以及易点云所有和主力产品在订阅数估算得到。

5. 办公运营及再制造工厂能源排放

办公运营温室气体盘查采用了 ISO 14064 -1：2018 标准定义报告边界来核算范围一直接排放量和范围二间接排放量。

6. 订阅设备使用阶段碳排放

此阶段碳排放核算有如下数据支撑：①易点云订阅设备平均使用年限为 7 年，意味着订阅模式下可将购买模式产品延寿至 7 年而无需更换；②设备平均使用功率估算；③租赁设备日均使用时长 10 小时、年均使用 300 天；④品牌官网公布的部分设备年平均使用功率；⑤相关产品 2021 年在租数量情况。使用阶段碳排放 = 产品平均使用功率 × 年使用时长 ×7 年 × 电网平均碳排放系数；经计算，7 年累计使用阶段的碳排放量为 1156392555 kg CO_2-eq。

7. 减排效益分析

以上对订阅模式下设备的碳排放进行了分析。在购买模式下设备的碳排放分析中，为使两种模式下产生的温室气体量具有可比性，以及为相关输入和输出确定系统边界，保证整个核算过程具有同样的基准，在此定义购买模式下同样使用 7 年的笔记本电脑或其他办公设备为功能分析单位。

参考 LCA 计算方法，订阅模式下 IT 设备平均使用寿命为 7 年，因此碳减排效益模型的计算功能单位定义为：使用 7 年的办公 IT 设备；其减排效益 = 基准线排放 - 项目排放。因此，易点云 7 年累计碳减排量约为 33.68 万吨，年均减碳量约为 4.81 万吨。

上述计算较为保守，除特殊注明外仅考虑了易点云提供的主力在订阅设备共计 33 个 SPU，占总在租设备量的 82%。若考虑剩余 18% 设备产生的碳减排量，则可增加由于延寿减少新生产品购买导致的“摇篮到大门”阶段碳减排量每年约 0.96 万吨，但也需要扣除相应 SPU 包装物流导致的排放量每年约 0.0096 万吨，因此全品类 SPU 保守计算情境下年减排量约为 5.76 万吨。但由于非主力产品碳足迹数据可得性有限，存在估算情况，因此存在一定误差。

通过对比计算可知，基于 2021 年 33 个主力硬件品类 933216 条流通记录，易点云模式下每年贡献的温室气体减排量约为 48110t CO_2-eq；基于 2021 年全部 1091 个在租品类的 1138065 条流通记录，易点云模式下每年贡献的温室气体减排量 57577t CO_2-eq。

三、实施效果

易点云持续为中小企业提供办公 IT 设备服务，响应国家为中小企业纾困的帮扶政策，提供“免保证金，按月支付”的形式实现随时用机，为累计 50000 家客户提供 IT 设备及服务；以循环订阅代替批量采买，此举可为企业节省 95% 一次性 IT 资产购置支出，保守估计总共为中小企业节约 IT 资产购置费用 30 亿元。

2021 年，易点云再制造设备总量突破 600000 台，每年约减少碳排放 50000 吨；相当于每年种植 270 万棵树木，每年减少 18500 辆小汽车的出行，每年减少 77000 人次每天上班乘坐电梯上楼。

易点云的 IT 再制造技术不但有效平抑了客户企业在办公设备的支出曲线，而且为社会贡献了较大规模的温室气体减排量，也减少了电子垃圾的产生和原本需要企业或个人承担的处置成本和义务。深层次地，在全世界范围内，IT 设备资产的大量需求和使用使易点云的商业模式对于全社会的温室气体减排量的贡献愈发显著。在易点云对其运营管理模式的持续探索和改进下，易点云的 IT 再制造技术将在循环经济体系内对社会的可持续发展起到至关重要的作用。

主创人：纪鹏程、张　斌

双流区建筑垃圾无害化处理及资源化利用项目

成都建工预筑科技有限公司

一、企业概况

成都建工预筑科技有限公司前身为成都成新建筑材料有限公司，是国家高新技术企业，于1995年由原成都市建筑工程管理局批准设立，时年主要推广建筑十大新技术之预拌混凝土。2017年根据公司自身转型升级需要更名为成都建工预筑科技有限公司，系成都建工集团有限公司全资子公司，注册资本9000万元，主要研发制造全生命周期绿色建材、变革传统建造方式，以及专注资源综合利用与绿色建材开发相融合，推进可再生建材产业高端化、智能化、绿色化发展。

公司秉持可持续发展理念，聚焦生态文明建设，促进产业提质增效；依靠科技强人强企，实施创新驱动，推进企业转型升级；始终贯彻绿色发展理念，研发生产综合性能最优和全生命周期管理的绿色建材及其制品服务于城市建设和乡村振兴，满足人们对美好生活环境的需求。

二、主要措施

公司始终坚持创新驱动，近三年年均科研投入千万余元。2019年获“国家高新技术企业”认证；2021年混凝土产品取得“中国绿色建材产品”最高级别三星级认证证书；2022年获四川省“专精特新”中小企业称号。目前公司已取得10项发明专利、70余项实用新型及外观专利授权，涵盖了建筑垃圾无害化处理，高性能混凝土、市政构件产品的技术、生产工艺等方面，处于行业领先地位。同时，公司还积极与高校院所加强产学研合作，多次在国家级、省级期刊发表论文，并积极参与行业、地方标准编制，目前公司共参与标准编制17项，其中地方标准9项、国家标准5项、行业标准3项。

（一）项目总体情况

自启动建筑垃圾无害化处理及资源化利用研究以来，公司紧扣“双碳”行动目标，以“绿色低碳”为切入点，潜心钻研建筑垃圾资源利用技术，用科技创新服务行业高质量发展，系统谋划绿色制造与智能制造，更好地服务公园城市、“无废城市”建设。通过调研考察，完成用建筑垃圾制备不同级别、尺寸范围的再生粗骨料和细骨料的工艺设计和技术研究，解决用再生骨料在砂浆、混凝土、砌体材料、预制建筑制品和市政构件中的应用工艺和技术问题。先后推进建筑处理设备技术攻关项目、建筑垃圾生产再生骨料项目、再生骨料制备混凝土和砂浆项目、再生骨料制备砌体材料和保温隔墙板项目、再生骨料制备预制建筑制品和市政构件项目等多项子项目研究。

（二）创新要素情况

双流区项目创新点在于开发设计了先进的建筑垃圾资源化处理方法和系统，利用图像识别等技术精准除杂，实现了再生骨料的高品质（含杂率<5‰，装修垃圾骨料含杂率<1%），取得了系列相关专利；开发了再生混凝土外加剂、再生路面砖及其制备工艺、再生微粉泡沫混凝土、再生微粉钢纤维混凝土等再生产品，并取得了相关发明专利；取得的相关专利技术应用于双流项目，实现建筑垃圾资源化利用率大于90%；在四川范围内首次搭建企业与政府共同管理的“无废城市”平台，通过“互联网+大数据+人工智能+区块链”技术，实现“无废城市”智慧管理。

（三）项目实施及完成情况

公司于2009年启动建筑垃圾资源化利用科技攻关，致力发展循环经济，至今已累计有十余年实践经验。2017年，在都江堰建成建筑垃圾资源化利用中试基地。2018年，凭借建筑垃圾资源化利用和装配式建筑领先优势，牵头在简阳推进“绿色建材及装配式构件一体化”项目。该项目拥有建筑垃圾处理能力100 万吨/年，全面达产后可生产再生市政铺装产品 70 万 m^2，同时该项目被四川省人民政府作为“四川省重点项目”立项。

2020 年，公司将建筑垃圾资源化利用与市政工业化、智能制造相融合，中标“双流区建筑垃圾资源化利用示范基地”BOT 项目，设计处理能力为日处理建筑垃圾 1333 吨（含装修垃圾），全面达产后，每年可生产再生混凝土 100 万立方米，再生路基 30 万立方米，公园城市市政水泥制品 6. 5 万立方米（其中绿道产品 60 万平方米、路缘石 28 万米），目前，该项目已基本建成，具备生产能力。同时，该项目作为成都市双流区民生重点项目，是成都市首个集资源循环利用示范与科普教育功能于一体的建筑垃圾资源化利用示范教育基地，并于 2022 年被成都市国有资产监督管理委员会评为“2019—2021 年任期市属国有企业国资经营创新转型典型案例”。

三、实施效果

（一）绿色低碳发展取得的经济效益

双流区项目投资总额为 1. 52 亿元，目前已基本建设完成并逐步实现投产，达产后预计可实现年产值约 5. 6 亿元，按照 10 年运营期测算年平均利润总额超过 2000 万元，年平均上缴税收 3000 万元以上，投资回报率约 14. 41%。项目作为成都市双流区民生重点项目，是成都市首个集资源循环利用示范与科普教育功能于一体的建筑垃圾资源化利用示范教育基地。通过对建筑垃圾、装修垃圾等大宗固体废弃物的绿色处置，其资源化综合利用率达 90% 以上，全面达到《关于“十四五”大宗固体废弃物综合利用的指导意见》要求，每年可节约矿产资源 148 万吨左右，节约能源 50 万吨标准煤左右，减少二氧化碳排放约 133 万吨，经济效益、生态效益和社会效益十分明显。

（二）绿色低碳发展取得的环境效益

对于建筑垃圾，如果采用露天堆放、回填和填埋的方法处理，是把环境污染源进行转移，并不能从根本上解决其对环境的危害。采用资源化处理技术，可以从根本上解决建筑垃圾对环境的危害，减少原生材料开采，减少对土壤、水的污染，保护青山绿水；变废为宝，高质量发展循环经济，采用先进技术，实现大宗固体废弃物绿色处置，利用率 90% 以上，促进低碳发展，节约资源；有利于发展循环经济，推进传统制造业绿色改造，建立绿色低碳循环发展产业体系。

（三）绿色低碳发展取得的社会效益

一是服务行业转型。公司凭借多年在建筑垃圾资源化利用方面的科技攻关优势，为主管部门编制《四川省建筑垃圾处置及资源化利用工程项目建设标准》提供了依据和参考。二是服务民生建设。从根本上解决建筑垃圾对环境的危害，制造高品质、高附加值绿色建材，在四川范围内首次搭建企业与政府共同管理无废城市平台，通过“互联网 + 大数据 + 人工智能 + 区块链”技术，实现“无废城市”智慧管理，不断满足人民对美好居住环境的需求。三是服务城市发展。公司建筑垃圾资源化利用领域成效凸显，立足自身优势，大胆开拓、不断创新，助力成都及周边地区“公园城市”建设，切实将绿色建造、智慧市政、生态宜居转化为看得到、摸得着的实物。

主创人：孔文艺、李　锋、李　涛、范晓玲、梁熔升

成都兴城集团探索建筑垃圾无害化处理及资源化利用技术攻关

成都兴城投资集团有限公司

一、企业概况

成都兴城投资集团有限公司（以下简称成都兴城集团）是成都市首家迈入世界500强的国有企业，注册资本金240亿元，主营金融、建筑、城市开发、医疗健康、文体旅游、乡村振兴等产业，现有各级全资、控股及参股公司118家、银行网点652家。2022年底，集团资产总额达10857亿元，实现营收2038亿元，利润70亿元，上缴税费超87亿元，位列2022年中国企业500强第133位，中国战略性新兴产业领军企业第21位；荣登2021中国企业资产增长率全国首位，连续五年位居成都服务类企业榜首，是中西部地区首家加入达沃斯世界经济论坛的国有企业，获评全国企业文化最佳实践企业。

成都兴城集团始终秉承“让城市生活更美好”的初心，打造了成都市东部、南部共56平方公里城市副中心及天府广场、金沙遗址博物馆、成都大熊猫繁育研究扩建区等一批城市地标，建成成都东西城市轴线、双流国际机场等1000多个城市重点项目，每年承建建筑体量超8500万平方米，带动就业20万人。建成高品质地产住宅和新型社区3000万平方米，完成第31届世界大学生运动会22个比赛场馆改造，省内最大易地扶贫搬迁昭觉县集中安置项目等。集团控股天津红日药业、北京中化岩土两家上市公司，完成成都农商银行控制性股权收购；先后设立21个海外机构，业务分布于亚洲、欧洲、非洲、北美等四大洲18个国家和地区。

二、主要措施

成都市目前（含在建）的建筑垃圾资源化利用项目年处置建筑垃圾量约800万吨，其中成都兴城集团在简阳、双流、龙泉的建筑垃圾资源化利用项目可处置建筑垃圾量为290万吨（含装修垃圾55万吨），公司主要采取下列措施进行推进。

（一）开启绿色低碳转型，推进可再生建材高质量发展

一是围绕实现“双碳”目标，聚焦资源综合利用与绿色建材开发相融合，培育核心技术体系，高质量发展循环经济。二是聚焦成都城市发展战略，推进绿色建材、绿色建筑和城市有机更新相结合，布局建筑垃圾、装修垃圾资源化利用示范基地，培育企业发展新动能。三是加快既有建筑垃圾示范基地投产达产，开发高品质再生市政铺装产品，助推成都建设践行新发展理念的公园城市示范区，展现企业绿色低碳发展竞争实力。

（二）坚持创新驱动发展，培育绿色低碳发展新动能

一是构建“产学研用”创新平台。依托西南院、中国科学院等科研院校科研技术资源优势，培养企业绿色低碳发展核心技术体系，研发有前瞻性、质量更稳定更耐久的先进建筑材料。二是拓展绿色建材市场份额。坚持市场主导、坚持以顾客为中心，把尊重市场规律和尊重绿色建材发展规律作为基本遵循，推进绿色建材高质量发展。三是加强绿色低碳技术攻关。通过绿色低碳技术产品认证和相应标准先行，提高供给质量。在推进绿色建材智能制造、绿色建筑智能建造上培育竞争优势，在资源化综合利用核心技术攻关上保持领先优势。

（三）提前启动谋划布局，实现绿色低碳技术攻关

一是通过多年积累，形成建筑垃圾资源化处置先进工艺及设备方案。2009年，公司启动建筑垃圾无害化处理调研和实验室小试，通过对多种设备的研究考察，总结了建筑垃圾破碎、分选先进工艺。二是形成

建筑垃圾资源化利用全套解决方案。2016 年，公司启动建筑垃圾无害化处理及资源化利用技术攻关项目，利用建筑垃圾生产再生骨料制备再生混凝土、砂浆、再生市政铺装构件、再生微粉泡沫混凝土等再生产品；开发缝隙透水市政铺装体系，助力城市建设高质量发展；采用建筑垃圾再生骨料替代路面砖底料中的天然骨料，开发了不同颜色、花纹及表面效果的再生路面砖、再生骨料仿石材路面砖，并打造铺装样板段。

（四）不断提升产品工艺，推动建筑垃圾资源化运用

通过前期设备及市场考察，凭借相关再生产品的试验研究成果，公司不断拓展建筑垃圾资源化利用业务。2017 年都江堰建筑垃圾中试基地建成投产，市政产品主要采用静压成型工艺，开发了更加丰富的表面纹理和效果的路面砖、弹格石，改进传统工艺制备仿古汉砖、路缘石等市政铺装产品，形成的各类再生产品已用于日月大道、双流世警会、龙潭工业园、锦江绿道工程等省市重点工程项目中，实现再生产品高附加值回收利用，推进建筑垃圾高附加值再生利用，获得了良好的社会反响和经济价值。

基于建筑垃圾无害化处理及资源化利用技术攻关取得的技术成果和都江堰建筑垃圾中试基地的运营管理经验，公司 2018 年获批建设简阳市绿色建材及装配式构件一体化基地项目，项目占地约 343 亩，设计年处理建筑垃圾 100 万吨，可生产再生市政铺装产品 70 万 m^2，沥青砼 40 万 m^3、预拌混凝土 120 万 m^3、房建 PC 6 万 m^3、大型市政 PC 1.5 万 m^3。目前项目已完成建设和部分投产，建筑垃圾资源化处置设备和再生市政生产线设备正在进行调试和试生产，即将正式投产。

2020 年公司中标双流区建筑垃圾资源化利用示范基地项目，项目占地约 100 亩，设计年处理建筑垃圾 40 万吨（含装修垃圾 5 万吨），投资 1.5 亿元，项目完全达产后可生产再生混凝土 100 万 m^3、再生路基 30 万 m^3、再生市政构件 60 万 m^2/年。该项目是成都市首个集资源循环利用示范与科普教育功能于一体的建筑垃圾资源化利用示范教育基地。

2021 年公司中标龙泉驿区 150 万吨/年建筑废弃物资源化利用示范基地项目，项目占地 173 亩，正在建设中，它将确立公司在建筑垃圾资源化利用领域的西部领先地位。

（五）加快设备技术升级，提升建筑垃圾资源化品质

通过多个项目的建设和运营，成都兴城集团不断改进建筑垃圾处理设备及工艺方案，实现技术升级。都江堰中试基地项目采用砖砼分离设备，对混凝土和红砖实现分离，根据再生骨料特性选取适当的取代比例，制备混凝土路面砖，产品采用静压压制，成型时间较长，自动码放养护后采用人工打包和转运，路面砖年产量约 20 万平方米。

简阳项目建筑垃圾资源化处置工艺中引入风选和水浮选分选轻物质，并可实现根据物料状态进行工艺转换，大大降低了再生骨料的含杂率，提高再生骨料品质和建筑垃圾的资源化利用率。再生市政铺装产品生产线采用全自动振压成型设备，并配备自动打包及产品表面二次加工设备，进一步提高生产效率，丰富再生产品的种类，提升再生产品质量和品质。简阳项目建筑垃圾资源化处置工艺如图 1 所示。

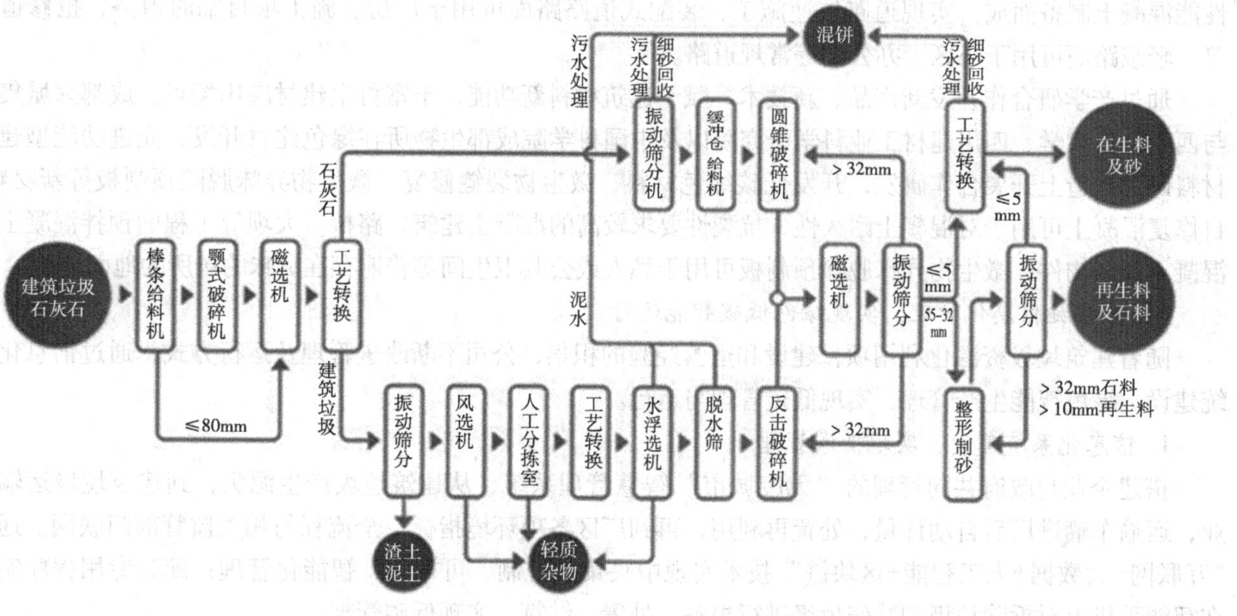

图1　简阳项目建筑垃圾资源化处置工艺

双流项目建筑垃圾资源化处置工艺中采用机器人、光选机智能精准除杂，结合风选、水浮选工艺转换，保证了再生骨料的高品质（含杂率＜5‰，装修垃圾骨料含杂率＜1%）；采用智能制造装配式市政构件，引进进口先进生产设备，制备高品质再生市政铺装产品，实现建筑垃圾资源化利用率≥90%。如图2所示。

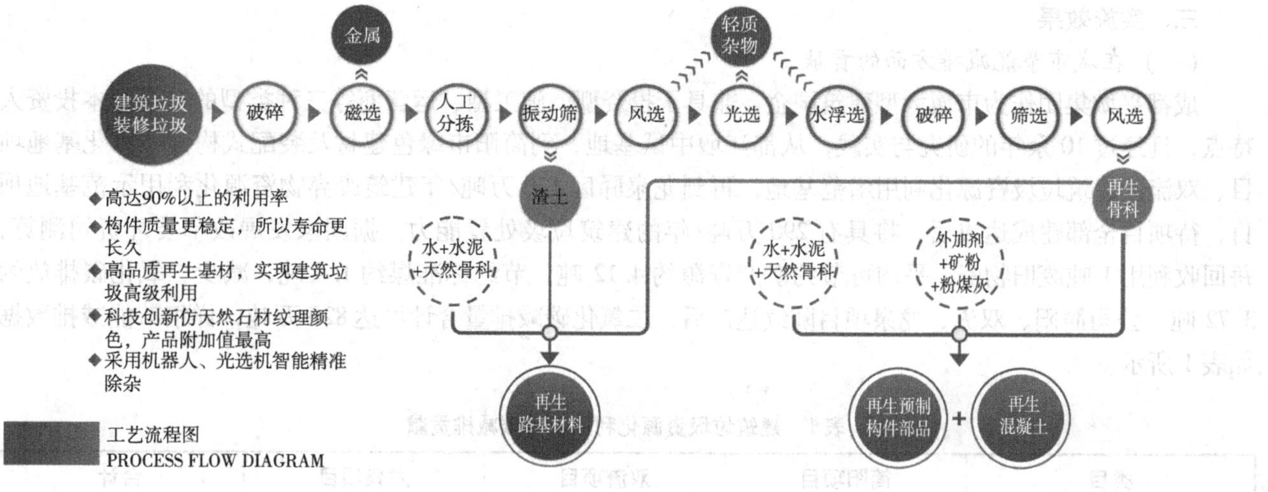

图2　双流项目建筑垃圾资源化处置工艺

（六）加快新型新产品开发，推行新技术场景应用

开发系列新型再生装配式构件，进一步拓宽再生骨料混凝土的应用场景。开发排水路缘石、透水沟盖板、透水排水沟、装配式排水沟等海绵城市构件，助力海绵城市建设，产品可用于绿道、人行道、小区等的构件铺装；开发再生免开挖装配式永久围墙和临时围墙，提高安装精度和安装效率，可回收利用，降低使用成本，可广泛用于工厂、小区以及施工项目围墙设施；设计开发重载、轻载装配式道路，采用再生高

性能混凝土制备而成，实现道路快速施工，装配式道路路面可用于厂房、施工项目临时道路、抢修道路等，轻载路面可用于小区、办公楼等常规道路。

通过产学研合作开发新产品、新技术，赋予建筑材料新功能，丰富再生建材应用场景。成都兴城集团与西南科技大学、四川建材工业科学研究院以及中国科学院成都生物所在绿色建材开发、先进功能型建筑材料研发制造上开展合作研发，开发低碳绿色材料、微生物裂缝修复、微生物异味脱除预制板等新材料。自修复混凝土可用于对混凝土耐久性、抗裂性要求较高的混凝土建筑、路桥、大坝等工程的预拌混凝土或混凝土预制构件；微生物异味脱除预制板可用于私人或公共卫生间等普遍存在臭味的场所的地面铺装。

（七）实施信息化管理，实现绿色低碳智能运行

随着建筑垃圾资源化利用项目建设和运营经验的积累，公司不断改进管理及运行方式，通过信息化系统建设、绿色智能生产管理，实现低碳管理与运行。

1. 信息化系统建设，实现低碳管理

搭建企业与政府共同管理的“无废城市”智慧管理系统，从建筑垃圾产生源头，到建筑垃圾运输作业，运输车辆进厂后自动计量，处置再利用，再到厂区各项环境指标，全流程与相关监管部门联网。通过“互联网+大数据+人工智能+区块链”技术实现中央集成控制、可视化、智能化管理；配套专用程序实现在智能手机上对拆除垃圾和装修垃圾进行报备、处置、结算，实现低碳管理。

2. 绿色智能生产，保障低碳运行

公司采用先进建筑垃圾分选处置工艺，“机器人+光选机”智能精准除杂，“风选+水浮选”分选轻物质，保障再生骨料品质和建筑垃圾资源化利用率；不断优化的全自动市政构件生产线，降低人工成本，提高产品质量和生产效率；通过合理工艺和再生产品规划，确保建筑垃圾资源化利用率；再生产品生产过程产生的各项废渣、废水全部经过处理，循环使用，零排放，厂区采用自动感应喷雾降尘系统，实时联网监测各类污染指数，实现低碳运行。

三、实施效果

（一）在城市节能减排方面的贡献

成都兴城集团作为市属大型建筑国企，兼具了投资型、施工型、运营商等三种类型的社会资本投资人特点，且经过10余年的研究与实践，从都江堰中试基地，到简阳市绿色建材及装配式构件一体化基地项目、双流区建筑垃圾资源化利用示范基地，再到龙泉驿区150万吨/年建筑废弃物资源化利用示范基地项目，待项目全部建成达成后，将具有290万吨/年的建筑垃圾处置能力。据国家发展改革委环资司测算，每回收利用1吨废旧物资，平均可节约矿产资源约4.12吨，节约标准煤约1.4吨，减少二氧化碳排放约3.72吨。公司简阳、双流、龙泉项目陆续达产后，二氧化碳减排量合计可达820万吨，详细节能减排数据如表1所示。

表1　建筑垃圾资源化利用项目碳减排贡献

类目	简阳项目	双流项目	龙泉项目	合计
建筑垃圾处理量	100	40	150	290
节约矿产资源	329	148	432	909
节约能源（标准煤）	112	50	147	309
减排二氧化碳	297	133	390	820

（二）在项目管理、经营效益方面的体现

成都兴城集团在长期探索中积累了项目投资建设、运营管理的丰富经验和再生产品研发、生产工艺设

计的核心技术，将资源综合利用与绿色建材开发有机融合，走上绿色低碳发展道路，实现了由传统生产方式向智能制造的转型升级，将资源综合利用与绿色建材开发有机结合，在建筑垃圾资源化利用方面形成“西部领先、全国一流”综合实力。简阳市绿色建材及装配式构件一体化基地项目总投资约4.7亿元，投产后年产值120000万元；净利润5469.65万元，贡献税收8553.09万元，投资回报率8.47%。双流区建筑垃圾资源化利用示范基地项目总投入约1.5亿元，达产后预计可实现年产值约56050万元，按照10年运营期测算年平均利润总额约2237.66万元，年平均上缴税收约3304.87万元，投资回报率为14.41%。

（三）建筑垃圾资源化利用项目社会价值体现

建筑垃圾资源化处理技术，将有助于资源综合利用与绿色建材开发有机融合，可从根本上解决建筑垃圾对环境的危害，减少原生材料开采，减少对土壤、水的污染，保护青山绿水。通过建筑垃圾资源化利用的研究和项目建设运营，成都兴城集团掌握了建筑垃圾资源化利用的核心技术，为主管部门编制《四川省建筑垃圾处置及资源化利用工程项目建设标准》提供了依据和参考。通过采用先进技术，实现建筑垃圾利用率90%以上，对制造高品质、高附加值绿色建材，助力国家实现“双碳”目标，使传统建材产业向绿色低碳转型具有重要意义。

主创人：任志能、赵卫东、李鸣琴、刘　宏、孔文艺

工业废水资源综合利用

成渝钒钛科技有限公司

一、企业概况

成渝钒钛科技有限公司位于四川省威远县连界工业园区，注册资金 13.8 亿元，为钢钒协同冶炼长流程钢企。公司具备含钒铁水 470 万吨/年、含钒钢水 520 万吨/年、轧材 700 万吨/年、片状五氧化二钒 1.8 万吨/年以上生产能力，主要产品有建筑用热轧带肋钢筋、光圆钢筋等。

公司通过 ISO 三合一体系认证，荣获"国家高新技术企业""建筑钢材质量品牌示范基地""重大工程建设榜样""省级技术中心"等荣誉称号；主导产品热轧带肋钢筋、热轧光圆钢筋通过 MC 产品认证、MC 绿色产品认证。

公司以顾客为中心，把脉市场走势、完善市场定位，将"川威牌"全系列产品由川渝向云贵覆盖，着力打造市场适应性好、竞争力强的产品销售体系。实施客户分类管理，服务顾客意识深入人心；分析顾客需求、优化销售网络、保障产品质量，是公司占据区域市场份额、谋求与客户持久忠诚、互利共赢关系的重要保障。

近年来，国家不断加大对生态环境保护的力度，先后出台相关政策给予支持和监管，尤其是水资源的监测治理，更是重中之重。公司为解决园区工业用水紧张、水质问题，达到零排放，实现废水资源综合利用，于 2017 年 9 月至 2020 年 3 月先后实施了"中央水处理回用水深度处理"项目、"钒制品生产废水资源化利用技术研究"项目。

二、主要措施

（一）中央水处理回用水深度处理项目

把老区废水引入新区，与新区回用水混合后，再进行深度处理，实现真正零排放。项目采用"二级膜分离 + 浓缩 + 结晶"工艺，由预处理系统、一级二级膜分离系统、浓缩蒸发系统组成。对于工业污水处理的工艺，主要考虑以下几个方面因素。

1. 进水水质和处理要求

生产污水中主要以无机盐含量为主，其中，硬度为水中的主要污染物，其他的盐类物质相对含量较低。在工艺选择时，预处理主要是去除水中的硬度。在国内已有的成熟处理工艺，主要采用两碱法去除水中的硬度。去除水中的硬度后，再进入后续的膜处理系统，达到厂区回用水的要求。

在去除硬度的同时，在水中投加了一定量的盐，进过膜浓缩后，膜产生的浓水中盐分含量高，浓水不能达到排放标准；浓水采用蒸发结晶，蒸发结晶产生的硫酸钠和氯化钠纯度高，可以作为产品直接销售，冷凝水回到水处理系统中，最终实现零排放。

2. 处理工艺成熟度和可靠度

工业废水回用的各种处理技术中，膜浓缩系统工艺是最为常见的处理工艺，也是运营管理最为丰富及可靠的。同时，膜浓缩系统处理工艺处理出来的水可以达到锅炉用水水质要求。由于膜浓缩工艺对水质要求相对较高，尤其是水中硬度对膜伤害大，所以，在水进入膜系统之前，采用两碱法去除水中的硬度。

3. 最终实现零排放

膜浓缩工艺产生的浓水属于高盐废水，一般情况下处理该水质的处理工艺有电渗析、海水淡化系统（反渗透系统）、离子交换树脂、蒸发浓缩等处理措施。通过分析比较，发现由于该废水含盐量高，采用电渗析、海水淡化系统（反渗透系统）、离子交换树脂系统处理将会导致系统运行的渗透压增加，从而导致废水处理成本及操作维护成本高。因此，经过综合比较，本系统采用蒸发浓缩结晶同时分别分离出废水中的硫酸钠和工业盐，达到废水中的废物综合利用的目的。

选择的工业污水处理的工艺有以下几种。

（1）高效澄清池。高效澄清池是利用水中悬浮物质、泥沙等微粒的可沉降性，腐殖质、微生物等胶体微粒在混凝剂的作用下絮凝沉降的特性，将混凝与沉降过程通过水利设计优化组合，达到去除水中悬浮物的目的。

整个高效澄清池由絮凝区、预澄清区、浓缩污泥贮存区、斜管澄清区等组成。絮凝区由搅动絮凝区与推流絮凝区组成。其技术特点为：混凝、絮凝、斜板沉淀和污泥浓缩相结合，高负荷、高效率、出水稳定；优化的水利设计，优选的混凝剂和助凝剂，能够有效地降低运行费用和占地面积。工艺简单，操作方便，运行费用低。

（2）机械过滤器。本设备是对原水中悬浮物、颗粒物及胶体等物质进行去除，同时对原水中的浊度等起到降低作用，它完全可能滤掉原水带来的颗粒、藻类等可见物。

过滤器的反洗：以压力参数设备来控制反冲洗周期，当进、出水母管上的压力差（ΔP）达到0.5kg/cm^2时即需停止运行进行反冲洗。

过滤器考虑采用反渗透浓水进行反冲洗，并同时考虑采用压缩空气擦洗。过滤器采用进口气动控制阀门，实现设备全自动运行。

（3）超滤系统。超滤是一种加压膜分离技术，即在一定的压力下，使小分子溶质和溶剂穿过一定孔径的特制的薄膜，而使大分子溶质不能透过，留在膜的一边，从而使大分子物质得到了部分的纯化。超滤原理也是一种膜分离过程原理，超滤利用一种压力活性膜，在外界推动力（压力）作用下截留水中胶体、颗粒和分子量相对较高的物质，而水和小的溶质颗粒透过膜的分离过程。通过膜表面的微孔筛选可截留分子量为3×10000—1×10000的物质。当被处理水借助于外界压力的作用以一定的流速通过膜表面时，水分子和分子量小于300—500的溶质透过膜，而大于膜孔的微粒、大分子等由于筛分作用被截留，从而使水得到净化。也就是说，当水通过超滤膜后，可将水中含有的大部分胶体硅除去，同时可去除大量的有机物等。

（4）反渗透系统。对透过的物质具有选择性的薄膜称为半透膜，一般将只能透过溶剂而不能透过溶质的薄膜称之为理想半透膜。当把相同体积的稀溶液（例如淡水）和浓溶液（例如盐水）分别置于半透膜的两侧时，稀溶液中的溶剂将自然穿过半透膜而自发地向浓溶液一侧流动，这一现象称为渗透。当渗透达到平衡时，浓溶液侧的液面会比稀溶液的液面高出一定高度，即形成一个压差，此压差即为渗透压。渗透压的大小取决于溶液的固有性质，即与浓溶液的种类、浓度和温度有关而与半透膜的性质无关。若在浓溶液一侧施加一个大于渗透压的压力时，溶剂的流动方向将与原来的渗透方向相反，开始从浓溶液向稀溶液一侧流动，这一过程称为反渗透。反渗透是渗透的一种反向迁移运动，是一种在压力驱动下，借助于半透膜的选择截留作用将溶液中的溶质与溶剂分开的分离方法，用反渗透技术将原水中的无机离子、细菌、病毒、有机物及胶体等杂质去除，以获得高质量的纯净水。

（5）蒸发结晶系统。蒸发结晶系统目前技术比较成熟的蒸发结晶器类型主要有降膜蒸发结晶器、FC型蒸发结晶器、DTB型蒸发结晶、奥斯陆蒸发结晶器、自然循环蒸发结晶器、闪蒸蒸发结晶器等多种蒸发结晶设备，但每一种废水所需要采取的蒸发结晶设备多种多样，具体需要根据水质情况及最终的产品要求来选择设备的组合。厂区用于蒸发结晶器系统的蒸汽富余量较足，因此在该系统中采用多效蒸发结晶系统，在多效蒸发结晶系统中的蒸发结晶设备多种多样，对目前运行比较稳定的蒸发结晶设备进行分类比较，结合本项目的水质情况和项目特点，本系统采用降膜和强制循环形式的结晶器。

（二）钒制品生产废水资源化利用技术研究

为实现提钒废水“零排放”和回收有价值的资源，在提钒行业率先使用“MVR 降膜蒸发+强制循环”系统对含盐废水进行处理。经过蒸发浓缩后产生的回用水水质较好，内部浸出和沉淀工序可回收使用；蒸发浓缩过程中产生的副产品硫酸钠能达到商品级外售；产生的氯化钠经公司焙烧工序可回收利用继续提钒。该项目运行后可彻底解决提钒废水带来的环保问题和制约产量提升的瓶颈，实现废水中水资源和盐资源回收利用，降低生产成本。

基于以上各种难点及提钒废水处理生产工艺要求，工艺上进行了压缩优化，调整了工艺时序，杜绝了危废的产生并节省部分药剂。自控方面设计了水处理智能加药控制系统，引入了物联网、人工智能等技术，上层搭建了云服务器，APP、SCADA 等信息化监管平台，现场侧选用了耐腐蚀抗高温型仪表，研制了智能控制柜、采样装置等核心产品，并植入了基于神经网络的人工智能加药算法、色度识别加药技术，通过在线监测水样及设备数据、依据数学模型分析污水处理全过程的运行参数，通过加药执行机构智能调节各个处理环节的工艺参数，在将药剂的药量减少到最小的同时保证更好和更稳定的出水水质，达到低成本运营、降低人工运维强度、提升自动化控制水平的总目标。

沉钒废水处理过程复杂、多变，除钒、除铬是整个过程的重要环节，药剂性能、水质变化情况、设备状况以及工艺状况等都会影响到钒、铬的去除率。面对多变量情况，将采用一系列工业试验的方式，解答课题研究过程遇到的问题，如聚合硫酸铁的有效利用，同步除杂、除铬的设想，传感技术如何运用。

1. 沉钒废水除钒工序处理技术研究

除钒工序是沉钒废水处理工艺中的一环，该工序主要处理原水中的五价钒，在一定条件下（原水 PH 保持在 2），与聚合硫酸铁反应，通过酸碱反应形成钒酸铁，絮凝沉淀，去除原水中的钒。

经过前期的资料收集、技术交流等工作，在反应过程中，聚合硫酸铁的投加量、酸碱度、原水钒含量、溶解反应时间决定除钒的效果，通过试验探索几者关系是研究沉钒废水处理智能化低成本高效处理技术的重要环节。

2. 沉钒废水同步除杂、除铬技术研究

同步除铬、钙、镁是指在除铬工序后续中加入碳酸钠药剂同步除钙、镁，让碳酸钠与除铬液中的钙镁离子反应生成碳酸钙、碳酸镁同时沉淀于氢氧化铬污泥中，省去了除杂工艺，简化了操作步骤，节约酸碱药剂，同时也减少了废水中盐分含量。

经过工艺原理分析、实验室小试，改后的现场试生产，把工艺进行了调整，将除杂的除钙、硅工艺合并入除铬工序，在除铬结束后投加碳酸钠进行碳酸钙与氢氧化铬一并过滤。经过工艺优化后，杜绝了危废环节的产生，不产生危废处理成本，抹去了除杂环节反复投加酸碱的成本和产生的渣料，减少废水中盐含量。提高了钒饼铬泥的利用率，简化工艺流程，减轻了生产成本。

3. 智能采样检测装置技术研究

沉钒废水生产处理过程中，原水温度为 50℃左右，同时反应过程中需要投加硫酸、液碱，投加硫酸后水温会急剧升高，所以设备会处于高温强酸强碱条件下工作。原水盐分很高，在低温环境下，容易产生结晶。原水浊度高，另外反应过程中需要投加絮凝药剂，观察絮凝效果。沉钒废水处理过程为间歇反应，反应过程中水体是流动旋涡状。基于环境以及水质情况展开智能化水样采集检测装置的研究，该装置包含感知设备、输送设备和控制设备。

4. 蒸发浓缩工艺路线分析与选择

拟采用“MVR 降膜蒸发+强制循环蒸发”工艺路线，包含废水预处理系统、MVR 降膜蒸发浓缩系统、强制循环蒸发盐硝分离及提纯系统和产品包装系统。前端预处理后的高含盐废水经过冷凝水板式预热器预热，预热后的料液进入两效降膜蒸发器。料液经降膜蒸发器浓缩后输送至一台强制循环蒸发罐，参与循环受热、蒸发、结晶，析出硫酸钠晶体。析硝后的含盐母液泵至制盐闪发罐，闪发降温析盐后的母液再由母液循环泵送至强制循环蒸发罐蒸发析硝，如此循环。

5. 盐硝分离技术研究

提钒废水中的氯化钠和硫酸钠通过在不同温度下，盐与硝的溶解度不同，分离出氯化钠与硫酸钠。在50℃至120℃温度范围内，氯化钠的溶解度随温度的升高而增大，硫酸钠则相反，其溶解度随温度的升高而减小。根据这一规律，可先将原水在较低温度下进行蒸发，在硫酸钠大量析出的同时，氯化钠得到浓缩。当硫酸钠浓度达到或接近饱和时，将析盐母液升温，硫酸钠溶解度变小而析出，而氯化钠由于溶解度随温度升高而增大，成为不饱和组分。蒸发水分可使硫酸钠继续析出，氯化钠浓度升高。当氯化钠浓度达到或接近饱和时，将析硝母液降温，蒸发，又可使氯化钠过饱和析出。析盐母液再返回升温，循环使用，氯化钠和硫酸钠因此可以得到分离。

三、实施效果

（一）经济效益

1. 中央水处理回用水深度处理项目

系统处理后的水直接回用于生产工段，减少了新鲜水的补水量，工业无水硫酸钠和氯化钠外售至日化厂作为原料使用，实现经济的循环利用。

外销产品经济价值核算：

氯化钠 NaCl 每年的产生量为 4497.5 t/a，目前氯化钠的市场价格为 210 元/吨，厂区每年可以实现 94.4475 万元的经济收入。

无水硫酸钠每年的产生量为 4497.5 t/a，目前无水硫酸钠的市场价格为 350 元/吨，厂区每年可以实现 157.4125 万元的经济收入。

冷凝水每年的产生量为 792 万 m^3/a，新鲜水单价以 2 元/吨计算，厂区每年可以节省 1584 万元的消耗。

每年厂区可节省 236.51 万元的运行费用。

2. 钒制品生产废水资源化利用技术研究

（1）智能化设备运行期间，废水指标满足技术协议要求，项目使用前后总成本降低 14.83%。

（2）智能化设备未启动且除杂除铬同步处理时，吨水药剂费用 32.64 元。硫酸铝、碳酸钠及 PAM 投加量与现有工艺减少，这部分费用 10.98 元。同步工艺单从“液碱+硫酸”计吨水可节约运行费用 21.66 元。如按每天处理水量 1000 吨计算，每天节约费用 2.17 万元；按生产 330 天计，每年节约费用 714.78 万元。

由于每吨水少投加液碱 9.37kg、硫酸 7.416kg，减少全污水处理过程中盐分产生量约 15%。

2021 年：降低水处理成本效益（119.34 - 101.64）×430500 = 762 万元

2022 年：①降低水处理成本效益（119.34 - 106.5）×474000 = 607 万元；②水渣提质提价效益（60 - 50）×2340000 = 2340 万元

（二）其他效益

1. 解决经济与环境效益矛盾

厂区废水循环再利用，节约了水资源，实现了节能减排的经济效应。水处理系统终端高含盐的废水通过蒸发结晶，回收了废水中的硫酸钠和氯化钠，冷凝水直接回用与生产，真正意义上实现了废水的零排放，完全解决了经济效益与环境效益之间的矛盾。

2. 推动沉钒废水处理行业升级

行业升级可以更加有效地助力实现国内沉钒废水处理行业环保有序健康发展，保障人民的生命健康、环境健康，在行业领域以互联网+、云平台、大数据、智能感知、人工智能算法等技术为支撑，通过收集和融合企业的数据为集合，对企业生产运行进行预测和控制优化，保持水质稳定达标的情况下智能化低成本高效运行，产生积极的社会效益，推动沉钒废水处理行业升级。

3. 促进目前工业污水处理智慧化的发展进程

目前市场上多数依赖于普通的工业自动化技术，此课题的研究应用将推动智能算法模型治理工业污水处理产业的进程。算法模型提高了数据的准确性、各类事件的前瞻预测性，同时对人工成本、药剂成本的节约也优化降低。

4. 提升污水排放企业的智能化管理水平

近几年来，通过对工业生产线进行技术改造和引进，大大提高了生产过程中的信息化程度，提高了劳动生产率，改善了员工的操作环境，降低了原材料消耗，节约了成本，提高了产品质量，为企业带来了很大的经济效益。对企业而言，水处理自动化、信息化及智能化技术的应用可以带来人工成本降低、运营水平的改善以及节能降耗，全方面地提高污水处理厂的运营管理效率。

主创人：王　鹏、向明勇

锦纶6工业固废循环再利用关键技术研发及产业化

福建永荣锦江股份有限公司

一、企业概况

福建永荣锦江股份有限公司是一家专业从事高性能尼龙新材料研发、生产和销售的大型高新技术企业，隶属于“中国企业500强”中的永荣控股集团。公司创建于2006年，坐落于中国著名的纺织城和侨乡福州市长乐区，占地面积1254亩，现有员工近3000人。公司先后荣获“亚洲品牌500强”“中国驰名商标”“国家火炬计划重点高新技术企业”“福建省首批50家创百亿企业”“福建省百家重点工业企业”“国家企业技术中心”“国家技术创新示范企业”等荣誉。

公司伴随着生产规模的扩大，已实现“己内酰胺—尼龙切片—尼龙纤维—新材料”一体化的产业链，并步入快速发展阶段。在产品方面，研发生产民用尼龙的同时，还布局研发工业用尼龙切片，产品可广泛应用于服装、运动、休闲、健康、医疗、汽车等领域，部分自主创新产品填补国内市场空白；在经营状况方面，目前销售网络已覆盖国内外主要市场，产品远销东南亚、欧洲、美洲等十几个国家与地区。

公司秉持“以客户为中心，以奋斗者为本，与合作者共享”的企业核心价值观，秉承“科创多彩幸福生活”企业使命，坚持“和合共生，守正出新”的企业精神，倡导企业履行“安全、绿色、奉献”的社会责任，不断刺激团队创业热情，凝聚向上发展的力量，用行动创造价值，力争早日实现“民用尼龙技术引领者”的企业愿景。

二、主要措施

（一）锦纶6行业的生态与资源环境

2021年6月11日，中国纺织工业联合会第四届第九次常务理事扩大会议上发布了《纺织行业“十四五”发展纲要》，同时发布了《纺织行业“十四五”科技发展指导意见》，规定的绿色发展目标有：到2025年单位工业增加值能耗下较2020年下降13.5%；单位工业增加值二氧化碳排放量降低18%，循环再利用纤维年加工量占纤维加工总量的比重达15%。

化纤产业作为福建省重大产业集群之一，2020年总产值超7000亿元，而福州作为福建省化纤产业的重要聚集地，产值超3000亿元，占全省产值近50%，对全市工业增长贡献率达到53.7%。经过近年来的快速发展，我国成为全球最大的聚酰胺原料的生产国和消费国，同时也是全球聚酰胺产能增长、下游应用发展最快的国家。据国家统计局、中国化学纤维工业协会数据显示，近五年来在下游纺织领域需求不断上升驱动下，我国锦纶6产量快速增长，截至2020年已达384.25万吨，同比增长9.79%。

锦纶6纤维产业链是一个包括石油、原料、切片，纺丝、纤维应用、纤维销售与消费等环节的单向链条，是一种“资源→产品→废弃物”的单向线性工业发展模式，其特点是高投入、高消耗和高排放。这种发展模式虽然创造了物质财富和精神财富以满足人民日益增长的美好生活需要，却无法提供更多优质低碳产品以满足人民日益增长的优美生态环境需要，更与实现“双碳”目标相违背。

在锦纶6及其制品生产过程中，从聚合以后的每一个工序都会产生废品，这些工业固废占比锦纶6总产量的8%～10%。锦纶6工业固废主要采用土地填埋和焚烧处理，锦纶6工业固废土地填埋后无法降解，对土壤造成渣化凝聚力降低，破坏其腐蚀分解能力。锦纶6工业固废焚烧后会产生大量粉尘和有害气体，产生的粉尘和气体会加重雾霾，破坏大气，人体吸入后会导致患病。

随着全国锦纶 6 行业的快速发展，锦纶 6 工业固体废物量越来越多。这些工业固体废物如果处理不当，不仅造成环境污染，也造成资源浪费。因此，需要大力发展节能减排技术，减少工业固废的排放量，大力发展处理技术和资源化利用技术，提高工业固废的综合利用率，保护环境，实现锦纶 6 工业的可持续发展。

目前锦纶 6 工业固废的回收利用主要采用物理回收和化学回收两种方式。物理回收法是将 PA6 废品通过粉碎、熔融、挤出的方式制成再生切片，然后再通过熔融纺丝制备锦纶再生纤维。化学回收法是在热和化学试剂的作用下，高分子材料发生降解反应，形成了低相对分子质量的产物，产物可进一步再聚合或利用。PA6 化学回收法有水解（酸解、碱解）、氨解、真空解聚、催化裂解、醇解等。

锦纶 6 工业固废的化学回收法制备过程中整个解聚和再聚合过程是全密闭的，因此废丝的洁净度要求极高，尤其是纺丝油剂的分离，并且聚合过程中会产生 10% 的低聚物，进入纺丝过程后会严重影响纤维质量。由于化学回收法工艺流程复杂，制备成本高，产业化生产难，故我国主要采用物理法进行回收再利用锦纶 6 废品。

（二）锦纶 6 工业固废循环再利用创新技术研究

我国在锦纶 6 再生利用方面，已具有一些有代表性的特色产业化再生技术和利用回收废料再生成制品的企业，但与欧美、日本等发达国家相比，在回收机制、技术先进性和成熟度方面仍存在明显差距。同时，市场反馈再生锦纶 6 产品指标与常规锦纶 6 产品相比还是存在一定差异，在强度、染色性能、耐磨性、柔软性等性能指标上无法满足中高端产品的应用需求。

锦纶 6 循环再利用原料主要采用加工过程的工业固废，洁净度不高，易导致制备再生锦纶 6 切片的生产效率低、质量低，限制了其应用领域。锦纶 6 工业固废循环再利用主要有以下关键“卡脖子”问题需要解决：①建立一套成体系的锦纶 6 工业固废回收可持续的循环模式；②解决再生二次热熔分子链裂解导致切片黏度下降难点；③解决聚酰胺 6 工业固废杂质深度过滤技术难点；④解决再生切片端氨基大幅度降低难点，染色率下降；（5）解决再生切片防氧化技术难点。

公司是福建锦纶 6 产业的龙头企业，将锦纶 6 工业固废循环再生利用作为重点研究攻关项目，针对上述关键“卡脖子”问题，从以下四个方面进行研究制定解决方案，建立国内首创锦纶 6 工业固废循环再利用生产线。

1. 建立锦纶 6 工业固废回收体系

锦纶 6 工业固废由于原料来源复杂，造成原料性能差异较大，因此本项目构建以“工业固废回收→分拣处理→回收利用”生产系统与逆向回收体系相结合的回收模式。最关键的步骤是工业固废的分拣处理，主要分为三个步骤：分拣→清洗脱油→脱水干燥。

分拣：建立锦纶 6 工业固废分类回收制度，即《ZD－ZS－JJ－001A 再生专用废丝管理办法》，并以奖励的方式鼓励员工在回收存放点进行分拣，按半光、消光和有光、纺丝和卷绕工序、不同颜色以及不同功能用途的废料进行分类和组合，创新开发组合配方技术，提高锦纶 6 工业固废利用率。

清洗脱油：锦纶 6 长丝在制备过程中为了减少纤维与器件直接的摩擦，保护纤维，需要添加油剂。油剂在再生锦纶 6 切片生产系统制备再生切片时会成为杂质，从而导致聚酰胺 6 熔体较难成型。因此，创新开发纯化处理技术，对锦纶 6 工业固废进行清洗和酯化脱油处理。

脱水干燥：水分会严重影响再生聚酰胺 6 切片的质量，故需对清洗后的工业固废进行脱水干燥。

2. 研发锦纶 6 工业固废回收生产系统

回收后的锦纶 6 工业固废，需要通过破碎、干燥、熔融、除杂、冷却、切粒等工艺进行制备再生聚酰胺 6 切片。公司凭借在挤出、过滤和纺丝领域数十年的经验积累，联合国内外设备企业进行螺杆挤出机、切粒机、干燥装置、过滤装置、破碎机等再生锦纶 6 切片核心设备进行升级改造，开发一套再生锦纶6切片连续生产系统。

本项目研发的再生锦纶6切片连续生产系统进行挤出机改造，熔融温度可以较常规生产温度降低10℃，可以有效避免聚酰胺6分子量下降，同时解决能耗，降低生产成本；采用的连续干燥装置为干燥及冷却一体式，创新开发抗氧化技术，有效解决切片氧化问题，生产效率更高、水分干燥更均匀、切片质量更好，可严格控制再生锦纶6切片含水量在500ppm以下，保证可纺性，且干燥温度降低，使切片氧化的趋势大为降低。

3. 创新再生聚酰胺6切片制备工艺

锦纶6工业固废在双螺杆挤出机的高温高速剪切作用下，易发生热降解，产生碳化物等杂质堵塞管道，一方面导致成型切片困难，不利于产业化连续生产；另一方面降低再生聚酰胺6切片相对黏度，并影响后续纤维制备。本项目研究螺杆挤出机过滤网的结构、粒径、材质、层数对再生聚酰胺6杂质清除影响，确定最佳过滤工艺；研究喂料速度、螺杆转速、螺杆长径比和挤出温度等对再生聚酰胺6切片性能的影响，确定最佳熔融挤出切片制备工艺，制备纺丝级高品质再生聚酰胺6切片。

再生聚酰胺6切片制备工艺创新开发强磁吸附精滤挤出技术，解决聚酰胺6工业固废杂质深度过滤技术难点，提升再生聚酰胺6熔体成型效率；创新开发高效除尘技术，提供再生聚酰胺6切片洁净度。

4. 研究再生锦纶6纺丝工艺

再生聚酰胺6切片相比较于常规聚酰胺6切片相对黏度、强度降低，纺丝废品率提高。同时，再生聚酰胺6切片制备过程中易导致聚酰胺6大分子的端氨基含量降低，染色性能下降。本项目采用固相增黏技术对再生聚酰胺6切片进行增粘，通过熔融纺丝和皮芯复合纺丝等纺丝工艺进行制备再生锦纶6，研究固相增黏技术、不同纺丝工艺对再生聚酰胺6纤维的断裂强度、断裂伸长率、染色率等性能的影响，采用SEM、DSC等技术手段，研究纺丝温度、计量泵转速、泵供量、喷丝孔直径、喷丝板孔数等工艺参数对再生聚酰胺纤维截面形态、结晶性能、热性能和力学性能的影响，确定最佳纺丝工艺。

再生锦纶6纺丝工艺创新开发固相增粘技术，有效解决再生二次热熔分子链裂解导致切片黏度下降难点，提高纺丝生产效率；采用皮芯复合纺丝工艺，有效解决再生锦纶6纤维染色率下降问题。

（三）再生锦纶6纤维推广及应用

公司致力于环保生态产品系列构建，持续创新研发、不断加大同终端品牌客户研发合作，贯通上下游，极大满足市场和客户产品需求，截至目前已开发40D/12F、70D/24F、95D/24F、60D/48F等规格的FDY和DTY产品，广泛应用于运动型服饰、内衣、外套、鞋材、箱包等领域。

公司积极推动GRS、绿色纤维、清洁生产等认证体系的建设，让本项目产品再生锦纶6纤维有标准的回收材料含量标识，提升产品“绿色”和“环保”的市场竞争力，进入国际买家和世界名企的采购名录，实现全球认可，获得全球推广舞台机遇。

三、实施效果

本项目通过福建省纺织行业产业区域和资源优势，针对锦纶6工业固废循环再利用“卡脖子”关键技术难题，结合公司在技术理论和结构设计方面的技术积累，以及公司研发团队在行业技术的研发创新能力，开发出20D～140D/12F～96F的FDY和DTY再生锦纶6系列产品，广泛应用于运动型服饰、内衣、外套、鞋材、箱包等领域。本项目推动锦纶6产业绿色低碳技术创新，带动下游锦纶6产业高值化发展，具有良好的经济效益、环境效益和社会效益。

（一）经济效益

本项目2020年实现产业化投产，建立1000吨/年的锦纶6工业固废回收生产线，销售量达到790吨以上，销售额1300万元以上；2021年新增3000吨/年的锦纶6工业固废回收生产线，销售量达到3000吨以上，销售额7000万元以上；2022年第一季度再生锦纶6纤维销售量达到1300吨以上，销售额 4400 万元以上，本项目为公司取得显著的经济效益。

本项目极具标杆性和示范性，可进行广泛推广，在纺织服装企业进行回收聚酰胺 6 工业固废，预计可回收工业固废 5000 吨/年。

（二）节能降耗效益

传统技术每生产 1 吨 PA6 切片需消耗 1.040 吨新鲜 CPL，每生产 1 吨 CPL 需消耗 1.086 吨苯酚，每生产 1 吨苯酚需 5.314 吨原油。因此，本项目每生产 1 吨再生聚酰胺 6 切片，可节约 6 吨原油，每年可节约 6000 吨原油。根据《GB/T 2589 – 2020 综合能耗计算通则》，每生产 1 吨再生锦纶 6 切片，从原材料上可减少约 3.2 吨 CO_2 排放。

截至 2022 年第一季度，本项目节约 32000 吨原油，减少 16200 吨 CO_2 排放，相当于 5500 棵大树一年吸收的 CO_2 量。

（三）社会效益

本项目突破锦纶 6 工业固废循环再利用关键技术瓶颈，实现锦纶 6 资源循环再生，实现绿色、循环与高利用率的统一，对存量进行绿色循环低碳改造，对增量进行绿色循环低碳构建，使其发展建立在资源能支撑、环境能容纳、生态受保护的基础之上，推动产业链高效、清洁、协同发展，为国内外消费市场提供更多优质绿色纺织产品，并引导绿色消费，促进行业绿色低碳循环发展水平提高。

1. 获得荣誉认证

本项目荣获“绿色工厂”“2018 年度化纤行业绿色制造先进企业”等绿色低碳研发、节能减排的荣誉，获得国际环保纺织协会 STANDARD100 认证、全球回收标准（GRS）、绿色纤维标志、能源管理体系认证等绿色环保相关证书。

2. 取得知识产权

本项目针对核心技术进行筑造知识产权城墙，以知识产权全链条保护，促进企业绿色低碳循环高质量发展，截至目前申请“一种再生锦纶 6 切片生产系统的实现方法”“一种锦纶废丝回收再生粒生产工艺”“一种纺丝车间废丝处理系统”等相关专利 20 项。

主创人：张子明、付重先、郑建斌、邓梦颖、林志鹏

不锈钢冶炼尾渣资源综合利用实践案例

福建源鑫环保科技有限公司

一、企业概况

福建源鑫环保科技有限公司（以下简称源鑫环保）位于福建省福州市罗源县，成立于2011年。源鑫环保作为福建省第一家开展不锈钢冶炼废渣研究和综合应用的国家高新技术企业，是专业化从事工业固体废弃物综合利用以及新型环保绿色建材研发、生产及销售的工业和信息化部详定的专精特新“小巨人”企业。

公司作为福建省循环经济示范企业，依托企业技术中心，拥有福州市“专家工作站”，强化与高校、科研单位产研合作，深入开展固废处理、新型建材研发及生产的技术创新，形成完善的工业固废综合利用体系。公司已被评定为“福建省科技小巨人领军企业”“福建省知识产权优势企业”“福建省专精特新中小企业”“国家级高新技术企业”等，成果先后荣获“福州市科技进步奖二等奖”“福州市专利奖——优秀奖”“福建省土木建筑学会建设科技二等奖”“福建省科技进步二等奖”等奖励。

目前公司拥有授权发明专利5项，实用新型专利30余项，主持编制了JC/T 2503－2018《用于水泥和混凝土中的镍铁渣粉》和团体标准T/ASC01－2016《水泥和混凝土用镍铁渣粉》等多项建材行业标准、中国建筑学会团体标准，参与一项国家标准的编制。

企业的使命愿景是：专注发展循环经济，坚持“低碳绿色、节能利废”的工业生态化道路，推动大宗工业固废循环利用。

二、主要措施

（一）企业绿色低碳技术的研发与创新

公司专注于工业固废综合利用，深耕罗源湾经济开发区，是福建省第一家、国内较早开展红土镍矿冶炼镍铁合金废渣（镍铁渣）综合利用的企业，通过专家工作站的形式联合同济大学和福州大学的专家团队，针对镍铁渣、不锈钢尾渣的材性、综合利用开展系统性研究，形成了完善的工业固废专业化处置成套服务体系及综合利用产品，该技术体系的建立推动解决了福建省福州市地区不锈钢行业镍铁冶炼废渣的处理和综合利用问题，主导产品为各类高性能复合矿物掺合料，广泛应用于建筑建材行业领域。技术成果获得多项发明专利和实用新型专利授权，主编了国内第一份镍铁渣行业的建材行业标准和团体标准。相关技术成果于2016年由福建省住建厅鉴定为国内领先水平，荣获2018年度福建省建设科技二等奖和2020年度福建省科技进步奖二等奖。

1. 企业创新基本情况

科学技术是企业第一生产力，公司加强和高校、科研机构开展产学研合作，加大技术研发力量，建立固废利用研发平台。2014年开始组建科研中心，后组建完善为企业技术中心；2021年通过福州市专家工作站认定；2021年通过福建省创新驱动学会服务站认定。

公司设立研发专项管理经费，制定了科研专项经费的管理办法，有效促进了公司科学技术水平与科技创新能力的不断提高。公司的主营产品复合矿物掺合料等之所以在市场上一直保持着旺盛的生命力，占据着较大的市场份额，与公司技术研发体系的能力及速度是分不开的。

2019—2021年，源鑫环保R&D经费支出分别为682.76万元、590.52万元、635.43万元，占营业收入之比分别为5.06%、5.19%、5.52%，有效保障了技术研发的持续性发展。

2. 完善的技术研发体系

公司于2014年开始组建科研中心，后组建完善为企业技术中心，2021年还通过了福州市专家工作站认定。源鑫环保立足于工业固废资源的综合利用和企业的可持续发展，结合区域工程特点不断进行新产品、新工艺的研发，作为中国循环经济协会及福建省建筑产业现代化协会企业会员单位，也积极推广工业固废产品在建筑工业化领域的综合应用。

（1）创新团队情况。

企业技术中心设主任一名，由公司副总张德长担任；副主任两名，由品管部郭汉彬及机电部张德金担任。技术相关人员总数33人，其中，博士研究生1人（首席专家），高工2人，中级职称9人，专业技术员16人；管理人员5人。技术研发实力夯实，部门主要领导和顾问均为无机建筑材料方向、建筑工业化材料应用方向的技术人员和专家。

技术中心首席专家由福建江夏学院陈峰教授担任。陈峰教授现任福建江夏学院工程学院副院长，福州大学环境与资源学院兼职教授、硕士生导师，主要从事土木工程结构材料领域相关研究，其本人及相关课题团队有着丰富的工业废渣研究和结构工程应用的经验，同时担任源鑫环保的科技特派员。

专家工作站由公司与福州大学先进土木工程材料福建省高校工程研究中心执行主任、福州大学滨海基础设施腐蚀与防护研究中心主任杨政险教授及其团队合作建设。杨政险教授主持和参与包括美国和中国国家自然科学基金及企业产学研合作各类科研项目30余项，获批总经费达350多万美元。

（2）企业知识产权情况。

截至2021年12月，共拥有52项授权专利，其中发明专利5项、实用新型47项，另有3项发明专利正处于实审阶段。其中发明专利“一种提高镍渣粉磨效率和活性的方法”获福州市发明专利奖优秀奖。

3. 现代化企业管理体系和领先的行业产品标准化导向

公司重视和完善企业标准化建设和管理，已通过知识产权管理体系、质量管理体系、环境管理体系、职业健康管理体系等认证。同时重视技术研发，在固废综合利用研究和掺合料生产及应用领域处于区域龙头地位，具有强大的竞争力。

公司积极投入对新型固废资源化的标准化工作中，坚持产品开发、试点推广、标准化的技术路线，参与了国家标准GB/T 18046－2008《用于水泥和混凝土中的粒化高炉矿渣粉》标准的修编工作。同时作为全国最早一批开展不锈钢冶炼废渣综合利用的企业，一直推动红土镍矿冶炼镍铁合金渣综合利用在本地的试点及产业化应用，并推动相关产品的全国标准化的工作。2016年参与主编的中国建筑学会标准T/ASC 01－2016《水泥和混凝土用镍铁渣粉》已正式颁布实施；后续进一步推动并参与主持编制的全国第一份镍铁渣粉国家行业标准JC/T 2053－2018《用于水泥和混凝土中的镍铁渣粉》也于2019年6月正式实施；同期主持的福建省科技研究开发项目《粒化高炉镍铁渣粉及其复合掺合料开发应用技术研究》于2016年12月通过福建省住房和城乡建设厅验收，并认定为国内领先科技成果，项目成果还荣获2017年度福建省土木建筑学会建设科技二等奖。另外，公司重点推动固废利用产品应用于建筑工业化中部品、部件装配式墙板等领域的应用，于2016年起与福州大学签订了相关产学研合作项目，开展工业固废应用于装配式混凝土建筑领域的系统研究和成果转化，相关成果取得2020年福建省科技进步奖二等奖认定。

（二）相关设备的改造升级

源鑫环保根据每年营收情况设定相应的技改维修基金，通过科学的设备管理制度，推动生产工艺技术的改造升级，目前结合国内技术发展趋势，计划进行“高性能超细粉生产及其技改”项目的建设，实现超细化钢铁渣固废基材料的产业化应用。项目计划引进中国建材工业情报所的技术成果，针对球磨生产工艺过程中的筒仓结构即衬板、隔仓板、出料装置进行创新设计，并优选强耐磨性研磨体，改善了研磨体运动轨迹，优化整个粉磨系统，同时结合企业自有高性能掺合料生产核心技术开展新型产品研发和生产。

1. 绿色低碳新产品的开发和资源的循环利用

源鑫环保专注于工业固废综合利用，长期开展固废材料基础研究和工程应用，面对行业工业固废的处理难题，总结企业多年来的研发生产经验，构建自有的固废资源化全套利用体系，可规模化开展固废处理，生产绿色低碳新型建材产品，减少下游建材行业对天然材料和能源的消耗，促进固废资源的循环利用，具有突出的减碳、降碳效益。

源鑫环保在工业固废领域综合利用的核心技术优势包括：①红土镍矿冶炼镍铁渣改性技术；②钢铁冶炼固废基材料改性技术；③高性能矿物掺合料生产技术。

作为福建省第一家开展红土镍矿冶炼镍铁渣综合利用研究的企业，通过自主专利技术，解决了镍铁渣易磨性差、匹配度不高的缺陷问题，并采用化学激发手段达到材性改性的目的。公司在福建省最早开展镍铁渣资源化利用的试点和应用，最终推动行业的标准化工作；通过钢铁冶炼固废基材性改性技术，利用多元材料复配手段和物理、专利化学激发手段，从而解决钢铁冶炼中钢渣、精炼渣等一次渣、二次渣的性能提升问题；另外通过高性能矿物掺合料生产技术，结合各类工业固废的材性和粉磨特征，改造工艺生产线装置和特有设备，解决生产中待产和能耗问题，实现高性能矿物掺合料的高效低能耗生产。

相关核心技术，源鑫环保均申请了国家发明专利授权，技术成果也通过住建部门的技术鉴定，生产过程中实现标准化生产和管理，形成完善的固废综合利用开发和应用技术体系，为企业创造效益的同时，也为其他企业和行业起到了示范作用。项目实施以来，已累计处理和综合利用各类工业废渣近500万吨，促进地方政府和企业解决环境问题，增加就业，增加地方财政税收，具有很好的经济、社会和环境效益。

2. 低碳管理及运行情况

源鑫环保推广无纸化办公，积极建设企业信息化低碳管理系统，坚持走以信息化带动工业化、以工业化促进信息化的新型工业企业发展道路，将企业的核心技术、产品、管理与信息化的技术手段相融合，在保持企业自身发展活力的基础上，进一步提升企业的创新能力，不仅仅体现在技术创新上，更多的是在商业模式、资源利用、扩展企业影响力的能力上，全方面提升企业的竞争力，突破传统工业企业发展瓶颈，建设内容有以下几点。

（1）建立信息化硬件支持平台。

为促进源鑫环保开展“两化”建设发展，公司构建一个高效、实用、安全可靠的网络平台，提供强有力的平台保障。通过网络建立便捷的数据传输通道，便于业务流程所产生数据的集中处理。通过三层交换机对公司各部门进行VLAN划分，保障各部门的网络安全；通过VPN的建立使各地区业务数据得到充分的整合；通过建立专用杀毒、防火墙服务器，对终端设备实行定期检测，建立起有效的安全防护与入侵检测；通过上网行为管理、安全策略的配置，控制内部终端用户和外部网络的信息交换，实现网络的信息安全。

（2）自主开发ERP系统。

源鑫环保所使用的ERP系统为公司信息中心根据单位及行业特点定制开发的一套系统。系统采用B/S架构，简化了终端安装维护所带来的维护成本。系统采用了快速高效开发语言，针对建材生产企业的工艺及管理特点，开发了涉及企业的生产、财务、采购、销售、库存和质量管理等功能模块。公司所开发的ERP具有适应性强、融合性高、功能齐全、架构灵活等特点。同时该系统还能实现多数据库的连接，实现从其他业务系统进行直接数据连接，解决了数据一致性的问题。在“两化”建设中，充分发挥自主开发ERP系统平台优势，直接与生产系统关联，实现数据库数据的直接实时传递，达到顶层到底层的垂直化管理。

（3）先进生产控制系统。

在生产控制方面，采用集散控制系统（DCS），实现中控室内对生产设备的监控和控制。公司的两条生产线均采用SIEMENS提供的具有高稳定性、可靠性的计算机控制系统，通过“STEP7＋WINCC”进行组态，提供多样的报警方式以及曲线趋势图。通过集散控制系统，利用PROFIBUS控制总线技术，令牌环网络技术和现代组态技术对生产现场PLC、开关量、模拟量、数字量进行采集控制，达到自动控制生产线的目的。在生产现场采用监控系统，通过光纤与硬盘录像机实现对现场的网络化监控。通过OPC工业标准接口对生产数据进行实时采集，并传输到ERP数据库，通过ERP可以随时随地了解当前生产、能耗情况，同时可以对历史生产情况进行对比，提高生产管理能力。

三、实施效果

现对不锈钢冶炼尾渣资源综合利用实践案例的综合实施效果进行分析，从降碳效益、环境效益、社会效益三个方面展开。

（一）降碳效益

源鑫环保通过综合利用钢铁、不锈钢各类冶炼渣、粉煤灰，经过工艺加工生产的新型干混砂浆及高性能的掺合料可代替水泥熟料生产水泥以及商品混凝土。

设平均单位生产水泥熟料综合电耗43.96千瓦时/吨，粉磨水泥熟料平均耗电量38千瓦时/吨，而矿物掺合料平均单位生产综合电耗约40.12千瓦时/吨，按每年生产各类矿物掺合料（掺入水泥中）约为120万吨测算可得：

120万吨×［（43.96＋38）－40.12）］千瓦时/吨＝5020.8万（千瓦时）

据统计和估算，企业可为上游水泥行业间接节约耗电量约为5020.8万度。节约1度电等于减排0.997千克“二氧化碳”，又等于减排0.272千克“碳”。依据上述节约耗电量，推算出二氧化碳减排量约5万吨，碳减排量约1.4万吨。

（二）环境效益

固体废弃物长期堆存不仅占用大量土地，而且会造成对水系和大气的严重污染和危害。冶金废渣、粉煤灰长期堆存产生的大量粉尘会对空气造成污染。不锈钢冶炼尾渣资源综合利用实践案例通过对各类工业固体废弃物的综合利用，直接解决了上游冶炼企业的尾渣堆存问题，环境效益突出。

（三）社会效益

1. 增加社会就业岗位

不锈钢冶炼尾渣资源综合利用实践案例建设有两条年产120万吨高性能固废处置生产设备，总劳动定员共115人，其中管理人员32人，为正式职工，人均工资5万元/年；生产人员83人，为社会招聘人员，人均工资3万元/年。则预计增加社会效益83人×3万元/年＝249万元/年。

2. 带动周边企业发展

不锈钢冶炼尾渣资源综合利用实践案例年处理周边固废超过120万吨，为周边钢铁企业以及华能电厂等企业解决固废占地及环境影响等问题；同时周边企业产生的固废也为源鑫环保相关企业提供了固废利用原材料，实现了互利共赢。

3. 拓宽产品市场前景

近年来国家水泥工业结构开展产业调整，不断加强水泥产业的产能优化和社会友好型企业的建设，不锈钢冶炼尾渣资源综合利用实践案例立足于解决当地工业固废的处置和综合应用，并最终服务于福州地区及周边水泥、混凝土行业，市场前景看好。

以上分析结果表明，本案例的建设主要依托产学研合作模式，结合企业自主专利技术，形成了工业固废循环利用的技术成果。项目符合国家倡导的“双碳”战略目标，符合建设节约型社会的发展战略要求。同时结合《福州市钢铁产业转型升级布局规划（2020—2025 年）》文件要求，企业也不断优化自身的技术服务体系和产品定位。公司于 2021 年通过工业和信息化部专精特新“小巨人”企业认定，并推动罗源湾经济开发区于 2021 年取得了“国家大宗固废综合利用示范基地”和“ 福建省循环经济示范园区”的认定，完善了当地循环经济结构，积极带动当地冶金行业的绿色循环发展。

主创人：陈必松、陈尚鸿、陈元顺、张德长、胡宗辉

节能降耗增收益，绿色环保促发展

广汇能源综合物流发展有限责任公司

一、企业概况

广汇能源综合物流发展有限责任公司（以下简称广汇能源物流公司）位于江苏吕四港，吕四港隶属于江苏省南通启东市，位于江苏的最东端、长江入海口北翼。启东三面环水，区位优势显著，已形成公、铁、水、空“四位一体”的综合交通体系。

广汇能源物流公司于 2010 年 4 月 28 日注册成立，注册资本 5. 8 亿元。公司位于江苏省启东市吕四港经济开发区新材料产业园，占地面积 753 亩。2014 年，广汇能源物流公司 LNG 分销转运站项目获得核准并开工建设，于 2017 年 6 月投产。该项目海域建设 1 个 3890 米长引桥和 1 座 18. 5 万方级 LNG 码头泊位。陆续建设 2 座 5 万立方、2 座 16 万立方 LNG 储罐、1 座 20 万立方 LNG 储罐、1 套年 40 亿立方 LNG 气化装置、20 个 LNG 槽车装卸撬位及配套的工程设施。公司开始时采用较为灵活的槽车运输分销模式，后于 2020 年 12 月建成一套 LNG 气化装置及配套的天然气外输管线，为下游市场提供可靠稳定的 LNG 资源，进一步拓展市场。目前，广汇能源物流公司具备 500 万吨/年的 LNG 周转能力，累计完成投资 50 亿元。

作为能源生产经营企业，广汇能源物流公司深入贯彻国家安全环保的各项方针和政策，从自身实际出发，以科学创新、精细管理、减少温室气体排放为己任，通过生产创新、技术改造、控制系统平衡、减少火炬放散等关键控制点，制定了一系列可行的有效措施，已初具成效，不仅降低了生产经营成本，而且减少火炬放散、减少资源浪费、降低温室气体排放，为“双碳”目标的实现贡献企业应有的社会责任。

二、主要措施

（一）气化新模式，共筑园区绿色发展

广汇能源物流公司与江苏大唐国际吕四港发电有限责任公司（以下简称大唐电厂）毗邻建设，厂区间距约 2km。大唐电厂共建设了 4 ×600MW 国产超临界燃煤机组，已于 2009 年投产，采用海水直流供水系统，单台机组温排水流量约 45260m^3/h（冬季） ~75600m^3/h（夏季）。

因 LNG 的独特性质（沸点 -165℃），需要加热使其成为气态后方可通过管道输送，换热所需的热源取海水是经济合理的气化方式，但经过液化的天然气换热后海水温度降低，排入受纳水域后形成冷污染；而大唐电厂采用直流冷却的冷却方式，经过电厂循环系统排放的冷却水携带大量的热能，使受纳水域水体温度升高形成热污染。因此在园区的整体布局和能源综合利用方面，广汇能源物流公司与大唐电厂积极探索冷、热能之间的高效利用。广汇能源物流公司于 2020 年 12 月建设一套 LNG 气化装置，将大唐电厂循环系统排放的热排水，取水至公司气化装置换热后冷排水返还给大唐电厂，通过以上“新模式”的合作有效降低了冷、热能源浪费，同时将冷、热海水排水对吕四港区海洋环境的影响降至最小，实现了“一种取水、两种利用”的资源循环利用新模式，主要流程如图 1 所示。

图1 LNG 循环利用新模式

这种新模式的应用，不仅减少了大唐电厂因给发电机组降温所需降温水的损耗，而且也节约了降温水循环所需的动力消耗和电力消耗，同时广汇能源物流公司也消除了因为直排低温海水造成的环境影响，可谓实现了一举三得。

（二）余气回收，推进资源循环利用

LNG 槽车在进厂充装前需将罐车内的余压进行排压处理，槽车在排压过程中将造成天然气的浪费。根据以上情况，广汇能源物流公司响应政府号召、主动作为，于 2020 年建设一套 LNG 罐车余气回收项目，该项目共设计卸车撬位 4 个，可同时满足 4 台 LNG 罐车降压操作。

LNG 罐车余气回收主要工艺流程为：将 LNG 罐车内的天然气通过卸车撬导入厂区闪蒸天然气系统，再经闪蒸天然气压缩机加压后送至城市管网工业和居民用户，工艺流程如图 2 所示。

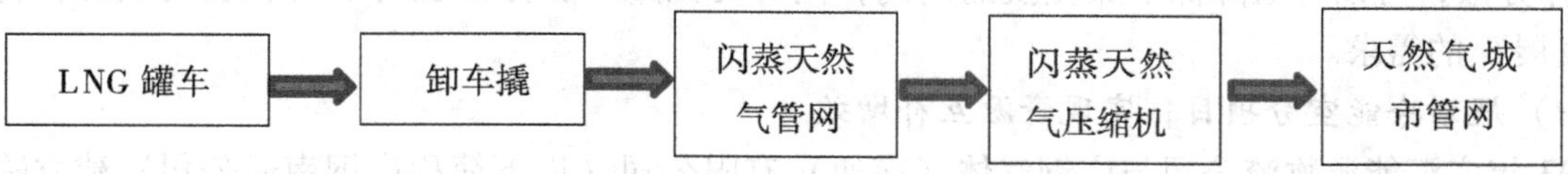

图2 LNG 罐车余气回收工艺流程

广汇能源物流公司通过以上措施，将罐车排压的天然气以一定市场价格购入，在经厂区蒸发天然气（BOG）压缩机加压后送至城市管网各工业和居民用户，避免资源排放，利用能源综合利用的方式，提高了能源的使用率。

（三）勇于创新，节能减排

广汇能源物流公司自建厂以来，以“创新突破、节能减排”为生产准则，积极开展创新工作，降低经营成本。取得了“一种用于 LNG 气化转换的循环管道装置及其施工方法”的发明专利，“一种潜液式 LNG 泵井装置”“一种用于 LNG 装卸船一体化连接系统”等 16 项实用新型专利，在节能环保的道路上努力前进，努力实现“双碳”目标。

（1）2021 年，公司通过利旧将原有的压缩天然气（CNG）压缩机充装车辆系统，改造为 CNG 压缩机加压至 8.0～9.0MPa；通过高压管线将储罐内由于热量摄入、环境变化产生的蒸发天然气（BOG）送至“西气东输”管网，有效避免了富余的闪蒸天然气（BOG）放散至火炬排放。

（2）广汇能源物流公司作为 LNG 接收站，生产运营中主要的一项工作是接收 LNG 船舶，由于 LNG 深冷的特性，在接卸过程中必须保持管线处于冷态，这就对生产提出了更高的要求。目前由原有的每船一次预冷，通过管理创新、技术探讨，制定了管线冷态循环的操作模式，有效控制了因管线“升温”“降温”所产生的 BOG，降低了生产消耗，同时也避免了因预冷管线短期内产生大量 BOG 无法处理而放散至火炬的现象。

（3）LNG 储罐采用空气干燥、氮气置换的方法，减少能源消耗缩短投用周期。LNG 储罐作为储存液化天然气的重要储存设施，主要结构分为内罐、外罐、穹顶、罐底板、保冷层等结构。LNG 是一种深冷液态，通常储存温度在 -162℃，因此 LNG 储罐在建设完成进料前，需对储罐进行整体干燥和置换。首先是避免 LNG 在进入储罐时产生结冰现象，其次是避免储罐内存在空气，造成 LNG 进入后产生局部易燃易爆环境，目前国内 LNG 储罐干燥置换基本上是采用液氮气化后进行干燥和置换，此方法的缺点为液氮消耗量大、成本增加，且干燥置换周期通常较长，操作期间也存在一定的安全风险。

2022 年 9 月，广汇能源物流公司建成一座 20 万立方 LNG 储罐，在进入储罐干燥置换阶段，公司采用了 LNG 储罐空气干燥、压涨式氮气置换的新思路，不但有效提升了干燥置换的效率，而且采用较为安全的空气作为干燥气源，消除使用氮气干燥期间存在的风险，主要流程如图 3 所示。

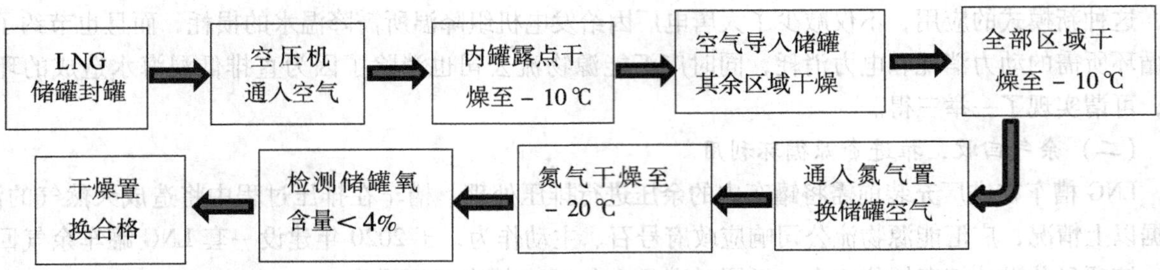

图 3 LNG 储罐空气干燥模式

广汇能源物流公司 20 万立方 LNG 储罐采用空气干燥、氮气置换的方法，属本行业中较为先进和超前的操作方法，可以有效降低干燥置换的周期，同时对比原干燥方法也可节约相应的资源，符合企业“绿色发展”的需求。

（四）规划冷能空分项目，实现资源互补增效

2023 年广汇能源物流公司与广钢气体（南通）有限公司（以下简称广钢南通公司）建立冷能利用空分项目合作协议，主要内容是：公司先用 LNG 作为冷媒，制取液氧、液氮、液氩等工业气体，广钢南通公司再将利用后的 LNG 以高压气态的方式反输至广汇公司高压计量撬前，计量后输送至“国家管网”供居民和工业用户使用。该冷能利用项目充分利用了广汇公司的 LNG 的冷能为空分装置制取工业气体，有效降低了广汇该负荷下 LNG 气化运行的成本，也降低了广钢南通公司空分装置运行冷媒的消耗成本，同时也推动了 LNG 冷能资源高效利用、节能环保、绿色减碳的目标。

LNG 冷能空分是将 LNG 气化系统与空分系统相结合，充分利用 LNG 气化时所释放的巨大冷量来生产出液氮液氧等空分液体产品的一种工艺，它的工艺流程主要包括空气预冷系统、空气纯化系统（含再生气加热系统）、氧氮精馏系统（含全精馏制氩系统）、LNG – 氮液化换热系统、低温液体贮存系统、乙二醇循环冷却系统、仪电控系统等几个部分。其中 LNG 通过管道输送至空分界区，作为冷源进入 LNG 冷量回收冷箱系统的 LNG – 氮换热器，其中一部分直接汽化复热到 0℃以上进入用户管网。其余 LNG 由板式中部抽出后，一部分返回接收站的汽化器中间进料口继续复热；其余去乙二醇冷却器作为冷源，将高温端冷量传递给乙二醇，自身汽化并复热至 0℃以上并入通过管道输送至 LNG 接收站 NG 管网。LNG/NG 输送能够与接收站通过阀门快速隔断，并有多道手动阀门截断，确保 LNG 接收站安全。

三、实施效果

（一）LNG 气化新模式项目实施效果

该项目自 2020 年起投入试运行至今，大唐电厂为广汇公司提供温排水约 3888 万立方，广汇公司为大唐电厂提供换热后的冷排水约 3800 万立方，“一种取水、两种利用”的资源循环利用新模式累计减少海洋取水 4200 万立方，在增加资源循环利用和保证吕四地区海洋环境方面取得了骄人的业绩。

按照目前广汇 LNG 气化装置 2 台管壳式（IFV）气化器运行，大唐电厂 4 台 600MW 超临界燃煤机组计算，每台机组每年微增功率 1850kW，合计增加发电量 7399kW · h。下一步广汇将继续按照国家要求，积极探索新技术、新模式，为国家节能降耗、资源循环利用、绿色发展贡献一个企业应有的担当和责任。

（二）LNG 罐车余气回收项目实施效果

广汇能源物流公司自 2020 年建设完成余气回收系统后，累计回收天然气约 300 万方。通过资源回

收利用有效减少了能源排放，从LNG余气回收未投用前和投用后对比，在未投用LNG罐车余气回收前每年排放的天然气约350万方（年装车量为90527车），LNG罐车余气回收投用后可减少温室气体（天然气主要成分为甲烷）排放约340万方，减少碳排放6500吨。为实现国家“双碳”目标，尽企业应有的一份社会责任。

（三）技术创新项目实施效果

2021年，广汇能源物流公司通过改造CNG压缩机，将8.0～9.0MPa，通过高压管线将富余的BOG送至“西气东输”管网；通过管理创新，修改卸船管线预冷方式，累计外送3848万方天然气，减少LNG损耗约3500吨，节约成本1700余万元，减少温室气体（燃烧后产生二氧化碳）排放约380000吨，为国家早日达到“双碳”目标奉献力量。

（四）LNG储罐空气干燥项目实施效果

2022年广汇能源物流公司LNG储罐干燥置换总计耗时14天，相比同行业20万立方LNG储罐干燥置换周期节约至少11天；相比同行业LNG储罐干燥置换减少氮气用量约30%。此方法有效降低了资源消耗，同时也减少了干燥置换的周期，在响应国家“绿色发展”要求的同时，也节约了项目建设投用周期，有效降低了成本。

（五）冷能空分联合实施项目实施效果

广汇能源物流公司与广钢南通公司LNG冷能利用空分项目，是提升国内LNG综合利用的有效方法。据初步估算，实施LNG冷能空分项目，与传统LNG气化项目相比，预计可节约LNG气化电费约450万元/年，增收冷能费用584万元/年。与传统空分项目相比，预计广钢南通公司可节约电费2400万元/年。实施LNG冷能利用空分项目是绿色、节能、环保的，具有很好的经济效益。

综上各项节能降耗技术的应用，广汇能源物流公司可减少海水气化换热装置设备设施固定投入约1.1亿元，累计回收天然气4187万方，年累计节电413676kW·h，年减少碳排放约412435吨。为保障生产装置低能、低耗、环保、安全运营，实现了企业效益最大化。

近年来广汇能源物流公司综合实力增长较快，装置产能逐步提升，员工队伍快速成长。公司全体员工凝心聚力、勇于拼搏，瞄准“创新驱动、质量提升”目标定位，抢抓发展机遇，坚持“高标准、严要求”，立足于走“节能降耗、精细化管理”道路，在关键技术上择新择优选用，大力实施技术创新改造，着力解决装置高能耗难题，全力保障生产装置低能、低耗、环保、安全运营，实现装置效益最大化。

在未来的经营生产中，广汇能源物流公司将持续深入贯彻新发展理念，构建新发展格局，按照“十四五”规划和2035年远景目标纲要中提出的碳达峰、碳中和战略目标，结合公司发展规划目标，全力做好节能降耗、精细化管理工作，为打造“本质安全型、资源节约型、环境友好型”的天然气储存运输企业而努力奋斗，为江苏省启东市的经济发展贡献力量。

主创人：薛小春、陈怀奎、宋　鹏、王　楼、李文凯

践“两山”理念，凸循环经济，低碳绿色创新发展助力煤港 3A 景区建设

国能黄骅港务有限责任公司

一、企业概况

国能黄骅港务有限责任公司始建于 1997 年，由中国神华能源股份有限公司和河北建投交通投资有限责任公司共同出资设立，是国家能源集团所属重要专业化港口企业，主要负责国家能源集团煤炭的下水外运工作，是集团矿、路、港、航、电、油一体化产业链上的重要一环。公司煤炭实际吞吐能力达 2 亿多吨，最大煤炭堆存能力约 460 万吨，拥有煤炭泊位 17 个、杂货泊位 4 个、油品泊位 1 个，自主管理航道 43. 5 公里，有 12 艘拖轮及 3 艘专业疏浚船舶，是一座以煤为主，兼顾散杂货和油品的现代化综合性能源港口。截至 2022 年，公司累计完成煤炭下水量超 25 亿吨，杂货吞吐量超 4700 万吨、油品超 4500 万吨，上缴各类税费超 70 亿元，为保障国家能源供应，服务地方经济发展做出了积极贡献。

公司以“生态文明建设”为号召，以建设“绿色、高效、智慧、平安”世界一流示范港口为目标，将绿色低碳环保列为公司发展中的重中之重。公司多项绿色环保项目分别获得瑞士日内瓦国际发明展金奖、水运建设行业协会科学技术奖特等奖、全国交通企业管理现代化创新成果一等奖、中国港口协会科技进步奖二等奖、国家能源集团科技进步奖三等奖等。公司被评为国家 3A 级工业景区，公司绿色发展成果获得亚太港口服务组织（APSN）“2021 年亚太绿色港口”荣誉称号，并成功入围第十一届中华环境奖。

二、主要措施

（一）构建全流程智慧抑尘体系，确保煤粉尘低碳排放

1. 建设本质长效抑尘系统

公司设计一套与翻车机底部振动给料机相结合的分层洒水系统，在翻车机底层振动器给料漏斗和溜槽上面设计安装喷嘴、电磁阀等洒水降尘设备，实现分层洒水、均匀混合，保证煤炭通过皮带机、转接塔、堆料机等传送过程中各个环节时，粉尘接近零排放。针对煤炭港口不同煤种的物料进行洒水抑尘，同时在实现煤炭充分洒水的基础上，更好地节省水资源和成本，系统安装有电动控制阀、流量计，该控制阀与控制系统相连，针对不同的煤炭，控制系统可以控制控制阀打开不同的开度，实现喷头的洒水量的精确控制。在翻车机底层出料口安装了含水率在线检测设备，系统可根据检测结果对洒水量进行自动调节和监测，既可避免由于过多洒水造成煤炭黏度过大影响生产，也可杜绝由于洒水量不足产生的粉尘污染问题。

2. 建设堆场智能水幕系统

公司通过远程操控和图像监测实现控制堆场煤垛表层煤炭外含水的自动补偿系统，提出移动单机行走驱动的设计校核方法，设计制作一种大吨位随动水箱智能上水装备，构建了完备的堆场洒水系统，实现堆场煤垛定点、多点、全覆盖面匀质洒水，有效地降低了堆场煤尘浓度，对公司绿色环保生产提供了有力保障，同时也为行业环保生产工作提供了借鉴意义。此系统创建了堆场煤垛粉尘源头治理和规模化应用模式，开创性地实现了煤垛全覆盖均匀洒水，有效补充煤垛表层煤炭外含水率。水幕颗粒对悬浮在空气中的煤尘可进行有效的吸附而聚结成团，受重力作用而沉降，从而达到抑尘作用，在起尘点进行粉尘治理，抑尘效率高，降低矽肺病风险。通过技术内容的规模化应用，成功实现了公司煤炭露天堆场 TSP 年日均浓度下架了 40%。公司成果具有明显的技术优势，通过科技创新取得了实质效果，在煤炭

露天堆场推广方面具有重要价值，具有较高的技术经济指标。

（二）以湖库为载体，建设海绵水系统，雨污水充分回收利用

1. 创造性提出“海绵港口”循环体系

公司通过建立水系统，采用水资源进行抑尘，针对进水源单一、水资源短缺、供需水不平衡等问题，创新性地将“海绵城市”理念应用到煤港，使煤港能够像海绵一样，在适应环境变化时具有良好的“弹性”。下雨、污水、压舱水等低价值水源较多时，煤港进行吸水、蓄水、沉淀、净水；正常用水时将蓄存在“海绵载体内”的低价值水适时“释放”，为港区提供充足水源；采用多项用水抑尘手段，解决粉尘问题；将“海绵载体”作为调水策略缓冲池，充分利用低价值水源，智慧调水，动态调节进水源、用水点，保证水系统进用水平衡。“海绵港口”原理工艺如图 1 所示。

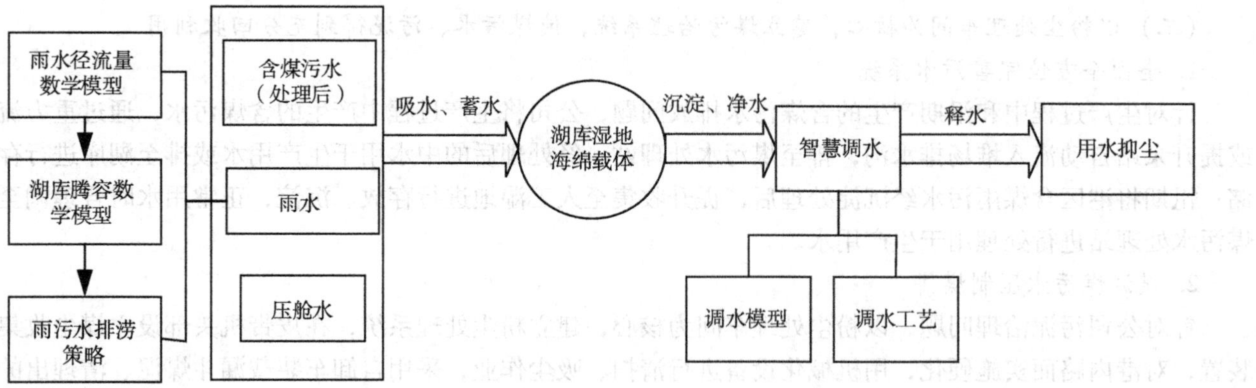

图 1 智慧环保“海绵港口”原理工艺

2. 打造“两湖三湿地”生态循环水系统

针对公司生产水池、用水站点单一，存在信息孤岛等问题，公司利用港区闲置资源，施工建设“两湖三湿地”（景观湖、生态湖、南湿地、北湿地、西湿地），对水系统设备设施进行升级改造，建立生态循环水系统，实现压舱水池、污水处理站、生产水池等站点与“两湖三湿地”的互通互联（见图 2）。利用湖库作为生产用水缓冲池，利用人工湿地作为雨水调蓄和净化的空间，保护生物多样性、改善煤港微气候，生态循环水系统是低能耗、高生态效益的绿色基础设施形式。

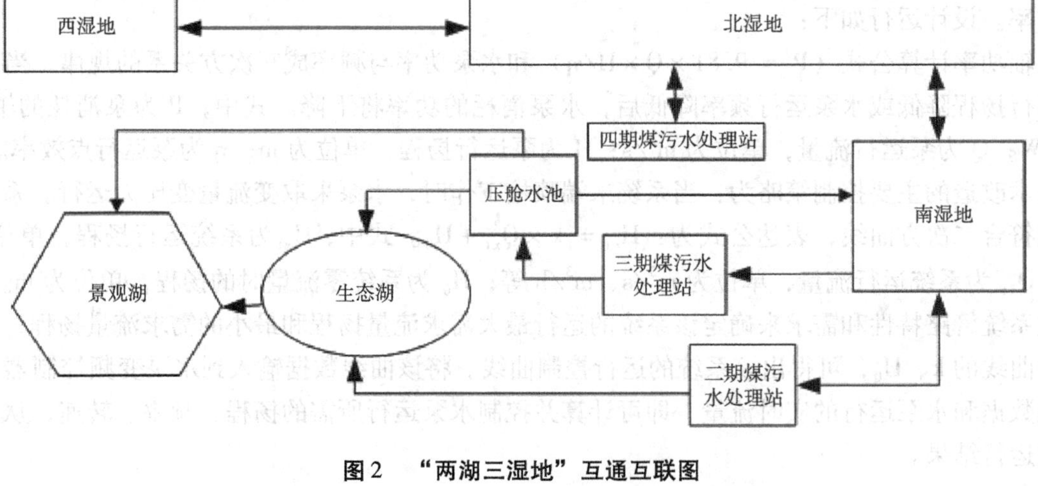

图 2 “两湖三湿地”互通互联图

3. 以精细化管理为目标，实现水系统管控智能化

针对水系统设备设施陈旧、信息化建设及管理落后等问题，公司对水系统进行信息化升级改造。

水系统集控系统建设：将公司生产区内原有 24 个分散的供水站、提升站、堆场洒水、堆场排水、污水处理、压舱水回收等系统进行 PLC 升级改造，并与 18 个新增站点通过以太网联网组成一个整体系统，使用 FactoryTalkSE 自动化设备人机操作应用系统，同步建成水系统视频监控系统，对分布式水系统站点实现远程集中自动化控制与实时监控，操作人员在集控室可完成所有水系统设备的集中操作和视频监控作业。

水系统数据管理平台建设：从水系统运行实际工作出发，以精细化管理为目标，基于数据管理思想，通过信息化手段，自主开发水系统数据管理平台，自动采集、统计数据，采用 SPSS 专业数据分析软件，分析数据，摸索规律，运行好数据对环境影响的边界条件，提升水系统管理水平。

（三）以粉尘处理车间为核心，建立煤污治理系统，使煤污水、污泥得到充分回收利用

1. 全面全方位完善污水系统

针对生产过程中和汛期产生的含煤污水排放问题，公司将生产过程中产生的含煤污水，通过重力流或提升泵站自动流入堆场排水沟，排至煤污水处理站，经处理后的中水用于生产用水或排至湖库进行存储；汛期将港区含煤雨污水经沉淀处理后，提升收集至人工湿地进行存放、沉淀，正常用水时合理调至煤污水处理站进行处理用于生产用水。

2. 煤泥煤污水压制煤饼

针对公司污泥治理问题，以粉尘处理车间为核心，建立粉尘处理系统，在皮带机头部设立煤尘收集装置，对港内路面实施硬化，用机械化设备进行清扫、吸尘作业，采用自卸车装载漏斗煤泥、清理出的管沟煤泥，使用泵将污水处理站重度煤污水提升至粉尘处理车间，同时对粉尘车间进行 4 项技术改造：渣浆泵进料口改造、卸料间加装振动筛有效过滤物料中的大颗粒杂质、清水池回用增加自动排水系统、搅拌池与二期煤污水处理站集水池液位联动改造，再借鉴污泥处理的方法，将回收的煤粉与水混合后，压制成煤饼回收利用，制饼过程中产生的中水排至湖库进行存放利用。

3. 水系统管理节能降耗

针对公司水系统高压洒水系统因增加洗带装置而造成工频水泵运行能耗高问题，提出了变流量变压力控制曲线的确定方法，采用变流量变压力控制技术对水泵进节能改造（见图 3）。变流量变压力的运行，实际上就是要让水泵运行按管路特性曲线运行。按管路特性曲线运行，对于水泵运行控制来讲，其流量扬程均需变化，是多变量运行控制的一种。在同样流量下，水泵运行的频率要低于出口恒压运行控制时的频率。设计运行如下：

按泵轴功率计算公式（$P = 9.81 \times Q \times H/\eta$）和水泵功率与频率成三次方关系的规律，当同等流量下水泵运行扬程降低或水泵运行频率降低后，水泵消耗的功率将下降。式中，P 为泵消耗的轴后功率，单位为 kW；Q 为泵运行流量，单位为 m^3/s；H 为泵运行扬程，单位为 m；η 为泵运行点效率。

该技术改造的主要控制策略为：当系统末端喷枪工作时，水泵采取变流量变压力运行。系统的管路特性曲线符合二次方曲线，表达公式为：$H_{xt} = k \times Q_{xt}^2 + H_0$。式中，$H_{xt}$为系统运行扬程，单位为 m；k 为常数；$Q_{xt}$ 为系统运行流量，单位为 m^3/s、m^3/h 等；H_0 为系统零流量时的扬程，单位为 m。

通过系统管路特性和需求来确定该系统的运行最大需求流量扬程和最小的需求流量扬程，计算出该系统二次曲线的 k、H_0，可得出该系统的运行控制曲线。将该曲线数据输入到水泵变频控制器中，结合水泵性能数据和水泵运行的实时流量，即可计算并控制水泵运行所需的扬程、频率、转速，从而获得能耗较低的运行结果。

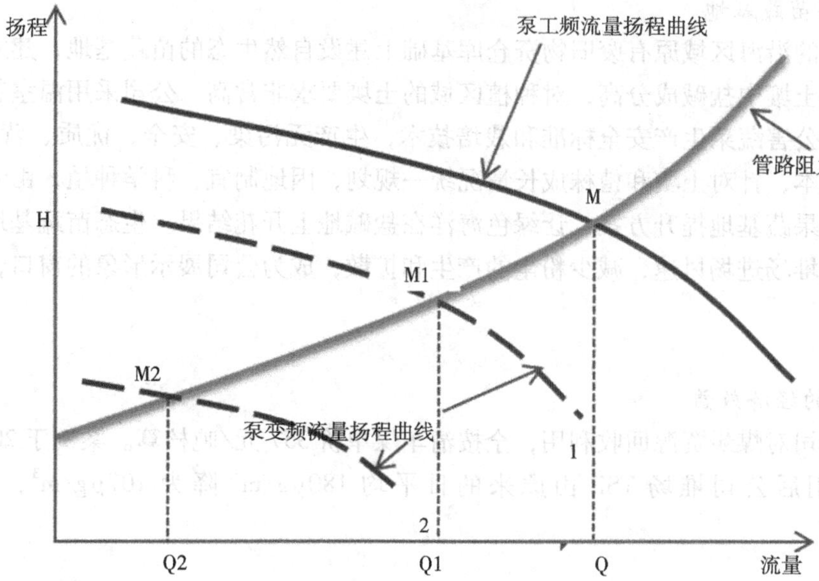

图3　变流量变压力运行

通过该技术的研究采用变流量变压力控制技术后，高压供水系统节能率为58.34%。2021年节约电量129.06千瓦时，对应节约电费80.02万元。2020—2022年（27个月）减少二氧化碳排放1793.2吨，相当于节省309吨标准煤。

（四）建设环境粉尘在线监控系统，全面感知生态环境

1. 港区降尘监测管控

公司共布设24个降尘缸监测点位，按照区域尘源特点，分别以“点—线—面”进行布设降尘缸，各降尘点位的设置符合港区粉尘排放的变化规律趋势。根据现场不同点位的实际情况，自主设计了1.5米和5米伸缩的降尘缸架，并通过“双缸平行采样”等各项质控措施，提升了降尘监测技术水平，实现监测数据科学参比，确保降尘监测数据真、准、全，为精准、精细开展扬尘污染防治工作提供坚强支撑。每月收集降尘监测数据，直接反映粉尘排放量、排放规律、区域环境空气降尘量水平。对数据进行分析，找出环境降尘量与堆场尘源的对应关系，直接反映现场扬尘管理的实际情况。降尘监测的全面实施将助于有针对性地进行环境治理，进一步降低粉尘自然沉降量，改善环境空气质量。

2. 生态环境智能监测

公司以人工智能和大数据分析为依托，建立环境粉尘在线监控系统对港区环境进行智能监测、报警，对降尘、污染影响值进行统计分析，全面感知生态环境，对粉尘污染进行量化和预警，为公司的环境监测、环境治理、环保管理提供分析与决策的理论支撑和数据支撑。在翻车机区域、堆场区域、码头区域、港区厂界布置18套TSP在线粉尘监测设备，实时监测空气中直径在100微米以下的总悬浮颗粒物，并对异常数据进行报警，查找起尘的原因。

（五）建设绿色自然生态环境，全面提升港区自然生态环境质量

1. 建设临海绿化景观带

针对港区土地盐碱化程度高、绿化养护难度大的实际，公司积极探索盐碱地绿化新路子，通过更换种植土、抬高地面、控制返碱和选择抗盐碱植物等一系列措施，不断扩展绿化空间。经过多年发展，港区建成绿地总面积达92.87万m^2、绿化面积达120.87万m^2的环境绿化工程，绿化覆盖率达31.3%，形成独具特色的临海绿化景观带，积极发挥防风、吸尘、降噪、净化空气的生态作用。

2. 建设自然生态苗蔬基地

在生产作业区内的沿海区域原有废旧物资仓库基础上建设自然生态的苗蔬基地，建立高标准温室蔬菜大棚。由于空气机土壤中盐碱成分高，对种植区域的土壤要求非常高，公司采用温室栽培和无土栽培相结合，严格按照无公害蔬菜生产安全标准和栽培技术，生产无污染、安全、优质、营养型瓜果蔬菜，降低公司大棚种植成本，针对土壤和植株成长情况统一规划，因地制宜，科学种植，由专业工作人员进行统一管理，并结合果蔬基地提升方案，让绿色海洋在盐碱地上开花结果。生态苗蔬基地建设积极改善港区环境，有效降低堆场进场风速，减少粉尘的产生和扩散，成为公司展示形象的窗口，成为我国煤港一张亮丽名片。

三、实施效果

（一）获得可观的经济效益

如表 1 所示，公司对煤炭资源回收利用，全按清车煤单价 357 元/吨核算。案例于 2019 年开始产生收益。案例投入使用后公司堆场 TSP 由原来的日平均 180μg/m³ 降为 107μg/m³，粉尘排放量减少 40.56%。

表 1　项目实施后三年经济效益明细

年份	节约用水成本					煤饼回收			堆场苫盖节支				节能减排	总经济效益（万元）
	污水回用（万吨）	压舱水回用（万吨）	雨水回收（万吨）	节约新鲜水（万吨）	节约资金估算（万元）	制饼量（万吨）	单价（元）	新增销售额（万元）	节省劳务人员（个）	劳务人员成本（万元）	材料成本（万元）	节支总额（万元）	节约电费（万元）	
2019	163.8	98.0	53.3	315.1	1521.9	0.38	357	135.7	400	7.5	500	3500	–	5157.593
2020	193.9	148.4	46.5	388.8	1877.9	1.56	357	556.9	400	7.5	500	3500	–	5934.824
2021	213.9	115.0	67.5	396.4	1914.6	2.56	357	915.0	400	7.5	500	3500	80.02	6329.603
合计	571.6	361.4	167.3	1100.3	5314.4	4.50		1607.6	1200	7.5	1500	10500	80.02	17502.04

2019 年制饼量 0.38 万吨，新增销售额 135.7 万元；2020 年制饼量 1.56 万吨，新增销售额 556.9 万元。2021 年制饼量 2.56 万吨，新增销售额 915 万元。2019—2021 年煤饼回收合计新增销售额 1607.6 万元。

公司按节省水 4.83 元/吨成本价核算。2019 年节约新鲜水 315.1 万吨，节约资金 1521.9 万元。2020 年节约新鲜水 388.8 万吨，节约资金 1877.9 万元；2021 节约新鲜水 396.4 万吨，节约资金 1914.6 万元。2019—2021 年节约新鲜水资金合计 5314.4 万元。

参照天津煤码头煤堆场苫盖投入，公司每年减少约 400 名劳务人员及 500 万元材料费。每名劳务人员成本每年为 7.5 万元，每年节支额为 3500 万元，2019—2021 年合计节支 10500 万元。

2021 年，高压水泵供水系统改造后用电量 75.2951 万千瓦时，相比改造前节电量 = 用电量/节电率 = 75.2951/58.34% = 129.06 万千瓦时，节约电费 = 节电量 × 单价（元）= 129.06 × 0.62 = 80.02 万元。

案例成果自陆续投运以来，2019—2021 年带来经济效益约 17502 万元。

（二）获得良好的社会效应

公司结合我国规模最大的煤炭散货运输港口存在的环境问题，研发了新一代绿色低碳港口建设体系，其研究成果的应用对于支持港口企业解决煤炭粉尘排放污染问题、煤污治理、节能减排增效具有重要指导作用，有效解决公司环境问题，对公司环境改善起到了积极作用，推动了行业内绿色环保技术的发展，为促进低碳、绿色、生态港口的建设提供了重要支撑，实现港口建设和自然生态系统协调发展。

低碳创新研究成果有效推动公司成为国家3A级工业旅游景区，为公司树立良好形象，打造绿色生态港口，提升对外知名度和影响力。绿色发展实践案例也作为标杆企业连续两年被写入交通运输部《中国港口高质量发展报告》；公司绿色发展、智能化建设、外委管理等企业创新成果多次获得中企联一、二等奖；公司改革成果《创新驱动的绿色煤炭港口全流程智能化建设与管理实践》荣获中国企业改革与发展研究会优秀成果三等奖；公司多次受邀参加中国港口协会、交通运输部等组织的各类博览会、研讨会，多次登陆央视、人民网、学习强国等主流媒体，公司的社会知名度、诚信赞誉度持续提升。该案例的多个成果技术在国能（天津）港区有限责任公司、河北港口集团港口机械有限责任公司等其他煤炭港口得到了广泛应用，有效解决了各港口需要解决的环境问题。

主创人：怀 全、王明乐、赵利军、郭超凤、唐丽娜

循环流化床大比例煤泥掺烧技术与应用

国投盘江发电有限公司

一、企业概况

国投盘江发电有限公司（以下简称盘江公司）位于贵州省西部滇黔交界、素有“江南煤都”之称的六盘水市，围绕国家实施西部大开发和“西电东送”战略，按照国家“优先发展煤炭资源综合利用项目、节能环保项目和循环经济项目”的产业政策，开发建设和运营管理盘江矿区低热值煤发电项目和与盘江集团、水城矿业集团合作的其他燃煤发电项目。

盘江公司建设运营的两台300MW等级CFB循环流化床火力发电燃煤机组，入炉煤燃料以煤泥、煤矸石等低热值煤大宗工业固废为主。煤泥、煤矸石等低热值占总燃料比例达85%以上，最高占比可达100%。每年可消纳煤矸石、煤泥大宗固废等低热值煤约270万吨，提供约30亿千瓦时的清洁电能。目前在CFB锅炉煤泥掺烧领域处于世界领先水平，为当地解决煤矸石、煤泥污染环境，延长煤炭产业链，促进当地煤炭产业健康发展，发展循环经济做出了突出贡献。

在科学发展观的指引下，公司秉承国投集团“为出资人、为社会、为员工”的“三为”宗旨，坚持“以机制管理企业、以制度规范行为”的管理理念，按照“创建节能环保型、经济效益型、循环经济型发电综合利用示范项目”的目标，遵循发展低碳经济、建设资源节约和环境友好型社会的客观要求，坚持以生态文明的理念来引领工业可持续发展，实现煤泥、煤矸石等低热值煤的变废为宝，促进煤炭工业的健康发展和国民经济的可持续发展，达到节约能源、美化环境的目的，实现社会效益、环境效益和企业效益的多赢，为贵州省经济更好更快发展做出应有的贡献。

二、主要措施

（一）案例背景

在“双碳”背景下，为清洁高效利用好有限的煤炭资源，我国煤炭洗选比例逐年增加。2021年，我国原煤产量40.7亿吨，洗选比例为75%，洗选总量超30亿吨，煤泥产量超过2.5亿吨。煤泥含水高、黏性大、热值低，属于难以利用的废弃物。简单堆放占地且造成环境污染，也导致资源浪费。如何实现煤泥“三化”利用，形成综合利用循环经济模式是我国可持续发展的重大需求。煤泥高效清洁利用是国家政策支持的方向，有关部门先后实施了《煤炭工业发展“十三五”规划》（2014）、《关于促进煤炭安全绿色开发和清洁高效利用的意见》（2014）、《关于印发“无废城市”建设试点工作方案》（2019）等政策，急需大规模高效清洁的煤泥综合利用的技术。

循环流化床（CFB）锅炉燃烧技术具有燃料适应性强、适于燃烧低热值劣质燃料、污染物控制成本低、负荷调节能力强等优点，是规模化高效利用低热值劣质燃料如矸石、煤泥等的最佳方式。20世纪90年代，国内外在中小容量的CFB锅炉热电机组上进行煤泥掺烧工业探索，掺烧比例低，对高效、低污染性能要求不高。随着节能及污染物控制要求日趋严格，CFB锅炉机组容量参数不断提高，因此，开发大型CFB锅炉大比例煤泥燃烧技术的需求在我国，特别是作为“江南煤都”的贵州六盘水市更加迫切。

（二）问题分析

开发大型CFB锅炉大比例煤泥掺烧技术，存在两个需要突破的技术瓶颈：一是大流量高黏度煤泥稳定、连续、低能耗地给入炉膛；二是实现炉膛内高效清洁稳定燃烧。核心难点如下：

1. 超细煤泥的物料平衡及燃尽难。煤泥粒度细，超出了传统 CFB 气固流态认知范围，采用传统理论及方法进行大比例掺烧无法实现超细煤泥的物料平衡及燃尽问题。煤泥粒度细，远低于传统 CFB 锅炉燃料粒度级配，引起系统物料平衡变化，即气固浓度分布、飞灰底渣比、颗粒停留时间的变化，进而影响传热和燃烧。

2. 煤泥给料方式难。煤泥团在气固流态化下的运动、爆裂及燃烧行为规律尚处于空白，明确煤泥的最佳给料方式及给料尺寸等关键设计，是大比例掺烧高燃烧效率和流化稳定的保证。

3. 煤泥给料沿程阻力大、能耗高。煤泥属于典型的“高固多相黏稠物料”，在管道中输送特性属于非牛顿流体。大比例煤泥掺烧须解决沿程阻力大、能耗高、管路振动等卡脖子问题。

（三）工作过程及措施

针对开发大型 CFB 锅炉大比例煤泥掺烧技术存在的核心技术难题，项目团队通过研究实验，逐一解题，并探索出了适用于 CFB 锅炉循环流化床大比例煤泥掺烧的技术路线。

（1）针对超细煤泥的物料平衡及燃尽难问题，通过对不同的煤泥给入位置及给入形式（煤泥团或煤泥浆）的研究分析，并经过应用实验，项目采取顶部煤泥团给入方式，解决了业内普遍认为煤泥爆裂停留时间不足导致飞灰含碳高及煤泥团自由落体高速冲击密相区的流化安全问题。探索出了水分对煤泥团爆裂影响规律、炉膛内气固两相流对煤泥团下落的曳力悬浮缓冲效应；量化了不同尺寸煤泥团对密相区冲击速度（见图 1）；煤泥团下落 10s 内，表面干壳不爆裂的结论纠正了业界错误认知，提出了煤泥给料位置及几何结构设计方法。

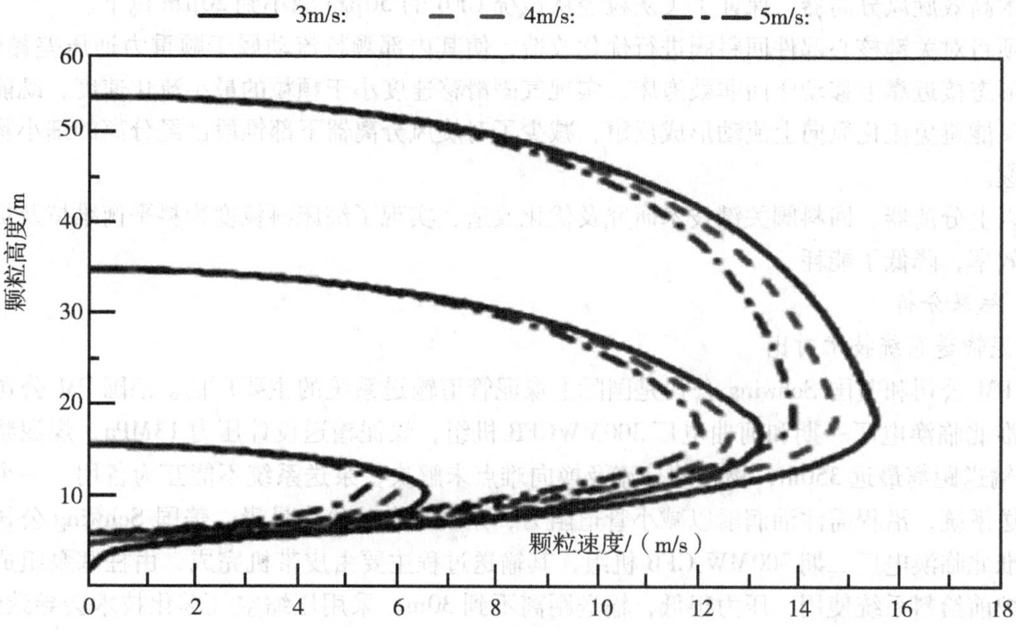

图 1　不同流态下煤泥团下落行为

通过对 CFB 锅炉炉膛内气固流态的因素进行研究发现：CFB 锅炉是“一进二出一循环”开口系物料平衡体系，决定炉膛内气固流态的是流化速度（横轴）、循环流率（纵轴），同时还存在第三轴（粒度）。通过项目研究实验发现：在燃烧过程中随着煤泥掺烧量增加，在炉膛上部物料浓度增大、颗粒团聚倾向增强时，通过调整匹配矸石粒度，可优化炉膛内流态和床压降；利用气固两相的曳力悬浮效应，可延缓煤泥团下落速度，消除对密相区的速度冲击，加剧颗粒内循环，极大延长未燃颗粒停留时间，提高燃烧效率。通过实践探索发现了 CFB 锅炉大比例掺烧煤泥的工程实现方法，即满足超细颗粒物料平衡需求的分离回料系统设计新理念，开发出了基于炉内气固流态和物料平衡优化的大比例煤泥掺烧技术。

（2）针对煤泥给料方式难问题及沿程阻力大问题，结合大型 CFB 锅炉大比例煤泥掺烧的工业需求，在实验室开展了煤泥的流变特性、管道输送阻力特性、膏体状固液两相流的流动特性研究；创立了基于管道输送洁净储运的煤泥燃烧发电处置新工艺，实现了物料破碎搅拌成浆、贮存、高压泵送、分流换向、多功能给料以及管道减阻、减振、密封、清洗等功能；研制了煤泥“预处理－输送－处置”一体化管道输送与洁净储运的成套装备。

通过对膏体泵增容，集成两机互切增容、高频颤振煤泥筛分机除杂和管路除颤等技术，实现国际上单机 318t/h 最大煤泥输送能力；优化多点给入位置和煤泥水分 30% 左右、直径 250mm 等关键参数，在国投盘江电厂 300MW 亚临界 CFB 锅炉 150MW～300MW 负荷均能实现掺烧比例超过 90%；在 229MW 负荷下实现 100% 纯烧煤泥。该技术锅炉容量、掺烧比例、纯烧煤泥最高负荷等指标，均大大超过国内外同类机组的运行水平。能耗、固含率输送距离都明显优于国外同类产品，从而打破了国外技术的市场垄断。

（3）针对能耗高问题，在项目研究开发过程中，重点开发高效分离器、高通量低能耗返料阀等关键部件，以达到满足超细燃料燃尽、实现大比例煤泥掺烧的作为项目的技术核心。通过研究确定：传统旋风筒除尘器分离理论并不适合大型 CFB 锅炉上的大口径旋风筒，影响分离器分离特性关键在于分离粒径（d50）的大小。因此该项目突破传统分离器、返料阀的理论认知，通过自主产权设计方法，开发了专利技术高效旋风分离器，保证了飞灰粒径从传统 CFB 的 50μm 减小到 20μm 以下。

同时项目对关键核心部件回料阀进行优化改造，使其内部颗粒流动属于顺重力逆压差黏性滑移流，理想流化形态接近靠近移动床而非鼓泡床，实现气固滑移速度小于颗粒的最小流化速度，既能产生最大的压差，又能避免流化风向上流动形成反窜，减少了对旋风分离器下部锥段已经分离的细小颗粒的卷吸和夹带逃逸。

通过以上分离器、回料阀关键技术研究及优化改造，实现了细床料粒度物料平衡维持及提高了分离器的分离效率，降低了能耗。

（四）结果分析

1. 煤泥输送系统技术对比

德国 PM 公司和美国 Schwing 公司是国际上煤泥管道输送系统的主要厂商。德国 PM 公司在中国应用业绩是淮北临涣电厂一期和河曲电厂 300MWCFB 机组，煤泥输送设计压力 13MPa，煤泥浆含固量低于 63%，输送距离最远 350m，物料的分流及换向难点未解决，泵送系统不能互为备用，一个给料点需要一套泵送系统，沿程需注油润滑以减小管道阻力，系统复杂，价格昂贵。美国 Schwing 公司在中国应用业绩是淮北临涣电厂二期 300MW CFB 机组，其输送过程主要由皮带机完成，由柱塞泵组成的泵送系统仅作为炉前给料系统使用，压力很低，输送距离不到 30m。采用压缩空气雾化技术会导致经常堵塞，使系统可靠性差，且价格昂贵，因而未在国内获得推广。

本项目研制的煤泥输送系统在泵送压力、输送距离、集成程度、运行稳定性和应用套数等方面均显著优于以上两家厂商，对比如表 1 所示。

表1　煤泥输送系统性能对比

	本系统	德国PM公司	美国Schwing公司
输送介质	煤泥	煤泥	煤泥
添加剂 含固量	无 70（±3）%	有 ≤63%	无 ≤70%
流量（m³/h）	0~30	15	9
压力（MPa）	24	13	5
功率（KW/套）	约200	约550	约900
煤泥工程实例输送距离（m）	500（盘江）	350	≤30
煤泥工程实例输送高度（m）	50（盘江）	50	≤15
集成化程度	集物料预处理、输送、处置于一体	物料预处理、管道输送	仅作为炉前给料系统

2. 煤泥掺烧 CFB 锅炉性能比较

法国 Emile Huchet 电厂 125MWCFB 锅炉是国际上掺烧煤泥比例最大机组，通过“底部加压雾化+干煤泥双系统”给入，125MW 负荷下可实现约 70% 煤泥掺烧。底部加压雾化给料容易堵塞、磨损，锅炉可用率低，于 2010 年机组负荷逐渐降低，2015 年该电厂关停。

国内现有煤泥掺烧 CFB 机组，受给料能力或锅炉燃烧系统制约，无法解决物料平衡导致的分离器出口烟温超温、排烟温度高危害布袋除尘器、锅炉飞灰含碳量高等问题，最大煤泥掺烧比例均低于 70%。

本项目开发的大比例煤泥掺烧技术，突破传统认知，采用顶部多点大流量给入煤泥，优化炉膛内气固流态，在 150MW~300MW 负荷实现 90% 以上比例煤泥掺烧、230MW 负荷实现 100% 纯烧煤泥。

国内外掺烧煤泥的大型 CFB 锅炉（100MW 以上）参数对比如表 2 所示，本技术无论从掺烧比例、燃烧效率等方面，都具有明显优势。

表2　国内外大型 CFB 锅炉大比例煤泥掺烧技术对比

电厂	锅炉容量 MW	煤泥热值 kcal/kg	最大煤泥掺烧比例%	飞灰/底渣含碳量%
淮南矿业顾桥电厂	300	2000	30	3.22
淮北临涣煤泥矸石电厂	300	2873	50%	2.8
神华神东上湾热电厂	150	3454	70%	3.56
法国Emile Huchet 电厂	125	2769	70%	3.78
国投盘江发电有限公司	300	2900	100%	3.01

三、实施效果

项目在国家高技术研究发展计划（“863”计划）、国家科技支撑计划等项目支持下，立足自主创新，突破了大比例煤泥 CFB 燃烧的技术瓶颈，解决了超细煤泥的物料平衡及燃尽问题；填补了煤泥团在气固流态化下的运动、爆裂及燃烧行为研究空白，形成 CFB 锅炉大比例煤泥掺烧技术，完成工程示范及推广应用。具体内容如下：突破了传统 CFB 锅炉燃料的粒度级配认知范围，解决了煤泥颗粒较细、物料循环系统的物料平衡和炉内气固流态质量问题，建立了基于炉内气固流态和物料平衡优化的大比例煤泥掺烧的理论和工程实现方法；揭示了低水分煤泥这种典型非牛顿流体的黏度特性，突破了管道输送煤泥的高阻力技术难题，研制了国际容量最大的高可靠性煤泥入炉系统，开发了床上超高位置集中给入煤泥的设计技术，纠正了业界认为炉顶给料影响燃烧效率的错误认识；建立了大比例煤泥掺烧 CFB 锅炉的技术体系，形成了相应的设计、运行导则，实现了国际首台煤泥掺烧比例最大的 300MW CFB 锅炉成功示范及推广应用。

该项目授权发明专利 22 项，授权实用新型专利 26 项，发表论文 52 篇，其中 SCI 26 篇，形成中华人民共和国电力行业标准。

该项目于 2014 年在国投盘江发电有限公司两台 300MW CFB 锅炉上得到成功应用，是目前国际上煤泥掺烧比例最大、锅炉容量最大的机组，满负荷 300MW 工况，煤泥掺烧比例 93. 4%，锅炉热效率 91. 05%；230MW 负荷时，锅炉可实现 100% 纯烧煤泥，锅炉热效率 91. 84%。自投产以来，累计消纳煤泥量 1300 万吨，2015 年到 2019 年销售额 36. 1 亿元，降低成本累计达 6. 27 亿元，理论毛利 2 亿元，实现利税 1. 93 亿元。若目前全国煤泥全部采用循环流化床锅炉这项技术，每年可节约发电成本约 800 亿元，同时给煤矿带来收益 800 亿～1000 亿元。

该技术的应用，使得在国内火电普遍亏损情况下，公司连续盈利且逐年增长，不但经济效益显著，煤泥的资源化清洁利用彻底改善了盘江地区原来四季多雨带来煤泥流淌、环境严重污染、生态遭到破坏的被动局面，生态环境大为改善。经济、社会、环保和生态效益显著。

该项目于 2020 年通过了中国机械工业联合会组织的成果鉴定，由顾大钊院士担任主任的鉴定委员会认为“该项目在大型循环流化床锅炉大比例煤泥掺烧技术方面达到国际领先水平”。该项目成果已应用到“十三五”国家重点研发计划示范项目——陕西彬长 660MW 超超临界 CFB 机组以及盘南 2 × 660MW 超超临界 CFB 大比例煤泥掺烧机组的工程设计中。

主创人：李荣伟、钟　华、丁　一、廖卫东、董波平

大型水电企业基于集控中心建设的智慧管理

国网湖南省电力有限公司水电分公司

一、企业概况

国网湖南省电力有限公司水电分公司于2018年5月18日在长沙正式挂牌成立，系国网湖南省电力有限公司（以下简称“省公司”）的二级分公司，内设12个职能部门，管辖柘溪、凤滩、东江3家水电厂和6个业务机构及省管产业单位，现有员工1779人。3家水电厂既是湖南电网主力调峰、调频电厂，又是湖南省重要的防洪与抗旱水利枢纽，共装22台机组，总装机容量241.25万千瓦，设计年均发电量64.31亿千瓦时，肩负着“为社会奉献清洁能源、为江河提供防洪保障”的神圣使命。公司自成立以来，创新安全发展理念，积极探索水电运行管理新思路。对所辖水电厂发电运行、水库调度、大坝观测等各生产环节实施集中管理。通过数字化手段，细化管理颗粒度。以数据为基础，以智能为驱动，不断促进公司清洁、高效、安全、可持续发展，安全运行天数日创新高，发电量逐年提升，为保障湖南电网安全运行和电力可靠供应、落实“三高四新”使命任务提供了充足的清洁能源，为国家经济发展做出了突出的贡献。

二、主要措施

（一）整合资源，搭建“智慧集控”管理数据平台

万丈高楼平地起，规划智慧集控建设，首先要实现数字化，夯实智慧集控基础。这对于公司这类基于老厂合并而成的发电集团而言，更需要建设，增加对设备现场感知能力。但智慧集控的基础建设是一项复杂的建设过程，采集哪些数据，优先进行哪些投入，这都是需要有明确的指导思路进行支撑。为明确基础建设内容，公司多次召开智能集控研讨会，统一数据平台建设的三大标准，丰富数据采集手段、规范数据传输格式、建设数据汇集平台。并以此为方向，进一步夯实基础建设。

1. 丰富采集手段，增加对设备现场感知能力

为丰富现场数据采集手段，增加对设备现场感知能力，公司从以下四个方面加大对现场设备改造投入。

（1）加大感知设备投入。充分利用设备检修、技改机会，通过试点建设、设备改造，先后完成了集控电厂电气一次设备、二次设备、机械辅助设备、自动化装置等的智能改造升级，提高了集控设备自我状态感知能力、可靠性和通信集成能力。

（2）完善工业电视系统。在原有工业电视摄像头上完善现场音频、红外测温、表计检查功能，并对部分死角区域增加摄像头点位监视。同时对工业电视系统进行智能完善，增加油流、水流动态报警功能，增加告警自动推送功能，对摄像头发现的异常情况进行画面自动推送。同时，视屏监控系统还具备在恶劣天气、特殊季节、特殊情况下的自动轮巡功能，增加对设备现场感知能力。

（3）构建网格化水情监测体系。加强水情站点建设，增加水情预报准确性，中心连接了气象部门的天气预报系统，实现自动获取天气信息的功能；对所辖流域增加水文站观测密度，在所辖流域新增观测站点18座，加大流域水情监测密度，做到全流域全范围监测，实现流域内来水网格化精准计算。

（4）丰富大坝观测手段。公司采用无人机观测技术、多波束探测技术、水下无人潜航器检测技术与三维激光扫描等多种新技术，实现对大坝实景模型自动构建，缺陷位置自动定位，大坝坝体、高危边坡、地质灾害点自动巡检以及水上水下一体化监测、检测工作。突破了水工建筑物深水、浑水、动水以

及需停机条件下传统水下检测技术难题，破解了水工建（构）筑物水下缺陷的精确定位和定量分析的难题，节约了传统观测人工成本，有效防范了安全风险。

2. 统一数据传输，破除系统壁垒

公司进一步加强通道建设，规范数据格式，为实现不同系统之间的信息交互和功能调用，在降低各系统聚合度的同时，提高各系统之间的信息共享和协同互动能力，为系统功能扩展和适应今后需求发展奠定基础。

（1）统一通信规约。针对公司发电设备同类数据没有一致的数据模型，造成数据共享较难的状况，对现场设备进行改造，统一通信规约，确保不论是哪个系统集成商都可以通过系统配置文件了解整个电厂构架，确保数据共享。

（2）建立标准体系。围绕数据模型标准化、运行数据标准化、实时数据标准化、数据交互标准化构建标准体系。实现 ID 编码全局唯一、通用数据对象建模、统一元数据管理、关联其他业务系统、兼顾个性化需求。同时按“云、管、边、端”体系中边缘物联代理标准规范，对接省公司大数据平台，实现公司与省级平台生产经营数据贯通，建立运行数据关联关系，实现云数据远程浏览。同时根据梳理出的 20 套生产经营的业务系统实际接口，在平台不能接入时，进行接口软件开发。业务系统包括大坝安全、在线监测、红外测温、保信、故障录波、动环消防、文档管理系统、HPMIS 等。同一套系统出现不同厂家时，根据系统差异，无偿增补适应性开发内容，从而构建业务新生态。基于此开放的服务架构、丰富的服务支撑，应用开发只需聚焦于上层功能，基础功能调用服务即可，极大方便了应用的开发。

3. 开展中台建设，实现业务贯通

为防止各业务应用之间数据信息共享困难、业务流程之间难以形成有效互动问题，公司打造智能集控运行一体化中台作为集控信息共享中台，通过整合涵盖监控系统、水情水调系统、大坝监测自动化系统、在线监测系统、视频监控系统、生产管理系统等多套系统数据，采用面向服务的软件架构（SOA），利用先进的面向对象的方法对数据库组态，对监视、报警和预警进行智能的优化，为探索和实现安全防护、信息通信、视频监控、经济运行、梯级集控、水库调度、状态监测、专家决策等水电生产运行管理的各个环节提供强大的数据支撑。中台为各类应用提供统一的模型、数据、网络通信、人机界面、系统管理以及分析计算等服务，应用之间的数据交换通过中台提供的数据服务进行。

中台的信息集成包括横向和纵向两个方面。横向通过网络化实现电厂监控、水情监测、水库调度、状态监测、大坝监测等业务的集成。纵向通过调度数据网双平面实现电网调度、集控中心、发电厂间的数据采集和交换，实现各类业务的纵向贯通。为打破分区限制，智能集控运行一体化中台采用一套平台、分区部署、应用加载的部署方案，即在电力系统安全 I 区、II 区、III/IV 区中，都统一部署一体化基础中台，根据不同的安全分区业务需求，加载不同的业务应用。为解决数据孤立问题及实现硬件资源的共享，智能集控运行一体化中台将各类应用建立在统一的基础平台之上，系统基础中台提供安全 I、II、III/IV 区内统一的系统管理、数据分析、图形、报表等功能支撑接口，完成各个应用的数据采集、数据同步、数据交换、对外通信、模型管理、文件管理。根据业务需求和安全要求不同，不同安全区加载的应用有所区别，系统提供跨区的信息自动同步机制，支持在满足安全规范下的不同分区之间数据与信息的平台级透明传输，简化了不同系统和应用的跨区交互实现，确保各数据实现“源端维护，全局共享”。智能集控运行一体化中台部署框架如图 1 所示。

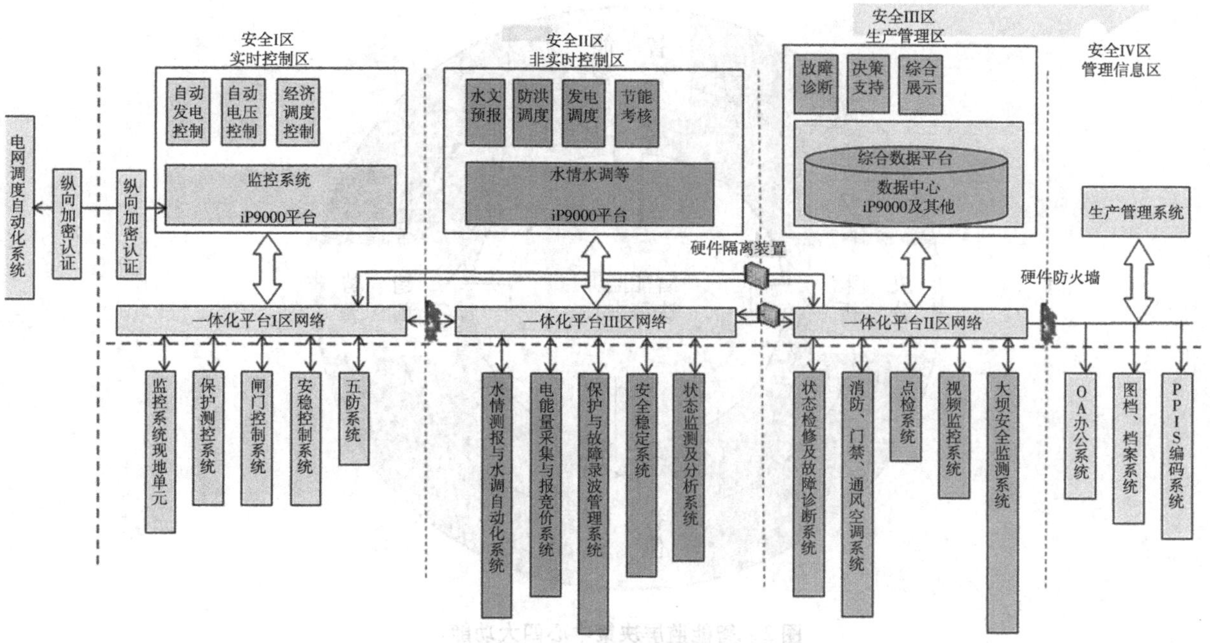

图1　智能集控运行一体化中台部署框架

（二）数字赋能，运用“智慧集控”实现精准管控

平台应用数字化技术，统一数据接入，并聚焦集控现场监控、水情决策、大坝观测三大主营业务板块的不同特征和差异化需求，开发针对性高级应用场景，实现集控信息实时感知、业务协同、精益管理、精准决策。

1. 融合监控业务数据，构建智慧监屏场景

针对发电设备实施监控以及预警，进一步夯实公司本质安全，提升公司智慧化水平。公司围绕集控监控业务，建立智慧监屏决策场景，系统融合监控系统、HPMS、在线监测、工业电视等多平台数据，为发电设备的运行、维护、检修等全寿命周期管理提供决策支撑。

通过多维度分析，实现智能告警。实现对生产运行信息进行多维度分析，利用大数据算法及人工智能模型，充分引用人工经验及历史数据，化个人经验为依据，化历史过程为模型，实现了对集控设备异常判断和事故处置决策提示等功能，降低告警误发率，为值班人员提供更加直观的决策依据，一改传统发电企业对现场信号全采全送，结论完全依赖值班人员的专业能力与职业素养进行监控判断模式，实现以智能判断为主要依据、人工处置为辅助手段的新模式。提高值班质量，提升本质安全。利用人工智能，研发趋势分析功能。针对具有趋势发展的水机信号，研发趋势分析预警。以统计学、神经网络等人工智能技术为基础，编写相关趋势分析算法模型，对设备历史数据进行清洗和标准化，并进行模型训练，提取设备状态变化特征，将算法模型应用上线试运行（训练完成，参数收敛），实时跟踪分析设备状态变化趋势，并根据试运行的结果，不断修正完善软件系统。趋势分析功能能实时分析设备状态的参数变化趋势，当设备状态出现异常的早期便能发出预警，使设备故障异常能够早发现、早处理，从而达到提高设备安全稳定运行水平，同时提高值班人员的监视效率。整合各项资源，开发智能值班模块。模块全面整合 OMS、H9000、HPMS 等系统数据，自动提取当前设备缺陷及注意事项，并对值班中日常记录上报工作进行流程化管理，实现值班自动记录，报表自动生成，初步达成集控值班“去键盘化”目标。同时还对设备缺陷、信号自动采集，并形成实时报表，对监控系统参数定义、检修质量评估、设备全寿命分析提供有效的参考建议。如图 2 所示。

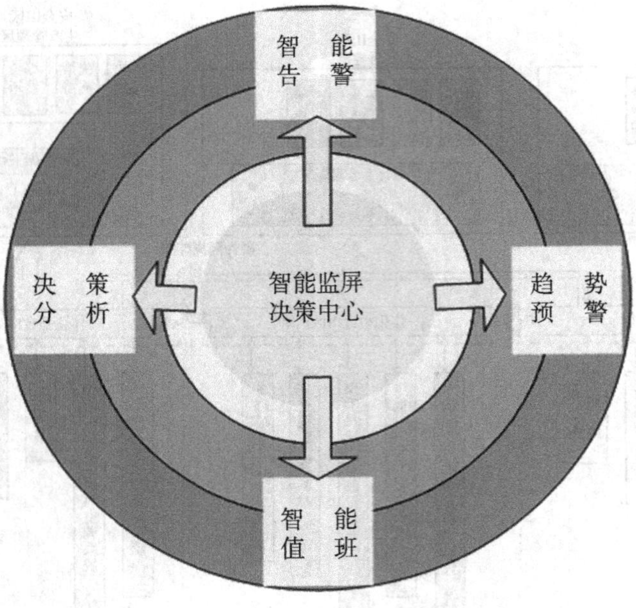

图 2　智能监屏决策中心四大功能

2. 打造水情分析体系，支撑水情创效场景

为加强水情调度，更好地利用水力资源，提升效益，公司充分整合湖南水电资源，提升水情决策智慧化水平。

（1）整合湖南水电资源，以湖南省小水电优化调度及资江流域协同调度管理为契机，全面整合湖南水电资源。融合生产信息、水情水调、大坝观测、视频监控等系统，不仅准确地满足流域水情和电网负荷调度要求，更是在精准调控上实现了优势互补，达到“数据采集自动化、信息预测精确化”。目前公司在水文预报上通过多流域对比及网格化精准计算，洪水预报准确率提升 6%，达到国内水电行业顶尖水平。

（2）新建智能水情水调自动化系统，实现对调度系统、通信方式、数据采集模式以及水情遥测系统的设备、型号、信息发送方式的统一。开发自动报送功能，实现了自动向省水文局、大坝中心省能源局自动报送水文报表、水情数据、系统预警、来水预报、发电方式建议及机组轻空载数据统计信息，自动化完成工作比例从原来的 16. 7% 提高到了 54. 2%。

（3）深化开展小水电顶峰工作，通过建立与水利厅的数据共享，结合公司多年水调经验，实现省重点流域骨干电站水情数据全覆盖，全面提升流域和水库监控能力。组织电科院、长沙理工大学及中南大学等单位优化小水电流域模型，全面承接全省小水电流域水情监测、预报和流域优化发电方案编制，充分挖掘全省水电潜能，发挥小水电集群作为分布式清洁能源在削峰填谷、新能源消纳、能效提升等方面作用，精准响应电网安全稳定运行及清洁能源消纳要求。

3. 创新大坝观测手段，建立大坝监测场景

为加强大坝监测能力，确保大坝安全，公司充分利用新技术、新手段，提升大坝监测与数据分析预测能力。

（1）投入大坝安全自动化监测系统。大坝安全自动化监测系统实现了对目前接入系统柘溪、凤滩、东江三厂四坝共 2000 余个监测点，包括大坝环境量、变形量、渗流量、应力应变量等项目的远程集中监测，大坝安全管理人员通过数据分析，做到提前预判数据变化趋势，做好相应应急防护措施，确保大坝及周边生产、生活人员安全。

（2）实现大坝安全监测数据智能分析预测。借助平台数据分析与处理能力，紧密围绕数据接收、分类管理、质量监测、数据分析、预警分析、可视化表达和自动报警等内容，有效减少工作人员人工处理数据的时间，减少主观判断带来的偏差，提升工作的自动化程度和工作效率；通过引入人工智能分析算法和新的神经网络分析模型，对于大坝运行的监测服务能力和预警的有效性会有明显的改进，提升智能化服务能力。

4. 实现数字孪生展示，建设管理指挥场景

为实现数据统一展示，提升管理人员分析决策与事故应急处置能力，公司通过对各专业进行走访调研、对各系统进行数据挖掘，累计梳理出生产运行数据3000余条，其中核心数据1200余条。利用可视化展示系统，按照三大主题模块，依托可视化建模，对多源数据进行整合，最终完成面向于分析的数字孪生系统，实现对不同主题的综合查询与分析展现。

三、实施效果

（一）实现公司精准管理，助力公司提质增效

通过智能集控运行改造，公司生产系统实现统一，实现将原三家水电厂的发电运行专业、水情水调专业、水工观测专业由分散管理到智能集中统一管理，集控中心所属生产班组由21个减到5个，精简77%；员工人数由252人减到105人，精简59%。职工劳动生产率由89.07万元/人年提升到94.31万元/人年，人才当量密度由1.0261提升到1.0578。同时，通过智慧化支撑，公司水能利用率不断攀升，机组综合耗水率同比降低18.1%，持续低于多年平均值，水能利用提高率由实施前4.6%提高至9.4%，相当增发电量6.39亿千瓦时。公司发电量实现逐年提升，2018、2019、2020、2021年分别累计发电达46亿、73亿、83亿、72亿千瓦时，提质增效成果显著。

（二）强化公司科学决策，彰显公司社会效益

智慧集控在保证水电企业核心发电业务的前提下，利用多年积累的水情数据优势，进一步为水库调度决策提供可靠依据，实现精准调控。在今年迎峰度夏期间，公司以数据为依托，实施滚动式水位消纳，确保在今年高温来临期间，公司三厂水库水位均保持历史最高值，为今年迎峰度夏做到坚定支撑，让公司所属水库，成为今年湖南度夏顶峰及抗旱的重要支撑。同时通过优化调度湖南省小水电资源，在今年历史罕见高温期间，连续顶峰不低于450万千瓦，落实调令提升10万千瓦，保障送出通道提升5万千瓦，整个迎峰度夏期间，湖南小水电最大顶峰出力达到502万千瓦，较正常发电状态提升108万千瓦，顶峰相当于新增一座百万级火电厂，为今年迎峰度夏做出巨大贡献，并获湖南卫视、《国家电网报》等多家媒体广泛报道。

（三）探索企业转型路径，创造公司示范成效

通过智慧集控中心建设，实现公司生产管理全链条业务场景智能提升，并为传统水力发电企业智能化转型，摸索出一条行之有效的道路。在行业内获得很好的反响，也吸引了包括三峡集团、五凌公司、湖北黄龙滩等17家国内水电龙头企业来公司调研交流，为同类型发电企业智能升级，尤其是老厂实现智慧化转型提供良好示范。同时，在通过参与平台建设的基础上，集控员工集中涌现出许多创新性成果，获得“全国职工技术创新优秀成果奖”“中国2019大数据星河奖”等多个全国性奖项，并取得多个成果，其中核心期刊论文5篇、申报软件著作权3个，产生使用新型专利17项、发明专利1项，形成良好的示范效应，带动上下游产业共同发展。

主创人：周希念、胡　磊、胡宗平、李　智、刘　氚

100 万吨/年高盐废水深度治理

河南佰利联新材料有限公司

一、企业概况

河南佰利联新材料有限公司位于河南省焦作市，成立于 2016 年 5 月，是龙佰集团股份有限公司控股子公司，主营业务为氯化法钛白粉及其配套产业，主要产品为钛白粉，目前产品规模为 26 万吨，市场占比达 60. 46%，居国内行业第一。公司注册资本 17 亿元，占地面积 542350 平方米，近三年公司累计实现营业收入超 150 亿元，完成净利润超 8 亿元，是目前国内最大的氯化法钛白粉生产基地。

公司以“创领钛美生活，做受尊敬企业”为使命，坚持持续创新，为实现“卓越龙佰、全球龙佰、百年龙佰”的企业愿景不懈努力。公司先后获得国家级绿色工厂荣誉称号、环境管理体系认证、质量管理体系认证、职业健康安全管理体系认证、能源管理体系认证、AAA 级信用等级、石油化工行业“质量标杆”、焦作市优秀非公有制企业、焦作市工业企业经济质量效益奖及战略新兴产业一等奖、焦作市工业企业项目建设一等奖、焦作市战略性新兴产业规上工业企业、首届中国创新方法大赛河南分赛区一等奖及三等奖等多项荣誉。

二、主要措施

（一）项目由来

钛白粉生产技术有硫酸法和氯化法两种生产工艺。对于硫酸法钛白生产而言，氯化法钛白具有工艺流程短、操作易实现连续自动化、“三废”排放少，更易获得高质量金红石型钛白等优点，从而逐渐占据了全球钛白行业的主导地位。由于环保法规的日益强化和用户对产品质量要求的日益提高，氯化法在钛白生产中已占有明显的优势。国家发展改革委 2019 年 11 月颁布并自 2020 年 1 月 1 日起施行的《产业结构调整指导目录（2019 年本）》，限制新建硫酸法钛白粉生产线，鼓励新建单线产能每年 3 万吨及以上的氯化法钛白粉生产线。当今世界钛白产业的潮流向氯化法钛白不断发展，硫酸法钛白逐渐萎缩淘汰。但氯化法钛白粉在生产工艺、装置和废物处置等方面仍有一些技术问题需要利用新思路、新技术加以解决，如氯化法钛白粉生产过程中产生的高盐含氯废水。

氯化法钛白粉生产过程中，产生旋风分离渣，该物质主要是旋风分离器排出的金属氯化物和未反应完全的高钛渣及石油焦。采用的处理方式为盐酸溶液分离出惰性废渣（主要包括未反应的高钛渣和石油焦）进行回收利用，分离出的液体用石灰乳中和处理，该过程将产生高盐含氯废水排放。针对高浓度氯离子的高盐废水排放问题，国内外目前处理方法主要有三种：①靠近江河湖海的企业采取直排方式，将高盐废水直接排放到江河湖海里，对环境造成一定的影响；②将废水浓缩为固体氯化钙产品，但是这种方法运行费用高，产品销售困难，经济效益差；③将高盐废水加入水泥和其他添加剂制成低档水泥粒料或砌块，但是该方法存在运行费用高，储存占用空间大等问题，产品销售困难。

（二）项目介绍

该项目是一种对高盐含氯废水的深度治理，依照公司“大化工、低成本”思路，依托独有的产业结构优势，在钛产业链上持续不断延链补链强链。实现了氯、钠等资源的综合利用，回收废水中的氯，并生产液氯、盐酸等产品。该项目生产工艺主要包括高盐废水预处理、一次盐水、二次盐水、电解、氯氢处理、盐酸制备、液氯制备等工序。

1. 废水预处理

预处理包括中和、压滤、转化、除杂、精制、蒸发浓缩等工序。

（1）中和、压滤。

将集团焦作园区锆盐生产、化水制备过程中产生的含盐酸废水送至氯化法打浆系统，代替稀盐酸对氯化渣进行制浆；制浆产生的酸性废水进入中和池，同时加入电石渣乳液中和，乳液的投加量由中和池出口处的 pH 计自动控制。中和后采用压滤机压滤，产生氯化钙废水。

（2）转化。

将集团焦作园区铁系颜料生产过程产生的含硫酸钠废水提浓后，与上述氯化法渣中产生的氯化钙废水进行均化处理后，滤液（氯化钠水）流至粗盐水罐，滤渣主要成分是硫酸钙，作为副产品石膏外售。

（3）除杂、精制和蒸发浓缩。

粗盐水罐中的粗盐水泵入除杂反应槽，除杂盐水泵至膜过滤器进行过滤，滤后稀溶液即为精盐水，泵送至精盐水罐。

精盐水泵入 MVR 蒸发装置进一步提浓，得到浓盐水送一次盐水工序。MVR 蒸发装置水蒸气冷凝，回收，废水不外排。

2. 一次盐水

来自预处理工序的浓盐水、一次盐水膜过滤工序的盐泥浆滤液等在配水罐中混合，调节 pH 值稳定后，用盐水加热/冷却器调温后送入化盐池。盐水由过滤提升泵打入膜过滤器过滤。膜过滤器过滤的清液即为合格的一次盐水，送至盐水缓冲槽。

3. 二次盐水

一次盐水经盐水加热器加热后送至螯合树脂塔。由树脂塔出来的二次精制盐水流经树脂过滤器，经过滤盐水储槽缓冲后于精制盐水储槽中暂存，送电解工序。

4. 电解

本工序由复极式电解槽及电解系统附属设备组成。每台电解槽由数个单元槽、离子交换膜以及附件组成。精盐水高位槽中的精制盐水，添加部分淡盐水（电解槽阳极液出口淡盐水，在淡盐水循环槽内循环），经过阳极液进料总管以及软管送入电解槽各单元槽的阳极室中。阳极液电解后产生淡盐水和氯气，在阳极液分离器内氯气从淡盐水中被分离后送氯气处理工序。阴极液排入阴极液排放槽，用烧碱液循环泵在各单元槽的阴极室以及碱液循环槽之间少量循环。部分阴极液送入循环碱液冷却器中，用冷却水进行冷却。浓度 32wt% 的成品碱从阴极液排放槽中用成品碱泵抽出，经成品碱冷却器冷却降温后送到液碱储槽。电解所产生的氢气在阴极液分离器中分离之后送氢气处理工序。

5. 氯氢处理

（1）氯气处理工序。

从电解工序来的湿氯气经氯气洗涤塔用氯水洗涤冷却，然后进入冷却器。氯气经水雾捕集器捕集下氯气中的冷凝水滴后，依次进入一级填料干燥塔用硫酸从塔顶喷淋进行干燥。干燥后氯气经酸雾捕集器除去酸雾滴后，进入氯气压缩机。

（2）氢气处理工序。

自电解工序来的湿氢气，经氢气洗涤塔用洗涤水直接喷淋洗涤冷却，由氢气压缩机压缩后进氢气冷却器用 5℃ 水冷却后，再经水雾捕集器、氢气分配台去氯化氢合成及盐酸工段。

6. 氯化氢合成及盐酸

氯化氢的生产采用二合一炉直接生产氯化氢气体。由氯气处理工序来的氯气和从氢气处理工序来的氢气先分别经过缓冲作用，缓冲后氢气经管道阻火器和氯气分别进入二合一石墨合成炉，在炉内进行燃烧反应生成氯化氢气体。二合一炉生产的氯化氢气体在炉内被冷却后进入吸收塔被水吸收成为盐酸。加入纯水吸收的盐酸为高纯酸，回用于二次盐水及电解槽加酸；加入一次水吸收的盐酸为普通工业级盐酸。

7. 液氯制备

氯气分配台来的氯气进入氯气液化器，与－5℃冷冻水进行间接换热、冷凝为液氯。液氯自流入液氯中间槽，经液氯泵送至液氯储槽，最终回用于氯化法钛白生产线。

（三）项目主要特点

该项目合理处理高盐含氯废水，实现原料和水资源的循环使用，提高副产物的回收利用率，不仅达到了对高盐废水中氯资源的循环利用，同时对周边集团园区生产单位生产过程中产生的废物进行资源化利用。生产产品循环用于公司及周边单位生产，在使企业氯化法钛白粉生产实现降本增效的同时，也对企业降低环保压力有积极作用。该项目的实施，可有效把含氯废水回收到生产系统，不仅可以减少废水排放、避免氯离子污染，又可以充分利用氯资源，实现氯离子循环利用。公司原污水处理系统在达到排放标准基础上，外排水氯离子含量进一步降低。不仅解决了氯元素的外排问题，也为氯化法生产提供了新的水源，实现水资源的再利用。同时可对中和氯化钙废水自带的热量进行充分利用。

1. 氯资源的循环利用

对公司氯化法钛白粉生产过程中产生的氯化钙废水回收利用，实现对氯资源的循环利用，生产氯气、盐酸等产品，氯气循环用于公司氯化法钛白粉生产。盐酸可用于化水制备等工段或外售。将公司及焦作地区氯锆、化水等生产过程中的稀盐酸废水回收利用，减少废水排放的同时，回收可利用的氯资源，综合处理了含氯废水。

2. 钠资源的循环利用

将焦作地区硫酸法钛白粉及硫酸亚铁资源化利用过程中产生的硫酸钠废水回收资源化利用，实现了钠资源的回收利用，项目生产得到烧碱，可用于公司硫酸法钛白粉生产、铁系颜料生产及尾气脱硫治理等。

项目实现了现有工程的废水减量排放，年可回收近百万吨的外排废水。项目对钙和硫酸根生成硫酸钙石膏，可外售用于建材和水泥等行业。

三、实施效果

项目主要应用技术为高盐氯化渣打浆废水综合处理方法的研究与应用，该技术通过科学技术部科学技术评价。项目于 2020 年 9 月建成，至今运行良好。2021 年项目回收利用高盐废水近 60 万 m^3；生产液氯 12 万 t、烧碱（折百）16 万 t、盐酸（31%）7 万 t。全部就近回用于园区生产线。

（一）经济效益

该项目总投资 31600 万元，项目产品竞争力强，市场效益好，很大程度上促进当地经济发展，推动行业及相关产业进步。项目生产产品液氯用于公司氯化钛白粉生产，烧碱用于硫酸法钛白粉生产、铁系颜料生产及废气脱硫治理，极大降低了公司氯化法、硫酸法钛白粉等生产成本。

（二）社会效益

本项目增加社会劳动就业，提供 300 多个就业岗位。公司及周边区域所涉及的 32% 烧碱、31% 盐酸、液氯、氯化氢等危险化学品物质，在运输、储存过程中存在一定的环境风险。项目的实施实现了液氯、烧碱、盐酸等危化品就近生产使用，减少了危化品的运输，降低了安全风险，有利于企业、社会稳定发展。

（三）环境效益

把高盐废水回收利用，不仅减少废水排放，避免氯离子、硫酸根离子等污染，又减少新鲜水的用量，并充分利用氯资源，实现氯离子循环利用。同时，高盐废水通过处理加工副产烧碱、氯气和盐酸等副产品，又是公司及园区公司龙佰集团需要的生产原料，使企业内部形成更为完善的循环经济产业链。该项目的实施，可实现龙佰集团水资源的梯级循环利用，不仅解决了公司自身的问题，也实现了园区水资源的再利用，具有良好的环境正效益。项目建设对于保护环境，减轻环境污染，遏制生态恶化趋势，有着十分重要的意义。

（四）项目节能情况

项目采用的大型膜极距复极式自然循环高电流密度电解槽是先进的节能技术设备，属于《国家重点节能低碳技术推广目录》（2017 年本）中“新型高效膜极距离子膜电解技术”。设备采用离子膜电解法，是工业废盐的理想利用途径，也是循环化工和绿色化工的重要组成部分。该设备具有节能降耗、发展循环经济的突出优势。本项目采用 MVR 蒸发装置，是一种技术成熟的新型高效节能蒸发设备。烧碱单位产品能耗达到行业先进值（315kgce/t），项目具有较好的节能效益。

高盐废水深度处理项目的建设是河南佰利联新材料有限公司根据总体发展战略，以切实的投入，践行企业生态环境保护和资源节约的社会责任的切实举措，有利于企业长期健康发展。同时该项目作为氯化钛白粉生产装置实现工艺技术进一步完善、实现绿色可持续发展的一种尝试，对于河南佰利联新材料有限公司乃至于国内钛白粉行业都有重要的示范意义。

主创人：刘银伟、邢斌斌、王淑楠、陈巧娜、李嘉乐

焦化生产过程废水深度处理及回用项目

河南中鸿集团煤化有限公司

一、企业概况

河南中鸿集团煤化有限公司位于河南省平顶山市石龙产业集聚区，是由中国平煤神马能源化工集团有限责任公司、河南中鸿实业集团有限责任、联峰钢铁（张家港）有限公司三方股东于2009年10月共同出资筹建的混合所有制企业，注册资本5亿元（人民币），公司占地总面积956亩。2010年，公司建成投产了我国自行研发设计、具有完全自主知识产权的世界第一座2×60孔固定站式6米炭化室捣固焦炉，其装备水平、技术水平在国内同行内处于领先地位。公司可实现年产焦炭130万吨、焦油6万吨、粗苯1.7万吨、硫铵1.78万吨、甲醇10万吨、合成氨5万吨，发电1.9亿度，形成了比较完备的“煤－焦－化－电”产业链条。

公司围绕节能减排、余热利用及资源综合利用，相继建成投运了10万吨/年甲醇项目、5万吨/年合成氨项目、170t/h干熄焦余热发电项目、焦炉烟道气余热利用项目、荒煤气余热利用项目、年运输量500万吨物流中心项目、焦炉烟气脱硫脱硝脱白项目、脱硫废液资源化综合利用项目、焦化生产过程废水深度处理及回用等节能减排项目，分别实现焦炉煤气碳氢资源的高效利用、焦炉热能的高效利用以及资源能源管理的信息化，做到了资源的“吃干榨净”，能源的“梯级利用”。“三废”最优排放和循环利用，实现了焦炉大型化、生产循环化、资源节约化的绿色发展目标，有利于进一步加快高质量、高水平建设国内一流新型能源化工企业。

二、主要措施

焦化废水是一种高浓度、高污染的有机废水，其毒性大，可生物降解性差，是煤焦化工行业最难处理的一类废水。随着国家环保标准的日益严格以及水资源的日益紧张，对焦化废水进行深度处理并回用于煤化工产品生产变得日益迫切。为响应国家的环保政策，满足炼焦化工行业新的污染物排放标准，对焦化生产过程废水进行深度处理及回用是非常必要的。公司在日益严峻的环境形势下，为实现节能环保双效益，提高企业市场竞争力，依据实际情况及发展规划要求实施焦化生产过程废水深度处理及回用项目。该项目是针对焦化生产过程产污（废液）环节进行资源化综合治理，采用中国科学院过程工程研究所废水深度处理专利技术（该项技术获得国家科技进步二等奖），为国内首套装置，焦化废水经处理后出水指标优于《工业循环冷却水水质要求》的标准，回用于生产循环冷却水补充系统，循环使用，实现废水零排放。

（一）工艺路线

工艺路线为：化学软化+臭氧催化氧化+ MBR +超滤+反渗透。

生化处理单元出水大约80m^3/h，经过多介质过滤器预处理后进入臭氧催化氧化单元，为保证污水中难降解有机物的降解充分，臭氧催化氧化单元采用“催化氧化塔+催化氧化池”组合的方式。臭氧催化氧化后的出水进入到膜分离单元，该部分设计为“ MBR +超滤+反渗透”，以满足最终出水回用及达标排放的要求。

（二）工艺流程

1. 化学软化单元

雨污水经过化学软化处理单元，通过投加化学软化试剂，对废水中的钙镁硅等硬度离子进行深度脱除，为后续的膜脱盐系统提供保障。化学软化排放的污泥进入污泥浓缩池和浓缩进行机械脱水，上清液返回系统处理，污泥外运。

化学软化原理：在水中投加一些药剂（如石灰、苏打）与水中的钙镁离子反应生成难溶化合物如 $CaCO_3$ 和 $Mg(OH)_2$，达到软化的目的。

软化单元池体设计为高密度沉淀池的形式，与常规的沉淀池相比，高密度沉淀池具有如下优势：①由机械混凝、机械絮凝代替了水力混凝、水力絮凝。机械搅拌使药剂和污水的混合充分，因此强化了混凝、絮凝的效果，同时也节约药剂。②在沉淀区增加了基于“浅池沉淀”理论的上向流斜板，大大降低了沉淀区占地面积。③进水区及扩展沉淀区的应用，可以分离比重大的 SS（大约占总 SS 含量的 80%）直接沉淀在污泥回收区，减少通过斜板的污泥量，减少了斜板堵塞的发生。④泥回流增加了絮体凝聚的概率和密度，使得抗冲击负荷能力和沉降性能大大提高，即使在较大水力负荷条件下，也能保证理想、稳定的出水水质。

2. 多介质过滤器

利用多介质过滤器去除污水中的泥沙、悬浮物、胶体等，降低对臭氧催化氧化单元催化剂填料的污染、损伤和堵塞。

多介质过滤器，采用两种以上的介质作为滤层的介质过滤器，用以去除污水中杂质、吸附油等。过滤的作用，主要是去除水中的悬浮或胶态杂质，特别是能有效地去除沉淀技术不能去除的微小粒子和细菌等，BOD 和 COD 等也有不同程度的去除效果。

3. 臭氧催化氧化

单纯臭氧与有机物的反应是选择性的，不能将有机物彻底分解为 CO_2 和 H_2O。而臭氧催化氧化技术是臭氧在催化剂的作用下分解而产生活泼的 OH，提高臭氧的氧化速率和效率，降低了臭氧的投加量。该技术可以氧化臭氧单独氧化无法降解的小分子有机酸、醛等，可将有机物完全矿化，提高污水 TOC 的去除率。与其他高级氧化技术如芬顿试剂法铁碳微电解法相比，臭氧催化氧化技术具有无须药剂投加，运行管理方便，对难降解有机物去除范围广、去除效率高等优势。

催化塔和催化池内部填充高效催化剂。在催化剂和臭氧的多相作用下，废水中无法通过生物降解的有机物被降解为小分子或直接矿化后，使废水得到净化。

4. 膜生物反应器（MBR）单元

膜生物反应器（MBR）进一步去除 COD。为了提高池内的生物量，减少膜污染，在膜生物反应器系统内投加生物活性载体，以保证处理出水水质达到后续膜脱盐处理单元的进水要求。

膜生物反应器（MBR）技术原理：通过生化反应池内大量微生物降解污水中的有机物，使水质得到初步净化，然后通过膜分离技术代替传统工艺中的二沉池，利用膜的截留能力实现高效的固液分离，达到污水处理和水资源化利用的目的。膜生物反应器技术改善了传统活性污泥法存在的污泥膨胀、污泥浓度低等因素造成的出水水质不达标、分离效率低等问题，具有占地面积小、处理效果好、利于旧工艺改造等优点，其出水浊度接近于零，水质良好且运行稳定。

5. 超滤 + 反渗透单元

超滤膜处理工艺用于去除水中的大部分悬浮物、胶体、大分子有机物及微生物，超滤膜被广泛应用于污水深度处理及回用领域，特别是作为 RO 系统的预处理方法，更显示了超滤膜的优越性。

反渗透亦称逆渗透（RO），是用一定的压力使溶液中的溶剂通过反渗透膜（或称半透膜）分离出来。因为它和自然渗透的方向相反，故称反渗透。根据各种物料的不同渗透压，可以使大于渗透压的反渗透法达到分离、提取、纯化和浓缩的目的。反渗透膜处理设备主要去除水中溶解盐类、有机物、二氧化硅胶体、大分子物质及预处理未去除的颗粒物等。

经过超滤处理后合格的原水进入置于压力容器内的膜组件，水分子通过膜层，经收集管道集中后，经反渗透产水管输送至清水池。反之不能通过的就经由另一组收集管道集中后通往浓水排放管，排出系统之外。系统的进水、产水和浓水管道上都装有一系列的控制阀门、监控仪表及程控监视操作系统，它们将保证设备能长期保质、保量地系统化运行。废水深度处理及回用系统工艺流程简图如图 1 所示。

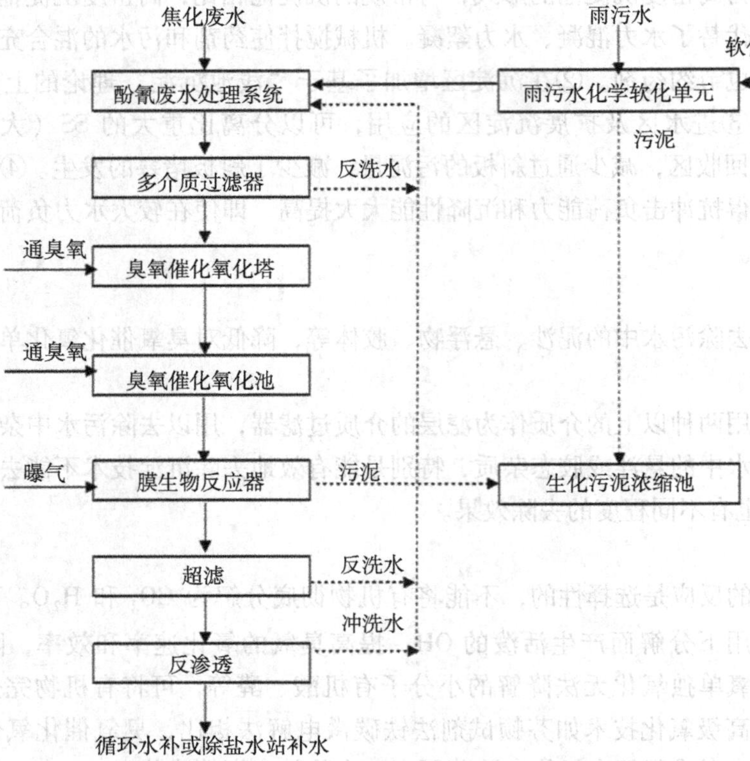

图 1　废水深度处理及回用系统工艺流程简图

三、实施效果

焦化生产过程废水深度处理及回用项目处理废水 80 立方米/小时，废水经深度处理后回用水达到《工业循环冷却水技术规范》再生水水质标准，回用于循环水补充水使用。全年按照 8760 小时计算，可达到年处理废水 70 万立方米。对水资源切实有效的保护与防治，使水资源得到持续有效利用，有利于环境保护，改善生态环境，增进社会经济的可持续发展。

主创人：李志刚、毕雅梅、郭香利、陈少波、梁　龙

脱硫废液资源化综合治理项目

河南中鸿集团煤化有限公司

一、企业概况

河南中鸿集团煤化有限公司位于河南省平顶山市石龙产业集聚区，是由中国平煤神马能源化工集团有限责任公司、河南中鸿实业集团有限责任、联峰钢铁（张家港）有限公司三方股东于2009年10月共同出资筹建的混合所有制企业，注册资本5亿元（人民币），公司占地总面积956亩。2010年，公司建成投产了我国自行研发设计、具有完全自主知识产权的世界第一座2×60孔固定站式6米炭化室捣固焦炉，其装备水平、技术水平在国内同行内处于领先地位。公司可实现年产焦炭130万吨、焦油6万吨、粗苯1.7万吨、硫铵1.78万吨、甲醇10万吨、合成氨5万吨，发电1.9亿度，形成了比较完备的“煤-焦-化-电”产业链条。

公司围绕节能减排、余热利用及资源综合利用，相继建成投运了10万吨/年甲醇项目、5万吨/年合成氨项目、170t/h干熄焦余热发电项目、焦炉烟道气余热利用项目、荒煤气余热利用项目、年运输量500万吨物流中心项目、焦炉烟气脱硫脱硝脱白项目、脱硫废液资源化综合利用项目、焦化生产过程废水深度处理及回用等节能减排项目，分别实现焦炉煤气碳氢资源的高效利用、焦炉热能的高效利用以及资源能源管理的信息化，做到了资源的“吃干榨净”，能源的“梯级利用”。“三废”最优排放和循环利用，实现了焦炉大型化、生产循环化、资源节约化的绿色发展目标，有利于进一步加快高质量、高水平建设国内一流新型能源化工企业。

二、主要措施

碱法脱硫是目前焦炉煤气多种脱硫方法中效率较高而且运行成本较低的一种方法，为国内大多数焦化厂所接受。但是碱法脱硫也有一定的缺点。碱法脱硫工艺是以碳酸钠溶液添加催化剂为脱硫废液脱除焦炉气H_2S和HCN的，在工艺过程中被吸收的H_2S大部分转化为元素硫，再生时用空气浮选回收，其余生成$Na_2S_2O_3$和Na_2SO_4，被吸收的HCN转化为NaSCN存在于脱硫废液中，这三种钠盐通常被称为副盐。公司在日益严峻的环境形势下，为实现节能环保双效益，提高企业市场竞争力，依据实际情况及发展规划要求实施脱硫废液资源化综合治理项目。该项目是针对焦化生产过程产污（废液）环节进行资源化综合治理，采用宁波中科远东催化工程技术有限公司提盐技术方案，为河南省第一套装置。该项目回收脱硫废液中的副盐，使脱硫废液可以循环利用，在有效提高煤气脱硫效果的同时，可生产出纯度99.5%以上的（出口级）硫氰酸钠和纯度99%以上的硫代硫酸钠，实现废液的资源化综合利用。

（一）工艺路线

项目采用先提粗盐，然后通过甲醇或水溶解、脱色、过滤、结晶、干燥的方法分步结晶提取副盐硫氰酸钠和硫代硫酸钠。整体工艺主要通过脱硫废液预热、脱硫废液高效浓缩、浓缩液冷却结晶、冷凝水回收等步骤提取精盐、干燥、包装。

（1）脱硫废液的预热：脱硫废液预热采用脱硫液浓缩釜产生的蒸汽冷凝水，增加了蒸汽的利用率，降低了蒸汽的消耗，预热后的脱硫废液送至脱硫液浓缩釜内。

（2）对脱硫废液进行两次浓缩：第一次浓缩完的母液用活性炭脱色，然后进入脱硫液二次浓缩釜，当浓缩到一定温度和浓度时，物料在混盐结晶桶中降温结晶，高浓度的物料可以用离心机直接进行固液分离，然后逐步提取出其中的硫氰酸盐和硫代硫酸盐等产品。

（3）利用浓缩脱硫液浓缩过程中产生的废热蒸汽，对甲醇硫氰酸钠溶液进行浓缩，回收甲醇，合格的甲醇用于溶解混盐，不合格的甲醇进行蒸馏。

（4）浓缩过程中产生的蒸汽冷凝液除预热脱硫废液外，还可送至用水单位循环使用。

（二）工艺流程

由界区外来的脱硫废液进入脱硫液储罐，再由一次浓缩釜进料泵将脱硫液经过脱硫液预热器预热后进入脱硫液一次浓缩釜，脱硫液一次浓缩釜带有搅拌装置，并设置内盘管，通入低压蒸汽进行蒸发操作，蒸发完的浓缩液经纯碱过滤泵输送至入纯碱压滤机，压滤完的碳酸钠、碳酸氢钠和催化剂固体等返回脱硫溶碱槽中，液体由位差进入脱色罐。脱色罐内部设置加热蒸汽盘管以及搅拌装置，纯碱压滤机来的混盐母液和活性炭在脱色罐内搅拌脱色后的悬浊液经活性炭过滤泵输送至活性炭压滤机，压滤完的废活性炭送煤场配煤，液体由位差进入脱色清液储罐。经二次浓缩釜进料泵输送至脱硫液二次浓缩釜，蒸发完的二次浓缩液由位差进入混盐结晶桶。同时，脱硫液一次浓缩釜和脱硫液二次浓缩釜蒸汽经气液分离器分离后，气相分别进入硫氰酸钠浓缩釜的加热立管。

混盐结晶桶带有搅拌装置，并设置外加套，夹套中通入循环冷却水进行冷却结晶操作，结晶后的粗盐悬浮液由结晶桶出料泵送入混盐离心机进行离心分离，混盐离心机为间歇操作，离心完的混盐固料由螺旋加料机输送至混盐溶解桶，母液先进入混盐母液桶，然后由混盐母液出料泵加压后一部分回脱色清液储罐循环，一部分送回原脱硫系统。

混盐溶解桶内部设置加热蒸汽盘管以及搅拌装置，由混盐离心机来的混盐和由甲醇泵来的甲醇进行搅拌溶解，混盐中的硫氰酸钠基本溶于甲醇，溶解完的硫氰甲醇溶液由硫代混盐过滤泵送至硫代混盐压滤机进行固液分离，压滤出来的硫代硫酸钠和硫酸钠固体去提纯。硫氰甲醇溶液经位差进入醇钠溶液储罐，随后经醇钠溶液出料泵送至硫氰酸钠浓缩釜。硫氰酸钠浓缩带有搅拌装置，并设立管。顶部蒸发的甲醇气体经过甲醇冷凝器冷凝之后，根据取样检测结果中甲醇的浓度，分别回到合格甲醇储罐、不合格甲醇储罐和醇水缓冲罐。蒸发完的硫氰甲醇浓缩液进入硫氰结晶釜进行冷却结晶，结晶后的硫氰甲醇浆料由位差进入硫氰离心机进行离心分离，离心完的硫氰酸钠固料经硫氰接料槽进入硫氰干燥机干燥，干燥后的硫氰酸钠进行包装入库。硫氰离心机离心出来的硫氰母液进入硫氰母液桶，随后经硫氰母液出料泵送入硫氰母液罐。硫氰母液罐带有加热蒸汽盘管以及搅拌装置，硫氰母液经硫氰母液泵送去装车。硫氰干燥机排出的甲醇气体经过硫氰干燥冷凝器冷凝之后进入硫氰缓冲罐，缓冲后的甲醇溶液由位差送到不合格甲醇罐。

硫代溶解釜中加入脱盐水对硫代硫酸钠粗盐进行搅拌溶解，溶解完的固液混合物由硫代输送泵输送至硫代压滤机进行固液分离，压滤出来的硫酸钠固体去配煤。硫代硫酸钠水溶液一部分返回硫代溶解釜，一部分进入硫代结晶釜，硫代结晶釜带有搅拌装置，并设置外加套，夹套中通入循环冷却水进行冷却结晶操作，结晶后的硫代溶液由位差进入硫代抽滤器进行固液分离，压滤出来的硫代硫酸钠粗盐去硫代二次溶解釜，硫代母液经位差进入硫代缓冲罐，缓冲后由硫代清液泵送入硫代母液槽，经硫代母液泵加压后返回硫代溶解釜或脱硫液储罐。硫代二次溶解釜中加入活性炭和硫代硫酸钠粗盐进行搅拌溶解，搅拌脱色后的悬浊液经硫代二次输送泵输送至硫代活性炭压滤机，压滤完的废活性炭送煤场配煤，液体一部分返回硫代二次溶解釜，一部分进入硫代二次结晶釜，硫代二次结晶釜带有搅拌装置，并设置外加套，夹套中通入循环冷却水进行冷却结晶操作，结晶后的硫代溶液由位差进入硫代离心机进行固液分离，压滤出来的硫代硫酸钠产品去包装。硫代滤液经位差进入硫代滤液槽，随后由硫代滤液泵送入硫代二次母液槽，经硫代二次母液泵加压后返回硫代二次溶解釜或脱硫液储罐。

系统中回收的不合格甲醇进入不合格甲醇罐，通过不合格甲醇泵一部分送到界外，一部分送到甲醇蒸馏塔提纯。甲醇蒸馏塔塔顶气体经甲醇蒸馏冷凝器冷凝后，一部分返回甲醇罐或不合格甲醇罐，一部分返回塔顶。塔釜蒸发残液经蒸馏残液泵送回脱硫系统。如图 1 所示。

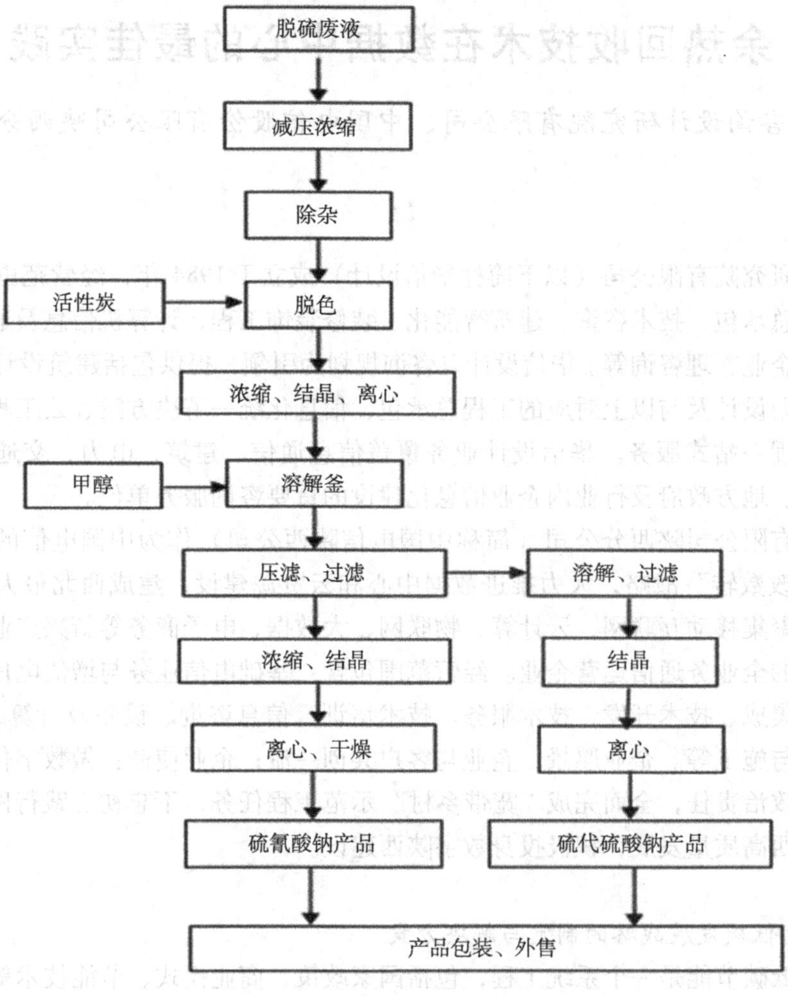

图 1 工艺流程简图

三、实施效果

脱硫废液资源化综合治理项目处理脱硫废液 50 立方米/天，产品硫氰酸钠纯度 99.5% 以上（出口级），硫代硫酸钠纯度 99% 以上，全年按照 360 天计算，可达到年处理脱硫废液 1.8 万立方米，年产纯度 99.5% 以上的（出口级）硫氰酸钠 2500 吨、纯度 99% 以上的硫代硫酸钠 1200 吨；项目使脱硫废液变废为宝，实现废液的资源综合循环利用，加快企业的发展步伐和技术改造力度，提高产品的市场占有率，使企业的现代化水平提高一个新台阶，有利于环境保护，改善生态环境，增进社会经济的可持续发展。

主创人：李志刚、毕雅梅、关少华、李虹欣、孙永辉

余热回收技术在数据中心的最佳实践

华信咨询设计研究院有限公司、中国电信股份有限公司陕西分公司

一、企业概况

华信咨询设计研究院有限公司（以下简称华信设计）成立于 1984 年，经营范围涵盖通信和建筑工程勘察设计、工程总承包、技术咨询，建筑智能化、装修装饰工程，计算机信息及通信信息网络系统集成，招投标代理和企业管理咨询等。华信设计以咨询规划为引领，提供包括建筑设计、建筑智能化、信息通信基础网络规划设计及与以上对应的工程总承包，信息化统一解决方案、云工程服务一体化解决方案服务以及招标代理一站式服务。华信设计业务覆盖信息通信、建筑、电力、交通、医卫等十几个行业，是国家多部委、地方政府及行业内企业信息化建设的重要咨询服务单位。

中国电信股份有限公司陕西分公司（简称中国电信陕西公司）作为中国电信的省级分公司，积极落实集团公司“云改数转”战略，大力推进数据中心和云资源建设，建成西北最大、业内一流的中国电信西咸云基地，聚集移动互联网、云计算、物联网、大数据、电子商务等新兴产业。中国电信陕西公司是陕西省内主导的全业务通信运营企业。经营范围包含：基础电信业务与增值电信业务；与通信及信息业务相关的系统集成、技术开发、技术服务、技术培训、信息咨询、设备及计算机软硬件等的生产、销售、安装和设计与施工等。企业愿景：企业与客户共创一流；企业使命：做数字化转型的赋能者；央企担当，积极践行政治责任，全面完成“宽带乡村”示范工程任务；不忘初心践行网络强国战略；创新驱动，助力数字陕西高质量发展，积极投身数字陕西建设。

二、主要措施

（一）企业绿色低碳发展战略的制定与解决方案

数据中心绿色低碳节能是一个系统工程，包括国家政策、商业模式、节能技术等多个维度。影响数据中心能耗的因素主要包括 IT 服务器、空调、电源、照明智能化和墙体散热等。其中，空调和电源系统是除 IT 设备功耗之外的第二、第三能耗系统。中国电信陕西公司智慧云服务基地一期工程是华信设计于 2013 年中标的数据中心设计项目，设计团队和建设方秉承绿色低碳、智慧、创新的设计和建设理念，项目从建筑布局、电力规划，制冷节能、资源利用等方面，以绿色低碳为导向，充分考虑当地的气候条件，全面探索、聚焦数据中心绿色低碳和余热利用技术，通过水源热泵机组与数据中心冷冻水高温回水相结合，为综合楼和数据中心辅助用房提供冬季采暖，推动余热回收技术在数据中心的应用。

（二）企业绿色低碳技术的研发与创新应用

中国电信陕西公司智慧云服务基地一期工程于 2016 年 3 月竣工验收。一期建筑总面积 53851m^2，数据中心为地上四层、地下一层，建筑面积 41243m^2；综合楼为地上五层、地下两层，建筑面积 12608m^2。数据中心通过竣工验收后，同年综合楼启用，冬季采暖包括综合楼和数据中心辅助用房，采暖总建筑面积约 17200m^2。

在当地不提供市政热网的情况下，设计方案经多方案比选，综合楼没有采用“锅炉房 + 冷水机组采暖”的方案，而采用水源热泵机组与数据中心冷冻水高温回水相结合，为综合楼和数据中心辅助用房提供冬季采暖，保证了综合楼冬季室内采暖温度 20℃及以上，是数据中心余热回收技术应用的标杆工程。

1. 项目设计的关键措施

(1) 绿色低碳设计指导思想。

绿色环保节能原则：采用先进的设计理念和产品以实现环保、节能的绿色机房，设计充分利用自然冷源，采用集中水冷冷冻水空调系统自然冷却技术、节能的电力设备和系统架构、变频控制等节能措施。

余热利用技术：综合楼采用水源热泵机组，冬季利用数据中心冷冻水回水进行余热回收，提供18℃稳定水源，提高冬季制热效率，降低数据中心冷冻水回水温度，减少数据中心运行能耗。

(2) 余热回收技术应用。

中国电信陕西公司智慧云服务基地一期工程于2013年5月开始设计，针对当地不提供市政热网的情况下，设计方案采用水源热泵与数据中心集中水冷系统相结合，解决数据中心初期低负荷与综合楼满负荷采暖的技术难题。项目自2016年10月采暖季运行以来，综合楼和数据机房辅助用房运行平稳，具体系统设置如下：

数据中心：数据中心机房采用集中式水冷冷冻水空调系统。冷冻水系统供/回水温度12/18℃。冷冻水空调系统主机布置于数据中心地下一层。每栋数据中心机房楼选用4台1300RT（4705kW）水冷离心式冷水机组（三用一备）。每台水冷离心式冷水机组配套1台板式换热器，利用过渡季节或冬季较低的室外气温，由冷却塔及板式换热器提供冷源，减少冷冻机组开启时间，降低能源消耗。

综合楼：根据计算夏季制冷负荷1044kW，冬季采暖热负荷934kW，选用2台水源热泵机组，单台热泵机组制冷量580kW，制热量723kW。水源热泵机组布置在综合楼地下一层，夏季通过冷却塔散热，冬季利用机房楼冷冻水进行余热回收，可实现用户侧夏季制冷供回水温度为7/12℃，冬季采暖供回水温度为50/45℃。

2. 其他节能措施

变频控制技术：水冷冷水机组、水源热泵机组、机房精密空调、水泵、新风机组均采用变频控制，实现部分负荷时段的节能运行。

封闭冷通道：数据机房采用封闭冷通道，通过气流组织控制，有效地将冷热气流隔离，避免冷量浪费。

节能新风技术：数据中心采用智能节能新风冷却系统，在冬季及过渡季节通过屋顶进风过滤室直接引进室外低温新风，进风过滤室设置粗（G4）、中（F8）效过滤器，减少末端专用空调开启数量，降低空调能耗。

智能化技术应用：智能化技术贯穿数据中心全生命周期，减少设备材料的损耗，减少人为失误，降低运维能耗。

3. 项目设计的创新点

(1) 余热回收最大化利用。

项目位于西咸新区沣西新城信息产业园内，当地不提供市政热网，数据中心启用后，因启用机房少，初期负荷较低，IT设备功耗不到500kW，如何有效利用数据中心的热量？如何解决初期数据中心低负荷运行，来保障综合楼和数据中心辅助用房的冬季采暖？面对项目实施可能遇到的难题，项目组针对设计期间推广应用的制冷机组冷凝热回收方案进行了分析讨论，剖析冷凝热回收在数据中心存在的问题：在制冷负荷稳定的情况下，制冷机组采用冷凝热回收的耗电量比单制冷机组的耗电量高，且冷凝热回收时间越长耗电越高，在全热回收工况时，由于冷凝热的大量排放会使制冷机组冷凝器周围的环境温度升高，不利于冷凝器的放热，导致冷凝温度升高，从而使制冷机组的运行能耗增加，导致热回收机组制冷能效比单制冷机组效率低，制冷系统耗电更大，如果该部分电量纳入数据中心制冷消耗的话，会造成数据中心 PUE 值增加，与数据中心降 PUE 的政策相矛盾。

经过多种方案比选，项目选用水源热泵机组，确定利用数据中心冷冻水 18℃ 的高温回水，最大化利用数据中心的余热；同时通过数据中心冷冻水系统的连通，成功解决了低负荷运行状态下综合楼和辅助用房约 17200m^2 的冬季采暖。

（2）合理的系统架构。

数据中心余热回收利用的系统架构很关键。例如，有工程的系统架构中，水源热泵系统从一次环回水管取水，回到一次环的供水管，由于用户侧需求是变化的，存在最大的问题是很难保证水源侧到总环路的回水温度和一次环供水温度一致，系统存在混水的风险；水源侧从一次环取水，由于水源用户侧和数据中心用户侧阻力不同，导致水力不平衡，需要通过精准的调节才能保证系统水力平衡。

本项目的系统架构如图 1 所示。

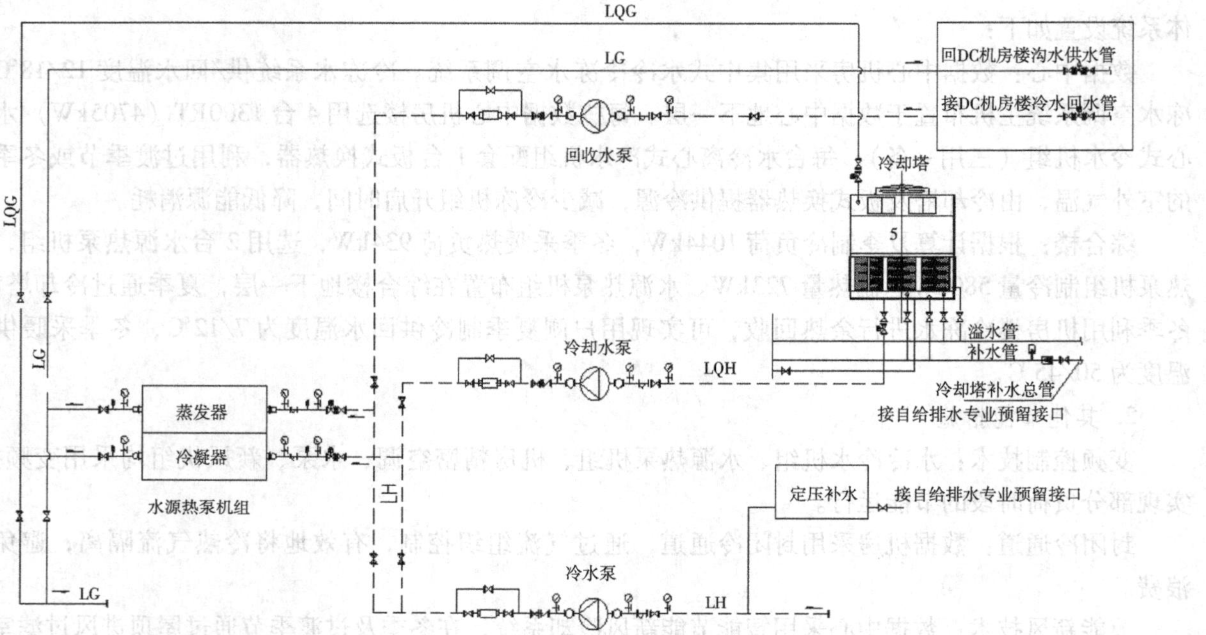

图 1　本项目水源热泵系统示意图

水环热泵系统分别引自数据中心冷冻水回水，再根据水流方向回到冷冻水回水，减少冷冻水供回水温差，有效降低数据中心制冷系统运行能耗，综合楼供热稳定可靠，实现了大型数据中心余热资源充分利用。

（3）充分利用自然冷却技术。

数据中心充分利用自然冷源，采用集中式水冷系统配套板式换热器，制冷系统结合当地气候条件全部或部分使用外界的自然冷源，根据西安的气象条件，可实施自然冷却运行时间约 3200 小时，占全年 36% 左右，自然冷源利用时间相对较长。系统分三种运行模式实现数据中心绿色低碳运行：

模式一：当冷却塔出水温度大于 16.5℃，系统在制冷模式下运行。冷水机组单独供冷。

模式二：当冷却塔出水温度 10.5℃ $<t\leqslant$ 16.5℃，启动预冷模式，冷水机组和板式换热器联合供冷。

模式三：当冷却塔出水温度 $t\leqslant$ 10.5℃，进入完全自由冷却模式，冷却塔和板式换热器供冷。

三、实施效果

《余热回收技术在数据中心的最佳实践》以中国电信陕西公司智慧云服务基地一期工程为设计案

例，该项目针对当地不提供市政热网的情况，积极探索数据中心绿色低碳和余热利用技术，解决了数据中心初期低负荷与综合楼满负荷采暖需求的技术难题，从系统节能技术、余热利用技术等方面，以绿色低碳为导向，推动余热回收技术在数据中心的应用。

（一）采用水源热泵系统，有效利用数据中心资源

综合楼采用水源热泵机组，夏季通过冷却塔散热，冬季利用数据中心18℃冷冻水回水进行余热回收，实现综合楼和数据中心辅助用房冬季采暖，供回水温度为50/45℃。从现场实际运行数据可以看到，水源热泵机组运行平稳，基本达到设计要求，综合楼冬季室内采暖温度控制在20℃及以上，实现了数据中心余热的有效利用。

（二）余热回收实现资源利用，系统运行节能

综合楼采用水源热泵机组为综合楼和数据中心辅助用房冬季采暖，与传统的采用“燃油热水锅炉+冷水机组”的方案相比，水源热泵系统运行节能效果显著，按每天10小时制热，采暖季按4个月，电费按0.6元/度计，油费按7.24元/千克计，采用水源热泵系统冬季运行费用比燃油热水锅炉系统节约92.30万元/年，系统运行节能，实现了数据中心绿色低碳运行。如表1所示。

表1 水源热泵与“燃油热水锅炉+冷水机组”的方案相比

序号	项目	方案一 燃油燃气热水锅炉+螺杆式冷水机组 （集中式空调系统）	方案二 水源热泵空调机组 （集中式空调系统）	备注
1	冷源	开式冷却塔+螺杆式冷水机组	开式冷却塔+水源热泵机组	
2	热源	热水锅炉 （综合楼+IDC辅助用房）	机房余热+水源热泵机组 （综合楼+IDC辅助用房）	
3	建筑面积（平方米）	17208	17208	综合楼+辅助用房
4	初投资估算（万元）	677.56	642.56	整个空调系统
5	单位指标（元/平米）	393.75	373.41	
6	冬季运行费（元/日）	8705.80	1014.00	
7	冬季运行费（万元/年）	104.47	12.17	
8	节省冬季运行费（万元/年）	92.30		

（三）项目获得的奖项

中国电信陕西公司智慧云服务基地一期工程，获2017年度浙江省优秀通信设计成果三等奖。

中国电信陕西公司智慧云服务基地一期通信网络工程电源系统工程，获2017年度中国电信集团优质工程一等奖。

（四）经济效益与推广应用前景

中国电信陕西公司智慧云服务基地一期工程，在当地不提供市政热网的情况下，采用水源热泵机组为综合楼和数据中心辅助用房冬季采暖，与传统的采用“燃油热水锅炉+冷水机组”的方案相比，按每年采暖季计算，采用水源热泵系统冬季运行费用比燃油热水锅炉系统节约92.30万元/年。采用燃油热水锅炉系统，二氧化碳采暖季排放量为1019.75吨；采用水源热泵系统，二氧化碳采暖季排放量为555.02吨，水源热泵系统减少二氧化碳排放464.73吨/年（采暖季）。采用水源热泵系统，充分利用数据中心余热，运行节能，同时减少二氧化碳排放，余热回收技术在数据中心的应用具有成功示范性效果及推广应用前景。

主创人：王　培、郭越峰、王　可、刘　斌、关　炜

武山铜矿北压压缩空气系统余热回收利用

江西铜业股份有限公司武山铜矿

一、企业概况

武山铜矿是江西铜业股份有限公司下属的骨干矿山之一，矿山现保有铜金属储量 110 万吨，硫储量 1226 万吨，并含有金、银等多种有价伴生元素，矿产资源丰富。

武山铜矿自 1966 年开始建设，经过五十多年的持续发展，通过一期建设和二期技改，目前拥有较为成熟的采选技术工艺和稳定的保障体系，每日采选综合处理能力稳定在 5000 吨以上，年产铜金属量 1. 2 万吨、标硫量 36 万吨以上。2019—2021 年的工业总产值分别为 54575. 49 万元、46915. 87 万元、66655. 45 万元。

武山铜矿不断加大在安全、绿色、低碳方面的投入，建设了井下安全避险六大系统和云池口尾矿库建设工程，完成环保综合治理和老尾矿库综合开发利用等环保工程，被评为省级安全文化示范企业，建成国家级“绿色矿山”。

武山铜矿三期扩建工程于 2021 年进入施工建设，以“安全、高效、绿色、智能、和谐”为目标，着力建设一座在国内处于标杆地位的智能化矿山。项目设计建设期为 4. 5 年，服务年限 24 年，项目完成建设后，可实现高度自动化生产，大幅提升生产效率，实现日采选矿量 1 万吨、年产铜精矿含铜 2. 5 万吨、硫精矿 60 万吨以上。

二、主要措施

（一）设备现状

1. 燃油锅炉运行情况

为了方便井下员工下班后淋浴，燃油锅炉安装在采矿车间综合服务楼，用于提供员工洗浴所需热水。燃油锅炉使用能源为柴油，工作为 24 小时制，工作时间主要为三班作业员工下班时段。

2. 压风设备运行情况

武山铜矿压缩空气系统，主要由 6 台英格索兰 ML300 和 2 台复盛 SAV250W-T 变频螺杆空压机组成。其中北压有 3 台英格索兰 ML300 和 1 台复盛 SAV250W-T 变频螺杆空压机。

3. 余热回收理论论证

为了了解淋浴室热水需求用量，对 2017 年柴油使用情况进行统计发现，2017 年燃油锅炉柴油使用量为 25. 9 吨，1 吨柴油能够产生热量为 10. 995 * 106kcal，因此燃油锅炉每天需供应热量为 0. 78 × 106kcal。

据统计，在压缩机运行的过程中，输入电能的 85% 变成热量消耗，真正用于增加空气势能所消耗的电能只占 15%，其余变成热量，在压缩后的油气混合物经过油冷却器和气冷却器后，大部分热量被冷却水和空气带走，热量白白浪费。1 台 300 千瓦空压机 24 小时加载运行可产生热量 300kW × 80% × 85% × 860kcal × 24h = 4. 21 × 106kcal，这些热量通过冷却系统后，排放到大气中，存在一定的热污染、热排放。目前空压机余热回收技术可吸取压缩机产生热量的 62. 5%，余热回收的热量为 4. 21 × 106kcal × 62. 5% = 2. 63 × 106kcal，远大于燃油锅炉每天供应的热量 0. 78k × 106cal。因此，通过空压机的余热回收完全可满足车间员工洗浴需求。

4. 不同季节情况下数据分析

热水需求量按现有模式每天定时段供水，热水温度 50 度，每人洗澡用水 100L，洗澡人数 300 人/天进行设计。夏季补水温度 25℃，春秋 15℃，冬季 5℃，按照单台 300kW 空压机 85% 加载率的热回收量进行计算：

Q = 2. 630 × 106kcal

G = Q/1000/（th – tg） = 2. 630 × 106/1000/（50 – tg）

由该公式可计算得出，不同季节情况下热回收装置每天可制造热水量为：夏季每天可生产 50℃热水 105 t/d，满足 1050 人次洗澡；春秋季每天可生产 50℃热水 75 t/d，满足 750 人次洗澡；冬季每天可生产 50℃热水 58 t/d，满足 580 人次洗澡。

综上所述，余热回收装置产生的热能能够满足 300 人/天的淋浴使用要求。

（二）具体改造事项

1. 空压机改造

空压机产生的高压风主要用于提供井下凿岩、充填造浆等所需，因空气在压缩过程中，易产生大量热量，在空压机运行过程中，需对其进行散热，确保空压机安全稳定运行。散热方式为风冷却和水冷却，空压机中高温油通过水冷器中冷水进行冷却，冷却后的水通过管路输送至井下，供井下使用。

为回收利用空压机产生的余热，空压机内部主要改造内容如下：安装热回收装置，将油气分离桶后的油管引出，将高温油引至热回收装置，热回收装置出油口位置与水冷管路连接。出油端口安装温控阀调节油流量，以保证空压机出油温度不至于过低。

2. 安装保温水箱及相关管路敷设

根据热水供应需求，按每人 100L 热水供应量，每天使用人数按 300 人设计，水箱容量设计值为 $30m^3$。配套安装相关管路设施，敷设外管管路，将洗澡水引至保温水箱，通过管道泵将洗澡水输送至热回收装置，热回收装置利用空压机运行过程中产生的高温油对洗澡水进行加热，加热后的水通过管道泵输送回保温水箱储存，保温水箱的热水通过管道泵输送至浴室，为井下员工淋浴稳定输送热水。

3. 安装自动控制元件，实现余热回收装置自动运行

安装浮球阀，自动控制保温水箱液位；安装水温控制阀，通过水箱水温控制管道泵运行，确保水箱水温稳定在 50 ~ 70℃；安装相关 PLC 控制元件及相关仪表，通过触摸屏实时监控余热回收装置的相关参数和设备状态，利用网络端口连接，实现设施的远程监控。

三、实施效果

（一）直接经济效益

（1）余热回收装置替代了全自动燃油机组，每年可节约柴油用量 25. 9 吨。

（2）余热回收装置通过 PLC 实现全自动控制，通过网络连接，在调度室实时监控，减少了燃油锅炉操作人员 4 人。本矿年平均工资及附加费约为 15 万/人，每年可节约人工成本约 60 万。

（二）间接经济效益

（1）有效降低了空压机的机组温度和供气温度，延长空压机使用寿命，提高运行效率。

（2）有效解决了燃油锅炉二氧化碳排放和热排放问题。

（3）在实际使用中，螺杆空压机温度每上升 1℃，产气量下降 0. 5%，即温度每升高 10℃，产气量下降 5%。螺杆空压机运行温度在 80 ~ 100℃，产气量降幅为 4% ~ 8%，因此增加空压机余热回收系统，可以使空压机油温降低，提高产气量，进而提高空压机的运行效率。

主创人：聂　震、周　斌、王　鑫、张万宾、邝志华

烧结环冷余热和高炉煤气余压余热回收利用实践

敬业集团

一、企业概况

敬业集团是以钢铁为主业，下辖总部钢铁、乌兰浩特钢铁、英国钢铁、广东敬业钢铁、广东粤北钢铁五大生产基地，兼营钢材深加工、增材制造3D打印、国际贸易、旅游、酒店的跨国集团，现有员工31000名。2022年集团销售收入3074亿元，上缴税金47.68亿元，在全国500强企业中名列112位，位列中国制造业企业500强第46位，连续两年荣登《财富》世界500强榜单，排名386位。2017年入选工业和信息化部第一批绿色工厂，荣膺“钢铁行业改革开放40周年功勋企业”“2017京津冀最具影响责任品牌”“钢铁企业A+级竞争力极强企业”。

公司拥有国家企业技术中心、院士工作站，注重创新研发，主要产品有中厚板、热卷板、螺纹钢、冷轧板、镀锌板、彩涂板、圆钢、异型钢、型钢、线材、钢轨，是全球大型螺纹钢生产基地，国家高强钢筋生产示范企业、国家高新技术企业。产品先后通过了ISO 9001、ISO 14001认证，四国船级社认证、欧盟CE认证，螺纹钢产品荣获中国钢铁工业协会冶金产品实物质量认定（金杯奖）。集团实施国际化战略，做全球钢材和金属制品供应服务商，在全球22个国家设立分公司和办事机构，产品出口到80多个国家和地区，应用于北京大兴国际机场、世博会中国馆、三峡工程、南水北调、石家庄地铁、呼市地铁、雄安市民服务中心、文莱跨海大桥等国内外重点项目工程，被中国中铁、中国电建、中国路桥、中国建筑等多家央企列为优秀供应商，获“中国钢筋品牌计划‘科技创新榜样’”“2018年度十大卓越建筑用钢生产企业品牌”“2018年‘百年匠星’中国建筑业特色品牌”等荣誉称号。

公司牢记习近平总书记“绿水青山就是金山银山”的发展理念，视环保为企业生命，打造业内绿色低碳标杆企业。环保方面投入百亿元，采用国内外先进工艺，对环保设施进行升级改造，所有指标提前达到国家超低排放标准，2021年成为超低排放企业；响应国家“双碳”战略目标，与冶金工业规划研究院合作，编制《碳达峰及降碳行动计划》，并开展全生命周期评价；构建绿色低碳物流体系，建设铁路专用线及配套的原料智能运输系统项目，年减少约130万辆次重型货车通行、减少40余万吨二氧化碳排放；大力绿化厂区，植被覆盖率达50%，被评为“河北省工业旅游示范企业”，2017年入选工业和信息化部第一批绿色工厂。

二、主要措施

（一）烧结环冷余热回收利用

1. 工艺简介

烧结环冷余热回收利用项目简称“烧结SHRT系统”，本系统工艺为“双压环冷机余热锅炉+单压烧结大烟道余热锅炉+补汽凝气式汽拖烧结主抽风机”，替代原来烧结环冷余热回收发电工艺，提高余热利用效率。该技术在敬业钢铁南区产能置换2×260烧结进行了大胆尝试，于2020年5月开始建设，2021年4月22日投用。

利用2×260 ㎡烧结环冷机一、二段烟气对余热锅炉加热，回收的中压过热蒸汽（包括烧结大烟道余热锅炉产生的过热蒸汽）作为主蒸汽送入汽轮拖动机组，环冷机余热锅炉低压饱和蒸汽作为补汽送入汽轮拖动机组做功，直接拖动烧结主抽风机，从而降低主抽风机电机的运行功率。

2. 烟气余热利用流程

2×260 ㎡烧结环冷机烟气余热利用分两段取风，高温段烟气从环冷机1#烟囱取风，引至余热锅炉上部的中压过热器，低温段烟气从2#烟囱取风与1#烟囱来的经过中压过热器换热后的烟气混合，混合后的烟气按顺序进入余热锅炉中压蒸发器、中压省煤器、低压过热器、低压蒸发器和凝结水加热器，排气温度约140℃，余热锅炉的排气通过循环风机送回环冷机冷却烧结矿。

2×260 ㎡烧结机大烟道烟气余热是利用烧结机大烟道后4~6个高温风箱的废气，在大烟道烧结终点处风箱之间布置热管锅炉的蒸发器和省煤器等，产生1.8MPa/g的饱和蒸汽，送至环冷余热锅炉过热，产生高参数过热蒸汽，供至汽拖汽轮机拖动主抽风机，做功后的蒸汽凝结成水后，由凝结水泵送至环冷机余热锅炉岛，环冷机低压汽包除氧水通过泵送至烧结机余热锅炉各受热面。

余热锅炉供水系统包含锅炉配套的锅炉给水泵及汽轮机配套的凝结水泵。冷凝水通过凝结水泵加压后送到余热锅炉凝结水加热器加热。再送到锅炉低压除氧器除氧，低压锅炉兼做除氧水箱，除氧水由锅炉给水泵加压后分别向环冷机余热锅炉中压段和烧结大烟道余热锅炉供水。

3. 项目建设内容

环冷机余热锅炉岛包括：2套环冷机余热锅炉及辅机、锅炉烟气系统、锅炉汽水系统。烧结大烟道余热锅炉岛包括：2套余热锅炉及辅机、锅炉汽水系统。烧结SHRT拖动机组包括：4套SHRT机组及其辅机设备、油系统（含滤油设备、滤油内杂质设备各一套，除水分的设备四台SHRT机组共用一套）、汽水系统（含凝汽器自动胶球清洗系统），循环冷却水站，除盐水站以及项目内各岛、站、房之间的工艺连接管线、电自控系统等。

4. 主要设备参数介绍

（1）双压环冷机余热锅炉及配套辅机设备2套，产汽量2×（34+9）t/h。高参数蒸汽：2×34t/h，1.8MPa（g），360±10℃；低参数蒸汽：2×9t/h，0.5MPa（g），200℃。

（2）烧结大烟道余热锅炉2套，产汽量2×9t/h，饱和蒸汽参数：2×9t/h，1.9Mpa（g）。

（3）补汽凝汽式汽轮机及配套辅机设备4套；4×5000kW。

（4）变速离合器4套；4×5000kW。

（5）烧结主抽风机及其配套电机4套，4×SJ15000，电机功率4×5800kW。

5. 机组配置方式

烧结主抽风机+同步电动机+变速离合器+汽轮机（见图1）。

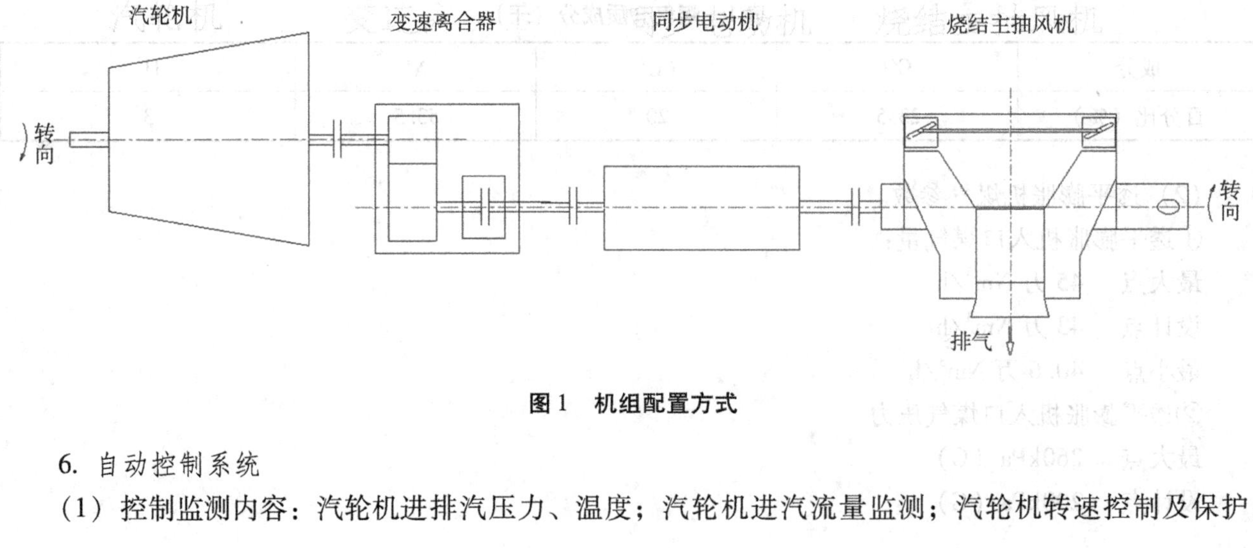

图1　机组配置方式

6. 自动控制系统

（1）控制监测内容：汽轮机进排汽压力、温度；汽轮机进汽流量监测；汽轮机转速控制及保护；

机组轴振动、轴位移检测保护；机组轴承温度检测保护；低压电气设备运行状态控制、检测；润滑油压监测、油箱温度、液位、冷油器后温度、滤油器差压报警监测；机组综合故障报警；机组启动联锁控制；机组联锁停机控制；润滑油泵联锁控制；润滑油电加热器联锁控制；润滑油雾风机逻辑控制；凝结水泵控制；紧急停机项目有润滑油压过低、机组轴承温度过高、轴位移过大、轴振动过大、手动停机、汽机排汽压力过高、汽轮机超速；低真空保护装置；胀差保护。

（2）主要控制要求：①控制系统选用 DCS 产品。单台烧结机系统设置 5 台上位操作站，1 台为工程师站，3 台为操作员站，1 台为历史站（24 寸液晶宽屏显示器，i5 3.0GHz，500G 硬盘）。其中工程师站对系统进行软件组态编程、在线修改、信号强制、模拟及调试；设置 1 台打印机，报表打印；设置 5 个操作台，工程师站与控制站间采用工业以太网的通信方式，I/O 备用点为实际使用量的 10% ~15%。②AI、RI、AO 选用 8 点的 I/O 模件，DI、DO 选用 16 点的 I/O 模件。③所有 DO 点配继电器，来自电气的 DI 配继电器。

（3）联锁保护要求：①重要的联锁保护逻辑按照“3 取 2”或者“2 取 1”设计；②重要联锁控制回路按照故障安全型设计。

7. 验收主要内容

（1）环冷余热锅炉与大烟道余热锅炉产汽量和蒸汽参数。

（2）汽轮机动平衡试验和运行可靠性。

（3）机组联锁停机控制检验。

（二）高炉煤气余压余热回收利用

1. 工艺简介

高炉煤气余压余热回收利用项目即“高炉 BPRT 绿色节能降噪设施”，其原理为利用高炉炉顶煤气的余压余热，把煤气导入透平中膨胀做功，煤气透平与电动机同轴驱动高炉鼓风机组（Blast Furnace Power Recovery Turbine，简称 BPRT 机组）。敬业钢铁经过行业对标考察，利用南区产能置换时机，将 A、B 号高炉煤气余压余热利用引进了高效节能的 BPRT 替代 TRT 技术，于 2020 年 5 月开始建设，2021 年 3 月 28 日投入运行，节能效果大幅提升。

2. 透平膨胀机入口煤气条件

（1）煤气介质成分（干）。

煤气介质成分如表 1 所示。

表 1 煤气介质成分（干）

成分	CO	CO^2	N^2	H^2
百分比（%）	23.5	20	53.5	3

（2）透平膨胀机煤气参数。

①透平膨胀机入口煤气量：

最大点　45 万 Nm^3/h

设计点　43 万 Nm^3/h

最小点　40.6 万 Nm^3/h

②透平膨胀机入口煤气压力：

最大点　260kPa（G）

设计点　200kPa（G）

最小点　140kPa（G）

③透平膨胀机出口煤气压力：

正常点　8kPa（G）

最大点　12kPa（G）

最小点　8kPa（G）

④透平膨胀机入口煤气温度：

最大　220℃

正常　150 ℃

最小　100 ℃

⑤透平膨胀机入口煤气含尘量：

正常 ≤ $10mg/Nm^3$

3. 轴流压缩机技术参数（设计工况）

（1）轴流压缩机型号：AV71-15 轴流压缩机。转子转毂直径：710 mm。转子动叶级数：15（预留一级增加级位置）。

（2）主轴转速：4600 r/min。所需电机功率：30000 kW。

（3）输送介质：空气。进气过滤器滤后介质含尘量：$\leqslant 1.5mg/m^3$，含尘粒度≤2μm。

（4）轴流压缩机的流量调节（静叶调节范围）。启动角度：14°。流量调节范围：22°～79°。执行机构：液动。

4. 机组配置方式

电动机+齿轮箱+轴流压缩机+变速离合器+透平膨胀机，如图 2 所示。

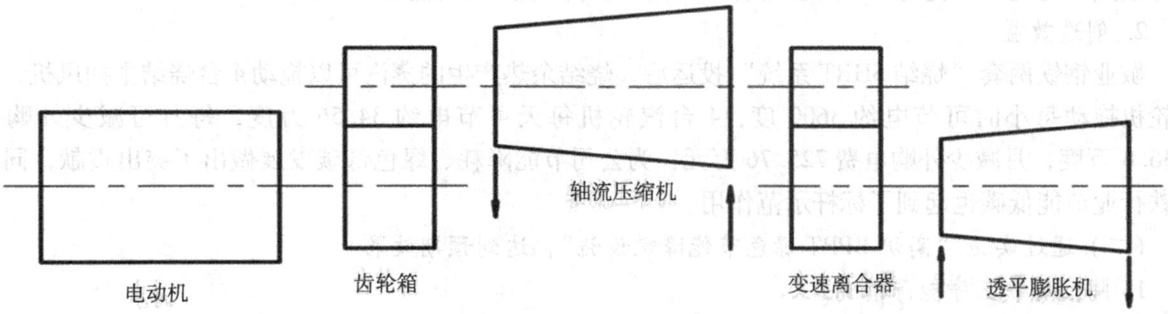

图 2　机组配置方式

5. 自控系统

（1）自控系统设计原则。

BPRT 机组自控系统设计原则：满足高炉供风工艺的需要；保证高炉顶压的稳定；通过同轴透平把高炉煤气的余压余热转化为旋转机械能传递给压缩机轴端，降低电机出力，达到能量回收的目的。

本系统采用 PLC 控制系统配操作站方式，完成机组所必需的过程控制、逻辑控制和过程监视功能。操作站分为工程师站和操作员站，工程师站具有工程师编程功能及操作员操作功能；操作站具有足够的能满足用户要求的实用直观的监视操作画面，操作简便可靠，具有历史数据存储功能。

（2）自控系统主要控制功能。

自控系统主要控制功能包括：透平转速调节保护及离合器啮合控制；透平炉顶压力调节；透平紧急停机顶压前馈控制；透平氮封差压调节；压缩机静叶串级控制（定流量/定压力）；压缩机防喘振控制；

压缩机防逆流、安全运行控制；压缩机防阻塞控制；机组轴振动、轴位移、转速监测保护；机组轴承温度监测保护；机组启动联锁控制；机组正常停机；机组重故障紧急停机联锁控制；润滑油泵、动力油泵联锁控制系统；煤气粉尘浓度监测；具有动态喘振线调节及稳定供风热风炉无扰切换功能。

6. 设计制造验收考核标准

（1）轴流压缩机。

①转子做高速动平衡试验；②轴振动符合苏尔寿规范要求；③轴流压缩机设计点（年平均 E 点）多变效率≥90%；④符合 JB/T 4359《一般用途轴流式压缩机》标准。

（2）透平膨胀机。

①转子做动平衡试验；②符合 JB 7676－95《能量回收透平膨胀机》标准；③透平设计点效率≥86%。

（3）润滑油、动力油系统。

①润滑油系统试验应符合 JB 4365 标准、厂标；②动力油系统试验应符合 NAS1638 第 7 级。

（4）其他。

①轴流压缩机、透平机总装时邀请用户派员进行现场监制；变速离合器总装时，邀请用户派员进行国外监制。②轴流压缩机和透平整机寿命大于 10 万小时。

三、实施效果

（一）通过实施“烧结 SHRT 系统”，达到预期效果

1. 降低烧结工序的能源消耗

烧结工序能源消耗主要有煤、煤气、电、水、蒸汽等，而电在能源介质消耗中所占的比重较大，因此产能置换时应将控制电消耗作为重点，采用“烧结 SHRT 系统”将烧结余热锅炉和大烟道余热锅炉产生的蒸汽送入汽轮拖动机组做功，直接拖动烧结主抽风机，吨矿节电 16.5 千瓦时，相比传统的烧结环冷余热发电吨矿发电量 11 千瓦时提高 5.5 千瓦时，余热利用能效提高 50%。

2. 创造效益

敬业钢铁两套“烧结 SHRT 系统”投运后，烧结余热产生的蒸汽可以拖动 4 台烧结主抽风机，每台汽轮机拖动每小时可节电约 3600 度，4 台汽轮机每天可节电约 34.56 万度，每月可减少外购电量 1036.8 万度，月减少外购电费 725.76 万元，为公司节能降耗、绿色低碳发展做出了突出贡献，同时对钢铁行业节能低碳也起到了标杆示范作用。

（二）通过实施“高炉 BPRT 绿色节能降噪设施”，达到预期效果

1. 降低炼铁工序能源消耗

炼铁工序能源消耗主要有焦炭、煤、煤气、电、水、蒸汽、氧气、氮气等，而电在能源介质消耗中所占的比重较大，高炉 BPRT 就是将高温高压高炉煤气送入透平膨胀机，同轴驱动高炉鼓风机，达到降低高炉鼓风机用电消耗的目的。该项目实施后，吨铁节电 50 千瓦时，相比传统的 TRT 发电吨铁发电量 40 千瓦时提高 10 千瓦时，余压余热回收利用能效提高 25%。

2. 创造效益

两套“高炉 BPRT 绿色节能降噪设施”投运后，该装置设计可回收高炉鼓风机所需能量的 60% 以上，根据机组实际运行情况：高炉煤气余压透平机组投用前，高炉鼓风机吨铁电耗 75 千瓦时；高炉正常生产透平机投用后，高炉鼓风机吨铁电耗 25 千瓦时，吨铁电耗降低 50 千瓦时，高炉鼓风机吨铁电耗降低比例达到 66.7%。同时在正常运转时，能代替减压阀组很好地调节、稳定炉顶压力，净化煤气，降低噪声，且对炉顶压力控制灵敏，波动幅度小。

主创人：高新彦、马志伟、胡显林、樊晓东

年产30万吨硫氯耦合钛材料绿色制造项目

龙佰集团股份有限公司

一、企业概况

龙佰集团股份有限公司是一家致力于钛、锆、锂、钪、钒等新材料研发制造及产业深度整合的大型工业企业集团，属深交所上市公司（股票代码：002601）。公司股票被纳入深证成指和沪深300两大A股重要指数，荣获“中小板最具成长性上市公司十强”企业。公司秉持“创领钛美生活，做受尊敬企业”的使命，依托技术创新和高效的运营模式，在材料制造领域持续深耕，积极构筑全球化的研发、生产和运营网络，不断提升服务人类社会的能力。2022年底主营产品钛白粉产能达150万吨/年，海绵钛产能达5万吨/年，双双跃居全球第一。形成了“234”产业发展新格局，即拥有龙佰集团和东方锆业两家上市公司；建成“钛、锆、锂”三条产业链和创新耦合发展体系；成为钛白粉、钛锆金属、电池材料、锆材料等四大绿色新材料制造领域的佼佼者。其中，主营钛产业形成了从钛的矿物采选加工，到钛白和钛金属制造，衍生资源综合利用的绿色全产业体系，基地布局河南焦作，四川德阳、攀枝花，湖北襄阳，云南楚雄，甘肃金昌等五省六地市，在职员工近两万人。集团总资产达549.17亿元。“雪莲”商标荣获中国驰名商标。

公司构建了完善的高端制造业创新体系，拥有授权专利900余项；参与制定国家、行业标准40余项；获得25项省部级以上科技进步奖；先后承担省级以上科技成果近30项，其中7项被认定为国际先进或国际首创，其余均被认定为国内领先水平。公司是全球行业中少数同时掌握硫酸法和氯化法钛白粉生产工艺的企业和少数实现钛白粉和钛金属产业一体化的企业；连续六年荣获国家“钛白粉行业能效领跑者标杆企业”称号。公司是“高新技术企业”“国家技术创新示范企业”“国家矿产资源综合利用示范基地”“国家绿色矿山”“国家绿色工厂”“国家智能工厂”。

“十四五”期间，在绿色发展战略的指引下，公司将进一步完善绿色“大化工”产业组合，在钛白粉产能超150万吨/年基础上，规划建设海绵钛产能超10万吨/年，锂电材料产能70万吨/年，同时在稀散金属、智能制造、循环经济等多元领域实现突破，最终构建形成具备全球竞合能力和龙佰特色的绿色新材料产业发展体系，持续书写“卓越·全球·百年”龙佰的崭新明天。

二、主要措施

公司坚定钛产业不动摇，依托钛产业，秉持绿色循环、可持续发展，实施“改造+创新”，坚持“大化工、低成本”思路，在产业链上持续不断延链补链强链。

钛白粉生产技术有硫酸法和氯化法两种生产工艺。硫酸法是目前国内行业主流但“三废”排放量大，能耗高，成为国家政策限制的生产工艺。氯化法生产工艺“三废”排放量小，能耗低，是国家一直鼓励发展的生产工艺。中国钛白粉行业“十三五”规划中鼓励优先发展氯化法和先进清洁生产的硫酸法工艺并举的路线。国家发展改革委2019年11月颁布并自2020年1月1日起施行的《产业结构调整指导目录（2019年本）》，限制新建硫酸法钛白粉，鼓励新建单线产能每年3万吨及以上的氯化法钛白粉生产线。

紧跟国家产业政策，公司焦作地区继硫铁钛联产清洁生产工艺改造后，2012年投资30亿余元率先引进了国外先进的氯化法技术，经过技术借鉴和自主创新，率先掌握了国内氯化法钛白粉技术的主导权，打破了国外几十年的技术垄断，使公司成为全球行业少数同时具备硫酸法和氯化法钛白生产工艺的企业。

结合公司产业结构的优势，对公司焦作地区硫酸法钛白生产和氯化法钛白生产进行横向耦合生产探索，2016年公司与子公司河南佰利联新材料有限公司共同研究开发了一种湿法制备富钛料的生产方法——钛液煤基还原耦合硫酸法钛白粉生产合成金红石的工艺项目。该技术使公司实现了两种工艺生产过程耦合，公司首创的硫氯耦合绿色经济生产模式，形成硫酸法钛白行业示范效应，经历多年探索和创新，采用纵向垂直一体化和横向耦合协同的生产模式，使钛白行业硫酸法和氯化法两大工艺实现“耦合联产、互融共生”，充分实现资源的循环综合利用，提升钛白粉生产技术的全球竞争力。硫氯耦合绿色生产模式如图1所示。

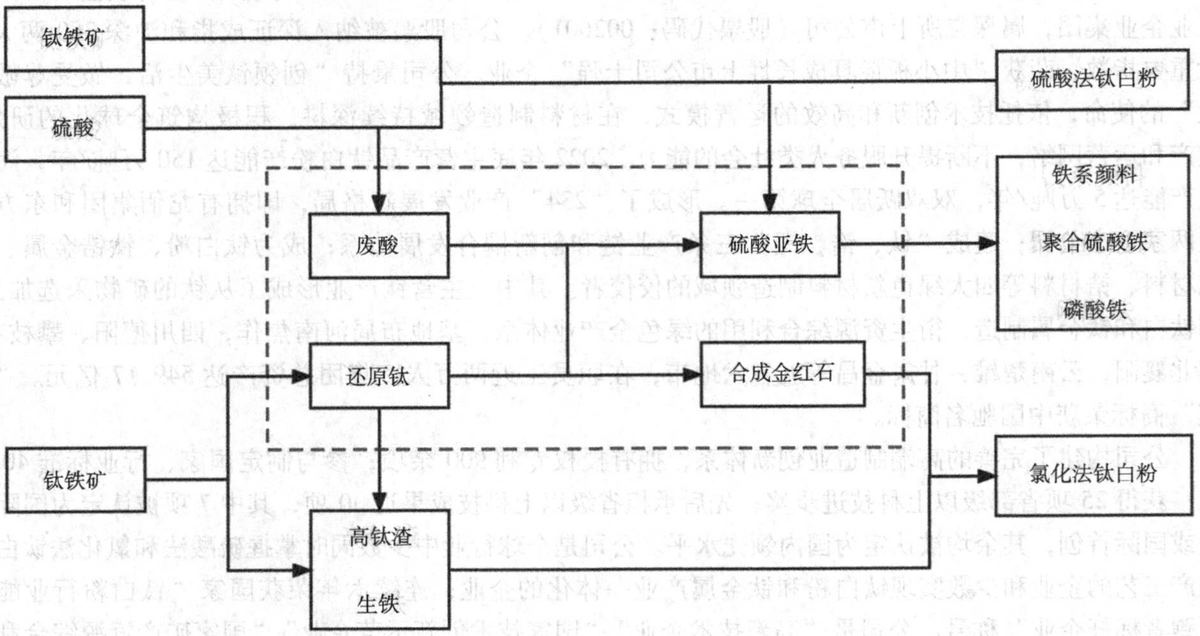

图1　硫氯耦合绿色生产模式

该生产模式对钛铁矿中铁资源进行了梯度利用，对硫酸法钛白粉生产过程中废酸进行了回收循环利用，既减少硫酸法钛白粉生产废弃物，又供应氯化法钛白粉生产使用原料。该方法集合多种生产工艺集成创新，集钛白粉、合成金红石、铁系颜料于一体，实现了钛白粉硫酸法和氯化法两种生产工艺的耦合，极大降低了公司生产成本。利用生产合成金红石过程中的副产品硫酸亚铁生产铁系颜料、净水剂聚合硫酸铁、磷酸铁等，实现铁资源的有效利用，减少副废产品的排放。

（一）项目介绍

钛铁矿中铁资源含量较高（30%~40%），经预还原生产后产生富含金属铁的还原钛。该项目是充分利用还原钛富含金属铁的性质，与硫酸法钛白粉生产实现耦合，一是代替铁粉，与酸解过程中钛液进行还原反应；二是与硫酸法钛白粉生产过程中产生的废酸进行反应，生产合成金红石供氯化法钛白粉生产使用。副产品硫酸亚铁生产铁系颜料、聚合硫酸铁、磷酸铁等，达到实现铁资源的有效利用。

项目涉及的工艺过程主要有还原反应、沉降、过滤和烘干工序。硫酸法钛白粉生产过程中的酸性废水和还原钛按比例以一定的速率加入反应槽，反应完的富钛浆料由反应产物泵送至沉降槽；沉降槽底部的固相物通过排浆口送入泥浆储槽，再由泥渣泵送至带滤前储槽。浆料连续输送至带滤机上，采用真空抽滤的方式，过滤得到湿基金红石。抽滤洗涤后的湿基金红石从带滤机皮带出口进入烘干前料仓，再由定量给料机定量送入烘干机进行烘干，烘干后得到人造金红石成品，送至人造金红石储料仓。人造金红石是氯化法钛白粉生产的原料。

项目产生的硫酸亚铁废水一部分结晶生成硫酸亚铁，可直接外售使用。目前园区内佰利联合颜料公司建设有铁系颜料生产线，生产铁黑、铁红、铁黄。部分副产物硫酸亚铁作为原料用于该生产线生产。此外，项目产生的硫酸亚铁废水一部分去往园区周边公司聚合硫酸铁生产线，用于生产聚合硫酸铁。根据公司战略发展需要，为培育公司第二梯度发展曲线——锂能材料产业链，公司计划建设年产20万吨磷酸铁项目，项目产生的硫酸亚铁也将一部分用于此项目生产磷酸铁。公司致力于持续创新改善，按照“大化工、低成本”，不断拓宽资源利用渠道。该项目既是公司践行资源节约的社会责任理念，也是对生产原料中的铁资源的循环利用。

（二）项目主要特点

本项目是公司对硫酸法、氯化法钛白粉行业发展的横向耦合生产的积极探索，项目的实施既有力保障了硫酸法钛白的清洁生产，同时又可获得优质价廉的金红石，彻底填补了氯化法产能提升后原料需求量的不足，充分利用了硫酸法与氯化法钛白生产工艺的特色，实现了两种工艺的完美衔接，属于全国首例。该项目实施使公司产品性能得到优化，生产装置能源消耗量降低，同时避免了原材料生产中废酸、废渣、废水和废气对环境的影响。“硫氯耦合”绿色制造技术主要依托“硫”“氯”双线并驾齐驱产业和技术基础，通过生产耦合形成物质与能源的循环利用闭环：硫酸法为氯化法提供低成本高品位的原料，同时过程中大量废酸得到完全利用，极大地减少了固废排放；而氯化法生产过程产出的含氯废水经综合处理后，可实现氯离子的循环利用。而两种工艺对原料和过程副产品蒸汽的集约使用，更成为降低生产成本的关键优势。该项目减少废水污染物 COD 排放，降低钛石膏排放量等。该项目实施大幅降低氯化法钛白粉生产成本，是解决当下“硫酸法固废多、氯化法成本高”业界难题的创新成果，提高了企业经济效益、产业结构、产品结构、市场竞争力，以及对于解决区域环境容量有着深远的意义。

1. 铁资源利用

首创钛液与还原钛铁矿耦合还原法。通过预还原对钛铁矿进行还原，实现钛铁矿中钛、铁分离，生产出主要成分为 TiO_2 和金属铁的还原钛。巧妙利用还原钛富含金属铁的性质，替代硫酸法生产外加的铁粉用于钛液还原，降低硫酸法钛白粉生产成本。

2. 废酸的资源利用

充分利用还原钛中金属铁与硫酸法钛白粉生产过程中产生的废酸反应，生产合成金红石，作为公司氯化法钛白粉生产原料。对废酸进行资源化利用，同时有助于稳定公司氯化法钛白粉生产原料来源，降低氯化法钛白粉生产成本。

3. 硫酸亚铁的资源利用

形成的硫酸亚铁溶液进一步除杂净化后可作净水剂聚合硫酸铁、铁系颜料、磷酸铁等，对铁资源进行有效利用，拓宽废副产品利用渠道，提升废副产品的附加值。

该项目是结合公司产业结构的优势，持续完善公司上下游钛产业链。项目是公司开发低成本、高品质人造金红石的积极探索，是一种新颖的富钛料制备方法。该项目生产的富钛料产品——合成金红石，具有疏松多孔的形貌结构、极低的钙镁含量、适宜的铁含量，产品粒径大多集中分布在沸腾氯化最佳流态化粒度范围内，能够满足氯化法钛白粉生产对原料的要求，进一步实现了硫酸法和氯化法两种钛白粉生产工艺的耦合。项目的实施充分利用硫酸法钛白粉生产过程中的副产含硫酸废水，减少公司废酸处理量，从而减少公司固废产生量。

公司致力于构建完善龙佰绿色产业发展体系，围绕主导钛产业强链延链补链，通过持续不断的科技创新和项目建设，进一步加快传统产业转型升级和新兴产业发展布局。龙佰集团倡导践行“五链”耦合，即硫酸法钛白材料产业链、氯化法钛白材料产业链、钛锆金属产业链、氧化锆材料产业链、锂能材料产业链耦合，培育产业新生态，做出了龙佰产业链耦合大文章，现已形成以钛白材料为主导，集锆材料、钛锆金属材料、锂能材料于一体的绿色新材料产业链耦合发展体系。预计“十四五”末，集团最终形成具有龙佰特色的大纵深、多元化的绿色化工新材料产业发展体系，全力将企业打造成国内外具备行业一流竞合能力的大型企业集团。

三、实施效果

项目主要应用技术为钛液煤基还原耦合硫酸法钛白粉生产合成金红石的工艺项目，该技术通过科学技术部科学技术评价，并获得一项发明专利——一种湿法制备富钛料的生产方法。该项目 2019 年投资建设，总投资 6500 万元，2020 年投产运行，至今运行良好，2021 年生产合成金红石 22 万 t，副产硫酸亚铁溶液约 88 万 t，用于生产聚合硫酸铁、铁系颜料和磷酸铁。

（一）经济效益

2021 年合成金红石实现销售收入 15 亿元。

（二）环境效益

项目使用成分含金属铁的还原钛，对钛液、废酸进行还原反应，实现了铁资源的节约利用；还原钛代替铁粉使用，可降低硫酸法钛白粉中铁的再引入。项目产生的硫酸亚铁母液再生产利用生产聚合硫酸铁。部分硫酸亚铁生产铁系颜料、硫酸铁等。同时，该项目在不增加“三废”排放的前提下，将硫酸法钛白与富钛料的生产进行完美的结合，研发生产我国氯化法钛白发展中短缺的优质金红石产品。本项目实现了“零排放”的高品质富钛料生产，避免了我国钛行业发展所涉及的基础原材料生产中的废酸、废渣、废水和废气对环境的影响。对建设资源节约型、环境友好型钛白粉企业具有重要的意义。

（三）项目节能情况

项目所采用的工艺技术为国内首创，项目于 2020 年通过能源审计，项目综合能源消费量当量值 0.6576t 标准煤；等价值 0.8008t 标准煤；单位产品综合能耗为 37.706kgce/t。各项能效指标达到国内同行业先进水平。

项目是公司根据总体发展战略，以切实的投入，践行企业生态环境保护和资源节约的社会责任的切实举措，是公司对钛白粉行业硫氯耦合绿色经济模式的积极探索，有利于企业长期健康发展，对于公司乃至于国内钛白粉行业都有重要的示范意义。未来企业将在绿色发展理念指引下，持续进行钛产业领域横向循环化的探索实践，引领钛白粉行业高质量发展之路，促进国内钛白粉行业的发展。

主创人：刘银伟、王淑楠、任志坤、邢斌斌、朱素平

餐厨垃圾无害化、减量化、资源化处理为绿色低碳保驾护航

鲁控环保（苏州）有限公司

一、企业概况

鲁控环保（苏州）有限公司（以下简称鲁控苏州）成立于2017年12月，注册资本10070.45万元人民币。鲁控苏州隶属于山东省环保发展集团有限公司，致力于餐厨、餐厨垃圾的规范化收集、运输和无害化处理；有机废弃物处理技术的研发与输出、技术咨询与服务；餐厨、餐厨垃圾处理产出物（饲料、肥料、油脂等）的销售再利用。鲁控苏州主营产品有工业级混合油、昆虫蛋白原材料等，主要客户为苏州市区各党政机关食堂、各餐饮企业等。鲁控苏州始终以绿色低碳为目标，以固废无害化、减量化、资源化处理为中心，为提供餐厨、餐厨废弃物的综合处理再利用，实现固体有机废弃物零排放不懈奋斗。

鲁控苏州近3年总资产增长率为37%，净资产增长率117%，销售收入增长率201%，净利润增长率454%；2021年总资产总计44597.72万元，净资产总计7184.09万元，实现销售收入22348.45万元，净利润4908.37万元，整体呈现快速发展的趋势。公司成立至今已累计申请知识产权50余项，授权30项，其中发明专利授权6项。

鲁控苏州成立以来，充分利用国企信贷资质优、资金储备足及政治站位高等优势，致力于打造成国内餐厨垃圾收运、处置及资源化综合利用一体化的技术型、创新型企业。鲁控苏州坚持以科技创新、制度创新双轮驱动，勇担环保职责，打造国内一流的智慧化花园式餐厨垃圾处理终端，从而实现餐厨垃圾减量化、无害化、资源化利用，为苏州市构建生态建设与城市发展新局面、推动城市高质量发展献力！

二、主要措施

（一）餐厨垃圾处理行业绿色低碳发展市场生态与资源环境

2011年至2015年，国家发展改革委、财政部、住房城乡建设部已确定了五批共100个餐厨废弃物资源化利用和无害化处理试点城市。从项目数量的角度统计，目前我国餐厨垃圾处理中厌氧消化技术、肥料化处理技术及饲料化技术的市场份额分别为66.7%、24.1%、7.4%。2017年12月20日住房和城乡建设部发布《关于加快推进部分重点城市生活垃圾分类工作的通知》，通知中要求2020年底前，46个重点城市生活垃圾进入焚烧和填埋设施之前，可回收物和易腐垃圾的回收利用率合计达到35%以上。

苏州市委、市政府对餐厨垃圾收集、运输、处理政策的制定与实施及处理设施建设十分重视。苏州市在2007年开始制定出台了餐厨废弃物资源化管理的有关法规，于2010年申报第一批国家餐厨废弃物资源化利用和无害化处理试点城市，顺利通过试点城市验收。通过十几年的不懈努力，鲁控苏州在技术创新、处理效率、资源化利用率等方面均处于全国领先水平。

2019年10月25日，苏州市十六届人大常委会第二十二次会议审议并通过了《苏州市生活垃圾分类管理条例》，苏州垃圾分类于2020年6月1日起强制执行。

不同餐厨垃圾处理方式的资源化回收程度以及产生的碳排放量存在很大差别。在“双碳”背景下，构建餐厨垃圾资源化及碳减排合二为一的处理方式则显得十分必要。

目前，国内外地区或城市的饮食习惯不同，产生的餐厨垃圾的组成性状差别较大，且各国家或城市的发展情况、设施建设情况不同，因此不同国家或城市采取不同的方式进行易腐垃圾的处理。综合来看，目前国外应用较广的处理模式为源头粉碎直排、堆肥、焚烧及MBT等；国内城市餐厨垃圾处理模式包括厌氧消化、好氧堆肥、饲料化、分布式处理及粉碎直排等，其中以厌氧消化处理模式为主。

不同的餐厨垃圾处理方式在处置餐厨垃圾时，所导致的碳排放量明显不同。据计算，以我国 14 亿人口为基准，全国餐厨垃圾若全部填埋处理，每年碳排放量高达 4.47×107t ECO_2/a，甚至超过全国污水处理碳排放总量（3.99×107t ECO_2/a）。而全部以厌氧消化方式处理，则可实现碳汇 1.31×107t ECO_2/a。厌氧消化与其他 4 种处置方式相比，在资源回收和碳减排方面具有突出优势，这就决定了厌氧消化产沼气为今后餐厨垃圾处置中的首选方式。

而在厌氧外的有机固形物利用方面，全国普遍以垃圾焚烧为主，但因其含水率高、营养成分丰富，在环保达标和营养成分浪费方面，均存在一定弊端。鲁控苏州经过近 8 年的研发创新，走出了一条固形物工业化养殖——黑水虻的道路，一方面黑水虻能够作为营养添加剂解决"同源效应"等食品安全问题以及避免资源浪费，另一方面黑水虻产生的营养土可用于园林、绿化等，是优质的土壤修复基质。

（二）绿色低碳发展战略

1. 减碳机理

鲁控苏州碳减排机理主要包含五个方面：其一是通过餐厨垃圾处理减少甲烷排放；其二是使用沼气替代原供热锅炉使用的燃煤；其三是地沟油经分拣、提纯后作为工业级混合油销售再利用；其四是将剩余未利用的有机固形物进行资源化黑水虻养殖；其五是部分作为有机碳源应用于污水系统药剂节约。

2. 自愿减排

苏州项目通过厌氧产生沼气经过集中收集、净化、脱水进行清洁能源利用；通过智能化预处理系统实现油脂"吃干榨净"，可广泛应用于生物柴油或润滑液基础原油，避免资源浪费；通过固形物可应用于黑水虻养殖，作为昆虫蛋白综合利用；通过部分厌氧调节罐中浆液的固液分离处理和气浮处理，作为优质碳源使用。

3. 餐厨项目的排放及资源化利用原理

传统的餐厨垃圾处理是在垃圾填埋场自然腐烂产生甲烷，垃圾填埋场不回收和处理垃圾填埋气，对大气环境造成污染。碳水化合物含水含油较高，作为生活垃圾处理热值低，且雨水较多的季节容易造成填埋场塌方现象，资源浪费严重。

餐厨垃圾进行厌氧消化产生沼气和油脂，沼气经过提纯后制备天然气供锅炉供热和发电使用；油脂作为化工原料出售可加工成生物柴油，生物柴油含氧量远高于普通石化柴油，使其能够较为完全地燃烧，从而降低炭烟等有害物的生成，对环境更为有利。采用生物柴油，尾气中有毒有机物排放量仅为 1/10，颗粒物为普通石化柴油的 20%，CO_2 和 CO 排放量仅为石化柴油的 10%，无 SO_2 和铅及有毒物。

昆虫蛋白可以饲养蝇蛆、黑水虻等高蛋白昆虫用于水产养殖，剩余排泄物经过熟化后作为土壤修复基质。

餐厨垃圾厌氧调节罐中的有机浆料其 COD∶BOD＜2∶1，其中 COD 约 6000mg/L，氨氮约 800mg/L，碳氮比约 20∶1，是良好的市政污水厂或存在生化工艺水处理的优质碳源。鲁控苏州通过泷水过滤机、三相分离机、厌氧系统、两相叠螺机、气浮机等工艺完美解决了餐厨垃圾含油问题，将本身需要进行大量化学药剂的部分浆料转化成了有价值的污水系统生产原材料，让鲁控苏州避免了再次采购价格昂贵的葡萄糖、醋酸钠等碳源。同时，也为污水达标处置减轻了负担。

（三）低碳技术的研发与创新

污水处理需要消耗大量燃料和药剂，间接排放大量温室气体，处理过程本身也会直接排放温室气体。联合国数据显示，全球污水处理等水处理行业碳排放量大约占全球碳排放量 2% 左右。从能量转化的角度来说，传统污水处理模式本质是以能耗换水质。为减少水污染，我们使用大量电能，间接产生大量二氧化碳排放，对全球生态环境造成负面影响。因此，为减少碳排放，降低污水处理能耗和物耗是行业升级的必然目标。

目前，我国餐厨垃圾沼液处理多参考生活垃圾渗沥液处理技术，即采用"预处理＋生化处理

（MBR：膜生物反应器）+膜深度处理"，设计出水水质通常要达到《污水排入城镇下水道水质标准》（GB/T 31962－2015）和《污水综合排放标准》（GB 8978－1996）规定排放标准。此处理工艺中，生化处理（MBR：膜生物反应器）单元已发展较为成熟，无论是一级AO或是两级AO、内置超滤膜或外置超滤，此段处理工艺在渗沥液领域已积累大量的运行管理经验，运行效果也得到广泛认可。然而，因餐厨沼液与渗沥液的水质差异，随着餐厨垃圾污水/沼液工程的运行，各种问题也在不断涌现和解决，餐厨垃圾污水/沼液的处理成为各个餐厨垃圾处理项目的运行难点之一。餐厨垃圾沼液水质COD高达10000～15000mg/L，SS含量在3000～5000mg/L，油脂含量约500mg/L，总磷、总氮分别在50～150mg/L和2000～3000mg/L，主要是非溶解性残渣和高分子油脂类，与渗沥液水质的主要差异在于高浓度的非溶解性残渣和高分子油脂类。因此，按照常规的渗沥液处理工艺处理餐厨污水在实践中出水很难实现稳定的达标排放，成本也非常昂贵。

根据餐厨沼液的特点，有机物悬浮物浓度高、出水油脂含量要求高，同时结合工程需要，考虑采用常规稳定的处理工艺对餐厨沼液进行预处理，采用将单一处理方法联合分级使用，避免其局限性，达到高效率除油，另外采用物理化学处理工艺——混凝沉淀+气浮，即在通过投加絮凝剂的条件下利用气浮原理将油滴带出水面，实现油水分离。通过完整的评估体系，对未来行业的发展方向、工艺选择方式以及可能产生的社会经济影响等给出分析及报告，为提升餐厨垃圾处理项目建设运行过程中社会资源的利用率打下坚实的基础；通过提升沼液处理系统运行稳定性、降低后端沼液处理系统运行管理费用，避免因沼液处理系统生产能力限制导致全厂生产受限，为苏州乃至全国餐厨垃圾处理系统运行提供新的运行保险，为保障社会发展、改善市民生活质量提供坚实的支撑；结合地方餐厨处理项目，攻克膜浓缩液处理工艺难点，实现餐厨垃圾处理沼液处理浓缩液的零排放、减少污染物排放总量，具有重要的环境价值。

（四）相关设备的升级改造

为实现污水系统高效处理排放，本公司采用纳滤（NF）系统，纳滤为卷式膜，其属于致密膜范畴，为卷式有机复合膜，最大优点在于过滤级别高、对一价盐离子几乎不做截留、出水水质好（见图1）。纳滤系统清水采率可达到80%左右。

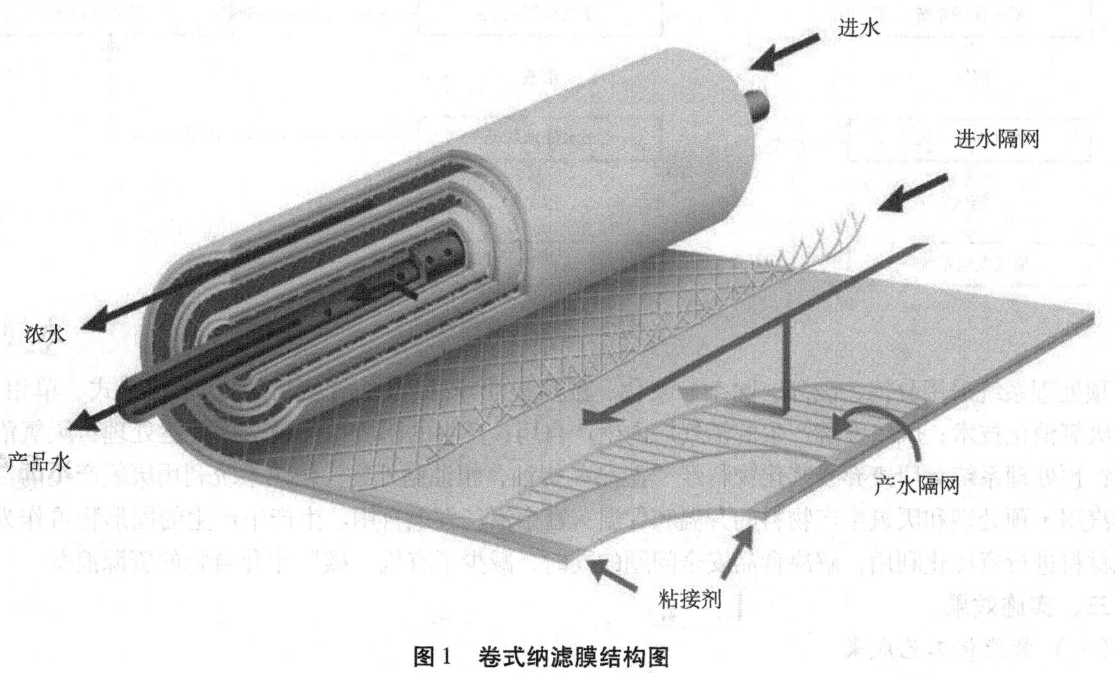

图1 卷式纳滤膜结构图

由于纳滤对一价盐离子几乎不做截留，纳滤浓缩液中大部分为二价盐离子以及难生化降解的有机物，纳滤浓缩液经二级纳滤减量化处理后与固渣一并外运处理。

纳滤系统与超滤系统一样设有在线 CIP 清洗系统，用于对纳滤系统进行在线冲洗、清洗和化学清洗。

（五）新产品开发及新技术应用

本公司研发的餐厨垃圾分选一体机具有有机质损失率低、杂质去除率高，运行稳定，标准化设计生产等优点。研发的沼液预处理（混凝沉淀+高效气浮）一体化设备及沼液浓缩液处理技术（臭氧高级氧化）成套设备具有能耗低、技术一体化、占地面积小、污染物去出率高、出水稳定、运行维护简单、成本低、模块化设计布置灵活等优点。

研发的沼液预处理一体化设备不仅可用于餐厨沼液处理，还可广泛运用于垃圾渗沥液处理、黑臭水体治理、市政污水处理、工业污水处理等领域，沼液浓缩液成套设备可应用于渗沥液处理及餐厨垃圾沼液处理，都具有广阔的应用前景。开发的餐厨垃圾处理工艺及全厂运行管理评价体系，对国内新建餐厨垃圾处理项目工艺选择及现有餐厨垃圾处理项目运行情况评价均具有指导意义，同时可为提高餐厨垃圾处理项目运行管理水平，提升社会经济效益提供重要参考及依据。

（六）绿色低碳发展理念和运行现状

本公司餐厨垃圾处理系统包括收运系统和处理系统。处理系统以“厌氧产沼气用于资源利用”为处理目标，包括预处理系统、污水处理系统（含厌氧环节）及沼气资源化系统（沼气利用单元、沼渣处理单元、沼液处理单元）、废油脂提取及利用系统、除臭系统、供热系统等。总体工艺流程如图 2 所示。

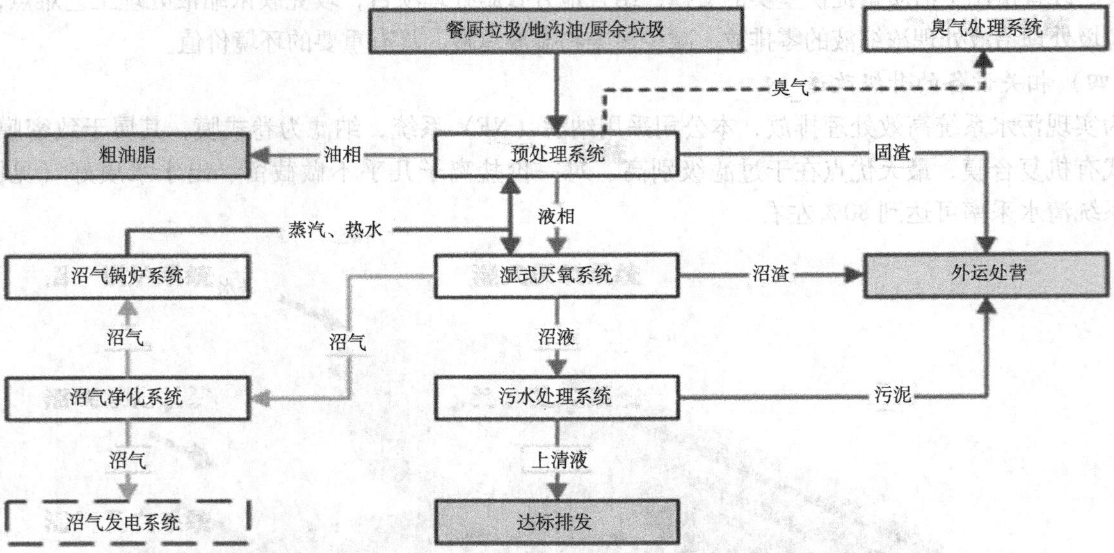

图 2　总体工艺流程

预处理系统采用分拣、破碎、除杂、浆化、湿热提油等处理单元；厌氧工艺采用湿式、单相、连续、中温厌氧消化技术；厌氧发酵产生的沼气厂内生产自用；产生的沼渣目前脱水后外运处理；厌氧沼液外运处理；预处理系统餐厨废弃物浆化物料经“湿热”提油，粗油脂外售；供热系统利用厌氧产生的沼气，产生蒸汽用于预处理和厌氧生产物料的升温和保温；富余沼气发电自用。生产中产生的固形物可作为昆虫蛋白原材料进行资源化利用，解决食品安全问题的同时，减少了有机“碳”水化合物的资源浪费。

三、实施效果

（一）智能化工艺成果

餐厨垃圾各系统通过智慧及工业数据互联网平台，能够实现对设备实时数据化管理，总结出最优的运营工况状态，避免人员经验判断带来的资源利用率损耗。同时，垃圾收运过程建立了实时地理信息系统，能够准确根据商户收运位置规划出最为合理的收运路线，减少运输车辆动能。

1. 餐厨垃圾卸料及预处理系统

主要通过卸料、输送、分拣、沉砂、制浆、灭菌、提油，实现餐厨垃圾中杂质分拣率97%以上，油脂提取率99%以上，灭菌率100%。

2. 污水系统

污水系统主要包含厌氧环节、沼气资源化利用环节和污水处置环节。能够实现厌氧环节高浓度有机物降解率90%以上，系统工艺中有机物COD、氨氮等达标转化率100%。

3. 沼气资源化系统

实现沼气收集率达到100%，沼气脱硫率95%以上，沼气脱水率90%以上，沼气利用率100%。沼气作为能源主要应用于沼气发电、沼气产热、产蒸汽灭菌等环节。

4. 黑水虻养殖系统

目前固形物利用率仅10%，鲁控苏州目前正在通过技术输出和设备输出指导项目周边农村合作社利用闲置土地进行资源化养殖，响应国家支持农村建设的同时，实现企业和农村经济双赢局面。

（二）垃圾处理资源转化效果

1. 管理效益和经济效益

从管理角度分析，每吨餐厨垃圾可再生利用油脂42kg、沼气55m^3、黑水虻200kg，实现有机物资源化利用率95%以上。

从经济角度分析，鲁控苏州每吨餐厨垃圾油脂收益336元、沼气收益88元、昆虫饲料收益120元，合计收入544元。

2. 社会效益

鲁控苏州可通过资源转化再生的产品主要为沼气、工业级混合油、黑水虻工业养殖。

（1）沼气。

污水系统最大的节能减排环节在厌氧工艺，目前项目产生的沼气可以全部回收利用，预计回收利用沼气量为1304.88万m^3/a。依据《综合能耗计算通则》（GB/T 2589－2008）的规定，沼气折标系数取值为0.7143kgce/m^3，每年沼气回收利用的节能量为9320.76tce。

（2）工业级混合油。

工业级混合油销售给有资质的生物柴油和润滑油加工企业实现资源全面再生。苏州项目回收工业级混合油约6205t/a，工业级混合油折标系数取值为1.4286tce/t，每年工业级混合油回收的节能量大约为8928.75tce。

（3）黑水虻工业养殖。

鲁控苏州年产黑水虻73t，干基重量约为243t；黑水虻排泄物约109.5t，干基重量766.5t。黑水虻粗蛋白含量为45.2%，粗脂肪含量为29.2%，从而得出黑水虻中碳元素含量约为8.14t，折算成二氧化碳移除当量值为29.84tce。同理，虫粪折算为二氧化碳移除当量值为150.59tce。黑水虻养殖系统共计碳移除为180.43tce。

本项目通过回收沼气、工业级混合油以及黑水虻工业养殖，每年可实现节能量大约为18429.94tce。

主创人：车向前、路　臻、王忠勇、杨乾罡、林　浩

生猪养殖绿色低碳技术应用案例

牧原实业集团有限公司

一、企业概况

牧原实业集团股份有限公司（以下简称牧原集团）位于河南省南阳市，始建于1992年，现已形成集饲料加工、生猪育种、生猪养殖、屠宰肉食为一体的猪肉产业链。现有员工15万人，子公司300余家，旗下牧原食品股份有限公司于2014年上市，养猪业务遍及全国24省103市217县，2022年出栏生猪6120万头。现已成立25家屠宰子公司，布局11省21市25县，投产10个屠宰厂，产能2900万头。2021年总资产1915.17亿元，营业收入832.76亿元。

在“十三五”规划期间，牧原集团在全国102个贫困县投资575亿元建设扶贫产业基地，带动贫困县用工6.8万人，年人均增收6万元以上；创新实施“5+”资产收益扶贫模式，帮扶14万户39万人脱贫增收；持续开展“聚爱助学”系列项目，已覆盖全国23省（区）198县，累计捐助2.1亿元，资助贫困地区大学生6万名、中小学生54万人次，奖励基层教师2.6万人次。2020年捐赠2亿元支持全国疫情防控工作，2021年捐赠1亿元支持河南防汛救灾和灾后重建。

牧原集团先后获得“2020年度河南省科技进步奖一等奖”“2020年度河南省科学技术奖”“河南省农牧渔业丰收奖一等奖”“河南省节能减排科技创新示范企业”“2018—2020年度河南省畜禽养殖废弃物资源化利用技术创新特别贡献奖”“第六届中国畜牧行业先进企业——装备技术创新企业”等荣誉。

二、主要措施

农业是个生态行业，农村是生态系统的重要一环。为了2030年前实现碳排放达峰、2060年前实现碳中和，农业农村减排固碳，既是重要举措，也是潜力所在。

牧原集团自创立伊始，始终坚持环境友好的经营方式，持续创新环保工艺技术，研发应用及推广一系列技术、管理措施等。公司成立可持续发展委员会，下设碳资源管理团队，制定企业低碳发展行动纲领，全面评估猪肉产业可持续发展生态，推动行业绿色低碳发展。

（一）企业低碳发展行动纲领

第一阶段为碳减排：不断提升低碳猪肉生产水平，加强内部管理，强化减排措施，将碳减排融入各个业务环节，促进可持续发展。

第二阶段为碳品牌：明示猪肉低碳内涵，鼓舞带动猪肉食品行业低碳发展，创建低碳品牌形象，向世界展示中国绿色猪肉食品生产可持续发展新章节。

第三阶段为碳增益：积极参与碳金融市场，推进生态与产业融合，用绿色提升经济成色，用经济提升绿色水平，用活“两山论”，实现产业的高质量发展。

第四阶段为碳服务：协助鼓励行业上下游开展碳减排行动，尝试采用技术咨询服务和ESG金融投资等形式，支撑行业上下游伙伴低碳技术升级，促进全产业链绿色低碳发展。

第五阶段为碳净零：以科学可行的方法助力猪肉食品产业链低碳发展，创造更可持续的未来。

（二）企业绿色低碳技术的研发创新与成果价值

1. 节能减排

（1）氮减排——低蛋白日粮：牧原集团自2000年起，针对不同品种、不同类型、不同生长阶段猪群探索最适营养需要，探索建立并不断完善牧原猪营养标准。当前已实现在养殖端通过变频混合技术将高浓度氨基酸日粮和低浓度氨基酸日粮按比例混合，可据猪群生长性能动态调整营养供给。2021 年减少氮排放 6.06 万吨，相当于减少 37.86 万吨蛋白使用，节省大豆约 108.17 万吨，节省土地 832.05 万亩，合计减排温室气体 11.11 万吨 CO_2-eq。相较于行业，每头猪节省大豆 31.4kg。如果国内全面推广低豆日粮每年还可节省 2000 万吨大豆，节省 1.5 亿亩的土地。

（2）碳减排——无供热猪舍（实用新型专利：规模化养殖热循环恒温猪舍，专利号：ZL 2017 21376647.X）：牧原自 2014 年起探索应用猪舍内部通过布风管将新风与待排放气体进行热量交换，再通过布风管传输至猪群活动区，增加废气排放中热量的回收，降低排风温度，减少猪舍热量散失。猪舍外部的隔热材料相当于又给大地盖上了一床被子，使猪舍在外界近 -40℃ 的极端环境且不直接消耗任何化石燃料的情况下，将猪舍内部温度保持在 22～25℃，让猪群生长在健康适宜的温度下，同时减少化石燃料产生的温室气体，相较于传统供热方式，2021 年减少煤炭使用 27.67 万吨，合计减排温室气体 71.94 万吨 CO_2-eq。该工艺当前已在东北、中原等区域全面推广落地。

（3）甲烷减排——粪水密闭输送系统（实用新型专利：“一种粪水密闭输送系统”，专利号：ZL 2019 2 1956883.8）：牧原自 2016 年起采用“干清粪工艺+密闭输送+固液分离+好氧堆肥+厌氧发酵处理+密闭储存”，对畜禽粪污全链条密闭管控，使粪污从猪舍内部输送到后端处理时全程处于密封环境，减少甲烷的自然逸散，减少温室气体排放。当前所有场区已完成粪水密闭输送工艺升级改造。

（4）甲烷减排——HDPE 防渗膜厌氧发酵工艺：牧原大规模应用 HDPE 黑膜建设厌氧发酵塘，通过用 HDPE 黑膜密封包裹厌氧塘，既为粪污发酵提供了厌氧环境，同时又起到了防渗防污染的作用，避免畜禽粪污发酵对大气和地下水造成污染。

（5）氨减排——灭菌除臭系统（实用新型专利：一种猪舍及其除臭装置，专利号：ZL 2019 2 1712541.1）：牧原自 2015 年起在生产单元的出风端安装灭菌除臭系统，通过集气室将舍内出风统一收集，废气经过除臭墙循环装置后，达到出风洁净无臭的目的。灭菌除臭系统，对生产养殖过程中产生的废气进行管控，可达到氨气去除率 97.3%，2021 年相当于减排温室气体 9.64 万 吨 CO_2-eq。当前所有场区已完成灭菌除臭系统升级改造。

（6）节能——无害化化制处理热回收系统（实用新型专利：“一种病死猪禽化制处理热回收系统”，专利号：ZL 2020 2 2538143.1）：病死畜禽无害化处理过程中，会通过蒸汽加热化制机加热隔板对内部病死畜禽进行高温灭菌，在灭菌的过程中，蒸汽随之冷凝成 100°冷凝水，通过疏水阀隔断蒸汽过滤掉冷凝水，冷凝水通过回收管道及蒸汽回收机将冷凝水排入锅炉，回收冷凝水的热量。每处理 1 吨病死畜禽可以节约天然气 8.3m^3。

（7）节能——阳光猪舍（实用新型专利：“一种阳光猪舍”，专利号：ZL 2021 2 1972100.2）：牧原 2021 年探索应用自然光照取代电灯照明的阳光猪舍工艺，在不影响猪舍密闭性和猪舍温度的情况下，将采光组件固定到猪舍顶部的固定组件，把太阳光导进猪舍内部，使得猪群在密闭性猪舍内部还能照到阳光，高效利用自然光照射取代传统猪舍的电灯照明设施，减少电力能源消耗。相较于传统猪舍全部用电照明的方式，应用“阳光猪舍”技术的每个猪舍每天可节约电力 22.1 度，相当于减排二氧化碳 12.8kg。

（8）节能——醇基节能供热模式：牧原将环保型醇基燃料应用到锅炉房、烘干房、厨房等多个供热场所，将锅炉供热方式由原本单一天然气供热模式升级为沼气、醇基燃料、天然气三者共用的供热模式，通过对热风炉及传统柴油工业暖风机的升级改造实现烘干房醇基节能供热模式，通过将厨房灶具更换为醇基燃料的灶具实现厨房的节能供热。根据当前工艺推广现状计算，平均每提供 1 万大卡热量，相较柴油可减少 2.62kg 二氧化碳排放，相较天然气可减少 1.17kg 二氧化碳排放。

2. 新能源开发利用

分布式光伏发电：内乡牧原肉食搭建能源绿色管理体系，实现对能源精细化管理和分级供给。通过节能设计、光伏发电，减少整厂对火电能源的消耗。光伏装机容量 5.8MW，年发电量 591 万度，相当于减排温室气体 3433.71 吨 CO_2-eq。

3. 资源循环利用

（1）种养循环（实用新型专利："养殖业粪污综合利用系统"，专利号：ZL 2015 2 0239783.9）：养猪过程中产生的废弃物通过厌氧发酵无害化处理，生产成有机粪肥，服务于周边农田，帮助农户增产增收。养殖粪水经固液分离后，液体部分进入黑膜沼气池/厌氧罐进行厌氧发酵，发酵后的沼液在沼液储存池进行暂存，于需肥时节经测土施肥，实现资源化利用。

2021 年合计：①粪肥施用面积 385 万亩；②减投增收年均合计 209.29 元/亩；③改良盐碱地面积 18.53 万亩；④沙漠化治理面积 6.94 万亩；⑤土壤固碳总量 105.96 万吨 CO_2-eq。

（2）沼气利用模式（实用新型专利："一种沼气燃烧装置"，专利号：ZL 2019 2 0734625.9）：牧原自 2007 年起探索应用沼气利用工艺，将养殖污水厌氧发酵后产生的沼气通过牧原自主设计的脱水、脱硫设备进行净化，再通过增压装置输送至饲料厂锅炉、无害化车间锅炉、场区沼气发电机及其他设备进行利用。2021 年沼气利用量 960.3 万 m^3，相当于替代 576.18 万 m^3 天然气，减排温室气体 135.46 万吨 CO_2-eq。2008 年申报我国首个养殖场 CDM 项目并通过联合国核查组验收。

（三）低碳管理与运行情况

1. 成立可持续发展委员会

为保证公司实现持续、规范、健康的发展，进一步完善公司治理结构，加强可持续发展决策科学性，发展并落实公司可持续发展工作，提高公司可持续发展能力，牧原集团设立了可持续发展委员会，并构建了碳资源管理体系，建立了一个包含决策层、组织层和执行层的碳资源管理架构，不断提升业务水平，持续为绿色、低碳、可持续发展创造价值。

2. 发布《牧原股份 2021 绿色低碳行动报告》

牧原集团从全产业链进行工艺升级优化，促进绿色低碳发展，目前已做到一千克猪肉碳排放 1.05kgCO_2-eq。2021 年 4 月 30 日，牧原集团发布《牧原股份 2021 绿色低碳行动报告》，该报告为行业内首份绿色低碳行动报告。

三、实施效果

全球气候变化已经是全人类面临的挑战。牧原集团希望推进环境友好和动物友好的经营方式，推行循环经济，实行清洁生产，减少大气危害，不断提升食品品质标准，主动构建行业生态，推进可持续发展。

公司自 2018 年以来，连续三年持续监测温室气体排放情况，与国内外开展多次合作交流，不断提升识别和测量碳排放的能力，助力猪肉食品行业在气候数据透明度方面走向新高度。

2021 年公司对猪肉生产过程中产生的温室气体进行盘点核查，碳排放盘查边界包含范围一和范围二，其中涉及猪群肠道发酵、粪便管理和能源消耗排放三个方面。得益于公司在绿色低碳技术上的创新突破，2021 年我们的温室气体排放总量为 338.97 万吨 CO_2-eq，每千克猪肉碳排放强度为 1.05kg CO_2-eq。其中，生猪养殖和粪便管理环节的碳排放强度为 0.79kgCO_2-eq/kg 胴体，居于世界领先水平。2021 年，公司对猪肉生产过程中产生的温室气体进行盘点核查，披露了在饲料加工、生猪养殖、屠宰肉食等环节的温室气体排放情况，提出了对绿色低碳行动的短、中、长期的思考，拟定了一系列行动方案。

牧原集团希望携手上下游价值链上的客户、合作伙伴和消费者，推进包括环境保护、社会责任、组织治理等方方面面的革新，共同努力，创建低碳绿色、美好、可持续的未来！

主创人：胡小山、王　川、路　畅、刘宏伟

电解锰渣资源化综合利用

宁夏天元锰业集团有限公司

一、企业概况

宁夏天元锰业集团有限公司（以下简称天元锰业集团）是一家专业化、集约化、国际化的大型企业集团，是世界最大的电解金属锰生产企业，成立于2003年，注册地为宁夏中宁县，注册资本300亿元；由原中宁县金属锰厂改制后组建，资产总额1880亿元，职工2万多人。

经过20余年发展公司形成了以实体为根基、以国际贸易为驱动、以金融服务为提升、以战略性新兴产业为引领“四轮驱动”齐头并进的发展格局。在实体经济方面，形成了以采矿、冶金、化工、新材料、新能源、建材、运输为一体的产业链；废水、废气、废渣综合利用的循环经济链；余热发电、供热的能源梯级利用链；园区绿化的生态链。在国际贸易方面，形成了矿石进口、产品销售、物流配送等多领域、多元化的贸易体系，客户遍及全球20多个国家和地区。在金融服务方面，开展了产业基金、金融助贷、资产管理等金融业务。电解锰年产能80万吨，市场占有率约40%；高碳铬铁年产能30万吨，金属锰锭年产能10万吨，焙烧锰矿年产能2000万吨；水泥熟料年产能200万吨，商品混凝土年产能360万立方；硫酸年产能100万吨；二氧化硒年产能1500吨，福美钠年产能1.5万吨，余热回收发电4.7亿度。2017年5月收购了英国联合矿业公司，在澳大利亚和加纳拥有了自备矿山，矿石储量达10亿吨以上。公司以国外高品位锰矿为原料生产电解金属锰，以锰渣、铬渣、硫酸渣回收生产水泥，以高碳铬铁、硫酸、水泥生产中产生的余热及煤气回收发电，实现了资源综合利用的循环产业链；正在建设2×350MW热电联产项目，建成后可实现电力全部自供，从而一举实现生产原料、辅料、电力全部自产自供，只有终端输出产品的一条龙经营模式，增强了企业的市场竞争力。

二、主要措施

（一）实施背景

电解金属锰生产作为典型的湿法冶金行业，在生产过程中用硫酸浸出锰矿后过滤产生的废渣称之为电解锰渣，由于一直都没有有效的处理手段，国内电解锰企业大都选择将废渣输送至堆场，筑坝堆存。该方法占用大量土地资源，同时高浓度废水浸出会造成土壤重金属污染、土壤板结，浸出和雨水淋洗情况下，还会造成地表水氨氮超标，危害周边环境安全。2018年，湘渝黔三省交界处的“锰三角”地带就曾因电解锰渣污染严重受到国家高度关注，对电解锰渣堆放造成的土壤、水体污染进行了集中整治。因此，合理有效地处理电解锰渣，最大限度地降低锰废渣的危害，并对电解锰渣进行资源化利用就成为电解锰行业亟待解决的瓶颈问题。

由于锰矿品位的不同，每生产1吨电解金属锰产生的锰渣量为3~10吨。天元锰业集团采用自有矿山的加纳高品位碳酸锰矿石作为原料，1吨电解金属锰产生电解锰渣约2.6吨，为国内其他电解锰企业产生废渣的1/3，即使如此，天元锰业按照年产能60万吨计算，每年产生锰渣约140万吨。

（二）实施过程

2012年末，天元锰业集团提出了锰渣“无害化、资源化”的重大决定，从此开始了寻求锰渣资源化综合利用的探索之路。

2013年初，天元锰业集团集所有技术力量成立了“锰渣处理项目小组”，全面开展锰渣处理研究工作。项目组对电解锰渣进行基础分析和特性研究，并通过查阅大量文献资料，结合集团实际情况多方论证，历时半年最终确定了高温煅烧活化处理锰渣的工艺方案。

2013 年 6 月，项目组技术人员在实验室就锰渣高温煅烧活化试验进行了 848 组试验研究。其中进行锰渣改性脱氨物检试验 259 组、锰渣改性作为缓凝剂物检试验 270 组、化学分析试验 222 组，进行锰渣脱硫物检试验 42 组、化学分析试验 55 组，完成试验报告 27 份，完成了所有的试验室试验和试验数据，通过大量实验论证，克服千难万阻，最终确定脱硫锰渣作为混合材用于水泥生产的可行性。

2014 年 7 月，在天元锰业实验室试验的基础上，为了进一步验证实验结论，通过与天津水泥工业设计院有限公司、四川大学“国家烟气脱硫研究中心”、中国建筑材料科学研究总院等多家科研单位及知名高校合作，经过近两年的潜心研究，终于攻克了锰渣煅烧脱硫烟气制备电解锰工艺技术。

2015 年 11 月，与南京凯盛国际工程有限公司签订了《年产 2 ×50 万吨硫酸锰联产活化脱硫锰渣项目一期 EPC 合同》，并于 2016 年 3 月破土动工。

2016 年 4 月，与襄阳先天下环保设备有限公司签订了《年产 2 ×50 万吨硫酸锰联产活化脱硫锰渣项目烟气脱硫制备硫酸锰工段的 EPC 合同》，并于 2016 年 9 月破土动工。

2017 年 8 月，锰渣煅烧及硫酸锰制备工段投产运行，生产的脱硫锰渣作为水泥原料和混合材料用于水泥生产，脱硫生产的硫酸锰浆液用于电解锰生产。

2018 年 12 月，联合中国建筑材料研究总院有限公司完成了用于水泥和混凝土中的脱硫锰渣性能研究，并向中国建筑材料联合会提交科技成果鉴定评价申请。

2019 年 10 月，中国建筑材料联合会在北京聘请了国内 9 名权威建材和化工专家教授对用于水泥和混凝土中的脱硫锰渣性能研究项目成果进行鉴定，获得了行业内一致肯定。

2021 年 9 月，烟气制硫酸工段一次性试车点火成功并顺利产出硫酸，锰渣脱硫烟气制酸工段顺利投产。

2021 年 9 月，利用脱硫锰渣制备水泥制品生产线投入运行，年可利用锰渣 2 万吨、生产 1500 万块标砖。

至此，锰渣资源化综合利用项目一期工程全面建成投产，天元锰业集团实现了年处理锰渣 110 万吨，同时生产脱硫锰渣 50 万吨、硫酸 40 万吨和氨水 4. 5 万吨。处理后的脱硫锰渣用于天元建材水泥、混凝土、水泥制品，产品质量通过中国水泥质量检测中心、宁夏建筑质量检验站送检、抽检各项性能指标全部符合 GB 175 －2007 标准。

（三）工艺技术介绍

本项目主要包括锰渣煅烧脱硫和烟气制硫酸两个工段，以及后续脱硫锰渣的资源化利用，情况如下。

1. 锰渣煅烧脱硫工段

根据电解锰渣的物化特性，公司采用回转窑煅烧的方式可脱出锰渣的硫，锰渣的 SO_3 含量由 28. 40% 降低到 0. 36%，理论料耗 1. 61，脱硫率 99. 2%，同时可使锰渣具有一定的活性，以便作为水泥混合材或原料使用。处理工艺为将电解锰渣烘干破碎，加入焦炭作为还原剂后入预热器升温至 800℃，在回转窑内 1250℃高温煅烧，锰渣经还原、分解、固相反应，脱去物料中的硫、氨等元素后进入篦冷机，冷却进入储存库。产生的脱硫锰渣可作为生产水泥的原料或混合材料，破碎筛分后代替建筑再生骨料或中细砂用于混凝土和各类水泥砖生产。

主要生产工艺：来自电解锰生产线排放的过滤酸渣（锰渣）由汽车运送至厂区堆棚储存，再由装载机喂入卸车坑，利用板喂机、胶带机送至回转烘干机。烘干后的锰渣经胶带机送入原料调配车间的锰渣库。原煤由汽车运输进厂，由装载机取料喂入卸车坑，经板喂机、胶带机喂入波动筛，筛上物料送入环锤式破碎机中进行破碎。破碎后的原煤与筛下的原煤一起经胶带机送至长形预均化库。焦炭由汽车运送进厂，经卸车坑、胶带机送至焦炭/煤预均化库，出预均化库的焦炭经胶带输送机送至原料调配站的焦炭库储存。出原料调配的焦炭、锰渣按比例送入原料磨进行烘干粉磨，出磨生料经提升机送入生料均化储存。出均化库的生料经计量由空气输送斜槽、提升机喂入窑系统进行煅烧。煅烧后活性锰渣采用行进式篦冷机冷却。经冷却后入锰渣库储存，再由汽车散装发运出厂。

2. 烟气制硫酸工段

利用高温煅烧电解锰渣产生烟气量达135300Nm^3/h，其中二氧化硫浓度7.0%~9.07%，含二氧化硫和少量氨气的混合气体经过脱氨、净化、干燥后采用“两转两吸”工艺生产硫酸，净化工段产生的硫酸铵废水经汽提脱氨生产氨水，尾气经处理后达标排放。

主要工艺包括净化工段、干吸工序、转化工序、脱硫工序。

3. 脱硫锰渣利用

电解锰渣无害化处理方式主要包括水泥固化、凝硬性材料固化、玻璃固化、微晶玻璃化、微包胶、大型包胶与自胶结等。现有其他的锰渣资源化利用技术，由于用渣量少、应用不成熟等原因，未能大规模应用。

因此，天元锰业集团通过开展电解锰渣中重金属Mn、Pb、Cr、Cd的固化机理、电解锰渣成分调控机制等研究，联合天津水泥工业设计院、中国建筑材料科学研究总院等多家研发单位研发其绿色高值化技术。研究发现在水泥和混凝土中应用脱硫锰渣，其品质和掺量等因素的变化对水泥和混凝土物理性能的影响是可预期的，产品质量是可控的，并已形成了脱硫锰渣利用产业，目前脱硫锰渣年利用量约30.1万吨，利用路线具体如下。

（1）作为水泥原料应用。

脱硫锰渣的主要化学成分为SiO_2、Al_2O_3、Fe_2O_3、CaO等，具有弱火山灰性，相较于电解锰渣，SO_3含量和烧失量显著降低，SO_3含量低于3.5%，且与一般硅酸盐材料的化学成分类似，以黏土类矿物为主，其硅铝组分含量较高，最高占比达54%，可以作为建筑胶凝材料的原料及混合材料使用。另外脱硫锰渣易磨性低于粒化高炉矿渣，随着脱硫锰渣掺量的增大，水泥凝结时间明显延长，胶砂强度显著降低，但干缩率、水化热、抗硫酸盐性能和泌水率优于普硅水泥，其28天活性（强度比）可达73%，达到水泥火山灰质混合材对活性的要求〔28天活性（强度比）≥65%〕，且不会导致水泥中重金属超标。利用脱硫锰渣生产的水泥的物理性能和化学性能都能满足国家标准GB 175－2007的要求。

脱硫锰渣作为水泥原料配料时，根据进厂石灰石的质量情况可加入4%~8%，按5%计算，天元锰业集团水泥熟料产能200万吨/年，水泥原料312万吨/年，年消耗脱硫锰渣15.6万吨。

（2）作为水泥混合材料应用。

锰渣脱硫工艺中锰离子在高温下和SiO_2在还原气氛下反应生成$Mn_2[SiO_4]$（锰橄榄石），锰橄榄石是一种人造矿石既不溶于水，又不溶于硫酸，锰离子很难浸出。在水泥重金属浸出量、放射性、安定性、凝结时间等指标都合格的条件下，脱硫锰渣可作为水泥活性混合材大量用于水泥生产，并可用作生产水泥熟料的原料。脱硫锰渣在标准小磨中粉磨50min后，可以满足GB 175－2007《通用硅酸盐水泥》中对不同水泥细度的要求。脱硫锰渣的密度与通用硅酸盐水泥相近，堆积密度与密实程度密切相关，其与通用硅酸盐水泥的堆积密度基本相同。当用作水泥和混凝土混合材时，不易出现由于密度不同所导致的浆体离析分层现象。

由于脱硫锰渣还没进入水泥混合材标准（该标准正在制定阶段），天元锰业集团目前在水泥中按3%加入，年消耗脱硫锰渣7.5万吨。

（3）作为混凝土骨料应用。

通过潜在水硬性、火山灰性和水泥胶砂28天抗压强度比等测试，脱硫锰渣具有弱火山灰性，可以作为水泥和混凝土的混合材料改善混凝土的流动性能。脱硫锰渣作为水泥混合材还是作为混凝土矿物掺合料，都能显著降低硬化混凝土早龄期的干缩率，明显改善混凝土的抗渗性能（渗透性评价：RCM法——高，电通量法——低），且具有优良的抗硫酸盐侵蚀（硫酸盐耐蚀系数：≥83.4%）和抗冻性能（抗冻等级：F100）。利用脱硫锰渣制备的破碎石（12～20mm）代替天然破碎石，用于地坪、料场、路面水稳料等非主体结构，试配7天及28天强度满足C30混凝土，主体表面光滑，无起皮现象。经宁夏建筑材料监督检验站检测，符合国标 JGJ 52－2006《普通混凝土用砂、石质量及检验方法标准》的要求；放射性核素满足国标 GB 6566－2010《建筑材料放射性核素限量》的要求。

根据天元锰业集团非结构性混凝土的需求和脱硫锰渣制骨料生产线产能，年可利用脱硫锰渣5万吨。

（4）作为生产各类水泥制品应用。

利用脱硫锰渣制备的破碎石（5～12mm）制备的混凝土砖经宁夏建筑材料监督检验站检测分析，符合国标 GB/T 28635－2012《混凝土路面砖》的要求。

天元锰业集团制砖生产线已于2021年10月正式生产，年生产1500万块标砖用料4万吨，按50%掺入脱硫锰渣，年用量2万吨。

三、实施效果

天元锰业集团通过开展电解锰渣中重金属 Mn、Pb、Cr、Cd 的固化机理、电解锰渣成分调控机制等研究，联合天津水泥工业设计院、中国建筑材料科学研究总院等多家研发单位研发其绿色高值化技术。研究发现在水泥和混凝土中应用脱硫锰渣，其品质和掺量等因素的变化对水泥和混凝土物理性能的影响是可预期的，产品质量是可控的，并已形成了脱硫锰渣利用产业，实现了废渣资源化利用的循环经济产业格局，奠定了天元锰业集团"三废"综合利用的行业领先地位。

以天元锰业集团年处理锰渣110万吨为依据，生产脱硫锰渣50万吨、硫酸40万吨、氨水4.5万吨。利用脱硫锰渣作为水泥原料应用，年消耗脱硫锰渣15.6万吨；作为水泥混合材应用，年消耗脱硫锰渣7.5万吨；作为混凝土骨料应用，年可利用脱硫锰渣5万吨；作为水泥制品原料应用，年用量2万吨；同时生产的硫酸、氨水可全部回用于电解锰生产。该项目按照每年处理锰渣100万吨计算每年经济效益约3606万元，吨渣效益为36.06元。

天元锰业集团正在投资建设第二条锰渣处理生产线，建成后年处理渣量可达230万吨，实现电解锰渣100%无害化处理，生产的硫酸、氨水可全部回用于电解锰生产；同时通过研究进一步拓宽脱硫锰渣的应用领域，最终实现电解锰渣100%资源化利用。该项目的推广可有效解决电解锰渣对环境的污染问题，对于保护生态环境意义重大；同时拓宽了脱硫锰渣的应用渠道，具有广阔的工业化应用前景；促进了电解锰产业链的良性发展，对全国电解锰行业起到示范引领作用。

主创人：贾天将、石　砚、宋正平、沈天海、刘　宁

青岛银行绿色金融创新实践案例

青岛银行股份有限公司

一、企业概况

青岛银行股份有限公司（以下简称青岛银行）成立于1996年11月，并于2015年和2019年分别在H股和A股完成上市，成为山东省首家主板上市法人银行、全国第二家“A+H”股上市城市商业银行。

近年来，青岛银行在山东省内的银行业务得到迅速发展，全省设有16家分行，机构网络覆盖山东省主要城市。2017年2月，青岛银行发起设立了青岛青银金融租赁有限公司。2020年9月，青岛银行全资设立的青银理财有限责任公司获准开业。根据2021年报数据显示，青岛银行当年资产总额5222.5亿元，同比增长13.58%；营业收入为111.36亿元，同比增长5.64%；净利润29.93亿元，同比增长22.01%。

为贯彻落实党中央、国务院碳达峰、碳中和重大决策部署，及时高效满足碳中和目标带来的绿色低碳融资需求，青岛银行强化责任担当，积极践行绿色低碳发展理念，持续加大对绿色金融支持力度。

青岛银行秉持“创·新金融，美·好银行”战略愿景，积极践行国家绿色发展理念和可持续发展战略。根据新旧动能转换工作要求，加大对传统产业龙头企业的产业升级转换的信贷支持，截至2021年末，青岛银行绿色信贷贷款余额190.78亿元，比年初新增38.45亿元，增幅25.24%，占全部贷款余额的7.81%。与此同时，持续压减落后产能信贷规模，按照现有“两高一剩”贷款口径统计的贷款余额27.69亿元，比年初减少0.75亿元。

青岛银行连续多年跻身世界银行500强，目前位居308位；2017—2021年五度荣登“亚洲品牌500强”及“中国最具价值品牌500强”榜；2016—2021年六度荣膺服务业最高荣誉“五星钻石奖”；十一次蝉联《金融时报》金龙奖；2019年首次问鼎《亚洲银行家》“年度商业银行理财产品”奖，青岛银行美团联名信用卡荣获《亚洲银行家》2020年“最佳联名信用卡产品”大奖；2021年12月，蓝色金融项目荣获国际金融论坛“2021全球绿色金融创新奖”。

二、主要措施

（一）从战略高度确立碳金融的发展地位

青岛银行坚持以绿色金融促进实体经济发展的重要导向，明确规定董事会负责确定本行绿色信贷发展战略，从战略高度推进绿色信贷。持续完善绿色信贷长效发展机制，加大对绿色经济、低碳经济、循环经济的信贷支持，有效促进经济社会与资源环境协调发展，努力提升内生增长动力和专业经营能力，塑造绿色金融品牌。

青岛银行相继制定了《关于推进绿色金融建设支持碳减排工作发展的十项措施》《青岛银行关于推进绿色金融发展加大碳减排金融支持力度的实施方案》《青岛银行绿色金融综合服务方案》《青岛银行“碳中和”业务营销指引》等一系列制度文件，从战略高度确立碳金融的发展地位。

（二）打造绿色金融产品体系

青岛银行持续跟进绿色金融热点领域，不断丰富绿色金融场景，创新绿色信贷产品。为更好地服务绿色金融客户，打造出以碳贷通（聚焦碳金融业务）、绿贷通（聚焦生态环境保护业务）、光贷通（聚焦光伏贷款业务）、环贷通（聚焦环境权益融资业务）为主的绿色金融产品体系，为企业提供多样化的绿色金融服务，成为绿色金融综合服务提供商。

（三）组织绿色金融业务研究培训工作

青岛银行组织开展绿色金融行业研究，推动碳金融研究小组开展行业研究和市场调研，打造行内专业化团队。青岛银行首席经济学家办公室和博士后工作站牵头搭建绿色金融创新实验室，为创新业务发展提供金融智力支持。以金融创新实验室为纽带，着重在绿色、低碳、蓝色金融等重点领域的基础理论研究、创新理论研究、金融场景研究、创新产品研究等方面推动青岛绿色可持续发展。

与此同时，总行公司部每月向分支行及重点客户发送《青岛银行碳金融月报》，及时分享碳金融等绿色金融领域最新政策和业务机会，定期组织绿色金融、蓝色金融业务培训工作，提升一线业务素养，择机举办行业论坛、客户签约等活动，提升本行绿色金融的行业影响力。

（四）搭建批量获客渠道

青岛银行总行牵头对接人民银行、省生态环境厅、省发展改革委、省能源局、山东省光伏产业协会、山东碳中和排放服务中心等政府部门或第三方合作机构，获取最新的绿色金融支持政策和项目清单，通过名单制为分支行搭建批量获客、精准获客渠道。

以青岛成为全国首个绿色试点城市为契机，青岛银行密切与青岛市住房和城乡建设局合作，推动绿色城市建设和金融互相融合，积极对接青岛市绿色城市建设项目、碳中和项目、绿色园区、绿色低碳企业等重点项目、重点客户名单，通过优化服务流程，创新绿色金融产品，全方位支持青岛绿色城市建设。

（五）信贷政策重点支持

绿色金融客群是青岛银行 2022 年信贷政策重点支持客群，总行授信审批部 2022 年加大对节能减排、污染治理和生态保护修复等绿色产业的支持力度，针对绿色信贷建立健全差别化、专业化的绿色授信审批机制，对符合要求的绿色信贷业务配套专项信贷额度，开辟绿色通道，实行快速审批。

（六）推动绿色金融差异化定价支持

青岛银行计划财务部、公司银行部牵头研究确定合理绿色信贷定价策略，充分利用人民银行“支农支小”再贷款绿色信贷专项额度和再贴现专项额度，降低企业融资成本，提升竞争力。

（七）发挥考核指挥棒作用

将绿色金融纳入对分支行综合评价考核，不断完善对绿色信贷工作的绩效评价和激励约束机制，引导全行在业务经营管理中更好贯彻绿色信贷导向。通过制定特别奖励政策和激励机制，加强对“低碳、零碳”绿色投融资项目的正向引导。

（八）落实公司业务营销推进机制

总行将持续推动访客机制和营销前置机制，深入一线，务实推动，帮助经营机构解决在绿色金融项目营销和业务推进中遇到的难点和问题。总分行互相联动跟进绿色项目信息，建立动态化管理清单，重点客群推动名单制、网格化、全覆盖触达。

三、实施效果

2021 年期间，青岛银行陆续创新投放首笔“碳中和”贷款、创新绿色供应链金融“碳 E 贷”产品、承销“碳中和”债券、办理首笔碳配额质押贷款、发行“碳中和”主题理财产品等，实现了多个绿色金融的“首单”“首发”。

（一）发放首笔“碳中和”贷款

2021 年 3 月 25 日，青岛银行向青岛公交新能源公司成功发放一笔碳中和贷款 1000 万元，用于支持企业绿色低碳发展。该笔业务是青岛银行自推出“碳贷通”业务后发放的首笔贷款，也是山东省内银行机构办理的首笔“碳中和”融资业务。

（二）推出首个绿色供应链金融产品“碳E贷”

2021年6月，青岛银行推出山东省内法人银行首个绿色供应链金融产品“碳E贷”，为经中联认证中心认证的绿色核心企业的上游供应商发放绿色供应链金融贷款。“碳E贷”主要为支持环境改善、应对气候变化和资源节约高效利用等经济活动而提供的金融服务。当小微经销商或者供应商向经中联认证中心、联合赤道等工业和信息化部认可的认证机构完成绿色认证的核心企业销售或者采购融资时，可享受青岛银行的绿色供应链金融专项优惠。自该业务推出以来，其业务场景已经覆盖轨道交通、新能源汽车、信息化装备等多个行业，截至2021年末，青岛银行已累计为250余户小微企业发放贷款超8.5亿元。

（三）承销绿色债券

2021年6月17日，青岛银行与平安银行主承销的青岛地铁集团有限公司2021年度第二期绿色中期票据（碳中和）成功发行。此单为山东省首单碳中和债券，票面利率3.58%，创2021年以来山东市场同期限新低。本期募集资金专项用于具有碳减排效益的地铁线路，预计每年可减排二氧化碳256.53吨、年节约标准煤133.14吨，为企业在交通领域绿色低碳转型提供了中长期低成本资金支持。

2021年8月24日，青岛银行为德州市齐河县城市经营建设投资有限公司申请注册20亿元绿色中期票据，募集资金全部用于绿色棚改项目建设。本期债券募投项目预计全年实现替代化石能源量3155.50吨标准煤、协同二氧化碳减排量6973.65吨。按募集资金使用占总投资比例折算，预计全年实现替代化石能源量813.43吨标准煤、协同二氧化碳减排量1797.68吨。

2021年8月25日，青岛银行作为牵头主承销商，中国银行作为联席主承销商，成功发行临沂城市建设投资集团有限公司首笔碳中和超短期融资券，金额0.5亿元，期限270天，票面利率2.60%，发行价格远低于同类型主体的市场发行价格，该笔业务也是临沂市首笔“碳中和”债券。

（四）办理首笔碳配额质押贷款

2021年9月24日，青岛银行成功为青岛能源集团下属公司青岛金泓热力有限公司办理一笔碳配额质押贷款业务，金额1000万元。该笔业务是青岛银行首笔全国碳市场碳配额质押贷款业务。以碳排放配额为质押的绿色融资模式，告别了以往传统的房产、土地抵押等融资模式，丰富了企业融资担保品。

（五）发行全国首款“碳中和”主题理财产品

2021年6月，青银理财推出“碳中和”主题理财产品，为普通投资者提供参与“碳中和”投资机会，同时引导社会资金参与“碳投资”，支持财富持有者加强社会影响力投资。截至2021年末，累计发行7只，募集资金6.93亿元，首期碳中和理财募集金额达1.95亿元。

作为地方法人银行，近年来，青岛银行积极响应国家碳达峰、碳中和战略目标，创新绿色金融产品谱系，打造绿色金融综合服务提供商。为大力发展绿色金融，青岛银行坚持战略先行，从战略高度推进绿色信贷，加大对绿色经济、低碳经济、循环经济的信贷支持力度，完善绿色金融长效发展机制，塑造绿色金融品牌。2021年，青岛银行还创设蓝色金融部，积极谋势绿色金融中的蓝色新路径，激发全行绿色金融新活力。

绿水青山就是金山银山。未来，青岛银行将继续贯彻落实党中央和国务院关于碳达峰、碳中和的重大决策部署，坚持创新驱动，围绕CCER、碳汇收益权、取水权、用能权等环境权益开展业务创新，推动社会经济发展向绿色低碳转型，为“3060”双碳目标达成贡献青银力量。

主创人：李　程、刘文佳、赵　煊、王　茜

变废为宝助推企业绿色低碳快速发展

山东金岭矿业股份有限公司

一、企业概况

山东金岭矿业股份有限公司始建于1948年，2006年6月通过“资产置换、定向增发和股改”三合一方案借壳上市，截至目前，总股本达到595340230元。公司股票在深交所挂牌交易，股票代码为000655。公司共包括金召矿业、选矿厂等15个二级单位，控股喀什球团。公司拥有成熟的行业技术和深厚的企业文化，员工近3000人，有认真负责、锐意进取的领导班子和务实肯干、积极上进的职工队伍。现具有年生产铁精矿120万吨、球团矿50万吨的产能，主要产品有铁精矿、铜精矿、钴精矿、球团等。

公司坚持以习近平新时代中国特色社会主义思想为指导，稳生产、推改革、强管理、促提升，准确识变、科学应变，在实现安全生产的前提下，2021年实现营业总收入182270.47万元，比上年同期增加27.03%；实现利润总额22731.58万元，比上年同期减少20.75%；实现归属上市公司股东净利润12796.02万元，比上年同期减少44.47%。

二、主要措施

原矿进入选矿厂后，经过破碎、筛分、研磨、分选等生产工艺，矿石中有用矿物分选为多种精矿产品，剩余的尾砂作为工业废弃物。原尾砂一般通过管道直接湿排至尾矿库存放。尾矿库已达到设计库容，面临选矿尾砂无处堆存难题。尾矿库是一个具有较高势能人工泥石流危险源，有可能对工农业生产及下游人民群众生命财产造成巨大的灾害和损失。干滩尾砂容易产生扬尘对环境造成影响。

随着铁矿石的不断开采，可采资源储量越来越少。铁山矿已经闭坑，侯庄矿也已经进入回收集中充填阶段，金召矿业也处于回采后期，回采难度越来越大，矿产资源面临枯竭。

针对我矿面临的问题，迫切要求加强尾砂利用技术研发，加大回采工艺技术研究，提高尾矿综合利用水平，提高回采率，增加可采资源储量。选矿厂废弃物——尾砂与固结材料按一定比例混合搅拌均匀凝固后具有一定强度，是一种理想的充填材料。尾砂用于充填既能解决尾砂去向问题，又能解决充填材料不足问题。胶结充填后，使空区稳定性和安全性大大提高，为边角残矿回采提高矿石回采率提供了必要条件。

（一）直排尾砂胶结充填采空区

采矿活动主要是维系两个平衡：一是生产系统平衡；二是采矿空间平衡，采矿空间平衡的关键是地压管理。矿石生产将地下有用的矿石挖出，形成顶板大面积暴露的采空区，经过回采扰动，采空区周边围岩应力需要重新分布，达到新的应力平衡，一旦空区四周围岩应力不能达到平衡，采空区就会大面积塌落，形成地质灾害事故。因此，矿石回采完毕后，要及时对空区进行充填。空区充填材料主要有掘进废石等，废石主要来自掘进废石，以闪长岩为主、少量石灰岩，但量非常小，且废石经过破碎筛分后可以当作建筑材料。经过胶结充填技术研究发现选矿厂废弃物——尾砂是一种理想的充填材料。

1. 充填工艺

由选矿厂排出的浓度为40%左右的全尾砂浆经专用管道输送至胶充搅拌站成浆池，砂浆通过电动阀门控制流量排入料浆搅拌池。按照进入料浆搅拌池中砂浆量以1∶8的灰砂比由电脑控制变频给料机向料浆搅拌池内添加胶固粉，在料浆搅拌池中充分搅拌均匀，由渣浆泵加压输送至采空区。充填系统工艺流程如图1所示。

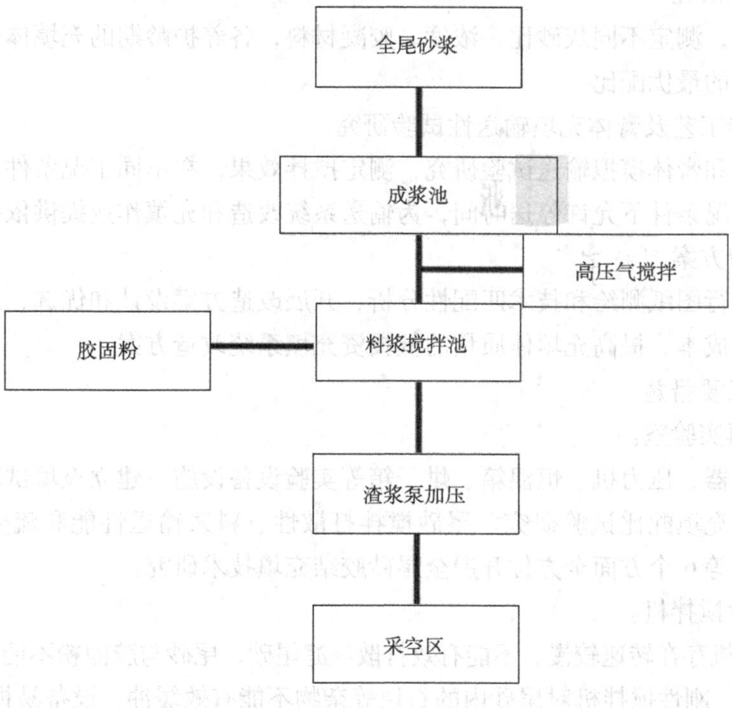

图1　充填系统工艺流程

2. 充填空区密闭

空区充填时会产生大量的流动性的浆液，若不将充填区与生产区隔离会对生产系统产生极大的危害，因此需要将空区与各中段相通的通道进行密闭，使充填区域形成一个独立的封闭系统。根据密闭墙施工位置及需承压大小，分为巷道混凝土浇筑密闭墙和砖混砌筑封堵墙。巷道型密闭墙直接采用混凝土浇筑进行施工，主要用于阶段矿房法底部装矿巷道处，需承受较大压力和施工封堵墙面积较大的封堵墙；砖混砌筑封堵墙，主要用于阶段矿房法上部中段相通的巷道的封堵及浅采矿房等承压小的封堵墙施工，封堵墙施工前选择合适的位置进行清底，清至硬底后再进行砖混砌筑施工，最后对砌筑墙进行喷浆作业。

3. 充填空区滤水

胶结充填空区的滤水主要通过两种方式：一是过滤，二是溢流。尾砂沉积表面以下的水主要靠滤水排出，尾砂沉积表面以上的水靠溢流排出。充填后从空区下部中段水平向上施工扇形滤水钻孔。孔底距高度控制在1.5米左右，在孔内安装滤水管。每根滤水管安装一支矿浆阀。滤水管为常开状态，当滤水管出现浆液时，将阀门关闭。隔一段时间再把阀门打开。在空区充填到顶部区域时，直接采用溢流的方式将水排出。

（二）压滤尾砂或尾矿库取尾尾砂胶结充填技术研发

公司原有的简易胶结充填工艺存在原料配比浓度精度较低、制浆搅拌不均匀，不能有效激发固结料活性，降低了胶结充填质量，增加了胶结充填成本。出矿设备在胶充体上面运行时，出现下陷、打滑、挖底等现象，无法实现出矿设备在充填体上正常运行，原有简易充填工艺制约了我矿采矿技术可持续发展和经济效益。

1. 充填技术研究主要内容

（1）尾砂配比试验研究。

通过材料试验研究，测定不同灰砂比、浓度、胶凝材料，各养护龄期的充填体强度、泌水率、沉缩率等，确定各采矿方法的最优配比。

（2）尾砂打散搅拌工艺及膏体充填输送性试验研究。

通过模拟搅拌试验和膏体模拟输送试验研究，测定搅拌效果，在不同工况条件下，不同配比料浆的输送阻力参数，不同工况条件下允许停送时间，为输送系统改造和充填作业提供依据。

（3）充填系统改造方案。

通过现场调研，进行图纸测绘和技术匹配性分析，开展改造方案设计和优选，最终确定具备满足充填效果，大幅降低充填成本、提高充填体质量的低投资充填系统改造方案。

2. 充填技术研究主要措施

（1）建立胶结充填实验室。

购买搅拌机、旋流器、压力机、恒温箱、烘干箱等实验设备设施，建立充填试验室。从充填尾砂物理化学性质、尾砂胶结充填配比试验研究、尾砂搅拌打散性、料浆输送性能和流变特性、充填工艺优化、充填系统改造方案等 6 个方面全方位开展全尾砂胶结充填技术研究。

（2）研发高速柔性搅拌机。

原蟹爪型刚性搅拌机存在转速较慢、不能有效打散压滤尾砂、尾砂与胶固粉不能有效结合、不能有效激发胶固粉活性等问题。刚性搅拌机对尾砂内的石块等杂物不能有效缓冲，设备易损坏。通过技术攻关，研发链条式柔性搅拌机，采用链条替代叶轮或搅拌爪进行搅拌。链条式柔性搅拌机获得国家发明专利。

（3）研发尾砂原料回收处理装置。

尾砂原料回收装置用于高浓度充填时，解决尾砂板结造成的堵管问题，使胶固粉颗粒与尾砂颗粒密接更充分，设备运行更稳定。尾砂原料回收处理装置获得国家发明专利。

（4）引进高精度给料控制系统。

由于压滤尾砂黏性大，给料方式粗放，物料配比精度不高，影响胶结充填强度，增加充填成本。引进高精度给料控制系统、优化给料方式和计量方式，实现计量精度波动范围控制在 ±0.5 个百分点。

（5）尾矿库回采取尾，消除安全隐患。

对地表尾矿库进行回采取尾作业，将尾矿库尾砂用于井下空区充填或胶结充填回采作业；消除地表尾矿库安全隐患，增加充填材料供给。

3. 充填技术研发目标

①充填系统改造投资控制在 200 万元以内；②施工期 2 个月以内，影响现有充填系统运营的时间 < 1 个月；③嗣后充填体 R28 ≥1MPa，充填成本相对目前成本降低 20% 以上；④高强充填体 R28 ≥3MPa，充填成本控制在 100 元/m^3（胶固料单价 450 元/t 时）；⑤最大充填体强度 R28 ≥5MPa。

（三）胶结充填后残矿回采

随着铁矿石不断开采，可采矿产资源越来越少，有限的矿产资源要求我们必须改进采矿方法，提高回采率。

公司主要采矿方法有阶段矿房法、留矿法和全面法等。其中阶段矿房法采出的矿石约占采出总量的 80%。阶段高度 60 ~ 70 米，阶段与阶段之间矿房留有 8 ~ 10 米顶底柱，矿房与矿房之间留有 8 ~ 10 米间柱。目前存在的残矿主要是利用阶段矿房法残留下顶底柱及矿房之间的间柱。为增加可采资源储量，延长矿山服务年限，增加企业经济效益，对这部分残矿进行回采。

1. 残留矿体的地质特征

金岭矿区为典型热液接触交代型矽卡岩磁铁矿，产状受接触带控制，赋存形态差异较大，形状有似层状、扁豆状、透镜状等，厚度为 2 ~ 50m，倾角为 5 ~ 90°。矿体比重为 $4t/m^3$，普氏系数 f = 8 ~ 10，中等稳固。上盘为奥陶系灰岩，节理不发育，普氏系数 f = 8 ~ 10，中等稳固，比重为 $2.8t/m^3$；下盘为燕山期闪长岩，节理不发育，普氏系数 f = 10 ~ 12，中等稳固，比重为 $2.7t/m^3$。

2. 残矿回采方案的选择

残矿回采是一项十分特殊的工作，在选择回采方案时要遵循“科学设计、安全第一”“效益优先、施工方便”“统筹规划、全面兼顾”三大原则。

（1）科学设计、安全第一。

胶结充填后残矿回采是一项危险性高、工艺复杂的采矿活动。因此必须在采矿方法选择、矿房参数选择上有科学依据，从采矿设计实现回采的本质安全。

（2）效益优先、施工方便。

残矿回采的基本目的就是充分利用矿产资源，提高企业的经济效益。因此在残矿回采过程中应尽可能地提高回采率，降低损失与贫化，提高吨矿利润率。

（3）统筹规划、全面兼顾。

胶结充填后残矿回采是一项危险的工作。应根据残矿存留情况、施工难易程度全面考虑合理安排回采施工顺序。

根据残矿存留的周边回采、充填情况及水文地质条件，确定采用全面法条带式回采。

3. 矿房参数的确定

根据矿体赋存情况、回采情况、充填情况及现有的采矿设备，顶底柱回采采用全面法条带式回采。把顶底柱沿矿体走向方向分成若干条带，每一回采条带为一矿房，矿房的长为条带的长即回采矿体的水平厚度，矿房的宽为条带的宽。回采条带和预留矿柱条带间隔进行。由于顶底柱上部为充填的采空区，要保证顶底柱回采过程的安全首先要确定回采高度（见图 2）。

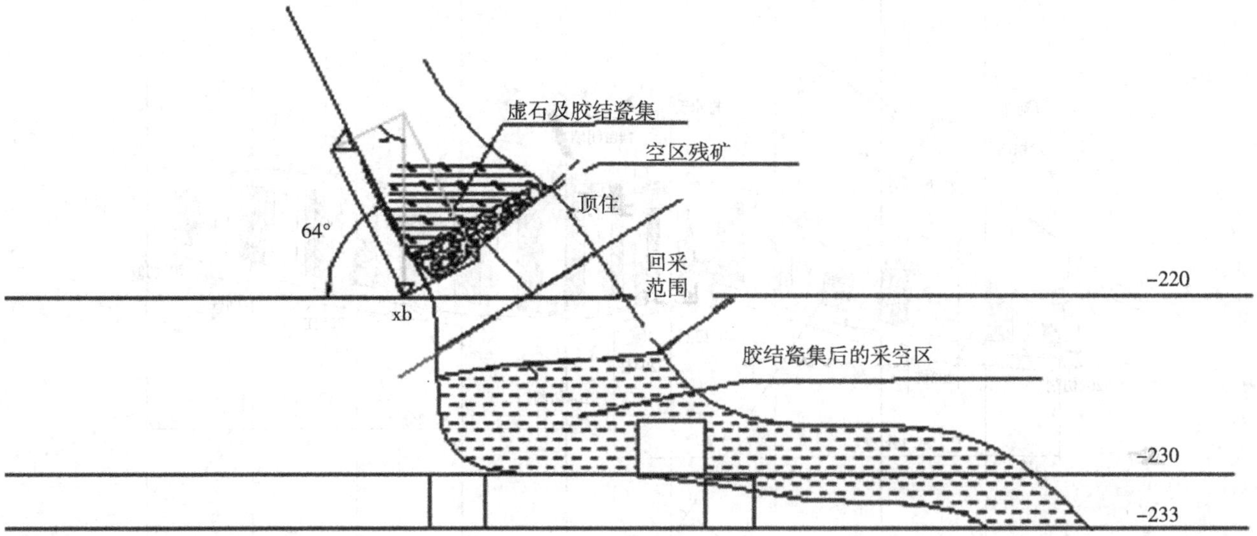

图 2　-220 米 12 线剖面图

（1）底柱回采厚度计算。

留设的顶柱可以近似看作弹性体，其应力分布大体上可采用材料力学中的梁理论进行分析，这种

“梁”的端部受到相邻岩体的约束，犹如固端梁。顶柱在充填体重力作用下下沉弯曲，在顶板中央形成拉伸作用，该处产生最大拉应力 δt。

根据梁理论公式 δt = 0.5 × （l/h） 2rH sinα，顶底柱厚为 8 米，预留顶柱厚度不少于 4.4 米，确定回采高度为 3 米。

（2）回采条带宽度的确定。

条带式回采，顶板稳定性主要与回采宽度有关，此时的宽度称为跨度，要保证回采条带的宽度要小于极限跨度。

根据斯列萨夫公式，条带回采的高度应小于等效跨度，根据公式计算回采宽度取 6 米。

（3）间柱尺寸计算。

为维护采场稳定，间柱间距应小于极限跨度，同时自身的横断面尺寸也应满足强度要求，如果矿柱尺寸过小或者强度过低，一旦被压垮势必会导致顶板冒落。

根据实际情况确定间柱条带状，长为条带长，15 米，宽为 a。核算点柱的抗压强度为 rH sinα ×（S/S 点）≤δ，根据计算条带宽度为应大于 2.5 米。考虑到回采时爆破影响，矿柱抗压强度相对降低，为确保安全，矿柱宽度取 4 米。

（4）矿房参数的确定。

矿房沿走向布置，每一回采条带加间柱为一回采矿房。根据上面的计算作为技术指导确定回采矿房参数。矿房参数：矿房长为 10 米，回采条带宽为 6 米，矿柱条带宽为 4 米，矿房宽为回采矿体厚度。回采高度为 3 米，预留顶柱厚为 5 米。

4. 残矿回采

（1）采准布置。

矿柱内掘进巷道至上盘灰岩，沿上盘矿岩接触带掘进沿脉巷道。再从上盘沿脉巷道沿回采条带中心向下盘施工拉底巷道至下盘闪长岩（见图 3）。

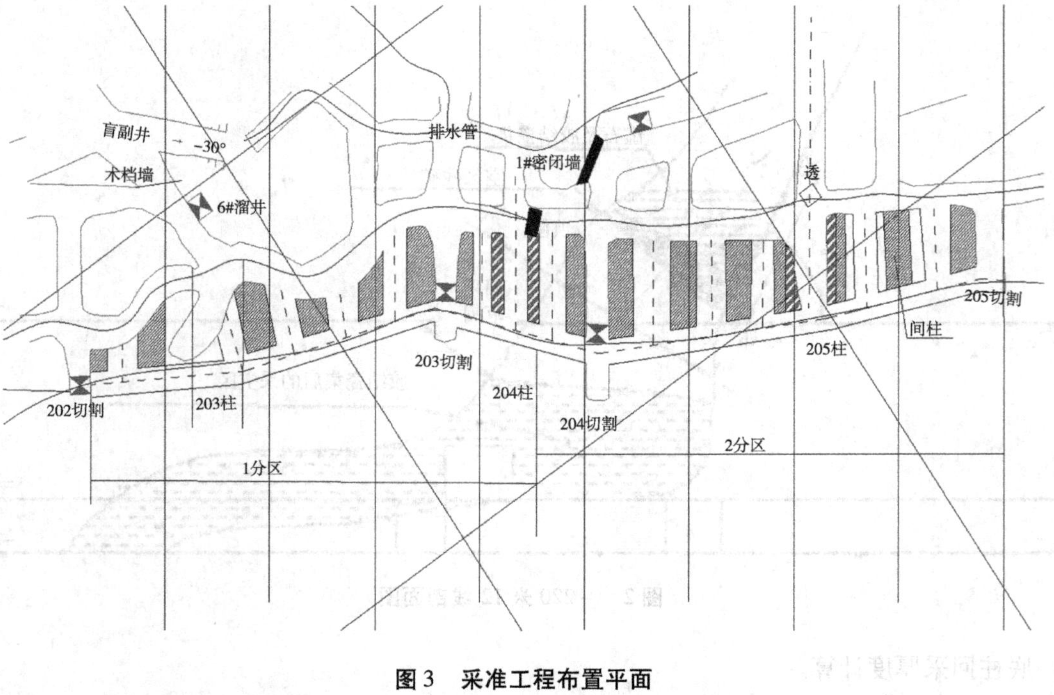

图 3　采准工程布置平面

（2）采矿工艺。

待采准巷道全部掘完后，进行分区回采，以条带拉底巷道为自由面向两边进行劈帮拉底，每边劈帮1.5米。劈帮完成后进行出矿，然后再进行压顶，压顶高度0.5米，压顶须序采用后退式。出矿时采用电动铲运机挖装矿车进行出矿。

（3）主要技术经济指标。

采掘比：140米/万吨。贫化率：15%。回采率：45%。出矿效率：50吨/班。炸药吨耗：0.56千克/吨。导爆管雷管吨耗：0.3个/吨。

三、实施效果

（一）变废为宝，实现工业废弃物的利用

将工业废弃尾矿变成充填材料，解决了选矿厂固体废弃物露天存放污染环境问题，尾矿库回采取尾消除了尾矿库存的安全隐患。尾砂充填采空区，消除回采过程中的周边围岩顶板塌落安全问题。将部分尾砂进行外卖，帮助周边矿山企业解决空区充填原料紧缺问题并获得一部分经济效益。

（二）经济效益分析

1. 直排尾砂胶结充填节约压滤及充填费用

采用直排尾砂直接充填采空区，减少选矿厂压滤生产工艺，每吨可节约压滤生产成本2.2元，每年可节约压滤生产成本17.6万元。减少充填过程中滤饼尾砂上料成本及节约滤饼打散搅拌费用，每充填一方可节约充填成本0.82元，直排尾砂充填可节约8.2万元左右。

2. 低成本高质量充填技术研发降低充填生产成本

经过充填技术改造后，充填效果非常明显。原充填体强度达到1.0MPa需要胶固粉0.126t，现在需要0.96t，每充填1m^3充填体可节约生产成本约14.5元，按金召矿业年充填量20万m^3计算，每年可节约充填成本约290万元。

3. 高质量充填实现边角残矿回采

经过科学的技术分析，确定合理的矿房参数，可为实现残矿安全回采打下坚实基础。经过实践，所选采矿方法及矿房参数是可行的。每年可回采残矿约1.5万吨，每年创造价值约1.5×300=450万元。残矿回采不仅延长了矿山的服务年限，提高企业的经济效益，而且提高了矿石回采率，使不可再生的矿产资源得到充分利用，也为以后的残矿回采积累了较好的实践经验。

现在正进行下向胶结充填采矿法回采研究，如果该采矿方法获得成功，回采率可提高5%左右，按年产矿石50万吨计算，每年可节约矿产资源2.5万吨左右，每年创造价值约2.5×300=750万元。

4. 尾矿取尾外卖增加经济效益

由于周边部分矿山没有选矿厂，我矿可以将尾矿库取尾尾砂外卖，每年外卖尾砂约15万吨，每年创造经济价值15×10=150万元。

（三）社会效益

矿山企业排放的尾砂废料常常带来一系列环境负效应，并给矿山正常生产带来严重的安全与环保隐患，严重影响了矿山持续、稳定的生产。因此，逐步实行矿山充填开采是21世纪采矿研究的主要方向。全尾砂胶结充填工艺具有完全无废排放、利于环保、消除地表安全隐患的优点，能解决矿山充填胶骨料不足的难题。

金岭矿区尾砂性质特别，具有黏度大、细度小、滤饼不易打散问题，降低了充填强度和充填效率。金岭矿区周边矿山，尤其是规模不大的小型矿山，均面临尾砂偏细、充填料浆浓度低、充填体质量不均、强度小、充填管道易堵塞、充填工艺落后等难题，通过技术攻关，固废尾砂得到充分利用，直排尾砂充填技术减少压滤成本实现空区稳定性，低成本高质量充填技术研发实现胶结充填体上采矿，有效解决固废的排放，尾矿库取尾回采消除了地表尾矿库带来的安全隐患，推动了我矿绿色低碳快速发展。这为我国类似矿山的低成本、安全高效充填采矿提供技术储备，对我国矿业可持续发展产生影响深远。

主创人：戴汉强、宁　革、王　博、刘声雷、张兴旺

分布式工业余热绿色供暖项目建设

山东泰山钢铁集团有限公司

一、企业概况

山东泰山钢铁集团有限公司（以下简称泰山钢铁）位于济南市莱芜区，始建于1969年，2007年转型发展不锈钢，2012年规划成立了泰钢不锈钢产业园，是一家以不锈钢为主营，以精品板带材为主体，集新材料、高端装备、清洁能源、国际贸易、资本运作、物流运输、房产开发、城市供热等多业并举和产学研协同发展的现代化企业集团。主要产品有不锈钢热轧、不锈钢冷轧、普碳热轧和普碳冷轧四大系列，2019年至2021年分别实现营业收入449亿元、497亿元、506亿元。

近年来，泰山钢铁以不锈钢产业园为依托，以“链长制”为抓手，构建起全产业链供需体系，率先实现了产业链“上拓”“下延”。上游印尼年产60万吨镍铁项目可有效补强不锈钢产业链源头；下游建成了全国先进的冷轧不锈钢生产线，为下游制品企业提供了优质原料。全产业链实现了从原材料、工业产品到工业制品的均衡协调发展，为泰山钢铁加快高质量发展奠定了坚实的产业基础。

泰山钢铁以“产业报国、实干兴邦”为己任，坚定不移贯彻新发展理念，围绕企业高质量、可持续发展，坚持走专业化、品牌化发展道路，精耕细作、精益求精，努力建设泰山品牌，全力打造全球最具竞争力的不锈钢生产企业，用实际行动为国家民族品牌争光！

二、主要措施

贯彻新发展理念，构建新发展格局，坚持绿色低碳高质量发展，是实现“十四五”发展规划和2035年远景目标纲要提出的“双碳”战略目标的必由之路。钢铁行业是国民经济的支柱产业，是公认的能源消耗大户，同时也隐藏着丰富的工业余热资源，在政府政策导向和市场机制重压下，挑战与机遇并存，如何实施新旧动能转换、突破关键技术瓶颈，关系到企业的生存与发展。

（一）项目实施背景

集中供热事关民生，事关群众切身利益和社会稳定，是泰山钢铁履行社会责任、展示企业形象的关键窗口，更是实现钢铁与城市融合发展的重要战略。作为20世纪末莱芜第一家集中供暖汽源地，泰山钢铁承担着莱芜北坛路以西、汶河大道以北、辛大铁路以南区域的集中供暖任务。此区域所辖居民小区有从20世纪60年代建造的红砖楼，也有新建高层楼房；有老国企家属区，也有商品小区，有两证齐全的大产权房，也有城中村小产权房和农村楼房。部分小区有老化低效的蒸汽供暖设施，大部分小区在建设时未按集中供暖标准建造，区域情况极为复杂，施工难度大，投资回报率低。

根据国家节能减排政策以及山东省政府《关于加快推进全省城市供热节能工作的通知》、莱芜城市管理局《关于加快推进“气（热）网”工程建设的通知》要求，公司不等不靠、主动作为，始终坚持“清洁生产、循环经济、可持续发展”的供热思路，全面落实城市供热规划，淘汰落后产能及高污染供热方式，自2015年起大胆引进钢铁工业余热供暖先进技术，回收利用泰山钢铁各生产工序中的工业低温余热资源，启动“汽改水”分布式绿色热动项目，先后开发并建成高炉冲渣水余热供热站、焦化初冷器余热回供热站、不锈钢加热炉烟气供热站、高炉乏汽供热站，推行热源生产、管网输配、直供到户的一体化经营管理模式，供热能力达到300万平方米，为莱芜城西片区、农高区居民提供清洁环保、稳定可靠的热源，成为山东省工业余热集中供暖的样板工程。

（二）主要实施项目及内容

1. 高炉冲渣水供热首站项目

泰山钢铁现有两座高炉，炼铁后的高温炉渣通过冲渣水进行冷却，产生大量的 70 ~ 85℃冲渣热水，项目实施前热水进高炉冷却塔降温后循环利用，热源白白浪费，十分可惜。为实现资源充分利用，我们积极引进北京亿玮坤节能科技有限公司的多项专利和国内领先技术，利用高炉冲渣水进行余热回收换热供暖，将 50 ~ 65℃的低温热水直供到户。该项目包括供热站及主管网投资 9000 万元，于 2015 年 6 月动工，于 2015 年 11 月投产达标。两座高炉设置一座集中换热站，装机容量为 90MW，供暖能力达 100 万 m^2。

该项目采用冲渣水余热回收装置进行采暖，全面提高能源利用效率，取代燃煤锅炉供热站，废热变废为宝，不但节约能源，而且减少碳排放，减轻大气污染。项目投产后，年节约标准煤 0.8 万吨，年减少二氧化碳排放 2 万吨、二氧化硫排放 70 吨、氮氧化物排放 60 吨。项目的实施进一步优化了高炉冲渣工艺，降低高炉冲渣水温度，减少水耗，减少渣棉量，改善水渣质量，降低渣棉环境污染，综合社会效益和经济效益显著。

工艺流程说明：高炉冲渣水经过滤机组过滤，由均流泵增压分流至换热器，换热后的渣水流回冲渣冷水池；采暖水由采暖循环泵将水送至换热器，换热后的热水用于供暖，直供到各用户，循环回过滤罐过滤后，进入回水母管，再由采暖泵送出。冲渣水作为热媒水，采暖水作为冷媒水，在高炉冲渣水专用板式换热器内进行热交换，高效利用冲渣水热能进行采暖供热。

2. 焦化换热站项目

泰山钢铁焦化公司年产焦炭 130 万吨，焦炉为 2 座 65 孔 5.5m 捣固焦炉，配有 3 台横管式煤气初冷器，炼焦过程产生的荒煤气在上升及集气管经循环氨水喷洒降温至 85℃，再到煤气初冷器进行冷却至 21℃。由于建设当时未考虑余热回收，高温段采用中温水冷却，煤气的热量为中温循环水带走，通过凉水塔排入大气中，浪费了热量，不符合企业低碳绿色转型发展要求。针对这一现状，我们开发利用初冷器换热技术，回收余热用于供暖。本项目设计装机容量 100MW，于 2016 年 12 月建设投运一座换热站，供暖能力达 100 万 m^2，成为莱芜城西片区的重要热源之一。

该项目实施后，年节约标准煤 0.8 万吨，年减少二氧化碳排放 2 万吨、二氧化硫排放 70 吨、氮氧化物排放 60 吨，成为工业余热清洁供暖的成功案例。

工艺流程说明：初冷器换热高温水经过高温水箱，由高温水泵加压至换热器，换热后的水进入初冷器换热流回高温水箱；采暖水由采暖循环泵将水直供到各用户，进入回水母管，循环回除污罐后，进入换热器，换热后的热水用于供暖，再由采暖泵送出。

3. 不锈钢换热站项目

不锈钢炼钢和轧钢在生产过程中产生 130 ~ 150℃的饱和蒸汽，因水分大、温度低，进入蒸汽母管后经长距离输送凝结成水，利用效率不高；同时，不锈钢加热炉热烟气经过煤气热风双预热器后，温度仍高达 280℃左右，通过烟囱对空排放，造成热源损失。公司引进国内领先的蒸汽和烟气换热技术，利用蒸汽、烟气回收换热供暖，在不锈钢厂区建设一座不锈钢换热站，将 50 ~ 65℃的低温热水直供到户。该项目于 2017 年 4 月动工，于 2017 年 11 月投产达标，总装机容量为 52MW，供暖能力达 60 万 m^2，满足了莱芜农高区集中供暖需求。

该项目利用不锈钢余热蒸汽、加热炉热烟气回收供暖，属国家扶持的工业暖民工程。项目实施后，大幅度提高工业余热利用水平，年节约标准煤 0.5 万吨，年减少二氧化碳排放 1.3 万吨、二氧化硫排放 45 吨、氮氧化物排放 40 吨，环保效益、社会效益显著。

工艺流程说明：由补水泵将补水箱内的山顶混合水输送至供暖管网，当循环水供回水压力达到

0.2MPa 时，启动采暖泵将系统循环水送至烟气换热器和蒸汽换热器进行换热，从烟气换热器和蒸汽换热器出来的热水输送至用户家，再回到换热站的过滤器进行过滤，过滤完以后的水再由采暖泵循环供热。

4. 高炉乏汽换热站项目

两座高炉冲渣水在循环流动中产生 90～120℃的乏汽，原先通过高炉乏汽放散塔排空，既造成能源浪费，又产生滚滚“白烟”，影响美观。我们引进冲渣乏汽余热回收专利技术，将高炉粒化渣的乏汽进行回收利用，在高炉冲渣水供热首站西北方向建设一座换热站，与供热主系统进行连接，提高了采暖水供热质量。该站于 2019 年 4 月动工，于 2019 年 11 月投产达标，装机容量为 32MW，供暖能力达 40 万 m^2。

冲渣乏汽的余热回收不但能够回收大量热量，而且可以降低 50% 以上的冲渣水耗，消除高炉产生的滚滚白烟，对改善厂区景观、降低环境污染、保护高炉设备都有重大意义。项目投产后，年节约标准煤 0.3 万吨，年减少二氧化碳排放 0.8 万吨、二氧化硫排放 27 吨、氮氧化物排放 24 吨，取得了节能减排的良好效果。

工艺流程说明：粒化塔内的高炉冲渣乏汽通过轴流风机增压送至喷淋塔，在喷淋塔内与冷媒水进行换热；启动采暖泵将系统循环水送至板式换热器和蒸汽换热器进行换热，从板式换热器和蒸汽换热器出来的热水输送至用户家，再回到换热站的过滤器进行过滤，过滤完以后的水再由采暖泵循环供热。

（三）推行“直供暖”经营管理模式

1. 短流程技术

传统的蒸汽供暖工艺条件下，约 300℃的蒸汽到小区后首先要通过二级换热站进行打水循环降温至 50～65℃的低温热水，再供至各用户，经历升温、降温过程，工艺技术及设备选型较为复杂。我们结合低品质工业余热热源特点，通过回收可直接获得 50～65℃的低温热水，直供到户，简化了工艺流程。

2. 高效能服务

传统供暖管理模式为“热源企业＋管网输配企业＋小区物业＋热用户”，公司结合自身的短流程工艺技术特点，摸索推行“热源企业＋热用户”的直供暖管理模式，直接面对 2 万多用户，提供市场调研、热源开发、管网设计、建设改造，到运行保障、管网输配、维修维护全方位、一条龙服务，责任主体清晰明确，管理服务更加精准，提高了供暖质量和群众满意度。

三、实施效果

（一）“汽改水”效果评估

与蒸汽供热相比，循环水供热主要有四个方面优势。

1. 热网安全可靠

“汽改水”后由于供热介质改变，阀门、补偿器等管件故障率低，热网安全可靠。

2. 清洁供暖，节能减排

冬季大量的燃煤供热是造成严重雾霾的重要因素，实施工业余热回收技术，替代燃煤供热方式，变废为宝，改善空气质量，促进健康可持续发展。通过一系列清洁供暖项目建设，结束了莱芜燃煤供暖历史，既节能又环保，废热变废为宝，年可节约准煤 2.5 万吨，减少二氧化碳排放 6 万吨、二氧化硫排放 200 余吨、氮氧化物排放 180 余吨，符合国家节能规划和山东省工业低温余热利用行动计划，具有显著的社会效益和生态效益。

3. 降低热损，提高供热能力

“汽改水”后实行换热站集中管理，供热系统热损率由之前的 30% 降至 5% 以内，综合供热节能 30% 以上，节能效果十分显著。

4. 热网运行稳定，有效地提升供热质量

改造后管道维护方便，热水循环效果好。特别是实行混水改造后，远程监控、无人值守、24 小时连续供暖，热网运行稳定，大大提升居民供热质量。

（二）“直供暖”效果评估

与转供暖方式相比，直供暖主要有两个方面优势。

1. 直供方式换热站设计施工优点

一是由于一、二级管网直接连接，因此站内不需要换热器设备；二是各个二级换热站的补水系统可以改由首站总补水系统完成，原二级站内补水系统可以取消（包括水箱、补水泵以及补水自动控制系统）；三是原来各个二级站内自动控制电气系统可以大幅度简化，由首站一套总自动控制系统就能保证运行需要。这样一来，二级站站内设备数量减少，设计周期缩短，施工工程量降低，投资成本降低。

2. 直供方式运行管理优点

由于采用直供方式，二级换热站内自动化控制系统得到很大程度的简化运行。期间，调度人员仅在首站总控制中心进行运行调度调节工作即可，二级换热站只作为二级管网运行参数监控点（监控二级网供回水压力与温度），所有管网调节工作只需要在首站控制中心就能完成，调度人员的运行调节工作量得到大幅度降低，可以进一步提升供热质量，提高用户室温合格率，能够满足用户供热需求，提高集中供热技术水平，更好服务社会。

主创人：李永强、张金峰、高　强、刘方泉、王海云

陕西交控集团白泉分公司污水处理与循环利用项目

陕西高速环境科技有限公司

一、企业概况

陕西高速环境科技有限公司（以下简称环境科技公司）是陕西交通控股集团（以下简称陕西交控集团）旗下专业从事环保的国有企业，2017 年 6 月由陕西高速公路工程试验检测有限公司与陕西高速公路开发有限公司共同出资成立。环境科技公司是一家聚焦解决交通系统环保问题、专注辐射社会各行业环保治理，提供环保专业服务和解决方案的环境综合服务商。

环境科技公司充分发挥陕西交控集团的强大平台支撑作用，将“环保管家”理念融入公司发展中，紧密围绕生态环保治理、水污染防治、噪声控制、设备销售、园林绿化、区域环境综合治理等领域开展业务，初步形成环境咨询服务、环保工程、环保设施运维、环境实验检测、环保技术研发五大板块支撑的业务格局。2019 年营业收入 1033 万元，2020 年营业收入 1192 万元，2021 年营业收入 2481 万元，自公司成立以来，产值年年翻番，截至 2021 年底累计产值突破 5100 万元。

环境科技公司拥有环保工程专业承包二级、市政施工总承包三级、环境保护设施施工、环境工程设计、污染治理设施运行服务能力评价等专业资质；2020 年 6 月通过 ISO 9001 质量管理体系认证，2021 年通过“国家级高新技术企业”认证。公司注重研发实力提升，同西安建筑科技大学、长安大学、西安理工大学等多所高校进行产、学、研、用合作。承担、参与多项交通厅科研项目，获得实用新型专利 3 项，软件著作权 8 项，公司自主研发的“高速公路停车区及服务区非典型生活污水处理成套技术”荣获“十三五”全省交通运输科技成果三等奖。

二、主要措施

（一）市场环境与项目背景

近年来，我国高速公路建设事业取得了突出成就，同时高速公路沿线附属设施也在不断建设和发展。高速公路沿线附属设施主要包括收费站、管理所、服务区、停车区、隧道管理站、养护工区等，这些附属设施的运营不可避免地会每日产生大量生活污水。由于高速公路附属设施一般远离城市，污水无法就近排放进入城市污水管网，如果不经处理就地排放，会对周围环境产生不利影响，同时也可能会产生一定的负面社会影响，高速公路附属设施污水处理已经成为高速公路运营过程中不可回避的问题。目前，高速公路服务区污水大多是仅限于污水处理环节，处理后的污水进行达标排放，并没有进行后续的有效利用，而高速公路服务区由于远离城市，生活用水大多使用的是地下水，如果不进行处理达标后予以利用，更会造成水资源的进一步短缺。

目前，绝大多数高速公路沿线站点污水处理仅作为污水收集和处理的减排设施，忽视了污水资源化利用的重要功能。污水处理设施的设计也未充分考虑水生态要求及再生水利用需求，对水环境质量提升、水生态修复的统筹衔接不足。因此，环境科技公司针对上述问题，聚焦高速服务区的水循环利用，打造新型绿色低碳环保的高速公路新生态。

（二）污水再生利用解决方案

2019 年，环境科技公司对陕西交控集团白泉分公司所产生的生活污水进行再生循环利用改造。针对白泉分公司所辖 3 个管理所、9 个收费站的污水来源和水质特点，充分考虑白泉分公司的区位差异，对现有污水处理设施选择低碳节能的污水处理生态保障提升技术，提高污水处理设施的处理效果及运行效率，保障高速公路服务区水环境质量。

本项目采用了“一站一案、一案一策”的设计理念，结合区域再生水绿化、冲厕、景观等多元化差异性需求，完善多层次水循环利用模式，基于多目标利用、高标准回用，具体方案如下。

白河、双河、神河、张河收费站内均有原污水处理系统，该系统原有钢砼结构化粪池一座、钢砼结构回用水池一座、碳钢结构一体化设备一套（含地面设备间）。设备采用接触氧化工艺，其设计处理效果最佳只能达到《城镇污水处理厂污染物排放标准》（GB 18918－2002）中的一级标准的 B 类标准，且设备使用年份较长，箱体内外均受到不同程度的腐蚀，部分核心配件损坏，无法正常运行，维修费用较大。即使维修后正常运行也不能达到目前环保要求的排放或回用标准。因此，为了减少环保风险、保证收费站污水设备的正常使用，提标改造计划迫在眉睫。本方案对原有污水处理系统进行改造，更换污水处理设备一套，对原有钢砼结构池体进行利旧改造，污水处理后水质满足《城镇污水处理厂污染物排放标准》（GB 18918－2002）中的一级 A 类标准及《城市污水再生利用 城市杂用水水质》（GB/T 18920－2020）中绿化、冲厕、道路浇洒等用水标准，出水用于站点厂区绿化、道路浇洒，确保中水全部回用，不外排。

环境科技公司依据白泉分公司的污水来源和水质特点，从设计、施工、运维等方面为企业提供了“一揽子成套”污水处理技术服务。并针对高速公路站点污水排放标准高、处理设施运行效率低等问题，极大缓解了高速公路沿线水环境污染问题，同时采用再生水循环利用技术，有效地节约水资源，实现站点污水零排放。

本项目依据实际污水水量水质特点，考虑不同地区区位差异，针对高速公路沿线现有污水处理设施选择适宜低碳节能的污水处理生态保障提升技术，提高污水处理设施的处理效果及运行效率，保障高速公路沿线水环境质量。

（三）项目核心工艺

1. 工艺简介

本项目采用的污水控制工艺是 AO＋MBR 污水生化处理工艺，该工艺是基于传统 AO 工艺进行了全面提升，优化了缺氧区和好氧区，强化了脱氮除磷的效果。AO 工艺也叫缺氧好氧工艺，是生物处理污水的基础工艺，依次由缺氧段和好氧段组成，两阶段分别进行缺氧反硝化和好氧消化的生化反应过程，并在两阶段之间设置硝化液回流系统，即将好氧池末端的混合液回流至缺氧池前端，从而保证缺氧段的正常脱氮反应，在此过程中，可实现对 COD、BOD 等有机物的降解。MBR 工艺即由一种活性污泥法与膜分离技术相结合的新型水处理技术，将膜分离过程取代传统活性污泥法中的二沉池，从而将泥水分离，可分为中空纤维膜和平板膜两类，膜材质主要为 PVDF。以 AO＋MBR 工艺为主的一体化设备在实现污水处理的同时，实现了有机污泥的大幅度减量，剩余活性污泥大大降低，有助于缓解剩余污泥处置难题。

2. 工艺机理

污水中新增有机污染物在活性菌的作用下一部分被分解为小分子有机物，继而被氧化分解为 CO_2、H_2O 等无机物；另一部分被合成为细胞。在低污泥负荷条件下，该细胞作为营养物在活性菌作用下一部分又被分解为小分子有机物，继而又被氧化分解为 CO_2、H_2O 等无机物；另一部分被合成为新细胞。依此类推，在低污泥负荷条件下，该新细胞又作为营养物在活性菌的作用下继续作分解与合成的代谢，直至细胞最后全部代谢为 CO_2、H_2O 等无机物。从整个分解、合成代谢的过程来看，有机物已被彻底代谢，系统内有机污泥没有富集增长。

在 MBR 工艺过程中，部分 COD 被转化为新的活性污泥，同时部分老化污泥被消化和矿化，实现了污泥的自动消化和降解平衡，减少有机性污泥排放。由于 MBR 膜的存在，当使溶解氧控制在合适浓度时，由于活性污泥絮体尺寸的变化，使其可以形成表面 DO 高、内层 DO 低的一个浓度梯度，进而形成不同的溶解氧条件，进而给同步硝化反硝化创造必要的条件，使其在同一个反应器内同时发生成为可能。同步硝化反硝化可大大减少反应时间和反应器的容积，提高氨氮、总氮去除效果。

3. 工艺优势

①占地面积小，基础设施配套简单；②集中与分散处理相结合，节省管网投资；③远程监控及自动化设计，运营维护成本低；④模块化组装设计，安装、运输、升级高效；⑤封闭式设计，防止气味挥发，杜绝二次污染；⑥专业化外观设计，与周围环境相融合。

（四）相关设备的改造升级

在构建污水循环利用系统中，污水处理设施是水污染物去除与转化的重要设施，其工艺设计直接影响再生水的利用效果，是实现污水再生利用的关键环节。常规的高速公路生活污水处理设备大多采用传统的生物接触氧化法，但针对高速公路沿线生活污水中氮磷含量较高的问题，去除效果不理想。因此本项目采用 AO + MBR 的工艺对水中污染物进行去除和转化，并对一体化水处理设备进行升级和改造。

AO + MBR 一体化水处理设备一般采用高强度钢板焊接而成，外表光滑并经防腐处理，放置于室外，设备主反应区分为缺氧区、好氧区、MBR 膜区。箱体常采用高强度钢板加工，内外经防锈、重防腐处理，使用寿命达 15 年以上。设备箱体防腐标准要求为：内部为二层防锈漆（国产优质防锈漆）+二层厚浆型环氧树脂沥青漆（国产优质沥青漆），外部为二层防锈漆（国产优质防锈漆）。

AO + MBR 一体化设备主体设备分为缺氧区、好氧区、MBR 区、设备间四个区域。

1. 缺氧区的设计

缺氧池的主要功能是反硝化脱氮。反硝化菌在溶解氧浓度极低或缺氧情况下可以利用硝酸盐中氮作为电子受体氧化有机物，将硝酸盐还原成氮气，从而实现污水的脱氮过程。池内设穿孔管间歇曝气保证缺氧环境。

设备主要参数：①搅拌方式：穿孔曝气搅拌；②溶解氧浓度：≤0.5mg/L。

2. 好氧区的设计

好氧池的主要功能是氧化有机质和硝化氨氮，活性污泥中的微生物在有氧的条件下，将污水中的一部分有机物用于合成新的细胞，将另一部分有机物进行分解代谢以便获得细胞合成所需的能量，其最终产物是 CO_2 和 H_2O 等稳定物质。在有机物被氧化的同时，污水中的有机氮也被氧化成氨氮，氨氮在溶解氧充足、泥龄较长的情况下，进一步转化成亚硝酸盐和硝酸盐。

设备主要参数：①溶解氧浓度：2.0mg/L~4.0mg/L；②污泥浓度按 5000~8000mg/L。

3. MBR 区的设计

污水经过生化处理后流入 MBR 区，实现泥水分离。同时池内安装有污泥回流系统，将池内的活性污泥通过气提回流装置部分排至一体化设备缺氧区，剩余污泥定期排入污泥池。

（五）应用场景

环境科技公司结合高速公路沿线站点可利用土地现状、回用水用途和水质水量要求，梳理现有的水回用技术特点，基于经济可行性和环境友好型理念，将本项污水循环利用技术运用至陕西交控集团白河分公司所辖的 3 个管理所、9 个收费站，并匹配适宜性的污水提标改造技术，提升处理效果及运行效率，使得出水水质满足回用需求。

三、实施效果

目前该项目已运行 2 年，运行效果良好，达到的具体效益如下。

（一）经济效益

陕西交控集团白泉分公司污水经处理后达到零排放状态，对于这部分再生水，每天污水量为 $20m^3$，再生水拉走或灌溉处理费用为 2 元/m^3，则为每个服务区再生水处理费用为 40 元/天，再加上污水处理设施日常运行维护水处理费用及白泉分公司每年所需处理费用至少为 32. 2 万元。将全部再生水进行循环利用，除去全年的运营费用，每年至少可节省 18 万元。

（二）环境效益

本项目的实施在一定程度上解决高速公路沿线污水高标准排放、处理设施水再生利用率低等问题，极大解决了高速公路站点水环境污染问题，同时还可用于站点绿化和冲厕用水，有效节约水资源。不仅保障了各站点单位中产生的污水能够有效处置和利用，还提升了污水处理的技术水平。

在水资源节约量方面：白泉分公司所辖的 3 个管理所、9 个收费站，平均每个收费站生活污水产生量为 $20m^3/d$，污水产生总量为 $180m^3/d$。环境科技公司利用污水循环利用技术实现了收费站生活污水的零排放，新鲜水用量节省约 6. 5 万 t/a。

在污染物削减量方面：白泉分公司生活污水中 COD 浓度约为 350mg/L，COD 产生量约为 2. 3t/a，经公司污水处理设施处理后 COD 削减至 0. 26t/a.

（三）社会效益

本项目的实施可在一定程度上解决高速公路沿线污水高标准排放、处理设施水再生利用率低等问题，结合“一站一策”的技术思路，实现高速公路沿线生态水循环系统改造，对构建新型绿色、低碳高速公路提供技术范式。该项目的实施强化了运营单位进行污水循环利用的主观意愿，也从根本上优化了附属设施周围的卫生环境，满足了运营单位在环境保护尤其是污水回用方面的环保要求。

主创人：赵淑铭、周　及、许　楷、田文瑞、胡飞飞

非常规水源综合利用项目

陕西鼓风机（集团）有限公司

一、企业概况

陕西鼓风机（集团）有限公司（以下简称陕鼓集团）始建于1968年，是分布式能源系统解决方案商和服务商。目前，陕鼓集团有陕鼓动力（股票代码：601369）、标准股份（股票代码：600302）两家上市公司；在全球拥有30余个运营团队以及陕鼓欧洲研发公司（德国）、陕鼓卢森堡公司、陕鼓印度公司、威腾标准欧洲有限公司、印尼工程代表处、莫斯科代表处、陕鼓动力塞尔维亚贝尔格莱德分公司等20余个海外公司及服务机构；建立了覆盖俄罗斯、印度、印尼、土耳其、美国、德国、巴西、韩国、西班牙、泰国、越南等100多个国家和地区的海外营销体系。

陕鼓集团秉承“为人类文明创造智慧绿色能源”的企业使命，在助力“碳达峰”“碳中和”“零碳中国”行动的实践中，战略聚焦分布式能源，构建了以分布式能源系统解决方案为圆心，包括设备、EPC、服务、运营、供应链、智能化、金融七大增值服务的“1+7”业务模式。两次荣获中国工业大奖；高效节能环保产品轴流压缩机获制造业“单项冠军产品”奖，产量居全球第一；首创的“余热余压能量回收同轴机组应用技术”入选国际能效合作伙伴关系组织（IPEEC）国际“双十佳”最佳节能技术项目，并获得世界制造业创新产品金奖。多年来，陕鼓集团经营绩效全行业第一，2019年至2021年营业收入由82.8多亿元不断攀升到277.8多亿元，净利润由2019年的4.8多亿元至2021年增加到6.9多亿元，被国务院评为“在振兴装备制造业工作中做出重要贡献”单位；入选央视“大国重器”纪录片专题展播；先后两次获得“中国工业大奖”；入选“2021中国制造业企业500强”；并获得“全国五一劳动奖状”“全国质量奖”“国家技术创新示范企业”“全国企业文化示范基地”“全国绿色工厂”等数百项荣誉。

二、主要措施

（一）非常规水源研发背景

在污水处理中各单项技术已有较多的领军者，各单项领域竞争格局日趋激烈，利润空间渐趋狭窄。陕鼓集团提出“非常规水源综合利用”概念，将园区污水处理、中水利用、雨水收集、污水源取热等功能进行一体化整合，实现土地集约利用，提高系统整体使用效率，减少污水排放，通过规模化和集约化达到降低初投资，减少运营费用的目的，并有助于集约化运营。

非常规水源综合利用项目采用互联网思维，因地制宜、量体裁衣，对接区域排放和供给需求，实现能源消费本地化，将能源利用向资源利用转化，实现综合平衡。在污染防治及资源再生利用上采用MBR膜生物处理技术、海绵城市等先进技术，在新能源的开发利用上采用了天然气冷热电三联供、污水源/土壤源热泵、光伏发电、智能微电网等多项新技术，通过“互联网+”的智能运营管控系统进行数据远程传输及监测诊断，形成能源和资源有机结合的智能化环保能源项目，能够实现土地集约、设备共用、运营节约、供能集约。

（二）项目技术特点

项目主要特点为将污水收集处理生产出中水回用，将雨水收集处理并回用，实现了污水、雨水资源化。在中水资源的利用上进行分级分质回用，第一级为城市杂用水水质，主要用于道路清扫、绿化浇灌、车辆冲洗等杂用；第二级为景观环境用水水质，主要用于陕鼓生态园人工湖补水；第三级为工业用水污水中的热能，绿地浅层地热能等可再生低品位热源，与冷热电三联供系统、原燃气热水锅炉系统、储能系统联合实现区域多源联合供热及制冷功能，储能装置利用峰平谷差价进一步降低运营成本。污水处理系统产生的污泥和餐厨垃圾一起进入固废处理系统处理后产生沼气，生活垃圾采用热解工艺处理后产生电力，形成全厂区域微电网系统的一部分，为整个能源站及厂区供电。项目具有技术先进、水能一体、工艺流程简单、节省占地、排泥少、实现少人或无人值守等优势。

1. 环保能源一体化

在国内率先将环保处理设施、能源供给集中考虑，消除了行业壁垒，从传统单一的水处理、垃圾处理、供热、供冷方案变成面向用户的环保能源一体化解决方案，一揽子解决区域内水、污水、电、气的排放处理及能源供给问题，满足用户用能经济性、排放达标的需求。该方案在前期规划时充分考虑区域内水量负荷，结合区域内资源能源禀赋及先进的工艺处理技术，提供投资和经济性最佳平衡的方案，同时节约资源、提高能源使用效率、降低污染物排放。

2. 物质循环利用

污水处理达标后的再生水在园区内进行回用，用于园区内绿化灌溉、冲厕、洗车等，部分再生水深度处理后还可用于供热制冷系统工艺补水。一方面降低了新生水量的消耗量，解决区域内水资源短缺问题；另一方面实现了分质供水，提高了用水的经济性。污水处理后的污泥，连同园区内有机垃圾一同进入固废中试装置，经过工艺气化后产生低热值沼气，用于制取生活热水、补充天然气分布式能源系统等。

3. 能量梯级利用

充分挖掘资源和能源系统中的潜能，实现资源的循环利用、能源的梯级利用。例如，污水处理及中水利用系统的再生水在冬季水温可达13℃左右，直接排放造成了能量的大量损失，将该部分低品位热能进行提升利用，冬季用于园区供热，夏季还可用于园区建筑制冷。供热制冷系统中分布式能源发电后烟气可用于固废处理中试装置的局部加热。

充分挖掘污水、浅层地热能等，采用热泵系统，进一步提升后，用于供热、制冷。多源联合供热制冷系统中的天然气燃烧后优先用于发电，产生的烟气进一步提取热量，用于供热制冷，同时为固废处理中试装置预留烟气加热系统，为有机垃圾处理提供热源。

4. 土地资源集约化

因地制宜，综合考虑污水处理站/供热制冷站选址、水力输送能耗、土地价值等因素，在满足工艺要求的前提下，将污水处理站/能源站布置于地下，一方面提高周边土地使用价值，带来隐形价值；另一方面有助于革除传统粗放式污水处理站发展弊端，实现污水处理站土地租赁费或土地购置费大幅降低。

在项目中，结合陕鼓临潼制造区能源供给及环保处理现状，新建地下式污水处理及中水利用系统，实现土地集约利用。

5. 环境友好

本项目采用综合能源站进行厂区供热、制冷、污水处理、固废处理的服务，能源利用效率高，节能效果明显。项目属于清洁能源和可再生能源的应用，在节约能源的同时对常规能源消耗有较大的替代作用，减少了污染物的排放，缓解了环境危机。

（三）非常规水源综合利用项目

非常规水源综合利用项目是建设一座处理规模300m^3/d的全地下污水处理及中水利用系统，主要处理厂区内产生的生产、生活综合污水。改造雨水收集利用系统，实现控制雨水排放量目标，调控滞蓄雨水，充分利用场地条件增加雨水入渗，并将收集雨水与中水互补回用。建设污水源/土壤源热泵等多元联合供能系统。

1. 污水处理及中水回用系统

污水处理及中水回用系统采用了先进的 MBR 平板膜生物污水处理及中水回用技术，将生化处理、混凝沉淀和深度过滤结合起来，有效去除水中的污染物，净化水质。地下污水处理系统及再生水回用系统如图 1 所示，再生水回用系统具体如图 2 所示。

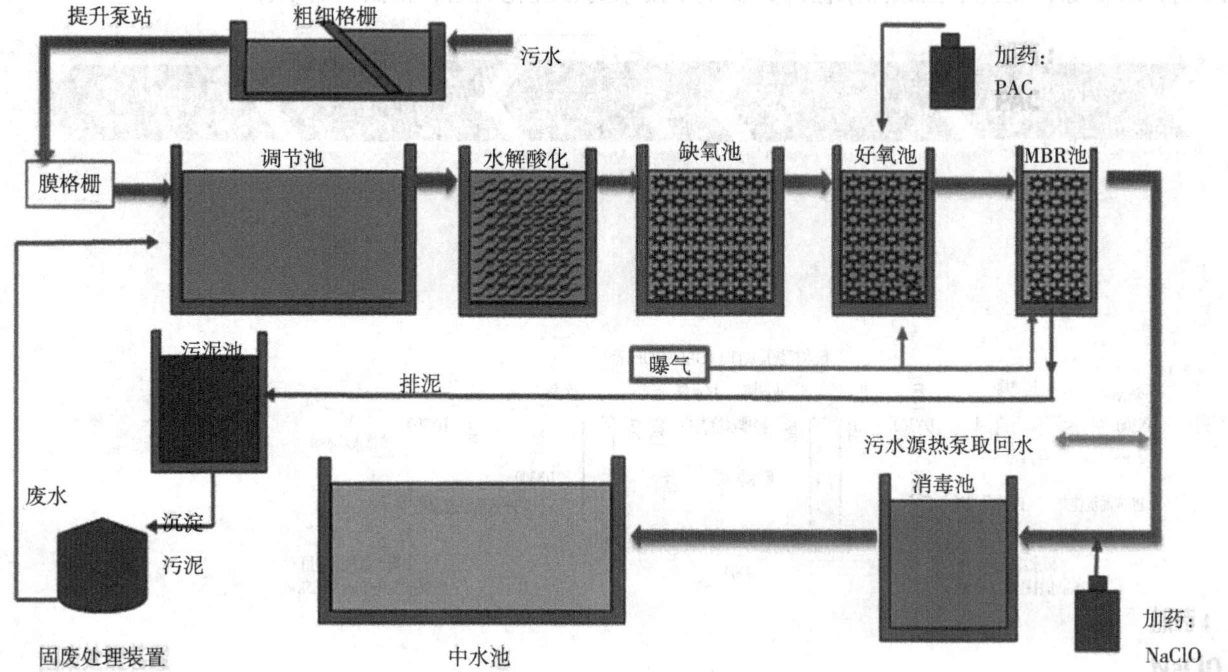

图 1　污水处理及中水回用系统

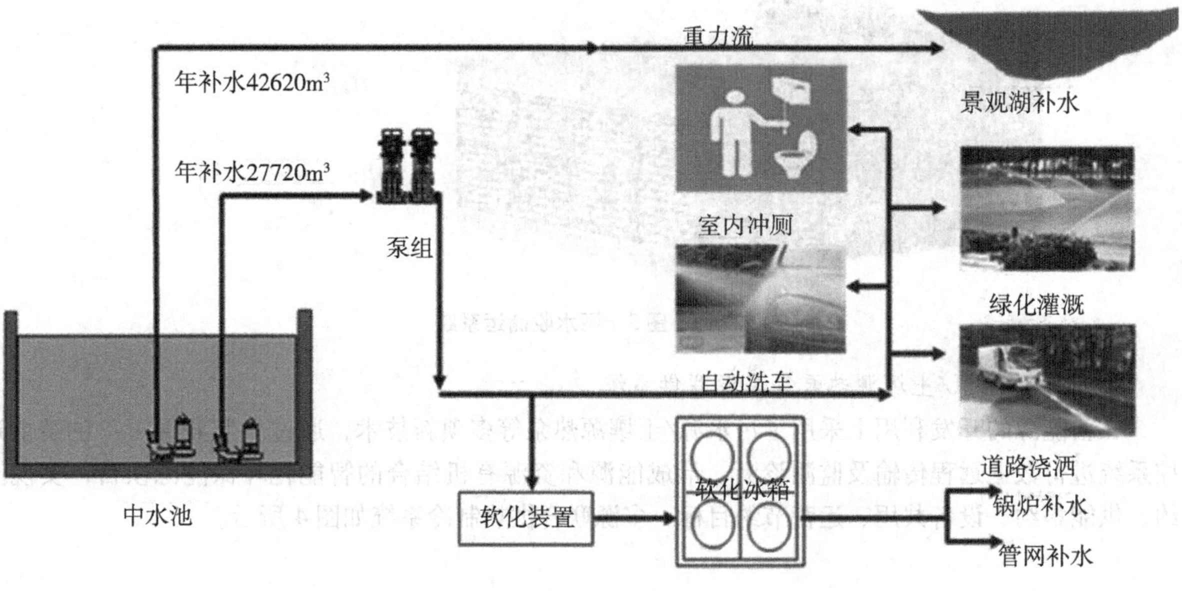

图 2　中水回用系统

2. 改造雨水收集利用系统

在雨水利用上，采用海绵城市设计理念，调、控、滞、蓄雨水，充分利用雨水收集及回用系统。通过疏林草地、透水铺装路面及雨水花园等“海绵体”对径流雨水进行收集，与厂区其他 9 处雨水过滤净化池汇总至雨水收集及回用系统，经过净化后作为整个厂区绿化灌溉及道路冲洗用水。

友谊林设计引用“海绵城市”理念，进一步降低了区域内的水污染，削减了区域内雨水峰值流量，同时涵养水资源，促进了区域内水循环，实现了雨水的合理化利用，如图 3 所示。

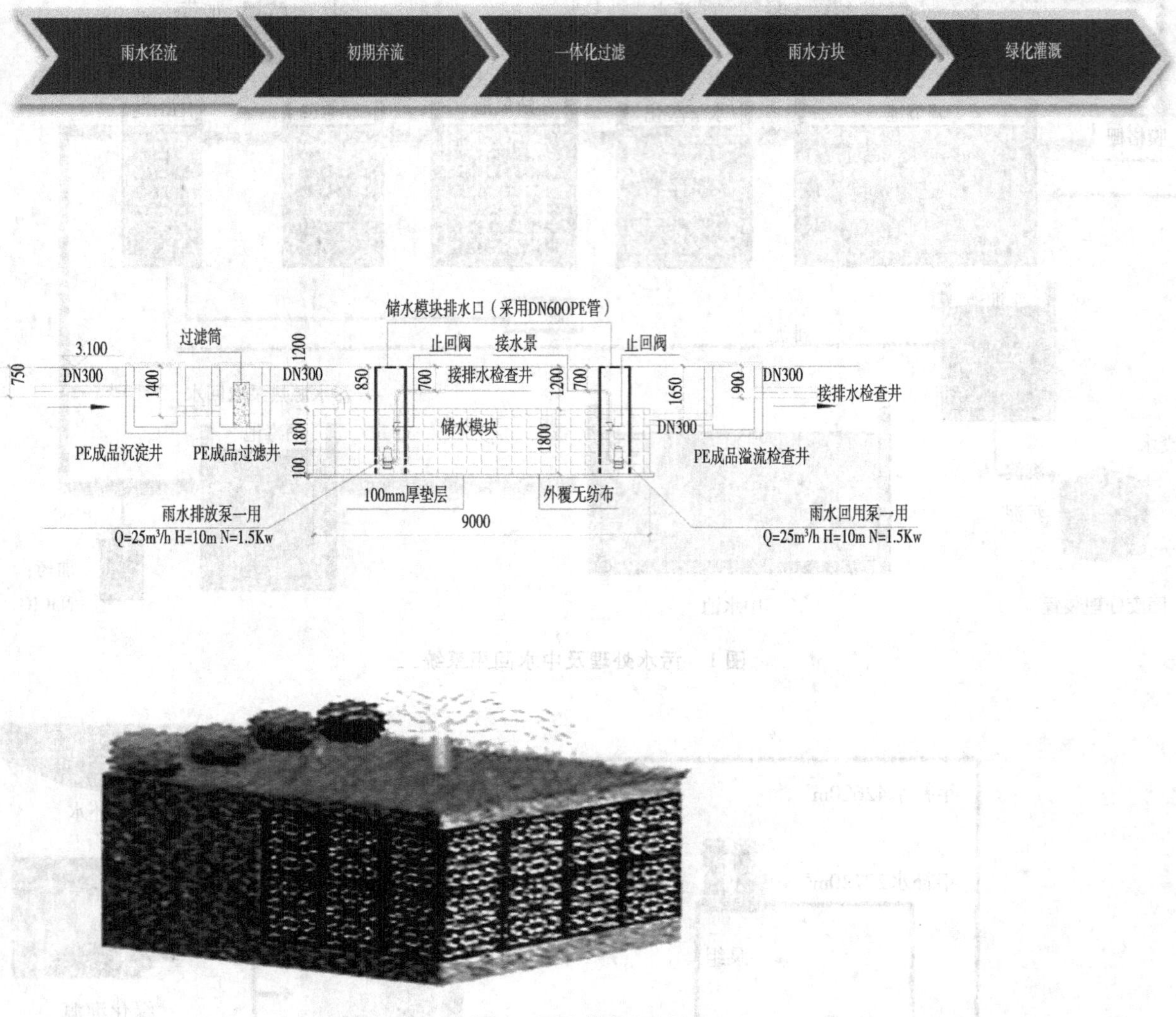

图 3　雨水收储运系统

3. 建设污水源/土壤源热泵等多源联供系统

在新能源的开发利用上采用了污水源/土壤源热泵等多项新技术，通过“互联网 +”的智能运营管控系统进行数据远程传输及监测诊断，形成能源和资源有机结合的智能化环保能源项目，实现土地集约、供能集约、设备共用、运营节约目标。多源联合供热制冷系统如图 4 所示。

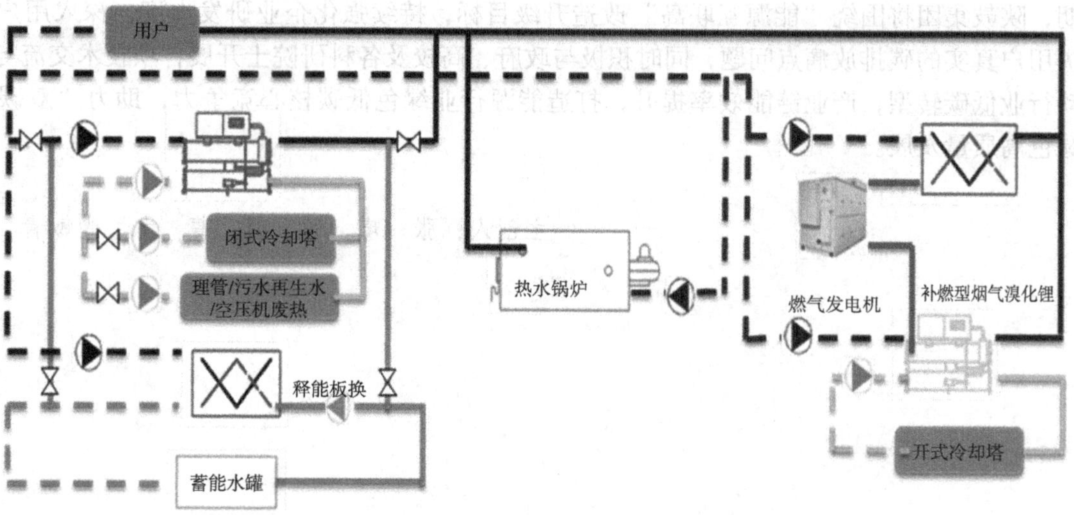

图4 多源联合供热制冷系统

三、实施效果

（一）环境效益得到明显改善

通过本项目的实施，增强了园区内部水循环利用以及中水回用，经过处理的污水可以二次回用，用于冲厕、园区绿化、洗车等，提高员工节约用水和保护水资源的意识，也明显达到了节约用水和减少污水排放的目的，并产生了实际效益。

污水处理及中水回用系统运行后，陕鼓生产厂区的生产、生活综合污水经污水收集管网收集提升至污水处理及中水回用系统，经处理后的中水经由污水源热泵系统提取能量后回用于区域绿化、能源站自身用水等，公司从项目实施前年用水量 25134m^3，下降到实施后年用水量 8132m^3，每年节约自来水 17002m^3，同比节约新水 67%，中水回用率 100%，污水零排放。

技术应用后中水产量 36836m^3，全部回收再利用，对外污水零排放。水污染物以提供某一时段检测表为依据，经处理后的主要污染物的排放浓度如化学需氧量 8 mg/L、氨氮 0. 134 mg/L、总磷 0. 08 mg/L、总氮 0. 36 mg/L 等的排放浓度均满足排放标准限定值的要求。

实施后污水处理率 100%，每年可生产中水 3. 68 万 m^3，中水利用率 100%；每年可节约自来水 17002m^3，年节约水费约为 8. 16 万元。

（二）建立了基于碳中和、碳达峰的陕鼓能源推广商业模式

针对陕鼓集团的加工园区，企业从自身出发，量身定制一套陕鼓能源互联岛系统解决方案，建立了能源互联管理新模式，利用互联网与物联网技术、工艺仿真、运行策略优化以及大数据应用，开发了区域能源供给和需求的智慧能源互联平台，同时为工程项目提供设备、EPC、服务、运营、金融、供应链、智能化七大业务系统服务。助力项目运营降低排放、提高能源综合利用效率，促进客户绿色高质量发展。

非常规水源综合利用项目是集污水收集、处理及中水的分级分质回用，雨水的收、调、渗、蓄、用为一体，水资源及能源互联为一体的非常规水源的综合利用。项目将实现废水资源化、雨水资源化、环保能源一体化的目标，有效节约自来水使用量。项目的实施具有良好的环境效益、社会效益和经济效益，降低企业成本。通过本项目的实施进一步将该方案在西安市、省内乃至全国推广，服务园区、新型城镇化、城市综合体，最终实现政府管理层、终端用户、能源供给/环保服务商共赢的局面，也将助力国内在资源合理利用、环境保护、改善投资环境、促进产业发展等方面的发展。

后期，陕鼓集团将围绕“能源互联岛”改造升级目标，持续强化企业研发力度，深入用户现场研发，解决用户真实的碳排放痛点问题，同时积极与政府、高校及各科研院士开展各项技术交流与推广活动，推动行业低碳转型，产业链能效率提升，打造能源行业绿色低碳核心竞争力，助力“双碳”目标下经济绿色高质量发展。

主创人：张　瑾、种　蕊、曹　龙、尚敏青、曹锐鑫

废旧轮胎绿色低碳高值化循环利用示范工程

双星集团有限责任公司

一、企业概况

双星集团有限责任公司（以下简称双星）始建于1921年，总部位于青岛市西海岸新区。青岛双星（股票代码：000599）是国有主板上市公司。2008年以前，双星主业主要为鞋和服装。2008年鞋服产业全面改制后从集团分离，双星全面转行到轮胎产业。

2014年1月16日，双星开启了“二次创业、创轮胎世界名牌”的新征程，通过智慧转型，关闭了所有老工厂，淘汰了全部的落后产能，建成了全球轮胎行业全流程“工业4.0”智能化工厂。同时，培育了智能装备、工业机器人（含智能物流）和绿色生态新材料三个新产业，搭建“研发4.0”+“工业4.0”+“服务4.0”产业互联网生态圈，先后被工业和信息化部授予“品牌培育”“技术创新”“质量标杆”“智能制造”“绿色制造”“绿色产品”“绿色供应链”“服务转型”全产业链试点示范企业，被称为“中国轮胎智能制造的引领者”。2018年双星控股曾名列全球前十的韩国锦湖轮胎。双星轮胎品牌连续多年荣登“亚洲品牌500强”。

2020年1月16日，双星开启了“三次创业、创世界一流企业”新征程。2020年7月16日，双星完成集团层面混改，由市属国有独资企业转为国有控股混合所有制企业。双星混改后围绕橡胶轮胎、人工智能及高端装备、绿色生态高端新材料三大主业和模式创新，实施“新四化”（双碳化、高新化、全球化、数字化）战略，尽快把双星打造成为高新化、数字化和具有社会责任的世界一流企业！

二、主要措施

（一）市场生态与资源环境

随着汽车行业的快速发展，我国废旧轮胎产生量增长迅速，每年约为3亿多条，折合重量已突破1000万吨，位居世界第一位。目前，废轮胎通常采用露天堆放的方式存储，长期的大量堆积不仅会自燃引起火灾，且易滋生传播疾病，其造成的“黑色污染”，已成为全球性治理难题。在废旧轮胎综合利用方面，我国主要有翻新、再生橡胶、橡胶粉和热裂解四种处理方式，其中，翻新、再生橡胶及橡胶粉只能处理部分卡客车轮胎，且其最后仍要通过热裂解进行处理。更重要的是，轿车胎、力车胎和日益增长的共享单车轮胎除了热裂解外，目前还没有更好的处理办法，因此，热裂解是所有废轮胎处理的“终极手段”，具有适用性广、能耗低、环境污染小等特点，可实现能源的最大回收和废轮胎的充分利用，符合废弃物处理的减量化、无害化、资源化原则，被全球认为是最有效、最有前途的循环利用方式。

（二）企业绿色低碳发展战略的制定与解决方案

双星主动承担社会责任，发挥国企生产者责任延伸制担当作用，助力“双碳”目标实现，采用全生命周期评价方法，包括原材料本身的绿色管理和轮胎生产过程的节能降耗、绿色制造，也包括产品终端的绿色服务及回收分解利用。方案采用突破能源连续利用、连续进料/出渣/输送、动态密封、产出物易聚合等难点的智能化连续裂解技术，实现万吨级连续式裂解装备的全封闭、连续化运行；集成炭黑提质的超细研磨、改性与造粒技术，提升炭黑高值化利用水平。同时，应用双星自主研发的RCOS远程运维控制系统，对生产工艺、设备运行、能源管理等数据分析，进行生产过程及工艺优化，实现设备智能生产、安全生产、节能生产。

（三）企业绿色低碳技术的研发与创新

双星通过整体顶层设计、智能化装备研发、应用技术研发，打通废旧轮胎资源循环利用的核心装备及产品高值化应用研发中的关键技术“瓶颈”，攻克裂解产品低端化、低值化应用的技术壁垒，达到国际先进水平，为市场提供多种高值化产品资源，助力“双碳”目标实现。

1. 技术 1 为反应器内裂解流动传热与反应耦合的裂解产物源头调控

废旧轮胎裂解反应包括吸热和裂解反应等不同阶段，产生的裂解产物组分、形态复杂。传统废旧轮胎（橡胶）裂解装置采用粗放式控制，对裂解过程中反应器的流动传热与反应耦合匹配关系缺乏有效调控，限制了裂解效率，导致裂解产物组分混乱无序，不利于产物高效回收利用。为了实现裂解产物的有效源头调控和过程节能，双星提出基于废旧轮胎裂解反应特性和裂解反应器工作原理，通过试验技术和模型计算结合的方式，掌握废旧轮胎（橡胶）裂解过程热力学、反应动力学及反应器内传热、传质规律匹配关系，开发反应器内裂解反应与流动传热耦合控制关键技术。设计回转窑、旋转移动床等不同技术路线的反应装置，通过在反应器预热段、反应段、燃尽段和冷凝器等不同阶段配制合理的流动和传热、传质工艺条件，对导热内构件、加热方式进行合理分配，控制温度和加热速率等变量，强化反应器内传热传质效率，使热质传递与裂解反应相匹配，实现高效有序裂解，提高反应效率，降低反应能耗，进而精确调控裂解产物组分形态及比例。

2. 技术 2 为裂解产物全组分高值化梯级利用

废旧轮胎裂解油高硫高芳，品质较差，通过详细组成分析，全面了解裂解油分子层次组成特性及规律，对裂解油全组分进行分段加工和处理，可充分利用裂解油中各烃类组分，实现低品质原料的高值化梯级利用。裂解气体产物中混合烷烯烃无须深冷分离，直接与苯烷基化生产烷基苯，可节省投资 50% 以上，节能 30% 以上；液体产物根据组成烃类的碳数分布，可分为汽油馏分、柴油馏分和残渣油。这些产物可生产高附加值芳香族化学品、高品质汽柴油、高品质橡胶填充油、可控化碳材料电极等产品；对固相产物的结构、成分进行全面深入剖析，采用熔盐温和处理，结合等离子体改性和超临界流体技术脱除固相产物中的杂质并减小粒径、提高结构度和引入活性基团实现裂解炭黑的结构修复和表面活化；通过专门针对裂解炭黑的特殊橡胶配方和加工工艺设计将改性提质后的裂解炭黑用于轮胎、橡胶制品、塑料、沥青等十余个行业中，实现废旧轮胎高效裂解副产物的“梯级分质”高效综合利用。

3. 技术 3 为污染物一体化脱除工艺

废旧轮胎裂解会产生多种气态污染物，主要包括 NOx、SO_2、颗粒物和二噁英/呋喃类等，在对有害元素含量和迁移进行控制的基础上，还需要对上述污染物进行有效脱除，使排放水平满足国家最新标准。传统污染物脱除工艺采用湿式多步脱除，相关装置工艺复杂，不仅成本高，同时也造成热量回收困难。本项目提出在无水/溶剂情况下进行多种污染物的一体化脱除。在裂解气前端深度脱除 H_2S，后端利用活性焦吸附技术对残余 SO_2 进行脱除；同时对袋式除尘器进行性能测试，研制超低排放涂层增效技术，通过微孔滤料涂层有效提高滤料过滤效率，改善其化学性能和清灰性能；此外，通过配伍优化、结构表征和优化制备研制多种污染物协同脱除新型催化剂和吸收剂；在此基础上对活性焦、除尘布袋和新型催化剂进行高效组装，并开发高效脱硫剂混合喷射技术，实现无水/溶剂情况下脱硫脱硝脱二噁英/呋喃和除尘的真正一体化。污染物的干法一体化脱除既简化了工艺，又有利于热量的回收利用。

（四）设备的改造升级

双星是行业内唯一一家集装备研发、工厂运营、环保新材料研发、环保新材料销售于一体的全流程企业，可根据市场需求不断对装备和技术进行优化。目前，主要生产装备已升级到第四代。

该装备和技术被权威专家鉴定为“国际领先”，获得山东省科学进步三等奖，先后入选国家工业资源综合利用先进适用工艺技术设备目录（2021 年版），山东省高端技术装备新产品推广目录，山东省首台（套）技术装备，山东精品装备名录，山东创新工业产品目录，山东省装备制造业优秀新产品、青岛市“专精特新”产品，第二批（2018）中国橡塑机及其配套行业“创新产品”，青岛市创新产品推荐目录，青岛市重点节能技术、产品和设备推广目录等。

（五）绿色低碳产品的开发

双星围绕市场需求，以高质化、高值化为指引，联合青岛科技大学、江西黑猫炭黑股份有限公司等单位在裂解炭黑高值化研发方面取得了显著成果，研发了多个系列多款产品和应用配方，产品指标接近工业炭黑 N660 标准，解决了裂解炭黑品质低、应用范围不广泛的行业共行技术难题，产品已在轮胎、输送带、胶管胶带、密封件、橡胶坝、高铁减震垫等十多个行业实现了高值化利用。不仅如此，双星与长沙理工大学合作研发了环保新材料改性沥青配方，合作的全球首条利用环保炭黑改性沥青的江西省级公路顺利通车，有效解决了柏油马路“夏淌冬裂”问题，增加了高速公路的耐磨性和寿命。目前，双星研发的产品已通过欧盟 REACH 法规、ROHS 指令相关认证，符合出口要求。牵头/参与制定 15 项国家标准，2 项行业标准，3 项团体标准。

（六）新技术的场景应用

基于本方案，双星于 2019 年 3 月在河南汝南建成了全球首个废旧橡胶绿色循环利用“工业 4.0”智能化示范工厂。该工厂按照“工业 4.0”标准规划建设，采用世界一流生产技术，现代化的物流生产布局，实现了智能上料、智能输送、智能裂解、智能仓储等功能，废气、废水均实现了达标排放，达到了“零污染、零残留、零排放、全利用”的环保标准，项目的安评、环评、职业卫生健康、节能均通过验收，先后被国家发展改革委纳入“2019 年中央预算内投资生态文明建设”专项，被河南省工信厅授予“河南智能工厂”“河南省绿色工厂”，驻马店市产业强市先进企业，被工业和信息化部列入废旧轮胎综合利用行业规范名单（第一批），成为轮胎行业唯一一家被列入废旧轮胎裂解领域综合利用行业规范的企业。

（七）商业模式

双星致力于绿色低碳发展，从原材料本身的绿色管理和轮胎生产过程的节能降耗、绿色制造，到产品终端的绿色服务及回收分解利用的全生命周期评价，获得多项绿色产品、绿色供应链、绿色工厂等荣誉。该方案可将废旧轮胎变成裂解油、环保炭黑、钢丝和不凝气。不凝气循环回用于装备自身加热；裂解油精制后可作为汽油和柴油使用；裂解炭黑通过深加工获得高性能、高品质的环保炭黑，可替代工业炭黑应用于卡客车胎、力车胎等生产中，实现从轮胎中来到轮胎中去，构建了“资源－产品－废弃物－再生资源”绿色闭式循环产业链。目前，双星产生的废旧轮胎已全部进行无害化处理，生产的环保炭黑已应用于部分规格的轮胎生产当中。

（八）低碳管理与运行情况

基于云平台、物联网技术，双星研发了国内领先水平的 RCOS 远程运维控制系统，由数据采集、数据存储、数据分析、数据展示、远程运维五大子系统组成，对工厂安全、环保、效率、质量、工艺、设备相关数据进行实时采集、传输，通过大数据平台对生产过程、生产环境、货物状态、设备运行等进行分析研判，实现对工厂的质量/安全/环保/能耗/效率以及工艺参数进行远程监控，对工厂设备管理实现远程故障报警/远程故障诊断/远程设备调试/远程维护等，确保工厂能够安全稳定运行，解决了废旧轮胎循环利用行业劳动密集、自动化水平低等问题，实现工厂智能化、绿色化生产和运营。

该系统在解决方案中的应用，使双星废旧轮胎绿色生态循环利用“工业 4.0”智能化工厂成为一个用户指挥、数据驱动、软件运行的智能生态系统。

三、实施效果

（一）管理效益

通过 RCOS 远程运维打造智能工厂，实现设备智能化、输送智能化、生产智能化、质量智能化。

1. 设备智能化

设备通过温度、压力、转速等不同传感器，实时获取设备各部分状态，通过设备控制系统进行实时调整，保证设备的正常运行。设备间通过以太网形成设备网络，平台系统通过工艺、流程等信息实现不同设备间的协调运行，实现了柔性生产和精细化生产。

2. 输送智能化

平台获取生产指令及设备状态等数据，通过数据分析系统，智能安排生产消耗品、产出品等的智能输送。通过智能化输送系统，替代了 90% 以上的人工操作工作，极大地降低了人工操作的劳动强度。智能化输送系统实现了准确的物料输送，保证了生产过程的连续性、稳定性。

3. 生产智能化

通过智能化输送和智能化设备的应用，实现生产过程的自动化。平台采集生产过程中的数据，通过对生产过程的数据进行不同工厂、不同设备的对比、分析，实现生产产品质量、生产效率、设备能耗等的有效平衡，实现对不同工厂、不同设备的有效调配和调度，并为生产过程优化提供数据支持，实现生产的智能化。

4. 质量智能化

平台实时采集产品质量数据，进行质量分析，并进行生产反馈以提高产品质量。多工厂、多设备不同生产过程数据与质量数据的交叉分析，通过数据分析结果，不断优化生产过程提升产品质量。

（二）经济效益

该方案可以把废旧轮胎进行无害化和高值化处理，变成 40% 的初级油、35% 的环保炭黑、13% 的钢丝和 12% 左右可燃气。10 万吨裂解规模的生态循环利用示范基地，年可生产裂解油 4 万吨、环保炭黑 3.5 万吨、钢丝 2.6 万吨，达产后年可获得经济效益近 30000 万元，实现利税约 7000 万元。

（三）社会效益

基于双星研发的智能化装备和技术、RCOS 远程运维控制系统，以智能化和数字化技术实现生产要素的全面打通和智能化协同利用，实现生产过程和结果的全方位节能减排。根据中国循环经济协会发布的《循环经济助力碳达峰研究报告（1.0 版）》，仅对比生产环节，每利用 1 吨废旧轮胎热裂解可减少二氧化碳排放约 1.1 吨，10 万吨裂解规模的生态循环利用示范基地年可减少二氧化碳排放 11 万吨，助力“双碳”目标的实现。

主创人：柴永森、陈晓燕、周士峰、周　平、张倩倩

广汇雪莲堂美术馆三星级绿色建筑低碳发展实践案例

四川广汇蜀信实业有限公司

一、企业概况

广汇集团创建于1989年，经过30多年艰苦奋斗，形成了“能源开发、汽车服务、现代物流、置业服务”等产业并进的发展格局，现拥有广汇能源、广汇汽车、广汇宝信、广汇物流4家上市公司，业务范围遍及全国各地，并已延伸至哈萨克斯坦、美国等国家，员工总数近10万人。2021年广汇集团位列“世界500强”第444位，“中国企业500强”第125位，“中国民营企业500强”第32位。

四川广汇蜀信实业有限公司（以下简称蜀信公司）为广汇集团在成都战略投资设立的重要子公司，2016年1月成立于四川天府新区正兴街道，2017年6月被广汇物流通过股权收购，纳入上市公司管理序列。公司聚焦成都、乌鲁木齐等城市的优质房地产项目，建筑管理面积近300万㎡，开发建设有成都广汇雪莲天府CBD、广汇美术馆、广汇御园，眉山汇茗城，桂林汇悦城，乌鲁木齐汇润城、颐景庭院、汇茗轩、御锦城等项目。

蜀信公司始终坚持党的政治引领，公司党组织先后荣获广汇集团、四川天府新区、正兴街道“先进基层党组织”8次；始终坚持规范治理、诚信经营，三年来公司纳税总额超13亿元，2020年、2021年先后上榜成都市全口径税收贡献100强企业和地方税收贡献100强企业榜单，受到成都市政府通报表扬。始终坚持全面提升发展质量，高度重视品质建设，成都广汇雪莲堂美术馆项目获中国绿色建筑评审的最高级别标准认证——三星级绿色建筑设计标识证书；广汇御园项目先后获得“成都市建筑业绿色施工示范工程”“中国房地产年度名盘”“最佳精品别墅”等荣誉，新疆御锦城项目先后荣获“2020中国好房子”“中国绿色人居典范项目”等荣誉称号；桂林汇悦城项目公司获评“2020年广西本土标杆房地产（开发）企业50强”称号。

二、主要措施

（一）项目介绍

蜀信公司“广汇雪莲堂美术馆”项目建设地点位于四川省成都市天府新城，基地北侧为杭州路，西侧为蜀州路（蜀州路西侧为天府公园），东侧为汉州路（汉州路东侧为商业服务设施用地），南侧为文化设施用地，场地呈不规则的矩形，整体地势北高南低、西高东低。周边道路以西北角最高，东南角最低，高差为3.2m左右。项目总用地面积为37240.86㎡，总建筑面积为73197.4㎡，由美术馆和配套用房两部分组成。该项目由美国OLI建筑设计事务所精心设计，贝聿铭弟子林兵亲自担纲操刀，是西部地区唯一具备承接专业大型国际特展硬件条件的民营美术馆。

（二）设计目标与技术原则

本项目设计追求最大限度节约能源（节能、节地、节水、节材）、保护环境并减少污染，绿色建筑关键技术体系基于因地制宜、被动式技术为主、精细化、创新等技术原则。其中，因地制宜原则，立足项目区分与自身特点，将绿色建筑技术手段与项目建筑融为一体；被动式技术为主原则，秉承以被动式为主、主动式为辅的设计策略，争取以低成本的投入换回高效益的收入；精细化原则，采用先进的计算机模拟工具和BIM设计模式，对设计结果进行定量化分析、优化比较、对各版方案效果进行预测，确保设计目标定时、定量、定质完成，同时保证建筑全寿命周期内的运行效果；创新原则，在项目中引入$PM_{2.5}$净化处理技术，进一步改善室内空气品质，打造安全、干净的室内环境。

（三）重点技术措施

1. 屋顶绿化措施

本项目美术馆架空屋顶部分和所有配套用房均采用了屋顶绿化的方式，美术馆架空部分不上人屋面可设计简单式屋顶绿化。主要利用低矮灌木或草坪等地被植物进行覆盖式屋顶绿化，不设置园林小品等设施，绿化种植土厚度以 200～300mm 为宜，选择了一些具有抗干旱、生命力强的植物。

2. 雨水回收利用措施

本项目所在地冬春雨少，夏秋多雨，雨量充沛，平均年降水量为 900～1300 毫米，而且降水的年际变化不大，最大年降水量与最小年降水量的比值为 2∶1 左右。本项目将雨水收集与室外绿地进行综合考虑：收集场地内雨水，经处理后用于冲厕、绿化及景观补水；公共活动场地、人行道的铺地材料，应采用渗水铺装，以利于雨水入渗，可渗透铺装面积不小于 50%，最大限度地增加雨水的自然渗透，补给地下水；完善屋面和地表径流规划，避免雨水淹渍、冲刷给环境带来的破坏。

雨水回收利用主要依靠渗透设施，让雨水回渗地下，补充涵养地下水资源，这种间接雨水利用技术，可起到降低场地径流系数、缓解地面沉降、减少水涝等效果。①采用透水地面，区域内非机动车道路、地面停车场和其他硬质铺设渗透性材料，把不透水的地面砖换成透水砖，通过透水砖的孔隙吸收雨水；并通过透水砖下面铺设碎石、沙砾、沙子组成的反滤层，让雨水渗入到地下。在场地设计时，将不透水面积分散设计，中间以渗透铺装隔开，避免出现大面积连续的非透水铺装，同时保证室外可透水地面面积比例不小于 50%。②下凹式绿地，低于周边道路 5～10 厘米的绿地，可以承接和回渗雨水，充分利用天然降水资源就地转化为土壤水和地下水，节省大量绿地用自来水和浇水工作量。路面雨水依靠标高差自流进入下凹式绿地，使道路必备的大量配套雨水井和雨水管可基本取消或大量减少。③雨水收集利用，利用景观生态水池、集水池等将屋面雨水及经植被渗透净化的场地雨水收集，根据用水性质的不同，采用不同的处理方式使雨水回用于项目冲厕、绿化灌溉、景观补水，处理后水质可满足不同用水水质标准。

3. 节水灌溉措施

本项目绿化灌溉采用喷灌、微灌等节水灌溉方式，使用中将灌溉时间安排在早晨而不是中午，并将灌溉时间集中在 2～3 个短周期中，这种简单的措施就可以很好地减少因蒸发和径流造成的水资源浪费。同时灌溉安排在风力小时进行，避免水的过量蒸发和飘散。另外，在系统中添加一个雨天关闭系统，即可以保证灌溉系统在雨天或降雨后关闭，也可节水 15%～20%。

4. 玻璃幕墙可控遮阳调节措施

考虑到成都夏季阳光透射玻璃入室造成室内过热，本项目玻璃幕墙可控遮阳调节措施主要采用双层玻璃幕墙，它由内外两道幕墙组成，内幕墙一般采用明框幕墙或活动窗，或开有检修门以便维护、清洁，外幕墙可采用有框幕墙或点支玻璃幕墙。内外幕墙间形成一个相对封闭的空间，空气可从下部进风口进入此空间，从上部排风口离开。这一空间经常处于空气流动状态，热量在此空间内流动，称为热通道，因此双层通风幕墙又称热通道幕墙或呼吸式幕墙。外层幕墙可不进行镀膜，当直射日光照射到玻璃表面上时，玻璃不会因镜面反射而产生反射眩光，没有光污染；双层幕墙独特的内外双层构造及其中有一层幕墙采用中空玻璃，使其隔声性能比传统幕墙提高 20%～40%，隔声量达 50db，隔声性能达到国际Ⅰ级，大大改善了室内声环境；其防尘通风的功能使其在恶劣天气（特别是沙尘暴发生的地区）也不影响开窗换气，提高了室内空气质量，它同时提供了高层的超高层建筑幕墙自然通风的可能，从而最大限度地满足了使用者在生理和心理上的需求。在节能方面，比传统的幕墙节能达 50%，保温性能达国际Ⅱ级；采用无镀膜玻璃，实现自然光照明，节省电力；具有冬季保温和夏季隔热的双重功能，有效地减少空调的使用，达到节能效果。

5. 室内空气质量控制措施

一方面考虑到项目所在地是位于四川盆地成都平原，全年静风频率高容易造成常年污染物不易排出状况，另一方面结合项目公共空间为美术馆展厅，人流较为集中，对室内环境质量要求较高实际，本项目在设计之初便明确要求要充分保证空气质量，使之成为绿色建筑设计的重要组成部分。在室内空气质量控制措施上，主要采用：①$PM_{2.5}$控制措施。在新风系统室内末端加设$PM_{2.5}$过滤装置，并设$PM_{2.5}$探头，实时反馈室内外$PM_{2.5}$浓度。②空调末端杀菌措施。在室内空调末端设置TIO_2紫外线杀菌及净化装置，起杀菌、除TVOC、甲醛、苯等有害物质作用。在紫外线灯波光波长上选用254nm的紫外线灯，避免了臭氧产生。

三、实施效果

本项目从设计阶段就整体构思建筑方案与绿色建筑技术的融合，充分运用适宜、高效的绿色建筑技术，创造出一个绿色特征明确、全生命周期环保节能和舒适高效的综合性博览建筑。

本项目重点体现绿色建筑技术的适宜性和经济性，解决的主要技术问题包括：①充分考虑适宜成都地区的被动式绿色建筑技术措施，例如，增加外窗幕墙可开启面积；加强室内自然通风效果，降低过渡季节能耗。②在建筑设计方案阶段结合CFD模拟技术，合理化建筑布局，使得建筑室外风环境良好，一方面确保室外活动的舒适性，另一方面有利于建筑室内的自然通风。采用屋顶混播草坪绿化，起到室外美化效果，保障屋面构造的热工性能；采用固定外遮阳加活动内遮阳的形式减少夏季太阳辐射热量的进入，降低夏季空调能耗。③在景观设计方面，采用乔木、灌木和草多种类型植物结合构成多层次的植物群落。屋顶设置绿化，充分缓解城市热岛效应。采用海绵城市相关绿色建筑技术措施，结合场地绿化，降低场地地表径流。④在建筑节能设计方面，对建筑围护结构进行合理设计，使设计建筑达到《公共建筑节能设计标准》GB 50189－2015的节能要求。空调设备选用高效节能分体空调，达到国家1级能效标准。对能耗进行分项计量并设置建筑能源管理系统。⑤在节水设计方面，本项目采用的所有卫生器具均为1级节水型卫生器具。设置雨水收集回用系统。绿化灌溉采用“微喷灌＋滴灌”方式控制。道路、广场的冲洗水枪采用节水型高压冲洗水枪。

正是由于本项目从建筑节地、节能、节水、节材、室外环境质量及后期运营管理等全方位进行详细策划，该项目2020年获得中国绿色建筑评审的最高级别标准认证三星级绿色建筑设计标识证书。当前，广汇雪莲堂美术馆已建设完工、开馆在即，“漂浮的盒子”已成为天府新区标志性打卡胜地，为提升城市品质提供着有力支撑。

主创人：钟　鑫、郑中信

含钛高炉渣制备装配式建筑隔墙板关键技术及产业化应用

四川省劲腾环保建材有限公司

一、企业概况

四川省劲腾环保建材有限公司（以下简称劲腾公司）位于内江市威远县连界工业园，成立于2015年3月26日，注册资金5000万元，是一家集轻质环保建材原料及装配式建筑部品部件的研发、设计、制造、施工、安装和技术咨询服务于一体的装配式绿色建筑集成服务商。公司主营业务为制造、销售轻质建筑材料及建筑材料制品成型机械，加工炉渣，建筑劳务分包，室内外装饰、装修，装卸、搬运业务，以及钢结构加工制造及施工安装。

劲腾公司通过了质量管理体系、环境管理体系和职业健康安全管理体系三体系认证，被评价认定为"国家级高新技术企业""四川省装配式建筑产业基地"和"四川省工业资源综合利用基地"，劲腾公司技术中心为"四川省企业技术中心"。

2019—2021年，劲腾公司分别实现经营收入9564.35万元、6521.66万元、8930.76万元，实现净利润3557.87万元、839.91万元、1483.99万元。

通过实施高炉渣的资源综合利用，不仅解决了高炉炼铁副产固体废物的环境污染问题，而且为去产能转岗工人和农村富余劳动力提供了251个就业岗位，实现了钢铁冶金和装配式建筑的产业融合和协同发展，创造了较好的经济、环境和社会效益。

二、主要措施

为解决钢铁冶炼副产的固体废物含钛高炉渣污染环境、利用价值不高等问题，结合国家大力发展装配式建筑、需要大量绿色环保的装配式建筑部品部件的市场现状和绿色低碳发展趋势，劲腾公司以高炉炼铁副产的固体废物含钛高炉渣为基础原料，实施资源综合利用，通过5年多持续不断的自主开发和产学研强强联合，集"技术研究—产品开发—设备研制和系统开发—装置建设—生产制造—施工图设计—工程应用"为一体，形成了从原料优选到产品研制、生产、安装和工程应用的全套技术和一大批自主知识产权，开发了高温急冷、机械抛射和深度膨化等工艺技术，发明了基于膨化渣生产制备新型装配式建筑隔墙板（以下简称PPPW）的关键技术、控制系统和全自动、智能化生产装置，创新开发建设了国内首套年产10万吨膨化渣生产线和国内首条年产50万平方米自动化墙板生产线，实现了含钛高炉渣的高值化利用，全部装配式部品部件均应用于民用住宅、工业厂房、公共建筑等装配式建筑上，不仅节能、降耗、环保效果良好，经济效益和社会效益也十分显著。

（一）创新开发含钛高炉渣膨化关键技术并实现产业化应用

系统研究高炉干渣和水冲渣的物化性能和晶相结构，创新性地提出含钛高炉渣膨化技术原理，开展含钛高炉渣综合利用以及配套技术的研究，开发高温急冷、机械抛射结合自然风冷和深度膨化等工艺技术，形成膨化渣全套专利技术，开发膨化渣陶粒、膨化渣陶砂等2个节能环保的新型绿色建材原料产品，建成国内首套10万吨/年膨化渣生产装置。

检测并研究分析了含钛高炉渣的颗粒级配、堆积密度、筒压强度、软化系数、1h吸水率、粒型系数以及含泥量、泥块含量、硫化物、氯化物、有机物等有害物质和放射性；分析研究了高钛型高炉干渣、高炉水冲渣、膨化渣的物性差异，包括化学组成、物相结构、孔隙率、水化活性；研究开发了膨化渣生产方法（含钛高炉渣除铁分流，高压冷却水喷淋急冷，粒化轮机械抛射，集渣槽中爆裂膨化，自然干燥后筛分得到膨化渣新产品）和生产系统（渣铁分离系统、膨化处理系统、筛分系统）；优化改进了粒化轮系统的进料设施、粒化轮装置和出料设施；开发出新型绿色环保的建材原料膨化渣，并细分为膨化渣陶粒和膨化渣陶砂；研究开发了膨化渣各项技术指标的检测方法、设备和装置等。

膨化渣生产工艺流程：自高炉出铁口的铁水沟分出一个铁渣沟，引出铁渣（温度在1200℃～1500℃），进行渣铁分离后含铁量很少的含钛高炉渣作为膨化渣陶粒的原料，经过一个耐高温滑动式中间包，被高压冷却水强烈冲击和急冷后，流入改进型粒化轮系统中。高炉渣被粒化轮进行机械抛射和相互碰撞，使高炉渣形成不规则的球状颗粒；同时，借助自然风的冷却作用，达到良好的膨化效果。经过改进型粒化轮系统处理的高炉渣流入集渣槽，600℃～800℃的高炉渣在集渣槽中与冷却水混合，发生爆裂并进一步深度膨化，最后形成带水的膨化渣。带水的膨化渣自集渣槽排出到干渣坑，堆放1～2天后，膨化渣经自然干燥，变成含水约8%的干渣。将干渣转运到干渣场，用破碎机系统破碎，用悬臂筛网振动筛系统筛分，粒径4.75mm以上的部分膨化渣即为本子项目所指的膨化渣陶粒，粒径在4.75mm以下的部分即为膨化渣陶砂。

膨化渣陶粒的性能全部优于标准要求，如表1所示。

表1　膨化渣陶粒的性能指标

序号	指标名称	单位	标准要求	实际指标
1	堆积密度	kg/m^3	600～800	680
2	筒压强度	MPa	≥3	3.3
3	1h吸水率	%	≤10	9.8
4	含泥量	%	≤8	6.0
5	泥块含量	%	≤0.5	0.0
6	硫化物和硫酸盐含量	%	≤1.0	0.02

劲腾公司完成的“利用高钛型高炉渣生产膨化渣技术研究”项目，经（国家）建筑材料行业生产力促进中心推荐，中国生产力促进中心协会组织专家组对申报的218项科技创新产品和可产业化技术成果进行严格评审，作为最终入选的89个先进实用、贴近民生的项目之一，被中国生产力促进中心协会评定为2018年度“中国好技术”。

（二）创新开发PPPW生产技术并实现产业化应用

创新性地以膨化渣陶粒、膨化渣陶砂等为主要原料，添加微粉、粉煤灰等活性成分，以各种水泥为胶凝材料，同时添加早强剂等外加剂，开展配方设计正交试验确定优化的配方，选择适宜的筛分、搅拌、挤压成型设备进行生产性试验，研究不同粒径的原料级配、搅拌时间、挤压振动频率、挤压机打板速率、不同季节下的半成品养护形成初期强度及起板时间以及自然养护方式或蒸汽养护的升温、降温曲线，开发出PPPW新产品；以膨化渣陶砂或江沙、微粉等为主要原料，添加膨胀剂等混凝土外加剂，研制适用于该墙板的专用干拌砂浆，通过实验室实验和现场安装应用试验，确定最优的砂浆原料配比和地模式半自动生产工艺，开发出PPPW的配套专用砂浆新产品。

此外，还研发了PPPW蒸汽养护专利技术和装置系统；研究了PPPW的耐火、隔音性能以及PPPW砌筑墙体的热力学性能；开展了与PPPW生产相关的专用于地模的脱模剂研制、打板用精地坪建筑材料及其施工技术研究、精地坪毛刺清理技术和装置开发以及特殊墙板（门头板、窗框板、空调板）的研制开发等。

PPPW 技术指标全部达到企业标准要求，全面优于国家标准要求，PPPW90 板的性能指标如表 2 所示。

表 2　PPPW90 板的性能指标

序号	指标名称	单位	国家标准要求	企业标准要求	实际指标
1	面密度	kg/m^2	≤120	≤110	106
2	抗弯承载	倍	≥1	≥1.5	2.6
3	抗压强度	MPa	≥5.0	≥7.0	13.4
4	干燥收缩值	mm/m	≤0.6	≤0.4	0.37
5	软化系数	–	≥0.8	≥0.8	0.96
6	含水率	%	≤12	≤10	4
7	空气隔声量	dB	≥40	≥42	42
8	耐火极限	h	≥1	≥1.5	2.5
9	传热系数	W/（m^2K）	≤2.0	≤1.5	1.48

国内外对比，本技术具有以下特点：原料配方独一无二；生产方法国内首创。与同类产品相比，PPPW 具有以下十大优点：重量轻、强度高、抗冲击性能好、防火性能优、隔音效果好、保温效果明显、隔热性能优良、钉挂力强、增加室内面积、安装施工方便。

（三）创新开发 PPPW 全自动生产技术并实现产业化应用

研究优化了原料配方、全自动生产工艺流程和工艺操作参数；开发了多维变频振动挤压成型技术和矢量控制挤压成型技术等一系列关键技术；开发了自动化生产装置和 12 个智能化系统（原料自动筛分系统、智能配料搅拌系统、智能自动供料系统、自动成型系统、智能切割系统、余料自动回收系统、智能分离翻转系统、自动打包输送系统、智能蒸汽养护系统、模板自动清洁输送系统、智能气动系统、中央集中控制系统）；开发了适用于分级应用的建筑隔墙用轻质条板新产品。

PPPW 自动化生产装置具有以下特点：高度自动化、高科技含量、高生产效率、高可靠性、设备价格低、运行成本低、产品成本低、适应各种物料、产品适应市场需求。

（四）创新开发 PPPW 安装工艺和施工工法

创新研究开发 PPPW 的安装工艺技术，开展 PPPW 不同安装形式、连接结构和不同墙体的施工图设计，并研究编制一套规范的《施工工法》（正在申报省级工法），确保 PPPW 在建筑工程项目上的良好应用。

（五）实现钢铁冶金和装配式建筑的产业融合和协同发展

创新性地从含钛高炉渣综合利用出发，形成了从原料优选到 PPPW 产品研制、生产、安装和工程应用的全套技术，将炼铁废渣变成新型装配式建筑隔墙板，实现了钢铁冶金和装配式建筑两个产业之间的相互融合和协同发展。

（六）完成研究成果和专利技术转化，建成国内首套生产装置

（1）将研究膨化渣形成的专利技术进行应用转化，建成了国内首套 10 万 t/a 膨化渣生产装置，目

前装置能力已挖潜改造到30万t/a，已累计生产膨化渣约90万t。

（2）将研究PPPW形成的专利技术进行产业化应用，建成了30条地模式半自动墙板生产线并形成了150万m^2/a的生产能力，已累计生产PPPW约250万m^2。

（3）将研究形成的PPPW自动化生产专利技术进行产业化实施，建成了国内首条全自动智能化墙板生产线，并形成了50万m^2/a的生产能力，已累计生产PPPW约50万m^2。

（七）实现了PPPW在装配式建筑上的工程应用

截至2021年12月31日，通过实施含钛高炉渣的综合利用，累计消耗固体废物含钛高炉渣约90万吨，生产制备新型装配式建筑隔墙板PPPW约300万平方米，全部应用于万科金域缇香、万科第五城、万科宸光名邸、万科城市之光、融创观玺台、融创玖樾台、绿地蔡桥和绿地新里程、龙湖双珑原著、远洋朗基御府、丛树家园、新希望锦麟府、国宁花园等民用住宅，“资中创新创业孵化园回家工程”等工业厂房，以及威远县竞力学校、威远县第三人民医院、重庆圣名商贸城、眉山三苏广场、威远漫城商业街等公共建筑上，满足了面积约700万m^2装配式建筑工程项目的需要。

三、实施效果

（1）被认证为首个二星级绿色建材产品并全面实现工程应用。

基于PPPW的绿色环保性能、技术先进性，劲腾公司自主申报，经四川省建筑科学研究院评价，被四川省建设科技发展中心、四川省住房和城乡建设厅信息中心联合授予“四川省绿色建材标识证书（二星级）”，为四川省墙体材料中第一个二星级绿色建材标识产品。

（2）创造并形成核心知识产权。

在实施固体废物资源综合利用、实现绿色低碳发展的过程中，劲腾公司科研人员还完成了多项发明创造，累计申请了147项专利（其中发明专利66项，实用新型专利81项），已获得授权专利93项（其中发明专利12项，实用新型专利81项）。

（3）研究编制并公开发布5个企业标准。

标准化工作始终贯穿于绿色低碳发展的全过程，由于开发的膨化渣陶粒、膨化渣陶砂、专用接缝砂浆、专用填缝砂浆、建筑隔墙用轻质条板具有各自独特的产品特性，目前没有国家标准、行业标准、地方标准。劲腾公司科研人员自主研究并编制了企业标准Q/91511024326999010Q.01－2018《膨化渣陶粒》、Q/91511024326999010Q.02－2018《膨化渣陶砂》、Q/91511024326999010Q.03－2018《专用接缝砂浆》和Q/91511024326999010Q.04－2018《专用填缝砂浆》以及Q/91511024326999010Q.01－2019《建筑隔墙用轻质条板》，在中国国家标准化管理委员会备案并在其“企业标准信息公共服务平台”公开发布，作为生产、检验、销售和仲裁的依据。

（4）获得省部级科技奖项。

经过多年的积累，劲腾公司牵头，联合四川省产品质量监督检验检测院、四川汇源钢建装配建筑有限公司、四川汇源钢建科技股份有限公司等单位，完成了省级科技成果《含钛高炉渣制备装配式建筑隔墙板关键技术及产业化应用》，由四川省金属学会提名，经四川省科技厅组织省外专家网络盲评、专家组会议评审、四川省科技评审专家委员会综合评审、四川省科技奖励评审委员会审议，一路过关斩将，最终于2022年3月25日被四川省人民政府发文公告（川府发〔2022〕10号），荣获2021年度四川省科学技术进步奖二等奖。

此外，劲腾公司联合四川大学、四川省建筑科学研究院有限公司、中国建筑科学研究院有限公司，完成的科技成果《节能型系列装配式隔墙板产业化关键技术研究》，经过3年多的申报，于2021年1月8日获得住房城乡建设部2020年度华夏建设科学技术奖三等奖。同时，该成果经过全国建筑专家评审，于 2021 年 3 月 15 日荣获中国建筑学会 2019—2020 年度科技进步奖三等奖，于 2021 年 7 月 1 日荣获中国房地产业协会 2021 年度科学技术奖二等奖。

（5）参编 3 个省级地方标准和图集。

基于在绿色建材尤其是装配式建筑隔墙板方面取得的成绩以及行业地位，劲腾公司受邀参加了 DBJ51/T129 – 2019《四川省高烈度区多高层建筑钢结构技术标准》、川 2019G141 – TY《四川省钢结构预制内隔墙板连接构造图集》和川 2020J146 – TJ《建筑用轻质隔墙条板构造图集》的研究和编制工作。

主创人：蔡建利、王杜槟、汤春林、曹立荣、周晓龙

成都生物制品研究所电能替代项目

四川智慧新能售电有限责任公司

一、企业概况

四川智慧新能售电有限责任公司（以下简称智慧新能售电公司）是国家五大发电集团之一的国家电投集团下属三级公司、国家电投集团四川电力有限公司的下属全资子公司，于2017年6月9日在成都市高新区成立，注册资本人民币1亿元。

智慧新能售电公司是一家专业从事电力销售、分布式综合能源管理、能源技术咨询服务、承装承修承试供电设施和受电设施、电力工程施工及技术咨询等业务的综合能源服务公司。主要面向四川省内企业开展售电业务，同时利用自有电厂优势，积极参与跨省跨区电力交易。自成立以来，秉持诚实守信原则，与地方政府、电力行业相关单位和工业园区管理机构均建立了紧密的合作关系，与川内发电企业、用户展开长期合作，公司年售电业务量、售电规模和资产规模均呈现良好增长态势。

目前，智慧新能售电公司主营业务板块由售电、电能替代项目两大类组成。按照上级公司的整体安排，智慧新能售电公司除继续开展售电业务外，还负责国家电投集团四川电力有限公司下属发电企业的碳资产管理工作，新增碳交易业务，并计划下一阶段开展综合智慧能源的投资建设工作。

企业的愿景是“建设一流综合智慧售电企业”。“一流综合智慧售电”是公司的奋斗方向，是公司的远大理想，是公司一切工作的目标追求。“以人为本、忠诚企业、奉献社会”的企业理念是公司处理与员工、电力客户、合作伙伴及社会之间关系的基本信条和行为准则。

二、主要措施

（一）项目设计

本项目开工前，委托了具备相应资质的设计院进行了初设评审和施工图评审，对方提出了多项建议，总承包单位一一进行了完善和优化，主要分系统设计如下。

给水除氧系统：本项目两台电锅炉增设一台大气式热力除氧器，除氧汽源来自锅炉房分汽缸。该蒸汽经减压阀后减压为0.2MPa，然后经调节阀调节流量后送入除氧头，对补给水进行热力除氧，除氧水各项指标符合国标要求，有效提高了锅炉使用寿命。

锅炉给水系统：两台电锅炉共设三台100%流量的给水泵（两用一备）。给水流量采用气动调节阀自动控制，以保证锅炉水位正常。

锅炉排污系统：为排出锅炉内水循环浓缩后的杂质，锅炉设有连续排污系统，两台电锅炉共设一个排污扩容器，容积为1.5m^3。

锅炉管道：本次水处理系统采用不结垢、耐老化、强度高的工业耐酸碱PVC管道，锅炉给水及蒸汽管道采用304不锈钢材质，有效提高了管道耐腐蚀水平和使用年限。

自控系统与控制自动化水平：本项目电锅炉控制以PLC为核心对锅炉安全稳定运行进行监控，PLC采用就地控制、远程监控方式。运行人员在控制室内通过上位机对锅炉水位、锅炉功率、锅炉压力等进行监控，现场人员进行系统的启、停、正常运行及异常工况处理。除此之外，锅炉PLC控制柜、辅助设备PLC控制柜、水处理设备PLC控制柜都设有急停控制按钮。

电锅炉实行全过程的计算机自动化控制，通过控制锅炉内筒液位，实现控制输出功率来适应外界蒸汽负荷的变动。系统设置了上位机，用于监视锅炉运行状态和保存记录相关参数。

消防设计：因燃气锅炉消防等级比电气设备高，原有锅炉房完全按照燃气锅炉房等级进行建造，消防等级更高，因此设计未改动锅炉房原消防总体设计，仅对检修平台逃生通道数量和宽度进行了核验，同时配备电气火灾相应灭火措施。

安全性保证措施设计：每台锅炉控制系统设计了压力报警和超压动作功能，能够实现超压自动报警和自动关闭动作，安全压力传感器和动作开关均采用“一用一备”形式来保证可靠性。每台锅炉也严格按照《锅炉安全监察规程》要求，各设置了 2 个安全阀，并严格按照相关要求按期对安全阀、压力表等进行了送检整定。

设计配合与优化：设计严格遵循相关法律法规和规范要求，同时根据用户负荷特点以及厂家设备资料，合理进行系统设计。在施工阶段中，积极与各参建单位密切配合，及时解决了出现的各种问题。针对客户单位提出的需求，总承包单位积极进行了设计优化，主要优化内容为：①优化了纯水箱容量，由原先 $50m^3$ 增加到了 $90m^3$，将水系统故障状态下预留的检修时间由原来的不足 5 小时，提高到了 9 小时以上。②水系统流程中优化增加了自来水缓冲装置，有力保证了在自来水水压和流量不足的情况锅炉可靠供水。③在低压配电系统中，从其他动力车间引入电源至锅炉房，同时增加了 ATS 装置，提高了系统可靠性。

（二）项目采购

项目总承包合同签订以后，严格按照国家法律法规规定和国家电投集团公司相关文件要求开展锅炉、配电设备采购及施工招标工作。供应商选择时，严格按照技术协议书要求选择进口和国内一线品牌。

锅炉电极为最核心部件，本项目电极采用瑞典 Z&I 公司原装进口。锅炉承压部件由具有丰富承压容器制造经验和业绩的大连船舶重工集团有限公司制造。锅炉循环泵、截止阀、安全阀、减压阀、压力表等高温高压部件均采用德国凯士比、德国艾瑞、德国威卡等进口产品。锅炉控制系统和传感器等部件主要选用德国西门子、瑞士 ABB、美国霍尼韦尔等国际一流厂商。10kV 断路器采用一线品牌施耐德。

本项目基础施工阶段，严格执行了原材料供货商资质审查制度，审查了钢筋、商砼、管道阀门等主要材料供货商资质，剔除了不合格厂商。基础材料进场时严格执行了现场验收制度和取样送检制度，钢筋按规格批次送检进行了力学性能试验，混凝土按批次制作了试块并送检测单位进行了抗压强度检测，各项指标均合格，无不合格产品。主要设备进场阶段严格执行了设备开箱检查流程，进口设备对报关单、商检证明等进行了仔细核查，确保所有设备满足技术协议书中关于设备原产地约定的要求。

（三）项目施工

本项目采用工程总承包建设模式，选定国核院重庆公司作为总承包单位。总承包合同签订以后，参建单位及时组建了项目管理团队，在项目开工前，项目经理会同 HSE 经理等人员，编制了《项目管理计划》《项目实施计划》等策划文件，同时根据设备选型和现场环境，对项目工期、施工队伍投入、主要工序施工机具的选择等进行了统筹策划。

在选择安装和供货供应商时，除了审查资质等级、资信条件等硬性条件外，还重点关注了类似项目业绩，确保投入现场为专业化队伍，禁止挂靠、违法分包等情况出现。

施工阶段，在起重吊装、管道焊接、水压试验、调试试运行等工序实施前，及时组织编制了专项施工方案，严格履行了专项方案编审批程序。各项工序实施期间均进行了现场监督，保证施工作业稳定受控。

锅炉到货后，总承包单位及时组织安装单位向成都市特检院进行了锅炉安装告知，建设过程中及时配合特检院进行锅炉各项监督检验工作，调试完成后及时向成都市特检院申请验收，取得了锅炉安装监督检验合格证书和使用登记证。锅炉安装和使用符合《中华人民共和国特种设备安全法》相关规定。

（四）HSE 管理

项目建设期间，建立健全了项目安全管理体系。各参建单位配备了专职安全生产管理人员，明确和细化了各方安全管理职责。建设单位主导成立了本项目安委会，通过开展常态化安全检查和专项检查，严格落实了各项安全管理制度，确保现场施工安全。

人员入场教育培训、安全技术交底、大中型施工机械进场检查、安全检查、安全旁站等各项安全管理制度执行到位。起重吊装、施工用电、旧锅炉和油罐拆除、焊接动火作业等高风险作业实施前做好风险辨识和预控工作，认真执行了危险性较大分部分项工程作业安全管理要求。项目工程建设和运行维护过程中安全稳定受控，未发生任何安全事故。

三、实施效果

1. 节能环保，助力四川省清洁能源发展

随着电能替代项目投运，成都生物制品研究所将实现废气废渣“零排放”，不仅能够常年达标《成都市锅炉大气污染物排放标准》，还能有效降低燃气锅炉运行噪声。经测算，气改电后蒸汽设备 NOx 和 SO_2 排放量分别从 3.2 吨/年和 0.4 吨/年降低为 0，真正实现了“零排放”的环保目标。此外，本项目投运后根据年用电量折算，可减少 6.5 万吨二氧化碳排放。

2. 消纳水电，促进四川省资源优势转化

四川省清洁能源资源富集，但外送和就地消纳均受到制约，长期面临弃水现象。本项目投产后每年为全川消纳接近 5000 万千瓦时的水电电量。

3. 降本增效，为用能企业创造成本优势。

该项目改造前，用能企业使用燃气锅炉，天然气价格居高不下且冬季供气压力波动较大，且辅助的人工较多，用能成本偏高同时影响企业平稳生产，企业燃气锅炉成本约 270 元/吨。而经对比，改造后企业用气成本将降低到 240 元/吨，仅此一项每年就可以为企业节约 220 万元。此外，新建成的电极式锅炉已能够满足企业“十三五”期间计划新上产能的需求，为企业节省了增建锅炉设备的成本，电能替代将成为企业降本增效的重要手段。

4. 运行稳定，使用效果获得客户充分肯定

本项目于 2019 年 2 月 27 日开始产汽，试运行期间锅炉运转良好，锅炉出力达到 14.75t/h，经特检院测试，能效高达 99.57%。

5. 自动化程度高，人员运行环境改善明显

电极式锅炉设备维护简单，运行稳定，运维人员配备更为精简，运行时的声噪极小，产出蒸汽后所排出的水均达到国家四类水标准，相较于燃气锅炉几乎不造成任何污染。除此之外，锅炉 PLC 控制柜、辅助设备 PLC 控制柜、水处理设备 PLC 控制柜都设有急停控制按钮，能够实现全过程的计算机自动化控制。

6. 安全性强，三大举措为保电供能提供保障

本项目投产后，用户原有燃气锅炉仅作为备用，电锅炉运行时通过三大措施降低安全风险：一是通过扩容纯水箱容量，提高故障状态下应急处理时间裕量；二是水系统优化增加了自来水缓冲装置，有力保证了在自来水水压和流量不足的情况锅炉可靠用水；三是增设双电源回路，确保电力供应安全。

7. 可复制性强，市场应用前景广阔

根据四川省对锅炉大气污染物排放标准的逐年严控，用能企业逐步淘汰现有的燃煤、燃气和生物质锅炉，转而选择更环保更高效的电锅炉。这标志着本项目的可复制性极强，具有较高的推广价值和广阔的发展前景。

项目的成功投运，一方面充分证明了能源技术与政策的高度融合利用能切切实实降低用户的综合用

能成本，另一方面是得益于国家电力投资集团在能源投资、工程建设、项目运营以及电力交易、能源政策研究等方面整体优势的体现。随着后期项目综合用能智慧平台采集和管控功能的完善，对成都生物制品有限公司用能情况作进一步的诊断分析，打通能源要素高效流通的瓶颈，将更大限度地降低用户能耗水平。

主创人：张立平、刘馥铭、任　斌、谢枋洲

“点站场”模式废旧物资循环利用体系

天津拾起卖科技集团有限公司

一、企业概况

天津拾起卖科技集团有限公司（以下简称拾起卖）是循环产业高科技企业，2015年成立，总部位于天津市空港自贸区，主营业务为循环产业综合回收利用，包含再生资源仓储加工配送、城市综合性回收、互联网研发、循环产业技术研究等板块。拾起卖将互联网、物联网等先进技术引入传统再生资源行业，以“一城市一矿山”为战略目标，倾力打造从废弃物产生源头到资源循环利用者之间完整供应链。

拾起卖打造了全国首例虚拟仿真再生资源工厂和再生资源智能测评系统；自主研发的城市矿山大宗商品交易平台、城市逆向物流综合管理平台等多个线上产品，配合线下业务板块，为企业内部、政府部门、商业客户以及社会公众提供优质、高效、便捷的废弃物管理服务。

拾起卖2019年实现营业收入65亿元，纳税10亿元；2020年实现营业收入52.27亿元，纳税8亿元；2021年实现营业收入71亿元，纳税11亿元。

拾起卖以“一城市一矿山，一群人一梦想”为企业愿景，以全面落实习近平总书记关于垃圾分类的一系列重要指示批示精神，努力打造中国特色循环经济新发展模式，以科技创新、数据赋能为本，与循环经济深度结合，为实现“双碳”目标提供有力支撑。

拾起卖热心投身环保公益，积极承担社会责任。自2016年起，公司投入垃圾分类推广工作，每年开展近百场丰富多彩的垃圾分类环保公益活动。企业一直倡导与社会、环境和谐共融，承担社会责任的公益初心始终不变。

二、主要措施

（一）市场环境

目前我国废旧物资回收利用行业仍处于行业升级优化阶段，废旧物资的回收再生率（20%）比欧美发达国家（50%~70%）相比仍存在较大差距，也表明我国废旧物资循环经济还有很大的提升空间，需要对现有的废旧物资回收从业人员、回收站、分拣中心、运输物流、回收利用的上下游企业进行有效整合，形成可持续发展的绿色产业链，高质量提高废旧物资综合回收利用率，更好发挥节能减排与资源供给的作用。

拾起卖通过废旧物资循环利用体系建设的统一规划、统一布局，实现废旧物资物质流和资金流的全流程数据可视化和流向可监控，使行业摆脱“小散乱”发展格局，逐步走向规模化、规范化、标准化，形成从回收到分拣加工的全链条式发展格局，同时，通过智慧化、标准化、规范化管理和运营，拉动行业整体转型升级，迎合和匹配现代城市管理和发展需求。

（二）商业模式

拾起卖致力于探索与践行“再生资源+产业互联网+垃圾分类绿色低碳循环经济”新型综合回收利用模式的建立，将传统的再生资源回收行业垃圾分类与先进的互联网、物联网、人工智能、大数据等技术有机结合，以“产业+模式”构建了自主再生资源生态圈。打造循环经济绿色供应链，以线下实际交易为依托，打造线上规范化、电子化、信息化的再生资源供应链管理平台，形成新型、可追溯、标准化、可复制的再生资源行业供应链管理模式。

（三）实施内容

拾起卖在 2016 年已成功上线第一代“上门回收 + 旧物管理”的互联网 APP，致力于解决社区、高校、写字楼、工厂的折旧物、废弃物等回收需求，通过回收资源再利用，解决再生资源重整，改变回收行业的散、乱、污，服务难、找人难的困境。通过线上下单、线下回收的模式，让回收服务更高效，用户可以提前预约定点回收，真正实现轻松、实效畅享旧物环保新生活。用户通过拾起卖回收软件，点击回收，填写好地址，预约好时间，拾起卖的回收订单便会自动分配到用户区域的负责人，会准时准点上门进行回收服务。配备新能源电动环保运输车和高素质专业人员队伍，全程卫星导航跟踪，后台综合管理，完成回收工作的同时也完成相关数据的沉淀和积累。

拾起卖在 2018 年全新推出的新能源纯电动移动回收车，依托互联网平台，结合大数据优势，采用线上下单、线下上门回收的经营模式，以价优为基础，公平求生存，用信誉作保证的合作态度对待每一个客户。目前拾起卖已配备了多辆新能源电动环保运输车和一批高素质的专业人员队伍，构建了由车载流动回收站组成的覆盖全市、低碳环保的动态逆向物流网络。采用城市再生资源逆向物流体系，主营城市再生资源回收、分拣、配送等业务。在逆向物流体系中，注入了即时通信、定位跟踪、实时监控、数据存储等互联网技术，提升再生资源收运、分拣、配送体系的运行效率。将城市看作“取之不尽，用之不竭”的再生资源矿山，对城市矿山资源进行有序、科学、环保开发利用。

2019 年拾起卖以现有客户为基础，以移动回收站为依托，以废旧物资绿色分拣中心为支撑，建立“点站场”废旧物资循环利用体系。主要建设内容如下。

1. 全链条运营

拾起卖将废旧物资循环利用产业与互联网深度融合，以“一城市一矿山”为战略目标，打造废旧物资供应链“向前一公里”和“向后一公里”的闭环解决方案，搭建起从废旧物资产生源头到资源循环利用者之间的完整供应链。“向前一公里”对接公共机构、金融机构、工业企业，回收范围包括废纸、废塑料、废弃电器电子等九大类再生资源，构建以“点站场”组成的覆盖城市的低碳环保的动态逆向流通网络，形成标准的“城市矿山”开发模式，提升城市废旧物资循环利用体系运行效率。“向后一公里”对接再生资源综合利用企业，以“互联网 + 城市矿山”思维布局废旧物资加工配送，搭建废旧物资者与利用者之间的供应链管理平台，优化交易程序、统一交易标准、建立诚信交产出易、打通流通渠道、加快库存周转，实施废旧物资供应链“向后一公里”的闭环解决方案，实现货物的匹配交易、快速结算、准确配送、安全仓储，推动生产加工企业、回收配送企业以及加盟商、供货商之间的业务交易无缝链接。

2. 线上线下协同发展

打造一套“线上一线下”系统，线上集成物质流、信息流、资金流、票据流等数据，线下建设点站场等废旧物资循环利用体系。线上，健全区域监测监控平台网络体系，依托大数据、物联网、云计算，打造管理信息平台，实现废旧物资循环利用全流程数据可视化和流向可监控。利用互联网、物联网、5G 等现代技术手段形成可追溯、可监测的智能化废旧物资回收利用信息网络，保证废旧物资源头信息、运输过程以及分拣加工全过程的数据完整性。线下，统一规划、统一布局废旧物资循环利用体系。根据区域内街道、社区、村庄以及人口的数量，通过模型的测算，确定废旧物资交投点、移动回收车、分拣中心的数量，统一规划和建设交投点和分拣中心，并对移动回收车的路线和停靠点位进行合理的规划和设计，实现废旧物资集中收集、集中转运、集中加工、集中处理和处置。

3.“点站场”模式

“点站场”废旧物资循环利用体系由终端产废群体、移动交投点（或车）、移动回收站（车）、绿色分拣中心（场）构成，线上线下系统衔接融合、相辅相成。线下根据区域内街道、社区、村庄、人口的数量及经济发展水平，通过模型的测算，确定废旧物资点（交投车）、站（移动回收车）、场（绿色分拣中心）的数量，统一规划、布局、建设，并对移动回收车的路线和停靠点位进行合理的规划和调度，实现废旧物资集中收集、集中转运、集中分拣、集中加工，提高回收及物流运输效率，降低运行成本。线上依托大数据、物联网、云计算，打造管理信息平台，实现废旧物资循环利用全流程数据可视化和流向可监控，利用现代技术手段形成可追溯、可监测的智能化废旧物资回收利用信息网络，从线上集成物质流、信息流、资金流、票据流等数据，健全区域监测监控平台网络体系，保证废旧物资源头信息、运输过程以及分拣加工全过程的数据完整性。

政府支持龙头企业通过加盟、兼并合作方式，整合传统闲散无证回收商贩（政府监管、政企共同出标准及培训、上路及停靠授权、集中交售）及规范“散乱污”废品收购点、打包站，建立标准化、规范化回收网络，逐步吸纳更多从业者进入规范的循环体系，统一管理，提升全品类回收功能，提高废旧物资回收管理效率，扩大回收网络覆盖面。回收体系可实行区域网格化分配运营模式，设区域网格责任人，并采用“固定与流动相结合、定时与定点相结合”方式。

4. 搭建生态服务体系

政府支持龙头企业搭建集企业注册登记、财务税收、保理金融等于一体的生态服务体系，构建废旧物资循环利用产业生态圈，助力行业健康发展。为推动行业规范发展、实现废旧物资在线交易和为税票监管提供支撑，整合创新资源，建立产业数字化平台，发挥数字化平台的链接和整合能力，针对行业目前存在的价格波动、安全生产、进项票缺失等共性问题，通过上下游联动，共建“废旧物资＋互联网交易”生态圈；借助平台工序对接、网络协同、远程服务等优势，实现从线上的信息流匹配，线下的物流、商流对接，再到线上的数据管理，打造“商流＋物流”双轮驱动的数字化平台模式，为废旧物资循环利用产业提供全方位服务。

5. 建立区域交易中心

建设具有再生资源、用能权、碳排放权和二手商品交易功能区域交易中心，实现基于废旧物资交易及资源能源利用的全链条组织运营。利用互联网和大数据技术，统筹建设区域再生资源交易平台，提供以鉴证服务为核心，配套咨询服务、评估服务、交易建议服务、交割服务为一体的综合服务，实现区域再生资源在线交易和辅助监管。辅助试点城市完成用能权交易试点建设，完善用能有偿使用和交易制度，做好与能耗双控制度的衔接，同时积极探索建立用能权指标有偿取得机制，丰富交易品种和交易方式。在进行用能权试点建设的同时，统筹加快区域碳交易中心建设，提供包括温室气体、节能量、主要污染物、能源权益化等能源和环境权益现货以及其衍生品合约交易等相关配套服务。完善二手商品交易市场，建立涉及车辆、家电、手机等二手商品鉴定、评估、分级等功能为一体的二手商品交易中心，推进循环产业的高质量发展。

三、实施效果

（一）减碳节能效果

从减碳节能效果上看，多回收利用 1 吨废钢铁，就可减少 1.5 吨二氧化碳排放，减少使用 62% 品位铁精矿 1.6 吨铁矿石和 0.74 吨标准煤；多回收 1 吨废纸可造出 800 千克纸，就可减少 1.3 吨二氧化碳排放，节省木材 300 千克，降低 75% 的造纸污染排放，节能 40%；多回收利用 1 吨废塑料，可生产再生塑料 800 千克，可减少二氧化碳排放 5 吨多，节能约 85%，降低生产成本 70%～80%。

项目建设完成后，2020 年至今已回收废钢铁 394.09 万吨、废纸 207.8 万吨、废塑料 2.98 万吨，相当于减少 876.18 万吨的二氧化碳排放，为国家碳中和、碳达峰的发展目标做出贡献。

（二）落实成效

拾起卖贯彻落实习近平生态文明思想，加大投入建立“点站场”模式废旧物资循环利用体系，截至 2022 年 5 月，已建成 2 个再生资源分拣中心，并投入运营，其中北辰分拣中心建于 2019 年，通过多年发展，目前已实施“公共机构回收服务项目”“信息载体销毁服务项目”“城市综合回收项目”“工业固废项目”“天津市医疗机构可回收输液瓶（袋）回收项目”等多个，并于 2022 年 4 月顺利通过绿色分拣中心认证，取得了再生绿色分拣中心认证证书，成为全国第三家获得该证书的再生资源企业。

（三）经济社会效益

1. 助力实现“双碳”目标

废旧物资是能源的“存储器”，回收利用的废旧物资可以同步回收固化在产品材料中的能源和碳，通过再生利用、二手商品交易、再制造等不同层级的利用方式实现多维度降碳，助力国家早日达成“双碳”目标。对于不同物资循环利用本身也是有助于减少碳排放的一大有力途径，尤其是钢铁、有色金属等高耗能产品的再生利用，能够实现物质投入的减碳化，能有效减少原材料开采、运输及生产加工过程等价值链上的碳排放。二手交易、再制造等形式，一方面可以延长产品使用寿命，将原材料制作产品过程中的碳排放持续固定在产品中，能够减少生产新产品的能耗和碳排放，实现产品功能和价值的保留；另一方面也避免产生大量废物以及处理过程中的碳排放问题，可以有效助力实现“双碳”目标。

2. 助力再生资源产业提质升级

加快构建废旧物资循环利用体系，促使再生资源行业发展趋向集聚化、规模化、规范化、信息化，推动二手商品、再制造产品流通秩序和交易更加规范，有利于再生资源行业高质量发展。完善的废旧物资循环利用体系催动再生资源行业朝着规范化、专业化、信息化、全链条、一体化运营，有效推动前端资源回收水平逐渐提高，持续提升行业发展质量和效益。同时，废旧物资循环利用体系的逐步完善可以带动再生资源加工利用项目开展技术升级和设备更新，有利于提升再生资源加工利用水平，提高后端资源利用效率。通过构建完善的废旧物资循环利用体系可以规范二手交易市场，为相关二手商品的交易和使用清除障碍，同时也有利于再制造关键技术使用和推广，推进再制造产业高质量发展，有助于提高再生资源循环利用效率。

3. 助力循环经济发展

构建废旧物资循环利用体系是发展循环经济、建设资源节约型社会的重点任务。依托现有国家“城市矿产”示范基地、资源循环利用基地、工业资源综合利用基地，构建废旧物资循环利用体系，可以推动再生资源行业集聚发展，明确再生资源产业发展方向和路径。同时，还可以促进闲置资源优化利用，提高闲置资源管理的数字化和平台化，进一步激发二手交易市场的巨大潜力，推动二手市场商品交易蓬勃发展。

4. 推动区域经济高质量发展

构建废旧物资循环利用模式，有利于加快城市发展方式转变，推动经济高质量发展。废旧物资循环利用问题是发展方式、生活方式和消费模式问题。城市是现代经济发展的主要载体，是废旧物资循环利用问题解决方案的重要提供者和执行者。当前，部分城市在城市规划、产业布局、基础设施建设方面，对于废物资回收、利用和处置问题重视不够、考虑不足，严重影响城市可持续发展。推进废旧物资循环利用体系建设，使提升废旧物资管理水平与城市供给侧结构性改革相衔接，与城市建设和管理有机融合，将推动城市加快形成节约资源和保护环境的空间格局、产业结构、工业和农业生产方式、消费模式，提高城市绿色发展水平。

主创人：陈　奕、魏巳祥、毛允正

功能性差别化聚酯装置酯化蒸汽余热发电项目

桐昆集团股份有限公司

一、企业概况

桐昆集团股份有限公司（以下简称桐昆）是一家投资石油炼化，以聚酯和涤纶纤维制造为主业的大型股份制上市公司。公司于2011年5月在上海证券交易所成功上市（股票代码：601233）。经40多年的发展，公司现拥有总资产近700亿元，营收近600亿元，下辖3个直属厂区和30多家控股企业，垂直整合了“炼化－PX－PTA－长丝－加弹－织造－印染”，形成了从“一滴油”到“一匹布”的全产业链布局。

公司连续20年入选中国企业500强，2022年度位列第223位，同时，公司荣登全球知名商业杂志《福布斯》发布的“2022全球企业2000强”榜单，位列第1551位。公司涤纶长丝产能居中国及全球企业之首，是涤纶长丝行业的“单项冠军”。主导产品有“GOLDEN COCK”牌涤纶长丝、“桐昆”牌涤纶长丝以及聚酯切片，涤纶长丝有POY、FDY、DTY、复合丝、混纤丝、中强丝等六大系列1000多个品种，其中POY、FDY、DTY三大系列产品入选国家绿色设计产品。

公司拥有国家企业技术中心、国家认可实验室、独立法人研究院等研发平台，曾主持或参与标准制修订86项，拥有专利836项。自2010年以来，公司先后荣获省部级以上荣誉37项，其中2013年，公司主持的《超大容量高效柔性差别化聚酯长丝成套工程技术开发》荣获国家科技进步奖二等奖。2021年，公司主持的《多功能差别化聚酯纤维绿色制造与应用技术集成创新项目》荣获浙江省科技进步奖一等奖。

公司2019—2021年营业收入分别为505.8亿元、458.3亿元、591.3亿元，利润分别为37.6亿元、30.0亿元、79.77亿元。

栉风沐雨四十余载、砥砺奋进新的征程，桐昆作为红船旁的企业，秉持“打造百年桐昆、实现永续经营”的伟大愿景，始终坚持听党话、感党恩、跟党走，坚持与时代同行、与改革共进，把“行纤维之事，利国计民生”作为企业使命，做值得尊重的企业，受人欢迎的伙伴。

二、主要措施

2020年9月22日，习近平主席在第七十五届联合国大会一般性辩论上郑重宣布：“中国将提高国家自主贡献力度，采取更加有力的政策和措施，二氧化碳排放力争2030年前达到峰值，努力争取2060年前实现碳中和。”这一重要宣示为我国绿色低碳发展提供了方向指引、擘画了宏伟蓝图。《中共中央国务院关于完整准确全面贯彻新发展理念做好碳达峰碳中和工作的意见》进一步明确了碳达峰、碳中和工作目标和实施路径，并提出了具体举措。同时，涉及多个行业领域的“1＋N”政策体系也在加快出台。

对于化纤行业，2022年4月，工业和信息化部、国家发展改革委发布了《关于化纤工业高质量发展的指导意见》，提出化纤工业高质量发展要坚持“绿色发展，循环低碳”等原则，推进绿色低碳转型，绿色低碳循环发展已然成为化纤行业高质量发展、持续做大做强的必然选择。

桐昆作为化纤行业领军企业，一直致力于引领行业绿色低碳发展，做行业绿色发展的先行者，开展低碳前沿领域研究、技术创新和示范试点工作，具体工作如下。

（一）高标准制定绿色低碳发展战略

“十三五”时期，集团根据工信部及省市各级政府印发的《化纤工业“十三五”发展指导意见》，结合企业发展实际，制定了《桐昆集团“十三五”绿色发展战略规划》，设定了单位增加值能耗、废水排放量、用水量等三大目标任务，布置了推广绿色制造技术、开发再生循环技术、提升环保治理能力、实施“标准化+化纤产业”等四大行动，提出了绿色制造技术和装备、废旧瓶片回收及纺丝技术、高值化循环再利用纤维生产技术及装备、原液着色产业化关键技术、完善环保设施建设等五项重点工作。通过加强节能和资源综合利用、发展循环经济，逐步建立完善的化纤绿色制造体系，促进产业绿色发展。

进入“十四五”，集团积极谋划制定绿色发展战略，随着《关于化纤工业高质量发展的指导意见》发布，集团将根据企业“十四五”发展战略目标和企业绿色发展实际，制定“十四五”绿色低碳发展战略规划，引领企业持续走绿色低碳高质量发展道路。

（二）加快绿色低碳技术研发与创新

（1）大力推广清洁生产技术。推广聚酯装置余热利用技术，PTA 余热发电技术、聚酯装置乙醛回收利用技术、原液着色产业化关键技术、聚酯无锑催化剂聚合技术、公用工程节能增效技术、挥发性有机物处理技术，推进生产技术密闭化、连续化、自动化，有机溶剂减量化，推广使用低（无）VOCs 含量原辅材料。

（2）突破循环利用技术。大力推广聚酯块料、废水、污泥废弃物等的循环利用技术，开发与应用废旧纺织品、废弃聚酯瓶等资源回收和产品梯度循环技术，开发废丝醇解、杂质分离、聚合、纺丝连续化再生纤维制备的产业化技术及装备；提升大容量物理法循环再利用纤维生产技术水平，拓展应用范围。

（3）加大行业研发经费投入。“十四五”时期，行业绿色低碳研发人员和投入经费持续增长，高性能纤维研发制造能力满足国家战略需求。

（三）实施绿色低碳装备改造升级

（1）鼓励示范企业装备能效提升。开展 1 ~ 2 个能效试点企业，鼓励技改和新建项目采购一级能效的重点用能设备，进一步提高能源利用效率，降低装置整体能耗，提高单位产品和产值的能效水平。

（2）大力实施节能降耗设备技改。如实施 PTA 生产装置、化纤聚合装置等整体工艺和设备提升，厂区集中供热，压缩空气集中供应替代空压机试点改造，永磁同步电机推广，“零气耗”空压干燥机替代改造，纺丝卷绕头改造等。

（3）加快推进装备数字化改造。实施 5G + AI 智能巡检系统、智能落筒系统、智能铲板系统、智能喷丝板检测和组装组件系统、在线质量监测及管理系统、智能包装系统、智能自动化立体仓库和输送系统、热电智能化系统等一系列智能化系统装置替代，在减少人工成本的同时，大大提升了生产效率，有效降低了单位产品的综合能耗。

（四）加快绿色低碳产品开发应用

目前聚酯产品的竞争呈现绿色环保、高品质、高功能等突出特点，加大开发绿色涤纶长丝产品，提高产品附加值，将有利于企业调整产品结构，抢占国际市场份额，增加新的利润增长点，从而增强核心竞争力。集团一直以来重视新产品研发，机构配置上有企业技术中心和新材料研究院两个制高点部门，共同负责推进新产品研发和推广，发展战略上执行差别化、功能化和高新化产品策略，提高产品附加值的同时避免同质竞争。涤纶长丝产品包括 POY、FDY、DTY、复合丝、混纤丝、中强丝等六大系列 1000 多个品种。

2020 年以来，桐昆与中国化学纤维工业协会联合举办“中国纤维流行趋势”活动，研制和开发高新技术产品和流行纤维，面向国内外市场推出了绿源丝、康逸丝、绒柔丝、弹韵丝、炫彩丝等五大系列创新产品，同时加强与后道面料及成衣客户合作，进一步提升了桐昆品牌的市场影响力，提高了品牌效应。

（五）加强新能源领域布局和技术应用

（1）积极布局新能源新材料产业。实施磷酸铁锂新能源材料、天然气制乙二醇等项目，进一步拓宽产业维度，向国家战略性新兴产业进军，进一步增强企业竞争力和综合实力。

（2）大力实施新能源技术应用。积极实施分布式光伏发电项目，已实施和在建光伏项目20余个，光伏板总面积超27万平方米，总装机容量超60MW。2021年，已建成光伏项目发电量超2800万度，同时，积极谋划储能电站等其他新能源技术应用项目实施。

（六）加强绿色相关创建和标准制定

集团作为涤纶长丝行业单项冠军企业，在绿色制造领域方面的工作从未停止。主持制定了行业或团体标准《绿色设计产品评价技术规范 聚酯涤纶》及《聚酯涤纶行业绿色工厂评价技术》，不仅填补了国内标准空白，而且主要技术指标达到国际先进或国内领先水平。同时，公司三大系列产品POY、FDY、DTY被工业和信息化部列选为聚酯涤纶绿色设计产品。2021年，公司获评工业和信息化部工业产品绿色设计示范企业和国家级绿色工厂，绿色制造系统集成项目“多功能差别化聚酯纤维绿色制造与应用集成创新”荣获浙江省科技进步奖一等奖。

目前，集团在原料、制造、产品应用三个环节实现了绿色化。接下来集团要将绿色标准、绿色发展、绿色元素融入产业链上下游工厂，努力打造产业绿色生态圈，推动全产业链实现绿色可持续发展。

（七）提升绿色低碳综合管理能力

（1）加强数智运营管理。集团正在建设的“数智运营中心”，被认定为省重点工业互联网平台，包括大数据平台、物联网平台、人工智能三大平台，将充分利用三大平台赋能工厂实现装备的数字化、智能化提升，实现全局可视、全局可析。同时还将积极参与地方政府“合成纤维产业大脑”建设，围绕“精良装备”“企业大脑”“未来工厂”和“数字产业化”四大核心领域，加快推进智能制造和智慧管理。

（2）加强用能预算管理。根据发展改革部门工作部署，利用浙江省智慧能源监测系统等平台，建立能耗周监测、月通报、季考核制度。加强用能精细化、精准化管控，减少能源资源浪费，提高能源利用效率。

（3）加强绿色低碳能力提升。积极参与政府节能主管部门、节能协会组织的节能技术交流、节能专题研讨等，掌握节能最新动向，提升节能管理水平。同时，积极组织企业绿色、双碳领域相关教育培训，营造全员参与绿色共建、绿色共享的良好企业文化，切实提升企业绿色低碳综合能力。

三、实施效果

近年来，集团公司大力实施绿色低碳领域各项节能措施，取得了良好的经济效益、社会效益和生态效益。

（一）进一步优化能源消费结构

公司积极实施分布式光伏发电建设、储能电站建设、锅炉煤改气等工程，积极推进企业内部非道路移动机械新能源替代，推进蒸汽集中供热和天然气低氮改造工程，有效减少单位燃料的二氧化碳排放量和废弃污染物排放量。

同时，集团下属洲泉集中供热厂区，采用大型循环流化床锅炉，不仅提高了煤炭燃烧效率，减少了煤炭使用量，也大幅度降低了烟尘、二氧化硫、氮氧化物等大气污染物的排放，形成了良好的社会效益和经济效益。集团下属恒盛公司实施煤改天然气工程，虽然增加了用能成本，但大大减少了二氧化碳、二氧化硫等的排放量。此外，集团也在全面提升终端设备电气化比例，实现能源利用清洁化。

(二) 持续提升节能降碳效益

2021年，集团组织实施节能降耗技改项目（不含光伏发电项目）40余个，总计投入5600余万元，包括酯化蒸汽余热发电、重点用能设备改造升级等，实现节约用电量1738万度，节约用能量（等价值）9393吨标准煤，减少二氧化碳排放26840吨，当年产生经济效益近2000万元。

其中，酯化蒸汽余热发电项目，主要是将工艺塔顶蒸汽送往蒸汽发电机组发电，可充分回收制冷机组停运期间的蒸汽余热。单套年产50万吨装置可实现每小时发电超1000度，实现年发电500万度以上，具有良好的经济效益和社会效益。集中供热热电云项目，可以有效解决锅炉人工控制不稳定、系统综合能效偏低、蒸汽供应品质波动等问题，预计能效（吨标准煤产汽量）提升1.5%以上，可有效减少用煤量，减少综合能耗和二氧化碳排放量。

(三) 不断提高新能源开发利用率

公司大力实施分布式光伏发电项目，对于可以利用的存量厂房屋顶、新建或技改项目的厂房屋顶，基本实现全覆盖。集团下属子公司已实施和在建光伏项目20余个，光伏板总面积超27万平方米，总装机容量超60MW。2021年，已建成项目发电量超2800万度。

此外，拟建项目中，桐昆恒阳公司分布式光伏发电项目，总装机规模125MW，计划分四期建设，项目整体计划于2024年底前全部并网发电，是目前江苏省内最大的屋顶分布式光伏发电项目。项目全部投入运营后，年发电量约1.29亿千瓦时，年均可节约标准煤3.97万吨，减少二氧化碳排放约12.86万吨，二氧化硫减排约3870吨，氮氧化物减排约1935吨。

公司紧跟国家战略布局，在光伏发电实现大规模应用的同时，集团积极布局新能源产业，目前，公司已在广西河池投资建设磷酸铁锂新能源材料项目，同时，集团也在积极谋划储能电站等项目建设。

(四) 实现资源循环利用

公司大力推广聚酯块料、工艺废水、污泥废弃物等的循环利用技术，开发与应用废旧纺织品、废弃聚酯瓶等资源回收和产品梯度循环利用体系，成品丝托盘的循环利用技术等，努力打造集团内部循环经济产业链。

绿色低碳转型是中国企业高质量发展必须坚持的发展路径，桐昆作为绿色低碳发展的排头兵，将立足企业实际，持续提升绿色低碳制造水平，加大绿色低碳研发和资金投入，推进资源循环利用，加强绿色低碳运营管理，倡导员工绿色低碳生活，助力集团实现“十四五”和中长期绿色低碳发展战略目标。

主创人：沈建松、陈建荣、马骁伦、柳　恩、高浙栋

新疆民族药绿色制造体系建设

新疆银朵兰药业股份有限公司

一、企业概况

新疆银朵兰药业股份有限公司（以下简称银朵兰药业）通过改制成立于2001年，历经十余年成功掌握了一枝蒿等20种特色民族药材的种植技术，“智能+科技”制造新模式，实现了民族药生产制造、质量标准化体系建设、研发与临床学术推广的精细化管理和大数据转型，已成为集药材种植、生产、销售、研发为一体的民族药全产业链的国家高新技术企业、国家级绿色工厂、专精特新“小巨人”企业、全国少数民族特需商品定点生产企业，也是全国五一劳动奖状获得单位、国家级博士后工作站。

银朵兰药业研发生产的中药民族药涉及呼吸系统、泌尿系统、皮肤病等多个领域，全国独家、国家医保产品尿通卡克乃其片，拥有国家发明专利；全国独家产品复方一枝蒿颗粒，被列为“新疆版”新冠感染中医药防治方案推荐用药，并获准乌兹别克斯坦国上市许可。公司总资产8.17亿元，近三年独家产品的销售产值实现40%的复合增长。作为新疆唯一一家民营企业新型产业工人队伍建设改革试点单位，“十四五”期间银朵兰中药民族药产业园的建设，将打造中药民族药研究中心、智能化生产制造中心、高素质人才集聚中心和民族药学术交流中心，用“三为文化”践行产业报国的使命担当！

二、主要措施

（一）企业绿色低碳发展所处的市场生态与资源环境

众所周知，一个理想的中药生产基地的设计不仅需要合理的建筑材料和药厂周围的环境，很大程度上，厂房的建设还需要根据厂房自身的特殊性以及厂房内部的设施，做出合理的布局设计。对于中药生产基地来说，完善的药厂布局设计对于药厂投产后的产品生产和产品质量等一系列工作都有着很大的意义。

中药生产车间的布局，首先要符合两个基本要求：第一，满足生产工艺要求，合理组织人流和物流；第二，必须考虑产品的生产规模，确保设计能够满足产能的要求。之后就要考虑药厂的节能工作，这项工作的重要性不言而喻，一方面可以使药厂的资源利用率大大提高，另一方面，也是通过节能降耗，为实现工业领域的“碳达峰”“碳中和”工作贡献一分力量。节能降耗是我国可持续发展战略实施的有效且重要举措之一，对于中药厂来说，通过节能降耗也可以极大地增加其经济效益。

（二）企业绿色低碳发展战略的制定与解决方案

1. 战略定位

为响应国家节能减排和打造绿色工厂的号召，根据国家和新疆维吾尔自治区、乌鲁木齐市工业企业节能减排相关政策，从用地集约化、原料无害化、生产洁净化、废物资源化和能源低碳化等五个方面，对新疆民族药绿色产业链制造体系建设进行战略定位。

第一阶段：坚持“以振兴民族药为己任，全心全意为人民健康服务”的中药民族药产业化发展理念，抢抓中医药创新发展机遇，优化产品结构，传承精华、守正创新，开展经典民族药的成果转化。

第二阶段：通过药材种植、药品制造、研发创新与市场营销关键环节把控，不断升级优化“种植基地+生产制造+科研院所+市场营销”的产业化经营模式，打造药材种植、生产、销售、研发为一体的民族药全产业链。

第三阶段：提出“主攻专业技术发明、向精细化的管理和服务要效益、利用特色资源打造特色产品、加速创新成果高效转化”的专精特新发展新思路。围绕产业链打造创新链，以创新链建设市场链，以数字化、智能化发展为核心进行产业优化及转型升级。

2. 解决方案

中成药制造业典型的生产工艺：中药材经过煮药，得到药液，再进行浓缩，喷雾干燥，最后制成成品。以热加工为主的过程工业，能耗费约占总生产成本的20%~40%。因此，银朵兰药业作为新疆地区中成药绿色制造示范基地，实施能源利用综合节能技术，建设绿色工厂，开展节能降耗工作是企业实现降低生产成本、提高市场竞争力的有效途径。

节能降耗是企业的生存之本，树立一种“点点滴滴降成本，分分秒秒增效益”的节能意识，以最好的管理，来实现节能效益的最大化。规范化、制度化是节能的保障，每一名员工都从自我做起，以不断增强资源优患意识、节约意识，从而提高企业能源的使用效率，节能降耗。

（三）企业绿色发展方面开展的重点工作

1. 能源利用高效化改造

公司于2017—2021年先后投资引进国内先进智能化生产设备，扩大产能的同时降低了生产过程时间，降低了能源消耗。

（1）制剂一车间购置2套一步制粒机（300型），使得颗粒剂产能由原来的10000袋/批增加到14000袋/批，同时使干燥时间从20分钟缩短至12分钟；通过对喷雾制粒机进风系统进行改造，由设备进风取室外风改为取室内风，缩短冬季盘管加热时间，节约能源消耗，提高生产效率。

（2）制剂二车间增加一套“颗粒剂分装+盒装+热缩+赋码+装箱捆扎”全自动联线设备，彻底改变原有采用手动包装、喷码、装箱、打包的生产模式，减少了操作人员，极大地提高生产效率，降低能源消耗；优化颗粒剂设备生产结构，颗粒剂双联袋联线设备经调试运行过程，已达到设计产能，6袋装盒速度可以达到120盒/分钟；通过对联动线进行优化改造，将原输送带拐弯处改造成直线型输送带，大大降低输送阻力，减少了电力消耗。

（3）新增安装铝塑泡罩包装联线，提升原有铝塑泡罩生产线2倍产能，已调试运行验收合格，生产运行稳定；新增安装S500高速压片机提升原有压片机产能4倍，25万片/小时；新增安装单台全自动硬胶囊充填机NJP5600C提升原有产能4倍，高速压片机及全自动胶囊充填机均实现单台产能4倍提升，并稳定运行。

（4）2021年提取车间新增安装酒精回收塔，同时间提升原有酒精回收能力2.5倍，目前产能达800~1000L/h。同时引进了冷冻粉碎机，生产效率提升了75%。

（5）锅炉余热回收再利用。利用锅炉冷凝水热量通过板换转换热能提高蒸汽锅炉用水温度，节约燃气，板换冷却后的冷凝水回收再利用，节能、热回收效果显著。

（6）改变照明光源，使用冷光源LED灯逐步取代现有的灯具。通过改造生产车间净化区、办公区照明光源、厂区路灯，将光源改为节能的LED灯，近两年逐步更换已损坏的T8、36W节能灯管，替代更换使用的是T5、18W，LED灯管。在后期的使用过程中加大推广使用节能产品，节约能源。

（7）淘汰高耗能设备。公司积极更新设备，对固体制剂生产线中的高耗能低产出以及公用工程中的湿法混合颗粒机、糖衣包衣机、半自动胶囊填充机、多米诺喷码机、旋转式压片机、臭氧灭菌箱、热封包装机、中草药粉碎机、泡罩包装机、组合空调制订淘汰计划并及时进行了更新，电机或变压器更换为节能型的电机或变压器。

2. 生产过程清洁化改造

公司在项目设计、建设、改建及扩建中坚持规划高起点、高要求的原则，牢固树立源头预防、过程控制的清洁生产理念，以削减污染物产生源头为切入点，采用先进适用的清洁生产技术实施升级改造，从本质上做到环保优先。

（1）公司投资45万元对8t/h燃气锅炉进行了低氮燃烧改造，更换原有RS800燃烧器，使用超低氮利雅路RS1000燃烧器，同时新增烟气外循环低氮在线管控技术，以达到将氮氧化物排放稳定控制在最低水平，同时回收烟气余热。通过烟气外循环技术改造后，锅炉氮氧化物排放值直线下降，满足乌鲁木齐市相关环保要求，排放浓度值在30mg/m^3 ~50mg/m^3 以内。

（2）公司安装了一体化净化装置（UV+活性炭），采用光化学和物理吸附对废气进行处理，减少空气污染。

（3）公司针对提取所用的乙醇，建立了《乙醇回收管理制度》，回收提取车间生产时使用的有机溶酶（酒精），在提取同类中草药过程中使用，减少酒精消耗量。

（4）结合生产排放污水水质的情况，改进了污水处理工艺中MBR膜的清洗操作，即由2%次氯酸钠溶液浸泡12~24小时，改进为1.5吨清水溶解40~50千克氢氧化钠+200千克次氯酸钠溶液，浸泡24小时后，再用1.5吨2.5%柠檬酸溶液浸泡2小时。此种清洗方式提升了膜清洗后的通水量，同时延长膜的使用寿命2倍，2017以前MBR膜每年更换一次，自2018年至今未更换购置MBR膜。运行数据显示，节约成本20万元。此项措施节能降耗和环保效果明显，降低了现有污水处理4名一线产业工人的劳动强度和职业危害，可推广用于同类型企业。

3. 水资源利用高效化改造

（1）提取车间冷却水系统改造与维护。

三车间冷却水系统配置有冷却塔和冷却水泵。检查维修冷却塔布水器、填料，可有效降低冷却水的漂水损失，同时也改善了环境。安全环保设备部与生产车间协同先后对三车间冷却塔、循环水池、循环泵进行检修，已完成提取车间冷却水道管路改造并进行清洗，更换了腐蚀的管道，清洗板式换热器。通过上述改造与维修，一批生产能效提高10%，天然气减少用量$460\times0.5\times0.1=23m^3$，单批节约$23m^3\times2.25$元/m^3 =51.75元。

实施措施：①生产车间根据生产量，合理安排清洗板块的周期。②循环水池使用软化水，定期检查水质，添加药剂，控制水的质量。③对公司用水量较大的车间的用水量进行及时监控。公司生产车间之中用水量最大的是提取车间，用水量约占全公司30%，作为重点的监控对象，坚持按时对水表进行监测，及时发现异常情况，做到预先防范，杜绝跑、冒现象。每天记录车间的用水量，统计汇总分析。

（2）中药提取车间，原材料送至多功能提取罐，分别水提、浓缩后得膏，按配方投料于多功能提取机组中，按工艺处方加入适量饮用水煎煮，合并煎煮后药液，抽入到蒸发器进行浓缩，浓缩液冷却后放料于醇沉罐和储存罐中，节约用水。

（3）冷凝水回用，三车间蒸煮罐排水经冷却塔冷却，进入蓄水池，再返回锅炉，降低新水消耗量。

（4）厂区绿化采用污水处理站的中水，单独输送和计量，降低新水消耗量；厂内绿化植物选择新疆本土耐寒、耐旱，适应当地气候及土壤条件的树种，减少绿化用水。

（5）采用节水型生产工艺和设备，降低水耗量；各类水池采取防渗漏措施，降低水资源无效消耗；厂区内绿化灌溉以节水喷灌为主。

4. 从源头把控药品质量

银朵兰药业秉承"药材好，药才好"的理念，始终遵循高科技、高起点、高标准的原则，坚持精细化管控，构建工艺和产品质量控制与长效管理机制，实现了高水准的质量管理，近五年公司产品质量抽检合格率达100%。公司为从源头保证药品质量，按照国家中药材生产质量管理规范GAP标准，对照其中104项检查项目严格进行标准化建设。在药材资源的可持续利用方面，按照GAP标准建立药材种植基地3500亩，不仅有板蓝根、薄荷等药材的本土化规模化种植，一枝蒿、菊苣等地产民族药药材也实现了野生变人工栽培的规模化种植，而洋甘菊、神香草等的进口药材已逐步实现了本土抚育和规范化种植。目前，银朵兰药业是新疆首家拥有自有药材基地的民族药制药企业，并成为面向全国的药材种植示范窗口。

公司在药材种植区域上，通过对环境、土壤、水质以及气候等条件的考察，由天山冰川雪水进行灌溉，同时配备现代化智能控制灌溉系统；采用畜禽粪便等农家肥经完全腐熟后进行除臭加工而成的有机肥料；绿色环保的物理病虫害防治方法，杜绝农药残留和土壤环境、水污染。通过无污染、无公害的绿色技术来规范发展药材种植，强化安全理念，确保药材种植符合“安全、稳定、可控、有效”的要求。不仅为企业产品质量和品牌把好源头关，同时为新疆民族药产业发展提供高品质药材。

通过多年种植研究也取得了可喜成果，历经10年成功掌握独家产品道地药材一枝蒿的野生栽培技术，解决药材原料“后顾之忧”；建立优于国家标准的一枝蒿药材企业内控质量标准，并通过试验田种植建立大数据库，填补了国家药典中未能记载的一枝蒿药材知识空白。2016年建立《一枝蒿生产技术规范》（新疆地方标准DB65/T 3922－2016），对新疆药材规范化种植起到了极大的引领示范作用。在建设中药材GAP种植示范基地的基础上，引入立体农业、混合农业的理念，打造“中药材种植示范基地”，不仅发挥种植基地的生态效益、社会效益和经济效益，更对新疆民族药产业的药材标准化种植发挥更大的引领示范作用。

三、实施效果

银朵兰药业在生产制造、能源管理、技术改造、引进先进节能设备等方面实施绿色节能低碳管理，取得显著的管理效益、经济效益和社会效益。

（一）节能措施在民族药生产制造中成效显著

（1）烟气余热回收：在燃气锅炉上加装采用热回收装置余热回收器，将锅炉烟气温度从165℃降低至65℃，收集烟气余热将20℃锅炉给水加热至40～42℃，8吨天然气锅炉，全年累计节约天然气40960m^3，折算每年节约吨标准煤49.74tce。

（2）锅炉冷凝水余热回收再利用：利用冷凝水热量通过板换转换热能，提高蒸汽锅炉用水温度，节约燃气，板换冷却后的冷凝水回收再利用，全年节约用水8100m^3，节能、热回收效果显著。

（3）一步制粒机进风系统技术改造：由设备进风取室外风改为取室内风，缩短冬季盘管加热时间，节约能源消耗，提高生产效率。冬季进风系统改进后由－20℃进风转换为20℃进风，温度差为40℃，改进后锅炉蒸气耗量由400kg/h降低为360kg/h，现有7台一步制粒机可节约46008m^3天然气，折算每年节约吨标准煤57.11tce。

（4）8t/h燃气锅炉的低氮燃烧改造：投资将原有RS800燃烧器更换为超低氮利雅路RS1000燃烧器，集成烟气外循环低氮在线管控技术和烟气余热回收技术应用，同时回收余热。改造后，锅炉NOx排放稳定控制在30～50mg/m^3，满足乌鲁木齐市相关环保要求；将大部分烟气与空气重新配风回炉，以充分回收烟气余热，降低天然气消耗量。

（5）中药提取中乙醇的回收再利用：乙醇在中药提取中作为溶剂使用量很大，为降低生产成本、减少安全隐患和对环境的影响，投资采购乙醇精馏塔，与减压单效浓缩器集成应用于药渣中乙醇回收，使回收乙醇的浓度达到90%以上并再次作为溶剂使用，经质量评估未对产品的质量和安全产生不利影响。

（6）提取车间冷却塔布水器改造：有效降低了冷却水的漂水损失，循环水池增加缓蚀阻垢剂，同时降低板式换热器的清洗频次，批生产能效提高10%，天然气减少用量23m^3。按全年计算可节约天然气用量8510m^3，每年节约吨标准煤10.33tce。

（二）民族药产业链高质量发展

多年来，银朵兰药业深化战略布局，推进管理创新和技术创新，优化升级“产＋学＋研＋用”的产业化经营机制，形成了以新疆民族药种植、生产、研发、销售上下游联动的完整产业链，建立了有机协调、科学发展的生态系统，推进中药民族药走向现代化、产业化。

（1）公司牢固树立源头预防、过程控制的清洁生产理念，以削减污染物产生源头为切入点，采用先进适用的清洁生产技术实施升级改造，从本质上做到环保优先。通过一系列技术改造，公司单位产品污染物产生量、单位产品废气产生量以及单位产品废水产生量均呈现下降趋势。另外，公司各项污染物排放不仅达到国家相关标准限值要求，同时也达到了标准中最严格的排放水平要求。

（2）公司积极依靠行业大力推广的节能技术，应用先进节能技术装备，提升能源利用效率，扩大新能源应用比例，先后实施了多项节能技术改造，有效地节约了能源，提高能源效率，并同时降低了消耗能源所引起的碳排放量。

（3）为保证公司产品从源头上有效、可控，保证产品质量的安全性、一致性和稳定性，公司建立种植基地，每年可带动当地农民就业15000余人次，保证民族药产品20余种处方药材的供应，确保药材质量的安全性、一致性和稳定性，也为当地农民的增收、创收起到了带动作用。

（4）在民族药产业化创新发展的道路上，通过提升创新驱动的转化能力，新疆银朵兰药业取得丰硕创新成果。累计研发17个新疆民族药，获得11个国药准字产品，在研6个民族药新药获得5项临床批件，4个产品已进入Ⅲ期临床；承担国家级项目11项，省部级44项，获得国家级创新成果奖2项，省市级科技进步奖15项，专利授权证书32项，主持、参与编制国家及地方标准13项。

作为本土民族药制药企业，银朵兰药业20余年来始终坚持产学研创新融合，围绕民族药的产业链，建立了"以实现科研成果高效转化为核心"的科技创新体系，面向各族人民的健康需求，做"新技术、新理念、新观念"的产业源。"十四五"期间银朵兰药业投资建设自治区重点建设项目"新疆银朵兰中药民族药产业园"，打造成国家中药民族药现代化研究中心、生产制造中心、科研人才集聚中心和传承推广中医药文化的对外交流中心，建成民族药"特色"创新驱动转化一流的企业，加强与国内外名所、名院、名校、名企在民族药品研发和健康医学方面的合作，创造出更多创新驱动转化成果。

基坑装配式型钢内支撑施工技术

云南建投基础工程有限责任公司

一、企业概况

云南建投基础工程有限责任公司具备地基基础工程专业承包一级资质，岩土工程勘察（设计甲级）、地质灾害治理工程设计、建筑工程施工总承包、公路工程施工总承包、市政公用工程施工总承包、桥梁工程专业承包、隧道工程专业承包、公路路基工程专业承包资质。

公司获评国家高新技术企业、云南省企业技术中心、昆明市企业技术中心、云南省创新型企业、云南省岩土工程技术研究中心，拥有龚晓南院士工作站、浙江大学岩土科研中心和同济大学科技研发中心。先后获得科技成果150余项，其中国家专利80项（其中发明专利15项）、省部级课题1项、省级工法13项，昆明市专利奖1项，参与编制标准规范3项，国内核心期刊发表论文50余篇，公司承建的项目获云南省优质工程奖2项。

二、主要措施

（一）市场环境

随着城市化进程的加速，一方面社会对高层建筑趋之若鹜，另一方面也导致城市土地资源的紧缺，随之而来的是人们对地下空间利用的需求日益加深，深基坑工程大量涌现的同时，也在不断地朝着深度和广度的方向探索。近些年来中国各大城市飞速发展，云南省各城市也紧跟步伐。云南省位于高原地区，城市建设土地资源十分有限，随着各城市发展进一步加速，导致城市土地资源的越发紧缺。一些传统的施工方法造成建筑材料的大量浪费，已不能满足绿色低碳的发展要求。如何结合环境保护问题更多、更有效地去利用地下空间资源成为一个关键问题，而深基坑的支护也成为一个重要课题。

桩锚支护结构基坑变形量较大，对周边建（构）筑物、周边道路及管线影响较大，且锚索打入地下难以去除，对后期周边地下工程开发造成较大的影响，已经被很多地区限制使用。混凝土支撑体系需进行模板施工、钢筋绑扎、混凝土浇筑、养护等，工艺烦琐，施工周期较长、成本较高，不可以回收利用，产生大量建筑垃圾，造成资源的浪费。传统钢支撑体系一般用于狭长形基坑支护中，宽度超过50米的基坑一般不适用，其适用范围较窄。

钢筋混凝土支撑和桩锚支护，一般能满足工程需要，但存在一定缺点和局限性。而钢支撑安装、拆卸简单，施工周期较短，成本较低，且钢支撑的构件基本都能回收利用，不会产生建筑垃圾，符合新型绿色环保建筑施工要求，但传统钢支撑受限于其刚度和整体性问题，适用范围有限。如今在大城市市区内限制桩锚结构的使用已经成为一个大的趋势，内支撑的运用会越来越多，相较于钢筋混凝土支撑，装配式钢支撑在云南地区的研究应用和推广具有重大意义。

（二）绿色低碳发展

公司一直贯彻绿色低碳发展理念，通过对基坑装配式型钢内支撑施工技术、喷扩锥台压灌桩等新技术的研发与应用达到减少建筑材料的浪费，从而达到节能减排、环境保护的目标。目前国内外对钢支撑的研究存在以下问题：

（1）当前国内外同类型钢支撑整体性相对不强，刚度较小，使用铰接导致节点部位相对容易破坏，稳定性相对较差，安全性及变形控制效果相对较低。导致不能使用到周长、跨度较大的基坑当中，影响了钢支撑的适用性。

（2）当前国内外同类型钢支撑虽然安装、拆卸简单，但在横梁上组合拼装时效率较低，且安装精度不易控制，安装过程当中场地内需要调动大量机械设备，频繁的机械交叉作业对现场管理水平要求较高，具有较多的安全隐患。

（3）钢支撑与混凝土支撑对比为柔性支撑，更容易产生弹性变形，需要对钢支撑增加位移和轴力监测内容，以保证支撑体系的稳定性。当前国内外同类型钢支撑位移监测方法采用的是水准仪或全站仪监测，需要人工站到钢支撑上作业，考虑到基坑开挖到深处，有较大的安全隐患，需要一种自动化的监测方法代替人工。

（4）当前国内外同类型钢支撑采用钢筋应力计、应力应变计或应变片等进行钢支撑的轴力监测，是一种间接测量的方法，通过测得钢材局部表面应力变化来代表型钢所受轴力，监测数据误差较大，尤其是构件偏心受压时，误差就会更大，不利于钢支撑的稳定分析和判断。

（5）当前国内外同类型钢支撑采用的是T型传力装置，不利于将型钢围檩沿纵向的分力传递给支护桩，稳定性与安全性较差。

（6）钢支撑安装后，可能存在上人的情况，尤其是基坑开挖到深处，场地较窄或需要利用钢支撑作为人行通道时，人员行走在钢支撑上有较大风险隐患。当前国内外同类型钢支撑对钢支撑上未设置防护设施，或防护设施较为简单，对安全隐患的控制有较大局限。

基坑装配式型钢内支撑施工技术依托龚晓南院士工作站及全国钢结构专家、浙江大学教授童根树进行钢支撑设计方法研究，针对传统钢支撑的受力不佳问题进行了改进，形成一整套设计技术。

新型的钢支撑构件已经在工厂标准化加工生产，并成功应用于乐佳苑深基坑支护项目、昆明市规划馆基坑工程项目与五华区人民医院深基坑项目，通过项目施工实施过程当中的研究和查阅相关资料、数据，并通过参观调研，对建筑基坑装配式钢支撑应用进行了研究，主要研究内容如下：

（1）分析钢支撑在基坑支护中的模数，通过试验及理论计算，对钢支撑材料与组合形式进行选型，确定钢支撑标准构件长度、型钢受力截面形式、现场拼接具体要求，并确定构件的安全稳定性，形成相应的设计方法。

（2）传统的钢支撑轴力监测采用表面应力计或应力应变计等间接测量轴力的方法，通过表面所受应力来推算支撑杆件的轴力，监测数据误差较大，不利于钢支撑的稳定分析和判断，通过研究开发新型的轴力监测系统来实现钢支撑安全、准确的轴力监测。

（3）传统钢支撑竖向位移监测采用人工监测，基坑开挖到深处时，有较大的安全隐患的问题。通过引进吸收新型的沉降监测系统来实现钢支撑安全准确的轴力监测。

（4）传统钢支撑体系，多根型钢组合工作时，一般采用节头错位搭接的形式进行组合，在横梁上组合拼装时效率较低。通过计算分析确定钢支撑标准段组合的长度、型钢受力截面组合、现场拼接具体要求，满足成套设备制造要求。

（5）钢支撑安装后，可能存在上人的情况，尤其是场地较窄或需要利用钢支撑作为人行通道时，人员行走在钢支撑上的安全防护是管理的重点问题，通过结合现场实际情况研制能够保障钢支撑上走人的安全护栏。

（6）传统钢支撑采用的是T型传力装置，不利于将型钢围檩沿纵向的分力传递给支护桩，稳定性与安全性较差，通过计算对T型传力件型式进行改进，优化其受力。

（三）研发与创新

本项目研发费用总投入为1800万元，其中财政资金180万元，自筹资金1620万元。基坑装配式型钢内支撑施工技术的成果已在2020年12月前得到整体应用，目前成果已应用于昆明市规划馆项目、昆明市乐佳苑项目、昆明市五华区人民医院暨五华区康养中心建设项目等工程。形成了配式钢支撑基坑支护钢支撑结构体系及节点、钢支撑轴力自动化监测、钢支撑体系竖向位移自动化监测、8 米标准段组合整体吊装、钢支撑专用护栏、钢支撑 H 型传力装置等关键技术及设备，并取得了工程示范，解决了基坑工程深度大、基坑结构形式复杂、基坑地下水丰富、基坑周围环境复杂等项目的支护重大问题。

本项目由公司依托龚晓南院士工作站及全国钢结构专家、浙江大学教授童根树进行钢支撑设计方法研究，形成了一整套设计技术并进行施工应用，对比国内同类型技术主要改进和创新如下：

（1）分析了钢支撑在基坑支护中的模数，通过试验及理论计算，对钢支撑材料与组合形式进行优化，并确定构件稳定性，形成相应的设计方法；确定了钢支撑标准构件长度、型钢受力截面组合、现场拼接具体要求，满足成套设备制造要求；明确了基坑装配式钢支撑在施工过程当中的安装、拆卸方式以及预应力的施加过程。

（2）通过自主研发设计了自动化钢支撑轴力计，用于钢支撑的轴力监测，并对多个项目进行了应用，解决了常规轴力测量采用间接测量导致精度差、准确性不高的问题，该新技术使测量准确度大幅度提升，且实现了实时监测，能为设计和施工提供更多的参考。

（3）通过引进吸收和改进得到了钢支撑自动化竖向位移监测系统，采用自动化静力水准仪进行沉降监测，解决了采用人工监测基坑开挖到深处时，有较大的安全隐患的问题，该技术在保证精度的同时，实现了实时监测，杜绝了安全隐患。

（4）通过计算研究分析总结得出 8 米标准段组合整体吊装技术，解决了常规钢支撑不够设备化、标准化的问题，该技术保证了钢支撑的整体性。钢构件采用整体吊装、整体拼装，大大提高了安装速度。

（5）通过自主研发设计了钢支撑专用的护栏，并对五华区医院项目进行了应用，解决了采用基坑开挖到深处时，人站到钢支撑上有较大的安全隐患的问题。该技术安装和拆除工艺体现出组装简单、方便、安全的优点。

（6）自主研发设计了钢支撑 H 型传力件，并对五华区医院项目进行了应用。该技术解决了传统钢支撑时钢筋混凝土结构与钢围檩传力不佳的问题，改善了结构的传力体系。

（四）新技术应用

基坑装配式型钢内支撑施工技术的成果已应用于昆明市规划馆项目、昆明市乐佳苑项目、昆明市五华区人民医院暨五华区康养中心建设项目等项目中，降低了施工措施费用，节约了施工能源和资源（施工用水、用电、用材），为昆明市规编制与信息中心产生经济效益 134.38 万元，为云南仁和佳业房地产开发有限公司产生经济效益 279.68 万元，为昆明市五华区科技产业园开发投资有限公司产生经济效益 118 万元，共计产生 532.06 万元的经济效益，取得了较显著的经济效益。

三、实施效果

（一）经济效益

1. 项目成果应用近三年取得的直接经济效益（新增利润）

2017 年，项目成果应用新增销售额 3223.62 万元，新增利润 127.45 万元；2018 年，项目成果应用新增销售额 804.32 万元，新增利润 20.41 万元；2020 年，项目成果应用新增销售额 9031.28 万元，新增利润 326.03 万元。2017—2020 年，项目成果应用累计新增销售额 13059.22 万元，取得直接经济效益（新增利润）473.87 万元，节约工程成本约 474.06 万元。

2. 主要经济效益指标说明

云南建投基础工程有限责任公司主要承担项目关键技术的工程应用及相应支护施工工作，公司与建设单位所签订的合同为销售依据，新增利润为项目的净利润，按企业综合利润率计算。

（二）社会效益

作为云南省工期紧、任务重的重点工程，通过采用六项技术措施，成功解决了桩锚受限制时钢筋混凝土施工周期长、成本高，普通型钢支撑稳定性和安全性较差和钢支撑人工监测安全隐患大等难题。施工使用的新型装配式型钢支撑特点主要体现为以下四个方面。

（1）节能环保。施工时不需要耗费大量的木材、钢筋、混凝土和水，也基本不会产生噪声和空气污染，在经过矫正以后可以多次重复使用，节约了型钢筋混凝土的用量和材料费用，是一种绿色建材。

（2）使用灵活。与钢筋混凝土支撑相比，装配式型钢内支撑的安装和拆除速度快，安装后无需等待即可开挖下层土方，有利于加快施工进度和缩短工期，并可通过施加和附加预应力来控制基坑变形。

（3）可重复利用，重复利用率可达90%以上，仅有部分型钢立柱埋入土中无法回收，是一项节约资源、环保、节能、低碳的新技术，且刚度较大，改善了支撑的受力，增强了支撑稳定性。

（4）装配式钢支撑设备化程度比较高，批量生产，方便按设备进行管理。标准化的设备、专业化的安装，有利于提高项目一体化的施工，使管理更加规范。

通过以上几项技术措施，本技术体系高效、保质、保量地完成基坑支护施工任务，是类似条件下基坑施工典范，为云南甚至全国类似工程施工提供参考，具有非常可观的社会效益。

主创人：许利东、曹　慧、高春雷、吴俊鹏、张兴杰

低温高效精馏与两级 MVR 压缩机耦合绿色节能回收新工艺项目

浙江陕鼓能源开发有限公司

一、企业简介

浙江陕鼓能源开发有限公司（以下简称浙江陕鼓能源）是由陕西鼓风机（集团）有限公司（以下简称陕鼓集团）投建运营的全资子公司，2021 年营业收入 92215 万元，总资产 40400 万元。陕鼓集团是以“为人类文明提供智慧绿色能源”为使命，全力打造多元化发展的分布式能源企业。浙江陕鼓能源依托陕鼓集团首创了国内合成革含 DMF 高浓度废水集中处理新工艺，采用合成革低温热泵精馏工艺包为核心技术，为合成革工业园区用户量身定制了“一体化 + 产业基金”的分布式能源系统解决方案，从园区能源高效利用与匹配等顶层设计和系统规划入手，实施园区合成革 DMF 废水处置。

浙江陕鼓能源依托合成革低温热泵精馏工艺专利及技术，产出高纯度的 DMF 产品，且原水排放指标远低于国家行业排放标准，不仅使合成革工业园区内合成革企业告别了废水自主处理、污染环境的时代，也使行业能耗大幅下降达 40% 左右，有力推动合成革园区循环经济和绿色生态的建设进程，并带动合成革行业的绿色节能发展。推进当地生态文明建设，为深入践行“绿水青山就是金山银山”的发展理念提供保障，打造标杆。

二、主要措施

（一）项目开发的意义

19 世纪 50 年代，合成革产业的重心主要在欧美市场，90 年代重心转移至日本、韩国，20 世纪初重心转移至中国。合成革市场产值约 1000 亿元/年，“十三五”期间，复合增长率保持在 6.5%。然而合成革产业大发展的同时，也给环境带来了严重的影响，若无有效的治理手段，整个油性合成革产业将退出历史舞台。

合成革产业的污染问题，源于生产过程中的有机溶剂 DMF。在聚氨酯（PU）革生产中大量使用溶剂二甲基甲酰胺（DMF）。DMF 具有生物毒性，人体长期接触或吸入会妨碍造血机能并造成肝脏障碍，同时对大气和水造成严重污染。DMF 主要用于配料稀释，在干、湿法生产中都会产生大量的 DMF 废气，用水吸收 DMF 而成废水。另外，湿法生产中，聚氨酯凝固而 DMF 浸出到水中，产生大量的 DMF 废水。为了消除废水对环境的影响，也为了降低生产成本，必须对 DMF 废水进行回收并循环使用或作为副产品出售，但 DMF 回收成本的 80% 左右用于热能消耗上，存在回收高能耗的问题。

浙江陕鼓能源依托陕鼓集团研究的合成革含 DMF 高浓度废水集中治理技术成果，是为了解决油性合成革废水处理及 DMF 回收行业的高污染、高能耗、低回收率等问题，填补国内外空白，属于世界首创，对全球的油性合成革产业发展具有里程碑意义。另外，该技术成果的研发和产业化应用，将解决合成革工业园区含 DMF 废水处理的高能耗和高污染问题，对推动该类园区循环经济和绿色生态的建设进程具有重大意义。

（二）项目概况

本项目分为两个阶段：第一阶段是实验研发阶段，主要研究低温高效精馏和两级 MVR 压缩机耦合绿色节能回收新工艺以及研究釜残等精馏废弃物综合高效利用技术；第二阶段是研究将该技术成果产业化应用于合成革工业园区内集中处理含 DMF 浓度为 15%～25% 的合成革废水及循环化利用。

(三) 技术路径

1. 资料搜集

项目组成员对合成革行业在国内外的分布现状、经营生产现状，以及合成革废水处理产业的技术现状进行调研，将相关资料进行了收集，并调研了解聚集性合成革园区周围的热电、污水处理等现状，收集相关资料。

2. 运行装置调研

项目组成员对目前较为典型的合成革园区企业现有的废水处理装置技术进行调研，从装置规模大小、生产顺行率、生产厂家、能源消耗、尾气排放、外排水指标等进行充分的了解。目前五塔三效精馏装置是主流，将生蒸汽进行梯级利用，降低系统能耗，但是仍然存在高能耗、高污染、低回收率等问题。

3. 技术研发课题制定

项目组成员通过对合成革废水处理技术现状以及合成革产业发展趋势的了解，经充分论证后，确定了合成革 DMF 废水精馏与两级 MVR 热泵耦合绿色节能回收新工艺研发课题，明确了研发目标和研发路径，制定了详细的研发计划和工业化应用计划，并确定了人力、财力、物力支持该项技术成果研发。

4. 理论研发及工业化应用

项目组成员先后与多家高校、企业、合成革企业专家进行充分讨论，多专业合作进行系统性研发。最终形成《低温高效精馏和两级 MVR 压缩机耦合绿色节能回收新工艺》技术成果，并成功进行工业化应用。

5. 系统优化

根据工程产业化实践和工程化应用效果，组织技术专家进行充分讨论，将暴露出的缺陷进行优化，对部分工艺系统进行完善和升级，从而形成完整的、先进的、低能耗的、低污染的、高回收率的技术成果。

(四) 工艺简介

传统的多效精馏技术，存在高能耗、高污染、低回收率、低运行率等问题，困扰着行业的发展。项目组成员在充分调研、讨论论证后提出相应的解决方案，最终耦合形成《低温高效精馏和两级 MVR 压缩机耦合绿色节能回收新工艺》技术成果。各行业技术比较如表 1 所示。

表 1 行业技术比较

序号	项目	双塔工艺 (2+2)	节能型三塔工艺 (2+3)	低温高效精馏与两级 MVR 串联耦合新工艺
1	工艺技术特点	常压塔 1 + 减压塔 1；流程简单，能耗高，回收率低	减压塔 1 + 常压塔 1 + 减压塔 1；流程复杂，能耗较低，回收率高	进料系统全负压，流程简单，能耗低，回收率高
2	塔数量	2+2	3+2	3+1
3	投资	低	较高	高

1. 工艺简述

合成革工业区为化工园区，合成革企业在生产经营中需要以二甲基甲酰胺（DMF）为生产溶剂进行正常生产，DMF 为优良的溶剂，但具有一定的毒性，属于甲类危化品，合成革企业在生产经营中产生的 DMF 废水需要进行专门处理才能达标外排，同时又由于 DMF 价格高昂，合成革企业在生产经营中，一般对DMF废水中的DMF进一步回收重用，以节省成本，但目前在现有的合成革DMF回收企业中，存在高能耗、低产出且合成革企业自身回收DMF存在散乱分布、不安全生产等现象严重。

基于以上问题，浙江陕鼓能源开发有限公司通过低温精馏热泵技术，配备智能化管控平台，形成集中回收、资源化利用方案，解决了合成革企业、行业以及园区政府的难题，并进一步促进了园区升级改造、节能减排。

项目利用低温高效精馏与两级MVR压缩机耦合绿色节能技术成果，建设了一套废水处理装置。将园区内合成革企业在合成革生产过程中产生的DMF浓度为16%～23%的废水，通过管道送入集中处置现场的原水罐。

浙江陕鼓能源通过对整个园区铺设废水输入管道，用于输送各个合成革企业生产中产生的DMF废水到自身厂区内，废水（简称原水）通过各种换热器依次加热实现了传质分离，热泵技术能够将低品位塔顶蒸汽转变成高品位蒸汽再次利用，这样就极大地节省了对外界蒸汽的需要。同理对半成品进一步依次精馏，最后产出DMF产品。

2. 两级压缩机串联技术研究

精馏过程中需要消耗大量的热量，传统技术是采用生蒸汽的梯级利用方案，为整个精馏系统提供热量，但是能源消耗依然很高。传统技术处理一吨废水需要消耗0.6～0.65吨生蒸汽，以及各种泵阀消耗15～20度电，吨水热耗高达1700600kJ。为了降低系统能耗，浙江陕鼓能源利用自身优势，创新性研发了两级MVR压缩机串联技术，将塔顶蒸汽阶梯利用，分别得到不同参数的压缩蒸汽，根据工艺需求，分别进入不同的模块进行阶梯利用。

3. 技术优势

（1）本项目依托陕鼓能源自身压缩机优势，项目使用高性能水蒸气压缩机机组，目前已形成系列化、18种规格标准机型，大大节省设计和售后服务时间。

（2）叶轮为半开式叶轮，整体铣制，涡壳为铸造形式，流道从空气动力学和加工工艺等多方面优化设计。

（3）机组单级压比可以达到2.4。

（4）结构特点为电机、变速箱和压缩机通常安在同一底座上，整体撬装式，结构紧凑。

（5）叶轮和涡壳整体气动优化设计，多变效率可以高达87%，高效节能，吨水蒸发耗电少。

4. 行业首个园区集中回收技术及创新浓度结算研究

传统废水输送模式为车载运输，输送能力通常仅为20～30m^3/h，存在效率低、安全环保风险高、运输成本高等问题。本项目建立园区废水管网，将园区内所有合成革企业的废水通过泵和管道输送至我公司中间储罐，不仅效率高，安全环保风险都可避免，运输成本也大大降低。

同时研究建立一套先进的计量系统和检测标准，用于商务结算。在每个合成革企业废水输送端安装一个全自动取样器和质量流量计，在线实时监测。研究并制定适用于20%浓度左右的废水检测方法——气相色谱内标法，比传统的用折射率的检测方法准确度高数倍。

5. 行业内单套处理能力最大的DMF回收装置研究

本套装置新建之前，行业内回收装置单套处理能力普遍在15～25t/h，最大的为35t/h。本次研究成果形成后，工业化建设一套大于35t/h处理能力的回收装置，在行业内为首套。

6. 行业内首个废水治理及釜残治理一体化技术成果研究

目前行业内都是废水治理和釜残处理单独分开，由两家企业承担，暂未实现废水治理及危废处理一体化。本技术成果研发了废水处理及DMF回收和釜残处理一体化系统，实现了含DMF废水进入装置后，分离出来的DMF返还至合成革企业、废水回用合成革企业、釜残焚烧处理、废气综合治理一体化技术，除焚烧后的残渣需要填埋外，无其他废物送出界外。

三、实施效果

（一）实施效果

工业化应用项目于2020年11月建成投产运行至今，系统稳定可靠，安全高效。外排水达到项目所在地市政污水处理厂要求标准后纳管排放（纳管标准：COD≤500mg/L，氨氮≤35mg/L，总氮≤70mg/L，pH6~pH9）。精馏系统产生的尾气，经自主发明的尾气治理系统处理后达标排放（烟囱35米，臭味指数不大于2000）。

项目稳定运行生产后，经权威的第三方机构进行检测和计算，DMF产品纯度可达99%，甲酸含量为17ppm，水分含量为232ppm；在保证DMF品质前提下，DMF回收效率比传统技术高近3个百分点。每年为园区合成革企业额外创造收益近6000万元。

（二）行业影响

任何一项技术的进步，都离不开研发单位的持续投入，而市场竞争环境是催生企业持续投入的最大动力。

油性合成革行业面临着高能耗、高污染、低回收率等制约行业发展的瓶颈问题，若无有效的治理手段，油性合成革行业将面临出局，将对整个合成革技术、合成革行业以及国民经济的发展都产生较大影响。

该项成果推动了合成革含DMF高浓度废水集中治理及资源化循环利用系统的技术进步，低温高效精馏和两级MVR压缩机耦合绿色节能回收新工艺的成功研制和开发，填补了国内外技术空白，为油性合成革行业的生存、发展等做出了突出贡献。在该项目的研制过程中，申报28项发明/实用新型专利，以及行业标准4项。

（三）经济效益

本次研发的低温高效精馏和两级MVR压缩机耦合绿色节能回收新工艺技术成果，可将DMF回收率提高2.5%~3.0%，按照目前DMF市场价8000元/吨，可为园区合成革企业创造近5280万元的经济效益。

该技术成果通过在浙江丽水经济技术开发区产业化应用，从实际效果分析，和传统技术相比较综合能耗下降近52%。

（四）社会效益

能耗的大幅度降低，节约了大量燃料，经计算，每年可减少二氧化碳排放2.3万吨，为中国“双碳”目标的实现贡献了力量。有效解决了传统技术存在的恶臭尾气无法治理的现象，促进了合成革园区的健康、有序发展，为合成革相关企业的快速、高质量发展贡献了力量。

主创人：任　矿、施小将、陈子南、汪礼鹏、李宇建

打造“废钢加工 + 报废汽车拆解”城市矿山产业园

浙江新世纪再生资源开发有限公司

一、企业概况

浙江新世纪再生资源开发有限公司（以下简称新世纪再生资源公司）成立于 2002 年 11 月 14 日，注册资本 12500 万元，是杭州钢铁股份有限公司绝对控股子公司，经营范围为报废汽车回收拆解、废旧金属回收加工销售，以及冶金炉料贸易。拥有“工业和信息化部废钢铁加工行业准入”和“报废机动车（含新能源汽车）回收拆解”经营资质。公司现有员工 65 人，以“诚信为本、规范经营、资源共享、服务社会”为经营宗旨，以“合作开创新局面、服务创造新价值、改革实现新发展”为经营理念，连续获得杭州市地方政府授予的“先进企业”“重点骨干企业”和“报废汽车回收拆解规范企业”等荣誉称号。

新世纪再生资源公司原依靠杭钢集团的钢铁产业优势，开展废钢和冶金炉料业务。2006 年获得省商务厅颁发的报废汽车回收（拆解）企业资质后，开始报废汽车回收和拆解业务。2015 年，杭钢半山钢铁基地转型升级后，迫使新世纪再生资源公司主营业务走向市场。2020 年以来，新世纪再生资源公司深入贯彻国家发展改革委发布的《“十四五”循环经济发展规划》，按照“立足德清、立足浙江、面向全国”的发展路径，着力打造”“废钢加工 + 报废汽车拆解”城市矿山产业园。

二、主要措施

按照国家《“十四五”循环经济发展规划》，废钢产业要大力推动废钢铁资源综合利用，培育国内废钢铁循环利用龙头骨干企业，重点建设一批废钢加工示范基地，加快建立适应钢铁工业发展要求的废钢循环利用体系，提升行业规范化发展水平。报废汽车拆解产业通过汽车使用全生命周期管理、废旧动力电池循环利用等六大重点行动，推进报废汽车产业的园区化、规范化、循环化发展，构建资源循环型产业体系，提高资源利用效率。

针对生存与发展中面临的困境，新世纪再生资源公司紧紧抓住国家鼓励生态文明建设，推动资源循环利用的有利时机。根据再生资源行业发展的趋势和自身特点，新世纪再生资源公司及时调整发展思路，突出前瞻性和引领性，着力改变主营业务“两头在外”和粗放式加工的历史现状，大力推进“基地+平台”的发展战略和“一平台、多基地”的发展模式，主攻废钢加工和报废汽车拆解两大产业，初步形成了以基地为依托的再生资源经营网络，以平台为支撑的再生资源经营模式，建立工贸相结合的发展方式。突出经济文明和生态文明相结合，着力推进产业生态化、生态产业化。其基本内涵如下：

（1）园区规划与国家政策相结合。坚持以政策为导向，在城市矿山产业园的产业规划上，要紧紧围绕国家《“十四五”循环经济发展规划》中提出的“五大重点工程和六大重点行动”，建立资源循环利用的产业体系。

（2）园区建设与地方要求相结合。坚持以生态为基础，在城市矿山产业园的建设上，要深入贯彻习近平总书记“生态产业化、产业生态化”，浙江省政府“建设美丽浙江、创造美好生活”，德清县政府“全域景区化和产业绿色化发展”的要求，建设生态文明园区。

（3）园区建设与企业发展相结合。坚持以产业为核心，在城市矿山产业园的建设上，要紧紧围绕新世纪再生资源公司《“十四五”发展规划》和“基地+平台”发展战略，着眼于公司产业基地的长远布局、产业平台的高效运营和产业竞争力的有效提升。

（4）园区运营与效益提升相结合。坚持以效益为中心，在城市矿山产业园的运营上，要兼顾企业的经营效益，按照“建成一块，运营一块”的理念，在项目建设的不同阶段，开展产业运营，提高企业经济效益，减少项目投资回报期。

（一）产业规划，为园区指明发展方向

建设“废钢加工＋报废汽车拆解”城市矿山产业园属于资源密集型和资本密集型产业，在园区建设运营过程中需要大量的土地和资金投入。为提高园区发展的市场竞争力，按照经济效益+社会效益+产业延伸的思路，制定园区的产业规划，突出产业互补，实现产业融合。

1. 规划建设废钢加工城市矿山产业园，提升园区发展的经济效益

立足德清的区位优势和物流优势，依托产业平台的渠道优势和经营优势，借助工业和信息化部废钢铁加工行业准入资质，建设100万吨废钢回收加工利用中心，达产后，可实现销售收入40亿元，上缴税收3亿元以上。有效提高新世纪再生资源公司废钢加工产业的市场竞争力，提高园区的造血能力，提升园区在当地的影响力，为园区的持续建设和发展打好基础。

2. 规划建设报废机动车拆解产业园，提升园区发展的社会效益

借助报废机动车回收拆解资质，承接杭州半山报废汽车拆解能力，引进先进的拆解设备，科学的生产工艺，高效的生产流程，建设5万辆报废汽车回收拆解中心，引导报废汽车拆解方式从粗放型向集约型发展，拆解过程向流程化、精细化、数字化发展，逐步改善报废汽车拆解企业的规范化运营能力。同时，通过建设报废汽车博物馆和产学研基地，将园区打造成可参观、可学习、可研究的现代化工业园区，提高园区的社会效益。

3. 规划建设动力电池梯级利用和报废家电回收利用产业园，提升园区发展的产业深度

通过产业基地的建设和产业平台的搭建，优化合作经营模式，引进动力电池梯级利用和报废家电回收利用技术团队和研发团队，引进先进的动力电池梯级利用、再生利用和报废家电再利用技术，有效提升园区发展的产业深度，实现传统产业促进新兴产业加快发展，新兴产业促进传统产业改造升级。实现园区产业类型向科技化、精细化、多元化发展，进一步提升园区的市场竞争力。

（二）基地建设，为园区植入节能基因

1. 采用新能源技术

充分利用太阳能发电技术，合理利用厂房屋顶资源，规划屋顶光伏发电项目，建设“零碳工厂”。在园区近5万平方米的屋顶上建设光伏电站，装机容量约10MW，建成后可节约标准煤约2140吨，减排二氧化碳约5720吨，减排硫氧化物约40吨，减排氮化物约14吨。

2. 实施节能措施

选择合理的供电电压和供电方式，减少电能损耗；选择合理的配电室位置，减少配电线缆长度，降低电缆线路的能耗；选用节能型机电产品、节能型灯具，减少设备电耗；通过科学管理和技术革新，实现“四节一环”（节能、节地、节水、节材和环境保护）的绿色建设理念。

（三）低碳运营，为园区注入循环血液

1. 夯实低碳管理基础

依托国有企业的管理规范化优势，大力完善体制机制，将低碳运营理念融入管理制度，实现循环利用，打造标准化基地、标准化平台，进行标准化管理，筑牢低碳发展基石。

2. 完善低碳管理体系

借助废钢加工ERP管理系统和报废汽车SAAS管理系统，通过数据的高度集中管控和全局化管控，目视管理的每一处环节，优化低碳管理流程，完善低碳管理体系，大幅提高工作效率。

3. 践行低碳物流理念

在废钢加工场地，通过“以电换油”，广泛使用电动叉车、电动短驳车、电动抓钢机等废钢加工设备，减少二氧化碳和废弃物的排放。在报废汽车拆解场地，通过引入5G技术和AGV智能控制技术，形成智能无人物流系统，实现原料仓库、加工工厂、成品仓库之间的“零碳转运”。

4. 推进“无废园区”建设

依托先进的加工设备、科学的加工流程、精益的加工工艺，从源头上减少固废的产生。同时，全面推行企业清洁生产审核和环境管理体系 ISO 14000 认证，加强固废、危废的分类贮存收集和规范化处置，强化废水的循环处理，减少环境污染，打造“无废园区”。

（四）平台合作，为园区提升循环效率

1. 深化废钢加工合作平台

立足园区废钢加工场地的厂房资源和码头资源，进一步深化废钢加工合作平台，加强经营。充分发挥国有企业的管理优势，以及民营企业的体制优势，进一步提高废钢加工效率，扩大废钢经营渠道，做大合作业务。

2. 深化报废汽车合作平台

立足园区报废汽车拆解场地的厂房资源和设备资源，充分利用报废机动车拆解新资质，进一步深化报废汽车合作平台，稳定大客户资源，扩大回收量。同时，按照“精拆细分、精耕细作、创造价值”的原则，优化拆解方式，提高拆解效率，提高单车拆解盈利能力。

3. 深化动力电池梯级利用和报废家电回收利用

立足园区的区位优势和场地优势，通过引进动力电池梯级利用和报废家电回收利用技术团队和研发团队，依靠先进的技术手段，有效提升园区发展的产业深度，实现园区产业类型向科技化、精细化、多元化发展，进一步提升园区的市场竞争力。

（五）有序推广，实施“总部＋基地”发展模式

随着德清“废钢加工+报废汽车拆解”城市矿山产业园项目建设的逐步推进，和产业运营经济效益的初步显现，司开始着手推进“总部+基地”的发展模式，逐步将德清基地“废钢加工+报废汽车拆解”城市矿山产业园绿色低碳发展模式向省内诸暨、宁波、玉环、金华，省外辽宁、河南、河北、安徽、江苏、云南等地推广。依托产业数字化平台，将总部统一规范、统一业务流程和统一财务核算标准的经营模式延伸到各个基地，结合基地实际情况搭建产业平台，实现一基地一平台一特色。

三、实施效果

（一）园区运营效率进一步提升

德清一期废钢加工项目建设完成后，着手废钢加工合作平台的搭建，按照示范基地的建设思路，通过创新体制机制，细化管理职责，优化管理模式，健全管理部门，切实提升基地管理能力、服务能力和创效能力，德清基地年废钢加工量从 1 万吨增加至 35 万吨，废钢加工的销售渠道已从南京钢铁、东方特钢扩展到首钢、武钢、鄂州鸿泰、中天钢铁和梅山钢铁等钢企。

（二）园区经营规模进一步扩大

德清一期废钢加工项目建设完成后，2021 年已实现废钢加工约 35 万吨，实现销售收入 22 多亿元，上缴税收 1.2 亿元。德清基地经营规模的快速提升不仅为园区创造了较好的经济效益，也得到了当地政府的赞扬和鼓励，为 2022 年德清基地一期码头扩建和配套厂房新建，二期报废汽车拆解项目的取证和运营提供了有力支撑。

（三）园区节能减排效果进一步显现

德清城市矿山产业园 2021 年已实现废钢加工约 35 万吨，按每回收 1 吨废钢可减少 1.5 吨二氧化碳

排放计算，可减少约52万吨二氧化碳排放，约115万吨固体废弃物排放。

按预期，德清基地按完成100万吨废钢加工项目和5万辆报废汽车拆解项目来计算，可减少150万吨二氧化碳排放。

（四）行业带动能力进一步增强

通过建设“废钢加工+报废汽车损解”城市矿山产业园，将德清基地打造成可参观的废钢回收加工配送示范基地。通过搭建产学研基地和资源循环利用教育基地，建设废钢铁与报废汽车绿色循环利用的展示中心，成为浙江省废钢铁和报废汽车循环利用的标杆企业。

主创人：陈晓东、张金华、沈文连、种道问、周敏捷

全国最大的单体生物质可再生天然气热电联产项目
——现代能源（五河）生物质天然气热电联产改造项目 EPC 总承包工程

中国电力工程顾问集团中南电力设计院有限公司

一、企业概况

中国电力工程顾问集团中南电力设计院有限公司（以下简称中南院），原为中国电力工程顾问集团中南电力设计院，创建于 1954 年，经改制，于 2015 年 1 月 1 日正式变更为现称，现为中国能源建设集团规划设计有限公司的子公司。

中南院是国内知名的、实力雄厚的工程公司，面向国内外市场，为政府部门、金融机构、投资方、发展商和项目法人提供工程建设一体化解决方案，主要从事电力规划研究、咨询、评估与工程勘察、设计、服务、监理、工程总承包，以及相关专有技术产品开发等业务。

中南院具有工程设计综合甲级、工程勘察综合甲级、电力施工总承包一级资质、环境工程专业承包一级、测绘甲级、工程咨询甲级资信等资格证书，压力管道设计许可证书、高新技术企业证书和对外承包工程经营资格证书，具有国家质量管理体系、环境管理体系、职业健康安全管理体系认证证书。

二、主要措施

（一）项目背景

随着我国人民生活水平的提高，人们的饮食结构发生了很大的变化，对肉、蛋、奶的需求量大大增加。为了满足人民生活的这一需求，集约化大型养殖场相继建成。但是，随之而来的问题是大型养殖场畜禽每天将产生几百吨甚至上千吨的粪污，如果这些粪污处理不当，一则造成严重的环境污染，二则粪污的大量流失造成能源资源的浪费，影响企业的经济效益。

我国能源结构主要以煤炭为主，天然气占能源消费总量的比重较小。近年来，我国煤炭占能源消费总量的比重呈现下降的趋势，天然气占能源消费总量的比重持续增长。2017 年，国家发展改革委等部门印发的《加快推进天然气利用的意见》，要求到 2020 年，天然气在一次能源消费结构中的占比力争达到 10% 左右；到 2030 年，力争将天然气在一次能源消费中的占比提高到 15% 左右。

因此，以奶牛养殖场粪污的厌氧发酵为主要技术环节，将能源（沼气）生产、高效有机复合肥料生产和粪便污染物的处理有机结合在一起的一种畜禽粪便资源化利用的工程，就显得尤为重要。

（二）项目简介

可再生天然气（Renewable Natural Gas，简称 RNG）是一种可再生清洁能源，采用垃圾填埋场、污水处理厂和畜牧养殖业的有机固体废物及禽畜产生粪便，通过发酵释放的甲烷作为原料来生产。本项目位于安徽省蚌埠市五河县朱顶镇现代牧业（蚌埠）牧场内，利用牧场产生的牛粪产沼发电。牧场建成之初同步建设沼气自备电站，配置有 10 台 700kW 国产沼气内燃发电机组，余热未利用。沼气自备电站处于孤岛运行模式，未同步建设并网线路，受限于牧场生产用电量和发酵工艺的制约，自备电站常年处于低负荷运行工况，发电效率较低。同时由于脱硫系统工艺落后，现场主体设备腐蚀严重，自备电站设备整体老化、磨损严重。项目对牧场原沼气利用系统进行升级改造，新建 3 台单机容量 3MW 的颜巴赫 JGS620GS – B. L 沼气内燃发电机组，同步建设脱硝设施；其尾部烟气经 SCR 脱硝装置后进入余热锅炉，沼气内燃机发电机组与余热锅炉采用 3 拖 1 配置形式。原料为牧业生产的粪便和秸秆，经厌氧发酵产生沼气，再脱硫、过滤、除湿、增压处理后进入沼气内燃发电机组做功发电，内燃机尾部高温烟气经脱硝后进入余热锅炉回收余热产生蒸汽，同时内燃机缸套水余热也通过换热装置产生热水。整套装置产生的蒸汽、热水供牧场生产、生活使用。沼气利用系统改造同时建设电力外供线路，自备电站所产电量“自发自用”，优先供给牧场自身，富余电量并入国家电网。整套沼气利用工艺生产系统实现绿色循环利用，促进禽畜养殖业可持续绿色循环发展。

（三）项目技术

1. 沼气净化、储存、输送及过滤增压系统

沼气从厌氧发酵装置产出时，会携带有 H_2S。同时沼气中还有大量的水蒸气存在，水与沼气中的 H_2S 共同作用，会加速金属管道、阀门和流量计的腐蚀和堵塞。另外，H_2S 燃烧后生成的 SO_2，与燃烧产物中的水蒸气结合成亚硫酸，使设备的金属表面产生腐蚀，并且还会造成对大气环境的污染，影响人体健康。因此，在使用沼气进入内燃发电机组之前，必须脱除其中的 H_2S。在改造工程开始之前，现场已对沼气脱硫系统完成了改造，脱硫后 H_2S 小于 50mg/Nm^3，满足 SO_2 达标排放的要求。由于原沼气柜出口的沼气压力约为 0.2kPa，不能满足改造后大功率沼气内燃发电机组的进气压力要求，同时沼气中湿度和颗粒物浓度、大小等参数未进行检测，本次改造在沼气供应管道上设置 1 套撬装式一体化增压、过滤装置，处理能力≥4155Nm^3/h，满足机组进气各项指标要求，确保机组满负荷正常运行。

2. 余热回收热水系统

沼气内燃机缸套水余热回收系统采用单元制系统，缸套水热量包含内燃机润滑油换热器热量、一级中冷器热量、引擎缸套热量，每台内燃机的缸套水设置板式换热器，利用水媒将热量供给沼气池发酵用热，充分利用并回收余热。内燃机缸套水出口最高温度为 80℃，回水温度为 60℃。每台内燃机设置 1 台板式换热器和 2 台热水循环泵，进水温度约 45℃，出水温度约 70℃，用于将缸套水余热回收至沼气池发酵用。当牧场沼气池用热需求量较小时，无法全部利用缸套水热量时，缸套水系统将自动切换电动三通阀，缸套水进入缸套水散热器散掉多余的热量，以保证发电机组系统稳定运行。三台机组整套系统最大可实现 15.35×104GJ/a 的热量回收。

3. 余热回收蒸汽系统

沼气经内燃发电机组燃烧做功后变成约 400℃的高温烟气，为更好回收这部分热量，本工程设置蒸汽余热锅炉 1 台，沼气内燃发电机组与蒸汽余热锅炉采用 3 拖 1 配置形式。蒸汽余热锅炉采用带烟气脱硝过渡段、自然循环、立式余热锅炉，锅炉出口蒸汽压力 1.25MPa（g）、温度 193℃、锅炉出力 5.2t/h。蒸汽余热锅炉设置内旁路，即当余热锅炉故障时，烟气必须经过脱硝方可通过旁路排放，满足锅炉安全的情况下同时保障烟气满足环保排放要求。整套系统最大可实现 11.6×104GJ/a 的热量回收。

4. 烟气脱硝系统

根据国家标准《火电厂大气污染物排放标准》（GB 13223－2011），本工程新建内燃机发电机组需要同步建设烟气脱硝装置，脱硝以后的余热锅炉烟囱出口 NOx 排放浓度按不超过 50 mg/Nm^3 控制，满足重点地区燃气轮机组排放要求。本工程脱硝系统采用选择性催化还原法（SCR），脱硝还原剂采用 20% 浓度的氨水。3 台沼气内燃发电机组配 1 套烟气脱硝装置，主要由烟道混合段、SCR 反应器、催化剂、氨水喷射系统等设备组成。SCR 脱氮反应器卧式布置在余热锅炉入口，用于放置和固定催化剂模块。为了将催化剂模块装入反应器，反应器设有安装门和催化剂模块更换平台。反应器入口设气流均布装置，反应器入口及出口段设导流板。

三、实施效果

（一）目前全国最大的单体生物质 RNG 热电联产项目

项目装机总容量 9 兆瓦，年生产 7000 多万千瓦时零碳绿色电力，实现二氧化碳减排 30 万吨，提供

食品级工业蒸汽 4 万吨/年，综合能源利用率超 85%。

采用沼气内燃发电机组，年利用沼气量约 $29.68\times10^6 Nm^3$，每年发电量 $76.73\times106kW\cdot h$，供热量 $26.98\times10^4 GJ$，相当于节省标准煤约 3.06×10^4 吨。

所产电力优先供给现代牧业蚌埠牧场生产主场区，保障牧业电力日常需求，所产热水用于牧场沼气池保温发酵，所产蒸汽用于牧场产奶车间管道、容器消毒，整套系统所提供的电力、热力有利于现代牧业持续快速发展。

（二）具有良好的经济效益和社会效益

1. 有效改善生态环境，减轻环境污染

本项目是以奶牛粪污的厌氧发酵为主要技术环节，将能源（沼气）生产、高效有机复合肥料生产和粪便污染物的处理有机结合在一起的一种畜禽粪便资源化利用的工程。它集环保、能源、资源再利用为一体，不仅可稳定地供应高品位燃料（沼气）和电力，以及牧业生产所必需的蒸汽和热水，而且可提供无害化优质有机肥，并改善农业生态环境，生产绿色和有机农产品，实现农业生产循环经济的可持续发展。

2.“废液、沼渣”全部综合利用

本项目沼气发酵后的上清液，通过液肥输肥管网或移动式运肥设备，向场部附近果园、菜地、农田提供优质有机沼肥；发酵后的沼渣（厌氧污泥）经固液分离机，分离出固体物料，再经发酵、调质、晒干工艺，生产有机肥料。达到养牛场粪污“零排放”，实现能源生产、肥料生产、环境治理和发展生态农业，达到能源生产、肥料生产、生态环境治理、废品再利用、生态循环经济的目的，实现建设节约型社会和低碳经济社会的重要目标。

综上所述，本项目推动了农业产业领域污染物处置产业升级，对农业主产业能源结构调整，改善环境污染问题，推动经济与环境协调发展，落实“双碳”目标具有重要意义。

主创人：王志军、刘　瑜、陈　昕、刘　江、樊国祥

生产要素跨领域融合的高值金属绿色低碳循环产业体系建设

中国电子工程设计院有限公司

一、企业概况

中国电子工程设计院有限公司（以下简称中国电子院）创建于1953年，曾先后隶属于电子工业部、原信息产业部，2003年由国务院国资委管理，2009年并入国家开发投资集团有限公司。中国电子院在显示、芯片、数据中心、智能制造和高科技产业园区、生物医药和检验检测等领域居于国内领先水平。公司以设计为龙头，服务范围涵盖前期咨询、规划、环境和节能评价、工程设计、项目管理、工程监理、工程承包、工程检测评定等全过程，可应用在工业工程、民用建筑、检验检测等诸多领域。

中国电子院是我国率先开展以“城市矿产”为主的资源循环利用产业的重点科研机构之一，在国内循环经济界特别是环保节能低碳领域有重要影响。多年来，中国电子院秉承资源循环、生态保护、节能低碳的原则，服务于报废汽车、废弃电器电子产品、废铅酸和锂离子电池、废机电、有色与黑色金属等回收处理利用的技术咨询、工程设计和总承包建设领域，提出的“资源循环产业链”理论和工程方法，将资源循环利用、有序回收、无害化处理、高效利用和新产品的清洁生产有机结合起来，消除冗余生产环节，高效节能低碳，从本质上提高企业效益和综合竞争能力，系统解决环境污染与产业发展的矛盾。多项示范工程应用后取得显著经济、环境与社会效益，为保护环境和资源可持续发展做出了积极的贡献。“生产要素跨领域融合的高值金属绿色低碳循环产业体系建设”是中国电子院在有色金属绿色低碳领域开展的理论研究和工程实践项目，对于企业转型升级和供给侧结构性改革具有一定现实意义。

中国电子院2019年营业总收入8100159034.48元、利润总额213917898.68元、净利润158687315.26元；2020年营业总收入8736885819.89元；利润总额85241427.29元、净利润37844380.69元；2021年营业总收入8555456821.83元，利润总额234216640.13元，净利润189276310.43元。

二、主要措施

（一）市场生态与资源环境

全球经济正面临资源和环境的双重压力，原生矿产资源枯竭的现实和矿山开采的环境污染问题，严重影响产业的可持续发展。高值金属关系到国家资源供给和“中国制造”的深入开展，从产业链和供应链的角度分析，原有的一些生产关系不能适应生产力的发展，传统的开放式、直线型生产模式耗费大量能源，碳排放严重，难于避免污染因素和扩散因子，产业环节松懈，物流低效，亟须积极开展供给侧结构性改革，促进产业升级。

《中国废弃电子产品循环经济潜力报告》指出，中国电子产品废弃量将在2030年达到2722万吨，若回收率提升至85%，其中被回收金属的总价值将可达1300亿元，是一座名副其实的“城市矿山”。然而受限于技术水平和经济成本考虑，国内废弃电器电子产品资源回收率偏低，大量宝贵资源流失，同时还造成重金属污染。因此，变废为宝，提高资源利用率，在解决工业废弃物污染的同时，开辟出城市矿产，是新时期社会可持续发展的重要目标。

自2012年起，中国电子院发挥国投集团大型国有企业在政策法规、循环经济、产业集群、技术服务等方面优势，在长期从事循环经济项目设计与工程建设的基础上，开展绿色低碳循环产业体系理论和方法的提出，进行总体解决方案制定工作，规划和工程设计及技术咨询与服务等工作。中国电子院会同大冶有色博源环保股份有限公司、大冶有色金属集团控股有限公司和生态环境部固体废物与化学品管理技术中心等大型国有企（事）业单位，发挥项目单位在不同生产要素方面的比较优势，历时7年，以产业融合创新模式，自主研发系列技术，推进废弃电器电子产品中诸如铜、金、银、钯、铂等高值金属的回收利用，减少对原生金属的依赖，以从根本上解决资源产业发展中的瓶颈问题，推进资源的循环利用。

（二）绿色发展战略制定与解决方案

1. 发展战略的创新

本项目以高值金属资源循环体系为契合点，秉承循环经济产业原则，依靠生产要素的跨领域新型组合，基于产品与物料全生命周期理论，构建了节能低碳和清洁生产原则相统一的循环产业体系，开辟了绿色低碳资源新路。项目将原生矿产和城市矿产（工业和城镇化过程中产生和蕴藏于社会的废弃物）有效地结合起来，且特别注重将城市矿产所提供的原材料与原生矿产综合利用，在精细拆解和严格环保预处理的基础上，采用具有产业规模的澳斯麦特熔炼炉（以下简称澳炉）协同冶炼，并在大型冶炼基地形成跨领域融合的循环产业链，生产出数量可观、品质优异的高值金属，并延伸产业环节，直接用于新产品生产。整个产业体系贯穿高值金属及其产品的全生命周期，实现城市矿产的“吃干榨净”。

在减少碳排放方面，以铜金属为例，与利用原生资源生产铜相比，项目每利用1吨废铜可减少二氧化碳排放约2.5吨。因此该项目绿色低碳效果十分显著。

当新产品销售并使用后，定向的报废回收网络又将废弃产品回收并无害化处理加工，形成再生资源，回馈到生产加工环节，进入下一个循环，使原生矿产与城市矿产有序结合，形成了互为补充、互为协调的弹性原料供应链体系。实现了“再生资源—回收处理—原料制备—新品生产—再生资源”的闭路循环。达到社会流通的物料物尽其用，变废为宝。

2. 解决方案

本项目解决方案的关键点在于利用矿山开采、城市矿产资源循环、冶炼、电化学、清洁生产等不同领域的先进技术与工艺，吸取各产业的优秀生产要素（见表1），采用系统工程方法，将废弃的电器电子产品和电线电缆、电机、线路板等城市矿产中含铜金等高值金属的废弃物，以人机结合的方式精细拆解出来后，利用冶炼企业现有的竖平炉、澳炉，消除传统产业模式中的冗余生产环节，与原生矿产中的粗铜、铜精矿协同冶炼，完成全系列有色金属协同生产的产业流程。而通过后续的阳极泥提炼工艺，还将金钯铂铱等稀贵金属提取出来，实现城市矿产中高值金属的“吃干榨净”。

表1　跨领域融合的高值金属循环体系涉及的生产要素

要素类别	要素细分
原料要素	①报废汽车、废弃电器电子产品、废弃机电产品、废电路板等城市矿产类高值物料 ②铜矿石等原生矿产 ③返尘、渣精矿、烟尘、石英石、煤炭、电解残极等原料
设备要素	①报废汽车、废弃电器电子产品、废弃机电产品等拆解设备 ②废电路板预处理设备 ③以澳炉为代表的冶炼、精炼等相关环节的设备 ④阳极泥提取稀贵金属的现有设备
工艺技术要求	①现有已成熟的铜加工工艺流程 ②现有已成熟的报废汽车、废弃电器电子产品、废弃机电产品等拆解处理工艺流程 ③废电路板预处理工艺
产业要素	①互为补充、互为协调的弹性原料供应链体系 ②矿山开采、城市矿产资源循环、冶炼、电化学、清洁生产等不同领域的先进技术与工艺协作与融合 ③跨领域产业组合

3. 工作内容

以上述理论框架为指导，自2012年开始，项目单位开展该循环体系研究和方案制定工作。

（1）虽然通过在吉尔吉斯斯坦、哈萨克斯坦等国家或地区购买矿山，一定程度上解决了国内资源紧缺、矿石品位低的问题，但成本较高，运输不便，资源保障能力仍然不足。资源问题已经成为大冶有色千亿铜业发展的根本性问题。

（2）发挥国内循环经济骨干企业信息优势，运用互联网技术，建设线上管理、线下操作、实时统计、集约物流的城市矿产回收网络。

（3）利用国有大型企业原生矿冶炼和电解等先进技术，将城市矿产处理短流程与原生矿石冶炼长流程交汇融合，形成互为协调的产业结构。以澳炉和竖平炉为基础协同冶炼，技术路线为“预处理+澳斯麦特炉熔炼+P-S转炉吹炼+阳极精炼”的有价金属提取的创新技术。

（4）开展以废印制电路板为原料，协同处理提取稀贵金属的绿色工艺研究。澳炉系统高效协同冶炼废印制电路板项目获得联合国开发计划署“通过环境无害化管理减少电器电子产品的生命周期内持久性有机污染物和持久性有毒化学品排放”全额示范项目。

（5）形成《澳炉协同处置印制电路板技术规范》（征求意见稿初稿）和《澳炉协同处置印制电路板技术规范》（编制说明）等规范性文件。

（6）编制的《废旧电力变压器回收拆解技术规范》（YS/T 95.1-201X）、《废弃电线电缆光缆处理工程设计标准》（GB 51371-2019）已经正式发布。

4. 知识产权

本项目共获得专利19项，其中发明专利5项、实用新型14项。

5. 技术经济指标

本项目的技术经济指标如表2所示。

表2　澳炉协同冶炼废弃电器电子产品的回收率

指标名称	值
铜回收率	96%
黄金回收率	94.63%
白银回收率	92.29%

（三）绿色低碳技术的研发与创新

1. 创新点1

采用澳炉对于原生矿产和城市矿产（废弃电器电子产品、报废汽车、废弃机电产品和废弃电路板等城市废弃物的拆解物料）协同冶炼，并在大型冶炼基地形成跨领域融合的高值金属循环产业链，集矿石开采、资源循环、有色协同冶炼、电化学和清洁生产等领域于一体，将优秀生产要素有序融合，搭建城市矿产废弃物处理整体产业链流程，并实现规模化、产业化运行。

项目汇集优质开采、城市矿产资源循环、澳炉冶炼、“互联网+回收”和控电硫化高值金属提取等不同领域的优秀生产要素，成功将来自城市矿产中不同等级高值废料共熔共生，建立了高值金属全循环利用产业模式，实现了高效回收、循环利用，并有效降低碳排放。系统流程如图1所示。

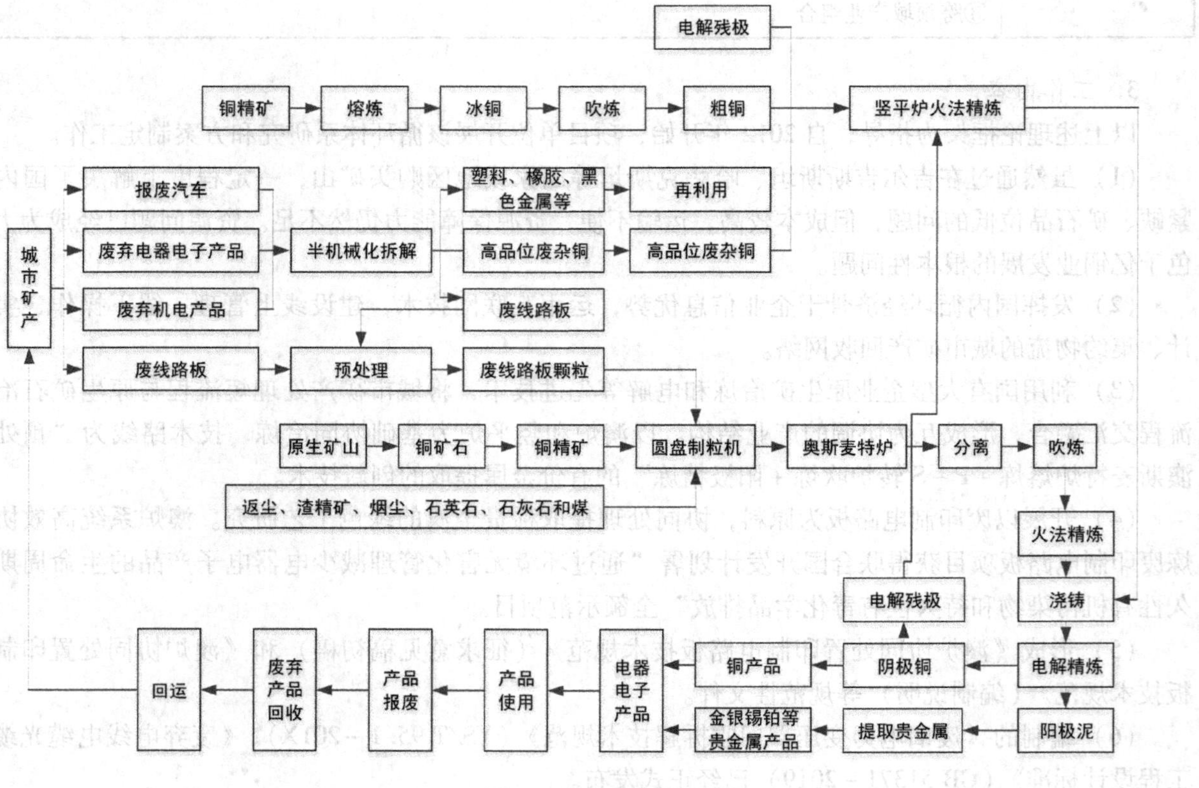

图1　系统流程

2. 创新点2

采用铜线圈与矽钢片或骨架之间无间隙冲压分离法将城市矿产中各类变压器、偏转线圈等特异铜系电子废弃物进行精确物理分离。

开创性地将报废汽车、废弃电器电子产品、废弃机电产品三类城市矿产汇聚一起，自主研发处理设备，采用无间隙冲压分离法将各类变压器、偏转线圈等特异铜系电子废弃物进行精准物理分离。分解过程中不产生任何环境污染，保证了废铜资源的“吃干榨净”。实现社会上铜资源的最大化聚集。

本项目得到的废铜品位要远远高于平均1%以下品位的原生矿石。表3为各类电子废弃物杂铜回收率及品位。

表3 各类电子废弃物废杂铜回收率及品位

品名	铜回收率	铜品位
彩色偏转	35%	94%
黑白偏转	45%	93.5%
冰箱压缩机	8%	92%
消磁线	63%	98%
洗衣机电机	8%	92%
黑白电视机变压器	12%	92%
花线	20%	97%

3. 创新点3

利用适当的运行条件和絮凝剂的添加，在现有圆盘制粒系统中促使废电路板颗粒与铜精矿等颗粒互相包裹，形成大小保持在5~25mm的颗粒，保证废电路板在熔池中正常熔炼，炉温分布合理，有效利用热能。

废电路板中含有大量的有机物及玻璃纤维，本项目所用废电路板有机物成分如表4所示。有机物热值较高，在熔炼过程中能替代部分燃料，其中的玻璃纤维含有大量的 SiO_2，在熔炼过程中可以充当熔剂的作用。但是有机物比重偏轻，燃点较低，并且澳炉炉膛较高，若直接通过皮带入炉，废电路板碎片通常在下落过程中，就已经燃烧，热能未进入熔池有效利用，反而造成炉膛及上升烟道段局部温度过高。因此如何高效利用破碎后的电路板中的热能是亟待解决的问题。

表4 废电路板有机物成分

成分	C	H	O	N	S	Cl	Br	合计
含量（%）	54.20	6.23	18.97	3.27	0.53	0.53	16.27	100.00

电路板经破碎、筛分、涡电流等预处理工序，选出铁块、铝块；利用现有圆盘制粒系统，将破碎后的电路板与铜精矿等其他原料一同制粒，使得电路板碎片能被铜精矿包裹或附着在精矿球表面，顺利达到熔池内，热能得到充分利用。经过多次研究试验，通过调节制粒圆盘转速、圆盘倾角、加水量等参数，并添加适量絮凝剂作为废电路板碎片的黏合剂，提高与铜精矿混合物的制粒效果，最终确定了在转速6r/min、倾角45℃、水量1.5t/h条件下，添加废电路板后，颗粒大小保持在5~25mm，制粒成球率仍可达到90%，有利于废电路板的入炉。

4. 创新点4

利用钙基固氯剂CaO固定住由废电路板燃烧过程中产生的HCl，尽可能减少二噁英形成的氯源。

废印制电路板的中的基板含有37%~40%的环氧树脂，环氧树脂中含有无机氯 $1.96\times10^{-5}\%\sim6.63\times10^{-4}\%$ 和有机氯 $1.02\times10^{-3}\%\sim8.41\times10^{-3}\%$。其燃烧产生的HCl是合成二噁英的重要氯源。

钙基固氯剂CaO与烟气中的HCl气体在高温下反应生产 $CaCl_2$，与锍渣混合在一起。

$$CaO\ (s)\ +2HCl\ (g)\ \rightarrow CaCl_2\ (l)\ +H_2O\ (g)$$

而 $CaCl_2$ 作为固氯产物，不仅无二次污染，而且根据研究表明，$CaCl_2$ 在高温无水环境下不分解，具有较好的高温稳定性。在制粒工序中，CaO 与铜精矿、破碎后废电路板和石英石等混合制粒成团，通过皮带输送澳炉炉内进行反应。

经过加 CaO 和不加 CaO 的对比试验，对炉渣中的 Cl 含量进行检测，加 CaO 后炉渣中 Cl 含量较不加 CaO 的炉渣增加了 54%。由此可见，CaO 有效地起到了固氯的作用。

三、实施效果

（一）资源环境效益

高值金属资源聚集的废旧产品与人类生活和社会进步息息相关，是一座庞大的城市矿山。将社会上摒弃的含高值金属的废弃物融入冶炼、加工和新品生产环节中，实现与传统产业体系完全不同的宏观循环产业链。本项目将社会活动、自然资源、人类生存三者紧密结合一起，却又能达到三者的和谐共处，实现全系列资源在三者中往复不断的循环流通，也为解决资源枯竭与经济发展的矛盾开辟了一条绿色道路。

规模化开展城市矿产绿色拆解，可以有效地提高再生资源的利用率，减少重金属对人类生存环境的污染，同时也对促进地方经济发展，实现绿色 GDP，拉动当地就业，建立和谐社会和美丽中国有重要意义。

（二）节能减碳与经济效益

本项目的研究成果应用于大冶有色集团。2013 年 2 月 22 日大冶有色博源环保股份有限公司获批成为废弃电器电子产品基金目录企业，2014 年成为废弃机电产品集中拆解利用处置区进口废物“圈区管理”园区，2015 年入选第六批国家城市矿产示范基地。至今合计处理高值城市矿产近 80 万吨，总价值约 154.66 亿元。

高值废金属的再生利用为社会提供了宝贵的原料且环境友好。和传统矿石的冶炼过程比较，废铜的冶炼能够节约 85% 的能源，本项目处理高值城市矿产累计几十万吨，节能效果可观。碳排放的降低更是十分显著。以高质金属含量占总量的 20%，减碳系数 2.5/吨计，项目减少碳排放约为：20% × 800000 × 2.5 = 400000 吨

（三）对产业可持续发展的贡献

原生矿产与城市矿产相融合，使千年铜都焕发青春。项目以世界先进的技术工艺为支撑，打造全方位资源循环为主体的产业体系，有助于实现高值金属资源的可持续发展。项目合理巧妙地利用大型冶炼企业的现有设施，只需对于工艺流程和关键设备进行创新改造，显著减少投资强度，降低运行成本。该项目的商业模式、技术路径和经济性具备在产业深入推广的潜力。中国电子院循环经济团队还将本项目中关于建设生产要素跨领域融合循环产业体系的理念和工程路线应用于铅酸蓄电池闭环循环产业链、资源综合利用园区规划建设、汽车循环多元产业体系等领域，规划设计及参与建设相关工程，涉及各类资源循环工程和综合性园区数十项，涉及营业收入千亿元，取得了显著的经济和环境效益，建议在更多领域推广应用，取得实效。

（四）对企业转型升级的影响

立足于资源社会大循环，减少对原生矿产资源的依赖，开辟资源新路，减少碳排放，降低能源消耗，有效保护环境，整合供应链，理顺产业链，对于当前国内企业亟须进行的产业转型升级具有重要的推动作用，也为经济的绿色化发展做出了贡献。

主创人：杨敬增、汪新华、池　莉、汪胜兵、万黎明等

机房专用空调热回收改造

中国移动通信集团浙江有限公司

一、企业概况

中国移动通信集团浙江有限公司（以下简称浙江移动）隶属于中国移动通信集团有限公司（以下简称中国移动）在全省拥有11个市分公司，统一经营浙江省的中国移动通信网络。

中国移动于1997年在全国通信行业中最早在海外上市，迈出了电信企业海外上市的第一步，为我国企业充分利用国际资本积累了宝贵经验。2022年，中国移动成为红筹公司回归A股上市第一股，成功搭建起境内外资本运作平台。作为国企海内外同时上市的成功典型，中国移动根据资本市场要求，建立和不断完善符合国际惯例的企业治理结构，实现了跨越式发展，企业运营水平走在了行业前列，成长为业绩优秀、管理出色、服务优质、行业领先的主导运营商，实现了国有资产、品牌价值的保值增值。

截至2021年底，浙江移动员工总数1.9万人，总资产规模近1100亿元，上缴各类税收57亿元，是浙江省纳税大户。移动、家宽客户份额均居行业第一，移动、家宽客户满意度实现“双领先”，是全集团的标杆企业、省内规模最大的电信运营商。浙江移动一直是我国通信领域先行先试的创新探索者，4G、VoLTE、蜂窝物联网、5G等连续创造多项全国、全球纪录，5G发展实现领跑全国、领先全球，并成为2022年杭州亚运会官方通信服务合作伙伴。

二、主要措施

（一）项目背景

在通信企业中，主要备用的交流电源是柴油发电机组。为保证发电机组的启动成功率，按照维护规程要求，发电机房温度应在5~40℃，同时应保证机体温度在10℃以上（最佳温度应在20~40℃）。当机体温度达不到上述要求时，一般采用水套加热器加热的方式保证机组温度。

数据通信机房因服务器、交换机等用电设备的运行，即使在气温较低的冬季，也会产生巨大的热量，这些热量通过风冷机房专用空调系统的冷凝器排到室外。

一般江浙地区发电机房采暖季为每年11月至来年3月左右，每台机组加热器功率在10kW左右，每年消耗约2万度电能。

水套加热器出口温度高达70~90℃，导致连接机体和加热器的橡胶软管处于高温状态，长期运行后易产生老化、爆裂、漏水等情况，且在水套加热器故障及维修期间，配电系统缺少自备电保障能力，具有很高的运行风险。

（二）项目方案

1. 思路与架构

（1）案例思路。

数据通信机房全年需要制冷，通过风冷机房专用空调的冷凝器排出机房热量，可以对这部分排出的热量进行回收，给油机房供热，实现机房热回收。对数据通信机房的机房专用空调系统进行改造，由原来的一个压缩机系统对应一台冷凝器，改造成一个压缩机系统对应两台冷凝器。两台冷凝器通过增加旁通管的方式并联设计，其中一台冷凝器安装在发电机房内，另一台冷凝器安装在通风散热良好的室外。

（2）系统架构。

机房专用空调系统通过安装在通风散热良好处的室外冷凝器来排出机房的热量，一个压缩机制冷系统对应一台冷凝器。对冷凝器进行改造，把一台冷凝器改造成两台冷凝器，两台冷凝器通过增加旁通管的方式并联连接。两台冷凝器安装位置不同，其中冷凝器 1 安装在发电机房内，冷凝器 2 安装在室外。每台发电机组近端以及数据通信机房室内机回风口处安装温度传感器并连接到系统控制器上。热回收型专用空调系统原理如图 1 所示。

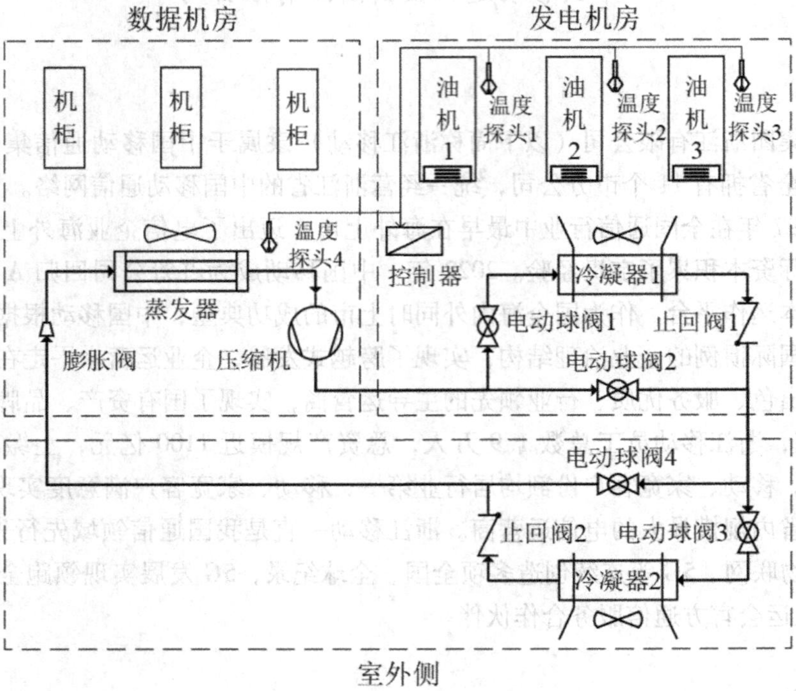

图 1　热回收型专用空调系统原理

2. 系统联动控制

（1）联动控制配置。

改造设备配置：冷凝器 1 + 系统控制器。冷凝器 1 + 系统控制器从室内机交流空开取电。

温度探头配置：在室内机回风口机安装温度探头，测试其回风温度；在发电机房各台发电机近端安装温度探头，测试发电机房温度。

系统冷媒管路及各类阀门：单系统需配置 4 个电动球阀及 2 个单向阀。

（2）联动控制逻辑。

系统运行方式分为手动模式和自动模式。手动模式是为了安全性考虑而设置的，当人工切到手动模式时，系统运行方式会切换到改造前的状态。系统自动模式运行是根据发电机房的制热需求和数据机房的制冷需求来控制的：制热需求根据发电机房内温度平均值（可设定）判断，若其≤29℃为有制热需求，反之则无制热需求；制冷需求根据数据机房回风温度（可设定）判断，若其≥23℃为有制冷需求，反之则无制冷需求。系统中设置相应的温度回差，防止其由于温度波动导致运行模式频繁切换，同时该系统内也设置数据机房低温保护值 18℃，防止系统长期运行导致数据机房室内机回风温度过低。

（3）系统切换原理。

当在过渡季节或者冬季，发电机房有制热需求时，电动球阀 1、4 开启，电动球阀 2、3 关闭，制冷剂流经冷凝器 1 和冷凝器 2 的旁通管路回到室内机，通过冷凝器 1 对发电机房供热，而冷凝器 2 并不工作；当在夏季气温较高，发电机房无制热需求，而数据机房有制冷需求时，电动球阀 2、3 开启，电动球阀 1、4 关闭，制冷剂流经冷凝器 1 旁通管路和冷凝器 2 回到室内机，系统通过冷凝器 2 散热，而冷凝器 1 并不工作；当发电机房无制热需求同时数据机房也无制冷需求或数据机房温度过低这两种情况时，系统停机。具体系统控制逻辑如图 2 所示。

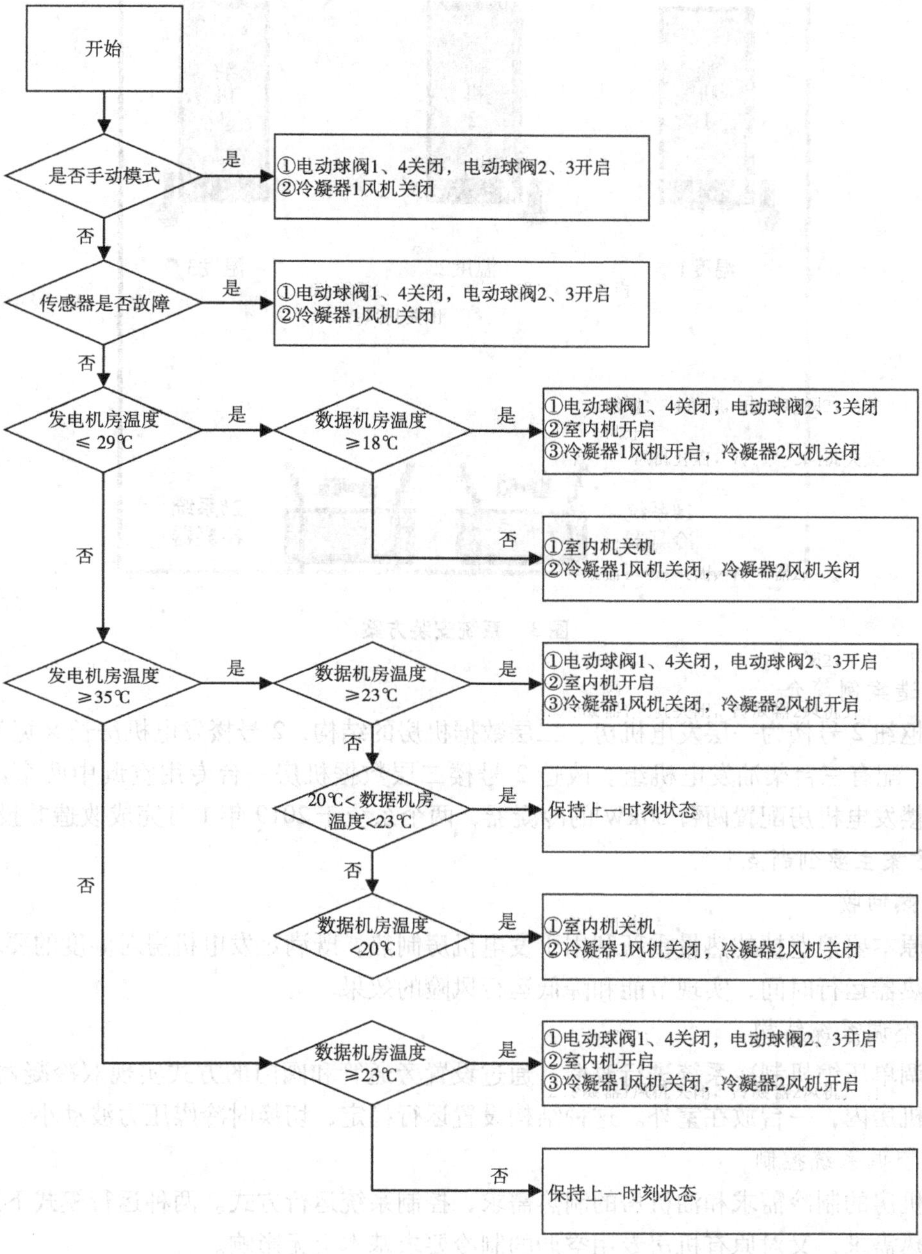

图 2 热回收型专用空调系统控制逻辑

3. 系统配置及安装方案

（1）系统配置方案。

根据发电机房内面积大小确定热负荷大小，配置冷凝器数量，冷凝器数量 =（油机房面积）/3 × 单台冷凝器发热量；根据发电机房数量配置系统控制器个数，发电机房数量 = 系统控制器个数；根据改造空调室内机数量及发电机数量配置温度传感器个数，温度传感器个数 = 改造室内机数量+发电机台数。

（2）系统安装方案。

安装在发电机房一侧，侧吹送风，与发电机对向放置，如图 3 所示。

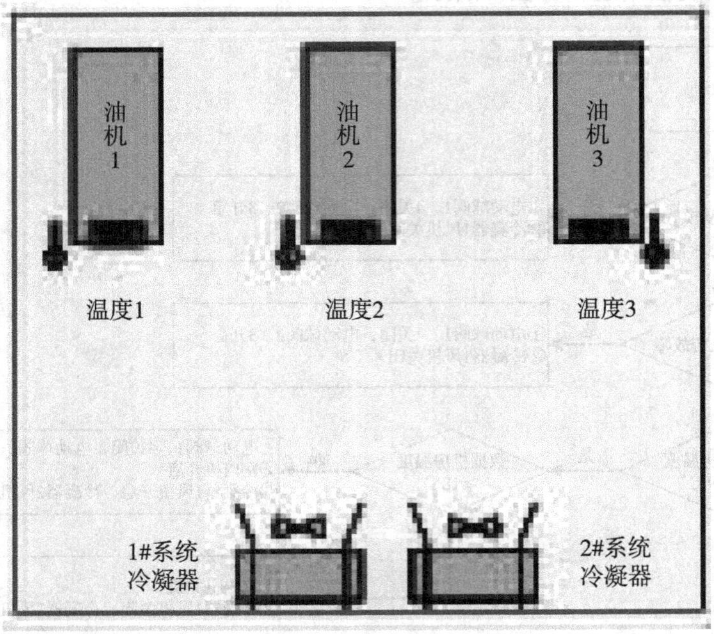

图 3　系统安装方案

4. 实际改造案例简介

三墩移动枢纽 2 号楼为一层发电机房、二层数据机房的结构，2 号楼发电机房长 × 宽为 25m × 12m，面积为 300m²，配有三台柴油发电机组。改造 2 号楼二层数据机房一台专用空调中两个压缩机制冷系统，并在 2 号楼发电机房配置两台 60kW 的冷凝器，两个系统于 2019 年 1 月完成改造并投入运行。

（三）本方案主要创新点

1. 机房余热回收

将机房内原本要浪费掉的热量重新利用于发电机房制热，既满足发电机房对温度的要求，同时又大大降低水套加热器运行时间，实现节能和降低运行风险的效果。

2. 热回收空调系统结构

对专用空调单压缩机制冷系统进行改造，通过设置旁通管和阀门的方式实现双冷凝器并联的效果，一台放在发电机房内，一台放在室外。这种结构设置运行稳定，切换时冷媒压力波动小。

3. 热回收空调系统控制

根据数据机房的制冷需求和油机房的制热需求，控制系统运行方式。两种运行模式下运行，既能满足发电机房制热需求，又对原有机房专用空调的制冷要求基本上无影响。

4. 确定发电机房热负荷方法及系统配置方案

通过对发电机房冷凝器负载率及发电机房温度分析，提出发电机房热负荷设计及冷凝器选型方法。

三、实施效果

（一）应用情况及效果

浙江移动三墩移动枢纽 2 号楼，于 2019 年 1 月完成机房空调余热回收利用改造并投入运行。

改造后发电机房采暖季平均温度 30.82℃，相较于未改造发电机房采暖季平均温度 22.12℃，整体提升约 8.7℃，效果明显。未改造发电机房采暖季平均温度波动幅度在 8.3℃左右，改造后发电机房采暖季平均温度波动幅度在5.4℃左右，采暖季发电机房平均温度稳定性更好，发电机侧温度分布较均匀，满足了发电机供热的需求。油机房改造前后温度对比如图4所示。

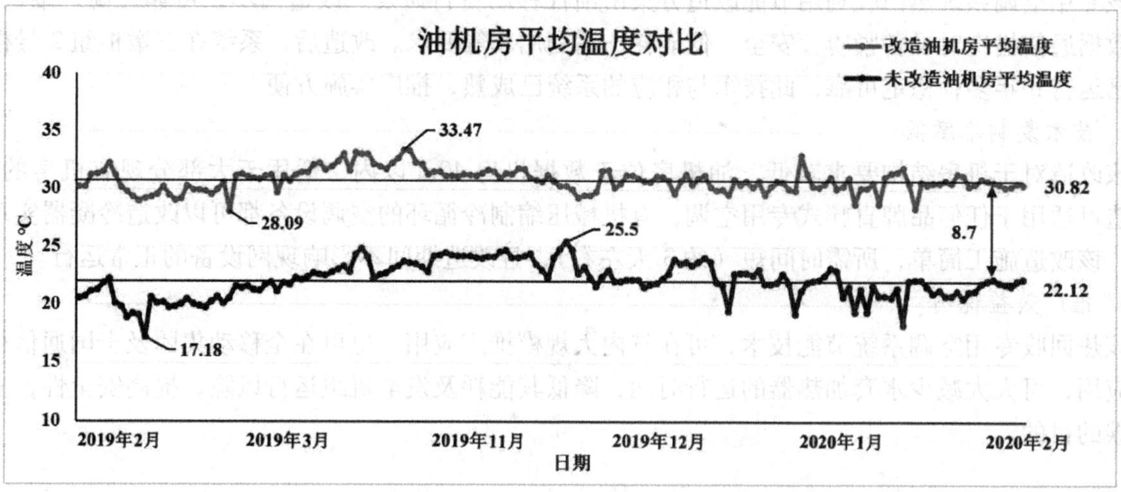

图4　油机房改造前后温度对比

如图5所示，改造前水套加热器软管温度最大值为70.02℃，改造后水套加热器软管温度平均值26.67℃，下降了43.3℃，且改造后加热器软管温度趋于稳定，水套加热器长期处于关闭状态，大大减少了水套加热器的运行时间，降低其能耗及发电机组运行风险。

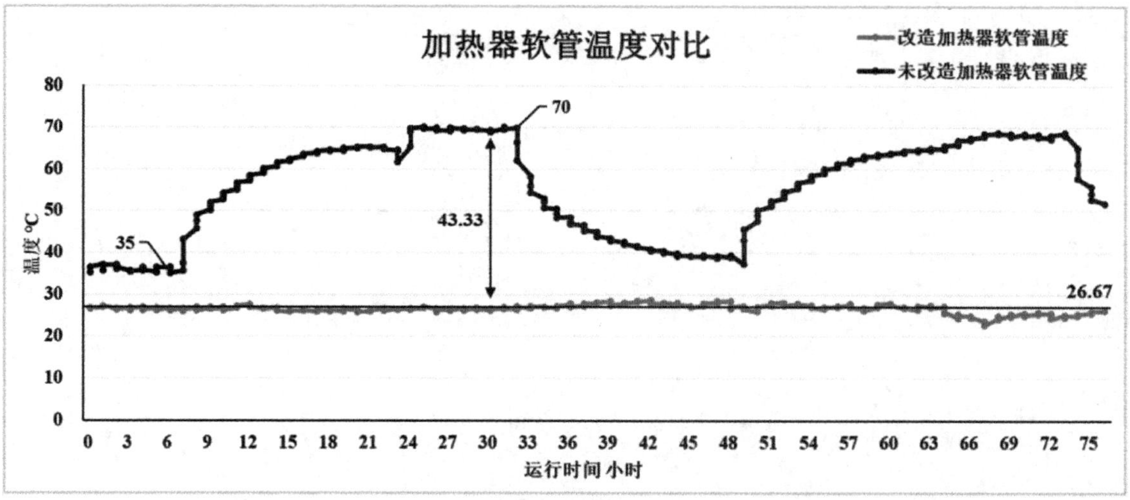

图5　加热器软管温度对比

（二）节电效果和经济效益

经横向对比测试，通过机房专用空调系统热回收利用改造，使三墩枢纽2号楼油机房全年节电量为4.29万度，全年节约电费为2.79万元（按平均电价0.65元/度计）。投入回报期：三墩枢纽2号楼油机房总改造费用约5.58万元，投资回报周期约2年。该改造若推广到全省，根据统计，全省全年节约用电可达343.3万度，节省电费约为223.08万元。

在全集团、通信行业推广应用，则节电降本效益更大，对网络质量提升的面更广。

（三）推广性分析及建议

1. 技术已成熟

该专用空调系统热回收利用节能改造方案由浙江移动自行研发，改造简单，可靠性高，维护方便，满足数据通信机房对设备紧凑、安全、低能耗、高利用率等要求。改造后，系统在三墩枢纽2号楼发电机房已运行3年多，稳定可靠，此技术与相应的系统已成熟，推广实施方便。

2. 技术复制难度低

该改造对于机房结构要求较低，油机房位于数据机房40m以内，适用于大部分现有机房的改造；该改造可适用于任何品牌直膨式专用空调，有机械压缩制冷循环的空调设备都可以改造冷凝器实现余热回收；该改造施工简单，所需时间短（约3天左右），且改造期间不影响现网设备的正常运行。

3. 推广效益说明

该热回收专用空调系统节能技术，可在省内大规模推广应用，也可在全移动集团及全国通信行业内推广应用，可大大减少水套加热器的运行时间，降低其能耗及发电机组运行风险，提高安全性，实现节能降碳的目的。

主创人：李　昶、张建风、陈徐钢、张尔渔、许国平

中集模块化高质量承建香港科技园人才公寓项目

中集模块化建筑投资有限公司

一、企业概况

中集模块化建筑投资有限公司〔以下简称中集模块化建筑（MBS）〕是中集集团集装箱板块旗下的创新型公司，致力于为全球酒店、公寓、商业办公、过渡房、学校、医院、楼宇式云数据中心、文旅、防疫应急等领域提供高质量钢结构集成模块化建筑一站式解决方案。经过十多年的发展，得益于中集模块化建筑体系和十几年海外各区域市场经验，中集模块化建筑（MBS）已形成了为客户提供包括立项审批、方案设计、深化设计、工厂制造、物流运输、现场建造、项目管理、金融服务一站式EPC交钥匙工程服务的能力，为全球客户提供行业领先的EPC总包服务，与投资商、开发商、建造商、材料和服务供应商等机构形成无缝对接的全球化产业链和生态圈。

中集模块化建筑（MBS）的企业愿景是“成为全球领先的模块化建筑科技企业”，秉承“快速改善人居环境，成就绿色环保美好生活”的使命，科技创领绿色模块化建筑，为客户和社会打造更多绿色建筑，为世界人民提供更加舒适、安全、环保的生活空间。中集模块化建筑（MBS）凭借先进的技术、高质量的产品和高效的建造方式，先后在英国、荷兰、澳大利亚、新西兰、日本、美国、中国、中国香港、挪威、冰岛、非洲等国家和地区提供产品和服务，与希尔顿、万豪、洲际、阿克集团等公司强强联手，建立了长期稳定的战略合作关系；与海内外教育机构、医疗卫生机构及文旅机构建立了广泛的合作关系。此外，中集模块化建筑（MBS）还成功为知名互联网科技企业研发并实施了多个楼宇式模块化数据中心项目，使其成为5G时代新基建最具代表性的基础设施之一。

二、主要措施

中集模块化建筑属于箱式钢结构集成模块化建筑体系，以钢结构为主体，结合保温、水电、暖通、内部精装修家具及智慧系统于一体的永久性建筑体系，通过海陆联运运输至项目现场后，快速吊装搭建，是高效、绿色、智能的建筑体系。香港科技园人才公寓项目的成功建造，有效解决了香港建筑业产业转型升级，高成本高能耗，劳动力匮乏，成本增高，安全、环保及品质要求提高等问题，为香港建筑业劳动密集型转化为高集成类智能化建造的实现起到积极的推动作用。

香港科技园人才公寓项目，坐落于香港新界大埔的科学园，建筑面积为15300平方米，楼高17层，其中第4至17层采用中集模块化建筑体系建造完成（由四种不同功能类型的公寓组成：一人间公寓、双人间公寓、开放式单人公寓、家庭公寓，共418个模块），成为香港首个采用工厂预制与组装建造完工的永久性高层建筑。该项目的顺利竣工，为香港地区采用模块化绿色能效装配式建筑做出了积极的示范效果。

（一）钢结构集成模块化建筑关键技术

项目运用了中集钢结构集成模块化建筑关键技术，有如下特点。

（1）全装修、成品化：各种不同的构（部）件预先按照一定的规格和要求进行设计和采购，以工厂组装的方式来集成、制造、安装，90%以上的工序在工厂完成，达到或接近成品建筑标准。

（2）高效率、机械化：整个建筑是由一系列立体模块化组成。施工时，就像搭积木一样，将模块吊装在预先设定的位置，并通过高强度螺栓连接，组成形态各异、风格多样的建筑。

（3）部品化、集成化：模块是构成整体建筑的基本单元。每个单元模块，都是集成化的，相对独立和完善的子系统，它既可以多模块、纵横连接而构成复合型功能空间，也可以是不同特定功能的单一功能空间。

（4）一体化、信息化：模块化建筑采用标准化、集成化、规模化、流水化的现代化生产模式，注重设计、制造、运输、吊装、安装等全过程的一体化、协同化，运用信息化技术进行管理。

（5）灵活机动，循环利用：结合了集装箱建筑和钢结构建筑的不同特点和优点，可以按照要求设定各种尺度和空间，可以灵活移动、组合、堆叠、拆卸，可回收及循环利用。

（6）绿色环保：模块化建筑是绿色、低碳、环保的创新型工业化、产业化建筑形式，建筑过程低能耗、低排放、低损耗、低人工、高效率。

项目整体上除了运用中集钢结构集成模块化建筑关键技术外，还采用了智能化、集成绿色化设计和先进的验收管理措施来达到节能减排，降低人工、物料和能耗的目的。

（二）高度智能化家电系统集成设计

关键技术：房间内家电网络门禁系统全部是智能化设计，可以通过手机 APP 网络远程控制。

创新点：房间内家电的所有电路开关，除物理操作外，均可使用联网的手机进行操作开关。

难点：智能化模组设计路线非常多且复杂，对预制安装、各施工面交叉配合精度提出了更高的要求。

（三）精准的模块组装配合技术

关键技术：模块连接装配公差控制在 2 毫米以内。

创新点：高精度的模块化建筑连接系统。

难点：2 毫米的节点装配精度要求，在建筑建造业这个粗放式行业中，对设计和制造生产来说是绝无仅有的挑战。在经过技术团队无数次反复建模计算、模拟试验、制造工艺试验，最终攻克重重难关，完成了“不可能的任务”，项目现场 17 层模块化高层建筑以 2 毫米的节点装配公差实现精准搭建。

（四）生产和验收实现云端远程监理和验收

关键技术：模块化建筑建造全过程采用线上远程监控。

创新点：以往项目过程监管和验收，均由客户或客户代表驻厂实施；此项目采用了全程网上预约监理、项目模型审查、线上验收、视频直播验收、二维码过程追溯检验流程，开创了离岸质量高效管理、过程监理和验收的先河。

难点：施工过程实时记录和监控，业主代表、设计顾问和第三方监理通过互联网视频实时云端监控和验收，经充分的产前策划和产中精准的操作，避免弄虚作假和疏漏，中集模块化建筑（MBS）以一贯的高质量水准，最终赢得客户的信任和顺利验收。

（五）模块化 + BIM 的“工业化 + 信息化”强强联合

关键技术：BIM 应用，完美助力工厂预制完成度和精准度。

创新点：设计团队应用 BIM 技术与业主和各个顾问单位进行协同设计。

难点：模块化建筑的预制率要求在 90% 以上，与传统现场建造施工方法相比，建筑、结构、机电、内装等专业的内容构造需要在工厂完成部分或全部预装，这意味着为了项目的高质量交付，各个专业的冲突协调都需要在工厂阶段解决，从而实现施工现场的“零冲突”；同时还需兼顾客户项目现场施工场地布置调配、后期运维信息化等需求。加上模块化本身具有工业化生产的属性，使用 BIM 技术可视化和信息化的优点更是强化从设计到制造的无缝连接、智造建筑。所以模块化+ BIM 既是刚需，更是“1 + 1 > 2”的强强联合。为了克服上述难点，项目设计团队使用前沿 BIM 技术与业主和各个顾问单位进行 BIM 协同设计，在建筑产品生产前就进行产品的虚拟建造，率先解决水暖电设备、管线、材料等的冲突并完成线路优化，图模合一传输至工厂生产线进行无偏差施工，使用 BIM + RFID 技术助力质检环节，同时BIM材料动态数据也为采购、仓储提供决策依据。综合多方BIM应用实施，最大限度地将项目可能遇到的问题在虚拟建造里进行预演优化、解决在工厂预制生产中，保证项目的高质量顺利交付。

项目获得香港绿色建筑议会绿建环评（HKGBC）认证的新建建筑铂金级认证（BEAM Plus Platinum为香港绿色建筑最高标准），还荣获RTF Awards未来奖“Rethinking The Future Awards 2020”二等奖和2021年世界建筑媒体住宅类银奖，中集模块化建筑在香港业界获得高度的评价和认可。同时项目也是“十三五”国家重点研发计划绿色建筑及建筑工业化重点专项示范工程。

项目运用的箱式集成模块化建筑体系技术，于2020年7月通过科技成果评价，与会专家一致认为该技术成果达到国际领先水平。此外，该技术成果荣获“广东省钢结构科学技术奖一等奖”和“江门科技奖一等奖”。

三、实施效果

香港科技园人才公寓的顺利完成，以“科技创领模块化建筑，打造全球绿色建筑典范”的鲜明特点，带来经济、社会和环境的综合价值。

（一）经济效益：

项目于2019年5月启动，仅用一年半时间，香港首个永久性高层模块化建筑项目成功落成。该项目是中集模块化建筑（MBS）以中集创新、中集速度和中集品质打造出的香港地区精品绿色工程，成为香港首个采用工厂预制 & 组装建造完工的永久性高层建筑。项目相较传统建筑节省成本8%，节省工期30%，总体减少30%建筑废料和35%的碳排放，且现场安全事故为零，充分展示了中集模块化建筑的优势。项目技术已成功应用到后续的香港模块化项目，助力企业进一步开拓香港市场，实现更高的经济价值。

（二）社会效益

模块化建筑是一种绿色、环保、高效、符合时代潮流的建筑模式，能有效解决当地行业发展的痛点。香港正加大“组装合成”建筑法MIC（也称“整体式钢结构模块化建筑”）的推广力度。香港发展局、屋宇署、机电工程署和水务署等香港政府部门已先后出台相关政策，推动和引导“组装合成”建筑法在香港广泛落地应用。在政府相关部门的推动下，模块化建筑技术在香港已得到快速发展，中集模块化建筑（MBS）作为第一批获得技术准入的企业，并成功打造了香港科技园这种高科技模块化建筑化建筑产品，让香港市民充分见证了全球领先的中集模块化建筑技术，更向香港建筑行业展示了模块化建筑的魅力。随着香港特区政府大力鼓励和推广，中集模块化建筑（MBS）将为助推香港建筑行业创新发展做出积极贡献！

（三）环境效益

本项目施工现场粉尘少、噪声少、建筑垃圾少，大大降低对周边环境影响。中集模块化建筑的创意让不动产动起来，房子也能绿色循环再利用，为项目创造了一个循环使用的机会，即模块化建筑可拆卸、可迁移、可循环使用，实现了建筑全生命周期价值最大化。同时，这种创新的模块化绿色建筑技术，为当地提供了新的绿色建筑范本，也引领了地区绿色建筑的推广和发展，促进了“气候行动”的实践和进程。

主创人：朱伟东、周永安、华　松、江海涛、吴　凡

环太湖有机废弃物循环利用项目

中农新科（苏州）有机循环研究院有限公司

一、企业概况

中农新科（苏州）有机循环研究院有限公司（以下简称中农新科）成立于 2018 年 7 月，是中国农业大学和苏州市人民政府共同建设的新型研发机构，2022 年获批江苏省新型研发机构。公司实行双轨制一体化管理，既属于校级研究中心，又实行企业化运作。由其管理的中国农业大学有机循环研究院（苏州）（以下简称研究院）是一家以城乡生态有机循环发展示范为重点内容的综合性产业研究院。研究院自成立以来，依托中国农业大学生态环境领域的学科优势，围绕有机废弃物资源化利用、生态农业等开展科学研究、技术创新、装备研制和产业化工作，已形成国际领先的循环利用技术产品体系，目标是在有机废弃物循环利用和农业绿色低碳发展领域成为行业标杆，打造我国有机资源循环利用领域重要的产业集群高地，为苏州市、江苏省乃至全国有机循环产业发展提供创新技术支撑。

二、主要措施

目前研究院围绕城乡有机废弃物循环利用开展工作。重点服务于国家发展改革委牵头的环太湖五市城乡有机废弃物处理与利用示范区建设项目，并先行在吴中区三镇开展有机废弃物处理利用示范点建设，为示范区建设提供全面技术支撑，包括原料调研、工艺设计、可研编制、设备制造、工程建设运营、后续服务等。

2021 年研究院环太湖有机废弃物处理利用示范区建设项目获批国家发展改革委重大区域发展战略建设（长三角一体化发展方向）项目。2021 年研究院与三峡集团长江生态环保集团有限公司长三角分公司签订合作框架协议，双方共同推动加快环太湖地区城乡有机废弃物处理利用示范区建设项目。2021 年研究院积极筹备国家重点实验室建设项目，同时还筹备申报国家有机废弃物技术创新中心和国家“十四五”环太湖重点研发计划项目。该项目将有机废弃物通过好氧发酵转化为有机肥，减少了由于废弃物的焚烧等带来的温室气体的排放，有机肥施入农田土壤中，可提高土壤的碳固定能力，减少二氧化碳等温室气体排放，助力碳中和目标的实现。

研究院围绕有机循环产业发展方向，在环境微生物、废弃物生物转化和废弃物资源化三个方向组建研发团队。依托研究院技术优势，分别在苏州、无锡、常州等地建立一系列各具特色的有机废弃物处理利用中心，形成技术标准与运营模式。目前已在苏州市吴中区临湖镇开展全国首个城乡有机废弃物处理利用示范中心建设工作，现已建成并投入运营。该项目实现镇域有机废弃物的“零”废弃，不出镇、不入河，减少了环境污染；又实现了化肥农药减量，支持农业绿色发展，通过有机废弃物生物转化、有机肥施用这两种途径实现固碳减排，为固废处理和农业生态领域的碳中和做出贡献。

在前几年科学研究的基础之上，2021 年研究院研发中心三个研究室（环境微生物研究室、有机废弃物生物转化研究室和资源化产品与利用研究室）分别取得了较大的科研成效。

（一）环境微生物研究室

该研究室从耐高温、耐盐、降油脂和微生物微环境四个研究方向出发，围绕环境微生物组学研究、微生物组学大数据分析及其在有机循环产业中的应用研究等方面开展研发。主要包含环境微生物组学和生物信息实验室建设。主要开展的工作包括：①考虑到微生物菌种资源是研发微生物产品的基础，加快了功能微生物的筛选、菌种理化功能、分子生物和微生物菌种资源信息库的建设等。②菌种资源信息库的建设。利用Web开发和软件工程技术，建立菌种资源信息库，包含菌种的基本信息、特征特性、存储位置和应用效果信息，便于对菌种资源调查、收集、保存与利用；同时，利用二维码扫描技术，快速地查询菌种资源库中已有菌种信息，提高菌种筛选工作效率。

2021年，该研究室已筛选出2株耐盐菌株与2株耐高温菌株，保存于中国微生物菌种保藏管理委员会普通微生物中心，保藏名称分别为H83、H166及VH1-1、VH1-3。研制出餐厨垃圾专业菌剂以及好氧堆肥腐熟菌剂，为优化有机废弃物生物转化工艺提供了基础。

（二）有机废弃物生物转化研究室

有机废弃物生物转化研究室围绕有机废弃物生物转化处理技术与装备进行研发，主要涉及无害化、减量化预处理和肥料化、饲料化、能源化处理以及污染控制等方向，对应工艺主要包括快速灭菌生物稳定化、生物干化、好氧发酵、厌氧发酵等。基于智能化处理设备、系统和工艺技术的研发，组合形成针对不同类型有机废弃物的全过程处理工艺技术，以期建立有机废弃物零污染排放、高效率循环利用的处理模式，并通过对环太湖典型有机废弃物处理利用开展技术装备应用示范，为国家环太湖有机废弃物处理利用示范区建设提供关键技术支撑。

该研究室主要对先进堆肥工艺和先进堆肥设备等方面开展研发：①先进堆肥工艺研发平台主要围绕高效、绿色堆肥技术和多功能堆肥等方面开展研发，包括生物转化实验室及废水废气治理实验室。目前已拥有电感耦合等离子体发射光谱仪（ICP）、冷冻混合球磨仪、匀浆仪等设备，已研发出国际独创的连续“生物干化+好氧发酵”耦合工艺，1~2天实现高湿物料的快速脱水，5~6天完成快速制肥，还可根据不同来源物料特征自动化调整生物干化模块处理周期，缩短工艺时长，降低处理成本。②先进堆肥工艺设备研发平台主要研究一体化智能处理反应器设备。目前，通过堆肥机械设计开发平台，已经研发的处理反应器设备有卧式生化一体机（1~5吨/天）和移动槽式一体机（3~5吨/天）。卧式生化一体机采用U型仓底加热并曝气的方式，能够快速满足好氧发酵所需的条件，大大加快了处理效率，同时可根据反应器内温度监测及反馈数据，自动控制仓顶抽风时间，实现全程智能控制；移动槽式一体机具有智能化、自动化、密闭化等特点，可快速完成有机废弃物腐熟化过程。该研究室的研究成果为城乡有机废弃物高效处理提供了技术和设备上的支撑。

（三）有机废弃物资源化产品与利用研究室

该研究室主要研究基于餐厨垃圾剩余物生产的肥料化和饲料化产品，包括有机肥、生物有机肥、专用有机肥、蔬菜花卉基质、水产饲料、土壤改良剂等系列产品的工艺过程及其在生态农业中的应用效应和风险评价等。主要包含新型肥料研发实验室及有机肥农田应用实验室。已开发出水稻专用生物有机肥及枇杷专用生物有机肥，皆以城市餐厨废弃物为有机质主要原料，优选高活性复合功能菌，结合农作物生长发育养分需求规律，独家研制开发系列新型高效活性有机肥料。产品原料来源友好，功能菌活性强，有机质含量高，可以有效改善土壤理化性质和生物特性；富含大量及钙、镁、铁等中微量元素，营养全面均衡，可改良土壤板结的状况。下一步，着力研发龙虾饲料等饲料化产品的工艺，并将生产的生物饲料原料进行资源库登记。

2021年，该研究室开发的固体有机肥料、基质和液体肥等产品经过了三年的田间肥效和安全性试验，为有机肥料的登记证的申办提供了技术上的支持。有机肥料进入市场将使有机废弃物循环利用项目真正做到闭环利用，使项目进入崭新的发展阶段。

三、实施效果

2021年研究院三个研究室共申请专利32项，其中发明专利31项，实用新型1项，其中授权发明专利1项，实用新型专利1项。围绕有机废弃物循环利用这一方向，2021年共发表研究论文34篇，其中SCI核心期刊15篇，中文期刊19篇。

环太湖城乡有机废弃物处理利用示范中心（临湖）位于江苏省苏州市吴中区临湖镇，是由中农新科设计、建设和运营，研究院提供技术支持。示范中心总占地面积 6900 多平方米，总投资 3700 万元，设备安装容量约 1000kW，日处理各种有机废弃物 40 吨。

示范中心于 2020 年 9 月建成，经过 3 个月的试运行，于 2021 年进入实际运行阶段，现已正常运转两年多。处理过程中添加公司自主研发的“微宏”系列多功能复合菌剂，通过公司独创的“生物干化、好氧发酵”工艺进行处理，可日产固体有机肥料 15 吨左右，同时将产生的废水制成液体肥，可在水稻、园林、果树、蔬菜等农林生产中使用。

建筑施工废水废渣分离净化再利用

中铁十一局集团城市轨道工程有限公司

一、企业概况

中铁十一局集团城市轨道工程有限公司注册资本10.1亿元，在册职工3000余人，现拥有50余台盾构机、25支专业盾构队，具备同时推进50余台盾构机、年完成盾构隧道70余公里的施工能力，盾构机数量及年盾构施工能力在国内领先。公司先后在全国30个城市承揽施工任务600多亿元，年施工能力80亿元以上，累计修建地铁车站近300座，盾构掘进达400多公里，约占国内地铁开通总里程的10%。公司承建的沈阳地铁荣获中国建筑工程鲁班奖，承建的成都地铁2号线荣获中国土木工程詹天佑奖，施工的无锡地铁、宁波地铁、武汉地铁机场线、苏州地铁2号线延伸段工程荣获国家优质工程金质奖，施工的武汉地铁2号线荣获全国市政金杯示范工程，有5项科技成果达到国际先进水平，1项科技成果达到国际领先水平，是国内轨道交通行业施工的一支劲旅。

公司先后参与了40余个城市地铁施工，创造了单月掘进10.7千米的全国行业最高纪录，年掘进80千米，累计掘进超过500千米。先后攻克了盾构在上软下硬、富水岩溶、砂卵石、铁板砂、泥岩等复杂地层中的掘进难题，成功穿越珠江、京杭大运河、密集建筑群、既有运营线等。在深圳国际会展中心配套工程施工中，克服了在复合地层下小净距、长距离8次下穿既有线施工难题，被央视报道称为“如同在动脉血管旁做手术”。公司在富水岩溶发育复合地层盾构工程关键技术被钱七虎等院士鉴定为达到“国际领先水平”，先后荣获国家及省部级优质工程奖一百余项，强劲的施工能力在全国各城市均获得了广泛赞誉。

二、主要措施

公司福州滨海快线2标项目（以下简称滨海快线项目）包括1个明挖区间、1个土压平衡盾构区间、2个高架段、2个大直径TBM（8.64米）隧道，线路总长7.4千米，其中大象山隧道、枕峰山隧道采用两台直径8640mm单护盾TBM进行施工。该项目涉及线路较长，工艺工法较多，在包括地下连续墙、钻孔灌注桩、三重管旋喷桩、土压平衡盾构、大直径TBM隧道等施工过程中会产生大量的泥浆废水施工内容；且大直径TBM施工会耗费大量水资源并产生大量污水和石渣，受施工现场周边地形和村道交通运输能力限制，废渣外运工效非常低下，对周边环境影响巨大。

随着国家宣布碳达峰、碳中和的目标，企业绿色低碳转型是大势所趋，在这种大环境下，如何围绕“绿色施工”技术，做好水土“资源化”利用，是进行低碳、环保的主要研究方向。公司全面推进低碳环保施工，针对工程废弃泥渣和污水的处理减量化、无害化、资源化的原则，提出以资源化为核心的处理流程，促进施工废弃资源再利用，实现绿色、低碳、环保、可持续发展的施工新理念。

1. 施工泥浆处理

滨海快线项目在地下连续墙、钻孔灌注桩、三重管旋喷桩加固等工程施工中均会产生大量的泥浆废水。在地连墙施工过程中，一般会利用筛分除砂机，将泥浆护壁中的砂筛分出来，但是随着泥浆中细小颗粒越来越多，泥浆性能不再满足要求，需要将泥浆进行废弃。废弃的泥浆若直接排放到城市管网中，会造成城市管网堵塞，严重影响管网的正常运行，若是外运集中处理也会对环境造成一定的影响。如果利用设备将泥浆在工地内部直接进行处理，将泥浆分离成泥土和清水，那么泥浆排放问题将彻底解决。

公司科技部与技术部联合成立了泥浆处理科研小组，对市场上的污水处理设备进行调整研究，并在滨海快线项目工地现场成立了实验室，对设备进行调试和验证。在箱式压滤机验证过程中，发现对泥浆有很好的处理效果，科研小组进行深入研究，通过在泥浆中掺入石灰、水泥等措施，对处理效果进一步优化。

根据压滤机的工作原理和使用范围，公司采购了一台 150 箱式压滤机，在初期试验过程中，直接将地连墙施工产生的废弃泥浆压入压滤机内，查水嘴排出的滤液情况，发现过滤出的水还是偏黄，达不到排放标准。科研小组对现场进行分析，发现大部分固体颗粒都留在了滤室内，只有一些细微的颗粒随着液体排出。在压滤机施工过程中，滤布起着关键的作用，其性能的好坏、选型的正确与否直接影响着过滤效果。目前所使用的滤布中，最常见的是由合成纤维纺织而成，根据其材质的不同可分为涤纶、维纶、丙纶、锦纶等几种。过滤布的目数由 100 目到 500 目不等，目数越大，滤布越稠密，过滤孔越小，这次设备购买设备所带的滤布目数为 100 目，孔隙比较大。经研究小组决定，重新采购一批 300 目的滤布再进行试验。试验人员对滤布更换后，又将废弃泥浆重新压入，查水嘴排出的滤液情况，发现过滤出的水清澈了许多，并且随着时间的增长，过滤出的水越来越清澈，装入到玻璃杯内，看不到任何杂质，完全达到二次使用或排放标准。但是每个循环过程中开始的一段时间，过滤出的水还是达不到要求，压滤出来的泥饼松软、不结块。

为了进一步改善泥浆处理效果，科研小组拟通过在废弃泥浆内加入适量的水泥、石灰等外加剂，分别查看处理效果。经过对比分析，研究小组发现，水泥加入废弃泥浆后，从过滤嘴排出的水质由黄变灰，泥浆压滤出来的泥土还是未结成饼状，泥饼强度在 2 天后会有所增强；石灰加入废弃泥浆后，从过滤嘴排出的水质比未加石灰的水更加清澈，而且水质由浅黄变清澈的时间也大大缩短了，由一分钟缩短到了 20 秒左右，压滤出来了泥土也具有块状结构，可以进行直接外运。

经过大量的论证和分析，将石灰与废弃泥浆进行充分拌和，1 袋 50kg 的生石灰掺入到 $5m^3$ 的废弃泥浆内，既能满足污水处理的需求，又能将泥巴压缩成泥饼，可以达到很好的处理效果。

2. 施工污水处理

滨海快线项目的 TBM 施工会产生大量泥浆污水，每天污水产生量约为 $2000m^3$。如何对施工污水进行处理，减少污水排放，实现水资源循环利用，是施工企业亟待解决的问题。

公司以福州 TBM 施工项目为依托，重点研究解决泥浆水、石粉水等污水处理问题。TBM 施工排出的石粉水具有排出量大、石粉颗粒较细、不易沉淀等问题，通过简单的沉淀、过滤很难将细小颗粒的石粉从污水中过滤出来，必须设置一整套系统，才能将大量的污水从石渣中分离出来，再进行收集、沉淀、泵送、处理等一系列流程，其中最为关键的核心技术就是怎样将大体积的污水进行处理。

公司科技攻关小组对市面上污水处理设备进行了调查和研究，发现利用化学药品在反应罐内充分反应能将污水进行絮凝、沉淀，快速实现污水处理。通过建立污水处理系统及循环利用系统，并请相关专家对水质情况进行化验分析，找到合适的化学药品，加药絮凝、罐内沉淀分离、压缩过滤的一套流程，将污水重新变清，将石粉压缩固结，经过处理的水达到了Ⅲ类水质标准，不仅可以直接排放，还可以作为施工循环用水。污水处理主要包含污水收集、污水储存池、污水沉淀澄清设施、泥浆压滤、清水收集等系统。

（1）首先建立污水收集系统。TBM 掘进出来的石渣是由皮带机传输到石渣场，由于山岭隧道裂隙水和 TBM 掘进过程中向刀盘不断喷水降温，皮带机传送石渣的同时，会带有大量的石粉污水，首先需要将石渣和污水分离，才能进行污水的处理和石渣的外运。在石渣场周边浇筑高度 1.5 米的围墙，防止石渣和污水流到场地外侧，再砌筑一个三级沉淀池，将石渣场内的污水引流到三级沉淀池内，不仅起到污水收集的作用，还能将污水进行三级沉淀，最后将污水抽排到污水处理设备附近的大型蓄水池内。

（2）污水储存池是保持污水处理系统平稳运行的必要设施。污水处理过程中需要污水持续输入，而TBM产生的污水跟掘进施工有关系，排出的污水量也是忽高忽低的，将收集到的污水抽排到储存池内，不但能连续不断地给污水处理系统供应，还能避免因污水设备故障维修造成的TBM停工。一般污水储存池容积为每天污水排放总量的一半。

(3) 污水沉淀澄清设施主要包含两部分，一个是污水反应罐，另一个是药品加入装置。污水反应罐设置了2个$80m^3$的罐体，一个作为运行反应罐，另一个作为备用，若出现电机损坏或处理量过大，则启用备用罐。反应罐外形如水泥管，单个日处理能力为$3000m^3$左右。反应罐内部有个内胆，作为药水与污水的反应仓，污水与药水混合后，污水中的石粉、泥土颗粒等杂质迅速絮凝，下沉到罐底，清水随着罐顶的溢水口排出。化学药水分为两种，一种为氯化铝，需要在进入反应罐前提前加入，一袋(25kg)氯化铝可以处理$300\sim500m^3$污水；另一种为聚丙烯酰胺，需要在反应罐内混合反应，一袋(25kg)聚丙烯酰胺可以处理$1200\sim1500m^3$污水。

(4) 泥浆压滤系统是将沉入罐底的石粉进行压滤处理，结成泥饼再进行外运处理。压滤机也是采用箱式压滤机，并选用过滤面积达到$500m^2$的大型压滤机，滤布选用滤孔比较密的300目涤纶滤布。由于罐底絮凝沉淀的泥浆比较黏稠，且石粉排水固结的强度比普通泥浆固结的强度要高，未在泥浆中加入生石灰，也同样达到了结泥饼的效果。

(5) 清水收集池是将反应罐溢流出来的清水和压滤设备过滤出来的清水收集在一起，并通过集水池对污水处理效果进行不间断监测，若发现处理效果不好及时停机检查，并对处理不合格的水进行二次处理。

经过处理的水可达到Ⅲ类水质标准，不仅可以直接排放，还可以供应到TBM设备、场地冲洗等施工用水的供水站，作为施工循环用水。

3. *施工石渣处理*

滨海快线TBM掘进过程中，会产生大量的石渣，同时，TBM隧道施工过程中需要大量的豆砾石作为壁后填充材料。怎样将高强度的石渣加工再利用，是进行低碳、环保的主要研究方向。公司结合工程特点，组建了科研团队，通过对废渣进行资源化利用，实现了自给自足。

由于TBM生产出的石渣形状偏小、针片状，且含有大量的石粉，如何将片状石块整形并将石粉冲洗掉是洞渣重新利用的关键。科研团队经过大量市场调查，将颚破机、反击破、圆锥破碎机、制砂机等设备配合使用，能将洞渣加工成5~10mm、10~20mm、20~30mm的机制砂和碎石，不但满足了TBM施工对豆砾石的需求，而且可以将加工出的石材运输到标段其他工区进行再利用，石渣的加工再利用率达到90%以上。项目把碎石加工厂设在施工现场附近仅有500处，极大缩短了弃渣的外运距离，同时也减少了渣土车外运石渣的碳排放量，真正实现了绿色低碳施工。

三、实施效果

公司以滨海快线项目为载体，通过对施工泥浆、污水和石渣的环保处理开展科技攻关，获得了良好的经济效益和社会效益。公司成功研发了不同类型、不同体量的泥浆处理方法，实现污水日处理量$2000m^3$，已累计处理80万m^3。经处理后的污水进行循环利用达70余万m^3，既能满足污水处理的需求，又能将泥巴压缩成泥饼。试验成功后，公司首先在江苏、浙江、上海、福建的工地进行试点推广，并在全公司进行推广使用，在上海、江苏、浙江、福建等城市地铁项目中，实现泥浆处理量10万m^3。公司将所有在建的车站工地，特别正在进行地连墙、钻孔灌注桩施工的工地督促要求配备了箱式压滤机设备，并对施工工艺流程进行了交底，各项目的泥浆处理问题都彻底得到了解决，代替了以往高成本的泥浆外运；过滤出来的水进行收集，通过管网和增压泵又重新送回到现场，实现水资源的循环利用；通过对大直径TBM施工产生的石渣进行深加工再利用，保障了施工生产豆砾石材料的自给自足，节省了物流费用，实现了石材在标段内部调配，极大缩短了外运和采购运距，减少了碳排放量。

目前，滨海快线项目“绿色施工”技术已在杭州地铁 3 号线 22 标、金义东地铁 20 标项目得到大力推广，后者通过对车站土石方以及盾构渣土的一系列技术处理，使车站土方量外运量减少 20%，石方量基本无外运。运砂石车辆为大排量柴油车，单车 CO_2 排放量按 255. 8g/km、运距 20km 计算，整个车站降低外运量约 8000 车，直接降低 CO_2 排放量约 36t。另外，砂石料的加工为公司打造了新的利润增长点，车站土石方和盾构渣土的循环再利用也降低了废渣弃置的方量，对整个生态环境带来的积极影响无法估算。公司绿色、低碳、可持续发展的施工理念和优秀做法得到了地方政府及行业专家的高度评价，未来公司将继续践行绿色发展理念，研究和推广绿色施工新举措，促进施工废弃资源再利用，实现“清洁生产”，切实履行央企的社会责任。

主创人：魏　锋、王曼莉

湿法炼锌工业废水零排放管理创新与实践

株洲冶炼集团股份有限公司

一、企业概况

株洲冶炼集团股份有限公司（以下简称株冶）源于1956年在湖南省株洲市石峰区清水塘始建的株洲冶炼厂，是新中国第一个自主建成和发展起来的铅锌等有色金属综合冶炼企业，是国家“一五”期间建设的重点企业。2004年株冶在上海证券交易所上市，2007年实现整体上市。2010年五矿集团通过增资扩股并购了株冶的控制人湖南有色金属控股集团有限公司，成为株冶的最终控制人。株冶“火炬”牌商标为国家驰名商标，“火炬”牌锌锭在伦敦金属交易所和上海期货交易所认证注册，多次荣获“全国用户满意企业”称号，“火炬”牌锌产品价格是有色行业的风向标，引领市场。2018年株洲清水塘冶炼基地整体关停，2019年衡阳水口山锌冶炼基地、株洲南洲新区新材料基地陆续投产以来，锌及锌基合金产能达到68万吨，并综合回收硫酸60万吨、铟60吨、镉1800吨。2020年株冶营业收入174亿元，实现利润总额2.91亿元。株冶拥有国家级工程技术研究中心、国家认可实验室、博士后科研工作站等科研机构，靠自主研发形成了一批国际领先、拥有自主知识产权的核心技术。目前株冶共有8个国有或国有控股子公司、1家混合所有制公司，是国内外大型钢厂的主要热镀锌供应商，其中高端市场占有率达到70%以上。

二、主要措施

（一）搬迁转移，整体布局

株冶为切实履行央企责任，结合中国五矿集团有色金属发展战略及株冶集团的中长期发展规划，制定出了“铅锌冶炼省内绿色转移、产业升级市内转型”的转移转型思路，将株冶的冶炼产能迁出株洲清水塘地区，并在新建地实施工业废水零排放，实现污染物大幅削减的目标。

为此，公司成立了以董事长为组长的转移转型领导小组，并分别设置若干专项工作组，负责各专项工作的推进。各专项组长由一名公司领导牵头担任组长，领导小组负责审议重大决策及重大实施方案，统筹安排转移转型相关事项。其中就包括工业废水零排放工作组，通过确立职责、目标、过程管控方案、目标绩效考核方案等，保障了工业废水零排放相关工作受控推进。

在环保投资方面，株冶花了大力气，毫不“吝啬”。锌项目总投资近30亿元，其中环保投资就高达7亿元，占总投资的23%，株冶锌项目环保投资占总投资比例超出一般冶化企业10%之多。虽然随着国家经济的增长，各方面环保投资力度逐步加大是必然趋势，但株冶能够在面对老基地关停退出、职工安置分流等困难的同时，加大环保投资占比实属不易，体现了株冶搬迁转移而不转移污染物的基本方略，体现了株冶确保“火炬”这一品牌得到承接、满足市场召唤的责任担当，同时也体现了株冶推进有色金属高质量发展的决心。

2017年11月株冶启动转移项目的建设，经过一年的紧张施工，于2018年12月一次性点火投料成功，并同步实现株冶清水塘基地的整体关停。为确保锌项目投产后即实现工业废水零排放，株冶按照环境保护“三同时”的要求制定了《工业废水零排放整体实施方案》及《工业废水零排放整体进度计划》，确立了“生产水循环使用，合理梯级利用；排水清污分流，废水就近回用；废水管网输送，配套应急设施；废水分质处理，优质高效回用”的工业废水零排放总体原则，并结合锌项目主体工程进行了整体布局。

（二）精准测算，分类管理

锌项目在设计之初，工业废水零排放工作组通过全方位论证比较，除了采用先进可行的废水处理技术，结合锌项目的实际情况，按照工业废水零排放总体原则，统筹设计废水处理工艺体系。对各类水池的设置、管网的布局进行了精准测算，对工艺体系等进行了精细设计，对不同类别的废水进行分类管理，合理配置各类废水处理设施，确保各类废水全部实现资源化。

株冶在生产过程中产生的废水有五类，分别为污酸废水、酸性废水、生产废水、雨水（初期雨水和不合格后期雨水）、生活污水。厂区内的雨水分为初期雨水和后期雨水，分别进行收集。初期雨水可直接回用或者送废水处理站处理；后期雨水在排往市政前经在线水质检测，若检测合格则后期雨水即可直接外排，若检测不合格则后期雨水进后期雨水收集池，同样可直接回用。另外，厂区内生活污水经地埋式生活污水处理设备生物法二级处理，达标后优先用于厂区绿化用水，剩余部分排入工业园区生活污水处理系统。

（三）技术升级，流程再造

株冶锌项目从立项开始就按“中国第一、世界一流”的目标进行规划设计：一是工艺技术升级。通过工艺创新及相关流程的改进，提高有价金属回收率，降低能源消耗，提升技术经济指标。二是装备升级。通过炉窑大型化、设备集成化、产能最大化有效提升生产效率，如前瞻性地采用了世界最大的152 平方米焙烧炉等大型装备，以及世界最大的单系列 30 万吨浸出和 OTC 溶液深度净化系统等大型产能系统。三是环保技术升级，特别是废水处理技术的升级。

2006 年以来，株冶在废水处理技术方面不断探索，包括采用先进的氢氧化钠——生物制剂中和沉淀工艺、反渗透深度净化工艺等处理一系列酸性废水。对于锌项目的酸性废水，株冶通过制定年度重点科研计划，成立研发团队，开发了适合锌项目实际情况的酸性废水处理工艺，包括钙盐除氟、铋盐除氯、二氧化碳降钙等新工艺，并结合自主开发的 JS－1 协同稳定剂进行处理。

炼锌烟气洗涤后产生的污酸废水极难处理，其含砷、重金属、氟、氯及硫酸，要实现经济、环保、资源化处理的难度较大。2010 年株冶联合中南大学开展了大量的研究工作，开发了“有色冶炼烟气洗涤废酸废水治理与资源化利用新技术”。该技术反应高效、效果优越，于 2015 年 12 月至 2016 年 6 月在株冶清水塘生产基地污酸处理生产现场进行了中试试验，并取得了良好的效果，实现了资源化的预期目的。对于锌项目污酸废水，工业废水零排放工作组先后进行了上百次的调研和考证活动，根据焙烧炉制酸处理工艺对比论证了污酸废水处理规模、处理工艺和设备选型等，最终决定采用该技术对其进行处理。

株冶在酸性废水、污酸废水、天然雨水资源化等方面取得了重要突破和实际应用，大幅削减了工业用水。特别是通过对污酸处理新技术的应用，解决传统工艺渣量大、品位低、回用水质差，只能开路处理的难题。通过装备的升级替代，减少废水源的产生。通过生产工艺全流程再造，从生产的源头、过程和末端考虑对污染物特别是重金属污染物进行削减，实现了污染物治理全过程控制。

（四）智能运行，全面控制

株冶将工业废水零排放体系构建到 DCS、MES 智能工厂系统平台，实现工业废水零排放的精准管控。通过电仪控一体化设备的应用，将各类废水处理站、输水管网、雨污收集系统、水循环系统等工业废水零排放设备设施的数据采集到实时数据库，进行集中存储，实现数据共享化、信息可视化，实现全公司水资源的数字化监控。通过 PC 端和手机 APP，提供工业废水零排放实施过程中的实时状态流程图、趋势图、报警和报表，综合展现生产现场数据，实现了工业废水零排放精细化的管理。通过相关水平衡报表的报送，实现对工业废水零排放的数字化展现，提高了管理人员精准控制程度。智能运行不仅对生产过程的调整、决策提供数据支撑，还对持续稳定实现工业废水零排放提供了有力保障。

（五）清洁生产，绿色冶炼

株冶在生产区域内严格实行“清污分流、雨污分流、污污分流”的管理原则，杜绝废气无组织排放。锌项目建设了国内第一套锌冶炼烟气净化脱汞系统，确保汞在前端集中回收，避免了分散污染。另外，沸腾炉制酸尾气、挥发窑多膛炉尾气严格执行环保特排标准。株冶对所有物料及渣料分类分仓管理，充分利用湖南有色内部协同机制，与兄弟企业水口山公司、铜业公司三方协同处置渣料，确保了所有渣料的有序转运和处置，避免因渣料大量堆存所产生的重金属污染。

株冶锌项目自2019年投产以来，持续实施清洁生产，打造6S现场管理，在清洁生产方面投入了大量的人力、物力、财力，一些较大的方案还直接列入了公司年度方针目标，特别是针对生产现场容易出现扬尘、跑冒滴漏的隐患点制定专项方案，确保了整体清洁生产方案的有序推进。

（六）形成机制，保障长效

株冶清水塘基地对厂区内的水系统缺乏统一规划、统一管理、统一协调，也未提出较为严格的源头管控机制，从而不能全面控制污染物的排放。另外，考核和监督机制不够完善，各二级单位的节水意识不强，源头管控的积极性不高。鉴于此，株冶锌项目从投产之日起，不断完善用水、节水、源头管控的机制，为工业废水零排放长效运行提供强力保障，避免重蹈覆辙。

1. 制定管控方案

锌项目投产后，制定《工业废水零排放管控要求》及《应急风险管控细则》等一系列规定性文件，明确了责任区域及其责任人、管控标准、考核体系等，为工业废水零排放体系搭建了机构，规范了流程和标准。另外，还要求锌湿冶厂、锌焙烧厂、锌电解厂、氧化锌厂等二级单位根据公司整体管控方案制定各二级单位内部的管控方案，各单位内部成立了领导小组，明确了管控原则及措施等。

2. 考核各类污水排放量

为了督促各单位从主观上减少车间废水排放量，根据实际执行情况制定了《工业废水零排放排污费及其管理办法》。办法明确了在基准排污量范围内不收取排污费，对于排污量超过基准排污量的单位按照阶梯价格全额累进收取排污费，计入排污单位的用水成本，对排污单位的月度绩效产生一定影响。通过对污水排放收取排污费，促进了各二级单位强化内部管理，积极主动通过各种途径实现污水的减量化。

3. 定额管理用水量

为了减少生产水用量及提高回用水用量，制定了《生产水及回用水用水定额管理办法》，按照定额用水严格执行考核。对于生产水实行最高定额，限制最高使用量；对于回用水实行最低定额，保障最低使用量。从而提高了回用水在总体用水量中的比例，并对回用水使用单位给予相应的奖励，充分地调动了各二级单位使用回用水的积极性，极大地促进了全公司生产水的减量化。

4. 规范日常检查

为确保工业废水零排放各类设备设施的稳定运行，各车间严格执行工业废水零排放相关要求，针对性地制定了《工业废水零排放检查管理规定》，规范了日常检查，加强了工业废水零排放管控力度。另外，结合智能工厂的建设，采用了智能巡检管理和智能手持终端，切实将各项管理制度落到实处。通过分层级专人负责日常巡查，将责任分层解剖、责任上肩，切实做到公司级检查横向到边，分厂级检查纵向到底，从而确保了检查的精细化以及管控的有效性，实现常态化管控，打造了稳定、有序的工业废水零排放体系。

5. 建立应急管理体系

株冶在锌项目设计建设中，就充分考虑了环保应急设施等各类基础设施的建设，特别是针对一些环保重点部位、薄弱环节，设置了各类应急回收设施及事故池、应急废水处理系统、蒸发结晶系统等。

为了能够在突发事故的情况下，有效控制事故的扩大，减少事故造成的各方面的影响，其中就包括环保影响，株冶建立了一套完整的应急体系，并制定了《株冶应急预案》。株冶以管生产的副总经理履行第一责任人的职责，通过设置组织架构，明确各级管理职责、管理程序、应急响应措施等。通过把责任分摊到个人、责任上肩，把应急管理工作作为公司生产工作中很重要的一项工作来抓。株冶各二级单位均建立了应急队伍。为了提高应急队伍应对突发情况的响应能力及响应速度，每个月会针对不同的突发事件，开展专项应急演练活动，并对应急演练活动效果进行评价。通过定期开展应急演练活动，极大地提高了职工面对突发事故的熟悉程度，强化了应急队伍的协调能力。

三、实施效果

（一）经济效益显著

通过对废水及雨水资源化利用后，每年工业用水消耗量较转移前减少 50%；通过解决工业废水外排的问题，极大地减少了有价金属的损失，锌金属的回收率较转移前提高了 1.2%；通过源头管控及技术升级，每年废水处理中和渣总量较转移前减少约 2.5 万吨；通过对废水分类处理，废水处理成本较转移前减少30%。整体来说，株冶工业废水零排放，年直接经济效益可达2800 余万元，占2020 年完整经营首年利润总额的 9.6%。

（二）环保效益突出

株冶湿法冶炼工业废水零排放得益于管理模式和工艺技术两个方面的创新，按照工业废水零排放的总体原则，不仅实现了废水中的各类重金属及废酸的回收，实现了 100% 废水资源化利用，同时减少了生产水的消耗，对湘江流域减排 300 万吨外排水。

（三）社会效应明显

株冶湿法冶炼工业废水零排放在运行三年多的时间里，在对废水类型的适应性、废水处理的稳定性、安全环保性与经济可行性等四个方面取得了大幅提升，各项技术经济指标达到了国内先进水平，并且培养了一大批优秀的技术管理人才和技术操作人才。

株冶通过搬迁转移，创新实践"中国制造 2025" 技术和标准，落实新发展理念，推动了有色冶炼高质量发展，彻底摆脱了"高消耗、高排放、高污染"的企业形象，实现了人民群众对冶炼企业传统看法的转变，实现了株冶"火炬" 牌产品的延续，实现了株冶的涅槃重生，也体现了作为大型国有企业应该承担的社会责任。

（四）示范效应凸显

株冶工业废水零排放，树立了绿色冶炼标杆，推动了国内湿法炼锌废水处理技术的提升，解决了湿法炼锌要外排废水的难题，开辟了经济、环保、稳定、适应性广的湿法炼锌工业废水处理和资源化利用的新途径，得到了当地群众、环保部门、各级政府，以及同行业兄弟企业、行业协会，乃至各大媒体机构的高度认可。中央电视台《焦点访谈》播出《长江经济带：生态优先，绿色发展》专题片，详细报道株冶在衡阳水口山升级新建锌项目基地率先实现工业废水零排放、企业绿色发展的重要成果。

株冶从环境污染大户转变成了绿色冶炼标杆企业，对整个行业起到了示范带头作用，特别是工业废水零排放的运营管控模式，以及污酸资源化处理技术实现了氟化钙、氯化钙、浓硫酸等产品的产出，并建立了企业标准，未来应用前景非常广阔。

主创人：龙　双、谭轶中、王浩宇、周正华

2022 企业绿色低碳发展优秀实践案例集

（下册）

中国企业联合会　中国企业管理科学基金会　编著

企业管理出版社
ENTERPRISE MANAGEMENT PUBLISHING HOUSE

图书在版编目(CIP)数据

2022企业绿色低碳发展优秀实践案例集. 下/中国企业联合会,中国企业管理科学基金会编著. -- 北京:企业管理出版社,2023. 12

ISBN 978-7-5164-2525-1

Ⅰ. ①2… Ⅱ. ①中… ②中… Ⅲ. ①企业发展-绿色经济-低碳经济-案例-汇编-中国 Ⅳ. ①F279. 23

中国国家版本馆CIP数据核字(2023)第034076号

书　　名：2022企业绿色低碳发展优秀实践案例集(下册)
书　　号：ISBN 978-7-5164-2525-1
作　　者：中国企业联合会　中国企业管理科学基金会
责任编辑：尤　颖　田　天　徐金凤　宋可力　黄　爽　李雪松
出版发行：企业管理出版社
经　　销：新华书店
地　　址：北京市海淀区紫竹院南路17号　　邮编:100048
网　　址：http://www.emph.cn　　电子信箱：emph001@163.com
电　　话：编辑部(010)68701638　　发行部(010)68701816
印　　刷：北京亿友创新科技发展有限公司
版　　次：2023年12月第1版
印　　次：2023年12月第1次印刷
开　　本：880mm×1230mm　1/16开本
印　　张：23.25
字　　数：670千字
定　　价：498.00元(全三册)

《2022 企业绿色低碳发展优秀实践案例集》
编委会

目　录

绿色低碳技术创新与推广应用

“双碳”达标服务体系建设

绿色低碳技术创新与推广应用

水泥窑烟气碳捕集纯化关键技术的研发与工程化应用

安徽海螺水泥股份有限公司白马山水泥厂

一、企业概况

安徽海螺水泥股份有限公司白马山水泥厂位于芜湖市南郊，始建于1975年，1996年加入集团，目前拥有一条日产2000吨和一条日产4000吨干法熟料生产线，配套建设了1套12兆瓦余热发电机组、1套14.7兆瓦光伏发电，2台Φ4.2米×14.5米水泥磨及辊压机系统，年产熟料278万吨、水泥230万吨，现有在岗员工500余人，技术管理骨干140余人。

工厂以实际行动贯彻落实新发展理念，践行大企业社会责任。2018年建成并投运了全球水泥行业首个水泥窑碳捕集纯化示范项目，设计年产能5万吨，该示范项目采用当今环保领域最新技术，其核心技术为化学吸收法，填补了世界水泥工业碳捕集技术的一项空白，同时进一步探索碳捕集示范项目产品的应用转化领域，2020年又投产了年产能3000吨的干冰生产线。

为深入推进环保管理，工厂分别于2020年、2021年成功投运国内首套自主研发的高温高尘、中温中尘SCR（选择性催化还原）脱硝系统，朝着高效智能、绿色环保的国际一流企业又迈出了坚实一步，为集团创建具有全球竞争力的世界一流企业贡献了一分力量。

工厂始终坚持走“绿色、环保”可持续发展道路，连续多年被安徽省生态环境厅授予“环保诚信企业”称号，获得了“中国水泥节能环保突出贡献奖”，碳捕集技术分别获得了“2019年度中国建材行业科技进步奖”一等奖、“2019年中国水泥节能环保突出贡献奖”、“2020年度安徽省科学技术进步奖”一等奖等一列荣誉。目前工厂挂牌成立“低碳技术中试基地”，致力于“三碳”技术研究，同时加快产业链延伸，积极推进骨料和商砼项目落地，引领水泥行业发展新方向。

二、主要措施

（一）技术基本情况

技术名称：水泥窑烟气碳捕集纯化关键技术的研发与工程化应用。

适用范围：适用于新型干法水泥熟料生产线窑尾烟气，可根据实际需求及场地建设碳捕集装置。

（二）技术应用现状及推广前景

水泥是世界范围内社会基础设施建设的主要建筑材料，水泥对国民经济的发展起着奠基石的作用，属于“两高一资”型行业，同时水泥行业也是煤电、水泥、钢铁三大二氧化碳排放行业之一。碳捕集、利用与封存（CCUS）是应对全球气候变化的关键技术之一，目前该技术主要在煤电、石化等行业得到了成功应用，但由于水泥行业烟气特性不同，水泥窑烟气碳捕集技术尚处于研究阶段，国内外水泥行业均无工业化应用案例。安徽海螺水泥股份有限公司作为水泥行业的龙头企业，积极贯彻落实国家绿色发展战略，于2016年2月确立“水泥窑烟气碳捕集纯化关键技术的研发与工程化应用”为重点专项创新课题项目，积极开展水泥行业碳捕集及利用技术创新，探索水泥行业低碳、绿色发展新模式。

该项目充分发挥集团的产业优势和大连理工大学的科研优势，通过产学研密切合作方式，研究开发了水泥窑烟气碳捕集纯化关键技术及装备、水泥窑烟气引入CCUS系统的耦合技术和“三合一”高效多功能塔式烟气预处理装置等关键装备，并采用分子模拟技术和实验技术，开发出以羟乙基乙二胺（AEEA）为主吸收组分的新型复合有机胺吸收剂，用于吸收水泥窑烟气低浓度二氧化碳。本项目共申报知识产权45项，已获得授权14项，形成具有自主知识产权的水泥窑烟气碳捕集纯化技术。在上述技术研究成果的基础上，2018 年 4 月，在安徽海螺水泥股份有限公司白马山水泥厂建成了世界首条二氧化碳捕集规模为 5 万吨/年的示范项目。

项目的成功开发为水泥行业在碳捕集与利用领域的发展奠定了坚实基础，开创了世界水泥工业回收利用二氧化碳的先河，突破了水泥行业 CCUS 技术“零”应用，标志着水泥工业环保技术取得新的巨大进步，对全国乃至全球水泥行业二氧化碳捕集利用技术都具有较大的引领和示范作用，为全球应对气候变化贡献力量。

集团将继续对运行经济技术指标进行进一步的优化调整，同时大力开展二氧化碳产品转化生产高附加值产品的研发，拓展产品市场和竞争优势，保证项目产生更大的经济效益。并推广应用水泥窑烟气碳捕集纯化与利用技术，开发建设更大规模的二氧化碳捕集示范项目，产生更大的环保、社会和经济效益。

（三）研发目标

首先，结合水泥厂烟气的特性及现有碳捕集技术，研究开发出吸收和解吸效率高、低降解率、低能耗及低腐蚀性的新型吸收溶剂；因水泥窑烟气的特性，为降低烟气中除二氧化碳外的酸性气体对二氧化碳吸收剂的影响，开发新型脱硫脱硝溶剂，进一步除去烟气中二氧化硫、氮氧化物等杂质。

其次，目前水泥行业碳捕集技术处于研发、试验阶段，尚未有成熟的烟气预处理、吸收、解吸等成套装备，本文所述项目研究开发出适合水泥窑烟气二氧化碳捕集纯化的关键成套装备。

最后，采用液氨对二氧化碳降温液化（鉴于液氨的危险系数较高，整个系统安全、稳定运行成为重中之重），研究开发出适合水泥窑烟气二氧化碳捕集纯化项目智能化安全控制系统，为项目投产后安全稳定运行保驾护航。

（四）主要科技创新

首先，结合水泥窑烟气特性及工艺处理需求，自主研发多功能塔式烟气预处理装置，集成烟气除尘降温、脱硫脱硝、烟气二次洗涤三大功能，三个区域自下而上分别为烟气除尘降温区、烟气脱硫脱硝区及烟气二次洗涤区。每个区内的液体能完成独立循环，气体自下而上依次通过三个区域。同时，开发新型有机酸盐保碳脱硫脱硝液，满足烟气除尘、降温、脱硫脱硝等工艺要求，保证后续二氧化碳吸收剂的吸收和解吸效率。

其次，采用分子模拟技术和实验技术，进行大量的分子模拟计算和实验筛选，选择出新型纳米碳材料、空间位阻胺、缓蚀剂、抗氧剂及活化剂等辅助添加剂，以 AEEA 为主吸收组分的新型纳米复配混合溶液，专门用于吸收水泥窑烟气中的低浓度二氧化碳。AEEA 纳米复配混合溶液对二氧化碳吸收与解吸效果均较好，较传统（乙醇胺）（MEA）吸收能力提高 30%，降解速率下降 90%，腐蚀速率显著下降，有效减少捕集溶剂用量。

再次，针对耦合技术的开发，开发了专用有机酸溶液，可以保碳脱硫脱硝除酸，在不损失二氧化碳的情况下，确定了高效脱除烟气中除二氧化碳的其他复杂酸性气体方案；另外在提纯部分增加了脱除烟气中的痕量汞和砷的气体杂质的方案，确保食品级二氧化碳中不含有害杂质，从而在技术层面实现二氧化碳捕集提纯系统与水泥窑炉的耦合。同时针对现有技术的不足，提供一种结构简单，制造成本低的耦合技术，在完全不改变水泥窑系统结构，且不影响水泥窑系统正常运行的情况下，可以方便快捷抽取水泥窑尾系统风机出口的废气并引入 CCUS 系统，确保 CCUS 系统稳定获取正常运行需要的原料烟气，并且率先实现了水泥窑系统与 CCUS 系统的耦合，满足 CCUS 系统运行调节的需要。

最后，利用水泥厂余热发电系统自产蒸汽的优势，采用水泥窑纯低温余热发电配套的余热锅炉饱和蒸汽，通过减温减压装置将蒸汽温度、压力调整到水泥窑烟气捕集纯化装置热源使用要求，然后接解吸塔中间加热器、胺回收加热器、胺液再沸器等换热设备。低压蒸汽进入 CCUS 系统经解吸塔再沸器热交换后液变，饱和水通过回水管道进入凝结水回收装置，经凝结水泵加压送至余热发电系统闪蒸器进行循环利用，不增加余热发电系统除盐水消耗量。

（五）工艺流程

1. 烟气预处理阶段

采用循环水和新型保碳脱硫脱硝剂对烟气进行除尘、脱硫脱硝及降温等预处理，使烟气中的二氧化硫和二氧化氮的含量都可以降到5.0毫克/立方米以下。

2. 二氧化碳浓缩阶段

利用吸收剂溶液洗涤混合气体分离二氧化碳，二氧化碳与吸收剂在吸收塔内形成弱联结的中间体化合物；在解吸塔内加热中间体化合物溶液使二氧化碳解吸出来，同时吸收剂得以再生循环利用。

3. 二氧化碳精制阶段

采用吸附与精馏相结合的专利工艺技术。二氧化碳原料气（纯度为98%以上）经压缩机增压、冷却分水、稳压后进入脱硫床，用固体脱硫剂净化气态硫化物，再经干燥床，用固体干燥剂彻底脱水，生产工业级产品时，气体进入工业级精馏床；生产食品级产品时，气体需在用专用吸附剂将氮氧化物、二氧化硫等微量杂质吸附吸除后进入食品级精馏床。微量的氧气、氮气、一氧化碳等轻组分，采用精馏方法脱除。工业级二氧化硫产品纯度达到99.9%以上，食品级二氧化碳产品纯度达到99.99%以上的。

（六）已有成功案例

安徽海螺水泥股份有限公司白马山水泥厂水泥窑烟气二氧化碳捕集纯化（CCS）示范项目见表1。

表1　安徽海螺水泥股份有限公司白马山水泥厂水泥窑烟气二氧化碳捕集纯化（CCS）示范项目

已实施的典型案例	
项目建设规模	5.0万吨/年二氧化碳
项目建设条件	新型干法水泥熟料生产线
工艺流程	1.（烟气预处理阶段）采用循环水和新型保碳脱硫脱硝剂对烟气进行除尘、脱硫脱硝及降温等预处理 2.（二氧化碳浓缩阶段）利用吸收剂溶液洗涤混合气体分离二氧化碳，二氧化碳与吸收剂在吸收塔内形成弱联结的中间体化合物；在解吸塔内加热中间体化合物溶液使二氧化碳解吸出来，同时吸收剂得以再生循环利用 3.（二氧化碳精制阶段）包括二氧化碳升压、干燥、进一步脱硫、降温液化、气液分离等工序；利用分子筛干燥剂及脱硫剂进行干燥和脱硫，利用液氨进行降温液化，液氨经处理后可循环利用；通过精馏塔将气液分离
主要设备	脱硫水洗塔、化学吸收塔、再生塔、脱硫床、干燥床、吸附床、精馏塔、食品级二氧化碳罐、工业级二氧化碳罐等
项目投资额	5546.38万元
项目建设期	10个月
项目年减排量	5万吨二氧化碳

三、实施效果

（一）节能降碳减污能力

2018年在安徽海螺水泥股份有限公司白马山水泥厂建成世界首条水泥窑烟气碳捕集纯化示范项目，捕集二氧化碳规模为50000吨/年。一套碳捕集装置可放大至年捕集二氧化碳30万吨，如需进一步扩大捕集能力可并联多套装置实现水泥窑二氧化碳全捕集。若推广至全国水泥企业实施，则年减排二氧化碳量能达到12.3亿吨。由此可预见，水泥行业碳减排行为将为我国乃至全球碳中和事业做出一定的贡献。

（二）经济、环境和社会效益

该项目开创了世界水泥工业回收利用二氧化碳的先河，突破了水泥行业CCUS技术“零”应用，实现了水泥行业碳捕集技术的工业化运行，标志着水泥工业环保技术取得新的巨大进步，对全国乃至全球水泥行业二氧化碳捕集和利用技术都具有较大的引领和示范作用，为全球应对气候变化贡献力量；同时，该项目将CCUS技术同水泥传统产业相结合，不仅减少了传统二氧化碳开采和生产过程中对资源的浪费和对环境的破坏，也构建了跨产业耦合发展的新业态，形成了新的绿色低碳产业体系，培育新的增长点。因该项目的示范作用和社会效益，以及对经济社会发展的重要促进作用，且有利于满足人民美好生活需要和推动行业高质量发展。

如果该项目在水泥行业全面推广，将为实现气候变化《巴黎协定》做出重大贡献。而且该项目装置能将水泥窑烟气中二氧化硫转化、分离，实现“近零”排放，进一步降低污染物的排放，从而推动全球生态环境保护及绿色发展。

水泥行业捕集纯化二氧化碳因技术上的复杂性，国内外均无成功的工业化应用案例。安徽海螺水泥股份有限公司白马山水泥厂水泥窑烟气碳捕集纯化示范生产线的成功建成，填补了世界水泥工业低碳技术空白，标志着中国水泥工业环保技术取得新突破，在全国乃至全球水泥行业都具有重要的引领和示范作用。

（三）技术先进性

国内外水泥行业碳捕集技术还处于研发、试验阶段，水泥行业尚无工业化的碳捕集纯化技术应用。该项目技术的示范应用为全球首例，实现了从“0”到“1”的突破。

（四）技术可推广性

水泥窑烟气同质性较高，碳捕集项目能够广泛适用各类新型干法水泥窑尾烟气。同时，碳捕集技术自动化程度高，主要工艺参数、程序控制阀门状态和设备动状态等都可以在工艺流程图上实时显示，对一些重要参数进行串级、比值、分程及单回路调节，从而实现对全厂工艺操作的监控。该项目技术可推广至全球水泥行业应用。

（五）推广前景

从未来发展前景来看，如果该项目在集团全面推广，每年能减少2亿吨二氧化碳排放。如果在全国水泥行业推广，每年能减少12.3亿吨二氧化碳排放。如果在全球水泥行业推广，每年能减少24亿吨二氧化碳排放。

石化企业温室气体和污染物排放一体化监控体系建设

北方华锦化学工业集团有限公司

一、企业概括

北方华锦化学工业集团有限公司（以下简称华锦集团）是中国兵器工业集团有限公司重要的民品工业企业，是辽宁省石化行业重点骨干企业之一，前身是1973年建设、1976年投产的辽河化肥厂。2006年3月中国兵器工业集团有限公司和辽宁省政府战略合作重组华锦集团，进入军工央企行列。华锦集团经过近半个世纪的创业发展，现已拥有辽宁省盘锦市、葫芦岛市、新疆库车三个生产基地，石油化工、化学肥料、道路沥青及润滑油基础油三大主营业务板块，年原油加工能力830万吨、年产乙烯50万吨、年产聚合树脂80万吨、年产道路沥青100万吨、年产润滑油基础油90万吨、年产尿素132万吨，总资产330亿元以上、年销售收入400亿元以上。截至2022年3月，企业在岗职工8572人。

二、主要措施

（一）践行绿色低碳发展理念，加强温室气体和污染物排放监控

华锦集团严格落实习近平生态文明思想，全面梳理能源使用过程中污染物排放造成的温室效应情况，归纳总结颗粒物、二氧化硫（SO_2）、氮氧化物（NOx）等大气污染物和二氧化碳（CO_2）等污染物温室效应水平，调研发现大气污染物与温室气体排放具有同源性，以及拥有同排放介质和减排措施一致性的显著特征，大气污染物减排的同时，能产生减少温室气体排放的效果，反之亦然。

基于调研结果，华锦集团高度重视碳排放和污染物管理工作，制定《北方华锦化学工业集团有限公司节能减排监督管理办法》，成立以节能减排领导小组为核心的工作组全面领导组织碳排放工作，各下属企业成立工作领导小组和下属企业碳排放管理与执行机构，建立污染物与温室气体减排统一监管体系，该体系包括两个部分：一是能源消费及碳排放管理系统，二是国控源在线检测系统。通过这两个系统对公司内部排放物进行实时监测与控制，更加有效地完成节能减排任务，履行节能减排社会责任，建设资源节约型和环境友好型企业。

（二）建立能源消费及碳排放管理系统，夯实管理信息化系统的基础

华锦集团以节能降碳为目标建立能源消费及碳排放管理系统，是华锦集团智能工厂建设中非常重要的组成部分，将能源消耗数据统一到一个管理平台，实现对各个生产设备、装置等能源核算单元做出能耗统计，以及实现重点设备的实时监视和综合信息管理，及时了解和掌握企业碳排放情况，并提供数据分析工具，进而实现对热力管网平衡、能耗优化分析和碳排放数据统计；根据分析结果指导生产优化，实现对企业生产过程中的能源介质和能源管网进行有效的监控和分析，实现从能源计划、调度到统计、分析、考核的全方位闭环管理，建立实现能源计划—调度—操作—统计—分析—绩效的业务框架体系，实现全系统的能源优化，为华锦集团“节能减排”工作的开展提供全方位支撑，见图1。

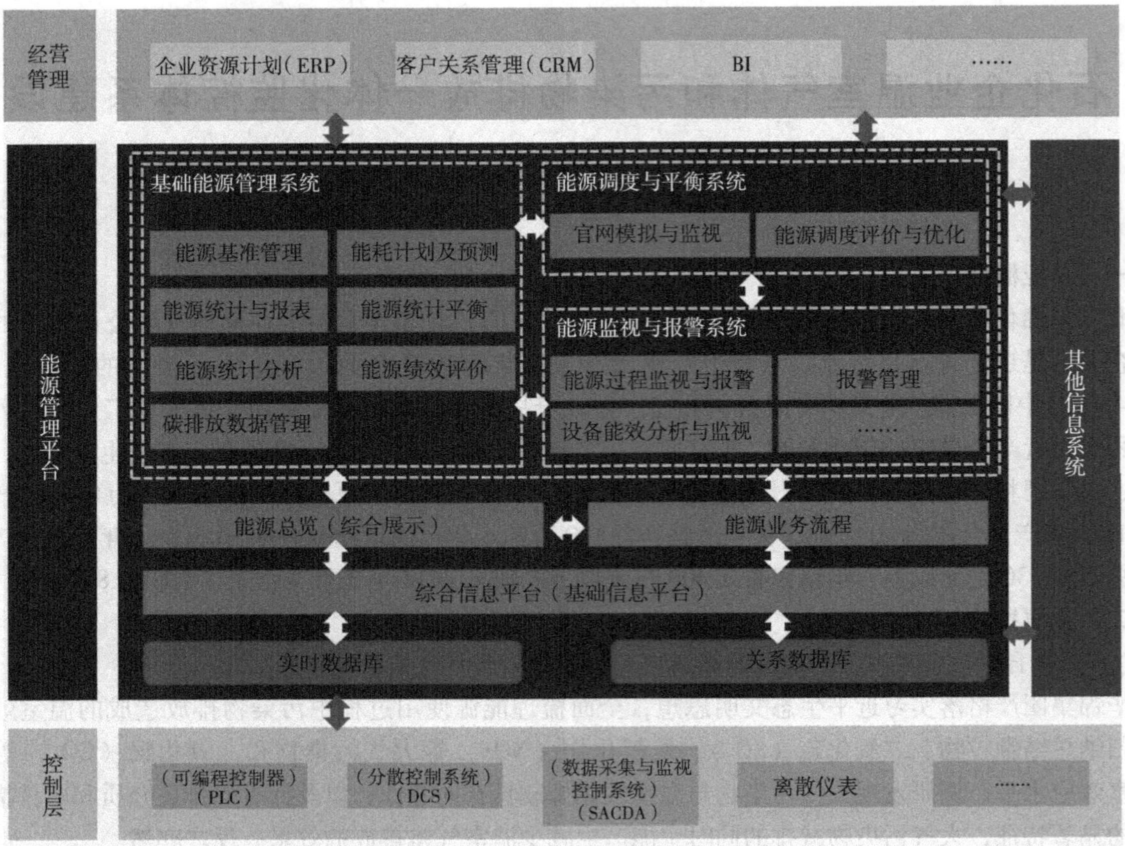

图1　能源消费及碳排放管理系统功能架构

（三）能源消费及碳排放管理系统有效运行实现节能降碳增效

能源消费及碳排放管理系统有效运行后可以实现：

（1）高度集成的集炼油、化工、热电为一体的能源管控中心，实现了对能源介质的集中监视，根据不同的能源结构来调整二氧化碳排放，实时监控碳排放量，总体把控做好MRV（监测，Monitoring；报告，Reporting；核查，Verification）二氧化碳监测。

（2）将能源消费及碳排放管理工作由月度、年度推进到日、班级别，从时间粒度方面，提高了管理精细化水平；将宏观层面的分公司、生产装置能耗分析管理推进到设备级的能效分析管理，从空间层面提高了能源消费及碳排放管理精细化水平，全局进行能源消费及碳排放管理并实现优化利用。

（3）建立了围绕能源消费及碳排放管理事务的计划、统计实绩、分析、考核闭环管理流程的业务体系，并于每个业务环节中实现数据异常报警、消息推送、原因排查（系统提供如趋势分析、数据历史回放、数据核对等工具查找原因）、处理跟踪的闭环工作流程机制。

（4）建立了能耗统计分析贯彻国家、行业标准，设备能效分析依据国家标准或经济运行指标标准化能源消费及碳排放管理系统，并参标对标，因此形成配套的绩效考核制度，实现了能源消费及碳排放管理体系建设信息化、能源消费及碳排放管理标准化的规范化、制度化。

（5）针对关键公用工程系统、关键能源介质（煤、电、汽、水）等建立多系统、多设备优化调度模型，实现了基于模型的“事前调度”和“定量调度”，明显地提高了能源消费及碳排放管理的平衡水平和综合利用水平，具有显著的经济效益。

（四）数据化管理实现节能减碳一体化管理

能源消费及碳排放管理系统中碳排放管理模块，是将碳排放量、减排量及相关能耗数据进行统一采集、集中管理与专业化分析，自动计算出各单位的碳排放数据，实时监控企业的温室气体排放情况，实现对华锦集团下属碳排放企业和各碳交易企业的动态化管理。根据碳排放数据，对各分公司碳排放控制指标进行综合评估考核，建立考核奖惩机制，强化日常督察及碳减排预警机制。科学决策，正确指挥，根据实际情况合理制订减碳计划，降低温室气体排放超标风险，实现减排项目、生产计划、减排计划的在线管理，合理指导生产和减碳，全面提升企业的碳排放管理能力。

（五）国控源在线检测系统守住底线

华锦集团在企业生产调度指挥系统中建立国控源在线检测系统，加强对国家重点污染物的排放控制。该系统主要用于实现全天候在线监控企业重点污染物排放情况及污染处理设施运行情况，包括污染源自动监控及污染源报警，实现污染源远程监测、现场数据采集、自动判断是否超标、超标报警等功能，实现对污染源基本信息、排污申报相关基础信息、审核后排污监控数据信息的管理，实现数据的无缝集成和数据共享，实现现场排污数据的通信传输平台和监控中心的数据交换共享，实现环保部门各级之间的数据互联互通和共享。国控源在线检测系统数据直接来源于实时数据库，经过系统分析实现远程实时监控、超标报警，当污染物出现超标报警情况后，调度人员会立即处理、快速反应，第一时间采取措施控制超标污染物，防止污染事故的发生，见图2。

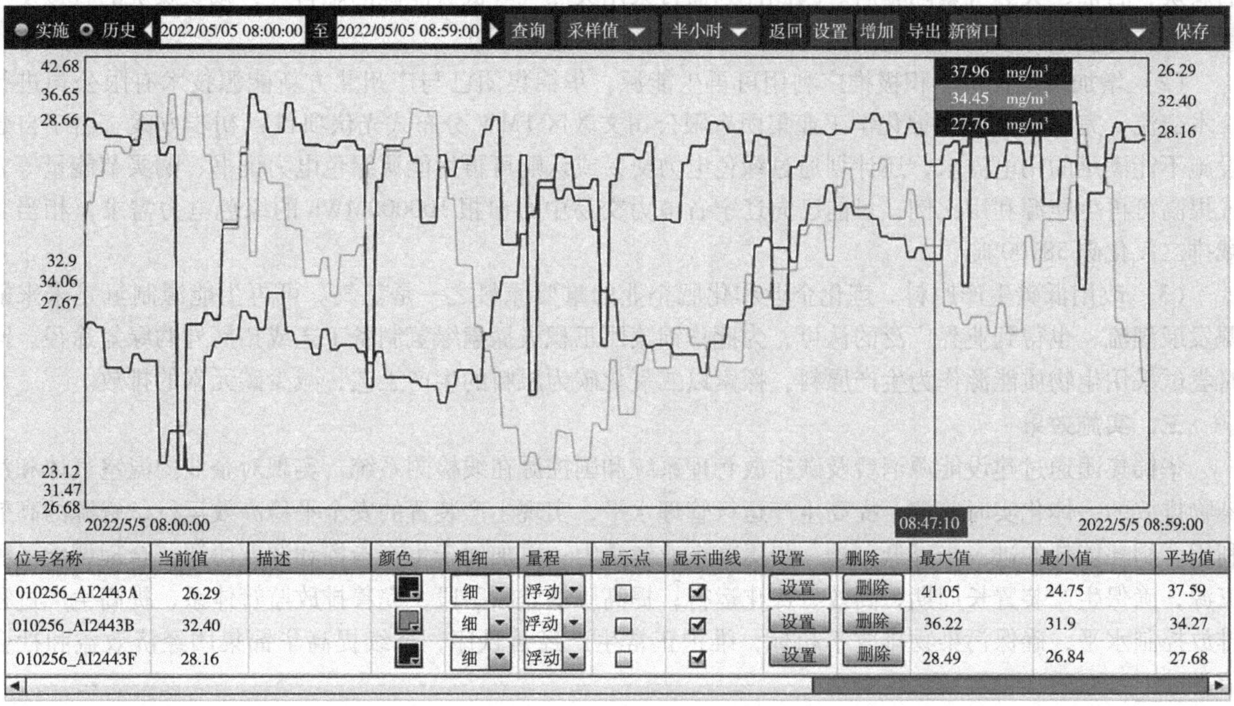

图2 监测因子二氧化硫数据实时监控图

（六）强化管理充分发挥综合一体化监控系统的作用

华锦集团为加强在线监测设施运行、维护和监督管理，充分发挥在线监测设施的作用，提高在线监测管理的规范化、科学化、信息化水平，保障污染物排放依法合规、连续稳定达标，制定《北方华锦化学工业集团有限公司环保在线监测设施管理办》，以及《北方华锦化学工业集团有限公司污染源监控管理办法》，通过国控源在线检测系统加强环保监控，利用信息化系统对国控源在线检测系统相关数据日常监控，定时记录，发现异常及时通报处理；稳定生产，严控火炬排放，督促相关单位做好火炬气回收；当生产负荷变化，二氧化碳等污染物排放量会产生波动，可通过系统动态监测及时调整，防止排放超标造成污染。细化落实责任，层层分解任务，加大统计分析、考核奖惩力度，实现对污染物排放指标的有效控制，做好华锦集团污染物排放达标的管理工作。

基于国控源在线检测系统，实时监控各单位的污染物排放情况，华锦集团 2021 年石化板块实现“绿色文明环保”大检修。根据国控源在线检测系统的污染物在线检测情况，不达到标准决不交出，不惜延长工艺处理时长，也要保障不排放有害气体。通过在线监测仪表实时监控各单位污水排放指标，同时分析监测中心定期分析，由总调度统一协调指挥污水排放，未达标准禁止排放。大修期间新增加污水总氮指标控制指标≤50mg/L，污水处理厂排放口控制指标总氮≤15mg/L、总磷≤0.5mg/L。按照“安全第一，环保优先”的大修总体要求进行工艺处理，大检修全过程污染物均达标排放，污染事故为零；火炬排放、异味逸散有效控制，实现绿色环保检修。

（七）扩展应用场景实现源头减排

华锦集团为了从源头上减少企业温室气体和污染物的排放量，依据温室气体和污染物排放一体化监控体系，信息化统计、模型化分析，明确华锦集团用能结构，确定下一步优化方向，将从以下几个方面进行调整：

（1）减少煤炭直接使用量。按照“有效、优先”原则实施碳减排，首先是削减作为燃料含碳量高的煤炭，石油、天然气紧随其后。因此计划通过采用天然气等低碳能源的燃料气，减少煤炭的直接使用量，逐步降低华锦集团煤炭消费比重直至煤炭消耗量可忽略不计。

（2）增加绿电比例。积极推广利用可再生能源，华锦集团已与广州北方新能源技术有限公司进行技术交流，完成《北方华锦化学工业集团有限公司文教区 1MW 分布式光伏项目》初步方案。由于自建设施不能满足的用电需求，还计划通过绿色电力交易或认购可再生能源绿色电力证书、购买节能量等方式提高可再生能源利用比例，目前已向辽宁省电力交易中心申报 100000MWh 的绿色电力需求，相当于减排二氧化碳 58100 吨。

（3）改用低碳生产原料。炼化企业和化肥企业的重要原料之一是氢气。可再生能源制氢是未来能源发展潮流，也得到业界广泛的认可，为此华锦集团正积极探索绿氢制备工艺或拓展外购绿氢途径。同时尝试采用生物质能源作为生产原料，探索以二氧化碳为原料的生产工艺，减少碳元素的排放。

三、实施效果

华锦集团通过建设能源消费及碳排放管理系统和国控源在线检测系统，实现对企业的温室气体和污染物排放的一体化实时监控，提高生产运行管理水平，实现生产装置的安全平稳高效运行、资源的高效利用、物耗能耗的进一步降低，进一步提高企业竞争力；更加便于生产指挥和调度协调，合理调配各种资源，确保生产装置长周期、高效、优化运行；提高质量监测手段，完善排放监管体系，提高生产过程排放控制水平，确保污染物排放不超标，维护正常生产经营秩序，持续提高华锦集团经济效益和社会信誉。

（一）管理提升创效益

华锦集团能源消费及碳排放管理系统建设项目是国内第一个集炼油、化工、热电等板块的大型工业企业级能源管理中心项目，是石化行业第一个系统性实施能源管理与优化平台的项目，是“两化融合促进节能减排”的示范项目。由华锦集团投资新建，结合华锦集团与浙江中控软件技术有限公司双方资源优势，采用国内领先和具有自主知识产权的能源平衡与优化调度专利技术及智慧能源管理软件系统，实现能源管控一体化目标，有效促进了华锦集团能源管理和利用水平的提升。该系统自建成和投入运行以来，经过现场测试数据和统计数据分析，每年节能量约为 17839 吨标准煤，每吨标准煤按 700 元计算，年经济效益约为1248万元左右。预计减少二氧化碳排放量约为4.67万吨，减少二氧化硫排放约为151.63吨，以及减少氮氧化物等有害气体排放量约为132.01吨，取得了显著的节能减排效果和良好的经济效益，在石化行业内形成了良好的示范并树立了标杆。

（二）绿色发展强责任

华锦集团是盘锦市最大的用能和排放单位之一，节能降碳减排增效是作为中央企业履行社会责任的使命，其节能减排工作对盘锦市乃至辽宁省的能源利用具有举足轻重的作用，能源消费及碳排放管理系统自2020年6月上线投运以来，已逐步产生了较好的节能减排效果，在未来持续的运行过程中，将有助于寻求长期制约我国石化工业发展的能源管理的解决途径，有效促进行业能效和碳排放管理水平的提升。国控源在线检测系统对污染物排放进行实时控制，如二氧化硫、氮氧化物、烟尘颗粒物和废水等，具有很好的环保效益，对改善盘锦市的大气条件和地下水条件，营造和谐的居住环境起到极大的促进作用。建立温室气体和污染物排放一体化监控体系为国家低碳经济和节能减排目标的实现起到积极的推动作用，为完成国家节能减排目标提供了有力保障。

主创人：张　强、杜金龙、孙　丹、姜祥余、齐国滨

军工企业热源系统优化研究与应用

北京北方节能环保有限公司

一、企业概况

北京北方节能环保有限公司隶属于中兵节能环保集团有限公司，注册资金10500万元，近三年来主营业务收入保持在2亿元左右，主营业务利润保持在500万元左右，是中国兵器工业集团有限公司的节能低碳环保全业务公司。公司拥有环境影响评价甲级、工程咨询甲级、环境工程专项设计（废水、废气、固废、噪声）甲级、环境污染治理设施运营、环保工程专业承包二级、建筑机电安装工程专业承包等环保资质，是中国兵器集团节能与环保技术开发中心、中国兵器集团公司污染物监控平台设置单位，建有装备先进的综合性实验室，实施了千余个节能环保工程项目，为中国兵器工业集团有限公司履行强军首责提供了绿色发展支撑。公司长期致力于节能低碳环保技术、设备的研究开发，以工程设计、咨询、工程总承包、合同能源管理、设施运营等方式开展服务，致力于打造国防系统节能、低碳、环保产品和服务的知名品牌。

二、主要措施

（一）绿色发展主要定位于热源系统优化技术研究和推广应用

北京北方节能环保有限公司通过对中国兵器工业集团有限公司的所属单位和内蒙古、新疆、吉林等地企业的能源审计发现，目前多数北方企业采用燃煤锅炉生产蒸汽或外购蒸汽用于采暖和生产。由于锅炉及蒸汽系统均按照采暖期最大负荷进行设计，非采暖期生产用汽需求与系统能力严重不匹配，且生产用汽负荷波动大，导致实际运行中锅炉压火频繁、热效率极低、蒸汽管网热损失高等一系列问题。

在国家强力推进碳达峰、碳中和目标的大背景下，节能降碳增效行动作为碳达峰十大行动之一，被列入国家《2030年前碳达峰行动方案》，而热源系统优化是节能降碳增效的主要途径，是北方企业实现碳达峰、碳中和目标的重要手段。热源系统优化从热源设备效率着手，配合应用分布式能源，提升系统能源利用效率，解决蒸汽系统供需不匹配的问题，使企业达到节能降碳增效的目的。因此，公司将绿色发展主要定位于热源系统优化技术研究和推广应用上。

（二）重点推进军工企业热源系统优化技术研发

北京北方节能环保有限公司紧抓机遇，制定符合企业规划的绿色低碳发展战略和解决方案。一方面，贯彻落实碳达峰、碳中和政策，开展碳达峰、碳中和管理及政策体系、产业布局、绿色能源、重点碳排放设施设备改造淘汰升级、低碳零碳负碳新技术应用、“双碳”背景下国际贸易与对外合作交流等专项课题研究。另一方面，重点推进各单位节能降碳增效行动，尤其是军工企业热源系统优化技术研究和应用。

在政策研究方面，北京北方节能环保有限公司致力于绿色低碳技术的研发与创新，研发与创新实力较为雄厚，已完成国家级科研15项（获奖8项）、省部级科研21项（获奖20项），拥有节能环保领域专利100多项。2019年1月至今，承担和参与国家、省部级节能低碳类课题10多项，主要有：中国兵器工业集团有限公司《碳达峰调研研究》、中国兵器工业集团有限公司《绿色低碳发展企业评价指南编制》、中国兵器工业集团有限公司《碳达峰行动方案研究》等。

在军工企业热源系统优化研究与应用方面，北京北方节能环保有限公司从2014—2020年期间一直开展低谷电蓄热蒸汽缓释技术研究和应用。该技术研究过程中，成功申报相关发明专利1项，实用新型专利2项，并取得了国防科学技术成果鉴定。2019年进行工业化实验，在北方华安工业集团有限公司进行样机试验；2020年，“电锅炉蒸汽蓄热缓释技术开发应用”通过国防科学技术成果鉴定，鉴定结论为国内领先。

（三）针对军工企业用热特点，综合应用热源系统优化技术

军工企业热源系统优化技术应用场景中，优化技术应用主要分为三个方面。

一是采用循环流化床燃烧技术，对燃煤链条锅炉进行改造，提升锅炉燃烧效率。改造内容包括：锅炉本体改造设计及整体系统设计、循环流化床锅炉燃烧系统改造、锅炉给水系统改造、锅炉上煤系统改造、锅炉蒸汽系统改造、锅炉鼓风系统改造、锅炉DCS控制及仪表系统改造、锅炉吹灰系统改造、除渣系统改造等。

二是将低谷电蓄热蒸汽缓释技术应用于蒸汽供应系统，包括：蒸汽供应单元、蒸汽蓄热单元、管网压力监测单元、控制单元、高压分汽缸单元、低压分汽缸单元和补水单元，以及配套管道及附件。所述的蒸汽供应单元用于谷电时间生产蒸汽，安装有小型电加热锅炉、主给水泵和备用给水泵、软水系统等。蒸汽蓄热单元用于蒸汽蓄热，包括蓄热器、蒸汽进出口流量计、蓄热器温度传感器、水位报警器、电动执行阀门等。管网压力监测单元用于监测管网终端蒸汽压力。控制单元内配有可编程逻辑控制器，同时与电锅炉控制单元、蒸汽蓄热器控制单元、蒸汽管网监测单元相互信号通信。

三是采暖终端用户布局优化。通过布局优化，减少采暖需求面积，降低供热能耗。

1.循环流化床燃烧技术应用场景

2017—2019年，北京北方节能环保有限公司对北方华安2#、3#链条锅炉进行循环流化床改造。

锅炉结构设计：锅炉保持锅筒原结构和高度不变，为双锅筒横置式，单炉膛自然循环，并布置在室内。在运转层（二层）设置钢结构平台。炉膛出口是分离器，分离器出口是对流管束，并在尾部竖井烟道布置省煤器和空气预热器。

燃烧系统改造：在燃烧系统中，给煤机将煤送入炉膛，锅炉燃烧所需空气由鼓风机提供。鼓风机送出的一次风经空气预热器预热后引入炉下水冷风室，通过布风板上的风帽进入燃烧室；二次风管由经空气预热器后的一次风道接出，通过分布在炉膛四周的喷口喷入炉膛补充空气，形成分级配风，加强扰动与混合。燃料在炉膛内与流化状态下的循环物料掺混燃烧具有良好的着火特性，由于着火时间的缩短提高了煤的燃尽率，床内浓度达到一定值后，大量物料在炉膛内呈中间上升、贴壁下降的内循环方式沿炉膛高度与受热面进行高效热交换，随烟气飞出炉膛的众多细小颗粒经分离器，部分物料被分离出来并返回炉膛，实现循环燃烧。而比较洁净的烟气经对流管束、省煤器、空气预热器从尾部烟道排出。

锅炉DCS控制系统：自动控制系统采用DCS控制技术，系统结构由两台工程师站（锅炉控制室已有）、现场控制站、模块化I/O、盘装仪表及现场仪表等组成，系统要求同时具备手动监控和自动监控功能。

2.低谷电蓄热蒸汽缓释技术应用场景

原有供热模式：北方华安工业集团有限公司123厂表面处理生产线根据工艺要求，需要使用低压蒸汽。蒸汽热源为企业燃煤锅炉房内一台4t/h链条锅炉。该锅炉采用人工上煤方式，运行以手动控制为主，存在运行状态差、污染严重、能效低等一系列问题。表面处理为蒸汽间接加热方式，考虑企业输送损耗及其他用热，实际表面处理工房蒸汽最大用量约2t/h，蒸汽压力0.2MPa。

应用概况：2019年2—6月，应用低谷电蓄热蒸汽缓释技术，淘汰了企业原有4t/h燃煤锅炉。蒸汽热源采用2台电加热蒸汽锅炉，通过控制系统达到采用谷电生产蒸汽，白天供应生产需求。蓄热装置的产气量和压力的调节是通过自动控制系统来完成的，正常工作时完全可以实现全自动运行。主要包括进汽压力和出汽压力自动调节；蓄热装置进、出蒸汽流量显示；蓄热装置上、中、底部温度显示；蓄热装

置水位高低限报警，当水位超过高限时自动排放，当水位低于低限时，自动补水。控制点即可引入其他控制系统，也可以单独采用小型控制系统，调节阀选用电动调节。

锅炉房改造：由厂内原有食堂进行改造，锅炉房改造内容主要包含屋顶修缮、门窗更换、铺设地面砖、室内外简易装修、室内照明改造、采暖改造等。

电锅炉采购及安装：电锅炉为2台2t/h蒸汽锅炉，额定蒸汽压力1.6MPa。电蒸汽锅炉PLC控制系统既可按照控制程序对自身电蒸汽锅炉整体独立控制，又可以接受上位机监控中心平台的远程控制。

蓄热系统：蓄热系统主要包括蓄热器、蓄热控制系统及配套仪表阀门等。蒸汽蓄热器基本参数：容积80m^3，工作压力1.6MPa，工作温度204.3℃，介质为水蒸气、水。

蒸汽蓄能整体自动控制系统主要由以下部分组成：上位机监控中心平台、通信网络，下位机即现场监控设备（蒸汽蓄能PLC自动控制系统、电蒸汽锅炉PLC自动控制系统等）、现场终端设备控制、检测、监测系统及一次仪表传感器等；在软件层面上主要包括三部分，分为现场控制软件（蒸汽蓄热PLC、电锅炉PLC）、通信软件、中央监控调度软件。

电锅炉辅助设备：主要包含电锅炉配套控制系统、全自动软水器、分汽缸、给水泵、电锅炉给水系统、排污系统、蒸汽管网系统等。电锅炉房供电系统改造，主要包含变压器、高压柜、低压柜、计量柜、高压电缆、低压封闭母排（镀锡铜）等。

3. 采暖终端用户布局优化应用场景

北方华安工业集团有限公司主要能源消费用于冬季供热，占公司能源消费总量的70%左右，降低供热用能是企业节能降耗的重中之重。2018年，北京北方节能环保有限公司协助北方华安工业集团有限公司对所有采暖工房进行生产流程调整优化，进一步集中生产单元，部分流程进行了合并，使生产线更紧凑合理，从而将部分厂房采暖停封；2018年，合计停封工房采暖面积为62952.41㎡，约占总采暖面积的20%。

（四）以综合能源服务为切入点，推动企业实施节能低碳EPC（工程总承包）项目

北京北方节能环保有限公司在实施军工企业热源系统优化过程中，以前期开展综合能源服务，推动企业实施节能低碳项目。

项目前期由北京北方节能环保有限公司提供综合能源服务，在2015—2019年通过能源审计、节能评估等综合能源服务，对北方华安工业集团有限公司123厂热源系统进行节能诊断，挖掘节能潜力，为开展热源系统优化研究与应用提供技术咨询服务。2019年，根据综合能源服务成果，按照企业供热需求，北京北方节能环保有限公司对军工企业热源系统优化研究与应用项目进行设计、采购、施工、试运行等实行全过程的承包（EPC模式）。

2019—2020年，北京北方节能环保有限公司为北方华安工业集团有限公司123厂提供能源管理体系建设咨询服务，协助企业建立能源管理体系，完善能源管理制度，进一步规范企业低碳管理与运行，巩固了军工企业热源系统优化成果，使企业持续实现节能降碳目标。

三、实施效果

（一）经济效益

1. 循环流化床锅炉系统经济效益测算

（1）改造前2#、3#锅炉能耗情况。

改造前2#、3#锅炉热效率不足65%，锅炉蒸汽单耗135kgce/t汽，折算为3940.60kcal/kg（企业现用原煤热值）原煤为236.26kg/t汽。

（2）改造后节能效益测算。

2018年3月和2019年3月分别对2#、3#锅炉进行效率测试，改造后2#锅炉热效率84.45%、3#锅

炉热效率84.32%；锅炉蒸汽单耗103.911kgce/t汽，折算为3940.60kcal/kg的原煤为181.84kg/t汽。

2#、3#循环流化床锅炉运行平均负荷18t/h，运行时间120天，单台锅炉产汽量为51840t，节约原煤量5642t。

原煤采购单价按每吨600元计算，年节约能源费用约338.50万元，年节能量3176tce。

2. 电锅炉蓄热系统经济效益测算

改造前，每天平均耗煤量5t，年非采暖期运行时间170天，消耗原煤850t，折标煤607tce。原煤价格按照每吨600元计算，年原煤费用51万元；需要配备运煤、司炉、出渣8～10人，人员费用约60万元；设备维修、保养约10万元。

改造后企业谷电电价每千瓦时为0.3088元；年运行时间170天，每天运行3小时（谷段），合计510小时；年运行耗电量714000kWh，折标煤218tce（等价值）；年电费约22万元。运行人员1人，人员费用按6万元计。

年经济效益93万元，年节能量389tce。

3. 每吨合计经济效益

年节约能源成本431.50万元，年节能量3565tce。

（二）环境效益

北方华安工业集团有限公司地处北方，能源消耗主要是原煤和电力，通过能源系统优化和节能技术的应用，降低了锅炉总容量，厂区燃煤实现了大幅度下降。通过热源系统优化，淘汰了部分燃煤锅炉，提升在用锅炉效率，较好地履行了社会责任，改善了生产场所环境条件，在实现经济效益的同时环境效益也十分显著。

1. 二氧化碳排放量降低

军工企业热源系统优化研究与应用项目实施后年节约原煤消耗量为6492t（烟煤），增加耗电量71.4万kWh。

二氧化碳年减排量10741t。

2. 二氧化硫排放量降低

根据经验数据工业锅炉每燃烧一吨标准煤，产生二氧化硫8.5kg。军工企业热源系统优化研究与应用项目实施后，年节能量3565tce，估算年减少二氧化硫排放量30t。

3. 氮氧化物排放量降低

根据经验数据工业锅炉每燃烧一吨标准煤，产生氮氧化物7.4kg。军工企业热源系统优化研究与应用项目实施后，年节能量3565tce，估算年减少氮氧化物排放量26t。

（三）社会效益

以绿色发展为导向的热源系统优化调整是贯彻落实国家节能降碳、绿色发展要求，转变发展方式，促进管理创新，通过能源布局调整，为企业节能降碳开辟了一条新的路径，给企业带来巨大的社会效益，既提升了企业的社会地位，也反映了一个有担当、有责任企业的风貌。

主创人：史建东、缪爱军、赵 菁、刘 丹、彭靖媛

面向全流程创新的沥青路面材料绿色低碳生产关键技术研究及应用

北京市政路桥建材集团有限公司

一、企业概况

北京市政路桥建材集团有限公司（以下简称建材集团）成立于2007年，是集道路路面材料研发、生产、技术服务为一体的北京市国有大型高新技术企业，旗下拥有11家信息化绿色环保生产单位、1家国内领先的路面材料研发中心、1家业内知名的道路科技产业服务公司、1家绿色新能源运输公司、1家拥有自主知识产权的特种沥青生产企业。

建材集团主营业务为生产和销售沥青混合料，产品类型主要有热拌沥青混合料、温拌沥青混合料、再生沥青混合料及特种沥青混合料，可生产各类沥青混合料200余种，其中，自主研发的改性沥青、抗车辙沥青等混合料及融雪路面技术、高黏高弹改性沥青应力吸收层技术等多项产品和技术在北京乃至全国处于领先地位。

成立以来，建材集团先后参与了G1至G7国家高速公路、首都二至七环城市快速路、奥运场馆及大兴国际机场核心区域道路、历次长安街大修等多项国家、北京市重点工程及青海玉树援建等重大外埠项目建设，北京市场份额达50%以上，其中高新技术产品占市场份额达80%以上，为首都乃至整个京津冀地区公路与城市道路建设提供了各种性能的高品质路面材料和技术咨询服务。

“十四五”期间，建材集团将秉承“整合北京，扩张京冀，深耕珠三角，开发长江经济带”发展战略，实现由地方性企业向全国性企业、由工业制造向智能制造、由技术引领向行业引领的转变，努力成为中国沥青混凝土行业领先的路面材料综合服务企业。

二、主要措施

（一）市场生态与资源环境

道路作为国家连通八方的“动脉”，在国民经济中扮演着重要角色。道路建设离不开沥青路面材料的应用，据估算，全国每年约有7亿吨沥青路面材料应用于道路工程建设中。

沥青路面材料是一种由沥青、砂石、矿粉等原材料在高温（135～180℃）下拌和而成的高分子聚合物，生产过程中极易排放出粉尘、非甲烷总烃、二氧化硫等有毒有害气体造成环境污染，消耗过多砂石导致生态环境破坏，使用天然气、重油等化石能源加热导致大量二氧化碳产生。沥青路面材料生产行业天然背负着“高污染、高能耗、高排放”的沉重包袱，在国家绿色低碳发展战略背景下，行业企业面临巨大的环保压力、生态保护压力和减碳压力。

以北京为例，从2016年开始不断加大对企业环保问题的监管督查力度，环保标准不断提高，对标发达国家要求；抽查频率提高，每家企业被抽查频率达1～2次/月；环保投诉即查即办，处罚力度加大。由于该行业企业存在环保意识淡薄、治理设施欠缺等问题，多数企业排放不达标，导致频繁被查处，轻则罚款，重则停产，乃至被要求搬离属地。北京市沥青路面材料生产企业从2016年的29家锐减至2019年的19家，行业规模下降34.8%，部分行业企业被纳入监管名单，此外，由于生态保护力度加大，砂、石等原材料价格持续上涨，3年上涨了17%，导致企业营收困难，行业面临巨大的生存压力。如何平衡发展与环保之间的冲突，实现可持续、绿色、低碳发展成为企业面临的巨大难题。

（二）提出绿色低碳发展战略

建材集团作为北京市属国有企业，是沥青路面材料生产行业的龙头企业，面对巨大的环保压力，秉承国企责任和担当，积极作为，主动谋划，将企业绿色低碳转型列为头等任务，秉持全寿命周期治理理念，围绕沥青路面材料生产全过程的“硬件”设施和“软件”产品，从场站设施体系化环保升级、绿色低碳产品研发应用、新能源运输升级三大方面建立绿色低碳生产模式，探索出一整套面向沥青路面材料的绿色低碳生产关键技术，并在全集团成功推广应用，取得了显著的效果，见图1。

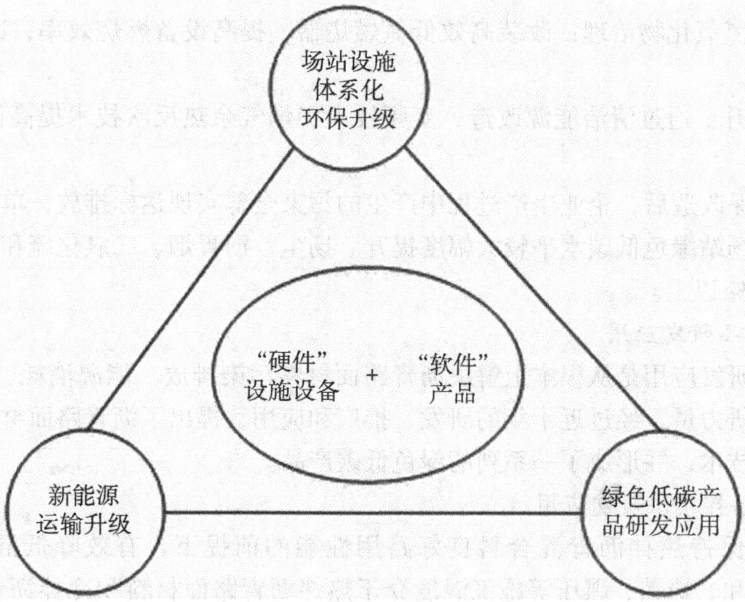

图1 绿色低碳生产模式示意图

1. 场站设施系统化环保升级

解决沥青路面材料生产场站环保治理措施薄弱的问题，系统化分析生产过程中的污染源和污染物排放，针对不同的污染环节进行全面的设备升级和环保设施加装，降低沥青路面材料生产过程中污染物排放。

2. 绿色低碳产品开发和规模化

绿色低碳产品的开发和规模化应用了沥青路面材料温拌技术，有效降低生产温度30℃，减少生产过程中污染物和温室气体的排放，同时大大减少了生产过程中的能源消耗。

绿色低碳产品的开发和规模化应用了废旧沥青混合料再生技术，实现废旧沥青路面材料的大比例高效再生利用，一方面减少了对砂石材料的应用量，保护了生态环境；另一方面实现了废物再生利用，实现了废旧沥青路面材料100%回收、80%以上再生利用，推动了循环经济的发展，降低了企业生产成本。

3. 新能源运输升级

针对沥青路面材料运输过程中柴油运输车的尾气排放，全面升级为新能源运输车，并安装充电桩，减少沥青路面材料在运输过程中的二氧化碳排放和尾气排放。

（三）升级生产过程环保方案

沥青路面材料生产环节主要包括砂石原材料储存、集料运输、冷料加热、成品拌和、装车运输，所涉及的设施设备包括：沥青储罐、储料场、搅拌机组、加热锅炉。

根据沥青路面材料生产过程中污染排放状况，结合各厂企业设备设施情况，提出了一整套系统化环保升级方案：

（1）扬尘治理：针对生产企业的扬尘排放，采取场地硬化、储料场及传输皮带密闭处理，搅拌设备装车通道自动化密闭改造，自动化喷淋设施加装，采用半地下式冷料仓技术、负压吸尘技术减少上料过程中扬尘溢出。

（2）沥青烟治理：采用活性硅吸附、等离子光解、UV（紫外线）光解等技术，加强对搅拌设备除尘筒后沥青烟气的处理。

（3）二氧化硫、氮氧化物治理：改装高效低氮燃烧器，提高设备燃烧效率，减少二氧化硫和氮氧化物产生。

（4）能源效率提升：通过清洁能源改造、变频技术和烟气余热反吹技术提高能源利用率，减少生产过程中能源消耗。

经过系统化的环保改造后，企业生产过程中产生的污染全部实现达标排放，单位产品能源消耗和碳排放强度显著下降，场站绿色低碳水平较大幅度提升。扬尘、沥青烟、二氧化硫和氮氧化物等有毒有害气体排放降幅达到50%以上。

（四）绿色低碳产品研发应用

绿色低碳产品的研发应用是从根本上解决沥青路面材料污染排放、能源消耗、碳排放的重要举措。建材集团组织精干科研力量，经过近十年的研发、推广和应用，提出了沥青路面材料温拌技术和废旧沥青路面材料再生利用技术，并形成了一系列的绿色低碳产品。

1. 沥青路面材料温拌技术研发应用

温拌技术是指在保持热拌沥青混合料良好路用性能的前提下，有效降低混合料生产施工温度（30～40℃），使其拌和、摊铺、碾压等施工温度介于热拌沥青路面材料和冷拌沥青路面材料之间的路面施工技术。大量的研究资料表明，与热拌沥青路面材料相比，温拌沥青路面材料具有高性能、低排放、低能耗的特点。

就目前的技术水平而言，相对于热拌沥青路面材料，温拌沥青路面材料的拌和温度可降低30℃以上，石料和沥青加热温度相应降低，燃油成本可下降30%以上；混合料拌和及沥青裹覆难度下降，拌和能耗与机械损耗也有所降低；同时，减轻了沥青的老化，改善了混合料的耐久性。据统计，温拌沥青路面材料可减少有害气体及粉尘的排放量，减少环境污染、改善工人工作环境质量。

建材集团研发形成了成熟的沥青路面材料温拌技术，在使用过程中大大简化了生产工艺，不需要对拌和设备进行改造，降低了对设备的依赖性。同时，大规模的工业化生产使得其质量变异性大大降低，对沥青及混合料路用性能起到了很好的保障作用。该技术已在建材集团所属沥青路面材料生产场站全面推广应用，年生产量达到几十万吨，“十三五”期间累计生产500多万吨。

2. 废旧沥青路面材料再生利用技术研发及应用

沥青路面材料再生技术，是将原有沥青路面废旧材料再生循环处理后应用于道路基础设施建设和养护工程中，变废为宝，形成一个符合循环经济模式的产业链，可以避免建筑垃圾对土地的占用和对环境的污染，也可以减少对石料、沥青、水泥等常用路用材料的依赖，并降低筑路、养路成本，符合“谁生产、谁处理”的环境保护原则，具有显著的社会、经济效益。

建材集团研发形成了废旧沥青混合料高效再生利用技术，可以解决改性沥青路面再生问题，提高再生路面应用层次，高效利用废旧改性沥青混合料剩余性能，直接经济效益显著。废旧材料掺量按20%计算（矿料质量比），旧料油石比为6.0%，再生混合料油石比为4.5%，每吨废旧路面再生沥青混合料仅材料费就可节约近100元。

在硬件条件方面，沥青路面热再生技术只需对现有沥青混合料的拌和设备做适当的改造，实现旧料的预加热即可，设备改造简单，目前国内大部分沥青混合料生产设备已配有第二加热滚筒，可以实现热再生沥青混合料的生产。该技术已在建材集团所属沥青路面材料生产场站全面推广应用，建材集团下属沥青厂均已完成设备改造，配有二次加热滚筒，可以实现热再生沥青混合料的生产，能够满足全北京市的需求，“十三五”期间累计生产600多万吨，先后在长安街大修、白马路东延等工程上得以应用。

（五）应用新能源运输工具

在超大城市北京，沥青路面材料生产企业多为固定式生产场站，生产企业通过重型运输车将沥青路面材料运输至施工现场，运输半径一般在10～30千米。既往，沥青路面材料运输多为重型柴油运输车，行驶过程中会产生大量的尾气排放，对周边环境造成影响，尤其是受施工工艺限制，为保障道路摊铺的连续性，通常施工过程中需要10多辆运输车提前到达施工现场，怠速等候上料。怠速过程中，运输车发动机燃烧不充分，尾气排放量达到最大，10多辆车集中尾气排放会急速恶化区域环境质量。

为实现全链条的绿色低碳生产，建材集团投资成立北京中栋新能源技术有限公司，主营业务为新能源技术开发、“绿色”运输产业发展，该公司是全国首家拥有新能源纯电动专业沥青混合料运输车辆、纯电动专业作业车辆的企业。通过购入30辆新能源运输车，逐步使用新能源运输车替代柴油车辆，从根本上降低二氧化碳排放，与传统柴油车和装载机相比每年可降低1500吨二氧化碳排放。

为进一步提升绿色水平，对于场站内所使用的装载机进行了升级，逐步使用纯电动装载机。相对于传统柴油装载机，纯电动装载机可实现完全零排放，对比柴油机少消耗能源50%～70%，一台5吨级纯电动装载机一年可减130吨以上二氧化碳排放，全生命周期减排可达1000吨以上。

三、实施效果

（一）获取的知识产权

建材集团所建立面向全流程创新的沥青路面材料绿色低碳生产关键技术获得发明专利4项、实用新型专利6项，发表论文9篇。其中，所形成的成果“沥青混合料搅拌站绿色生产关键技术及评价方法”和“沥青混合料排放检测关键技术及评价方法”，经技术鉴定，总体达到世界先进水平，部分成果达到世界领先水平。

（二）获得奖项及荣誉

沥青路面材料绿色低碳生产关键技术成果先后获得奖项见表1。

表1　沥青路面材料绿色低碳生产关键技术获奖情况

序号	名称	奖项
1	沥青路面厂拌热再生机理及性能定量评价方法研究	“中国公路学会科学技术奖”一等奖
2	温拌沥青混合料应用技术研究	“中国公路学会科学技术奖”一等奖
3	沥青路面节能减排与再生利用关键技术研究与应用	“北京市科学技术奖”二等奖
4	绿色沥青混合料搅拌站绿色生产关键技术研究	“北京公路学会科学技术奖”一等奖

（三）推广应用规模

建材集团所属京内10家沥青路面材料生产场站在2019年均已完成了场站设施系统化环保升级，经过近3年运行，实施效果良好。

目前建材集团所属北京中栋新能源技术有限公司已购入 30 辆新能源运输车辆，并全面进入日常产品运输过程中。“十四五”期间，计划持续采购新能源运输车和氢能源运输车，替代传统的柴油运输车，实现产品绿色运输。

“十三五”期间，建材集团累计应用绿色低碳产品 1000 多万吨，其中温拌沥青路面材料应用达到 500 多万吨，再生沥青路面材料应用达 600 多万吨，先后在大兴区南十路大修工程、白马路东延工程、京沈辅路大修工程等道路工程上应用，获得了建设方和施工方的高度认可。

（四）取得效益

1. 管理效益

通过采用技术成果，建材集团在 2016—2019 年间行业规模缩减了 34.8% 的背景下，所属京内 10 家沥青路面材料生产场站未有一家因环保问题被关停。

2020 年，北京市交通委员会和北京市生态环境局联合测评北京市绿色星级场站。全市 6 家五星级沥青路面材料生产场站中，建材集团所属 4 家场站荣获五星级场站，其他场站污染排放均实现达标排放。

2020 年 10 月，在交通运输部组织的北京市“十三五”公路养护管理绩效评价活动中，建材集团所属昌平沥青厂作为绿色场站接受交通运输部和来自四川、广州的行业专家检查，重点展示了环保搅拌站改造技术和高掺量热再生技术，得到了检查组高度认可。

2021 年 12 月，建材集团所属路驰分公司被工业和信息化部评定为“国家级绿色工厂”，这也是该行业国内首个国家级绿色工厂。

2. 社会效益

（1）节能效益。

生产 1 吨沥青路面材料消耗燃油约 7.5 千克，油改气实施后，消耗燃气约 7 立方米，单吨节能量 2.2 千克标准煤。建材集团年生产沥青路面材料约 400 万吨，每年可节约能源 8800 吨标准煤，减排二氧化碳 23056 吨。

采用新能源运输车，相对于柴油运输车，按照 30 辆车计算，每年可降低 1500 吨二氧化碳排放。

（2）减排效益。

通过应用技术成果，加强场站污染物排放管理，相对于未进行改造的沥青混合料搅拌站，经试验数据测算：厂界颗粒物浓度排放降低 60% 以上；厂界非甲烷总烃排放浓度降低 50% 以上；搅拌楼除尘筒有组织排放二氧化硫浓度降低约 50%。

沥青路面材料温拌技术的应用，在生产过程中，相对热拌沥青路面材料，二氧化碳排放减少约 2/3；二氧化硫减少 40%；氮氧化合物减少近 60%，摊铺沥青的同时产生的沥青烟也能减少 80%。

（3）经济效益。

建材集团形成针对改性沥青路面再生的成套技术，能高效利用废旧改性沥青混合料剩余性能，每吨废旧路面再生沥青混合料仅材料费就可节约近 100 元，能有效降低生产成本，经济效益显著。

主创人：沙　川、王　真、杨炎生、布海玲、孙海蛟

无氟生态纺织品助剂助力绿色印染

北京中纺化工股份有限公司

一、企业概况

北京中纺化工股份有限公司（以下简称中纺化工）成立于2000年8月1日，截止到2022年1月31日，中纺化工注册资本5300万元，为中国纺织科学研究院有限公司控股的高新技术企业，专注于纺织化学品和生物酶制剂的研发、生产和销售。

经过20多年的发展，公司形成了一支创新型科研团队，研发能力在国内同行业中处于领先水平，荣获多项国家和省部级“科技进步奖”，稳居印染助剂行业二十强，是纺织工业联合会第一批“纺织行业创新中心”单位。公司在纺织助剂、染料、生物制剂、功能整理剂产品领域深耕数十年，其系列产品具有很高的品牌知名度和影响力。

中纺化工以北京总部为中心，依托北京、绍兴、东莞三个生产基地，建立起辐射全国的市场营销网络，并积极拓展海外市场。公司有经验丰富的技术服务团队，以客户需求为导向，提供专业、全面、快捷的售前售后服务，在成就客户的同时提升自己。近3年来公司经营业绩良好，保持连续增长。2021年，资产总额为14112.99万元，净资产为11154.65万元，营业收入为20184.73万元，实现利润总额为1066.56万元，净利润为1035.07万元。

中纺化工以技术创新为驱动，服务国家战略，用诚信赢得市场，以服务收获口碑，为我国纺织业的创新发展贡献力量，携手行业伙伴共创美好未来。

二、主要措施

“十四五”时期，是我国深入推进生态文明建设的关键期，也是实现碳中和宏伟目标和美丽中国建设目标的奠基期。从碳达峰、碳中和，到北京冬奥兑现“绿色办奥”承诺，“绿色、低碳、环保”理念日益深入人心。

近些年来，登山、滑雪、垂钓等户外运动在国内越来越受到人们的喜爱，对专业户外设备的需求也越来越高。在户外装备众多功能中拒水性能是一种可视化效果较好、易测试的特殊功能，常作为卖家的宣传重点并受到买家的追捧。传统的防水整理剂一般为氟类丙烯酸酯乳液，在含氟防水剂的生产和使用过程中会释放出具有生物富集性的全氟类化合物，带来严重的健康和环境问题。自2015年以来，绿色和平组织持续呼吁各大时尚品牌共同参与到“去毒”行动中来，大量知名品牌商都参与其中，共同建立了有害化学物质零排放组织（ZDHC）并做出全面无氟承诺，目前含有全氟辛基磺酸结构单元的C8类“三防”整理剂在美国、日本及欧洲等已经全面停止生产和使用，其衍生出的替代品主要有两种：一种是低碳链含氟化合物，即我们通常说的C6或C4防水剂替代，另外一种则是完全不含氟元素的无氟防水剂。相比于含氟防水剂，无氟防水剂容易降解、不易在生物体内累积、对环境和人体基本无害，是一种更为安全环保的替代品。因此，高效无氟防水剂的开发已经成为新的研究热点之一。

国内外的染整工作者在防水剂的开发过程中为替代全氟化合物开展了大量低表面能单体和结构的研究工作，通过分子结构设计来弥补烷基结构与氟碳结构表面能间的差距，近年来随着全氟辛基磺酸化合物的限用，无氟防水剂的发展较快。市场上的无氟防水剂品种较多，性能参差不齐，总体可分为：石蜡类、聚丙烯酸酯类、聚氨酯类或其几种类别的混合分散体系。无氟防水剂的开发主要存在以下技术难题：①防水性能问题，包括在各种类型面料上的防水性能，多次洗涤后的防水性能；②存储和加工稳定性的问题，包括耐硬水、耐高低温、耐剪切力等问题；③无氟防水加工后面料的涂层牢度和贴条牢度较差的问题。

防水性能是无氟防水剂的基本性能，也是最重要的性能。传统含氟防水剂由于使用了含有全氟侧链的单体进行聚合，在织物表面成膜后具有极低的表面能，使得较低工艺用量下面料防水性能很容易达到 5 级（100 分），同时具有较好的耐洗涤性能。对比含氟防水剂，无氟防水剂存在先天劣势，常规无氟防水剂一般需要加大工艺用量才能达到防水 4 级（90 分）以上，如果遇到面料前处理除油不充分的情况，常规无氟防水剂很难做到防水 4 级（90 分）。另外，无氟防水剂普遍成膜性能较差，耐洗涤性能远不如含氟类防水剂。

除了防水性能以外，储存和加工稳定性也是考察无氟防水剂性能优劣的重要指标之一。即使是进口产品也存在储存稳定性的问题，如一些特殊的超支化结构无氟防水剂，在暴晒、高温、漏气等储存不当的情况下容易出现自交联现象导致报废。另外由于印染厂的工艺环境各异，水质较差、加工环境温度高、面料表面杂质多等，也容易造成无氟防水剂加工过程中不稳定，导致粘辊停车甚至反粘面料，降低印染厂生产效率，增加加工成本。

另外，在需要进行涂层工艺的面料上（如冲锋衣、雨伞、帐篷），涂层牢度和贴条牢度是一个很重要的指标。由于无氟防水剂使用过程中添加量一般较大，成膜较厚，因此在没有化学键的结合下很容易影响涂层胶的牢度，出现水洗脱胶等问题，严重制约无氟防水剂在涂层面料领域的推广使用。

早期市场上的无氟防水剂产品，要么防水性能差，要么色变大，要么手感差，要么稳定性不佳，要么涂层牢度或贴条牢度差。无氟防水剂聚合工艺上的某个方面或几个方面的设计缺陷会影响印染厂的正常工艺，难以达到印染厂想要替代含氟防水剂的要求。因此，开发一种综合性能好、没有明显缺陷的无氟防水剂是亟待解决的问题。

中纺化工以“绿色低碳引领发展，绿色制造促进发展”为方向，坚持科技创新推动高质量发展，保证人民生命健康，满足人民对高品质生活的需要为目标。作为国内印染助剂前 20 强企业，早在 2012 年中纺化工研发中心就开始从事纺织品防水剂的自主合成工艺研究，先后在油田工装、防酸碱防护服、耐有机溶剂防护服、复用手术衣、军警用作训服等高端防护领域的产品开发中取得良好的产业化应用，并受到业界同人的认可。

2014 年中纺化工开始进行无氟防水剂的开发，先后与香港理工大学、北京探路者公司等多家单位合作，并于 2017 年申请获批国家重点研发计划（“十三五”研发课题）“针织物全流程平幅印染技术”中的第四课题“有机－无机微纳米无氟防水整理剂制备及应用技术”（课题编号：2017YFB0309704），中纺化工作为课题牵头单位与江南大学、天津工业大学、青岛大学等国内纺织学科重点院校及具有丰富染整经验的辽宁宏丰印染有限公司深入“产学研用”合作，采用微乳液聚合技术、超支化技术、核壳乳液聚合技术等技术手段，实现有机－无机微纳米结构的设计，制备出一系列各具特色的有机－无机微纳米无氟防水剂。2021 年项目通过科技部验收，完成对标国际先进水平的两支无氟防水剂、一支无氟防水添加剂产业化产品，经中国纺织工业联合会鉴定为达到国际先进水平。

为了解决无氟类防水剂初始防水性能不好、耐洗涤性能不佳、涂层牢度或贴条牢度差的问题，采用了低表面能有机乳液聚合工艺技术。通过分子结构设计控制长链烷基在乳液成膜时在织物纤维表面构定向排列，形成具有较低表面能的防水层。通过引入适量具有氢键的内酰胺结构使乳液与基材产生氢键作用力达到附着力提升的效果。通过引入具有空间位阻跨环共轭结构可以使乳液与纤维表面、涂层胶形成共轭，从而提升附着力。研究聚合物结构对防水性能、涂层牢度性能的影响，优选出最佳的单体配方。同时，采用有机－无机微纳米无氟防水整理剂聚合技术，以丙烯酸酯系单体为有机相，改性纳米二氧化硅为无机相，其关键技术在于：通过引入阳离子高分子刷结构，改善纳米二氧化硅在乳液聚合过程中的粘连团聚现象，同时降低自由基聚合过程中纳米氧化硅产生的位阻效应，保证纳米二氧化硅通过共价键与丙烯酸酯系单体有效结合，形成牢固的有机－无机微纳米结构。

为了解决储存和使用稳定性问题，采用稳定分散纳米二氧化硅改性技术。通过水解、接枝、叔铵化、季铵化工艺制备出含有双键的阳离子改性纳米二氧化硅粒子，其特点在于同时具有可进行自由基聚合的双键和能够保证纳米二氧化硅稳定分散在水溶液中阳离子基团。

为了解决防水性、手感和色变均衡的问题，采用有机－无机微纳米结构疏水调控技术。以微纳米尺度硅球协同制备的无氟拒水剂以共价键在织物纤维上构筑疏水表面，通过改变织物表面的微纳米粒子分布，对无氟拒水整理织物的拒水性能进行有效调控。在不使用含氟类超低表面能聚合物和40～80克/升较低工艺用量的前提下，实现了在各类常见织物上防水等级≥95分（4～5级），在纯棉织物上防水性能尤为突出与水的接触角大于145°，同时较低的工艺用量避免了改变原面料的手感和色变情况，达到三者均衡的效果。

为了解决生产成本问题，创新采用了有机－无机微纳米无氟防水整理剂自主生产技术。通过乳化工艺、控温、保温技术优化，完成双管道双循环和单管道单循环一体化设备的设计优化，实现低凝胶率、高聚合转化率、高产率的百吨级无氟防水剂聚合生产线，大试生产的无氟防水剂 CWR－8 系列产品整理后的面料 AATCC 22 标准防水性能达到：洗前拒水性≥95分，连续水洗10次烘干后拒水性≥80分。

中纺化工无氟防水剂产品的开发以解决行业难题，推进绿色印染落地，践行央企责任担当为出发点，深入联合科研院校与下游企业，开展科研创新活动。在掌握核心技术的基础上形成具有自主知识产权的商业化成果，并形成无氟防水剂制备技术及应用技术的相关规范。推动行业科技进步和绿色升级，提高国产无氟防水剂产品的核心竞争力，并逐步打破了进口无氟防水剂的市场垄断。

传统染整工艺过程中使用的部分化学品并不符合生态环保的要求，大量使用给环境带来巨大负担。中纺化工始终以推广生态纺织品助剂，规范印染助剂行业为己任，通过创新发展推动产业良性循环发展，降低化学品对环境的影响，减少不可再生资源的使用，减轻印染加工和产品生命周期中对环境的危害。

三、实施效果

通过科研攻关和生产实践，中纺化工顺利完成了综合性能较好、性价比突出的国产化无氟防水剂全套生产技术。产品一经推出就受到业界同人的认可与肯定，在国内印染企业广泛替代进口无氟防水剂，与当前国内外同类无氟防水剂对比，中纺化工推出的无氟防水剂具有以下优势：

性能方面，中纺化工开发的无氟防水剂总体性能指标达到国际先进水平，在不使用含全氟类超低表面能聚合物的前提下，实现了在各类常见织物上防水等级≥95分（4～5级），在纯棉织物上防水性能尤为突出与水的接触角大于145°，兼顾手感柔软、色变低、剥离强度好等特性。

生产工艺方面，中纺化工无氟防水剂生产线采用的一体化设备设计，提升产品产率、提高生产安全性，同时减少了污水排放，制备出的无氟防水剂性能稳定，达到国际先进水平。

经济效益和市场竞争力方面，中纺化工无氟防水剂全套生产技术从生产设备到工艺技术全国产化，中纺化工具有完全自主知识产权，因此，市场竞争优势明显。

经济效益方面，中纺化工开发的无氟防水剂产品已经建成百吨级规模的整理剂示范线，发布了相关企业标准；项目产品从2018年开始试售，每年稳步增长，2019—2021年无氟防水剂 CWR－8DC 系列与高耐洗涤型无氟防水剂 CWR－8DY 系列生产销售突破千吨，2020年以来其销量及销售额成为中纺化工助剂类产品单品冠军，为企业取得了较好的经济效益，主要客户集中在绍兴、无锡、东莞及四川等地，产品在各种类型的面料上具有较好适用性。从2022年的销售趋势看，市场需求不断扩大，课题开发的无氟防水剂逐步取代进口产品，2022年第一季度销售增长率为179.6%，市场份额大幅度提升。

社会效益方面，其最大特点是不含全氟化合物（PFCs），符合《纺织染整助剂产品中部分有害物质的限量及测定》GB/T 20708 – 2019 和《生态纺织品技术要求》GB/T 18885 – 2020 的相关规定，同时产品自 2019 年获得 OEKO – TEX®（国际纺织和皮革生态学研究和测试协会）的 ECO PASSPORT 环保认证，获得 ZDHC 有害化学物质零排放 MRSL V2.0 认证产品，对人体和环境无毒副作用。为响应国家“双碳”目标，推动可持续发展，中纺化工深入研究可再生资源技术，新开发的无氟防水剂在制备中创新采用可再生的生物基原料替代石化原料，2022 年产品在美国 BETA 实验室完成生物基碳含量测试，生物基碳含量 63%，其可再生性有了进一步的数据支撑。

中纺化工开发的无氟防水剂各项指标达到世界一流水平，在一定程度上替代了含氟防水剂，根据用量换算至少减少了 2.5 吨全氟化合物 PFCs 的排放，避免了超过 2.5 亿米面料受到 PFCs 残留的污染，让普通消费者也能用上环保品质安全放心的纺织品。

主创人：李　翔、高殿权、李建华、李英超、贡　旺

绿色低碳工业园智慧能源创新应用

冰山冷热科技股份有限公司

一、企业概况

冰山冷热科技股份有限公司（原大连冷冻机股份有限公司，以下简称冰山）是我国制冷工业领军企业——大连冰山集团有限公司的核心企业。公司始建于1930年，1993年在深圳证券交易所上市，是我国制冷工业第一股。2018年入选第二批“辽宁省绿色工厂”。2020年3月更名为冰山冷热科技股份有限公司。

公司专注冷热事业，自主创新的冷热技术涵盖天然工质制冷、流体冷却、低温除湿、气体压缩、余热（余压）利用等，为客户提供从－272～430℃横跨700℃温区的深焓能源系统解决方案。经过90多年的传承创新，公司在石油化工、肉类屠宰加工、果蔬保鲜与水产加工、中央厨房、冷链物流、船舶、啤酒、乳品、天然气、工业节能、冰雪工程、建筑环境、深焓供热等细分市场拥有竞争优势。

近3年，公司经营效益稳步提升，2019年公司营业收入67723万元，2020年公司营业收入75102万元，2021年公司营业收入83350万元。

公司在现有事业领域内进行战略升级，进一步扩展产品服务领域，重点开发环保、节能、高效型的新事业，担当起碳中和、碳达峰等发展责任。持续推进体制机制改革，把“冰山梦”融入“中国梦”，做新时代发展的先锋，保持企业创新发展的动力、活力和恒力。改造升级老字号，打造新字号，把冰山实现百年梦想的发展目标有机地融入绿色的“中国梦”中，使公司成为受顾客、合作伙伴、社会信赖和尊重的企业。

二、主要措施

（一）项目概况

1. 项目背景

绿色低碳工业园智慧创新应用项目始建于2016年，工业园占地约25万平方米，包含20多个单体建筑，主要包括机械制造、铸造、电子元器件制造、冷热试验室、办公及配套附属设施等不同功能的建筑。该项目地处寒冷地区，从需求的视角，“电、热、冷、汽、水、气”等多品种能源和资源的协同供应，构建一个小规模以“源网荷储用”一体化系统为基础的综合智慧能源生态体系，是大连冰山工业园低碳绿色发展的主要解决方案。该绿色能源示范项目采用冰山的核心技术和产品，全部由冰山设计、生产、安装和调试，集成多项国际国内先进冷热技术和丰富的制冷供热产品，包括光伏发电、蒸气直接膨胀发电技术、ORC（有机工质朗肯循环）螺杆膨胀机发电技术、冰蓄冷技术、土壤源热泵技术、能源管理智控技术等。可以满足厂区内部分生产用电、建筑冬季采暖与夏季空调、一年四季工艺和生活热水需求。

冰山工业园结合企业低碳绿色发展远景及产品优势，以智能化能源生产、能量储存、能源供应、能源消费和智慧化管理与服务为主线，向终端用户提供综合能源一体化解决方案，通过供需互动有效解决能源消纳和高效利用，实现区域能源自平衡和稳定，并逐步形成了实现碳中和愿景的优势路径。

为落实“无人值班、少人值守、远程监控”的综合能源生产运营管理理念，利用自动化、信息化、智能化手段，将包括屋顶光伏、储能、热泵、ORC发电等分散能源系统纳入EMS能源管理平台，实现多系统统一运行监控，灵活协调各系统负荷，提升数据管理水平，达到能源利用和经济效益整体最优化。

2. 工业园智慧能源系统现况

遵照 ISO 50001 能源管理标准，持续开展节能活动，定期召开工业园节能小组会议进行评估验证，展开 PDCA（计划、执行、检查、处理）循环的实践应用，系统不断升级，每年都能完成不同程度节能目标和降低能源费用的成果，工业园智慧能源系统低碳设备安装现况如表 1 所示。

表 1　工业园智慧能源系统低碳设备安装现况

序号	内容	容量、负荷	投入时间	设备数量
1	发电	3.81MW	—	—
(1)	屋顶光伏	3.4MW	2021 年	1 套
(2)	余热＋ORC 发电	0.31MW	2017 年	1 套
2	储能	39.5MW · h	—	—
(1)	冰蓄冷	16.245MW · h	2017 年	1 套
(2)	水蓄热	23.255MW · h	2021 年	2 套
3	产品检测系统余热回收	1879.68MW · h	2017 年	6 套
4	热泵	7.3MW	—	—
(1)	土壤源热泵	1.6MW	2017 年	2 台
(2)	空气源热泵	5.0MW	2021 年	9 台
(3)	水源热泵	0.7MW	2021 年	1 台
5	EMS 智控系统	—	2019	1 套

（二）详细解决方案

1. 绿色电力解决方案

本项目安装了屋顶分布式光伏发电及余压与 ORC 串联螺杆发电机组，通过利用可再生能源和园区的余废热向园区和电网供给绿色电力。

（1）屋顶分布式光伏并网系统，安装在工业园内单体建筑面积最大的联合一生产车间屋顶，车间平均高度 14.85 米，屋顶面积约 58000 平方米，装机总容量 3.4MW，发电小时数为 1216 小时（系统效率 80%），年发电量约 408 万度，设计寿命 25 年。上网模式为自发自用，余电上网。

主要设备有：光伏组件、逆变器、光伏并网柜及其他配套材料。光伏组件参数为单晶硅 455W，共 7470 块，单块组件尺寸约 2 米×1 米。逆变器共 34 台，额定功率均为 100kW。光伏并网柜共 9 台，光伏电站并网电压为 380V。

（2）膨胀机主要利用工业生产过程中产生的余热进行发电，从而达到节能减排的目的。余热热源可分为两类：带压蒸汽、无压热源。对于大多数热源，利用有机工质朗肯循环，可以把温差变为压差，从而转化为动力输出，这时可使用 ORC 螺杆膨胀机，适用于 0.1MPa（A）以上水蒸气、75℃以上热水或其他流体热源、150℃以上烟气等余热发电。在热源为带一定压力的水蒸气时，可以使用蒸汽螺杆膨胀机，适用于 0.6MPa（A）以上水蒸气。

ORC 螺杆膨胀机组，即有机工质朗肯循环（Organic Rankine Cycle，ORC）的螺杆膨胀发电机组。液态工质在蒸发器中吸热蒸发成气态，推动螺杆 ORC 膨胀机做功，驱动发电机发电或动力机做功，压力降低的气态工质在冷凝器中冷凝成液态，通过工质泵增压后进入蒸发器中吸热，从而完成一个完整的

ORC 循环。其实质是利用热源与冷却介质的温差，将热能转化为电能或机械能。

螺杆膨胀机发电技术具有非常重要的特点：热源适应范围广，对热源要求不高，过热蒸汽、饱和蒸汽、汽水混合物、热水、其他热流体均可以利用，是纯粹的废热利用。

工业园在生产过程中存在余热和废热，包括低压蒸汽和热水。为回收余废热安装了一套型号为 ZPF250/PD160/Q4 蒸汽串联螺杆膨胀机组，额定工况发电量为 0.312MW，全部并入工业园内的配电系统提供给生产设备用电。其中，第一级余压发电机水蒸气进口压力 950kPa，出口压力 105kPa，水蒸气流量每小时 4.04 吨，净发电量为 211kW；第二级 ORC 余热发电机水蒸气进口压力 105kPa，出口水温 73℃，水蒸气流量每小时 3.83 吨，净发电量为 101.1kW；发电机组的冷却水温差 10℃，全年可利用供热系统的回水进行冷却，同时给供热系统提供了热源，余废热完全回收。

2. 储能解决方案

本项目包含了冰蓄冷系统、水蓄热系统，充分利用峰谷电价差转移负荷，提高项目的经济效益和社会效益。

（1）项目所在地施行峰谷平电价政策，峰谷电价比 3∶1，夜间谷电时长为 7 小时，配置 5 台型号为 TSU－924MW 的整装式蓄冰设备，夏季夜间蓄冰白天融冰，满足建筑空调冷负荷需求。不同时间段冰蓄冷系统运行不同的模式，包括主机边蓄冰边供冷、融冰单独供冷、主机单独供冷、主机与融冰联合供冷。通过转移冷负荷的方式合理利用电价优惠政策，削峰填谷、平衡局部电网负荷，降低运行成本。

（2）该系统为太阳能辅助空气源热泵供热系统，优先使用太阳能，其次利用夜间低价电驱动空气源热泵蓄热，总蓄热水有效容积 500 立方米，为园区供热系统提供 55℃的热水，满足建筑采暖、卫生热水、工艺热水的用热需求。

3. 产品性能检测装置余热回收解决方案

工业园内建有产品性能检测的测试系统，包括 6 台套不同类别产品检测装置（合计大小 15 个测试台位），以检测氨、二氧化碳等制冷机组性能为主。产品性能检测过程中，制冷压缩机运行需要热量来平衡冷量消耗，以往用电或蒸汽供热水等会消耗大量能源。冰山设计了一套冷热平衡系统，利用生产工艺中的冷凝热来平衡冷量消耗，每年可大幅减少能耗 1879680 kW·h。

4. 利用可再生能源的热泵解决方案

本项目包含土壤源热泵、空气源热泵和水源热泵。

（1）土壤源作为一种可再生能源，在热泵供热领域已经被广泛应用，结合本项目冰蓄冷系统，其中的 2 台双工况螺杆冷水机组同时也是土壤源热泵机组。该项目的地源井双 U 形换热器分成两套独立的换热系统，一套换热介质是水，另一套为乙二醇水溶液。每台机组制冷工况运行制冷能力为 980kW，冷冻水进出水温度 －5.6℃和 －2.4℃，地源侧土壤换热器 28℃和 33℃，220 m^3/h，制热能力为 800kW，供热水进出水温度 47℃和 57℃，69 m^3/h，地源侧进出水平均温度 1.9℃，150 m^3/h。采暖季单位井深换热量大于等于 33.4W/m，空调季单位井深换热量大于等于 45.3W/m。换热器冬夏季已经连续使用 5 年换热量仍可达到以上数值。

（2）项目地处寒冷地区，生产车间和办公室等建筑冬季均需配置采暖设施，一年四季还有生活热水和工艺热水需求，空气源热泵机组与水蓄热系统复合，协同供热，最大程度降低一次能源的消耗，是低碳绿色能源系统的二次能源生产核心设备。热泵机组专门为严寒和寒冷地区设计，环境温度在 －12℃仍可以保证 COP（制冷系数）在 3.0 左右。该项目共配置了 9 台热泵机组，主要机组单台设计工况制热量为 570kW。

（3）供热系统通过水源热泵提升低品位热水温度至 50℃左右，热水管道并入工业园的总供热管网，满足生产工艺用热水及生活热水等需求。

5. EMS 智控系统

作为促进节能的手段，不但要引入高效率设备和自动控制，为了发挥维持最大的效果，还要通过 EMS 能源管理系统针对整个制造工艺和整个工厂，有必要实时地根据具体情况不断地对运行方式和控制方法进行监视和改善。

基于 ISO 50001 的能源管理系统，实现能源的使用状况和效率的可视化、可知化及最优化，主要体现在能源供应设备的运用效率改善、生产设备的生产效率改善、制造产品良率的提升。

采集数据包括整个工业园各建筑、车间、生产工艺、生产设备、公用设备等每个环节的各种能源消耗，能源种类为电、蒸汽、燃气、水等，同时与制造执行管理系统相连接，采集能源生产设备、输送设备、使用设备的运行数据，采集关于各产品的产量信息，利用数据分析技术、控制技术、AI（人工智能）技术、IoT（物联网）技术，实现能源管理价值。

三、实施效果

（一）绿色电力节能减排效果

屋顶光伏总装机容量 3.4MW，全年实际供电量 4080MW·h，全部用于工业园生产和生活用电，以替代等量从东北区域电网上购电，从而减少一次能源消耗及二氧化碳等温室气体排放。每年总减排量为 3170 吨二氧化碳，节省一次能源消耗量约为 1253 吨标准煤/年。

余压与 ORC 串联螺杆发电机组通过废能回收减排温室气体，额定发电量为 0.312MW，实际年净输出电量 1123MW·h。全部用于工业园内生产和生活用电，以替代等量从东北区域电网购电，从而减少一次能源消耗及二氧化碳等温室气体排放。每年总减排量为 635 吨二氧化碳，节省一次能源消耗量约为 252 吨标准煤/年。项目从 2017 年投入使用，按计算期为 5 年计算，总二氧化碳减排量为 3175 吨二氧化碳，节省一次能源消耗量约为 1260 吨标准煤。

（二）储能节能减排效果

工业园内共安装有效容积 500 立方米的蓄热水箱，与空气源热泵系统联合供热，主要作用是保持热泵机组冬季连续高效率供热，减少融霜带来的效率降低；夜间蓄热白天供热充分利用了谷时用电带来的成本降低。该蓄热装置连续运行一年，按该系统运行时间节省电力约为 4MW·h，相当于节省等量从东北区域电网上购电，每年总减排量为 3.1 吨二氧化碳，节省一次能源消耗量约为 1.2 吨标准煤/年。

（三）产品性能检测装置余热回收节能减排效果

从 2017 年工业园区运行以来，通过产品检测系统余热回收利用，持续减少二氧化碳等温室气体排放及一次能源消耗。每年节约用能 1879680 kW·h，每年减排二氧化碳 1460 吨，节省一次能源消耗 577 吨标准煤/年；运行 5 年来，累计二氧化碳减排量为 7300 吨，节省一次能源消耗 2885 吨标准煤。

（四）热泵利用可再生能源的节能减排效果

该项目已经安装的热泵机组包括土壤源热泵、空气源热泵和水源热泵机组，都属于利用可再生能源减少一次能源利用的节能措施。其中，土壤源热泵制热能力为 1.6MW，每年的供热量为 10060GJ，二氧化碳减排量为 1106 吨，减少一次能源消耗相当于 343 吨标煤。按 5 年统计，合计二氧化碳减排量为 5530 吨，减少一次能源消耗相当于 1715 吨标准煤；空气源热泵制热能力为 5MW，每年的供热量为 39397GJ，二氧化碳减排量为 4334 吨，减少一次能源消耗相当于 1344 吨标准煤，目前只运行了一年；水源热泵制热能力为 0.7MW，运行期为一年，每年实际供热量为 4514GJ，二氧化碳减排量为 496 吨，减少一次能源消耗相当于 154 吨标准煤。

（五）EMS 智控系统节能减排效果

工业园的 EMS 智控系统实施后，通过调整耗电高的设备启停时间、减少生产设备待机时间、更换坏损的阀门仪表、更换效率低的产能设备、预测空调负荷自动调整制冷系统运行策略等措施，每年都取得了较好的节能成果。以2018年的能源数据作为基准，每年用电量1591684kW·h、每年用水量73973吨、每年用气量555970m^3（标准状态）。2019年、2020年、2021年统计数据平均每年节电7.9%，即每年125743kW·h；每年节水15.9%，即11761吨；每年节天然气14.4%，即80060m^3（标准状态）。平均每年二氧化碳减排量1414吨，相当于减少一次能源消耗约560吨标准煤/年。根据计算期3年统计，总二氧化碳减排量为4242吨，节省一次能源消耗量约为1680吨标准煤。

绿色低碳工业园智慧创新应用项目的实施，实现每年二氧化碳减排量12618.1吨，标煤减少量4484.2吨/年。

主创人：杨富华、单　莉、侯昌海、张艳秋、周祥莉

基站型中央节能保护机

成都祥和云端节能设备集团有限公司

一、企业概况

成都祥和云端节能设备集团有限公司（以下简称祥和节能集团），成立于 2014 年，是成都国家级高新区的国家级高新技术企业。所研发的祥和基站型中央节能保护机，牢牢牵住通信设备所“吃”的电能这个“牛鼻子”，将祥和稀土霍尔共振棒与虚拟电容相融合，通过治理电能污染，改善和提高电能质量，从而实现基站节能减碳，通信设备运行平稳、降温降噪，延长通信设备使用寿命，降低通信设备维护维修费用。目前已在全国 10 多个省的中国移动、中国联通、中国电信、中国铁塔、中国广电通信基站、机房安装使用，取得了良好的经济效益和社会效益。

祥和节能集团将积极响应党中央、国务院碳达峰、碳中和决策，在资源有效利用和绿色低碳发展之路上，加强科技研发，加强应用研究，为我国信息通信行业绿色低碳发展贡献力量。

二、主要措施

（一）市场生态与资源环境

在“十四五”“双碳”目标开启的关键阶段，国家发展改革委印发了《2021 年上半年各地区能耗双控目标完成情况晴雨表》，还印发了《完善能源消费强度和总量双控制度方案》。

2021 年国家放开电价管理，国家发展改革委发布的《有序用电管理办法》所规定的“安全稳定、有保有限、注重预防的原则”，得到有效实施。

党和国家的“双碳”目标和“能耗双控”措施给国家级高新技术企业的祥和节能集团，提供了千载难逢的机会。

（二）祥和节能集团绿色低碳发展战略的制定

节能提效作为碳达峰、碳中和最直接、最重要、最经济的手段，已由过去的节能政策引导，节能奖励激励转向“能耗双控”与“限电限产”倒逼，尤其是能耗强度的约束，能耗总量控制的引导，促使各级政府和用能单位，不得不采取切实措施加以控制。

在“能耗双控”政策和“限电限产”具体措施下，用能单位的收益，不再仅是节省能源的收益，而且还有增加产品收益、碳资产管理收益等多重收益，而用能单位往往缺乏专业的人才与专业人士，以及专业而有效的解决方案。

鉴于此，祥和节能集团深刻认识到，“能耗双控”政策下的能源管控问题，是一个系统性的专业与技术问题，需要有专业的公司、专业的人才和丰富的项目运营经验，而用能单位又往往急需这类专业公司、专业人员和实践经验，祥和节能集团拥有的优势，正好弥补和满足用户的上述需要。

（三）祥和节能集团绿色低碳发展战略的解决方案

祥和节能集团作为成都国家级高新技术产业开发区的高新技术企业，作为碳中和产业技术创新战略联盟的理事长单位与依托单位，作为四川省节能减碳产业技术创新战略联盟的理事长单位与依托单位，作为中国能源研究会常务理事单位，作为我国拥有系统节能节电发明专利的祥和基站型中央节能保护机等高科技产品的企业，应该也必须为中国的碳中和事业贡献祥和力量，为世界的碳中和事业贡献中国力量。祥和节能集团以祥和基站型中央节能保护机为碳达峰、碳中和的关键技术和核心产品，大胆地提出和探索能源托管数字化模式。

能源托管数字化模式项目的实施，需要投入大量的资金和运维管理人员，项目投资由央企负责，项目运营则由祥和节能集团负责，实现方案编制、项目投资、项目运营的一站式“保姆”型合作。

能源托管数字化模式是合同能源管理模式中的一种，是通过节能改造和运营管理的一站式合同能源管理综合服务，在一定期限内能耗方与投资方共享收益，降低能耗方改造资金和技术风险，调动能耗方改造积极性的一种商业模式。

（四）绿色低碳技术的研发与创新

祥和节能集团拥有碳中和的关键设计技术和核心设备——祥和基站型中央节能保护机系列产品，从电能质量的改善和提高入手的系统节能节电产品。本产品牢牢牵住信息通信设备所“吃”的电能这个“牛鼻子”，将反常霍尔效应原理与虚拟电容相融合，采用稀土材料、多种贵重金属、专用金属、非金属材料制作的祥和稀土霍尔共振棒与专门研发的虚拟电容相结合，通过优化电能环境、治理电能污染，改善和提高基站、机房、数据中心的电能质量，使通信设备设施运行平稳，减少通信设备设施发热发烫，振动降低，噪声下降，减少配电系统铜损、铁损、线损。

祥和稀土霍尔共振棒的英文为 xianghe Rare Earth Hall Resonance Rod，简称为 XREHRR。它是基于世界著名物理学家、“诺贝尔奖”获得者霍尔的量子反常霍尔效应而研制的共振型金属合金能量棒，具有提高导电性和能源效率，优化电能环境等改善和提高电能质量的功能，见图 1、图 2。

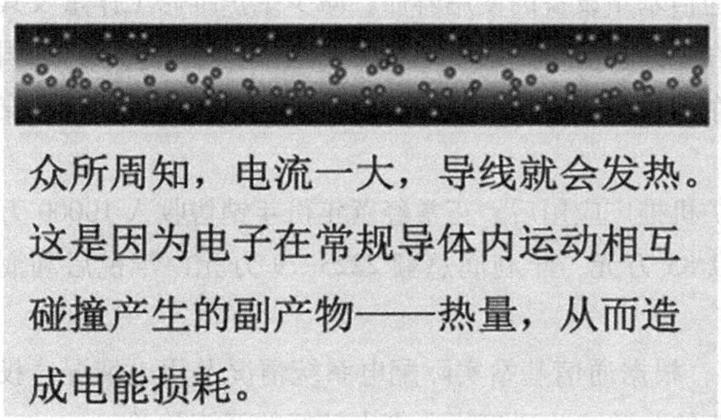

图 1　未安装祥和稀土霍尔共振棒的电子运行状态

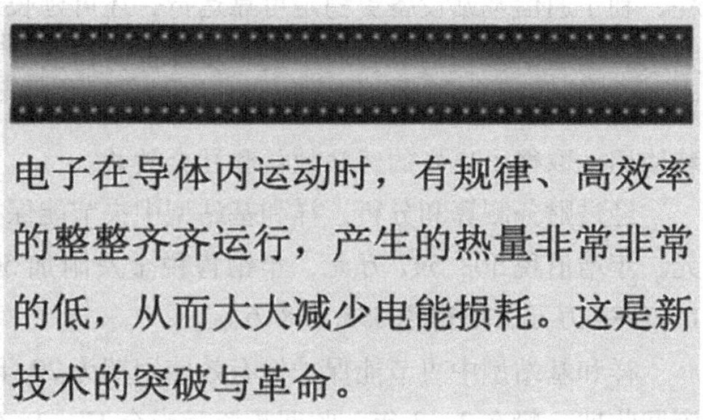

图 2　安装祥和稀土霍尔共振棒后的电子运行状态

量子反常霍尔效应，是指不需要外加强大磁场，而由材料本身的自发磁化，发生共振频率，形成量子反常霍尔效应场，使经过机芯的不规则运动电子，在共振频率作用下规律地运行，从而减少电子自旋碰撞与相互的电子“过度碰撞”，减少配电系统的线损，并与纯物理缠绕的不随温度、湿度变化而变化，不畏冲击的特制虚拟电容协同作用，共同削减电压凹陷与电压凸起、抑制电磁干扰与电磁泄漏，双向阻隔、抑制，滤除、吸收瞬流、浪涌、谐波污染，促进三相平衡，提高功率因数，降低设备温度，减少设备噪声，从电能源头上减少设备维护维修费用，延长设备使用寿命。在机芯的主回路上没有任何电子元器件，使用寿命长，故障率极低。

（五）应用场景

祥和基站型中央节能保护机串联安装于变压器一次侧或二次侧，或安装于配电系统局部，如配电箱总开关、断路器，广泛应用于基站、机房、接入机房、汇聚机房、核心机房、数据机房、传输机房等各类机房，降低基站、机房配电系统电能损耗，提升基站网络系统电能利用效率，保护基站通信设备，减少维护维修费用，延长使用寿命。

（六）能源托管与运行经验总结

能源托管涉及投资、节能技术和设备运用与维护管理等许多方面，能源本身的种类也较多，运行情况也十分复杂，人际关系维护不易，加（用）能单位在不断增添设备，调整人员，扩大规模，导致能源消耗的动态变化，这种情况给能源托管带来了许多新的问题与挑战，祥和节能集团组织专门的机构和人员不断对能源托管实践中的问题进行研究，并提出相应的对策，大胆探索和不断总结能源托管实践中的经验教训，为我国的碳达峰、碳中和贡献祥和力量。

三、实施效果

（一）实际效果

祥和节能集团所研发的祥和基站型中央节能保护机，结合治理通信基站的高能耗、高排碳、高温度、高噪声、高成本需求，从改善和提高通信基站电能质量这个降低通信基站“5 高”的根本点出发，将祥和基站型中央节能保护机安装在通信基站的电表后端，所有基站主辅设备的前端通过双向阻隔通信基站内外部电能污染，抑制、滤除、吸收 5G 基站内部的瞬流、浪涌、谐波电能污染，抑制空调开启与停止冲击，从而改善和提高了电能质量，使基站所索取的电能是柔和的、平稳的、清洁的、冲击弱的，降低了通信基站内部配电系统的损耗，吸收通信基站主辅设备的震动、摩擦、发热发烫、噪声电能消耗，利于通信基站设备更稳定可靠运行，还可延长通信基站设备的使用寿命，减少维护维修工作量及其费用，使通信基站的综合成本进一步降低。目前已在中国移动、中国联通、中国电信、中国铁塔、中国广电的四川、广西、云南、贵州、山西、陕西、山东、江西、广东、重庆、浙江、安徽、福建等地区安装使用，取得了良好的经济效益和社会效益。

经过财务测算和分析，祥和基站型中央节能保护机推广应用后，正常经营年份年销售收入 10000 万元，年增值税 508. 547 万元，年销售税金及附加 50. 85 万元，年利润总额 2223. 79 万元，年税后利润 1667. 84 万元，所得税 555. 948 万元。

祥和基站型中央节能保护机有效使用期为 20 年，根据通信基站实际配电系统情况及用电情况，投资回收期一般在 2 ~ 3 年，收回投资后尚余 17 ~ 18 年的收益，为通信行业带来较好的经济效益。

祥和基站型中央节能保护机节电率 8% ~ 25%，根据工业和信息化《2020 年通信业统计公报》，2020 年年底全国移动通信基站 931 万个，按每个基站一般电耗为每小时 8 ~ 12 度，平均每小时 10 度耗电量计算，则 931 万个基站一年的耗电量为 81555600 万度电，则节电率按 10%，市场占有率按 1/6 计算，本产品可实现年节电量 1359260 万度，减排二氧化碳（排放因子 0. 997）约 13551822 吨，节约标准煤（折标系数 0. 40）5437040 吨，为通信行业带来较好的社会效益。

（二）主要技术参数

（1）节电率：8% ~ 25%。

（2）温升：电源输入、输出端≤80K。

（3）空载输出电压偏差：应在 ±1. 5 伏范围内。

（4）空载电流：≤0. 3%。

（5）空载损耗：≤0. 7%。

（6）负载损耗：节能装置的负载损耗≤2%。

（7）无功补偿功能：无功功率下降率≥20%。

（8）三相不平衡度：三相电流不平衡度≤2%，三相电压不平衡度≤1%。

（三）资质与认证

祥和基站型中央节能保护机技术取得了1项发明专利、8项实用新型专利及14项软件著作权，该成果已取得中国质量认证中心（CQC）节能技术认定证书、国家科技成果评价证书、四川省新产品新技术证书，其科技成果已进入国家科技成果库。获得了“全国节能减排技术创新奖”，取得了国家智能电网输配电设备质量监督检验中心检测报告和中国测试技术研究院测试报告。祥和节能集团获得“中国节能节电行业标杆企业”。

主创人：伍泽涌

绿色环保型涂装工艺技术研究与应用

重庆长安汽车股份有限公司

一、企业概况

重庆长安汽车股份有限公司（以下简称长安汽车）是中国汽车四大集团阵营企业，拥有 161 年历史底蕴、39 年造车积累，全球有 14 个生产基地，33 个整车、发动机及变速器工厂。2021 年，长安系中国品牌汽车销量累计突破 2000 万辆。

长安汽车拥有来自全球 24 个国家的研发人员 11000 余人，建立了“六国十地”各有侧重的全球协同研发格局。拥有专业的汽车研发流程体系和试验验证体系，确保每一款产品满足用户使用 10 年或 26 万千米。

2017 年，长安汽车发起“第三次创业——创新创业计划”，将文化、效率和软件能力打造成为核心竞争力，向智能低碳出行科技公司转型。

长安汽车推出了 CS 系列、逸动系列、UNI 系列等热销产品。在智能化领域发布“北斗天枢计划”，为用户提供安心、开心、贴心、省心的“四心”汽车平台，将智能化打造成长安产品提升、品牌提升、转型升级的核心支柱。在新能源领域发布“香格里拉计划”，制定四大战略行动，预计到 2025 年将全面停售传统意义燃油车，实现全谱系产品的电气化。

长安汽车始终以“引领汽车文明，造福人类生活”为使命，积极向智能低碳出行科技公司转型，致力于向行业输入长期持续的创新，向社会做出源源不断的贡献，不断满足人们更加美好的生活需要，为打造世界一流汽车品牌努力奋斗。

二、主要措施

（一）项目简介

本项目着力推进绿色发展、循环发展、低碳发展，加快推进节能减排和污染防治。随着中国汽车工业的高速发展，汽车产业已成为我国经济的重要支柱，但汽车制造作为高污染的行业，其在促进经济发展、改善人类生活方式的同时，也带来了严重的环境问题。特别是汽车涂装作为汽车制造过程的四大工艺之一，其工艺过程涉及大量能源使用及污染排放，是汽车制造过程中的能耗大户和主要污染源，因此打造“绿色、环保”型涂装工艺，深入践行绿色环境发展势在必行。该项目从 2013 年开始，历时 8 年，覆盖整个“十三五”期间，成功实现涂装工艺的转型升级及高质量发展。

（二）总体思路

为践行绿色环境发展理念，特制定“1238X”为总体思路。“1”为以实现“绿色、环保”型涂装工艺作为目标；“2”为以“基础技术研究”和“项目推广应用”提供支撑；“3”为从“涂装辅料优化”“工艺设计升级”“工艺管理创新”3 个维度系统推进；“8”为以“新型高泳透力电泳涂料”“高抗石击涂料”“水性 3C1B 涂装工艺”“集成节能技术”“循环利用技术”“节能环保新设备技术应用”“废气综合治理技术”“涂料精细化应用”为具体实施路径；“X”以多项驱动为依托技术研究与应用，形成多项专利、论文及标准等知识产权。

（三）具体措施

基于总体思路，系统性推进基础技术研究与项目推广应用，全方位实现绿色发展，并助力高质量发展。

1.涂装辅料向高泳透力、高固含量进行优化

涂装辅料主要由有机物、助剂、溶剂等组成，含有大量的 VOC（挥发性有机化合物），是主要的污染源，因此涂装辅料优化向高泳透力、高固含量等方向发展，降低有机挥发物含量是向绿色环保方向发展的重点。涂装工艺坚持以主机厂绿色环保发展为驱动，联合涂装辅料供应商，以高性能结构材料、功能性高分子材料等新材料为切入点，开发及应用新型高泳透力电泳涂料、高抗石击涂料，实现了 VOC 与辅料用量的降低的同时，也提升产品质量，也创造了以汽车主机厂驱动绿色环保型涂装辅料开发与应用的新模式。

（1）突破新型高泳透力电泳涂料技术。

深入研究电泳涂料组成及现场应用问题，获得科研成果“一种汽车电泳仿真装置”“一种用于试板随车电泳的固定工装”“一种解决汽车翼子板电泳流痕的导流装置”，通过导入“新改性树脂提高湿膜电阻 + 降低溶剂含量 + 提高电导率”的方式提升涂料的泳透性，实现外板膜厚的降低；利用“新型颜料分散树脂 + 颜料的高分散技术来抑制涂料沉降对水平面的影响”保障析出膜的平滑化来提高电泳外观，同时优化溶剂，降低溶剂含量，更加环保。通过 4 枚盒法评价（见图 1）可以看出新型高泳透力电泳涂料技术，能够实现车体膜厚均一化，内腔膜厚提高 5 微米，内腔防腐性能提升约 30%；溶剂含量降低 26.7%，VOC 排放降低 29.0%；涂料耗量降低 13.0%，单车电量降低 14.8%。

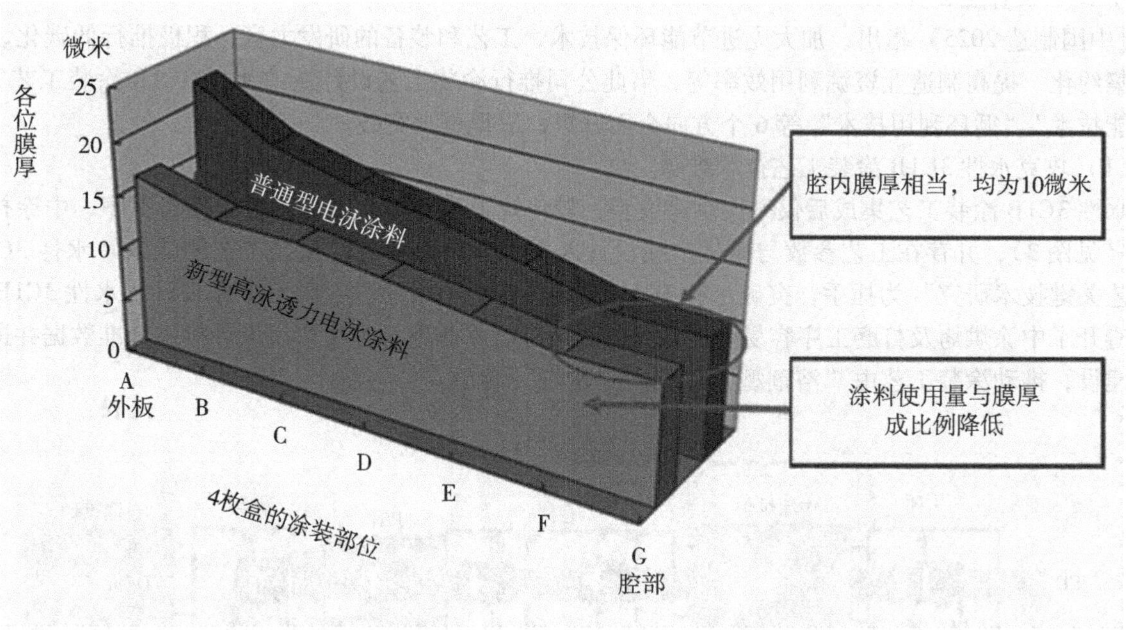

图 1　4 枚盒法评价

（2）成功应用高抗石击涂料技术。

抗石击涂料主要是由 PVC（聚氯乙烯）树脂、增塑剂、填料和助剂组成，用于电泳底材的车身轮罩内和底盘部位，起减震、密封、减少腐蚀、防石击等作用。通过解析 PVC 的熟化理论，对 PVC 涂料进行全过程匹配分析，应用抗石击涂料熟化全过程形态图，开发“低密度 + 高抗石击 + 宽施工窗口”的新型高抗石击涂料，利用高抗石击 PVC 优良的触变性能、雾化效果好、对汽车电泳板有很好的黏接，易于施工的性能，起到提升汽车抗石击性能、降低喷涂膜厚的作用。如图 2 所示，高抗石击涂料以膜厚 700 微米生产，抗石击质量提升 50% 以上，涂料耗量降低约 33.0% 以上，综合 VOC 排放量降低 28.4% 以上，在绿色环保、质量提升、成本降低三方面均取得大幅度提升。

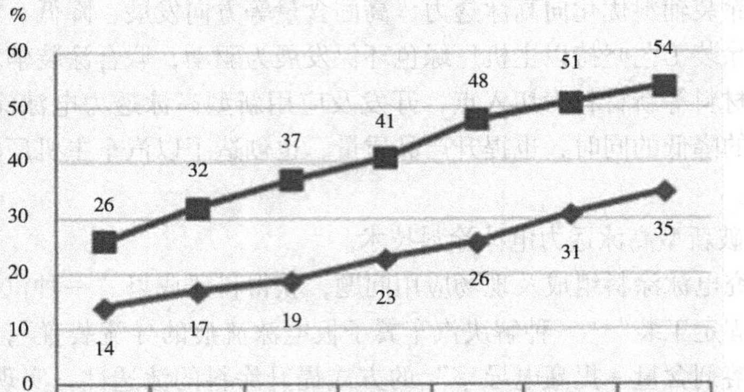

	500	600	700	800	900	1000	1100 微米
普通型抗石击涂料	14	17	19	23	26	31	35
高抗抗石击涂料	26	32	37	41	48	51	54

图 2　抗石击涂料膜厚与抗石击性能关系图

2. 工艺设计全面升级

《中国制造 2025》指出，加大先进节能环保技术、工艺和装备的研发力度，积极推行低碳化、循环化和集约化，提高制造业资源利用效率等，借此公司推行涂装工艺设计从“水性 3C1B 涂装工艺”“集成节能技术”“循环利用技术”等 6 个方向全面升级，取得重大突破。

（1）攻克水性 3C1B 涂装工艺技术难题。

水性 3C1B 涂装工艺集成后仅一次烘烤成膜，较传统工艺相比，取消了中涂烘烤工序、中涂打磨工序等（见图 3），并存在工艺参数与原生产线设计匹配性等诸多问题。涂装工艺团队以“水性 3C1B 涂装工艺关键技术研究”为抓手，突破水性 3C1B 涂装工艺膜厚敏感性、闪干工序设计、水性 3C1B 涂装工艺避开了中涂烘烤及打磨工序容易受到底材的影响等技术难题，为生产线设计提供精准数据并进行生产线建设，推动涂装工艺由“溶剂型”顺利向“水性”转型。

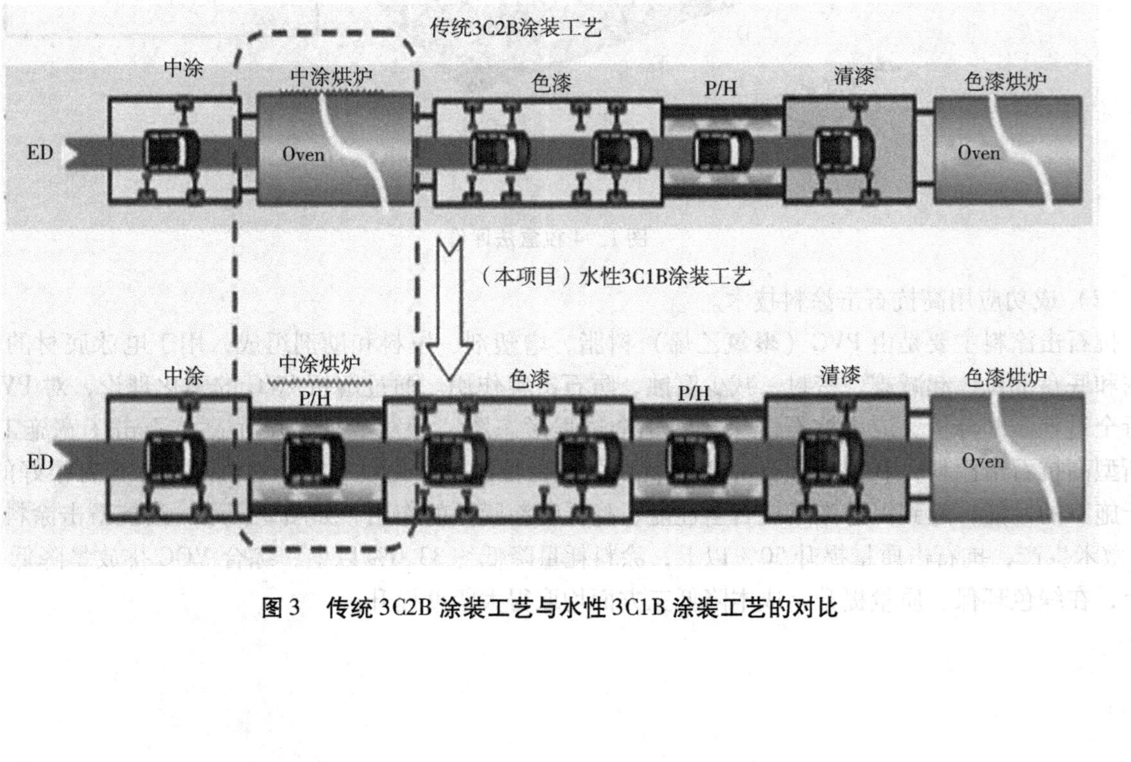

图 3　传统 3C2B 涂装工艺与水性 3C1B 涂装工艺的对比

以流平时间、闪干时间、烘烤时间、温湿度、膜厚等关键参数与漆面外观质量之间的敏感性试验，运用 Minitab 建立影响矩阵图，实现了数据模块化。采用中涂流平时间影响矩阵图为案例进行模型展示（见图4），该模型结合 Minitab 可以根据需求进行调整，均能够准确、快速输出关键参数，为水性 3C1B 涂装工艺的导入建立了先决条件。

由于水性工艺存在匹配性难题，科研人员深挖加聚反应机理，引入 2K 清漆技术，顺利攻克水性 3C1B 涂装工艺匹配性难题，获得科研成果“一种便携式汽车涂料效果主观评价装置”“一种微车中门铰链定位工装”成功解决过程一致性控制的难题，在保障水性 3C1B 涂装工艺顺利实现的同时，外观 CF 值提升 4 个点以上（见图4），目视外观更通透饱满。

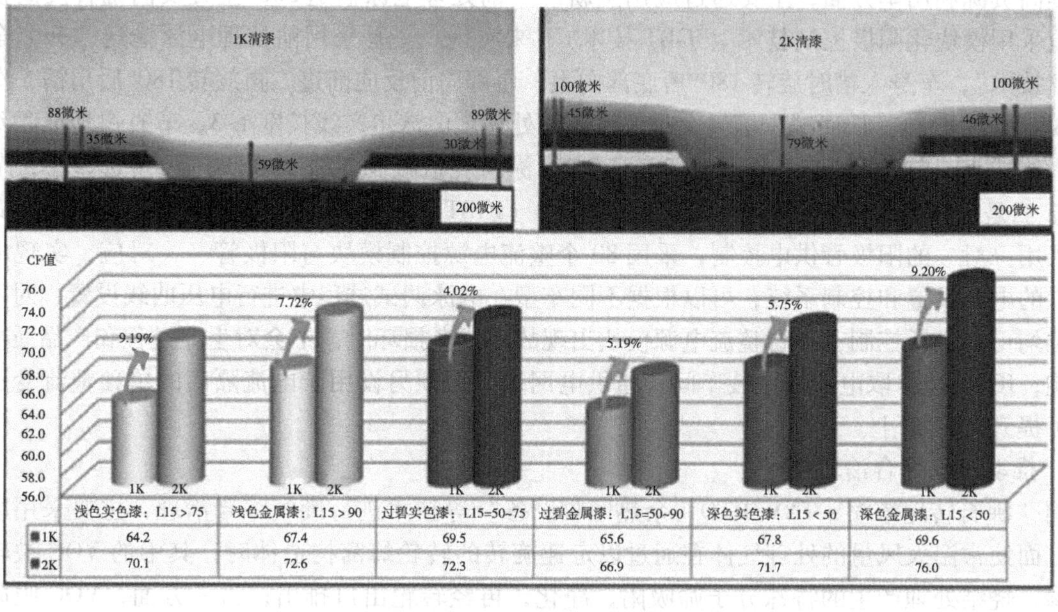

	浅色实色漆：L15＞75	浅色金属漆：L15＞90	过碧实色漆：L15=50~75	过碧金属漆：L15=50~90	深色实色漆：L15＜50	深色金属漆：L15＜50
1K	64.2	67.4	69.5	65.6	67.8	69.6
2K	70.1	72.6	72.3	66.9	71.7	76.0

图4　2K 清漆应用微观解析及应用效果

水性 3C1B 涂装工艺的成功导入，在节能环保方面成效显著。一是中涂、色漆实现了水性化，溶剂由“水”替代了“有机挥发物”，VOC 降低 35%；二是取消了中涂烘炉、打磨室体送排风等设备，减少生产线长度约 160 米，节约占地面积约 600 平方米，实现生产线设备及土建投资减少约 1100 万元；三是取消中涂烘烤工序，在电量、天然气大幅度下降，单车成本节约约 6 元；不再进行中涂打磨，实现精益用工及降低打磨耗材，单车成本节约约 9.1 元。

（2）进行集成节能设计。

主要对喷漆室进行集成设计，以“壁挂式机器人 + 内口喷涂机器人 + 空调天然气直燃加热方式 + 空调变频控制”进行集成，实现综合节能。一是外喷采用壁挂式静电机器人技术，其喷漆室宽度相对于传统落地式机器人由 6 米减小到 4.5 米（减小 25%），相应喷漆室供风风量及循环水量减少 25%，喷漆室的能耗同步降低 25%；二是将内口人工喷涂升级成机器人自动喷涂，内口涂料利用率提升 20%，精益内口喷涂人员 16 人，内口喷漆室室体长度缩短约 20%，控制风速由 0.5 米/秒降低至 0.3 米/秒，能耗降低约 20%；三是空调器第一级加热升级成天燃气直接燃烧加热的方式，以产生的热能全部用于送风的加热，从而提高能源利用率；且风机升级成变频器进行调速；合理控制风机的运作，设置正常生产模式、待机模式、保洁模式等多种模式，根据不同需求进行相应的选择，达到节能目的。

（3）加大循环利用技术升级。

主要在喷漆室送排风循环利用与烘炉余热回收利用上下功夫。一是将喷漆室送排风进行循环利用，将喷漆室排出的空气进行部分回收，经过过滤、温湿度调控等措施，再送回到机器人自动喷涂段进行循环利用，减少新鲜空气的使用量和能耗，循环风利用率可达到 70% 以上；二是采用烘炉余热回收再利用技术，烘炉烘烤在满足漆膜固化性能需求的情况下仍有大量的热量冗余，通过在烘炉的焚烧炉（电泳、密封胶及面漆烘炉）排烟管路上设计安装热管气、液余热回收设备（排气温度精确控制在 120℃系统热效率≥95%，废气处理效率≥99%），利用排烟管的热量来加热锅炉的回水，起到充分利用废气燃烧所产生的能量，减少锅炉加热回水所需能量的作用，资源利用效率提升至 98% 以上，单车成本节约 5. 6 元。

（4）引入节能环保新设备技术，提高资源利用率。

在提高资源利用率方面，主要通过应用全新的“前处理电泳输送 360°全旋反向翻转浸渍技术 + 电泳硅整流采用模块化阳极控制技术（IGBT 技术）”来实现。一是采用前处理电泳输送“360°全旋反向翻转浸渍技术”，车身入槽时旋转 180°后底部向上，尾部向前反向前进，再旋转 180°后出槽，车身在槽体可以 360°自由旋转，从而减少槽体大小，缩短前处理、电泳生产线长度 1/3，节省占地面积约 400 平方米；槽体减小，前处理药剂耗量减少 30%，电泳涂料耗量减少 30%，泵体等设备选型小，节约能耗约 30%。二是电泳硅整流采用模块化阳极控制技术（IGBT 技术）应用全新的整流电源控制方式，对电源模块采用一对一的阳极管供电控制，采用 80 个整流电源控制模块与阳极管一一对应，实现电源模块都有独立的电压设置和控制系统，可以根据不同车型在电泳调试过程中进行电压曲线设置，对不同车型不同部位均可以进行控制；单台整流电源模块出现故障或者损坏时，不会对生产过程和产品质量产生致命性影响；IGBT 技术取电仅需涂装车间普通供电网络，无须另设用于电流隔离的单独整流变压器，能源效率可提升 15% 以上。

（5）推动废气综合治理技术。

采用“沸石转轮浓缩 + TNV/RTO + 余热回收设备”等技术进行废气综合治理，主要采用废气处理设备一方面使常温大风量的处理气体在通过以定速旋转的转轮蜂窝构造体时，其中的 VOC 被转轮中的轮区浸渗、烧结处理产生的特殊分子筛吸附、净化，再经转轮出口排出；另一方面，VOC 吸附、累积到再生区，吸附着的 VOC 经高温小风量的再生气体解附，然后由再生区出口排出。通过废气处理系统，VOC 废气排放可达到 18 克/平方米以下，处于国内领先水平。

3. 工艺管理向涂料精细化应用创新

在机器人技术封锁的情况下发明了“一种汽车涂装设备的外接增压稳压系统及工作方法”，成功实现机器人关键喷涂参数精确控制到 2 微米以内，并结合生产全过程，以输入—过程—输出的逻辑关系，将从涂料的输入开始，对输入与输出之间的涂装来料、调输漆系统、内板机器人喷涂系统、外板机器人喷涂系统四大过程实施管理，建立“端对端”涂装辅料管理模型（见图 5），实施涂料精细化应用，单车涂料耗量降低 15%，涂料 VOC 排放降低约 11. 8%，该成果荣获“重庆市管理创新成果奖”。

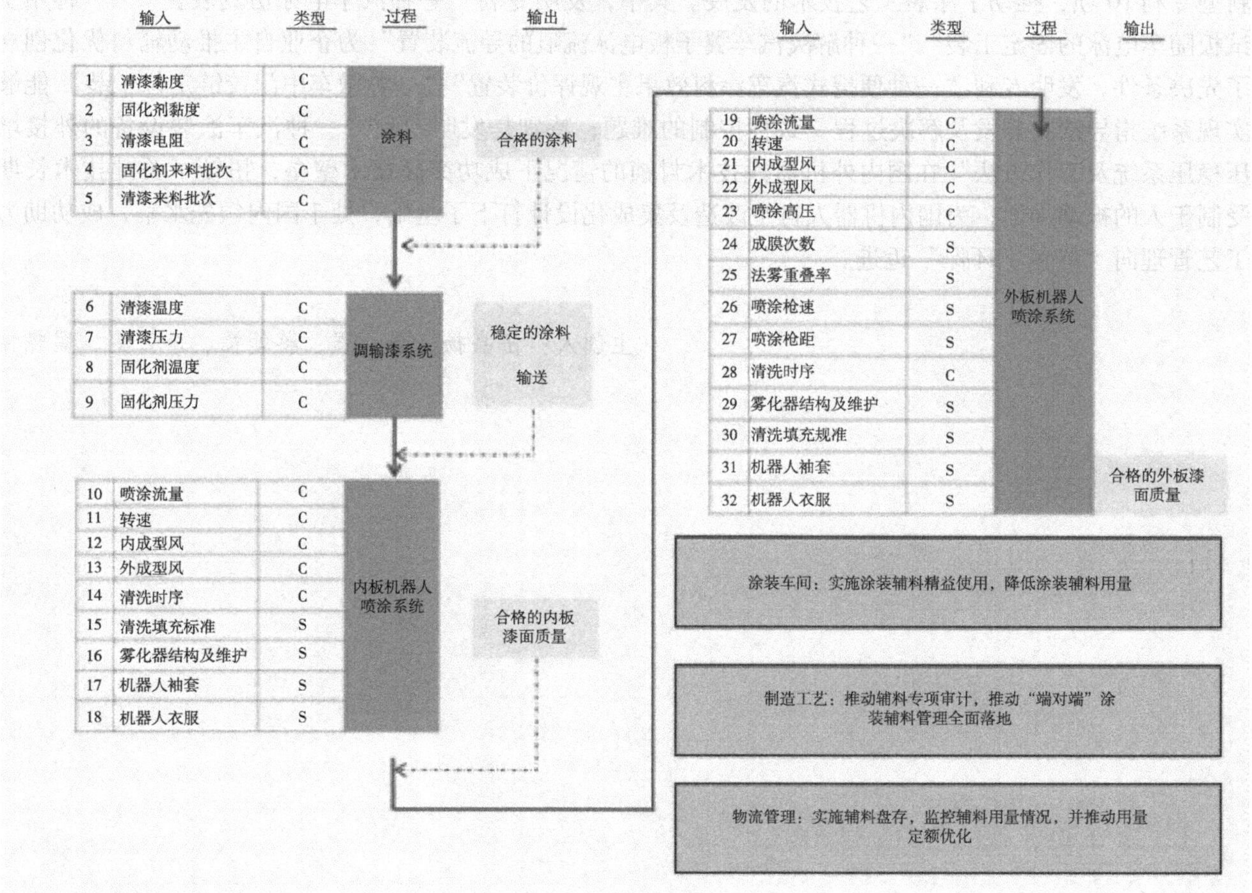

图 5　“端对端”涂装辅料管理模型

三、实施效果

在管理效益方面，项目推动涂装工艺向“绿色、环保”方向转型升级，为汽车涂装工艺绿色发展、高质量发展探索出了一条可持续发展的道路，取得“管理创新成果”奖 2 项。其中，以涂料精细化应用构建的“自主汽车企业以精益制造为目标的全价值链工艺管理体系建设与应用”荣获 2020 年“重庆市企业管理现代化创新成果”一等奖；以水性 3C1B 涂装工艺研究与应用创建的“以高颜值、高效率为目标的汽车涂装工艺设计与制造全过程高质量管理”荣获 2020 年“中国国防科技工业企业管理创新成果”二等奖。

在经济效益方面，项目相关成果根据各基地情况分模块在长安汽车各基地推广，累计应用车辆 288.9 万辆，覆盖了 UNI－T、UNI－K、欧尚 X7、CS55、CS55Plus 等 30 余个车型，累计创造效益 34668 万余元，助推了单车制造成本下降，为公司经营效益提升做出重要贡献。

在社会效益方面，成效显著，且意义深远。一是践行了绿色发展理念，树立了绿色环保的价值观，充分体现了企业的社会责任感与担当，在绿色发展、节能减排方面成绩突出；在生产过程中，基于涂装辅料的优化、水性 3C1B 涂装工艺的应用、涂料精细化应用促进了辅料的 VOC 降低与辅料用量的减少，综合 VOC 降低 40% 以上；通过集成节能技术、循环利用技术、节能环保新设备技术等应用，累计降低耗电量约 14921 万千瓦时，降低天然气用量约 2764 万立方米，节约用水量约 51 万吨；通过废气处理系统，VOC 废气排放可达到 18 克/平方米以下，处于国内领先水平。二是树立“把关键核心技术牢牢掌握在我们自己手中”的决心，突破多项关键技术，获得自主知识产权 16 项，其中发明专利 6 项，实用新型专利 10 项，推动了涂装工艺技术的发展。其中，发明专利“一种汽车电泳仿真装置”“一种用于试板随车电泳的固定工装”“一种解决汽车翼子板电泳流痕的导流装置”为企业自主推动辅料优化创立了先决条件，发明专利“一种便携式汽车涂料效果主观评价装置”“一种微车中门铰链定位工装”能够实现系统指导涂料开发及解决过程一致性控制的难题；特别是发明专利“一种汽车涂装设备的外接增压稳压系统及工作方法”在国内外机器人技术封锁的情况下成功突破技术壁垒，扭转了关键技术长期受制于人的被动局面，为国内机器人自主改造及集成化设计打下了基础，处于国内领先水平，成功助力工艺管理向“绿色、环保”迈进。

主创人：伍嘉扬、余 强、蒋朝福、李云刚、翟晓伟

以绿色低碳发展为导向的土地资源节约集约利用管理与实践

大庆油田有限责任公司生态资源管理部

一、企业概况

大庆油田位于黑龙江西部，松嫩平原北部，1959年发现，1960年投入开发，由喇嘛甸、萨尔图、杏树岗等52个油气田组成，含油面积6000余平方千米，累计探明石油地质储量64亿吨，生产原油23.9亿吨，上缴税费及各种资金2.9万亿元，为维护国家石油战略供给安全，支持国民经济发展，做出了高水平贡献。油田现有二级单位54个，员工21.3万人，资产总额3729亿元，主要从事石油天然气勘探开发、工程技术服务、装备制造、化工生产等业务。土地资源是经济社会发展的物质基础，是人类生存之基、发展之本，作为全国工业战线的一面旗帜，大庆油田保障国家能源安全的同时，也消耗了大量的土地资源，有必要采取切实可行措施，加大土地资源节约集约力度，为保障国家粮食安全和加快推进生态文明建设贡献力量，实现生态绿色发展和可持续发展。

二、主要措施

（一）聚力理念培养，精心营造重“惜”地，着力构建全面节地的思维体系

发挥舆论作用，在正向上引导。一是强化政策研究，做到有的放矢。开展《生态文明建设加快推进形势下的产能项目用地研究》，牢牢把握最新动态和要求，增强针对性。二是强化宣传动员，做到靶向发力。充分利用“6·25”全国土地日等有利时机，进行广泛动员和深入解读，提高实效性。通过全面系统地宣贯，营造了全面节约集约利用土地资源的浓厚氛围。

发挥杠杆作用，在反向上倒逼。一是算经济账，以“一切成本皆可降”理念为遵循，通过开展节约集约利用土地资源，能够帮助企业实现创效，如每节约1平方米耕地，就可少缴纳耕地占用税、青苗等各类费税补偿129.45元，通过积少成多，价值贡献作用巨大。二是算效率账，通过开展节约集约利用土地资源，减少了业务点源和工作量，减轻了工作强度，有利于加快用地手续办理进度。三是算生态账，油气开发建设占用自然资源类型较多，通过节约集约利用土地资源，可有效减少对各类资源的损毁和破坏，对保护生态环境意义重大。

发挥带动作用，在方式上强化。一是公司领导推动部署，明确要求增强节约意识，节约土地，严控占用。通过公司领导的关注带动，增强了各级部门和人员的重视程度，形成主要领导带动、主管领导推动、职能部门行动的态势。二是多种途径贯彻落实，通过集中培训统一思想，每年组织土地培训班，强化节约集约用地相关政策的解读，使大家在业务上加深理解；通过以会代训强化执行效果，以土地系统工作会议等多种会议为契机，强化节约集约用地管理要求，以引起多方面的重视，形成节约集约利用土地资源的良性氛围。

（二）聚力源头管控，精准统筹严“护”地，着力构建全面节地的预防体系

坚持规划引领，统筹谋划定方向。按照规划先行的原则，统一规划、统一设计、统一管理，采取“1+3”方式，在《大庆油田土地利用总体规划》基础上，拓展形成了《大庆油田生态（绿色矿山）建设专项规划》等专项规划，体现土地“资源、资产、资本”三位一体的本质属性，按照“地上服从地下、地下兼顾地上”的原则，确定土地保护范围，形成“一张蓝图”，建立起资源节约保护的新格局。

坚持选址优化，科学布局促节约。强化项目选址管理，综合比较拟选址现场地势地貌、区位交通、

周边环境等用地情况，确定最佳用地方案；合理安排工艺和设备布置，减少非必要的预留空间，压缩建筑平面，尽量避免产生三角地、死角地及短垄地；充分利用现有道路布置井排道路、通井路，通过设置错车道、减少路基宽度，减少道路占地。例如，萨中一区产能区块建设项目，通过优化选址，减少占地面积83.5公顷（1公顷=0.01平方千米），节省建构（筑）物补偿费用1900万元。

坚持保护优先，强化预防控扰动。一是防止土地压损，在翻浆期、雨季，通过铺设钢板路和自建板排设施，加大对车辆通行区域的保护；二是防止土壤污染，在井下作业期间，铺设防渗布，推行泥浆不落地新工艺技术，将每年近5000个分散点源集中固化处理，减少油污落地的概率；三是防止表土流失，强化对黑土地的保护，在管线开挖期间，实行表土剥离，分层开挖、分层堆放、分别回填，降低扰动和破坏。

坚持存量挖潜，提高土地利用率。以保障油田生产自用为中心，兼顾外部使用为突破，凡是能够整合利用，能够挖潜增效的地块，及时提供满足使用需要，通过"消化一批"，推进低效土地再利用；加强与政府及外部单位的沟通联系，对需要占用油田土地的，积极支持利用存量土地，通过"盘活一批"，合理缩减存量土地总量，变"土地存量"为"发展增量"。"十三五"以来，累计对外处置土地487.66公顷，土地资产结构更加合理。

（三）聚力技术支撑，精细应用促"省"地，着力构建全面节地的措施体系

依托定向钻井技术，提高井场节地效能。利用石油勘探开发领域最先进的定向井、水平井等绿色环保钻井新技术，规避森林、沼泽、湖泊等复杂地形地貌，采用"以斜为主"或"一直多斜"的方式，建设丛式井组。因丛式井场位置集中，可以共用通井路、管线、供电线路等设施，减少了配套工程建设用地。例如，龙西地区塔21-4区块产能工程，将163口油井分布于31座丛式井平台，减少井场132座，配套少建管道32.6千米、道路26.4千米，节约永久用地31.68公顷，节约临时用地144.88公顷。

依托集成地面工艺，提高场站节地效能。坚持"少建站、建大站"的思想，在地形地貌条件允许的前提下，通过合理优化总体布局，将不同功能的站场尽量合并建设，集成为"多岗联合、多站合一"的建大站模式，控制土地占用规模；盘活优化已建设施产能，就近挂接老系统，应用一体化集成装置等新工艺，合并建设工艺管廊带，控制占地面积。例如，聚杏Ⅳ-1联合站形成"六站合一"多功能自动化站场，节约土地23200平方米，节约比例33.04%。

依托地理信息技术，提高协同节地效能。推进"数字土地"建设，应用航空摄影测量技术完成正射影像图14523幅、1853.6平方千米；编制土地利用现状图，将10万口油（气、水）井、1.12万座场站、2万条管线等地上、地下设施与土地位置进行立体匹配；开发土地管理信息系统，实现"一张图"管地，促进土地空间配置格局的深度优化。例如，东部过渡带产能建设项目，依托土地利用现状图进行比对优化，少砍伐树木8059株，年可促进多吸收二氧化碳2353吨，有效保护了生态环境。

（四）聚力过程管理，精确把握控"用"地，着力构建全面节地的管制体系

强化标准强制应用，控制用地规模。坚决贯彻国家土地用途管制要求，严格执行《限制用地项目目录》和《禁止用地项目目录》规定，在国家标准的基础上，以企业标准形式出台《大庆油（气）田建设用地规范》，仅井场用地标准就比国家标准低20%。在临时用地方面，确定了钻井、井下作业等各类临时用地标准，统一遵照执行。通过压缩各类设施占地数量，累计核减用地面积745公顷。

强化现场用地约束，培养用地行为。一是抓住手续办理关键，减少征占点源。实行建设单位统一负责征地管理，规避不同工序各自征地、多占地的情况，平均单井临时占地节约比例达23.51%。二是抓住合同约束关键，明确责任义务。在项目建设前期，组织签订使用土地合同，确定用地界线和进出路线范围；在项目建设中期，组织开展用地现场检查，警醒和督促施工单位规范利用土地。三是抓住经济效益关键，强化行为规范。在项目用地结束后，严格按照合同约定和检查结果，兑现约定事项，培养文明

用地行为。

（五）聚力生态绿色，精深修复实“治”地，着力构建绿色发展的建设体系

坚持一体统筹，优化实施方式。统筹钻井和地面工程、主体工程和土地复垦、治理修复和政府验收等环节的衔接，按照“土地整治+生态建设”模式，优化土地整治方案设计，根据土壤环境条件，因地制宜地确定整治方向，实现“一区域一方案，一品种一配方”，严把设计方案审查、整治材料和现场施工“三道关口”，筛选比对换填土壤，优选栽植品种，提高土地整治修复质量，实现闭环全周期管理，最大程度发挥一体化治理的效能。

坚持二标融合，优化实施内容。深化土地复垦建设标准、绿色矿山建设标准研究，结合现场管理实际，将两个标准融合为一套体系实施，强化做实前期工作，立足于存量和增量两大范畴领域，按照“先易后难、宜耕则耕、宜草则草、宜林则林”的原则，通过滚动治理修复，努力实现“边开采、边保护、边治理”，与油气资源滚动开发形成良性互动，提高了土地整治修复的针对性。实施湖泊清淤积土工程，积极利用建筑残土，“十三五”期间，累计解决油田产能建设土方需求2401万立方米，减少土地占用及损毁961公顷。

坚持三方协同，优化实施路径。建立了油田所属单位、施工企业和政府三方协同的运行机制，由“面”到“点”，把准关键环节，理顺了工作运行流程，所属单位提需求，施工企业搞治理，政府部门帮落实，做到“三力”合一。通过持续推进，累计打造了马鞍山、老虎山等6个土地整治示范区，整治修复土地22.4平方千米，栽植树木346.81万株，形成两个集中连片的生态屏障。

坚持四级控制，优化实施质量。严格对照土地复垦和绿色矿山验收标准，以企业验收达标、政府部门验收合格、被占地农民复核满意为初衷，通过强化方案质量、提升设计质量、严格实施质量、确保验收质量的四级管控，高质量完成土地复垦整治任务，实现了土地资源的高效利用和动态修复，在集中整治基础上，开展碳中和林建设34公顷，做到开发一片，复垦一片，绿色一片，打造出了能够展示生态建设成效的油田矿区亮丽名片。

（六）聚力机制建设，精益推进强“管”地，着力构建全面节地的保障体系

健全组织机构，确保高效运行。一是建立组织机构，在纵向上强化推动力。对土地资源实行公司、厂、矿、队四级管理模式，总部设立专业部室，归口管理土地资源业务，避免多头指挥；厂级设在基建工程管理部门，强化服务油气资源开发生产建设的协同能力；矿（大队）设立专职土地员，强化解决一线问题机动性和灵活性；基层小队以井、站、路等为基点负责日常管理，层层落实管理责任。二是形成联合团队，在横向上确保执行力。组织开发、土地等部门，充分发挥一体化管理模式，共同推动节约集约用地工作，多元作战模式作用更加突出。

完善规章制度，确保措施到位。探索建立节约集约利用土地资源长效机制，建立以《大庆油田有限责任公司土地管理办法》为纲，配套出台了《土地复垦管理办法》等6项管理制度，形成了以项目建设对土地占用、土地监管、修复治理和综合利用为核心的全方位、立体化的资源利用和保护制度体系，体现制度的层次性，增强制度的操作性、系统性和整体性，做到责任层级清晰化，确保无缝衔接。通过逐级落实责任，实现一级抓一级，一级对一级负责，各负其责，层层落实，有效保障节约集约利用土地各项措施落地。

强化考核激励，确保目标实现。一是严格绩效考核，增强执行力。将节约集约用地纳入大庆油田岗位责任制大检查和年度经营绩效考核范畴，层层签订业绩合同。采取专项检查和日常核查的方式，评价完成质量和效果，每年年底按照指标完成情况进行考核，考核结果与领导干部和员工的业绩兑现挂钩。二是强化表彰激励，调动积极性。将考核结果作为公司和上级部门评比先进单位和个人的评价要素，激发广大土地资源管理人员的工作热情，“十三五”期间，累计评选先进单位52个次，评选先进个人335

人次，调动了赶先进、学先进的积极性，促进油田上下形成“谈节约、少用地，讲集约、多创效”的良性发展氛围。

三、实施效果

（一）建立了科学有效的节约集约利用土地模式

通过开展节约集约利用土地资源管理与实践，大庆油田节约集约理念更加巩固，由过去“跑马占荒”“摊大饼”的单一粗放利用，向“见缝插针”“搭积木”高效复合利用方式转变；通过建立一整套更具系统性、针对性和可操作性的措施体系，节约集约利用土地资源成效更加显著，“十三五”期间，累计节约集约利用土地8628公顷，其中，节约永久用地1782公顷，节约临时用地6846公顷，减少占用耕地达3603公顷，减少占用草原1763公顷，减少占用林地230公顷，为保证国家18亿亩（1亩≈666平方米）耕地红线不突破和生态文明建设做出了重要贡献。因节约集约用地管理成效显著，被评为“中国石油天然气股份公司节约集约用地先进集体”。

（二）形成了支撑可持续发展的新的效益增长点

通过开展节约集约利用土地资源管理与实践，在青苗补偿标准、征地区片综合地价、各种税费等不断上升的情况下，在土地管理方面找到了一条方式可行、措施可控、效益可观的生产经营控本增效的有效途径，从源头到终端，实现了全方位保护，做到用最少的土地资源换来最大的经济效益，激活了企业发展的内动力，形成了全领域、全过程、全要素资源节约集约利用新体系，打造成为能够支撑油田可持续发展的新的效益增长点，“省一分钱比赚一分容易”理念深入人心。“十三五”期间，累计创造经济效益24.9亿元，其中，节约补偿成本6.33亿元，创造效益6.68亿元，节省土地恢复治理费用4.31亿元，提高油田自有土地利用率，节约土地补偿费用7.58亿元，大庆油田实现稳健发展的经济基础更加稳固。

（三）打造了绿色低碳可持续优美矿区生态环境

通过开展节约集约利用土地资源管理与实践，大庆油田实现可持续发展的生态基础更加坚实。采取土地整治、矿山复绿、植被修复和建设碳中和林等生态修复措施，“十三五”期间，大庆油田各类绿地面积由10023公顷增加到11176公顷，提高了11.5个百分点；绿化覆盖率由19.98%增加到21.92%，提高了1.94个百分点，人均公园绿地面积17.6平方米，高于全国平均水平3.6平方米；累计义务植树346.81万株，在长垣油田主力油区以西及西北部形成“银浪—创业城—四十四号泡”“庆新—老虎山—长龙湖”两个集中连片的生态区块，实现了由分散、零星、易损耗转到集中、连片、成规模的“华丽转身”，成为油田矿区的生态屏障，大庆油田喇萨杏油田绿色矿山建设项目，成功入选国家级绿色矿山名录；按照多树种、分层次和多样性的原则建设碳中和林，取得了天津排放权交易所《碳中和证明书》，成为中石油首家开展碳中和项目建设的企业，以生态引领创造油田“绿色未来”。

主创人：曹庆有、王春晖、郑　林、刘松尹、何明威

辽宁省属综合楼机房配套电源空调设备安装工程案例

广东海悟科技有限公司

一、企业概况

广东海悟科技有限公司（以下简称海悟）成立于2008年，注册资本3亿元人民币，是一家专业场景数字能源解决方案及其全生命周期管理提供商，自2017年起被认定为“国家级高新技术企业”，“东莞市倍增计划试点企业”，先后获得“广东省高效节能特种空调工程技术研究中心”“广东省企业技术中心”“广东省知识产权示范企业”等国家级、省级荣誉。

海悟业务涵盖解决方案及服务、解决方案产品及服务、设备产品及服务，集研发、制造、市场、销售、技术服务于一体。产品涵盖基站空调、机房空调、节能设备、空气源热泵、开关电源、供配电、监控、无线网络等产品；服务涵盖咨询设计、机电总包、测试认证、综合代维、节能改造升级、机电预制化等；解决方案涵盖通信一体化机柜、微模块数据机房等。为国际、国内各行业环境控制市场提供专业定制化产品和服务，面向通信、金融、石化、电力、交通、医疗、教育、航天、物流等各行各业。

海悟致力于引领数字能源新技术，创造绿色智能新环境。近3年广东海悟科技有限公司的营业收入分别为：2019年101500万元、2020年112450万元、2021年119350万元。产业园区坐落广东东莞，占地167亩，建筑面积40万平方米，下设换热器、钣金、电控、总装四大分厂，引进国内外一流设备和自动化生产线，规划产能100亿元/年。拥有获CNAS（中国合格评定国家认可委员会）认证的测试中心；在全国设有7×24小时的客服专线，实现行业领先的快速响应零距离服务。

二、主要措施

（一）现阶段市场生态与资源环境

随着我国加大对数据中心投资，以及数据中心绿色节能、高密度、超大规模的发展趋势，氟泵空调的需求量不断增长，传统风冷型制冷技术已经无法满足数据中心所需的散热能力。而变频氟泵双冷源精密机房空调能够很好的适应高热密度、高能耗数据中心的发展趋势，节省机房能耗，减少机房建设投资。变频氟泵双冷源精密机房空调满足绿色数据中心的运营低成本需求，最终会促使企业制冷与节能技术的提升，从源头规避能源浪费的可能性，故变频氟泵双冷源精密机房空调拥有很强大的市场竞争力。

（二）低碳战略下的定制化解决方案：变频氟泵双冷源精密机房空调

1.实施方案内容

采用25台100千瓦变频氟泵双冷源精密机房空调，室外机采用“V”形集中式室外机，氟泵集成在室外机上。空调机组在冬季或过渡季室外温度较低时，利用制冷剂泵（智能双循环）对制冷剂进行室外循环换热，充分利用室外自然冷源；在夏季或过渡季室外温度较高时，采用压缩机对制冷剂进行室外循环换热，此种智能双循环设计能够在全年一定时间内不必开启压缩机制冷，大大降低空调能耗。

针对项目方需求，海悟严格按照国家法规和基本建设程序，委派技术管理人员进驻工地，及时解决施工中的设计和技术问题，保障辽宁省属综合楼机房配套电源空调设备安装工程顺利施工。

2.方案技术特点与节能原理

变频氟泵双冷源精密机房空调是当室内外存在一定的温差时，无须启动压缩机制冷，利用蒸发器、冷凝器，采用氟泵增压技术，实现氟泵自然冷却制冷循环，因在相同制冷量的前提下，氟泵制冷的能效比远高于压缩机制冷，从而达到降温节能的效果。该系列空调主要包括室内机、室外机和泵柜三部分。

为了尽可能提高室外自然冷源的利用率和增加产品的可靠性，氟泵双循环精密空调制冷系统的方案选用和控制策略的制定极为关键。在制冷系统设计方面，采用氟利昂制冷剂循环泵（简称氟泵）和压缩机串联到同一个管路系统中。

在控制策略上，当处于不同季节气候时，变频氟泵双冷源精密机房空调可以通过分别开启压缩机、氟泵或压缩机和氟泵联合运行的方式，来最大限度地提高制冷系统的能效比。

压缩机运行模式：和常规风冷型机房空调系统完全相同。低温低压的制冷剂在蒸发器内吸热汽化后，被压缩机压缩成高温高压的蒸汽，然后进入室外冷凝器进行换热，被转化为中温高压的气液混合态，之后经过电子膨胀阀的降压节流，制冷剂变化为低温低压的液态，最后回到蒸发器，完成一个循环。该模式对应于室外温度较高的条件（夏季）。

氟泵运行模式：在室外温度较低时，此时压缩机关闭，只开启氟泵进行制冷循环。此模式下能效表现远高于压缩机运行模式，大大节省机房内空调制冷的耗电量（冬季）。

压缩机和氟泵联合运行模式：氟泵（或叫液泵、制冷剂泵）和压缩机共同运行，当过渡季节室外温度较低时，氟泵与压缩机同时开启，并且可根据室内外温差的变化自动控制压缩机与氟泵开启的频率，此举可显著提高整机能效比。该模式对应于室内外有一定温差时的条件（春、秋季）。

（三）变频氟泵双冷源精密机房空调方案的技术特点及功能创新

相对于数据中心传统风冷机房空调，变频氟泵双冷源精密机房空调的关键技术及技术难点：

第一，为了确保能够最大限度利用室外免费的自然冷源，变频氟泵双冷源精密机房空调需要综合判断室外环境温度和数据中心内部发热负载的变化情况，以便能智能化的控制压缩机或氟泵的制冷量输出，同时实现为数据中心提供最高效的节能运行和精确的温湿度控制。

第二，应用在数据中心的传统风冷机房空调需要确保全年 365 天 ×24 小时不间断运行，对可靠性设计要求极高。而变频氟泵双冷源精密机房空调相比传统风冷机房空调，有着更多的运行模式，且要求在这些运行模式下，均需要精确控制制冷剂流量，以确保制冷剂在蒸发器内部可靠蒸发。尤其在不同模式的切换过渡阶段，也是系统可靠性最脆弱环节。切换控制逻辑的合理性和控制过程的精细程度，对压缩机的可靠性起着非常关键的作用。因此，需要通过大量的测试验证和分析，并结合特殊的制冷管路设计，才能制定出合适的控制逻辑，以达到和传统风冷机房空调等同的可靠性，同时又能实现最大限度的节能效果。

方案创新点：

（1）整机模块化设计，室内风机、压缩机、电加热、加湿器、过滤网等关键器件可实现全正面维护。

（2）氟泵、压缩机共管路，智能双循环，随机房负载、室外环温整机在压缩机模式、混合模式、氟泵节能模式自动切换。

（3）采用永磁同步变频压缩机、全封闭式变频离心制冷剂泵、EC 直流无刷内风机、电子膨胀阀、无极调速外风机，所有关键器件均能实现无极调速，实现低载高效；全年能效比（AEER）是普通风冷机房空调两倍以上。

（4）氟泵节能模块采用专利化防气蚀设计，解决离心泵气蚀问题，充分利用离心泵比行业其他产品齿轮泵噪声低、功率低、效率高的特点，氟泵模块静音化、无噪声污染、低功耗、高效更节能。

（5）采用双变频技术（变频压缩机 + 变频氟泵），冷量输出随机房负载、室外环温自动匹配调节，全年能效比（AEER）可比普通氟泵空调再提升 30%。

（四）新技术的场景应用、商业模式

变频氟泵双冷源精密机房空调的适用范围主要在长江流域及其以北的地区，以及冬季室外冷源充足的地方。

产品的应用场景主要是中大型数据中心、通信机房，大型设备机房，大型电子厂房等因信息储存、传输导致发热量很大的地方。

目标客户主要是通信运营商、国家电网、政府、教育、医疗、制造、金融、能源等行业的中大型数据中心、分支机构机房、集中管理的分布式机房、数据中心等。

（五）低碳管理与运行情况

低温季节（≤5℃），充分利用自然冷源，运行氟泵节能模式，只开氟泵制冷，降低空调耗电量。

过渡季节（5～15℃），同时开启压缩机、氟泵，运行混合模式，根据室内负载与室外环温自动调节输出占比。

高温季节（>15℃），开启机械制冷模式，运行压缩机模式，冷量输出强劲、保证机房温湿度。

无论何种环境机组均能自动适应，在满足机房温控要求前提下，运行至最佳状态，最大限度利用自然冷源。

1. 主要性能指标

工况点 A（室外 35℃）能效比（EER）：3.66。

工况点 B（室外 25℃）EER：4.69。

工况点 C（室外 15℃）EER：5.82。

工况点 D（室外 5℃）EER：14.13。

工况点 E（室外 -5℃）EER：21.38。

全年能效比（AEER）：整机可达 11.75。

2. 同类技术产品对比

由于变频氟泵双冷源精密机房空调具备优异的节能运行模式，随着室外环境温度的降低，其节能效果远优于传统的风冷机房空调。

三、实施效果

（一）项目落地过程中的实际成效

经过一系列整改，辽宁省属综合楼机房配套电源空调设备安装工程取得以下成效：

（1）在当地当年 11 月到次年 3 月这 5 个月的时间中，空调能耗表现在当前环境下达到 25% 以上的节电量。

（2）空调室外机占地面积更少，相比于传统风冷室外机占地面积节省 25%。

（3）根据现场实际数据测试和比对，本次改造获得了非常好的节能降噪效果，同时也降低了维护量、提升了空调运行稳定性。

整个施工过程规范高效。施工管理能力卓越出众，赢得了辽宁移动的高度认可。

（二）项目升级后低碳、减排的成效

1. 节能率计算

变频氟泵双冷源精密机房空调的全年能效比为 11.75，普通机房空调的全年能效比为 4.94，由此可计算（经推算，变频氟泵双冷源精密机房空调与普通机房空调全年开机运行时长系数约为 0.7）：

（1）变频氟泵双冷源精密机房全年耗电量为 521872 千瓦时。

（2）普通机房空调的全年耗电量为 1241296 千瓦时。

（3）节能率为 60%。

2. 投资回收期计算

假设初期 10 台设备的投资额为 100 万元，每年的节省电费为 440481 元。故投资回收期为 1000000/

440481≈2.3年。

（三）项目的经济效益、社会效益和管理效益

1. 经济效益

如上所述，变频氟泵双冷源精密机房空调的节能率接近60%，投资回报期约两年。同时，其零件采用通用化设计，易于批量生产，降低原材料采购成本。因氟泵开启时采用自然冷源制冷，设备维持制冷循环所需要的能耗会比传统机房空调低，机组可持续监测室内外温度变化并立刻匹配最优化的节能方案进行高能效的制冷，提高能效比，节省运行费用。

2. 社会效益

变频氟泵双冷源精密机房空调以其高效节能的特点得以被大力推广，可以带动各大应用领域的空调及电子散热产品在节能设计上进行积极的创新创造，进而促进全行业产品得到优化升级，符合国家节能减排的长期要求。

3. 管理效益

变频氟泵双冷源精密机房空调对制冷器件的要求比传统机房空调更高，如果变频氟泵双冷源精密机房空调能够得到快速发展，可以进一步促进整个制冷行业元器件质量的跨越式发展，节省机房能耗，减少机房建设投资，满足绿色数据中心的运营低成本需求，最终会促使企业制冷与节能技术的提升，从源头规避能源浪费的可能性，显著提高我国节能产品在全球节能环保领域内的竞争地位。

主创人：吕东建、李敏华

助力长江绿色低碳发展的港口岸电建设与运营管理

国网湖北省电力有限公司宜昌供电公司

一、企业概况

国网湖北省电力有限公司宜昌供电公司（以下简称宜昌公司）隶属于国网湖北省电力有限公司，主要承担宜昌地区二自治县、三县、三市、五区的电网建设与供电任务，担负着葛洲坝发电厂、清江隔河岩电厂、高坝洲电站电力外送，以及服务地方小水电、小火电、新能源上网等职责。宜昌公司供区面积2.1万平方千米，用电客户190万户。管理35~220千伏变电站225座、容量1257.71万千伏安；35~220千伏线路469条、总长6205.37千米。近3年，宜昌公司营业总收入289.8亿元，利润总额187.7亿元（包括购电成本），经营情况良好。

近年来，国家电网认真贯彻“四个革命、一个合作”能源安全新战略，坚持引领能源清洁低碳转型这个使命责任不动摇，主动对接服务碳达峰、碳中和目标，促进能源生产清洁化、能源消费电气化、能源利用高效化。为促进长江航运绿色发展，推动航运产业向清洁低碳转型，宜昌公司立足三峡坝区地理区位，开展港口岸电建设，引领和带动产业链上下游企业合作共赢，共同发展，助力长江航运经济和临港经济高质量发展。

二、主要措施

长江是中华民族的母亲河，三峡工程在促进了长江航运业快速发展的同时，也造成了大量船舶在此积压待闸。以2019年的数据为例，平均每天待闸的船舶超过580艘，每艘等待的时间约为54小时。这么多船舶长时间在这里停靠，通过柴油辅机发电满足生产生活需求，集中排放大量有害气体和油污，对长江生态环境构成严重威胁。港口岸电建设迫在眉睫，意义重大。

自2015年起，宜昌公司陆续在两坝间游轮码头、秭归坝区待闸锚地、三峡游客中心、云池港等码头锚地建设岸电项目。2019年3月，建成三峡坝区绿色岸电实验区秭归港、长江三峡通航综合服务区、沙湾锚地、仙人桥锚地4个岸电示范项目。2019年4月26日，三峡坝区岸电实验区建设暨长江沿线港口岸电全覆盖建设推进会在宜昌顺利召开，将实验区的成功经验向长江流域全面推广。本实践案例是对实现碳达峰、碳中和目标的率先示范，探索船舶污染防止的岸电建设及运营模式，形成了有益经验。

岸电不仅是新型供电模式和用电能式，更是一种新兴产业。在岸电推广中，存在施工区域复杂、岸电建设难度大，船舶配电与电力行业供电标准不一致、没有可参照技术标准和设备体系，岸电服务体系未建立、船舶用能潜能未释放等问题。为促进长江岸电可持续性发展，宜昌公司构建了“三步走、两提升、三服务”的岸电系统建设与运营管理模式，形成了适用于全国内河沿江各种应用场景的标准的港口岸电系统，打造了长江岸电系统建设与运营的“宜昌样板”。建设成效得到国家部委、社会各界的高度关注和认可。

（一）按照“试点先行—全面建设—融合发展”的“三步走”实施路径开展港口岸电建设

1.建成4个典型试验项目，解决典型供电难题

在开展岸电实验区试点建设过程中，针对坝上水位落差大、坝下水流急、江心锚地供电距离远等世界性难题，宜昌公司建立联合攻坚机制，由相关产业单位组成的攻关团队共300余人，历经200余天，完成了岸电实验区建设难题攻坚。建成茅坪港客运码头、仙人桥靠船墩、沙湾丁靠和沙湾锚地“水上综合生态服务区”4个典型试验项目，解决了多种典型停泊方式的供电难题。

2. 全面建设，完成长江流域宜昌段主要经营性码头全覆盖

将岸电建设与港口总体规划及区域性航运发展规划衔接，将电网升级改造和岸电配套电网建设相结合，启动全市岸电设施及配套电网建设。组织设计单位多次进行现场踏勘及技术讨论，完善坝下码头优化方案，减少前期投资和后期运维量，研究各类岸电设施的适用范围，编制了港口岸电典型设计。积极对接港航、水利、规划、交通等部门，与码头方签订合作协议，明确双方责任义务，为岸电全覆盖奠定了基础。长江流域宜昌段63个主要经营性码头于2020年下半年全部完成岸电建设，全部具备接电条件。

3. 融合发展，建立“水—陆—空”三维绿色交通体系

将岸电系统建设与运营模式进行深化拓展，与长江电力、三峡通航等部门合作研究充电船充电技术。宜昌公司坚持引领能源清洁低碳转型使命不动摇，将港口岸电建设与运营模式拓展延伸和创新推广，面向航空和物流产业，开展“绿色空港”“一网两环充电网络”建设，建立“水—陆—空”三维绿色交通体系，大幅降低碳排放，推动地区能源转型升级。在三峡机场建设全国首个支线绿电机场，已投运11个桥载设备，多站融合站试运行，接入飞机5000余架次。预计常态化运营后，每年可减少航空燃油消耗2000余吨，减少有害气体排放6400余吨。为航空公司降低2/3以上的靠港用能成本，延长了飞机辅助动力装置APU（航空辅助动力装置）的使用寿命。打造城区站桩结合充电网络，编制《宜昌市“一网两环”充电规划》，利用自有场地、政府停车场、商业停车场建设充换电设施，构筑“集中与分布式相结合，快充与慢充相结合、充电与换电相结合”市区充电网络。中心城区单桩月充电量过1万千瓦时，充电市场占有率超过85%。

（二）围绕“技术提升、运营提升”的“两提升”导向开展建设推广

1. 以技术提升为导向支撑全面建设

合力攻克难题，形成典型方案推出6种岸电系统，可为内江内河所有停靠方式的船舶提供岸电解决方案。一是靠岸固定式供电系统，它成功地解决了集装箱、干散货船直立式码头和斜坡道远距离岸基供电问题；二是靠岸浮动式供电系统，成功解决了趸船式游轮码头水位落差大、接电距离远、岸电需求大的问题；三是离岸固定式供电系统，成功解决了集装箱船、滚装船靠船墩停靠时远距离接电问题；四是离岸浮动式供电系统，成功解决了江心散抛船舶并靠级联接电问题；五是水上服务区综合能源保障系统，成功解决了水上服务区远距离用电问题；六是船电宝充换电系统，为江心抛锚自泊船舶的供电问题提供了一种解决方案。持续加强技术研发，打造核心设备和核心技术创新高地。研究了18项关键技术、14项专用设备，申请8项发明专利、7项实用新型专利，登记6项软件著作权，打造了港口岸电技术标准体系，内部完善港口岸电接入和维护技术规范14项，外部配合交通行业健全技术规范5项，加快企业标准向行业标准和国家标准转化。在供电侧，研制高压电缆卷筒和低压电缆卷筒，解决水位高落差条件下的电缆收放难题；研制低压大容量上船技术，解决用电需求大的问题；通过在江面浮筒敷设电缆，解决供电距离远的问题。在连接侧，研制电缆转接箱、电缆收放小车，解决了岸电配电系统与船上配电系统电缆转换问题；联合长江航务管理局、船级社、设备制造厂家等单位，统一船岸连接插头插座设备，通过船级社认证，有效提高了接电效率。在受电侧，研制针对游轮码头和货轮的标准岸电接口箱，满足船舶配电设备供电需求；研发T形接口箱、船舶岸电转接箱，实现多船级联；研发岸电云网平台，为用户提供扫码支付等多种支付方式和智能导航服务。

2. 以运营提升为导向支撑岸电推广

一是成立多方参股、共管共赢的全国首家专业化岸电运营公司。成立由国网湖北省电力有限公司、三峡电能（湖北）有限公司、国网电动汽车服务湖北有限公司三家股东注资组建的宜昌长江三峡岸电运营服务有限公司，与港方合作开展船舶接电服务，实现岸电设施使用率最大化，满足船舶用电需求。

运营公司负责岸电设施维护及接电服务，港方提供岸电设施廊道及接船电缆搬运服务，双方协同安排游轮靠泊码头与并靠顺序，分成共享岸电服务收益。二是打造车船一体化综合运营服务平台。依托国家电网智慧车联网平台，打造了国内跨省域、跨流域车船一体化综合运营服务平台，基于跨区域的船舶运行信息交互，实现长江流域岸电服务互联互通，打造广泛接入、使用便捷、内容丰富的岸电服务生态圈。三是提升游轮接电服务体验。推动完成所有54艘“三峡游”游轮受电设施改造。深化“港口游轮靠泊指挥平台”应用，实现船舶“级联并靠”“即靠即用”，游轮岸电使用率提升至100%。四是提高货轮岸电使用率。推动货轮受电装置改造试点工作，研发移动式岸电接口箱、岸电接口箱远程控制装置，实现货船自助接电。开展“一县一码头”货船接电推广，编制“一卡一书一画”接电作业规程，货船岸电使用率提升15%以上。五是促请上级单位推动政府部门出台扶持政策。根据《中华人民共和国长江保护法》第七十二条，推动海事、港航等多部门建立联合执法制度，推动建立岸电服务费价格补偿机制和船舶使用岸电积分制，提高船舶使用岸电的积极性。

（三）以“服务政府部门、服务上下游企业、服务客户”的“三服务”为引领打造“立体化”岸电服务体系

1. 面向船方客户，提供多样化“贴心”用能服务

宜昌公司以客户需求为中心，结合船方客户用能需求，提供多种能源服务。一是提供多种岸电供应模式。为过往船舶提供两种供电模式，第一种是岸电桩接电，能够实现船舶级联供电，船员可自助插接电缆，通过手机扫码支付便捷通电，解决多级并靠船舶的用电问题；第二种是船电宝充换电，依托自主研制的船电宝，为江心抛锚自泊船舶的用电问题提供大容量电池供电解决方案。二是打造水上绿色综合服务示范区，宜昌公司创新商业模式，借鉴高速公路服务区概念，与三峡通航局合作打造了国内首个多功能、一体化的长江水上绿色综合服务示范区，通过水上温情驿站、过闸船舶安检站和绿色通航服务站3个平台，为江心船舶提供6类30项特色服务。三是为船方客户提供“供电+能效服务”，结合船方客户降低能耗成本及用能安全的需求，试点推广“全电厨房”“风光互补智慧路灯”、分布式光伏发电系统、更换节能灯具等，实现船方用能安全、便利、高效。

2. 面向码头客户，提供岸电一站式“托管”服务

宜昌公司充分发挥能源企业设备和技术优势，为码头客户提供岸电建设一站式解决方案。一是打造“全电”港，依据码头客户实际需求，对码头设施设备开展电能替代改造，现已成功打造了云池港、白洋港两个“全电”港，码头所有装卸、输送全部使用电能，同步实施场内车专属充电设施建设，大幅降低能耗，减少碳排放，推动码头清洁低碳转型。二是提供能源托管服务，发挥一线运维人员团队优势和专业化岸电设施运维技术优势，为码头客户提供能源设备运维托管服务，开展设备代运维，保障码头设备安全稳定运行。三是提供代培训服务，依据码头客户培训需求，组织专家团队为码头工作人员提供专业培训服务，提升码头工作人员岸电设备使用专业水平。

3. 面向交通部门，提供岸电一条龙“专业”服务

宜昌公司与交通部门共同推进绿色航运发展，向交通部门提供岸电专业化服务。一是协同推进绿色航运，与海事、港航等部门建立深度合作，规划建设长江三峡通航碳中和先行示范区，打造新能源船舶一体化、港口能源一体化、风光水电一体化的多能供应中心。依托交通部门培训平台，组织对码头和船方开展岸电知识和技术培训，提升码头、船舶方岸电技术能力，提高岸电使用率，推进绿色航运。二是上线“岸电服务”功能模块，2020年12月在长江三峡通航综合服务区线上服务平台上线“岸电服务”功能模块，在岸电桩地理位置、实时状态、船舶位置、岸电使用情况等数据方面实现电网企业与主管部门数据互联互通、共享共用，推行船舶岸电积分制，实施优先靠泊、过闸等激励措施，共同向三峡坝区待闸船舶推广岸电应用，促进绿色岸电高质量发展，落实国网公司“互联网+岸电”战略。

（四）创新以岸电为核心的“绿色低碳、智能互联、互利共赢”的产业新生态

宜昌公司积极探索创新以岸电为核心的延伸服务，充实岸电产业生态圈，推进岸电提质增效，推动从船舶停靠使用到航行全程使用电能，拓展纯电动船应用领域，积极服务引领和带动相关产业链上下游企业合作共赢、共同发展，为推动长江地区经济和社会高质量发展提供有力支撑。

1. 完成首艘电动公务船充电试点

与三峡通航管理局、船舶研究院、交运集团等多家产业链单位部门合作，研究纯电动船充电技术。通过应用分裂变压器、隔离变压器技术，将岸电桩和船舶配电系统之间进行隔离，解决纯电动船在充电时反复跳闸、烧毁的问题。在三峡通航综合服务区成功实现双口岸电桩对海巡 12909 电动公务船充电，新建 1885 千瓦时电动公务船下水试航成功。

2. 建设大容量纯电动船充电网络

“长江三峡 1”是全球载电量最大的纯电动船，设计载客人数 1300 人，总电池容量 7500 千瓦时。为保障船舶常态化运营，解决充电容量大，低压充电慢、不稳定、接电难等问题，建设大容量纯电动船高低压充电网络，创新提出“高压充电、低压补电”技术方案，高压充电相比低压，充电速度提升 3.2 倍，低压充电增设船用隔离变压器，将岸电系统与船舶用电系统解耦，保证了充电可靠性，研发旋转式电缆接船吊臂，解决高压充电插接件重、搬运不便利问题。2022 年 3 月 29 日，世界上最大的纯电动游轮“长江三峡 1”在宜昌成功首航。

3. 打造“零碳厂区”“零碳产品”

通过在船舶制造企业建设分布式光伏发电、储能系统和专属充电设施，实现船舶的建造、调试、停靠、运行等均使用电能，推动船舶制造产业链零碳、绿色发展。

4. 打造港口岸电综合能源服务新模式

通过研究风、光、储能在岸电系统中配置和协调运行，结合峰谷电能转移、电力直接交易，辅以大数据分析等增值业务，达到节能目标，打造绿色港口。

三、实施效果

（一）助力长江绿色航运，取得显著生态效益

通过实现长江流域宜昌段港口岸电全覆盖，每年可减少燃油消耗 5984.59 吨，减排二氧化碳 1.88 万吨、一氧化碳 10.8 吨、二氧化硫 28.5 吨、氮氧化物 18.23 吨，相当于 9400 辆轿车一年的排放量。实现船舶停靠期间的“零排放、零油耗、零噪声”，对三峡生态环境和长江大保护具有重要意义，有效提高清洁能源消费比重，带动新旧动能转换升级，有力支撑了“双碳”目标实现，为建设美丽中国贡献“电网力量”。

（二）推动经济转型升级，取得显著经济效益

港口岸电的建设推广提高了游客乘船体验及船员生活质量，促进了长江经济带独一无二的“游轮经济”发展。2021 年“五一”期间，新三峡旅游集散中心秭归县游客吞吐量达到 7 万余人，比 2019 年同期增长 436%，“游轮经济”实现快速发展，推动了航运和旅游业的转型升级，引领打造了“业务融通、绿色低碳、智能互联、互利共赢”的岸电产业新生态，带动地方经济、港口码头、船舶业主及电力公司等产业链上下游相关方合作共赢，长江流域宜昌段岸电深化应用后，年岸电量可达 2500 万千瓦时，为待闸船舶节约用能成本约 1500 万元，推动绿色航运产业长效发展，为推动长江地区经济和社会高质量发展提供有力支撑。

（三）获得社会各界肯定，取得显著品牌效益

中央主流媒体对宜昌公司岸电工程给予高度关注，中央电视台《新闻直播间》栏目播出《湖北宜昌：“以电代油”三峡库区岸电工程建成》新闻，新华社多次刊发图片和文字通稿报道。《中国日报》

推送英文专题片《为了一江清水向东流》，向全球推广宣传了港口岸电建设的“宜昌经验”。相关工作在中央级媒体和权威网络媒体上获得报道百余次，获得社会各界一致好评，有效争取了社会各界对推广岸电、助力长江经济带绿色发展的关心和支持，营造良好的工作氛围，宜昌公司岸电推广工作被评为国家电网公司优秀社会责任根植项目。

（四）打造典型示范经验，取得显著示范推广效益

在港口岸电建设过程中总结提炼出一系列经验做法，研发了一批技术创新成果和关键设备，覆盖典型设计、设施建设、运营服务、船舶改造、检验检测等各个方面，3 年以来接待了 120 余次共千余人参观学习，为全国内河沿江推广岸电建设提供了可借鉴、可复制的“宜昌经验”，在重庆港、京杭大运河水上服务区、宁波舟山港等地得到成功复制推广，为实现长江流域岸电全覆盖打下坚实基础。

主创人：覃兰平、李　强、柯　杨、朱险峰、付　荣

“电力+环保”臭氧污染监控技术助力大气污染治理

国网山东省电力公司滨州供电公司

一、企业概况

国网山东省电力公司滨州供电公司（以下简称国网滨州供电公司）成立于1970年12月21日，是国网山东省电力公司直属大型供电企业，担负着滨州两区一市四县和经济技术开发区、高新技术产业开发区、北海经济开发区的供电任务，服务客户167万户。公司现有14个职能部室、10个业务机构、7家县公司、66个供电所，共有92个营业窗口。公司全民职工2149人（其中市公司727人，县级供电企业1422人）。2021年完成售电量254.6亿千瓦时，同比增长12.7%，均居全省第八。2022年完成售电量249.07亿千瓦时，同比下降约2.17%。公司先后荣获“全国‘五一’劳动奖状”“全国用户服务满意企业”“国家电网有限公司文明单位”“国网山东省电力公司先进单位”和“先进基层党委”等称号；连续4年被滨州市委市政府授予“富强滨州”建设“金星奖”；连续六届保持“全国文明单位”称号。目前，滨州电网已形成以3座500千伏变电站为核心、26座220千伏变电站为支撑、各级电网协调发展的现代化电网（其中，所辖35千伏及以上变电站192座，变电容量2212万千伏安；35千伏及以上线路591条、长度5510千米；10千伏公用配电线路1173条、长度1.59万千米，公用配变1.72万台）。公司属地运维超、特高压线路27条、总长度989千米（其中，1000千伏线路4条、100千米，±800千伏线路2条、218千米，±660千伏线路1条、68千米，500千伏线路20条、603千米）。

二、主要措施

相关数据显示，2015—2021年间，全国339个地级市及以上城市以臭氧为首要污染物的超标天数占比由16.9%增加到34.7%，仅次于以$PM_{2.5}$为主要污染物的天数占比（39.7%），臭氧已成为影响我国环境空气质量的重要因素。山东作为工业大省，臭氧污染较为严重，省内挥发性有机物排放居前。2021年5月以来，全省16市环境空气质量综合指数贡献率最大指标均为臭氧，污染防治形势严峻。

为推动臭氧污染防治，提升山东省的挥发性有机物监管水平，实现挥发性有机物减排，国网滨州供电公司试点承接国家电网公司臭氧监测重点工作，通过构建臭氧前体物［氮氧化物（NOx）与挥发性有机物（VOCs）］与电力大数据之间的测算模型，开发基于企业用电数据的臭氧时空分布分析防控系统，与省内生态环境部门开展合作，有效助力臭氧污染的防控工作，破解臭氧污染监管难题。

（一）关联电力数据，构建全国首个臭氧监测电力指数体系

国网滨州供电公司以臭氧前体物（NOx、VOCs）单位电量排放、企业生产用电活跃、企业错峰生产执行评价3项指标为基础，创新构建全国首个臭氧监测电力指数体系，用于反映臭氧污染相关企业的用电水平和错峰生产执行情况。3项指标根据相应的算法模型发挥不同的功能。

1.臭氧前体物单位电量排放指数

该指数用于对比评价污染企业臭氧前体物（NOx、VOCs）治污设施、措施等在同行业同规模企业所属水平，通过对企业单位电量排放指数进行排序，可定位治污能力差的企业；行业单位电量NOx（VOCs）排放指数用于对比限定区域内各行业的排污情况；区域单位电量NOx（VOCs）排放指数用于对比各区域的排污水平。其计算模型为

企业NOx（VOCs）电力排放指数=［企业单位用电量的NOx（VOCs）排放量］/［同行业、同规模（容量等级一样，根据企业用电规模指数确定）所有企业单位用电量的NOx（VOCs）排放量］

行业 NOx（VOCs）电力排放指数 = 区域内所有污染企业同行业单位电量 NOx（VOCs）排放量

区域 NOx（VOCs）电力排放指数 = 区域单位电量 NOx（VOCs）排放指数 = 区域内所有污染企业单位电量 NOx（VOCs）排放量

2. 企业生产用电活跃指数

该指数将企业生产用电活跃度分解成企业自身用电活跃指数和企业用电规模指数两种，可用于表征选定区域内不同企业的用电水平和发展活力。一方面，对选定区域的全部企业进行排名，横向分析，突出重点用电企业；另一方面，通过同行业的纵向对比，可便捷掌握不同企业的用电水平，并直观对比同一企业在不同时段的生产变化情况。其计算模型为

企业自身用电活跃度 = 企业日（月）用电量/企业正常生产用电量平均值

其中，企业正常生产用电量平均值为排除掉应执行错峰生产日期电量和不足平均日用电量 20% 的电量后的用电量平均值。

企业用电规模指数利用聚类算法，将企业用电量规模分成 5 组，第 1 组用电规模最小，用电规模指数分布在 0 ~ 20 之间，第五组用电规模最高，用电规模指数分布在 80 ~ 100 之间，每组只和自己同规模的企业进行用电规模指数计算，避免出现受大规模企业影响后很多小企业的用电活跃对比指数在 0 ~ 1 之间的局面。

用电规模指数计算方式：设置 6 个点，分别为零、25% 分位数、50% 分位数、75% 分位数、75% 分位数 + 1.5 ×（75% 分位数 - 25% 分位数）、最大值，这 6 个点构成 5 个区间，对应 5 个用电等级。

3. 企业错峰生产执行评价模型

该模型根据企业近两年停限产期间的日用电量、运行容量，利用聚类的方法排除异常电量（过大、过小），挖掘出企业的最高限产日电量、最低限产日电量、最高停产日电量，结合企业某日用电量和停限产规定判断企业错峰生产执行情况，助力生态环境部门精准定位未按规定执行停限产的企业。设计公式如下。

企业执行停产比例 = ［1 -（企业日用电量/最高限产日电量）］ × 100%

企业限产判定规则：企业某日用电量大于等于最低限产日电量且小于等于最高限产日电量，则企业执行限产。企业停产判定规则：企业某日用电量小于或等于最高停产日电量，则企业执行停产。企业违规错峰生产判定规则：企业某日需限产且当日企业用电量大于最高限产日电量，或企业某日需停产且当日企业用电量大于最高停产日电量。

（二）实时污染监测，研发“电力 + 环保”臭氧污染监控分析系统

“电力 + 环保”臭氧污染监控分析系统围绕生态环境部门应用需求，构建重点信息整体监控、企业监测、综合分析、线上自定义报告报表 4 大核心应用功能模块，具体如下。

1. 重点信息整体监控

重点信息整体监控模块主要对区域内（省、地市、区县）臭氧浓度、NOx 浓度、超标站点、异常开工企业、污染企业用电活跃度、单位电量排放指数 6 个重点指数进行实时监测。

在此模块中，系统对污染指数超标站点与污染企业进行关联告警分析，根据经纬度将站点与企业进行关联，挖掘站点覆盖范围内的企业 NOx 排放量、用电活跃度、单位电量 NOx 排放指数对站点覆盖范围内 NOx 超标的影响权重，定位导致站点覆盖范围内 NOx 超标的主要企业，助力生态环境部门针对区域内的污染企业科学制定治理措施。

2. 企业监测

企业监控模块依托企业停开工、政策执行情况及企业用电排污明细 3 个组合功能，挖掘出企业的最高停产电量，初步定位违规生产开工的污染企业，并通过具体的用电、排污曲线进行在线分析，进一步

根据明细数据判断核对，降低现场执法核查工作量。

3. 综合分析

该模块包含区域分析、行业分析、区域污染指数与用电量对比分析、监测站点臭氧浓度变化趋势分析、近 30 天污染企业用电量与排污指数变化趋势对比分析、电力排放系数模型和企业用电活跃度与排放系数明细，可用于综合分析区域、企业排污与用电变化。

4. 线上自定义报告

此模块以综合分析模块为依托，将常用的分析图表做成在线查看、线下下载的方式，方便进行数据分析应用。支持线上生成报告模板，可选择时间生成分析专报模板，自动填充数据图表，生态环境部门只需根据图表中的数据变化补充结论、完善文字即可。

（三）提升监管效率，助力省内臭氧污染防治

“电力 + 环保”臭氧污染监控分析系统上线后，率先在山东省内试点运行，助力生态环境部门精准抓实空气质量保障工作。首先，根据系统试运行情况，编制滨州地区第一期臭氧污染监测分析报告并向市生态环境局汇报，获得肯定。其次，收集山东省 58 个臭氧污染监测省控站点、121 个县级监控站点数据及 3583 家涉及臭氧前体物排放的污染企业数据进行综合监控分析，验证了臭氧监测电力指数体系的普适性，并向山东省生态环境厅报送《基于企业用电数据的臭氧污染监控分析专报》，获得感谢信。

目前，优化后的模型已覆盖山东省市县三级环境保护部门，实现对山东省 16 个地级市、136 个县（市、区）、179 个监控站点的实时监测分析。该系统通过数据匹配、现场比对等方式，完成对全省重点污染企业的数据匹配及停限产在线监测；依托数据中台，提炼企业日用电量，分析企业违规生产用电特征，制定未执行停产、未执行限产 2 类报警规则，系统访问 10 万余次，告警准确率达 90%；结合环保执法人员反馈持续提升模型准确率，切实减少现场执法次数，有效助力环保部门臭氧污染防治。

（四）深化政企联动，推动省域系统模型优化

以能源大数据助力臭氧污染精准防控，是一项跨省域、跨行业、跨层级、全时性的工作，涉及国家电网公司 26 个省公司和 88% 以上的国土面积，为做好这项工作，国家电网公司与生态环境部，各省公司与省生态环境厅，各市公司与市生态环境局接口的横向协同机制不断推进，累计签订战略合作协议 184 份，并将电力大数据助力生态环境治理列入《山东省大数据创新应用突破行动方案》。建立国家电网公司各层级间纵向联动机制，累计召开月度例会、专题研讨、工作协调等会议 20 余次。通过横向协同与纵向联动，形成国家及省、市、县四级联动、协同高效的政企合作新格局。

依托高效的政企合作模式，国家电网公司在滨州模型的基础上，组织了安徽省内臭氧前体物电力数据分析新模型的验证工作，开展臭氧前体物与用电数据相关性分析，掌握多家重点污染企业的用电水平及生产排污情况，相关成果得到当地生态环境部门的表扬与感谢。最新模型现已部署于国家电网公司总部，数据接口可通过政府专线接入至生态环境部门，提供实时的臭氧污染监测电力数据服务，并为全国臭氧污染防治提供电力模板。

三、实施效果

（一）社会成效逐渐显现，臭氧污染防控实现新进步

系统运行以来，国网滨州供电公司通过与省生态环境厅数据共享，实时监测、定位排放企业，根据企业用电规律分析，掌握产停情况，协助其发现和处置了一批疑似未按规定执行应急管控措施的违规生产行为，加强了监管的精准度、穿透力，2021 年山东省臭氧浓度为 166 微克/立方米，同比下降 3.5%，提高了生态环境保护与治理的数字化和智能化水平。此外，在项目推进过程中，“电力 + 环保”臭氧污染监控技术得到了多家媒体的广泛关注，新华社、《经济日报》、《中国电力报》、《国家电网报》等对这一创新举措进行了跟踪报道，社会反响良好。

（二）管理机制不断优化，政企长效合作有序推进

通过与环科院、电商公司等开展技术合作，形成高效实用的臭氧污染电力分析体系，产品已提交专利申请，现收到专利申请受理通知书。成立项目研究工作组，通过建立月报及例会制度，数据团队定期与生态环境部门对接沟通，研究确定合作计划与工作方案，落实合作目标，开展多次面对面需求调研及技术研讨，共同推动项目实施。工作成效获得省生态环境厅感谢信，以及山东省生态环境厅多位领导的高度肯定。

（三）经济效益显著提升，污染治理成本持续降低

提升污染排放企业的在线监管覆盖率近40个百分点，系统重点监测3500余家污染企业，给企业生产状况精准“画像”，解决了人工核查效率低、实时性弱等问题。释放各级生态环境部门一线工作人员现场核查压力，每年全省可减少现场人工核查18000人次，节约人力物力成本近100万元。

主创人：杨　迪、缪传康、王兆敏、王颖慧、左长华

园区级“源网荷储”一体化能源互联网系统构建与实现

国网山东省电力公司德州供电公司

一、企业概况

国网山东省电力公司德州供电公司（以下简称国网德州供电公司）是国网山东省电力公司分公司，承担着13个县（市、区）供电任务，供电区域1.03万平方千米，服务电力客户273万户，2021年完成售电量244.7亿千瓦时。公司坚持“努力超越，追求卓越”的企业精神，以“为美好生活充电，为美丽中国赋能”为使命，推动能源电力从化石能源向绿色清洁能源转型，加快形成绿色生产和消费方式，应对气候变化，助力生态文明建设可持续发展，打造可靠可信任的责任央企形象。近年来公司先后荣获和保持“全国‘五一’劳动奖状”“全国文明单位”“山东省‘富民兴鲁’劳动奖状”“标准化良好行为企业”等荣誉称号。

二、主要措施

（一）实施背景

2020年，国家主席习近平在第七十五届联合国大会一般性辩论上正式宣布：我国二氧化碳排放力争于2030年前达到峰值，努力争取2060年前实现碳中和。国家电网公司提出“十四五”将实现新能源从新增装机主体转变为总装机主体的目标，要求树立“能源转型、绿色发展”理念，促进新能源跨越式增长，助力生态文明建设和可持续发展。德州市地处鲁西北平原，具有丰富的风光资源禀赋，截至2021年年底，德州市新能源装机525万千瓦，占全市装机总规模的比重达58%。但风、光新能源具有间歇性、波动性的固有特征，和天气关联度大，属不稳定、不可控电源，当前技术条件下，大规模可再生能源接入后对电网的消纳和安全带来一系列新问题和挑战。如何在保证电网安全运行前提下大幅提高新能源消纳利用率，实现能源体系多元互通互济，迫切需要研究推广“源网荷储”联合运行与控制技术，在储能、电网调控和需求侧等方面不断创新，才能实现企业发展与社会进步、环境保护协调统一，见图1。

（二）行动方案

国网德州供电公司主动布局，联合国网新能源云公司、山东综合能源公司、山东电工时代公司等多家企业，依托产业园区厂址资源，合力启动集成了低压分布式光伏、电化学储能、空气源热泵、工业化负荷等多要素的“源网荷储”能源互联网项目，构建电网、光伏、储能、综合能源等能源互联网生态圈，为低压分布式光伏“超限”“孤岛”“盲调”等问题提供一揽子解决方案，验证了构建电网、光伏、储能、综合能源等能源互联网生态圈的可行性，推动“供给侧清洁替代、消费侧电能替代、生产生活节能减排”的碳中和目标实现，促进国家能源绿色转型战略落地实施。

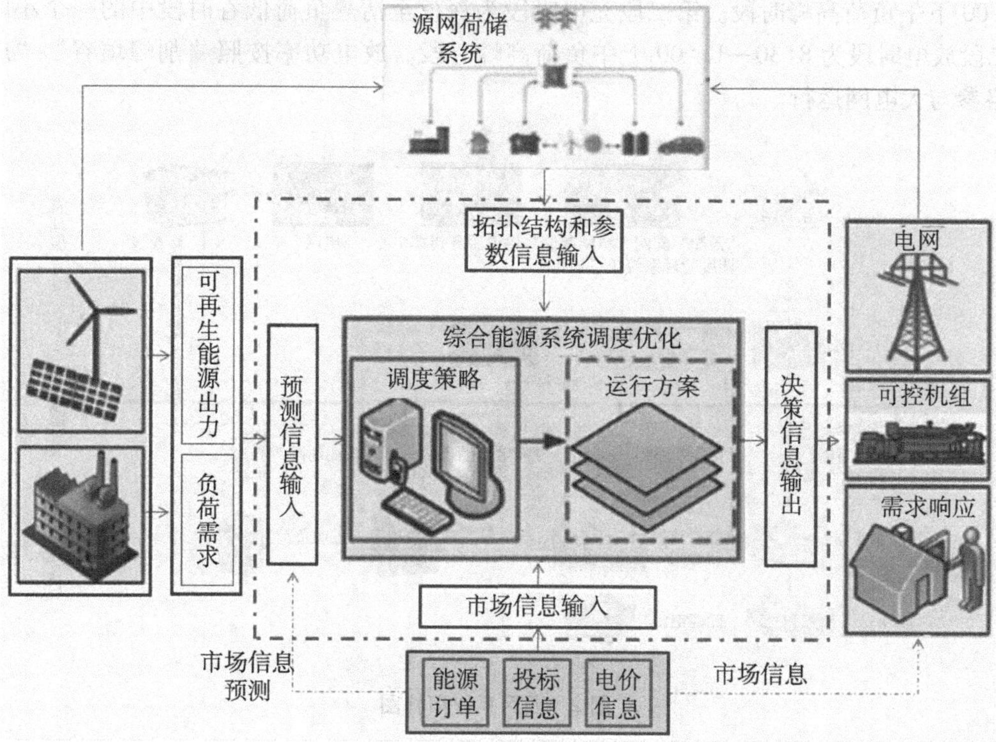

图 1 园区级"源网荷储"总体架构

（三）技术创新

园区级"源网荷储"一体化能源系统深入挖掘网内电源侧、电网侧、负荷侧、储能侧各类型调峰资源，推动"源网荷储"协调优化运行。园区占地面积 10 万平方米，低压分布式光伏系统装机容量 1.7 兆瓦，储能系统为 0.5 兆瓦时磷酸铁锂电化学储能设施，供冷供热系统采用 6 台空气源热泵，工业化负荷总功率 0.8 兆瓦。应用"源网荷储"联合运行与控制技术和微网与大电网协同控制运行技术，可根据实际需要采用"安全优先""经济优先""绿电优先"三种灵活的运行模式，见图 2。

（1）"安全优先"运行模式以系统安全裕度最大为目标，可以实现该时间段内系统安全运行及供电可靠最高。

低压分布式光伏系统运行模式：采用"自发自用、余电上网"模式运行，所发电量供应园区使用，余电上送公共电网或储能。

电化学储能系统运行模式：储能运行方式同经济优先运行模式，采用"两充两放"模式运行，所发电量全部供应园区使用。考虑为园区提供安全备用，不参与大电网"削峰填谷""应急功率支撑"等运行。

供冷供热系统运行模式：实时监测设备运行状态和用能情况，不参与用户侧、需求侧响应。

（2）"经济优先"运行模式以运营成本最小为目标，经济成本由系统建设成本、运行成本、污染排放成本三部分组成，通过优化园区"源网荷储"设备运行方式，实现全寿命周期内经济成本最低。

低压分布式光伏系统运行模式：当光伏发电量小于负荷需求量时，光伏系统执行"自发自用"运行策略；当光伏发电量大于负荷需求量时，光伏系统执行"自发自用，余量上网"运行策略。

电化学储能运行模式：采用"两充两放"模式运行，所发电量全部供应园区使用，即每天第一段充电时段为 12：00—13：00 午间负荷低谷时段中的一个小时，全功率充电，每天第一段放电时段为

14:00—21:00 下午负荷高峰时段。第二段充电时段为深夜至清晨负荷低谷时段中的一个小时，全功率充电，第二段放电时段为 8:30—11:00 上午负荷高峰时段。放电功率按照“削峰填谷”“应急功率支撑”等策略参与大电网运行。

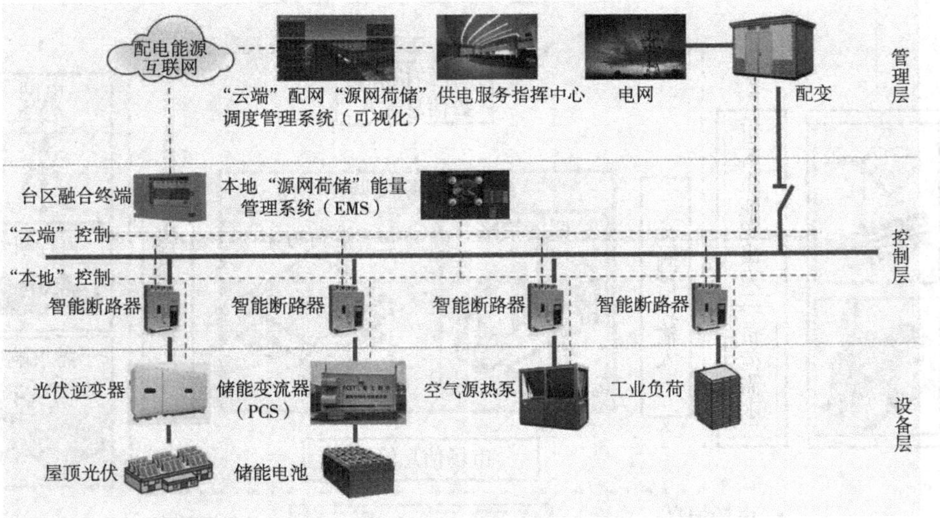

图 2　园区系统拓扑图

（3）“绿电优先”运行模式以新能源电量消纳最大为目标，即通过负荷、储能的联合调节，实现系统内一个时间段新能源最大化消纳，达到绿电优先的目的。

低压分布式光伏系统运行模式：当光伏发电量小于负荷需求量时，光伏系统执行“自发自用”运行策略；当光伏发电量大于负荷需求量时，储能系统启动充电，供冷供热系统启动需求响应，力争实现光伏发电全部就地消纳。

电化学储能系统运行模式：当光伏发电量小于负荷需求或夜晚时段，储能系统执行“两充两放”充放电策略；当光伏发电量大于负荷需求量时，储能系统充电，力争光伏发电全部就地消纳。放电功率可按照“削峰填谷”“应急功率支撑”等策略参与大电网运行。

（四）管理创新

1. 开发配网“源网荷储”调度管理系统和能源管理系统

将“遥测、遥信、遥控”全要素信息接入终端，按照“分布式为主、储能为辅、本地跟踪平衡、云端主动调控”运行策略，解决了分布式电源过去“看不见、控不住”问题；安装融合终端，当箱变出现重过载问题时，系统自动告警并提醒运行人员及时处理，为低压分布式光伏“超限”“孤岛”“盲调”等问题提供解决方案，具备光伏、储能、负荷的实时监控、能效管理及数据分析功能，实现园区分布式能源可观、可测、可控，能源互联网各系统安全稳定运行。

2. 率先利用国网新能源云平台开展碳中和核查认证

全国首家基于国网公司新能源云“碳中和支撑服务平台”，开展碳排放核查、碳中和认证工作。应用平台碳排放监测模块，通过采集产业园区煤、油、气、电等能源数据，平台对各排放源排放量进行统一计算，自动生成碳盘查报告，协助第三方核查开展数据溯源；应用平台碳交易模块，对产业园区排放量情况做出预估，提供碳中和交易策略和撮合服务，为园区国家核证自愿减排量（CCER）项目提供便捷采购渠道。实现区域碳排放监测、碳达峰预测预警，为政府提供“双碳”业务全景监测及规划支持。

3.“源网储荷”共赢开创商业新模式

推动园区内多市场主体签订合作协议，建成低压“分布式光伏发电、电化学储能充放、综合能源利用”多产业的商业运营模式，综合考虑分布式光伏、储能、供冷供热、系统控制等运行内容，构建分布式系统“余电上网”、储能系统“两充两放”、供冷供热系统“能源托管服务”商业模式。在缺少现行成熟经验、标准的背景下突破常规，突出市场融合，培育多市场主体商业模式，实现多方共赢。

低压分布式光伏系统商业模式为：采用自发自用、余电上网模式，发电量优先供应园区使用，与园区用户直接结算，结算电价为一般工商业尖峰平谷电价中的平段电价（0.6089 元/千瓦时）。当发电量超出园区用电需求，上送公共电网时，与电网企业直接结算，结算电价为燃煤标杆电价（0.3949 元/千瓦时）。

电化学储能系统商业模式为：充电模式下，充电电量与电网企业直接结算，正常设定在谷时充电，结算电价为一般工商业谷段电价（0.3457 元/千瓦时）。放电模式下，放电量全部供应园区生产生活使用，与园区用户直接结算，结算电价为一般工商业电价中的平段电价（0.6089 元/千瓦时）。

供冷供热系统商业模式为：园区用户与综合能源公司签订为期 10 年的能源托管合同并支付能源托管费。综合能源公司负责项目投资建设及托管期内设备运维工作，园区用户每年向综合能源公司支付能源托管费用，托管到期后，设备产权移交园区用户。

三、实施效果

项目顺应国家能源转型发展趋势，推动多种能源互联互通和“源网荷储”友好互动，满足分布式电源和微电网灵活接入，探索新能源消纳电力市场机制，提高了新能源消纳率，取得了碳中和证书，促进了社会绿色环保可持续发展。同时培育了多方共赢的新业务、新业态，促进德州地区形成以电为中心的绿色低碳转型，为今后新能源大规模高比例接入电网实现安全运行提供了解决方案和典型经验。通过建设可持续的能源生态，履行“为美好生活充电，为美丽中国赋能”的国家电网公司使命，具有良好的经济、环境和相关方效益。

（一）经济效益

“源网荷储”能源互联网示范项目创新构建分布式“余电上网”、储能“两充两放”、园区“分布式为主、储能为辅、本地跟踪平衡、云端主动调控”的运行策略。全年园区用电量 100 万千瓦时、发电量 241.3 万千瓦时、储能放电量 35 万千瓦时，通过“光储融合”协同利用，项目年可增收节支近 105 万元。

2021 年园区通过“源网荷储”约实现减排 1995 吨二氧化碳。园区年用电量 100 万千瓦时，年汽柴油消耗量约为 1.5 吨，碳排放总量将达到 872.7 吨左右，园区在实现自主碳中和需求后，剩余 1033 吨二氧化碳减排量，可通过碳交易市场每年额外获得 5.16 万元超额减排量收益（二氧化碳 CCER 价格约 50 元/吨）。

（二）环境效益

融合多要素的“源网荷储”能源互联网园区建成投运，验证了构建电网、光伏、储能、综合能源等能源互联网生态圈的可行性。项目减少化石消耗和污染物排放，年可节省 770 吨标准煤，降低碳排放 1995 吨，利于节能减排和循环经济发展，推动形成绿色低碳生产生活方式，治污减霾，促进生态文明建设。2021 年 6 月 24 日，国网新能源云公司、天津排放权交易所向德州公司产业园区正式颁发碳中和认证证书，成为山东省首个碳中和园区，先后在新华社、《人民日报》、《国家电网报》等重要媒体报道，全网点击量超过 100 万。以多方参与、市场化引导的绿色能源消费“德州模式”为践行绿色发展理念提供了可复制、可推广的典型经验。

（三）相关方效益

集成电网、光伏、储能系统的园区能源互联网生态圈，对综合用能建设方案、运行模式、结算方式进行了检验，形成了政府、企业、用户多方联动、合作共赢的模式，促进了市场竞争合力，带动了上下游产业链可持续发展。

地方政府方面：减少碳排，提高城市环境美化水平，提升城市品牌形象。

光伏企业方面：一是提高了售电电价，由 0.3949 元/千瓦时提升至 0.6089 元/千瓦时；二是可获取市场化碳交易收益。

园区用户方面：原来闲置的 3 万平方米屋顶资源得以利用，年可获得额外租赁收入 7.5 万元；项目实施前园区用户直接购电支出 90 万元/年，项目实施后，以光伏发电兼以储能调配作为园区供能主要来源，每年节省电费支出 14.7 万元。

主创人：葛　杨、封国栋、韩立群、李云贤、谢海远

基于区块链的冬奥绿电溯源平台案例

国网数字科技控股有限公司

一、企业概况

国网数字科技控股有限公司是国家电网有限公司的全资子公司，也是国务院国资委“双百行动”综合改革试点单位、国家电网有限公司创建世界一流示范企业典型引领单位。在国家电网有限公司党组的坚强领导下，国网数字科技控股有限公司按照“一体四翼”发展布局，积极顺应能源革命与数字革命相融并进趋势，聚焦能源电子商务、能源金融科技及能源数字技术三大领域，建成电 e 宝、国网商城、国网新能源云、电 e 金服、能源工业云网、国网商旅云、国网双创、e－交易八大业务平台，在战略布局、商业模式及技术创新、核心运营指标等方面实现行业领先，勇当国家电网有限公司战略性新兴产业排头兵。

国网数字科技控股有限公司深入贯彻国家能源安全新战略，全力推进能源区块链技术创新与融合应用，在能源绿色低碳区块链领域积累了深厚的理论和技术基础，取得了显著的成效。截至 2022 年年底，累计申请区块链相关发明专利 95 项，获授权专利达 43 项，申请软件著作权 48 项，发表论文 80 余篇，白皮书和专著各 2 部；牵头或参与国际标准 4 项、国标 5 项，牵头行标 4 项、企标 7 项，累计参与各类区块链标准 20 余项，打造了基于区块链的电力交易、绿电溯源、共享储能、能源计量、碳足迹追踪等低碳应用场景，并在国家电网有限公司北京、河南、辽宁、宁夏等 10 余家省公司开展落地应用。

二、主要措施

国网数字科技控股有限公司支撑国网北京市电力公司，面向 2022 年北京冬奥会，搭建了基于区块链的冬奥绿电溯源平台，以区块链共识机制、智能合约技术为支撑，开展了链上链下数据的协同、绿电溯源方法及可信认证、跨区绿电交易及结算模型、平台可视化等研究工作，实现绿电溯源信息可信、实时、多维度可视化展示，全面落实生态文明思想和“绿色、共享、开放、廉洁”的办奥理念，向冬奥组委会、政府、社会公众证明 2022 年北京冬奥会 100% 使用的是清洁能源供电，为冬奥场馆的“绿色运行”提供了可靠、可信保障。本案例全面落实了习近平总书记的绿色办奥理念，提升了我国在世界可再生能源领域的影响力，打造了“区块链＋可再生能源”示范应用，形成区块链技术在可再生能源领域应用的纵向实践。

（一）具体措施

1. 研究攻关区块链的冬奥绿电溯源关键技术

案例针对冬奥绿电供应过程中存在链条长、环节多，各环节主体存在数据不对称、多方协作困难、难以共享、不易追溯等难题，开展基于区块链的冬奥绿电溯源技术研究：一是对可再生能源电力全过程业务体系进行研究，为基于区块链的绿电溯源应用提供业务逻辑框架、冬奥绿电 100% 使用证明机制和需要集成的系统、数据等内容；二是通过区块链数据安全及隐私保护技术研究，保障链上数据安全及用户隐私；三是通过基于区块链的数据可信获取技术研究，保证数据采集、存储过程中的真实性，从而为冬奥绿电溯源及 100% 绿电使用证明提供可信的绿电数据；四是研究区块链智能合约技术，提高绿电溯源的时效性、准确性，降低维护成本。

2. 设计开发基于区块链的冬奥绿电溯源系统

为满足冬奥会场绿色电力 100% 供应需求，设计开发基于区块链的冬奥绿电溯源系统，为冬奥组委会、政府、监管机构、社会公众提供冬奥绿电来源、绿电结构、绿电用量、绿电相关主体、环保效益、区块链元素与数据等绿电溯源信息的可信、可视化展示。基于区块链的东奥绿电溯源平台总体架构见图 1。

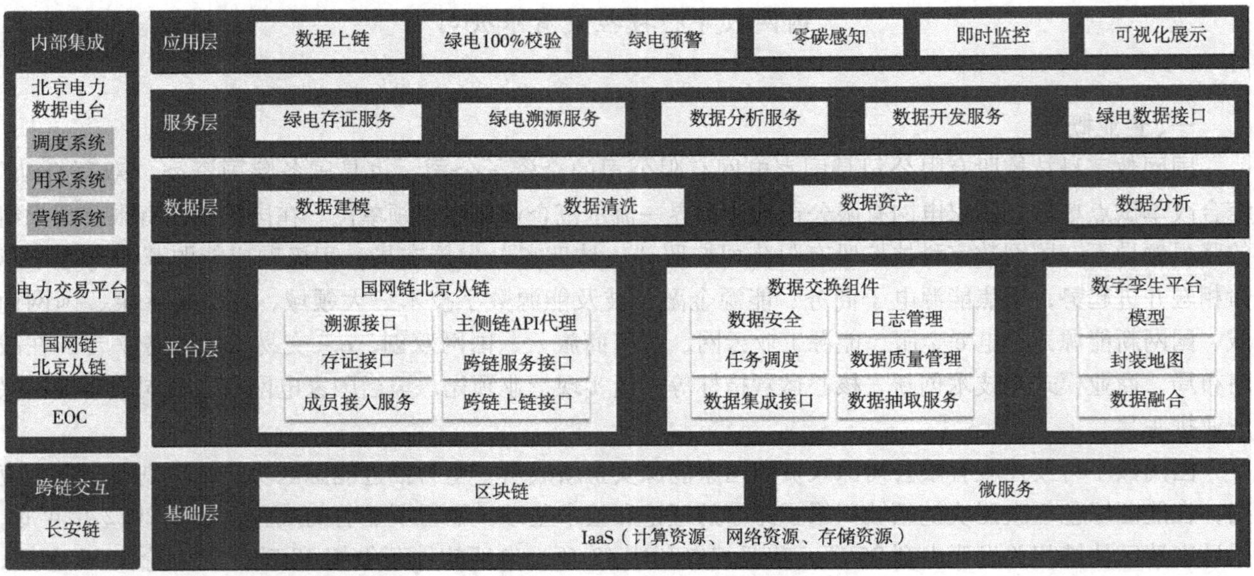

图 1　基于区块链的冬奥绿电溯源平台总体架构

本案例总体架构分为基础层、平台层、数据层、服务层、应用层。基础层支持云端部署，同时支持传统资源，可以使用虚拟机或物理机部署，并以区块链和微服务等先进技术为基础。平台层基于国网链服务，封装了数据交换服务，国网链主要提供区块链平台接口调用及数据上链存证服务；在数据交换平台，完成对数据的集成、抽取和质量管理等；基于数字孪生技术完成模型创建、地图封装及数据融合。数据层包含对数据的建模、清洗和数据资产的形成，向服务层输送标准数据。服务层使用 SG－UAP 架构，遵从国网技术标准，底层服务主要包括存证、溯源、数据分析、数据接口服务等，同时可提供注册中心、网关、缓存、消息、负载均衡、分布式事务等基础微服务组件。应用层包含源数据可信上链、"100% 绿电" 校验智能合约、绿电余量智能预警、零碳感知、即时监控数据可视化展示等。

基于区块链的冬奥绿电溯源系统主要提供以下功能及服务。

（1）源数据可信上链。

以区块链技术为背书，基于区块链分布式存储、不可篡改、公开透明等特性，依托国网链，将冬奥场馆绿电生产、传输、交易及消纳全流程数据上链存证，实现多主体间的绿电数据协同，从技术层面上保障多方之间的自信任，确保绿电从生产到消纳的全流程数据安全、真实可信，为北京 2022 年冬奥会、冬残奥会 100% 使用清洁能源供应提供可信数据支撑。

（2）"100% 绿电" 校验智能合约模型。

应用区块链智能合约技术搭建 "100% 绿电校验模型"，以上链业务数据为模型变量进行多重交叉比对，回溯还原绿电从生产至消纳全流程，严谨证明冬奥场馆 100% 使用绿电。整个合约的处理过程都由区块链底层内置的智能合约系统自动完成，消除人为干预因素，公开透明，不可篡改。通过区块链智能合约完成冬奥绿电溯源验证结果后，系统会向各冬奥场馆出具相关区块链证明，提升用户的感知度及参与度。

（3）绿电余量智能预警。

通过绿电预警模块，进一步保障冬奥场馆100%使用绿电。通过智能合约搭建绿电预警模型，以年度合同电量、历史/实际用电量、历史发电量、时间为变量，智能监控冬奥场馆绿电使用、场馆与发电场交易情况。若合同中年度所购电量无法满足冬奥场馆用电量，通过预警功能提示冬奥场馆、可再生能源发电企业及时补签购电合同，保证冬奥场馆100%使用绿电。

（4）零碳感知。

实时计算、比对、展示参与冬奥绿电交易的可再生能源电厂发电、交易及冬奥场馆、配套设施用电等数据，证明可再生能源电厂发电量及交易电量完全满足冬奥场馆实际用电量，与前端专题展示界面做接口集成，向社会公众展示北京2022年冬奥会、冬残奥会100%使用清洁能源供电。

通过与用电信息采集系统、营销业务应用系统等的集成，实时获取冬奥场馆及配套设施用电数据，计算冬奥绿电二氧化碳减排量、节约标煤量、二氧化硫减排量、氮氧化物减排量等环保效益评价指标；计算包括各场馆实时用电负荷、累计用电量、结算电量、结算电费等经济指标，传递绿色发展理念。

（5）即时监控。

基于区块链智能合约技术，构建即时监控机制，进行链上数据自动校验，定期监测业务数据与原始数据是否一致，系统能够及时反馈链上数据与展示数据比对结果及数据被查证次数，为上链数据提供可信支撑服务。

（6）数据可视化展示。

基于三维数字孪生引擎融合数字逻辑与地图场景，打造冬奥绿电溯源信息可视化模块，直观展现绿电交易、绿电传输、数据上链等复杂抽象场景，为政府、社会公众乃至全世界提供冬奥绿电来源、绿电交易、绿电结构、绿电传输、绿电使用、数据上链等溯源信息的可信、实时、多维度可视化展示。

本项目系统嵌入首钢园国家电网公司冬奥电力保障服务中心“冬奥电力运行保障指挥平台（EOC）”，为我国政府100%绿电办奥的庄严承诺提供了有力证明，向世界多维全景展示了我国“绿色办奥”的实践成果，积极促进了绿色办奥、绿色发展理念的传播，有力推动了绿色能源产业的发展。

（二）项目创新性

一是设计适用于绿色电力业务的数据模型及分布式预言机上链机制，创新聚合合约、声誉合约、数据请求等四种预言机调用合约运行功能，保证上链数据的准确性和安全性，形成高安全、高可信的绿色电力链下数据接入方法，从源头上保障冬奥绿电供应源头数据的安全可信；二是提出基于非同质化的绿色电力认证及溯源方法，构建集绿色电力产出地、绿电类型、消纳地点、消纳主体等多种要素于一体的绿色电力认证模型，实现了绿色电力全环节溯源；三是设计适用于多链协同的冬奥场馆跨区绿电交易及结算模型，建立跨区多链协同交易需求与交易合同管理模型，应用灵活迭代的原子智能合约实现了绿电交易的快速撮合，营造公平、公正、公开的市场化交易环境。

项目建成冬奥史上首个绿电全景感知、多维可视、可信、可审的展示平台，基于区块链的块链式分布式存储结构，打造“轻量应用、分析中枢、多源支撑”的架构模式，实现冬奥绿电海量数据跨类型、跨部门、跨系统、跨逻辑数据融合共享，打通冬奥绿电“生产—传输—交易—结算”全链条信息流、数据流、绿电流，采用人工智能、数字孪生等信息化技术，融合数字逻辑与地图场景，以城市沙盘、3D精细建模等方式，实现绿电溯源、可信认证、余量智能预警、零碳感知、绿电传输、上链存证等多主题、数字化、智能化全景展示，让冬奥绿电100%供应承诺有迹可溯、有数可查、有据可证，可靠保障服务延伸至场馆末端电源“最后一厘米”。

三、实施效果

（一）应用成效

项目自应用以来，冬奥场馆全绿电供应取得显著成效，实现 28 家新能源发电企业、25 个冬奥场馆用户数据接入，共计支撑 10 批次、7.8 亿千瓦时的绿电可信溯源，节约用煤 25 万吨，减排二氧化碳 62 万吨。全面保障了北京冬奥会在奥运史上首次实现奥运场馆绿电全覆盖，向冬奥组委会、中国政府、社会公众证明北京冬奥会实现 100% 可再生能源供电，践行了我国“绿色办奥”的理念和承诺，有效助力我国双碳目标实现。

（二）社会效益

1. 践行我国“绿色办奥”庄严承诺，树立良好国际形象

项目成果助力实现冬奥绿电消纳信息的全链条可信溯源与多维度可视化展示，保障世界奥运史上首次全部场馆 100% 绿电供应，是充分践行绿色办奥理念，实现绿色奥运的良好典范，能够提升我国在世界可再生能源领域的影响力。

2. 促进清洁低碳能源体系建设，助力“双碳”目标实现

通过可视化展示服务，实现政府、民众、奥组委对北京绿色冬奥的实时、多维度感知，使北京冬奥会成为展现我国绿色发展理念的重要平台和窗口，从而提升社会公众低碳意识，引导全社会形成主动消费绿色电力的共识，助力我国能源消费低碳转型。

3. 推动电网业务数字化转型，助力新型电力系统建设

打造“区块链 + 可再生能源”示范应用，助力区块链技术在可再生能源领域应用的纵向实践。以区块链不可篡改、可追溯、高可靠性等技术特性为基础，匹配以分布式新能源为主的新型电力系统，解决参与者众多、数据信息多样化带来的系统问题，通过多方协同共治，构建新型电力系统的信任系统与数据共享模式，助推电网业务数字化转型与新型电力系统建设。

主创人：王刚鹏、王伟贤、王　雷、郑尚卓、李　豪

基于电窑炉改造的玻璃产业和电网企业共同体绿色低碳发展案例

国网四川省电力公司内江供电公司

一、企业概况

国网四川省电力公司内江供电公司（以下简称国网内江供电公司）成立于1978年9月，属国网四川省电力公司直属的国有全资地市供电企业。供电面积4608.47平方千米，营业户数154.51万户。截至2021年12月底，公司固定资产原值79.63亿元。

公司现设置13个职能部门和9个业务支撑机构，下辖威远、隆昌、东兴、资中4个直供直管县级供电企业。现有员工2542人，基层党组织80个，党员911人。

经过多年的发展建设，内江电网形成了以500千伏内江变电站为支撑，南、北两大220千伏电网环网运行的主网架结构，通过10条220千伏线路与资阳、自贡电网相连，多层级电网协调发展格局逐步完善。截至目前，国网内江供电公司管辖35千伏及以上变电站82座，主变压器141台，总容量545.77万千伏安。管辖35千伏及以上输电线路（含电缆）185条，长度2402.67千米。

国网内江供电公司秉承“人民电业为人民”的服务宗旨，履行能源互联网企业社会责任，发挥“大国重器”“顶梁柱”作用，积极推动能源清洁低碳转型，强化系统观念，立足当下、放眼长远、通盘谋划、一体推进，在保障电力可靠供应的前提下，充分发挥电网枢纽平台作用，服务“碳达峰、碳中和”国家发展目标。

二、主要措施

（一）项目实施的背景

1. 实施窑炉电能替代工作是适应绿色低碳发展要求的行动体现

为切合联合国提出的“确保人人获得负担得起的、可靠和可持续的现代能源”可持续发展目标，我国政府将能源领域可持续发展目标融入国家规划，制定《能源生产和消费革命战略（2016—2030）》。2020年9月11日，国家发展改革委、科技部、工业和信息化部、财政部四部门联合印发《关于扩大战略性新兴产业投资　培育壮大新增长点增长极的指导意见》，指出围绕5G、人工智能、车联网、大数据、区块链、工业互联网等领域，率先在具备条件的集群内试点建设一批应用场景示范工程。

2. 实施窑炉电能替代工作是贯彻落实绿色低碳战略部署的直接体现

中共四川省委十届八次全会通过《中共四川省委关于推进绿色发展建设美丽四川的决定》要求。四川省发展改革委、省经济和信息化委、财政厅、环保厅、能源局等7厅局下达了《关于印发四川省推进电能替代实施意见的通知》（川发改能源〔2017〕112号），按照通知要求，“十三五”期间在工业生产领域进行燃煤（油、柴）锅炉窑炉实施电能替代工作。

2017年8月，内江市在四川省内率先召开由市发展改革委、经济和信息化局、质监局、环境保护局、电力公司等部门、单位参加的电能替代推进会议。会议确定了具体的工作目标：到2018年年底，全市要完成每小时10蒸吨及以下燃煤（油、柴）锅炉淘汰或替代改造率不低于50%，2020年年底前全面完成淘汰或替代工作。

3. 实施窑炉电能替代工作是因地制宜发展绿色低碳经济的具体体现

内江市域沉积矿产较为丰富，如石灰岩、砖瓦用页岩、玻璃用石英砂岩、耐火黏土等优势矿产，且具有较为完善的矿产资源采选加工体系和数量多成本低的劳动力。内江市玻璃、陶瓷制品工业较发达，但生产技术与沿海地区相比存在一定的差距，普遍使用技术落后、污染严重的煤窑进行生产。

通过天眼查系统发现，内江地区仅玻璃、陶瓷制品企业就有206个，其中注册资金大于100万元的企业有116个，主要分布在隆昌市、威远县境内。因此，实施窑炉电能替代市场前景广阔。

（二）项目实施目标

国网内江供电公司开展的《基于电窑炉改造的玻璃产业和电网企业共同体》项目以“落实能源技术革命、深化电能替代、助力产业能源清洁化”为目标，鼓励将煤窑炉、气窑炉改造为电窑炉，通过宣传电能替代政策和耗电功率调节，帮助用电企业节约能源成本，提供优质供电服务，树立“电窑炉替代”推广示范样本，打造绿色低碳的持续性管理示范项目，为用电行业可持续发展助力。

按照联合国2030年可持续发展的具体要求，与本项目进行结合，将其细化为具体评价指标，研究设定本项目目标，见表1。

表1　项目评价指标及预期目标

序号	联合国2030可持续发展要求	项目评价指标	目标值
1	到2030年，确保人人都能获得负担得起的、可靠的现代能源服务	节约用能成本	7000万元/年
2	到2030年，全球能效改善率提高一倍	热效率提升	电窑炉能源利用率由80%提升到99%
3	到2030年，所有国家根据自身能力采取行动，升级基础设施，改进工业以提升其可持续性，提高资源使用效率，更多采用清洁和环保技术及产业流程	改进工业水平，提升企业可持续性发展	提高玻璃液熔化率40%
4	到2030年，减少城市的人均负面环境影响，包括特别关注空气质量，以及城市废物管理等	增售电量	增加售电量5000万千瓦时
		以电代气	7.2亿立方米
5	到2030年，通过预防、减排、回收和再利用，大幅减少废物的产生	减少氮氧化物排放	二氧化硫年减排22.71吨 氮氧化合物年减排19.77吨
		减少二氧化硫排放	年减排7万吨

（三）项目主要做法

通过发展节能服务，切实做好“碳达峰、碳中和”的目标融入，充分了解客户的建设用能需求；首先完成电能替代项目的主体设备改造（新建）；再利用供电公司及其产业单位对电力能效分析、电力设施设备运维的专业优势，开展效能监测、能效分析、电力设施运维等综合能源服务业务；后期做好玻璃行业窑炉全寿命周期、更新换代深度改造的长期效能服务方案，实现与客户就经济效益增长达成共赢，实现环境可持续发展中碳排放目标超前完成，实现绿色低碳发展战略的精准落地。

1. 锐意进取，开展电能替代宣贯

2017年8月3日，在国网内江供电公司召开内江市工业燃煤（油、柴）锅炉窑炉电能替代改造工作推进会，由市发展改革委传达贯彻省级电能替代相关文件精神，安排部署市工业燃煤（油、柴）锅炉窑炉电能替代改造工作。市经济和信息化委、市环保局、市质监局相关负责人到场并讲话；国网四川省电力公司节能技术相关负责人宣讲电能替代技术；国网内江供电公司宣传电价政策。

采取多种措施组织实施市场化电量交易工作。成立了直购电工作联络小组，开展工作培训，保障各项工作“一体联动”。积极和地方政府联系，组织召开了内江市直购电试点工作座谈会，充分研究直购电试点的工作方案。创建“国网内江供电公司服务工业发展”微信群，方便多方交流和相关政策的快速宣贯，帮助电能替代企业充分认识电能替代市场化交易品种相关政策，助力落实优惠电价。

2. 注重策略，推动能源技术运用

电窑炉主要原理为以电能为热源。一般在窑膛侧壁安装碳化硅或二硅化钼电阻发热体，进行间接电阻辐射加热。熔制特殊玻璃的坩埚窑采用感应加热方式，靠在窑中及玻璃液中感应产生涡电流进行加热。池窑直接用窑内的玻璃液作发热电阻，可在玻璃液不同高度处布置多组和多层电阻，使玻璃液发热，并通过调节耗电功率控制温度。采用这种方式时，玻璃液面以上的空间温度很低，因而能量基本消耗于熔制玻璃和窑壁散热，没有烟气带走热量的损失和排放烟气时对环境的污染，热利用率高，并且无须设置燃烧系统和余热回收系统，进而减少耐火材料的损耗。电池窑可自动控制，管理人员少，劳动条件较好。玻璃电窑炉工作原理图和不同类型技术特点对比见图1、表2。

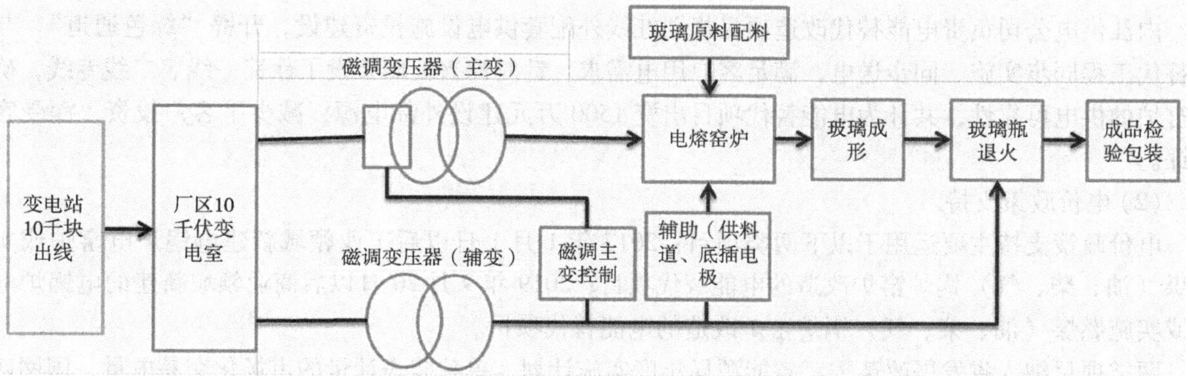

图1 玻璃电窑炉工作原理图

（1）环保推广策略：玻璃电窑炉技术实现零排放，不需要加装尾气处理装置，解决企业面临的一系列环保问题。

（2）技术推广策略：玻璃电窑炉技术成熟，属于一类具备节能效果的电能替代技术，后期运行维护费用低，且不需要换燃烧头。玻璃在高温时是一种电导体，熔融玻璃液含有碱金属钠、钾离子等，也具有导电性能，当玻璃窑炉的电极通过电流时，就会产生焦耳热进行玻璃熔化。电极有锡电极、钼电极、石墨电极等几类，根据不同的玻璃品质及种类选用不同的电极。

（3）电费推广策略：采用玻璃电窑炉技术替代传统燃煤、燃气玻璃窑炉，符合电能替代特殊输配电价政策执行范围，可有效降低企业运营成本。内江供电公司通过实地走访、咨询相关专家等形式，深入了解电窑炉工作原理和特点，向企业测算经济账、环保账、品牌账“三本账”，让企业对电窑炉改造从陌生到熟悉，从怀疑到信任。

（4）投资推广策略：玻璃电窑炉系统改造后的投资回收周期短，若企业一次性投资压力大，推荐企业采用合同能源管理模式进行节能改造。

表2 不同类型技术特点对比

性能	燃煤、燃气窑炉	玻璃电熔炉
热效率	35%~40%	80%~90%

续表

性能	燃煤、燃气窑炉	玻璃电熔炉
维护成本	设备占地大，检修成本高，人工运行成本高	设备占地小，检修成本低，人工运行成本低
改造成本	建设成本低，维护费用高	改造投入成本较高，但后期维护费用少
运行成本	费用高	费用低
环境影响	燃煤、燃气窑炉均有环境污染问题	零排放

3. 求真务实，多措落实替代政策

（1）电力供应保障。

国网内江供电公司为电能替代项目各项业务提供“省时、省力、省心”的供电服务，全力做好客户用电保障。为客户提供电能替代工程的政策咨询、业务受理、用电答疑、接电服务等全流程“一站式”服务。

内江供电公司负责电能替代改造项目规划红线外配套供电设施投资建设，开辟“绿色通道”，与客户替代工程同步实施、同步送电，满足客户用电需求。针对锦兴玻璃架设了徐锦一线、二线专线，确保电窑炉的供电可靠性，共计为电能替代项目出资 1500 万元建设外部电源，减少了客户投资，深受客户好评。

（2）电价政策支持。

电价政策支持主要运用于以下两类项目：2017 年 1 月 1 日以后工业领域新建电锅炉电窑炉或实施燃煤（油、柴、气）锅炉窑炉改造的电能替代项目；2019 年 9 月 20 日以后商业领域新建的电锅炉电窑炉或实施燃煤（油、柴、气）锅炉窑炉改造的电能替代项目。

两类项目纳入省发展改革委、省能源局年度实施计划，单独装表计量的市场化交易电量，国网四川省电力公司供区内电能替代项目输配电价按单一制 0.105 元/千瓦时（含线损）执行，并免收基本电费、政府性基金及附加，为企业降低了用能成本。

4. 运筹帷幄，推进综合能源服务

国网内江供电公司同步推进电能替代窑炉合同能源管理。充分了解客户的建设用能需求，充分发挥电力能效分析的专业优势，开展效能监测、能源托管等综合能源服务业务，帮助玻璃行业做好窑炉全寿命周期、更新换代深度改造的长期效能服务方案。

当好“电保姆”，提升客户用电体验，持续稳定地提升内江供电公司优质服务水平。通过“互联网＋营销服务”，依靠电网大数据的分析能力为客户提供效能监测，充分应用移动互联做好效能分析，联动电力市场化交易寻求合理的电能交易价格；通过“互联网＋配网运检”，运用智能运维新模式，有效提高供电业务的稳定和可靠性；不断通过技术保障等措施提升客户能源利用效率，节约用能成本。

5. 舆论宣传，持续推进电能替代

国网内江供电公司通过电话、上门走访、新闻媒体等方式向客户宣传电能替代的相关政策方针，截至 2021 年走访客户共计 100 余次，100 多篇新闻稿件被国家级、省级、市级等媒体转载报道，取得了良好的宣传效果。

三、实施效果

（一）经济效益

1. 锦兴玻璃陶瓷有限公司

四川锦兴玻璃陶瓷有限公司（以下简称锦兴玻璃）2018 年完成 60 吨玻璃液三通道单硫马蹄焰乳白

玻璃窑炉“气改电”电能替代技术改造，是四川首家“气改电”的大工业客户。

项目改造后，熔化1吨玻璃液用电960千瓦时，电费仅需336元，每吨可节约成本60元，按年熔化玻璃液2.2万吨计算，每年可节约用能成本132万元，每年可节约环保治理费126万元，耐火材料年费用仅100万元，减少成本350万元。

企业使用电窑炉每年可节约生产成本608万元，预计6~8年收回投资成本。2019年5月29日第二个“气改电”窑炉点火成功。

2. 内江华原电子材料有限公司

内江华原电子材料有限公司自2018年将原140吨天然气玻璃窑炉拆除后，新建240吨电窑炉，增加供电容量3600千伏安，年用电量1400万千瓦时。热效率达到90%，大幅度提高了玻璃液熔化率20%~40%，减少玻璃瓶废品的产出13‰，产品合格率增加5%。2021年，二期工程新建240吨电窑炉，增加供电容量3800千伏安，年用电量1600万千瓦时。华原电子2018—2021年电能替代投入和节约情况见图2。

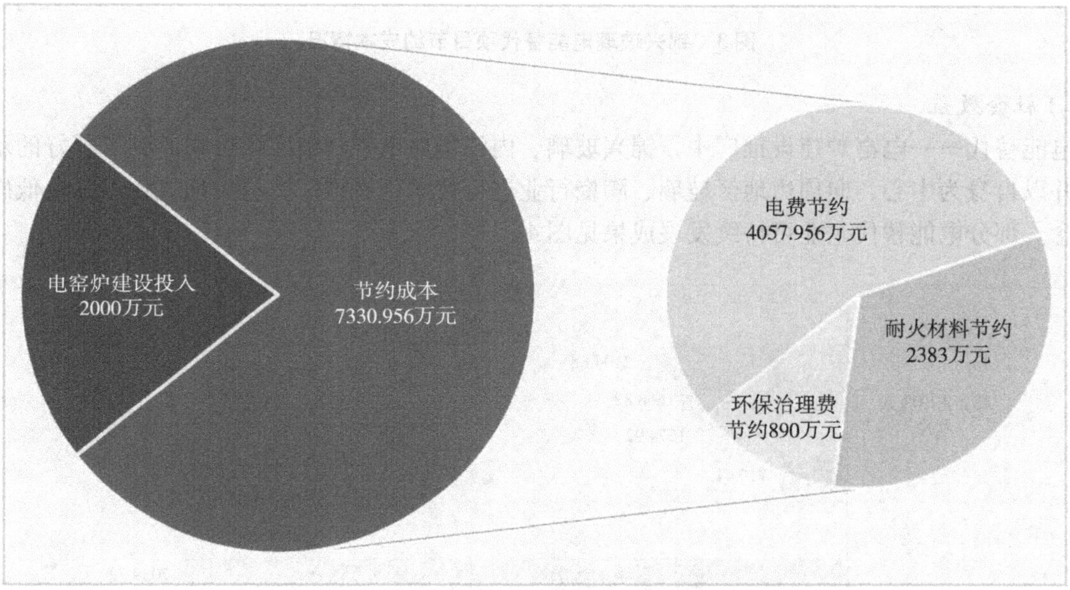

图2　华原电子2018—2021年电能替代投入和节约情况

3. 国网内江供电公司

2018—2021年，内江供电公司新增电窑炉电能替代配电容量合计22544千伏安，电能替代电量20087.82万千瓦时，增加售电收入6065.03万元，实现了与客户在经济效益增长达成共赢的局面。

（二）环境效益

2018—2021年，内江地区电能替代企业减少锅炉供热50.3蒸吨，合计消纳四川省富余电量20087.82万千瓦时，节约年标煤56823吨，减少二氧化碳年排放152692吨、二氧化硫年排放521吨、氮氧化合物435吨，为防治大气污染起到了积极作用。

锦兴玻璃作为全省第一家改造完毕的窑炉“煤改电”项目，为玻璃企业起到了示范引领作用。中央第五环境保护督察组对四川省环境保护工作给予充分肯定。锦兴玻璃电能替代项目节约成本情况见图3。

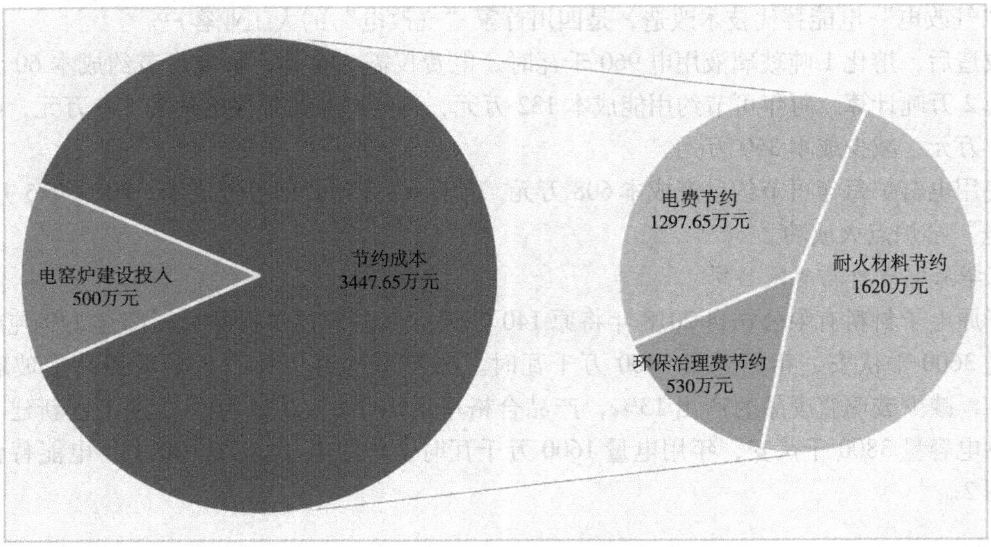

图3　锦兴玻璃电能替代项目节约成本情况

（三）社会效益

在电能替代——电窑炉建设推广中，锦兴玻璃、内江华原电子材料有限公司起到了很好的示范带头作用，并以自身为中心，向周边地区玻璃、陶瓷行业进行技术延展推广，有力地宣传了绿色低碳可持续发展理念。部分电能替代企业可持续发展成果见图4。

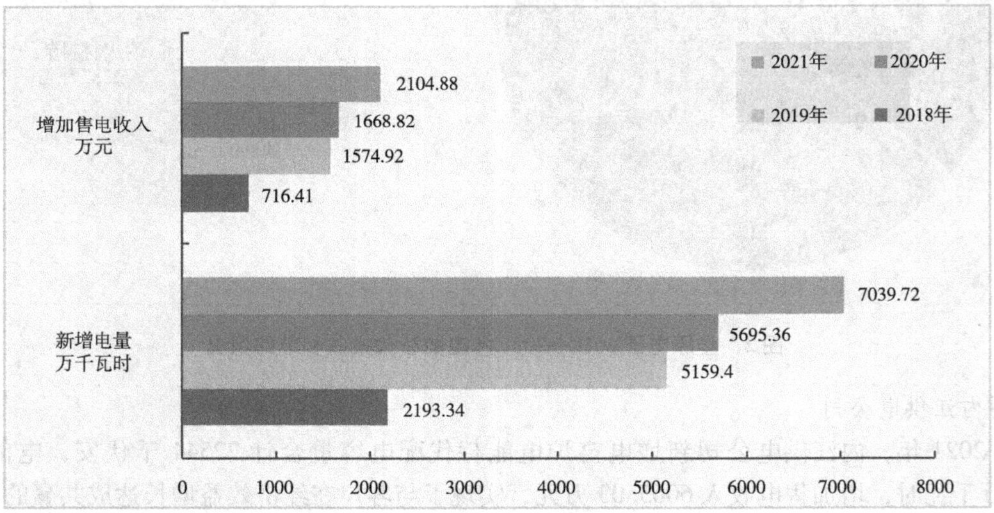

图4　部分电能替代企业可持续发展成果

截至2021年12月，作为全省第一家改造完毕的窑炉“煤改电”电能替代企业的锦兴玻璃共接待参观电窑炉生产的省内外相关行业客人50多批次，已完成新建或改造企业6家。另有7家玻陶企业正在计划中，预计增加年售电量2.1亿千瓦时。

主创人：游俊刚、胡春华、许　飞、瞿　鹏、白恩铭

氢能综合利用助力钢铁企业绿色发展

河钢工业技术服务有限公司

一、企业概况

河钢工业技术服务有限公司（以下简称河钢工业技术）是河钢集团一级全资子公司，成立于2018年。河钢工业技术按照河钢集团“以钢铁为基础的材料解决方案服务商和工业体系综合服务商”转型升级战略部署，依据服务主业、支撑主业、反哺主业的发展原则，围绕国家战略性新兴产业布局，立足钢铁上下游产业链进行布局延伸，以新能源、高端装备制造、节能环保、新材料四大业务板块作为重点发展方向。四大业务板块主要包括以下内容。

（一）新能源板块

以氢能产业为龙头，实现制氢、储氢、运氢及氢燃料电池和氢能重卡的全产业链布局，打造京津冀氢能产业集群，逐步实施氢能资源整合、装备制造、渠道建设及应用分析。同步实施风、光发电布局，成为国家新能源重要产业基地和典范。

（二）高端装备制造板块

以冶金装备、工业机器人、装配式住宅生产线、高端轴承、土壤治理专用设备等高端装备制造为主，实现集团智能装备产业转型升级。

（三）节能环保板块

建立能源利用的监测、评估、提升等服务平台；对水土大气污染进行监测和修复，布局环境质量、污染源和在线监控领域。

（四）新材料板块

以粉末材料为切入点，首先推出铁基粉末材料，逐步搭建高温合金、钛合金、铝镁合金粉末产品线，成为国内领先的增材制造金属粉末材料生产商。

二、主要措施

（一）市场环境

1. 国家战略

在全球能源领域大调整、大变革，以及我国加快推进转变经济发展方式的时代背景下，构建“安全、低碳、清洁、高效”的能源体系，推动能源发展方式转型，是国家能源战略的主要方向。

2020年9月22日，国家主席习近平在第七十五届联合国大会一般性辩论上正式宣布：我国二氧化碳排放力争于2030年前达到峰值，努力争取2060年前实现碳中和。中共中央、国务院发布的《国家创新驱动发展战略纲要》指出，党的十八大提出实施创新驱动发展战略，强调科技创新是提高社会生产力和综合国力的战略支撑，必须摆在国家发展全局的核心位置。

战略性新兴产业是以重大技术突破和重大发展需求为基础，对经济社会全局和长远发展具有重大引领带动作用，成长潜力巨大的产业，是新兴科技和新兴产业的深度融合。战略性新兴产业是创新驱动发展的典型，政府需要持之以恒地大力支撑，企业需要不遗余力地实施。

2. 河钢集团的现状

河钢集团作为世界最大的钢铁材料制造和综合服务商之一，以“建设最具竞争力钢铁企业”为愿景，致力于为各行各业提供最具价值的钢铁材料和工业服务解决方案。目前，河钢集团已经成为中国第一大家电用钢、第二大汽车用钢供应商，中国核电、海洋工程、建筑桥梁用钢领军企业，在MPI中国钢铁企业竞争力排名中获“竞争力极强”最高评级，是世界钢铁协会会长、中国钢铁工业协会轮值会长单位。按照“以钢铁为基础的材料解决方案服务商和工业体系综合服务商”转型升级战略部署，河钢集团积极推动集团能源结构调整，在新一轮能源战略调整和新能源技术变革中，明确将氢能综合利用作为改革突破口，加快谋划新能源产业布局。以节能优先、结构优化、绿色低碳、技术引领为发展方向，从氢冶金、氢能物流、氢气制备、涉氢装备制造、核心技术开发等方面入手布局新能源产业，为河钢集团高质量发展提供新动力和新动能，为京津冀地区绿色发展提供示范和引领作用。

通过建设“气站车一体化”发展模式，走“柴改氢”发展道路，最终实现能源清洁化和绿色产业高质量发展，是河钢集团顺应全球能源革命大势的重大战略选择。河钢集团实行“柴改氢”战略具备得天独厚的优势。其一，河钢集团焦炉煤气提纯氢气产能每年达16亿标准立方米，拥有充足的氢气供应资源及丰富的制备经验；旗下的汽运管理平台，注册近5万台各类重载运输车辆，具备广阔的氢能应用场景和强大的平台运营优势。其二，河钢集团是全球顶尖的钢铁材料制造商，拥有专业的钢材研发机构，能为氢能全产业链上的关键部件及核心材料提供极具市场竞争力的高质量产品。其三，河钢集团作为具备社会责任感的大型企业，“柴改氢”与河钢集团保护环境、绿色引领的社会使命不谋而合。

（二）战略引领

1. 顶层设计

围绕氢气制备、氢能利用、核心材料等领域，河钢集团积极发挥产业及技术优势，与国内外权威氢能机构、企业及行业联盟开展创新合作、技术攻关，探索氢能可持续发展模式。通过积极创造条件，建立协同创新、共促发展的长效运行机制，打造最具竞争力和影响力的氢能应用研究和科技成果转化平台。河钢集团先后与佐治亚理工大学、帝国理工大学、昆士兰大学、哈尔滨工业大学、东北大学、中国工程院、中国钢研科技集团、国际氢能联盟、中国氢能联盟等顶尖院校和研究机构寻求合作，共同开发氢能核心技术，申请国家、省市氢能科研课题，筹建氢能研究院及实验室。河钢集团作为“中国氢能源及燃料电池产业创新战略联盟”副理事长单位，与联盟内顶尖氢能专家一起，共同编制了《中国氢能产业发展白皮书》和《氢能平价之路》等报告，从国家顶级层面指导中国氢能产业的发展方向，为我国氢能产业发展提供了技术保障，明确了产业路线。

2. 创新中心

2019年，河钢集团联合中国工程院战略咨询中心、中国钢研集团、东北大学共同成立了“氢能技术与产业创新中心”。该中心将以氢能产业化应用和钢铁产业价值链延伸为主线，聚焦京津冀、辐射国内外，成为京津冀地区最具代表性和示范性的绿色、环保、可持续能源的倡导者和实施者。河钢集团联合中心专家，配合河北政府完成了《河北省推进氢能产业发展实施意见》《河北省氢能产业链关键核心技术》《氢能产业链技术创新2020年科技项目申报指南》《河北省2021年度氢能（光伏）产业项目指南》等产业政策文件的编制，广泛参与河北地区氢能产业发展的顶层设计。

通过对京津冀地区氢能现状的系统调研和总结，根据集团自身的资源禀赋，2021年3月，河钢工业技术牵头制定了河钢集团氢能“十四五”规划，明确了以“氢能全产业链的平台化商业运营示范”为目标，全面推进“一院（中心）、一平台、十基地、三十站、万台车”项目，落实河钢氢能产业发展规划，助推构建低碳社会。

（三）示范项目落地

河钢工业技术作为集团氢能战略的实施主体，逐步实施加氢示范站建设及氢燃料电池重卡物流运输一体化示范项目。示范内容包括利用现有制氢产线生产氢燃料电池用氢气、加氢站建设、氢燃料重卡示范运行。

1. 制氢项目的推进

2022 年，河钢集团批复了河钢工业技术在唐山市海港开发区建设焦炉煤气提纯氢气项目。以唐山佳华煤化工有限公司焦炉煤气为原料，通过预净化、螺杆压缩、脱硫、预处理、往复压缩、变压吸附提氢、脱氧、深度脱硫、干燥的工艺方法提取氢气。氢气通过压缩机加压后，充装至长管拖车外售，或通过输氢管道输送至加氢站等用户点。解析气通过管道送至下游（唐山佳华煤化工有限公司）作为燃料。该项目投产后年产氢气 7200 吨，可满足近 700 辆氢能重卡氢气加注需求。制氢工艺路径见图 1。

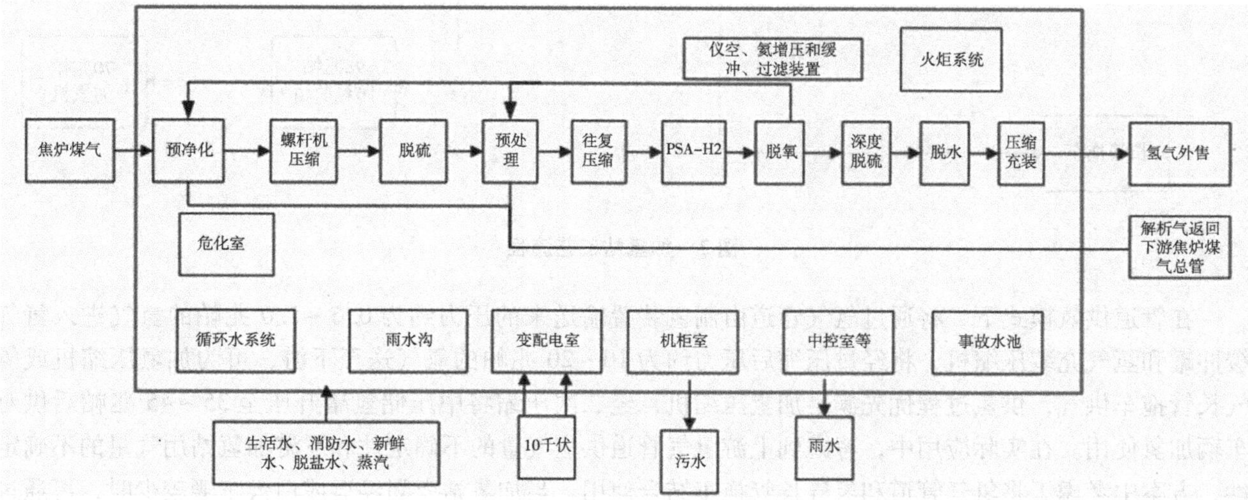

图 1　制氢工艺路径

2. 加氢站建设运营

该项目内容包括：在厂区内部新建两座 500 千克/天固定式加氢示范站，加氢站为 35 兆帕和 70 兆帕双压力设计，能够满足不同压力的氢燃料重卡、客车及物流车加氢需求，供氢方式为管道输送和长管拖车供氢两种模式。设定示范运行场景，通过道路图谱采集等方式针对厂区运行场景的特点，协助整车企业和燃料电池企业共同开发重卡车型并对车辆功率、储氢量优化配置开发适用的氢燃料重卡。两座加氢站分别于 2020 年、2021 年建成运营。

加氢站主要设备包括卸车、充装柱、充装压缩机、加氢压缩机、储氢罐（20 兆帕和 45 兆帕）、长管拖车（20 兆帕）、顺序控制阀组、加氢机、站控及电气系统，冷水机组及氢气放空系统等。可实现为氢气长管拖车充装和为燃料电池汽车加氢两大功能。燃料电池汽车加氢的氢气供应模式为管道供氢和长管拖车供氢双气源模式，见图 2。

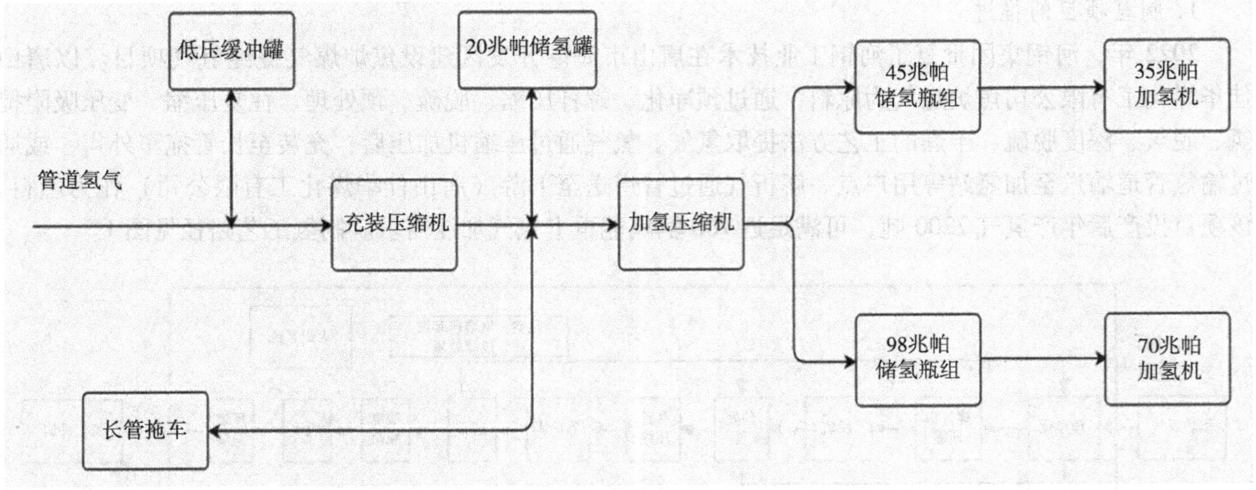

图 2　加氢站工艺流程

在管道供氢模式下，将通过氢气管道由制氢装置输送来的压力约为 0.6～1.0 兆帕的氢气进入氢气缓冲罐和氢气充装压缩机，将经过压缩后压力约为 10～20 兆帕的氢气送至下游，可为加氢压缩机或氢气长管拖车供气，供氢过程优先满足加氢压缩机，经二次压缩将中压储氢罐升压至 35～45 兆帕后供对车辆加氢使用。在实际应用中，考虑到上游氢气管道供应气量的不确定性和下游加氢站用气量的不确定性，方案中考虑了将氢气管道和氢气长管拖车结合使用。当加氢站夜间停运或白天车辆较少时，可通过充装压缩机系统，将管道氢气压缩后在氢气长管拖车中储存。当白天车辆较多时，将长管拖车中的氢气卸至高压压缩机入口。

在长管拖车供氢模式下，通过现场设置的两个氢气长管拖车车位及充装卸车柱，将长管拖车内满载压力约为 20 兆帕、容量约 350 千克的氢气卸到加氢压缩机入口，增压后送至储氢罐储存，也可通过管线直接进入燃料电池车辆进行加注。当长管拖车内压力降至约 5 兆帕时，加氢压缩机效率降低，此时经过调压阀先将长管拖车内的氢气压力降为 0.6～1.0 兆帕，再输送至充装压缩机入口的氢气管道，经充装压缩机和加氢压缩机共同加压，为站内储氢罐升压。

当有车辆加氢时，氢气通过加氢机对车辆进行加注。加氢机主要包括压力传感器、温度传感器、过压保护、软管拉断裂保护及加氢控制系统等功能，单车加注时间约为 5～10 分钟（根据车辆余气压力、气瓶容量及站内储罐压力有所变化）。此外，加氢站预留 70 兆帕加氢系统所需场地和设备能力。

（四）开辟氢燃料商业化运输线路

1. 加氢站及氢能重卡联合示范运行

2020 年，河钢唐邯加氢站建成投产，实现 49 吨重载牵引车、31 吨自卸车及箱式物流车同步稳定示范运行。该站是国内第一座钢铁企业建设的固定式加氢站，实现 49 吨氢燃料电池重卡第一次投运，服务于工业企业。2021 年，河钢唐山加氢示范站建成运营，实现了国内首例 49 吨氢燃料电池重卡的商业化运营，构建了真正意义上的绿色、可循环的工业生态运输体系，为京津冀地区乃至全国提供了绿色物流解决方案。

2. 商业化线路的开辟

2022 年河钢集团以氢能全产业链布局和运营为出发点，搭建新能源产业智能管控平台，将氢燃料重卡运输产业链各环节的钢厂、整车企业、燃料电池企业、供氢系统企业、制氢工厂、加氢站、物流企业统筹协调，通过构建运输线路→倒推成本核算→组建运营单元的基本逻辑，在产业链上下游企业的集体贡献和通力协作下，这一氢燃料重卡商业化运营路线成为可能。通过平台化、智能化和产业综合化运营，提高氢能产业链推广实施的经济性和可推广性。

河钢工业技术创新新能源运输业务营销模式，建立了多元化的经营模式，与亿华通、未势能源、北汽福田、长城汽车、宇通汽车等优质企业建立战略合作，建立产业联体，共同为客户提供一站式定制化新能源运输解决方案。目前已在唐山地区累计推广运营5条氢能重卡运输专线，运营80辆49吨氢能重卡，已累计加氢314.7吨，行驶里程267万千米，平均氢耗11.8千克/100千米，二氧化碳减排约7500吨，颗粒物减排72吨，完成新能源运输总量230万吨。

三、实施效果

（一）降碳减排效果

截至2022年，河钢工业技术共计开辟氢燃料重卡运输专线5条，投入运营氢燃料重卡80台，主要服务于邯钢厂内板坯、渣料倒运，唐钢煤炭、焦炭运输，以及滦县（2018年9月撤县建市，称滦州市）唐钢美锦焦炭运输、研山铁矿铁精粉运输、佰工钢铁铁精粉运输。截至目前已累计加氢314.7吨，行驶里程267万千米，平均氢耗11.8千克/100千米，二氧化碳减排约7500吨，颗粒物减排72吨，完成新能源运输总量230万吨。

（二）管理模式创新及经济效益

加氢站在运行过程中逐步完善站内各项标准化作业和安全生产规范，期间输出的“加氢站标准管理体系的建设与实施”获得“2021年（第二十八届）省级三等企业管理现代化创新成果”；“加氢站标准化管理体系创新”获得“2022年（第二十九届）省级三等企业管理现代化创新成果”。在加氢站安全管理方面，建立基于定性与定量分析相结合的安全风险分级管控与隐患排查治理双重预防工作机制，实现清单化、信息化、科学化的安全管理模式。

通过上述管理模式创新，不仅解决了加注过程时间过长、速度过慢的问题，把平均加注时间节约了10分钟，由管理改善前的每天25辆氢能重卡提升到每天加注30辆氢能重卡。还通过运用矩阵图对氢气损耗进行监控，通过加氢站技术革新、制度优化等手段，在安全的前提下将氢气损耗降低6%。综合加注时间、车辆运营效率每年可实现619.2万元的经济效益。

（三）借鉴及推广

加氢站的平稳、经济运行是氢能车辆推广运行的基础，河钢工业技术通过对加氢站运行的精细化管理和技术改进，实现了加氢站运行氢气损耗的持续降低，由最初的18%氢气损耗降低到了5%以下，极大提高了加氢站运行的安全性和经济性。通过与燃料电池企业、整车厂的协同合作，优化不同运营场景的车辆控制策略和参数匹配，实现了氢能车辆运行氢耗的逐步降低，增加了车辆运行的经济性。整合氢气供给、加氢站和氢能车辆运行经营和数据，建立了一套氢能车辆推广经济测算模型，根据运营场景情况，可快速输出车辆推广方案和相关经济指标。通过产业链的整合，可以快速实现氢能车辆的商业化推广运营，最终实现脱离氢能补贴政策后该模式仍能持续发展。

河钢工业技术通过两年多氢能“制、储、运、加、用”全产业链的综合应用、运营，积累了丰富的氢能推广经验，完全具备了氢能配套设施建设运营、绿色智慧物流总包式解决方案的技术输出能力，先后与河钢集团内部5家子分公司，集团外部的津西钢铁集团、东海钢铁集团、旭阳焦化、中溶科技等10余家企业达成了氢能战略合作或提供绿色智慧物流总包服务协议的签订。

主创人：吉洪潮、陈　波、何　江、韩　冬、孙　铄

通信基站机房智能节能装备

湖南恩杰康科技有限公司

一、企业概况

湖南恩杰康科技有限公司（以下简称公司）于2019年11月在长沙高新区注册，是专注于通信节能技术研发、生产、营销及服务于一体的高新技术企业。有研发及技术人员11人，其中教授级专家5名，技术领域涵盖通信工程、电子信息、智能控制、电气工程、软件设计等，是通信节能领域拥有丰富经验的研发创新团队。授权发明专利1项，现实审发明专利4项，授权实用新型专利6项，授权软件著作权5项。通过了ISO质量管理、环境管理及职业健康安全管理ISO三体系认证及年审。公司主要以合同能源管理商业模式运营服务于中国三大通信运营商及中国铁塔通信机房的节能服务及改造，提供综合性节能解决方案。

公司自成立以来，深耕于应用环境复杂、技术要求和定制化程度高的通信机房节能监控自动化领域。作为通信机房智能节能解决方案的供应商，公司与高校紧密合作，整合双方优质资源，运用以自主知识产权为核心的硬件技术和信息化技术及手段，为通信运营商、运维部门提供实时动态机房能耗监测、设备时间管理、设备控制、运维管理等解决方案。以5G物联网、大数据、人工智能等技术为支撑，为通信运营商提供专业的节能解决方案及综合服务，致力于成为通信行业优秀的综合节能供应商。

二、主要措施

5G作为支撑经济社会数字化、网络化、智能化转型的关键新型基础设施，成为“新基建”的“排头兵”。5G网络在带来更高的速率、更宽的带宽、更低的延迟的同时，机房功耗增加不可避免。根据全球移动通信系统协会（GSMA）的预测，在当前运营场景上升级支持5G网络至少需要增加140%以上的能源消耗。根据通信网络及使用终端的发展，在较长一段时间内，5G网络将与存量的2G、3G、4G网络并存，能耗只增不减将会是运营商大规模部署5G网络不得不面临的棘手问题。

在倡导绿色低碳发展的大背景下，节能降耗、提升网络能效是未来移动通信行业可持续发展的必经之路。目前，5G机房总体能耗主要集中在基站、传输、电源和机房空调四部分，其中机房的电费支出占整体网络能耗的80%以上。运营商如何降低机房的运营能耗，进一步降低运营成本成为越来越迫切的问题。但当前运营商在面对新机房建设和机房维护的问题上，仍存在附属设备长时间甚至24小时运行缺乏能耗管理导致能耗过高，庞大的通信机房数量因基地分布范围广、地形复杂等一系列原因导致运维难度大的问题，所需的节能减排降耗成本明显高于普通行业。

中国移动于2021年5月率先发布《绿色5G倡议书》，计划降低机房能耗25%，其他各运营商也积极跟进，共同探索物联网、大数据和云计算先进技术。我国5G建设已有近4年时间，5G机房数量规模累计开通数量超过231万座（2022年新增88.7座），已建5G机房数占全球比例超过60%。2020年中国5G机房碳排放量高达2799万吨，5G机房总体能耗主要集中在基站、传输、电源和机房空调四部分，其能耗包含主设备能耗（BBU和AAU）占46%，空调能耗占46%，配电和其他能耗占8%。目前运营商主要采用网络架构重构、供电模式优化、温控智能调节等减碳手段，推动能源数字化，降低单位信息流的能耗。

公司基于新一代信息技术与环境节能技术应用，在设计和生产保持技术先进性的前提下制定评价标准——《绿色设计产品评价技术规范 通信基站智能节能装备》，从绿色制造标准体系绿色产品的“绿色产品设计”“产品能效”和“利用清洁能源”三个中心去探索机房节能装备的环境友好性、资源节约性和能源节约性，完善细分领域行业绿色产品设计评价标准。

在标准建设上，从“智能节能”和“绿色运维”两个维度指导行业企业电信机房环境节能技术和节能装备的绿色发展方向，推动相关地方标准制定，推进机房的能耗采集、能耗管理、能耗分析一体化管理标准化，降低电力能源消耗达到50%以上，改进节能机房的管理薄弱环节，大幅降低机房运维人员的上站次数和劳动强度，节约大量人力、物力和能源，对整个通信行业降低机房的运营能耗方面来说具有重大的社会和经济效益，促进国家低碳节能战略“碳达峰、碳中和”目标下能源数字化，促进通信业低碳节能减排目标的实现，共同构建零碳智能的社会。

在绿色低碳节能技术上，公司自主研发的通信机房智能节能系统（EGC）解决方案是在满足通信机房内通信设备正常工作环境要求前提下使用的，一是通过智能节能子系统控制从室外引进有效冷源，与室内热源进行交换，降低室内温度以节省电费；二是精准、高效控制空调输出，从而大幅减少运行时间实现节能；三是采用户外5G一体化机柜节能新产品和原有机柜高温改造，实现环控、数据上传、远程告警处理、视频监控、四遥等。该智能节能系统还具有通风节能、精准导热、风光互补、储能等辅助节能功能，配合分路计算采能子系统和“EGC综合能源管理云平台”“EGC微信管理小程序”“第三方能源监控平台”等远程管理子系统，全面实现对通信机房环控设备（空调、节能系统）实现遥信、遥测、遥控，故障远程预警、分项能耗采集、能耗数据分析及管理等智能节能功能。

公司组建了以创始人蔡立、彭卫文，首席专家姚志强，技术专家张英杰、谭平安，盛孟刚、曾菊阳、高攀等高端科研与管理人才为核心的中青年科研团队。公司团队成员共21人，其中研发及技术工程人员11人，均为本科以上学历，研究领域涵盖节能控制、电气工程、通信工程、软件设计、电子及仿真等方向，是在通信节能及标准化领域拥有丰富经验的创新团队。

在科研平台与成果上，公司一边全力建设自研技术平台，一边依托湘潭大学、湖南大学两家省内一流大学科研资源，以“先进通信技术省重点实验室”“智能计算与信息处理重点实验室”“湖南大学工业节能控制与评估研究所”“智能制造湖南省高校重点实验室”“过程工业智能排程与能源优化调度，湖南省产学研合作示范基地”等科研平台为支撑。公司组建的核心团队拥有“典型场景通信机房能耗模型研究”“面向通信企业节能降耗的机房能耗控制的集成智能理论与方法研究”“电信行业节能降耗的整体战略与若干关键能耗控制”“通信机房节能降耗关键技术、成套装置及其工程应用”“面向绿色通信的基站基准能耗建模及其应用”“基于指令替换技术的单片机仿真系统”等诸多国家级、省级科研成果。公司自成立以来，深耕于应用环境复杂、技术要求高、定制化程度高的通信机房节能监控自动化领域，作为通信机房智能节能领域解决方案的提供商，通过与高校的紧密合作，整合双方优质资源，运用以自主知识产权为核心的硬件技术和信息化技术及手段，为通信运营商、运维部门提供实时动态基站能耗监测、设备时间管理、设备控制、运维管理等整体解决方案。

公司专注于通信机房智能节能终端、控制器和云管理平台的技术研发和市场营销。产品经过设计、样品测试，检验合格后按照产品规范、标准及要求委托外包加工，验收合格，公司项目经理现场监督外包团队安装、调试、交付及运营。公司商业模式以合同能源管理为主，中标合同以执行项目的交付良好效益为运营目的，公司研发设计、测试、委外加工（按照公司技术和功能要求）、委外安装（按照公司安装技术规范和安全要求）、调试、交付及运行、售后、维修维护等全生命周期的技术咨询及服务全部投入，通信运营商零投资，零风险。公司与通信运营商按照约定的比例，共同分享实际的节能效益，一般与客户签署服务合同执行期限为5年，合同执行期内，公司通过云管理平台实时监控所有机房的设备功率、内外温度、湿度、耗电量、设备故障及报警等运行状态，及时反馈并及时检修恢复机房设备正常运行，这不仅解决了运营商在设备故障处理上疲于奔命而效果不佳的苦恼，更解决了运营商运维难度大、人工成本高的痛点问题，通过降低通信机房能耗，节约不可再生能源，保护生态环境，实现绿色通信。随着中标及交付项目的积累，公司云管理平台海量数据量，为后续公司自身和运营商对大数据的挖掘与分析提供强有力的支撑。

公司目前已中标、已交付或在交付的合同有常德联通、湖南移动、永州联通、长沙铁塔节能服务项目等，已交付部分项目经客户验收均达到良好的节能效果，得到了客户认可，口碑良好。公司自 2019 年 11 月成立以来，不断加大在研发方面的投入，2020 年营收 237.53 万元，研发费投入 112.78 万元，2021 年营收 1032.79 万元，研发费投入 224.18 万元，2022 年营收 2665.07 万元，研发费投入 273.76 万元，因连续多年重视研发投入，公司才扭亏增盈。目前公司主要客户有中国移动、中国电信、中国联通三大电信运营商和中国铁塔集团。随着公司经营和发展需要，引进新股东一名充实公司资本及现金流，为后续公司永续健康发展奠定基础。公司还在标准化研究、产品绿色设计标准、团体标准制定等方面做了实质性而富有成效的工作，得到了湖南省市场监督管理局、湖南省工业和信息化厅、湖南省科技厅的大力支持和认可，为公司在未来的市场竞争中占得先机，为国家绿色低碳及碳中和目标做出贡献。

三、实施效果

在绿色产品标准推进支持政策上，湖南省各市、区制定了加强自主创新促进产业高质量发展若干政策。园区企业参与国际标准制（修）订且为起草或编制单位，参与国家标准、行业标准、地方标准、团体标准制（修）订且为起草或编制单位的均有相应资金补助，大力鼓励企业参与标准制（修）订，支持企业开展标准化建设。2021 年，公司与湘潭大学、湖南大学开展产学研校企合作，致力于通信行业综合节能解决方案和应用技术的研究，与湘潭大学姚志强教授及团队合作开展了“通信机房智能节能系统标准化研究”项目，与湖南大学张英杰教授共同合作开展了“通信基站节能系统关键技术研发与产业化”项目，具有深厚的标准化工作基础。

在绿色制造体系建设上，公司依照《绿色制造标准体系建设指南》和《工业和通信业节能与综合利用领域技术标准体系建设方案》指导方向，参照《生态设计产品评价通则 GB/T32161－2015》，建立健全生态设计产品标准化体系，完善绿色设计产品—通信机房智能节能装备的生产设计企业标准和评价标准，并于 2023 年推广上升为行业或地方标准。

在绿色设计产品应用推广上，目前，公司已中标的三大运营商及铁塔的通信机房节能服务项目，长期稳定运行，客户反馈节能装备应用效果良好。案例说明如下。

项目名称：中国联通常德市分公司基站空调节能项目。

中国联通常德市分公司机房空调节能项目可服务基站约 53 个，现通过运营商抽样评测及验收，节能服务使用报告显示，节能效果显著，平均节能率 75%，得到了运营商认可。

节能减碳量（折节标煤 吨/年）：按 1 个机房平均节电约 8525 千瓦时/年，依据电力折标系数按 310 克标准煤/千瓦时计算，可实现节省标煤 2.64 吨/年，预计实施期内可节约标准煤 699.6 吨。

经济和社会效益：常德联通机房空调节能项目实施以来，经过运营商抽检核验年平均节能率 75%，为上下游供应商企业新增利润 30 万元，新增税收 0.9 万元，同时为通信机房“智能节能”与“绿色运维”做出了贡献，取得较好经济和社会效益。实施周期即节能效益分享期为 60 个月（5 年），预估投资回收期 1.5～2 年。

项目名称：湖南移动机楼、机房及基站合同能源管理项目。

湖南移动机楼、机房及基站合同能源管理项目服务基站约 120 个，现通过运营商抽样评测及验收，节能使用报告显示，平均节能率 50% 以上，节能效率良好，得到了运营商认可。

节能减碳量（折节标煤 吨/年）：1 个基站平均节电约 8525 千瓦时/年，依据电力折标系数按 310 克标准煤/千瓦时计算，可节约标煤 2.64 吨/年，预计实施期内可节约标煤约 1584 吨。

经济和社会效益：湖南移动合同能源管理节能项目实施以来，经过运营商抽检核验年平均节能率50%以上，节能效果明显，为上下游供应商企业新增利润60万元，新增税收1.8万元，同时为通信节能减排与绿色运维做出了贡献，取得较好经济和社会效益。实施周期即节能效益分享期为60个月（5年），预估投资回收期1.5~2年。

根据机房节能实践数据报告表明应用公司通信机房智能温控节能装备的机房前后能耗对比，单个机房平均节约电能约1.5万千瓦时/年，节能效率平均达到50%，节约电费支出约1.1万元。因此，若是推广行业30万座节能机房，预计每年可节能45亿千瓦时，节约电费33亿元，依据节约1度电等于减排0.997千克二氧化碳，约等于每年减少448万吨二氧化碳排放，具有巨大的减碳市场，为我国通信行业通信基站绿色低碳发展提供了技术支持和产业化支撑。

主创人：蔡　立、彭卫文、袁维炯、辜　翌、陈海平

绿色低碳数据中心创新实践

华信咨询设计研究院有限公司、中联云港数据科技股份有限公司

一、企业概况

（一）华信咨询设计研究院有限公司

华信咨询设计研究院有限公司（以下简称华信设计）成立于1984年，经营范围涵盖通信和建筑工程勘察设计、工程总承包、技术咨询，建筑智能化、装修装饰工程，计算机信息及通信信息网络系统集成，招投标代理和企业管理咨询等。

华信设计以咨询规划为引领，提供包括建筑设计、建筑智能化、信息通信基础网络规划设计及与以上对应的工程总承包，信息化统一解决方案、云工程服务一体化解决方案服务及招标代理一站式服务。华信业务覆盖信息通信、建筑、电力、交通、医疗卫生等十几个行业，是国家多部委、地方政府及行业内企业信息化建设的重要咨询服务单位。

（二）中联云港数据科技股份有限公司

中联云港数据科技股份有限公司（以下简称中联数据）是专业的云网融合数据服务商，致力于为客户提供云网融合的数字化基础设施服务。公司拥有高新技术企业、全网增值电信业务经营许可证等多项专业认证与经营资质，是国家一级IP地址分配机构，先后被授予“北京市企业技术中心”“北京市‘专精特新’中小企业”“北京市专精特新‘小巨人’企业”等荣誉称号。

中联数据始终坚持创新驱动发展，持续开展技术创新和研发投入，为给客户打造安全、高效、可信赖的数据中心服务提供体系保障。未来，中联数据将紧跟国家“东数西算”和“双碳”战略规划，进一步聚焦绿色数据中心建设运营及云网融合数据服务，拓展资源覆盖，满足客户的数字化需求和迭代升级。

二、主要措施

（一）企业绿色低碳发展所处的市场生态与资源环境

华信设计拥有一支高水平、高素质的专业人才队伍。公司员工总数约1900人左右，其中硕士比例超过35%，拥有多名博士、教授级高工、享受国务院政府特殊津贴的专家。

近年来华信设计围绕国家“部署加快推进信息网络等新型基础设施建设，推动产业和消费升级”发展战略，以新基建和“双碳”中的数据中心为抓手，围绕“无忧、快捷、绿色、专业、平衡”五大核心理念，充分发挥公司多专业融合的优势，完成了大量的数据中心咨询、设计，打造了一系列业内的标杆，如亚洲最大的中国电信云计算内蒙古信息园、亚洲最绿色的中国银行和林格尔创新科技园，以及亚洲最美的千岛湖数据中心。同时，公司积极转型，大力提升工程总承包能力，由设计公司向工程公司转型发展，已经建立了完善的工程总承包管理、组织体系，仅2021年就承接了包括中国电信青海公司省级数据中心、中国电信陕西云基地、甘肃酒泉云计算（大数据）中心等工程总承包项目，发展成为新基建和“双碳”领域的国家队。

中联数据紧跟技术的发展以及客户的需求变化，积累沉淀，在数据中心规划、网络运维、数据服务等方面获得客户的支持信赖，并建立了长期稳定的合作关系，为公司的可持续发展奠定了坚实基础。在京津冀、山西、内蒙古等地区管理运营8座数据中心，机柜总数超过6万架，位居行业前列。

在碳中和的目标下，华信设计和中联数据从企业层面将可持续发展能力从低碳发展能力、企业责任

担当、公司治理能力等维度来思考，依据相国家政策，结合自身经营发展情况，设定碳中和目标，制定科学的减碳路线，将节能、减碳等多种举措进行整合，落实到每一个项目中。

（二）企业绿色低碳发展战略的制定与解决方案

应对“双碳”的机遇和挑战，数据中心企业需要从价值链和业态分析入手，制定目标并明确企业自身碳中和工作的范围，需要在务实的底层逻辑之上推演顶层设计。华信设计和中联数据的技术团队充分认识到数据中心碳中和就是在确保数据中心功能和安全标准的同时，从供能侧、用能侧、碳抵消侧和上下游供应链等维度着手，采用多种可持续能源供应方式、全生命周期绿色数据中心技术应用等手段，实现数据中心碳中和最终目标。

数据中心绿色低碳节能是一个系统工程，包括国家政策、商业模式、节能技术等多个维度。影响数据中心能耗的因素主要包括IT服务器、空调、电源、照明智能化和墙体散热等。其中，空调和电源系统是除IT设备功耗之外的第二、第三能耗系统。中联绿色大数据产业基地项目（一期）是华信设计于2020年中标的数据中心设计项目，项目建设方为中联数据旗下山西中云智谷数据科技有限责任公司，项目以干空气能和低温空气作为自然冷源，基于间接蒸发冷却技术，实现了间接蒸发冷却技术在严寒干冷地区数据中心的绿色低碳最佳实践。项目从建筑布局、电力规划，制冷节能技术应用等方面，以绿色低碳为导向，全方位打造低碳、快速交付的定制化大型数据中心，推动了绿色低碳节能技术在数据中心的应用。项目各方积极响应“碳中和、碳达峰”国家战略，致力于构建绿色低碳数据中心，积极探索数据中心零碳管理，对“源网荷储”等绿电技术深入研究，不断推进数据中心向“高集聚、高算力、高能效、高技术”方向发展。

（三）企业绿色低碳技术的研发与创新应用

中联绿色大数据产业基地项目位于山西省大同市境内，总建筑面积为311400平方米，设计安装机柜24000架，承载服务器30万台，项目分三期建设，其中一期工程总建筑面积110500平方米，包括2栋运营中心楼宇，6栋数据中心楼宇，1座自建110千伏变电站及55个车位。华信设计中标项目一期设计，包括1#、2#数据中心和室外工程的土建和机电设计内容。1#和2#数据中心，每栋建筑面积约15000平方米，地上二层，每栋规划2000个左右8千瓦服务器机柜；每个数据中心楼IT计算功率约15兆瓦。机房均为二层机房楼，一层为配电区及其他辅助区，包含变配电室（包括电池间）、运营商机房、运维监控室、气消钢瓶间、门厅、拆包区、储藏室、水处理间等，二层为IT机房模块区。

项目设计节点要求2020年5月9日—2020年6月23日完成全部土建和机电的施工图设计任务。华信设计的技术团队以高度的责任心、超强的技术团队，针对该项目所在地区的气候条件和建设方的建设需求，确立了数据中心的设计目标：达到国内先进水平，具有高可用性、高可靠性、易维护性、绿色节能等特点，同时也作为中联绿色大数据产业基地项目高标准、现代化、有特色的绿色数据中心标杆。

1. 项目设计的关键措施

（1）绿色低碳设计指导思想。

高可靠性原则：为保证提供连续不间断的机房环境服务，机房必须具有高可靠性。本项目依据国家《数据中心设计规范》GB 50174－2017 A级机房设计标准进行设计。对于不同可靠性要求的机房区域，应保留一定的灵活性，机房区域可以较灵活地提高或降低可靠性级别。

高安全性原则：项目具有完整的安全策略和切实可靠的安全手段保障机房的物理安全和系统基础环境的安全。在建筑结构、物理安全、防恐防盗、防火、防洪、防水、防雷接地、防电磁干扰和信息泄露等方面采取有效措施。

绿色环保节能原则：采用先进的设计理念和产品以实现环保、节能的绿色机房，设计采用间接蒸发自然冷却技术、封闭热通道、余热利用、变频控制等节能措施。年PUE（电源使用率）值控制目标小于1.2。

灵活性及可扩展性原则：考虑到未来不断发展的需要及投资效益，考虑扩充的灵活性，数据中心建设按照“统一设计、分步实施”的理念，规划设计“一步到位”，使用过程中可以随着IT系统的实际规模逐步扩容。机房可分期、分模块建设，部署灵活，建设高效。

（2）绿色低碳设计规划。

绿色低碳设计规划主要体现在环境侧、供电侧、用电侧等各个环节全方位贯彻“双碳”思想。环境侧：通过优化选址，充分利用各类冷能能源来提高数据中心能效。供电侧：最大限度开发利用清洁可再生电力，储能供能，应用各种储能技术，保证数据中心用电的安全性和连续性。用电侧主要有：降低IT设备耗能、制冷耗能、建筑本身能耗等，集成运用各种节能技术降低用电侧能耗。具体体现在以下几方面。

建筑减碳。采用二层钢结构，园区数据中心机房楼全部采用模块化，IT机房模块化、机柜模块化布局，节约资源，实现快速部署。项目土建施工进场日期为2020年6月1日，土建完成日期为2020年9月1日，历时3个月，1#、2#数据中心土建完成。项目通过优化围护结构性能，预制装配比例提升、太阳能利用、雨水回收、中水利用、绿色建材和高效节能产品应用等，减少建筑物能耗，节电节水。

电力减碳。电力设备全部模块化，采用户外集装箱式发电机，实现快速机动、按需部署。

制冷系统减碳。制冷系统采用间接蒸发冷却机组，工厂预制现场安装，设备模块化，实现快速部署。间接蒸发冷却应用于数据中心场景时，间接蒸发冷却机组的室外侧空气即为室外新风，室内空气即为数据机房内的热回风，两者以显热温差为驱动力，通过换热芯体间壁的热传导将数据机房内IT设备的热量传递给室外侧空气，不足的部分通过设置辅助机械制冷达到送风温度要求，从而实现数据机房制冷的目的，见图1。

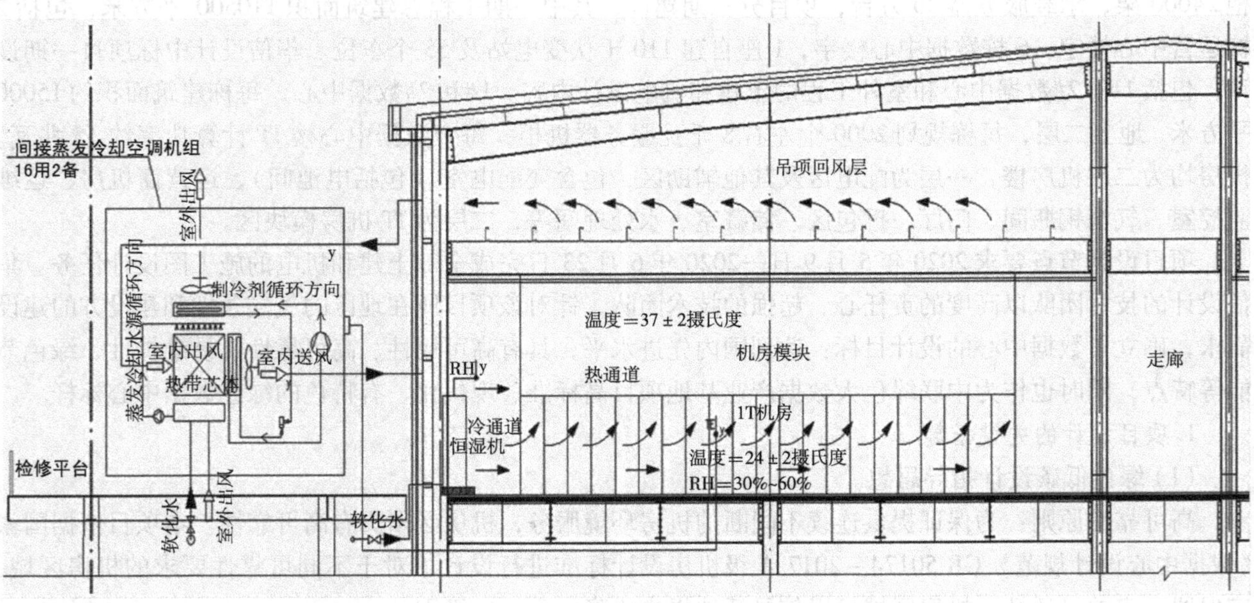

图1　间接蒸发冷却机组

其他节能降碳措施如下。

变频控制技术：间接蒸发冷却机组、风冷精密空调、水泵、新风机组均采用变频控制，实现部分负荷时段的节能运行。

封闭冷/热通道：运营商接入室采用封闭冷通道，数据机房采用封闭热通道，通过气流组织控制，有效地将冷热气流隔离，避免冷量浪费。

提高回风温度：数据机房封闭热通道后，空调回风温度较封闭冷通道方式显著提高，项目间接蒸发冷却机组回风温度达到37摄氏度左右，可以最大化延长自然冷却的时间，节能运行。同时，以封闭热通道的方式将热气流隔离出来，使得机房温度不会过高，不影响机房舒适度。

应用智能化技术：智能化技术贯穿数据中心全生命周期，减少设备材料的损耗，减少人为失误，降低运维能耗。

2. 项目设计的创新点

模块化布局。项目采用装配式钢结构、绿色环保，地上二层，数据中心机房楼→IT机房→服务器机柜全面模块化，电力设备预制模块化，采用户外集装箱式发电机，制冷设备预制模块化，实现资源复用、快速机动、按需部署，分期扩展，减少碳排放，装配式建筑与机电系统完美解耦。项目从2020年6月1日开工建设，2021年3月31日，1#、2#数据中心正式交付运营，历时8个月，实现了数据中心快速部署，快速交付，成为大型数据中心建设的典范。

风侧自然冷却技术。项目位于山西省大同市境内，地处严寒地区，最热月平均温度23.2摄氏度，全年超过25.5摄氏度的时间约534小时；全年湿球温度Ts ≤16.5摄氏度的时间约8226小时。根据当地低温干冷的气候条件，采用间接蒸发冷却技术，间接蒸发冷却机组的送风温度为24摄氏度，回风温度为37摄氏度。IT模块机房内通过封闭热通道将冷、热气流完全隔离，送风采用百叶风口弥漫送风，封闭热吊顶回风，提高冷量的利用效率，见图2。

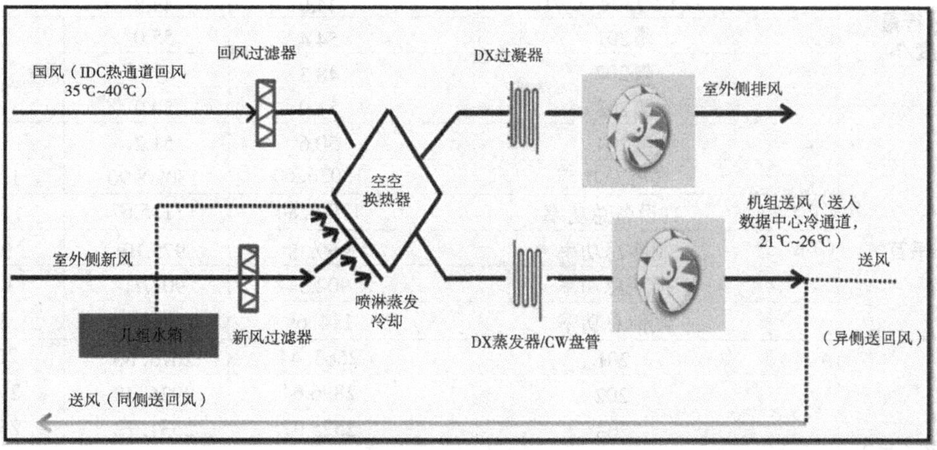

图2 间接蒸发原理图

间接蒸发冷却机组运行模式如下：

a. 当室外干球温度Tdb≤17摄氏度，干工况运行，运行时间6201小时，全年运行时间占比71%；

b. 当室外干球温度Tdb>17摄氏度，湿球温度Twb≤16.5摄氏度，湿工况运行，运行时间2025小时，全年运行时间占0.23%；

c. 当室外湿球温度Twb>16.5摄氏度，湿工况+电制冷DX补冷运行，运行时间534小时，全年运行时间占比6%；

项目全年平均计算PUE=1.19，大大降低了用电侧能耗。

余热利用技术。项目数据机房辅助用房的冬季采暖均利用数据机房余热，采用热交换机组为走廊和办公辅助场所提供室内采暖。

三、实施效果

(一) 间接蒸发冷却技术与当地气候条件完美结合，低碳运行

项目采用间接蒸发冷却技术，1#、2#楼实际运行数据，见表1、表2。

表1　1#楼数据中心 PUE 数据

2022/4/30	1#楼 时间	16:00	17:00	18:00
室外环境	干球温度/摄氏度	14.0	15.0	15.0
	相对湿度/%	11.0	10.0	9.0
机房运行最高温度/摄氏度	网络传输机房A	23.7	23.4	23.7
	网络传输机房B	22.4	22.8	23.0
	运营商机房A	24.6	23.3	20.5
	运营商机房A	25.0	24.8	24.9
	[redacted]201	24.8	24.9	24.9
	[redacted]202	25.8	25.8	25.6
	[redacted]203	24.9	24.8	24.8
	[redacted]204	25.6	25.7	25.5
机房运行最高湿度/%	106网络传输机房A	34.2	34.3	35.4
	122网络传输机房B	46.6	47.5	48.2
	110运营商机房A	36.1	38.2	47.2
	123运营商机房B	44.0	44.8	45.1
	[redacted]201	54.4	55.0	54.4
	[redacted]202	48.3	47.0	48.1
	[redacted]203	51.0	50.9	50.5
	[redacted]204	50.6	51.2	49. 1
功率/千瓦	楼栋总功率	13036. 60	13090. 90	13088.90
	IT设备总功率	11072.84	11135.67	11160.78
	制冷总功率	969.38	975.10	944.45
	损耗总功率	902.34	902.71	900.20
	其他总功率	114. 69	88.05	88. 11
机房功率/千瓦	201	2663. 44	2675. 60	2681.04
	202	2896.64	2926. 48	2941. 44
	203	2525.91	2531. 72	2541. 45
	204	2694. 32	2724.42	2721. 12
	网络传输机房A及运营A	140. 98	141. 06	141.37
	网络传输机房B及运营B	141. 04	141. 65	141.41
供水	市政水压力	0.34	0.22	0.24
	蓄水池液位	1.96	1.96	1.96
PUE	计算数值	1.18	1.18	1.17
	动环实时监测	1.18	1.17	1.17

表 2　2#楼数据中心 PUE 数据

2#楼		16:00	17:00	18:00
2022/4/30	时间			
室外环境	干球温度/摄氏度	14.0	15.0	15.0
	相对湿度/%	11.0	10.0	9.0
机房运行最高温度/摄氏度	网络传输机房A	22.6	22.5	22.5
	网络传输机房B	23.1	23.1	22.9
	运营商机房A	21.3	21.5	20.8
	运营商机房A	23.1	21.7	22.0
	[redacted]201	25.4	25.3	25.3
	[redacted]202	24.1	24.6	24.1
	[redacted]203	24.1	23.9	23.6
	[redacted]204	25.6	25.5	25.6
机房运行最高湿度/%	106网络传输机房A	48.0	48.3	47.8
	129网络传输机房B	40.4	41.9	41.1
	109运营商机房A	43.8	42.6	48.6
	130运营商机房B	43.7	51.3	48.9
	[redacted]201	41.5	41.0	40.8
	[redacted]202	39.0	38.9	38.6
	[redacted]203	38.1	37.9	36.7
	[redacted]204	42.1	42.6	41.8
楼栋功率/千瓦	楼栋总功率	8649.60	8736.00	8737.60
	IT设备总功率	7183.17	7221.22	7221.37
	制冷总功率	706.31	735.47	719.75
	损耗总功率	670.82	664.87	673.39
	其他总功率	96.50	112.00	116.73
机房IT功率/千瓦	[redacted]201	2805.68	2825.92	2833.60
	[redacted]202	2179.20	2193.92	2193. 84
	[redacted]203	1552.56	1561.84	1561.60
	[redacted]204	366.72	366.64	366.40
	网络传输机房A及运营A	134.80	135.80	135.70
	网络传输机房B及运营B	141.20	141.30	141.20
供水	市政水压力	0.34	0.30	0.37
	蓄水池液位	1.96	1.96	1.96
PUE	计算数值	1.20	1.21	1.21
	动环实时监测	1.20	1.21	1.21

因整体统计数据不便公开，从实际运行数据分析，随着 IT 负载率提高，1#数据中心数据明显较优，1#楼数据中心 PUE 为 1. 17 ~ 1. 18，2#楼数据中心 PUE 为 1. 20 ~ 1. 21。

（二）模块化布局，资源利用，实现快速部署快速交付

数据中心采用二层钢结构，机房楼模块化，机房模块化、机柜模块化，电力设备和制冷设备预制模块化，节约资源，实现快速部署、快速交付。1#、2#数据中心土建施工进场日期为 2020 年 6 月 1 日，2021 年 3 月 31 日交付运营，从开工到交付历时 10 个月，每栋 2 万千伏安规模，堪称大型数据中心建设的标杆项目。

（三）项目已获得的认证和奖项

1#、2#数据中心已通过数据中心场地基础设施认证，证书编号 CQC220010480342、CQC220010480343。

1#数据中心经数据中心低碳等级评估，获设计类碳中和数据中心引领者奖项。

中联云港数据科技股份有限公司在数据中心零碳管理方面，达到互联网科技企业零碳管理体系标

准，荣获“互联网科技企业零碳管理披露”荣誉证书。

（四）经济效益与推广应用前景

中联绿色大数据产业基地项目（一期）以干空气能和低温空气作为自然冷源，基于间接蒸发冷却技术，实现了间接蒸发冷却技术在严寒干冷地区数据中心的绿色低碳最佳实践。该项目系统年均 PUE 为 1.19。根据国家发展改革委等五部委联合发布的《关于严格能效约束推动重点领域节能降碳的若干意见》（发改产业〔2021〕1464 号），明确要求新建大型、超大型数据中心电能利用效率不超过 1.3。与 PUE1.3 相比，每栋数据中心可节省标准煤可达 1755 吨/年，节省二氧化碳排放量 4458 吨/年，一期 6 栋数据中心共节省标准煤 10530 吨/年，减少二氧化碳排放量达 26748 吨/年。项目还通过零碳管理，对探索数据中心资源节约、高效冷却和实现企业降本增效、助力国家实现“双碳”目标具有积极示范性效果及推广应用前景。

主创人：胡征宇、范沈洁、国　骥、陈少波、杜丽娜

绿色低碳无污染光纤预制棒技术研发及产业化案例

江苏亨通光导新材料有限公司

一、企业概况

江苏亨通光导新材料有限公司（以下简称亨通光导）是主营业务为光通信产业链上游核心基础材料——光纤预制棒的研发、制造、销售与服务的国家高新技术企业，拥有光纤预制棒全套自主知识产权。前身为江苏亨通光电股份有限公司光纤预制棒研发中心，于2016年2月29日在苏州市吴江区成立。

亨通光导具有优异的盈利能力，截至2022年年底，公司资产总计61.93亿元，全年实现营业收入16.23亿元，总利润4.88亿元，上缴税收1.98亿元，其中研发投入1.26亿元。研发投入占销售收入的比例达到7.76%。

在科研条件方面，亨通光导拥有光棒光纤完整产业链技术和装备，自主研制的VAD、MCVD、OVD、RIT等光纤预制棒制造装备平台与工艺平台可满足所有系列光纤预制棒的研发和制造。

亨通光导未发生较大及以上安全事故、突发环境事件，未被列入失信联合惩戒名单，资信良好。

母公司江苏亨通光电股份有限公司是中国光纤网络、电力电网领域规模最大的系统集成商与网络服务商，全球光纤通信前3强，获得“中国能效之星”和“苏州能效之星”的五星级企业、“江苏省节能先进企业”，通过了能源管理体系的评价，研发的新产品获评“中国通信产业绿色节能技术创新奖”。

二、主要措施

《“十四五”工业绿色发展规划》提出深入实施绿色制造。《“十四五”信息通信行业发展规划》指出：坚持绿色发展观念，支持采用绿色低碳技术和设备。

《中共中央国务院关于全面推进乡村振兴加快农业农村现代化的意见》提出要推进农村千兆网络往村覆盖，往户延伸。

《中华人民共和国国民经济和社会发展第十四个五年规划和2035年远景目标纲要》计划加快5G网络规模化部署，推广升级千兆光纤网络。《“双千兆”网络协同发展行动计划（2021—2023）》提出用三年时间，基本建成全面覆盖城市地区和有条件乡镇的“双千兆”网络基础设施。

综上所述，国家政策多次提出要提升当前光纤通信能力，并对产业提出“绿色低碳、高质量”发展要求。但传统光棒制造一直以四氯化硅（$SiCl_4$）为原料，产生大量氯化氢（HCl），消耗大量战略资源氦气，严重污染环境、消耗能源，不符合“十四五”规划绿色发展理念绿。从光棒制造源头上摒弃含氯材料 $SiCl_4$ 的使用，解决环保问题、降低光棒制造成本及降低能耗是光棒制造行业的发展方向，但绿色环保型光棒制造技术一直是困扰本行业的共性难题。

(一) 绿色无污染

传统四氯化硅光棒制造技术对环境的污染及高昂的环保处理费用与本行业的可持续发展形成了矛盾，转型升级势在必行。在国家高度重视和大力支持下，亨通光导通过多年持续投入攻关，研发出以八甲基环四硅氧烷（以下简称有机硅D4）为原料的绿色光棒制造技术，成为国内首家拥有该核心技术的企业，且无氯化、低碳、成本等多项指标处于国际领先水平。

该技术是集绿色光棒制造新方法、新工艺、全套新装备平台为一体的技术体系，真正实现了全流程含氯污染物零排放。

1. 攻克了有机硅 D4 光棒包层制备的核心技术

如何有效解决有机硅 D4 高温开环再聚合、高温气态有机硅 D4 流量精确控制、燃烧反应焓变大而致使热泳过程难控制等问题，是用有机硅 D4 替代传统制备技术必须攻克的科学难题。有机硅 D4 在高温作用下，Si－O 键易部分断开，从而导致光棒中产生破坏性结构缺陷。有机硅 D4 燃烧反应热释放量大（ΔH＝－7534 千焦/摩尔），传统吸热反应的合成喷灯，火焰中心温度过高，与光棒沉积界面附近热泳区域有效面积形成矛盾，导致光棒松散体表面不平整且原料利用率低。针对以上难题，该案例研发突破两项合成核心技术，创新如下。

有机硅 D4 开环再聚合抑制技术：针对高温开环再聚合导致光棒内部产生微观结构缺陷，燃烧反应焓变大，致使热泳过程难以控制等科学难题，研究了开环再聚合反应机理，经过反复分析和实验，找到了抑制开环再聚合的“温度/压力”窗口，发明了动态气液平衡的汽化装置，实现了高沸点有机硅 D4 在“大比表面积与低蒸气分压”条件下的高效汽化，解决汽化过程中的反应热力学问题，有效抑制了开环再聚合，避免了高温汽化过程中开环再聚合导致的光棒内部结构缺陷。

有机硅 D4 大焓变燃烧反应热泳控制技术：有机硅 D4 光棒合成属于氧化反应，反应焓大（ΔH＝－7534千焦/摩尔），并伴随着剧烈的燃烧，由此造成的热泳控制难问题是必须解决的关键难题。本案例分析了有机硅反应合成光棒时二氧化硅粒子的热泳运动机理，建立了喷灯火焰温场分布模型，发明了有机硅 D4 合成光棒预混合热泳控制型反应喷灯，并开发了气态有机硅 D4 流量精确控制装置，得到了“M”形最佳温场曲线，有效解决了剧烈反应下二氧化硅粒子热泳控制的难题，突破了有机硅 D4 应用于光棒合成的技术瓶颈，原料利用率高达 70%，高出美国康宁 15 个百分点。

2. 开发了有机硅 D4 光棒包层制备新工艺

针对有机硅 D4 光棒制备过程中光棒易开裂、直径均匀度难控制、传统烧结工艺氯气污染等技术难题，提出了多变量协同热量控制方法，研制了动态视觉直径实时监控系统，发明了自匹配纵向多灯往复沉积、无氯无氦真空烧结等有机硅 D4 光棒制备全套新工艺，实现了全流程含氯污染物零排放。

此外，如何有效地解决有机硅光棒易开裂和尺寸增大后轴向直径均匀度难控制等问题，是有机硅光棒产业化必须突破的瓶颈。与 $SiCl_4$ 相比，有机硅 D4 合成光棒反应热释放量大，光棒沉积不同阶段热量供需不平衡问题更加突出，光棒局部因密度分布突变引起应力集中，致使光棒开裂报废。光棒轴向长度增加后，喷灯数量增多，同时沉积箱纵向风场不一致性增大，导致粒子热泳运动稳定性下降，致使光棒直径随机变化方差增大。

光棒开裂控制工艺技术：针对有机硅光棒沉积不同阶段，光棒松散体直径差异大，热量供需平衡难以管控，从而导致因密度分布不均而造成光棒开裂报废的问题，本案例首次提出在不同沉积阶段自匹配不同规格喷灯，避免了沉积过程中喷灯规格与光棒尺寸的失配问题，同时构建了多变量热量控制矩阵模型，实时测算各沉积点即时热量需求，解耦控制各喷灯热量输出，确保了沉积全过程热量供需平衡，有效避免了光棒应力集中造成开裂的问题，光棒成品率大于 99.7%，达到国际领先水平。

动态视觉直径实时监控系统及工艺技术：针对多灯沉积时强光干扰下，动态目标尺寸精确测量困难的问题，开发了抗干扰高精度视觉影像识别系统，可在多喷灯沉积火焰干扰工况下，实时高精度测量具有复杂运动特征的光棒松散体直径数据，并计算出各沉积点直径偏差，建立自反馈调节多灯独立控制系统，实时自动控制原料及气体参数，实现了生产过程中光棒直径的实时纠偏，光棒直径极差小于 4 毫米，较行业平均水平改善了 42.9%。

无氯无氦真空烧结工艺：针对传统烧结工艺使用氯气脱水而严重污染环境问题，分析 Si－O－H 断键机理，建立了多级渐进式升温机制和高低真空度循环控制方法，开发了无氯真空烧结工艺。战略资源氦气较传统工艺节约 100%，实现了全流程无氯化（国际巨头美国康宁公司采用含氯烧结工艺）。

3. 研制了有机硅 D4 光棒包层制备全套设备

针对有机硅 D4 应用于光棒制造领域的装备空白，设计并研制了有机硅光棒制造全流程专用成套装备，建成了有机硅 D4 光棒规模化生产线，实现了 3 大系列 10 个品种光棒的产业化及应用。本案例开发的部分产业化核心装备如下。

自匹配纵向多灯往复沉积装备：为满足有机硅 D4 光棒合成工艺需求，开发了由原料及气体精确供应系统、沉积点风场控制系统、层流式反应器、高重复性运动机构及控制系统、动态视觉直径实时监控系统、生产过程智能控制系统、安全监控系统等构成的成套有机硅 D4 光棒沉积装备，实现了有机硅光棒的高效制备，沉积速度达 200 克/分钟，较美国康宁高出 20% 以上。

无氯无氦真空烧结装备：针对传统光棒烧结技术使用氯气脱羟严重污染环境问题，开发了包括大容积室高真空发生系统、超长温区多段高温加热器、SiC/C 复合型高洁净纯化室、温度 - 真空度协同控制系统的无氯无氦真空烧结装备。可烧结光棒尺寸达 Φ220 毫米 ×3000 毫米，是当前国际光棒行业最大的无氯无氦真空烧结设备。

大直径光棒自动成锥装备：针对光棒直径增大所引起的拉丝起始阶段用时长及光纤坠头长的问题，从理论上分析并研究了拉丝炉结构、光棒直径、拉丝速度及张力对光棒拉丝稳态下锥头外形曲线的影响，建立了光棒锥头外形仿真控制模型，发明了大直径光棒自动成锥设备，实现了光棒拉丝的快启动和低消耗，缩短了拉丝坠头时间，将光纤生产效率提高了 5%。

（二）低碳低能耗

低碳生产是国家近年来的发展方向，也是本公司的发展目标，本案例从源头工艺路线上就确定低碳低能耗的目标。与 $SiCl_4$ 相比，二氧化碳排放大幅降低，见表 1。

表 1 不同工艺路线碳排放对比情况

类型	工艺路线	每千克二氧化碳排放改善幅度
传统工艺	$SiCl_4 + H_2$	—
本案例工艺	$D4 + CH_4$	23.2%

注：根据传统光棒工艺测算；氢气的化学式为 H_2，甲烷的化学式为 CH_4。

传统工艺生产光棒，其会大量使用 H_2 能源，工艺制氢会使用大量的 CH_4，根据公式测算本案例每公斤光棒二氧化碳排放量减少 23.2%，单位产品能耗降低 10.6%。此外，公司还持续不断降低单位产品能源消耗，使本案例绿色低碳成果更显著，能源消耗节约具体情况见表 2。

表 2 能源消耗节约具体情况

气体	N_2	O_2	He	H_2	D4	CH_4	电	水
单位	m^3	kg	m^3	m^3	kg	m^3	kWh	m^3
降低幅度	34.1%	12.5%	100.0%	33.3%	7.1%	33.9%	37.6%	42.9%
单位产品能耗节约	36%							

注：氮气的化学式为 N_2，氧气的化学式为 O_2，氦元素的元素符号为 H_e，氢气的化学式为 H_2。

持续降低能耗采取的主要措施如下。

在生产效率等方面，通过：①开发混氧新技术，保证单位面积热辐射，减少天然气的使用；②开发多灯沉积技术，优化喷灯结构，提高燃烧效率，降低甲烷单耗；③开发高速率沉积技术，减少产品生产时间，降低甲烷用量等，比之前生产方式降低甲烷单耗33.9%，年减少二氧化碳排放2342吨。

在原料利用等方面，通过：①开发高速率沉积技术，提高单位原料富集效率；②工艺配方优化，对标管理，提高短板设备原料利用率；③优化光棒沉积模型，减少锥头占比，提高得棒率等，比之前生产方式降低D4单耗7.1%，年减少二氧化碳排放4536吨。

在电量消耗等方面通过：①开发更大尺寸光棒工艺，减少单位电耗；②开发光棒烧结新工艺，减少光棒的在高温的时间，缩短单个产品生产用时；③通过生产工艺的优化，降低生产温度，降低电单耗；④使用感应开关，减少公共区域不必要的用电；⑤建设能源管理、环保管理等智慧应用，精准提高产线、设备用电效率等，比之前生产方式降低电单耗37.6%，减少二氧化碳排放58076吨。

另外为更好降低能耗，减少碳排放，本案例开发能源监控系统，建立工厂级能源监控数据库，采用分层分布式系统架构，对工厂的电力、燃气、水等各分类能耗数据进行采集、处理，并分析设备能耗状况。通过能源计划、能源监控、能源统计、重点能耗设备管理等多种手段，使企业管理者对企业的能源成本比重、发展趋势有准确的掌握，并将企业的能源消费计划任务分解到各个生产部门车间，使节能工作责任明确。截至2021年年底，各能源单耗指标明显降低，碳排放减少36%。

（三）循环再利用

绿色低碳光棒不仅体现在工艺路线和节能减排，其生产副产物的循环再利用也是关键。在光纤预制棒生产过程中，产生大量的二氧化硅粉尘，这些纳米级粉尘常规处理方案较难，且能耗巨大；本案例引进全省首台套干式布袋除尘设备，集中收集粉尘，联合下游客户，利用至涂料、橡胶等行业，真正做到资源的综合利用，2021年全年实现1800吨石英粉尘的再利用。同时对过程中产品的不良石英产品进行加工或联合加工做出成石英手柄、靶棒等辅助物料，年再利用不良石英产品达200吨，实现零固废的产生。

若全国光棒制造企业都采用此项技术，按国内年产10000吨光棒计算，传统$SiCl_4$光棒制造行业每年将会减少5万吨高污染HCl，减少约48吨HCl排入大气中。同时，目前国内外光棒企业大多采用高投入的过滤、渗透浓缩和蒸发等综合处理工艺，含氯废水处理费用达100～120元/吨，每年产生含氯废水约1112.5万吨，故每年用于含氯废水处理的费用高达10亿元，进行技术替换后，可降低光棒成本10%～15%。

三、实施效果

本案例实现了新一代有机硅D4光棒包层制备新技术、新工艺、新装备的全面突破，全流程含氯污染物零排放，颠覆了传统高污染光棒制造技术，建成了国内首个全球最大规模的绿色光棒研发及产业化基地，专家鉴定认为“成果国内首创、国际领先”。

本案例成功开发了有机硅D4光棒制造技术，获得授权发明专利18件，发表论文10篇，填补了国内绿色光棒制造技术的空白，推动了国家在光纤通信领域的技术进步。

本案例实现了光棒制造全流程含氯污染物的零排放，节省了氦气资源29万立方米、石英粉循环再利用1800吨，大幅降低了资源的消耗。同时结合能源管理平台管理、节能技术的推广，二氧化碳排放量降低84290吨/年，引领光棒行业持续向绿色化方向转型升级，对于生态环境和自然资源的保护具有重大意义。

本案例近3年累计销售额达44.07亿元，利润总额14.12亿元，成本节约5.24亿元，具有显著的经济效益。

本案例成果产业化后为当地提供就业岗位400余个，每年产生税收1亿多元，有效促进了社会和谐和当地经济发展。有机硅D4光棒的大规模产业化较原$SiCl_4$生产模式光棒成本降低15%～20%，增强了企业的盈利能力，有力支持了国家5G网络的基础设施建设，促进了人民物质和文化生活水平的提高。

本案例产品广泛应用于中国、南美、东南亚、西欧、南非等国家和地区，推动了国家新一代信息技术快速发展，同时为国家“一带一路”倡议提供了信息技术保障。基于有机硅光棒开发的超大容量高端 G. 654. E、弯曲不敏感 G. 657 等光纤产品已成功应用于国家陆地干线工程、海底光缆工程、电力专网和光纤用户接入网。

主创人：田国才、王友兵、杜　森、孙　伟、鞠　磊

科技赋能低碳转型，打造智慧除草生态

江苏苏美达五金工具有限公司

一、企业概况

江苏苏美达五金工具有限公司（以下简称公司或苏美达）是世界500强国有重点大型企业——中国机械工业集团有限公司所属苏美达股份有限公司（上交所代码：600710），落户在国家级南京江北新区的国家高新技术企业。

公司于1997年成立，长期从事农业与园林装备产品研发和制造，割草机产品的海关出口排名位居全国前三名。公司聚焦农林行业除草作业场景，推动除草作业由传统燃油动力和人工作业模式，向智能化、无人化、零碳化除草转型升级，推动智能割草服务机器人产业在中国从无到有，成长壮大，达到全球领先水平。

公司从2008年开始进入割草机器人领域的技术研发，经国家发展改革委批准，建有稀土永磁无刷电机开发制造技术国家地方联合工程研究中心和江苏省服务机器人控制系统及装备工程研究中心，经工业和信息化部评定为南京市首家国家级工业设计中心，建有国家级博士后科研工作站，拥有授权专利超过600项，获评“国家知识产权示范企业”，多个科研项目获评“中国专利奖”“中国优秀工业设计奖”“江苏省科学技术奖”等奖项，承担“国家火炬计划”“科技援外计划”等多个项目，所属全资制造中心南京市苏美达智能技术有限公司获评省级“专精特新小巨人”。

公司的智能割草机器人产品在欧美市场广泛投入应用，市场占有率达到15%以上，并进入国内的多个标志性项目、示范应用，实现良好的经济效益和社会效益。

公司获评“江苏省重点培育和发展的国际知名品牌领军企业”“江苏省百强创新型企业”“南京市创新型领军企业”“南京市百强高新技术企业”“南京市制造业百强”，被江苏省工业和信息化厅评定为江苏省智能家居重点企业，智能割草机器人产品被评定为江苏省智能家居优秀产品。

公司秉承苏美达“卓越长青的国际企业，富足有爱的幸福家园”伟大愿景，以“融汇全球资源，共创美好未来”为使命，以“锻造自身所长，服务国家所需”的担当，努力推动中国农林机械装备向绿色、低碳、智能升级。

二、主要措施

（一）公司绿色低碳发展所处的市场生态与资源环境

在全球园林养护过程中，清除杂草是要解决的重要问题之一，杂草与苗木争夺资源，生命力极为顽强。科学解决杂草问题是农林机械行业面临的重要课题，也衍生出巨量市场。

目前，非机械类除草，包括人工和药剂两类。人工除草是通过拔、铲、埋等方式除草，除草目标明确，且不会出现农药残留，环保安全，操作技术要求不高，但人工除草会耗费大量劳动力和时间，效率低下，作业环境恶劣，可以预计，未来愿意从事这一行业的人将越来越少；使用化学药剂除草，快捷、方便、实惠，节省人工，被大范围应用，但化学除草剂污染风险大，过度使用会导致生态环境和土壤遭到严重破坏，可能造成严重药害，甚至可以造成地块绝产；另外，反复使用相同类型的除草剂会使杂草出现很大抗性，降低除草剂的除草效率。

机械除草相对于人工除草，效率大幅度提升，相对于除草剂除草，可以避免化学危害，但目前我国机械化除草普遍依赖于燃油动力割草机装备：一方面，耗能高、排放高、污染大，是典型的传统产业；

另一方面，对人工操作技术要求相对较高（燃油动力机械一般需要男性劳动力操作，不适合老人和妇女），噪声大，作业环境恶劣，对操作者和用户（尤其是广泛的城市园林景观养护）的体验感差，需要加速寻找绿色智慧型与环境友好型特点的除草作业替代方案，苏美达研制的智能商用割草机器人，是响应绿色低碳时代特征，高度契合行业需求的“数智绿”产品。

（二）公司绿色低碳发展战略的制定与解决方案

公司认为，在农用和园林养护场景采用智能机器人技术，实现对传统燃油动力除草作业的大规模替代，是践行绿色低碳发展战略的“关键一招”；农业除草作业面与园林养护的草坪维护作业面都是巨量市场，研发生产推广更加智能化的商用割草机器人，具有极大的社会效益和经济效益，体现在以下方面。

1. 社会效益

（1）改善除草作业环境，以机器人作业模式，有效替代人工采用手工除草及传统机械化除草作业的模式，大面积降低人工作业强度，优化除草作业体验感，改善工作环境；

（2）避免土壤和植物被化学污染，以机器人进行除草作业，一定程度上可以替代除草剂除草，避免过度使用化学除草剂造成对生态环境的不可逆的损害；

（3）绿色、低碳，减少排放，以智能化的机器人进行除草作业替代传统的燃油动力割草机械，可以大规模减少燃油动力所造成的巨大环境污染，以锂电零碳动力直接实现节能减排的转型。

2. 经济效益

全球的农业除草作业与园林工程草坪养护市场规模巨大，割草机器人的场景应用成熟度和市场需求，决定了这类产品拥有不亚于扫地机器人的市场空间。大面积推广和应用智能割草机器人产品，实现对传统燃油割草机械的绿色替代，将新增万亿级的服务机器人产业规模。

以技术革新促进生产生活方式的革新，是公司推动智能割草机器人产业启动和实施的战略立足点。

（三）公司绿色低碳技术的研发与创新

公司秉承苏美达绿色产业链的整体布局，从 2008 年开始，基于在机动割草机产业的数十年积淀，在国内率先启动了割草机器人的技术研发，该系列产品基于锂电动力技术和高效节能电机技术，代替传统燃油动力，具有零排放、长寿命、耐低温、快充电等优异性能，助力实现国家智能装备绿色低碳的可持续发展。

2013 年，公司割草机器人产品获国际权威认证机构——德国 TÜV 莱茵颁发全球首张割草机器人 GS 认证证书，次年第一代量产；2018 年以来接连获德国 TÜV 南德和莱茵颁发全球首张割草机器人 RED、FFU、Bauart 和 CE 认证证书；2022 年，割草机器人产品系列再获户外动力设备行业的全球首张 GREENMARK 绿色认证。

与和国内外同类产品对比，苏美达研发的虚拟边界割草机器人产品具有一系列创新性，可以实现对传统割草机作业的替代升级。

“星地一体”高精度定位导航技术，苏美达虚拟边界割草机器人通过自建 RTK 基站或利用 RTK 定位服务技术实现高精度定位，以虚拟边界替代电子篱笆技术，免去用户布置边界线的问题，而且也不会出现因边界线断开而导致机器异常的情况，省去维护边界线的烦恼；结合惯性导航技术，系统将综合定位精度控制到毫米级，满足了机器人精准、安全的控制与作业。

多重传感器技术集成，苏美达虚拟边界割草机器人搭载超声波传感器、碰撞传感器、抬起传感器等多重安全传感器，在各种接触与非接触情况下，防止造成意外的伤害，在去掉边界线的同时，确保机器人的运行安全可靠。

算法技术，苏美达虚拟边界割草机器人实现了用户自建地图、虚拟墙、自定义路径等功能。路径规划算法的智能化，不仅可以在各种负载的工作地图内轻松实现高效，美观的割草作业，而且与传统割草机器人相比，割草效率提高50%以上。

物联网数字平台技术，苏美达虚拟边界割草机器人支持多种无线技术：Wi－Fi、蓝牙、4G、LoRa等，结合App控制与遥控器控制，用户可以获得很好的交互感与操控感。

高效节能动力技术，苏美达虚拟边界割草机器人采用自研稀土永磁电机，代替传统有刷电机作为动力源，使用先进的电池管理系统，确保了锂电池在各种工况下的安全性，实现了锂电池高温、低温、过充、过放、过流、短路、均衡等保护功能，提高锂电池的工作效率，提高了系统的安全性。

无限续航技术，苏美达虚拟边界割草机器人配备太阳能发电储能系统，阳光日照充裕时，通过太阳能板发电，储能电池储能；夜晚或阴雨天气时，储能电池的能量维持割草机器人继续工作。该解决方案不仅能够解决户外用电接线不方便的问题，同时还实现了系统能源的零消耗。

目前，苏美达开发的虚拟边界割草机器人是连续获得全球首个符合欧盟机械指令、低电压指令、EMC指令、噪声指令、RED无线设备指令的品牌产品，标志着研发的产品在适用性和安全性上达到全球领先的技术水平，打破了欧盟技术壁垒，站在中国服务机器人行业的前沿。

目前，公司围绕商用割草机器人产品形成了完备的知识产权体系，共获得授权专利74件，另有专利申请144件。

（四）绿色低碳新产品的持续开发

苏美达智能割草机器人现已经形成三个系列9款产品，集环境感知、路径动态规划和行为控制等多种功能于一体的服务机器人系统，产品技术与性能指标均达到商用化水平，是一款“专精特新”产品。

苏美达智能割草机器人，通过研发应用新一代信息技术和人工智能算法技术，融合到需求庞大的除草行业巨量市场，体现了产品的“专业化”。

苏美达智能割草机器人，投资数亿元在国家级南京江北新区新建苏美达智能科技产业基地，采用智能制造工艺，建立精细高效的制度体系和精益求精的流程体系，体现了产品“精细化”。

苏美达智能割草机器人，通过研发与应用高精度卫星定位＋路径规划算法技术，无需埋线即可实现规模化、规则化的割草作业，实现对燃油动力和传统电动除草机械的智能替代，降噪减碳，体现了产品的“特色化”。

苏美达智能割草机器人，形成大量授权有效专利，获全球首张GS、RED、FFU、CE、GREEN-MARK认证证书，体现了产品的“新颖化”。

综上所述，苏美达智能割草机器人，可实现对传统除草机械进行智能化和低碳化替代，是应用场景广阔，高度契合低碳减排时代背景，体现了专、精、特、新的特征，代表“中国智造”形象的高端智能装备产品。

目前，苏美达智能割草机器人被江苏省工信厅认定为省级智能领域优秀产品，并被南京市政府评定为南京市创新产品，荣获中国服务机器人行业“恰佩克奖”，中央电视台科教频道对该产品进行了专题报道。

（五）新技术的场景应用

苏美达智能割草机器人应用于欧美市场和中国市场的商用、家庭用户。目前，欧美和大洋洲市场的用户是该产品的消费主力，公司通过进驻亚马逊等电商平台，以及大型超市、社区店，向终端用户销售。

目前，中国商用用户也开始采用这一专精特新产品，用于政府园区、企业厂区、校园草坪、运动场馆、市政公园的绿地养护，并正在通过产品的模块升级，向应用更加广泛的农村除草市场推广。其中，政府用户以南京空港“宁归来”首站公寓等项目为代表；企业厂区用户以华为公司等为代表；校园用户以南京信息工程大学等项目为代表；运动场馆用户以江苏省运动员训练基地等项目为代表；市政公园用户以徐州园博园等项目为代表。

三、实施效果

目前，苏美达对智能割草机器人这一绿色低碳产品和智能化、零碳排的除草作业新模式的推广，取得了良好的实施效果。

一方面，产品自身的“绿色”属性示范效应良好，根据 TÜV 莱茵组织的 GEENMARK 认证，从企业社会责任、环境管理体系、产品有毒有害物质、缓解气候变化、资源可持续利用、产品生命周期 6 个维度，对苏美达智能割草机器人体系进行了 8 项专业评估，对产品的碳足迹进行了科学测算。结果显示该系列产品在绿色设计、绿色制造等各方面的指标均位于 OPE 行业领先水平。此外，公司在欧盟法规规定的基础上，额外加入产品气味感官测试，重点管控重金属、阻燃剂及重金属等有毒有害物质，以实际行动践行绿色发展理念，为全球 OPE 行业向绿色低碳发展做出更大贡献。

另一方面，产品减排效益明显，采用苏美达智能割草机器人产品替代传统燃油动力割草机械，在产品的 5 年使用生命周期内，可以实现相对的零碳排放，从全球角度来看，减排的效果将更加显著。

目前，苏美达累计已将数十万台智能割草机器人推向市场，按照每台割草机每年场景作业面积至少 1 万平方米、单台年耗油量 150 升、碳排放量 600 千克测算，每 10 万台智能割草机器人全年可减少碳排放量 6 万吨，为中国乃至全球除草作业场景实现绿色低碳的生态模式转型，贡献苏美达绿色产业链的力量。

主创人：刘　楷、周国扬、郑　鑫、吴建承

面向新型电力系统绿色低碳输电产品研发

江苏中天科技股份有限公司

一、企业概况

江苏中天科技股份有限公司（以下简称中天科技）1992 年起步于光纤通信，2002 年迈入智能电网，2011 年布局新能源，现已形成新能源、海洋、电网、通信、新材料等多元化产业格局，2021 年实现销售收入 815 亿元。中天科技是中国企业 500 强，国家重点高新技术企业、全国质量奖和中国工业大奖获得单位。

中天科技于 2004 年以丰富的电线电缆生产销售经验为基础，正式进入架空输电导线的研发、生产制造领域，立足“智能电网”和“数字电网”理念，紧随国家电网、南方电网的可持续发展建设步伐，已成为中国架空输电导线制造企业的龙头和标杆，并且在全球范围内地位跃居前三。与上海交通大学联合研发的“高性能铝合金架空导线制造关键技术与应用”荣获“2018 年度国家技术发明二等奖”，2020 年公司“高性能铝（合金）导线系列”荣获“制造业单项冠军产品”。

中天科技顺应“清洁低碳”新经济秩序，争当“双碳”超长赛道主力军，致力成为对区域经济承担责任的绿色制造科技集团。未来，中天科技将在“以品质立尊严、以客户为中心、以奋斗者为本”的核心价值观的指引下，以精细制造的精神内核充实企业文化，将不断践行的社会责任融入品牌基因，进一步贯彻可持续发展理念，推行卓越绩效管理模式，在实现高质量发展的道路上笃定前行。

二、主要措施

（一）实施背景：“双碳”背景下，电网建设清洁低碳要求

2021 年 3 月 15 日，中央财经委员会第九次会议召开，提出了实现“碳达峰、碳中和”的基本思路和主要举措，“十四五”是碳达峰的关键期、窗口期，要构建以新能源为主体的新型电力系统，是电力工业促进自身碳减排、实现电力工业高质量发展的必然选择。构筑能源跨区域调配“空中通道”，可以有效解决我国西南、东北、西北等清洁能源丰裕地区与中东部电力需求区域之间的空间错配问题。2022 年 1 月 24 日，中共中央政治局就努力实现碳达峰、碳中和目标进行第三十六次集体学习，习近平总书记提出以特高压输变电线路为载体的新能源供给消纳体系。

架空输电线路用导线作为电力输送的“血管”，是电网中用量最大、最关键的组成部分之一。“双碳”经济下对输电线路及架空导线提出了的更高要求，输电线路要更加的经济、绿色、低损耗，架空导线生产要更加绿色、低碳，产品要电阻更低、强度更高、重量更轻，更具功能性，更加环保，可回收循环利用。

为全面贯彻落实国家碳达峰、碳中和战略，积极投身于以新能源为主体的新型电力系统建设，中天科技成立了“碳减排工作专班”，制定了《绿色低碳制造（GLCM）行动方案》，通过能源替代、原料替代、节能减排、节材循环等手段，实施绿色设计、绿色采购、绿色生产等措施，致力于产品与服务全生命周期绿色低碳，坚持绿色低碳技术创新，优化能源消费和产业发展结构。

（二）绿色产品：绿色低碳输电产品研发

1. 2.0 版节能导线研发

我国输电线路具有远距离传输特点，2020 年中国电力企业线损电量为 3651 亿千瓦时，相当于三峡水电站三年的发电量，导体材料的导电率每提升 1% IACS，全国电网每年可减少线损 70 多亿千瓦时，

可减少电煤消耗约2300万吨，减少二氧化碳排放5800万吨，减排二氧化硫、氮氧化物等污染物30万吨，节能减排效益十分显著。

节能导线的应用，可有效降低公司的“线损”指标，节约大量的电能，提高发电装机容量的利用效率和公司的售电效益。其节能效果可有效减少二氧化碳排放，为建设资源节约型、环境友好型社会做出巨大贡献，具有良好的社会效益。目前铝合金芯铝绞线作为国家电网主推的三大节能导线之一，已经广泛应用于特高压等输电线路，有限降低输电线路损耗，本公司研发的2.0版节能导线在铝合金芯铝绞线上提升性能，电阻更小，应用于输电线路，可进一步降低线路输电，节能减排。

(1) LHA55.25高导电率铝合金材料研制。

铝镁硅合金材料的导电率与强度互为矛盾，一般铝合金强度的提高会导致铝合金导电率降低。从铝合金成分、熔体质量以及微观强化相三方面进行调控，缩小导电率升高与强度降低的矛盾，获得高强度、高导电率铝合金材料。通过上述工艺实现铝合金线高强高导特性，研发LHA55.25高导铝合金，抗拉强度达到305~315兆帕，导电率达到55.25%IACS，见表1。

表1 LHA55.25单线性能对比表

型号	抗拉强度/兆帕	导电率/%IACS	执行标准
LHA1	315~325	52.5	GB/T 23308-2009
LHA2	≥295	53.0	
AL5	≥295	55.25	BS 50183：2000
AL6	304~314	55.6	
LHA5	295~305	55	Q/GDW 1815-2017
LHA55.25	305~315	55.25	Q31/0112000213C014-2108

从表1可以看出：

LHA55.25与LHA1、LHA2同属于高强度铝合金，进一步提升了导电率；

LHA55.25与LHA5相比具有更优的性能，抗拉强度提升了约3.3%，导电率提升了0.25%；

LHA55.25性能介于AL5、AL6之间，导电率达到AL5水平，抗拉强度达到AL6水平，比AL5提升3.4%~6.7%。

采用LHA55.25高导电率铝合金材料制备的高导电率铝合金芯铝绞线JL3/LHA55.25-800/550-54/37通过国家电线电缆质量监督检测中心型式试验（报告编号：CT18-02042），各项性能符合Q/GDW 1815-2017、Q31/0112000213C014-2108标准要求，见表2。该产品2018年通过中国电力企业联合会组织技术鉴定（中电联鉴字〔2018〕第181号），综合技术性能达到国际领先水平，2019年入选国家电网新技术、新产品推广目录。

(2) 2.0版节能导线节能效果分析。

表2 高导LH55.25铝合金芯节能导线性能对比

项目	单位	JL/G1A-630/45	JL1/LHA1-465/210	JL3/LHA55.25-465/210T
直径	毫米	33.75	33.75	33.75
单位长度质量	千克/千米	2078.4	1864.1	1864.1
额定抗拉力	千牛	150.19	137.02	135.02

续表

项目	单位	JL/G1A－630/45	JL1/LHA1－465/210	JL3/LHA55. 25－465/210T
20 摄氏度直流电阻	欧姆/千米	0. 0459	0. 0446	0. 0435
线路电阻损耗	千瓦/千米	352. 5	340	331. 7
线损相对于煤耗	吨/千米	290. 77	280. 49	273. 63
产生二氧化碳	吨/千米	761. 82	734. 88	716. 92

注：以 1000 千伏交流特高压工程为例，双回八分裂，输送容量为 10000 兆瓦、电压 1000 千伏、单根导线输送电流 380 安。

高导 LH55. 25 铝合金芯节能导线与铝合金芯铝绞线相比，具有以下特点：①强度、重量相当，20 摄氏度直流电阻下降 1. 94%；②每千米线路电阻损耗降低 2. 4%；年线路损耗电能节约 24932 千瓦时/千米；③每年线路损耗降低相当于减少煤耗 7. 62 吨/千米，减少二氧化碳 19. 96 吨/千米。

2. 智慧型导线研发

国家大力发展清洁能源，风电和太阳能等新能源发电具有随机性特点，利用小时数低于石化能源发电输电，为满足峰值电量传输，一般采用大截面钢芯铝绞线，导线利用率低，线路建设成本高；如果采用普通耐热导线，虽然可以实现小截面传输大容量，降低线路投资，但目前耐热铝锆合金导电率仅有 60% IACS，低于硬铝线 61% IACS，增加线路传输损耗。基于此，中天科技研发了智慧型高导电率耐热铝合金绞线，可以实现小截面传输大容量，为新能源送出保留裕度，导电能力与钢芯铝绞线一致，优于普通耐热导线，更加适用于新能源输电线路并网传输。

（1）61% IACS 高导电率耐热铝合金材料研制。

耐热铝合金主要是 Al－Zr 系合金，Al3Zr 相的析出行为是合金获得良好导电性能和耐热性能的关键。利用第一性原理研究了不同合金元素对锆元素扩散的影响，揭示了硅元素及微量稀土钇元素对耐热铝化锆过渡相的析出速度和尺寸的影响，结合时效热处理工艺的优化，制备出导电率达到 61% IACS 的耐热 Al－Zr－Y 合金材料，见表 3。

表 3　NRLH5 单线性能对比表

项目	单位	国标	IEC 标准	本项目产品
标准号	—	GB/T 30551	IEC 62004	Q31/0112000213C018－2020
名称	—	耐热铝合金线	耐热铝合金线	高导电率耐热铝合金线
型号	—	NRLH1	AT1	NRLH5
直径	毫米	4. 22	4. 22	4. 22
20 摄氏度时电阻率	纳欧姆 · 米（% IACS）	≤28. 735（60%）	≤28. 735（60%）	≤28. 264（61%）
抗拉强度	兆帕	≥159	≥159	≥159
伸长（250 毫米标距）	%	≥2. 0	≥2. 0	≥2. 0
残存率	%	≥90%	≥90%	≥90%

本次研发的高导电率耐热铝合金线 NRLH5，机械性能与国家标准中 NRLH1、国际标准中 AT1 一致，绞后导电率由 60% IACS 提升至 61% IACS，残存率≥90%。

采用高导电率耐热铝合金制备的耐热导线2020年通过国家电线电缆质量监督检测中心型式试验；2020年通过中国电力企业联合会组织技术鉴定，综合技术性能达到国际领先水平；入选国家电网2020年新技术、新产品推广目录。

（2）铝包钢芯高导（61%IACS）耐热铝合金绞线性能分析（见表4）。

表4 铝包钢芯高导（61%IACS）耐热铝合金绞线性能对比

型号	单位	L/G1A -630/45	JL/G1A -400/35	JNRLH1/LB20A -400/35	JNRLH5/LB20A -400/35
直流电阻20摄氏度	欧姆/千米	0.0459	0.0739	0.0729	0.0718
允许载流量	A	1574	1196	2764	2780
允许容量	MW	570	433	1001	1006
电阻损耗	千瓦/千米	71.46	115.76	114.13	112.35
本体投资	万元/千米	180.41	111.93	124.49	125.42

注：以220千伏某单回路风电场送出工程线路为例，理论送出容量为500兆瓦，实际送出容量为350兆瓦，年利用小时数为2200小时，损耗小时数为1500小时；计算导线电能损耗时，导线载流量为483安，常年平均温度为15摄氏度。

铝包钢芯高导耐热铝合金绞线与钢芯铝绞线、普通的铝包钢芯耐热铝合金绞线相比：

①允许容量可以达到理论送出容量的2倍，为新能源送出后期投资时提供了容量裕度。

②与普通铝包钢芯耐热铝合金绞线JNRLH1/LB20A-400/35相比，机械特性一致，20摄氏度直流电阻降低1.5%，电阻损耗降低1.6%，电能损耗减少0.27×104千瓦时/千米。

③本体投资比钢芯铝绞线JL/G1A-630/45的费用降低约65万元/千米。

（三）绿色工艺：蓄热式燃烧系统改造

公司在绿色产品开发过程中，不断对工艺路线进行优化探索实践，通过对蓄热式燃烧系统实施绿色化工艺改造，实现产品绿色化生产。目前国内蓄热式燃烧系统均是模仿德国技术，蓄热式燃烧系统主要由烧嘴、蓄热箱、换风系统组成。中天科技通过自主创新，加上持续的技改测试，成功开发出适合自身生产工艺流程的蓄热燃烧系统。

普通燃烧系统相对于蓄热式燃烧系统结构较为简单，其仅由一个烧嘴与部分送风、送气管道组成，其作用仅是加热，无节能效果。

1.蓄热式燃烧技术

目前国内蓄热式燃烧系统均是模仿德国技术，蓄热式燃烧系统主要由烧嘴、蓄热箱、换风系统组成。

（1）烧嘴。

烧嘴又称燃烧器，是工业燃料炉上用的燃烧装置的俗称，可理解为“烧火的喷嘴”的简称。通常指的是燃烧装置本体部分，有燃气入口、空气入口和喷出孔，起到分配燃气和助燃空气并以一定方式喷出后燃烧的作用，见图1。

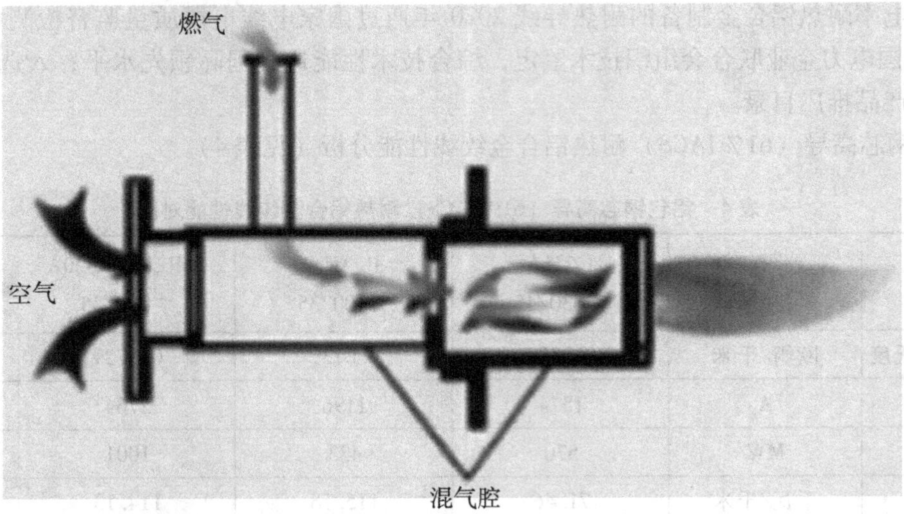

图1　烧嘴工作原理图

（2）蓄热箱。

蓄热箱内安装有蓄热体，蓄热体一般为球状蓄热体或蜂窝状蓄热体。其主要作用是储存排出烟气中的热量，并反向吹送进炉内，这也是蓄热式烧嘴节能的主要装置。

（3）换风系统。

换风系统主要由管道及阀门等组成，主要作用是两个蓄热式烧嘴在切换时能实现对进出风的换向控制。

2. 蓄热式系统原理

烧嘴和蓄热体成对出现，助燃空气通过其中一个烧嘴，被加热后供燃烧用，另一个烧嘴充当排烟的角色，同时蓄热体被加热。当到达换向时刻时，换向阀动作使系统反向运行，烟气加热好的蓄热体被用来加热空气，助燃空气冷却的蓄热体又被离开炉子的高温烟气加热。蓄热式燃烧系统的交替切换动作由PLC控制自动完成，一般情况为60秒一次，循环进行。

3. 技术优劣对比

普通燃烧系统结构较为简单，其仅由一个烧嘴与部分送风、送气管道组成，其作用仅是加热，无节能效果，见表5。

表5　蓄热燃烧系统技术优势

项目	普通燃烧系统	蓄热式燃烧系统	备注
固定资产投入/万元	25	188	蓄热式燃烧系统需新建双室一体炉
固定资产折旧/元/吨	75	58	
天然气能耗/立方米/吨	75	85	电、水等其他能耗基本相同
单耗/元/吨	241	193.12	
优势	1. 无需清理蓄热球，操作维护简单； 2. 建设周期短，1个月恢复生产	排出烟气热量被回收利用，烟气低于150摄氏度，便于对烟气进行处理	—

通过绿色工艺改进，蓄热式烧嘴在生产成本上较普通烧嘴节约 48 元/吨，按一条产线产量 2.5 万吨/年计算，蓄热式烧嘴每条线节约成本近 120 万元/年。相对于普通烧嘴，蓄热式烧嘴在生产成本上优势较大，约 1.5 年回本。蓄热式烧嘴排放烟气温度低，在环保除尘建设方面有优势。

（四）项目工期和进度情况

本项目地点为江苏省如东县河口镇中天村江苏中天科技股份有限公司耐热导线工厂，项目工期为 2018 年 1 月—2021 年 12 月。公司将项目作为课题进行全过程管控，包括整体进度管控、执行质量监督、其他管理和协调工作，为了确保项目任务按照时间节点有序进行，建立以下管理方式和协调机制。

1. 绿色产品：绿色低碳输电产品研发（见表 6、表 7）

（1）2.0 版节能导线研发规划。

表 6　2.0 版节能导线研发规划

2018 年 1 月 1 日—2018 年 2 月 28 日	完成立项论证、样品生产论证
2018 年 3 月 1 日—2018 年 3 月 31 日	试制方案确定和开展
2018 年 4 月 1 日—2018 年 5 月 31 日	完成样品试制、例行试验
2018 年 6 月 1 日—2018 年 11 月 10 日	样品型式试验
2018 年 11 月 11 日—2018 年 11 月 30 日	项目总结

（2）智慧型导线研发规划。

表 7　智慧型导线研发规划

2020 年 1 月 1 日—2020 年 2 月 28 日	完成立项论证、样品生产论证
2020 年 3 月 1 日—2020 年 3 月 31 日	试制方案确定和开展
2020 年 4 月 1 日—2020 年 5 月 31 日	完成样品试制、例行试验
2020 年 6 月 1 日—2020 年 10 月 10 日	样品型式试验
2020 年 10 月 11 日—2020 年 10 月 30 日	项目总结

2. 绿色工艺：蓄热式燃烧系统改造（见表 8）

表 8　项目进度计划表

2019年3月—2019年6月				2019年7月—2020年6月				2019年7月—2020年8月				备注
												项目准备阶段
												项目前期调研
												整体方案确定
												项目实施阶段
												HZ6改造
												项目结题阶段
												现场应用
												项目结构

三、实施效果

（一）经济效益

（1）本公司绿色工艺，蓄热式燃烧系统，较普通烧嘴节能15%左右，天然气消耗低于60立方米/天，处于同行领先水平。蓄热式烧嘴在生产成本上较普通烧嘴节约48元/吨，按一条产线产量2.5万吨/年计算，蓄热式烧嘴每条线节约成本近120万元/年。

（2）本公司研发的绿色低碳输电产品，符合国家“节能降耗、低碳经济”的理念，满足新型电力系统建设对特种导线的需求，可广泛应用于特高压、增容改造及新能源并网送出输电工程。

（3）产品已经在我国肇东华庆新能源有限公司线路工程、天津蓟州110千伏蓟邦一线改造工程、帽山开关站—唐家岭牵引站220千伏线路工程、增城南站110千伏及以上输电线路迁改工程中实现应用。

（4）通过绿色产品开发，应用高导LH55.25铝合金芯节能导线，年线路损耗电能节约24932千瓦时/千米（折合节省电费1.99万元/千米）；应用铝包钢芯高导电率耐热铝合金绞线，年线路损耗电能节约2700千瓦时/千米，本体投资费用可降低约60万元/千米。

（二）社会效益

（1）绿色工艺蓄热式燃烧技术是通过蓄热箱换热来减少热量的散失，从而实现节能降耗，但关于双室一体炉搭配蓄热式烧嘴的形式，行业内应用较少，经过实际使用证明节能降耗效果显著，为绿色产品制造奠定基础，具有推广意义。

（2）满足我国新型电力系统对特种导线的要求，本公司研发绿色低碳产品可广泛应用于特高压、增容改造及新能源并网送出输电工程。

（3）低输电损耗，助力国家节能减排规划：本公司研发的高导电率铝合金芯节能导线、铝包钢芯高导电率耐热铝合金导线，可降低输电线路损耗，符合“节能减排、绿色环保”的发展理念，能更有效地保护自然资源与生态环境。导体材料的导电率每提升0.1%IACS，每年可降低电路输送损耗约7亿千瓦时，减少燃煤23万吨，减少二氧化碳排放58万吨，同时减少大量的二氧化硫、氮氧化合物排放，节能、减排效益十分显著。

（4）促进我国架空输电技术再升级：本公司研发高导电率铝合金、高导耐热铝合金材料及其导线产品，其技术优于国内外现有技术，有助于促进架空导线技术升级与自主创新能力的提高。

主创人：单小龙、缪姚军、徐一峰、林　峰、邹　玮

洗涤用品全生命周期绿色低碳案例

纳爱斯集团有限公司

一、企业概括

纳爱斯集团有限公司（以下简称纳爱斯）是中国洗涤用品行业龙头企业，专业从事洗涤用品的研发、生产和销售。前身是成立于1968年的地方国营丽水五七化工厂，1993年进行股份制改造，2001年组建集团。2021年实现营业收入256.59亿元，在“中国制造业企业500强”“中国轻工业百强企业”等榜单中，连续十多年居行业首位。

纳爱斯总部所在地丽水，是习近平总书记“两山”理念的重要萌发地和先行实践地，纳爱斯发挥独特的区域优势和雄厚的行业领军实力，致力于打造全球化、无边界的全链生态产业体系，不仅引领传统工业及制造业转型升级，更成为打造全球生态经济与生态产业发展的新标杆。荣获日化行业首家通过中国绿色产品认证的企业，成为国家工业和信息化部作为日化行业唯一专题宣传的生态（绿色）设计示范企业，供各行业借鉴，并以此引导树立绿色消费新理念。

在既定的百年征程之路上，纳爱斯始终坚守实业报国，坚持以“只为提升您的生活品质”为宗旨，以“环境友好、安全健康”为发展理念，在全球建成9大生产基地，构筑了线上线下并行的现代销售网络，自主品牌产品已进入包括美国、英国、日本等发达国家在内的70多个国家和地区，向世界奉上“好品牌 无国界”产品的全新体验和美好感受。目前已拥有雕牌、超能、纳爱斯、健爽白、伢牙乐、100年润发、李字、妙管家等自主品牌，形成强有力的品牌矩阵，连年稳居“中国品牌价值评价”日化行业首位、“中国500最具价值品牌”日化品牌首位等。

纳爱斯始终将社会责任担当于肩，秉持“耕耘为家乡，奉献在天下”的家国情怀，在抗击新冠疫情、赈灾驰援、慈善捐赠、助学扶弱、公益服务等方面积极作为。近年来在防控新冠疫情方面表现突出，入选“全国首批新冠肺炎疫情防控重点保障企业”，还获得国务院应对新冠病毒物资保障组发来的感谢信，点赞纳爱斯为疫情防控做出突出贡献。

历经半个多世纪发展的纳爱斯，形成了居低不卑、百折向东的“如水文化”，打造了“以奋斗者为本”的机制平台，始终秉持“开放包容”的基本原则，敞开胸怀拥抱全球更多能人志士，共创美好事业，为新时期生态文明建设积极探索富有纳爱斯特色之路，朝着既定的“明天的纳爱斯是世界的纳爱斯”的宏伟愿景加速奋进！

二、主要措施

（一）绿色低碳发展所处环境

在“双碳”政策引导和绿色消费势趋推动下，“绿色低碳”成为洗涤用品行业发展新动能。国家发展改革委《产业结构调整指导目录（2019年本）》鼓励“多效、节能、节水、环保型表面活性剂、助剂和洗涤剂的开发与生产”；国家工业和信息化部《轻工业发展规划（2016—2020年）》中明确提出“提高天然可再生原料的使用比例，突破可再生资源利用、绿色化制备及清洁生产、特殊功能品种制备等核心技术”；《中国洗涤用品工业“十四五”高质量发展指导意见（2021—2025年）》明确要求“企业主体应该通过技术创新开发出更多浓缩且高效的产品，采用更简便、更紧凑的可回收包装，推动生产方式绿色化，实现绿色循环低碳发展”。

（二）绿色低碳发展战略

纳爱斯以“只为提升您的生活品质”为企业宗旨，以“环境友好、安全健康”为发展理念，持续引领传统工业与日化行业创新升级、高质量发展，不断引领大众高品质消费需求。作为行业高质量绿色发展标杆企业，纳爱斯积极履行减碳社会责任，为保护绿水青山扛起时代责任，依靠绿色科技创新，促进产业结构升级，以企业之力践行生态文明建设。推进工业产品生态设计，推行产品绿色化、生产智能化、包装轻量化，实施节能降耗技术改造，提高资源利用效率，实现经济社会发展与生态环境保护的共赢。成功创建工信部首批工业产品绿色设计示范企业和国家级绿色工厂，并且成为行业首家通过认证的企业，通过纳爱斯在市场的影响力引导绿色消费，进一步促进行业绿色低碳循环发展。

（三）绿色低碳技术的研发与创新

纳爱斯坚持以技术创新为驱动，率先在业内打造了生态设计平台，运用全生命周期（LCA）方法对产品从配方设计、原料采选、生产、包装、运输及销售、消费者使用和废弃物处理全过程进行绿色化评估，同时加大对绿色低碳技术的研发与创新力度，全力做到产品的全生命周期绿色低碳发展，主要技术如下。

1. 低泡易漂护理技术体系

该技术是国家发明专利技术，将节水省水效果与洗涤剂的护理需求结合到一起，配方成分来源天然，绿色环保，低泡易漂，还具有独特的颜色护理功效，其优点在于：解决常规洗涤剂泡沫多难漂洗的不足，机洗实验表明，该技术产品漂洗 1 ~ 2 次就可完全漂清，而市售产品至少需要漂洗三次，有些需要漂洗四次甚至五次才能漂清，漂洗节水可达 40% 以上；采用绿色可再生天然原料生产，不仅可快速生物降解，于环境友好，而且温和安全，不刺激皮肤，不损伤衣物，天然、安全、健康；还具有抗硬水，去污速度快、去污效果好，省时省力的优点。

2. 水溶膜包裹洗衣液技术

该技术荣获“中国轻工业联合会科技进步二等奖”，在水溶膜配方与包裹技术、超浓缩洗衣液配方与生产技术、生产装备等方面，实现了关键技术破壁与创新，总体科技水平与主要经济指标均达到国际先进水平，为浓缩洗涤剂的技术领域带来了全新的结构调整和产业升级，对国内洗涤产品形式创新和技术创新也具有重大引领意义。

3. 洗涤剂高效节水技术

该技术为自主研发，产品生产过程节水 75%，洗涤漂洗节水率约 30%，年减少洗涤废水 2.8 亿立方米，显著减少社会污水处理成本及资源消耗，该技术入选国家发展改革委、科技部、工业和信息化部、自然资源部《绿色技术推广目录（2020 年）》，并荣获 2021 年度“中国轻工业联合会科技进步一等奖”。

4. 洗衣液连续低温配料工艺技术

该技术突破行业技术瓶颈，改进了传统的热配工艺，采用连续低温配料技术，无需加热冷却，大幅缩短生产时间，生产效率提高 50%，生产能耗降低 75%。

5. 洗衣粉后配预造粒技术

针对洗衣粉生产工艺中后配比例限制在 15% 的行业瓶颈难题，创新开发预造粒技术，改进后配混合器结构，将后配比例大幅提高到 30%，单位产品能耗降低 20%，推动行业洗衣粉产品高效绿色生产。

6. 绿色原材料开发与应用

攻克行业技术难题，实现蛋白酶、脂肪酶、淀粉酶、纤维素酶在洗涤剂中的广泛应用，有效减少各类活性剂和助剂的使用，优化配方结构，提高整体效果。

7. 可持续发展的绿色生态包装

采用的可持续发展的绿色生态包装应符合 3R1D 原则，即包装减量化（Reduce），可重复利用（Reuse），可回收再生（Recycle），可降解（Degradable）。绿色生态包装对生态环境和人体健康无害，原材料、产品制造、使用、回收和废弃整个产品生命周期均符合生态环境保护的要求，可促进国民经济健康可持续发展。

系列绿色低碳技术的应用为新型洗涤剂产品的开发研究和产业化提供关键支撑，洗涤剂产品的配方灵活性、绿色原料和功能性成分的采用率得到极大的提高，多种具有新功能或多功能的洗涤剂产品将得到产业化发展，与此同时也使产品浓缩化在产业化方面得到有效保证，不断满足消费升级需求并提高产品和生产技术的智能化和绿色化水平，加速产业结构调整，引领国内洗涤产品转型升级和行业可持续发展，增强行业和企业的国际竞争力。

（四）设备的改造升级

随着以智能制造为主导的工业4.0信息技术与制造技术的结合日臻成熟，纳爱斯加速推进自动化、智能化和数字化技术革新，开发引进先进生产装备和系统，不断提高生产智能化水平，提升竞争力。

（1）整合高速吹灌旋自动包装设备、智能机器人码垛系统、缠绕膜自动装车系统和MES智能制造系统，实现液体洗涤剂全过程智能化生产，生产效率提升300%。

（2）开发行业首台双联装高速三维包装机，包装速度是常规三维包装机的4倍、行业高速三维包装机的2倍。

（3）建设丽水最大的分布式光伏发电站，年发电量700万千瓦时，相当于节能近2000吨标准煤，减少二氧化碳排放4000吨。

（4）建设智慧能源监测系统，对全厂水（冷冻水）、电、蒸汽、压缩空气等能源介质的消耗过程实施集中扁平化的动态监控和数字化管理，实现能源计量统计分析、定额管理、成本管理及节能机会识别等功能。

（五）绿色低碳产品的开发

纳爱斯在洗涤用品的节水、浓缩、除菌、加酶等各方面，拥有多个国内领先、国际先进水平的自主知识产权可控关键核心技术，公司的绿色产品占比逐年提高。目前，纳爱斯高附加值产品销售总额占比达80%以上，节水环保产品总量占比达75%以上，符合《生态设计产品评价规范 家用洗涤剂》标准的产品比例已达86.5%。

1.行业首创超能低泡洗衣液

融入天然椰油创新的低泡洗衣液产品，设计绿色高效去污配方，复配了智能活性成分，实现了洗衣液低泡、易漂清、去污性能优、去污速度快、低温去污力超强的功效。根据中国洗涤行业对市场上13家公司生产的洗衣液抽检显示，超能低泡双离子洗衣液是市场上品质最好的产品之一，按国标去污测试方法去污指数达1.7以上，明显优于行业一般水平；机洗实验表明，超能低泡双离子洗衣液只需要漂洗两次就可以完全漂清，减少漂洗次数，实现节水达30%以上，省时省力，更节水省钱。

2.超能APG薰衣草洗衣液

超能APG洗衣液是在织物洗涤领域内推出的全新一代绿色产品，在行业内率先使用绿色天然来源的烷基糖苷APG，并采用国家专利——泡沫控制技术，使得产品低泡沫易漂洗，节水节能效果领先国内外同类产品。在传统表面活性剂去污的基础上，进一步运用了先进的生物酵素科技，添加了天然发酵来源的蛋白酶、淀粉酶、纤维素酶三元复合酶。不仅有效提升了洁净力，天然温和无刺激，还通过专业护理，实现了护衣、护色、去毛球效果，具备了衣物常洗如新的“护衣”功效，有效地延长了衣物的使用寿命，满足了消费者对洗涤产品的洗护合一的多功效需求。该产品以良好的用户体验入选了“2021年浙江制造精品”。

3.超能洗衣凝珠

攻克洗衣凝珠关键技术，率先推出水溶膜包裹浓缩洗涤剂——超能洗衣凝珠，该产品融合了诸多行业创新技术，大大减少了运输和包装资源，采用定量投放包装，避免过量使用，减少洗涤废水、塑料等的排放压力。洗衣凝珠所用的 PVA（聚乙烯醇）水溶性膜属于可降解的高分子材料，其无污染、无毒、绿色可降解，且已通过欧美、日本等国家和地区的环保认证，并被批准用于医药和食品等行业。该产品一经推出就引领了洗衣新时尚，相继囊获了“浙江省科学技术成果”“中国轻工业联合会科学技术进步奖”等荣誉。

（六）绿色低碳技术的产业化应用

相关绿色低碳技术在国家、省级重点技术创新项目中成功实现产业化应用与推广，取得了显著的经济效益和社会效益。

技术改造专项中央预算内投资项目：年产 15 万吨新型洗涤剂智能绿色化技术改造项目，项目获中央预算内资金补助。

浙江省重点技术创新项目：液体洗涤剂在线连续化配制工艺及核心技术研究。

2021 年浙江省“五个一批”重点技术改造示范项目：新型绿色环保洗涤剂研究与应用项目。

三、实施效果

（一）管理效益

（1）行业首家获评“工业产品生态设计示范企业”，国家工业和信息化部特邀纳爱斯作为行业和浙江省唯一代表，在“中国－欧盟工业产品绿色设计”大会上推广生态设计绿色发展经验。

（2）入选国家工业和信息化部绿色制造体系首批绿色设计产品，纳爱斯率先根据国家标准《生态设计产品评价规范—第 1 部分：家用洗涤剂》实施产品全生命周期评价，确保产品从原料、生产、包装、运输和最终废弃物处理等全生命周期对环境全过程体现友好，并以此带动上下游行业同步推进高质量绿色发展。

（3）纳爱斯是行业首家通过国家绿色产品认证的企业，在全国绿色产品认证经验交流会上，纳爱斯高质量绿色发展与生态产业引领企业创新发展的典型经验被收录于《绿色产品认证改革试点成果汇编》中，作为优秀案例进行展示，并进一步向全国推广。

（4）纳爱斯在“环境友好、安全健康”发展理念的统领下，成功创建国家级“绿色工厂”，大力推进企业生态工业结构升级，不断创造出新的经济增长点。

（5）2019 年，在国家生态环境部环境发展中心主办、中环联合认证中心承办的“绿色消费国际研讨会暨中国环境标志 25 年主题活动”上，纳爱斯被授予“中国环境标志优秀企业奖”。

（二）经济效益

2021 年，纳爱斯实现营业收入 256.59 亿元，利润 11.05 亿元，其中节水环保产品总量占比达 75% 以上，符合绿色产品标准的产品比例已达 86.5%，绿色低碳为纳爱斯的高质量发展注入新的动能。

（三）社会效益

“十三五”期间，纳爱斯单位产品能源消耗下降 21.3%，碳排放总量削减 31.9%，吨产品碳排放强度下降 31.6%，节能降碳指标在国内外同行业中处于领先水平，荣获“‘十三五’全省能源‘双控’工作成绩突出集体”，获评“浙江省节水标杆企业”。

按 GB/T 32163.1－2015《生态设计产品评价规范》中规定的单次洗涤荷重为 3 千克的家用洗衣机洗涤过程使用洗涤剂 40g，纳爱斯每年生产的节水洗涤用品可洗涤 175 亿次，相当于每年节省洗涤用水 2.8 亿吨，节省机洗用电 3.5 亿千瓦时，同时节省城市污水处理成本 2.66 亿元。

主创人：周　皓、汪赛挺、张嘉敏、任晋峰、罗显禹

地热能供热系统电触媒合金阻垢降碳改造项目

南京公诚节能新材料研究院有限公司

一、企业概况

南京公诚节能新材料研究院有限公司（以下简称公司）成立于2018年7月，由西北工业大学、国防科技工业难变形材料锻造技术创新中心、南京建邺高新技术产业开发区管理委员会三方共建。2019年与海军装备研究院成立军品项目，2020年通过高新技术企业认定，2021年入选南京高水平新型研发机构重点培育名单，2021年“降碳节能新材料工程化公共服务平台”入选建邺区二季度应用场景。

公司立足于新材料研发与成果转化，通过集聚低碳节能新材料、新技术的研发团队打造创新型平台，围绕产业核心兼顾上游关键技术和下游深度应用，打造绿色降碳新材料创业集群生态圈。

电触媒合金是一种具有催化效应的功能合金，该材料在流体介质中呈现极强释放自由电子并使介质极化的独特功能，在工业领域主要用于阻垢除垢。

围绕产品开展包括地热能资源、换热器、锅炉蒸汽能高效利用技术，根据工业终端需求进行定制化解决方案。

在本案例产品出现之前，合金纯物理阻垢除垢技术只有美国掌握，但进口产品的价格是本产品价格的5倍以上，本产品打破了美国“卡脖子”技术，填补了国内空白，提高了我国地热能、电力、石油化工等工业装备自主化生产水平。

产品极大地促进能源的利用率，提高工业生产设备的使用寿命，节约不可再生能源，杜绝化学阻垢除垢对环境的破坏。

近3年来，公司的经营效益不断提升，营业收入分别达到了1394万元、2272万元、5278万元，其中电触媒合金业务收入占比70%以上。

公司以“聚焦绿色环保新材料主业，坚持科技创新引领”为发展战略。持续增加研发与产业化投入，成立新材料科研成果转化中心，打造节能低碳环保产业集群生态圈。

计划未来三年内科创板上市，到2025年年底拟占据国内市场份额80%以上，届时公诚研究院也将成为纯物理阻垢技术细分领域独角兽，后续年积极参与国际交流与竞争，进军海外市场。

二、主要措施

（一）企业绿色低碳发展所处的市场生态与资源环境

2021年3月，江苏发行省内首单“碳中和”债券，募集资金主要用于产业板块绿色建筑项目建设运营，计划在“十四五”期间以金融支持的方式推动实现碳减排超1000万吨。

2018年，南京市政府与南京大学以南京节能环保新型研发机构的力量为基础，联合成立扬子江生态文明创新中心。2021年6月，公司以扬子江中心加盟合作机构代表身份与中信集团协同委员会及江苏区域分会成员单位围绕具体合作项目进行了签约，8月公司牵头与扬子江生态文明创新中心、德国国际合作机构就“双碳目标与创新之路”举行企业家论坛。

金鱼嘴每日路演作为全国首个资本要素撮合平台，为绿色低碳科创企业解决融资与业务渠道的痛点。2021年至今，公司主持金鱼嘴每日路演数场，主要聚焦碳达峰、碳中和项目，并在随后的融资互动环节与参会的投资机构代表进行了良好互动。

公司自主研发的“电触媒合金”其技术优势已得到学界及工业界广泛认可，产品现已成为中国石油天然气集团有限公司、中国石油化工集团有限公司、中国海洋石油集团有限公司、五大电力公以及其他大型能源企业、大型化工企业优先购买产品，公司也成为上述企业合格供应商。

（二）企业绿色低碳发展战略的制定与解决方案

研究院遵循“聚焦绿色环保新材料主业，坚持科技创新引领”的发展战略。专注低碳节能环保新材料主业，打造节能低碳环保产业集群生态圈；针对新材料在家用、农业、生态等领域，加大研发与成果转化力度，进一步细分环保新材料领域，形成不同场景更广阔的应用。

（三）企业绿色低碳技术的研发与创新

工业结垢结蜡问题一直是难以攻克的技术难题，人称“工业癌症”。水垢导热系数比金属小几十倍甚至近百倍，结垢会使传热情况恶化，降低锅炉热效率，加速设备腐蚀与故障。据统计，锅炉事故中因结垢和水质引起的事故占到了60%以上；同时管道和容器的垢下腐蚀带来的泄露和污染，酿成燃烧或爆炸等，也同样是安全事故主因之一。

目前，解决方法主要有物理法，如超声波法、磁场法和电场法；化学除垢主要是化学溶垢技术，包括酸洗、螯合剂溶剂清洗和大环聚醚化合物溶液清洗等。上述物理法均需要投入设备，消耗电能；化学法通常会消耗药剂且易产生污染。

电触媒合金纯物理阻垢除垢是一种颠覆性降碳技术，目前研发主要集中于九种金属均质化处理，包含铜40%～70%、镍5%～20%、锌8%～35%及其他稀贵金属，合金成分复杂，组元熔点相差大，体收缩率高，普通熔炼铸造工艺容易出现非平衡凝固，比重偏析现象严重，而晶型改变会使材料触媒特性发挥受阻；因此，如何获得组织致密、晶型良好、质地均匀的触媒合金锭，提高电触媒材料性能，是目前国内外研究热点及难点，也是我国“重大技术装备自主化”进程中的重要一环。

项目现处于开发与优化并行阶段。熔炼过程的突破在于采用了航空材料制备技术中中间合金、包覆合金投料和强制搅拌等先进技术；浇注采用了自主研发的控温补缩冒口和特殊设计的底部冷铁，以控制凝固顺序；凝固过程则借助软件进行模拟仿真，由于熔融态金属的流动属于紊流，充型过程模拟难度较大，因此研究凝固过程中的温度场和应力场变化是目前合金制备工艺优化的关键。

（四）相关设备的改造升级

1. 厂房及生产情况

项目购置部分关键设备，如熔炼炉、电炉、车床等。生产实践表明，所制备的组合模具能够很好地消除合金锭疏松和冒口缺陷，很少发现夹气缺陷存在，解决了工业合金制造难题。

2. 产品稳定性验证

工业环境下降碳高温合金的成分控制技术。

由于实际生产环境下熔炼炉和加热炉的工况条件与实验室状态存在差异，因此必须结合实际进行成分控制技术的工程化应用研究。经过多轮工业环境下的熔炼工艺试验，逐渐掌握了降碳高温合金在实际生产条件下的成分控制技术。实测的多批次降碳高温合金的成分波动平均在±0.4%以内，完全可以满足生产条件下的成分控制要求。

（五）绿色低碳新产品的开发

技术特点：零排放、零添加、零维护，纯物理防垢除垢，无磁无电，安全环保，节能降碳。该技术在防垢除垢的同时，附带防腐及杀菌抑藻效应，可避免杀菌剂对设备的腐蚀，减少防腐投资及腐蚀造成的能源损失，减少相关碳排放量。

技术先进性：电触媒合金防垢不同于以往“牺牲式”防垢技术，材料自身催化效应避免了金属溶出，产品阻垢效果显著（阻垢率92%），使用寿命长达10年；内部流道设计采用ANSYS数值模拟技术进行流道设计。

与现有的化学阻垢除垢技术相比，该技术彻底解决了化学药剂带来的环境污染、设备腐蚀、人身伤害及停机维护等问题。与超声波、磁场、电场等其他物理阻垢除垢技术相比，该技术没有精密复杂的电子设备，无需外接电源，无能耗，可适用于1000米以上井下、野外、高温、高湿等多种工质流体。

采用降碳高温合金材料研制的防垢防蜡设备，通常安装在循环水或一次性过水管路系统易结垢设备前，可保护下游直线距离5千米管路系统不结垢不结蜡。

（六）新技术的场景应用

电触媒功能合金材料主要适用于工业水循环或流动介质引起的结垢问题。该项目核心技术突破了传统防垢除垢技术弊端，水流冲击材料至水极化原理革命性地拓展了目标产品应用范围。不仅可以在一般环境下发挥效能；并且在极端环境，如高盐分的卤水海水、高温高硬度的热水防垢，以及井下防垢防蜡、船舶冷却系统防腐防垢等方面表现突出，是一般技术无法做到的。产品不仅能有效控制污垢的形成，同时也能使已板结的垢块逐渐溶解、脱落，达到除垢的功能。

本案例技术现已覆盖国防科研、石油、冶金、化工、发电等20余种行业。

（七）商业模式

（1）以企业化运作方式，着力构建以国家战略任务和市场需求为导向、以国家级降碳节能新材料产业关键核心技术攻关和科研成果转化为目标、产学研相结合的新型研发创新实体，打造国际一流的降碳节能产业创新高端平台。

（2）依托平台每年持续导入科技成果不少于2项。围绕国家降碳节能产业关键性技术、前沿技术，遴选国内外及省内具有降碳节能产业先进技术和优秀科研团队加入。

（3）随着“建邺区新型研发机构研究生见习基地”“南京市准博站”挂牌，研究院与南京大学、西北工业大学等高校联合开展研究生见习活动，持续建设产学研平台的人才后备力量。

（4）从机制上确保公司的技术创新能力，激发研发人员的积极性和创造性。积极承担国家级降碳节能新材料产业的技术攻关和重点研发计划。

（5）与企业、高校、科研院所通过建立联合实验室、开展合同研发等方式，按需定制技术创新服务和整体解决方案，资源面向企业特别是省内科技型中小企业开放共享。

（6）通过设立海外研究机构、建设战略合作关系、探索项目经理制等方式面向全球选聘优秀技术创新人才和成果转化人才。

（7）采用股份制、协议制、创投基金、技术入股多元化的资金投入机制，吸引企业、金融与社会资本、高校院所等共同投入建设。

（八）低碳管理与运行情况

研究院重视绿色降碳技术的管理与资源积累。随着降碳技术的案例数据逐步丰富，以及降碳技术在平台的集聚与互补机制的不断完善，公司成立了专门的碳资源管理项目部。

以电触媒合金降碳技术为例，制定了碳评估、碳足迹、绿色工厂等子项目包，从技术源头到产品归宿开展全流程低碳管理服务。为传统高能耗、高污染企业及新能源利用企业提供降碳技术方案。

2021年公司开始筹建降碳节能新材料工程化服务平台，总投资2亿元，项目入选建邺区第二季度重大应用场景，更多的绿色低碳企业集聚，形成了降碳市场生态，低碳管理水平进一步提高。

三、实施效果

（一）实际效果

2019年11月，东营市河口区三义和、花满庭小区地热供暖项目落成，总供暖能力5884千瓦，服务面积12万平方米，采用地热水供暖和同层回灌的模式开发利用，末端为地板辐射采暖。地热采出水温度为68摄氏度，一级直供板式换热器两侧温差为16摄氏度、采水流量 为160 立方米/时；二次网换热器进水温度为 52 摄氏度，两侧温差为 15 摄氏度，过水流量为 50 立方米/时。

运行调试 3 周后井口板式换热器结垢严重。本案例在井口换热设备进出水端、二次网换热器前端加装 DN350、DN250、DN200 电触媒合金防垢设备各一台。地热能供热系统电触媒合金阻垢降碳改造项目示意图如图 1 所示。

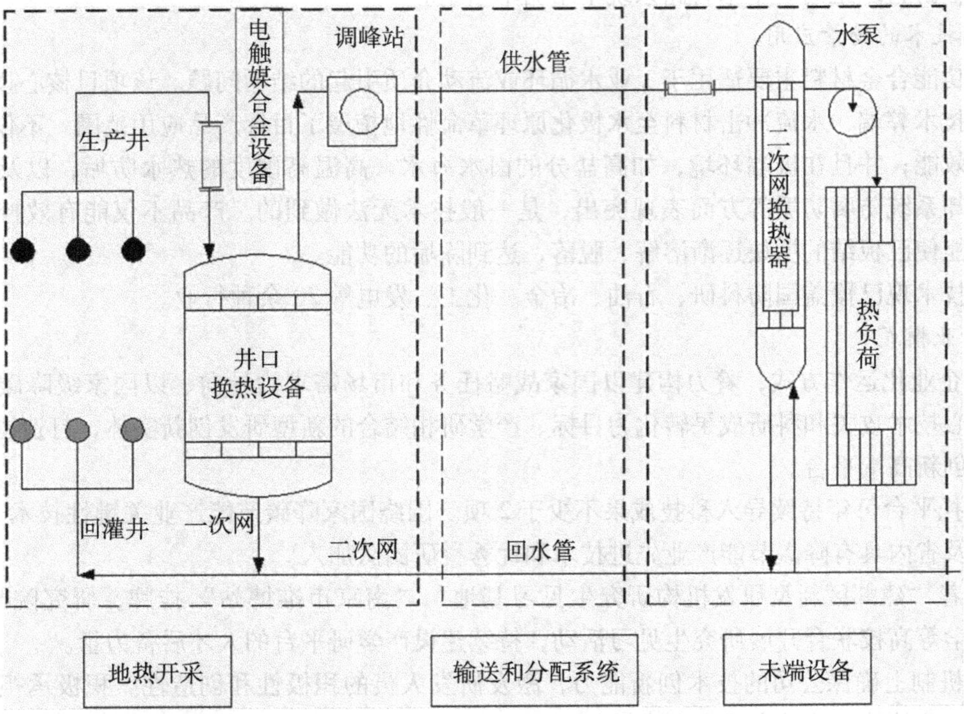

图 1　地热能供热系统电触媒合金阻垢降碳改造项目示意图

至 2020 年 8 月，运行 10 个月后表面干硬的老垢逐渐溶解脱落，露出换热器金属光泽。

结论：自 2019 年 11 月安装并使用电触媒合金防垢除垢设备以来，供暖系统运行稳定，压力、流量均正常。断停化学药剂后无水垢生成，整个供热季换热设备运行正常，无停机状况，大大降低了设备运行成本和环保风险，延长了设备的使用寿命。

地热能取代传统燃煤锅炉换热功率 F = Q · Cm · ΔT = 160 吨/时 ×4. 2 ×103 焦/千克 · 摄氏度 ×16 摄氏度 +50 吨/时 ×4. 2 ×103 焦/千克 · 摄氏度 ×15 摄氏度 =3. 31 吉焦/时，相当于燃烧标准煤（0. 034 吨标准煤当量/吉焦）约 0. 112 吨每小时；传统燃煤锅炉供热效率 55%，则需燃烧标准煤约 0. 2 吨每小时。

本案例设备安装后，换热器不结垢 ΔT' ≈10 摄氏度，相当于节省 1/3 的热量。仅节省热水泵能耗 1/3 ×0. 112 吨标准煤当量/吉焦 ×12h/d ×100d/a =44. 8 吨标准煤当量/吉焦；按照地热能供热效率 75% 计算，1 口地热井换热效率比传统燃煤方式节省 0. 2tec ×（75% ~55%）/h =0. 04 吨标准煤当量/吉焦，一年节省 0. 04 吨标准煤当量/吉焦 ×12h/d ×100d/a =48 吨标准煤当量/年。由此可见，本案例的推广与地热能取代燃煤锅炉供暖同等重要。本案例相应绩效见表 1。

表1 本案例相应绩效

案例指标与绩效	能源绩效	减排绩效				经济绩效
	标准煤	二氧化碳	二氧化硫	氮氧化物	碳粉尘	
1口地热井1年（3台设备）	44.8吨	121吨	3.65吨	1.82吨	33.0吨	44.8×1200≈5.38万
1口地热井10年（3台设备）	448吨	1210吨	365吨	18.2吨	330吨	53.8万
1吨标准煤	—	2.7吨二氧化碳/吨标准煤当量	0.0814吨二氧化硫/吨标准煤当量	0.0406吨氮氧化物/吨标准煤当量	0.737吨碳粉尘/吨标准煤当量	1200/吨标准煤当量

此外，案例绩效还包括杜绝使用化学药剂后，节省的污水处理站建设费、药剂费、人力成本，见表2。

表2 杜绝化学药剂后节约的成本

一台电触媒合金设备1年内附加绩效		经济绩效	
		1年	10年
污水处理站建设与运营费	1200万（按3000立方米/天规模推算）	1200+100×10=2200万（10年），运营费一年按100万计	
药剂费	160×24×100×0.5，按0.5元计，节省药剂费19.2万元	19.2万	192万
人工费	2人×5万元/人·年，节省人工费10万元	10万	100万
总计	—	249.2	2492

（二）绿色低碳效益

经济效益：安装电触媒合金设备后，能源利用率提高，设备更换损坏部件、清洗维护频次大幅度减小。经测算，仅1口地热井安装电触媒合金防垢降碳设备一年就可节省能源费53.8万元，节省污水处理站建设与运行费、化学药剂费、人力成本总计249.2万元，10年节省费用2552万元（2492+60.6）。

环境效益：电触媒合金纯物理防垢除垢降碳技术零碳零排、无磁无电、安全环保。技术附带有防腐及杀菌抑藻效用，在杜绝阻垢剂的同时可减少或杜绝杀菌剂对设备的腐蚀，减少防腐投资及腐蚀造成的能源损失，减少相关碳排放量。仅1口地热井安装电触媒合金设备10年就可至少减少排放二氧化碳1210吨、二氧化硫365吨、氮氧化物18.2吨、碳粉尘330吨。

社会效益：在地热井案例中，由于地下水的硬度很高，采水管、换热器结垢非常严重；早期羊八井地热电站的采水管“钙华”严重时，仅3~5天就能将直径200毫米的井管堵死；本案例解决了地热能因结垢造成其开发利用的一大难题。杜绝以往采用石灰软化、混凝沉淀和过滤系列药剂消耗，减少污水处理站建设费用，减少运营人工费用。

该案例的推广将迅速推进地热能利用，打破传统防垢除垢技术弊端，迅速占领石油、冶金、化工、发电等20余种行业，带动集群低碳产业链的形成。

率先创新电控技术，引领行业绿色发展

南京威孚金宁有限公司

一、企业概况

南京威孚金宁有限公司（以下简称企业或公司）是国家级高新技术企业，中国内燃机行业排头兵企业，是无锡威孚高科技集团股份有限公司和南京新工投资集团股份有限公司（隶属于南京市国资委）于 1997 年共同投资组建的国有控股企业，致力于发展中国内燃机智能电控燃油喷射系统和智能电控液压系统解决方案。

主导产品非道路智能电控分配泵燃油喷射系统系列产品是企业原创发明的绿色产品，是江苏省重点推广应用的新技术新产品，先后分别荣获多项国家、省、市级有关科学技术奖项。满足非道路柴油机第三阶段、第四阶段排放要求。

企业 2021 年销售产品 45.8 万台（套），收入 82819.9 万元。近三年累计销售产品 111 万台（套），实现销售收入 21.1 亿元，有力促进了民族工业的发展。

企业为细分行业头部企业，市场占有率达到 85.6%，企业供应该系列产品市场保有量已达到 450 多万台（套）。

本企业是 IFTA16949 和 ISO14001 管理体系认证单位。

企业建设有江苏省企业技术中心、江苏省智能电控工程技术研究中心、江苏省博士后创新实践基地、江苏省研究生工作站、南京市智能电控工程研究中心等创新研发平台。

企业使命：品智驱动生活更美好。企业愿景：致力于成为燃油动力供应链的领军者。企业价值：专注、创新、担当、融合。

公司位于国家高新技术开发区南京江北新区，注册资金 3.46 亿元，企业总资产 14.74 亿元，职工总人数 831 人，工程技术人员 170 人，其中高级专业资质人员 19 人。

二、主要措施

（一）企业绿色低碳发展所处的市场生态与资源环境

1. 国家 30·60“双碳”目标

国家主席习近平 2021 年 4 月 22 日晚在北京以视频方式出席世界领导人气候峰会，并再次承诺：中国将力争 2030 年前实现碳达峰、2060 年前实现碳中和。

2. 企业所处行业市场生态与资源环境

根据中国内燃机协会数据，截至 2021 年年底，我国非道路用柴油机保有量已达 6600 多万台，每年还新增约 200 万台左右，是二氧化碳、氮氧化物等的重要排放源，初步估算每年约排放 220 万吨以上，而非道路用柴油机排放控制的核心技术就是燃油喷射系统技术。

（二）企业绿色低碳发展战略的制定与解决方案

1. 国家绿色低碳的发展战略

国家先后发布了《中华人民共和国大气污染防治法》，并且确定 2022 年 12 月 1 日实施非道路 T4 标准的公告等，促进“两山”理论的落实。

中国内燃机工业行业协会持续把“电控燃油喷射系统技术”列入“十四五”发展规划重点产品项目目录中。

未来50年，内燃机工业仍然是我国国民经济和国防建设的重要基础产业，是国民经济中主要的动力源。

2. 企业绿色低碳发展战略的制定与解决方案

企业结合组织环境和未来5年产品结构发生的重大变化，着眼可持续绿色发展，完成了公司“十四五”战略规划制定，包括燃油板块2025年绿色业务战略规划和职能规划，液压系统业务战略规划等。“十四五”战略的明确，为公司未来5年发展提供了指导及适应业务结构的能力平台。

根据企业战略会议决定，企业分阶段实行战略引领“333”重点政策：即实施“三个重要方案”“三大重要战役”“三个重要平台”。

“三个重要方案”，即高性价比的绿色解决方案，即适时推出内嵌式机电一体化智能电控分配泵系统；服务“三大客户”方案，新柴、全柴、云内，即零距离绑定非道路柴油机行业前三名主机企业；深挖“三个场景”解决方案（叉车、装载机、拖拉机的占有率、体验），即深挖三大类电控分配泵燃油喷射系统最适宜配套的终端设备市场。

“三大重要战役”，即绿色升级之战，创新研发绿色升级产品，迎接2022年12月1日国家实施的非道路T4排放法规，勇敢面对，迎难而上；效能之战，即实施干部队伍建设，向管理干部要效益，向专业干部要价值；“三才（一匠）”之战，即及时打造核心人才、潜力人才、后备人才（技能人才），培养一批懂理论、有技术、会管理、综合素质高的优秀团队。

“三个重要平台”，即490、493、498三个行业典型产品应用平台。即重点配套490、493、498三个缸径系列柴油机动力。未来将会把四缸拓展到三缸、二缸柴油机，增加市场容量。

（三）企业主要措施实施

1. 企业绿色低碳新产品的开发

(1) 燃油喷射技术的发展。

自1927年德国人Robert Bosch发明机械式喷油泵以来，燃油喷射系统就成为一个独立的核心部件，与柴油机共同发展并不断完善，已有近百年的历史。

随着节能环保理念的兴起和国家排放法规的不断升级，燃油喷射系统正经历着从传统的机械式燃油喷射系统向电控高压系统的提升，再向智能电控高压系统转变。

智能电控分配式喷油泵系统就是其中典型的分支。

(2) 企业绿色低碳新产品的开发。

电控分配泵燃油喷射系统由高压泵、喷油器、电子控制单元及相关传感器等组成，其中高压泵集高压蓄压油腔、高速比例电磁铁和高速电磁阀于一体。通过ECU（电子控制单元）驱动高压蓄压腔的高速比例电磁铁和高速电磁阀实现喷油量和喷油时刻等参数闭环精确控制，来满足非道路四阶段排放法规的要求，生产绿色产品，见图1。主要创新点如下。

◆优化柱塞、凸轮设计，增大供油速率，提升低速扭矩。

◆喷油量闭环控制，精确供油；每循环增量进行梯度策略优化。

◆燃油喷射时刻精确控制，在发动机运行工况内做区域性控制，满足发动机总成四阶段排放法规要求及发动机厂家性能设计要求。

◆多通道信号输入，控制环境变化对系统修正补偿。

◆优化高压油管和喷油器孔径、孔数、流量，提高泵嘴端压力。

◆排放指标满足非道路四阶段法规，排放裕度达到30%以上。

◆控制器采用高性能处理器，运算速度和精度大幅提升；高速比例电磁铁、传感器采用芯片技术，反应速度大幅提升。

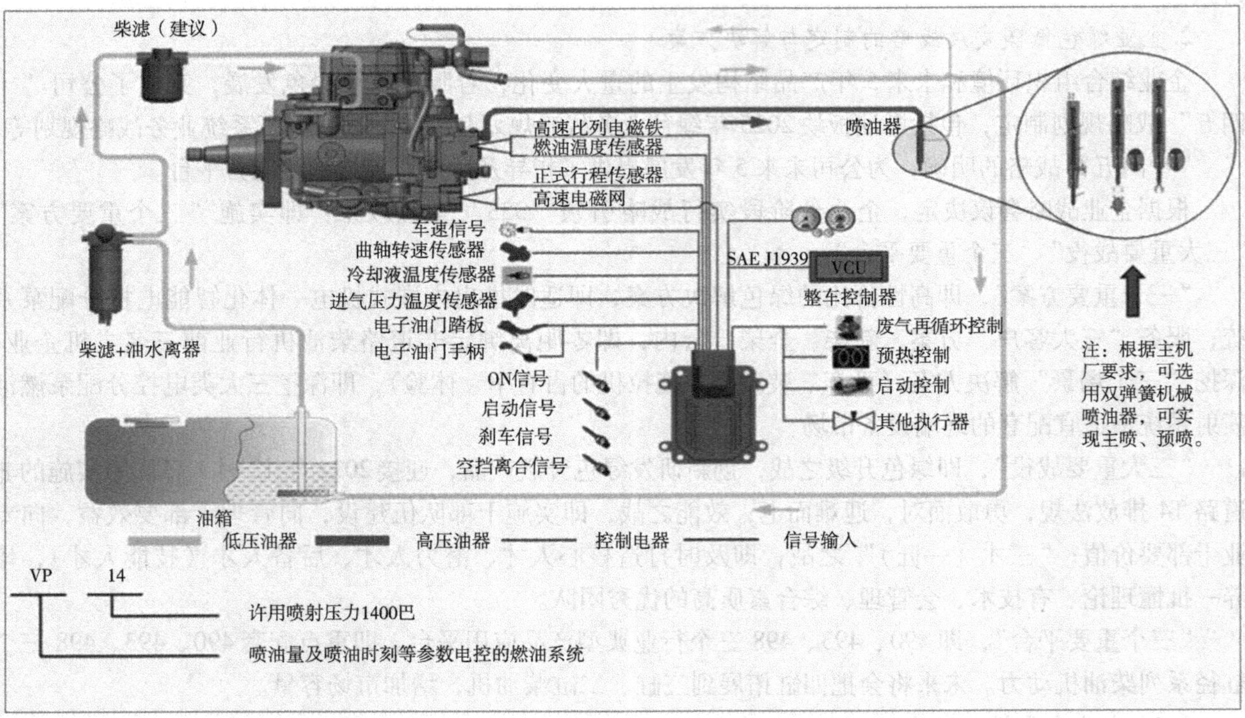

图1 非道路柴油机用电控分配泵系统

公司创新研发并生产的该智能电控分配泵燃油喷射系统集成了37千瓦以下发动机水温、油温、气温等温度补偿、压力补偿、喷油正时、喷油量、转速等参数，实现预热，喷油时间、喷油量、仪表、OBDⅡ（汽车诊断第二代系统）控制、CAN通信等功能，实现车速保护、扭矩保护、电子油门、瞬时油耗、刹车保护等，为客户提供全方位的定制服务。许用喷射压力提升30%。

产品还具有自学习和温度、高原补偿修正等功能。可以远程记录行程及数据采集，支持远程数据监控服务。

在非道路柴油机用电控分配泵燃油喷射系统的研发、产业化过程中，公司创新45项自主知识产权，其中发明专利3项，软件著作权8项，还牵头主导制订了行业标准3项，中国内燃机行业团体标准1项。

2. 企业绿色新工艺的升级应用

2021年企业投入研发费用3288万元，占销售收入超4%。同时，企业直接投入研发设备经费达2213万元，10万元以上的设备原值1925万元。

企业为了绿色生产，主动进行绿色工艺的升级应用。例如，热处理盐炉更换。改用自主研发的高频淬火设备替代盐浴炉淬火，降低了生产成本，提高了生产效率，提升了产品质量，并且清洁无污染。

经测算，每年可节约能耗费、材料费、工装费、员工工资等约40万元。

企业还积极推进对资源的循环利用，对雨水分流、校泵油、磨削油等可以循环使用的资源，采取各种措施循环使用，以达到清洁环境、降本增效的效果。

2021年，企业对近30多个工艺降本项目实行跟踪考核，共计实现工艺降本265万元，同比增长9%。大大提升了产品的竞争力。

其中关键绿色工艺《ZL 2020 1 0355405. 2 —种增加滚轮表面压应力深度的加工工艺》于2022年2

月获得了国家发明专利授权。

3. 企业其他绿色低碳技术的研发与创新

（1）主要创新技术成果。

企业积极推动科技创新，鼓励工程技术人员总结成果，并积极发表论文，以促进新技术的创新使用。企业科学技术协会每年采集科协会员的高质量科技论文进行评价、奖励，2021 年共收到 90 多篇高价值科技论文。近几年有 40 多篇高质量科技论文发表在公开核心期刊，其中发表于核心期刊《现代车用动力》杂志的论文《发动机压缩释放制动技术研究》《基于瞬时转速和 ART2 神经网络的柴油机故障诊断》等高价值论文多次被引用、下载。

企业主要创新专业技术：

△嵌入式电子软件开发创新技术；

△先进智能控制算法创新技术；

△油量调节器开发创新技术；

△系统标定创新技术；

△仿真设计创新技术；

△油量高速比例电磁铁反馈原理创新技术；

△正时行程传感器结构创新技术；

△T4 ECU 的平台开发创新技术；

△T4 ECU 嵌入式智能电控泵的平台开发创新技术；

△基于手机 App 的在线故障智能诊断协议开发技术、创新技术（手机 App）；

△标定方法创新技术；

△生产效率提升创新技术（优化传感器的编程方式、调试设备开发）等。

企业始终坚持自主研发，同时，积极和江苏大学、东南大学、南京大学、南京农业大学等高等院校进行“产学研”合作，促进企业的科技水平升级。

例如，最近由南京大学、南京威孚金宁有限公司合作开发的江苏省科技开发计划项目《基于物联网的柴油动力分布系统支撑关键技术研发及应用项目之柴油机电控燃油系统智能管理关键技术研发（产业前瞻与共性关键技术）》（项目编号：BE2017004－2），已顺利通过了项目验收。该项目还促成企业完成了多项知识产权，共有 9 项受理发明专利、7 项受理实用新型专利，以及授权 10 项实用新型专利、2 项外观专利。获取 2 项软件著作权。项目团队还在核心期刊发表了 7 篇科技论文。

（2）其他创新设计。

企业进行了产品结构的优化设计，针对非道路市场的工况特点、使用环境特点，对产品持续进行优化设计。例如，企业专门设计开发了分配泵用正校正调速板件，满足了拖拉机对扭矩储备要求较高的要求等。

产品的最主要功能就是为客户创造价值。该系统是企业开发的第三代电控燃油系统，企业对产品进行优化设计时，在满足国家排放政策的前提下，最大限度为客户创造价值。例如，最高喷射压力可提高 30% 以上；最大循环供油量 1400 立方毫米；最高工作转速 2200 转每分。系统可以精确控制喷油量、怠速稳定、发动机转速平顺性、扭矩等。该产品的核心技术增加了喷油量电控技术，通过全部功能的电控，能够实现利用高压、定时、定量、闭环控制等功能来满足国家非道路第三、第四阶段的排放要求。

产品的所有零部件都选用安全的环保材料。关键零部件皆已通过 ROHS 检测报告。如泵体部件通过了华测检测的 RHOS 报告（报告编号：A2180174218101001C）；电磁阀零部件通过了杭州瑞旭的 RHOS 报告（报告编号：RT－TSO－2013000140－1）等，保证了产品的绿色基因。

企业对外部采购的产品在合同中明确规定了环保细则，确保外采产品及包装物达到环保要求。

企业通过 ISO 14001 环境体系认证，对已识别的环境因素的环保要求和理念，贯穿在产品设计的各个阶段。

4. 新技术的场景应用

2021 年工程机械行业各类机械实现销售近 200 万台，销售收入突破 8000 亿元。其中工业车辆（叉车）110 万台，同比增长 37%；装载机 14.1 万台，同比增长 7%；挖掘机 34.3 万台，同比增长 5%。

2021 年国家补贴 200 多种、138 万台套农机具，带动销售收入 346 亿元。其中大中型拖拉机实现销售 31.3 万台，同比增长 5%。

非道路柴油机用电控分配泵燃油喷射系统成功开发，并匹配供货发动机主要厂家有：锡柴、潍柴、玉柴、新柴、全柴、天津雷沃斗山、云内、常柴、常发、莱动、江动、扬动、四达、三一、星莱和、龙柴等几十个高端柴油机厂家。

搭载车型主要为三类：工程机械系列主要为叉车、装载机、挖掘机等，如杭叉、合叉、上海龙工、柳州叉车、厦门叉车、三一挖机、徐工机械等；农业机械之拖拉机、收割机、插秧机等，如东风、道依茨、约翰迪尔、东方红、中联重科、星莱和等；发电机组包括玉柴润威、江铃等。

三、实施效果

（一）抢占市场先机

中国非道路柴油机市场，每年有 200 多万台市场供应量，是工程机械、农业机械、船用机械、发电机组、通用机械等领域的动力来源，支撑着这些关键机械设备在国家建设中发挥着重要的作用。

随着电控分配泵技术含量的增加及性价比的提升，符合国家绿色排放要求的电控分配泵在非道路柴油机市场的占有率逐年提高，从 2019 年的 19%，逐步拓展到 2021 年的 22%，行业销量排名第一。预计 2022 年将超过 25%。

（二）带动行业减少排放污染物

该细分行业在南京威孚金宁有限公司的引领下，持续健康、绿色发展，该细分市场电控分配泵燃油喷射系统保有量已达到 550 万台（套）。

根据测算，仅仅由产品设计功能可直接实现 37 千瓦以下柴油机减少碳排放、PM 污染物、氮氧化物等共 7.7 万多吨（注：根据技术研究院标定板块测算数据），为实现碳达峰的远大目标贡献了一份力量。

（三）实现经济效益

2017 年实现销售 28.1 万台（套），收入 63926.67 万元；

2018 年实现销售 29.7 万台（套），收入 61354.59 万元；

2019 年实现销售 29.7 万台（套），收入 59167.91 万元；

2020 年实现销售 35.5 万台（套），收入 68560.84 万元；

2021 年实现销售 45.8 万台（套），收入 82819.9 万元；

5 年累计销售约 169 万台（套），收入约为 33.58 亿元。

2022 年预计将达到 50 万台，年销售收入达到 8.5 亿元。

（四）社会效益

该系列产品的研发正向高效率、自动化、集成化、模块化、数字化、智能化、绿色化方向发展，同时向经济、可靠、节能、环保趋势推进；促进整个行业的进步，带动该行业上游及下游产业发展的链条，实现多次增值，提高经济效益。

同时，企业主持制定了行业标准，引导行业健康、绿色发展，使该系列产品市场保有量达到 550 多万台（套）。促使中国50马力以下的非道路移动机械在满足国家排放的规范下，健康、绿色发展，使关联行业新增整体经济效益近千亿元。

突破了国外在我国轻型高速柴油机电控领域的垄断地位，带动了民族工业的发展，提升了民族工业的兴起，具有较明显的社会经济效益。

截至2021年12月底，企业研发的满足非道路第四阶段的电控分配泵燃油喷射系统，已先后装配在浙江新柴、安徽全柴、一汽锡柴、玉柴润威、天津雷沃斗山、江苏四达、山东莱动、浙江星莱和、福建龙柴等多家主机厂50多款非道路柴油机，获得国家生态环境部的四阶段环保信息公示，并批量供应，为后期市场的全面切换打下了良好的基础。

该系列产品的批量产销，推动和加速产业的布局、产能的扩大，增加就业岗位，带动配件下游企业，缓解社会人员的就业问题，本企业员工的工资和福利也会得到一定的提升，提升国民幸福感。取得良好的社会效益，促进社会的和谐发展。

主创人：倪 科

高端装备制造企业新能源产品及绿色低碳体系建设

内蒙古北方重型汽车股份有限公司

一、企业概况

内蒙古北方重型汽车股份有限公司（以下简称北方股份）成立于1988年，是经当时的国家对外贸易经济合作部批准，由北方重型汽车有限责任公司整体变更设立为有外商投资的股份制公司，是“国家级高新技术企业”及“中国矿用汽车研发生产基地”，拥有TR系列载重28～91吨机械传动矿用车（含矿用洒水车和煤斗车）、NTE系列载重110～360吨电动轮矿用车。目前矿用车产品已实现全国所有省级区域全覆盖，牢牢占据国内80%以上市场份额，国外市场拓至全球65个国家，系列化产品广泛应用于冶金、煤炭、有色、化工、建材、水电、基建七大关键领域，遍布国内外数百个大型矿山和重点水利水电工地。

“十三五”期间，销售收入实现年均增长16.1%，2021年营业收入达16.46亿元，同比增长18.55%；创新及定制化能力持续提升，成为全球第三个、中国首个掌握无人驾驶矿用汽车技术的企业，是国内无人驾驶行业解决方案的引领者。企业结合自身实际情况确立发展目标，对标国际行业巨头，强化创新驱动，持续构建以“三智建设”为核心的技术创新能力、以“创新商业模式”为核心的市场竞争能力、以“体系化管理”为核心的系统管理能力，推进实现“高端化、智能化、绿色化、国际化”高质量发展，全力打造国际一流矿用车企业。

二、主要措施

节能降耗、绿色环保与节约成本是国家产业发展的政策导向，是《中国制造2025》规定优先发展领域，由于国家战略层面上对环保的硬性要求及碳减排倒逼机制，改变了传统发展方式，促进加快构建绿色低碳循环发展的经济体系，推动产业和能源结构的调整优化，为高质量发展注入绿色低碳的新动能。这些都将影响矿用车的市场需求，北方股份将国家政策和行业发展趋势的外在要求积极转化为绿色发展的内在动力，建立并实施了多项改善措施。

（一）加快新能源矿用车研发，助力绿色矿山建设

（1）产品绿色化以新能源车型的推出为代表方向。我国纯电动新能源矿用卡车研究与应用始于2018年左右，目前主要应用于砂石矿山、水泥矿山和金属矿山。总体上看，我国新能源矿用卡车刚刚起步，依然处在产业化前期。根据《国土资源部关于贯彻落实全国矿产资源规划发展绿色矿业建设绿色矿山工作指导意见》及环保政策、“双碳”政策的落地，国内各大矿山纷纷响应国家提出的“合理利用矿山能源，打造绿色矿山”号召，加快转变矿业发展方式，节能减排，保护生态环境，促进矿山和谐发展。北方股份作为国内非公路矿用自卸车龙头企业，充分利用企业技术优势，主动承担社会环保责任，在新能源矿车研发方面积极发力，深耕细作新能源矿用车技术，于2021年成功研制出国内首台50吨级纯电动非公路矿用自卸车，该车型搭载大容量长寿命动力电池，具有“零排放、长寿命、高安全性”的特点，控制系统根据矿山进行一矿一标的原则，满足不同矿山定制化需求，更有利于提高矿山的运输效率，首台样车已于2021年8月13日进入山东济宁海螺矿山开始试运行，目前已实现批量生产和销售。后续将陆续推出60吨级、90吨级纯电动矿用自卸车及150吨级氢能源矿用自卸车，助力矿山绿色转型发展。

（2）应用辅助架线技术，实现双能源动力切换。NTE330电动轮矿用车是北方股份自主研制的自主

品牌电动轮矿车，是为满足纳米比亚湖山铀矿特殊工况需求而定制化研制的一款高端产品，整车载重330吨，应用了符合绿色环保要求的世界一流双能源动力架线技术，在330吨级电动轮矿用车领域系国内首创；该车出口纳米比亚填补了我国自主品牌电动轮矿用车出口非洲高端矿山市场的空白。双能源动力架线技术已获得国家发明专利，可实现矿车在配置较小功率发动机、降低油耗成本的同时，提高重载上坡速度，降低废气排放，满足节能环保要求。NTE330电动轮矿车经过矿方考核，认为在产品性能、质量和运行成本上超越了日本小松公司同类产品，纳米比亚给予了四个考核指标的全五星好评。双能源动力车型推动矿用车动力多元化发展，满足了绿色生态矿山的建设要求，顺应国家环保政策，进一步提高了“中国智造”企业的核心竞争力和品牌美誉度。

（二）持续改善和提升环境保护力度，打造绿色工厂

北方股份原有零部件、整车喷漆工艺为液力式水旋喷漆室，喷漆室采用上送下抽风系统，漆雾随气流进入水幕净化，经过气水分离后将挥发性有机物（VOCs）通过排气筒排入大气。同时，零部件和整车喷漆配套的烘干室工艺为废气循环燃烧系统，烘干室的热量来源为天然气炉燃烧提供热量，烘干过程中烘干室的废气循环后直接进入天然气燃烧炉燃烧后排放。经第三方环境检测机构严格按照《固定源废气监测技术规范》（HJ/T 397－2007）要求对VOCs污染源进行采样、检测和分析，虽然检测结果符合《大气污染物综合排放标准》（GB 16297－1996）的限值要求，但VOCs排放浓度偏高、排放量增加有可能超过地区环境空气承载能力，且VOCs属易挥发性有机物，长期生活在此环境下可引起慢性中毒，损害肝脏和神经系统，对员工健康造成严重影响。

按照国家绿色发展战略要求，北方股份加大环保投入，以源头治理为途径，着力改善硬件条件，2021年组织实施部件喷涂生产线喷漆废气治理项目，采用水喷淋和自由基离子净化设备，利用原部件喷涂生产线喷漆循环水系统和抽风系统，将原有4根烟筒拆除整合成为进气烟道，经混气箱、水喷淋塔和自由基离子设备净化后，由末端两台抽风机统一从烟筒将净化后的气体排放进入大气。新型环保设备投入使用后，经第三方检测公司检测，各项排放指标均低于国家标准限值，打造绿色工厂再上新台阶。

（三）减少危废物产生，营造绿色现场

加强危废物规范化管理，系统推进生活污水、清洗废水、工业废液的综合管理。

（1）对员工做好危险废物相关知识培训，增加危险废物对环境危害的认识，提高员工的环境保护意识。

（2）加强危险废物收集和贮存的规范化管理，危险废物分类贮存到危废库，达到规定的暂存数量后委托有资质的单位进行无害化处置；液体存放区域增加导流渠，收集池配备了应急泵和应急物资；产生的空油漆桶达到暂存数量后压扁装箱；喷漆过程产生的含漆包装物循环使用，减少危废产生量。

（3）优选加工流程，集中专项加工，保持切削液的使用周期，加强机械加工设备的维护与运行管理，确保生产平稳，减少危险废物的产生。

（4）使用清洁能源，提高生产监控水平，简化生产过程，提高物料利用率，削减和替代有毒有害物质的使用量，减少有毒有害物质。

（5）做好危险废物的识别，加强危废暂存库的防渗、防漏、防火及防盗管理，防止污染发生。

（四）夯实能源管理体系，建立企业节能降碳长效机制

建立能源管理体系对于促进企业长效节能降耗机制具有重要意义，为使能源管理体系建立得更加规范，企业按照GB/T 23331能源管理体系要求，制订了能源管理体系建设实施计划，积极推进能源管理体系建设工作。

一是将能源管理体系建设作为企业发展战略并上升为“一把手工程”，成立了由主要负责人挂帅的能源管理体系建设领导小组，组建了由各单位主管领导参与的工作团队，建立了能源管理体系建设推进

办公室，成立了编制、审核等相应机构。二是组织学习了《能源管理体系要求》等标准，通过针对各部门主管领导的节能意识培训和针对所有职能管理部门、所有生产经营部门能源管理人员的培训，使各级管理人员提高节能意识，熟悉能源管理体系思想和标准要求，掌握能源管理体系建立、实施和改进的方法，全面提升企业节能降碳能力建设。

三、实施效果

（一）纯电动矿用车推动新兴技术与绿色低碳产业深度融合

TR50E 纯电动矿用车在济宁海螺矿山满负荷运行了一年时间，通过客户使用反馈，车辆出勤率达到95%，每天充电一次，可满足矿山一天的运输需求，同类型燃油车每天燃油费用为 1632 元，而TR50E 纯电动矿用车每天电费为152 元，费用仅为燃油车费用的9.3%，实际运输费用为0.09元/吨，每天减少碳排放约300千克，实实在在为高耗能矿山带来了十分可观的经济效应，并且为矿山节能减排做出了实际贡献。

（二）环境保护综合提升，确保排放全面达标

企业持续加强“环境污染源、风险源”的监督管理，从组织开展辨识评估、摸清公司污染底数，到深入开展“污染源、风险源”管控，持续强化环保管理体系与日常管理工作的融合，通过检查考核促进管理制度的执行和落实。部件喷涂生产线喷漆废气治理项目新型环保设备投入使用和各项危废管控措施的严格执行，使固定污染源排放全面达标，环境隐患整改率达100%，危险废物收集及处置率达100%，危废物全过程精细管控，从源头进行减量，逐步打造绿色制造体系。

（三）全流程数据监控，节能降碳管理水平显著提升

全面贯彻落实各项减污降碳相关工作，健全能源管理体系，在生产生活中坚持节能减排的发展战略，严格控制能耗，降低单位产出能源消耗和碳排放，降低运输环节二氧化碳排放强度。能源管控各项措施显著提升了企业的降碳管理水平。强化电力、天然气、给水、采暖、蒸汽、氧气等 PDCA 管控模式，实现节能降碳管理从粗放管理向精细化管理转变，实现节能降碳管理由事后管理向事前管理转变，实现节能降碳由单体管理向系统管理转变。

主创人：王怡然、张新炜、王逢全、唐小芳、杨慧芳

利用二氧化碳替代氟利昂生产环保挤塑板设备推广项目

宁夏鼎盛阳光环保科技有限公司

一、企业概况

宁夏鼎盛阳光环保科技有限公司（以下简称公司）成立于2009年，位于吴忠市金积工业园区，占地50亩，投资6900余万元，设计产能2亿元。主要从事“利用二氧化碳替代氟利昂发泡生产挤塑板”设备的研发、生产、销售及技术服务，产品及技术获得各项专利30余项，科技成果登记3件，国家高新技术企业。该技术填补了国内空白，处于国际领先水平，替代了德国进口设备，预计到2029年，在国内推广300条生产线，可淘汰氟利昂15万吨，为大气减少碳排放2.4亿吨，可为客户节约资金30亿元。业务领域被相关部门认定为“自治区战略性新兴产业领域”，入选宁夏经信委《宁夏重点节能技术推广目录》（第一批），获得“共享杯”第四届全国创新创业大赛宁夏赛区第一名，入选《自治区首台套重大技术设备应用推广指导目录》，入选国家发展改革委《国家重点推广的低碳技术目录》，入选国家发展改革委《绿色技术推广目录》，获得国家发展改革委“绿色发展、低碳创新最佳技术展示奖”，荣获世界自然基金会“气候创行者”称号，宁夏超临界二氧化碳发泡（吴忠）技术创新中心获批自治区级企业技术创新中心。

做行业的领跑者，是我们的奋斗目标；“绿色节能、低碳环保”是企业的主导方向；我们追求与环境、社会的和谐发展，以创造可持续价值来赢取最广泛的尊敬。

二、主要措施

（一）行业及市场分析

1. 研发背景

传统挤塑板是将聚苯乙烯混炼后加入氟利昂发泡挤出成型的一种高性能保温隔热材料，广泛用于建筑保温、轻钢别墅、装配式建筑保温墙体、冷库、水利工程、机场跑道、高寒公路等方面。但氟利昂是破坏臭氧层物质，已被国际社会禁止使用。二氧化碳挤塑板具有十分完整的闭孔式结构，具有优异且持久的绝热功能、独特的抗蒸汽渗透性，与氟利昂相比，具有更高的抗压强度，且二氧化碳的温室效应潜能值是氟利昂类物质的万分之一到几百分之一，用二氧化碳做发泡剂是目前国际公认的氢氯氟烃类产品（HCFCs）的最佳替代品。

2. 国内外技术现状

随着世界各国对环保问题的日益重视，不同的国家在研究替代物过程中选择不同的路线，德国BASF研发纯二氧化碳发泡技术，制品厚度仅60毫米；美国Owens－corning研发二氧化碳＋氢氟碳化物（HFC）混合发泡剂技术；日本KANEKA采用丁烷发泡技术。

我国对挤塑板的需求量近150亿元，挤塑板生产线约3000多条，目前仅2家机械制造企业在研究，成果仅达到二氧化碳＋氢氟碳化物（HFC）混合发泡剂技术水平，部分取代了氟利昂。

（二）主要攻克技术难题及创新点

1. 工艺技术简述

二氧化碳发泡技术是利用二氧化碳替代氟利昂生产环保挤塑板，通过恒压泵将二氧化碳稳定在超临界状态。在第一静态混合器中将二氧化碳与促进剂充分混合，用高压计量泵配合质量流量计将二氧化碳稳定注入第一阶螺杆。通过第二静态混合器、第三静态混合器与聚苯乙烯塑料（PS）实现分级充分混合，达到二氧化碳稳定注入和顺利发泡的目的。由于使用二氧化碳替代氟利昂作为发泡剂，避免高潜能值温室气体的排放，从而实现碳减排。

2. 攻克技术难点

（1）二氧化碳发泡技术：该课题利用二氧化碳替代氟利昂生产环保挤塑板，通过恒压泵将二氧化碳稳定在超临界状态。在第一静态混合器中将二氧化碳与促进剂充分混合，用高压计量泵配合质量流量计将二氧化碳稳定注入第一阶螺杆。通过第二静态混合器、第三静态混合器与聚苯乙烯塑料（PS）实现分级充分混合，达到二氧化碳稳定注入和顺利发泡的目的。由于使用二氧化碳替代氟利昂作为发泡剂，避免高潜能值温室气体的排放，从而实现碳减排。

（2）二氧化碳改性技术：研发使用乙醇、蒸馏水充分混合后生成的促进剂，与二氧化碳协同发泡，显著提高二氧化碳与 PS 塑料的相容性和发泡倍率。

（3）高压混合技术：在 20 兆帕高压作用下，二氧化碳与促进剂在高压混合器中，经分流→合流→旋转→再分流→再合流，反复作用，使二氧化碳和促进剂（气、液）充分混合。

（4）超临界控制技术：研发了一种由二氧化碳恒压恒温装置与二氧化碳稳压注入装置组成的二氧化碳恒压系统，使二氧化碳在注入过程中长期稳定地保持在超临界状态下，其溶解力是液体和气态的 100 倍。

（5）熔体静态混合技术：为了防止混炼料在输送和挤出过程中发生二氧化碳逃逸现象，研制出两级静态混合器安装在螺杆上，使物料始终保持充分的混合状态。

3. 产品先导性和创新性

（1）1#塑化机：独特的双螺杆设计，使辅助加热温度降低 10 摄氏度左右，过料速度提高 10% 以上，比常规设备减少阻燃剂添加量 20% 左右。

（2）2#挤出机：采用 11 台油温机精准控温，完全摆脱冰水机，可节约电费约 30 万元。实现了节能降耗的目的。

（3）多组分上料系统：可使用不同品质的原辅料，电脑自动配比，失重式喂料机精准计量，PLC 控制系统可储存 100 组配方，降低故障率提高效率，使设备稳定运行，提高板材品质。

（4）电控柜空调降温，适应各种车间环境，防止灰尘污染，提高电器设备使用寿命，实现人机交互及远程控制操作。

（5）超高扭矩减速箱，大扭矩输出，降低动力输入的功率配置，节电 20% 左右。

（6）采用静电喷涂，防锈、防老化、防脱落，耐 400 摄氏度高温，使设备持久如新。

4. 设计理念及用途

（1）设计理念：机身色调采用工业灰套白色，沉稳、简洁；安全防护装置搭配橘色系，起到警戒作用。整体设计体现了精雕细琢的工匠精神，又在创造中精益求精、开拓创新。整条生产线实现全自动运行、无氟生产、安全、低碳环保。人机交互系统可实现远程操作、远程运维及信息采集。

（2）设备配置：设备配有全自动上料系统，1#塑化机，2#挤出机，注入系统，整平、牵引一体机，冷却架，对中、压花、修边一体机，去皮、开槽一体机，横切机。边缘成型后，由叠板包装机按设定数量尺寸进行自动叠板、码垛、成品打包。电控系统包括主辅机控制柜、远程运维及信息采集系统。

（3）设备主要用途：利用二氧化碳替代氟利昂生产环保挤塑板，广泛应用于建筑节能保温、冷链系统、水利工程、机场跑道及隔热和包装领域。颠覆传统生产工艺，替代和更新传统设备。

5. 生产能力

公司配备焊接中心、数控加工中心、喷涂工段、电气装配、机械装配及研发车间，用于研发的各类设备 63 台/套，车间 7323 平方米。工艺实验室对样机产出挤塑板的抗压强度、容重等进行检测，符合设计要求。产品的试验检测委托宁夏机械研究院股份有限公司进行，经过对样机的装配质量、安全卫生、运转试验、制品检测及各项性能指标的检验和测试，建立了产品标准化样本系列，作为产品检验和实验的依据。

6. 组织管理及团队建设

（1）组织形式：公司建立健全研发制度，如设立了《新产品设计和研发管理标准》《创新管理与评价管理标准》《科技研发激励制度》《知识产权管理制度》。审议通过研发计划，细化每个环节的任务量、期限和人员情况。根据实际生产情况，安排相关技术人员到国内高等院校进行定期学习，提升机械装备设计、操作相关的理论知识，为继续深入研发奠定基础。

（2）人才培养：与 XPS 挤塑行业协会，通过技术交流、新工艺发布会、现场观摩学习、同行业技术服务等形式，培养一批精通二氧化碳挤塑板设备技术员。公司内部还制定人才培养及激励机制，开展职业发展双通道体系，定期组织技能型人才培训，营造学习氛围，打造学习型企业。

（3）产品、工艺研发：以资源、平台、人才优势为先驱条件，开展新产品、新工艺技术研发项目 1~2 项/年，主要就 DC 型二氧化碳发泡挤塑板成套系列设备，在利用二氧化碳替代氟利昂生产环保挤塑板设备，无烟无尘式废旧泡沫回收制粒设备及衍生产品的市场推广，整个过程实现无氟开机、无氟生产，无废水、废渣、废气排放，实现完全环保的目的。同时，开发研究远程运维系统，从信息采集、监控、数据整理、分析及售后服务涵盖设备的全生命周期管理。

（4）技能培训：聘请行业知名度高的专家，到公司开展技能培训 1~2 次/年，提升企业及行业研发人员专业技能水平，企业内部建立培训系统，编制和购买挤塑、机械专业教材，定期组织培训并通过开展技能比赛活动，在企业内部形成良好的技术氛围。

7. 市场推广及销售

公司依托挤塑行业协会及科研资源，扩大企业在行业内的影响力和知名度，先后在烟台、吴忠地区承办第二届、第三届 XPS（绝热用挤塑聚苯乙烯泡沫塑料）产品技术交流会，及二氧化碳发泡挤塑板技术成果发布会，邀请同行业到公司免费参观学习，企业研发中心的设备、设施向同行业有创新需求的企业免费开放使用，以研发、检测设备辅助企业人员开展项目研发和检测服务，以行业龙头企业技术源头为支撑，促进科技成果辐射带动，紧靠市场需求，对企业和产业提供全方位、多元化的技术创新服务和系统化解决方案，切实解决企业和产业实际技术难题，增强国内企业的合作和交流互动，促进行业内企业共同发展。同时，利用短视频等自媒体、国内、国际网站等形式进行推广，目前，已成功销往全国 17 个省市及地区，产生了良好的经济效益和社会效益。

8. 设备减碳影响力

（1）技术减碳排放机理：氢氯氟烃类产品（简称 HCFCs），主要包括 R22、R123、R141b、R142b 等，氢氟烃类简称（HFCS）主要包括 R134a（R12 的替代制冷剂）、R125、R32、R407C、R410A、R152 等。HFCs 类产品二氧化碳排放当量折算系数见表 1。

表 1 HFCs 类产品温室气体排放当量折算系数

温室气体类别	折算系数	温室气体类别	折算系统
HFC-23	11700	HFC-143a	3800
HFC-32	650	HFC-152a	140
HFC-125	2800	HFC-227ea	2900
HFC-134a	1300	HFC-236fa	6300

注：公司利用二氧化碳发泡生产环保挤塑板技术，利用二氧化碳替代 HCFCs 类产品，实现了挤塑板生产的无氟化，大大降低了碳排放。

（2）技术减碳效果对比分析。

①其他同类技术（产品）的碳排放情况：挤塑板是采用氟利昂（HCFC、HFCs）系列化合物作为发泡剂，将聚苯乙烯经高温混炼制成的发泡材料。但氟利昂的温室气体潜能值（GWP）很高，例如 HCFC－22 的 GWP 值为 1700，HCFC－142b 的 GWP 值为 2000，HFC－134a 的 GWP 值为 1300。按照平均产量估算：一条挤塑板生产线产能为 700 千克/时，每年按 250 个连续工作日计算，年产挤塑板为 4200 吨，年用氟利昂约 500 吨，GWP 值平均按 1600 计算，每条挤塑板生产线每年碳排放量高达 80 万吨二氧化碳。

②减少碳排放情况：如果采用二氧化碳替代技术，每年每条挤塑板生产线将减少氯利昂用量约 500 吨，相当于减少二氧化碳气体排放量约 80 万吨，如果到 2029 年，挤塑板完成更新生产线 300 条，每年可减少氟利昂使用量 15 万吨，相当于减少碳排放量 24000 万吨二氧化碳。

三、实施效果

（一）资源利用方面

二氧化碳发泡挤塑板设备生产环保挤塑板的主要原材料为聚苯乙烯树脂颗粒或聚苯乙烯回收料，行业内常用的主要是将白色泡沫塑料等发泡型塑料再回收利用产生，其中，每条二氧化碳发泡挤塑板生产线，每小时使用 1000 千克 PS（聚苯乙烯）料，平均每天使用 24000 千克 PS 料产出 800 立方米二氧化碳环保挤塑板，相当于每天可以消耗白色泡沫塑料 24 吨。且本身在二氧化碳发泡挤塑板生产环节产生的边角料，废旧板材，可以 100% 回收再利用。

按照年设计产能 30 条生产线，预期达产后，可实现减少白色污染、白色垃圾再回收利用 750 吨/天，改善资源环境，减少污染。

（二）经济效益分析

（1）DC 系列二氧化碳发泡挤塑板设备，售价 240 万元左右，仅为德国设备的 1/10，可以完全替代进口。

（2）以每吨氟利昂按 20000 元计算，每吨二氧化碳按 1000 元计算，使用二氧化碳替代氟利昂发泡，单套设备可为挤塑板生产企业节约资金约 1000 万元/年左右。

（3）设备采用的发泡剂二氧化碳，本身就是灭火材料，进一步减少了阻燃剂的使用量 10% 左右，使产品成本每立方米降低 100 元左右，按照年二氧化碳使用量为 10 万吨计算，可节约发泡剂成本 1000 万元/年。

（三）生态效益分析

助力“双碳”目标，推进绿色发展，该设备采用二氧化碳替代氟利昂发泡，单套设备将减少氟利昂使用量 500 吨左右，相当于减少二氧化碳气体排放量约 80 万吨。预计到 2029 年，挤塑板制品将完成更新或技改专业设备 300 台/套，减少碳排放量 24000 万吨二氧化碳。该设备采用的二氧化碳替代氟利昂发泡生产挤塑板，有效减少了对氟利昂的消耗，助力“碳达峰、碳中和”目标，有效推进绿色发展，对于环境保护与生态平衡产生积极的重要影响。有助于节能降耗目标的达成，设备配套生产的无烟无尘废旧泡沫回收制粒设备，可将白色泡沫塑料等发泡型塑料再回收利用。

（四）部分应用案例

1. 宣城杰爱新材料科技有限公司新增挤塑板生产线项目

（1）建设规模：新建年产 15 万立方米二氧化碳挤塑板项目。

（2）建设要求：替代原有氟利昂发泡挤塑板生产线。

（3）主要建设内容：建设厂房3200平方米，配电630千瓦，安装二氧化碳发泡挤塑板专业设备一套。

（4）主要设备：175/200型挤出机1套、135/150型挤出机1套，二氧化碳注入系统12套、全自动真空上料机2台、失重式喂料机2台、整平牵引机2台、纵切对中一体机2台、去皮开槽一体机1台、压花对中一体机1台、横切机2台、回收造粒机1台。

（5）项目总投资750万元，建设期为10个月。

（6）项目年减排量约80万吨二氧化碳。

（7）经济效益1000万元。

（8）投资回收期约6个月。

（9）碳减排成本为-10~0元/吨二氧化碳。

2. 长兴贝斯德邦建材科技有限公司（浙江）新增挤塑板生产线项目

（1）建设规模：新建年产10万立方米二氧化碳挤塑板项目。

（2）建设要求：替代原有氟利昂发泡挤塑板生产线。

（3）主要建设内容：建设厂房30亩，配电315kW，安装二氧化碳发泡挤塑板专业设备一套、DSYG400型无烟无尘造粒机1套。

（4）主要设备：DSC79P/200型挤出机1套、二氧化碳注入系统1套、全自动真空上料机1台、失重式喂料机1台、整平牵引机1台、纵切对中一体机1台、去皮开槽一体机1台、压花对中一体机1台、横切机1台。

（5）项目总投资1200万元，建设期为6个月。

（6）项目年减排量约80万吨二氧化碳。

（7）经济效益1000万元。

（8）投资回收期约6个月。

（9）碳减排成本为-10~0元/吨二氧化碳。

3. 新疆万嘉伟业保温材料有限公司项目

（1）建设规模：年产6万立方米二氧化碳发泡挤塑板建设项目。

（2）主要建设内容：投资600万元，租赁厂房4602平方米，配电室等设施，新增二氧化碳注入系统1套；改造螺杆2条；加装静态混合器2台；更换二氧化碳专用模具1台，对现有技术人员进行二氧化碳发泡挤塑板设备工艺技术、设备参数的培训。

（3）主要设备：95P/300型二氧化碳挤塑板生产线1条、全自动称重式上料系统，整平牵引机、纵切横切机等辅机。

（4）项目总投资600万元。

（5）建设期为3个月。

（6）项目年减排量约100万吨二氧化碳，产生经济效益12200万元。

（7）投资回收期约5个月。

（8）碳减排成本-10~0元/吨二氧化碳。

主创人：马少云

480 平方米烧结机高效节能和环保技术应用

山东钢铁股份有限公司莱芜分公司

一、企业概况

山东钢铁股份有限公司莱芜分公司（以下简称莱芜分公司）位于山东省济南市钢城区，其前身为莱芜钢铁股份有限公司，原属于莱钢集团，钢铁业务已有 47 年发展历史。2008 年，山东钢铁整合重组，莱钢集团成为山钢集团旗下子公司。2012 年，山钢集团通过换股吸收合并方式，在莱钢股份和济钢股份基础上成立了山东钢铁股份有限公司（以下简称山钢），同时设立莱芜和济南两个分公司，当时莱芜分公司仍由莱钢集团代管。2014 年 7 月，山钢调整钢铁业务管理关系，推动上市公司规范运作，莱芜分公司完全脱离莱钢集团独立运营；调整后，莱芜分公司集中精力发展钢铁业务，莱钢集团重点发展相关多元产业。2017 年 5 月，山钢进一步压减管理层级，莱芜分公司机关业务部门/直属机构与山钢股份公司相应业务部门实现合署办公，同时山钢机关部门（除董事会办公室/监事会办公室/证券部）办公地点由济南市高新技术开发区迁至莱芜市钢城区。

莱芜分公司及代管银山型钢有限公司（以下简称莱钢本部），下辖焦化、炼铁、炼钢等主体生产单位，以及能源动力厂和物流运输部 2 个辅助生产单位，目前主要生产设备有：高炉 6 座，转炉 8 座，轧钢生产线 16 条，焦炉 6 座。目前已形成年产粗钢 1290 万吨、生铁 1211 万吨的综合配套能力。

钢铁产品主要有型钢、板带、优特钢、棒材四大系列。其中热轧 H 型钢获“中国名牌产品”荣誉称号和国家冶金产品实物质量“金杯奖”；4300 毫米宽厚板生产线是公司投资最大、工艺最先进的项目，具有国际先进和国内一流的工艺装备水平。

480 平方米烧结项目是莱芜分公司新旧动能转换第一个投产的重点项目，工程用时 9 个月零 12 天，创造了国内同级别烧结机建设时间最短纪录，并实现投产即达产、达产即达效的突破。

二、主要措施

（一）烧结生产智能管控

（1）远程集中操控，生产过程全监控。打破工艺界限，实现全区域主控室集中操控，除常规电气、自动化、仪表信号汇聚外，同时配备了格雷母线定位、在线测水、皮带拉绳开关故障定位、烧结矿红外成像等，应用了优化配料模型、分仓下料控制模型、水分控制模型、成分（R）控制模型、点火模型、烧结终点控制模型、烧结矿强度预测模型、氧化亚铁控制指导模型等智能化烧结生产控制模型，实现了烧结生产过程的自动化、智能化、信息化。

（2）配料系统智能化，精准配料 100%。“智能配料系统”可自动生成混匀料、熔剂、燃料、返矿生产比例，并实时反馈实际配料量和预警提示。烧结机自动布料，根据“配料料批”设置“布料厚度”，自动生成煤气流量、助燃风量、焙烧温度、运行机速，在生产过程中，由“机尾成像”系统反馈烧结矿质量检测数据。

（3）烧结过程“专家”管控，精准调节一步到位。烧结采用高负压、厚料层工艺，台车栏板高度 900 毫米，抽风负压 18 千帕，有利于提高烧结矿产、质量，减少固体燃料配加量，为节能降耗打下了基础。同时混合料槽设 8 套液压控制活页门，通过烧结专家系统远程设定，根据检测料层的厚度，通过液压系统，自动控制活页门开度，实现自动布料、烧结终点和透气性控制。

（二）烧结燃耗综合优化

（1）优化燃料结构，降低综合固体燃耗。480 平方米烧结机燃料采用焦粉 + 煤粉结构，焦煤比 2:1～1:1。其中焦粉为自产焦粉和外购焦粉混用，无烟煤全部外购。为降低固体燃耗并确保烧结烟气氮氧化物排放达标，在烧结工序对外购烧结燃料进行研究与优化，确定了较为稳定的燃料品种和配比，解决了固体燃耗偏高、氮氧化物易超标的问题。在保持烧结矿氧化亚铁处于正常控制水平前提下，烧结固体燃耗降低了千克/吨。烧结烟气氮氧化物平均入口浓度降低 66 毫克/立方米，满足氮氧化物排放要求。

（2）实行低温、低负压点火技术，降低煤气消耗。烧结风箱均安装调节阀，每个阀门单独电动控制，实现物料与气流分离设计。采用微负压点火技术，点火温度 1050±50 摄氏度，点火时间 1～1.5 分钟，避免了烧结料层透气性恶化和点火料面过熔的发生。由计算机实现自动调节并控制点火温度，合理控制煤气与空气的比例及流量，保证煤气完全燃烧。在风箱密封滑道内侧沿着烧结机长度方向设置倾斜钢板，该钢板与垂直方向成 45°夹角，使台车边缘气流绕行，改善台车边缘效应，保证在宽度方向的烧结一致性，从而提高烧结机的产量和质量。

（3）推行热风点火、热风烧结技术，实现环冷机热风全利用。将环冷机低温段 150 摄氏度左右的热风一部分引入烧结机料面保温段，另一部分通过助燃风机引入点火器用于热风点火，这两项技术的应用对降低固体燃耗作用十分明显。同时热风烧结技术的应用，弥补了普通烧结表层热量不足，烧结矿强度差，粉末多，下层热量过剩的缺点。使上层烧结料热吸收量增加、高温带变宽、冷却速度变慢，有利于液相生成和矿物结晶，提高烧结矿成品率。

（三）烧结用电多效节能

（1）环冷鼓风机多模式调节。为满足烧结矿冷却效果，环冷机采用 12 台低功率冷却风机，并可根据季节因素影响和烧结矿冷却条件，进行开停风机调节。480 平方米烧结系统，冬季环冷鼓风机开启 6 台，夏季开启 8～9 台，风门全开，高温蝶阀全部关闭，在烧结终点正常的情况下，烧结矿冷却温度 100～120 摄氏度、余热锅炉发电供暖和热废气循环利用均处于正常状态。通过减少风机开启台数，单台鼓风机每天可节约耗电 4.8 万千瓦时，节能效果十分可观。

（2）烧结主抽风机变频控制。烧结主抽风机及变频控制设备选型先进，监视齐全，运行可靠，节能效果显著。风机、电机、变频器增设了可靠齐全的温度、压力、流量、润滑检测及电气保护，在风机启动前、运行中、停机后实现在线诊断，有力地保证了设备的安全；在控制模式上实现了变频和工频运行两种模式，具备变频运行状态在线切工频功能，避免了运行切换对烧结机生产的影响，同时变频节电效果显著，在现有生产负荷下，每日节电量在 10 万千瓦时左右，节能效果明显。

（3）烧结机漏风综合治理。480 平方米烧结系统设计应用新型结构形式烧结机，使烧结机漏风率降至 25% 以内，达到国际先进水平。机头密封装置、机尾密封装置、台车底部弹性密封板均采用有效、可靠、新型的密封技术以降低漏风，实现了烧结机漏风率的大幅降低。烧结机头、机尾部密封采用重型密封技术，密封材质使用进口耐磨板，减少了烧结机头、机尾部漏风。台车底部采用具有密封弹簧板弹性滑板，固定滑道采用智能润滑技术，滑道表面硬质合金层加厚，且硬度均匀，摩擦系数小，有着良好的耐磨性能和耐腐蚀性，实现了滑板的高效密封，减少了烧结机滑道漏风。大烟道灰斗下部采用新型的双层卸灰阀，通过控制系统来实现自动卸灰和双层阀板开闭动作有序、到位，实现了良好的密封效果，降低了卸灰时的漏风。运行中“逢修必补”，对出现漏风的管道及时焊补，降低漏风 2% 左右。

（四）余热余能高效利用

（1）大烟道烟气余热回收利用。在烧结机大烟道内安装烟道锅炉对风箱高温段热废气（300～400℃）回收利用，将烟气通过烟道锅炉产生蒸汽用于汽轮机发电机发电，作为环冷余热发电的重要补充。此部分热量发电量在吨矿 5 千瓦时左右，同时有利于满足后续脱硫脱硝工艺对烟气温度的要求。大烟道烟气热量被回收利用以后，烟气温度降低，体积大大收缩，主抽风机随即减少做功，可降低烧结矿电耗 1 千瓦时左右。

（2）烧结矿显热回收利用。480 平方米烧结系统采用环冷机对热烧结矿进行冷却。环冷机下部机械密封、上部水密封，顶部烟气罩全密封，环冷机漏风率仅 5%，达到国内领先水平。冷却热风全部参与内部冷却循环，实现了环冷机废气零排放和热风全部循环利用。

环冷机烟气有高、中、低三个温度段，高温段主要用于发电，中温段热交换产生热水，低温段用于热风点火、热风烧结。高温段烟气温度达 400℃以上，直接用于余热锅炉发电，换热后的烟气通过余热系统循环风机和 3#鼓风机引入的低温段热风进行热风循环。中温段热风自循环利用，产生热水，用于生产生活。低温段把 150℃左右的热风一部分引入烧结机料面保温段，另一部分通过助燃风机引入点火器用于热风点火。

（3）烧结余热发电利用。建设投用余热发电系统，利用环冷高温段余热，发电量 20 千瓦时/吨矿，增加了烧结机大烟道余热利用，发电量增加 5 千瓦时/吨矿。同时应用中温段烟气余热供暖，可满足 120 万平方米供暖需求，产生巨大民生效益。

（五）全区域超低排放控制

烧结烟气处理，采用活性焦脱硫脱硝工艺，全面达到国家和山东省节能、环保标准、规范最新时段要求的各项指标，烧结烟气经活性炭脱硫脱硝系统后达到“超低排放排放”，氮氧化物：40 毫克/立方米、二氧化硫：<1 毫克/立方米、粉尘：<1 毫克/立方米，年减少氮氧化物排放量 2026 吨、二氧化硫排放量 339 吨、颗粒物 81 吨，减幅分别达到 54%、57%、80%。

全区域胶带机通廊实施全密封，消除露天裸露胶带机。在每组物料转运点加设除尘点，除尘口电动阀门与设备运行联锁，有效降低除尘风浪费。

全区域有组织排放实现超低排放，无组织排放岗位检测值为 1.2 毫克，达到环保要求，区域内除尘粉尘气力输送达到 95%，达到清洁运输要求。

三、实施效果

（一）节能效果显著

烧结工序能耗 44.32 千克标准煤/吨，能源消耗指标降低 20% 以上。烧结机漏风率 25%，与同类型烧结机相比，主抽风机电机（10 千伏、2×9000 千瓦/台烧结机）电流降低 100 安培，烧结机节省电耗 55000 千瓦时/天，余热发电 25 千瓦时/吨，480 平方米烧结机电耗、余热发电量等指标居于国内领先。余热发电实现年发电量 2.4 亿千瓦时，年发电效益 1.32 亿元。480 平方米烧结系统实现人员优化，大幅提升了劳产率，人员配置由原烧结机系统的 300 余名岗位工减至 145 人，实现人均吨矿产量 7830 吨，劳产率提升 4.7 倍。

（二）环保指标实现超低排放

480 平方米烧结系统烧结烟气脱硫、脱硝、颗粒物排放均达到超低排放标准，氮氧化物：40 毫克/立方米、二氧化硫：<1 毫克/立方米、颗粒物：<1 毫克/立方米，年减少氮氧化物排放量 2026 吨、二氧化硫排放量 339 吨、颗粒物 81 吨，减幅分别达到 54%、57%、80%，大幅降低污染物排放。有组织排放实现超低排放，无组织排放岗位检测值为 1.2 毫克，达到环保要求，较老系统排放降低 85% 以上。区域内气力输送达到 95%，达到清洁运输要求；种植绿色植物 14000 余株，共 78 个品种，绿化面积达到 6 万平方米。

480 平方米烧结系统达到并实现了超低排放要求，有效减少了环境污染，显著改善了厂内及周边环境；环冷机全烟气循环利用实现对空“零排放”，区域内水浴除尘、澡堂、厕所废水，全部用于一次混合机混合加水使用，实现废水“零排放”。烟气余热年度发电 2.4 亿千瓦时，烟气余热供暖达到 120 万平方米；满足了生产、生活及环境保护需求，对区域大气污染治理发挥了积极作用，设备运行稳定高效，信息化及智能化水平大幅提高，产生了积极的环境及社会效益，显著提升企业品牌竞争力和社会影响力。

主创人：窦建亮、段元民、张加芹、王国庆、李　磊

7.2米大型焦炉低碳炼焦技术和焦炉煤气高效清洁深加工的研究与应用

山东钢铁集团日照有限公司

一、企业概况

山东钢铁集团日照有限公司（以下简称日照公司）成立于2009年2月19日，主要任务是承担山东省钢铁产业结构调整重点项目，是国家加快钢铁产业结构调整、“上新压旧、上优汰劣”的核心项目，占用陆域面积10162亩、海域面积7725亩。精品基地（一期工程）年产铁810万吨、钢850万吨、钢材790万吨，主要工艺有原料场、焦化、烧结、球团、高炉、转炉、精炼、连铸、热连轧机组、炉卷轧机、宽厚板轧机、酸轧、连退、热镀锌等。

焦化工艺为850万吨钢配套建设项目，主要服务于两座5100立方米高炉。建设单烟道复热式4×58孔7.2米顶装焦炉，焦炭产能290万吨/年，配套储配一体筒仓30个（储量1万吨/个），140吨/时干熄焦4套，煤气净化系统两套及70吨/时废水处理系统2套，同时建设了5.5万标准立方米/时煤气处理能力的液化天然气（LNG）装置2套。

二、主要措施

（一）焦炉设计采用3D全仿真模拟实验和理论分析结合

通过3D全仿真模拟实验和理论分析，建立焦炉燃烧系统火焰分析模型、焦炉炉体全仿真组装模型和护炉铁件系统分析模型，研究焦炉燃烧系统燃烧过程，进行焦炉炉体及加热系统设计优化，开发出FAN燃烧系统火焰分析模型技术、高效薄炉墙技术、空气分段助燃+废气循环控硝燃烧技术、VAP焦炉炉体全仿真组装模型、BAN护炉铁件系统有限元分析模型等大型节能环保焦炉炉体设计技术。

（1）FAN燃烧系统火焰分析模型技术模拟焦炉燃烧室燃烧状况，最优化焦炉炉体及加热系统设计，实现控硝燃烧，保证炉体高向和长向加热均匀性（最大温差≤50℃），降低炼焦耗热量，减少氮氧化物的产生和上升管根部石墨的产生。

（2）炭化室薄炉墙技术，薄炉墙导热性好，热效率高，降低焦炉加热能耗，同时降低立火道温度，从源头上减少氮氧化物的产生。高效薄炉墙技术，炉墙厚度设计为90毫米。焦炉炉墙减薄后，炉墙传热效率增大，传热量明显提高，在保持结焦时间不变的情况下，可降低立火道温度30~60℃，减少了煤气消耗量，节能降耗；立火道温度降低后，燃烧废气带走的余热及焦炉的散热损失都相应减少，炼焦耗热量进一步降低；同时，立火道温度降低后，温度热力型氮氧化物生成量大幅减少，使用混合煤气加热时，烟道废气氮氧化物的浓度控制在100毫克/标准立方米以下。

（3）空气两段助燃+大废气循环量控硝燃烧技术，仅对燃烧室立火道空气进行分段助燃，焦炉煤气和混合煤气供给均不分段，最优化的空气供给分段数量、位置及煤气出口的布置，分散燃烧，降低燃烧强度，从而降低燃烧温度，有效降低氮氧化物的产生。该技术仅对燃烧室立火道空气进行分段助燃，焦炉煤气和混合煤气供给均不分段，通过燃烧系统火焰模拟和分析，最优化空气供给分段数量、位置及煤气出口的布置。煤气出口及空气第一段出口位于立火道底部，煤气和空气在立火道底部控氧燃烧，空气第二段出口位于立火道中下部，煤气和空气在第二段适氧燃烧，避开上升气流高温区，当上升燃烧气流到达空气第二段时，可燃成分已大幅降低，配合废气循环辅助拉长火焰且淡化燃气和空气浓度，空气分段助燃+废气循环控硝燃烧技术使燃烧室形成分散燃烧，降低燃烧强度，从而降低燃烧温度，既保证了煤气的完全燃烧，又不至于使燃烧点温度过高，有效降低了氮氧化物的产生。

（4）焦炉炉体砌筑和砖型设计全部由焦炉炉体全仿真组装模型软件来完成，所有耐火材料用软件进行预砌筑。焦炉砖层厚度优化为151毫米，砖型相互咬合，结合紧密，显著减少水平砖缝数量，提高炉体严密性，避免炉体窜漏，有效提高炉体强度，延长炉体寿命。焦炉炉顶区上层黏土砖和下层硅砖之间设置石墨滑动层，并用保护板在烘炉前压紧黏土砖，烘炉过程中炉顶耐火材料有保护板压力保护，黏土砖不随硅砖的膨胀而大幅度移动，避免烘炉结束后在炉顶区出现大量裂缝，基本不需要灌浆且更加严密不窜漏，保证了炉体的严密性。焦炉蓄热室下部低温区使用黏土砖砌筑，上部高温区使用硅砖砌筑，两者之间设置石墨滑动层，有效避免蓄热室因上下温差膨胀不均衡而可能产生的局部拉裂，保障了炉体的严密性，延长焦炉寿命。

（5）护炉铁件系统有限元分析模型，建模分析模拟燃烧室炉墙、保护板、炉门框及炉门在加热状态以及机械负荷下的受力情况，最优化焦炉炉体及护炉铁件系统（炉柱、炉门、炉门框、保护板等）设计，保证炉体及护炉铁件系统的稳定性，延长炉体寿命，杜绝炉体冒烟冒火。

（二）非对称式烟道技术，实现烟道气流长向均匀分布

利用气体流体动力学特性，根据焦炉机焦侧炭化室锥度特点，从机侧到焦侧需要更多加热煤气量且相应产生更多的废气量，将废气开闭器及烟道布置在焦炉焦侧，贫煤气进口及空气进口布置在焦炉机侧。

非对称式烟道空气进口/贫煤气进口布置在焦炉机侧，废气开闭器及烟道布置在焦炉焦侧。非对称式烟道技术的空气进口、贫煤气进口在焦炉机侧依次交错布置，分别对应焦炉的空气或煤气蓄热室。当采用焦炉煤气加热时，贫煤气进口可兼做空气进口。采用贫煤气加热时，加热用的贫煤气由机侧贫煤气进口进入焦炉，空气由机侧空气进口进入焦炉，燃烧后产生的废气由对应的各蓄热室进入小烟道，然后通过焦侧废气开闭器进入烟道，最后自烟囱排到大气中；在采用富煤气加热时，加热用的富煤气由焦炉底部下喷管进入焦炉，空气由机侧空气进口及贫煤气进口进入焦炉，燃烧后产生的废气由对应的各蓄热室进入小烟道，然后通过焦侧废气开闭器进入烟道，最后自烟囱排到大气中，见图1至图3。

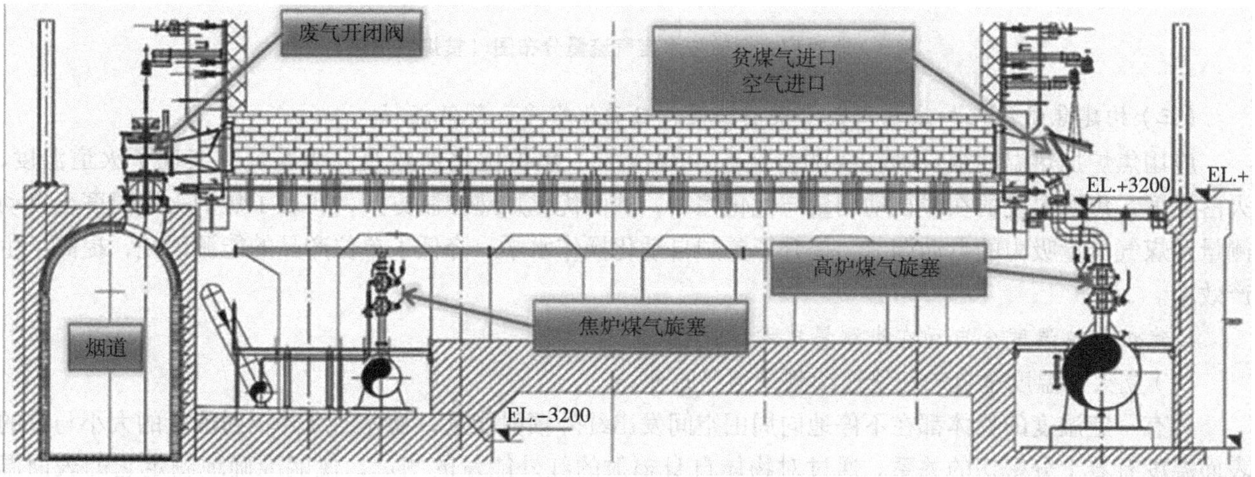

图1　非对称式烟道技术设备布置图

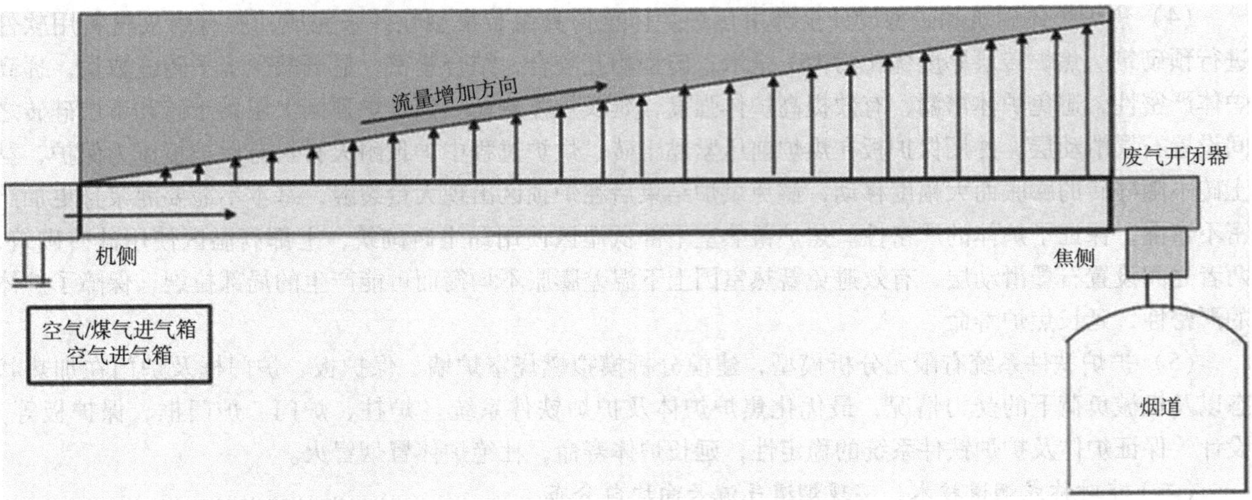

图 2　非对称式烟道技术加热煤气流量分布图（贫煤气加热）

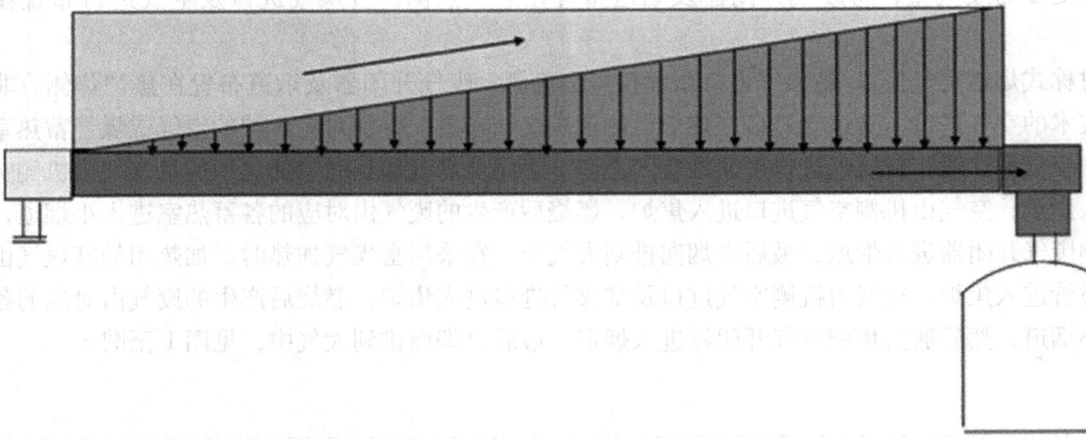

图 3　非对称式烟道技术废气流量分布图（贫煤气加热）

（三）构建焦炉优化加热过程数学模型，提升自动化水平，降低能耗

应用焦炉加热温度全自动在线测量及 SUPRACOK^{TM} 焦炉优化加热及二级系统，实现了火道温度、火落温度、焦饼温度的在线自动测量与优化控制，从而优化加热控制方案，实现了焦炉火道温度全自动测量及煤气流量吸力的自动调节，提升了焦炉自动化操作水平，降低了单位产品的能源消耗，提高了生产效率。

1. 焦炉加热温度全自动在线测量技术

（1）立火道温度全自动在线连续测量测温原理。

具有一定温度的物体都在不停地向周围空间发出红外辐射能量，物体的红外辐射能量的大小与它的表面温度有着十分密切的关系。通过对物体自身辐射的红外能量的测量，便能准确地测定它的表面温度，这就是红外辐射测温所依据的客观基础。

所有实际物体的辐射量除依赖于辐射波长及物体的温度之外，还与构成物体的材料种类、表面状态和环境条件等因素有关，通常用发射率来描述这一特征。发射率表示实际物体的热辐射与黑体辐射的接近程度，其值在零和 1 的数值之间。根据辐射定律，知道材料的发射率，就知道任何物体的红外辐射特性。

(2) 焦炉火道温度的全自动在线连续测量系统的构成（见图4）。

测量系统由以下几部分构成：防尘、防火、防水系统。

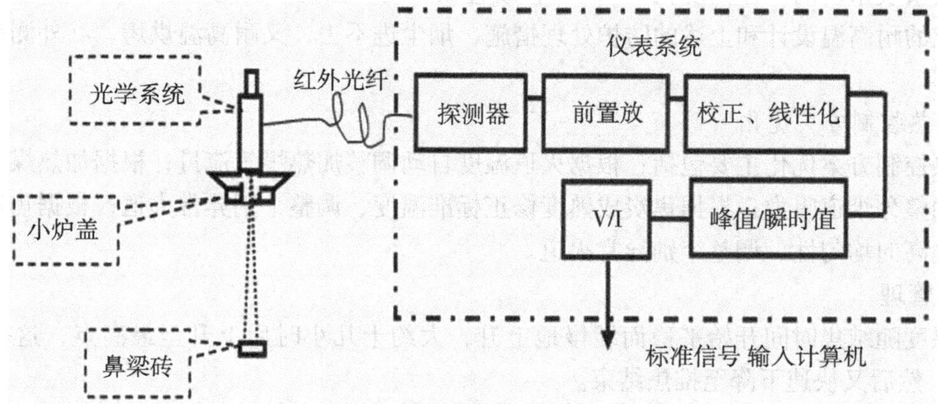

图4 红外测温系统示意图

光学镜头：光学系统直接安装在炉顶的看火孔小炉盖上，通过目测瞄准对准鼻梁砖表面，光学系统的总高度低于80毫米。

光导纤维（光纤）：把光学镜头收集的光信号传送给仪表。光纤为高纯度石英，化学成分为二氧化硅，耐腐蚀，熔点高。

仪表系统：把光信号转化成温度信号，工作温度<60℃，该单元采用双层外壳，中间通压缩空气进行风冷却。

(3) 焦炉温度的全自动在线连续测量系统实施方案（见图5）。

全自动在线连续测量系统有三部分：光学镜头、光纤、光电转换（仪表）。

光学镜头的主要材料是光学石英玻璃和不锈钢，耐高温，不怕高温烘烤；光学镜头可通过安装可吹微风的导风口（单向通风）来避免烟气、灰尘对镜头的污染。光学镜头的工作温度0～500℃。

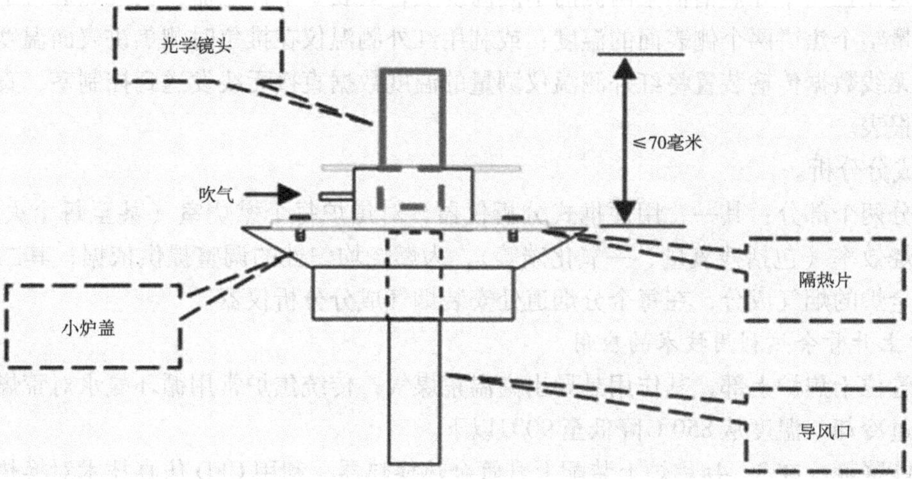

图5 光学镜头安装示意图

采用双石英红外传导光纤，光纤的芯线径为0.4微米，耐温可达350℃，另外光纤外面还有防护材料和金属软管。光纤的耐温上限不超过0～400℃。

把光纤沿铁轨布置，不影响炉顶操作，光纤放置在5#槽钢中，在槽钢内铺设保温材料，可防止火焰直接烧烤。

光电转换仪表系统的工作温度在0～60℃，放置在炉间台位置可满足要求。

通过系统的耐高温设计和上述的防护处理措施，烟尘进不去，又耐高温烘烤，红外测温系统可长期稳定运行。

2. 焦炉加热控制方案优化

焦炉加热控制方案优化主要包括：根据火道温度自动调整加热煤气流量；根据加热煤气流量、烟气含氧量自动调整分烟道吸力；根据焦炭成熟度修正标准温度、调整个别异常火道；根据焦饼温度修正标准温度、调整高向均匀性、调整个别异常火道。

(1) 火落管理。

粗煤气温度随结焦时间开始平稳而缓慢地上升，大约十几小时后上升至最高点，这一点称火落点（亦称拐点），然后又快速下降至推焦结束。

在结焦周期一定的情况下，若火落时间短，焦炭很早就成熟了，焖炉时间过长，焦炭成熟过度，说明立火道温度过高；反之，若火落时间长，焦炭成熟得很晚，焖炉时间很短就推焦了，焦炭成熟度不够，说明立火道温度偏低。

通过全炉的平均火落时间/焖炉时间可以对标准温度进行修正。

最终的标准温度的模型是：

$$Ts = Tf + F1(CI) + F2(Mt) + F3(\tau)$$

其中：Ts 为标准温度，Tf 为经验标准温度。

(2) 焦饼温度测量。

焦饼中心温度是焦炭成熟的最直接的参数，是标准温度制定的依据，另外通过焦饼温度的测量为调火工调整焦炉高向加热均匀性、横排均匀性、直行均匀性提供了最直接的依据。

焦饼中心温度难以在线直接测量，一般采用测量靠炉墙处焦饼的侧表面温度的方法。该表面温度比中心面温度高20～40℃，可以用来代替焦饼中心温度。

具体方法是在拦焦车导焦槽框架两侧的不同高度上，安装3个传感器，在推焦进行中透过栅架间隙自动连续地测量整个焦饼两个侧表面的温度；或利用红外测温仪在推焦时测焦饼表面温度来推算焦饼中心温度。通过无线数据传输装置将红外测温仪测量的温度数据直接无线发送到控制室，直接在电脑里进行处理，生成报表。

(3) 烟气成分分析。

烟气分析分两个部分：其一，用便携式分析仪器，对焦炉每个燃烧室（甚至每个火道）进行取样分析，监测燃烧效率（包括残氧量、一氧化碳等)，为燃烧均匀性的调整提供依据；其二，在分烟道实时监测与控制全炉的烟气成分，在每个分烟道处安装烟气成分分析仪器。

(四) 焦炉上升管余热利用技术的应用

焦炉上升管位于焦炉上部，其作用是导出高温荒煤气，传统焦炉常用循环氨水对荒煤气进行喷洒冷却，荒煤气经过冷却，温度从850℃降低至90℃以下。

为实现节能降耗，在3、4#焦炉上装配上升管余热换热器，利用CFD仿真技术对换热器内汽水空间流场进行数值模拟，对不同进出口方式、导流结构、进出口速度进行分析。仿真结果与现场实际情况相符，为7米以上的大型焦炉设备选型、生产参数选取提供技术参考。换热器主要包括涂层、内管、夹套管、保温层、外壁等结构，在内壁利用高温荒煤气与除盐水接触换热生产压力0.6～0.8兆帕的低压蒸汽，立管换热后荒煤气出口温度大于450℃。

（五）焦炉煤气高效清洁深加工的研究与应用

焦炉煤气是炼焦的副产品，其主要成分为氢气、甲烷、一氧化碳和二氧化碳，是一种良好的化工原料和高热值燃料。但其所含杂质（如各种形态硫、焦油、苯、萘、氨和氰化氢等）种类繁多，成分复杂，严重影响了其使用范围。建设焦炉煤气制液化天然气联产合成氨项目，是实现焦炉煤气的综合利用和下游产品的多元化，从根本上治理环境、解决焦化企业困境的必然选择。日照公司是首家将利用焦炉煤气制液化天然气和合成氨的全流程钢铁企业，见图6。

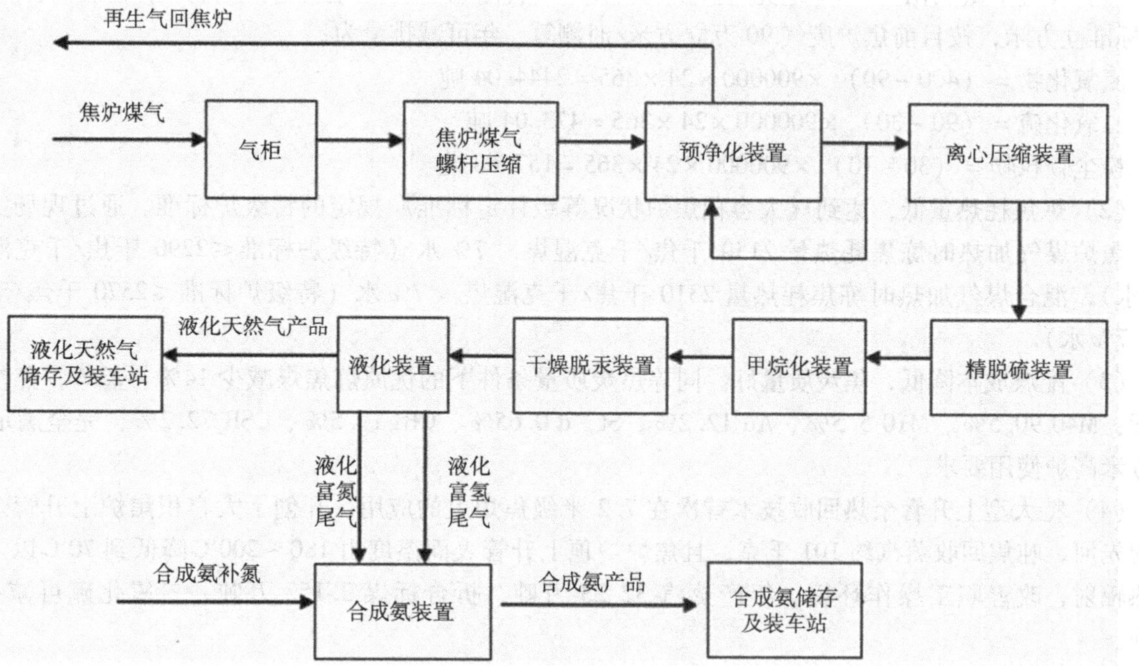

图6　液化天然气工艺流程图

经过初步净化的焦炉煤气首先进入10万立方米焦炉煤气气柜，经气柜缓冲后的焦炉煤气送至压缩厂房的螺杆压缩机增压至0.65兆帕G（G表示表压），然后进入预净化工段，脱除气体中含有的苯、萘及焦油等杂质，净化气中的杂质要求为：硫化氢≤20毫克每标准立方米，焦油≤1毫克每标准立方米，萘≤3毫克每标准立方米，苯≤毫克每标准立方米。经过预净化后的焦炉煤气一部分作为预净化工段的再生气使用，再生后的再生气返回焦炉煤气管网作为燃料；其余的净化焦炉煤气送至压缩厂房的离心压缩机，增压至3.2兆帕G（G表示表压）进入精脱硫工段，精脱硫采用两级加氢转化、两级氧化锌脱硫的工艺，将总硫脱至0.1ppmv（体积比）以下。经过精脱硫后的焦炉煤气进入甲烷化装置，在甲烷化装置中经甲烷化反应把一氧化碳和二氧化碳转化为甲烷后，进入干燥脱汞工段，采用等压干燥方式脱除对冷箱有腐蚀危险的介质汞以及堵塞冷箱的水分后进入液化工段，液化工段最终生产液化天然气产品，并将副产的深冷尾气（富氢尾气、富氮尾气，主要成分为氮氢气）送至合成氨装置作为原料。富氮尾气按比例补氮后经压缩至富氢气压力，与富氢气混合压缩至合成氨操作压力，生产液氨产品。液化天然气产品及液氨产品经装车站车装外售。

三、实施效果

7.2米大型焦炉低碳炼焦技术和焦炉煤气高效清洁深加工的研究与应用，创新性地应用了空气两段助燃+大废气循环量控硝燃烧、薄炉墙、非对称式烟道、四段式保护板、SOPRECO单炭化室压力调节、大容积焦炉上升管余热回收、焦炉智能加热、四大机车智能管理系统、精细化智能配煤系统、焦炉煤气制液化天然气等核心技术，于 2017 年 11 月投入生产，效果显著：

（1）污染物排放少。焦炉废气氮氧化物≤100 毫克/标准立方米、二氧化硫≤30 毫克/标准立方米、颗粒物≤毫克/标准立方米，满足《关于推进实施钢铁行业超低排放的意见（环大气〔2019〕35 号）》要求。焦化区域职业病危害因素检测报告显示，焦化区域职业病危害因素各项检测结果均远低于职业接触限值，焦炉区域无组织污染物排放得到有效控制。国内同类企业焦炉废气中氮氧化物含量为 300～500 毫克/标准立方米、二氧化硫含量为 80～100 毫克/标准立方米、粉尘颗粒物含量为 30 毫克/立方米，本方案焦炉废气中氮氧化物 = 90 毫克/标准立方米、二氧化硫 = 23. 1 毫克/标准立方米、颗粒物 = 10 毫克/标准立方米，按目前焦炉废气 90 万立方米/时测算，年可减排量为：

氮氧化物 = （400 − 90） × 900000 × 24 × 365 = 2444. 04 吨

二氧化硫 = （90 − 30） × 900000 × 24 × 365 = 473. 04 吨

粉尘颗粒物 = （30 − 10） × 900000 × 24 × 365 = 157. 68 吨

（2）炼焦耗热量低，达到《大容积焦炉状况等级评定标准》规定的特级炉标准。通过现场实际检测，焦炉煤气加热时炼焦耗热量 2150 千焦/千克湿煤. 7% 水（特级炉标准≤2290 千焦/千克湿煤. 7% 水），混合煤气加热时炼焦耗热量 2310 千焦/千克湿煤. 7% 水（特级炉标准≤2570 千焦/千克湿煤. 7% 水）。

（3）配煤成本降低，焦炭质量好。同等焦炭质量条件下的优质炼焦煤减少 14%～23%，焦炭质量指标：M40 90. 5%、M10 5. 5%、Ad 12. 2%、St，d 0. 65%、CRI 19. 5%、CSR 72. 2%，完全满足 5100 立方米高炉使用要求。

（4）特大型上升管余热回收技术首次在 7. 2 米级焦炉上的应用，开创了大容积焦炉上升管余热利用的先河，吨焦回收蒸汽约 101 千克，且焦炉炉顶上升管表面温度由 180～200℃降低到 70℃以下，减少热辐射，改善职工操作环境。年产蒸汽 32. 23 万吨，折合标煤 3. 152 万吨，二氧化硫可减排 8. 8 万吨。

（5）焦炉煤气高效清洁深加工技术装置，单线设计焦炉煤气处理量 55000 标准立方米/时，最低负荷 23000 标准立方米/时，自 2018 年 7 月 9 日开车后运行平稳，产品液化天然气已通过第三方认证，纯度稳定在 99. 8% 以上，目前已实现满负荷运行，在生产高附加值产品带来好的经济效益的同时，还起到了平衡焦炉煤气的作用，避免了焦炉煤气的放散和燃烧。焦炉煤气制液化天然气联产合成氨项目，是实现焦炉煤气的综合利用和下游产品的多元化，从根本上治理环境、解决焦化企业困境的必然选择。

本方案的研究应用，有效降低优质炼焦煤资源消耗、降低污染物排放和能源综合利用，具有大幅降低焦化生产成本、显著提升劳动生产率、对环境污染总量少等优点，为促进我国焦化行业技术进步和绿色持续发展提供了技术支撑，对推进我国钢铁工业新旧动能转换和国际合作提供了全新的实践案例，有助于我国钢铁工业的供给侧结构性改革和“一带一路”倡议的实施。

主创人：刘成雷、孙广胜、许　明、张　满、焦庆亮

绿色高效碳捕捉生产固碳石技术产业化

山东汉博昱洲新材料有限公司

一、企业概况

山东汉博昱洲新材料有限公司（以下简称公司）成立于2021年1月14日，注册地为山东省滨州市高新区小营办事处新五路高十路创新大厦2号楼1303室，注册资金9980万元，是一家科技型中小企业。

公司由山东京博控股集团有限公司与武汉理工大学联合成立。其中山东京博控股集团有限公司是一家现代化企业集团，2022年中国制造业民营企业500强第79位、中国民营企业500强第134位、中国企业500强第326位。武汉理工大学为教育部直属全国重点大学，首批世界一流学科建设高校，“211工程”建设高校，技术力量雄厚。公司现有全职人员44人，其中研发人员39人；建有2000平方米实验室，包括聚合、矿化等7个实验室，并建设4个中试车间示范生产线；先后成立企业技术中心，装备与制造系统方案中心，市场经营联融中心，生产部，综合管理部，质量与标准管理部等机构。

公司与武汉理工大学硅酸盐建筑材料国家重点实验室建有联合实验室，主要进行碳矿化材料技术开发与中试，以及50万吨/年捕碳固碳材料及配套项目建设筹备。围绕材料制备理论与活化机制、性能提升及应用技术等方面，优化资源配置，加速成果转化，累计申请专利共计27项，授权13项，其中发明专利12项，实用新型1项；在审专利14项。

二、主要措施

（一）项目意义与必要性

针对国家“2030年前实现碳达峰、2060年前实现碳中和”的战略需求，我国钢铁行业、建材行业、电力行业、化工行业等急需二氧化碳减排及高值化利用技术。本项目开发高碳矿化活性的新型捕碳固碳材料，利用工业尾气二氧化碳制备碳矿化材料制品新体系，形成工业二氧化碳高效率、高价值利用工程理论与变革性系统技术，为实现国家工业企业碳中和战略目标助力。

调研发现，我国目前缺乏大规模的多种技术组合的全流程工业化示范，而该项目技术则填补此类技术空白。该项目将新型建材“固碳石”投放市场，通过项目示范，推动对外技术推广，实现技术对外输出；并通过项目生产，搭建技术、装备、产品、质量、安全、环保等运营体系，推动全面发展。项目投用后，可节余碳指标，可用于碳市场交易。

（二）项目投资应用

绿色高效碳捕捉生产固碳石技术产业化项目位于山东省滨州市博兴县经济开发区京博工业园内，项目占地40亩，分三期建设完成。

一期项目投资1.5亿元，2022年5月完成项目立项，2022年7月开工建设，2022年10月开始分单元调试，2022年11月正式投产运行；二期项目计划投资0.8亿元，在一期项目的基础上建设二期项目，主要包含三条固碳仓、一台压机及相关配套设备设施；三期项目计划投资1.56亿元，计划在一期和二期项目基础上进行优化升级。

项目总投资38610.24万元，建成后将实现捕集利用二氧化碳5万吨/年，消纳大宗固废16万吨/年，并生产固碳石400万平方米/年。项目投产后预计增加销售收入2亿元/年，利税2160万元，新增岗位就业人数67人。

项目作为全国首套万吨级全流程、规模化、低浓度二氧化碳捕集利用示范项目，通过常温矿化固结技术，替代现有高温烧制、蒸养等高排放制备工艺，模拟自然界天然岩石生成过程，短时间内完成自然界百万年演变，制备出高强度石材产品。

（三）项目推广情况

项目生产成本低、原料广泛、合成过程简单，具备大规模推广的潜力，是工业领域深度减碳的必然选择。

公司在项目端开发 21 家意向客户，2 家客户确定战略合作关系。其中世界 500 强企业晋能控股集团有限公司，伴随其多元化发展战略，开展固废处置及节能降碳已成为其必然选择。公司将以自身技术优势及联融共赢的合作模式为依托，延伸固废综合利用产业链，拓宽产品路线，为客户解决痛点、满足客户需求；另外公司已与水泥行业中龙头企业山东山水水泥集团有限公司签订碳矿化项目战略合作协议，共同打造全国水泥行业首个万吨级低浓度二氧化碳直接利用工业化项目。

公司产品端已开发 79 家意向客户，18 家客户确定战略合作关系，固碳石产品已实现预售 15 万平方米。同时与多家客户达成产品推广战略合作，致力于海内外市场的固碳石产品推广，秉承“联融共赢、互惠互利”的原则，在销售渠道开发、产品体系建设、应用场景开拓等领域开展全方位的联融合作。

三、实施效果

本项目技术先进，为国内首创，目前暂未见相关材料证明市场有同类技术，领先于同行业的发展水平，市场竞争力高。其意义在于：

（一）低成本技术，助力国家双碳战略

可利用 CO_2 浓度 >10% 的工业尾气，无需提浓，主动吸碳、固碳、用碳，每吨材料可固碳 0.3 ~ 0.5 吨，成本低、效率高；可为电力、建材、钢铁、化工等行业提供捕碳固碳减碳的技术服务。

（二）减少山石开采，保护绿水青山

通过碳矿化技术调控，加速天然岩石形成过程，输出具有强度高、可塑性强等特点的高端产品，性能媲美天然石材、石子，减少天然资源开采，助力低碳经济高质量发展。

（三）革新传统工艺，降本增效减碳

通过碳矿化技术，可替代部分行业的蒸汽蒸养、燃料烧制等生产工艺，降低能耗与碳排放的同时吸收利用二氧化碳，是绿色环保的创新型技术。

（四）可塑性强、包容性广、易于功能化

通过碳矿化技术，在固废资源化利用（每吨可协同利用 1.5 吨固废）、复合功能性材料等多领域发挥作用。工艺简单，无需高温高压、溶剂、酸碱等手段，包容性强、覆盖面广，可作为多种功能性材料的载体。

主创人：崔东波、张学雷、刘志超、张余鑫、贺永鹏

高砷复杂金精矿绿色高效利用关键技术

山东恒邦冶炼股份有限公司

一、企业概况

山东恒邦冶炼股份有限公司（以下简称公司）位于烟台牟平区，创建于1988年，1994年改制为股份有限公司，2008年在深交所上市，2019年成为江西铜业股份有限公司控股企业，主要从事黄金采、选、冶及化工生产等。公司主要产品是黄金、白银，年产能为黄金50吨、白银1000吨。主要附产品年度产能为电解铜25万吨、硫酸130万吨，同时生产锑白、铋锭、碲锭、二氧化硒、金属砷、铂、钯、高纯砷等稀贵金属和高纯金属，连续七年位居中国黄金协会公布的中国十大黄金冶炼企业榜首。

公司建有山东省企业技术中心、国家级博士后科研工作站、烟台市砷材料工程技术研究中心、烟台市高纯砷材料技术创新中心等多个技术创新平台，并与中南大学、东北大学、昆明理工大学、西安建筑科技大学等多个高校和科研院所建立了长期的产学研合作关系。截至目前，公司获得“国家科学技术进步奖”1项二等奖、“中国有色金属工业科学技术奖”4项一等奖，“中国有色金属工业科学技术奖”1项二等奖。此外，拥有有效发明专利15项、实用新型专利31项，其中“高砷复杂金精矿多元素的提取方法”发明专利获得“中国专利奖优秀奖”。参与国家或行业标准制定共77项，牵头起草的标准4项，其中国家标准1项、行业标准2项、团体标准1项，并获得全国有色金属标准化技术委员会或中国黄金协会授予的“技术标准优秀奖”“科学技术奖”等奖项共计16项。

二、主要措施

（一）市场生态与资源环境

黄金是全球竞相竞争的重要战略储备资源。随着优质金矿资源大量消耗，含砷难处理复杂金矿已占70%以上，采用传统“预氧化－氰化提金”工艺处理该类矿石，因金粒微细且被砷、硅等矿物深度包裹，导致金银回收率低，存在重大的砷、氰环境污染风险，且综合回收能力差。因此，开辟黄金绿色提取的新途径，推动复杂金精矿尤其是高砷复杂金精矿综合回收技术进步，成为黄金行业可持续发展的重大需求。本项目创造性提出高温熔融高效捕金—定向收砷新思路，产学研用联合攻克了高砷复杂金精矿绿色高效利用的世界性技术难题，在黄金资源高效开发方面取得重大突破。

（二）研发与创新

发明了高砷复杂金精矿“熔融捕金—定向脱砷—高效收砷—砷资源化”绿色高效利用新工艺，建成全球首套年处理60万吨高砷复杂金精矿示范生产线，实现了金、银的高效无氰提取和砷污染物源头治理及资源化利用，并实现了铜、铅、硒、碲、镍等多元素的综合回收。与传统工艺相比，金回收率提高了5%～13%，银回收率提高了8%～38%，砷资源化率达95%。

发明了高砷复杂金精矿“熔融捕金—定向脱砷—高效收砷—砷资源化”绿色高效提取新工艺。该项目发明的“熔融捕金—定向脱砷—高效收砷—砷资源化”技术有机结合，实现了金银的高效回收、砷源头资源化利用。采用该项目技术处理含砷、金的高砷复杂金精矿，金回收率达98.5%、银回收率达98%，与现行各种预氧化—氰化提金工艺相比，金回收率提高了5%～13%，银回收率提高8%～38%，并能实现铜、铅、硒、碲、镍等多元素的综合回收。

该项目生产系统产出的中间含砷物料（烟尘、污酸硫化砷渣、黑铜等）返回熔炼系统闭路循环，砷最终通过高效定向挥发—聚沉收砷装置回收，整个生产系统砷污染物集中控制，实现了砷的高效资源化，砷资源化率达95%。

建成全球首套年处理60万吨高砷复杂金精矿示范生产线，应用该项目技术建成投产了国际上首条年处理60万吨高砷复杂金精矿大规模生产线，相比氰化提金工艺，年减排氰渣等危险废物约50万吨，年可多回收金1.7吨，实现了黄金提取工艺的绿色变革，在黄金行业示范作用显著。

针对高砷复杂金精矿提取过程中强氧化金解离—弱氧化砷挥发控制条件相互制约的技术瓶颈，阐明了复杂金精矿各元素在高温熔融条件下迁移转化机制；开发了底吹吹氧熔融高效捕金—氧势梯级控制定向脱砷技术、熔炼智能化工艺控制及成套装备系统；一步实现了包裹矿物集合体深度解离、金银的高效捕集和砷的定向挥发，金银的捕集率达99.0%，砷挥发率93.8%。

阐明了复杂金精矿各元素在高温熔融条件下迁移转化机制及强氧化金解离—弱氧化砷挥发控制条件相互制约机理。深入系统地研究全流程高砷复杂金矿石、烟尘、铜锍及熔渣中基因工艺矿物学规律，查明了金、砷沿流程的走向和分布特征。揭示了熔炼过程富铁硅顽固矿相解聚与包裹元素分离机制。阐明了高温富氧条件下多相调控及载金硫化物氧化解离，载金石英、长石等脉石矿物向铁橄榄石矿相转化破壳机理，包裹物二硫化亚铁、砷黄铁矿等转变为氧化亚铁、三氧化二砷、含硫化合物，氧化亚铁与熔剂形成渣相，二硫化亚铁、硫化亚铜形成锍相，三氧化二砷、含硫化合物进入气相，实现了金和包裹物高效解离。

针对砷在熔炼过程中多相分散、迁移无序的难点，研究了不同氧势下脱砷率变化规律，揭示了砷的弱氧多相转化高效挥发机理，探明了基于硫化物夺氧反应的硅铁砷网络结构解聚砷挥发的反应机制，阐明了强氧化金解离—弱氧化砷挥发控制条件相互制约机理，为熔炼过程复杂高砷金精矿多元素协同调控提供理论支撑。

开发了底吹吹氧熔融高效捕金—氧势梯级控制定向脱砷技术。基于Au与锍（铜）在高温熔融状态下形成固溶体，项目用锍（铜）对金银进行捕集。研究表明金银捕集率取决于熔体中锍（铜）与金银之间液滴碰撞频率。湍流流场中液滴碰撞频率N与以下因素有关：

$N = C\beta n\_\ 0\text{\^}2R3\ (\varepsilon/\gamma)\ 1/2$

上式可以看出，搅拌动能ε越大，液滴碰撞频率越大。

$\varepsilon = 0.74QTLn\ (1 + \rho mZ/Pa)$

上式阐明，喷吹深度Z越大，给熔池的搅拌动能ε越大。项目开发了底吹吹氧技术，通过氧枪喷吹角度、氧枪布局、氧枪结构数值仿真和工业试验研究，确定了熔炼炉中氧枪布局（氧枪喷吹角度$\theta = 0° \sim 14°$、氧枪间距Deff/W = 1）和多相分离条件（V沉降区 > V4h熔体量），保证喷吹动量，强化多相传质，使底部的锍层被搅至整个熔池，使锍和金（银）充分接触，实现了金（银）等的高效捕集，同时使底吹吹入的氧气消耗于熔体层，上部空间弱氧势，实现了砷的定向挥发及金、银等有价金属的高效捕集。

开发了高效捕金、定向脱砷协同熔炼装备及智能化控制系统。基于底吹吹氧技术及自热熔炼、杂质控制、金属稳态控制、原料经济最优等策略，开发出日处理2000吨高砷复杂金精矿的底吹捕金脱砷熔炼成套装备及熔炼智能控制系统。通过建立的冶金数学模型及冶金热力学数据库，智能求解出最优的渣型方案和工艺控制关键点参数，优化气相、渣相、锍相物质流条件，达到熔炼工段高效冶炼和最优经济目标。实现了高砷复杂金精矿金高效捕集与砷定向挥发协同冶炼及生产精准控制。

（三）技术优化与改造

针对熔炼含砷复杂烟气露点高收砷难的技术瓶颈，发明了复杂烟气“温控—调质”耦合高效聚沉收砷技术，开发了复杂烟气收砷成套设备。收砷率达到95%，突破了熔炼复杂烟气干法收砷的世界难题。

1. 发明了复杂烟气温控—调质耦合高效聚沉收砷技术

熔炼产生的复杂烟气具有高三氧化硫、高砷、高温的特点，在三氧化二砷气固相变且不产生玻璃砷的温控区间（<175℃）会产生大量稀酸（熔炼烟气露点 204℃），导致设备腐蚀、布袋堵塞无法收砷。

本项目探究了熔炼烟气中二氧化硫产生机理—杂质元素高温催化氧化，发明了烟气温控—调质耦合技术，精准控制烟气降温速率（降温速率 20 摄氏度/秒），将烟气从 350℃骤冷至 150℃（见图 1），有效抑制了玻璃砷的形成和烟气结露腐蚀，烟气中砷的回收率达 95%，实现了砷污染物的源头治理。

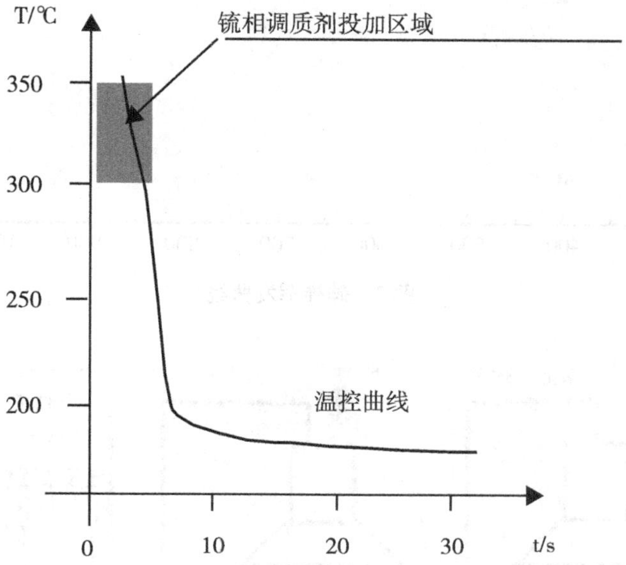

图 1　高砷复杂烟气温控技术原理

2. 开发了适用于复杂熔炼烟气的成套收砷装备

针对熔炼烟气收砷装置存在易堵塞、寿命短的严重缺陷，发明了复杂烟气骤冷收砷成套装置，优化了骤冷塔及喷头结构，开发了碳钢衬 254Smo 不锈钢复合材料，研发了收砷器热风喷吹技术，使收砷器使用寿命延长 2 倍，作业率提高 10%。

（四）砷产品化的开发

针对金属砷材料制备过程砷及其氧化物多晶转变工艺控制难，相似元素分离难的问题，发明了固锑蒸馏—碳热还原—定向结晶金属砷制备技术，开发了耐高温砷蒸气腐蚀三连炉连续生产成套装备，实现纯度 99.5% 以上砷产品的规模化稳定安全生产，生产效率较传统间歇式碳热还原法提高 2 倍。

发明了固锑蒸馏—碳热还原—定向结晶金属砷制备技术，实现了高品质金属砷的制备。针对金属砷制备过程砷锑等相似元素分离难（见图 2），砷及三氧化二砷多晶转变工艺控制难的问题，发明了固锑蒸馏—碳热还原—定向结晶金属砷连续制备技术，金属砷连续生产工艺流程如图 3 所示。通过选择性氧化蒸馏技术，实现了锑的氧化造渣脱除，脱除率达到 95%；通过蒸馏—还原—结晶分体精准温控技术，控制砷及三氧化二砷晶型，实现纯度≥99.5% 高品质金属砷的连续生产，生产效率较传统间歇式碳热还原法生产能力提高 2 倍。

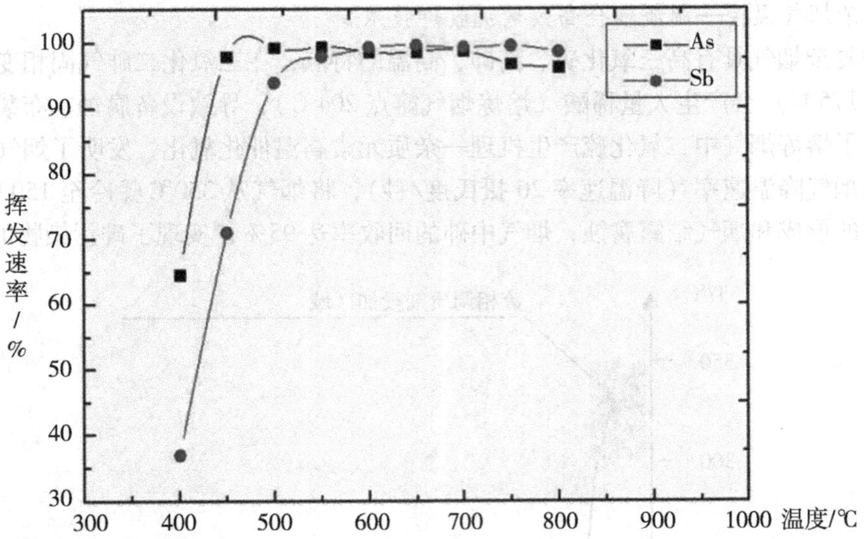

图 2　砷锑挥发曲线

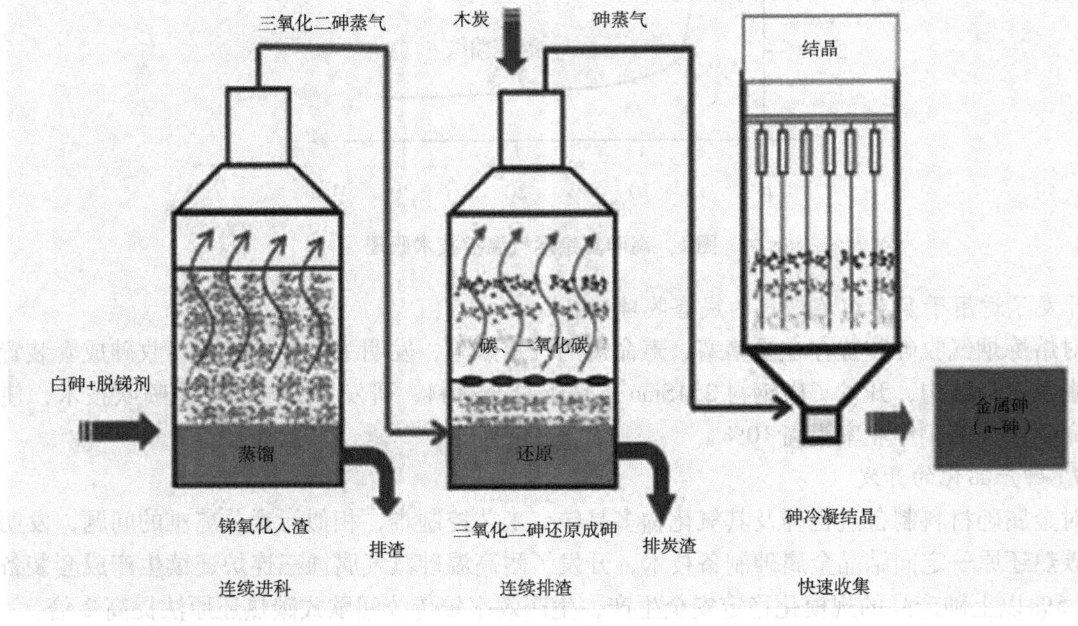

图 3　金属砷连续生产工艺流程

开发出耐高温砷蒸气腐蚀三连炉式连续生产装备，实现了金属砷清洁规模化生产。针对传统间歇式碳热还原法作业效率低、操作环境差、安全生产风险高、砷及有害杂质高温腐蚀等问题，研究揭示了砷蒸馏还原过程铁基合金晶间侵蚀机理，发明了基于渗铝复合材料的控温耐砷腐蚀技术，开发了单套产能达 3000 吨/年金属砷连续化生产装备，实现了全过程密闭、自动化操作。

（五）新技术场景应用

山东恒邦冶炼股份有限公司建成世界上第一条高砷复杂金精矿绿色高效利用产业化示范生产线，随后中国黄金集团河南中原黄金冶炼厂有限责任公司建成世界上最大的矿产金生产线（年处理矿量 150 万吨），国投金城冶金有限责任公司建成日处理 2000 吨复杂难处理金精矿多金属回收项目，山东恒邦冶炼股份有限公司建成湿法黄金冶炼废渣无害化处理项目。该项目核心技术也推广至五矿铜业（湖南）、豫光金铅（河南）等企业。该技术的成功应用在国内外引起了极大的反响，国内招金金合、中国黄金（内蒙古自治区）、辽宁新都黄金等国内知名黄金企业委托中国恩菲进行项目可行性论证，拟采用该项目技术对原厂进行改造升级或新建。此外，国外智利 CodeLco 公司委托下属环保子公司与恒邦股份签署协议拟在智利 CodeLco 的 Ministro HaLes 矿山采用该技术替代原有沸腾焙烧 + 砷酸钙砷固化生产工艺，并与山东恒邦成立合资公司在其他国家推广。智利 ENAMI、VENTANAS、英美资源等企业也采用该技术完成可行性研究论证。

截至目前国内已有 6 条新建及升级改造的生产线成功应用，应用该项目技术产金超 100 吨，约占全国产金 20%。另 10 多家国内外企业在完成了项目可行性论证，主要应用单位情况见表 1。

表 1　主要应用单位情况表

序号	单位名称	应用的技术	应用对象及规模	应用起止时间
1	山东恒邦冶炼股份有限公司	高砷复杂金精矿绿色高效利用关键技术	复杂金精矿综合回收技术改造项目、60 万吨/年	2015 年 3 月至今
2	河南中原黄金冶炼厂有限责任公司	高砷复杂金精矿绿色高效利用关键技术	整体搬迁升级改造项目、150 万吨/年	2019 年 2 月至今
3	国投金城冶金有限责任公司	高砷复杂金精矿绿色高效利用关键技术	含砷复杂金精矿处理、66 万吨/年	2019 年 5 月至今
4	豫光金铅股份有限公司	定向脱砷—高效收砷技术	冶炼废渣料综合回收项目、50 万吨/年	2016 年 5 月至今
5	五矿铜业（湖南）有限公司	定向脱砷—高效收砷技术	金铜综合回收项目、55 万吨/年	2016 年 6 月至今
6	山东恒邦冶炼股份有限公司	定向脱砷—高效收砷技术	湿法黄金冶炼废渣处理项目、30 万吨/年	2019 年 5 月至今

该技术解决了含砷复杂金精矿提取过程中的重大经济与环保问题，实现了大规模清洁生产，大幅度提升了我国黄金提取技术水平；氧势梯级控制一步定向挥发脱砷技术、高效聚沉收砷技术也可推广应用至含砷复杂铜精矿处理等有色金属领域，该项目技术实现了金的高效回收，砷的源头无害化、资源化治理，拥有广阔的推广应用前景。

（六）商业模式

该项目技术贵金属回收率高，资源综合利用率高，自产业化以来，已达到年产 100 吨黄金的规模，较现行预处理—氰化工艺，年可多回收黄金约 5 吨，累计实现销售收入 1324.3 亿元，实现利润 20.3 亿，经济效益显著。

项目累计经济效益汇总见表 2。

表 2　项目累计经济效益汇总表

单位：万元

自然年	新增销售额	新增利润	新增税收
2020 年	5691513.13	87696.97	30779.90
2021 年	7551981.22	114967.94	66388.61
累计	13243494.35	202664.91	97168.51

注：所列经济效益的有关说明及计算依据：统计依据为山东恒邦冶炼股份有限公司、河南中原黄金冶炼厂有限责任公司、国投金城冶金有限责任公司近两年各项数据进行加和计算入表 2。

三、实施效果

（一）节能减排

以熔炼、精炼、产生的烟气制酸，以制酸过程中硫酸的余热产出蒸汽，蒸汽回用后，剩余蒸汽返回流程中利用余热发电，每年节约能耗 2933.62 吨标准煤当量。

（二）降低二氧化碳排放

将余热蒸汽重新利用发电，节约能耗 2933.62 吨标准煤当量，根据一公斤标煤含碳 0.8236 千克计算出可减少碳排放 2416.13 吨，根据碳与二氧化碳的相对分子质量计算可得，可降低二氧化碳排放 8859.14 吨。

（三）绿色环保

采用该项目技术使现行技术无法处理的大量“呆矿”具备了开采利用价值，实现我国潜在资源的有效利用，为我国增加黄金储备，提高国际竞争力提供了技术支持。

项目围绕山东省黄金产业发展的难点，应用“熔融捕金—定向脱砷—高效收砷—砷资源化”绿色高效利用新工艺，熔炼过程无需配煤，能够实现无碳自热熔炼，同时实现砷污染源头减量化、资源化、产品化，且全过程无含氰尾渣、含氰废水产生，实现了资源高效利用和提金技术绿色变革，促进了山东省黄金产业的新旧动能转换全面提速和技术水平显著提高。该项目为我国黄金行业培养了大批技术和管理人才，促进了当地经济发展和职工就业。

该项目技术自产业化以来，与现行氰化工艺相比，已削减氰化尾渣产生量 150 余万吨/年，资源化处置砷约 2 万吨/年。按推广至全国其他黄金冶炼企业计，每年可避免约 600 万吨氰化尾渣的产生，每年能资源化处置砷约 6 万吨。采用该项目技术在高效回收金银的同时，可综合回收铜、铅、镍、砷、硒、碲、铂、钯、铁、硫等有价元素，产出的富硅铁熔炼尾渣可作为水泥添加剂或建筑原材料，真正实现了矿物的“吃干榨尽”。此外，该技术在处理含砷铜精矿等其他含砷物料方面也先进适用，可彻底解决其砷的分散污染问题，真正实现了砷的源头治理，达到了减量化、资源化、高值化处置的目标，应用前景广阔，经济、社会和环境效益显著。

该项目为中国乃至世界的黄金技术革命做出了突出贡献，对促进黄金及有色金属工业绿色发展具有重大意义，示范作用极为显著。

（四）评价证明及政策支持

中国黄金协会出具的应用前景评价证明：“该技术在处理复杂金精矿，尤其是高砷复杂金精矿方面先进适用，应用前景广阔，我会支持该技术在黄金行业推广”。

中国有色金属工业协会出具的应用前景评价证明：“复杂熔炼烟气聚沉收砷技术在含砷铜精矿等含砷物料处理方面先进适用，应用前景广阔，我会将大力支持该技术在有色行业的全面推广”。

2017 年 1 月 11 日，《工业和信息化部关于推进黄金行业转型升级的指导意见》（工信部原〔2017〕10 号），要求重点加强低氰提金，复杂难处理多金属选矿，“造锍捕金”等技术的研究工作。

2017 年 2 月 7 日，中国黄金协会关于印发《黄金行业“十三五”发展规划》的通知，要求积极开展“造锍捕金”、稀贵金属综合回收、污酸处理等技术的深化研究工作。

《山东省黄金工业“十四五”发展规划》明确指出：恒邦冶炼难选冶金精矿多元素综合回收冶炼项目取得重大进展，其“氧气底吹熔炼造锍捕金处理复杂金精矿技术开发与应用”成果被认定为世界首创，促进了山东省新旧动能转换全面提速和技术水平明显提高。

主创人：曲胜利、张俊峰、解维平、初长青、王　雷

开发清洁能源智能技术创新，推动绿色发展

陕能榆林清洁能源开发有限公司

一、公司概况

陕能榆林清洁能源开发有限公司（以下简称榆林公司或公司）成立于2016年4月，是陕投集团绿色清洁能源板块公司陕西省水电开发有限责任公司的全资子公司。经营范围主要包含开发、建设、运营太阳能光伏、风力发电及储能系统，新能源发电技术咨询、培训及服务和研究开发，生态农业种植、养殖、营销综合配套。目前，公司在役总装机规模70万千瓦，资产总额49.68亿元，其中光伏装机容量45万千瓦，风电装机容量25万千瓦。未来，公司将充分利用陕北风、光资源发展清洁能源，加大风电、光伏项目开发建设力度，坚持“清洁能源、绿色发展”方向，深耕新能源市场，致力改善电源结构，切实履行国企责任与担当，以清洁能源助力陕西经济建设，以低碳环保经济回报社会。

二、主要措施

（一）企业绿色低碳发展所处的市场生态与资源环境

为了持续推进节能减排，应大力发展循环经济，推进资源能源的循环和高效利用，促进经济发展工作与生态环境保护工作科学结合，将社会经济活动对生态环境的负面影响降至最低，形成良性循环。在产业战略发展上，应大力宣传低碳新能源产业的光明前景，选择低碳新能源产业作为未来发展方向。加大对低碳新能源经济的政策性倾斜和扶持，使低碳新能源经济稳步、持续地发展，真正成为经济增长中的一大亮点；扩大低碳新能源产品的出口，鼓励低碳新能源消费方式。

目前低碳新能源技术的研发、创新与应用是绿色技术创新的关键，也是企业提升绿色竞争力的关键，率先应用最先进的绿色技术的企业，会更具有竞争力，实现企业供应链低碳新能源化与进行绿色营销管理，企业可以从自身的环境战略定位出发，建立一个完善的绿色营销体系，有针对性地实施低碳新能源营销策略。未来“低碳新能源消费”市场是一个广阔的市场，企业若想在激烈竞争中生存，应在传统供应链之中加入低碳新能源化元素，强化对“低碳新能源消费”市场的研究十分必要。

（二）公司绿色低碳技术的研发与创新

（1）积极参与碳排放交易，选取风电、光伏项目申报CCER（国家核证自愿减排量）交易。

（2）绿色低碳技术的研发与创新，榆林公司2021年取得“用于风力发电机组的功率曲线优化装置和方法”“风力发电机组的功率优化方法及装置”两项专利，充分利用风电场风资源条件及机组的设计裕度，在机组运行一段时间后，按照实际运行情况，对机组发电控制策略进行优化。通过建立能巢系统平台，实现风电机组的控制策略优化，使风电场在现有条件下有效提升发电量，提高风电场经济效益。

采取的措施、方法：一是在综合分析风电场的风资源情况（湍流强度、剪切、入流角度、极大风速等特征参数）基础上，通过梳理机位排布设计等主要信息，为控制策略优化方法确立指导方向；二是根据设计院提供的机位排布方案，机组排布采用4D×8.5D，为减少尾流影响，前两排与后两排排布采用14D，平均尾流为8.9，尾流最大为12.1，尾流最小为3；三是有关机组的运行状态判别，须以机组实际运行的数据作为分析依据，同时采取了实验室和现场测试相结合的方式，在部署相同型号机组的平原地区进行现场测试，方便后续对测试完成的控制算法进行移植。

（3）实施“基于CIM、BCS数据建模技术的新能源场站设备智能分析预警研究与应用”科技项目，陕北地区新能源管理中心建设包括集控系统、生产管理系统、工业互联网平台、大数据分析应用、综合

安防平台，通过采集各电厂发电数据、运维管理数据、视频数据，实现集控中心“监、控、管”一体化，并为后续数字电厂奠定基础，满足新能源电站多业务的集成和应用不断发展的需要。

采取措施、方法：一是通过建立统一数据格式及标准化、统一建模，完成设备与模型映射工作，从底层实现数据有序关联，实现查看设备全生命周期管理的工作，可以为后续应用提供标准化数据支撑；二是通过表面清洁度算法模型，计算并判断光伏组件表面附着物信息；通过机器学习和人工智能算法策略，实现组件清洁度预警功能；在此基础上，结合成本分析为光伏组件运维清洗策略提供智能决策支持，科学指导运维工作。三是通过基于机理、数据等模型，结合大数据和深度学习技术，通过算法模型给出预警信息或提示，实现对设备预警和健康度评估工作。

三、实施效果

（一）“用于风力发电机组的功率曲线优化装置和方法”“风力发电机组的功率优化方法及装置”

一是完成能巢控制系统的搭建，集成了偏航对风矫正、功率闭环矫正、动态柔性功率控制三个发电量提升模块，同时实现实时通讯、数据存储、复杂运算处理、决策管理、日志记录、HMI 显示接口及机组重要状态信息监测等。二是通过使用偏航对风矫正模块进行偏航控制。偏航对风自矫正功能算法是基于风机运行瞬态数据进行大数据自学习的，通过对历史运行数据进行挖掘，计算出机组在风速段的偏航对风偏差。将计算出的偏差值作为补偿量加入风机的偏航控制中，矫正机组偏航对风静态偏差，使得风机能够最大化获取风能。通过对比优化前后对风偏差角度可以反映优化控制策略的运行情况。三是为了验证偏航角度的订正效果，将优化以后一段时间的数据进行了再次计算，算出的偏航对风偏差角度与优化前进行对比，从而确定该控制模块的有效性。从整体上看，偏航误差绝对值相比优化前减小了 4.2 度，优化后的偏航误差均不超过 8 度，原来偏航误差较大的机组得到了明显改善。四是根据特定的风资源输入条件，主要是轮毂高度的年平均风速、湍流强度及叶轮面内的风切变，以目标机型设计载荷为参照，适应性调整风机的功率，在保障机组载荷处于安全载荷情况下，提高机组的发电量。五是动态柔性功率控制算法。最优增益系数与外界环境中空气密度相关，风电场不同月份空气密度存在较大变化，若最优增益不能根据空气密度实时改变，则会造成发电量的损失。小壕兔 100 兆瓦 风电场空气密度在 1.071 千克/立方米 左右，在月际、日际均存在一定的波动，范围 在 0.989 ~1.19 千克/立方米，通过算法精确控制发电机的转矩，使发电机转矩控制在最佳叶尖速比相对应的气动转矩附近，实现风力机最佳风功率追踪，提升机组整体发电量。

（二）“基于 CIM、BCS 数据建模技术的新能源场站设备智能分析预警研究与应用”科技项目

取得成效：全面实现企业各业务协同、数据贯通和统一物联管理，构建企业级智慧能源综合服务平台，形成智能化能源互联网生态，形成更加智能、安全、精细化管理的电力生产及运营体系。

主创人：李　涛、李小勇、王超博、张壮壮

商用变速器低碳化生产实践项目

陕西法士特汽车传动集团有限责任公司

一、企业概况

陕西法士特汽车传动集团有限责任公司（以下简称法士特集团）是全球最大的商用车变速器科技研发和生产制造企业，为国内外150多家主机厂的上千种车型提供产品配套与解决方案，变速器市场保有量超过1100万台，国内市场占有率始终保持在70%以上。共有14个海内外生产基地，各项经营指标连续20年名列中国齿轮行业第一，重型汽车变速器年产销量连续17年稳居世界第一。荣获“国家科学技术进步奖一等奖”“中国工业大奖”等一系列荣誉。

法士特集团纵深推进“4321”战略布局（即核心传统业务销售占比40%、智能化与新能源业务销售占比30%、国际市场销售占比20%、资本市场和新业态占比10%），自主开发的产品涉及传动系统四大领域（即传统动力领域、新能源领域、非道路领域、汽车电子领域），品系完整，关键技术和核心技术已达到国际领先水平。

法士特集团抢抓“一带一路”“中国制造2025”发展机遇，先后与数十家知名跨国公司建立了良好战略合作关系。泰国独资工厂已全面发力东盟市场，欧洲公司已全面投产。同时，法士特在北美、东欧、东南亚等地区设有分销公司和办事处，国际化布局初具规模，全球化辐射效应日益凸显。

法士特集团将数字化、智能化和绿色化发展纳入企业战略规划，大力发展智能制造和绿色制造，先后入选国家“首批智能制造示范工厂”“首批绿色工厂示范”“工业产品绿色设计示范”“数字领航企业”“智能制造标准应用试点”，以实际行动推动企业高质量可持续发展。

二、主要措施

（一）落实绿色低碳发展战略，加速企业低碳转型升级

法士特集团规划绿色低碳发展愿景，把绿色低碳发展上升到企业战略。以“打造绿色低碳全价值链，共享共创美好未来”为愿景，以“2030年前实现碳达峰，2060年前实现碳中和”为目标，以“精益、高效、共享、节俭”为行为准则，围绕“绿色运营、绿色设计、绿色采购、绿色制造、绿色销服、绿色回收”制定六大路径，通过技术创新、标准制定、资源综合利用、设备升级、节能降耗、清洁生产和数智化转型等方法，使企业万元产值能耗、单台产品能耗和万元产值碳排放等综合指标值持续下降，绿色发展成效显现。

绿色运营方面：从理念降碳、生活降碳、科技降碳和管理降碳四个方向切入，制定企业绿色标准，构建法士特集团绿色制造体系。倡导绿色办公、绿色出行，进行企业碳资产管理，建立碳资产开发、使用制度和激励机制，推动低碳制造。

绿色设计方面：聚焦主营业务，瞄准世界前沿技术的发展目标，自主研发自动变速器（AT）、机械式自动变速器（AMT）、S变速器、液力缓速器、轮边减速机、混合动力和纯电汽车传动系统等节能或新能源产品，填补国内空白，为公司向系统供应商的转变奠定基础，牢牢站在世界商用车传动技术和工程实践发展的前沿，并将这些成果全部产业化。

建有“国家级企业技术中心”“院士专家工作站”“国家级博士后科研工作站”“海外创新中心”四位一体的国际一流科技研发体系，坚持技术高端化、产品自动化、系统集成化、节能环保化发展方向，拥有核心技术专利超过2000项。

绿色采购方面：协同上游供应商和下游主机厂，打造绿色供应链体系。制定辅料、原材料和包装等物料的低碳标准，控制源头；从产品供应、环保安全、生产能力、质保体系、物流配送和应急能力等多维度建立绿色供应商准入标准；对供应商进行绩效评价，不断提升低风险供应商占比，督促供应商能力水平不断提升；搭建绿色供应链信息披露平台，实现研发、制造一体化，产、供、销一体化，以及研发、运营可视化。2021 年，法士特集团获"陕西省第二批绿色供应链管理企业"荣誉。

绿色制造方面：系统开展"能源辅料低碳化、生产环境友好化、资源利用高效化、废弃处理无害化"的四化建设，打造高度自动化、数字化、智能化和绿色化的制造系统，实现全制造过程的节能减排。

建成分布式光伏 16.6 兆瓦，提供绿电约 1600 万度，计划全部厂区实现光伏覆盖；采集并监控工厂所有水、电、气、动力设备等能耗数据和运行参数，进行精细化的能源管理，单品能耗持续降低；使用低温清洗、智能照明、余热回用、电封闭、水冷却、高效电机替代和油液回用等节能低碳技术，每年减少二氧化碳排放约 9100 吨。

采用集中油雾处理技术、负压除尘技术、降噪技术（减震、吸附、围挡等）和污染防治设施技术改造等措施，实现清洁生产。

采用行业先进的集中循环过滤处理技术、干式切削和微量润滑技术、"1 毫米工程"创新技术、废旧刀具再制造技术和总成循环包装技术等，减少油液、钢材和木材等资源消耗，二氧化碳排放量降低约 7.2 万吨，加工效率提升 10% 以上。

加大投资，从源头进行"三废"治理。通过一系列原料减排、技术创新和工艺优化等技术，各项指标逐年下降，远优于法规排放限值。

绿色销服方面：充分利用信息化、数字化等方式，打造升级产品销售、服务管理平台，将大数据、云计算、物联网和 5G 等技术与实际业务场景相结合，树立绿色销售服务形象、创立绿色销售服务品牌。车联网云平台见图 1。

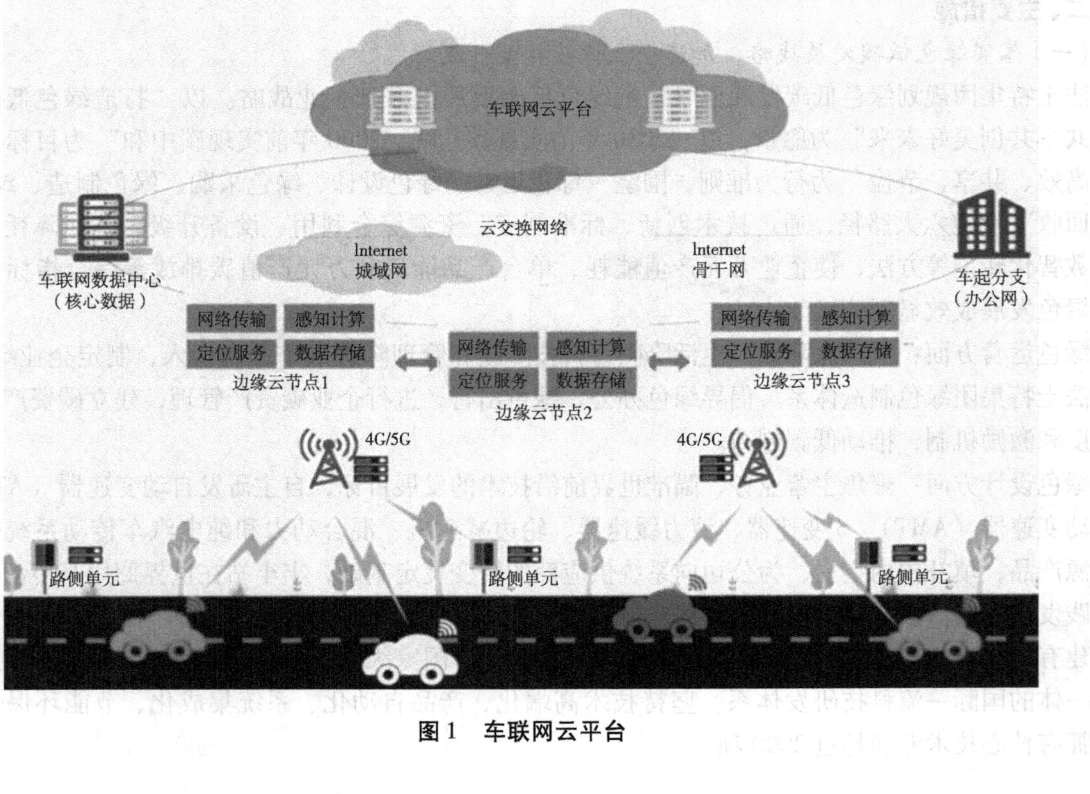

图 1　车联网云平台

绿色回收方面：法士特集团是国家首批确定的14家汽车零部件再制造试点企业之一和变速器再制造标准的牵头制定单位，拥有专业的变速器再制造生产线与装备，通过再制造可实现节约成本50%、节能60%、节材70%。

（二）先进制造和信息技术深度融合，打造“智慧工厂”

法士特集团以智慧工厂建设推动企业智能制造发展，构建以先进制造技术和新一代信息技术深度融合的智能制造系统，应用“数字孪生、万物互联、黑灯生产、数据闭环、智能决策、绿色制造”六大核心技术，打造商用车传动领域国际领先的“智慧工厂”、金属切削领域真正的“6小时黑灯工厂”和商用车领域国内首家“零碳工厂”，见图2。

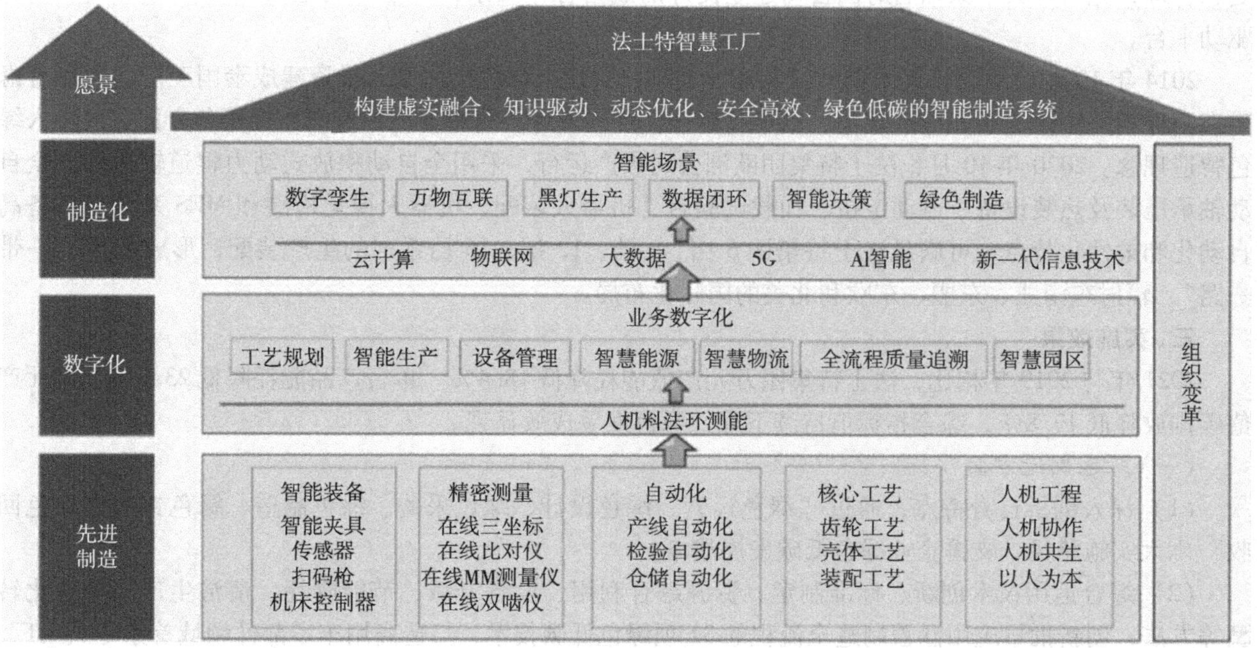

图2　法士特集团智能制造

先进制造方面：涵盖了智能装备、精密测量、核心工艺和人机工程等一系列自主核心技术。

数字化方面：以“人机料法环测能”全生产要素数字化为基础，实现业务流程数字化，以业务流程拉动16个信息化系统的互联互通，实现生产制造、设备管理、物流管理、质量管理、生产要素管理等的精细化控制。

智能化方面：在全面数字化基础上，融合新一代信息技术，形成法士特集团智能制造的核心特色技术及诸多智能化场景。

组织变革方面：实现以思想变革、流程再造、组织转变和模式转变为主的组织变革，助推智能制造。

（三）紧抓重卡产业链升级契机，发挥创新引领作用

法士特集团紧紧围绕全面加快重卡产业链建设新契机，加速创新链和产业链深度融合，开创企业高端化、多元化、国际化和智能化发展新局面。

坚持产品创新引领，助推重卡产业迈向高端。紧盯“卡脖子”技术难题，研发投入连年攀升，2022年研发投入占比5.92%，形成匹配中重轻型商用车全系列的AMT、AT、无级变速箱（CVT）、缓速器、混合动力、新能源和电机电控等“智新”产品矩阵，核心部件高端化、自主化水平不断提升。

积极布局产业链配套，推动产业链协同发展。补链方面，法士特集团与美国伊顿公司合作开展商用车中轻型变速器项目，与天津松正合资成立电机电驱公司，与瑞典瀚德公司合资布局商用车盘式制动器业务等；强链方面，法士特集团与陕西省省内多家优秀企业建立战略合作关系，陆续开发西安正昌电子、陕西恩达等配套企业，陕西省省内配套率逐步提升。从 2018 年到 2022 年，陕西省省内平均配套率达 40% 以上。供应链体系更加科学、高效、完善，为陕西省重卡产业链建设做出了积极贡献。

（四）参与共建“一带一路”绿色发展，开启国际化新篇章

法士特集团在深耕国内市场的同时，抢抓“一带一路”发展机遇，在加大授权贴牌生产（OEM）零部件出口的同时，推动变速器总成的配套出口，将法士特品牌推向国际市场，逐渐使出口产品的构造更趋合理，先后与数十家知名跨国公司建立良好的战略合作关系，构建“内生式”和“外延式”双轮驱动平台。

2014 年 10 月，法士特集团秉承“共商、共享、共建、绿色”原则，投资建成泰国工厂，通盘考虑生态环保相关法律法规和标准规范，以更高标准在结构设计、材料选用、产线布局等各方面深度融入绿色智造理念。2020 年 10 月，法士特集团欧洲公司投产运行，采用全自动积放式动力辊道输送线、全自动轴承压装及热装设备、电动定扭、加载试验台、机器人装配、机器人视觉检测和 MES 系统，具备高自动化和柔性化特点，可满足法士特集团 6 挡、9 挡、12 挡、16 挡系列的生产装配，形成立足“一带一路”，辐射东南亚、东盟、东欧和北美的国际化布局。

三、实施效果

2021 年与 2019 年相比，法士特集团万元产值能耗降低 18.4%、单台产品能耗降低 23.8%、万元产值碳排放降低 17.8%，综合指标值持续下降，绿色发展成效显现。

（一）绿色制造方面

（1）深入剖析自身特点，通过“绿色运营、绿色设计、绿色采购、绿色制造、绿色销服、绿色回收”六大实施路径，支撑企业绿色低碳发展战略。

（2）综合运用技术创新、标准制定、资源综合利用、设备升级、节能降耗、清洁生产、数智化转型等方法，创新批量应用涵盖制造全流程的 31 项绿色低碳技术，打造商用车零部件领域首家零碳工厂。

（二）智能制造方面

通过应用“数字孪生、万物互联、黑灯生产、数据闭环、智能决策、绿色制造”六大核心技术，打造了法士特集团智能制造“四个一”模式，即一朵（法士特）云，一个（生产大数据）湖，一张（工业互联）网，一张（BI 数据分析）屏。

（1）首次在汽车零部件行业，在工厂从规划设计到投产运行的全生命周期中全流程应用七大数字化技术，创建虚拟工厂，实现基于数字孪生技术的工厂信息物理系统的虚实交互。

（2）实现生产现场“人机料法环测能”全部生产要素的互联互通，共采集生产现场 1000 余种数据，并依托 5G 联网技术，实现数据的高效流转。

（3）通过构建超级自动化的生产系统，基于自主研发的多项 AI 智能技术，在切削加工领域创新实现真正的 6 小时无人干预黑灯生产。

（4）通过数据直驱现场，建立工艺、生产、物流、质量四大闭环，实现生产过程的透明化管控。

（5）通过提炼核心工业技术，打造 26 项智能场景，实现基于多源数据分析的智慧决策。

主创人：寇植达、刘立明、薛乐乐、张智勇、王晓军

飞行区数字化运维技术创新与应用推广优秀实践案例报告

深圳市海亿达科技股份有限公司

一、企业概况

深圳市海亿达科技股份有限公司（以下简称海亿达）聚焦设施运维数字化技术创新，近20年来一直服务于高铁、机场、油气管线、海上油田等大型基础设施项目和国家重点工程项目，深耕行业、淬炼技术、服务客户，完成了众多样板项目，树立了优秀的行业口碑和品牌形象。

2013年以来，海亿达基于云边端协同计算和物联网技术，推出EFOS设施运维物联网品牌，服务于工厂、小区、写字楼、产业园、商业综合体、机关办公、医院、学校和地铁等各行各业建筑运维的数字化，实现了以数字化推动节能减碳、减人增效、安全管控的显著效益，帮助广大资产业主和设施服务企业提升了资产回报水平和空间设施的服务品质。

二、主要措施

（一）行业相关政策

《中华人民共和国国民经济和社会发展第十四个五年规划和2035年远景目标纲要》规划中提出推动节能减碳、能源高效利用，深入推进工业、建筑、交通等领域低碳转型。

依照《中共中央、国务院关于完整准确全面贯彻新发展理念做好碳达峰碳中和工作的意见》及《国务院关于印发2030年前碳达峰行动方案的通知》的总体部署，中国民航局印发实施《“十四五”民用航空发展规划》《“十四五”民航绿色发展专项规划》《中国新一代智慧民航自主创新联合行动计划纲要》《中国民航四型机场建设行动纲要（2020—2035年）》等规划，形成中国民航绿色发展规划政策体系，引导行业绿色、低碳、循环发展。

（二）产品功能框架

产品框架主要分为四层，分别是感知识别层、网络构建层、平台管理层、综合应用层（见图1）。

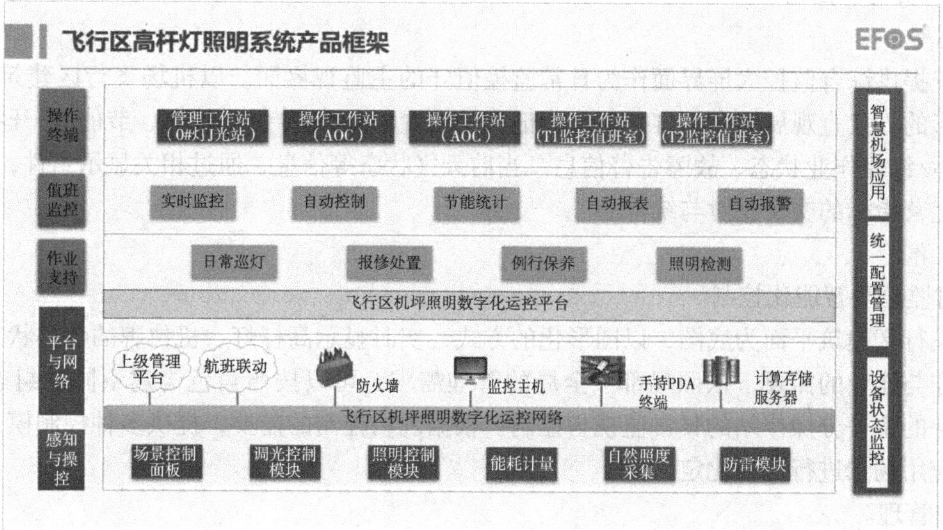

图1 飞行区高杆灯照明系统产品框架

飞行区高杆灯照明系统感知层是物联网整体架构的基础。在感知层，可以通过传感器感知物体本身以及周围的信息，负责采集和获取信息。

网络层在整个物联网架构中起到承上启下的作用，它负责向上层传输感知信息和向下层传输命令。网络层把感知层采集到的信息传输给云平台，也负责把云平台下达的指令传输给应用层，具有纽带作用。网络层主要通过物联网、互联网及移动通信网络等传输海量信息。

平台层是架构的核心，主要解决数据存储、检索、使用及数据安全与隐私保护等问题。平台管理层负责把感知层收集到的信息通过大数据、云计算等技术进行有效地整合和利用。

应用层是把挖掘出来的有价值的功能应用到机场飞行区。

（三）产品研发创新

飞行区机坪照明数字化运控平台（以下简称平台）可实现机场高杆灯、机位标记牌的开关操作、照明调光控制、灯具在线监测运行状态等功能。

1. 实现与航班联动

机坪照明可以根据飞机到达机位的情况进行精准自动调节控制。在非保障时间内机坪照明按照最低保障要求照明；当飞机即将进入机位时，机坪照明调节到最大照度，支撑地面保障作业及飞机停靠；当飞机离开机位后，机坪照明重新自动恢复到最低保障要求。

2. 业务流程创新

平台作为高杆灯业务管理的操作系统，可以支撑日常自动开关灯、能耗统计、巡灯、异常报警及处置、照度检查等管理操作职能，改变了以往的作业方式，在每一项操作上都实现了人、设备、事物的闭环。

3. 可自由灵活设置控制规则

平台引入控制规则引擎，使得实际业务与系统的实现解耦，用户可根据实际场景灵活设置控制规则，极大提升了系统的灵活性。

4. 超大弹性的系统架构

平台系统采用微服务架构，各服务可根据实际压力、负载等弹性伸缩，在最大限度利用服务器资源的同时又保证了系统的高可靠性。

（四）产品功能和应用

1. 综合态势

平台系统提供综合监控大屏界面作为日常监控值守的主监视界面。以机场飞行区建筑平面为底图，通过动态图形的方式直观展示高杆灯、机位标记牌的位置分布、开/关灯状态、节能/全开状态、航班信息联动、故障/维修作业状态、故障告警信息、当前天气状态等信息，通过相关显示组件，实现多维度、不同场景下运营指标的交叉比对与统计。

2. 运行操作

（1）实时监控与智能化控制。

以机场飞行区建筑平面为底图，以图形化的方式，实时显示高杆灯、机位牌的各类状态信息。根据现场监控值守与作业的需要，依照局部—全局的管理需求，可以按照角色构建不同的组态监控操作界面，用于日常的主—分操作站的日常监视与控制。根据现场控制的需要，提供多种控制模式，并可根据现场的复杂应用场景进行个性化定义。

（2）挂牌管理。

因现场作业维护、备件更换、故障处理等需要，同时为了防止后台出现误操作的情况，对于需要特定的高杆灯提供系统“挂牌管理”功能。

(3) 告警管理。

平台对高杆灯、机位标记牌告警按照重要性进行等级划分，可根据用户需求和实际情况，提供 Web 界面信息告警、语音提示、电话/短信/App（均需连接外网）等方式，并可以按照系统设置的告警递进推送关系进行信息逐级推送。

(4) 报表管理。

飞行区机坪照明数字化运控平台内设置了多种报表模板，包括告警统计、能耗统计、设备统计等报表，可按年、季、月、日、时生成报表，并支持 Word、Excel、PDF 格式导出。

(5) 航班信息联动。

平台可通过航班信息系统预留的系统接口和开放的通信协议，来实时读取航班信息用于照明系统实现控制功能。

对于进港航班，在进港前提前半小时（时间可调整，下同）开启该保障机位高杆灯。

当航班达到后，再预留 1 小时作为保障计划和人员撤离的时间，高杆灯的启停数量和照度满足相关标准即可。

对于离港航班，提前 1 小时开启该保障机位高杆灯，为保障车队和人员提供充足的照度，航班离开保障机位半小时后，高杆灯的启停数量和照度满足相关标准即可。

航班繁忙时段，可以根据需要不对机场停机坪高杆灯进行调整，让灯具处于满负荷工作状态。

由于季节变化或者天气原因，系统软件预留了相应的权限满足机场管理人员对飞行区高杆灯的自主设定。

(6) App 应用。

平台可通过移动 App 端实现远程监测、数据查询、故障报警推送、App 数据查询等功能，App 端软件包括 Android 客户端与 iOS 客户端，支持实现跨平台快速开发部署，快速进行业务开发迭代更新，各个功能模块都基于模块系统实现解耦，能够有效地与权限系统进行结合，实现权限功能点控制。

3. 能源管理

(1) 能源看板。

通过采集高杆灯、机位牌能耗数据，对高杆灯、机位牌进行能耗统计，通过区域能耗排名、今天/昨天能耗对比、单基高杆灯之间能耗对比等多维度不同运营指标的比对，综合呈现飞行区机坪照明设备的用能情况。

(2) 能源台账。

按照变电所→箱变→配电亭→高杆灯、机位牌的电力能源供给顺序，建立起飞行区机坪照明设备的能源台账信息、总分表多级关系，向用户清晰展示能源流程及能源总分关系。

(3) 能耗数据。

平台可直观看到高杆灯、机位牌的本月用电量、上月用电量。可按照时间查询所有高杆灯、机位牌的详细数据来源信息（如：起始读数、终止读数、智能抄表 & 手动录入等），同时为便于用户查看与存档，支持数据导出。

4. 维保作业

(1) 日常巡检。

平台根据巡检的路线、内容、巡检重点制定巡检工单，根据触发机制，自动将工单派发给当前的巡检人员，当巡检人员按照系统指引完成巡检任务后，由平台系统自动生成巡检报表，巡检报表永久存档于服务器内，随时可以调阅查询。

(2) 日常维修。

根据平台系统报警、人工报事，手动/自动触发维修工单，对维修任务内容，需要的材料、备件、工具等进行提示，过程留痕、结果记录，形成维修闭环管理。

(3) 例行保养。

按照设备的台账信息、保养计划等信息配置保养计划，自动触发，派发工单，系统提供任务内容、操作引导/规程、台账记录等功能。

(4) 台账管理。

平台具备设备台账管理功能，记录了设备的具体信息。同时关联了告警信息、维修记录、保养记录，在查看设备台账信息的时候可以同时看到设备的历史告警记录、维修记录、保养内容等设备维护情况，覆盖了设备的全生命周期过程信息。

5. 多种安全机制

平台应具备多种安全防范机制，在保障系统基本运行的同时，应当具备应对各种异常状况的能力。如航班信息系统没有将数据推送，系统会报警并提示值班员停止联动、开启高杆灯。对于重要机位（VIP）及相邻机位，设置联动停止按钮，保证重要机位达到最大照度。对于延误起飞航班，高杆灯会持续保持全开，直到飞机实际起飞半小时后才切换到节能（以实际起飞时间作为切换到节能的判断时间）。当高杆灯要切换节能时会先判断之后半小时（可修改）是否有开灯指令（当飞机要出港前 1 小时或者飞机要进港前半小时会生成开灯指令），如果有就保持全开，减少照明模块和灯具的动作，有利于保证使用寿命。

高杆灯在节能状态时始终都会保持民航局最低的照度标准，当出现航班信息没有及时录入等情况导致高杆灯没有全开时，机坪照度仍然可以满足作业需求。操作控制命令时，需输入系统管理员给的操作密码，控制命令才能下发，防止无关人员误操作；同时系统会根据账号记录操作信息，方便进行追溯。

三、实施效果

(一) 经济效益

通过能耗数据分析计算得出：某机场飞行区高杆灯 4 天可节约电量 10450 度，平均每天为 2612 度，节电率为 26.71%。如果长期使用航班联动节能模式，预估全年平均每天节电量为 2090 度（当前节电量的 80% 左右），预计每年可节约电量约为 76 万度。

通过使用飞行区高杆灯照明系统，深圳机场飞行区高杆灯平均每年可节约 76 万度电。根据机场每度电费用 0.89301 元计算，即飞行区高杆灯平均每年可节约 67.9 万元。

我国电网电力（各种电力混合后的平均值）每生产 1 度电大约产生 960 克左右二氧化碳（数据来自中国生命周期基础数据库 CLCD）。按照深圳机场飞行区高杆灯节约的用电量计算，可减少 730 吨的二氧化碳的排放，响应了国家节能减排的号召，助力深圳宝安国际机场打造成为一个绿色机场。

(二) 社会效益

机场是城市的窗口单位，停机坪是机场的形象之一。在本次改造中，通过优化照明控制，使机坪高杆灯照明开启关闭时间更加合理化、标准化、智能化。在不影响航班运行安全情况下，为旅客创造了更加舒适和谐的环境，提升了机坪的服务质量及整体形象。

海亿达研发的飞行区高杆灯照明系统，已在民航飞行区广泛使用，促进民航企业坚持走绿色协调可持续发展道路，将节能减碳、降耗增效作为调结构、促发展、转型升级的重要手段，通过数字化赋能带动企业转型升级。

主创人：梁监源、黄　豪、刘　珺、肖祯勇

空调数字化运维技术创新与应用推广

深圳市海亿达科技股份有限公司

一、企业概况

深圳市海亿达科技股份有限公司（以下简称海亿达）聚焦设施运维数字化技术创新，近20年来一直服务于高铁、机场、油气管线、海上油田等大型基础设施项目和国家重点工程项目，深耕行业、淬炼技术、服务客户，完成了众多样板项目，树立了优秀的行业口碑和品牌形象。

2013年以来，海亿达基于云边端协同计算和物联网技术，推出EFOS设施运维物联网品牌，服务于工厂、小区、写字楼、产业园、商业综合体、机关办公、医院、学校和地铁等各行各业建筑运维的数字化，实现了以数字化推动节能减碳、减人增效、安全管控的显著效益，帮助广大资产业主和设施服务企业提升了资产回报水平和空间设施的服务品质。

二、主要措施

（一）行业与政策

国家“双碳”目标政策的提出把我国绿色发展之路提升到新的高度，成为我国未来数十年内社会经济发展的主基调之一。减碳政策逐渐落地，国家大力推动节能减排，快速增长的节能减碳要求给企业带来巨大压力。

目前我国建筑能耗占全社会能耗的比例约为1/3，而在建筑能耗中，空调能耗又约占2/3左右。对这些高耗能的既有建筑进行系统化的中央空调节能改造可有效地降低全社会的能耗，促进节约型社会的发展，也有利于改善环境污染严重、低效使用能源的现状。对老化的中央空调系统进行节能改造，不仅是促进自身高效利用能源的需要，也是企业履行社会责任的表现。

（二）产品功能框架

EFOS空调云管控系统（以下简称系统）是建筑机电设施运维数字化平台的一个重要组成部分（见图1），是针对空调运行管理和控制的数字化系统，通过物联网、云计算、大数据等技术为客户实现中央空调系统运行操作更便捷、空调运行能耗降低、保障空调末端环境品质及空调系统维保的数字化监管四大方面的显著提升，助力企业数字化转型。

产品分为四个层次，分别是设备层、物联网层、边缘层和平台应用层。

设备层是物联网整体架构的基础。在设备层，主要是客户的设施设备，主要收集的信息有设备信息、环境信息、控制信息及保护信息等。

物联网层在整个物联网架构中起到承上启下的作用，它负责向上层传输感知信息和向下层执行命令，具有纽带作用。

边缘层是数据安全的支撑及保障，通过边缘层，即使在异常网络环境下用户仍然可以很方便地进行交互操作。

平台应用层是最后的保障，平台会把边缘层或云端采集到的信息统一汇总整理，进行业务的计算与数据的分发。

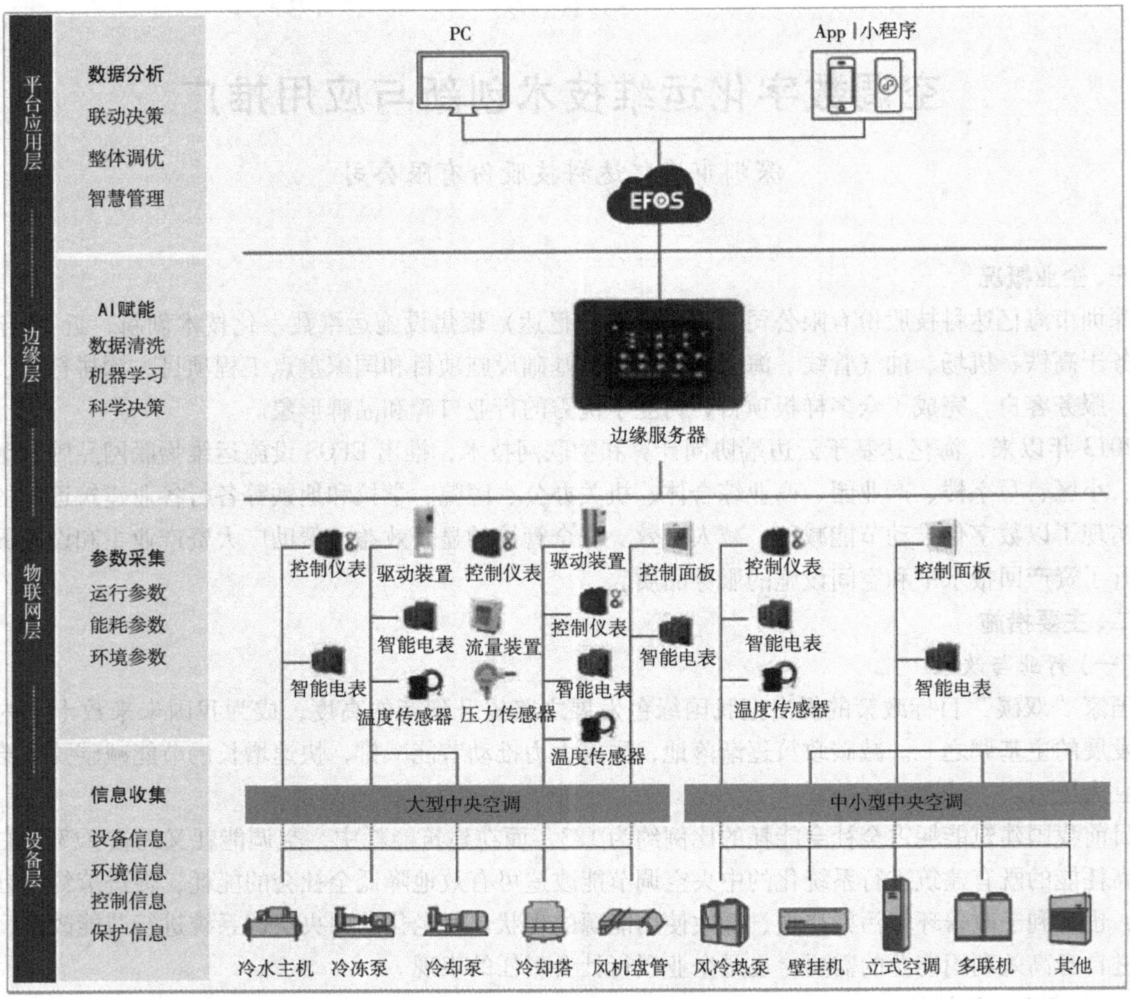

图 1　EFOS 空调云管控系统

（三）产品研发与创新

1. 产品介绍

EFOS 空调云管控系统可实现中央空调系统环境参数、工艺参数、能耗数据的分类，分项数据采集，线监测和趋势分析，对中央空调各设备的自动控制，能效的自动分析和管控及安全保障等功能。系统对空调的整体能耗状况进行统一监测管理，通过以太网与其他高级应用系统如 MIS（管理信息系统）、ERP（资源规划系统）/MRP Ⅱ（物料需求计划）/MES（制造执行系统）、CIMS（计算机集成制造系统）等联结，为项目能源管理提供依据。系统采用 B/S 架构，用户可通过 Internet 或者局域网随时进行 Web 访问。

现场采用总线测控网络连接各现场设备驱动装置，通过安装在各能耗设备上的智能电表，将电量等能耗及设备运行状态等数据送到边缘服务器，通过安装于管路上的流量计和温度传感器、压力传感器、安装于风管上的回风、送风温度传感器，将空调工艺运行数据通过信号采集装置，送到边缘服务器，从而实现对整个中央空调系统的能效数据、工艺数据的自动计算和统计分析，同时边缘服务器通过连接安装于主机、水泵、电动阀、冷却塔、风机控制柜内的智能控制模块，实现对各个设备的控制。

2. 项目主要创新点

（1）云边端一体。基于边缘服务器的存储与计算能力，即使在异常的网络环境下，用户仍可以稳定可靠、高效便捷地使用EFOS空调云管控产品。

（2）交互友好的边缘服务器。本系统也提供定制化的空调主控站，该主控站是一个交互简单、操作性强的触摸屏。客户可以清楚地了解屏幕上的所有信息、提示和指令，而无需了解计算机的专业知识。其界面适用于各级、各年龄段的客户。

（3）云边协同。对实时决策至关重要的数据可在边端进行处理，从而加快决策的速度，在越接近于现场的地方处理数据，决策时间就越快。据统计，该机制比传统的云计算管控速度提高了数十倍。

（四）产品功能与应用

1. 操作与运行

（1）一键开关机。

根据设施日常启停规则，利用物联传感装置将相关设备关联在一起，实现远程点击一次就启停设备的功能，以替代传统的人工手动挨个开启设备的习惯，节约启停设备的时间，为用户带来更好的体验。

（2）自动加减机。

根据末端用冷的需求，动态调节相关设备开启的数量，以达到按需用冷，科学节能的效果。

（3）制冷站自动运行。

结合日常生产或排班需要，实现上班提前自动开启设备，下班人走及时关闭设备的效果，以替代原有不精准的人工操作。

（4）末端自动调节。

结合用冷区域的温湿度实时自动调节末端用冷的控制，以保证用冷区域的温湿度始终处于最舒适的数值，以便提升客户满意度。

（5）一键巡检。

平台支持将生产过程中巡检的设备、巡检频次和巡检内容等数据线上化，实现一键单击按需巡检相关设备的所有内容，以替代传统的人工手动巡检，提升巡检效率。

（6）自动抄表。

EFOS空调云管控系统利用物联网相关技术，以最新的自动抄表技术替代人工抄表，实现抄表自动化。

（7）设备故障告警。

根据实际生产的需求，利用物联网技术将所有设备监管起来，做到实时监测，实时告警，告警监管越级抄送等功能。

2. 节能减碳

（1）能耗监测。

利用物联网技术，根据实际用能需求，对能耗进行不同维度（按地理位置、系统、产线、区域等）的分类管理和实时监管。

（2）冷量监测。

实时监测冷站制冷数据，结合末端用冷需求动态调节制冷量。

（3）制冷站优化调节。

根据末端用冷反向动态调节冷站负荷、开关机数量等，以实现在满足供冷的前提下，冷站能效最大化。

（4）末端风系统智能管控。

根据用冷区域的温湿度等指数，动态调节末端冷量和风量输出，以保障空调品质最优。

（5）运行监测。

云—边端实时监测设备的各项运行参数，支持历史数据查询、导出等功能。

（6）能效指标监测。

通过监测到的各项设备参数及相关标准，系统可计算空调系统的各项能效指标 EER、COP 等，为用户运维系统提供了科学的依据。

（7）节能数据实时呈现。

用户可通过节能小程序查询各项实时节电数据或历史节电数据。

3. 空调品质监测

（1）空间环境品质监测。

利用物联网技术实时监测空间环境品质，以保障空调品质始终处于最优状态。

（2）出风口温湿度实时监测。

利用物联网技术，实时监测出风口温湿度等各项参数，监测到的数据一旦出现异常，系统将会联动产生告警并通知到相关责任人。

（3）出风口温湿度智能调节。

系统可根据监测到的出风口温湿度，实时动态调节冷站冷量及出风口风速的输出，以确保相关区域时刻处于舒适体验。

（4）空间品质自动巡检。

系统可结合物联传感装置及巡检标准对项目上所有监管区域实时进行品质巡检，已确保空调整体品质始终处于最优状态，提升客户满意度。

4. 维保监管

（1）维保标准建立。

通过 EFOS 空调云管控系统的工单模块，客户可采用系统已有的维保标准或自定义建立自有设施设备的维保标准。

（2）维保记录在线生成。

用户可通过 EFOS 空调云管控系统的工单模块建立线上工单，并后续进行派单、管理、闭环。

（3）人员到场管理。

摄像头远程监控到场相关人员，为工单相关流程提供留痕材料。

（4）智能派单。

用户可通过工单模块，建立线上排班计划，并与工单进行联动，后续系统在派单过程中将按照配置好的内容进行派单，以简化派单的步骤、流程。

三、实施效果

（一）经济效益

以深圳某商场为例，该商场主要设备有 3 台主机、4 台冷冻泵、4 台冷却泵、9 台冷却塔和 16 台风柜。

1. 操作与运行

（1）利用现有 EFOS 空调云管控系统的自动巡检替代原有人工巡检，故障安全异常反馈周期由原来的 2 小时缩短到 5 秒。

（2）节省人工工时 40%，预计节省人工成本费 8 万元/年。

2. 节能减碳

（1）年节电量 50 万千瓦时。

（2）年节电费用 40 万元。

（3）年节电率 20%。

（4）回收周期 1.7 年。

（5）年减少碳排 300 吨。

3. 空调品质

7×24 小时品质监管，客户满意度高达 97%。

4. 维保与监管

（1）提供设施设备运维标准。

（2）替代原有的纸质维保记录，实现维保数字化。

（3）支持灵活自定义设置，按需自动生成维保计划。

（二）社会效益

EFOS 空调云管控系统无论对能耗单位的业主还是对社会而言，都是一款降本增效的产品，是企业实现减负、促进自身可持续发展的重要途径。该产品以数字化改革为引领，以能源结构调整为关键，推动经济社会绿色低碳转型。

主创人：王智刚、洪晓辉、刘　珺、邹鹏程

履行企业环境责任，践行绿色产品管理

松下制冷（大连）有限公司

一、企业概况

松下制冷（大连）有限公司（以下简称松下制冷）位于辽宁省大连市经济技术开发区，于1992年成立，总投资95亿日元，占地12.56万平方米，拥有员工600余人，从事环保及能源综合利用的制冷及制热设备、空调机械、环保机械及相关设备等的设计、生产、制造、销售及售后服务的专业环保及能源综合利用，是国家级高新技术企业、辽宁省企业技术中心、辽宁省"专精特新"中小企业，拥有有效专利44项，先后荣获"全国质量管理奖提名奖""全国质量管理卓越企业""全国质量标杆企业""全国智慧企业建设最佳实践案例"等奖项，以先进的环保理念贯穿于经营活动中，曾荣获"中国环境标志产品开拓奖""中国环境标志产品贡献奖""辽宁省环保五十佳企业"和"大连市环境保护模范企业"等奖项。松下制冷以其技术、质量、服务和品牌优势，在国内市场占有主导地位，并以其高品质大批出口欧洲、美洲、亚洲、非洲等47个国家和地区，产品广泛应用于钢铁、石化、汽车、烟草产业及大型商业设施、供热公司、机场、楼堂馆所、体育馆、学校、别墅等多个领域。松下制冷始终以"优化地球环境、造福人类生活"为经营理念，将环境保护与改善视为己任，大力推进技术革新，谋求绿色发展之路。

（一）世界各国相继立法管控产品中有害物质含量

欧盟市场2006年7月1日起正式禁止销售RoHS指令管控的六类（铅、汞、镉、六价铬、多溴联苯、多溴联苯醚）有害物质超标的产品。随后日本、美国、韩国等国家相继出台类似欧盟RoHS指令的法律。中国也在2016年颁布了《电器电子产品有害物质限制使用管理办法》。若产品中的有害物质含量不符合上述各种法律法规的要求，则不能继续在相应区域销售，企业将面临丧失销售权甚至违反法令而遭受处罚的巨大风险。

（二）国家出台法规政策发展绿色产品

我国政府积极倡导生态文明体制改革，要求完善京津冀、长三角、珠三角等重点区域大气污染防治联防联控协作机制。松下制冷原有直燃型产品运行时会排放氮氧化物，如果排放浓度不能达到限值以下，将无法在上述重点区域销售。《挥发性有机物无组织排放控制标准》标准要求工厂在生产过程中使用油漆涂料时，应严格控制挥发性有机化合物（VOCs）的排放。松下制冷必须对原有涂漆工艺进行根本性改善，才能满足国家强制性标准的要求。

（三）传统制冷行业遇到发展瓶颈

经过几十年的发展，国内传统制冷行业市场的新客户已逐渐减少，市场竞争日益激烈，产品同质化严重，松下制冷的国内市场销售一度无法继续增长，而是依靠返销日本提升销售业绩。单一的标准化产品已经无法满足客户需求，客户开始关注产品运行的同时是否可以实现对现有废水、废气、余热等资源的再利用，是否可以降低资源消耗，达到节能减排的效果。企业需要调整经营策略，主动推动节能环保的绿色产品发展，响应国家"碳达峰、碳中和"的战略目标，实现行业链上下游共同绿色发展。

二、主要措施

松下制冷践行绿色产品管理的内涵是：在产品全生命周期过程中符合环境保护法律法规的要求，从获取市场对产品的需求开始，到产品淘汰报废的全部生命历程，涵盖产品战略及市场需求、产品定位及企划、产品设计开发、部品采购、产品制造、产品运行及回收废弃等阶段，使用有毒有害物质含量达标的部品，生产对生态环境和人体健康无害或危害小、资源能源消耗少、污染物排放低、品质高的产品，减少工厂污染物排放及能源资源利用，使产品易于回收及无害化废弃，实施产品全生命周期管理。以产品为核心的商业战略，从地域上横跨整个企业和供应链，从时间上覆盖从产品的概念阶段一直到产品结束它的使命的全生命周期，沟通了在延伸的产品供应链上的所有外协厂商、合作伙伴和客户。

（一）建立绿色产品管理体系

松下制冷坚定企业下一步发展的绿色产品管理理念，确定绿色产品定位和工作目标，按照国家关于绿色产品生产的相关法律、法规、政策和标准，制定绿色产品中长期发展规划及年度目标、指标和管理方案，明确绿色产品管理涉及的部门、岗位和职责，重新思考、设计和改变在旧的环境下形成的按职能部门进行运作的机制，有效地建立跨越职能部门的业务流程，使之融入企业原有的业务流程，建立适合企业的、工作要求更加明确的绿色产品管理体系。

1. 确立绿色产品管理理念和产品定位

松下制冷以“优化地球环境，造福人类生活”为经营理念，是全国第十、行业内首家取得 ISO 14001 环境管理体系认证的企业，是行业产品中国国家环境标志产品标准起草及获得认证的企业，致力于生产使人类生活更加舒适的环境友好型产品，不使用氟利昂等破坏臭氧层的制冷剂，专注为客户提出废热综合利用解决方案。2019 年生态环境部重新调整中国环境标志产品政府绿色采购要求，首次将制冷设备纳入“环境标志产品政府绿色采购清单”。政府机构成为绿色消费的优先选择者，不仅可以从源头上减少能源消耗、保护环境，而且能够起到示范作用，促进整个市场环境意识提高，扩大绿色产品市场，进而推动全社会环境改善。松下制冷凭借其绿色产品成为同行业中唯一一家且首批被纳入“环境标志产品政府绿色采购清单”的企业。

2. 建立绿色产品管理实施体系

松下制冷提出的绿色产品管理理念，关注的重点是产品全生命周期，是企业各项生产经营活动对产品形成、运行以及废弃回收过程的影响，其组织架构可在企业现有环境管理体系组织架构基础上增设专门推进组织，但其职责范围大于且涵盖环境管理体系。

松下制冷成立绿色产品管理委员会，总经理担任责任者，在管理体系推进部门设立事务局，负责各项工作的总体推进。委员会各部门负责确定本部门绿色产品管理相关职责及各项工作的落实，形成自上而下的管理体系。

（二）实施绿色产品全生命周期管理

松下制冷对产品的设计、采购、生产、检验、运行、废弃等各环节施加影响，使其符合企业绿色产品管理理念，在有效的控制措施管理下，实现绿色产品管理。

1. 从源头抓起，实施绿色产品设计

为提高产品生命周期内的环境绩效、优化产品的环境影响，将环境因素引入产品的设计和开发，可减少产品对环境的污染，提高产品的可再生利用率，开发更生态、更紧急、可持续发展的产品。综合考虑成本资源与能源消耗、环境污染、产品性能、法规要求、最佳可行技术及客户需求等方面，权衡有毒

有害材料替代、可拆卸回收、材料优化、节能、运输物流、可再生能源等各种因素，在设计中灵活确定取舍。可通过商品企划、商品化决定、设计评价、产品评审等过程，从零部件“无害化”、绿色节能产品开发、产品能效提升、提高产品部分负荷特性实现高效节能运转及工艺改善等方面进行考虑，将绿色产品的设计理念变为现实。

2. 零部件绿色管控前置化，实施绿色供应链管理

绿色供应链是将环境保护和资源节约的理念贯穿于企业从产品设计到原材料采购、生产、运输、储存、销售、使用和报废处理的全过程，使企业的经济活动与环境保护相协调，使产品在整个生命周期，对环境的影响（副作用）最小，资源效率最高。进行绿色供应链管理可通过采购信息管理和供应商管控体系两种方式。

采购信息应包含有害物质使用、可回收材料使用、能效等环保要求，纳入采购合同，规定违约责任，可以引导供应商开发绿色环保产品。在绿色零部件管理实施初期，对全种类零部件有害物质含量进行一次全面检测，对目前零部件的“无害化”程度进行摸底。检测可根据企业自身情况选择自主配置设备检测或委托第三方检测等不同方式。将零部件进行风险等级划分，确定不同的抽检频次，以相对较低的管理成本，最大限度降低非绿色零部件进入产品的风险。供应商也应进行自我管理和定期检测。

涉及采购、零部件检验等的相关人员也是绿色产品管理委员会的重要成员，通过进行不同的培训提升其绿色供应链管理意识和能力。在供应商评价指标中纳入有毒有害物质含量、供应商环保体系及职责运行情况、环境绩效等方面的环保指标，首选拥有 ISO 14001 认证的供应商。根据零部件风险程度确定供应商的风险等级，实施不同频度的供应商现场绿色监察。针对拟新增加的供应商，采购前进行实地环境监察，首次供货之前针对零部件中有毒有害物质含量提供第三方高精度检测报告等证明资料。依托松下集团的全球供应商有害物质监察评价系统和材料有害成分信息管理系统进行信息归集整合，全面实现大数据管理功能及有害物质管理的风险实时掌控。

3. 强化生产过程绿色屏障，实施绿色产品制造

绿色制造可从绿色零部件及辅材的使用、污染物的排放、工厂基础设施的绿色管理等方面进行管控。

绿色零部件外包装粘贴有害物质合格标识。生产制造过程中使用的辅材往往容易忽略，造成意外混入有毒有害物质情况，导致产品整体不合格。将辅材全部进行清单式管理，管控的方法与外协外购零部件相同。

污染物的管控方法与环境管理体系运行、管理、改善方法一致。

基础设施方面，工厂照明多采用节能灯及分区独立开关，避免大面积办公场所或工厂使用统一开关；厂区内路灯和浴室采用太阳能；通过对水、电、气等各类能源资源建立完善的能源计量体系，及时发现跑冒滴漏等能源资源的不正常使用，避免浪费，可比照能源管理体系标准逐步提升企业对能源的管理水平；采用自有锅炉产品对工厂实施冬季供暖，可根据实际生产负荷和气温进行随时调整。

4. 从工厂到客户，实施绿色产品运行管理

在中央空调行业的传统服务模式中，产品的运行情况无法实时返回，有些故障的发生可能会导致用户能源的无谓消耗。致力于以产品的全生命周期为轴心，基于网络大数据平台，实时抓取产品运行数据并进行分析，为客户提供“主动支援”服务，对产品运行过程中能源消耗量进行监控，出现异常或可能发生故障之前能够准确预判，从而减少维修时间和能源浪费。松下制冷提出建立“空调物联网一站

式服务平台模式"的构想，由传统服务模式向创新服务模式转型，可以通过企业平台进行远程产品运行状态监控和服务，实时关注产品在客户使用时的能源消耗情况，通过数据汇总，可以为客户提供产品能效消耗情况的分析数据，客户根据分析数据及产品实际的使用情况，优化产品能源消耗，达到节约能源的目的，更好地实现节能减排。2020 年松下制冷"空调物联网一站式服务平台模式"课题被遴选为"2020 年全国智慧企业建设最佳实践案例"。

通过产品运行，将各行业产生的低品位余热、废热转化为可再利用的高品位热水，以及制冷和制热，在满足客户需求的同时实现节能减排。唐山某项目通过产品运行每年可为用户节约标煤 5.6 万吨，二氧化碳减排量 14.7 万吨，二氧化硫减排量 475 吨。平煤某项目夏季满足制冷需求，冬季作为热泵满足供热需求，通过产品运行每年可为客户节约蒸汽量 10 万吨，二氧化碳减排量 2.3 万吨。

5. 企业责任伴随始终，实施绿色产品废弃、回收管理

松下制冷的产品主要由金属及溴化锂溶液组成，对于废旧金属的回收处理循环利用，有着成熟的回收组织模式。而针对溴化锂溶液，锂元素来自对于锂矿石的开采提炼，属于自然不可再生资源。为了更好地利用和节约现有资源，经过尝试和探索，形成了一套完善的溴化锂溶液回收流程，既节约了资源，又达到了环保的要求，从而提高循环利用资源的效益和环境效益，每年为公司节约成本 100 余万元。

6. 持续提升管理水平，实施绿色产品管理绩效评价

绿色产品管理建立在原有业务流程及职能体系之上，其最根本的绩效评价可采用质量管理体系、环境管理体系和职业健康安全管理体系认证进行评价。对于能源资源的使用，可使用能源管理体系，可采用认证或自我对标评价改善的方式。

三、实施效果

（一）破解国际绿色贸易壁垒困局

通过对有毒有害物质的有效管控，以及系统性的全业务流程绿色产品管理体系，在产品全生命周期中消除或减少有毒有害物质，为企业进一步开拓国际市场消除后顾之忧并杜绝法律风险。

（二）承担企业社会责任，提升品牌形象

松下制冷自主开发低氮氧化物排放产品，填补行业空白，成为重点排放限制区域用户的首选达标排放产品。自行试验水性漆涂漆工艺并取得成功，其检验标准作为团体标准予以发布，成为行业内领先的开拓者，也引导涂漆厂商扩大水性漆涂料的应用领域。作为低碳节能的践行者，松下制冷始终致力于余废热能源综合利用和燃气空调事业的拓展。松下制冷成立以来，累计为社会提供节能环保设备超过 6 万台，减少二氧化碳排放约 2 亿吨，相当于种植 110 亿棵树，约 11 万平方千米森林。松下制冷主动承担社会责任，在"坚持绿色发展、推动产业结构优化升级"方面表现优异，荣获由生态环境部环境发展中心颁发的"中国环境标志优秀企业奖"，进一步赢得客户的信赖。

（三）提升产品核心竞争力，突破市场局限

利用客户余热废热驱动产品运行的实施方案成为焦化行业的样板工程，荣获"焦化技术创新成果一等奖"，取得了焦化行业的认可，并已申请专利，且已转化为行业标准《焦化初冷上段余热回收利用技术规范》并发布，荣获中国节能协会"节能减排科技进步奖"，也因此成功突破传统市场的局限，打开新的销售领域。

2021 年虽然受到疫情影响，但松下制冷依托绿色产品实现了销售额及利润的逆势增长，绿色产品销售额达到 4.2 亿元。松下制冷仍不断调整产品结构，开发改善室内空气状况、具有杀菌/消毒功能的

新产品，并着眼于大型化工行业企业废水、废气、余热方面的能源浪费问题，推出了一系列低氮、余热回收等绿色创新产品，为用户带来极佳的社会效益及环境效益。松下制冷联合环境保护部参与起草、制定《环境标志产品技术要求 工商用制冷设备》标准，为制冷行业绿色发展奠定基础。松下制冷也凭借产品和技术，荣获辽宁省“专精特新”产品和中小企业称号，相关管理成果先后荣获 2019 年度、2020 年度“辽宁省企业管理创新成果二等奖”。

在新的绿色产品管理理念影响下，松下制冷实现绿色产品创新管理，主动响应国家生态文明建设法律法规政策要求，突破国内传统销售市场束缚，打破国际绿色贸易壁垒，履行企业环境责任，提升企业产品核心竞争力，带动行业绿色可持续发展，助力用户和企业自身通过生产经营行为向“碳达峰、碳中和”目标迈进。

主创人：曲　岑、王景东、李　威、范胜海、刘安琦

在役电力及特种设备部件再制造成套技术与工程应用

苏州热工研究院有限公司

一、企业概况

苏州热工研究院有限公司（以下简称苏州院）于2003年7月由原国家电力公司热工研究所转制而成，目前注册资本金5.1亿元，员工1500余名，现为中国广核集团所属的二级全资子公司。苏州院以再制造与电力安全等八大专业技术中心和两个三级专业子公司为核心，拥有国家能源核电站寿命评价与管理技术研发（实验）中心、国家核电厂安全及可靠性工程技术研究中心、江苏省电力生产设备绿色先进再制造工程研究中心等平台。建设了电站金属材料寿命评估、焊接及表面工程等实验室，具有热喷涂再制造和焊接设备智能化研发制造基地，致力于为电力与其他工业领域提供优质高效的科技研发、工程施工、制造及再制造、性能检测及评估等服务，市场涵盖电力设备产业链的上中下游。多年来承担了百余项国家、地方、中广核集团纵向及集团外横向科研课题研究，涌现了大批的科研成果和专利技术。完成了几百项国家、行业及团体标准制修订，在核电及常规电力领域具有了较高的知名度和影响力。

苏州院始终秉承“安全第一、质量第一、追求卓越”的文化理念，“领先的清洁能源设施全寿期解决方案提供商”的战略定位及“赋能泰盈康瑞，共护青山绿水”的使命/愿景，践行“严慎细实”的工作作风，继承40多年来的创业传统，坚持以提升电厂安全性、可靠性、经济性、环保性为己任，聚焦主责主业、推进价值外溢，探索能源行业及相关产业链的技术发展新方向，以数智化方向的科研创新和业务升级促进行业高质量发展。同时利用先进绿色再制造成套技术，为电力设备的绿色低碳再制造提供系统的解决方案，助力节能、降耗、减排，为实现“双碳”目标贡献力量。

二、主要措施

（一）概述

苏州院作为科研开发及技术服务型企业，其绿色低碳发展涵盖产业链上中下游，是市场中的供应方，与购买方、政府监管方、法律保护方、协会协调方等建立了良好的合作关系。再制造技术及产业特征优势，使其对自然资源需求甚少，对环境资源贡献颇丰。在绿色低碳发展再制造方面制订了相关科研、技术服务、产品研发、平台建设、知识产权、人才培养等方面的发展战略与规划，形成了系列绿色低碳再制造解决方案。通过国家、地方、企业本身及横向科研课题开展了诸多科研开发与技术创新，硕果累累；开发了智能自动焊、无损检测、激光清洗、监测修复等新产品，并应用于在役电厂及其特种设备等部件早期失效的现场修复再制造，取得了降碳、减排、节能、增效等方面的技术进步和良好的经济、社会效益。

（二）企业绿色低碳技术的研发与创新

1.绿色低碳技术研发与创新的途径、业绩及成果

苏州院高度重视绿色低碳再制造科研开发与技术创新，以国家、地方、企业及市场需求为导向，多年来承担了如：科技部《大型核电汽轮机焊接转子技术开发》、国防科工局《激光去污技术工程化应用研究及专用设备研制》、中广核集团尖峰计划《核级管道自主化焊接维修和更换关键技术研究》及《金属3D打印技术用于核电领域关键技术研究》《核电站核级阀门密封面在线焊接修复技术》等国家部委、地方省市、中广核集团、行业协会/学会等纵向科研项目60余项，自立课题20余项；与电力相关企业合作研发如：《基于全寿命理念的超超临界机组智能化焊接检修关键技术研究及工程应用》《高性能合

金钢构件激光增材制造控形控性研究》《600MW级电站锅炉汽包绿色再制造关键技术及工程应用》《核电站控制棒驱动机构“Ω”焊缝制造技术开发及焊接接头性能试验研究》《三代核电主管道窄间隙自动焊成套技术自主化开发及应用》《在役电厂汽轮机汽缸裂纹失效现场修复先进技术》等横向课题百余项。

“1000MW核电汽轮机焊接转子研制”“汽包管接头整体更换修复技术研究与工程应用”“在役火电厂大型重要设备构件绿色焊接修复关键技术研究与工程应用”“在役660MW火电机组锅炉大厚度汽包焊接再制造”“特种装备异种钢焊接接头修复关键技术及应用”等课题荣获省部级、中广核及集团外的科技成果奖50余项；在核心及以上期刊发表论文160余篇，主持或参与编/修订国家、行业标准如：《核电厂汽轮机转子焊接修复技术导则》《核电厂设备构件超音速火焰喷涂修复技术规范》《火力发电厂锅炉汽包焊接修复技术导则》《核电厂常规压力容器焊接修复技术规程》《阀门密封面焊接修复技术导则》等30余项；获授权专利180余件（详见《申报报告附件》)。这些成果为绿色低碳先进再制造技术的工程应用提供了有力支撑。

2. 基于表面工程的绿色低碳再制造成套技术

绿色无尘激光清洗预处理技术及现场机械喷丸强化技术，现场在线高速电弧喷涂技术、功能涂层再制造技术及移动式热喷涂/激光复合再制造系统。

3. 基于焊接修复的在役设备部件再制造绿色成套技术

基于焊接修复的再制造成套技术，主要包括：OVERLAY堆焊技术、回火焊道焊接技术原理、异型焊接接头局部热处理技术、超声波振动驱动冲击应力消除调控技术和跟踪“趁热”锤击消应力技术、低强匹配技术、阶梯多次恒温（见图1)、高温错峰整体焊后热处理技术（见图2）等。

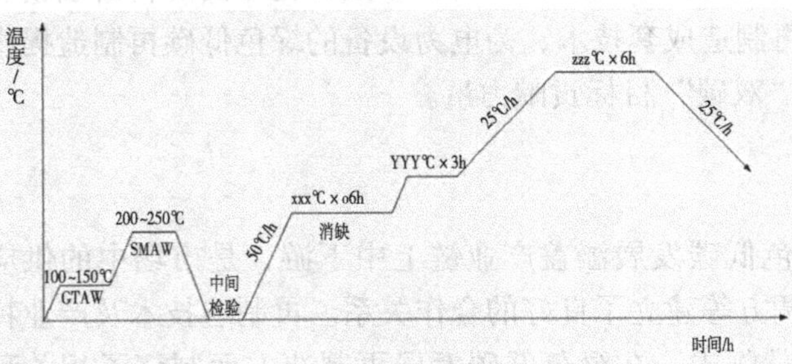

图1　多次恒温阶梯形焊后热处理工艺曲线

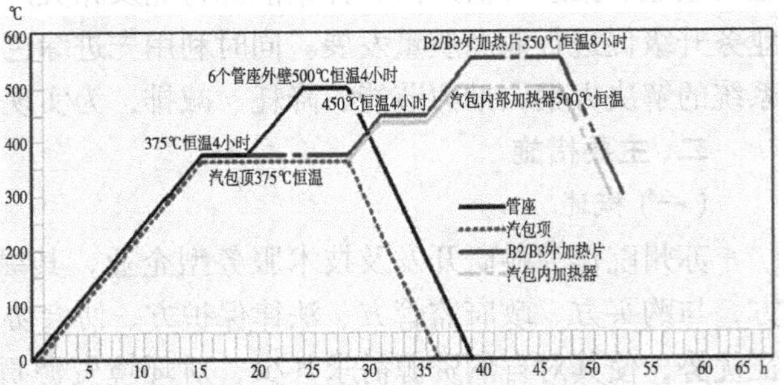

图2　电站锅炉大厚壁汽包错峰焊后热处理工艺曲线

4. 高温部件寿命评估及电站机组延寿技术

电站高温部件寿命评估技术是针对电站高温承压部件，结合部件失效机理及其服役状况，评估其剩余使用寿命。针对含超标缺陷承压部件，考虑断裂与塑性失效、蠕变、疲劳、蠕变—疲劳交互作用等多种失效模式，评估其预期服役时间内部件安全可靠性。

电站机组延寿整机安全性评估是针对火电30年、核电40年运行期满的机组，开展延寿期整机安全评估。

（三）绿色低碳新产品的开发，新技术的场景应用

1. 绿色低碳新产品的开发

主要包括智能自动焊接再制造成套设备、窄间隙自动焊接系统、大型锅炉水冷壁智能化检修再制造平台，激光去污成套设备及智能无损检测设备等。

2. 焊接修复绿色低碳再制造场景应用案例

大型锅炉水冷壁智能化检修再制造平台及其关键技术基于结构光检测、机器图像识别、远程无损检测等方法开发水冷壁的远程自动化检测技术及耐蚀合金堆焊技术的自动化修复方法，集合远程控制、图像识别、材料冶金、自动化焊接等多项关键技术，带动行业设备检修的智能化和自动化，为提升行业技术水平、实现产业升级创造良好的示范效应。

针对电力行业大型压力容器，如电厂锅炉汽包、蒸汽转换器、除氧器等本体、环焊缝、接管焊缝存在的早期失效问题开发大厚壁容器及部件在线焊接修复再制造成套技术，包含失效根本原因分析方法、缺陷精确定位识别、修复区坡口设计与制备、回火焊道、半焊道、基于变形控制容器整体热处理、局部热处理装置与工艺及修复全过程检测评估技术等，形成压力容器本体及焊缝在线焊接修复再制造成套技术。

针对电力行业大型阀门及汽缸本体存在的裂纹等失效问题开发阀体铸钢件在线焊接修复再制造成套技术。

针对管道本体及焊缝、管件本体等出现的早期失效开发管道管件本体及焊缝在线焊接修复再制造成套技术，形成管道管件本体及焊缝在线焊接修复制造成套技术。

针对汽轮机部件叶片、高压缸体、轴颈、滤网等磨损、裂纹类早期失效，开发了叶片、高压缸体、轴颈、滤网不同部件的在线焊接修复再制造成套技术。

3. 表面工程绿色低碳再制造场景应用案例

垃圾焚烧锅炉受热面喷涂强化是采用新研发的涂层，腐蚀速率约为 0.25 毫米/年，一次工程施工后，涂层寿命至少可达 24 个月，使得电厂检修周期延长 4 倍。涂层对锅炉管受热面的防护显著改善了锅炉管服役寿命，提升了电厂运行安全性。

水轮机过流部件喷涂强化技术对于水轮机过流部件起着重要的抗冲蚀效果，显著提升了水轮机的运行效率、安全性和寿命，减少了非计划停机及停机检修工作。移动式现场再制造技术将具有巨大的应用空间。

三、实施效果

（一）企业绿色低碳发展取得的定性实际效果

“在役电力及特种设备部件再制造成套技术与工程应用”涉及高端装备研发、制造和再制造，涵盖智能制造装备、高端专用装备、新能源装备、电力装备、工程机械、农业机械等细分行业领域。近年来苏州院的绿色低碳发展进行了火电厂特种设备锅炉汽包（压力容器）在线焊接修复再制造、热电厂锅炉管防磨防腐超音速表面喷涂、核电工程建设及维修自动焊设备研发及应用、阀门密封面及阀座早期失效再制造（整体解决方案）、在役电厂金属监督寿命评估及其数据库、支吊架数据库建立及应用等的服务型制造项目。典型案例具有以“全寿命周期管理理念”对在役的原设备部件（产品）进行“再制造”，达到或超过原设备部件的质量性能。不仅保证设备安全可靠运行，延长寿命，而且以降本 50%，节能 60%，节材 70%，减排 80% 的绿色、低碳、环保优势，创造了可观的经济社会效益和示范引领作用。

（二）公司绿色低碳发展取得的定量实际效果

焊接修复再制造性能指标不低于原产品，大型设备残余应力不高于修复前的 1.2 倍，延长使用寿命 8 ~ 10 年；表面电弧喷涂：年磨损率小于 0.2 毫米；年腐蚀率小于 0.15 毫米；超音速火焰喷涂：金属—陶瓷复合涂层结合强度大于 90 兆帕，硬度 HV800 ~ 1400 可调控。

以火电站 660 兆瓦锅炉现场再制造与制造安装新汽包为典型案例相比：可节约电能等能源 22 倍及钢材 281 吨（汽包按长 30 米，外径 2 米，钢板厚度 200 毫米计算），减少汽包生产制造中产生的钢渣等废物排放 1348. 8 吨；几乎不排放废水、有害气体；缩短产品制造工期约 2 年。可节约 425 吨的铁矿石、煤炭 112 吨等，避免相应固体废弃物及二氧化碳等的气体排放。

（三）绿色低碳发展取得的经济和社会效益

1. 经济效益

绿色低碳再制造发展符合国家和地方的产业政策的新的经济增长点，苏州院通过技术产业化，服务平台可实现年均约 30% 的增长，2021 年实现产值约 12000 万元。又可拉动产业链中的材料供应、机械加工、物流、清洗等行业的经济收入。

随着国内核电站的批量化建设，未来核电建设、运营期间智能自动化焊接应用将趋于频繁。仅在核电领域，智能自动化焊接设备产业拥有 3 亿 ~4 亿元的需求规模。在核电站维修期间，以单台 100 万千瓦机组为例，每提前一天发电可创产值 1000 万元，由此带来提前发电经济效益近 4 亿元。

以核电站驱动棒控制机构（CRDM）的密封 Ω 焊缝的焊接修复（含预防性维修）再制造为例，若国内 1000 兆瓦级的二代及二代半技术的核电机组 CRDM 的 Ω 密封焊缝进行预防性维修和补救性维修，其效益约为：90 亿 ~150 亿元人民币，具有巨大的潜在市场和经济效益。

2. 社会效益

加快推进资源节约型、可持续循环经济及环境友好型社会的建设；占领技术制高点、保障安全，为加大绿色、环保、节约、增效做出贡献；智能自动化焊接设备及焊接修复再制造为大型关键设备、核级设备、特种设备等零部件的修复摆脱国外技术市场垄断、占领技术制高点、保障安全，加大绿色、环保、节约、增效做出贡献。

3. 政治意义

打破技术封锁和垄断，构建具有独立自主知识产权的相关再制造核心关键技术，占领相关技术制高点，摆脱受制于人的被动局面，提升我国的核心竞争力和国际影响力。

对大型关键设备、特种设备及核电敏感设备部件进行预防性和补救性维修再制造，保证设备的使用性能和安全可靠长寿期运行，保证工业安全特别是核安全，是保证国家整体安全的重要组成部分。

掌握具有独立知识产权的关键核心技术，逐步开拓国际市场，为“一带一路”沿线国家提供“绿色先进再制造成套技术与性能检测评估服务”，为实现习近平总书记倡导的“人类命运共同体”做出积极的贡献。

主创人：鲁　立、陈忠兵、陈国星、杨　佳、赵建仓

大中型压铸机烟尘收集及除尘技术应用案例

苏州兆和空气系统股份有限公司

一、企业概况

苏州兆和空气系统股份有限公司（原名为大连兆和环境科技股份有限公司，以下简称兆和股份）成立于1994年，专注于为工业生产环境提供空气系统解决方案，是国家高新技术企业。

兆和股份为客户提供空气调节、废气治理、节能及循环利用的整体解决方案。业务涵盖恒温、恒湿、洁净室；烟尘治理、油雾治理、有机废气治理；能源梯度利用，排放物收集再利用，节能运维。

在大连、苏州建有环保装备制造和研发基地；拥有省级工程研究中心、企业技术中心，博士后工作站。兆和股份目前已荣获授权知识产权205项、发明专利26项，2021年获得辽宁省专精特新“小巨人”企业称号，2022年获得国家专精特新“小巨人”企业称号。

二、主要措施

（一）项目背景

进入21世纪，随着国民经济的高速发展，在下游汽车、通信设备制造、铁路机车和通用设备制造行业的拉动下，压铸行业发展较为迅速，但是随之而来的环境问题也日益突出。压铸机在开模、喷雾和冲头压射过程中会产生大量烟气，而这些烟气中通常含有油烟、水雾、气溶胶等小于10μm的颗粒物，其中粒径1μm以下的油烟颗粒占90%以上，严重危害作业人员的身心健康，治理难度较大。2020年3月4日，生态环境部发布了《排污许可证申请与核发技术规范，金属铸造工业》，规范中对于废气处理有了明确的引导和指示。随着环境立法的逐渐严格，压铸行业厂房空气治理势在必行。

目前国内一些铸造厂所采取的措施是在压铸机上方增添一个简单的罩壳，通过引风机将烟气排出。但是该方法不仅捕集效果不佳，且末端净化效率不足，更容易引起大气污染。现代化程度逐渐提高的铸造车间急需一种合理有效的烟气治理系统。为推动压铸工业厂房空气治理的新发展，构建压铸智能工厂新标杆，引领压铸行业环保装备智能化之路，兆和股份基于压铸机烟气排放特征及压铸生产工艺需求，合作开发适用于压铸行业的烟气净化系统。

压铸烟气净化系统属于大气污染控制技术中的局部空气治理提高与污染防治技术。基于分布式空间烟气净化理论，将工业通风技术与静电吸附技术集成为单个系统，实现压铸机一对一的原位烟气捕集、原位超洁净净化，替代传统通风管道集中处理系统，其优点在于省去多余的管道，可以大大降低系统能耗，节省空间的同时也降低了运维成本。对于北方还可以减少外排引起的采暖负荷，大大降低了取暖造成的碳排放。

（二）研发与创新

兆和股份研发的压铸机烟尘处理装置是一种新型、高效、专用的压铸烟气净化装置，能够面向160吨到9000吨的压铸机，收集并净化压铸过程中产生的烟气。相比于传统技术，该技术装备所采用的芯体绝缘技术可以有效防止表面爬电以及液滴拉弧，新型电流监测与故障识别技术可以准确判断芯体的运行情况，自清洁技术可以有效降低系统维护人工强度，减少过滤耗材；通过集成设计技术将捕集罩和净化器直联，从而实现无动力管道的压铸机原位收集原位净化的烟气净化技术，大大降低系统能耗。

1.发明了油雾静电设备收集芯体极板

通过改良正极板和负极板的结构设计，促使液滴在预设位置形成，极板间的放电距离增大了3倍，从而解决了液滴引起的近距离放电的问题，提高了静电芯体在高湿环境下运行的稳定性，保证在净化过程中持续稳定地输出有效电场。

2. 创新设计了绝缘结构及其绝缘支架

将绝缘材料加工成特定结构，提高了绝缘子耐污性能，其中特定形状的结构可以有效隔绝污染物扩散至有效绝缘区域，自然积污率低；而基座可以利用液滴表面张力和重力作用使得液滴聚集并滴落，具有更好的风雨自洁性能。通过结合两种形状大大延长了爬电距离，最高可耐受 50kV 高压电冲击，使产品具有更好的耐污耐压性能，解决了表面放电问题。

3. 建立了新型静电负载动态电流监测与故障识别方法

运用信号与噪声的基本控制方法，基于电流波形建立一种新型滤波器，建立数学模型，通过对电流数值波形的过滤模拟，确定了可靠的过滤阈值范围，超过阈值的脉冲则视为一次打火放电。该监测方法可有效应用于芯体故障监测，当一分钟内判定连续发生 5 次以上的打火，将视为设备故障或芯体内污垢较多，需要及时清理，从而提高了设备过负载故障识别的准确性。

4. 开发了针对极板面层状污垢的全自动高压清洗技术

运用冲击射流理论，推导出理论射流压力与喷头当量孔径，建立清洗参数工艺计算模型；通过试验测试对比，确定了核心射流断面与极板板面的冲击射流角，在提高对污垢的打击能力的同时兼顾平行极板间打击深度；采用特定结构的喷嘴，组成了线型清洗模组，利用皮带式直线电缸驱动清洗模组对所有芯体进行往复动态清洗，消灭了清洗死角，提高了层状污垢的清洗效果。

5. 建立了多点协同控制的分布式高效捕集技术

针对压铸机喷涂瞬间烟气量大、流速快等特点，设置多个捕集口对控制区域形成具有指向性的气流控制，基于 CFD 仿真技术优化烟气捕集罩内的气流组织，运用局部通风计算理论确立了各个点位的捕集口尺寸，创新设计了多点协同控制的分布式捕集结构。该捕集技术相比于传统单一风口的捕集罩，可将捕集效率从 70% 提高到 95% 以上。

（三）云平台应用

利用 FBOX 盒子和 4G 互联网将压铸油雾净化机组数据传输到远端云数据中心，实现了远程数据的监控和故障报警功能。通过对数据的整理和分析，及时提供给客户保养建议，也为设备性能提升、未来设备升级提供数据支撑。同时利用手机推送功能，将机组的急停类故障和设备诊断直接推送到维护人员手机上，为维护提供支持。在出现疑难问题，现场无法快速处理时，能利用 VPN（虚拟专用网络）技术，实现系统程序的远程监控，从而快速排查、准确定位问题。

三、实施效果

兆和股份研发的压铸机烟尘处理装置为压铸烟气净化提供了新的思路，通过将工业通风技术与静电吸附技术集成为单个系统，针对单个压铸岛进行的局部捕集与原位净化，省去了冗长的通风管道，降低了工程一次投资成本以及运行能耗，从而达到节能环保的目的。烟气捕集效率≥95%，末端净化效率≥92%，烟气排放浓度可长时间低于 $1mg/m^3$，其中静电芯体单次使用时间≥200h，能够有效提升车间的空气品质，改善了车间作业环境、减少机械磨损与清理维护成本，实现了压铸车间清洁节能生产，同时推动了压铸设备环保智能技术的发展。

（一）高效——满足严苛的环保标准

通过采用机械拦截和静电吸附净化双重作用将污染物逐级过滤，对净化效率有极高要求的客户可以选择我们提供的双级静电芯体组合，净化效率可长时间保持在 90% 以上，出口浓度可低于 $1mg/m^3$，极大改善作业环境空气品质。（注：随使用时间的增加，净化效率会逐渐下降，芯体的清洁是保证长期稳定运行的重要前提。）

（二）节能——面向未来的环保模式

（1）相比于传统过滤拦截方式的过滤器，静电芯体是由平行极板组成，流体阻力约是传统过滤器的1/3，这使得静电吸附设备的能耗更低。

（2）随着压铸机的大型化，烟气捕集难度增加，烟气控制区域扩大，优化气流组织，节约风机能耗是极为重要的。兆和股份经过优化后的捕集罩气流组织更加合理，同等捕集效率下风机能耗更低，平均1600吨的压铸机系统总功率仅为5kW。

（三）安全稳定——多年工业油烟净化技术沉淀

（1）德国原装进口高压电源模块，经历30年工业应用考验，具有极强的耐久性与适应性。

（2）CE认证。

（3）采用电流监测技术，独特的过流保护功能可以有效防止连续打火与放电。

（四）清洗方便无死角，静电芯体使用寿命才长

（1）采用高压动态清洗技术无需取出便可原位清洗，清洗死角更少，芯体使用时间更长久。

（2）清洗水三级物理过滤，可实现清洗水循环使用，单次清洗耗水量小于300L。

（五）布局灵活、紧凑——为每个用户寻求最佳系统解决方案

虽然各厂压铸机结构类似，但每个终端用户的现场压铸岛却不尽相同，兆和股份致力于为客户提供定制化的系统解决方案，倾听客户对于设备布局的意见，给出最合理的方案。

（六）技术领先——引领空气治理领域新发展

（1）兆和股份的压铸烟气处理技术成果已通过了中国机械工程学会铸造分会组织的技术鉴定，鉴定成果为国内领先，静电技术国际先进。其中高效静电式净化器已获得技术进步二等奖，具有自主知识产权，创新性强，技术成果已批量应用于汽车零部件、轴承及金属制品等产业领域，取得了显著的经济和社会效益。

（2）兆和股份的中大型压铸机烟气处理装备已被纳入《国家鼓励发展的中大环保技术目录（2020版）》并成为支撑单位。

（3）兆和股份的“大中型压铸机烟尘收集及除尘技术”被收录至《国家先进污染防治技术目录（大气污染防治、噪声及振动控制领域）》之中。

兆和股份通过自主研发和掌握压铸烟气净化系统集成设计技术，能够将技术匹配到不同吨位压铸机，已成功在压铸行业进行了示范应用，净化效果显著，操作简洁，维护方便，得到了客户的认可和好评，取得了良好的社会经济效益。

目前，针对压铸烟气治理中日益增长的定制化服务需求，苏州兆和空气系统股份有限公司在全国主要省市建立服务网点或办事处，保证快速响应客户需求；其次建立了以产品经理负责制的专业团队，在提供各类品牌多种吨位的标准配套产品序列的同时，还供非标定制化的系统解决方案，如单机系统，一对多及其组合系统，满足客户的不同工况需求；此外通过借助气溶胶粒径分析等检测仪器和高效设计软件，对不同工况进行快速分析与方案设计输出，提升方案可靠性与及时性；最后，通过将系统模块化来实现设计、生产和施工交付效率。

主创人：郎启蒙、阎　冬、王　旭

“铝”行责任，低碳出行，助力汽车铝材高端应用

西南铝业（集团）有限责任公司

一、企业概况

西南铝业（集团）有限责任公司（以下简称西南铝），始建于1965年7月，是我国为生产国防军工、航空航天所需大规格、新品种、高质量铝及铝合金材料而建设的大型“三线”军工配套企业，被列为国务院国资委国企改革“双百行动”试点单位。50多年来，西南铝以满足国民经济全方位需求为己任，致力于军民融合发展，扩大铝应用领域，支撑强国建设和人民日益增长的美好生活需要，创造中国铝加工行业的多个第一，先后为“长征”系列火箭、“神舟”系列飞船、“嫦娥”系列探月卫星、北京正负电子对撞机、空间站、军民用飞机及舰船、“天眼”等国家重点工程提供了上千个品种、数十万吨优质铝材，填补多项国内空白，为国民经济发展和国防现代化建设做出了重大贡献，已发展成为我国航空航天及国防军工材料研发保障、高精尖铝材研发生产和高精铝材出口重要基地。近年来，围绕低碳出行，环保经济，开发出多个汽车轻量化铝材应用产品，进一步推动了铝材高端产品应用。

二、主要措施

（一）背景

我国汽车保有量达到1.94亿辆，车用汽柴油占全国汽柴油消费70%以上。为了缓解能源与环境压力，我国开始实施“双积分”政策。此项政策要求车企必须大力降低传统燃油汽车油耗，同时生产足够量的新能源汽车。根据《节能与新能源汽车产业发展规划（2012—2020年）》，未来10年内铝合金是汽车轻量化的主要材料，据测算2020年我国汽车铝压延材需求量将达54.4万吨。随着汽车轻量化深入推进，车企对铝合金的种类与性能要求日益迫切与多样化。

随着轻量化的持续深入推进，车企对铝合金的需求数量和种类日益增加。2002—2015年欧盟、北美及日本三个地区汽车用铝合金板消费量年均增长率超过10%。预计2020年欧盟、北美、日本三地区的汽车用铝合金板的需求量将达到100万吨左右。目前我国汽车覆盖件铝化率还较低，但在合资品牌汽车的引领下，有望迎来高速发展。到2020年，如果国内乘用车覆盖件铝化率达到2012年欧盟、北美和日本发达地区的平均水平，其中应用量最大的发动机罩盖铝化率约30%，并考虑其他覆盖件的铝化率也有一定程度的提高，据此预计到2020年国内传统汽车对汽车用铝合金板的需求量将达到20万吨左右，未来几年内汽车板市场需求量巨大。

对西南铝来说，汽车板市场形势不容乐观，必须加快汽车板产业化进程，抓紧时间抢占市场，同时加快汽车板新产品开发，发挥技术引领作用，开拓新市场。因此，需要大力支持加快汽车板系列化开发，以及应用技术开拓。

（二）解决方案

近年来中铝、西南铝开展了汽车用铝板的开发及应用技术研究，基本掌握了汽车覆盖件铝板组织性能及表面质量调控基本理论和方法，形成了常规5xxx和6xxx（5182、5754、6016、6014）合金汽车板的产业化工艺，产品基本性能达到国外先进铝加工企业水平，并形成了车身覆盖件内板的小批量供应，实现了汽车板产业化“零”的突破。

1. 整体产线能力建设

完成了表面处理线建设工作，并确定了对铝材表面进行酸碱洗、钝化处理和表面涂油的处理工艺，

实现了高效稳定的表面处理，彻底打破了制约产业化的关键设备能力瓶颈，完成了5系、6系汽车板产品生产能力最后一公里建设。

克服了原汽车板预时效炉工艺匹配性差、功能控制稳定性差等难题，先后进行3次改造，实现预时效炉的温度精确性、均匀性控制，保障了6系汽车板产品性能稳定控制。

借助“大西南铝”概念，克服生产线设备建设时间参差不齐，产线设计产能和功能匹配性差等问题，对生产全流程进行工序再优化，产品交期缩短至2月，质量稳定性得到明显提升。并针对2米宽幅的汽车前盖、后盖，对全产线大铸锭投料、顺压轧制方式进行了摸底，通过铸锭成型工艺优化，铣床设备改造等，顺利实现了2150毫米宽幅大铸锭、顺压投料生产，大幅度降低几何废料。

同时，为进一步扩大市场打下基础，团队于2018年整合集团公司内外优势设备资源，实现了弧形料激光切割、异形料落料剪切等配套能力建设，实现与主机厂无缝对接。

2. 关键工艺突破

（1）EDT板材毛化轧制控制技术。

在不建设平整机情况下，利用成熟的2800毫米冷轧机，通过对比研究不同的轧辊毛化效果，开展匹配的“复刻”工艺研究，如轧制力、变形速度、润滑条件以及轧辊原始辊形等多个关键参数，突破粗糙度均匀性控制技术。最终实现了5系、6系EDT带材整卷粗糙度值控制在±0.2微米以内，满足汽车厂冲压和涂漆要求。

（2）高Mg合金吕德斯带控制技术。

通过理论分析以及与进口样品的对比，团队掌握了吕德斯带的形成机理，对原工艺进行了重建，通过16次工业化实验和验证，5次与通用汽车技术部门现场紧密讨论，最终突破了晶粒组织的精确控制、预拉伸率的稳定控制关键技术，产品冲压后表面吕德斯带得到明显改善，实物质量与进口料相当。获得汽车厂技术部门的认可。

3. 产品实物质量提升及扩大市场应用

汽车板首个材料（凯迪拉克CT6后盖内板）的批量供货，单零件每月稳定订货量30吨以上，实现了西南铝汽车板10年以来产业化“零”的突破。

同时，团队先后通过了蔚来汽车、北汽新能源、吉利汽车等主机厂的材料认证与认可，获得了通用汽车2个零件，蔚来汽车5个零部件以及吉利汽车车身及结构件全部铝材的试订单，同时获得了大众汽车电池盖板年需求9000吨的试订单，为集团公司产品结构调整创造有利条件。2019年全年新增汽车车身板订单3000余吨。

三、实施效果

一是实现汽车车身用铝材料国产化，所研制的材料综合性能全面达到了国际国内标准，满足高端汽车部件设计与制造要求，实现了批量应用，社会、经济效益显著。比如研制成功5000－RSS车身板后，迫使国外产品的价格大幅下降，为国家每年节约大量采购资金。同时，西南铝参加研制的7000－S高强热成型铝合金，首次在国内汽车上得到批量应用，为高性能航空级铝材在汽车轻量化应用方面开辟道路。汽车整车重量降低100千克，油耗降低6%～8%，西南铝2019年共计提供汽车铝材车身、结构件12000余吨，为低碳出行贡献了力量。

二是带动西南铝质量体系建设、认证体系建设迈上新台阶。2016年11月，上汽通用向西南铝颁发了5000－RSS材料工程批准证书，西南铝由此进入上汽通用合格产品目录，成为国内首家进入合资汽车企业的铝材合格供应商，助推自身高质量发展。借此经验，西南铝陆续通过了北汽、蔚来等国内主机厂的材料认证，并加紧在大众等其他主机厂的材料认证工作。

三是锻炼一批人才队伍，让人才充满创新活力。如成立汽车轻量化等多个重点研发团队，不断打破国外同行业在先进铝合金制备领域的技术封锁。其中“汽车轻量化技术协同创新模式研究及成功实践”获得 2017 年度“中国汽车工业科学技术进步奖”一等奖。

通过市场调研发现，国内汽车用铝板发展的存在两大趋势：一是国产替代进口，二是针对客户需求多样化、系列化开发。

国产替代进口方面，大多数自主品牌汽车都渴望采用国产铝合金板材制造零部件、满足轻量化和行人保护的要求。比如，长城汽车希望采用国产 5754 合金替代诺贝丽斯 AC118 合金制备发罩内板；吉利汽车采用国产 6014 替代诺贝丽斯 Ac170。

西南铝具有相对深厚的科研积累，成功研发了外板用 6016、内板及结构件用 5182 合金，并且正在开发高翻边性 6014 与不同状态结构件用 5754（H111、H22）。同时，在铝合金成形、连接、表面处理方面积累一定的经验。西南铝将再接再厉，持续技术推广，尽快抢占市场制高点，同时储备新的产品，形成长期优势。

绿色低碳节能型超大流量高浓度VOCs超净排放关键核心技术

新疆广汇新能源有限公司

一、企业概况

新疆广汇新能源有限公司（以下简称广汇新能源公司）年产120万吨甲醇、7亿方LNG（煤基）项目是由广汇能源股份公司及新疆生产建设兵团第十三师兴达矿业有限责任公司共同出资组建的大型煤化工企业，公司注册资本35亿，公司总资产125亿元，整个项目占地104.655公顷。项目于2007年11月获得国家发展和改革委员会关于开展前期准备工作的通知，2009年1月取得环保部环评核准批复，2010年3月获得国家发展改革委核准批复，并被列为国家《石化产业调整和振兴规划》鼓励的大型煤基装置示范工程和自治区重点工程。

广汇新能源公司以绿色低碳、创新突破、高质量发展总揽全局，近年来通过科技成果转化，公司已拥有实用新型专利80余项，获得哈密市级以上科学技术进步奖3项。2017年荣获全国甲醇生产十五强企业；2018年顺利取得《全国工业产品生产许可证》；2019年通过了国家高新技术企业认定，成功跻身国家高新技术企业行列。公司荣获2019—2020年度中国甲醇行业优秀供应商奖；2021年企业主导完成“煤制甲醇企业（装置）能效对标实施规范”团体标准；同时作为《甲醇制烯烃（MTO）级甲醇》《碎煤加压气化副产粗芳烃》行业标准的主编单位；2022年荣获中国甲醇产业20强企业；拥有“国家级技能大师工作室”2个、自治区专利奖三等奖1项、“自治区国家职业技能鉴定站”1个、“自治区技术创新示范企业”1项。

二、主要措施

（一）实施背景

“十二五”至“十三五”期间国家大力倡导、示范、推广以煤制甲醇、烯烃、乙二醇、油品、天然气五大路线为代表的新型煤化工产业，国内规划建设并投运了许多大型煤化工装置，其中绝大部分企业配套建设的低温甲醇洗装置排出大量含有硫化氢、高浓度VOCs（挥发性有机物，下同）的二氧化碳排放气。以碎煤加压气化工艺为例，不同企业的排放气中VOCs浓度高达30~75克/标准立方米，为国家环保排放标准限值的250~625倍。此股气体流量大且VOCs浓度高，初步估算不同类型企业低温甲醇洗装置排出的VOCs占全厂排出的VOCs总量的65%以上。

近几年，我国VOCs治理发展迅速，VOCs治理技术多种多样。目前主流VOCs治理技术有活性炭吸附、光催化、RTO、RCO、CO等。在对工业废气VOCs进行治理的过程中，针对不同的废气治理需求，开发了不同的处理工艺，如吸附技术、焚烧技术、催化技术和生物治理技术，并且得到了不断的拓展和完善，一些新的治理技术，如低温等离子体技术、常温催化氧化技术、光解技术、光催化技术等也在不断地完善过程中。从我国工业废气治理现状来看，燃烧氧化法和吸附法是应用最广泛的两种废气治理工艺，而生物法和等离子法是当前VOCs废气治理的前沿热点技术。

从VOCs减排来看，目前我国很多行业尚处于粗放型生产阶段，源头减排的潜力巨大，对于挥发性有机废气的治理，首先应该从污染源头进行控制，减少生产工艺中VOCs的排放量。主要包括变更原材料，使用低污染的原材料取代高污染原材料；改善生产操作条件，降低有机物的无组织逸散；采用新工艺，尽量减少有机溶剂的使用量，限制污染物的产生。采取源头治理，改变粗放型的生产工艺，可以从根本上减少VOCs的排放，降低末端治理负荷。随着VOCs污染排放控制政策法规和管理制度体系的逐步建立，进行末端治理的代价提高，特别是 VOCs 排污收费制度的实施和排放标准的逐渐严格，倒逼企业开始注重清洁生产工艺的提升，从源头上减少 VOCs 的使用量和排放量，促进 VOCs 治理技术的不断发展。

因此，自 2017 年开始，广汇新能源公司开始对煤制甲醇净化装置尾气 VOCs 治理改造项目进行了立项和建设。

（二）首套装置应用情况

1. 研究原理（含现不同工艺技术对比）

VOCs 分解主要原理：3T + E 技术，即足够的温度（Temperature）、足够的停留时间（Time）、足够的涡流（Turbulence），过量的空气（Excess Air）。结合污染物各种组分分解的起始温度和能正常迅速分解的温度裕度，无火焰氧化炉温度最终确定为≥900 摄氏度；结合氧化炉温度和各种污染物的浓度、分解难易程度，停留时间确定≥2.0 秒；通过旋流燃烧器及炉体二次分配形成超强涡流；结合污染物指标、3T 指标等要求，烟气中氧气浓度≥3.5%。

目前 VOCs 处理方法众多，可分为回收工艺和消除工艺两大类（见图 1、图 2）。回收工艺的方法有吸收、吸附、膜分离、冷凝等，一般通过物理方法浓缩、分离挥发性有机物。破坏性的方法有氧化、直接燃烧、催化燃烧、蓄热燃烧、等离子体技术、生物降解、光催化降解等，主要通过化学或生化反应，利用光、热、微生物、催化剂等将 VoCs 转化成无害的二氧化碳和水及其他无毒的无机化合物；以上方法可以组合使用，挥发性有机物治理技术一览见表 1。

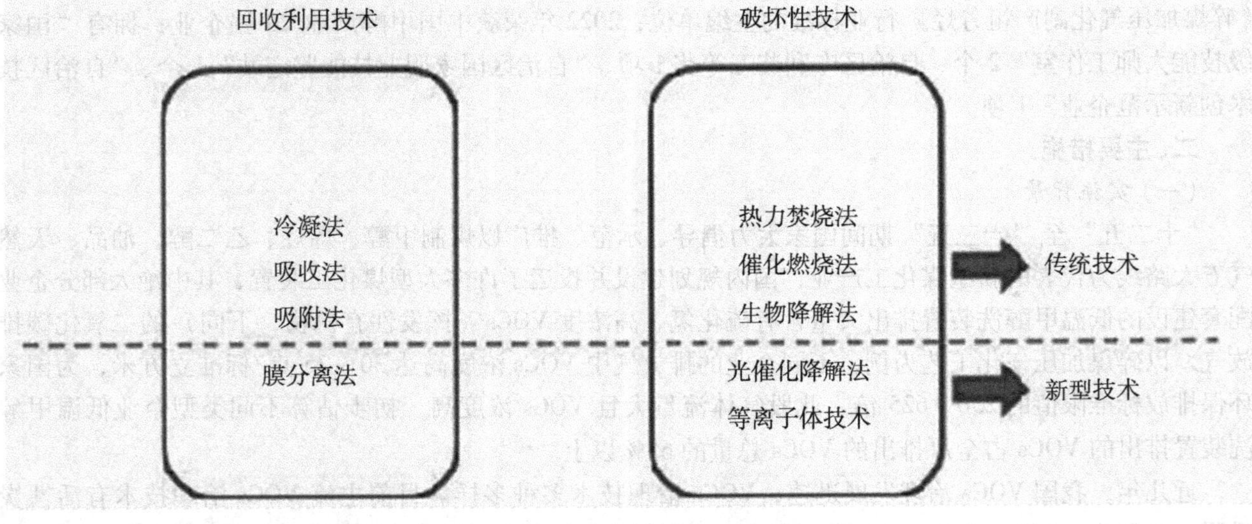

图 1　VOCs 臭气处理工艺分类图

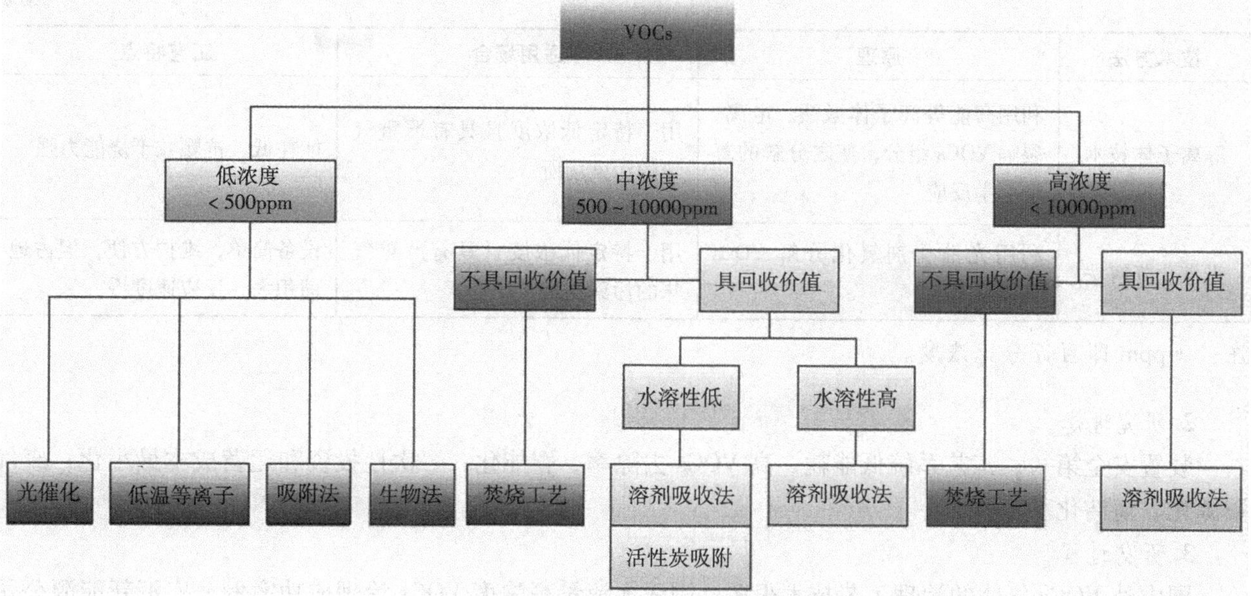

图2　不同浓度 VOCs 治理技术分类图

表1　挥发性有机物治理技术一览

技术方法	原理	适用场合	工艺特点
吸附法	利用多孔固体（吸附剂）将气体的一种或多种组分积聚在表面，达到分离目的	中低浓度的 VOCs 处理	去除效率高，易于自动化控制高温有机废气需做降温预处理，需与其他技术组合使用
冷凝法	利用组分冷凝温度不同，将易凝结的 VOCs 组分凝结成液体而分离	高浓度、有回收价值的 VOCs 处理	VOCs 浓度≥5000ppm*，使用冷凝技术才有经济性经常搭配其他控制技术或作为前处理步骤
膜分离法	利用膜作为渗透介质，根据组分通过膜的能力不同而达到分离或回收	重点用于储运油气回收过程	回收效率高于97%，但成本较高，膜稳定性差
燃烧法	在氧气作用下，将 VOCs 气体完全分解成二氧化碳和水等无机物	中高浓度的 VOCs 处理	催化燃烧：燃烧温度低，催化剂具有一定寿命。蓄热燃烧：能效比高，燃烧温度高，节省空间
生物降解法	微生物以 VOCs 为代谢底物，将其降解转化为无害物质	用于低浓度易生物降解的场合	能耗低，但占地面积大，对部分 VOCs 处理效果差
吸收法	利用各组分在特定吸收剂中溶解度不同，采用吸收剂达到分离目的	高水溶性 VOCs 处理	技术成熟，对酸性气体高效去除，但存在后续废水处理问题，维护费用高

续表

技术方法	原理	适用场合	工艺特点
等离子体技术	利用高能等离子体激活、电离、裂解 VOCs 组分，使之分解的复杂化学反应	用于特定低浓度且具有严重气味的污染场所	能耗低，抗颗粒干烧能力强
光催化降解法	利用光催化剂氧化分解 VOCs 气体	用于特定低浓度且具有严重气味的污染场所	设备简单，维护方便，但占地面积大，反应速度慢

注：* ppm 即百万分比浓度。

2. 研究理念

装置安全第一；工艺系统低能耗、高 VOCs 去除率、智能化；一次性投资和运营成本最小化；废气资源化、清洁化。

3. 研发过程

国内外 VOCs 气体的治理工艺技术很多，因无大流量高浓度 VOCs 治理成功案例，广汇新能源公司只能从零学起，起初与国内外厂家至少 20 家进行了交流，但是结果均不尽如人意，从大流量高硫卤素高浓度污染物高去除率方面排除了大部分工艺技术，剩余的基本上就是蓄热式热氧化技术（RTO）和直燃式焚烧法（TO）。许多国内外知名厂家出于安全考虑给出 RTO 装置方案中配风量最高达到 50 万标准立方米/小时，投资极大、运行费用高（电费）、维护费用高（易损件多）；也有许多国内外知名厂家给出 TO 装置方案，但是存在燃料气耗量高运行费用极高、氮氧化物及一氧化碳等重点污染物无法保证等一系列问题。总之，没有一种技术适合大流量废气、VOCs 浓度较高、硫卤素含量较高、能耗低、投资相对较低、高 VOCs 去除率的要求。

广汇新能源公司从零开始，耗用大量人力物力坚持长时间分析尾气各种组分数据，在取得准确可靠数据的基础上，轮番与多个厂家多次交流，最后基于不同技术提供方、不同废气、不同处理工艺等原则，考察学习研究各种已有工艺的优缺点及潜在可能存在的问题。最终经过近一年时间研究确立了治理的总体工艺路线，预期基本能实现大流量、VOCs 浓度较高、低能耗、低成本、低氮、高 VOCs 去除率、装置安全稳定运行的多重目标。

确立工艺路线后，联合山西亚乐士环保技术股份有限公司，结合 3T + E 技术和研究理念，开发出以下产品：

(1) 开发出同轴大套小、差变功率的高效旋风低氮燃烧器，并配置超高温空气预热器，在超强涡流形态下，利用小功率燃烧器引发 VOCs 链式连锁分解反应，高温空气助推连锁反应持续进行，短时间释放出大量热量，打破常规类似工艺能耗超高瓶颈，实现超低燃料气（300 标准立方米/时以内）低能耗目标。

(2) 开发出新型无火焰旋风三级七层空气、燃气、废气高效复合型低氮燃烧器和 L 形高温氧化炉，突破国内外已有燃烧炉工艺必然引发的高浓度氮氧化物污染问题，实现无脱硝设施下氮氧化物超低排放。同时巧妙避免了类似蓄热氧化微小空间爆炸的安全问题，无 RTO 工艺昂贵的提升阀和易损的蓄热体，投资成本和运行费用大幅降低。

(3) 针对 VOCs 浓度高达不到持续燃烧的条件但进入爆炸极限范围内的特性，通过模拟核算试验，充分利用 VOCs 物质氧化分解热量和氧化分解的连锁反应特性，利用储热性能好且反射热强的耐火砖和浇注料结构构造高温环境，通过小功率燃烧器首次引发 VOCs 链式连锁分解反应，高温空气助推反应持续进行，避开蓄热体蓄热模式和大流量燃气助燃模式，充分利用燃烧炉处理规模大及大体积炉膛难以形成爆炸要素的特性，最终制成无火焰氧化炉。因其具有处理规模大的特点，使占地面积大幅降低；未采用蓄热炉蓄热体和提升阀/旋转阀，只有空旷的炉膛，投资和维护费用大幅降低；未采用蓄热炉掺配大量空气以杜绝爆炸事故模式，风量及风机费用大幅降低，同时电费、动设备备件等运行费用大幅降低；充分利用蓄热炉蓄热节能的思路，构造高温蓄热环境且利用 VOCs 物质氧化反应的连锁快速特性，大幅降低装置能耗。

（4）利用高效级配式燃烧器构造超强涡流流场，保证混合强度；采用 L 形炉膛氧化段和 Z 形停留段，二次构造流场且保证氧化反应时间；结合空气助燃速度和氧化所需过氧量，变频调节稀释风机实现多工况运行，符合充分实现 3T + E 目的，实现 VOCs 99.9% 超高去除率的目标。

（5）降温混流（废气风机转为降温风机）；TO 炉末端设置自动调节降温工艺，设置冷风结构。在直燃炉后端、换热器及其高温旁通烟道的前端设置降温风机、混流器及其管路。通过风机供风，根据温度自动控制调节进入环向混流喷嘴的空气量，使高温气体快速均匀地实现整体均匀降温，既不会降温过度也不会超温，满足了后端换热器、高温阀、高温烟道材质抗高温氧化性能的要求。

（6）研发出具有冷风结构、双执行机构 DN3700 大阀。

此阀门属于超高温型阀门，最高使用温度 850 摄氏度，同时口径达 3.7 米，在煤化工领域尚属首例。

（7）配套增设余热回收锅炉（含省煤器），充分回收高浓度 VOCs 分解释放的能量，副产 50 吨/时蒸汽，经济效益显著。

（三）首套装置工艺情况

由山西亚乐士环保技术股份有限公司和新疆广汇新能源有限公司联合开发建设运营。装置主体流程为：级配式旋风复合型无火焰燃烧器→L 形高温氧化炉→空气预热器→余热锅炉→湿法脱硫（预留）→50 米烟囱（见图 3）。

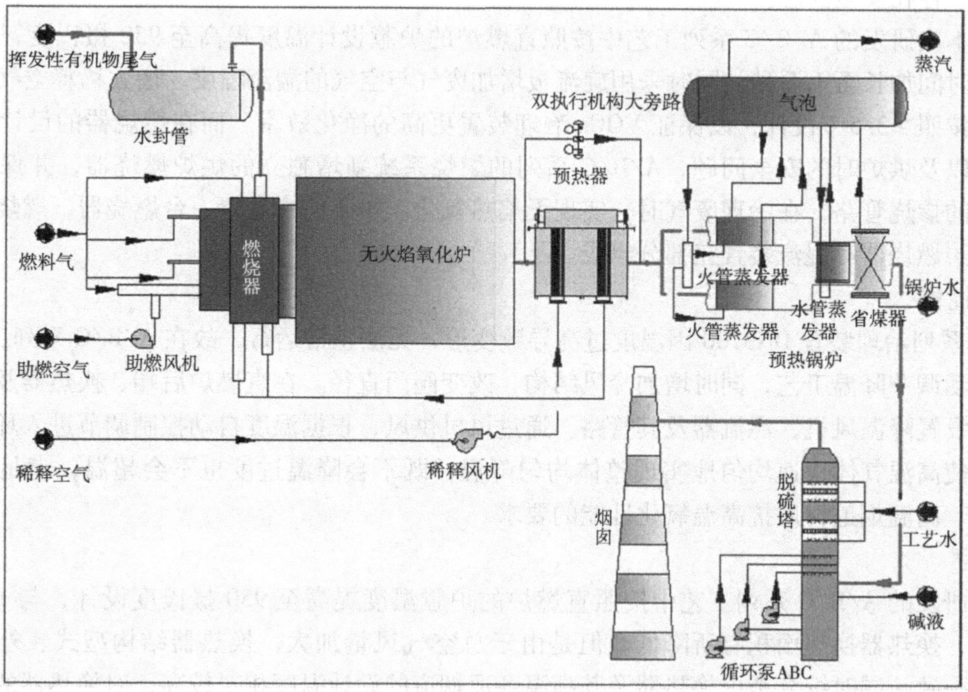

图 3　系统工艺图

主要设备功能如下：

燃烧器为同轴大套小、差变功率的高效旋风低氮燃烧器，与空气、燃气、VOCs尾气形成三级七层级配式结构，燃烧器中心配置了双筒独立式极低功率引燃系统。

L形高温氧化炉内部增设储热性能好且反射热强的耐火砖和浇注料结构，并依靠L形结构构造流场，避免偏流偏烧，形成均一稳定高度混合的流场；高压节能变频风机将高点新鲜空气经高效除尘过滤器送入空气预热器，将烟气的高位热能通过空气传递并引发废气氧化分解；烟气经火管水管相结合的余热锅炉，在保证热效率前提下简化系统，降低投资，减少运营费用和维护工作量，同时末级配置省煤器，最大程度回收烟气余热，实现经济效益最大化；鉴于硫含量偏低且烟气量较低，采用高效湿法碱洗脱硫技术，通过三级洗涤吸收与两侧屋脊除雾冲洗系统后，烟气实现全面超净排放。

目前该套装置已稳定运行，各项指标均远远优于环保超净排放限值，同时年副产40万吨蒸汽，节约费用1500万元，实现经济效益和环保效益双丰收。

（四）推广的四套装置情况

先行试建并投用的D系列VOCs处理装置是2019年国内首套稳定运行的低温甲醇洗高浓度大风量VOCs尾气处理装置，成功填补了我国大型煤化工低温甲醇洗VOCs治理的空白，具有良好的环保效益、经济效益和社会效益，对国内VOCs治理行业的发展有着巨大的推动作用。

根据首套装置运行情况对工艺系统优化如下：

1. TO炉及燃烧器

先行试建装置（以下简称D系列）按照炉膛温度为760摄氏度、停留时间为1.25秒、利用旋流板增加废气与空气的湍流程度、出口烟气含氧量为≥3%进行的设计，同时D系列的燃烧系统仅有二级燃料气与废气的掺烧管路。而在实际运行过程中，TO炉炉温与设计值偏差较大（约950摄氏度），在调试过程中发生过高温段后移等问题。烘炉过程中，仅使用一级燃烧器无法满足开车时的升温要求，需要补入更多燃料气，而二级燃料气只能通过与废气掺烧的管路送直至燃炉内，导致废气管路中残留了高浓度可燃气体，存在安全隐患。

因此在本次研发的A/B/C系列工艺中按照直燃炉的炉膛设计温度提高至950摄氏度，废气在直燃炉内的停留时间加长至1.5秒，同时采用旋流板增加废气与空气的湍流程度，增大稀释空气量，使出口烟气含氧量按照≥3.5%设计，以保证VOCs治理装置更高的净化效率。而在燃烧器的设计上考虑到实际烘炉需求以及烘炉时的安全问题，A/B/C系列的燃烧系统新增独立的烘炉燃烧器，并保留了二级燃料气与废气的掺烧管路，在治理废气时，实现无焰热氧化。本工艺中设置一台燃烧器，燃烧器包括运行燃烧器、烘炉燃烧器和混流装置三部分组成。

2. 降温混流

由于D系列治理装置DN3700因温度过高导致变形，无法正常运行，故在A/B/C系列工艺中TO炉末端设置自动调节降温工艺，同时增加冷风结构，改变阀门直径。在直燃炉后端、换热器及其高温旁通烟道的前端设置降温风机、混流器及其管路。通过风机供风，根据温度自动控制调节进入环向混流喷嘴的空气量，使高温气体快速均匀地实现整体均匀降温，既不会降温过度也不会超温，满足了后端换热器、高温阀、高温烟道材质抗高温氧化性能的要求。

3. 换热器

在本次研发的A/B/C系列工艺中按照直燃炉的炉膛温度提高至950摄氏度设计，与D系列相比，热动力较大，换热器换热面积有所降低。但是由于总空气风量加大，换热器结构型式、外形相比原D系列完全不一致。同时综合考虑换热器及其高温旁通烟道的设计温度相对较高，对换热器的抗高温氧化性能要求更严格，因此在本次研发的A/B/C系列工艺中，从选材上也进行了调整。

4. 余热利用

在本次研发的 A/B 系列工艺中余热利用由低压升级为中压，其中 A/B 系列将中压低温锅炉给水［125～150 摄氏度、5.8～6.7 兆帕（克）］加热为中压饱和蒸汽［232 摄氏度、2.8 兆帕（克）］。这两套锅炉型式，结构完全不同于 D 系列，因此调整了系统的工艺参数，使能够满足中压锅炉的各设计条件，从而实现余热回收。

5. 不设置废气风机

由于 D 系列在 VOCs 处理装置运行时稳定在 15 千帕（克），在 A/B/C 系列设计时，经过调整各设备工艺参数及设备性能，使工艺上能够满足废气低压运行，实现不设置废气风机。

（五）最终规划装置如下

在现有煤气净化（低温甲醇洗）A/B/C 三个系列装置西侧各增设 1 套 56000 标准立方米/时绿色节能型大流量高浓度 VOCs 超净排放处理装置，采用高温氧化直燃炉系统（TO）+余热回收系统+湿法脱硫系统（预留）工艺流程，彻底消除净化装置尾气含有的低硫挥发性有机化合物 VOCs。

三、实施效果

装置投运后，VOCs 去除率高达 99.9%以上，浓度 80 毫克每立方米以内，年减排量 11 万吨；一氧化碳年减排量 1.5 万吨，硫化氢年减排量 204 吨，甲醇减排量 8.4 吨；同时年副产 160 万吨蒸汽，实现年收入 6000 万元；回收的蒸汽降低了耗煤量，相当于减少碳排放 53.2 万吨，烟气全面实现超净排放，极大地促进伊吾县、哈密市，乃至新疆维吾尔自治区实现绿色发展、节能降耗减排的目标，为当地的产业转型升级、生态文明和可持续发展做出较大贡献。

目前，低温甲醇洗 VOCs 尾气热能综合利用项目装置通过国内首台（套）认证，该装置 VOCs 去除率 99.8%，远高于国家标准。打破大流量高浓度 VOCs 尾气治理瓶颈，成功填补了我国大型煤化工低温甲醇洗 VOCs 治理的空白，推动了国内 VOCs 治理行业的发展。标志着新疆广汇新能源有限公司在低温甲醇洗尾气处理方面达到了国内、国际领先水平，为公司清洁生产和高质量发展奠定良好基础。

本技术真正意义在于解决了可燃物浓度达不到持续燃烧的条件但进入爆炸极限范围内且流量极大 VOCs 行业领域，特别适用于处理大型煤化工装置低温甲醇洗 VOCs 尾气，走出了行业内大流量高浓度废气长期无法有效治理的困境。另外，首次实现环保项目环保效益和经济效益双丰收，真正意义上实现“绿水青山就是金山银山”。

分布式太阳能光伏发电站与建筑一体化在国家绿色建筑科技示范工程中的实践应用

新疆华源控股集团有限公司

一、企业概况

新疆华源控股集团有限公司（以下简称新疆华源集团）是集绿色住宅产业、生物制药、城市供热、建安施工、物业管理、幼儿教育、农业科技等多领域于一体的大型集团企业，经过28年发展，已成为全国规模领先的民族药生产基地，全国供热行业能效领跑者，国家住宅产业化基地、中国绿色建筑行业标杆。新疆华源集团多年来不断优化产业结构，打造企业的核心竞争力，先后被授予“全国五一劳动奖状”“全国模范劳动关系和谐企业”“中国优秀民营企业”“中国优秀诚信企业”“全国双强百佳党组织”“全国双爱双评先进企业”“全国企业文化建设最佳实践单位”“全国安康杯优胜企业”等荣誉称号，荣获“全国企业管理现代化创新成果”“全国企业文化建设优秀成果”，并被评为“全国企业创新示范基地”。华源实业为华源控股集团子公司，具有国家城市房地产综合开发一级资质，多年来坚持走绿色建筑住宅产业化之路，始终把“营造精品，回报社会”作为企业的使命，融入“百年建筑”的理念，将“关注细节的积累，重视过程的链接”作为质量方针，贯彻落实到住宅产品的建设当中。根据国家住宅产业化基地建设标准，形成国家绿色、康居示范工程管理体系和技术标准，创新、集成运用新科技，创新应用“七大成套技术体系”和“八大技术指标体系”，打造以规划设计为龙头、以住宅关联产业联盟为基础的开发、建设、物业运营等为一体的绿色产业链，以技术集成和技术创新实现住宅产品的升级。先后开发建设14个国家绿色、康居示范住宅小区，绿色建筑科技示范工程面积达406万平方米。在新疆率先获得国家绿色建筑评价标识，获得绿色建筑标识小区共8个（二星级4个，三星级4个），连续七届荣获中国住宅产业最高荣誉——广厦奖和三届詹天佑大奖住宅小区金奖，其中华源·尚源贝阁获得全国工程质量最高荣誉——建筑工程群体“鲁班奖”，以及中国建筑学会颁发的“全国人居经典建筑规划设计金奖”。绿色建筑示范小区充分体现出“四节一环保”的科技含量，填补了新疆低碳、生态和绿色示范住宅的空白，在全国保持领先水平。

二、主要措施

（一）在“双碳”目标下的绿色建筑产业化发展环境

在我国城镇化高速发展形势下，人民生活水平不断提高，国家制定了“双碳”战略目标，建筑节能和可再生能源利用是建筑领域迫在眉睫需要创新突破解决的问题，优化能源结构、保护环境，减少温室气体排放、利用洁净能源是当务之急，对太阳能、光伏发电等洁净能源利用已纳入国家战略能源规划。

新疆华源集团依托“李俊劳模工匠和人才创新工作室”创新平台，积极开展劳模引领创新活动，结合集团绿色住宅产业化高质量发展要求，2018年在库尔勒市华源·圣地欣城小区——国家绿色建筑科技示范工程中实施新能源技术在绿色建筑节能降耗的创新应用，采用分布式太阳能与建筑一体化光伏发电站技术。

（二）结合自然环境下的新能源技术创新应用

华源·圣地欣城位于库尔勒市迎宾路，建设用地面积36.42万平方米，总建筑面积80.83万平方米。库尔勒市属温带大陆性干旱气候，总日照数2990小时，年太阳辐射总量为5850～6680兆焦/平方米，相当于日辐射量4.5~5.1千瓦时/平方米，日照充足，太阳能日照资源丰富。

结合当地丰富的太阳能资源，在绿色建筑节能降耗中创新应用新能源技术，实施太阳能光电建筑一体化应用示范项目，总装机容量458.54kWp（kW为千瓦、p指峰值），项目总投资527.32万元，该项目节能减排指标通过住建部、财政部联合验收。

（三）分布式光伏发电站与建筑一体化创新应用

针对新能源技术在绿色建筑节能降耗领域中的创新应用，新疆华源集团党委书记、董事长亲自担任项目负责人，组织相关专业技术人员制定了分布式太阳能与建筑一体化光伏发电站项目实施技术方案。

1. 科学决策，找准项目定位

根据项目规划设计及公共用电负荷，利用当地丰富的日照自然条件，确定分布式太阳能发电站最佳位置及安装规模。该项目经综合考量设计后，设置21组光伏发电子系统，总装机容量为458.54kWp，形成了群体建筑规模化的光伏发电站，实现光伏发电系统与建筑结合的一体化。通过采用光伏发电系统智能监控技术，光伏电站优先供给小区的电梯、中水站、有机垃圾降解站、给水（消防）泵房、地下车库照明等公共设备用电，剩余电量可送入市政电网。

2. 分布式太阳能发电站的应用

该项目共选用21栋建筑作为载体实施分布式太阳能与建筑一体化光伏发电站技术，其中18栋为多层建筑，3栋为高层建筑。分布式太阳能与建筑一体化光伏发电站主要由光伏组件、光伏组件支撑系统、光伏逆变系统、数据监测与远传系统组成。

（1）光伏组件的选择。

光伏方阵是由光伏组件经线路连接而组成，因此光伏组件规格的选型直接影响到光伏系统的各项参数指标。综合本项目技术方案要求，选择两种光伏组件，以满足系统装机的总量要求。

组件一：选择PLM-200M-72单晶硅光伏组件，外观尺寸1580毫米×808毫米×40毫米，重量16千克。光伏组件参数见表1。

表1 PLM-200M-72太阳电池组件技术主要参数

指标	单位	数据
Pm	W	200
Vmp	V	37.9
Imp	A	5.28
Voc	V	44.8
Isc	A	5.59
最大系统电压	VDC	1000
光电转换效率	%	>16%
尺寸	mm	1580×808×40
重量	kg	16

组件二：选择PLM-190M-72单晶硅光伏组件，外观尺寸1580毫米×808毫米×40毫米，重量16千克。光伏组件参数见表2。

表2　PLM－190M－72太阳电池组件技术主要参数

指标	单位	数据
Pm	W	190
Vmp	V	37. 1
Imp	A	5. 12
Voc	V	44. 4
Isc	A	5. 57
最大系统电压	VDC	1000
光电转换效率	%	>16%
尺寸	mm	1580×808×40
重量	kg	16

根据户型屋面不同，并采取不同技术方案，本项目共安装光伏组件2326块，装机458. 54kWp，累计安装光伏方阵3839平方米，见表3。

表3　分布式太阳能与建筑一体化光伏发电项目实施情况

类型	楼号	屋面范围图	户型	技术方案	设计倾角	组件数量/P		装机量/kWp	
						单栋	小计	单栋	小计
一	1#		SD	平支架	29.2 6°	170	850	34	170
	2#					170		34	
	3#					170		34	
	88#					170		34	
	89#					170		34	
	5#		NA	平支架	29.2 6°	102	306	19.38	58.14
	6#					102		19.38	
	15#					102		19.38	
	7#		洋房	平支架	29.2 6°	54	108	10.26	20.52
	91#					54		10.26	

续表

类型	楼号	屋面范围图	户型	技术方案	设计倾角	组件数量/P 单栋	组件数量/P 小计	装机量/kWp 单栋	装机量/kWp 小计
一	8#		洋房	平支架	29.266°	90	720	18	144
	9#					90		18	
	10#					90		18	
	11#					90		18	
	12#					90		18	
	90#					90		18	
	92#					90		18	
	93#					90		18	
二	16#		高层	高支架	30°	90	90	18	18
	22#		高层	高支架	30°	126	252	23.94	47.88
	23#					126		23.94	
合计	21栋					2326	2326	458.544	458.544

（2）光伏组件的支撑系统与建筑一体化结合设计。

分布式太阳能与建筑一体化光伏发电站的光伏组件支撑系统结构采用平支架与高支架方式，根据平支架和高支架不同支撑形式分别与多层建筑屋面和高层建筑屋面结构连接，进行结构强度、屋面荷载验算，满足建筑安全和光伏组件结构强度安全要求。

18 栋多层建筑南向坡屋面采用平支架支撑布置太阳能光伏方阵，倾角为 29. 26°，与太阳照射形成最佳角度，3 栋高层建筑屋面采用高支架支撑布置太阳能光伏方阵，倾角为 30°，与太阳照射形成最佳角度，实现设计最高发电效率。

18 栋多层建筑平支架由垫块、主梁、檩条、固定连接端四部分组成，支架主钢梁采用 12#热镀锌槽钢，次钢梁及钢柱采用热镀锌方钢管，钢檩条采用热镀锌C型钢。建筑屋面结构预留钢板预埋件，与立柱焊接，钢檩条下设垫块作为缓冲，光伏组件底部与成型屋面之间保证200毫米间距。

3栋高层建筑高支架由立柱、钢梁、檩条、固定连接端四部分组成，支架立柱采用热镀锌圆钢管，钢梁采用热镀锌方钢管。建筑屋面结构预留钢板预埋件，与立柱加肋焊接。

分布式光伏发电站与建筑一体化光伏组件不具备保温功能，建筑保温功能由建筑屋面的保温层予以保障。光伏组件安装在建筑的坡屋面上，与建筑屋面留有200毫米的空间，有利于建筑光伏板通风散热，减少屋面蓄热，具有一定的建筑节能作用。同时所有与建筑连接部位均采取了二次防水措施，建筑屋面整体防水效果良好。

（3）光伏逆变系统。

项目中21栋楼，以每栋楼为1个发电单元，分为21个子系统，每个子系统均需安装1台逆变柜，根据各子系统的装机功率，采用壁挂式光伏并网逆变器。光伏方阵发电为550伏特直流电，通过逆变器转变为380伏特的交流电，最终引入总配电室与城市电网并网。

根据各子系统的装机功率，项目选用10千瓦（2台）、20千瓦（12台）、30千瓦（7台）三种型号的壁挂式光伏并网逆变器。逆变器采用数字化DSP控制，适时追踪太阳能最大输出功率，智能调节功率。纯正弦波输出电流，自动同步并网，谐波含量小，对电网无污染、无冲击，同时拥有扰动检出技术，实现反孤岛运行控制，具有自动保护和报警功能。信号传输配备RS485/RS232、以太网、Gsm通信接口，可以实现远程数据采集和监视技术。

3. 系统并网设计方案

参照《民用建筑太阳能光伏系统应用技术规范》，采用单晶硅光伏发电系统，光伏组件经线路连接，通过汇流箱接至光伏并网逆变器，并网逆变器进行DC－AC转换后，通过线缆引至总配电室。

同时配置数据平台监测系统，包含环境监测仪、工控机、显示器等监测设备，和光伏发电系统组成安全、稳定且可控的新能源发电系统，见图1。

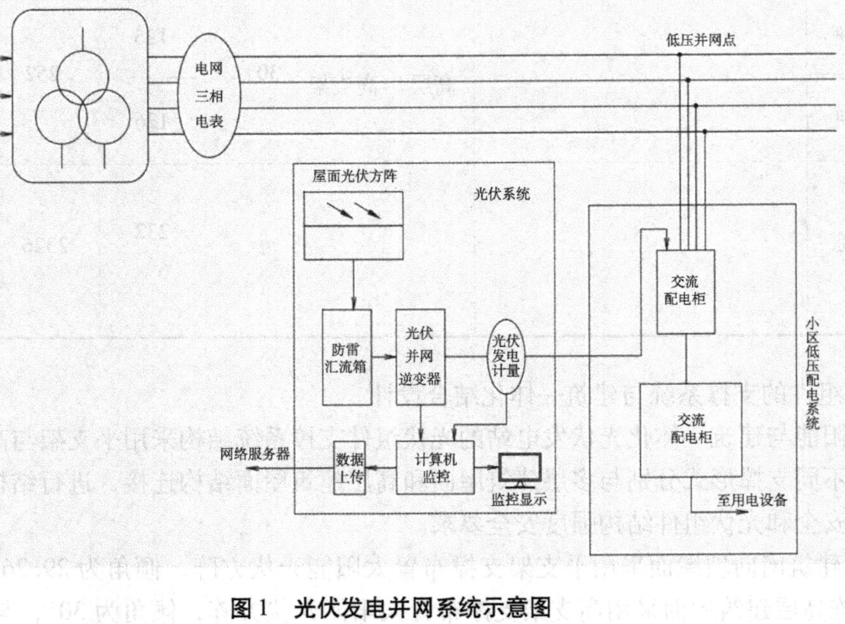

图1　光伏发电并网系统示意图

4. 数据监测及远传系统

光伏发电系统配置智能监测系统，由智能监测系统完成实施整个发电站的监测控制，并向主站端发送信息。智能监测系统可实现所有开关量的采集，并与太阳能逆变器等装置实现通信。

数据远传监控系统是光伏项目的一个重要环节，监测系统将环境温度、组件温度、总发电量等重要数据上传到监控系统前台，并最终上传至智能化监控中心。同时可实时显示光伏发电量折合的减碳量、粉尘、二氧化硫、氮氧化物等的减排量指标及21个子系统运行工况参数等。

5. 分布式太阳能光伏发电站优势

分布式太阳能光伏发电系统相互独立，可自行控制，避免发生大规模停电事故，安全性高。小区既是一个用电系统，又是一个发电系统，对发电量和减排量进行实时监控，具有良好的调峰性能，可以实现全自动控制。分布式光伏发电项目在发电过程中没有噪声，也不会对空气和水产生污染。

三、实施效果

太阳能光伏发电技术是国家大力提倡和扶持的产业，具有广阔的发展前景，在国家“碳达峰、碳中和”发展战略中发挥了很好的作用，为建筑节能和可再生能源利用创造了很好的技术集成应用平台。通过华源·圣地欣城项目示范，形成了住宅小区规模化应用，创建了节能、节地、绿色环保的示范小区，进一步降低了绿色建筑能耗和物业运营成本，发挥了节能减排、保护环境作用，在光伏新能源利用方面起到了示范引领作用，此项技术达到国内先进水平。

该项目通过国家2A级住宅性能认定，荣获中国“广厦奖”，2021年获得中国城市科学研究会绿色建筑三星级运营标识、绿色生态住宅示范小区认证。

根据实际运行8年的数据分析，自安装完成运行开始截至2022年4月，该项目总发电量为342万千瓦时，按照当地电价0.45元/千瓦时计算，共产生经济效益153.9万元，共节约标准煤1026吨，减少二氧化碳排放2688.12吨，粉尘141.59吨、二氧化硫8.72吨，氮氧化物7.59吨。

主创人：李　俊、齐保才、白云峰、张洪涛、熊文琳

打造绿色矿山标杆，推进企业高质量发展

云南迪庆有色金属有限责任公司

一、企业概况

普朗铜矿是云南省内最大的铜矿山，是迪庆州最大的工业企业。自建成投产以来，严格遵守国家及地方各方面法律法规，严格落实企业环保管理主体责任。在生产经营过程中，严格执行《普朗铜矿一期采选工程可行性研究报告》要求，生产工艺流程及设备、设施符合矿产资源节约与综合利用要求，未使用国土资源部《矿产资源节约与综合利用鼓励、限制和淘汰技术目录》中限制、淘汰的工艺技术或装备，采选生产工艺流程自动化程度高，生产经营效果好，为中国铜行业的标杆企业，矿山工程机械均采用国内外先进设备。

二、主要措施

（一）背景和问题

绿色矿山有别于以往矿产资源开发利用的传统模式，是指矿山企业在矿产资源开发过程中实施科学有序开采，对矿区及周边生态环境扰动保持在可控范围内，实现矿区环境生态化、开采方式科学化、资源利用高效化、企业管理规范化、矿区社区和谐化的矿山。建设绿色矿山，关键在于充分调动矿山企业的积极性，加强行业自律，促进矿山企业依法办矿，规范管理，自觉承担起节约集约利用资源、节能减排、环境治理、土地复垦、带动地方经济社会发展的企业责任。建设绿色矿山，对于规范矿产资源开发秩序，加快构建保障和促进科学发展新机制具有重要意义。

云南迪庆有色金属有限责任公司（以下简称迪庆有色）在承建普朗铜矿时，一直紧盯“安全、环保、绿色、科技、美丽”矿山的建设目标，从项目筹建设计开始向着高效、安全、绿色的矿山进行规划，全力推进绿色矿山建设工作。

（二）解决方案

1. 设计优化，引领安全绿色科技矿山建设

一个优质的工程起源于设计，普朗铜矿通过设计优化、技术研究，突破了自然崩落法应用一系列关键技术，选择了采矿能力大、生产成本低、采矿作业安全的自然崩落法采矿工艺，开创了低品位厚大矿体特大型地下矿山高效开采工艺应用的范例，实现资源综合利用，推动社会经济和环保和谐发展。

普朗铜矿矿体厚大完整、出露地表，最适宜露天开采。随着环保和安全理念的提升，项目设计不断优化，其中最大的优化是采矿工艺的优化，从“全露天”开采，到一版可研的“露天 + 地下”联合开采，再到二版可研的“小露天 + 大地下”开采，最终到初步设计的“全地下”开采，实现了环境破坏最小、占地面积少，并能使企业取得较好的经济效益。

2. 高起点规划、高标准建设科技创新及智能化矿山

普朗铜矿生产过程采用智能化设备达 1250 台（套），智能装备占车间设备总数的比例 89. 3%。车间内生产设备联网数达 1250 台，车间内设备联网数占智能装备的比例达到 100%。同时采用自动化控制、信息化、智能化技术，建设“国内一流、国际领先”的有轨运输无人驾驶系统、自动化采选尾 DCS 系统、生产管控系统、井下安全六大系统、尾矿库在线监测系统、矿山综合在线监测等系统，其中 65 吨电机车无人驾驶系统已达到国内先进水平，在国际上已跻身同行业领先地位。这些系统的成功应用极大地降低了生产人工成本，参与矿山生产的员工（含外协队伍）由传统矿山的 5000 人以上锐减到 1200 人以下，劳动生

产率达到国内一流，被云南省安全监管总局确定为“机械化换人、自动化减人”专项行动试点示范单位，现企业制造能力成熟度达到三级。

3. 采矿工艺突破国外技术封锁，达到国际先进水平

普朗铜矿创造了中国第一个自主从“科研→设计→施工→生产”全面掌握自然崩落法采矿工艺的矿山。在矿山建设过程中，通过探索、研究和创新工作，取得了许多国际、国内、行业之最。其中：高中段回采、菱形超前方式拉底、16.8 米高聚矿槽数码雷管一次爆破成槽、底部结构稳定性研究、崩落顶板崩落速度及底部结构应力监测等一系列技术为普朗铜矿自然崩落法成功实施提供了技术支撑，达到国内一流水平，突破了国外技术封锁；自然崩落法放矿管理系统、矿山综合在线监测系统、电机车无人驾驶远程操控系统及铲运机智能定位与计量系统在普朗铜矿成功研发或应用，达到国际先进水平，为普朗铜矿智能矿山建设奠定了坚实基础。“复杂难处理铜矿综合利用关键技术及产业化”课题获得中国循环经济协会颁发的一等奖；“特大型贫矿床超大规模低成本高效开采关键技术研究”课题被中国有色金属协会确认为科技成果；“低品位复杂铜矿资源高效利用关键技术研究”“特大型贫矿床超大规模低成本高效开采关键技术研究”2018 年、2019 年连续两年获得中国有色金属工业协会、中国有色金属学会颁发的一等奖。

4. 选矿工艺先进高效，经济技术世界领先

(1) 选矿工艺设计先进合理。在项目可研、设计前期，经过大量考察认证、比选分析，做到项目设计工艺先进合理。

(2) 碎磨工艺流程短、效率高。普朗铜矿碎磨流程选用 SABC 流程，相比其他矿山传统“三段破碎+球磨”工艺具有流程短、占地小等优势；混合浮选采用粗磨抛尾、粗精矿再磨工艺，一粗、三扫、两精流程；铜钼分选工艺选用浓缩+立磨擦洗脱药，一粗、一扫、四次柱精选流程，并选用旋流静态微泡浮选柱替代浮选机进行粗选和精选，大大缩短了工艺流程，并取得良好的技术经济指标。

(3) 世界第一条长距离、高浓度、高压差尾矿输送管线。普朗铜矿尾矿输送系统具有高浓度（55%）、长距离（30 千米）、高压差（520 米）等特点，它是中国第一条长距离高浓度粗颗粒矿浆输送管道，也是世界第一条长距离高压高浓度粗颗粒矿浆输送管道，同时是世界第一条高浓度粗颗粒带浆停车再启动输送管道，该工艺在普朗的成功应用，代表着长距离粗颗粒矿浆管道高压输送技术的突破。

(4) 选矿经济技术指标领先。选矿厂自 2017 年 3 月 16 日完成二系列投料试车，同年 7 月 13 日完成一系列投料试车，自投料试车期间，不断进行消缺技改，2019 年选矿厂实现自产精矿含铜 46000 吨，产量创中国铜业公司单体井采铜矿山新纪录，且取得全年平均精矿品位 25.84%，回收率 90.18%，精矿水分 11.07% 的优异指标，远远高于同类斑岩型铜矿山。

5. 采选设备世界先进、国内一流

(1) 采矿设备大型化、无轨化、国际化，如锚杆台车、锚索台车、喷浆台车、中深孔台车、大孔台车、14 吨电动铲运机等为国际先进的大型无轨采矿设备；其中，大孔台车为国内首次使用，锚杆台车、锚索台车为国内第二个矿山使用。

(2) 运输设备敢于吃螃蟹：65 吨架线式电机车、750 伏（国内其余矿山均为 500 伏）直流供电为国内首创，20 立方米矿车为世界最大的地下运输矿车（国内在用最大 10 立方米），PXF6089 旋回破碎机处理量（4000 吨/每小时）为国内最大。

(3) 选矿设备创造多个国内第一：330 立方米自吸式浮选机、直径为 5.5 米×8 米浮选柱属国内首次使用，奇好 2000 型隔膜泵国内领先。

三、实施效果

环保效益：采用自然崩落法开采产出的废石量，相比露天采矿方法大大减少。废石通过回填或用作建筑材料完全回用，不需要设废石堆场，对环境影响小。自然崩落法采矿爆破单位矿石含 CO、NO_x 的废气

排放量少。

尾矿库全防渗处理，将尾矿库发生尾矿泄漏、渗透引起的环境污染风险降到了最低。

经济效益：自然崩落法采矿成本为25.37元/吨，是唯一一种可以挑战露天开采成本的采矿方法。自然崩落法采出矿石量为2.447亿吨，资源回收率92%；而充填法采出的矿石量为0.8838亿吨，为地质资源量的16.2%，资源利用率很低。自然崩落法开采财务内部收益率12.43%，投资回收期8.35年，年净利润53890万元；而充填法开采财务内部收益率为8.06%，投资回收期11.77年，净利润17016万元。

管理效益：公司引进的环境保护、水土保持第三方监理单位参与环境保护、水土保持监督管理，为环境保护、水土保持工作提供专业的技术支持和可靠的监督管理服务，为环境保护、水土保持管理工作做出积极的探索和示范。迪庆有色承建的地下矿山5G工业应用项目，成为全国首个实现5G工业应用的有色金属地下矿山和高海拔地区首个5G智能矿山，开创了有色金属行业“5G＋智能矿山”建设的新版图。

社会效益：普朗铜矿自2017年3月16日投料试车至2021年年末，累计实现工业总产值98.21亿元，上缴税费15.15亿元，累计向股东单位分红9.28亿元，带动当地518人实现就业。

没有噪声、没有污染，静悄悄却始终充满活力的矿山是迪庆有色矢志不渝的目标，迪庆有色在源源不断产生财富的同时履行矿产资源节约利用责任、环境保护责任和造福地方的社会责任，这既是各级政府、上级领导的期望，更是迪庆有色发展建设的指引。迪庆有色将不断对标世界一流矿山，努力创造一流业绩，坚持“励精图治、创新求强”的精神，开展全要素对标，实施精益化管理，在建设“中国最具竞争力一流铜矿山”的航向上疾驰。

主创人：杨春梅

数智化碳服务助力绿色低碳发展

浙江浙能碳资产管理有限公司

近年来，浙江浙能碳资产管理有限公司（以下简称浙能碳资产）深入贯彻新发展理念，围绕碳达峰、碳中和战略目标与工作要求，针对浙江省能源集团有限公司（以下简称浙能集团）所属26家电力控排企业纳入首批碳市场的履约需求，结合全国碳市场成立发展及浙江省域自愿市场建设的现实需要，以数智化改革为牵引，对内开展碳资产数字化管理标准、流程及平台建立，对外聚焦社会低碳发展，数智化赋能区域碳普惠市场，内外并举，有效实现碳资产管理提质增效，营造了低碳发展氛围。

一、企业概况

浙能碳资产是浙能集团于2017年设立的专业化、集约化、规范化碳资产管理平台，2022年发电1776亿千瓦时，供应天然气150.2亿立方米、成品油（含燃料油）销售92.4万吨，有力保障了浙江经济社会发展和民生用能。

浙能碳资产是全国较早从事碳资产开发与管理的公司，业务涵盖低碳履约服务、碳减排项目及金融产品开发、碳资产托管、低碳发展规划、节能减排咨询、绿色服务、能力建设等，现管理26家控排企业、逾1亿吨碳配额和近300万吨潜在CCER项目，规模约占全省的1/4，并拥有一支跨学科、高学历的青年专家队伍，其中2/3以上员工具备碳资产管理师、交易师资质，中高级职称员工占总数一半以上。

浙能碳资产充分挖掘浙能集团在能源、科技、环境和金融等领域积累的优势，紧扣碳达峰、碳中和发展目标，致力于发展成为国内一流的低碳综合服务商，通过创新实践推动我国的绿色发展和生态文明建设，聚焦绿色、低碳和碳资产管理领域深耕细作，与国内外知名企业建立了稳定的合作关系，形成了完备的管理制度、严密的风控体系、丰富的行业经验和专业技术及良好的品牌声誉。浙能碳资产紧紧围绕“3060”目标，为政府、企业等提供全产业链增值服务，帮助客户把握绿色发展新机遇。

二、主要措施

数字化是企业在碳达峰、碳中和目标下破局的关键所在。自2019年起，浙能碳资产牢牢把握浙江省数字化改革契机，深入推进数智化管理，结合浙能集团产业发展及社会低碳转型需要，经过多年的信息化建设和发展，建设了一批具有能源行业特色的业务服务系统，提升数智双碳工作效率，服务绿色低碳发展。

（一）开发碳资产管理系统，集团治碳“一站通”

1. 企业侧的发展要求

浙能集团紧跟浙江省碳达峰、碳中和行动规划与路线，预计于2030年实现碳达峰。浙能集团主要碳排放来源于电力生产过程中产生的二氧化碳排放，这一部分是集团碳达峰、碳中和目标下亟需控制的排放。随着国家“双碳”工作的不断推进，浙能集团通过不断升级碳资产管理信息系统，积极探索推进集团内碳管理体系、电碳数据账本、减排成效对标、动态履约平衡等方面，为全省双碳领域开展数字化改革提供新的思路与经验，最终实现对集团内部碳排放、碳资产的统一在线管理，并通过数字化将数据共享，实现全局把控、自动分析，助力浙能集团实现在“双碳”目标中的重点举措。

2. 针对性开展碳资产管理系统建设

2019年，浙能碳资产在国内能源企业中率先开展碳资产管理信息系统建设，系统涵盖碳排放和能耗数据管理、碳资产、碳托管、碳交易、碳项目、碳减排、系统管理7个基础管理功能，通过和集团综合计划与统计系统、生产安全监控系统对接获得实时数据，实现集团各产业数据互联互通，从而全面掌握和有效利用集团系统所有碳资产原始数据，实现碳排放数据及时、准确、规范，碳配额盈缺滚动预测及碳交易策略科学合理，为碳资产管理、交易及相关金融衍生产品提供有效的数据服务支撑，从而大大提升集团整体碳资产管理信息化水平及碳资产管理效率，科学性、系统性地提供减排建议及交易策略，整体降低集团履约成本，并为高质量开展交易及绿色金融服务提供支撑。

3. 严把数据质量，科学减碳增配

浙能碳资产创新建立了集团内碳排放数据“盘查—核查—督查”三查机制，确保了历年碳排放数据零错误。以提前规划为手段，派出检查组赴浙能集团旗下 26 家发电企业开展数据盘查，科学设计实际的服务方案，开展资料梳理、数据核算、碳排放报告编制、数据分析等工作，为摸清排放水平、挖掘减排潜力打下坚实基础。结合电厂实际，针对性开展“一对一”科学化分析、智能化服务，推动入炉煤碳元素检测、最优供热比建模分析、供热机组运行优化、尝试高热低碳燃煤掺烧试验等方案，实现对 26 家发电企业碳排放管理内部盘查的全年数字化全覆盖。

（二）建设浙江碳普惠平台，个人低碳“一键惠”

1. 政府侧的使命担当

浙能集团经过多年发展，已经成为浙江省委、省政府能源产业发展的主抓手、能源合作的主平台、能源供应的主渠道、能源安全保障的主力军和环境保护的主战场，为浙江经济社会持续健康发展提供了有力的能源保障。

浙能集团坚持以“大能源战略”为引领，面对经济新常态，秉持“创新、协调、绿色、开放、共享”的新发展理念，聚焦清洁低碳“3060”目标，全领域推进补网强链，奋力做好转型升级模范生，构建以新能源为主体的新型电力系统的新要求。2021 年 2 月 18 日，浙江省数字化改革大会，明确了数字化改革定义、改革重点，提出加快构建“1 + 5 + 2”工作体系等重点任务，搭建好数字化改革“四梁八柱”。面对浙江省外部企业遇到的业务能力压力、风险控制压力、经营效益压力、信息资源不足等问题，能够根据集团在浙江省内的重要地位及积累的技术能力，为外部企业与政府提供相应的数据服务、资产服务、技术服务，缓解企业的营运压力，助力浙江省双碳目标的实现。

2. 承建全国首个省级碳普惠应用

在碳中和与数字化改革双重背景下，2021 年由浙江省发展改革委牵头指导开发建设，浙能碳资产积极发挥示范作用、骨干作用、推动作用、基础性作用和主力军作用，承建全国首个省级碳普惠应用“浙江碳普惠”，并通过建设浙江省碳普惠平台及相关地方标准助力浙江省发改委全力推动浙江省碳普惠数字化平台建设。

3. 多场景运用引导低碳行为

数字化运用离不开运用场景。浙能碳资产深谙场景开发的重要意义，在充分应用大数据、区块链等技术的同时，科学制定运营方案，设计工作计划，建立激励机制，围绕管理体系、标准规范、应用保障、推广服务等开展“浙江碳普惠”平台建立与运营工作，赴省内多地调研，力求以高标准推进“浙江碳普惠”平台。通过探索设计覆盖绿色出行、绿色消费、在线办理等 5 大类 20 余个多跨应用场景，形成涵盖定制礼品、景区门票、支付红包、定制帆布袋等 90 余款激励权益，以此充分调动群众养成绿色低碳习惯的积极性，鼓励群众积极践行绿色低碳生活，助力全省碳达峰、碳中和目标的实现。

（三）打造低碳供应链系统，产业减碳“一网清”

1. 产业端的社会职责

目前，碳排放的排放源分为三种：范围一，即直接排放，是企业直接控制的燃料燃烧活动和物理化学生产过程产生的直接温室气体排放；范围二，即间接排放，是企业外购能源产生的温室气体排放，包括电力、热力、蒸汽和冷气等；范围三，则是价值链上下游各项活动的间接排放，覆盖上下游范围广泛的活动类型。碳中和作为长期发展目标，企业在设计自身碳中和路线时，在考虑范围一与范围二的基础上，通盘考虑范围三的净零排放，力求在环境意识及社会责任方面体现更大的担当。浙能集团在已有碳管理系统的基础上，结合双碳目标及数字化转型的要求，应实现供应链的低碳化，倒逼供应链企业开展碳达峰、碳中和工作。

2. 探索打造低碳供应链系统

结合浙能集团供应链发展现状，浙能碳资产积极打造低碳供应链系统，对范围三排放管理工作建设低碳供应链系统并构建低碳供应链评价体系，发挥浙能集团供应链核心企业的主体作用，带动相关企业共同节能减排。浙能集团积极开展低碳供应链认证平台建设，探索建立绿色低碳企业相关行业认定标准，围绕产业链上下游三千余家企业，开展低碳信息的采集、认证、公示等服务，更好地完成范围三的碳中和目标。利用碳领域生命周期评估（LCA）等方法，建立双碳信息库，对企业碳足迹实现全方位覆盖。

3. 推动产业合作减碳新模式

浙能集团积极对接省国资委，推动与 16 家省属国企发起建设浙江省属低碳合作联盟，致力于产业低碳发展、绿色金融服务、低碳资源管理、标准政策研究等方面合作，为产业低碳数智化、一体化管理提供浙能经验。紧抓市场机遇，结合全国碳市场启动发展契机，积极接洽促成公司与众多央企、地方国企、大型民营企业及科研院所的数字化低碳战略合作，探索通过构建高耗能控排企业碳账户，开展绿色评价、绿色采购等工作，提供金融、技改、交易等服务，实现产业减碳“一网清”。

三、实施效果

在近三年的数智化转型时间里，浙能碳资产将低碳化与数字化深度融合，双碳工作面貌焕然一新，低碳发展基础不断夯实。

（一）有力支撑碳资产管理工作

摸清集团“碳家底”，有效规范碳排放数据填报与核查，实现了集团内部控排企业温室气体排放数据收集工作，通过数据对标、配额盈缺实时计算及预测、提供履约策略等，精准预测碳配额盈缺，科学系统制定碳交易策略及碳减排建议。通过内部配额自平衡，完成所属 25 家重点排放单位全国 2019—2020 碳市场首个履约周期的配额清缴，实现 100% 履约。“浙能集团碳资产管理信息系统”在知识产权创造、管理、运用和保护上取得了重要成果，获得国家计算机软件著作权证书。浙能碳资产针对性开展相关领域标准研究，牵头编制浙江团标《工业企业碳资产管理指南》，起草《碳达峰与碳中和实施指南》，积极参与浙江省印染行业企业综合能耗确权核算方法研究、舟山市温室气体清单编制等低碳研究咨询服务，有效填补相关领域标准空白，规范企业低碳管理，为数字赋能打下坚实基础。

（二）有效引导全社会低碳行为

通过建立浙江省碳普惠核算标准体系和碳普惠技术体系，实现公众低碳行为的量化和全省标准的统一，也为市民和小微企业的节能减碳行为赋予价值并建立激励机制，更好地开展全民减碳行动。2022 年 3 月末“浙江碳普惠”正式上线，至 2022 年年末，注册用户突破 132 万人，最高日活跃用户数量约 4.9 万人，成为全国用户数最高的省级碳普惠平台，累计产生 2659 余万次低碳行为，发放低碳积分超过 1 亿，权益激励达到 50 万元，依托数字手段，为全民减碳做出巨大贡献，获得省发展改革委感谢信，成功入选浙江省 2022 年绿色低碳转型典型最佳案例及全省国资系统数字化改革成果。

（三）有序推进产业链绿色转型

近年来，浙能碳资产创新碳资产技改融资模式，为企业筹措技改资金 520 万元；深挖低碳资源开发潜能，尝试开展承接风光电等清洁低碳项目的国际绿证开发；积极探索碳金融工具，与不同企业开展碳配额置换、碳远期交易，有力地提升超过 100 万吨履约能力；参与工信部 2020 年度企业节能诊断服务，开展部分省市电力（含电网）、水泥、钢铁、化工、造纸（印染）等50余家企业第三方核（复）查，获“浙江省用能权有偿使用和交易第三方审核机构”资质，围绕供应链产业链系统绿色低碳转型的需要提供有力支撑。

碳市场作为新兴市场，浙能碳资产将持续推进数智化赋能，提升浙能集团碳资产管理水平，引导社会绿色低碳行为，推动产业链绿色低碳转型，为实现碳达峰、碳中和助力。

主创人：刘向阳、樊建明、裘　索、吴　楠、方　锐

关于高端装备制造企业海上风电绿色产业高质量发展的探索

中车株洲电机江苏公司

一、企业概况

中车株洲电机江苏公司（以下简称江苏中车电机）是专业从事陆地、海洋用大功率风力发电机、风电变压器的科研、生产、销售、服务及咨询的国家级高新技术企业。现有江苏盐城、湖南株洲、内蒙古自治区包头、新疆维吾尔自治区哈密、福建福清、广东阳江、四川成都、浙江海宁八大生产基地，具备雄厚技术实力和精湛制造工艺。已形成双馈异步风力发电机750千克～6兆瓦、直驱永磁风力发电机1.1兆瓦～14兆瓦、中速永磁2兆瓦～18兆瓦的产品系列与技术平台，累计为国内外客户提供各类型风力发电机超4万台。

江苏中车电机公司坚持以实际行动践行国家“双碳”战略和高端制造业“走出去”发展战略，与数家国际知名企业在兆瓦级风力发电机领域形成深度合作伙伴关系，产品装配并运转至欧盟、北美等国际风电市场。江苏中车电机以打造世界一流的清洁能源装备企业为愿景，着手多类新型风力发电机产品，为风电产业未来发展做好全方位的技术资源储备，以更优质的产品、更超值的服务答谢客户、成就客户。自2012年正式投产运营以来，江苏中车电机营业收入实现了持续高速增长，累计实现营业收入401亿元(2021年营业收入超70亿元)，年复合增长率达31%，逐步发展成为国内规模最大、最专业的风力发电机生产企业之一。

二、主要措施

在我国“3060”“双碳”目标的大背景下，随着一系列能源发展规划目标、政策的落地和推行，低碳化、智能化成为新能源产业高质量发展的必然趋势。风电作为我国第三大主力电源，已然成为我国能源转型的核心内容和应对气候变化的重要途径。江苏中车电机坚持技术创新驱动，推进绿色低碳技术研发与推广应用，其中“海上风电”有着巨大的发展潜力，对于我国能源结构转型具有重要意义。纵观《“十四五”现代能源体系规划》等我国近年来出台的系列能源战略规划及宏观政策，均明确提出鼓励建设海上风电基地，推进海上风电向深水远岸区域布局。

(一) 加强战略谋篇，推进多边合作，抢占市场先机

——明确发展目标，合理构建战略布局。江苏中车电机积极贯彻“绿色投资、绿色创新、绿色产品、绿色制造、绿色服务、绿色企业”的“6G”绿色发展理念，坚守“正心正道、善为善成”的企业核心价值观，明确“立足风电、延伸风电、超越风电”的发展定位，以“两海”战略和科技创新作为两大手段，科学统筹和促进风电业务的快速稳健发展，致力于成为世界一流的清洁能源装备企业，为国家绿色低碳发展贡献力量。

——推进政企合作，打造区域协同格局。江苏中车电机充分发挥中国中车品牌效应，推动各基地与政府、客户的项目及市场布局配套，实现创新联动、人才联动、制造联动和产业联动。紧跟长江经济带、长三角、三北地区、成渝地区双城经济圈等区域发展战略，基于当地政策争取政府、市场支持，充分发挥公司产业布局优势和区域低碳核心企业带头作用。其中，依托广东省促进粤东振兴发展，大力发展海洋工程基地建设，协同明阳智能落实产业布局，与陆丰市政府签订项目合作协议，推进半直驱风力发电机+齿轮箱一体化业务延伸，锁定客户地区配套市场份额。同时，深耕“两海”战略，扩大盐城基地产业投资，一方面优化现有产能结构，顺应金风科技半直驱技术路线转型；另一方面，协同盐城市大丰经济开发区完善

产业链结构，谋划海上风电变压器产业布局。

——推行多边互利，共建风电产业园区。江苏中车电机通过前期海上风电技术的积累，在海上风力发电机领域占据绝对优势地位，得到国内外知名风电整机企业的认可。在海上风电呈井喷式发展之际，江苏中车电机把握市场前沿动态，洞悉福建福清和广东阳江风电产业园发展潜力，积极与地方政府和有关企业进行交流和洽谈，成功签订投资协议，完成福建福清和广东阳江两大海上风电基地的布局。并以风电产业园为支点，借助园区利益共同体丰富的海上风电开发经验和资源获取、整合能力，形成辐射全国乃至全球的海上风机配套生产能力。

——力行降本增效，发掘全价值链升值空间。江苏中车电机坚持以持续的全寿命周期降成本活动提高在海上风电市场的竞争力，从产品可靠性提升、质量管理体系优化、零缺陷管理、“两海”供应商专项认证等方面大力开展全优产业链建设工作。全面协调设计、工艺、采购、供应链、制造过程、管理等各环节，开展全要素、全员参与的专项降成本活动；并通过标准化、规范化、具体化的前瞻性全面质量管理，带动供应商共同以最终客户需求为导向，发挥自身优势，大幅度提升产品优等品率和降低产品成本。

（二）强化技术开发，深化两化融合，推进智能制造

——强化技术储备，开发前沿引领技术。为提高风力发电机在海上复杂环境中的高可靠性、高适应性及高寿命，增强公司海上风电技术储备，在风力发电机前沿领域，开展了大功率超紧凑半直驱发电机轴电压抑制技术、高承载漂浮式轴系关键技术、永磁体防失磁技术、关键部件在线维护技术、信号传感在线监测技术等技术研究。同时，立足解决当前海上风电产品现有质量技术短板，面向应用环境更为恶劣的深远海，有针对性地开展海上风力发电机技术路线分析及对策研究，以及超导材料、超级铜、碳纤维、绝缘陶瓷等材料在风力发电机应用技术研究等。

——强化技术研发，攻关核心关键技术。江苏中车电机紧跟海上风电和海外风电市场发展方向，全力打造核心技术研发优势，围绕适应海上风电发展的大功率、低风速发电机展开研究。对标欧盟风电行业标准及海上恶劣环境运行工况，研发高防护性、高耐盐雾性、高散热能力及高可维护性结构，有效解决海上大功率风电机组在封闭环境运行中绕组温度高、关键部件腐蚀、低风速下发电效率低、关键部件塔上更换困难等的行业技术难题，该技术成功应用于国内首款 6 兆瓦及首款 7 兆瓦级半直驱永磁发电机，效率达 98.5%，较国际标准提升 0.5%，功率密度 0.16 千瓦/千克，较同行业产品提升 20% 以上；针对国家未来海上风电向深远海发展战略，创新研究漂浮式风力发电机技术，针对漂浮平台多维度载荷工况、大倾角摆动环境等发明具有塔上高度集成的模块化轴系结构及具备更高转矩密度的悬臂发电单元结构，技术成功应用于国内首台 6MW 漂浮式风力发电机、国际首台 13 兆瓦级超大容量漂浮式风力发电机，单机容量突破 13000 兆瓦，较国际水平提升 10% 以上。同步推进 16 兆瓦双头机漂浮机组半直驱永磁发电机开发，设计符合未来超大容量的漂浮式轴系结构，持续打造国际领先、行业一流的高性能产品。

——搭建研发平台，支撑海上风电发展。为支撑海上风电产业发展，江苏中车电机构建了“3 + 1”科研组织架构，在全面提升工艺、质量、研发等相关部门的客户服务能力、专业技术能力和跨部门协同能力的基础上，成立“国家风力发电工程技术研究中心电机研究室”“江苏省海上风电装备技术标准创新基地”“风力发电机战略性新兴产业标准化试点”“省级制造业创新中心”等平台，以及“电力设备电气绝缘国家重点实验室株洲实验基地”（与西安交通大学联合成立）、联合成立“大功率直驱永磁风力发电机联合开发室”（与南京航空航天大学）等合作项目，在资金争取、税收优惠政策享受、科技人才引培等方面发挥了积极作用，进一步扩大行业影响力，深化碳减排技术转移和交流，积极引进、消化、吸收国内外先进低碳零碳负碳技术。

——强化智能制造，推进智能化水平提升。为提高风电制造智能化水平，江苏中车电机围绕海上风电发展制定了智能化项目实施方案，通过在关键工艺引入自动化及智能设备和技术的方式提升智能制造水

平，重点攻克需严格标准化作业、人工效率低和劳动强度大的关键工序，已完成转子喷涂机、铁芯叠片机器人、直驱定子半自动灌封、螺栓自动涂抹等智能化项目，以点带面逐步提升风力发电机制造自动化、智能化水平。

（三）创新管理模式，激发人才活力，提高管理效能

——强化资源管理，探索碳中和管理机制。近年来，江苏中车电机坚持探索构建碳中和管理机制，争取联合上下游合作伙伴构建绿色低碳协同机制，引导供应商和服务向低碳转型，致力于推动产业链整体可持续发展。同时，不断创新内部管理机制，对 87 项管控业务分不同管控对象，分别制定差异化管控模式，并明确管控归口单位及管控对象职能职责，分别确定和关联对应的流程制度或管理体系文件作为支撑，并明确管控模式实施所需授权、人力资源和信息化等资源配置。

——强化队伍建设，盘活科技人才队伍力量。江苏中车电机通过建立多业务板块人才“引培育”机制、畅通技术人才队伍晋升发展通道。拓展线上线下知识共享渠道，优化科研项目管理，扩大科技人员项目主导权，让科技人员的思维、创意得到最大化碰撞激发。完善以创新价值、能力、贡献为导向的评价体系，以科研实绩和创新成果为评价的首要组成部分。江苏中车电机现有中车工程院院士 1 人、中国中车首席技术专家 3 人、中车集团技术专家 11 人，实现了科技人才队伍结构的持续优化和科技人才队伍优势的充分发挥。

——强化两化融合，提升信息化管理水平。江苏中车电机内部全面推广现有信息系统覆盖并结合流程信息化建设，夯实公司信息化应用基础能力；通过建设数字化柔性产线、智能检测及数据采集系统等智能制造类项目，并同相应信息系统融合，带动公司信息化和智能制造全面融合，用信息化手段体现智能制造价值，用智能制造推动信息化全面革新、升级，逐步实现数据驱动运营、数据提升产品创新、数据带动产品增值，进一步健全完善跨越整个风电产业的一体化信息管理平台。

——聚焦消除浪费，强化精益管理水平。江苏中车电机积极推进精益管理，紧密围绕中车“6621”运营管理平台建设，以工位制节拍化生产建设为基础，以精益车间、精益示范线、精益管理改善项目为实施载体，实现质量、效率、效益提升，公司先后有 3 个车间被评为中国中车“二级精益车间”。同时鼓励员工从安全、能源、质量、成本、管理等多处入手，参与到改善活动当中，如对各机型发电机制作中烘潮、烘焙时间进行工艺时间专项提升优化，实现大功率烘炉设备作业时间均幅减少约 35%，有效节省了能源的耗用。从 2016 年至今，员工共计提交改善提案 4185 条，其中有效提案 2013 条，已实施 1266 条，优秀改善提案 547 条。

三、实施效果

（一）优化产业布局，实现绿色低碳产业高速稳健发展

自 2012 年布局江苏盐城海上风电制造基地以来，先后完成湖南株洲、内蒙古包头、新疆哈密三个内陆制造基地的布局。顺利完成福建福清和广东阳江海上风电基地布局，形成了辐射全国内陆、沿海及海外一带的全区域风电产业布局，为实现海陆两线快速增长奠定坚实基础。江苏盐城、福建福清和广东阳江三个海上风电基地地处沿海运输便利，为未来拓展海外市场创造了良好的布局条件。同时风电产业营业收入实现快速增长，2021 年突破 70 亿元，年平均增长率达 31%，近三年风电产业累计销售收入达 187 亿元，风力发电机市场占有率超过 23%，风力发电机市场占有率始终稳居国内第一。

（二）引领技术创新，海上风电技术创新推动绿色发展成果显著

江苏中车电机在 2013 年就已成为中国首家具备 6 兆瓦级永磁直驱海上风力发电机研制能力的企业，在海上风电技术领域成果显著，于 2018 年获评“中国海上风电智能化创新奖”，并成功创评“江苏省绿色工厂”。

近年来，江苏中车电机以江苏盐城风电总部为载体，承担“江苏省 6 兆瓦及以上直驱永磁风力发电机

工程中心”和“年产 1000 台 3 兆瓦以上直驱永磁风力发电机”2 个国家战略性新兴产业海上风电集聚试点项目；“6 兆瓦直驱永磁同步风力发电机”获评国家重点新产品；“2 兆瓦超低风速直驱永磁发电机研发及产业化”入选国家火炬计划；“1.5 兆瓦直驱式永磁同步风力发电机”等 9 个产品先后获得江苏省高新技术产品认证；公司获评国家知识产权优势企业、国家企业技术中心分中心、中国风电产业 50 强“十佳优秀企业”称号，并于 2021 年协同金风科技获得江苏省首个可再生能源“碳中和”工业园区认证。

江苏中车电机通过在风电业务领域的不断努力，在节能、低碳科研创新方面取得了卓越的成果、积累了丰富的经验。在新能源领域共计获得专利授权 174 项，推进重大科研项目 23 项，其中国家级重点项目 4 项，省科技成果转化、高新技术产品 17 项，市级高新技术产品 2 项；主持、参与修（制）定标准 24 项，其中国家标准 7 项。

（三）生态效益凸显，促进低碳经济发展和社会和谐

自首个海上风电基地成立以来，江苏中车电机自主研发生产的直驱、半直驱、双馈异步风力发电机及分瓣式发电机定子等累计容量达 100 吉瓦，协助全球客户节电约 200 亿千瓦时，等同于替代标准煤 8000 万吨，可减少二氧化碳排放约 15700 万吨。此外，江苏中车电机通过精益化、智能化建设，大幅提升人均产值，积极推行厂区能源管理及厂务系统优化等节能方案，先试先行使用风力发电智能微网、光伏路灯等再生电力，其中智能微网项目实现累计用电 8784.24 万千瓦时，折算标准煤为 10795.83 吨，累计减少二氧化碳排放约为 2.8 万吨；“以旧换绿”节能灯更换项目，每年节约标准煤 25.6 吨，减少二氧化碳排放约为 66.56 吨。通过开展高耗能设备技术升级，提高能效水平，如 2019 年开展的空压机改造项目累计节约 59.2 吨标煤，减少二氧化碳排放约为 153.92 吨。同时，通过体系运行管理、能耗定额管理、“三废”治理等工作推动节能环保与绿色发展良性互动，走出一条独具公司特色的绿色发展之路。

主创人：郑　茹

海西州多能互补集成优化示范工程

中国电力工程顾问集团西北电力设计院有限公司

一、企业概况

中国电力工程顾问集团西北电力设计院有限公司（以下简称西北电力设计院）成立于1956年10月，是具有工程设计、工程勘察2项综合甲级资质的大型勘察设计企业，同时具有电力工程施工总承包一级资质，致力于能源规划、勘察设计、工程总承包、咨询监理、投建营一体化等业务，在能源规划研究、发电、电网、新能源、勘测、市政、环境等工程领域保持全面的行业技术领先优势，具备为客户提供全生命周期一体化服务的雄厚实力，已与全球40多个国家和地区建立了业务往来。

截至2021年年底，西北电力设计院15次入选中国《建筑时报》、美国ENR联合评选的“中国工程设计企业60强”，5次入选“中国承包商80强”，连续10年入选“陕西百强企业”。近年来，西北电力设计院荣获“全国五一劳动奖状”“中央企业先进集体”“全国勘察设计行业国庆60周年十佳工程承包企业”“全国勘察设计行业新中国成立70周年优秀勘察设计企业”“全国电力行业优秀企业”“全国电力行业用户满意企业”“电力行业卓越绩效标杆AAAAA企业”“全国电力工程行业文化建设先进单位”等多项殊荣。

西北电力设计院累计获得国家、行业、省部级优秀工程勘察设计奖517项，优秀工程咨询奖239项，国家优质工程奖45项，国家优秀工程总承包奖9项。其中，国家优秀设计金质奖19项、银质奖20项、铜质奖17项，全国最佳工程设计特奖1项；国家优秀工程咨询成果奖一等奖11项、二等奖12项、三等奖13项；国家优质工程奖金质奖16项，优质工程奖29项，30年经典工程2项，30年精品工程2项；国家优秀工程总承包金钥匙奖4项、银钥匙奖2项、铜钥匙奖3项。此外，还获得新中国成立60周年百项经典暨精品工程2项，新中国成立70周年优秀勘察设计项目2项。

二、主要措施

习近平总书记指出：“青海最大的价值在生态、最大的责任在生态、最大的潜力也在生态，必须把生态文明建设放在突出位置来抓，尊重自然、顺应自然、保护自然，筑牢国家生态安全屏障，实现经济效益、社会效益、生态效益相统一。”

鲁能海西州多能互补集成优化国家示范工程坐落于青海省海西州格尔木市境内，项目总装机容量700兆瓦，其中光伏200兆瓦、风电400兆瓦、光热50兆瓦、储能50兆瓦，配套建设330千伏汇集站和国家级多能互补示范展示中心（又称“丝路明珠”）一座。该项目是世界上首个集风光热储调荷于一体的多能互补科技创新项目，包含了当今世界所有新能源项目类型。

工程所在地海拔2900多米，全年太阳辐照强，年平均太阳总辐射量在7000兆焦/平方米，年风能可用时间3500~5000小时，是我国太阳能资源最丰富的地区之一，也是我国发展风电产业最理想的区域之一，广袤的土地资源、丰富的风光资源、便捷的交通条件，让格尔木成为开发新能源项目的沃土。

西北电力设计院是国内知名的工程公司和综合设计企业。作为工程主体设计单位，西北电力设计院组织精兵强将，认真剖析多能互补项目特点，攻坚克难，圆满完成工程前期策划、可行性研究、初步设计、施工图设计等全过程设计任务。

西北电力设计院在设计及建设期间充分借鉴国内外的先进设计思想，采用先进的设计手段和方法，在保证工程安全可靠性的同时，对工程设计进行创新和优化，努力打造一个高质量、高参数、低运行成本、有竞争力、长期可赢利的优秀设计项目。

根据工程实际、同类型项目设计经验和技术创新，西北电力设计院要求，提出的主要经济技术指标应具有先进性，应追求机组的整体性能，选择性能指标好的设备和零部件，保证机组高效运行；要考虑系统设计的安全裕度，同时也要简化和优化系统，节省投资和工程造价，注重环境保护，减少污染物排放。确保机组投产后即能达到设计指标，并保持长期的安全、稳定、经济和高效运行。

西北电力设计院在设计中对系统设计优化、提高设备可靠性、降低备用裕量、降低工程总投资等需求，充分考虑竞价上网；节能减排、厂用电率、水耗、污染物排放、占地面积、项目定员、发电成本等各项技术经济指标应在国内同类机组水平上处于领先地位，打造设计精品；创建“低碳环保、技术领先、国际一流的数字化多能互补项目”。

在工程勘测设计的全过程中积极开展技术创新和优化设计工作，全面实施系统优化，严格控制工程造价，降低资源消耗，使项目主要经济技术指标达到国内同类机组先进水平，提高机组安全可靠性和经济运行水平，努力提高项目的市场竞争力，建设环保、节能、高效的项目。

对有关重大问题进行专题研究或科研试验，如主设备选型、厂区总平面布置、镜场控制、主厂房布置、多能互补协调控制技术等。

本工程设计获得电力行业优秀工程设计一等奖、电力行业优秀工程咨询成果一等奖、全国优秀工程咨询成果二等奖、专利 5 项、QC 成果 3 项、研发软件 3 项、相关论文 9 项目，采用各项新技术 30 余项，实现了国际、国内多能互补项目多项第一或领先水平。

示范工程于 2017 年 7 月开工建设。其中光伏、风电项目于 2018 年 10 月 18 日正式并网发电，是当时全国单体投产容量最大的陆上风电项目。储能项目采用 50 兆瓦/100 兆瓦时磷酸铁锂电池储能系统，于 2018 年 12 月 25 日开始首次向电网放电，是国内最大的电源侧集中式电化学储能电站。光热项目储热 12 小时，是目前全国已建成和正在建设光热项目中储热最长的电站，于 2019 年 9 月 20 日并网发电。丝路明珠项目作为示范工程的运维、生活、办公中心，建筑造型新颖奇特，涵盖绿色建筑、零碳排放、四节一环保等多种绿色设计理念。

（一）50 兆瓦光热项目情况介绍

海西州多能互补集成优化示范工程光热项目，是多能互补工程的重要组成部分，肩负着为风电、光伏等间歇性电源调峰的重任。本工程光热项目采用塔式熔盐技术路线，装机容量 50 兆瓦，配置 12 小时储热，根据不同系统运行工况，可选择降出力调峰、启停调峰、平移调峰三种调峰方式，提高多能互补系统的调度灵活性，提升电力品质，稳定功率输出。

示范工程中 50 兆瓦光热项目占地约 6400 亩，装机容量 50MWp，采用塔式熔盐技术路线，储热 12 小时，熔盐总容量约 1.5925 万吨。工程建设 1 套聚光集热系统，由 1 座 188 米高吸热塔和 4400 块 138 平方米的定日镜组成、1 套储热和蒸汽发生系统、1 套高温高压再热纯凝汽轮发电机系统及其他辅助设施。塔式太阳能热发电系统的基本形式是利用独立跟踪太阳的定日镜群，将阳光聚集到固定在塔顶部的接收器上，加热吸热器中的传热介质（二元熔盐）到 565℃后存入高温蓄热罐，然后用泵送入蒸汽发生器加热水产生蒸汽，利用蒸汽驱动汽轮机组发电，在蒸汽发生器中放出热量的传热介质重新回到低温蓄热罐中，再送回吸热器加热。

本工程单台定日镜反射面积为 138.672 平方米，总采光面积 610156.8 平方米，定日镜数量为 4400 面。吸热器额定功率 280 兆瓦，吸热器受热面中心标高 164.9 米（距离塔底中心）。本工程熔盐吸热器整体采用表面圆柱式（正多边形）。吸热器有效受热面高 12.9 米，直径为 11.2 米。熔盐吸热器由 24 个管屏组成，每个管屏模块均包括有上集箱、下集箱、受热管组、支撑装置等。

本项目储热系统配置 2 台熔盐储罐，即 1 台低温熔盐储罐（简称冷盐罐）和 1 台高温熔盐储罐

（简称热盐罐），以及3台50%容量的吸热器熔融盐循环泵（简称冷盐泵）、2台100%容量的蒸汽发生器熔融盐循环泵（简称热盐泵）和2台100%容量的蒸汽发生器熔融盐调温泵（简称调温泵）。

熔盐储罐是立式拱顶圆柱形罐体，与大气相连通，用于存放熔融盐。本工程配置1台冷盐罐和1台热盐罐。冷盐罐设计温度370摄氏度，用于存放温度低于370摄氏度的低温熔盐。直径29.1米，高14.5米。工作温度298摄氏度，对应于蒸汽发生器额定工况熔盐回盐温度。热盐罐设计温度585摄氏度，用于存放温度高于370摄氏度的高温熔盐。直径30米，高14.5米。工作温度565摄氏度，对应于熔盐吸热器额定工况熔盐出口温度。热盐罐温度在吸热器额定负荷或额定参数附近时可维持在565摄氏度。由于熔盐高凝固点（约238摄氏度）的特性，每个熔盐罐底部，沿径向装有浸没式电加热器，用于熔盐防凝伴热。冷盐罐配置8台电加热器，热盐罐配置8台电加热器，单台浸没式电加热器功率均为100千瓦。

本项目SGS系统主要包括过热器、再热器、蒸发器、汽包、预热器、低负荷加热器等热交换设备和内部连接管道、循环泵、阀门仪表及换热器钢架平台等。正常工作时，高温熔盐依次流经过热器（再热器）、蒸发器和预热器，熔盐温度从555摄氏度降低到约298摄氏度，同时将给水加热成需要参数（14.43兆帕，543摄氏度）的过热蒸汽，输送到汽轮机系统做功发电。

本项目汽轮机组采用西门子超高温超高压一次再热空冷机组，额定主蒸汽参数14兆帕，540摄氏度。

主要设备和技术路线为：镜场采用西班牙阿本戈技术，吸热器采用比利时CMI产品，SGS采用杭锅技术和产品，汽轮发电机为德国西门子原装进口，相比国内建成和在建的光热项目，本工程的技术路线和产品均保持领先。

工程采用的高温熔盐相比较导热油，比热容高，年均光电效率为17.53%，汽轮机组热效率高达45.437%，相比较同类光热电站，具有更优异的参数。同时配置了12小时储热，实现了集热储热系统与发电单元的解耦运行，确保了整个系统的稳定与安全。光热项目是多能互补工程的重要组成部分，肩负着为风电、光伏等间歇性电源调峰的重任。根据不同系统运行工况，可选择降出力调峰、启停调峰、平移调峰三种调峰方式，提高多能互补系统的调度灵活性，提升电力品质，稳定功率输出。

（二）50兆瓦时储能电站情况介绍

海西州多能互补集成优化示范工程储能电站，装机功率50兆瓦，储能时长2小时，全部采用磷酸铁锂电池，户外集装箱集中布置，是目前国内最大的锂电池储能电站。

示范工程50兆瓦储能电站采用磷酸铁锂电池储能系统，储能时长2小时。全站由50个储能集装箱和25个35千伏箱变组成。于2019年4月参与共享储能市场化运行试验，期间共实现充电80.30兆瓦时、放电65.80兆瓦时，取得了良好效果，也是全国首个参与共享储能市场化交易的储能电站。储能电站利用高能量转换效率电池储能模块设计技术、大型储能电站的系统集成技术、大型储能电站的功率协调控制与能量管理技术，实现对光热、电储能和热储能的科学调节，有效降低弃风、弃光率，提高供电可靠性，为电网运行提供调峰、调频、备用、需求响应支撑等多种服务，提升电力系统灵活性、经济性和安全性，使风能、光能等新能源的发电特性达到常规能源供应的电能品质，实现削峰填谷和平滑出力曲线的功能。

主要设备和技术路线为：电池采用宁德时代设备，PCS采用许继电气产品，整个集装箱由许继电气组装，成套供货。后台监控采用中国电科院产品。

本工程储能电站兼具能量型和功率型储能两种功能，利用其削峰填谷功能，在风电、光伏大发时段储能，在低谷时段发电，可以平移出力；利用其调频功能，在风光出力不受限时，可以平滑出力曲线，平抑短时出力波动。

（三）20 万千瓦光伏发电项目介绍

示范工程 200 兆瓦光伏发电项目，采用 290 瓦及以上高效单晶硅光伏组件，先进的组串式和集散式逆变器，平单轴跟踪、固定式可调式和固定式支架混合搭配的方案，大幅提升了发电量和系统效率，同时作为示范工程，通过收集组件、逆变器和支架多种搭配方案的实际运行参数，也为平价光伏项目的开发奠定了基础。

主要设备和技术路线为：组件采用乐叶光伏产品，逆变器采用华为（组串式）和上能（集散式）产品，支架主要采用固定式支架，辅以少量平单轴和固定可调式支架作为示范。

（四）40 万千瓦风电项目

示范工程 400 兆瓦风电项目，共有风力发电机组 200 台，是投产发电时全国单体投产容量最大的陆上风电项目。风力发电原量是利用风力带动风车叶片旋转，再通过增速机将旋转速度提升，促使发电机发电。工程采用行业内先进成熟的技术方案和设备，风机采用 2.0 兆瓦，高海拔、高轮毂、大叶片的直驱永磁机型，轮毂高度 90 米。通过虚拟同步技术和光热储能的调峰作用，本工程风电发电小时数超出设计值，弃风率低，运行良好。

主要设备和技术路线为：风机主要采用金风产品，少量选择许继电气。

（五）丝路明珠项目

本工程的运控中心，造型新颖奇特，涵盖“绿色建筑”和“零碳排放”等多种设计理念。格尔木地区自然环境较为复杂，全年温差大，光照强烈，沙尘暴、暴风雪、暴雨等极端恶劣天气时常发生。经过长达半年的研究和设计方案优化、选材，该建筑物基本实现了“节能、节水、节地、节材”及“零碳排放”和“绿色环保”等宗旨，经过中国建筑科学研究院初步评定，该建筑已经达到绿色建筑二星级的标准，同时做到了“近零排放”。

（六）亮点及难点

因为多能互补是一种新的能源模式，国际和国内都无工程可以借鉴，多种能源集成在一起，如何在给定的调度指令下，通过项目自身的调节能力，提高电力输出品质，提升系统消纳风电、光伏等间歇性可再生能源的能力，并结合电价研究，探索可推广的商业模式是本工程的核心任务。

同时本工程又是国内首批多能互补示范工程中唯一涵盖光热的多能互补工程，在风光间歇性波动的情况下，如何利用光热的调频调峰能力，实现小时级平稳功率输出，得到分钟级平滑功率曲线，也是本工程的难点之一。

基于此，西北电力设计院委托中国电力科学研究院、华北电力大学、南瑞集团等国内知名科研院所，开展了多能互补协调控制技术等 5 个课题研究，目前已有初步成果。

另外，本工程的运控中心，造型新颖奇特，格尔木地区自然环境较为复杂，经过长达半年的研究和设计方案优化、选材，西北电力设计院设计团队完成了运控中心的设计。

三、实施效果

众所周知，风能、太阳能受天气变化影响大，随机性强，难以提供连续稳定的电能输出。相比传统的新能源项目，多能互补示范工程并不是几种能源形式的简单叠加，而是以光伏、风电为主要输出电源，通过光热、储能电站联合调节，白天积蓄电量和热量，在光伏、风电发电的低谷期，将光热盐罐存储的热能及锂电池存储的电能以电形式补充到电网中。多能互补集成优化示范工程，充分应用泛在电力物联网建设理念，构建多能互补集成优化智能调控系统，建成高效快捷、互联互动、信息共享的综合能源服务供需平台，使多种能源深度融合，达到“1+1>2”的效果，有效改善风电和光伏输出不稳定、不可调节的缺陷，解决用电高峰期和低谷期电力输出的不平衡问题，提高电能稳定性，提升电网对新能源的接纳能力，解决当前阻碍新能源大规模并网的技术难题，促进新能源规模化开发和利用，推动能源消费摆脱化石能源，实现清洁能源完全供给，为世界能源革命提供了一个“中国样本”。

海西州多能互补集成优化示范工程是以风电、光伏、光热、储能等多种能源形式构成的纯清洁能源项目，也是国家首批多能互补集成优化示范工程中第一个正式开工建设的集风光热储于一体的多能互补科技创新项目，本工程的建设，有效解决用电高峰期和低谷期电力输出的不平衡问题，提高电网的稳定性，为大规模清洁能源稳定输出，探索出可商业推广的解决方案。

本工程的运控中心基本实现了“节能、节水、节地、节材”及“零碳排放”和“绿色环保”等指标，经过中国建筑科学研究院初步评定，该建筑已经达到绿色建筑二星级的标准，同时做到了“近零排放”。

海西州多能互补集成优化示范工程的建设，也是贯彻落实2016年8月习近平总书记关于加快青海省清洁能源建设重要讲话精神的有效实践。通过该项目，可实现多种电源的优化组合、互补运行，引领减少弃风弃光措施的方向，解决目前新能源基地大规模开发遇到的限电瓶颈。此外，还可通过储能电站和光热电站的联合调节，将风电、光伏波动性的出力在一定程度上转化为能够调节的电源出力，实现小时级平稳功率输出，得到分钟级平滑功率曲线，从而提升电力品质。项目建成后，不仅可为地区和企业提供清洁、廉价、可靠的电力支持，对优化区域能源结构，改善生态环境，实现清洁发展也将起到积极的推动作用。

西北电力设计院以生动实践诠释绿色发展理念，设计打造能源转型新样板，示范项目年发电量约12.625亿千瓦时，每年可节约标准煤约40.15万吨，项目发电量除部分就近消纳外，剩余电量通过电网输送至山东、上海、浙江等中东部地区，为当地提供清洁电能供应，创造社会经济发展价值，减少煤炭消耗，降低大气污染，为保护三江源、打赢蓝天保卫战贡献力量。

主创人：刘　成、赵晓辉、王　鑫、苑　烨、李　戈

大规模可再生能源电解水制氢核心技术

中国电力工程顾问集团华北电力设计院有限公司

一、企业概况

中国电力工程顾问集团华北电力设计院有限公司（以下简称华北院）是由成立于 1953 年的原电力工业部华北电力设计院改制成立的大型国有企业，是国家大型工程勘察设计、工程咨询和工程总承包骨干企业，具有独立的对外经营权、对外贸易权。公司工程资质证书门类齐全，获得国家工程设计综合甲级、工程勘察综合甲级、工程咨询甲级资信、工程测绘甲级等 20 余种资质。

华北院注册资本 10 亿元，连年列全国勘察设计企业综合实力百强排名前 50 名，多次被国际权威杂志 ENR 评为世界总承包商 225 强和中国承包商 80 强及工程设计企业 60 强。华北院的主营业务涵盖能源电力、水利水务、铁路公路、港口航道、市政工程、城市轨道、生态环保和房屋建筑等领域，具有集高端咨询、勘察设计、施工、采购与物流、监理、运维等为一体，为工程项目提供全生命周期、全过程整体服务。

近年来，华北院聚焦“3060”双碳目标、国家能源转型、创新驱动等国家战略优化“十四五”发展规划，立足“在行业内有广泛影响力、在北京地区有突出优势、在中电工程走在前列的高端化、一体化、综合性国际一流工程公司”的新发展定位，持续在新能源、氢能、储能、智慧能源等领域加速科技研发与技术攻关，不断创新发展，力争为我国碳中和事业贡献一份力量。

二、主要措施

在碳达峰、碳中和战略背景下，2022 年 3 月 23 日国家发展改革委、国家能源局发布《氢能产业发展中长期规划（2021—2035 年）》。规划指出，氢能是未来国家能源体系的重要组成部分。充分发挥氢能作为可再生能源规模化高效利用的重要载体作用及其大规模、长周期储能优势，促进异质能源跨地域和跨季节优化配置，推动氢能、电能和热能系统融合，提升我国能源互济能力，保障能源安全，助力实现碳达峰、碳中和目标，促进形成多元互补融合的现代能源供应体系。

规划提出在制氢环节整体强调绿氢方向、严控化石能源制氢；在用氢环节有序推进在交通领域示范应用，培育“风光发电 + 氢储能”一体化模式，合理布局氢燃料电池分布式热电联供应用，探索在化工行业的替代应用空间。

可再生能源制氢及氢基能源利用技术在可再生能源和电力、交通、化工行业之间搭建了桥梁，可再生能源制氢对平抑可再生能源出力的波动具有重要作用，在衔接可再生能源储能及调节电力平衡方面具有不可替代作用，是支撑波动性可再生能源高比例发展、解决可再生能源消纳难题的有效解决方法之一。

可再生能源大规模发展后，电能替代成为降低终端用能碳排放强度的主要手段。但在部分工业、交通、建筑领域，单纯依靠电能替代难以满足部分工艺过程用能和原料需求。氢能同时具备燃料属性和工业原料属性，氢能在终端用能领域对化石能源的替代、在能源互联网中促进能源各品种跨界协同，为支撑可再生能源大规模发展，实现“3060 目标”，推动能源体系绿色低碳转型发挥重要作用。

华北院积极贯彻落实国家碳达峰、碳中和及“3060”战略目标，立足技术优势对能源（电力）、工业、交通、建筑等领域的碳足迹进行了分析，梳理了碳达峰、碳中和的基本技术思路；提出了 30 项能源领域应对碳达峰的技术解决方案，给出了 10 项工业、建筑、交通领域的碳达峰技术解决方案，列出了14项碳中和解决方案；每项方案对技术方案、可达到的技术指标进行了阐述，致力于为政府、客户提供一体化的碳达峰落地解决方案。

华北院提前布局氢能业务，牵头承担2019—2020年中能建重大专项“氢能综合利用系统关键技术研究与应用”，充分认识到可再生能源制取绿氢是氢能产业快速发展的逻辑起点，符合国家氢能规划提出的重点发展方向。课题已顺利通过验收，提出了中国能建的氢能利用技术路线和方案，已获得国家专利授权3项，正在申请国家专利2项；已申请国家标准、行业标准及团体标准共3项，并助力多家企业完成可再生能源电解水制氢示范应用项目系统方案的详细设计。2020—2021年规划设计集团科研项目“燃料电池分布式电站应用技术研究”已完成并提交验收，为氢能在分布式热电联供的应用场景提供技术支撑。此外，《大规模绿氢应用技术开发》《绿电制氢供配电关键技术研究》《电解水制氢系统风险分析与安全完整性等级分析应用研究》等多项氢能相关科技研发正在进行。

大规模可再生能源制氢示范项目的系统设计中涉及的对象主要有三个，分别是上游风电、光伏装机规模，氢气生产装置电解水制氢的规模和为了保障下游供应的氢气存储容量。其中上游发电系统还存在风电和光伏的比例关系匹配。整个系统的流程简图见图1。

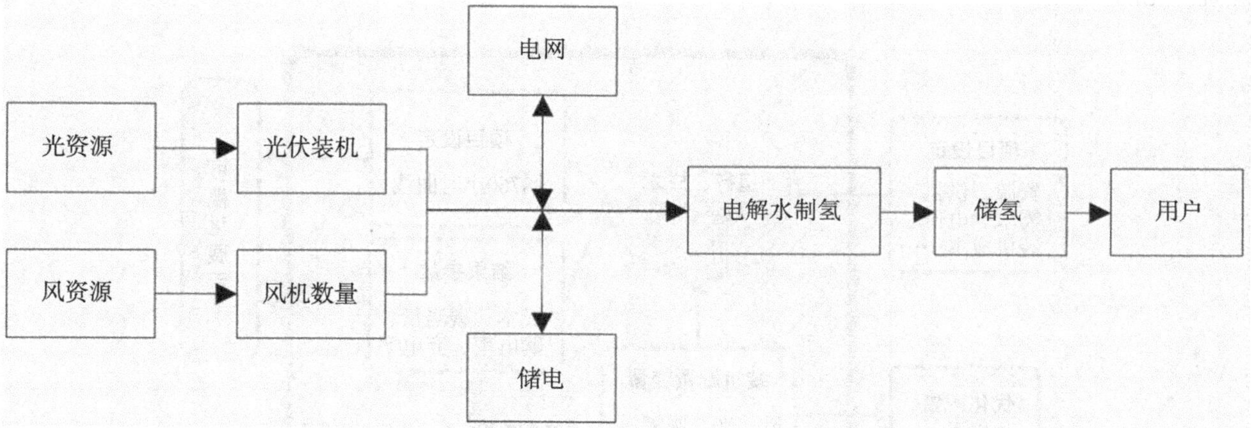

图1　大规模可再生能源制氢示范项目流程简图

四个主要因素的匹配程度决定了制氢站总体的氢气生产供应能力及技术经济的合理程度。四个主要因素与氢气产出之间简单的关联关系如下。

(1) 增大风电—光伏容量比值，可以平缓一天内的供电负荷曲线，从而减小制氢和储氢规模，减小购电比例。

(2) 增大发电容量可以提高制氢装置的满负荷或相对高负荷运行时间，从而减小制氢装置容量需求，减小购电比例，同时可能因制氢装置容量限制，导致弃风电量的增加。

(3) 增大制氢容量可以提高发电端的弃电阈值、提高发电装置的利用率，减小对发电容量的需求，减小购电比例，但同时会导致制氢装置利用率降低。

(4) 增大储氢容量可以提高发电和制氢装置利用率，减小购电比例。

匹配原则主要有三条，分别是：满足氢气需求、技术可行、经济性。

氢气的需求需要考虑两方面的因素，一是氢气量的需求，二是氢气供应稳定性的需求。制氢站制氢量不仅需要与需求之间达成氢气总量的平衡，还需要保证氢气供应的时效性，体现的参数包括制氢站全年总产氢量、日供应量、全年不能满足需求的天数或稳定供氢保证率。

风电＋光伏电解水制氢的各个环节，包括风电、光伏、电解水制氢和氢气存储压缩都需要满足技术可行的前提条件。

良好的经济性是风电 + 光伏电解水制氢项目能持续运行、获取社会经济效益的前提，体现的参数包括总投资、供氢成本等。

不同项目的风光资源、供氢量及稳定性要求、制氢绿电比例要求、投资额要求及收益率要求等作为边界条件，根据匹配原则，通过优化算法给出最佳的系统容量配置。

系统容量匹配过程是一个约束条件下的多变量函数寻优过程，变量包括光伏装机容量、风电装机容量、制氢装置容量和储氢装置容量；约束条件包括氢气供应量、外购电量比例；目标函数为单位氢气成本。为寻得最优的系统容量配比，首先要建立变量与约束条件之间的数学模型，其次建立单位氢气成本模型进行方案寻优。

华北院开发了具有完全自主知识产权的可再生能源电解水制氢系统设计软件，可以提高方案寻优速率，提供多变量敏感性分析结果及详细的可视化运行报告。软件能够基于不同的风光资源条件、供氢稳定性要求、供氢规模等复杂的边界条件，根据可再生能源利用率最高、投资收益率最高、制氢成本最低、氢气产量最大等不同的目标，给出最佳的系统配置，即可再生能源发电 + 电解槽 + 储氢的最佳容量配置，见图 2。

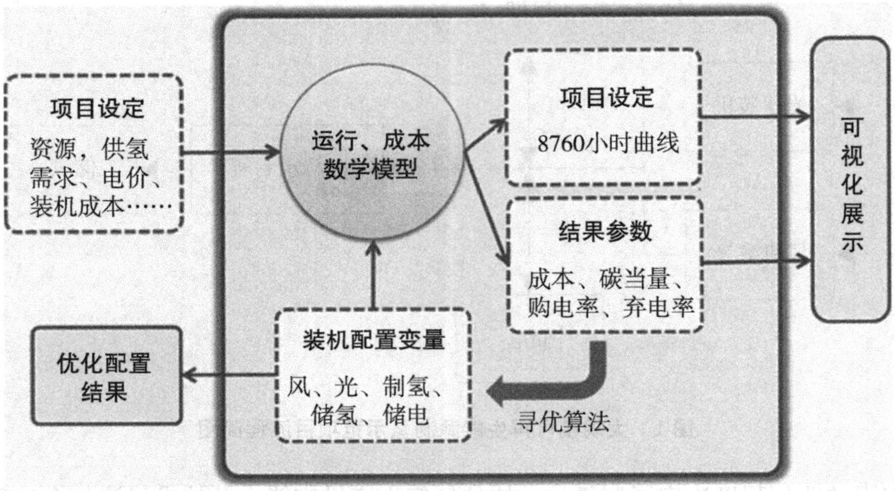

图 2　可再生能源电解水制氢系统设计软件示意图

仿真运算的结果分为两个部分：结果参数，包括年平均氢气成本、氢碳当量、购电比例、售电比例、弃电比例、年发电量、年供氢量、最大购电功率等；过程参数，包括小时发电量、小时电源构成（风、光、电池放电、购电）、小时用电构成（基荷、制氢、电池充电、售电、弃电）、小时氢源构成（直接绿电制氢、储罐放氢、电池放电制氢、购电制氢）、小时用氢构成（供氢、填充储罐）、储罐氢气量、电池电量。

为提高运算程序的易用性和直观性，选择利用 Streamlit 搭建网页应用，将数据输入、内核调用、可视化图表输出、算法寻优等模块整合在一起。Streamlit 是一个简单易用的构建网页应用的 Python 框架，方便专业人员使用，无需耗费精力在前端实现，而可以专注于科学计算本身。此外，数据可视化选择利用可视化图表库 Echarts 绘制，实现可交互的动态图表。

大规模可再生能源电解水制氢核心技术全面考虑了上游波动性风光资源、下游复杂多变的氢气量需求等边界条件，基于可再生能源利用率最高、投资收益率最高、制氢成本最低等不同目标，针对不同项目进行优化匹配，给出合适的完整系统方案。

考虑到目前绿氢消纳的主要途径是化工用户和燃氢重卡，而现有的加氢站设计方案，一般适用于加注规模较小，氢气来源为长管拖车的场景，并不适用于加注规模较大的制加氢一体站。华北院还自主开发了加氢站加注动态模拟软件，能够根据不同氢气来源条件及氢气加注量设计加注系统流程、明确设备参数和选型，经技术经济性评价后确定最终方案。

华北院结合自身长期从事电站氢系统设计工作，在制氢、输氢及氢安全方面拥有丰富的设计经验、丰富的IGCC电站设计经验，对煤制氢系统中的氢气转化、提纯及下游的合成氨、合成甲醇技术深厚积累等工程设计优势，全面介入可再生能源制氢、储存、运输和氢能应用等产业链各环节，为地方政府提供氢能产业规划服务、为企业提供氢能制取利用项目的设计及咨询服务，成为为数不多的氢能全产业链一体化解决方案提供商。

三、实施效果

华北院作为中国电力工程顾问集团氢能技术中心主任单位，依托科技研发及技术积累，在氢能项目规划设计和建设领域处于国内领先地位，已形成规划标准引领、科技研发支撑、工程落地应用共同推动氢能产业发展的良好局面。

（一）规划标准引领

（1）牵头完成国家能源局《能源技术创新“十四五”规划》氢能领域。

（2）负责完成《河北雄安新区充电网络与氢能基础设施实施方案》。

（3）负责完成《中国能源建设股份有限公司“十四五”科技发展规划》。

（4）负责完成《中国能源建设集团氢能科技项目立项指南》。

（5）申报了国家标准《可再生能源电解水制氢技术规范》。

（6）申报了电力行业标准《大规模及分布式可再生能源电解水制氢设计规范》。

上述规划和标准的完成为国家层面、地区层面和行业层面氢能的高效安全利用、氢能产业链的拓展、氢能技术装备的提高提供了参照标准，为氢能的示范应用起到积极推动作用。

（二）工程落地应用

华北院依托大规模可再生能源电解水制氢核心技术及丰富的工程设计经验先后承担了中国石化内蒙古鄂尔多斯1万吨/年光伏风电制氢项目、中石油玉门油田7000吨/年可再生能源制氢示范项目、中煤鄂尔多斯能源化工有限公司10万吨/年太阳燃料—二氧化碳制甲醇示范工程、鄂托克前旗250兆瓦光伏电站及氢能综合利用示范项目、华电贝利特绿氢制绿色化学新材料源网荷储一体化示范项目、乌兰察布“风光氢+绿色化工”一体化国家级示范基地等数十个大规模可再生能源电解水制氢工程项目，总投资额超过700亿元，年产氢总量约30万吨。按绿氢全部用于替代化工灰氢形式计算，每年可减少二氧化碳排放约800万吨，环保效益及社会效益显著。

上述工程项目的可行性研究设计工作，为大规模可再生能源制氢、储氢、输氢、用氢环节能够落地切实地提供了技术可行性、经济可行性和安全可行性的依据，为氢能的多元化应用，氢能技术装备水平的提升，氢能产业市场规模的扩大，市场化价格机制的完善等方面起到稳步推进、积极示范的作用。

主创人：汤晓舒、周　军、李少华、衡德锋、涂　宏

自研基站智能开关控制平台，实现基站全方位节能，助力5G网络低碳运营

中国电信股份有限公司安徽分公司

一、企业概况

中国电信股份有限公司安徽分公司是中国电信在皖设立的分公司（以下简称中国电信安徽公司），下辖16个市分公司和64个县分公司。

中国电信安徽公司是安徽省内规模最大、网络资源最丰富、服务应用最广泛的通信运营企业，是安徽省落实网络强国、数字中国、智慧社会的主力军，是云计算、大数据、人工智能等供给侧改革的先行者和基础设施的提供者，是安徽省电信普遍服务试点项目唯一承建商。

中国电信安徽公司已经建成以光纤和移动通信为主，卫星和数字微波为辅的全方位、立体化、大容量、高速率的宽带智能网络体系；为客户提供包括移动通信、宽带互联网接入、信息化应用及固定电话等产品在内的综合智能信息解决方案，通信设计、施工、监理和系统集成等业务成功拓展全球20多个国家和地区。

中国电信安徽公司充分发挥信息化建设主力军作用，全面落实"互联网+"与"信息消费"两大国家战略，紧密围绕安徽省委省政府"创新、协调、绿色、开放、共享"五大发展行动计划部署要求，加速推进"互联网+"云计算、物联网与各行业的深度融合，助力智慧经济发展。

中国电信安徽公司经济效益良好，近三年营业收入增长率分别为4.36%、4.19%和10.72%。

中国电信安徽公司先后被授予"全国诚信维权单位""全国五一劳动奖状""通信行业用户满意企业""数字安徽五年建设先进单位""全国文明单位"等荣誉。

二、主要措施

本项目立足于人工智能、物联网、大数据等领域实现无线网基站的低碳运营。为统筹兼顾网络高质量发展与效益，有效降低基站能耗水平，落实无线网节能精细化管理，中国电信安徽公司制定了《安徽电信基站智能开关协议规约》、自主研发4G/5G融合驱动的基站智能开关控制平台并建立能源智能预测与决策模型。

（一）制定《安徽电信基站智能开关协议规约》

由于业内智能开关厂家众多，且为了实现远程控制，均有自己的网管，差异性较大。依据厂家的网管：一是纯外网管理，网络安全风险较高；二是存在多套网管，后期运维管理复杂，无法达到智能化的目标。

本项目所述创新依据中国电信物联网AEP平台、中国电信安徽公司无线综合管理平台及1376.1协议，为基站智能开关统一接入提供技术规范和接口协议，网管协议规范化、公开化。

1. 设备与AEP接入流程

基于TCP协议的业务数据透传，登录设备平台并完成认证以后，可以通过透传的方式进行上下行的数据传输。AEP平台即中国电信物联网开放平台中通用使能平台，平台通信协议为TCP协议，采用产品级特征串认证，安全类型选用一型一密。

消息格式：应用层数据报文以一个字节的类型字段作为分割，平台支持登录、心跳、上下行业务数据等消息类型。消息携带的参数必须包含两个字节的参数长度。

登录设备交互：设备登录需要携带 device Id、password、version 字段，AEP 对设备进行认证，认证通过返回成功的响应，认证失败将失败原因通过响应码带给设备，见图 1。

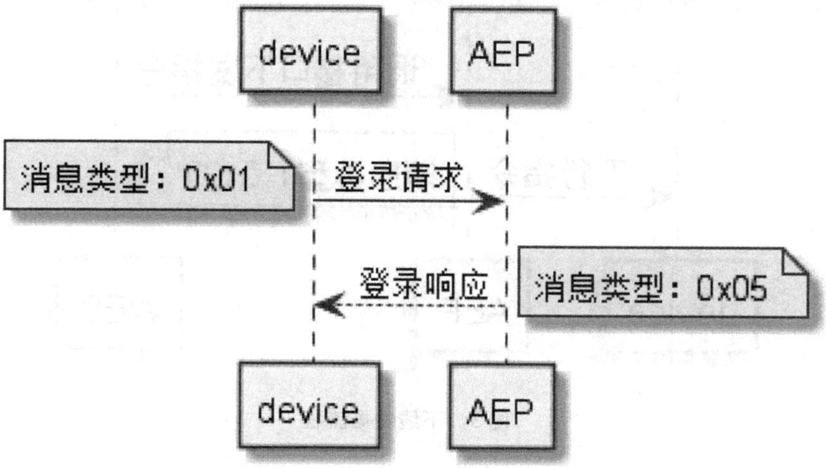

图 1　设备登录流程

上行数据：平台将上行业务数据进行 Base64 编码，见图 2。

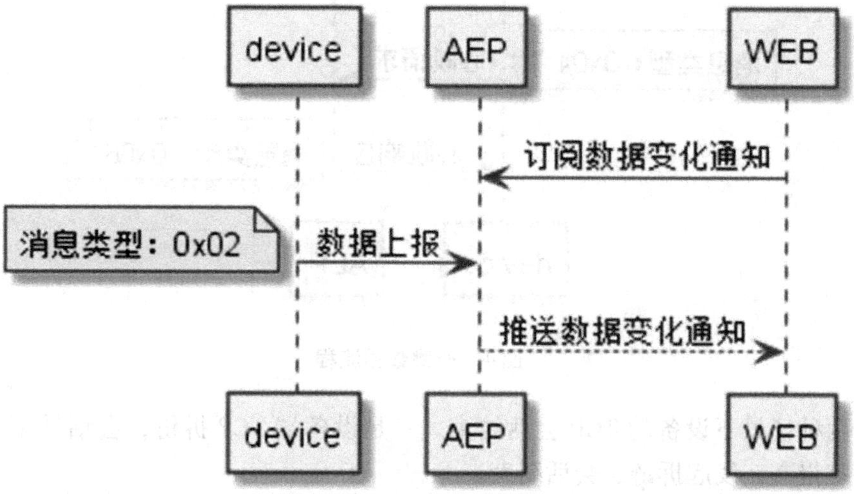

图 2　上线数据流程

下行数据：下行的数据类型支持字符串和十六进制两种，见图 3。

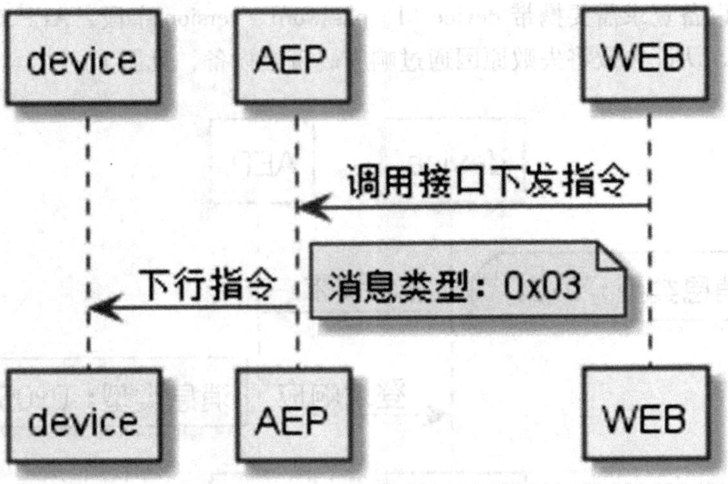

图 3　下线数据流程

心跳：设备需要周期性发送心跳报文来保持业务层会话，见图 4。

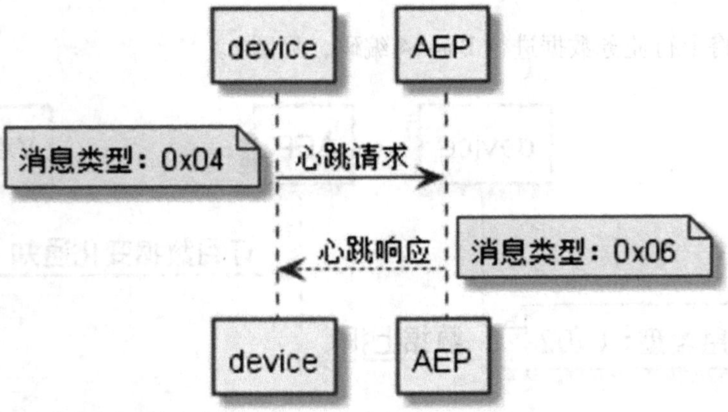

图 4　心跳数据流程

设备下线：两种场景下设备的 TCP 会话结束。一是设备端 TCP 拆链，会话结束；二是心跳超时，平台没有收到心跳报文，发起拆链、会话结束。

因 AEP 平台存在异常帧影响后续流程问题，在存在网络丢包和异常帧上报情况下，设备连接链路会被主动释放。

规避机制：设备侧需要不断进行链路检测，当检测到设备链路异常释放，程序设置时需主动进行二次重拨，避免影响后续整体流程。

2. 智能开关业务数据协议

开关设备 ID：开关设备 ID 为系统中终端设备的地址编码，简称终端地址，整体长度应不少于 10 个字符，低于 10 个字符长度应采取末尾补 0 形式处理。

开关端口号：开关端口号默认从 00 为开始计算，其取值范围为 00 ~ FF。

数据单元标识：用于表示一个或一组数据点的一种或一组信息类型的标识。

格式规范：按照安徽电信智能开关规约 DXZNKG，协议以 DXZNKN 为标记，命令请求帧格式以 JSON 封装。见表 1、表 2。

表1为命令名称。

表1 命令名称

名称	说明	备注
AFN	功能码	
数据点标识	参数项标识	
数据体	数据值	

规范定义了多种终端主动上报功能，包含配置数据上报、周期数据上报等（见表2），上报数据需将json格式进行ASCII转换后透传至AEP平台，如每次模块上电均需需要主动上报一次配置数据。控制指令包含对时指令等。查询指令包含开关状态查询、周期数据上报粒度查询、设备故障自动合闸查询等指令。设置指令包含定时设置、域名及端口设置等指令。

表2 功能码

应用功能码AFN	应用功能定义
00H	配置数据上报
01H	周期数据上报
02H	拉合闸命令
03H	对时
04H	定时设置
05H	域名及端口设置
06H	设备故障自动合闸设置
07H	周期数据上报粒度查询
08H	设备故障自动合闸查询
09H	开关状态查询
0AH	远程升级

（二）自研4G/5G融合驱动的基站智能开关控制平台

本项目基于物联网建立软硬件一体化自主研发4G/5G融合驱动的基站智能开关控制平台，系统总体架构如图5所示。首先，通过传感器进行端测流量感知；其次，将流量数据传入物联网AEP平台进行吞吐量分析，且自研智能开关网管通过对平台侧分析的结果，反馈节能指令于物联网AEP平台；再次，物联网AEP平台传达指令至智能开关模块；最后，智能开关通过1376.1协议控制5G基站开关关断。

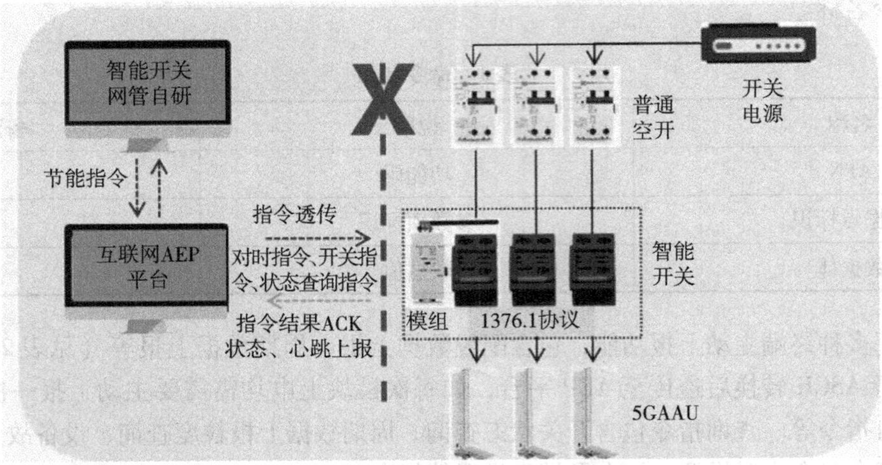

图 5　系统总体架构

为了统一指令映射规则，屏蔽厂家之间远程控制指令差异，实现开关硬件与平台解耦，智能开关硬件成本下降 50%，达到在实现硬关断的基础上，最大化规避网络风险。4G/5G 融合驱动的基站智能开关控制平台应具备如下功能。

1. 内外网交互

通过多种内外网交互方案对比，最终采用 AEP 平台接入转发的模式，设备连接 AEP 平台进行双向数据交互，同时接收 AEP 平台透传指令，无需进行网络二次部署，可直接利用原 AEP 接口。

2. 智能保电

本项目通过异常判断方法对通信、采集时延及波动判断，并通过构建概率模型，建立“保电参数”，基于保电参数的门限值与测量值的对比，确定保电动作是否触发，实现异常交互状态下，节能设备智能保电，确保基站设备的正常供电。

3. 多网融合

本项目考虑将网络级节能方案应用于多制式共存的网络中，考虑 4G/5G 网络协同，以实现全网能耗与网络性能达到最优。

根据国内网络建设部署原则，在 4G 基础覆盖完善的情况下，5G 网络一般作为容量层承载高速需求的数据业务，在夜间话务需求较低的时刻，可以关闭 5G 射频发射，仅保留 4G 覆盖满足用户需求。例如，在 4G/5G 覆盖区域内，可根据 4G 网络与 5G 网络的业务量等指标的变化情况，灵活管控 AAU/RRU 设备的管段时段，实现降低基站设备能耗的目的。

若 5G 网络的业务负荷较低，则可动态关断 5G AAU/RRU 载波，降低 5G 网络的能耗，同时，5G 网络的业务量可由 4G 网络承载。

若 5G 网络负荷超过预定门限，则开启 5G 小区，恢复正常的 5G 网络覆盖。

若 4G 网络的负荷低于预定门限，可通过关断 4G 射频通道或载波的方式，降低 4G 网络的能耗。

4. 超低功耗结构安全传感节点自主设计

通过设计支持超宽电压工作范围的关键电路和抗 PVT 波动的检测与补偿，完成超低能耗传感器网络节点 SoC 关键技术；通过应用环境的不同为节点提供“休眠—事件唤醒”的工作机制，且对时钟的模块化设计可以从根本上降低节点的功耗；最终，通过超低能耗传感器网络节点 SoC 关键技术与自适应调度的超低功耗技术实现传感网节点的多层次超低功耗。

（三）智能能源预测与决策模型

在保障网络性能与用户感知条件下，实现全网4G/5G基站协同的精准、安全硬关断。综合考虑节能效果与用户体验、网络质量的平衡，通过场景化的分析、业务流量负荷预测及机器学习建立策略模型，实现精准的节能管控，建立节能基站智慧分析、智能决策、节能控制与闭环管理。

1. 场景化动态门限

运用机器学习分析业务指标权重，4G/5G协同场景化设定初始节能进入和退出门限；依据满足低负荷设备判断，设定一个初始节能进入门限；针对不同的场景化特征，依据不同的用户体验保障要求，设定用户体验保障等级，并分类设定节能退出门限；依据设定的步长调整初始化门限，密切观察节能过程的指标变化、网络质量变化。

2. 业务流量预测模型

根据4G/5G小区历史负荷、KPI、能耗、环境特征等，运用时间序列分解获取趋势项、季节项和残差项。通过对趋势项和残差项分别计算关联关系，对计算后的数据相加得到预测值（负荷、KPI预测模型）；通过历史数据的带入模型计算，获得业务负荷预测数据。业务流量预测模型见图6。

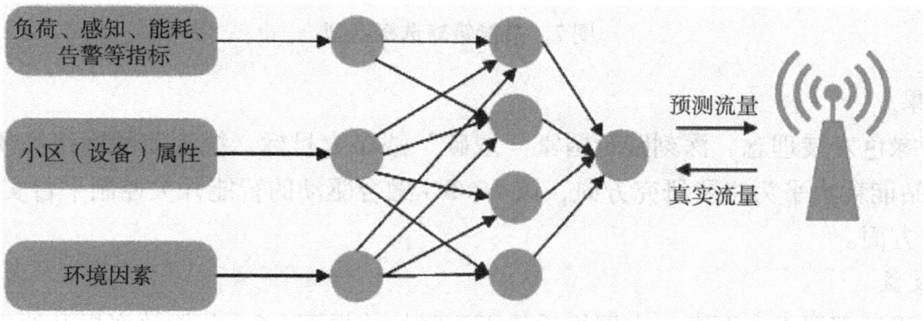

图6 业务流量预测模型

3. 节能策略选择模型

传统的节能策略采用阈值选择，各节能策略间相互独立，无法达到智能化匹配，从而造成节能效果不佳。本项目所述节能策略选择模型是通过将小区场景、业务流量预测、4G/5G共覆盖等模型的预测结果作为输入，经过对智能决策模型与场景决策模型的智能分析，得到最佳推荐节能策略，将其应用于基站。节能完成后通过基站负荷监控、用户感知数据及节约能耗数据的评估，实现节能效果后评估，从而达到对计算模型的进一步优化。最终形成“节能智能大脑”，在保证用户体验的前提下充分挖掘节能潜力。节能策略选择模型见图7。

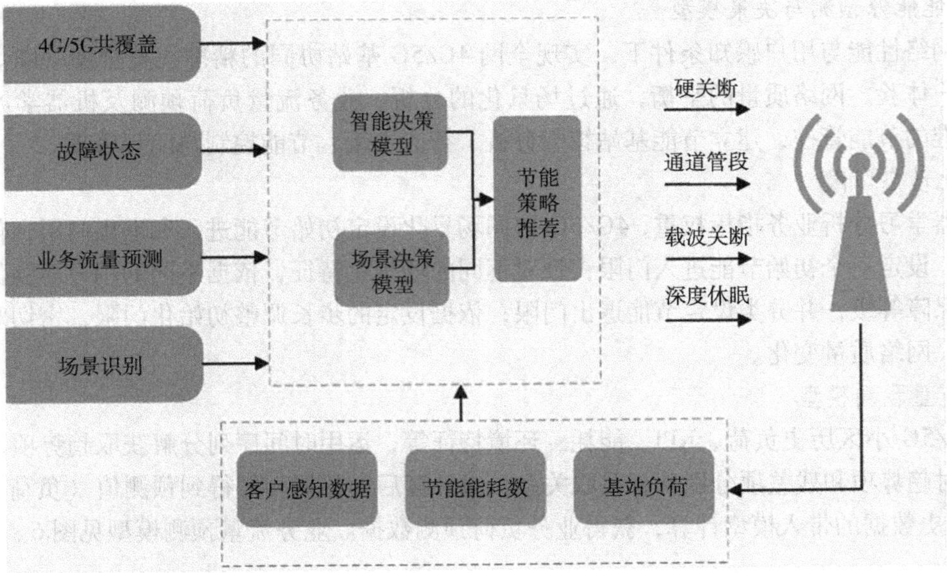

图7　节能策略选择模型

三、实施效果

以深入贯彻绿色发展理念，深刻践行国家“双碳”战略为目标，统筹兼顾网络高质量发展与效益，有效降低5G基站能耗水平为主要研究方向，该4G/5G融合驱动的智能开关控制平台实际应用效果主要表现在以下几个方面。

（一）经济效益

智能开关已累计部署1.4万套，在网络质量不下降的前提下，5G节能效率提升约15%。

（二）环境效益

积极践行国家节能减排政策，助力建设资源节约型社会，彰显企业社会责任担当，年减少碳排放13827吨。

（三）社会效益

该项目整合了AI、大数据和无线网优技术专家的力量，调动了大量数据和设备资源，通过项目探索和自研，进行众筹式迭代开发和优化，促进跨专业技术团队的整合、加快运营商自身AI智能运维技术力量的成熟，有助于跨界专家人才队伍的培养和壮大。该项目在业界起到了很好的示范效应，也促进、引领行业技术水平的发展，加深了节能产业链上下游的合作。

（四）信息化水平

该项目打造了5G智能硬关断新模式，基于大数据及AI等数字化手段，智能预测，并开创了云边协同的新模式，实现远程的自动监控、智能控制，使信息化水平逐步提高。

主创人：王　琪、彭东升、王煜辉、韩　叙

海南海底数据中心示范项目

中国电信股份有限公司海南分公司

一、企业概况

中国电信股份有限公司海南分公司是中国电信集团有限公司下属省级分公司，是国有大型通信骨干企业。公司拥有海南规模最大的宽带互联网络和技术领先的移动通信网络，具备为全省客户提供跨地域、全业务的综合信息服务能力和客户服务渠道体系。

海底建设数据中心是中国电信科技创新方案，也是以节能减排促进2030、2060年实现碳达峰、碳中和战略达成的可行举措。

海南海底数据中心示范项目是《海南省海洋经济发展“十四五”规划（2021—2025年）》的重点项目。项目计划远期布放100个数据舱，为海南省自贸港建设提供绿色数据中心解决方案；在确保“数据安全有序流动”的前提下，也为建设大规模国际数据中心提供了实际载体，同时切实解决了传统数据中心建设周期长、能耗大、水资源消耗高等问题，是海南一次新的能源技术革命。

二、主要措施

2021年6月1日—2021年8月23日，第一代数据舱在海南省澄迈县马村港投放海底测试，验证海底数据舱机房环境的运行情况及网络质量，并确保海底数据中心的安全可靠运营，加快推进项目的商用。测试内容包含海底环境和网络联通性，加载运行中国电信的实际业务。海南电信提供网络、安全和服务器等设备和云平台系统及网络电路，海兰信负责海底数据舱测试工作。

海底数据舱部署一套Zstack云资源池平台和两台测试物理服务器，在测试期间，Zstack云资源池平台加载安超CDM设备监控系统、云大所测试系统、翼备份平台、流调平台等业务系统。中国信息通信研究院下属的云计算与大数据研究所对第一代数据舱中运行业务的网络效能进行了第三方评估。业务实测于2021年8月完成，证明海底样机可满足网络设备环境要求。

2022年5月海南电信启动了海底数据中心示范项目，项目落地在海南陵水县清水湾。第一期计划采购24个机柜（每机柜最大功率15千伏安）的海底数据仓，部署媒体云、CDN和省国资云系统。目前已完成可行性研究、用海用地、能耗环评测试、业务实测、数据仓及配套建设设计采购等工作，已完成《水下数据中心技术要求》标准编制工作，发明专利、实用新型专利、外观设计专利、软件著作权等专利申请工作。2023年2月完成海底舱配套设施初验工作，准备启动正式商用。

（一）主要措施一

单数据舱将24个标准42U数据中心机柜集于密闭容器舱内，舱充入氮气，创造无氧、无尘、恒湿、恒压环境。将数据中心布放在海底，海水是天然屏障，无氧、无尘、恒湿、恒压及无动物侵犯，IT设备运行环境更稳定。陆上只部署占地面积极小的岸站，负责电力及网络接入，极大节省土地资源。

（二）主要措施二

海底数据中心采用海水自然冷却的方法，没有传统陆上数据中心的大量机械制冷设备，摈弃了制冷所需的辅助用电设备，实现节能降耗。利用海水作为冷却媒介，省去陆地数据中心空调、冷却塔等设施。具体原理是：舱内风扇将服务器的热量带到舱内空调蒸发器上，蒸发器将热量带出舱外，在冷凝器端与海水进行热交换。冷凝器的冷媒和舱内冷媒形成回路。外部管路设置海水泵使冷凝器中的海水循环流动，流动的海水将热量带出。

数据舱冷却采用机柜背板重力热管空调，制冷剂循环系统无压缩机、阀门等运动部件，背板空调双盘管设计接入不同冷凝器，提高了系统可靠性。热管背板空调由海水直接与舱内空调换热，主要的耗电设备为海水泵及风机，与陆地数据中心相比，减少了冷却塔、各级水泵、制冷机等耗电设备，大大降低了能耗。

背板空调相较于房间级、列间空调，发热源更具可靠性，风机能耗大大降低。空调出风温度即为环境温度，有效消除传统机房空调由于送风不均而造成局部热点的可能。

空调系统全年海水自然冷却，整个系统几乎无淡水资源消耗，全年 WUE（水分利用率）约为零。

（三）主要措施三

海底数据中心采用高压输电方案，使得线路损耗降低，实现节能降耗。采用节能型配电设备，变压器选用新国标能耗二级节能型变压器，UPS 不间断电源选择业内高效率节能型 UPS 产品，使得电力损耗比传统陆地数据中心相比有较大优势，实现节能降耗。

海底数据中心选用的海水泵、风机、岸站制冷空调均配有变频器，可调节电机运行频率，监控系统采用智能运维系统，可调节背板空调散热风机及海水泵运行频率，在不同的海水温度及业务情况下对电能进行实时调节，减少冷量浪费，实现节能降耗。

三、实施效果

（一）海底数据中心的经济优势

根据清华大学传热与能源利用北京重点实验室出具的海底数据中心能效测试报告，单舱 PUE 值为 1.076，预计单舱实际运行 PUE 低于 1.15。这一指标保证了海底数据中心能耗节约，在其生命周期内具备比陆地数据中心更大的经济优势，同时海底数据中心全年海水自然冷却，WUE 约为零。

海底数据中心的突出优势在于低能耗，能耗较陆地 IDC 降低 30%，对比中等规模的典型数据中心（25000 千瓦）每年碳排放减少量超过 6 万吨。海底数据中心的高密度、绿色化将引发数据中心基础设施的变革，将整个行业的能源、资源节约水平引领至“碳中和”时代，为落实党的十九届五中全会部署的“推动绿色发展”作出了海洋领域应有的贡献。

另外，海底数据中心建设由“工地”迁移到“工厂”，通过工程预制实现快速部署。海底数据中心具备了工业化的本质，可实现一体化交付、规模化运维，在典型规模下海底数据中心的 TCO 对比陆地数据中心可降低至少 20%。

（二）带动自贸港产业发展

贵州利用多山的丰富土地资源、凉爽的气候条件，大力发展数据产业，大数据目前已经成为贵州的闪亮名片。海南是海洋大省，利用海水冷却的天然优势，发展海底数据中心和相关的数据产业，同样可带动产业链的全面发展，包括数据感知、传输、加工、存储、挖掘分析等环节，与之相关联的产业包括金融后台服务、财务结算中心、跨境电商、动漫渲染、智能制造、创意设计等现代服务业，具有很强的外溢性。考虑贴近客户、数据安全和运行成本便宜等因素，在海南的沿海城市布局面向亚太市场的数据中心将是推动海南自贸港经济发展的重大举措。

（三）社会效益

海底数据中心将服务器安装在海底密封的压力容器中，利用了海水的流速、体量对服务器产生的热量进行散热，运营过程中每年每个机柜可以节约 200 立方米的水资源，有效地节约了能源和水资源。

海底数据中心对岸上土地占用极少，对海洋的使用也不是排他性的，用于布放海底数据中心的海域既可以包容海洋牧场、渔业网箱等生态类活动，又可以与海上风电、海上石油平台等工业类活动互相服务。

海底数据中心开创了数据中心的新纪元，标志着数据中心走向海洋时代。利用海水稳定的低温资源进行散热，降低系统能耗。利用封闭容器稳定的工作环境，降低数据中心设备故障率。通过模块化的设计，进行灵活的需求配置及快速的建造部署，达到绿色、环保、稳定、高效的目的。海底数据中心的这些特性是生态用海、集约用海的最好体现，是符合国家关于绿色数据中心发展的最佳解决方案，也是解决当前数据中心诸多问题的最直接手段。

海底数据中心实现成熟数据中心技术与成熟海洋工程的融合，并基于应用环境进行创新，具有节地、节水、节能、高可靠性、靠近客户低延时等优势，为数据中心向海洋延伸探索出了可行之路。

主创人：李兴耀、李小军、王茨尔

聚焦低碳运营，探索基站极简建设新模式

中国联合网络通信有限公司山西省分公司

一、企业概况

中国联合网络通信集团有限公司（以下简称中国联通）于 2009 年 1 月 6 日由原中国网通和原中国联通合并重组而成，在国内 31 个省（自治区、直辖市）和境外多个国家和地区设有分支机构，拥有覆盖全国、通达世界的现代通信网络，主要经营固定通信、移动通信、数据通信及各类电信增值业务等。

中国联通是目前唯一一家整体进行混合所有制改革试点的中央企业。作为支撑党政军系统、各行各业、广大人民群众的基础通信企业，在国民经济中具有基础性、支柱性、战略性、先导性的基本功能与地位作用，具有技术密集、全程全网、规模经济、服务经济社会与民生的特征与属性。

中国联通坚持以政治建设为统领，坚决贯彻党中央决策部署，坚决践行国家使命。2021 年中国联通战略升级为“强基固本、守正创新、融合开放”，将“大联接、大计算、大数据、大应用、大安全”作为主责主业，充分发挥大数据和通信网络技术优势，助力经济发展新旧动能转换，让全社会进一步享受到信息通信发展带来的新成果。

中国联合网络通信有限公司山西省分公司（以下简称山西联通）是中国联通在山西省的分支机构。

二、主要措施

（一）极简建站理念

极简站点改造主要是对现网站点进行整合，对需要改造的独立的单个基站，如对 BBU（Baseband Processing Unit 基带处理单元）与 RRU（Remote Radio Unit 射频远端处理单元）分离，把 BBU 迁移至传输上联站点，改造站点通过室外加装一体化电源和集成刀片式蓄电池为 RRU 提供电源，达到使改造站点机房腾退的目的，在提升开关电源效率的同时，节省机房租费和共享空调电费，达到节省运营成本效果。新建 5G 站点通过极简方式建设，可以节省传输投资和不再产生新的机房租金和电费。

（二）实施步骤

实施步骤见图 1。

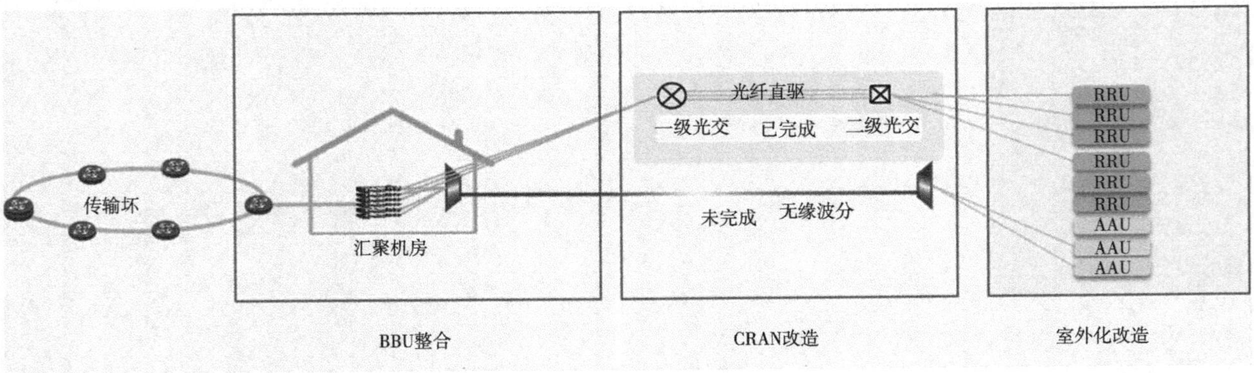

图 1　实施步骤示意图

1. BBU 整合

通过对汇聚机房内 BBU 的资源合并，减少机框的使用数量和单板数量，既能降低功耗，又可节省

投资。BBU 整合合并需遵循以下原则。

（1）基于主控、基带 CPU（Center Processing Unit，中央处理单元）负荷的合框改造。当 BBU 的 CPU 利用率整体低于 50% 时，合并 BBU，盘活存量板卡资源。

（2）基于用户数维度的合框改造。被合并站点忙时单站最大用户数之和，控制在基带板及主控板最大用户数规格的 70% 以内。

（3）基于传输带宽的合框改造。合并后的站型配置，如果带宽需求超过了传输能力，考虑分框部署。

2. CRAN（Centralized Radio Access Network，集中式无线接入网络）改造

在集中机房安装 BBU，RRU 安装仍在改造站点。搬迁改造站点的 BBU、传输等设备集中到汇聚机房，这样可以腾退机房，同时节省机房空调等配套能耗。

优点：①节省站点空间。②降低站点获取难度。③节省能耗。④节省 TCO（Total Cost of Operation，运营总成本）。把 BBU 搬迁到 CRAN 机房，集中制冷节省能耗，同时为全室外化演进奠定基础。

CRAN 组网有利于降低网络建设和运行成本，有利于降低基站选址难度、提高建设灵活性，有利于提升网络性能，有利于 MEC 等技术的部署。BBU 通过光纤拉远的方式，集中放置在汇聚机房，可以腾退机房内的 BBU，完成站点的 CRAN 改造，为全室外化改造奠定基础。传输资源受限，可以通过无线波分及 AAU 级联方式解决。

3. 室外化改造

通过室外部署集成电源和电池，站点所有的 RRU 即可通过室外集成电源供电，腾退机房内直流供电设备，彻底实现站点的室外化，进而达到节电降租的目的，实现降低运营成本的效果。

BBU 迁移到汇聚机房后，室外 3/4/5/G RRU 通过集成电源（初期选择刀片式电源）供电，腾退机房内的直流配电柜，达到腾退机房的目的。刀片式电源设备总计 12 端口、8 千瓦，支持 9 个 RRU +3 个 AAU，同时配备 2 块锂电，能够实现 1.5 个小时备电能力，见图 2。

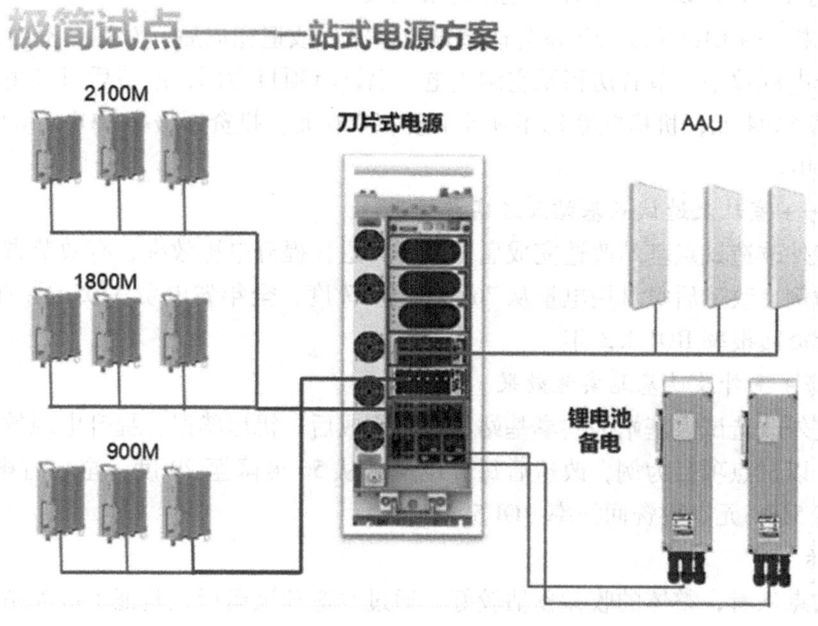

图 2　一站式电源解决方案示意图

（三）改造实施

1. 改造站点选择原则

为保证极简站点顺利实施，选择适合的站点进行改造，现网 DRAN（Distributed Radio Access Network，分布式无线接入网络）站点按照场景分类有铁塔独享机房、自有机房、铁塔共享机房三种，选择改造遵循的原则：已完成 5G CRAN 改造的拉远站点优先（针对 3G、4G 的优化调整）；独享机房优先改造；高租高电的站点优先；无家宽、无专线的优先，有家宽和专线可以快速迁移的优先级次之，家宽和专线无法迁移的不选择；共享站点有独立电表的站点优先；无异厂家设备共机房的站点优先；物业情况良好，站点准入方便的优先；楼面机房优先，一体化机柜、简易站等条件较差的站点不选择。

2. 实施关键点

(1) 集中业务汇聚机房应具备的条件：BBU 主要集中放入上游传输汇聚机房，要优选附近综合接入点为业务汇聚机房，业务汇聚机房需要提供 BBU 所需的外电、电池、安装空间等条件。

(2) 机房、配套可实现腾退：改造后，机房、配套可实现腾退，进而进行退租，降低站点租金。

(3) 传输改造：要总体考虑传输资源，充分考虑现有资源的满足度，BBU 搬迁后，BBU 和 RRU/AAU 之间的传输模式通过无缘波分、AAU 级联方式解决，对于还无法满足，需要投资解决的，要考虑投资收益，论证站点改造的可行性。

(4) 电力改造：充分考虑 CRAN 机房外市电容量、开关电源容量、开关容量等，要满足改造后的需求；AAU 站点电力改造协调由原来的直流改造为交流直接给室外集成电源供电。

(5) 安置腾退物资：原机房集中，会腾退 IPRAN（IP Radio Access Network，无线设备接入网络 IP 化）设备及机柜；BBU 整合会腾退 BBU 框和基带板，可利旧于现网，即 A 无线设备可优先利旧用于 4G 新建站或现网扩容；BIPRAN 设备利旧于集客建设；C 部分可用作现网维护的备品备件；对于达到报废期且性能不满足现网要求的可作报废处理。

三、实施效果

（一）独有机房 + CRAN 改造 + 室外改造改造实施效果

试点站为独有机房 + CRAN 改造 + 室外改造试点基站，改造完成后，对站点室内设备进行整合，机房进行腾退，提升电源效率，节省房租及空调用电。以试点项目为例，改造后每日用电量从 116 度降至 73 度，全年省电费 5494 元，机房配套每年预计节省 15006 元。投资回报率 ROI（Return On Investment，投资回报率）2.2 年。

（二）独有机房 + 室外改造试点基站改造实施效果

独有机房 + 室外改造试点基站改造完成后，机房腾退，提升电源效率，有效节省房租及配套空调用电。以试点项目为例，改造后每日用电量从 76 度降至 47 度，全年省电费 3705 元，机房配套每年预计节省 16492 元。投资回报率 ROI 2.3 年。

（三）共享机房 + 室外改造基站实施效果

共享机房 + 室外改造试点基站为共享基站，改造完成后，机房腾退，提升电源效率，有效节省房租及配套空调用电。以试点项目为例，改造后每日用电量从 56 度降至 29 度，全年省电费 3449 元，机房配套每年预计节省 5103 元。投资回报率 ROI 5.4 年。

（四）经验启示

从改造试点站点来看，整体的收益预估较好。通过改造和试运行，验证了极简站点系统。

（1）BBU 合并可有效减少 BBU 框和单板的使用，节省投资。

（2）使用室外化刀片电源系统可以满足 3G、4G、5G 电源配电需求。

（3）室外化刀片电源系统在当前室外温度下可以满足站点供电需求，可以满足挂墙和抱杆室外化安装。

（4）全室外化改造后，机房和配套设备可退租，空调可关闭，节省运营成本，完全实现绿色运营。

基站进行极简建设和改造，可同时兼顾3G、4G、5G网络需求，改造后可有效腾退机房及机房配套设施，有效降低运营成本，按照场景化分类，可规模化推广。

截至2022年6月，山西联通累计已经完成了全省127个站点的改造。

主创人：卢勇宏、张　鑫、武向朋

4G/5G 无线网智能节能减碳技术研究与应用

中国联合网络通信有限公司研究院

一、企业概况

中国联合网络通信有限公司（以下简称中国联通）在国内 31 个省（自治区、直辖市）和境外多个国家和地区设有分支机构，以及 130 多个境外业务接入点，拥有覆盖全国、通达世界的现代通信网络和全球客户服务体系，主要经营固定通信业务，移动通信业务，国内、国际通信设施服务业务，数据通信业务，网络接入业务，各类电信增值业务，与通信信息业务相关的系统集成业务等。中国联通在 2021 年《财富》世界 500 强中位列第 260 位。中国联合网络通信集团有限公司是全球领先的全业务运营商，致力于成为“信息生活的创新服务领导者”，通过创新的技术、优质的服务为用户提供价值。中国联通 2019 年营业收入 2905.15 亿元，净利润 49.82 亿元；2020 年营业收入 3038.38 亿元，全年净利润 124.93 亿元；2021 年营业收入 3279 亿元，净利润 144 亿元。

中国联通研究院作为中国联通的研究主体，立足国家战略、公司战略的产业服务，从事与企业自身生产经营相关的特色技术攻关、新产品研发、生产技术攻关、技术集成应用、迭代开发及支持日常生产的面向客户、面向市场的相关科研工作。围绕公司市场和网络等开展基础和前瞻技术研究及应用创新，进行关键核心技术攻关和试验，在公司持续发展中发挥强大的智库支撑、技术引领和产业助推作用。

二、主要措施

（一）无线网能耗现状

通信行业的碳排放主要由无线网络、基础网络和数据中心三部分构成，无线网络部分占比超过 65%。截至 2021 年年底，我国累计建成并开通 5G 基站 142.5 万个，基本实现乡镇以上覆盖。2021 年 5G 网络整体能耗约 250 亿度，碳排放超过 1500 万吨。预计 2020—2030 年，5G 基站数量将增长 9.6 倍，能耗与碳排放增长 8 倍以上，累计增加碳排放 5.9 亿吨。

5G 网络作为重要的数字信息基础设施，目前正处于规模建设及高速发展期，能耗与碳排放将持续快速增长，5G 网络实现绿色低碳高质量发展对于国家双碳战略实施至关重要。5G 网络耗电量是 4G 网络耗电量的 3 ~5 倍，随着 5G 基站大规模部署，5G 基站用电量将持续增长，预计到 2025 年，通信行业将消耗全球 20% 的电力，电费将成为决定运营商经营能力的重要因素。节能降碳不仅是电信运营商必须承担的社会责任，也是电信运营商提高市场竞争力、实现高质量发展的内在需要。

（二）无线网绿色低碳发展战略目标

实现碳达峰、碳中和，是贯彻新发展理念、构建新发展格局、推动高质量发展的内在要求，是党中央统筹国内国际两个大局做出的重大战略决策。

在中国力争实现碳达峰、碳中和的背景下，5G 网络作为数字经济发展的重要基座，实现绿色低碳高质量发展至关重要。中国联通提出“3 +5 +1”行动计划，预计“十四五”期间累计节约用电 650 亿度，要控制能耗消耗总量同比增幅逐年下降，计划于 2028 年提前实现碳达峰。

（三）4G/5G 无线网智能节能减碳技术方案

中国联通一直以来都高度重视无线网节能技术的研发与应用，特别是国家层面提出“双碳战略”后，中国联通加大了对 5G 节能方向的研发投入，加强自主科技创新与核心技术攻关，积极构建节能生态，引领 5G 节能技术创新研发与推广应用。

1. 研究背景与目标

传统基站节能技术一般根据业务的潮汐特点分时段批量关断设备，不能支持实时、跨网络、灵活智能的节能管理，导致节能效果不佳、运维复杂。5G 时代，2G、3G、4G、5G 多种制式系统会在一段时期内共存，随着云化架构的演进，多制式系统将逐步融合，需要从全网最优的角度综合考虑智能化节能方案。

另外，现有无线设备在能耗管理方面存在诸多问题：比如，大部分厂家的基站设备支持直流能耗计量功能，能耗计量精度尚待验证；交流转直流模块还不具备能耗计量、监控（采集）功能，无法了解站端的实际运行情况及能耗。为满足 5G 网络高功耗供电需求，应对供电技术挑战，需以建设标准化、资源实时化、运维移动化、管理集中化的理念为指引，构建 5G 基站电源智能控制系统。

为应对 5G 网络高功耗、多制式并存、精细化能耗管理等技术挑战，需要深入开展无线网智能节能体系与创新技术研发，构建设备级、站点级、网络级的分层节能体系。

从设备层面，应结合通信行业产业链的实际发展情况，不断采用新工艺、新材料、新方案、新设计等创新技术，不断改进基站设备产品设计，降低商用设备基础功耗；同时，加快软件新节能功能的研发进度，无线网基站设备必须支持智能符号关断、智能载波关断、小区关断、深度休眠、智能通道关断等节能方案。

从站点层面，基于 5G 基站电源智能控制系统实现包含一键开站、自动联网、远程运维、全生命期资源管理等功能，通过 5G 智能电源、智能配电模组与 5G 基站电源智能控制系统相结合，进一步提高网络建设效率，实现低成本、低能耗、智能运维及快速响应的基础网络体系。

从网络层面，从 4G/5G 等多制式系统的协同管理入手，逐步在现网开展 4G/5G 智能节能试点，将人工智能技术应用在通信网络智能化、自动化的智能管理中，以达到综合网络能力强、用户体验优、能耗低的目标，真正降低运营商 OPEX 成本（运营成本），提高网络整体竞争力和盈利能力。

节能增效是运营商在 5G 网络时代保持市场竞争力、提高盈利能力的重要任务。为解决 5G 网络能耗大的难题，实现无线网络精细化、智能化、规模化绿色低碳运营，需加强 5G 无线网智能节能减碳技术创新研究，基于 5G 设备级、站点级、网络级融合的智能化节能方案，创建高能效的网络运行体系，提升 5G 系统的能源利用效率，实现“双碳”战略目标。

2. 技术方案创新性

根据 5G 商用网络大规模建设的节能减排需求，从无线网智能节能体系、5G 基站节能创新技术、4G/5G 协同智能节能管理平台、5G 电源智能控制系统几个方面开展技术攻关和示范应用，更好地推进 5G 基站基础设施向快速部署、免维护、节能高效、能源数字化等新特性发展，以节省 5G 网络建设投资。

本方案的技术创新性包括以下几方面。

（1）业界首先提出面向 5G 商用网络的无线网智能节能体系。

传统节能方案以降低单一制式、单一设备的能耗为目标，整网节能效果不理想。面向多制式、多站点、多设备的节能场景，创新提出无线网智能节能体系，基于网络级、站点级、设备级三级节能架构，实现多制式无线网络分场景智能化节能管理、“一站一策”差异化节能调度，实现“用户无感知、网络高能效、运维低成本”的目标。该体系打破了基础设施数字化孤岛的现象，具备网络能耗数据实时、高精度采集能力，支持灵活的电源、备电等机房基础资源智能化管控，业界率先推动了网络基础设施数字化创新研发与应用。

一是网络级节能。

构建统一云化管理平台，实现分场景、智能化基站节能策略管理，以全网能耗最优为网络级节能策略，以基于 AI 的智能业务精确预测、智能节能策略生成等功能，实现网络级能耗的智能管理。同时，实现网络资源集中化、智能化管理，达到无线网络基站设备（如 4G/5G 基站设备）智能化、精细化、规模化节能管理目标。

二是站点级节能。

构建统一站点资源管理平台，实现对网络基础设施，如电源、备电等系统按照多种系统制式的智能化管控，支持站点资源可视化、远程智能管理，支持功耗数据精确采集上报、支持电源按系统制式和设备类型的分路智能供电等功能。打破基础设施数字化孤岛现象，首次实现网络能耗数据实时、高精度采集能力，并支持根据网络基础设施状态，支持灵活的电源、备电等机房基础资源智能化管控能力。

三是设备级节能。

基站设备级节能方案主要从基站硬件、软件特性方面挖掘设备的能效潜力，通过改进硬件设计可降低基站设备的基础功耗，开发软件节能功能可以更高效地使用网络资源以降低设备平均功耗。

硬件节能方案主要通过优化设备硬件设计、改进生成工艺及设备集成度等手段达到降低基站设备基础能耗、不断提高基站设备能源利用率的目的，主要包括提高硬件平台集成度，加快 ASIC 等高集成度器件替代 FPGA 等高功耗器件，加快半导体工艺更新换代，加快新材料、新技术、新工艺等技术创新和产品应用，优化 GaN 半导体器件工艺，增强数字预失真算法，提高散热能力等，持续降低基站设备能耗。

软件节能技术根据通信网络业务在时间、空间等上面的分布特征，以及网络负荷的变化，在保证预定指标的前提下通过基站自身软件功能设置，对硬件资源进行合理使用，如采用关断某些硬件器件或模块，实现基站节能目标。5G 基站软件节能技术主要包括符号关断、通道关断、载波关断、深度休眠、4G/5G 协同节能等。

(2) 创新性提出“深度休眠”、4G/5G 协同智能节能等基站设备级节能方案。

为了持续优化基站设备级的功耗，从软件与硬件两方面开展技术创新研发。以 5G AAU 设备硬件架构为基础，创新性提出“5G 基站深度休眠”技术方案，在业界首先提出 5G AAU 基站元器件级节能技术方案，并在现网大规模商用推广，将 5G 商用基站闲时功耗大幅降低 80% 以上。在软件功能方面，业界首次实现 AI 技术应用于 4G/5G 基站协同节能，自主研发可商用部署的 4G/5G 协同智能节能技术解决方案，基于多制式网络智能协同调度实现整网能效最优，见图 1。

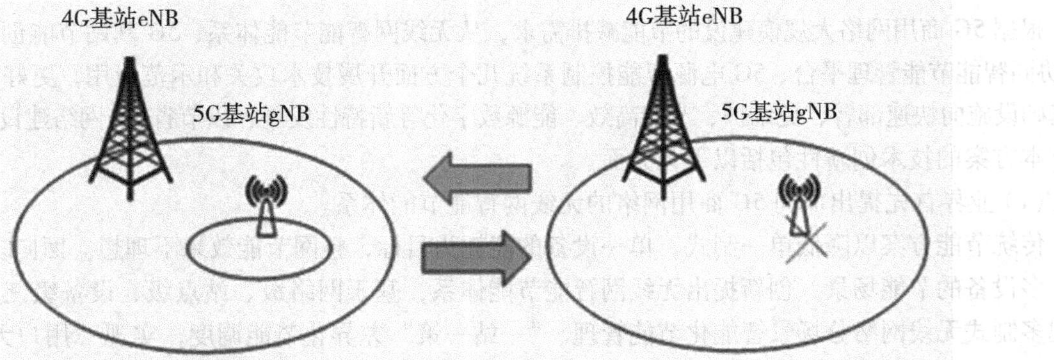

图 1　4G/5G 协同节能示意图

(3) 率先研发 4G/5G 协同智能节能管理平台。

基于无线网智能节能体系，自主研发 4G/5G 协同智能节能管理平台，首次实现多制式无线网络设备的智能能耗管理。该平台使用大数据技术及人工智能技术，支持八大部署场景、六种节能方案、六大业务指标监测，首次实现节能策略智能选择、参数智能优化、效果智能评估等重要功能，实现网络运行效率最优、综合节能效果最优的“双优目标”，在天津联通等省份进行大规模试验，节能效果显著，见图2。

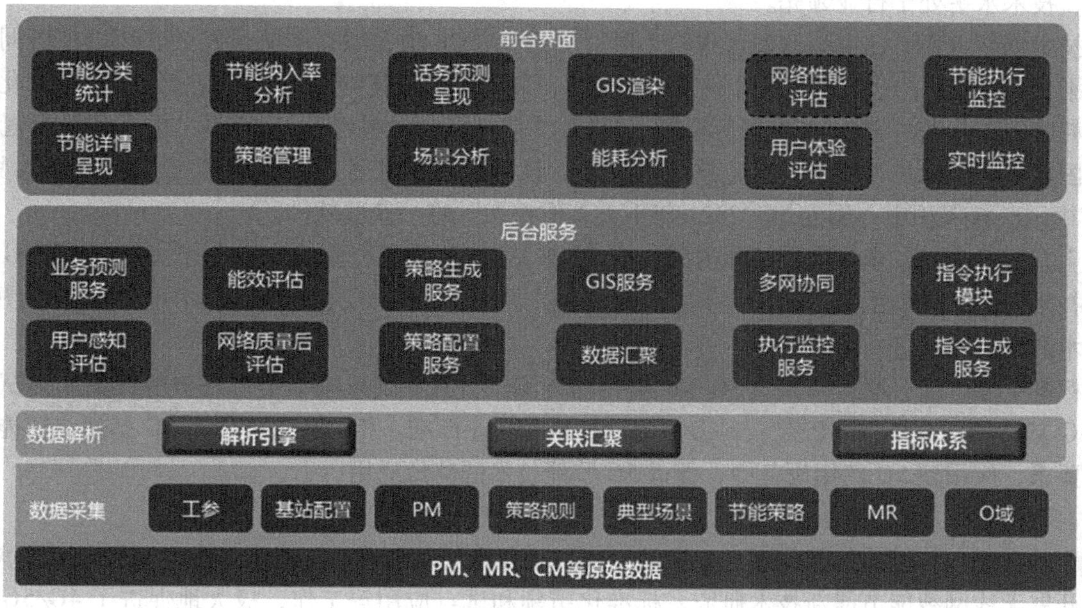

图2 智能节能管理平台架构

(4) 研发5G电源智能控制系统。

大力推进网络基础设施数字化的创新研发与应用，构建统一站点资源管理平台，实现对网络基础设施（如电源、备电等系统）智能化管控。5G电源智能控制系统可以自动感知基站的负载情况、供电质量、市电电能、电池备电时长等运行数据，依据业务需求、市电及电池运行参数、实现智能下电控制，极大降低基站能耗，见图3。

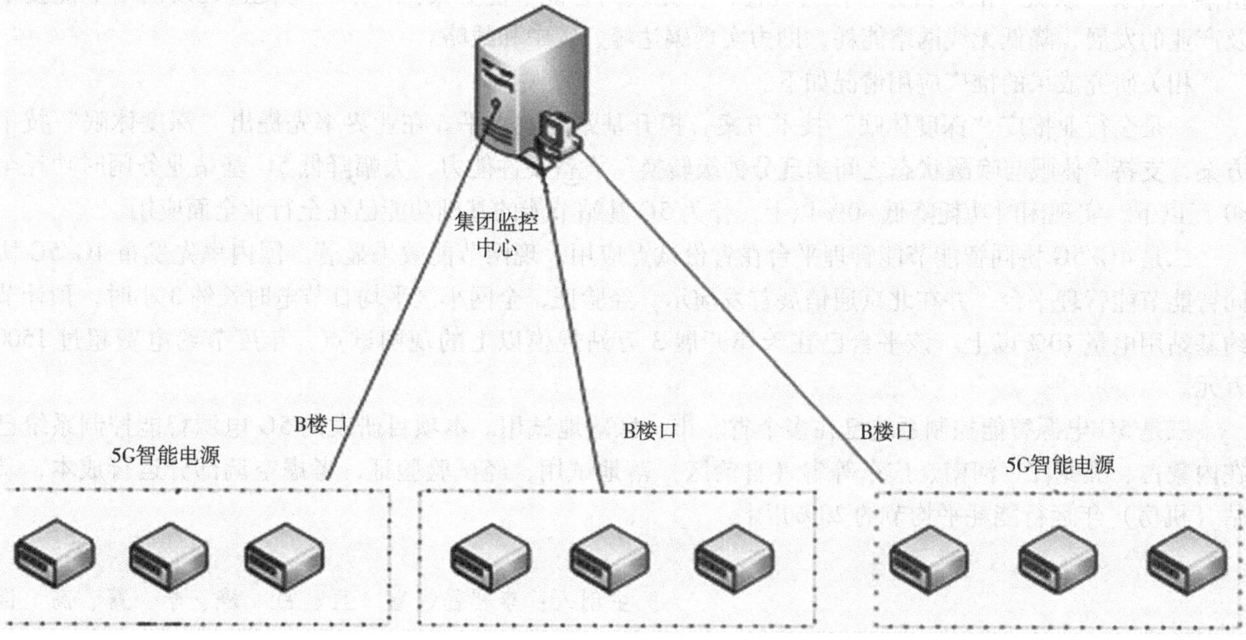

图3 5G基站电源智能控制系统架构

3. 主要研究成果

中国联通研究院聚焦绿色发展方向，在 4G/5G 无线网智能节能减碳技术方面形成一系列创新性研究成果，技术水平处于行业领先。

在技术创新方面，已申请软件著作权 2 项、发明专利 38 项，项目团队研发的“4G/5G 协同智能节能管理平台”，突破了传统节能方案中管理难度高、节能效果欠佳的瓶颈，实现智能化、精细化、协同化的能耗管理，荣获了 2021 年度国际电联（ITU）“信息社会世界峰会 WSIS ICT 电子环境组冠军奖”，成为我国电子环境保护领域唯一获此殊荣的项目。该项目也荣获了“2021 年度十大著作权人奖”，是 2021 年中国版权保护中心颁发的“2021 年十大著作权人”唯一获奖软件。

在生态建设方面，牵头成立了国内第一个 5G 基站 AI 节能联合研究中心，加快推进 4G/5G 协同智能节能技术研发、规模推广与商用部署。业界率先发布中国联通 5G 智能节能技术系列白皮书，引领 5G 节能技术的发展与演进。

在标准引领方面，联合牵头《5G NR 基站功耗测试方法》《移动通信设备节能参数和测试方法基站》《5G 基站能耗分级方法研究》等多项国家标准和行业标准。相关成果已作为 5G 基站与智能电源系统技术要求，应用到 5G 商用设备中，促进 5G 节能技术的落地应用。

三、实施效果

为了落实绿色、智能的发展理念，推动无线网络向绿色、高效、智能化可持续发展，中国联通研究院积极开展无线网智能节能新技术研究、标准化引领和试点应用等工作，极大地促进了 4G/5G 协同智能节能技术的发展及产业链成熟，为行业运营商树立了网络节能新标杆。

从经济效益来看，课题研究成果预估综合节能效果达到 10% 以上。按照 5G 单站年度节约电费约 0. 27 万度，联通全网 5G 基站约 70 万站，每年节约用电约 18. 9 亿度。5G 智能电源综合管理平台及技术解决方案可显著降低电源系统投资，按节省 10% 投资测算，仅 5G 单站电源系统投资可节约 0. 15 万元，按全国 5G 基站每年新增 15 万站计算，年度节约投资约 2. 25 亿元。

从社会效益来看，5G 基站能耗高，对我国实现碳达峰、碳中和目标带来巨大挑战，运营商积极承担落实国家“双碳”战略目标和社会责任，在无线网智能节能方案推广后，将促进无线网络节能技术及产业的发展，降低无线网络能耗，助力实现碳达峰、碳中和战略。

相关研究成果的推广应用情况如下。

一是全行业推广“深度休眠”技术方案，提升基站能效水平。在业界率先提出“深度休眠”技术方案，支持“休眠与唤醒状态之间实现分钟级转换”设备硬件能力，大幅降低 5G 基站业务闲时功耗至 80 瓦以下，实现闲时功耗降低 80% 以上，作为 5G 基站节能的基础功能已在全行业全面应用。

二是 4G/5G 协同智能节能管理平台在省份试点应用，现网节能效果显著。国内率先发布 4G/5G 协同智能节能管理平台，并在北京通信展首发演示，经验证，全网小区平均日节电时长约 3 小时，预计节约基站用电量 10% 以上。该平台已在天津开展 3 万站规模以上的现网试点，年度节约电费超过 1500 万元。

三是 5G 电源智能控制系统已在多个省、市、区落地试用。本项目研发的 5G 电源智能控制系统已在内蒙古、黑龙江、河南、广东等省（自治区）落地试用，经试验验证，考虑空调部分运行成本，基站（机房）年运行能耗平均节约 20% 以上。

主创人：李福昌、曹　亘、吕　婷、李　露、高　谦

“三链”融合引领中国石油低碳发展机制探索与实践

中国石油集团安全环保技术研究院有限公司

一、企业概况

低碳自2003年提出后已成为世界经济社会发展大势所趋，我国正在以前所未有的深度和广度卷入这股低碳潮流。2011年以来，中国石油集团安全环保技术研究院有限公司（以下简称安全环保院）依托“低碳关键技术研究”“低碳与清洁发展关键技术研究及应用”两期低碳重大科技专项，根据国内低碳研究缺乏有针对性、可操作性的顶层设计，工程技术、产业等不同的领域不能有效结合，科技成果转化推广和共享应用的藩篱尚未破除，协同攻关的体制机制尚未有效形成等问题，积极探索了价值链、产业链、创新链“三链”有机融合促进集团低碳发展的机制，初步形成了中国石油的低碳发展模式。

二、主要措施

低碳专项是集团公司目前最综合、涉及面最广的一个重大科技专项，由安全环保院牵头负责。专项结合集团公司主营业务需求，开展了从低碳管理体系的构建与发展到不同领域（横跨油气开发、储运、炼化等上下游不同作业范围）的技术研发与应用，形成了系列化、多层面、创新性、立体式的低碳发展价值链、产业链和创新链体系，打造出具有中国石油特色的低碳发展模式。

（一）明确了“三链”在集团公司低碳发展中的内涵

1. 以主营业务需求为导向明确价值链

低碳发展是企业发展的方向，集团公司已明确其主营业务价值链，在这些主营业务价值链中，哪些环节制约了主营业务价值链的实现或者最大化，哪些环节影响了提质增效，就可以作为低碳发展主攻方向的备选环节。只有完善了这些环节，实现主营业务价值链的延伸，才能保证主营业务价值的最大化，并实现提质增效。因此，低碳发展的价值链就是主营业务发展的需求，就是主营业务价值链的延伸。集团公司主营业务面临的低碳需求是：油气生产系统效率不高；炼油化工加热炉效率不高；长输管道管输阻力大、加热温度高；钻井动力装置热效率低、排放强度高；碳排放强度大，减排潜力大，存在技术空白；污水升级达标困难，污泥资源化率有待提高；低碳发展软实力亟待提升。对应需求，节能提效、废物资源化、碳资源管理就是延伸主营业务的价值链。

2. 以“三低一高”为主线明确创新链

确定“低碳”的内涵是“三低一高”，即低能耗、低污染、低排放、高效率。根据内涵综合分析集团公司在低碳领域的需求，确定低碳创新链主线：“三低一高”，低排放和低污染重点关注碳减排与废物资源化，低能耗和高效率重点关注节能与提效。同时，强化战略标准，为集团公司提高低碳水平提供政策支持。对应需求，以“三低一高”主线为指导，已形成了25项关键技术和11项成套技术，构建了低碳技术体系，见图1。

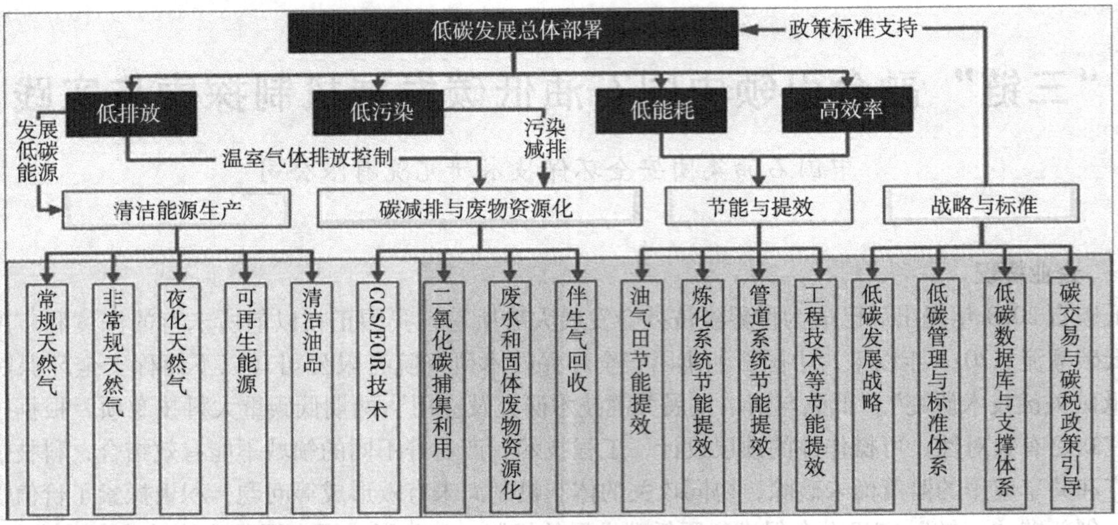

图 1　低碳发展总体布置图

3. 以区域应用为目标明确产业链

以能延伸公司主营业务价值链的相关产业链为关注点，构建集团公司的低碳产业链，明确低碳产业链的科技需求，低碳产业链要将低碳科技创新成果在集团公司主营业务链中形成区域应用。低碳专项以区域应用为导向，充分应用不同领域（横跨油气开发、储运、炼化等上下游不同作业范围）的技术研发成果，根据不同领域的特点，打造了油气生产系统节能提效、炼化加热炉提效、含蜡原油降凝输送、天然气钻井动力、碳减排与封存、污染物资源化利用、低碳战略与标准体系等具体产业方向，通过创新成果在区域的综合应用，形成了中国石油产业从上游到下游的系列化、多层面、立体式创新与应用相结合的低碳产业链，形成了低碳示范体系。

（二）建立了引领低碳发展的“三链”融合机制

1. 以延伸主营业务价值链为指导设计低碳产业链

依据产业关联理论的产业链关联关系和波及效果，以能延伸公司主营业务价值链的相关产业链为关注点，构建集团公司的低碳产业链，即用主营业务的价值链延伸指导低碳产业链的建立，而不是独立建立低碳的产业链。

集团公司的资源利用效率和污染控制能力与国际石油公司比，还有一定的差距。集团公司的加工损失率是国际先进水平的 1.5～2 倍，差距较大。集团公司 2016 年辽河油田年产原油和产生含油污泥的比例是 1.2%，集团公司在试产、开发、储运和外输过程中甲烷泄漏量初步估算为 0.57%（采用甲烷排放因子科研成果测算），与国际先进水平存在一倍以上的差距。低碳专项围绕清洁能源生产、节能与提高能效、碳减排与废物资源化、战略规划与政策标准的四大方向，以公司主营业务价值延伸、实现高质量发展等重大需求为指导设计产业链，强化高含水、低渗透、稠油热采、长输管道、加热炉等领域节能创新以实现节能提效；强化 VOC 管控、甲烷回收利用来减少生产过程的无组织排放，减少资源浪费；实施油泥资源化、钻井废物随钻处理和资源化降低油泥的产生；制订低碳系列标准规范，支撑集团、国家、国际碳资源管理。经过多年攻关，实现了“理论技术创新、生产应用实效、创新能力提升”三大目标，公司低碳发展综合水平逐步提高，接近了经济低碳水平，与国际大石油公司差距在不断缩小。

2. 以低碳产业链技术需求为指导构建低碳科技创新链

依据产业结构理论的产业演变规律，通过分析价值链延伸确定的产业链的技术需求，构建解决产业链技术需求的创新链，通过产业的确定性来牵引创新链中的不确定性以实现产业链与创新链的融合。

低碳专项以节能与提高能效、碳减排与废物资源化、战略规划与政策标准等需求为导向，统筹推进原始创新、集成创新和引进消化吸收再创新，注重原创性理论和基础性研究，注重跨越式和颠覆性技术研究，实现关键领域核心技术自主可控，抢占能源科技制高点，见图 2、图 3、图 4、图 5。

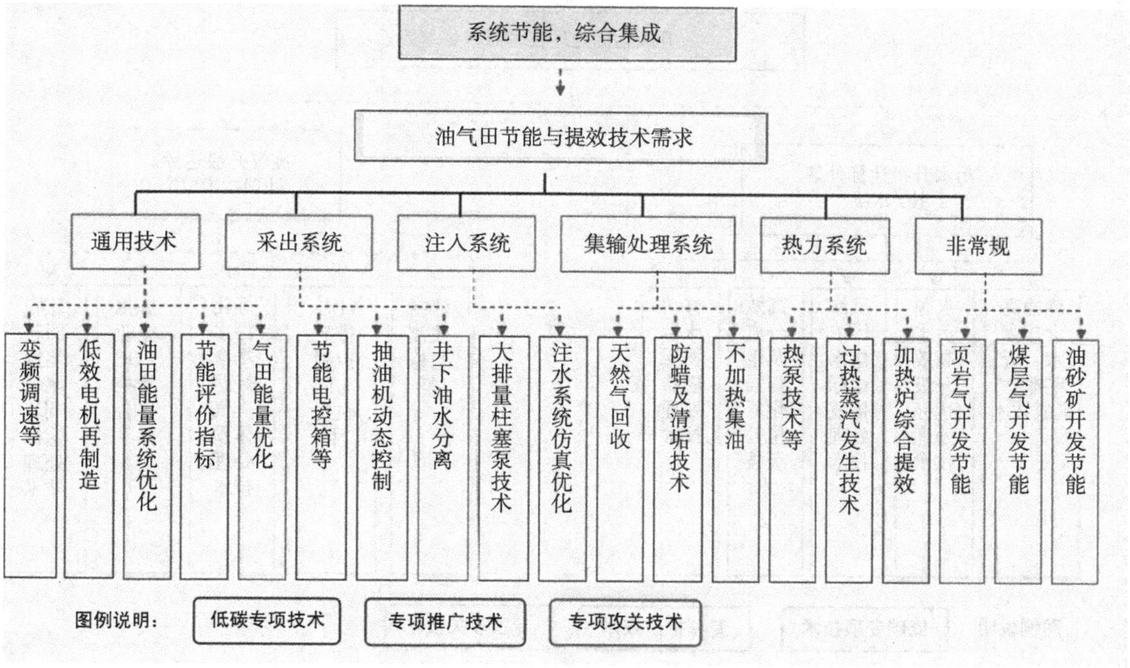

图 2　油气田节能与提效技术树

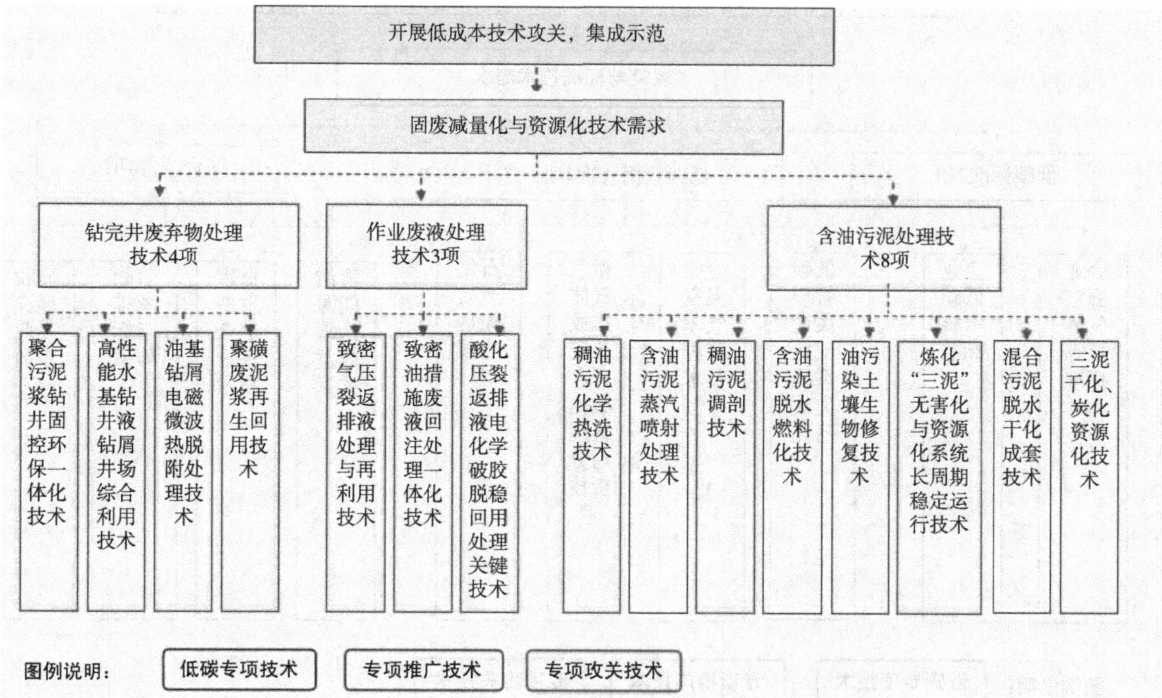

图 3　固废减量化与资源化技术树

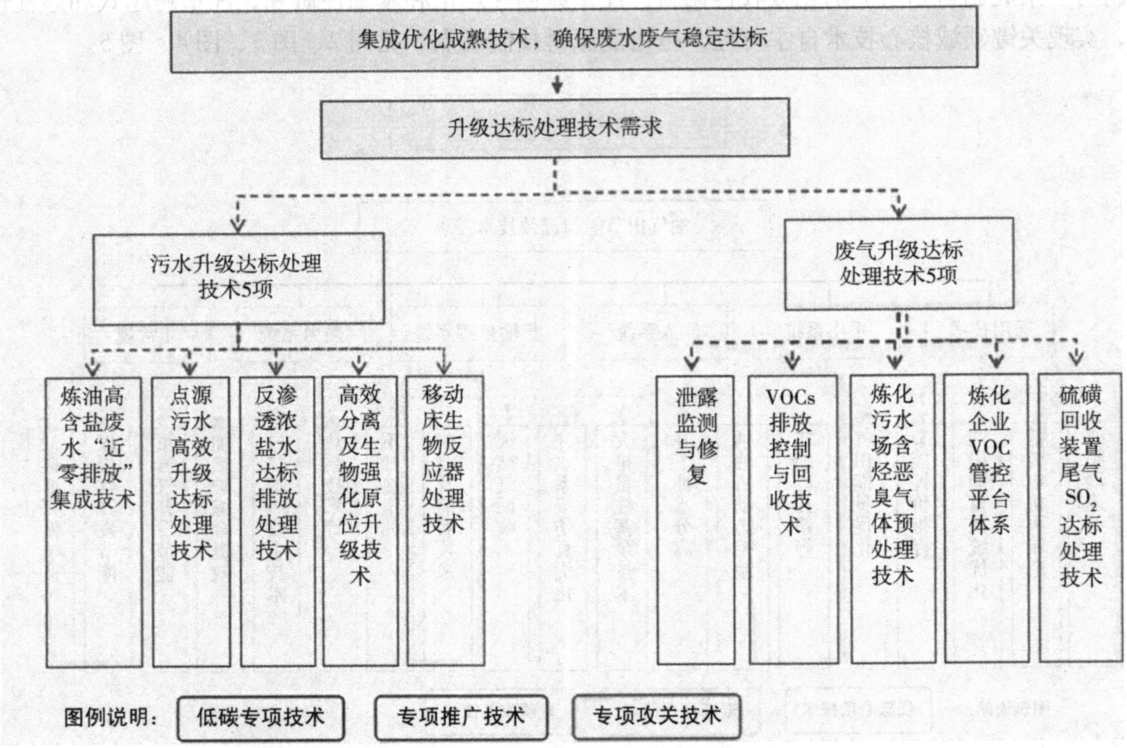

图 4　升级达标处理技术树

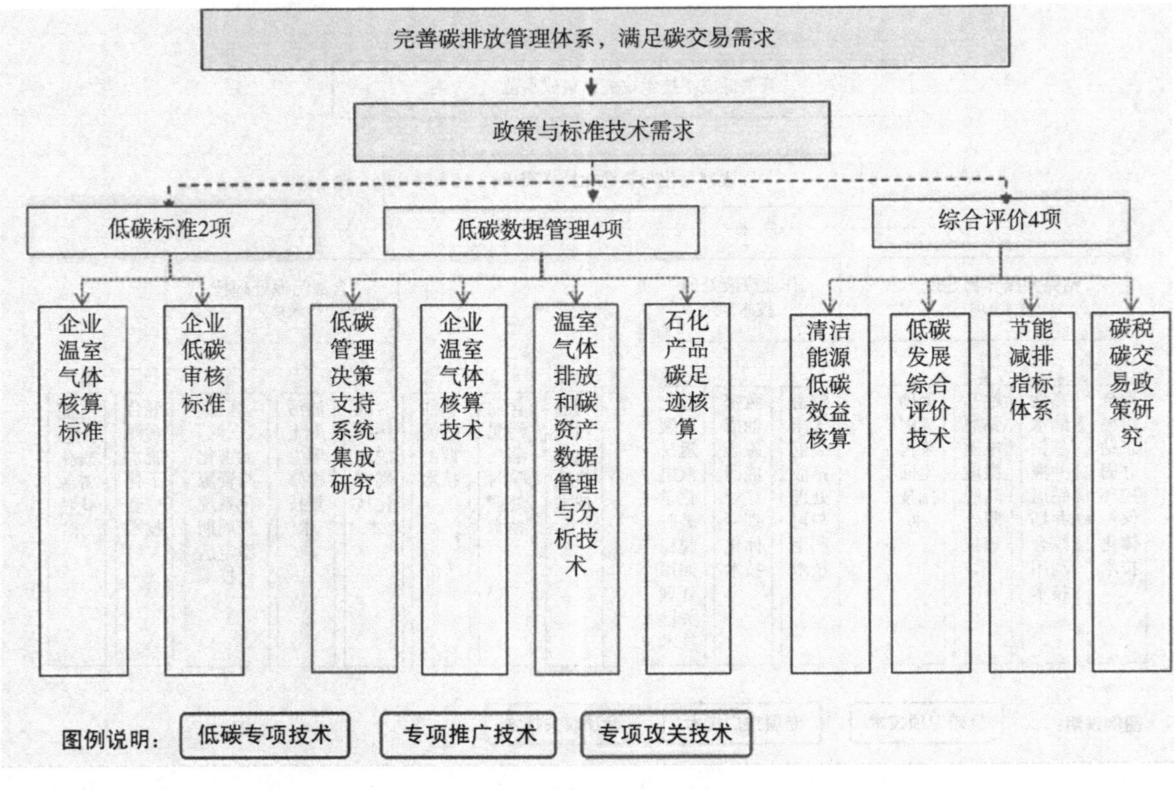

图 5　政策与标准技术树

3. 以产业链示范孵化创新链

依据技术经济学的关系论和效果论，以低碳产业链上的示范工程来体现创新价值链上商品化和社会效用化过程。

低碳一期攻克不加热集输、数字化抽油机等 9 项关键技术，集成伴生气回收、油泥资源化利用等 11 项成套技术体系，依托研究成果，在大庆油田、长庆油田、辽河油田、吉林油田、兰州石化、吉林石化等企业建设了 13 项示范工程进行技术落地。低碳二期进一步强调成果和示范，攻关 16 项关键技术，在总经费只有一期 1/3 的情况下，在大庆油田、长庆油田、新疆油田、大庆石化、吉林石化、宁夏石化、川庆钻探、渤海钻探、长城钻探等企业建设了 16 项示范工程进行技术落地，有效将创新链转化为产业链而产生价值。

4. 以创新成果和产业化诠释价值链

依据生物学的共生理论，本研究确定以低碳创新支撑的产业链创造的价值和创新链本身形成有形化成果价值来支撑主营业务的价值链。

低碳一期在低碳节能减排领域共取得节能技术、减排技术和低碳软实力提升 3 类创新成果 13 项，建立 4 套评价指标体系和 3 大标准规范系列，实现了专项理论技术攻关目标。形成各类知识产权 223 件，超额完成计划任务书规定的考核指标。低碳二期已形成油 9 项国内领先的标志性成果，形成发明专利 55 件。专项创新成果有效支撑了产业创效。

注采系统多节点动态控制、不加热集输和高（特高）含水油田节能配套技术系列支撑萨北油田示范区 3 座联合站、12 座转油站和 4 座污水处理站实现低碳运行。自主开发以数字化抽油机为核心的低渗油田节能配套技术系列示范 1. 4 万台，为建设数字化“西部大庆”上产 5000 万吨提供技术支撑。集成创新了稠油污泥、化学驱污泥、落地油泥和炼化“三泥”4 个资源化技术系列，形成一年 10 万吨处理能力，支持示范区污泥资源化率提高 50%。

（三）开展了以区域综合示范应用为落脚点的“三链”融合实践

1. 以低碳顶层设计为抓手落实价值链

围绕公司主营业务生产价值链的延伸，确定了低碳发展价值链体系。专项明确了集团公司低碳技术攻关领域：清洁能源生产、节能与提高能效、碳减排与废物资源化、战略规划与政策标准制定，明确了各领域科技发展对碳减排的贡献。

制定了《低碳专项运行管理办法》，设立了专项组织机构，建立了跟踪专家组，专家全程跟踪把关。低碳专项是首个由牵头单位全权负责的专项，安全环保院在技术路线选择、团队组建、经费使用等方面具有自主权，为专项研究和示范工作提供了支撑，也为集团公司制（修）订相关办法提供了试点，见图 6。

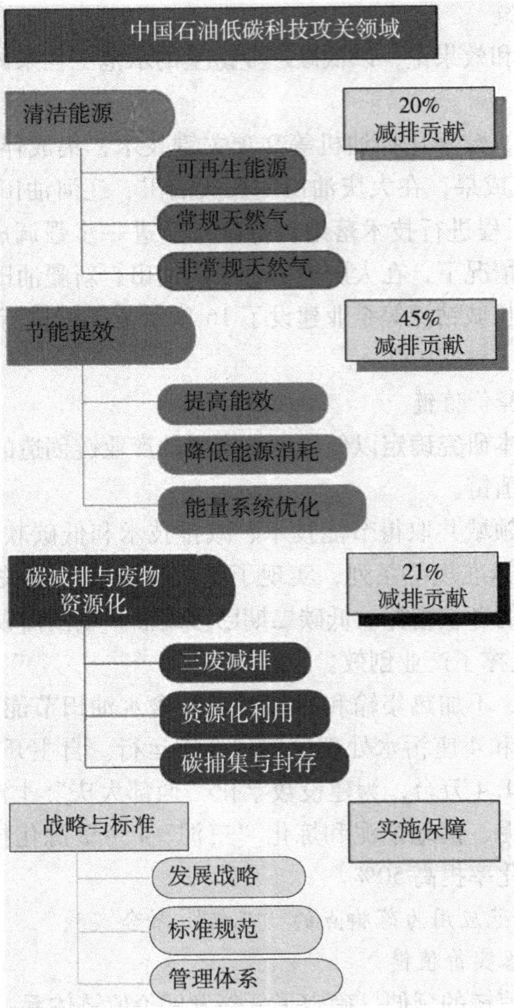

图 6　中国石油低碳科技顶层设计图

2. 以跨领域联合攻关为抓手落实创新链

低碳专项选准集团公司需要解决的瓶颈问题，很好地落实了“以需求为导向、以企业为主体、产学研用相结合、上下游衔接、跨领域联合、大中小企业协同的创新机制，充分调动全社会的力量来协同攻关”。由安全环保技术研究院牵头负责，联合大庆油田等大型油气田、炼化企业组成“产学研用”一体化攻关团队，充分发挥各自特长和多学科联合攻关的优势，确保实现专项预期目标。经过 50 余家企事业单位及高等院校近 700 多名专家持续攻关，研究取得了丰硕成果。

低碳一期攻关基础研究阶段占 20%，中试试验研究阶段占 20%，工业试验和推广应用阶段占 60%。在优选的联合攻关团队中，涉及跨领域的占 32%；在跨领域研究团队中，参与基础研究阶段占 29%、中试试验研究占 42%、工业试验和推广应用占 29%。二期基础研究阶段占 13%，中试试验研究阶段占 19%，工业试验和推广应用阶段占了 68%。在优选的联合攻关团队中，涉及跨领域的占 43%，在跨领域研究团队中，参与基础研究阶段占 17%，中试试验研究阶段占 49%，工业试验和推广应用阶段中 34%。实现了兼顾“应用基础、技术研发、技术应用”，为专项实现“明确生产导向目标，在短期内解决重大生产瓶颈技术问题”的目标提供了有效支撑。

3. 以推行清洁生产为抓手落实产业链

低碳专项把源头控制和过程清洁生产作为主要方向，核心是以提高资源利用率的途径实现从产出污染物再治理向少排污或不排污转变。低碳专项助推集团公司能耗模式由高能耗转向低能耗，专项“十二五”期间支持节能300万吨标煤；全面推广后可形成年节能180万吨标煤能力。促进排污模式由高污染转向低污染，“十二五”末含油污泥资源化及无害化年处理能力达到130万吨，资源化率达到80%以上；“十三五”末，产生的含油污泥基本能得到处理。支撑耗水模式由低效率转向高效率，“十二五”末，示范企业节水能力为0.7亿立方米，达到加工吨油新鲜水量0.4方的国际先进水平；到2020年，加工吨油新水量降至0.35立方米。

集团公司通过强化VOC管控、甲烷回收利用，实施油泥资源化、钻井废物随钻处理和资源化，强化作业废液回收利用等，有效提升集团公司主营产品的收率，缩小了与国际石油公司在资源和能源利用上的差距。

4. 以区域综合应用示范落实“三链”融合

低碳专项一期重点在“节能与提效、减排与废物资源化、战略与标准”三大方面取得重大技术突破，集成11项成套技术体系。在牵头单位的选择上注重与生产结合，促进示范应用的成功建设和技术的引领效应。例如在高含水油田节能节水关键技术研究方面，核心是注水泵泵效、注水系统效率、抽油机系统效率、螺杆泵系统效率的提高，因此，优选了国内最大的高含水油田——大庆油田作为课题牵头单位，同时根据实现跨越发展的需求组建联合攻关团队，通过攻关壁厚定子螺杆泵技术、抽油机动态控制优化等，突破高含水油田机采系统20年来无法突破的技术瓶颈。低碳二期建成5个低碳和清洁发展示范区，优选具有代表性示范作用并具备一定研究基础的企业牵头。例如，在炼化企业废气与挥发性有机物（VOCs）排放控制示范区，优选集团公司最有代表性的石化企业之一吉林石化开展全厂型VOCs综合整治示范性工程，针对炼化企业工艺系统、装卸系统、储存过程、污水处理及VOCs泄漏检测与修复技术等全过程进行研究与示范。课题示范工程投运后已在吉林石化建设VOC排放控制，一年减少VOCs排放量3681吨，3年累计回收物料量3898吨。图7为中国石油低碳发展模式图。

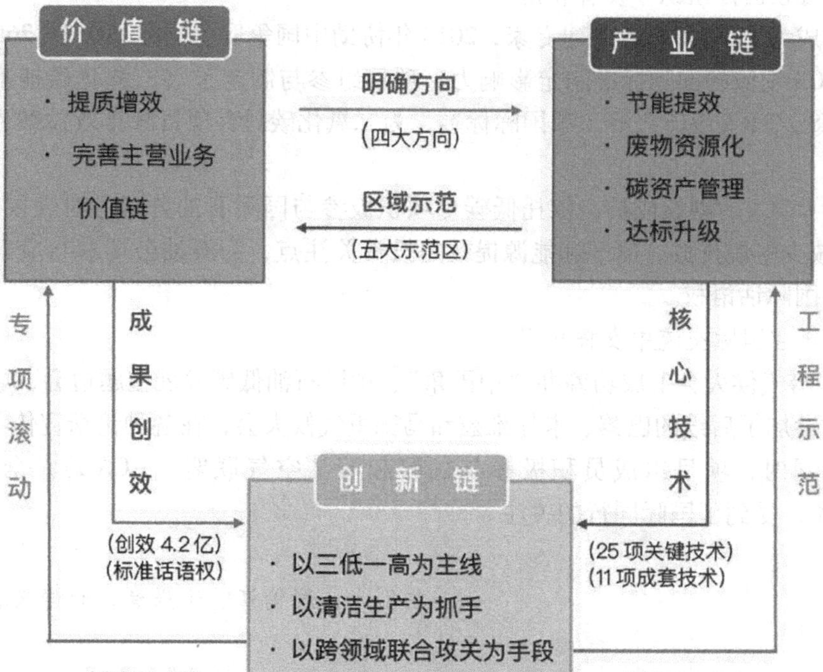

图7　中国石油低碳发展模式图

三、实施效果

（一）支撑集团公司主营业务发展

1. 形成低碳发展示范效应

新型数字化抽油机等技术在长庆应用 13610 口井；高含水油田机采系统效率提升技术在大庆应用 3500 口井；第二代纳米降凝技术在管道公司全部推广应用；炼化加热炉燃料气脱硫等技术在克石化等应用 27 台锅炉、30 套装置；含油污泥分质处理技术体系支持辽河等油田形成 10 万吨/年处理能力；企业温室气体排放核算标准等低碳软件平台在公司上线应用。

2. 支持集团公司完成绿色发展行动计划和节能减排计划

支持集团公司发布《绿色发展行动计划》，明确低碳发展路线。该成果支撑了集团公司落实绿色发展行动计划和实现国家的节能减排目标。

（二）引领国内低碳发展

1. 低碳技术达到国内领先水平

低碳一期 87% 的技术为自主创新或合作研发，原创的第二代长输管道纳米降凝剂及配套工艺技术，攻克了含蜡原油改性输送的世界性技术难题，独享 2013 年里约第九届“全球管道奖”。低碳二期已形成油田地面工程能量系统优化等 9 项国内领先的标志性成果。

2. 明确集团公司低碳发展对国家的贡献

低碳专项首次制定了石油石化行业 7 项低碳技术和管理标准，建立了完善的标准数据库系统，形成了低碳标准体系。炼化企业温室气体排放统计核算技术规范等标准和低碳标准数据库为参与碳交易市场奠定了技术基础，为公司赢得了国家低碳标准制定话语权。仅参与发改委《石油石化行业温室气体核算指南》修订工作涉及储罐闪蒸排放一项，就为集团公司节省约 2. 29 亿元的交易额。

（三）形成低碳发展国际影响力

1. 支持集团公司在国际组织中发挥作用

专项 8 位成员成为 ISO/TC 265 创建专家，2013 年协助中国争取了国际 ISO/TC 265WG4 领导权，扩大了集团公司在 CCS 领域的国际标准制定影响力。项目组参与制定了《二氧化碳捕集、运输与地质封存量化与核查》（ISO/TR 27915）等 3 项国际标准，为二氧化碳封存项目减排效益纳入碳市场奠定了技术基础。

集团公司作为 OGCI 的创始成员，依托低碳专项积极参与国际石油公司应对气候变化的相关工作，确定了 2040 年前减少甲烷排放、CCS 和能源提效是投资关注点，为石油公司参与应对气候变化活动提供了支撑，获得了国际话语权。

2. 支持集团公司在国际交流中发挥作用

2012 年，在多哈气候大会上成功筹办“中国角”、中国石油低碳发展主题边会，彰显低碳关专项的影响力。集团公司参加了后续的巴黎、卡托维兹和马德里气候大会，在各种论坛宣传集团公司在低碳和 CCS 方面的进展。同时，项目组成员积极参与气候和清洁空气联盟（CCAC）、全球甲烷行动倡议（GMI）等技术交流，受到了国际同行的关注。

主创人：闫伦江、李兴春、孙静文、贾选红、袁　波

旧厂房蜕变零碳数据中心，新装备助力绿色经济转型

中国移动通信集团设计院有限公司

一、企业概况

中国移动通信集团设计院有限公司（以下简称中国移动设计院）是中国移动通信集团有限公司的直属专业公司，是中国移动研发机构之一的“网络规划与设计优化研发中心”，是国家甲级咨询勘察设计单位，具有承担各种规模信息通信工程、通信信息网络集成、通信局房建筑及民用建筑工程的规划、可行性研究、评估、勘察、设计、咨询、项目总承包和工程监理任务的资质；持有电子通信广电行业（通信工程）甲级、电子系统工程专业甲级和建筑行业（建筑工程）甲级资质；具有信息系统集成及服务一级资质；具有承担国家发展改革委委托投资咨询评估资格；业已通过ISO国际质量管理体系和环境、职业健康安全管理体系认证；持有《中华人民共和国对外承包工程经营资格证书》，可承接对外承包工程业务。公司本部设置14个职能部门，下设有线所、无线所、网络所、信息能源所、规划所和5G+创新业务所6个专业所及信息建筑业务部、网络研究与设计优化研发中心，在黑龙江等省（自治区、直辖市）设有23家分公司，并拥有全资子公司北京煜金桥通信建设监理咨询有限责任公司。中国移动设计院拥有职工近5000人，超过90%的人员为大学本科及以上学历。其中一级注册建筑师、一级注册建造师、一级结构工程师、国家注册咨询工程师、信息系统项目管理师200余人。中国移动设计院拥有一批信息通信行业的知名专家，其中全国设计大师和工匠7人，49人次获政府特殊津贴。中国移动设计院聚焦网络领域规划、设计、优化“三大”基础业务能力，先后完成了一大批全国性的通信骨干网工程和新技术首例工程的设计任务，为中国通信网络的建设发展提供了强有力的技术支持和保障。中国移动设计院在信息能源、数据中心、网管、DICT（垂直行业）、软件工作量评估、采购咨询（招标代理）等新业务领域持续发力，研究成果有力支撑国家“十四五”大数据中心规划布局，数字能源机柜不断助力数据中心降本增效，各项新业务均取得显著成效。同时面向AaaS（分析即服务）咨询服务、专网、软硬件集成等战略业务开展研发创新，为中国通信行业“数智化”转型提供了强有力的技术支持和保障。

二、主要措施

根据国家“双碳”和“东数西算”战略，以及中央“加快5G网络、数据中心等新型基础设施建设进度”精神，中国移动设计院根据内外环境变化，快速明确战略方向和实现路径，进一步优化“4+3+X”数据中心布局，加快构建泛在融合的算力网络，打造一点接入、即取即用的算力服务。同时，中国移动设计院提出以“C2三能”计划，创新构建“三能六绿”发展模式，助力实现碳达峰、碳中和目标。

中国移动设计院从数据中心“卡脖子”的技术难题出发，整合多项绿色低碳技术，形成新型工业化数据中心整体解决方案，满足低成本快速建设的需求，达到“东数西算”全国一体化大数据中心示范工程、国家枢纽节点及新型数据中心PUE（电源使用效率）指标要求，可大规模推广应用于安全可靠、绿色高效、价值领先的新型数智低碳算力网络基础设施建设。

（一）绿色低碳技术——新型工业化数据中心整体解决方案

新型工业化数据中心秉承建筑工业化核心理念，以中国移动自研微模方为核心，将传统数据中心建设提升为工业化制造，更好地控制数据中心建设周期、成本和质量，具有“一核三化”典型特征，“一

核”即核心自研产品，“三化”即产品预制化、交付总成化、运维智能化。

1. 核心自研产品

微模方—双层双联微模块（DMDC）是中国移动针对传统数据中心建设周期长、装机数量少、节能效率低而100%自主研发的数据中心智能硬件产品。该产品是具备独立运行功能的微模块，由机柜、电源、配电、空调末端、综合布线、消防、监控管理等系统组成。微模方产品填补了微模块在高大建筑空间应用的国际空白，具有“即装即用”的快速响应优势，以及“多、快、好、省”的技术特点，即机架翻倍场景多，即装即用部署快，安全可靠性能好，节能增效成本省。该产品拥有发明专利7项，实新专利3项，荣获中国移动第十九届“科技进步与业务服务创新奖—产品开发奖金奖”，入选工业和信息化部《国家通信业节能技术产品推荐目录（2021）》。

2. 产品预制化

产品预制化是数据中心IT模块单元、制冷模块单元、电源模块单元、基础模块单元、框架模块单元、维护模块单元功能耦合，实现产品预制化、装配化、去工程化。

机房模块单元采用自研微模方产品。每两个中国移动自主研发的专利产品双层双联微模方（约100个标准机柜）形成一组模块级单元，20个微模方结合形成一个建筑级颗粒，4栋建筑组成一个园区级。

制冷模块单元采用高能效制冷系统。以自研5S全变频气液双泵专用空调系统为例，具有更节省、更静音、更小巧、更可靠、更智能的特点。采用合理的结构形态、高效的气流组织设计、软（硬）件结合的降噪措施，室外机节省占地30%以上、噪声降低5～8dB（A）。

配电模块单元采用自研预制集装箱模式，颗粒度从小到大依次为模块级、建筑级、园区级，电源系统采用模块化产品，供电架构简单，降低电源能耗约40%。

框架模块单元、维护模块单元采用钢结构及一次成型板材，达到100%的装配率。

新型工业化数据中心通过采用各系统独立解耦的模块化设计理念，一方面可满足不同功耗场景，灵活适应不确定的业务需求，做到不同机架颗粒度的建需匹配，建设单位可以根据需求精准投资；另一方面在总体设计方案和设备选型上进行最佳匹配，全国大部分地区的PUE可实现1.25以下，最低可到1.2以下。

3. 交付总成化

工业化数据中心整体解决方案采用工程总承包（EPC）组织建设模式，实现设计、采购、施工一体化交付，充分发挥工程设计、施工与自研预制化产品有机融合优势，实现建设项目规划与建造全过程的结合，做到“三省一降”，即业主管理节省、工程造价节省、建设工期节省、业主风险下降。特别在建设工期节省方面，优势极为明显，通过EPC一次性招采模式大幅度缩短施工前期准备周期，预制化的产品在实施阶段较传统安装模式进一步缩短了实施周期。经测算，对于整个建设工期在一年左右的项目，工业化数据中心整体解决方案可实现工期节约效果30%～50%。

4. 运维智能化

工业化数据中心整体解决方案运用中国移动自研数据中心空调运维智能平台，基于大数据、人工智能、数字孪生技术，提供一套数据中心健康诊断、节能诊断解决方案，服务于数据中心数字化、网络化、智能化运维运营，实现数据中心的“三高一低”：运行安全高、节能效率高、智能管理高、运维成本低。实测应用表明：评估能耗模型相比实际能耗误差率控制在10%以内，通过实时采集的室外环境温度、机房负载等有效特征参数，调用冷机、冷却塔、水泵设备能耗模型，以冷机、冷却塔、水泵等空调系统总能耗为目标值应用粒子群算法进行能耗寻优及参数配置指令下发，通过持续AI节能优化技术，空调节能率可达20%以上。目前，该运维智能平台已在中国移动江苏无锡、浙江金华、河南郑州、辽宁铁岭等数据中心试点部署、测试和应用。

工业化数据中心整体解决方案是一种基于工业化数据中心建造为核心理念，将建造过程进行预制化解耦，同时结合总承包建设模式、标准化解决方案、智能运维等方式实施的一体化技术，具有快速部署、柔性扩展、绿色节能、安全高效的优势，满足未来数据中心多业务、多场景需求，具有较好推广前景和价值空间。2021 年，工业化数据中心整体解决方案获中国电子节能技术协会“云计算中心科技奖卓越奖”，基于 EPC 的工业化数据中心融合建造技术获中国工程建设标准化协会“数据中心科技成果奖一三等奖”。

（二）绿色低碳技术的应用与实践——中国移动（铁岭）清河工业化数据中心

中国移动通信集团设计院有限公司会同中国移动通信集团辽宁有限公司在辽宁省政府建设数字辽宁、智造强省，大力发展数字经济的形势下，联合清河发电厂建设了中国移动（铁岭）清河工业化数据中心。

该项目在合作方式、建设模式、绿色低碳等方面具有多项创新点：一是合作模式创新，该项目为中国移动首个政府、移动和电力部门三方合作建设的数据中心；二是采用中国移动自主研发的微模方产品，装机效率高、建设周期短，具备快速扩展、按需部署的能力，满足市场需求；三是采用综合智慧能源供电方案，实现风、光、火、储，多能协同互补供电方式，实现“0 碳”目标；四是采用中国移动工业化数据中心整体解决方案，对数据中心全生命周期实施把控，实现碳达峰、碳中和在数据中心行业的新突破；五是振兴老工业基地，充分利用工业遗存，使老工业园区旧貌换新颜。

中国移动（铁岭）清河工业化数据中心本期规模为 352 架，单机架功耗 3 千瓦，通过采用绿色节能方案，PUE 可降至 1.21，比照传统机房，PUE 可降低 0.08 左右，每年节电约 74 万千瓦时，可节省标准煤消耗约 197.6 吨，减少碳排放约 518 吨。利用电厂旧厂房，减少旧建筑拆除、新建厂房和材料运输碳排放 600 吨。

项目通过与电厂合作，利用厂区内闲置空地建设 5.2 兆瓦分布式光伏，配套 4.4 兆瓦时储能设施，通过自发自用模式向移动公司大数据中心提供绿色电能。项目投运后估算年均使用光伏发电量为 720.41 千瓦时，按火力发电煤耗计算，平均每年可节约标准煤约 2207 吨，减排二氧化碳 6037 吨。

1. 利用电厂老旧厂房变废为宝

中国移动（铁岭）清河工业化数据中心本期 2#机房建筑面积 1167.53 平方米，为单层厂房，局部二层，建筑高度 10.45 米；传输机房建筑面积 128.7 平方米，为单层厂房，建筑高度 4.7 米。

项目利用电厂老旧厂房，应用 EPC 工程总承包的建设模式，通过总包方对设计、施工及微模方产品采购、安装的强大整合能力，快速建设部署工业化数据中心。2020 年 9 月 30 日完成招投标工作，2021 年 3 月下旬即具备验收条件，在受疫情、冬季施工和春节假期等多重影响下，不到 6 个月即完成交付，快速满足了业务需求。

电厂老旧厂房为钢筋混凝土排架结构，改造基本保留了原有结构体系。厂房内原有部分工业设备（吊车平台等）被保留，将其融入现有设计中，成为项目工业主题元素。

本期建设的 2#机房，定位为 IDC 业务机房，可提供机架 352 架。机房等级设为 A 级，平均单机架功耗为 3 千瓦架，全年 PUE 约为 1.21。

2. 应用自研微模方产品实现快速安装

中国移动（铁岭）清河工业化数据中心厂房内安装 4 个双层双联微模方，共 352 个机柜。创新性应用产品预制化、交付总成化、运维智能化，实现了数据中心绿色低碳、快速交付。

微模方采用行间制冷设备，封闭冷热通道，提高 IT 服务器进出风温度，充分利用自然冷源，降低能耗。采用市电直供、高压直流技术、高能效模块化 UPS，降低电压等级转换损失，提升能效。设置独立智能管控平台，并配套管控柜：IT 负荷与空调负荷实现双路供电并进行物理隔离，降低了对信息设备的干扰；本地化、可视化监控与管理，实现本地维护与微模块的现场监测，实现本地强电监测与弱电管控，提高可视化程度及运维效率；管控柜内设置微模块电气消防系统，实现微模块的早期报警和消防报警；管控柜内设置强电设备与弱电设备，实现了高度的集成。

产品框架、蒙皮、走线架、各种柜体等均采用钢结构，产品达到使用寿命后，钢材可以100%循环再利用。

采用微模方产品按照需求灵活实现基础配置、冗余配置、可在线维护配置、容错配置不同保障分级，满足8度抗震要求，微模方是业内目前唯一一款具有信息通信设备抗震性能合格证的双层微模块产品，满足IP44防护等级，可以适用于水消防建筑环境。

3. 应用节能机电方案实现低耗能

铁岭地区属于严寒地区，综合考虑自然冷源利用、投资及系统运维安全等因素，空调冷源采用间接蒸发冷却+直接膨胀制冷一体化机组。本期建设6台（2组2+1供冷方式），单台制冷量为330千瓦。

间接蒸发冷却机组通过风管送风至双层微模块冷通道内（弥漫送风）。在双层微模块热通道设置回风口，回风通过回风管吸回蒸发冷却机组。

机组送回风设计温度为25℃～38℃。双层微模块进出口风管上设置电动风阀与机组连锁控制，在机房气灭喷放前关闭。双层微模块进出口风管上同时也设置防火阀，确保机房及微模方内部消防安全。

机组将在三种模式之一运行：干工况模式（室外冷风间接供冷）、湿工况模式（蒸发冷却供冷）、联合模式（蒸发冷却+机械供冷）。经统计全年各级温度频数表，空调系统可以实现自然冷却的小时数约为6976小时，占全年空调运行时间的79.6%左右，并且根据铁岭地区逐时气象数据，机组全年平均能效比≥8。

小机电IDC部分包含机架、空调、UPS、电池、气体灭火及其他配套设备和管线，IDC业务单机架运行功耗为3千瓦/架，供电方式采用两路UPS方式，单个双层微模块包含IDC机架88架，IDC机架数共计352架。

三、实施效果

中国移动（铁岭）清河数据中心工业化理念，给当地带来了良好的经济效益、环境效益和社会效益。

1. 为中国移动首个政府、移动和电力部门三方合作建设的数据中心，实现降本增效最大化

(1) 与政府合作，目前地方政府以5G为基础的数字经济发展驶入快车道，项目建成后，有效推动了铁岭“互联网+”各领域深度融合，铁岭各级政府及企事业单位的业务数据系统数据将迁移至此，促进了地方政府电子政务、行业平台应用集约化发展。

(2) 与电厂合作，电厂为中国移动（铁岭）清河提供生产场地及两座各约1100平方米厂房，免费使用20年。电厂盘活了现有闲置资产，节省了约两年的征地和工程建设周期，在行业竞争中抢占了市场先机，收益不仅大大提前，而且潜藏巨大发展空间。初步核算征地及建设费用可节省约400万元，提前收益约700万元。

电厂采用智慧能源多能协同互补、源网荷储协调互动等供能策略，为中国移动（铁岭）清河提供可靠的三路绿能市电及优惠电价，通过国内首创综合智慧能源供电方案，降低发电成本，出售电量获得收益，减少了市电引入和油机投资，节省投资约2000万元。

项目通过利用厂区内闲置空地建设5.2兆瓦分布式光伏，通过自发自用模式向移动公司大数据中心提供绿色电能，同时配套4.4兆瓦时储能设施，满足数据中心一期一阶段的用电需求，年均发电量720.41万千瓦时，平均每年可节约标准煤约2207吨，减排二氧化碳6037吨。

利用电厂旧厂房，减少旧建筑拆除、新建厂房和材料运输碳排放600吨。

2. 自主品牌微模方的应用，缩短工期，实现收益最大化

为满足 IDC 业务快速交付需求，基于微模方产品的工业化数据中心整体解决方案，实现建造过程“去湿作业”，基于方案标准化、生产预制化、管理平台化、建造装配化、运维智能化的融合建造技术，将建筑工业化与智能建造相结合，运用数字孪生模拟建造，指导现场积木式搭建，助力双层微模块实现快速部署，弹性扩容，即装即用。

通过微模方产品的应用，使微模方产品与老旧厂房完美结合，装机能力大大提升，工期大大提前。单机架面积控制在 5.0 平方米以内，装机效率提升约 66%；与一年新建传统数据中心相比，节省 12 个月的建设周期，可提前一年形成出租能力，以一年单机架收入约 8 万元计算，可增加收入 2816 万元。

3. 微模方 + 间接蒸发冷却（AHU）一体化方案，实现碳达峰、碳中和在数据中心的新突破

微模方产品智能管理平台不仅实现传统动环功能，还可实现 IT 能耗统计、PUE 分析等 DCIM 功能，达到高效运维，绿色节能目标。

间接蒸发冷却技术替代传统空调，充分利用了北方气候特点，使用自然冷源时间长，机房内空气质量不受外界影响，运行费用低，不占用微模方内空间，提高微模方利用率，维护量小，适合分期建设。

本期以 352 架规模的工业化数据中心为例，单机架功耗 3 千瓦，PUE 可降至 1.21，比照传统机房，PUE 可降低 0.08 左右，每年节省约 74 万度电，可节省标准煤消耗约 91 吨，减少碳排放约 533 吨。

同时，中国移动（铁岭）清河数据中心利用电厂旧厂房“变废为宝”，实现城市更新和资源再利用，给城市注入新活力，提升城市形象，助力城市确定新定位，让城市发展形成良性态势。

主创人：刘　洪、张学斌、董　磊、陈　旭、张彦道

太阳能叠光基站改造

中国移动通信集团云南有限公司保山分公司

一、企业概况

“双碳”是国家战略，信息通信行业坚持低碳建设与运营，2021 年 7 月 15 日中国移动向社会发布了“C^2 三能——中国移动碳达峰碳中和行动计划”，立足低碳发展理念，在守护青山绿水、建设美丽中国的宏大目标指引下，建立“三能六绿”发展模式。

中国移动通信集团云南有限公司保山分公司（以下简称保山移动）作为电信运营商，一直致力于为客户提供优质的网络通信服务，着力打造安全、高效、低碳的基础网络。在网络运维领域能耗巨大，运维费用持续增长，传统能源建设模式已经难以满足低碳绿色网络演进需求的背景下，迫切需要在网络运维工作中创新运维方式，节能减排，降低能耗，实现碳排放和网络成本“双降”。为持续推进节能减排，打造绿色能源目标网，保山移动开展绿色叠光基站改造工作。保山市隆阳区和施甸县太阳能辐射总量达到 5821 焦耳，年均日照时长达到 2400 小时，极其适合光伏应用，是国家太阳能绿色能源产业的重点培育区域。保山移动探索性地使用太阳能叠光方式为基站供电，站点叠光方案使用创新 IPV（集成光伏），全场景多种组网平滑叠光，重点适用于高山、偏远农村等电力引入困难区域，以及电力引入费和转供电单价较高的站点，将太阳能发电与市电通过 eMIMO 新型电源实现协同稳定供电，既能实现节能减排的目的，又能避免传统太阳能供电技术不稳定导致基站闪断的情况。

本项目在保山市太阳能资源最好的隆阳区和施甸县各选取一个基站，使用“太阳能光伏 + 市电 + 储能”叠光方式进行基站能源供应系统改造，分别探索“一体化能源柜 + 叠光”和“户外刀片电源 + 叠光”两种模式，改造后具备清洁能源应用和基站运行稳定的特点。目前已完成两个绿色基站试点站改造，叠光改造完成后，预计每年每站太阳能供电占比可以达到 30%，大幅降低市电耗能比例，为绿色叠光基站的部署做好先一步的探索。

二、主要措施

（一）太阳能叠光基站规划情况

1. 保山移动大楼叠光基站改造方案

第一个待改造站点位于保山移动大楼楼顶，布置有 3 个小区 5G 设备，3 个小区 4G – FDD 设备，3 个小区 4G – TDD 设备。站点现场装有 2 个室外柜（电源柜 + 设备柜），其中电源柜内为传统开关电源，温控为直通风温控，无电池备电。设备柜内包含有 2 个 BBU3910、1 个 PTN6200、2 个 DCDU – 12B、2 个 DCDU – 16D 、1 个无源波分、2 个分纤盒；无温控单元，日均耗电量达到 99kW · h。移动大楼楼顶有预置 18m × 3m 的水泥底座可直接用于光伏支架安装，无需重新浇筑混凝土，无钻孔漏水风险，满足承重条件。但西侧有建筑物，下午 4：30 以后会遮挡部分光伏板。

项目团队根据现场情况进行了规划，经分析讨论，在北侧水泥台进行光伏支架的安装，按照基站负载和日照时长等具体信息，考虑各类系数，设计出所需光伏发电容量。使用“太阳能光伏 + 市电”叠光方式进行基站能源供应系统改造，站点叠光改造按照 30% 绿电比例配置 18 块 445Wp① 光伏板/6 个光

① Wp 意为峰瓦，即光伏组件在标准工作条件下（太阳辐射强度为 $1000W/m^2$，环境温度为 25℃，大气质量为 1.5）产生多少瓦特的电功率。

伏支架，2 块 4000W SSU 光伏模块，2 个汇流盒（每个汇流盒光伏板 3 并 3 串）。同时将 2 个老机柜更换为 1 个新型室外一体化电源（配置具备叠光功能的高效智能开关电源及交流空调，可同时收纳两个机柜内主设备）。同时为提高太阳能利用率，提升单位面积光伏利用率，配置 1 组智能锂电，除了可用作备电外，还能存储光伏板超发电量，充分利用太阳能资源。绿电供电原理见图 1。

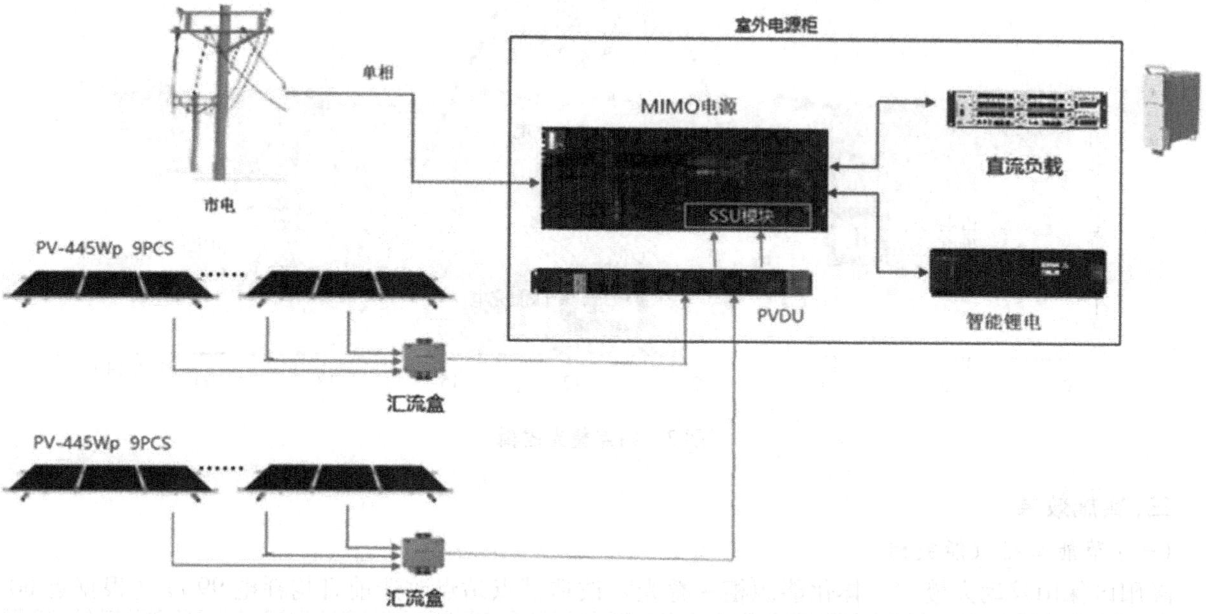

图 1 绿电供电原理

2. 施甸善洲林场叠光基站改造方案

第二个叠光基站位于施甸县善洲林场。施甸善洲林场叠光基站配置三个小区 5G 设备，三个小区 4G 设备，施甸善洲林场拥有 101kW 光伏能源系统，经过协商，基站直接搭接林场光伏能源系统供电，按照“户外刀片电源 + 叠光”的极简方式进行叠光改造，日间采用光伏供电，夜间由市电补充，通过物联网智能电表和 ATS 系统将能耗数据上传至集团能耗管理系统，实现光伏供电、市电供电的能耗数据独立监测分析。同时使用一体化刀片电源和电池对基站进行极简改造，使用 6kW 刀片电源和刀片电池进行基站直流供电改造、实现一站一刀、智能备电，极简高效建站的目的，节约机房租赁和配套租赁费。

（二）基站叠光原理

叠光基站可实现智能调度，市电、太阳能、蓄电池协同智能供电。日光充足的情况下，站点负载由太阳能单独供电；日光不足的情况下，站点负载由市电和太阳能联合供电；无光照条件下，站点负载由市电供电；锂电池参与光储自寻优，完成自寻优后，锂电池会在日出前提前放电，在日照充足时储存富余太阳能，太阳能利用率高，同时杜绝基站因电力原因中断的情况。站点叠光逻辑见图 2。

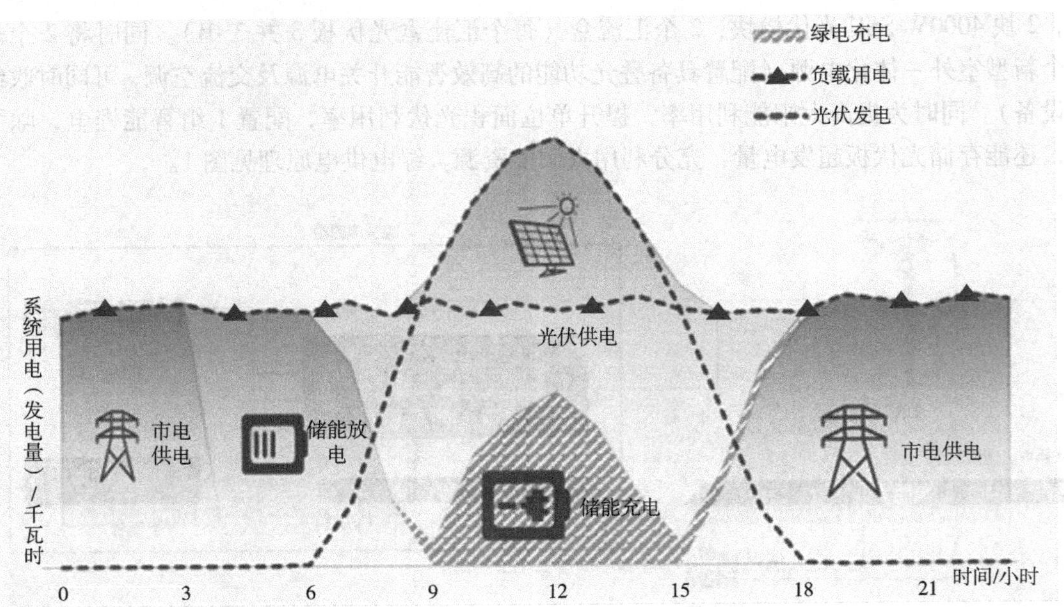

图2　站点叠光逻辑

三、实施效果

（一）节能减排效能突出

隆阳区保山移动大楼"一体化能源柜＋叠光"改造试点站点改造前日均耗电99度（根据近60天电表计量），改造后日最高光伏发电量为32.46度，日均光伏发电量可达24.45度。以目前样本量计算，该试点站年发电量可达8925度，按0.56元直供电单价计算，年节约电费成本约0.5万元。

施甸善洲林场叠光基站"叠光＋极简"改造试点，预估日太阳能供电量32.5度，年绿电使用量11862度，按照平均电价0.56元，年节约电费6642元。2个试点基站合计每年可使用绿电20787度/年，降低碳排放16.3吨/年。

（二）成本可有效控制

试点站全套设备由于处于试验阶段，预期量产后同配置全套设备供货价格可低于5万元/套。经市场调研，业界光伏板价格在2～4元/Wp，本次试点基站配置光伏板市场价格在1.6万～3.2万元之间，依托本地光伏龙头企业，批量采购将大幅压降光伏设备成本。一体化室外柜和电池可通过供应链采购和利旧方式，进一步降低存量基站、机房改造成本。

（三）具备较高的推广价值

1. 可实现智能调度，市电、太阳能、蓄电池协同智能供电

太阳能、市电、电池联合供电，最大限度地利用太阳能发电，同时杜绝了以往全光供电基站不稳定的情况，确保基站正常运行。

2. 具有组网灵活和可靠性高的特点

可以根据基站周边或屋顶可用面积组网，可实现空间利用最大化。土建机房、楼顶空地、杆塔都可以布置光伏，光伏装机功率可以根据基站实际情况进行合理规划。使用叠光技术可以将太阳能发电电力接入原有开关电源母排、接入刀片电源、接入一体化能源柜，非常灵活，接入便捷可靠，非常适合对现有基站进行改造。

保山移动将充分利用叠光改造过程中形成的经验，推进创新工作，持续开展叠光无线基站、叠光汇聚机房改造，并探索全光基站改造，进一步推进绿色能源在网络建维领域的应用。同时，充分发挥信息

技术优势，做好应用创新，建立全场景多条件太阳能叠光和全光解决方案，将试点成果向政企市场推广，实现应用场景由网络基础维护领域向 To B 领域拓展，有效推进经济社会绿色转型，向打造绿色能源目标网不断前进。

主创人：史　云、孔令南、杨　俊、曹　琛、张心铭

中集安瑞科关键装备助力乡村微管网建设

中集安瑞科控股有限公司

一、企业概况

中集安瑞科控股有限公司（以下简称中集安瑞科）是中集集团旗下香港联合交易所主板上市公司，其立足能源、化工、食品装备行业，为客户提供运输、储存、加工的关键装备、工程服务及系统解决方案。中集安瑞科是业内具有领先地位的集成业务服务商与关键设备制造商，旗下拥有国内外成员企业20余家，国内外拥有20多个制造基地和国际领先的研发中心；2021年，中集安瑞科实现营业收入约184亿元，拥有员工近万人。

荆门宏图特种飞行器制造有限公司（以下简称荆门宏图）于2008年并入中集安瑞科，成为中集安瑞科旗下核心能源装备成员企业。荆门宏图立足于危化品储运和清洁能源利用行业，经营以移动承压设备为核心的各种危化品储运装备、洁净燃料（LNG）储运装备、水上储运装备及水上天然气应用系统等，同时开展球罐、低温大槽、工艺系统等大型设备及场站工程技术服务，以及大型装备工程建造技术服务，不断开发创新产品，提高产品质量，推进产业升级，在移动承压设备的设计制造技术服务、大型场站工程建造技术服务等领域始终处于国内领先地位。宏图牌液化气罐车已连续40年蝉联"国内第一品牌"称号，国内市场占有率高达60%。液化气罐车及成套设备远销东南亚、非洲等海外市场，达到国际一流水平。球罐工程自2010年完成开发进入市场以来，保持迅猛发展势头，自2015年订单量跃升国内第一以后已连续6年保持市场占有率第一名；并通过拓展海外市场，承接了大量海外球罐工程订单，已成为荆门宏图新的经济增长点。2021年荆门宏图营业收入208034.03万元，纳税额7512.57万元，净利润9819.48万元。

二、主要措施

（一）企业绿色低碳发展所处的市场生态与资源环境

1. 企业绿色低碳发展所处的市场生态

2017年习近平同志在党的十九大报告中提出乡村振兴战略。

2020年，我国提出2030年实现碳达峰，2060年实现碳中和的"双碳"目标。

2021年中共中央发布了中央一号文件——《中共中央 国务院关于全面推进乡村振兴加快农业农村现代化的意见》，文件明确提出"推进燃气下乡，支持建设安全可靠的乡村储气罐站和微管网供气系统"。

从应用模式角度看，微管网具有建设周期短、投资少、运用灵活等显著优势，可有效提升能源利用率。可为乡村、农庄、别墅、酒店、公寓、度假村、景区、学校、企业等终端用户进行供气并确保使用安全。可改变我国乡村传统烧柴、烧煤炭或钢瓶供气模式现状，节省人力搬运，减少排放污染，助力乡村振兴。

从绿色环保角度看，LPG（液化石油气）作为燃料化燃烧同比煤炭可减排 CO_2 达50%以上，与LNG（液化天然气）同为清洁能源。微管网将成为推进国家"气代煤"政策落地的重要补充措施，助力"30·60"双碳目标的早日实现。

2. 企业绿色低碳发展所处的资源环境

"中国制造2025"战略部署，旨在重点解决机械、电子、食品、纺织、化工、家电等行业绿色设计能力不强、工艺流程绿色化覆盖度不高、上下游协作不充分等问题，支持企业组成联合体实施覆盖全部工艺流程和供需环节的系统集成改造。形成绿色增长、参与国际竞争和实现发展动能接续转换的领军力量，带动制造业绿色升级。

（二）企业绿色低碳发展战略的制定与解决方案

公司的绿色低碳发展战略是以国家政策为导向，通过微管网关键技术装备项目研发，积极推进相关标准构建，推动创新行业发展新模式，引领和带动我国压力容器储运装备制造业的绿色发展，“推进燃气下乡，支持建设安全可靠的乡村储气罐站和微管网供气系统”，从根本上解决过去我国传统“钢瓶供气模式”监管难度大、安全事故频发、用气管网覆盖不足、农村用气难成本高等行业难题。同时，通过产、学、研交叉协作的方式开展基于减量化设计的液化气体储运装备的绿色平台，以及微管网关键技术装备制造企业管理平台建设，打造基于生命周期评价的绿色设计与制造一体化集成平台。

项目总体解决方案如下：

一是制定企业绿色战略，建立和完善绿色发展的日常管理制度、激励机制等管理体系，成立微管网项目工作小组，明确项目推进组织架构及职责，把绿色设计真正落实到企业日常的生产及管理系统。

二是建立可推广的液化气体储运装备制造行业绿色信息数据库、绿色设计工具平台及制造企业管理平台，实现基于绿色设计的微管网关键技术装备全生命周期环境信息采集、管理、分析及应用。

三是制定微管网关键技术装备行业标准，开展“新材料、新技术、新工艺”三新技术评审，突破现有法规限制。

四是开展国内外相关行业应用及技术标准调研，基于各类失效风险工况，以现行法规、制定的行业标准和三新技术评审结论为依据，开展产品研制、试验、定型及批量试制。

五是建立小罐自动化流水线，从源头实现节能、减排、降耗，降低环境影响，实现绿色生产水平的突破和优化。

六是建设 LPG 微管网关键技术装备培训基地，设计专用试验管路工装，减少试验用能耗及排放，集试验、培训、安全演练等功能于一体。

（三）企业绿色低碳技术的研发与创新

1. 带泵罐车的九大专项安全防护装置研发

基于本质安全研发思路，完成包括车辆误移动防止装置、气体泄漏报警器、碰撞报警器、后操作箱防意外开启装置、远程操作开关、紧急停止装置、高度检测装置、中控系统、拉断阀在内的九大安全防护系统的研制。

（1）配置九大安全防护系统的带卸液泵汽车罐车。九大安全防护系统以设置在底盘驾驶室中的中控系统为核心，其他八大安全防护系统为基础，满足卸液过程中可能出现的各种失效风险工况。

（2）基于 LORA 遥感的一对一“车—罐”电子识读匹配、小型储罐罐载设备及制造企业管理平台“云监管”研制。包括操作人员指纹识别录入、创建、修改及储存，带泵罐车及小型储罐的识别 ID、规格及数量等基本信息，带泵罐车的中控系统配置信息管理、带泵罐车与小型储罐的电子识读匹配创建、修改及储存，培训合格人员基本信息、指纹录入、修改及删除，带泵罐车中控系统常规报警信息及违规作业信息记录管理。

2. 带泵罐车及小型储罐社会相关标准研究编制

随着微管网项目的不断推进，国内带泵罐车及小型储罐法规标准缺失的问题日益凸显。基于以上现状，结合现有的“互联网 +”技术，公司开展国内丙烷小型储罐及带泵罐车法规标准的编制修订工作。2021 年 3 月《带卸液泵液化石油气（商品丙烷）汽车罐车》《小型液化石油气（商品丙烷）储罐》两项社会团体标准编制发布。

3. 带泵罐车新型安全防护系统及关键安全附件研发

基于常见失效风险模式，新型自沉入式安全阀、新型带剪力槽紧急切断装置、新型零泄漏快装接头等关键附件，以及新型侧面防护、安全倾覆保护装置和后下部防护数字模型的模拟及研制。

（1）新型自沉入式安全阀的研制试验及推广。完全自沉入式结构设计，可以做到零碰撞风险；阀体尺寸缩小 1/3 以上，减轻重量，提高抗震性；实现拆装便利性，提升密封性能；阀体采用不锈钢材质，提升抗腐蚀性能及使用寿命。

（2）新型带剪力槽紧急切断装置。完成剪力槽结构设置及相关功能性验证；实现外力碰撞时外部阀体从剪力槽处分离，利用罐内外压差关闭内置阀体，阻止介质大量泄漏。

（3）新型零泄露快装接头。研制止回结构，防止脱开时介质大量泄漏；操作便利。

4. 小型储罐安全装置及研发

联合阀门厂家开展自动防过充装置、防介质泄漏安全阀组合装置、防火涂层等小罐安全防护相关装置及技术研发。

（1）自动防过充装置。当充装量达到设定的安全液位上限时，充液阀上的防过充装置能自动动作关闭充液阀。

（2）防介质泄露安全阀组合装置。安全阀底阀应与安全阀同时安装，安装时应为常开状态，当安全阀底阀与安全阀分离时，应能自动关闭，防止介质大量泄出。

（3）防火涂层。防火涂层能耐 100 分钟槽火及 30 分钟喷射火。防火涂层可紧密涂敷在罐体外表面，能在火灾工况中保持完整，且能承受喷射火的消蚀；涂层不会因罐车正常行驶产生的振动而脱落或开裂；涂层易于修补。

（四）相关设备的改造升级

建成年产 12000 台小型 LPG 储罐专用生产线。

（五）绿色低碳新产品的开发

公司基于绿色设计理念，在保证产品整体品质和性能的前提下，从技术、经济角度出发，分析不同罐体的加工工艺的用材及耐压等性能影响，优化装备结构，完成绿色 LPG 微管网关键储运装备新品，在新品上实施了相关新结构新功能研制。

（1）完成 $5m^3$、$7.5m^3$、$10m^3$、$15m^3$ 四款带泵罐车研制。

（2）完成 $1m^3$、$2m^3$、$4m^3$、$5m^3$ 小型储罐研制。

（六）低碳管理与运行情况

1. 成立绿色制造项目领导小组及项目组

为提升企业的绿色制造水平，保障项目的快速启动和顺利推进，公司成立了绿色制造项目领导小组，为项目实施提供了有利的保障。

2. 制定企业绿色低碳发展战略和规划

2017 年，中集集团制定了绿色发展规划分步实施，清洁能源业务是集团业务发展的重点方向，也是中集安瑞科的主航道业务，努力构建清洁能源一体化综合服务能力。

将绿色低碳可持续发展理念融入宏图的发展战略，包括储运装备的减量化设计、绿色原材料的使用、生产制造过程的绿色化改造、再循环利用等方面，提出了绿色发展的目标，形成了特色鲜明、卓有成效的可持续经营模式。

3. 开展员工培训，提升全员绿色发展意识

邀请行业内知名的绿色设计专家，对公司管理层、经营层，以及安全环保部、设备工程部、技术管理中心、生产制造部等重要职责部门负责人进行培训，提升企业员工的低碳绿色发展意识。

4. 完善体系建设

荆门宏图已建立完善标准化管理体系、两化融合体系、质量管理体系认证、测量体系、能源管理体系、HSE（健康、安全、环境）三体系等，有着丰富的产品生产经验和规范的管理流程，多年来打造了一支管理经验丰富的团队。

5. 绿色制造相关制度

依据绿色制造要求，制定相关管理制度，完善《能源管理制度》《环境管理制度》《安全管理制度》《采购管理制度》，并基于智能化管控平台需求，制定了《自动化、智能化新思路创新项目管理办法》《MES 系统数据录入及时、准确性考核办法》等，将绿色化全生命周期管理的理念真正落实到企业的日常管理中。

三、实施效果

（一）商业模式规划及经济效益预测

微管网关键技术装备设有专项安全装置，融入物联网、智能化和云平台等新技术，将原本“瓶装供应，各家储存，自行保管”的供气模式颠覆性地转变为“气源集中，分散入户，远程在线监控”的分布式供应新模式，可为乡村、农庄、别墅、酒店、公寓、度假村、景区、学校、企业等终端用户供气并确保使用安全，改变我国农村数千年来的用能结构，开创我国清洁能源应用新模式。

据相关数据统计，日本从 1998 年开始推广分布式 LPG 供气模式，截至到 2018 年，在用小型储罐达 33 万台，专用 LPG 带泵车近 3000 余台。日本小型储罐按每月 2 次配送原则设定，500kg 容量小型储罐残液量按 20% 算，则每年每个小型储罐配送 9. 6 吨 LPG。

以目前国家号召的“美丽乡村建设”为例。我国有 69 万个行政村，假设保守预估平均每个村设置一个 400kg 级小型储罐，全国村用小罐市场潜在需求量就有 69 万个。考虑到我国农村消费 LPG 能力不均衡，假设每个小型储罐一个月配送一次，每次配送 400kg 的 LPG，预计该模式推广后，我国农村小型储罐每年就需配送 331. 2 万吨 LPG。

预计未来 5 年内累计产值 13. 5 亿元以上，实现利税 1. 5 亿元以上。

（二）绿色制造生产线建设达产

整个小罐生产线面积为 5856 平方米，适用 $5m^3$ 以下小罐产品生产。生产线产能为 1000 台/月单班。厂房及基础设施全部建成，生产线已调试达产。

（三）绿色环保评估结论

无论是在工业领域，还是民用领域，使用 LPG 或 LNG 均比使用煤炭减排 50% 以上，且燃料消耗量远远小于煤炭。同样产生 100MJ 热量，丙烷（LPG 主要成分）的 CO_2 排放量虽然略高于甲烷（LNG 主要成分）2% ~3%，但是其燃料消耗量却低 60% 以上。另外，据国外相关文献，甲烷的全球增温潜势（GWP，即甲烷气体捕捉大气中热量的能力）在 100 年的时间框架内是 CO_2 的 28 倍；在排放之后的 20 年时间里，造成的变暖趋势是 CO_2 的 86 倍，故若无法很好地控制 LNG 的 BOG（天然气）排放问题，则从环保性方面评估 LPG 的清洁程度更胜一筹。

冷藏集装箱开展源头治理“禁油改水”行动

中集集团集装箱控股有限公司

一、企业概况

中集集团集装箱控股有限公司（以下简称中集集装箱）是中集集团全资子公司，也是中集规模最大、历史最悠久的业务板块，总部位于中国东莞松山湖，主要业务包括干货箱制造、冷藏箱制造、特种箱制造业务等。中集集装箱业务自 1996 年起产销量世界领先，是全球唯一能够提供全系列集装箱产品，并拥有完全自主知识产权的供应商，产品遍及北美、欧洲、亚洲等全球主要物流系统。

作为全球集装箱行业领导者，近年来中集集装箱向以冷链、模块化建筑、集成装备、中小型物流器具、新型材料为核心创新业务的多行业领域延伸。此外，中集集装箱凭借卓越的技术和创新，率先在集装箱行业内全面实施水性漆涂装工艺，并通过“龙腾计划”锐意打造智能制造工厂，推动自动化智能生产、精益化数字化管理、安全健康环保三方面发展，引领行业转型升级。

中集集装箱人秉持“自强不息、追求卓越”的企业精神，坚守精益 ONE（Optimization Never Ending，译为持续改善、永无止境）的理念，通过有组织、有规范、有方法、有步骤的管理方法践行“绿水青山就是金山银山”的新时代发展理念。在坚定走可持续发展道路的同时，公司发挥行业引领作用，致力于改善行业生态，促进全行业价值链可持续健康发展。公司2019—2021 年主要经营状况见表 1。

表 1　公司 2019—2021 年主要经营状况为

年度	营业收入/亿元	纳税额/亿元	净利润/亿元	绿色环保投入/亿元
2021	659.67	39.3	113.27	4.03
2020	221.64	10.5	60.12	1.45
2019	201.63	13.7	19.87	2.01

二、主要措施

(一) 公司绿色低碳管治情况

公司坚定贯彻“绿水青山就是金山银山”的新时代发展理念，根据国家绿色发展相关政策和自身的产业特点，确定社会责任组织，制定绿色发展规划，以各类重大课题项目为主、常态工作为辅落地实施，助力全球物流和新冠防疫，深化公共责任管理，积极应对气候变化，坚定推进以绿水青山、清洁能源、乡村振兴为重点方向的策略主题落地，连续 11 年发布可持续发展报告。公司绿色发展规则及目标见图 1，公司社会责任组织架构见图 2。

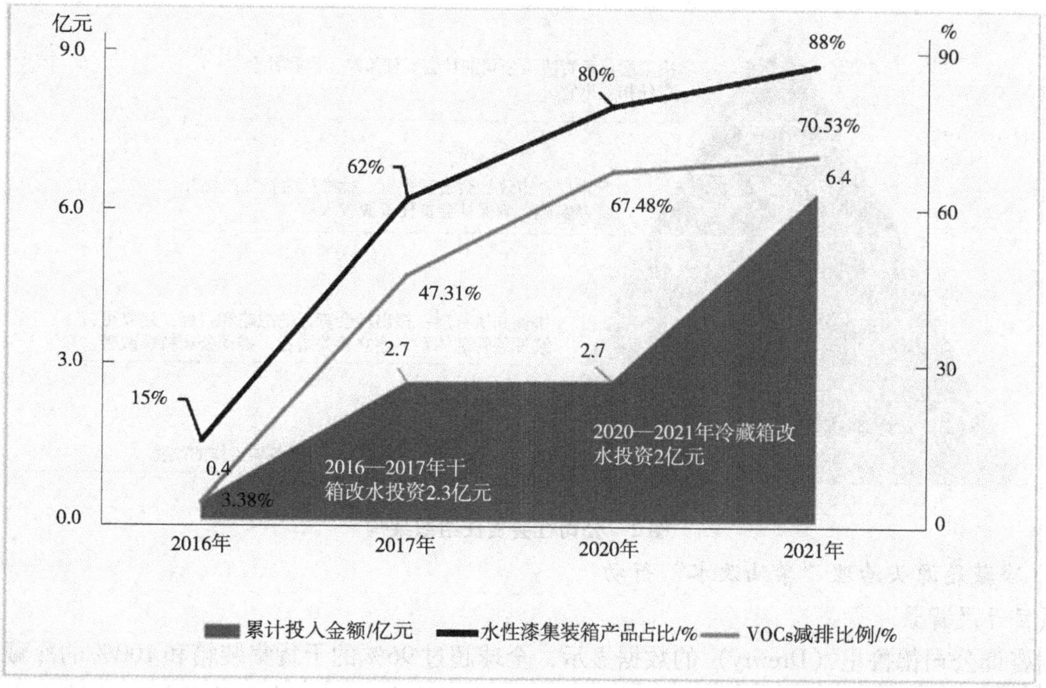

区分	管控目标	相比2016年		
		2019目标	2023目标	2025目标
污染物排放最小化	万元产值污水排放削减	10%	20%	30%
	万元产值VOC排放削减	30%	40%	50%
	万元产值无害废弃物削减	10%	15%	20%
	万元产值危废削减	15%	25%	30%
碳排放最小化	万元产值总能耗削减	15%	25%	30%
	万元产值温室气体削减	18%	30%	40%
	绿色能源使用率提高	10%	13%	15%
资源消耗最小化	万元产值总用水量削减	15%	20%	25%

图1　公司绿色发展规划及目标

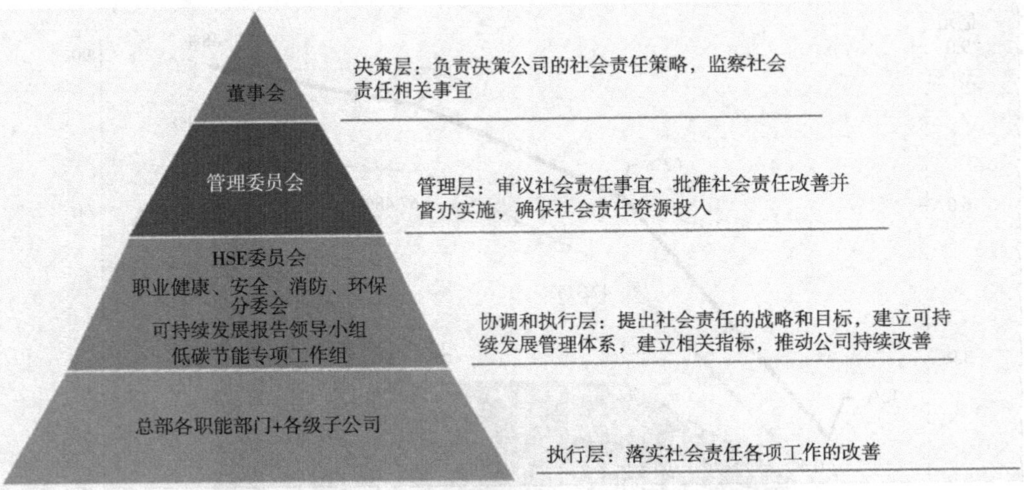

图 2　公司社会责任组织架构

（二）冷藏箱源头治理“禁油改水”行动

1. 项目开展背景

根据咨询公司德鲁里（Drewry）的数据显示，全球超过 96% 的干货集装箱和 100% 的冷藏集装箱都是由中国工厂生产的，其中中集集装箱的冷藏箱市场份额约为 45%，中国集装箱产业链为全球贸易的稳定做出了巨大贡献。但是，集装箱行业的发展在环保方面存在着巨大的隐患。集装箱的主要原材料是钢材，其主要用途是海上远洋运输。为保证商品在运输途中的安全，集装箱对抗腐蚀能力要求极高。当前冷藏集装箱普遍采用溶剂型涂料用于箱体外表面防腐处理。溶剂型涂料喷涂过程中使用大量稀释剂，会释放大量对人体有害的 VOCs（挥发性有机物，下同）气体，污染大气环境，同时喷涂产生的废料、废渣难以处理，对工厂周围水环境造成一定的污染。

公司在坚定自身走可持续发展道路的同时，也发挥集装箱行业领导者的优势，引导行业更加健康地发展。为满足日益严格的环保排放标准，响应“绿水青山就是金山银山”的新时代发展理念，公司以“源头治理为主、末端治理为辅”为路径，率先启动了研发推广冷藏箱制造过程的水性漆涂装工艺，也即“禁油改水”行动。同时，结合“禁油改水”行动的机会，公司同步推动消除对人体健康危害程度高、无太大防腐必要性的热喷锌和底架沥青漆工艺。

2. 技术路径的选择

公司前期分别进行了水性漆、聚脲漆、粉末喷涂、高固含漆、无极漆等多种技术路线的试验，主要有“取消热喷锌/沥青漆的水性漆喷涂方案”“保留热喷锌/沥青漆的水性漆喷涂方案”“高固含溶剂涂料/聚脲漆方案”等。试验结果表明：“取消热喷锌/沥青漆的水性漆喷涂方案”有较好的效果，基本能满足标准冷藏箱的使用质量要求，且已有多家水性漆供应商能提供满足要求的水性漆产品。结合产品质量、工艺成熟性等，公司最终确定以取消热喷锌/沥青漆的水性漆替代为主方向，并进行适合于冷箱产品低 VOCs 配套体系的开发。同时，先后进行了产线改造论证，并已形成了配套解决方案。

3. 水性漆涂装技术研发的历程

（1）在 20 世纪 90 年代，公司已经有意识地开始研究环保涂料。但当时欧洲的环保涂料产品技术不适合我国工厂的生产节拍，水性漆涂装技术还不够成熟。当时公司的思路是不希望改变原有生产线，尽量使水性漆成品的性能适应公司的涂装线，但后来证明这个思路是违背了水性漆本身的发展规律，该时期的尝试最终以失败告终。

（2）2005 年，公司开始与国外涂料公司 Valspar 接触，并在 2008 年年底对太仓中集二期涂装线进行了改造，成功使用水性漆完成100台样箱的试验生产。在这次尝试中公司意识到了要想真正做好水性漆环保箱，就必须对生产线进行水性漆技术改造。

（3）2008年，中集集装箱开始在行业内率先提出使用低VOCs水性漆的概念，并投资约3000万元与Valspar在大连中集开展可行性验证。后来，虽然项目最终因水性漆成本问题被迫停产，但它在行业里做出了有里程碑意义的尝试，且形成宝贵的技术储备。在大连中集尝试失败后，深圳南方中集接棒水性漆涂装的研究。

（4）2015—2016年，公司形成水性漆施工工艺的相关规范、标准，以产品占比最高的干货箱先行，促成行业统一行动启动“禁油改水”，并在2017年完成干货箱的改水技改。

（5）2016—2019年，公司协同水性漆供应商持续改善水性漆的施工工艺，使水性漆稳定应用于集装箱行业。

（6）2020—2021年，在水性漆施工技术得到很大改进时，将“禁油改水”成果进一步覆盖至冷藏箱产品中，率先在行业内投资2.04亿元完成所有冷藏箱生产线的改水技改工作，冷藏箱产品正式进入“水性漆时代”。

4. 形成配套标准引领行业绿色发展

为顺利完成水性漆涂装的应用落地，公司牵头推动行业协会形成《集装箱用水性漆》《集装箱用水性漆涂膜检验方法和验收标准》《集装箱用水性漆施工规范》《集装箱行业VOCs物料衡算规范》等一系列配套的行业技术规范。同时，公司推动行业协会形成监管机制，各造箱集团、水性漆供应商、第三方检测单位等共同签署自律公约，共同维护自律机制。

5. 冷藏箱水性漆涂装技改实施过程

为满足冷藏箱的防腐质量要求，水性漆涂装过程中各个工序要满足严苛的保温、保湿条件。根据这种特性，公司主要考虑的因素包括如下。

(1) 在低温或高湿天气时需要对集装箱进行预热，避免低温或高湿情况下涂料膜流挂；

(2) 在低温天气时，喷涂要确保涂料膜不冻坏；

(3) 在流平工位，多挥发一部分水分对涂料膜质量和成本都会产生不利影响，特别是不能过快干燥的涂料；

(4) 在烘烤位工位须采用“一涂一烘”的施工工艺，“湿碰湿”的烘烤工艺技术暂不成熟。

根据以上考虑因素，公司最终确定水性漆工艺施工方案，形成详细的工艺流程，明确现场预处理、喷涂房、烘烤房、冷却房等工位的改造需求见图3、表2。

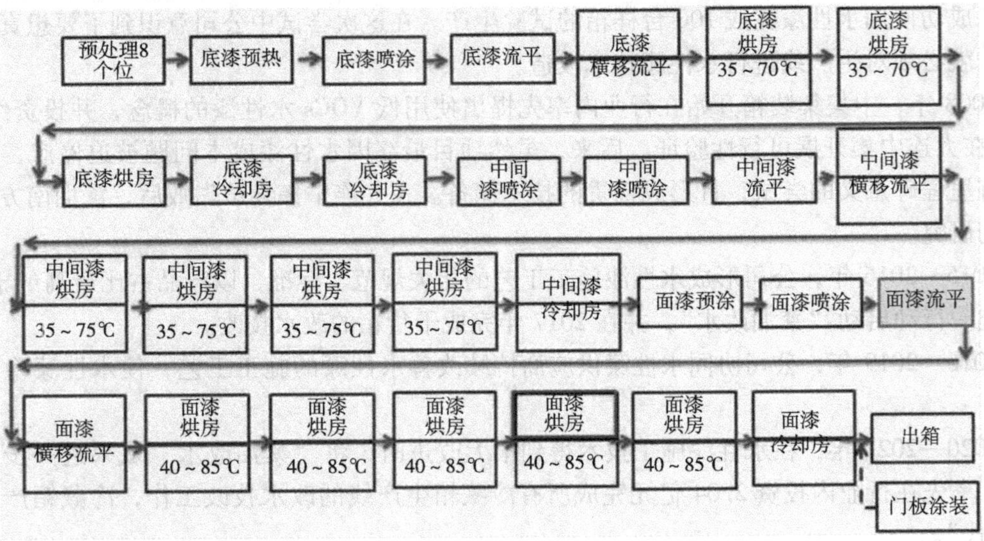

图 3 水性漆涂装工艺流程

表 2 项目改造内容

序号	改造前	改造后
1	整箱喷涂之前需进行喷锌工艺	取消整箱喷涂前的喷锌工艺
2	整箱喷涂工艺使用油性富锌底漆、环氧树脂中层漆、聚氨酯面漆	将整箱喷涂使用的油性漆替换为水性环氧富锌底漆、水性环氧中层漆、水性丙烯酸面漆、水性聚氨酯面漆，增加整箱补漆、商标漆喷涂工艺（整箱补漆及商标漆使用高固分油漆），并对喷涂的设备及喷涂的工艺参数进行调整；为满足水性漆“一涂一烘”的技术要求，对烘烤房、冷却房等工位进行技术改造
3	整箱面漆喷涂完成后需进行沥青防腐底漆的喷涂	取消整箱面漆喷涂后的沥青防腐底漆喷涂工艺
4	钢门板喷涂油性环氧树脂中层漆、聚氨酯面漆	将钢门板喷涂使用的油性漆替换为水性环氧中层漆、水性聚氨酯面漆，并对喷涂的设备及喷涂的工艺参数进行调整，使之良好适应水性漆的使用工况
5	针对油性漆设计的废水处理系统	废水处理系统改进为竖流沉淀、平流气浮、厌氧塔、缺/好氧池、MBR 膜池、臭氧催化氧化、超滤反渗透等适应水性漆的处理工艺

2021 年 7 月开始，公司下属青岛冷箱基地、太仓冷箱陆续启动水性漆技改工作，对生产线布局、喷漆房、烘烤房等进行改造。同时，根据水性漆的特点，公司对废水处理、废气治理等辅助设施进行同步改造，使之良好适应水性漆的施工环境。

三、实施效果

（一）社会效益

中集集装箱作为集装箱行业的龙头企业，带头开展源头治理活动，在社会上产生和带来巨大的社会正面效益。

一是持续为稳定贸易物流做出贡献，在保证贸易用箱需求、产品质量要求的同时，大幅减少85%以上的VOCs排放。公司水性漆环保冷藏箱的产量已达到约7万台；

二是为上下游价值链带来绿色发展效应。公司在冷藏箱的市场份额高达45%，公司水性漆涂装的成功应用使得行业内加速摒弃高VOCs的油性漆，共同打造良性、绿色的行业营商环境；

三是改善了现场的工作环境，维护了员工健康工作、体面工作的权益，打造受外界认可、受外界欢迎的绿色环保集装箱行业。

（二）环境效益

经核算，采用低VOCs水性漆进行冷藏箱生产后，相比较使用溶剂型涂料生产入口VOCs浓度排放值将有较大幅度的下降，并同时采用更新升级工艺治理方式，VOCs排放值将大幅降低。项目实施后，VOCs排放满足《挥发性有机物排放标准 第5部分：表面涂装行业》（DB 37/2801.5－2018）等排放标准的要求，相关环境绩效如下。

（1）公司下属所有冷藏箱生产线100%完成“禁油改水”改造，100%淘汰热喷锌和底架沥青漆工艺；

（2）涂料中VOCs含量从油性漆的约40%降低至水性漆的约5%，公司下属所有冷藏箱工厂预计每年减少溶剂型涂料使用量约2.4万吨，预计每年减少VOCs排放量约1500吨；

（3）从源头消除了热喷锌和沥青漆工艺，年减少使用锌丝约2500吨、减少使用沥青漆约4000吨，极大改善了现场员工的工作环境。

在冷藏集装箱进入水性漆环保产品序列后，公司整体由改水前的0.5kg/万元VOCs排放强度降低至改水后的0.04kg/万元，水性漆环保产品占比、VOCs减排比例情况见图4。

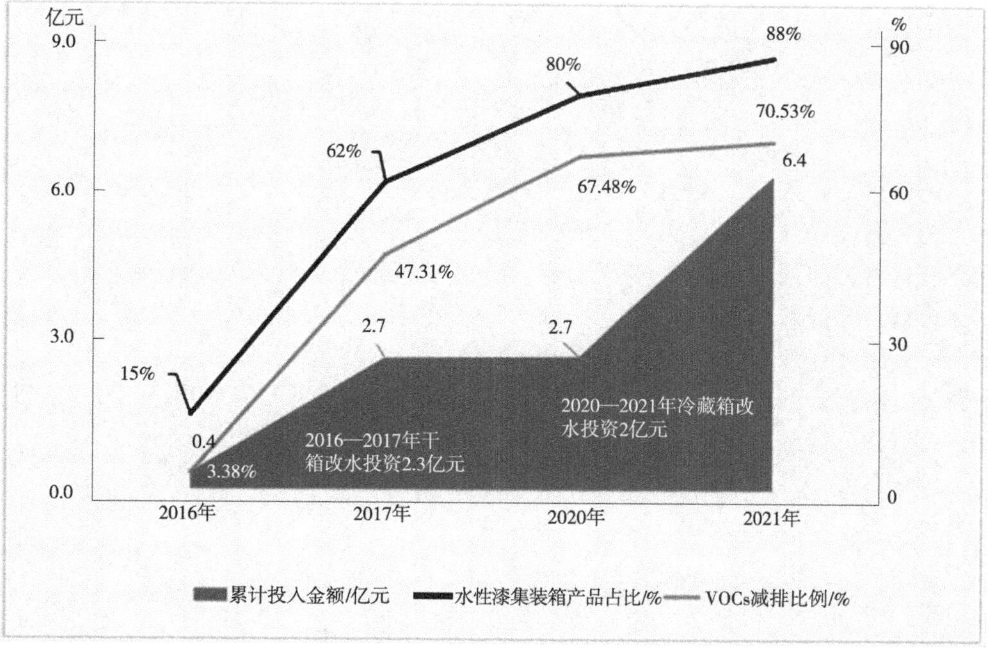

图4 VOCs减排“禁油”行动投入金额和水性漆产品占比

（三）冷藏箱水性漆技改项目获得认可

（1）生态环境部赵英民副部长调研公司“禁油改水”项目，并表示充分认可；

（2）本项目获得江苏省生态环境厅的官方宣传报道；

(3) 冷藏箱水性漆技改项目通过生态环境部中央大气污染防治资金审批、认可，共获得 1985 万元污染防治补助。

咬定绿水青山不放松，追求零 VOCs 同样永不止步。在冷藏箱产品顺利实施水性漆涂装后，公司水性漆环保产品的占比已经达到 88%（剩余少部分运输箱等有特殊防腐性能要求的产品未水性漆化）。未来，企业的重点方向一是继续扩大水性漆涂装的环保成果，加速与客户、水性漆供应商等相关方的沟通和研发，尽快形成满足特殊产品特殊要求的水性漆涂装工艺；二是维护好现有的水性漆环保成果，持续运行并优化水性漆环保质量、施工质量的常态化管理机制。

公司始终贯彻源头治理的理念，一直在探索更为清洁、更为绿色的生产工艺。虽然“禁油改水”取得巨大的环保 VOCs 减排成果，但水性漆属于低 VOCs，还远远不是零 VOCs。2020 年，公司启动更为绿色清洁的粉末喷涂生产工艺的研发，并投资 8000 万元新建粉末喷涂生产线进行验证。目前，中集集装箱在扬州通利已建成一条零部件粉末涂装生产线（已投入生产），在新会基地已建成一条年产 15 万 TEU 的完整的粉末涂装生产线（正调试运行）。未来，中集集装箱将持续加速推进绿色清洁生产工艺的发展！

大力推动西江水泥 LNG 罐船运输，助力粤港澳大湾区绿色航运

中集世联达物流科技（集团）股份有限公司

一、企业概况

中集集团成立于 1980 年，是招商局集团和深圳国资委领导下的 A + H 股上市公司、多元化跨国企业，致力于为物流和能源行业提供高品质与可信赖的装备和服务，2021 年营业收入为 1637 亿元，净利润 66.65 亿元。

中集世联达物流科技（集团）股份有限公司（以下简称中集世联达物流）成立于 2014 年，是中集集团物流服务业务的承接主体，国家 5A 级物流企业，主营业务涵盖海运进出口国际运输代理、集装箱海铁联运、国际铁路联运、国内铁路班列、铁路场站及物流装备运营等业务，致力于成为中国以“装备 + 科技”为特色的多式联运领军企业。公司总资产逾 80 亿元，拥有百余家成员企业，员工人数 6000 余人，近三年营收分别为 90 亿元、100 亿元和 300 亿元。在国家大力推进多式联运发展及运输结构调整的背景下，中集世联达物流近年来聚焦以“装备 + 科技”为特色的多式联运业务，助力物流业不断提升综合运输效率、促进节能减排降碳，在推动行业绿色化、数智化高质量发展方面取得了一定成果。

近年来，推动内河船舶燃料从重污染的柴油改为清洁的 LNG① 是国家推动绿色低碳经济的重要举措。长江、珠江等内河流域省份纷纷兴起被称为“气化长江”“气化珠江”的新能源船舶改装和新建的热潮，但总体“油改气”的比例仍然很低。此外，珠江水域 90% 的水泥运输船仍为传统的敞口散装船运输方式。西江（珠江干流）水域 1 亿吨的 2000 多艘水泥运输船中，仅 100 多艘是封闭式罐船，粉尘污染严重，操作效率低下。推动西江水泥运输清洁化燃料、封闭式运输是践行“绿色发展”理念的重要途径，对改变西江航运生态，以至于对内河航运状况的改变，都具有重要的示范性和广泛的推广意义。

中集世联达物流在珠江流域 2 ~ 3 年内计划投入 300 ~ 500 艘水泥罐船，有望助力全面变革水泥船运方式，推动内河绿色航运业务的经营和开拓。

为积极践行国家“碳达峰、碳中和”的政策，紧跟广东省政府“气化西江”的坚定步伐，助力“西江黄金水道”的发展规划。借助中集集团强大的制造业资源，中集世联达物流在西江水泥项目上大力推广 LNG 封闭式水泥罐船，这种运输方式既环保又高效。从船舶设计优化、成套动力包设备改进、燃料加注革新、船用水泥运输罐体材料创新与船舶运营管理提升等方面充分协同配合，使得 LNG 动力水泥罐船综合优势更加突出。

中集世联达物流投资建造 LNG 动力水泥罐船，即国内首艘 LNG 单燃料动力罐装水泥船，于 2022 年 4 月 23 日举行了首艘 LNG 动力船下水仪式。该船是“气化西江”项目首批 20 艘新建 LNG 动力水泥罐船中的首船。

二、主要措施

西江上接滇、黔、桂等能源、矿产资源富集地区，下连粤港澳经济发达地区，素有“黄金水道”之称。西江流域为中国重要的水泥产业基地，年水泥产量逾万吨，主要通过西江水路运输到大湾区市场，且随着粤港澳大湾区的发展，水泥产量持续增长。随着《粤港澳大湾区发展规划纲要》的顺利落

① 一般指液化天然气，下同。

地，有望带动珠三角经济和产业的快速发展，带来更多基建、住房需求，也将带来更高的水泥需求。

华南地区的两广区域是水泥消费的主要市场，广西壮族自治区通过西江将水泥输送到短缺的广东市场。然而，目前西江流域水泥运输主要通过中小民营企业使用敞口散货船完成，使用柴油动力，船型杂乱、船舶老旧、设施设备老化，安全隐患凸显，同时敞口水泥船粉尘多污染大，装卸受天气影响严重（大风及雨天无法作业）、从业人员职业病高发、柴油动力废气排放污染等问题较为严峻。

为积极响应政府绿色发展战略，助力打造绿色低碳的“生态湾区”，中集集团希望发挥自身优势，推进 LNG 动力船改造项目实现“气化西江”，推行绿色航运，改善西江生态环境。通过利用中集集团的优势能力和资源，联动物流运输、能源化工、融资租赁等领先产业能力，发挥中集“制造 + 服务 + 金融”的核心优势，实现多板块协同，提供水泥运输的核心装备和运营支持服务、清洁能源的水上运输解决方案、运输装备的一揽子金融解决方案，以促进西江水泥运输朝规范化、低碳高效、清洁化发展，降低了水泥运输的成本，更好地服务西江水泥企业。中集集团关于“气化西江”的优势资源及实施举措如下。

（一）发挥装备制造的优势，以罐船替代散装船运输

目前在不会大幅度增加水泥生产单位的物流成本的同时，确保企业通过其技术革新和大规模资金投入，得到相对稳定的收益，并承担其应有的社会责任。中集集团就本着这样的初心，经过多轮实地考察调研，结合自身装备制造的技术优势，投身于在西江流域水泥运输敞口船向水泥罐船改进的大趋势中。

中集集团从自身产业优势出发，将水泥罐车制造经验和创新优势，在船用罐体的设计和材料使用方面苦下功夫。新的设计和使用材料能降低自重 50 吨，并且增大了罐体的容积，使同类型船舶的运载量得到了较大的提升。同时，新材料的使用，使得罐船能承受更大的压力，为提升罐船卸船效率，创造了更好的条件。接下来将更多地从罐船与水泥中转站、搅拌站等终端出发，共同探索散装水泥泵出、接收更为高效的设计方案和实际产品。

（二）发挥 LNG 产业链及船舶技术优势，以 LNG 动力替代柴油动力

中集集团拥有 LNG 全产业链的优势和资源，业务涵盖 LNG 储运设备上中下全产业链。中集集团旗下中集安瑞科是行业领先的 LNG 装备龙头，已形成以船用 LNG 储罐、LNG 运输船、岸基式 LNG 加气站、LNG 加气趸船等为代表的航运业液化天然气技术装备产业链，多项业务位居行业前列。

相比柴油，以液化天然气 LNG 作为清洁能源的船舶可减排一氧化碳 90%、二氧化碳 15%、二氧化硫 98% 以上、固废颗粒物 96% 以上。LNG 动力改造可以有效提升西江航道的环境质量，真正实现“绿色航运”，如果西江内河船舶改用 LNG 作为燃料，对清洁西江环境所产生的生态效益将相当可观。中集世联达物流投资建造的 20 艘 LNG 动力水泥罐船，中集安瑞科将为其提供 LNG 动力包成套设备和船舶运营后的 LNG 加气服务。

中集安瑞科利用在 LNG 存储方面的多年研究成果和经验，使得 LNG 储罐保温时间更长更加可靠，超出现有船用 LNG 储罐近一个月时间。并且，在 LNG 动力包安保系统等方面都拥有更为先进的技术，使船舶运营更为稳定可靠。

同时在船舶投入运营后，中集安瑞科将会提供更为高效的船舶加气方案，即换罐模式。目前，20 立方米以内容积的 LNG 动力船舶，其通过趸船直接加注时间约为 1.5 小时，而使用换罐模式，只需将已经充装好的 LNG 储罐跟船上的空罐进行互换即可，操作简单，更为安全，操作时间仅为 0.5 个小时。同时能更好地优化 LNG 的供应链模式，带来更好的船用 LNG 加注运作模式。

（三）发挥融资租赁优势，为 LNG 船投资提供金融支持，快速扩大规模

中集集团旗下中集融资租赁公司是中国融资租赁行业的领军企业之一，为中国融资租赁协会的理事

单位，公司主要提供集装箱、散货船、车辆、能化装备等产品的融资租赁服务。推行LNG动力船，需要较高的资金投入，回收周期较长。可以通过中集融资租赁提供一揽子金融解决方案，提供强大的金融财务后盾，为LNG船投资提供金融支持，从而快速扩大LNG动力船规模。

（四）全产业链布局，带动内河绿色航运市场积极性

中集集团西江新能源航运项目投资额大，具有显著的环保效益、经济效益、标杆效应。

（1）此项目预计新能源内河船建造订单达50亿元。为新能源船舶建造企业带来契机，既能为内河造船企业带来经济效益，又可以积累更为丰富的新能源内河船舶建造经验。达到了带给内河船舶建造航运经济效益和技术经验双丰收的效果。

（2）头部企业引领行业转型的社会效应。中集世联达物流与水泥生产单位组建的合资企业，在船队规模扩大后，预计每年的营业收入会达到15亿元。同时，将会投入更多的资金在新能源航运技术和环保技术的研发上，带领内河航运业共同进步发展。同时在内河航运企业科学管理和安全运营等方面起到示范作用。为粤港澳大湾区基建发展带来的物流运输提供更优越的方案，为地方产业发展提供更好的物流配套服务并增加产值。

（3）为内河新能源航运研发注入更多新的动力。中集安瑞科、中集船舶海洋工程设计研究院、南通太平洋海工、烟台来福士等船舶设计及制造企业，在内河新能源船舶的研发投入和技术革新方面，可以引入行业领先的LNG动力及船舶研发能力。

（4）LNG加注的长足发展，将为LNG动力船舶运营单位带来更为便利和高效的服务，为现有市场上的柴油船舶进行LNG动力改造带来更为有利的条件。

（5）预计本项目将带动数千个就业岗位，将有效提升地区就业水平，推动目前西江水泥运营朝向合规化、健康化发展。

（五）里程碑性质的成就

（1）2021年9月，为响应广东省“气化西江”的政策，中集集团争当排头兵，一次性投资建造和改造20艘LNG动力船舶，并于10月完成了20艘船舶建造的招标。

（2）2021年年底，中集世联达物流成功摘牌润庆航运，成为润庆第一大股东，迈出了与华润水泥和交通集团合作共赢的坚实一步。

（3）2022年4月23日在各级领导、海事和船级社领导的支持和帮助下，迎来了中集润庆首艘LNG动力水泥罐船吉水的重要时刻。

三、实施效果

中集集团在LNG航运、船舶制造方面具有行业领先的优势，通过利用中集集团的优势能力和资源，联动物流运输、能源化工、融资租赁等领先产业能力，发挥中集集团“制造+服务+金融”的核心优势，实现多板块协同，提供运输的核心装备和运营支持服务、清洁能源的水上运输解决方案、运输装备的一揽子金融解决方案，服务绿色高质量发展，为“气化西江”工程向前推进和建立LNG内河运输及接收转运作业规范起到示范引领作用，将自身打造为广东省绿色发展的标杆和示范、引领中国LNG船舶绿色运输新模式的典范，成为西江黄金水道航运中心。

以罐船替代敞口船，可有效解决西江水泥运输目前采用敞口水泥船导致粉尘多、污染大的问题。

LNG动力代替柴油动力可以缓解废气排放污染。2020年西江航运干线全年货物通过量达到10.5亿吨，同比增长5.1%。目前，流域运营船舶逾万条，主要使用柴油动力，且很多货船使用劣质柴油，排放大量氮氧化物、硫氧化物、碳氧化物，给西江两岸的城市带来严重的污染。

LNG船运输项目有助于西江水泥运输向规范化、统一化、规模化运作，有利于广东船舶行业高质量发展，可以为水泥企业提供更加稳定、经济、绿色的运力保障，且符合政府对环保的要求。该新型船舶环保效益突出，LNG燃料将大量替代柴油，预计每年可减少100%硫氧化物、85%～90%氮氧化物和15%～20%的二氧化碳排放，以及减少运输过程中近100%的水泥粉尘污染。

主创人：占文勇、蒋元琨、张　彪

基于融合创新模式的企业绿色低碳发展实践

中石化南京化工研究院有限公司

一、企业概况

中石化南京化工研究院有限公司（以下简称南化研究院）诞生于1958年，其前身为化工部华东设计研究分院和化工部南京化工研究院，2017年进行公司制改革，正式更名为中石化南京化工研究院有限公司。南化研究院始终坚持“管理治院、科研兴院、文化育院”管理理念，以市场为导向，服务中石化，服务全社会，大力开展技术创新、成果转化工作，在二氧化碳捕集利用、气体净化等领域形成了核心优势，拥有国家化工催化剂质量监督检测中心、国家中小企业公共服务示范平台、全国化学标准化技术委员会化工催化剂分技术委员会、全国化学标准化技术委员会硫和硫酸分技术委员会、国家博士后科研工作站、江苏省企业院士工作站等20多个国家、省部级科研平台，被评为“国家知识产权示范企业”“国家火炬计划重点高新技术企业”“江苏省研发型企业”。

近3年，南化研究院年平均主营业务收入均超过3亿元，年平均利润4500万元左右。新的赶考路上，南化研究院将以“争创国内一流特色研究院”为企业愿景，传承历史，再创辉煌，积极融入南京市江北新区“两城一中心”建设，实施“领先碳中和、拓展化工新材料、提升节能环保、创效高端化学品、突破洁净能源”的科技发展思路，实现研究院特色化、差异化、跨越式发展。

二、主要措施

（一）发展背景

2020年9月，国家主席习近平在第七十五届联合国大会一般性辩论上明确了我国二氧化碳排放力争于2030年前达到峰值，努力争取2060年前实现碳中和。这是党中央、国务院基于推动构建人类命运共同体的责任担当和实现可持续发展的内在要求而做出的重大战略决策，彰显了中国积极应对气候变化、走绿色低碳发展道路、推动全人类共同发展的坚定决心，向全世界展示了应对气候变化的中国雄心和大国担当。

2021年7月16日，全国碳排放交易市场开市，首批纳入全国碳市场覆盖范围的企业主要是发电行业重点排放单位，碳排放总量超过40亿吨/年。“十四五”期间，钢铁、水泥、石化等高能耗行业也将逐步纳入。2023年开始，欧盟碳边境税将覆盖钢铁、电力、水泥、炼油、化工等高能耗产业，碳减排需求日益迫切。因此，大力发展CCUS（二氧化碳捕集、利用与封存）技术，不仅是减少二氧化碳排放、保障能源安全的战略选择，也是构建生态文明和实现可持续发展的重要手段，更是我国实现“双碳”目标的关键组成技术。

目前，CCUS技术存在捕集环节成本高、示范工程规模小、工业应用场景少等技术瓶颈，亟待突破。为了更好地践行“双碳”战略，担当社会责任，中国石化集团利用天然的源汇匹配优势，加紧试点CCUS全产业链示范项目建设，不断提升绿色低碳竞争力。

南化研究院于1958年开始进行二氧化碳捕集技术研究，建有中国石化二氧化碳捕集、利用与封存重点实验室和江苏省气体净化新型溶剂工程技术研究中心，先后获得国家科技成果奖8项、国家专利优秀奖3项，国内外授权专利100余项。拥有系列成套国际领先的CCUS工艺技术与装备制造能力，二氧化碳回收成本较市场低约50%，市场竞争优势明显。

（二）发展战略与解决方案

面对“双碳”战略全面推进的历史机遇期，南化研究院充分发挥 CCUS 技术优势，建立起产、学、研、用一体发力的绿色低碳发展战略。依托现有中国石化二氧化碳捕集、利用与封存重点实验室和江苏省气体净化新型溶剂工程技术研究中心，建立健全技术与产品研发体系，推进低碳技术发展。依托中石化系统内首家知识产权运营中心，实现高价值知识产权布局贯穿研发应用全生命周期。开发多应用场景的二氧化碳捕集技术，打通协同研发创新、知识产权运营和科技成果转化的产业体系全流程，使资本、技术、产业优势得到充分发挥。引领制定产业政策及标准，打造具有一定国际影响力的二氧化碳捕集前瞻研究基地、技术应用与辐射基地、拔尖创新人才汇聚培养基地，成为高技术产业关键核心技术的源泉。

1. 战略引领，打造“供需融合”科技创新联合体

加速实现在关键技术领域的创新突破，扩大核心优势，辐射带动 CCUS 相关上中下游企业融合发展。创新行业合作模式，共享高价值知识产权成果和互补性市场资源，聚焦技术热点，破解行业难题。以打造绿色低碳产业为战略目标，与前沿学术研发策源地、下游应用企业签订战略合作协议，推进产学研用深度融合，形成上下联动的科技创新联合体。加快培育 CCUS 创新示范工程，做大做强碳产业链，支撑中国石化及相关行业低碳转型发展。

2. 信息共享，构建全生命周期的信息创新过程链

搭建科研仪器设备共享平台、溶剂试剂共享平台、信息资源共享平台、技术检测平台。一是通过仪器设备及溶剂试剂的共享，解决研发过程中急需物资暂时配置不到位问题，加快研发进程。二是通过大型检测仪器的共享，提高设备利用率，优化人力资源配置。三是实时跟踪最新政策，以及国内外二氧化碳捕集前沿技术、市场需求变化等信息，汇编成简报，实现情报资源共享。南化研究院信息共享平台模型见图 1。

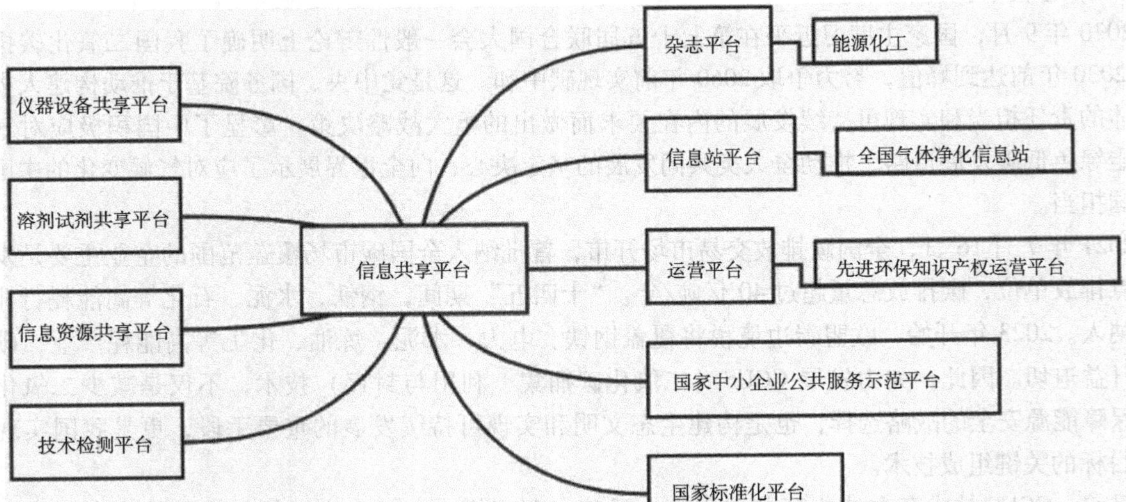

图 1　南化研究院信息共享平台模型

3. 知识赋能，扩大二氧化碳捕集技术品牌影响力

通过自主或协作的方式，开展二氧化碳捕集技术研发，成为二氧化碳捕集领域的系统集成者，占据低碳产业链发展的制高点。一是通过协同创新，实现关键战略技术的自给自足，突破产业链核心领域技术难题，做好知识产权战略布局。二是开展专利导航，优化和引领产业研发布局，紧跟全球先进环保发展趋势，抓住前沿二氧化碳捕集技术创新发展的契机，实现我国二氧化碳捕集领域的跨越式发展。三是

以知识产权为纽带，联合产业上下游主体结成联盟，规范行业市场活动，引领行业高质量、可持续发展。

4. 标准先行，争做行业政策标准制定者

在降碳减排的相关行业标准制定过程中，南化研究院致力于推动行业健康、低碳发展，积极与政策制定部门沟通，倡导低碳生产、消费模式。一是加强与相关国际组织、区域组织、行业组织联系，阐述自己的观点和看法；二是积极开展相关战略研究，本着“国家、企业、消费者”三方合作共赢的原则，积极参与国家和地方政策制定；三是加强落实，建立相应的考核机制。

（三）技术研发与创新

1. 企业绿色低碳技术的研发与创新

（1）以市场为导向，开发二氧化碳捕集系列技术。

作为原国家化工部指定的湿法气体净化研究基地，南化研究院深耕二氧化碳捕集技术领域60多年，已形成低分压二氧化碳捕集、NCMA脱碳技术、反应循环气脱碳等系列碳捕集技术。自20世纪80年代起，开展了改良MEA法捕集二氧化碳技术研发。针对胺液降解损耗大、能耗高、设备腐蚀严重等问题，成功开发了第一代低分压（烟气等）二氧化碳捕集溶剂（MA）及配套工艺技术。工业应用表明，与传统MEA法相比，新工艺吸收能力提高了25%，能耗明显降低，操作费用降低30%以上。

“十二五”期间，南化研究院承担国家科技支撑计划课题，自主研发第二代碳捕集溶剂——新型高效低能耗氨基溶剂（MA-1），对胜利电厂4万吨/年二氧化碳捕集装置进行了侧线试验，并在四川维尼纶厂51000标立方米/小时烟气二氧化碳捕集装置上实现工业应用试验。在二氧化碳捕集率为90%的条件下，再生能耗从4.0吉焦耳/吨二氧化碳降至2.91吉焦耳/吨二氧化碳。

“十三五”期间，南化研究院参与国家重点研发计划，承担复合胺溶剂和工艺的优化研究。2021年，优化的第二代碳捕集溶剂在国内最大的15万吨/年锦界电厂二氧化碳捕集装置上进行了工业示范。现场结果表明，在捕集率90%的情况下，新溶剂再生能耗进一步降至2.4吉焦耳/吨二氧化碳。

在承担的另一项“十三五”国家重点研发计划“膜法捕集二氧化碳技术及工业示范”中，南化研究院合作开发了膜分离捕集烟气二氧化碳集成工艺，在南化公司建成国内首套50000标立方米/天工业示范装置，二氧化碳捕集率81%，纯度达95%。

目前，南化研究院正在进行离子液体、氨基酸盐、相变溶剂、固体胺等前瞻性二氧化碳捕集技术的开发，旨在实现再生能耗降至2.0吉焦耳/吨二氧化碳。

NCMA脱碳技术自2003年第一套工业装置投入运行以来，至今已有近百套装置投入应用，广泛应用于炼厂干气、天然气、液化天然气、合成气、高炉气等脱碳，溶剂先后获评为“江苏省高新技术产品”“国家重点新产品”，技术获国家、中石化、省市奖项6项。

反应循环气脱碳技术主要应用于煤制油领域。目前，已应用于国内某400万吨/年（两套）煤制油脱碳，处于国内垄断地位。在环氧乙烷、乙二醇领域，首次实现国产化应用，获中石化“科技进步一等奖”，已达到国际先进水平。

（2）以资源配置最大化为目标，实现能量集成优化。

为降低二氧化碳捕集系统综合能耗，提高捕集纯化——电场耦合系统的能源利用率，南化研究院采用强化贫富液换热器回收贫液热量、热泵回收再生气热量的联合方案，实现了二氧化碳捕集纯化系统能量集成优化，节能率达30%。采用换热器回收凝结水热量，先加热再生塔内胺液，温降后加热胺补液，节能率达5.2%。

（3）以装备技术为依托，开发高效传质换热设备。

针对大型燃煤电厂烟气二氧化碳捕集，南化研究院联合有大型装备设计、制造经验的兄弟单位南化化机厂，优化高通量、高效、低压降塔内件设计，成功开发了大型高效低能耗传质换热设备。

2. 绿色低碳新工艺的开发

针对不同气源条件，开发了 MA 系列溶剂、NCMA 系列溶剂及催化热钾碱 3 个系列碳捕集溶剂，以及配套的工艺技术。在二氧化碳捕集领域开发的工艺包主要有：燃煤烟气 200 万吨/年二氧化碳捕集工艺设计方案、江苏某发电厂二期烟道气回收 1 万吨/年二氧化碳精制工段工艺包、沼气脱碳工程工艺包、催化烟气 10 万吨/年二氧化碳捕集及液化工艺包等。

如今，南化研究院碳捕集技术已在全国钢铁、电厂、石油化工等行业 57 个 CCUS 项目中得到应用，如国能集团国华锦界电厂 15 万吨/年、新疆八一钢铁厂 40 万吨/年等项目。

南化研究院始终坚持技术服务与产品销售协同推进，可以为客户提供碳减排整体解决方案，包括工艺包、技术许可、碳资产管理软件、专利溶剂、专有设备等。未来也将积极探索股权投资模式，以一定股权分配方式投资建设 CCUS 装置，按照比例获取收益。

三、实施效果

（一）管理效益

南化研究院基于绿色发展战略的科技创新实践运营以来，管理水平显著提升，资源配置更趋合理。近 10 年，承担国家级项目 5 项，中国石化科研项目约 40 项/年。共计发表高水平学术论文 40 余篇，有效专利 101 件（含国际专利 5 件）。主持制定国家标准 1 项，修订行业标准 5 项。先后获中国专利优秀奖 2 项、中石化科技进步一等奖 2 项、中石化技术发明三等奖 1 项、南京市科技进步二等奖 1 项。

在建设企业绿色低碳发展团队中，涌现出一批优秀人才。团队拥有中石化集团公司科技创新领军人才和集团公司高级专家 1 人，教授级高工 2 人，江苏省学术带头人 1 人，高工 15 人。省“333 工程”第三层次人才 2 人，先后有 3 人获“南京市五一劳动奖章”，南京市“职工十大科技创新成果奖”2 项。

（二）经济效益

将开发出的拥有自主知识产权的系列溶剂大力向社会辐射推广，并逐步拓展到燃煤电厂烟气二氧化碳捕集、高酸性及非常规天然气净化、石油炼化、新能源等领域，填补了国内空白。烟气二氧化碳捕集技术先后在胜利电厂、四川维尼纶厂等近 16 个省市的 50 多家企业获得成功应用。在天然气、炼厂气净化领域，针对普光、元坝等实际需求，开发的 NCMA 净化技术可提供定向性的专利技术及配方溶剂，消除企业生产“瓶颈”，实现大幅增产节能。在煤制油循环气领域，所开发的热钾碱脱碳技术已占据国内循环气脱碳市场。

2016 年 7 月 19 日，习近平总书记到银川市郊的宁东能源化工基地考察，详细了解全球单体规模最大的煤制油工程项目——神华宁煤间接液化示范项目建设的进展情况，肯定了我国在煤化工领域取得的创新成就。其中，循环气脱碳单元应用了南化研究院研发的专利技术。这些技术的实施应用，每年为应用企业新增产值总计 30 亿元，直接经济效益达 10 亿多元。

气体净化专利溶剂在南化研究院内组织生产并销售，开创气体净化溶剂产业化道路，近 5 年实现收益 2.0 亿元。

（三）社会效益

以绿色发展战略为指引，开展绿色技术研发，产业化工作取得实效。通过积极向社会大力辐射和推广技术，填补了国内空白，取得了显著的生态效益。所开发的技术节能降耗明显，产品性能稳定，迅速占领国内二氧化碳捕集市场，累计每年捕获二氧化碳 100 多万吨。以 1 棵冷杉树每年可以吸收二氧化碳 18.3 千克计算，相当于种下了 5000 多万棵冷杉树，为国家实现二氧化碳减排和综合利用目标做出了重要贡献。

主创人：刘　明、黄　伟、郭本帅、张　伟、陈小燕

光储一体化全生态产业链绿色制造

中天储能科技有限公司

一、企业概况

中天储能科技有限公司（以下简称中天储能），成立于2012年12月，注册资本148000万元，是中国企业500强、金牌上市公司江苏中天科技股份有限公司的全资子公司。

中天储能主营锂电池及其材料、电源管理系统的研发、生产、销售，其锂电池系统产品主要应用于通信后备电源、储能系统及新能源动力电池系统三大领域。在通信后备电源领域，公司主要服务于移动、电信、联通、铁塔四大通信运营商，产品销售已覆盖全国，同时通信锂电池市场依托传统的通信运营商客户关系布局全球。在储能系统领域，实现电网侧储能电站所需设备内部自主配套率95%以上，用户侧储能电站所需设备内部自主配套率99%以上，凭借产业链优势，已成为储能行业优秀的代表性企业。

在新能源汽车动力电池领域，公司与全国整车企业配套，与南京金龙、扬州亚星、北汽、陆地方舟、烟台舒驰等客户形成合作关系。

中天储能2019年净利润103.19万元，2020年净利润－6558.71万元，2021年净利润937.73万元。

中天储能以“光电网联美好生活”为使命，以“为客户、员工、社会创造价值”为愿景。践行企业社会责任，这是企业在社会、道德、经济和环境等方面的责任使命，也是成就一个让社会大众认同的高端世界级品牌的必经之路。社会的发展是中天储能前进的基石，社会责任也是中天储能的使命，无论是冰雪灾害还是地震，都有中天储能人前往救援的身影。

二、主要措施

（一）实施背景

工业和信息化部公布了2021年度绿色制造名单，其中，绿色工厂662家、绿色设计产品989种、绿色供应链管理企业107家。在“双碳”目标下，我国制造业企业围绕绿色工厂、绿色产品、绿色供应链等关键环节推进绿色制造体系建设，掀起“绿色浪潮”。

2020年，中国提出2030年“碳达峰”与2060年“碳中和”目标；2021年7月，国家发展改革委、国家能源局联合发布《关于加快推动新型储能发展的指导意见》，其中明确指出到2025年，实现新型储能从商业化初期向规模化发展转变；到2030年，实现新型储能全面市场化发展。2022年1月两部委正式印发《“十四五”新型储能发展实施方案》，要求到2030年新型储能核心技术装备自主可控，技术创新和产业水平稳居全球前列，与电力系统各环节深度融合发展，全面支撑能源领域“碳达峰”目标如期实现。

（二）绿色低碳发展战略

全面贯彻落实国家“碳达峰、碳中和”战略。积极投身于以新能源为主体的新型电力系统建设，大力建设绿色低碳制造体系，因势利导布局和优化产业结构。通过落实绿色低碳技术研发与创新、绿色技改、新品开发探索绿色技术应用新场景。以下为主要典型工作开展情况。

1. 锂电池生产全生态绿色制造

绿色低碳磷酸铁锂电池的全生态开发着眼于高性能锂电池研发、制造、应用及回收再利用的全生命周期，实现全生态产业链关键材料、工艺、技术、装备及产品的绿色制造。

公司承担了工业和信息化部绿色制造系统集成“高性能锂电池全生态产业链绿色制造综合提升项目”子课题：“新型绿色高性能磷酸铁锂电极材料开发及产业化”“绿色制造关键工艺技术、自主装备创新及系统集成应用”。整合产业链上下游及产学研等优势资源，组成绿色制造系统集成联合体，着眼于高性能锂电池研发、制造、应用及回收再利用的全生命周期，实现全生态产业链关键材料、工艺、技术、装备及产品的绿色制造。

开发出高水稳定性磷酸铁锂，实现对锂电池生产过程中使用的有机 NMP 溶剂的替代。在磷酸铁锂表面渗入一层耐水碳层，即在高温烧结过程、惰性气氛下引入碳源，利用还原反应形成单质碳，渗入磷酸铁锂表面，从而保护磷酸铁锂材料不受水溶液的侵蚀。

全水溶剂磷酸铁锂电池关键工艺、专用设备开发。利用丁苯橡胶乳液作为黏结剂，微量聚丙烯酸（PAA）作为分散剂，成功开发了全水溶剂磷酸铁锂浆料的制备方法。同时，利用高黏度捏合实现物料的均匀混合，高速剪切式分散解决浆料团聚问题。

开发专用设备，降低水耗、能耗。通过智能化改造，提升制程材料利用率，大幅减少废弃物。

全封闭制浆系统：利用高黏度搅拌过程中产生的高剪切力和捏合效应达到对纳米材料的有效分散，实现浆料的高均一性的分散效果，缩短浆料分散时间，在改善浆料品质的同时节能降耗。杜绝制程损耗废弃，减少清洗水耗 75%，将冷却水循环利用，细分工步减少工序电耗 50%。

自主研究的电极片干燥系统：采用蒸汽加热替代电加热技术，通过干燥热风循环利用方式，效率高、耗能少，只需要传统烘干方式的 40% 的能量，达到节能降耗绿色生产的目的，缩短生产周期 30 小时以上。

自主开发了无废边激光切割工艺：降低因加工需要而产生的铜箔废料量的 60%、铝箔废料量的 55%，实现资源节约。

自研接触式烘烤技术和专用烘烤设备：采用接触式烘烤，替代传统热辐射方式烘烤，效率提升 65%，节约用电 35%。

能量回馈型化成分容系统：将电池生产过程中活化、测试等工步放电的能量转换升压后再次利用，减少工序能耗 70%。

实现生产过程智能制造，搭配数据管理系统，实现材料利用率提升 5%，降低固体废弃物 50% 以上，并打通固体废弃物分类返回供应商再利用环节。

全生命周期数据化系统开发及运维监控中心、生产控制中心、产品检测中心平台建设。全生命周期数据化系统建设及运维监控中心：以中天储能为核心向上游核心原材料供应商（中天新兴材料），下游终端用户新能源汽车、储能系统（陆地方舟、协鑫等）延伸，实现产业链的创新协同，锂电池全生命周期状态监测与控制。远程监测运维平台（BMS）：实现对电池状态监测与控制。通过该系统准确监测电池组使用状况及剩余电量，对电池组的故障做出预警及保护，并根据电池使用状况，提供等级划分及应用调整的分析决策。电池梯次管理：根据电池性能划分为四档，分别是电动汽车档、储能系统档、后备电源档、资源回收档，系统自动根据分档标准进行梯次变换提醒。生产控制中心：集成物料、制造、能源、物流、设计开发、质量等生产过程数据系统，提升精细制造水平，实现资源高效配置。

建立了电池材料分析评价平台、电池理化性能测试平台、电池失效分析平台等，配备了包括 SEM、XRD、XRF、ICP 等在内的电池分析检测设备 240 台套。

攻克电池梯次利用及回收再利用技术，扩展锂电池的生命周期，实现产业链再生循环使用，形成锂电池循环生态圈。

总结：生产过程中节省用电 120 万度/年、减少废水排放 960 吨/年、减少固态废弃物 330 吨/年、节省关键电池材料 200 吨/年、节省 NMP 溶剂 1133 吨/年；具备 3600 吨/年废旧锂电池回收能力。

2018 年，经国家工业和信息化部公示，公司产品磷酸铁锂离子电池，着眼于高性能锂电池研发、制造、应用及回收再利用的全生命周期，实现全生态产业链关键材料、工艺、技术、装备及产品的绿色制造。

2. 光储一体化全生态绿色制造

公司拥有绿色产品磷酸铁锂电池，同时致力于绿色光伏应用系统的一站式服务，拥有高效能源管理系统，提供成套智慧运维解决方案。

公司率先在行业内实现了智能运维，自主开发的“赫利乌斯智慧能源管理系统”，具有电气性能监控、安防实时查看、故障自动巡检、设备全寿命周期管理、应急处置等多项业界领先功能，更是荣获 SNEC 展览会“十大亮点评选”最高级别奖项——太瓦级钻石奖。

智能化运维围绕五大方面开展工作，包括电站并网后评估、电站能效比分析、设计与运维方案优化、集中监控与故障处理、电站维护服务。自投入使用至今已常态使用并定期升级。通过智慧化运维实现集中管理、远程诊断、例行巡检、突发抢修的 O_2O 精细运维模式，实现了分布式电站利用小时数全国领跑，光伏发电效率一直保持行业较高水平。运维过程中公司团队通过平改坡技改、智能清洗、导水条安装、无人机巡检等方式，关注电站利用小时数的提升，通过提高光电转化率，充分利用绿色能源。

光储一体化技术已经论证成熟，集团 2021 年全年用电 7.3 亿度，光伏（绿电）消费占比 6.1%。目前公司自持建设光伏电站共计 68 座，装机容量 362 兆瓦，其中分布式项目占比过半，存量电站年均利用小时达到 1100 小时以上，超南通地区工商业屋顶光伏电站平均利用小时，实现了年均 879.6 万吨二氧化碳减排量，为绿色能源发展添砖加瓦，为国家“双碳”目标的实现注入力量。

现投资运营符合绿电交易电站合计容量 148.34 千瓦，每年约产出可交易绿电 1.84 亿度，集团可以用绿电交易形式获取相应的绿电消费凭证，至“十四五”末公司计划新投绿电交易电站 450 兆瓦，将累计持有绿电交易电站达 598.34 兆瓦，为集团全绿电消费目标达成确立可能。公司将以光伏发电业务作为切入点，在综合能源服务领域进行业务延伸，依靠光伏能源管理云平台，对客户的所有用能，包括水、气、电、光伏及碳排放等进行实时监测，实现对客户能源数据的全覆盖、数据化、精细化管理。并将综合能源服务与客户日常运营进行深入绑定，帮助客户有效提高厂区综合监管能力，降低企业厂区运营成本，实现管理精细化、决策科学化和服务高效化。

三、实施效果

（一）经济效益

通过光储一体化全生态产业链绿色制造，预计到 2022 年 6 月中天储能内部装机量达 372 兆瓦，年电量 3.95 亿度（折合节省电费 3.16 亿元/年）。

（二）社会效益

根据 2021 年度可持续发展报告，中天储能实施绿色低碳措施后，绿色能源电力储能装机量达到 1.2 吉瓦时，减少二氧化碳排放量 52.8 万吨，光伏装机量 1.5 吉瓦时，减少二氧化碳排放量 128 万吨。万元产值综合能耗降低 10%，万元产值二氧化碳排放降低 12%，绿色化能源消费比重达 6%，万元产值制造费用下降 4%。

（1）打造国家级绿色制造系统集成示范项目。承担工业和信息化部绿色制造系统集成“高性能锂电池全生态产业链绿色制造综合提升项目”，实现制造技术绿色化率达 95%、制造过程绿色化率达 91.8%、资源环境影响度低于 55%，制定绿色关键技术标准不低于 5 项。节能减排成果显著，生产过程中节省用电 120 万度/年、减少废水排放 960 吨/年、减少固态废弃物 330 吨/年、节省关键电池材料 200 吨/年、节省 NMP 溶剂 1133 吨/年；完成 10 吨级锂电池回收平台建设及示范应用；项目建成达产达效后，形成年产 2000 吨高水稳定性磷酸铁锂正极材料、1 亿安时高性能锂电池系列的能力，年新增销售收入 7 亿元。同时，通过锂电池绿色产品认证，建立锂电池绿色产品的生产管理体系。为锂电池绿色制造工艺突破、回收及再生利用技术的应用树立了典范，探索并实施绿色制造在锂电行业的先导应用，给同行及后来者提供有效的借鉴和示范引领作用，带动行业的健康快速发展，提升了我国高性能锂电的核心竞争力。

（2）中天储能配套绿色供电服务北京冬奥会。张北柔性直流电网试验示范工程是世界首个柔性直流电网工程，可全面满足北京、延庆、张家口三个赛区 26 个冬奥场馆总计 1 亿千瓦时的年用电量需求，助力冬奥场馆实现 100% 清洁能源供电。在石景山冬奥组委展厅及奥组委会议中心，中天储能自主研发设计供应的新型"智能并离网型"锂电应急电源，保障着奥组委重要负荷连续供电已近三年。100 千瓦/220 千瓦时新型储能系统，一方面可在电网掉电时作为应急功率支撑，另一方面可在电网正常情况下通过削峰填谷优化园区用电，为首钢冬奥后勤服务提供一份"绿色"保障。

主创人：缪永华、朱海洋、张　祥、谭清武、杨　伟

环保升级施工污水综合处理工艺

中铁十一局集团第二工程有限公司

一、企业概况

中铁十一局集团第二工程有限公司注册资本金10.01亿元，共有在册员工3000余人，拥有固定资产原值7.12亿元，施工机械及生产设备488台（套），年施工能力100亿元以上。公司先后参加了60余条铁路干线，70余条高速公路路基、路面，10余项市政工程及“中国天眼”——国家天文台贵州FAST工程等多项国家重点工程建设。

公司以信誉为根本，视质量为生命，始终把科技创新和持续改进作为企业的不懈追求。公司承建的多项工程荣获国家级、省部级荣誉。其中，合福铁路、大西客专荣获“詹天佑奖”；500米口径球面射电望远镜（FAST）荣获“詹天佑奖”“鲁班奖”和“国家优质工程金奖”；合武铁路、武广客专、武九客专、济青铁路、杭黄客专、浦南公路、大连房建、常青路转体桥荣获“国家优质工程奖”；沈大公路荣获“庆祝中华人民共和国成立70周年经典暨精品工程”；上海轻轨荣获中国市政金杯示范工程奖；麻竹公路、仁博公路荣获“李春奖”。公司连续七年跻身中国铁建工程公司规模“20强”，2019年被评为“中国铁建卓越工程公司”，2020年被中国铁建授予项目管理先进单位。先后荣获“全国五一劳动奖状”“全国优秀施工企业”“全国模范职工之家”“全国守合同重信用企业”“全国质量安全信誉AAA级优秀施工企业”等荣誉称号。

二、主要措施

公司仁沐新公路项目位于四川省宜宾市屏山县，主要结构物太平隧道全长5302米/双洞计，为特长公路隧道，是仁沐新线的重难点工程。隧道以粉砂质泥岩夹细砂岩为主，围岩软弱，全隧均为Ⅳ、Ⅴ围岩。隧道毗邻金沙江支流，环保要求极高。太平隧道穿越靛兰坝—中和庄向斜，隧道施工掘进，逐渐进入富水区段，日出水量达到2300余立方米。洞内排水水质混浊，检测pH值大于12，为重度污染水，对周边环境影响巨大。

随着国家宣布碳达峰、碳中和的目标，企业绿色低碳转型是大势所趋，在这种大环境下，如何围绕“绿色施工”技术，做好水土“资源化”利用，是进行低碳、环保的主要研究方向。公司全面推进低碳环保施工，针对工程废弃泥渣和污水的处理减量化、无害化、资源化的原则，提出以资源化为核心的处理流程，促进施工废弃资源再利用，实现绿色、低碳、环保、可持续发展的施工新理念。

公司技术部成立了施工污水处理科研小组，对隧道污水进行了调研分析，发现主要存在以下问题：一是随着隧道掘进进入富水区，水量增大，在渗流过程中，地下水受混凝土、油污、施工扰动等环境影响，形成高pH值污水；二是已施工段地下渗水，亦是完工后正常排水，基本无污染，与掌子面污水产生了混合，且洞外沉淀池位于低洼地段，地表天然水系，与隧道排水形成合流，进一步加大了污水总量；三是依靠传统沉淀池不能降低pH值，不能去除胶体、溶解物质等污染物，且按每平方米4小时的最少静置沉淀时间，需要容量超过8000立方米的超大型沉淀池，成本、场地、效果等方面都不具备可行性。

针对以上问题，科研小组通过深入研究，在仁沐新项目工地现场成立了试验室，制定出以下解决方案：一是要改造现有排水系统，将已施工段渗水、洞外水系与掌子面污水进行分离，即清污分流，可大大减少了污水处理总量，实现成本可控；二是结合现场条件及要求，研究采用新一代斜板污水处理设施，通过对设备进行调试和验证，实现对隧道污水的一体化处理，实现一级排放标准。

（一）清污分流

公司仁沐新项目的隧道施工会产生大量泥浆污水，每个洞口每天污水产生量约为 2000 立方米，怎样对施工污水进行处理，减少污水排放，实现水资源循环利用，是施工企业亟待解决的问题。

科研小组调研发现，衬砌两侧电缆槽预留沟槽，具备单独排水条件，通过改造，掌子面污水由水泵直排电缆沟槽，作为污水单独排放渠道；隧道洁净渗水全部由中心水沟排放，中心水沟做必要封堵，避免与污水混染，实现了洞内清污分流。实施清污分流改造后，隧道需处理污水降至约 800 立方米/天，极大地降低了污水总量及处理成本，成效显著。

（二）污水处理

公司以仁沐新项目为依托，重点研究解决隧道施工产生的泥浆水、高 pH 值污水等处理问题。隧道施工排出的污水具有排出量大、不易沉淀、高 pH 值等问题，通过简单的沉淀、过滤很难降低 pH 值，很难将细小泥浆悬浮物从污水中过滤出来，必须设置一整套系统，才能将大量的污水从泥浆中分离出来，再进行收集、沉淀、泵送、处理等一系列流程，其中最为关键的核心技术就是怎样将大体积的污水进行处理。

公司科技攻关小组对市面上污水处理设备进行了调查和研究，发现利用化学药品在沉淀池中充分反应能将污水进行絮凝、沉淀，快速实现污水处理。通过建立污水处理系统及循环利用系统，并请相关专家对水质情况进行化验分析，找到合适的化学药品，加药絮凝、沉淀分离的一套流程，将污水 pH 值降低，重新变清。经过处理的水达到了一级排放标准，不仅可以直接排放，还可以作为施工循环用水。污水处理主要包含污水收集、污水储存池、污水沉淀澄清设施、清水收集、泥污收集等系统。太平隧道进口污水处理平面布置见图 1。

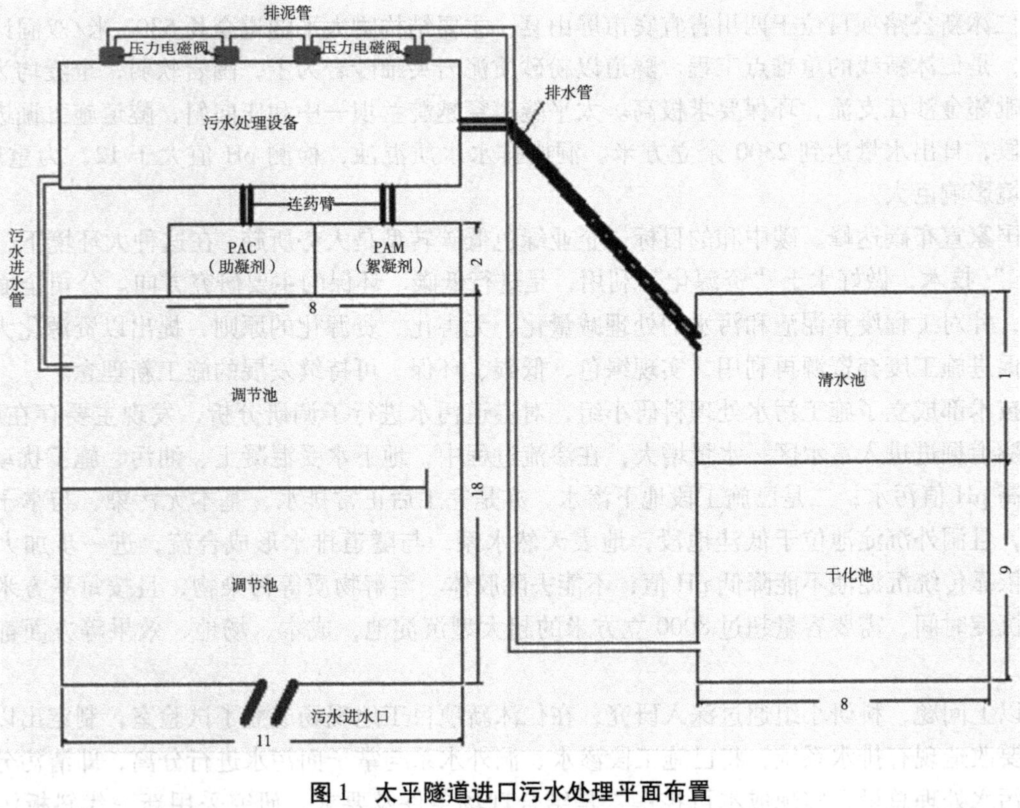

图 1　太平隧道进口污水处理平面布置

（1）建立污水收集系统。在隧道洞口处对排水系统进行改造，根据污水处理设施方案，新建一座480立方米二级污水收集处理池，洞内污水出洞口后由新建管道直通污水收集池，自然水系另行疏通引排，实现了洞外清污分流。

（2）污水储存池是保持污水处理系统平稳运行的必要设施，污水处理过程中需要污水持续输入，而隧道产生的污水跟隧道掘进施工有关系，排出的污水量也是忽高忽低的，将收集到的污水抽排到储存池内，不但能连续不断地给污水处理系统供应，还能将污水初步自然沉淀，提高污水处理效率。一般污水储存池容积为每天污水排放总量的60%。

（3）污水沉淀澄清设施主要包含两部分，一个是污水反应池，另一个是药品储存池。污水反应池即为斜板沉淀池，是根据浅池沉淀理论设计出的一种高效组合式沉淀池。在沉降区域设置许多密集的斜管或斜板，斜管沉淀池采用乙丙共聚、玻璃钢或聚氯乙烯蜂窝斜管，倾角为60度，斜长1米，内切圆直径为35～50毫米不等，根据水质可以改变内切圆直径，以达到最佳沉淀效果。可根据原废水的试验数据来设计，加工斜管沉淀器。使用时一般投加混凝剂，使水中悬浮杂质在斜板或斜管中进行沉淀，水沿斜板或斜管上升流动，分离出的泥渣在重力作用下沿着斜板（管）向下滑至池底，再集中排出。

药剂池分别储存PAM（絮凝剂），即为无机高分子水处理药剂和PAC（助凝剂），即为聚合氯化铝。科研小组通过反复试验确定，一袋（25千克）絮凝剂可以处理约600立方米污水，一袋（25千克）助凝剂可以处理约1500立方米污水。根据污水量实时补充药剂池中的PAM（絮凝剂）和PAC（助凝剂）。

根据废水的试验数据设计调整不同流量的斜管沉淀器，使用时投加絮凝剂和凝聚剂。使污水中的悬浮物、固体物或经投加混凝剂后形成的絮体矾花，在斜管底侧表面积积聚成薄泥层，依靠重力作用滑回泥渣悬浮层，继而沉入集泥斗。由排泥管排入污泥池另行处理或综合利用。上清液逐渐上升至集水管排出，可直接排放或回用。

（4）清水收集池是将反应池中排出的清水收集在一起，并通过集水池对污水处理效果进行不间断监测，若发现处理效果不好及时停机检查，并对处理不合格的水进行二次处理。

经过处理的水可达到Ⅲ类水质标准，不仅可以直接排放，还可以作为供应到隧道钻孔、场地冲洗、混凝土养护等施工用水的供水站，作为施工循环用水。

（5）污水收集池是将反应池中排出的污水收集在一起，经过自然沉淀晾干后弃运至弃土场。

三、实施效果

经污水设施处理后，水质大为改善，项目使用金鱼进行活体测试，金鱼无死亡、异常现象。经检测，水质达到了一级排放标准。

公司采用清污分流措施，将需处理污水量由每天2300立方米减少至800立方米，可节约费用约4050元/天，大大减少后续污水处理成本，提高污水处理效率。同时，结合先进污水处理工艺，实现施工污水的达标排放。公司仁沐新项目污水综合处理工艺的成功应用，获得了良好的经济与环境效益，为同类项目施工提供了宝贵经验，公司已在川藏铁路、福宜公路、宝鸡中医院等项目进行了推广应用。相对于传统大型沉淀池，新一代斜板污水处理设施每处可节约土建费用至少40万元，且不需等待静止沉淀，污水处理停留时间短，效率高；极大提高了用水效率，减少了污泥运输，减少了碳排放量，保护了环境。公司绿色、环保、可持续发展的施工理念和优秀做法得到了地方政府及行业专家的高度评价，未来公司将继续践行绿色发展理念，研究和推广绿色施工新举措，促进生产资源循环使用，切实履行央企社会责任。

主创人：袁　恺、郎玉璞、陈则章、马丽娜

基于可信体系的电子签章关键技术及应用

中移动信息技术有限公司

一、企业概况

中移动信息技术有限公司是中国移动通信集团有限公司（以下简称中国移动集团）下属的全资子公司。前身是中国移动（深圳）有限公司，2018 年在集团公司落实大 IT 体系的战略部署、满足数字化拓展的需求下，整合中国移动集团公司业务支撑系统部、中国移动南方基地 IT 支撑中心，中移动信息技术有限公司于 2018 年 5 月正式揭牌成立。

公司对中国移动集团内部承担集中化 IT 系统的运营和支撑，重点推进 IT 统一规划、企业级大数据平台、集中化 IT 系统的整合与建设等各项工作，为内部各单位提供资源共享、能力集中、合理管控的 IT 运营支撑服务，协助各单位打造机制体验、高效运营、良性增长的数字化服务能力。

针对中国移动集团外部，依托集中化 IT 系统和自主研发经验积累，积极探索 IT 资源和能力优势的对外输出，面向其他行业企业和海外电信运营商提供的大数据等 IT 解决方案和服务，努力拓展对外服务收入份额，力争成为业界有影响力的专业化 IT 服务机构。

企业使命是用 IT 成就客户；企业愿景是成为世界一流的 IT 服务提供商。社会责任核心价值观是服务客户、创新发展、专业精进、协同高效、以人为本。

二、主要措施

面对气候变化等全球性危机和挑战，我国做出了“力争 2030 年前实现碳达峰、2060 年前实现碳中和”的战略决策，中国移动集团也发布了《中国移动碳达峰碳中和行动计划白皮书》，充分发挥行业引领作用，在实现自身绿色低碳发展的同时，以推动新型基础设施发展为依托，全面带动产业链绿色转型，深度挖掘各行各业绿色化需求，提升赋能社会各领域绿色发展能力，为国家“碳达峰、碳中和”贡献行业力量。

中国移动集团提出“C^2 三能计划”，创新构建“三能六绿”发展模式，持续创新技术手段和运行模式，深挖政府、企业运作管理流程中的绿色低碳需求，开展基于可信体系的电子签章关键技术的研究及推广应用，提供电子合同、电子证照、电子档案、电子病例、电子公文等票、单、证数字化解决方案和服务，助力政府、企业实现“双碳”数字化，在落实“碳达峰、碳中和”战略工作中争当排头兵，在推动高质量发展中促进经济社会发展全面绿色转型。

（一）企业绿色低碳发展所处市场生态与资源环境

信息通信行业是推动数字经济发展的中坚力量，信息通信服务能够促进各领域数智化转型，改变人们的出行方式，取代高能耗、高排放生产，提升运转效率，减少材料使用、货物运输，从而减少全社会排放。该技术作为中国移动集团赋能政府、企业的应用，为提升其数智化水平提供了不可或缺的能力。在降低自身能耗方面，该技术不断加强创新，间接促进公司发展与环境保护、资源节约和谐统一，着力打造节能减排典范应用。

在赋能社会降碳方面，该技术积极发挥信息技术的杠杆作用，着力打造绿色发展“引擎”。一方面，赋能数智化生产，实现行业应用百余个赋能，这其中包括合同管理系统、人力资源管理系统等示范应用。另一方面，丰富数智化生活，推出视频签署、时间戳引入、区块链应用等 50 余项特色应用，提供在线便捷服务，减少客户出行，节约物质消耗，促进新型信息消费。“十三五”期间，自上线应用以来，该技术助力社会减少了二氧化碳排放量超过1.2亿吨。

（二）企业绿色低碳发展战略的制定与解决方案

该技术主要面向政府、企业提供签、存、证、管一站式全场景服务，基于可信数字身份体系和数据流通信任体系，运用区块链、云计算、人工智能、身份认证、数字证书、电子签名、电子印章、OFD版式、时间戳等数字化技术，形成基于可信体系的电子签章关键技术，提供线上化、自动化、智能化、无纸化的票单证数字化解决方案，为政府、企业提供电子文件全生命周期智能管控服务，覆盖电子签名、文件管理、实名认证、数据存证、司法出证、法律服务全流程，助力用户系统性解决签署难题，实现降本增效。电子签章技术应用体系见图1。

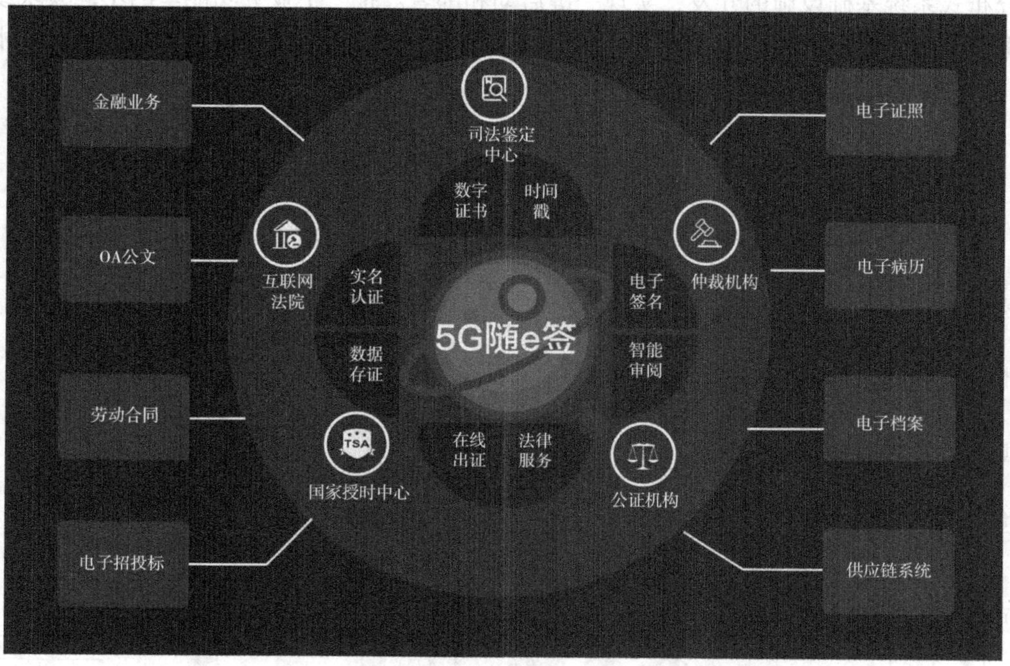

图1　电子签章技术应用体系

随着云计算、AI智能等新一代信息技术的应用落地，以信息技术应用创新为代表的产业化技术已成为推进企业数智化转型的核心力量。该技术是新经济形势下的自然衍生物，利用图像处理技术，将电子签名与盖章操作转化为与纸质文件盖章相同的可视效果。该技术为网络间文件的信任发送、加密传输、防伪造、防篡改、防抵赖等保驾护航，保证了电子信息的完整性、真实性及签署方的不可否认性。同时，已有《中华人民共和国电子签名法》《中华人民共和国民法典》等法律条款，赋予了电子签章的合法地位。

该技术助力企业降本增效、节能减排，打造绿色办公、数智运营，充分发挥中国移动资源优势，形成共赢共享新生态，助推千行百业数智化转型与高质量发展。

该技术覆盖文件文档的整个生命周期，模块化产品支持多种产品组合方式，为用户提供全方位的产品服务能力。该技术同时提供多端支持，包含PC端、App、H5、小程序等签署方式，可广泛应用于供应链管理、人力资源服务、数字政务、医疗服务、金融服务等领域和场景。该技术助力解决了社会民生所关注的远程签署、线上签约互信等难题，实现办事零跑腿、零见面、无纸化，基于可信体系也保证了电子文书的真实性、可靠性、不可抵赖性。

（三）企业绿色低碳技术的研发与创新

该技术助力政府、企业快速实现签约线上化，帮助企业降本增效、节能减排，打造绿色办公、数智运营，助推千行百业数智化转型与高质量发展。

该技术对可信签约等社会基础设施管理起到了创新推动作用，融合了区块链、云计算、人工智能、身份认证、数字证书、电子签名、电子印章、OFD 版式、时间戳等数字化技术，对社会民生服务水平、低碳减排起到了推动作用。

（四）相关设备的改造升级

该技术基于云原生技术的微服务管理平台，提供完整的服务治理能力，采用 Spring Cloud 微服务架构，简化分布式系统基础设施的开发，实现一键启动和部署。把一个业务功能里的不同模块或者组件进行拆分，把公共组件拆分成独立的原子服务，下沉到底层，形成相对独立的原子服务层。技术架构见图 2，风格架构见图 3。

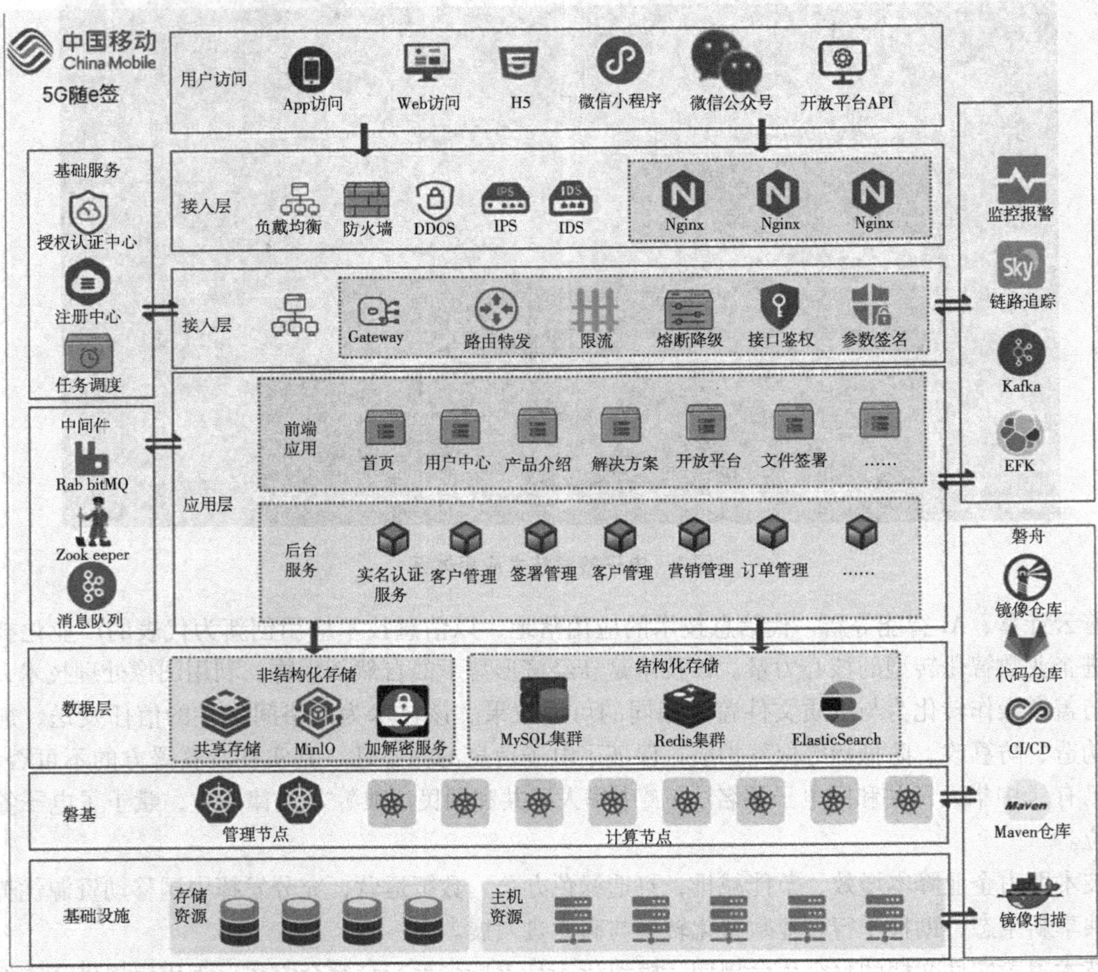

图 2　技术架构

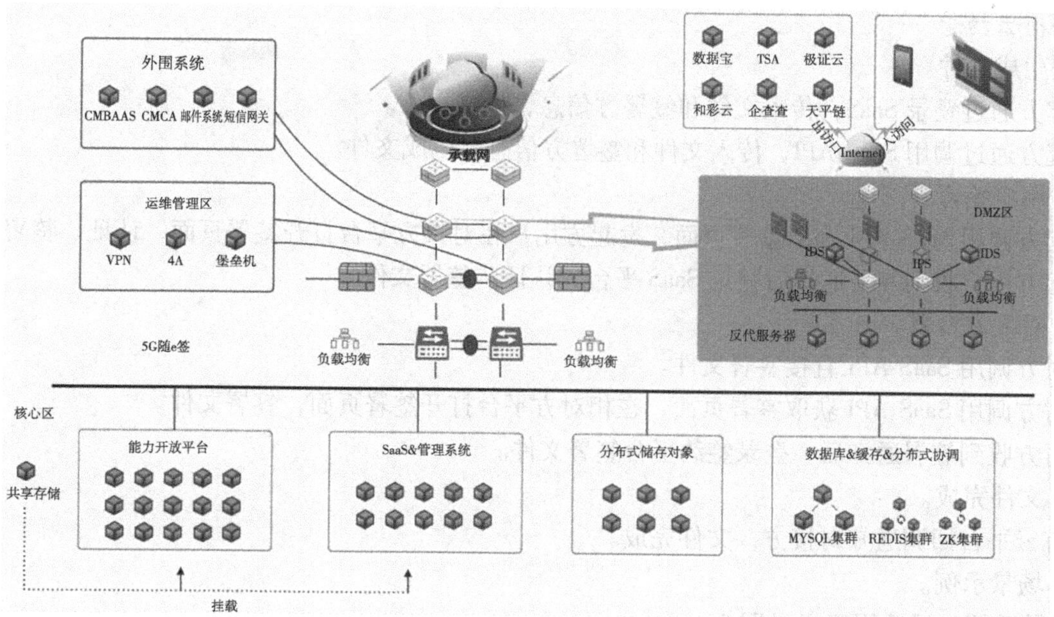

图3 网络架构

（五）绿色低碳产品的开发

该技术是中国移动旗下的电子签约技术，致力于为政府、企业提供基于合法数字签名技术的电子单据签署及管理服务，政府、企业可以快速实现签约线上化，帮助企业降本增效、节能减排，打造绿色办公、数智运营。充分发挥中国移动集团资源优势，形成共赢共享新生态，助推千行百业数智化转型与高质量发展。

该技术提供签、存、证、管一站式全场景云签约服务。基于可信数字身份体系和数据流通信任体系，运用区块链、云计算、人工智能、身份认证、数字证书、电子签名、电子印章、OFD 版式、时间戳等数字化技术，形成基于可信体系的电子签章关键技术，提供线上化、自动化、智能化、无纸化的票单证数字化解决方案，为政府、企业提供电子文件全生命周期智能管控服务，覆盖电子签名、文件管理、实名认证、数据存证、司法出证、法律服务全流程，助力解决社会民生所关注的远程签署、线上签约互信等难题。

（六）新技术的场景应用

该技术覆盖全场景产品能力，主要支撑各类人力资源、数字政务、金融等行业，提供的应用场景服务主要包含公有云服务、混合云服务、私有云服务。公有云服务见图 4。

图4 公有云服务

1. 公有云场景

（1）生成文件。

发起方通过登录 SaaS，传入文件和签署方信息，生成文件。

发起方通过调用 SaaS API，传入文件和签署方信息，生成文件。

（2）用户签署。

发起方调用 SaaS API 获取签署页面，发起方用户在对接方平台打开签署页面，认证、签署文件。

发起方用户收到签署通知后登录 SaaS 平台，认证、签署文件。

（3）对接方签署。

相对方调用 SaaS API 直接签署文件。

相对方调用 SaaS API 获取签署页面，在相对方平台打开签署页面，签署文件。

相对方收到签署通知后，登录签约平台签署文件。

（4）文件完成。

公有云平台回调通知对接方，文件完成。

（5）场景示例。

a 场景示例：灵活用工（见图 5）。

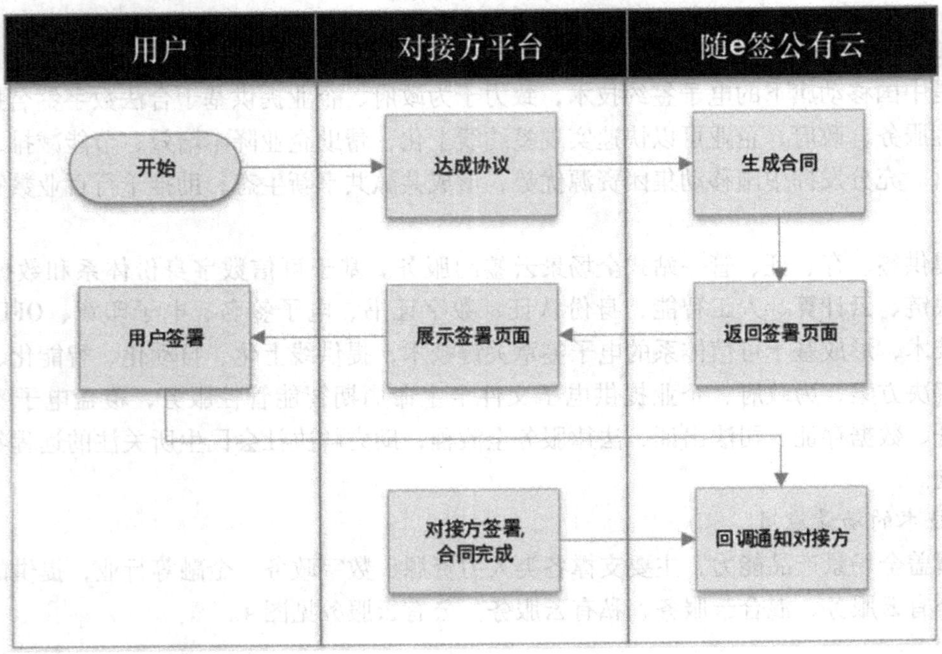

图 5　灵活用工场景流程

用户与对接方达成协议，对接方调用签约平台 API 创建人事文件。

对接方调用该平台 API 获取签署页面，用户在签署页面上进行实名认证，并签署文件。

用户签署完成后，该平台通知对接方，对接方调用该平台 API 签署公章，文件完成。

b 场景示例：无车承运（见图 6）。

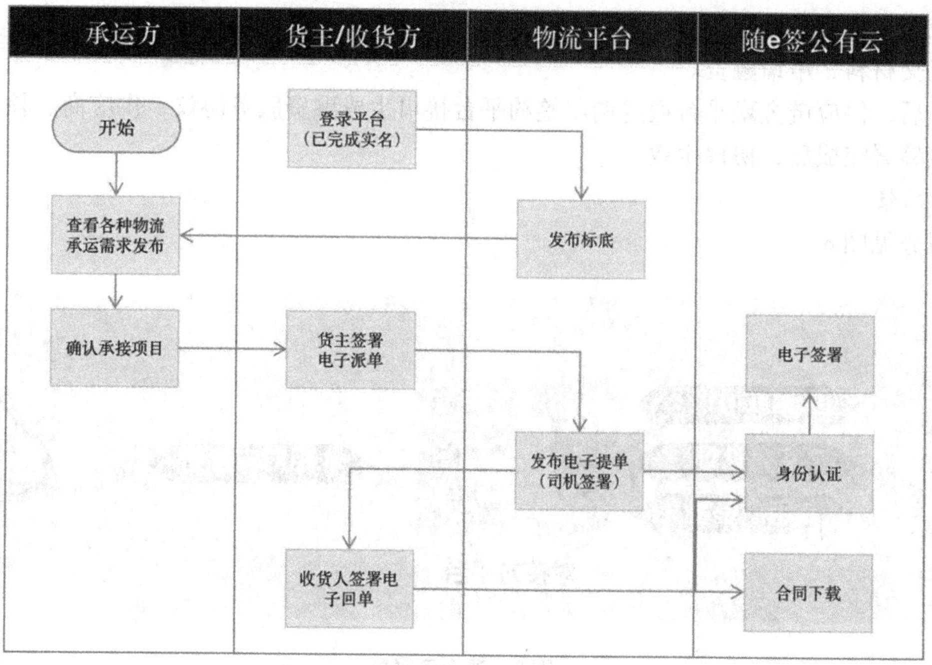

图 6　无车承运场景流程

货主通过物流平台发布货运信息，生成电子派单与电子提单，承运司机通过手机接收电子派单，并用手机完成承运文件的签署。

当承运司机完成货运投递后，收件人通过手机扫码签收承运司机手机中的电子回单，完成整个无车承运场景的电子单据签署。

c 场景示例：供应链金融（见图 7）。

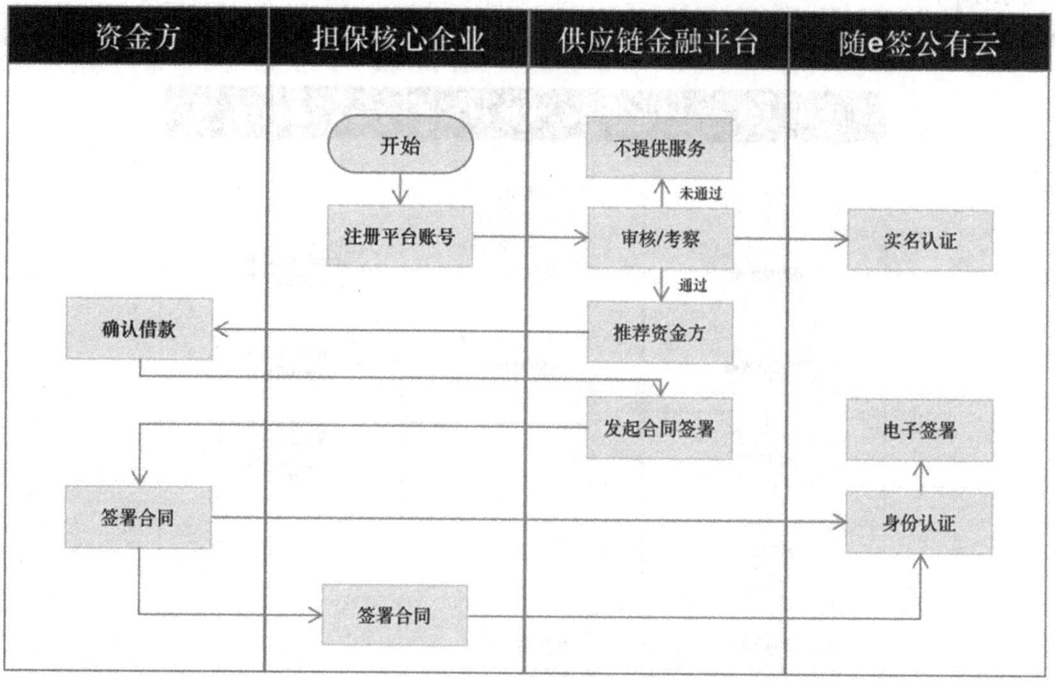

图 7　供应链金融场景流程

上游供应商和核心企业签订采购商务文件，形成应收账款单据。

供应商提交材料，申请融资。

审核通过后，供应链金融平台通过调用签约平台接口生成融资服务协议，供应商、核心企业、金融机构三方在线签署完成后，协议生效。

2. 混合云场景

混合云服务见图 8。

图 8　混合云服务

(1) 实名认证。

对接方调用混合云 API 进行实名认证，证书申请和印章申请。

(2) 用户签署。

发起方调用混合云 API 获取签署页面，发起方用户在该平台打开签署页面签署文件。

(3) 相对方签署。

相对方调用混合云 API 签署文件，文件完成。

(4) 场景示例。

a 场景示例：销售文件（见图 9）。

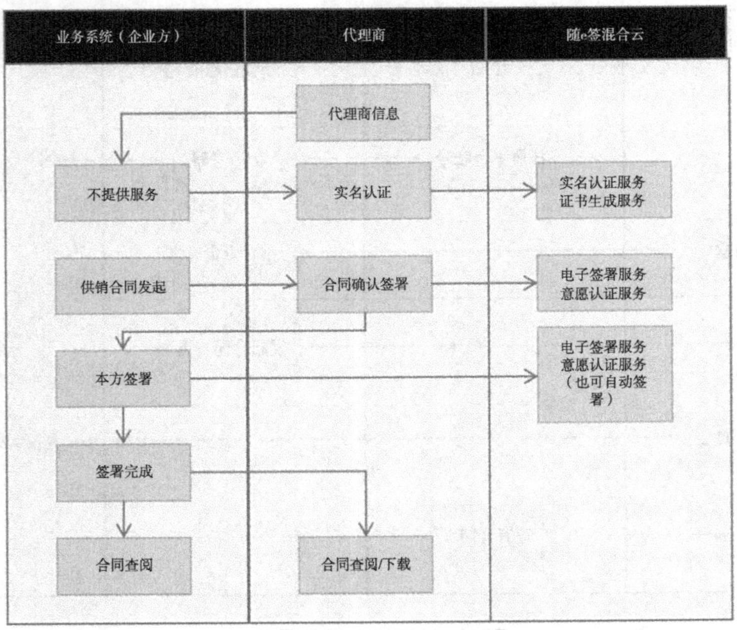

图 9　销售文件签署场景流程

企业业务系统录入代理商信息，在签约平台创建用户，代理商在该平台可以进行实名认证。

企业方在业务系统发起供销文件签署，代理商先签，企业方后签。

代理商签署，可通过企业方的业务系统，进入签署界面完成意愿认证后完成签署；也支持通过该平台发送短信通知至商家经办人手机，点开手机短信打开签署链接完成意愿认证后签署。

企业方签署可以在业务系统管理员进行意愿认证后完成签署，也可考虑后台自动签署。

双方审批盖章完成后，签署后的文件保存到业务系统，可供文件的查阅等。

3. 私有云场景

私有云服务见图10。

图 10　私有云服务

(1) 生成文件。

发起方调用私有云 API，传入文件内容和用户信息，生成文件。

(2) 用户签署。

发起方用户收到签署通知后登录私有云平台签署文件。

发起方调用私有云 API 获取签署页面，用户在签署页面认证、签署。

(3) 相对方签署。

相对方收到签署通知后登录私有云平台签署文件。

相对方调用私有云 API 获取签署页面，在签署页面认证、签署。

相对方调用私有云 API 直接签署文件。

(4) 文件完成。

私有云平台回调通知发起方，文件签署完成。

(5) 场景示例。

a 场景示例：采购文件（见图 11）。

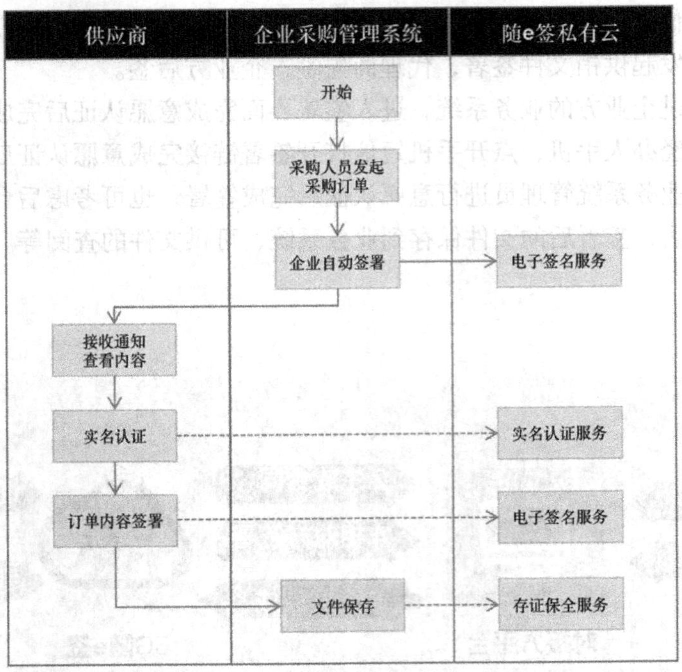

图 11　采购文件签署场景流程

企业采购管理员工在业务系统填写采购信息，发起签署，企业自动盖章，签约平台通知供应商签署。

供应商管理人员接到通知查看待签署的文件，若未实名认证，需先进行个人和企业实名认证，完成意愿认证后完成整个文件的签署。

供应商签署完成后，签署后文件会到业务系统保存，文件签署信息可存证到该平台开放服务。

（七）商业模式

通过电子签章市场化运营服务，推动 IT 价值释放，实现中国移动集团对外赋能新跨越，赋能公司数智化转型、高质量发展。搭建主要面向政府、企业的电子签约云平台，塑造电子签章品牌，对内深化推进能力复用，对外构建市场化生态，实现产品行业领先，提升运营服务与市场营销能力。实现三年跻身行业领先地位的运营目标。

商业模式主要有以下两种：一是按照签署份数，即签约平台提供一套完善的电子合同服务，用户无需进行开发等操作，直接使用平台的服务；二是按电子签章接口来收费，该模式通常是针对签署量较大的企业，企业需要有开发能力，可以将第三方平台的实名认证、电子签章接口对接到自己的网站、App、小程序或者网站上，实现和业务系统的无缝对接，该模式基本上都是按照实名认证次数、签章调用次数收费。

（八）低碳管理与运行情况

该技术已经上线运行 3 年多，自上线以来，已在采购订单、劳动合同等场景进行试点，达到了预期的效果。依托该技术，各单位已快速实现面向个人的在职证明、会议纪要等 10 个场景和面向企业的电子合同、工程验收材料等 20 个场景的应用，助力企业降本增效，以科技创新践行“C^2 三能——中国移动碳达峰碳中和行动计划”，每年为中国移动集团节省纸张 4 亿张，减少碳排放 3.6 万吨。随着该技术在更大范围内推广应用，将会助力各行各业降本增效，初步预估每年可为各类企业应用节省纸张 1000 亿张，减少碳排放 800 万吨。

三、实施效果

该技术运用中国移动"连接+算力+能力"新基建优势，快速打造中国移动自主品牌产品，紧抓后疫情时代发展新机遇，发挥央企担当，主动承担电子签章领域的"国家队"作用，勇于创新，推进电子签章产品化、市场化，助推千行百业高质量发展，彰显中国移动价值。

（一）助力企业降本增效

在快速发展的今天，无纸化、在线化、移动化等数字经济正在成为驱动我国经济增长的新引擎，电子签章在多个领域已被广泛应用和认同。目前，该技术已经实现40家单位113个应用的接入，应用场景达30多个，使用量达1.60亿次，即将在全国全面普及。该技术改善了传统线下办公与签署流转效率低等瓶颈问题，最快10分钟完成签署，切实为政府、企业降本增效，得到诸多使用单位的一致好评。

（二）沉淀多项软著与专利

截至目前，该技术已经获取了中国版权保护中心颁发的关于中国移动随E签系统、中国移动签个字软件等14项软著登记证书，以及国家知识产权局关于一种基于SM2的智能终端认证与签名方法、一种运营商OFD版式图片内容搜索方法等5个专利申请结果。此外，还有5个专利在申请过程中。

（三）推动生态建设发展

在中国电子工业标准化技术协会发起并完成基于区块链的可信电子签章平台参考架构的团体标准，增强行业发声，主导行业发展，提升行业影响力。与哈工大建立联合实验室，实现校企合研，专注于电子文件、人工智能、云计算、大数据等方面的技术研发，提升电子文件的智能识别、分析和决策，以及未来AI应用等方面的研究工作。通过团体标准与联合实验室的建立，既可以提升产品的核心竞争力，又可以引领电子签章产业化。电子签章数智化签约平台应用架构见图12。

（四）积极响应落实国家碳达峰碳中和发展倡议

自上线运行以来，该技术实现了平均每年可节约用纸5.5亿张以上，减少碳排放超过2万吨，有效解决了远程办公导致的签章不便利的难题，大幅提升了在线签字效率，减少了用户在签约环节付出的人力、纸张、运输、仓储等成本，尤其在疫情常态期内，快速高效可靠的签约程序，大幅提高了用户对中国移动主动承担社会责任的主观印象，增加中国移动品牌效应，以科技创新践行了"C^2三能——中国移动碳达峰碳中和行动计划"。

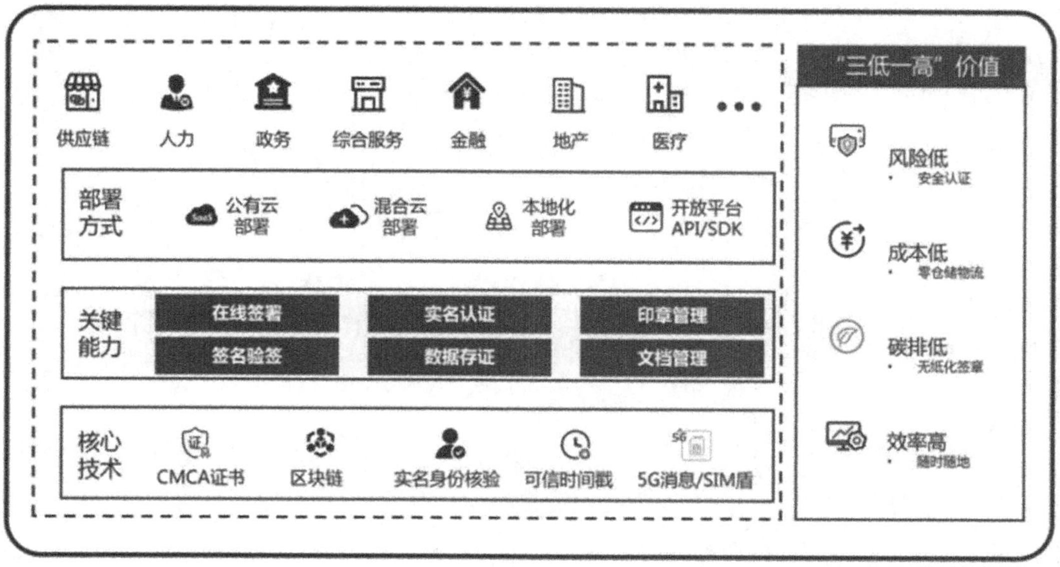

图12　电子签章数智化签约平台应用架构

总之，该技术将政府服务和企业生产经营业务进行数字化、凭证化、资产化，为数字经济提供了可信数字资产凭证，为数字金融提供了可信的数字资产体系支撑，推进了数字产业化、产业数字化。中国移动集团将继续发挥中央企业的引领作用，积极落实国家战略，主动履行社会责任，践行绿色发展理念，持续创新技术手段和运行模式，以线上化、低碳化为方向倡导绿色办公，以拓展信息服务应用、推广“智慧环保”解决方案为依托深化绿色赋能。

主创人：徐海勇、黄　岩、张　春、滕　滨、蔡志翔

水发兴业新能源产业园研发楼

珠海中建兴业绿色建筑设计研究院有限公司、水发兴业能源（珠海）有限公司、
珠海兴业绿色建筑科技有限公司、珠海兴业节能科技有限公司

一、企业概况

珠海中建兴业绿色建筑设计研究院有限公司（以下简称珠海中建兴业）是中国水发兴业能源集团有限公司的全资子公司。母公司水发兴业集团是中美清洁能源联合研究中心的成员单位、广东省太阳能建筑应用工程技术研究中心、广东省太阳能应用工程技术研究中心、省级企业技术中心、广东省太阳光伏能源系统标准化技术委员会（GDTC30）秘书处承担单位、广东省建筑节能协会常务理事单位、珠海市绿色建筑协会会长单位。

珠海中建兴业主营业务涉及绿色建筑设计研究及技术咨询、近零能耗建筑设计研究及技术咨询、海绵城市设计、零碳园区咨询和全案策划、可再生能源设计与研究、建筑调适及能源管理，以及应用材料和高分子功能材料的技术研究与产品研发，新材料应用设备的研发等领域。公司自成立以来经济指标总体逐年稳定递增，在市场开拓、业务增长方面均有稳定的增长。公司于2020年、2021年皆被认定为广东省科技型中小企业，于2021年12月20日被认定为“国家高新技术企业”。公司秉持“上善若水，发展惠民”的发展理念，以“社会认可，政府满意，行业尊重，员工自豪”作为企业的发展愿景。

案例参与单位水发兴业能源（珠海）有限公司、珠海兴业绿色建筑科技有限公司、珠海兴业节能科技有限公司均为中国水发兴业能源集团有限公司的权属公司，是该实践案例的参与方、贡献者，分别专注于清洁能源、绿色建筑、幕墙门窗工程设计及施工等领域。

二、主要措施

水发兴业新能源产业园研发楼作为中美清洁能源联合研究中心建筑节能合作项目（编号：2014DFA70660；2016YFE0102300）的示范工程，于2013年2月启动建设，2018年4月竣工验收。项目设计能耗强度50度/（平方米·年），经过连续三年的持续调适，能耗强度仅为23.65度/（平方米·年），是夏热冬暖地区同类型建筑的1/3～1/4。

项目运用的建筑节能技术如下。

（一）智能微电网系统

1. 负荷分级与重要负荷的安全供电

各类型的公共建筑均可进行能耗设备重要性分级，如办公建筑的数据中心既是建筑的耗电主要设备也是此类建筑的重要负载。利用建筑光伏智能微网作为重要负载的不间断电源供电系统，以取代UPS系统。实现对重要负载采用“三重”电源供电（光伏发电与蓄电池系统结合供电；市电与蓄电池组合供电；柴油机与蓄电池系统组合供电），既可确保数据中心的绿色化运行和不间断安全供电，也可解决光伏发电的间歇性和随机性给供电系统带来的冲击问题，扩大了光伏微网系统的应用领域和可靠性。

2. 基于重要负荷永不断电的建筑智能微电网的拓扑结构研究

微电网的“发输配电”有别于传统大电网，在日照条件差的情况下，光伏发电量不能满足负荷用电需求时，储能逆变器将蓄电池中的存储电能经过逆变之后提供负荷使用，当蓄电池存储电能不足时，储能逆变器将通过消耗上一级电网的电能作为供电补充；在日照条件好的情况下，光伏组件发电满足负

荷用电需求且还有富余时，富余电能通过储能逆变器存储在蓄电池或者传输到上一级电网中。智能微电网控制设备具有智能继电保护功能，将多种继保装置集成在微电网控制设备中，在实时在线监测基础上及时发现潜在故障现象，并采取相应的保护措施。智能微电网系统拓扑结构见图 1。

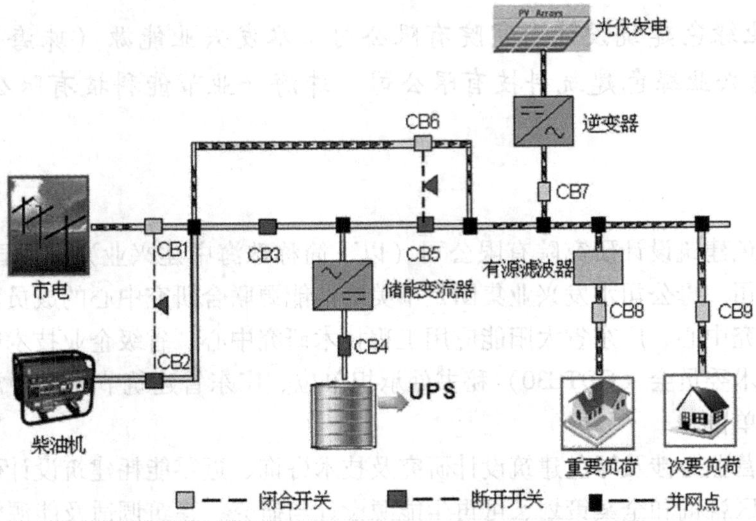

图 1　智能微电网系统拓扑结构

3.“源”与“用”的预测及系统控制策略研究

利用天气预报、通信软件和能量管理系统对太阳能光伏发电进行 1 小时级别的短期预测，利用设计阶段的能耗模拟和运行阶段的实测数据对建筑用能进行 1 小时级别的短期预测，两种预测误差均不超过 10%。通过对“源”与“用”的预测以判定储能系统的充放电策略，从而对整个微网系统进行合理化控制，确保各种能源的优化利用，并对发电量、用电量及与电网交换电量三者进行调节，实现系统内的发电量、用电量及与电网交换电量三者的功率平衡。“源”与“用”的预测显示界面见图 2。

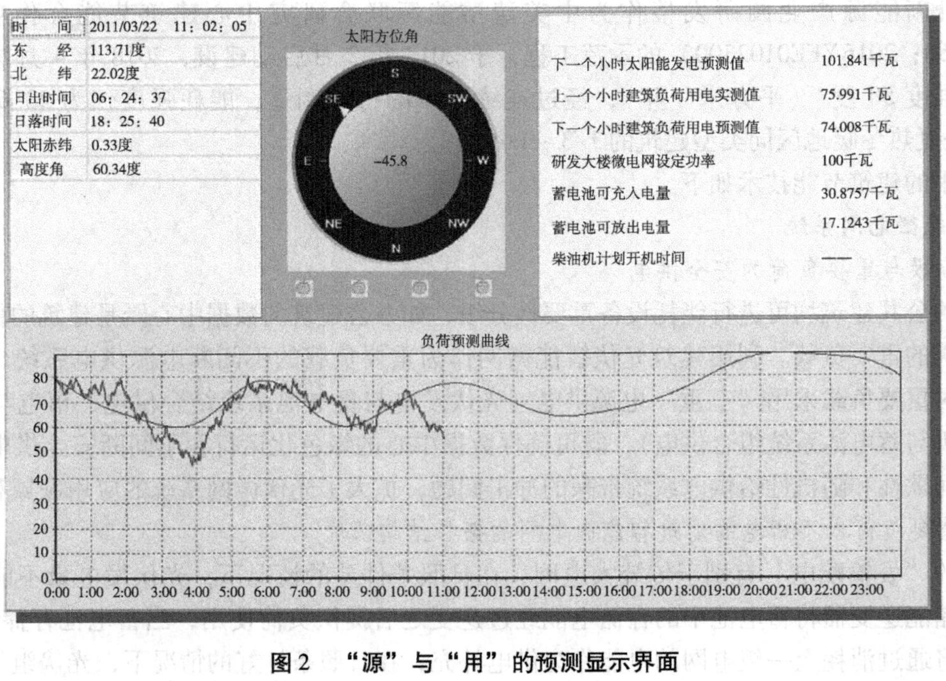

图 2　“源”与“用”的预测显示界面

针对数据中心的运行特点，研究提出相对完善的适用于智能光伏微电网不同模式下自主稳定运行的发电单元能量控制模型，分析储能的加入对微网系统发电与用电动态匹配性能的影响，以及基于实时测量的功率、电压和频率的分布式控制策略，并通过综合计算从而推理出自适应能量控制策略，实现微网快速无缝连接或孤岛稳定运行；有功和无功功率可以独立控制，以满足微网运行下负载的动态需求或能够响应微网中央控制器统一调度指令需求。

微电网配置了能量监控系统，实时监测天气情况、即时发电数据、负载运行用电情况，通过 RS485 通讯线将监控数据传送到监控计算机中。通过监控计算机显示界面，可以即时了解微电网系统工作运行状态，实现了系统全面监控、即时管理，及时发现系统可能出现的异常情况，迅速锁定异常点，找出应对方案，做到了远程监控，远程管理。智能微电网控制系统结构见图 3。

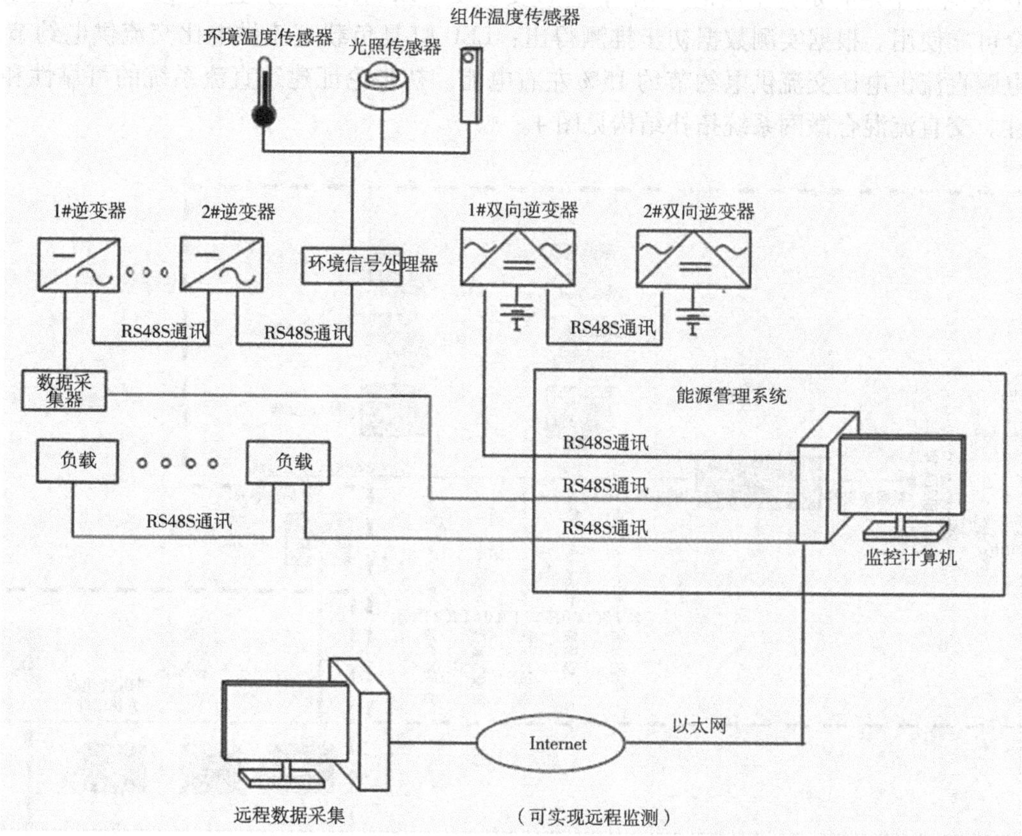

图 3 智能微电网控制系统结构

4. 多电源间的无缝切换技术研究与应用

智能微电网采用了具有无缝切换功能的 PV－MG 控制技术实现光伏发电、储能、柴油机、市电等多电源间的无缝切换。PV－MG 具有并网和孤岛两种运行模式，可在电网有故障或者不具备并网条件时，脱离电网独立运行，保证对重要负荷的可靠供电，并可实现并网和孤岛两种运行模式之间的无缝切换。以储能为基础的微网控制器是保证 PV－MG 高效稳定运行的核心装备，担负 PV－MG 微网并网、离网运行及其快速切换的核心任务。0.01 秒的切换速度使得建筑所有用能设备均实现“无感”。示范项目在“天鸽”台风期间经历了一次全市大规模停电，本项目数据中心不受影响，运行良好。

5. 储能系统的优化配置与控制

智能微电网配置 80 千瓦时的锂电池组的储能系统，在蓄电池满电状态下，能为负荷持续供电 1.5

小时。微电网利用两台储能逆变器并机运行构成一套交流双端混合微电网冗余系统，能量多方向流动，过渡过程功率无波动，同时实现整流器与电池单元、电池单元与逆变器、整流器与逆变器之间的能量双向可控流动。在实现传统 UPS 功能的同时，将持续供电时间由原来 UPS 的 10 分钟提升到太阳辐射不足时的 1.5 小时，以及太阳辐射充足时的无间断供电。

6. 交直流混合微网系统研究

光伏发电、储能供电为“直流电源”，而 LED、直流变频风扇、手机充电等均为“直流用电设备”，取部分直流电源为直流设备供电，免去交直流逆变环节。既可节约电气硬件配置还可提高微网系统效率。本项目初创性地进行了光伏建筑交直流混合系统的拓扑结构可行性研究和 5 千瓦的直流局部示范，将 5 千瓦的直流微网系统通过双向逆变器挂在交流母线上，实现该系统光伏发电量盈余时是为主网的“源”，光伏发电量不足时是为主网的“用”，并接受调度。以确保在所有直流设备不成熟的情况下实验示范的安全可靠使用。根据实测数据初步推测得出：LED 灯具负载直流供电比交流供电约节约 10% 以上电能，电脑直流供电比交流供电约节约 15% 左右电能。初步论证建筑直流系统的可靠性和微网结构的更高效性。交直流混合微网系统拓扑结构见图 4。

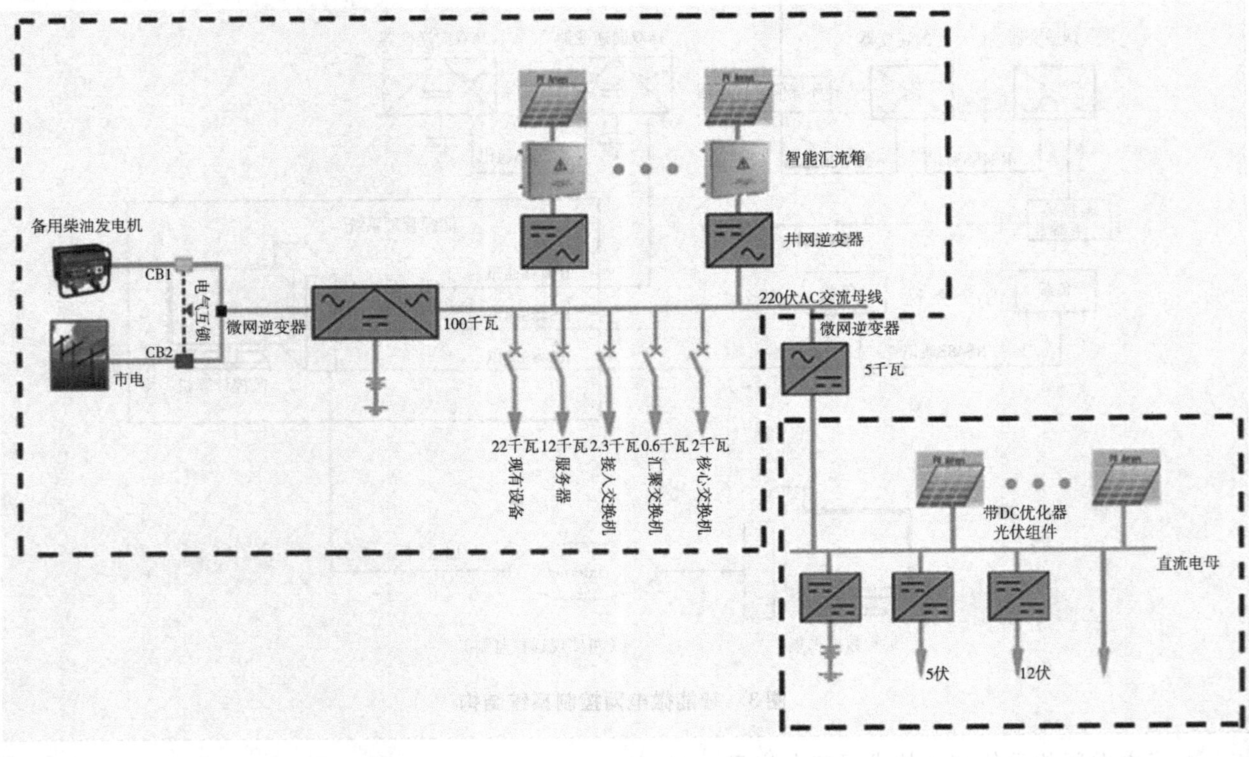

图 4　交直流混合微网系统拓扑结构

智能微电网系统相关技术经第三方评价达“国内领先水平”。

（二）基于办公建筑行为节能的建筑智能化控制模型

1. RFID 技术在人员行为管理方面的研究

末端设备智能化运行的变量之一为人员在位判定，利用 RFID 有线打卡技术将人员行为与末端设备进行耦合，利用 OA 系统与打卡设备关联对应，准确判定员工上班到位与下班离岗状况，精确做到“人来设备启、人走设备停”的自动化运行目标。

2. 设备启停临界值“自学习”研究

末端设备智能化运行的变量之二为环境临界值，主要体现在光环境的临界确定。项目针对建筑评价标准调整，通过对办公建筑光环境自动监测系统的研究及照明使用能耗分析等，建立计算机模拟研究与验证，在此基础上，通过照明控制系统等综合应用，开发出相关照明节能控制系统，可以在实际应用过程中收集各项指标进行数据分析，利用个体需求调研和实际个性化运行的数据，进行“系统自学习”以优化人与设备的“需求联系”，进一步优化设备启停临界值，提供更舒适的环境和更智能的响应。在示范项目应用中，95%以上的末端实现了设备自动化运行。

3. 个性化舒适度提升

开通“非空调季”的需求通道，创新提出“大比例”个性需求智能相应策略。即使用人员可通过控制平台提交“开启空调”的需求，当整栋楼有10%的使用人员有空调需求时，系统自动开启空调主机；当各层楼有5%的使用人员有空调需求时，系统自动开启本层楼的空调风道。从而满足了90%以上的人员在“非空调季”的空调个性需求。进一步提升建筑的个性化和舒适度。

4. 基于人行为感知技术的建筑节能监控系统控制策略研究

该系统以人的需求为主要控制基准：通过RFID监控工位是否有人；通过手动开闭检测记录人员环境需求值；通过系统数据自学习技术自动修正环境临界值。进而将动态的变量参数通过系列集成控制步骤，精确地做到“人来设备启、人走设备停”。该智能系统不仅可以满足使用人员对环境的个性化需求，在舒适度提升的同时可节约建筑能耗10%以上。基于人行为感知技术的建筑节能监控系统策略见图5。

“基于人行为感知技术的建筑节能监控系统”经第三方鉴定，达到“国内先进水平”。

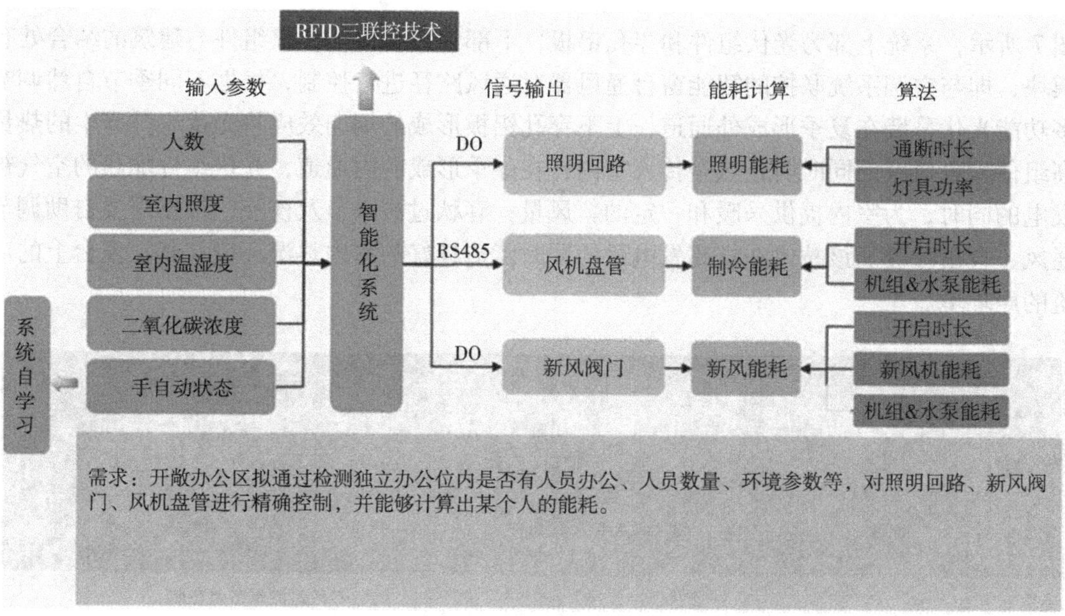

图5　基于人行为感知技术的建筑节能监控系统策略

5. 能耗监控平台研发

开发建筑能耗监控平台，集成上述的系统控制策略，做到在能耗数据检测的同时实现用能设备的全系统各节点“远程”和“个性”双控。同时通过能耗监测控制装置平台，综合处理并分析建筑全年照明、空调及新风系统的能耗数值，并与传统能耗监控系统的建筑全年能耗数值做定性对比分析，以实现最大限度地节约室内各系统能源消耗，从而实现建筑的低能耗运行状态。

（三）适用于夏热冬暖地区的超低能耗建筑技术和产品

1. 季节可控型集通风、遮阳、发电为一体的多功能光伏幕墙

光伏组件以45度倾斜于立面接受更多的阳光，如何将光伏发电自升温导致的建筑额外热负荷转化为有益动力，是项目研究的重点。利用CFD技术，对多功能光伏幕墙的关键节点进行计算机建模，分析光伏组件背部空腔的空气流动规律，对铝板穿孔位置和穿孔率进行优化，实现对自然风的有效利用。光伏幕墙通风示意图见图6。

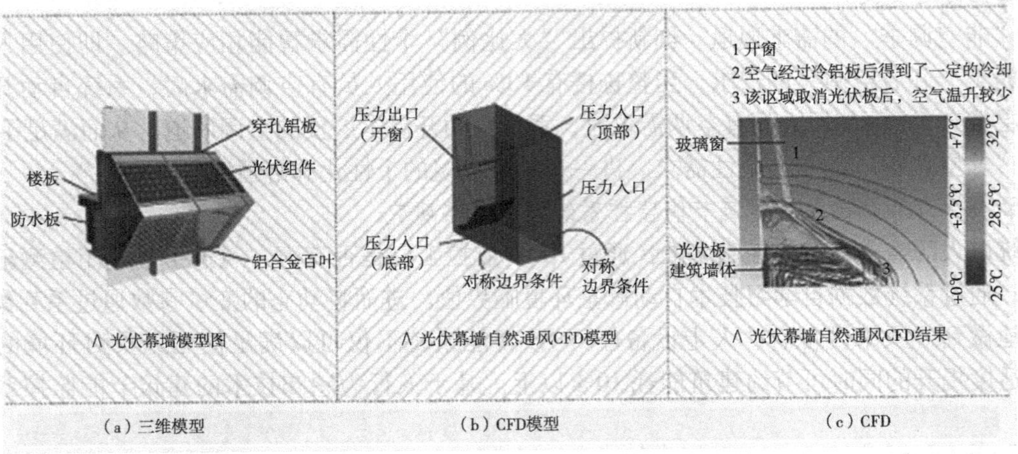

（a）三维模型　（b）CFD模型　（c）CFD

图6　光伏幕墙通风示意图

如图7所示，系统上部为光伏组件和穿孔铝板，下部为穿孔铝板，在组件与建筑的结合处有一个通风控制模块，即与空调系统联控的智能窗台通风器对通风路径进行控制，根据不同季节自然调节，自然通风。多功能光伏幕墙在夏季形成外通道，上下穿孔铝板形成的烟囱效应将光伏组件产生的热量排至室外，提高组件发电效率的同时防止热量传入室内；在冬季形成的内通道，光伏组件加热的空气被引向室内，在发电的同时，为室内提供采暖和一定的新风量；春秋过渡季节及夜晚，根据需要自助调节，让建筑自然通风、自由呼吸。该技术在提高发电量的同时营造良好的室内热湿环境，其在窗台上的应用还改善了建筑的声环境。

（a）夏季通风流向　（b）冬季通风流向　（c）过渡季节通风流向

图7　各季节通风流向

该成果集光伏发电、遮阳、自然通风功能于一体，使得光伏发电效率全年提升3.71%，全年提供新风量3895立方米/小时，系统周围温度降低1～2摄氏度，全年节约空调能耗3000摄氏度；经第三方评价达到“国际先进水平”。

2. 光伏直驱直流变频工业吊扇系统

太阳辐射越强、光伏发电越多、室内温度越高、风扇需求度越高，反之亦成立。因此夏季的光伏发电与风扇需求成正比。通过开发研制配电箱的切断开关，控制外网电源绝不参与独立系统供电，但可接受多余光伏电量送电，实现无空调区的全可再生能源驱动的机械通风系统高效可靠运行。光伏直驱直流变频工业吊扇系统拓扑结构见图 8。

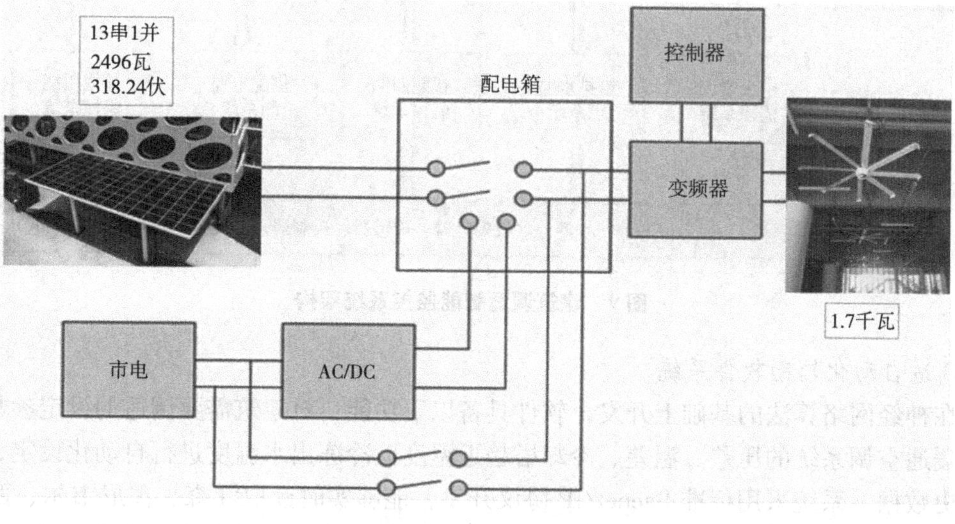

图 8　光伏直驱直流变频工业吊扇系统拓扑结构

3. “风压”和“热压”混合自然通风系统

研究可 0 度 ~90 度多角度调节的竖向玻璃百叶幕墙水平通风系统，实现建筑超过 270 度外围护结构的 95% 以上的通风量并满足在台风骤雨工况下的安全可靠性，该技术在示范项目运行过程中经历了“天鸽”“山竹”两次 17 级以上台风，均无破损或漏雨情况发生。

利用核心筒设备井作为“自然通风井”实现“热压”下的垂直自然通风。通过 CFD 模拟分析通风井的位置和尺寸大小，最终实现底层大厅在混合自然通风和直流吊扇机械通风的共同作用下的半开敞无空调空间。通过第三方机构现场测试鉴定，夏季典型日在室外湿球黑球温度在 28. 1 ~34. 8 摄氏度之间变化时，自然通风工况下一楼大厅各测点湿球黑球温度在 27. 1 ~29. 2 摄氏度之间，平均湿球黑球温度在 27. 9 ~28. 6 摄氏度之间，达到了《热环境 根据 WBGT 指数（湿球黑球温度）对作业人员热负荷的评价》（GB/T 17244 -1998）规定的低代谢率下（1 级代谢率）的热环境等级“好”（WBGT≤30 摄氏度），说明 1F 大厅在自然通风工况下热安全性好。

（四）办公建筑能源管理系统

整体建筑将基于 BP 神经网络应用建筑能源管理系统，通过系统收集能耗相关数据，进行科学分析，实现建筑能源管理数据化、可视化，最大限度地提高建筑能源利用率，降低能耗，使得建筑始终处于相对平稳状态。建筑设计初期设计能耗指标为 50 度/（平方米·年），根据全年实际运行的调适情况，扣除太阳能发电和数据机房用电后的建筑净电耗实际能耗为 23. 85 度/（平方米·年），远优于预期值，建筑调适技术功不可没。基于对调适技术的研究，本项目出版了专著《建筑设备与系统调适》，是国内第一本也是目前唯一一本与建筑调适相关的学术书刊。建筑调适智能监控系统架构见图 9。

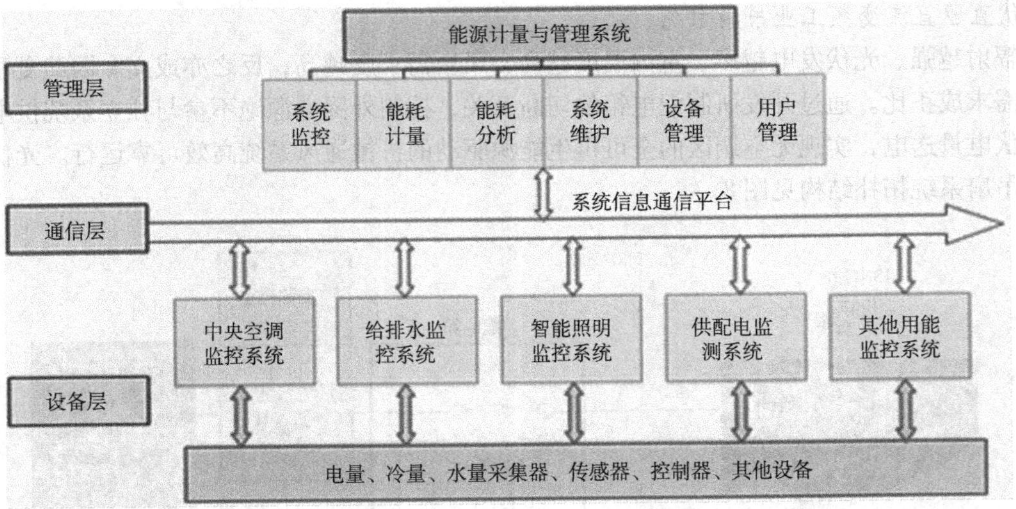

图 9　建筑调适智能监控系统架构

1. 建筑调适自动化辅助软件系统

该成果在神经网络算法的基础上开发，软件具备以下功能：对建筑需要调适的设定参数进行自动化设定，如对暖通空调系统的压差、温差、冷却塔趋近温度、冷冻出水温度进行自动化设定，部分功能依赖于运行历史数据。系统采用标准 Bacnet/IP 协议开发，能够实时读取江森、霍尼韦尔、西门子楼宇自控系统的运行数据，数据分析与预警参数后系统自动化运行，在基于历史数据的神经网络算法的建筑冷热、负荷预测的基础上，实行 COP 最大化的开机方案，运行过程中根据预测负荷进行加减机。

2. 分布式云平台楼宇监控系统

系统主要针对多栋建筑或大型楼宇群进行监控。主要采用分布式技术及网络云技术对楼宇监控数据进行交互与管理。系统功能包括：对建筑内各种空调系统、给排水系统、通风系统、电梯系统、变配电系统等设备的运行情况进行监视、控制及管理，尽可能节约运行能耗，延长设备的使用寿命，从而达到减少整个建筑生命周期内的费用支出。首先，系统采用分布式 MQTT 云平台，将多栋建筑或大型楼宇群连成一个整体，楼宇内部设备间采用 TCP/IP 以太网连接、Bacnet/IP 协议连接实现数据传输通信。其次，实现系统组态化，可以快速搭建、配置各种类型的设备，根据各种系统的不同需求，实现不同功能的监控模块。同时为了降低整个监控系统的耦合度，提高系统开发效率，降低开发成本，对整个楼宇群监控系统进行了模块化、多级化分层控制。

3. 建筑数据处理平台软件

这款软件主要功能为实时采集建筑调适所需的数据，并对数据进行加工处理，建筑在运行过程中相关的机电设备、传感器、控制器会产生很多需要采集的数据，如何采集、筛选、处理、存储数据是一项耗费研究人员大量时间的工作，而由软件来进行该项工作可以大大减少研究人员的人力投入，提高数据处理效率、精确度，软件以标准数据协议接收数据，实现自动化数据接收、勘误、缩放、存储、更新，并具有数据矫正选项，该软件目前已取得软件著作权证书，并已应用到多个示范项目中。

三、实施效果

（一）技术应用效果

水发兴业新能源产业园研发楼通过 38 项绿建技术，以及 4 项研究子课题的研究成果的应用，实现设备综合利用效率最大化，使得设计实现了 50 度/（平方米 · 年）的综合能耗指标。并通过成功的项目实施建设和科学的运维管理，以及进一步的建筑调适，2018 年建筑实测总电耗为 87 万度，扣除太阳能发电和数据机房用电后的建筑净电耗为49万度；净电力能耗强度和碳排放强度分别为23.85度/（平方米·年）和11.93千克二氧化碳/（平方米·年），只有广东省2017年大型公共建筑能耗公示数据平均值的24%［载自《中国建筑能耗研究报告（2018）》］。

项目经过三年运行与调适，于2020年荣获中国首个运行阶段零能耗建筑标识证书，建筑综合节能率101.94%，建筑本体节能率69.56%，可再生能源利用率106.37%。

项目获得了“国家绿色建筑三星设计及运行双标识证书”“LEED铂金认证”“零能耗建筑运行标识”、国家发展改革委“双十佳节能示范项目”“G20国际双十佳节能示范项目”、工业和信息化部“智能光伏试点示范项目”“全国绿色建筑创新奖”二等奖、“中国节能减排科技进步”一等奖、“珠海市科技进步奖”等国内外28项认证和殊荣。

（二）社会效益

该项目在国际和国内建筑节能领域都具有非常深广的影响力。项目自建成以来已接待上万名专业人士到访参观，完成近40次专业论坛技术演讲推广，包括第八届清洁能源部长级会议、第八届中美能效论坛、第十四届国际绿色建筑与建筑节能大会等。通过项目全过程的研究和示范，构建了夏热冬暖地区零能耗绿色建筑的创新技术体系，填补了该领域在夏热冬暖地区的技术集成应用和综合示范的空白。

项目的研究成果还为《近零能耗建筑评价标准》的编写提供了夏热冬暖地区近零能耗建筑评价的重要数据，在标准编写阶段，各项性能指标和建筑整体能效指标均通过本项目得以验证，证明了评价标准的可操作性和科学性。也为中国建筑节能协会编制的《中国建筑能耗研究报告（2018）》提供借鉴。

自项目建成运行以后，全套的超低能耗建筑技术体系与集成方案被广泛认可，较多拟建项目在实地考察本项目后将他们的建设目标修改为“绿建三星+超低能耗”；项目建成后两年半时间里完成了多个超低能耗或净零能耗建筑的设计与咨询，如珠海市海岛大厦、贵阳建工集团总部大楼、珠海派诺办公大楼、延安创智中心、京能珠海钰海办公楼、大同能源博物馆等。近30万平方米建筑面积的项目实施，几十个绿色建筑应用了该项目的核心技术，为未来大量同类项目提供技术示范，产生巨大的经济价值和社会价值，促进了建筑节能可持续发展。

主创人：王栋伟、罗　多、张　玲、邓　鑫、余国保

“双碳”达标服务体系建设

大唐四川生产调度指挥中心100千瓦智慧分布式综合能源

大唐四川发电有限公司

一、企业概况

大唐四川发电有限公司（以下简称大唐四川公司）是中国大唐集团公司的全资子公司，其前身为中国大唐集团公司四川分公司，成立于2006年12月22日，注册资本85.84亿元。公司经营范围为电力生产和销售；电力能源技术开发、咨询；电力设备检修与调试；电力工程、电力环保工程承包与咨询；太阳能，光伏发光体新技术，风能的技术开发、咨询；通用设备、电力机械和器材的设计、销售等相关业务。

大唐四川公司拥有一支长期从事电力开发、建设、生产和运营管理的队伍，公司资产分布在甘孜、广元、雅安、眉山、乐山、巴中、凉山等地州市。管理四川大唐国际甘孜水电开发有限公司、嘉陵江亭子口水利水电开发有限公司、大唐四川发电有限公司新能源分公司、大唐乡城（得荣）水电开发有限公司、大唐雅安电力开发有限公司、四川金康电力发展有限公司、大唐四川川北电力开发有限公司、大唐四川电力检修运营有限公司、大唐四川能源营销有限公司、大唐四川集控中心10个基层单位。截至2023年1月，大唐四川公司资产总额784.03亿元，在役总装机容量725.427万千瓦，在建容量30.25万千瓦。

大唐四川公司坚持绿色发展，以电力为核心产业，以安全生产为基础，以经济效益为中心，以改革创新为动力，大力发展水电，积极发展风电和光伏发电，努力把公司建设成为千万千瓦级清洁能源企业，为中国大唐打造"绿色低碳、多能互补、高效协同、数字智慧"的世界一流能源供应商做出贡献。

二、主要措施

为贯彻落实国家"双碳"目标战略，服务新型电力系统建设，促进能源绿色低碳发展，大唐四川公司充分发挥能源央企优势，探索创新，先行先试，自主策划、实施了大唐四川公司生产调度指挥中心100千瓦智慧分布式综合能源服务项目。

（一）背景介绍

国家构建以新能源为主体的新型电力系统以来，随着新能源装机快速增长，电网调峰矛盾日益突出，传统的电网调度只能调度电源侧和电网侧，对负荷侧没有好的措施，如何发挥负荷侧调节作用，激发电力用户主动参与电网平衡，实现源网荷协同优化是目前推进新能源消纳工作亟待解决的问题。

新型电力系统下保障安全稳定电力供应，需要各类电源的协同作用，各类电源相互的耦合、协调、协同是构建新型电力系统的方向，随着各地关于分时电价机制有关政策的出台，工商业峰谷电价差持续增大，更加激发了工商业用户对于负荷侧调峰的迫切需求。

（二）项目概况

大唐四川公司生产调度指挥中心100千瓦智慧分布式综合能源服务项目位于成都市青羊区蜀金路1号金沙万瑞中心A座楼宇（大唐四川公司办公大楼）屋顶，屋顶高度91米，建设使用屋顶面积1600平方米，项目由101.6千瓦屋顶分布式光伏电站、62.4千瓦时磷酸铁锂储能电站两个单元组成，分布式光伏发电及储能供电供大唐四川公司办公楼宇自用，建设内容主要包括七个部分：单晶硅发电组件、碲化镉发电组件、磷酸铁锂储能电池、逆变设备、人工智能控制系统、数据采集处理中心及可视化操作平台。具备发清洁电、储低谷能及保应急需等多种功能。按照设计方案，项目每年可产清洁绿电约8万千瓦时，移谷削峰电量 2 万千瓦时，相当于节约标煤约 26 吨，减少二氧化碳排放 80 吨以上。

大唐四川公司生产调度指挥中心 100 千瓦智慧分布式综合能源服务项目的投资开发、建设、运营等工作均由大唐四川公司承担，项目于 2021 年 11 月完成备案，2022 年 6 月开工建设，2022 年 7 月投产发电，总投资约 91 万元。截至 2023 年 1 月底累计发电 4.71 万千瓦时，等效利用小时 464 小时，对大唐四川公司办公大楼用电负荷起到必要的补充，提升了办公大楼的电源保障能力，同时体现了较显著的碳减排价值。

（三）开发理念

大唐四川公司生产调度指挥中心 100 千瓦智慧分布式综合能源服务项目的开发理念是通过在用户侧配备分布式光伏、储能及智能控制系统等模块单元，一方面充分利用清洁、可持续的太阳能提供绿电，另一方面将各类电源相互耦合、协同实现“移谷削峰”，是鼓励用户侧自发实现绿色节能减排、帮助电网调峰调频的一种创新模式。其开发理念的先进性主要体现在以下几个方面。

1.积极响应国家和四川省重大发展战略部署

随着国家“双碳”工作的全面推进，一方面，既有建筑能耗居高不下，节能减排压力巨大；另一方面，大量既有建筑屋顶资源闲置，造成空间浪费。国家能源局于 2021 年起组织开展了整县屋顶分布式光伏开发系列工作，大唐四川公司积极响应，充分发挥能源央企优势，先行先试，深入探索用户侧“分布式光伏 + 储能”综合能源创新示范，自主策划并实施了屋顶光伏项目，符合国家“双碳”目标和新型电力系统构建战略，同时有助于四川清洁能源示范省、成渝地区双城经济圈建设。

2.探索楼宇电力保障新方式

大唐四川公司屋顶光伏项目提出了一种在电力用户侧将新能源与储能耦合协同，能够实现绿色节能减排、促进片区电网安全稳定、提升应急电源保障能力、创造可观收益等多重效益的创新模式，并率先建立了应用场景，对激发用户侧电力保供内生动力、提升四川省电力保障能力具有重要的示范意义（此方面大唐四川公司已申报了专利）。大唐四川公司屋顶光伏项目具备一定的电网调峰、调频能力，能够提升商业楼宇的应急电源保障能力。

3.探索成都平原光伏发电可行性

大唐四川公司屋顶光伏项目充分利用太阳能为商业楼宇提供绿色清洁电力，通过储能为商业楼宇提供低谷时段廉价电能，节省用电成本，每年移谷削峰电量 2 万千瓦时；同时具备数据增值、碳资产交易、储能容量租赁等方面的开发潜力，具有较显著的环境和经济效益，为成都平原探索推广整县（区）屋顶分布式光伏资源开发提供了可靠的数据支撑。同时，该项目采取了晶硅发电组件和碲化镉发电玻璃混装模式，虽然碲化镉发电玻璃发电能力较弱，但是作为一种建筑材料，可以广泛应用于楼宇玻璃帷幕等领域，通过本项目进一步验证碲化镉发电玻璃的可靠性和推广性。

（四）技术路线

大唐四川公司生产调度指挥中心 100 千瓦智慧分布式综合能源服务项目由两大单元、七个部分组成。两大单元为屋顶分布式光伏电站、锂电池储能电站；七个部分为单晶硅发电组件、碲化镉发电组件、磷酸铁锂储能电池、逆变设备、人工智能控制系统、数据采集处理中心及可视化操作平台。其技术路线是依托大唐四川公司生产调度指挥中心可利用空间，根据办公大楼负荷曲线情况安装晶硅太阳能组件、碲化镉发电组件、高效储能电池，组合成分布式光伏电站和储能电站，由人工智能系统协调控制接入楼宇 400 伏母线供电，在全天候充分利用太阳能资源转换绿电的同时，减少了高峰时段用户的下网电量。

项目的技术优越性主要体现在以下四个方面。

一是晶硅组件具有太阳能转换效率高的特点，碲化镉发电玻璃具有弱光性能优越、有效利用时段长等特性，两者相结合可实现光能最大化转换。晶硅及碲化镉发电玻璃组件依靠钢结构支架安装于大楼屋顶，屋顶高度 91 米，经逆变器设备转换为交流电流，通过人工智能控制系统与楼宇 400 伏母线线缆连接供电，光伏供电全程自动化接入、断开，现场无需人员值守。

二是磷酸铁锂储能电池具有响应迅速、充放稳定且相对安全的特性，调峰调频能力强，既可促进电网运行平衡，又可拉近工商业用户峰谷价差，还能作为应急电源提供电力保障。项目磷酸铁锂电池设备安装于大楼屋面，安装基底高度86米，一端与电网10千伏母线线缆连接，满足充电功能，另一端经逆变器设备输出为交流电流，通过人工智能控制系统与楼宇400伏母线线缆连接，进行输放电，蓄电池供电全程自动化接入、断开，现场无需人员值守。

三是屋顶分布式光伏电站、储能电站的运行数据均接入数据采集处理中心，实现光照、发电、转换效率、用电曲线等数据实时收集与展示。

四是可视化操作平台能够实时巡检现场运行情况、清洗组件、随电价波动调整储能电站运行时段及倍率等。

（五）运行模式

大唐四川公司生产调度指挥中心100千瓦智慧分布式综合能源服务项目的运行模式是屋顶分布式光伏电站负责将太阳能转化为电能，所发电量接入楼宇自发自用；储能电站在低谷时段由电网充电，高峰时段向楼宇放电；光伏电站和储能电站的运行通过人工智能控制系统，自动匹配楼宇用电曲线供电；光伏电站和储能电站的运行数据通过数据采集处理中心实时收集并展示；可视化操作平台实时巡检现场运行情况、清洗组件、随电价波动调整储能电站运行时段及倍率等。

项目的切换顺序为：在大唐四川公司生产调度指挥中心用电的过程中，先由分布式光伏电站提供电力；在光伏发电电力不足时，高峰时段由分布式储能电站、电网按先后顺序补充供电；平段和低谷时段由电网、分布式储能电站按先后顺序补充供电。若工作电源异常时，按规定要求自动可靠地切换到另一正常电源，电源切换顺序是分布式光伏电站、电网、分布式储能电站。项目运行模式见图1。

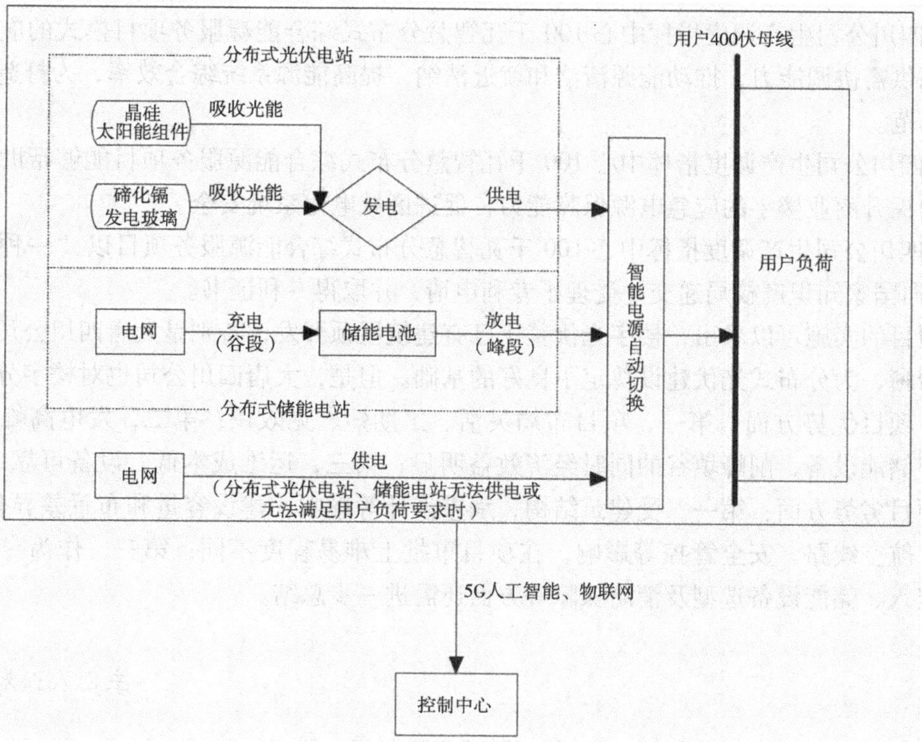

图1　项目运行模式

(六)收益情况

大唐四川生产调度指挥中心100千瓦智慧分布式综合能源服务项目的现有收益主要来源于办公楼宇电费节支、数据增值两个方面，未来还具有碳资产、储能容量租赁等方面收益的开发潜力。

按照预期，项目每年的分布式光伏电站单元可为楼宇提供8万千瓦时绿色电能，储能电站可为楼宇移谷削峰电量2.2万千瓦时，按照现阶段商业用电价格标准，每年可为楼宇节省电费6万元以上；项目可持续采集所在片区光照资源、利用效率、发电与楼宇用电曲线的匹配、经济收益分析等能源实际运行数据，可进一步挖掘数据价值，凭借数据增值服务提升利润。

三、实施效果

大唐四川公司积极响应国家和四川省重大发展战略部署，充分发挥自身优势，率先实施了大唐四川公司生产调度指挥中心100千瓦智慧分布式综合能源服务项目，对成都平原屋顶分布式光伏项目开发进行示范和探索，取得了一定的效果，具体如下：

(1)大唐四川公司生产调度指挥中心100千瓦智慧分布式综合能源服务项目的创新示范意义远大于项目本身的经济收益。项目的特色和亮点在于，提出一种在电力用户侧将新能源与储能领域耦合、协同，能够实现绿色节能减排、促进片区电网安全稳定、提升应急电源保障能力、创造可观收益等多重效益，进而促进清洁低碳安全高效的现代能源体系构建的创新模式，并率先建立了应用场景，对后续推广具有重要的示范意义。

(2)大唐四川公司生产调度指挥中心100千瓦智慧分布式综合能源服务项目充分利用太阳能为商业楼宇提供绿色清洁电力，每年可输送绿电8万千瓦时，相当于节约标煤约26吨，相应减少二氧化碳排放80吨以上；项目通过储能电站，利用峰谷电价差降低商业楼宇用电成本，每年可为商业楼宇移谷削峰电量2万千瓦时，连同光伏供电每年能够为商业用户节省6万元以上的电力消费支出，具有较好的经济和社会效益。

(3)大唐四川公司生产调度指挥中心100千瓦智慧分布式综合能源服务项目模式的应用和推广，有利于增强能源供需协调能力，推动能源清洁和就近消纳，提高能源系统综合效率，为打造城市级多能供应体系树立典范。

(4)大唐四川公司生产调度指挥中心100千瓦智慧分布式综合能源服务项目能够帮助区域电网调峰调频，有利于提升商业楼宇的应急电源保障能力，促进区域电力系统安全。

(5)大唐四川公司生产调度指挥中心100千瓦智慧分布式综合能源服务项目以“一种楼宇微网供电装置”，正式向国家知识产权局递交并受理了专利申请，并取得专利证书。

通过该项目的实施可以看出，楼宇光伏基于已有建筑屋顶开发，特别是大唐四川公司办公大楼负荷稳定、产权清晰，为分布式光伏建设奠定了良好的基础。但是，大唐四川公司也对楼宇分布式光伏发电有几点思考。项目优势方面：第一，项目布局灵活、工期短、见效快；第二，发电高峰与用电高峰一致，且配置有储能设备，削峰填谷的同时经济效益明显；第三，运维成本低、设备可靠，若验证成功，推广性强。项目劣势方面：第一，受建筑结构、承重设计等影响，建设容量和布置差异化明显；第二，受城市环境、航空线路、安全管控等影响，在项目审批上难易程度不同；第三，作为一种新型供电模式，在电网接入、储能设备选型及消防保障等方面还需进一步总结。

主创人：朱利明、赵子昂

桂林银行创新打造“1+1+1+N”绿色金融工作模式推动经济绿色低碳转型

桂林银行股份有限公司

一、企业概况

桂林银行股份有限公司（以下简称桂林银行）成立于1997年，是一家具有独立法人资格的国有控股银行，经过多年发展，已经成为广西资产规模最大、经营特色鲜明、核心竞争力突出、品牌形象良好、团队精干高效的单一地方法人金融机构。截至2022年4月末，桂林银行已在广西12个地级市设立分支机构，在广西和广东深圳发起设立村镇银行7家，在广西共设立分支行144家（其中县域支行60家）、社区/小微支行537家（其中县乡社区/小微支行280家）、农村普惠金融综合服务点6340家，服务覆盖超2000万农村人口。

桂林银行以党建为引领，有效建立“三会一层”协调运转的现代公司治理体系；牢固树立“自驱、坚韧、担当、协作、极致”价值观和“高、正、严、专、实、暖、拼”工作方针，有力构建积极向上的企业文化；精心打造“感恩乡土　红色桂银”党建品牌，切实推动党建与业务深度融合。

桂林银行深入贯彻落实党中央、国务院落实碳达峰碳中和重大决策部署，充分发挥地方性法人城商行优势，勇于承担绿色经济发展新使命，以“根植八桂大地、服务乡村振兴”为市场定位，积极探索“生态广西、绿色乡村”桂林银行绿色金融发展模式，用金融“活水”浇灌绿水青山。

桂林银行以“金融成就美好生活”“成为服务乡村振兴的标杆银行”为使命愿景，围绕服务实现“碳达峰、碳中和”，桂林银行提升政治站位，主动倾斜信贷资源优先支持绿色信贷投放，加强产品创新，推出广西首笔绿色乡村振兴理财和茶园碳汇质押贷款、桂林市首笔碳排放权质押贷款、南宁市首笔林业碳汇预期收益权质押贷款业务等创新产品，拓宽绿色企业融资渠道。创新打造广西城商行首个“碳中和”网点，率先成立绿色金融部，不断夯实绿色发展基础，主动发挥金融支持广西绿色低碳发展的主力军作用，为推动地方经济社会发展提供优质金融服务和坚实金融保障。

二、主要措施

（一）加强“1”项顶层设计：制定广西城商行首个绿色金融发展规划

桂林银行高度重视绿色金融工作，印发《桂林银行绿色金融发展规划（2021—2023年）》（桂林银发〔2021〕355号），成为广西首家制定绿色金融发展规划的城商行，在“十四五”期间实现本行绿色金融累计投放突破1000亿元的目标。

（二）优化“1”个组织架构：成立桂林银行绿色金融工作领导小组

进一步优化桂林银行绿色金融组织领导工作机制，印发《桂林银行关于成立绿色金融工作领导小组的通知》（桂林银发〔2022〕3号），统筹协调推进本行绿色金融业务发展，研究国家、自治区及桂林关于绿色金融的政策及法律法规，制定绿色金融的相关策略和政策措施，推动本行绿色金融业务快速发展。

（三）完善“1”套管理体系：建立绿色金融发展激励约束机制

印发《桂林银行推动绿色金融业务发展的指导意见》（桂林银发〔2021〕480号），加强绿色金融管理，优化激励约束机制，优化内部资源配置，强化绩效考核评价，高效推进绿色金融业务发展。

（四）推出“N”项工作举措，实现绿色金融规模位居广西城商行第一

一是制定营销策略。先后制定2次绿色金融营销方案，发布2批次绿色金融广西绿色项目，指导分

支机构做好项目储备，精准营销。二是开展现场培训。桂林银行从2021年8月开始加大培训教育力度，分批次先后到10家分行开展绿色金融现场培训，面向基层客户经理现场讲授绿色金融业务——如何精准、快速识别"绿色"，推动绿色金融业务入脑入心入耳入眼。三是挂牌绿色专营机构。桂林银行于2021年3月在广西壮族自治区率先举办绿色金融专营机构的揭牌仪式，并设立绿色引导牌及绿色金融服务专柜通道，分别在南宁、桂林、贺州、柳州等市设立24家绿色金融专营机构，其中桂林分行16家支行已全部完成绿色金融专营机构挂牌，实现桂林辖区绿色金融专营机构挂牌全覆盖。在南宁揭牌全区首家"绿色乡村振兴示范点"。创新打造广西城商行首个"碳中和"网点。四是加强团队建设。在广西率先成立绿色金融部，负责绿色金融产品开发及业务营销推动，分支机构设置绿色金融管理岗，具体指导分支行开展绿色金融业务。五是加强信息披露。2021年2月，向社会发布《桂林银行股份有限公司2020年环境信息披露报告》，成为广西首家披露环境信息的城商行，充分体现了桂林银行主动响应国家号召和落实监管要求，积极发挥地方城商行优势、推动绿色经济发展的决心与担当。六是强化交流合作。积极参与人民银行等金融监管部门的学术课题研究，撰写的绿色金融论文荣获人民银行总行青年课题二等奖、人民银行南宁中心支行重点课题二等奖，1篇论文正在投稿《南方金融》；签署中国银行业协会《银行业金融机构支持生物多样性保护共同宣示》，正在申报加入中国金融学会绿色金融委员会，成功加入广西金融学会绿色金融专业委员会、广西碳达峰碳中和研究会等学术团体，并作为广西唯一一家城商行选派1人当选广西金融学会绿色金融专业委员会副秘书长。七是加强宣传力度。《人民日报》、自治区地方金融监管局官微、桂林市金融办官微、《南国早报》等媒体相继宣传报道，不断提升桂林银行绿色金融业务的社会影响力。

（五）创新推出多个创新产品

桂林银行主动加强绿色金融产品创新，先后推出广西首单绿色乡村振兴理财等绿色金融创新产品、桂林市首笔绿色票据再贴现和碳排放权质押贷款、桂林银行首笔林业碳汇和茶园碳汇预期收益权质押贷款业务，创新打造广西城商行首个"碳中和"网点。

一是碳排放权质押贷款。桂林银行以生态环境部门核定的碳排放配额为质押物，参照上海环境能源交易中心公布的SHEA（碳排放配额）交易价格，评估企业碳资产价值，为桂林某燃气分布式能源有限责任公司提供2000万元碳排放权质押贷款，有效帮助企业盘活碳配额资产，引导实体经济实现绿色高质量发展。

二是林业碳汇质押贷款。林业碳汇预期收益权质押贷款是从事林木培育、种植或者管理的企业以其拥有的林业碳汇预期收益权提供质押，创新担保方式的信贷业务。某国有林场因营造林管护需要购买化肥、苗木等物资产生资金缺口。桂林银行通过计算林业碳汇总量，根据碳汇交易价格测试林业碳汇价值，核定的碳汇收益权价值1250万元，对应贷款金额9600万元，解决了客户融资需求，是积极支持广西林业做大做强的切实体现。

三是茶园碳汇质押贷款。茶园碳汇预期收益权质押贷款是以企业拥有的茶园碳汇预期收益权为质押获得信贷支持的业务。三江县某茶园是一家集茶叶种植、生产、加工、销售、生态旅游为一体的小微民营企业，因急需流动资金用于清明前采摘茶青、组织炒茶生产及销售，在传统担保方式不足无法获得融资的情况下，桂林银行以茶园碳汇预期收益权进行质押，发放100万元流动资金贷款，解决了企业的燃眉之急。

四是发行绿色乡村振兴理财。桂林银行创新推出广西首款绿色理财产品——"漓江理财桂盈GY十八个月（绿色乡村振兴）"，汇集社会闲散资金，重点投资于支持乡村振兴领域项目或者绿色项目的债券，有效降低企业融资成本，大力支持新能源产业发展，助推产业结构绿色升级转型。

五是设立"碳中和"网点。桂林银行积极落实绿色发展理念，主动将"碳中和"在自身运营中进行具体实践，精心打造广西城商行首个“碳中和”网点。2022 年 3 月，经广州碳排放权交易所认定，桂林银行在玉林完成 133 吨 CER（来源于广东台山上川岛风电场一期项目）注销，抵消桂林银行该网点在装修及运营期间净购入电力、建筑材料、办公用品等预估产生的 132.95 吨二氧化碳，获颁广州碳排放权交易所《碳中和证明书》《碳减排量注销证明》，发挥绿色低碳经济发展方式转变的带头示范作用，促进地方经济低碳转型发展。

三、实施效果

截至 2022 年 3 月末，桂林银行绿色贷款余额 162.02 亿元，排名广西城商行第一，较年初增加 59.75 亿元，增幅 58.42%。其中，支持工业企业绿色贷款余额 120.81 亿元，支持乡村振兴绿色贷款余额 38.21 亿元。累计惠及企业及个人 241 户，较年初增加 105 户，增幅 77.21%。2022 年 4 月底，桂林银行获批发行绿色金融债 40 亿元，并于 5 月 9 日发行第一期绿色金融债券 25 亿元，票面利率 3.0%，再次刷新区内金融债券发行利率历史最低纪录，引发市场的高度关注和良好反响，以“引资入桂”的方式助力桂林产业绿色低碳转型升级。

下一步，桂林银行将以打造东盟领先、全国知名、广西一流的绿色金融服务提供商为目标，3 年内力争逐步发展成为制度健全、系统先进、产品丰富、风险可控、研判卓越的致力于乡村振兴绿色发展的专业银行，在“十四五”期间实现绿色金融累计投放突破 1000 亿元的目标，为地方绿色产业发展和生态环保事业不断注入金融活水，为推动桂林世界级旅游城市驶入快车道贡献更大的力量。

主创人：王曙初、甘振华、杨　波、潘福之、庞　瑄

基于“光伏 +”供应体系的可持续发展零碳小镇建设

国网山东省电力公司高青县供电公司

一、企业概况

国网山东省电力公司高青县供电公司（以下简称高青公司）是国网山东省电力公司的分公司，现有员工 434 人，承担 7 个镇、2 个街道办、1 个省级开发区的供电任务，供电面积 0. 0831 万平方千米，服务客户 17. 7 万户，2022 年完成售电量 13. 69 亿千瓦时，同比增长 11. 94%。高青公司始终牢记“人民电业为人民”的企业宗旨，以“为美好生活充电，为美丽中国赋能”为使命，推动能源电力从化石能源向绿色清洁能源转型，引导社会各界形成绿色生产生活方式，全力服务乡村振兴、助力黄河流域生态保护和高质量发展，打造可信任可依赖的责任央企形象。高青公司先后荣获了“富民兴鲁”劳动奖状、国家电网公司“文明单位”、国家电网公司“供电服务标杆单位”；被评为山东省“供电示范企业”、山东省“管理优秀企业”。

二、主要措施

高青公司主动布局，联合高青县政府及国网新能源云公司、山东综合能源公司、华能新能源有限公司等多家企业制订零碳小镇打造计划，依托辖区黑牛养殖、渔产发展、畜禽粪污能源化处置等新能源布局资源，以“一核为主、两翼护航、源网荷储四轮驱动”（简称一核两翼四轮驱动，见图 1）为管理理念，建设基于“光伏 +”供应体系的零碳小镇。

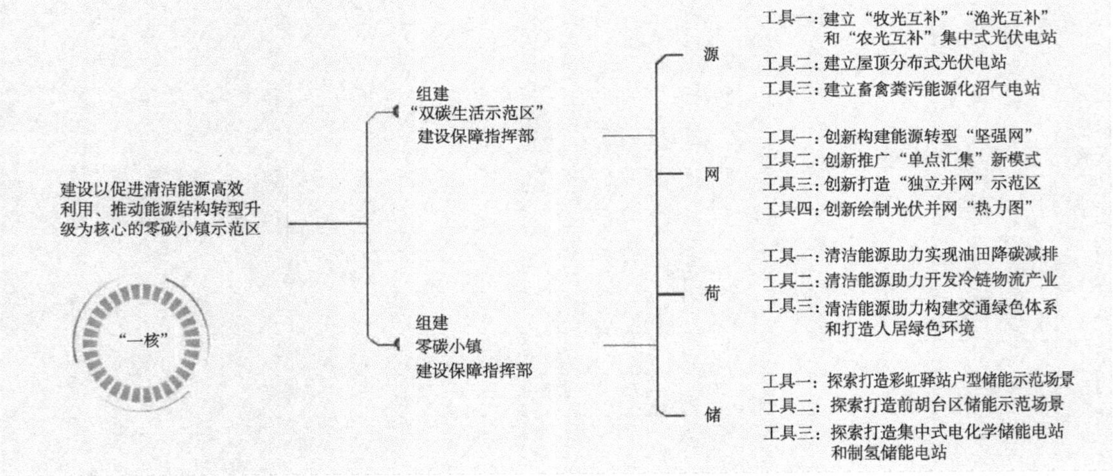

图 1　一核两翼四轮驱动

（一）一核：建设以促进清洁能源高效利用、推动能源结构转型升级为核心的零碳小镇示范区

依托黄河流域生态保护、高质量发展战略和乡村振兴战略部署，结合高青县农业种植、黑牛养殖和渔产丰富等地域特色，对清洁能源进行可持续开发利用，部署分级供电和“微电网”系统，推动相关产业链的发展，形成清洁能源电力消纳保障机制，助力生态环境改善，实现多方优势互补、产业互融、共赢互利。

（二）两翼：组建"双碳生活示范区"建设保障指挥部和零碳小镇建设保障指挥部

1.政企协同组建"双碳生活示范区"建设保障指挥部

在系统外部建立政府、企业、利益相关方等多方协同机制，由县委县政府牵头，成立"双碳生活示范区"指挥部。制定下发《高青县双碳生活方式推广工作方案》，在绿色低碳理念宣传、绿色低碳生活方式引导、绿色低碳工程建设、绿色低碳产品推广四个方面，开展了主题宣传教育等12项重点工作。增强全民节约意识、环保意识、生态意识，充分发挥"双碳生活示范区"指挥部的作用，逐步建成县域双碳生活示范体系。

2.市县一体组建零碳小镇建设保障指挥部

成立公司零碳小镇建设保障指挥部，建立公司"市县一体"的纵向协同机制和"一个龙头、三驾马车、多点支撑"的多部门横向协同机制。一是市县一体协同发力，打破区域限制，创新项目管控流程，提升整体进度管控能力。二是明确职责分工，强化牵头部门的统筹组织能力、专业部门的专业管控能力和基层单位的业务支撑能力，提高项目实施的效率。

（三）四轮驱动：基于"源、网、荷、储"四个方面，构建基于"光伏+"供应体系

以光伏发电、沼气发电、氢气发电等清洁能源为主线，通过建设"牧光互补""渔光互补"等清洁能源发电项目，实践网架优化新方式，助力绿色用电环境建立，探索多元储能场景，从"源、网、荷、储"四个方面，在唐坊镇构建基于"光伏+"的清洁能源供应体系。

1."源"头发力，多能互补推动清洁能源持续供应

一是建立"牧光互补"集中式光伏电站。针对高青县黑牛资源禀赋、畜牧业发展强劲的优势，将光伏发电充分与畜牧养殖相结合，在黑牛养殖基地新建4500亩（1亩≈666.67平方米）牛棚棚顶光伏板，总装机规模为30万千瓦，升压至220千伏直接并入电网送电，建成后年发电量41700万千瓦时。

二是建立"渔光互补"集中式光伏电站。针对高青县三面环水、水产养殖闻名的地理优势，在水产养殖基地，上层架设太阳能光伏面板发电，下层放水养殖水产，形成"上可发电、下可养鱼"的发电新模式。2022年利用2900亩池塘养殖上层空间，累积建设16万千瓦光伏板。截至"十四五"末，"渔光互补"总装机规模将达到22万千瓦，投产后年均发电量将达到30580万千瓦时。

三是建立"农光互补"集中式光伏电站。针对高青降水丰富、土壤肥沃的优势，上层架设太阳能光伏面板发电，下层种植苜蓿草等喜阴牲畜饲草，与黑牛养殖业结合，实现双重效益。在牧草养殖基地上方新建600亩光伏板，总装机规模为3万千瓦，投产后年均发电量将达到4170万千瓦时。

四是建立屋顶分布式光伏电站。针对高青县地处北纬37°黄金纬度线、历年平均日照时数2421小时的丰富光照资源，加强统筹规划，实施全域屋顶分布式光伏开发。2022年年底，高青县内大型酿酒集团国井集团利用15万平方米厂房屋顶架设光伏发电设备，装机规模达1.4万千瓦，年均发电量为100万千瓦时。

五是建立畜禽粪污能源化沼气电站。针对高青境内每年畜禽粪污、秸秆废弃物量大，且粪便含固率相对较高的特点。以"农业产业链条生态化、生产过程清洁化、废弃物利用能源化和资源化"为途径，采取中温高浓度完全混合式厌氧反应器（CSTR）厌氧发酵工艺包等多项技术，建设区域性农业废弃物集中处理中心。通过生成的绿色蒸汽实现沼气发电。项目占地面积90亩，投产运行后，每年生产绿色蒸汽16.7万吨，最大产能可达20.9万吨/年。

2."网"架优化，建强平台支撑清洁能源高效消纳

一是创新构建能源转型"坚强网"。针对高青县新能源大规模接入需求，率先开展新型电力系统发展形态演化路径研究，制定技术经济最优的特色清洁能源互补共济方案、新型配电系统实现零碳目标演化路径，实现源、网、荷、储协同和碳电协同，保障未来电力系统安全稳定运行的同时，满足碳排放的

要求和充足的绿色电力供应。

二是创新推广“单点汇集”新模式。针对传统光伏发电“多点接入”模式存在客户用电质量差、工程工艺参差不齐等问题，创新实施“单点汇集”并网接入新模式。统一规划乡村建设，整村由一家光伏企业建设，将分布式光伏群作为整体纳入统一管理、独立配电变压器汇集上网，实现多方共赢。自2021 年以来，成功打造了油马村“单点汇集”并网示范点，随后将推广至唐坊镇吴家村、银岭村等 14 个行政村，逐步实现“零碳生活示范区”。

三是创新打造“独立并网”示范区。深入研究低压分布式光伏安全接入技术，制定出低压专线独立并网消纳新模式，在前胡村打造了山东省首个低压专线独立并网光伏试点工程，同杆塔架设公用线路和光伏专用线路，实现发电线路与用电线路物理隔离、颜色区分减少光伏并网给台区带来的过电压、重过载等问题，提升配电网综合承载力，满足分布式新能源足额消纳和多元化负荷灵活接入需求。

四是创新绘制光伏并网“热力图”。为服务分布式光伏有序接入，动态分析变电站、线路、配变设备状况及分布式光伏接入情况数据。针对分布式光伏并网，逐一评估全县 309 个行政村的光伏并网能力，把已接入容量占变压器容量的百分比划分为 10 个等级，与地理位置进行匹配，用逐渐加深的不同颜色绘制成直观反映并网能力的“热力图”，实现各行政村接纳能力“可视化”，引导光伏企业到消纳能力强的区域发展。

3.“荷”载驱动，智能应用助力清洁能源落地推广

一是清洁能源助力实现油田降碳减排。齐鲁石化—胜利油田建设 CCUS 示范工程，通过碳捕集、利用和封存，把二氧化碳收集、提纯、液化后，作为胜利油田驱油动力，实现减碳、增油双赢。通过绿电加热的方式，为原油向远端传输环节提供保温和传输动力。项目建成后，高青县域内纯梁采油厂、鲁明石油开发公司等 807 个油田用户、总容量达 10. 8 万千伏安的配电变压器均采用绿电加热方式。覆盖地质储量约为 2500 万吨，年减排二氧化碳百万吨，相当于植树近 900 万棵，助力油田化工企业降碳减排。

二是清洁能源助力开发冷链物流产业。高青正茂农业产业园占地 1200 亩，建筑面积 70 万平方米，重点打造冷链物流产业，以电力为能源，通过冷藏冷冻类食品从生产、贮藏运输、销售，到消费前的各个环节始终处于规定的低温环境下来保证食品质量，减少食品损耗。建设 2 千米冷链物流绿电专线，组建杆塔 47 基，延伸到客户周边，满足其接入条件，实现清洁能源对冷链物流产业的助力作用。

三是清洁能源助力构建交通绿色体系。与政府部门联合组建“双碳”攻坚团队，大力发展智能充电桩业务，为公交车和私家车电气化推广提供充足的续航保障。在新建居民小区、机关事业单位等建设方面，配建以快充为主、慢充为辅的公用充电基础设施。2022 年年底，高青县内已完成 46 个公共场所交直流快速充电桩和 387 个家用充电桩的建设推广工作，建设规模约为 0. 55 万千瓦。在组澜地基地配套建设能源智慧停车场，配置储能充电桩 20 个，加氢站 1 座，推广采用新能源汽车 + 氢燃料电池车两种模式，实现零碳交通，让绿色可持续发展理念贯穿整个景区。

四是清洁能源助力打造人居绿色环境。在推广绿色低碳出行方面，加快新能源汽车推广应用，积极引导个人购买新能源汽车，优化新能源汽车使用环境，配建电动汽车充电基础设施。在引导绿色用能方面，引导村民改变生活用能方式，采用绿色能源空调等技术，有效减少碳排放量。

五是清洁能源助力搭建双碳监测平台。依托电力大数据分析应用场景，以黄河流域高青段发电厂、分布式光伏、充电站及充电桩、森林碳储量等作为监测单位和地图绘制的基本要素，绘制“双碳生态地图”，全景展现地域总体减碳情况，并利用色彩化、网格化的形式，直观展现不同区域、行业的碳排放情况。同时，“双碳生态地图”每季度滚动更新，助力政府实现对唐坊镇产业规划更绿色、更低碳。

4.“储”能多元，示范探索保障清洁能源供需平衡

一是探索打造彩虹驿站户型储能示范场景。依托光储一体的新能源技术，提出“微电网”的概念，

在驿站内增加柜式磷酸铁锂5千瓦时/10千瓦时储能装置，配置6台交流充电桩。设置光伏优先、储能其次、网电最后的电能供给策略，实时调节电能可充、可放，实现驿站内部电能供需平衡，推动了以新能源为主体的新型电力系统走进千家万户。

二是探索打造前胡台区储能示范场景。依托"采集系统—智能终端—电能表—末端感知"物联感知架构，打造"可收、可放、可调、可控"的低压海绵台区。前胡村村内有60余户低压用户，包括3户光伏用户，通过聚合分布式光伏、储能系统、充电桩等可调可控资源，安装50千瓦时预装式储能系统，配套充电桩2台，根据台区负荷智能控制低储高放、削峰填谷，实现光伏就地有效消纳，源网荷储协同高效运行。

三是探索打造集中式电化学储能电站。结合电网调峰调频及新能源配备储能需求，由国家电投集团山东新能源有限公司投资开发建设10万千瓦磷酸铁锂电池电化学储能电站。建成后主要参与山东电网调峰辅助服务，同时作为集中建设的共享储能，将储能容量租赁给风电、光伏等新能源企业，减轻新能源企业自建配套储能的投资及运维成本。

四是探索打造集中式制氢储能电站。结合"源网荷储、多能互补"的要求，设计年制氢能力为光伏发电装机容量的15%，利用光伏发电量制备氢气，围绕氢能产业链上游制氢、中游储氢和下游应用环节，建设现代化集中式制氢储能综合电站，实现绿电就地转换及消纳，配套投资可再生能源制氢示范项目及加氢站。

三、实施效果

可持续发展零碳小镇建设以来，效益显著。2022年，零碳小镇域内2022年光伏发电量为4106万千瓦时，其中光伏发电量为居民用电量的2.4倍，光伏发电量占全社会电量的52.7%，相当于减排二氧化碳4.1万吨，新能源装机占比为100%，"光伏+"产业链新增就业岗位261个，"光伏+"产业链年度产值为0.6亿元。（按标准煤耗324克/千瓦时，1吨标准煤二氧化碳排放量2.62吨等基础数据核算）

（一）经济效益

2022年年底新能源装机规模1.8万千瓦，全年发电2543.7万千瓦时，实现收益958.7万元，相当于节约标准煤1.1万吨，减排二氧化碳2.5万吨（按标准煤耗4吨/万千瓦时，二氧化碳排放量9.97吨/万千瓦时的基础数据核算）。清洁能源并网消纳合理分担了外部供电量，提高了综合能源利用效率。公司2022年综合线损电量累积减少约为18.8万千瓦时，为公司节约资金7.1万元，提高了供电可靠性，缩短了供电半径。

（二）社会效益

公司借助数据中台，运用电力大数据分析，研发的全省首套"接电热力图"在淄博市政务信息第56期刊发，为推动"宜商三电"全面落地发挥了重要作用。促进黑牛养殖公司单一畜牧业性质向畜牧+光伏多元化公司转型，项目全部投产后年收入增加约0.6亿元，带动周边企业发展，年增加就业岗位261个，村民年均经济收入增加0.3万元。力促多方政企联合，共同打造以"零碳示范村"为点、"零碳示范镇"为面的示范区域，在源网荷储各方面协调发展，有效提升利益相关方收益，实现多方共赢，共促发展的美好景象，为乡村振兴、黄河流域生态保护和高质量发展、实现"双碳"战略目标提供有力支撑。

主创人：王海龙、路国栋、刘　冰、孙　林、宋　嵘

国网商用大数据电力大数据辅助污染防治技术开发与应用（电力看环保）案例报告

国网商用大数据有限公司

一、企业概况

国网商用大数据有限公司（以下简称商用大数据公司）是国网雄安金融科技集团有限公司全资子公司，成立于2018年10月。商用大数据公司集聚大数据专业人才、高精尖研发人才，具备涵盖产品设计、数据建模、安全管理等专业技术人才云集的核心团队，掌握人工智能、机器学习、深度学习等大数据前沿技术，以国网公司系统内单位、政府部门和非金融机构为重点服务对象，全面构建以“电力看”系列、“电眼查”系列为核心的产品体系，形成了具备多维应用场景的数字产品与服务体系。

商用大数据公司紧密围绕国网公司“一体四翼”发展布局，努力提升数字科技自立自强水平，充分发挥大数据技术和服务的赋能作用，全力支撑电网主导产业发展，积极助推新型电力系统构建和“双碳”目标落地，致力于打造国网电商公司的大数据应用“大本营”，成为国网公司支撑产业的数字科技“排头兵”。商用大数据公司通过统一数据获取及对外输出的出入口，承建公司级数据中台，系统开展数据获取、数据治理、数据共享、数据应用技术等服务，保障能源电力产业链自主可控，助推具有中国特色国际领先的能源互联网企业建设，为助力科技自立自强、推动能源低碳转型、改善民生福祉等重大国家战略落地提供强大科技支撑。

二、主要措施

为深入贯彻习近平生态文明思想，坚定不移践行绿色发展理念，2020年11月商用大数据公司与生态环境部签署《电力大数据助力打赢打好污染防治攻坚战战略合作协议》。为落实生态环境部及公司领导指示精神和双方协议内容，在生态环境部和国家电网公司双方领导的指导下，积极推动“生态环境＋电力大数据”创新应用，有效助力生态环境治理体系和治理能力现代化建设，取得了较好成效。

（一）具体措施

1. 长江流域监测

聚焦长江流域污染防治领域，基于企业用电数据及环保部门提供污染企业名单等内外部数据，构建长江流域污染监测分析场景，对重点行业污染企业生产运行情况、排污情况、停限产响应等方面进行监测分析，支撑环保部门应急管控，助力打赢打好长江流域污染防治攻坚战，为长江高水平保护提供电力智慧。

重点企业用电监测，对象为重点污染企业，主要筛选出用电异常的企业名单，帮助生态环境厅缩少检查范围。第二个场景为特殊时间应急管理，对象为重污染天气停限产企业，主要通过用电减少量判断企业是否达到限停产要求。第三个场景为长江沿岸污染监测，对象为长江15千米内污染企业，通过用电量分析沿江企业的生产规模变化趋势，帮助生态环境厅掌握这些企业的实际关、改、搬、转进展。第四个场景为污水处理厂用电监测，对象为全省污水处理厂，通过用电量分析污水处理厂除污设备运行情况。

2. 黄河流域监测

2020年9月国家将黄河流域生态保护和高量发展，同京津冀协同发展、长江经济带发展、粤港澳大湾区建设、长三角一体化发展上升为国家重大战略。为全面落实黄河流域生态保护和高质量发展重大国家战略，商用大数据公司与生态环境部共同研发黄河流域污染防治监测场景，针对黄河流域重点涉水排污企业开展用电及排污情况监测分析，辅助生态环境部门污染精准防治和科学治理。

该业务场景监测对象为黄河流域周边 20 千米范围内的重点涉水排污企业，将全省黄河流域周边高污染企业（重点排污企业和工业园区污水处理厂）、环保监测点（大气、水体质量）纳入监管，基于企业、电力、环保等数据，对黄河流域的污染情况进行整体在线监测。能够主动对违规生产排污、指数超标、设备异常等事项进行预警并推送相关信息至对应人员，帮助用户掌控区域污染源分布情况。

一是对黄河流域范围内企业生产运行情况进行监测，识别异常生产企业；二是对黄河断面、水质情况进行监测、预测，时刻关注黄河污染状况。

3. 臭氧前体物监测

2021 年政府工作报告中提出："加强污染防治和生态建设，持续改善环境质量。深入实施可持续发展战略，巩固蓝天、碧水、净土保卫战成果，促进生产生活方式绿色转型，继续加大生态环境治理力度。强化大气污染综合治理和联防联控，加强细颗粒物和臭氧协同控制"。

通过对臭氧前体物相关的企业用电监测与精准管控，建立企业用电数据与前体物排放的关系，围绕生态环境部门应用需求，构建臭氧污染电力分析体系，从地理区域和污染企业两个视角，按照历史分析、实时监控和提前预测 3 个维度，对监测站点污染物浓度、污染企业用电生产等进行监控预警和灵活分析，辅助各级生态环境部门开展臭氧及其前体物（NOx、VOCs）污染防治工作。

一是对排放臭氧前体物 NOx 和 VOCs 的企业进行用电常态监测，对异常生产排放企业进行识别；二是通过臭氧前体物排放情况对臭氧浓度进行预测，帮助环保部门掌握臭氧污染情况。

4. 排污许可证监测

2021 年 1 月 24 日国务院令第 736 号公布了《排污许可管理条例》，并于 2021 年 3 月 1 日起正式实施。从法律地位来看，排污许可从部门规章制度上升到行政法规，具有较强的法律效应，不仅反映出我国对排污许可的重视，也体现我国实现"双碳"目标的决心和行动。但真正落实排污许可制度，不仅需要依靠排污企业的自觉和减排意识，也需要借助外力对其进行监测。

通过对电力基础数据与排污许可证企业基础数据进行匹配、清洗、汇聚，对匹配上的排污许可证企业进行用电数据监测和分析，帮助生态环境部门识别无证企业及对有证企业的日常生产情况进行常态化监测。

一是对已发放排污许可证的企业进行生产用电监测，识别异常生产企业；二是对已监测企业中的应持有排污许可证但疑似无证的企业进行识别，辅助生态环境部执法。

5. "散乱污"企业识别

目前，各地区均存在不少的"散乱污"企业，这些企业规模小、转移快、隐蔽性强、排污多，依赖环保部门人工排查整治，工作效率较低。基于生态环境部提供的排污许可证企业清单和监管需求分析，通过对电力基础数据与排污许可证企业基础数据进行匹配、清洗、汇聚，对匹配上的排污许可证企业进行用电数据监测和分析，帮助生态环境部门识别无证企业及对有证企业的日常生产情况进行常态化监测，助力环保部门精准执法，提升环保督查工作效率。

为解决"散乱污"企业隐蔽性强、不易监管、难以认定等难题，河北、江苏、福建等地区提炼该类企业电量波动大、夜间生产多等 7 大特征，建立了"散乱污"企业分析研判模型，累计监测企业 11 万余家，发现偷排漏排问题企业 1300 余家，实现了疑似"散乱污"企业的精准识别和关停"散乱污"企业违规复工的智能分析。

一是对环保部门已经认定的"散乱污"企业开展用电监测，实时掌控企业生产情况，私自发现私自复产、偷排漏排现象；二是对潜藏于居民社区、小工业园区的疑似"散乱污"企业进行识别，帮助相关部门筛查散乱污企业、精确分析企业环保政策执行到位情况等。

6. 减排企业监测

该场景展示的是减排企业生产用电情况，充分发挥了电力数据在研判企业减排措施执行情况中的重要作用。

减排企业监测场景目前共监测企业 10.4 万家，监测范围覆盖国网经营区域内 13 个省、126 个地市、1031 个区县，基于企业历史用电数据建设企业典型生产用电模型，掌握企业疑似未执行停、限产或停、限产执行不到位等行为，充分发挥了电力数据在研判企业减排措施执行情况中的重要作用，有效支撑生态环境部门秋冬季重污染天气应对工作。

当处于重污染天气时，生态环境部会对重污染企业进行管控，通过减排企业监测中的企业典型用电曲线可有效识别违规生产、夜间偷排的情况。

7. 区域行业监测

目前区域行业监测覆盖了国网经营区域内 26 个省、330 个地市级、1968 个区县，监测生态环境部重点关注的一级行业 11 个、二级行业 33 个、三级行业 71 个，辅助生态环境部门掌握区域及行业的整体用电情况，精准定位存在污染物排放及污染风险的重点区域和行业。

通过对特定区域、行业的用电情况进行分析，生态环境部门可以掌握高用电区域及行业，精准定位高排放、高污染地区，为科学治污提供有效的参考。

8. 重点污染源企业监测

重点污染源企业的治理与改善主要行政手段是环保督察，以人本为中心调动力量移动督察，投入大、不精准、手段单一、方法滞后，环境问题存在死灰复燃现象。因此，利用电力大数据监测手段及时了解企业生产情况，推动污染源企业治理的精准化是刚需。

目前，生态环境部提供了 3.6 万余家污染源企业，匹配到 3.2 万余家企业，辅助生态环境部门掌握各区域污染企业用电波动情况，并帮助识别出疑似非污染源企业。通过对污染源企业的用电情况进行分析，一是分析各区域污染源企业用电变化情况，助力生态环境部门及时掌握污染排放较大及变化较大的区域；二是识别疑似非污染源企业，为生态环境部门制定污染源企业清单提供有效的参考。

9. 重点关注行业监测

由于各业务司局关注的侧重点不同，所关注的行业企业也会有所区别，单一依靠人工去排查企业体量规模大，时效性较低，且没有重点。结合电力数据分析有助于筛选出生产波动较大企业，推动执法由大海捞针式转为定向狙击式。对钢铁、涉重金属、危险废物治理、固定废物治理、废弃电子拆解、污水处理 6 个行业的区域分布和生产用电情况进行跟踪监测，全方位展示重点关注行业和行业内企业生产用电情况。

通过对各司局的重点关注行业企业用电情况进行分析，一是分析各区域重点关注行业企业总体用电变化情况，助力生态环境部门及时掌握生产用电异常的区域进行排查；二是筛选生产波动较大的企业，助力生态环境部门及时了解企业生产情况。

（二）经验总结

积极探索新技术、新方法、新途径，提高生态环境保护与治理的数字化和智能化水平。

建立跨层级政企合作新机制，国网公司各层级单位与当地生态环境部门建立纵向联动机制，累计签订战略合作协议 184 份，推进各层级“生态环境 + 电力大数据”数据产品全面应用。在公司经营区域内开展绿水青山电力指数研究，从电力视角分析 300 余个地市环境现状及发展趋势；山东地区将电力大数据助力生态环境治理列入《山东省大数据创新应用突破行动方案》；重庆地区将电力数据融入生态环境信用体系；浙江地区挂牌成立碳中和创新基地。通过横向协同与纵向联动，形成国家及省市县四级联动、协通高效的政企合作新格局。

利用IT技术提升数据产品服务效率，为满足生态环境部及时查看减排企业生产用电情况的需求，创新运用分布式存储、流批一体化计算等IT技术，将数据产品服务时效性由"每月7、8日查看上月监测结果"提升为"每日12时后查看前一日监测结果"，为深化"生态环境+电力大数据"创新应用提供技术支撑。

利用电力大数据探索污水处理监测新技术，在山西地区监测居民污水处理企业用电情况，提出污水处理厂运行管理建议；在江苏地区分析农村污水处理设施异常运行情况，解决农村地区现场排查难题；在四川地区实现1700余家污水处理厂运行状态的在线监测。

研究构建臭氧前体物电力数据分析新模型，开展臭氧前体物与用电数据相关性分析，在山东、安徽、天津等地试点应用，分析1万余家污染企业的用电水平及生产排污情况，发现问题企业800余家，相关成果得到当地生态环境部门的表扬与感谢。

（三）推广应用方面

重污染天气减排企业监测领域，为发挥电力数据在研判企业减排措施执行情况中的重要作用，有效支撑秋冬季重污染天气应对工作，目前实现公司经营区域内26个省（市）、14万家重点排污企业在线监测，提升现场执法的准确性。相关成果获得生态环境部各业务司局充分肯定和好评，同时，在福建、浙江、甘肃等地区试点"分表计电"模式，累计在2800余家企业产污、治污、排污设备上加装电表，辅助现场精准执法，得到当地生态环境执法部门的肯定与感谢。

"散乱污"企业监管领域，为解决"散乱污"企业隐蔽性强、不易监管、难以认定等难题，河北、江苏、福建等地区构建了"散乱污"企业分析研判模型，累计监测企业11万余家，辅助当地生态环境执法部门发现偷排漏排企业1200余家。

特定区域污染治理领域，为落实中央"全面推进长江、黄河流域生态保护和高质量发展"的工作要求，在湖北、山东、上海等地区开展"流域生态治理+电力大数据"创新应用，实现长江、黄河流域周边20千米内两万余家重点污染企业在线监测，预警异常企业1400余家，相关成果获得湖北、山东、上海等地生态环境部门表扬与感谢。同时，开展北京冬奥赛区、江苏太湖、甘肃祁连山等重点区域污染监测分析。

碳排放监测分析领域，为积极响应国家"双碳"政策，落实公司"双碳"工作要求，利用电力及煤、油、气等能源数据，开展碳排放监测分析。浙江承接省政府碳排放监测需求，对接国家发展改革委等11个部门，建设省级"双碳"数智平台，实现分区域、分行业及重点企业碳排放总量、能耗强度等监测。青海打造"电力看双碳"监测分析平台，实现碳排放的日核算、月分析。江苏研发电力行业碳排放精准计量系统，精准监测9家试点电厂及火电机组碳排放情况。四川实施碳卫星项目，对碳排放浓度开展日频度、"无死角"在线监测。

大气污染防治领域，为进一步支撑京津冀及周边地区大气污染防治工作，组织北京、河北、天津等地区开展大气污染防治分析，形成《从电力视角看京津冀及周边地区近三年大气污染防治成效报告》，并报中办、国办及国资委。同时，天津编制《近三年环保管控成效分析》，河南部署应用大气污染防治电力绿色调控平台。

三、实施效果

（一）经济效益

环保视角下，通过对企业用电数据的多维分析和数据挖掘，形成电力监测一张图，不仅能够大大降低各级生态环境部门的现场核查成本，减轻企业监测设备采购负担。同时还可以以图文分析、专项报告、数据运营、产品开展等多种方式对外提供数据增值服务，增加公司收益。截至目前已节约相关企业监测设备采购成本超70亿元，公司系统各单位实现数据增值、技术服务等收入超4700万元，得到生态环境部及各级政府领导高度肯定与表扬 80 余次，中央媒体宣传报道 110 余次。

（二）环境效益

目前，区域行业监测覆盖了国网经营区域内 26 个省、330 个地市级、1968 个区县，监测生态环境部重点关注的一级行业 11 个、二级行业 33 个、三级行业 71 个，辅助生态环境部门掌握区域及行业的整体用电情况，精准定位存在污染物排放及污染风险的重点区域和行业，辅助生态环境部门掌握高用电区域，精准定位高排放、高污染地区，为科学治污提供有效的参考。

（三）社会效益

为发挥电力数据在检验重污染天气应急响应期间企业实际减排情况中的重要作用，联合开展排污企业生产监测。聚焦生态环境监督与行政执法痛点难点，目前在线监测重点污染企业 46 万余家，助力各级生态环境部门降低现场核查超 187 万人次/年，提升了现场执法的准确性，获生态环境部的肯定和好评。

根据企业历史用电数据构建企业理论用电量算法，通过企业实际日、小时用电负荷曲线与典型生产曲线进行比对，掌握企业疑似未执行停、限产或停、限产执行不到位等行为。

此外，在四川、山西等地区开展污染企业排污许可甄别，重点监管排污许可企业、无证生产企业；在福建、浙江、甘肃等地区试点“分表计电”模式，累计在 2800 余家企业产污、治污、排污设备上加装电表，辅助现场精准执法，得到当地生态环境执法部门的肯定与感谢。

国网英大碳资产绿色创新碳资产管理成果

国网英大碳资产管理（上海）有限公司

一、企业概况

国网英大碳资产管理（上海）有限公司（以下简称碳资产公司）前身为置信碳资产公司，系国网公司系统内唯一的专业碳资产管理公司。碳资产公司成立于2013年11月，2014年经国家电网公司批准，注册资本金增至1亿元；2021年1月，国网英大股份公司将其子公司置信智能全资控股的置信碳资产公司，划转至英大股份直接管理。碳资产公司的主营业务为碳盘查/审核、碳资产开发、碳交易、低碳研究与培训、碳金融等。致力于为政府和企业应对气候变化、开展碳资产管理和实现低碳绿色发展提供智力保障和技术支持。碳资产公司拥有一支国内领先的专业团队，积累了丰富的从业经验和优异业绩。

碳资产公司目前共有员工26名，其中高级职称3名，中级职称5名；硕士13名，本科生9名。业务团队中的骨干均来自碳交易所、第三方碳排放审核机构及国内知名咨询公司，具有丰富的行业资源和经验。公司所属员工中，多人具备“低碳经济师”“碳核查师”“碳管理师”“碳交易师”职业资格证书。

2020年，碳资产公司总资产合计31646.90万元，其中流动资产合计30565.87万元，非流动资产合计1081.03万元。流动资产含货币资金1433.42万元，交易性金融资产净额28921.36万元。

在“十三五”期间，碳资产公司经营业绩持续增长。碳资产开发方面，已开发的CCER（国家核证自愿减排量）项目近50个，类型包括风电、光伏、电动汽车充电设施、电能替代等，CCER项目备案及减排量备案成功率均为100%。拥有已开发，并经国家发展改革委备案的“电动汽车充电站和充电桩温室气体自愿减排方法学”在内的4项CCER项目方法学，其中3项申请并通过CDM执行理事会审计，注册为CDM方法学。碳交易业务方面，具有北京、上海、天津等全国各个碳交易所的会员资质，碳交易营业部也正式运营，开发完成配套碳交易软件，获得5项软件著作权登记证书，策划实施滴滴公司“碳中和”交易业务。碳资产公司现持有各类CCER资产约450万吨。

二、主要措施

（一）基于碳账户体系实现碳金融实践创新

1.“碳账户”建设

碳资产公司联合浙江、福建省电力公司，率先开展“碳账户、碳积分体系”建设工作，通过构建绿色金融基础设施——“碳账户”，全面记录和评价用电企业在绿色经营及绿色转型中的行为表现。通过为“碳账户”赋分，全面评估企业经营绿色程度及转型努力。一方面，金融机构可通过“碳账户、碳积分”有针对性地设计绿色金融产品、精准触达绿色企业用户、精准监测绿色资金效果；另一方面，企业用户亦可通过“碳账户、碳积分”指导自身低碳转型、自证绿色程度、精准对接金融支持。目前，已完成浙江300户企业碳账户开立工作，并与浙江省相关平台开展绿色评价融合工作，预计可发展“碳账户”企业超过4000家，截至2022年第一季度，碳账户在福建省完成开户577家，共采集超100数据条，完成了55家企业的碳积分计算和评估报告生成，并完成14.48亿元绿色金融贷款的发放。

2.绿色供应链产品与标准应用

碳资产公司与上海市电力公司基于现代智慧供应链成果，持续探索以“两降一提”（降碳、降本、提升质量）为目标的绿色供应链模式创新，并成功申报首个电工装备企业绿色评价团体标准。该标准已经应用于全国首创的“碳 e 融”业务。“碳 e 融”业务是通过对企业开展绿色评价并基于结果提供差异化绿色金融解决方案，以优惠的绿色金融产品，服务于国网供应商降碳，以金融推动供应链低碳转型，是国网“双碳”贡献力的重要体现。

2021 年“碳 e 融”业务处于探索阶段，率先为东方电缆、亨通集团、上海电气等 10 多家国网供应商开展了绿色评价，推出了绿色流动资金贷款、绿色授信提升、绿色订单融资和保证金保险折扣 4 项绿色金融产品。基于绿色评价结果，成功为宝胜股份、南华兰陵及科大智能 3 家国网供应商促成超过 8000 万元的绿色金融业务，用于支持其电能替代、能效提升和分布式能源的项目建设。

碳资产公司发挥综合集团和自身的金融优势，印发了绿色金融指导意见，发布了绿色金融行动方案，组织各金融单位做好绿色金融服务支撑。发行全国首单“碳中和”资产支持商业票据，用于支持清洁能源项目；发行“双碳”资管计划，资金投向可再生能源补贴应收账款；推出“碳系列”类现金管理产品，提升产业链上下游优质低碳企业冗余资金管理效益。

3.央行碳减排工具支持新型电力系统建设

碳资产公司联合交通银行开展新型电力系统金融政策对接工作，以交通银行在 2021 年第四季度向国家电网公司提供的贷款资金为标的，基于国家电网业务碳贡献力、资金降碳效果等，将新型电力系统建设与央行碳减排工具挂钩，为国家电网资金使用及新型电力系统建设争取金融政策支持。

（二）专业化碳资产管理平台

碳资产公司以国家双碳政策为基准，遵循国家电网公司双碳行动方案，自主设计并研发了碳资产管理平台，通过平台可直观了解用户碳资产总体概况及发展趋势，下设碳排放管理、CCER 项目管理、碳资产账户管理、碳交易履约管理四大功能入口。

1.碳排放管理

一是碳排放报送。根据用户按月填报信息自行生成季报、半年报、年报，为用户提供碳排放报告。

二是碳排放审核。审核用户的碳排放审核申请，提供《碳排放审核报告》作为审核依据。

三是碳排放分析。为填报用户提供碳排放分析报告，便于企业掌握能源利用效率及碳排放整体情况。

2. CCER 项目管理

一是项目内部管理。相关单位用户提出碳减排项目申请，经碳资产公司评估通过后交集团评估是否备案。

二是项目外部管理。碳资产公司负责开发 CCER 项目、填报和维护项目开发状态，单位用户可查看集团储备碳减排项目列表。

3.碳资产账户管理

分为碳配额和碳减排量两部分。用户在两个账户下分别形成各自的台账，记账明细最终提交集团备案。集团可查看下属各单位的碳配额和碳减排量台账，并可汇总为集团整体的碳减排量台账。

4.碳交易履约管理

一是碳交易管理。碳资产公司根据用户交易碳配额和 CCER 的需求申请，优先撮合系统内潜在用户进行交易，未完成交易部分再统一与外部单位开展交易，交易结果记入碳配额账户和 CCER 账户。

二是履约管理。各单位收到主管部门发布的履约通知后，上报资料信息自行完成清缴履约工作。完成履约后向集团提交履约信息，并将清缴结果及时记入平台用户各自的碳配额账户和碳减排量账户，建立履约台账。

平台以“国网新能源云”为基础，全面接入了发电、调度、用电、能耗、交易等数据，并构建了各类型的碳信息采集、计算、管理和展示模型。形成了以"算（碳排放及碳资产计算）、观（碳信息展示）、管（碳排放管理）、融（碳金融服务）、易（碳交易服务）、降（碳减排管理）"六大核心能力为基础，适应各行业、各区域、各种类型业务场景的专业化碳资产管理平台。

平台以国网内外部用户及政府部门为服务对象，提供采集报送、全景展示、碳交易和碳金融等线上服务。同时针对外部控排企业、咨询核证机构、金融机构等，提供碳资产的开发申报、碳排放全流程管理、绿色金融、减排降碳产品商城等平台化服务。碳资产管理平台拥有自主设计的碳积分体系，通过量化的数据和评价及多维度展示和分析，为政府机构、行业企业及公司提供决策支撑，见图1。

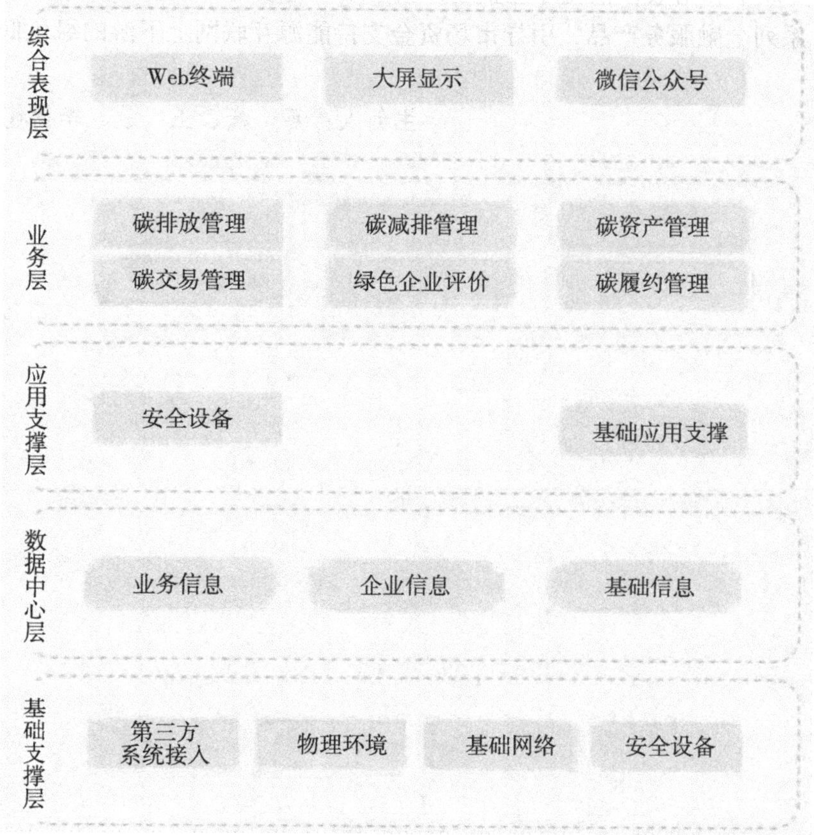

图1　碳资产管理平台功能模块

目前，平台已经与电e金服等系统完成了对接和数据贯通，并在国网公司五个重点网省进行了试点应用，引入用户超过100家。后续将从实际业务出发，完成与网上国网、交易所和金融机构进行数据贯通和系统集成，并进一步优化功能、提升质量，提升用户体验。

三、实施效果

碳资产公司以"双碳"为背景，攻坚克难，以一系列组合创新实践项目投入国网能源体系，助力社会碳市场发展，引领碳市场行业拓展新业务、新模式、新产品。凸显国网充当"引领者""推动者""先行者"使命担当。

（一）全力支持系统内单位开展碳业务管理

支撑长三角区域各网省公司摸家底、建体系，积极探索碳管理的有效方式，协助英大股份率先完成2020年度碳排放核算、率先发布跨板块的ESG（环境、社会、公司治理）报告，成为2022年第一家实现报告年度碳中和的上市公司。

（二）持续挖掘产业链上下游服务新空间

在物资供应侧，以智慧供应链建设的数据成果为基础，在上海地区试点推出融入双碳评价元素的供应商绿色评级认证模式，引导电工装备供应商加快走向碳达峰、碳中和；在能源消费侧，通过电量与碳排放数据的逻辑转换，在厦门绘制全国首张“电碳生态地图”，积极服务地方政府推进区域“双碳”目标。

（三）加大绿色金融创新支持力度

首创碳保理、碳回购、碳质押等多单绿色金融产品，首发业内绿色金融行动方案和指导意见，率先发布资本市场第一支碳中和指数，依托绿色企业评级结果和电碳地图碳信用构建，联合内、外部金融机构推出“碳e融”系列金融服务产品，引导市场资金支持能源互联网上下游的绿色低碳转型。

主创人：葛　巍、王　放、李树德、李　鹏、熊　妮

钢铁工业废水的深度处理回用组合工艺

宁波富春紫光水务有限公司

一、企业概况

宁波富春紫光水务有限公司是浙江富春紫光环保股份有限公司的全资子公司，注册资本2000万元，于2015年12月21日成立。公司于2015年5月8日与宁波钢铁有限公司签订污水深度处理BOT（建设、经营、转让）工程项目，特许经营期15年，工程总投资7500万元，总规模为2.5万立方米/天。

浙江富春紫光环保股份有限公司成立于2000年9月，为浙江省属国企杭州钢铁集团有限公司节能环保产业核心企业，控股股东为浙江菲达环保股份有限公司，其中菲达环保科技股份有限公司股权占比98.3%，浦华环保有限公司股权占比1.7%。公司始终专注于国内环保水务及相关产业的发展建设，业务覆盖城镇污水治理、工业废水处理、农村污水治理、市政供水、污泥处置、水环境检测、管网建设与维护、水环境综合治理等领域；作为中国水务市场化的先行者，公司拥有强大的投融资能力、丰富的项目运作经验、专业的技术管理团队和齐备的行业资质证书，入选国务院国资委"双百行动"改革企业，是浙江省综合实力最强的水环境综合治理龙头企业。截至2023年2月，公司注册资本金为77139万元。

二、主要措施

钢铁工业是用水大户和废水排放大户，在全国淡水资源紧缺、大力推进节能减排的背景下，近年来，随全膜法水处理系统的投资和运行成本的日益降低，超滤和反渗透的双膜法工艺应用于企业的脱盐水制取得到全面推广。但是由于在脱盐水制取过程中，会产生高污染物浓度、高浓缩倍数的浓盐水，缺乏成本经济的处理方式。采用蒸发结晶零排放工艺则往往面临投资巨大、运行成本高、产生的结晶盐泥因具有危险废物特征处置困难等问题，采用企业内部冲渣、熄渣或者喷洒物料的方式，会产生盐分始终在内部循环或者对设施、设备的腐蚀、结垢问题，同时受限于浓盐水的用量，导致限制膜法脱盐的规模或产水率，难以真正实现高水准的节水回用。浙江富春紫光环保股份有限公司通过自主创新研发，采用国产自主设备，开发了一种钢铁工业废水的深度处理回用组合工艺，提供了一种对钢铁工业废水进行高产水率的脱盐分质回收，并将剩余的浓盐水处理达标排放的方法，实现较低成本的全过程深度处理，最终实现盐分脱除的目标，主要技术特点如下。

一是国产自主创新的PTFE（聚四氟乙烯）超滤技术。在本技术的浸没式超滤单元上，浙江富春紫光环保股份有限公司和浙江净源膜科技股份有限公司进行联合研究和合作，首次将国产自主创新的PTFE中空纤维超滤膜大规模地应用到钢铁工业的废水深度处理工艺上。钢铁工业废水污染物种类多，成分复杂，悬浮物及胶体、含油量、有机物、硬度和含盐量等污染物浓度较高，在应用双膜法时，超滤膜容易出现损伤、结垢、堵塞等膜污染情况，不仅影响超滤膜的使用寿命，而且降低超滤膜的产水水量和水质。双方通过联合研究，开发了更适应钢铁工业废水水质的PTFE中空纤维超滤膜并成功在项目中得到应用。该超滤膜膜组件浸没在敞开的水池中，膜池填充密度高、占地面积小，过滤水采用负压抽吸的方式从膜外部流入，滤后水从膜内腔流出，大分子有机物、胶体和微生物等悬浮物被截留，出水水质SDI（污染指数）小于3，浊度小于0.2NTU，可以最大化地降低后续反渗透膜的处理压力，同时，该超滤膜具有优良的耐温性能和化学药剂耐受性能，能够适应钢铁工业废水夏季水温较高的特点，与国内外常用的聚偏氟乙烯（PVDF）中空纤维超滤膜相比，具有更高的膜通量，抗污染性强，具有较高的耐磨和拉伸强度，使用寿命较长。浙江富春紫光环保股份有限公司首次将该技术应用在大规模（10000立方米/天以上）的钢铁工业废水深度处理中，并成功稳定运行 5 年以上。

二是采用废水分级分质回收和回用技术。在本技术的反渗透单元和纳滤单元上，浙江富春紫光环保股份有限公司根据钢铁企业用水用户的实际用水水质特点，开发了对废水的分级分质回收和回用技术。本技术将废水进行冷却、超滤过滤预处理后，利用反渗透膜作为近似理想的半透膜的特点，对超滤预处理的废水进行提纯和浓缩，可以将废水中的无机离子、细菌、病毒、有机物及胶体等杂质去除，以获得高品质的一级除盐水，一级除盐水的水质可以达到总硬度≤15 毫克/升，总溶解固体≤50 毫克/升，氯化物≤20 毫克/升等指标，能够满足钢铁企业中像高炉、连铸、电站等水质需求较高的用户。反渗透的浓水再经过软化澄清、臭氧氧化、生物滤池、多介质过滤、外压式超滤预处理后进入纳滤膜，利用纳滤膜能够透析反渗透膜所截留的部分无机盐的优点，降低浓盐水再进行浓缩时的外加压力，产生水质稍低的二级除盐水，二级除盐水的水质可以达到总硬度≤200 毫克/升，总溶解固体≤450 毫克/升，氯化物≤200 毫克/升等指标，能够满足钢铁企业中像浊循环系统补给水、消防水等水质需求一般的用户。本技术的分级分质回收技术，不同于蒸发结晶工艺需采用高压膜法分盐，采用低压反渗透和低压纳滤技术，能耗低、产水量高，废水总回收率可达 90% 以上。

三是自主研发的高耐盐废水生物菌种技术。在本技术的反渗透浓水处理单元和纳滤浓水处理单元上，浙江富春紫光环保股份有限公司采用自主研发的高耐盐废水生物菌种技术。钢铁工业废水采用双膜法脱盐时，会产生高倍浓缩的浓盐水，浓盐水中不仅会积聚废水中的无机盐和污染物，还会带入在膜脱盐过程中加入的阻垢剂、螯合剂、清洗剂等，浓盐水中的污染物和有机物成分非常复杂，使得常规的生物法非常难处理，存在处理效率低、处理波动大等各种缺陷，尤其是对总氮的去除，在钢铁工业的双膜法浓盐水处理中一直是行业中的难题。浙江富春紫光环保股份有限公司自主研发，通过筛选、培育和提取，结合硝化反硝化生物滤池和活性炭生物滤池等工艺，成功开发了钢铁工业浓盐水脱碳菌、硝化菌和反硝化菌，对浓盐水中的 COD（化学需氧量）、氨氮和总氮进行高效去除。其中，氨氮和总氮经过高耐盐生物菌种处理后，可以将 TDS（溶解性总固体）指标在 10～15 克/升、氯化物指标 4～6 克/升的钢铁工业浓盐水，氨氮和总氮的去除率能够稳定达到 95% 和 90% 以上，保障浓盐水能够稳定达到《钢铁工业水污染物排放标准》（GB13456－2012）规定的指标排放，即氨氮≤5 毫克/升，总氮≤15 毫克/升。

四是高效 COD 深度去除技术。在本技术的纳滤浓水处理单元上，浙江富春紫光环保股份有限公司采用“四相芬顿催化氧化＋臭氧氧化＋活性炭生物滤池”深度处理组合技术。四相催化芬顿在传统芬顿法上改良的新型芬顿处理工艺，反应器中安装钕铁硼磁多金属组分催化剂，过氧化氢除了与释放到溶液中的金属离子发生链反应外，主要与催化剂发生界面反应，进而活化过氧化氢产生氢氧根离子。浙江富春紫光环保股份有限公司与福建微水环保股份有限公司合作，首次将该技术应用在钢铁工业废水浓盐水的深度处理上，在不调节 pH 值的情况下，通过投加过氧化氢和硫酸亚铁药剂，对浓盐水的 COD 去除率可以达到 50%～60%。同时，浙江富春紫光环保股份有限公司在此基础上开发了“四相芬顿催化氧化＋臭氧氧化＋活性炭生物滤池”的工艺路线，针对在芬顿反应过程中，大分子在被氧化分解成小分子有机物后，有一部分小分子有机物会和废水中的无机盐等物质形成稳定的化合物，难以被芬顿进一步深度降解的情况，在芬顿后增加臭氧氧化和活性炭生物滤池技术，通过臭氧产水的有机自由基进一步参加氢氧根离子的链式反应，或通过生成有机过氧化物自由基后进一步发生氧化分解反应，以提高水中有机污染物的可生化性，再通过活性炭生物滤池对有机物的物理吸附、截留及高耐盐生物菌种的生物代谢、絮凝和分解作用，实现废水中有机物的深度去除。可以实现浓盐水中 COD 的 70%～80% 的去除率，保障稳定达到《钢铁工业水污染物排放标准》（GB 13456－2012）规定的指标，即 COD≤50 毫克/升。

三、实施效果

(一)技术应用企业名称和投运时间

1.技术应用企业

宁波钢铁有限公司

2.案例名称

宁钢污水深度处理 BOT 项目

3.投运时间

本项目的设计建设规模为 2.5 万吨/日（其中预处理冷却塔设计处理能力为 3.6 万吨/日），于 2016 年 3 月工程开工建设，同年 11 月工程整体完工，同年 12 月通过竣工验收。2017 年 4 月通过宁波钢铁有限公司组织的功能考核验收，2017 年 4 月 27 日正式开始商业运营。

(二)案例工程实施的具体车间和工艺生产设备情况

1.具体车间

案例工程项目位于宁波钢铁有限公司厂区内，进水来源为中央水处理站的出水。

宁波钢铁有限公司中央污水处理站设计规模 6.6 万吨/日，分两期建设，一期处理规模 4.4 万吨/日，其中生产再利用水处理能力为 2.2 万吨/日，生产回用水处理能力为 2.2 万吨/日，二期增加生产回用水处理能力 2.2 万吨/日。

2.案例工艺处理流程

案例工艺处理流程如图 1 所示。

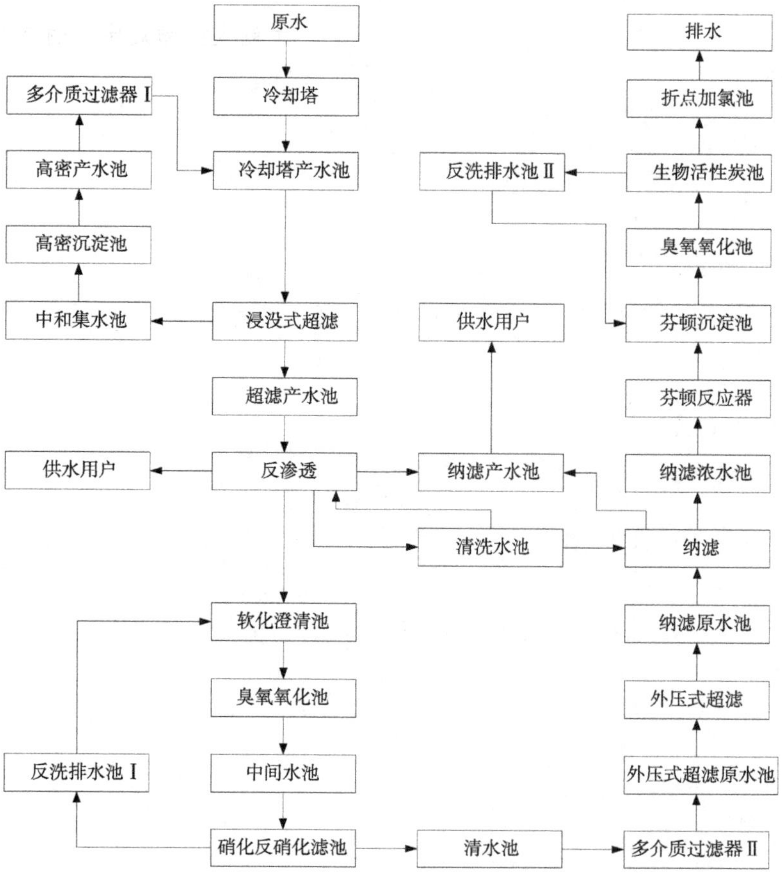

图 1　案例工艺处理流程图

（三）技术装备规模及投资情况

1.技术装备规模

项目分两期建设，本工程为项目一期工程，一期建设总规模2.5万立方米/日（冷却塔设计能力3.6万立方米/日），项目二期建设总规模1.2万立方米/日。

2.投资情况

本工程投资为7569万元。

3.吨水处理成本

本项目运营期间吨水处理成本2.4元/吨。

（四）主要污染物排放指标达标情况

验收运行时，浓盐水处理后设计达到《钢铁工业水污染物排放标准》（GB13456－2012）规定的指标要求。

（五）绿色钢厂减排效应

与项目投运之前对比，宁波钢铁有限公司的年外排水量减少299.4044万吨，COD排放总量减少57.1834吨，氨氮排放总量减少7.4674吨，分别下降了78.55%、95.24%和94.81%；吨钢排水量0.18立方米/吨，同比下降79.3%；吨钢COD排放量0.0039千克/吨钢，同比下降71.2%；吨钢氨氮排放量0.00035千克/吨钢，同比下降80.4%。有效地助力了宁波钢铁有限公司的污染物减排和清洁生产指标的提高。项目投运以来，宁波钢铁有限公司吨钢新水耗量下降到0.77立方米/吨，吨钢废水排放量下降到0.2立方米/吨，水重复利用率达到98.7%，绿色钢厂建设成果明显，居于全国钢铁企业前列。

主创人：鲍震宇、喻盛华、方　建、俞　勇

繁峙县蓄热式风电清洁能源供暖项目基于人工智能大数据云平台的分布式多能互补储能型三端一体化多重反馈智慧综合能源服务

沈阳恒久安泰环保与节能科技有限公司

一、企业概况

沈阳恒久安泰环保与节能科技有限公司（以下简称恒久安泰）位于沈阳经开区，2016年7月注册，是专业致力于综合能源服务、清洁能源冷热供应，储能系统研发、生产、投资运营、托管、技术服务及整体解决方案的高科技企业。

现已被认定为高新技术企业、国家级服务型制造示范企业、工信部电力需求侧管理服务机构（二级资质）、工业领域电力需求侧管理示范企业、省瞪羚企业、省专精特新中小企业、市诚信示范企业、市科技小巨人企业，先后通过了ISO9001:2015质量体系认证、OHSAS18001:2007职业健康安全管理体系认证、ISO14001:2015年环境管理体系认证及安全生产认证，取得了建筑机电安装工程和环保工程三级资质，是辽宁省首个基于碳中和的高效储能及综合能源应用产学研联盟盟主单位、省内零碳智慧校园的开创者，与沈阳产业技术研究院共建SYIIT——恒久安泰高效储能暨综合能源服务联合创新中心。

恒久安泰现拥有51项国家专利及软件著作权，承担了国家科技助力2020年经济发展专项、沈阳市重大科技专项计划等；多能互补智慧能源冷热联供技术先后被列入"辽宁省重点节能减排目录"（第六批）和"全国工业领域电力需求侧管理第三批参考产品（技术）目录"和"第四批目录"。在综合能源应用领域，恒久安泰是行业内第一家为用户提供一站式解决方案（含硬件+软件+平台+服务）的总集成总承包企业，包括研发设计、设备制造、融资服务、节能改造、工程施工、精细管理及智慧运营服务等全链条服务。已在全国十多个省份，投资建设了500多个综合能源服务项目，服务面积达2800多万平方米，客户业态包括了公建、学校、农业、工业、商业综合体、住宅等领域。站在实现"双碳"目标的产业风口，恒久安泰已与国家电网综合能源集团、国电投、蒙东电力、吉电能源等建立战略合作关系，致力于在现有业务的基础上向源网荷储一体化的综合能源服务转型，助推国家"双碳"目标的实现。

二、主要措施

(一)项目概况

国家电投繁峙县20万千瓦风电清洁能源供暖项目分两期建设，配套建设40万平方米集中分布式热源站。两期项目分别于2017年、2018年取得核准，2020年12月项目全容量并网发电。繁峙供热站于2019年7月开工建设，当年年底建成投运，并已顺利完成两个供暖季的供暖任务。

供热站位于山西省忻州市繁峙县大营镇大营村，占地面积6400平方米，主要利用电网低谷时段电量进行蓄热，向繁峙县大营镇区域建筑物进行供热，最大供热能力40万平方米。目前已供面积约15万平方米，包括居民用户、养老院、中小学、综合市场、政府办公楼及宿舍、派出所和交警队，其中居民用户1000余户。

(二)项目背景

将源网荷储一体化和多能互补作为能源高质量发展的重要举措，优化整合本地电源侧、电网侧、负荷侧资源，统筹各类电源规划、设计、建设、运营，探索增量"风光储一体化"，严控增量"风光火一体化”，积极构建清洁低碳安全高效的能源系统，促进能源行业转型升级。

1.推进清洁取暖工作迫在眉睫

目前煤炭供应紧张，买方市场变为卖方市场，直接反应就是引起煤炭价格的大幅上涨，居民对提高热价的承受能力较弱，运用市场机制，通过适当提高热价的办法消化上升的供暖成本，还无法实现，只能通过供暖企业自身消化一部分。这对于部分实力不强的供暖企业来说，亏损运行已不可避免，部分煤电供暖企业将无法生存。随着全球能源互联网建设的推进，光伏、风电等可再生能源发电将会迎来高速发展。而“十四五”期间将是我国实现碳达峰的关键期，可再生能源比例将持续提升，最终取代火力发电成为主力能源。发展清洁供暖是国家能源战略的重要体现，是防治大气污染的重要措施。本项目作为绿电清洁供暖工程，有利于繁峙地区减少煤炭消耗，在保障地区能源安全、减少碳排放的同时，优化当地的能源结构，有利促进当地的经济发展。

2.储能技术是国家能源战略转型中新型电力系统的需要

储能技术涉及领域非常广泛，按储能方式可分为抽水蓄能、压缩空气储能、飞轮储能、重力储能、电池储能、蓄热储能等，按应用场景则可分为电网侧储能、电源侧储能、用户侧储能。电源侧储能主要包括集中式新能源利用、调频辅助服务应用、调峰辅助服务应用3种应用模式，在各种储能方式中，除传统的抽水蓄能以外均可用于电源侧储能。储热技术具有更强的调节能力和持续供给能力，在电源侧储能中应用十分广泛。

储热技术是具有广阔发展前景的节能技术。电力体制改革和“双碳”目标的提出给能源行业带来了新的机遇和挑战，随着新能源装机占比的上升，对电源侧调峰能力提出了更高的要求。储热技术在电源侧的应用能做到兼顾调峰和能源清洁化，是未来我国电力系统不可或缺的组成部分。电源侧储热技术还可应用于多能互补系统等其他新型能源系统，打造全面、稳定、清洁的综合能源服务。

2021年7月23日，国家发展改革委、国家能源局正式印发《关于加快推动新型储能发展的指导意见》，提出以需求为导向，探索开展储氢、储热及其他创新储能技术的研究和示范应用。

（三）技术路线

繁峙县大营热源站项目供暖采用恒久安泰分布式多能互补储能型三端一体化多重反馈智慧供热技术。技术整体系统采取集中布局的方式，通过能源管控平台进行集中监控，配合三端一体、多反馈、气候补偿、分时分温、管网平衡等节能手段，具有智能、高效、低运营费用、环保、安全的特点。

1.系统组成

现已建成2台单机9兆瓦的固体储热装置，采用新型电储热材料，利用谷电进行储热，峰平电时段利用蓄热热量进行放热，设备通过风水换热由循环水泵输出温度可控的50～95摄氏度高温水，实现区域供暖目的。主要包括谷电蓄热置、循环系统、补水系统和电控系统。

（1）智慧能源热源站系统。

蓄热装置：包括发热元件、保温层、蓄热材料、换热器、循环风机、直热器。采用常压热空气内循环系统。

蓄热材料：固体氧化镁是一种很好的蓄热材料，是以氧化镁为主要材料的高温烧结砖体，其熔点为2540摄氏度，沸点为3520摄氏度，长期安全使用温度可以达到500～600摄氏度，该材料的密度在2.85～3克/立方厘米，比热容在0.3卡/克·摄氏度，单位体积蓄热材料的蓄热能力约为常压水的17.5倍。固体氧化镁蓄热砖本身还是一种很好的高温绝缘材料，设备可以直接使用10千伏高压电源作为加热电源。固体氧化镁砖高温蓄热电装置可以更好地发挥出储能材料的性能，在同样蓄热量的前提下，可以减少蓄热材料的体积，降低了蓄热电装置的外形尺寸，相应机房尺寸也可以缩小，对于降低工程造价是十分有利的。

补水系统：包括补水泵、软化水箱。水箱浮球阀控制水位；软化水设备采用流量控制方式；定压采用压力上下限控制，下限自动补水、上限自动停止、超上限自动泄压。

电控系统：实现互联网、物联网、人工智能技术及多闭环反馈技术应用，具备大数据专家系统、远程操作、无人值守。采用远程 PLC（可编程逻辑控制器）控制和触摸屏现场控制，时时显示设备运行状态，并设有故障报警功能，系统可在报警同时自动实施保护措施，包括超温保护、超压保护、低水位保护、断电保护、低压保护、漏电保护等多项保护功能。自控系统操作简单，可实现无人值守，并配有各类通信接口，可方便各级连接和数据传输。

(2)智慧能源管控技术。

智慧控制系统：对于一个供暖系统，要充分发挥节能效果和提高系统运行可靠性，不能仅考虑热源的设计和节能措施，我们的系统设计原则理念及优势也不只是源端一个方面。否则脱离了末端业态、使用规律、末端状态反馈而成为粗放管理，达不到节能效果而且可能导致源端设备设计不能精准满足末端需求，要么过大造成浪费，要么过小不能达到能量需求。

控制中心通过互联网与客户端现场智能控制装置进行数据交换，通过物联组网采集现场数据并控制执行设备，客户可在任何一台电脑登录控制本地设备，可用手机 App 登录查看。如果设备管网是骨骼肌肉，循环介质是血液而控制系统就是灵魂，制定下发所有的运行策略和闭环在线调整方案，经过大数据云端进行计算处理下发指令。同时，它处于整个系统的控制系统顶端，并不是所有环节都要云来控制，而是如郡县制管理制度制定策略和总体统筹而分层级而治，比如源端本地控制柜和末端自身控制器都可以按既定策略自运行而总体受云端调度调整。所以云端也是源端末端的纽带，是构成有机的三端系统的凝聚力。

智慧区域热平衡调节：以区域为供暖单位，在每个区域热力入口处安装区域热平衡机组，通过智慧控制系统的气候补偿功能计划调整所连区域供水温度，智能调节一次网动态平衡电动调节阀开度，实现一次网流量合理输配，按需取暖。智能变频水泵根据二次网流量变化自动调整水泵频率，实现二次网水泵自动变频运行，按需供暖。通过恒压差控制功能解决区域间水力、热力失衡问题。

①实现区域之间的水力合理分配；

②实现区域之间的热力平衡；

③降低管网初期投资成本；

④增加热源的供暖面积，使管网具备扩容能力；

⑤二网智能变频水泵根据现场实际流量需求，自动改变频率，降低能耗；

⑥实现分时、分温、分区供暖；

⑦机组站实现全天候无人值守运行，节省大量运行成本。

(3)能源管控数据平台。

2017 年开始建设国家发展改革委所批准的新兴科技项目，基于云存储、云计算的《新能源智慧运营平台》，主要包括经营指标统计、电站实时监测和预判、报警记录、数据分析、统计报表、系统设置 6 大模块，目前已开发完成。

能源管控大数据平台包括：发电功率预测系统 + 智慧营运系统 + 能耗监测平台系统 + 负荷预测系统 + 风、光、储能能源系统。以"云大物移智"为指导、"服云网边端"为架构、十大设计原则五十项边界条件为支撑服务能源供应领域，通过 4G/5G + 低延时高可靠工业互联网及工业现场总线构成数据及图像可视化智慧能源物联网，以去中心化区块链数据加密存储技术为保障，分布集中式控制并跟踪全生命周期信息。采用神经网络遗传算法深度学习复合模糊计算宽度学习，用已运行多年的历史大数据做样本进行 AI 模型训练，利用数字孪生及元宇宙技术进行超前设计，超越业内设备级自动化水平实现循环自矫正无限逼近最优供能效果和最低运营费用系统级智能化运行。利用平台，突破传统营运模式，通过集中监测、故障预判、生产和运行数据分析等功能，结合利用发电功率预测，用电负荷预测、交易辅助决策、储能辅助决策、调频辅助等应用服务，辅助发电企业优化业务，变非计划性为计划性，变被动维护为主动维护，提高运维质量和效率；打造标准、高效、高质量的智慧营运服务及能耗管理模式。根据项目负荷特性，进行能耗分析、负荷分析、电网架构分析，耦合稳定可复制的模块化可再生能源系统解决方案。针对工业园区，重点解决可再生能源供给及能耗双控指标下降的问题，针对新兴小城镇（乡村）、特色小镇重点解决电能替代问题。

2.系统原理

利用低谷电、风电、光伏、太阳能发电等清洁能源转换成热能并储存在蓄热体内，在供电高峰期将储存的热能根据用户热量需求逐步自控释放。整体系统采取分散布局的方式，可直接接入用户终端，通过上层互联网进行集中监控，配合管网平衡、气候补偿、分时分温等节能手段，具有智能、高效、低运营费用、环保、安全的特点。以“云大物移智”为指导、“服云网边端”为架构、十大设计原则五十项边界条件为支撑服务能源供应领域，通过4G/5G + 低延时高可靠工业互联网及工业现场总线构成数据及图像可视化智慧能源物联网，以去中心化区块链数据加密存储技术为保障，分布集中式控制并跟踪全生命周期信息。用已运行多年的历史大数据做样本进行AI模型训练，利用数字孪生及元宇宙技术进行超前设计，超越业内设备级自动化水平实现循环自矫正无限逼近最优供能效果和最低运营费用系统级智能化运行。利用平台，突破传统营运模式，通过集中监测、故障预判、生产和运行数据分析等功能，结合利用发电功率预测，用电负荷预测、交易辅助决策、储能辅助决策、调频辅助等应用服务，辅助发电企业优化业务，变非计划性为计划性，变被动维护为主动维护，提高运维质量和效率。

（1）热量产生：蓄热装置内的电阻发热管将电能转化为热量，本项目采用Ni80Cr20发热电阻丝。

（2）热量储存：热量产生后被储存在高密度储热介质92氧化镁中。此介质储能能力强（1.2千焦/千克·摄氏度）。

（3）热量控制：为使储存的热量得到有效利用，本项目保温采用多层复合结构，以降低热量散失，相比行业单一保温材料热效率提高2%。

（4）热量释放：储存的热量通过内置循环风机通过气/水交换器有序地向外交换，循环风机变频调速。

（5）热量输送：利用变频循环风机将空气送入储热介质中的风道加热后，通过风道进入装置底部的热交换器内，并和循环水交换，被加热的循环水由循环泵送入输热管线内，达到供暖目的。

3.项目亮点

(1)绿电清洁供暖。

本项目利用峰谷平用电政策，建设集中分布式热源站可满足附近约40万平方米建筑物的供暖需求，替代了大量的燃煤锅炉和散煤燃烧供暖，节约了大量的煤炭消耗，同时减少了由于燃煤带来的二氧化碳、二氧化硫、氮氧化物及烟尘等污染物的排放，因此绿电清洁供暖是本项目的主要的应用场景，项目的实施具有良好的经济、社会和环保效益。

(2)负荷侧需求响应。

本项目采用储能型热源站，供暖期可以利用电网用电低谷时段电网难以消纳的清洁电能进行加热储能，实现繁峙县大营区域建筑物的供暖，在电网用电高峰时段减少电锅炉供暖的用电负荷。清洁供暖负荷作为电力系统灵活性负荷，可以有效降低弃风弃电率，促进新能源并网消纳能力。

(3)储能 + 供暖一体化综合能源。

本项目建设18兆瓦智慧储能型能源站，加速推进储能与清洁供暖互补发展，通过多能互补综合能源系统建设，保障大规模新能源顺利消纳，打造源网荷储"一体化"的示范基地。

三、实施效果

繁峙县大营供热站全部建成后，主要利用夜间电网低谷电力，进行制热、蓄热和供热，满足全天持续供暖的要求。总投资约8000万元，储能供热装机容量18兆瓦，最大供热能力40万平方米。供热站年消纳绿电量5000万千瓦时，每年可供出热量68345吉焦。

（一）示范效应

作为山西首批风电供暖示范项目，促进了清洁能源的综合使用，扩大了风电项目产业链，是山西省能源转型发展的有益探索和良好实践，为当地政府"争当清洁能源排头兵"做出积极贡献，将起到积极的示范引领作用。

（二）调峰效益

热源站利用谷电时期富余的风电，有效实现了电网削峰填谷，缓解高峰供电压力，促进风电和光伏发电等可再生能源电力消纳空间，为电网安全稳定运行提供了新的途径。风电清洁供暖对于提高北方风能资源丰富地区消纳风电能力，缓解北方地区冬季供暖期电力负荷低谷时段风电并网运行困难，替代现有的燃煤小锅炉，解决分散建筑区域及热力管网或天然气管网难以到达的区域的供热需求，促进能源利用清洁化，减少化石能源低效燃烧带来的环境污染，改善北方地区冬季大气环境质量意义重大。

（三）环保效益

本工程装设18兆瓦（10千伏）智慧储热系统，实现最大供暖面积40×104平方米，预计每年可供出热量161870吉焦，每年消耗的能源是电能4500×104千瓦时。与常规燃煤锅炉相比，每年可节约标煤约为18000吨。按照目前超低排放标准，每年可减排硫化物约1350吨，NO_x约675吨，颗粒物约12240吨，二氧化碳当量约44865吨，相当于1834亩森林碳汇量。

（四）民生效益

项目建成后解决了繁峙县大营镇群众的冬季供暖问题，使广大人民群众可以享受到绿色能源带来的光和热，起到广泛的民生效益。

发展风电及清洁供暖是国家能源战略的重要体现，是防治大气污染的重要措施。本项目作为绿电清洁供暖工程，有利于减少煤炭消耗，在保障地区能源安全、减少碳排放的同时，优化当地的能源结构，有利促进当地的经济发展。此外，本项目可以拉动地方投资，增加地方人口就业。

主创人：秦　宇、郭泽强

“点点”碳中和服务平台助力碳达峰、碳中和愿景下的低碳生活

四川联合环境交易所有限公司

一、企业概况

四川联合环境交易所有限公司（以下简称四川环交所）于 2011 年 9 月成立，是四川省人民政府批准，国务院有关部际联席会议备案的交易机构，是全国非试点地区第一家经国家备案的碳交易机构，是全国碳市场能力建设（成都）中心的合署机构，是国家开展用能权交易试点的交易机构，是四川省成都市排污权交易机构，是全国目前唯一一家集碳排放权、用能权、排污权、水权交易为核心主业的环境资源交易平台，在国内交易机构中率先加入联合国负责任投资原则（PRI），在实际经营活动中践行和倡导以绿色发展为核心的责任投资原则。

近年来，四川环交所不断强化平台功能，已经形成以环境权益交易为核心主业，以绿色技术交易、自然资源交易为配套主业，以创新发展绿色金融、深入强化能力建设为重要抓手的业务体系，旨在充分发挥市场配置环境资源的决定性作用，促进环境资源要素化并推动要素流动，为全社会节能减排降碳提供投融资及其他增值服务，促进经济社会绿色发展、高质量发展。

二、主要措施

2019 年 6 月，生态环境部发布了《大型活动碳中和实施指南（试行）》，鼓励会议及会展活动组织者开展碳中和活动，引领和示范全社会节能减排，传播低碳发展理念。

然而，碳中和因专业而“艰难”。首先，碳中和主体（进行碳中和的单位或个人）需要界定碳排放边界，明确碳排放源，计算碳排放量。由于专业知识的缺乏，普通机构和个人根本无法独立完成本项工作，必须依赖第三方核查机构核算碳排放量，核算费用依据工作量大小收费，通常为数千、数万元，甚至更高。其次，碳中和主体需要在碳交易机构注册交易账户，购买碳信用，并在碳交易机构见证下完成碳信用的注销，获得相关的证明文书。整个过程不仅费时费力，而且由于第三方核算服务费导致碳中和费用增加，提高了碳中和门槛，令普通机构与个人望而生畏。

针对这些问题，四川环交所自主研发了“点点”碳中和服务平台（以下简称平台），寓意“减碳多一点，排放少一点”。平台通过全流程在线碳中和服务，以更加高效便捷、更加经济实用、更加真实可证的方式实施碳中和，有力促进全社会推广实施碳中和，践行绿色低碳的生产生活方式。

（一）平台主要功能

“点点”碳中和服务平台于 2019 年 6 月发布上线，支持微信公众号、微信小程序和支付宝小程序三种类型客户端，目前是支付宝四川地区唯一的碳中和服务应用。平台主要功能包括碳中和场景发布、碳排放量自动计算、碳信用在线购买与注销、电子荣誉证书，以及碳中和排行榜。

1. 碳中和场景发布

客户可在“点点”碳中和服务平台上发布各种类型的碳中和场景，可以选择发布会议、赛事等活动场景，可以作为负责任企业发布景区、商超、餐饮和酒店等企业碳中和场景，也可以发布个人生活碳足迹场景，还可以发布婚礼、宴会、音乐会等个性化活动场景。场景经审核发布后，即可对该场景的碳排放活动进行在线碳中和。此外，个人还可以参与其他机构与个人发布场景碳中和，针对本人参与该场景活动时产生的碳排放进行碳中和。

2. 碳排放量自动计算

"点点"碳中和服务平台依据《大型活动碳中和实施指南（试行）》《成都市会展活动碳足迹核算与碳中和实施指南》等，参照国际国内标准碳排放因子，构建了碳排放自动计算模型。场景发布后，依据场景类型与客户身份（举办方/参与方），自动选择计算模型，碳中和主体可简单填报各碳排放源消耗数据，即可通过平台模型自动计算出碳排放量，为碳中和提供支撑。

3. 碳信用在线购买与注销

依据平台自动计算的碳排放量数据，客户可通过微信支付或支付宝支付方式，在线购买碳信用，以完成碳中和。平台管理工作人员在后台见证碳中和服务商集中注销碳信用的过程，并上传碳信用注销凭证，以备查验、审计。

4. 电子荣誉证书

客户购买碳信用，完成支付后，平台自动生成碳中和电子荣誉证书，用户可在微信群、微信朋友圈进行网络转发、分享，彰显个人低碳公益行为，获得社会荣誉感。

5. 碳中和排行榜

平台还针对参与碳中和的单位与个人建立实时碳中和排行榜，通过排名正向激励引导单位与个人积极参与碳中和活动。

基于四川环交所的"点点"碳中和服务平台，单位和个人在短短几分钟内即可在线完成碳中和，免除了第三方碳排放核算产生的费用。平台不仅降低碳中和的人力、费用成本，而且缩短流程时间，提高工作效率，提供的一站式在线碳中和服务，为碳中和活动推广提供了有力支撑。

（二）平台宣传与推广

四川环交所一方面，着力打造"点点"碳中和服务平台，另一方面充分利用各方资源，积极做好平台推广工作，具体方法主要包括以下三点。

一是活动现场宣传。在大型会议、活动中通过易拉宝、DM单（直投杂志广告）、海报等方式开展宣传，并设置专职碳中和引导工作人员，在现场引导公众参与碳中和。同时要求主办方在会议、活动正式开始前预留5分钟左右的时间，举行颁证仪式，颁发碳中和证书，增强主办方的碳中和意识，提升单位的社会形象和荣誉感。

二是拓展宣传渠道。环交所积极联系宣传媒体、自由媒体人、上级部门宣传单位和微信公众号等宣传资源，通过活动报道、点对点采访、宣传视频等多种形式，开展碳中和事迹报道与宣传，引导更多的社会大众、机构了解碳中和、了解平台，并参与碳中和活动。

三是设立平台吉祥物"点点"。四川环交所自主设计了"点点"碳中和服务平台的幸运宝贝——"点点"，它是一只憨态可掬的大熊猫，每次重大的场合，幸运宝贝"点点"都会亲身前往，充分吸引大众眼球，引导公众参与碳中和公益活动。

（三）典型经验与做法

1. 挖掘市场刚需，解决客户痛点、难点

好的产品来源于好的产品设计，四川环交所"点点"碳中和服务平台从产品设计之初，就充分挖掘市场需求，针对现有碳中和业务中客户的痛点、难点，提出针对性解决办法，为客户排忧解难，得到社会的广泛认可。

"点点"碳中和服务平台上线之前，碳中和客户的痛点就在于碳中和实施困难，具体表现在三个方面。

一是缺乏实施流程标准。没有碳中和工作流程的明确定义，市场上缺乏碳中和专业服务机构、服务产品，导致碳中和流程不透明，客户需要对碳中和原理、碳中和流程有充分的认识和了解，或者在第三方辅导帮助下，才可能完成碳中和。

二是操作复杂，实施难度大。碳中和主体需要界定碳排放边界，明确碳排放源，计算碳排放量。然后在四川环交所等碳交易机构注册交易账号，购买碳配额或碳信用。并在碳交易机构见证下完成碳配额或碳信用的注销，获得碳中和证书。整个碳中和过程工作步骤多，耗时长，普通单位和个人无法独立完成，需要第三方咨询服务辅助完成。

三是必须依赖第三方机构完成。第三方服务成本高，大幅增加碳中和费用。通常，一次大型会议产生碳排放数吨至数十吨，购买碳信用的费用仅需数百元至数千元。然而，由于客户普遍缺乏专业知识，必须依赖第三方核查机构核算碳排放量，该项核算费用通常为数千、数万元，甚至更高。再加上第三方提供咨询服务，辅导碳中和全流程操作所需的数千元费用，导致碳中和总体费用大幅度增加，令大部分客户望而却步。

四川环交所自主研发的“点点”碳中和服务平台，专门针对上述问题逐一制订应对方法，并最终通过平台整合为完整解决方案，探索出一条碳中和实施新路径，具体体现在三个方面。

一是构建了标准流程。“点点”碳中和服务平台制订了碳中和统一化标准流程，并通过系统引导模式为客户提供在线碳中和服务，使得客户无需了解碳中和原理与流程，按照系统引导，依次完成发布场景、计算碳排放量、选择碳信用、在线支付四步操作，即可完成在线碳中和，获得碳中和电子荣誉证书。

二是简化了操作步骤。平台将碳中和实时步骤简化为四步操作，且所有操作均在线上完成，简单易行，让所有客户都能够快速上手开展碳中和活动，降低了碳中和的实施门槛。

三是实现了自主操作。平台提供了系统引导式在线碳中和服务，客户不再需要购买第三方咨询服务指导完成碳中和。平台也提供了免费的碳排放自动计算模型，客户只需按照系统提示录入能源、物资等消耗数据，平台即可自动计算出碳排放量，因此客户也不再需要购买第三方碳核算服务。从而大大降低碳中和成本费用，激发社会广大机构与个人积极参与碳中和活动，践行低碳生产、生活理念。

2. 发挥平台作用，配合政府开展“双碳”工作

2020 年成都市制定《成都市人民政府关于构建“碳惠天府”机制的实施意见》（成府发〔2020〕4 号）、《成都市“碳惠天府”机制管理办法（试行）》，四川环交所积极响应政府工作指引，通过“点点”碳中和服务平台支持成都市“碳惠天府”机制碳减排量（CDCER）的签发、消纳，支持成都市单位与个人通过平台使用 CDCER 进行碳中和，为成都市“碳惠天府”机制发展提供了有力支撑。2021 年，四川省生态环境厅、四川省文化和旅游局、四川省体育局、四川省机关事务管理局、四川省林业和草原局共同发布《四川省积极有序推广和规范碳中和方案》（川环发〔2021〕5 号），明确要求依托“点点”碳中和服务平台“建设集碳中和申请、碳排放核算、碳中和方式选择、碳排放抵消、碳中和评价等碳中和全流程，以及相关知识普及、信息查询等功能为一体的碳中和公益服务平台，提供便捷、高效、规范的碳中和服务”。

三、实施效果

“点点”碳中和服务平台自 2019 年 6 月正式上线以来，一直蓄力发展。2020 年 9 月 22 日，国家宣布碳达峰、碳中和目标愿景后，平台各项运营数据全面提升，碳中和业务提速明显。

（一）经济效益

2021 年，“点点”碳中和服务平台累计完成场景碳中和 108 场，同比 2020 年增长约 5 倍，其中会议、活动碳中和 95 场、企业碳中和 13 场，其他场景碳中和 3 场。全年累计抵消碳排放量约 10909. 95 吨，同比 2020 年增长约 85 倍，相当于约 115 万辆车停驶一天。平台客户购买信用的资金全部支付给碳中和服务商，最终流向碳信用业主，正向激励拥有节能减排项目并具有开发潜力的项目业主进行碳信用

开发。碳信用项目业主的经济收益，直接用于抵消当地节能改造、煤改气、林业碳汇等项目的投入，经济效益十分显著。

（二）社会效益

"点点"碳中和服务平台吸引了社会公众的广泛关注，截至当前，"点点"实际关注人数已突破2.2万人，且保持高速增长态势，2021年较上年同比增长了约6倍，引领和示范成都市全社会节能减排，传播低碳发展理念。都江堰景区和青城山景区通过平台开创性完成了景区场景碳中和，塑造了低碳景区典范。四川环交所率先与兴业银行等金融机构签订了碳中和备忘录，四川省金融学会倡议金融机构基于平台开展日常办公碳中和。

2021年12月，联合国开发计划署驻华代表处、普华永道中国、中国国际商会共同编制发布了《走向零碳　在华企业可持续发展行动　2021在华企业与可持续发展基线调研》，"点点"碳中和服务平台作为典型案例载入其中，这标志着"点点"碳中和服务平台已进入国际公众视野，国内国际影响力进一步提升。

（三）生态效益

政府间气候变化专门委员会（IPCC）第四次评估报告中提出，林业具有多种效益，兼具减缓和适应气候变化双重功能，是未来30~50年增加碳汇、减少排放成本较低、经济可行的重要措施。2015年12月联合国巴黎气候大会达成全球减排新协定——《巴黎协定》，并将林业作为单独条款列入《巴黎协定》，以国际气候治理法定文件中进一步加强了林业在应对全球气候变化中的重要功能和地位，特别强调了森林在生物多样性保护、减贫等方面众多非碳效益。四川环交所"点点"碳中和服务平台可以支持任意碳减排量品种，目前成都市"碳惠天府"机制碳减排量（CDCER）生态类项目正在有序核证审批，待签发后将直接有利于改善四川省生态环境、应对气候变化、推进生态文明建设和促进可持续发展。

主创人：何锦峰、蒋洁萍、罗朝劲、姜香亦、杨立滔

四川省“绿蓉融”绿色金融综合服务平台工作实践

四川联合环境交易所有限公司

一、企业概况

四川联合环境交易所有限公司（以下简称四川环交所）于2011年9月成立，是经省人民政府批准，国务院有关部级联席会议备案的交易机构，2016年4月经国家应对气候变化主管部门备案成为全国第八家、非试点地区第一家温室气体自愿减排交易机构，是全国碳市场能力建设（成都）中心的合署机构，是国家开展用能权交易试点的交易机构，是四川省成都市排污权交易机构。现已经形成以环境权益交易为核心主业，以绿色技术交易、自然资源交易为配套主业，以创新发展绿色金融、深入强化能力建设为重要抓手的业务体系。

此外，四川环交所助力成都开展国家低碳城市建设试点，承担“碳惠天府”机制相关任务；作为技术支持机构先后参与全国碳排放配额分配首批试算、配额分配首场培训、世界银行赠款关于全国碳市场系统建设相关项目研究；创新开发部署“点点”碳中和系统，成为落实《四川省积极有序推广和规范碳中和方案》的工作平台；搭建集绿色认定、碳核算、绿色金融服务、产业信息、绿色技术服务等功能于一体的“绿蓉融”绿色金融综合服务平台。四川环交所为省内低碳建设、绿色发展发挥了巨大推动作用，同时为助力四川省实现双碳目标奠定坚实基础。

二、主要措施

为完整、准确、全面贯彻新发展理念，进一步落实四川省委、省政府加快构建“5+1”现代产业体系的决策部署，完善绿色金融基础设施建设，为绿色产业提供丰富多样的金融工具与金融服务，助力绿色产业与经济高质量发展，在四川省发展和改革委员会、四川省经济和信息化厅、四川省生态环境厅、中国人民银行成都分行等主管部门指导下，四川环交所于2019年推出“绿蓉融”绿色金融综合服务平台（以下简称“绿蓉融”平台）。2020年与中国人民银行成都分行“天府信用通”平台实现资源全面对接。该平台运行良好，2019年被评选为“四川省应对气候变化和低碳发展10大事件”，2020年列入“四川全面深化改革十件大事”之一。

2021年以来，“绿蓉融”平台不断优化绿色认定、投融资对接、信息披露等服务，整合环交所碳核算、碳交易、碳中和、绿色技术交易、能力建设等核心主业，打造全国领先的绿金综合服务平台，申报四川省科技进步奖。2022年3月24日，“绿蓉融”微信小程序正式上线。2022年5月13日，“绿蓉融”新版网站测试版上线。该平台得到中国人民银行成都分行、四川省地方金融监督管理局等主管部门的高度肯定。

（一）平台建设内容

1. 绿色智能识别子系统

运用人工智能技术、机器学习各类绿色标准，建立高效可持续升级的绿色智能识别引擎，支持多套绿色标准及四川省绿色认定模型，可在线识别绿色项目及企业。相关主管部门和金融机构可接入“绿蓉融”平台，在线开展项目及企业绿色智能识别。

2. 绿色申报认定子系统

为贯彻落实《四川省绿色金融发展规划》（川办发〔2018〕7号）、《关于开展四川省绿色企业和绿色项目库建设工作的通知》（川发改环资〔2019〕550号）等文件精神，结合四川省产业实际情况，制定了《四川省绿色企业服务导则》《四川省绿色项目服务导则》，建设省级绿色企业和绿色项目库。按照“自主申报—形式审查—专家评分—主管部门复审—公示公告”五个流程开展绿色认定，通过认定可进入四川省绿色企业、绿色项目库。

3. 绿色投融资服务子系统

“绿蓉融”平台与金融机构合作推出“绿蓉·知产贷”“绿蓉快贷”“绿蓉科贷”“绿蓉租赁”“碳汇贷”“碳减贷”等10余种绿色金融产品，50余家金融机构发布120多款绿色金融产品，企业在线对接绿色金融产品或发布绿色融资需求，金融机构线上受理，给予绿色贷款支持。对于“绿色智能识别子系统”“绿色申报认定子系统”认定通过的绿色项目绿色企业，金融机构给予贷款额度、期限、利率等倾斜支持政策。

4. 环境效益测算子系统

该系统分为工业企业碳核算、非工业企业碳核算、绿色项目环境效益测算三个模块。工业企业碳核算功能依据国家发展改革委印发的《工业其他行业企业温室气体排放核算方法与报告指南（试行）》建立计算模型，系统内置过程参数、缺省数据等，可自动核算报告二氧化碳、甲烷等温室气体排放量。非工业企业碳核算功能依据ISO14064确定温室气体排放边界，根据IPCC（联合国政府间气候变化专门委员会）提供的排放因子法核算报告非工业企业日常经营活动产生的碳排放。绿色项目环境效益测算功能依据银保监会《绿色融资统计制度》建立百余个环境效益测算模型，可自动测算报告节能量、二氧化碳减排量等11类环境效益指标。

5. 企业碳账户建设管理

“绿融蓉”平台为企业建立碳账户。经企业授权后，核算记录“绿蓉融”平台工业、非工业及绿色项目碳核算信息及“ESG信息披露专区”企事业单位温室气体排放信息，探索推动“绿蓉融”与碳交易、用能权交易等系统对接及“点点”碳中和系统对接，探索记录企业碳资产、碳中和等信息。

6. ESG信息披露平台

作为四川省生态环境厅指定的温室气体排放信息披露平台之一，“绿蓉融”平台设立“ESG信息披露”专区，推动中国进出口银行四川省分行、新网银行等金融机构通过平台发布环境信息披露报告，积极引导三类企业主体按期披露，提升信息披露质量和完整度。

7. 气候投融资专区

为有效支撑天府新区建设国家级气候投融资试点工作，“绿蓉融”平台设立气候投融资专区，集成政策宣介、项目申报及展示、气候金融产品发布、企业融资需求发布、气候投融资对接、环境效益测算等功能。

（二）典型经验与做法

“绿蓉融”平台提出并实现基于多核跨域网络纵横双向跨节点交叉协同交互方法的环境效益测算模型，解决企业碳排放模型计算节点跨域交互和协作问题，本项目环境效益测算系统实现了企业、金融机构及主管部门业务协同。

“绿蓉融”平台融合大数据分析技术，通过数据可视化对企业历史排放数据、项目碳减排量、企业碳中和数据进行聚类，实现及时的温室气体排放预测，直观展示企业用能数据、碳排放、碳减排、碳中和等数据。通过大数据回归分析计算企业排放综合数据，并与预警阈值进行比较，生成预警信息，为主管部门提供决策依据。

“绿蓉融”平台“环境效益测算子系统”与“企业碳中和子系统”对接，在线完成碳排放测算后能立即进行碳中和。基于企业历史碳配额、碳排放、碳减排、碳中和数据为企业建立碳账户，最终实现企业碳账户上下联动，协同共建“双碳”智慧管理体系。

三、实施效果

“绿蓉融”平台自 2019 年 12 月 25 日正式上线后，四川环交所不断完善绿色金融综合服务平台功能，已经基本形成集政策宣贯、投融资信息发布、绿金产品孵化、绿色技术交易、温室气体排放测算、环境效益测算、信息披露等功能为一体的绿色金融综合服务平台。

（一）建设绿色金融数据库

“绿蓉融”平台搭建四川省绿色发展专家库、绿色项目库及企业库，共评定 225 家绿色企业、84 个绿色项目；338 个绿色项目进入培育库。

（二）畅通绿色投融资渠道

截至目前，平台入驻金融机构 83 家，发布绿色金融产品 136 款，注册企业 3227 家，开展对接服务 1881 次。“天府信用通”绿色金融专区受理 832 家企业 114.19 亿元绿色融资申请，已促成融资 83.88 亿元。

（三）碳核算功能日益优化

截至 2022 年 12 月，“绿蓉融”平台为 13 家主管部门、57 家银行、768 家企业开通线上碳核算功能，已向近 30 余家银行、1200 家企业提供碳核算及环境效益测算服务，有力支撑碳减排票据及碳减排支持工具落地。

（四）设立特色化平台专区

一是优化绿色技术服务链。发布环境治理、能源利用等领域 1543 个绿色技术项目，成交 155 个、51.41 万元。二是推动环境信息披露。“ESG 信息披露”专区已有近 1500 家主体披露温室气体排放报告、环境信息披露报告、社会责任报告、ESG 报告等。三是设立气候投融资专区。“绿蓉融”平台打造“气候投融资专区”，发布 24 款气候金融产品，筛选 250 个气候投融资项目。四是设立碳减排支持工具专区。截至目前，“绿蓉融”平台已筛选推荐重点项目 63 个，优化 23 个碳减排子领域测算模型。

主创人：何锦峰、蒋洁萍、张新蓉、冯云骁、朱海平

温室气体排放云计算报告系统

四川联合环境交易所有限公司

一、企业概况

四川联合环境交易所有限公司（以下简称四川环交所）于2011年9月成立，是经省人民政府批准，国务院有关部级联席会议备案的交易机构，2016年4月经国家应对气候变化主管部门备案成为全国第八家、非试点地区第一家温室气体自愿减排交易机构，是全国碳市场能力建设（成都）中心的合署机构，是国家开展用能权交易试点的交易机构，是四川省成都市排污权交易机构。现已经形成以环境权益交易为核心主业，以绿色技术交易、自然资源交易为配套主业，以创新发展绿色金融、深入强化能力建设为重要抓手的业务体系。

此外，四川环交所助力成都开展国家低碳城市建设试点，承担"碳惠天府"机制相关任务；作为技术支持机构先后参与全国碳排放配额分配首批试算、配额分配首场培训、世界银行赠款关于全国碳市场系统建设相关项目研究；创新开发部署"点点"碳中和系统，成为落实《四川省积极有序推广和规范碳中和方案》的工作平台；搭建集绿色认定、碳核算、绿色金融服务、产业信息、绿色技术服务等功能于一体的"绿蓉融"绿色金融综合服务平台。四川环交所为省内低碳建设、绿色发展发挥了巨大推动作用，同时为助力四川省实现双碳目标奠定坚实基础。

二、主要措施

为解决企业碳排放核算的痛点难点问题，有效降低企业管理成本，提高政府主管部门工作效率，推动全社会践行绿色低碳发展，四川环交所按照国家发展改革委24个行业《企业温室气体排放核算方法与报告指南（试行）》等政策文件，自主研发温室气体排放云计算报告系统，并内嵌至"绿蓉融"绿色金融综合服务平台提供碳排放核算、环境效益测算服务。

（一）发展历程

1. V1.0发展情况

2013—2014年，国家发展改革委分别印发首批10个、第二批4个《行业企业温室气体排放核算方法与报告指南（试行）》。2013年，四川环交所根据上述指南自主研发企业温室气体排放云计算报告系统（V1.0），覆盖钢铁、化工、发电、电解铝、平板玻璃等14个行业，方便企业核算温室气体排放情况，有效制定碳资产管理策略。同时，该报告可为企业向主管部门报送温室气体排放情况提供参考。

2. V2.0发展情况

2015年，国家发展改革委印发第三批10个行业企业《温室气体核算方法与报告指南（试行）》。2018年，四川环交所推出企业温室气体排放云计算报告系统（V2.0），对系统功能和计算方法进行优化完善，新增10个行业企业温室气体排放计算功能，实现了24个行业全覆盖。四川环交所委托经国家发展改革委备案的第三方核查机构对系统算法进行了核证，保证了算法和结果的准确性。

3. V3.0发展情况

为解决金融机构开展环境影响测算面临的行业类别多、专业性强、计算过程复杂等问题，2021年，四川环交所推出温室气体排放云计算报告系统（V3.0），对系统进行全面升级。V3.0在V2.0的基础上，对原有的企业温室气体排放核算功能进行升级，新增发电设施温室气体排放核算、非工业企业碳核算及绿色项目环境效益测算功能，主管部门也可在后台查看碳排放及减排情况。截至目前，"绿蓉融"

平台已为 57 家银行机构、13 家政府主管部门、768 家企业开通线上环境效益测算功能。

（二）主要功能

四川环交所温室气体排放云计算报告系统（V3.0）目前分为工业企业碳核算、非工业企业碳核算、绿色项目环境效益测算三个功能。

1. 工业企业温室气体排放核算功能

依据国家发展改革委印发的《工业其他行业企业温室气体排放核算方法与报告指南（试行）》建立计算模型，系统内置过程参数、缺省数据等，企业筛选行业，填入能耗数据，可自动计算二氧化碳、甲烷、氧化亚氮、氢氟碳化物、全氟化碳等 6 种温室气体排放量，生成温室气体排放报告，并计入该企业碳账户。企业碳减排效应可通过温室气体排放总量及强度变动情况测算或与行业平均值比较。

2. 非工业企业温室气体排放核算功能

依据国际标准 ISO14064 确定温室气体排放边界，根据 IPCC 提供的排放因子法对非工业企业日常经营活动产生的能耗进行碳排放核算。为方便金融机构进行环境信息披露，该功能同时参考了中国人民银行发布的《金融机构环境信息披露指南》，金融机构通过该功能测得的碳排放数据可直接用于环境信息披露报告中。

3. 绿色项目环境效益测算功能

依据银保监会《绿色融资统计制度》建立百余个环境效益测算模型，对复杂公式及参数进行提炼，对计算逻辑进行解析，定期监测更新相关参数。金融机构或企业录入数据后，可自动测算项目节煤量、节水量、二氧化碳减排量、二氧化硫减排量等 11 类环境效益指标，并自动生成环境效益测算报告。

4. 部门决策辅助支撑功能

“绿蓉融”平台整合公开的碳核查数据及系统碳核算数据，赋予主管部门监督管理权限，方便其了解项目及企业碳排放情况，“因企制宜”制定“双碳”目标及支持政策，引导金融机构开发金融产品，加大金融支持力度。

（三）特色优势

温室气体云计算报告系统提出并实现基于多核跨域网络纵横双向跨节点交叉协同交互方法的环境效益测算模型，解决企业碳排放模型计算节点跨域交互和协作问题，环境效益测算功能实现了企业、第三方核查机构、交易机构和行政监管机构业务协同。

1. 计算支撑科学

根据 24 个行业《企业温室气体排放核算方法与报告指南（试行）》建立工业企业温室气体排放计算模型；依据国际标准 ISO14064 确定温室气体排放边界，根据 IPCC 提供的排放因子法测算非工业企业日常经营活动碳排放；根据银保监会《绿色融资统计制度》建立绿色项目环境效益测算模型。委托经国家发展改革委备案的第三方核查机构对系统算法进行核查，确保算法和结果的准确性。

2. 适用范围较广

适用于企业温室气体排放核算、碳减排票据再贴现、碳减排支持工具减排效应测算、金融机构经营及投融资环境影响测算、绿色债券评估认证、近零碳银行及网点建设等多种场景。

3. 使用方便快捷

工业企业在线填写化石燃料燃烧、工业生产过程、气体回收利用等原始数据，非工业企业输入日常经营活动的能耗及资源消耗数据，系统自动计算碳排放情况；绿色项目填报基本信息，输入关键参数，自动测算环境效益。

4. 结果展示直观

工业及非工业企业直观展示二氧化碳、甲烷、氧化亚氮等温室气体排放情况，并出具报告；绿色项目直观展示节煤量、节水量、二氧化碳减排量等11项环境效益指标，并出具报告。

（四）主要技术指标

（1）温室气体排放云计算报告系统三个功能的数据计算模型经过核查认证，计算准确率达到100%；

（2）温室气体排放报告流程的规范性达到99%；

（3）系统查询响应时间不超过0.1秒；

（4）系统的最大连接数是1000个；

（5）系统不间断运行时间450天。

（五）项目关键技术

1. 构建温室气体排放数据模型

国家发展改革委印发《企业温室气体排放核算方法与报告指南》（以下简称《指南》），但其中涉及相关计算参数，如低位发热量、含碳量、碳氢化率等并未直接标注，温室气体排放的具体计算方法也不能直接使用。基于此，温室气体排放云计算报告系统主要根据《指南》的规范，通过查阅国内外大量的专业文献，明确相关计算参数的取值；并对各行业温室气体排放核算方法进行深入研究，为二十四个行业建立温室气体排放数据模型，并以代码算法形式进行了实现。通过数据模型的建立和实现，降低了企业核算温室气体排放的工作量及工作难度，企业仅需填报基础用能数据，即可自动生成标准、规范的温室气体排放报告。

2. 云平台技术

研究企业温室气体排放智能报告与监管平台云架构部署，一方面通过云架构提高系统的安全可靠性，当一个云主机发生故障时，该云主机之上的相关服务通过云平台自动转移到其他的云主机上。另一方面，充分利用云平台的可扩展性达到高效利用资源的目的，在初期通过少量的云服务器配置与部署满足用户基本需要，在后期用户数量增加、服务内容增加的情况下，通过云平台可扩展特性有针对性地升级平台资源，在无需更改系统架构、软件代码的前提下达到平台的平滑扩展。

3. 填报数据智能检查

依据24个行业《企业温室气体排放核算方法与报告指南》和行业生产特性，针对各行业填报数据归纳分析，总结数据格式检查依据、数据合理性检查依据，以软件代码实现相关算法，支持填报数据在线智能检查、实时提醒，提高填报数据的正确率。

三、实施效果

截至2022年12月，四川环交所温室气体排放云计算报告系统通过"绿蓉融"绿色金融综合服务平台已为13家政府主管部门、57家金融机构、768家企业开通线上环境效益测算功能，已向近30家银行、1200家企业提供碳核算及环境效益测算服务，有力支撑碳减排票据及碳减排支持工具落地。

（一）管理效益分析

对四川环交所来说，提高了对企业温室气体排放数据的管理及应用，通过将该系统核算的温室气体排放量计入碳账户，提升了建设四川省企业碳账户的工作效率，提高了对主管部门采集到的企业煤油气电等能耗数据的应用效率；对企业来说，可以借助该系统实时核算当月的温室气体排放，便于掌握生产中的高能耗过程，明确生产中的重点碳排放环节，为采取措施减少碳排放提供数据参考；对地方及国家主管部门来说，可借助该智能化系统实现对企业温室气体排放量的在线数据统计和监管，极大提升了主管部门的管理效率。

（二）经济效益分析

据统计，截至2019年年底，四川省重点排放企业300余家，符合温室气体排放披露的主体超过1000家企业；全国重点排放企业仅发电一个行业就超过3000家企业。鉴于国家发布的核算指南具有很强的专业性，企业对温室气体排放核算的工作能力严重不足，平台将数据核算模型嵌入后台，企业用户只需根据提示简单输入相关原始数据，系统便能自动生成符合要求的温室气体排放报告，极大地减少了企业的人力、财力和物力投入，减少甚至避免了外部咨询费用的发生。最后，系统便于省级和地方主管部门进行数据统计和监管，减少了主管部门的监管成本。

（三）社会效益分析

1.有利于国家达到温室气体排放量控制的目标

企业温室气体排放智能报告与监管平台作为温室气体排核算与报告的重要工具，为我国做好温室气体排放核算的统计与报告工作做了重要支撑，填补了我国缺乏温室气体统计数据的空白，为我国参与应对气候变化国际行动、实现碳减排自主贡献目标、提高应对气候变化工作国际影响力奠定了重要基础。

2.有利于国家开展碳排放权交易市场建设工作

国家碳交易市场建立的关键在于基础碳排放数据的有效性，有了企业温室气体排放基础数据，国家才能制定控制排放目标和配额分配办法，建立全国性的碳排放权交易市场。基于云架构的企业温室气体排放智能报告与监管平台能够服务于政府主管部门和相关重点排放企业，便于国家及时掌握不同地区、行业、企业、年度的温室气体排放情况，为我国建立温室气体排放基础统计和核算工作体系奠定基础，为我国开展碳交易市场建设提供了不可或缺的支撑。

3.有利于企业掌握自身碳排放情况

基于云架构的企业温室气体排放智能报告与监管平台的建设与应用，首先有利于企业掌握自身的碳排放情况，摸清碳排放来源，助力企业寻找节能降碳的空间，发展低碳技术；其次平台有助于企业参与碳交易市场，为企业管理碳资产奠定数据基础；最后平台能够助力企业披露碳排放情况，促进企业践行社会责任，实施“低碳生产、低碳经营”的绿色发展理念。

主创人：何锦峰、蒋洁萍、张新蓉、罗朝劲、杨　璐

借川碳快贴东风，助绿色金融发展

——碳减排票据贴现实践案例

四川长虹集团财务有限公司

一、企业概况

（一）成长历程

四川长虹集团财务有限公司（以下简称长虹财务公司）成立于2013年8月，由四川长虹电子控股集团有限公司及其下属企业共同出资设立，总注册资本26.94亿元，是经中国银保监会批准设立的一家非银行金融机构。长虹财务公司秉承"依托集团、服务产业、规范治理、稳健经营"理念，为集团成员单位和产业链上下游企业提供金融服务。2013年长虹财务公司资产规模仅16亿元，栉风沐雨历时九载，截至2021年年底，资产规模已达201亿元，增长近12倍，且连续九年不良资产为零，多次被评为"服务实体先进单位"。

（二）企业愿景

长虹财务公司致力于成为国内一流财务公司，积极践行"一懂两爱"，助推产业发展。充分发挥"懂集团产业"的优势，践行"爱成员单位"和"爱产业链客户"的承诺，以优质的金融服务，助推集团产业和上下游产业链共生发展。深入推进金融与产业的高度融合，持续扩充金融服务范围，借助信息化手段，打造一站式金融服务平台，以高效的金融服务，实现产融协同发展。

（三）绿色金融之路

为助力碳达峰、碳中和目标，人民银行成都分行在四川省首创了碳减排票据再贴现专项支持计划（简称川碳快贴），通过"额度优先、办理优先、利率优惠"三项措施，引导金融机构支持具有碳减排效应的企业和项目。截至2022年第一季度末，四川全省累计办理川碳快贴60.24亿元，对应年碳减排量127.67万吨。长虹财务公司借川碳快贴东风，助绿色金融发展，第一季度累计办理川碳快贴5.62亿元，占绵阳全市办理量80%以上。

长虹财务公司主动适应经济金融新常态，围绕长虹集团能源环保产业板块，创新金融产品，合理运用货币政策工具加大对绿色产业的金融支持，积极落实稳增长、调结构、促发展的调控思路，践行绿色低碳环保战略。

为响应国家碳达峰、碳中和政策，长虹财务公司依托集团内节能家电、煤改电、废旧资源再生利用等重点领域产业，积极探索产品创新，开展绿色金融服务。2021年长虹财务公司成功入围新华网主办的第七届绿色发展论坛之"2021金融服务创新典范"点赞名单，并荣获"2021年绵阳市区域金融改革优秀成果奖"。

本文将就长虹财务公司积极运用川碳快贴政策，探讨优化碳减排测算模型，动态调整信贷结构，对长虹集团内符合国家产业政策、信用良好的具有碳减排效应的绿色企业优先办理票据贴现，加速集团产业绿色、健康、高质量发展，助力碳达峰、碳中和战略目标等内容展开论述。

二、主要措施

2021年5月，人民银行成都分行制定发布了《四川省碳减排票据再贴现专项支持计划工作方案》（成银办发〔2021〕82号），要求各家金融机构在前期绿色金融改革成效基础上，积极创新货币政策工具运用，加大对具有碳减排效应的绿色企业签发、收受的票据再贴现支持力度，精准支持绿色低碳企业，提升央行政策资金直达绿色实体效能。长虹财务公司获悉此政策后积极响应、认真落实，解读政策要点，制订详细推进计划，新增配套制度流程，创设碳减排贴现窗口，探索利用川碳快贴工具助力绿色金融。

（一）政策解读

1.确定重点支持范围

根据川碳快贴相关要求，各金融机构应与当地环保部门、环交机构建立信息共享机制，依据“绿色产业指导目录（2019 年版）”“绿色债券支持项目目录（2021 年版）”中所列节能环保产业、清洁生产产业、清洁能源产业、生态环境产业或基础设施绿色升级产业要求，结合实际梳理本单位碳减排重点支持企业名单。

2.明确票据认定标准

申请碳减排票据再贴现专项支持的票据，其签发或收受企业主营业务应为上述两项目录中所列产业内容，并且票据所形成的环境效益可以定量测算，目前是根据中国银保监会发布的“绿色信贷项目节能减排量测算指引”所列计算公式测算贴现业务对应的碳排放减少量。同时，要求金融机构建立完善本单位碳减排票据识别、碳减排量测算统计、贴现流程优化等相关制度，保证该项业务碳减排测算的真实性、准确性、可靠性。

3.出台多项激励措施

目前，一般再贴现业务需要提前预约且额度受辖区总体规模限制，还要对民营小微占比、商票银票占比考核，但碳减排票据再贴现不受此规则限制，只要是符合标准的碳减排票据办理再贴现，可以享受额度优先、办理优先、不设比例限制考核。同时，鼓励金融机构对碳减排票据提供显著低于本机构同期同档次贴现加权平均利率的优惠贴现利率，加大对碳减排企业的让利力度，降低融资成本。

（二）实施方案

1.开展碳减排企业梳理

长虹财务公司严格依据上述两项目录，对集团成员单位所属产业进行逐个甄别分类，共梳理出 8 家企业可归属于绿色产业，具体涉及高效节能家用电器制造、电机系统能效提升、废旧资源再生利用、燃料电池装备制造、煤改电清洁能源利用设施建设和运营等多项绿色产业内容，并对这些公司展开深入详细调研。

2.建立碳减排测算模型

初始探索期，长虹财务公司积极对接四川联合环境交易所，尝试通过四川联合环境交易所出具碳减排量测算报告，以此作为票据再贴现环境效益的定量测算依据，但由于四川联合环境交易所的测算模式是取企业的能耗数据进行对比，换算成二氧化碳排放量，经过多次数据测算，此种方法得出的结果均无法支持碳减排相关要求，同时“绿色信贷项目节能减排量测算指引”未能覆盖所有绿色行业，川碳快贴推进工作一时陷入困境。

为继续坚强推进川碳快贴工作，长虹财务公司积极与人民银行进行沟通，尝试自行建立模型定量测算碳减排量。9 月，长虹财务公司同人民银行一起拜访环保局，根据环保局的说法：目前环保部门只将电力、建材制造等 7 个行业纳入碳减排定量测试范围，电子行业暂时还未纳入。后经公司反复与环保局、人民银行沟通探讨，深入分析集团内空调公司的各类产品特点，针对不同能效产品的生产、销量、环境效益等方面进行研判分析，最终设计出了空调公司碳减排定量测算模型。通过对比 1 级能效和 3 级能效空调产品的耗电量，按照年平均开机时间，测算出每年可以节约的电量，并将节约电量折算成二氧化碳。由此所设计的空调公司碳减排定量测算模型获得人民银行高度肯定。

3.川碳快贴具体案例

案例 1：煤改电特种空调属于长虹财务公司碳减排重点发展产业，自 2012 年开始煤改电特种空调类业务，至今煤改电产品年产值5亿~6亿元，客户遍及河北、河南、山东、山西等地，为当地打赢蓝天保卫战，减少碳排放量，起到了积极的促进作用。

长虹财务公司的煤改电产品是“分户式”地源热泵环境系统，采用地能释放、输送、提升模块和能量采集系统有效利用地表能量，完全摒弃了以燃煤燃烧获取能量。据统计测算，长虹财务公司1亿元煤改电项目全年可节约标准煤约700吨，减少碳排放量3000吨，极大地减少了污染物的排放。同时，其地源热泵机组采用高效低噪变频压缩机为核心制冷部件，相对于普通地源热泵节能10%~20%，节能低耗技术国内领先。

长虹财务公司依据川碳快贴政策，积极行动、深入了解集团内节能环保产业，筛选出长虹煤改电项目，经充分研究论证，最终成功办理碳减排票据再贴现61张，金额共计1009万元，此项业务作为公司首笔碳减排票据再贴现，也是四川省开展碳减排票据再贴现专项支持计划工作以来，绵阳市办理的首笔碳减排票据再贴现专项支持业务。此次碳减排再贴现业务办理加大了公司对碳减排企业的票据融资支持，有力降低了碳减排企业融资成本，积极促进了绿色低碳产业的发展。

案例2：四川长虹空调有限公司（以下简称长虹空调）作为“绿色发展、节能降耗”的主体，积极生产高效节能产品。根据测算，2021年1—7月一级能效产品已占全部产品的73.61%，较三级能效产品节约用电15%以上，有效促进了碳减排。

2021年1—7月，长虹空调销售收入32.02亿元，销售家用一级能效空调269.76万台。根据国家检测部门核定的能耗，一级能效产品较三级能效产品节能16%~20%，每年节约电量达到7.43亿度，依据环保部门公布的生产每度电排放二氧化碳0.1031千克测算，每年二氧化碳减排量达到了76579.17吨，据此测算，一级能效空调每亿元销售收入可实现碳减排量2391吨，即办理1亿元再贴现可减少2391吨二氧化碳排放量。

2021年9月，长虹财务公司以低于同期同档次贴现加权平均利率30基点的优惠利率为长虹空调办理票据贴现7697万元，贴现资金全部用于长虹空调研发开支，支持技术创新迭代，以更低成本加快推进节能空调走进千家万户。通过测算，以上资金支持生产的一级能效空调，一年大概可节约1784.68万度电，可实现二氧化碳减排1841吨。随即，公司通过人民银行绵阳中支为该批7697万元碳减排贴现票据办理了碳减排票据再贴现，继续向碳减排企业提供低息资金，助力碳达峰、碳中和发展战略。

4.工作成绩及后续计划

2021年5月—2022年3月，长虹财务公司为长虹空调、长虹美菱、长虹华意压缩机3家碳减排企业办理碳减排票据贴现4610张，金额8.23亿元，贴现利率至少低于市场平均水平30基点，为成员单位节约210万元费用。

虽然川碳快贴专项工作开展以来推进有力、成果丰硕，但仍然存在以下问题亟待解决，需要公司迎难而上、再接再厉、冰解的破。

一是虽然“绿色信贷项目节能减排量测算指引”提供了碳减排量的测算公式，但却没有覆盖所有的绿色行业，部分企业的碳减排定量测算模型由于没有行业参考依据，暂时无法建立，比如主营废旧资源再生利用的四川长虹格润环保科技股份有限公司、主营燃料电池装备制造的四川长虹新能源科技股份有限公司等多家企业。公司后续将继续拓展思路，保持与人民银行、环保部门积极沟通，结合不同行业的特点，参考已办理企业成功案例，触类旁通、举一反三，探讨建立不同行业的碳排放定量测算模型。

二是由于碳减排企业大多没有碳减排归口管理部门，收集数据等相关工作较为困难，给前期碳减排定量测算造成阻碍。由于碳达峰、碳中和是国家重要发展战略，碳减排相关工作应该纳入集团的长远战略规划中，建议集团层面可以设立碳减排归口管理部门，对接集团各成员企业，协调、指导、监督、促进碳减排各项工作有序开展。

三是外部银行为满足其票据业务规模指标，所出报价低于市场价，甚至出现成本倒挂情况，造成票据市场竞争激烈，票据增量空间有限。后续公司将进一步优化票据贴现产品，提高产品竞争力；并继续跟踪集团内碳减排企业相关项目进程，挖掘、梳理可用于贴现、再贴现票据存量；同时，通过宣传标语、宣传折页、现场咨询、微博微信等多种形式对碳减排票据业务和办理流程进行大力宣传，让相关企业知晓有关政策和程序，充分享受政策优惠。

三、实施效果

长虹财务公司始终秉承环境优先、效益兼顾、创新引领原则，结合成员单位的绿色项目建设情况，借鉴、学习同业机构优秀管理经验，不断完善和充实自身的绿色信贷体系，以标准化、科学化的业务流程及风险控制手段促进绿色项目信贷业务开展，纵深推进对集团绿色产业发展的信贷支持；同时，积极贯彻落实绿色金融相关政策，在业务资质范围内创新绿色金融产品，使央行再贴现等政策资金精准抵达绿色企业实体，努力为金融支持绿色发展贡献绵薄之力。

与此同时，受政策与定位影响，财务公司在金融行业中属于天生弱者，想要在金融领域中杀出重围，就应当另辟蹊径。“依托集团，服务产业”是长虹设立财务公司的初心，“规范治理，稳健经营”是长虹财务公司奉行的经营理念，“以融促产，产融共生”是长虹财务公司的使命。长虹财务公司将持续深耕金融服务领域，守正出奇，创新业务模式，优化服务流程，提高风险控制能力。

主创人：龚艳霏、唐　俊

基于冶金流程集成理论打造绿色、智能、品牌化国际钢铁工厂

河钢集团唐钢公司

一、企业概况

河钢集团唐钢公司（以下简称河钢唐钢），是河钢集团的核心骨干企业。始建于1943年，迄今已有79年的光辉历史，是我国碱性侧吹转炉的发祥地。河钢唐钢钢铁主业具有1800万吨/年的配套生产能力，主体装备实现了大型化、现代化和节能化，形成了板、棒、线、型为主的产品结构格局，产品广泛用于汽车、家电、机械制造、基建工程、桥梁建设等重要领域，远销全国各地和世界上100多个国家和地区。

2020年9月，公司本部顺利关停，河钢唐钢新区正式投产，成了临海临港的千万吨级现代化沿海钢铁基地，标志着河北钢铁产业区位调整取得关键性突破，向世界递出中国钢铁高质量发展的新名片。河钢唐钢将新发展理念贯彻落实到建设、生产全过程，把"绿色、智能、品牌化"作为目标，以物质流、能源流、信息流的最优网络结构为方向，运用冶金流程集成理论与方法，采用最新的钢厂动态精准设计和流程界面技术，努力打造环保绿色化、工艺前沿化、产线智能化、流程高效化、产品高端化的世界级现代化沿海钢铁梦工厂，成为引领钢铁行业高质量发展的典范。由此河钢唐钢实现了从城市走向沿海、从内陆走向深蓝的历史性转变，开启了向海图强、转型升级的新征程。

近年来，河钢唐钢大力推进环境整治、节能减排和绿色低碳循环发展，被中华人民共和国工业和信息化部命名为全国"第一批绿色工厂"。河钢唐钢荣获"全国五一劳动奖状""全国文明单位""国家技术创新示范企业""全国绿化模范单位""全国生态文明示范企业""中国钢铁工业清洁生产环境友好企业""全国清洁生产示范企业"等多项荣誉。

二、主要措施

（一）基于冶金流程集成理论的环境分析与方案制定

"十四五"以来，在国家大力推进生态文明建设的大背景下，钢铁行业迈入超低排放时代，"绿色"成为转型升级的主要方向和关键所在，业内企业谁抓住了绿色发展和超低排放的机遇，谁就能在激烈的市场竞争中脱颖而出。

河钢唐钢地处京津冀城市当中，整体环境容量受限，通过区位调整、资源置换，河钢唐钢的布局结构、产品结构得以优化，更加有利于河北钢铁产业的转型升级和高质量发展。布局带来效益更开启未来，站在京津冀协同发展的高度，钢铁产业的转型升级和结构调整，是事关全局的一盘棋，而钢铁产业结构调整更是传统产业转型的棋局之眼，布局有序、落子有声，河钢唐钢新区在冀东这片热土上，将蓝图规划一步步变为现实画卷，向世界递出河钢唐钢高质量发展的新名片。

为响应号召，努力打造世界级沿海钢铁工厂，河钢唐钢积极构建适应生态文明要求和制造强国战略的钢铁企业绿色发展路径，持续引领钢铁行业绿色、可持续和高质量发展。河钢唐钢在新区建设之初仔细研究了冶金流程集成理论，运用钢铁制造流程中物质流、能量流、信息流相互作用和协同运行的关系，结合新一代钢铁制造流程的理论框架和钢厂动态精准设计的概念、理论和方法，打造现代化钢铁企业。

在环保设计中，河钢唐钢严格落实《钢铁工业大气污染物超低排放标准》，以行业先进工艺及节能环保新技术，实现能耗优于国际先进指标、大气污染物排放低于标准最低值的目标。为此河钢唐钢编制

了环保提升规划，规划按照优先解决可能存在的违规风险项目、确保超低排放要求、力争满足评 A 级企业要求三个层次规划提升方案，安排实施计划。提升方案包括技术路线、主要设备、建设选址、投资估算、验收评价标准及施工绝对工期等内容。

(二)绿色低碳环保改造，从基础设施到先进工艺全面升级

河钢唐钢按照国家、省、市三级环保部门环境整治、超低排放等要求，以环保绩效 A 级为标准，坚持绿水青山就是金山银山的发展理念，持续开展了现场环境提升治理、治污减排、环保提升改造工作，应用 130 多项最先进的绿色环保新工艺、新技术，拓展节能减排新途径，以创建 A 级绩效企业为目标，实现钢铁工业绿色可持续发展。

1.加强基础设施建设，从根源解决问题

河钢唐钢自退城搬迁以来高度重视环保基础建设，将新发展理念贯彻落实到建设发展全过程。根据《关于推进实施钢铁行业超低排放的意见》（环大气〔2019〕35 号）及《钢铁工业大气污染物超低排放标准》（DB13/2169－2018）等相关文件要求，为全面达到超低排放水平，河钢唐钢委托专业公司开展了有组织监测、无组织排放控制、清洁方式运输超低排放评估，河钢唐钢根据排查的问题逐项制订整改计划，明确责任部门、明确责任人，倒排工期，经过全体员工不懈努力，在 2021 年年底全面完成超低排放改造，具体改造项目见表 1。从根源解决了因基础设施不完善或者缺失导致工作环境无法高标准常态化保持的问题，杜绝了治理—污染—再治理—再污染的问题发生，从根源上解决环境污染的问题。

表 1　超低排放改造项目

序号	工序	项目
1	原料	一次二次料场项目
2	原料	港口通廊项目
3	炼钢	热轧一次除尘项目
4	全厂	环境除尘 BOT 项目
5	烧结	1#烧结机脱硫脱硝项目
6	烧结	2#烧结及带式焙烧机脱硫脱硝项目
7	球团	硫脱硝共用设施项目
8	烧结	2#烧结机脱硫脱硝项目
9	球团	1#、2#带式焙烧机脱硫脱硝项目
10	公辅	综合水处理项目
11	高炉	高炉煤气干法除尘项目
12	高炉	高炉重力除尘项目
13	炼钢	长材一次除尘项目
14	炼钢、轧钢	长材环境除尘项目
15	原料	佳华通廊项目
16	原料	司家营精粉输送项目
17	全厂	河钢唐钢钢铁环保提升项目
18	高炉、加热炉	热风炉、加热炉烟气脱硫项目

续表

序号	工序	项目
19	全厂	有组织排放口规范化治理项目
20	全厂	干雾抑尘、皮带机二次封闭、高炉干渣水渣封闭、热轧特钢渣跨封闭、刮料器、清扫器、工业吸尘器等设施
21	全厂	17 套洗车台、19 套除尘系统
22	全厂	无组织管控平台建设
23	全厂	33 辆专业清洗、清扫、喷雾车
24	全厂	3 座大型充电站，配备 330 辆电动重卡和 25 辆氢能源车

2.强化源头治理，开展有组织排放改造

河钢唐钢按照超低排放要求，投资 3 亿元建成高炉热风炉、轧钢加热炉等脱硫治理项目，投资 350 万元完成有组织排放口检测孔、爬梯、平台改造及在线监测设备规范化更换，各生产环节有组织排放，排放点位均配备有效的污染治理设施，其中：1#烧结机机头烟气采用活性焦一体化脱硫脱硝工艺；2#烧结机机头烟气采用循环流化床脱硫 + SCR 脱硝工艺；带式焙烧机焙烧烟气采用循环流化床脱硫 + SCR 脱硝工艺；高炉热风炉和轧钢加热炉烟气采用低氮燃烧技术 + 烟气除尘脱硫超净系统工艺；转炉一次烟气采用先进的 LT 干法电除尘；除尘设施采用低压脉冲布袋除尘器（使用高效袋式覆膜滤料）、电袋复合除尘、湿式电除尘等先进工艺。治理后烧结机机头、球团焙烧烟气颗粒物、二氧化硫、氮氧化物排放浓度小时平均值能够长期稳定低于 10、35、50 毫克/立方米，达到生产单元烟气全净化和污染物高效处理的国际水平。

3.开展无组织排放改造，全面落实超低排放要求

河钢唐钢对物料储存、物料运输、生产工艺过程方面进行全面梳理，建立了无组织排放源清单。通过全流程排查梳理，发现存在部分落料口集尘点位缺失、皮带封闭不严、洗车台设置不全、部分点位除尘风量不足等问题。针对提出的问题和建议，河钢唐钢组织专业技术人员逐一开展整改工作，通过投资 5.8 亿元在全封闭机械化料场内及皮带运输通廊增设干雾抑尘、皮带机二次封闭、高炉干渣水渣封闭、热轧特钢渣跨封闭、刮料器、清扫器、工业吸尘器等设施，有效抑制粉尘扩散，进一步减少无组织排放大气污染物外排量，无组织排放达到了国际一流标准，具体无组织废气治理措施详见表 2。

表 2 无组织废气治理措施汇总表

环节	无组织类型	治理设施
物料储存	石灰、除尘灰、脱硫灰等粉状物料	储罐、密闭料仓
	铁精矿、煤、焦炭、烧结矿、球团矿、石灰石、白云石、铁合金、钢渣、沾湿物料	封闭料棚
	其他干渣堆存	喷淋（雾）等抑尘措施

续表

环节	无组织类型	治理设施
物料输送	石灰、除尘灰、脱硫灰等粉状物料	气力输送设备或是罐车等方式密闭输送
	铁精矿、煤、焦炭、烧结矿、球团矿、石灰石、白云石、铁合金、钢渣、沾湿物料	采用皮带通廊封闭输送，确需汽车运输的，苫盖严密，装卸车时采取加湿等抑尘措施
	物料输送落料点	配备集气罩和除尘设施，或采取喷雾等抑尘措施
	料场出口	设置车轮和车身清洗设施
	厂区道路	硬化，并采取清扫、洒水等措施，保持清洁
物料输送	烧结、球团、炼铁等工序的破碎、筛分、混合等设备	设置密闭罩，配备除尘设施
	烧结机、球团焙烧设备	封闭厂房
	高炉出铁场平台	封闭
	铁沟、渣沟	加盖封闭
	高炉炉顶上料、矿槽、高炉出铁场等产尘点	设有集气罩和除尘设施
	高炉炉顶料罐	均压放散废气采取回收利用
	炼钢车间	封闭，设置屋顶罩并配备除尘设施
	转炉、精炼炉等产尘点	设有集气罩和除尘设施
	废钢切割	在封闭空间内进行，设置集气罩并配备除尘设施

（三）利用产业布局优势，构建低碳清洁物流体系

河钢唐钢充分利用近海近港、产业规模优势，大力发展清洁运输模式，一方面利用清洁运输工具，提高铁路运输、皮带通廊运输在综合运输体系中的比重；另一方面加强环境治理，减少无组织排放，实现厂内清洁运输比例 85% 以上，高于 80% 的环保 A 级绩效标准。

河钢唐钢建有专用皮带通廊运输线，进入厂区的大宗物料采用密闭式皮带通廊运输，在京唐港 4 号码头，全封闭、无泄漏皮带机运输通廊实现了码头与新区原料场无缝衔接，前港后厂、车船直取，构建高效节能的优势，极大地节约了运输成本；利用佳华公司至唐钢新区综合管廊既有设施并加以规划改造，发挥佳华站作业区物流中枢作用，确保新区高炉生产用料的皮带运输增量。河钢唐钢面对“公转铁”运输结构调整，打破生产物流公铁运输平衡，稳步提升铁路运输比例，借助佳华站开通和美锦铁路线的平稳运行，实现“公转铁”增量，开创绿色发展新局面。

河钢唐钢大宗物料和产品汽车运输车辆使用新能源汽车代替传统的燃油重卡，厂内物料倒运部分采用电动汽车和氢能源汽车运输，出厂产品全部采用电动重卡运输。为此河钢唐钢投资 2000 万元建设 3 座大型充电站，配备 330 辆电动重卡和 25 辆氢能源车；又在各料场出入口共建设 17 套车辆清洗装置，对进出厂区、料仓区域车辆进行冲洗，减少夹带、杜绝扬尘，全厂新增建设 19 套除尘系统，将现场无组织扬尘封闭并进行集中除尘，实现无组织扬尘可防可控。同时，除尘灰、水渣、钢渣、焦炭等物料内部运输中，采取管带机运输、气力运输、全封闭皮带通廊等密闭输送方式，未铺设输送管道的卸灰点采用高效真空吸排车转运，确保所有粉状物料实现清洁运输，进一步优化厂区环保和物流发展环境。

（四）搭建智慧化能源环保管控中心，实现能源、环境精准受控

河钢唐钢建设了国内最先进的智慧化能源环保管控中心，配备能源、环境检测装置和可视化监控系

统，将现场数据实时传递到集控平台，使动力、能源、环保数值全部可视化、数字化，而且具备实现系统自感知、自决策、自执行和自适应的全智能模式的条件。管控中心在厂区配套安装243套常规TSP浓度监测仪，59套可视化TSP浓度监测仪，84个空气质量监测微站，实施全方位、全天候24小时精准监控颗粒物排放浓度、二氧化硫排放浓度、氮氧化物排放浓度三项关键超低排放指标。

能源环保管控中心平台的监测数据与唐山市环保局大数据平台联网，并且按照唐山市排放限值的80%设定了预警装置，如果有某项指标出现了波动，系统将自动报警，总控制室和作业现场根据实际情况实时做出调控，确保环境指标长周期精准受控。

河钢唐钢拥有三个桶型原煤仓、一个C型储料场和一个混匀料场，储料场不仅全封闭，而且内部配置了强大的智能化干雾抑尘系统，保持料仓内清洁作业。这套智能干雾抑尘系统国内领先，屋顶干雾和厂房雾炮与工艺联锁，采用鹰眼识别系统智能化控制，确保料场生产环境保持最佳。

（五）开展园林绿地建设，全面打造绿色生态企业

河钢唐钢高度重视厂区园林绿地景观提升，为了改善职工的工作生活环境，提升企业形象，河钢唐钢以打造现代化园林式生态钢城为目标，建成多处“厂中公园”，按照“见缝插绿、破硬植绿、创意增绿”的原则，对多区域实施环境美化、绿化及环境提升改造。

河钢唐钢新区用地共分为生产、厂前、厂前周边三个区块，总占地70.44万平方米，整体打造出功能明确、带有明显区域生态特征的综合厂区绿化景观。环保设计根据工厂性质、环保要求，在办公区、生活区建设景观亭廊、景观雕塑、景石、假山、景观叠水池等高端景观小品；生产区贴近实际实施绿化，包括道路绿化和节点绿化，其中道路绿化为主要的绿化形式，将钢铁生产融入景观设计中，主要节点处选用花岗岩、防腐木、耐候钢板、景石、雕塑等元素增加设计感，在满足绿化率的同时，注重其功能性和艺术性。

三、实施效果

（一）实现超低排放，成功获批环保A级绩效企业

河钢唐钢通过实施源头治理、过程控制、末端治理，所有排放指标比目前行业最严的唐山市超低排放标准再降10%，大气污染物总体下降比例22.99%。同时，新厂区流程布局设计紧凑高效，助力碳消耗和排放最小、效率最高；采用130多项先进工艺，稳定实现各类污染物超低排放；多场景应用清洁运输工具，场内清洁运输比例高达85%；发挥环保数字化智能集控优势，保证各项环保指标长周期稳定运行，形成了独特的节能环保优势。2021年1月，河钢唐钢新区获批中华人民共和国生态环境部批准为环保A级绩效企业，这标志着河钢唐钢在绿色生态发展的道路上再次迈出里程碑式的一步。

（二）引领行业“绿色、智能、品牌化”高度

被誉为世界最清洁钢厂的河钢唐钢，经过转型升级、向海图强，再次华丽转身，在渤海之畔，以更高的标准建设运营唐钢新区，投入近百亿元，按照未来工厂定位，打造绿色低碳发展的行业标杆，引领行业绿色、智能、品牌化发展新高度，为钢铁行业区位调整、资源置换、布局结构、产品优化等多方面提供生态文明建设背景下的优秀实践案例。从高标准的环保指标设计到科学紧凑的流程布局，从清洁能源广泛使用到资源能源循环利用，从绿色制造技术创新集成到无组织和有组织排放的全方位、全周期、全覆盖精准管控，全工序实现超低排放，打造环保绿色化、工艺前沿化、产线智能化、流程高效化、产品高端化的世界级现代化沿海钢铁梦工厂。

（三）经济效益

河钢唐钢现有3座高炉，每座高炉约平均日产8000吨，按照以往环保形势，每年环保响应单高炉停产50天，每吨铁利润及挽回能源成本共计约350元/吨，一年约为$8000 \times 50 \times 350 \times 3 = 42000$万元。为了达到环保A级标准，工程建设和设备设施基础改造总投入费用100000万元，设备使用期限按10年

计算，每年设备维修或者改造升级按 15000 万元计算，折算后平均每年费用为（100000 + 15000 × 10）/10 = 25000 万元。园林绿地投入 26000 万元，按 10 年期计算，每年维护费用约 4000 万元，园林绿地折合每年费用为（26000 + 4000 × 10）/10 = 6600 万元。所以，达到环保 A 级标准后每年创效约为 42000 − 31600 = 10400 万元。

主创人：谢海深、张　弛、崔晓冬、曹学征、庞得奇

中国首个可再生能源"碳中和"智慧园区

新疆金风科技股份有限公司

一、企业概况

新疆金风科技股份有限公司（以下简称金风科技）成立于1998年，作为全球可信赖的清洁能源战略合作伙伴，以"生态引领可持续发展的清洁能源产业模式（EOD + ENERGY）"为核心，致力于构建"可持续·更美好"的未来社会能源基础，在能源开发、能源装备、能源服务与能源应用领域提供可信赖的产品与解决方案，帮助城市与企业满足经济、生态与社会责任综合可持续发展需求。

自成立至今，金风科技亲历并见证中国可再生能源事业蓬勃发展，并以全面深度的国际化能力帮助全球客户挖掘清洁能源的价值，业务遍及6大洲、38个国家。截至2022年第三季度，金风科技全球风电累计装机容量超92吉瓦，在运维服务量超56吉瓦，自主投资建设并运营管理风电场近7吉瓦，管理清洁能源资产超16吉瓦，推动超1000个零碳项目落地。凭借多年在清洁能源领域的最佳实践，金风科技多次入选"气候领袖企业""年度ESG实力先锋企业""亚洲地区最受尊敬公司""最佳投资者关系公司"，并荣登"全球最具创新能力企业50强""全球最环保企业200强""全球新能源企业500强""新财富最佳上市公司""《财富》中国500强"等多个影响力榜单。在国资委年度评选中，金风科技海上风电机组入围"2022年度十大国之重器"，与国产大飞机C919、第三艘航空母舰福建舰、新一代人造太阳等中国智造典范并列。

经营效益方面，2019—2021年，金风科技营业收入分别为382.45亿元、562.7亿元、505.71亿元，归母净利润分别为22.1亿元、29.6亿元、34.57亿元。

二、主要措施

2021年，"双碳"目标升级为国家战略，我国陆续发布重点领域和行业碳达峰实施方案和一系列支撑保障措施，构建起碳达峰、碳中和"1 + N"政策体系，明确时间表、路线图、施工图。

金风科技作为负责任的公众企业，联合鉴衡认证中心等第三方专业机构，依据国内外公认准则与标准，对自身年度温室气体排放情况进行全面盘查，在2021年做出承诺，力争在2022年实现运营边界（范围1&2）碳中和；进而与产业链上下游伙伴共同努力，到2025年，主要供应商生产金风产品绿电使用比例为100%；到2040年，金风产品回收利用比例达到100%。

"碳中和"不仅仅是可再生能源行业的专有词汇，它与各行各业、产业链上下游都密切相关，覆盖全社会的多元场景。金风科技对于通往"碳中和"的愿景，不仅限于自身排放量的降低，更着眼于为行业、为全社会提供实现碳达峰、碳中和的持续赋能和助力，园区便是实现"碳中和"的重要组成部分。

致力于实现园区绿色低碳发展，金风科技早在2010年便率先开启了一条以智慧能源驱动智慧园区的创新路径，并将其成功实践于北京亦庄的金风科技全球总部。经过多年的持续优化和调整，在碳达峰、碳中和目标驱动下，金风科技亦庄智慧园区（以下简称园区）于2021年1月获得北京绿色交易所认证，并颁发"碳中和"证书，成为中国首个可再生能源"碳中和"智慧园区。

（一）园区简介

园区采用智能化设计，建筑面积达116123.5平方米，包含智慧能源大厦、数字能源大楼、研发楼、智慧体育馆在内的4座办公楼宇，以及智慧水务展示中心、智慧农业及动力站在内的3座附属建筑，常驻办公人员 4000 余人。

（二）主要措施

1.智慧能源

作为国内首个兆瓦级分布式风机接入的可实现并离网双模式运行的示范项目，以及 IEC 国际电工委员会微电网标准试验基地，无处不在的智慧能源理念，是这座“碳中和”智慧园区最显著的差异化优势。

一方面，园区通过部署可再生能源发电设备，最大程度地实现绿色电力的自发自用，对降低园区碳排放意义重大。另一方面，各类节能措施能够进一步提高园区能效，也为实现园区的“碳中和”提供了重要支撑。

首先，依托智能微网有机协调，园区实现了风电、光伏等能源的多能互补，可靠、智能地满足园区的能源需求，其中包括两台总容量 4.8 兆瓦（2.5 兆瓦 +2.3 兆瓦）的风电机组和总容量超过 1.95 兆瓦的光伏发电设备，实现清洁能源的就地采集和消纳；一台 600 千瓦和两台 65 千瓦的微燃机，使用天然气发电，使园区实现了冷热电三联供，系统产生的能量就地消纳，冷、热水可直接用于楼宇供热和冷却系统；包括全钒液流储能、锂电池及超级电容器等在内的储能装置，用于系统的削峰填谷，平滑功率波动，提升园区供电质量；选用 500 千瓦柴油发电机，用于模拟海岛型微电网的项目运行。

其次，金风科技通过运用智慧能效技术，使园区实现水、电、气等能耗的数字化、可视化；通过智慧能效平台，能够直观了解损耗情况，针对性提出建议报告，降低能耗损失。

金风科技自主研发了智能表计和能效管理平台，园区实现水管网系统、天然气管网系统、配电系统、发电系统等实现实时监测，能够及时发现系统运行中出现的超额超限、故障以及跑冒滴漏等现象，并以显著标识和报警信息的方式推送给管理人员。除此之外，其他建筑节能、空压机节能、电机节能、精确曝气节能等多样化的节能措施几乎在园区内无处不在，长期“化零为整”的效果更是不可小觑。

最后，金风科技自主设计水蓄能中央空调系统，主要由制冷机组、循环水泵、冷却塔、蓄冷水罐（槽）及自控系统组成。园区夜晚利用低谷电价，将冷量以低温冷水或热水的形式蓄存起来，而白天员工上班时正值用电高峰，水蓄能空调此时将所蓄冷量或热量释放，实现了“移峰填谷”，有效削减了电价高峰负荷并降低能源费用支出，是负荷侧重要的灵活性调节的设备。

2.智慧水务

通过对园区各类设施的用水需求分析，智慧水务系统可以对污水、再生水、新生水、直饮水和雨水等多种水源进行处理及循环利用，节约园区对外部直接供水的需求。

3.智慧农业

依托 3000 余平方米的光伏智能温室，集合新能源光伏发电系统、智能物联网系统，水肥一体化系统以及环境自动化控制系统，金风科技智慧园区农业示范项目智能化控制水肥供给、补光、遮阳、增温，以先进的无土栽培和立体种植技术提高产量，为员工提供绿色健康的蔬菜和营养膳食，同时探索可再生能源支持的绿色农业创新发展模式。

4.智慧运营

园区遵循以人为本的理念，利用物联网、云计算、大数据、GIS 等前沿技术实现智慧运营，为园区运营、管理和服务提供全方位的支撑，积极提升园区内员工的工作、生活质量和体验。

5.智慧健康

园区体质健康数据中心将传统的体检方式与创新的物联网、智慧可穿戴技术进行整合互补，对员工的各类健康数据进行实时测量、采集和监测，为每位员工提供个性化的健康指导建议和辅助医疗方案，同时配备包括羽毛球、乒乓球、钢琴、形体、游泳、健身等在内的 13 个员工文体俱乐部，有力提升员工身体素质，促进团队之间的协同合作，塑造积极健康、朝气蓬勃的企业文化氛围。

三、实施效果

（一）减排效益

2020年，园区总用电量1573万度，其中使用金风科技自有风电机组和光伏设备发电量482万度，剩余电量购自电网。在可再生能源发电量与园区用电负荷存在时间差异，新能源电量得以返送电网消纳的情况下，加上自发自用绿电，园区总的可再生能源发电比例近50%。

经测算，2020年，金风科技亦庄智慧园区整体温室气体排放量约为11937吨，其中园区外购电力年产生二氧化碳约10276吨，占比达到86%。如果不使用风电、光伏等可再生能源发电，园区总碳排放量将超过16000吨，由此可见，通过使用可再生能源发电，园区总碳排放量减少了4260吨。

（二）节能效益

园区利用用电峰谷价差提升能效。空调通过水蓄冷，在用电低谷时段储存能量，在高峰时段循环释放能量，能够节省30%～60%的用电费用。依托节能及能效提升技术，园区每年节约用电量达到60万千瓦时，折合二氧化碳排放近580吨。

（三）经济效益

园区碳中和实践具有较好的经济性。如全部使用电量购自电网，金风科技亦庄园区每年电费可达1007万元，折合度电成本640.0元/度；而在风光储联合优化运行，同时参加售电交易和京津冀辅助服务市场的情况下，金风科技亦庄园区直购电费仅为549万元，度电成本348.9元/度，年均度电成本下降程度最高可达291.1元/度。

（四）推广示范效益

2021年，通过供能侧新能源减碳、用能侧节能减碳、交易侧绿电和碳排放权交易减碳，同时结合数字化能碳管理平台（三减碳一平台），不断挖掘绿色潜力，携手各行各业共同打造"零碳生态圈"。截至目前，金风科技已成功帮助位于福建和江苏的两家园区实现碳中和，并继续在全国范围内复制推广。

1.全国首个可再生能源"碳中和"工业园区

2021年5月，金风科技通过屋顶光伏的能源替代、节能减排等措施以及注销碳减排指标，助力福建三峡海上风电产业园区实现碳中和，园区获得北京绿色交易所颁发的园区"碳中和"认证证书，以及北京鉴衡认证中心颁发的园区碳中和核查认证证书和"零碳"园区整体解决方案认证证书，成为全国首个可再生能源"碳中和"工业园区。项目全面建成投运后，年平均可再生能源发电量将达到5360万千瓦时，相当于每年节省标煤近6590吨，减少碳排放量3.8万吨。

2.江苏省首个可再生能源"碳中和"工业园区

2021年6月，金风科技通过分布式风光储设备的能源替代、节能减排等方式，助力江苏金风科技—江苏中车电机海上风电综合园区实现碳中和，成为江苏省首个可再生能源"碳中和"工业园区。园区部署了一台2兆瓦风机、96千瓦太阳能光伏、180千瓦×3小时储能系统、电能质量检测系统、10千伏开关站变电设备，并通过金风科技微电网技术整合控制。2020年，微网系统为园区供给绿电电量达3494.171兆瓦时，实现碳减排量2458.15吨，占园区总碳排放的17%。

主创人：韩　胜、申海波、宋万广

提升能源效能的数据中心创新微电网自动化共享供电体系构建与实施

中国联合网络通信有限公司河南省分公司、中讯邮电咨询设计院有限公司

一、企业概况

中国联合网络通信有限公司河南省分公司（以下简称河南联通）是中国联合网络通信有限公司在河南省境内依法设立并领取营业执照的分支机构。

河南联通是河南省网络规模最大、历史最久、唯一延伸到全部的行政村和100%自然村的通信服务运营商，现辖18个市级分公司、113个县级分公司、2032个支局所、3万多个营业网点，现有正式员工20249人，外聘员工28956人。

河南联通深入推进网络强国、强省战略，打造河南联通5G领先形象。全省5G基站实现市区、县城、发达乡镇连续覆盖，4G人口覆盖率达到98.9%，行政村覆盖率达到97.3%。在“全光网河南”的基础上，全面推进千兆宽带网络建设，一级干线光缆在省内形成了三纵三横的光缆物理架构，建成覆盖省内18个省辖市、结构完善的传输网，是全省网络规模最大、经营业务最全的通信运营商。

河南联通秉承“联通世界 创享美好智慧生活”的企业使命，致力成为“客户信赖的智慧生活创造者”，积极发挥信息建设“国家队、主力军、排头兵”作用，承担央企责任，聚力“大联接、大计算、大数据、大应用、大安全”五大主责主业，积极参与数字河南建设，为全面建设社会主义现代化河南提供有力支撑。

二、主要措施

中原数据基地是中国联通集团在全国规划的十二大数据基地之一，是中部地区唯一按照T3/T4标准建设的五星级核心数据基地，定位为互联网数据中心IDC、共享灾备中心DRC、云计算中心VDC。作为联通与河南省政府战略合作的重点工程，服务范围覆盖中原经济区及周边多个省份。园区占地317亩，规划建筑规模26.7万平方米，包含11栋机房楼和配套动力中心，1栋研发楼，2栋综合楼，规划安装服务器机架2.15万架，提供26.93万T的数据存储能力。

（一）项目实施背景

1.业务发展、经济效益的需要

近年来，云计算、大数据、人工智能等新技术不断发展，数据中心的数据规模和处理容量呈现指数增长态势。强大的运算能力和海量数据处理的背后是数据中心基础设施建设的巨大需求，随着数据中心建设的规模越来越大，后备保障用油机数量越来越多，但IDC楼的负荷增长缓慢，导致后备油机保障容量大量富余，造成企业资金投入巨大，无法产生应有的社会效益，迫切需要将油机剩余容量充分利用，发挥其应有的价值。

2.中原基地现有供电系统油机剩余容量分析

中原数据基地一期工程已经于2014年竣工投产，建成2栋IDC机房楼和配套动力中心（DC6和DC10），机柜3480架。二期工程共建设4栋IDC机房楼和配套动力中心（DC1、DC3、DC7、DC11），2016年8月全部土建已建成。DC1、DC3的配套机电、空调、基础设施、网络项目已竣工投产，共新增机柜3549架。每栋机房楼面积为15000平方米。

DC6现有峰值负荷6622千瓦，考虑所有剩余可安装服务器空位（300瓦/台）后，预计最大9622

千瓦，DC6现有2套5+1油机系统，每台机组1800千瓦，油机剩余总容量约12000千瓦。

DC10现有峰值负荷4467千瓦，预计最大负荷10769千瓦（计算依据同上），DC10现有1套5+1、1套4+1油机系统，每台机组1800千瓦，剩余油机总容量约10000千瓦。

DC1油机负荷估算约13193千瓦，现有1套5台、1套3台油机系统，每台机组2000千瓦，预计可空出油机容量约5000千瓦。

DC6、DC10油机高压配电柜及市电高压配电柜均采用国电南自PSL691/693型综保装置，DC1油机高压并机柜及市电高压配电柜采用施耐德综保装置。

（二）成果内涵和主要创新点

1.成果内涵

对于越来越复杂的数据中心供配电系统，如何实现油机容量适配负荷成为大型数据中心园区的难点和痛点。通过采用PLC（可编程逻辑控制器）、综保、油机并机控制系统相结合的创新设计，将大量油机形成一个资源池，实现容量共享；多套独立的供电系统组成微电网，统一进行供电资源调配，充分利用每个独立DC的供电系统闲置容量，达到资源利用最大化，节省了油机投资成本，同时节约大量运维成本。

2.主要创新点

(1)通过合并分散的机组，整合现有油机系统，组成共享资源池，最大限度的利用油机容量，减少投资和资源浪费。

(2)以安全、可靠为前提，PLC配电控制系统CPU采用双机热备份冗余、双路由通信结构。采用硬布线采集断路器位置信号，以确保信号传输的实时性和可靠性，使分散的各个配电系统、油机系统实现统一的逻辑控制，增强了系统原有功能、可靠性、稳定性和便利性。

(3)PLC配电控制系统与油机并机控制系统实现联动操作，能实时获取油机并机启动、运行信息，做到油机容量灵活调度。高压系统的过流、速断和短路等保护功能及备自投功能由综保装置完成，配电设备发生故障导致综保装置动作时，传递信号给PLC，闭锁PLC自动控制系统功能，并提供报警信号告知运维人员。手动操作停电时，闭锁PLC自动控制系统功能。

(4)PLC配电控制系统发生故障时，不影响高压系统正常运行，系统将向值班人员发出报警通知，自动切换到就地工作模式。

(5)PLC自控软件、硬件采用模块化设计，具有高可靠性、稳定性和可扩展性，保证数据的安全，使用和维护方便，后期可根据系统扩建情况升级，数据接口满足主流厂家的通信要求，PLC系统具备权限管理功能，可在线编辑或修改各种画面，查看历史数据和报警信息，系统运行方式等。

(6)PLC后台界面显示实时的供电结构图，运行方式、断路器状态，当配电系统失电时，在组态界面能显示和记录整个切换操作步骤和流程，并报警。

(7)通过PLC进行逻辑判断并执行控制，并实时反应现场10千伏配电系统状态，方便运维人员实时监控。

(8)引入划小服务单元理念，提供SLA（服务等级协议）差异化服务保障，高等级客户提供高可靠供电保障，高等级SLA保障差异化收取较高的资费。低等级客户提供弹性可配置的供电保障，客户初期不需要油机保障时降低资费，后期客户有需求时再配置油机并提高资费。在极端情况下，可根据客户服务等级进行排序处理。

3.主要设计方案

设计采用三层结构分别由主控层、通信网络层、现场控制层组成。在DC1\DC3\DC6\CD10高压配电系统分别部署一套PLC系统、通过网络层最终将所有系统的数据汇集到总的系统上位机。现场控制层采用冗余的可编程控制器、选用 SIEMENS7 -1500 系列实现 10 千伏配电系统逻辑控制，共设计 6 个 PLC 站，DC1 \ DC6 \ CD10 各一套 PLC 控制柜，每一套 PLC 控制柜 CPU 均为双机热备，其中 DC3 号楼为三套 PLC 控制柜。通信环网系统图见图 1。

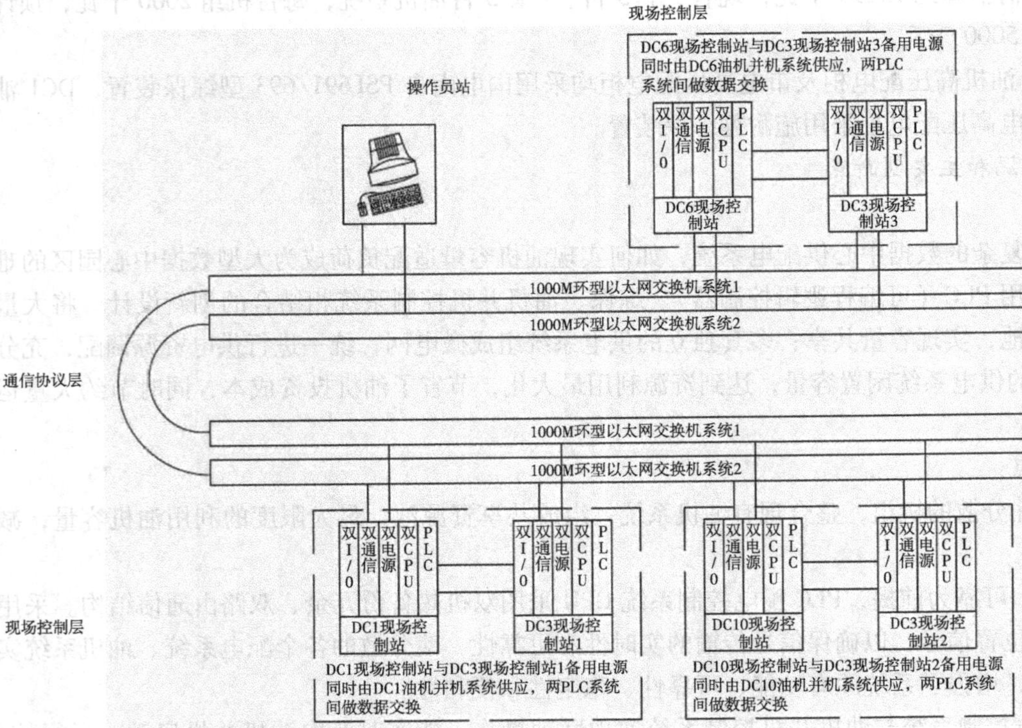

图 1　通信环网系统图

DC1 现有 2 套油机系统合并为 1 套 7 +1 油机资源池，GY1、GY2 通过备用馈线开关柜以电缆直连；将现有 2 套油机并机控制柜更换为能管理 12 台油机的并机控制柜，并对 GY1、GY2 二次接线进行调整，统一由新增的油机并机控制柜控制分合闸。

DC6 现有 2 套油机系统合并为 1 套 11 +1 油机资源池，GY1、GY2 通过备用馈线开关柜以电缆直连；将现有 2 套油机并机控制柜更换为能管理 12 台油机的并机控制柜，并对 GY1、GY2 二次接线进行调整，统一由新增的油机并机控制柜控制分合闸。

DC10 现有 2 套油机系统合并为 1 套 10 +1 油机资源池，GY1、GY2 通过备用馈线开关柜以电缆直连；将现有 2 套油机并机控制柜更换为能管理 12 台油机的并机控制柜，并对 GY1、GY2 二次接线进行调整，统一由新增的油机并机控制柜控制分合闸。

根据油机系统整合方案，将 4 栋楼高压配电系统按照油机供电区域划分为 3 套供配电系统，并新增 3 套高压柜后台监控系统、PLC 控制柜、3 台油机并机控制柜（1 台并控制柜至少能管理 12 台柴油发电机组）。

高压后台监控系统负责整个系统运行监视，高压柜继保起高压柜自身保护功能；新增的市电 PLC 控制柜负责市电进线柜、油机进线柜、变压器出线柜逻辑控制（即每栋楼 G1、G2 高压柜分、合闸逻辑控制）；新增的油机并机控制柜负责油机启停，并控制油机高压并机柜（即 GY1、GY2）输入、输出分合闸控制。油机并机控制柜与市电 PLC 控制柜进行通信，将油机启机数量，并机成功信号信息同步给市电 PLC 控制柜。

改造后的高压配电系统，根据油机供电区域分为 3 个套系统，DC6 油机系统供本楼 4 段母线、DC3 楼 2 段母线；DC10 油机系统供本楼 4 段母线、DC3 楼 1 段母线；DC1 油机系统供本楼 4 段母线、DC3 楼 1 段母线。

以 DC6 油机供电系统为例说明停电时，高压配电系统自动化实现逻辑，油机高压供电系统典型逻辑分为三个场景。

(1)高压配电供电系统场景一。

场景描述：DC6 楼 G1、G2 4 段母线，DC3 楼 G1 2 段母线，共计 6 段母线同时停电。

逻辑步骤如下：

6 段母线市电进线柜分闸，变压器高压出线柜同时分闸。

给油机并机控制柜启动信号，启动 12 台油机，12 台油机并机成功后，控制 GY1、GY2 油机进线柜合闸，全部合闸完成后，油机总输出柜合闸，合闸完成后，将油机启机数量，并机成功信号给市电 PLC 控制柜。

市电 PLC 控制柜收到并机成功信号、判断市电进线柜处于分闸状态后，合闸 G1、G2 油机进线柜(6 段母线可以同时合闸)，然后依次合闸变压器出现柜，变压器出线柜每隔 5S 合闸一组（时间必须可设置)。

(2)高压配电供电系统场景二。

场景描述：DC6 楼 G1、G2 4 段母线，DC3 楼 G1 2 段母线，共计 6 段母线任意主备用两段停电。

逻辑步骤如下：

2 段母线市电进线柜分闸，变压器高压出线柜同时分闸。

给油机并机控制柜启动信号，启动 12 台油机，12 台油机并机成功后，控制 GY1、GY2 油机进线柜合闸，全部合闸完成后，输出高压柜合闸，合闸完成后，将油机启机数量，并机成功信号给市电 PLC 控制柜。

市电 PLC 控制柜收到并机成功信号、判断市电进线柜处于分闸状态后，合闸油机进线柜（2 段母线可以同时合闸)，然后依次合闸变压器出现柜，变压器出线柜每隔 5S 合闸一组（时间必须可设置)。

油机根据带负载情况自动进行减机，油机减机逻辑中预留 20% 以上的带载能力，以应对后端负载突变。

(3)高压配电供电系统场景三。

场景描述：DC6 楼 G1、G2 4 段母线，DC3 楼 G1 2 段母线，共计 6 段母线，任意主备用两段停电，油机供电稳定后，并完成油机减机，其他任意主备用两段母线又停电。

逻辑步骤如下：

接场景二第 4 步骤后：

第 2 段母线市电进线柜分闸，变压器高压出线柜同时分闸。

给油机并机控制柜启动信号，已启动油机不用重复给信号，给未启动的油机信号，并控制对应的油机进线柜合闸，当 12 台油机全部并机成功后，将油机并机数量，并机成功信号给市电 PLC 控制柜。

市电 PLC 控制柜判断第 2 段市电进线柜分闸后，合闸油机进线柜，然后依次合闸变压器出现柜，变压器出线柜每隔 5S 合闸一组。

第 3 段停电，按照 4 至 6 的逻辑依次重复。

每次分段停电后，在油机投入前，必须保证油机启动到系统最大台数，再进行负荷的投入。

PLC 执行逻辑流程见图 2、图 3。

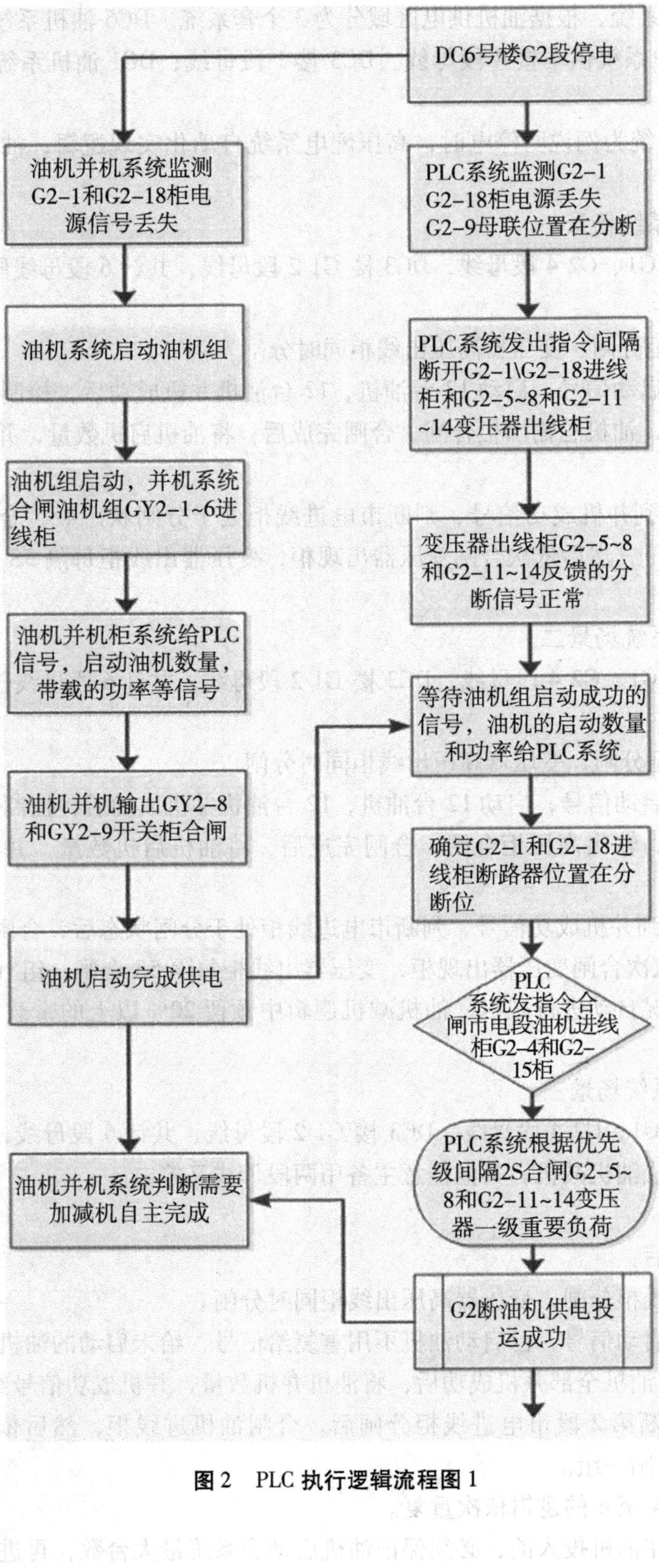

图 2　PLC 执行逻辑流程图 1

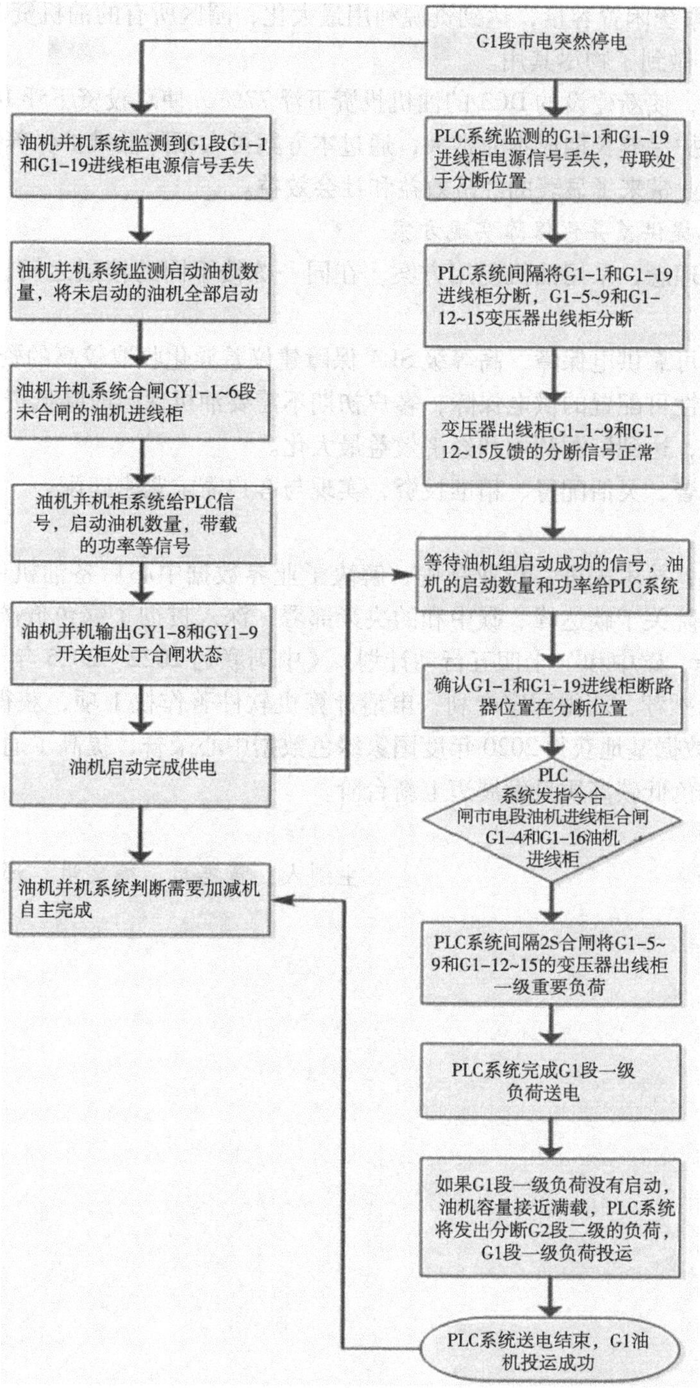

图3 PLC执行逻辑流程图2

三、实施效果

本项技术已经在河南联通中原数据基地DC3、DC6、DC10、DC1成功应用，通过PLC联动控制的10千伏配电自动化技术手段，最终成功地实现了现有油机容量保证四栋IDC负荷的目标。

(一)大幅降低投资成本及运维难度

由于PLC联动控制的10千伏配电自动化技术，实现整合现有油机系统，将油机供电系统的可用容量形成一个资源池，实现容量共享；多套独立的供电系统组成微电网，统一进行供电资源调配，充分利用每个独立 DC 的供电系统闲置容量，达到资源利用最大化，园区所有的油机资源利用率从目前的 30% 左右提升至 86% 左右，做到了物尽其用。

按照创新供电方案，使新建设的 DC3 的油机投资下浮 77%，使总投资下浮 14%，节省了 6000 万油机投资成本，油机的维护保养长期成本非常大，通过本方案可大幅降低维护保养费用，每年节约油机养护费用 800 万元，为企业带来了显著的经济效益和社会效益。

（二）划小服务单元提供差异化保障实现方案

引入划小服务单元理念，采用油机复用方案，在同一栋楼不同的楼层之间，提供 SLA 差异化服务保障。

高等级客户提供高可靠供电保障，高等级 SLA 保障建议差异化收取较高的资费。

低等级客户提供弹性可配置的供电保障，客户初期不需要油机保障时降低资费，后期客户有需求时再配置油机并提高资费，达到资源利用和经济效益最大化。

迭代建设、弹性部署、灵活配置、精准投资，实现与客户需求紧密匹配。

（三）项目成果

本项目为国内首创，技术先进，行业领先，解决了业界数据中心后备油机保障容量闲置浪费的难题，符合党中央、国务院关于碳达峰、碳中和的决策部署，深入贯彻了绿色低碳循环发展的节能理念，在《中国联通"碳达峰、碳中和"十四五行动计划》《中国联通 2022—2025 年建设新型数字信息基础设施行动计划》中予以推荐，获得国家专利；申请计算机软件著作权 1 项，获得"2021 年中国联通科技进步二等奖"；中原数据基地获得 2020 年度国家绿色数据中心荣誉，提高了通信企业网络基础设施绿色化水平，助力企业绿色低碳高质量发展迈上新台阶。

主创人：黄志勇、徐文洪、邢国隆、雷　宇、滕　达

聚焦"双碳"目标，助力企业绿色低碳高质量发展

中国能源建设集团山西省电力勘测设计院有限公司

一、企业概况

中国能源建设集团山西省电力勘测设计院有限公司（以下简称山西院）成立于1958年，是中国能源建设集团规划设计有限公司全资子公司，隶属于中国能源建设集团，连续多年评为"国家高新技术企业"，山西院最早名为"山西省电力厅基建局设计院"。历经多次演变，1970年成立"山西省电力设计院"，1972年更名为"山西省电力勘测设计院"。2011年9月，随着国家电力体制主辅分离改革的实施，隶属单位由国家电网山西省电力公司变为中国能源建设集团有限公司。2014年12月改制并更名为"中国能源建设集团山西省电力勘测设计院有限公司"，2018年5月划入中国能源建设集团规划设计有限公司（现为中国电力工程顾问集团有限公司）。

山西院致力于传承中国能建使命愿景，贯彻新发展理念，融入新发展格局，全面落实中国能建《若干意见》精神和"1466"战略，通过瞄准中国能建"行业领先、世界一流"的企业愿景，解放思想、砥砺奋进，为建设世界一流工程公司努力奋斗。公司是集火力发电、新能源发电、输变电和综合能源等国内外电力、能源领域规划、全过程咨询、科研、勘测设计、总承包和投资运营于一体的全面解决方案提供商，是环境工程与市政交通等非电领域的工程建设与投资运营商。2012年，山西省发展和改革委员会依托我公司专业力量成立山西省电力规划研究中心，从事电力系统规划设计、电力规划专题研究、发输变电工程接入系统方案设计、电力规划后评估分析、项目咨询评估等业务。

近三年来山西院坚定优先发展国际业务，积极开拓非电业务，做强做大新能源业务，大力发展总承包业务，做精做优传统业务的多元化业务发展思路，贯彻战略引领、创新驱动、科技支撑、合规管控、提质增效的管理理念，强化工程公司企业文化引导和战略规划引领，公司高质量稳定发展，综合实力和市场地位稳步攀升。公司合同签约、营收、净利润三项主要经营指标均保持快速增长态势，圆满完成了各项生产经营任务，见表1。

表1　山西院2019—2021年经营业绩

年度	2019年	2020年	2021	合计
新签合同额/万元	681997	728172	1112792	2522961
营业收入/万元	377671	409567	505923	1293161
净利润/万元	14481	15764	17842	48087

到2021年，山西院合同签约突破百亿大关，荣获中电工程2021年度"经营工作贡献奖"，成功进入中国能建2.0级企业序列，实现了"十四五"精彩开局。

二、主要措施

（一）强化规划引领，落实低碳目标

山西院于2021年年底根据上级集团要求，制定了《山西院"十四五"发展规划》（以下简称《规划》），在"十四五"战略中，将绿色低碳发展理念融入，强化规划引领。

山西院应充分利用电力工程及咨询业务的技术优势和丰富的业绩，践行能源“四个革命、一个合作”“碳达峰、碳中和”目标等国家战略，贯彻落实中国能建《若干意见》精神和《“十四五”发展规划》要求，坚持一体化、综合化、高端化、国际化方向，打造高质量发展的国际一流工程公司。

在区域结构上，坚持国内业务、国际业务并重发展；在业务结构上，坚持能源电力业务，基础设施业务并重发展；在业务类型上，坚持工程公司发展方向，实现工程总承包业务和勘测设计咨询业务并重发展。山西院确立了“一个目标”即以建设成为高质量的国际一流工程公司的总目标为指引，构建“坚持三个并重”“增强五个能力”“发展八大业务”的发展格局。

在公司2022年工作会暨十四届四次职工代表大会上，领导也提到要强化规划引领，拓展空间，抢先发力。一要围绕国家“双碳”战略目标，在提供“双碳”行动方案、新型电力系统构建、重点行业节能降碳和可再生能源替代、园区碳达峰实施路径、一体化新能源基地、储能氢能推广应用等方面开展专项研究，提升“双碳”服务能力，主动为政府部门、能源电力和煤焦化等相关企业提供行业能源规划、发展战略、产业政策等咨询服务，进而培育、孵化、开发相关项目，真正实现规划引领、前端卡位。二要围绕新型基础设施和新型城镇化，以“能源＋”为切入点，把握适度相关多元化原则，开展城市综合开发、多网融合顶层规划，结合自身能力，整合外部资源，在产业规划与导入方面形成有效协同，带动和引领公司主营业务发展。

（二）做优市场布局，锚定新兴产业

在绿色低碳背景下，结合自身战略定位和发展实际，全面搜集产业发展的政策、环境、趋势、特点、核心等信息，深入分析目前低碳市场的现状、趋势，从而有针对性地进行市场开发建设。通过探索新的目标市场、扩展企业市场区域，扩展企业投标项目类型等策略来提高企业经营效益。

1. 市场环境分析

“十四五”是我国履行“双碳”目标的关键期，也是统筹两个大局、促进绿色低碳高质量发展的深刻变革期，站在历史的重要关口，企业经济社会发展面临全新的市场环境。

（1）宏观政治经济形势。

从全球看，当今世界正经历百年未有之大变局，国际环境日趋复杂，保护主义、单边主义上升，经济全球化遭遇逆流。新冠疫情造成20世纪30年代“大萧条”以来最严重经济衰退。我国正在加速推动区域经济一体化发展，RCEP（区域全面经济伙伴关系）等一批重要协定的签署为后疫情时代区域内基础设施的投资建设营造了有利的政治环境。“一带一路”建设仍有很大市场空间。根据《IMF世界经济展望》预测，“十四五”期间，中国、东盟、南亚仍将是经济增速较快的区域。

从国内看，我国已由高速发展阶段转向高质量发展阶段，新发展格局正在加速构建。“十四五”时期，我国经济实力、科技实力、综合国力将跃上新的大台阶，拥有丰富的人才资源、完整的工业体系及全球最大、最有潜力的市场，特别是将科技创新摆在了前所未有的高度，为国内各类市场主体强化核心竞争力、抵御外部风险、持续健康发展提供了广阔平台和重要支撑。与此同时，我国发展不平衡不充分问题仍然突出，重点领域关键环节改革任务仍然艰巨，“碳达峰、碳中和”将带来广泛深刻的经济社会系统性变革，既对山西院提出了更高的要求，也为山西院高质量发展提供了难得机遇。

（2）行业发展形势。

从全球看，传统能源市场面临新升级，新能源领域迎来新机遇。以新能源为主体的新型电力系统建设成为我国电力行业的主要发展方向，新能源与综合能源服务、储能、氢能等能源新业态将迎来前所未有的爆发；发展绿色低碳能源成为世界共识，国际电力市场迎来大调整，我们的发展将迎来重要的窗口期。根据（电子工业协会）预测，2020—2025年全球电源装机容量增长19亿千瓦左右，亚太地区装机规模年均增速达到4.2%，居全球各大区域首位，中东、非洲地区年均增速分别为3.1%、2.5%，欧洲、北美等发达地区年均增速分别为1.8%、0.7%，处于较低水平。从电力供给和消费结构的趋势变化来看，水力、风力、太阳能等清洁能源的投资及开发建设市场空间将持续增长。其中，东南亚、南亚区域电力市场开发潜力巨大。

从山西省看，"十四五"期间，依托能源革命综合改革试点政策机遇，山西省将增强能源安全保障能力，提升绿色低碳发展水平，打造山西能源革命排头兵，促进地区经济转型和高质量发展，并推出系列变革性重大措施。山西省将持续推动电网投资主体多元化，提高电力市场化水平，开展社会资本控股增量配电网试点，变革新能源发展模式，加快光伏发电应用、领跑基地建设。

从市场环境来看，碳达峰、碳中和上升为国家重大战略，肩负着重要的战略意义，引领高质量发展，所以这不是一个短期的政策，而是一个长期必须落地的战略，对本企业来说既是一个挑战同时也是一个难得的机遇。

2. 市场开发建设

在绿色低碳市场环境下，围绕支撑产业，做好政策分析和产业研究，企业市场开发要在区域布局、项目衍生等方面来打造新的利润增长点，抢抓市场。

（1）突出"四大牵引"，坚定优质发展国际业务，稳步发展非电业务，做强新能源业务，做优总承包业务，做精勘测设计咨询业务，做实投融资业务，抢抓综合智慧能源业务，延伸拓展运维业务的总体思路，解放思想、创新商业模式，进一步构筑协同高效的营销体系。

（2）国际业务要借助中国能建"一体两翼"业务发展新平台及中电工程海外优先优质发展大平台优势，把握规划设计引领和高质量履约两个重点，优化业务结构，完善市场布局，要研究投建营一体化项目开发模式，做好项目储备。在市场区域开发方面，要持续巩固和扩大以越南、泰国为核心的东南亚市场，积极开拓其他新兴市场，实现投建营一体化项目突破。同时，山西院要做能源绿色低碳发展的践行者。

（3）新能源业务要抢抓"30·60"带来的战略发展机遇，找准开发方向，通过一体化、多能互补及综合能源等项目的市场开发带动储能业务拓展，抢抓政策风口，积极开发海上风电、光热发电、分布式光伏、充电桩、光伏储能、智慧园区等示范项目的建设，提升市场开发的层次与质量。加强对海上风电、多能互补、分布式光伏与绿色建筑融合、低风速风电、高空风能发电等领域相关技术研究和储备；升级数字化设计手段，掌握关键技术，形成核心竞争力。创新商业模式，丰富开发手段。

（4）基础设施类非电业务要进一步解放思想，创新商业模式，努力拓展"两新一重"和基建"补短板"所释放的市场空间，积极布局国家重点战略领域市场（京津冀协同发展、黄河流域大保护等）。要选准方向，加大技术开发力度，力争形成具有市场竞争力的业务模式。将新技术运用于水利（水务）、生态环保、综合交通及市政领域应用，发展与"智慧城市""智能建筑""智能水务""3D打印"等相关的水利（水务）、生态环保、综合交通及市政项目；开发"新型综合能源+建筑"的业务模式，拓展包含新型综合能源系统在内的小区和小城镇等建筑业务；开发新型固废、污水、气化等技术，扩大环保、市政等业务；践行"30·60"战略，推进交能融合，开发绿色低碳交通项目等。

（5）综合智慧能源业务要结合自身在能源规划、智能电网设计等方面的技术优势，将智慧能源、多能互补及综合能源服务、储能、氢能作为重点发展业务，通过规划引领和高端技术能力抢占综合智慧能源市场，打造新的利润增长点。

（三）强化内部管理，夯基垒台固本

一是适应性组织机构调整。新组建规划咨询研究中心（30·60研究院、山西省电力规划研究中心、国家电力规划研究中心山西省中心），主动为政府部门、能源电力和煤焦化等相关企业提供行业能源规划、发展战略、产业政策等咨询服务；此外，新组建投资开发分公司、工程运维分公司、建筑与市政交通工程分公司，对发电工程分公司、环境工程分公司业务进行整合，成立环境与水务工程分公司；同时对国际工程分公司、工程承包分公司、新能源工程分公司、工程勘察分公司及部分职能部门职责进行了调整。全力抓住国家“30·60”战略带来的发展机遇与巨大市场，集合资源，确保绿色低碳项目有序开展。

二是安质环工作的开展。2021 年，公司对生产过程、活动、场所涉及的环境因素进行识别，发布《环境因素识别评价表》和《重要环境因素控制措施表》。各部门及项目部按月对环保工作进行自查，公司按季度进行监督检查并督促完成问题的整改闭环，确保项目环境风险可控。公司牵头修订了中电工程《工程总承包项目环保问题库》，组织了“世界环境日”“全国节能宣传周”“全国低碳日”活动，开展节能环保法律法规宣贯，组织学习了《习近平生态文明思想概述》《中国能建践行碳达峰、碳中和“30·60”战略目标行动方案（白皮书）》等文件，通过国务院国资委官网、“国资小新”等新媒体传播媒介，开展节能低碳主题视频展览、线上培训等系列活动，提升绿色低碳理论知识储备。开展绿色出行低碳体验活动，组织节能环保专项检查，总结环境整治、节能活动等方面的经验做法和典型案例，例如，“纸张使用浪费”“电能使用”“新办公家具有害气体排放”“项目环境管理责任到人”“粉尘污染”“组件清洗废水排放”等经验做法。

三、实施效果

（一）绿色低碳项目新签合同额指标

2021 年山西院共计新签绿色低碳项目合同额为 578437.81 万元，比 2020 年 452671.90 万元增加了 125765.91 万元，增长了 27.78%。其中国际新签合同额为主要增加对象，新签合同额为 397721.11 万元，包括 4 项风电总承包项目和 2 项光伏总承包、运维项目。国内新签合同额为 180716.59 万元，从签约类型来看，在储能、综合智慧能源、环境治理新兴产业方面，2021 年签约额明显增加，相关政策措施的提出给企业绿色低碳发展提供了促进作用，见表 2。

表 2　国内绿色低碳项目签约类型

年份	太阳能发电	风电	储能	综合智慧能源	环境治理	生物质发电
2020	14153.95	186108.72	0	0	8414.6	25792.54
2021	75005.48	51045.69	911.5	7228.97	46524.95	0

（二）企业绿色低碳项目实施成果

在 2021 年举办的太原能源低碳发展论坛上，山西院 2 项工程亮相论坛线上展厅，分别为新加坡腾格水库 60 兆瓦水上光伏项目和越南新顺 75 兆瓦海上风电项目。

新加坡腾格水库 60 兆瓦项目使新加坡成为拥有最大规模淡水水库光伏发电项目的国家，该光伏系统的每个部件都是根据本地气候条件精心设计和挑选，以减少对环境和水质的影响。支撑光伏组件的浮台，由经认证的食品级高密度聚乙烯塑料（HDPE）制成，具抗紫外线功能，可防止因强烈阳光照射而导致的退化。此外，蓄水池水库环境较清凉，水上太阳能板的运作效率比传统的屋顶太阳能板高出 5%～15%。项目建成后，每年生产的电能可以满足 1.6 万个四居室组屋的用电需求，也可以为新加坡 5 家水处理厂提供电力，解决新加坡公用事业局每年 7% 的能源需求，这相当于每年减少约 3.2 万吨的碳排放量，接近 7000 辆汽车年碳排放量的总和，为新加坡实现 2025 年光伏项目达到 1.5 吉瓦峰值目标做出积极贡献。

越南新顺 75 兆瓦海上风电项目，项目建成后每年可节约标准煤 5.43 万吨，对于改善当地电力系统的能源结构，减少燃煤发电厂的环境污染，满足用电负荷迅速增长具有重要意义。

此外，泰国EGAT诗琳通大坝综合浮体光伏项目，项目的清洁电力系统结合了“太阳能”和“水力”发电，将帮助缓解全球变暖并确保较低的项目成本。泰国EGAT浮体光伏项目直流侧安装容量58.5兆瓦、交流侧发电容量是45兆瓦，是世界上最大的水电和浮体光伏综合能源电站。每年可减少导致全球变暖的温室气体排放约4.7万吨，相当于植树造林约6016公顷。项目配置能量管理系统可以根据负荷变化要求进行调节水电和光伏发电：启动白天光伏供电、夜间水电站供电，或者光伏和水电同时发电的运行模式。这一系统可降低通常取决于天气条件的可再生能源生产的不确定性，使长时间连续发电成为可能。同时，在大坝库区安装太阳能电池板也避免了对农田的影响。

华能德州丁庄水库一期200兆瓦光伏发电项目，是世界单体最大水上漂浮式光伏电站，该项目是山西院设计的国内第一个大型浮体光伏发电项目，设计采用目前世界上最大的标准方阵——4兆瓦和8兆瓦方阵。设计过程中，山西院遵循业主“去工业化”的设计要求，将华能集团“H”形企业标识与德州本土的“太阳鸟”图腾融合，并结合项目用地范围内“湖心岛”的地形特点，艺术性设计出太阳鸟超大方阵，得到业主和当地政府的一致好评。

太阳鸟方阵是建筑、结构、电气专业通力合作的结果，是艺术、技术和匠心的融合。该方阵东西向长456米，南北向长470米，容量16兆瓦。其锚固系统设计极大地提升了浮体方阵物理尺寸的上限，是锚固系统设计技术的一次大胆尝试，促进了该项技术的发展。

此外，该项目还配置了浮体位移监测系统、组件自动清洗系统、无人机巡检中心、驱鸟装置等国内外先进技术，产业优势突出，具有较高的示范效应和推广价值，将成为同领域的标杆工程，为“活力德州、智造名城”建设锦上添花。

项目全部建成后，每年可提供电能2.21亿千瓦时，节约标准煤6.77万吨，减少二氧化碳排放约21.77万吨、二氧化硫排放约0.65万吨、氮氧化物排放约0.327万吨，减排烟尘5.94万吨，节能效益显著。

在绿色低碳背景下，2021年山西院还成功中标黄河流域伊洛河偃师段生态环境综合治理及提升改造PPP项目（二期）、偃师市智慧停车场建设项目—充电桩建设工程总承包（EPC）（一期）等项目，黄河流域伊洛河偃师段生态环境综合治理及提升改造PPP项目（二期），这是山西院在生态环保和市政基础设施领域的重要突破，也是非电领域转型升级的新成绩。本项目总投资11.27亿元，包括流域生态治理、道路桥梁、市政供水等多项建设内容，是习近平总书记在“黄河流域生态保护和高质量发展座谈会”上的讲话精神的重要实践。下一步，环境公司将以此项目为契机，深耕洛阳地区及华中区域市场，加快市场开发步伐，推动项目履约落地。

除列举项目外，企业还有许多绿色低碳项目正在有序推进中，项目的建成彰显了山西院在促进清洁能源发展、国际业务合作等领域的实力和成绩。

主创人：马晓峰、郜晗希

绿色金融助力绿色低碳发展

中国投融资担保股份有限公司

一、企业概况

（一）历史沿革

中国投融资担保股份有限公司（以下简称中投保）前身为中国经济技术投资担保有限公司，于1993年经国务院批准，由财政部、原国家经贸委出资成立，是国内首家全国性专业担保机构；2006年，经国务院批准，中投保整体并入国家开发投资集团有限公司（以下简称国投集团），现为国投集团成员企业，注册资本为人民币45亿元。

（二）业务情况

作为中国担保业的旗舰企业，中投保积极推进业务、产品和领域创新，经过长期的发展和业务实践，形成了跨货币市场、股票市场、债券市场的业务线，致力打造以"担保增信为主体、资管投资和金融科技为两翼"的"一体两翼"业务架构。截至2021年年末，公司累计担保总额达5759亿元，是目前国内业务规模最大、产品种类和客户资源最丰富、综合实力最强的担保机构之一。

截至2021年年末，中投保资产总额达262.56亿元，获得主要合作银行综合授信额度1310亿元。中诚信、联合资信、大公国际等市场权威评级机构分别给予中投保长期主体信用等级AAA的评级。

（三）使命愿景

中投保的公司使命是为国而担、为企增信、为社会建体系，公司愿景是成为以信用增进为特色的国内一流的综合投融资服务集成商，公司坚持稳健、持续、和谐的发展观，主动承担社会责任，积极回报社会。

二、主要措施

中投保积极践行国家绿色发展战略，在绿色金融领域有丰富的业务实践。中投保曾先后与世界银行（以下简称世行）、亚洲开发银行（以下简称亚行）合作，通过引进国际金融机构长期、低息资金，结合自身业务和资源优势，助力绿色低碳发展。

（一）世行项目

1.项目背景

"世界银行、全球环境基金中国节能促进项目"（以下简称世行项目）是由中国政府与世行、全球环境基金共同实施的国际合作项目，旨在提高我国能源利用效率，促进我国节能机制转换，同时减少温室气体排放，保护全球环境。该项目分两期实施，项目一期主要致力于建立具有示范性的节能服务公司（以下简称EMCo），在我国宣传推广基于市场经济的"合同能源管理"机制；建立国家节能信息传播中心，完善我国的节能信息传播机制。项目二期主要致力于细化EMCo技术支持和技术服务体制；建立EMCo贷款担保基金，实施EMCo贷款担保计划，增加EMCo获得商业贷款的机会。

2.基本情况

作为世行项目二期的子项目，EMCo融资担保计划由中投保作为执行机构，利用世行2200万美元赠款，建立担保基金，以提升EMCo的信用，增加各类以"合同能源管理"方式实施节能项目的企业从国内商业银行获得贷款的机会，尽最大努力使EMCo在能效方面的投资最大化。世行项目目标是在全国范围内进一步推广"合同能源管理"的经营模式，培育EMCo市场，最终在中国建立起可持续发展的 EMCo 产业，扩大能效项目投资，实现可持续的节能减排效果，从而减缓温室气体效应，改善全球环境。

3.项目成果

世行项目自2003年6月开始实施，项目期限6年，截至2009年年末，共完成合同能源管理节能担保项目148个，涉及全国各地EMCo企业42家，项目总投资人民币90997万元，贷款本金人民币57372万元，担保总额人民币51655万元，节约标准煤58.99万吨/年，减排量37.68万吨碳/年。

世行项目覆盖了全国22个省市，支持技术领域超过10余种，中投保带动全国12家银行、6家省级担保公司共同参与到担保贷款计划中，充分发挥了担保准备金的杠杆效应，获得了中国政府和世界银行的高度认可。

（二）亚行项目

1.项目背景

作为我国经济、社会发展的重点区域之一，随着城市化进程的加快，京津冀地区大气污染问题日益严重，对区域人群健康和生态安全造成了严重影响。近年来中国政府落地实施了一系列大气污染防治举措，区域空气质量有所改善，但与目标仍有差距，治污资金缺口巨大，亟须加大资金引导力度。

2016年年初，为积极响应国家绿色发展战略，推动京津冀区域协同发展，全力服务大气污染防治攻坚战，中投保应邀参加由国家发展改革委和亚行召开的相关工作会并在会上提出了可为特定领域提供订制金融服务的方案，此创新思路引起了发改委和亚行的兴趣。在国家发展改革委和财政部的指导下，本项目依照国家规定程序报批和推进，于2017年5月签署贷款协定和项目协议，于2017年10月完成转贷协议签署。

2.基本情况

亚行贷款"京津冀区域大气污染防治——中投保投融资促进项目"（以下简称亚行项目）于2017年10月正式实施。项目使用为期15年、总金额4.58亿欧元的亚洲开发银行主权贷款，由中投保作为项目执行机构，通过金融机构转贷形式，对亚行资金进行专项运营和管理，综合利用担保增信、委托贷款及股权投资等多种金融工具，打造可持续发展的绿色金融平台，为京津冀及河南、山东、山西、辽宁、内蒙古等八个省（自治区、直辖市）的节能减排、清洁能源、绿色交通、废弃物能源化利用等项目提供资金支持，促进绿色子项目的落地和实施，助力改善区域空气质量。

亚行项目旨在杠杆使用贷款资金、促进目标区域大气质量改善与中小企业信用体系建设，预期带动社会总投资270亿元，有望降低标准煤消耗约4020万吨，相应减排二氧化碳约2733万吨，二氧化硫51万吨，颗粒物78万吨及氮氧化物36万吨。

在国家发展改革委、财政部、国投集团和有关部门的支持配合下，目前亚行项目进展顺利。截至2021年年末，亚行项目平台已累计取款4.05亿欧元，达到贷款总额的88.43%，平台已审批通过子项目859个，支持建设子项目842个，实现项目目标地域和目标领域的全覆盖。其中，投资支持子项目47个，完成放款27.9亿元；担保支持子项目795个，担保金额11.9亿元。亚行项目获得"亚行2018年度最佳表现项目奖"，入选联合国气候行动峰会"基于自然的解决方案"领域优良实践案例，获得"2020年国际金融论坛（IFF）全球绿色金融创新奖"。

基于亚行项目取得的经济、环境、社会效益，中投保与亚行深化合作，于2019年向亚行申请1.5亿美元增量贷款实施"京津冀区域协同大气污染防治中投保投融资促进项目"（以下简称亚行项目二期），并于2021年8月获得亚行确认满足提款条件。亚行项目二期进一步实现了区域拓展与产品升级，目前储备项目正在有序推进，未来两期项目联动将进一步扩大中投保可持续发展的绿色投融资平台的影响力，助力国家碳达峰、碳中和目标的实现。

3.主要产品

在亚行项目框架下，中投保通过提供担保增信、委托贷款、股权投资等形式为绿色企业提供定制化金融服务。

(1)担保增信。

亚行项目通过设定担保准备金引入担保增信机制，发挥资金的引导和杠杆效应，带动更多社会资本投入绿色低碳领域。对于符合中投保风控要求的大气污染治理环保项目，中投保可对需融资项目的参与方进行增信，增信方式除了一般项目担保，中投保也可为企业发行绿色债券、绿色票据、绿色资产支持证券（ABS）等提供增信，以提升债券、票据和 ABS 的评级水平，降低企业发行成本。

(2)委托贷款。

对于符合亚行要求的大气污染治理子项目，中投保可通过银行、信托等金融机构向借款人发放贷款，贷款对象包括节能环保项目业主单位、节能环保公司等。除了直接投资之外，中投保亦可将资金转贷给融资租赁公司，由后者为需要购置机器设备等固定资产的企业提供融资服务。

(3)股权投资。

亚行项目可以对拥有创新低碳技术、具有发展潜力的早期公司进行股权投资，投资标的可以是节能环保服务公司和节能环保项目总包方，一般要求企业注册不满 8 年。

4.创新亮点

(1)助力京津冀区域“蓝天工程”，提供全球准公共产品。

亚行项目采用商业化风控理念运营准政策贷款资金，为企业提供相对优惠的融资成本，利用项目收益弥补运作成本及可能的损失，建立长效作用机制，在产生切实的大气污染治理效果的同时实现盈亏平衡与可持续发展。

(2)杠杆使用亚行贷款支持项目投融资，搭建立体低碳领域绿色金融平台。

亚行项目依托中投保专业投资增信服务的杠杆效应优势，最大化亚行贷款的杠杆放大功能。通过与银行、地方平台、融资租赁公司等机构的合作，综合运用各种金融工具撬动更多社会资本进入环保产业，充分发挥各方优势形成多赢格局。

(3)开展定制化金融服务，运用多种形式支持中小企业参与大气污染防治。

亚行项目通过提供担保、融资租赁公司转贷以及与区域担保公司合作等创新型投融资方式为企业提供定制化服务。在融资金额、期限和还款方式上，针对借款人和用款子项目的特点制定相应方案，满足借款人个性化融资需求。

(4)注重平台示范效应，践行绿色可持续发展理念。

通过会议分享、成果交流、培训组织等方式，中投保积极推广自身在绿色投融资领域的实践经验，提升相关各方筛选和把控绿色目标项目的能力，促进绿色发展目标的实施。

(5)与国际接轨，遵循倡导环境、社会和公司治理（ESG）绿色投资标准。

亚行项目所支持的每一个子项目，与国际的 ESG 投资标准保持一致，除经济、财务评估合格之外，还需要对项目的环境影响进行评估。

通过实施、推广国际 ESG 绿色投资标准，使用款项目得到全方位的评估，一方面可以使国内企业了解国际标准；一方面可以提前发现问题，降低项目的风险。

5.典型子项目

(1)“光萤”惠农项目。

2021 年 6 月，亚行项目支持的首期惠农光伏入户项目成功落地。该项目由中投保提供 2 亿元的贷款担保资金支持，担保期限长达 12 年，募集资金帮助 3000 余农户在自家屋顶上建设分布式光伏电站，地域涉及山东、河南、河北、浙江和辽宁。该项目通过利用大数据、互联网平台、人工智能等金融科技手段，在保障亚行资金安全的前提下，推广清洁能源，助力普惠金融，入选第四届（2021）中国金融年度品牌"中融普惠"年度案例特别奖。截至2021年年末，该项目已经支持47户农户在自家屋顶建设了光伏电站，累计贷款298.15万元，用户遍及山东、河南等省共计十个市、数十个村。按照目前的贷款额度核算，上述光伏电站使用期限内共可发电约3000万度，节约标煤约1080千克，减排二氧化碳约2991千克。

(2)蔚能绿色电池资产支持票据担保项目。

近年来，在国家政策的指引和支持下，电动汽车产业快速发展，换电模式作为电动汽车最高效的补能方式，在政策助推下迎来新的风口，并随之衍生出"车电分离""电池租用"等创新型商业模式。2022年4月，由中投保提供担保增信的"武汉蔚能电池资产有限公司2022年度第一期绿色资产支持票据"（ABN）在银行间市场成功发行。作为全国首单绿色电池资产支持票据，该产品以武汉蔚能持有的动力电池租用服务费收益权为基础资产，由中投保作为担保机构为武汉蔚能承担的差额支付义务提供连带责任保证担保，募集资金用于支持武汉蔚能采购新的动力电池并开展电池租用服务。产品发行总规模4亿元，其中优先级规模3.9亿元，由中投保增信后获得联合资信评估股份有限公司AAAsf评级。

中投保积极发挥担保增信业务特色和资源优势，在助力武汉蔚能盘活存量资产的同时，有效降低其融资成本，产品最终发行利率为3.12%，全场认购倍数达到2.92倍，得到了投资者的高度认可，是中投保在亚行项目下利用担保增信方式促进大气污染防治、推动绿色交通产业发展的一个典型范例。

(3)三聚绿能秸秆生物质综合利用项目。

近年来，为遏制秸秆焚烧现象，我国各级政府纷纷出台了禁止露天焚烧秸秆的规定，鼓励对秸秆进行综合化利用。中投保积极响应国家号召，于2019年6月给予北京三聚绿能科技有限公司1.5亿元贷款，用于支持其在内蒙古自治区扎赉特旗和沈阳康平县开展秸秆生物质综合利用子项目。该项目通过将农作物秸秆碳化后与化肥相混合生产炭基肥，有助于解决秸秆露天焚烧问题，减少空气污染；同时，生物质炭基肥对土壤的化学性质和物理结构有明显改善，能够有效缓解目前我国耕地板结严重的现象，改善土壤结构和增强地力，促进农业丰产丰收。该子项目预计每年减排二氧化碳3.9万吨，二氧化硫25吨。

三、实施效果

(一)环境效益

亚行项目实施的绿色子项目有助于降低项目所在地的空气污染，特别是二氧化碳、二氧化硫、颗粒物及氮氧化物等污染物的排放。截至2021年年末，亚行项目已支持建设子项目842个，上述子项目建成投产后有望每年减少煤炭用量约130万吨，减少汽油使用约31.5万吨；约每年减排二氧化碳311.5万吨、二氧化硫2.9万吨、颗粒物7.2万吨以及氮氧化物7050吨。

(二)经济效益

亚行项目注重资金的安全性和经营的可持续性，力争在风险可控的前提下使资金效用实现最大化。

在亚行项目运行过程中，中投保采用市场化的风控理念，将准政策性资金进行商业化运作，为企业提供相对优惠的融资成本，相应收取利息、保费及其他业务收入。此外，亚行项目建立担保损失准备金，中投保可以根据担保额度分阶段提取，担保损失准备金可投资于高安全性、高流动性的理财产品。中投保可利用项目收入及理财收益，弥补项目运作的成本及潜在损失，在产生切实的大气治理效果的同时，建立长效的作用机制，实现盈亏平衡与可持续性发展目标。

截至2021年年末，亚行项目已完成放款27.9亿元，担保总额11.9亿元，子项目所带动的社会总投资为111.9亿元，贷款资金（不包括担保额）实现直接杠杆放大率超过350%，为相关行业绿色低碳发展提供了有力的资金支持，取得良好的杠杆和示范作用。

（三）社会效益

亚行项目对于改善京津冀区域大气质量、保障公众健康、促进生态文明建设具有重要意义。截至2021年年末，亚行项目支持建设的842个子项目已实现项目目标地域的全覆盖，直接受益人群超过4亿人。

在亚行项目框架下，中投保积极运用联合融资、担保、转贷等形式，努力挖掘清洁空气债券投资与增信、碳化林种植等新产品模式，引导更多社会资金进入绿色领域，帮助企业通过市场化的模式获得助力。除了提供资金支持，中投保还通过举办环境与社会管理系统（ESMS）专题培训、辅导企业开展项目公参、推行环境、社会和公司治理（ESG）投资标准等方式，有针对性地扶持绿色中小民营企业，强化企业在技术应用、环境评估、财务评价、贷后管理等方面的能力建设，提高企业融资成功率。通过知识分享、成果交流、新闻宣传等方式，亚行项目平台对外影响力初步显现。

截至2021年年末，中投保已累计主办、参加50余次国内外会议活动，发布新闻稿件超过40篇，平台累计举办7期能效管理及环境和社会影响评价专业培训班，约有300多人（其中120多位来自中小企业）接受培训，所涉企业能力得到提升，平台对外影响力不断扩大，社会整体信用环境得到改善。

主创人：段秀梅、刘名柏、锁大奇、黄哲楠、孙唐健